DICIONÁRIO DE CIÊNCIA DA RELIGIÃO

Dados Internacionais de Catalogação na Publicação (CIP)
Angélica Ilacqua CRB-8/7057

Dicionário de ciência da religião / organizado por Frank Usarski, Alfredo Teixeira, João Décio Passos. - São Paulo : Paulinas ; Loyola ; Paulus : 2022.
920 p.

Bibliografia
ISBN 978-65-5808-118-0 (Paulinas)
ISBN 978-65-5562-484-7 (Paulus)
ISBN 978-65-5504-159-0 (Loyola)

1. Religião e ciência - Dicionário I. Usarski, Frank II. Teixeira, Alfredo III. Passos, João Décio

22-0683   CDD 215.03

Índice para catálogo sistemático:
1. Religião e ciência : Dicionário

1ª edição – 2022

Nenhuma parte desta obra poderá ser reproduzida ou transmitida por qualquer forma e/ou quaisquer meios (eletrônico ou mecânico, incluindo fotocópia e gravação) ou arquivada em qualquer sistema ou banco de dados sem permissão escrita da Editora. Direitos reservados.

Apoio:

PUC-SP
PROGRAMA DE ESTUDOS PÓS-GRADUADOS
EM CIÊNCIAS DA RELIGIÃO

FRANK USARSKI
ALFREDO TEIXEIRA
JOÃO DÉCIO PASSOS
(ORGS.)

DICIONÁRIO DE CIÊNCIA DA RELIGIÃO

Revisão técnica: *Alfredo Teixeira*
Frank Usarski
Glair Alonso Arruda
João Décio Passos
Wagner Lopes Sanchez

Equipe técnica: *Angelina Carr*
Carlos Bein Quintana
Célia Maria Ribeiro
Gisele Laranjeiras
Glair Alonso Arruda
Leonardo S. de Medeiros Monney
Silvia Gerusa Fernandes Rodrigues
Valeska Freman B. Freitas Silveira

Conselho científico: *Antonio Genivaldo Cordeiro de Oliveira*
Bettina E. Schmidt
João Edênio Reis Valle
João Manuel Duque
Michael Löwy
Pedro Lima Vasconcellos
Wagner Lopes Sanchez

PAULINAS

Direção: *Flávia Reginatto*
Editores responsáveis: *Vera Bombonatto e João Décio Passos*
Coordenadora editorial: *Marina Mendonça*
Preparação de originais: *Cirano Dias Pelin*
Copidesque: *Mônica Elaine G. S. da Costa*
Gerente de produção: *Felício Calegaro Neto*
Diagramação: *Cláudio Tito Braghini Junior*
Capa: *Tiago Filu*
Foto de capa: *Interior da Biblioteca Nacional do Brasil*
https://br.depositphotos.com
dabldy (Donatas Dabravolskas)
Conselho editorial: *Andreia Schweitzer*
Antônio Francisco Lelo
Fabíola Araújo
João Décio Passos
Marina Mendonça
Matthias Grenzer
Vera Bombonatto

Rua Dona Inácia Uchoa, 62
04110-020 – São Paulo – SP (Brasil)
Tel.: (11) 2125-3500
http://www.paulinas.com.br – editora@paulinas.com.br
Telemarketing e SAC: 0800-7010081
© Pia Sociedade Filhas de São Paulo – São Paulo, 2022

PAULUS

Direção: Pe. Sílvio Ribas
Rua Francisco Cruz, 229
04117-091 – São Paulo – SP (Brasil)
Tel.: (11) 5087-3700
www.paulus.com.br – editorial@paulus.com.br

LOYOLA

Conselho editorial:
Danilo Mondoni
Gabriel Frade
Elton Vitoriano Ribeiro
Johan Konings
Direção: Danilo Mondoni

Edições Loyola Jesuítas
Rua 1822, 341 – Ipiranga
04216-000 – São Paulo – SP (Brasil)
Tels.: (11) 3385-8500/8501 – 2063-4275
vendas@loyola.com.br – editorial@loyola.com.br
www.loyola.com.br

SUMÁRIO

Lista de verbetes 9
Autores 17
Introdução 21
Verbetes 25
Índice remissivo 903

LISTA DE VERBETES

ABSTINÊNCIA 25

Acomodação → Aculturação 38

ACULTURAÇÃO 38

Adaptação → Aculturação 41

AGNOSTICISMO METODOLÓGICO 41

ALEGORIA 43

ALIMENTAÇÃO 44

ALLPORT, GORDON WILLARD 49

ALMA 51

Alquimia → Magia 54

ANALOGIA 54

Ancestrais → Etnicidade 55

ANIMISMO 55

Antepassados → Etnicidade 58

ANTROPOLOGIA DA RELIGIÃO 58

ANTROPOMORFISMO 69

APARIÇÕES 72

APOSTASIA 74

ARQUEOLOGIA 76

Arquétipo → Jung, Carl Gustav 78

ARTE RELIGIOSA 78

Ascese → Abstinência 84

ASSOCIAÇÕES CIENTÍFICAS 84

Astrologia → Divinação 91

ATEÍSMO/AGNOSTICISMO 91

ATITUDES RELIGIOSAS 95

AUTORIDADE RELIGIOSA 103

AXIS MUNDI 109

Bastide, Roger → Estudos afro-brasileiros → Etnologia e Etnografia 115

Batismo → Rito/Ritual 115

BELLAH, ROBERT N. 115

BERGER, PETER L. 116

Bíblia → Livros sagrados 118

Biologia → Fisiologia da Religião 118

BLASFÊMIA 118

Boas, Franz → Etnologia e Etnografia 120

BOURDIEU, PIERRE 120

Brelich, Angelo → Escola italiana 124

LISTA DE VERBETES

Bricolagem → Fusão de religiões 124

Buber, Martin → Filosofia judaica 124

CALIGRAFIA 125

Campo → Bourdieu, Pierre 126

Cândido Procópio → Pioneiros dos estudos de religião no Brasil → Sociologia da Religião 126

Canõn → Livros sagrados 126

CARISMA 126

CASTIGO 129

Celibato → Abstinência 132

CIÊNCIA COGNITIVA DA RELIGIÃO 132

CIÊNCIA DA RELIGIÃO 138

CIÊNCIA DA RELIGIÃO APLICADA 143

CIRCUM-AMBULAÇÃO 149

Clero → Leigo 151

Coelho, Adolfo → Etnografia portuguesa 151

COMTE, AUGUSTE 151

COMUNIDADE RELIGIOSA 152

COMUNITARISMO 158

CONCÍLIO 160

CONGREGAÇÃO 165

Congregacionalismo → Organização religiosa 167

CONSCIÊNCIA 167

CONSTRUTIVISMO 168

CONVERSÃO RELIGIOSA 170

CORPO 173

CRENÇA 177

CRIACIONISMO 183

CRÍTICA DA RELIGIÃO 188

CROATTO, SEVERINO JOSÉ 196

CULPA/CULPABILIDADE 197

Cult → Instituições religiosas → Sociologia da Religião 198

CULTURA 198

CULTURA MATERIAL RELIGIOSA 201

Cura → Saúde 206

Darwin, Charles → Etnologia e Etnografia 207

Deísmo → Divino, Concepções de 207

Demônio → Seres sobrenaturais 207

Denominação → Instituições religiosas → Sociologia da Religião 207

DESEJO 207

DESENCANTAMENTO DO MUNDO 208

DESTINO 212

Deus → Seres sobrenaturais 217

DIÁLOGO INTER-RELIGIOSO 217

LISTA DE VERBETES

DIÁSPORA 229

Dieta → Abstinência 233

DILTHEY, WILHELM 233

DIREITO 236

DIREITOS HUMANOS 242

Discriminação → Preconceito 247

DIVINAÇÃO 247

Divindades → Seres sobrenaturais 249

DIVINO, CONCEPÇÕES DE 249

DOGMA 255

Dom → Carisma 257

DOUTRINA 257

DUMÉZIL, GEORGES EDMOND RAOUL 261

DURKHEIM, DAVID ÉMILE 263

Ecletismo → Fusão de religiões 265

ECONOMIA DA RELIGIÃO 265

EDUCAÇÃO 269

ELIADE, MIRCEA 275

ÊMICO/ÉTICO 280

EMOÇÃO 282

ENSINO RELIGIOSO 286

Episcopalismo → Organização religiosa 292

EPISTEMOLOGIA 292

ESCATOLOGIA 297

ESCOLA ITALIANA 307

Escolha Racional, Teoria da → Economia da Religião 319

ESOTÉRICO/EXOTÉRICO 319

ESPECIALISTA RELIGIOSO 320

ESPÍRITO 324

ESPIRITUALIDADE 328

Estatística → Método 330

ESTÉTICA 330

ESTRUTURALISMO 335

ESTUDOS AFRO-BRASILEIROS 338

ETERNIDADE 342

ÉTICA/MORAL 345

ETIMOLOGIA 353

ETNICIDADE 359

ETNOCENTRISMO 361

ETNOGRAFIA PORTUGUESA 362

ETNOLOGIA E ETNOGRAFIA 369

Evans-Pritchard, Edward Evan → Etnologia e Etnografia → Antropologia da Religião → Funcionalismo 374

EVOLUCIONISMO 374

LISTA DE VERBETES

EXORCISMO 378

EXPERIÊNCIA RELIGIOSA 383

EXPERIÊNCIAS ANÔMALAS 387

Explicação → Epistemologia 392

FANATISMO 393

Fatalismo → Destino 396

Fé → Crença 396

Feiticeiro → Especialista religioso 396

FELICIDADE 396

FEMINISMO 399

FENOMENOLOGIA DA RELIGIÃO 406

FENÔMENOS EXTRAORDINÁRIOS 410

Fernandes, Gonçalves → Estudos afro-brasileiros 415

FESTA 415

FETICHE 420

FEUERBACH, LUDWIG 424

FILOLOGIA 425

FILOSOFIA DA RELIGIÃO 430

FILOSOFIA JUDAICA 440

FISIOLOGIA DA RELIGIÃO 447

Frazer, James George → Etnologia e Etnografia → Antropologia da Religião → História das Religiões →
Sociologia da Religião 455

FREUD, SIGMUND 455

FROMM, ERICH 461

Função da religião → Religião 462

FUNCIONALISMO 462

FUNDAMENTALISMO 466

FUNERAL 473

FUSÃO DE RELIGIÕES 478

FUSTEL DE COULANGES, NUMA DENIS 485

Gadamer, Hans Georg → Hermenêutica 488

GEERTZ, CLIFFORD 488

Gênero → Feminismo 490

GEOGRAFIA DA RELIGIÃO 490

GIRARD, RENÉ 492

GRAMSCI, ANTONIO 495

GUERRA E PAZ 500

HABERMAS, JÜRGEN 503

HAGIOGRAFIA 506

Heiler, Friedrich → Fenomenologia da Religião 512

Henoteísmo → Divino, Concepções de 512

HERMENÊUTICA 512

Herskovits, Melville Jean → Estudos afro-brasileiros 522

LISTA DE VERBETES

HERVIEU-LÉGER, DANIÈLE 522

Hibridismo → Fusão de religiões 525

HIERARQUIA 525

HISTÓRIA DAS RELIGIÕES 531

HOMO RELIGIOSUS 540

HUME, DAVID 542

ICONOGRAFIA/ICONOLOGIA 545

IDENTIDADE 549

IDEOLOGIA 554

IDOLATRIA 557

Igreja → Instituições religiosas → Sociologia da Religião 562

ILUMINISMO 562

IMAGEM 573

Inferno → Castigo → Escatologia 577

Iniciação → Rito/Ritual 577

Insider/Outsider → Êmico/Ético 577

INSPIRAÇÃO 577

INSTITUCIONALIZAÇÃO 581

INSTITUIÇÕES RELIGIOSAS 582

INSTITUTOS DE PESQUISA DE RELIGIÃO 590

Integrismo → Fundamentalismo 593

Internet → Religião digital 593

Interpretação → Hermenêutica 593

JAMES, WILLIAM 594

Jejum → Abstinência 599

JUNG, CARL GUSTAV 599

Justiça → Direito 600

Kami → Seres sobrenaturais 601

KANT, IMMANUEL 601

Karma → Destino 602

KÜNG, HANS 602

LACAN, JACQUES 605

LE BRAS, GABRIEL 606

Leeuw, Gerardus van der → História das Religiões→ Fenomenologia da Religião 608

LEIGO 608

Levinas, Emmanuel → Filosofia judaica 610

Lévi-Strauss, Claude → Etnologia e Etnografia → Antropologia da Religião 610

LIBERTAÇÃO 610

Liturgia → Rito/Ritual 616

LIVROS SAGRADOS 616

Luhmann, Niklas → Funcionalismo → Sociologia da Religião 625

MAGIA 626

Malinowski, Bronislaw → Etnologia e Etnografia → Antropologia da Religião → Funcionalismo → Magia 635

LISTA DE VERBETES

MARX, KARL E ENGELS, FRIEDRICH 635
MASLOW, ABRAHAM 642
MAUSS, MARCEL 645
MEAD, MARGARET 647
MEDITAÇÃO 648
MEMÓRIA 650
Mestiçagem → Fusão de religiões 654
METAFÍSICA 654
METÁFORA 660
MÉTODO 666
MISSÃO 671
MÍSTICA 676
MITOLOGIA 678
Monoteísmo → Divino, Concepções de 682
MORTE 682
MÜLLER, FRIEDRICH MAX 686
MÚSICA 689
NATUREZA 697
NEUROCIÊNCIAS 702
Nina Rodrigues, Raimundo → Estudos afro-brasileiros 705
Nomos → Sociologia da Religião 705
Numerologia → Divinação 705
Numinoso → Sagrado 705
OCIDENTE/ORIENTE 706
Oliveira, Ernesto Veiga de → Etnografia portuguesa 711
ORAÇÃO 711
Oráculo → Divinação 712
ORDENAÇÃO 712
ORGANIZAÇÃO RELIGIOSA 713
Orixás → Seres sobrenaturais 718
Ortiz, Renato → Estudos afro-brasileiros 718
Otto, Rudolf → História das Religiões → Fenomenologia da Religião → Sagrado 718
Panteísmo → Divino, Concepções de 719
Parábola → Metáfora 719
Paraíso → Escatologia 719
Parapsicologia → Psicologia Anomalística 719
Parsons, Talcott → Funcionalismo → Sociologia da Religião 719
PATRIARCADO/MATRIARCADO 719
Pedroso, Consiglieri → Etnografia portuguesa 726
PEREGRINAÇÃO 726
PERIÓDICOS 728
Pesquisa de campo → Método 733
Pesquisa qualitativa → Método 733

LISTA DE VERBETES

Pesquisa quantitativa → Método ... 733

Pettazzoni, Raffaele → Escola italiana ... 733

Piedade → Atitudes religiosas ... 733

PIERUCCI, ANTÔNIO FLÁVIO DE OLIVEIRA ... 733

PIONEIROS DOS ESTUDOS DE RELIGIÃO NO BRASIL ... 734

PLURALISMO RELIGIOSO ... 737

POBREZA ... 740

Politeísmo → Divino, Concepções de ... 743

POSITIVISMO ... 743

PRAGMATISMO ... 748

PRECONCEITO ... 750

Predestinação → Destino ... 754

Profano → Sagrado ... 754

Profeta → Especialista religioso ... 754

PROSELITISMO ... 754

Providência → Destino ... 757

PSICANÁLISE ... 757

PSICOLOGIA ANOMALÍSTICA ... 761

PSICOLOGIA DA RELIGIÃO ... 767

Punição → Castigo ... 774

Purgatório → Escatologia ... 774

PURO/IMPURO ... 774

Radcliffe-Brown, Alfred → Antropologia da Religião → Funcionalismo ... 778

Ramos, Arthur → Estudos afro-brasileiros ... 778

Redução → Epistemologia ... 778

REFORMA ... 778

RELIGIÃO ... 781

RELIGIÃO DIGITAL ... 785

RELIGIÃO IMPLÍCITA ... 789

Religião material → Cultura material religiosa ... 791

RELIGIOSIDADE POPULAR ... 791

Ricœur, Paul → Hermenêutica ... 796

RITO/RITUAL ... 796

Rosenzweig, Franz → Filosofia judaica ... 805

Sabbatucci, Dario → Escola italiana ... 806

Sacerdote → Especialista religioso ... 806

SACRAMENTO ... 806

SACRIFÍCIO ... 807

SAGRADO ... 812

Salvação → Soteriologia ... 816

SANTUÁRIO ... 816

SAÚDE ... 820

Saussaye, Pierre Daniël Chantepie de la → Fenomenologia da Religião ... 824

LISTA DE VERBETES

Secularização→ Sociologia da Religião 824

Seita → Instituições religiosas→ Sociologia da Religião 824

SEMIÓTICA 824

SERES SOBRENATURAIS 829

SEXUALIDADE 834

SÍMBOLO/SIMBOLISMO 838

Sincretismo → Fusão de religiões 842

Smith, William Robertson → Funcionalismo→ Evolucionismo 842

SOCIALIZAÇÃO 842

SOCIOLOGIA DA RELIGIÃO 844

SOFRIMENTO 849

SOTERIOLOGIA 852

Spencer, Herbert → Etnologia e Etnografia→ Funcionalismo→ Sociologia da Religião 854

Stark, Rodney → Economia da Religião→ Sociologia da Religião 854

SUBSTÂNCIAS PSICOTRÓPICAS 854

SUI GENERIS 859

Superstição → Crença 861

TABU 862

TEMPO/TEMPORALIDADE 863

Teófilo Braga, Joaquim → Etnografia portuguesa 867

TEOLOGIA 867

Tipo ideal → Weber, Max 876

TOLERÂNCIA 876

Tradução → Livros sagrados 880

TROCA DE PRESENTES 880

TURISMO RELIGIOSO 882

Turner, Victor Witter → Etnologia e Etnografia → Antropologia da Religião 884

Tylor, Edward Burnett → Etnologia e Etnografia → Antropologia da Religião→ História das Religiões→
Sociologia da Religião 884

Valente, Waldemar → Estudos afro-brasileiros 885

Vasconcelos, José Leite de → Etnografia portuguesa 885

Vegetarianismo → Abstinência 885

Veneração → Atitudes religiosas 885

VIOLÊNCIA/NÃO VIOLÊNCIA 885

WEBER, MAX 889

WITTGENSTEIN, LUDWIG 898

WUNDT, WILHELM M. 901

AUTORES

Adone Agnolin: Universidade de São Paulo – Escola italiana e História das Religiões.

Adriano da Silva Costa: Universidade de São Paulo – Emoção.

Alex Villas Boas: Universidade Católica Portuguesa – Atitudes religiosas, Comte, Cultura, Criacionismo, Dogma, Doutrina e Organização religiosa.

Alexander Schröder: Ruhr Universität Bochum – Economia da Religião, Evolucionismo, Funcionalismo e Troca de presentes.

Alexandre Sech Júnior: Universidade Federal de Juiz de Fora – James.

Alfredo Teixeira: Universidade Católica Portuguesa – Bourdieu, Congregação, Crítica da Religião, Durkheim, Inspiração, Memória, Rito/Ritual e Violência/Não violência.

Alípio Casali: Pontifícia Universidade Católica de São Paulo – Educação e Feuerbach.

Américo Pereira: Universidade Católica Portuguesa – Iluminismo.

André de Campos Silva: Universidade Católica Portuguesa – Atitudes religiosas e Escatologia.

Angelina Carr: Pontifícia Universidade Católica de São Paulo – *Axis mundi*, Diálogo Inter-religioso.

Angelina Tostes: Universidade Presbiteriana Mackenzie – Puro/Impuro.

Antonio Genivaldo Cordeiro de Oliveira: Pontifícia Universidade Católica de São Paulo – Alma, Animismo, Castigo, Destino, Exorcismo, Reforma, Seres sobrenaturais e Soteriologia.

Antonio Marchionni: Pontifícia Universidade Católica de São Paulo – Divino, Concepções de.

Arnaldo Érico Huff Júnior: Universidade Federal de Juiz de Fora – Música.

Bernadete Alves de Medeiros Marcelino: Pontifícia Universidade Católica de São Paulo – Espírito.

Bettina E. Schmidt: Trinity Saint David University (País de Gales) – Etnologia e Etnografia.

Brenda Carranza: Pontifícia Universidade Católica de Campinas – Feminismo.

Catarina Silva Nunes: Universidade Católica Portuguesa – Etnocentrismo e Hervieu-Léger.

Caroline Gonzaga Torres: Centro Universitário Dom Bosco – Freud.

Catia Tuna: Universidade Católica Portuguesa – Libertação.

Cecilia C. Cavaleiro de Macedo: Universidade Federal de São Paulo – Filosofia judaica.

Celso Luiz Terzetti Filho: Pontifícia Universidade Católica de São Paulo – Institucionalização e Instituições religiosas.

Claudio Santana Pimentel: Pontifícia Universidade Católica de São Paulo – Estudos afro-brasileiros.

David Sampaio Barbosa: Universidade Católica Portuguesa – Congregação.

Denise Gimenez Ramos: Pontifícia Universidade Católica de São Paulo – Jung.

Dilaine Soares Sampaio: Universidade Federal da Paraíba – Substâncias psicotrópicas.

Donizete José Xavier: Pontifícia Universidade Católica de São Paulo – Metáfora e Hermenêutica.

Donizete Rodrigues: Universidade da Beira Interior – Estruturalismo.

Edin Sued Abumanssur: Pontifícia Universidade Católica de São Paulo – Peregrinação e Turismo religioso.

Eduardo Rodrigues da Cruz: Pontifícia Universidade Católica de São Paulo – Ateísmo/Agnosticismo, Epistemologia, *Homo religiosus*, Religião implícita e *Sui generis*.

Emerson José Sena da Silveira: Universidade Federal de Juiz de Fora – Estruturalismo.

AUTORES

Ênio José da Costa Brito: Pontifícia Universidade Católica de São Paulo – Estudos afro-brasileiros, Leigo, Religiosidade popular e Tolerância.

Everton de Oliveira Maraldi: Pontifícia Universidade Católica de São Paulo – Ciência Cognitiva da Religião, Experiência religiosa, Fanatismo, Felicidade, Fenômenos extraordinários, Freud, Habermas, Lacan, Maslow, Método, Neurociências, Psicanálise e Sofrimento.

Fabio Mendia (Pontifícia Universidade Católica de São Paulo) – Esotérico/Exotérico, Mística.

Fábio L. Stern: Pontifícia Universidade Católica de São Paulo – Agnosticismo metodológico, Associações científicas, Ciência da Religião, Ciência da Religião aplicada, Corpo, Especialista religioso, Leigo, Mitologia, Morte, Periódicos, Proselitismo, Sagrado, Saúde e Tabu.

Fatima Regina Machado: Universidade de São Paulo – Emoção, James, Experiências anômalas, Neurociências, Psicologia Anomalística e Semiótica.

Faustino Teixeira: Universidade Federal de Juiz de Fora – Eternidade, Guerra e Paz e Oração.

Fernando Altemeyer Junior: Pontifícia Universidade Católica de São Paulo – Institutos de pesquisa de religião.

Fernando Torres Londoño: Pontifícia Universidade Católica de São Paulo – Missão e Sacrifício.

Frank Usarski: – Pontifícia Universidade Católica de São Paulo – Fenomenologia da Religião, Geografia da Religião, Müller, Religião e Sociologia da Religião.

Geraldo José de Paiva: Universidade de São Paulo – Psicologia da Religião.

Helena Vilaça: Universidade do Porto – Berger.

Helmut Renders: Universidade Metodista de São Paulo – Arte religiosa, Iconografia/Iconologia e Imagem.

Hugo Chelo: Universidade Católica Portuguesa – Bellah.

Inês Bolinhas: Universidade Católica Portuguesa – Pragmatismo.

Jens Schlamelcher: Ruhr Universität Bochum – Economia da Religião, Evolucionismo, Funcionalismo e Troca de presentes.

João Augusto A. A. Mac Dowell: Pontifícia Universidade Católica do Rio de Janeiro – Antropomorfismo e Filosofia da Religião.

João Décio Passos: Pontifícia Universidade Católica de São Paulo – Concílio, Desencantamento do mundo, Dilthey, Pioneiros dos estudos de religião no Brasil e Teologia.

João Edênio Reis Valle: Pontifícia Universidade Católica de São Paulo – Allport, Consciência, Conversão religiosa, Culpa/Culpabilidade, Fromm e Wundt.

João Eleutério: Universidade Católica Portuguesa – Ordenação.

João Manuel Duque: Universidade Católica Portuguesa – Crença, Estética, Rito/Ritual e Metafísica.

Jorge Botelho Moniz: Universidade Lusófona – Identidade.

Jorge Revez: Universidade de Lisboa – Espiritualidade.

José Carlos Lopes de Miranda: Universidade Católica Portuguesa – Filologia e Fustel de Coulanges.

José da Silva Lima: Universidade Católica Portuguesa – Etnografia portuguesa.

José Pereira Coutinho: Universidade Católica Portuguesa – Positivismo.

José Maria Silva Rosa: Universidade da Beira Interior – Violência/Não violência.

Juan Marco Vaggione: Consejo Nacional de Investigaciones Científicas y Técnicas (CONICET) – Sexualidade.

Leonardo Breno Martins: Universidade de São Paulo – Neurociências.

Luís Leal: Universidade Católica Portuguesa – Pobreza.

Luís Lóia: Universidade Católica Portuguesa – Crítica da Religião, Hume e Kant.

Luís M. Figueiredo Rodrigues: Universidade Católica de Portugal – Rito/Ritual.

MARCELO CAMURÇA: Universidade Federal de Juiz de Fora – Comunitarismo.

MARCELO PERINE: Pontifícia Universidade Católica de São Paulo – Ética/Moral.

MARCOS VINÍCIUS DE SOUZA VERDUGO: Pontifícia Universidade Católica de São Paulo – Religiosidade popular.

MARIA CELESTE CORDEIRO LEITE DOS SANTOS: Pontifícia Universidade Católica de São Paulo – Direito e Direitos humanos.

MARIA FILOMENA ANDRADE: Universidade Católica de Portugal – Atitudes religiosas.

MARIA JOSÉ F. ROSADO-NUNES: Pontifícia Universidade Católica de São Paulo – Feminismo.

MARINA PIGNATELLI: Universidade de Lisboa – Construtivismo.

MATHEUS OLIVA DA COSTA: Pontifícia Universidade Católica de São Paulo – Eliade e Ocidente/Oriente.

MAURÍCIO RIGHI: Pontifícia Universidade Católica de São Paulo – Arqueologia, Desejo e Girard.

MICHAEL LÖWY: Centre National de la Recherche Scientifique (CNRS) – Gramsci, Marx e Engels.

MICHELE MARTINI: Universidade de Cambridge – Alegoria, Analogia.

MIRIAM RAQUEL WACHHOLZ STRELHOW: Universidade de São Paulo – Felicidade e Sofrimento.

NUNO ESTEVÃO FERREIRA: Universidade Católica Portuguesa – Le Bras.

PATRICIA RODRIGUES DE SOUZA: Pontifícia Universidade Católica de São Paulo – Abstinência, Alimentação e Cultura Material religiosa.

PAULA ALMEIDA MENDES: Universidade do Porto – Hagiografia.

PAULO MENDES PINTO: Universidade Lusófona de Humanidades e Tecnologias – Autoridade religiosa.

PEDRO BRAGA FALCÃO: Universidade Católica Portuguesa – Dumézil e Etimologia.

PEDRO J. SILVA REI: Universidade Católica Portuguesa – Libertação.

PEDRO LIMA VASCONCELLOS: Universidade Federal de Alagoas – Apostasia, Blasfêmia, Caligrafia, Circum-ambulação, Croatto e Livros sagrados.

PIETRO NARDELLA-DELLOVA: Pontifícia Universidade Católica de São Paulo – Preconceito e Tolerância.

RAFAEL SHOJI: Pontifícia Universidade Católica de São Paulo – Etnicidade, Fusão de religiões, Religião digital e Wittgenstein.

RAFISA MOSCOSO LOBATO MENDONÇA MARTINS: Universidade CEUMA – Freud.

RENAN WILLIAM: Universidade de São Paulo – Pierucci e Weber.

RENATO DE LIMA DA COSTA: Pontifícia Universidade Católica de São Paulo – Fetiche, Hierarquia e Idolatria.

RITA MENDONÇA LEITE: Universidade Católica Portuguesa – Fundamentalismo e Libertação.

ROBERTO SERAFIM SIMÕES: Pontifícia Universidade Católica de São Paulo – Fisiologia da Religião e Meditação.

SABRINA ALVES: Pontifícia Universidade Católica de São Paulo – *Axis mundi*, Natureza.

SAMUEL DIMAS: Universidade Católica Portuguesa – Ideologia.

SANDRA DUARTE DE SOUZA: Universidade Metodista de São Paulo – Patriarcado/Matriarcado.

SÉRGIO ROGÉRIO AZEVEDO JUNQUEIRA: Instituto de Pesquisa e Formação de Educação e Religião (IPFER) – Ensino Religioso.

SILAS GUERRIERO: Pontifícia Universidade Católica de São Paulo – Antropologia da Religião, Divinação, Geertz, Magia, Mauss e Mead.

SUZANA RAMOS COUTINHO: Pontifícia Universidade Católica de São Paulo e Universidade Presbiteriana Mackenzie – Espírito, Puro/Impuro e Socialização.

TERESA TOLDY: Universidade Fernando Pessoa – Aculturação.

THALES MOREIRA MAIA SILVA: Universidade Federal de Juiz de Fora – Ciência Cognitiva da Religião.

TIAGO PIRES MARQUES: Universidade de Coimbra – Aparições.

AUTORES

Valéria Aparecida Rocha Torres: Universidade Metodista de São Paulo – Funeral e Sacrifício.

Valeska Freman B. Freitas Silveira: Pontifícia Universidade Católica de São Paulo – Santuário.

Victor Chaves de Souza: Universidade Metodista de São Paulo – Símbolo/Simbolismo.

Vinnicius Pereira de Almeida: Universidade Metodista de São Paulo – Socialização.

Wagner Lopes Sanchez: Pontifícia Universidade Católica de São Paulo – Carisma, Comunidade religiosa, Diáspora, Pioneiros dos estudos de religião no Brasil e Pluralismo religioso.

Welder Lancieri Marchini: Pontifícia Universidade Católica do Rio de Janeiro – Êmico/Ético, Festa, Sacramento e Tempo/Temporalidade.

Wellington da Silva Barros: Instituto São Paulo de Estudos Superiores (ITESP) – Küng.

Wellington Zangari: Universidade de São Paulo – Emoção, Experiências anômalas, James, Neurociências, Psicologia Anomalística e Semiótica.

Zulmira Santos: Universidade do Porto – Hagiografia.

INTRODUÇÃO

*O pensamento científico está
em estado de pedagogia permanente.*
Gaston Bachelard

O sistema de conceitos específicos consensuais entre membros de uma comunidade científica é constitutivo para a identidade da disciplina em questão. O compartilhamento de termos técnicos é um pré-requisito para a comunicação eficaz interna. Ao mesmo tempo, o vocabulário estabelecido é continuamente sujeito de discussões na busca de reformulações e inovações que refletem o *status quo* da pesquisa em andamento. Nesse sentido, um dicionário quer ser não somente uma ferramenta de trabalho para uma determinada área de conhecimento, como também um marco epistemológico para a mesma; trata-se de um projeto que expressa, ao mesmo tempo, um ponto de chegada de certos domínios teóricos e metodológicos traduzíveis em conceitos distintos, maduros e úteis e um ponto de partida, no sentido de um balanço provisório que ali se apresenta, mas que pede sucessivas atualizações. As rupturas epistemológicas são inerentes à construção das ciências e por isso elas estão em estado de "pedagogia permanente". Nessa perspectiva, num dicionário disponibiliza-se um marco epistemológico que cataloga e divulga a ciência em seu estado institucionalizado, já como ciência normal, sabendo, porém, da provisoriedade de todo o conhecimento, sempre em construção. Não é diferente com este primeiro *Dicionário de Ciência da Religião* em língua portuguesa. O leitor terá na memória outros dicionários análogos, porém dedicados à religião de um modo geral e, por conseguinte, estruturados com um leque mais amplo de verbetes que contemplam não somente temáticas como também fatos e sujeitos relacionados à temática. No caso do Brasil, vale citar a obra de fôlego elaborada por Hugo Schlesinger e Humberto Porto, *Dicionário enciclopédico das religiões* no final do século passado. Os estudos científicos da religião deram passos significativos nas últimas décadas e têm demonstrado boa *performance* na produção de conhecimentos na área, inseridos que são nos processos de consolidação institucional e nas exigências avaliativas dos órgãos governamentais. Nesse contexto sociopolítico, a elaboração de um dicionário dedicado aos estudos de religião expressa a consciência possível do estado da arte dessa ciência e disponibiliza aos públicos interessados sua própria legitimidade epistemológica, política e cultural; constitui, portanto, não um parâmetro concluído de uma espécie de autoridade semântica, mas um momento da própria produção ou construção científica da área que avança na tomada de consciência de si mesma.

O intuito deste catálogo de verbetes é explicitar de modo delimitado o estado dos estudos da Ciência da Religião em nossos dias a quem se interessa em aproximar-se de tal domínio teórico-metodológico ou aprofundar-se no estudo desse objeto amplo e complexo. O *Dicionário* nasce, portanto, para demarcar e não para concluir. Nesse

INTRODUÇÃO

sentido, o elenco de verbetes ora disponibilizado nasce como demarcação limitada de um universo de potencialidades teóricas e metodológicas condicionada pelo estado da arte da pesquisa e do ensino nos cursos de graduação e, sobretudo, de pós-graduação em língua portuguesa, bem como pelo universo epistêmico dos muitos autores envolvidos no trabalho.

A Ciência da Religião, com mais de cem anos, ainda busca seu espaço epistemológico e político na arena pública da comunidade científica, das universidades e do mercado de trabalho em nossos países. É fato que nos últimos anos o número de programas de pós-graduação tem aumentado significativamente no Brasil, estando hoje próximo a duas dezenas. Os cursos de graduação ainda dão os primeiros passos com suas habilitações para o ensino de religião. Se do ponto de vista estritamente epistemológico a Ciência da Religião goza de todas as prerrogativas de uma ciência normal, do ponto de vista dos processos de institucionalização ainda necessita conquistar legitimidades que a integrem no fluxo regular do exercício que faz as ciências: pesquisa-ensino-publicação-profissionalização. As peculiaridades históricas da formação da área em nossos países narram concretamente as possibilidades e os limites que compõem suas práticas acadêmicas no âmbito das universidades, onde Ciência da Religião é pesquisada, ensinada, divulgada e profissionalizada. O futuro dirá, por certo, como os percursos de construção dessa ciência a produziram de modo pertinente com suas regras próprias e com relevância maior para a sociedade atual. O *Dicionário* agora publicado participa desta história em andamento e desta ciência, como todas as outras sempre em construção, assim como em legítima exibição de sua especificidade e capacidade de dizer uma palavra (*dictio, onis*) sobre si mesma.

A palavra dita sobre si mesma liga passado e presente, ou seja, a longa tradição que constituiu a Ciência da Religião desde o século XIX, senão já antes, quando o estudo sobre o ser humano dava seus primeiros passos, e a semânticas presentes, advindas das pragmáticas curriculares e das trocas interdisciplinares. Um dicionário promove tal circularidade hermenêutica ao mesmo tempo reprodutora e criativa sobre as morfologias e sintaxes de uma determinada área de conhecimento, qual imagem congelada de um filme em movimento. Nesse sentido, articulam-se inevitavelmente no rol de verbetes as tradições epistemológicas e acadêmicas constituídas herdadas e reproduzidas com as compreensões atuais, assim como as conotações universais e locais de cada um deles. Por fim, trata-se de dizer uma palavra ancorada nos projetos de afirmação de uma área de conhecimento, o que significa necessariamente optar por nichos e focos epistemológicos nem sempre unânimes ou hegemônicos, ainda que de relativo consenso. Nesse sentido, a Ciência da Religião ainda disputa, de fato, nomenclaturas unificadas e configurações curriculares capazes de expressar com maior coerência e competência teórico-metodológica o estudo científico da religião, distinto, portanto, de outras ciências humanas e, de modo mais direto, distinto da teologia. Do contrário, nem sequer haveria esse estudo com objeto e método próprios.

Vale lembrar que o resultado ora disponível ancora-se em dois aspectos que valem ser mencionados: um de cunho histórico e outro emergente em práticas presentes. O primeiro diz respeito à sequência imediata da publicação com dois fatos que se interagem num duplo semântico: o Compêndio de Ciência da Religião e o desenho da árvore de conhecimento elaborado pela Associação Nacional de Pós-graduação e Pesquisa em Teologia e Ciências da Religião (ANPTECRE) e que hoje referencializa a área. Elaborados concomitantemente, fixaram uma compreensão de Ciência da Religião naquele momento importante de institucionalização da Ciência da Religião e da Teologia que ainda galgavam os caminhos políticos de reconhecimento como área independente, hoje área 44 da Coordenação de Aperfeiçoamento de Pessoal de Nível Superior (Capes). O segundo diz respeito a uma política acadêmica cada vez mais usual nos programas de pós-graduação, o processo de internacionalização. O *Dicionário* é fruto de uma parceria com pesquisadores portugueses, capitaneados pelos colegas da Universidade Católica Portuguesa. No bojo de outras parcerias com aquela instituição, a publicação celebra a possibilidade de trabalho conjunto dos dois lados do Atlântico no tocante aos estudos científicos de religião realizados com suas idiossincrasias acadêmicas pelo Programa de Estudos Pós-graduados da PUC-SP e pela área de Estudos de Religião da Universidade Católica Portuguesa. Por certo, as palavras ditas nos vários verbetes testemunham as diferenças que tornam o conjunto nitidamente internacional, precisamente por preservar as marcas linguísticas de ambas as partes. Com efeito, a realização do trabalho só foi possível graças ao esforço de uma equipe grande de colaboradores especialistas de Portugal e do Brasil. Seguem os agradecimentos a todos e a cada um pela colaboração preciosa.

No que tange ao vínculo com a institucionalização da área nos dois eventos mencionados, o *Dicionário* quer dar um passo adiante e reafirmar, mais uma vez, a especificidade epistemológica da Ciência da Religião, sem o que ela perde sua razão institucional de ser, mesmo habitando o mesmo espaço político-institucional com a teologia e desdobrando--se da epistemologia comum das ciências humanas. E se ainda vale o clássico princípio lógico, é necessário distinguir para unir, ou seja, definir os espaços disciplinares que se possa praticar a interdisciplinaridade. Vale lembrar mais uma vez que a Ciência da Religião nasceu como ramo das demais ciências dedicadas ao ser humano que tomaram forma teórica, metodológica, disciplinar e curricular na segunda metade do século XIX; nasceu rompendo com as abordagens especulativas da milenar tradição filosófica e com as abordagens valorativas da teologia. Se essa raiz histórica não constitui um dogma para nenhuma das chamadas ciências humanas, fixa, no entanto, um ponto de partida que define todo o progresso posterior, ainda que seja fato tratar-se de um progresso que conta com a inevitável dialética das trocas epistemológicas entre as áreas de conhecimento que se esgalham na medida em que se especializam. A história da Ciência da Religião narra de modo inequívoco a constituição de uma área de conhecimento desvencilhada de pressupostos de fé nos moldes metodológicos da teologia, mesmo que os condomínios acadêmicos a tenham colocado lado a lado e, em muitos casos, quase identificada com essa parceria mais política que epistêmica.

É no interior dessa delimitação epistemológica e com o modesto objetivo de mapear os conceitos que a estruturam que os verbetes estão dispostos, tanto os que oferecem o estado da arte de questões clássicas e atuais quanto os que descrevem fatos e entidades que contribuíram e contribuem com o exercício dessa ciência específica, nos distintos momentos em que se faz presente nas academias. O usuário de toda ferramenta conceitual depara-se com repetições e novidades, a depender de suas pré-noções confrontadas com a objetividade do texto. E, como em todas as ciências, a pluralidade de visões faz parte das comunidades científicas e do que pretende instituir-se como paradigma oficial. Nesse círculo hermenêutico, o *Dicionário de Ciência da Religião* entra em cena e se oferece à crítica, sobretudo à do publico estudioso da área; apresenta-se, com efeito, com pretensões de contribuir com o avanço da área nesse momento histórico fecundo e desafiante para todas as ciências no País, senão no planeta como um todo, quando as garantias modernas de distinção entre as ordens secular e religiosa demonstram seus limites, e exigirá, da parte dos estudiosos, revisitações e reformulações. O discernimento científico do dado religioso que avança para territórios garantidamente laicos poderá ser uma tarefa desafiante e marcada de originalidade para os estudiosos de religião, mormente para os cientistas da religião. Nesse contexto, o estudo da Ciência da Religião adquire maior relevância e até mesmo grande urgência.

Um dicionário oferece uma ferramenta conceitual e de aplicação analítica para os usuários de uma área; disponibiliza um mapa ou atalho para quem trilha caminhos (*meta-odos*) na direção de um determinado objeto; trata-se, nesse sentido, de um instrumento e não propriamente de uma resposta, sendo esta a missão direta dos pesquisadores e estudiosos. Os mais de duzentos verbetes que compõem este *Dicionário* foram elaborados por mais de cem autores, oriundos de muitas instituições de ensino ligadas de alguma forma à Ciência da Religião; sem eles, o presente trabalho não teria existido com a extensão e a diversidade de abordagens que exibe no conjunto e em cada verbete. Merece menção a colaboração intensa do Prof. Wagner Lopes Sanchez na revisão do extenso material que compôs o conjunto e as partes dessa obra. Uma palavra final de elogio e agradecimento aos pesquisadores das universidades portuguesas que abraçaram o projeto com entusiasmo e competência. Mais que uma meritória soma de forças, a parceria abriu horizontes teóricos, metodológicos e políticos para as comunidades científicas da área nos dois países. Mais que um ponto de chegada, demarca-se aqui um ponto de partida para aprofundamentos futuros e para parcerias profícuas para a área.

Os organizadores

A

ABSTINÊNCIA

O *Webster Dictionary of English Language* define abstinência como: 1) abster-se de ou privar-se de comida, bebida ou prazer. 2) Uma forma moderada de jejum. O *Dicionário Aurélio da língua portuguesa* define abstinência como: 1) Abstenção. 2) Qualidade daquele que se abstém. 3) Privação voluntária. 4) Privação da carne de certos animais como alimento, por penitência. No *Dicionário etimológico da língua portuguesa* encontramos as seguintes derivações: Abstêmio: "aquele que se abstém de bebidas alcoólicas, sóbrio". Do latim *abstemius*. Abster: "privar-se de, evitar". Do latim *abstinere*. Abstinência. Do latim *abstinentia*. Absterger: "limpar, purificar". Do *latim abstergens*.

Ainda na busca por seus sinônimos, encontram-se palavras correlatas que podem ser divididas em cinco grupos de sentido: 1) Privação, abstenção, desistência, isenção, renúncia, ascetismo. 2) Comedimento, contenção, continência, moderação, parcimônia, redução, sobriedade, temperança. 3) Castidade, celibato, recato, recolhimento, virtude. 4) Dieta, frugalidade, jejum. 5) Penitência. Segundo tais definições, a abstinência pode variar de um radicalismo asceta ou penitência severa à moderação expressa na virtude da temperança, seja como for, o que mais se evidencia em matéria de abstinência é o controle sobre os próprios desejosρ e as ações ligadas a estes, notadamente no que diz respeito ao sexo e à comida.

Nunca se come qualquer coisa, em qualquer momento, com qualquer pessoa; há regras tácitas sobre o comer (inclui-se aqui o consumo de bebidas), da mesma maneira que, como já nos ensinaram as estruturas de parentesco e os rituais de iniciação sexual, o sexo também nunca é um ato livre de regras. Nesse sentido, nada nos faz perceber mais a ação da religiãoρ – como cultura ou modeladora dela – sobre o corpo do que a abstinência, que, em casos extremos, pode fazer o corpoρ reagir contrariamente a seus instintos de sobrevivência mais básicos: o instinto individual, que resulta na fome, para a alimentaçãoρ do sujeito, e o instinto de espécie, que resulta no desejoρ sexual, para a reprodução. Embora tais instintos sejam bastante imperativos, transgredir tabus religiosos pode parecer mais ameaçador à existência, pelo menos da almaρ, do que negar os desígnios naturais.

Seja a abstinência de alimentos, bebidas, sexo, seja até mesmo da fala (como é o caso dos votos de silêncio), trata-se da materialização de cosmo-percepções, discursos e crençasρ, tendo, para tal, o corpo como mídia. Nestes casos, o corpoρ é o meio de devoção ou de pecado por excelência; nele, valores e significados são inscritos e por ele são expressos ou mesmo transformados, como no caso de se pagar penitência com jejum ou numa conversão religiosaρ, onde o corpoρ passa a desempenhar novas atividades e/ou cessa as anteriores, urdindo novas experiências e aprendizagens. Sendo o corpoρ sujeito de construções infinitamente variáveis, cada religiãoρ o definirá de maneira particular, o que resultará nas práticas e nas formas como o modela. Dessa maneira, a restrição de comidas, bebidas, sexo e/ou fala, apesar de constarem em todas as religiões, apresentam-se por razões e com significados diversos, porém, todas as religiões normatizam tais atividades. Pendam as justificativas de tais normatizações para a mitologiaρ ou para a medicina, uma coisa é certa: nas religiões, os excessos ou práticas sem regras são sempre condenáveis.

Nesse contexto de normatizações devemos, porém, fazer uma distinção importante para compreender a abstinência: uma coisa é a interdição – uma lei não negociável, não deixando escolha –, outra é privar-se de algo necessário ou prazeroso, que pode ser desencorajado, mas não proibido, e aqui é onde mora a abstinência. De maneira geral, a abstinência caracteriza-se como prova autoimposta. Há escolha entre ser um monge, portanto, ser obrigatoriamente celibatário e com restrições alimentares, ou pertencer à mesma religiãoρ sendo casado, poder fazer sexo e ter maior flexibilidade nos preceitos alimentares, impondo-se, por razões espirituais, em ambos os casos, mais restrições do que, de fato, é exigido.

I. Comida, sexo, prazer e ascetismo. As definições de abstinência podem variar ligeiramente em respeito à privação da alimentaçãoρ ou da atividade sexual e as religiões podem referir-se exclusivamente a uma coisa ou outra, ou às duas. No entanto, alimentaçãoρ e sexo parecem apresentar uma relação quase universal. Em diversas religiões, interditos alimentares e sexuais temporários ocorrem concomitantemente como se demarcassem um tempo sagrado, precedendo iniciações ou rememorando acontecimentos míticos, por exemplo. Há casos também em que a abstinência alimentar pode purgar atos sexuais considerados pecaminosos. Outra relação especialmente evidenciada pelas religiões se deve aos excessos – os excessos acerca da alimentaçãoρ levariam aos excessos do sexo e vice-versa, como se fossem duas nuances de um mesmo tipo de "abuso" ou desobediência. É comum encontrar textos que classifiquem a gula como um tipo de luxúria e ainda mais frequente é o alerta de que o excesso de comida ou a ingestão de alimentos considerados "quentes" despertariam a concupiscência – a luxúria é servida com a gula, enquanto o jejum acompanha a castidade. Em algumas línguas o vocábulo *comer* pode, vulgarmente, designar o ato sexual, do mesmo modo que, para uma bela mulher (também para o homem, mas com menor frequência), diz-se que é "gostosa". O prazer que o alimento e o sexo podem causar é frequentemente apontado como uma semente do pecado ou pelo menos como uma causa frequente no desvio da espiritualidade♀. Importante referência sobre a conduta no Islã, o filósofo iraniano Abu Hamid Al-Ghazali (1058-1111), em seu livro *Curbing the two appetites* ("Dominando os dois apetites"), afirma desde o título a relação entre essas duas atividades humanas, em que a satisfação do estômago seria o início das demais infrações: "De fato, o estômago é a fonte de cobiça e a causa das doenças e do mal, por aquilo que deseja ser seguido pelo desejo♀ do pênis por coito com a mulher. Comida e sexo levam a um intenso desejo♀ de ostentação e riqueza, a todos os tipos de inveja e cobiça, gerando inveja, ciúme, hostilidade, inimizade, fazendo com que pessoas se comprometam com o ultrajante, o condenável e o adultério. Estes são os frutos de sucumbir ao estômago e suas exigentes demandas por comida e saciedade" (Al-Ghazali, 1992, p. 32).

Tertuliano de Cartago (155-220), importante teólogo da Patrística cristã, também correlacionava sexo e alimentação♀. Acerca de sua visão entre os dois aspectos, o autor Peter Brown descreve: "O coração era um sismógrafo que vibrava instantaneamente ao mais ínfimo abalo sexual, à mais fugaz imagem♀ sexual. O desejo♀ sexual crescente registrava a mais diminuta porção de alimento consumida além da norma prescrita". Tertuliano falou em nome da Nova Profecia, defendendo os jejuns prolongados e a continência com inflexível precisão médica. O jejum era necessário: "Toda a habitação da pessoa interna fica saturada de alimento [...] um fluxo de pensamento que anseia por eliminar sua carga de excremento transforma-se em nada além de uma obsessão com o lavatório. Não lhe resta outra coisa senão passar daí para as ideias de concupiscência" (Brown, 1990, p. 75).

Em muitas das tradições que defendem algum tipo de abstinência, o corpo apresenta-se como uma oposição ao espírito, suas necessidades são vistas como um entrave que desvia a atenção para algo inferior. Essa visão tende a limitar certas atividades do corpo♀ a um caráter utilitário – comer para se manter vivo, sexo para procriação –, de forma que o prazer obtido com essas ações não teria uma função, tornando-se, ao contrário, o objetivo, o excesso de comida poderia até matar, e o de sexo, trazer filhos

bastardos e doenças. O Cristianismo sempre defendeu como fundamentos de sua moral a monogamia, a prática da sexualidade♀ exclusiva por conta da reprodução e, em consequência disso, a ausência do prazer na relação sexual.

Nesse caso, o prazer que o abstêmio deseja alcançar é exclusivamente espiritual, o do encontro com Deus ou o domínio de si mesmo. Abstinências radicais, mortificações do corpo, o contato com a dor e a proximidade com a morte♀ poderiam gerar tanto uma sensação quanto uma imagem♀ algo heroica, frequentemente atribuída aos mártires da Igreja♀, por exemplo.

"Atanásio, na sua *Vida de Antônio*, conta como este monge, aterrado pelo desejo♀, privou-se do sono, do conforto e do alimento. Jejuar ou comer pouquíssimo, ingerir alimentos que não estimulassem a circulação sanguínea, abster-se de vinho: eis os procedimentos indispensáveis a quem lutasse pela castidade. A gula, aliás, fazia par com a fornicação no rol dos vícios" (Vainfas, 1992, p. 17).

Jejuar, em relação ao controle do desejo♀ sexual, é visto, de maneira geral, como um recurso para evitá-lo: "O profeta [Maomé] disse: 'Jovem, tenha consciência♀ da fornicação; aquele que não é capaz de controlá-la deve jejuar para diminuir o desejo♀ sexual'" (Al-Ghazali, 1992, p. 98). Ao mesmo tempo, constitui um remédio, no sentido de servir como penitência: "[...] os monges sonhavam com mulheres, que lhes aguçavam o desejo♀, mas também com a libertação♀ castradora" (Vainfas, 1992, p. 17); logo, quando tinham fantasias ou, ainda, as poluções noturnas, jejuavam severamente. Se a gula leva a um pecado maior, a luxúria, o jejum é a redenção rumo à castidade.

Na prática, ascetismo e abstinência se confundem, pois as asceses, tanto no Ocidente como no Oriente, implicam vários tipos de abstinência. Os objetos de abstinência e as técnicas para alcançá-la podem variar um pouco, mas o princípio de um treinamento de si mesmo no domínio dos apetites e a busca por uma negação ou independência dos prazeres corporais são objetivos comuns das asceses em diferentes tempos e locais.

A palavra ascese vem do grego *áskesis* e significava inicialmente exercício ou treino dos atletas, mas rapidamente, entre os gregos antigos, passou a designar um treino do espírito, exercício de vontade e de intelecto; todavia, com os estoicos, a ideia de domínio sobre as próprias vontades extremou-se e a palavra assumiu a conotação de renúncia, com objetivo de dominar a concupiscência. Ronaldo Vainfas justifica o ascetismo estoico da seguinte maneira: "Domínio sobre si mesmo em favor do bem público, eis por que os filósofos clássicos recomendavam a austeridade sexual. O *Cuidado de si*, com vistas, antes de tudo, ao equilíbrio e ao bem-estar do indivíduo, eis a razão da austeridade estoica" (Vainfas, 1992, p. 84). Embora o Cristianismo tenha sido o agente a consolidar o caráter religioso do ascetismo no Ocidente, na religião grega pagã já havia o hábito de abster-se de sexo, carnes e vinho, conforme o culto. Em Pérgamo, pessoas convalescentes, esperando por uma visão curadora enquanto dormiam no templo, tinham de primeiro observar certas regras de pureza, abstendo-se de sexo, queijo e carne de cabra. Em Oropo, se *A vida de Apolônio* for uma fonte confiável, qualquer pessoa que buscasse o oráculo♀ deveria abster-se de comida por um dia e de vinho por três dias (Finn 2009, p. 16). Esse mesmo autor ressalta que abstinências temporárias eram ordinárias, por razões pontuais; entretanto, a abstinência permanente e autoimposta de qualquer coisa era bastante incomum. ·

O ascetismo cristão é tributário da Patrística, e os Padres do Deserto, por sua vez, foram bastante influenciados pela ascese grega. Figuras como Clemente de Alexandria, Tertuliano, Orígenes, Atanásio de Alexandria, Basílio de Cesareia, Pacômio, entre outros, criaram os princípios do modo de vida cristão a partir de práticas e valores gregos. No entanto, "os cristãos, ao invés de recomendar, preferiram impor, e impunham não apenas a austeridade, mas a renúncia de si, ou seja, a recusa daquilo que era visto como o grande mal: o prazer" (Vainfas, 1992, p. 84).

Havia entre esses Padres os que viviam como eremitas, os *anacoretas*, e os que passaram a viver em comunidades monásticas, os *cenobitas*. Pacômio, nascido em 292 e que se tornaria mais tarde São Pacômio, fundou comunidades monásticas. "A *História Lausíaca* de Paládio conta como Pacômio teve a visão de um anjo que lhe havia ditado as regras para os monges" (Finn, 2009, p. 133). Pouco tempo depois de tornar-se asceta, Pacômio passou a ser seguido por outros irmãos ascetas, sendo então chamado de "pai", *aba*, palavra que deu origem à palavra "abade". Pacômio chegou a uma forma de vida monástica que se expandiu rapidamente; ele fundou dois monastérios que chegaram a ter cerca de mil monges e, mais tarde, foram fundadas mais sete casas para homens e dois conventos para mulheres, submetidos à ordem de Pacômio. As regras de conduta estabelecidas sobre a vida nesses locais ficaram conhecidas como *Regra de Pacômio* e se preocupavam em evitar as tentações da comida e, principalmente, as do sexo, inclusive entre os irmãos de fé, como se pode ver em algumas de suas instruções: "1. cobrir os joelhos quando sentados em assembleia; 2. não levantar a túnica muito alto quando lavasse a roupa; 3. evitar olhar os outros no trabalho ou nas refeições; 4. não manter relação direta com um irmão, mas fazê-lo através do responsável da semana; 5. não emprestar, nem trocar coisas; 6. não prestar serviço a algum irmão, nem mesmo para tirar um espinho do seu pé, e muito menos banhá-lo ou untá-lo; 7. não ficar só com um irmão na cela, nem se deitar na mesma esteira; 8. não montar num mesmo jumento; 9. não

se falar no escuro ou dar-se as mãos; 10. manter entre si e o irmão a distância de pelo menos um côvado" (Vainfas, 1992, p. 18).

Retornando como cristão batizado, Santo Agostinho (354-430) estabeleceu, na propriedade de sua família na África, uma comunidade quase monástica com seus amigos. Lá, ele teria escrito seu tratado *Sobre o trabalho dos monges*. Foi nessa época que começaram a surgir monastérios em Cartago. Agostinho foi o teólogo de quem mais se soube sobre os hábitos sexuais, por ele próprio, em sua obra *Confissões*. Seu arrependimento por ter vivido pecaminosa e imoralmente, especialmente em relação ao comportamento sexual, fê-lo defender a continência e a ascese.

Nascido em 480, Bento de Núrsia, após anos vivendo como eremita e enfrentando muitos inimigos que desaprovavam sua austeridade inabalável, funda a Ordem de São Bento ou Ordem dos Beneditinos, e dita sua *Regra Beneditina*, um conjunto de regras que determinam toda a vida do monge, incluindo como quando e quanto comer, como dormir, como vestir-se, além de pormenores de conduta em relação aos irmãos. Os beneditinos consideram ter na ascese o instrumento da liberdade espiritual e de retorno a Deus: é a libertação♀ da alma♀ da prisão do corpo. Existem dois aspectos fundamentais: a "renúncia ao prazer e a luta contra as tentações". As *Regras de São Bento* merecem ser citadas por terem se tornado referência para regras em outras ordens, pois, apesar de escritas no século VI, realmente se disseminaram por volta do século XVIII, influenciando grande parte dos monastérios europeus.

Um aspecto importante a ser considerado no ascetismo cristão consiste no exemplo do martírio de Cristo. O fato de Cristo ter suportado tantos tormentos físicos deu a homens e mulheres um modelo (sacrifical) que justificaria sofrimentos e condenaria os prazeres do corpo. No começo, cristãos chamaram a atenção por sua coragem e calma perante a morte♀, fosse ela causada pelas pestes que assolaram o Império Romano, fosse pela perseguição por conta de sua fé em Cristo. A ideia de ser liberado do corpo, associada à purificação que o sofrimento físico poderia proporcionar, resultava num ascetismo que buscava a mortificação do corpo♀ através de jejuns extremos, castidade absoluta e castigos♀ corporais, como o cilício, "mas não bastava privar-se do sono ou da comida, não bastava enfraquecer o corpo: era preciso flagelá-lo, torturá-lo, mortificá-lo. Na *História Lausíaca*, Panchon colocou uma víbora entre seus genitais; Evagre passou noites num poço gelado; Filomoso amarrou-se com correntes" (Vainfas, 1992, p. 17). Tais práticas de autopunição duraram até à Idade Moderna, quando a Reforma♀ Protestante, com seus questionamentos acerca das práticas e rituais impostos pela Igreja♀, facilitou o abrandamento e até mesmo a extinção dessas atitudes, especialmente dos castigos♀ corporais e mortificações. Entretanto, moderação na alimentação♀ e pudor em relação ao sexo continuaram a ser associados à boa moral.

No Islã, a vida ascética encontra-se especialmente no Sufismo, a corrente mística♀ islâmica. Nessa vertente encontram-se práticas ascéticas tais como jejuns e um austero controle da sexualidade♀. "Antes do surgimento das ordens Sufi, depois do século XII, místicos devotos reforçaram o ascetismo e o desapego do mundo à sua volta" (Al-Ghazali, 1992, p. 20). Foi então que a obra de Al-Ghazali tornou-se um verdadeiro manual de conduta do ascetismo islâmico, sendo referência até os dias de hoje. "Após um longo retiro de contemplação mística♀, seu trabalho resultou numa versão das *Confissões* de Agostinho, sob o título de *al-Munqidh min al-Dalal* (O começo do fim)" (Al-Ghazali, 1992, p. 23).

"A fome tem benefícios. O primeiro deles é a purificação do coração e o despertar da intuição, assim como facilitar a percepção. Saciedade causa apatia e cega o coração. Ela aumenta a confusão no cérebro do mesmo jeito que a embriaguez, até subjugar os elementos do pensamento; carrega o coração e diminui ambos, o processo de pensamento e a rapidez da percepção. O jovem que se permite a indulgência pela comida não é capaz de memorizar (o Corão); seu pensar é distorcido, sua compreensão e percepção, reduzidos. Outro grande benefício reside no controle dos desejos♀ de todas as provocações. Ter o controle de si é superar o mal" (Al-Ghazali, 1992, p. 47).

No Hinduísmo bramânico, o ascetismo estaria, segundo sua doutrina, incluído na vida de todos os homens, sendo a sua última fase a *Samnyasa*, ou fase da renúncia, após o indivíduo já ter feito seu aprendizado com um guru, ter casado e tido filhos e construído sua vida material. De acordo com os princípios bramânicos, a renúncia significa o desapego – e até mesmo certa repulsa a todas as coisas da vida mundana. "Esse desapego é baseado na convicção de que nada dentro do *Samsara*, nem mesmo os prazeres do céu, podem realmente satisfazer a espera humana por felicidade♀ total e permanente" (Olivelle, 1992, p. 75). Assim, o indivíduo abandona sua vida em família, suas roupas e hábitos alimentares para viver como um mendicante ou renunciante. Ele renuncia ao fogo, que nessa religião é um dos elementos centrais – um deus –, a quem se oferecem sacrifícios♀ regularmente. A renúncia, neste caso, implica não mais fazer tais rituais ao fogo nem usá-lo para cozinhar; assim, ele é mendicante no sentido de pedir sua comida. Os que os alimentam, por sua vez, também recebem suas bênçãos.

"O estado não ritualístico da renúncia é representado como a máxima perfeição do ritual. Dentro deste contexto, o abandono dos ritos e acessórios rituais é considerado como um processo de internalização. O abandono do fogo físico, por exemplo, é visto como a internalização do fogo na forma do hálito ou do fogo interno responsável pela digestão" (Olivelle, 1992, p. 68).

Segundo o texto *Brihat-Samnyasa Upanishad*, 272, "pessoas se apegam através dos ritos e são desprendidas pelo conhecimento. Ascetas sábios não executam ritos" (p. 78). Acredita-se que a renúncia tenha o poder de apagar os pecados do renunciante e produzir recompensas divinas a seus parentes (p. 71).

Com relação ao Budismo, a própria história de Sidarta Gautama conta como o monge começa em um ascetismo radical e percebe depois como a austeridade e a rigidez nas práticas ascéticas também podem configurar distrações. Antes de falar em caminho do meio, Buda, vivendo na floresta, havia jejuado austeramente por seis anos. Um dia escutou um músico falando sobre um instrumento a um de seus alunos: se a corda estiver muito frouxa, o instrumento não produzirá o som desejado, mas, se estiver muito esticada, poderá arrebentar. Buda viu a si mesmo nesse exemplo: uma corda que, pela austeridade, estaria prestes a arrebentar. Naquele momento, uma aldeã lhe ofereceu uma tigela de arroz, a qual ele aceitou e, mudando sua alimentação♀, chegou ao caminho do meio, nesse caso, a moderação, pois ambos os extremos podem desviar o monge de seu caminho. Entre as práticas ascéticas deixadas por Buda a seus discípulos, encontram-se regras que quantificam e tipificam a alimentação♀ do monge, mas o objetivo não é a mortificação do corpo.

Em contextos ascéticos é comum encontrar uma abstinência muito específica: a da fala. Nas mais diversas religiões os sons são controlados: há os momentos de falar, os de cantar e os de silenciar. Assim como o jejum e a continência sexual, os votos de silêncio implicam disciplina e autocontrole. No ascetismo do eremita, o silêncio é imposto pela solidão, enquanto no ascetismo monástico o desafio é maior pela convivência em comunidade. Por vezes, a comunicação entre os coabitantes é necessária por questões de trabalho; portanto, há regras estritas para limitar esse contato. No contexto monástico, conversas podem ser consideradas fontes de distração. "Se você estiver concentrado em pensamentos sobre Deus, através da desistência de conversas inúteis, a inspiração♀ de Deus♀ pode, repentinamente, alcançar sua alma♀" (Al-Ghazali, 1992, p. 44). Em várias religiões o silêncio é interpretado como um recurso para se ouvir a Deus, a uma consciência♀ superior ou a si mesmo, de acordo com cada tradição.

No Hinduísmo, no Budismo e no Jainismo, a palavra *mauna* designa silêncio; entretanto, o sentido é amplo, não se trata apenas de abster-se da fala, como também do silêncio da mente, a fim de alcançar a consciência♀ mais profunda. *Mauna* é o silêncio espiritualmente motivado, e não apenas a ausência de sons. Segundo explicações da diretora do Yoga Institute, Dra. Hansaji, para falar o sujeito pensa, portanto, para que sua mente "não fale", deve abster-se especialmente da fala verbal. Além disso, quando ouvidas, palavras podem ferir; falar desnecessariamente pode acarretar carmas, depedo de como o interlocutor toma a mensagem. *Mauna* é um dos conceitos básicos para a prática da ioga, bem como para a saúde do indivíduo.

No ascetismo cristão há regras explícitas e restrições formais quanto ao uso da fala, especialmente na vida monástica em comunidade: as regras de São Pacômio não proíbem o jejum nem a refeição, mas proíbem comer junto a algum forasteiro e conversar às refeições. Na *Regra Beneditina*, ainda que sejam conversas boas, santas e edificantes, raramente se concede aos discípulos licença para falar, pois "falando muito não foges ao pecado", e "a morte e a vida estão em poder da língua". Falar e ensinar compete ao mestre; ao discípulo convém calar e ouvir. Por isso, se é preciso pedir alguma coisa ao superior, deve-se pedir com humildade e submissão. Os monges trapistas do Mosteiro Trapista Nossa Senhora do Novo Mundo, em Curitiba, ordem originada a partir da Ordem Cisterciense no Mosteiro de Trappe, seguem a *Regra de São Bento*; entretanto, a restrição sobre a fala tem grande peso, de tal maneira que são conhecidos como os "monges do silêncio". Falam só o necessário acerca de alguma tarefa e, se possível, por sinais. Sua voz é apenas destinada ao canto sacro e às orações.

Além da fala está o som mais reprimido, o riso. Em geral, mas especialmente nas religiões abraâmicas, o riso é tido como altamente dispersivo e até mesmo ofensivo. "Clemente abominava a explosão grosseira do riso. Sua liberação súbita e instintiva lhe parecia uma tentativa deliberada de sabotar o fluxo comedido das palavras humanas conscientes, que ecoavam em sons controlados e inteligíveis a ordem serena e duradoura da Palavra Divina de Cristo na alma" (Brown, 1990, p. 113). No contexto monástico, o riso é ainda mais condenado, provavelmente por contrastar com a ideia de martírio. Na *Regra de São Bento* encontramos: "Já quanto às brincadeiras, palavras ociosas e que provocam riso, condenamo-las em todos os lugares a uma eterna clausura, para tais palavras não permitimos ao discípulo abrir a boca". Para Al-Ghazali, teólogo que as bases da ascese islâmica, o riso também é deplorável, e sua abstinência deve seguir a abstinência de comida e sexo, conforme escreve em *Curbing the two appetites*: "Quando o Profeta [Maomé] foi perguntado: 'Quem entre os mortais seria o mais virtuoso?', ele respondeu: 'Aquele que come e ri menos e se contenta com aquilo que lhe cobre a nudez'" (Al-Ghazali, 1990, p. 16). "O Profeta [Maomé] disse: 'Elevem seus corações com menos risadas e menos saciedade, pois através da fome corações são purificados e suavizados'" (p. 47).

II. Jejum. O termo designa a privação total ou parcial de alimentos durante um tempo determinado; logo, diferente de interditos ou tabus alimentares, em que certos alimentos são absolutamente proibidos. A ideia do jejum voluntário é antiga e está presente em várias religiões. Todas as sociedades têm memórias dos tempos pré-industriais, quando a fome foi experimentada com certa constância. É possível que essa dolorosa experiência da fome tenha levado comunidades a crer que controlar intencionalmente tal necessidade poderia convencer os deuses a atendê-las. Quanto mais abundância, mais difícil se torna este sacrifício, que só é válido quando há alimento para ser recusado. O jejum pode ser considerado como a mais difícil prova de devoção, já que comer é uma condição para a vida, diferente da recusa ao sexo ou da ingestão de bebidas alcoólicas.

Algumas religiões possuem jejuns coletivos que ocorrem em ocasiões determinadas, com finalidades específicas, e há também os jejuns individuais, feitos por iniciativa do indivíduo, como acontece principalmente nas vertentes ascéticas das religiões. Entre os jejuns coletivos podemos nomear o Ramadá no Islamismo. Em respeito ao período em que Maomé teria recebido do anjo Gabriel o Corão, jejua-se durante todo o nono mês do calendário islâmico. O jejum, neste caso, é total, incluindo a água, do nascer ao pôr do sol, e é feito por ascetas e leigos. Há também um jejum expiatório para faltas cometidas, previstas pelo Corão: "Homicídio de um correligionário (4, 92), juramento em vão (5, 89), caça em estado de consagração (5, 95) e repudiar a esposa (58, 4)" (Souza, 2015, p. 89). Entre os ascetas islâmicos, jejuns devem ser realizados constantemente como forma de devoção: "Não há comprometimento mais estimado por Deus do que a fome e a sede [...]. Ninguém que esteja de estômago cheio entrará no reino dos céus" (Al-Ghazali, 1992, p. 16). E também como forma de autocontrole, especialmente para evitar pecados mais graves, como os da concupiscência: "Em relação à luxúria dos genitais, seus demônios não estão escondidos. Fome é o suficiente para evitar estes demônios. Um homem que se encontra satisfeito não pode controlar seus genitais, mesmo quando restrito pela devoção" (p. 53).

No Judaísmo, o jejum do dia do perdão ou dia da expiação, o *Yom Kipur*, é realizado coletivamente no décimo dia do mês de *Tishrei* (set./out.) do calendário hebraico. Ele se inicia no pôr do sol e termina quando surgem as estrelas do dia seguinte. Ele encerra um período de reflexões e meditações de dez dias, o qual marca o começo do ano-novo. "O foco do dia são as necessidades espirituais; portanto, as físicas são temporariamente postas de lado para que se encontre no pedido de perdão por todas as maneiras pelas quais se tenha transgredido no ano que passou [...] e assim se comece o ano de consciência limpa" (Souza, 2015, p. 63). Há também o jejum dos primogênitos, realizado na véspera da *Pessach*, páscoa judaica, e outros: o jejum em memória ao cerco a Jerusalém pelos babilônios; o jejum para lembrar o jejum de Ester; o jejum para rememorar o rompimento das muralhas de Jerusalém pelos romanos; e o jejum para lembrar o assassinato do governador judeu, Guedalia, último golpe de destruição do reino.

ABSTINÊNCIA

O Cristianismo tem uma longa história com o jejum. A Bíblia cristã possui muitas referências a ele, já que "para Cristo, como para o santo par no Éden, foi o apetite terreno a primeira grande tentação. Exatamente onde começara a ruína, deveria começar a obra de nossa redenção. Como, pela condescendência com o apetite, caíra Adão, assim também, pela negação do mesmo, deveria Cristo vencer" (White, 2013, p. 163). Em Mateus (4,1-4) talvez se encontre a passagem mais emblemática sobre o jejum, pois fala do jejum do próprio Cristo: "(1) Então foi conduzido Jesus ao deserto pelo Espírito para ser tentado pelo diabo. (2) E, tendo jejuado quarenta dias e quarenta noites, depois teve fome. (3) E chegando-se a ele, o tentador disse: 'Se tu és o Filho de Deus, manda que estas pedras se tornem pães'. (4) Ele, porém, respondendo, disse: 'Está escrito: *Nem só de pão viverá o homem, mas de toda a palavra que sai da boca de Deus*'".

Outra passagem de Mateus reforça a ideia do jejum contra a tentação do demônio: "Esta casta de demônio não se expulsa senão pela oração e pelo jejum" (Mateus 17,21). Em Esdras, o jejum aparece como um recurso para se falar com Deus: "Então apregoei ali um jejum junto ao rio Aavá, para nos humilharmos diante da face de Nosso Deus, para lhe pedirmos caminho direito para nós, e para nossos filhos, e para toda a nossa fazenda" (8,21). Ainda em Esdras, como em outras passagens, o jejum é sempre acompanhado de orações, associação comum também nas tradições islâmica e judaica: "Nós, pois, jejuamos e pedimos isso ao nosso Deus, e moveu-se pelas nossas orações" (8,23).

Do Cristianismo primitivo até o fim da Idade Média, a gula como pecado e o jejum como a solução para ele foi tema recorrente entre teólogos. Se no começo do Cristianismo houve muita discussão sobre as regras do comer, na Idade Média os jejuns estavam bastante sistematizados, e eram coletivos e obrigatórios à população leiga, especialmente o jejum de carne vermelha, na Quaresma, na Semana Santa e em todas quartas e sextas-feiras.

"No Cristianismo jejuar tomou a conotação de abstinência de certos alimentos e fazer apenas uma refeição nas vésperas de dias santos. [...] Para ser preciso, a abstinência de comida no Cristianismo medieval seguia o conceito de 'comida seca', isto é, viver de pão, sal e água, eventualmente suplementada por frutas e vegetais" (Adamson, 2004, p. 186-188).

Comida seca era a comida sem sangue e, por extensão, sem carne. E, ao contrário do jejum de comida seca, *xerofagia*, havia o jejum só de líquidos (Shaw, 2008, p. 80).

Além de prova de devoção e pertencimento – já que quem não os cumprisse poderia ser acusado de heresia –, eram também penitência e punição sobre pecados, tais como os de natureza sexual. Relações sexuais em dias santos, em locais públicos ou em posições que não favorecessem o coito eram sempre punidas com jejuns, a pão e água, de dez a quarenta dias, repetindo-se por vários anos, dependendo da gravidade da infração.

Nos dias de hoje, a Igreja Católica prega o jejum individual, de forma esporádica, como sugestão de uma prática que pode ajudar tanto no autocontrole como na expiação dos pecados. Com grande facilidade se encontra na internet, por exemplo, instruções para a realização do jejum e os tipos de jejum atestados pela Igreja, todos recomendando que se tenha cautela na execução do exercício, a fim de não acarretar danos à saúde. Há quatro tipos de jejum: o "jejum da Igreja", no qual, após o café da manhã, escolhe-se não fazer uma das refeições, almoço ou jantar, nem comer nada entre os intervalos; o "jejum a pão e água", em que, após o café da manhã, passa-se o resto do dia com pão e água, sugerindo-se comer pão integral ou sírio, por serem mais substanciosos, e não ingerir água e pão ao mesmo tempo, para que não fermentem, gerando dor de cabeça; o "jejum de líquidos", em que, após o café da manhã, o fiel passa o dia com chás, sucos, água de coco e sopas bem líquidas com sal, por conta da pressão; e o "jejum completo", recomendado apenas para os que já estão acostumados com a prática, pois não permite a ingestão de nenhum alimento após o café da manhã, apenas água (cf. site da comunidade carismática católica Canção Nova).

No Hinduísmo, as regras para o jejum são bastante complexas, variando segundo o mês do ano, a divindade de devoção do fiel, a casta, a família, a idade, o gênero e o grau de ortodoxia. O fiel pode jejuar consumindo comidas consideradas puras, adotando uma dieta completamente lactovegetariana ou abstendo-se de suas comidas favoritas. Jejuns comuns incluem domingos, dias de lua nova, de lua cheia, dias de eclipses, de equinócios, de solstícios e de conjunções de planetas.

Cada dia da semana é dedicado a determinados deuses. Entre os leigos, costuma-se jejuar ao menos uma vez por semana, de acordo com o deus com o qual se deseja comunicar. O jejum é parcial, evitando-se alguns alimentos nesse dia, como arroz, trigo, lentilhas, sal (jejum chamado *upvaas*), ou de cebola e alho (jejum chamado *vrat*). O jejum dura do nascer ao pôr do sol, intercalado por uma refeição que segue as restrições citadas. Há numerosos livros e sites com "receitas *vrat*", isto é, sem cebola ou alho, próprias para dias de jejum, bem como "receitas *upvaas*", sem cereais ou sal. Alguns deuses, em seus respectivos dias, também não permitem o uso de outros ingredientes, tais como o óleo vegetal no dia de Surya, domingo. O objetivo do jejum é agradar aos deuses e deles obter favores. Mulheres que desejem se casar, por exemplo, devem praticar o jejum *vrat* às segundas-feiras, em homenagem a Shiva Purana (Souza, 2015, p. 96).

Outro objetivo dos jejuns consiste em aprimorar o domínio de si mesmo pelo controle dos sentidos, favorecendo assim a meditação♀, *sadhana*. Acredita-se que os benefícios do jejum sejam tanto espirituais quanto materiais. Afirma-se que purifica o corpo por eliminar toxinas. Diferentemente das práticas ocidentais, que buscam a mortificação do corpo♀ e a recusa do prazer, no Oriente, entre os leigos♀, o jejum deseja melhorar a *performance* do corpo♀ para que este favoreça o indivíduo a encontrar-se através de práticas físicas.

III. Celibato. Diferentemente da alimentação♀, o sexo não é imprescindível para a vida de um indivíduo; entretanto, parece configurar um dos mais intensos desejos♀ do ser humano e que, segundo a visão de muitas religiões, é capaz de desviar completamente o sujeito da vida espiritual e da moral por elas proposta. "Galeno [médico pagão, 130-210] admitia ser estranho que os deuses houvessem decidido manter a espécie humana por meio de um prazer tão aguçado e, potencialmente, tão antissocial, já que há um imenso prazer pareado com o exercício dos órgãos geradores, e um desejo♀ devastador antecede seu uso" (Brown, 1990, p. 25).

A fala de Galeno ilustra a forte influência das ideias médicas da época sobre o comportamento religioso. Trata-se da medicina humoral, iniciada pelo grego Hipócrates, que tinha por princípio manter o equilíbrio dos líquidos (humores) e da temperatura do corpo. Do equilíbrio dessas propriedades resultavam estados de saúde♀ física, bem como comportamentos. Práticas, incluindo alimentação♀, que aquecessem demais o corpo♀ poderiam levar o sujeito à concupiscência. Em contrapartida, a moderação poderia auxiliar na saúde♀ e num comportamento moralmente equilibrado. Havia uma ideia de que o sêmen mantido no corpo♀ tornaria o homem mais viril, crença♀ que foi uma das justificativas para o celibato cristão.

"O homem adulto que se tornava eunuco, atando cuidadosamente seus testículos, tornava-se um *ásporos*, um homem que não desperdiçava nenhum fogo vital com outrem. Galeno julgava que, se os atletas olímpicos pudessem ser castrados, de tal modo que suas reservas de calor não fossem prejudicadas pela operação, eles seriam mais fortes. [...] Homens que permanecessem castos são mais fortes e melhores do que os outros e passam a vida com mais saúde♀" (Brown, 1990, p. 27).

Aliada a essa medicina está também a influência estoica, como já mencionado no item sobre ascetismo. No pensamento estoico, o coito servia apenas para gerar filhos. O casal não deveria fazer amor apenas por prazer: embora sexo fosse um ato privado, nenhuma busca pela realização do desejo♀ erótico deveria desviar a conduta do homem público. Até mesmo o quarto conjugal devia ser "uma escola de comportamento ordeiro" (Brown, 1990, p. 29).

As ideias judaicas de controle do coito, no sentido de observar o ciclo menstrual da mulher (não se tendo relações com ela durante a menstruação nem nos sete dias posteriores), o não desperdício do sêmen (oposição ao onanismo), a proibição do casamento entre não judeus ou parentes próximos também corroboravam para a associação entre pureza e sexualidade♀ no Cristianismo. Mas talvez o argumento mais forte em defesa do celibato no Cristianismo esteja no fato de que Cristo era celibatário e Maria, sua mãe, concebera virgem. A castidade tornou-se um valor fundamental no Cristianismo. Segundo Ronaldo Vainfas, embora já houvesse regulamentações quanto ao sexo, o Cristianismo deu-lhe um peso maior: "Os hebreus concebiam, pois, o pecado original como desobediência a Deus estimulado pela vontade de conhecer (lembremos a árvore na qual se escondia a serpente). Clemente de Alexandria foi o primeiro a 'sexualizar' esta narrativa, mas foi Agostinho quem, definitivamente, relacionou a concupiscência ao pecado original. A interpretação♀ 'sexualizada' do primeiro pecado marcou decisivamente o conjunto das éticas cristãs" (Vainfas, 1992, p. 83).

Dessa maneira, manter-se virgem, casto, tornou-se um princípio fundamental do Cristianismo primitivo. Nesse primeiro momento de consolidação das condutas cristãs, o casamento não era bem aceito, e muitos dos patrísticos desencorajavam qualquer tipo de união. Houve quem até mesmo abandonasse as famílias para seguir a fé♀, e até moços que se tornaram eunucos em nome da fé. O que era, entretanto, um comportamento de ascetas normatizou-se entre os leigos♀. O casamento só foi admitido como um mal menor, como coloca Paulo: "(1) [...] bom seria que o homem não tocasse em mulher. (2) Mas por causa da imoralidade sexual, cada um tenha sua própria mulher e cada uma tenha seu próprio marido. [...] (9) Se não podem conter-se, casem-se. Casar é melhor do que abrasarem-se" (1 Coríntios 7,1-2.9). Desse modo, casar não significou permissão para o sexo livre entre marido e mulher; ao contrário, ambos deveriam ainda manter-se castos. As relações sexuais só ocorreriam com finalidade de procriação, nas posições ditas "naturais", isto é, que favorecessem o coito, seguindo os modelos estoico e judaico. Na Idade Média, o controle dessa castidade era ferrenho e se dava pela confissão. Manuais de confissão e penitenciais, tais como o *Medicus*, do teólogo Burchard/Burcardo de Worms (950-1025), previam punições a todos os comportamentos relativos ao sexo que fugissem ao propósito da procriação, tais como posições que não facilitassem a "semeadura", adultério, fornicação, relações homossexuais etc. Pelos sacramentos♀ do casamento e da confissão buscava-se controlar a castidade. A sacramentalização do matrimônio triunfou com dificuldade por volta do século XII, momento em que o celibato para sacerdotes cristãos também foi estabelecido: "Ao clero♀, homens do mundo espiritual, deveria caber a castidade e o poder. Aos leigos➤, homens do mundo profano➤, caberia o matrimônio e a obediência" (Vainfas, 1992, p. 34).

No Islã, o celibato fica restrito à sua vertente mística➤, o Sufismo, bastante influenciada pelo já citado trabalho de Al-Ghazali, *Curbing the two appetites*. Sua visão sobre o assunto assemelha-se ao começo do Cristianismo, na qual o casamento é recomendado para os que não estão prontos para o celibato: "O que quer que desvie a atenção atribuída a Deus, é numa deficiência. O noviço deve olhar em seu coração. Se ele puder permanecer celibatário está mais perto do que é desejado, se não pode se concentrar, então o casamento é melhor para ele. Há três tratamentos para esta doença: jejuar, evitar olhar e concentrar-se naquilo que preocupa o coração. Se estas três formas não funcionarem, então casamento é a cura" (Al-Ghazali, 1992, p. 107).

No Judaísmo não se encontra a ideia de celibato, uma vez que o casamento e os filhos são compreendidos como obrigações sagradas. Houve, entretanto, no segundo século a.C., um grupo de ascetas que viveram no deserto da Judeia, junto ao mar Morto, conhecido como Essênios. "Os membros da comunidade acreditavam que, ao término da era conturbada em que viviam, Deus libertaria Israel. Ele recrutaria seu povo tal como deveria ser. A comunidade ficaria diante dele num novo Israel: 'Ele aprimorará para si o arcabouço humano, arrancando o espírito de falsidade das fronteiras da carne'" (Brown, 1990, p. 41).

Diferentemente das religiões abraâmicas, nas quais o sujeito deve escolher entre ser leigo➤ ou clérigo – casado ou celibatário –, no Hinduísmo o celibato aparece em diversos momentos da vida. Para hindus, sexualidade➤ não é uma coisa e espiritualidade➤, outra. Eles são, em vez disso, dois aspectos do mesmo fogo sagrado. Ao contrário do Ocidente, que vê no sexo imoralidade, o Hinduísmo vê potencialidade, pois, dependendo de como se lida com essa força, não se trata de supressão, mas de canalização. Segundo sua doutrina, a vida espiritual de um homem seria dividida em quatro estágios, ou *ashramas*. Com exceção do segundo, *Grihastha*, que trata do casamento e da construção do patrimônio material, os outros três implicam o celibato. No primeiro, *Brahmacharya*, o jovem deixa sua casa e acompanha um guru a fim de ser instruído, devendo permanecer celibatário. A palavra *Brahmacharya*, num sentido mais amplo, designa o não desvirtuamento da sexualidade➤, incluindo: não perverter nem degradar, explorar ou se submeter ao sexo. *Brahmacharya* é também um dos *Yamas* (restrições externas), conjunto de princípios pertencentes ao *Yoga Sutra* de Patanjali. Após o trabalho e a vida em família, no segundo estágio chega o momento de começar a retirar-se da vida mundana gradativamente, de diminuir o contato com os membros da família, e a mulher pode ir junto, mas recomenda-se a abstinência sexual; este é o *Vanaprastha*. No último estágio, *Samnyasa*, o sujeito torna-se um renunciante da vida mundana, deixando para trás casa, família, mulher, vestuário convencional, bens materiais etc., para viver em comunhão com Deus. Essa fase é um ascetismo, e os que vivem como renunciantes são chamados *sadhus*. O conceito de "renúncia", nesse contexto, inclui a renúncia aos rituais religiosos até então praticados constantemente, como se o *sadhu* os tivesse incorporado, não necessitando mais materializá-los para obter seus benefícios. "Acredita-se que a renúncia produza efeitos automáticos exatamente como um ritual, além de dissolver completamente os laços do casamento."

Entre os iogues abstinentes encontra-se o grupo dos *Urdhivareta* iogues – *Urdhva*, "para cima"; *reta*, "semente" –, isto é, dos praticantes que sublimam a ejaculação do sêmen, que, em vez de descer, *bhoga*, "sobe", *yoga*. O Bindu Ioga é a ioga do sêmen, no qual se acredita que o controle da ejaculação pelas técnicas de ioga pode ser um caminho para o crescimento espiritual, bem como para a saúde➤; para tanto, porém, é necessário ser celibatário; trata-se de manter a energia sexual no próprio corpo, ideia que se assemelha um pouco à ideia de Galeno e que talvez até o tenha influenciado em tempos remotos.

Também diferente das tradições religiosas ocidentais, o Budismo não classifica o sexo como algo imoral e pecaminoso; o problema do sexo reside no desejo➤, sendo, portanto, apego, constituindo um obstáculo à iluminação e à libertação➤ do *samsara*, roda das encarnações. O próprio Buda, como celibatário, serve de exemplo de conduta, assim como foi Cristo no Cristianismo primitivo. Dessa maneira, o celibato é uma condição para o monge budista, especialmente no Budismo Theravada. A restrição ao sexo está entre os cinco princípios que um monge budista não pode quebrar, podendo ser por isso, permanentemente, expulso da *Sangha* (ordem budista), o que está expresso no *Vinaya Pitaka*, a doutrina Budista.

IV. Mulher. Na questão das privações, alimentares ou sexuais, a mulher também se encontrava sujeita, mas por razões diferentes dos homens. A maioria dos textos ascéticos em todas as religiões foi escrita por homens e para homens; quando mencionada, a mulher é objeto de controle e contenção. Fala-se sobre ela e não para ela, o que demonstra que a mulher é mais um dos itens dos quais os homens deveriam se abster. A imagem➤ da mulher, quando do estabelecimento de regras ascéticas e/ou condutas de abstinência, era sempre colocada num dos dois extremos: a mulher passiva e inferior ou a mulher como ser diabólico/maligno. E, neste último sentido, pelo menos até a Idade Média, a mulher é, tal qual a carne ou o vinho, uma tentação com impacto na vida espiritual masculina. Tal visão ainda é encontrada em algumas religiões.

No Islamismo, a mulher como algo que desvia o homem de Deus fica bastante evidente. Na fala do teólogo medieval Al-Ghazali habitam os alertas contra o perigo feminino: "Said ibn al-Musayyib falou: 'Quando o Senhor enviou o Profeta, Iblis [anjo caído que se tornaria Satã] desesperou-se e tentou destruí-lo através da mulher'" (Al-Ghazali, 1992, p. 95) E até mesmo o casamento configuraria um descaminho: "Aquele que busca a intimidade com outro além de Deus♀ desvia-se Dele. O noviço não deve se enganar sobre os múltiplos casamentos do Profeta, pois nada no mundo poderia desviar Seu coração de Deus. Não se pode comparar anjos com ferreiros. Por essa razão, Abu Sulayman al-Darani declarou: 'Aquele que se casa está vinculado a este mundo'. Ele também disse: 'Eu nunca conheci um noviço que se casasse e permanecesse firme ao seu compromisso inicial (exercícios espirituais, por exemplo)'. Alguém lhe perguntou: 'Você não precisa dos prazeres de uma mulher?'. E ele respondeu: 'Que Deus♀ não me faça gostar de uma, pois intimidade com elas impede a intimidade com Deus'. Ele também disse: 'Qualquer coisa que afasta de Deus, seja a mulher, a família, os filhos ou as possessões é uma maldição sobre você'" (Al-Ghazali, 1992, p. 99).

No Judaísmo, o mito de Lilith, a mulher anterior a Eva que queria equiparação ao homem, despertou nos futuros homens da religião♀ um enorme senso de cautela masculina. A partir daí as mulheres foram vistas como um ser ameaçador que deveria ser vigiado sob regras estritas de contenção, e o casamento não deixa de ser uma dessas contenções: "Os homens deveriam dominar (ou, em termos modernos, sublimar) seu desejo♀ sexual através do estudo e da oração♀ – duas atividades que, no mundo rabínico, são mais valorizadas do que o sexo A relação entre mestres e discípulos é frequentemente vista como superior à do pai e filho e certamente à do marido com a mulher. No mundo dos rabinos, mulheres são consideradas como um instrumento para a procriação, mas não são respeitadas em seus direitos. Os rabinos reconhecem que as mulheres têm necessidade e desejo♀ sexual, mas que não possuem nem disciplina nem inteligência para controlá-lo. A tradição rabínica vê a mulher como fonte de tentação e ansiedade para os homens. Por essa razão, restrições severas são aplicadas quanto ao estudo da mulher; suas roupas, seu comportamento público e participação na vida ritual devem assegurar que o homem não seja tentado pela presença da mulher. [...] Não se confia nas mulheres, e o Talmud é repleto de injunções contra o contato com elas" (Machacek e Wilcox, 2003, p. 182).

Entre os ascetas hindus, chamados *sadhus*, a história não é diferente. Na própria doutrina, na descrição dos quatro estágios da vida espiritual, percebe-se que a instrução está sendo dirigida aos homens: *Brahmacharya*, quando o jovem deixa sua casa e acompanha um guru a fim de ser instruído; *Grihastha*, trata do casamento, incluindo a construção de um patrimônio e uma família; *Vanaprastha*, ou retiro gradual, quando o indivíduo começa a se apartar do mundo, ele pode levar a mulher consigo, mas deve ter pouco contato com membros da família (filhos e netos, que a essa altura já serão autônomos); e *Samnyasa*, ascetismo em que o sujeito renuncia a tudo.

Embora haja certo espaço para o feminino entre as divindades♀ do panteão e as funções rituais, especialmente em algumas ramificações hinduístas, tais como o culto a Shakti, a prevenção contra a mulher ainda existe: "O que é potencialmente perigoso para o homem é a sexualidade♀ vibrante que a mulher incorpora, e não a mulher em si. Por essa sexualidade♀ potente é que ficam aprisionados os que a desejam, sendo isso identificado como a causa-raiz do sofrimento. Por essa razão, as dimensões negativas da sexualidade♀, incorporadas na mulher, devem ser transformadas através de ação ritual" (Machacek e Wilcox, 2003, p. 111).

Na Índia de hoje, há, entretanto, como em todas as outras religiões, movimentos femininos, e tem-se encontrado cada vez mais *sadhus* (ascetas) mulheres, fundando seus próprios grupos. *Sadhus* femininas ou mulheres hindus santas têm quebrado a tradição e formaram um novo e exclusivamente feminino grupo na Índia, esperando acabar com a dominação masculina sobre as práticas espirituais.

No Budismo, o texto da monja brasileira Coen, *Zen Budismo e gênero*, aponta as diferenças no tratamento das monjas no Budismo. Nem sempre as mulheres foram admitidas nas *sanghas* (ordens monásticas budistas), apesar de Buda afirmar: "Eu e todos os seres da Grande Terra simultaneamente nos tornamos o Caminho" (Coen, 2005, p. 1). A monja justifica que a Iluminação, o Despertar, não é suficiente para superar os preconceitos♀ culturais; assim, estando as mulheres nas *sanghas*, foram-lhes aplicadas regras extras, oito regras específicas para as mulheres, uma delas dizendo o seguinte: "Admoestação de monjas para monges é proibida; admoestação de monges para monjas não é proibida" (p. 2). Além disso, a monja conta que as monjas se comprometiam a manter 311 regras, enquanto os homens mantinham 227, e as penalidades para os homens eram menores (p. 3).

Entre os gregos pré-cristãos, a imagem♀ da mulher era de alguém que necessitava ser cuidada, guiada, por ser um ser incompleto em sua formação. De acordo com Aristóteles, o ser do sexo feminino não teria absorvido calor suficiente para completar sua formação, tornando-se mais frio, flácido, com voz fina e irracional (Vietta, 2015, p. 78). Dessa maneira, eram sempre tuteladas pelo pai, pelo marido: "Plutarco advertiu Poliano que poderia absorver Eurídice em seu próprio mundo circunspecto. Ela deveria comer com ele e seus amigos. Caso contrário, aprenderia a

ABSTINÊNCIA

se empanturrar quando estivesse sozinha" (Brown, 1990, p. 22).

No Cristianismo, houve uma obstinação com a virgindade, tanto de homens quanto de mulheres, mas principalmente de mulheres, e no caso delas o assunto era resolvido por homens; assim, por razões e com intensidades diferentes, sempre houve discussões sobre como manter a virgindade e a castidade da mulher, fosse ela solteira, casada, viúva ou religiosa, pois, afinal, Maria, mãe de Jesus, concebeu sendo virgem. Nos primeiros dois séculos, partindo dos patrísticos, "a mensagem era hostil ao casamento, alertando contra os perigos da vida conjugal, desde as dificuldades da convivência diária com o marido, à escravidão de se submeter a ele carnalmente; em contrapartida, enaltecia a virgindade, educava as mulheres para vida continente" (Vainfas, 1992, p. 9). Muitos, como Crisóstomo e Basílio de Ancira, escreveram suas preocupações e sugestões sobre como seria possível às mulheres renunciar ao prazer quando o único "prazer" deveria ser espiritual. As mulheres eram orientadas a controlar todos os sentidos, até mesmo a visão, e, para que não retivessem imagens tentadoras em mente, deveriam também comer pouco, e apenas alimentos que tornassem o corpo frio e seco, pois o paladar também era visto como uma das portas para o pecado. Deveriam isolar-se ou isolar o corpo, como meio de não se corromperem.

Claro que não era possível manter uma sociedade de virgens; primeiro, por conta da necessidade de procriação e, segundo, porque nem todos conseguiam manter-se firmes na castidade. O casamento surge como um mal necessário, como imprime a fala de Paulo em 1 Coríntios 7: "(8) aos solteiros e às viúvas eu digo que seria melhor não se casarem, (9) mas se vocês não podem dominar o desejo sexual, então casem, pois é melhor casar do que arder". "O casamento povoa a terra, a virgindade, o Paraíso", dizia o teólogo Jerônimo. Mas ainda dentro do casamento, a pureza e a virgindade, especialmente da mulher, devem ser mantidas. Agostinho dizia que o casamento só era bom por três razões: a criança, a fidelidade e o sacramento (ideia que levou muito tempo para se consolidar), mas era condenável enquanto busca do prazer carnal. Agostinho, em *De bono conjugali*, afirmava a importância da continência conjugal, considerando as emissões seminais durante o sono preferíveis ao ato carnal. Basílio de Ancira disse que "as mulheres possuídas pelos mais 'ímpios esposos' conservavam-se virgens, pois, tendo a mulher casada optado pela virgindade, o marido poderia apenas 'violentá-la', mas não 'corrompê-la': [...] foi a si mesmo que ele corrompeu e maculou; mas a virgem, cujo corpo foi abandonado por sua alma, continua sem corrupção" (Vainfas, 1992, p. 14).

Até o início da Idade Moderna, a família decidia sobre o destino de suas filhas, que podiam ser casadas com um marido escolhido pela família, por interesses econômicos ou culturais; ou, como na Idade Média, era comum destinar, com ou sem vocação, à vida religiosa, as meninas "em idade precoce, no intuito de liberar a família dos pagamentos de dotes. [...] As famílias cristãs consideravam pecaminoso enjeitar seus filhos; assim, passaram a julgar conveniente dedicar suas filhas indesejadas à Igreja" (Brown, 1990, p. 219).

As moças em idade de casamento destinadas ao serviço religioso eram chamadas "as noivas de Cristo" e, uma vez aceitas, seriam então propriedade da Igreja; elas eram "ex-votos humanos. Já não eram mulheres; tinham-se transformado num 'vaso sagrado dedicado ao Senhor'" (Brown, 1990, p. 219). As noivas de Cristo passavam, portanto, a seguir fielmente a instrução dos padres, tornavam-se ascetas e, muitas, se impunham o mesmo rigor de um ascetismo masculino e heroico, "associado à automortificação extrema, ao perigo físico e à perda da identidade convencional" (Brown, 1990, p. 220), mantendo-se virgens e abstendo-se da comida como ferramenta de autocontrole, penitência e espiritualidade, no sentido de suprimir as sensações corporais. O ascetismo dos Padres do Deserto ficou bastante conhecido na história do Cristianismo; à margem, contudo, ficaram muitas das mulheres ascetas do mesmo período. Só os homens eram considerados capazes de praticar o ascetismo apropriadamente. Há, porém, estudos detalhados sobre o ascetismo cristão feminino nos primeiros cinco séculos da Igreja, como a tese de Caroline Walker Bynum, que, além de chamar a atenção para o amplo ascetismo feminino na Igreja da época, também o coloca, paradoxalmente, como "uma das únicas formas de superação ou elevação espiritual da mulher, num contexto teológico em que a mulher estava para o homem assim como a carne está para o espírito ou alma" (Weinberg e Cordás, 2006, p. 30).

De acordo com Bynum, "18% dos canonizados ou referidos como santos entre 1000 e 1700 eram mulheres; 50% delas teve na doença (frequentemente causada por jejum e outras práticas penitenciais) a principal causa de sua santificação" (1997, p. 123) O modelo masculino de santidade poderia variar quanto aos feitos dos santos, mas o feminino era caracterizado pelo jejum. "Entre a Antiguidade tardia e os anos 1500, há pelo menos trinta casos de mulheres relatadas como tendo sobrevivido apenas da Eucaristia." Santa Liduína de Schiedam, por exemplo, tem como fato mais popular de sua história seu jejum miraculoso, a ponto de este fato superar qualquer outro aspecto de sua vida (p. 124). Durante seus últimos anos doente, quando quase já não podia mais engolir, Liduína recebia a comunhão a cada dois dias. Seus biógrafos afirmam que esta foi sua única comida, todavia, sua vida fora muito perturbada por conflitos com o clero local por conta de suas miraculosas visões eucarísticas e a fome. Um incidente em particular mostra não apenas a centralidade do corpo de Cristo como alimento para a espiritualidade de Liduína, como também o anseio da mulher pela hóstia: embora isso a tenha mantido sob o controle do clero, poderia significar para esse mesmo clero uma ameaça, ambos porque significava uma crítica ao comportamento deles ou um meio de contornar seu poder (Bynum, 1997, p. 126).

Além de Liduína, outras fazem jus ao fenômeno que recebeu o nome de "Santas jejuadoras" – Santa Vilgeforte, Santa Clara de Assis, Santa Catarina de Siena, Santa Maria Madalena de Pazzi, Santa Rosa de Lima, Santa Verônica Giulini, entre outras. Santa Vilgeforte, "virgem forte", viveu entre os séculos VIII e X. Seus pais, pagãos, tinham a intenção de casá-la; quando ela soube, fez voto de jejum e castidade perpétuos e passou a pedir a Deus que destruísse sua beleza para não ter de casar, o que parece ter sido atendido, pois, ao vê-la tão magra e abatida, o pretendente recusou-a e seu pai mandou então crucificá-la. Sua imagem é retratada através de uma mulher pregada na cruz, com barba. "Na cruz ela teria rezado para que todos se lembrassem das coisas que estorvam as mulheres e das quais ela estava sendo liberada. Aclamava, ainda, que aquela que a usasse como mediadora em suas orações seria atendida" (Weinberg e Cordás, 2006, p. 34).

Em seu trabalho *Do altar às passarelas: da anorexia santa à anorexia nervosa*, o psiquiatra Táki Anastassios Cordás compara o jejum das referidas santas a um comportamento anoréxico, causado pela grande repressão à liberdade individual e feminina. No dicionário sobre comida e religião de Fieldhouse, encontra-se o verbete *Holy Anorexia* – "anorexia santa": "Mulheres religiosas da Idade Média eram sujeitas a uma Igreja de estrutura patriarcal e com disciplina estritamente monástica, com poucas oportunidades de autoexpressão. A comida era uma das poucas coisas sob o controle feminino, e algumas mulheres devotas manipulavam seu comportamento alimentar a fim de atingir objetivos religiosos" (2017, p. 36).

Em vez de perseguir o desejo pela magreza, como ocorre com a anorexia nervosa dos dias modernos, elas usavam o jejum extremo como um meio de autossacrifício e identificação com o sofrimento de Cristo.

Outra mulher a se destacar pelo ascetismo, entretanto não por um radicalismo consigo própria, foi Ellen G. White, da Igreja Adventista do Sétimo Dia. White nasceu em 1827 e é descrita por seus biógrafos e fiéis da Igreja Adventista como uma mulher de dons espirituais, que teria, inspirada pelo Espírito, a missão de realizar a Reforma Alimentar como um tipo de preparação para a chegada de Jesus. White teve sonhos, visões, e foi uma estudiosa da Bíblia. É uma das autoras americanas que mais escreveu.

A obra mais completa de White sobre alimentação, *Conselhos sobre o regime alimentar*, consiste numa coletânea de manuscritos, artigos para jornais e livros. Compondo um verdadeiro tratado sobre como e por que cuidar da saúde através da alimentação, a obra possui um viés nutricional, entretanto, alertando para a obrigação de o ser humano cuidar da propriedade de Deus, o corpo. Para ela, cuidar da saúde consiste numa tarefa moral: "Ninguém que professe devoção considera com indiferença a saúde do corpo, iludindo-se com o pensamento de que a intemperança não é pecado e não afeta a espiritualidade. Existe uma íntima correspondência entre a natureza física e a natureza moral. Quanto a nossos primeiros pais, o desejo imoderado trouxe em resultado a perda do Éden" (White, 2013, p. 42).

White propõe uma alimentação continente, sem qualquer produto de origem animal, sem açúcar, sem condimentos. Os alimentos devem ser consumidos crus ou cozidos da maneira mais simples possível, só com água, por exemplo. Os jejuns de penitência e purificação são recomendados, conforme a conduta e necessidade de cada indivíduo, mas sem radicalismo. A ideia é manter-se saudável para louvar a Deus, não se distraindo com o prazer que a comida pode proporcionar. Por causa de sua "doutrina alimentar", White se destacou, tornando-se uma das líderes espirituais da Igreja Adventista do Sétimo Dia, onde até hoje a alimentação tem papel fundamental.

V. Carne. O consumo de carne é sempre uma grande discussão, notadamente no campo religioso. A carne é um alimento especial por tudo o que implica sua obtenção. Em geral, no mesmo montante de tempo em que se produz carne para um número de pessoas, produzem-se vegetais para vinte vezes mais pessoas. E mais relevante é o fato de que obter carne significa ter de usar violência. Antes do Cristianismo, todas as religiões justificavam tal violência valendo-se dos banquetes sacrificais, nos quais as vítimas, após serem oferecidas, eram consumidas; além disso, havia certa repugnância – *kenebreion* –, comum aos mundos grego e romano, ao consumo de animais que não tivessem morrido pelas mãos do homem. Entretanto, havia já os que se abstinham do consumo de carne, como alguns movimentos religiosos da Antiguidade, tais como os pitagóricos ou, ainda, o movimento órfico, que se opunham ao banquete sacrifical também um movimento político. A recusa a matar designava um sistema social não estruturado pela tradicional religião sacrifical. Muitos foram perseguidos por isso.

A instauração do Cristianismo acarretou, associado a outros fatores, o fim do sistema sacrifical e trouxe em seu bojo uma grande polêmica sobre o consumo ou a abstenção de carne, que teria durado séculos. Vale lembrar que, mesmo sem estar associada ao Cristianismo, a questão é debatida até hoje. O início da discussão começa com a Patrística. Já na Bíblia a palavra "carne" é usada num sentido amplo, que designa pecado, corpo – coisas opostas a Deus,

ABSTINÊNCIA

que é espírito: "(5) Porque os que são segundo a carne inclinam-se para as coisas da carne; mas os que são segundo o Espírito, para as coisas do Espírito. (6) Porque a inclinação da carne é morte♀, mas a inclinação do Espírito♀ é vida e paz. (7) Porquanto a inclinação da carne é inimizade com Deus, pois não é sujeita à lei de Deus, nem, em verdade, o pode ser. (8) Portanto, os que estão na carne não podem agradar a Deus. (13) Porque se viverdes segundo a carne, morrereis; mas se pelo Espírito♀ mortificardes as obras do corpo, vivereis" (Romanos 8,5–8,13).

A recusa ao consumo de carne fazia sentido no começo do Cristianismo como recurso para a construção de uma identidade: se os pagãos sacrificavam e comiam carne, ser cristão era o oposto; entretanto, como já havia seitas♀ pagãs vegetarianas, o Cristianismo não deveria fazer distinção de alimentos. Muitos dos cristãos que se abstiveram do consumo de carne e, portanto, do sistema sacrifical, parte das religiões pagãs, foram perseguidos, assim como as religiões já existentes e que se recusavam a matar.

Através da Eucaristia o sacrifício♀ assumiu outra forma: matar e consumir a carne não era mais necessário. Para Paulo, de origem grega, as regras alimentares estariam em segundo plano, possivelmente por ser um assunto demasiadamente corpóreo. Em Romanos 14,14-17, pode-se perceber: "(14) Por estar unido com o Senhor Jesus, eu estou convencido de que nada é impuro em si mesmo. Mas se alguém pensa que alguma coisa é impura, então ela fica impura para ele. (15) Se você faz com que um irmão fique triste por causa do que você come, então você não está agindo com amor. Não deixe que a pessoa por quem Cristo morreu se perca por causa da comida que você come. (16) Não deem motivo para os outros falarem mal daquilo que vocês acham bom. (17) Pois o Reino de Deus não é uma questão de comida ou de bebida, mas de viver corretamente, em paz e com a alegria que o Espírito Santo dá".

Para Pedro, sendo até mesmo motivo de controvérsia com Paulo, a lei mosaica alimentar deveria permanecer e os pagãos deveriam a ela obedecer. Os Encratitas, do grego *enkrateia*, "continência" – seita♀ cristã do século II –, defendiam a virgindade e a abstinência total de carne, ambos com objetivo de autocontrole. Eles foram acusados por outros cristãos de heresia, já que havia outras seitas♀ pagãs com princípios vegetarianos. Entre os acusadores estavam Tertuliano, que condenava os que requeriam a abstinência perpétua como destruidores e desprezadores dos trabalhos do Criador; por outro lado, Tertuliano também criticava aqueles que usavam passagens como Romanos 14 ou 1 Coríntios 10,25 ("Vocês podem comer tudo o que vender no mercado, sem nenhuma dúvida de consciência♀") para comerem desregradamente. Tertuliano sugere abstinência de carne por duas semanas no ano, o que não seria um desprezo às coisas de Deus, mas

um adiamento. A abstinência, para Tertuliano, era a redenção do pecado de Adão. Basílio de Cesareia foi outro em defesa da abstinência de carne. Mais do que outros defensores de tal atitude, Basílio destacava os benefícios, pois "jejuar e abster-se de carne é bom para saúde♀ física, como atesta qualquer médico, e tem benefícios para a comunidade, os mercados, as casas e os casamentos. Além de ser uma armadura contra demônios e uma companhia à oração♀" (Shaw, 2008, p. 44). Essa visão sobre afastar demônios através da abstenção da carne vermelha era uma ideia presente entre gregos pagãos, conforme nos diz Peter Brown sobre Porfírio: "Ele acreditava que um mundo de espíritos invisíveis acossava a pessoa. Mas eles o faziam da maneira mais sinistra à mesa de jantar, pairando sobre a carne vermelha e palpitante" (Brown, 1990, p. 159).

A carne, segundo a medicina humoral, era considerada demasiadamente quente, alimento que favoreceria então o descontrole dos humores e, consequentemente, do comportamento do indivíduo, devendo, logo, ser evitada, especialmente pelos mais jovens, que já tinham em si muito calor.

A Idade Antiga trouxe vários pontos de vista, mas, à medida que o Cristianismo foi se institucionalizando, assim também ocorreu com as regras monásticas, especialmente as que envolviam alimentos e sexo. As já citadas *Regras Beneditinas* determinavam, quanto, quando, como e com quem comer: "[...] duas refeições ao dia, com dois pratos cozidos, mais ou menos meio quilo de pão e aproximadamente 200 ml de vinho por monge. A carne de qualquer animal é absolutamente proibida, sendo servida apenas para os convalescentes" (Adamson, 2004, p. 211). O jejum, no caso e na época dos Beneditinos, era mais brando; não se queria nenhum heroísmo ascético, pois o monge deveria estar saudável para trabalhar, estudar e orar. O que realmente foi eliminado do cardápio foi o consumo da carne, uma medida com intenção de suprimir os sentimentos de luxúria entre os monges e purificar-lhes o corpo. A população leiga da mesma época deveria abster-se de carne de animais de sangue quente, ovos, leite e seus derivados, todas as quartas e sextas-feiras, e nas celebrações do calendário litúrgico, tais como os quarenta dias da Quaresma, os *Quattor Tempora*, jejuns no início das estações, um jejum de penitência começando em 14 de novembro, jejuns de preparação para batismo♀, comunhão etc. Podia-se chegar até 180 dias sem carne ou derivados de animais nessa época. Em 1491, a cúria de Roma relaxou as regras, permitindo ovos, leite e derivados. Depois, as quartas-feiras caíram e hoje há diferenças entre os países, nos quais os mais flexíveis permaneceram apenas com a Quaresma e a Semana Santa. As regras, de diferentes maneiras, ainda permanecem em monastérios. Muitas delas se enfraqueceram ou deixaram de existir após a Reforma♀ Protestante, já que entre os protestantes as regras criadas pela Igrejaρ eram questionadas e trouxeram uma significativa diminuição nos rituais e práticas corporais. Os adventistas do Sétimo Dia, entretanto, constituem uma exceção, pois a alimentaçãoρ é um de seus pilares. O consumo de carne é completamente desencorajado, conforme explica Ellen G. White, a reformadora alimentar dos Adventistas: "Deus deu aos nossos pais o alimento que pretendia que a raça humana comesse. Era contrário ao seu plano que se tirasse a vida de qualquer criatura. Não devia haver morteρ no Éden" (White, 2013, p. 317-319).

Em diversos países, as igrejas adventistas são detentoras de indústrias de alimentos que lhes forneçam alimentos segundo seus preceitos, sendo um dos mais populares produtos a carne de soja. No Brasil podemos encontrar a *Superbom* como uma empresa pertencente aos adventistas.

Em relação ao consumo de carne não podemos deixar de mencionar, especialmente entre as religiões orientais, o conceito de *ahimsa*: *a-himsa*, *himsa*, que significa "ferir, machucar, prejudicar". Em português, o conceito acabou sendo traduzido como não violência e, em termos de ações práticas, significa não matar nem ferir espécie alguma. Tal conceito, elaborado no Akaranga Sutra, escritura jainista do quarto ou quinto século a.C., é mais flexível no Hinduísmo e no Budismo, mas de alguma maneira ainda acaba justificando o não consumo de produtos animais. Os Jainistas são, definitivamente, os mais radicais no conceito, buscando respeitar até mesmo insetos, plantas e microrganismos, o que leva a um vegetarianismo estrito que vai muito além de não comer carne, incluindo também o respeito às plantas, de forma a não tirar nenhuma parte que possa matá-las, e o consumo de alho, cebola, cogumelos deve ser evitado.

No Hinduísmo o conceito encontra-se no Rig Veda, e passou também para os *Yamas* (*Yamas* e *Nyiamas*, conjunto de normas e observações morais para os ascetas iogues), mas há discussões quanto a quem se aplica, uma vez que o Hinduísmo, em algumas de suas vertentes, é sacrifical; dessa maneira, alguns animais podem ser exceção. A ideia generalizada que o Ocidente tem sobre uma Índia estritamente vegetariana vem da influência do asceta iogue Sahajanand Swami ou Swaminarayan, que viveu nos séculos XVIII e XIX. Swaminarayan era radicalmente contra os sacrifíciosρ animais prescritos nos Vedas; assim, ele buscou meios de adaptar rituais védicos de tal maneira que pudessem continuar a ser feitos, ao mesmo tempo em que se resgatava o *ahimsa*. Swaminarayan reforçou o lactovegetarianismo e proibiu o consumo de carne. O asceta erigiu seis templos e formou mais de quinhentos *paramahansas* – gurus que difundiram suas ideias pelo mundo.

Os budistas também compartilham o conceito de *ahimsa*, entretanto, há diferenças entre as ramificações. O Budismo Mahayana é estritamente vegetariano, os monges cultivam e preparam a própria comida; o Budismo Theravada aceita o consumo de carne, pois, já que os monges são proibidos de cozinhar pelo voto de renúncia ao fogo, eles devem pedir comida e, assim, comer o que lhes for dado, sem restrições. Há de se fazer diferença entre monges e leigosρ também. Em geral, monges são mais estritos quanto aos preceitos alimentares, de forma que, da parte dos leigosρ, no Budismo Theravada, uma forma de praticar o Budismo é cozinhar para os monges. O Zen Budismo também prima pelo vegetarianismo e muitas regras acerca do preparo da comida (Souza, 2015, p. 107-108). "Hinduístas e Budistas acreditam na reencarnação e na transmigração de almasρ, isto significa que um animal pode renascer como ser humano ou vice-versa. Comer uma almaρ em potencial é errado" (Fieldhouse, 2017, p. 551). Tal erro pode incorrer em um carma ruim, em que aquele que matou ou consumiu sofrerá consequências como uma espécie de restituição.

Dietas que se abstêm de carne e de outros produtos têm ganhado espaço no Ocidente, aparentemente sem muitas relações com nosso passado cristão de abstinência de carne. Uma consciênciaρ ecológica, a crueldade contra os animais e uma mudança na relação com eles têm gerado verdadeiras "religiões da comida", como é o caso do veganismo: com atitudes quase jainistas, os veganos têm entre seus principais valores éticos a preservação da vida. Mas nessa nova onda de vegetarianismos há certo sentimento de amizade e, mais recentemente, de um "parentesco" artificial com os animais, que não têm relação com as razões para o vegetarianismo no Oriente, mais ligadas à contaminação ritual e ao carma.

VI. Álcool. No Islamismo, o álcool é proibido, dado que o Corão alerta para a tentação de Satã via qualquer substância inebriante (Corão 5, 90). Curiosamente, a palavra álcool vem do árabe *al-kohl*, um pó preto residual da destilação com antimônio. O pó era utilizado para pintar os olhos, comumente visto nas mulheres do mundo árabe. Com o tempo a palavra passou a designar substâncias em geral, resultantes do processo de destilação.

Na maioria das religiões, entretanto, a bebida alcoólica pode ocupar posições aparentemente antagônicas, sendo sagrada em rituais e motivo para desvio de conduta quando seu consumo é exagerado ou em momentos inapropriados. Tal dualidade sobre o álcool, especialmente evidenciado no caso do vinho, possibilita a reflexão sobre um dos principais sentidos da abstinência, a temperança. Uma das quatro virtudes cardeais de Platão, juntamente com a sabedoria, a coragem e a justiçaρ, essa virtude personificada nas divindadesρ Sophrosyne, na Grécia, e Sobrietas, em Roma, demonstra um valor que, desde a Antiguidade, permeia as religiões ocidentais. No Catolicismo, a virtude consta no *Catecismo da Igrejaρ*

ACULTURAÇÃO

Católica, parágrafo 1809: "A temperança é a virtude moral que modera a atração pelos prazeres e procura o equilíbrio no uso dos bens criados. Ela assegura o domínio da vontade sobre os instintos e mantém os desejos♀ dentro dos limites da honestidade, ou seja, é o controle sobre nossos impulsos, apetites e desejo♀". A temperança é muitas vezes louvada na Bíblia♀: "Não te deixes levar pelas tuas más inclinações e refreia os teus apetites" (Sir 18,30). No Novo Testamento, é chamada moderação ou sobriedade. Devemos "viver com moderação, justiça♀ e piedade♀ no mundo presente" (Tito 2,12).

No Espiritismo kardecista é frequentemente citada como uma das qualidades a ser alcançada através da reforma íntima. O espírito equilibrado não come nem bebe até o embotamento, nem mesmo conversa em demasia.

A temperança é obviamente válida para qualquer atividade humana e frequentemente mencionada em oposição à gula, mas é a bebida alcoólica que realmente a testa, dado o visível estado a que o sujeito intemperante pode chegar, diferentemente da gula, que pode, a menos que o sujeito engorde, ser disfarçada. A embriaguez sempre foi vista como uma espécie de indício da falta de moralidade num sujeito, e a temperança, isto é, o controle de si em relação aos prazeres, seu remédio.

Apesar da importância que bebidas alcoólicas podem alcançar nas religiões, e de muitas até as permitirem e fabricarem, como no caso de muitos monastérios que produziam vinho ou saquê, seu consumo não é incentivado, e, especialmente para monges, a abstenção total é prescrita. Entre budistas e hinduístas, álcool não é proibido, mas é visto como uma substância que impede a meditação♀, a consciência♀ e o autoconhecimento. Os hinduístas classificam-no como um alimento *tamásico*, isto é, uma categoria energética que causa tristeza, lentidão, torpor, ignorância. Assim, o asceta deve abster-se, mesmo que não seja proibido.

Entre as linhas cristãs protestantes, batistas são abstêmios, metodistas são desencorajados, mas não proibidos, assim como testemunhas de Jeová, e, possivelmente, os mais estritos talvez sejam os adventistas do Sétimo Dia, que associam o princípio religioso à ciência (da nutrição em especial) e ao discurso racional, como é ilustrado na passagem a seguir dos *Conselhos sobre o regime alimentar*: "Para algumas pessoas não é de modo algum seguro ter em casa vinho ou sidra. Herdaram a sede de estimulantes, com que Satanás está continuamente os incitando a condescenderem" (White, 2013, p. 855).

Considerando-se as doutrinas oficiais das religiões com suas prescrições e comportamento real das pessoas, a questão do consumo de álcool parece ser um termômetro das religiões vividas: há os que escolhem ser abstêmios ainda que sua religião não trate o assunto como interdição, assim como há os que podem flexibilizar as regras por conta própria. Da mesma maneira, há de considerar a influência cultural exercida em diferentes lugares sobre uma mesma religião♀. "Há atitudes contrastantes em relação ao álcool entre as religiões do mundo. Uma perspectiva relativamente comum é a de que prejudica o julgamento, diminui o autocontrole e é inimigo da saúde♀, e por estas razões deve ser evitado sempre" (Fieldhouse, 2017, p. 15).

Bibliografia: ADAMSON, M. W. *Food in Medieval Times*. Connecticut/London: Greenwood Press, 2004. AL-GHAZALI, A. H. *Curbing the two appetites*. Translation and Notes by Caesar E. Farah. Minneapolis: Bibliotheca Islamica Inc. University of Minnesota, 1992. BROWN, P. *Corpo e sociedade*: o homem, a mulher e a renúncia sexual no início do cristianismo. Rio de Janeiro: Jorge Zahar editor, 1990. BYNUM, C. W. Fast, feast and flesh. The religious significance of food to medieval women. In: COUNIHAN, C.; ESTERIK, P. *Food and Culture*. A reader. New York: Routledge, 1997. COEN, Monja. Zen Budismo e gênero. *REVER: Revista de Estudos da Religião*, PUC-SP, n. 2, ano 5, 2005. ISSN 1677-1222. Pós-Graduação em Ciências da Religião – PUC-São Paulo. FIELDHOUSE, P. *Food, Feasts and Faith*. An Encyclopedia of Food Culture in World Religions. California: ABC-CLIO, 2017. FINN, R. *Asceticism in Graeco-Roman World*. New York: Cambridge University Press, 2009. MACHACEK, D.; WILCOX, M. *Sexuality and World's Religions*. California: ABC-CLIO Inc. 2003. OLIVELLE, P. *Samnyasa Upanishads*. Hindu Scriptures on Asceticism and Renunciation. Oxford: Oxford University Press, 1992. SHAW, T. M. *Vegetarianism, Heresy and Asceticism in Late Ancient Christianity*. In: MUERS, R.; GRUMETT, D. *Eating and believing*. Interdisciplinary perspectives on vegetarianism and theology. New York: T&T Clark, 2008. SOUZA, P. R. *A religião vai à mesa*: uma degustação de religiões com suas práticas alimentares. São Paulo: Griot, 2015. VAINFAS, R. *Casamento, amor e desejo no Ocidente cristão*. São Paulo: Ática, 1992. VIETTA, S. *Racionalidade*: uma história universal. Trad. de Nélio Schneider. Campinas: Unicamp, 2015; WEINBERG, C.; CORDÁS, T. A. *Do altar às passarelas*: da anorexia santa à anorexia nervosa. São Paulo: Annablume, 2006. WHITE, E. G. *Conselhos sobre o regime alimentar*. Ellen G. White State, Inc. 2013. Disponível em: <http://ellenwhite.cpb.com.br/livro/index/17/15/42/razoes-para-reforma>.

PATRICIA RODRIGUES DE SOUZA

ACOMODAÇÃO → Aculturação

ACULTURAÇÃO

Em 1936, Redfield, Linton e Herskovits♀, no texto seminal *Memorandum for the Study of Acculturation* (p. 149-152), definiram aculturação como um fenómeno "resultante do encontro directo entre grupos ou indivíduos de culturas diferentes, com a subsequente alteração dos padrões culturais originais de um ou de ambos os grupos. Além de terem definido como abordar o problema do ponto de vista do material a recolher proveniente das várias culturas, os autores listaram também uma série de tipos de contactos (entre grupos ou entre populações inteiras, missionários, comerciantes, imigrantes, entre outros). Estes poderiam ser contactos amistosos ou hostis, de acordo com as situações em que ocorressem. Assim, os resultados destes encontros não seriam os mesmos se uma cultura fosse imposta a um grupo ou se fosse aceite voluntariamente pelo mesmo; se existisse ou não um equilíbrio político ou social entre os grupos. Se existissem desigualdades, estas poderiam levar ao domínio político (ainda que pudesse ser inconsciente) de um grupo dominante sobre o outro grupo, podendo, contudo, também esta situação verificar-se sem que o reconhecimento da superioridade social de um grupo pelo outro supusesse, forçosamente, domínio político. Depois da definição de vários critérios para avaliar as dinâmicas da aculturação, Redfield, Linton e Herskovits definem três tipos de reacções ao processo de aculturação. A aculturação poderia implicar aceitação e assimilação da cultura alheia e a perda da cultura ancestral; poderia resultar numa adaptação, numa espécie de 'mosaico histórico'" (Redfield, Linton, Herskovits, 1936, p. 152), constituído por aquilo que definem como "um todo cultural funcional sem percalços"; ou poderia gerar uma reacção contracultural por parte daqueles que, em consequência de uma aceitação de traços externos à sua cultura que redundaria na opressão da cultura pré-existente, procurassem compensar a inferioridade imposta ou assumida rebelando-se e fortalecendo os traços da cultura prévia à inculturação. O tema deste texto, datado de 1936, ganhou, hoje, uma nova importância nos estudos sobre as migrações e sobre a premência de equacionar formas de diálogos multiculturais, interculturais e inter-religiosos (veja-se, a título de exemplo, Schwartz et al., 2010) em sociedades plurais.

A questão é, pois, também, de grande relevância para o diálogo entre as religiões, tema que perpassa igualmente as dinâmicas sociais de acolhimento ou de repulsa existentes na actualidade. O problema pode ser discutido a partir de diversos pontos de vista, obviamente. Mas será difícil evitar a grande questão que se põe quando se fala de diálogo inter-religioso: como articular a diversidade e o diálogo entre religiões com a pretensão de verdade absoluta e da missão de a fazer chegar a todos os seres humanos? Como compatibilizar concepções religiosas que podem, eventualmente, entrar em conflito? Wainwright (2005, p. 220) coloca a questão nestes termos: "Por exemplo, se a união com Deus é o objectivo último, então, entrar em Nirvana não o

é. Se a realidade é puramente uma consciência sem limites, então, a metafísica do Judaísmo, do Cristianismo ou do Islão está profundamente enganada. Como responder a esta diversidade?". Wainwright elenca várias respostas possíveis a essas questões, desde a negação da existência de conflitos doutrinais até à desvalorização das formulações das verdades da fé (2005, p. 220-224). Menciona igualmente a proposta pluralista de John Hick e de Peter Byrne (p. 225-229). Equaciona ainda a questão do exclusivismo, apresentando argumentos a favor e contra. É nesse contexto que refere Plantinga (Wainwright, 2005, p. 235), quando explica a posição pluralista dizendo: "Se as convicções religiosas ou filosóficas (ou morais) são de determinado modo que se S. tivesse nascido noutro lugar ou noutra época (ou tivesse sido aculturada de modo diferente), ela tê-las-ia assumido; então essas convicções são (provavelmente?) produzidas por mecanismos indutores de crenças e, portanto, não são garantidas". Como tal, é legítimo concluir que a problemática da relação entre cultura e religião é iniludível e é pertinente analisar a forma como ela se coloca nas várias religiões. O presente texto reduzir-se-á à sua apresentação do ponto de vista do Cristianismo. Esta opção deve-se ao facto de o Cristianismo ser a maior religião à escala global. Para o Cristianismo, a aculturação constitui uma "condição necessária da inculturação", ou, segundo Collet (1991, p. 404), uma das etapas concomitantes do processo de "inculturação". A primeira etapa seria a da tradução, na qual "o evangelho é apresentado através do testemunho de cristãos de outra cultura", com as necessárias "adaptações à cultura alheia". Esta adaptação daria origem, lentamente, a uma "receção mútua de elementos culturais da cultura alheia". Collet pensa que, quanto maior for a distância entre a cultura da comunidade cristã e a cultura alheia, tanto mais necessária é a receção e "assimilação" da cultura alheia. Esse processo de "assimilação" constitui, na perspetiva do autor, o primeiro passo para o processo de inculturação. Segundo Bayili (2014, p. 65), contudo, "aculturação" parece "um encontro a meio caminho" entre o Evangelho e as culturas, enquanto "inculturação" significa "o encontro dinâmico entre a mensagem de Cristo e as culturas, entre a Palavra divina revelada e o contexto humano". Collet (2000, p. 337), por seu turno, considera que o termo "inculturação" veio substituir os termos "adaptação", "acomodação" e mesmo "aculturação". Os dois primeiros (adaptação e acomodação) representam o primeiro passo, anterior à própria aculturação, e entendem-se, no contexto missionário, como a tentativa de acomodar ou adaptar a mensagem cristã às culturas e expressões culturais locais (Shorter, 1999). Por outro lado, "acomodação" significa também uma "tentativa para explicar a diferença entre a natureza de Deus e as imagens textuais ou os conceitos mentais acerca dele" (Graves, 2001, p. 251). Portanto, "acomodação", nesse sentido, parte do pressuposto de que "a linguagem não pode descrever Deus de forma adequada, apesar de permitir a tentativa de O descrever". Apesar de Bayili considerar a terminologia da "acomodação" e "aculturação" desadequada, porque ambos os conceitos significam "os esforços de transformação ligados aos missionários nas suas tentativas de serem sensíveis aos valores e costumes dos povos dos países de missão" (2014, p. 79), esforços esses que "passa(m) apenas pela superestrutura", isto é, pelos "aspetos exteriores, superficiais e secundários das culturas", é necessário atentar no que estes significam de progressivo reconhecimento da relevância do contexto histórico e cultural para a transmissão da mensagem cristã (também ela contextualizada), em diálogo com as culturas.

Segundo Bayili (2014), o termo "aculturação" é originário da Antropologia e das Ciências Sociais nascidas entre as duas Guerras Mundiais, tendo sido, depois, apropriado pela missiologia para equacionar a questão da evangelização num contexto cultural não europeu. Portanto, no conceito de "aculturação" procurava equacionar-se a atividade de evangelização de povos não cristãos. Contudo, deverá ter-se em conta que este termo pressupõe, histórica e teologicamente, o termo "adaptação" ou "acomodação", utilizados primeiramente por Bekker e por Wittich, que defendiam a necessidade de uma interpretação não literalista da Bíblia. Na sua perspetiva, as Escrituras resultaram do esforço de Deus para acomodar/adaptar a sua mensagem divina à compreensão limitada do ser humano. Portanto, muitas passagens da Bíblia não podiam ser interpretadas à letra, porque Deus tinha utilizado a linguagem e os conceitos do povo ignorante para exprimir verdades muito mais sofisticadas, de modo que essas pessoas as pudessem compreender (Fix, 1999). Também Calvino (Huijgen, 2011) considera que a fraqueza humana não consegue alcançar uma compreensão de Deus, a não ser que o próprio Deus desça até à humanidade, apresentando-se não como é realmente, mas como os seres humanos são capazes de o entender. Portanto, a "acomodação" é, antes de mais, uma descida de Deus ao nível do ser humano. Graves (2001, p. 260) afirma que, de acordo com a noção "típica" de acomodação na Renascença, "Deus se nos mostra não como é, mas como é para nós". E este facto – a noção de que a imagem que resulta da tentativa de descrição "não é uma verdadeira representação da divindade", mas sim uma interpretação à medida da compreensão do ser humano, por iniciativa do próprio Deus – introduz, na realidade, o "princípio hermenêutico" tanto na leitura dos textos sagrados como na teologia. Na leitura da Bíblia, porque começa a reconhecer-se o peso da cultura e do contexto na linguagem utilizada nos textos. Recorde-se aqui o significado do trabalho do Padre Lagrange (1855-1938) na École Biblique de Jérusalem, bem como a resistência que encontrou, na altura, dentro da Igreja Católica (Valdés, s/d). Na produção de teologia, porque se reconhece que a incarnação de Jesus Cristo constitui uma "acomodação" à história humana e à linguagem utilizada pelos seres humanos. Segundo Shorter, a teologia do Concílio Vaticano II toma o ângulo de abordagem da teologia da Incarnação como o ponto de partida para o entendimento da inculturação, embora não utilize a palavra. No decreto *Ad Gentes* (1965, n. 22) diz-se, concretamente: "A semente da palavra de Deus, germinando em boa terra, regada pelo orvalho divino, absorve a seiva, transforma-a e assimila-a para produzir fruto abundante. Certamente, de modo análogo à economia da encarnação, as igrejas jovens, enraizadas em Cristo e construídas sobre o fundamento dos Apóstolos, recebem, por um maravilhoso intercâmbio, todas as riquezas das nações que foram dadas a Cristo em heranças. Recebem dos costumes e das tradições dos seus povos, da sabedoria e da doutrina, das artes e das disciplinas, tudo aquilo que pode contribuir para confessar a glória do criador, ilustrar a graça do Salvador, e ordenar, como convém, a vida cristã".

Contudo, reparar-se-á que o termo "inculturação" não é utilizado, mas sim o termo "adaptação" (portanto, sinónimo de "acomodação"). O texto prossegue dizendo: "Para conseguir este objectivo, é necessário que em cada grande espaço sócio-cultural se estimule uma reflexão teológica tal que, à luz da tradição da Igreja universal, as acções e as palavras reveladas por Deus, consignadas na Sagrada Escritura, e explicadas pelos Padres da Igreja e pelo magistério, sejam sempre de novo investigadas. Assim se entenderá mais claramente o processo de tornar a fé inteligível, tendo em conta a filosofia ou a sabedoria dos povos, e a maneira de os costumes, o sentido da vida e a ordem social poderem concordar com a moral manifestada pela revelação divina. Desse modo se descobrirá o caminho para uma mais profunda adaptação em toda a extensão da vida cristã. Toda a aparência de sincretismo e de falso particularismo, será assim excluída, a vida cristã conformar-se-á bem ao génio de cada cultura, as tradições particulares e qualidades próprias de cada nação, esclarecidas pela luz do Evangelho, serão assumidas na unidade católica. Enfim, as novas igrejas particulares, enriquecidas pelas suas tradições, terão o seu lugar na comunhão eclesiástica, ficando intacto o primado da cátedra de Pedro, que preside a toda a assembleia da caridade".

Este texto é revelador da flutuação e da equivocidade conceptual existente entre o termo "adaptação ou acomodação", "aculturação" e "inculturação", a que Bayili (2014, p. 53-54) se refere, confusão essa da qual os próprios documentos do Vaticano enfermam (o autor dá exemplos de textos de João Paulo II reveladores dessa confusão de termos), utilizando frequentemente como sinónimos "aculturação" e "inculturação" (basta consultar a palavra "aculturação" no site do Vaticano para verificar este equívoco). Tanto Bayili (2014, p. 79) como Shorter (1999, p. 80) consideram necessária a superação da ideia de "adaptação", bem como de "aculturação", em prol da ideia de "inculturação". Segundo Bayili, comparar a evangelização à incarnação de Jesus, nomeadamente, significa supor que o agente ativo da aculturação é o "agente importador" e "raramente a cultura de 'acolhimento'" (Bayili, 2014, p. 80). Mais, pode ser supor que o modelo europeu de Igreja♀ constitui o modelo da Igreja♀ universal, isto é, que as igrejas locais devem repetir, imitando, um modelo de Igreja♀ que é apresentado como universal, apesar de ser local. A associação entre essa concepção e a ideia de que à Igreja♀ de Roma está associada uma forma de cultura♀ que deverá ser exportada para o mundo inteiro apresenta vários riscos: primeiro, confunde linguagem com cultura♀ (evangelizar supõe dialogar com as culturas numa linguagem compreensível para ambas, mas não a imposição de uma linguagem única) (Shorter, 1999, p. 191-195); segundo, considera as igrejas locais como filiais reprodutoras de um modelo único, remetendo-as para um estatuto de menoridade; por fim, confunde religião♀ com cultura. Ora o diálogo entre igrejas com expressões culturais diversas apela, sobretudo, a um encontro em que cada uma delas se deixa afetar pela outra (por exemplo, Charron, 1993). Caso contrário, a associação da religião cristã a uma cultura♀ específica constitui uma negação da sua catolicidade. A reflexão crítica sobre todas essas questões, suscitada pela evolução do termo "aculturação", "adaptação ou acomodação" e "inculturação", associada a uma experiência de universalidade radicada na fraternidade, na misericórdia e na compaixão com mensagem central de Jesus, leva a teologia♀ a dar voz, progressivamente, a experiências de diálogo e a teologias♀ (interculturais) nas quais as igrejas locais na Europa estão no mesmo nível das igrejas locais em qualquer outra parte do mundo e participam do diálogo entre as próprias religiões (Wilfred, 2011). Essa concepção permitirá, então, uma mudança de paradigma no qual a universalidade é constituída pelo diálogo entre as várias experiências locais. A mudança de paradigma associada a essa deslocação do modelo de réplica normativa para o modelo de diálogo intercultural não levará, então, a experiências de missionação, mas sim a experiências de testemunho inter-religioso.

Bibliografia: BAYILI, B. *Le concept d'inculturation. Problématique d'un néologisme théologique.* Paris: L'Harmattan, 2014. CHARRON, A. Du culturel à l'interculturel: incidences sur l'intervention chrétienne et le service pastoral. In: MÉNARD, C.; VILLENEUVE, F. (Ed.). *Pluralisme et foi chrétienne. Actes du Congrès de la Société canadienne de théologie.* Montréal: Fides, 1993. COLLET, G. Akkulturation – Inkulturation – Interkulturalität: Neue Fragestellung für ein altes Problem

oder alte Fragestellung für ein neues Problem? In: *Theologie der Gegenwart,* vol. 58, 2/2015. COLLET, G. Inkulturation. In: EICHER, P. (Hg.). *Neues Handbuch theologischer Grundbegriffe. Erweiterte Neuausgabe.* München: Kösel-Verlag, 1991. Vol. 2. COLLET, G. Theologische Begründungsmodelle von Inkulturation. In: FREI, F. (Hg.). *Inkulturation zwischen Tradition und Modernität. Kontexte – Begriffe – Modelle.* Freiburg: Universitätsverlag Freiburg Schweiz, 2000. FIX, A. *Fallen Angels: Balthasar Bekker, Spirit Belief, and Confessionalism in the Seventeenth Century Dutch Republic.* Springer (e-book), 1999. GRAVES, N. D. Milton and the Theory of Accommodation. In: *Studies in Philology,* vol. 98, n. 2, Spring, 2001. HUIJGEN, A. *Divine Accommodation in John Calvin's Theology:* Analysis and Assessment. Göttingen: Vandenhoeck & Ruprecht, 2011. MAY, J. D'Arcy; HOGAN, L. Interkulturelle, interreligiöse und öffentliche Theologie: Visionen der Ökumene. In: *Concilium.* Internationale Zeitschrift für Theologie, vol. 47/ Nr. 1, März 2011. REDFIELD, R., LINTON, R.; HERSKOVITS, M. J. Memorandum for the Study of Acculturation. In: *American Anthropologist* 38, 1936. SHORTER, A. *Toward a theology of inculturation.* Eugene: Wipf & Stock, 1999. SCHWARTZ, S. J., UNGER, J. B., ZAMBOANGA, B. N. and SZAPOCZNIK, J. Rethinking the Concept of Acculturation: Implications for Theory and Research. In: *Am Psychol.,* 2010, 65(4). VALDÉS, A. Á. "La difícil historia del padre Lagrange". Disponível em: <http://www.revistacriterio.com.ar/bloginst_new/1998/07/11/la-dificil-historia-del-padre-lagrange/>. WAINWRIGHT, W. Competing Religious Claims. In: MANN, William E. (Ed.). *The Blackwell Guide to the Philosophy of Religion.* Oxford: Blackwell Publishing, 2005. WILFRED, F. Von der Weltmission zu globalen Formen des Christentums. Eine perspektive aus dem Süden. In: *Concilium.* Internationale Zeitschrift für Theologie, vol. 47/Nr. 1, März 2011.

Teresa Toldy

ADAPTAÇÃO → Aculturação

AGNOSTICISMO METODOLÓGICO

Agnosticismo metodológico diz respeito a uma atitude acadêmica adotada por cientistas da religião diante do seu objeto de pesquisa: a religião♀. Essa postura é um dos constituintes de fronteiras disciplinares da Ciência da Religião♀, referindo-se a uma desconsideração metodológica sobre a questão da "verdade última", sem a preocupação de negá-la ou afirmá-la. Segundo Cruz (2013, p. 44), como o método♀ científico não acessa o sobrenatural, os cientistas da religião nada têm a dizer sobre essa dimensão, cabendo à Ciência da Religião♀ examiná-la como construção social, desconsiderando as alegações de seus adeptos de que suas crenças♀ são verdades divinas.

O termo "agnosticismo metodológico" foi cunhado originalmente pelo cientista da religião Roderick Ninian Smart (1973, p. 54-73) como um comentário à ideia de "ateísmo metodológico" proposta no texto *O dossel sagrado*, de Peter Berger (1985, p. 112.186). Embora Smart tenha proposto o termo como uma crítica a Berger, as explicações desses dois autores sobre o que seria ateísmo metodológico e agnosticismo metodológico são bastante similares (Sheedy, 2016).

Em primeiro lugar, é importante ter em mente que ateísmo ou agnosticismo metodológico não são sinônimos de "ateísmo" ou "agnosticismo". São apenas posturas para se trabalhar com religiões, considerando-as como produtos da atividade humana. Nada impede que uma pessoa seja religiosa e cientista da religião ao mesmo tempo, desde que suas pesquisas adotem o agnosticismo metodológico. Como esclarece Berger (1985, p. 186), "dizer que a religião é uma projeção humana não implica logicamente que os sentidos projetados não possam ter um *status* último independente do homem". Apenas não está entre as preocupações da Ciência da Religião, enquanto disciplina acadêmica, validar ou refutar as verdades teológicas (Smart, 1973).

Berger defende que não há nenhuma prerrogativa, ao estudar academicamente as religiões, de que um diálogo com a teologia deve ser estabelecido, rejeitando a noção de que cabe ao cientista apenas "levantar" questões sobre as religiões, pois as respostas finais devem sempre ser respondidas pelos religiosos. Como via a Sociologia da Religião como uma ciência empírica, Berger concluiu que era ilógico que perguntas oriundas do método empírico obtivessem respostas em um quadro de referência de uma disciplina não empírica como a Teologia (1985, p. 185). Portanto, qualquer pesquisa empírica sobre religiões precisaria necessariamente estar baseada no que ele chamou de ateísmo metodológico (1985, p. 112).

Considerando que a palavra "ateísmo" possui uma carga negativa, Smart (1973, p. 54-57) sugeriu que o termo talvez não fosse o mais apropriado para a Ciência da Religião. Assim, esse cientista da religião defendeu que o agnosticismo metodológico seria uma atitude mais coerente entre a pressuposição de Deus, como ocorre na teologia, e uma pré-concepção de que Deus não existe, como Smart entendeu que Berger preconizou; mesmo que o próprio Berger tenha esclarecido que não era disso que se tratava sua proposta original (Berger, 1985, p. 112.186).

Essa má compreensão de ateísmo metodológico como sendo uma metodologia que de antemão supõe que tudo o que está no mundo metaempírico e sobrenatural das religiões não existe é, usualmente, a forma como a maioria de seus críticos lhe descreve. Porpora (2006, p. 57-58), por exemplo, acusa que o ateísmo metodológico estaria pautado em uma visão naturalista de mundo, como a Física e a Biologia, o que em sua opinião dificulta muito o estudo das experiências religiosas, tratando a dimensão putativa sobrenatural da fé como inexistente.

Essa alegação é refutada por Matt Baldwin (apud Sheedy, 2016, p. 302-303), que explica que o ateísmo metodológico e o agnosticismo metodológico não admitem, ambos, explicações mágicas aos fenômenos religiosos. Nem Berger nem Smart desejavam observar o sobrenatural. Pelo contrário, ambos queriam evitar esse domínio, visando à independência da Teologia. Nenhuma das duas posições permite conclusões que presumem fenômenos não observáveis. Por exemplo, constatar que os cristãos acreditam que Jesus ressuscitou (algo observável) não abre margens, tanto pelo ateísmo quanto pelo agnosticismo metodológico, a conclusões de que um ser humano objetivamente levantou dos mortos (algo não observável historicamente). Baldwin conclui que optar pelo ateísmo ou agnosticismo metodológico não interfere no resultado final da pesquisa, pois sua distinção é filosófica, não metodológica. Ambas as posturas recorrem, metodologicamente, a um esquema explicativo naturalista.

De acordo com Usarski (2013, p. 51), ao adotar o agnosticismo metodológico a Ciência da Religião assume uma atitude epistemológica comprometida com um ideal de "indiferença" diante dos juízos de valor e dogmas, limitando-se aos aspectos históricos e materiais das religiões. Em vez de debater a existência ou inexistência de uma divindade, ou a validade dos comportamentos religiosos, cientistas da religião se concentram em elementos acessíveis empiricamente, evitando as discussões que extrapolam o método científico. Seu propósito é estudar os fatos da vida religiosa, sem fazer apologia a uma tradição determinada.

Porém, esse não é um tema resolvido no campo dos estudos acadêmicos das religiões, porque causa desconforto aos *insiders*. Comumente, quem pesquisa sua religião de dentro, como adepto, critica o ateísmo tanto quanto o agnosticismo metodológico, dizendo que eles não atingem a "neutralidade" que se propõem. O problema é que o ateísmo e o agnosticismo metodológico constituem muito mais um delimitador de fronteiras disciplinares entre a Ciência da Religião e a Teologia do que, como alegam seus críticos, uma busca por neutralidade científica (Berger, 1985, p. 185-186; Smart, 1973, p. 111). Embora se reconheça que os resultados das pesquisas empíricas sobre as religiões possam ser considerados relevantes à Teologia, o tipo de construção de saber que a teologia efetua é diferente do tipo de construção de saber que a Ciência da Religião se propõe a produzir.

Segundo Crook (apud Sheedy, 2016, p. 299), cientistas da religião não devem operar diferentemente de outros cientistas. Justificar que o objeto religião é "diferente" não basta. Considerar que quem não possui "sensibilidade" para sentir as manifestações do sagrado⚥ não pode estudar religião⚥ ou que todo estudo de religião⚥ deve se debruçar sobre a moral religiosa é uma questão de fé⚥ que vai além do que uma ciência pode, de fato, verificar. Como explicou Smart (1973, p. 111), o agnosticismo metodológico é uma condição inalienável (*sine qua non*) para que a Ciência da Religião⚥ seja uma disciplina acadêmica autônoma. Não é uma opção utilizá-lo ou não em nossa área.

Bibliografia: BERGER, P. L. *O dossel sagrado*: elementos para uma teoria sociológica da religião. São Paulo: Paulus, 1985. CRUZ, E. R. Estatuto epistemológico da Ciência da Religião. In: PASSOS, J. D.; USARSKI, F. (Org.). *Compêndio de Ciência da Religião*. São Paulo: Paulus/Paulinas, 2013. PORPORA, D. V. Methodological atheism, methodological agnosticism and religious experience. *Journal for the Theory of Social Behaviour*, Oxford/Malden, v. 36, n. 1, 2006. SHEEDY, M. Ateísmo metodológico *vs.* agnosticismo metodológico. *Revista Último Andar*, São Paulo, v. 1, n. 29, 2016. SMART, R. N. *The science of religion and the sociology of knowledge*: some methodological questions. Princeton: Princeton University, 1973. USARSKI, F. História da Ciência da Religião. In: PASSOS, J. D.; USARSKI, F. (Org.). *Compêndio de Ciência da Religião*. São Paulo: Paulus/Paulinas, 2013.

Fábio L. Stern

ALEGORIA

A alegoria pode ser definida como um dispositivo retórico que expande o significado de um dado discurso (por exemplo, a narrativa, a imagem⚥ ou uma obra de arte) através da sobreposição de um significado suplementar e não literal. A palavra "alegoria" tem suas raízes etimológicas na combinação de dois termos do idioma grego antigo: ἄλλος (*állos*; outro) e ἀγορεύω (*agoreúō*). Deve-se ter em mente que o segundo termo, *agoreúō*, é um verbo que se origina do termo ἀγορά (*agorá*, "assembleia") e, desse modo, indica a forma mais elevada de discurso público na cultura grega da Antiguidade. Assim sendo, a alegoria (*i.e.*, declarar alguma outra coisa) era, tradicionalmente, uma parte do estudo da retórica e associada pelos autores clássicos a outras figuras retóricas próximas, tais como a metáfora⚥ (*metá*, "através" [+] *phéró*, "carregar"). Contudo, enquanto a metáfora⚥ geralmente expande o significado de um único elemento dentro de um discurso maior (por exemplo, um vestido branco significa a pureza espiritual), a alegoria afeta a unidade discursiva inteira (por exemplo, a jornada para aniquilar um dragão representa a luta humana contra o mal).

No período tardio da República romana, o conceito de *alegoria* já estava estabelecido entre os intelectuais, e essa primeira definição permaneceu como uma referência central desse tema na tradição europeia. Cícero definiu a alegoria como um "fluxo contínuo de metáforas⚥" (Cícero, *De Oratore*, [III] 27.94) e Quintiliano declarou que "a alegoria é criada por uma metáfora⚥ prolongada" (Quintiliano, *Instituto oratoria* IX, 2, 46). Cícero, no entanto, também indicou as origens gregas desse dispositivo retórico, provavelmente se referindo à definição estrutural de *analogia⚥* e *metáfora⚥* elaborada por Aristóteles em sua obra *Poética*. De fato, na Grécia Antiga o uso do discurso figurativo era já comum entre os filósofos, como, por exemplo, no caso da Alegoria da Caverna de Platão (*República*, VII). Entretanto, distanciando-se da abordagem metafísica⚥ de Platão quanto ao uso do discurso figurativo, Aristóteles definiu sua estrutura enquanto uma transcendência da linguagem, isto é, a possibilidade de criar uma correspondência coerente entre os elementos que compõem duas narrativas diferentes (*Poética*, XXI).

Essas duas formas de entender a *alegoria*, ao mesmo tempo como uma lente hermenêutica⚥ e um instrumento retórico, representa muito bem a dualidade que acompanhou este conceito ao longo da história. Enquanto figura retórica, a *alegoria* foi abordada por intelectuais como uma ferramenta para a produção e interpretação⚥ de obras de arte. O poder comunicativo da *alegoria* foi matéria de exame escolástico durante o período romano e medieval (Irvine, 1987; Strayer, 1982), a ponto de o próprio Agostinho de Hipona, um filósofo dos primeiros tempos do Cristianismo, celebrar sua eficácia ao declarar que "qualquer doutrina sugerida sob formas alegóricas nos afeta e nos alegra mais, e é mais estimada que qualquer outra explicitada através de palavras simples" (*Cartas*, Carta 55, p. 277). Mais tarde, a função e o uso de figuras alegóricas se tornariam uma questão central para movimentos artísticos, tais como o neoclassicismo e o romantismo. Nesse contexto, críticos de arte, tais como Winckelmann (2013) e Blümner (2017), escreveram extensivamente sobre o papel da *alegoria* nas artes visuais, quase sempre num diálogo explícito com as tradições romanas e gregas antigas.

Enquanto um dispositivo hermenêutico, a *alegoria* mantém seu funcionamento estrutural, mas altera o seu propósito e o seu objeto de aplicação. Mais do que ser usada como uma ferramenta para criar um discurso de muitas camadas, a *alegoria* é empregada como uma lente para interpretar textos que podem não ter sido propositalmente alegóricos quando foram criados. Estudiosos detectaram esse uso hermenêutico da alegoria desde o período helenístico, quando diferentes escolas de filósofos gregos sentiram a necessidade de integrar a velha tradição na sua nova visão de mundo. Com esse objetivo eles interpretaram os mitos e ensinamentos religiosos antigos como se fossem alegóricos, isto é, como se tivessem um sentido secundário mais importante para além do literal (Hinks, 1939). Dessa forma, era possível para eles integrarem de forma harmoniosa o conhecimento cultural canonizado dentro de um pensamento novo e ainda usá-lo para legitimar estilos de vida inovadores (Hastings, 1908).

Esse processo de adaptação♀ cultural do conhecimento do passado através de um raciocínio alegórico é encontrado em diferentes sociedades e pode ser classificado como um "conservadorismo dinâmico" (Eisenstadt, 2004). Uma expansão cósmica interessante dessa prática hermenêutica♀ é encontrada na discussão medieval acerca do *liber mundi* (ou *liber naturae*, "o livro do mundo"). A partir dessa perspectiva cristã, todo o mundo era visto como um livro criado por Deus e, por isso, possível de ser interpretado e investigado para além das suas aparências imediatas (Vessey, 2014). Uma perspectiva teórica que impulsionou tanto a pesquisa teológica quanto científica, fazendo com que um cientista famoso como Galileu Galilei afirmasse, por exemplo, que Deus♀ não é "menos perfeitamente demonstrado nas ações da Natureza♀ do que nas afirmações sagradas da Bíblia♀" (*Carta para a Grã-Duquesa Cristina*, 1615).

Como foi brevemente descrito, a história da *alegoria* está firmemente conectada a um duradouro ramo da cultura europeia que identifica suas raízes com a tradição greco-latina. Dessa forma, considerando-se a natureza eurocêntrica da ideia de *alegoria*, este conceito deveria ser usado com extrema precaução quando aplicado a contextos extraeuropeus.

Bibliografia: BLÜMNER, H. *Laokoon-Studien über den Gebrauch der Allegorie in den bildenden Künsten*. Einbeck: Hansebooks, 2017. DONALD, A. R. (Ed.). *The Orator's Education*. Harvard: Harvard University, 2001. Vol. IV: Books 9-10. EISENSTADT, S. N. *Explorations in Jewish historical experience*: the civilizational dimension. Leiden: Brill, 2004. FLETCHER, A. *Allegory*: the theory of a symbolic mode. Ithaca, NY: Cornell University Press, 1964. HASTINGS, J., SELBIE, J. A.; GRAY, L. H. G. (Eds.). *Encyclopædia of Religion and Ethics*. London: Burns & Oates, 1908. HINKS, R. P. *Myth and allegory in ancient art*. London: The Warburg Institute, 1939. IRVINE, M. Interpretation and the semiotics of allegory in Clement of Alexandria, Origen, and Augustine. *Semiotica* 63, n. 1-2 (1987): 33-72. STRAYER, J. R. *Dictionary of the Middle Ages*. New York: Scribner, 1982. VESSEY, D. Philosophical Hermeneutics and the Liber Naturae. *Philosophy Today* 58, n. 1 (2014): 85-95. WINCKELMANN, J. J. Thoughts on the Imitation of Greek Works in Painting and the Art of Sculpture. In: CARTER, D. (Translator). *Johann Joachim Winckelmann on Art, Architecture, and Archaeology*. Rochester, NY: Boydell & Brewer, 2013. p. 31-56.

MICHELE MARTINI
TRADUÇÃO: LEONARDO STOCKLER DE MEDEIROS MONNEY

ALIMENTAÇÃO

Diferentemente de outras espécies, o ser humano tem a capacidade de digerir quase tudo, o que lhe dá amplas possibilidades de alimentação, podendo adaptar-se às mais diferentes dietas♀ – esquimós vivem de carne crua de baleia ou focas, povos indígenas de áreas desérticas da América Central comem cactos, alguns povos consomem insetos e há também culturas completamente vegetarianas, enquanto um leão só pode viver de carne e uma vaca, de pasto. Assim, o ser humano, entre a fauna e a flora, seleciona o que é comida; a isso o estudioso da alimentação Michael Pollan chama de *dilema do onívoro* (2007). Ao contrário de outras espécies onívoras – baratas, ratos, porcos e urubus –, o ser humano escolhe seus alimentos e atribui a eles, e à forma de prepará-los e consumi-los, significados.

Não por acaso, Lévi-Strauss♀, em *O cru e o cozido* (1964), fala dos alimentos como "bons para pensar", e destrinchar seus significados é conhecer a cultura e os valores de quem os come. Dessa maneira, estudiosos da alimentação, especialmente os de vieses social e antropológico, concordam que alimentos nunca são absolutamente bons – seja no sentido estético, seja no sentido moral. As percepções sobre os alimentos, assim como o que, quando, onde, de que maneira, com quem e em que quantidade devem ser consumidos, são condicionadas por padrões sociais e culturais, dentre os quais a religião♀ constitui um grande pano de fundo a determinar comportamentos e preferências, incluindo os alimentares, sem que, muitas vezes, isso passe pela consciência♀, ou se torne tão arraigado ao longo do tempo que sua origem seja imperceptível, travestindo-se, assim, de escolha natural.

Seja de maneira literal, seja figurada, a questão da alimentação está sempre presente nas religiões. Ela pode assumir diversas formas – preceitos estritos, alimentos especiais considerados sagrados, com propriedades mágicas ou simbólicas, oferendas a entidades que comem, interditos – que podem ter funções diversas, tais como uma linguagem que ensina e reforça valores, um recurso para modelar e projetar identidades e, para muitas religiões, um meio de disciplinar o corpo através das restrições.

Praticamente todas as religiões têm algo a dizer sobre a alimentação, mesmo que algumas abordem o assunto apenas no nível simbólico. A complexidade do tema e suas variações dariam origem a uma área de estudo específica; entretanto, ainda não há um campo formal que estude a relação entre alimentação e religião♀. Há, contudo, um grande volume de estudos isolados sobre alimentação nas mais distintas religiões.

De forma geral, religiões são vistas por acadêmicos, especialmente no Ocidente, como transcendentes, abstratas, o que impede sua compreensão a partir de aspectos materiais e estéticos. A abundância de práticas alimentares, porém, nos faz perceber que religiões não são apenas transcendentes e têm nas suas manifestações materiais meios de concretizar o intangível. O Simpósio de Religião e Alimentação realizado pelo *Donner Institute*, na cidade de Turku, Finlândia, em 2014, constituiu um exemplo de como estes dois assuntos se imbricam nas mais diversas culturas e apontou as possíveis questões que o estudo da alimentação poderia responder sobre as religiões.

Segundo o estudioso de religiões Graham Harvey, alimentação e religião têm uma trajetória sincrônica: "É possível que a religião tenha começado como uma etiqueta entre espécies – especialmente quando membros de uma espécie precisaram comer membros de outra espécie" (Harvey, 2013, p. 2). Esta afirmação sugere como cada religião engloba em sua cosmovisão um modo de classificar comida e como atribui significados para o comer.

Em seu texto de 1972 "*Deciphering a meal*", a antropóloga Mary Douglas explora a classificação dos animais no Judaísmo: há um eixo de pureza/impureza que determina, baseado nos livros da Torá – Levítico e Deuteronômio –, quais os animais que podem ser consumidos e quais são os abomináveis. Entre os animais aquáticos, por exemplo, os permitidos para consumo devem possuir barbatanas e escamas, não sendo próprios para consumo os animais que não atenderem às duas condições simultaneamente. Nesse caso camarões não são considerados comida, e seu consumo significaria a quebra de um tabu. Para ilustrar a particularidade dos sistemas de classificação de alimentos dentro de cada religião, podemos comparar ao Judaísmo, em termos de alimentação, o Candomblé, com suas regras estritas de alimentação: na conhecida *Comida de Santo*, o camarão possivelmente é um dos únicos animais que não possui restrição alguma de consumo. Sendo aceito por todos os orixás, na forma seca, ele é o tempero básico das oferendas, parcialmente consumidas pelos devotos.

Comparativamente, não há um alimento que seja permitido/valorizado ou proibido/desprezado universalmente. Um exemplo interessante reside no consumo da carne de porco: rejeitada pela maioria das religiões – Judaísmo, Islamismo, Hinduísmo, Cristianismo Adventista –, "ela foi um verdadeiro traço distintivo dos cristãos católicos na Europa da Idade Média" (Montanari, 1998, p. 314-315). Os conhecidos presuntos espanhóis, exibidos na forma de pernas inteiras do animal penduradas nas portas de mercados e lojas na Idade Média, eram uma afirmação de que ali habitavam cristãos, comedores de porco (Woortmann, 2013, p. 12), e ainda hoje figuram entre os pratos de celebrações cristãs, tais como o Natal, em muitos dos países cristãos.

Nesse sentido, a alimentação pode ser considerada um fenômeno social – a maneira característica de um grupo religioso se alimentar consiste num marcador de identidade, no qual ele se afirma, se reconhece e se diferencia de outros. Em sua identidade, constantemente reconstruída através de trocas e negociações, evidenciam-se, pela entrada de novos ingredientes ou pelo desuso de outros, bem como pelas mudanças no modo de comer, transformações sociais etc. A história demonstra que sempre há variação do "cardápio" quando há mudanças expressivas no campo religioso, como se a primeira refletisse a segunda: a disseminação do Cristianismo espalhou pela Europa a dieta romana baseada em pão, vinho e azeite; mais tarde, a Reforma Protestante aboliu os mais de duzentos dias de jejum (de carne vermelha) prescritos pela Igreja Católica (Albala; Eden, 2011).

O livro *Comer* (2010), de Claude Fischler e Estelle Masson, confirma esse fenômeno, ao apresentar a maior pesquisa já realizada, em termos quantitativos, acerca de hábitos alimentares em razão do *éthos* religioso. Baseados na obra de Durkheim *O suicídio* (1897), que mostra diferenças no comportamento suicida entre católicos e protestantes, Fischler e Masson delineiam os perfis alimentares nos países com tais *éthos* e demonstram que a religião permeia os aspectos alimentares mesmo em sujeitos não religiosos, sem que eles tenham consciência. A pesquisa trabalhou a ideia de autonomia do sujeito em relação à sua alimentação, num eixo que variava entre os extremos da heteronomia e da anomia. Nesse eixo os católicos estariam mais próximos da heteronomia, tendo como valores importantes: o comer junto, o horário das refeições e as poucas variações no cardápio em relação a pratos típicos de cada ocasião; enquanto protestantes, com mais autonomia, prezariam pela individualidade, tendo, por exemplo, membros de uma mesma família com dietas distintas, comendo sozinhos, em diferentes horários.

A religião modela não apenas os hábitos alimentares como também a percepção sensorial. Alimentos podem ser de bom ou mau gosto, segundo sua carga simbólica. No caso religioso, esse bom ou mau pode assumir certa conotação moral, mesmo que inconsciente, como se pode avaliar no estudo de Lynn Harbotle sobre iranianos muçulmanos vivendo em Londres: "A maior parte dos entrevistados não mais seguia os preceitos islâmicos, mas, mesmo assim, sua percepção de sabor já havia sido moldada por sua educação religiosa. [...] A maioria evitava carne de porco e presunto completamente. Aqueles que experimentaram porco disseram que havia uma sensação de 'sujeira' no sabor, da qual eles não gostavam, e a maioria não viu necessidade alguma de integrá-la em seu bem estabelecido repertório culinário" (Harbotle, 1997, p. 179).

"Incorporar comida é, em termos reais e imaginários, incorporar todas ou algumas propriedades: Nós nos tornamos o que comemos. Incorporação é o fundamento da identidade" (Fischler, 1988, p. 278).

Por isso, comer a comida do outro pode, de maneira inconsciente, significar uma ameaça à própria identidade. Ou pode ser um recurso, quando se deseja tornar-se outro, como em casos de conversão religiosa℗. Aquele que se converte a outra religião converte também sua alimentação.

Comer igual é uma forma de pertencimento. A uniformidade propiciada pelas regras alimentares bem definidas é um elemento que favorece a coesão de grupos; entre judeus isso fica bastante evidente. Entre comidas *Casher* (comida que segue preceitos da *Kashrut*, lei dietética judaica) e comidas judaicas (pratos que simbolizam celebrações e passagens da Torá, mas não necessariamente preparados sob as premissas *Casher*), a tradição vai sendo rememorada, valores vão sendo transmitidos e reforçados. Há muitos livros de receitas judaicas, escritos por mães judias – as responsáveis pela transmissão dos valores aos filhos, que, além de darem as receitas dos pratos típicos de cada ocasião, ensinam como combiná-los em *menus* que sintática e semanticamente recontam histórias do povo hebreu através do sabor. Cada livro de receita é também um manual sobre a liturgia℗. Um exemplo elucidativo está no livro *Cozinha judaica da Maria* (2011), de Viviane Lessa e Léo Steinbruch. Lessa ter-se-ia interessado pelo Judaísmo ao se casar com um judeu e logo observou que as famílias judias tinham cozinheiras não judias, "as Marias", mulheres que aprenderam a religião℗ pelo contato com a cozinha. Ao longo das experiências relatadas no livro, muitas das "Marias" demonstram grande conhecimento e apreciação pelas histórias e doutrina judaicas. O livro também mostra as negociações das tradições culinárias judaicas com a culinária brasileira – substituições de ingredientes, seja por sua indisponibilidade no mercado brasileiro, seja porque algumas receitas brasileiras podem atender mais facilmente aos preceitos *Casher*, como no caso do quindim – um importante princípio *Casher* é não misturar carne e leite; logo, numa refeição que tenha carne, uma sobremesa que contenha leite em sua composição não é conveniente. Dessa maneira, o quindim, doce à base de leite de coco, coco e ovos, não oferece restrições.

A comida ilustra os processos de adaptação℗ das religiões, em especial das transplantadas – por vezes, é necessário mudar para permanecer. Para um povo que se encontra espalhado pelo mundo, a culinária judaica, provavelmente, tem sido uma força de coesão.

Se por um lado o estudo da alimentação pode fazer emergir pontos de coesão, por outro pode fazer despontar diferenças dentro de uma mesma religião. O Budismo, assim como outras religiões, pode ser lido no plural, Budismos, uma vez que possui muitas variantes. Alguém que se proponha a estudar os princípios alimentares nesta religião logo perceberá suas diferenças. No senso comum, pessoas associam

Budismo a vegetarianismo℗, provavelmente por conta do princípio de não violência, *Ahimsa*. Entretanto, a prática apresenta-se de diversas maneiras, conforme a região e a vertente. No Budismo *Theravada*, mais presente na Índia, os monges renunciam ao fogo: não podendo cozinhar, eles devem pedir comida, logo, não fazem restrições, comem o que lhes dão, carne inclusive. No Budismo *Mahayana* chinês e vietnamita, por exemplo, prefere-se evitar alguns alimentos de sabor forte, tais como alho, cebola, cebolinha verde, alho-poró, pois são tidos como alimentos excitantes, que estimulam os sentidos, dificultando o autocontrole, e, para aqueles que buscam aprimorar-se na meditação℗, evita-se carne. Já o Zen Budismo é vegetariano e possui regras estritas, mesmo em relação à combinação de ingredientes e ao preparo da própria comida, o qual deve ser realizado por um monge de alta elevação espiritual, e esta culinária é chamada de *Shôjin*. "Não há um padrão que universalize como a alimentação se relaciona à compreensão religiosa. De fato, mesmo dentro de tradições religiosas pode haver múltiplas (até mesmo conflitantes) práticas e abordagens da alimentação" (Dallam apud Zeller et al., 2014, p. 159).

Entre prescrições e proibições alimentares, religiões incorporam seus valores; o comer e o não comer são dois polos de uma mesma ação, que se alterna conforme o período litúrgico. Nos estudos em língua inglesa, o *feast-and-fast*, "banquete e jejum℗", é uma expressão que cabe ao estudo da alimentação em praticamente qualquer religião, uma vez que sempre há as ocasiões de festejo, celebração, quando a comida desempenha papel fundamental, podendo representar comunhão, prosperidade, fertilidade, bênçãos, ingestão de substâncias mágicas ou eticamente benéficas. E, da mesma maneira, há ocasiões em que se suspende o consumo de alguns alimentos por certo tempo, como no caso dos alimentos fermentados antes da Páscoa judaica, a *Pessach*, da carne na Sexta-feira Santa, ou, ainda, a suspensão temporária total de alimentos, podendo incluir até água, como no caso do Ramadã, quando, durante um mês, mês de Ramadã, não se come ou bebe nada do nascer ao pôr do sol. No Candomblé há também dias em que não se come alguns alimentos – às sextas-feiras, dia de Oxalá, orixá associado à paz, não se come pimentas, carne, nem nada com azeite de dendê, substâncias estas atribuídas à força da entidade de polaridade oposta, Exu. Na mesma religião, quando se está de preceito, após "dar uma obrigação", é comum que devotos, individualmente, sejam proibidos de comer alguns alimentos relacionados à divindade reverenciada.

Da mesma maneira que a maioria das religiões possui práticas alimentares, também apresentam alguma variação de jejum℗, que acaba assumindo funções de expurgo, purificação, penitência ou autocontrole. O jejum℗ foi especialmente valorizado no Catolicismo medieval, sendo obrigatória nesse período, sob a acusação de heresia para quem não o cumprisse. Entretanto, houve quem se autoimpusesse um ascetismo radical – muitos santos da Igreja℗ Católica foram jejuadores inveterados, que buscavam nesse autossacrifício℗ uma forma de redenção e um caminho até Deus: "O que é o jejum℗ senão a essência e a imagem℗ do céu? O jejum℗ é o alimento da alma℗, o alimento do espírito, a vida dos anjos, a morte℗ do pecado, o cancelamento das dívidas, o remédio da salvação℗, a raiz da graça, a base da castidade. Pelo jejum℗ chegamos mais cedo a Deus" (Quellier, 2011, p. 18).

Houve também mulheres que se devotaram à Igreja℗ praticando o jejum℗, as santas jejuadoras: Santa Vilgeforte, Santa Clara de Assis, Santa Catarina de Siena, Santa Maria Madalena de Pazzi, Santa Rosa de Lima e Santa Verônica Giuliani. A maioria delas viveu a pão e água e faleceu com menos de quarenta anos (Weinberge; Cordás, 2006).

Influenciado pelo platonismo – logo, mais idealista –, o Cristianismo tendia a olhar o corpo como um obstáculo ao espírito, já que a verdadeira vida estaria além da terrestre; assim, foram desenvolvidas diversas formas de mortificar o corpo, a fim de neutralizar seus desejos℗, e o jejum℗ foi uma das principais entre elas. A importância dada à questão do comer, neste caso, pode ainda ser observada através do fato de a gula ser um pecado que figura entre *os sete capitais*. A ideia de gula como pecado capital surgiu entre os Padres do Deserto, mas a censura a comer e a beber descontroladamente remonta ao Egito e à Grécia da Antiguidade, onde se exaltava a virtude da temperança.

No *hall* do "não comer" pode se abrigar também a questão do vegetarianismo℗. Muitas religiões consideram a vida de seres não humanos como tendo a mesma importância dos humanos, como é o caso do Jainismo, que também obedece ao princípio do *Ahimsa*. Essa religião prega que se pratique minimamente o lactovegetarianismo℗, mas propõe como condição ideal o veganismo, levando em conta a vida de insetos e até mesmo de vegetais – só se pode comer as frutas que caem naturalmente do pé, por exemplo. A morte℗ por inanição não é algo incomum ou condenável nessa religião. O lactovegetarianismo é comum entre algumas linhas do Hinduísmo, em que não se come a carne dos bovinos, mas o leite e seus subprodutos não apenas são alimentos como também têm grande valor simbólico, já que a vaca figura entre as divindades℗ do panteão hindu. O leite e a manteiga clarificada, *ghee*, são tidos como sagrados, e, além de serem consumidos, são oferecidos aos deuses em receitas, ou besuntados/vertidos sobre suas imagens.

No Cristianismo, em termos de vegetarianismo℗, destacam-se os Adventistas do Sétimo Dia. Nem todos são vegetarianos, mas há um forte incentivo ao consumo de alimentos de origem vegetal, mais por uma questão de saúde℗, baseada em informações nutricionais, do que por um princípio de respeito aos animais. Nos países onde há adventistas, encontram-se indústrias de alimentos vegetarianos, tais como a *Superbom*, a principal no Brasil – entre seus principais produtos está a carne de soja enlatada. Há também em suas igrejas cursos de nutrição e culinária, com receitas majoritariamente vegetarianas. A importância atribuída à alimentação nessa religião deve-se a Ellen G. White, uma de suas autoridades. White afirmou ter recebido, por meio de visões, a missão de ensinar as pessoas a cuidarem da saúde℗ pela alimentação. Segundo ela, o corpo é um presente de Deus e deve estar saudável para louvá-lo. Há uma coletânea de seus textos, *Conselhos sobre o regime alimentar* (1938), organizada postumamente, que contém os princípios seguidos pela Igreja℗ Adventista. Todas as regras de alimentação derivam da obra de White, que prega o vegetarianismo℗ alegando a dificuldade de se digerir a carne, o leite e seus derivados. Além disso, White também se baseia no Livro de Isaías, na Bíblia℗, para afirmar que, quando Cristo voltar, o mundo será pacificado e nem mesmo os animais serão violentos, nem mesmo para se alimentarem, conforme a passagem 65,25 sugere: "O lobo e o cordeiro se alimentarão juntos, e o leão comerá feno, do mesmo modo que os bovinos se alimentam".

Mesmo que na atualidade a alimentação pareça ser assunto exclusivo das ciências biológicas, podemos encontrar traços religiosos não apenas no sentido de identificar resquícios de regras alimentares religiosas tradicionais, como também de encontrar uma "atitude religiosa" diante das escolhas alimentares. Muitas dietas℗ parecem ser mais religiões ou filosofias de vida do que propriamente uma forma de ingerir nutrientes. Hábitos alimentares declaradamente regulamentados pelas religiões no passado, apesar de possuírem regulações aparentemente seculares, ainda guardam em si uma estrutura psicossocial religiosa. Tal aspecto da alimentação é evidenciado no aumento significativo no número de vegetarianos e veganos no mundo, dado que se confirma no volume de estabelecimentos, produtos, feiras, revistas e cursos que atendem esses grupos. Embora nem todo vegetarianismo℗/veganismo esteja direta ou explicitamente ligado a uma religião, parece sempre haver uma conotação religiosa nessas escolhas. De acordo com o estudioso de religiões Benjamim Zeller: "Em muitos casos, um senso quase religioso de holismo caracteriza muito do discurso vegetariano, frequentemente combinado com ética e direitos dos animais ou preocupação com o bem-estar da Terra. Tal vegetarianismo℗ holístico é igualmente religioso" (Zeller, 2014, p. 6079), isto é, a questão do vegetarianismo℗, neste caso, vai muito além de nutrientes e materialidade; reveste-se de qualidades morais, não se tratando de uma escolha por sabor, prazer, nem mesmo saúde↗, mas ética. "A salvo de uma escassez de alimentos imposta por fatores externos, estamos mais livres do que nunca para projetar nos alimentos significados que nada têm a ver com mitigar necessidades alimentares" (Jackson, 1999, p. 11). Nesse sentido, não apenas o vegetarianismo↗ como também outros "sistemas simbólicos" de alimentação contêm, de maneira implícita, uma visão religiosa, tal como no caso dos alimentos integrais e dos orgânicos, sempre tão associados à natureza; também o *fair trade* ("comércio justo"), amplamente difundido no Reino Unido, é uma regulamentação identificada através de um selo, que garante que o referido alimento não é resultante de trabalho explorador ou que danifique/polua o meio ambiente. "As listas de alimentos transgênicos do *Greenpeace* não são diferentes das listas de produtos *Trêfá/Terefah* ou *Haram*" [Alimentos considerados impróprios no Judaísmo e Islamismo, respectivamente] (Ezquibela, 2009, p. 24). Para os que seguem tais dietas↗ ou possuem tais princípios éticos, quebrar uma dessas regras tem o peso de quebrar um tabu religioso, tal como comer um alimento proibido. A religião↗ e a alimentação imbricam-se porque não há como escapar de comer o outro – mesmo que esse outro seja um vegetal – para nos alimentarmos.

A chave desse dilema reside em como nos relacionamos com esse outro; nossa questão com os alimentos é relacional, segundo afirma Graham Harvey (apud Souza, 2015, p. 111). De outra maneira, Claude Fischler também atribui à alimentação um caráter religioso: "Classificações básicas incorporam o individual no grupo, situam o grupo como um todo em relação ao universo que, por sua vez, o incorporam no universo. Assim, elas têm uma dimensão fundamentalmente religiosa, no sentido estritamente etimológico do religar" (1988, p. 280).

Dado o elo quase natural entre alimentação e religião↗, é possível compreender uma coisa pela observação da outra. O estudo da História das Religiões↗ pode auxiliar na compreensão dos hábitos alimentares, uma vez que a religião↗ os tem modelado e que o comer implica uma dimensão religiosa quando se leva em conta os aspectos morais e éticos. As histórias de ambos os campos têm corrido paralelamente, no sentido de que cada mudança religiosa é sempre refletida no prato. E se valores são expressos na maneira de se alimentar, o contato com a alimentação, desde o seu preparo até o consumo final, pode elucidar questões que possivelmente um estudo baseado apenas na doutrina não explicite.

As práticas alimentares, bem como outros aspectos materiais de cada religião, podem captar como as religiões de fato acontecem no dia a dia, iluminando suas variações ao longo do tempo, nos diferentes lugares onde se encontram ou quando transplantadas para diferentes contextos culturais. Uma prova da eficácia de tal estudo encontra-se no livro de Elizabeth Pérez, *Religion in the Kitchen* (2016). Nele, Pérez estuda o Lucumí, religião afro-cubana numa comunidade situada em Chicago. Ela realiza o estudo durante as preparações das oferendas nos dias de rituais. Cortando ingredientes, participando das conversas de cozinha, Pérez capta particularidades sobre a prática religiosa, chamando a atenção para como, em certas culturas e religiões, a comida ocupa lugar de destaque: "Enquanto a conversa do dia a dia e a cozinha ocupam posições análogas na periferia da academia em religião↗, a literatura acerca das tradições do Atlântico Negro é repleta de alusões à importância de se fazer comida para os deuses e ancestrais↗" (2016, p. 196). Para a autora, "inserir o que era nota de rodapé (detalhes sobre a cozinha) no corpo do texto é falar da religião vivida" (2016, p. 264).

No Brasil, em termos de estudos de religião↗ a partir da alimentação, podemos destacar o trabalho do antropólogo Raul Lody, que pesquisa as religiões e a cultura afro-brasileira. Embora se tenha detido em diversos aspectos – vestuário, artesanato, linguagem, cultura↗ popular –, o universo da alimentação nas religiões afro-brasileiras merece destaque no conjunto de sua obra. Lody analisa semelhanças e diferenças entre Brasil e África, especialmente através de heranças culinárias. Em termos de estudo de religião↗ a partir da alimentação, destacam-se os livros: *Santo também come* (1979); *Farinha de mandioca: sabor brasileiro e as receitas da Bahia* (2004); *Tem dendê, tem axé* (2006); *Dendê, símbolo e sabor da Bahia* (2009); *Coco: comida, cultura e patrimônio* (2011); e *Brasil bom de boca: temas de antropologia e alimentação* (2013). Ainda que nem todos os seus livros falem de religião↗ no título, Lody entrecruza os assuntos com frequência, comprovando a relação entre ambos. Ele é um dos principais autores a tratar dessa temática no Brasil, onde ainda há uma grande lacuna, especialmente em se tratando de outras religiões, no que diz respeito ao estudo entre alimentação e religião↗.

***

O estudo da alimentação pode contribuir grandemente para o estudo das religiões. Seja o estudo das comidas votivas, seja o estudo dos hábitos alimentares entre os fiéis em suas respectivas religiões, a alimentação pode revelar dados pouco captáveis através de textos ou outros meios mais comuns de estudo. A alimentação é uma atividade bastante sensível a mudanças de valores, adaptações e influências externas, culturais ou econômicas. Assim, é possível que o estudo da alimentação venha a ser uma ferramenta ou abordagem cada vez mais comum na Ciência da Religião↗.

Bibliografia: ALBALA, K.; EDEN, T. (Orgs.). *Food and Faith in Christian Culture*. New York: Columbia University Press, 2011;

DOUGLAS, M. Deciphering a meal. In: COUNIHAN, C.; ESTE-RIK, P. Van. *Food and Culture. A reader.* New York: Routledge, 1997; EZQUIBELA, I. J. Prescripciones y tabúes alimentarios: el papel de las religiones. In: *Distribuición y Consumo.* Barcelona, Nov.-Dic. 2009. Disponível em: <https://studylib.es/doc/5744352/prescripciones-y-tab%C3%BAes-alimentarios--el-papel-de-las>; FISCHLER, C. *Food, Self and Identity.* Social Science Information 27:275-293, 1988; HARBOTLE, L. Taste and embodiment. The food preferences of Iranians in Britain. In: MACBETH, H. *Food preferences and taste:* Continuity and change. Londres: Berghan Books, 1997; HARVEY, G. *Food, sex and strangers. Understanding religion as everyday life.* Durham: Acumen, 2013; LESSA, V.; STEINBRUCH, L. *Cozinha judaica da Maria.* São Paulo: Alaúde, 2011; MASSON, E. *Comer:* a alimentação de franceses, outros europeus e americanos. São Paulo: Senac São Paulo, 2010; MONTANARI, M. Modelos alimentares e identidades culturais. In: FLANDRIN, J.-L.; MONTANARI, M. *História da alimentação.* São Paulo: Estação Liberdade, 1998; JACKSON, E. *Alimento e transformação:* imagens e simbolismo da alimentação. São Paulo: Paulus, 1999; PÉREZ, E. *Religion in the Kitchen:* Cooking, Talking, and the Making of Black Atlantic Traditions. New York: NYU Press 2016. Edição do Kindle; POLLAN, M. *O dilema do onívoro:* uma história natural de quatro refeições. Rio de Janeiro: Intrínseca, 2007; QUELLIER, F. *Gula:* história de um pecado capital. São Paulo: Senac São Paulo, 2011; SOUZA, P. R. *A religião vai à mesa:* uma degustação de religiões com suas práticas alimentares. São Paulo: Griot, 2015; WEINBERG, C.; CORDÁS, T. A. *Do altar às passarelas:* da anorexia santa à anorexia nervosa. São Paulo: Annablume, 2006; WOORT-MANN, E. F. A comida como linguagem. In: *Revista Habitus,* PUC-Goiás, v. 11, n. 1, p. 5-17, jan./jun. 2013; ZELLER, B. et al. (Orgs.). *Religion, food, and eating in North America.* New York: Columbia University Press, 2014.

Patricia Rodrigues de Souza

ALLPORT, GORDON WILLARD

Gordon W. Allport (1897-1967) é tido como um dos principais nomes da psicologia contemporânea. Tornou-se muito cedo professor na Universidade de Harvard, primeiro de Filosofia e, durante a maior parte de sua vida, de Psicologia Social e Psicologia da Personalidade. Nos seus anos de preparação acadêmica esteve na Alemanha (Berlim e Hamburgo) e estagiou também em Cambridge (Inglaterra). Adquiriu assim, desde cedo, um cabedal expressivo de conhecimentos que vieram a influenciar sua obra psicológica como pesquisador e como teórico da personalidade. Seu nome está vinculado à Universidade de Harvard, na qual já atuara o pioneiro da Psicologia e da Filosofia norte-americana William James℘ (1842-1910). Tanto ou em certo sentido até mais que James, Gordon Allport marcou a psicologia cultivada nos Estados Unidos, pois foi não só presidente da Sociedade Americana de Psicologia (*American Psychological Association* – APA) por mais de um período como também editor, por cerca de doze anos, da influente revista *Journal of Abnormal and Social Psychology.* Allport viveu numa época em que o *Psychology of Religion Movement* teve papel relevante nos inícios da psicologia científica norte-americana e mundial, até aproximadamente os anos de 1920, quando foi perdendo a sua vitalidade e sendo substituído pela psicanálise℘ e pelo behaviorismo. Allport viveu exatamente nesse *intermezzo,* ou seja, na fase em que os estudos do comportamento religioso eram dominados por essas duas tendências que tendiam ou a pô-los entre parênteses ou a vê-los mais como um tema psicológico irrelevante. Nesse clima da época, Gordon Allport, baseando-se em sua teoria da personalidade e em seus conhecimentos de psicologia social, tornou-se um defensor da importância da religião℘ no estudo psicológico da religião℘. Mais de uma vez, retomando as teorizações de pioneiros americanos como W. James; J. B. Pratt; E. D. Starbuck e G. Stanley Hall, ele ousou abordar o tema da religião℘ em chave psicológica, com o que a Psicologia da Religião℘ voltou a ter certo *status* no ambiente universitário e na Sociedade Americana de Psicologia, na qual a Divisão 36 (dos cultores da Psicologia da Religião℘) voltou a ter procura e prestígio.

A psicologia social de Gordon Allport teve como característica principal seu conceito de "personalidade" preocupado com principalmente quatro aspectos centrais: uma visão humanista e ética do fenômeno religioso; uma noção dinâmica do vir a ser (*becoming*) de cada pessoa; uma concepção funcional e autônoma das motivações próprias a cada um; uma preocupação teórico-metodológica no tocante aos procedimentos científicos a serem usados no estudo psicológico do comportamento humano, que inclui também a dimensão corpórea.

Tomou distância do experimentalismo fracionado em dados e sem os horizontes estreitos do behaviorismo clássico e as teorizações exageradamente generalizadas da psicanálise℘. Nisso ele associou duas tradições poderosas: a britânica de John Locke e David Hume℘ e a alemã de Leibniz (Fizzotti, 1992, p. 194-195), ao mesmo tempo em que deu à Psicologia da Religião℘ praticada nos Estados Unidos uma nova direção que pode ser sentida até hoje (Allport, 1950).

Dentre suas obras principais estão: *Personality, a psychological interpretation* (1937), *The nature of prejudice* (1954), *Becoming: basic considerations for a psychology of personality* (1955), *Patern and growth in personality* (1961).

Sua marca registrada foram duas: a preocupação com uma teoria da personalidade suficientemente precisa em suas conceituações, juntamente com um cuidado apurado com a metodologia de observação de comportamentos sociais, como, por exemplo, o preconceito☞ social religioso. Ele alega que a Psicologia (também a Psicologia da Religião☞), por sua natureza, não pode endossar a visão reducionista do positivismo☞ behaviorista, nem a biologista dos darwinistas, nem a psicanalítica de Freud☞. O ser humano, pelo fato de ser um todo complexo, uma realidade total, manifesta o que é em tudo o que faz e pensa ou sente. Para Allport, não é só a estrutura da personalidade que conta, contam, e principalmente, suas dinâmicas motivacionais e sua direcionalidade. A concepção psicológica do homem tampouco pode ser construída em cima de pressupostos doutrinais de natureza metafísica☞, como, aliás, é um viés não raro na psicologia europeia. A consciência☞ das pessoas não pode ser nem absolutizada nem reificada sem que se coloque em risco a interpretação☞ correta dos dados empíricos colhidos por uma psicologia atenta aos fatos (Valle, 1998, p. 87).

Allport escreve que "o psicólogo deve pôr-se de sobreaviso e sentir receio de ser arrastado para o campo do mentalismo puro, esquecendo a unidade orgânica dentro da qual funciona a personalidade, assim como psicólogo a conhece […]. Os filósofos do personalismo, se não me engano, não usaram muito as descobertas da Psicologia no intuito de fundamentar suas teorias. Do lado dos psicólogos, na mão inversa, quase todo material psicológico foi sendo acumulado sem tirar proveito das trabalhosas especulações destes filósofos que, com igual intensidade, punham na pessoa o centro de sua atenção" (1950 e 1968, p. 37 e 83).

Concluindo este parágrafo, pode-se dizer que o cerne do trabalho científico de Allport é o estudo da personalidade ou, em termos mais filosóficos, da pessoa. O "realismo heurístico" por ele postulado centra-se no caráter idiossincrático de cada indivíduo, dimensão que condicionou seu pensamento como psicólogo e como teórico preocupado também com a filosofia (coisa que Allport adquiriu em sua passagem pela Alemanha, quando estudante).

É nesse contexto que se coloca sua Psicologia da Religião☞, que, a exemplo de sua teoria da personalidade, também tem três grandes dimensões: a da "totalidade", a da "organização" e a da "dinâmica". O mesmo vale para a religiosidade adulta, que só pode existir em sujeitos com motivações igualmente adultas. Claro que, na média geral, são muitos os que permanecem infantis e truncados em suas motivações religiosas, como propõe Allport em sua teoria da "autonomia funcional das motivações", na qual distingue entre uma religiosidade "intrínseca" e outra "extrínseca"; distinção que deu origem a um sem-número de pesquisas empíricas no mundo inteiro (Valle, 1995, p. 51-63).

Pormenorizando o acima dito, Allport elencou seis critérios característicos da personalidade e da religiosidade de pessoas psiquicamente adultas. Há em tais pessoas: a) uma ampliação do sentido do ego (*ego extension*); A percepção e o sentido do eu, construídos na primeira infância, se expandem com a experiência de vida. Novas ambições, novos projetos, novas ideias são incorporados ao eu, tornando-se definidoras da identidade do sujeito, numa relação afetuosa do eu com o outro. Crescem simultaneamente a segurança emocional, a autoaceitação e a integração. As percepções, habilidades e tarefas se tornam mais realistas; b) na mesma direção caminha a auto-objetivação do eu (*ego objectivation*), que implica a capacidade de julgar objetivamente a própria existência, cognitiva, emocional e afetivamente, deixando de lado as aspirações irrealisticamente idealizadas, o que supõe uma capacidade de autocompreensão e de intuição imediata de si mesmo; c) dá-se, em terceiro lugar, uma progressiva integração de capacidades e mecanismos de defesa do eu sem conflitos destrutivos; d) aumenta com isso uma percepção não fantasiosa das tarefas do cotidiano; e) um "senso de humor" peculiarmente otimista e nada fantasioso se torna peculiar ao modo de o indivíduo ver as coisas; f) finalmente, forma-se na pessoa, paulatinamente, uma filosofia unificadora de vida.

As mesmas notas que caracterizam o indivíduo adulto caracterizam também sua religiosidade, que deixa de ser algo quase externo ao ser de uma pessoa e passa a ser uma experiência íntima do sujeito. "A religiosidade intrínseca corresponde a um valor supremo e unificador […] é um sentimento poderoso que flui da vida como um todo, com suas motivações e seu sentido próprio." É algo "que contrasta com a religiosidade extrínseca que é mais útil para o *Self*, enquanto oferece a esse garantia de segurança, posição social, consolação e endosso do caminho de vida que a pessoa escolheu" (Allport, 1966, p. 457).

***

No campo da psicologia social, Allport insistiu muito na pesquisa sobre uma problemática atual também em nossos dias: o preconceito☞, frequente em atitudes e comportamentos religiosos, políticos, sociais e mesmo esportivos. Seus estudos despertaram um filão temático importante que teve influência nas pesquisas sobre o "dogmatismo" de Milton Rokeach (1918-1988) e sobre o "autoritarismo" e a "*narrow mindedness*", da Escola de Frankfurt, que teve em Theodor Adorno (1903-1969) seu principal expoente.

Bibliografia: ALLPORT. G. W. *L'individuo e la sua religione*. Brescia: Editrice La Scuola, 1970 [original: 1950]; ALLPORT, G. W. *Personalidade*. São Paulo: Herder/EDUSP, 1966. ALLPORT, G. W. The Religious Context of Prejudice. In: *Journal for the Scientific Study of Religion*, n. 5, 1966; AVILA, A. *Para conocer la Psicología de la Religión*. Estella: Editorial Verbo Divino,

2003; FIZZOTTI, E. *Verso una Psicologia della religione. Problemi e protagoniti*. Brescia: Editrice La Scuola, 1992; VALLE, E. A religiosidade que nos faz amadurecer. In: GRUPO DE REFLEXÃO PSICOLÓGICA DA CRB. *A segunda idade da Vida Religiosa*: psicologia na idade dos 40-60 anos. Rio de Janeiro: Publicações CRB, 1995; VALLE, E. *Psicologia e experiência religiosa*: estudos introdutórios. São Paulo: Loyola, 1998.

João Edênio Reis Valle

ALMA

O entendimento de alma como um princípio divino presente no ser humano e sua individualização no corpo vista como um declínio é um tema comum em várias das antigas religiões. No entanto, há uma variação no entendimento e nas formulações das diferentes tradições: "Algumas acreditam em renascimento, outras em uma cronológica e linear perpetuação da identidade espiritual, outras ainda em uma continuidade com os ancestrais↗ ou uma ligação com seus descendentes" (Hinnels [ed.], 1995, p. 233). Os egípcios e chineses antigos concebiam uma duplicidade da alma que sobrevivia à morte↗. Os antigos hebreus tinham um entendimento de alma, mas não a separavam da vida do corpo. No pensamento grego, a dicotomia corpo-alma levará às formulações sobre a imortalidade da mesma. Essa ligação de entendimento passará para o pensamento cristão especialmente com a reelaboração da crença↗ na ressurreição, herdada do farisaísmo hebreu, e apontada como elemento distintivo entre o entendimento filosófico e o religioso sobre a alma (Lalande, 1999, p. 45). O uso contemporâneo comum, em geral, opõe alma a "espírito", uma vez que este último está mais associado às faculdades intelectuais do ser humano. Um entendimento mais popular associa alma à compreensão de "fantasmas". No campo religioso propriamente dito, o entendimento de alma está associado à possibilidade de vida após a morte↗ ligada às concepções de mundo do além, marcado pelas formulações de céu e de inferno↗ em grande parte das tradições religiosas.

I. Pensamento grego. No orfismo que se desenvolve no século VI a. C., a especulação sobre a alma se funda sobre o mito antropomórfico dos Titãs. No entanto, nos poemas de Homero o termo alma ainda não carregava a distinção dualista de corpo e alma, embora Homero distinga dois tipos de almas↗: o *thumos* e a *psyché*. O primeiro conceito está ligado à capacidade vital do ser humano, sendo associado ao sopro e ao sangue; a segunda noção está conectada ao mundo dos sonhos e da morte↗, entendida também como a sombra (*skia*) humana que acompanha o ser humano em sua passagem pelo *Hades*. Não há, no entanto, um entendimento de algo divino.

Por volta do final do século V a.C., a alma era pensada, de modo geral, como marca distintiva dos seres viventes, como algo sujeito aos estados emocionais e responsável pelo pensamento, bem como fonte de virtudes como a coragem e a justiça↗. É provável que na corrente de pensamento predominante na cultura grega do século V ainda existia uma crença↗ na imortalidade, e tal ideia fosse ainda bastante fluida e sem elaborações sistemáticas.

Somente a partir do séc. IV é que algumas teorias filosóficas começam a cogitar que a alma poderia sobreviver à morte↗ corporal. A partir daí, esta começa a ser pensada como algo sem forma e imperecível, porém sem entrar no debate sobre a finitude ou infinitude da mesma. As discussões de Sócrates, apresentadas por Platão no *Fédon*, argumentando sobre a imortalidade da alma revelam a dificuldade de seus interlocutores se convencerem dessa afirmação. Nesta obra a alma é caracterizada essencialmente por suas qualidades intelectuais e cognitivas. Sócrates argumenta que a morte↗ de uma criatura é seguida por um período de separação do corpo, até o retorno para animar outro corpo. A argumentação final de Sócrates afirma que a vida depende essencialmente da alma; portanto, esta deve ser imortal em todos os seres viventes.

Em *A República*, Platão reformula o entendimento sobre a alma exposto no pensamento de Sócrates da obra anterior. A imortalidade da alma aparece ligada à sua condição divina. A alma é repensada como tendo três aspectos: razão, espírito e apetite. A distinção corpo e alma chega mesmo a uma oposição. O retorno ao corpo↗ era considerado um encarceramento e por isso o desejo↗ do retorno à sua fonte divina.

Em Aristóteles, na obra *De Anima*, a alma será pensada como um tipo particular de natureza que compreende plantas, animais e humanos. Contrariamente ao pensamento de Platão, a alma seria incapaz de ter uma existência à parte do corpo. No século III a.C., os estoicos retomam a ideia de que a alma humana seria imortal e que se separa do corpo↗ de uma pessoa após sua morte↗.

II. Pensamento judaico. Antes do nascimento da filosofia grega, desenvolve-se na Palestina uma literatura religiosa sobre a criação, que apresenta o início da vida do ser humano como resultado do "sopro divino". Nesse entendimento, a alma não é considerada como algo preexistente, mas criada ao mesmo tempo que o corpo. O sopro vital, sua razão de existir, é considerado igual ao corpo.

A crença↗ na imortalidade da alma foi introduzida no pensamento judaico pelo contato com a filosofia grega e o pensamento de Platão em especial, o que pode ser constatado nos escritos da literatura sapiencial. No entanto, Kohler (1906a) afirma que a crença↗ de que a alma continua a existir após a dissolução do corpo é uma questão de especulação filosófica e teológica mais que de fé, e nada se encontra nas Escrituras que expressamente ensine isso. Para ele, enquanto a alma seja concebida para ser apenas um mero sopro (*nefesh* ou *neshamah*), será inseparavelmente conectada, senão identificada com a vida-sangue (Gn 9,4; Lv 17,11), e nenhuma substância real pode ser atribuída a esta. Igualmente afirma que a crença♀ farisaica na ressurreição não tinha nem mesmo uma palavra para expressar a imortalidade da alma. "Para eles, o ser humano fora feito para dois mundos, o mundo de agora e o mundo que haveria de vir, no qual a vida não teria um fim com a morte♀" (Perrin, 1992); também atesta que a esperança de uma sobrevida começa a ser professada no Judaísmo pelo ramo fariseu. Não obstante, a concepção rabínica predominante sobre o mundo futuro é o mundo da ressurreição, e não da imortalidade da alma.

A ressurreição se tornou um dogma♀ do Judaísmo fixado pela *Mishná* nos primeiros séculos da era comum. O entendimento, porém, difere de imortalidade, que continua a ser uma formulação filosófica. Os pensadores medievais, além de reconhecerem a ressurreição como dogmática, passaram a aceitar igualmente a imortalidade da alma como algo axiomático. "Desde então, o Judaísmo, especialmente os progressistas ou Judaísmo reformado, enfatiza a doutrina da imortalidade, seja na instrução religiosa, seja na liturgia♀ (cf. catecismo, conferências, leis rabínicas); em contrapartida, o dogma♀ da ressurreição foi sendo gradualmente descartado e eliminado dos livros de oração♀ nos rituais reformados. Assim, o entendimento de imortalidade da alma, ao invés de ressurreição, passou a ser considerado parte integral do credo judeu" (Kohler, 1906a).

Essa aceitação de uma preexistência da alma abriu espaço também para o controverso entendimento da "transmigração das almas♀", que passariam por sucessivas formas corporais. Uma vez mais Kohler atesta a influência grega, dessa vez com a introdução do entendimento herdado de Pitágoras (570-495 a.C.). Seguindo esse raciocínio, "a mente racional (ψρήν), após ser libertada das cadeias do corpo, assume uma forma etérea e passa pela região dos mortos, onde permanece até que seja enviada de volta a este mundo para habitar outro corpo, humano ou animal. Após passar por sucessivas purgações, e quando estiver suficientemente purificada, é recebida entre os deuses, e retorna para sua fonte eterna de onde precede originalmente. Essa doutrina era estranha ao Judaísmo até por volta do séc. VIII" (Kohler, 1906b).

Tal entendimento só começou a criar raízes no Judaísmo com a expansão da cabala, que logo a elevou a uma categoria dogmática. Nos séculos XIV e XV, esse entendimento ainda sofria forte oposição dentro do Judaísmo. Outra releitura da questão foi dada pela escola cabalística iniciada por Isaac Luria (1534-1572), com a ideia da "impregnação das almas♀". Nesse contexto se desenvolve a crença♀

de que "há almas♀ que são condenadas a vagar por algum tempo neste mundo, sendo atormentadas por maus espíritos que as acompanham por toda parte" (Kohler, 1906b). Tal entendimento se fortaleceu especialmente entre judeus orientais e na Europa ocidental, e sua crescente aceitação deu início a uma nova prática "exorcista" dentro da cabala do século XVII.

O entendimento cabalístico apresentado por Luria faz uma conexão entre o entendimento hebreu e o grego com uma categorização de vários níveis. Assim, a *Néfesh* do texto bíblico é considerada como o nível mais baixo da alma, o sangue ou o elemento físico que conecta o mundo da matéria com o espírito. Poderíamos comparar o termo *Néfesh* com o termo *Anima* descrito por Aristóteles. O *Rúach*, traduzido como espírito, é o próximo nível, e "serve como intermediário entre a *Néfesh* e a *Neshemá* (alma)". Essa última seria o nível mais elevado e, por residir no Paraíso♀, não passa pelos ciclos de reencarnação (Saltoun, 2014, p. 16). Embora o entendimento geral seja de uma ascendência da *Néfesh*, esta "pode subir ou cair mais, e encarnar em muitas formas de vida, dependendo de suas ações" (Saltoun, 2014, p. 109).

Essa corrente judaica se conecta, assim, com o entendimento da reencarnação ao invés da ressurreição. No prólogo da obra *Portal das reencarnações* de Luria, o tradutor e comentarista da obra, o rabino Joseph Saltoun, afirma que a "reencarnação explica as leis universais que governam o destino♀ de toda a humanidade", e que "todos reencarnamos […], todos vivemos sob o mesmo guarda-chuva da Divina Providência♀" (Saltoun, 2014, p. 10). A reencarnação é apontada como parte da evolução espiritual humana, que sujeita todos pelas leis da natureza, bem como pelos efeitos de suas decisões com o livre-arbítrio. A interpretação♀ do comentarista aponta que as leis da reencarnação teriam surgido para ajudar a corrigir o pecado de Adão, porém sem o entendimento de punição♀: "A Justiça Divina é perfeita, pois todas as leis cósmicas que governam a alma são feitas para ajudar a alma no seu caminho para a autoperfeição. Essas leis não têm a intenção de punir a alma, mas sim de purificá-la. O objetivo final da reencarnação é corrigir o pecado de Adão e Eva, que trouxe a morte♀ sobre a humanidade. O objetivo é alcançar a imortalidade e participar do evento da ressurreição dos mortos" (Saltoun, 2014, p. 41).

Posteriormente, o conceito de "punição♀" (inferno♀, purgatório♀), "a lei básica da Justiça Divina é baseada no princípio de 'causa e efeito'". Somos os únicos responsáveis por tudo o que nos acontece, uma vez que fomos nós que criamos os efeitos presentes em vidas passadas. Assim, o castigo♀ resultante das vidas passadas é pago na vida presente, sendo o principal o "não saber", ou ainda uma reencarnação sem nenhum livre-arbítrio (Saltoun, 2014, p. 145).

Tal entendimento orienta os rituais pós-morte dos seguidores da tradição cabalística. Por considerar que a alma "encontra-se em um estado de grande confusão" após a morte℘ corporal, busca-se observar o costume de estar ao lado de uma pessoa em seus últimos momentos. Após a morte℘, "a alma, então, literalmente vela por aquele corpo que era 'seu', durante sete dias" (Morashá, 2004). Após se iniciar o período de purificação no "mundo das almas℘", viria o julgamento que ocorreria um ano após a morte℘. Essa crença℘ é, portanto, a motivação para a recitação das orações fúnebres denominadas *Kadish*.

III. Pensamento cristão. Os pensadores cristãos dos primeiros séculos, como Clemente de Alexandria e Gregório de Nissa, pensaram a alma baseados no entendimento platônico, acrescentando os elementos da nascente experiência cristã. A maior parte das correntes cristãs considera a alma como um princípio de vida, distinto do corpo, marcada pelo pecado original, mas que pode ser resgatada de maneira coletiva pela paixão e ressurreição de Cristo e, de maneira individual, pelo batismo℘. Tal princípio doutrinário foi estabelecido pelo Papa Zózimo, seguindo as decisões do Concílio℘ de Cartago de 418, que aprovou as formulações propostas por Agostinho.

O entendimento de uma unidade entre a alma e seu corpo biológico, herdado da tradição judaica, foi reformulado com o entendimento de imortalidade presente na cultura grega. Assim se passa a pensar a alma em termos de uma "individualidade imortal". O tema de uma subjetividade infinita do homem ganhará uma abordagem cristã com Tomás de Aquino (1225-1274). Ele rejeita a tese da preexistência da alma, mas admite que esta possa viver separada do corpo. Defende a imortalidade da mesma, que pode permanecer separada do corpo℘ após a sua morte℘, porém, é de sua natureza existir como parte de um corpo. Tal discussão se dá exatamente para a defesa da ressurreição (Tomás de Aquino, *Suma contra os gentios* IV, cap. 79, e *Suma teológica* – Primeira Parte, Questões 75-76).

Não obstante essa veemente defesa que marca toda a teologia℘ cristã, a conciliação entre as formulações sobre a imortalidade da alma e a fé na ressurreição continua um tema bastante controverso. Perrin a considera até mesmo diametralmente oposta, ao afirmar que "a ressurreição não é uma conservação da alma, como uma substância distinta do corpo, que resultaria de sua natureza, mas uma recriação do homem, corpo℘ e alma, que resulta de um ato da liberdade divina" (Perrin, 1992). Na mesma linha, Frangiotti (1984) também defende a incompatibilidade entre a fé na ressurreição tal como professada pelos cristãos e a formulação filosófica da imortalidade da alma.

IV. Pensamento católico. A Igreja℘ Católica, seguindo a tradição bíblica, define a pessoa humana como "um ser ao mesmo tempo corporal e espiritual" (CIC, § 362), e "'alma' significa o princípio espiritual no homem" (CIC, § 363). Embora considere os dois elementos, essa distinção não introduz uma dualidade na alma, pois "a unidade da alma e do corpo é tão profunda que se deve considerar a alma como a 'forma' do corpo. [...] No homem, o espírito e a matéria não são duas naturezas unidas, mas a sua união forma uma única natureza" (CIC, § 365). O ensinamento doutrinário afirma, então, que "cada alma espiritual é criada por Deus de modo imediato e não produzida pelos pais; e que é imortal, isto é, não morre quando, na morte℘, se separa do corpo; e que se unirá de novo ao corpo℘ na ressurreição final" (CIC, § 366). O ensinamento resgata ainda a tradição espiritual que pensa a alma como algo presente no coração humano, ou no mais "fundo do ser", em suas entranhas, onde o ser humano é capaz de acercar-se ou não a Deus℘ (CIC, § 362-368).

V. Outras tradições. O entendimento de alma está presente ainda em várias tradições religiosas não conectadas a essa corrente de pensamento que caracteriza, em especial, a tradição judeo-cristã.

No Hinduísmo, um entendimento aproximado é expresso pelo *atman* ou *self* eterno que seria aprisionado em um corpo terreno no nascimento. Com a morte℘, esse passa a uma nova vida determinada pelo *karma*℘ e seus sucessivos renascimentos (*samsara*). Tal entendimento seria bem diverso, pois, para uns, tal processo seria eterno, e para outros persistiria apenas até que a alma possa alcançar a sua perfeição *karmica* (Stefon, 2014).

No entendimento budista, no entanto, tal compreensão também é controversa. A tradição tibetana considera que a alma se confunde com as sucessivas vidas ligadas ao *samsara* e ao cumprimento do *karma*℘ segundo a lei das causa e efeitos. O Budismo Zen, por sua vez, não se preocupa com um conceito de "alma" que sobreviva após a morte℘, uma vez que há a negação de "um eu individual" que se extingue totalmente com o último sopro do corpo.

Entre os nativos norte-americanos é comum a crença℘ em duas almas℘ (uma "livre", outra a "vida" ou sopro), sendo que a primeira sobrevive ao sopro final do corpo no momento da morte℘, e passará por um "tribunal" antes de entrar no mundo dos mortos (Hinnels, 1995, p. 9). Algo similar é constatado também entre os nativos australianos, para os quais há "uma alma humana e imortal proveniente dos pais naturais e outra imortal e eterna a qual retorna aos ancestrais℘ totêmicos na morte℘" (Hinnels, 1995, p. 57). Em outras tradições há o entendimento de várias almas℘, por vezes conectadas com diferentes características individuais. Essas almas℘ distintas teriam diferentes destinos℘ após a morte℘.

***

A existência humana sempre foi acompanhada de questionamentos sobre os elementos que a compõem e sobre as limitações no entendimento dos mesmos. Diante disso, de distintas maneiras, as diferentes culturas foram formulando suas ideias sobre os elementos que compõem a vida humana, ao mesmo tempo em que buscavam adicionar esperança diante da experiência limitante da morte. Dentre essas formulações, o entendimento de alma possibilitou diferentes formulações e crenças, que se cruzaram e se acomodam em distintos períodos históricos. A sistematização dessas ideias, como exposto acima, ajuda a aclarar o desenvolvimento teórico sobre o tema, mas certamente está distante da "eficácia" e do consolo espiritual que as tradições religiosas buscam oferecer diante da experiência da finitude humana provocada pela morte, que excede os limites de nossa racionalidade.

Bibliografia: AQUINO, T. *Suma contra os gentios* – Volume II, Livro IV. Disponível em: <https://bibliotecalibertaria.com/article/suma-contra-os-gentios-volume-ii-livro-iv>. Último acesso: 08/05/2019. p. 875-877; AQUINO, T. *Suma teológica*. Disponível em: <https://bibliotecalibertaria.com/article/suma-teologica-completa-5vols>. Último acesso: 08/05/2019. p. 612-636; CIC – *Catecismo da Igreja Católica*. Disponível em: <http://www.vatican.va/archive/cathechism_po/index_new/prima-pagina-cic_po.html>. Último acesso: 08/05/2019; FRANGIOTTI, R. Imortalidade, reencarnação ou ressurreição? *Vida pastoral*, n. 119, nov.--dez. 1984. Disponível em: <https://www.vidapastoral.com.br/artigos/escatologia/imortalidade-reencarnacao-ou--ressurreicao/>. Último acesso: 08/05/2019; HINNELS, J. R. (Ed.). *Dictionary of Religions*. London: Penguin Books, 1995; KOHLER, K. Immortality of the Soul. *Jewish Encyclopedia*. 1906a. <http://www.jewishencyclopedia.com/articles/8092-immortality-of-the-soul>; KOHLER, K. and BROYDÉ, I. Transmigration of Souls (termed also Metempsychosis). *Jewish Encyclopedia*. 1906b. <http://www.jewishencyclopedia.com/articles/14479-transmigration-of-souls>; LALANDE, A. *Vocabulário técnico e crítico da filosofia*. São Paulo: Martins Fontes, 1999; LORENZ, H. Ancient Theories of Soul. *Stanford – Encyclopedia of Philosophy*. Summer edition 2009. Disponível em: <https://plato.stanford.edu/archives/sum2009/entries/ancient-soul/>; MORASHÁ. *Imortalidade e a alma*. Edição 46, set. 2004. Disponível em: <http://www.morasha.com.br/misticismo/imortalidade-e-a-alma.html>. Último acesso: 02/07/2019; PERRIN, A. L'âme et le corps. *Cahiers philosophiques*, n. 53, Déc. 1992. Disponível em: <http://philo.pourtous.free.fr/Articles/A.Perrin/ameetcorps.htm>; SALTOUN, J. (Comentários). In: LURIA, Isaac. *Portal das reencarnações*. São Paulo: Instituto Meron/Dinâmica Cultural, 2014; STEFON, M. et al. *Encyclopædia Britannica*: Christianity: The immortality of the soul. Disponível em: <https://www.britannica.com/topic/Christianity/The-immortality-of-the-soul>. March 14, 2019. Último acesso: 08/05/2019; STEFON, M. (Editor-revisor). *Encyclopædia Britannica*: Soul. Religion and Philosophy. Disponível em: <https://www.britannica.com/topic/soul-religion-and-philosophy>. January 16, 2014. Último acesso: 08/05/2019.

Antonio Genivaldo Cordeiro de Oliveira

ALQUIMIA → Magia

ANALOGIA

O termo "analogia" identifica a similaridade entre dois ou mais grupos de elementos caracterizados por uma organização estrutural semelhante. A expressão deriva do termo grego ἀναλογίζομαι (*analogizomais*: *ana* "de acordo com" [+] *logos* "razão"), que indica "proporção" ou "calcular proporcionalmente". Desse modo, esta palavra tem sido empregada para identificar tanto uma ferramenta matemática quanto uma figura retórica. Uma das primeiras e mais influentes definições de analogia, dada por Aristóteles, sumariza muito bem a sua dupla natureza: "[…] analogia é possível sempre quando há quatro termos relacionados, de modo que o segundo (B) esteja para o primeiro (A), assim como o quarto (D) está para o terceiro (C); alguém pode então situar B no lugar de D, e D no lugar de B" (*Poética*, XXI). Essa definição enfatiza como os campos da matemática e da retórica estavam proximamente relacionados na cultura helenista. Ao mesmo tempo, contudo, diferencia-se muito claramente a *analogia* da *metáfora* e da *alegoria*. Enquanto a *metáfora* indica uma transferência de sentido em um único elemento (por exemplo, um leão pode representar a coragem) e a *alegoria* indica uma duplicação do sentido num texto como um todo (por exemplo, a busca pelo Cálice Sagrado pode representar a busca pela graça divina), a *analogia* se concentra na relação entre os termos e identifica uma proporção entre a organização de dois ou mais grupos de elementos (por exemplo, a estrutura de um átomo pode ser analogicamente comparada à do sistema solar). As elaborações platônicas e aristotélicas da analogia são frequentemente empregadas para o acesso da possibilidade de investigar tanto o mundo físico quanto o metafísico, tornando-se centrais para a filosofia cristã em seus primórdios e depois por toda a Idade Média. O raciocínio por analogias, por exemplo, tem um papel fundamental na filosofia de Tomás de Aquino, na qual qualquer conhecimento sobre o divino pode ser adquirido pelos humanos apenas através da analogia e da metáfora (*Suma teológica*, Parte I, Questão 4, Artigo 3). Dessa perspectiva, ao contrário de outras figuras retóricas, a analogia mantém um forte valor epistemológico, não sendo vista apenas como uma técnica de oratória, como também como uma ferramenta para explorar a realidade. Também na filosofia moderna, intelectuais consideraram o raciocínio por analogias♀ (também chamado de *raciocínio indutivo*) um método♀ para investigar como as ideias e as sensações se relacionam umas com as outras no processo pelo qual experimentamos o mundo (Locke, 1998). De maneira semelhante, Kant♀ atribuiu à analogia um papel central na síntese da multiplicidade das percepções humanas, fazendo da realidade algo compreensível enquanto unidade (Kant, 1998). Devido à sua dupla natureza, no último século o conceito de *analogia* recebeu atenção significativa tanto dos pesquisadores da ciência cognitiva quanto dos cientistas da computação. Na psicologia cognitiva, a capacidade humana de reconhecer diferentes elementos enquanto similares (por exemplo, objetos ou situações sociais) tem sido descrita como o estabelecimento de uma relação analógica entre duas ou mais estruturas. Dentro desse modelo, chamado de mapeamento analógico (Gentner et al., 2001), a consistência de uma analogia tem sido relacionada a três parâmetros principais, que são: propósito, similaridade semântica e consistência estrutural (Holyoak; Thagard, 1997). Nessa linha de pensamento, cientistas da computação também discutiram o raciocínio analógico enquanto um caminho possível para o desenvolvimento de formas de Inteligência Artificial capazes de reproduzir a cognição humana (Chalmers et al., 1992; Hofstadter, 1995), ao ponto de as duas áreas de pesquisa estarem hoje cada vez mais interligadas (Gentner e Forbus, 2011).

À guisa de conclusão, deve-se compreender que o conceito de *analogia* cumpre um papel significativo na interpretação♀ do Estado e da lei religiosa. O uso de um raciocínio analógico é geralmente necessário para regular todos aqueles casos que não são explicitamente descritos por um código legal. Na Itália, por exemplo, a um juiz é frequentemente permitido produzir um veredicto que esteja baseado ou nas regras que ordenam um caso similar (*analogia legis*) ou nos princípios gerais da lei (*analogia juris*). De modo similar, também as regulações religiosas são comumente administradas por líderes religiosos através do uso de analogias♀. Isto é especialmente importante na medida em que os líderes da comunidade, com certa frequência, precisam aplicar um determinado conjunto de regulações a um contexto moderno (Eisenstadt, 2004; Golan; Nakhi, 2018). Um claro exemplo dessa dinâmica é, no Judaísmo contemporâneo, a proibição feita pelos rabinos quanto à utilização de dispositivos eletrônicos durante o Sabá. Originalmente, a *Halakha* (lei judaica) apenas proibia o fogo aceso. Contudo, as autoridades rabínicas ortodoxas concordaram que existe uma relação analógica entre o fogo e a eletricidade, por isso e doravante, expandiram a proibição.

Bibliografia: CHALMERS, D. J., FRENCH, R. M. and HOFSTADTER, D. R. High-level perception, representation, and analogy: A critique of artificial intelligence methodology. *Journal of Experimental & Theoretical Artificial Intelligence* 4, n. 3 (1992): 185-211; EISENSTADT, S. N. *Explorations in Jewish historical experience*: the civilizational dimension. Leiden: Brill, 2004; GENTNER, Dedre and FORBUS, K. D. Computational models of analogy. *Wiley interdisciplinary reviews: cognitive science* 2, n. 3 (2011): 266-276; GENTNER, Dedre et al. (Ed). *The analogical mind*: perspectives from cognitive science. Cambridge: MIT Press, 2001; GOLAN, O. and MISHOL-SHAULI, N. Fundamentalist web journalism: Walking a fine line between religious ultra-Orthodoxy and the new media éthos. *European Journal of Communication* 33(3), (2018): 304-320. HOFSTADTER, D. R. *Fluid concepts and creative analogies*: computer models of the fundamental mechanisms of thought. New York: Basic books, 1995; HOLYOAK, K. J. and Thagard, P. The analogical mind. *American psychologist* 52, n. 1 (1997): 35; KANT, I. *Critique of pure reason*. Cambridge: Cambridge University, 1998; LOCKE, J. *An Essay Concerning Human Understanding*. London: Penguin, 1998; MURRAY, G. (Ed.). *Aristotle, On the Art of Poetry*. Oxford: Clarendon Press, 1909.

MICHELE MARTINI

TRADUÇÃO: LEONARDO STOCKLER DE MEDEIROS MONNEY

ANCESTRAIS → Etnicidade

ANIMISMO

O *animismo* é definido comumente como a crença♀ geral em espíritos. Consequentemente, as pessoas que "acreditam em espíritos" ou que atribuem às coisas uma alma♀, de modo análogo à alma♀ humana, são denominadas "animistas". O termo surge como parte da busca de explicar a origem do fenômeno religioso, dentro da abordagem evolucionária que predominou no século XIX. A teorização inicial o referia à religião♀ como um todo, mas após várias revisões o entendimento do termo foi reduzido, embora ainda englobe expressões bastante distintas e dispersas geográfica e historicamente. Atualmente, embalados pela redescoberta da relação primordial do ser humano com a natureza, há grupos que se autodenominam como tal em um reavivamento do termo numa perspectiva relacional.

O primeiro uso técnico do termo "animismo" remonta a Georg Ernst Stahl (1659-1734), que desenvolve uma teoria no âmbito da medicina, como contraponto ao vitalismo e ao mecanicismo. O vitalismo, filosofia que prega a existência de uma força vital através da qual se explica a vida, posteriormente separaria a alma♀ como responsável pelas questões espirituais. Stahl defendia a existência de uma substância imaterial, ativa nos organismos vivos, para a qual ele utiliza o termo *anima* – almaρ. Tal substância seria responsável também por conectar "o indivíduo em seu corpo material dotando-o de um sujeito que tem a possibilidade de acesso a uma sabedoria perfeita" (Portugal, 2013). A *anima*, aspecto imaterial do ser vivo, que direciona as atividades intencionais do corpo, seria dotada de inteligência, raciocínio e desejosρ. Com isso, Stahl buscava entender a relação entre fatores emocionais e mentais, bem como as disfunções orgânicas decorrentes. O objetivo era chegar à cura das manifestações físicas de desordens psíquicas ou doenças que viriam a ser designadas posteriormente de psicossomáticas. Embora suas considerações tratem da conexão da saúdeρ com o aspecto moral, ao considerar a "pecaminosidade" como causa de doenças e defender a necessidade de uma reeducação moral da almaρ, sua teorização difere das concepções religiosas, podendo ser considerado um conceito biológico.

No campo dos estudos da religiãoρ, o termo passa a ser utilizado como parte da Antropologia por Edward Burnett Tylorρ (1832-1917) a partir da publicação da obra *A cultura primitiva* (1871). Ele estuda vários fenômenos na tentativa de afirmar sua teoria de que a religiãoρ, entendida basicamente como a "crença em espíritos" – expressa resumidamente no termo "animismo" – seria a tentativa pré-científica de explicar o mundo. O estudo das religiões no século XIX recebeu também a influência dos missionários cristãos que descreviam como "superstições primitivas" as crençasρ que encontravam nos distintos povos com os quais entravam em contato. Esse entendimento dos missionários acaba sendo assumido por Tylorρ na perspectiva evolucionária, passando de formas mais simples para mais complexas.

Na busca de encontrar a forma mais rudimentar da religiãoρ, Tylorρ defendia que essa "teria evoluído da 'doutrina das almasρ', surgida da espontânea reflexão frente à morteρ, dos sonhos e apariçõesρ até chegar a uma mais abrangente 'doutrina dos espíritos' que, eventualmente, se expandia abarcando demônios e deuses" (Park, 2018). Tylorρ defendia que a vivacidade das imagens dos sonhos, especialmente com os mortos, seria prova da existência das almasρ. Seus questionamentos partem, em especial, da tentativa de explicar as causas dos sonhos e dos transes, buscando caracterizar a diferença entre o corpo vivo e o morto. A almaρ é, assim, apontada como o elemento diferenciador e que sobrevive após a morteρ do corpo. Sua teoria apontava esse princípio como a origem do culto aos mortos e aos ancestraisρ.

"Por um raciocínio semelhante, os primitivos teriam atribuído uma almaρ aos animais, às plantas e aos objetos "aparentemente animados". Desse modo, o animismo representaria a forma primitiva e origem de toda religiãoρ. Os estágios ulteriores seriam o politeísmoρ, derivado de uma conceituação mais aprimorada das representações animistas e, por fim, o monoteísmo" (Gel, 1971-1976, p. 785).

Enquanto conceito de classificação de sistema de crençasρ, o animismo se mostra de difícil aplicação tanto na Antropologia como na História das Religiõesρ. Park argumenta que essa dificuldade "não vem da associação anterior do animismo com a especulativa teoria da evolução religiosa, mas diretamente da grande variedade de cultos animistas. Como categoria, o conceito de Tylorρ é mais geral que o politeísmoρ ou monoteísmoρ, e seu sentido é de difícil delimitação – a palavra pode ser usada para as mais 'pequenas religiões', mas não expressam nada de sua grande variedade" (Park, 2018).

Além disso, a grande variedade desses cultos, que podem ser descritos sob outros rótulos, como Xamanismo, Totemismo ou cultos aos ancestraisρ, não resumem todas as expressões do religioso de um determinado povo, tampouco podem ser restritos a uma área geográfica. O que há em comum entre essas expressões classificadas como animismo seria a capacidade de se comunicar com seres supranaturais em vista de questões como garantir comida ou prevenir algum perigo, mais que a preocupação com questões metafísicasρ ou dilemas morais.

Segal explicita que, para Tylorρ, animismo não era entendido somente como religião primitiva, mas como religiãoρ em si: "[…] animismo é a doutrina de todas as pessoas que creem em seres espirituais ativos; […] de uma forma ou outra é a religiãoρ da humanidade, desde os rudes selvagens aborígenes da Austrália ou das florestas brasileiras até o cristão mais esclarecido" (Tylor, apud Segal, 2013, p. 58).

Assim, religiãoρ e ciência se originariam pelas mesmas razões e da mesma maneira através de um processo de observação, levantamento de hipóteses e generalizações (Segal, 2013, p. 58). A *religião primitiva* funcionaria como a explicação para o mundo físico, porém, com o "progresso civilizatório", o espaço ocupado pelo animismo foi diminuindo (Segal, 2013, p. 60).

Além dos questionamentos sobre a origem do pensamento religioso, era comum também contrapor religiãoρ e ciência dentro de uma perspectiva evolucionária. Tylorρ sugeriu que a religiãoρ moderna teria evoluído em estágios, partindo de crençasρ animistas. Tais tentativas de explicação "sobreviveram" até o presente e aparecem universalmente entre as crianças. Aqui pode ser mencionada também a consideração sobre o animismo da psicologia comportamental proposta por Jean Piaget como uma das fases que marcam o desenvolvimento cognitivo da criança, na qual todas as coisas são consideradas vivas e conscientes. Esse tipo de formulação é considerado ainda como existente, de modo universal, também entre os povos "primitivos" e em certos cultos modernos (Nurit Bird, 1999, p. 69).

O postulado de Tylorρ foi criticado, sobretudo no que se refere ao entendimento da origem da religiãoρ e pela universalização do esquema evolucionário religioso aplicado a toda a humanidade. O escocês Andrew Lang (1844-1912) reverteu o esquema de Tylorρ ao mostrar que a ideia de um ser supremo pessoal poderia ser constatada mesmo nos povos mais arcaicos. Esse contrapondo foi assumido por Wilhelm Schmidt (1868-1954) e a Escola de Viena. Posteriormente, o etnólogo britânico Robert Ranulph Marett (1866-1943), sucessor de Tylorρ em Oxford, proporia o pré-animismo como uma etapa anterior na origem das religiões. Permanecia, porém, o entendimento evolucionário.

Embora contestada, a formulação tyloriana de uma origem "primitiva" da religiãoρ foi seguida por vários autores. Na Antropologia, mesmo os autores que não assumem essa parte da teoria se referem a tal concepção clássica como categoria de classificação de determinados tipos de crençasρ. Assim, o pensamento ocidental costumou definir como "animistas" todos os povos cujas crençasρ não estejam conectadas às grandes tradições consideradas "universais".

Posteriormente, foi reduzido ao entendimento de apenas algumas religiões que não restringiam suas crençasρ a um único ser divino, que não tinham textos sagrados ou formas institucionalizadas, em claro contraste com as religiões monoteístas. Apesar de reduzido, o termo "animismo" acabou permanecendo como sinônimo de determinadas expressões da religiãoρ.

A teoria proposta por Tylorρ no século XIX, que considerava a religiãoρ como o contraponto "primitivo" da ciência, foi logo contestada especialmente pela revisão da teorização sobre a relação religiãoρ e ciência, que passaram a ser vistas como compatíveis, cada uma correspondendo a necessidades distintas (Segal, 2013, p. 54). O termo "animismo" continuou presente nas publicações contemporâneas, especialmente na Antropologia e nas Ciências Sociais, até a publicação de Nurit Bird-David "'Animism' Revisited: Personhood, Environment and Relational Epistemology", em 1999. O artigo é apontado como um marco na retomada do interesse pelo animismo no debate acadêmico. Bird-David critica as formulações clássicas e recentes sobre o animismo e propõe uma releitura dentro de uma epistemologiaρ relacional, incluindo as percepções ecológicas do meio ambiente.

Bird-David começa mostrando como a abordagem modernista clássica sobre o "animismo" foi projetada na literatura como religião simples ou como crençasρ religiosas que não têm uma epistemologiaρ. Como resultado da formulação tyloriana, as definições nos livros de Ciências Sociais e de Antropologia apresentam o animismo como a crençaρ de que dentro dos corpos tangíveis e visíveis existe um ser normalmente invisível e intangível denominado como almaρ, sendo que cada cultura tem um entendimento distinto desses seres animistas e suas específicas elaborações sobre a almaρ. A mesma tendência pode ser constatada na literatura mais recente, ligada aos misticismos e ocultismos, que mantém a formulação de que o animismo se refere à crençaρ comum das sociedades primitivas ou pré-literárias que acreditam que as coisas e fenômenos possuem uma força animadora ou espíritos.

Em seguida, critica a sobrevivência da representação tyloriana do animismo como algo "cognitivamente não desenvolvido", ainda presente na literatura contemporânea, uma vez que a lógica que a embasa e a influência evolucionista dominante no século XIX são questionadas atualmente. O autor mostra que Tylorρ "desenvolveu essa representação com uma dicotomia positivista espiritual/materialista do século XIX, formulada em oposição direta à ciência materialista, na crençaρ (e como parte de um esforço para provar essa crençaρ) de que somente a ciência poderia proporcionar um 'verdadeiro' conhecimento do mundo" (Bird-David, 1999, p. 67-68). Finalmente, conclui que, embora o debate intelectual continue devedor à elaboração de Tylorρ, com claras influências desde as abordagens clássicas de Émile Durkheimρ, Claude Lévi-Straussρ, até as mais recentes análises sobre os "novos animismos", todas continuam a "mal interpretar grosseiramente animismo como religião simples" (Bird-David, 1999, p. 79).

As considerações contemporâneas sobre o animismo apresentam grande variedade de fenômenos e também distintas compreensões e significados, como mostra a obra *The Handbook of Contemporary Animism*, editada por Harvey (2013). O editor pressupõe que "a maioria dos humanos continua encantada a certo grau, mas é inteiramente racionalista", e isso pode ser constatado em variados fenômenos de interesse por animais, plantas, coisas ou artefatos considerados possuidores de um "espírito". Isso poderia ser encontrado tanto em determinados rituais de certos grupos como no ativismo ecológico, e estaria cada vez mais presente na mídia ou na literatura, justificando assim a retomada do interesse acadêmico por essas novas expressões do "animismo".

Embora o conceito tradicional de Tylorρ acerca da "crença em espíritos" permaneça, atualmente engloba vários grupos de espiritualidadeρ radical, ambientalistas ou pagãos, cujas práticas e experiências religiosas envolvem um encontro com o espírito das árvores ou dos rios, cultos aos espíritos de ancestraisρ, ou, ainda, rituais que envolvem "possessões" pelos espíritos; também estão incluídos nos grupos de povos autóctones que mantêm práticas "tradicionais", grupos xamânicos e até mesmo grupos ecoativistas que se autodenominam animistas; ou, ainda, como parte de toda a cultura *pop* dos fãs de *animes* e *mangás* japoneses, que trazem em seu conteúdo um novo tipo de animismo aparente no Japão

ANTROPOLOGIA DA RELIGIÃO

através das novas formas e expressões da cultura ♀ *pop*, também chamada de *otaku* (Brienza, 2013, p. 480; 490). Esses grupos são apontados como representantes do "novo-animismo" em contraposição à abordagem clássica de Tylor ♀.

Entre os autores que têm abordado essa nova visão do animismo estão o antropólogo brasileiro Eduardo Viveiros de Castro e o francês Philippe Descola. Descola defende que o animismo se refere à "experiência vivida" na relação entre pessoas, ou entre pessoas com os animais ou com as plantas "com as quais elas conversam em sonhos e aos quais eles dirigem encantamentos" (Journet, 2007). Aqui o animismo é entendido como um "esquema global" que não opõe "natureza" e "cultura". Portanto, não caberia usar o termo como definição de uma religião, uma vez que este "é bem mais que uma crença ♀ que poderíamos escolher ter. É uma maneira de conceber o mundo organizado em categorias existentes a partir das qualidades, atributos e comportamentos que lhes são característicos" (Journet, 2007). Nessa maneira de percepção do mundo há uma continuidade entre a interioridade humana e a de todos os demais seres presentes no mundo; portanto, poder-se-ia falar de um esquema universalmente presente em todo ser humano.

O entendimento do animismo, concebido inicialmente como "conceito biológico", buscava encontrar a diferença entre as coisas vivas e mortas. O conceito se mostrou bastante útil para o entendimento e as formulações do pensamento religioso. Embora com as revisões das limitadoras abordagens evolucionárias do século XIX, o termo sobreviveu na literatura das Ciências Sociais e em especial na Antropologia, como um entendimento muito abrangente que englobaria todas as manifestações do fenômeno religioso que não se adequava às categorizações religiosas mais estruturadas. A revisão desse entendimento, em conexão com o crescimento de uma consciência ♀ ecológica e de uma redescoberta do aspecto relacional entre as pessoas, outros seres e coisas, possibilitou uma retomada do interesse pelo termo na busca de entender melhor o que de fato caracteriza a vida e como essa se manifesta nas relações. Tal leitura positiva do termo permitiu que pessoas e grupos se autoidentificassem como "animistas". Embora o termo continue abrangente e disperso em tantos fenômenos que podem ser caracterizados como "expressões do religioso", mostra-se útil para tratar da relação da interioridade humana com outras coisas e seres capazes de mostrar uma *anima* além do aspecto mecânico ou material, a exemplo da teorização inicial.

Bibliografia: BIRD-DAVID, N. "Animism" Revisited: Personhood, Environment, and Relational Epistemology. *Current Anthropology*, vol. 40, Supplement, Febr. 1999. Disponível em: <http://lchc.ucsd.edu/mca/Mail/xmcamail.2012_08.dir/pdfFNa83UDbvD.pdf>. Último acesso: 09/05/2019;

BRIENZA, C. Objects of otaku affection: animism, anime fandom, and the gods of … consumerism? In: HARVEY, G. (Ed.). *The Handbook of Contemporary Animism*. London/New York: Routledge, 2013; GEL – *Grande Encyclopédie Larousse*. Ed. 1971-1976. Animisme. p. 785. Disponível em: <https://www.larousse.fr/archives/grande-encyclopedie/page/785>. Último acesso: 16/05/2019; HARVEY, G. (Ed.). *The Handbook of Contemporary Animism*. London/New York: Routledge, 2013. Introduction, p. 1-12; JOURNET, N. L'animisme est-il une religion? Entretien avec Philippe Descola. *Les Grands Dossiers*, n. 5, déc. 2006 – jan.-fév. 2007. L'origine des religions. Disponível em: <https://www.scienceshumaines.com/l-animisme-est-il-une-religion-entretien-avec-philippe-descola_fr_15096.html>. Último acesso: 22/05/2019; PARK. G. K. et al. *Encyclopædia Britannica*: Animism. Oct. 15, 2018. Disponível em: <https://www.britannica.com/topic/animism>. Último acesso: 09/05/2019; PORTUGAL, V. A *anima* de Stahl como agente inteligente e regulador das forças do corpo. Comunicação. *Scientiarum Historia VI* – 2013. Disponível em: <http://www.hcte.ufrj.br/downloads/sh/sh6/SHVI/trabalhos%20orais%20completos/trabalho_003.pdf>. Último acesso 17/05/2019; SEGAL, R. A. Animism for Tylor. In: HARVEY, G. (Ed.). *The Handbook of Contemporary Animism*. London/New York: Routledge, 2013. p. 53-62.

Antonio Genivaldo Cordeiro de Oliveira

ANTEPASSADOS → Etnicidade

ANTROPOLOGIA DA RELIGIÃO

I. Ciência da Religião e Antropologia: um caminho compartilhado. Ciência da Religião ♀ e Antropologia nasceram na segunda metade do século XIX praticamente juntas e caminharam lado a lado por um bom período. Max Müller ♀, um dos primeiros pensadores da Ciência da Religião ♀, se preocupou em estabelecer comparações entre formas distintas de pensamento, como mitologia ♀, religião ♀ e linguística, prática característica da Antropologia (Geertz, 2014). Essa nova ciência, que veio a ser conhecida como *Religionswissenschaft*, consistia em estabelecer histórias comparadas de religiões, construir traduções e interpretações de textos religiosos e também teorias do desenvolvimento das religiões e seu instrumental metodológico. Há de se lembrar de que nesse período a expansão colonial europeia se fazia muito presente por sobre os povos indígenas em todos os cantos do planeta. A Antropologia nasceu como forma de explicar a existência de uma imensa diversidade humana em conciliação com a unidade da espécie. A presença de povos e culturas tão exóticas instigou esses desbravadores, antropólogos e cientistas da religião. De certo, não havia muita distinção entre os dois campos de saberes. Tudo estava por ser constituído. Além do próprio Max Müller℗, faziam parte desse movimento pensadores como William Robertson Smith℗, teólogo e orientalista, Sir James George Frazer, antropólogo, Andrew Lang, mitólogo, entre outros. O próprio ecletismo℗ das formações indicava uma aglutinação em torno de objetivos comuns e a formação de um novo campo de conhecimento.

Ao longo dos anos seguintes, Antropologia e Ciência da Religião℗ foram estabelecendo parâmetros específicos e acabaram por constituir campos distintos de conhecimento. Contudo, a então nascente *Religionswissenschaft* não dispunha de uma metodologia única. Os métodos℗ empregados pelos primeiros estudiosos de religião foram desenvolvidos em outros departamentos, como História, Linguística, Filosofia, Psicologia e Antropologia. A Ciência Comparada da Religião já nasceu com a característica de um pluralismo metodológico. Hoje, essas constituem o denominado rol de subdisciplinas, ou disciplinas auxiliares, da Ciência da Religião℗. A Antropologia, portanto, sempre esteve presente, e fortemente ligada, à Ciência da Religião℗.

Essa estreita ligação inicial tinha como horizonte a preocupação comum com as origens. Essa era uma tônica constante no século XIX, fosse pelo avanço tecnológico proporcionado pela revolução industrial, fosse pelo surgimento e desenvolvimento cada vez mais consistentes do conhecimento científico. Os antropólogos desenvolveram uma teoria evolucionista que procurava compreender as diferenças entre os povos a partir de escalas evolutivas, pensamento esse fortemente criticado anos depois. Os estudiosos de religião também se preocuparam em compreender a religião℗ e a cultura dentro de quadros evolutivos. Quer se olhasse pela Antropologia, pela Psicologia, pela Sociologia, quer pela Ciência da Religião℗, havia uma perspectiva comum que apontava para a evolução da civilização.

Na passagem para o século XX deu-se um forte questionamento da visão evolucionista, principalmente pelo seu caráter eminentemente etnocêntrico. A Antropologia abandonou o paradigma evolucionista e, junto dele, uma perspectiva intelectualista, que será tratada mais à frente, de se compreender a religião℗. Surgiram novas correntes de Antropologia Cultural ou Social, todas com a intenção de compreender as diferenças humanas através da cultura. Estabeleceram um verdadeiro determinismo cultural. No campo da Ciência da Religião℗, no entanto, a separação acabou por criar uma corrente com fortes agendas religiosas. Em oposição ao tratamento da religião℗ como uma coisa ou fato social, no sentido apontado por Durkheim℗, empreenderam uma contraposição ao positivismo℗ científico. Para pensadores de então, religião℗ seria algo *sui generis*℗ que

deveria ser compreendido em seus próprios termos. Os estudos de religião passaram a ser dominados por teólogos, psicólogos e outros pensadores com inclinação fenomenológica, como Rudolf Otto℗ (1869-1937), Carl Jung℗ (1875-1961), Gerardus van der Leeuw℗ (1890-1950), Joachim Wach (1898-1955) e Mircea Eliade℗ (1907-1986).

Esses acontecimentos acabaram por fazer com que as duas disciplinas, Antropologia e Ciência da Religião℗, permanecessem afastadas por um longo período. Isso não evitou, sem sombra de dúvida, que a segunda utilizasse da primeira em seus estudos, principalmente no tocante aos dados etnográficos gerados pelo método℗ antropológico. Armin Geertz℗ (2014) lembra que os estudiosos de religião olharam para a Antropologia como companheira, pois, além do trabalho de campo, esta também forneceu as principais teorias da religião na maior parte do século XX.

Essa perspectiva divergente se faz presente até os dias atuais, embora com algumas pontes promissoras já estabelecidas. Pode-se perceber esse movimento na busca da compreensão da natureza da própria religião℗, sem necessariamente remeter ao seu propalado elemento *sui generis*℗, como veremos mais adiante. Para os fenomenólogos de então, o religioso só pode ser compreendido a partir dele mesmo, pois traz em si mesmo um elemento irredutível (Otto, 2007; Terrin, 1998). A partir dessa abordagem, não é possível olhar a religião℗ de uma perspectiva externa a ela. Não é possível empreender um reducionismo e explicá-la sob pressupostos materialistas, como pretendiam, e pretendem, muitos antropólogos.

Para os pensadores religionistas, quando falamos de religião℗ já temos algo preestabelecido em nossas mentes, algo proporcionado pela própria experiência religiosa℗ que tenhamos passado. É famosa a postura de Rudolf Otto℗, que se negava a aceitar a possibilidade de que alguém que nunca tivesse sido tocado pelo numinoso℗ pudesse falar sobre ele.

O antropólogo Pascal Boyer (2013) denominou essa vertente de "modo erudição", em contraposição à postura "modo ciência". Com isso ele não quer dizer que o modo erudição não seja ciência, mas apenas que não está preocupado em formalizar experimentos e comprovações científicas e se volta mais a especulações filosóficas. Essa postura levou ao que podemos chamar de "essencialista", pois pensa a religião℗ como fruto de uma essência que está para além da dimensão humana. Estudar religião℗ deveria levar em conta, necessariamente, esse primado da experiência fenomenológica, a experiência do sagrado℗.

Para outros estudiosos da religião, e notadamente os antropólogos, isso não basta. É preciso olhar de maneira distanciada, não emocional (o que a Ciência da Religião℗ designa como "ateísmo metodológico"). Não se trata de querer provar ou negar um possível sagrado℗ independente do ser humano. Está claro que isso está longe das nossas possibilidades. Se existe ou não esse outro mundo de que falam as pessoas religiosas, isso não deve interferir na nossa maneira de compreender o religioso. Só é possível tratar daquilo que está ao alcance dos nossos sentidos. A Antropologia acabou por se afastar da preocupação de generalizações e das buscas por uma conceituação geral de religião♀ e de sua natureza.

A própria questão de saber se religião♀ é universal ou não depende da nossa definição de religião♀. As então nascentes Ciência da Religião♀ e Antropologia saíram a procura da compreensão das outras religiões, dos povos distantes e considerados exóticos em comparação aos europeus. Para muitos desses povos não existia nenhuma correspondência ao que entendemos por religião♀, assim como não existe até hoje. O termo começou a ficar ambíguo. A palavra "religião♀" foi e é utilizada de maneiras muito diferentes. A questão de saber se a religião♀ é universal ou não depende da nossa definição e da perspectiva sobre a religião♀. Para alguns, só os ocidentais ou, quando muito, as grandes civilizações orientais têm religião♀. Aos nativos só restaria a magia e a superstição♀. Quanto mais abstrata a definição, mais amplo será aquilo que está sendo definido. Por outro lado, quanto mais restrito o conceito, mais deixamos de fora práticas e crenças♀ diferentes das nossas.

Para os *essencialistas*, esse problema é contornado pela ideia de que a essência deve ser igual em todas as religiões, pois se encontra acima das diversidades culturais. Essa é a postura, por exemplo, de Mircea Eliade♀, que empreendeu um esforço gigantesco para encontrar as diferentes manifestações de um mesmo sagrado♀ nas diversas sociedades históricas.

Contrariamente aos essencialistas encontram-se as posturas *materialistas*, que compreendem a religião♀ como construções humanas. De acordo com Boyer (2013), esse é o modo de a ciência olhar a religião♀. Encontramos aqui as posturas epistemológicas que empreendem uma redução da religião♀ àquilo que é observável empiricamente. Guardam silêncio em relação a uma verdade última. O foco da análise está nas particularidades. Em geral, criticam o essencialismo afirmando que é mais teológico que científico, pois não há possibilidade de observar empiricamente o que os crentes falam. É tudo uma questão de crença♀.

Do outro lado, os essencialistas costumam criticar os materialistas, pois esses não seriam capazes de captar a essência da religião♀ devido a seu caráter *sui generis*♀. Tanto uma corrente como outra são compostas de infinidades de versões diferentes. Foram reunidas, aqui, em duas grandes vertentes apenas para fins didáticos.

Como já afirmado anteriormente, no início da Ciência da Religião♀, com Max Müller♀, e da Antropologia, com Edward Tylor e James Frazer, havia uma forte ênfase na busca das origens da religião♀.

A perspectiva histórica era muito presente e principalmente os antropólogos olhavam as religiões dos povos nativos como estágios primitivos de evolução de uma mesma religião. Essa deveria ser superada pelo avanço da ciência. No entanto, o mais importante para nossos objetivos neste trabalho é ressaltar a perspectiva intelectualista então empreendida. Tratava-se de explicar a religião♀ como fruto da mente humana, de uma racionalidade ou, ainda, de uma racionalidade não desenvolvida. A religião♀ e sua congênere magia eram encaradas como formas de conhecimento do intelecto humano. Não se tratava de uma essência externa ao ser humano, mas de uma construção relativa a uma maneira primitiva de compreender o mundo. Descartada a perspectiva etnocêntrica evolucionista, alguns componentes dessa visão dos primeiros pensadores são importantes de ser frisados. A religião♀ seria fruto da mente de uma espécie única, os seres humanos. Nesse sentido, a religião♀ (ou o conhecimento religioso) seria a mesma em todas as culturas, fruto da unidade psíquica humana. O que diferenciaria seriam os estágios de evolução em que cada sociedade se encontrava. Mas havia a possibilidade de existir um elemento comum entre a imensa diversidade religiosa da humanidade. Esse elemento comum estava radicado na maneira de pensar e raciocinar.

Na crítica feita ao evolucionismo♀, a visão intelectualista foi posta de lado. Surgiram no interior da postura materialista visões reducionistas de cunho funcional. Nessa perspectiva, a religião♀ persistiria porque possui uma função na sociedade ou uma função para a vida das pessoas. Podemos perceber desde colocações funcionalistas sociais, como a de Durkheim♀, em que a religião♀ promove a coesão social, até as funcionalistas emocionais, como a de Malinowski, em que a religião♀ serve para aplacar as ansiedades diante das dificuldades da vida. Essas visões reducionistas focaram em análises particulares, distanciando-se cada vez mais de uma busca por uma natureza da religião♀. Não há dúvidas de que ambas trouxeram grandes contribuições aos estudos de religião. Algumas críticas podem ser colocadas a essas posturas, como, por exemplo, o fato de que, ao contribuir para a coesão entre membros de uma mesma sociedade, a religião♀ propicia também, em muitos casos, divisão e desarmonia. Da mesma forma, embora as religiões abrandem nossas ansiedades, também as promovem. Lembremo-nos dos casos em que as divindades♀ são cruéis e as exigências aos fiéis, extremamente estressantes. Além disso, a visão funcionalista social não conseguiu explicar um ponto central da preocupação para com os estudos de religião, qual seja, o da persistência e universalidade da religião♀ e qual sua natureza comum. Essas explicações são atrativas, mas também enganadoras. Fazem parecer que há um propósito, intencionalmente planejado, para a existência da religião♀.

Em ambos os casos não podemos dizer que a razão ou causa da existência das religiões seja o fato de as pessoas se sentirem mais unidas ou mais confortáveis. A causa fundamental da universalidade da religião℘ deve ser procurada em outro lugar.

No campo essencialista da Ciência da Religião℘, a resposta ao reducionismo funcionalista veio por meio das fenomenologias de Otto℘ e Eliade℘. Como afirmado antes, para esses pensadores a natureza da religião℘ se encontrava num elemento essencial fora do ser humano. A explicação para uma unidade da religião℘ seria facilmente acessada, pois independeria dos seres humanos e das suas sociedades tão diversas. Esse sagrado℘, que é único, se manifestaria de uma maneira ou de outra.

No entender de A. Geertz℘ (2014), alguns antropólogos dos últimos anos estão começando uma nova perspectiva, retomando o viés intelectualista, que pode fazer com que as duas disciplinas novamente se aproximem, sem ser apenas para empréstimos teórico-metodológicos. Para A. Geertz℘, a própria crítica pós-colonialista, presente na Antropologia desde meados da década de 1970, e na Ciência da Religião℘ desde os anos 1990, possibilita essa aproximação. Essa perspectiva intelectualista resgata a visão evolucionista a partir da premissa de que a religião℘ é fruto da mente humana e esta mente é, por sua vez, resultado de um longo processo evolutivo e adaptativo. O autor aponta que essa nova abordagem já produziu importantes estudos em diferentes disciplinas auxiliares da Ciência da Religião℘. O próprio Pascal Boyer (2001) é citado pela sua hipótese das ideias contraintuitivas da religião℘. A teoria dos rituais como sinalização custosa, que procura explicar muitas das atitudes religiosas℘ aparentemente contraditórias, como o jejum℘ e a abstinência℘, foi desenvolvida por Bulbulia e Sosis (2011). Grande impacto teve a obra do antropólogo Roy Rappaport (1999), além da obra seminal de Robert Bellah℘ (2011) sobre a religião℘ e a evolução humana. Todas essas obras servirão, segundo A. Geertz℘, para os próximos passos conjuntos da Antropologia e da Ciência da Religião℘. Esse autor afirma que podemos avançar no conhecimento da religião℘ retomando os objetivos comuns do final do século XIX, ou podemos permanecer presos a uma incompreensibilidade mútua, cada qual no seu recanto disciplinar como forma de evitar conflitos.

Essa introdução nos permite perceber os caminhos e descaminhos percorridos pela Antropologia e sua irmã Ciência da Religião℘ ao longo de um século e meio. Os desafios estão ali colocados e trata-se de perceber que as duas ciências têm muito a ganhar com esse diálogo. Vamos, agora, voltar nosso olhar específico à Antropologia da Religião propriamente dita.

II. A Antropologia da Religião. Embora a religião℘ esteja presente, enquanto tema central, desde o início da Antropologia, muitos antropólogos não admitem falar na existência de uma Antropologia da Religião específica. A religião℘ seria apenas um elemento a mais, dentre vários que compõem uma cultura, passível de ser reestudado pelo recorte antropológico. Além do mais, não concordam com a indicação de religião℘ no singular, visto que recusam a ideia de algo único para além das diversidades culturais. Religiões seriam muitas, relativas às coisas culturais, não havendo uma religião essencial, ou um sagrado℘, para além daquilo que é observado empiricamente.

A Antropologia se caracteriza pelo estudo do outro, do contato com a alteridade. A Ciência da Religião℘ utiliza a Antropologia da Religião e também a Sociologia da Religião℘ como instrumentos de compreensão da conotação social e cultural da religião℘. Todas as religiões estão inseridas em sociedades específicas e no interior de um ambiente simbólico e cultural. Independentemente do que afirmam os líderes religiosos, as instituições religiões são fortemente influenciadas pelos contornos sociais. Convém lembrar, também, que não há sociedade ou cultura que não apresente algum tipo de sistema de crenças℘ religiosas. Nesse aspecto, a Antropologia da Religião não se iguala à Ciência da Religião℘, visto que para essa o fenômeno religioso não se limita aos aspectos sociais e culturais, havendo outras dimensões que devem ser consideradas para a realização de uma compreensão global.

Por seu lado, a Antropologia prescinde da Ciência da Religião℘, pois o estudo da religião constitui uma temática dentre várias outras, também importantes, como parentesco, troca ou estrutura social. Tal constatação não significa colocar uma hierarquia℘ entre as duas; ao contrário, é necessário perceber que a Antropologia auxilia a Ciência da Religião℘ no que se refere à discussão dos aspectos simbólicos que envolvem o fazer religião℘ no interior das sociedades humanas. Tem por excelência o estudo de elementos básicos das religiões, como o ritual, a mitologia℘ e o sistema de crenças℘ em geral.

Em um primeiro momento, na Antropologia do século XIX, a questão que se colocava era compreender como aqueles outros povos, tidos por primitivos, compreendiam o mundo. E eles compreendiam a partir de uma perspectiva mágico-religiosa, repleta de crenças℘. A grande indagação era a de compreender a imensa diversidade humana apesar da unidade biológica da espécie humana. Não se reconhecia naquelas crenças℘ uma religião verdadeira. Religião℘, afinal, seria somente as monoteístas, reveladas e denominadas religiões do livro. Dizia-se que os povos tidos como primitivos eram detentores de uma mentalidade primitiva, que enxergava feitiçarias e animismos℘ em todos os cantos. Pensar o diferente passava por pensar as diferentes mentalidades, fossem essas tidas por animista, mágica, mítica ou até pré-lógica. Foi dessa maneira que a temática religiosa chegou aos estudos antropológicos.

A religião teve lugar destacado nesse período. Havia uma preocupação em pensar a espécie humana em seu todo através de uma denominada "unidade psíquica". Se o civilizado pensava cientificamente, e ainda praticava religião, o então primitivo pensava magicamente. Esse seria um estágio a ser superado no rumo evolutivo. Enquanto uns pensavam ainda de maneira animista ou mágica, outros já teriam alcançado um estágio superior de desenvolvimento e de compreensão da realidade, sabendo separar a ciência, voltada às coisas materiais, da religião, voltada à dimensão da relação com o criador e a verdade última. Edward Tylor (1832-1917) elaborou o conceito de "animismo" como um primeiro estágio do processo evolutivo daquilo que viria a se tornar a religião (Tylor, 1976). O ser primitivo não possuía a crença em deuses, mas atribuía os fenômenos naturais à intervenção de espíritos benevolentes ou malévolos. O animismo seria, para ele, uma forma de pensar num mundo em que tudo estaria povoado por seres invisíveis que habitam os objetos, as plantas, os animais e os homens. As experiências da doença, da morte e, sobretudo, dos sonhos estariam nas origens da noção de alma. No pensamento evolucionista de então, o animismo daria lugar ao politeísmo e depois ao monoteísmo. A definição de religião de Tylor marcou a Antropologia e os estudos de religião por um bom tempo. Para Tylor, religião é a crença em seres sobrenaturais ou espiritualizados. Na Antropologia e também na Sociologia, principalmente com Durkheim (2000), essa definição básica de religião foi muito criticada.

James George Frazer (1854-1941) foi outro dos grandes iniciadores da Antropologia. Para ele, a magia seria uma forma primitiva de ciência, mas que fracassou pela sua precocidade. Esse fracasso da magia em atingir os resultados materiais esperados acabava por levar o primitivo a desenvolver a religião. Frazer estabelece uma sequência evolutiva que vai da magia, passa pela religião e atinge o ápice na ciência moderna (Frazer, 1982). Ele percebe a superstição como um desvio intelectual que desvirtuava o pensamento lógico. Frazer vê no feiticeiro alguém que acredita compreender as leis que regem o mundo e pode assim controlar os fenômenos da natureza. Da mesma forma que a ciência, a magia também trabalha a partir da associação de ideias, numa relação de causa e efeito. Para Frazer, a magia utiliza de maneira errônea o princípio de associação de ideias e pode então ser considerada como uma falsa ciência. A magia seria a primeira forma de pensamento humano. O primitivo procura controlar, por seus próprios meios, as forças da natureza. Após perceber que não consegue utilizar essas forças, abandona a magia para se dedicar à adoração de seres divinizados e superiores. Passa,

assim, a uma etapa mais evoluída que, por meio da prece e do sacrifício em nome desses deuses, procura o caminho da salvação. Este seria o momento da religião para Frazer. Quando, enfim, percebe os limites da religião, o ser humano volta para o princípio da causalidade, mas dessa vez não mais de maneira mágica, mas sim experimental e científica. Dessa forma, atinge o grau mais evoluído, ou seja, a moderna ciência da civilização ocidental. Frazer exerceu papel fundamental na legitimidade dos estudos de religião. Sua influência não se limitou ao meio acadêmico, mas teve forte impacto também entre os religiosos e na população em geral. Enfatizou a erudição e o estudo comparativo de civilizações antigas e trouxe para um público mais amplo o gosto pela busca das origens da religião. Sua grande obra, o livro *O ramo de ouro* (Frazer, 1982), é exemplo dessa imensa sabedoria, reunindo mitos dos mais diversos em torno de um eixo comum. Até hoje é considerado um trabalho exemplar.

III. O olhar da Antropologia nos estudos das religiões. Na passagem para o século XX, a visão evolucionista foi fortemente criticada. Nasceram novas correntes teóricas na Antropologia, de cunho eminentemente culturalistas. A religião passou a ser, cada vez mais, um dos elementos culturais a ser estudado dentre vários outros. A Antropologia não se coloca como a única ciência capaz de dar conta da religião, mas traz um olhar específico que contribui de maneira incisiva sobre as demais ciências, notadamente a Ciência da Religião. Trata-se do olhar relativizador. Diferentemente da postura evolucionista, a nova maneira de pensar exige o contato direto com os povos estudados, através de uma imersão do antropólogo na cultura a ser estudada.

O trabalho de campo, a busca do "ponto de vista do nativo" (Malinowski, 1978), o olhar relativizador e o distanciamento são elementos essenciais dessas novas visões. Para uma Antropologia que não segue mais os pressupostos evolucionistas preconizados pelos iniciadores, não existe uma religião mais verdadeira que outra. Nesse sentido, é o olhar do antropólogo que permite penetrar nas redes de significados das diferentes culturas e perceber os sentidos intrínsecos que cada sistema religioso possui.

A negação da busca das origens da religião, ou de sua essência, trouxe a ênfase nos particularismos, nas negações das grandes comparações e também na busca das funções dos elementos culturais olhados numa totalidade circunscrita do grupo estudado. Esse olhar só poderia ser o das particularidades empíricas. Qualquer teorização mais geral só é possível a partir de infindáveis casos concretos. Trata-se de um empirismo que rompe com qualquer perspectiva fenomenológica de busca de uma essência, suprassocial. Olhar para as outras culturas, diferentes da ocidental, força um olhar que nega uma universalidade do religioso identificada nos monoteísmos largamente conhecidos. Cada forma nova e diferente de sistema religioso que a Antropologia foi desvendando foi estabelecendo a certeza que não se poderia mais pensar num sagrado♀ para além das constituições históricas e nem mesmo para um *continuum* entre formas primitivas e civilizadas de religião♀. A religião♀ do outro ganhou reconhecimento e valor. A magia♀, as feitiçarias em geral, os mitos e tudo o que envolve qualquer sistema de crenças♀ passaram a ser vistos no valor que trazem em si mesmos.

Essa nova perspectiva está muito longe de uma Antropologia religiosa. Não existe preocupação com a veracidade daquilo que é preconizado pelas religiões ou por qualquer sistema de crenças♀. Em última instância, isso significa dizer que não parte, como método♀ de análise, do pressuposto da existência de uma essência do sagrado♀ ou de uma divindade. Essa é uma questão que não cabe aos antropólogos. Para Evans-Pritchard (1986), o fato de o antropólogo ter ou não uma fé religiosa pouco importa, pois não há preocupação com a verdade ou a falsidade do pensamento religioso. As crenças♀ religiosas são fatos sociais. O mais importante são os significados por trás dos sistemas de crenças♀ religiosas. Para Radcliffe-Brown (1973), a função social da religião♀ é independente da sua verdade ou falsidade. Todas as religiões, por mais excêntricas que possam parecer, desempenham papéis importantes no mecanismo social.

O contato com o outro, com suas maneiras particulares de se comportar e crer, possibilitado pelo imprescindível trabalho de campo, deslocou a preocupação sobre as origens da religião♀ para o campo das funções sociais. Nesse processo abandonou-se a busca de uma teorização geral sobre a unidade psíquica humana e focou-se nos pormenores da vida religiosa de determinado povo. A grande contribuição para os estudos de religião foi, sem dúvida, o reconhecimento de valor desses universos religiosos, que deixaram de ser vistos como vestígios de um passado para se tornarem atuais e alternativos aos modelos então considerados únicos, como o monoteísmo♀ cristão. Houve uma ampliação conceitual sobre a religião♀.

Religião♀ e magia deixaram de ser categorizadas como heranças de uma situação pré-lógica, ilógica ou irracional. Importante ressaltar aqui que, embora tenham características distintas quanto à finalidade e ao modo de operação, religião♀ e magia♀ passaram a ser vistas pelos antropólogos como elementos de um mesmo sistema mais amplo de crenças♀. As duas dimensões se interpenetram e são tratadas como um todo. A própria separação entre religião♀ e magia♀, tão claramente definida por Durkheim♀ (2000, p. 12), deixou de ser tranquila, pois há vários sistemas mágicos em torno de comunidades de Igreja♀, assim como há muito de magia♀ nas religiões fortemente institucionalizadas.

Claude Lévi-Strauss (1908-2009) foi um antropólogo que, embora não tenha elegido a religião♀ como objeto central de sua obra, influenciou fortemente a Antropologia da Religião. Esse autor desenvolveu um extenso estudo sobre as mitologias♀ e sobre o pensamento dito selvagem ou pensamento mágico (Lévi-Strauss, 1970). Para ele, a religião♀ tem interesse na medida em que espelha as estruturas inconscientes da mente humana. Estas sim é que serão sua preocupação central. De certa maneira, Lévi-Strauss retomou um viés intelectualista, pois estava em busca das invariáveis universais de pensamento presentes em toda a espécie. Para ele, o pensamento humano trabalha e sempre trabalhou seguindo princípios de uma estruturação binária inconsciente. Em seu livro *O pensamento selvagem* (1970), defende que o selvagem elabora seu conhecimento a partir das mesmas regras que o civilizado. No entanto, enquanto a ciência moderna ocidental se faz a partir de abstrações, a ciência das sociedades tradicionais ou do selvagem, como ele prefere chamar, se faz a partir de classificações do mundo concreto. Não haveria, portanto, uma distinção valorativa entre a magia e a ciência. Mais para a maturidade de sua carreira, Lévi-Strauss se dedicou a um amplo estudo comparativo dos mitos, marcando fortemente esse campo de análise.

A maneira pela qual a Antropologia retratou a religião♀ trouxe implicações para a própria concepção sobre o ser humano. Ampliou a noção de humanidade e do reconhecimento de que as diferenças religiosas, tão caras uma vez que podem separar povos e provocar conflitos bélicos, são frutos das vivências sociais e de como os diferentes povos constituíram, ao longo da história, suas trajetórias e visões de mundo. A constatação antropológica da não existência de povos ou culturas que prescindam da religião♀ teve várias consequências. Essa universalidade da religião♀, que para um crente religioso pode ser atribuída à comprovação da existência do sagrado♀, para a Antropologia trouxe mais indagações que certezas. Trata-se de uma natureza religiosa humana ou de uma origem religiosa da cultura e das sociedades humanas? Pode-se dizer que para a Antropologia essa universalidade segue o princípio preconizado por Émile Durkheim♀ (2000), de que a religião♀ é um constructo das sociedades, numa evidente redução do religioso a um fato social. Uma pequena vertente da Antropologia, apontada no início deste texto, volta-se hoje para a busca de elemento fundador da religião♀ na própria mente humana. De toda maneira, percebe-se que não há nem nunca houve um consenso sobre a definição de religião♀ e sobre os métodos♀ de análise que poderiam ser empregados em seus estudos. Portanto, há aqui uma questão conceitual. Longe de demonstrar fraqueza teórica, essa diversidade evidencia uma riqueza e um eterno questionamento que fez com que essa ciência avançasse e renovasse a si mesma, em busca de uma melhor compreensão da religião e do ser humano em geral.

IV. Os temas centrais da Antropologia da Religião.

A Antropologia da Religião, na longa trajetória de sua existência, acabou por eleger alguns temas como centrais de suas análises. Muitas propriedades das religiões particulares que foram sendo estudadas ganharam um estatuto de objeto de estudo particular e constituíram campos autônomos de análises. Dentre esses, podemos destacar o estudo dos mitos, dos rituais, dos símbolos e dos sistemas de crenças.

O estudo das crenças não se restringe necessariamente ao campo da Antropologia da Religião. Pode-se compreender que as crenças dizem respeito a um universo muito mais amplo, que vai além daquilo que poderíamos chamar de "crenças religiosas" ou "crenças sagradas". No entanto, em que pesem as críticas feitas à noção de crença, semelhantes às empreendidas ao conceito de "religião", as crenças religiosas compõem um dos objetos verificáveis da Antropologia da Religião. Como um fenômeno mental, a crença foi considerada um objeto próprio da Psicologia, mas, se pensado em termos de sua materialidade, na encarnação em objetos específicos, as crenças ganham contornos específicos e são tratados de maneira especial pela Antropologia. Nesse aspecto, não há necessário vínculo com a categoria "fé", esta sim de cunho religioso. As crenças, para a Antropologia, ganharam destaque à medida que foram sendo estudadas em suas especificidades. Cada cultura possui, assim, um conjunto de elementos em que seus integrantes creem fazer parte do mundo e que termina por moldar os contornos da realidade mais ampla. No estudo clássico sobre a magia do feiticeiro, Lévi-Strauss (1975) afirma que o aprendiz de feiticeiro que ambicionava desmascarar os truques realizados pelos xamãs tornou-se ele próprio um grande xamã, não pela sua convicção particular, mas pela crença coletiva e confiança depositada pelo grupo. Da mesma forma, no estudo sobre os Azande, Evans-Pritchard (1978) percebe que os nativos têm plena consciência de que as doenças podem ser tratadas com remédios, visto que possuem vasto conhecimento sobre ervas e plantas medicinais, mas é inconcebível não reconhecer que há obra de bruxaria ou feitiçaria em todos os casos em que alguém fica acamado. Essas crenças compõem a materialidade do mundo dos Azande.

Talvez uma das mais fortes contribuições da Antropologia para o estudo da religião se dê no fato de ela ter dirigido especial atenção para a pesquisa de sistemas simbólicos (Hock, 2010). Considerar a cultura humana como fruto da capacidade de simbolização é apenas ponto de partida. A grande contribuição se dá porque compreende o universo simbólico como elemento fundamental das comunicações e das trocas. Percebe-se então o papel fundamental de Lévi-Strauss, que não apenas delineou o funcionamento da magia através da eficácia simbólica como trouxe enormes contribuições no campo das trocas simbólicas. Mary Douglas elaborou uma teoria sobre a naturalidade dos símbolos, ao menos como eles passam a ser manifestações previsíveis (1996). Focada na dimensão do simbolismo da experiência corporal, Douglas enfatizou o ritual como sinônimo de símbolo. O efeito do rito se liga à modificação da experiência. Experiências díspares ganham sentido quando vivenciadas num quadro de estruturas simbólicas. Para ela, o ritual consiste essencialmente em uma forma de comunicação. Clifford Geertz (1978) elegeu os sistemas simbólicos de uma cultura como centro de suas análises, como o religioso, o político, o científico e outros. A análise antropológica dos símbolos procura descobrir os sistemas de significado subjacentes, num esforço interpretativo empreendido pelo pesquisador.

Para a Antropologia, a simbolização reflete a maneira como os símbolos religiosos se constituem, se fixam e se transmitem na história e nas sociedades humanas. Ela se diferencia de outras abordagens sobre os símbolos, tanto as que possam vir da Psicanálise quanto as de uma concepção que parta do princípio de que os símbolos têm um significado fixo, inerente a eles mesmos, em todas as religiões e culturas.

Por fim, destacam-se ainda mito e ritual. Esses dois elementos da religião constituíram campos de dimensões abissais nos estudos antropológicos. Muitas vezes vistos como inseparáveis, pois um lida com o aspecto do imaginário e das mentalidades, enquanto o outro trata do universo das práticas, há quem veja uma supremacia do ritual sobre o mito, como Jack Goody (2012) ou Victor Turner (1974). Outros, como Lévi-Strauss, se preocuparam com o estudo do mito, deixando o ritual praticamente de lado.

O rito é um elemento essencial da vida religiosa. São tipos especiais de eventos mais formalizados e estereotipados. Ritual é sempre comunicação. São formas que os próprios membros de um grupo encontram de dizer a eles mesmos quem eles são (Geertz, 1978), mas, mais que isso, é uma maneira evidente de comunicação entre o mundo dos humanos e o mundo dos deuses. O ritual tem o poder de instaurar uma condição social, reforçando os vínculos entre os indivíduos e estabelecendo os papéis sociais de cada um. É importante perceber que existe uma classe especial de rituais, estudada por Arnold Van Gennep (1978) e depois aprofundada por eminentes antropólogos, dentre eles Victor Turner: os ritos de passagem (Turner, 1974). Trata-se de uma ampla gama de rituais que marcam mudanças de estado, não apenas definitivas, como as passagens entre as fases da vida, mas também temporárias, como as festas de inversão de papéis, que acabam, por fim, reforçando as posições sociais. Para Van Gennep, os rituais possuem três fases principais: uma separação, um momento de transformação e, por fim, um de reintegração. Todas essas fases são acompanhadas de outros rituais, tornando o universo extremamente complexo. Turner, por sua vez, aprofundou suas análises no estado intermediário desses rituais, o do momento da transformação, denominado de fase limiar. Para esse autor, o ritual tem o poder de renovar a sociedade, já que provoca uma abolição, mesmo que temporária, da estrutura social vigente e instaura uma antiestrutura em que as posições sociais são rompidas. Trata-se de uma suspensão das hierarquias♀, das autoridades e das ordens sociais, numa espécie particular de comunidade, a *communitas*. Após a fase de liminaridade, há um retorno, quando a antiestrutura se refaz numa nova estrutura. Embora os ritos de passagem não se restrinjam ao universo religioso, é nele que são vistos em sua plenitude.

Vários outros tipos de rituais foram bastante estudados pela Antropologia da Religião, como os rituais de sacrifício♀, as peregrinações e os cultos de modo geral. Um ritual pode ser entendido como uma chave heurística, através da qual podem ser acessados aspectos de uma sociedade que dificilmente se manifestam em falas ou discursos. Por meio de rituais podem ser observados aspectos fundamentais de como uma sociedade vive, pensa a si mesma e se transforma.

De certa maneira os rituais encenam um ou vários mitos. Para muitos antropólogos, a relação entre ritual e mito é direta. Os mitos são narrativas coletivas, contadas a partir de um discurso metafórico, que tratam das questões mais íntimas de uma sociedade. Em geral, costuma-se ver apenas as narrativas que tratam das origens das coisas, de ordem material ou social, e que ligam o mundo dos humanos ao dos deuses e heróis míticos. No entanto, o mito é uma forma de linguagem muito mais ampla e presente em todas as sociedades. Num primeiro momento, e seguindo as posições positivistas, a Antropologia via nos mitos uma expressão da irracionalidade dos povos tradicionais. A partir da crítica que a Antropologia empreendeu à visão evolucionista, os mitos começaram a ser compreendidos como tendo relação com a estrutura social. Como fazem sentido para os povos que os vivenciam, os mitos são tidos como manifestação de outra racionalidade, que tratam de verdades profundas do grupo. Longe de perceber o mito como uma fábula infantil ou um discurso ilusório, a Antropologia percebe a presença de mitos em praticamente todas as religiões. As histórias e narrativas sagradas são, em última instância, mitos. Estão longe do que poderia ser chamado de falsidade. Trata-se de profundas expressões do imaginário humano.

Os mitos estão entre os objetos mais apreciados pelos antropólogos, visto que permitem, na visão de muitos deles, penetrar nos universos cosmológicos e nas visões de mundo de povos muito diferentes. Dada a linguagem cifrada dos mitos, a sua análise nunca foi tarefa das mais tranquilas. Muitos dos primeiros estudiosos de religião se utilizaram de informações advindas dos levantamentos etnológicos para empreender esforços na tentativa de construções de mitologias♀ comparadas. Utilizados também por outras chaves de leitura, como a Psicanálise♀ ou a Filosofia, os estudos de mitos foram ganhando consistência teórica no interior da Antropologia. O mito passou a ser visto como um sistema de códigos culturais da experiência ordinária dos povos tradicionais, indiferente às aparentes contradições lógicas internas.

Claude Lévi-Strauss buscou as propriedades universais dos mitos, não aceitando a tese de que eles seriam a projeção ideológica do ritual. Esse autor se abstém de qualquer juízo sobre a realidade histórica ou veracidade dos mitos. Para ele (1975), o que interessa é a estrutura básica que está por trás de várias versões de um mesmo mito e que permite acessar o quadro de estruturas primordial do pensamento humano.

V. A definição de religião. Assim como em vários outros campos dos estudos de religião, também entre os antropólogos não há uma definição única do objeto central de estudo. O que se pode tirar de comum é que há um reconhecimento da valorização de um empirismo como negação da busca de uma essência para o religioso. Diferentemente das primeiras escolas, conforme tratado anteriormente, as correntes antropológicas majoritárias do século XX e começo do século XXI privilegiaram o estudo da religião enquanto portadora de uma função na sociedade, em detrimento das primeiras, que buscavam uma perspectiva de se encontrar as raízes da religião♀ na forma de pensamento. Essas correntes funcionalistas podem ser percebidas divididas entre aquelas que enfatizam os aspectos simbólicos, as que se preocupam principalmente com as práticas e aquelas que priorizam as estruturas sociais.

A percepção da religião♀ como algo universal insere-se, assim, na escolha do conceito utilizado. Uma acepção clássica, e rígida, de religião♀, como aquela utilizada nos primórdios da Antropologia, incorreria na impossibilidade de reconhecer a existência da religião♀ fora dos limites das sociedades ocidentais e mesmo dos monoteísmos♀. Aos outros povos caberiam apenas formas primitivas de se compreender a realidade, como a magia. O reconhecimento de que a palavra "religião"♀ guarda fortes aspectos políticos e ideológicos, por se tratar de uma concepção ocidental colocada à força por sobre outros povos, levou alguns a uma rejeição pura e simples do conceito, embora isso não resolvesse a questão. É preciso considerar o que se entende por religião♀ antes de negar o próprio conceito.

Os antropólogos acabaram seguindo basicamente duas grandes definições de religião (Obadia, 2011). A primeira delas pode ser representada pelo pensamento de Tylor, e a outra, pelo de Durkheim. Para o primeiro, a ênfase do religioso, ou o que torna um ato ou uma ideia religiosa, é o fato de reconhecer a presença de seres espirituais ou sobrenaturais. Para Durkheim, é a ideia de sagrado, em oposição à de profano, que evidencia o religioso. Essas duas grandes acepções do religioso evidenciam a complexidade do fato e as dificuldades em se tentar reduzir num único parâmetro algo tão abrangente. Embora Tylor tenha influenciado alguns antropólogos de língua anglo-saxônica, é a posição de Durkheim que vai estar mais presente nos estudos antropológicos, no que tange à ideia de religião como construção social, com sua conotação de funcionalidade.

Não há dúvidas de que essa concepção sofreu acréscimos e modificações até mesmo na ampliação do conceito, abarcando a noção de representação coletiva. Isso se deve não apenas a Durkheim, mas principalmente a Marcel Mauss (2005). É desse último a definição de religião como conjunto de crenças e ritos, discursos e atos; definição bastante abrangente e inclusiva e que permite delinear os contornos de um sistema religioso ou outro sem reduzi-lo a um lugar-comum.

Afastando-se um pouco da perspectiva funcional, o norte-americano Clifford Geertz abriu uma nova via para compreensão antropológica da religião. Em seu estudo dos anos 1960, estabeleceu uma definição de religião tida como clássica nos dias atuais. Religião, para ele, é um sistema de símbolos, e a possibilidade de estudo se dá por uma via hermenêutica e semiótica (1978). Procura focar no que a religião representa para seus atores e como ela estabelece a nossa própria noção de realidade. Sua noção pareceu bastante útil. Não fala de sobrenaturalidade ou divindade, muito menos em sagrado, podendo ser, dependendo do que se busca compreender, bastante conveniente. Pode-se perceber que ela serve tanto para religião com para as espiritualidades difusas. Geertz atribui o poder da religião ao fato de esse sistema simbólico realizar a junção entre o *éthos*, a maneira de ser e de sentir de um determinado grupo, com a visão de mundo, a formulação da ordem geral das coisas elaborada por esse mesmo grupo. A junção dessas duas dimensões tem o poder de formular uma imagem geral da estrutura do mundo e um programa de conduta humana em que um e outro se reforçam mutuamente.

Alguns autores, como Hanegraaff (1999) ampliaram o conceito de Geertz, falando da existência de um parâmetro amplo, singular, abstrato, mas que se manifesta concretamente sempre de maneiras diferenciadas, seja em religiões institucionalizadas, seja em espiritualidades difusas. Para esse cientista da religião, historiador e antropólogo holandês, religião (aqui entendida como religião no singular) é qualquer sistema simbólico que influencia as ações humanas pela oferta de formas ritualizadas de contato entre o mundo cotidiano e um quadro metaempírico mais geral de significados (Hanegraaff, 1999, p. 371). Essa religião, no singular, só serve enquanto uma categoria analítica e deve ser desdobrada para podermos enxergar as formas que efetivamente se manifestam socialmente. Nessa perspectiva, ele se utiliza de duas subcategorias: a de religiões (no plural) e a de espiritualidades. A diferença entre essas subcategorias da classe geral e mais ampla de religião está no fato de que nas religiões o sistema simbólico é representado por alguma instituição social. Assim, religião necessita inevitavelmente de um grupo articulado em torno de um conjunto de mitos, com hierarquia e papéis definidos, e de uma doutrina que manifeste ou demonstre um conhecimento sistematizado. Ao mesmo tempo, essa definição permite englobar sistemas de crença que não tratam explicitamente de aspectos sobrenaturais, de seres espirituais ou de distinção entre sagrado e profano.

Essa ampliação conceitual permite compreender uma série de novas manifestações espiritualizadas da nossa sociedade, como a Nova Era, e que não são englobadas pelos conceitos mais tradicionais de religião. Tal discussão remete à questão do que é ou não é religioso. Uma vez que a Antropologia não parte de um pressuposto da existência de uma manifestação de um sagrado, que responderia pela substância religiosa de um objeto, de um ato ou de uma ideia, é preciso procurar esses fundamentos em outros terrenos. A definição de Hanegraaff tem esse atributo.

Uma grande crítica ao conceito de Geertz foi preconizada por Talal Asad (1993), autor que afirma não ser possível separar os símbolos religiosos daqueles que não o são. É preciso, no entender desse antropólogo, ir a fundo ao contexto histórico em que se constituíram e se autorizaram esses símbolos religiosos. Para ele, Geertz não definiu, propriamente, como atuam os símbolos.

Independentemente dessa crítica, Talal Asad parte de uma perspectiva que vem ganhando notoriedade nos estudos antropológicos, a de uma Antropologia pós-colonialista. Essa disciplina deixa de ser uma construção de um olhar do ocidental sobre os demais povos, mesmo que relativizada e antietnocêntrica. A voz, agora, não é mais a do colonizador, mas a dos próprios "nativos". A questão básica gira em torno da impossibilidade de uma tradução. Qualquer costume ou ideia fora de contexto, traduzido, perde em poder explicativo e corre o risco de ser utilizado como forma de dominação por quem o traduz. A noção de religião se insere nesse contexto. Não é possível haver uma definição universal de religião, não apenas porque seus elementos constitutivos e suas relações são historicamente específicos, mas porque essa definição é ela mesma um produto histórico do processo discursivo (Asad, 1993, p. 29).

Longe de haver qualquer possibilidade de consenso, a diversidade conceitual sobre religião demonstra a própria diversidade metodológica da Antropologia. Nesse sentido, essa ciência tem contribuído para a ampliação dos horizontes sobre o que é religião e como a dimensão da espiritualidade é compreendida pelos diferentes povos. Como numa via de mão dupla, a Antropologia elabora um esforço para compreender o universo religioso do outro, mas as populações em geral também se utilizam dessa produção intelectual para olharem para si mesmas e se posicionarem diante das diferenças, no eterno jogo das alteridades. Com o conceito de "religião" tem sido assim. Com a Antropologia a sociedade aprendeu a olhar sempre de maneira mais crítica para aquilo que tenderia a ser visto como algo absolutamente natural. A religião do outro deixa de ser mera superstição e passa a ser vista como uma maneira alternativa de compreender e se situar no mundo.

Mais recentemente, uma nova postura, já apontada na introdução deste verbete, vem trazer uma perspectiva mais simples e direta para esse dilema. Tal perspectiva retoma a visão intelectualista através de uma Ciência Cognitiva da Religião, que reúne conhecimentos vindos da Filosofia, da Psicologia, da Biologia, da Neurociência, da Linguística e da Cibernética, num viés evolucionista neodarwiniano, sem cair no etnocentrismo do século XIX.

Boyer (2013), um dos expoentes dessa vertente, refere-se à discussão da existência ou não de algo que se pode chamar de religião. Tudo depende, no entender desse autor, da maneira como a enxergamos. Como a economia, a religião é algo que se vê na maioria das sociedades. Como um jogo esportivo, no entanto, só existe na medida em que apresenta, naquele dado contexto histórico, um conjunto explícito de conceitos e normas. Para resolver o problema, Boyer propõe que olhemos para a religião a partir de três domínios distintos. Num primeiro domínio, percebemos que em todas as sociedades há crenças e comportamentos sobre agentes imaginários. Os seres humanos parecem dispostos a receber pensamentos sobre agentes não fisicamente presentes. Isso inclui seus pensamentos sobre pessoas ausentes ou falecidas, mas também sobre heróis míticos, personagens de ficção e uma variedade de agentes sobre-humanos com, geralmente, capacidades físicas contraintuitivas. A criação espontânea de tais noções é universal nas mentes humanas, e provavelmente explicada em termos de disposições cognitivas advindas do processo evolutivo da espécie.

Num segundo domínio, Boyer (2013) aponta para o aparecimento de diferentes tradições sobrepostas e não necessariamente vistas como dentro de uma categoria, a religião. Há transmissão das tradições dos rituais, dos mitos que são contados a cada nova geração, dos agentes especializados em lidar com o mundo dos seres sobre-humanos etc. Contudo, não há uma identificação de tudo isso com algo especial. Isso é perceptível na grande maioria das sociedades estudadas pela Antropologia, as sociedades indígenas. Não aparece o conceito religião para essas sociedades.

Por fim, num terceiro domínio, surgem as instituições que promovem, organizam e regulamentam aquelas tradições do segundo domínio. Esse é um fenômeno restrito às grandes sociedades, politicamente organizadas com a formulação de estados e organização jurídica bastante complexa. Em tais sociedades, corporações organizadas de especialistas em rituais codificam, padronizam e marcam uma versão específica, ortodoxa, das tradições apontadas. Aparece um grupo de especialistas que tentam ganhar influência política e excluir organizações rivais. Sendo especialistas exclusivos, eles geralmente promovem a ideia de que o que fornecem é único e diferente de qualquer outro tipo de serviço. Utilizam um termo que os cientistas sociais podem facilmente identificar como "religião" para descrever esse domínio. É o caso das grandes religiões mundiais (Boyer, 2013).

O ponto central apresentado pelo autor é de que a noção de religião enquanto um domínio específico e especial é ideológica. É a criação das grandes e religiosas alianças estabelecidas como corporações e instituições. Para os membros de tais organizações, é intuitivamente óbvio que um tipo especial de serviço corresponde a um tipo especial de instituição. Também é altamente desejável que outras pessoas estejam convencidas de que existe de fato um domínio tão especial, caso contrário a organização religiosa não seria vista como tendo algo de especial para fornecer.

Essa definição parece ser bastante útil na medida em que dá conta da polêmica existência ou não existência da religião em todas as sociedades, aponta para o elemento comum das religiões (não no mundo externo, mas na própria mente humana), fala das transmissões das tradições religiosas e, principalmente, insere a noção política e ideológica que tanto afeta as organizações religiosas no meio social.

A Ciência Cognitiva da Religião é uma das vertentes dos estudos de religião que tem apresentado maior número de contribuições nos últimos anos. A Antropologia é apenas uma de suas componentes, mas traz um elemento desafiador para a compreensão das religiões. Afinal, partindo do pressuposto de que a religião pode ser compreendida como uma construção humana, entende que essa elaboração se dá a todo momento e em todos os grupos humanos. Assim, essa naturalidade com que a religião emerge não estaria nas formas culturais, mas na própria constituição da espécie, especificamente nas elaborações cognitivas de nosso cérebro. As formas culturais dariam a roupagem diferenciada a um mesmo elemento comum de todo *Homo sapiens*. A forma de elaboração de nosso sistema cognitivo só poderia ser entendida à luz da percepção do longo processo evolutivo sofrido por nossa espécie. Restam, ainda, maiores esclarecimentos a esse respeito, como, por exemplo, perceber se a religião é apenas um subproduto dessa evolução ou se ela foi significativa para a nossa sobrevivência.

***

Faz tempo que a Antropologia deixou de ser a ciência das chamadas "sociedades primitivas". Hoje os antropólogos se preocupam com todo o tipo de sociedade, como é o caso das sociedades ocidentais pós-industrializadas. Crenças, símbolos, rituais e mitologias continuam sendo estudados não mais no sentido de encontro com o totalmente outro, diferentemente desse ocidental, mas no sentido do que tem de religioso no seio de nossa própria sociedade.

Para a Antropologia, a nossa sociedade deixou de ser vista como secularizada. Hoje, as mais diferentes formas de religiosidade são objetos de estudo dos antropólogos. As sociedades mantêm e reinventam antigas religiões ao mesmo tempo em que novas surgem a todo momento. Além daquelas religiões com contornos institucionalizados mais claros, há uma infinidade de outras formas de expressões religiosas, denominadas por alguns estudiosos como novas espiritualidades. A eles cabe perceber as características dessas novas vivências, bem como desvendar e compreender as lógicas subjacentes internas. Religiões interiorizadas e cada vez mais individualizadas parecem querer contradizer tudo o que se entendia por religião. É a sociedade com sua riqueza e imensa variabilidade que traz novos desafios para os estudiosos atuais.

Ao longo desse século e meio de ciência antropológica, a religião ganhou não necessariamente contornos mais definidos, mas visibilidade no seio das sociedades humanas. Pela própria trajetória do conceito pode-se perceber que se está muito longe de obter uma posição definitiva, ressaltando que isso não seria nada salutar. Mas, por outro lado, houve muito avanço na compreensão dos mecanismos e simbolismos que envolvem o universo religioso, aumentando a amplitude e a profundidade nas análises. Todo esse avanço trouxe para a Ciência da Religião o elemento fundamental da constituição simbólica e social da religião. Com ele se tornou possível um incremento nos estudos sobre múltiplas manifestações religiosas presentes nas mais diferentes sociedades.

Bibliografia: ASAD, T. *Genealogies of religion*. Discipline and reasons of power in Christianity and Islam. London: The Johns Hopkins Press, 1993; BELLAH, R. N. *Religion in Human Evolution*: From the Paleolithic to the Axial Age. Cambridge/London: Harvard University Press, 2011; BOWIE, F. *The anthropology of religion*: An introduction. Oxford: Blackwell Publishing, 2006; BOYER, P. Explaining religious concepts. Lévi-Strauss the brilliant and problematic ancestor. In: XYGALATAS, D.; McCORKLE, L. (Eds.). *Mental Culture, Classical Social Theory and the Cognitive Science of Religion*. Durham, UK: Acumen, 2013. p. 164-175; BOYER, P. *Religion explained*: The evolutionary origins of religious thought. New York: Basic Books, 2001; BULBULIA, J.; SOSIS, R. Signalling Theory and the Evolution of Religious Cooperation. *Religion*, n. 41, v. 3, 2011, p. 363-388; DOUGLAS, M. *Natural symbols*: Explorations in cosmology. London: Routledge, 1996; DURKHEIM, E. *As formas elementares da vida religiosa*. São Paulo: Martins Fontes, 2000; EVANS-PRITCHARD, E. E. A religião e os antropólogos. *Religião e Sociedade*, Rio de Janeiro, Iser, n. 13/1, mar. 1986; EVANS-PRITCHARD, E. E. *Bruxaria, oráculos e magia entre os Azande*. Rio de Janeiro: Zahar, 1978; FRAZER, J. G. *O ramo de ouro*. Rio de Janeiro: Zahar, 1982; GEERTZ, A. W. Long-lost Brothers: On the Co-histories and Interactions Between the Comparative Science of Religion and the Anthropology of Religion. *Numen*, n. 61, 2014, p. 255-280; GEERTZ, C. "A religião como sistema cultural" e "Uma descrição densa: por uma teoria interpretativa da cultura". In: GEERTZ, C. *A interpretação das culturas*. Rio de Janeiro: Zahar, 1978; GOODY, J. *O mito, o ritual e o oral*. Petrópolis: Vozes, 2012; HANEGRAAFF, W. Defining religion in spite of history. In: PLATVOET, J. G.; MOLENDIJK, A. *The pragmatics of defining religion*. Leiden-Boston-Köln: Brill, 1999; HOCK, K. *Introdução à ciência da religião*. São Paulo: Loyola, 2010; LÉVI-STRAUSS, C. O feiticeiro e sua magia. In: *Antropologia estrutural*. Rio de Janeiro: Tempo Brasileiro, 1975; LÉVI-STRAUSS, C. *O pensamento selvagem*. São Paulo: Cia. Ed. Nacional, 1970; MALINOWSKI, B. *Os argonautas do Pacífico ocidental*. São Paulo: Abril, 1978. (Coleção Os Pensadores.); MAUSS, M. *Sociologia e Antropologia*. São Paulo: Cosac & Naify, 2005; OBADIA, L. *Antropologia das religiões*. Lisboa: Edições 70, 2011; OTTO, R. *O sagrado*: os aspectos irracionais da noção do divino e sua relação com o racional. São Leopoldo/Petrópolis: Sinodal/EST/Vozes, 2007; RADCLIFFE-BROWN, A. R. Estrutura e função na sociedade primitiva. Petrópolis: Vozes, 1973; RAPPAPORT, R. A. *Ritual and Religion in the Making of Humanity*. Cambridge: Cambridge University Press, 1999; TERRIN, A. N. *O sagrado off limits*: a experiência religiosa e suas expressões. Petrópolis: Vozes, 1998; TURNER, V. *O processo ritual*: estrutura e antiestrutura. Petrópolis: Vozes, 1974; TYLOR, E. B. *Primitive culture*: Researches into the development of mythology, philosophy, religion, language, art and custom. New York: Gordon Press, 1976; VAN GENNEP, A. *Os ritos de passagem*. Petrópolis: Vozes, 1978; WINZELER, R. L. *Anthropology and religion*: What we know, think and question. Plymouth: Altamira Press, 2008.

Silas Guerriero

ANTROPOMORFISMO

O *antropomorfismo*, de modo geral, consiste na atribuição de formas e características humanas a entidades não humanas, por exemplo, animais que falam e se comportam como humanos em fábulas e outras criações literárias e artísticas (filmes para crianças). No sentido estrito, porém, o termo se refere a entidades da esfera sagrada (por exemplo, anjos) ou, exatamente, divinas (por exemplo, Apolo, Vênus). É um fenômeno universalmente presente na história religiosa da humanidade. Vizinhas ao antropomorfismo propriamente dito são as representações do sagrado℘ sob a figura de animais (teriomorfismo), como acontece, por exemplo, com certos avatares de Vishnu no Hinduísmo (peixe, tartaruga, javali), ou como entidades híbridas, semi-humanas e semianimais (teriantropismo), como na mitologia℘ egípcia, Hórus (cabeça de falcão) e Thot (cabeça da ave íbis). Mas, além da representação física ou corporal da divindade em imagens, o antropomorfismo ocorre também no plano psicológico mediante a atribuição ao divino de sentimentos (amor, raiva, compaixão, ciúme, vingança) e intenções humanas (planos, julgamentos). Nesse sentido, é preciso distinguir o antropomorfismo visual, que se serve de imagens sensíveis (pinturas, esculturas), e o verbal, que se exprime através da linguagem, falando não só dos sentimentos da divindade como também de seu rosto, olhos, ouvidos, boca, braços, mãos. A característica antropomórfica da linguagem religiosa estende-se ainda à designação do divino através de relações ou qualidades humanas, como pai, mãe, filho(a), esposo(a), senhor, rei, pastor, juiz, sábio, justo. A própria compreensão de Deus como pessoa já implica o antropomorfismo. Nas várias religiões este se apresenta em versão popular, ingênua e acrítica, como expressão da tendência espontânea a dar aparência concreta às nossas ideias, mas também em termos dogmáticos, como linguagem dos próprios livros sagrados℘, que corresponde à concepção da divindade na respectiva religião℘ (Werblowski, 1987, p. 389). Tal é o caso do Hinduísmo, em que as representações humanas dos deuses são estritamente regradas (Varenne, 1993, p. 79).

Embora o termo "antropomorfismo", do grego *anthrōpos* ("homem") e *morphē* ("forma"), seja recente (séc. XVIII), a reflexão filosófica e teológica sobre o fenômeno acontece desde a Antiguidade. O antropomorfismo como tal não implica necessariamente a concepção da divindade como realmente dotada de atributos materiais e humanos, mas resvala facilmente nessa direção. Daí as críticas a que é submetido. São bem significativas as palavras do filósofo pré-socrático Xenófanes, que, no entanto, admite a existência de um Deus único e irrepresentável: "Os etíopes dizem que seus deuses são negros e de nariz chato, os trácios que são de olhos azuis e louros.

Mas se os bois, os cavalos e os leões tivessem mãos e pudessem pintar e criar obras com essas mãos como os homens, os cavalos pintariam os deuses na forma de cavalos e os bois como semelhantes a bois e desenhariam estas figuras com corpos tais quais os deles" (DK11B16; 15).

Também Platão, em *A República* (377b-c; 381c; 886c), propõe a purificação da religião, criticando a atribuição aos deuses nas narrações mitológicas de comportamentos humanos moralmente condenáveis. A religião℘ de Israel no Antigo Testamento, por sua vez, caracteriza-se pela rejeição radical dos ídolos pagãos: "Os ídolos das nações são prata e ouro, feitos por mãos humanas; têm boca e não falam, têm olhos e não veem, têm ouvidos e não ouvem, têm nariz e não cheiram. Têm mãos e não palpam, têm pés e não andam; da garganta não emitem sons. Sejam como eles os que os fabricam e todos os que neles confiam" (Sl 115,4-8). De fato, o código da Aliança exclui rigorosamente a fabricação de imagens do próprio Javé (Ex 20,4). O respeito à sua transcendência leva até a evitar pronunciar este nome na leitura da Bíblia℘. Ele foi, entretanto, revelado a Moisés, ao aparecer-lhe na sarça ardente, com o nome do Deus de Abraão, Isaac e Jacó (Ex 3,14s). O texto bíblico é extremamente cauteloso ao falar das aparições℘ de Javé, usando de preferência a expressão o Anjo de Javé (Jz 2,1). Na versão grega dos Setenta, o termo "Javé" é omitido, enquanto traduzido por Senhor (*kyrios*) (Schreiner, 1993, p. 735), e, no Targum judaico, escrito em aramaico, o que aparece não é designado como Javé, mas como a sua glória ou poder (Werblowski, 2005, p. 390). A semelhança do homem com Deus, enquanto criado à sua imagem℘, não autoriza representá-lo com figura humana. Também no Hinduísmo reina tal reticência. Quando no Bhagavad-Gîtâ o príncipe Arujana pede a Krishna para mostrar-se na sua forma verdadeira, *i.e.*, como Deus, a visão é tão descomunal, chocante e insuportável que ele lhe roga logo para voltar à sua forma compassiva (Varenne, 1993, p. 79). Para Isaías na sua visão da majestade de Javé, ele está sentado em um alto trono; porém, em vez de descrever sua aparência, o profeta℘ fixa-se na orla de seu manto e nos serafins, imagens teriomórficas, que o circundam. Também Ezequiel, embora o veja como uma figura com aparência humana, não consegue retratá-la senão como o brilho de ouro resplandecente qual chamas de fogo (Ez 1,26s). A dimensão sexual ou de gênero℘ está inteiramente ausente da representação de Deus. Ainda que seja designado como pai e esposo de Israel, mas não em sentido físico, Javé não é entendido como masculino, a não ser na forma gramatical, tampouco como feminino (Schreiner, 1993, p. 735). Não obstante essa reserva em relação à imagem℘ real de Deus, pululam no texto bíblico as referências a Ele, às suas atitudes e ações, em termos antropomórficos, através da menção de membros do corpo humano e de suas funções, bem como de sentimentos próprios de um ser corporal. Tal prática tinha a vantagem de revelar um Deus→ vivo, próximo do homem e, se implicava um perigo, o interdito das imagens recordava a impossibilidade de apoderar-se do Deus→ de Israel para transformá-lo em um ídolo (Briand, 1993, p. 78).

É interessante notar que certas religiões, como o Hinduísmo e o Budismo, avessas a figuras antropomórficas na sua linguagem de cunho quase metafísico, adotam-nas largamente no nível da representação sensível com seus templos repletos de imagens, inclusive do próprio Buda. Outras, pelo contrário, como o Judaísmo e o Xintoísmo, falam figurativamente de suas divindades→, mas excluem cuidadosamente qualquer imagem→ física das mesmas.

E como se situa o Cristianismo a este respeito? Na mesma linha crítica, o apologista cristão Clemente de Alexandria, no *Protrepticus* (séc. II-III), servindo-se dos depoimentos dos próprios filósofos, reivindica a superioridade de sua religião→ sobre o paganismo antropomórfico. Também Santo Agostinho condena a heresia dos antropomorfitas (séc. IV), que, interpretando literalmente a Bíblia, atribuíam a Deus membros corporais (*Epístola* 148, n. 13-14). De fato, uma compreensão puramente espiritual de Deus→ e a interpretação→ metafórica das expressões antropomórficas, com que ele é descrito muitas vezes na Bíblia→, é a posição comum dos teólogos cristãos desde os primeiros séculos. Por outro lado, já nas catacumbas de Roma encontram-se imagens e símbolos de Cristo e de figuras veneradas como santas pelos cristãos, como Maria e os mártires. A prática de ornar as igrejas com pinturas e mosaicos de Cristo e dos santos com figura humana difundiu-se em todo o mundo cristão, confirmada pela autoridade de doutores da Igreja→ como São Basílio e São João Crisóstomo. O culto a tais imagens é aprovado, desde que não se atribua a elas nenhum poder divino, mas ao venerá-las o fiel se refira a Cristo e aos santos cuja semelhança apresentam (II Concílio→ de Niceia, apud Denzinger, 2013, p. 218).

Embora se registrem anteriormente algumas condenações isoladas dos abusos no culto das imagens sagradas entre os cristãos, o chamado movimento iconoclasta (do grego *eikōn*, "imagem", "ícone"; e *klastein*, "quebrar") surgiu apenas no séc. VIII, quando o imperador Leão, o Isauro, proibiu em 730 a veneração→ de ícones. A proibição foi provocada, sobretudo, por motivos políticos, como o desejo→ de boas relações com os judeus e com os muçulmanos, vizinhos do império, que estigmatizam o culto de imagens, bem como a oposição ao poder econômico da Igreja→, sobretudo dos mosteiros, resultante da fabricação e venda de imagens. Oficialmente aprovada por um concílio→ regional (754), a iconoclastia, nunca vigente na Igreja→ latina, embora tenha sido condenada pelo II Concílio→ de Niceia (787) e rejeitada pelos papas, perdurou com altos e baixos

no Império Bizantino por mais de um século. Nesse período, em certos momentos, foram destruídos inúmeros ícones e pergaminhos contendo imagens, e perseguidos violentamente, torturados e mortos os seus defensores, especialmente monges. Só em 843 o patriarca de Constantinopla Metódio I, apoiado pela imperatriz Teodora, restabeleceu definitivamente, em novo concílio→, o culto das imagens na Igreja→ oriental, condenando os iconoclastas como hereges (O'Collins, 1995, p. 166).

Algo semelhante ocorre também no Islã sunita a respeito dos antropomorfismos encontrados no Alcorão e mais ainda na Sunna, coleção normativa de ditos do profeta Maomé e de seus companheiros. Desde os primeiros tempos até hoje se digladiam duas correntes teológicas: os adeptos de uma interpretação→ literal de tais textos, para os quais Deus deve ser entendido como ele mesmo se descreve, e os antiliteralistas, os quais, reconhecendo Deus→ como invisível, incorporal e imutável, atribuem um sentido figurado e metafórico aos termos que designam membros de seu corpo e sua localização ou movimento no espaço ou que lhe conferem comportamentos humanos, como hesitação e desgosto (Gimaret, 1997, p. 13-26). De fato, a conciliação da prática antropomórfica tanto visual como linguística, tanto popular como correspondente às expressões canônicas de cada fé→, com a ideia da divindade como mistério transcendente, incorporal, imortal, incompreensível, constitui um desafio para as religiões monoteístas (judaica, cristã, islâmica), mas também para o Hinduísmo, o Budismo e de certo modo para qualquer experiência religiosa→ autêntica. No fundo, não é apenas o uso de imagens que parece inadequado para referir-se ao mistério divino, mas a própria linguagem humana não se mostra aparentemente capaz de atingir o que supera absolutamente a nossa compreensão.

Várias tentativas foram feitas ao longo da história para desfazer tal tensão, seja no pensamento, seja na experiência de Deus. No âmbito ocidental, incluindo tanto a espiritualidade→ cristã como o sufismo árabe com al-Hallaj e al-Ghazzali, entre outros, tem-se, por um lado, o fenômeno da experiência mística→ nos seus vários graus. Desvencilhando-se progressivamente de toda mediação do conhecimento, quer conceitual, quer simbólico, o místico chega a uma comunhão imediata com a divindade nas trevas de um não saber beatificante. No plano do pensamento, esse processo é caracterizado como teologia→ negativa, desenvolvida já na Antiguidade pela reflexão neoplatônica de Plotino e Proclo, principalmente, e assumida por filósofos cristãos, entre outros, o Pseudo-Dionísio, Escoto Eriúgena/ Erígena, Mestre Eckhart, Nicolau de Cusa e Jakob Böhme, mas também por pensadores árabes e judeus. Considera-se teologia→ negativa todo enunciado que nega algo de Deus, por exemplo, que ele seja corpóreo. Entretanto, segundo as variedades mais radicais dessa teologia, ou não se pode dizer de Deus, sob a forma de afirmações, o que ele é, mas apenas o que ele não é (negações: in-finito, in-visível, in-pecável), ou, de maneira ainda mais extremada, simplesmente não se pode/deve falar de Deus, por ser ele absolutamente inefável (apofatismo). É assim que deve provavelmente ser interpretado o nirvana budista. Há, porém, uma forma moderada de teologia negativa que permite predicar de Deus por analogia certos termos da linguagem ordinária relativa à realidade humano-mundana, cujo significado como tal não inclui nenhuma imperfeição. Enquanto fundamento do mundo, Ele deve possuir em grau supremo as perfeições que se encontram nos efeitos de sua ação criadora. Por um processo em três etapas, primeiro afirmam-se de Deus os conceitos de tais perfeições (ser, bom, sábio, pai, amigo); em seguida negam-se todos os limites que tais conceitos implicam no seu uso ordinário (por exemplo, pai por geração natural); finalmente, eleva-se o significado dos mesmos ao máximo, infinitamente (por exemplo, sumo bem). Com isso não se atinge a essência divina, o que Deus é em si mesmo, que permanece inacessível ao ser humano, mas pode-se dizer algo dele a partir das criaturas.

Contudo, a maioria dos termos aplicados a Deus na linguagem bíblica (por exemplo, luz, rochedo, sopro, falar, ouvir etc.), por incluírem elementos materiais no seu significado literal, não é susceptível de analogia no sentido próprio. Eles podem, entretanto, ser interpretados simbolicamente, recebendo um segundo significado correspondente a algum aspecto do simbolizado, i.e., Deus, ao qual remete de algum modo o significado ordinário do símbolo. Por exemplo, Deus é experimentado como luz, enquanto orienta o homem no caminho da vida. É assim que entendem os traços corporais da figura de Deus no Antigo Testamento não só os teólogos judeus e cristãos como também alguns filósofos como Kant e Fichte (Marty, 1998, p. 65s; Schütte, 1993, p. 736). Trata-se de elementos da linguagem, não da realidade de Deus em si mesmo, que são expressão simbólica de atitudes de Deus para com o homem e não de sua figura, sob o aspecto representativo. É este aspecto, porém, que focaliza Hegel, ao identificar um processo de espiritualização progressiva entre imagens do divino egípcias (teriantropomórficas), gregas (ideal de beleza do corpo humano) e cristãs, revestidas de um halo sobrenatural (por exemplo, ícones bizantinos) (Werblowski, 1987, p. 389). Já para Schleiermacher (1768-1834) e para o teólogo protestante contemporâneo R. Bultmann (1884-1976) as expressões antropomórficas da Bíblia devem ser referidas não a Deus, mas à consciência religiosa (Schütte, 1993, p. 736).

O antropomorfismo cristão distingue-se por seu caráter absolutamente singular e irredutível, não só por causa da ideia bíblica de criação, mas, sobretudo, pela fé na encarnação do Filho de Deus que se faz homem em Jesus Cristo. Cristo não é apenas um avatar de Javé, sua manifestação corporal, como Krishna é de Vishnu. Já a afirmação do ser humano como criado à imagem e semelhança de Deus (Gn 1,26s) justifica a representação antropomórfica do divino. Não se trata, porém, de atribuir à divindade formas humanas, como fazem os gregos, mas de entender o homem a partir de Deus como sua imagem. Só se pode falar de Deus em linguagem humana. Mas esta por si mesma não é capaz de dizer adequadamente algo de Deus. Nosso conhecimento parte necessariamente da intuição do mundo sensível. Mas no juízo realiza-se implicitamente a transcendência para Deus, constitutiva do espírito humano, numa síntese jamais plenamente concluída com o elemento figurativo da intuição sensível presente nos conceitos da realidade mundana. Tal uso transcendente da linguagem é possível porque Deus o legitima ao comunicar-se gratuitamente a nós pela revelação, tanto transcendental, no espírito de todo o ser humano, como categorial, na história de Israel, que culmina em Jesus Cristo, palavra viva do Pai (Jo 1,1.4), imagem do Deus invisível (Cl 1,15). Desse modo, os termos linguísticos, especialmente os que se referem a relações interpessoais, podem ser aplicados a Deus, não como caso particular de um conceito universal, mas enquanto predicados cujo significado é determinado pelo próprio sujeito (Gollwitzer, 1964, p. 130). É justamente na sua referência a Javé, o Deus bíblico, que tais palavras (tu, pai, esposo, senhor, rei) e o próprio termo "deus" adquirem seu significado mais próprio, seu valor mais pleno (Gollwitzer, 1964, p. 130s). A experiência do encontro com Deus é vivida e expressa adequadamente na relação eu-tu (Gollwitzer, 1964, p. 125). O antromorfismo é a maneira como Deus quer ser conhecido pela palavra humana.

***

A linguagem antropomórfica nas religiões tem, portanto, um sentido essencial, enquanto descreve Deus como alguém próximo, que se relaciona imediatamente com o mundo e com o homem, entrando em comunhão com ele com sua oferta de vida e salvação. Ela resiste ao pensamento que tende a compreender em termos universais a relação com Deus. Suprimi-la seria condenar-se a não ter senão uma noção abstrata de Deus (Briand, 1993, p. 78). Não se trata, porém, de um mal necessário, uma concessão à fraqueza humana, para possibilitar o diálogo com a divindade (Varenne, 1993, p. 80). Trata-se antes de saber que tipo de antropomorfismo é adequado para exprimir o mistério divino. Daí o contraste entre a linguagem filosófica e a teológica.

Do ponto de vista religioso, a linguagem concreta é preferível à abstrata (Deus como sumo ente, absoluto, infinito, transcendente) e a pessoal (pai, senhor) à impessoal (Gollwitzer, 1964, p. 122). O caráter ingênuo dessa linguagem não se confunde com a ingenuidade de uma noção primitiva, a ser abandonada diante da crítica iluminista, mas exprime uma relação interpessoal imediata que pela reflexão se torna consciente de sua verdadeira natureza e valor (Gollwitzer, 1964, p. 124). Mesmo a experiência mística℗ pode ser alcançada não só na noite escura da alma℗, como também com a aplicação dos sentidos espirituais na contemplação de cenas corporais, como propõe Inácio de Loiola nos *Exercícios Espirituais* (Marty, 1998, p. 66). A história do conceito de "antropomorfismo" não é apenas a história de um embaraço, como também a da abertura ao mistério divino: assim como o homem é imagem℗ de Deus, também seu falar de Deus℗ tem o caráter de imagem℗ (Schütte, 1993, p. 376).

Bibliografia: BRIAND, J. Anthropomorphisme dans la Bible. In: POUPARD, P. (ed.). *Dictionnaire des religions*. Paris: PUF, 1993. p. 77s; DENZINGER HÜNERMANN. *Compêndio dos símbolos, definições e declarações da fé e moral*. São Paulo: Loyola, 2013; GIMARET, D. *Dieu à l'image de l'homme: les anthropomorphismes de la sunna et leur interpretation par les théologiens*. Paris: Cerf, 1997; GOLLWITZER, H. *Die Existenz Gottes im Bekenntnis des Glaubens*. München: Kaiser Verlag, 1964. p. 113-136; MARTY, F. Anthropomorphisme. LACOSTE, J.-Y. (ed.). *Dictionnaire critique de théologie*. Paris: PUF, 1998. p. 64-66; O'COLLINS, G.; FARRUGIA, E. G. Iconoclasmo. In: O'COLLINS, G.; FARRUGIA, E. G. *Dizionario sintetico di teologia*. Città del Vaticano: Libreria Editrice Vaticana, 1995; SCHREINER, J. Anthropomorphismus. Biblisch. In: KASPER, W. (Hrsg.). *Lexikon für Theologie und Kirche*. Freiburg/Basel/Rom/Wien, 1993. Band 1, p. 734s; SCHÜTTE, H.-W. Anthromorphismus. Systematisch-theologisch. In: KASPER, W. (Hrsg.). *Lexikon für Theologie und Kirche*. Freiburg/Basel/Rom/Wien, 1993. Band 1, p. 735-737; VARENNE, J. Anthropomorphisme dans l'hinduisme. In: POUPARD, P. (ed.). *Dictionnaire des religions*. Paris: PUF, 1993. p. 78-80; WERBLOWSKI, R. J. Zwi. Anthropomorphism (1987). In: JONES, L. *Encyclopedia of Religion*. Farmington Hills: Gale, 2005. Vol. 1, p. 388-392.

João Augusto A. A. MacDowel

APARIÇÕES

As aparições são eventos experienciados simultaneamente como extraordinários e como portadores de um significado religioso considerado vital para os beneficiários diretos, para os crentes e, em certos casos, para a humanidade. Os eventos extraordinários, ou maravilhosos, observáveis em todas as religiões que supõem a existência de dois mundos comunicantes, humano e sobre-humano, são manifestações do mundo sobre-humano na ordem humana do mundo (Claverie, 2010, p. 1279). Tal como acontece nas visões e nos sonhos, as aparições envolvem a percepção de realidades escondidas ou de entidades pertencentes ao mundo sobre-humano. No entanto, enquanto eventos diferenciados das visões e dos sonhos, as aparições supõem a existência real do objeto visto. Em contrapartida, nas visões o objeto pode ter uma existência mental ou onírica, portanto, interna ao sujeito. Essa distinção concretiza-se através de formulações conceptuais analisáveis nos contextos históricos da "teologia℗ do milagre", entendida como forma de pensar a distinção do natural e do sobrenatural, do humano e do divino, e, por conseguinte, da manifestação do extraordinário no mundo humano (Albert, 2010, p. 726). Apesar de a gramática das aparições ser observável em várias religiões (nomeadamente no Judaísmo, Cristianismo e Islão), é sobretudo no universo cristão que as aparições se diferenciam claramente das visões e dos sonhos (Chiron, 2007, p. 23; Claverie, 2010, p. 1279; Lory, 2010, p. 1284). No entanto, importa ter presente que a diferenciação entre visões e aparições é instável, manifestando ambiguidades detectáveis, desde logo, na designação dos beneficiários das aparições como "videntes".

As aparições podem, assim, ser abordadas na perspectiva das relações entre os discursos teológicos e os contextos históricos a que são reportadas. O Antigo e o Novo Testamento contêm narrativas de aparições, nomeadamente de sinais de Deus, de anjos e de Cristo ressuscitado. No entanto, as aparições mais difundidas no mundo cristão, ortodoxo e, sobretudo, católico, envolvem a figura da Virgem Maria, ausente do repertório das aparições bíblicas. As primeiras narrativas de aparições marianas estão intimamente ligadas ao debate teológico, nos séculos IV e V d.C., sobre a natureza unitária, humana e divina de Jesus. Para os bispos e teólogos desse período, a união entre humanidade e divindade em Jesus implicava que Maria fosse reconhecida como "Mãe de Deus" (do grego *Theotokos*, título atribuído no Concílio℗ de Calcedônia, em 451 d.C.) (Claverie, 2003, p. 268). Debatida no Concílio℗ de Éfeso, em 431, essa doutrina teológica apoiou-se num texto de São Gregório de Nissa relatando uma aparição mariana a um bispo do século III, São Gregório Taumaturgo. Se esta é considerada a primeira aparição mariana particular, a primeira aparição pública teria ocorrido precisamente no tempo do Concílio℗ de Éfeso, pouco antes ou pouco depois, sobre um templo romano localizado em Puy-en-Velay, no Alto Loire (Chiron, 2007, p. 57). A presença do corpo glorioso da Virgem Maria atestava a natureza una de Jesus Cristo, legitimando o mistério da Encarnação enquanto dogma℗ de fé.

A maior parte das aparições marianas registradas ocorreria a partir do séc. XII, em particular a mulheres num plano simultaneamente místico e profético (Claverie, 2010, p. 1280). Algumas das aparições mais mobilizadoras de fiéis no mundo contemporâneo ocorreram já no período colonial, nomeadamente no México, em 1531 (Nossa Senhora de Guadalupe), e no Brasil, em 1717 (Nossa Senhora da Conceição Aparecida). No caso mexicano, a Virgem manifestou-se a um homem indígena, hoje São Juan Diego de Cuauhtlatoatzin, e identificou-se como "Mãe do verdadeiro Deus", deixando estampada no manto de Diego a sua imagem♀. No Brasil tratou-se de uma imagem♀ "aparecida" e recolhida num rio por pescadores, também acompanhada de uma intercessão milagrosa. Se no século V as aparições se ligam especificamente à elaboração teológica da ortodoxia cristã, as aparições registradas desde o século XII, inscrevendo-se no plano do milagre, são indissociáveis dos processos de racionalização tendentes à separação entre o natural e o sobrenatural (Albert, 2010, p. 726-728). Nesse sentido, o Concilio♀ de Trento (1545-1563), em resposta à Reforma♀ Protestante, fortemente crítica dos milagres e da devoção à Virgem Maria, veio precisar o lugar desse tipo de acontecimentos na ortodoxia católica. Inscrevendo-se no campo das "revelações especiais", ou "particulares", isto é, dirigidas a indivíduos específicos para edificação comum da Igreja♀, as aparições não vêm revelar novas verdades de fé, mas apenas contribuir para a reavivar. No século XVII, já descrito como o século da "invasão mística♀", a experiência religiosa♀ surge por vezes associada a novas aparições, algumas das quais manifestando grande posteridade (veja-se a aparição do Sagrado Coração de Jesus a Santa Margarida Maria Alacoque). Contudo, esse foi também um período de expansão das racionalidades científicas, que não deixariam de afetar a teologia♀ católica. Com efeito, verifica-se nessa época um trabalho de depuração dos textos hagiográficos, no sentido de circunscrever o campo do extraordinário religioso. No século XVIII, o Cardeal Lambertini, futuro Papa Bento XIV, torna mais exigentes, e dependentes de verificação científica, os critérios de acreditação dos milagres. Ao mesmo tempo, relativiza o alcance das revelações particulares: ainda que merecendo "assentimento de fé humana", não mereceriam "assentimento de fé católica" (Chiron, 2007, p. 29). Ora, se tal circunscrição do milagre no campo da fé faz recuar o maravilhoso, por outro lado a sua racionalização e delimitação criam a possibilidade de uma coabitação do extraordinário com a racionalidade moderna. Essa coabitação está patente no aumento exponencial de aparições marianas a partir do século XIX e, em especial, durante o século XX. Embora não reflitam exatamente o mesmo, os números alcançados pelo historiador Yves Chiron são significativos: 49 aparições reconhecidas pela Igreja♀ Católica na Europa entre 1100 e 1896; 362 aparições marianas no mundo, incluindo aparições não reconhecidas pela Igreja♀, entre 1900 e 1995 (Chiron, 2007, p. 33-34). A coabitação de lógicas religiosas e científicas em contextos de aparições é também patente na forte presença da medicina nos grandes santuários♀ dos séculos XIX e XX, nomeadamente Lourdes e Fátima, para atestar o caráter milagroso das curas reivindicadas pelos devotos (Harris, 2000, p. 320).

Mas que acontece, afinal, nas aparições? O repertório de entidades registradas é relativamente limitado, concentrando-se nos "corpos gloriosos" (isto é, concebidos sem pecado) de Jesus e, sobretudo, da Virgem Maria. No entanto, há registros de objetos simbólicos, sinais celestes e anjos. Quando se desenrolam diante de pequenas ou grandes multidões, como em Lourdes e Fátima, as aparições manifestam-se apenas aos videntes, sendo, no entanto, acompanhadas de fenômenos extraordinários♀, como um súbito jorrar de água na gruta das aparições, em Lourdes, ou o bailar do sol em Fátima (Torgal, 2011). As aparições do período moderno e contemporâneo reconhecidas, oficial ou oficiosamente, pela Igreja♀ Católica – Guadalupe, Aparecida, La Salette (1846), Lourdes (1858), Fátima (1917), Medjugorje (desde 1981) – deram lugar a santuários♀ que mobilizam milhões de fiéis de todo o mundo. Para esses devotos e peregrinos, as aparições traduzem-se em experiências de "presença" do transcendente. Nesse sentido, analisando a relação dos crentes com os rituais e, em especial, o papel das imagens evocativas das aparições, Roberto Orsi observa os santuários♀ como "ocasiões de uma mimese da presença" (Orsi, 2016, p. 49). A "presença" não se reduz a um sentido vago de relação com uma noção abstrata de "transcendência", mas configura-se como uma experiência física, psíquica e social em que se dissolvem temporariamente os limites entre o imanente e o transcendente, o profano♀ e o sagrado♀. Nas relações estabelecidas nas peregrinações e nos santuários♀ partilham-se angústias e alegrias, os indivíduos tocam-se e amparam-se mutuamente, encurta-se a distância entre os "corpos modernos", e as "subjetividades singulares dissolvem-se em ambientes fluidos de desejo♀, necessidade e esperança, consciente e inconsciente, na presença da Mãe Abençoada" (Orsi, 2016, p. 54).

As aparições e as formas de vida religiosa que se lhe referem são igualmente experiências de sentido. Os estudos de William Christian e de Elisabeth Claverie têm insistido neste aspeto, mostrando como as aparições e a vida religiosa dos devotos se inscrevem em redes de transmissão de símbolos e significados (Christian, 1996, p. 3; Claverie, 2003, p. 25). A interligação entre diferentes aparições, e entre aparições e debates teológicos, constrói, por um lado, a sua profundidade histórica; por outro, permite compreender a sua amplitude geográfica global, observável na proliferação contemporânea de aparições em África, na Ásia e nas Américas, e, se incluirmos os *media* digitais, também na Internet⊘ (Apolito, 2005). Assim, as aparições de Medjugorje ecoam os debates teológicos dos primeiros séculos do Cristianismo e, ao mesmo tempo, veiculam a tonalidade apocalíptica e as mensagens de expiação/redenção presentes nas aparições do período contemporâneo. Simultaneamente, as aparições são por vezes sujeitas a uma formatação política, observando, regra geral, um alinhamento com discursos ideológicos conservadores. Assim, por exemplo, as aparições de Lourdes ou Fátima não podem ser dissociadas do combate de certos setores católicos à Modernidade, acusada de promover o materialismo, o individualismo e a descrença. Essa acusação adquire, frequentemente, uma dimensão apocalíptica. Com efeito, desde o século XIX as aparições, manifestando-se em tempos de crise da Igreja⊘ ou em contextos de sentimento de perseguição ou guerra, veiculam mensagens de um mundo em perigo, sugerem a iminência do fim dos tempos e a irrupção no tempo histórico de um tempo-outro. Essa "Virgem-Apocalipse" exorta à conversão e a atos expiatórios redentores (Claverie, 2010, p. 1281). Contudo, algum esbatimento da espiritualidade⊘ dolorista nos meios católicos e a cooptação dos santuários⊘ por diversas sensibilidades religiosas, católicas e não católicas, da Renovação Carismática ao *New Age*, tendem a complexificar os ambientes aparicionais, abrindo-os hoje a uma grande pluralidade de significados e experiências.

Bibliografia: ALBERT, J.-P. Miracle. In: AZRIA, Régine; HERVIEU-LÈGER, Danièle (Dir.). *Dictionnaire des faits religieux.* Paris: Presses Universitaires de France, 2010. p. 725-730; APOLITO, P. *The Internet and the Madonna:* Religious Visionary Experience on the Web. Chicago: University of Chicago Press, 2005; CHIRON Y. *Enquête sur les apparitions de la Vierge.* [s.l.]: Editions Perrin/Mame, 2007; CHRISTIAN Jr., W. A. *Visionaries:* The Spanish Republic and the Reign of Christ. Berkeley/London: University of California Press, 1996; CLAVERIE, E. *Les guerres de la Vierge:* Une anthropologie des apparitions. Paris: Gallimard, 2003; CLAVERIE, E. Visions. In: AZRIA, Régine; HERVIEU-LÈGER, Danièle (Dir.). *Dictionnaire des faits religieux.* Paris: Presses Universitaires de France, 2010. p. 1278-1282; HARRIS, R. *Lourdes:* Body and Spirit in a Secular Age. New York: Penguin, 2000; LORY, P. Visions. L'islam. In: AZRIA, Régine; HERVIEU-LÈGER, Danièle (dir.). *Dictionnaire des faits religieux.* Paris: Presses Universitaires de France, 2010. p. 1282-1284; ORSI, R. A. *History and Presence.* Cambridge (Mass.)/London: Harvard University Press, 2016; TORGAL, L. F. *O sol bailou ao meio-dia:* a criação de Fátima. Lisboa: Tinta-da-China, 2011.

TIAGO PIRES MARQUES

APOSTASIA

Termo derivado do grego apostasia/*apóstasis* (condição de quem "está longe"), primeiramente era um conceito referido à rebelião contra a ordem sociopolítica estabelecida, significando "defecção". Mas textos emergidos do âmbito do Judaísmo da diáspora⊘ mostram que ele adquiriu conotações religiosas, passando a denotar o abandono da fé⊘. Isso se reflete na versão grega do texto bíblico Js 22,22, que fala de "apostasia contra Deus" em associação à infidelidade a ele. Veja também 1Mc 2,18, que fala de emissários do império selêucida encarregados de fazer os israelitas apostatar. Já em At 21,21, Paulo é acusado por seguidores de Jesus ligados a Tiago de Jerusalém de convencer judeus a apostatarem de Moisés e das prescrições religiosas e legais a ele associadas. E o estudioso contemporâneo Alan Segal tem sugerido que, da perspectiva do grupo do qual proveio, o dos fariseus, em sua trajetória visando a se entender como "apóstolo das nações", Paulo deve ter sido visto por seus antigos aliados em termos de apostasia.

No século III de nossa era e no seguinte, antes e depois de Constantino, o termo ganha o significado que de alguma forma se perpetuará, pela utilização que dele fazem escritores cristãos: Cipriano, o Africano, por volta de 250-260, denominará apóstata quem abandona o Cristianismo em favor de outra religião⊘ – era um tempo de muitas deserções por conta de perseguições; um século depois será o tempo de o imperador Juliano abdicar de sua formação cristã e aderir à tradicional religião romana, particularmente a seu culto ao Sol, para passar à história com o cognome "Apóstata".

Embora não seja possível apresentar uma definição universal para o conceito, já que cada tempo, época e grupo produz seu entendimento do que seja a apostasia, com as referências acima temos identificados os elementos básicos a caracterizá-lo em sua utilização mais geral: a apostasia acontece às claras e não de forma privada, no abandono formal de uma religião⊘ exclusivista e institucionalizada em prol de outra, no contexto de acentuada polarização e de competição entre religiões num mesmo âmbito público. Também cabe pensar na situação em que a apostasia é declarada como acusação a outrem, que se teria desviado da fé verdadeira, incorrendo em heresia ou algo similar, como é o caso emblemático de Joana d'Arc, condenada pela inquisição à morte⊘ na fogueira em 1431. Ou seja, a referida polarização há de ser pensada também ao interno de uma mesma própria instituição religiosa em questão. É possível ainda, ampliando um pouco o alcance do termo, relacioná-lo ao abandono de uma religião⊘ que não seja efetivado em favor de outra, mas visando a uma visão de mundo e a uma postura diante da existência, vistas como incompatíveis com a antiga adesão. A publicização desse abandono – forçado ou voluntário – é aspecto indispensável na identificação do fenômeno.

Há, ainda, de se levar em conta que aquilo que do ponto de vista da religião↗ abandonada é denominado "apostasia", do lado da que acolhe quem desertou as caracterizações serão bem outras: conversão, encontro com a verdade e afins. Ou seja, existe uma questão de perspectiva que não pode ser ignorada. A denúncia de apostasia vem da parte da instância que se vê ultrajada pela atitude de contestação da parte de um indivíduo ou grupo; contestação esta advinda da negação de algum princípio doutrinário ou da rejeição/alteração de atitudes prescritas tanto no campo do rito como no do comportamento geral, e serve para a estigmatização de quem com ela rompeu e se encontra na condição de definir a defecção – ou de ver formalizada a exclusão. E não faltam cenários em que se preveja uma apostasia ampliada diante da verdadeira religião↗ como sinal da proximidade do fim dos tempos. No âmbito do Cristianismo, essa perspectiva foi alimentada, em vários grupos apocalípticos sectários e margina(l)i(zado)s, da leitura do texto neotestamentário – atribuído a Paulo – sobre a "apostasia" promovida pelo "homem ímpio", muitas vezes associado ao Anticristo, em 2Ts 2.

É preciso também considerar as circunstâncias gerais em que o fenômeno da apostasia pode se manifestar, para que sua significação, incidência e implicações sejam adequadamente aquilatadas. Em termos gerais, é possível distinguir dois âmbitos a partir dos quais a consideração sobre ele há de ser inserida. Nos contextos em que uma determinada instituição religiosa usufrui dos favores do poder instituído – ou mesmo se confunde com ele –, a apostasia pode acarretar severas consequências: exclusão da comunidade pode levar à privação de direitos e de bens, e mesmo à condenação à morte↗. Terá sido situação assim dramática e experimentada pelo grupo ao qual primariamente o hoje chamado *Evangelho segundo João* foi dirigido: excluídos da sinagoga judaica, ou seja, do convívio social naquele ambiente em que se encontravam (veja Jo 9,22; 12,42), seus membros viram suas vidas arriscadas pela ação de gente que, aliada ao poderio romano imperante, detinha algum poder para eliminá-las (veja Jo 16,2), numa cisão intrajudaica que está apenas nos inícios do longo processo em decorrência do qual Judaísmo e Cristianismo se verão como sistemas religiosos distintos. Na Idade Média da Europa ocidental, a apostasia ao Cristianismo – autodeclarada ou definida pelas autoridades eclesiásticas – não raro acarretava execuções públicas, como o caso já citado de Joana d'Arc evidencia. No Brasil colonial, cristãos novos foram submetidos a processos inquisitoriais, acusados de praticar apostasia em prol da religião de Moisés, numa extensão do que também ocorria em território ibérico. Se no mundo contemporâneo cenas como essas podem parecer vetustas e ultrapassadas, talvez o exemplo mais relevante a ilustrar a reiteração – mesmo hoje, de processos similares a esses, com as devidas ressalvas concernentes a tempos e espaços – seja o do escritor Salman Rushdie: denunciado por apostasia por conta de seu romance *Os versos satânicos*, foi condenado à morte↗ por uma sentença (*fatwa*) do então aiatolá Khomeini, isto em 1989, o que o obrigou, a partir daí, a levar vida oculta. Não raro, a denúncia da apostasia foi invocada com propósitos nitidamente políticos, da instituição religiosa e de fora dela, visando à eliminação de adversários.

Já nos regimes associados – com maior ou menor intensidade – às concepções e valores da chamada "democracia liberal", a realidade da apostasia tem, eventualmente, menos impacto e repercussão, por causa do regime de separação entre Igreja↗ e Estado, bem como pelo reconhecimento da liberdade religiosa como direito inalienável a cada sujeito. Isso, contudo, não impede que, particularmente no seio e no âmbito de ação de grupos fundamentalistas, especialmente retumbantes em cenários típicos da "cidade secular" (Harvey Cox) local ou global, ocorram fenômenos como ameaças, de cunho psicológico, social e/ou econômico, dirigidas a quem eventualmente pretenda desertar de um deles ou descomprometer-se de algum de seus postulados "inegociáveis"; ameaças essas que, em função de circunstâncias favoráveis, podem chegar "às vias de fato". Nos estudos sobre os chamados "novos movimentos religiosos", o tema da apostasia tem tido significativa expressão na medida em que eles se apresentam em cenários religiosos complexos, de várias forças contrastantes e em competição entre si, multiplicando as possibilidades de adesão e ameaçando a hegemonia das instituições estabelecidas tradicionalmente.

Seja nas situações em que a apostasia, diante da religião hegemônica, possa acarretar consequências danosas, no âmbito social e político mais amplo, aos sujeitos envolvidos, seja naquelas em que o embate encontra menor alcance, importante é considerá-la como instrumento para a consolidação do poder interno e para o reforço da estrutura da instituição colocada em xeque por quem dela deserta ou é excluída. Figuras que se prestem ao papel de "delator" das práticas condenáveis encontram em cenários assim possibilidade de maior reconhecimento ou mesmo ascensão no interior do grupo.

Bibliografia: BROMLEY, D. G. (Ed.). *The Politics of Religious Apostasy*. Westport: Praeger, 1998; DELUMEAU, J. *História do medo no Ocidente*: 1300-1800, uma cidade sitiada. São Paulo: Companhia das Letras, 1996; KIPPENBERG, H. G. Apostasy. In: JONES, L. (Ed.). *Encyclopedia of Religion*. 2nd. Ed. Detroit: Macmillan Reference, 2005. v. 1, p. 430-434; SAEED, A.; SAEED, H. *Freedom of Religion, Apostasy and Islam*. Aldershot/ Burlington: Ashgate, 2004; SEGAL, A. F. *Paulo, o convertido*:

apostolado e apostasia de Saulo fariseu. São Paulo: Paulus, 2010; VAINFAS, R. *Jerusalém colonial*: judeus portugueses no Brasil holandês. Rio de Janeiro: Civilização Brasileira, 2010.

PEDRO LIMA VASCONCELLOS

ARQUEOLOGIA

I. Etimologia. Em seu caráter etimológico, a palavra se forma na combinação de dois termos: o adjetivo *arkhaîos* (aquilo que está no início, seminal, antigo) e o radical *logía* (estudo, ciência), na compreensão de um campo do conhecimento versado "no estudo das coisas antigas". A Arqueologia tornou-se uma disciplina especializada em saberes que se ocupam de identificar, recuperar e reconstituir conjuntos de evidências da cultura material-simbólica humana (ossuários, tumbas, monumentos, edifícios, habitações, utensílios, joias, ferramentas, lápides, textos etc.), com a dupla finalidade de ampliar o conhecimento sobre as culturas humanas, em seus formatos pretéritos, e resgatar parte de seu patrimônio material e simbólico.

II. Breve histórico. Pode-se dizer que um interesse sistemático "pelas coisas antigas" emergiu inicialmente no renascimento italiano, sobretudo entre humanistas, artistas e arquitetos que buscavam preservar e reconstruir a estética♀ arquitetônica dos modelos clássicos com base nas ruínas, epigrafia, estatuária e ornamentação das civilizações romana e helênica. Um número crescente de colecionadores de epígrafes, estatuária, moedas e utensílios greco-romanos fez surgir uma sólida tradição de *antiquarianistas*, que passou a estudar de modo sistemático a topografia, o desenho, a cronologia e as técnicas por trás dos remanescentes arquitetônicos e artísticos da Antiguidade clássica. Anotações, ilustrações, registros de viagem, livros e compêndios foram publicados em número crescente: *Mirabilia*, de Da Reno; *De Varietate Fortunae*, de Poggio Bracciolini; *Roman Instaurata*, de Biondo; *Opusculum de Mirabilibus Novae et Veteris Urbis Romae*, de Albertini etc. (De Grummond, 1996).

Ao longo do século XIX e início do século XX, a Arqueologia experimentou um salto qualitativo, desenvolvendo-se como campo científico apto a recuperar parte da produção material e simbólica arcaico-antiga via escavação, catalogação, decifração e reconstrução de vestígios e remanescentes. Arqueologia clássica, egiptologia, assiriologia e os crescentes estudos em pré-história deram à disciplina um ampliado campo de estudos, alargando enormemente os conhecimentos históricos. Nomes como C. Thomsen (1788-1865), E. Botta (1802-1870), H. Rawlinson (1810-1895), A. H. Layard (1817-1894), G. Mortillet (1821-1898), Pitt Rivers (1827-1900), J. Lubbock (1834-1913), O. Montelius (1843-1921),

A. Evans (1851-1941), Flinders Petrie (1853-1942), H. Breasted (1865-1935), H. Breuil (1877-1961), D. Garrod (1892-1968), dentre outros, estabeleceram os contornos da Arqueologia moderna, distanciando-a do *antiquarianismo* dos colecionadores e ampliando as investigações arqueológicas para além dos estudos clássicos e bíblicos, num processo crescente de catalogação, decodificação e sistematização de estilos, linguagens e técnicas ligados às sociedades extintas ou aos remanescentes antigos (mais antigos) de sociedades vivas. Na avaliação e cruzamento desses dados foi-se estabelecendo o conhecimento arqueológico como tal. Com efeito, desde a segunda metade do século XX a Arqueologia tornou-se uma ciência multidisciplinar, com base no desenvolvimento de novas técnicas de datação e aferição, a saber, o método♀ de radiocarbono (C14), geocronometria, análise de pólen, medicina forense, climatologia, métodos♀ quantitativos, reconstituição por simulação, análises micromorfológicas, Matriz de Harris, datação por luminescência, processamento eletrônico de dados etc., em cujos procedimentos especialistas advindos de áreas diversas puderam contribuir para que se alargassem os conhecimentos sobre civilizações, povos e sociedades que viveram em tempos remotos.

Em sua organização interna, a Arqueologia firmou-se como disciplina independente e detentora de metodologias e técnicas próprias, ainda que largamente tributária da Antropologia, da História, da Filologia♀ e, mais recentemente, das ciências biológicas e físico-climáticas.

"Ao longo de seu desenvolvimento, em diferentes etapas, a Arqueologia relacionou-se de modo todo especial, particularmente próximo, ora com uma ora com outra, de duas Ciências Sociais: a História e a Antropologia. Tradicionalmente, a relação tem sido mais próxima com a História quando os arqueólogos estudam o que acreditam ser os vestígios de seus próprios antepassados♀ (ou os de civilizações sobre as quais há muita documentação escrita), e mais próxima da Antropologia quando estudam os tempos paleolíticos, se não – em períodos mais recentes – culturas menos avançadas em termos de tecnologia" (Trigger, 2011, p. 366).

Todavia, em formatos mais recentes, os estudos arqueológicos têm diversificado as técnicas e epistemologias♀ adotadas, alternando escolhas segundo a necessidade particular do que se estuda, e parece haver uma tendência de complexidade maior e de uma maior interdisciplinaridade nesse campo, com a concomitante inclusão de estruturas sofisticadas e caras de laboratório e centros de recuperação e arquivamento.

III. Principais correntes teóricas. Na sequência de seu período formador na erudição clássico-bíblica advinda da Filologia♀, da História da Arte, de textos religiosos, da literatura e da filosofia clássicas, numismática, tipologia e epigrafia, o pensamento arqueológico experimentou um salto com o desenvolvimento da *estratigrafia*, no final do século XVIII. As investigações geológicas de George Buffon, de James Hutton e, principalmente, de Charles Lyell deram à Arqueologia elementos teóricos para pensar tanto a Antiguidade quanto a contiguidade das transformações da cultura material e simbólica em escalas temporais e espaciais até então impensáveis. Após a publicação de *Princípios de geologia* (1833), de Charles Lyell, "a nova forma de ver a história geológica também pôs a questão da antiguidade da espécie humana [e das culturas humanas] como uma pergunta que requeria resposta empírica" (Trigger, 2011, p. 90). A concepção *uniformitarista* de Hutton e Lyell impulsionou novas especulações acerca da Antiguidade e contiguidade das espécies animais e também da humanidade. Com a publicação de *A origem das espécies* (1859), de Darwin♀, obra que se inspirou no *uniformitarismo*, a Arqueologia articulou sua primeira grande base teórica: o *evolucionismo♀ social*. Esse paradigma teórico fomentou o desenvolvimento e o crescimento de outras correntes, principalmente o *materialismo histórico* e o *funcionalismo♀*, que passaram a influenciar sobremaneira os estudos antropológicos e históricos, provocando uma absorção mais ou menos consciente do pensamento arqueológico no campo conceitual dessas correntes.

Em geral, as aproximações e os distanciamentos entre as escolas histórico-cultural (*historicista/difusionista*) e evolucionista-cultural (*processual*) têm dominado largamente as tensões e dinâmicas do pensamento arqueológico, e há uma série de representantes célebres dessas duas escolas (G. Childe, E. Thompson, L. Binford, C. Renfrew), os quais são continuamente referendados como articuladores do pensamento arqueológico em seu estado de excelência, ainda que se verifique uma diversidade sensível de interpretações arqueológicas nas diversas configurações regionais, e ainda que a Arqueologia esteja sempre subordinada ao imperativo da ação contínua de descobertas que questionam as posições vigentes. Recentemente, na esteira do avanço técnico do mundo digital, do desenvolvimento das teorias cognitivas, mas, principalmente, em razão de novas e impressionantes descobertas de campo, abordagens mais ousadas ganharam terreno no pensamento arqueológico, em especial na escola do chamado *pós-processualismo* (K. Schmidt, I. Hodder, J. Cauvin, T. Watkins, L. Clare etc.), em que o universo simbólico-ritual passou a ser visto como o campo gerador (matricial) das demais estruturas sociais. Com efeito, questionamentos advindos da *Arqueologia Cognitiva* e da relação entre atividade ritual e desenvolvimento técnico e institucional representam o que há de mais recente no pensamento arqueológico, o que vem solicitando uma intervenção crescente dos demais campos do conhecimento, que passaram a integrar, juntamente com os campos tradicionais da História

e da Antropologia, o aparato investigativo do conhecimento arqueológico.

Como já mencionado, atualmente a Arqueologia comporta uma gama extensa de segmentos e especializações, e há, de fato, um bom número de arqueologia(s): Arqueologia pré-Histórica (neolítica, mesolítica, paleolítica etc.), Arqueologia clássica, bíblica, medieval, marítima, industrial, pós-colonial etc., com base em recortes que sofrem subdivisões em cada um dos segmentos. Nessa disposição técnico-temática bastante fragmentada, a atuação de um arqueólogo depende diretamente de outras disciplinas e áreas do conhecimento, o que torna essa ciência particularmente aberta às mais distintas tendências metodológicas e teóricas, e isso compreende vantagens ou desvantagens a depender do enfoque (em geral, mais vantagens do que desvantagens), tornando o pensamento arqueológico muitas vezes descontínuo e, por vezes, imprevisível. História, Antropologia, Climatologia, Geologia, Biologia♀ e teorias do conhecimento ajustam as bases do pensamento arqueológico contemporâneo, num cenário teórico crescentemente dominado por estudos transculturais e por teorias que comportam uma *arqueologia da mente*. "A cultura humana se baseia no uso de símbolos, tanto no uso das palavras quanto na forma material" (Renfrew, 2009, p. 92). Todavia, como ocorre em qualquer outra disciplina científica, a Arqueologia depende de paradigmas e de escolas teóricas consagradas, com base nos quais o arqueólogo escolherá o que interpretar e como fazê-lo, e além do mais ela está sujeita às influências inevitáveis de fatores subjetivos.

IV. Religião e Arqueologia. Inúmeras investigações arqueológicas apontam para o *religioso* como dimensão formadora e/ou coautora dos patrimônios simbólicos arcaicos. Desconsiderando as discussões infindáveis acerca de definições possíveis de "religião♀", a Arqueologia pré-histórica parece confirmar o papel da disposição devocional/cerimonial do *sapiens* como fator decisivo na estruturação das sociedades humanas, em qualquer lugar e nos mais variados períodos. Os sítios do neolítico anatólico-siríaco (Göbekli Tepe, Nevali Çori, Çayönü, Çatal-Höyük etc.) parecem demonstrar, de modo consistente, que o exercício contínuo de práticas e observâncias rituais milenares implicou alterações nada menos que capitais nas faculdades cognitivas e técnicas das sociedades pré-históricas. Nesse novo enquadramento conceitual, o religioso deixou de ser mais um ramo da Arqueologia, uma *Arqueologia da religião*, e passou a integrar o sistema medular para se entender os processos formadores.

A Arqueologia hoje reconhece que o comportamento religioso nem sempre se separa da vida diária, e isso se torna particularmente verdadeiro em contextos arcaicos. Esses universos impregnavam-se do religioso, o que torna a Ciência da Religião♀

uma fonte epistemológica particularmente adequada para muitas investigações arqueológicas. Ainda que de modo crítico e, por vezes, pertinente o religioso seja visto como categoria padrão [default category] capaz de abarcar quaisquer vestígios e objetos dos quais se desconhecem as funções práticas, o fato é que está cada vez mais difícil dissociar o religioso, o comportamento ritual-mitológico, da vida material e diária em contextos arcaicos. Isso levantou a questão, em discussões em Arqueologia, da "falácia da religião", como uma advertência para que não se aplique nos universos mais antigos e pré-históricos o conceito moderno de religião,♀ como um "reino" específico e isolado da vida social. "Talal Asad mostrou que a categoria de 'religião', como tal, baseia-se na mentalidade secularista e comparativa do séc. XIX, e que, portanto, baseia-se paradoxalmente em circunstâncias históricas em que pela primeira vez foi possível pensar o espaço público e a sociedade de modo independente da religião" (Pels, 2010, p. 232).

A Arqueologia pré-histórica parece hoje se inclinar para tratar o religioso arcaico como elemento comum e diário da vida social, o que não implica uma dessacralização deste, mas sim uma maior complexidade e matização em suas manifestações múltiplas. No caso dos estudos em pré-histórica, a questão maior se volta para a natural dificuldade de acessar possíveis sistemas de crença,♀ por meio de registros não escritos, no exercício arqueológico-antropológico de inferir comportamentos e expectativas com base em materiais diversos.

Há, ainda, na confluência entre Arqueologia e Ciência da Religião,♀ uma tradição arqueológica bem assentada (Arqueologia clássica, egiptologia, assiriologia, Arqueologia mesoamericana etc.) de estudos comparativos entre tradições religiosas em seus inter-relacionamentos. De certo modo, Arqueologia e Ciência da Religião♀ partilham o mesmo campo teórico em seus contornos mais largos, e os autores clássicos em Teoria da História e Antropologia social fundamentam parte de suas elaborações teóricas em ambas as disciplinas. Atualmente, autores como Harvey Whitehouse e Brian Hayden transitam com qualidade entre os dois campos, Arqueologia e Ciência da Religião,♀ o que tem beneficiado novos conhecimentos em formação cultural e História das Religiões♀.

V. Recepção da Arqueologia. A Arqueologia foi há muito popularizada, ao menos no imaginário do Ocidente, como disciplina particularmente atraente e instigante. Ao mesmo tempo, foi caracterizada como atividade típica de exploradores aventureiros, o que, por um lado, realmente se verifica em parte da história da Arqueologia, como, por exemplo, no caso das biografias de arqueólogos célebres como H. Schliemann e H. Layard, mas, por outro lado, essa caracterização é falsa, ainda que tenha sido enormemente reforçada pela indústria do cinema e da literatura ficcional, e a figura heroica de Indiana Jones, reprovada pelos arqueólogos profissionais, tornou-se uma espécie de caricatura imprecisa da vida profissional em Arqueologia. Não obstante, esta se tornou uma ciência com funções altamente especializadas em atividades que exigem a presença de laboratórios sofisticados, em que rigorosos procedimentos técnicos e metodológicos se sobrepõem, e de modo quase absoluto, aos arrebatamentos aventureiros. Permanece, no entanto, a ideia de que a Arqueologia pode revelar os segredos mais íntimos da cultura e da própria humanidade, e os estudos arqueológicos dos últimos cem anos parecem atestar tamanhas expectativas.

Bibliografia: BENTLEY, A., MASCHNER, H.; CHIPPINDALE, C. (Eds.). *Handbook of Archaeological Theories.* Nova York: Altamira Press, 2008; COOK, A. B. *The Rise and Progress of Classical Archaeology (With Special Reference to the University of Cambridge).* Cambridge: Cambridge University Press, 2016; DE GRUMMOND, N. (Ed.). *Encyclopedia of the History of Classical Archaeology.* Nova York: Routledge, 1996; GRAFTON, A. *Bring Out the Dead*: The Past as Revelation. Cambridge, MA: Harvard University Press, 2001; GREENE, K.; MOORE, T. *Archaeology*: An Introduction. Nova York: Routledge, 2010; HODDER, I. (Ed.). *Religion in the Emergence of Civilization*: Çatalhöyük as a Case Study. Cambridge: Cambridge University Press, 2010; ORSER JR, C. (Ed.). *Encyclopedia of Historical Archaeology.* Nova York: Routledge, 2002; PELS, Peter. Temporalities of Religion in Çatalhöyük. In: HODDER, I. (Ed.). *Religion in the Emergence of Civilization*: Çatalhöyük as a Case Study. Cambridge: Cambridge University Press, 2010; RENFREW, C. *Prehistory*: The Making of the Human Mind. Nova York: The Modern Library, 2009; TRIGGER, B. G. *História do pensamento arqueológico.* São Paulo: Odysseus, 2011; WESLER, K. W. *An Archaeology of Religion.* Lanham: University Press of America, 2012.

Maurício Righi

ARQUÉTIPO → Jung, Carl Gustav

ARTE RELIGIOSA

I. Etimologia. A palavra arte vem do latim *ars*, *artis* e descreve, originalmente, o produto da capacidade adquirida de realizar algo, em distinção da capacidade natural do ser humano. Criar arte, nesse sentido, é algo que pode ser aprendido; sendo um artefato, é aquilo feito pelas mãos de alguém. Se na Antiguidade a capacidade de produzir arte é considerada uma técnica – a palavra grega que corresponde ao latim *ars* é *téchne* –, na Modernidade ela é mais e mais entendida como resultado de uma intuição extraordinária ou incomum, de genialidade ou até inspiração↗ divina, ou seja, a arte adquire uma dimensão secular-religiosa.

A etimologia da palavra *religião*↗ é complexa. No inglês médio quer dizer "vida sob votos monásticos"; no francês antigo, "obrigação, vínculo, reverência", que sua vez acompanha o latim *religio*. Às vezes se refere à religião↗ como algo que "[re]liga". Se for o caso, seria certamente menos no sentido de relacionar do que de observar preceitos, já que *relegere* significa "considerar", "ficar atento", e descreve "um consciente cuidado na observância de presságios e regulamentos". A evolução do significado para a compreensão de ler "sinais" [dos tempos ou eventos] e observar "leis" [religiosas] é imaginável, como também o desenvolvimento de "observar" para "crer" ou "depositar sua confiança em algo ou alguém", mesmo em forças, até divindades↗, transcendentes ou sobrenaturais, ou seja, não de origem humana. Além dessa definição mais substancial da religião↗, há também uma vertente mais funcional que por sua vez foca, por exemplo, na suposta função da religião↗ de reduzir o medo da morte↗ e procura estabilizar o indivíduo. Aqui a religião↗ é compreendida como um tipo de sistema no qual mitos, rituais, sentimentos e instituições estão interconectados com o propósito de alcançar mais eficazmente uma autoridade divina que se acredita regular e controlar a sociedade, o ambiente e os indivíduos à qual pertencem.

II. Arte religiosa. Pertence à *arte religiosa* qualquer tipo de artefato dos mais diversos materiais possíveis, desde a sua expressão mais habilidosa em termos técnicos do domínio e do trato dos materiais até a sua realização mais simples, para o seu uso religioso público ou privado, erudito ou popular, geralmente coletivo, mas também individual. Essa função nem sempre depende da intenção do criador ou da criadora de arte; às vezes, a transformação de arte em arte religiosa pode ocorrer também no processo da sua recepção seletiva, em geral, privada ou individual.

III. Modalidades da arte religiosa. No campo da arte religiosa pode-se distinguir entre a arte religiosa música↗, cênica, performática, literária, cinematográfica, arquitetônica e material.

1. Arte religiosa musical. Em muitos ritos, músicas↗ são ou cantadas pelos(as) celebrantes, sacerdotes e sacerdotisas, profetas↗ ou iniciados(as), ou/e pela assembleia dos(as) celebrantes. As letras dos cânticos, as músicas↗ e os ritmos têm funções distintas: impactam sobre os(as) participantes, expressam os vínculos comuns entre eles(as), conduzem ao êxtase ou centram na contemplação, introduzem afirmações coletivas da fé ou narrativas que servem como modelos da vida religiosa no cotidiano.

2. Arte religiosa cênica. Classicamente, esta arte requer um tipo de palco para a sua apresentação. Muitas vezes se dirige a um público, ou seja, é clasicamente menos aberta a participações dele. Além do uso pedagógico ou informativo da *arte cênica* para promover convicções religiosas ou aspectos delas em eventos específicos promovidos por certa religião ou em festivais, a arte cênica também tem interface com os ritos religiosos, dando importância a danças, vestimentas e gestos usados nesses ritos. Nesses casos, há alta participação de todos e todas. Em algumas religiões, por exemplo, o Cristianismo, há a tendência inversa de querer transformar o culto ou o rito em um espetáculo que segue mais as regras de um espetáculo do que os caminhos de um rito religioso.

3. A arte religiosa performática. Esta se distingue do tipo anterior pelo seu foco radical na pessoa – ou nas pessoas – que a exercita(m). O corpo do artista, a sua voz e os seus gestos, como toda a sua linguagem corporal, são usados para ou dizer ou expressar algo, muitas vezes sentimentos, emoções, como também compaixões e compromissos ou afeições. Em algumas religiões é esse papel "dramático" uma característica de sacerdotes e sacerdotisas, até mesmo quanto ao comportamento de pessoas que atuam em cultos.

4. Arte religiosa literária. Tipo pós-oral da arte religiosa, envolve, a princípio, todos os tipos de textos religiosos e textos usados em uma religião, desde as próprias escrituras sagradas até textos literários no formato de prosa ou de poema que articulam pensamentos e sentimentos religiosos, independentemente do seu formato literário.

5. Arte religiosa cinematográfica. Nesta categoria pensa-se, em primeiro lugar, em filmes de cinema. Hoje devemos ainda incluir produções de TV, de origem pública ou privada, e outros formatos, como videoclipes, que já não se assistem mais na tela da TV em casa ou na tela grande do cinema, mas na tela do tablete ou do celular.

6. Arte religiosa arquitetônica. Foca em questões do estilo e da organização externa e interna dos espaços valorizados pelas religiões e reservadas para exercer as suas práticas religiosas comunitárias. Em casas, isso pode incluir desde a construção de uma pequena capela numa fazenda até a adaptação↗ de espaços antigamente destinados a outro tipo de atividades (não religiosas). A *arte religiosa arquitetônica* trabalha com categorias como o profano↗ – aquilo fora do *fanis*, do templo – e o sagrado↗ – aquilo que pertence a certa divindade. Importante é também sua compreensão qualitativa do espaço como mais ou menos sagrado↗ ou profano↗. Muitas vezes se entende a intensificação dessa qualidade do sagrado↗ tanto de fora para dentro (*hall* ou átrio, nave, altar, coro ou presbitério) como do inferior (espaço humano) para a superior (espaço celestial ou divino).

7. Arte religiosa material. Representa, primeiro, o oposto de arte imaterial ou de uma arte no estado da sua concepção no imaginário pessoal das pessoas.

É um conceito que pode abranger tudo, desde o complexo conjunto de uma nação ou de uma cidade santa, um templo (cf. também *arte religiosa arquitetônica*), as ferramentas usadas dentro de templos, santuários♀ ou espaços reservados, para celebrar os respectivos ritos etc. Além disso, contam também todos os artefatos religiosos que pessoas carregam consigo – como, por exemplo, amuletos –, ou usam em seus lares – como oratórios, figuras de santos e santas, gravuras etc., como arte religiosa material.

8. Arte religiosa, arte sacra e arte profana. Dito isso, alegamos que a arte religiosa deve ser distinguida da *arte sacra*, termo usado pela teologia♀, predominantemente pela teologia♀ católica, para descrever todas as suas modalidades (item II) em sua função dentro do rito católico ou em sua contribuição para práticas devocionais.

Enquanto a arte sacra se opõe em primeiro lugar à *arte profana*, entende-se que a *arte religiosa* dialoga com a cultura à qual ela pertence, até mesmo com a arte secular ou com uma arte sem intenções religiosas, mas com preocupações estéticas♀. Apesar disso, pode uma arte intencionalmente a-religiosa adquirir uma dimensão religiosa quanto à sua dimensão estética♀ ou ética durante o processo da sua recepção por um(a) observador(a). Dentro dessa questão pode-se discutir até que ponto uma experiência estética♀ oriunda de uma interação com expressões de arte seculares ou comuns tenha ou possa ter uma semelhança com uma experiência religiosa♀. Cremos que essa pergunta pertence ao campo da subjetividade e nunca terá uma reposta satisfatória, além da declaração da pessoa que tem essa experiência.

Outra pergunta relacionada é a discussão se um artista não religioso ou sem vínculo (existencial) com certa religião pode ser considerado apto para produzir arte religiosa para essa religião. Aqui se abrem duas possibilidades: no momento que se entende que a arte religiosa não representa por si a divindade, mas, em vez disso, traz a presença de Deus – ou a possibilidade do seu alcance pelo ser humano – à consciência♀ humana, a intenção artística pode ser considerada secundária. É o caso, especialmente, quando a consciência♀ do coletivo que recebe uma obra de arte é mais valorizada do que a consciência♀ do artista como indivíduo, até mesmo quando se trata de um artefato religioso essencial para um rito ou uma liturgia♀: "A arte litúrgica bem-sucedida tinha sido criada por artistas não cristãos sob a condução cuidadosa da comunidade, e muitos artistas cristãos falharam na produção de uma arte litúrgica satisfatória porque a sua musa os vocacionou para representar uma visão pessoal em vez de uma visão da comunidade" (White, 2005, p. 89ss).

Mesmo que a distinção entre arte religiosa e arte sacra seja útil e necessária, pode a *arte religiosa* se enriquecer por meio das distinções da *arte sacra*, como, por exemplo, entre logotipo, ornamentação, arte litúrgica e símbolo religioso. Um logotipo tem a função de informar e indicar um grupo religioso (isso não quer dizer que um logotipo não pode mudar seu significado religioso. Ele, de fato, muda dependendo do local onde se encontra: o muro ou a parede externa, o *hall*, a nave ou o santuário♀/coro/presbitério). O logotipo representa a identidade simbólica coletiva. O ornamento, ou o embelezamento daquilo que é em si útil, sinaliza o divino de uma forma indireta e abstrata, porém bela e ordenada, que supera o caos e a indeterminação por uma organização visual. Muitas vezes se usa a ornamentação também para elevar objetos comuns de um uso profano♀ e cotidiano a um uso festivo e religioso. Com isso o ornamento cria um clima, estabelece uma aura, porém não de forma conclusiva. Já a arte litúrgica, diferentemente da ornamentação religiosa, é uma narrativa explícita com o único objetivo de confeccionar objetos, vestimentas e as próprias liturgias♀, proporcionar e preparar espaços e vestimentas para tais atividades, mas, como dito anteriormente, não faz a divindade presente. Distintamente da arte litúrgica, o papel do símbolo religioso, também do sacramento♀, é aumentar as certezas religiosas. A arte religiosa, na qualidade de símbolo, não somente informa ou sinaliza como também se torna um portal pelo qual ocorre o impacto do sagrado♀ representado, tornando-se seu meio até agente, permitindo e liberando forças performativas. A arte religiosa pode assumir todos esses papéis aqui atribuídos à arte sacra.

IV. Limitações do uso. Tanto "arte" como "religião♀" são conceituações ocidentais. Nos dois casos, a problemática quanto ao seu uso pela[s] ciência[s] da religião está na abrangência remota ou no seu sistema classificador acompanhante. Assim, entendia-se até a primeira parte do século XX que a "verdadeira" *arte* (religiosa) fosse representada pelas suas formas consideradas eruditas, clássicas, tradicionais ou figurativas, excluindo, dessa forma, expressões artísticas classificadas como populares, primitivas, vanguardistas ou abstratas. Mesmo que se considere essa limitação superada ou amplamente questionada nos estudos da religião a partir da década de 1970 (e nos estudos de Antropologia e História da arte a partir da década de 1920 até 1950), esse reposicionamento ainda não alcançou a grande maioria dos(as) adeptos(as) das religiões. Mais complicado ainda é o conceito de "religião♀" criado no século XVIII e amplamente difundido no século XIX. Podemos partir, por exemplo, da pergunta se é correto se referir a uma figura de Buda como uma expressão de arte religiosa, se não for no sentido mais originário de *relegere*, da observância de um modelo de vida e das suas leis subjacentes. Essa cautela se perdeu, porém, no momento em que se criou o modelo de uma História da Religião♀ hierárquico e classificador, que subordinou o todo das religiões a um princípio único ou a uma religião considerada de qualidade superior às outras, até mesmo das religiões posteriores a ele. Em consequência, costumou-se classificar também os respectivos artefatos religiosos de cada religião como arte religiosa primitiva ou erudita, relacionada com superstições ou crenças↗.

Entretanto, em alguns casos, existe também a inversão dessa visão "qualitativa": partindo da apreciação de Friedrich Nietsche para o dionisíaco em vez do apolíneo, o que resulta em uma revalorização das religiões pré-cristãs, Aby Moritz Warburg desenvolve um método↗ interpretativo da arte, em primeiro lugar, da arte renascentista, identificando a sobrevivência da arte da Antiguidade no início da arte da Modernidade, como seu principal elemento dinamizador e apaixonante. Segundo Warburg, há nessas obras fórmulas de paixão inscritas e codificadas por gestos e formas. Warburg é então interessante para a arte religiosa por duas razões: primeiro, pois, segundo ele, há em obras da arte renascentista, inclusive em obras supostamente não religiosas, uma forte presença da arte religiosa pré-cristã; segundo, já que a arte renascentista raramente não tem dimensões cristãs, essa arte apresenta-se como um diálogo inter-religioso↗. Depois de Warburg, partindo da distinção do linguista Pierce entre o signo, o significado e o significante, Erwin Panofsky sistematizou suas intuições em um método↗ que se tornou no século XX quase hegemônico nas histórias das artes: o método↗ iconológico. Mediante três passos, as análises pré-iconográfica e iconográfica e a interpretação↗ iconológica, Panofsky era capaz de valorizar os ecos de arte religiosa pré-cristã na arte da renascença e identificar seus significados tanto na época da sua criação como na contemporaneidade. Panofsky se distingue de Warburg em diversos pontos, mas destacamos para a nossa discussão de *arte religiosa* o seguinte: o método↗ da valorização dos significados da tradição das formas e dos gestos do passado abre-se também para os próprios textos sagrados do Cristianismo, já que são da Antiguidade tardia e, certamente, na sua essência não somente dionisíacos.

V. História do conceito. O conceito *arte religiosa* foi criado no século XIX. Segundo WorldCat, a expressão aparece pela primeira num título de um livro de 1878, em francês, *art religieux*, seguido pelo alemão *religiöse Kunst* e o inglês *religious culture*, por volta de 1900. De fato, a substituição da concepção de *arte sacra* acompanhou a substituição da ênfase numa apologética da religião pela ênfase na comparação e História da Religião↗. Na época, ambas as áreas, a da arte e a da religião↗, estavam em uma fase de reestruturação e redefinição, que levou à criação de cátedras da História da Arte no fim do século XIX e da[s] ciência[s] e da História da Religião↗ no início do século XX. Portanto, era a *arte religiosa*, inicialmente, uma subdivisão da História da Arte. Hoje, os estudos da religião tratam de artefatos religiosos mais

na perspectiva da estética↗ da religião (Alemanha) ou como religião material↗ (mundo anglo-saxão). Entretanto, nas duas vertentes abandonou-se a ideia de uma teologia↗ dos espaços, dos ritos e dos artefatos religiosos, que se preservou na perspectiva da *arte sacra* como parte da teologia↗ cristã.

Quanto ao uso de *arte religiosa*, há hoje milhares de publicações. Um bom exemplo são publicações como o *Dictionary of Women in Religious Art*, publicado em 1998 por Diane Apostolos-Cappadona, porque ele transita pelas mais distintas culturas dos cinco continentes e por suas culturas visuais encontradas. Ao lado dessas obras e seus recortes transversais, há muitos estudos dedicados a grupos étnicos, regiões geopolíticas (Ocidente, Oriente, Europa, as Américas) nações ou países (Alemanha, China, Cuba, França, Índia, Inglaterra, Japão, Pérsia, Países Baixos etc.), impérios (dinastias chinesa, grega, egípcia, greco-romana, sul-Saara, bantu etc.), tipologias (maternidade, guerreiro, messias, família, profeta↗, rei, sacerdote↗ e sacerdotisa etc.). Muitos desses estudos são mais descritivos e históricos na sua abordagem, outros tratam da questão do método↗. A já mencionada Diane Apostolos-Cappadona, por exemplo, se refere ao "estudo da iconografia de mulheres nas religiões" ou seus "padrões iconográficos" (1998, p. x e xii), o que a aproxima mais à abordagem proposta pela História da Arte. Outros(as) concentram seus estudos em uma só religião↗ ou em uma das suas vertentes (Budismo [chinês, greco-indiano de Gandhara, indiano, japonês etc.], religião celta, Cristianismo [católico (dominicano, franciscano, jesuíta etc.), ortodoxo, protestante (anglicano, batista, congregacionalista, luterano, metodista, presbiteriano), pentecostal (assembleiano, Deus é amor, quadrangular etc.)], Hinduísmo, Islã [sunita, xiita etc.], Judaísmo [ortodoxo, progressista], Xintoísmo; Taoismo), ou grupos novos, como, por exemplo, a Legião da Boa Vontade ou o Vale do Amanhecer, ambas religiões novas brasileiras do século XX, ou o grupo da Nova Era. Em que nível de sistematização se chegou demonstra o projeto *Religion and the arts* da Universidade de Derby, Austrália, que já lançou as obras *Hinduísmo e as artes religiosas*, *Arte e religião na África* e *As artes nas religiões do Pacífico*. A apresentação da série revela uma visão agora independente da história da arte e próxima aos estudos da religião: "As artes sempre foram um dos principais meios de comunicação das tradições religiosas; de fato, as artes visuais ou performáticas podem complementar, predar ou suplantar muitas fontes escriturísticas. Esta série explora como o visível tem sido usado para expressar o invisível e é projetado para fornecer uma compreensão das religiões do mundo através das várias formas de arte associadas à prática e à experiência religiosa↗" (Elgood, 1999, p. ii).

Também chama a atenção a abertura para "formas da arte" associadas à prática e à experiência religiosa↗, ou seja, o foco está na compreensão da religião↗ e não da arte em si, e, se for, da arte em função da religião↗.

VI. Matrizes teóricas de fundo. A arte religiosa nunca fechou com um cânon metodológico ou referências teóricas únicas. As suas escolhas dependem da sua compreensão preferencial tanto da arte como da religião↗ e, às vezes, se cruzam. Por um lado, podemos associar as visões mais substanciais ou funcionais da religião↗ às abordagens fenomenológicas ou culturalistas, etnológicas e antropológicas; ou aos estudos econômicos, sociológicos, políticos e ideológicos da religião. Por outro lado, a História da Arte segue métodos↗ mais culturalistas, ou da história cultural, ou sociológicas, ou da história social. Dessa forma, o campo das matrizes teóricas é muito amplo e muito rico.

Quanto à antropologia da arte, há introduções gerais, como a de Howard Morphy e Morgan Perkins, *The anthropology of art*, 2006, que partem da relação entre a constituição do ser humano e a produção de artefatos e procuram estabelecer parâmetros que transpassam todas as culturas e épocas. Christoph Wulf, *Homo pictor*, 2013, foca na pessoa e no ser humano como produtor de imagens e a importância de imaginário, rito, gesto e mimese para a contínua constituição do ser humano e a construção da sua vida social. Hans Belting, em *Antropologia da imagem*, 2001, por sua vez, foca mais no impacto da imagem↗ sobre o ser humano e seu corpo. Em conjunto, fundamenta a compreensão da arte religiosa como um guia à expressão essencial do ser humano, um caminho para compreender um lado da sua existência que, nas sociedades modernas, burocratas, tecnocratas e de consumo, perdeu seu lugar vivencial. A arte religiosa visualiza o ser humano capaz e carente de ser encantado e ser encantador, um ser humano incompleto sem ela e se completando por ela. Assim se refere Klaus Krüger (2016), em sua proposta do estudo da arte religiosa, a perspectivas recíprocas (estética↗ religião↗/religião estética), transgressões paradoxais (imanência religiosa/transcendência estética↗) e horizontes que mantêm o significado aberto (conceitos heurísticos/heurística não conceitual).

Duas visões atuais mais substancialistas são representadas por B. Meyer, D. Morgan et al., *Material religion's first decade*, 2014, e L. Traut e A. Wilke, *Religion, Imagination, Ästhetik*, 2015.

VII. Religião material. O conceito de "religião material↗" é mais amplo do que o de arte religiosa, mas a abrange. Ele contribui para a nossa discussão por incluir, sem exceção, expressões religiosas culturais populares, especialmente aquelas em uso às práticas materiais da religião↗ (Meyer; Morgan, 2014, p. 110). Pertence à religião material↗ toda expressão religiosa fora do corpo do ser humano. Isso significa também que uma obra de arte que meramente comenta ou interpreta religiões, sem compartilhar as premissas da religião↗ retratada, não pode ser considerada arte religiosa. Por exemplo, uma charge satírica sobre um líder religioso ou fundador de uma religião↗ não é arte religiosa.

VIII. Estética na arte e estética da região. É possível que uma obra de arte sem nenhuma pretensão religiosa *per se* possa se tornar arte religiosa à medida que a pessoa que interage com ela encontrar nela impulsos religiosos. Em outras palavras, enquanto a religião↗ sempre tem uma dimensão artística, a arte pode ter uma dimensão religiosa, mas não necessariamente a tem. Um possível ponto de convergência entre a arte e a religião↗ é a busca pela estética↗, pelo que é belo e pelo que é divino, que faz tremer ou que encanta, entendido como aquilo que transcende a vida. Isso coloca a perspectiva da estética↗ no centro do debate da arte religiosa, porém entende-se na arte e na religião↗ a estética↗ não de forma idêntica. A estética↗ da religião↗ discute a estética↗ como relacionada com a imaginação religiosa, as suas técnicas, os seus espaços, as suas políticas e a sua história (Traut; Wilke, 2015). Pontualmente, a religião↗ até questiona a categoria do belo como representação do sagrado↗. É o caso na tradição cristã quando ela tematiza a iconografia e a iconologia da cruz, já que o retrato de uma morte↗ horrorosa ou aterrorizante como símbolo religioso central não cabe nas categorias do belo, mas nas categorias do essencialmente humano, das experiências vividas. Aqui transparece outra categoria potencialmente compartilhada entre a arte e a religião↗, a da sensibilidade (isso não nega o fato de que há vertentes ou expressões religiosas cuja ênfase esteja na dessensibilização, também mortificação, do desapego e do desinteresse).

1. *Mysterium tremendum et fascinans* e o (des) encantamento. Outro aspecto da estética↗ junto à ideia do belo é a dimensão do *encanto* com algo ou alguém, uma variação do aspecto do *mysterium tremendum et fascinans* (Otto, 2007; Morgan, 2018), já que o encantamento ocorre com aquilo que fascina. No século XIX se estabelece uma forte identificação do ser humano religioso com o ser humano encantado com algo, seja o cosmo, o mundo, uma divindade, forças, energias, feitiços benevolentes etc.; e seu crescente desencantamento com tudo isso no Ocidente foi visto como precursor de uma tendência na qual, no final, se esperava a morte↗ ou o apagar das religiões. Paralelamente, deslocou-se a experiência do encanto para a área das artes, que foram mais e mais prestigiadas em museus e, dessa forma, se tornaram mais acessíveis para parcelas maiores das populações. Esse desenvolvimento não somente ocorreu como foi até sugerido pelo poeta Johann Wolfgang von Goethe (1749-1832).

2. Aura. Aspecto "pós-arte" introduzido na discussão por Walter Benjamin, na obra *Das Kunstwerk im Zeitalter seiner technischen Reproduzierbarkeit* (1936). Para ele, uma obra de arte, um artefato feito por um indivíduo, carrega em si uma *aura* na qual reside o seu valor essencial. Ela é "uma figura singular, composta de elementos espaciais e temporais: a aparição única de uma coisa distante por mais perto que ela esteja". Na era da reprodução em massa, essa *aura* se perdeu e a "figura simbólica" se cala, já que unicamente a unicidade remete à "eternidade→". Associada a essa compreensão está a distinção entre evento e espetáculo: o primeiro causando experiências (verdadeiras), ou seja, impactam existencialmente, e o segundo provocando emoções, sem rastros de longa data, preservadas na memória→. A memória→ de uma experiência desdobra no reviver da emoção vinculada a ela; já uma emoção→ em si não se inscreve na memória→.

IX. Correntes/escolas/autores envolvidos. O conceito foi desenvolvido, paralelamente, na França, na Inglaterra e na Alemanha. Apesar de a Alemanha não ter na época a mesma história colonial que a França e a Inglaterra, o país estava se preparando para tomar seu lugar entre as nações europeias e hospedou a Conferência do Congo em 1884-1885 em Berlim, o que levou à divisão final do continente africano. Em todo o continente africano e nos outros territórios franceses e ingleses nas Américas, na Ásia e na Oceania, a existência de múltiplas religiões era comum, mesmo depois de séculos de colonização. Enquanto a relação entre administrações coloniais e as igrejas aceitas em seus territórios era, muitas vezes, próxima, estabeleceram-se novas visões do mundo religioso. Na Alemanha eram atuantes os etnólogos e antropólogos, especialmente na África, os quais, antes da I Guerra Mundial, começaram a reorganizar as suas coleções antropológicas e focar em objetos do cotidiano. Um dos seus mentores era o etnólogo Franz Boas (1858-1942), treinado na Alemanha, mas trabalhando nos EUA, e com quem Aby Warburg manteve uma longa amizade e intercâmbio acadêmico. O etnólogo Boas questionou o paradigma elitista da arte e da arte religiosa e considerou qualquer artefato com uma função em uma religião→ "arte religiosa". O estabelecimento do campo da arte religiosa podia servir a dois objetivos opostos: ou para distinguir entre uma arte fina e erudita e uma arte cristã mais decadente e popular (século XIX), ou para destacar a imponência da arte cristã em comparação com expressões mais humildes, inclusive a arte de outras religiões, ou do grupo das religiões abraâmicas (Judaísmo, Cristianismo, Islamismo). Entretanto, essas tendências foram superadas ao longo do século XX.

Inicialmente, a arte religiosa seguia em seus métodos→ ou nos da *história da arte* (Belting, 2001; Morphy; Perkins, 2006), ou da comunicação social, ou da antropologia visual, seguindo análises de estilo ou da forma (Wölfflin, 2000), iconológicos (Panofsky, 1986) e simbólicos (Cassirer, 2004). Além dessas contribuições clássicas desenvolve-se também uma linha da arte religiosa dentro das perspectivas da *Nova História da Arte*, que por sua vez segue historiadores sociais como Albert Boime, Arnold Hauser, Charles Harrison, Frederick Antal, Paul Wood e Peter Burke. Nessa perspectiva, questões de contexto, classe sociais, gênero→ etc. superaram os limites de aproximações mais formais ou estéticas→ da História da Arte mais clássica. Recentemente, há combinações dessas tendências (Warnke; Fleckner; Ziegler, 2011). Já estudiosos como David Morgan (1999) aproximaram os estudos da arte religiosa aos estudos da arte visual, enquanto a vertente da teoria de recepção (Freedberg, 1989), a rigor, não é uma vertente da arte religiosa (como da História da Arte), já que Freedberg não aplica significado algum ao aspecto histórico, seja do artista, seja do contexto da criação da obra etc. Outra contribuição autônoma é de Alfred Gell (1998). A sua contribuição para a exploração da arte religiosa não passa por estudos específicos do aspecto religioso da arte, mas pela sua ideia de agência da representação artística que pode ser interpretada como representação do divino.

Todos esses métodos→ contribuíram muito para a compreensão da arte religiosa. Entretanto, enquanto se quer entender a arte religiosa como expressão de uma religião→ ou de uma comunidade religiosa→, relacionada com as suas práticas religiosas, sugerimos favorecer métodos→ que dialogam com a definição substancial das religiões, já que a sua definição funcional representa mais um olhar de fora para dentro, sem foco na sua essência autodeclarada ou subentendida.

X. Evolução do conceito. Para todos(as) os acostumados(as) com a categoria da *arte sacra*, a *arte religiosa* pode ser entendida simplesmente como uma categoria parecida, porém ampliada. Em geral, fala-se da arte religiosa mais em relação às religiões tradicionais ou históricas, como as religiões greco-romanas, o Judaísmo, o Cristianismo, o Islã, o Budismo, o Hinduísmo, o Taoismo, o Xintoísmo etc., as religiões urbanas ameríndias e chinesas, deixando de lado sistemas artísticos considerados primitivos ou pré-históricos. Sugerimos, porém, seguir Franz Boas em sua compreensão mais ampla, até mesmo funcional da arte religiosa, que ajuda a omitir um reducionismo basicamente estético.

XI. Recepção. A recepção do conceito arte religiosa na área das ciências ou dos estudos da religião não apresenta problemas e certamente é mais adequada do que seu conceito próximo à arte sacra, especialmente quando se entende arte no sentido amplo para incluir também expressões populares. Apesar de a cultura visual religiosa ganhar mais e mais espaço nos estudos da religião, ainda não existe um alto grau de espacialização em departamentos próprios. Os estudos da arte religiosa ocupam, nos estudos da arte e da religião→, mais o espaço de uma ciência auxiliar.

Bibliografia: APOSTOLOS-CAPPADONA, D. *Dictionary of Women in Religious Art*. New York/Oxford: Oxford University Press, 1998; BELTING, H. *Antropologia da imagem*: para uma ciência da imagem. Lisboa: KKYM, 2001; BENJAMIN, W. *Das Kunstwerk im Zeitalter seiner technischen Reproduzierbarkeit*. 1936; CASSIRER, E. *A filosofia das formas simbólicas*: o pensamento mítico. São Paulo: Martins Fontes, São Paulo, 2004. v. 2; ELGOOD, H. *Hinduism, and the religious arts*. London: Cassell, 1999; FREEDBERG, D. *The power of images*: studies in the history and theory of response. Chicago: University of Chicago Press. 1989. (Religion and the arts, vol. 3.); GELL, A. *Art and Agency*: An Anthropological Theory. Oxford: Clarendon Press 1998; KRÜGER, K. *Grazia*: religiöse Erfahrung und ästhetische Evidenz. Göttingen: Wallenstein Verlag, 2016; MEYER, B.; MORGAN, D., PAINE, C.; PLATE, B. Material religion's first decade. *Material Religion*, vol. 10, n. 1, p. 105-111 (March 2014). DOI: 10.2752/175183414X13 909887177628; MORGAN, D. *Images at work: the material culture of enchantment*. New York, NY: Oxford University Press, 2018; MORGAN, D. *Visual piety*: a history and theory of popular religious images. Berkeley/Los Angeles/London: University of California Press, 1999; MORPHY, H.; PERKINS, M. (Eds.). *The anthropology of art*: a reader. Malden, MA: Blackwell Publishing Ltd., 2006. (Blackwell Anthologies in Social and Cultural Anthropology.); OTTO, R. *O sagrado*: os aspectos irracionais na noção do divino e sua relação com o racional. São Leopoldo, RS/Petrópolis, RJ: Sinodal/Vozes, 2007; PANOFSKY, E. *Significado nas artes visuais*. 2. ed. São Paulo: Perspectiva, 1986; TRAUT, L.; WILKE, A. (Eds.). *Religion, Imagination, Ästhetik*: Vorstellungs- und Sinneswelten in Religion und Kultur. Göttingen: Vandehoeck & Rupprecht, 2015. (Critical Studies in Religion/Religionswissenschaft [CSRRW], vol. 7.); WARNKE, M., FLECKNER, U. F.; ZIEGLER, H. *Politische Ikonographie*: ein Handbuch. Band I: Abdankung bis Huldigung; Band II: Imperator bis Zwerg. München: C. H. Beck, 2011; WHITE, J. F. *Introdução ao culto cristão*. 2. ed. São Leopoldo: Sinodal/IEPG, 2005. p. 267; WÖLFFLIN, E. *Conceitos fundamentais da história da art*. 3. ed. São Paulo: Martins Fontes, 2000; WULF, C. *Homo pictor*: imaginação, ritual e aprendizado mimético no mundo globalizado. São Paulo: Hedra, 2013.

Helmut Renders

ASCESE → Abstinência

ASSOCIAÇÕES CIENTÍFICAS

Associações e sociedades científicas têm como principal objetivo estabelecer intercâmbios entre pesquisadores, permitindo ampliar redes de contatos. Elas tendem a ter um desenvolvimento não homogêneo, assim como ocorre com a própria ciência, cujo papel é essencial ao progresso das instituições e do conhecimento científico. Mas conforme suas funções se tornam mais relevantes na sociedade acadêmica, elas se diversificam, tornando-se normativas aos pares que representam.

De modo geral as associações científicas podem ser divididas em três grupos: (1) associações internacionais, (2) associações nacionais e (3) associações regionais. Nos últimos casos, associações regionais e nacionais podem ser ainda subdivididas entre associações independentes ou delegadas. Pegando dois exemplos dos estudos da religião no Brasil, a Associação dos Cientistas da Religião do Pará (ACREPA) é uma associação regional independente, ou seja, não responde a nenhuma outra associação maior. Já a Associação Brasileira de História das Religiões (ABHR) possui cinco delegações regionais, uma para cada região do Brasil.

I. International Association for the History of Religions. A *International Association for the History of Religions* (IAHR) – Associação Internacional de Ciência da Religião, em português – é a principal associação de Ciência da Religião no mundo, além de ter sido a primeira associação internacional a romper as fronteiras europeias. Ela é membro do Conselho Internacional de Filosofia e Ciências Humanas da Unesco (IAHR, 2018). Caracteriza-se por promover pesquisas empíricas, sociais e comparativas sobre religiões, em oposição aos estudos confessionais e apologéticos. Nesse sentido, é uma importante defensora da separação entre a Ciência da Religião e as agendas teológicas (Alles, 2008, p. 26).

Fundada em 1950 durante o 7º Congresso Internacional de Ciência da Religião em Amsterdã, seu primeiro presidente foi Gerard van der Leeuw. Com sua morte no mesmo ano, quem assumiu o cargo foi Raffaele Pettazzoni (Alles, 2008, p. 24). Atualmente, a IAHR possui quarenta e duas associações nacionais, seis regionais e sete sociedades delegadas, refletindo seu escopo internacional. Suas filiadas estão presentes em todos os países da Europa Ocidental que possuem formação superior em Ciência da Religião, com exceção de Portugal (IAHR, 2018).

A IAHR é composta de uma Assembleia Geral, um Comitê Internacional e um Comitê Executivo. A Assembleia Geral se reúne a cada cinco anos em um congresso internacional e é composta de todos os membros das associações e sociedades filiadas que estejam presentes no evento. O Comitê Internacional é formado por dois delegados de cada associação filiada que elegem o Comitê Executivo e fazem recomendações sobre questões importantes à IAHR. O Comitê Internacional é formado por doze membros com presença equilibrada de pesquisadores de ambos os sexos. A maioria de seus membros é da área de Ciência da Religião, mas também há forte representatividade de historiadores e sociólogos (IAHR, 2018).

Além de seus eventos internacionais quinquenais, a IAHR edita dois periódicos: seus boletins oficiais, que são disponibilizados gratuitamente *on-line*, e a *Numen: International Review for the History of Religions*, editada em parceria com a editora Brill (não confundir com a revista *Numen: Revista de estudos e pesquisa da religião*, da Universidade Federal de Juiz de Fora).

Pode-se considerar que a IAHR é uma das grandes responsáveis pela construção de uma rede internacional para cientistas da religião, visando à globalização dessa disciplina. Isso é evidente em seu histórico, que buscou agregar pesquisadores asiáticos desde a década de 1960, e que desde que Michael Pye se tornou seu secretário executivo em 1985 tem buscado também incluir em seu Comitê Executivo pesquisadores de fora da Europa e da América do Norte (Alles, 2008, p. 303).

Todavia, sua nomenclatura *History of Religions* – um termo em inglês para os estudos empíricos da religião, um dos dois ramos tradicionais da Ciência da Religião – gera confusões nas associações delegadas à IAHR, que acabam identificando na palavra "History" que a IAHR representa a historiografia das religiões em vez de estudos de Ciência da Religião em geral. Isso acontece no cenário latino-americano, e outros casos também são relatados no livro de Alles (2008) em países da Europa, como Romênia, Itália e França. Por causa disso, há alguns anos existem discussões em andamento pela mudança de seu nome, com a defesa do termo "Study of Religions" em vez de "History of Religions", para o que, até o momento, ainda não se chegou a uma resolução.

II. *American Academy of Religion*. A *American Academy of Religion* (AAR) – Academia Estadunidense de Religião, em português – é uma associação multidisciplinar nacional situada nos Estados Unidos, filiada à IAHR. Surgiu em 1909 como um grupo da Universidade de Siracusa para estudos bíblicos, assumindo a atual nomenclatura em 1964. Possui atualmente mais de dez mil membros – quase todos dos Estados Unidos –, mesclados entre pesquisadores e religiosos, o que a torna uma das maiores associações para o estudo das religiões no mundo (IAHR, 2018). Ainda que historicamente tenha iniciado com um grupo de exegetas bíblicos, hoje é uma referência para pesquisas de diversas tradições, tanto que seu setor de Budismo é um dos mais importantes da associação (Alles, 2008, p. 260). Contudo, ainda enfrenta críticas de alguns cientistas da religião estadunidenses de que é uma associação ainda orientada pela religião hegemônica dos Estados Unidos e por abordagens religionistas (Martin; Wiebe, 2004, p. 2).

A AAR é aberta tanto para perspectivas éticas quanto êmicas, agregando muitos crentes entre seus afiliados. Contudo, não endossa nem condena nenhuma confissão específica, deixando claro que suas discussões são orientadas pelas pesquisas científicas sobre religião. A AAR possui uma forte política contra qualquer tipo de discriminação de gênero, raça, cor, etnia, nacionalidade, orientação sexual, religião, ideologia, afiliação política, idade, deficiência física ou estado civil, sendo a única das associações aqui listadas a identificar em seu Estatuto sanções a membros que ferem o princípio da não discriminação (AAR, 2010).

Dois são os objetivos principais da AAR: (1) promover a reflexão crítica sobre a religião, suas questões, valores, textos, práticas e instituições, e (2) servir aos interesses profissionais de seus membros acadêmicos. Para isso, fomenta a comunicação e o intercâmbio entre pesquisadores da religião e o público religioso mais amplo, realizando encontros anuais (AAR, 2010; IAHR, 2018).

Seus membros são classificados em pesquisadores profissionais, estudantes e aposentados, e a cúpula da AAR é organizada em Coordenação, Quadro Diretor, Equipe Executiva e Consultores, com funcionários que trabalham em um escritório físico em Atlanta, atendendo em período comercial. A Coordenação é formada pela Presidência, Vice-Presidência, Tesouraria, Secretaria, Diretoria Executiva e um cargo chamado de "Presidente Eleito", diferente da Presidência, que age como seu porta-voz em todas as conferências da associação. O Quadro Diretor possui diversas funções, mas uma chama a atenção: existe uma posição de Diretor Estudante que é ocupada por um membro estudante por no máximo dois anos. Além disso, a AAR também possui dez regionais delegadas, com um coordenador eleito para cargos de três anos, com possibilidade de reeleição. As regiões dizem respeito às dez principais regiões geográficas dos Estados Unidos (AAR, 2010).

O periódico científico da AAR, o *Journal of the American Academy of Religion (JAAR)*, é uma das revistas acadêmicas sobre religião mais antigas. Foi fundado em 1933, e desde 1937 passou a ser publicado com periodicidade trimestral.

III. *Society for the Scientific Study of Religion*. A *Society for the Scientific Study of Religion* (SSSR) – Sociedade do Estudo Científico da Religião, em português – é uma associação internacional multidisciplinar fundada em 1949 pelo Comitê de Estudo Social Científico da Religião da Universidade de Harvard. Seu foco está em estimular e divulgar pesquisas sociais sobre instituições e experiências religiosas. Com mais de mil membros, promove o diálogo entre cientistas da religião e sociólogos com pesquisadores de áreas como Psicologia, Ciência Política, Economia, Relações Internacionais, estudos de gênero e muitos outros campos.

O maior peso das produções dos membros da SSSR está nos estudos empíricos da religião e, principalmente, na Sociologia da Religião. Contudo, há sempre espaço para as pesquisas comportamentais sobre religiões em seus eventos anuais, os quais ocorrem entre setembro e novembro em alguma cidade

ASSOCIAÇÕES CIENTÍFICAS

dos Estados Unidos ou Canadá. A SSSR costuma oferecer programas de financiamento dos custos de viagem para parte dos pesquisadores de fora da América anglo-saxônica, que sejam associados à SSSR e não tenham condições de arcar com as despesas de locomoção para participar de seus encontros anuais.

Essa abertura aos estudos não sociais, contudo, foi gradual em sua história. Desde a formação da SSSR sempre houve clara distinção entre sociólogos da religião e os outros membros, com os cientistas da religião ocupando um patamar intermediário entre esses dois outros grupos. Glock (2000, p. 425) comenta que nas últimas décadas aparentemente a participação de cientistas da religião na organização da SSSR tem diminuído em comparação aos seus anos iniciais. Esse pesquisador atentou que, embora ainda haja um grande intercâmbio de sociólogos, cientistas da religião e pesquisadores de outras ciências humanas nas reuniões da SSSR, aproximadamente dois terços dos presentes nas reuniões que elegem o Conselho são hoje sociólogos.

Originalmente, a SSSR apresentou-se como uma associação científica e também profissional. Seus fundadores tinham como mote que a SSSR não seria apenas uma rede de pesquisadores, mas que pudesse patrocinar projetos de pesquisa, intermediar pesquisadores e órgãos de fomento e até mesmo avaliar projetos a ela submetidos para identificar possíveis problemas. Havia também grande preocupação em apresentar os sociólogos da religião como profissionais que pudessem contribuir com as igrejas de maneira remunerada, em especial as igrejas protestantes dos Estados Unidos.

Em 1954, uma primeira comissão foi criada visando avaliar os primeiros projetos de pesquisa que seriam submetidos à SSSR. Contudo, uma grande discordância entre os membros da SSSR sobre os critérios de avaliação para tais projetos e preocupações de que o selo de aprovação da SSSR poderia agir mais como um inibidor do que como um promotor à pesquisa sobre religiões fizeram com que, em 1959, a SSSR retirasse de seu Estatuto a preocupação por avaliar projetos de pesquisa (Glock, 2000, p. 426).

Atualmente a SSSR mantém verbas para patrocinar pesquisas de seus membros, que podem chegar a até cinco mil dólares por pessoa. A associação possui também premiações anuais para melhor artigo original, melhor livro e melhor artigo publicado especificamente por estudante, os quais recebem um prêmio de mil dólares e uma placa de honra ao mérito. Além disso, a SSSR edita o *Journal for the Scientific Study of Religion*, um dos periódicos de maior fator de impacto na Ciência da Religião♀ dos Estados Unidos.

IV. African Association for the Study of Religion. Fundada em 1992 no Zimbábue, durante uma conferência regional da IAHR, a *African Association for the Study of Religion* (AASR) – Associação Africana de Ciência da Religião♀, em português – é uma associação internacional e um dos principais grupos de Ciência da Religião♀ atualmente existentes no continente africano, estando filiada à IAHR desde 1995 (cf. Alles, 2008, p. 119). Pela política de participação da IAHR de pesquisadores não europeus e não norte-americanos em seus cargos executivos, a AASR têm exercido papel de destaque na IAHR, tendo já elegido alguns membros de seu quadro à Presidência e Vice-Presidência da IAHR.

O principal objetivo da AASR é a promoção da Ciência da Religião♀ na África, garantindo o intercâmbio entre pesquisadores africanos e de fora do continente que tenham interesse nos estudos sobre religiões africanas, e também proporcionar que cientistas da religião africanos possam ter seus trabalhos publicados fora da África. Como tal, aceita como membros apenas pesquisadores que estudam religiões existentes na África ou oriundas da diáspora♀ africana. Visando fortalecer outras associações de Ciência da Religião♀ no continente, a AASR exige que os pesquisadores africanos que residam em um país que possui uma associação nacional de Ciência da Religião♀ (por exemplo, Nigéria ou África do Sul) sejam antes membros dela para que se tornem aptos a se associar à AASR (AASR, 1996, p. 10-11).

Além de organizar encontros na África, a AASR estabeleceu regionais na Europa e na América do Norte, haja vista seu esforço em promover o intercâmbio entre acadêmicos africanos e de outras partes do mundo. Seus interesses de pesquisa são bastante amplos, mas norteados por uma busca ativa em promover a Ciência da Religião♀ como uma disciplina acadêmica. Além disso, ela é responsável por divulgar bolsas de estudos a africanos que desejem estudar em outros países (Alles, 2008, p. 119).

O Comitê Executivo da AASR é organizado em Presidência, Vice-Presidência, Secretaria e Tesouraria. Além do Comitê Executivo, a AASR conta também com um Comitê de Publicações e cinco regionais delegadas: (1) África Ocidental, (2) África Central e Oriental, (3) África Austral, (4) Américas e (5) Europa. O Comitê de Publicações possui uma presidência própria, e cada regional tem uma cadeira no Comitê Executivo da AASR. As eleições para todos os cargos ocorrem a cada cinco anos em Assembleia Geral da AASR. Cada representante assume o cargo por cinco anos, podendo ser reeleito para mais um mandato consecutivo (AASR, 1996, p. 12).

A AASR publica boletins informativos bienais em inglês desde 1995, com informações de interesse aos cientistas da religião do continente, como divulgação de livros de acadêmicos africanos e eventos científicos. Além disso, pelo menos uma vez a cada cinco anos a AASR promove uma conferência em uma universidade da África. Como uma associação continental, a AASR se preocupa que tais encontros ocorram em diferentes países. O primeiro e o quinto evento foram sediados pelo Quênia, em 1999 e 2012. O segundo e o sétimo ocorreram em Gana, em 2004 e 2016. Em 2007, Botsuana sediou o terceiro. A Nigéria foi a responsável pela quarta conferência, em 2009. O sexto encontro foi realizado na África do Sul, em 2014. E a Zâmbia sediou o oitavo, em 2018.

V. North American Association for the Study of Religion. A *North American Association for the Study of Religion* (NAASR) – Associação Norte-Americana de Ciência da Religião♀, em português – é uma associação regional, sediada em Vermont, nos Estados Unidos, que opera em parceria com a AAR e informalmente com a SSSR. Seus encontros e eventos científicos são organizados concomitantemente aos congressos da AAR, e desde 1994 seus encontros locais ocorrem por vezes na sede da SSSR. É, nesse sentido, filiada à AAR tanto quanto à IAHR (IAHR, 2018).

A NAASR foi criada em 1985 pelos cientistas da religião E. Thomas Lawson, Luther H. Martin e Donald Wiebe, durante o XIV Congresso da IAHR, na Austrália. Assim como a AASR, a NAASR possui boas relações com a IAHR, tendo contribuído financeiramente com seu fundo, auxiliado com a organização de seus congressos na América do Norte e elegido vários de seus membros em cargos executivos da IAHR. Além disso, a participação da NAASR em deliberações e Assembleias Gerais da IAHR é algo tradicional desde a sua fundação (Martin; Wiebe, 2004).

A NAASR tem como objetivo promover as abordagens empíricas, históricas, críticas e sociais para a Ciência da Religião♀, além de fomentar uma crítica e reflexão contínua sobre suas teorias e métodos♀, agindo como uma ponte entre os cientistas da religião norte-americanos e seus colegas internacionais. É a associação que mais se preocupa com questões metodológicas da Ciência da Religião♀ no mundo, cujo periódico oficial – *Method & Theory in the Study of Religion*, editado pela Brill – é a única revista acadêmica internacional dedicada à metodologia e epistemologia♀ em Ciência da Religião♀. Ela prioriza cientistas da religião como membros, mas é aberta a qualquer pesquisador que queira trabalhar com Ciência da Religião♀ na América do Norte.

Segundo Martin e Wiebe (2004, p. 1-2), um dos grandes propulsores para a fundação da NAASR foi o histórico da própria AAR. Segundo esses autores, como a AAR surgiu como um grupo de estudos bíblicos, mesmo após a sua abertura para outros objetos de estudo na década de 1960, a AAR teria continuado muito orientada aos interesses religionistas, dificultando o trabalho de acadêmicos que quisessem fazer, de fato, Ciência da Religião♀. Nesse sentido, a NAASR foi criada como uma alternativa, não para competir com a AAR, mas para complementar o seu trabalho. Nos anos iniciais, porém, isso não foi visto com bons olhos pela AAR, conforme descrito por esses dois pesquisadores.

A NAASR é organizada em Presidência, Vice-Presidência, Comitê Executivo, Comitê Consultivo e Secretaria Executiva. Os mandatos de Presidência, Vice-Presidência e Comitê Executivo duram três anos, e os mandatos de Secretaria Executiva podem durar até cinco anos. Presidência, Vice-Presidência e os seis membros do Comitê Executivo são eleitos em Assembleia Geral durante as reuniões anuais da associação, mas a Secretaria Executiva é um cargo indicado pelo Comitê Executivo. A Secretaria Executiva exerce a função de Tesouraria na NAASR. Além disso, existe o Comitê Consultivo, que é formado por indicação dos seis membros do Comitê Executivo.

É prevista pelo Estatuto da NAASR a obrigatoriedade de que todo evento acadêmico promovido pela NAASR seja divulgado aos membros com no mínimo seis meses de antecedência, para que os mesmos possam se organizar para participarem. Também é exigido que todo evento da NAASR permita a submissão de trabalhos e a proposição de seções pelos seus associados.

VI. European Association for the Study of Religion. A *European Association for the Study of Religion* (EASR) – Associação Europeia de Ciência da Religião♀, em português – é uma associação regional fundada em 2000 na Polônia, durante uma conferência especial da IAHR, tendo sido registrada formalmente nos Países Baixos. Tornou-se filiada à IAHR ainda no mesmo ano de sua criação, 2010 (IAHR, 2000; Alles, 2008, p. 15). Muitos dos eventos da EASR são organizados pensando na programação da IAHR, o que é mesmo previsto por sua própria Constituição. Além disso, desde 2015 a EASR é membro da Aliança Europeia de Ciências Sociais e Humanas.

A EASR promove dois tipos de redes científicas: (1) grupos de discussão virtuais em vários idiomas europeus, para evitar a dominação de apenas uma língua na Ciência da Religião♀ europeia, e (2) conexões entre as associações europeias nacionais de Ciência da Religião♀ que também sejam filiadas à IAHR (IAHR, 2010). Nesse sentido, quase todas as associações de Ciência da Religião♀ nacionais existentes na Europa são também membros da EASR.

A respeito de seus fóruns de discussão eletrônicos, o grupo *Synkron* opera em línguas nórdicas e em inglês, as discussões do grupo *Yggdrasill* ocorrem em alemão, as discussões do grupo *Dolmen* são em inglês, as discussões do grupo *Tonatzin* são em espanhol, português e italiano, as discussões do grupo *Candide* são em francês e as discussões do grupo *Most* são em línguas do leste europeu (IAHR, 2010).

Segundo seu Estatuto, apenas cientistas da religião, estudantes e associações nacionais de Ciência da Religião♀ domiciliadas na Europa são aptas a se filiar à EASR. As taxas anuais para filiação individual são de quinze euros, enquanto as associações nacionais pagam uma taxa anual de cerca de dois euros por cada membro registrado. Os membros das associações nacionais filiadas à EASR também recebem os mesmos benefícios de membros individuais na associação, com direito a voz e voto durante as Assembleias Gerais. Além disso, a EASR costuma subsidiar cientistas da religião europeus que sejam seus membros com bolsas de auxílio para participação de seus eventos. Esse subsídio pode chegar a até 400 euros por pessoa.

A EASR é organizada por um Comitê Executivo, Conselhos, Grupos de Trabalho e uma Assembleia Geral. Os encontros de Assembleia Geral sempre ocorrem entre março e outubro, uma vez ao ano, e elegem os membros do Comitê Executivo. O Comitê Executivo é formado pela Presidência, duas Vice-Presidências, Secretaria Geral, Secretaria Geral Adjunta, Tesouraria, Tesouraria Adjunta, Diretoria de Associados, Diretoria de Internet, Diretoria de Publicações, um Representante dos Associados e uma pessoa responsável por cooptar novos membros à associação. Os Grupos de Trabalho são definidos pelo Comitê Executivo, e os Conselhos tratam de questões específicas da EASR, como sua parte fiscal, as eleições e a nominação de membros honorários.

Assim como a ANPTECRE no Brasil, a EASR não possui um periódico próprio editado por ela, mas promove em seu *website* uma lista de jornais científicos europeus sobre Ciência da Religião♀.

VII. *Asociación Latinoamericana para el Estudio de las Religiones*. A *Asociación Latinoamericana para el Estudio de las Religiones* (ALER) – Associação Latino-Americana para o Estudo das Religiões, em português – é uma associação multidisciplinar criada em 1990, na Cidade do México, com o objetivo de estudar as religiões na América Latina. Foi afiliada à IAHR no mesmo ano, durante o XVI Congresso Internacional da IAHR, em Roma. Atualmente, possui membros de vários países da América Latina (IAHR, 2018).

Seu surgimento data da década de 1980, quando um grupo de trabalho da Escuela Nacional de Antropología e Historia identificou que as religiões contemporâneas não estavam sendo devidamente exploradas pelas Ciências Sociais na América Latina. Foi formada uma rede multidisciplinar de pesquisadores que desejassem se debruçar sobre a questão no México, e em 1987 o I Encuentro Latinoamericano sobre Religión popular, Identidad y Etnociencia foi realizado, contando com acadêmicos de vinte países da América Latina. Esse evento se tornou o Congreso Latinoamericano, o principal evento promovido pela ALER, de periodicidade bienal. Suas cinco primeiras edições foram sediadas no México, mas a partir da sexta a ALER começou um rodízio de países, com cada evento ocorrendo em uma nação latino-americana diferente.

A ALER é orientada por sete princípios básicos: (1) *universalidade*, abrindo-se tanto para pesquisa-

dores latino-americanos quanto de outros países; (2) *pluralidade*; (3) *multidisciplinaridade*, garantindo a participação de todas as correntes de Ciência da Religião♀, seja qual for a formação original de seus pesquisadores; (4) *diversidade*, com a participação de especialistas de diferentes correntes filosóficas ou ideológicas; (5) *horizontalidade*, respeitando tanto o trabalho de pesquisadores experientes quanto iniciantes; (6) *autonomia institucional*, visando que políticas institucionais não sobressaiam aos resultados apresentados em seus eventos; e (7) *estímulo à participação de jovens pesquisadores* em todas as atividades por ela promovidas.

Sua organização possui uma Presidência Executiva, selecionada em Assembleia Geral por votação, e uma Secretaria Permanente. Essa característica torna a ALER distinta de outras associações aqui apresentadas. Sua Secretaria Permanente foi criada em 1998, durante uma Assembleia Geral em Buenos Aires, com o objetivo de ser a mantenedora dos aspectos organizacionais e das relações internacionais da ALER.

VIII. *Asociación de Cientistas Sociales de la Religión del Mercosur*. A *Asociación de Cientistas Sociales de la Religión del Mercosur* (ACSRM) – Associação de Cientistas Sociais da Religião do Mercosul, em português – é uma associação regional fundada em 1994 no Uruguai, visando agremiar antropólogos, sociólogos, cientistas políticos e historiadores que estudam religião no Cone Sul. Foi registrada formalmente em 1997 em Porto Alegre, no Brasil. Afiliada à IAHR, é, junto da ALER, uma das principais representantes de pesquisas sobre religiões na América Latina (Alles, 2008, p. 270.272).

A ACSRM tem como objetivo incentivar a pesquisa em Ciências Sociais sobre religiões no Mercosul por uma perspectiva latino-americana, contribuindo para a análise dessa região. Para isso, organiza bienalmente as Jornadas de Alternativas Religiosas en América Latina (IAHR, 2018). Apesar do foco nas Ciências Sociais, acaba por agregar também pesquisadores interessados em religiões na América Latina como um todo, contando com parcerias de acadêmicos dos Estados Unidos e Europa que têm interesse no Cone Sul. Qualquer pessoa maior de dezoito anos é apta a se associar, cientistas da religião inclusive.

Os participantes da ACSRM são classificados como membros fundadores, membros honorários e membros efetivos. Os membros fundadores são todos os que assinaram a Ata de Fundação da ACSRM em Porto Alegre, durante as VI Jornadas sobre Alternativas Religiosas en América Latina. Os membros honorários são aqueles que prestaram serviços importantes à ACSRM e assim foram elevados pela Assembleia Geral. Todos os outros são considerados membros efetivos.

A organização da ACSRM é dividida entre Diretoria, Conselho e Assembleia Geral. A Diretoria é eleita pela Assembleia Geral para mandatos de dois anos, e é exigido pelo próprio Estatuto da ACSRM que seja constituída por pesquisadores de pelo menos dois países diferentes do Mercosul. Além disso, é obrigatório pelo Estatuto que seu Conselho seja formado por dois pesquisadores argentinos, dois brasileiros e um pesquisador membro de cada país do Mercosul ampliado. Além disso, qualquer país fora do Mercosul que possua pelo menos dez membros na ACSRM tem direito a uma vaga no Conselho. Assim como a Diretoria, os membros do Conselho são eleitos em Assembleia Geral.

A revista *Ciencias Sociales y Religión*, criada em 1999 e editada em parceria pela Universidade Federal do Rio Grande do Sul e pela Universidade de Buenos Aires, é o periódico oficial da ACSRM (Alles, 2008, p. 272). Além disso, a ACSRM publica semestralmente o boletim *Estudios sobre Religión*, com artigos curtos, resenhas e notícias sobre eventos científicos sobre religião na América Latina.

IX. Associação Brasileira de História das Religiões. A *Associação Brasileira de História das Religiões* (ABHR) é uma associação nacional multidisciplinar. Fundada em 1999 por um grupo majoritário de historiadores durante um evento do programa de pós-graduação em História da Universidade Estadual Paulista, em 2000 começou lentamente a se abrir para outras áreas, filiando-se à IAHR. Atualmente, compartilha com a associação internacional muito de seus valores, dentre eles a busca por promover conhecimento não religionista ou apologético sobre as religiões. Contudo, não responde diretamente à IAHR nem se identifica como uma associação de cientistas das religiões, mas de qualquer pesquisador sobre religiões (ABHR, 2011).

A ABHR é composta de uma Diretoria Geral, uma Diretoria Executiva, cinco Coordenações Regionais, um Conselho Fiscal, um Conselho Científico, uma Comissão Editorial e a Assembleia Geral. A Diretoria Geral é constituída pela Diretoria Executiva e as Coordenações Regionais, e todos os seus membros são eleitos pela Assembleia Geral. Destaca-se no Estatuto da ABHR a exigência de que o presidente da ABHR participe presencialmente de todos os eventos científicos da associação, seja de caráter nacional, seja regional (ABHR, 2011), algo não presente em outras associações para o estudo das religiões deste país.

A ABHR é a maior associação acadêmica não teológica de pesquisadores sobre religiões no Brasil, contando com aproximadamente quatrocentos membros. Estima-se que três quartos dos doutores associados à ABHR estão distribuídos de modo similar entre formados em Ciência da Religião♀, História e Ciências Sociais, com o restante dos doutores possuindo formação em outras disciplinas. Apesar de sua apresentação enquanto entidade acadêmica, a presidência da ABHR comumente se posiciona politicamente diante da defesa dos direitos humanos♀, da inclusão social de gênero♀ e contra a discriminação♀

religiosa, o que acaba por torná-la uma associação com característica peculiar.

A ABHR possui regionais delegadas nas cinco regiões do Brasil, administradas por Coordenações Regionais. Sua regionalização se iniciou em 2011, tendo em vista contribuir para a expansão e horizontalização da pesquisa acadêmica sobre religiões em todo o Brasil. Simpósios regionais passaram a ser organizados para estimular esse movimento de ampliação e interiorização do conhecimento científico durante os anos ímpares, ao passo que o simpósio nacional da ABHR passou a ser efetuado durante os anos pares (ABHR, 2011). Além disso, desde 2013 a ABHR tem promovido também simpósios internacionais, em intercâmbios com pesquisadores advindos da IAHR e da ACSRM.

Pelos mesmos motivos da IAHR, uma movimentação tem sido observada entre os membros da ABHR pela mudança de seu nome para *Associação Brasileira de Estudos da Religião* nos últimos anos. Visto ser uma associação multidisciplinar e declarar em seu próprio estatuto que não prioriza o estudo historiográfico das religiões (ABHR, 2011), essas discussões têm crescido entre membros-chave da ABHR.

O Laboratório Interdisciplinar de Estudo das Religiões (LIER), da Universidade Federal de Alagoas, e os grupos de pesquisa Políticas Linguísticas Críticas, da Universidade Federal de Santa Catarina, o grupo História e Catolicismo, da Universidade Federal do Rio de Janeiro, e os grupos Videlicet, Officium e Núcleo de Estudos Vikings e Escandinavos, todos da Universidade Federal da Paraíba, são filiados à ABHR. Além disso, a ABHR costuma apoiar diversos eventos científicos sobre religiões no Brasil. A *PLURA: Revista de Estudos de Religião* é o periódico científico oficialmente editado pela ABHR.

X. Associação de Pós-graduação e Pesquisa em Teologia e Ciências da Religião. A *Associação de Pós-graduação e Pesquisa em Teologia e Ciências da Religião* (ANPTECRE) é uma associação nacional dos programas brasileiros de pós-graduação em Ciência da Religião♀ e Teologia♀, reconhecidos pela Coordenação♀ de Aperfeiçoamento de Pessoal de Nível Superior (CAPES), instituição vinculada ao Ministério da Educação♀ do Brasil e responsável por todas as pós-graduações *stricto sensu* do país. Segundo seu Estatuto, a ANPTECRE é sediada na Pontifícia Universidade Católica de São Paulo, mas pode manter dependências em qualquer localidade do território nacional (ANPTECRE, 2011). Atualmente, vinte e um programas de pós-graduação são listados como seus associados em seu *website*.

A ANPTECRE é uma das maiores responsáveis pelo desenvolvimento político e acadêmico da Ciência da Religião♀ brasileira, visto que foi em grande parte graças aos seus esforços, após cerca de uma década de negociações, que a Ciência da Religião♀ e a Teologia♀ conseguiram se emancipar da Filosofia enquanto uma Área de Avaliação própria na CAPES (Stern, 2018).

A ANPTECRE é organizada por um Conselho Diretor, um Conselho Científico, um Conselho Fiscal e uma Assembleia Geral, os quais só podem ser constituídos por docentes de seus programas associados. A Assembleia Geral é o órgão máximo de deliberações da ANPTECRE, formada pelos coordenadores dos programas membros da ANPTECRE ou por um professor por eles indicado. Durante suas reuniões, cada coordenador ou seu representante possui direito a voz e voto nas discussões. Os membros da Assembleia Geral são os que elegem os representantes do Conselho Diretor e do Conselho Científico para mandatos de dois anos, com possibilidade de uma recondução (ANPTECRE, 2011).

Os congressos da ANPTECRE são bianuais, usualmente sediados por alguma instituição de ensino superior brasileira, com programa de pós-graduação em Ciência da Religião ou Teologia. Nesses congressos são realizados também encontros de sua Assembleia Geral e o Fórum dos Editores, que reúne representantes dos periódicos de sua Área de Avaliação na CAPES. O Conselho Diretor pode também solicitar reuniões extraordinárias da Assembleia Geral para além das datas de seus congressos, conforme demandas específicas (ANPTECRE, 2011).

A ANPTECRE não possui um periódico próprio, mas trinta revistas acadêmicas são promovidas por seu *website*. O número de periódicos avaliados pela Qualis da Área de Avaliação de Ciências da Religião e Teologia da CAPES, entretanto, é muito maior (Stern, 2018).

Uma característica distinta em comparação às outras associações é que, por ser uma associação de programas, e não de pesquisadores, não é possível a todo cientista da religião se associar à ANPTECRE. Os interesses da ANPTECRE são focados em lutar por coisas relacionadas mais diretamente às pós-graduações, de maneira institucional, deixando às outras organizações as questões profissionalizantes. Logo, os programas são os membros da ANPTECRE, não os seus pesquisadores. Mas por seus membros constituírem as próprias pós-graduações *stricto sensu* da área, a ANPTECRE acaba por ter grande impacto nos mestrados e doutorados em Ciência da Religião do Brasil.

XI. *Sociedade de Teologia e Ciência da Religião*. A *Sociedade de Teologia e Ciência da Religião* (SOTER) é uma associação brasileira nacional fundada em 1985 por teólogos, tendo como primeiro presidente o padre João Batista Libanio. Sediada atualmente na Pontifícia Universidade Católica de Minas Gerais, conta em sua Diretoria também com teólogos advindos da Pontifícia Universidade Católica do Rio de Janeiro. Possui conselheiros espalhados pelas cinco regiões do Brasil e organiza congressos anuais, nos quais lança livros com textos de seus principais palestrantes e socializa as produções de seus cerca de quinhentos associados. Além disso, é também uma associação profissional que visa promover o serviço de teólogos a comunidades e organismos eclesiais.

Originalmente fechada ao saber teológico e respondente à Igreja Católica, a primeira plataforma da SOTER estava bastante alinhada à teologia da libertação. Na década de 1990, porém, o grupo começou uma busca por se academizar, o que levou à sua abertura também para outras áreas. A participação de não teólogos em congressos da SOTER iniciou-se em 1991, mas seu marco mais forte se deu em 1996, com o lançamento do livro *Teologia e novos paradigmas*, organizado por Márcio Fabri dos Anjos. Esse livro pretendeu um diálogo entre Teologia e Ciências Sociais, algo desde então comum nos debates da SOTER. Ao fim, esse movimento levou a SOTER a retirar da Conferência Nacional dos Bispos do Brasil e das pastorais católicas o papel de suas principais interlocutoras (Oliveira; Baptista, 2016).

Na década de 2000, quando o número de programas em Ciência da Religião superou o número de programas em Teologia no Brasil, a SOTER acrescentou ao seu nome o título "Ciência da Religião". Isso foi feito visando atender a uma demanda de mudança do campo de estudos da religião no país. A partir de 2005 a SOTER também passou a não utilizar mais o termo "teologia" no título de seus congressos, preferindo termos mais amplos para descrever a religião, visando atrair os pesquisadores das outras áreas (Oliveira; Baptista, 2016). Hoje, a SOTER aceita como membro qualquer pesquisador com no mínimo mestrado que faça pesquisas em Teologia ou em Ciência da Religião, além de pessoas que tenham lecionado disciplinas teológicas em ensino superior.

Atualmente, a SOTER se organiza em Diretoria, Conselho e Assembleia Geral, e a Assembleia Geral se reúne a cada três anos para deliberações. Além disso, a SOTER possui seis regionais delegadas, visando a sua descentralização: (1) a Regional Norte, (2) a Regional Nordeste, (3) a Regional Centro-Oeste, (4) a Regional Sul, (5) a Regional Sudeste e (6) a Regional São Paulo. Todas as regionais são formadas pelos estados que compõem as regiões oficiais do Brasil, com exceção da Regional Sudeste, visto que São Paulo constitui uma regional própria. Pelo Estatuto da SOTER, cada regional tem o direito a ter seu próprio regimento.

A SOTER é uma das associações teológicas acadêmicas mais tradicionais do Brasil, e continua a ser bastante marcada por estudos sobre o Cristianismo mesmo após a sua abertura para outras áreas e sua atual busca pelo pluralismo. De modo geral, quase todas as pessoas que fizeram parte de sua Diretoria possuíam especificamente a formação em Teologia, com alguns casos pontuais de formação mista em Teologia e Ciência da Religião (por exemplo, Afonso Maria Ligorio Soares, que foi seu presidente de 2007 a 2010 e possuía graduação e mestrado em Teologiaↄ e doutorado em Ciência da Religiãoↄ). Nesse sentido, a SOTER é um grupo cujo trânsito de pesquisadores de outras áreas tem crescido, mas que, apesar de apresentar hoje a Ciência da Religiãoↄ em seu título, ainda tem na teologiaↄ seu principal norte de discussões.

XII. Associação dos Cientistas da Religião do Pará. A *Associação dos Cientistas da Religião do Pará* (ACREPA) é uma associação brasileira regional sediada em Belém, capital do estado do Pará, e tem como objetivo representar os interesses profissionais de licenciados em Ciência da Religiãoↄ, em especial no que diz respeito a garantir seu trabalho como professores de Ensino Religiosoↄ na rede pública de educação paraense. A ACREPA foi fundada em 2007, tendo como primeiro presidente o cientista da religião Luciel Serrão Reis.

A ACREPA é a única associação que representa exclusivamente a Ciência da Religiãoↄ no Brasil, não aceitando entre seus membros pessoas sem licenciatura plena em Ciência da Religiãoↄ. Como tal, não estabelece maiores relações com nenhuma outra associação científica nacional de Ciência da Religiãoↄ no Brasil, visto que elas representam os interesses tanto da Ciência da Religiãoↄ quanto da Teologiaↄ (por exemplo, ANPTECRE e SOTER), ou se apresentam como multidisciplinares (por exemplo, ABHR).

A ACREPA é bastante crítica à indefinição profissional de cientistas da religião causada por uma múltipla identificação disciplinar, condena misturas entre a Ciência da Religiãoↄ e a Teologiaↄ, não reconhece como cientista da religião quem não tenha formação específica em Ciência da Religiãoↄ e não aceita a nomenclatura "ciências da religião", com a palavra "ciências" no plural, por considerar que esse plural fragiliza profissionalmente seus formados.

Além da representação profissional, a ACREPA também age como normativa regional e promove eventos acadêmicos e de educação continuada a seus membros, em especial no que concerne ao Ensino Religiosoↄ. É a responsável por garantir que apenas licenciados em Ciência da Religiãoↄ sejam contratados como professores de Ensino Religiosoↄ no estado do Pará, um cenário muito à frente de todo o resto do território brasileiro. Para isso, a ACREPA faz denúncias ao Ministério Público caso licenciados em outras disciplinas assumam essas vagas. Além disso, é a instituição consultada pela Secretaria da Educaçãoↄ do estado do Pará para discutir o Ensino Religiosoↄ em âmbito não confessional, o que garantiu a abertura de diversos concursos públicos tendo como formação mínima exigida a licenciatura em Ciência da Religiãoↄ.

A ACREPA é organizada em Presidência, Vice-Presidência, Secretaria de Comunicação, Secretaria Administrativa e Secretaria de Finanças. As eleições para os cargos ocorrem a cada dois anos, por aclamação em Assembleia Geral. O número de filiados à ACREPA, atualmente, gira em torno de cento e vinte pessoas, e a associação não cobra mensalidades de seus membros.

Bibliografia: AAR. *Bylaws of the American Academy of Religion. 2010.* Disponível em: <https://www.aarweb.org/about/bylaws>. Acesso em: 03/06/2018; AASR. *The African Association for the Study of Religions Newsletter*, n. 5, [s.l.]: AASR, May. 1996; ABHR. *Estatuto social. 2011.* Disponível em: <http://www.abhr.org.br/wp-content/uploads/2012/02/estatuto-abhr.doc>. Acesso em: 02/06/2018; ALLES, G. D. (Ed.). *Religious studies: a global view.* Abingdon: Routledge, 2008; ANPTECRE. *Estatuto da ANPTECRE. 2 de maio de 2011.* Disponível em: <http://www.anptecre.org.br/downloads/estatuto_da_anptecre.pdf>. Acesso em: 02/06/2018; GLOCK, C. Y. Remembrances of things past: SSSR's formative years. *Journal for the Scientific Study of Religion*, v. 39, n. 4, p. 423-426, 2000; IAHR. *International Association for the History of Religions. 2018.* Disponível em: <http://www.iahrweb.org/>. Acesso em: 01/06/2018; MARTIN, L. H.; WIEBE, D. *Establishing a Beachhead*: NAASR, Twenty Years Later. Vermont: NAASR, 2004; OLIVEIRA, P. A. R. de; BAPTISTA, P. A. N. *SOTER; trinta anos.* Belo Horizonte. 2016. 11 p. Material não publicado; STERN, F. L. A criação da área de avaliação Ciências da Religião e Teologia na Coordenação de Aperfeiçoamento de Pessoal de Nível Superior (CAPES). *Espaços*, São Paulo, v. 26, n. 1, p. 73-91, 2018.

FÁBIO L. STERN

ASTROLOGIA → Divinação

ATEÍSMO/AGNOSTICISMO

A noção de *ateísmo* é ocidental. Suas raízes estão fincadas, portanto, nos pensamentos grego e judaico. Retraçando essa história, Martin faz uma distinção entre ateísmo positivo (ateísmo como uma crençaↄ efetiva de que não há Deus) e o ateísmo negativo, a mera ausência de qualquer crençaↄ de que há um Deusↄ (Martin, 2010, p. 10). Esse último era mais comum na Antiguidade, por exemplo, de modo indireto no pensamento judaico. O Sl 14(13),1: "Diz o insensato em seu coração: 'Deus não existe'". Mas ali se trata mais de um ateísmo prático, ligado à impiedade e à injustiça. As reflexões mais teóricas nos vêm dos gregos (principalmente) e romanos. No chamado "Fragmento de Sísifo", da época de Sócrates, apresenta-se uma longa descrição dos deuses como forma de projeção humana (Minois, 2014, p. 54). Por outro lado, Platão, em sua obra *Leis*, fala de alguns contemporâneos que traçam uma história puramente natural para a religião (§§ 889-890). Ainda não havia algo que se possa chamar de ateísmo, misturado que vinha com agnosticismo, ceticismo etc., que são termos que ganham sentido na Modernidade. Apesar de não representar uma mentalidade geral, é importante lembrar que, dois mil anos depois, David Hume♀ recorre justamente a tais pensadores antigos para construir sua *História natural da religião*.

A presença de filósofos céticos e seus refutadores permanece no tempo e, quando surgem os pensadores cristãos, estes reforçam a crítica aos ateus como ímpios e heréticos. A noção moderna de ateísmo positivo só ganha seu sentido atual na esteira da Reforma♀, da subjetivação da certeza (Descartes) e do empirismo de Locke. Este último levou ao ceticismo extremo de Hume♀, no que se chamou "garfo de Hume♀" (Hume, 2004, p. 222): qualquer referência a Deus seria destituída de significado. Muitos autores ressaltam que foram justamente pensadores cristãos que, ao reformarem a base de defesa do teísmo em termos modernos, ultimamente abriram as portas para o ateísmo (Buckley, 2005). De qualquer forma, o ateísmo se torna filosofia mais ou menos oficial de amplos setores da intelectualidade europeia a partir do século XIX. As controvérsias a respeito não foram muito além dos salões ilustrados, e assim a questão do ateísmo permaneceu durante muito tempo um debate filosófico, usualmente alimentado pela ideia positivista da gradual emancipação da humanidade do pensamento mítico e metafísico. A questão que se coloca é o quanto isso influenciou o nascente estudo da religião.

I. O ateísmo na Ciência da Religião e seus críticos. Vários dos pioneiros no estudo da religião♀ eram ateus, em particular Marx♀, que propôs uma Crítica da Religião♀ radical em bases econômicas. A figura de Deus surgiria, então, como parte da projeção da alienação humana. No entanto, o grosso da Ciência da Religião♀ não enveredou pelas sendas marxistas. Frazer♀, por exemplo, adotou um esquema positivista para postular o gradual desaparecimento da religião. Durkheim♀, por outro lado, manteve o papel social fundamental da religião♀, porém também concebeu Deus♀ como projeção simbólica da sociedade. Em geral, as explicações dadas se desenvolveram no sentido de reduzir a religião♀ a algo natural, uma percepção bem diferente daquela da autoconsciência♀ dos fiéis. Evans-Pritchard♀, ao analisar as pretensões religiosas de seus predecessores e contemporâneos, e a maneira como estes viam a religião♀, destacou que a maioria (ateia ou agnóstica) a entendia como conhecimento infantil da realidade, marcado pelo mito e pela magia♀. As controvérsias do passado, entre cientistas filósofos e apologetas cristãos, já não contava mais. O panorama de hoje seria de indiferença (os pesquisadores de hoje não teriam mais "ouvido musical" para a religião♀ [We-

ber]), ainda que muitos possam reconhecer a função social e política dela (Evans-Pritchard, 1986 [1959]). Ainda que o autor não deixe isso explícito, pode-se supor que essas lealdades antirreligiosas possam ter tido efeito negativo sobre o "agnosticismo metodológico♀" proposto pelos cientistas sociais da religião.

Essa percepção é reforçada quando comparamos algumas observações de Evans-Pritchard♀ com as de Victor Turner♀ (Engelke, 2002). De fato, esse último é mais explícito ao criticar autores que oferecem uma "explicação eliminativa" (*to explain away*) da religião. Sua afirmação a seguir representa bem a suspeita de que o agnosticismo metodológico♀ reduza a experiência religiosa♀ de alguém a algo que ela não é: "Ao estudar símbolos religiosos, o produto da sabedoria humilde, devemos ser humildes se desejarmos ao menos captar, se não compreender totalmente, as verdades espirituais representadas por eles. Esta é a razão por que as tentativas de acadêmicos como James Frazer♀ e Durkheim♀ para adotar uma explicação eliminativa de fenômenos religiosos em termos naturalistas têm sido tão obviamente malsucedidas [...] tais acadêmicos procuram destruir aquilo que ameaça de modo central e fere a autossuficiência deles – a crença♀ em uma divindade" (Turner, 1975, p. 196).

A longa citação é importante porque nos remete diretamente a outro nome bem conhecido, o de Mircea Eliade♀. De fato, ele é bem conhecido por sua luta contra o reducionismo na religião♀, pois essa deveria ser estudada em seus próprios termos. Mas o foco não é bem nos estudiosos ateus, e sim em autores do passado cuja ênfase estava no uso de métodos♀ chamados de reducionistas. Por trás desses esforços há a sombra de Schleiermacher e sua crítica aos "desprezadores da religião", o que nos faz pensar em uma reação romântica ao espírito iluminista.

Mais recentemente surgiu uma espécie de reação de dois grupos de pesquisadores a padrões usuais em seus respectivos campos. Do lado da etnografia♀, questiona-se o excepcionalismo negativo no estudo do Cristianismo, pois se nega a esse estudo o valor da "observação participante" (*going native*) que é dado no caso de outras manifestações religiosas (ver, por exemplo, Howell, 2007). Outro grupo de pesquisadores, no âmbito das Relações Internacionais, critica o viés secularista preponderante. Encontra-se ali o "persistente poder da tese da secularização♀, que mantém (em sua versão clássica) que a religião♀ seria irracional, por natureza violenta e fadada a desaparecer, e que tem dominado não apenas a pesquisa em relações internacionais, como também o mundo acadêmico ocidental até recentemente" (Desch; Philpott, 2013, p. 7). Por influência da Ciência da Religião♀, evita-se um entendimento fixo do conceito, sendo esse situado em termos das relações econômicas, políticas e de poder. Assim sendo, a religião♀ não deve ser concebida "como um conjunto de ideias [...] devendo-se ver a religião em termos de símbolos, práticas, rituais, estruturas sociais e discursos" (Desch; Philpott, 2013, p. 7).

Pode-se notar simplificações de muitos dos autores citados ao retratarem seus oponentes secularistas/ateus/agnósticos. Lembre-se também da crítica feita a Eliade por sua criptoteologia no estudo da religião, que poderia ser estendida a esses autores. Entretanto, a pergunta permanece, e até merece uma pesquisa empírica a respeito, sobre o quanto o distanciamento em relação ao objeto é influenciado pelas lealdades religiosas e antirreligiosas dos pesquisadores. De qualquer forma, a presença de um expressivo número de ateus/agnósticos que se dedicam ao estudo da religião representou um movimento que ganha força com os pioneiros das ciências do homem a partir do século XVIII, e a tal ponto que em muitos círculos o declarar-se religioso tornou-se objeto de preconceito. Por outro lado, ao libertarem-se das amarras da religiosidade ocidental, esses pesquisadores agnósticos possibilitaram um avanço efetivo na direção de uma explicação científica da religião.

II. O surgimento dos "novos ateus" e seu relacionamento com as ciências naturais. No passado, intelectuais como Bertrand Russell e J. B. S. Haldane estiveram na linha de frente da defesa de uma visão naturalista do mundo, e se prestaram a inúmeros debates com religiosos (cristãos). Mas o impacto desse debate no grande público foi relativamente pequeno e se deu mormente no plano filosófico, sem muita influência no/do estudo da religião que se processava na mesma época. Ainda havia certa dicotomia entre as duas culturas, a das ciências naturais e a das humanidades.

Houve uma mudança significativa nas duas últimas décadas, tendo como divisor de águas (merecidamente ou não) o ataque às torres gêmeas de Nova York, em 2001. Surgem as figuras dos que foram denominados "novos ateus", que incluem nomes como Richard Dawkins e Daniel Dennett. Seus argumentos não diferem daqueles de seus predecessores, até mesmo quanto ao papel de uma concepção científica do mundo, no qual não haveria lugar para Deus. As novidades em relação a movimentos anteriores são duas. Primeiro, a capacidade de penetração, resultado de um esforço de divulgação do ateísmo, para o qual a Internet contribuiu significativamente; e segundo, que o alvo principal vai mais além de Deus e seus atributos, e avança sobre a religião institucionalizada como tal, para além do Cristianismo. A estratégia para a Crítica da Religião é dupla: primeiro, descarta-se sua função social, evidenciando-se sua associação à violência e ao obscurantismo. Segundo, recorre-se a estudos evolutivos da religião para dar prosseguimento à crítica freudiana dela, que a caracteriza como pensamento ligado ao desejo.

De fato, esses autores, em especial Daniel Dennett, apresentam resultados de recentes investigações sobre as origens da religião como fenômeno universal, mostrando o pensamento religioso como ligado ao antropomorfismo, e principalmente como resultado de falsos julgamentos sobre ocorrências externas. Isso permite que ela funcione como parasita de funções adaptativas que operam em outro contexto (Dennett, 2006, p. 96). A Ciência da Religião é colocada a serviço do ateísmo militante (o que causa desconforto aos cientistas ligados a ela), e se destaca assim a importância de um estudo científico dela sem barreiras colocadas pelos religiosos.

III. O impacto dos estudos evolutivos da religião sobre as pretensões de verdade do teísmo. É mais ou menos consenso que nenhuma ciência conduz *per se* ao teísmo ou ao seu oposto, o ateísmo. Entretanto, nenhum autor, principalmente em obras de maior fôlego, deixa de extrapolar os limites estreitos de uma ciência positiva. Agora estamos diante de uma teoria de maior envergadura: a teoria evolutiva pretende oferecer explicações últimas para o comportamento e a mente dos animais, e isso se estende ao nível do humano. Combine-se essa radicalidade à associação entre teorias de agentes (ciências cognitivas) e concepções de entidades sobrenaturais influenciando o mundo e teremos um terreno fértil para a controvérsia entre ateístas e teístas. A ideia de Deus surge de modo natural no desenvolvimento humano, mas o que fazer disso? Caímos na ilusão de Freud ou na apologia do teísmo?

No âmbito dessa nova e importante abordagem no estudo da religião destacam-se duas correntes. A primeira afirma que a religião é o resultado de uma adaptação, conferindo ao indivíduo e ao grupo a que pertence uma vantagem reprodutiva. Cabe aí, por exemplo, a teoria do sacrifício custoso (Sosis, 2005). A segunda (majoritária) entende a religião como subproduto de disposições mentais que são elas próprias adaptativas, visando interesses evolutivos não religiosos. Entre essas disposições mentais encontram-se detecção de agência e teorias da mente, que levam a entidade sobrenaturais, tendência ao comportamento moral, ritualidade e tribalismo, associado a um forte senso comunitário (Boyer, 2010, p. 9ss.). De modo geral, os ateus mais militantes optam por essa segunda corrente.

Justin Barrett, sendo um cristão evangélico, afirma que a realidade de Deus não é incompatível com as abordagens evolutivas (Barrett, 2011). No outro extremo, figuras como David Lewis-Williams (2010) e Pascal Boyer (2010) associam essas abordagens à dissolução da religião organizada e das entidades veneradas por elas. Sendo subproduto, a religião é parasita de funções mentais adaptadas para outras funções, e leva à elaboração de mundos fictícios. Explicações mais sofisticadas falam de circuitos do cérebro que podem falhar na ignição (Dawkins,

2006, p. 183-184) e, enquanto falha da condição humana, há de superá-la com o pensamento racional. Em uma posição intermediária, situa-se Scott Atran, cientista cognitivo da religião e ele próprio ateu, que critica extrapolações ideológicas dos dados científicos desses últimos autores (Atran, 2011).

Têm-se discutido também o impacto das ciências evolutivas da religião para a teologia℗. Do ponto de vista negativo, o máximo que se pode dizer é que essas ciências nem provam nem não provam a existência de um Deus criador que conduz o processo evolutivo. Mas essas ciências também indicam que o mesmo aparato cognitivo que leva à crença℗ no Deus℗ judeo-cristão também faz emergir crenças℗ que podemos chamar de estapafúrdias. Dilemas estendem e radicalizam as dificuldades colocadas pela evolução darwiniana ainda no século XIX, relativas à ausência de propósito nessa evolução e à justificação do mal natural excessivo. O fato é que essas ciências "fornecem uma explicação para o porquê das pessoas continuarem a interpretar o mundo em termos teístas, mesmo quando não há uma justificação externa para tal crença℗, ou em face de evidências contrárias" (Teehan, 2014, p. 178). Ali os críticos do teísmo sugerem que Deus℗ se torna uma hipótese supérflua para explicar a natureza da religião℗, pois tanto faz se Ele existe ou não para que a explicação naturalista seja suficiente, e a Navalha de Ockham surge então como um critério importante.

Não é de admirar, portanto, que os "novos ateus" tenham encontrado nessas novas ciências da religião uma fonte poderosa para seus argumentos.

IV. Os estudos empíricos da não religião. Por fim, vale contemplar sobre os estudos recentes sobre "não religião" ou "irreligião". De fato, esse grupo de pessoas em uma sociedade secularizada cresce em números e em importância, haja vista os números do censo de 2010 no Brasil, onde os "sem-religião" representavam 8% da população, quinze milhões de pessoas. Mas sob tal rótulo encontra-se uma massa amorfa e sem rosto, bastante heterogênea. O propósito desses estudos no âmbito das Ciências Sociais da religião, principalmente nos países em que essa categoria é mais expressiva, é justamente apresentá-la em suas múltiplas faces. Vão além dos estudos sociológicos do ateísmo, muitas vezes conduzidos por *insiders*, reconhecendo que a autodenominação "ateísta" é minoritária, ainda que associada a grupos mais organizados.

Segundo Lois Lee (2012, p. 130), um dos principais nomes dessa área, há três conjuntos de termos que constituem o estudo da não religião: aqueles que tomam religião℗ como raiz, como "não religião"; os que, ao invés, se fundam em teísmo; e finalmente os que derivam de secular. De qualquer forma, ao se estudar empiricamente o que se subentende por esses termos, utiliza-se os mesmos métodos℗ tradicionais do estudo da religião, lembrando que

o próprio entendimento desse termo necessita de redefinição. Assim, não se debruça só sobre aquilo que esses movimentos são "contra" (organizações, crenças℗ e comportamentos ligados a igrejas), mas também o que eles representam de positivo, a busca de sentido em uma sociedade hostil.

Nessa direção, pode-se estudar o ateísmo como parte da dinâmica religiosa da humanidade, e assim ele deve ser assumido em todo o seu espectro, do ateísmo indiferente até o militante, que acaba funcionalmente assumindo um aspecto de "religião implícita". Nesse último caso (que nos remete, por exemplo, aos movimentos organizados à sombra dos "novos ateus"), esses aspectos religiosos assumem também o lado negativo que são típicos, como o dogmatismo (Gurney, 2013). De qualquer forma, os estudos mais recentes têm enfatizado a questão de identidade individual e de grupo de não religiosos e ateus. Partindo da percepção de que "uma simples resposta do tipo 'sim' e 'não' para questões sobre identidade℗ religiosa falha em capturar adequadamente as nuances da identidade℗ religiosa/não religiosa" (Beaman; Tomlins, 2015, p. 14), e associando-se ao espírito de bricolagem que caracteriza as sociedades ocidentais, têm-se que o estudo científico-social do comportamento desses indivíduos mostra uma religiosidade que se preserva, latente ou não. Da mesma forma, no nível de grupos pode-se estudar "como indivíduos não religiosos são capazes de criar espaço para expressões não religiosas através da solidariedade de grupo e da criação de atividades seculares, [...] pelo que uma comunidade não religiosa adota uma atividade que é muito utilizada por organizações religiosas e a torna própria" (Beaman; Tomlins, 2015, p. 12). Como os autoproclamados ateus tendem a se constituir em grupos de resistência a uma maioria explicitamente religiosa, é de esperar que essa observação se dirija com mais propriedade a eles.

Pode-se deduzir daí um limite intrínseco dos dados obtidos por um censo, em que o indivíduo deve classificar-se em um número restrito de opções. Só o estudo de campo pode aferir a complexidade por trás do termo "sem-religião", uma categoria que ainda se situa no campo religioso enquanto objeto de interesse do cientista da religião.

***

O tema do ateísmo é tão antigo quanto o pensamento ocidental, mas na maior parte da história ficou restrito ao debate filosófico, dividido entre "ateus" e "teístas", fincando posições irreconciliáveis. O panorama só passa a se enriquecer com a emergência da Ciência da Religião℗, cujos praticantes também se situavam em um espectro de posições a respeito de Deus, com maior ou menor influência no estudo científico dela. Nosso argumento dividiu-se em quatro etapas, a primeira dizendo respeito às lealdades religiosas ou antirreligiosas e como isso influencia o "agnosticismo metodológico♀", apontado como necessário no estudo da religião. Já a segunda fala de pontos de inflexão que se mostram nesse início de século, destacando o ateísmo dos "novos ateus", que adquire uma dimensão sociológica relevante. A terceira etapa fala de um desenvolvimento muito importante, o dos estudos evolutivos da religião, que fornecem uma convincente explicação naturalista sobre a origem e a natureza da religião♀, muito ao gosto dos mencionados "novos ateus". Por fim, nossa atenção se dirige ao estudo da "não religião" em sociedades secularizadas, como cabível no espectro de interesses do cientista da religião.

Para a Ciência da Religião♀, portanto, a temática "ateísmo/agnosticismo♀" representa muito mais do que adicionar algo à polêmica multissecular entre ateus e teístas. Ela passa a ser objeto de estudos empíricos, cujos métodos♀ e epistemologia♀ pouco diferem daqueles empregados no estudo da "religião♀" como tradicionalmente entendida.

Bibliografia: ATRAN, S. Review Essay: Sam Harris's Guide to Nearly Everything. *The National Interest*, March/April 2011, 57-68; BARRETT, J. L. *Cognitive science, religion, and theology*: from human minds to divine minds. West Conshohocken: Templeton University Press, 2011; BEAMAN, L. G.; TOMLINS, S. (Orgs.). *Atheist Identities*: Spaces and Social Contexts. Heildelberg: Springer, 2015; BOYER, P. *The Fracture of an Illusion*: Science and the Dissolution of Religion. Göttingen: Vandenhoeck and Ruprecht, 2010; BUCKLEY, M. J. The study of religion and the rise of atheism: conflict or confirmation? In: FORD, D. F.; QUASH, B.; SOSKICE, J. S. (Orgs.). *Fields of Faith*: Theology and Religious Studies for the Twenty-First Century. Cambridge: Cambridge University Press, 2005. p. 3-24; DAWKINS, R. DENNETT, D. C. *Quebrando o encanto*: a religião como fenômeno natural. São Paulo: Globo, 2006; DESCH, M.; PHILPOTT, D. (Orgs.). Religion and International Relations: A Primer for Research. University of Notre Dame, 2013. Disponível em: <http://rmellon. nd.edu/assets/101872/religion_and_international_rela-tions_report.pdf>. Acesso em: 15/12/2016; ENGELKE, M. The Problem of Belief: Evans-Pritchard and Victor Turner on 'The Inner Life'. *Anthropology Today*, 18/6 (Dec. 2002), 3-8; EVANS-PRITCHARD, E. E. A Religião e os antropólogos. *Religião e Sociedade*, 13/I (março 1986), 5-19; GURNEY, D. J. et al. Believe it or not: Exploring the relationship between dogmatism and openness within non-religious samples. *Personality and Individual Differences*, 55.8 (2013): 936-940; HOWELL, B. M. The repugnant cultural other speaks back: Christian identity as ethnographic 'standpoint'. *Anthropological Theory*, 2007/7 (December), 371-391; HUME, D. *Investigações sobre o entendimento humano e sobre os princípios da moral*. São Paulo: Unesp, 2004; LEE, L. LEWIS-WILLIAMS, D. *Conceiving God*: The Cognitive Origin

and Evolution of Religion. Londres: Thames and Hudson, 2010; MARTIN, M. *Um mundo sem Deus*: ensaio sobre o ateísmo. Lisboa: Edições 70, 2010; MINOIS, G. *História do ateísmo*: os descrentes do mundo ocidental, das origens aos nossos dias. São Paulo: Unesp, 2014; SOSIS, R. O valor do ritual religioso. *Revista Mente e cérebro*, abr. 2005, 39-47; TEEHAN, J. Cognitive Science and the Limits of Theology. In: TRIGG, R.; BARRET, J. L.(Orgs.). *Roots of Religion*: Exploring the Cognitive science of Religion. Farnham, UK: Ashgate, 2014. p. 167-187; TURNER, V. *Revelation and Divination in Ndembu Ritual*. Ithaca: Cornell University Press, 1975.

EDUARDO RODRIGUES DA CRUZ

ATITUDES RELIGIOSAS

A vivência de uma religião envolve várias atitudes do praticante para com seres divinos, do praticante para com outras pessoas e do praticante para com ele mesmo. As atitudes que exploraremos neste verbete para os mundos antigo, medievo e moderno são: devoção, piedade e veneração. Até à emergência do estudo histórico e sociológico da religião como campo de estudo autónomo nos vários países ocidentais, as reflexões sobre religião♀ foram conduzidas principalmente pela teologia♀ católica e protestante. Estando o percurso de autonomização do estudo histórico e sociológico da religião intimamente associado à teologia♀ cristã, vários dos conceitos usados para pensar histórica e sociologicamente a religião♀ foram adaptados desta tradição teológica. Há, portanto, uma bagagem teológica que é importante reconhecer. Mas também é possível adaptar estes conceitos para um estudo não confessional do fenômeno religioso, e é essa aplicabilidade que procuraremos demonstrar aqui. Começaremos com uma breve problematização dos três conceitos selecionados.

Devoção, piedade, e veneração são frequentemente usadas de forma intercambiável, apesar de terem origens distintas. Os três conceitos provêm do latim e são adaptações dos significados que tinham durante o Império Romano. Piedade vem de *pietas*, que se tornou uma das virtudes mais importantes para os romanos e que consistia no laço de afetividade e sentido de dever que unia o indivíduo à família, à pátria e aos deuses. Foi, sobretudo, no sentido de ligação afetiva e adoração a Deus que *pietas* foi adotada pelos cristãos. Devoção provém de *devotio*, cujo sentido de entrega de si mesmo à divindade foi aproveitado pelo Cristianismo, mas que, no tempo da República romana, se referia em grande medida a sacrifícios♀ expiatórios. Proveniente de *veneratio*, o conceito de "veneração" foi distinguido no Cristianismo católico de outro conceito similar, nomeadamente adoração, do latim *adoratio*. No Catolicismo o termo "adoração" foi reservado para Deus, enquanto para Maria e os santos se usava o termo "veneração".

Esses três conceitos envolviam tanto atitudes interiores (compromisso, afetividade, emocionalidade) como atitudes exteriores (gestos, práticas, rituais). Contudo, a dimensão da atitude interior tornou-se bastante vincada, sobretudo a partir de finais da época medieval e, na época moderna. Para isso muito contribuíram o movimento da *devotio moderna*, que começou no século XIV nos Países Baixos e que privilegiava a espiritualidade interior, o movimento pietista, impulsionado por protestantes luteranos nos séculos XVII e XVIII e que enfatizava a experiência religiosa individual através da participação na Igreja e da leitura das Escrituras, e a erosão, também por parte de protestantes, da distinção católica entre adoração e veneração.

O enfoque do Protestantismo na vivência religiosa interior em simultâneo com a desvalorização da prática, visível na importância dada à crença em detrimento do ritual, influenciou o estudo histórico e sociológico da religião durante bastante tempo. No entanto, a prática religiosa, a noção de que a religião não é só ortodoxia abstrata, mas é também feita e vivida pelos atores sociais, e a consciência de que os elementos mentais e emocionais, como a crença, podem variar de indivíduo para indivíduo, têm sido tidas em consideração desde algumas décadas. O próprio estudo de outras culturas pode requerer ajustes e clarificações conceituais, como será visto mais adiante.

Na teologia cristã, sobretudo por serem usados em relação à espiritualidade individual, atualmente os conceitos de piedade e devoção são utilizados para descrever atitudes individuais fora de um contexto estritamente institucional, quer no Cristianismo, quer noutras religiões. Por sua vez, o conceito de "veneração/adoração" tende a ser prática comum tanto em contextos institucionais (por exemplo, culto no templo) como privados (por exemplo, culto em casa).

I. Na Antiguidade. No estudo das religiões das culturas antigas é frequente a distinção entre religião oficial e religião pessoal, estando a religião oficial associada a instituições, como templos e santuários, com poder e prestígio nas comunidades. Em geral, a maior parte da população nas culturas antigas tinha um acesso limitado ao templo, ficando os rituais no seu interior a cargo de um sacerdócio especializado. A religião pessoal podia ser praticada tanto em áreas específicas de templos e santuários como no espaço doméstico, e até mesmo sem relação com qualquer espaço em particular. A utilidade da distinção entre religião oficial e religião pessoal está na especialização de cada uma dessas formas de religiosidade: enquanto a religião oficial visava sobretudo manter uma boa relação entre o estado e os deuses no topo da hierarquia divina, a religião pessoal dizia respeito a assuntos como a proteção do indivíduo, a sua relação com divindades cuja proximidade se tornava importante devido às suas capacidades e atributos, e a proteção do lar e da família.

Ao contrário do que a designação religião pessoal poderia sugerir, e até mesmo os conceitos de piedade e devoção a ela associados, a religião pessoal não é estritamente individual, mas tem também uma dimensão comunitária e pública. Por essa razão foram propostos termos alternativos, como religião da família, religião local, ou religião doméstica. Esses termos, que se sobrepõem em grande medida, mas não completamente, contribuem para enriquecer a compreensão da religiosidade não institucional nas culturas antigas, mas o conceito de "religião pessoal" permanece válido, sobretudo quando se quer estudar a dimensão individual daquela religiosidade em particular.

No antigo Egito, assim como em outras culturas da Antiguidade, as fontes para o estudo da religião pessoal dividem-se essencialmente em três: arqueológicas, iconográficas, e escritas. As fontes textuais incluem nomes próprios teofóricos, inscrições biográficas em túmulos, estelas votivas, textos literários, cartas e textos oraculares. As fontes iconográficas provêm, em grande medida, de estelas depositadas em templos e em santuários. As fontes arqueológicas são originárias, essencialmente, de contextos domésticos e de espaços públicos, nomeadamente templos e santuários. Enquanto as fontes iconográficas e arqueológicas podem ser produzidas tanto pelas camadas superiores como inferiores da sociedade, as fontes textuais são um produto da elite e, por isso, apenas nos garantem acesso à religiosidade de um grupo social restrito.

Os vários tipos de fontes não são constantes ao longo da história egípcia, o que pode refletir variações na religiosidade das populações, mas que também se pode dever aos acasos da preservação e até mesmo aos padrões de escavação, dado que até há algum tempo se privilegiaram os templos e as necrópoles das elites. Aqui centrar-nos-emos num período da história egípcia, conhecido como Império Novo (cerca de 1550-1069 a.C.), em que há uma particular abundância relativa ao que, na Egiptologia, costuma ser designado de "piedade pessoal". Este termo continua a ser utilizado por uma questão de conveniência, mas, para evitar a bagagem teológica do termo "piedade", na Egiptologia alemã é frequente usar-se a designação de "proximidade a uma divindade" (*Gottesnähe*) por ser conceptualmente mais neutra (Luiselli, 2011, p. 9-11).

Como mencionado anteriormente, a veneração do deus ou deuses com quem os indivíduos mantinham uma relação próxima podia ter lugar em contextos não institucionais (nomeadamente o espaço doméstico) ou em contextos institucionais como o templo ou o santuário. Um exemplo de um meio institucionalizado de contato com uma divindade são as procissões, nas quais a população em geral podia acompanhar a estátua do deus, mas, aparentemente, não podia participar em todas as atividades rituais. Algumas dessas atividades incluíam as consultas oraculares dispensadas pela divindade e que apenas estariam ao alcance de membros da elite social.

Fora de espaços institucionalizados como o templo, o culto e a veneração de divindades podia ser feito no espaço doméstico. Um exemplo de como a religião no espaço doméstico podia ser praticada é dado pelas casas mais abastadas de Karanis (hoje Kom-Auchim), uma cidade egípcia da época greco-romana. Essas casas incluíam nichos parietais com imagens de deuses a quem, pelo menos a alguns, seriam feitas oferendas, possivelmente não só pelos residentes como também por visitas, o que dá uma dimensão coletiva e transfamiliar à religião no espaço doméstico. Em geral, as casas egípcias não tinham um lugar reservado para a veneração de divindades, mas, em vez disso, os altares podiam ser colocados em áreas mais ou menos públicas da casa, de modo a levar os que por lá passassem, fossem residentes ou visitas, a fazer oferendas ou libações.

Um texto sapiencial do Império Novo egípcio exorta o seu destinatário a celebrar a festa anual em honra do seu deus (*Instrução de Ani*, Papiro Boulaq 4 reto, versos 16.3-16.4), e outro texto sapiencial do mesmo período recomenda ao seu receptor que não celebre a sua festa sem os seus vizinhos (*As proibições*, Óstraco Petrie 11 = UC 39614, verso C7). É possível que os dois textos se refiram ao mesmo tipo de celebração, que teria lugar no espaço doméstico. Um hino ou oração igualmente do Império Novo e dirigido ao deus Tot, o deus patrono dos escribas, possivelmente evoca o mesmo tipo de religiosidade comunitária em associação com a religiosidade individual, quando o seu narrador descreve a boa fortuna que tem experienciado desde que trouxe para sua casa a estátua do deus e convida os seus vizinhos a partilharem da sua alegria (Papiro Anastasi III [=] Papiro BM EA 10246 reto, versos 4.12-5.5) (Luiselli, 2011, p. 201-202).

A veneração de divindades, quer em festas comunitárias organizadas pelo templo, quer em festas privadas, tinha também um impacto social significativo, na medida em que eram permitidas ausências do trabalho para se poder frequentar as festas religiosas. Essas ausências, que encontram um paralelo em vários países contemporâneos que concedem feriados religiosos, tinham um custo de produtividade, mas constituíam também uma forma de quebrar a rotina laboral e permitir aos trabalhadores reforçarem as relações com as divindades, por um lado, e com familiares, amigos e vizinhos, por outro.

Além de manter o contacto com um deus pessoal de forma regular, o indivíduo podia também recorrer à divindade em situações de crise pessoal. Um exemplo são as crises que envolvem um conflito com

outros seres humanos. Frequentemente esses conflitos envolvem uma relação de poder na qual a pessoa que solicita a assistência divina está numa posição vulnerável e não pode ripostar. Um exemplo é o apelo, frequentemente ao deus Amon, para garantir um julgamento imparcial contra alguém poderoso e capaz de subornar o juiz (por exemplo, Papiro Anastasi II reto, versos 8.5-9.1; Óstraco IFAO Inv. 2181 = Óstraco Wilson). A retribuição de injustiças também devia ser deixada ao cuidado divino, uma ideia que está igualmente presente nas literaturas religiosas judaica e cristã (por exemplo, Dt 32,35; Sl 37,1-9; Hb 11,30; Rm 12,19). Essas injustiças podem ser a perda do cargo para um rival (por exemplo, Óstraco Cairo 25206, versos 12-15), mas nem sempre são explicitadas (por exemplo, *Instrução de Ani*, Papiro Boulaq 4 reto, versos 21.14-21.16). A *Instrução de Amenemope* contém um passo em que a dependência quietista em relação à divindade se torna bastante evidente: "(22.5) Além do mais, não conheces os planos de deus, (22.6) pelo que não tens de recear por causa do amanhã. / (22.7) Senta-te nos braços do deus, (22.8) e o teu silêncio derrubá-los-á (aos adversários)" (Papiro BM EA 10474 reto, capítulo 21, versos 22.5-8; o mesmo quarteto é repetido na íntegra no capítulo 22, versos 23.8-11). O termo "quietismo" é aqui usado não no sentido de diluição do ego que tinha na mística cristã moderna, mas no sentido de se entregar um problema à divindade e deixá-la agir sem interferir. Se agisse por sua própria conta, por exemplo, ao acusar um juiz de se ter deixado subornar, o indivíduo apenas alcançaria resultados limitados ou mesmo contraproducentes, haja vista a sua posição de desvantagem na relação de poder. No entanto, esse constrangimento não é partilhado pela divindade, e, ao deixá-la intervir em vez de si, o indivíduo adquire uma posição mais vantajosa na relação de poder.

No âmbito psicológico, a simples oração e recurso à divindade pode ser, por si só, uma fonte de conforto, uma vez que é uma forma de o indivíduo agir no sentido de solucionar o seu problema, em vez de se sentir completamente impotente. No âmbito social, a delegação da retribuição de ofensas numa divindade pode reduzir os confrontos, ao mesmo tempo em que sanciona o conformismo e a manutenção das instituições e das relações de poder.

Se, por um lado, o indivíduo devia deixar a retribuição de ofensas por terceiros com a divindade, por outro podia ser ele próprio alvo de castigo por ter transgredido os ditames de um deus com quem mantinha uma relação pessoal. Esse tipo de crise está sobretudo registrado em estelas votivas do Império Novo depositadas em espaços reservados para o efeito em templos ou em santuários e capelas. Dois exemplos são as duas famosas estelas votivas de Neferabu provenientes da aldeia de Deir el-Medina, onde viviam os trabalhadores dos túmulos tebanos (incluindo os do Vale dos Reis). Numa dessas estelas (BM 589 verso) Neferabu relata o falso juramento que fez em nome do deus Ptah, as aflições que o deus lhe causou, e termina com o pedido de misericórdia à mesma divindade (Luiselli, 2011, p. 361-363). Noutra estela (Turin 50058) Neferabu descreve a contundência das aflições provocadas pela deusa Meretseger devido a uma transgressão que o narrador não especifica, mas, ao contrário do que sucede na estela anterior, afirma que se reconciliou com a deusa (Luiselli, 2011, p. 358-361).

Em várias das estelas votivas egípcias é mencionado que o seu doador irá publicitar a clemência e o poder da divindade, o que parece ser feito através da deposição das estelas em locais visíveis (por exemplo, Estela Berlim 20377, versos 13-14; Estela Turin 50044, versos 4-6 (Luiselli, 2011, p. 366, 378-382). Em duas regiões da Ásia Menor, a Lídia e a Frígia, entre os séculos II a.C. e III a.D. existiu uma tradição similar de deposição de estelas no templo local, que também publicitavam episódios de doenças por causa de ofensas a uma divindade e que eram curados através da reconciliação com a mesma divindade. Também na Grécia antiga as oferendas votivas, que podiam incluir não só pequenos objetos, mas ainda itens de grande dimensão, como navios capturados aos inimigos, tinham igualmente uma dimensão de reconhecimento público. Assim, piedade e devoção na Antiguidade não são apenas atitudes interiores e não concernem apenas ao indivíduo e à divindade, mas são também práticas sociais que refletem e asserem o estatuto dos indivíduos na sociedade.

Na Antiguidade greco-romana, a atitude religiosa por excelência é a *pietas*, na sua transcrição latina, que engloba devoção, lealdade, honra e dever para com deuses e ancestrais ρ, extensão do dever para com a família, o que por analogia ρ diz respeito também a um dever com o Estado. A piedade é uma junção entre devoção e dever, que penetra as relações familiares e cívicas. Aquele que é detentor da *pietas* é o indivíduo que cumpre seu dever com a família, com os concidadãos e com o Estado. Os heróis homéricos e virgilianos se destacam pela *pietas*: o *pater familias* deve vivê-la de modo exemplar e o imperador é o *pius* por excelência. *Pietas* está, portanto, relacionada com a *fides*, a fé ρ que sustenta o todo da sociedade greco--romana, das relações familiares à estrutura imperial, pois é a virtude que aceita o destino ρ [*fatum*] das coisas. Os infortúnios individuais e imperiais eram tidos como falta de piedade. Em 31 a.C., *Gaius Julius Octavius* (63-14 a.C.), após a vitória de *Actium* contra Marco Antônio e Cleópatra, em 27 a.C., que marca o fim da República e inaugura o Império Romano, unifica a Itália possibilitando o que ficou conhecido por *Pax Romana*, até a morte ρ do imperador Marco Aurélio (180). Octavius recebe por isso o título de *Imperator Caesar Divi Filius Augustus*, ou simplesmente *Augustus*. Virgílio (70-15 a.C.), poeta romano, três anos depois da Batalha de Actium (2 de setembro de 31 a.C.), começa a escrita da *Eneida*, na qual narra os horrores da guerra civil, e invoca os deuses para que enviem um salvador. No Livro VI, as sombras de Anchises aparecem a seu filho Eneias, para revelar os futuros heróis de Roma, culminando em *Augustus*. Pouco mais de uma década antes desse fato, nas suas *Éclogas*, Virgílio reúne as lendas presentes nos *cultos dos heróis salvadores*, em que fala de um menino de origem divina que nasceria de uma virgem e restauraria a era de ouro, de paz e justiça ρ no mundo. No Livro VIII a narrativa dessa *Pax Augusta* coincide com a época do nascimento de Jesus Cristo, que leva Agostinho (354-430) a interpretar a *Écloga* 4 virgiliana como sendo o prenúncio do nascimento de Cristo no culto ao herói-salvador. Virgílio é considerado, então, uma alma ρ cristã por natureza [*anima naturaliter christiana*], que prepara a conversão cultural do Império, sendo Eneias o *autor pietatis*, o homem *pius* que se submete à missão ρ imposta pelos deuses em obediência à vontade divina. Ovídio apresenta o herói virgiliano como modelo de civilidade romana (*Fasti*, II, 543) e um cristão chamado Cromácio de Aquileia atribui o título a Jesus Cristo (*Sermo* 11, 1.9). Também Ambrósio de Milão mantém a *pietas* romana tal qual apresentada por Cícero, que compreende a justiça ρ e coloca Deus acima de tudo, depois a pátria acima de todos e por fim tem lugar a família [*Iustitia autem pietas est prima in Deum, secunda in patriam, tertia in parentes, item in omnes*]. Entretanto, o bispo de Milão coloca a *religio* acima da *pietas* (*De officiis*, I, 27, 127; *Expositio in Evangelii secundum Lucam*, 7, 146). Com Agostinho se acentuará a tensão entre a *civitas impiorum* e a *civitas piorum*, e com isso o debate sobre a *vera pietas* iniciava a questão da *vera religio* (*De civitate Dei* I, 10).

Portanto, o antigo dever da *pietas* romana de honrar os deuses, e com isso seu imperador, a pátria e a família, se transmutará em *fides christiana* para sustentação do Império, promovendo uma tradução ρ cultural das práticas religiosas, como: 1) *preces*, que eram pedidos ou súplicas dirigidas às divindades ρ (Horácio, *Sátiras* 2, 6, 13); 2) *devoção*, que era a ação de dedicar um voto de viver as virtudes expressas nas narrativas dos mitos, como gesto agradável às divindades ρ, de onde resulta o *devotum*, aquele que consagra sua vida a viver de acordo com a vontade dos deuses (Cícero, *De natura deorum*, 3,15; 2,10). A *pietas* romana também poderia ser entendida como uma submissão a um encantamento, até mesmo amoroso (Ovídio, *Amores* 3,7, 80), no qual alguém apaixonado, *devotado* ou *dedicado* a viver em função de sua paixão (Sêneca, *De beneficiis* 3, 5) e do sofrimento do amante, seria entendido como alvo de uma trama dos deuses, pois *devotou a deuses infernais* (Horácio, *Odes* 3, 4, 27). Além disso, não seria estranho o uso de *devotio* atrelado a maldição (Cornélio Nepos, *Alcebíades* 4,5), superstição ρ, bruxaria (Tácito, *Anais* 2,69) ou feitiço dos deuses que cegam o devoto (Plauto, *Casina* 388). Apesar de a *vera pietas* apregoar um distanciamento dessas práticas, não raro, por meio da prática religiosa do *exorcismo*ρ como meio de desfazer as maldições e feitiços, ao longo do Cristianismo imperial, se verificará apenas uma mudança de forma, de deuses para demônios, heróis para santos, permanecendo a mesma substância da *devotio*; 3) *veneração* como prática religiosa de respeito aos heróis, templos, símbolos, deuses e acatamento respeitoso de sua vontade, incluindo o imperador, digno de respeito (Horácio, *Sátiras* 2, 5, 14). O *veneratur* é aquele que respeita (Ovídio, *Ponticas* 2, 2, 1), sendo também a *veneratio* uma homenagem (Cícero, *De natura deorum* 1, 45); 4) *adoração* é uma prática religiosa que por um tempo se confundiu no Império Romano com a veneração (Sêneca, *De vita beata* 18,2) e que vai se consolidando com o ato de prestar culto (Suetônio, *Vitélio* 2). A adoração ao imperador, iniciada por Augusto, era, portanto, um culto à sua pessoa e às suas virtudes, em que o imperador passava a receber a veneração como *Pater familias*, porém como *Pater patriae*, o pai da sociedade romana, podendo atuar como juiz dentro de qualquer casa a fim de aplicar a lei moral em todo o Império, pois era o salvador do mundo e, como *pontifex maximus*, era o responsável por todos os atos religiosos do Estado, instituindo o culto imperial a outros pontífices, mais precisamente ao seu *numen*, sua essência divina, por meio do rito da apoteose, em que se divinizava o imperador, havendo mesmo um corpo de sacerdotes augustais para a manutenção do culto. Esta foi uma das práticas que resultaram em perseguição ao Cristianismo, que no Oriente distinguia a adoração (*latria*), destinada a Deus, da veneração (*dulia*), a qual poderia ser aplicada a homens e mulheres veneráveis, ambas distintas da falsa adoração (*idolatria*ρ), do culto ao imperador, inaceitável também pelo Judaísmo, porém a ameaça ao culto imperial se dava pela capilaridade que a *fides christiana* permeava a massa de escravos, naturalmente *impius* da *fides* romana; 5) *sacrifício*ρ, prática religiosa de separar algo como oferenda destinada aos deuses, que é uma forma de prece com a oferta de algo, indicativo da disposição de devoção, ou seja, de se consagrar à divindade. Os sacrifícios ρ poderiam ser cruentos (com derramamento de sangue de um animal ofertado, que, de acordo com o tamanho, indica a disposição do ofertante) ou incruentos (sem derramamento de sangue), enfatizando a própria entrega da vida, como disposição a viver de acordo com a vontade da divindade. No Cristianismo primitivo pode-se evidenciar uma atitude religiosa que ressignifica as práticas da *pietas* romanas na medida em que se entende como cultura alternativa (*paideia* cristã), e, portanto, submete-as a um novo juízo. Contudo, ao se tornar Cristianismo imperial, terá as próprias práticas da *pietas* cristã, serão questionadas por ser-

virem de apoio ao sistema político religioso, como se verificará na Reforma ρ de Cluny, na Reforma ρ Tridentina, na Reforma ρ Protestante, assim como nas rupturas no interior da própria Reforma ρ. Pode se evidenciar que na transição de práticas religiosas para uma práxis religiosa, como postura de uma atitude religiosa que se pretende mais consciente, ocorre uma diminuição quantitativa das práticas, em função de uma busca qualitativa da atitude.

II. Na Idade Média. Para todo o período que se apresenta em seguida (Idade Média e Idade Moderna) são muitas e diversificadas as fontes escritas, arqueológicas, iconográficas e epigráficas que revelam um mundo onde era crucial o relato escrito, que se encontrava nas mãos de agentes especializados, monges, escribas e notários, mas também os documentos visuais (artísticos – catedrais; epigráficos – registos tumulares), que aproximam muitos dos que não sabem ler do universo do sagrado ρ e propiciam, simultaneamente, uma simbiose entre o divino e o profano ρ, também presente nos vestígios arqueológicos.

Desde finais do século IV e durante todo o período da Antiguidade tardia, o Império Romano tornou-se lentamente cristão, e os homens assumiram um modo de vida eivado de práticas relacionadas com as antigas religiões locais, mas, paulatinamente, marcado por uma nova religiosidade. No Ocidente, o processo coincidiu com as migrações bárbaras que fomentaram esta aculturação ρ, e o estabelecimento dos reinos cristãos revelou a adesão formal a um corpo doutrinal que não correspondia, na realidade, a uma evangelização profunda de crenças ρ e de atitudes. Assim, subsistem, nos reinos cristãos bárbaros, antigas práticas religiosas que conduzem a comportamentos e atitudes muitas vezes desviados das ortodoxias dos cristianismos concorrentes, como o católico e o ariano. No império do Oriente, paulatinamente liberto das pressões bárbaras, desenvolveu-se uma tradição do Cristianismo assente em práticas celebrativas na qual o rito significa a materialização da fé ρ, e esta é difundida e pregada junto das camadas populares através da imagem ρ (ícone), que adquire um papel evangelizador fundamental, mas algo controverso, porque ligado à superstição ρ (crise iconoclasta).

As populações medievais assumem uma postura perante o religioso de grande proximidade e simultaneamente de temor. O divino impregna toda a sua vida e com ele nasce, vive e morre. A eternidade ρ está a dois passos. Assim, para os monges/clérigos, mas também para os leigos ρ, Deus intervém directamente na história dos homens, nos destinos ρ individuais e colectivos, daí ser necessário perscrutar os sinais dos tempos, pois Deus ρ retribui a cada um segundo as suas obras (justiça ρ imanente), e influencia e avisa os homens através de visões, milagres e outros fenômenos que são outras tantas epifanias do

ATITUDES RELIGIOSAS

divino. Deus✝ é, assim, o grande e justo juiz, daí o temor que o homem medieval tem do julgamento final (individual e universal) e especialmente do fim do primeiro milênio, em que se pensava que viria o Anticristo. Essa vinda seria precedida de perseguições e antecede o Juízo final.

"No século XIII o Purgatório✝ modificou a atitude dos cristãos perante os últimos momentos da vida. O Purgatório✝ dramatizou essa última parte da existência terrena, carregando-a de intensidade misturada de temor e de esperança. O essencial, a escolha do Inferno✝ ou Paraíso✝, visto que o Purgatório✝ era a antecâmara certa do Paraíso✝, podia ainda jogar-se no minuto derradeiro" (Le Goff, 1995, p. 426-427).

Nisto acreditaram os homens durante a medievalidade e ainda no Renascimento; basta ver a imponência e expressividade da cena do Juízo Final de Miguel Ângelo na Capela Sistina. Toda essa ambiência leva, por um lado, à penitência, mas também à purificação, que é representada pelo Purgatório✝.

A preocupação sentida de discernir com a obra de salvação✝ se inscreve no tempo leva o Homem a caminhar neste mundo ao encontro do Outro. O *Homo viator* (Le Goff, 1989, p. 13) é, pois, entendido como aquele que, com Deus, faz um caminho na Terra para alcançar o Além, uma vida eterna prometida. Durante esta vida entrega-se à divindade a quem presta culto e com quem se relaciona (e mantém proximidade), sempre numa postura reverencial e de adoração. Neste caminho, a intercessão de Maria e dos santos é essencial, bem como um conjunto de práticas e rituais que asseguram a eficácia do pedido ou do agradecimento. A relação com o divino torna-se assim um ato de entrega e simultaneamente de piedade e adoração.

Mas este caminho tomou formas e desenvolveu atitudes diversas ao longo do tempo, sendo a peregrinação✝ uma das suas expressões. Os homens assumem assim a sua condição peregrinando aos lugares santos, o primeiro e mais importante, Jerusalém, onde se encontra o túmulo de Cristo. Tal peregrinação✝ torna-se uma cruzada quando a Terra Santa é ocupada pelos muçulmanos e o papado chama os cristãos a levar a cruz e as armas nesta peregrinação✝, que, sendo um retorno às "raízes" do Cristianismo, identifica-se com o apóstolo João, o evangelista e, por isso, com a caridade. Mas também se peregrina aos túmulos dos santos – onde se encontram as suas relíquias. Entre eles, na Península Ibérica, o mais conhecido santuário✝ é o de Compostela, onde, depois do anúncio, em meados do século IX, da descoberta do túmulo do apóstolo Santo Iago/São Tiago Maior, a participação dos peregrinos ajuda a erguer a catedral, e nela se presta culto ao santo e contempla-se o futuro com esperança, personificada por Santo Iago/Santiago. Às duas nomeadas junta-se a peregrinação✝ a Roma, como momento de voltar a mergulhar na essência da fé✝, encontrando-se os túmulos de Pedro e Paulo, garantes desta mesma fé✝. As peregrinações são, pois, grandes manifestações do religioso que colocam no centro da vida do homem os santos, as suas relíquias e o seu culto.

Desde os mártires dos primeiros séculos aos bispos e aos reis taumaturgos e ao longo de toda a Idade Média, a santidade torna-se uma realidade essencial, pois os santos são os patronos das cidades, das agremiações e das povoações, e são também aqueles a quem se procura para resolver problemas e para imitar virtudes. A partir do século XII, com o renascimento do culto de Maria, e de outras mulheres como Maria Madalena, Maria, a Egípcia ou Thaís, que se tornam modelos para aquelas que se afastam do caminho do pecado (Eva) e se convertem, difunde-se também o ideal do Evangelho e a imitação de Cristo. Esta configuração com Cristo e com a sua Palavra é assumida, quer pelos movimentos penitenciais "ortodoxos", como o franciscanismo, quer pelos heterodoxos, como os valdenses e, essencialmente, os cátaros.

No centro de todas essas práticas estão as celebrações litúrgicas, nelas o homem encontra-se de forma única com o divino, com a sua beleza e expressividade. Nas igrejas e catedrais está plasmado na beleza da sua construção não apenas um ideal estético, como, acima de tudo, uma leitura da Bíblia✝ aberta e contada aos leigos✝. É na eucaristia, o sacramento✝ por excelência, que se tornam presentes os defuntos e se pede por eles, numa prática que, remontando a Cluny, torna esta celebração um especial momento de intercessão pelos mortos e de consciência✝ da necessidade da salvação✝ que todos sentem, em especial os familiares e amigos do defunto, que, assim, contribuem para a sua salvação✝. Simultaneamente, a eucaristia que se desenvolve em torno da presença real de Cristo (na elevação), criando assim uma especial devoção (interior), mas que se expressa igualmente em grandes procissões, ao Corpo✝ de Deus, na qual todos participam e, de alguma forma, revelam a sua pertença religiosa (também profissional e sociocaritativa).

Ao lado dessa realidade, mas sempre em relação com ela, desenvolve-se o mundo da espiritualidade✝ monástica, que concebe a vida como um duro combate individual e espiritual contra o mal.

A vivência religiosa no cenóbio rege-se por regras como a de São Bento ou a de Santo Agostinho, no Ocidente; ou a de São Basílio, no Oriente. Integrados nos movimentos de renovação e reforma do interior da Igreja✝ *in capite et in membris* (desde a Reforma✝ Gregoriana do século XI ao Concílio✝ de Latrão, em 1215), nas urbes e por causa das suas necessidades vão surgir outras formas de vida comunitária (Vauchez, 1994, p. 75-80). Assim, desenvolve-se e afirma-se a vida mendicante de franciscanos, dominicanos, carmelitas, na qual prevalece o espírito evangélico, assente na Imitação de Cristo, pela escolha da pobrezaρ e no amor ao próximo, e cuja preocupação é o apostolado no meio dos homens, essencialmente na cidade, onde se concentram um maior número de pobres e marginalizados.

Muitos desses homens e mulheres orientam-se por importantes movimentos, dos quais sobressai a *Devotio Moderna*, que revela uma espiritualidadeρ mais afetiva e prática, sem grandes preocupações especulativas, oposta ao verbalismo e que combina, harmoniosamente, a ascética e a místicaρ, colocando na vivência interior de despojamento, que aponta para a contemplação e a recepção de graças místicasρ, toda a força da vida cristã. Nesse misticismo que conduzirá à valorização da asceseρ, o corpo tem papel predominante como linguagem feminina, por excelência. Desprovida na maior parte dos casos de conhecimentos, é através do corpoρ que a mulher sofre, em união à paixão de Cristo, para expiar as suas faltas. O corpoρ torna-se elemento de comunicação da mulher iletrada, que, pelos êxtases místicos de amor de Deus, constitui-se como instrumento das revelações divinas. A partir de meados do século XIV, suceder-se-ão as visionárias e as profetisas, algumas observando com grande rigor os jejuns, vivendo apenas da hóstia. A recusa de alimento, ou a "santa anorexia", surge ligada à devoção ao corpoρ de Cristo, forma de se subtrair ao controlo masculino, actuando no único domínio onde eram as donas de si próprias, comportamentos que, no âmbito neurobiológico, podem levar aos estados alterados de consciênciaρ procurados nas experiências místicasρ.

III. Da Idade Moderna à Modernidade. O ambiente da Europa cristã dos finais do século XV e inícios do XVI, de pré-Reformaρ, está alicerçado num dinamismo religioso (e espiritual) que nasce da ação de intelectuais, e de homens e mulheres leigosρ que, em contacto com o mundo e preocupados com os seus problemas, visam uma reforma no interior da Igrejaρ.

Em face de todo esse fervilhar religioso, o Concílioρ de Trento (1545-1563) surge como um corolário que, por isso, rapidamente é posto em prática e continuado naquilo que são as grandes tendências da espiritualidadeρ e práticas religiosas católicas, como oposição às afirmações protestantes, com um ímpeto evangelizador e, simultaneamente, repressivo e controlador (Inquisição e Índex). A Inquisição assume ainda, ao afirmar a sua autoridade para distinguir entre "verdadeiros" e "falsos" crentes, uma separação entre a atitude interior e o comportamento exterior, frequentemente com base em interesses materiais, como o confisco de bens.

Trento e os católicos, ao contrário dos protestantes (que aboliram o celibatoρ sacerdotal, o monaquismo e o papel da abstinênciaρ sexual), reiteram o dever da abstinênciaρ sexual para o cleroρ. Para acentuar, sobretudo, a diferença entre o cleroρ e os leigosρ,

a estes a sexualidadeρ era permitida, mas apenas no interior do casamento e com fins de reprodução.

Assim, o cristão, eclesiástico e leigoρ, devia empenhar-se na prática de obras de piedade para obter a salvaçãoρ. O processo de santificação era quantificado e vivido individualmente por práticas de piedade e pelo cultivo das virtudes, orientadas para o combate às paixões e tendências desregradas.

A época Moderna traz consigo novas vivências da santidade entre o cleroρ. O bem-aventurado é visto não apenas como intercessor, como já acontecia na Idade Média, mas como amigo de Deus e advogado dos homens junto d'Ele e acentua-se o processo de assimilação e identificação a Cristo sofredor e fraternal. A beatitude é exemplo de atitudes a imitar, é sinal da presença do divino a acolher, é força de Deusρ a atuar no mundo. A importância cada vez maior atribuída à virtude excepcional e à ortodoxia como sinais do triunfo sobre o mal e, portanto, sobre a heresia diabólica do Protestantismo, fez do santo o dirigente heroico da *ecclesia militans*. Essa questão assume-se, cada vez mais, como uma discussão entre teólogos e canonistas a serviço de um papado absolutista.

A santidade torna-se, a partir do século XVI, uma prerrogativa do cleroρ, sobretudo dos monges e, em particular, dos fundadores de ordens, relegando as mulheres, e os seus arroubos místicos, para um segundo plano, exaltando, pelo contrário, as suas virtudes de boa mãe e conselheira (nos âmbitos familiar e monástico). Os santos também se tornaram mais humanos. De autores de milagres de que as pessoas se aproximavam, com veneração e temor, tornaram-se protetores, rodeados de confiança e afeto. Uma clientela pertencente a todas as camadas sociais recorria cada vez mais ao conselho dos padroeiros, masculinos e femininos.

Associada ao culto dos santos, desenvolve-se e expande-se o culto das relíquias que Trento proclamou dignas de serem veneradas, porque corporizam e estreitam a relação com o santo e, através delas, com a divindade. Toda esta veneração aumenta também o número e a frequência de peregrinações a um santuárioρ (ermida ou capela) e de procissões que são simultaneamente uma forma de chamar a atenção sobre o divino (espectáculo) e de catequizar, enquadrando hábitos do dia a dia, expressando e enquadrando ritualmente sentimentos, sensibilidades e devoções.

A procissão constitui-se como um cortejo público, que coloca à cabeça o cleroρ agrupado em torno de uma relíquia, de uma imagemρ ou do Santíssimo Sacramentoρ, e torna-se uma enorme prece ou litania ao referido santo que se cultua.

Essas expressões de culto e de festa aumentam, significativamente, a partir de fins do século XVI e princípios do XVII como formas de pagamento de promessas e de agradecimento por mercês recebidas,

ATITUDES RELIGIOSAS

quando os fiéis entregam muitos objectos sinais dos milagres e das mercês recebidos (os ex-votos).

Muitas dessas expressões de fé tinham como organizadores e principais participantes os membros das confrarias e irmandades, os quais revelavam e enquadravam a sociabilidade entre os fiéis leigos℘.

No que respeita às Ordens religiosas, essa época assiste a um duplo movimento. Por um lado, despontam movimentos reformistas no interior de mosteiros e conventos masculinos que postulam uma observância integral da regra pela prática da austeridade e da pobreza℘ no viver quotidiano, que privilegiam a oração℘ mental e a pregação popular, e retomam o interesse pelos estudos, escolhendo os sítios ermos e as zonas rurais para estabelecer as suas casas. Por outro, inicia-se uma epopeia de missionação *ad gentes* protagonizada por antigas (Franciscanos e Dominicanos, entre outros) e novas Ordens, como Jesuítas e Oratorianos, os quais promovem a evangelização (e, por vezes, a aculturação℘) e difusão do Cristianismo, mas também a educação e a ação assistencial nos territórios colonizados (e também na própria Europa).

No caso dos mosteiros femininos, a normativa de Trento levará à normalização e uniformização das experiências religiosas pela imposição da estrita clausura. As comunidades de beatas e as beguinas em muitos locais são proibidas e noutros transformam-se em conventos de dominicanas e de franciscanas, ou então de terceiras regulares (ou seculares), sujeitas a uma das regras reconhecidas pela Igreja℘ e a uma Ordem (com os seus superiores masculinos). O número de conventos femininos e de novas ordens (Ursulinas, Visitadoras, Filhas da Caridade) aumenta, de forma exponencial, a partir do século XVII. Enquadradas pelo poder masculino, essas mulheres que se pautam pelo ideal da santidade, essas santas mulheres não apenas oram e jejuam como intervêm na vida política e religiosa, pregam e testemunham a sua fé e os seus conhecimentos, ensinando. No entanto, ao longo desse caminho, a religião℘ também vai progressivamente "racionalizando-se" e, como já havia acontecido no seguimento do destaque dado à santidade eclesiástica no século XVI, os arroubos místicos começaram a ser malvistos, bem como tais experiências à margem da ortodoxia católica dominante, mais no Sul do que no Norte da Europa. Ainda hoje o Catolicismo tende a desvalorizar as experiências místicas℘, não obstante a instituição do Renovamento Carismático Católico, que, pode-se argumentar, é uma forma de competir com as igrejas protestantes.

No final do século XVII (cerca de 1680), a Inquisição lançou uma autêntica caça aos quietistas. O quietismo é uma compreensão de espiritualidade℘ segundo a qual não se alcança Deus pelo esforço pessoal, mas sim, unicamente, pela confiança e entrega à graça de Deus. À medida que a pessoa se abre à força de Deus, verdadeiro sujeito da ação mística℘,

ocorre a transformação da pessoa e a comunhão mística℘. Essa tendência espiritual foi influenciada pelo pensamento protestante, que retém a fé℘ como caminho único de salvação℘.

A devoção encontrava nesta sociedade um lugar cada vez mais relevante que levava à participação de todos. As práticas religiosas, como a recitação do rosário ou a leitura das horas, era corrente especialmente entre as mulheres de grupos sociais mais elevados. A devoção ao Sagrado Coração de Jesus (nove primeiras sextas-feiras do mês) recebe um incremento enorme, quer pelo psicologismo vindo ainda da *Devotio Moderna*, quer pela revelação a Santa Margarida Maria Alaquoque (1647-l690).

E, de novo, o intensificar do culto mariano relançou a ligação entre piedade e fecundidade, entre sacerdócio e encarnação, entre sacerdote℘-mediador e a mediadora de todas as graças. A devoção mariana cresce sobretudo incentivada pelas inúmeras aparições℘ de Nossa Senhora, que ocorrem no século XVII e se disseminaram por toda a Europa e outros continentes, como as de Guadalupe no México. Ao lado desta, desenvolve-se o culto eucarístico, que toma um lugar central na prática cristã, e ao estar sujeito ao vandalismo e à conspurcação torna-se merecedor de reparação.

A par deste aspecto devocional dos sacramentos℘ constata-se, no mundo católico romano, a ignorância acerca da Palavra de Deus, que se mantém em latim, o que torna o seu acesso difícil ou quase impossível ao povo crente – em contraposição com o que se passa nas comunidades protestantes, onde a Bíblia℘ traduzida para as línguas vulgares é lida e comentada, de forma livre, por cada um.

Com o século XVIII e com as Luzes, a cristandade sofre uma nova mudança, no âmbito institucional, mas também na raiz do comportamento e atitudes diante da religião. Perdendo o seu estatuto (bens e quadros laborais) na sociedade liberal, a Igreja℘ encontra-se ferida de morte℘ e necessita encontrar um novo papel na sociedade moderna. Cabe aos leigos℘, num mundo racionalizado e secularizado, viver o Evangelho de forma mais "individualista" e muitas vezes procurando respostas para as suas inquietações em diversos credos. Assim, o crente vive um processo de purificação e de encontro pessoal, que tem na base a busca de respostas às suas inquietações, ou seja, de identificação religiosa (Hervieu-Léger, 2005, p. 74-89).

O conceito de "atitudes religiosas", portanto, começa a ser utilizado, sobretudo, em consequência ao processo de se desvencilhar das práticas religiosas cívicas e a possibilidade de superação das teodiceias, as teologias℘ de Estado que justificavam práticas governamentais como vontade divina, acentuando assim o dado da escolha de determinadas práticas por um indivíduo. Esse é um processo que se vai dando a partir do desgaste das relações entre credibilidade religiosa e credibilidade política, e acontece em processos distintos de localidade para localidade.

Outro dado importante é que as atitudes religiosas se dão em uma complexidade maior entre as dimensões afetiva, cognitiva e comportamental e os elementos constitutivos da religião♀, como sistema de crença♀. Thiago de Aquino ressalta doze elementos constitutivos para caracterização de um sistema religioso, em que se realizam as atitudes religiosas: 1) crenças♀ religiosas; 2) afiliação religiosa ou identificação religiosa; 3) religião organizacional, que diz respeito à dimensão social e participativa em espaços institucionais; 4) religião não organizacional, que envolve a religiosidade pessoal; 5) religião subjetiva, de como o sujeito religioso se percebe; 6) compromisso religioso relativo ao nível de envolvimento com uma religião; 7) religiosidade como busca, acessada como auxílio na compreensão de situações-limite da vida; 8) experiência religiosa♀, que indica conversões e/ou experiências místicas♀ e de transcendência; 9) bem-estar religioso, relacionado ao nível de satisfação com a vida; 10) *coping* (formas de enfrentamento) religioso como utilização de recursos cognitivos e comportamentais da religião como caminho de resiliência; 11) conhecimento religioso relativo ao conhecimento doutrinal de uma religião; 12) consequências religiosas que incidem sobre comportamentos decorrentes da religiosidade da pessoa. O sistema religioso no qual se realizam as atitudes religiosas também pode ser analisado em cinco dimensões, a saber: 1) ideológica; 2) ritualística; 3) experiencial; 4) intelectual e 5) social. A correlação das dimensões afetivas, cognitivas e comportamentais com as dimensões constitutivas de um sistema religioso é utilizada na aplicação de uma *Escala de Atitudes Religiosas* (EAR-20), para avaliar evidências de validade dos componentes atitudinais, sobretudo no que diz respeito à correlação aos elementos mais próprios da religiosidade dogmática e a religiosidade vivencial (Aquino et al., 2013, p. 110-112).

Acrescenta-se a essa complexidade das atitudes religiosas os modos de crer e a relação com a cultura plural em que está inserido um sistema de crença♀, especialmente como se relaciona com o contexto político, econômico e com os movimentos contra-hegemônicos. Complexidade essa que dificulta estabelecer uma correlação das inúmeras variações do fenômeno religioso contemporâneo com as categorias clássicas da(s) Ciência(s) da(s) Religião(s) do século XX. Para Edgar Morin, a atitude religiosa que emerge da consciência♀ da complexidade dos sistemas religiosos, pela "relação misteriosa entre ordem, desordem e organização" que possuem, favorece uma nova dimensão "espiritual da educação". A atitude religiosa que vivencia pacificamente o fenômeno religioso contemporâneo, com suas diferenças de perspectivas, níveis de complexidades, constantes rearranjos de fatores, fornece um imaginário ao aparente caos e empatia à diferença, servindo de referência cultural para uma "aspiração à paz interior" e "interiorização da tolerância♀" (Morin, 2000). As atitudes religiosas radicais podem ser entendidas como reação às mudanças culturais que desestabilizam os modelos tradicionais de correlacionar as dimensões afetivas, cognitivas e comportamentais. Tal nível de complexidade não permite adjetivar as atitudes religiosas como sendo positivas ou negativas *aprioristicamente*, mas exige um exercício de discernimento ético da cultura♀ e da sociedade em geral dessas novas emergências fenomênicas que obrigam até mesmo as próprias tradições religiosas a assimilarem o impacto das mudanças trazidas pelas atitudes religiosas, como fruto de escolhas individuais nas diferentes formas de combinação entre os elementos fatoriais de seus sistemas de crenças♀.

Bibliografia: AQUINO, T. A. A. de et al. Escala de Atitudes Religiosas, versão expandida (EAR-20): evidências de validade. *Avaliação Psicológica*, v. 12, n. 2, (2013), p. 109-119; HERVIEU-LÉGER, D. *O peregrino e o convertido*: a religião em movimento. Lisboa: Gradiva, 2005; LE GOFF, Jacques (Dir.). *O homem medieval*. Lisboa: Presença, 1989; LE GOFF, Jacques. *O nascimento do purgatório*. 2. ed. Lisboa: Estampa, 1995; LUISELLI, M. M. *Die Suche nach Gottesnähe. Untersuchungen zur Persönlichen Frömmigkeit in Ägypten von der Ersten Zwischenzeit bis zum Ende des Neuen Reiches*. Wiesbaden: Harrassowitz Verlag, 2011. (Ägypten und Altes Testament 73.); MORIN, E. *Os sete saberes necessários à educação do futuro*. São Paulo/Brasília: Cortez/Unesco, 2000; VAUCHEZ, A. *A espiritualidade da Idade Média ocidental*, séc. VIII-XIII. Lisboa: Estampa, 1994.

Maria Filomena Andrade
André de Campos Silva
Alex Villas Boas

AUTORIDADE RELIGIOSA

I. O conceito. A "autoridade" é, possivelmente, dos conceitos que mais facilmente vemos na história da humanidade a circular e a tornar complementar e interdependentes os campos cívicos e religiosos. Com toda facilidade vemos a autoridade dita religiosa a definir e a influenciar a realidade civil, assim como encontramos a própria autoridade civil tantas vezes definida com roupagens, simbologias e léxicos herdados do universo religioso (com especial interesse, quer no caso do Direito♀, quer no da Educação, por exemplo).

Seguindo Emile Benveniste (1902-1976) (1969, p. 148-422), Maria Helena da Rocha Pereira afirma que "este substantivo abstrato é da família de *augeo* ("aumentar"), de *author* ("aquele que aumenta, que está na origem de, que é responsável por, autor"), de *augustus*, e ainda de *auxilium*". Acrescenta a classicista, "em todas estas palavras, está implícita a noção de 'acréscimo', ou, para usarmos um termo português da mesma origem, de 'aumento'. É, portanto, algo que vem adicionar-se a uma situação já existente, e lhe confere maior peso" (Pereira, 1989, p. 353-354). Assim, a *auctoritas* latina em nada é uma "norma com efeito vinculativo, de uma prerrogativa bem definida [...] é um conceito da esfera política e moral ao mesmo tempo" (p. 354).

Procurando a raiz clássica, sigamos Cícero, no seu *Tópicos*, de 44 a.C. Nesse texto, define o conceito: "A *auctoritas* natural reside sobretudo na *virtus*; ocasionalmente, há muitos motivos que a conferem: o talento, a riqueza, a idade, a fortuna, a beleza, a arte, a prática, a necessidade, por vezes mesmo, o concurso de acontecimentos fortuitos" (19.73). Noutro texto, a *Defesa de Séstio*, do ano 56 a.C., afirmava, num sentido mais pragmático: "Actuava com *auctoritas*, com reflexão, por ordem superior, segundo o exemplo dos concidadãos que eram homens bons e enérgicos" (40. 87). A autoridade advém não de uma situação de estaticidade, mas como que do resultado funcional, qual natureza que se revela no coletivo. De fato, no mundo romano a *auctoritas* era uma das categorias mais presentes na definição do poder, um patamar a que se acedia mediante como que um reconhecimento, um estatuto que definia um lugar na decisão, na opinião. Uma dimensão de respeito, moral, até que implicava uma capacidade para agir da forma correta. A referida ideia de "fazer crescer". Como limite de um conceito político, a referida "ordem superior", para Cícero, o Senado, é o centro que confere institucionalmente a *auctoritas*: "Enquanto o poder [*potestas*] reside no povo, a autoridade [*auctoritas*] encontra-se no Senado" (*De Legibus*, 3.28.). Essa *auctoritas* é, obviamente, um campo da ação cívica onde se centra parte muito significativa do poder simbólico das instituições.

Na língua portuguesa, segundo o *Dicionário Houaiss da língua portuguesa*, a palavra "autoridade" parece estar atestada, pelo menos, para o ano de 1262. Hoje, com séculos de consolidação de significado, a palavra "autoridade" tem como primeiros sentidos: "1. Direito ou poder de ordenar, de decidir, de atuar, de se fazer obedecer; 2. superioridade derivada de um *status* que faz com que alguém ou algo (por exemplo, uma instituição, uma lei) tenha esse direito ou poder; 3. Membro do governo de um país; representante do poder público; [...] 8. Justificativa; fundamento, base" (*Dicionário Houaiss da língua portuguesa*, t. I, 2002, p. 455). Estamos em plena continuidade, especialmente no que respeita à primeira definição, apesar de mais de dois séculos as separarem, com a definição do *Diccionario da lingoa portugueza publicado pela Academia Real das Sciencias de Lisboa* em 1793: "Império, domínio, poder,

jurisdição, direito de se fazer obedecer". Apenas nas definições secundárias surge: "Gravidade, decoro, decência conveniente ao emprego ou cargo público. [...] Respeito, veneração, apreço precedido ou das qualidades próprias das pessoas, ou da dignidade e emprego, que tem" (p. 532). Aliás, esta hierarquia de valor da significação seria reforçada no século XX, num quadro social e político muito marcado pelo autoritarismo; no *Dicionário contemporâneo da língua portuguesa* de Caldas Aulete (1948), a primeira definição é: "Direito, poder de comandar, de obrigar a fazer alguma coisa, domínio, jurisdição". Apenas algumas linhas abaixo, no final da definição, surge "crédito, consideração, influência, importância. [...] A *autoridade* das suas palavras" (p. 249). O campo do policiamento, da efectivação do comando consolidou, sem dúvida, a ideia de "autoridade" na língua portuguesa, tendo subalternizado a dimensão ciceroniana de ascendente moral.

II. As sociedades antigas e os textos (da oralidade à escrita). No campo mais específico do fenômeno religioso, "autoridade" é dos fenômenos mais complexos que podemos tentar definir. Mereceu por parte de Manabu Waida uma entrada de significativo tamanho na *The Encyclopedia of Religion* de Mircea Eliade (Waida, 1993, p. 1-7).

No sentido dessa pressentida complexidade, não nos sendo possível perscrutar tempos mais recuados, as práticas sociais e o simbolismo que atribuímos à ideia de autoridade radicam, pelo menos, na chamada Revolução dos Produtos Secundários e no início da Idade dos Metais, mais propriamente no Calcolítico/na Idade do Cobre. O novo modelo econômico criador de excedentes e a possibilidade de desenvolvimento de grupos fechados que dominavam saberes muito específicos (que vão da tecelagem à metalurgia), possibilitaram uma crescente complexificação social em que a simbologia veio ganhar, muitas vezes, um lugar de destaque na criação de lendas e mitos onde estas atividades passam a ser centrais. Nesse quadro de criação de excedentes e de gestão dessa riqueza, acrescido pela detenção de conhecimentos que permitem patamares civilizacionais diferenciados, não é com espanto que vemos arqueologicamente aparecer as primeiras muralhas e, urbanisticamente, definirem-se espaços para o governo militar e para os templos. Qualquer laivo de alguma igualdade social vinda do Neolítico inicial era aqui enterrado e lançavam-se as bases de um poder simbólico centrado essencialmente em dois fatores: a guerra e o sagrado, em ambas o peso patriarcal era fortíssimo.

As mitologias, enquanto narrativas ordenadoras do cosmo, e remetendo para um *in illo tempore*, levam-nos para a dimensão de verdade absoluta, de dado inquestionável, de princípio ordenador, portanto, de autoridade cosmicizante. A sua dimensão de verdade pode basear-se, muitas vezes, em elementos historiográficos, na verificação meteorológica, ou em qualquer outro evento ou dado palpável, mas a sua mais efetiva dimensão de autoridade reside, exatamente, na impossibilidade de confirmação positiva do conteúdo dessas narrativas. Mircea Eliade℘ e Bronislaw Malinowski℘ (*Myth and Reality*, 1963, e *Myth and Primitiv Psychology*, 1926, respectivamente), definem classicamente a relação entre as narrativas mitológicas e o estabelecimento da realidade social, incluindo as crenças℘ e as práticas religiosas, a moral e as regras diárias de conduta.

Nas sociedades onde a escrita ainda não codificava as regras, a oralidade e o conhecimento centrado em quem conhecia e declamava, fossem os grandes épicos, fossem os conhecimentos e a tratadística ligada ao cultivo ou às doenças, dava corpo a uma autoridade simbólico-religiosa detida por um grupo muito restrito de detentores desses conhecimentos. Deter um campo de conhecimento oral especializado implica uma gestão não só do significado simbólico dos mitos como também a capacidade de gerir os ritos e até as legitimidades, as tradições. O conhecimento transforma-se neste processo em sabedoria e esta é, em si, a essência da autoridade.

O aparecimento das sociedades com escrita reforçou a dupla centralidade em evolução desde o Calcolítico/a Idade do Cobre, em que o templo e o palácio real discutiam a primazia sobre o tecido social. As noções de realeza e de sacerdócio parecem evoluir paralelamente e ambas recolherão os benefícios da escrita ideográfica, seja ela suméria, egípcia ou chinesa, enquanto regulador burocrático, organizador social, definidor e uniformizador judicial, e consignador de mitos e estabilizador de ritos. O domínio da escrita não apenas implicará um conhecimento técnico como permite o acesso a fortes e poderosíssimos meios de regulação social e religiosa. A autoridade religiosa é definida, entre outras, pela detenção dos suportes materiais com os textos a serem recitados nas grandes festividades, permitindo, por parte de uns, os ritos de ordenação℘ do mundo desejados por outros. Se os arquivos reais guardam cartas, decisões e textos diplomáticos, os arquivos do templo guardam mitos, ritos, invocações e encantamentos. Numa das suas mais pragmáticas aplicações da noção de autoridade, ambos guardam registros de oferendas e de impostos. Numa relação de reciprocidade, à cosmicidade que a autoridade permite corresponde a dádiva de bens, imagem℘ do reconhecimento que é devido a essa ordenação℘ em que os deuses providenciam o sustento e a riqueza, como podemos entender na oferta das primícias ou do dízimo definido na Torah hebraica (*Vayikrá* 27,30-34)/ Antigo Testamento cristão (Lv 27,30-34), recriado contemporaneamente em muitas igrejas cristãs.

III. O campo da aplicação da Justiça e da Sabedoria. A autoridade religiosa, nutrindo um campo que apenas o Iluminismo℘ viria beliscar, é a base daquilo a que podemos chamar Direito℘ ou Justiça℘. Ao afirmar-se como garante e distribuidor da Justiça℘, remetendo o mundo para uma "integridade da criação", o monarca surge, não só pelos textos como também iconograficamente, como o guardião das leis emanadas pela divindade. Do *Código de Hamurabi*, onde o monarca surge a receber as leis diretamente do deus Shamash, ao Decálogo recebido por Moisés no Monte Sinai, vai apenas a subtileza entre a relação de um monarca e o seu povo e a de um deus, transformado em Rei/Senhor, e o seu Povo Eleito; de resto, a situação é em tudo semelhante e levará a que, cultural e politicamente, Salomão tanto desejasse que Javé lhe desse a Sabedoria, Sabedoria essa materializada fundamentalmente na Justiça℘, aspecto que na medievalidade e na Modernidade ainda dará corpo às principais funções dos monarcas cristãos ocidentais. A autoridade do Rei não advém apenas do domínio policial e da detenção de exércitos, mas sim da aplicação de uma Justiça℘ que é em si Sabedoria, por que divina, divinizando a própria função real.

Obviamente, há pontos de contato e de indefinição neste como em tantos outros conceitos. Ao mesmo tempo em que encontramos o enaltecimento da figura de Salomão que tanto pede a Deus a Sabedoria para aplicar a Justiça℘, e a sua autoridade reside exatamente aí, esse mesmo Deus℘ é tantas vezes retratado como "Senhor dos Exércitos" nos textos bíblicos. Juntando a *auctoritas* tão bem definida por Cícero com a definição mais corrente hoje ligada à ideia de policiamento, vemos como já no início dos monoteísmos℘ a ideia de autoridade religiosa oscilava entre o poder efetivado na força ou na sabedoria das ideias, numa dimensão até moral.

Apesar da centralidade da escrita no conceito de "autoridade" nas civilizações antigas, continuou, com toda a naturalidade, a coexistir uma autoridade advinda essencialmente de uma definição de natureza, de sacralidade. Aliás, a noção de sacrifício℘, etimologicamente, o "tornar sagrado", plenamente presente na ideia de *sacer*, talvez seja a base mais significativa das práticas sociais que a autoridade permite. Obviamente, estes atributos que são parte significativa da noção de autoridade eclesiástica que o Cristianismo irá desenvolver remetem-nos em muito para o campo da magia℘, da taumaturgia, até do culto às relíquias, tudo formas de valorização de uma realidade que em tudo nos podem remeter para, por exemplo, a capacidade da libertação℘ que tinham as virgens vestais em Roma.

IV. Autoridade, revelação e textos sagrados. A ideia de autoridade baseada na própria essência de sacralidade da revelação encontra-se plasmada no nome que as tradições deram aos seus textos sagrados. Sendo eles a "Lei", como se define a Torah hebraica, eles são "o Livro", "a biblioteca", ou são, ainda, o que é para ser lido ou declamado, o Corão, do árabe "*qr*".

De fato, a palavra "Bíblia", em grego βιβλία, o plural de βιβλίον, "rolo" ou "livro", portanto, livros ou, em sentido figurado, "biblioteca", poderá ter tido origem no nome da cidade de onde os papiros egípcios eram exportados para o restante Médio Oriente. O nome do livro sagrado ganhava o nome do próprio conceito de "publicação", mesmo em relação ao suporte.

Da mesma forma, a palavra grega para o central livro da Lei Mosaica, o Deuteronômio, significa "Segunda lei", sendo que em hebraico, דְּבָרִים, *Devārīm*, remete para a ideia de "palavras [ditas]". Este é o sentido que mais tarde estará na base da palavra Corão. Do árabe *al-qur'an*, significa "a proclamação", "a leitura" (com origem no verbo, comum em formas semelhantes em várias outras línguas semitas atuais e antigas, "*qr*'", que genericamente significa: "ler", "recitar", "clamar", "convocar", "chamar", "invocar", isto é, o que é para ser lido ou declamado, portanto, o livro por excelência).

Aliás, não é apenas no âmbito dos monoteísmos mediterrânicos que essa essencialidade da revelação se mostra no nome dos textos que a suportam e materializam. No caso do Sikhismo/Siquismo, o texto mais antigo e fundamental é o *Adi Granth*, o "Livro do Começo", o "Livro Original", reunido pelo Guru Granth Sahib, "o Senhor Mestre Livro". Trata-se de uma coletânea em panjabi dos hinos religiosos do Guru Nanak e dos seus sucessores, bem como de textos de poetas hindus e muçulmanos. Os sikhs particularmente devotos dedicam-se a ler ininterruptamente as 1430 páginas do livro, que é tratado como se fosse um ente vivo, com definições de quotidiano e vivência diária.

Neste campo de essencialidade, a chamada Reforma de Josias, a grande reforma religiosa do Judaísmo no século V a.C., quando da construção do chamado II Templo, baseia-se, em grande medida, na encenação da descoberta do livro contendo a Lei de Moisés, legitimando-se, assim, uma reforma e uma ordem sacerdotal e social com um texto supostamente primordial, quando hoje a crítica literária data a montagem desse texto exatamente da época da referida reforma. O texto do livro II Crónicas, é claro, não apenas na criação da narrativa da descoberta, como na imediata assunção da natureza desse texto como autoridade: "[…] Hilquias, o sacerdote, achou o livro da lei do Senhor, dada pela mão de Moisés. E Hilquias disse a Safã, o escrivão: Achei o livro da lei na casa do Senhor. E Hilquias deu o livro a Safã. E Safã levou o livro ao rei […] E Safã leu nele perante o rei. Sucedeu que, ouvindo o rei as palavras da lei, rasgou as suas vestes. E o rei ordenou […]: Ide, consultai ao Senhor por mim, e pelos que restam em Israel e em Judá, sobre as palavras deste livro que se achou; porque grande é o furor do Senhor, que se derramou sobre nós; porquanto nossos pais não guardaram a palavra do Senhor, para fazerem conforme a tudo quanto está escrito neste livro. […] Porém ao rei de Judá, que vos enviou a consultar ao Senhor, assim lhe direis: Assim diz o Senhor Deus de Israel, quanto às palavras que ouviste: Porquanto o teu coração se enterneceu, e te humilhaste perante Deus, ouvindo as suas palavras contra este lugar, e contra os seus habitantes, e te humilhaste perante mim, e rasgaste as tuas vestes, e choraste perante mim, também eu te ouvi, diz o Senhor. […] E tornaram com esta resposta ao rei. Então o rei mandou reunir todos os anciãos de Judá e Jerusalém. E o rei subiu à casa do Senhor, com todos os homens de Judá, e os habitantes de Jerusalém, e os sacerdotes, e os levitas, e todo o povo, desde o maior até ao menor; e ele leu aos ouvidos deles todas as palavras do livro da aliança que fora achado na casa do Senhor" (2Cr 34,14-31).

De facto, os monoteísmos seguirão, fundamentalmente, duas vias de formulação da ideia de autoridade: os textos sagrados e a noção de revelação, e as tradições relativas aos seus fundadores. No que respeita aos textos sagrados, se nos casos do Hinduísmo e do Budismo a diversidade de textos permitiu uma multiplicação de tradições e de escolas, por vezes com interpretações diametralmente opostas, os monoteísmos mediterrânicos seguiram uma via de uniformização que centralizou em alguns casos a capacidade de reconhecimento das interpretações. Não apenas o processo de canonificação é fundamental na definição de um *corpus*, o único a ser seguido, como a própria ideia de revelação afunilou as práticas proféticas através da ideia de "Selo dos Profetas", explicitada no Islão, mas subentendida, quer no Judaísmo, quer no Cristianismo.

A ideia de revelação assume a centralidade. No limite, a entrega das leis aos monarcas mesopotâmicos através de uma figura divina implica uma total e inquestionável definição das práticas sociais ou, mesmo, rituais, de calendário, de interditos e até de moral, tal como encontramos na Torah judaica. Pela completude do que se encontra em jogo, os monoteísmos centraram parte significativa dos seus esforços culturais na definição dos limites do válido e do herético, sempre assente nos textos sagrados. Por exemplo, na iconografia de São Jerônimo, é corrente a representação das chamadas Tentações de São Jerônimo através da figura do Demônio a tentar o santo tradutor e codificador por meio da alteração dos Textos Sagrados. A canonicidade dos textos revelados é o garante da sua autoridade.

Fora do Cristianismo católico, o mundo mediterrânico organizar-se-ia em duas cosmovisões muito próximas em termos teológicos e também muito próximas na forma de plasmar socialmente a autoridade religiosa. Quer o Judaísmo, quer o Islão sunita, não evoluiriam até aos nossos dias para estruturas hierárquicas em que a autoridade, qualquer que ela fosse, emanasse ou descesse por cascata até às bases. Num modelo diametralmente oposto ao do

Cristianismo católico, o rabi e o imã não possuem sacralidade alguma, pelo que a sua autoridade sobre a comunidade radica no reconhecimento do seu conhecimento teológico e jurídico e não numa ordenação sacerdotal. Em ambos os casos, a base da autoridade encontra-se única e exclusivamente no texto sagrado, sobre o qual se multiplicaram ao longo dos séculos os exercícios de hermenêutica para neles encontrar as definições para as questões do dia a dia. Escolas jurídicas, no caso do Islão, tradições talmúdicas e rabínicas no caso do Judaísmo, levaram a ciência e as técnicas de comentário do texto sagrado a subtilezas únicas de definição do quotidiano nos mais pequenos pormenores, especialmente nos interditos e na definição do puro e do impuro. A autoridade religiosa geriu-se, nos monoteísmos, muito neste campo da argumentação do que é possível e do que é vedado.

Se no esforço codificador dos textos sagrados dos séculos II a V d.C. tanto Judaísmo como Cristianismo vão não só uniformizar como também extirpar as leituras espúrias da religião, o primeiro irá enveredar por um quadro de fechamento do texto sagrado, dando à tradição um valor semelhante na validação e legitimação das opções, ao passo que o Judaísmo rabínico, sem nunca ter desenvolvido uma estrutura hierárquica centralizadora, permitiu o desenvolvimento de uma tradição de argumentação e de leitura especulativa do texto sagrado. Mais tarde, com a Reforma Protestante, o Cristianismo aproximar-se-ia de uma via muito mais próxima ao Judaísmo ao afirmar a autoridade através da *sola scriptura*.

V. O reforço da "autoridade" no Ocidente cristão: terratenência e pecado. A autoridade religiosa no Ocidente europeu confundir-se-ia, pelo menos a partir do século VIII, com a evolução da noção de cristandade. Com a chamada Doação de Constantino, possivelmente forjada na corte de Carlos Magno, não só se recriava a ideia de Imperador, que a partir daí jogaria em equilíbrio com a de papado, como dava à cabeça da cristandade, através da legitimidade de posse de vastos territórios, uma dimensão de autoridade que, a partir daí, deixava de se esgotar no espiritual, e estava cada vez mais marcada pelo temporal. Como uma grande estrutura ordenadora da realidade, pelo milénio seguinte parte do mundo cristão europeu viveria geopoliticamente no quadro das contingências, dos equilíbrios entre um Imperador e um Papa. A par de um consolidado poder baseado na terratenência, fosse ele do próprio papado ou das ordens religiosas que após Cluny reorganizariam socialmente a Europa, o papado reforçaria as dimensões simbólicas e espirituais da sua autoridade através da gestão do pecado e da culpa, materializada fundamentalmente no que respeitava ao Purgatório e à possibilidade de salvação futura. O nascimento do Purgatório, tão bem localizado por Jacques Le Gof, a obrigatoriedade da confissão auricular, a fre-

quência dos anos santos e, por fim, as indulgências, catapultariam as autoridades eclesiásticas para um grau de eficácia materializado não apenas no extirpar dos inimigos internos e externos, isto é, o Judaísmo e o Islão, como também no domínio da consciência e da moral.

A Reforma Gregoriana irá iniciar um processo de consolidação das estruturas hierárquicas e suas interdependências, a que, no século XVI, o Concílio de Trento dará uma última formulação. A organização das formas de vida consagrada, as normas da vida social dos sacerdotes e, especialmente, o celibato darão ao clero mais próximo das populações a dimensão de sacralidade necessária para o fortalecimento de uma autoridade moral. Contudo, as dificuldades de aplicação das normas de conduta de vida do clero e a própria existência, durante o século XIV, de dois papas que se digladiavam, criou as brechas suficientes para que a autoridade papal fosse posta em causa no século XVI, em grande parte da Europa Central e do Norte.

VI. Reforma Protestante, Modernidade e reação católica. O processo de contestação iniciado por Lutero em 1517, apesar de ter uma vertente puramente teológica relativa à eficácia das indulgências, joga-se, sobretudo, no campo da autoridade papal. E encontra-se no campo do questionamento da autoridade papal, não só porque Lutero vai desafiar as ordens e as exigências do Sumo Pontífice, como também porque vai colocar em causa essa autoridade ao questionar a capacidade do Papa para perdoar aquilo que no entender de Lutero é apenas capacidade de Deus. Nas chamadas *95 Teses* encontra-se perfeitamente claro como Lutero esvaziou a autoridade papal de parte do seu substrato simbólico e funcionalmente mais eficaz: a capacidade de, funcionalmente, o clero ser necessário para a salvação: "[…] 5. O papa não quer nem pode perdoar nenhuma pena, exceto as por ele impostas. […] 20. Por consequência, o papa, ao falar de remissão completa de todas as penas, não as tem a todas absolutamente em vista, mas somente aquelas por ele mesmo impostas. […] 24. Daí segue-se que a maior parte do povo é necessariamente enganada por essa promessa indistinta e fanfarrã da remissão de toda a pena. […] 32. Condenados para a eternidade, com os seus mestres, serão os que creem, mediante cartas de indulgências, estar seguros da sua salvação. 33. Há que desconfiarmos, e muito, dos que dizem que as indulgências do papa são o inestimável dom divino pelo qual o homem é reconciliado com Deus" (Almeida, 2013).

Estava aberto o caminho para que na Dieta de Worms, de 1521, Lutero colocasse em causa todo o poder temporal do Papa, remetendo-o apenas para a função de Bispo de Roma.

Se o Cristianismo ocidental, em pleno século XVI, evoluía para duas formas radicalmente opostas no que respeita a uma autoridade plasmada numa hierarquia→, o Cristianismo ortodoxo, da Europa do Leste, depois do cisma do século XI, consolidava-se num quadro centrado na estrutura metropolita que a partir de finais da Idade Média conviveria com o crescimento do Islão otomano e se iria subdividir em várias estruturas autocéfalas, independentes.

A Modernidade europeia traria à Europa diversas revoluções culturais, mentais e políticas que, naturalmente, influiriam na definição de autoridade religiosa. Se, num primeiro momento, a centralização régia, precursora do Absolutismo, e a própria teorização em torno da ideia de contrato, divino ou social, legitimador da monarquia, relativizariam a autoridade religiosa, quer na sua dimensão espiritual, quer nas implicações políticas da sua autoridade material, num segundo momento o robustecimento da autoridade do Estado com o Iluminismo→ e todo o processo conducente às revoluções liberais acabariam por, através da noção de civil, remeter cada vez mais a autoridade religiosa para uma crescente falência no campo do material.

Como no caso português, extinguem-se ordens religiosas e confiscam-se bens, mas os textos constitucionais continuam a indicar uma relação entre o Estado e a Igreja→ em que a dimensão de confessionalidade da sociedade civil apenas a muito custo é questionada. A laicização do Estado e a secundarização da sociedade muito deverão a um processo de caricatura que a Igreja→ Católica sofre no século XIX, em que a literatura não se inibirá de atacar constantemente a autoridade eclesiástica com retratos de práticas morais e políticas completamente contrárias ao esperado. Num quadro sociológico em que na Europa pululam as cinturas industriais, verdadeiros viveiros de um proletariado sedento de direitos que se materializem em qualidade de vida, a autoridade espiritual parece ficar órfã das mais antigas ferramentas de proximidade à população, isto é, o discurso sobre a morte→ e a ressurreição mediados pelo pecado e pela culpa. Em pleno turbilhão social e cultural do jovem mundo liberal, em 1870, o Concílio→ Vaticano I declarava na constituição dogmática *Pastor aeternus* o primado e a infalibilidade papal. Para além deste dogma→, o episcopado, quando reunido em concílio→ e em reunião com o Papa, comungava dessa mesma infalibilidade.

VII. A autoridade aos olhos atuais da Igreja→ Católica. Os parágrafos 891 e 894 do atual Catecismo da Igreja→ Católica, citando o Concílio→ Vaticano II (Constituição dogmática *Lumen Gentium*, 25: AAS 57 (1965) 30: cf. Concílio→ Vaticano I, Constituição dogmática *Pastor aeternus*, c. 4: DS 3074.), apresenta-nos a relação entre a infalibilidade papal e os bispos, assim como a autoridades destes nas suas comunidades: "Desta infalibilidade goza o pontífice romano, chefe do colégio episcopal, por força do seu ofício, quando, na qualidade de pastor

e doutor supremo de todos os fiéis, e encarregado de confirmar na fé os seus irmãos, proclama, por um ato definitivo, um ponto de doutrina respeitante à fé ou aos costumes [...]. A infalibilidade prometida à Igreja→ reside também no corpo dos bispos, quando exerce o seu Magistério supremo em união com o sucessor de Pedro".

A autoridade dos bispos é alimentada pela comparação a Jesus: "Segui todos o bispo, como Jesus Cristo o Pai; e o presbitério como se fossem os Apóstolos; quanto aos diáconos, respeitai-os como à lei de Deus. Ninguém faça, à margem do bispo, nada do que diga respeito à Igreja→" (§ 896; Santo Inácio de Antioquia, *Epistula ad Smyrnaeos* 8, 1: SC 10bis, 138 [Funk 1, 282]). Ou, centrando-se na figura, já não de Jesus, mas de Cristo: "A fonte do ministério na Igreja→ é o próprio Cristo. Foi Ele que o instituiu e lhe deu autoridade e missão→, orientação e finalidade" (§ 874).

É de notar que no longuíssimo e muito detalhado Catecismo da Igreja→ Católica a palavra "autoridade" quase não surge. São muito poucas as ocorrências, surgindo a ideia subentendida, remetendo sempre, na sua origem, para a dimensão da fé: "Só a fé pode reconhecer que a Igreja→ recebe estas propriedades da sua fonte divina", mesmo que afirmando que "as manifestações históricas das mesmas são sinais que também falam claro à razão humana" (§ 812). Como chave para essa fé que é a base da autoridade, a santidade apresenta-se como fundamental: "Na terra, a Igreja→ está revestida duma verdadeira, ainda que imperfeita, santidade" (Concílio Vaticano II, Constituição dogmática *Lumen gentium*, 48: AAS 57 (1965) 53).

Generalizando, o Catecismo afirma que "a autoridade exigida pela ordem moral emana de Deus: 'Submeta-se cada qual às autoridades constituídas. Pois não há autoridade que não tenha sido constituída por Deus→ e as que existem foram estabelecidas por Ele. Quem resiste, pois, à autoridade, opõe-se à ordem estabelecida por Deus, e os que lhe resistem atraem sobre si a condenação'" (Rm 13,1-2) (§ 1899).

Descentrada do temporal, mas remetendo a autoridade espiritual para a dimensão hierárquica e dogmática, a Igreja→ Católica vê à sua volta uma imensa e profunda reformulação da autoridade religiosa, quer por via do incremento de um individualismo que marca todo o quotidiano, quer por via de influências de espiritualidades→ orientais, as quais, sem anularem a figura do guru ou do mestre, remetem para o indivíduo a responsabilidade e a dinâmica da pesquisa interior. Poderá, mesmo, ser no campo tradicional da autoridade que se verifica um dos aspectos que mais facilmente poderemos enquadrar nas diferenças entre "religião→" e "espiritualidade→". A não autoridade, de inversa relação com a hierarquia→ e a dogmática, é a liberdade de pesquisa que marca muitos dos movimentos mais contemporâneos.

Bibliografia: ALMEIDA, D. de. As 95 teses de Martinho Lutero: controvérsia em torno da questão das indulgências. *Cadernos de Ciência das Religiões*, [s.l.], nov. 2013. Disponível em: <http://revistas.ulusofona.pt/index.php/cadernos-cienciadasreligioes/article/view/3985>; BENVENISTE, E. Le vocabulaire des institutions indo-européennes. *Les Éditions de Minuit*. v. 2, 1969; *Catecismo da Igreja Católica*. Disponível em: <http://www.vatican.va/archive/cathechism_po/index_new/p1s2cap3_683-1065_po.html); *Dicionário contemporâneo da língua portuguesa Caldas Aulete*. 3. ed. Lisboa, 1948. 2 v.: 1º v. A-G e 2º v. H-Z:: C0 861; *Diccionario da lingoa portugueza publicado pela Academia Real das Sciencias de Lisboa*. Lisboa: Officina da mesma Academia, 1793. t. I, p. 532; *Dicionário Houaiss da língua portuguesa*. Círculo de Leitores, 2002. t. I, p. 455; PEREIRA, M. H. da R. Auctoritas. *Estudos de Cultura Clássica*. 2. ed. Cultura Roma. Lisboa: Fundação Calouste Gulbenkian, 1989. v. 2, p. 353-360; WAIDA, M. Authority. In: ELIADE, M. (Dir.). *The Encyclopedia of Religion*. New York: MacMillan Publishing Company, 1993. vol. 2, p. 1-7.

Paulo Mendes Pinto

AXIS MUNDI

Axis mundi, que em latim significa "centro do mundo", "pilar do mundo", "eixo do mundo", é um símbolo universal presente em muitas culturas humanas, pois sua imagem representa um centro no qual a eternidade e a terra encontram-se. Seu caráter universal decorre das correspondências feitas entre os reinos superiores e inferiores, o plano terreno e o cósmico ou celestial. Nele, as mensagens dos reinos inferiores (terrenos) podem ascender à eternidade e suas bênçãos são comunicadas aos seres humanos, ou seja, esse espaço permite a conexão de duas regiões cósmicas, o mundo do meio (humano) com o mundo superior (metafísico, cósmico, celestial) e o mundo do meio (humano) com o submundo ("inferno"). Assim, o *eixo do mundo* está localizado *no meio* ou no umbigo. É o *emphalos* ou umbigo, o ponto de início do mundo, ou seja, ao redor deste eixo cósmico encontra-se o mundo; portanto, o eixo está localizado "no meio" no "umbigo da Terra", é o centro do mundo (Eliade, 1961). A imagem pode assumir a forma feminina, como um umbigo fornecendo alimento, e masculina, como um falo fertilizando, ou ainda ter origem natural expressando um espaço geográfico, como montanha, caverna, árvore, videira, haste, coluna de fumaça, fogo, água, uma ilha, ou, ainda, pode ser um produto humano, como torre, escada, mastro, cruz, campanário, corda, totem, pilar, e até um povo. O espaço de adoração contém elementos fixos e semifixos que servem como marcadores da sacralidade do local e compõem os rituais, como ornamentos decorativos, artefatos sagrados, aromas de incenso, alimentos, oferendas, instrumentos musicais, mantras, cantos, danças, gestos, movimentos e vestimentas especiais, por exemplo.

O *eixo do mundo* é um ponto central, uma ponte transcendental vertical que conecta o mundo intermediário do ser humano ao mundo superior dos deuses e o mundo intermediário ao mundo inferior do mal. O espaço ao seu redor é sagrado e os marcadores do local são artefatos sagrados. *Axis mundi* é a origem e o ponto de retorno, o ponto de nascimento e o ponto de morte, a volta a Deus (Titisari, 2005).

O *centro do mundo*, portanto, influenciou a construção das narrativas religiosas ou mitos e sua relação com o espaço sobre a noção de centro do mundo. Era muito comum nas civilizações antigas a crença em um *eixo mundo*, um ponto central em torno do qual o mundo existia, uma conexão entre os céus e a terra, a fonte de toda a vida e também uma conexão entre diferentes planos da realidade, ou seja, um ponto que conecta os reinos do divino, o céu, a terra e o inferno. Inferno não no sentido cristão, pois as religiões pré-cristãs ou pré-abraâmicas não tinham o conceito do inferno como forma de punição, mas no sentido de um reino inferior ou submundo, e entendiam que os mortos partiam para uma existência nesse mundo inferior.

I. Experiência nórdica. Para os escandinavos e outros povos germânicos, esse *eixo do mundo* era *Yggdrasil*, a "Árvore do Mundo". As documentações mais antigas sobre o *Yggdrasil* datam do século X, período no qual, no norte da Europa, o paganismo chegava ao fim, e desde o século IX o Cristianismo já era uma força reconhecida no norte. Tais relatos politeístas foram registrados por cristãos que dificilmente alcançaram o verdadeiro significado do folclore de tradição oral, porque foram escritos muitos anos após a conversão dos países cujas crenças e mitologias nórdicas da época estavam sob influência do Cristianismo. Árvores centenárias foram consideradas sagradas por várias gerações de populações germânicas, até que sua conversão ao Cristianismo fizesse com que os antigos valores fossem reinterpretados ou reprimidos. *Yggdrasil*, a "Árvore do Mundo", vem de dois elementos: *Yggr*, que é um dos nomes para o deus Odin, que significa "terrível", como em Odin sendo *O Terrível*; e *drasill*, que se refere a "quem anda" em alguma coisa, e também é um termo poético para montaria, cavalo; então, uma das interpretações para *Yggdrasil* é a montaria, veículo ou cavalo de Odin, significando que essa divindade usou a "Árvore do Mundo" para viajar entre os mundos, usando esse eixo cósmico para viajar para mundos diferentes. É uma representação comum em tradições religiosas que contêm árvores arquetípicas, como na religião nórdica *Yggdrasil*, e na árvore de *asvatta* nos Upanishads ou a Árvore de Maio na Europa (*Maibaum*), que sustenta e rejuvenesce o mundo e abrange todos os domínios da vida. Além disso, possuem as propriedades de morte e renascimento, que são tão centrais para os rituais arbóreos. O eixo coligava os mundos reais e metafísicos, suas raízes se aprofundavam em *Niflheim*, um mundo sombrio e estéril, habitado por gigantes e monstros; o tronco, chamado *Midgard*, era o mundo material dos homens, e a copa da árvore, que tocava o sol e a lua, era *Asgard*, terra dos deuses em direção ao *Valhala*, que, de acordo com a mitologia, era o local para onde iriam os bravos guerreiros nórdicos. Esse modo de interpretar permite uma compreensão xamânica de como alcançar o mundo dos espíritos através de uma morte simbólica, mas dolorosa, possivelmente uma cerimônia em torno de um grande pilar ou uma árvore com propriedades mágicas, simbolizando o centro do mundo, um símbolo de fé para os antepassados que expressavam seus primeiros pensamentos espirituais, cujo significado abarcava todo um sistema simbólico.

II. Experiência do povo iorubá. Para o povo iorubá do sudoeste da Nigéria, o céu pode parecer bem distante, mas a distância entre o céu e a terra é intermediada por uma *palmeira*, que desempenha papel central em muitos aspectos da vida religiosa tradicional iorubá, particularmente através da tradição da adivinhação Ifá. Do mesmo modo como mencionado na experiência javanesa, a situação ecológica dos iorubás muito esclarece o ritual e a importância mitológica da palmeira. Por meio de narrativas mitológicas e rituais, a palmeira é como uma ponte entre o céu e a terra, usada para garantir o alinhamento adequado da terra com o céu e o mundo dos ancestrais. Como tal, a palmeira funciona como um arquétipo do eixo do mundo. Contudo, a palmeira não funciona como a "Árvore Cósmica" que sustenta e regenera toda a vida ou uma "Árvore do Mundo" que contém todo o cosmo. Na Nigéria as árvores não passam por esse ciclo anual de morte e renascimento, pois permanecem verdes durante todo o ano, por isso não estão associadas ao que Eliade acreditava ser o aspecto mais central de sua natureza no pensamento religioso. Consequentemente, não há mitos sobre árvores que contêm todo o cosmos ou outras plantas que sustentam toda a vida, como em muitas culturas indo-europeias; contudo, algumas estão ligadas à fertilidade, à cura, à medicina e a alimentos favorecidos ou aqueles proibidos (*tabus*). Em termos de significado religioso, as folhas de palmeira (*mariwo*) são quase sempre encontradas marcando a presença de um bosque sagrado ou locais de rituais sagrados. A palmeira, no pensamento religioso tradicional ioruba, é o principal e fundamental meio de comunicação com o céu, e, embora não haja um conceito real de "inferno" nessa tradição religiosa, o mundo dos ancestrais, cujos desejos também são transmitidos através da adivinhação Ifá, existe sob a terra, onde as raízes da palmeira alcançam. Nessa mitologia também não há descrição da palmeira existente no centro do universo, entretanto, ela é central para a vida de cada indivíduo e para a vida comunitária, pois informa todas as principais decisões. Não se entende que a palmeira contenha todo o cosmos ou represente a vida eterna na religião tradicional iorubá, mas liga todas as pessoas ao céu, é a ponte entre o céu e a terra, e a tábua de adivinhação é usada para representar o cosmo. "Se o quadro representa o cosmos em uma escala menor, o adivinho deve orientá-lo adequadamente com o céu, estabelecer o elo entre os dois, ancorar a terra na orientação do céu e, em seguida, selar o ritual pelo movimento final da terra de volta ao céu, ambos verbalmente, fisicamente e ritualmente." Portanto, através da tradição da adivinhação Ifá e a palmeira, pode ser entendido o arquétipo mítico da ponte que permite essa conexão entre o céu e a terra, que reorienta o mundo em conformidade com o céu. Uma imagem poderosa, assim como o primeiro movimento da mão do adivinho, cuja ação apropriada, de acordo com esse mito, estabelece os limites apropriados através das bordas do painel de adivinhação. Enfim, a palmeira, que está no centro da vida religiosa tradicional iorubá, no meio do mundo, permite a comunicação bidirecional entre o céu e a terra, ou seja, a palmeira é o *eixo do mundo*. "Acredita-se que Ifá possua as respostas para todos os problemas e conflitos mundanos e que tenha a capacidade de garantir uma ação apropriada, se não harmoniosa, em todos os casos, através da centralização ou reorganização das ações e atitudes" (Ogunnaike, 2019, p. 55).

III. Experiência javanesa. Entre os javaneses, a *fonte de água* se torna a morada do *danhyang*, o espírito dos ancestrais e outros espíritos, ou seja, os ancestrais se tornaram o intermediário da relação transcendental do homem-Deus. Segundo Titisari, a crença sobre um lugar afeta o comportamento e as políticas sobre o local, até criando apego ao local. "A conscientização da sociedade agrário-tradicional em relação às necessidades de água criou uma cultura e tradição. Essa tradição está na forma de ritual, corroborada por mitos e folclore, topônimos, artefatos e atributos espaciais que levam à criação da sacralidade da fonte de água"; assim, é também um símbolo da sustentabilidade da humanidade (Titisari, 2005, p. 2). As atividades na fonte de água de *Sumberawan* mostram o caráter sagrado, a meditação, a oração, a religião tradicional, com suas cerimônias e rituais de banho. A crença na energia transcendental da água e do local se desenvolveu desde antes da construção do templo, no século XIV. Esse lugar é conhecido como *Kasurangganan*, que significa *jardim dos anjos de paraíso*, no livro de *Negara Kertagama*, e que a água é a água da vida, ou seja, cura o corpo doente e rejuvenesce. As atividades sagradas nas fontes de água de *Sumberawan* levaram ao conceito de *eixo do mundo*, uma novidade. "O eixo vertical-transcendental estava na forma de 'ponte do cosmo' de ação de graças e oração, que foi acoplada ao entrelaçamento do eixo horizontal-social em cooperação mútua mostrada na cerimônia de *Tirta Amerta Sari*; assim, toda atividade está sempre conectada com a experiência passada e orientada para o futuro." A água tornou-se um intermediário para a formação da ponte cósmica por causa de sua natureza e sua energia, a fonte e a origem da vida (Titisari, 2005, p. 7).

IV. *Axis mundi* em Mircea Eliade.

Mircea Eliade (1907-1986), filho de família cristã ortodoxa do início do século XX, viveu em um contexto histórico e social que o levou a buscar superar a ruptura entre os céus e a terra. Havia motivos para que a antiga cosmologia geocêntrica se tornasse tão importante para Eliade a ponto de estar convencido de que a teoria do "pilar do mundo" se estendia às origens de toda a cultura humana, fato que será contestado nos estudos posteriores. Eliade, um dos precursores dos estudos das religiões, cunhou o termo "centro do mundo" ou *axis mundi* num esforço para designar um ponto de ligação entre os espaços míticos e humano. Para ele, um dos elementos mais primitivos e universais da cosmologia humana é o *eixo mundi*, a ideia de um eixo cósmico em torno do qual tudo – literal e metaforicamente – gira. Esse eixo é visto como o cordão umbilical que conecta nosso reino material mundano aos estratos mais elevados do poder sagrado.

"Quando o sagrado se manifesta por uma hierofania qualquer, não só há rotura [*sic*] na homogeneidade do espaço, como também a *revelação de uma realidade* [...] que se opõe à *não realidade* da imensa extensão envolvente. A manifestação do sagrado funda ontologicamente o mundo. Na extensão homogênea e infinita onde não é possível nenhum ponto de referência e onde, portanto, nenhuma orientação pode efetuar-se" (Eliade, 2008, p. 26).

No que se refere ao fruto do contato de Mircea Eliade e Jonathan Z. Smith, que o sucedeu na escola de Chicago, com o mito australiano de *Arrente* sobre *Numbakulla*, originalmente gravado e relatado por Spencer e Gillen (1899), muitas obras de Eliade fazem menção a essa teoria. Como exemplo, para uma ampla verificação do uso conceitual de *axis mundi* em *The Patterns in Comparative Religion* (1958), o autor usa o conceito para descrever o simbolismo de ascensão (p. 38-123); no caso das pedras sagradas, como signos e formas em referência às epifanias (p. 216-238); do uso dos vegetais como manifestação da árvore cósmica ou como a Árvore Sagrada (p. 265-330); e da mesma forma para os espaços sagrados, como, por exemplo, *Stone Age* (p. 367-387). Todos os exemplos tornam-se representativos de como Eliade conceitua a relação entre religião, espaço e narrativa nos estudos da religião, bem com suas influências em décadas adiante, especialmente no reavivamento de certas religiões ou de novas formas de religião contemporâneas.

Considerando Eliade um representante na fenomenologia, ele merece créditos por ater-se à busca de elementos espaciais da religião, como fez em *O sagrado e o profano* (1957) e em outras obras a partir do mito citado *Numbakulla*. "Um grande número de mitos, ritos e crenças diversas deriva desse 'sistema mundo' tradicional (referindo-se ao *Numbakulla*). Não é o caso de citá-los aqui", dizia em sua obra *O sagrado e o profano*, logo após descrever sua teoria sobre o conceito. Além desse pontual problema de critério ao considerar um mito reflexo de todos os outros, de todos os lugares e diversas épocas do mundo, ele é passível de muitas outras críticas e necessárias releituras, que serão mencionadas adiante.

Alguns acontecimentos que antecedem Eliade causaram abalos consideráveis à época que ele viveu: 1) A revolução do argumento de Copérnico de que o cosmos não gira em torno da Terra. Esse eixo nunca foi necessariamente o eixo literal da Terra, mas é verdade também que se fazia uma sobreposição entre os eixos imaginários (religiosos) e o literal (físico). 2) Além disso, o florescimento do humanismo nos séculos conseguintes a Copérnico mostrou que, mesmo sem a antiga preeminência cósmica, a centralidade pôde continuar a ser mantida, mas mesmo assim o impacto às estruturas psíquicas da Europa tinha sido grande, ou seja, o pensamento de que o homem se achava no centro do mundo. 3) Paralelamente, as obras de Galileu e Newton apontaram mudanças nos céus, mostrando estrelas onde antes se percebia apenas a escuridão. Mais tarde, Newton, com o trabalho sobre a gravitação universal, fornece um quadro explicativo tanto para o movimento dos corpos celestes como para os corpos em queda aqui na Terra. Definitivamente, a hierarquia cósmica newtoniana abalava profundamente a ordem ambiental da sociedade europeia e o *axis mundi*. 4) A nova divisão espacial entre os céus e a terra pautava a divisão temporal entre "tradicional" (o reino da glória espiritual agora com tendências supersticiosas) e "moderno" (a nova ponte para liberdade e o poder). 5) Darwin e sua teoria das espécies vinha para terminar de instaurar a nova ordem cósmica. Mas reações a tamanhas revoluções não tardariam, e a comunicação espiritualista com os mortos e o dogmatismo do fundamentalismo religioso em algumas correntes cristãs vieram como resposta das camadas populares. Já por parte dos intelectuais, suas entranhas "tradicionalistas" os fizeram buscar uma nova valorização da antiga ordem das coisas.

No tempo do historiador da religião, no embalo da nostalgia da velha cosmologia geocêntrica, não negando as novas realidades astronômicas, mas ainda tentando minimizar sua importância e reviver a vida no espírito, o contemporâneo de Eliade, Henry

Corbin (1903-1978), filósofo e teólogo muito preocupado com as cosmologias do Islamismo esotérico, viu as estrelas girarem em torno do pilar celeste e sentiu a aparente concentricidade do cosmos como uma base imaginária para a psique, a mandala. Ele pensou que, assim como a alquimia poderia e deveria ser liberada pelo esoterismo, como um precursor primitivo para a química moderna, o geocentrismo também deveria ser liberto de seu *status* de relíquia na história da ciência (Araújo; Bergmeier, 2013, p. 94-112).

Eliade e Corbin, em grande parte, mantinham uma relação de amizade. Ambos faziam parte do grupo de discussão Círculo de Eranos (*Eranoskreis*), de Carl Gustav Jung, na Suíça, em meados do século XX. Como Corbin era um proeminente membro do grupo de Jung, o seu chamado ao "geocentrismo imaginário" não demorou a ressoar na obsessão de Jung pelas *mandalas do mundo*. Tampouco outro proeminente participante do grupo, Eranos, ficou insensível à primazia de um novo centro. Eliade veria também grandes pistas para *restabelecer* o *axis mundi*.

O historiador procurou por pistas que evidenciassem esse centro e o pilar do mundo das civilizações. Buscou em toda a documentação sobre os povos tradicionais que estava crescendo nas bibliotecas ocidentais que ele consumia vorazmente. Foi especialmente levado por etnografias de aborígenes australianos, que, para ele, eram os "verdadeiros primitivos", cujo isolamento em seu continente insular parecia ser uma garantia de que sua cultura se mantivera preservada e genuína. E foi o relatório da dupla Spencer e Gillen sobre as crenças aborígenes que serviu para enraizar a convicção de Mircea Eliade sobre a primazia de um cosmos orientado ao céu e ao eixo desde os estratos mais profundos da Terra. Dizia ele sobre as tradições da tribo nômade *Achilpa* [Tjilpa], em sua obra *O sagrado e o profano*: "A relação íntima entre *cosmização* e *consagração* atesta-se já aos níveis elementares de cultura, por exemplo entre os nômades australianos cuja economia se encontra ainda em estágio da colheita e da caça miúda. Segundo as tradições dos achilpa, uma tribo Arunta, o ser divino *Numbakula* 'cosmizou', nos tempos míticos, o futuro território da tribo, criou seu Antepassado e fundou suas instituições. Do tronco de uma árvore da goma, *Numbakula* moldou o poste sagrado (*kauwa-auwa*) e, depois de ter ungido com sangue, trepou por ele e desapareceu no Céu. Esse poste representa um eixo cósmico, pois foi à volta dele que o território se tornou habitável, transformou-se num 'mundo'. Daí a importância do papel ritual do poste sagrado: durante suas peregrinações, os achilpa transportam-no sempre consigo e escolhem a direção que devem seguir conforme a inclinação do poste. Isto permite [que] os achilpa, embora se desloquem continuamente, estejam sempre no 'seu mundo' e, ao mesmo tempo, em comunicação com o Céu, onde

Numbakula desapareceu" (Eliade, 2001, p. 35. Grifos, aspas e caixa-alta para nomes são escolhas do autor).

Não há dúvidas de que esse "pilar cósmico" causou fortes impressões em Eliade, pois confirmava suas convicções da necessidade humana de um *axis mundi*. Se o poste se quebra, é a catástrofe; é de certa maneira o "fim do Mundo", a regressão ao Caos. Contam Spencer e Gillen que, tendo-se quebrado uma vez o poste sagrado, toda a tribo foi tomada de uma angústia; seus membros vaguearam durante algum tempo e finalmente se sentaram no chão e deixaram-se morrer (Eliade, 2001, p. 35-36).

V. Crítica e posicionamentos contemporâneos. Para Berman (2000), historiador das religiões, por trás desse aparente enraizamento do cosmos pilar na humanidade primordial eliadiano estão um emaranhado de erudição descuidada e mal-entendidos preconceituosos que podem ser tomados como emblemáticos do erro básico do projeto tradicionalista (no que se refere à escola tradicionalista que ele representava): a incapacidade de compreender a diferença entre as realidades paleolíticas e neolíticas, entre o mundo dos caçadores-coletores e o mundo dos agricultores e moradores da cidade (2000, p. 251-252).

Há ainda uma revisão crítica feminista dos equívocos cometidos por Eliade, no caso dos(as) coletores(as) e caçadores(as), feita pela cientista da religião Christ, em "Mircea Eliade and the Feminist Paradigm Shift" (2001). Christ, usando o paradigma crítico feminista de Elisabeth S. Fiorenza, que exige novas hipóteses, revê abordagens aplicadas às origens da religião, questionando a suposta universalidade do patriarcado; examina teorias desacreditadas que supuseram uma transição do "matriarcado" para o "patriarcado"; e o período paleolítico, em que as comunidades humanas sobreviveram pela coleta e pela caça e viviam em grupos ou clãs em pequena escala. Nessas novas hipóteses, nas sociedades de caça as mulheres desempenhavam papéis importantes como coletores primários, proporcionando um abastecimento alimentar estável à comunidade e que era complementado pela caça. Segundo Christ, ao fazer uma análise cuidadosa da História das Religiões proposta por Eliade, sob a óptica do paradigma de Fiorenza, serão revelados pressupostos androcêntricos profundamente estruturados nos conceitos da natureza da religião.

Jonathan Z. Smith (1987), historiador da religião que estudou e sucedeu Eliade na Universidade de Chicago, como mencionado anteriormente, apontou que os relatos eliadianos e dos antropólogos australianos Walter James Spencer e Francis James Gillen não são, de fato, um relato das ações atuais da tribo Achilpa. Mesmo no início do século XX, quando Spencer e Gillen estavam coletando informações sobre a vida aborígene, esses mesmos aborígenes não estavam realmente levando um "pilar" para consagrar em qualquer lugar que montaram acampamento. E certamente não estavam deitados para morrer quando esse "pilar" quebrou. Como a ascensão de *Numbakula* aos céus, esses acontecimentos estavam relacionados com o tempo "uma vez em cima", ou seja, no tempo do sonho (Smith, 1987, p. 3). Mircea Eliade mais tarde corrigiu esse equívoco, mas parece que não foi só isso.

Para Gill (1998), as duas histórias de ascensão de *Numbakula* e o significado do pilar foram vistas por Eliade de forma telescópica, porque: 1) no trabalho de Spencer e Gillen essas histórias estão separadas por mais de trinta páginas e também separadas por mais de trinta anos do encontro da dupla com os aborígenes; 2) Eliade, mesmo admitindo o mito, não parece ter nenhuma razão para os confundir com a sua preocupação da ruptura dos céus e da terra (ascensão de *Numbakula* acima do pilar) e a natureza essencial do *axis mundi* (consternação na quebra do pilar); seriam incidentes particulares em um vasto ciclo narrativo e não chaves centrais para o cosmos aborígene; 3) havia problemas nas fontes de Eliade, pois Gillen e Spencer não eram fluentes na língua local, e seu intérprete mestiço estava muito preocupado em atender e agradar os brancos visitantes, fatos que marcavam os problemas e brigas inter-raciais da época (Gill, 1998, p. 17).

Para Smith, traços do pensamento cósmico podem ser encontrados em alguns grupos caçadores-coletores, mas, mesmo onde podemos descartar a influência potencial de civilizações passadas ou pastoralistas, seria tudo questão de ênfase. Os caçadores-coletores são considerados sensitivos aos detalhes do mundo, o que os faria notar estruturas básicas dos céus girando em torno de um ponto central. Smith questiona: mesmo sendo sensíveis aos simbolismos, por que povos igualitários sentiriam necessidade de enfatizar uma estrutura elevada, principalmente, em torno de um líder singular "todo-poderoso"? Para Smith, é claro que "a linguagem do 'centro' é preeminentemente política e só secundariamente cosmológica. É um vocabulário que se origina, principalmente, das ideologias arcaicas da realeza e da função real. Em outras palavras, a escola 'tradicionalista' teria incorrido no equívoco de se esforçar para (re)estabelecer a hierarquia cósmica centralizada nas raízes do ser humano. É possível que tenham projetado as preocupações do mito agrícola pré-moderno, que está profundamente voltado para imagens de estratificação política, de volta ao mundo pré-agrícola do coletor-caçador. [...] houve a perda de se abraçar o cosmos descentrado e fluido do caçador-coletor móvel" (Smith, 1987, p. 5).

VI. Sobrevida do mito *axis mundi*. A construção da ideia do mito de *axis mundi* eliadiano foi tão forte e ressoou tão profundamente nas necessidades de "religamento" do século XX que dezenas de pesquisadores de diferentes áreas – Psicologia, Sociologia, Antropologia, História e, especialmente, a Ciência da Religião – seguem usando esse formato do pensamento para desenvolver suas pesquisas até hoje. Boa parte dos pesquisadores adere à noção de eixo do mundo da teoria eliadiana.

Grandes produções se desenvolveram a partir dessa teoria. Há importantes estudos contemporâneos que se basearam nesse conceito de "centro do mundo" eliadiano, como, por exemplo, no campo de pesquisas de religião e psicologia, a *Encyclopedia of Psychology and Religion*; diversas outras teorias de mandala, *Self* e individuação partiram da necessidade do centro do mundo cósmico; para o uso da imagem da "montanha/pilar", I. W. Mabbett em *The Symbolism of Mount Meru. History of Religions* (1983, p. 64-83); no caso da ideia de "Árvore cósmica", Y. T. Hosoi em *The Sacred Tree in Japanese Prehistory. History of Religions* (1976, p. 95-119); para eixo cósmico como "Cidade", *Die Heilige Stadt* de Werner Müller (Stuttgart, 1961), e Paul Wheatley em *The Pivot of the Four Quarters: A Preliminary Enquiry into the Origins and Character of the Ancient Chinese City* (Chicago, 1971, esp. p. 411-476); para investigações sobre o "templo como lugar de união dos seres e a manifestação da presença sagrada", David Dean Shulman em *Tamil Temple Myths* (Princeton, 1980).

***

O centro do mundo eliadiano foi extremamente influente no reavivamento do paganismo e do ocultismo no final do século XX, e segue sendo base para os componentes do movimento Nova Era, o pilar central do cosmos como imagem de conexão entre o plano terreno mundano e a transcendente vida do espírito acima. Contudo, o conceito de um *eixo do mundo* mítico pode ser uma ferramenta analítica ou uma categoria fenomenológica útil apenas se for fundamentado em contextos específicos, não em exemplos vagos e generalizantes, aplicados dentro de uma estrutura teórica atemporal sem desconsiderar o contexto cultural e espacial. Por isso, o *eixo do mundo* possui diferentes percepções e elaborações, conforme cada cultura, a exemplo da "Árvore Cósmica" que sustenta e regenera toda a vida, da "Árvore do Mundo" que contém todo o cosmo, ou como uma ponte entre o céu e a terra, usada para garantir o alinhamento adequado da terra com o céu e o mundo dos ancestrais. Os rituais fortalecem o apego ao local, à sacralidade do *eixo do mundo*, de geração em geração. Além disso, a implementação dos rituais em cooperação mútua torna-se um meio de manter relações sociais e a preservação do meio ambiente, indispensável à sobrevivência humana e do planeta.

Bibliografia: ARAÚJO, A. F.; BERGMEIER, H. Jung e o tempo de Eranos: do sentido espiritual e pedagógico do círculo de Eranos. *Revista@mbienteeducação* 6(1): 94-112, jan./jun.

2013; BERMAN, M. *Wandering God*: A Study in Nomadic Spirituality. State University of New York Press, 2000; CAMPBELL, J. *O herói de mil faces*. São Paulo: Cultrix/Pensamento, 2007; CORBIN, H. *Eranos*: Jahrbuch XXXI. Zurich, 1963. p. 9-12. [Corresponde à sessão realizada em 1962]; CHRIST, C. P. Mircea Eliade and the Feminist Paradigm Shift. In: JUSCHKA, D. (Ed.). *Feminist in the Study of Religion*: A Reader. New York, 2001. p. 571-590; ELIADE, M. *Imagens e símbolos*. São Paulo: Martins Fontes, 1991; ELIADE, M. *Images and Symbols*: Studies in Religious Symbolism. New York: Sheed & Ward, 1961; ELIADE, M. *O sagrado e o profano*: a essência das religiões. Martins Fontes, 2001; ELIADE, M. Some Notes on *Theosophia Perennis*: Ananda K. Coomaraswamy and Henry Corbin. *History of Religions*, v. 19, n. 2, Nov. 1979: p. 167-176; ELIADE, M. *The Patterns in Comparative Religion*. Nova York: Sheed &Ward. Trad. do francês de Rosemary Sheed, 1958; ELLWOOD, R. The Politics of Myth: *A Study of C. G. Jung, Mircea Eliade, and Joseph Campbell*. State University of New York Press, 1999; FIORENZA, E. S. *In Memory of Her*: A Feminist Theological Reconstruction of Christian Origins. New York: Crossroad, 1983; GILL, S. D. *Storytracking*: Text, Stories and Histories in Central Australia. Oxford: Oxford University Press, 1998; GUERRIERO, S. A diversidade religiosa no Brasil: a nebulosa do esoterismo e da Nova Era. Revista eletrônica *Correlatio*, n. 3, abr. 2003; JUNG, C. G. *Os arquétipos e o inconsciente coletivo*. Petrópolis: Vozes, 2006; JUNG, C. G. *O homem e seus símbolos*. Rio de Janeiro: Nova Fronteira, 1998; LINDSAY, J. (Ed.). *The Encyclopedia of Religion*. Second Edition. Macmillan (USA), 2005; OGUNNAIKE, A. The tree that centers the world: the palm tree as yoruba Axis Mundi. Africana Studies Review. *Journal of the Center for African and African American Studies*, Southern University at New Orleans, v. 6, n. 1, Spring, 2019; SMITH, J. Z. *To Take Place*: Toward Theory in Ritual. Chicago, IL: University of Chicago Press, 1987; SPENCER, B; GILLEN, F. J. *The Arunta*. London, 1927. v. II, p. 496. Apud *The Patterns in Comparative Religion*. New York: Sheed&Ward, 1958; SPENCER, B; GILLEN, F. J. *The Native Tribes of Central Australia*. London: Macmillan, 1899; SOUZA, V. C. Tipologia da Árvore Cósmica e a hermenêutica fenomenológica. *International Studies on Law and Education*. CEMOrOc-Feusp/IJI: Universidade do Porto, 24 set.-dez. 2016; TITISARI, Y. E. et al. *Water Resource as Axis-Mundi*: An Effort to Preserve Water Resource Sustainability. IOP Conference Series: Earth and Environmental Science. University of Brawijaya, Malang, Indonesia, 2005.

ANGELINA CARR

SABRINA ALVES

B

BASTIDE, ROGER →
Estudos afro-brasileiros → Etnologia e Etnografia

BATISMO → Rito/Ritual

BELLAH, ROBERT N.

Sociólogo e distinto professor norte-americano (* Altus, Oklahoma, 23 de fevereiro de 1927/† Oakland, Califórnia, 30 de julho de 2013), desenvolveu uma prolífica actividade científica na área da Sociologia da Religião℘ alicerçada num profundo interesse pelas diversas manifestações históricas do fenómeno religioso e onde, frequentemente, se privilegia uma análise comparada dos distintos contextos culturais e diferentes religiões.

Obtém o seu primeiro grau académico em Antropologia Social pela Universidade de Harvard em 1950. Constatando um enorme contrataste entre a fragmentação da cultura contemporânea e a integridade da cultura℘ de povos pré-modernos, lança-se no estudo dos povos primitivos norte-americanos e redige a tese intitulada *Apache Kingship Systems*, que viria a ser premiada e publicada, dois anos mais tarde, pela Harvard University Press. Prossegue os estudos nessa universidade doutorando-se em Sociologia e Línguas do Extremo Oriente em 1955, com a tese *Religion and Society in Tokugawa Japan*.

Nos primeiros anos de formação académica é sobejamente reconhecida a ascendência que o marxismo exerceu sobre a sua vida pessoal e orientação intelectual. O apelo e primeiro contacto com a literatura marxista ocorrera já durante os seus estudos pré-universitários, mas seria em Harvard que se intensificaria o compromisso intelectual e o activismo político. Entre 1947-1949, Bellah esteve filiado ao Partido Comunista dos Estados Unidos da América e em Harvard presidiu a organização estudantil John Reed Club, empenhada no estudo e divulgação desta corrente ideológica. Todavia, ainda durante a formação doutoral, apresentando sinais de desencanto com a globalidade da proposta marxista, o autor inclinar-se-ia progressivamente para uma concepção societária e de desenvolvimento histórico marcada pelas abordagens de Max Weber℘ é Émile Durkheim℘. Em ampla medida, tal deveu-se à influência exercida por Talcott Parsons℘, seu orientador de tese de doutoramento, com quem viria a desenvolver laços assinaláveis de afinidade

intelectual. É também neste período que se dá o encontro profundo com a teologia℘ de Paul Tillich como resposta a uma forte carência religiosa sentida desde a adolescência e à necessidade de conciliar o seu protestantismo presbiteriano de infância com o mundo moderno (cf. Bellah, *Beyond Belief*, 1970, p. xiv-xv).

Nos anos em que o Macartismo estendeu a sua acção ao meio universitário norte-americano, Bellah aceitou uma bolsa de investigação no Instituto Islâmico da Universidade de McGill em Montreal para desenvolver o trabalho de pós-doutoramento. O "exílio" decorreu até 1957, ano em que regressaria a Harvard como professor de Sociologia. Ocuparia esta posição durante os próximos dez anos. Nesse período, o autor publicou uma série de artigos que abordam, sob diversas perspectivas, o papel da religião℘ no processo de modernização e na transição das sociedades tradicionais para as sociedades industrializadas. A leitura weberiana sobre a influência do Protestantismo na modernização do Ocidente serviria de enquadramento para a exploração de hipóteses análogas em sociedades não Ocidentais. Os artigos "Religious Evolution" (publicado em 1964 na *American Sociological Review*) e "Civil Religion in America" (publicado em 1967 na revista *Daedalus*) teriam um enorme impacto, respectivamente, no desenvolvimento dos estudos de Sociologia sobre a evolução da religião e na eclosão do debate académico sobre o papel da religião civil na sociedade norte-americana.

Em 1967, Bellah muda-se para a Universidade da Califórnia, Berkeley, assumindo a posição de *Ford Professor of Sociology*. A associação a Berkeley iria prolongar-se até 1997. Mais do que uma simples alteração no vínculo académico e institucional, a transição expressou e traduziu uma nova orientação das suas preocupações. Agora são os desafios colocados pela crise de sentido vividos numa sociedade pós-tradicional e pós-moderna que cativarão a sua atenção. O artigo "Civil Religion in America" apresenta já algumas percepções que, posteriormente, seriam desenvolvidas e desdobradas num conjunto de obras, muitas delas escritas em coautoria, com ampla divulgação pública e académica, entre as quais se destacam: *Beyond Belief: Essays on Religion in a Post-Traditional World* (1970); *The Broken Covenant. American Civil Religion in Time of Trial* (1975); *Varieties of Civil Religion* (1980); *Habits of the Heart: Individualism and Commitment in American Life* (1985); *The Good Society* (1991). Nessas publicações sublinha-se a influência determinante que a religião℘ detém na estruturação da vida pública, no fomento da coesão social, nos processos de legitimação institucional e política, e onde, concomitantemente, se denunciam os riscos de profusão do individualismo radical como factor de erosão da cultura e convivência cívica.

Todavia, Bellah continuaria a desenvolver o interesse pelo estudo das origens da religião♀ e inter-relação entre religião♀ e evolução humana. Nesse sentido, merecido destaque e aclamação granjeou a obra *Religion in Human Evolution* (2011) pela forma como congrega o seu profundo conhecimento adquirido no domínio da religião♀ com as mais recentes descobertas nas áreas da Biologia♀, Teoria Cognitiva, Psicologia, Estudos de Cultura e História Comparada.

Sobre a abordagem predominantemente sociológica ao fenómeno religioso é recorrente sublinhar o contributo decisivo do autor para o desenvolvimento de uma teoria da evolução religiosa alicerçada numa teoria geral da evolução social. Segundo Bellah, embora não se possa afirmar que a religião♀ evolua num sentido linear ou unidireccional, ainda assim, nos cinco tipos ideais que elege para discriminar os períodos mais significativos da história religiosa da humanidade (o primitivo, o arcaico, o histórico, o pré-moderno e o moderno) a transição é constantemente marcada pelo acréscimo de diferenciação, de abrangência e de articulação racional do sistema de símbolos religiosos. Esta evolução comporta sempre uma mudança nas concepções de acção religiosa, natureza do actor e da organização religiosa♀, bem como do papel da religião♀ na sociedade (cf. Bellah, *Religious Evolution*, 1964, p. 360).

Se, neste âmbito, Max Weber♀ é a influência mais determinante, em particular para a aferição da preponderância do Protestantismo na definição do período pré-moderno, será na esteira de Durkheim♀ e de Parsons♀ que Bellah se posiciona de forma a esclarecer a unidade e coesão social nas sociedades modernas e especializadas. A liberdade pessoal e cultural que caracteriza o período moderno da evolução religiosa é passível de distorções que problematizam a própria existência social. O todo social só pode manter a estabilidade e a coesão através da partilha de uma compreensão moral alicerçada em sentidos religiosos. Enquanto fenómeno transversal a todas as sociedades, a religião♀ tem como função principal transmitir horizontes de sentido e motivação à totalidade do sistema. Em qualquer sociedade, os domínios da religião, da moral, da responsabilidade cívica e da legitimação política mantêm uma forte relação tensional que solicita uma resposta funcional para a questão político-religiosa.

O célebre tratamento do tema da religião civil no contexto norte-americano inscreve-se nesta dinâmica. Na sua dimensão religiosa, supostamente independente do Estado ou de qualquer religião institucionalizada, este conjunto de ideais universais e transcendentes (fortemente inspirados em imagética bíblica) configura a autocompreensão do povo americano actuando como derradeira instância crítica, força de coesão social e de legitimação do processo e das instituições políticas. Pelo enorme impacto e debate intenso que suscitou, a abordagem de Bellah a esta temática acabaria por se tornar num dos contributos mais relevantes para o âmbito da Sociologia da Religião♀ na segunda metade do século XX.

Bibliografia: BELLAH, R. N. *Beyond Belief:* Essays on Religion in a Post-Traditional World. New York: Harper & Row, 1970; BELLAH, R. N. Civil Religion in America. *Daedalus*, 96, 1, Winter 1967, p. 1-21; BELLAH, R. N. *Religion in Human Evolution.* Cambridge, MA: Harvard University Press, 2011; BELLAH, R. N. Religious Evolution. *American Sociological Review*, 29, 3, 1964, p. 358-374. BELLAH, R. N. *The Broken Covenant:* American Civil Religion in Time of Trial. New York: Seabury Press, 1975; BELLAH, R. N.; HAMMOND, P. E. *Varieties of Civil Religion.* New York: Harper & Row, 1980; BELLAH, R. N. et al. *Habits of the Heart:* Individualism and Commitment in American Life. Berkeley: University of California Press, 1985; BELLAH, R. N. et al. *The Good Society.* New York: Alfred A. Knopf, 1991.

HUGO CHELO

BERGER, PETER L.

Peter Ludwig Berger é um dos sociólogos da religião contemporâneos mais influentes, com uma produção científica que conta com mais de meio século. Embora também seja uma referência ao nível da teoria social, as publicações na sua área de eleição abrangem a religião♀ e a teologia♀, a Modernidade e a secularização♀, o pluralismo, a espiritualidade♀ e a transcendência. Peter Berger nasceu em 17 de março de 1929, em Viena, na Áustria. Emigrou para os Estados Unidos da América em 1946 e seis anos depois se naturalizou como cidadão deste país. Casou-se com Brigitte Kellner (1928-2015), também socióloga, com quem publicou alguns trabalhos. Em 1949, formou-se no *Wagner College* com um bacharelato em Letras. Continuou os seus estudos na *New School for Social Research in New York*, onde obteve o mestrado (M.A.), em 1950, e o doutoramento (Ph.D.), em 1952.

O seu trabalho esteve sempre próximo da teologia♀. Entre 1955 e 1956 trabalhou na *Evangelische Akademie* em Bad Boll, Alemanha. Nos dois anos seguintes foi professor auxiliar na University of North Carolina e, depois disso, o seu percurso académico foi efetuado em várias instituições: *Hartford Theological Seminary*, onde foi professor associado; *New School for Social Research* da Rutgers University, e no Boston College. Em 1981, foi para a Boston

University, sendo Professor *Emeritus* de Religião, Sociologia e Teologia. Fundou naquela universidade o *Institute for the Study of Economic Culture*, mais tarde designado *Institute on Culture, Religion, and World Affairs* (CURA) e do qual foi diretor entre 1985 e 2010.

A carreira sociológica de Peter Berger é antecedida por uma passagem pela teologia (luterana) e é tomando como autores de referência Bultmann, Barth e Bonhoeffer que ele virá a interessar-se pelo estudo da secularização. Embora Berger disponha, ele próprio, de vários textos num registro teológico, é com forte convicção que defende a autonomia da Sociologia em relação à Teologia. Daí a sua proposta para que a Sociologia oriente as suas análises segundo um "ateísmo metodológico rigoroso", significando isso que os sociólogos da religião deveriam no curso do estudo dos fenómenos religiosos adotar um distanciamento relativamente às suas percepções e convicções teológicas pessoais. Também no plano metodológico, Berger encoraja os sociólogos a tomarem como base Weber na sua estratégia de pesquisa, isto é, procurarem sistematicamente compreender a religião segundo a perspectiva do crente e o sentido que este atribui à sua ação.

De acordo com Linda Woodhead (2001), Berger é o sociólogo que mais contribuiu para o estudo da religião ao nível do que poderia ser chamado de "metateoria". Os fundamentos do quadro teórico de Berger foram estabelecidos no início da sua carreira, particularmente através da publicação com T. Luckmann de *The Social Construction of Reality* (1966), considerado um dos textos mais influentes na sociologia do conhecimento, que desempenhou um papel central no desenvolvimento do construcionismo social e onde é clara a influência da fenomenologia de A. Schutz.

Berger aplicou os argumentos daquele livro ao domínio religioso em *The Sacred Canopy* (1967). Este trabalho contribuiu para que a Sociologia da Religião adquirisse um estatuto autônomo no quadro da sociologia geral porque – a par de T. Luckmann e B. Wilson – o autor demarca-se de uma sociologia religiosa (confessional), estabelecendo as condições para uma reflexão científica rigorosa sobre os processos de transformação social que, segundo ele, deveriam ser explicados pela secularização.

Segundo Berger, a secularização tem as suas origens no início do Judaísmo – que transcendentaliza Deus e adota uma racionalização ética – e é acelerada pelo Protestantismo, dado que este contribui para o individualismo e para um mundo racional e desencantado. Em termos gerais, Berger entende por secularização o processo mediante o qual as representações coletivas se emancipam em relação às referências religiosas, o que se encontra diretamente relacionado com o desenvolvimento de saberes independentes relativamente à religião.

Associa também a secularização à *diferenciação* e entende que a separação entre Estado e Igreja é o primeiro sinal dessa realidade, momento em que a religião no mundo ocidental deixa de ser o dossel sagrado. Os monopólios religiosos tradicionais desaparecem e passam a confrontar-se com o imperativo de competirem permanentemente entre si e com visões do mundo não religiosas (científicas, filosóficas, político-ideológicas).

Mas Berger não vê a secularização como um fenômeno unicamente socioestrutural. Atribui-lhe, igualmente, um lado subjetivo, que se traduz na autonomia da consciência e do comportamento individuais em relação às prescrições religiosas, devido à pressão das forças pluralizantes da Modernidade.

A reflexão de Berger sobre a secularização é sempre articulada com a Modernidade na sua multiplicidade de traços e tendências. Paradigma assente na burocracia e na produção tecnológica, a Modernidade aliena o indivíduo das instituições primárias, que é forçado a fazer as suas próprias escolhas, sem ter onde alicerçar as suas percepções da realidade. É neste quadro que surgem obras como *The Homeless Mind* (1973) e *Facing up to Modernity* (1979); *The War over the Family* (1983); *Pyramids of Sacrifice* (1974) and *The Capitalist Revolution* (1986).

O desejo profundo de compreender a religião no mundo de hoje leva Berger a alargar o seu campo de análise inicial centrado no curso da religião – principalmente o Cristianismo institucionalizado nas igrejas históricas – no mundo ocidental, passou a prestar atenção a outros fenômenos religiosos globais, como o Cristianismo evangélico e o Islã. As evidências empíricas e a sua notável abertura intelectual conduziram Berger à revisão das suas premissas sobre a teoria da secularização. Em *The Desecularization of the World* (1999), ele menciona tanto a Europa Ocidental como as elites acadêmicas das Ciências Sociais como sendo os "continentes" verdadeiramente secularizados, num momento em que a religião ressurge no resto do mundo. Ele entende a Europa como o caso excepcional da religião no mundo moderno. O tema é discutido em *Religious America, Secular Europe?* (2008), livro em coautoria com G. Davie e E. Fokas.

Berger reviu igualmente o seu tópico original, religião e pluralização, olhando o pluralismo, e não a secularização, como o tema central na Sociologia da Religião. Essa é a abordagem presente em *The Many Altars of Modernity* (2014). Ainda que Berger não se considere um teólogo, o pensamento teológico e a produção neste domínio são uma constante no seu trabalho. *The Precarious Vision* (1961a) e *The Noise of Solemn Assemblies* (1961b) figuram como as suas primeiras publicações. Embora em certos aspectos se reveja na teologia liberal moderna (1979), Berger declara-se um luterano moderado

BLASFÊMIA

e, numa postura próxima de K. Barth, reage a um tipo de teologia♀ que, num esforço adaptativo à Modernidade, se afasta da transcendência e se seculariza. Este debate está patente em *A Rumour of Angels* (1969), *The Heretical Imperative* (1979), ou *Redeeming Laughter* (1997), *Questions of Faith* (2003). Berger argumenta que na vida quotidiana os indivíduos vivenciam experiências distintas da ordem empírica, o que apelida de sinais de transcendência. Crítico tanto para as certezas ideológicas ou religiosas como para o relativismo radical pós-moderno, Berger prefere o espaço desconfortável existente entre esses dois campos.

Através do seu papel como diretor do *Institute on Culture, Religion, and World Affairs* (CURA), centro de pesquisa à escala mundial, Berger deu um amplo contributo para o estudo da religião no mundo contemporâneo, influenciando inúmeros investigadores e apoiando projetos nas mais diversas áreas.

Berger faleceu em 27 de junho de 2017.

Bibliografia: BERGER, P. *Questions of Faith*: A Skeptical Affirmation of Christianity. Malden & Oxford: Blackwell Publishing, 2003; BERGER, P. *The Desecularization of the World*: Resurgent Religion and World Politics. Grand Rapids, MI: Eerdmans, 1999; BERGER, P. The Many Altars of Modernity: Towards a Paradigm for Religion. In: *A Pluralist Age*. De Gruyter: Boston & Berlin, 2014; BERGER, P. *The Sacred Canopy*: Elements of a Sociological Theory of Religion. Garden City, NY: Doubleday, 1967; BERGER, P.; DAVIE, G.; FOKAS, E. *Religious America, Secular Europe?* A Theme and Variations. Farnham: Ashgate, 2008; BERGER, P.; LUCKMANN, T. *The Social Construction of Reality*: A Treatise in the Sociology of Knowledge. Garden City, NY: Doubleday, 1966; WOODHEAD, L.; HEELAS, P.; MARTIN, D. (Eds.). *Peter Berger and the Study of Religion*. London & New York: Routledge, 2001.

HELENA VILAÇA

BÍBLIA → Livros sagrados

BIOLOGIA → Fisiologia da Religião

BLASFÊMIA

Do verbo grego *blasfemô*, que tem os sentidos básicos de: 1) pronunciar palavras de mau augúrio ou que não devem ser pronunciadas diante de um sacrifício♀; dirigir palavras ímpias ou inadequadas contra os deuses ou endereçar-lhes palavras inadequadas; e 2) ter propósito mau a respeito de algo, maldizer, difamar alguém, comprometendo a reputação de alguém. Daí derivam os componentes básicos a definirem os contornos do conceito em seu

uso costumeiro: a) a palavra julgada abusiva, que b) é relativa a(os) deus(es) e/ou àquilo que lhe(s) pertence ou diz respeito, em expressão de ofensa ou menosprezo. A caracterização do conceito é indicada no mundo mediterrâneo (especificamente, na lei judaica e no direito romano) e se alimenta da tradição legal europeia desenvolvida nos tempos medievais, associada, portanto, à concepção cristã do Deus pessoal e único, de sorte que tomá-lo de maneira mais generalizada é uma operação não isenta de problemas. Assim, há de o abordar considerando seu contexto de origem para depois ampliar o horizonte e pensá-lo em outros cenários, em perspectiva de comparação.

Nas chamadas "religiões abraâmicas", a caracterização da blasfêmia está diretamente associada a um dos primeiros mandamentos do Decálogo, o que veda a utilização indevida do nome divino (Ex 20,7; Dt 5,11), levando, por exemplo, a que no interior do Judaísmo se estabelecesse a prescrição de que ele nem sequer fosse pronunciado. Mas logo o entendimento se ampliou: certos desvios doutrinários ou violações de normas religiosas tenderam a ser associados ao referido mandamento e, assim, a ser caracterizadas como blasfêmias. Assim, segundo os evangelhos, Jesus é acusado por alguns judeus de observância estrita de blasfemar, porque estaria atribuindo a si mesmo uma autoridade – devida apenas a Deus – de declarar perdoados os pecados de alguém (Mc 2,7). A mesma acusação lhe é dirigida quando do julgamento pelo sinédrio de Jerusalém (Mc 14,61-65), por ter assumido ser "o messias, o filho do [Deus] bendito", e se haver definido como o Filho do Homem escatológico que se senta à direita de Deus, e lhe acarreta a condenação à morte♀ – que se realizaria por apedrejamento. Curiosamente, o acusado de blasfemar nessas duas oportunidades anuncia um pecado imperdoável, o da blasfêmia contra o espírito que o conduz na realização de atos poderosos, no caso, a expulsão de demônios (Mc 3,28-29). A troca de acusações entre Jesus e seus adversários em torno do tema da blasfêmia evidencia como este demanda ser compreendido considerando a questão da perspectiva, no bojo de um conflito religioso – entre religiões ou facções no interior de um mesmo sistema religioso –, no empenho pela descaracterização do adversário.

Na história subsequente se pode constar a tendência a uma aproximação crescente entre heresia e blasfêmia, sendo esta última a explicitação verbal – reiterada mesmo depois de advertências ou ameaças – dos teores daquela. Na Europa medieval cristã a identificação do crime contra a majestade divina era peça importante no combate às dissidências, levando a punições que podiam culminar com a aplicação – o mais das vezes de forma pública – da pena capital pelo chamado "braço secular" do poder eclesiástico. Municípios houve que chegaram a estabelecer legislação própria para coibir e punir o que era entendido como blasfêmia. Réplicas deste tipo de procedimento serão encontradas nas colônias estabelecidas nas Américas pelos diversos impérios que se constituíram a partir das navegações dos séculos XV-XVII. Em determinados contextos, a pena capital poderia ser substituída por outras, como, por exemplo, o exílio.

A articulação entre poder religioso e político é aspecto importante na caracterização da função social de uma acusação de blasfêmia. No contexto da Modernidade ocidental, o processo nomeado com o termo discutível de "secularização♀" foi colocando a questão em outros parâmetros. A título de exemplo, consta que a Grã-Bretanha, que nos anos turbulentos da guerra civil e de um "mundo [virado] de ponta-cabeça" (Christopher Hill) instituíra – precisamente em 1648 – o "Ato de blasfêmia", que punia com a morte♀ as negações da Trindade, da ressurreição ou do juízo final, viu a última execução motivada por blasfêmia deste teor ocorrer em 1697, por decisão de um concílio♀ presbiteriano em Edimburgo, Escócia. Tal evento chocou vários pensadores dos tempos iluministas, que desenvolveram o curioso argumento da desproporção entre o delito alegado e a punição♀ estabelecida: aquele, dirigido à suprema majestade, era infinitamente mais amplo do que qualquer sanção que pudesse servir-lhe de reparo; então, aplicar a pena fatal não alcançaria o objetivo pretendido, não fazendo sentido, portanto, sua prática. Em alguns ambientes foi proposto que as situações de ocorrência do crime da blasfêmia fossem tratadas em termos – diríamos hoje – psiquiátricos.

Daí se caminhou para a afirmação da legitimidade dos sentimentos e concepções religiosas dos indivíduos, bem como da defesa deles, no contexto do entendimento da lei como instância de ordenamento do todo social democraticamente constituído. A eventual restauração da ordem social com a eliminação daqueles que desviam dela pela ofensa àquelas referências tomadas como seus fundamentos transcendentes não poderá ser alcançada – assim rezam os princípios da racionalidade iluminista – pela imposição de um credo que, em última instância, seria a expressão da supremacia de um indivíduo ou segmento sobre o restante da sociedade. Isto não impede que mesmo nos tempos contemporâneos a discussão em torno de eventuais blasfêmias tenha lugar nas disputas no interior das religiões e entre elas, no contexto da recrudescência dos fundamentalismos♀, no Ocidente e para além fora dele.

No mundo de hegemonia muçulmana, a acusação de blasfêmia continua tendo lugar importante, e alguns países mantêm legislação que pune com a pena capital quem seja condenado por este motivo. Cabe, contudo, destacar o recrudescimento das acusações de blasfêmia – bem como das tensões a esta associadas – dirigidas a produções artísticas contemporâneas, sejam elas romances (*Os versos satânicos*, de Salman Rushdie, que, por portar considerações sobre o profeta *Muhammad* tomadas por blasfemas, lhe fez merecer uma sentença de morte♀ determinada pelo aiatolá Khomeini, do Irã, em 1989), filmes (entre os quais *A última tentação de Cristo*, de Martin Scorcese, seja o mais famoso; já *Submission* levou seu diretor, Theo van Gogh, a ser assassinado) e mesmo charges, como as publicadas pelo periódico francês *Charlie Hebdo*. Os debates em torno desta polêmica envolvem temas como a livre expressão de ideias e seus limites, as tensões entre o mundo de herança judeo-cristã e aquele majoritariamente muçulmano e o avanço do "secularismo" e concomitante retração do religioso na cena pública.

Se se passa ao mundo das religiões surgidas no Extremo Oriente, constata-se que a ideia de blasfêmia não costuma ser associada a elas, e se argumenta que nem mesmo há, nos âmbitos das presenças delas, um termo que sirva de equivalente exato àquilo que se encontra no âmbito das religiões abraâmicas. No entanto, nem mesmo a eventual inexistência do termo deve iludir: no chamado "*Cânon Pāli*" budista a ideia é encontrada, e em países como Myanmar se encontra legislação punitiva de práticas que não se teria dificuldade em caracterizar – do ponto de vista da acusação – como blasfemas. Por outro lado, alguns segmentos hindus tomam Buda como algo equivalente a blasfemo por ter espalhado aversão à sua religião de origem.

Um último aspecto a ser ponderado no tocante ao fenômeno variado da blasfêmia, e subjacente às considerações acima feitas, refere-se ao poder, de múltiplas facetas, atribuído às palavras. No mundo das religiões ocorre um reconhecimento – em proporções que tendem a superar o corriqueiro – daquilo que é reconhecido na vida cotidiana, por exemplo, numa ofensa dirigida a outrem. Elas, as palavras, não são apenas enunciações, mas inscrevem o que enunciam. Assim, o dizer nunca é algo "simples", e é a força da palavra que a torna potencialmente blasfema ante sensibilidades que se veem atingidas por elas.

Bibliografia: COLEMAN, E. B.; WHITE, K. (Ed.). *Negotiating the Sacred*: Blasphemy and Sacrilege in a Multicultural Society. Canberra: ANU Press, 2010; COLEMAN, E. B.; FERNANDES-DIAS, M. S. (Ed.). *Negotiating the Sacred*: Blasphemy and Sacrilege in the Arts. Canberra: ANU Press, 2011; FULLER, P. The Idea of Blasphemy in the Pāli Canon and Modern Myanmar. *Journal of Religion and Violence*. Charlottesville, 2016, n. 4:2, p. 159-181; JERRYSON, M. Introduction: Buddhism, Blasphemy and Violence. *Journal of Religion and Violence*. Charlottesville, 2016, n. 4:2, p. 119-127; NASH, D. *Blasphemy in the Christian World*: a History. Oxford: Oxford University Press, 2007; SMITH, M. *Jesus, the Magician*. New York: Barnes & Noble, 1993.

PEDRO LIMA VASCONCELLOS

BOAS, FRANZ → Etnologia e Etnografia

BOURDIEU, PIERRE

I. Itinerário intelectual. Pierre Bourdieu nasceu em 1930, em Denguin, na região francesa dos Altos Pirenéus. Entrou na *École Normal Supérieur* em 1951. Os seus biógrafos sublinham que remonta a essa experiência certo mal-estar relativamente ao convívio com certa cultura burguesa, ele que era oriundo de um meio provinciano. Não acompanhou muitos dos seus colegas na inscrição no Partido Comunista – sempre se distanciou dos "aparelhos" políticos. Partiu para a Argélia, depois de se tornar *agrégé* de Filosofia, em 1955. Ali desenvolveu alguns dos seus primeiros trabalhos sobre as transformações sociais na Argélia, um dos seus primeiros "laboratórios" de teoria social. Regressou à França, em 1961, ensinando primeiro na Sorbonne e depois na universidade de Lille. O ano de 1964 ficou marcado pela sua nomeação como *directeur d'études* da *École Pratique des Hautes Études*, desenvolvendo ali uma atividade muito marcada pelo perfil intelectual de Raymond Aron. Pertence a este período alguma da sua investigação de mais ampla receção – é o caso de *Les Héritiers* (1964), obra escrita com Jean-Claude Passeron. Marcados pela descoberta de que a origem social dos estudantes é o principal fator de diferenciação, os dois autores irão defender, em *La Reproduction* (1970), que a cultura escolar é uma forma de violência simbólica, de imposição de uma cultura por via da autoridade magisterial, tornando hegemônica certa linguagem e certos comportamentos, que são marca de distinção das classes sociais dominantes.

Em 1968, Pierre Bourdieu funda o seu próprio centro de investigação – *Centre de Sociologie Européenne* –, uma etapa importante no projeto de criação de uma escola sociológica em torno de si. O seu interesse pela teoria social da religião acontece neste período de construção de uma identidade sociológica. Pertencem, pois, à década de 1970 os dois artigos que, de forma mais explícita, exibem o olhar bourdieusiano sobre o campo religioso, textos de ampla posteridade: *Genèse et structure du champ religieux* (1971), e *Une interprétation de la théorie de la religion selon Max Weber* (1971). A criação, em 1975, da sua própria revista – *Actes de la recherche en sciences sociales* – deu uma maior consistência a este projeto. A obra *La distinction*, de 1979, foi decisiva para a sua consagração como cientista social. Nesta obra, Pierre Bourdieu apresentou uma investigação minuciosa sobre o gosto, ultrapassando as ideias naturalísticas que o explicavam. O sociólogo procura desocultar os quadros sociais que explicam os nossos gostos e juízos, no quadro de diferentes práticas culturais. Esta é a obra onde, de forma mais acabada, se elabora o conceito de *habitus*, enquanto sistema de esquemas de percepção, de apreciação e de ação, que "estilizam" a vida social. Bourdieu confere aos constrangimentos estruturais, que se resumem no conceito de *habitus*, um papel determinante. Esse determinismo foi particularmente discutido por todas as tendências socioantropológicas que, sob a figura do "regresso do ator", sublinhavam a autonomia dos indivíduos face às instituições sociais. A direção tomada nesta obra conhecerá um ponto culminante na sua sociologia do campo literário, particularmente desenvolvida em *Les règles de l'art* (1992).

A sua trajetória de ascensão tinha conhecido uma importante confirmação com a atribuição da cátedra de Sociologia do *Collège de France*, em 1979. Mas este percurso aconteceu num contexto de sucessivas rupturas pessoais com muitos dos seus colaboradores: J.-C. Passeron, L. Boltanski, C. Grignon, J. Verdès-Leroux, entre outros. Este é, também, o período da sua internacionalização, em particular nos EUA, ocasião para diversas deslocações às universidades de Princeton e da Pensilvânia.

Entre *Ce que parler veut dire* (1982) e as obras da maturidade, como *Méditations pascaliennes* (1997) e *Domination masculine* (1998), encontramos a consolidação dos grandes temas da Sociologia de Pierre Bourdieu. A primeira, mostrando que a legitimidade das produções linguísticas depende de um sistema de mercado dominado por grupos de cultivados que detêm o "capital simbólico" que constitui a cultura. A segunda torna patente que as ideias, mesmo as mais abstratas, universais ou desinteressadas – como a reflexão filosófica, as ideias religiosas, o trabalho científico ou a criação artística –, dependem estruturalmente das condições de produção. A terceira, na senda do seu interesse pelo conhecimento dos mecanismos sociais de dominação, procura mostrar como os dominados, ao interiorizarem os valores dos dominantes, se tornam, eles próprios, artífices de um sistema de dominação.

A década de 1990 foi marcada pela assunção do papel de intelectual socialmente comprometido. Em 1989-1990, presidiu a uma comissão de estudo sobre o sistema educativo francês e, em 1993, momento de uma grave crise social, dirigiu a obra coletiva *La Misère du monde*. A obra tem um perfil pouco comum. Uma equipa de vinte e três sociólogos, usando métodos biográficos, entrevistou um conjunto muito diversificado de pessoas: trabalhadores imigrantes, desempregados, enfermeiros, polícias, estudantes, pequenos agricultores etc. O inquérito não se desenvolvia no terreno habitual dos estudos da pobreza. A obra procura dar a conhecer não apenas a "miséria de condição", mas sobretudo a "miséria de posição". Os informantes entrevistados têm, em comum, o fato de estarem subalternizados, numa posição social marcada pela negação de legítimas aspirações de realização pessoal, sem meios para, a partir do seu lugar social, projetarem o seu futuro.

Em 1998, Pierre Bourdieu estava com os desempregados que ocuparam a *École Normale Supérieur* e, em 2000, mobilizou-se para apoiar o movimento altermundialista Attac, apoiando a constituição de uma rede de forças contra a globalização econômica. Viria a falecer, em Paris, no ano de 2002.

A religiãoρ, na sociologia de Bourdieu, tem um lugar paradoxal, ao mesmo tempo central e periférico. Periférico, por comparação às páginas dedicadas a outros domínios da Sociologia, central porque remete para o caráter nuclear dos conceitos de *champ* (campo) e *croyance* (crença), relendo um vasto arquivo de teoria social, entre Durkheimρ e Maussρ, entre Marxρ e Weberρ. O campo religioso revela-se um laboratório privilegiado para Bourdieu testar um dos seus principais axiomas: o que se representa na cultura sob a forma mais espiritual ou imaterial (*état d'âme*) explica-se a partir da sua inscrição na materialidade social de uma estrutura (*état de corps*).

II. O campo religioso. As páginas de Pierre Bourdieu selecionadas para as vulgatas da Sociologia da Religiãoρ resumem-se quase sempre aos artigos já referidos: o ensaio sobre o "campo religioso" e às suas notas críticas sobre a teoria da religião em M. Weberρ: *Genèse et structure du champ religieux* (1971), *Une interprétation de la théorie de la religion selon Max Weber* (1971). Na produção intelectual de Pierre Bourdieu, "campo" é um conceito aberto, com diferentes matizes, difícil de delimitar univocamente. a) ser lido a partir da metáforaρ do "mercado", contexto em que diversos atores, com capitais diversos, concorrem no tocante à produção e circulação de bens simbólicos. A situação de concorrência quanto à legitimidade encontra-se presente numa das suas primeiras elaborações da noção de campo, neste caso, o campo intelectual. Encontra-se também patente nos primeiros itinerários da sua receção, como é o caso deste estudo sobre a competição entre os diferentes especialistas da religião e da magiaρ, na sociedade brasileira (Tavares de Andrade, 1972); b) noutra via, privilegia-se a sua leitura enquanto estrutura social diferenciada, com as suas instituições próprias e os seus especialistas – e respectiva hierarquização de posições –, a sua linguagem, estrutura que é interiorizada pelos atores; c) "campo" pode ser também um espaço social definido pelas relações de forças entre grupos sociais, num sentido mais próximo do sintagma *social field*, usado na sociologia anglo-saxônica. Em termos gerais, a noção de "campo" dá corpo a um particular interesse pelo estudo da gênese e estrutura do campo religioso, como resultado da divisão do trabalho religioso e das formas diversas de conservação, reprodução e manipulação do capital religioso.

O sociólogo francês define a religiãoρ como um conjunto de bens simbólicos relativos à esfera do sagradoρ, mas centra a sua atenção não no terreno dos significantes e significados, mas no conjunto de rela- ções objetivas que se estabelecem entre as posições definidoras do campo religioso. Numa linha weberiana, o trabalho religioso é visto como produção de respostas a uma categoria particular de necessidades (Bourdieu, 1971, p. 3-8). De Weber Bourdieu retém o seu interesse pela religiãoρ enquanto forma de hierocracia, mas despreza a questão religiosa como teodiceia: "Eu construí a noção de campo ao mesmo tempo *contra* Weber e *com* Weberρ, refletindo sobre a análise que propõe acerca das relações entre sacerdoteρ, profetaρ e feiticeiro" (Bourdieu, 1987, p. 33). É este pressuposto que conduz a indagação socioantropológica à concentração na dicotomia que separa especialistas e não especialistas do sagradoρ (por exemplo, clérigos/leigosρ). Nesta via, os atores são objeto de um processo de imposição de um *habitus* que permite garantir a legitimação interna do campo religioso e o caráter necessário do sistema de significações partilhado. A religiãoρ, fornecendo uma visão coerente do mundo e da existência humana, produz os meios necessários à integração sistemática da conduta quotidiana, submetendo o "ser" ao "dever ser" (Bourdieu, 1971, p. 9). Esta perspectiva põe em evidência que a diferenciação interna do campo religioso transporta em si o conflito latente, que se pode manifestar, por exemplo, na luta de um grupo desprivilegiado pela definição alternativa do capital simbólico sedimentado no campo religioso.

Estamos numa zona de confluência onde ecoam teses diversas: as afirmações de Marxρ sobre a religiãoρ na sua função de conservação da ordem social (contribuindo para a legitimação do poder dos dominantes e para a domesticação dos dominados); as reflexões de Durkheimρ sobre a gênese social dos esquemas de pensamento, de percepção, de apreciação e ação; o interesse de Weber pela busca das correlações entre o conteúdo do discurso religioso e os interesses daqueles que os produzem, as conclusões de Lévi-Straussρ sobre a mitologiaρ como reflexo da estrutura social. No quadro desta herança, Bourdieu propõe uma definição da ideologiaρ religiosa a partir do seu efeito alquímico, que consiste na operação de transfiguração das relações sociais em relações sobrenaturais.

III. Capital simbólico. Na esteira de Durkheimρ, para quem os símbolos são instrumentos políticos que tornam possível o consenso e a integração, Bourdieu arquiteta uma teoria das práticas na qual a raiz do poder simbólico se encontra na própria estrutura do campo social. Na perspectiva do sociólogo francês, só assim se explicaria o fato de, por meio do poder simbólico, se colherem dividendos semelhantes aos da força física ou da supremacia econômica: a submissão. Mas esse poder só pode atuar se for "reconhecido", e para tal tem de sofrer um trabalho social de transfiguração, para que a violência seja dissimulada (Bourdieu, 1980, p. 191, 209-231). À Ciência da Religiãoρ interessa particularmente a forma como Bourdieu explica a transformação do poder em carismaℓ, as relações de dominação e submissão em encantamento afetivo: "O capital simbólico é uma qualquer propriedade, força física, riqueza, valor guerreiro, que – percebida por agentes sociais dotados das categorias de percepção e de apreciação permitindo percebê-la, conhecê-la e reconhecê-la –, se torna simbolicamente eficaz, como uma verdadeira força mágica: uma propriedade que, por responder a *expectativas coletivas*, socialmente constituídas, a crençaℓ, exerce uma espécie de ação à distância, sem contacto físico" (Bourdieu, 1994, p. 189).

Torna-se claro que na raiz da noção de capital simbólico está uma teoria da crençaℓ. A noção de "campo religioso" implica este conceito de "crença", enquanto adesão às regras de um campo sócio-simbólico. Em alguns comentários, é usada a metáforaℓ do "jogo" (as regras do jogo de um campo). Mas esta metáforaℓ apela a um substrato interacionista que não está presente nos pressupostos de Bourdieu – apesar das regras, o jogo não se compreende sem a singularidade do jogador. Ora, em Bourdieu, o que está em causa é a configuração de relações objetivas entre posições, independentemente do sujeito ou das populações que as ocupam (Bourdieu, 1992, p. 72).

Trata-se da crençaℓ como submissão dóxica às injunções do mundo, "obtida quando as estruturas mentais daquele a quem a injunção se dirige concordam com as estruturas implicadas na injunção que lhe é dirigida" (Bourdieu, 1994, p. 190). Esta submissão traduz-se num efeito de ganho, uma vez que se responde de acordo com as expectativas coletivas e se reproduz a consciênciaℓ comum de que se fez o que devia ser feito. Essas expectativas são o capital simbólico distribuído como "senso comum" por todos os membros do grupo, um ser-percebido (*être-perçu*) que traduz em categorias de percepção, categorias sociais, modos de praticar e representar a união e a separação, e estratégias de identificação dos grupos – constituem o que Bourdieu apelida de *doxa* (Bourdieu, 1984, p. 191-200). A estrutura de distribuição deste senso comum, ou capital simbólico, tende para a estabilidade. No quadro desta análise, uma determinada crise da economia dos bens simbólicos funda-se sempre na crise da crençaℓ, ou seja, na ruptura do acordo entre as estruturas mentais (categorias de percepção e de apreciação, sistemas de preferência) e as estruturas objetivas (Bourdieu, 1994; p. 189-191.213; 1992, p. 243).

IV. Habitus. Subjaz, neste itinerário, uma concepção de crençaℓ em que esta se define como adesão a um conjunto de práticas sociais, segundo as expectativas instituídas num determinado campo de relações objetivas – ou seja, segundo o senso comum. Já em *Le sens pratique* (p. 111-115), Bourdieu apresentava a crençaℓ como *illusio*, no sentido de investimento num determinado sistema de relações

e adesão aos seus pressupostos (*doxa*) – o sucesso do processo passa pela invisibilidade da estrutura. A crençaℓ, enquanto adesão indisputada, pré-reflexa, ou nativa, é o fermento da pertença a um campo e traduz aquela magia social em que a *doxa* esconde o não dito. Nesse sentido, não se trata de um ato de decisão por um conjunto dogmático, mas de um ato de adesão imediata ao *habitus* que, objetivamente, define um campo.

O conceito de *habitus*, como conjunto de disposições incorporadas, conta-se entre os mais comentados. A sua ascendência, confessada pelo próprio Bourdieu, remete para a leitura e traduçãoℓ de uma obra de Erwin Panofsky, intitulada *Architecture gothique et pensée scolastique*, de 1951. A homologia de estrutura que se descobre na filosofia medieval e na arquitetura gótica dependeria de uma cultura comum dos clérigos e arquitetos das catedrais, por via de disposições assimiladas no processo de educação (Bourdieu, 1987, p. 23).

Este *habitus* não pode ser circunscrito a um "estado de espírito" (*état d'âme*), é um "estado de corpo" (*état de corps*), no sentido em que as disposições produzidas pelo sentido prático são como que disposições corporais. Estas disposições são particularmente identificáveis na configuração das posições de autoridade: "Melhor que os sinais exteriores ao corpo, como os ornamentos, os uniformes, os galões, as insígnias, etc., os sinais incorporados – como tudo aquilo a que chamamos maneiras, maneiras de falar [...], maneiras de comer, etc., e o gosto, como princípio de produção de todas as práticas destinadas a, com ou sem intenção, significar e significar a posição social, pelo jogo das diferenças distintivas – funcionam como apelos à ordem, lembrando, aos que se pudessem esquecer, o lugar que a instituição lhes reserva" (Bourdieu, 1982, p. 130).

As disposições corporais podem exprimir, pois, o *habitus* religioso enquanto laço social.

V. A autoridade e o lugar de enunciação. Nas suas observações sobre a eficácia do discurso ritual, Bourdieu explorou de forma ampla as correlações entre o fato discursivo e o fato social (1982, p. 93-101). Criticando o acento posto por Austin na força de elocução das expressões (*illocutionary force*), o sociólogo francês substituiu a "força" das palavras pelas "condições sociais" da sua utilização. O mesmo é dizer: a autoridade não está no enunciado, mas no lugar de enunciação. As observações de Bourdieu neste domínio conheceram um importante impacto no domínio dos estudos do rito e dos atos de fala autorizados – que constituem uma gramática importante para a leitura da morfologia das instituições religiosasℓ.

Na perspectiva de Bourdieu, os elementos retóricos do discurso autorizado contribuem para a representação da autoridade, mas não a explicam exaustivamente. O próprio acesso à linguagem autorizada é, em si, um dos elementos de participação na autoridade da instituição. À atenção dada por Austin aos atos de enunciação que têm o poder de executar uma ação Bourdieu acrescenta o fato da posição social do locutor. Assim se descobre, no regime de adequação recíproca entre locutor e discurso pronunciado, a primeira característica dos enunciados que Austin qualificou de performativos. Ora, é aqui que a noção de *croyance* (crença) se afigura crucial, para pensar a natureza da eficácia simbólica. É que a palavra do porta-voz autorizado só pode atuar porque concentra o capital simbólico acumulado pelo grupo (Bourdieu, 1982, p. 107).

Nesta perspectiva, assumem particular importância os ritos de instituição (legitimação ou consagração) enquanto práticas de construção social da diferença. Nesta ordem de ideias a posição social do locutor autorizado depende essencialmente da divisão da ordem social consagrada pelo rito, cujas propriedades essenciais se resumem na virtude de consagrar como natural um limite que é arbitrário e na capacidade de comunicar uma determinada identidade: "*Torna-te no que és*. Esta é a fórmula que subentende a magia performativa de todos os atos de instituição" (Bourdieu, 1982, p. 127).

Pode-se, pois, concluir que, neste quadro de análise, o rito instituidor é a *doxa* em ação, uma vez que a sua virtude fundamental é a de sacralizar uma ordem estabelecida, sancionar um regime de diferenças, dando-as a conhecer e provocando o seu reconhecimento. Daí o valor durável dos títulos sociais de crédito (ou seja, de crença): eles multiplicam, reproduzem no tempo o valor do seu portador. A eficácia deste trabalho de instituição das fronteiras e das diferenças depende dessa capacidade alquímica que faz das distinções sociais fronteiras naturais. Este ângulo interpretativo tem sido privilegiado pelas teorias que compreendem a religião a partir da sua capacidade simbólica de conferir um carácter necessário a normas e valores.

VI. Receção crítica. O conceito de "magia social" adapta-se bem aos pressupostos epistemológicos de Bourdieu, ele que tem uma visão determinística dos fatos sociais. Na esteira de certa herança durkheimiana, o todo tem uma clara preponderância sobre as partes; o mesmo é dizer que as forças sociais – traduzidas em imperativos, valores, interditos, paixões, usos e costumes – imprimem o sentido das ações dos indivíduos. A própria capacidade de resistência e transgressão do indivíduo implica, segundo os pressupostos de Bourdieu, a anterior aquisição de um *habitus* – só essa incorporação permite jogar com os próprios limites. Mas nem todos os leitores de Bourdieu o acompanharam até ao fim na sua tentativa de substituir o conceito weberiano de "carisma" pela noção de "capital simbólico". Se esta é eficaz quando se pretende encontrar um quadro interpretativo para algumas das operações institucionais, em particular

as de delegação (ou representação) e consagração, parece insuficiente para pensar o sentido teórico dos indivíduos no terreno da adesão a um sistema de convicções ou a um magistério que resolve os enigmas com que se confrontam.

Como observou Yves Lambert, no seu já clássico estudo sobre as mutações religiosas no século XX, o ponto de vista bourdieusiano reduz o senso comum a um sentido prático, redução que se traduz num sistema de relações circulares entre o *habitus* e as condições objetivas, uma vez que aquele resulta da interiorização destas e se constitui como mecanismo da sua reprodução (Lambert, 1972, p. 411-421). Esta teoria social pode apresentar-se limitada quanto à capacidade de compreensão das mudanças, reduzindo as representações à sua função legitimadora e confinando a questão do sentido à objetividade inscrita nas estruturas. Assim, Lambert propôs que a este olhar centrado num "sentido prático" se junte a perspectiva de um "sentido teórico". Se aquele se define pela dominação prática assegurada pelo *habitus*, este diz respeito ao domínio simbólico que permite o "referencial", conceito que Lambert toma da Linguística, para designar aquilo que surge sob a forma de sistema de referências (religião, ideologia, ética etc.).

O esquema da circularidade entre o *habitus* e as estruturas objetivas pode revelar-se eficaz na interpretação de sociedades muito estáveis, mas revela-se ineficaz no quadro da análise de sociedades complexas, em que o paradigma do pluralismo e da mudança tem uma acentuada preponderância, sustentado pela expansão de diferentes *mediasferas*, pelas políticas de generalização do acesso à escolarização, pela emergência continuada de técnicas e saberes novos e pelo aumento e diversificação de elites intelectuais. Só assim se pode compreender que, no caso destas sociedades, condições objetivas idênticas sejam vividas segundo modalidades de aquisição subjetiva diferentes. Sublinhe-se, ainda, que o senso teórico não é constituído apenas pelos intelectuais. Encontra-se disseminado em ditos, narrativas, exemplos recebidos, juízos feitos, ligados à vida corrente.

A intenção de Lambert não é negar a importância das práticas, mas corrigir um sistema em que o totalitarismo das práticas inviabilize a possibilidade de pensar os atos refletidos, que só podem ser interpretados caso se atribua igual importância aos sistemas de referência, enquanto instrumentos de construção da realidade. Assim, o senso comum é constituído por um senso teórico e um senso prático que podem jogar papéis distintos em diferentes momentos. Num período de fundação ou de crise, os referenciais poderão ter a primazia. Ao invés, esse primado pode ser dado ao *habitus* nos períodos orgânicos, isto é, nos períodos de desenvolvimento do corpo institucional. Por exemplo, a grande mutação na morfologia

BOURDIEU, PIERRE

do religioso, nas sociedades marcadas pelo curso histórico da cristandade, pode ser vista como um processo de erosão da outrora forte congruência entre *habitus* religioso, referencial religioso e contexto objetivo. A dinâmica de mudança atualiza-se nesse registro de adequação do Cristianismo histórico às modalidades de "positivização" cognitivas, materiais, afetivas, éticas, sociais e políticas. Neste trânsito, as crenças ficaram disponíveis para se tornar referentes, enquanto suportes simbólicos de outros conteúdos. A adesão às crenças fica em parte reduzida a um assentimento aos princípios e aos valores que elas representavam, como se de uma roupagem se tratasse, no quadro de certa conjugação, silenciosa ou declarada, do senso prático e do senso teórico.

As propostas teóricas de Bourdieu dizem respeito à problemática do ajuste das práticas às estruturas. Sociólogo da educação como foi, encontrou uma via para responder a essa problemática com o conceito de "aquisição" – interiorização das estruturas e exteriorização do adquirido (*habitus*). Ou seja, as práticas exprimem o adquirido e respondem às situações, manifestando a estrutura. Mas essa resposta só se pode dizer adequada se nesse processo de interiorização-exteriorização a estrutura permaneceu estável. É por isso que Michel de Certeau observava que, na chave bourdieusiana, apenas as estruturas, mudando, podem tornar-se princípio de mobilidade social – o adquirido não goza de movimento próprio (Certeau, 1980, p. 82-96). Esse princípio aproximava-se de um axioma antropológico de longa posteridade, segundo o qual as sociedades primitivas, ou camponesas, são o exemplo mais acabado dessa imobilidade e, por isso, podem ser explicadas pelas estruturas (cujos atributos fundamentais se resumem na coerência, na estabilidade, na inconsciência e na territorialidade). Essa estabilidade tem um preço, a invisibilidade da estrutura. É assim que Certeau lê o salto bourdieusiano da etnologia para a teoria sociológica: da multiplicidade astuciosa das operações passa-se para o mármore imóvel de uma circularidade teórica; das estruturas passa-se ao *habitus*; deste às estratégias que se ajustam às conjunturas, que não serão mais do que estados particulares das estruturas. Assim se passa de um modelo construído (a estrutura) a uma realidade suposta (o *habitus*) e daí a uma interpretação dos fatos observados (estratégias e conjunturas).

Na medida em que a noção de "campo religioso" é condicionada por uma sociologia do conflito e da dominação, parece explicar o conflito sociorreligioso apenas nas sociedades altamente diferenciadas, pois só então o campo religioso pode ser definido com a objetividade que estas teorias da violência simbólica

supõem. No caso de Bourdieu, não pode deixar de se sublinhar que as suas propostas estão demasiado vinculadas à oposição clérigo/leigo tal como essa dicotomia se constitui no campo religioso cristão, distinção que não tem o mesmo carácter formal, por exemplo, no Judaísmo ou no Islamismo. A noção de "campo religioso" é tributária das sociedades em que há uma luta pelo monopólio da produção simbólica e condições favoráveis para a emergência de produtores especializados. Na própria etnografia de Bourdieu, parece haver margem de manobra para pensar que a religião pode articular-se de forma diferente no espaço social, autorizando a afirmação de que o "campo religioso" é apenas uma das suas modalidades de configuração. O próprio Bourdieu não retira todas as consequências das observações que faz sobre as condições de sucesso do "profeta", sucesso que não se pode reduzir às suas qualidades comunicativas ou à sua posição na estrutura. Terá de ser explicado também pela capacidade de responder a necessidades e de atribuir sentido à experiência do mundo.

Bibliografia: BOURDIEU, P. *Ce que parler veut dire*: l'économie des échanges linguistiques. Paris: Fayard, 1982; BOURDIEU, P. *Choses dites*. Paris: Minuit, 1987; BOURDIEU, P. *Genèse et structure du champ religieux*. Paris: Revue Française de Sociologie, 1971. 12 vol.; BOURDIEU, P. *La distinction*: critique sociale du jugement. Paris: Minuit, 1979; BOURDIEU, P. *Le sens pratique*. Paris: Minuit, 1980; BOURDIEU, P. *Les règles de l'art*: genèse et structure du champ littéraire. Paris: Seuil, 1992; BOURDIEU, P. *Raisons pratiques*: sur la théorie de l'action. Paris: Seuil, 1994; BOURDIEU, P. *Une interprétation de la théorie de la religion selon Max Weber*. Paris: Archives Européennes de Sociologie,1971. vol 1.; CERTEAU, M. de. *L'Invention du quotidien*: I. Arts de faire. Paris: Gallimard, 1990; LAMBERT, Y. *Dieu change en Bretagne*: la religion à Limerzel de 1900 à nos jours. Paris: Cerf, 1985; TAVARES DE ANDRADE, J. M. Le champ de la religiosité: projet d'analyse de la religiosité populaire au Brésil. *Social Compass*, vol. 19, 1972, p. 599-611.

ALFREDO TEIXEIRA

BRELICH, ANGELO → Escola italiana

BRICOLAGEM → Fusão de religiões

BUBER, MARTIN → Filosofia judaica

C

CALIGRAFIA

O termo "caligrafia" é formado por duas palavras gregas: o adjetivo *kalé*, bela, e o substantivo *grafé*, escrita; significando, portanto, "bela escrita". Para além do uso mais geral que a palavra – já conhecida de Plutarco – alcançou, designando a arte ou a técnica de escrita de que alguém é dotado – fala-se, por exemplo, de aula de caligrafia para designar o aprendizado básico da escrita –, no âmbito dos estudos sobre religião a caligrafia emerge enquanto tema a partir de tradições mais ou menos amplas, desenvolvidas em contextos diversos, cujos componentes básicos devem ser minimamente identificados, a despeito de sua obviedade: os distintos lugares da escrita nas sociedades que a possuem e a atitude destas em relação àquela, a atribuição de alguma forma de transcendência a determinadas palavras ou textos postos por escrito, os lugares e as funções, seja do texto escrito no interior das dinâmicas religiosas, seja dos objetos em que a escrita é registrada; os tipos de letras e demais recursos visuais a que se recorre; os instrumentos utilizados para a escrita; os espaços reservados para seu exercício; os sujeitos da escrita – que hão de ser pensados também em termos de gênero – e as relações deles com outras figuras e grupos sociais, bem como o *status* de que gozam por conta de seu ofício; todos itens constitutivos das possibilidades e dos limites da prática caligráfica, realizada visando a propósitos específicos.

Com efeito, o acento básico dessa compreensão mais estrita do termo e, note-se, mais afim à sua origem etimológica, está no componente estético assumido pela escrita. Nesse sentido, em nome de uma delimitação necessária – embora arriscada – para o enfrentamento da questão, cabe pontuar que, ao menos de maneira privilegiada, a prática da caligrafia há de ser encontrada e de encontrar mais destaque no mundo da produção manuscrita, ou seja, anterior ou à margem da edição impressa dos textos. Uma produção, portanto, que não visa apenas registro, conservação e transmissão de conteúdos associados à fala – tanto no mundo anterior à invenção da imprensa como também naquele posterior a ela –, mas comunicar algo através do *modo* como a escrita é efetivada, apelando a outras percepções que a simples e imediata decifração desses mesmos conteúdos sonoros. Ressalve-se, no entanto, que as considerações a seguir hão de ser consideradas levando em conta a maior ou menor distância que pode haver entre a escrita convencional e aquela "bela"; no contexto chinês, por exemplo, uma praticamente se identifica com a outra, naquela que é tida como a mais sublime das artes, indicando num só relance que a letra pode – e no caso pretende – ser bem mais que a "pintura da voz" apontada por Voltaire a partir especialmente da escrita fonética, fundada em alfabetos, verdadeiras "prisões", mesmo que "luminosas", no entendimento de Ángel Garibay.

Efetivamente, se os caracteres formados pelas penas retratam pensamentos e falas, ao mesmo tempo – ou em movimentos subsequentes –, assumem papéis simbólicos que ultrapassam essa funcionalidade básica, servindo a incrementar propósitos artísticos e religiosos, apelando às sensibilidades de quem toma contato visual com tais traços. A caligrafia comunica não apenas através daquelas ideias expressas pelos conjuntos de letras frias que formam palavras e frases; ela o faz principalmente apelando ao senso estético de quem contempla o contorno das letras e/ou palavras – ou de alguma(s) que propositadamente é(são) destacada(s), e ainda pela impressão que o todo componente de uma página, de um muro ou de uma parede produz aos olhos de quem o focaliza. Nessa perspectiva, cabe levar em conta que, a despeito de todos os processos que certamente visavam padronizar a prática da caligrafia, era impossível aos sujeitos dela deixarem de comunicar muito de si próprios e da relação particular de cada um deles com o texto que trata de embelezar; eis um traço que pode ser observado com mais intensidade – em se tratando da comunicação gráfica religiosa – naqueles âmbitos que, genericamente, denominaríamos "esotéricos"; por sua arte, quem produz a caligrafia tanto pode expressar pela pena o que experimenta como desenvolvimento espiritual próprio como facetas "indizíveis" por palavras e ideias daquilo que constitui suas referências fundamentais.

Embora seja delicado estabelecer limites que permitam definir em que cenários houve o desenvolvimento daquilo que cabe, propriamente, denominar "escrita", pode-se, com prudência renovada, apontar que a prática da caligrafia se desenvolveu originariamente em quatro regiões e contextos culturais do planeta, com maiores ou menores desdobramentos históricos: aquela ocupada pelos povos pré-colombianos que habitavam os atuais México e América Central; o mundo indo-chinês (que se prolonga até o atual Japão); o mundo mediterrâneo de herança greco-romana, o mundo da escrita em árabe. Ressalte-se, ao menos em relação aos dois últimos, que eles absorvem práticas de escrita anteriores (a hieroglífica egípcia e aquelas surgidas na Mesopotâmia, por exemplo).

Pode-se, portanto, falar de uma dinâmica viabilizadora da caligrafia como disciplina nos escritórios estabelecidos, por exemplo, num sem-número de mosteiros cristãos da Europa medieval para produzirem os códices veiculadores dos textos bíblicos – mas não só eles – e iluminuras que ilustram conteúdos ou palavras e letras deles, realçando-os; a logística e os sujeitos envolvidos nas práticas caligráficas que embelezam paredes e tetos, como os da Alhambra muçulmana, com passagens corânicas e afins, bem como letras, sofisticamente adornadas, do alfabeto árabe representando *Allah* e seu profetaℰ maior (e ainda Ali, na tradição xiita); os desdobramentos de caligrafiasℰ entre pictoglíficas e ideográficas (comunicadoras de ideias e conteúdos por meio de desenhos estilizados e símbolos gráficos), como a hieroglífica do antigo Egito, a chinesa ou as de povos da América pré-colombiana.

Aliás, no caso específico do multifacetado mundo islâmico, considera-se que o tardio ingresso da imprensa como instrumento para editar o Corão e multiplicar seus exemplares se deva ao disseminado apreço pela arte caligráfica nele cultivada. Nesse âmbito, o da "religião do livro" por excelência, a caligrafia está a serviço da ampliação do Corão e de seus conteúdos para além do objeto manuseável que convencionalmente os consigna. Essa concentração no livro e o estatuto da não representação do divino associados jogaram seguramente força no desenvolvimento de uma espiritualidadeℰ que abre para a decoração das letras um leque amplíssimo de possibilidades de "verbalização" da palavra descida dos céus.

Tem-se, portanto, que para os estudos de religião o tema da caligrafia conduz a refletir sobre o lugar que os textos escritos, particularmente aqueles que cabem na alcunha "livros sagradosℰ", ocupam no interior dos sistemas religiosos em suas dinâmicas, chamando a atenção para o potencial de comunicação pretendido por aqueles sujeitos que confeccionam os objetos que registram seus conteúdos, que apelam não apenas à razão – no entendimento racional de seus enunciados – como também à sensibilidade estéticaℰ visual. Afinal de contas, os significados, efeitos e funções dos livros sagradosℰ incluem, para além da semântica e da performática, a dimensão icônica, que potencializa o diferencial que se lhe pretende atribuir e orienta a aproximação que se espera lhe seja feita. A caligrafia aplicada aos textos sagrados, em sua reprodução, implica e reforça a complementaridade desses caminhos, razão e visão, pelos quais a sintonia com o transcendente – seja lá qual for a configuração que ele assuma em cada cenário religioso – possa ser estabelecida e incrementada; e amplia as possibilidades de simbolização da verdade e do poder a que se arrogam tais textos e as religiões que neles se ancoram.

Bibliografia: FISCHER, S. R. *História da escrita*. São Paulo: Editora da Unesp, 2009; GAUR, A. Calligraphy. In: *Encyclopedia of Religion*. 2nd Ed. Detroit: Macmillan Reference, 2005. Vol. 3, p. 1368-1370; FISCHER, S. R.; SASSOON, R. *Signs, Symbols and Icons*: Pre-history to the Computer Age. Exeter: Intellect Books, 1997; GEORGE, A. *The Rise of Islamic Calligraphy*. London: Saqi, 2010.

Pedro Lima Vasconcellos

CAMPO → Bourdieu, Pierre

CÂNDIDO PROCÓPIO → Pioneiros dos estudos de religião no Brasil → Sociologia da Religião

CANÔN → Livros sagrados

CARISMA

Carisma vem do grego *khárisma*: atos, graça, favor. O latim conserva a forma *charisma*, do qual derivam os termos nas línguas modernas *charisma* em alemão e carisma em português. O termo foi utilizado e conotado nos textos do Novo Testamento para designar aquilo que é doado por Deus ao fiel na comunidade cristã. Da mesma família, o termo *charis*, traduzido por *gratia* no latim, dá origem ao termo "graça" em português. O conceito carisma tem, assim, seu uso primordial na tradição ocidental, no âmbito da teologiaℰ cristã, e com essa conotação de algo recebido gratuitamente oferecerá, desde Max Weberℰ, conotações para designar o tipo de dominação exercido por personagens portadoras de dons extraordinários, distinto do personagem que exerce funções tradicionais ou funções racionalizadas como líder burocrático-legal.

I. O lugar da categoria carisma na obra de Weber. Max Weberℰ é o autor que, no âmbito das Ciências Sociais, mais valorizou a categoria carisma. Tomando emprestado de Rudolf Sohn, autor da obra *Direito eclesiástico para antiga comunidade cristã* (Weber, 1984, p. 173), utilizou essa categoria para desenvolver um dos eixos daquilo que ele denomina de "sociologia da dominação", título de um dos capítulos da sua obra *Economia y sociedad* (Weber, 1984, p. 695). Para esse autor tal categoria é uma das formas possíveis de legitimação do poder ao lado da lei e da tradição.

Para o pensador social, "a 'dominação' é um dos mais importantes elementos da ação comunitária" (1984, p. 695), já que, em toda a comunidade, sempre há algum tipo de dominação, porque sempre há um tipo de poder em jogo. Isso não significa que para Weber dominação e poder se equivalham; para ele, a dominação é uma das formas de exercício do poder. Por isso, ele acrescenta que "a dominação é um caso especial do poder" (1984, p. 695), porque diz respeito ao tipo de exercício de poder e aos mecanismos de sua legitimação. A dominação não está, antes de tudo, relacionada com os seus possíveis fundamentos materiais (econômicos) do poder, mas às concepções ideológicas que o legitimam, que o fundamentam do ponto de vista das ideias e dos valores, embora a posse de bens econômicos frequentemente seja uma consequência do exercício da dominação (e do poder).

II. A categoria carisma em Max Weber. No início do item IV do III capítulo da obra *Economia y sociedad*, Weber apresenta o que entende por carisma: "[...] deve-se entender por 'carisma' a qualidade, que passa por extraordinária [...] de uma personalidade, cuja virtude se considera como possessão de forças sobrenaturais ou sobre-humanas – pelo menos especificamente extraordinárias e não acessíveis a qualquer outro – ou como enviado de Deus, ou como exemplar e, em consequência, como chefe, caudilho, guia ou líder" (Weber, 1984, p. 193).

Nessa definição, apresenta as principais características do carisma: qualidade extraordinária, virtude especial (de ordem sobrenatural ou sobre-humana), qualidade extracotidiana.

O carisma, portanto, é uma qualidade extraordinária, possuída por algumas pessoas consideradas como especiais. A partir do carisma é estabelecida entre a pessoa carismática e seus(as) seguidores(as) uma relação de poder: "Uma relação de poder fortemente assimétrica entre um guia inspirado e uma coorte de seguidores que reconhece nele e em sua mensagem a promessa e a realização antecipada de uma nova ordem, a que aderem com convicção mais ou menos intensa" (Boudon; Bourricaud, 1993, p. 49).

O carisma envolve, portanto, um conjunto de elementos subjetivos que impregnam tanto o próprio exercício desse tipo de dominação como também as relações que os subordinados vivenciam com a liderança carismática. Por isso, o exercício do carisma sempre envolve fascínio, emoção e, em algumas situações, uma entrega por parte dos subordinados de parte de sua vida às decisões da liderança carismática. No capítulo IX de *Economia y sociedad*, Weber afirma que o exercício do carisma envolve devoção afetiva à pessoa carismática por parte dos seus subordinados (1984, p. 706). Essa devoção dos subordinados está fundada no reconhecimento por parte destes das qualidades carismáticas do líder (Weber, 1984, p. 706). E o autor esclarece que "o reconhecimento (no carisma genuíno) não é fundamento da legitimidade, senão um dever dos chamados, por méritos da vocação e da confirmação, a reconhecer essa qualidade" (Weber, 1984, p. 194).

O carisma dá à pessoa que o possui certo encanto a partir do qual ela desperta um fascínio nas pessoas seguidoras. O carisma é uma qualidade irracional porque não se funda em elementos objetivos, racionais e palpáveis, como é o caso da lei e da tradição. Por isso, a pessoa carismática exerce um poder excepcional sobre os outros, pois "a dominação carismática é uma relação social especificamente extraordinária e puramente pessoal" (Weber, 1984, p. 714). Isso se dá pelo fato de o carisma estar ligado à ideia de uma qualidade incomum e inexplicável envolvida numa áurea sobrenatural ou sobre-humana. Boudon e Bourricaud chamam a atenção para o fato de que o carisma não é sinônimo de popularidade ou capacidade de alguém influenciar as pessoas (1993, p. 49). Embora esses elementos estejam relacionados na pessoa carismática, a existência de apenas esses elementos não configura o carisma.

A dominação carismática necessita, para institucionalizar-se, de três condições: existência de uma comunidade com a qual o líder mantenha uma relação emocional, a centralidade do líder nessa comunidade e as relações mediatizadas pelo líder (Boudon; Bourricaud, 1993, p. 50).

O exercício do carisma envolve a utilização do imaginário da comunidade (Boudon; Bourricaud, 1993, p. 49). A pessoa carismática tem a habilidade de direcionar os elementos do imaginário comunitário visando garantir a adesão e a lealdade dos seus seguidores. Ocorre aqui, portanto, uma relação de mão dupla: líder → comunidade e comunidade → líder.

III. Elementos do carisma. Nos estudos de Weber encontram-se alguns elementos do carisma que são relevantes: a) extraordinariedade (Weber, 1984, p. 197). O carisma é considerado como uma força fora do comum e que racionalmente não pode ser explicada; b) reconhecimento da liderança carismática por parte dos seguidores. A comunidade dos seguidores reconhece na sua liderança um carisma, uma qualidade especial. Em algumas circunstâncias muito específicas, esse reconhecimento pode deixar de existir e então o carisma pode deteriorar-se (Weber, 1984, p. 194); c) relação de dominação. Todo carisma leva a uma determinada relação de dominação que se dá entre a pessoa carismática e as pessoas que a reconhecem como tal (Weber, 1984, p. 194); d) mensagem como missão*P* (Boudon; Bourricaud, 1993, p. 49). Para quem exerce o carisma, em virtude da consciência*P* que tem do seu poder, sua mensagem é uma missão*P* para ele e para os seus seguidores. Esse elemento consolida o poder carismático identificando a sua mensagem com a sua missão*P*.

IV. Carisma como qualidade ampliada. Os elementos apresentados por Weber para caracterizar o carisma permitem ampliar essa categoria. Um grupo, uma instituição ou até mesmo um evento histórico podem ser portadores de um carisma entendido como de origem divina ou até mesmo de um ato heroico, quando se aplicam os elementos já assinalados aqui.

Um exemplo de carisma de uma instituição é o caso das ordens e congregações religiosas nas tradições cristãs em que se afirma existir um carisma do(a) fundador(a) que configura a vida dos seus membros. Nesse caso, o carisma transmitido pelo(a) fundador(a) é considerado como recebido de Deus na origem da ordem ou congregação. Ao mesmo tempo, dá-se um "descolamento" do carisma em relação ao fundador. O carisma torna-se carisma da instituição (ordem ou congregação religiosa). Podemos falar aqui de carisma comunitário: o carisma é compreendido como uma realidade dinâmica e permanente que orienta e configura a vida dos participantes ou da instituição.

No caso do evento histórico, o carisma é "lançado" à frente e passa a orientar aqueles que se identificam com o mesmo. É o caso, por exemplo, do Concílio Vaticano II, evento renovador do Catolicismo da época contemporânea (Passos, 2014). A partir do carisma renovador de João XXIII, o Vaticano II assumiu as principais diretrizes desse Papa e desencadeou na Igreja Católica um movimento de *aggiornamento*. Esse é um exemplo de como o carisma continua alimentando e influenciando a vida da instituição ou de parte dela. Aqui, o carisma de um evento histórico é assumido como carisma da instituição.

É importante ressaltar a figura do fundador ou do iniciador do grupo, instituição ou evento histórico (Passos, 2014, p. 61). O seu carisma é desencadeador de uma nova dinâmica que com o tempo se torna carisma de todos os membros ou envolvidos. Como dissemos anteriormente, a mensagem da figura carismática se torna missão para os(as) seus(as) seguidores(as). Assim, o carisma de caráter pessoal se torna carisma institucional que orienta e conduz o grupo que, mesmo após a morte da figura carismática, pode continuar imprimindo uma dinâmica renovadora. Com a morte da figura carismática, o carisma não cessa, mas estende-se e é assumido pelos seus seguidores.

Quando um grupo ou instituição, como é o caso das religiões, entende que em sua ação está presente, de uma forma ou de outra, uma divindade que inspira a sua dinâmica histórica, o carisma se torna um eixo dessa compreensão. A novidade suscitada pelo carisma traz mudanças importantes para a trajetória da instituição ou evento histórico. Nesta perspectiva, o carisma não é algo que se encerra na instituição ou no evento, mas ele tem um dinamismo que interfere nos processos históricos.

Pode-se falar, portanto, de uma noção ampliada de carisma. Carisma que originalmente é de uma pessoa e torna-se carisma de um grupo, instituição ou evento histórico.

V. Carisma e religião. Com todo o exposto anteriormente, percebe-se a relação intrínseca entre religião e carisma. As próprias qualidades atribuídas por Weber ao carisma indicam a relação dessa categoria com a religião: extraordinária, virtude especial (de ordem sobrenatural ou sobre-humana), qualidade extracotidiana. Essas qualidades são as que encontramos quase sempre – mas não exclusivamente – no universo religioso.

O próprio Max Weber aponta o contexto religioso como uma das origens do carisma: "O carisma é um fenômeno típico dos inícios da dominação religiosa (profética) ou política (de conquista), que, sem dificuldade, cede às forças do cotidiano assim que a dominação está assegurada e, sobretudo, assim que adquire o caráter de *massas*" (Weber, 1984, p. 202).

O ambiente religioso, com seus aspectos de mistério, de magia e de aura de sacralidade, facilita o desenvolvimento da dinâmica da dominação carismática e favorece o surgimento de líderes carismáticos. Por outro lado, o líder carismático precisa de uma comunidade emocional para exercer a sua dominação. Em síntese: a) a ideia de mistério, de desconhecido, presente nos ambientes religiosos, alimenta o caráter sobrenatural da dominação carismática exercida nesses espaços; e b) a mentalidade mágica é importante para disseminar a ideia de que o líder carismático possui uma força e uma capacidade inexplicáveis e de origem extra-humana. Além disso, em muitos casos o líder carismático possui poderes mágicos que são utilizados por este para alimentar a sua influência sobre os seus seguidores; c) a ideia de sacralidade está muito presente no exercício do carisma. Ao atribuir ao líder carismático uma aura de sacralidade, afirma-se que o seu poder é intocável e, por outro lado, que as suas ações estão envolvidas de uma sacralidade que dão a elas; d) a comunidade emocional, com suas relações de proximidade e de informalidade, é o terreno fértil para que o líder religioso desenvolva seus poderes carismáticos e relações de dominação.

Na maioria dos casos de dominação carismática, a relação intrínseca entre religião e carisma se dá tanto na sua origem como também no seu desenvolvimento. Dois casos de líderes carismáticos são citados frequentemente por Weber para desenvolver a sua concepção de carisma: o profeta e o mago.

1. O profeta. Para Weber, o profeta é "portador *pessoal* de carisma, cuja missão anuncia uma doutrina religiosa ou um mandato divino" (Weber, 1984, p. 356).

O profeta pode ser tanto um renovador – que relê a tradição com um novo olhar – ou o fundador de uma religião. Seja como for, o profeta é aquele que em sua pessoa traz uma proposta de ruptura com um tipo de interpretação da tradição.

Por isso, para o *stabilishment* religioso o profeta sempre é visto como uma ameaça, seja por que apresenta uma nova abordagem da tradição, em desacordo com a interpretaçãoρ oficial, seja por que propõe uma nova religião. Se o cleroρ tem a sua produção de bens religiosos baseada no seu cargo e na organização que legitima o seu poder, o profetaρ tem como fundamento seu carisma reconhecido pelos seus seguidores como legítimo: "Em contraposição ao profetaρ, o sacerdoteρ distribui os bens da salvaçãoρ graças ao seu ofício. Mas também neste caso o sacerdoteρ fica legitimado, mediante seu cargo, como membro de uma organização socializada de salvaçãoρ; em vez disso, o profetaρ age graças apenas ao seu domρ pessoal" (Weber, 1984, p. 356).

Em certo sentido, o profetaρ é o portador de uma consciênciaρ crítica que, ao mesmo tempo em que consegue adesão de seus seguidores à mensagem considerada por estes de origem divina, causa rejeição por parte daqueles que são objeto da ira por parte do profetaρ. Assim, como afirma Weberρ, "é específico dos profetasρ que não recebem sua missãoρ por indicação dos homens senão que a usurpam. [...] Mas os profetasρ usurpam seu poder graças à revelação divina e predominantemente para fins religiosos..." (Weber, 1984, p. 359).

O profetaρ é o tipo idealρ de líder carismático que, no cenário religioso, reúne todas as características do carisma: qualidade extraordinária, posse de forças sobre-humanas ou sobrenaturais e qualidade extracotidiana inacessível à maior parte das pessoas.

2. O mago. O mago é também portador de um carisma. Ou, no dizer de Weberρ, "o mago é o homem de permanente qualificação carismática, em oposição ao homem comum, o 'leigoρ' em sentido mágico do conceito" (1984, p. 329).

Os poderes considerados extraordinários por aqueles que reconhecem o mago como portador de um carisma conferem ao mago uma qualificação especial: ele detém um poder que lhe permite controlar as forças da natureza e o bem e o mal.

Assim como o profetaρ, o mago com seus poderes, que fogem do controle da organização religiosaρ, opõe-se ao sacerdócio, porque os bens religiosos que oferece são bens marginais àqueles produzidos no interior da religião oficial. Os poderes do mago não são legitimados pela organização religiosaρ, mas, sim, reconhecidos apenas pela sua clientela como dons pessoais, frutos de uma capacidade misteriosa.

A fidelidade dos seguidores do mago se baseia nos seus poderes mágicos e não num mandato fornecido pela organização religiosaρ. Essa fidelidade é pessoal, desvencilhada de qualquer compromisso com uma organização.

***

As reflexões de Max Weberρ em torno do carisma permanecem relevantes para as Ciências Sociais e, sobretudo, para a Ciência da Religiãoρ, como mais um componente fecundo de suas tipologias. As muitas recepções dos tipos de dominação weberiana da parte de cientistas sociais conta, sem dúvida, com aquela construída por Pierre Bourdieuρ, marcando encontro do pensador alemão com a tradição dialética, em seu famoso ensaio *A economia das trocas simbólicas* (2003, p. 79-181). Entender as relações entre poder/dominação e carisma pode ajudar a analisar o campo religioso no âmbito de sua estrutura interna, na luta entre os diversos sujeitos que a compõem. O estudo das formas de exercício da dominação carismática no interior das diversas expressões religiosas pode revelar as contradições e ambiguidades presentes nas organizações religiosas que se encontram sempre em processo de transformação. O tipo carismático permite localizar processos históricos, especificamente nos sujeitos sociais e políticos que se interpõem na construção de conjunturas e na inevitável dinâmica racionalizadora das mesmas no decorrer do tempo. Os processos de emergência e desenvolvimento dos movimentos religiosos e as reformas ocorridas no interior de uma tradição, constantes na História das Religiõesρ, encontram na categoria carisma um referencial analítico fecundo que permite desvelar seus ciclos e suas lutas internas.

Bibliografia: BOUDON, R.; BOURRICAUD, F. *Dicionário crítico de Sociologia*. São Paulo: Ática, 1993; BOURDIEU, P. *A economia das trocas simbólicas*. São Paulo: Perspectiva, 2003; PASSOS, J. D. *Concílio Vaticano II*: reflexões sobre um carisma em curso. São Paulo: Paulus, 2014; WEBER, M. *Economia y sociedad*. México: Fondo de Cultura Económica, 1984.

WAGNER LOPES SANCHEZ

CASTIGO

O castigo entendido como punição divina da pessoa ou grupo em resposta a uma transgressão de preceitos rituais ou morais aparece em várias tradições religiosas. Nas tradições budista e hindu, o entendimento está ligado à doutrina da reencarnação, que em parte depende do comportamento ético na vida presente, servindo de reforço para se comportar de acordo com o código religioso. As tradições monoteístas desenvolveram tanto códigos legais quanto formulações doutrinárias nos quais se aplicam o esquema retributivo de castigosρ e salvaçãoρ, como algo revelado e decretado por Deus. Contata-se a reação da divindade mostrando sentimentos humanos de ciúmes, vingança ou ira. Além da punição imediata, há o medo da punição na vida futura. O poder da punição sobrenatural serve como estímulo para se evitar o pecado ou para buscar alcançar a recompensa divina. O entendimento de

CASTIGO

castigo individual é geralmente conectado à crença℘ na existência de inferno, embora com diferentes formulações, como o local da punição para as faltas cometidas nesta vida.

I. Castigo e inferno no Budismo. No Budismo, o entendimento de castigo está associado à concepção de *niraya* ou *naraka*, geralmente traduzida como inferno. Embora seja descrito como de longa duração de milhares de anos, não tem a conotação de eterno, como no Cristianismo se aproximaria mais da ideia de purgatório℘. Outra diferença é que o renascimento neste lugar não é resultado do julgamento divino, mas das ações acumuladas (carma), até que estas sejam cumpridas. O esquema geral é de que as boas ações levam ao renascimento nos céus, enquanto as más ações podem levar ao renascimento como animais, espíritos vagantes ou, no pior dos casos, no inferno.

A ideia de um inferno associado ao carma aparece cedo no Budismo, sendo descrito nos *Pontos de Controvérsias – Kathāvatthu* – datados entre os anos 250 e 100 a.C. Essa datação daria à literatura budista a proeminência na formulação da ideia de punição na vida pós-morte para as transgressões de cunho religioso (Braarvig, 2009, p. 254 e 280). Posteriormente, dá-se um processo de canonização das especulações sobre céu e inferno. No entanto, a ideia de carma e do esquema de retribuição pode ser encontrada na Índia mesmo antes da origem do Budismo. Inicialmente, estava mais ligada aos sacrifícios℘ oferecidos em memória℘ dos mortos, ainda sem conexão com a conotação ética de compensação. Foram os ascetas Budistas e Jainistas que introduziram a ideia como parte do sistema de conduta ética, com a formulação de uma cosmologia que expressasse o esquema de recompensas e retribuição conectado às condutas consideradas morais ou imorais. Como resultado, o mundo dos mortos foi reelaborado como uma cosmologia (Braarvig, 2009, p. 258). As denominações atribuídas às várias esferas dessa cosmologia dos infernos denotam sofrimentos e torturas vistas como um processo de purificação pelos maus atos.

As imagens forjadas a partir dessas formulações tinham claramente uma utilidade da transmissão das ideias religiosas para as pessoas comuns, bem como serviam de base para fomentar a organização institucional monástica que logo surgiu no Budismo. As transgressões, que incluíam a conduta sexual, roubos, assassinatos, alegação de habilidades mágicas ou causar cismas, eram punidas de maneira imediata, no pior dos casos chegava-se à expulsão da comunidade (*sangha*). No entanto, além das punições concretas a ameaça de renascimento no inferno se mostrava um importante meio para combater a hipocrisia monástica.

Além das escrituras primitivas e das regras de vida monástica, a literatura posterior dos Sutras também apresenta várias narrativas que mostram o processo de transformação do mundo dos mortos como um lugar triste e de punição para os maus atos. Assim, a ideia budista de inferno pode ser apontada como historicamente anterior à mesma ideia nas culturas mediterrâneas (Braarvig, 2009, p. 280). Dado o contato entre Oriente e Ocidente, tanto a disciplina monástica quanto a ideia de inferno, se não "importadas" da Índia, são apontadas como influenciadoras no seu desenvolvimento posterior no Mediterrâneo.

II. Entendimento bíblico. O entendimento bíblico predominante nas religiões monoteístas vê o castigo como parte da ação de Deus em vista da reconciliação humana diante do pecado. O tema aparece logo nos primeiros relatos bíblicos (Gênesis 2–16). O "pecado original" e a consequente expulsão do paraíso℘ dão início à sucessão de males e sofrimentos, servindo como protótipo do entendimento do castigo pela transgressão de um interdito divino. Outro exemplo paradigmático é o dilúvio, Noé e sua arca (Gênesis 6,9–8,22). No entanto, este relato já era parte da *Epopeia de Gilgamesh*, escrita na Mesopotâmia aproximadamente quatrocentos anos antes da narrativa bíblica. A tradição hindu também registra o mito do dilúvio em várias de suas fontes, no entanto, a "destruição do mundo é tratada como parte natural da ordem das coisas como uma punição divina" (DHWTY, 2015). Para o rabino Jonathan Sacks, o relato foi "moralizado" como elemento de passagem do politeísmo℘ ao monoteísmo℘ (BBC – Flood tablet).

Além do dilúvio, outros exemplos podem ser encontrados nos relatos da Torre de Babel (Gênesis 11,1-9), na destruição de Sodoma e Gomorra (Gênesis 18,20-21; 19,23-28) e nas Dez pragas sobre os egípcios (Êxodo 7–12). A ideia aparece muitas vezes sob a expressão "ira de Deus" ou "vingança de Deus", quase sempre em resposta a um ato de transgressão coletiva da lei divina. Há, ainda, uma série de castigos℘ ligados às transgressões sociais, quase sempre embasada na *lex talionis*, partilhada por várias sociedades do Médio Oriente antigo. O código bíblico de leis, no entanto, apresenta a peculiaridade de reedições com a inserção de uma historiografia religiosa, a inclusão de elementos morais e interditos sexuais que não se observava em outros códigos da época.

De modo similar ao esquema legal, o entendimento se expande para a aplicação do castigo como retribuição contínua recebida após a morte℘. Esse esquema retributivo não serve somente para castigar os ímpios, mas também para julgar o justo, como em Jó 14,13. O Judaísmo posterior conservou esse entendimento agregando que a justa punição pertence a Deus. Contudo, em uma análise específica do termo hebraico *'āwōn*, Schultz mostra que o termo não se refere a um "traço do caráter de Deus℘ nem de seu relacionamento com os homens (Êxodo 20,5-6; 34,7), mas é um traço assoberbante do caráter e das ações dos homens, inclusive das consequências de tais ações" (Schultz, 1999, p. 1087). A próxima inovação se deu com a extensão do castigo como "eterno", tal como aparece em Isaías 66,24, com a imagem◊ do fogo que não se apagará, e em Daniel 12,2, que fala de horror eterno.

No Novo Testamento, o castigo aparece geralmente associado à imagem◊ do "último dia", alegoricamente descrita em Romanos 2,5; ou como o "dia da ira de Deus" no Apocalipse de João 6,17. O grego bíblico apresenta dois termos gregos: o primeiro, δίκη (diké), é usado como equivalente de punição e também de vingança. Homero já o utilizara como personificação mitológica da deusa do justo castigo, e Hesíodo como parte da linguagem jurídica. Por isso, a aplicação do termo no Novo Testamento seria a transposição "de uma terminologia jurídica que antes era neutra e secular" (Zabatiero, 2000, p. 308). A aplicação com conotação teológica se conecta com o tema da espera do julgamento, considerado próprio de Deus◊ (2 Tessalonicenses 1,8-9 e Apocalipse 6,10; 19,2).

O segundo, Κόλασης (kólasis), no sentido de cortar fora o que é mal e desordeiro, era mais comum em textos antigos como referência à jurisprudência sacra na descrição das ações das divindades◊ em respostas às violações sagradas. Filo de Alexandria usa essa terminologia para apontar o poder punitivo de Deus como uma de suas primeiras características. Platão o empregava para assinalar a dimensão ética do castigo em vista do bem (Zabatiero, 2000, p. 313). O termo aparece em Atos 4,21 (conotação jurídica de uso comum) e em 2 Pedro 2,9-10, com conotação teológica de castigo divino sobre os injustos que permanecerão sofrendo até a chegada do castigo eterno. Igualmente em 1 João 4,18 e Mateus 25,46 se referindo à aplicação teológica do castigo com o intuito de inculcar o medo do juízo final.

Seguindo o entendimento herdado do Antigo Testamento, também no Novo Testamento, o castigo ganha a conotação de eterno a partir da expressão κολασις αιωνιος (kolasis aiōnios). Entretanto, de entendimento controverso, uma vez que pode se tratar de uma "duração infinita" ou apenas da "natureza definitiva do julgamento" (Zabatiero, 2000, p. 314). Esta formulação foi expandida pela apocalíptica cristã com a retomada de outras imagens da filosofia grega. O apócrifo Apocalipse de Pedro descreve a revelação de vários lugares de castigo em correspondência aos pecados cometidos em uma clara releitura do Mito de Er descrito por Platão na última parte do livro X de A República. Após a morte◊, Er atravessa o Hades e vê o julgamento de todas as almas◊ por suas ações em vida: os justos são encaminhados à direita para subirem ao céu e os injustos são condenados a descerem à esquerda. Esta imagem◊ é apontada como a inspiração◊ de Dante na descrição do inferno (Achtemeier, 1985, p. 842) como lugar de castigo eterno que marca a tradição cristã.

Apesar de comum entre os cristãos, o entendimento de inferno como lugar do castigo divino pode ser interpretado tanto em sentido literal como metafórico: "Fundamentalistas e conservadores evangélicos acreditam que de fato o inferno exista realmente, como um lugar físico de terríveis aflições. Uma visão moderada defende que se trate mais de uma eterna separação de Deus que de um lugar específico. Para as correntes mais liberais, o entendimento de punição é mais simbólico como expressão de atitude de desobediência a Deus◊ ainda na vida terrena sem alcançar o perdão e redenção resultante da abertura à fé" (Achtemeier, 1985, p. 842).

A tradição católica, por sua vez, professa a existência imortal da alma◊ sujeita a eterna retribuição (CIC, § 1022), bem como a existência do inferno e sua eternidade◊ (CIC, § 1035). No entanto, o inferno como punição máxima não é entendido como lugar físico, mas sim como a autoexclusão da eterna felicidade◊ junto a Deus.

III. O entendimento islâmico. No Islã, o entendimento de castigo é associado ao conceito de "justiça◊", princípio da lei islâmica denominada de Shariah. Portanto, são tidos como revelados e aparecem tanto no sistema legal dos países islâmicos como parte da formulação doutrinária. Seguindo também a tradição bíblica, o dilúvio e a ação de Noé servem de base para o discernimento do que poderia ser visto como punição divina: o anúncio prévio da ameaça por parte de Deus, a descrição dos detalhes do castigo a ser aplicado e a consequente punição aos injustos e a salvação◊ dos justos (Ahmad, 1994). No entanto, no que se refere aos desastres naturais, que podem ser vistos como castigo divino, há também quem os veja como consequente resultado das leis naturais sem conexão com as ações boas ou más das pessoas.

A aplicação legal inclui três tipos de castigo s: os primeiros, denominados Hadd, estão descritos no Corão e nas Sunas; por isso, são considerados definitivos e imutáveis por serem prescritos pelo profeta◊; o segundo, Qisas, está sujeito às negociações entre as partes envolvidas, em que há espaço para a prática da misericórdia; finalmente, punição legal decidida por uma corte denominada Tazir, que, embora siga uma formulação positiva, também segue o princípio religioso de que toda a humanidade é considerada responsável por seus atos, pois foi dotada com a liberdade de escolha pelo Criador.

IV. As tradições afro-brasileiras. Embora, academicamente, haja quem defenda que os seguidores do Candomblé e de outras religiões afro-brasileiras não tenham incorporado decisivamente o esquema retributivo, seja da noção de carma, seja das tradições monoteístas de julgamento divino, prêmio e punição após a morte◊ (Prandi, 2001, p. 52), não é difícil encontrar entre os seguidores destas tradições formulações distintas que ligam as justificativas religiosas do castigo à sua função de controle social.

"A religião tradicional africana não tem documentos legais escritos mostrando o que é legal ou ilegal, mas a tradição africana tem um código de conduta que [...] norteia os indivíduos a viver em conformidade com o bem-estar da sociedade. [...] A sociedade tradicional em sua forma original é sólida, pois foi construída sobre uma base moral fornecida pela religião tradicional. Esta religião incutiu o bom comportamento em pessoas que fizeram uma nação verdadeiramente grande. A ira divina e castigo foram feitos reais. A lei da retribuição foi enfatizada. [...] Sem a percepção da verdadeira religião, será difícil se erradicar o crime em qualquer sociedade" (Carvalho, 2011).

Igualmente, é possível destacar a personificação do ideal de justiça♀ em Xangô como o orixá que julga as ações boas ou más dando a devida retribuição.

V. O castigo divino como possível cooperador do bem comum. Para além da aplicação na transmissão doutrinária das diversas tradições religiosas, Johnson e Krüger propõem uma leitura da punição divina como um "reforço" para alcançar a desejada cooperação social (2004, p. 163). Esses autores seguem o entendimento weberiano de que o medo do castigo tem o poder de reforçar a submissão ao sistema social estabelecido, além de ter consequências econômicas. Embora reconheçam a crítica de que os não crentes de determinada tradição acabariam fora dessa motivação para evitar as transgressões que ultrapassam a esfera religiosa, defendem o aspecto positivo do castigo divino, que tem também um "poder político" a ser explorado como elemento ético na busca do bem comum em determinada sociedade.

***

A ideia de castigo divino diante das transgressões humanas é um esquema transversal que marca vários sistemas religiosos. Em geral se percebe a passagem da aplicação coletiva para a individualização e a projeção para além da morte♀, e o acréscimo de longos anos ou do "eterno" como partes das formulações doutrinárias canonizadas progressivamente. A expansão do entendimento de castigo divino mostrou o seu potencial para manter a coesão institucional, porém muitas vezes motivada pelo medo. Embora essa aplicação negativa tenha sido revista em várias tradições religiosas, é comum reconhecer a eficácia do castigo com justificativa divina como parte das motivações éticas para a promoção do bem comum. Isso revela como as formulações da religião♀, mesmo com seus aspectos conservadores, podem continuar a cooperar positivamente na esfera social.

Bibliografia: ACHTEMEIER, P. J. (Ed.). *Harper's Bible Dictionary.* San Francisco. Harper & Row, 1985; AHMAD, H. M. T. Natural Disasters or Divine Punishment? *The Review of Religions,* December 1993 and January 1994. Disponível em: <https://www.alislam.org/library/articles/natural-disasters-or-divine-punishment/>. Último acesso: 29/05/2019; BBC – Flood tablet. Disponível em: <http://www.bbc.co.uk/programmes/articles/5CFdPdXLz33w-4CHJW4YQ6Bp/episode-transcript-episode-16-flood-tablet>. Último acesso: 24/05/2019; BRAARVIG, J. The Buddhist Hell: An Early Instance of the Idea? *Numen,* vol. 56, fasc. 2/3, THE USES OF HELL (2009), p. 254-281. Disponível em: <http://www.jstor.org/stable/27793792>. Último acesso: 28/05/2019; CARVALHO, A. [Odé Ọlaigbo]. Os crimes de costumes na sociedade yorubá. Disponível em: <https://ocandomble.com/2011/06/21/os-crimes-de-costumes-na-sociedade-yoruba/>. Junho 21, 2011. Último acesso: 30/05/2019; CIC – *Catecismo da Igreja Católica.* Disponível em: <http://www.vatican.va/archive/cathechism_po/index_new/p1s2cap3_683-1065_po.html>. Último acesso: 25/05/2019; DHWTY. Ancient Origins. Startling Similarity between Hindu Flood Legend of Manu and the Biblical Account of Noah. Disponível em: <https://www.ancient-origins.net/human-origins-religions/startling-similarity-between-hindu-flood-legend-manu-and-biblical-020318>. 2015. Último acesso: 24/05/2019; FREEDMAN, D. N. (Ed.). Punishments and Crimes. In: *The Anchor Bible Dictionary.* New York: Doubleday, 1992. vol. 5 O-Sh, p. 546-556; HUSSAIN, N. Concept of Punishment in Islam. Disponível em: <https://www.academia.edu/17544026/Concept_of_Punishment_in_Islam>. Último acesso: 29/05/2019; JOHNSON, D.; KRÜGER, O. The Good of Wrath: Supernatural Punishment and the Evolution of Cooperation. In: *Political Theology* 5 (2), 2004, p. 159-176, Equinox Publishing. Versão online: 21/04/2015. Disponível em: <https://doi.org/10.1558/poth.2004.5.2.159>; PRANDI, R. O Candomblé e o tempo: concepções de tempo, saber e autoridade da África para as religiões afro-brasileiras. *Revista Brasileira de Ciências Sociais,* v. 16, n. 47, out. 2001, p. 43-58. Disponível em: <http://www.scielo.br/pdf/rbcsoc/v16n47/7719.pdf>. Último acesso: 15/05/2019; "Punishment in Islam: An eye for an eye?" *Al-Haramain Online Newsletter,* vol. 4, Issue 8, 1st Rabi' Ath-Thani 1421 A.H. (July 2000). Disponível em: <https://archive.islamonline.net/?p=996>. Último acesso: 29/05/2019; SCHULTZ, C. עוון *('āwōn)* – iniquidade, culpa, castigo. In: HARRIS, R. L.; ARCHER, G. L.; WALTKE, B. K. (Eds.). *Dicionário internacional de teologia do Antigo Testamento.* São Paulo: Edições Vida Nova, 1999. p. 1085-1089; ZABATIERO, J. P. T. In: COEVEN, L.; BROWN, C. (Eds.). *Dicionário internacional de teologia do Novo Testamento.* São Paulo: Edições Vida Nova, 2000. p. 307-315.

Antonio Genivaldo Cordeiro de Oliveira

CELIBATO → Abstinência

CIÊNCIA COGNITIVA DA RELIGIÃO

A Ciência Cognitiva da Religião é um programa de pesquisa interdisciplinar que se utiliza do crescente *corpus* de conhecimento advindo das ciências cognitivas e evolucionistas para a elucidação das concepções e condutas religiosas. Embora tal empreitada de pesquisa compreenda várias disciplinas e subdisciplinas, graças ao seu entendimento como uma corrente específica no estudo acadêmico das religiões, atualmente ela é comumente referida como uma única área. Seu surgimento e desenvolvimento se deu a partir de um esforço colaborativo, abordando aquilo que, habitualmente, denominamos "religião♀" sob perspectivas cognitivas e cientificamente orientadas. Pode-se identificar seu início, *grosso modo*, há aproximadamente três décadas, com a publicação de quatro importantes obras. Primeiramente, *Rethinking Religion* (1990) de Robert McCauley e Ernest Lawson introduziu uma inovadora estrutura cognitiva para o estudo das religiões, em particular a tese de como os rituais religiosos seriam mentalmente interpretados por seus participantes: a *Teoria da Competência* (ou Forma) *Ritual*. Posteriormente, *Faces in the Clouds* (1993) de Stewart Guthrie apresentou uma leitura antropológica da "religião♀" conforme uma forma intuitiva de "antropomorfismo♀ sistemático", fundamentando-se, em parte (embora vagamente), em proposições cognitivas. Seguidamente, *The Naturalness of Religious Ideas* (1994) de Pascal Boyer introduziu alguns princípios que, futuramente, se tornariam centrais à Ciência Cognitiva da Religião, argumentando que todas as representações religiosas seriam limitadas pelas propriedades universais da mente humana e que as regularidades em suas concepções, ao longo de diferentes culturas, poderiam ser elucidadas ao nos atentarmos para os processos cognitivos que, a princípio, restringiriam e impeliriam tais ideias. A última dessas importantes obras, *Inside the Cult* (1995) de Harvey Whitehouse, antecipa alguns aspectos que mais tarde se desenvolveriam na influente *Teoria dos Modos Divergentes de Religiosidade*, a qual postula que o aparecimento generalizado de dois gêneros completamente opostos de dinâmica ritual, conforme o evidenciado pela observação do desenvolvimento histórico de um número significativo de grupos religiosos, deve-se ao fato de que tipos distintos de memória♀ seriam comumente agenciados durante sua reprodução (Barrett, 2011, p. 230).

Embora tais estudos fundacionais divirjam em muitos aspectos, eles compartilham uma convicção comum de que as regularidades temporal e espacialmente perceptíveis de concepções e comportamentos religiosos podem ser elucidadas por meio da arquitetura mental humana, que "canalizaria" a disseminação das tradições religiosas. Ainda mais importante, eles também consentem que os estudiosos das religiões devem se concentrar, precisamente, nessas características panculturais, o que lhes permitiria teorizar "fenômenos religiosos" em uma escala transcultural. Tais obras representaram, portanto, um distanciamento significativo das perspectivas mais locais, construtivistas e culturalistas que, na época, predominavam no estudo acadêmico das religiões e áreas afins – e, até certo ponto, ainda predominam. Mais especificamente, partindo do quadro das "ciências psicológicas", a Ciência Cognitiva da Religião pode ser vista como um produto secundário da chamada "Revolução Cognitiva" que, entre os anos de 1950 e 1970, principiou um remodelamento do behaviorismo, o paradigma que havia dominado a (dita) psicologia científica por toda a primeira metade do século XX. Visto que as ciências cognitivas (a mais influente decorrência de tal movimento) compõem um campo profundamente múltiplo e interdisciplinar, os pioneiros de sua "aplicação" no estudo das religiões se basearam em uma grande variedade de panoramas e recursos teóricos, incluindo a linguística generativa (McCauley e Lawson), a psicologia evolucionista e do desenvolvimento (Boyer) e os estudos da percepção (Guthrie) e da memória♀ humanas (Whitehouse). Subsequentemente, outras disciplinas e áreas de estudo foram igualmente "cooptadas" pela Ciência Cognitiva da Religião, tais como a psicologia experimental – da qual Justin Barrett seja talvez o principal expoente –, a Neurociência, a Antropologia, a História e um número considerável das chamadas "ciências evolucionistas". E, ao que tudo indica, foi justamente tal colaboração interdisciplinar entre antropólogos, estudiosos das religiões, psicólogos, filósofos e historiadores (entre outros) que tornou possível o progresso cumulativo desse emergente campo de pesquisa, eventualmente culminando no estabelecimento de sua própria associação, a *International Association for the Cognitive Science of Religion* (Pyysiäinen, 2013, p. 6).

Um dos componentes centrais e, muito provavelmente, mais instigantes desse programa de pesquisa está em seu foco nos mecanismos cognitivos inconscientes e intuitivos que, supostamente, restringiriam e impeliriam as concepções e condutas religiosas, bem como a transmissão de suas tradições. Nisso, a maior parte da "cognição religiosa" e o estímulo para o "comportamento religioso" nos seres humanos são encarados pela Ciência Cognitiva da Religião como inacessíveis à inspeção consciente. De fato, muitas das teorias pioneiras do campo – por exemplo, a recém-mencionada *Teoria da Competência* (ou Forma) *Ritual*, a *Teoria da Contraintuitividade Mínima* de Boyer, a qual prevê que conceitos minimamente contraintuitivos possuem vantagem mnemônica e seletiva em sua transmissão, quando comparados com ideias "meramente" intuitivas ou demasiadamente contraintuitivas, a noção de "incorreção teológica" formulada por Barrett, a qual demonstra que as perspectivas religiosas dos adultos podem operar de maneiras profundamente divergentes, de acordo com as demandas de seu contexto (por exemplo, concepções teológicas abstratas são, correntemente, substituídas por conceitos antropomórficos durante nosso raciocínio rápido e "intuitivo") e sua hipótese do "dispositivo hiperativo (ou hipersensível) de detecção de agência" (DHDA), segundo a qual a mente humana possuiria um forte viés para a interpretação℗ de estímulos ambientais ambíguos como se referindo a um agente ou sendo oriundos de um – tanto se fundamentam quanto pretendem demonstrar tal suposição fundamental.

Obviamente, alternativas a essa forma de interpretação℗ também foram apresentadas, visto que, efetivamente, pelo menos desde a primeira década do novo milênio, a Ciência Cognitiva da Religião vem se tornando cada vez mais multidisciplinar, tomando novas direções e aliando-se a outros programas de pesquisa interessados em transformar o estudo das religiões em uma "prática científica". Dentre tais novas tendências, a mais influente está na progressiva aglutinação de uma variedade de abordagens biológico-evolucionistas, as quais vêm tornando esse amplo campo uma empreitada ainda mais pluralista. E embora os pioneiros do estudo cognitivo das religiões não tenham se fundamentado unanimemente em tais tipos de interpelação, atualmente, a perspectiva psicológico-evolucionista é considerada, em termos gerais, como uma componente estrutural da Ciência Cognitiva da Religião (Turner, 2014). Internamente ao amplo campo de abordagens evolucionistas para o comportamento humano, a psicologia evolucionista compõe um programa de pesquisa específico, o qual argumenta que grande parte de nossas condutas pode ser explicada por meio da atuação de adaptações psicológicas que teriam evoluído como forma de solucionar problemas recorrentes nos ambientes ancestrais℗ que contextualizaram o desenvolvimento de nossa espécie. Por exemplo, a existência do recém-mencionado DHDA pode ser sustentada através de um raciocínio evolucionista: em condições pleistocênicas, a detecção excessiva de agentes era muito mais vantajosa para a sobrevivência de nossos antepassados℗ do que a ativação insuficiente de tal dispositivo (Barrett, 2011, p. 230).

Com isso em mente, a extensão do pluralismo e da complexidade que definem o estado atual da Ciência Cognitiva da Religião pode ser ilustrada por meio da descrição de algumas das diferentes escolas e correntes de pensamento contemporaneamente internas ao campo – que, em si, refletem os diversos contextos disciplinares de seus proponentes, assim como as vertentes distintas das ciências cognitivas com as quais dialogam. Primariamente, uma maneira de tentar esclarecer a complexidade que caracteriza o presente estudo cognitivo das religiões está em referirmo-nos às teses e princípios centrais expostos pelos pioneiros do campo, como o "modelo padrão" da Ciência Cognitiva da Religião. Entre as noções fulcrais desse modelo está a suposição de que as representações religiosas surgiriam a partir do funcio-namento normal dos sistemas cognitivos inatos aos humanos, em resposta a certos desafios enfrentados universalmente pelos indivíduos de nossa espécie (Turner, 2014, p. 2-4). Tal concepção naturalista para a "emergência da religião" ofereceu uma relevante contestação crítica à tradição fenomenológica no estudo acadêmico das religiões, ou seja, à perspectiva de que a "religião℗" ou as "experiências religiosas" de alguma forma constituiriam uma esfera autônoma da vivência humana. No entanto, com o tempo, tal tese da "naturalidade" das concepções e motivações das condutas religiosas também levou a um acalentado debate interno à Ciência Cognitiva da Religião, entre aqueles estudiosos (em sua grande maioria se identificando com o próprio "modelo padrão") que consideram a "religião℗" um *subproduto evolutivo* e aqueles que, mais recentemente, enfatizam em seus estudos a *natureza adaptativa* do comportamento religioso (Pyysiäinen, 2013, p. 242-252). A valer, conforme o ilustrado por sua resiliência acadêmica, o debate "adaptação℗ *vs.* subproduto" possui implicações excepcionalmente complexas, até mesmo porque aquilo que categorizamos como "religião℗" se refere a um fenômeno multifacetado e operacionalmente ambíguo.

Naquilo que lhe concerne, o "modelo padrão" da Ciência Cognitiva da Religião está intimamente associado a um entendimento particular da arquitetura cognitiva humana habitualmente intitulado de "hipótese da modularidade". É importante observarmos que a modularidade da mente humana é uma questão de debate intenso entre cientistas cognitivos e diversas variações de tal compreensão podem ser encontradas na literatura especializada. Basicamente, trata-se da ideia de que o aparelho mental humano é constituído por módulos cognitivos funcionalmente especializados e relativamente independentes uns dos outros. Naquilo que tange aos objetivos do presente verbete, basta-nos observar que sua fundamentação em tal noção de modularidade, particularmente em uma interpretação℗ "forte" dela, explica por que muitos defensores do "modelo padrão" assumem que grande parte da nossa "cognição religiosa" não seria acessível à inspeção consciente. Ora, tal variação da hipótese, usualmente denominada de "modularidade maciça", sugere que a divisão modular da mente se estende aos seus processos cognitivos centrais e que tais (numerosos e variados) módulos seriam, em sua maioria, automáticos e, portanto, inconscientes (Visala, 2016, p. 34-38). Nisso, a esmagadora maioria dos psicólogos evolucionistas atuais, os maiores defensores dessa interpretação℗ particular da modularidade da mente humana, tende a argumentar que esses módulos mentais, os quais, em tese, dominariam a psicologia de nossa espécie, teriam evoluído em resposta a desafios pretéritos específicos à sobrevivência de nossos ancestrais℗ – com a "religião℗", obviamente, não sendo um deles, mas, simplesmente, um subproduto recente da operação modular das mentes individuais.

Não obstante, conforme o mencionado anteriormente, embora a psicologia evolucionista tenha se tornado central para muitos dos defensores contemporâneos do "modelo padrão", faz-se necessário notar que o evolucionismo (em termos mais gerais) vem sendo aplicado em abordagens recentes da Ciência Cognitiva da Religião sob vários formatos distintos. A mais célebre dentre tais interpelações alternativas é aquela representada por um grupo de estudiosos das religiões que se voltaram para a chamada *Teoria da dupla herança* (ou, simplesmente, "evolução cultural") na tentativa de desenvolver modelos para o entendimento da transmissão cultural de crenças e comportamentos religiosos. Tal teoria argumenta que as condutas humanas podem ser mais bem explanadas como o produto de dois domínios dessemelhantes, porém interativos, de influência: a seleção genética e a seleção cultural. Os teóricos da "evolução cultural" das religiões alegam que a transmissão de conceitos e práticas religiosas depende tanto dos vieses cognitivos intuitivos de nossa espécie quanto do aprendizado cultural. Sua abordagem é ilustrada pelo chamado "problema do Mickey Mouse" (ou Papai Noel), o qual afirma que as predisposições cognitivas involuntárias, estabelecidas pelo "modelo padrão" da Ciência Cognitiva da Religião, oferecem elucidações necessárias, mas insuficientes, para a distribuição de conceitos e comportamentos religiosos entre as populações humanas. Seus defensores argumentam que interpelações cognitivas devem ser complementadas com modelos que expliquem como os aprendizes culturais adquirem informações a partir daqueles que os rodeiam. Na opinião desses estudiosos, uma teoria cognitiva abrangente da "religião" deve ser capaz de explanar, por exemplo, o porquê de algumas representações contraintuitivas motivarem a devoção e a fé, enquanto outras são, simplesmente, tratadas como personagens fantasiosas ou historietas para o nosso entretenimento (Gervais, 2011). Para tais teóricos, a resposta desse problema deve ser buscada em nossas predisposições de conteúdo e de contexto, não apenas nas restrições e disposições cognitivas humanas. Em seus estudos, três predileções que, supostamente, orientam as crenças e comportamentos individuais durante os processos de aprendizagem cultural são elencadas: o viés de conformidade (a tendência pela adoção das opiniões e comportamentos da maioria); o viés de autoridade (a predisposição pela reprodução dos hábitos de indivíduos exemplares e bem-sucedidos); e o viés de legitimação (relativo a demonstrações que intensifiquem a credibilidade de proposições).

Outrossim, faz-se possível também mencionar uma terceira abordagem, associada ao campo conhecido como "ecologia comportamental", o qual aplica a teoria da seleção natural ao estudo das adaptações e padrões comportamentais internamente aos contextos ecológicos de sua ocorrência. Essas três formas de interpelação para o estudo evolutivo do comportamento humano são mais bem especificadas por meio de seus diferentes focos de pesquisa e objetos de explicação. Conforme o mencionado, o maior interesse das análises psicológico-evolucionistas está no conjunto de predisposições cognitivas geneticamente desenvolvidas e universais de nossa espécie, as quais são elencadas na tentativa de se fornecer um elo entre a evolução e o comportamento humano. Na *Teoria da dupla herança*, o foco principal consiste nos dados cultural e geneticamente herdados pelos indivíduos e nas maneiras pelas quais tais informações são transmitidas. Por sua vez, a "ecologia comportamental" concentra-se em "padrões observáveis de comportamento, com o objetivo de vincular tais padrões a condições ambientais e vantagens adaptativas específicas" (Sosis; Bulbulia, 2011, p. 343). Sinteticamente, uma vez que teóricos da "evolução cultural" estão, primariamente, preocupados com a interação gene-cultura como suporte para a transmissão informacional e ecologistas comportamentais focam-se nas condutas humanas biologicamente adaptativas, internamente a contextos ecológicos particulares, quando aplicadas à Ciência Cognitiva da Religião, ambas as perspectivas tendem a pressupor a natureza adaptativa (respectivamente, em termos culturais e biológicos) das crenças e comportamentos religiosos.

Atualmente, a mais difundida "teoria da religião" a advir da "ecologia comportamental" é a *Teoria da sinalização de comprometimento*, segundo a qual o comportamento religioso teria evoluído, pelo menos em parte, como forma de auxiliar a cooperação humana. Uma vez que o maior interesse dos ecologistas comportamentais está nos aspectos das condutas de nossa espécie, a *Sinalização de comprometimento* direciona suas mais relevantes contribuições para o estudo dos rituais religiosos. Seus teóricos argumentam que as práticas ritualizadas são, geralmente, custosas, ou seja, requerem dispêndios materiais, fisiológicos ou psicológicos, e que, portanto, o benefício adaptativo de sua reiteração está em sua capacidade de funcionar como sinalizações honestas de comprometimento, um mecanismo eficiente para a minimização da presença de "indivíduos parasitários" nos grupos religiosos. Digno de nota, embora tal abordagem tenha se originado no campo da Biologia, dado que ela acabou por gerar um número consideravelmente distinto de testes psicossociais empíricos e inspirar ulteriores questões e hipóteses de pesquisa, ela contemporaneamente tende a ser referida por meio de diferentes denominações, de acordo com o contexto de sua ocorrência ou disciplina de utilização (Sosis; Bulbulia, 2011).

Os teóricos da "evolução cultural" e os ecologistas comportamentais tendem a prontamente enxergar

CIÊNCIA COGNITIVA DA RELIGIÃO

suas abordagens como complementares, tendo até mesmo ocorrido certa integração recente entre suas teorizações (Sosis; Bulbulia, 2011, p. 370). Entretanto, conforme é possível observar, a "ecologia comportamental" é amplamente agnóstica em relação à existência de mecanismos cognitivos subjacentes à psicologia humana, os quais produziriam respostas adaptativas em contextos ecológicos particulares. Na prática, ecologistas comportamentais possuem certa preferência pela adoção de uma abordagem preditiva da mente humana como uma "caixa preta", ignorando a atuação de supostos módulos mentais geneticamente desenvolvidos e, assim, claramente se diferenciando da ênfase aplicada pelo "modelo padrão" da Ciência Cognitiva da Religião nas capacidades cognitivas universais de nossa espécie – as quais são agenciadas como forma de elucidarmos as regularidades transculturais nas concepções e condutas religiosas observáveis (Sosis; Bulbulia, 2011, p. 344).

Por certo, mesmo esse brevíssimo resumo das diferentes escolas e correntes da Ciência Cognitiva da Religião contemporânea demonstra a natureza plural e complexa de tal empreitada. Sua perspectiva fundacional, focada na busca por mecanismos mentais subjacentes às concepções e comportamentos religiosos se desenvolveu em um conjunto diversificado de programas de pesquisa, aplicando uma variedade de teorias cognitivo-evolucionistas, bem como análises experimentais, ao estudo da "religião". Não obstante, alguns ideais e princípios unificadores podem ser evidenciados caso as três propriedades abertamente centrais à Ciência Cognitiva da Religião sejam consideradas: sua orientação ou ímpeto por explicações, sua fundamentação em teorizações testáveis e promoção de uma análise multinível dos "fenômenos religiosos".

Primeiro, é necessário deixar bem claro que a Ciência Cognitiva da Religião defende uma abordagem explicativa para aquilo que denominamos "religiãoρ", ou seja, se concentra na elucidação de suas relações causais. Igualmente, é evidente que várias de suas escolas e tendências contemporâneas convergem para um compromisso comum na busca por explanações naturais para os "fenômenos religiosos" – e, obviamente, isso implica que tais profissionais não apoiam explicações transcendentes ou sobrenaturais, embora, conforme observaremos, seu naturalismo não se resuma apenas a tal posicionamento. Com efeito, tanto o ímpeto científico-cognitivo pelo fornecimento de explicações quanto sua perspectiva naturalista – muitas vezes girando em torno da famigerada (e erroneamente interpretada) questão da "redução" – são tópicos copiosamente debatidos pela filosofia da ciência, e uma ampla variedade de formas de abordá-los já foi oferecida (Visala, 2016). Infelizmente, uma síntese detalhada dessa importantíssima discussão está além dos limites do presente verbete, não obstante dois pontos importantes sejam destacados aqui: primeiramente, que as abordagens explicativas são capazes de enriquecer nossas leituras interpretativas e, em segundo lugar, que tais explicações não devem ser entendidas como eliminadoras das interpelações descritivas tradicionalmente empregadas pelo estudo humanista e científico-social das culturas.

Essa última pontuação ecoa uma constatação que já havia sido enfatizada pelo trabalho pioneiro de McCauley e Lawson, em sua defesa de uma abordagem interacionista para a relação entre explicações e interpretações. Tal posicionamento "reconhece as distinções entre modelos interpretativos e explanatórios, defendendo os valores positivos de cada um". Nisso, aqueles estudiosos das religiões que optarem pela aplicação de abordagens explicativas não podem prescindir da leitura interpretativa de seu objeto de análise, uma vez que "toda explicação se fundamenta em interpretações" (McCauley; Lawson, 2017, p. 39). Ademais, interpelações explanatórias podem auxiliar na formulação de novas e relevantes questões de pesquisa, as quais não poderiam ser tratadas por meio de análises interpretativas ou descritivas, o que as torna uma ferramenta deveras útil para a explicitação do escopo de inquérito objetivado. Qual é o *explanandum* (o que se pretende explicar) da tarefa observada? Quais são os *explanans* (aquilo que realiza a explicação)? Qual é o "mecanismo explicativo" que conecta os *explanans* ao *explanandum*-alvo? Tais questionamentos, muitas vezes não abordados pelas ciências humanas e sociais, podem ser úteis na busca de novas formas de análise para os dados disponíveis. Por fim, um relato explanatório baseado na atuação de "mecanismos" (conforme elucidaremos mais adiante) é capaz de auxiliar os estudiosos na identificação dos limites de suas explanações, uma vez que essas sempre tratam de aspectos particulares de um determinado fenômeno e são inspiradas por perguntas específicas. Afinal, trata-se de um consentimento filosófico: toda explicação é uma elucidação parcial, objetivada de acordo com uma perspectiva qualquer, motivada e respondendo a um conjunto característico de problemáticas (Visala, 2016, p. 102-111).

Por sua vez, e em segundo lugar, o ímpeto pela formulação de teorias testáveis, sistemáticas e claramente estabelecidas é, pelo menos a princípio, central à Ciência Cognitiva da Religião contemporânea. Nisso, para que seja testável, uma teoria necessita fazer previsões falsificáveis, capazes de ser validadas empiricamente. Certamente, muitas críticas foram elaboradas pelos próprios cientistas cognitivos da religião, relativas à antiga predominância de obras teóricas ante o teste empírico de hipóteses em seu campo. Por outro lado (em grande parte como uma resposta interna a tais julgamentos), a pesquisa cognitivo-experimental acerca das religiões tem progredido exponencialmente, pelo menos desde a segunda década do século XXI, com profissionais experimentalmente orientados nem sempre mostrando muito interesse nos amplos questionamentos teóricos que outrora caracterizavam os estudos pioneiros da Ciência Cognitiva da Religião. Afinal, para ser empiricamente testável, uma teoria não pode ser excessivamente abrangente ou generalizada. O conceito de "teorização de médio alcance" – o qual afirma que é melhor utilizar um conjunto de teorias relativas a um fenômeno-alvo específico (com seus "mecanismos explicativos" sendo definidos ou, pelo menos, propositadamente ignorados e considerados como indeterminados) do que empregar uma perspectiva que diga respeito a uma variedade extremamente ampla de tópicos e temas (sem que sua estrutura mecanicista ou analítica seja esclarecida), ou que seja demasiadamente complexa para ser testada contra as evidências empíricas disponíveis – pode ajudar-nos a ilustrar tal ponto. Entre os elementos-chave dessa forma de teorização estão o foco nos já mencionados "mecanismos" (referindo-se, *grosso modo*, a uma constelação de fatores explanatórios subjacentes ou "externos" ao objeto de estudo, os quais se prevê que gerem um tipo específico de resultado) e a habitual "estratégia reducionista" das ciências naturais, focada na decomposição das parcelas constituintes de seus fenômenos-alvo. Estendendo-se para muito além do estudo acadêmico das religiões, a discussão acerca de tal "decomposição mecanística" e seu uso pelas ciências cognitivas, sociais e a filosofia da ciência (de forma geral) compõe uma arena intelectual extremamente ativa e complexa. No entanto, é importante observarmos que a tendência da Ciência Cognitiva da Religião pelo uso de "teorizações de médio alcance" – com ou sem uma ênfase na atuação de mecanismos constituintes (como é o caso de muitas leituras marcadas pela "ecologia comportamental") – ressoa harmonicamente com o sentimento comum entre cientistas sociais e teóricos das humanidades de se afastar das "grandes teorias" (McCauley; Lawson, 2017, p. 14-38).

Por último, tal restrição focal da investigação acadêmica por meio de "teorizações de médio alcance" acarreta a necessidade de um pluralismo teórico. Sob essa chave de leitura, as interpelações da Ciência Cognitiva da Religião operam através da convencional hierarquia♀ aristotélica de "níveis" (ou disciplinas) do conhecimento, valendo-se das ciências cognitivas ou biológicas para a elucidação dos "fenômenos religiosos" – os quais costumam ser, tradicionalmente, entendidos como pertencentes ao nível social de observação e, portanto, mais bem analisados por meio de teorias socioculturais. Isso significaria, então, que todos os movimentos, comportamentos coletivos e instituições religiosas♀ poderiam, em última análise, ser reduzidos à arquitetura cognitiva da mente humana? Alguns teóricos, de fato, acreditam que esse seja o caso, pelo menos de acordo com o "modelo padrão" da Ciência Cognitiva da Religião. Entretanto, contra tal lógica, uma objeção típica é a de que ela envolveria uma abordagem desmedidamente naturalista, ou seja, pressuporia a naturalização ou reformulação de todo o domínio dos fenômenos socioculturais em termos científico-naturais (o que poderia levá-la a um paradoxo, uma vez que grande parte desses "fenômenos" são, na realidade, abstrações conceituais popularmente naturalizadas). Mas, embora certos estudiosos da Ciência Cognitiva da Religião tenham expressado tendências a uma posição naturalista "inflamada" como essa, o campo, como um todo, dificilmente está comprometido com tal posicionamento epistemológico. Na realidade, grande parte do estudo cognitivo das religiões está de acordo com o que pode ser descrito como um "naturalismo não eliminatório", ou seja, vale-se de um "pluralismo explanatório", no qual a cooperação entre níveis distintos de inquérito científico é a meta objetivada, mas essa nunca é entendida como uma forma de redução ou eliminação (opondo-se, então, à famigerada concepção popular, simplista e pejorativa de "reducionismo", na qual, em última análise, as entidades reduzidas são eliminadas em favor das entidades redutoras). E embora tal discussão englobe muitas sutilezas teórico-filosóficas, a questão central a ser (aqui) esclarecida é a de que, devido ao seu "pluralismo explanatório", a Ciência Cognitiva da Religião considera o conhecimento acerca da biologia♀ e da cognição humanas como indispensável para a compreensão dos complexos socioculturais de nossa espécie (incluindo a "religião♀"), mas não proclama que esses fenômenos sejam necessária ou diretamente redutíveis a quaisquer processos biológicos ou psicológicos individuais (Visala, 2016, p. 88-90).

Antes de concluir esta breve apresentação da Ciência Cognitiva da Religião e das diferentes abordagens teóricas desse campo, cabem mais algumas palavras a respeito de sua metodologia de pesquisa. Conforme o mencionado, após um período inicial no desenvolvimento da área, no qual predominaram aplicações teóricas de perspectivas cognitivas para o trato dos comportamentos e concepções religiosas, os estudos em Ciência Cognitiva da Religião passaram a empregar uma grande variedade de técnicas de coleta e análise de dados, incluindo observações etnográficas, estudos neurofisiológicos e pesquisas experimentais. Dentre esses, atualmente, o método♀ experimental é, sem dúvida, o mais comumente empregado, sendo adaptado à compreensão dos "fenômenos religiosos" estudados, de modo a testar as hipóteses elencadas, frequentemente em contextos específicos, a partir de uma metodologia experimental naturalística. Em sua realização, tais experimentos têm recorrido a diversas técnicas, incluindo mensurações fisiológicas (por exemplo, a medição da frequência cardíaca de participantes em rituais como forma de avaliar seu grau de sincronia fisiológica), análises de expressões faciais, a aplicação de jogos, entre outras (Xygalatas, 2016).

Nisso, em conformidade com sua busca por explicações potencialmente universais para aquilo que denominamos "religião☿", mais recentemente, os estudos em Ciência Cognitiva da Religião têm trabalhado com amostras advindas de diferentes contextos culturais, em um esforço por estabelecer a prevalência de seus achados experimentais e avaliar o papel da cultura na modelagem de diferentes expressões religiosas. Um exemplo recente de revisão abrangente e meta-análise de estudos realizados em diferentes contextos pode ser encontrado no trabalho de Ara Norenzayan e seus colaboradores (2016), acerca da *Teoria dos "grandes deuses"*, segundo a qual a emergência da crença☿ em divindades☿ dotadas de onisciência, onipresença e onipotência, interessadas em monitorar os aspectos morais da vida humana, favoreceria a manutenção da ordem social e dos laços de cooperação e confiança internamente às sociedades complexas – nas quais o policiamento dos indivíduos e de suas condutas é uma empreitada significativamente complexa e desafiadora –, contribuindo, assim, para a sobrevivência e reprodução de seus membros. Em sua apreciação, os autores exploram os resultados advindos de diferentes pesquisas, empregando os mais variados métodos☿ de coleta e análise de dados, bem como abrangendo diferentes contextos culturais, em um esforço por demonstrar a aplicabilidade e generalização da *Teoria dos "grandes deuses"*, a exemplo de estudos evidenciando que a porcentagem de sociedades envolvendo a crença☿ em divindades☿ moralizantes aumenta conforme seu tamanho e nível de complexidade estrutural.

Uma característica evidente – embora não necessariamente problemática – de teorizações como a dos "grandes deuses" é a sua capacidade limitada de nos oferecer uma teoria abrangente dos "fenômenos religiosos". Notoriamente, tal teoria falha em explanar outras formas de "religião" não diretamente baseadas na crença☿ em divindades☿ moralizantes, muito embora, historicamente, um problema semelhante acompanhe também a grande maioria das teorizações sociológicas, antropológicas e psicológicas acerca de tal fenômeno. Com efeito, ao longo de todo o presente verbete empregamos aspas ao mencionarmos o termo "religião☿" pelo fato de que, devido à restrição focal estabelecida pelo emprego de "teorizações de médio alcance", as diferentes abordagens da Ciência Cognitiva da Religião contemporânea deixam de lado a busca por uma definição precisa para sua conceituação e, contrariamente, pensam-na em termos de diferentes mecanismos e processos cognitivos e culturais cujo estudo pode ser realizado, até certo ponto, sem referência a conteúdos particulares de crenças☿ e comportamentos. Em síntese, cada um dos programas de pesquisa que atualmente compõem a Ciência Cognitiva da Religião levanta apostas diferentes acerca das características evolutivas da "religião", suas causas e desdobramentos, as quais podem servir para a compreensão de alguns de seus aspectos, mas não de todos eles. Finalmente, há, ainda, o desafio do desenvolvimento de teorias que considerem os fenômenos do ateísmo, do agnosticismo e da descrença religiosa a partir de uma compreensão cognitivista e biocultural, um conjunto de tópicos que, embora intuitivamente inevitável, apenas bem recentemente começou a ser discutido e investigado a partir da perspectiva das ciências cognitivas.

Bibliografia: BARRETT, J. Cognitive Science of Religion: Looking Back, Looking Forward. *Journal for the Scientific Study of Religion*, v. 50, n. 2, 2011, p. 229-239; BULBULIA, J.; SOSIS, R. Signalling Theory and the Evolution of Religious Cooperation. *Religion*, v. 41, n. 3, 2011, p. 363-388; GERVAIS, W. et al. The Cultural Transmission of Faith: Why innate intuitions are necessary, but insufficient, to explain religious belief. *Religion*, v. 41, n. 3, 2011, p. 389-410; MCCAULEY, R.; LAWSON, E. *Philosophical Foundations of the Cognitive Science of Religion*: A Head Start. London & New York: Bloomsbury Academic, 2017; NORENZAYAN, A. et al. The cultural evolution of prosocial religions. *Behavioral and Brain Sciences*, v. 39, 2016, p. 1-65; PYYSIÄINEN, I. Cognitive Science of Religion: State-of-the-Art. *Journal for the Cognitive Science of Religion*, v. 1, n. 1, 2013, p. 5-28; SOSIS, R.; BULBULIA, J. The Behavioral Ecology of Religion: The Benefits and Costs of one Evolutionary Approach. *Religion*, v. 41, n. 3, 2011, p. 341-362; TURNER, L.; WATTS, F. *Evolution, Religion, and Cognitive Science*: Critical & Constructive Essays. Oxford: Oxford University Press, 2014; VISALA, Aku. *Naturalism, Theism and the Cognitive Study of Religion*: Religion Explained? London: Routledge, 2016; XYGALATAS, D. Cognitive Science of Religion. In: LEEMING, D. (Org.). *Encyclopedia of Psychology and Religion*. Berlin/Heidelberg: Springer-Verlag, 2016. p. 343-347.

Thales Moreira Maia Silva
Everton de Oliveira Maraldi

CIÊNCIA DA RELIGIÃO

Disciplina das ciências humanas originada da Europa setentrional, é também chamada de *Religionswissenchaft* em alemão; *study of religion*, *history of religions, comparative religion* e *science of religion* em inglês; e como *Religiologia* ou *História das Religiões* (não confundir com a historiografia das religiões) em algumas publicações em língua portuguesa. Historicamente possuiu relação muito próxima com a filologia☿ e com o estudo das religiões não cristãs, embora hoje pesquise virtualmente qualquer objeto que possa ser considerado religioso.

Segundo Platvoet (1982), a Ciência da Religião é orientada metodologicamente por três pontos-chave inalienáveis: (1) o agnosticismo metodológicoϘ; (2) a adoção de análises éticas para os conteúdos êmicos; e (3) a apresentação dos resultados e métodosϘ de maneira que se permita refutar. Além disso, por estar dividida em dois ramos principais – (1) o estudo empírico da religião e (2) o estudo sistemático da religião –, é esperado que os cientistas da religião sejam especialistas em uma religião ou grupo específico (estudo empírico), ao mesmo tempo em que tenham um conhecimento generalista de várias religiões (estudo sistemático). O próprio criador da Ciência da Religião, Max MüllerϘ, considerava que quem conhece apenas uma religião não conhece nenhuma.

Existem dois entendimentos distintos sobre o que é Ciência da Religião (Pyle, 1989a, 1989b). O primeiro considera que se trata de uma disciplina autônoma (Ciência da Religião, com a palavra ciência no singular), que se distingue dos estudos não empíricos da religião (TeologiaϘ e Filosofia) e das outras ciências humanas que também estudam religiões (por exemplo, Antropologia da ReligiãoϘ, Sociologia da ReligiãoϘ, Psicologia da ReligiãoϘ, Historiografia da Religião), embora estabeleça relações e trocas com essas outras áreas. A segunda perspectiva, a dominante na América Latina, declara não existir uma disciplina em si, mas um campo disciplinar mais amplo de ciências das religiões, com a palavra ciências no plural (ou religious studies em inglês). Tal disputa de estilos de pensamento permeia a história mundial da área, não sendo uma exclusividade lusófona. Em outras palavras, encontram-se acadêmicos internacionais que defendem a autonomia e o singular da Ciência da Religião (por exemplo, Donald Wiebe, Luther H. Martin, Russell T. McCutcheon, Michael Pye, Tim Jensen, John R. Hinnells), tanto quanto autores que preferem a ideia de um campo multidisciplinar (por exemplo, Gregory Alles, Andreas F. Droogers, Walter H. Capps). No presente verbete, dar-se-á foco à concepção de Ciência da Religião enquanto disciplina autônoma.

I. História da Ciência da Religião. Se pensarmos na Ciência da Religião enquanto disciplina autônoma, seus pais fundadores foram Friedrich Max MüllerϘ, Cornelis Petrus Tiele e Pierre Daniël Chantepie de La SaussayeϘ (Costa, 2019, p. 24). Sua gênese foi fruto de um movimento acadêmico que visava desenvolver uma forma de estudo sobre as religiões independente da teologiaϘ e das pastorais, e cujo métodoϘ de construção do conhecimento fosse empírico, diferenciado da Filosofia da ReligiãoϘ (Wach, 2018). Nesse sentido, historicamente a Ciência da Religião foi criada buscando fazer algo que não fosse nem teologiaϘ nem Filosofia da ReligiãoϘ.

Sua institucionalizaçãoϘ universitária ocorreu antes de outras ciências hoje mais bem estabelecidas (por exemplo, Psicologia, institucionalizada em 1879; e Sociologia, institucionalizada em 1892). Em 1873 foi fundada a primeira cátedra de Ciência da Religião em uma universidade da Suíça. Em 1877, quatro novas cátedras foram criadas nos Países Baixos. Em 1879 foi inaugurada a primeira cátedra na França, seguida em 1884 por uma nova cátedra na Bélgica e outra em Roma. A primeira cátedra do Reino Unido surgiu em 1904, e a primeira da Alemanha em 1910. Os primeiros periódicos científicos foram abertos ainda no século XIX: a Révue de l'Histoire des Religions, inaugurada em 1880, e o Archiv für Religionswissenschaft, lançado em 1898. Além disso, seu primeiro congresso internacional ocorreu já em 1897, na Suécia (Usarski, 2013, p. 56-57; Eliade, 1992, p. 5).

Em 1900, em Paris, foi decidido que o principal evento acadêmico da disciplina fosse nomeado como Congresso de História das ReligiõesϘ. A adoção do termo "História das ReligiõesϘ" foi justificada pelo desejoϘ de exclusão dos trabalhos da Filosofia da ReligiãoϘ e da teologiaϘ (Eliade, 1992, p. 5), e é o motivo pelo qual associações mais antigas como a IAHR utilizam tal nomenclatura. Ao escolherem "História das ReligiõesϘ", os cientistas da religião da época desejavam reforçar a abordagem a ser promovida pelo evento: um estudo empírico que considera as religiões não como revelações divinas ou manifestações transcendentes, tampouco cuja abordagem partisse de silogismos ou premissas universais. Desejava-se, desde essa fase inicial da disciplina, que as religiões fossem estudadas como produtos humanos socialmente concretos, localizados na história.

Desde o princípio cientistas da religião buscaram métodosϘ que legitimassem seu trabalho enquanto membros de uma área autônoma. Já na década de 1920, isso levou Joachim Wach a dividir a Ciência da Religião em dois ramos principais: (1) o estudo empírico da religião –, também conhecido como História das Religiões –, cuja abordagem tende a priorizar, por perspectiva indutiva, um grupo religioso, tradição ou área cultural específica; e (1) o estudo sistemático da religião – também conhecido como religiões comparadas –, cuja abordagem classifica diferentes religiões a partir do estudo de várias culturas religiosas por um viés dedutivo. Segundo Hanegraaff (2017, p. 202-203), o ramo sistemático da Ciência da Religião possui um viés mais universalista e generalista, enquanto o ramo empírico é especialista, pautado nas particularidades. Pyle (1989b, p. 232) complementa esta informação, explicando que o estudo empírico da religião é o mais antigo na Ciência da Religião, tendo surgido ainda no século XIX, enquanto o ramo sistemático, pautado na tipologia das religiões, floresceu a partir da Fenomenologia da ReligiãoϘ, no século XX.

CIÊNCIA DA RELIGIÃO

Como os dois ramos possuem vieses distintos, muitos conflitos sobre suas metodologias acabaram surgindo na história da Ciência da Religião. Isso se tornou ainda mais problemático pela relação assimétrica entre o ramo empírico e o ramo sistemático. Como explica Hanegraaff (2017, p. 203), "os [cientistas da religião do ramo empírico] não precisam do estudo sistemático da religião para realizar suas pesquisas, mas o estudo sistemático da religião precisa da História das Religiões♀". Não há como se realizar um estudo comparativo dos dados religiosos de diferentes culturas se tais dados não tiverem sido previamente coletados por pesquisas empíricas. Todavia, o estudo de uma cultura específica não leva ao conhecimento da religião como um todo, ou à elaboração de teorias e tipologias mais gerais sobre a religião. Nesse sentido, é notada uma disputa histórica entre pesquisadores com abordagens mais generalistas e fenomenológicas contra cientistas da religião cujas perspectivas metodológicas são materialistas e localizadas.

No coração dessa briga de métodos♀ jaz a Fenomenologia da Religião♀, cuja grande popularidade no século XX se deu pela busca de departamentos de Ciência da Religião por uma metodologia diferencial de outros cursos que também estudavam religiões. Isso aconteceu em âmbito mundial na disciplina. Mas assim como as outras ciências humanas da época, em seu início os cientistas da religião adotaram uma perspectiva colonialista pautada no evolucionismo♀ social, na qual determinadas religiões eram consideradas mais ou menos "evoluídas" que outras, tendo como parâmetro de "civilidade religiosa" o Cristianismo europeu. Apesar da superação desse viés nas outras ciências humanas já em meados do século XX, essa perspectiva até hoje se faz muito presente na Ciência da Religião contemporânea (Murphy, 2018, p. 330). Isso se dá pela ainda forte referência a Otto♀ e à teologia♀ nos pressupostos metodológicos básicos da fenomenologia clássica da religião.

Outra importante disputa interna que a emergência da Fenomenologia da Religião♀ gerou entre os cientistas da religião diz respeito ao que Sharpe (1986, p. 295: tradução minha) chama de "a controvérsia sobre 'pura-*versus*-aplicada'", ou seja, a discussão sobre se a Ciência da Religião deve se manter estritamente como uma ciência base, estudando as religiões sem o interesse de construir a sociedade, ou se deveria também adotar papéis que tradicionalmente são da teologia♀ prática, transformando-se em uma ciência aplicada. Sharpe declara que o número de cientistas da religião que clamam por uma independência total das interferências teológicas vem reduzindo drasticamente desde os pais fundadores da disciplina, e que na década de 1980 eles já eram a minoria. Com isso, a disciplina tem caminhado rumo a uma capacidade – que seria surpreendente aos pais fundadores, arrisco dizer – de se "adequar"

aos interesses da teologia♀ liberal, influenciando e sendo influenciada mutuamente por saberes que são, na verdade, produzidos dentro da própria religião.

Mas, com a morte♀ de Eliade♀ em 1986, a fenomenologia perdeu força no coletivo mundial de cientistas da religião, e o ramo sistemático começou a passar por uma virada material que voltou a questionar esse cenário. Mesmo sistemáticos da religião contemporâneos, como William Paden e Manuel A. Vásquez, têm cada vez mais abandonado explicações transcendentes e a categoria "o sagrado" em suas teorias. Segundo Vásquez (2011), essa virada material se deu por uma necessidade de a própria disciplina lidar com a realidade atual das religiões, cujo cenário plural de intenso trânsito e conflito religioso não permite mais explicações meramente intrarreligiosas. Nesse sentido, mesmo que ele adote um plano de trabalho não reducionista, ao invés de se preocupar em estudar o sagrado♀, o divino, o transcendente, ou como a religião♀ é vivida pelos "anjos", hoje é lugar-comum que o cientista da religião deve se ocupar das consequências materiais da vida religiosa, de como os humanos constroem suas identidades, narrativas e práticas religiosas.

II. Estudo empírico da religião. De acordo com a divisão clássica de Joachim Wach, o ramo mais antigo da Ciência da Religião é o *estudo empírico da religião*, cujo objetivo é explicar como uma religião♀ se faz, seu desenvolvimento e os princípios a ela inerentes. É constitutivo dos estudos empíricos das religiões o foco em uma religião ou grupo religioso específico (Wach, 1924, p. 59). Portanto, evitam-se alegações universalizantes, preferindo explorar as particularidades e idiossincrasias de cada tradição estudada.

Segundo Tiele (1897, p. 28), o cientista da religião só pode discutir o desenvolvimento de uma religião depois de todo o seu curso ter sido traçado em pesquisa. Isso significa que os estudos empíricos da religião têm como característica uma *abordagem indutiva*, ou seja, cujo tipo de inferência é probabilístico e fortemente pautado em dados concretos verificáveis. Este ramo é considerado o alicerce da Ciência da Religião, pois, como explica Hanegraaff (2017), são os estudos empíricos da religião que produzem novos conhecimentos de modo autônomo na disciplina. O ramo sistemático depende muito mais de empréstimos teóricos das disciplinas auxiliares (por exemplo, Sociologia da Religião♀, Antropologia da Religião♀, História, Psicologia da Religião♀ etc.), ao passo que tais empréstimos são opcionais no ramo empírico. Além disso, o ramo sistemático apenas reorganiza o conhecimento já existente ao formular novas teorias, sendo dependente do que foi produzido pelas pesquisas empíricas.

A respeito das pesquisas empíricas da religião focarem o desenvolvimento de uma religião, Wach esclarece que isso não diz respeito a uma simples descrição histórica ou ao estudo do surgimento do objeto pesquisado. Em suas palavras, "não é a evolução da religião o que mais interessa ao cientista da religião, é o 'tornar-se'" (Wach, 2018, p. 236). Tal entendimento sobre o que significa "desenvolvimento de uma religião" é de que isso não ocorre de forma progressiva. Em outras palavras, as formas religiosas não possuem um desenvolvimento linear. Isso ocorre, como em todo o aspecto da vida social, em períodos específicos e intercalados. Assim como as pessoas, as religiões nascem, crescem, florescem, transformam-se, podem dar origem a outras novas religiões e, eventualmente, declinam e morrem. Mas, do mesmo modo que a humanidade continua independente da pessoa, a religião℘ continua a se desenvolver apesar da queda de suas formas específicas.

Tiele (1897, p. 32-33) explica que o estudo do desenvolvimento das religiões é o estudo do desenvolvimento das pessoas religiosas. Não são as atividades, doutrinas, rituais ou concepções religiosas que envolvem. Elas são renovadas e modificadas por ação consciente dos agentes religiosos. Portanto, tais mudanças não são a evolução da religião em si, mas o seu resultado. O impacto disso, como descrito na proposta metodológica de Wach (2018, p. 240), é que o estudo empírico da religião não deve focar nem apenas a História da Religião℘ ou as formas religiosas em si, nem o estudo empírico das atitudes religiosas℘. Ele deve ser um estudo integrado de ambos esses domínios, visando entender como mudanças das formas religiosas operam também mudanças de seu significado aos religiosos e vice-versa.

Os autores do que é chamado por Usarski (2018) de *second-order tradition* [tradição de segunda ordem] são representantes clássicos deste ramo da Ciência da Religião (por exemplo, Friedrich Max Müller℘, Cornelis Petrus Tiele, Robertson Smith).

III. Estudo sistemático da religião. Pela divisão clássica de Joachim Wach, o segundo ramo da Ciência da Religião é o *estudo sistemático da religião*, cuja inferência dedutiva visa à reorganização dos dados coletados sobre diferentes religiões pelos estudos empíricos e, então, à elaboração de uma proposição sintética mais geral do objeto. É o ramo responsável pelas teorias e definições de religião℘, estando pautado no estudo comparado das religiões. Por isso, diferente do ramo empírico, sempre leva em conta mais de uma religião, seja em uma abordagem que considera diferentes tradições (por exemplo, Cristianismo, Budismo, Hinduísmo, Islã etc.), seja pelo estudo de vertentes distintas de uma mesma confissão religiosa (por exemplo, diferentes tipos de Pentecostalismo).

O estudo sistemático se popularizou com a fenomenologia clássica da religião, mas não se deve presumir disso que todo trabalho deste ramo da Ciência da Religião será sempre fenomenológico. Como explica Vásquez (2011, p. 5), a tendência mundial é que os estudos sistemáticos da religião atuais abandonem as categorias metaempíricas da fenomenologia clássica da religião (por exemplo, sagrado℘). Ainda que a abordagem da fenomenologia – que é pessoal, intrarreligiosa, focada na experiência êmica e perspectiva em primeira pessoa – tenha historicamente dado a tônica dos estudos sistemáticos da religião, cada vez mais isso tem sido considerado inadequado mundialmente na Ciência da Religião. Hoje é mais usual que as comparações do ramo sistemático sejam realizadas pela análise das condições sociais, históricas e biológicas que tornam possível a vivência religiosa para os religiosos, e quais são os seus efeitos no sujeito, na cultura e na natureza. O motivo disso é porque é impossível refutar a experiência subjetiva, a *qualia* e os sentimentos religiosos. Como um cientista pode falsificar uma experiência religiosa℘ pessoal sem cruzar as fronteiras do agnosticismo metodológico℘? Compreendendo que isso seria mais adequado a outras disciplinas (por exemplo, Filosofia e Teologia℘), os cientistas da religião do ramo sistemático têm cada vez mais buscado por análises em terceira pessoa (perspectiva ética).

Diferente do discurso excessivamente metaempírico da fenomenologia clássica da religião, as dificuldades da abordagem ética se apresentam em sentido técnico, e não filosófico ou metaempírico. Em outras palavras, a religião℘ é compreensível por categorias que podem ser verificadas, pois deixa de ser uma manifestação de algo irrefutável (por exemplo, o sagrado℘, Deus ou a transcendência) para ser entendida como um sistema tremendamente complexo, sem dúvida, mas constituído por processos materiais, sociais, culturais, linguísticos, econômicos, históricos, biológicos, geográficos... Enfim, processos passíveis de falseamento. Na terceira pessoa não há espaço para qualquer mistério. Ou, como nas palavras de Vásquez (2005), não se deve estudar aquilo que é supra-humano na Ciência da Religião.

Wach (2018) ressaltava que mesmo um cientista da religião mais inclinado ao ramo empírico eventualmente necessitará recorrer a questões do ramo sistemático e vice-versa. Essa consideração, contudo, não tem mais encontrado ressonância entre os cientistas da religião contemporâneos. Acadêmicos como Hanegraaff (2017), por exemplo, declaram que, embora o inverso seja improvável, o ramo empírico consegue existir sem o ramo sistemático. Para o entendimento disso, precisamos antes relembrar quais são as três abordagens mais comuns dos estudos sistemáticos, de acordo com o próprio Wach (2018, p. 241): (1) abordagem empírico-sistemática (apresenta o "sistema" de algo sobre a religião, baseado em pesquisas empíricas anteriores); (2) por critérios geográficos, culturais, etnológicos e genealógicos; e (3) a abordagem temporal. Comentando a fala de Hanegraaff, um cientista que estuda um grupo religioso específico (estudo empírico da religião) pode não ter nenhuma pretensão de desenvolver uma teoria mais geral sobre religião (abordagem 1), sobre a religião na região ou grupo étnico estudado (abordagem 2), ou sobre a religião no período histórico em questão (abordagem 3).

Um último ponto importante sobre o ramo sistemático é que, para além da comparação entre as religiões, as classificações das religiões também fazem parte do estudo sistemático da religião. Para se classificar algo é necessário antes a identificação de determinadas características distinguíveis entre o objeto e as outras coisas existentes no meio. Essa lógica também se aplica às religiões: a classificação das religiões é um subproduto do próprio estudo comparado de religiões diferentes, que passa a identificar nelas características passíveis de classificação. Wach (2018, *passim*) menciona diversas formas como as religiões têm sido historicamente classificadas na Ciência da Religião. Para os objetivos deste verbete, interessa mais o entendimento dos tipos de classificação e seus limites.

O pai da Fenomenologia da Religião↗, Chantepie de la Saussaye↗ (1940, p. 16-17), considerava que os métodos↗ de classificação das religiões poderiam ser divididos em (1) *classificações genealógicas*, baseadas em troncos linguísticos, históricos, étnicos ou geográficos (por exemplo, religiões semíticas, indianas, nórdicas); e (2) *classificações morfológicas*, cujas categorias são criadas pelo próprio pesquisador, visando responder ao seu problema de estudo (por exemplo, religiões populares e religiões de fundadores). As classificações morfológicas são menos objetivas do que as classificações genealógicas, pois outro cientista, ao tentar replicar o mesmo método↗, pode discordar do que o pesquisador anterior compreendeu originalmente de cada tipo. Classificar as religiões como "guaranis" ou "africanas" (classificação genealógica), por exemplo, tende a encontrar menos questionamentos do que classificá-las como "religiões naturais" ou "religiões reveladas". É por isso que nunca houve uma tipologia morfológica que pudesse ser totalmente aceita. Mesmo categorias aparentemente naturalizadas, como a classificação do Cristianismo enquanto uma religião monoteísta, podem enfrentar questionamentos ao se estudar a soteriologia↗ ou a própria trindade em perspectiva ética.

Como o ramo sistemático ganhou corpo com a fenomenologia clássica da religião, os representantes clássicos desse ramo são justamente aqueles cientistas da religião relacionados com o surgimento da própria Fenomenologia da Religião↗ (por exemplo, Pierre Daniël Chantepie de la Saussaye↗, Mircea Eliade↗, Joachim Wach).

IV. Ciência da Religião nos países lusófonos. Dos países de língua portuguesa, o Brasil é onde a Ciência da Religião se encontra mais desenvolvida e institucionalizada, com cursos de graduação (licenciatura e bacharelado), especializações, mestrados acadêmicos e profissionais, e doutorados, tanto em instituições públicas quanto privadas das cinco regiões do país. Os primeiros mestrados em Ciência da Religião no Brasil datam ainda da década de 1970, e os primeiros doutorados são da década de 1990. Além disso, existem pelo menos duas associações acadêmicas nacionais (ANPTECRE e SOTER), e algumas associações profissionais regionais (por exemplo, ACREPA e ALICRE) para a Ciência da Religião em território brasileiro (Costa, 2019).

Costa (2019, p. 63-64) classifica a história da Ciência da Religião no Brasil em três fases: (1) *fase de formação institucional* (1969-1995), em que os cursos de Ciência da Religião não eram reconhecidos/recomendados pelo MEC e sua comunidade acadêmica era formada predominantemente por teólogos; (2) *fase de expansão e consolidação* (1995-2017), caracterizada pelas ações do FONAPER e da ANPTECRE, que incentivariam posteriormente a abertura de novos cursos de Ciência da Religião, tanto em nível de graduação quanto de pós-graduação, nas cinco regiões do Brasil; e (3) *fase de disciplinarização articulada* (2018-), em que começam a ser notados esforços pela autonomia política e institucional da Ciência da Religião, através da formulação de uma Diretriz Curricular Nacional para as graduações, a inserção de um currículo comum para o Ensino Religioso↗ escolar pautado em Ciência da Religião na BNCC, e a emancipação da Ciência da Religião e da teologia↗, enquanto Área de Avaliação própria na CAPES para as pós-graduações.

Todavia, a Ciência da Religião brasileira ainda se encontra bastante aquém da situação da disciplina na Europa setentrional e na América do Norte. Costa (2019) demonstra que a maior parte do referencial teórico de cientistas da religião brasileiros ainda é exógena à própria Ciência da Religião (por exemplo, preferência por teorias da Teologia↗, Filosofia, Sociologia, Antropologia, História etc., em detrimento de autores da própria área de Ciência da Religião), e que boa parte da Ciência da Religião no Brasil se mantém cooptada pela teologia↗ (em especial pela teologia↗ da libertação↗).

Esse diagnóstico é corroborado por Pieper (2017, p. 137-138), quando, além de declarar que foram teólogos da libertação↗ os fundadores de quase todos os cursos de Ciência da Religião no Brasil, apresenta os quatro modelos de Ciência da Religião existentes no Brasil. Ao falar dos dois primeiros modelos, Pieper cita preocupações de parte da Ciência da Religião brasileira em "formar cidadãos" e "resgatar as experiências humanas resguardadas nas religiões", o que se aproxima mais da teologia↗ prática do que da Ciência da Religião aplicada↗. Pieper também descreve que muitos cursos de Ciência da Religião no Brasil buscam "ressalta[r] a proximidade de Ciência da Religião com a Teologia↗" (o que soaria absurdo a muitos cientistas da religião europeus), "não abdica[r] da pergunta pelo sentido e pela verdade do objeto da religião" e "buscar uma justificativa metafísica♀" (algo que vai contra o agnosticismo metodológico♀).

Mesmo que Pieper (2017, p. 138) também ateste a presença no Brasil de dois modelos que vão ao encontro do cenário internacional da Ciência da Religião (Ciência da Religião como disciplina ao invés de campo disciplinar, que produz conhecimento independentemente dos empréstimos das disciplinas-base – embora possa recorrer a elas sempre que necessário –, e que delimita no agnosticismo metodológico♀ sua principal fronteira disciplinar), a existência de formas de Ciência da Religião que agem como teologias♀ disfarçadas (criptoteologias♀) é algo ainda muito comum no cenário brasileiro.

Em Portugal existe somente um curso de mestrado acadêmico em "ciência das religiões", ofertado pelo Instituto Lusófono de Educação♀ Superior, e alguns diálogos entre cursos de teologia♀ da Universidade Católica Portuguesa e programas de Ciência da Religião em outros lugares. No entanto, no caso da Universidade Católica Portuguesa, embora esta instituição possua formações em "ciências religiosas" e "estudos de religião", esses cursos não podem ser classificados objetivamente como de Ciência da Religião. Apesar do nome, seu foco não está no estudo comparativo, nem na tipologia ou na história de várias religiões, como seria de esperar em um curso específico de Ciência da Religião. De acordo com o *website* da instituição, tais cursos objetivam formar profissionais para trabalhar com teologia♀ prática, Ensino Religioso♀ confessional católico, ética teológica, história do Catolicismo e com exegese bíblica, estando no domínio disciplinar de um curso de formação em teologia♀.

Por fim, na Universidade de Macau existe também um curso de doutorado em Filosofia e Ciência da Religião (*PhD in Philosophy and Religious Studies*), dentro da Faculdade de Artes e Humanidades da instituição. É um programa que se aproxima bastante do formato dos cursos de Ciência da Religião ofertados por algumas universidades brasileiras, orientando-se de forma considerável pela Filosofia da Religião♀ e adotando uma postura mais crítica aos estudos empíricos da religião. Mas embora a região autônoma da China tenha a língua portuguesa como um dos seus idiomas oficiais, o programa da Universidade de Macau é inteiramente organizado em língua inglesa, exigindo dos estudantes certificação TOEFL para a matrícula.

Bibliografia: CHANTEPIE DE LA SAUSSAYE, P. D. *História das religiões*. 2. ed. Lisboa: Inquérito, 1940; COSTA, M. O. da. *Ciência da Religião aplicada como o terceiro ramo da Religionswissenschaft*: história, análises e propostas de atuação profissional. 2019. Tese de Doutorado em Ciência da Religião. São Paulo: Pontifícia Universidade Católica de São Paulo, 2019; ELIADE, M. *O sagrado e o profano*. São Paulo: Martins Fontes, 1992; HANEGRAAFF, W. J. Definindo religião, apesar da História. *Religare*, João Pessoa, v. 14, n. 1, p. 202-247, 2017; MURPHY, T. M. Ciência da Religião como discurso colonialista: o caso de Rudolf Otto. *REVER: Revista de Estudos da Religião*, São Paulo, v. 18, n. 1, p. 319-349, 2018; PIEPER, F. Ciência(s) da(s) Religião(ões). In: JUNQUEIRA, S. R. A.; BRANDENBURG, L. E.; KLEIN, R. (Orgs.). *Compêndio do ensino religioso*. São Leopoldo/Petrópolis: Sinodal/Vozes, 2017. p. 131-139; PYLE, E. H. Ciências das religiões. In: HINNELLS, J. R. (Org.). *Dicionário das religiões*. São Paulo: Cultrix, 1989a. p. 62-63; HINNELLS, J. R. *Religionswissenschaft*. In: HINNELLS, J. R. (Org.). *Dicionário das religiões*. São Paulo: Cultrix, 1989b. p. 232; SHARPE, E. *Comparative religion*: a History. 2nd ed. New York/London: Columbia University, 1986; TIELE, C. P. *Elements of the science of religion*. Edinburgh/London: William Blackwood & Sons, 1897; USARSKI, F. A tradição da segunda ordem como fonte identitária da Ciência da Religião: reflexões epistemológicas e concretizações. *Revista Interações*, v. 13, n. 23, p. 23-37, 2018; USARSKI, F. História da Ciência da Religião. In: PASSOS, J. D.; USARSKI, F. (Orgs.). *Compêndio de Ciência da Religião*. São Paulo: Paulinas/Paulus, 2013. p. 51-61; WAARDENBURG, J. *Classical approaches to the study of religion*: Aims, Methods and Theories of Research. Berlin/New York: Walter de Gruyter, 1999; WACH, J. E. A. F. Os ramos da Ciência da Religião. *REVER: Revista de Estudos da Religião*, São Paulo, v. 18, n. 2, p. 233-253, 2018.

FÁBIO L. STERN

CIÊNCIA DA RELIGIÃO APLICADA

Ciência da Religião aplicada ou Ciência da Religião prática é a aplicação dos conhecimentos e teorias produzidos pela Ciência da Religião para objetivos sociais e profissionais para além da academia. Por conta disso, não deve ser confundida com a pesquisa em Ciência da Religião aplicada a outra área (por exemplo, pesquisas de Ciência da Religião na área do turismo ou do jornalismo). Ela diz respeito à tradução dos termos *praktische Religionswissenschaft* e *angewandte Religionswissenschaft* em alemão, e *applied study of religion/religious studies* em inglês, não sendo um método♀ de pesquisa, mas sim um tipo de intervenção prática.

Pensar a Ciência da Religião enquanto ciência de ação exige um trabalho metódico de construção e aprofundamento de seus campos de aplicação. Isso se dá, em especial, porque as próprias religiões já possuem seus especialistas (por exemplo, teólogos, rabinos, adeptos estudiosos, clérigos, sacerdotes, iniciados etc.), os quais não sentem a necessidade de um profissional externo às suas religiões. Além disso, historicamente as ações políticas para assuntos que envolvem as religiões tenderam a serem pensadas pela aplicação das próprias religiões.

Nesse sentido, o exercício da Ciência da Religião aplicada enfrenta diversos desafios: (1) um desafio histórico, de como transpor saberes de uma disciplina que foi criada para ser ciência base; (2) um desafio metodológico, de como aplicar a Ciência da Religião dentro dos limites do agnosticismo metodológico℘, pois, se essa fronteira for cruzada, ela se transforma em um tipo de *religião aplicada* (teologia℘ prática) em vez de uma *ciência aplicada*; (3) um desafio sociocultural, de como conquistar o reconhecimento do cientista da religião enquanto profissional de referência cientificamente capacitado e socialmente autorizado a falar sobre religiões; e (4) um desafio político, de competição com os próprios especialistas religiosos, que mesmo em um Estado secular querem continuar pautando leis e políticas públicas baseadas em seus dogmas℘.

Um exemplo que ilustra o que foi dito é o Ensino Religioso℘ escolar, o caso mais emblemático de Ciência da Religião aplicada. Podemos identificar, pelo menos no Brasil e na Suécia (Costa, 2019), todos os quatro desafios supramencionados: (1) os cursos de formação de professores – quando treinam os futuros docentes a ensinar a partir de fontes acadêmicas – ainda exploram mais o cabedal da Filosofia e da Pedagogia do que o da própria Ciência da Religião; (2) o Ensino Religioso℘ escolar continua a se apoiar amplamente em termos advindos da teologia℘, como "transcendência", "princípios e valores", "cuidado de si e do outro", "o sagrado℘", "mística℘", e uma distinção imprecisa entre "crença religiosa" e "filosofia de vida" (Brasil, 2018); (3) os licenciados em Ciência da Religião, habilitados para o Ensino Religioso℘, continuam a não ser socialmente reconhecidos como capacitados a ministrar aulas de Ensino Religioso℘ escolar, e em alguns estados brasileiros (por exemplo, São Paulo e Paraná) nem sequer é previsto em suas leis que eles assumam tais aulas nas escolas; e (4) sofrem fortes disputas políticas com lideranças e agentes religiosos – em especial do Catolicismo –, que ainda são a referência para o Ensino Religioso℘ e querem manter o máximo possível as aulas de Ensino Religioso℘ escolar como uma extensão da catequese.

Isso ocorre, em grande medida, por uma incompreensão do que significa uma ciência base e uma ciência aplicada, e como essa dinâmica deve acontecer na práxis de cientistas da religião. Dessa forma, esse verbete foi organizando com uma introdução sobre a inter-relação entre ciência base e ciência aplicada, para só então passarmos a uma discussão sobre como isso se articula no meio da Ciência da Religião.

I. Ciência base e ciência aplicada. Com o advento da Modernidade, as ciências humanas fizeram uma importante virada praxeológica e uma distinção estrita entre teoria e prática, que, comum até a Idade Média, passou a não mais ser observada nas universidades. Como explica Japiassu (2012, p. 150), as ciências hoje "não separam mais tanto suas reflexões teóricas dos problemas concretos", o que levou a uma mudança das posturas científicas, que estão se tornando cada vez mais intervencionistas. Com isso, desde o início do século XX, é observado que as universidades, em âmbito mundial, têm dedicado cada vez menos espaço ao ensino do que é ciência base e ciência aplicada (Roll-Hansen, 2009).

Se, por um lado, Japiassu (2012) defende o fim dessa distinção – a qual considera ser um modelo ultrapassado de ciência –, Roll-Hansen (2009) ainda a reconhece como importante ao bom funcionamento das políticas públicas pelas ciências. Por exemplo, num cenário político de cortes aos investimentos das ciências bases pela justificativa de que não possuem "utilidade social", quando não se entende a relação entre ciência base e ciência aplicada, a própria população pode acabar por endossar isso, levando ao desmonte das redes acadêmicas. Nesse sentido, Costa (2019, p. 18) declara que "o problema não é distingui-las [ciência base e ciência aplicada], mas acreditar que [esta] é uma divisão estanque, fixa".

De modo geral, *ciência base* (também chamada de "ciência pura" ou "ciência básica") é o tipo de ciência cujo objetivo é a produção de novas informações científicas, e *ciência aplicada* (ou "ciência prática") é a forma de ciência que visa à aplicação do conhecimento científico para a solução de problemas concretos. Diferente da ciência base, as ações na ciência aplicada começam com problemas reais, a partir dos quais a intervenção é pensada. Em outras palavras, a ciência aplicada objetiva desenvolver procedimentos para uma prática baseada na ciência, sendo, portanto, intrinsecamente dependente da ciência base. Ainda que uma ciência base possa existir por si, a ciência aplicada tem como pré-requisito a existência anterior de uma ciência base. Além disso, o fazer da ciência base não precisa de propósito, diferentemente da ciência aplicada. Por exemplo, biólogos ou químicos não precisam justificar a existência de suas disciplinas: a própria construção de conhecimento sobre os seres vivos ou sobre os elementos da natureza é, em si, uma justificativa válida em uma ciência base. Mas um médico jamais pode receitar um remédio (ciência aplicada com base na Química e na Biologia℘) se não houver um propósito concreto que justifique essa intervenção (por exemplo, diagnóstico de uma patologia por meio de conhecimentos das ciências básicas supracitadas).

Segundo Costa (2019, p. 16), ao utilizar os conhecimentos da ciência base para responder a interesses sociais concretos, a ciência aplicada pode colocar à prova a teoria produzida pela ciência base. Exemplificando isso: quando um psicólogo em consultório (ciência aplicada) é deparado com o caso de um paciente que desafia o paradigma vigente (ciência base) que fundamenta a sua prática em psicoterapia (ciência aplicada), os pesquisadores da Psicologia (ciência base) obtêm um novo problema de pesquisa, que precisa ser respondido para que, assim, dê conta da demanda apresentada pelo profissional (ciência aplicada). Destarte, ambas as instâncias se retroalimentam continuamente.

Todavia, o estudo da aplicação ainda não é uma forma de ciência aplicada, ainda que dialogue muito de perto com ela. A ciência aplicada tem como foco a profissionalização e a intervenção. Se o objetivo final é a construção de mais conhecimento, ainda estamos no domínio da ciência base. Adotando novamente a psicoterapia como exemplo: se um psicólogo ingressa em um mestrado acadêmico em psicologia clínica, ele estará *pesquisando* a psicológica clínica no mestrado (ciência base), não *fazendo* psicologia clínica (ciência aplicada), exceto se seu estudo envolver pesquisa-ação ou intervenção. Contudo, nada o impede de manter ao mesmo tempo um consultório de psicologia (ciência aplicada) e ser um mestrando em Psicologia (ciência base). Ainda que o objeto de estudo dele seja a própria psicoterapia, o que distingue a ciência aplicada da ciência base é a aplicabilidade em si.

No Brasil, como a pertença profissional é socialmente relacionada ao nível da graduação, existe uma inclinação geral dos cursos em formar profissionais. A formação de pesquisadores é muito mais uma função social dos cursos de pós-graduação, com exceção das especializações e dos cursos profissionais. Isso significa, *grosso modo*, que nas políticas brasileiras para a educação superior as graduações, especializações e mestrados profissionais são considerados os locais sociais das ciências aplicadas, ao passo que os mestrados e doutorados acadêmicos são os grandes produtores das ciências bases. Entretanto, é possível encontrarmos graduações com empreitadas que são típicas das ciências bases (por exemplo, programas de iniciação científica, produção de monografia/artigo ao final do curso, congressos etc.), tanto quanto programas de mestrado e doutorado acadêmico com iniciativas visando à aplicação para além da academia (por exemplo, seminários de profissionalização, projetos de intervenção, extensões sociais, estágios *in loco* etc.).

II. Ciência da religião como ciência aplicada. Historicamente, a Ciência da Religião foi pensada quase estritamente como ciência base, ao ponto de que em seus primeiros congressos (por exemplo, Estocolmo em 1897, Paris em 1900) muitos terem defendido que a disciplina fosse somente ciência base, sem pretensões de aplicação (Sharpe, 1986). Até hoje, os principais objetivos acadêmicos dos cientistas da religião giram em torno da construção e sistematização de conhecimento sobre as religiões, e muito pouco foi pensado a respeito da profissionalização. A principal fonte de renda de egressos de cursos de Ciência da Religião ainda deriva da pesquisa e da docência no ensino superior ensinando a fazer pesquisa básica, com pouquíssimos casos

que fogem a essa regra. Sendo assim, a Ciência da Religião aplicada, ao contrário dos cerca de cento e cinquenta anos de história de pesquisa básica na Ciência da Religião, deve ser entendida como algo em construção, um devir em âmbito mundial.

Segundo Tworuschka (2018, p. 31-35), embora seja possível identificar fontes mais antigas – algumas delas da própria fundação da disciplina –, quatro cientistas da religião são os mentores daquilo que, posteriormente, viria a ser entendido como Ciência da Religião aplicada: (1) Gustav Mensching, (2) Mircea Eliade℗, (3) Wilfred Cantwell Smith e (4) Roderick Ninian Smart. Todos eles compartilhavam duas características em comum: eram alinhados à Fenomenologia da Religião℗ e tendiam a adotar abordagens mais religionistas (Eliade℗ e Mensching, em especial). Assim, ao pensarem em uma prática da Ciência da Religião, eles tinham em mente objetivos como a promoção da paz mundial entre as religiões, a inserção de religiosos (êmico) dentro dos espaços acadêmicos da Ciência da Religião (ético), diálogos entre religião℗ e ciência, e a aplicação da própria experiência religiosa℗ êmica na resolução de conflitos sociais causados pela religião. Com isso, quando essas primeiras propostas práticas para a aplicação da Ciência da Religião começaram a despontar, muitos cientistas da religião criticaram isso, declarando que promovia uma mistura entre religião℗ e ciência que era inapropriada à disciplina. Isso chegou a ser debatido em âmbito internacional, em 1960, no 10º Congresso da IAHR, em Marburgo, e foi aprovada na ocasião uma declaração de que a Ciência da Religião deveria continuar a ser uma disciplina estritamente acadêmica, deixando para outras áreas, como a teologia℗, as questões da aplicação.

Todavia, a sociedade mais ampla continuou a esperar mais dos cientistas da religião do que o mero estudo desinteressado sobre as religiões. Desejava-se que os cientistas da religião demonstrassem "vontade e a intenção de cooperar na resolução de problemas religiosos" (Tworuschka, 2018, p. 45). A controvérsia "pura-*versus*-aplicada", que é descrita por Sharpe (1986) em sua história sobre a Ciência da Religião mundial, levaria outros cientistas da religião a retomarem o debate. Hoje, uma questão central a qualquer projeto de aplicação da Ciência da Religião gira em torno de como fazer isso respeitando o agnosticismo metodológico℗, a principal fronteira disciplinar entre Ciência da Religião e teologia℗. Como a ciência aplicada é inexoravelmente baseada na ciência base – do contrário ela seria simplesmente "prática", sem ser "ciência" –, a questão atual diz respeito sobre como fazer isso mantendo a *ciência* (Ciência da Religião), e não a *religião℗* (teologia℗), como o fundamento dessa prática.

Segundo Costa (2019, p. 28-29), os indícios mais concretos de uma Ciência da Religião aplicada nesse modelo somente começaram a surgir após a década de 1980. Cientistas da religião, em especial posteriormente à "virada material" da década de 1990, passaram a dedicar maior atenção a agendas sensíveis da sociedade, como a crítica de gênero⚥, o pós-colonialismo, as migrações, a violência e a intolerância religiosa. A produção, pela Ciência da Religião, de tais dados especializados levou a uma demanda interna por capacitação visando à prática, para que seus profissionais pudessem aplicar esse conhecimento sobre as religiões na sociedade.

Contudo, a influência de Mensching, Eliade⚥, Smith e Smart ainda se faz muito presente nas propostas práticas da disciplina, ao ponto de quase todos os exemplos apresentados por Tworuschka (2018) sobre formas de Ciência da Religião aplicada ainda serem muito próximos (e, em alguns casos, indistinguíveis) da teologia⚥ prática. Como justamente os cientistas da religião é que se valiam da abordagem da fenomenologia clássica da religião e, com suas categorias e agendas de influência teológica, mais pensavam em torná-la uma ciência aplicada, isso leva diversos autores contemporâneos que são críticos ao método⚥ fenomenológico a questionar a existência de uma Ciência da Religião aplicada (por exemplo, Donald Wiebe, Luther H. Martin). Entretanto, existem pesquisadores que consideram ser possível e importante pensar a Ciência da Religião também enquanto ciência prática, mas que fazem ressalvas importantes a um modelo "religionista" de aplicação.

Usarski (2018), por exemplo, passou a criticar a abordagem de Tworuschka, em especial sua alegação de que é possível igualar Ciência da Religião prática à Ciência da Religião "engajada" ou "comprometida". O comprometimento para com uma disciplina não é, em si, fazer ciência aplicada. Um professor universitário que se doa pelo desenvolvimento de sua disciplina pode ser considerado um cientista engajado e continuar apenas no domínio da ciência base. Mas a crítica de Usarski vai por outro caminho: para ele, o engajamento social proposto por Tworuschka negligencia pressupostos inalienáveis à própria Ciência da Religião.

Usarski declara que o projeto de uma ciência aplicada – seja de qual disciplina for – não deve jamais pular duas etapas essenciais do fazer científico: (1) a "gênese de problemas no contexto de descoberta" (p. 72), ou seja, a identificação do problema social ao qual a ciência aplicada fornecerá a resposta; e (2) a "reformulação e solução do problema *conforme a lógica da disciplina*" (p. 72, grifo meu), ou seja, o respeito pelos pressupostos metodológicos e teóricos da ciência base que fundamenta a aplicação. Segundo Usarski (2018, p. 73), ao atropelar a segunda etapa, ignorando a metodologia interna da própria Ciência da Religião, o cientista da religião "engajado", tal como propôs Tworuschka, viola o compromisso de abordar as religiões sem interferências das posições extra-acadêmicas (êmicas), não seguindo um

trabalho norteado pelo princípio de indiferença ideológica. Isso poderia levar a Ciência da Religião a um retrocesso, destruindo todo esforço histórico de cientistas da religião que vieram antes de nós, que lutaram para que a área não fosse subjulgada aos interesses religiosos. No entanto, Usarski elogia as iniciativas pelo desenvolvimento de atitudes pragmáticas e profissionalizantes na Ciência da Religião (p. 74-76), indo de encontro às críticas de Wiebe e Martin.

Jensen (2019) também é outro autor que, assim como Usarski, acredita ser possível – e até necessário – pensar na Ciência da Religião aplicada, mas além dos moldes iniciais propostos pela Fenomenologia da Religião⚥. Para tanto, ele alerta sobre os perigos que cientistas da religião sofrem ao ir ao público, saindo da "torre de marfim", do ambiente universitário. Jensen relembra que o funcionamento da sociedade é diferente do funcionamento da academia, portanto, a inserção de um formado em uma disciplina estritamente acadêmica – como é o caso histórico da Ciência da Religião – deve acontecer de maneira cuidadosa. Jensen atenta aos perigos que um cientista da religião, uma vez transformado em figura pública, sofre de ser seduzido pelo papel social de "guru", "líder religioso", "influenciador", "militante", "ativista político" ou outros adjetivos que não condizem com o fazer científico próprio da Ciência da Religião. Jensen objetivamente chama tais profissionais de "charlatões", visto se utilizarem do *status* da Ciência da Religião para legitimar uma prática que, na verdade, não é Ciência da Religião aplicada. Além disso, ele alerta que essas pessoas podem se envolver em polêmicas públicas com grande potencial de desgastar socialmente a própria imagem⚥ da Ciência da Religião, o que colocaria em xeque seus profissionais e universidades. Jensen também cita o caso específico do jornalismo, seu campo de atuação, e relembra que a mídia está pouco interessada nas respostas complexas produzidas pela ciência, buscando sempre uma narrativa mais imediata e simples. Todos esses pontos são desafios importantes a serem considerados, segundo Jensen, ao pensar em uma Ciência da Religião aplicada. Contudo, ele conclui que é melhor que o cientista da religião ocupe esse lugar social do que deixar que outros o façam em nosso lugar.

III. Modelos de fundamentação prática. Como vimos, a existência de uma ciência aplicada depende da fundamentação teórica de uma ciência base. Isso significa que o entendimento do que é Ciência da Religião, em si, influenciará também o projeto de aplicação da Ciência da Religião. Em outras palavras, a prática profissional em Ciência da Religião estará sempre intrinsecamente ligada ao entendimento do que é a própria Ciência da Religião por quem deseja aplicá-la.

No cenário brasileiro, Pieper (2017) identifica quatro modelos de Ciência da Religião que coexistem nas universidades do país.

"A primeira percepção ressalta a proximidade de Ciência da Religião com a Teologia𝒫 [...]. Dessa maneira, Ciência da Religião não abdica da pergunta pelo sentido e pela verdade do objeto da religião, e deve buscar uma justificativa metafísica𝒫 e/ou social para ela, com claros interesses práticos" (p. 137-138).

Este é o modelo dominante no Brasil, fortemente inclinado à fenomenologia clássica da religião, cuja perspectiva borra as fronteiras entre teologia𝒫 e Ciência da Religião. Existe um desejo𝒫 explícito de se fazer algo nos moldes da teologia𝒫 prática, "com agendas e temáticas mais teológicas, ainda que, por vezes, mais 'arejadas' e em diálogo com outros saberes das ciências humanas" (p. 138).

O segundo modelo identificado por Pieper (2017, p. 138) "sublinha a formação do cidadão ou do ser humano [...]. Nessa direção, mais do que o conhecimento sobre religião, a intenção principal é resgatar as experiências humanas resguardadas nas religiões e mostrar sua relevância para a atualidade". É também um modelo orientado pela confessionalidade (embora Pieper discorde disso no texto), mas por uma perspectiva teológica mais inclinada ao espírito do Concílio𝒫 Vaticano II, à teologia𝒫 da libertação𝒫, ao ecumenismo, e ao diálogo inter-religioso𝒫. Esse é o modelo que embasa a maior parte das licenciaturas em Ciência da Religião no Brasil, e é a perspectiva que domina no Ensino Religioso𝒫 escolar pautado na Ciência da Religião.

"A terceira perspectiva compreende Ciência da Religião como se constituindo de uma área pluridisciplinar de pesquisa científica do fato religioso, organizando-se a partir de metodologias oriundas das diversas áreas e disciplinas. [...] História, Filosofia, Linguística, Ciências Sociais, Psicologia, Teologia𝒫" (Pieper, 2017, p. 138). É uma concepção em que a Ciência da Religião aplicada é impossível, pois "a identidade da área constitui-se em ser ponto de encontro de diversos especialistas em religião" (p. 138). Não existe aqui um profissional cientista da religião, mas vários, no plural, segundo suas áreas de origem: psicólogos, historiadores, filósofos, teólogos, sociólogos, linguistas etc. A Ciência da Religião, nesse modelo, é muito mais pensada como uma área de especialização do que como uma área de formação profissional.

Finalmente, o último modelo ressalta que a Ciência da Religião é uma área autônoma, "com peculiaridades, [ainda que] em diálogo com outras especialidades metodológicas, o que lhe garante certa unidade, que pode ser encontrada no objeto religioso ou na perspectiva de abordagem da religião" (Pieper, 2017, p. 137-138). É um modelo fortemente crítico aos dois primeiros, por usualmente não aceitar agendas religionistas no fazer científico da Ciência da Religião. É também especialmente crítico ao terceiro modelo, que preconiza o multidisciplinar em detrimento da autonomia. Essa perspectiva é minoritária no Brasil, mas é aquela que autores internacionais como Donald Wiebe, Martin H. Luther, Russell T. McCutcheon, Michael Pye e John R. Hinnells endossam. Por reconhecer a Ciência da Religião como uma disciplina autônoma, acaba por ser o modelo que mais pensa na independência profissional e acadêmica de cientistas da religião. Portanto, é o modelo que tem orientado as discussões mais recentes sobre a Ciência da Religião aplicada, fornecendo possibilidades para além da Fenomenologia da Religião𝒫. Os pontos levantados por Usarski e Jensen, citados na seção anterior, estão inseridos nesse quarto modelo de Ciência da Religião.

É importante atentarmos que como a ciência base impacta a aplicabilidade, o primeiro e o terceiro modelos de Ciência da Religião, delineados por Pieper, parecem apontar à impossibilidade de fazer, de fato, Ciência da Religião aplicada. No primeiro modelo, pelas fronteiras borradas com o domínio religioso, o que ocorre é uma aplicação da própria religião. Em outras palavras, não se trata de uma *ciência* aplicada, mas sim de uma *prática religiosa*, ainda que voltada à sociedade. Já no terceiro modelo, como a Ciência da Religião não é entendida como uma disciplina, a própria noção de aplicação é inviabilizada. Temos, nesse cenário, especialistas que, na verdade, aplicam os saberes profissionais de suas formações de origem. Em outras palavras, o terceiro modelo descrito por Pieper aponta para um cenário em que acontece a *Psicologia aplicada* à religião, a *Linguística aplicada* à religião, a *Sociologia aplicada* à religião𝒫 ou a *antropologia aplicada* à religião𝒫, por exemplo, em vez da *Ciência da Religião aplicada*.

IV. Modelos de justificativa da aplicação. Outra dimensão importante à discussão sobre Ciência da Religião aplicada jaz no fato de as ciências aplicadas possuírem uma finalidade. As ciências aplicadas buscam por intervenções concretas, não sendo, assim, tão apegadas à noção de distanciamento do objeto como são as ciências bases. Analisando os objetivos de aplicação mais comuns da Ciência da Religião, Cavallin (2016) identificou quatro modelos ideais pelos quais a Ciência da Religião aplicada acontece. É importante atentar que Cavallin está mais interessado no propósito da Ciência da Religião aplicada, ao passo que Pieper escreveu a respeito dos modelos de Ciência da Religião brasileira enquanto ciência base. Sendo assim, não é possível traçar paralelos estritos entre as duas abordagens, embora algumas considerações nesse sentido possam ser alinhavadas.

O primeiro objetivo mais comum de aplicação da Ciência da Religião, segundo Cavallin (2016, p. 153), visa à manutenção da secularização𝒫 do Estado. Pautada no Iluminismo𝒫, essa forma de aplicação busca

CIÊNCIA DA RELIGIÃO APLICADA

por atitudes políticas que mantenham as religiões fora da arena pública, opondo-se às suas pretensões de pautar políticas e leis com base em seus dogmas♀. É uma práxis em Ciência da Religião que segue estritamente o agnosticismo metodológico♀, criticando o religionismo na ciência e buscando análises que sejam o mais imparciais possível sobre as religiões. Seus pareceres técnicos geralmente são pautados na pesquisa empírica e na legislação, cruzando os dados êmicos das religiões com contextos extrarreligiosos concretos mais amplos, como o contexto social, econômico, histórico, cultural, linguístico e político. Este é o modelo mais comumente defendido pelos cientistas da religião que se inclinam ao quarto modelo supramencionado do esquema de Pieper.

O segundo objetivo comum da aplicação da Ciência da Religião visa ao empoderamento de minorias, sejam minorias religiosas diante de um cenário de religiões majoritárias, sejam outras formas de minorias (por exemplo, étnicas, sexuais, sociais etc.) que sofrem opressão pelas religiões naturalizarem as suas desigualdades (Cavallin, 2016, p. 153-155). Esse modelo é fruto daquelas agendas sensíveis que passaram a ser objeto de interesse de cientistas da religião no final do século XX (por exemplo, crítica de gênero♀, pós-colonialismo, migrações, intolerância religiosa etc.), e pode estar inserido dentro do quarto modelo de Ciência da Religião descrito por Pieper, tanto quanto pode fazer parte das agendas de cientistas da religião que buscam a formação do ser humano e a promoção da cidadania.

O terceiro modelo ideal descrito por Cavallin (2016, p. 156-157) é o da Ciência da Religião como uma aplicação utilitária da Ciência da Religião, visando ao serviço às demandas sociais concretas (por exemplo, religião♀ e saúde♀, combate ao terrorismo, redução do recrutamento dos cidadãos a movimentos e ideologias♀ violentos etc.). Esse é um tipo de aplicação da Ciência da Religião que é mais comumente encontrado no segundo modelo de Pieper, focado na formação da cidadania, e usualmente é compartilhado também com a teologia♀ prática (modelo 1 de Pieper).

O último modelo ideal de Cavallin (2016, p. 158-159) diz respeito a uma busca da Ciência da Religião aplicada pela promoção dos direitos humanos♀. É o exemplo de motivo de aplicação tanto de Tim Jensen quanto de Udo Tworuschka, embora o entendimento e a forma como eles fazem isso seja distinta, tal como foi mencionado na seção anterior. É aqui que jazem as ações sociais de cientistas da religião contra a intolerância e o fanatismo♀ religioso. Usualmente, esse último modelo de Cavallin está mais inclinado ao segundo tipo de Ciência da Religião descrito por Pieper (exemplo de Tworuschka), embora seja possível também encontrar aplicações com esse objetivo seguindo o quarto modelo descrito por Pieper (exemplo de Tim Jensen).

V. Modelos de aplicação da Ciência da Religião. Concluindo, para além do que se está aplicando (o que se entende por Ciência da Religião) e por que estamos aplicando (a justificativa pela aplicação), é importante ter claro *como* aplicar a disciplina. Pouquíssimos foram os autores na Ciência da Religião que pensaram em métodos♀ de aplicação de nossa ciência, com exceção dos religionistas e fenomenólogos da religião, identificados com precursores de um modelo de Ciência da Religião prática que hoje enfrentam grande resistência no coletivo internacional da disciplina.

Em sua tese sobre a Ciência da Religião aplicada, Costa (2019) propõe um modelo de aplicação que divide o ramo praxeológico da disciplina em quatro métodos♀ possíveis: (1) classe da educação; (2) classe da comunicação pública; (3) classe da mediação sociocultural; e (4) classe das políticas públicas. De acordo com o autor, "todas as classes de métodos♀ do ramo da Ciência da Religião aplicada se baseiam no conhecimento específico que cientistas das religiões adquirem através de seus dois ramos clássicos [(1) estudo empírico da religião e (2) estudo sistemático da religião]" (Costa, 2019, p. 159-160).

Costa (2019, p. 158-159) atenta que o estado da questão demonstra que, com exceção do primeiro meio – classe da educação –, os outros métodos♀ de aplicação da Ciência da Religião são incipientes, necessitando ainda serem mais bem desenvolvidos. Além disso, esse cientista da religião brasileiro preferiu não adotar uma aplicação orientada a áreas (por exemplo, Ciência da Religião aplicada ao direito, ou Ciência da Religião aplicada à medicina), por entender que a aplicação por áreas pode ser direcionada a mais de uma classe. Por exemplo, um cientista da religião que trabalha com a saúde♀ pode tanto auxiliar na mediação sociocultural entre equipes multidisciplinares nas unidades de saúde♀ quanto prestar consultorias ao Estado a respeito de leis e políticas públicas que tratam das questões religiosas na saúde♀ pública.

A *classe da educação* é "caracterizad[a] por métodos♀ de adequação didática da pesquisa em Ciência da Religião para o ambiente escolar. O objetivo da aplicação dessa ciência no contexto escolar é proporcionar a formação de cidadãos, moldados pela didática própria desse meio, que adéqua e transpõe os saberes científicos à escola" (Costa, 2019, p. 159).

É, basicamente, um modelo de Ciência da Religião aplicada ao Ensino Religioso♀ escolar não confessional, tal como preconizado pela ACREPA no Brasil, ou pelo sistema de educação da Suécia, que torna o Ensino Religioso♀ algo em acordo com a laicidade do Estado, retirando das religiões a função de ministrar essa unidade de aprendizagem no formato catequético.

O segundo meio, a *classe da comunicação pública*, está relacionado a "propostas que instrumentalizem a prática profissional de cientistas das religiões [...] em jornalismos, mídias, turismo ou museus" (Costa, 2019, p. 159). De acordo com o cientista da religião, esses ambientes tem em comum uma linguagem adaptada para as massas do conhecimento produzido pela academia, o que por vezes acaba também sendo mesclado à cultura local para ampliar a abrangência da informação que se pretende transmitir.

A *classe da mediação sociocultural* "pode ser pensada em diferentes contextos, tendo em comum o objetivo de cientistas das religiões atuarem profissionalmente através de intervenções diretas ou na assistência de quem intervém diretamente para solucionar problemas sociais" (Costa, 2019, p. 159). Os métodos℗ de intervenção, nesse caso, dizem respeito a uma melhoria na convivência de diferentes grupos religiosos, seguindo as leis locais e os tratados internacionais a respeito das liberdades individuais e coletivas.

Por fim, a *classe das políticas públicas* "se diferencia por não ser nem uma adaptação℗ didática, nem ações diretas com cidadãos. Seus métodos℗ consistem em planejamento, assessoramento ou escrita de políticas afirmativas, normas públicas e organização social de cidadãos em temas que envolvam questões religiosas" (Costa, 2019, p. 159). É um meio de aplicação que deve proporcionar o equilíbrio da convivência civil e a proteção do bem público. Para tanto, deve evitar tanto o cerceamento da liberdade religiosa como as tentativas de interferência das religiões na esfera pública.

Bibliografia: BRASIL (Ministério da Educação). *Base nacional comum curricular*. Brasília: MEC, 2018; CAVALLIN, C. Applied religious studies: four ideal types. In: ENSTEDT, D.; LARSSON, G.; SARDELLA, F. (Red.). *Religionens varp och trasor*. En festskrift till Åke Sander. Borås: Skrifter & Författarna, 2016. p. 147-166; COSTA, M. O. da. *Ciência da Religião aplicada como o terceiro ramo da Religionswissenschaft*: história, análises e propostas de atuação profissional. 2019. 253f. Tese de Doutorado em Ciência da Religião. Pontifícia Universidade Católica de São Paulo, São Paulo, 2019; JAPIASSU, H. *A crise das ciências humanas*. São Paulo: Cortez, 2012; JENSEN, T. De cientista da religião respeitado a político disfarçado: o destino de um cientista da religião que se torna pessoa pública? Reflexões após a polêmica das charges de Maomé na Dinamarca e mais de 25 anos como especialista em mídia. SEMINÁRIO DE CIÊNCIA DA RELIGIÃO APLICADA 3, São Paulo, 2019. *Anais eletrônicos...*; PIEPER, F. Ciência(s) da(s) Religião(ões). In: JUNQUEIRA, S. R. A.; BRANDENBURG, L. E.; KLEIN, R. (Orgs.). *Compêndio do ensino religioso*. São Leopoldo/Petrópolis: Sinodal/Vozes, 2017. p. 131-139; ROLL-HANSEN, N. *Why the distinction between basic (theoretical) and applied (pratical) research is important in the politics of science*. London: AHRC, 2009; SHARPE, E. *Comparative religion*: a history. 2nd ed. New York/London: Columbia University, 1986; TWORUSCHKA, U. Considerações sobre a ciência prática da religião.

In: STERN, F. L.; COSTA, M. O. da (Org.). *Ciência da Religião aplicada*: ensaios pela autonomia e aplicação profissional. Porto Alegre: Fi, 2018. p. 31-61; USARSKI, F. O pesquisador como benfeitor? Reflexões sobre os equívocos da ciência prática da religião e sua alternativa. In: STERN, F. L.; COSTA, M. O. da (Org.). *Ciência da Religião aplicada*: ensaios pela autonomia e aplicação profissional. Porto Alegre: Fi, 2018. p. 63-77.

Fábio L. Stern

CIRCUM-AMBULAÇÃO

"Circum-ambulação", termo que, ao significar literalmente "andar em círculo", indica um rito ou parte de um ritual mais extenso, que consiste na caminhada de alguém ou de um grupo em torno de um algo determinado, que pode ser um lugar em particular, um objeto ou uma pessoa específica, aos quais se atribui alguma particularidade, de reverência e honraria, ou mesmo de seu contrário. Possivelmente pensado como uma repetição humana do aparente movimento do sol em torno da terra, tomada como *axis mundi*℗, presente em diversos cenários religiosos, a significação desta prática deverá ser compreendida no e a partir do *contexto* na qual ela se encontra e é realizada.

É conhecida a crítica de Arnold Van Gennep (1873-1957) a James Frazer℗ (1854-1941), no início do século passado, porque este último coletava breves exemplos, vindos de todos os cantos, da prática da circum-ambulação para discuti-la teoricamente. Diferentemente disso, ele sustentará seu "método℗ sequencial", segundo o qual determinado rito deve ser compreendido diretamente em relação ao que o precede e ao que o sucede em termos de tempos e de passagens entre eles, bem como em relação aos espaços que o contextualizam.

Assim, Victor Turner℗ (1920-1983) informa que, numa narrativa que colheu sobre a coleta de remédios no âmbito da realização de um ritual do povo Ndembo (do noroeste da atual Zâmbia), uma passagem diz: "[...] 'deve haver renovação [...] e dispersão daquelas palavras primitivas (ou tradicionais) e um corte (de remédios)'. Estas 'palavras' são as canções e as preces do *Wubwang'u* [ritual realizado em prol da mulher grávida de gêmeos ou que os teve] e afetam misticamente o corte das plantas medicinais. Encontra-se um exemplo de prece quando o remédio simbólico dos ritos é consagrado, isto é, a árvore *kata wubkang'u*. Primeiramente, o profissional mais velho dança em torno dela em círculo porque 'deseja agradecer à sombra' [...]. Então ele cava um buraco em cima da raiz principal da árvore e deposita nele os alimentos [...]" (Turner, 2013, p. 64).

Já Véronique Mehl, ao tratar de ritos celebrados na Grécia antiga desde os tempos homéricos, reflete, em perspectiva que remete a Durkheim℘, como o movimento de circum-ambulação, em sentido horário e/ou anti-horário (dextrogiro e sinistrogiro, respectivamente), em torno de um animal prestes a ser sacrificado, pode cumprir vários propósitos ao mesmo tempo: o reforço da *coesão de uma comunidade de fiéis*, agregados na participação de um rito complexo; a *delimitação de um espaço* do qual se faz uma reiterada apropriação. A circum-ambulação de um altar parece também definir uma *fronteira temporal*: depois de realizada, o sacrifício℘ já não pode mais deixar de ser efetivado. Ela também destaca como as circum-ambulações são carregadas de valores de *purificação e proteção* em distintas direções: sangue de animal sacrificado é derramado em torno de um dado lugar cujos limites devem ser demarcados; marchas em círculo definem um espaço a ser protegido, e sua reiteração em frequência previamente estabelecida é condição de sua eficácia. *Termos do vocabulário* associam purificações e circum-ambulações.

"O contorno do altar anuncia a morte℘ próxima da vítima" (Mehl, 2002, p. 29): este apontamento pode ser constatado no rito, constante das missas católicas mais solenes, embora menos frequentemente realizado, em que o oficiante principal circunda o altar, incensando-o por todos os lados, assim, portanto, como que o *delimitando outra vez* e mesmo o refundando, em momento que antecipa e anuncia a realização do sacrifício℘ incruento do Calvário (a se levar em conta como a doutrina secularmente estabelecida interpreta a celebração eucarística).

Mehl fala ainda da circum-ambulação com o sentido de *delimitação simbólica de fronteiras*. Ela é parte integrante das astidromias, ritos relacionados à festa de fundação de uma cidade, ou mesmo ao assalto a uma delas: a marcha circula "visando definir e reforçar a coesão do território" (2002, p. 40). Também aqui se pode ampliar o horizonte de fenômenos para além da Grécia e da significação simbólica de um caminho em torno dos muros de uma cidade antiga. O exemplo da Jericó bíblica é eloquente: uma série de voltas em torno da cidade, uma a cada dia, durante seis dias, e mais sete voltas no sétimo antecedem e anunciam, com o toque das trombetas, a queda da cidade e seus muros, por obra divina, conforme Josué 6,3-21.

Mas a circum-ambulação praticada pela gente Zinacanteco, no sul do atual México, em relação a um dado território desde muito tempo tem, como desde os tempos pré-colombianos se nota no mundo maia mais amplificado, uma significação clara: a *afirmação simbólica dos limites daquelas terras* que ela entende ser sua. Nesse contexto mesoamericano ritos pré-colombianos de circum-ambulação perduram mesmo nas celebrações de santos católicos trazidos para serem cultuados no âmbito da colonização; ocorrem em dia demarcado para prestar homenagem aos ancestrais℘ que por primeiro estabeleceram aquela terra e fundaram os poços d'água em torno dos quais os ritos ocorrem; estes também circundam as casas dos líderes e os lugares em que os ancestrais℘ aguardam os donativos. Já em terras altas da atual Guatemala, ritos de circum-ambulação de santuários℘ locais e de colinas situadas no centro da vila e na direção de cada um dos pontos cardeais integram *cerimônias de iniciação*℘ para os guardiães dos tempos e do calendário, estabelecendo o cenário sagrado e definindo como o "coração" do mundo o território cerimonial da comunidade em seu todo e dos grupos particulares que a formam. No final, neste mundo de sociedades complexas e tradições de longa duração, conservadas e recriadas em conjunturas tão drásticas como as promovidas pelas sucessivas ondas da colonização até hoje, as circum-ambulações marcam fronteiras, reforçam a coesão social e integram os diversos campos e âmbitos do cosmo.

No Himalaia encontramos a circum-ambulação do monte Kailash, no Tibet, jornada que costuma ser feita individualmente ou em grupo, dura pelo menos dois dias, praticada por budistas, hindus e jainistas, que aceitam o convite à meditação℘ e contemplação. Na Índia hindu a circum-ambulação de centros sagrados tem lugar destacado. Mas até mesmo cidades e montanhas, mesmo rios, são focos desses movimentos rituais. Divindades℘ também "circum-ambulam", reafirmando seu domínio sobre os territórios que circundam. No Budismo tailandês se registra a prática da tripla circum-ambulação em torno do cadáver que está para ser cremado. E no Budismo mais amplo o caminho ao redor de *estupas* (também chamadas *chörten, chaitya, chedi*, pagode e *dágaba*), monumentos construídos para abrigar os restos mortais de pessoas relevantes, de formato em geral circular e provido cada qual de abóbada e torre, tem a significado de aproximação da mente de Buda e os passos no caminho rumo à iluminação.

Já no mundo muçulmano encontramos tanto a prática da circum-ambulação de túmulos de ancestrais℘ piedosos – que bem pode estar aparentada com práticas cristãs similares em relação a tumbas de santos e mesmo o de Jesus em Jerusalém – como sua estrita condenação: um movimento com este traçado circular tem legitimidade ritual apenas se relacionada à Ka'aba de Meca; na verdade, seus cultores a encontram fundamentada, de maneira assim exclusiva, no Corão (2,125; e 22,26). Trata-se da *tawāf*, rito constitutivo, central mesmo, do *hajj*, peregrinação℘ a Meca, em seu começo e fim, em que a Ka'aba é sete vezes circundada pelos fiéis.

Segundo a própria tradição muçulmana, a *tawāf* tem origens que precedem o emergir do Islã, o que remete, entre outras possibilidades, ao rito do antigo Israel, que tinha lugar quando da realização da festa das cabanas (*sukkôt*), nos tempos em que existia o templo de Jerusalém. O termo hebraico *hag*, com o qual o árabe *hajj*, já citado, está estreitamente aparentado, vem de uma raiz que significa "fazer um círculo" e alude ao lugar central que as circum-ambulações ocupavam no transcorrer das peregrinações relacionadas a essa festa, destinada a inaugurar a época das chuvas, solenemente evocadas (Zacarias 14,16-19). Nos tempos posteriores à destruição do templo hierosolimitano, e mesmo antes, as sinagogas também eram espaços para a realização da festa, sendo seu altar circundado por pessoas em marcha que depositavam ao seu redor ramos de salgueiro e limões. Em outro contexto se fala de movimentos em que rolos da Torá são carregados ao redor da sinagoga. De modo geral, há de se pensar que as circum-ambulações judia e islâmica, na exclusividade que esta última prescreve e nas variações que a primeira veio assumindo, se definem e redefinem inter-retroativamente.

Bibliografia: ECK, D. L. Circumambulation. In: *Encyclopedia of Religion*. 2nd Ed. Detroit: Macmillan Reference, 2005. Vol. 3, p. 1795-1798; FENTON, P. Le symbolism du rite de la circumambulation dans le judaïsme et dans l'islam: une étude comparative. In: BOESPFLUG, F.; DUNAND, F. (Éd.). *Le comparatisme en histoire des religions*. Paris: Le Cerf, 1997. p. 197-218; MEHL, V. Au plus de l'autel, la circumambulation au cours des sacrifices. In: *Revue des études anciennes*, 2002, t. 104, n. 1-2, p. 25-49; REESE-TAYLOR, K. Ritual Circuits as Key Elements in Maya Civic Center Designs. In: STONE, Andrea (Ed.). *Heart of Creation*: the Mesoamerican World and the Legacy of Linda Schele. Tuscallosa: University of Alabama Press, 2002. p. 143-165; TURNER, V. *O processo ritual*: estrutura e antiestrutura. 2. ed. Petrópolis: Vozes, 2013.

PEDRO LIMA VASCONCELLOS

CLERO → Leigo

COELHO, ADOLFO → Etnografia portuguesa

COMTE, AUGUSTE

I. Dados biográficos. Isidore Auguste Marie François Xavier Comte (1798-1857), nascido em Montpellier, é considerado o fundador de uma corrente filosófica francesa que surgiu na primeira metade do século XIX, conhecida como positivismo℗, e que influenciou de maneira decisiva a noção de ciência desde a segunda metade do século XIX até o século XX. Auguste Comte, sendo de família católica e monarquista, estudou no Liceu de Montpellier e foi profundamente marcado pela Revolução Francesa, a ponto de abandonar a fé℗ por entender ser incompatível com os ideais revolucionários. Desde muito cedo fora crítico ao ensino das ciências na perspectiva do sistema educacional napoleônico, baseado na Moral, Metafísica℗ e Lógica (Durkheim, [1895] 2002, p. 7). Comte dedicou sua vida ao desenvolvimento de seu sistema filosófico positivista.

II. Percurso intelectual. O positivismo℗ se desenvolve no contexto político e intelectual do pós-Revolução Francesa e da sucessão de regimes políticos instáveis. Comte nasce no último ano da Revolução e durante a sua vida foi testemunha histórica de seis regimes políticos: o Consulado (1799-1804), o Primeiro Império ou Império Napoleônico (1804-1815), a Restauração (1814-1830), a Monarquia de Julho, mediante a revolução burguesa que substitui o direito divino dos monarcas e inicia um período marcado pela produção mercantil liberal (1830-1848), a Segunda República (1848-1852), que adota o lema revolucionário "liberdade, igualdade e fraternidade" e promove uma série de direitos e medidas sociais, o sufrágio universal masculino e a emergência política das mulheres, e a abolição da escravatura nas colônias francesas, até sofrer o golpe dado por Luís Napoleão Bonaparte, sobrinho do primeiro Napoleão, apelidado de "Napoleão, o pequeno" por Vítor Hugo, a quem este faz severas críticas, expressas plasticamente em seu romance *Les Misérables* (1862). Napoleão III, como ficou conhecido, havia sido eleito presidente na Segunda República e instaurou o Segundo Império (1852-1870). Escreveu *Da extinção do pauperismo* (*De l'extinction du paupérisme*) em 1844, uma mistura de romantismo de orientação liberal inspirado nas ideias de Claude-Henri de Rouvroy de Saint-Simon, mais conhecido como Saint Simon (1760-1825), filósofo do industrialismo na então sociedade francesa industrial. Contudo, a interpretação℗ bonapartista das ideias saint-simonistas promove um bonapartismo social, um meio populista que lhe permite ascender ao poder nas eleições republicanas.

Em 1817, Comte foi demitido por insubordinação da Escola Politécnica, uma escola militar sob a tutela do regime de Restauração. Nessa ocasião começou a trabalhar como secretário de Saint-Simon até 1824, quando este publica o "Novo Cristianismo", e sua proposta de reorganização espiritual da sociedade, uma espécie de religiosidade marcada pela crença℗ na ciência por meio de um "culto aos cientistas", tendo como grande nome Isaac Newton (Dautry, 1965, p. 7-8). Tal perspectiva sobre a passagem da era teológica e medieval para a era positiva e industrial influencia decisivamente Comte na elaboração da *lei dos três estados*, porém discorda da visão de reforma da sociedade. Comte não acredita na aposta da revolução religiosa proposta por Saint-Simon como base da reforma política, mas sim em uma revolução espiritual intelectual. Apesar de estimular o desenvolvimento industrial, distancia-se dos liberais pela sua preocupação com a condição dos trabalhadores e se une aos trabalhadores na Revolução de Julho de 1830, porém se decepciona com os resultados posteriores. Em 1831, Comte monta um *Curso de astronomia popular* como forma de introduzir o positivismo♀ aos trabalhadores, uma aprendizagem sem influência da teologia♀ ou da metafísica♀. Com a Revolução de 1848, se empenha na proposta de uma *Sociedade positivista*, como continuação dos jacobinos da primeira revolução, e liderança espiritual da nova sociedade, fundando a Religião da Humanidade, em 1855, herança do saint-simonismo. Desse modo, o positivismo♀ é, ao mesmo tempo, um sistema filosófico, político e religioso (Tiski, 1995).

III. Obras-chave. A principal obra de Comte é intitulada *Curso de filosofia positiva*, contendo seis volumes, e foi escrita entre 1830 e 1842. Esse *Curso* é fruto do curso que ele ministrava na própria casa. Na ocasião de sua reedição em 1848, quando passa a se chamar *Sistema de filosofia positiva*, escreve um prefácio com o título *Discurso sobre o espírito positivo*. Entre 1851 e 1854 escreve um *Tratado de sociologia que institui a religião da humanidade*, o qual passou a ser conhecido como *Sistema de política positiva*, em quatro volumes. A introdução dessa obra de 1851 acabou sendo publicada como *Discurso sobre o conjunto do positivismo* e se tornou uma síntese de seu pensamento político. Em 1852 escreve o *Catecismo positivista*, obra de divulgação de sua filosofia. Em 1856 propõe uma reformulação geral da própria obra, sendo publicada como *Síntese subjetiva* ou *Sistema universal*.

IV. Categorias estruturantes do pensamento. A base epistemológica de Comte propõe uma classificação das ciências que influencia consideravelmente o debate epistemológico europeu e resulta no advento da Sociologia, chamada primeiramente de física social (*physique sociale*). Os princípios de sua filosofia são descritos no *Curso de filosofia positiva*, no qual apresenta seus três pilares: a *lei dos três estados*, a *classificação das ciências* e a *sociologia*. A lei dos três estados é a base do positivismo♀, que retoma a divisão saint-simonista da era feudal (*l'âge féodal*) e da era industrial (*l'âge industriel*) e acrescenta uma intermediária, a metafísica♀ (*l'âge métaphysique*). Para cada era se desenvolveu um tipo de conhecimento que é definido como estados sucessivos, o estado teológico, o estado metafísico e o estado científico: 1) o *teológico* ou ficção se aplica à idade da infância, em que a sociedade teológica, tal como as crianças, se percebe em segurança sob a proteção divina e possui três classificações: animismo♀, politeísmo♀ e monoteísmo♀, sendo em ambas a vontade de Deus que tudo controla; 2) o *metafísico* coincide com a adolescência, em que vai perdendo gradualmente a crença♀ em suas ficções infantis, mas ainda tem um conhecimento que não está baseado nas explicações que possuem base científica, sendo um conheci-

mento mutável constantemente, coincidindo com o Século das Luzes e; 3) o *científico* ou *positivo* coincide com a vida adulta e substitui a imaginação pelo método♀ de observação, e adotando a genealogia como procedimento.

V. Repercussão. A influência de Comte é, sobretudo, com sua filosofia positivista, que incide, principalmente, no debate epistemológico ao aproximar o modelo das ciências naturais com as Ciências Sociais. Entretanto, o positivismo♀ religioso responsável pela conciliação dos sistemas político, filosófico e moral (Tisky, 1995, p. 41) não alcança a abrangência que sua filosofia obteve.

***

A filosofia positivista de Augusto Comte visa combater tanto a metafísica♀, em sua abstração e vagueza, quanto a teologia♀, baseada em crenças♀ não verificáveis, ambas a serviço de uma verdade absoluta. O positivismo♀ científico entende que o ser humano é incapaz de alcançar a essência das coisas, pois o conhecimento científico não pode ultrapassar o âmbito das leis científicas, tendo assim, como objeto, o estudo destas leis, mas, ao mesmo tempo em que pretende abolir um sobrenaturalismo, também afirma a necessidade de uma revolução cultural ética com um espírito de fraternidade, base de seu humanismo religioso sem divindade sobrenatural.

Bibliografia: COMTE, A. *Curso de filosofia positiva. Discurso preliminar sobre o conjunto do positivismo. Catecismo positivista.* São Paulo: Nova Cultural, 1988. p. 63-264. Col. Pensadores; DAUTRY, J. Nouveau Christianisme ou Nouvelle Théophilanthropie? Contribution à une sociologie religieuse de Saint-Simon. *Archives de Sciences Sociales des Religions*, 20, 1965, p. 7-29; DURKHEIM, E. *L'enseignement philosophique et l'agrégation de philosophie.* Chicoutimi: Université du Québec à Chicoutimi, 2002 [original: 1895]; SAINT-SIMON, C-H. *Nouveau Christianisme*: Dialogues entre un Conservateur et un Novateur. Paris: Centre de documentation et d'information de l'École alsacienne, 1825. Disponível em: <http//: gallica.bnf.fr>. Acesso em: 28 jan. 2019; TISKI, S. *A questão da religião em A. Comte*: uma periodização da sua vida e do seu pensamento a respeito da religião. 1995. 160 f. Dissertação (Mestrado em Filosofia) – Pontifícia Universidade Católica de São Paulo, São Paulo, 1995.

ALEX VILLAS BOAS

COMUNIDADE RELIGIOSA

O conceito de "comunidade religiosa" nos remete a outro conceito muito conhecido no âmbito das Ciências Sociais, o conceito de "comunidade". Por essa razão este verbete divide-se em duas partes: na primeira examinamos o conceito de "comunidade", na segunda, o conceito de "comunidade religiosa".

I. Comunidade. O conceito de "comunidade" sempre esteve presente nos estudos das Ciências Sociais relacionados com os grupos sociais. Grupo social entendido por muitos autores como um agregado de indivíduos com relações definidas e onde cada um deles tem consciência꩜ do próprio grupo e do que o define e o identifica (Bottomore, 1987, p. 105). A comunidade é compreendida como outro tipo de grupo social, onde também se dão relações muito definidas e que levam os seus membros a se identificarem com parte do grupo.

De modo geral, dois critérios são utilizados para distinguir a comunidade de outros tipos: o número pequeno de pessoas e o tipo de relação pessoal que ela propicia aos seus membros. A comunidade propicia um tipo de relação primária, pessoal, que se caracteriza pela reciprocidade e pela convivência próxima. Tönnies afirmava que a comunidade tem duas características básicas: envolvimento pleno das pessoas e a existência de acordo emocional entre as mesmas (apud Bottomore, 1987, p. 105). Bottomore apresenta dois elementos que definem a comunidade: a existência de "pessoas completas" envolvidas com a vida da comunidade e o "acordo de sentimento ou emoção" entre os membros (1987, p. 105). Dessa forma, relações pessoais diretas, reciprocidade, dinâmica de relações baseada em valores compartilhados por todos e consciência꩜ de pertença ao grupo, são, portanto, os elementos que caracterizam a comunidade.

Na mesma direção, Weber afirma em *Economia y sociedade* que o que caracteriza a comunidade é "o sentimento subjetivo (afetivo ou tradicional) dos partícipes de fazerem parte de um todo" (1984, p. 33). Assim, o aspecto afetivo/emocional é muito presente na comunidade e possibilita que os seus membros tenham o sentimento de identidade definida pela pertença à comunidade.

Essas características tornam a comunidade lugar fundamental de construção de sociabilidades, de lealdades pessoais e de identidades. Na comunidade as pessoas encontram relações informais e pessoais de proximidade e essas características dão a elas uma sensação de segurança e de conforto. Numa sociedade marcada pela insegurança, pelo individualismo e por relações formais, como é a sociedade moderna, a comunidade apresenta-se como possibilidade para a pessoa viver de forma segura. Na comunidade as pessoas encontram espaço para estabelecer relações de confiança com outras pessoas e podem ser tratadas como realidades carregadas de valor e de sentimento. Zygmunt Bauman (2003) afirma que a comunidade é a expressão de "busca de segurança no mundo atual". A comunidade apresenta-se como um oásis num deserto. Para Bauman, a comunidade

é o "tipo de mundo que não está, lamentavelmente, ao nosso alcance, mas no qual gostaríamos de viver e esperamos vir a possuir" (2003, p. 9). Numa época em que crescem as relações formais e rígidas da sociedade moderna, a ideia de comunidade é, portanto, uma utopia a ser buscada. As relações sociais construídas na comunidade fornecem às pessoas uma rede de relações que dão sustentação para além dos limites da própria comunidade. Por isso, na comunidade, a construção de consensos e de coesão é muito mais fácil, já que o sentimento de pertença é muito maior do que na sociedade de modo geral.

Em virtude das características próprias da comunidade, já apontadas aqui, frequentemente a comunidade é vista como lugar de contraposição à luta e à concorrência (Weber, 1984, p. 34). A expectativa das pessoas ao procurarem os espaços da comunidade é de encontrar relações humanas diferentes daquelas presentes na sociedade circundante. Nem sempre, no entanto, essas expectativas são atendidas, porque mesmo nas "comunidades mais íntimas", expressão utilizada por Weber꩜, podem ser encontradas tensões e conflitos (1984, p. 34).

O termo "comunidade" é aplicado hoje para referir-se a diversas realidades: a certo aglomerado de pessoas num bairro ou numa favela; ao mundo da educação, quando falamos em comunidade educativa ou comunidade universitária; à inserção local de uma religião, sobretudo no âmbito do Cristianismo, quando se fala de comunidade local; à parcela de uma congregação꩜ religiosa, no caso das igrejas católicas ou ortodoxas.

II. A comunidade religiosa. A reflexão em torno do conceito de "comunidade" permite observar que muitas das características atribuídas à comunidade estão presentes nos valores defendidos e transmitidos pelas religiões. Em muitas religiões a noção de comunidade é muito valorizada porque atende a uma das funções sociais da religião, a socialização꩜ das pessoas. As religiões criam diversos instrumentos pelos quais realizam essa função: ritos de passagem, ritos de consagração, disseminação de valores morais, controle da insatisfação social e, em alguns casos, a exigência da própria vida em comunidade. É esse último aspecto que nos interessa aqui: em determinadas circunstâncias sócio-históricas, a comunidade pode adquirir um papel importante na concretização de uma religião. Mesmo no caso de religiões que não valorizam muito a noção de comunidade, essa é uma realidade que não pode ser negada.

1. A comunidade religiosa em Emile Durkheim e Max Weber. Dois clássicos das Ciências Sociais podem nos ajudar a compreender a noção de comunidade religiosa: Durkheim꩜ e Weber꩜. Esses dois autores estudaram o tema da comunidade religiosa e suas abordagens apresentam *insights* importantes para entender esse tipo de grupo social.

COMUNIDADE RELIGIOSA

Émile Durkheim. Durkheim♀ utiliza o termo "Igreja♀" para se referir à religião♀ como organização. Ele chega a afirmar que a "religião♀ é inseparável da ideia de Igreja♀" (1989, p. 76). Esse é um dos aspectos que Durkheim♀ aponta para distinguir religião♀ da magia♀. Para ele a religião♀ tem, intrinsecamente, a ideia de Igreja♀, de organização, e o mesmo não acontece com a magia♀. Segundo ele, a Igreja♀ "é a comunidade moral formada por todos os crentes da mesma fé, fiéis e sacerdotes" (1989, p. 77).

A própria definição de Durkheim♀ para religião♀ enfatiza o aspecto comunitário dessa realidade social: "[...] uma religião♀ é um sistema solidário de crenças♀ seguintes e de práticas relativas a coisas sagradas, ou seja, separadas, proibidas; crenças♀ e práticas que unem na mesma comunidade moral, chamada Igreja♀, todos os que a ela aderem. O segundo elemento que aparece na nossa definição não é menos essencial que o primeiro; pois, mostrando que a ideia de religião♀ é inseparável da ideia de Igreja♀, faz pressentir que a religião♀ deve ser coisa eminentemente coletiva" (1989, p. 79).

Nessa definição, dois aspectos precisam ser destacados: de um lado, crenças♀ e práticas religiosas constituem um sistema que ele denomina de solidário. Ou seja, esse sistema constitui uma estrutura de crenças♀ e práticas que são articulados e interdependentes entre si. Em decorrência disso, esses elementos promovem, em certo sentido, um processo de socialização♀: elas unem na mesma comunidade de valores compartilhados as pessoas que aderem a ela. Dessa feita, a solidariedade não está apenas na estrutura de crenças♀ e práticas, mas, igualmente, na estrutura coletiva da religião.

Para ele, portanto, a comunidade religiosa é uma comunidade de solidariedade, seja em razão do seu universo de crenças♀ e práticas religiosas que se relacionam solidariamente, seja em razão da própria estrutura coletiva que possibilita à religião♀ se realizar (Durkheim, 1989, p. 78).

Se a partir das Ciências Sociais a comunidade pode ser caracterizada por relações de proximidade e reciprocidade, para Durkheim♀ a comunidade religiosa pode ser definida como local de solidariedade, lugar onde as pessoas podem vivenciar esse elemento seja no sistema de crenças♀ e práticas religiosas, incluindo aqui os rituais, seja nas próprias relações sociais comunitárias que se instauram a partir do momento em que as pessoas se reúnem.

Para Durkheim♀, a comunidade religiosa se caracteriza pelo senso comunitário existente entre as pessoas: " [...] as crenças♀ propriamente religiosas são sempre comuns a determinada coletividade que faz profissão de aderir e de praticar os ritos ligados a elas. Elas não são apenas admitidas a título individual, por todos os membros dessa coletividade; são coisas do grupo e constituem a sua unidade. Os indivíduos que a compõem se sentem ligados uns aos outros pelo simples fato de terem uma fé comum" (1989, p. 75).

É o sentido de pertença ao grupo que dá às pessoas a consciência♀ de que fazem parte de uma comunidade que tem em comum um mesmo conjunto de crenças♀ religiosas.

Dessa forma, as relações que se estabelecem no interior da comunidade religiosa se dão em razão das crenças♀ e práticas compartilhadas que aproximam as pessoas e as identificam como membros da comunidade. Em certo sentido, esses elementos compartilhados constituem para Durkheim♀ o eixo que estrutura a dinâmica da vida na comunidade religiosa.

Max Weber. Antes de abordar os conceitos de comunidade religiosa e conceitos análogos na perspectiva de Weber♀, é importante fazer referência a um conceito que está presente logo no início do capítulo da obra *Economía y sociedad*: "[...] em geral não tratamos da 'essência' da religião♀, se não das condições e efeitos de um determinado tipo de ação comunitária, cuja compreensão só se pode obter partindo das vivências, representações e fins objetivos do indivíduo – isto é, a partir do 'sentido', pois seu desenvolvimento externo é demasiado polimorfo" (1984, p. 322).

Essa definição nos apresenta a importância que para Weber tem o aspecto comunitário da religião. A ação comunitária realizada no interior da religião♀ pelos indivíduos com um sentido religioso é o objeto que Weber se propõe a estudar no âmbito da sua teoria da ação social.

Interessa a Weber♀, dessa feita, a religião♀ enquanto fenômeno comunitário portador de significados por ser realizado por indivíduos que atribuem à sua ação comunitária um significado que só pode ser percebido e observado a partir de suas vivências, representações e fins objetivos. Na perspectiva weberiana, a comunidade religiosa só pode ser estudada porque é nela que os indivíduos produzem uma ação comunitária – "ação racional, pelo menos relativa" (1984, p. 322). Se assim não fosse, a comunidade religiosa não poderia ser estudada.

Na obra *Economía y sociedade*, onde Weber apresenta um capítulo dedicado exclusivamente aos "Tipos de comunidade religiosa (Sociologia da religião)", além da expressão "comunidade religiosa" ele utiliza duas outras expressões: "comunidade de culto" e "congregação♀". Ao utilizar essas três expressões, Weber apresenta a sua compreensão da religião♀ como um fenômeno comunitário.

a) A comunidade de culto. Ao referir-se às comunidades antigas, Weber afirma que, em torno da consciência♀ da tribo e do parentesco de sangue, a comunidade de culto era uma realidade que dava sustentação à consciência♀ de pertença à comunidade política: "[...] a comunidade de culto, considerada como expoente do 'sentimento tribal' é, em geral, um resto de uma antiga comunidade compacta, quase sempre política..." (1984, p. 322).

A comunidade de culto expressava, dessa forma, a antiga consciência℗ de grupo e era um elemento que dava coesão à vida social. O culto religioso, caracterizado como o conjunto de ritos, tinha a finalidade de garantir a perpetuação da memória℗ e das relações sociais que possibilitavam manter a harmonia social e os diversos processos de sociabilidade. A comunidade de culto é apresentada por Weber como uma comunidade que viabilizava a própria identidade comunitária. Por isso, ele dirá que no caso das comunidades antigas é difícil distinguir comunidade religiosa e comunidade política (cf. 1984, p. 321). Essas duas realidades se misturavam na vida cotidiana.

b) A congregação. Weber utiliza a expressão "congregação℗" quando, no capítulo "Tipos de comunidade religiosa", aborda a ação do profeta℗ e o impacto que este tem sobre aqueles que o seguem. A ação profética desenvolvida pelo profeta℗ por si só não exige a existência de uma congregação℗: "A 'congregação℗' (*Germeinde*) nesse sentido [...] não surge somente na ocasião da profecia no sentido dado por nós tampouco em toda a profecia (1984, p. 364). São as exigências cotidianas de sobrevivência do profeta℗ que levam à criação da congregação℗, pois o profeta℗ ou seus discípulos pretendem assegurar a preservação da revelação e da dispensação da graça e, com ela, a existência econômica do instituto da graça e de seus administradores, e eles tentam monopolizar os direitos em relação àqueles que são obrigados a segurar o primeiro" (1984, p. 365).

Dessa forma, são as condições concretas de vida do profeta℗ que exigem a formação da congregação℗: os seus seguidores estabelecem formas de manutenção do profeta℗ e do seu movimento para garantir a perpetuação da mensagem profética.

Quando isso acontece, ocorre a institucionalização℗ da congregação℗ em decorrência da rotinização do carisma℗ do profeta℗: "[...] a transformação da adesão pessoal em uma congregação℗ constitui a forma normal em que o ensinamento do profeta℗ passa, na vida cotidiana, a ser uma função de uma instituição permanente" (Weber, 1984, p. 366). É o carisma℗ profético colocado em movimento que exige a existência da congregação℗ dos seguidores do profeta℗.

Portanto, a criação da congregação℗, como uma estratégia para garantir a sobrevivência permanente da mensagem religiosa, se opõe às formas de socialização℗ ocasional (Weber, 1984, p. 197) e aponta para a concretização de mecanismos duradouros bem específicos de: a) inserção no grupo por adesão à mensagem, e b) de manutenção das pessoas nesse grupo. Isso se faz pela existência do que Weber denomina de "religiosidade congregacional", que alimenta a vida da congregação℗. Há, assim, uma

relação dialética entre congregação℗ e religiosidade congregacional. E para a criação e desenvolvimento dessa religiosidade congregacional Weber afirma que a presença dos leigos℗ é fundamental até mesmo para imprimir a essa religiosidade suas próprias características (1984, p. 367). São eles que aderem à proposta do profeta℗ e que dão sustentação ao seu movimento.

No entanto, Weber aplica também a noção de congregação℗ ao grupo que se reúne do sacerdote: "[...] a formação da congregação℗ religiosa constitui, se não o único, pelo menos o mais poderoso estímulo ao desenvolvimento do conteúdo específico da doutrina sacerdotal" (1984, p. 371). Na compreensão desse autor, a criação da congregação℗ é a estratégia fundamental para a formulação da doutrina℗ religiosa exatamente por duas razões: a) com o tempo a congregação℗ dá origem ao sacerdócio, ocorrendo um processo de descolamento entre este último e a congregação℗, e b) é na congregação℗ que o sacerdócio encontra apoio para as suas afirmações doutrinais. Do ponto de vista do sacerdócio, a congregação℗ religiosa é instrumento importante para a construção da sua hegemonia. Assim, na perspectiva de Weber℗, da mesma forma que no caso da congregação℗ profética, não há sacerdócio sem congregação℗ que dê sustentação ao seu discurso ideológico e à sua pretensão de domínio sobre a mesma.

Para esse autor, portanto, a noção de congregação℗, tanto no caso do profetismo como no caso do sacerdócio, tem um papel estratégico: ela visa possibilitar que os interesses da profecia ou do sacerdócio se perpetuem e se legitimem.

c) A comunidade religiosa. Weber destaca que a comunidade religiosa, para ser estudada, exige uma especificidade própria do seu viés religioso (1984, p. 324). Isso supõe não só reconhecer que a comunidade religiosa tem características muito próprias, como também que o seu estudo exige um instrumental específico justamente porque a ação social desenvolvida pela comunidade religiosa é uma ação comunitária de caráter religioso.

Para Weber℗, a ação comunitária – assim como outros tipos de ação social – tem uma "legalidade própria" (1984, p. 275). Por legalidade própria Weber entende uma estrutura autônoma de ação que é conduzida pela própria dinâmica comunitária. Mesmo reconhecendo essa legalidade própria, esse autor não deixa de reconhecer que a economia tem um "significado causal, assumindo importância decisiva, em algum momento, para a estrutura de quase todas as comunidades e, claro, de todas aquelas de maior importância cultural" (1984, p. 275). Dessa forma, a ação comunitária desenvolvida pela comunidade religiosa é uma ação de tipo religioso, que tem uma legalidade própria, conjunto próprio de regras, e uma autonomia relativa, mesmo reconhecendo que

COMUNIDADE RELIGIOSA

a esfera econômica tenha uma "significação causal" a ser levada em consideração.

A comunidade religiosa, na perspectiva weberiana, tem uma legalidade própria que é definida pelos elementos religiosos que a constituem como tal. Além disso, para o nosso autor, essa legalidade própria da comunidade religiosa se define pela solidariedade que se expressa como uma atitude "extraeconômica" (1984, p. 275). A comunidade religiosa pode ser definida como uma "comunidade de amor [...] sobre bases originariamente de caráter afetivo" (1984, p. 123). As ações caritativas desenvolvidas pelas comunidades religiosas são ações racionais que visam a valores e decorrem, desse modo, da própria legalidade dessas comunidades.

Como se percebe, para Weber as ações comunitárias desenvolvidas pelas comunidades religiosas têm duas faces: uma interna e outra externa. Internamente, encontramos as ações que determinam as relações internas na comunidade baseadas na solidariedade; externamente, a comunidade religiosa desenvolve ações que atingem o público externo.

Os diversos tipos de comunidades religiosas indicados por Weber – a Igreja♀ enquanto tal, a comunidade local de uma Igreja♀ ou a comunidade monástica – têm a sua especificidade determinada, antes de tudo, pela sua legalidade, a qual tem na solidariedade o seu eixo central.

A discussão feita por Weber em torno da comunidade religiosa é muito útil justamente por que ela nos apresenta aquilo que, de fato, interessa aos estudos de religião: a expressão comunitária, coletiva, da religião. Estudar a religião♀ em seus aspectos internos – doutrinas, valores, ritos e práticas religiosas – só interessa na medida em que desnudam a dimensão comunitária da religião.

2. A comunidade religiosa como espaço de socialização. É consenso nos estudos da religião que a religião♀ tem como uma de suas funções a socialização♀ da pessoa humana. Ao lado da família, da convivência cotidiana e do trabalho, a religião♀ contribui para que as pessoas possam se inserir nas redes de sociabilidades construídas e ao mesmo possam dominar os diversos códigos sociais necessários para a sobrevivência numa determinada cultura.

Esse processo, que denominamos de "processo de socialização♀", permite às pessoas: a) assumir determinados papéis; b) apreender certas normas que questionam ou legitimam valores sociais dominantes; c) se apropriar dos mecanismos de produção ou consumo dos bens religiosos que dão sentido à sua existência e à existência da comunidade; d) compreender a realidade social a partir de um viés religioso. A socialização♀ se dá nesses quatro níveis distintos, mas que estão imbricados na trama da vivência tanto na comunidade religiosa como também da sociedade em geral.

Esse processo é tão importante que muitas vezes a identidade religiosa das pessoas se sobrepõe à sua existência na sociedade. Na prática, isso significa dizer que fazer parte de uma comunidade religiosa, estar vinculado(a) a um conjunto de pessoas que têm uma adesão religiosa própria, imprime um caráter que muitas vezes está acima da identidade♀ social ou que se confunde com ela.

A comunidade religiosa, como uma das expressões da religião – ao lado das crenças♀, das eventuais doutrinas, dos valores religiosos e dos ritos –, tem a tarefa de fornecer às pessoas um *quadro referencial de sobrevivência* que as qualifica para viverem com um mínimo de plausibilidade. Em outras palavras, a comunidade religiosa possibilita aquilo que Berger♀ denomina de "processo dialético fundamental da sociedade", que se dá, no conjunto da vida social, em três momentos: exteriorização, objetivação e interiorização (1985, p. 16).

Isso acontece porque a comunidade religiosa fornece um leque amplo de referenciais que nos dão sustentação à vida social ou possibilitam projetos que se propõem como alternativos às condições concretas. Por isso, a comunidade religiosa não tem apenas a tarefa de adequar as pessoas aos limites estabelecidos pela sociedade, no âmbito da manutenção do *status quo*, como tem também, dependendo das circunstâncias históricas, a tarefa de fornecer às pessoas mecanismos de contraposição aos valores e práticas sociais que eventualmente se oponham ao referencial religioso considerado válido e legítimo. Isso explica por que muitos grupos religiosos se opõem a uma determinada configuração social e propõem um projeto utópico.

A comunidade religiosa é, assim, o principal instrumento, dentre aqueles já enunciados aqui – ritos de passagem, disseminação de valores morais, controle da insatisfação social –, para a realização da socialização♀.

3. A comunidade religiosa como lugar de produção religiosa. A comunidade religiosa é também lugar de produção religiosa, usando aqui a linguagem de Bourdieu♀ (1982, p. 27-78). Aqueles que têm a tarefa de produção dos bens religiosos – símbolos, doutrinas e ritos – não o fazem fora de um espaço social bem específico. Esse espaço é a comunidade religiosa.

A noção que ele utiliza de campo religioso pode ser muito bem aplicada ao que estamos denominando de comunidade religiosa. A comunidade religiosa é também um campo religioso.

É no âmbito da produção religiosa que se dá o processo de apropriação-desapropriação dos bens religiosos. Bourdieu♀ mostrou que o processo de desapropriação religiosa pode ocorrer quando um grupo, por razões diversas, gradativamente exclui a maior parte do grupo religioso das condições de produção religiosa. Dessa feita, esse processo de desapropriação da produção de bens religiosos é também um processo de apropriação da produção desses bens. O processo de "monopolização da gestão de bens de salvação→ por um *corpo de especialistas religiosos*" leva à "constituição de um campo religioso [que] acompanha a desapropriação objetiva daqueles que dele são excluídos e que se transformam por esta razão em leigos→ [...] destituídos do capital religioso" (1982, p. 39).

O processo de produção religiosa que se dá na comunidade religiosa é um processo complexo e expressa a relação social existente entre as pessoas na comunidade. A diferenciação entre leigos→ e sacerdotes→ é uma das consequências da monopolização da produção de bens religiosos e configura a comunidade religiosa enquanto tal. A formulação das crenças→, a produção dos símbolos, a produção da doutrina, quando for o caso, e a produção dos ritos dão à vida da comunidade religiosa uma dinâmica que a diferencia da sociedade em geral e, em decorrência, das outras comunidades religiosas. Em vista disso, a produção religiosa constitui o modo de ser da comunidade e é determinante para as relações sociais estabelecidas no seu interior, para a sua autocompreensão, para a sua compreensão do mundo e para as suas relações externas.

O estudo da comunidade religiosa precisa levar em conta não só as relações sociais existentes, mas o complexo processo de produção religiosa que se dá na comunidade.

4. A comunidade religiosa como lugar de práticas sociais. Não há comunidade sem prática social; não há comunidade religiosa sem prática social. Aquilo que denominamos prática social é o conjunto de ações desenvolvidas tanto pelos indivíduos como pelos grupos sociais, que visa interferir na realidade. O universo de representações criado nos grupos sociais tem expressão tanto nos discursos construídos como também nas práticas sociais.

A relação entre a comunidade religiosa – ou qualquer outro tipo de comunidade – e a sociedade em geral se dá através de práticas sociais. Os membros de uma comunidade religiosa atuam nos diversos espaços da vida da sociedade, convivem com diferentes pessoas e estabelecem relações através daquilo que estamos denominando de práticas sociais. Dessa forma, em razão da inserção da comunidade religiosa na sociedade, é necessário compreendê-la também como uma comunidade que realiza práticas sociais que visam manter ou transformar as condições sociais dadas.

As representações criadas no interior da comunidade religiosa são de caráter religioso e vão condicionar as motivações de seus membros para uma determinada prática social. No interior de uma comunidade religiosa podemos ver práticas sociais que favorecem a manutenção de certa realidade ou questionam a mesma.

5. A comunidade religiosa e sua relação com a sociedade. No que diz respeito à relação que a comunidade religiosa estabelece com a sociedade, podemos identificar, basicamente, dois tipos: comunidade aberta e comunidade restrita.

A comunidade religiosa aberta é aquela que, usualmente, dialoga com facilidade com a sociedade em geral e com as demandas presentes nela. Esse tipo de comunidade está permanentemente aberto ao ingresso de pessoas que não fazem parte dela e não estabelece exigências rígidas para que as pessoas dela possam participar. Além disso, a seu modo, esse tipo de comunidade consegue dialogar com as grandes questões e os problemas existentes na sociedade.

O fato de ser uma comunidade religiosa aberta não está relacionado com o caráter exclusivista da religião→ quanto às demais religiões, mas com a sua capacidade de acolher as pessoas e de responder às suas demandas existenciais. Podemos encontrar comunidades religiosas que adotam posições exclusivistas, mas que, no entanto, têm facilidade para acolher as pessoas e levar em conta as suas demandas, podendo ser caracterizadas como abertas. Quanto mais pessoas aderirem ao seu referencial, mais ampliam o seu leque de influência na vida da sociedade.

Nesse tipo de comunidade religiosa, a distinção religião-mundo nem sempre é muito rígida. A comunidade religiosa é autocompreendida como parte do mundo e com um papel a ser exercido no mundo. Apesar da crítica que a comunidade possa fazer ao mundo, este não é visto como um problema e como uma ameaça.

A comunidade restrita é aquela que não dialoga com a sociedade e com as demandas presentes nela. Ela estabelece regras muito rígidas de admissão, de permanência na comunidade e de conduta. Ela não dialoga com as grandes questões e os problemas existentes na sociedade. No que diz respeito às outras religiões, ela tem uma posição exclusivista.

De modo geral, esse tipo de comunidade religiosa tem posições intransigentes e alimenta nos seus membros a ideia de que já estão salvos e que as pessoas que estão no "mundo" estão ameaçadas de condenação. A essas pessoas só resta uma alternativa: aceitar os pressupostos e valores da comunidade religiosa.

A comunidade restrita alimenta em seus membros uma distinção muito rígida entre religião→ e mundo. Nesse caso, a posição fundamental em relação ao mundo é de rejeição. O mundo é visto como perigoso e como uma ameaça à comunidade religiosa.

6. A importância da noção de comunidade para as religiões. De modo geral, nas religiões tradicionais ou naquelas marcadas por uma acentuada presença do elemento tradicional, a noção de comunidade é muito presente. A comunidade religiosa é valorizada como lugar de convivência e de produção religiosa. Nesse caso, podemos afirmar que essas religiões têm uma noção forte de comunidade. Aqui a comunidade é fundamental para a existência da religião. Ao aderir a esse tipo de religião‚ as pessoas estão aderindo também a uma comunidade.

Muitas vezes a necessidade de relações de proximidade e de informalidade que não são encontradas na sociedade em geral é procurada no interior da comunidade religiosa. Acontece aquilo que Bauman denomina de busca de segurança, como já assinalamos neste verbete.

Existem religiões, no entanto, em que a comunidade é vista de forma secundária e de forma tênue. Aquelas pessoas que procuram essas religiões acabam tendo uma relação de consumidores de bens religiosos e a comunidade, propriamente dita, é considerada apenas como aquele círculo de pessoas que está mais próximo da liderança religiosa. Nesse caso, a adesão à religião‚ não é compreendida como uma adesão a determinada religião. Outros elementos, para além da comunidade, estão presentes nesse tipo de opção religiosa.

No trânsito religioso, fenômeno bastante presente em algumas realidades, o senso de comunidade tem papel secundário. As pessoas buscam nas religiões o atendimento dos seus interesses pessoais, sejam eles de caráter religioso, sejam de caráter material.

Bibliografia: BAUMAN, Z. *Comunidade*: a busca por segurança no mundo atual. Rio de Janeiro: Jorge Zahar, 2003; BERGER, P. L. *O dossel sagrado*: elementos para uma teoria sociológica da religião. São Paulo: Paulinas, 1985; BOURDIEU, P. *A economia das trocas simbólicas*. 2. ed. São Paulo: Perspectiva, 1982; BOTTOMORE, T. B. *Introdução à Sociologia*. 9. ed. Rio de Janeiro: Guanabara, 1987; BOUDON, R.; BOURRICAUD, F. *Dicionário crítico de Sociologia*. São Paulo: Ática, 1993; WEBER, Max. *Economía y sociedad*. México: Fondo de Cultura Económica, 1984; DURKHEIM, É. *As formas elementares de vida religiosa*. São Paulo: Paulinas, 1989.

Wagner Lopes Sanchez

COMUNITARISMO

De forma geral, para além dos marcos deste verbete, a noção de *comunitarismo* na filosofia política e ciência política está associada ao debate na Teoria da Justiça‚ contemporânea entre liberais e comunitaristas, sobre a preeminência do indivíduo ou do coletivo na estipulação de critérios de justiça‚ e do bem comum. O ponto de divergência estaria em torno do que deveria prevalecer: o "justo" ou o "bem", privilegiando ora a iniciativa individual, ora a construção da vida social.

I. Breve periodização. O aparecimento mais delineado do conceito de "comunitarismo" na filosofia política se dá nos anos 1980 em contraponto às teorias individualistas liberais vigentes. Mas, se quisermos fazer uma arqueologia dessa distinção, ela remonta, do lado dos comunitaristas, a Aristóteles, Hegel e ao romantismo alemão, e, do lado dos individualistas, a Locke, Hobbes e Kant‚. Respeitando toda a complexidade interna entre uma gama diferenciada de autores, *grosso modo*, para os "comunitaristas" como Charles Taylor, MacIntyre ou Michael Walzer, a ideia de bem comum não pode ser tomada em abstrato, mas enraizada em comunidades históricas e contextualizadas. E a justiça‚ em termos políticos deve estar calcada numa concepção substantiva, marcada pela experiência concreta da participação cívica na *polis* enquanto uma decisão coletiva. Já os liberais como John Rawls, Dworkin etc. defendem uma forma de justiça‚ baseada em uma ética procedimental, formal, logo neutra e generalizável para toda a forma de diversidade. Enfim, a questão, que atravessa a democracia liberal moderna, do comunitarismo e sua contraface, o universalismo, porta uma tensão, apontada, já nos anos 2000, por Chantall Mouffe, entre a lógica da equivalência, em que cidadãos são identificados e considerados igualmente, e a lógica do pluralismo, naqual cada identidade particular é valorizada pela sua singularidade (Mouffe, 2006, p. 15-27).

II. Comunitarismo e religião. A noção de religião‚ associada à de comunitarismo tem funcionado como uma questão ou "pedra de tropeço" no funcionamento dos regimes de laicidade e secularismo nos Estados modernos da Europa. Questão que também se espraiou para sociedades não ocidentais tradicionais, pela dinâmica da expansão da secularização‚ capitalista, via colonialismo (Casanova, 2006, p. 11), como o caso da Índia.

No que diz respeito à França contemporânea, o estabelecimento de critérios definidores do público, antes afeitos ao domínio do Estado, passaram a ser exigidos no espaço da sociedade civil. Esta, vista não mais como o lugar da diversidade e liberdade de expressão e costumes, mas como uma extensão das exigências do procedimento público estatal no seu sentido impessoal, universal e generalizante (Portier, 2012, 2017).

Dessa forma, o multiculturalismo, enquanto o reconhecimento das diferenças, passa a ser considerado como um risco do "direito da tribo" sobrepujar os "direitos humanos‚" no julgamento de Alain Finkielkrault, em 1989 (Portier, 2017, p. 50). Dentro dessa concepção, uma suposta pressão da comunidade religiosa‚ sobre os indivíduos poderia afetar a liberdade individual, levando à incidência de "comunitarismo" ou "comunitarização religiosa" numa sociedade de cidadãos iguais com direitos e deveres.

Exemplos do que um regime de laicidade rígido, como o da França, considera como perigo de manifestações "comunitaristas" no país foram as chamadas "seitas" neoesotéricas, nos anos 1980, e o Islã, a partir dos anos 1990. O Estado francês e parcela da opinião pública imputam a essas comunidades o cerceamento da liberdade de expressão e opinião devido à imposição de considerar como blasfêmia religiosa qualquer manifestação dissonante da ortodoxia; a imposição de trajes e costumes às mulheres e aos jovens; a retirada de indivíduos do convívio público para nichos sectários. Em nome dos valores morais da filosofia liberal, como a autonomia do sujeito e a igualdade homem/mulher, uma normatividade é decretada nos governos Chirac e Sarkozi, que resulta numa legislação restritiva com relação à manifestação de identidades religiosas, tais como: interdição de símbolos religiosos nas escolas públicas a partir de 2004 e a proibição do uso do véu integral nos serviços públicos e via pública (Portier, 2012).

Ainda para o caso francês, o antropólogo Emerson Giumbelli vê o "comunitarismo" como uma categoria de acusação à alteridade, ou seja, aos imigrantes, particularmente árabes muçulmanos, vivendo na França, dos pioneiros às gerações já nascidas no país. Através dessa categoria de acusação se "pretende designar dinâmicas sociais que exacerbam a identidade cultural" (2004, p. 50). Geralmente aplicada em relação às populações imigrantes, segundo um relatório elaborado pela Comissão sobre a Laicidade constituída pela presidência do país em 2004, a noção expressa o risco para a cidadania da existência de comunidades fechadas em si mesmas, diante da necessidade de coexistência entre indivíduos que não partilham as mesmas convicções. Pelo exposto no parágrafo anterior, o que alegam esses novos legisladores é que as comunidades étnico-religiosas podem impor ao indivíduo que habita no seu seio um constrangimento à sua liberdade no que diz respeito às suas opiniões, costumes, e até determinar seu comportamento político a partir de prescrições religiosas, numa "comunitarização religiosa do corpo político" da nação (Portier, 2017, p. 50).

Para o caso da Índia, esta se constituiu na Modernidade pós-colonial como um Estado secular através de uma Constituição que protege a liberdade religiosa nos moldes ocidentais. O arcabouço normativo legal assegura a igualdade do cidadão independente de sua religião, *status* social e econômico, o que gera tensões com as comunidades tradicionais. O Estado impõe limites às petições de coletividades religiosas no sentido de assegurar liberdades individuais. Possui um Código Civil baseado em uma perspectiva universal em relação às comunidades religiosas. Para Amaladoss, o fenômeno do "comunitarismo" é considerado, portanto, como uma "politização da identidade religiosa", ou seja, uma postura reativa à legislação estatal universalista, em termos de uma pertença religiosa em comum como forma de participação na esfera política, econômica e social

(1995, p. 173). Segundo Amaladoss, para os poderes públicos os direitos fundamentais prevalecem sobre o arranjo religioso, e as comunidades religiosas ficam submetidas a políticas de saúde pública e de reforma social. Portanto, a interpretação da Constituição pelos tribunais, na maioria das vezes, intervém na esfera religiosa para garantir direitos seculares (de expressão, individuais, humanos), o que gera controvérsias e inconformismos por parte das comunidades tradicionais (1995, p. 173).

A eclosão do comunitarismo étnico e religioso enquanto fenômeno social e político se dá na tensão entre a normatização ou o reconhecimento pelos Estados e sociedades modernas das comunidades identitárias em seu seio. Em países com uma separação mais rígida entre Estado e religião, como a França, prevaleceu a normatização, já em países marcados por regimes de confessionalidade, como a Inglaterra ou aqueles com uma separação mais flexível, como a Alemanha, o que se impôs foi o reconhecimento.

Na Índia, a despeito da sua normatividade da ordem pública secular com relação às religiões, há uma lei "de proteção à vaca" para satisfazer à comunidade religiosa hindu (Amaladoss, 1995, p. 107). Diante desse quadro de polarização, algumas análises preferem ver soluções de compromisso se gestando entre os polos da tensão.

Philippe Portier detecta nos países da Europa Central o que chama de um "movimento cruzado" no que diz respeito à relação do Estado com as comunidades religiosas (2011, p. 20). Ou seja, países de regimes confessionais tendem ao reconhecimento do pluralismo igualitário das religiões existentes, em que não há privilégios para uma delas. Já países de separação rígida entre igrejas e Estado e de afastamento das religiões do cenário público, a um reconhecimento do papel público das religiões de forma geral (Portier, 2011, p. 11-27). No caso de países ditos confessionais, onde há a preeminência das comunidades religiosas católica, protestante ou ortodoxa sobre as outras, como a Itália e a Espanha para o primeiro caso, a Suécia e a Dinamarca no segundo e a Grécia no terceiro, não têm sido mais observados obrigatoriedade do Ensino Religioso e financiamento exclusivo para a religião da comunidade majoritária. Em alguns desses países, onde o casamento era regido pelo direito eclesial, este passa ao regime do direito civil; assim como os cemitérios são secularizados e mantidos pelo Estado (Portier, 2011, p. 18-20). Ao passo que, nos países tidos como de separação rígida entre Estado e religião, como a França, as comunidades religiosas passam a ser mais reconhecidas em termos de financiamento, isenção de determinados impostos, instalação do ensino do "fato religioso" nas escolas públicas, cardápios escolares obedecendo às prescrições de dietas religiosas, o direito de falta aos alunos de confissão religiosa em datas comemorativas de seus cultos e, por fim, a criação de capelanias para atendimento religioso em hospitais e prisões (Portier, 2011, p. 20-21).

***

Portanto, as questões que problematizam o conceito nas sociedades modernas liberais o relacionam tanto à generalização ou ao universalismo na aplicação dos direitos e deveres, em oposição à diversidade ou ao pluralismo, que traz consigo a identidade particular e evidencia a singularidade de cada grupo e as implicações, nesses casos, de seus direitos e deveres. Nessa direção, quais interesses devem prevalecer nas políticas públicas do Estado, se aqueles que generalizam ou aqueles que respondem às particularidades de cada grupo? Esta é uma questão que divide opiniões e análises.

Tarik Modood, numa abordagem voltada para o caso da Inglaterra, vê uma "incompatibilidade teórica entre multiculturalismo e secularismo radical", em que as minorias desfavorecidas são religiosas. Para tais casos há de haver uma política pública intercultural visando a um "reconhecimento público das minorias religiosas". Isso resultaria num "secularismo moderado", no qual, ao lado da representação cidadã universal, existiriam "formas especiais de representação para grupos religiosos marginalizados" (Modood, 2000, p. 194).

O filósofo norte-americano Michael Walzer propõe a alternativa que busca articular uma pertença a coletivos particulares étnicos e religiosos com uma pertença ao universal de uma comunidade política, o que chamou de "universalismo de contiguidade" (1992, p. 114-133). Ou seja, pensar a ideia de cidadania não só a partir de um modelo abstrato e normativo, mas incorporando cidadãos concretos e contextualizados que interagem entre si, a partir de seus lugares culturais, simbólicos e religiosos.

No caso do Brasil e da América Latina, a polarização entre formas de comunitarismo religioso e o universalismo do contrato social não se tem colocado como uma questão. Talvez pelo fenômeno do sincretismoℚ e da mestiçagemℚ étnica, cultural e religiosa (Sanchis, 1997) que absorveu e diluiu a força centrípeta da comunidade em relação à sociedade circundante. No entanto, persiste, no país e no continente, um problema com relação ao papel laico do Estado, que é a presença confessional das igrejas majoritárias em questões de políticas públicas, restringindo através de sua visão moral a gestão da saúdeℚ pública (aborto e controle de natalidade), a aplicação de métodosℚ científicos (pesquisas com células-tronco) e as disposições jurídicas de regulação da família e da propriedade (o casamento homoafetivo e a adoção de crianças por esses casais). Na América Latina, a tendência política atual não indica uma autonomia do Estado em relação à religião. O que ocorre é uma perda de influência da Igrejaℚ Católica, que desde os tempos coloniais exercia seu poder na esfera estatal, e a repartição desse poder com outras igrejas de extração evangélica, o que Roberto Blancarte chama de uma presença "pluriconfessional" das religiões na esfera pública (Blancarte, 2011, p. 204-205).

Bibliografia: AMALADOSS, M. *Pelas estradas da vida*: práticas de diálogo inter-religioso. São Paulo: Paulinas, 1995; BLANCARTE, R. América Latina entre pluri-confesionalidad y laicidad. *Civitas*. Porto Alegre, v. 11, n. 2, 2011, p. 182-206; CASANOVA, J. Rethinking Secularization: a global comparative perspective. *The Hedgehog Review*, Charlottesville, vol. 8, n. 1/2, p. 07-22, 2006; GIUMBELLI, E. Religião, Estado, Modernidade: notas a propósito de fatos provisórios. *Estudos Avançados* 18 (52), 2004, p. 47-52; MODOOD, T. Anti-essencialism, multiculturalism and "recognition" of religious groups. In: KYMLICA, W.; NORMAN, W. (Orgs.). *Citzenship in diverses societies*. New York: Oxford University Press, 2000; MOUFFE, C. Religião, democracia liberal e cidadania. In: BURITY, J.; Machado, Maria das Dores C. (Orgs.). *Os votos de Deus*: evangélicos, política e eleições no Brasil. Recife: Fundação Joaquim Nabuco/Ed. Massangana, 2006. p. 15-27; PORTIER, P. A questão laica na França de hoje: reflexões sobre uma passagem da norma ao valor. In: CAMPOS, F.; SENRA, H. L.; ALMEIDA, T. (Orgs.). *Religião & contemporaneidade*. São Paulo: Fonte Editorial, 2017. p. 45-55; PORTIER, Philippe. A regulação estatal da crença nos países da Europa ocidental. *Religião e Sociedade* 31/2, 2011, p. 11-28; PORTIER, Philippe. Les mutations du religieux dans la France contemporaine. *Social Compass*, juin 59(2), 2012, p. 153-207; SANCHIS, P. O campo religioso contemporâneo no Brasil. In: ORO, A. P.; STEIL, C. A. (Orgs.). *Globalização e religião*. Petrópolis: Vozes, 1997. p. 103-117; WALZER, M. Le deux universalismes. *Esprit*, n. 187, 1992, p. 114-133.

Marcelo Camurça

CONCÍLIO

A palavra *Concílio* vem do latim *consilium*, que significa lugar onde se delibera, assembleia deliberativa. Remete para as ideias próximas de conselho, conciliação e consenso, bem como para aconselhamento e sabedoria. Tem como sinônimos as figuras antigas: *synodus*, *conventus* e *coetus*. No sentido estritamente cristão, a palavra Concílio aparece pela primeira vez em Tertuliano (160-220), já designando assembleia realizada pela Igrejaℚ, visando decidir sobre determinada questão que coloca em risco o consenso teórico ou prático. Contudo, práticas políticas desse tipo podem ser encontradas nas civilizações e em algumas religiões, como forma de deliberar e garantir consensos no grupo. O exercício da liderança religiosa exige modos de execução do ofício que reclama por legitimidade quando da ausência do fundador de domínio carismático capaz de agregar por si mesmo os membros adeptos de seu projeto de vida. De modo sumário pode-se afirmar que as religiões se organizam a partir de estratégias de manutenção de consenso em torno de sua mensagem original, o que pode ser executado por meio de consensos espontâneos ou deliberadamente construídos. As religiões históricas adotam os Concílios como estratégias regulares de construção de consenso, embora possam adotar nomenclaturas distintas que significam fundamentalmente a mesma prática, tais como Conselho, Congregação℗, Convenção ou Sínodo. Em todos os casos, trata-se de uma instituição que visa agregar os grupos ou confissões e, em última instância, agregar os fiéis em torno de doutrinas e práticas comuns no interior de uma denominação℗. No sentido estrito, um Concílio é uma reunião legítima de determinado grupo que visa estabelecer consenso em torno de uma questão a ser esclarecida, a qual resulta em decisão oficial referente a uma postura teórica ou prática a ser adotada por um grupo religioso. A realização dos Concílios está diretamente associada aos processos de institucionalização℗ dos grupos religiosos no momento de crises internas de natureza interpretativa ou disciplinar e vincula-se direta ou indiretamente aos momentos de confronto da identidade do grupo com seu entorno cultural distinto ou aos momentos de mudanças de época que o afetam.

I. Demarcações iniciais. As religiões se instituem como sistema de sentido de um determinado grupo e sobrevivem historicamente por meio de estratégias de preservação de suas verdades, sem o que resultaria sua própria autodissolução, na medida em que passa o tempo e o grupo se movimenta em diferentes espaços. O mecanismo social da objetivação constitui o fato religioso como tal (Durkheim℗), sustenta a legitimidade das verdades religiosas no grupo como verdades eternas (Berger℗) e as transmite às gerações como tradição comum. Em termos tipológicos, pode-se falar em dois modos de objetivação: a) *objetivações reproduzidas*: são aquelas que nascem de origens diversas que podem remontar aos tempos míticos – *in illo tempore* –, atualizadas pela tradição repassada às gerações por meio de narrativas, de rituais e normas. Nesse caso, a fidelidade da transmissão compõe uma espécie de consenso fixado que exige, do transmissor, a repetição fiel como autoridade detentora do conhecimento e, do receptor, a interiorização igualmente fiel dos conteúdos recebidos. O mecanismo da reprodução é a regra que garante a objetividade do sistema religioso, para além das subjetividades nela implicadas; e b) *objetivações construídas*: aquelas que nascem de um carisma℗ fundante e que historicamente são construídas pelo grupo, quando é desafiado a interpretar, organizar e transmitir a mensagem que nasce daquela fonte a fim de garantir sua continuidade histórica. Não

restam dúvidas de que, em ambos os tipos, a construção histórica esteja presente, na medida em que toda a reprodução implica, de fato, uma construção no momento mesmo da transmissão que envolve sujeitos distintos em tempos e espaços distintos. Também é fato que o segundo tipo institui suas verdades em nome do carisma℗ fundante, as quais dão ao consenso um fundamento primeiro e eterno que deve ser apenas acolhido e reproduzido pelo grupo. No entanto, a diferença entre esses processos de objetivação e institucionalização℗ das verdades e dos costumes religiosos consiste no fato de no segundo tipo tratar-se de uma construção deliberada, realizada com regras e transmitidas como verdade comum do grupo. A prática da construção deliberada de consenso tem sua origem e ancoragem histórica nas chamadas civilizações, edificadas como estágio social que supera as endogenias tribais fundadas sobre as diferenças radicais e irreconciliáveis entre os grupos humanos espacialmente distanciados. As grandes civilizações conheceram as estratégias do consenso como caminho de negociação comercial, de regras das guerras, de organização interna e de deliberação política sobre questões que afetavam a vida do grupo. Trata-se, evidentemente, de uma estratégia que se perde nas profundezas da história – quando o acordo é escolhido como alternativa que supera a estratégia da luta e do extermínio – e torna-se cada vez mais explícito como modo de organização da própria vida social – quando o acordo se torna prática usual – e assume o caráter institucional. Nesse ponto da história se encontram práticas diferenciadas de consenso que pontuam as grandes civilizações, sendo a Grécia antiga o parâmetro mais claro e elaborado, quando a *Polis* se torna o regime de vida daqueles povos (Vernant, 2013, p. 55-72). As assembleias populares gregas e, mais tarde, os colégios dos sacerdotes de Roma e as assembleias provinciais do império são as prefigurações do que mais tarde foi adotado como prática pelo Cristianismo (Beinert, 2004, p. 412). Mas, vale lembrar que, na história do antigo Israel, a prática das assembleias se mostra presente já nos tempos tribais. A palavra hebraica *qāhāl* é utilizada na Bíblia℗ hebraica para designar assembleia e outras formas de reunião que tenham como finalidade deliberar sobre alguma questão (Harris et al., 1998, p. 1325-1327). No Judaísmo sinagogal, a comunidade religiosa℗ contava com um Conselho de anciãos que deliberava sobre as questões da tradição e da vivência da comunidade. A palavra grega *synagoge* significa assembleia ou reunião, e o Cristianismo levou consigo as heranças desses modos de organização religiosa℗. O império romano reconhecia legalmente as sinagogas como associação livre (*collegium*). A prática das assembleias foi constitutiva no Cristianismo primitivo, que, não por acaso, adota a denominação *ekklesia*, termo grego utilizado para denominar as assembleias públicas. A nova facção

CONCÍLIO

judaica nasce, desse modo, como herança judaica afinada com as práticas políticas colegiadas existentes no mundo greco-romano (Meek, 1992, p. 124-135).

II. Demarcações sócio-históricas. Os Concílios têm como lugar vital a própria dinâmica das "grandes religiões fundadas" (Wach, 1990, p. 165), distintas, portanto, das religiões arcaicas que não conhecem um fundador histórico e se distendem no tempo como reprodutoras de uma temporalidade primeira original no tempo presente. No âmbito dessa tipologia se encaixam muitas tradições religiosas, como aquelas do mundo antigo que não vingaram historicamente, como as chamadas religiões de mistério do mundo greco-romano. Na contemporaneidade, de modo semelhante, as tradições fundamentalistas dispensam a distinção entre o tempo das origens e os tempos atuais, em nome de um tempo contínuo em que os fundamentos não somente estão contidos seguramente no texto escrito como também fluem no presente como graça permanente. Por essa razão, não há necessidade de construir qualquer consenso em torno da verdade, uma vez que a verdade se mostra por si mesma no texto acolhido em cada leitura individual ou coletiva. É no seio das tradições históricas que as religiões mundiais emergem com suas dinâmicas particulares de institucionalização, na medida em que se distanciam do carisma oferecido e divulgado pelos fundadores. As tipologias de Weber e de Wach indicam esquematicamente a emergência das comunidades de seguidores com suas estratégias de institucionalização do carisma fundante, colocado em risco na medida em que, sem a presença agregadora do fundador e cada vez mais distante do carisma original, conhece o dado desagregador emergido dentro da comunidade de seguidores ou advindo de influências externas. É do próprio esforço de garantir a continuidade do carisma, regulado, então, por critérios de verdade e de unidade interna do grupo, que os métodos de construção de consenso se impõem como caminho inevitável. A sequência *carisma-rotina-instituição* esquematizada por Weber oferece a trama genérica dos Concílios nas comunidades religiosas (Weber, 1997, p. 197-204). A institucionalização do carisma resulta em organização da doutrina, dos rituais, dos papéis e das normas no momento em que as crises ameaçam a unidade interna e a continuidade histórica do grupo. No processo de institucionalização do carisma, Weber identifica uma direção que chama de "transformação antiautoritária do carisma" (1997, p. 2014) como tipo distinto da transformação autoritária, centrada na figura de um líder absoluto. Nessa direção é que se estruturam as formas colegiadas regulares de exercício do poder, nos seus mais variados tipos de composição no decorrer da história (1997, p. 217-226). As religiões praticam formas colegiadas de exercer o poder em momentos extraordinários, precisamente quando

a unidade está colocada em risco; em termos weberianos, quando o carisma cai na rotina e pode perder sua força de agregação dos discípulos. Mas, no sentido de um conceito unânime, os Concílios se inscrevem como uma das instituições colegiadas, quando a Igreja Católica é assimilada pelas práticas colegiadas do governo romano e já se encontra estruturada em termos de poder hierárquico. As assembleias conciliares exercitam a disciplina racional em torno de questões que ameaçam a unidade grupal e definem os rumos comuns do mesmo por meio de deliberações que acatam a unanimidade ou a decisão da maioria, as quais se tornam, então, obrigatórias (1997, p. 218). Na perspectiva de Joachim Wach, as religiões fundadas evoluem socialmente do *círculo* de discípulos para a *irmandade* e dessa para o *corpo eclesiástico*. A busca de acordos é inerente nas crises que ocorrem na passagem de uma fase a outra. A morte do fundador demarca a passagem da fase de discipulado para a fase da irmandade, em que a tensão entre a preservação do carisma do mestre e a renovação das formas de organização costumam aparecer. Os primeiros Concílios cristãos e budistas situam-se precisamente como solução dessa primeira crise. Mas é precisamente na passagem para a terceira fase que se localizam os Concílios seguintes, como estratégias explícitas de institucionalização dos conteúdos emanados do carisma nascente na fixação da doutrina, dos costumes e das normas e da identificação das heresias e dos dissensos (Wach, 1990, p. 172-178).

Os Concílios constituem a própria dinâmica de racionalização interna das comunidades religiosas, quando essas, então distantes da fonte original de sentido inânime e contínuo e, por essa razão, de consenso e força política agregadora, buscam os meios sustentáveis de construção de suas continuidades históricas. Essa continuidade antiautoritária do carisma nega a postura fundamentalista das religiões irracionais que afirma possuir o próprio carisma *in statu nascendi* e serem capazes de transmiti-lo em cada tempo e lugar. Para essas, a fonte de onde jorra a graça e a verdade uma vez possuída dispensa esforços de elaboração e de interpretação. Para aquelas, resta unicamente a saída da administração racional do carisma pela via da reflexão, do debate e do acordo concluídos entre os especialistas religiosos. Portanto, a prática conciliar se instala quando uma comunidade religiosa posiciona-se: a) em termos históricos, pela superação da fase carismática centrada na figura do fundador pela fase dos discípulos ou da Igreja; b) em termos sociais, pela superação da vivência espontânea, mormente a ritual, pela formulação doutrinal; c) em termos culturais, pela superação da pregação oral pela fixação por escrito; d) em termos políticos, pela superação da fidelidade discipular pela fidelidade ao consenso; e) em termos teóricos, pela superação do discurso exortativo pela formulação conceitual; f) em termos hermenêuticos, pela superação da diversidade de interpretações por uma interpretação↗ unificada e com pretensões hegemônicas; g) em termos pedagógicos, pela superação de uma reprodução interpessoal das verdades por uma reprodução objetiva e universal.

III. Demarcações histórico-religiosas. Um Concílio no sentido amplo do termo designa, portanto, práticas religiosas colegiadas que acompanham muitas tradições religiosas historicamente fundadas. Os detentores legítimos da continuidade do carisma↗ apelam para a estratégia colegiada como forma de legitimar as decisões a serem tomadas sobre o destino↗ do grupo em relação às fontes emanadas da pregação e da própria vida do fundador. Nesse sentido, pode-se falar em Concílios primordiais, ainda colados ao carisma↗, que nascem espontaneamente da necessidade de garantir uma unanimidade imediata ao carisma↗ e garantir a sua integridade e continuidade, distintos dos concílios instituídos como forma regular de exercício do poder religioso, como no caso emblemático da Igreja↗ Católica. O primeiro tipo tem a função de construir a identidade do grupo e o segundo, de garantir a mesma identidade. Nessa primeira acepção gozam de ancestralidade os três Concílios fundantes do Budismo, de modo seguro o primeiro, realizado logo após a morte↗ (*parinirvãna*) de Buda, 543-542 a.C., quando os discípulos diretos começam a morrer e os ensinamentos do mestre recebem interpretações variadas. Esse Concílio fez a primeira classificação da doutrina budista em "três cestos" (meditação↗, disciplina e sabedoria), garantindo uma primeira unidade no ensinamento. Os dois Concílios seguintes, realizados respectivamente oito anos após a morte↗ de Buda – ou, segundo outra tradição, em cem/cento e dez anos depois da morte↗ – e o terceiro entre trezentos/quatrocentos anos após a morte↗. Esses Concílios garantiram em suas distintas épocas um consenso básico na tradição, quando o Budismo já havia se estruturado em escolas distintas (Gouveia, 2016, p. 88-93). Entre os Concílios primordiais situa-se também o que ficou conhecido como Concílio de Jerusalém, conforme relato ocular de Paulo de Tarso (Carta aos Gálatas, capítulo 2) e a descrição do Livro dos Atos dos Apóstolos (capítulo 15) do Novo Testamento cristão. O motivo desse primeiro Concílio deveu-se à divisão causada na comunidade cristã sobre a necessidade de preservar ou não a norma judaica da circuncisão. O consenso construído abriu o Cristianismo para o mundo gentio (mundo grego), na medida em que a norma não foi aplicada aos cristãos de origem greco-romana. Na sequência histórica, o Cristianismo mantém a prática conciliar em suas comunidades locais, como forma de dirimir dúvidas doutrinais e práticas. Na mesma linha de construção da identidade↗ situa-se, no âmbito do Judaísmo, o Concílio de Jamnia, realizado entre o final do primeiro século e o início do segundo século da era cristã. O objetivo desse Concílio foi redefinir a identidade↗ judaica, a qual havia sido abalada com o fim do Judaísmo palestino, ocorrido com a destruição de Jerusalém no ano 70, e com a seita↗ dos seguidores do Nazareno, a qual apresentava novas doutrinas que rompiam com a tradição judaica e propunha um novo cânon para os textos sagrados (Schlesinger-Porto, 1995, p. 637). O Cristianismo antigo adotou a prática conciliar já nos primeiros séculos, como se pode certificar pela realização do Sínodo da Arábia (244-249) com a finalidade de dirimir dúvidas sobre os ensinamentos de Orígenes, teólogo da escola de Alexandria, e do Sínodo de Cartago (256), presidido por Cipriano, com a finalidade de decidir sobre o batismo↗ de hereges. Mas foi o Concílio de Niceia, realizado em 325, sob a convocação e coordenação↗ do imperador Constantino, que inaugurou de modo emblemático a era e a prática do Concílio como estratégia universal (ecumênica) e regular na Igreja↗ Católica.

IV. Demarcações cristãs-católicas. A Igreja↗ Católica consolidou no seio de suas práticas a dinâmica conciliar como herança direta das assembleias romanas realizadas nas regiões do império e como prática biblicamente fundamentada pela própria noção de *ekklesia*, grupo dos pertencentes à comunidade seguidora de Jesus Cristo, corpo místico do Ressuscitado presente na história, comunhão de diversidade, sociedade de sujeitos singulares e iguais. A construção de consensos na comunidade eclesial adquire nessa convicção um significado primeiro de *auditus fidei*, postura expressa pelo *consensus fidei* e da qual decorre a normatividade da *regula fidei*. Os Concílios cristãos foram construídos no decorrer da história a partir dessa legitimidade teológica e se posicionam como momentos autorizados de transmissão da fé, por meio das formulações que vão sendo elaboradas e promulgadas.

A emblemática assembleia de Jerusalém designa de modo normativo essa fé, como meio de construção do consenso em nome da unidade da fé e sob a guia direta do Espírito Santo (Atos dos Apóstolos 15,28). A vinculação entre *comunidade-consenso-verdade* institui teológica e politicamente o Concílio e dá a essa instituição um lugar constitutivo na tradição cristã no decorrer da história. De fato, a história do pensamento e da doutrina cristã está diretamente associada à realização dos Concílios ou Sínodos locais e dos Concílios universais (Ecumênicos), dos quais se pode constatar de um modo geral: a) o discernimento de ensinamentos considerados duvidosos para as origens e a tradição da fé; b) a formulação dos dogmas↗ e doutrinas principais nos Concílios da época antiga; c) a decisão a respeito de divisões internas da Igreja↗ no momento das divisões e cismas; e d) a busca de consenso em relação às mudanças históricas, de modo particular nos tempos modernos.

CONCÍLIO

A Igreja♀ Católica registra em sua longa história a realização de vinte e um Concílios Ecumênicos e de inúmeros Concílios regionais, assim como incontáveis Sínodos (Alberigo, 1995). Os Concílios Ecumênicos podem ser classificados como: Concílios da Antiguidade, realizados ainda com o Oriente católico (com objetivos de definições doutrinais); Concílios gerais medievais, quase sempre ligados a temáticas relacionadas aos Papas; Concílios de reformas, relacionados aos movimentos de Reforma♀ do séc. XVI; e Concílios modernos, que buscaram respostas aos tempos modernos, os dois realizados no Vaticano (Theobald, 2015, p. 50-54). As grandes crises e as reformas que envolveram a Igreja♀ levaram, quase sempre, a uma tomada de decisão conciliar, visando definir e ratificar os rumos da instituição, no tocante à tradição, às doutrinas e às práticas disciplinares e de poder. Pode-se dizer que a Igreja♀ Católica foi construindo a si mesma pela via conciliar, o que, em boa medida, também fizeram as demais denominações cristãs originadas diretamente da Reforma♀ do século XVI. Nas tradições reformadas a prática conciliar-sinodal é adotada como modo de construir consensos referentes a grandes questões, sendo que em algumas delas possui um significado que designa o próprio modo de organização da tradição, em que um conselho sinodal posiciona-se como instância máxima de decisão para a confissão (alguns ramos luteranos), ou como instância de decisão local, com a prática congregacional (caso da tradição batista) (Campenhausen, 1993). O Catolicismo oriental preservou a tradição dos Concílios antigos que compõem a tradição comum Ocidente-Oriente do primeiro milênio, realizando Sínodos no âmbito dos patriarcados. Depois de mais de mil anos, em junho de 2016 realizou-se em Creta um Concílio pan-ortodoxo, embora não tenha contado com a presença dos patriarcados russo, búlgaro, georgiano e antioqueno. As funções dos Concílios na Igreja♀ Católica variaram conforme a época histórica, assim como a sua composição: da Antiguidade até Trento contaram com a participação de leigos♀, de reis e príncipes, além dos clérigos. Os Concílios recentes foram clericalizados, sendo sujeitos de direito os bispos ou cardeais clérigos. Contudo, paradoxalmente, o próprio significado de um Concílio tornou-se objeto de discussão no decorrer da história, conhecendo debate acirrado em torno do século XV. No centro do debate estava a questão da relação entre o primado do Papa com seu poder supremo na Igreja♀ e a superioridade eclesial dos Concílios sobre o mesmo. No centro do debate mais antigo residia a discussão teológica que afirmava ser a Igreja♀ a portadora do poder delegado por Jesus Cristo e não o Papa, sendo a cabeça da Igreja♀ Jesus Cristo e não o sucessor de Pedro. A doutrina que afirma a supremacia dos Concílios sobre os Papas (Conciliarismo) foi definida no Concílio de Constança (1414-1418) como saída

político-teológica para o cisma de Avinhão e revogada no V Concílio de Latrão (1512-1517). Desde então, vigorou a doutrina♀ segundo a qual o Concílio goza de um poder supremo na Igreja♀, porém só podendo ser convocado pelo Papa, devendo ser dirigido por ele (ou por seus delegados) e sendo as decisões também por ele promulgadas (Kaluza, 2004, p. 409). Na história dos Concílios da Igreja♀ Católica, o Vaticano II se insere como o maior de todos, pelo número de padres conciliares e de outros sujeitos participantes como ouvintes e peritos, e como aquele que se dedicou não à resolução de problemas doutrinais, mas à colocação da Igreja♀ em diálogo com o contexto do mundo moderno.

***

O estudo das dinâmicas conciliares se mostra de grande relevância para a compreensão dos processos de constituição das religiões, de modo particular no Ocidente. Os Concílios agregam em suas motivações pautas práticas e teóricas que constituem as identidades religiosas no contexto das civilizações embasadas em regras objetivas e exercício do poder, de exposição das ideias e de objetivações jurídicas. Os Concílios constituem mecanismos próprios dos processos de institucionalização♀ das religiões historicamente construídas, parte dos processos de racionalização pelos quais passaram e passam as tradições, dos quais se excluem, portanto, as tradições arcaicas que se reproduzem por mecanismos ligados diretamente à transmissão oral dos mestres e por meio da estrita ação ritual, assim como os segmentos fundamentalistas que dispensam o exercício da razão e da construção de consensos, pela posse direta da verdade mediante o texto escrito inspirado na leitura/interpretação♀ pelo Espírito Santo. Os Concílios localizam-se nas sequências *carisma-crise-instituição* e *instituição-crise-consenso*. São as formas políticas adotadas na preservação da tradição e da identidade de um grupo em cada época histórica, em nome da fidelidade às origens que liga consenso e tradição (*consenso-identidade-transmissão*), em nome de uma teologia♀ da comunhão que relaciona consenso e verdade e em nome da autoridade coletiva do grupo sobre os seus adeptos (*comunidade-consenso-verdade*). Trata-se da racionalidade política colocada a serviço da unidade da fé, da construção da tradição e da doutrina e da estratégia de exercício da autoridade religiosa♀ legítima.

As tradições religiosas cristãs lidaram de modo diferenciado com a prática conciliar, amparada, sempre, por uma teologia♀ da conciliaridade. O *consensus fidei*, entendido como constitutivo das igrejas, levou a modos distintos de tradução organizacional, desde uma conciliaridade radical que liga comunidade-verdade em termos locais (congregacionalismo♀), passando por modos sinodais de organização da tradição, na forma de junta diretiva, por assembleias com funções ecumênicas entre tradições afins até os modos católicos em que os Concílios compõem com a organização episcopal, patriarcal ou papal como prática extraordinária de exercício da autoridade religiosa↪.

A prática conciliar constitui uma estratégia de organização das religiões, de modo particular das religiões cristãs históricas. De outra parte, enquanto construção de consensos de fé, revela a própria história da construção social das representações e das elaborações conceituais cristãs, desde os Concílios primordiais.

Bibliografia: ALBERIGO, A (Org.). *História dos concílios ecumênicos*. São Paulo: Paulus, 1995; BEINERT, W. Verbete "Conciliarismo". In: LACOSTE, J.-Y. *Dicionário crítico de teologia*. São Paulo: Paulinas/Loyola, 2004; BERGER, P. *O dossel sagrado*. São Paulo: Paulus, 2003; CAMPENHAUSEN, A. von. Verbete "Sínodo/concilio". In: *Dicionário de conceitos fundamentais de teologia*. São Paulo: Paulus, 1993; DURKHEIM, E. *As regras do método sociológico*. São Paulo: Nacional, 1995; GOUVEIA, A.; MARTINS, P. *Introdução à filosofia budista*. São Paulo: Paulus, 2016; HARRIS, R. L.; GLEASON L. A, JR.; WALTKE, B. K. *Dicionário internacional de teologia do Antigo Testamento*. São Paulo: Vida Nova, 1998; KALUZA, Z. Verbete "Concílio". In: LACOSTE, J.-Y. *Dicionário crítico de teologia*. São Paulo: Paulinas/Loyola, 2004; LOSSKY, N. et al. *Dicionário do movimento ecumênico*. Petrópolis: Vozes, 2005; MEEK, W. A. *Os primeiros cristãos urbanos*: o mundo social do apóstolo Paulo. São Paulo: Paulinas, 1992; Schlesinger, H.; PORTO, H. *Dicionário enciclopédico das religiões*. Petrópolis: Vozes, 1995. vol. I.; THEOBALD, C. *A recepção do Concílio Vaticano II*. São Leopoldo: Unisinos, 2015; VERNANT, J.-P. *As origens do pensamento grego*. Rio de Janeiro: Difel, 2013; WACH, J. *Sociologia da religião*. São Paulo: Paulinas, 1990; WEBER, M. *Economía y sociedad*. México: Fondo de Cultura Económica, 1997.

João Décio Passos

CONGREGAÇÃO

O termo "congregação", no terreno da História das Religiões↪, tem uma particular proximidade dos universos religiosos cuja morfologia está estritamente associada à construção de identidades vinculadas a formas comunitárias. Em termos gerais, trata-se de fenômenos religiosos nos quais a constituição de modos de agrupamento local, ou fratrias, é um processo nuclear. Quer se trate da sinagoga, quer da igreja, quer da *ummah*, descobre-se, em várias tradições religiosas, um trabalho contínuo de construção de comunidades, onde o apelo para a reunião é uma dinâmica central. No entanto, essa dinâmica pode apresentar-se segundo modalidades diversas quanto às formas de agrupamento, de autoridade, de relação entre o local e o universal, ou de configuração social em face do meio em que se inscrevem. A teoria social de Max Weber↪ foi particularmente sensível a esta dimensão dos sistemas religiosos.

Na historiografia moderna, os termos "congregacionalismo↪" e "congreganismo", embora se reportem ao universo cristão, designam fenômenos religiosos diversos. Se no primeiro caso se tem em vista a classificação de um movimento de igrejas independentes, na esfera do Protestantismo, no segundo caso, está em causa um movimento católico romano, essencialmente Oitocentista, que dá testemunho de um processo de institucionalização↪ moderna de formas de vida consagrada, masculinas e femininas, através dos votos de pobreza↪, castidade e obediência, numa particular via de seguimento de Jesus Cristo, em torno do carisma↪ definido por fundadores.

I. Congregacionalismo. O termo "congregacionalismo↪" refere-se a um tipo de eclesiologia desenvolvida, de forma mais expressiva, depois da Reforma↪ Protestante. Em termos gerais, esta teologia↪ vê em cada agrupamento autônomo de fiéis a encarnação visível de Jesus Cristo. O termo pode, pois, ser usado como forma de autoclassificação denominacional, mas também com categoria da história do Cristianismo, num quadro interpretativo que visa à diferenciação de eclesiologias no universo da diversidade cristã saída da Reforma↪, com raízes medievais. Assim, o termo tanto pode descrever um universo denominacional concreto, as igrejas congregacionalistas, como certo tipo de eclesiologia, que não é monopólio daquela denominação↪.

O congregacionalismo↪, como modelo de Igreja↪ cristã, tem a suas raízes na Idade Média. No século XII, os Valdenses pregavam o regresso ao espírito da época apostólica, representado como um tempo de vivência de uma absoluta obediência a Deus, sem qualquer autoridade mediadora, numa comunidade constituída a partir de uma radical condição de igualdade. Pelos finais do século XIV e inícios do século XV, na Inglaterra, a corrente lollardista favoreceu a constituição de assembleias autônomas de crentes que liam e interpretavam a Bíblia↪, na tradução para língua inglesa, impulsionada pelo seu inspirador, John Wycliffe. Esses movimentos estavam próximos de dois dos eixos fulcrais da eclesiologia congregacionista que se afirmará na Reforma↪ Protestante: a absoluta soberania de Deus↪ e o sacerdócio universal – do qual participam todos os crentes. Nesta tipologia de agrupamento religioso cada congregação de crentes goza de autonomia, a partir da consciência↪ de que Jesus Cristo exerce a sua autoridade sobre a comunidade sem a mediação de nenhum outro poder. Cada comunidade elege o seu pastor e controla a ortodoxia da sua pregação. Apesar de Lutero posicionar-se na vizinhança dessas conceções, não é possível afirmar que tenha implementado, de fato, este modelo eclesiológico, nas suas versões mais radicais – será mais o caso dos Anabatistas, na Alemanha. Deve-se ter em conta que este tipo de eclesiologia se pode encontrar também em grupos de cristãos como os Quakers e, mais tarde, nas correntes pentecostalistas do século XX, protagonistas de um "novo congregacionalismo♀".

Foi, sobretudo, durante o reinado de Elizabete I, na Inglaterra, que esta tendência se veio a desenvolver. Em 1582, Robert Browne publicou a primeira apologia do congregacionalismo♀, na qual se demarca das tendências que esperavam da Coroa uma iniciativa de reforma da Igreja♀, reivindicando, antes, a necessidade de as próprias comunidades, enquanto congregações de "santos" que fizeram uma aliança voluntária com Deus, assumirem tal processo de reforma, representada como um restauro do espírito das origens. Tenha-se em conta que um importante grupo de cristãos, conotados com esta tendência, integraram a viagem para a Nova Inglaterra, no *Mayflower*, em 1620. Esta identidade religiosa fará parte, assim, da primeira geração de colonos da América do Norte.

Pode-se afirmar que esta sensibilidade religiosa posicionou-se como alternativa, quer relativamente à estrutura episcopal da Igreja♀ de Inglaterra, quer em relação à estrutura sinodal da Igreja♀ Presbiteriana, que o parlamento de Cromwell procurou implementar. Essas igrejas independentes estavam representadas na Assembleia de Westminster e, embora tenham aderido à confissão de fé de Westminster de 1647, não aceitaram a estrutura sinodal defendida pelos presbiterianos. A declaração de Savoy, de 1658, é a expressão consumada desse dissentimento. Então se reconhece que, apesar de a conversão ser individual, Deus ordena que os "santos" se reúnam em assembleias para se ajudarem mutuamente e para organizarem formas de culto público. Cada uma dessas congregações é, plenamente, a Igreja♀ de Jesus Cristo. Os pastores, diáconos ou anciãos são eleitos pela comunidade, que tem o direito de se pronunciar sobre assuntos de gestão e de doutrina. Podem ser convocados sínodos, mas eles não se sobrepõem à legitimidade própria das congregações. Tendencialmente, esta sensibilidade tende a aceitar as outras igrejas protestantes como pertencentes à autêntica Igreja♀ de Jesus Cristo. Pode-se dizer que o princípio interno de certa democracia religiosa conduz à afirmação de tolerância♀ em relação aos outros universos protestantes. O Ato de Tolerância♀ de 1689 permitiu que essas igrejas desenvolvessem instituições educativas próprias, entre outras.

Este processo de institucionalização♀ culminou na criação da União Congregacionalista da Inglaterra e do País de Gales, em 1832. Sempre muito sensíveis às novas formas de liberdade religiosa, foram, também, muito permeáveis aos efeitos da secularização♀,

no século XX. Alguma estagnação, ao longo do século passado, favoreceu a sua fusão com os presbiterianos na *United Reformed Church*, em 1972.

Foi na Nova Inglaterra, constituindo uma aliança com puritanos, que essas igrejas se afirmaram enquanto "Igreja♀ estabelecida". Mantiveram relações com os diversos "despertares" religiosos que marcaram este Novo Mundo desde o século XVIII ao século XX, conhecendo também algumas divisões internas. No século passado, tal como na sociedade britânica, conheceram, nos EUA, uma tendência unitarista. Em 1957, com reformados e luteranos, constituíram a *United Church of Christ*.

II. Congreganismo. O conceito "congregacionismo" não tem sido utilizado pelos historiadores da vida religiosa católica. Utilizam, no geral, o termo "congreganismo" para referir expressões de vida religiosa surgidas no período moderno até aos nossos dias. O fenómeno da vida religiosa tem-se reinventado ao longo dos séculos, sem renunciar a elementos essenciais; foi-se configurando de forma diferente conforme os tempos e os lugares. De duas dimensões substantivas procurou aproximar-se: da dimensão espiritual e da dimensão social. A primeira teve a ver com a compreensão e objetivação da divindade; a segunda se prendeu com a relação ao próximo que nas mais variadas situações reclamou proximidade, atenção e ajuda. É neste enquadramento que se situa o fenómeno do congreganismo católico moderno. Inicia-se no século XVI com os institutos clericais que revitalizam a figura do sacerdote♀. A par dessas formações outras se fundaram para dar resposta às inúmeras carências sociais, mormente à infância abandonada, aos rejeitados do sistema hospitalar e ao enfermo em geral. Emitem votos simples, vivem em comunidades e se regulam por constituições num decurso histórico que termina praticamente no século XIX. Em geral, um instituto religioso não é um fenómeno isolado; surge simultaneamente com muitos outros, apesar de cada um ter identidade própria; é marcado por um determinado contexto social (Rocca, 2017, p. 1044).

O surto fundacional prosseguiu nos séculos XVII-XIX; teve expressão numérica, e variada, atingindo índices questionáveis até para os historiadores. Refira-se que os "religiosos", assim denominados no campo católico romano, desde 1700 até 1855, tinham sido praticamente extintos em todo o espaço europeu. O mundo regular considerou-se praticamente extinto após aquele percurso histórico. Foram hostilizados por regimes políticos, incompreendidos por culturas emergentes, e até pela própria Igreja♀ institucional. A par dessa hostilização e consequente apagamento, em contraponto, se começa a divisar um fenómeno paradoxal: num mundo que se despedia de Deus e da religião, emerge o fenómeno congreganista católico moderno. No geral, embora enraizados nos países que seguiram o ideário da Revolução Francesa,

CONSCIÊNCIA

rapidamente se estenderam a outros continentes. Associou-se até certo ponto a algum ideário da Revolução Francesa (1789), que, nos seus estratos sociais mais moderados, reclamava instituições religiosas♀ úteis à sociedade, com orgânicas internas mais flexíveis, o que, de fato, se verificou pela introdução dos votos canónicos simples. O congreganismo, ao votar-se a uma entrega ao mundo emergente e envolvente, assume projetos educativos, cuidados hospitalares, atendendo às mais variadas expressões de pobreza♀, tanto no espaço europeu como nos lugares da Modernidade expandida, subestimando a dimensão contemplativa. Mas conservam os elementos tradicionais da chamada "vida religiosa" – centralização, vida em comum, votos canónicos e apostolado. Na sua agilidade, tornaram-se mais facilmente aceites pelo Estado e pela Igreja♀.

O congreganismo é expressão de uma mudança em face das realidades emergentes. Deixa de parte as estritas observâncias, em que a subestima do corpo se expressava em práticas de penitência e asceses♀ rigorosas. Ao inverso, as novas formações dão-se a uma valorização do corpo♀ para o tornar disponível no serviço de diferentes causas, na geografia cristã tradicional e em latitudes antes desconhecidas. O congreganismo apresentou como novidade a sua forma de se relacionar com a sociedade, encontrando na "missão" o princípio unificador das suas formas de consagração – essa dimensão foi ainda mais enfatizada no contexto posterior de emergência dos "institutos seculares". Ao inverso do congreganismo precedente, que procurou levar o mundo para dentro das suas estruturas (escolas, hospitais, asilos etc.), esta nova dinâmica pretendia levar a missão♀ cristã para o coração das diferentes dinâmicas sociais. Entre 1800 e 1849, fundaram-se 45 institutos religiosos; igual número de fundações se efetuou até 1889 (Hostie, 1974, p. 26). Nunca se tinha visto antes, quer no primeiro milénio, quer no segundo, um ritmo fundacional com essas características.

O seu enquadramento não foi fácil de conseguir no âmbito político, cultural e até por parte da Igreja♀ de Roma. Na Cúria Romana, particularmente na congregação dos bispos e regulares, essas formações religiosas, quando reconhecidas, eram apelidadas de "Pias associações" (Sedano, 1989, p. 332). Não eram equiparadas a "Religiões" (Gambari, 1975, p. 1563), isto é, às tradicionais ordens religiosas. Os seus membros não eram ainda reconhecidos como religiosos. Não tinham enquadramento canónico no verdadeiro sentido do termo. No entanto, internamente, os membros dessas congregações assumiam-se como congreganistas, nomenclatura a que Roma não se opunha. Essa ambiguidade foi-se arrastando, até que Leão XIII, pela constituição apostólica *Conditae a Christo*, de 1900, reconheceu essas congregações, equiparando-as às ordens tradicionais, apesar da diferença de estilos de vida. O Direito♀ Canónico de

1917 mencionou-as com o novo estatuto. Algumas questões se colocaram e colocam ainda quanto à(s) tipologia(s) da vida religiosa; estudiosos se questionam sobre a legitimidade de fazer distinção entre o congreganismo e a história da vida religiosa, na base de variadas categorias, aparentemente dicotômicas: vida contemplativa/vida ativa; vida religiosa/vida secular; vida de oração♀/vida operativa na ação. Para fazer um pouco de ordem na narrativa histórica sobre os institutos que hoje fazem parte do congreganismo católico moderno, talvez não seja displicente recorrer às categorias jurídicas que enquadram as diversas instituições dos Regulares na tradição eclesial latina, a saber: os monges, os cónegos regulares, os mendicantes, os clérigos regulares, as congregações religiosas e os institutos seculares.

Bibliografia: BARBOSA, D. S. História da Vida Consagrada. In: *Essencialidade da vida consagrada*. Lisboa: Paulus, 2015. p. 37-59; GAMBARI, É. Congregazione religiosa. In: *Dizionario degli istituti di perfezione*. Rome: Città Nuova, 1975. vol. II, p. 1560-1568; HOSTIE, R. Vida y muerte de las órdenes religiosas. *Concilium* 97 (1974) p. 20-31; ROCCA, G. Ciclo di vita degli istituti religiosi e ciclo di vita delle istituzioni di vita religiosa. *Recollectio* 40 (2017) p. 1019-1049; ROHR, J. von. *The Shaping of American Congregationalism, 1620-1957*. Cleveland: The Pilgrim Press, 2009; SEDANO, M. J. Congregación. In: *Diccionario teológico de la vida consagrada*. Madrid: Publicaciones Claretianas, 1989. p. 327-336; WILLAIME, J. P. (avec la collaboration de Dominique Cusenier). *Protestantisme*. CRDP de: Franche-Comté: CERF, 1998. (Coll. Histoire des Religions); WINSHIP, M. P. *Hot Protestants*: A History of Puritanism in England and America. New Haven/London: Yale University Press, 2019.

ALFREDO TEIXEIRA
DAVID SAMPAIO BARBOSA

CONGREGACIONALISMO →
Organização religiosa

CONSCIÊNCIA

A palavra consciência é de origem indo-germânica. Mais proximamente vem do latim: "conscientia" (*cum + scientia*). O vocábulo tem muitas acepções, seja no uso corrente, seja na Psicologia e na Filosofia. Para entender o seu sentido na Psicologia da Religião♀ é útil, primeiro, distinguir entre o seu significado religioso e seu sentido psicológico propriamente dito. Na língua inglesa esta distinção é bastante evidente: *conscience* não é o mesmo que *consciousness*. O primeiro termo corresponde mais ao que se diz em português quando se usa popularmente a palavra *consciência*. O segundo vocábulo (*consciousness*) se refere, segundo o dicionário Longman (1984), a fenômenos da consciência semanticamente mais vizinhos aos usados na Filosofia e nas Ciências Psi: "É a qualidade ou o estado de ser consciente de alguma coisa dentro ou fora do que se passa numa pessoa (abrangendo) todos os estados da consciência da mesma, de modo especial os de nível superior da vida mental".

Devido à larga difusão da Psicanálise☞ durante todo o século XX, a discussão em torno da dialética consciente *x* inconsciente prendeu-se muito, numa primeira fase, à primeira tópica de S. Freud☞, que partia de uma distinção entre o pré-consciente, o consciente e o inconsciente. Com a evolução teórica acontecida na Psicanálise☞, Freud☞, num segundo momento, julgou ser mais adequado falar das contraposições que se observam entre "o Id, o Ego e o Superego" (segunda tópica). A Psicanálise☞ freudiana parece ter dado um valor exagerado ao inconsciente, o que provocou uma reação, especialmente na Psicanálise☞ anglófona, de psicanalistas posteriores adeptos da chamada "Psicanálise☞ do Ego" (Hartmann) e "Psicanálise☞ do *Self*" (Winnicot, 1998; Kohut, 1971), os quais, mesmo aceitando algumas das principais hipóteses de Freud☞ (não todas!), discordam do mestre vienense quanto às pulsões inconscientes e fazem uma leitura original das funções do *Self*. Para esses psicanalistas, a noção de consciência/consciente pede uma consideração mais atenta dos processos psicológicos superiores da mente responsáveis pela tomada de consciência dos seres humanos.

Já a palavra inglesa *conscience*, como já mencionado, tem um sentido distinto. Refere-se mais à consciência da qualidade ética e moral do comportamento e/ou das intenções de alguém e implicam juntamente um senso de obrigatoriedade de se evitar a prática do mal. Este sentido é mais próprio das religiões, embora possam ser do interesse (não religioso) também da Psicologia da Religião☞. Eles foram considerados por vários autores na história recente da Psicologia, desde aspectos não só psicanalíticos como psicocognitivos, psicoevolutivos, psicossociais e, ultimamente, neurológicos, como se pode ver de pesquisas e teorias como as de Jean Piaget, L. Kohlberg (1992), R. G. Goldman (1964), U. J. Bronfenbrenner (1996) e, no campo mais específico da Psicologia da Religião☞, as de Gordon Allport☞ (1950) e James Fowler (1992).

Num plano mais filosófico, a noção de consciência se aproxima também, na língua inglesa, ao termo *awareness*; relacionado a atributos pelos quais os humanos são capazes de tomar em relação ao mundo e aos seus próprios estados subjetivos de consciência, aquele juízo crítico que só é possível a uma espécie dotada de níveis mais altos de liberdade de decisão.

Nos últimos anos cresceram muito as discussões em torno da relação cérebro-mente. Nesse contexto, ressurgiu a noção de "consciência", vista agora em chave neurobiológica e neuropsiquiátrica. Nesse sentido, é original e notável a contribuição que Antonio Damásio (2000) deu a respeito ao elucidamento da consciência.

Outro aspecto, de grande interesse no estudo da religiosidade no Brasil, é o trabalhado pela chamada "Psicologia Anomalística☞", desde um enfoque científico baseado em resultados recentes de uma pesquisa que atraía a atenção de William James☞, Carl G. Jung☞ e S. Freud☞. São estados que até um passado recente eram tidos como sendo patológicos exatamente por apresentarem anomalias comportamentais que quase sempre implicam também a perda ou os estados semiconscientes de transe religioso.

Bibliografia: ALLPORT, G. *The individual and his religion*. Chicago: Chicago University Press, 1950; BRONFENBRENNER, U. *A ecologia do desenvolvimento humano*: experimentos naturais e planejados. Porto Alegre: Artes Médicas, 1996; DAMÁSIO, A. *O mistério da consciência*. São Paulo: Companhia das Letras, 2000; FOWLER, J. *Estágios da fé*: psicologia do desenvolvimento humano e busca de sentido. São Leopoldo: Sinodal, 1992; GARDNER, H. *Multiple intelligence*: New horizons in theory and practice. New York: Basic Books, 2006; GOLDMAN, R. G. Religious *Thinking from Childhood to Adolescence*. London: Routledge, 1964; HARTMANN, H. *Essay on Ego Psychology*: Selected Terms in Psychoanalysis. NewYork: International University Press, 1994; KOHLBERG, L. *Psicología del desarrollo moral*. Bilbao: Desclée de Brower, 1992; KOHUT, H. *La restauración del Si Mismo*. Barcelona: Paidós, 1980; LONGMAN *Dictionary of the English Language*. Essex, UK: Longman Group, 1984; PIAGET, J. *Le jugement moral chez l'enfant*. Paris: Alcan, 1932; STERN, D. *O mundo interpessoal do bebê*. Porto Alegre: Artes Médicas, 1992; VALLE, E. Estados alterados da consciência, experiências anômalas e psicoterapia. In: BRUSCAGIN, C. et al. (Ed.). *Religiosidade e psicoterapia*. São Paulo: Roca, 2008. p. 81-100; VALLE, E. Neurociências e religião: interfaces. *REVER: Revista de Estudos da Religião*, 2001, n. 3, p. 1-46; WINNICOTT, D. W. *Os bebês e suas mães*. São Paulo: Martins Fontes, 1998; ZANGARI, W. et al. Estados alterados da consciência. In: PASSOS, J. D.; USARSKI, F. (Ed.). *Compêndio de ciência da religião*. São Paulo: Paulinas/Paulus, 2013. p. 423-435.

João Edênio Reis Valle

CONSTRUTIVISMO

O termo construtivismo deriva etimologicamente de "construir", com origem no verbo latino *struere*, que significa estruturar, organizar, reunir e dispor as partes de um todo. Pressupõe a existência de um sujeito ou inteligência que faz essa organização e estrutura o que venha dos sentidos. No âmbito acadêmico, o termo "construtivismo" surge na obra de Jean Piaget, em 1967, depois de KantƟ ter dado a acepção contemporânea ao conceito, ao atribuir ao sujeito um papel ativo no processo do conhecimento, na construção das suas representações do mundo, através da estrutura da mente. A epistemologiaƟ construtivista tem permitido a alguns acadêmicos conciliar o debate quanto ao lugar da religiãoƟ na ciência e quanto às formas como o conhecimento produzido pela religiãoƟ podem auxiliar o próprio conhecimento científico, possibilitando uma coexistência entre ambas as esferas. O princípio é o de que tanto a religiãoƟ (a fé) como a ciência (causalidade dos fatos observados empiricamente) dependem do observador e não existem sem ele. Por exemplo, o foco do relato do Gênesis é a religiãoƟ, não uma ontologia (Staver, 2010, p. 36). Nascendo nas ciências exatas e experimentais, essa corrente passa pelo campo da lógica e transborda pelas Ciências Sociais e Humanas, como uma alternativa ao empirismo de David HumeƟ, que tenta construir a *História natural da religião*, em 1757, e ao racionalismo, como o de Spinoza, Hegel, Renan ou FeuerbachƟ, que explicaram a natureza das coisas pela razão.

Entre as propostas construtivistas, temos o "construtivismo social", que insiste, como Thomas Kuhn fizera, que todo o conhecimento e as crençasƟ científicas têm causas sociais, ou seja, são exclusivamente uma construção social. Essa perspectiva negligencia a discussão sobre as possibilidades de enunciados verdadeiros e objetivos, minimizando o aspecto cognitivo e a própria lógica e racionalidade técnica da investigação científica. No limite, leva a um relativismo científico, ético e cultural, que enaltece a equidade de todo conhecimento individual ou de uma comunidade, pela cognição e linguagem partilhadas nas interações sociais. Trata-se de uma perspectiva intersubjetivista, que recorre preferencialmente à tradição da etnometodologia e que viaja para lá da Europa, dos mercados e das supremacias (religiosas) etnocêntricas. Este aspecto – e ainda numa perspectiva crítica em relação ao realismo empirista e à linha epistemológica da racionalidade subjetiva – pode ser aprofundado na esteira de HabermasƟ, para algo que possa estar a meio caminho entre o realismo e o construtivismo.

Os construtivistas analisam as condições em que algumas práticas religiosas são aceitáveis (porque há interesses racionais nas escolhas que se fazem também no âmbito religioso) e outras são rejeitadas como incorretas, não assumindo que, no limite, todos os conteúdos religiosos são constantes, mas contingentes. O construtivismo ajuda a compreender como os atores e as ideias moldam a religiãoƟ, como sendo também um produto de lutas e categorias fundadas pelos ganhadores nas diversas esferas sociais e políticas.

O construtivismo enquadra-se, assim, como uma das várias vias teóricas que procuram relacionar a ciência com a religiãoƟ, na busca de sentido. Essa relação tem antecedentes recuados na história, nomeadamente, de acordo com P. Hefner (*The science--religion relation*): entre os modernos, que traduziram a sabedoria religiosa em conceitos científicos; os pós-modernos, que apostam na ciência para a construção de novos mitos substitutos das "desadequadas" visões religiosas; os críticos pós-iluministas, que defendem a inutilidade de visões fechadas de sentido e de conhecimento da própria ciência, que são, como a religiãoƟ, inacabadas; a opção cristã evangélica, que reafirma a racionalidade da fé tradicional; e as posições dos construtivistas tradicionais, que tentam reinterpretar a ciência com os conceitos religiosos tradicionais, à luz do conhecimento científico; ou dos construtivistas pós-modernos, que oferecem uma nova metafísicaƟ para a ciência, baseada nas visões contingentes e plurais do mundo. Geraldo Paiva (2002, p. 566) diz-nos que "algumas propostas nessa posição são a metafísica do processo (Whitehead, na Filosofia; Hartshorne, na TeologiaƟ), a metafísica feminista do holismo e da corporeidade; a teoria 'gaia', da interconexão dos sistemas planetários da terra; a 'ordem implícita' na natureza, de D. Bohm".

A proposta dos construtivistas é a construção coerente de um esquema de ciência que estabeleça uma unidade da História da ReligiãoƟ. Mas fará isso parte da Ciência da ReligiãoƟ ou apenas da Filosofia (Fenomenologia) da Religião? A perspectiva teológica da História da ReligiãoƟ, que perdurou durante séculos, até mesmo depois da secularizaçãoƟ, é a de uma historiografia sacra, da salvaçãoƟ. O IluminismoƟ veio, contudo, trazer uma preferência pelo estudo científico da religião, embora os pensadores pendessem para os modelos construtivistas desse histórico. Estes, porém, seriam postos em causa pelo florescimento de abordagens mais "positivistas" das religiões, na linha de Erasmo de Roterdã, que abriu a trilha seguido pelos empiristas de HumeƟ até Herder. No seu ensaio *Vom Fortschreiten einer Schule mit der Zeit* (1798), Herder questiona o universalismo uniformizante, defendendo a diversidade sem a correlacionar com o evolucionismoƟ, apresentando-se, desse modo, como precursor do relativismo cultural.

Em geral, qualquer tentativa de explicação universalizante e construtivista é hoje posta em causa pela maioria dos pensadores, com exceção daqueles que se baseiam em concepções filosóficas sobre a história. Os cientistas da religião tendem antes a centrar-se no estudo de religiões, áreas e problemas específicos, numa pluralidade de desenvolvimentos de diferentes formas religiosas, a que Tiele (1899-1901, p. 130) chamou de "divergência da evolução religiosa". Tal desenvolvimento ocorre continuamente com o caminhar da própria humanidade, levando-nos a acreditar que as religiões morrem, mas não *a* religião. Na verdade, nem a especulação hegeliana nem os modelos evolucionistas mais empíricos da religião, seguindo Compte e Spencer (como, por exemplo, o construtivismo evolutivo de Wundt→) deram conta satisfatória do tema, tendo sido desmontados por Lang, Otto→, Schmidt e Beth. A construção de uma visão universal da religião teria de ser especulativa, não podendo, portanto, ser do foro da Ciência da Religião→, que é uma disciplina empírica, que estuda "a religião→" (suas formas e significados) e não "as religiões", afirma Wach (2018, p. 235-236), e é independente, desde Max Muller.

Mas se a religião→ é tão heterogênea, poderá ela ser abordada de uma forma consistente – e os seus efeitos poderão ser generalizados de algum modo? No seu texto de 2015, *Beyond Religious Freedom*, Shakman, Hurd responde que "a religião→ é uma categoria demasiado instável para ser tratada como uma entidade isolável, quer o objetivo seja tentar separar a religião→ do direito e da política, quer seja desenhar uma resposta política a ela". Por outro lado, os cientistas sociais que são geralmente apontados como construtivistas não olham da mesma forma para os objetos de estudo. Na linha de Foucault, estudam-se as origens e os efeitos dos campos do conhecimento sobre a religião. Um wittgensteiniano iria procurar saber como é que as práticas discursivas herdadas e incorporadas constituem tradições religiosas separadas de qualquer definição externa. Seguidores de Bourdieu→ irão focar-se na produção dos campos religiosos e políticos e os seus efeitos nas relações sociais. Clifford Geertz→ iria propor que se estudasse a cultura como um sistema de símbolos ou como *performance*. O que os construtivistas ainda não fizeram foi analisar as relações entre a religião→ e o Estado e a governança religiosa. Deve a religião→ estar na esfera pública? E de que forma(s)? E onde fica a história e as instituições que moldam as preferências individuais? O foco na heterogeneidade da abordagem construtivista é o seu ponto forte, mas ao mesmo tempo é também a sua fraqueza, porque limita a possibilidade de generalizações no campo religioso, ficando-se por teorias que se poderão considerar de médio alcance.

Os investigadores devem celebrar a possibilidade de hoje se poder usar um pluralismo teórico, conceitual e metodológico, em vez do recurso a abordagens monolíticas que irão inevitavelmente tropeçar na heterogeneidade da religião→ e suas práticas multifacetadas, em termos de espaço-tempo. É certo que a religião→ não é uma categoria consistente de práticas, mas é sem dúvida uma categoria que se mantém como um campo privilegiado de análise pela ciência, dentro da qual o construtivismo, que sugere que toda a ciência não produz senão representações, é uma das vias possíveis.

Bibliografia: HEFNER, P. The science-religion relation: Controversy, convergence, and search for meaning. *International Journal for the Psychology of Religion*, 7(3), p. 143-158, 1997; HURD, E. S. *Beyond religious freedom*: the new global politics of religion. Princeton: Princeton University Press, 2015; MENCHIK, J. The Constructivist Approach to Religion and World Politics. *Comparative Politics*, 49(4), p. 561-581, 2017; PAIVA, G. J. Ciência, religião, psicologia: conhecimento e comportamento. *Psicologia: Reflexão e Crítica* 15(3), p. 561-567, 2002; PIAGET, J. *Logique et connaissance scientifique*. Paris: Gallimard, 1967. (Encyclopédie de la Plêiade.); STAVER, J. R. Skepticism, truth as coherence, and constructivist epistemology grounds for resolving the discord between science and religion? *Cultural Studies of Science Education*, 5, p. 19-39, 2010; TIELE, C. P. *Einleitung in die Religionwissenschaft*. Gotha, 1899-1901; TRIGUEIRO, M. G. S. O que foi feito de Kuhn? O construtivismo na sociologia da ciência: considerações sobre a prática das novas biotecnologias. In: SOBRAL, F.; MACIEL, M.; TRIGUEIRO, M. A. *Alavanca de Arquimedes*: ciência e tecnologia na virada do século. Brasília: Paralelo 15, 1997; WACH, J. E. A. F. Os ramos da Ciência da Religião. Trad. de Fábio L. Stern. *Rever* 18(2), p. 233-253, 2018 [original: 1924].

Marina Pignatelli

CONVERSÃO RELIGIOSA

A conversão religiosa foi um dos temas mais debatidos nos anos em que a Psicologia da Religião→ dava os seus primeiros passos. O termo "conversão" era utilizado pelos primeiros psicólogos não apenas para caracterizar a entrada de alguém numa outra religião como também para descrever o processo que provoca no convertido uma transformação de sua identidade profunda, de sua visão de mundo e de sua relação com a realidade e as pessoas. Tudo em virtude de uma experiência pessoal do divino, seja qual for o sentido atribuído pelo convertido a essa realidade sentida como transcendente. Trata-se, portanto, de algo que tem uma influência no que há de mais íntimo na subjetividade do indivíduo, envolvendo suas emoções, crenças→ e valores e ocasionando uma ressignificação em toda a sua vida e comportamento.

Uma das razões da popularidade deste tema na literatura da época se deve ao livro de William James→ (1842-1910), *As variedades da experiência religiosa*, publicado na virada do século XIX para o século XX (1902), quando despontava academicamente entre as ciências da época a Psicologia da Religião→ devido à efervescência dos movimentos de reavivamento que abalavam os costumes, as crenças→, os cultos e os costumes herdados dos "pais fundadores" da nação americana.

Nesses inícios o debate se concentrou, sobretudo, na *experiência religiosa* subjetiva das pessoas que se convertiam. O êxito da Psicanálise, uma novidade da psiquiatria europeia, colaborou para a difusão da tendência a acentuar os processos subjetivos. A Psicanálise trouxe consigo um complicador de difícil assimilação: o inconsciente, com sua influência determinante nos processos cognitivos. O interesse de muitos psicólogos que fundaram a Psicologia da Religião enfocava só secundariamente os aspectos sociais. Como James, davam também pouca importância aos aspectos institucionais da religião. Sendo a experiência religiosa o conjunto *"dos sentimentos, atos e experiências de indivíduos* em sua solidão", como dizia James, segue-se que o experimentado interiormente pelo indivíduo é que constitui o decisivo na experiência psicológica da conversão. O social é apenas secundário.

Note-se que a expressão "na solidão do sujeito", enfatizada por James, tende a desviar a atenção aos aspectos históricos, sociológicos e culturais que necessariamente condicionam a experiência subjetiva de um convertido. Esquece-se facilmente de que toda e qualquer conversão religiosa, mesmo quando fruto de um amadurecimento psicológico normal e saudável da pessoa, é no fundo uma *adesão* a algum grupo ou instituição já previamente existente. Em especial em grupos humanos que vivem em sociedades modernas, industrializadas e urbanas, os processos psicológicos religiosos e não religiosos não podem ser objeto apenas da ciência psicológica. O psicólogo da religião no estudo da conversão não pode fazer abstração dos conhecimentos acumulados pelas outras ciências humanas, em especial as sociológicas e históricas. Talvez seja essa a razão pela qual, na Ciência da Religião, ao lado da atenção aos processos individuais implicados na conversão, se considera também o que foi sendo levantado no século XX por ciências como a Psicologia Social, a Psicossociologia a Antropologia, a Etnologia, a História e a Linguística.

Indo além das transformações que se passam nos indivíduos ou na coletividade, a Psicologia da Religião levanta também os aspectos filosóficos, hermenêuticos, fenomenológicos e existenciais presentes no que se passa na pessoa convertida. Há de se reconhecer que na constituição da subjetividade como no comportamento do convertido existe toda uma gama de emoções, crenças e valores que implicam uma visão filosófica, e mesmo teológica, do mistério que envolve a criação e o cosmo. Entende-se assim que a relação com o divino, além de proporcionar mudanças significativas de tipo comportamental (há um "antes" e um "depois" da conversão), comporta ainda um fenômeno de desestruturação e reestruturação dos esquemas de sentido e de vida da pessoa.

A religião é por isso concebida por James, que além de médico e psicólogo era também filósofo eminente, como sendo a relação de um ser humano com a última e suprema realidade designada como Deus. Em seu sentido mais amplo e geral "ela consiste na crença de que existe uma ordem invisível, e que o nosso bem maior reside em ajustar-nos harmoniosamente a ela". Ou, em outros termos, em seu âmago, a experiência religiosa, e nela a experiência da conversão, consiste em "sentimentos, atos e experiências de indivíduos em sua solidão, na medida em que eles se sentem relacionados com o que quer que possam considerar divino" (James, 1995, p. 31).

E. D. Starbuck, um pesquisador habilidoso que já em fins do século XIX (Starbuck, 1897) pesquisava, juntamente com William James, sobre comportamentos concretos de conversão que se multiplicavam no Protestantismo norte-americano, e as *motivações* que estariam levando os 1011 homens e as 254 mulheres por ele estudados a uma experiência de conversão, encontrou os seguintes resultados, alguns dos quais claramente psicossociais: a pressão social (19%), os ideais morais (17%), os remorsos pessoais (16%), o temor da morte e do inferno (16%), a imitação de exemplos (13%), a resposta a ensinamentos doutrinais (10%). Vê-se por isso que esse discípulo direto de James não investiga apenas as motivações de caráter subjetivo sentidas "na solidão" da alma. Já então a trilha preferida pelos que estudavam a conversão enquanto sentimento individual iam bem mais adiante, incluindo questões relativas ao social.

Para James, converter-se equivalia a "regenerar-se, receber a graça, sentir a religião". Seriam três as características desse processo ao menos no caso das religiões cristãs dos Estados Unidos. Primeiro, as conversões pesquisadas por E. D. Starbuck (1866-1947) e George A. Coe (1862-1951), dois outros pioneiros da pesquisa sobre a conversão nos Estados Unidos, que eram por eles vistas como mudanças de estados de ânimo vivenciados de modo psicologicamente ambíguo.

Nas Conferências Gifford, pronunciadas na Escócia, em 1896, William James dedicou duas de suas palestras para descrever com minúcias o processo vivenciado por convertidos. Ele traça, através de exemplos, o itinerário da passagem de um eu dividido, enfermo e infeliz para outro unificado, conscientemente certo e superior (James, 1995, p. 89-125).

Coincidiam geralmente com essa divisão do eu uma pronunciada sensibilidade emocional e uma tendência a automatismos e a uma sugestionabilidade de tipo passivo. Quando esse coincidia com os dois outros fatores abaixo discriminados o resultado era quase sempre, no dizer de James, "uma conversão de tipo impressionante" (James, 1995, p. 155).

Em segundo lugar, James (1995, p. 138) distinguia nessas mudanças dois diferentes tipos de processos: um era *gradual*, como na edificação, peça por peça, de um novo conjunto de hábitos morais

CONVERSÃO RELIGIOSA

e espirituais, que em seu desenrolar quase sempre apresentavam pontos críticos de emperramento ou de celeridade. O outro tipo era de caráter aparentemente *instantâneo* que podia ou não ser precedido por algo que ia tomando corpo dentro do sujeito e que, após um período de exaustão emocional, dava lugar ao surgimento de um sentimento de pacificação e serenidade convicta.

Em terceiro lugar, no processo de conversão as ideias e metas religiosas, antes percebidas como periféricas, iam assumindo um lugar central na consciência$\wp$, passando a formar o centro habitual da energia do sujeito. Importante ainda, na opinião de James, era distinguir bem a diferença entre uma conversão com "equilíbrio mental" de outra que revelava que a alma$\wp$ da pessoa estava "enferma" (James, 1995, p. 59-125).

Mais recentemente vários psicólogos se distinguiram no estudo da conversão (que hoje, aliás, se tornou um fenômeno de massa muito frequente, alterando inteiramente a direção do *trânsito religioso* em países como o Brasil). Hoje os modelos de pesquisa tendem a se apoiar em teorias de meio alcance (*middle range theories*). Há em países como o nosso uma forte influência dos movimentos carismáticos importados dos Estados Unidos. O estudo científico desses comportamentos está em aberto, seja teórica, seja metodologicamente. Sofrem o impacto de teorias sociológicas (Carrier, 1988; Richardson, 1978; Wohlrab-Sahr, 1998; Hervieu-Lèger, 2015 e outros) e são descritas desde perspectivas evolucionárias que privilegiam em suas investigações aspectos neurobiológicos das articulações cérebro-mente-consciência$\wp$ (Hammer, 2005; Eccles; Popper, 1977). Outro ângulo de análise hoje explorado é o fenomenológico (Freitas; Holanda, 2014). Neste verbete serão explicitados apenas dois destes modelos novos, elaborados por psicólogos, que guardam traços já presentes em William James$\wp$, mas, ao mesmo tempo, incorporam outros aspectos de interesse da Ciência e da Psicologia da Religião$\wp$.

Para Zetterberg (1952), um dos sociólogos contemporâneos da conversão religiosa vista da perspectiva da mudança dos papéis sociais dos convertidos, o que se passa no interior do convertido, seja qual for a descrição e a interpretação$\wp$ psicológica, sociológica ou cognitiva do que acontece no câmbio psicológico por ele vivenciado, existem quatro dimensões que merecem atenção: a) algumas dessas são próprias do psiquismo e da história de vida de cada sujeito em si, tanto no nível consciente quanto no inconsciente; b) outras dependem das condições e dos níveis de amadurecimento (de higidez ou doença) do *in-group* ao qual o convertido se afilia; c) outros, ainda, se conectam ao contexto sociocultural, político-econômico ou histórico-teológico e religioso do grupo; d) finalmente, as circunstâncias que se ligam à idade, ao sexo, ao gênero$\wp$ e à classe social

dos convertidos. Contam muito os momentos e circunstâncias concretas (por exemplo, as migrações e os conflitos religiosos vividos pelos que se afiliam a uma corrente religiosa com visibilidade maior ou menor de mercado (Valle, 2013, p. 37).

Lewis Rambo (1993) é outro nome muito conhecido no campo da pesquisa sobre a conversão religiosa. Seguindo uma linha semelhante à de Lofland e Stark$\wp$ (1965), ele parte do pressuposto de que no início do processo de conversão de uma pessoa existe sempre algum tipo de inquietação e busca. Ele usa a palavra "crise" para designar tal estado. Ele sabe muito bem que essa crise tem tudo a ver com os impasses, dúvidas e angústias da sociedade destradicionalizada em que vivemos, mas analisa essa situação plural e confusa de uma postura de psicólogo. Ele também postula quatro aspectos teórico-metodológicos que o psicólogo deve levar em consideração: a) deve saber que um ponto muito sublinhado pelos estudos antropológicos, o da influência marcante dos parentes e das amizades com "outros significantes", bem como a força dos chamados grupos de referência e de pertença sobre identidades em formação, são decisivos nas conversões que se verificam em sociedades nas quais os jovens constituem uma subcultura absorvente e um mercado de consumo. Os antropólogos de língua inglesa chamam de *kinship* e de *friendship networks* essas relações. Em sociedades contemporâneas, com o advento das redes sociais e o surgimento de um mundo mais virtual que real, as relações interpessoais assumiram conotações inéditas, cujo efeito ainda não se sabe bem ponderar; b) outro ponto relevante sublinhado por Rambo é o do *papel exercido pelos líderes* das religiões que se valem dos meios de comunicação social. São milhões os que se inspiram em tais líderes. Não se sabe ainda até que ponto essa massa de seguidores os terá como guias; c) um terceiro aspecto merecedor da atenção do psicólogo é a retórica (linguagem) nova com a qual os neoconvertidos passam a ver e a falar da sua vida e a encarar a vida dos que os cercam no novo *in-group*. Trata-se, em última análise, de uma práxis ainda não bem assimilada pelo indivíduo, mas que esse julga já ter sido definitivamente reconfigurada pela ação de Deus. Ele é um *new-born* que deve reaprender a andar; d) um quarto e importante elemento para a consolidação da conversão é o *papel* que o grupo atribui ao convertido e que é por ele assimilado como um componente essencial ao seu "novo nascimento". Os novos papéis sociais, distintos do que o convertido assumia quando ainda era um "não salvo", são essenciais no modelamento dos comportamentos que o grupo religioso propõe e cobra dele. Ao se converter a um movimento religioso até então desconhecido, passa a elaborar uma nova percepção de si mesmo.

Bibliografia: CARRIER, H. *Psicosociologia dell'appartenenza religiosa.* Leumann-Torino: Elle Di Ci, 1988; ECCLES, C.; POPPER,

K. R. *The Self and the Brain*. Berlin: Springer, 1977; FREITAS, D. de; HOLANDA, A. F. Conversão religiosa: buscando significados da religião. *GERAIS – Revista Interinstitucional de Psicologia*, 2014, v. 7, n. 1. p. 93-105 (versão online); GOMES, A. M. A (Org.). *Psicologia social da conversão religiosa*. São Paulo: Reflexão, 2013; HALL, G. S. *Adolescence*: Its Psychology and its relations to Physiology, Antropology, Sociology, Sex, Crime, Religion and Education. New York: D. Applelton, 1904; HAMMER, D. *O gene de Deus*: como a herança genética pode determinar a fé. São Paulo: Mercuryo, 2005; HERVIEU-LÈGER, D. *O peregrino e o convertido*: a religião em movimento. Lisboa: Gradiva, 2015; JAMES, W. *As variedades da experiência religiosa*. São Paulo: Cultrix, 1995; LEUBA, J. H. *A Psychological Study of Religion: Its Origin, Function, and Future. A Study in the Psychology of Religious Phenomena*. New York: McMillan Co., 1912; LOFLAND, J.; STARK, R. Becoming a word saver. A theory of conversion to a deviant perspective. *American Sociological Review*, 30, 1965, p. 862-874; RAMBO, L. R. *Understanding Religious Conversion*. New Haven, CT: Yale University Press, 1993; RICHARDISON, J. T. *Conversion careers*: in and out of new religions. Beverly Hills, Ca: Sage, 1978; STARBUCK, E. D. A Study of Conversion. *American Journal of Psychology*, 1907, n. 8, p. 268-309; VALLE, E. A conversão e a pertença ao budismo tibetano: da noção ao instrumento de pesquisa. I. *REVER: Revista de Estudos da Religião*, PUC-SP, ano 2, n. 2, p. 51-73; VALLE, E. Conversão e pertença: um conceito psicológico clássico ainda em aberto. In: GOMES, A. M. A (Org.). *Psicologia social da conversão religiosa*. São Paulo: Reflexão, 2013. p. 17-50; WOHLRAB-SAHR, M. et al. Religiöse Bekehrung in Soziologischer Perspective. In: KNOBLAUCH, M. H. et al. (Hg.). *Religiöse Konversion*. 1998, p. 7-46; ZETTERBERG, H. L. The religious conversion as a change in social roles. *Sociology and Social Research*, p. 52, n. 3, 1952 (reprint).

João Edênio Reis Valle

CORPO

A Biologia℗ define corpo como a totalidade de tecidos que constituem um ser vivo; ao considerar corpo humano, pretende membros, órgãos, sistemas e células que compõem o organismo, desconsiderando os processos psicológicos e espirituais. No entanto, no universo religioso, uma pletora de abordagens para o corpo pode ser encontrada. As duas mais comuns, segundo Lincoln (2005, p. 4158), são as visões de tendência dualista, que explicam o corpo com uma separação explícita entre matéria e espírito (por exemplo, Cristianismo, Jainismo e Maniqueísmo), e as visões de tendência holística, cujo corpo-espírito é uma única entidade, interdependente e indissociável, um microcosmo de tudo o que existe em seu exterior (por exemplo, Budismo e Daoísmo).

Como primeiro veículo da existência, é pelo corpo que experimentamos inúmeras dimensões da vivência religiosa. Os sistemas religiosos imprimem no corpo valores que observamos através de gestos, ritos, danças, pinturas, alterações corporais, vestimentas, tabus, alimentação℗, além de influenciarem e regularem o que podemos e devemos fazer com o corpo, e como devemos lidar com o corpo após a morte℗.

No entanto, ao considerar os estudos científicos da religião, a dimensão do corpo nem sempre é explorada. McGuire (1990, p. 283-284) comenta sobre a tendência, na Sociologia da Religião℗, de desconsiderar a relação dos sujeitos de pesquisa com seus corpos e com os corpos daqueles ao seu redor. Essa autora questiona se os estudos apresentariam resultados diferentes, caso a variável "corpo" fosse mais bem explorada pela área. Tendo em vista o universo de perspectivas para pesquisas e atuações sobre a corporeidade, o presente verbete objetiva explorar algumas possibilidades para a Ciência da Religião℗, sem a pretensão de esgotá-las.

I. Corpo como símbolo. Quando McGuire (1990, p. 288-289) apresenta linhas de estudos sobre o corpo em religião℗, uma de suas principais abordagens é a concepção do corpo como produto da sociedade. McGuire se pauta na constatação, observada desde Durkheim℗, de que o corpo é um importante veículo de símbolos socioculturais. A força da imagem℗ do corpo até hoje na cultura sugere que é de importância central, no entendimento das estruturas sociais, o simbolismo do corpo e da autopercepção corporal. E boa parte desse imaginário é influenciada pelas religiões presentes no cenário social.

Existe uma tendência a considerar que os gestos cotidianos (por exemplo, andar, comer, dormir) são naturais aos humanos. Contudo, diferentemente dos outros animais, constantemente adaptamos esses gestos através de técnicas transmitidas pela educação. Por isso, para Mauss℗ (2003, p. 404-405) não há uma forma única ou natural de utilizar o corpo. Cada sociedade tem hábitos próprios, cujas dimensões fisiológicas, psicológicas, técnica e social não se distinguem aos agentes, interdependendo-se.

Bruce-Mitford (2008, p. 114) declara que as culturas imputam significados ao corpo que ultrapassam suas funções biológicas. Gestos que podem ser considerados apropriados em uma cultura em outra poderão ser vistos como impróprios (por exemplo, arrotar à mesa é ofensivo no Brasil e em boa parte da Europa, mas aceitável na Índia e na China). Isso também se reflete nas religiões. Às vezes é possível identificar a pertença religiosa de uma pessoa apenas por seus gestos. Citando o exemplo utilizado por Mauss℗ (2003, p. 411), os muçulmanos evitam comer com a mão esquerda, uma prática justificada através da simbologia corporal fornecida pela tradição islâmica.

CORPO

LaFleur (1998, p. 38) explica que mesmo a contingência corporal é maleável nas religiões, que fornecem sentido a deformidades e acidentes, transformando simbolicamente tais condições do corpo. Mas esse simbolismo não é universal, variando consideravelmente de cultura para cultura. Enquanto no kardecismo a doença congênita pode ser entendida pela palavra-chave "carma", no Cristianismo essa mesma condição poderia ser explicada como pecado ou provação divina, ao passo que entre os mundari do Sudão a mesma circunstância é entendida como um erro de Deus, o que isenta a pessoa de qualquer culpa. Em algumas sociedades, até mesmo nascer com certa condição física é determinante para que a pessoa seja escolhida para ser educada como xamã? ou exercer o sacerdócio.

Símbolos de partes do corpo também são comuns em diversas religiões, atestados em hieróglifos, ideogramas, textos e iconografias sagradas. Muitas vezes são consideradas elas próprias símbolos de divindades? (por exemplo, o olho de Hórus, os pés de Viṣṇu, o coração de Jesus, o falo de Príapo, os seios de Diana Efesina). Em outros casos, cada parte é regida por determinadas deidades ou forças cósmicas. Na Umbanda, além da noção de "orixá de cabeça", cada parte do corpo é regida por uma entidade, independentemente de a deidade apadrinhar ou não a pessoa (por exemplo, Oxum rege o útero e Xangô, o estômago). Na astrologia?, todo signo zodiacal influencia uma parte do corpo: começando pela cabeça, regida pelo primeiro signo, Áries, descendo conforme cada signo progride, até terminar nos pés com Peixes, o último signo.

Quando as partes do corpo constituem significâncias distintas, determinados órgãos podem assumir importância simbólica maior. Utilizando novamente o exemplo da Umbanda, a cabeça possui destaque privilegiado em comparação ao resto do corpo, e muito de sua ritualística gira em torno desse simbolismo. Bruce-Mitford (2008, p. 115) cita também o exemplo do Egito Antigo, onde, além de o coração ter um significado central no processo de mumificação, o fígado, os pulmões, o estômago e os intestinos recebiam também tratamento especial, depositados em canopos separados durante a mumificação.

Concepções do corpo como microcosmo também são observadas, em especial nas religiões que explicam o universo através de elementos da natureza. Na Wicca, tudo é formado pelos quatro elementos. No popular cântico neopagão "*Earth my body, Water my blood, Air my breath, and Fire my spirit*" (Terra meu corpo, Água meu sangue, Ar meu sopro e Fogo meu espírito), é observada a ideia central de que esses elementos, que constituem o universo, estão contidos no corpo humano. No Daoísmo, os cinco elementos/agentes (*wǔ xíng*) são o próprio movimento do *qì* na manifestação do *dào*, a ordem natural subjacente à existência e à própria atividade do universo. No exterior, os elementos/agentes são observados pelas cores, sabores e estações do ano, ao passo que no corpo eles regem as vísceras e órgãos: a Madeira (*mù*) governa o fígado e a vesícula biliar, o Fogo (*huǒ*) rege o coração e o intestino delgado, a Terra (*tǔ*) governa o baço e o estômago, o Metal (*jīn*) rege os pulmões e o intestino grosso, a Água (*shuǐ*) governa os rins e a bexiga.

Para Lincoln (2005, p. 4159), a relação microcosmo-macrocosmo pauta as concepções de sacrifício? humano observadas nos sistemas indo-europeus anteriores ao Cristianismo, o que o autor observou por paralelos entre as mitologias? germânicas, índicas, iranianas, bálticas, eslavas, gregas, romanas e celtas. Se o corpo é construído pelos elementos da natureza, o sacrifício? retroalimentaria o universo, sustentando-o através do corpo sacrificado, que devolve os elementos outrora utilizados em sua criação. Em um movimento cosmogônico invertido, esses elementos são reintegrados à natureza pela transformação ritualística do corpo em suas contrapartes macrocósmicas: a carne volta a ser terra, os ossos voltam a ser pedra, os cabelos voltam a ser grama, o sangue volta a ser água etc.

II. Corpo como experiência. Como manifestação física da pessoa, o corpo é utilizado para expressar sua identidade. Por isso, McGuire (1990, p. 285) considera como outra possibilidade de pesquisa nos estudos acadêmicos da religião a abordagem do corpo como veículo da experiência religiosa?, tanto de si quanto do outro. Segundo LaFleur (1998, p. 38-39), na Ciência da Religião? as pesquisas sobre vivência corporal tendem a focar muito na questão do êxtase ritual. Todavia, as alterações corporais e o ato sexual (diferente do controle sobre a sexualidade?, que diz respeito ao próximo item) também podem constituir objetos interessantes à pesquisa na área.

Engler (2007, p. 214-221) apresenta os estudos dos sentidos como importantes ferramentas a cientistas da religião. Os cinco sentidos se apresentam como fontes de conhecimento não discursivo, que são vivenciados sobre a influência dos símbolos religiosos. Engler cita que em certas religiões são atestadas evidências históricas de que determinado sentido foi considerado mais importante que outro (por exemplo, a audição e/ou o tato no Cristianismo medieval, a visão na Grécia Antiga), ao passo que alguns sentidos têm sido utilizados para delimitar os espaços e objetos sagrados em diversos contextos religiosos (por exemplo, a importância dos perfumes nas tumbas faraônicas, ou do incenso na criação do espaço sagrado de diversas religiões).

No que diz respeito ao aspecto vivencial da sexualidade?, o ato sexual será experimentado de modo distinto entre as culturas, dependendo de como cada tradição direcionará como isso deve ser vivido por seus fiéis. Há religiões que desestimulam a sexualidade? àqueles que desejam atingir determinado grau espiritual, chegando a pregar ideais de celibato↗ (por exemplo, Budismo, Hinduísmo e Sufismo), ou impõem o celibato↗ às pessoas que exercem o sacerdócio ou a vida monástica (por exemplo, Catolicismo, as virgens vestais e formas mais tradicionais de Budismo). Nos casos em que a sexualidade↗ é sacralizada, são encontrados desde posicionamentos de que o sexo é considerado tão sagrado que só pode ser feito dentro de um matrimônio sacramentado (por exemplo, religiões abraâmicas) a declarações de que o prazer sexual é um presente divino, e cabe à humanidade aproveitá-lo ao máximo (por exemplo, Islã, esoterismos e religiões novaeristas). Há também grupos que fazem do próprio coito um ato religioso (por exemplo, Neotantrismo, Wicca e Thelema), e movimentos religiosos que exigem de seus adeptos experiências sexuais específicas (por exemplo, homossexualidade↗ para os *radical faeries* dos Estados Unidos, ou transexualidade↗/intersexualidade↗ para as *hījṛā* da Ásia Meridional).

A respeito das alterações corporais, determinadas escarificações, *piercings* ou tatuagens, podem ser constitutivos identitários de pertença religiosa e posição na comunidade, usualmente reservados aos ritos de passagem (por exemplo, escarificações em diversas tribos do oeste africano marcam os ritos de passagem e as mudanças de *status* sociais). Embora algumas religiões defendam fortemente a conservação do corpo "natural", algum tipo de modificação tende a ser endossado. LaFleur (1998, p. 39) cita o caso do Judaísmo e do Islã. Embora as versões ortodoxas dessas religiões tenham restrições até mesmo ao ato de se barbear, ambas colocam no centro de sua identidade religiosa o rito da circuncisão.

Dentre as vivências corporais, também é muito significativa a experiência da doença, visto nos lembrar, mesmo que momentaneamente, de nossas limitações e mortalidade. Por isso, o estudo das formas de cura ritual são também possibilidades apresentadas por McGuire (1990, p. 286). Uma vez apreendido o sentido simbólico por trás do corpo, o sacerdote↗/curandeiro pode, através de práticas ou orações específicas, resgatar a saúde↗. Saber como isso é feito, conhecer a lógica por trás desse sistema, o processo de transformação da identidade do doente e os agentes envolvidos no método↗ constituem um amplo campo de pesquisa a cientistas das religiões.

Também é central a algumas religiões a autoflagelação, que pode levar à autoimolação em casos extremos. No Cristianismo, a mortificação da carne era em especial encontrada nos mosteiros medievais, perdurando até hoje em grupos católicos mais estritos (por exemplo, *Opus Dei* e católicos filipinos, e pagadores de promessa brasileiros). No Islã xiita, o dia de *Āšūrā* é marcado por demonstrações públicas que variam de participantes golpeando fortemente o peito com as mãos a pessoas ferindo as próprias costas com correntes ou facadas. Yu (2012, p. 140-141) comenta que a automutilação também foi uma prática sancionada na China, com roteiro determinado e inteligibilidade simbólica compartilhada entre as grandes religiões chinesas (Budismo, Confucionismo e Daoísmo). Até hoje os rituais de *jītóng*, populares em Hong Kong, Taiwan e Tailândia, recorrem ao autoflagelo em momentos de possessão das divindades↗.

A teofagia (literalmente: "comer deus") também está relacionada ao corpo, pois a alimentação↗ é uma necessidade básica. Comer a divindade é um ritual para a unicidade dos humanos com seus deuses, geralmente encontrada em ritos xamânicos de caça (o espírito ancestral do animal abatido é consumido pela tribo) e em celebrações para deuses da colheita, como Dioniso e Iyatiku, que se fazem comida (usualmente de forma sacrifical) para garantir a sobrevivência da comunidade. A eucaristia, o principal rito católico, apresenta em seu coração a teofagia. Por meio da ideia de transubstanciação, o pão e o vinho são, nessa ordem, ritualisticamente transformados em corpo e sangue de Cristo, e posteriormente engolidos pelos fiéis. Além da busca pela unicidade com seu deus, essa experiência visa relembrar os cristãos do sacrifício↗ de Jesus na cruz para redimir os pecados da humanidade.

III. O poder sobre o corpo. A terceira linha apresentada por McGuire (1990, p. 291-294) é a da expressão das relações de poder em termos corporais. Isso pode abarcar tanto as questões do trabalho e da disciplina corporal quanto as dimensões dos abusos contra o corpo, como ocorre nos casos de desigualdades de gênero↗ e tortura religiosa (por exemplo, Santa Inquisição).

É necessário diferenciarmos a experiência da autoflagelação, aqui, de ritos impostos por autoridades religiosas pautados em relações desiguais de gênero↗. Práticas como a clitorectomia ou o *satí* (ritual indiano, já proibido pelas leis do Estado, em que a viúva é jogada na pira funerária do marido) são, antes de tudo, frutos sociais do abuso do poder masculino. Por mais que as próprias mães possam levar suas filhas à mutilação genital nas culturas que praticam a clitorectomia, em última instância a prática é realizada para garantir que elas se casem, visto que nessas sociedades os homens se recusam a desposar mulheres com clítoris. Além disso, muito mais do que uma forma de autoimolação, o *satí* é um rito sacrifical. Há relatos (usualmente escritos por homens) de que a prática é voluntária. No entanto, não há como ignorar os relatos de colonos britânicos que presenciaram o ritual, descrevendo certas providências tomadas para evitar a "desistência" da viúva na hora do ritual (por exemplo, drogá-la, amarrá-la, construir a pira em um fosso para dificultar que a mulher escape das chamas), o que indica que se tratava de um rito compulsório.

CORPO

Clack (2005, p. 4164) comenta que, embora tanto homens quanto mulheres estejam sujeitos à sujeira e produzam excrementos, o corpo feminino tende a ser mais fortemente associado a isso nas religiões por causa da menstruação. Como resultado, se uma religião♀ considera o corpo um obstáculo para se alcançar a realização espiritual, segundo essa autora irrevogavelmente essa religião♀ promoverá a misoginia, pois tal linha de raciocínio torna o corpo feminino mais problemático. Clack cita textos cristãos, budistas e hindus para ilustrar que, nesses quadros, usualmente o corpo da mulher é descrito por metáforas♀ que giram em torno do simbolismo dos excrementos (por exemplo, "saco de estrume", "deitar-se com uma mulher é deitar-se sobre sua bexiga").

Também a sexualidade♀ feminina tende a ser mais problematizada, quando comparada à sexualidade♀ masculina. Clack (2005, p. 4165) comenta que os perigos da sexualidade♀ tendem a ser associados nas grandes religiões às mulheres, muito mais do que ao desejo♀ sexual dos próprios homens, levando à impressão de que o corpo feminino seria mais sexual que o masculino. É por essa linha de raciocínio que são justificadas restrições de contato com mulheres em ordens monásticas celibatárias, sob a égide de que sem o contato com o corpo feminino "hipersexualizado" os monges homens não se desviariam do caminho espiritual por si próprios.

Durante a Inquisição, mulheres eram muito mais condenadas por bruxaria do que homens. Por consequência, muito mais mulheres foram assassinadas pelo clero♀ católico em sua caça às bruxas. O *Malleus Maleficarum* (lançado no Brasil como *O martelo das feiticeiras*), principal obra da Inquisição sobre como identificar, julgar, condenar e executar as pessoas supostamente envolvidas com bruxaria, é um livro amplamente conhecido por seu teor misógino.

Ainda sobre as relações de gênero♀, uma das grandes questões de controle dos corpos diz respeito à prática do aborto. Central a essa questão está a pergunta de quem toma as decisões a respeito do corpo da grávida. Entre os povos indígenas brasileiros e algumas linhagens candomblecistas, usualmente essa decisão é tomada pela própria mulher, sem maiores polêmicas. Mas em outras confissões a vida do feto é a única considerada inviolável, e pouca autonomia é dada à mulher. Nas religiões asiáticas, o aborto tende a ser mais bem aceito pelas autoridades religiosas. LaFleur (1998, p. 50) atribui essa diferença à crença♀ na reencarnação. Enquanto no Budismo o feto teria outras oportunidades de entrar no mundo, ao Cristianismo a prática parece um escândalo pela crença♀ de que o bebê abortado estará morto para sempre.

Para além das questões de gênero♀, outras formas de hierarquia♀ e poder nas religiões também são notadas pelas relações gestuais estabelecidas com os corpos. Na Umbanda, as hierarquias♀ são claramente expressas no ato de "bater cabeça", que consiste em encostar ritualisticamente a testa no solo em sinal de reconhecimento, respeito, humildade ou agradecimento. Somente aos membros superiores o sujeito bate cabeça, deitando seu corpo inteiro no chão. Quando a pessoa bate cabeça a um membro hierarquicamente inferior na gira, usualmente o faz apenas se ajoelhando à sua frente.

A imposição de mãos, central no Judaísmo e no Cristianismo, é também uma forma de demarcação ritualística da hierarquia♀ religiosa. Não é qualquer um que abençoa a comunidade através da imposição das mãos, mas apenas os sacerdotes devidamente ordenados. No Catolicismo, a centralidade da imposição de mãos como expressão de poder eclesiástico é ainda exaltada pelo rito de beijar as mãos, que se mantém como uma forma de cumprimento a padres e clérigos de modo geral. No entanto, conforme ressalta Bruce-Mitford (2008, p. 334), essa ordem é invertida na semana que celebra a crucificação e a ressurreição de Cristo, quando todos os clérigos, incluindo o papa, beijam os pés dos fiéis.

Por fim, toda religião♀ tem considerações sobre como e com quem podemos fazer sexo. Algumas religiões censuram a sexualidade♀, seja alguma forma específica de sexualidade♀ (por exemplo, sexo oral, homossexualidade♀ ou apenas a sexualidade♀ feminina), seja o prazer sexual como um todo. Há também casos em que, sob a égide da sacralidade do corpo, as religiões procuram controlar os corpos de seus fiéis (por exemplo, religiões abraâmicas). Em outras palavras, quando comparados a outras Tradições (por exemplo, Budismo, Daoísmo, Hinduísmo, Umbanda), o Cristianismo e o Judaísmo possuem um repertório gestual e simbólico corporal restrito, que desempodera – e em alguns casos desestimula – a expressão da sexualidade♀. Aparentemente, o Islã se apresenta como meio-termo nesse quadro. Ao mesmo tempo em que existe repressão/censura ao corpo em várias vertentes do Islã, há muita ênfase em higienizações e sexualidade♀ em certas expressões culturais presentes nas civilizações islâmicas (por exemplo, dança do ventre). Ainda que cristãos e judeus também tenham expressões artístico-corporais, em geral elas são mais contidas que os casos supracitados.

IV. Corpo como memória. Uma última possibilidade de abordar o corpo na Ciência da Religião♀ é apresentada por LaFleur (1998, p. 36), como fruto das pesquisas etnográficas que desde a década de 1990 vêm demonstrando que os corpos contêm mentalidades. No Brasil, uma pesquisadora que vai ao encontro dessa proposta é Antonacci (2015), cuja tese declara que o corpo é uma fonte usualmente negligenciada de linguagens e memórias♀.

Para Damásio (2012), está equivocada a visão cartesiana, que promove uma separação/independência da mente/alma à materialidade (visão afinada ao Cristianismo do século XVII), pois a razão não é algo tão "puro" e independente assim do corpo. O organismo é uma referência indispensável às interpretações que fazemos do ambiente ao nosso redor. Não existe mente ou percepção corporal sem o cérebro físico, e a conexão cérebro-corpo é fruto da evolução do corpo, e não o inverso.

Embora Damásio não seja citado por Antonacci, em seu artigo a pesquisadora ratifica esse posicionamento, também questionando a dicotomia cartesiana entre mente e corpo, considerando-a fruto do autoritarismo iluminista europeu. Antonacci vê nesse discurso colonialista, fundamentado em um pensamento utópico de "puro pensar", uma forma de legitimar a negação do corpo pelo branco-cristão-homem àqueles a quem foi negado o aprendizado do método♀ de pensamento europeu. Se o corpo é uma linguagem, uma vez que se estabelece a historiografia pela superioridade da mente, o discurso hegemônico passa a ser uma narrativa silenciadora dos saberes corporais.

A proposta de Antonacci permite a emergência das memórias♀ contidas não apenas na oralidade, mas também nos corpos, que são ferramentas de expressão da gestualidade e de várias formas de expressões não verbais. Contudo, permitir que o corpo fale é um desafio que enfrenta leituras acadêmicas cristalizadas, que tendem a ver o corpo não como fonte histórica, mas como algo prescindível. Faz-se necessário nessa abordagem, portanto, despir-se dos preconceitos♀ imputados pela visão colonialista, para não incorrer no erro de selecionar do corpo apenas o que convém, mantendo na obscuridade o que não é de interesse ou o que entra em conflito moral com a narrativa dominante.

É explícita a preocupação de Antonacci com o resgate das passagens entre o continente africano e o Brasil. Seu objetivo é explorar, em especial, os corpos negros, cuja identidade historicamente foi negada, mas aparece difusa na cultura popular brasileira. Contudo, o pressuposto de que memórias♀ se ancoram nos corpos pode ser aplicado também a outros contextos, não apenas no cenário brasileiro e da religiosidade africana, mas também a outros locais e formas de religião.

**

O estudo do corpo pela Ciência da Religião♀, evidentemente, não se esgota pelas propostas apresentadas neste verbete. Outros cenários na Ciência da Religião♀ podem ser encontrados, nos quais o estudo do corpo pode tomar outros rumos para além do que aqui foi debatido.

Cresce na América do Norte, por exemplo, pesquisas sobre religião que se pautam nas ciências cognitivas, buscando no evolucionismo♀ explicações sobre como os seres humanos constituem as religiões, integrando a seus resultados leituras de que a cultura também é uma adaptação corporal que permitiu a sobrevivência da espécie humana. Esses estudos mesclam explicações sociais às explicações neurológicas, identificando estruturas cerebrais comuns que seriam responsáveis, o que é interpretado como uma inclinação biológica aos humanos, por criarem religiões e mitos.

Outro campo que poderia ser mais bem explorado pela Ciência da Religião♀ talvez seja o da tanatologia. Criada originalmente pela medicina para estudar os motivos e causas da morte♀ corporal, desde sua ampliação epistemológica por autores da psicologia em meados do século XX, o estudo da morte♀ tem também adentrado outras dimensões, como a cultural, a social, a econômica, a simbólica e a religiosa. A tanatologia ainda não é popular na Ciência da Religião♀ como é em outras ciências humanas, mas possui grande potencial fértil de crescimento em nosso campo, visto todas as religiões terem algo a falar a respeito da morte♀.

Bibliografia: ANTONACCI, M. A. *Memórias ancoradas em corpos negros.* 2. ed. São Paulo: EDUC, 2015; BRUCE-MITFORD, M. *Signs & symbols:* an illustrated guide to their origins and meanings. London: Dorling Kindersley, 2008; CLACK, B. Human body: human bodies, religion, and gender. In: JONES, L. (Org.). *Encyclopedia of religion.* 2nd Ed. Farmington: Thomson Gale, 2005. vol. 6, p. 4.163-4.168; DAMÁSIO, A. R. *O erro de Descartes:* emoção, razão e o cérebro humano. 3. ed. São Paulo: Companhia das Letras, 2012; ENGLER, S. A estética da religião. In: USARSKI, F. (Org.). *O espectro disciplinar da ciência da religião.* São Paulo: Paulinas, 2007. p. 199-227; LaFLEUR, W. R. B. *Body.* In: TAYLOR, M. C. (Org.). *Critical terms for Religious Studies.* Chicago: University of Chicago, 1998. p. 36-54; LINCOLN, B. Human body: myths and symbolism. In: JONES, L. (Org.). *Encyclopedia of religion.* 2nd Ed. Farmington: Thomson Gale, 2005. vol. 6, p. 4158-4163; MAUSS, M. As técnicas do corpo. In: *Sociologia e Antropologia.* São Paulo: Cosac Naify, 2003. p. 399-422; McGUIRE, M. B. Religion and the body: rematerializing the human body in the Social Sciences of Religion. *Journal for the Scientific Study of Religion,* Hoboken, v. 29, n. 3, p. 283-296, 1990; YU, J. *Sanctity and self-inflicted violence in Chinese religions, 1500-1700.* New York: Oxford University, 2012.

Fábio L. Stern

CRENÇA

O tratamento do conceito de "crença" no âmbito especificamente religioso não pode dispensar, como ponto de partida, o recurso ao uso linguístico cotidiano e diferenciado desse conceito, muito para além da sua significação estritamente religiosa, sobretudo pelo fato de que muitos dos seus significados

CRENÇA

se cruzam. Partindo desse uso e seguindo algumas propostas apresentadas no campo da Antropologia da Religião♀, poderíamos distinguir entre os termos "crer", "crença", "crenças" e "fé". Paul Ricœur♀, por exemplo, distingue claramente o conceito de "fé" – estritamente religioso – do conceito de "crença", mais geral, distinguindo no interior deste o seu uso em singular – relativo a uma modalidade de conhecimento – e o seu uso no plural – relativo a conteúdos, elaborados em proposições concretas (Ricœur, 1968). Alfredo Teixeira, inspirando-se numa proposta de Michel de Certeau, assume uma distinção semelhante, mas chega a dividir o uso singular entre o *crer* e a crença (Teixeira, 2005, p. 18).

Segundo essa distinção, que aqui se assume como ponto de partida, o *crer* refere-se preponderantemente a um ato ou atitude do sujeito, precisamente o ato de crer. Nesse sentido, a realidade qualificada com a forma substantiva exprime, no uso linguístico corrente, precisamente a ação evocada pela forma verbal, sendo nisso relativamente indistinto, pelo menos em português, o uso do verbo crer ou do verbo acreditar. Por outro lado, o uso do substantivo singular crença pode considerar-se como a dimensão social e institucional do ato de crer, enquanto o uso no plural, *crenças*, se refere, preponderantemente, ao conteúdo daquilo em que se acredita, articulado em enunciados produzidos pelos crentes, de forma mais ou menos institucionalizada, sendo conhecida quase exclusivamente a sua forma substantiva. Com um significado em certo sentido especial – embora em muitos casos permutável com o termo "crença" –, aplica-se a forma substantiva *fé*, que será tratada em último lugar.

I. No primeiro sentido referido, o *crer* corresponde a uma atitude humana que é semelhante à convicção pela qual se aceita algo como evidentemente verdadeiro, sem poder demonstrá-lo através de uma argumentação lógica ou uma experimentação empírica. Corresponde, pois, a um modo de conhecimento constituído por um elemento subjetivo – precisamente a convicção pessoal – e um elemento comunitário – de onde se recebe a convicção.

Já do ponto de vista da epistemologia♀ geral pode-se afirmar que todo conhecimento pressupõe algumas certezas que só pela crença podem ser adquiridas, como deixou claro Ludwig Wittgenstein♀. Recolhendo todo pensamento fenomenológico-hermenêutico, na herança de Husserl e Heidegger, também o filósofo alemão Hans-Georg Gadamer♀ afirmava que, "quando compreendemos, estamos implicados num processo de verdade e chegamos demasiado tarde, sempre que pretendemos saber o que deveríamos crer" (Gadamer, 1986, p. 494). O próprio saber não é o fundamento primeiro e último do todo, inclusivamente no campo do conhecimento denominado científico. Que o saber é possível; que o mundo existe e que quem conhece está no mundo;

que a linguagem possibilita ter um mundo e falar aos outros desse mundo – tudo isso não se sabe nem se demonstra lógica ou empiricamente, mas é algo em que se crê (Wittgenstein, 2001, § 6.44).

O que significa que, antes mesmo de poder realizar qualquer juízo científico – ou de qualquer outro tipo –, ou antes de realizar qualquer tarefa transformadora da realidade, o ser humano recebe do seu contexto envolvente, que é sobretudo a sua cultura, tradição e linguagem, aquela estrutura que permitirá todo o resto. A Modernidade, levando Descartes a um extremo que vai além das próprias considerações, tinha pretendido levar a cabo uma total ruptura com a tradição, na tentativa de autofundamentação do sujeito no seu cogito autónomo. Ao contrário, a hermenêutica♀ e a filosofia da linguagem do século XX afirmaram claramente a impossibilidade de chegar a esse núcleo de certeza exclusivamente subjetiva, partindo originariamente apenas do interior do eu, duvidando de tudo o que é recebido de uma alteridade. Wittgenstein♀ fala claramente da impossibilidade dessa dúvida total: "Quem pretendesse duvidar de tudo, nem sequer chegaria a duvidar. O próprio jogo da dúvida pressupõe a certeza" (Wittgenstein, 2000, § 115). Essa certeza, que é acolhida de maneira crente e não por demonstração lógica ou verificação empírica, é precisamente o que permite aos humanos serem, como seres com identidade pessoal, que pensam e que atuam.

Fala-se então claramente de um "solo de fé" (Husserl) ou de um "leito de fé" (Wittgenstein♀), para significar tudo o que precede o indivíduo e que o sujeito terá que acolher, como condição de possibilidade da sua própria subjetividade. Ou seja, do ponto de vista epistemológico e também do ponto de vista antropológico, o crer vem primeiro e é mais originário que o saber ou o fazer (Welte, 1982).

O seu ser, enquanto existir e enquanto identidade, recebe-o cada humano como dom♀ daqueles de quem nasce e com quem vai crescendo. Por outro lado, a consciência♀ do existir e da identidade♀ recebe-a e torna-se-lhe possível numa linguagem que tem de aprender e não produzir a partir de nada. A confiança pessoal e a linguagem cultural são o solo natural que possibilita que cada ser humano seja quem é no seu percurso vital. É na medida em que dá crédito a outros e recebe crédito de outros que o sujeito se constitui como tal. Porque essa atitude constitui um dos elementos fundamentais da experiência humana, enquanto experiência fundante do sentido de cada sujeito. O modo próprio como o sujeito se constitui, na modalidade do crer, é precisamente o modo de referência a uma alteridade. Em última instância, a constituição do sujeito pelo crer opõe-se à pretensão de autoconstituição, nomeadamente através da pura consciência♀ de si. De fato, em contrapartida, o crer inaugura uma dimensão excessiva em relação a toda a autoprodução de sentido. Na economia do crer, o sentido é acolhido mais do que produzido. Crer significa, na sua definição mais completa e abrangente, receber o ser e o seu sentido como doação gratuita e transcendente a partir de outro. Por isso precede e supera o saber e o fazer. A esse nível o crer pode mesmo ser considerado uma estrutura transcendental do humano, pois se encontra presente em todo o ser humano (é universal) e constitui condição de possibilidade do seu próprio ser, enquanto humano. Ao mesmo tempo, nessa economia do dom, para além da articulação entre o sujeito (que recebe) e a comunidade (de que recebe), há uma referência a uma dimensão terceira, precisamente a base referencial que dá sentido a um e a outro dos polos do crer (Teixeira, 2005, p. 75).

Do ponto de vista fundamental, todos os humanos são o que são porque são dados ao ser gratuitamente, e permanecem no ser, fruto dessa doação permanente. O mistério ou milagre do ser e do ser de cada um implica, precisamente, que o ser seja excessivo em relação ao saber e à ação de cada sujeito. A nossa origem e a origem de tudo o que nos rodeia é, no seu nível mais fundamental, mistério gratuito e não simplesmente resultado de uma produção causal que se pudesse enquadrar num sistema lógico-científico; o mesmo se passa com a nossa finalidade, com o sentido do nosso futuro e com a nossa permanência no ser: é, na sua mais profunda raiz, imprevisível, incalculável, porque excede, ultrapassa todas as nossas formulações de sentido.

Crente, na sua significação mais geral, é todo aquele que reconhece, contempla, se espanta e aceita esta situação ou este estatuto do *ser-mistério*, esta ontologia do *ser-dado*. E aceita que a doação originária, mesmo se compreendida no seu âmago e admitida nas suas consequências, jamais será totalmente captada e dominada pelo saber ou pelo fazer humanos, pela ciência ou pela práxis: somente poderá ser acolhida pelo *Homo credens* como algo imerecido e, ao mesmo tempo, excessivo em relação a tudo o que sabe e faz (Duque, 2004).

Contudo, mesmo sendo excessivo em relação ao saber do sentido e ao fazer do mundo, o crer articula-se sempre num saber do sentido e num fazer do mundo. Caso contrário, em si mesmo nada seria, pois não passaria de simples possibilidade transcendental de crer. O ser humano real e concretamente crente é aquele que se *sabe* como crente, aquele que *sabe* o mundo e o seu sentido como crente e aquele que *atua* como crente – caso contrário, simplesmente não crê.

Na relação entre *crer* e *saber*, como inevitável impacto sobre *fazer* correspondente, Michel de Certeau estabelece uma esclarecedora tábua de conjugações que permite avaliar os graus de compromisso do sujeito na enunciação do crer. Partindo do modo mais forte, que coincide com a certeza (eventualmente científica), e que se enuncia como aquilo que se crê e se vê (o primeiro, na relação ao que se recebe do outro, o segundo na dimensão imediata da observação própria), a estrutura passa àquilo que não se crê mas se vê (como quando não se acredita naquilo que se está a ver) e àquilo que se crê mas não se vê (como na confiança cega), até ao nível mais débil daquilo que nem se crê nem se vê (e que é identificado com a superstição, correspondendo às crenças dos outros diferentes, que não se partilham). Esse mecanismo determina uma estrutura antropológica fundamental de compreensão do mundo, para todos os níveis.

Uma vez assumida a dimensão crente como dimensão mais originária do ser humano, todas as suas outras dimensões serão naturalmente referidas à dimensão crente, ainda que de modos específicos. O crer, em sentido fundamental, manifesta-se em si mesmo multidimensional: é um saber, um fazer, uma política, uma economia, uma religião♀ etc. Essas dimensões correspondem precisamente à institucionalização♀ do crer, por isso à crença, no sentido já referido.

II. Se assumirmos o conceito estrito de crença como referido ao processo de institucionalização♀ do crer enquanto atitude do sujeito, ela é inevitável ao próprio dinamismo do crer, pois surge da sua intrínseca referência à alteridade. Mas as modalidades de institucionalização♀ e, sobretudo, as modalidades de relação entre o sujeito que crê e a instituição de referência para o seu crer são muito diversificados. De forma geral, podem distinguir-se duas modalidades dessa relação, em que, num extremo, se concede mais peso à comunidade e às estruturas da institucionalização♀, ou, no outro extremo, existe uma concentração no indivíduo e na forma como gere pessoalmente a sua relação à instituição. Em princípio, considera-se mais tradicional uma sociedade em que predomina o primeiro aspecto e mais moderna (ou pós-moderna) uma sociedade em que domina a segunda modalidade.

Se é certo que a institucionalização♀ do crer pode acontecer, enquanto crença, nos mais diversificados âmbitos da existência humana – como é o caso da política ou mesmo da ciência –, a verdade é que o contexto do religioso pode ser considerado uma especial modalidade da institucionalização♀ do crer (Teixeira, 2005, p. 139ss). Devido à sua própria configuração, a dimensão religiosa do humano implica a relação a um sistema de referências que orientam o sujeito na sua compreensão do mundo, seja esse quadro mais explícito, seja menos explícito, consoante a estrutura religiosa em causa e a força que exerce sobre o indivíduo.

A referência fundamental do religioso não se situa, sobretudo, ao nível de enunciados ou de estruturas sociais, mas na relação a um referencial transcendente, que certas interpretações consideram ser a dimensão mística♀ da realidade, ou a sua dimensão sagrada (Wittgenstein, 2001; Otto, 1992). Neste processo de hermenêutica♀ da realidade segundo

CRENÇA

um quadro classificativo, a relação que se estabelece entre os sujeitos, também na sua configuração institucionalizada, é determinada pela permuta de bens simbólicos, nos quais se articula precisamente a interpretaçãoρ do sentido. Inevitavelmente, nesta permuta simbólica, um elemento fundamental é a referência a uma autoridade carismática, de tal forma que a crença se compreende como lealdade a essa autoridade, com mais ou menos peso consoante as modalidades do religioso e do seu impacto nos sujeitos. A relação dinâmica entre indivíduo e comunidade, nesses processos de interpretaçãoρ do mundo quanto ao seu sentido primordial (sagrado), articulados em relações simbólicas e criando relações de autoridade e de lealdade, é que pode ser considerada crença, como modalidade institucional do crer pessoal. A religiãoρ é, pois, a mais explícita modalidade humana do crer, articulado como crença – de tal forma que outras modalidades chegam mesmo a articular a sua dimensão de crença imitando as formas religiosas.

Entre as formas religiosas de articulação da crença destacam-se os enunciados do crer – que serão tratados adiante – e certos modos de agir. Do ponto de vista mais lato, muitos modos religiosos de ação, na medida em que articulam interpretações do mundo, coincidem com realizações éticas. Todas as religiões possuem, por isso, referências e exigências éticas que determinam certos modos de fazer relacionados com certos modos de crer. Mas onde a especificidade religiosa da institucionalizaçãoρ do crer como crença se torna mais visível é naquela modalidade do fazer a que se chama, genericamente, ritualidade (Cardita, 2007).

Pelo rito, de fato, a modalidade do crer conjuga o dizer com o fazer (Panier, 1991, p. 47), dando corpo simbólico a interpretações do mundo segundo determinado sistema de classificação. Nesse sentido, é um dos meios mais eficazes de institucionalizaçãoρ do crer, sendo o grau de envolvimento do sujeito no respectivo ato ritual uma medida habitual das características do seu crer, o que origina inclusivamente a distinção entre crentes praticantes e crentes não praticantes.

Outra manifestação dessa institucionalizaçãoρ do crer na crença é a estrutura das relações de poder ou autoridade que se constituem no interior de uma comunidade crente. Não se trata das habituais relações de poder que se criam em qualquer comunidade ou sociedade, mas daquelas que se referem à dinâmica explícita do crer. Sendo o pressuposto essencial do crer a relação a uma alteridade – individual ou comunitária –, é natural que o seu exercício pressuponha o reconhecimento de uma autoridade relativamente ao processo crente, à qual precisamente se dá crédito, na medida em que também demonstra possuir esse crédito, como respondente ou responsável pelo processo do crer (Panier, 1991, p. 51).

Essa relação de *acreditação* que origina estruturas institucionais baseia-a numa economia do dom, na medida em que o crédito que é dado é, por um lado, essencialmente gratuito – assenta na liberdade de quem o dá e não numa necessidade natural ou social – e, por outro lado, origem de uma permuta simbólica de dons. Dar crédito e receber crédito é, pois, a base da institucionalizaçãoρ do crer, que nas comunidades religiosas – nas religiões, em geral, ou nas igrejas, consoante as nomenclaturas – encontra o seu *habitat* usual.

Mas precisamente porque se trata de um dinamismo segundo a economia do domρ – e não da necessidade –, o crer, mesmo na sua articulação como crença, não se limita a uma relação bilateral entre sujeito e comunidade – entre o mesmo e o outro, como base de todo o ato de crer, enquanto modalidade do saber e do fazer. A gratuidade do dinamismo evoca, como se viu, uma terceira dimensão, que confere à relação dual características próprias, para além da pura permuta bilateral e imanente. Para além de essa referência ao terceiro vir a constituir a base dos conteúdos da crença religiosa, como se verá adiante, ela é, já do ponto de vista formal, sintomática, pois instaura um excesso na relação bilateral entre sujeitos, ou entre sujeitos e instituições, com os respetivos poderes instituídos. Na nomenclatura de Pierre Gisel (1990), está-se perante um "excesso do crer" como modalidade que, não podendo existir sem sujeitos e sem instituições, numa referência de alteridade, excede sempre esses sujeitos e a institucionalizaçãoρ das suas relações, através de um diferimento que abre ao verdadeiramente diferente. É esse o dinamismo – que se poderá considerar especificamente religioso – que se instaura na relação de crença entre um sujeito e uma instituição, com referência à *transcendência*, enquanto conceito referencial para o que é diferente quer do sujeito, quer da instituição, mas que funda a sua relação mútua. Em muitas tradições religiosas o conceito de "Deus" assume o lugar dessa referência instauradora do excesso de crer, originando a estrutura religiosa da crença como articulação triangular entre Deus, a religião/Igrejaρ e o sujeito.

Os três elementos desse triângulo assumem, contudo, peso diferente consoante a configuração concreta da crença ou mesmo do crer individual, podendo algum deles até tender a desaparecer – pelo menos aparentemente – em alguma das suas configurações. Nas transformações do religioso, a que correspondem metamorfoses do crer típicas das sociedades denominadas secularizadas, diminuiu significativamente o penso do polo religião/Igrejaρ, entendido como referência forte a uma instituição com autoridade, a quem é dado crédito indiscutível. Mantém-se uma referência espiritual vaga do sujeito a uma alteridade a que se pode aplicar, em muitos casos, o nome "Deus", mas que permanece suficientemente indefinida para se poder precisar os seus contornos. A isso parece corresponder a habitual expressão "Deus sim, Igreja não", como expressão de uma relação pretensamente interior e direta entre o indivíduo e a fonte do seu crer, sem mediação institucional qualquer – ou com uma mediação muito debilitada.

Nas sociedades pós-secularizadas ou mesmo não secularizadas – ou pelo menos em que o processo de secularização assume formas muito próprias –, pode-se falar na diminuição do referente Deus, enquanto excesso crítico e fundamento da autocrítica religiosa, em favor da relação forte a uma comunidade, cuja autoridade é reconhecida e valorizada, seja para segurança das convicções, seja para proteção individual em situação de incerteza. Falar-se-ia então numa transformação da anterior expressão "Deus sim, Igreja não", no sentido de afirmar "Religião sim, Deus não". No primeiro caso, valoriza-se o excesso, sem encarnação cultural e social; no segundo, valoriza-se a incarnação do sujeito, incluindo os seus dinamismos afetivos e as redes sociais em que se inserem, mas sem referência explícita ao excesso implicado no crer.

Ao colocar a questão nesses termos, estamos, por um lado, já a referir-nos às transformações do religioso e do crer nas culturas contemporâneas. Michel de Certeau chega a falar de uma "ruptura instauradora", para se referir ao processo mais comum nas sociedades denominadas secularizadas, a que corresponde uma disseminação do crer (Teixeira, 2005, p. 175). Essa disseminação manifesta-se, por exemplo, nas transferências de conteúdos e mesmo de atitudes do campo especificamente religioso para o campo político ou cultural (nomeadamente no âmbito do desporto e do consumo). Ou, então, através de certa folclorização do crer, que já não corresponde à sua configuração originária, mas se transfigura em tradição ou mesmo em objeto de consumo, nomeadamente turístico.

Mas manifesta-se, sobretudo, através de uma recomposição individual, em que cada sujeito constrói o seu trajeto crente, numa relação única e imprevisível com os outros sujeitos, as instituições e mesmo os enunciados. A tendência, sobretudo em certos meios urbanos da Europa e da América do Norte, vai no sentido do "crer sem pertencer" (Teixeira, 2005, p. 191), refletindo essa tendência individualizante, com alguns paralelos na denominada sociedade de consumo. Noutros contextos culturais, nomeadamente na América Latina, parece verificar-se uma situação mais híbrida, conjugando esta tendência individualizante dos meios urbanos com uma renovada experiência de pertença a grupos locais, assentes em laços afetivos e estéticos, com diminuição da relação a instituições mais tradicionais, como é o caso de certas igrejas mais antigas.

Por outro lado, quando se coloca, no contexto da modalidade especificamente religiosa do crer e da crença, a questão da referência a Deus, entramos já nos conteúdos do crer, enunciados pelo sujeito e pelas comunidades, como articulação da crença em crenças determinadas, que constituem elementos, entre outros, de distinção das tradições religiosas e das respetivas mundividências.

III. Como se viu anteriormente, na articulação entre *crer* e *ver* as modalidades de enunciação podem ir da certeza à superstição. É nesse contexto que é habitual empregar o uso plural do termo, significando as *crenças* o conjunto de conteúdos a que se dá crédito, normalmente expresso em enunciados afirmativos ou negativos, consoante os casos. Segundo a modalidade do crer investida na enunciação desses enunciados, eles podem, de fato, ser assumidos cognitivamente como certezas inabaláveis – mas que precisam ser acreditadas para serem conhecidas e reconhecidas como tal – ou como convicções prováveis, ou mesmo como simples superstições sem valor cognitivo, embora acreditadas – como são consideradas as crenças dos outros, às quais não damos crédito.

De modo geral, portanto, as crenças podem ter valor cognitivo forte, débil, ou mesmo não possuir qualquer valor cognitivo. O conceito é por isso ambivalente, dependendo o seu significado do contexto em que é empregue. Quanto às crenças professadas, é atribuído valor de certeza e, quando se referem à questão fundamental do sentido da vida, está-se de novo no campo do religioso. Nesse âmbito, as crenças (próprias) são assumidas como verdadeiras e correspondentes à dimensão mais fundamental e originária (sagrada) da existência. Por isso as crenças são enunciadas, normalmente, como mitos. É certo que o conceito de "mito" foi conotado, até certo ponto, com o de ficção falsa e, por isso, com o de superstição. Mas isso acontece, por um lado, numa leitura cientificista da realidade ou, por outro, quando aplicado aos mitos dos outros. Os mitos verdadeiramente acreditados são fundamentais como articulação das crenças que determinam certa interpretação do mundo. Antes ainda dos enunciados proposicionais (afirmações ou negações), o mito é uma formulação narrativa das crenças que constituem o conteúdo fundamental de determinada articulação do crer numa crença comunitária e institucionalizada. Nalguns casos as tradições religiosas condensam o sentido fundamental dos seus mitos em formulações ou enunciados dogmáticos precisos. Esses enunciados pretendem esclarecer o significado dos mitos, mas, em realidade, nunca esgotam esse significado, que é metafórico e, por isso, sempre mais rico do que os enunciados proposicionais. Como tal, o conjunto das crenças a que se refere a modalidade do crer não pode ser separado da sua articulação mítica, que se foi transferindo da transmissão oral para a estabilidade da escrita, originando em muitas tradições religiosas as *Escrituras Sagradas*.

CRENÇA

Do conjunto das crenças que povoam a existência humana, algumas delas podem ser consideradas especificamente religiosas e, nesse sentido, podem ser assumidas inclusivamente como elementos definitórios do próprio conceito de "religião♀". Não é fácil conseguir um consenso sobre quais são essas crenças, pois a análise concreta das tradições religiosas torna qualquer tentativa de catalogação quase impossível. De qualquer modo, as crenças na transcendência, em geral, ou em realidades ou seres transcendentes, em particular, podem ser consideradas crenças propriamente religiosas. O mesmo se diga de crenças que pretendem gerir a questão da morte♀, nomeadamente (embora não exclusivamente), através de enunciados sobre a vida além-morte. Embora de forma menos evidente, também a integração de acontecimentos extraordinários – mesmo que seja difícil definir este conceito – parece qualificar as crenças especificamente religiosas. Todos estes elementos são integráveis na referência fundamental ao sentido global do mundo e da vida, considerados no seu todo e na sua dimensão primeira e última, ou seja, sem referência a outros sentidos ou horizontes mais abrangentes e fundamentais ainda. Já a enunciação relativa à questão desse sentido implica crenças religiosas. A relação desse sentido com uma fundamentação transcendente, que inclui as questões da morte♀ e do extraordinário, parece completar o que podem ser consideradas crenças especificamente religiosas.

IV. É inegável que o conceito de *fé* (do grego *pistis* e do latim *fides*) adquiriu um peso especial na tradição cristã, logo desde o início. Isso chegou a provocar que alguns teólogos cristãos tivessem considerado o Cristianismo como uma fé e não como uma religião. Os termos dessa distinção e mesmo desta relação são, contudo, muito complexos, não sendo necessariamente alternativos. Mas a colocação do próprio problema já revela em que medida o dinamismo do crer, sob a forma da fé, é verdadeiramente central para a compreensão da perspetiva cristã sobre a existência humana.

Uma antiga tradição que remonta, pelo menos, a Agostinho de Hipona, aplicava já uma distinção sensivelmente idêntica à que mais tarde Michel de Certeau aplicou à antropologia do crer. Trata-se da tradicional distinção técnica entre *fides qua creditur* e *fides quae creditur* (Agostinho, 2007, XIII, p. 2). A primeira – a fé com que se acredita – refere-se ao ato humano pelo qual se dá crédito a algo (o crer e a crença, na nomenclatura proposta acima); a segunda – a fé que é acreditada – refere-se aos conteúdos a acreditar, enunciados em linguagem, mas referentes também a acontecimentos e interpretações dos mesmos (as crenças). Uma interpretação♀ estrita desses conteúdos concentra-os nos enunciados do credo (denominado sintomaticamente *símbolo*, pois possui a função, ao mesmo tempo subjetiva e institucional,

de unir e relacionar indivíduos na sua diferença) ou nos enunciados dogmáticos.

Os primeiros séculos do Cristianismo acentuaram de modo próprio o papel dos enunciados (*fides quae*) na constituição da verdadeira fé (*regula fidei*). Isso levou a que se chegasse a contrapor o conceito de "fé" do Cristianismo ao do Judaísmo. Martin Buber♀, filósofo judeu, falou mesmo de "duas modalidades de fé" (Buber, 1950), relacionando a modalidade judaica com a atitude humana de confiança e a modalidade cristã como a aceitação da verdade de determinados enunciados dogmáticos. Essa separação não leva em conta, contudo, que a aceitação de conteúdos segundo a modalidade do crer implica sempre uma relação de confiança, pois só se dá crédito àquilo em que se confia, através da confiança em pessoas e em instituições que medeiam esses conteúdos. Ao mesmo tempo, a confiança outorgada a algo ou a alguém possui sempre um conteúdo enunciável, já que não há enunciação do crer que não resulte em enunciados a acreditar.

Embora, ao longo da história do Cristianismo, tenha havido oscilações na acentuação de uma ou outra dimensão da fé, o certo é que é impossível compreender uma sem a outra. Os enunciados, nomeadamente enquanto dogmas♀, estão sujeitos e ao mesmo tempo referem-se a uma comunidade viva e dinâmica, constituída por sujeitos que lhe dão crédito – ou não – de forma mais completa ou mais parcial, e que os propõe ao crédito de outros sujeitos, sem nunca os separar dos dinamismos interpessoais e sociais dessa acreditação, denominados genericamente como testemunho. Por seu turno, a identidade dos sujeitos e das comunidades não podem abandonar por completo a referência a esses enunciados, sob pena de alterar por completo as características da própria fé.

Seja como for e tendo em conta que esta polarização não é absoluta, também aqui a referência a uma terceira dimensão – transcendente e excessiva – é essencial para a dimensão religiosa da fé, o que também se aplica à fé cristã. O fato de nela ser central a referência a Jesus Cristo, que encarna nos dinamismos imanentes à relação entre sujeitos e comunidades e por isso parece eliminar a dimensão de transcendência, não invalida que Deus seja O referente fundamental – e nesse sentido, nunca apropriável, nem nos enunciados (no dito) nem nos processos de enunciação (no dizer e no fazer). A terceira dimensão, enquanto determinante da modalidade religiosa do crer, é aqui também incontornável.

Em síntese, o sentido cristão da fé implica uma atitude de confiança do sujeito, em adesão livre e total a Deus, através da adesão à sua revelação e atuação em Jesus Cristo, que se mede pela adesão às mediações, entre as quais sobressaem a Igreja♀, sobretudo na perspetiva tradicionalmente católica, e a Escritura, mais acentuada pelas tradições protestantes. Na raiz do ato de fé encontra-se uma relação interpessoal entre o sujeito crente e Jesus Cristo, mediada pelas relações interpessoais estabelecidas entre os crentes, no contexto das quais também adquirem significado os enunciados da fé. As relações que dinamizam concretamente o ato de fé são semelhantes àquelas que se podem observar em qualquer antropologia do crer, nomeadamente as de ordem ritual ou política. Os conteúdos dos enunciados é que variam, pois correspondem a interpretações do mundo e do sentido relacionadas com a revelação cristã.

Bibliografia: AA.VV. *La croyance*. Paris: Beauchesne, 1982; AGOSTINHO de Hipona. *De Trinitate*. Lisboa: Paulinas, 2007; BUBER, Martin. *Zwei Glaubensweisen*. Zürich: Manesse Verlag, 1950; CARDITA, Â. *O mistério, o rito e a fé*: para uma recondução antropológica da teologia litúrgico-sacramental. Lisboa: Bond-Quimera, 2007; CERTEAU, M. de. *La faiblesse de croire*. Paris: Seuil, 1987; CERTEAU, M. de. Le Croyable ou l'Institution du croire. In: *Semiotica*, 54, 1985, p. 255-266; DUQUE, J. M. *Homo credens*: para uma teologia da fé. Lisboa: UCEditora, 2004; GADAMER, H.-G. *Wahrheit und Methode*. Gesammelte Werke Bd. I. Tübingen: J. C. B. Mohr, 1986; GISEL, P. *L'Excèss du croire*. Paris: Desclée de Brower, 1990; LIBANIO, J. B. *Eu creio, nós cremos*: tratado da fé. São Paulo: Edições Loyola, 2000; OTTO, R. *O sagrado*. Lisboa: Ed. 70, 1992; PANIER, L. Pour une anthropologie du croire. In: GEFFRE, C. (Dir.). *Michel de Certeau ou la différence chrétienne*. Paris: Cerf, 1991. p. 37-59; Ricœur, P. Croyance. *Encyclopaedia Universalis*. Paris: Encyclopaedia Universalis as. 1968. v. 5, p. 171-176; SEQUERI, P. *Il Dio affidabile*: saggio di teologia fondamentale. Brescia: Queriniana, 1996; SEQUERI, P. *L'idea della fede*. Milano: Glossa, 2002; TEIXEIRA, A. *Entre a exigência e a ternura*: uma antropologia do *habitat* institucional católico. Lisboa: Paulinas, 2005; WELTE, B. *Was ist Glaube?* Freiburg im Br.: Herder, 1982; WITTGENSTEIN, L. *Da certeza*. Lisboa: Ed. 70, 2000; WITTGENSTEIN, L. *Tractatus logico-philosophicus*. São Paulo: Edusp, 2001.

João Manuel Duque

CRIACIONISMO

Criacionismo é um conceito derivado das cosmologias religiosas que se constituem como formas de relacionar os mitos de criação com as cosmologias filosóficas e científicas, as quais, apesar de possuir diversas correntes, basicamente coincidem na perspectiva de que a criação do universo opera por intervenções especiais de Deus, sem reconhecer o processo evolutivo. São distintas das hermenêuticas⌀ teológicas da criação sobre o evolucionismo⌀. A etimologia⌀ do conceito vem da expressão latina *creatio ex nihilo* [criação do nada], que se consolida no Ocidente, como desdobramento metafísico da expressão *ex nihilo nihil fit* [do nada, nada surge], oriunda das filosofias da natureza da Antiguidade greco-romana.

No que tange à história do conceito, as cosmologias mitológicas ou mitologias⌀ da criação constituem uma tradição literária do mundo antigo e coincidem com a própria *teopoética*, na medida em que são criação poética dos deuses como forma de doar sentido à vida. Constituem esse gênero a mitologia⌀ babilônica, presente no poema *Enuma Elish* (ca. séc. XIX a XVI a.C.), a mitologia⌀ chinesa de *P'an Ku* (1001 a 946 a.C.), a *Teogonia*, de Hesíodo (ca. 750-650 a.C.), as mitologias⌀ africanas de datas imemoriais como a *Bantu*, *Yorubá*, *Igbo*, *Fon*, *Ecói*, *Efik*, *Guanche*, *Jeje* e suas apropriações em outros continentes, oriundas do processo de escravização dos povos africanos, como é o caso dos *itans* do Candomblé, o *Orum* como realidade fundante iorubá e todos os mitos na religião dos Orixás⌀ no Brasil, e que por sua vez coexistem com as mitologias⌀ indígenas presentes ainda em narrativas populares em histórias como Catimbó-Jurema, Boto e Mãe d'Água, Curupira, Boitatá, que são fundamentais para compreender um *éthos* de preservação da Amazônia, entre inúmeras outras. Nesse sentido, o núcleo mais antigo do mito judaico da criação, presente no livro de Gênesis (2,4b–3,24) está mais alinhado ao gênero das cosmologias míticas, pois não se ocupa da criação, mas da condição humana dramática e enigmática, seguindo uma tradição mais sapiencial em que a divindade aponta um caminho de esperança, por não desistir do ser humano, mas aponta o dever da justiça⌀ que precisa ser trilhado como caminho de vida. Há uma estrutura narrativa comum nas mitologias⌀ de criação, a saber, uma ordenação⌀ das coisas que vai permitindo à vida surgir e se desenvolver, sempre dentro de uma tensão de forças. As práticas discursivas carregam práticas sociais, que vão ganhando formas rituais, em que os elementos narrativos são representados não somente nos elementos celebrativos como também sapienciais e sociais (McCall, 1994, p. 17-24).

As *cosmologias filosóficas* se contrapõem a essa riqueza polissêmica das mitologias⌀ da criação, mais preocupadas em oferecer uma sabedoria de como era o mundo, a vida humana, os debates filosóficos que procuravam relações causais para a explicação do mundo. A distinção básica entre as cosmologias mitológicas e as cosmologias filosóficas é que as primeiras, na grande maioria dos casos, possuem uma compreensão de criação não cronológica, mas axiológica, uma narrativa etiológica da organização cultural, política e social de um povo. Nesse sentido, há uma compreensão de criação não acabada, mas em constante devir.

Parmênides (ca. 530-460 a.C.), em sua obra *Da Natureza* [*Peri Physêos*], faz a seguinte afirmação: "É necessário que o dizer e pensar que é sejam; pois podem ser, enquanto nada não é" (VI, 2). O filósofo natural de Eleia aconselha a pensar sobre as coisas que são (o que é) em seu devir (as que podem ser), ao passo que "nada não é", e por isso mesmo não é passível de análise ou meditaçãoℰ, evocando assim um princípio metafísico na origem dos fenômenos naturais. Lucrécio, filósofo e poeta romano (ca. 99-55 a.C.), daria continuidade ao princípio de Parmênides de que "nenhuma coisa é gerada do nada" e "nada pode ser criado do nada" [nil posse creari de nihilo], atribuindo uma cadeia de relações de causa-efeito a todos os fenômenos da natureza; porém, distingue tal princípio metafísico das visões religiosas, criticando, assim, aqueles que atribuem todas as coisas a justificativas divinas, e assim acaba que "tantos males pode a religiãoℰ aconselhar" [tantum religio portui suadere malorum] (De rerum natura, Livro I, 1, 142; Prelúdio 3, 101). Lucrécio não está preocupado em explicar uma origem criacionista, mas pretende examinar os "princípios naturais" [rerum primordia] que regem os fenômenos, destituindo-os de fantasias religiosas motivadas pelo medo e pela ignorância, para entender como a própria "natureza cria" [natura creet], aumenta, nutre e dissolve todas as coisas (Livro I, 2, 55). Apesar de não haver a ideia de criação do mundo por uma divindade, não há, contudo, em Lucrécio, uma negação das divindadesℰ ou de uma metafísicaℰ, na medida em que admite haver uma matéria de "natureza imortal", a saber: o "vazio" [inane], que é um lugar "inalcançado e vago", um mistério que se nos escapa (I, 236; 334), mas que, no entanto, não interfere nos princípios causais das coisas naturais. Há, sim, no poema lucreciano, a tarefa de libertar a consciênciaℰ "oprimida sob grave religião" [oprresa gravi sub religio] (Livro I, 2, 63), que manipula a percepção dos fenômenos naturais através dos discursos sobre os deuses.

Já a expressão creatio ex nihilo se desenvolve no contexto da interlocução entre a metafísicaℰ grega antiga e a religião cristã, que, no contexto da polifonia mitológica greco-romana, acaba por privilegiar uma narrativa para desqualificar os outros deuses. Agostinho não usa o termo como categoria bíblica, pois utiliza a tradução latina de um fazer divino: "In principio fecit Deus coelum et terram" (De Genesi ad Litteram, I, 1,2; De Genesi ad Litteram Imperfectus Liber, 2,5). O pensador de Hipona usa o termo creatio como categoria filosófica, em que apresenta uma causalidade para todas as coisas [causam creationis rerum], a saber: a "bondade de Deus" [bonus Deus], contra a cosmovisão maniqueísta em que haveria a coexistência de um deus mal e um deus bom (De Civitate Dei, XI, 22). É Jerônimo que vai utilizar a categoria filosófica para oferecer uma nova traduçãoℰ na Vulgata, e assim popularizar o termo: "In principio creavit Deus cælum et terram" (Liber Genesis, 1,1).

As cosmologias científicas nascem do litígio moderno com teodiceias cosmológicas religiosas desde o século XVI, entre Galileu Galilei (1564-1642) e Roberto Belarmino (1542-1621). Augusto Comteℰ (1798-1857) iria reforçar a distância que a Ciência precisava tomar da religião, dado os abusos políticos que se repetiam em nome da vontade de Deus. Apesar de reconhecer o papel inicial dos mitos na produção de conhecimento na cultura, o vê apenas de modo propedêutico para a busca de uma análise causal para os fenômenos desconhecidos. Com o positivismoℰ é que as religiões oficiais iriam travar uma intensa batalha para salvar a metafísicaℰ, e assim tentar alcançar o status de cosmologia científica para as doutrinas religiosas da criação.

Charles Darwinℰ (1809-1882) é o caso, por excelência, de quem, ao tentar dialogar com as duas cosmologias, desvela os mecanismos de proteção de uma cultura religiosa oficial, que, dado seu papel de reguladora social e legitimadora política, não pode ser questionada em sua função hegemônica. As acusações contra Darwinℰ de qualquer forma de profanação religiosa pela ciência não condizem com o hábil diálogo entre sua culturaℰ religiosa e o rigor científico aplicado aos seus estudos de biogeografia, correlacionando espécies e ecossistemas, de onde surge sua teoria da evolução, publicada em A origem das espécies, em 1859. Tal perspectiva pode ser verificada em 1872, ano em que Darwinℰ publica The expression of the emotions in man and animals e no qual o naturalista britânico pretendia mostrar o limiar entre animais e humanos, sendo apresentado como propriamente humano o amor, a empatia, a ternura e a devoção (Darwin, 1890, p. 148-150). Darwinℰ, diferente do que é dito pelo fundamentalismoℰ, talvez tenha sido o primeiro cientista moderno a dissociar cosmologia científica de cosmologia religiosa.

Georges-Henri Édouard Lemaître (1894-1966), seguindo a mesma perspectiva darwiniana sobre religiãoℰ e ciência, foi o físico e cosmólogo belga responsável pela hipótese do átomo primordial, em que a matéria comprimida naquele átomo se fragmenta através de uma fissão nuclear, a qual provoca uma transmutação que teria dado início ao universo, porém ainda sob efeito de transmutação, o que o leva a afirmar a ideia, em 1927, de um universo em expansão. O apelido pejorativo de Big Bang à sua teoria foi dado por Fred Hoyle (1915-2001), defensor da teoria estacionária do universo, em um programa de rádio da BBC de difusão científica. Entretanto, as evidências de existências e deslocamentos de galáxias, captadas pelo telescópio de Edwin Hubble (1889-1953), levaram Albert Einstein (1879-1955) a considerar a seriedade do trabalho de Lemaître, desenvolvida pelo ucraniano Georg Gamow (1904-1968) e confirmada experimentalmente por Arno Penzias (1933-) e Robert Wilson (1936-), por meio do experimento que envolvia radiação cósmica em micro-ondas, que lhes rendeu o Prêmio Nobel de Física em 1978, e confirmava a teoria do Big Bang, como ficou conhecida, e passando a ser tida como teoria-padrão pela comunidade científica. Em 1966, quando o experimento foi realizado, Lemaître, que além de cientista era jesuíta, ainda estava vivo, apesar de internado por motivos de saúde℘. O fato de Lemaître ser religioso em nada comprometia sua competência científica e o reconhecimento acadêmico.

As correntes e autores do criacionismo se inserem no contexto das reações aos discursos evolucionistas que começam com sua popularização na Inglaterra através de um livro chamado *Vestiges of Natural History of Creation* (1844), pelo jornalista e geólogo Robert Chambers (1802-1871), membro da Acadêmica Nacional de Ciências e Letras da Escócia [*Royal Society of Edinburgh*] e mais tarde da Sociedade Geológica de Londres. A proposta era de um livro de divulgação científica que tem como tema central o conceito de *transmutação das espécies*, sob inspiração℘ das ideias do biólogo Jean-Baptiste de Lamarck (1744-1829), acerca da tendência de os organismos tornarem-se mais complexos, uma força incessante que reorganiza a vida. Contudo, tais ideias veiculadas pelo *Vestiges* alimentavam na concepção de evolução um imaginário social de mudanças que se chocava com a ideia de imobilidade social, e acabava por isso mesmo camuflando os privilégios de alguns grupos sob a bandeira religiosa de antievolucionismo℘. Desse modo, tal imaginário de evolução social foi encampado por grupos políticos radicais, intelectuais materialistas e ateus, o que acabou por tornar demasiadamente impopular a concepção de evolução em alguns setores da sociedade britânica, sendo um bom termômetro do impacto que a publicação de *A origem das espécies* (1859) provocaria na opinião pública um pouco mais de quinze anos depois.

Até 1859, o termo "criacionista" estava ligado a um debate religioso metafísico, aquele que acreditava ser a alma℘ criada por Deus em cada criança que nascia, em oposição ao "traducionista", que julgava a alma℘ ser herança dos pais. O termo só começa a ser empregado com maior frequência pelos grupos que faziam oposição à teoria de Darwin℘ quase oitenta anos depois, sendo até então mencionados como "defensores da criação" [*advocates of creation*] e, mais frequentemente ainda, como "antievolucionistas", pois os motivos de recusa eram muito mais contra a ideia de mudança social que a teoria da evolução poderia provocar na cultura do que uma defesa religiosa da criação. Os antievolucionistas estavam muito mais dedicados a refutar as ideias evolucionistas do que a defender um criacionismo religioso, resultando na criação de movimentos apologéticos. A disseminação do evolucionismo℘ na América do Norte foi muito rápida e, em 1870, havia muitos naturalistas que se tinham tornado evolucionistas, influenciando até mesmo a própria teologia℘ cristã, como é o caso do teólogo calvinista James McCosh (1811-1894), reitor da Princeton University de New Jersey. Contudo, houve uma forte reação a esse liberalismo teológico, que resultou na criação do *Biola – Bible Institute of Los Angeles*, em 1908, e na publicação dos *Fundamentals*, um projeto de publicação teológica de noventa ensaios escritos por sessenta e quatro teólogos protestantes que visava estabelecer uma nova exposição dos fundamentos da cristandade, tendo como principal dogma℘ a inerrância bíblica e como tarefa refutar os movimentos considerados heréticos. Alguns movimentos como *Anti-Evolutions League of America* e a *Anti-False Science League of America* visavam prioritariamente reagir aos diálogos que a teologia℘ liberal iniciava com a ciência e a sociedade contemporânea (Numbers, 2006, p. 64). Só em 1929 o termo seria utilizado como uma tentativa alternativa à teoria da evolução, com o livro *Back to Creationism*, de um biólogo membro da Igreja℘ Adventista do Sétimo Dia, Harold W. Clark (1891-1986), em que propõe uma nova "ciência do criacionismo" [*science of creationism*], unindo a sua perspectiva biológica à geologia diluviana [*flood geology*] de seu professor George McCready Price (1870-1963), que interpretava a história geológica da Terra tendo como referência o episódio do dilúvio universal do Livro do Gênesis. O debate deixava de ser mera resistência aos modernismos e passaria a uma possibilidade de debate teórico, mesmo que com pouca representatividade acadêmica, sendo uma forma de proteger o criacionismo dos teístas evolucionistas. O litígio se intensificou quando o movimento de secularização℘ da cultura℘ fez uso das teorias evolucionistas para justificar as desvinculações religiosas, especialmente o fato de o evolucionismo℘ ter entrado nas escolas norte-americanas, oferecendo, assim, uma primeira introdução capaz de levar as crianças a perder a fé℘ na Bíblia℘. Reagiram agremiando forças não somente de pregadores e políticos ultraconservadores, como também de pais religiosos. A associação feita pelo senso comum entre a Alemanha como uma nação cientificamente avançada e as barbáries do nazismo retroalimentava a desconfiança da pertinência moral das teorias científicas, especialmente do darwinismo, como passou a ser chamado, pois julgava-se que o extermínio promovido pelo nazismo era a aplicação de uma seleção natural, em que sobreviveria a nação mais forte, justificando o extermínio dos mais fracos. Diferente da recepção das teorias evolucionistas por grupos contestadores da nobreza britânica, na América do Norte, colaborava para a rejeição popular das teorias evolucionistas a leitura de um darwinismo social por parte de empresários estadunidenses que justificavam a desigualdade social promovida pela Revolução Industrial americana, vendo nisso certa seleção natural na sociedade que endossava a recusa dos mais ricos (fortes financeiramente) de se preocupar com os mais fracos (pobres). Isso também se chocava com o fato de que o *Biola* e os *Fundamentals* haviam sido criados e financiados por Lyman Stewart (1840-1923), o empresário petrolífero da empresa que mais tarde viria a ser conhecida como Shell, e cristão filantrópico presbiteriano, de modo que sua indisposição ideológica ao evolucionismo℗ se retroalimentava com o combate ao darwinismo social. Entretanto, quem transforma o debate religioso em campanha política ideológica é William Jennings Bryan (1860-1925), que, apesar de uma visão mais conservadora, estava ligado ao movimento cristão social conhecido como *Social Gospel*, coincidindo, assim, a sua crítica ao darwinismo social com a perspectiva dos *Fundamentals*, motivo pelo qual se associa a sua militância evangélica antimoderna ao movimento fundamentalista, que lhe deu apoio em suas três candidaturas ao cargo de presidente dos Estados Unidos, unindo tanto a crítica social quanto religiosa ao darwinismo, propondo, portanto, ao mesmo tempo, o combate à desigualdade social, pela abolição de sua raiz, e ao ensino nas escolas públicas do evolucionismo℗ darwinista (Smith, 1966, p. 41-60). Desse modo, grupos fundamentalistas iniciaram uma "Cruzada Antievolucionista" e chegaram a elaborar projetos de lei em que apresentavam o ensino do evolucionismo℗ como "impróprio e subversivo", resultando na incorporação de seu ensino como um crime nos estados de Oklahoma, Flórida, Mississipi, Arkansas e Tennessee, sendo famoso o caso de John Thomas Scopes, um professor substituto de Biologia℗ no Ensino Médio [*High School*] que foi julgado e preso em 1925 por ter ensinado evolucionismo℗, descumprindo, assim, o *Tennessee's Butler Act*, que proibia escolas públicas de negar os ensinamentos bíblicos relacionados à criação. O caso ficou conhecido popularmente como "julgamento do macaco" [*Scopes Monkey trial*], tendo como advogado de acusação o próprio William Bryan, convidado pela *World's Christian Fundamentals Association* (Shipley, 1927, p. 44), e se tornou o marco de uma verdadeira guerra cultural norte-americana, que desde então virou tema de canções de *blues, jazz, pop rock* e *rap*. Também foi escrita uma peça de teatro em 1955, por Jerome Lawrence e Robert Lee, intitulada *Inherit the Wind*, com posterior adaptação para o cinema em 1960, e mais tarde, em 1999, virou série de TV.

Essa guerra cultural se intensifica nas décadas de 1960 e 1980, quando a Suprema Corte estadunidense declara a lei de Arkansas inconstitucional e que as teorias criacionistas, especificamente o chamado "criacionismo científico", não cumpriam os requisitos necessários para ser reconhecidas como ciência, proibindo seu ensino, assim como a leitura obrigatória da Bíblia℗ nas escolas públicas. Isso provoca um "Reavivamento Criacionista" [*Creationist Revival*], quase um século depois da publicação de *A evolução das espécies*, que agrega pessoas e grupos por meio de uma compartilhada antipatia evolucionista (Numbers, 2006, p. 184-339).

O conceito evolui, as correntes criacionistas inicialmente postulavam três grandes ideias: 1) teoria do "hiato" [*gap theory*], em que haveria um hiato entre os dois atos divinos de criação, entre o capítulo 1 do Livro do Gênesis, de um tempo inespecífico que deu origem a todas as coisas (no princípio…), e um segundo ato, no capítulo 2, que seria a criação de Adão e Eva, cerca de seis mil anos atrás; 2) teoria dos "dias-eras" [*day-age theory*], em que os dias do Gênesis corresponderiam a vastas eras geológicas; e 3) da geologia diluviana [*flood geology*], que não admitia a presença de vida na Terra antes da criação edênica. Tais perspectivas acabaram por criar um ambiente hostil entre ciência e religião℗, no qual a autenticidade da experiência da fé dependia da vitória do criacionismo bíblico sobre as teorias da evolução. Essa foi uma guerra provocada pelos religiosos fundamentalistas, pois entre os evolucionistas havia uma série de debates sobre os méritos do evolucionismo℗, assim como pontos mais difíceis de sustentação, ao passo que os religiosos se empenhavam em refutar o evolucionismo℗ como ciência verdadeira, empenhando-se em ações políticas que incidiam, sobretudo, sobre políticas educacionais a fim de proibir o ensino do evolucionismo℗. Na medida em que as derrotas políticas dessa postura religioso-apologética sobre a escola pública não avançavam como esperado, inicia-se o movimento do *Christian homeschool* ou *Homeschooling*, proposto pelo calvinista Rousas John Rushdoony (1916-2001), como forma de combater a secularização℗, sendo o criacionismo um dos temas mais defendidos, tornando-se assim um símbolo político, e um dos aspectos, portanto, mais importantes de sua proposta de reconstrucionismo cristão, em que a sociedade voltaria a ser governada por uma "lei divina", e a vitória do criacionismo sobre o evolucionismo℗ seria um sinal da vontade de Deus.

Do ponto de vista conceitual, surge o *criacionismo científico*, promovido pelo *Institute for Creation Research*, fundado por um engenheiro hidráulico batista, Henri Morris (1918-2006), em que propaga a teoria da geologia diluviana, contra as teorias do hiato e dos dias-eras, afirmando que o Universo não tem mais que dez mil anos, assim como aposta em uma biologia℗ criacionista, vendo atos divinos de criação nas lacunas da teoria evolucionista. *Design inteligente* [*Intelligent design*] é o termo que começa a ser utilizado para substituir a corrente de criacionismo científico após a proibição, pela Suprema Corte dos Estados Unidos, em 1987, de ser ensinado ao lado das teorias evolucionistas nas escolas públicas. O termo aparece em um livro de ciências políticas de 1856, de Patrick Dove (1815-1873). No capítulo IV, o autor trata do desenvolvimento psicológico do ser humano através das manifestações históricas. Advoga o cientista político que o método℗ científico tem papel fundamental com seu ceticismo procedimental, pois ajudaria a "destruir a superstição℗", que é uma "crença sem evidência" e uma "corrupção na apreensão intelectual", através da dúvida, que por sua vez é necessária para colocar o conhecimento em uma base segura. Contudo, ao destruir a superstição→, há um desarranjo psicológico no ser humano, que se sente desamparado pela ausência de fundamento na vida, quando então a ciência assume o papel de uma "teologia→ natural" que é possibilitada por uma "contemplação matemática do universo" como um preâmbulo que propicia a percepção de um *design* nas "obras da criação" que "prova" [*works of creation proves*] a existência, portanto, de um "*designer* inteligente" [*intelligent designer*] (Dove, 1856, p. 468-473). Mais tarde o termo aparece em cinco cartas trocadas entre Darwin→ e seu círculo de cientistas a respeito da possibilidade dessas "provas" [*proofs of a inteligente design*] (cf. Letter from J. D. Hooker, 5 August 1871), entre 1860 e 1871. A resposta exemplar de Darwin→ é que do ponto de vista da Biologia→ não é possível "provar" a existência de Deus, como também não é possível negar tal existência. Exatamente nisso reside o limite do *Intelligent Design Moviment*, ou seja, na insistência do argumento teleológico de provar a existência de um Ser inteligente pela identificação de um universo e uma biologia→ inteligentes, como apresentado no livro de William A. Dembski e Jonathan Wells *The Design of Life: Discovering Signs of Intelligence in Biological Systems* (2007), porém visto pela comunidade científica internacional como pseudociência.

Uma vez que não conseguem o desejado reconhecimento acadêmico, a estratégia adotada pelos movimentos criacionistas é promover *lobby* político para aprovação de leis que favoreçam o ensino do criacionismo nas escolas públicas. Assim se deu nos casos *Scopes Monkey Trial*, de 1925; *Epperson vs. Arkansas*, de 1968; *Lemon vs. Kurtzman*, de 1971; *Segraves vs. California*, de 1981; *McLean vs. Arkansas*, de 1982; *Creationism Act* de Louisiana, de 1987; *Webster vs. New Lenox School District*, de 1990; *Peloza vs. Capistrano School District*, de 1994; *Freiler vs. Tangipahoa Parish Board of Education*, de 1997; *Rodney LeVake vs. Independent School District*, de 2000; *Selman et al. vs. Cobb County School District*, de 2005; *Kitzmiller et al. vs. Dover*, de 2005; todas tentativas de proibição do evolucionismo→ e/ou de obrigar formas de criacionismo religioso com pretensões científicas no ensino público.

Em face desse fundamentalismo→ antievolucionista militante é que surge o neoateísmo militante de Richard Dawkins (1941-), crítico do criacionismo, especialmente em seus livros *The Selfish Gene* (1976), *The Blind Watchmaker* (1986), *The God delusion* (2006), nos quais apresenta a religião→ como uma fonte de conflito e uma justificativa para uma crença→ sem evidência, refutando, assim, o modelo racionalista de ciência que Dove, no século XIX, apresentava, no qual se amparavam os defensores do *design* inteligente. Os argumentos contra o criacionismo, em suma, dizem respeito ao fato de não ser considerado uma teoria científica, pois requer análises, testes, evidências empíricas como resultado de experimentos científicos, e debate dos resultados que vão aperfeiçoando a teoria, como se deu com a consolidação científica da teoria evolucionista, que é demonstrável por evidências fósseis da paleontologia, experimentos biológicos e genéticos que visam encontrar explicações para os eventos da natureza. Para Dawkins, os neocriacionistas, no afã de forçar a interpretação→ dos fenômenos naturais a crenças→ religiosas, acabam por fazer uso de fontes obsoletas, omitem o contexto dos debates científicos, especialmente os contextos políticos, tentando atacar os elos perdidos da teoria da evolução para acusarem a falsidade, sem considerar ser uma teoria, um processo de crescente descoberta. Atualmente, o *Discovery Institute*, fundando em 1994, em Seattle, abriga o debate criacionista do *design* inteligente.

Há de distinguir o neocriacionismo e as *teologias da criação evolucionistas*, em que por criacionismo deve-se entender, portanto, que Deus criou o universo tal qual em suas formas presentes sem recorrer a processos de evolução, ou seja, a criação é vista como algo acabado e perfeito, ao passo que as teologias→ da criação evolucionistas seguem o caminho de um diálogo com a filosofia biológica, procurando extrair dessa interlocução um diálogo entre as sabedorias contidas nas cosmologias mitológicas e a reflexão que se abre diante dos novos conhecimentos da cosmologia científica, oferecendo uma racionalidade crítica às tradições sapienciais religiosas, resgatando seu papel cultural de doação de sentido, sem pretensões de estabelecer alguma forma de relação ancilar das ciências para com a religião. Em vez de uma busca de provas há a via da hermenêutica→ teológica de perfil interdisciplinar que dialoga com a tarefa de refletir sobre a existência a partir da ciência. Lemaître mesmo se recusou a ter seu trabalho vinculado à busca de "provas da existência de Deus→ à luz da ciência atual da natureza", como o Papa Pio XII interpretou seu trabalho, para se entender em um diálogo com aquilo que o "Universo faz pensar", sem cair em uma confusão apologética metafísico-científica, mantendo o caráter puramente científico das teorias cosmológicas. Teilhard de Chardin (1881-1955), sendo paleontólogo, repensa a tendência fixista da tradição teológica em uma perspectiva de universo em evolução. Jürgen Moltmann (1926-) também procura estabelecer a tarefa do diálogo entre o conhecimento científico e a sabedoria das tradições religiosas, desde sua teologia→ política. Hans Jonas (1903-1993), com *Princípio de responsabilidade*, vê no darwinismo uma biologia→ filosófica capaz de promover uma consciência→ ecológica, como é o caso da perspectiva do Papa Francisco em sua encíclica *Laudato si'* (2015), que dialoga com complexidade, teologia♀, compromisso ecológico, responsabilidade social, política e econômica.

Apesar de atualmente alguns muçulmanos também se alinharem ao *design* inteligente, como o canadense Muzaffar Iqbal, que está entre os dissidentes do darwinismo que fazem parte do *Discovery Institute*, há desde muito cedo hermenêuticas♀ teológicas islâmicas alternativas, que dialogam com formas evolucionistas da Antiguidade, como é o caso de Al-Jahiz (776-869), com seu livro *Kitab al-Hayawan* [*Livro dos animais*], em que cataloga 350 espécies, descrevendo a luta pela sobrevivência das espécies, e como os fatores ambientais influenciavam a adaptação das mesmas. A cosmologia islâmica da criação só recebe uma interpretação♀ criacionista após o século IX (Masood, 2017, p. 960-1075). Entretanto, o criacionismo como guerra cultural ao evolucionismo♀ é majoritariamente um fenômeno do fundamentalismo♀ cristão, ou ainda é o modo como se desenvolveu embrionariamente a estrutura narrativa do fundamentalismo♀ cristão de se opor à ciência moderna, particularmente no Protestantismo estadunidense e nas igrejas evangélicas dali decorrentes, chegando às formas de pentecostalismo, incluindo algumas expressões católicas. Certamente, há outras formas de fundamentalismo♀ religioso, como o *Hindutva*, no Hinduísmo, que pretende excluir outras comunidades religiosas da Índia e promover a manutenção do sistema de castas ou o fenômeno do fundamentalismo♀ budista do MaBaTha, criado pelos monges birmaneses de Mandalay, presentes em Mianmar, Sri Lanka e Tailândia, que alimenta um sentimento anti-islâmico, responsáveis por práticas de limpeza étnica, como foi feito com os *rohingya* de Rakhine. Nestes dois casos, as razões são motivadas por questões nacionalistas, sendo de pouca importância a questão criacionista, até porque suas respectivas mitologias♀ da criação não são tributárias de um monoteísmo♀ criacionista, possibilitando diálogos interessantes e menos dramáticos com as teorias do evolucionismo♀, como é o trabalho de Fritjot Capra, *O Tao da física* (1975) e *O ponto de mutação* (1982), que dialoga com a tradição taoista, budista e hinduísta e com os desdobramentos darwinianos, como a teoria da relatividade, a física quântica, a física de partículas. Mesmo nos demais fundamentalismos♀ monoteístas, o criacionismo é uma questão periférica, estando mais vinculado a outra narrativa de resistência às mudanças sociais, como é o caso do fundamentalismo♀ católico, ou integrismo♀, que era antimoderno e refratário aos movimentos sociais, ou do fundamentalismo♀ judaico, que é menos ligado a uma fidelidade literal da Torá, pois sempre houve uma pluralidade da interpretação♀ rabínica, mas se manifesta no sionismo ultraortodoxo que cresce por conta do conflito árabe-israelense, do qual são geradas organizações extremistas como o grupo judeu Kach Kahane Chai, que pretende restaurar as fronteiras bíblicas de seu povo para o Estado de Israel e que por sua vez retroalimenta o fundamentalismo♀ islâmico ou, mais propriamente dizendo, o jihadismo, em todas as suas versões, chegando até o grupo extremista do Estado Islâmico. Em ambos os casos, as motivações são nacionalistas e a guerra cultural se dá majoritariamente pela disputa hegemônica cultural e territorial contra outra religião ou o laicismo que atenta contra privilégios, e não contra a ciência.

Bibliografia: AURELII AUGUSTINI. *Opera Omnia*: Nuova Biblioteca Agostiniana. Roma: Città Nuova Editrice; DARWIN, C. R. *The expressions of the emotions in man and animals*. 2nd edition. London: Francis Darwin/Jhon Murray, 1890; DOVE, P. E. *The Theory of Human Progression, and Natural Probability of a Reign of Justice*. Boston: Sanborn, Carter and Bazin/Portland: Sanborn & Carter, 1856; MASOOD, E. *Science and Islam*: A History. London: Icon Science, 2017; McCALL, H. *Mitos mesopotámicos*: El pasado legendario. Madrid: Ediciones Akal, 1994; NUMBERS, R. L. *The Creationists*: From Scientific Creationism to Intelligent Design. London: Harvard University Press, 2006; PARMÊNIDES. *Da natureza*. Trad. de José Gabriel Trindade Santos. Loyola: São Paulo, 2002; SHIPLEY, M. *The War on Modern Science*: A Short History of the Fundamentalist Attacks on Evolution and Modernism. Virginia: Alfred A. Knopf/University of Virginia, 1927; SMITH, W. H. William Jennings Bryan and the Social Gospel. *Journal of American History*, 53, 1 (1966) p. 41-60; TITUS LUCRETIUS CARUS. *De Rerum natura*. Livro I. Trad. de Juvino Alves Maia Junior, Hermes Orígenes Duarte Vieira, Felipe dos Santos Almeida. João Pessoa: Ideia, 2016.

Alex Villas Boas

CRÍTICA DA RELIGIÃO

Os romanos distinguiam entre *superstitio* e *religio*. Diante dos fenômenos religiosos orientalizantes, manifestações esotéricas, gnósticas ou judaico-cristãs, erguia-se a *religio* dos romanos (culto de Estado, exercício familiar e "piedade♀" para com os antepassados♀), religião ritualista e legalista de um povo de burocratas. Ora, na Europa, o Século das Luzes recuperou, de forma aculturada, essa ancestral distinção. A consciência♀ europeia, entusiasmada com a convicção de que se atingiu a idade adulta da humanidade, procurava fundar uma "religião da razão", de feições deístas e com inflexões sentimentais, mais consentânea com a "natureza humana", longe das superstições veiculadas pelas castas sacerdotais que manipulam os ignorantes. Sob o império da "suspeita", a religião♀ acaba por ser compreendida enquanto ideologia♀ ou falsa consciência♀, ancorada num quadro socioeconômico que procura perpetuar um determinado *status quo*.

É importante ter em conta o quadro mais geral de emergência histórica desse criticismo na trajetória moderna europeia. Em diferentes contextos, o século XVII viu nascer o que se veio a apelidar de história comparada das religiões – recorde-se o papel dos historiadores ingleses, de católicos como Richard Simon (1638-1712) e outros orientalistas franceses, dos teólogos espanhóis, hebraístas protestantes dos Países Baixos, da Suíça e da Alemanha etc. É precisamente na confluência dessa diversidade, no século XVII, que devem ser situadas as origens do estudo científico e comparado dos fenómenos religiosos, mesmo se o contexto parece pouco favorável ao interesse intelectual pelas religiões – recorde-se que o século XVII é o tempo das guerras de religião que opõem católicos e protestantes. Mas este contexto motiva aquele espírito de renascimento na demanda da purificação das religiões.

A "descoberta", um século antes, dos "índios" da América trouxe aos meios intelectuais europeus uma especial inquietação. A sua integração nos universos do pensamento europeu provocou uma enorme erosão nas tradicionais definições de humanidade herdadas da escolástica medieval. Os relatos etnográficos sobre os usos e costumes dos ameríndios tornavam implícito o reconhecimento da sua alteridade e a sua diferença religiosa, ainda que sob o catálogo da idolatria. Também a proximidade do Islão suscitou uma extraordinária curiosidade intelectual. O Islão tinha-se tornado aquela espécie de inimigo ao mesmo tempo objeto de repúdio e de fascínio. Este é o contexto de desenvolvimento dos interesses orientalistas – no século XVII, o Oriente, nas representações dos europeus, é acima de tudo o espaço muçulmano, de Istambul à Mongólia. Para além da língua árabe, divulgou-se o interesse pelo siríaco, o arménio, o copta, o persa e o turco. A filologia tornou-se uma disciplina aliada da história comparada das religiões.

O criticismo que se desenvolveu nos séculos XVIII, XIX e XX deve relacionar-se quer com esta relativização da religião, alimentada pela evidência da sua configuração plural nas culturas, quer com os itinerários de autonomização do pensamento em relação aos seus pressupostos religiosos – esta segunda via, especialmente europeia, é vincadamente teológica, uma vez que se traduzirá em formas de desconstrução da ideia de Deus.

I. O legado de Ludwig Feuerbach. Ludwig Feuerbach afirma em *A essência do cristianismo* (1841) que a Antropologia é o mistério da Teologia. Teólogo de formação, assinava assim um programa de Crítica da Religião enraizado num questionamento intelectual que envolve três núcleos fundamentais: Deus, a Razão, o Homem. A humanização de Deus, a resolução da Teologia em Antropologia (ou antiteologia, como lhe chamou Karl Barth) é, no pensamento de Feuerbach, a realização funda-mental dos Tempos Modernos. Tal humanização de Deus renuncia àquela síntese entre razão e fé a que a direita hegeliana procurou dar posteridade, desenvolvendo o seu discurso na esfera de uma racionalidade desmistificadora da fé.

A religião, definida por Feuerbach como a consciência do infinito, é simplesmente a consciência que o homem tem da sua *essência*, que não é finita ou limitada, mas infinita. Este ateísmo antropológico no pensamento de Feuerbach postula que a consciência de Deus é a "consciência de si" do Homem. Assim, Deus é a interioridade manifesta, uma expressão reflexa do Homem. A partir deste ponto de vista, o ser divino é a essência do Homem contemplada como um outro ser distinto de si. Esta "desocultação" da verdadeira natureza da ideia de Deus tornou-se, neste programa intelectual, a condição de possibilidade para a afirmação de uma nova humanidade responsabilizada pelo seu destino. Tal pressuposto do pensamento de Feuerbach interioriza um princípio que terá uma assinalável posteridade: as representações religiosas são projeção, num "além" mítico, das necessidades e desejos da consciência humana; a essência da religião é a própria "re-flexão" do género humano. A consciência humana, na vertigem da sua própria essência infinita, projeta-se, alienando-se, numa alteridade. É a dissimulação desta realidade – que este infinito é propriedade do género humano – que carateriza o estádio religioso da humanidade. A religião, em particular nas suas dimensões teístas ou deístas, fica circunscrita ao terreno do imaginário, como expressão da consciência do ser humano, e Deus deixa de ser pensado como uma alteridade que se pode comunicar para ser criticado enquanto representação. A afirmação bíblica, "Deus criou o homem à sua imagem" (Gn 1,27), é vertida antropologicamente num novo princípio: *Homo homini deus est*. Por isso mesmo, o ateísmo de Feuerbach, além de antropológico, pode ser qualificado de hermenêutico, tendo em conta esta vontade de desconstrução das representações que escondem a essência da realidade.

II. Os mestres da suspeita. Karl Marx é um dos mais notáveis herdeiros de Feuerbach. A célebre afirmação "o homem faz a religião, a religião não faz o homem" dá continuidade à concentração antropológica e ao método crítico-hermenêutico, eixos do ateísmo de Feuerbach. Essencialmente, com recursos analíticos diversos, ambos explicam a religião como processo de projeção e alienação. Tal como em Feuerbach, também a Crítica da Religião em Marx não é apenas negação – sendo negação da negação, a Crítica da Religião é um instrumento de desvelamento antropológico. A Crítica da Religião torna-se crítica do direito, a crítica da teologia, crítica da política. Neste domínio, o ser humano sobre o qual Marx escreve não é um ente

CRÍTICA DA RELIGIÃO

abstrato, como em Feuerbach♀, mas o indivíduo concreto. Ou seja, o ser humano e o conjunto das relações sociais. Para Marx♀, o Homem é o mundo do Homem, isto é, o Estado e a sociedade. E é este mundo que produz a religião.

Assim, a crítica de Feuerbach♀ é prolongada num registo práxista-político, no qual a religião♀ aparece como consciência♀ do mundo invertida, porque expressão de um "mundo invertido". Esta perspetiva traduz-se em diversas expressões: religião♀ como "teoria geral deste mundo", sua "legitimação moral", "consolo e justificação", "gemido da criatura oprimida", "alma de um mundo sem alma♀", "ópio do povo". Neste complexo semântico podemos descobrir três caraterísticas fundamentais da crítica marxista à religião: a) a religião♀ é uma superestrutura da sociedade; por isso mesmo, o ateísmo filantrópico, porque abstrato, não tem condições para conduzir a uma superação das reais alienações; b) a religião♀ não é uma ilusão administrada por uma qualquer casta ou instituição sacerdotal; a ilusão religiosa não é algo de arbitrário, nasce de determinadas condições materiais. Sendo assim, a religião♀ morrerá por si quando essas condições materiais forem superadas; e c) a religião♀ não se apresenta apenas como legitimação de determinadas condições sociais dominantes; ela é, também, o protesto dos oprimidos, ainda que projete essa revolta num além ilusório.

O ateísmo marxista, em razão desta ambivalência, permaneceu aberto quanto à questão de saber se está em causa uma crítica a determinada representação da religião♀, ou se este criticismo é uma premissa absoluta do pensamento de Marx♀. Apesar desta hesitação, é certo que a Crítica da Religião está no centro da hermenêutica♀ marxista. É condição de possibilidade da crítica política, uma vez que é a Crítica da Religião que conduzirá o homem à superação do seu estado de alienação e afirmará uma nova humanidade capaz de tomar a história em suas mãos.

No quadro da hermenêutica♀ nietzschiana, a questão de Deus é identificada com o núcleo central da Modernidade. O *Gott ist tot* de Nietzsche não é propriamente a afirmação de uma convicção interior, a enunciação de um princípio provocatório, uma explicação, mas antes uma interpretação♀ da trajetória cultural moderna. O niilismo nietzscheano deve ser lido como a crónica de um apagamento – apagamento da religião♀ (do Cristianismo, relativamente às sociedades europeias) enquanto horizonte integrador, progressivamente esvaziado pela crença♀ nas categorias da razão iluminista e pela afirmação da técnica como a grande educadora da Modernidade. Nesse contexto, Nietzsche acaba por identificar a religião♀, sobretudo na sua configuração judaica e cristã, com a expressão de uma vontade doente que contamina toda a vontade.

O próprio Nietzsche apresentou o seu pensamento como uma "escola da suspeita", na qual os valores tradicionais do passado são questionados e toda a verdade, interpretada como perspetiva. O perspetivismo nietzschiano é a outra face do fim da metafísica♀ e a morte♀ de Deus, a expressão mais eloquente desse crepúsculo – a morte♀ do Cristianismo acompanha a morte♀ da metafísica♀. Este deicídio cultural não se refere apenas ao teísmo metafísico, mas abrange explicitamente a identidade das representações cristãs de Deus. O Deus♀ cristão, para Nietzsche, é uma das mais degradadas representações do divino, porque se define como aquele que contradiz a vida em vez de a transfigurar – o Deus♀ da cruz amaldiçoou a vida. Este ponto de vista resume-se numa oposição simbólica: "Dionísio contra o Crucificado". Na sua perspetiva, a própria crença♀ neste Deus♀ é a causa do niilismo, uma vez que este Deus♀ é visto como o "não" à vida. O nada diviniza-se em Deus♀ e a vontade fica reduzida a nada. A este niilismo Nietzsche opõe um outro, compreendido como expressão ativa de um renovado "sim" à vida: depois da morte♀ de todos os deuses é necessário que agora viva o "super-homem". Assim, na perspetiva crítica de Nietzsche, não é tanto a interpretação♀ de Deus♀ enquanto projeção humana que está em causa. O acento é posto na negação dos (anti)valores que esse Deus♀ representa e na afirmação de novos valores que correspondem a um outro modelo antropológico.

Podem identificar-se, também, em Freud♀, alguns traços genealógicos da crítica de Feuerbach♀. Podem identificar-se elementos conceptuais que dão novos desenvolvimentos a uma hermenêutica♀ do religioso enquanto projeção do humano. Esse programa tem o suporte de um conjunto significativo de obras: *Totem e tabu* (1913), *O destino de uma ilusão* (1927), *O mal-estar na civilização* (1930) e *Moisés e o monoteísmo* (1939). É, precisamente, em "O destino♀ de uma ilusão" que encontramos o núcleo central da sua interpretação♀ psicanalítica da religião: as representações religiosas são ilusões, realização de desejos♀ mais ancestrais♀ da humanidade, cuja raiz se encontra no medo diante dos perigos da vida, na necessidade de reparação da injustiça, nas interrogações acerca da sua origem, na procura de uma autoridade legitimadora, e na vontade de prolongar a sua existência para além dos limites da história. A religião♀ é, dessa forma, qualificada de psicomitologia♀, e a ignorância do indivíduo acerca dos mecanismos psíquicos está na génese das projeções e ilusões que constituem as religiões.

São os desejos♀ infantis, quer na ordem do desenvolvimento individual, quer no âmbito da história da humanidade, que reclamam a presença de um pai. Para Freud♀, nenhuma religião♀ pode ser o caminho para a superação deste estado infantil. As consolações que a religião♀ oferece correspondem a um determinado estádio transitório. A religião♀ é uma etapa na evolução da humanidade como a nevrose é um momento a ultrapassar pelo indivíduo na direção da sua maturidade.

No discurso da "suspeita", a religião é sempre julgada a partir de fora, segundo determinadas premissas, no quadro de um determinado conceito de "razão" (idealista, materialista, genealógica ou psicanalítica), reduzindo o polimorfismo religioso a um princípio explicativo único. A religião não é compreendida a partir da sua positividade, isto é, no seu próprio campo, enquanto jogo linguístico, pragmático e *topos* de realização antropológica, antes, é sempre reduzida a uma máscara que esconde algo, a um qualquer substrato desvelado pelo filósofo, pelo cientista ou pelo analista.

III. A crítica fenomenológica. A reflexão metafísica moderna procurou mostrar, por um lado, que Deus poderia ser apenas um conceito puro, construído para obter uma conclusão final de um sistema que representaria a totalidade da realidade, mas, por outro lado, a mesma reflexão também intentou conceber Deus como a realidade que funda o próprio pensamento, a própria racionalidade, conferindo-lhe a sua natureza, a sua origem, possibilidade e limites. Desse modo, a reflexão filosófica acerca de Deus foi-se dissociando da revelação cristã, fazendo com que, ao limite, o estatuto do Deus dos filósofos deixasse de ser mediado pela fé cristã ou por qualquer outra fé religiosa.

Significa isto que, no primeiro caso, Deus se apresenta como uma determinação lógica em raciocínios *ad infinitum* ou, em termos neoescolásticos, em nexos causais que retomam categorias aristotélicas. No segundo caso, Deus será aquele *em si*, indeterminado ou incondicionado, possibilitador de toda a determinação e da compreensão da natureza ou essência do condicionado. Num caso ou noutro, a mediação já não é feita pela relação pessoal do Homem com Cristo.

Se, no plano epistémico, se afirma que de Deus não pode haver ou fazer-se ciência, relegando-se o conhecimento ou a relação com Deus para o domínio não da crença mas da *fides* pessoal, no plano ontológico reduz-se o Ser às determinações antropológicas da existência, quer sejam de âmbito transcendental, no sentido kantiano do termo, quer sejam de âmbito contingente, chegando-se até a reduzir a compreensão da totalidade da realidade a estados mentais determinados, abrindo-se campo a especulações relativistas e subjetivistas sobre o sentido do Ser. Assim, ganham significado maior expressões como *o mundo como vontade e representação do eu*; *Deus morreu; ser-no-mundo como ser-para-a-morte; a existência precede a essência; o homem é o homem e a sua circunstância* e, naturalmente, embora contrapolarmente, a popular sentença de que vivemos uma *era do vazio*.

Consequência desta evolução da história das ideias, podendo referir paradigmaticamente alguns outros autores ou algumas outras obras, identificamos, em primeiro lugar, a fenomenologia de Husserl.

Edmund Husserl (1859-1938) é um filósofo de formação matemática. Começou por estudar Matemática em Berlim, onde se doutorou e ensinou, tendo tomado contacto com a psicologia científica de Wilhelm Wundt. Foi também aluno de Franz Brentano, na Universidade de Viena, de quem reteve a noção de intencionalidade da consciência que o acompanharia ao longo de toda a sua reflexão, mas não no sentido originário de que recebeu de seu mestre.

Podemos identificar no projeto filosófico de Edmund Husserl dois propósitos que permanecem constantes ao longo da sua obra. Por um lado, o propósito de dotar o conhecimento filosófico de um novo fundamento que permita ultrapassar os dualismos e as oposições teóricas que caracterizaram a Modernidade – seja entre o racionalismo e o empirismo, seja entre o idealismo e o realismo –, por outro lado, o propósito de afirmar a Filosofia com um saber fundamentador de todas as outras ciências. Como afirma nas suas *Meditações cartesianas*, publicadas pela primeira vez, em tradução francesa, em 1931, o objetivo é fazer uma completa reforma da Filosofia, incluindo aí a de todas as ciências, porque estas são apenas membros dependentes da Ciência Universal, una, a Filosofia. Se um propósito se reduzir ao outro estaremos em presença de uma nova Filosofia, dotada de um moderno estatuto de cientificidade que até agora não lhe era reconhecido.

Se Kant havia demonstrado que todo o conhecimento é conhecimento de fenómenos e que os fenómenos, *lato sensu*, são o que as coisas são para mim, isto é, as representações da realidade realizadas a partir dos dados da sensibilidade e das operações do entendimento, e não o que as coisas são em si, o mesmo é dizer que temos conhecimento dos fenómenos e não dos números. Em Husserl encontramos a mesma noção de fenómeno, embora radicalizada – o conhecimento é relativo aos fenómenos e os fenómenos comportam em si o sentido de tudo o que é; sem lugar a considerações numéricas inteligíveis.

Para Husserl, o mundo dos fenómenos é o mundo da consciência, e na consciência se descobrem as significações de todo o mundo, pois que o sentido do ser e o sentido do fenómeno não se podem dissociar. Estamos, pois, no âmbito da radicalização da perspetiva kantiana, reduzindo o conhecimento do mundo ao conhecimento dos fenómenos que se dão à consciência.

A Fenomenologia é, nesse sentido, e assim, a ciência dos fenómenos que se dão imediatamente à consciência; é a ciência dos atos e correlatos da própria consciência; é o estudo da constituição do mundo na consciência.

Retomando a lição cartesiana, Husserl reconhece que o filósofo francês, nas suas *Meditações sobre a*

CRÍTICA DA RELIGIÃO

filosofia primeira, põe tudo em dúvida, mas ao pôr tudo em dúvida não pode negar que isso de que duvida lhe apareça à consciência como se fosse real. Assim, é possível duvidar de que exista aquilo que vejo, mas não do facto de estar a ver (se não estivesse a ver – ou se não julgasse, pelo menos, estar a ver – nada haveria para duvidar). Com isto Descartes fez uma descoberta importante, que Husserl valorizará na obra que publica, em 1913, intitulada *Ideias para uma fenomenologia pura e uma filosofia fenomenológica*. Descartes constata que a consciência (o *cogito*) e os seus conteúdos (os *cogitata*) podem subsistir, mesmo que a realidade objetiva seja duvidosa, pois que é possível conceber a existência do *cogito* separada dos seus *cogitata*. Isto é, por um lado, pode-se conceber a existência de uma realidade pensante sem recurso aos conteúdos com que a mesma opera e, por outro lado, de forma mais significativa para Husserl, é possível conceber o *cogito* e os seus *cogitata* sem que a própria existência do mundo seja evidente. Mais, podemos até supor que o mundo não existe, mas tal não invalida a continuidade da existência da consciência que o supõe.

Para Husserl, não se pode explicar a origem do que quer que seja sem recorrer aos atos psíquicos que conferiram sentido a essa entidade e consciência. A consciência, para além de se poder constituir como fenómeno para si própria, é sempre consciência de algo. Isto quer dizer que a esta visa sempre um objeto, mas, diferente do que poderíamos supor, esse objeto não é apenas um objeto físico, não é apenas algo exterior à própria consciência. Segundo Husserl, o objeto deve ser entendido como sendo tudo aquilo que a consciência, intencionalmente, visa, seja uma operação matemática, seja a conclusão de um raciocínio, Deus ou até qualquer realidade material (física) – tudo o que é, é para alguém e recebe desse alguém o seu sentido.

Desse modo, para Husserl, a consciência é intencional porque é, necessariamente, dirigida para alguma coisa, ou, de outro modo, a consciência é aquilo que realiza atos intencionais capazes de dar sentido e de conferir valor aos objetos a que se dirige.

Quer isto dizer que o sentido daquilo que é depende dos atos mentais que, em cada momento e em cada consciência, conduzem à sua determinação? Husserl não nega que os estados mentais diferem e condicionam o modo como, a cada momento, podemos aferir do sentido dos fenómenos; no entanto, a atitude ou o intentar do filósofo ou do cientista em ordem ao conhecimento não se coaduna com tal subjetivismo relativista, pois desse modo o próprio conhecimento não teria qualquer validade objetiva.

O filósofo ou cientista, propositadamente, intenciona o fenómeno despojado de qualquer conteúdo empírico; despojado de qualquer interesse ou condicionamento ideológico, moral ou pré-tético. Trata-se de um começo radical e fundante, condu-

cente à apropriação do sentido, que exige a *epoché*, isto é, exige o colocar em suspenso qualquer juízo que havemos formado ou formulado sobre o mundo, sobre o objeto que a consciência intenciona, ou, na terminologia de Husserl, que a consciência visa. É, no fundo, a redução fenomenológica em ordem ao ato de conhecer e não ao que é conhecido; a redução que permitirá o conhecimento da essência do fenómeno enquanto fenómeno puro; a suspensão na crença no mundo exterior para aceder ao fenómeno na sua relação ou correlação com a consciência, onde o ser e o aparecer se identificam; onde o que é aparece na sua forma originária, permitindo-se assim que o fenómeno se apresente à consciência como evidente, isto é, na sua apodicticidade.

Para Husserl, a evidência surge quando se dá a concordância entre aquilo que a consciência visa, intencionalmente, e o seu preenchimento por aquilo que é visado, isto é, quando a própria coisa que visamos aparece tal como a visamos. Não se trata aqui da validade da lógica formal em que se apoiam as ciências, ditas exatas, ou qualquer conhecimento que se diga científico; trata-se apenas da adequação da *noese* com o *noema*, isto é, da consciência intencional com o conteúdo fenoménico que é visado. De qualquer modo, tal adequação não surge, em cada momento e em todos os momentos, com um carácter de absoluteidade. Se uma evidência apodítica é aquela que impossibilita a consideração do não-ser do objeto que é visado, isso não quer dizer que esta mesma evidência apodítica seja absoluta adequação entre a *noese* e o *noema*. Essa adequação absoluta será uma tarefa, talvez, infinita, mas será, sempre, essa a tarefa da Filosofia e de qualquer ciência, pois que a intencionalidade da consciência e o seu intrínseco dinamismo, nas sucessivas reduções fenomenológicas nela e por ela operadas, visa sempre o sentido puro daquilo que é; não só ao que é na e para a consciência, mas a um absoluto teleológico que tem sempre por referência.

Na redução fenomenológica, tal como Husserl a entende, não estará em questão o carácter mais ou menos duvidoso do mundo exterior à consciência. Podemos analisar a consciência e as suas ideias (o *cogito* e os seus *cogitata*) independentemente de sabermos se o mundo existe ou não. Em linguagem husserliana, diremos: não precisamos fazer uso do mundo; podemos pô-lo entre parênteses, para proceder a essa análise. O mesmo é dizer de Deus.

Mas não poderemos duvidar também da própria consciência, tal como duvidamos do mundo? A resposta de Husserl é, claramente, não. Ou seja, o mundo existe como correlato da consciência que o visa; nesse sentido, não há mundo sem uma consciência que afirme a sua existência. Ao contrário, a consciência pode existir sem que o mundo exista. O mundo, porém, é sempre relativo à consciência. É porque há mundo para uma consciência que o visa que se pode dizer que o mundo existe, e o mesmo se pode dizer acerca de Deus.

IV. A crítica existencial. De outro modo, Martin Heidegger (1889-1976), tendo sido aluno de Husserl, distancia-se da fenomenologia transcendental, mas não da fenomenologia. A sua fenomenologia é hermenêutica; é uma fenomenologia descritiva da existência fáctica e, ao mesmo tempo, a análise da questão ontológica que se concretiza e desenvolve na condição do *ser-no-mundo*.

Para o autor, a ontologia deve centrar-se não no juízo acerca do Ser, porque isso implica já que o pensamento apreende o Ser, mas sim na questão sobre o que é o ente ou o que é o ente no seu modo próprio de ser – *Dasein*. Tal significa recolocar a questão ontológica fundamental em outros termos, isto é, procurar compreender o modo de ser do ente na análise à sua existência imediata, na compreensão ou no conhecimento primeiro do *existente* que se descobre, desde logo, como possibilidade de ser, embora jogado num horizonte que tem por limite a morte, pois que esta e só esta se pode apresentar como fundamento da existência.

Para Heidegger, o acesso ao Ser dá-se diretamente na experiência da vida; experiência essa que é, ao mesmo tempo, experiência do *ser-em*, antes de qualquer reflexão predicativa de cariz metafísico. Nesse sentido, o Ser e o tempo ordenam-se mutuamente, desvelando-se o Ser, ao longo da história, na temporalidade do *ser-para-a-morte*, pois que a experiência da vida ocorre no tempo. A temporalidade pertence, pois, por essência, ao sentido do Ser, porque o tempo é, ao mesmo tempo, o fundamento da manifestação e onde se dá, a cada instante, a apreensão do próprio Ser. É o homem que põe a questão do Ser, a questão ontológica, na medida em que se percebe a si mesmo, na sua vida factual, como aquele cujo ser não está, desde logo e para sempre, dado. Este sentido, o ser do homem, é um ser que se apresenta a si mesmo e aos outros na incerteza do seu próprio ser.

Esta relação íntima com o Ser é a própria existência do homem e esta existência é a sua essência. É o exame da existência que põe em evidência os *existenciais*, e a análise dos *existenciais* conduz à própria determinação do sentido do seu ser. Ao determinar o seu ser, na analítica existencial, o homem descobre-se como *ser-no-mundo*, e esta relação com o mundo, que é temporal e histórica, é o fundamento de toda a significação, pois que, como vimos, o tempo é o horizonte da manifestação do ser.

A unidade dos *existenciais* – dos modos de ser do ser –, plasmada no ser que se encontra projetado no mundo, conduz à descoberta do sentido do ser enraizado na temporalidade.

A autocompreensão do *ser-no-mundo*, como ser que está lançado num mundo que já aí está, fundamenta a certeza da facticidade da existência e, ao mesmo tempo, a compreensão da apreensão do mundo como revelação e desdobramento do Ser. Assim, a condição factual da existência é, em si, a abertura do ser ao mundo no tempo, pois que se manifesta na implicação mútua do projeto e do ser-projetado. A esta abertura da existência ao sentido do ser através do mundo, na unidade da facticidade e do projeto, denomina Heidegger de *cuidado* – entendido como *existencial* fundamental da vida autêntica do ser-no-mundo.

O cuidado, relativo à relação com os outros entes e o cuidado com a própria existência, vivido como experiência imediata, porque resulta da descoberta de si pela experimentação quotidiana do mundo, permite que cada ente se perceba como projeto de compreensão da totalidade das significações do Ser – realizar tal projeto é viver autenticamente.

A vida autêntica será a do regresso à existência, apreendendo esta como uma totalidade que encerra em si o seu sentido ontológico. Este não pode ser dado senão na facticidade radical, que é a facticidade da morte, interna ao projeto da existência. Assim, no sentido de uma vida autêntica, existir é fundar o seu ser sobre aquilo que não lhe pode pertencer, a morte. Decorre daqui que o *existente* é um *ser-para-a-morte* porque o fundamento da existência é uma ausência, um nada.

Se entendemos a vivência autêntica do *ser-para-a-morte* como fundamento essencial do *ser-no-mundo*, temos de admitir que o nada que nos aparece como horizonte contradiz a ideia de morte em forma teológica cristã. Embora a finitude humana seja uma das características fundamentais da teologia cristã, em Heidegger esta finitude é entendida como própria da criatura, não outorgada por Deus como um castigo para o pecado e, portanto, sem espaço para a redenção – que aqui fica suspensa entre o viver ou não de forma autêntica, entre os *existenciais* do *cuidado* ou a *angústia*, respetivamente – ou sequer para qualquer tipo de escatologia.

Se compreendermos o Homem como ser criado à imagem e semelhança do Criador, que, por isso mesmo, se pode elevar até Deus, também compreendemos que o Homem, para Heidegger, jogado ou projetado no mundo, também com a capacidade de se elevar, mas de se elevar ao nada, pois que o Ser – e não Deus –, a partir do qual toda a existência pode surgir, permanece oculto. Não obstante, no ser situado que caracteriza o *Dasein*, o entendimento ou a compreensão do Ser far-se-á pelo discurso, pois este é ou pode constituir-se como abertura da existência à verdade. Mas não se trata do discurso lógico-discursivo, judicativo, que institui a separação entre o que ajuíza e o que é ajuizado; não o discurso objetificante e coisificante, separador e, por isso, diabólico; trata-se, sim, do discurso que pode manifestar ou pelo qual se podem manifestar todas as possibilidades instituídas pelo *projeto*, sob o seio não da escolha ou da invenção do ser de cada um – como verá, por exemplo, em Sartre –, mas sim sobre aquilo que funda o ente e a sua existência, que é a morte, entendida como possibilidade de todos os possíveis autênticos.

Para Heidegger, a discursividade é o laço que mantém unidos numa mesma existência a explicação do Ser e a compreensão do seu sentido e será a linguagem poética que se instituirá como criadora do próprio sentido do Ser a partir da sua compreensão interna, pois cada ato poético é um dos instantes que abarca a totalidade da manifestação do eu no tempo.

À semelhança de Heidegger, Jean-Paul Sartre (1905-1980) concebe o homem como *ser-no-mundo*, remetendo igualmente a dimensão existencial para a radicação do homem no mundo. No entanto, Sartre supera o egocentrismo que ainda parece dominar o projeto existencial da filosofia heideggeriana, ao definir a máxima autenticidade no encontro do *Dasein* consigo mesmo. A orientação moral da filosofia da existência de Jean-Paul Sartre conduz-nos à noção de um homem que não encontra o si-próprio em solidão, mas no mundo que partilha com os outros e no qual, além disso, assume uma responsabilidade global – por si e pela humanidade.

À semelhança de Husserl, a doutrina da consciência ou do ser da consciência, que expõe em *O Ser e o Nada*, inicia-se com a assunção do carácter intencional da mesma consciência; toda a consciência é consciência de, pelo que a consciência é sempre a consciência possível das aparições à mesma; mas aquilo de que se tem consciência não está na consciência. Desse modo, reduz o existente ao conjunto das suas aparições à consciência, mas o que aí importa compreender não é propriamente o fenómeno, no sentido de que o fenómeno é o que aparece, mas sim qual é o ser ou a natureza deste que aparece?

Desta questão decorre a distinção que faz entre fenómeno de ser (a *aparição do ser*) e o ser do fenómeno (o *ser do que aparece*), pois que é essa distinção que torna possível a pergunta pelo ser daquilo que aparece (o *ser do fenómeno*); se o ser se desvela através da consciência que dele temos, em acesso imediato perceptivo, o objetivo próprio da ontologia não será outro senão o da descrição desse fenómeno de ser tal como aparece. Significa que o ser do que aparece não é algo que "esteja" no objeto, mas é condição do seu desvelamento. Assim, o fenómeno de ser é ontológico e escapa à condição fenoménica que consiste em *não existir senão na medida em que se revela*. Isto é, não consiste no mero aparecer; pois a consciência não é possível antes do ser, embora o seu ser seja condição de toda a sua possibilidade de ser; existe por si e é causa da sua própria maneira de ser.

Assim, a expressão "toda a consciência é consciência de alguma coisa", que já havíamos encontrado em Husserl, significa que a consciência está, por natureza, voltada para *fora de si*. Ser é *ser-no-mundo*, é

partir de um nada de mundo e de consciência para se abrir a consciência ao mundo, pois não poderia existir sem ser como consciência de qualquer coisa diferente de si – consciência espontânea e perpassada pela intencionalidade.

A consciência tem, assim, a qualidade e o poder; a natureza própria, de se distanciar daquilo que é e, nesse sentido, é a essência de todo o projeto, através da qual as coisas vêm a ser si mesmas segundo o modo de não ser. Compreende-se o aparente paradoxo quando Sartre recorre às categorias hegelianas e expressa a existência de uma oposição radical entre o *em-si* e o *para-si*; entre o que é plenamente ser, pois é o que é, e o *para-si*, que é descompressão de ser, *neantização [nadificação]*, *não-ser*. A consciência, neste binómio, é totalmente relação, surgindo como evasão relativamente àquilo que é, comportando, assim, uma dimensão constitutiva de irrealidade e, por conseguinte, de liberdade.

Se em termos ontológicos podemos considerar que o aparecimento do *para-si* é um acontecimento absoluto que procura o *em-si* para se fundar a si mesmo, não podemos deixar de conceber, segundo Sartre, que a consciência é essencialmente negadora do *em-si*; isto é, para ser aquilo que é, tem necessariamente de ser constituída por outra coisa distinta dela. Assim, podemos afirmar que a consciência não é, e só poderá ser algo na medida em que se torne ela própria no seu objeto, mas, essencialmente, sempre se escapa ao nada que é sem objeto para ser. Desse modo, a consciência não é um absoluto substancial, nasce trazida por um ser que não é ela e, embora não possa fazer com que haja ser, precisamente porque há ser, a consciência funda-se, enquanto consciência de si e do ser, conferindo um sentido às coisas, fazendo delas um mundo. Concluindo, podemos afirmar, na esteira de Sartre, que, longe de nos fazer duvidar das coisas, a consciência assegura-nos da sua existência, uma vez que ela se constitui ou se afirma através da negação delas.

A liberdade coincide com a estrutura da consciência enquanto subjetividade e espontaneidade: não existe natureza humana; nós somos aquilo em que, pelo exercício da liberdade, nos tornamos. A nossa definição como indivíduos situa-se no futuro; a liberdade, com a sua abertura sobre o futuro, abre-nos a uma dimensão de otimismo existencial; a liberdade é um dado insondável, uma possibilidade projetada na produtividade.

O nada com que a consciência se confronte e o sentido que atribui ao ser que intenciona colocam o homem perante um projeto de construção de si e de construção do mundo ou do seu mundo, e isso é a máxima expressão de liberdade, o que não deixa de ser, também, angustiante. Em sua condição fáctica e contingente, vê-se condenado a construir-se, a fazer-se, a atualizar um projeto de ser perante um abismo de possibilidades que não estão dadas e não podem, por isso, ser escolhidas, e o faz não só perante si mesmo, mas também perante os outros; faz-se o que projeta ser, entre os outros homens, num mundo onde não há lugar para Deus ou para qualquer assunção de uma essência constitutiva do ser do homem.

Na famosa expressão de que *a existência precede a essência*, afirma-se uma liberdade que, mais do que uma libertação, é uma verdadeira "condenação", pois que o homem anseia por alcançar a suprema síntese não conflituante do *em-si-para-si*, que se apresenta como irrealizável, que jamais alcançará perante a negação de Deus.

Essa procura de si ou do seu próprio ser só se pode dar, embora nunca completa ou totalmente, no mundo do imediato que se dá à consciência, sempre em situação, através do outro. O outro é o mediador indispensável entre a *consciência* e a *consciência de* porque, para Sartre, não havendo forma de ultrapassar o domínio fáctico da existência, esta será, enquanto humana, simultaneamente *ser-para-si* e *ser-para-outrem*, pois é apenas na alteridade que a existência se pode considerar ontologicamente enquanto totalidade. Mas tal relação com o outro não deixa de ser, *a priori*, conflituante e amoral, pois que o outro me põe, inicialmente, na condição de não ser nada perante aquilo que ele é; um absoluto que se me opõe e que me impõe a perda do meu mundo, da minha possibilidade de ser e se constitui como limitação da minha liberdade.

A solução para o problema ontológico encontra-a Sartre no domínio da ética e de uma filosofia da ação. Será a ação, impelida por essa limitação da minha liberdade, que possibilitará a vida de uma existência autêntica.

Ao contrário de todos os outros seres, o homem não tem uma essência prévia à sua existência. Isso significa que, enquanto os outros seres existem por aquilo que os define, o homem define-se porque existe, isto é, porque possui uma existência prévia à sua própria definição. O mesmo será dizer que o homem existe e é enquanto existente que constrói e descobre a sua essência, que, no entanto, é sempre incompleta. Afirmar que no homem a existência precede a essência significa que ele é um *ser-para* um *ser-em*, isto é, que ele é sobretudo um projeto e não um objeto. Enquanto tal, o homem é abertura e não fechamento, existência possível e não existência definida. Diante de um futuro em aberto, o homem projeta-se como uma existência cuja essência se concretiza à medida que o homem vai sendo e fazendo as suas escolhas e por elas é responsabilizado. Isto porque a única coisa que não podemos de facto escolher, a única condição que não podemos evitar, é a nossa liberdade, isto é, o facto de sermos livres. Isto significa que as escolhas que o homem faz diante da abertura do futuro dizem não apenas respeito à sua existência, aspeto que, aliás, já encontramos em Heidegger, mas também à humanidade, a uma "certa imagem do homem", a um "tipo de humanidade". Esta conceção de existência humana, isto é, a ideia de que a existência precede a essência, é, portanto, o fundamento de uma responsabilidade humana global.

***

O sentido da quebra da tradição filosófica reside no entendimento do homem como ser-no-mundo e da filosofia como atividade dedicada a compreender esta radicação do homem no mundo. Os conceitos fenomenológicos de consciência, intencionalidade e mundo vivido, a interpretação existencial do homem como ser-para-a-morte, o elogio de uma compreensão partilhada e sempre inacabada, bem como a noção de uma responsabilidade humana global, permitem-nos reconhecer no pensamento de Husserl, Merleau-Ponty, Heidegger, Jaspers e Sartre caminhos diversos que, contudo, parecem partir de uma raiz comum. Essa raiz pode ser descoberta no sentido da quebra da nossa tradição filosófica, atrás referida.

Bibliografia: BARTH, K. *Die protestantische Theologie im 19. Jahrhundert: Ihre Vorgeschichte und ihre Geschichte.* Tvz – Theologischer Verlag Zurich, 31960; DERRIDA, J.; VATTIMO, G. *La Religion.* Lisboa: Relógio d'Água, 1997; FEUERBACH, L. *Gesammelte Werke*, Band 5: *Das Wesen des Christentums.* Hrsg. v. Werner Schuffenhauer. Berlin: Akademie Verlag, 1956; FREUD, S. *Gesammelte Werke*: Chronologisch geordnet. Frankfurt am Main: Fischer Verlag, 1919-1999; HAZARD, P. *La Crise de la conscience européenne (1680-1715).* Paris: Fayard, 1935; HEIDEGGER, M. *Brief über den Humanismus.* Frankfurt am Main: Vittorio Klostermann, 1946; HEIDEGGER, M. *Holzwege.* Frankfurt am Main: Vittorio Klostermann, 1950; HEIDEGGER, M. *Sein und Zeit.* Tübingen: Max Niemeyer, 1927; HUSSERL, E. *Cartesianische Meditationen und Pariser Vorträge.* Den Haag: Nijhoff, 1950; HUSSERL, E. Ideen zu einer reinen Phänomenologie und phänomenologischen Philosophie. *Jahrbuch für Philosophie und phänomenologische* (1,1), 1913; *Karl Marx – Friedrich Engels Historisch-Kritische Gesamtausgabe*: Werke, Schriften, Briefe. Hrsg. v. D. Rjazanov. Erste Abteilung, Band I., *Karl Marx Werke und Schriften bis anfang 1844.* Dritte Abteilung, Band I., II., *Karl Marx-Friedrich Engels Briefwechsel, 1844–1860.* Berlin: Marx-Engels Verlag, 1929-1930; NIETZSCHE, F. *Werke in drei Bänden.* Hrsg. v. K. Schlechta. München: C. Hanser Verlag, 1954-1965; PEREIRA, M. B. *Modernidade e tempo*: para uma leitura do discurso moderno. Coimbra: Livraria Minerva, 1990; SARTRE, J.-P. *L'Être et le Néant*: Essai d'ontologie phénoménologique. Paris: Gallimard, 1943; SARTRE, J.-P. *L'Existentialisme est un humanisme.* Paris: Nagel, 1943; PAGDEN, A. *The Fall of Natural Man*: The American Indian and the Origins of Comparative Ethnology. Cambridge University Press, 1982.

ALFREDO TEIXEIRA

LUÍS LÓIA

CROATTO, SEVERINO JOSÉ

Intelectual e professor argentino (1930-2004), após desenvolver estudos filosóficos e teológicos visando ao sacerdócio católico, estudou em Roma e em Jerusalém, desenvolvendo competências no campo da História e da Arqueologia♀ do antigo Oriente Próximo, bem como no âmbito das línguas semíticas (ugarítico, árabe, acádico, além de hebraico e aramaico; acrescente-se ainda o domínio do latim e do grego). Sua dedicação aos estudos bíblicos (desenvolvida tanto em intensa docência em seminários e instituições universitárias de seu país como em farta produção bibliográfica) ocorreu em meio a uma crescente atenção às dinâmicas socioculturais e religiosas presentes no universo mais amplo do antigo Oriente Próximo, em particular aos textos sagrados surgidos de universos socioculturais distintos, como o sumério, o babilônio ou o de Ugarit, entre outros. Esse olhar comparativo e intertextual manifestou-se, por exemplo, no volumoso e alentado comentário que preparou para os onze primeiros capítulos do Gênesis, em três volumes (*El hombre en el mundo* [Buenos Aires: La Aurora, 1970]; *Crear y amar en libertad* [Buenos Aires: La Aurora, 1986]; *Exilio y sobrevivencia: tradiciones contraculturales en el Pentateuco* [Buenos Aires: Lumen, 1997]), bem como nos convites para assumir cadeiras na área da História das Religiões♀. Atingido pela repressão política em seu país nos anos 1970 e tendo deixado de exercer o sacerdócio católico, inseriu-se para os últimos quarenta anos de sua vida como docente em uma instituição evangélica de estudos teológicos de Buenos Aires, atuando tanto no campo específico dos estudos bíblicos como ampliando seus horizontes na perspectiva da Ciência da Religião♀, ao se dedicar cada vez mais ao temas das religiões comparadas e outros típicos da chamada Fenomenologia da Religião♀ (mito, rito, símbolo). Essa bifurcação, manifestada tanto pelos espaços de docência que ocupou como pela qualificada produção bibliográfica, permitiu-lhe ao mesmo tempo atuar e produzir no âmbito da chamada Teologia♀ da Libertação♀ (*Liberación y libertad: pautas hermenéuticas* [Buenos Aires: Mundo Nuevo, 1973]; a trilogia consagrada ao texto do livro bíblico de Isaías [Buenos Aires: La Aurora, 1989; Buenos Aires: Lumen, 1994 e 2001; e um sem-número de ensaios e artigos publicados em periódicos científicos e na forma de materiais de formação pastoral), bem como contribuir significativamente para a Ciência da Religião♀, o que se materializou particularmente em seus dois mais destacados títulos publicados na área: *Los lenguajes de la experiencia religiosa* (Buenos Aires: Docencia, 1994) e *Experiencia de lo sagrado y tradiciones religiosas* (Buenos Aires/Navarra: Guadalupe/Verbo Divino, 2002). Uma aproximação a esta última obra, ampliação revisada da anterior, permitirá identificar com mais precisão e aquilatar a contribuição do intelectual argentino para a Ciência da Religião♀.

A obra compõe-se de duas grandes partes, sendo que a segunda consiste em uma coletânea de "textos religiosos" de diversas tradições, subdivididos em "mitos e lendas", "hinos e orações" e ainda "textos cosmovisionais". São contempladas tradições da Índia, do antigo Oriente Próximo (desde textos sumérios e babilônios até o Corão) e ainda das Américas (a essas, aliás, é dada particular atenção ao longo da obra). Já a primeira, que constitui o efetivo cerne da obra, é antecedida de um capítulo (que será considerado mais adiante) e intitula-se "a experiência religiosa♀ e suas manifestações". Um capítulo disserta sobre a experiência religiosa♀, para a qual se procura estabelecer o perfil básico. Aparece ali o conceito de "sagrado", abordado na esteira de Rudolf Otto♀ e Mircea Eliade♀. A seguir é tematizado o símbolo como expressão fundamental da experiência de "dizer o sagrado♀". Dali se avança, numa extensa exposição bastante panorâmica – e, nesse sentido, abrangente –, a respeito do mito. Sem entrar em maiores controvérsias teóricas, Croatto disserta sobre a herança filosófica e teológica na discussão sobre o tema, ensaia uma definição para este dado inescapável dos sistemas religiosos, propõe uma tipologia dele, relaciona-o com a cosmovisão religiosa e o relaciona com as dimensões práxicas da vida humana. Mais adiante são expostas as linhas gerais de uma aproximação à contrapartida imediata do mito: o rito, apresentado em sua relação com a práxis cotidiana e como demarcador de tempos e espaços. Sugere-se ainda uma classificação dos ritos, e é dada particular atenção ao sacrifício♀, reconhecido como o mais complexo e desafiador quanto à sua compreensão. E, enfim, concebem-se os processos de fixação da experiência religiosa♀ na doutrina e nos textos, mormente os escritos. Curiosamente, a dimensão do religioso que outros denominariam *éthos* ocupa pouco o autor em seu texto, mais expositivo que analítico.

Este, que haveria de ser seu último título de maior envergadura, é tomado por Severino Croatto como um "estudo de Fenomenologia da Religião♀", campo disciplinar que, segundo ele, "procede desde os testemunhos (os fenômenos [religiosos]) até sua fonte geradora": o *Homo religiosus♀* (*Experiencia de lo sagrado*, p. 11). Daí a necessidade de definição, para "distingui-la de outras ciências do religioso, como são a História, a Filosofia, a Psicologia, a Sociologia etc. da religião" (p. 11). É justamente a isso que se consagra o primeiro capítulo da obra, "a Fenomenologia da Religião♀ entre as ciências da religião", incluídas entre estas, agora, também a teologia♀ e a teologia♀ das religiões.

Justamente pela aceitação de que tais ciências da religião não são apenas aquelas que tomam o empírico religioso como sua base, a fenomenologia de Severino Croatto mostra, de alguma forma, tender a dar uma consistência ontológica ao "sagrado", resvalando naquilo que tem sido uma crítica endereçada por amplos setores da Ciência da Religião♀ a autores como os já citados Otto♀ e Eliade♀. Ao se lerem afirmações, sem quaisquer ressalvas, como: "[...] em sua estrutura essencial, o sagrado♀ é sempre o mesmo ato misterioso, [...] a manifestação de algo 'totalmente Outro' que não pertence à ordem natural e profana"; ou ainda: "[...] todo fenômeno religioso é uma hierofania. O sagrado♀, com efeito, se experimenta, *se se mostra*" (p. 65), fica-se sem saber quem é o sujeito delas: o *Homo religiosus*♀, o teólogo-biblista ou o fenomenólogo. Mas justamente a clássica Fenomenologia da Religião♀, em nome da necessária "redução eidética" preconizada por Husserl, ao considerar "não o que [os fenômenos religiosos] significam para o estudioso, mas para o *Homo religiosus*♀ mesmo, que vive a experiência do sagrado♀ e a manifesta naqueles testemunhos e 'fenômenos'" (p. 25), acabou por propiciar a confusão acima verificada: aquela em que o estudioso toma o lugar do *Homo religiosus*♀ e legitima o seu discurso, dando a este um embasamento que praticamente não o distingue do discurso teológico convencional. Aliás, é sabido que a Fenomenologia da Religião♀ é filha direta da teologia♀ protestante alemã de inícios do século XX. E dessa confusão de origem muitos de seus promotores não parecem haver escapado, o que se constata nas páginas introdutórias do *opus ultimum* de Severino Croatto. Não se identifica ali a clareza necessária que permitiria, para o estabelecimento do imprescindível distinção diante do discurso das teologias♀ (plenamente justificado e pertinente dentro de suas competências e escopos), a tal Fenomenologia da Religião♀ definir para si mesma que ela não aborda hierofanias, mas aquelas experiências, aqueles fenômenos que o *Homo religiosus*♀ qualificaria como hierofânicos. Tal indistinção, própria à vertente ainda dominante da Fenomenologia da Religião♀, conduz à sensação indisfarçável – da qual não escapa a totalidade do trabalho, de outro lado riquíssimo e estimulante, do estudioso argentino – de se estar diante de uma proposta de fundo teológico competentemente disfarçada, dirigida a um público plural, religioso ou não. Ou, na melhor das avaliações, diante de uma apologia da religião estabelecida a partir da riqueza histórica e cultural que ela comporta (o livro é dedicado "a quem busca o único Deus-Deusa de todos, com diferentes nomes"). Ao que parece sem se dar conta, ou sem conferir ao tema importância maior, Severino Croatto passa por estas questões sem que elas lhe pareçam comportar desafios teóricos e/ou metodológicos, ou que estes não venham sendo identificados e intensamente discutidos no interior da Ciência da Religião♀.

Bibliografia: BRANDT, H. As ciências da religião numa perspectiva intercultural: a percepção oposta da fenomenologia da religião no Brasil e na Alemanha. *Estudos teológicos*. São Leopoldo, v. 46, n. 1, p. 122-151, 2006; HANSEN, G. (Ed.). *Los caminos inexhauribles de la palabra*: las relecturas creativas en la Biblia y de la Biblia. Buenos Aires: Lumen, 2000.

PEDRO LIMA VASCONCELLOS

CULPA/CULPABILIDADE

As noções de *culpa/culpabilidade* são tratadas, há milênios, desde três principais perspectivas. Uma, por sinal a mais antiga, é a *religiosa*, que parte do conceito de "pecado" e considera a culpa como uma ofensa à lei de Deus que estaria inscrita na própria natureza humana. A outra é a *jurídica*, que olha mais a gravidade objetiva do ato cometido, levando em conta ao mesmo tempo as circunstâncias, motivações e critérios de juízo que permitem avaliar até que ponto o sujeito é objetivamente culpável por uma má conduta, uma vez que tem capacidade de previsão e consciência♀ do resultado de seu comportamento doloso. Existe, porém, uma terceira perspectiva, que é a *psicológica*. É essa a brevemente apresentada neste verbete.

A Psicologia se vale dessas duas acepções (culpa/culpabilidade). Há entre esses dois termos certa correlação. Ao mesmo tempo, existem diferentes concepções que variam de autor a autor. Generalizando, pode-se dizer que *culpa* tem mais a ver com aspectos mais objetivos da responsabilidade de quem ofende princípios éticos e morais, costumes sociais ou prescrições legais. Nisto se aproxima dos sentidos religioso e jurídico. O termo "culpabilidade", porém, é um conceito usado para designar a vivência ou o sentimento que a infração pode provocar na pessoa. Em alguns sujeitos esse sentimento de culpabilidade nem de longe corresponde à gravidade da infração em si. Alguns cometem crimes, mesmo hediondos, sem qualquer remordimento culposo. É o caso dos psicopatas. Outros, ao contrário, padecem de distúrbios de personalidade que provocam nele reações neuróticas de angústia extremamente negativas para seu equilíbrio psicológico. Isso porque esse tipo de angústia independe dos processos e controles mentais conscientes. Os esforços para se defender desses medos são inconscientes; estão fadados ao fracasso enquanto não forem desvendadas as suas razões profundas, que têm um cunho de irracionalidade e são vivenciadas com forte teor afetivo. Revelam-se indiretamente através de sintomas somáticos, fóbicos e obsessivos, muitas vezes simbólicos. São vivências doentias (escrúpulos exagerados, autopunições, sintomas depressivos) suscitadas mais por distúrbios e traumas da personalidade do que por sentimentos inconscientes de culpa. O tratamento (psicanalítico, psicoterapêutico e/ou psiquiátrico) é a via mais comum para uma solução (nem sempre definitiva) desses conflitos escondidos no inconsciente.

Os métodos, descobertos nos últimos cem anos são muitos. Mas têm quase sempre, como raiz comum, as teorias e os métodos, da Psicanálise, aos quais, nos últimos decênios, vão se somando os mais diversos tratamentos de tipo psicológico medicamentoso ou neurológico.

Pode-se perguntar se os sentimentos de culpa/culpabilidade são doentios e reveladores de uma patologia global da personalidade ou se são (ou podem ser) contingências ocasionais que não impedem inteiramente a saúde, mental da pessoa. A tentativa de dar resposta a essa questão tem uma longa história. O psicólogo da religião Antonio Ávila (2003, p. 174) advoga a tese de que a visão freudiana das vivências neuróticas, que têm origem na repressão infantil de necessidades e sensações indevidamente recalcadas ao inconsciente, deve ser tomada não como um clichê aplicável a todas as situações humanas, mas como um processo dialético que pode possibilitar também uma evolução psicológica saudável. As opiniões se dividem. Os casos também são muito distintos entre si. O psiquiatra A. Hesnard, em seu livro *Moral sem pecado*, de 1954, é de opinião que o inconsciente não pode ser culpado moralmente pelas reações de defesa através das quais o ser humano neurótico tenta se livrar das angústias e das culpas que o assaltam. Em consequência, ele postula "uma moral sem pecado" e uma psicologia que veja *a priori* o inconsciente humano como algo provocador de morbidades incuráveis. Psicanalistas e Psicólogos – como o jesuíta francês L. Bernaert (1986) e o espanhol Castilla del Pino (1981, p. 54-55) – partilham o ponto de vista de Ávila e defendem que Freud, se opõe até a uma visão radical do papel do inconsciente nesse conflito. Há, sim, possibilidades de revisão e de sublimação do reprimido, ou que justifica o próprio tratamento proposto por Freud, Neste ponto, a visão de Freud, não é a de A. Hesnard. O que de fato existe são casos que tendem realmente à morbosidade psíquica, mas existem também processos de superação que são saudáveis, mesmo quando na infância uma criança passa por experiências desenvolvimentais pouco favoráveis à normalidade psíquica. Há, portanto, de se fazer uma distinção entre "sentimento de culpa" (doentio) *e* "consciência, da culpa" (própria do adulto). E. Fromm, em mais de um de seus muitos escritos, vai nesta mesma direção. Por exemplo, em *Man for Himself* (original: 1947), ele afirma que a nota característica de uma consciência, imatura é a sua natureza autoritária associada a um sentido de submissão, abnegação, resignação e dever. A vítima deste mal receia perder a aprovação da figura paterna (do *führer*, do pastor, da divindade). Ao contrário, a consciência, amadurecida é animada por sentimentos adultos e prioridades escolhidas de modo autônomo, que conduzem a um relacionamento profícuo do indivíduo consigo mesmo, com as pessoas e com o mundo circunstante (Allport, 1972, p. 155).

Quando a Psicologia profunda, em suas muitas ramificações, afirma que os mecanismos de recalque, regressão ou projeção que provocam sentimentos patológicos de culpa se dão sempre em fases primitivas do inconsciente e do desenvolvimento afetivo-sexual, ela levanta uma série de questões filosóficas que dizem respeito à angústia existencial inerente à finitude humana, à certeza da morte, e à futilidade do tempo. São questões que escapam à Psicologia enquanto tal. Não podem ser vistas apenas só como conflitos que implicam o jogo entre o princípio do prazer e o princípio da realidade e às pulsões libidinais. O processo de socialização, ao longo de todo o arco existencial – que vai além das fases infantis – é que irá condicionar se e como o indivíduo adulto irá ou permanecer no narcisismo inerente às fases iniciais da vida ou enfrentar conscientemente a realidade ontológica do existir. No primeiro caso, os processos conscientes irão continuar amadurecendo também nas fases adultas da vida (cf. Erikson, 1981), não sendo obstaculizados e reprimidos interiormente. No segundo, eles irão continuar mantendo estados precários e irracionais de equilíbrio geridos por um falso *Self* (Winnicott, 1990) que impedem mudanças não só nos comportamentos como nas orientações existenciais do sujeito. Em casos mais sérios poderão emergir e permanecer com facilidade distúrbios patológicos (como nas psicopatias, nas neuroses e nas psicoses), que por sua vez irão gerar formas de viver altamente imaturas e/ou doentias.

Bibliografia: ALLPORT, G. W. *L'individuo e la sua religione*. Brescia: Editrice La Scuola, 1972; ÁVILA, A. *Para conocer la psicologia de la religión*. Estella: Editorial Verbo Divino, 2003; BERNAERT, L. *Experiencia cristiana y psicologia*. Barcelona: Estela, 1986; CASTILLAO DEL PINO, C. *La culpa*. Madrid: Alianza Editorial, 1981; ERIKSON, E. H. *La adultez*. México: Fondo de Cultura Económica, 1981; FROMM, E. *Man for himself*: An Inquiry into the Psychology of Ethics. New York: Holt and McDougal, 1990; HESNARD, A. *Moral sans péché*. Paris: PUF, 1954; ORAISON, M. *Psicologia y sentido de pecado*. Madrid/Barcelona: Marova-Fontanella, 1973; VERGOTE, A. *Dette et Dési*. Paris: Seuil, 1978; WINNICOTT, D. W. Distortions in Terms of True and False Self. In: WINNICOTT, D. W. *The Maturational Process and the Facilitating Environment*. London: Karnac, 1990.

João Edênio Reis Valle

CULT → Instituições religiosas → Sociologia da Religião

CULTURA

A palavra *cultura* vem do latim e era utilizada para a ideia de cultivo da terra e do gado desde o século

XIII, e somente no Século das Luzes é que começa a receber o sentido figurado de cultivo de faculdades intelectuais, implicada a ideia de um exercício que, tal qual a cultura da terra, passasse a cultura do espírito℗ humano. Desde século XVIII é considerada uma categoria para pensar a questão da humanidade em meio à diversidade humana, especialmente na medida em que o contato entre povos diferentes demandava tal tarefa. A própria noção de Ciências Humanas se confunde com a ideia de Ciências da Cultura ou Ciências do Espírito, referindo-se assim a uma visão em que a dimensão espiritual era entendida como capacidade de humanização, expressa em sua produção cultural. Dito de outro modo, em seu sentido amplo diz respeito aos modos de vida e de pensamento de um determinado povo ou grupo social. Vale ressaltar que o contato com os povos por si só seria insuficiente para se colocar a questão da cultura, uma vez que vários povos que passam a ter maior visibilidade com o período das navegações não se faziam a pergunta de sua identidade cultural ou mesmo estavam preocupados em realizar uma análise cultural, ainda que houvesse efetivamente uma cultura. A cultura se torna uma questão a partir do momento em que o Iluminismo℗ questiona a hegemonia religiosa do regime de cristandade, como moldura da cultura europeia. Tal questionamento já havia começado com a Renascença e o resgate do espírito℗ helênico, que mais tarde ficaria conhecido como "cultura clássica", mas, com o contato das novas religiões, somada a crítica à cristandade promovida pela Revolução Francesa (1789), havia uma tendência no projeto iluminista de ver nas religiões primitivas a figura do *bom selvagem* de Jean-Jacques Rousseau (1712-1778), isto é, a representação de que, embora o ser humano, por natureza, fosse bom, a sociedade é que o corromperia. Com base nessa perspectiva, as religiões ditas primitivas eram consideradas superiores em relação à civilização europeia, degenerada pela desigualdade social. Surge, assim, a Antropologia como ciência social da cultura que se debruça sobre os povos com *religiões primitivas* (*primitive religious*), com o pressuposto de que não teriam se corrompido com o projeto de hegemonia das *religiões mundiais* (*world religious*), que atuavam como teocracias, especialmente o Cristianismo e a cristandade como religião do Estado. Assim, a comparação entre religiões mundiais e primitivas era utilizada como uma busca pela confirmação da perspectiva iluminista de uma *religião natural*, por meio da tentativa de identificação de formas mais puras de religiosidade distinta daquela que padres, pastores e teólogos apresentavam como a "verdadeira religião", eivada de raciocínios metafísicos legitimadores de abusos políticos e injustiças sociais. Desse pressuposto, Edward B. Tylor℗ (1832-1917), primeiro professor de Antropologia no Reino Unido, desenvolveu essa perspectiva evolucionista em sua obra principal,

Primitive culture, no mesmo ano da publicação de *A origem das espécies*, de Darwin℗ (1873), em que apresentava a religião℗ em três estágios: o animismo℗, o politeísmo℗ e o monoteísmo℗, em que a vontade de Deus controla tudo, desenvolvendo, assim, um sentimento universal de unidade por meio da coesão social coercitiva. Tal perspectiva, que engendra a ideia de evolução cultural, provocou uma busca pela religião℗ mais primitiva no mundo, a fim de identificar um estágio pré-religioso, entendido como ausência de oferta de sacrifícios℗ ou rituais a uma entidade propícia mais elevada – entendia-se este estágio como anterior à religião℗ como magia℗. Os aborígenes australianos foram identificados com o povo que se mantinha nesse estágio, o que levou à discussão do tema *totemismo*, iniciada por James George Frazer℗ (1854-1941). A magia℗, de acordo com Frazer℗, funcionaria como uma crença℗ primitiva, promotora de gestos imitativos de leis que governariam o mundo natural, sem a compreensão de um governo do mundo por meio de uma divindade com características pessoais (totemismo). Frazer℗ apresenta a hipótese da passagem da humanidade por três estados intelectuais: *magia℗*, *religião℗* e *ciência*, entendendo esta última como fruto do progresso que coincide com a racionalização, fruto do espírito℗ ocidental ou da cultura ocidental que teria conseguido se libertar das trevas religiosas por meio da ciência, do progresso e da educação. A palavra "cultura" rapidamente passa a ser entendida, portanto, como sinônimo de civilização. O homem culto, então, passa a ser entendido como civilizado, e deve mesmo ajudar os selvagens a se libertar das ignorâncias religiosas, vistas como supersticiosas e irracionais. Cultura é sinônimo de melhoria por meio do cultivo da racionalidade, portanto, surge com Diderot, na sua *Enciclopédia*, a ideia de uma *Ciência do homem* (1755). Entretanto, se a compreensão francesa se afirmava como sinônimo de civilização, a compreensão alemã de *kultur* se distancia diametralmente dessa ideia, evitando o modo cortês civilizado da *culture* francesa, visto como uma alienação que une a corte e a burguesia para assumir a missão de uma *intelligentsia* capaz de apresentar os valores espirituais da ciência, da arte, da filosofia e mesmo da religião℗, marcada por um princípio protestante moderno de questionamento dos costumes, especialmente feita pela classe média intelectual dirigida à aristocracia alemã. Nessa perspectiva, a ideia de cultura alemã encampa a missão de criar um gênio do povo (*Volkgeist*) que possa gerar a unidade da nação alemã. Daí a tendência nacionalista na concepção alemã de cultura, distinta da tendência universalista da concepção francesa; separação e distância essas que se retroalimentam desde a ocupação de Jena pelas tropas de Napoleão, em 1806. A partir desse momento, o nacionalismo alemão também assume o contorno de superioridade como razão do resgate da autonomia nacional, que mais tarde estenderia seu processo de civilização de ascensão de uma classe média a um patamar de condições sociais elevadas à ideia de uma missão específica da nação alemã em relação à humanidade, oriundas de um espírito♀ cultural entendido de modo essencialista como alma♀ do povo (Cuche, 1999, p. 28). A ideia de visão científica de cultura adotada pela etnologia inicialmente assumia como pressuposto a ideia de cultura superior europeia, parâmetro de análise das demais culturas. Entretanto, o resultado das grandes guerras mundiais, de proporções nunca antes imaginadas, do século XX, as quais envolveram as nações europeias, põe em cheque a própria noção de superioridade, bem como a legitimação da exploração colonial em nome de uma pretensão de universalidade e de missão de desenvolvimento das culturas do Sul global. Inicia-se a crítica ao colonialismo cultural, em que uma cultura é valorizada em relação à outra, tida como superior, sendo a inferioridade confessada pelo próprio habitante da cultura. O surgimento dos Estudos Culturais na Inglaterra aparece como autocrítica à noção de superioridade europeia, tendo nomes como Raymond Willians (1921-1988), Edward Thompson (1924-1993) e Stuart Hall (1932-2104) analisando as práticas culturais da sociedade inglesa e as relações de poder. Também a escola francófona revisa a relação entre cultura e manutenção de poder com estudos pós-estruturalistas, especialmente com Michael Foucault (1926-1984) e Jacques Derrida (1930-2004). Michel de Certeau (1925-1986) analisa como aquilo que fora classificado como cultura popular, cultura comum que se fabrica no cotidiano, não carece de criatividade e ainda se manifesta como forma de resistência aos modos de dominação cultural. Frantz Fanon (1925-1961) analisa a psicopatologia da colonização cultural. Também emerge a noção de sujeitos periféricos que são excluídos das grandes narrativas classificadas entre europeias e não europeias, consideradas todas as outras culturas nesse segundo grupo, como é a crítica do palestino Edward Said (1935-2003) à noção ocidental de orientalismo. A indiana Gayatri Spivak (1942-1977) analisa como a noção de cultura é legitimadora de formas de dominação de gênero♀ e promotora de uma visão da mulher como subalterna, e o também indiano Homi Bhabha (1949-) enfatiza a hibridização como condição cultural e forma de valorização da localidade da cultura. Outra questão a ser considerada é a relação entre cultura e religião♀ na transição do século XX para o século XXI. Se o século XIX pretendeu dissociar a religião♀ da cultura, o estudo científico da cultura procurou na religião♀ a compreensão das estruturas simbólicas da cultura, seja como continuidade da análise cultural de povos não assimilados pelo processo civilizacional ocidental, como Bronislaw K. Malinowski♀ (1884-1942), Alfred Reginald Radcliffe-Brown♀ (1881-1955), Adam Franz Kollar

(1718-1783), Edward Evans-Pritchard♀ (1902-1973) e Claude Lévi-Strauss♀ (1908-2009), seja como análise da estrutura simbólica das religiões hegemônicas e a relação que as mesmas possuem com a sociedade moderna, como Émile Durkheim♀ (1858-1917), Max Weber♀ (1864-1920), Paul Ricœur♀ (1913-2005), Emmanuel Levinas♀ (1906-1995), o já mencionado Michel Foucault, entre outros. Lévi-Strauss♀ atribuiu a Durkheim♀ o título de cofundador da escola sociológica francesa, com o lançamento do livro intitulado As formas elementares da vida religiosa (1912), o qual inspirou seus estudos sobre os mitos, nos quais estariam inscritas as estruturas mentais do ser humano, que para o antropólogo francês são as mesmas tanto para o pensamento selvagem quanto para o do engenheiro moderno, e ambos, apesar dos contextos circunstanciais, operam por bricolagem, uma amálgama de vários elementos que se tornam um único objeto, no caso, cultural (Lévi-Strauss, 1976, p. 52-56). Tal perspectiva do renomado antropólogo francês se confirmaria no complexo renascimento religioso pós-moderno da cultura♀ contemporânea, que se tornou objeto de vários autores, na medida em que o processo de globalização intensificou e acelerou o antigo fenômeno de mundialização, enquanto aproximação dos povos. A religião♀ acaba se destacando em uma sociedade pluricultural globalizada por sua capilaridade supraterritorial e potencial capacidade de gerar unidade extraterritorial. Clifford Geertz♀ (1926-2006), importante antropólogo norte-americano, entendia que a importância da religião♀ reside na capacidade de servir como fonte de concepções do mundo, do eu e das relações em si, funções culturais estas das quais derivariam as funções sociais e psicológicas. Disso se requer da Antropologia da Religião♀, por um lado, analisar o sistema de significados representados nos símbolos, o mesmo que representa a religião♀, e, por outro lado, relacionar tais sistemas com os processos de estruturação sociopsicológica em que o grupo está inserido (Geertz, 1989, p. 89). Eduardo Viveiros de Castro (1951-) mostra como a compreensão mitológica dos indígenas amazônicos promove uma relação social entre humanos e não humanos, promotora de grande consciência♀ ecológica (1986, p. 529). Boaventura Sousa Santos (1940-) analisa como as teologias♀ do Sul, a teologia♀ dalet indiana e uma teologia♀ islâmica mais aberta promovem uma visão de religião♀ e, consequentemente, uma cultura contra-hegemônica (2013, p. 142). Entretanto, em virtude das contradições culturais ainda persistentes do modelo econômico-tecnológico da globalização, o qual vincula cidadania ao poder de consumo, ao mesmo tempo em que reduz a demanda de mão de obra pelo uso de tecnologia massiva, de modo a gerar uma competitividade acirrada, desleal e desumana, acabam por gerar na sociedade em si, mas de modo especial em comunidades tradicionais religiosas, um grande desapontamento e medo da Modernidade secular por causa das experiências negativas e traumáticas que promovem insegurança. Tal medo é alvo, objeto de exploração de ideólogos, quer seja pela posição de que a religião♀ é por si mesma causa dos conflitos interculturais, quer seja pela posição de abjeção cultural da Modernidade por parte de grupos radicais, posições existentes em todas as religiões, porém exploradas por sistemas de gestão de poder via gestão ideológica de um sistema de crença♀, mobilizando o medo e a insegurança para posturas e discursos de ódio e intolerância nas culturas religiosas, mas transbordando para toda a sociedade na medida em que viram um fenômeno de massa por meio de redes sociais. Ambas as posturas se retroalimentam. A primeira postura ganha mais visibilidade por ocasião das guerras do Leste Europeu e do Golfo Pérsico na segunda metade do século XX, quando o cientista político de Harvard Samuel Huntington (1927-2008) lança sua teoria do *choque das civilizações* (1993), ao apresentar sua perspectiva de que as guerras futuras não mais seriam entre países, mas entre culturas, atribuindo a mudança de um conflito entre ideologias♀ que marcava o ambiente cultural do período de Guerra Fria para um conflito entre religiões, sendo aquilo que ele chamou de "Islamismo extremista" a principal ameaça. Com o ataque terrorista ao *World Trade Center* em 2001, a visão de Huntington catalisou posturas fundamentalistas cristãs radicais com a promoção da Guerra ao Terror, e reaparece a noção de supremacia branca cristã na cultura ocidental, bem como de oportunismos políticos que se aproveitam desse medo do diferente (Lindgren-Alves, 2018, p. 216-241). Por sua vez, isso retroalimenta e intensifica a reação refratária ao vínculo entre Modernidade-Ocidente e presença dos Estados Unidos na história recente da Arábia Saudita, e sua delicada inserção nos conflitos do Oriente Médio, resultando em ampliação e expansão do *jihadismo* sob a forma de frágil unidade de vários grupos extremistas unidos por uma interpretação♀ islâmica do *Da'ish*, acrônimo de *ad-Dawlat al-'Irāq wa sh-Shām*, de onde *Estado Islâmico do Iraque e do Levante*, porém sem objetivo político específico concreto, a não ser o objetivo cultural de uma *sharia* que concebe a unidade entre religião♀ e política, visando, portanto, à criação de um novo Califado mundial, autoproclamado como continuação legítima de Maomé, para enfrentar os hereges ocidentais cristãos. Não raro, a causa *jihadista* alista inúmeros jovens, homens e mulheres em países não islâmicos, que não foram integrados na cultura ocidental e/ou motivados pela vingança de parentes mortos nas Guerras do Oriente Médio. Em suma, as religiões no século XXI são utilizadas como aparato substitutivo das tensões ideológicas entre capitalismo e comunismo do século XX, para legitimar as estratégias bélicas, agora

entre Cristianismo e Islamismo, evocando um imaginário de cruzadas medievais. Em reação a essa visão que reduz a religião♀ às suas minorias fundamentalistas e terroristas, fala-se de políticas de integração cultural para coexistência pacífica entre diferenças com políticas de ação afirmativa que combatem a ideia de cultura como um monopólio refratário a mudanças e coexistência, em que a única solução seria a sua eliminação. Emerge desse debate uma noção mais ampla que a justaposição de culturas chamada "multiculturalidade", a saber: a interculturalidade como forma de produção de cultura entre pessoas diferentes com problemas comuns e ações compartilhadas, que extrai não raro, justamente da religião♀, suas categorias fundamentais que são promotoras de unidade, como heróis, símbolos, ritos e valores que se manifestam efetivamente por meio das práticas, porém compartilhados entre grupos e pessoas diferentes, como apresenta Hofstede (2005, p. 26). A relação entre cultura e religião♀ tem o desafio comum de ajudar a sociedade a compreender a diversidade como algo bom e a pluralidade cultural, o que inclui a pluralidade religiosa como um valor, o que implica uma diversidade reconciliada e a promoção de formas de compreensão mútuas. Especial importância têm tanto as Teologias♀ da cultura, que ajudam a entender que na gênese da cultura se encontra a religião♀ como a Ciência da Religião♀, e as demais Ciências Sociais da cultura, que mostram que na gênese da religião♀ se encontra a cultura, pois ambas, cada uma a seu modo, precisam saber lidar com sistemas de crença♀ como algo radicalmente humano.

Bibliografia: CUCHE, D. *A noção de cultura nas Ciências Sociais.* Bauru: EDUSC, 1999; DURKHEIM, E. *As formas elementares da vida religiosa.* 2. ed. Trad. de Joaquim Pereira Neto. São Paulo: Paulus, 1989; GEERTZ, C. *A interpretação das culturas.* Rio de Janeiro: Guanabara Koogan, 1989; HOFSTEDE, G. *Culture and Organizations.* New York: Mc Graw-Hill, 2005; HUNTINGTON, S. P. The Clash of Civilizations? *Foreign Affairs,* vol. 72, n. 3 (1993) p. 22-49; LÉVI-STRAUSS, C. *Antropologia estrutural dois.* Rio de Janeiro: Biblioteca Tempo Universitário, 1976; LINDGREN-ALVES, J. A. *É preciso salvar os direitos humanos!* São Paulo: Autêntica, 2018. (Col. Estudos 356.); SANTOS, B. S. *Se Deus fosse um ativista dos direitos humanos.* São Paulo: Cortez, 2013; VIVEIROS DE CASTRO, E. *Araweté*: os deuses canibais. Rio de Janeiro: Jorge Zahar/Anpocs, 1986.

Alex Villas Boas

CULTURA MATERIAL RELIGIOSA

Todas as coisas físicas, modeladas pela cultura, pertencem ao domínio da Cultura Material, desde um sapato qualquer a um templo religioso, incluindo também textos, desde que físicos – livros, cartas, gravações, documentos. Da mesma maneira que estamos cobertos por nossas roupas, a vida, religiosa ou não, está coberta pela Cultura Material.

No processo de evolução das espécies, a criação e o uso de objetos permitiram à espécie humana uma adaptação sem limites, assim como a criação da cultura. Numa via de mão dupla, estes objetos também nos criam: o corpo humano, com seus sentidos, não existe em estado natural. Assim como a natureza é um produto da cultura, a forma como indivíduos e sociedades sentem o mundo também é. Nós utilizamos objetos e ambientes como nossas extensões, nós os construímos e somos por eles construídos.

Também chamada de *Religião Material*, a Cultura Material aplicada ao estudo das religiões é um tipo de abordagem que considera fontes não textuais, pretendendo compreender a religião a partir de seus aspectos materiais, isto é, de tudo o que é percebido pelos cinco sentidos, como afirma Hock: "O mundo das religiões disponibiliza um grande número de estímulos e tem também distintas técnicas ou 'tradições' da privação de estímulos (por exemplo, práticas meditativas e exercícios ascéticos), da inundação por estímulos (por exemplo, determinadas formas festivas), ou da concentração em estímulos selecionados (por exemplo, a aplicação de incenso na missa)" (2010, p. 191).

Assim, notamos que há uma influência significante sobre o desenvolvimento da percepção e sobre os sentidos.

Entretanto, não se trata apenas da observação e da descrição dos eventos materiais, mas de uma concepção na qual o conhecimento se baseia na experiência sensível externa – as sensações – e interna – emocional, não racional, que são os nossos sentimentos tais como vividos. Assim, a Cultura Material religiosa consiste num campo transdisciplinar, envolvendo Arqueologia, Arquitetura, Artes, Geografia, Antropologia, História, Ciência da Religião, Sociologia, Filosofia e Psicologia. Trata-se do estudo da religião a partir de seus aspectos materiais, encontrados nas práticas e *performances* corporais, objetos e arquitetura.

I. Histórico. Antes de se associar à religião e se transformar em Religião Material, a Cultura Material nasceu da Arqueologia, que tem por princípio reconstituir a história a partir da interpretação dos objetos que encontra. O arqueólogo Christopher Tilley afirma que, nos anos 1960, a Cultura Material foi vista apenas como um reflexo das identidades étnicas, mas a partir dos anos 1980, com a influência do estrutural simbólico e da arqueologia processual, etnografia e arqueologia reintegraram-se (Tilley, 2006, p. 2-3). Dan Hicks, em "The Material Cultural Turn: event and effect", explica a origem do campo na Grã-Bretanha, dizendo que "os termos

'Cultura Material' e 'estudos em Cultura Material' emergiram um após o outro durante o século XX, nas disciplinas de Arqueologia e Antropologia Sociocultural e, especialmente, na intersecção entre as duas: Arqueologia Antropológica" (Hicks, 2010, p. 25). Hicks também menciona como tendo fundamental importância para a consolidação da Cultura Material um grupo de arqueólogos e antropólogos britânicos da University College of London, que teria criado em 1996 o *Journal of Material Culture*, existente até hoje. A revista não tem foco em religião, mas apresenta diversos artigos que mencionam religiões, possivelmente por influência da Antropologia, compreendendo a religião como um aspecto cultural e não como um objeto central ou área autônoma.

Em 2006, um grupo da University College of London, liderado por Tilley, produziu o livro *The Handbook of Material Culture*. Nesta obra, que hoje é uma referência, procurou-se definir e alicerçar a Cultura Material como campo de estudo, delineando sua história através das principais correntes de pensamento pelas quais se construiu – Marxismo, Arqueologia Processual, Estruturalismo, Semiótica e Fenomenologia. Entre as obras frequentemente citadas por Tilley ao longo do livro estão: *Outline of a Theory of Practice*, de Pierre Bourdieu (1977), de onde se extraiu o conceito de *habitus*; *The art and agency*, de Alfred Gell (1998), que trata da agência dos objetos, e a *Fenomenologia da percepção*, de Maurice Merleau-Ponty (1945), que fundamenta os aspectos sensuais e a experiência.

Por volta da mesma época, questionando a religião como crença e buscando uma metodologia que pudesse lançar nova luz sobre os aspectos práticos e materiais da religião, alguns acadêmicos da área de estudos em religião passaram a movimentar-se em direção à Cultura Material. Entre esses acadêmicos destacam-se os norte-americanos David Morgan, Brent Plate, o inglês Crispin Paine e a alemã Birgit Meyer, que fundam, inspirados no *Journal of Material Culture*, o *Material Religion: the journal of objects, art and belief*. A revista tem foco exclusivo nos aspectos materiais de religião. Esses e outros autores partidários da abordagem material das religiões apontam para um processo histórico que teria condicionado a religião, bem como os estudos de religião, a um caráter abstrato, racionalista, privado, e que tem por princípio a distinção e separação da matéria. Tal corrente de pensamento assinala a influência do Cristianismo, especialmente do protestante, como a causa de a religião ter-se transformado em sinônimo de crença, negando seus aspectos materiais a um papel meramente ilustrativo ou puramente representativo.

"O antropólogo Rodney Needham concluiu que o conceito [acreditar] não constitui uma semelhança natural entre homens e não pertence a um comportamento comum à humanidade. [...] A ideia cristã de acreditar começou como a prática da confiança ou de ter fé no evento do Messias, e, então, numa série de mudanças, tornou-se a declaração dos iniciados" (Morgan, 2010, p. 1-2).

A revista *Material Religion*, por meio de seus artigos sobre os mais variados aspectos – estátuas, arquitetura, roupas, comida, sensações, mídia etc., vai demonstrando a imanência dos aspectos materiais, dando grande impulso para a área. Em 2010, o estudioso de religiões David Morgan lança o livro *Religion and Material Culture: the matter of belief*, que se torna uma referência indispensável nessa área. Nesta obra, através de vários autores, Morgan busca fundamentar uma teoria da Religião Material, bem como elencar, dentro dessa teoria, aspectos que seriam básicos na Cultura Material religiosa, tais como as sensações, o corpo, os objetos, os espaços e as *performances*.

Em 2011, consolidando filosoficamente a área, encontramos a obra de Manuel Vásquez, *More than belief*. Vásquez argumenta, primeiramente a partir da influência de Descartes e culminando na filosofia protestante, sobre como a religião teria assumido um caráter transcendente e oposto à corporeidade, e, nesse sentido, não apenas a religião passou a ser tratada de maneira mais abstrata como também os estudos acerca das religiões passaram a concentrar-se nos aspectos discursivos, textuais. Após uma longa crítica, Vásquez, apoiando-se em outras correntes filosóficas materialistas, resgata o corpo e o coloca como protagonista da existência e da experiência religiosa, extinguindo a dicotomia corpo/mente.

"A tentativa de superar a dualidade entre uma 'transcendência do outro mundo' e uma 'imanência deste mundo' foi o que me levou a dialogar com pensadores tão diversos quanto Spinoza, Nietzsche, Merleau-Ponty, Deleuze, Gattari, Haraway, Gibson e Barad, todos os que veem matéria não como uma coisa bruta, substância inerte permanecendo contra nós, contra nossos espíritos divinos. Em vez disso, eles veem matéria como uma dinâmica, multifacetada, relativamente indeterminada, e uma realidade potente que é a nossa carne, a carne que possibilita e recebe nossas práticas discursivas e não discursivas" (Vásquez, 2011, p. 324).

Enquanto o trabalho de Morgan pode ser visto como base metodológica, o de Vásquez constitui uma base conceitual. Outra obra de importante contribuição em termos de aproximação entre Cultura Material e Religião reside no trabalho de Julian Droogan, *Religion, Material Culture and Archaeology* (2013). Nesta obra Droogan sugere que haveria ganhos substanciais em termos de produção de conhecimento tanto no campo da Arqueologia quanto nos estudos de religião, se ambos se aproximassem pela via da Cultura Material. Droogan defende que há muita influência da religião na Antiguidade para que esta não seja levada em consideração no momento de se fazer interpretações acerca dos objetos encontrados, da mesma maneira que a religião deixa de se conhecer melhor por desprezar os aspectos materiais em seus estudos. Droogan critica essa dicotomia: "No mundo acadêmico, a disciplina da Arqueologia ignora a religião, e a disciplina dos estudos em religião tem ignorado imensamente a Arqueologia, sobretudo porque tem havido bem pouca teorização específica acerca da materialidade da religião" (Droogan, 2013, p. 4).

Como se percebe pelas datas das principais publicações, o campo dos estudos de Cultura Material nas religiões ainda é recente e encontra-se em formação. Na academia brasileira ainda se fala pouco sobre Cultura Material, menos ainda sobre Religião Material, embora possam ser encontrados trabalhos isolados, que, apesar de não citarem nenhum dos referidos teóricos da área, poderiam ser perfeitamente compreendidos como Cultura ou Religião Material. A despeito de não se utilizar da terminologia Cultura Material, o sociólogo Gilberto Freyre (1900-1987) foi precursor desta abordagem no Brasil. Freyre teve grande habilidade em compreender a sociedade a partir de sua materialidade. Sua obra encontra-se repleta de informações sobre a sociedade brasileira, incluindo sua religião, em seus diversos períodos históricos, extraídas da observação de aspectos materiais, tais como os hábitos cotidianos e o uso de objetos. Seguindo declaradamente os passos de Freyre encontra-se o antropólogo carioca Raul Lody, que pesquisa religiosidade e cultura afro-brasileiras. Sua abordagem é bastante materialista; muitas de suas obras sobre o Candomblé e outros cultos de base africana, tais como o Xangô de Pernambuco, o Tambor de Mina maranhense, são analisados a partir de suas práticas alimentares, incluindo receitas, utensílios de serviço e preparo, como demonstram *Santo também come* (1979), *Tem dendê, tem axé* (1992), *Coco: comida, cultura e patrimônio* (2011), entre outros. Deve ser também destacado o trabalho de Pierre Verger (1902-1996), que, a partir da fotografia – cultura visual –, elucidou aspectos das religiões afro-brasileiras pouco captáveis pelo texto. Mais recentemente, o trabalho de Maria Antonieta Antonacci, *Memórias ancoradas em corpos negros* (2014), pode ser classificado como uma obra de referência da Cultura Material brasileira, pois evidencia nossa herança africana, trazida não nos textos, mas nos corpos. Um ponto importante, evidenciado no trabalho de Antonacci, está em considerar a materialidade fundamental quando se estudam culturas ou religiões calcadas na oralidade. Não se trata apenas da ausência do registro escrito, como também, pelo fato de não registrar suas memórias e sentidos (para não dizer visões) de mundo por este meio, lhes dá características e formas de compreender o mundo muito diferentes, assim como o corpo também é moldado de outra maneira: "Música e dança funcionam como um meio de comunicação e documentação e servem como ferramentas essenciais para a tradição oral. [...] A tradição oral é a grande escola da vida, e todos os seus aspectos são cobertos e afetados por ela. É ao mesmo tempo religião♀, conhecimento, ciência natural, aprendizado em um ofício, história, entretenimento e recreação" (Antonacci, 2014, p. 104-112).

No Brasil, é relativamente fácil encontrar estudos com foco nos aspectos materiais, quando se trata de religiões afro-brasileiras, já que as mesmas se originaram em culturas orais. Isso não significa que a abordagem material não possa ser aplicada ao Cristianismo ou a outras "religiões do livro". Religiões sempre apresentam formas materiais, como se pode observar, por exemplo, nos movimentos da Renovação Carismática Católica: um de seus grupos mais proeminentes, a comunidade Canção Nova, fundada em 1978, utiliza-se de músicas♀ com produção sofisticada, vídeos no *Youtube*, e tem no Padre Fábio de Melo um ícone – um sacerdote pouco convencional, dificilmente vestido com a tradicional batina e que faz *performances* de um cantor popular, embora as canções tenham letras religiosas. Neste caso a música♀, disponível em CDs ou no aplicativo *Spotify*, tem uma agência significativa sobre os fiéis, especialmente fora de cerimônias, já que as pessoas as ouvem em momentos de lazer, trabalho ou descanso. Há no *Spotify* uma *playlist* do Padre Fabio de Melo com 3.607 seguidores.

II. Conceitos constitutivos da Religião Material.

O estudo dos aspectos materiais das religiões, tais como música♀, danças, posturas corporais, vestuário, alimentação♀ e objetos, não é novidade, pois, notadamente, a Antropologia já se ocupou de muitas destas atividades. Na Cultura Material, entretanto, não se considera tais atividades como acessórias ou ilustrativas dos textos canônicos, elas constituem uma fonte de informação *per se*. Não obstante, a Religião Material ampara-se na crítica a uma importância excessiva atribuída às fontes textuais, uma vez que somente o estudo dos textos não é suficiente para revelar um retrato fiel de uma religião, dadas as variações geográficas, históricas, culturais e sociais e dimensões sensoriais das quais a escrita não pode dar conta sozinha. Os acadêmicos da Religião Material (Morgan, 2010, Vásquez, 2011, e Harvey, 2013) atribuem essa atenção desproporcional aos textos a um processo histórico, iniciado com o platonismo, que separa o corpo da alma♀, colocando o corpo♀ como um obstáculo ao espírito – "o corpo♀ é o túmulo da alma♀", e ao mesmo tempo privilegia a racionalidade em detrimento da sensorialidade. Segundo os mesmos autores, o Cristianismo foi, posteriormente, o principal veículo desse pensamento – "meu reino não é deste mundo". Embora muitas das formas materiais originais tenham sido substituídas pela representação, transformando-se em leitura e abstração, novas formas materiais surgem e, na maioria das vezes, não são criadas ou premeditadas pelos sacerdotes: elas surgem entre os fiéis, nas questões cotidianas, nos processos diaspóricos e na transplantação das religiões (Vásquez, 2011). Greschat argumenta que sacerdotes se importam mais com os textos sagrados do que os leigos♀, mas que somente a presença dos textos não é suficiente para nenhum dos grupos: "Nesse ponto, portanto, há uma desproporção entre, de um lado, aquilo que a maioria dos cientistas da religião considera importante e, do outro, aquilo que é importante para a maioria dos fiéis, ou seja, existe um contraste entre a verdadeira vida religiosa e uma limitação deliberada por parte dos pesquisadores" (2005, p. 63).

A Religião Material quer compreender a *religião vivida*, isto é, todos aqueles aspectos que surgem no dia a dia das pessoas, permeados pela religião♀ – na forma como fiéis se vestem, escolhem seus alimentos, limpam ou decoram suas casas –, mas que não são captados pelos estudos textuais. "Religiões podem não exigir crenças♀, mas elas sempre envolverão formas materiais" (Keane apud Morgan, 2010, p. 8). Portanto, além de desvelar variantes através de práticas exercidas de maneira distinta dentro de uma mesma religião, aspectos materiais também apontam diferenças e similitudes entre diferentes religiões, e, principalmente, como cada uma delas modela seus adeptos, não apenas pelas concepções de mundo que ensina, mas pelo que imputa de forma sensível.

Na Cultura Material, a questão da sensorialidade, explorada através da aprendizagem pelos sentidos, tem sido largamente fundamentada no trabalho de Maurice Merleau-Ponty, *Fenomenologia da percepção* (1945), no qual defende a ideia de que há todo um universo de sensações e percepções que a tudo permeia e que nos fornece uma maneira mais completa e complexa de compreender o mundo, a qual não pode ser reduzida ao empirismo como único caminho para a realidade: "O sensível é aquilo que se apreende *com* os sentidos, mas nós sabemos agora que este 'com' não é simplesmente instrumental, que o aparelho sensorial não é um condutor, que, mesmo estando na periferia, a impressão fisiológica se encontra envolvida em relações consideradas como centrais. [...] O empirismo exclui da percepção a cólera ou a dor que todavia eu leio em um rosto, a religião♀ cuja essência todavia eu apreendo em uma hesitação ou em uma reticência, a cidade cuja estrutura todavia eu reconheço em uma atitude de um funcionário ou no estilo de um monumento" (Merleau-Ponty, 2011, p. 32-50).

Com base nesta teoria de Merleau-Ponty, a Cultura Material pretende apartar-se dos métodos♀ que abordam objetos ou práticas de forma meramente descritiva ou que interpretam objetos e práticas de uma cultura♀ com teorias de outra (geralmente as clássicas e dominantes teorias europeias), tratando tais materialidades como representação, por exemplo. Para muitas culturas, uma pedra é uma divindade e não apenas sua representação. Dentro dessa perspectiva, as impressões sensoriais do pesquisador devem ser declaradas e consideradas. "Acadêmicos devem estar conscientes e informar sua audiência de sua própria enculturação – até que ponto e de que maneira seu corpo de acadêmico está apto e/ou limitado por regimes de treinamentos corporais específicos. Nossos corpos são não apenas enculturados, mas também (academicamente) disciplinados" (Carp, 2011, p. 478).

O ponto de partida desencadeado por Merleau-Ponty despertou intelectuais sobre a importância dos sentidos nos estudos acadêmicos, entre eles David Howes, Constance Classen e outros, que formaram uma corrente teórica acerca do que chamaram *virada sensorial* ou *revolução sensual* (Classen, 1997; Howes, 2005). Eles chamam a atenção para o processo de enculturação acadêmica, presente na pesquisa que deixa suas marcas através da supervalorização das fontes textuais, conforme afirma Howes: "No mundo hiperliterário da academia não é surpresa que escrever e ler (ou o 'discurso') teriam um apelo particular como paradigmas para compreensão dos sistemas sociais. Enquanto acadêmicos anteriores devem ter sentido a mudança da biblioteca para o 'ar livre', a pesquisa pediu uma mudança correspondente na abordagem investigativa, a certeza de semióticos como Barthes e Ricœur♀ de que o mundo (e a ação no mundo) era em si mesmo um 'texto' tem possibilitado a legiões de acadêmicos, confortável e convictamente, 'ler', mesmo quando o livro foi substituído por uma refeição, uma dança ou todo um modo de vida" (Howes, 2005, p. 1).

Paralelamente às questões da percepção e da sensorialidade está outro conceito amplamente difundido e basilar na Cultura Material – trata-se do *habitus* de Pierre Bourdieu♀, definido como um sistema de classificação do mundo, ao mesmo tempo que uma disposição para ações, de acordo com esta classificação, literalmente *incorporada* ao longo de uma trajetória social, conscientemente imperceptível. O *habitus* é o nome dado àquilo que, de maneira corpórea, é sempre aprendido e muitas vezes reproduzido sem passar pela consciência♀. Ele é expresso nas atividades e práticas do dia a dia; assim, se há um *habitus* religioso, há um jeito particular de realizar ações. "Não há um corpo essencial, corpos são históricа e culturalmente construídos. Sendo realmente assim, então religiões têm uma grande importância na construção dos corpos" (Morgan, 2010, p. 60). Dessa maneira, o corpo♀ tem um papel fundamental na Religião Material. A expressão incorporação, neste estudo, surge do termo original, assim como a teoria, do inglês *embodiment*, e consiste num de seus pilares. "O corpo♀ é como uma superfície onde estão inscritas as demandas culturais de seu mundo. A carne e os ossos são educados às formas e rotinas da vida do corpo♀ social" (Morgan, 2009, p. 22) O corpo♀ humano tem um papel tão central no processo de investigação das religiões que ignorá-lo é correr o

risco de propor uma consideração completamente distorcida e enganosa sobre o assunto. Um estudo deve considerar todos os sentidos e como estes sentidos são diferentemente construídos nas várias culturas (Morgan, 2009, p. 15).

De maneira geral, as culturas ocidentais são predominantemente visuais, mas outras culturas privilegiam outros sentidos. Assim ocorre com as diferentes religiões. Tomemos o Judaísmo como exemplo, a comida tem um papel importante nesta religião. A doutrina oficial estabelece os preceitos da conhecida comida *casher* – que obedece à *kashrut*, preceitos dietéticos judaicos. Muitos destes preceitos fazem com que cada celebração ao longo do ano judaico possua comida típica. As crianças judias crescem comendo estas comidas enquanto os adultos lhes contam a história e o significado da celebração. Ao longo do tempo esses mitos ganham sabores característicos, e as histórias e os valores de seu povo vão sendo, assim, incorporados. A comida é um objeto sensorial total, isto é, excita todos os sentidos ao mesmo tempo, daí associarmos tantas memórias♀ à comida. Entretanto, há variações – nem todas as comunidades e indivíduos comem as mesmas coisas. Para começar, podemos citar pelo menos dois grupos, asquenazes e sefarditas, judeus do Leste da Europa e da Península Ibérica, respectivamente. Cada um com sua cozinha torna a investigação desta religião, a partir de sua alimentação♀, um recurso ainda mais preciso, pois a alimentação♀ sempre reflete as mudanças, as adaptações às culturas locais, a enculturação e aquilo que é essencial, não podendo ser negociado. Assim, não são apenas as práticas oficiais que informam sobre uma religião, mas é o que se faz no dia a dia, em coisas que, teoricamente, não seriam religiosas, que denuncia a influência da religião.

Outra importante dimensão dos estudos em Religião Material refere-se aos espaços, no sentido de como a religião♀ os modela e, depois, como eles modelam as pessoas. O termo em inglês para esta perspectiva é *emplacement*, traduzida aqui como espacialização. Diferentemente das discussões clássicas sobre espaços sagrados, em que temos dois polos opostos – Eliade♀, afirmando uma sacralidade absoluta dos espaços religiosos, e Durkheim♀, reduzindo a importância dos espaços religiosos a um fenômeno social –, a Religião Material considera como o uso "religioso" dos espaços influencia as pessoas, sendo estes espaços *oficialmente* religiosos – como uma igreja – ou *incidentalmente* religiosos – como uma cruz na beira da estrada. O estudo da espacialização nas religiões conta com a contribuição das teorias de arte e arquitetura, e frequentemente cientistas da religião que analisam a perspectiva espacial das religiões e suas implicações emprestam teorias não religiosas, de outras áreas, para compor suas observações.

Quando se fala em espacialização, também não se pode deixar de considerar, na questão do turismo religioso, os locais que mobilizam anualmente um grande número de pessoas e o impacto que isso tem na economia, nos arredores e mesmo naqueles que não comungam da mesma crença do local em questão, mas que são afetados por esse movimento. Jerusalém é certamente um exemplo significativo, já que possui locais fundamentais para diferentes religiões; assim também Aparecida, no Brasil.

Embora o corpo tenha se tornado central e o estudo da espacialização venha ganhando cada vez mais atenção, devido à Arqueologia foram os objetos que deram origem e continuam tendo maior destaque na Cultura Material.

Neste campo, entretanto, objetos não são tratados como representações, mas são considerados segundo a agência que possuem. No *Handbook on Material Culture*, organizado por Tilley et al., há uma longa discussão acerca dessa fronteira entre agência de pessoas e agência de objetos. Há casos em que um ser humano pode ser transformado em objeto, como no caso de funcionários na linha de montagem de uma fábrica ou de escravos, e, ao contrário, há objetos que parecem ter adquirido qualidades de um ser humano, como no caso de obras de arte famosas ou religiosas. Estar diante da Mona Lisa ou tocar o Santo Sepulcro pode ter efeitos mais intensos e significar mais para uma pessoa do que a ação direta de outra pessoa. Quem elabora este pensamento é Alfred Gell, em *The art and agency* (1998). Gell, pretendendo fazer uma antropologia da arte, acabou por ser o mais influente autor no que diz respeito à análise dos objetos na Cultura Material. Ele fala diretamente sobre os objetos na Religião Material, mas para ele não há diferença entre a apreciação estética e religiosa em relação aos objetos. A importância atribuída a um objeto, em ambos os casos, teria a mesma natureza, não havendo uma fronteira rígida entre religioso e não religioso. Gell afirma que "amantes de arte adoram imagens no mais relevante sentido e justificam sua idolatria racionalizando-a como admiração estética; entretanto, esta atitude estética é um produto histórico específico da crise religiosa no Iluminismo e na ascensão da ciência ocidental e que não tem aplicabilidade em civilizações que não internalizaram o Iluminismo como nós" (1998, p. 97).

Afinal, como nos sentiríamos ao saber que alguém, deliberadamente, ateou fogo a um Renoir? Cada religião utiliza-se dos objetos à sua maneira e isso diz muito sobre elas. Mesmo as que procuram afirmar-se como mais transcendentes e menos vinculadas a aspectos materiais, já por essa negação atribuem ao uso dos objetos um caráter especial.

Este é o caso dos protestantes puritanos que abominam o uso de imagens religiosas. Assim, seja por sua utilização, seja por sua negação, não há como escapar da materialidade. Pode ser que os puritanos não usem imagens, mas têm suas posturas para orar, um modo particular de vestimenta, mesmo que seja composto de roupas "seculares", seus hinos, e outros meios materiais de construir sua religião.

Em todas as religiões há objetos com os quais nos relacionamos para construir significados. A Religião Material dá forma e localização a estruturas intangíveis, tais como sentimentos, impressões do passado e do futuro, ancestrais, deidades e suas influências – tudo é empossado de concretude e presença no dia a dia.

Bibliografia: ANTONACCI, M. A. *Memórias ancoradas em corpos negros.* São Paulo: Educ, 2014; BOURDIEU, P. *Esboço de uma teoria da prática.* Oieiras: Celta Editora, 2002; CLASSEN, C. Foundations for an Anthropology of the Senses. *International Social Science Journal* 153: 401-412, 1997; CARP, R. Material Culture. In: STAUSBERG, M.; ENGLER, S. (Orgs.). *The Routledge handbook of research methods in the study of religion.* Londres: Routledge, 2011; DROOGAN, J. *Religion, Material Culture and Archaeology.* London: Bloomsbury Publishing, 2013; HICKS, D.; BEAUDRY, M. C. (Ed.). *The handbook of Material Culture studies.* Oxford: Oxford University Press, 2010; GELL, A. *The art and agency*: an anthropological theory. Oxford: Oxford University Press, 1998; GRESCHAT, H-J. *O que é ciência da religião?* São Paulo: Paulinas, 2005; HOCK, K. *Introdução à ciência da religião.* São Paulo: Loyola, 2010; HOWES, D. *The empire of senses*: the sensual cultural reader. Oxford/New York: Berg, 2005; MERLEAU-PONTY, M. *Fenomenologia da percepção.* São Paulo: Martins Fontes, 2011 [original: 1945]; MORGAN, D. *Religion and Material Culture*: the matter of belief. New York: Routledge, 2010; MORGAN, D. The Material Culture of lived religion: visuality and embodiment. In: VAKKARI, J. (Ed.). *In Mind and Matter*: Selected Papers of the Nordik Conference for Art Historians. Helsinki: Helsingfors, 2009. (Studies in Art History, n. 41.); TILLEY, C. K. et al. *The handbook on Material Culture.* Londres: Sage Publications, 2006; VÁSQUEZ, M. A. *More than belief*: a materialist theory of religion. Oxford: Oxford University Press, 2011.

PATRICIA RODRIGUES DE SOUZA

CURA → Saúde

D

DARWIN, CHARLES → Etnologia e Etnografia

DEÍSMO → Divino, Concepções de

DEMÔNIO → Seres sobrenaturais

DENOMINAÇÃO → Instituições religiosas → Sociologia da Religião

DESEJO

I. Etimologia. Em seu caráter etimológico, a palavra se articula na combinação latina do prefixo intensificador *de* com o termo *siderare* (fixar atentamente as estrelas), na formação da palavra *desiderium* (ânsia, inclinação ou orientação para), cuja forma verbal, *desidero*, traz o sentido consagrado de desejar, ambicionar ou cobiçar algo (tomar-se de *cupiditas*). Em grego, nota-se um equivalente em ἐ. Em grego (*ephithumeó/epithumia*), formado do prefixo *epi* e do termo *thymós*, na construção de um sentido próximo ao latino *cupiditas* e *desiderium*: cupidez ou desejo. Em hebraico, temos o תָּחְמֹד (*tah-mōd*), que significa desejar, cobiçar, buscar prazer em, como encontrado em Êxodo 20,17: "Não cobiçarás (*tah-mōd*) a casa de teu próximo, nem cobiçarás (*tah-mōd*) a sua mulher [...]", e que no paralelo com a *Vulgata* lê-se: "Non *concupisces* domum proximi tui: non *desiderabis* uxorem eius [...]".

II. Conceitos e matizes teóricas. Em *A República*, Platão estabelece uma divisão básica entre os conceitos de *nous* (intelecto), *epithumia* (apetite) e *thymós* (desejo ardente), em que se sugere uma relação contígua entre *thymós* e *eros*, uma vez que "o *thymós* é em si erótico tanto na origem quanto no destino𝒫" (Cooper, 2008, p. 47). Desde a Antiguidade Oriental e Clássica há um sentido de *força motriz* ou *força impulsionadora* que sustenta o conceito de "desejo", remetendo-o como força fundadora do psiquismo, um impulso que move o sujeito em direção a algo que o ultrapassa, e que, na tradição hebraica, encontra paralelo na fórmula bíblica "segundo o teu coração" (2Sm 7,21) ou "segundo a tua vontade".

Em *A cidade de Deus*, de Agostinho de Hipona (Santo Agostinho), os vocábulos *desiderium*, *cupiditas*, *libido* e *concupiscentia* aparecem como elementos fundadores e direcionadores de toda a ação humana, tanto no sentido atribuído pelo autor como positivo (desejar/amar o espírito) quanto no sentido negativo (desejar/amar a carne). Em Agostinho, o desejo, visto como amor de si ou amor de Deus, constitui a base fundamental da história ao direcionar todas as escolhas humanas.

Seguindo a tradição do pensamento ocidental, um bom número de filósofos e pensadores célebres colocou o desejo no centro de seus sistemas de análise: Hobbes (desejo de autopreservação), Spinoza (desejo de potência – *conatus*), Hegel (desejo de prestígio), Freud𝒫 (desejo da libido) etc., e mesmo o debate teológico contemporâneo entre os conceitos de Ágape e Eros tem no desejo um elemento articulador central.

"A busca moderna por uma compreensão mais apropriada do desejo humano pode ser traçada desde a *Fenomenologia do espírito* de Hegel (1807). Freud𝒫 fez das estratégias do desejo o aspecto central de sua psicanálise𝒫; Sartre fez o mesmo em seu projeto existencialista. A natureza do desejo foi uma preocupação central do pensamento francês depois da Segunda Guerra Mundial" (Hamerton-Kelly, 2012, p. 49-50).

Em sua teoria da mimese do desejo, o pensador francês Girard𝒫 propôs um entendimento que tem no desejo mimético a força fundadora do *Self*, colocando-o como elemento basilar dos conflitos humanos e, por conseguinte, da própria história, e num entendimento absolutamente relacional de desejo: desperto no desejo de terceiros.

III. Religião e desejo. Nos estudos de religião, as compreensões que se têm acerca do desejo são fundamentais, uma vez que, nas mais variadas culturas, parte expressiva da literatura religiosa é dedicada a refletir sobre o papel central do desejo e a forma como pessoas e comunidades devem tratá-lo, seja para animá-lo (ritualmente), seja para limitá-lo (nos tabus), a fim de preservar a sociabilidade e salvaguardar compromissos com os preceitos e as doutrinas religiosas. Nos Dez Mandamentos, no Sermão da Montanha, nos preceitos do *Dharma*, nos textos védicos etc., encontram-se prescrições que buscam vigiar os efeitos mais deletérios do desejo, e, de fato, uma parcela expressiva das tradições religiosas associa o desejo aos elementos criadores e destruidores, em dialéticas de criação, ruína e renovação.

"De fato, o desejo é a força primitiva que move o universo; é o desejo que cresce em 'princípio' até o inominado centro da criação; único movimento certo no interior de uma dialética entre ser e não ser que descreve o mundo da origem. Não por acaso é definido [no *Rig Veda* 10.129.4] como o primeiro sêmen e embrião da mente" (Antonello, 2011, p. 22-23).

Em contextos tribais, a posição fundadora do desejo permanece igualmente válida, e estudos que se dedicam a esmiuçar tradições religiosas em sociedades sem escrita passam, necessariamente, pelos ritos, regulamentações e tabus, os quais se associam à contenção ou ao estímulo *controlado* das redes de desejo.

Bibliografia: AGOSTINHO DE HIPONA (Santo). *De Civitate Dei*; ALISON, J. *O pecado original à luz da ressurreição*: a alegria de descobrir-se equivocado. São Paulo: É Realizações, 2011; ANTONELLO, P. Apresentação. In: GIRARD, R. *O sacrifício*. São Paulo: É Realizações, 2011; BATAILLE, G. *Erotism*: Death & Sensuality. San Francisco: City Light Books, 1996; COOPER, L. D. *Eros in Plato, Rousseau, and Nietzsche*: The Politics of Infinity. Pennsylvania: Pennsylvania University Press, 2008; DESMOND, W. *Desire, Dialectics, and Otherness*: An Essay on Origins. Cambridge: James Clarke & Co., 2014; GIRARD, R. *Mentira romântica e verdade romanesca*. São Paulo: É Realizações, 2009; HAMERTON-KELLY, R. *Violência sagrada*: Paulo e a hermenêutica da cruz. São Paulo: É Realizações, 2012; KALKAVAGE, P. *The Logic of Desire*: An Introduction to Hegel's Phenomenology of Spirit. Philadelphia: Paul Dry Books, 2007.

MAURÍCIO RIGHI

DESENCANTAMENTO DO MUNDO

Noção formulada e utilizada por Max Weber𝒫 (*Entzauberung der Welt*) como um dos componentes de sua sociologia histórica da racionalização. Portanto, se não constitui, por um lado, um conceito central do conjunto desse complexo sistema teórico-metodológico, exibe, no entanto, uma operacionalidade heurística tão lógica quanto imagética, tão conceitual quanto histórica, na caracterização do que ocorreu no Ocidente no decurso da longa temporalidade que o constituiu, desde as raízes judeo-cristãs e greco-romanas. A noção de *desencantamento do mundo* adquiriu, de fato, um intenso e versátil uso nas análises sociorreligiosas desenvolvidas, sobretudo nas últimas décadas, vindo a compor um novo par conceitual caracterizador das mudanças religiosas, já não somente aquela constatada efetivamente por Max Weber𝒫 no início do século XX como processo de retirada do sobrenatural das esferas da vida humana e de predomínio crescente da razão científico-tecnológica, como também a da era do retorno do religioso desde as últimas décadas do século XX. Nesse sentido, a sequência *desencantamento-reencantamento* passou a caracterizar essas duas tendências de saída e de retorno do religioso nas sociedades ocidentais, operando semanticamente em sintonia com os conceitos sinônimos de *secularização𝒫-dessecularização* e *sacralização-dessacralização*, ou, ainda,

com as categorias de maior extensão: *Modernidade* e *pós-Modernidade* (Berger, 2017; Martelli, 1995).

A proposta de perceber as mudanças religiosas a partir do clássico desencantamento e, na sequência, do reencantamento do mundo construiu um esquema narrativo de grande extensão e de percepção linear dos processos histórico-espaciais no seio das Ciências Sociais da religião e, muitas vezes, da teologia𝒫, e ofereceu uma simplificação analítica que se tornou amplamente conhecida e reproduzida por certo senso comum científico. Nessa moldura teórico-prática, a noção de desencantamento do mundo foi, de fato, apropriada com mais intensidade e operacionalidade, porém extraída com frequência de sua profunda ancoragem no sistema weberiano, em que foi gerada, aplicada e teorizada com seus significados próprios. Na grande narrativa weberiana, o desencantamento do mundo verbaliza um aspecto do processo de racionalização e, nessa moldura, detecta e conceitua as relações entre as configurações históricas e os valores religiosos, a começar pelas sociedades ocidentais, porém estendendo-se às sociedades orientais e, portanto, a outras visões religiosas, para além daquela judeo-cristã. Essa categoria sociorreligiosa de desencantamento do mundo explicita, portanto, não somente um processo histórico real que assume configurações sempre mais visíveis no processo de modernização, como também expõe um nexo inédito no âmbito das teorias religiosas modernas de cunho iluminista e evolucionista (que vê a religião𝒫 como fase anterior à razão) e de cunho materialista (que vê a religião𝒫 como compensação das condições de expropriação do processo produtivo). As religiões constituem vetores do próprio processo de modernização/racionalização e gozam de relevância na compreensão desses processos.

I. A racionalização como moldura de fundo. É o próprio Weber quem localiza seus estudos de religião na sua investigação mais ampla de racionalização da história, quando diz em suas *Considerações intermediárias: rejeições religiosas do mundo e suas direções*, de 1915, que a Sociologia da Religião𝒫 visa "contribuir para a tipologia e sociologia do racionalismo" (Weber, 1982, p. 372). As posturas religiosas estão relacionadas às configurações históricas. Essa constatação empírica constitui, ao mesmo tempo, o próprio método𝒫 da sociologia compreensiva praticada por Weber𝒫, que, na esteira de Dilthey𝒫 (1988), exige buscar os nexos entre os valores presentes nas visões de mundo e a própria história; nesse caso weberiano, entre as tradições religiosas e as práticas econômicas. O sistema weberiano capta a história humana como um processo de racionalização e expõe as múltiplas variáveis e expressões desse processo real, porém multifacetado, negando-se a adotar uma visão linear ou unicausal do mesmo. A racionalização possui faces e direções múltiplas, como: a) controle racional da natureza e da história que supera os controles mágicos; b) domínio do racional sobre os tipos tradicionais e carismáticos, mediante um processo natural de organização do poder; c) domínio científico e tecnológico nos diversos campos da vida humana; d) organização da vida econômica da forma mais ordenada; e e) organização burocrática das instituições por meio de regras objetivas e despersonalizadas (Outhwaite; Bottomore, 1996, p. 642). Essas dimensões possuem em Weber aspectos, de fato, originais que podem ser destacados, como: a) superação da visão predominante de um Iluminismo☞ que afirma as fontes gregas como a fonte única do que a razão construiu no Ocidente, na medida em que introdução à visão judeo-cristã como participante desse processo; b) ruptura com uma visão moderna eurocêntrica com a visão de outras culturas e tradições do Grande Oriente; c) superação da visão linear do progresso racionalizador com os processos de luta entre os tipos de dominação, na luta entre as dominações carismática e tradicional; d) superação da visão otimista moderna com o realismo crítico aos resultados da Modernidade, que culmina na prisão das burocracias modernas; e) ruptura com a metafísica☞ idealista de matriz hegeliana que via a história como expressão do espírito universal, com a investigação indutiva dos fatos históricos; f) introdução do fator religioso como ingrediente fundamental para entender a própria racionalização histórica do Ocidente e de outras partes do planeta; e g) compreensão do progresso científico como superação da religião☞ enquanto fonte de finalidades e de sentido para a história. Nesse amplo leque de significados da racionalização insere-se de modo substancial e transversal o conceito de "desencantamento do mundo", com suas variantes terminológicas: desencantar, desencantamento e desencantador. Nesse contexto, desencantamento do mundo expressa o eixo mais original da sociologia weberiana da racionalização, na medida em que capta o papel da religião☞ nesse processo histórico, como variável nele implicada diretamente, seja por seus germes racionalizadores que colocam os sujeitos religiosos em uma postura ética dentro da história, seja por suas éticas que rejeitam o mundo e liberam os indivíduos para uma ação em um mundo completamente desvestido de forças mágicas, bem como de sujeitos mágicos capazes de qualquer solução, ou, ainda, pela inevitável racionalização dos carismas☞ religiosos que, após operar com sua força, cai na inevitável rotina que termina na organização burocrático-legal.

II. As ancoragens weberianas. A depuração semântica, conceitual e analítica da noção de desencantamento do mundo constitui uma tarefa hercúlea, tendo em vista a complexidade do sistema weberiano e as particularidades lexicais e textuais de suas obras. O sociólogo da religião Antônio Flávio Pierucci☞ ofereceu sobre a temática estudo exegético de excepcional qualidade e de reprodução acadêmi-

ca inevitável (2003). Como resultado, as seguintes conclusões podem ser apresentadas: em termos numéricos, o conceito "desencantamento do mundo" ocorre dezessete vezes, sendo seis incidências em *Ciência como vocação* (1917), quatro em *Ética protestante e espírito do capitalismo* (1920), duas em *Considerações intermediárias* (Rejeições religiosas do mundo e suas direções, tradução brasileira, 1913, 1915) e as cinco restantes em *Sobre algumas categorias da sociologia compreensiva* (1913), *Ensaios sobre sociologia da religião* (1913, 1915), *Economia e sociedade* (1913, 1914), *Confusionismo e puritanismo* (1913, 1915), *História geral da economia* (1919-1920). As principais ocorrências revelam a operacionalidade do conceito precisamente na reflexão sobre ciência feita em discurso na Universidade de Munique, em 1917, e na argumentação exposta sobre as afinidades entre a justificação calvinista e o capitalismo na conhecida *A ética protestante* (Pierucci, 2003, p. 47-59). A conotação dominante é a de *desencantamento* como *desmagificação* (Pierucci, 2003, p. 7-8), sendo que a palavra alemã *Entzauberung* (desencantamento) é formada de *Zauber*, encanto, magia☞, sortilégio e feitiço, do prefixo *Ent*, que significa retirar, e do sufixo *ung*, utilizado para substantivos derivados de verbos. Portanto, a palavra "desencantamento" significa no sentido estrito "tirar o feitiço, desfazer o sortilégio, quebrar o encantamento", e daí o significado preciso de desencantamento do mundo (*Entzauberung der Welt*) como *desmagificação do mundo* (Pierucci, 2003, p. 7). Nas contas de Pierucci☞, esse significado predomina nas dezessete ocorrências mencionadas, fazendo-se presente em treze delas, seguido da conotação de *perda de sentido* presente em nove ocorrências, sendo que ambos os significados aparecem conjugados por cinco vezes. O desencantamento do mundo pode ocorrer pela religião☞ e pela ciência, sendo que é precisamente dessa última que se manifesta o segundo significado, como desmagificação e perda de sentido, como explica Weber☞: "[...] quanto mais o intelectualismo repele a crença☞ na magia☞, e com isso os processos do mundo ficam desencantados, perdem seu sentido mágico e doravante apenas 'são' e 'acontecem', mas não 'significam' mais nada, tanto mais urgente resulta a exigência, em relação ao mundo e à 'conduta de vida' como um todo, de que sejam postos em uma ordem significativa e 'plena de sentido'" (1997, p. 403-404).

O desencantamento do mundo revela os seguintes aspectos:

1. Raiz religiosa. O desencantamento do mundo se mostra também como dinamismo interno da religião☞ e tem no profeta☞, enquanto mediador das religiões de salvação☞, o seu agente mais significativo. No ensaio *Rejeições religiosas do mundo e suas direções*, Weber demonstra esse dinamismo racionalizador interno às religiões e suas consequências para as éticas intramundanas (p. 371-410). Aí explica que não foi somente o pensamento teórico que desencantou o mundo, como também a tentativa da ética religiosa de racionalizar o mundo o levou a esse processo. Fica superada qualquer pretensão iluminista que opõe de modo simples a racionalização ocidental às tradições religiosas, como encantamento pré-racional. Os tipos religiosos mágico e ascético estão implicados diretamente no processo de desencantamento do mundo: enquanto o mágico promove o encanto do mundo e busca dominá-lo por meios rituais, o asceta entende a salvação como uma negação do mundo e um caminho de vida eticamente correta. O profeta é um protótipo do desencantador do mundo, na medida em que opera uma "sistematização e racionalização do modo de vida", visando sempre alcançar a vivência de certos valores (1982, p. 375). Na sequência histórica, o puritanismo é contado como ápice de um processo histórico-religioso de desencantamento do mundo. Nessa passagem de *A ética protestante e o espírito do capitalismo*, Weber deixa um resumo completo dessa interpretação, que remete, de certa maneira, para o núcleo duro da obra mais representativa de seu pensamento: "Essa supressão absoluta da salvação sacramental através da Igreja, que no luteranismo ainda não se tinha delineado em todas as suas consequências, era decisiva face ao catolicismo. Era o fim do grande processo histórico-religioso do desencantamento do mundo, que se iniciou com as profecias do judaísmo antigo e que, em conjunto com o pensamento científico helênico, condenava todos os meios mágicos na procura de salvação como superstição e sacrilégio. O verdadeiro puritano ia ao ponto de condenar cerimônias religiosas fúnebres e enterrava os seus sem canto nem música, não fosse dar azo ao aparecimento de *superstition*, isto é, a confiança em efeitos sacramentais mágicos" (1996, p. 94).

2. Efeito das ciências. O desencantamento do mundo contém um elemento de desmagificação da realidade devedor à tradição judeo-cristã e greco-romana e, nos tempos modernos, definitivamente às ciências, como explica Weber em sua conferência *Ciência como vocação*. Processo que, por um lado, é uma "intelectualização" que explica e domina o mundo e, por outro, se mostra como "perda de sentido", na medida em que se centra sobre a explicação de um objeto em si mesmo, sem poder indicar qual o destino das coisas. A crescente intelectualização põe fim aos mistérios, "[...] significa principalmente, portanto, que não há forças misteriosas incalculáveis, mas que podemos, em princípio, dominar todas as coisas pelo cálculo. Isso significa que o mundo foi desencantado. Já não precisamos recorrer aos meios mágicos para dominar ou implorar aos espíritos [...]. Os meios técnicos e os cálculos realizam o serviço" (1982, p. 165).

As ciências modernas são as profissionais do desencantamento, na medida em que objetivam pre-

cisamente desvelar a natureza e as dinâmicas da natureza e se aplicam com todos os meios a essa tarefa.

3. Perda de sentido. Quanto à perda de sentido, pergunta na mesma conferência "se esse processo de desencantamento que continuou a existir na cultura ocidental", que tem a ciência como "força propulsora", possui algum "significado que vá além do exclusivamente prático e técnico?" (1982, p. 165-166). A resposta é negativa. As ciências por natureza não dizem respeito aos significados últimos ou às finalidades. Eis a conclusão: "O destino de nossos tempos é caracterizado pela racionalização e intelectualização e, acima de tudo, pelo desencantamento do mundo. Precisamente os valores últimos e mais sublimes retiraram-se da vida pública, seja para o reino do transcendental da vida mística, seja para a fraternidade das relações humanas diretas e pessoais" (1982, p. 182). O sentido da ciência é a sua própria tarefa e está desprovida dos meios capazes de demonstrar as finalidades éticas da natureza e da humanidade.

III. Relevância para a Ciência da Religião. O desencantamento do mundo é um conceito clássico que se tornou, muitas vezes, central nas análises sociorreligiosas realizadas pela Ciência da Religião no epicentro da secularização. Sua primeira relevância advém da própria origem: a sociologia da racionalização e da religião weberianas. No conjunto dessa matriz, o desencantamento do mundo constitui uma das chaves principais das análises weberianas, elemento afinado com outras categorias ligadas às análises do processo de racionalização pelo qual passou o Ocidente, e também o Oriente, tais como os *tipos de dominação* e os *tipos de ação*. O estudo teórico da sociologia weberiana e, de modo específico, da sua Sociologia da Religião depara-se com o desencantamento do mundo utilizado em distintos contextos históricos, religiosos e analíticos. O deslindamento exegético e hermenêutico do conceito, bem como o potencial cruzamento do mesmo com outros ensinamentos de Max Weber, permanece provocando estudiosos da função social da religião e da função da razão na estruturação do pensamento e das práticas religiosas. A fonte weberiana ainda jorra significados a serem examinados pelos estudiosos de religião.

O universo dos valores no qual se inserem os sujeitos está relacionado com as suas ações sociais. Esse gatilho do pensamento weberiano instiga as análises atuais, que colocam os valores religiosos em lugar fundamental na construção dos processos e configurações socioculturais. O conceito de "desencantamento do mundo" permanece operante em tempos de sociedade plural, marcada por processos diversificados, criativos e assimétricos de presença do religioso. O seu uso analítico exige, é claro, ponderações por parte da Ciência da Religião, no sentido de evitar anacronismos e simplificações sob a justificada bênção weberiana e, sobretudo, a construção de olhares lineares que ocultam os processos históricos reais. As mudanças culturais ainda em curso nas mais diversas geopolíticas do planeta colocam sob teste a generalidade e a aplicação linear da visão de um mundo desencantado ou em desencantamento progressivo, ainda que possa indicar processos reais de diferenciadas determinações da variável religiosa no conjunto das sociedades. O olhar global e perspicaz das condições modernas presentes não poderá ocultar paralelismos entre temporalidades religiosas e temporalidades racionalizadoras convivendo em um mesmo sistema de valores ou de convicções religiosas. As desenvolvidas tecnologias podem também esconder paradoxalmente novos encantamentos, desviando o curso de certa previsibilidade weberiana. A pergunta inevitável sobre onde reside o desencantamento do mundo e como ele opera torna-se sempre necessária. De outro lado, a verificação dos dinamismos racionalizadores internos aos sistemas religiosos que tendem a superar a fase carismática na direção da fase racional-burocrática, dinamismos visíveis a olho nu nas muitas expressões religiosas atuais, pode ainda se utilizar do conceito com relativa eficácia metodológica. Nessa esfera, podem ser verificados, ainda, simulacros de desencantamento do mundo na medida em que o mágico se mostra em alta e é veiculado como ciência, ou em nome dela, por novos movimentos religiosos com suas cosmologias e suas justificativas físicas. Na posição inversa, os encantamentos tecnológicos e científicos negam as equações simples tecnologia [=] desencantamento. Por fim, na interação dialética entre as mudanças socioculturais e as expressões religiosas dadas em contextos específicos, o desencantamento do mundo se mostra como desvelador das afinidades racionalizadoras entre as duas esferas, na medida em que pode explicitar a influência dos valores religiosos nas conjunturas econômicas, sociais e culturais atuais.

***

O conceito de "desencantamento do mundo" é historicamente datado, como todo o conceito científico. E como ocorre com as formulações das Ciências Sociais, está geneticamente relacionado a dinâmicas históricas reais e precisas que visa compreender e formular. A circularidade que compõe a formulação desencantamento do mundo, com seus significados e as vivências concretas no turbulento início do século XX, deve ser considerada para que se evite, do ponto de vista do uso hermenêutico, os riscos da identificação simples do desencantamento do mundo com o contexto histórico atual, distinto daquele compreendido e formulado por Max Weber⌀, sem as devidas ponderações empíricas e analítico-conceituais; se o conceito permanece com suas conotações fixadas, a realidade muda inevitavelmente. O mundo do século

XXI foi constituído como um desfecho inusitado daquilo que era no início do século XX.

O risco inverso pode ser o de entender a realidade atual como antagonicamente contrária àquela formulada por Weber como desencantamento, como ruptura do desencantamento e de hegemonia crescente de um reencantamento, quando, então, o conceito de "desencantamento do mundo" estaria posicionado como mero ancestral lexical de um novo conceito dialeticamente oposto (reencantamento do mundo), que designaria uma nova fase da história em franca ruptura com aquela denominada moderna.

Contudo, um sistema teórico permanece vivo e ativo enquanto seu objeto de estudo subsiste. A Modernidade racionalizadora é um processo em curso, ainda que tome rumos e resulte em configurações que já não concretizem muitas das previsões de pensadores modernos, particularmente no tocante à religião⌀ (Schluchter, 2011). Com certeza, o que Weber viu em seu tempo de reconfiguração radical do mundo já tomou rumos novos e imprevisíveis, ou, em certo sentido, já se consolidou. A "jaula de ferro" composta da tríade capital-tecnociências-consumo parece ter conduzido a civilização mundial para um ponto de interrogação sobre seu processo racionalizador. Os significados de desencantamento do mundo remetem para várias direções inerentes a esse processo, dificultando simplificações. O século XX já mostrou em suas crises e superações os limites e as ilimitações do processo de racionalização, colocando o desencantamento do mundo em contextos culturais, teóricos e religiosos bastante inusitados. Nem tudo se desencantou com a hegemonia das ciências e das tecnologias. O renascimento das tradições religiosas de matriz protestante trouxeram de volta encantos carismáticos, seguidas, evidentemente, por outras matrizes religiosas de raízes arcaicas. A dialética desencantamento-encantamento se mostra visível no campo religioso, bem como no campo científico-cultural, em que o hibridismo⌀ de temporalidades e espacialidades compõe as dinâmicas de produção e institucionalização⌀. Nesse sentido, o desencantamento do mundo pode padecer da mesma pluralidade que perpassa todas as dimensões e expressões da vida cultural. Os processos de racionalização efetivados pela tecnociência trouxeram resultados ambíguos em termos de desencantamento do mundo, revelando, de um lado, o completo domínio da intelectualização e do cálculo e, de outro, a resignação intelectual e percepções mágicas dos sistemas modernos que exigem mais confiança do que propriamente conhecimento das causas e dos processos.

Bibliografia: BERGER, P. *Os múltiplos altares da modernidade*: rumo a um paradigma da religião numa época pluralista. Petrópolis: Vozes, 2017; COLIOT-THÉLÈNE, C. *A sociologia de*

Max Weber. Petrópolis: Vozes, 2016; DILTHEY, W. *Teoría de las concepciones del mundo*. Madrid: Alianza, 1988; MARTELLI, S. *A religião na sociedade pós-moderna*. São Paulo: Paulinas, 1995; OUTHWAITE, W.; BOTTOMORE, T. *Dicionário do pensamento social no século XX*. Rio de Janeiro: Jorge Zahar Editor, 1996; PIERUCCI, A. F. *O desencantamento do mundo*: todos os passos do conceito em Max Weber. São Paulo: Editora 34, 2003; SCHLUCHTER, W. *Paradoxos da modernidade*: cultura e conduta em Max Weber. São Paulo: Unesp, 2011; WEBER, M. *A ética protestante e o espírito do capitalismo*. Lisboa: Presença, 1996; WEBER, M. *Economía y sociedad*. México: Fondo de Cultura Económica, 1997; WEBER, M. *Ensaios de sociologia*. Rio de Janeiro: LTC, 1982.

João Décio Passos

DESTINO

O entendimento de destino nasce dos questionamentos da humanidade sobre os rumos da vida e se estes seriam mutáveis ou não. A ideia seminal vem de diversas tradições míticas. Na Grécia antiga, a crítica inicial à mitologia↗ conecta o destino com a ideia de *providência* como parte do questionamento ao entendimento *determinista*. Com a popularização do Cristianismo, sua *filosofização* e passagem para a tradição latina, o destino é reinterpretado como *predestinação*; tal releitura reforça o fatalismo já conectado ao tema. Concomitantemente, nas tradições religiosas orientais se desenvolveu a ideia de carma (*karma*). A introdução desta no Ocidente termina por gerar uma ligação desses diferentes conceitos, por vezes utilizados como equivalentes, embora cada um carregue um entendimento particular.

I. Do entendimento mitológico à filosofização da causalidade. O termo "destino" é proveniente do latim *destinare*, significando "manter (parado)", "estabelecer". No entanto, este termo costumava ser usado em relação a uma decisão humana. A visão popular do termo, em especial na poesia, associa o destino a certa "passividade" do ser humano em relação à "transcendência" e de certa ligação com a ideia de sorte, que, por sua vez, se conecta com a magia e a astrologia↗. Somente com o Cristianismo é que se consolidou o entendimento de destino incompatível com a própria concepção de Deus e da prática moral, e, assim, a ideia foi relegada ao ostracismo, especialmente com Tomás de Aquino (1225-1274), que a considerava equivocada e nem sequer se deveria nominá-la. Essa solução deveria inspirar todas as soluções análogas da Escolástica, que conserva o mesmo conceito de *destino* associado ao então entendimento de *providência* como intervenção divina em favor do bem herdado do platonismo.

O termo, no entanto, acabou sendo utilizado de forma ambígua como no sinônimo da designação latina *fatum*, vocábulo de origem religiosa expressando a ideia de "estar fadado a algo", do qual herdamos o termo "fado". Este buscava expressar a prática do "dito" divinatório, ou dos oráculos↗ feitos por um vidente no momento do nascimento e como interpretação↗ dos desígnios dos deuses que condicionavam a vida de alguém. Assim, o termo "fado", nas línguas neolatinas, carrega esta noção de *fatalidade e predestinação*, o que proporcionou certa associação, errônea, com a ideia de destino. No entanto, o entendimento de *destino* é bem anterior ao de predestinação, como veremos mais adiante.

Este entendimento fatalista aparece em especial nas representações mitológicas antigas. Nos textos sumérios a ideia aparece tanto com o substantivo *namtar* como também como designação de uma das divindades↗, Namtar, o deus funesto que determinava todos os destinos↗ e que estava a serviço da deusa dos mortos. Com a ascensão do Império Acádio, *namtar* foi substituído por *šīmtu*, com o sentido de "estabelecer", "decretar", e ligado à expressão *tábuas do destino* (*dup šīmti*), as quais pertenciam à deusa das águas primordiais, Tiamat. Esta ligação foi herdada pela tradição semita que apresenta a ideia de destino em conexão com as regulamentações e, posteriormente, no sentido de obrigações e proibições ligadas às divindades↗. Tal ideia da antiga Mesopotâmia serviu de inspiração↗ para a imagem↗ bíblica das "tábuas da lei" incorporadas na tradição bíblica (Magris, 2014, p. 21).

No Egito antigo, os registros mostram a utilização do termo šay, com ideia de "comando" ou "decreto" conectado com a divindade Shay, que distribui a sorte da vida quando do nascimento de uma pessoa. Na Reforma↗ religiosa de Amenófis, esta divindade foi reinterpretada como manifestação do deus único Aten. Este fato é apontado como o princípio da *subordinação do destino à ideia de Deus*, que será seguida inicialmente pelo pensamento grego.

Na religião dos hititas, a conexão destino-nascimento-morte ficou registrada na representação iconográfica das deusas fatalistas Ištuštaia e Papaia. Uma portava um espelho, símbolo que alude ao futuro, e a outra, um fuso, no qual se enrola/desenrola o fio da vida. Outras tradições apresentam uma tríade de divindades↗ que ligam nascimento-destino-morte, no momento do nascimento, como algo possível de ser interpretado por um vidente.

Na mitologia↗ grega, uma tríade de Moiras é descrita na *Teogonia* de Hesíodo como deusas fatalistas que *distribuíam os dons* aos heróis em seu nascimento. Essa geração de divindades↗ é anterior aos deuses do Olimpo, pois até mesmo estes têm o seu destino predito pelas Moiras. Zeus, por exemplo, era sabedor dos destinos↗ dos mortais, porém desconhecia o que lhe fora predito. A tríade formada pela "fiadora" (Cloto), a distribuidora da sorte (Láquesis) e pela "irrevogável" (Átropos) reforça este entendimento fatalista ligado à ideia de destino. Embora a Arqueologia℗ tenha descrito templos dedicados a essas divindades℗, especialistas defendem que o entendimento fatalista de destino se trata mais de um constructo intelectual partilhado pela população do que de uma prática cultual.

Nos poemas homéricos, no entanto, não há uma visão fatalista dos personagens. Embora expostos aos desígnios obscuros dos deuses, estes têm iniciativas próprias, mostrando uma confrontação ao entendimento anterior. A ideia de destino (*aisa*) está mais ligada ao *entrecruzamento* e às *consequências da sorte* de vários indivíduos que influenciariam na queda de Troia. Na tragédia grega, a abordagem do tema reflete sobre a ambiguidade da vida humana e dos fatores transcendentes, mas não deixa de lado a liberdade dos atos e das escolhas humanas.

Uma mudança significativa para o entendimento fatalista de destino se dá com Platão. Sua crítica à tradição mitológica faz repensar o entendimento da divindade não como um poder supremo e incontrolável, mas como capaz de agir em vista da realização do bem fazendo nascer o entendimento de *providência divina*. Os filósofos e teólogos seguidores deste pensamento, especialmente cristãos, neutralizaram o entendimento fatalista ligado à ideia de destino com a moralização crescente da ideia de Deus. Assim, a face nefasta dos deuses mitológicos na determinação dos destinos℗ humanos vai sendo ressignificada com o entendimento cristão da divindade, abrindo espaço para a posterior inclusão do livre-arbítrio.

Em termos filosóficos, o conceito de "destino" é abordado por todas as correntes que admitiam uma causalidade necessária no mundo, pois o problema do destino se enquadrava dentro da física, da realidade geral. Os estoicos desenvolveram, então, uma concepção *filosófica* de destino considerando-o em duas vertentes: a primeira defendia um *determinismo* "pluralístico" e "aberto", no qual a relação causa-efeito, embora necessária, não seria determinante no desenrolar das ações posteriores, possibilitando uma infinidade de combinações; a segunda vertente defendia um determinismo rigoroso que vai além da conexão causal, pressupondo uma causa primeira que determinaria todos os acontecimentos *a priori*. Crísipo, por sua vez, desenvolveu a ideia de "codestinação" visando "garantir que o *sujeito* conservasse um papel positivo e construtivo na medida em que seus atos eram coordenados pelo destino com a rede de causas e efeitos do mundo exterior" (Magris, 2014, p. 185). Esta ideia ajudará a dar significado ao entendimento de oração℗ como ato religioso, capaz de alterar os rumos da vida. Essa alternativa se desenvolve nas várias tradições religiosas com distintos meios que se mostrariam eficazes apontando para a possibilidade de mudança do destino.

Plotino retoma a conexão do destino com a *providência* afirmando que aquilo que nas coisas inferiores chama-se destino nas superiores chama-se providência (Abbagnano, 2007, p. 243). A passagem deste conceito da filosofia grega para a tradição latina conta ainda com a contribuição de Cícero, que em trechos de sua obra *De fato* (44 a.C.) também trata o destino como providência divina. Esta ligação consolidou-se na Escolástica latina com Boécio, que distingue a providência como a "ordem do mundo vista pela inteligência divina e o destino é essa mesma ordem desdobrada no tempo. Mas, no fundo, a ordem do destino depende da providência" (Abbagnano, 2007, p. 243). Outro tema abordado nestas discussões será o do livre-arbítrio, desenvolvido especialmente por Agostinho.

Assim, o destino, embora com bases mitológicas, pode ser abordado como "um autêntico conceito filosófico", como uma busca de resposta racional a perguntas de natureza cosmológica. A problemática grega de destino, no entanto, seria retomada pelo pensamento cristão sob a ideia de *predestinação*. Este fato justificaria o uso indistinto dos dois termos como sinônimos, embora tenham origens e significados distintos. A ideia negativa de "fado" imposto pela divindade seria assim amenizada, e a inclusão da providência permitiu a teologização cristã do plano de salvação℗.

II. A reinterpretação como predestinação na tradição latina. Nos autores latinos clássicos, embora raramente utilizado, o termo *praedestinare* significa "reservar", "prometer". Ao ser retomado pelos autores clássicos do século IV, o termo ganha "um sentido totalmente novo: uma espécie de 'decisão' tomada por Deus desde a eternidade℗ em relação a uma determinada pessoa, a qual, portanto – mesmo sem o saber – será induzida a viver conforme o agrado do próprio Deus℗ e, dessa forma, resultará merecedora da salvação℗" (Magris, 2014, p. 441). Diferente do termo "destino", a predestinação permanece uma representação religiosa, "assume uma função soteriológica escatológica, não tem sentido senão dentro de uma religião de salvação℗ monoteísta, em que o único Criador prefixa não apenas o devir de suas criaturas, como também o valor que elas terão para ele" (Magris, 2014, p. 442).

O Cristianismo, herdeiro da tradição judaica, recebe certa visão predestinacionista, porém, "tanto no âmbito hebraico como cristão, toda vez que a predestinação foi destacada do pano de fundo geral e elaborada como doutrina central sempre representou um fator de *crise* que revelou profundas diferenças, suscitou controvérsias e desencadeou conflitos nem sempre restritos ao campo teórico" (Magris, 2014, p. 447).

O texto bíblico geralmente apresenta o plano divino como aberto, podendo até mesmo ser revogado pelo criador ao ver a reação das criaturas humanas.

O termo bíblico mais próximo à predestinação é "escolha" (*bəhīrâh*), apresentada como ato de Deus na "eleição divina", na escolha de determinadas pessoas para a realização de uma missão $\wp$ específica.

O entendimento de predestinação dentro da tradição judaica se dá dentro da diversidade de interpretações e escolas de pensamento, por vezes divergentes, que caracterizam o Judaísmo do "segundo templo", após o retorno dos descendentes dos deportados para a Babilônia com o Edito de Ciro, em 539 a.C. A questão aparece em conexão com as reflexões sobre o problema do mal abordado com a imagem $\wp$ do casal primordial, Adão e Eva, que fomentava uma mentalidade conformista na concepção judaica da relação com Deus. Esta visão começou a ser contestada internamente, como atesta o Livro de Jó, que, embora se submeta ao arbítrio divino, questiona fortemente a ideia da desgraça como um castigo $\wp$ provindo de Deus $\wp$ de maneira determinada de antemão. Esta ideia seminal se desenvolverá com o farisaísmo, com a crença $\wp$ em um julgamento com punição $\wp$ para os injustos e retribuição para os justos. Posteriormente, o Cristianismo acrescentaria o livre-arbítrio e a inclusão da responsabilidade humana como parte dos rumos que a vida pode tomar.

A partir da entrada da influência sapiencial (provavelmente nos últimos decênios da era cristã), registro da influência grega nas comunidades hebraicas da diáspora $\wp$, o tema do destino é abordado em conexão com o da noção de *providência divina* capaz de agir com milagres e sinais extraordinários. O Livro da Sabedoria introduz também o tema da *imortalidade da alma* $\wp$ ligado à ideia de castigo $\wp$ ou prêmio no juízo final, na busca de amenizar as questões sobre o sofrimento dos justos. Os textos do Eclesiastes e do Eclesiástico, em especial, reforçam a ideia da bênção para os justos e punição $\wp$ para os pecadores, enquanto introduz o tema do "livre-arbítrio" na escolha humana de seus destinos $\wp$ (Eclo 15,11-20). As contradições presentes nesta adequação da livre escolha e predestinação eram igualmente tema de discussão filosófica na *Alegoria das leis*, apresentada por Fílon, que, aparentemente, subordina aquela a essa.

Por outro lado, desenvolvia-se uma tradição apocalíptica, herdeira da tradição mesopotâmica, na qual a divindade se revela por meio de sinais e seres intermediários sem jamais mostrar sua face. Esta tradição apocalíptica se apropria do tema da eleição dos justos ligada à crença $\wp$ na ressurreição e aparece inicialmente como parte da literatura apocalíptica no Livro de Daniel 12,1-3. Contudo, este entendimento era ainda controverso entre os diversos grupos que compunham o Judaísmo de então. Para os essênios, que consideravam Deus ou o destino como autores de tudo o que acontece ao ser humano, foi possível a introdução do tema da predestinação como parte da justificativa de uma consciência $\wp$ sectária. Para a teologia $\wp$ qumrânica, a providência divina "é sempre

e somente o fator decisivo para chegar à salvação $\wp$ e não o empenho moral humano, embora exigido. Portanto, Deus $\wp$ 'ajuda' a vencer as fraquezas *exclusivamente* aqueles que são por ele já 'conhecidos' como Filhos da Luz: [...]. O predestinado também está ciente da própria fragilidade, sabe ser um pecador tal qual os demais, porém, apenas no seu caso, a graça e a misericórdia de Deus $\wp$ proveem para 'purificar' as partes malignas presentes nele permitindo que recupere a 'glória de Adão', ou seja, a condição perfeita da natureza humana" (Magris, 2014, p. 470-471).

A concepção da ressurreição nascida na apocalíptica foi incorporada especialmente pelos fariseus, a qual daria origem ao Judaísmo rabínico. Assim, o princípio retributivo de recompensa ao justo e castigo $\wp$ aos injustos na ressurreição acaba triunfando, exatamente pelo protagonismo que este grupo terá após a destruição do templo de Jerusalém no ano 70 da era cristã.

O movimento que nasce do seguimento de Jesus, que inicialmente não apresentava características sectárias ou tendências esotéricas, embora tenha tido vários embates com os fariseus, terá em comum esta crença $\wp$ na ressurreição dos mortos. Nos evangelhos sinóticos esta crença $\wp$ está ligada ao entendimento do julgamento de todos em um juízo final. No Evangelho de João, mais tardio, esta crença $\wp$ já aparece mais consolidada com a afirmação de Jesus de que todos ressuscitarão (Jo 11,1-44).

Com a adesão de Paulo, embora a crença $\wp$ na ressurreição seja afirmada como central para a fé dos cristãos (1Cor 15), essa se mostrará complexa com a introdução da predestinação no nascente movimento cristão. Este tema é incluído nas elaborações paulinas sobre a graça, apontadas como uma inovação radical no imaginário religioso de então. Suas cartas dos anos 50-60, portanto os primeiros registros do movimento, introduzem o tema da graça e especificamente com a utilização do termo "predestinação" em ligação direta com o tema do chamado, herdado do Antigo Testamento (Rm 8,28-30). Embora esta inovação, por um lado, permita a abertura da mensagem de salvação $\wp$ aos gentios, apresenta, por outro, a negação predestinada ou a exclusão aos que não reconheciam tal inovação. Magris esclarece, no entanto, que a "predestinação negativa não significa por si só o estar predestinado à danação (tese que será defendida mais tarde pelo calvinismo), mas apenas *não* ter sido escolhido para a salvação $\wp$ em um determinado momento, ou em vista de outro objetivo; é este o pensamento singular elaborado na *Epístola aos Romanos* (Rm 9,18-21)" (Magris, 2014, p. 477). Na Carta aos Hebreus, a fé na ressurreição aparece como uma formulação doutrinária mais elaborada junto com outros elementos que comporiam a identidade cristã (Hb 6,1-3).

Outra inovação se daria com a *filosofização* do Cristianismo impulsionada pela necessidade de "demonstração" racional da fé surgida nos ambientes sofistas, aprofundada por Platão e seguida, posteriormente, pelos Padres da Igreja♀. Agostinho foi o autor de maior destaque na tradição cristã a escrever sobre a predestinação, no desenvolvimento da doutrina da graça e na abordagem do problema do mal. Sua elaboração, no entanto, se dá em meio aos embates com Pelágio e seus seguidores, considerados subversivos da ordem social. Ou seja, além das questões doutrinárias, estava em jogo também os interesses institucionais da Igreja♀ e do Império Romano. Em sua obra *A Cidade de Deus*, ao discorrer sobre o poder romano, refuta toda a argumentação astrológica herdada do mundo pagão para defender que é a providência divina que estabelece os reinos da terra. Ao defender a ideia de providência, diz que esta era até então chamada de destino, portanto, equiparando-as. Ainda assim, a ideia de uma vontade de Deus♀ é considerada como algo irresistível. No entanto, a elaboração da graça e da predestinação tal como formulada por Agostinho foi efêmera. Mais tarde seria retomada por Lutero, mas também desconsiderada pela Escolástica protestante. A tradição católica também não acatou como parte da doutrina♀ a formulação de Agostinho, como mostra a formulação do atual Catecismo: "Deus não predestina ninguém para o Inferno♀. Para ter semelhante destino, é preciso haver uma aversão voluntária a Deus♀ (pecado mortal) e persistir nela até ao fim" (CIC § 1035).

Esta ligação histórica fez com que o nome de Calvino seja apresentado em ligação com a ideia de predestinação, especialmente após a publicação de *A ética protestante e o espírito do capitalismo*, de Max Weber♀. Entretanto, a tese de Weber é embasada nos escritos de calvinistas ingleses do século XVII e, consequentemente, distinta da doutrina defendida por Calvino no século XVI. Em sua formulação original do tema da predestinação, a eleição está ligada à questão da "vocação", e este tema é desenvolvido no sentido de "profissão" conectada a uma ética do trabalho.

Na tradição cristã, o tema da providência divina e as inquietações humanas diante de um Deus cujas razões não se enxergam retornaria no século XIX na forma literária, com Alessandro Manzoni, em *I promessi sposi* (1840), bem como nas inquietações filosóficas de Kirkegaard, em *Temor e tremor* (1843).

O Cristianismo desenvolveria ainda outras reflexões sob o termo "fatalismo", porém como referência a uma atitude de resignação em face de algum evento futuro que se pensa ser inevitável. Tylor♀ ressalta que o pensamento fatalista é derivado da Teologia♀ (para os que aceitam o pressuposto da onipresença de Deus) ou da Física (para os que aceitam os pressupostos de leis invariáveis). Contudo, em vários filósofos dos séculos XVII e XVIII esta abordagem aparece sem nenhum recurso à Teologia♀ ou à Física (Tylor,

1962, p. 56). Em termos filosóficos, refere-se ao entendimento de que não podemos fazer nada além de nossas possibilidades, dadas as determinações lógicas e/ou necessidades metafísicas♀ decorrentes da existência da natureza, de Deus♀ ou ainda das consequências do determinismo causal. Por isso se costuma abordar separadamente os fatalismos lógico e teológico.

O fatalismo lógico é baseado no argumento clássico que ocorre no capítulo nono da obra *Da interpretação*, de Aristóteles, no qual se discute se tudo o que acontece se dá por uma necessidade causal. É o desenvolvimento do questionamento se a direção da causação pode afetar os rumos dos fatos que ligam presente e futuro e se poderia haver alguma alteração no passado.

Em termos teológicos, o tema é desenvolvido espacialmente com Agostinho, ligando-o à questão da onisciência de Deus e das conexões desta com o livre-arbítrio e as possibilidades de agirmos de modo diferente do que acabamos fazendo. Posteriormente, Boécio defenderá a ação de Deus♀ como atemporal e eterna (*A consolação da filosofia*, livro V). Tomás de Aquino, ao retomar o tema na Suma Teológica I, questão 116 (Se há fado), dá sequência à solução de Boécio, destacando que o poder onisciente de Deus♀ não exige que este tenha o poder de afetar os fatos passados.

Outro teólogo que abordou o tema foi Luis de Molina (1535-1600). Para ele, Deus conhece desde a criação o que as pessoas farão livremente no futuro. Ao discorrer "Sobre a presciência de Deus", Parte IV de *A concordia*, defende que os seres humanos possuem liberdade significativa e Deus♀ possui controle providencial sobre tudo o que ocorre no mundo.

III. A ideia oriental de carma e sua releitura como destino. A ideia de carma está presente nos textos religiosos e filosóficos de todas as religiões da Índia, como Hinduísmo, Budismo, Jainismo e Sikhismo. A ideia está ligada em especial ao ciclo de renascimentos ou reencarnações, nos quais cada pessoa receberá na vida presente os efeitos resultantes das suas ações na vida anterior. Frangiotti (1984) o descreve como uma ação que "emana de si, fatalmente, uma força irresistível que acarreta prêmio ou castigo♀".

O termo sânscrito significa "ato deliberado". Nas suas origens, significava "força" ou "movimento". Apesar disso, a literatura pós-védica expressa a evolução do termo para "lei" ou "ordem", sendo definida muitas vezes como "lei de conservação da força". No Bramanismo antigo era entendido como "ato ritual positivo que permitia ao ser humano participar da criação e da manutenção da ordem do universo. Nos *Upanisad*, o carma se torna o ato pelo qual o *ātman* individual ilusionado exprime seu desejo♀ de aproveitar a existência" (Cornu, 2001, p. 299). Desse modo, o entendimento passa a estar ligado ao ciclo de renascimento no *Samsāra*. Embora seja visto como algo inevitável enquanto resultado da ação no passado, é considerado controlável, possível de ser orientado enquanto ato presente. A condição de inevitável traz consigo o condicionamento social do nascimento em determinada casta e pressupõe a aceitação desta condição a ser assumida como dever.

No Jainismo, em especial, o tema recebeu bastante atenção. Inicialmente, com uma compreensão mais voltada para as consequências negativas, buscava uma superação através do comprometimento ascético. No período medieval, o tema foi desenvolvido com um melhor entendimento sobre as intenções, resultando na consideração sobre o carma "prejudicial" e o "não prejudicial", cada um dividido em outros quatro tipos. "O primeiro impede a percepção da alma♀, bem como o conhecimento e a energia, podendo também trazer desilusão; enquanto o último é responsável pelo renascimento físico e as condições mentais da alma♀, potencial espiritual e pelas sensações prazerosas e não prazerosas" (Hinnels, 1997, p. 259).

Embora seja comum o entendimento de carma como algo imodificável, tal como descrito acima, os textos sagrados hindus (Purana) descrevem estritamente a relação entre causa e efeito sem uma visão fatalista, uma vez que também apresentam a possibilidade de transferência de méritos adquiridos, por exemplo, com as peregrinações. Por isso, especialistas apontam que o conceito foi introduzido no Ocidente por vários grupos influenciados pela *New Age*, com certos "erros", algumas vezes visto como sinônimo de destino, ou o resultado de ações passadas (Hinnels, 1997, p. 258).

Publicações mais gerais costumam apontar que a ideia de carma é aceita por "seitas esotéricas e religiões espíritas ocidentais" (Houaiss, 2001, p. 628). No entanto, José Herculano Pires, um dos maiores divulgadores do Espiritismo no Brasil, é categórico em afirmar que "este termo não deve ser utilizado dentro do Espiritismo, por não se encontrar em nenhuma das obras de Allan Kardec". A palavra carma foi "introduzida" recentemente no Espiritismo através das chamadas obras subsidiárias, ou seja, os livros psicografados "escritos por espíritos através de um médium" (Pires, 1972, p. 46). Após seguir o entendimento fatalista comum, afirmando que o carma é determinado ou fixo e sua equiparação com "destino (canga)", reafirma que dentro do Espiritismo se deve usar Causa e Efeito, pois, "se encararmos o carma como um fim total e irredutível, teremos um problema sério quando falamos de existência e sofrimento" (Pires, 1972, p. 47).

No *Livro dos Espíritos* a discussão se dá sob o tema da predestinação nas questões 334, 336, 337, 576, 861 e 868. A primeira destas define como predestinada a união de uma alma♀ a um corpo de acordo com a onisciência de Deus, que tudo sabe. Mais adiante, aborda a questão do castigo♀ como algo que pode ser predeterminado por Deus♀ como forma de expiação. No entanto, quando se trata de uma possível predestinação para cometer um ato mal, a questão é remetida à formulação cristã do livre-arbítrio, e a mesma dificuldade de adequação da longa tradição ocidental reaparece: "Se o Espírito soubesse com antecedência que, como homem, devia cometer um assassínio, estaria predestinado a isso. Sabei, então, que não há ninguém predestinado ao crime e que todo crime, como todo e qualquer ato, é sempre o resultado da vontade e do arbítrio" (Kardec, Questão 861). Também aqui se percebe uma refutação de uma sujeição total da pessoa às determinações fatalistas decididas em outro plano espiritual. Entretanto, a complexidade do cruzamento dos diferentes entendimentos vistos muitas vezes como equivalentes.

IV. O entendimento das tradições afro-brasileiras. Dado o cenário religioso brasileiro, parece-nos ainda necessário apontar como o tema é considerado nas tradições afro-brasileiras, especialmente o Candomblé. Nesta tradição, o destino é considerado como uma "parte invisível" do ser humano que marcará as realizações ou infortúnios da vida. O destino é preparado pelos orixás♀ e colocados no *Orí* (cabeça ou o Eu interior; também pode designar a divindade guardiã do destino) a partir do momento em que um espírito pede para retornar ao mundo físico. Funciona como uma codificação ou um caminho individual (também denominado Odú), que deverá ser alinhado e seguido até o dia de sua morte♀ para assegurar a felicidade♀. Na tradição Yorubá, esta codificação poderá ser desvendada no terceiro dia após o nascimento. Os orixás♀ podem favorecer o seguimento deste caminho, mas não alterá-lo. No entanto, uma vez que a pessoa escolhe seguir outros caminhos, poderá sofrer consequências negativas na vida. Através dos jogos de *ifá*, seria possível verificar a adequação da pessoa ao caminho que lhe fora destinado. Prandi formula resumidamente essas crenças♀ afirmando que "há uma individualidade espiritual chamada ori que só existe no presente, isto é, enquanto se vive no Aiê. Ela é responsável pelas realizações humanas, contém o destino de cada pessoa. O ori morre e é destruído juntamente com o corpo material" (Prandi, 2001, p. 51). Esta concepção também é assumida pela Umbanda, que considera ser possível desvendar o destino no dia do nascimento.

Os cultos de origem africana, na América Latina, sofreram as influências do Espiritismo kardecista, que por sua vez também reformulou o entendimento cármico de reencarnação ainda que de maneira diversa: "Para alguns, a reencarnação é um castigo♀ pelos pecados cometidos numa existência anterior; para outros é apenas um fenômeno da natureza puramente físico sem dependência de ordem moral" (Frangiotti,

1984). Apesar das tentativas de clarificações institucionais, na prática os fiéis terminam condensando os diferentes termos na busca por encontrar respostas diante dos rumos da vida que por vezes se depara com a fatalidade e o mal.

***

As considerações aqui elencadas sobre destino, providência, predestinação ou carma revelam a dificuldade de adequação destes com a ideia da responsabilidade humana em decidir os rumos de suas vidas. A partir de uma total sujeição às vontades trágicas dos deuses apresentada nas diferentes mitologias꘍, buscaram-se outras formulações possíveis na tentativa de escapar do fatalismo que fundiu com o entendimento antigo de destino. A moralização do entendimento da divindade e as formulações sobre implicações éticas das atitudes humanas levaram às considerações da providência divina em favor do bem da humanidade. Com a fusão do esquema de salvação꘍ herdado da tradição judaica, o Cristianismo reformulou o entendimento de destino em vista de esquema soteoriológico, porém utilizando o termo "predestinação". Tal reformulação, embora faça adequar todo o esquema retributivo de recompensa e castigo꘍, ainda deixa espaço para questionar a origem dos males na vida humana. Como esta é uma questão universal, as respostas continuam a ser formuladas dentro dos diferentes sistemas religiosos que muitas vezes cruzam os conceitos sem o mesmo rigor da ortodoxia, gerando respostas distintas. Nesse sentido, a abordagem multidisciplinar proposta pela Ciência da Religião꘍ pode ajudar a compreender melhor este tema transversal e constantemente reformulado ao longo da história. Especialmente se considerarmos que o pensamento moderno foi marcado especialmente pela ideia do indivíduo como sujeito de seus atos e rumos de suas vida, cada vez mais independente de uma determinação supranatural, poderemos repensar os oráculos꘍ modernos que preveem um destino trágico para a humanidade caso não assumamos os fios que agora estão nas mãos humanas e nos permitem construir algo diferente. Do contrário, teremos de continuar a "esperar que uma prece possa dobrar os fados dos deuses" (Virgílio, *Eneida*, Livro VI, 376).

Bibliografia: ABBAGNANO, N. *Dicionário de Filosofia*. São Paulo: Martins Fontes, 2007; TOMÁS DE AQUINO. *Suma teológica*. Disponível em: <https://sumateologica.files.wordpress.com/2017/04/suma-teolc3b3gica.pdf>. Acesso em: 8/05/2019; CIC – *Catecismo da Igreja Católica*. Disponível em: <http://www.vatican.va/archive/cathechism_po/index_new/p1s-2cap3_683-1065_po.html>. Acesso em: 25/05/2019; CORNU, P. *Dictionnaire Encyclopédique du Bouddhisme*. Paris: Éditions du Seuil, 2001; FRANGIOTTI, R. Imortalidade, reencarnação ou ressurreição? *Vida pastoral*, n. 119, nov.-dez. 1984. Disponível em: <https://www.vidapastoral.com.br/artigos/escatologia/imortalidade-reencarnacao-ou-ressurreicao>. Acesso em: 08/05/2019; HINNELS, J. R. (Ed.). *Dictionary of Religions*. London/New York: Penguin Books. 1997; HOUAISS, A.; VILLAR, M. S. *Dicionário Houaiss da língua portuguesa*. São Paulo: Houaiss/Objetiva, 2001; KARDEC, A. *Os livros dos espíritos*: predestinação (Compilação). A casa do espiritismo. Disponível em: <http://www.acasadoespiritismo.com.br/temas/predestinacao.htm>. Acesso em: 15/04/2019; MAGRIS, A. *Destino, predestinação, providência*: do mundo antigo ao cristianismo. São Leopoldo: Unisinos. 2014; PIRES, J. H. *O verbo e a carne* (1972). Disponível em: <https://www.autoresespiritasclassicos.com/Autores%20Espiritas%20Classicos%20%20Diversos/Herculano%20Pires/28/Herculano%20Pires%20-%20O%20Verbo%20e%20a%20Carne.htm> e <http://oblogdosespiritas.blogspot.com/2011/08/o-carma-no-espiritismo.html>. Acesso em: 17/04/2019; PRANDI, R. O candomblé e o tempo: concepções de tempo, saber e autoridade da África para as religiões afro-brasileiras. *Revista Brasileira de Ciências Sociais*, v. 16, n. 47, p. 43-58, out. 2001. Disponível em: <http://www.scielo.br/pdf/rbcsoc/v16n47/7719.pdf>. Acesso em: 15/05/2019; TYLOR, R. Fatalism. *The Philosophical Review*, Duke University Press, vol. 71, n. 1, Jan. 1962.

Antonio Genivaldo Cordeiro de Oliveira

DEUS → Seres sobrenaturais

DIÁLOGO INTER-RELIGIOSO

I. Etimologia. Diálogo é o ato pelo qual há uma interação entre dois ou mais indivíduos por meio de um colóquio ou uma conversa, em que as partes envolvidas expõem seus pontos de vista, opiniões, trocam ideias, interagem e discutem temas em busca de mútuo entendimento. Segundo Teixeira (2011), a palavra diálogo vem do grego "dia", que se refere ao que separa e divide "através de", e "logos", que se refere de modo particular à capacidade humana de pensamento e raciocínio; portanto, alude à diferença presente na dinâmica do pensamento humano. O *diálogo inter-religioso* é, portanto, o diálogo estabelecido entre representantes de duas ou mais tradições religiosas, no qual autocompreensão, escuta, empatia, confiança, flexibilidade e respeito são atitudes positivas fundamentais aos interlocutores nesta dinâmica. Todavia, a palavra foi compreendida nos séculos anteriores como um debate ao fim do qual uma das partes envolvidas venceria a "disputa" pelos argumentos. Desse modo, era associada às palavras *dialexis* (grego), *disputatio, altercatio, refutatio* e *reprobatio* (latim), que significam, respectivamente: debate, discussão, refutação e desaprovação (Basset, 1999).

DIÁLOGO INTER-RELIGIOSO

II. A evolução histórica do diálogo inter-religioso. O encontro e a cooperação entre as tradições religiosas têm adquirido cada vez mais relevância, pois a evolução do diálogo inter-religioso demonstra que paradigmas têm sido superados pela força das diferenças, ou seja, as pluralidades religiosa e cultural presentes nas sociedades requerem uma mudança de mentalidade. Por isso, o respeito pela diferença e as atitudes tolerantes conduzem à interculturalidade e ao diálogo inter-religioso, que são parte desta evolução e representam a realidade atual, na qual o diálogo inter-religioso tem-se desenvolvido. As religiões se apresentam em diversas manifestações e sistemas de crenças♀, todas nascidas em distintos contextos culturais, históricos e sociais. As diversas formas de espiritualidade♀ fornecem elementos para a construção de identidades, memórias♀ coletivas, experiências místicas♀, correntes culturais e intelectuais. A pluralidade de mensageiros, profetas♀, personalidades religiosas, assim como a diversidade de perguntas, assumiram diferentes respostas ao longo da história, com suas devidas rupturas e continuidades. Para questões em torno do sentido da vida, da morte♀ e do sofrimento, ou ainda sobre a origem do universo ou o destino♀ do mundo, as religiões têm expressado suas posições e interpretações, pelas quais oferecem caminhos de salvação♀ ou libertação♀.

A multidimensionalidade do objeto religião♀ reflete a complexidade que envolve tanto sua definição quanto o próprio diálogo entre as religiões. Atualmente, o entendimento do processo de evolução do diálogo inter-religioso pode ser considerado a partir de uma visão mais ampla, que dialoga com o estudo das religiões em abordagens provenientes de diferentes áreas, como, por exemplo, Antropologia, Etnologia, Estética♀, Geografia, História (oral e escrita), Psicologia, Sociologia e Teologia♀. O intercâmbio entre os diferentes referenciais teóricos, devidamente contextualizados, tem alimentado o conhecimento disponível até o presente. Isto insere a produção do conhecimento na mentalidade de determinados períodos, com seus limites, conceitos e preconceitos♀. Do mesmo modo, ocorre em relação às tensões e tentativas de diálogo entre as religiões, que são produtos de seu tempo. Diante disso, conceitos têm sido revisitados com a emergência dos Estudos pós-coloniais e Subalternos, e a crítica ao capitalismo, ao orientalismo, ao africanismo e à epistemologia♀ ocidental.

Portanto, o estudo das religiões e o diálogo entre elas seguem o rastro temporal e geográfico deixados por seres humanos. No que diz respeito ao estudo das religiões, este foi marcado por duas tendências: "a) o crescente conhecimento sobre outras culturas, inclusive suas características religiosas; b) a crescente submissão do estudo das religiões ao pensamento científico-racional, em desfavor das abordagens apologéticas e exigências dogmáticas" (Usarski, 2013, p. 52).

O estudo das religiões ampliou a noção de religião♀ e das diferenças entre as religiões, abrindo possibilidades importantes para o desenvolvimento do diálogo inter-religioso. O conteúdo dessas pesquisas trouxe noções que esclarecem importantes aspectos que compõem os sistemas de crenças♀ e caracterizam as religiões, porém a busca por categorias universais foi um aspecto limitante no processo de compreensão, haja vista a prevalência das diferenças. Concepções de mundo e de ser baseadas na visão monista ou dualista, aspectos soteriológicos, dimensões ética e moral, as relações com os ancestrais♀, com a natureza e os animais, ou mesmo os conceitos de imanência e transcendência ou de ressurreição e reencarnação são apenas alguns exemplos que estão na base das diferenças e das múltiplas interpretações. Ainda assim, o conhecimento tem contribuído para uma percepção mais clara das religiões, que se reflete na aproximação entre elas e no desenvolvimento de suas relações, ora como facilitador, ora como barreira intransponível. Apesar das múltiplas cosmovisões, estas não estão fechadas ou incomunicáveis entre si, mas sim em constante intercâmbio, reformulação e evolução.

Enfim, pesquisadores das diferentes religiões, tornando mais próximos seus textos sagrados e o ideal de seus fundadores, com suas pesquisas proporcionaram uma compreensão mais profunda da estrutura das tradições religiosas, pois, de um lado, contribuíram para abrir novos horizontes do conhecimento e, de outro, ajudaram a formar ou sustentar paradigmas.

Nessa trajetória, as diferentes abordagens forneceram subsídios para o desenvolvimento de uma compreensão intercultural. Nesse contexto, a teologia♀ cristã das religiões e suas respectivas tipologias ou modelos teológicos surgiram após o Vaticano II (1962-1965) como produto de seu tempo, em reação às demandas decorrentes do período, ampliando sua compreensão da relação do Cristianismo com as outras religiões, mas também em resposta às demandas do século XX, como as teologias♀ da libertação♀, feminista, inter-religiosa, intercultural e pós-colonial, entre outras, que têm surgido até mesmo em outras tradições.

A reflexão de que o diálogo entre as religiões tem grande contribuição dos estudos pós-coloniais passa pela desconstrução do universalismo hierárquico, no qual, em uma escala evolutiva, a cultura ocidental e o Cristianismo estariam no topo. No período entreguerras do século XX, a Europa foi obrigada a repensar criticamente seu conceito de "civilização", e seus estudos relativos às religiões dos povos extraeuropeus, confrontada pelas contingências históricas, políticas e culturais, e pelo processo de descolonização. Como afirma Knitter (2008, p. 276), afinal, "em algumas culturas, a razão não é a ferramenta principal para compreender nosso mundo".

Nesse sentido, o encontro entre culturas e religiões foi recorrente no processo histórico, em que o padrão de cada discurso demonstrou seu poder construtivo sob três pilares: a) o poder do discurso religioso para produzir e reproduzir conhecimentos e crençasρ por meio de diferentes modos de representar a realidade; b) estabelecer relações sociais; e c) criar, reforçar ou reconstituir identidades. Por causa desses aspectos, houve nas relações inter-religiosas situações não apenas de confronto e violência, como também aquelas voltadas ao encontro e à descoberta do Outro.

Por isso, o diálogo inter-religioso é fruto de um longo processo que se desenrola à margem de motivações provenientes de lideranças religiosas, pois inclui contatos, encontros e conflitos provenientes de migrações e guerras, mas também de missões cristãs que tanto catequizaram quanto foram confrontadas por universos religiosos desconhecidos até então. O contato via comércio entre diferentes regiões do globo e a exploração colonial também aproximaram culturas, etnias e religiões; entretanto, o objetivo principal era o de subjugar e anular o direito à existência do Outro, enquanto tal.

Embora a importância do diálogo inter-religioso tenha sido reconhecida somente na segunda metade do século XX, os encontros entre as tradições ocorreram fora do universo cristão muitos séculos antes, mas foram exceções, "[...] com efeito, foram raros os diálogos registrados por escrito; os que chegaram até nós, corresponderam ao espírito do tempo, que era o da polêmica e da controvérsia" (Basset, 1999, p. 70).

Na tradição cristã a evolução do diálogo pode ser identificada desde suas origens, e desenvolveu-se em conformidade com a mentalidade de cada tempo, sobretudo pela ideia de superioridade em relação aos demais sistemas de crençasρ e tradições religiosas mundiais. Desde os primeiros séculos de nossa era foram difundidas três modalidades de diálogo que se caracterizaram pelo aspecto ligado ao âmbito da comunicação de ideias, mas não do encontro: a) apologético; b) teológico; e c) espiritual: 1) O *diálogo apologético* ocorre quando uma tradição se opõe à outra, mediante uma disputa em uma relação de forças; 2) O *diálogo teológico* é aquele visto a partir de uma tradição, em que é destacado um determinado aspecto em oposição às outras posições. O diálogo teológico evoluiu e abriu possibilidades de compreensão para além do Cristianismo; 3) Já o *diálogo espiritual* se refere à esfera da espiritualidadeρ individual, uma expressão pessoal da fé do crente em seu Deus ou naquele que o representa. No diálogo com outras tradições religiosas, as expressões e práticas de cada uma têm conquistado espaço e favorecido o diálogo, e são meios pelos quais se estabelece um tipo de comunicação, cujo eixo está na experiência religiosaρ.

O *diálogo-discussão* entre o filósofo Justino, convertido ao Cristianismo, e o judeu Trifão, em *Diálogo com Trifão* (100-165 e.c.), nasceu como resposta às acusações que os judeus levantavam contra os cristãos, mas também "para mostrar a caducidade da Antiga Aliança que fora substituída pela Nova Aliança, a Lei de Cristo", a Graça. Entretanto, Padres da Igrejaρ, como Cipriano de Cartago (ca. 200-258) e Agostinho de Hipona (354-430), representam o início da apologética cristã contra os judeus e crentes de outras religiões. Na Idade Média, a referência para diálogos ocorrera entre judeus e muçulmanos, e entre judeus e cristãos, tanto no âmbito filosófico como no teológico.

Raimundo Lúlio (1232-1316), precursor do modelo de inclusão, acreditava ser possível um diálogo pacífico entre cristãos, judeus, muçulmanos e crentes de outras tradições não abraâmicas, sem a pretensão de possuir a verdade única, ou seja, todo diálogo inter-religioso deveria partir da *suposição* de que o que um interlocutor quer nos dizer, proporcionalmente, tem a mesma possibilidade de conter a verdade. Nesse sentido, Lúlio trouxe a *dúvida* para o diálogo. Além disso, cada crençaρ também deve formular-se de maneira duvidosa ao entrar em diálogo, deixando a verdade em suspenso. Não havia a intenção de relativizá-las, mas a necessidade de comprovar, pela *razão*, as pretensões de verdade postas pelos interlocutores. O paradigma exclusivista foi, naquele tempo, por ele superado. Marcílio de Pádua (1275-1342), contemporâneo de Lúlio, defendeu a liberdade religiosa e o fim da hierarquiaρ da Igrejaρ e do Estado, por isso é considerado precursor da teoria política da tolerânciaρ. Posteriormente, Nicolau de Cusa (1401-1464) viu no diálogo uma via pacífica que caracterizava o espírito cristão e a maneira mais adequada de resolver conflitos entre as religiões. Finalmente, Gotthold Ephraim Lessing (1729-1781), em sua obra *Nathan, o sábio* (1779), traz o tema da tolerânciaρ religiosa, da amizade, da necessidade de comunicação entre o Judaísmo, o Islã e o Cristianismo, e, segundo seu ponto de vista, o relativismo divino. A obra baseia-se em dois princípios: a) que a humanidade comum a todos os seres humanos é mais importante que o *ser* crente; e b) o reconhecimento do valor da razão, comum a todos os seres humanos.

Com finalidades semelhantes, mas diferentes formas de organizar seus planos de ação, Organizações Não Governamentais (ONGs) e eclesiais se formaram ao longo dos séculos XX e XXI na intenção de desenvolver uma unidade voltada à cooperação inter-religiosa que pudesse contribuir diretamente na busca de soluções para os diferentes problemas considerados comuns a todas as pessoas, pertencentes ou não a uma crençaρ religiosa. Alguns eventos destacaram-se, antes e depois da Segunda Guerra Mundial e da *Shoah*, e em decorrência dos múltiplos danos emocionais, físicos e sociais causados pelas guerras, e que ainda atingem pessoas de diferentes culturas, etnias e religiões. Portanto, paz, justiça, dignidade humana, meio ambiente e respeito pela liberdade de expressão religiosa têm sido temas recorrentes nos encontros promovidos no âmbito do diálogo inter-religioso.

Neste caminho, o encontro entre as tradições religiosas despontou, iniciando seus primeiros passos em direção ao que se tornaria o diálogo inter-religioso, ao final do século XIX, no *Parlamento Mundial das Religiões* (PMR) realizado em Chicago (1893). O evento foi realizado na ocasião do quarto centenário da chegada de Cristóvão Colombo ao continente americano e da *Exposição Mundial*, um evento político realizado em comemoração das conquistas coloniais, que, dentre os vários congressos realizados na ocasião, incluiu o *Congresso Mundial das Religiões*. Foi uma iniciativa dos pastores protestantes norte-americanos Charles Carroll Bonney (1831-1903) e John Henry Barrows (1847-1902). As diferentes tradições convidadas tinham suas expectativas concentradas no encontro e na necessidade de buscar reconhecimento e esclarecimento de seus pontos de vista. Entretanto, o objetivo principal do Congresso foi a afirmação do benefício da "liberdade intelectual e política encontrada no Ocidente" à humanidade e às religiões.

Dez grandes religiões mundiais participaram do evento, e 195 representantes ao todo: Confucionismo, Taoismo, Xintoísmo, Hinduísmo, Budismo, Jainismo, Zoroastrismo, Judaísmo, Cristianismo e Islã. Representantes de povos indígenas norte-americanos não foram convidados. O PMR foi um evento realizado em uma sociedade multicultural, que vislumbrou a diversidade religiosa mundial, no entanto, não compreendeu nem experimentou a alteridade. Nesse período prevalecia o modelo de assimilação das minorias e o princípio da tolerância. Mesmo assim, as sementes para o que viria a ser o diálogo inter-religioso foram lançadas naquele evento. Atualmente, o Parlamento é uma organização internacional não governamental. Várias conferências foram realizadas dando prosseguimento ao Congresso de 1893, respectivamente: Chicago (1993), Cidade do Cabo (1999), Barcelona (2004), Monterrey (2007), Melbourne (2009), e o último Congresso foi realizado em Salt Lake City (2015), no qual a Religião Aborígene australiana exerceu o papel de anfitriã, e ainda contou com a participação da Fé Bahá'i, neopaganismo e religiões indígenas. Enfim, o Congresso, que durou dezoito dias, abriu caminho para um crescente número de encontros, assembleias, conferências, e para a criação de organizações representando o compromisso entre diferentes religiões, até mesmo no âmbito ecumênico.

Em 1993, ocasião em que se comemorou o centenário da criação do PMR, o teólogo e sacerdote católico Hans Küng liderou uma postura ético-idealista que, com a anuência de pessoas de diversas religiões presentes na Assembleia, fortaleceu a identidade desta organização em relação à proposta de um *Éthos Mundial*, ou seja, um *éthos* comum como base para um novo paradigma de relações internacionais, e de uma transformação de consciência de cada um em prol da dignidade humana. O resultado foi a aprovação da *Declaração por uma Ética Mundial*, assinada em 1993, a qual expõe princípios éticos básicos, presentes em todas as religiões, que, segundo seus idealizadores, podem ser assumidos por todos os que possuem tais convicções, crentes e também não crentes. Para Küng, o diálogo inter-religioso somente é possível a partir desses padrões éticos comuns. As demandas fundamentais da Declaração de Chicago seguem os seguintes princípios para uma *ética global*: a) o princípio da humanidade: todo ser humano deve ser tratado de forma autenticamente humana; e b) a regra de ouro: "O que não queres para ti, não queiras para o outro". Na base destes princípios estão algumas diretrizes éticas presentes em todas as grandes tradições: não matar e, no sentido positivo, preservar a vida; não mentir e, de forma positiva, falar e agir honradamente; não roubar, ou seja, agir de forma honesta e transparente; não abusar sexualmente, mas respeitar e amar o próximo. Enfim, não haverá paz entre as nações sem paz entre as religiões; não haverá paz entre as religiões sem diálogo entre as religiões; não haverá diálogo entre as religiões sem padrões éticos globais; e não haverá sobrevivência do planeta sem uma ética global.

O *Conselho Mundial de Igrejas* (CMI) é uma organização ecumênica internacional, composta de 349 Igrejas de todas as tradições eclesiais, exceto a Igreja Católica Romana, que não possui vínculo, mas participa como membro permanente de determinadas comissões. A assembleia de fundação foi finalmente realizada em 1948, nos Países Baixos. Ao longo de suas Conferências realizadas em diversos países desde sua fundação, o tema sobre o diálogo com outras tradições, além das cristãs, também adquiriu visibilidade e desenvolveu-se Nessa direção, mesmo em meio a muitas divergências envolvendo questões teológicas. Em 1979 o CMI formulou os *Princípios para o Diálogo*.

Em razão da Segunda Guerra Mundial, outras duas importantes conferências ocorreram, unindo em diálogo católicos, ortodoxos e protestantes: 1) a *Conferência de Oxford* (1946), que lançou as bases para o que viria a ser a Conferência mais importante sobre a relação judeo-cristã e o antissemitismo: 2) a *Conferência Internacional de Emergência sobre o Antissemitismo*, ocorrida em Seelisberg (1947), na qual participaram católicos, protestantes e judeus. A contribuição do historiador francês Jules Isaac (1877-1963) foi fundamental, pois o desdobramento de suas considerações influenciou diretamente na recepção do tema na agenda do Vaticano II.

Após a Segunda Guerra, no período que antecedeu o Vaticano II, ex-colônias europeias nos continentes africano e asiático conquistaram sua independência, fato este que contribuiu para resgatar a herança cultural e as tradições religiosas autóctones, subjugadas pelas missões cristãs europeias e norte-americanas. Nesse contexto "cresceu a tendência de identificar o Cristianismo como uma força alheia que tinha pactuado com os regimes colonialistas"; portanto, em consequência da descolonização e do declínio do número de missionários, o Cristianismo foi obrigado a repensar os projetos voltados às missões, o que trouxe à Igreja o debate sobre a necessidade de novas formas mais flexíveis e liberais de conduzir tais projetos (Usarski, 2015, p. 670).

Nesse cenário, o 21º Concílio Ecumênico Vaticano II (1962-1965) e a promulgação da declaração *Nostra Aetate* (NA) situaram-se em um determinado contexto histórico, político e teológico, no qual a declaração foi elaborada sob os efeitos da Segunda Guerra Mundial e do genocídio dos campos de concentração. Tais eventos, somados às mudanças ocorridas na sociedade decorrentes do pensamento moderno, pressionaram a Igreja para que houvesse uma renovação interna, um *aggiornamento*, e se pronunciasse, mesmo, em relação à questão judaica. Este fato possibilitou que houvesse a inclusão de outras tradições religiosas mundiais na Agenda Conciliar e uma nova atitude da Igreja em relação a elas.

Pelo que foi exposto anteriormente, o Vaticano II é considerado um referencial básico para inúmeros estudos acadêmicos relacionados à teologia das religiões, pois é tido como o marco do diálogo entre as religiões no século XX. Além disso, é o evento que sinalizou a disposição da Igreja em abrir-se ao diálogo com outras religiões. De acordo com a *Nostra Aetate*, promulgada em 28 de novembro de 1965, a Igreja considerou mais atentamente qual a sua relação com as religiões não cristãs, nada rejeitou do que nas religiões existia de "verdadeiro e santo", que seus preceitos e doutrinas refletem "não raramente um raio da verdade que ilumina todos os homens"; entretanto, somente em Cristo "os homens encontram a plenitude da vida religiosa, no qual Deus reconciliou consigo todas as coisas". As palavras-chave de documento foram: *origem comum, destino comum* e *busca comum*. Quanto à religião judaica, destacou o vínculo que as une e a relação de continuidade, superando a teologia da substituição ou supersessionismo. O documento finaliza destacando a importância da colaboração e aprendizado mútuos, e reprovou toda e qualquer discriminação ou violência praticada por motivos de raça ou cor, condição social ou religião, embora não tenha desenvolvido posições teológicas claras sobre as outras tradições. Enfim, a declaração *Nostra Aetate* foi um documento de cinco parágrafos que tratou da relação da Igreja com as religiões não cristãs, voltado mais para *orientações* e *recomendações*. Contemplou as seguintes tradições: Budismo, Hinduísmo, Islã e Judaísmo. As religiões afrodescendentes, indígenas, entre outras, não foram contempladas. Nessa ocasião a postura teológica da Igreja superou o paradigma da exclusividade, o eclesiocentrismo, fundamentado no provérbio *extra ecclesia nulla sallus*, assumindo o modelo de inclusão, cristocentrismo. O Concílio marcou uma nova atitude em direção à comunhão e à unidade com as demais comunidades cristãs, e à estima e cooperação com as diferentes tradições religiosas.

Em 5 de junho de 1960, João XXIII (1881-1963) instituiu o *Secretariado para a Promoção da Unidade dos Cristãos*, o qual foi confirmado pelo Papa Paulo VI como organismo permanente da Santa Sé, no dia 3 de janeiro de 1966. Este ampliou o Secretariado para outros dois: o *Secretariado para os Não Crentes* (09/04/1965) e o *Secretariado para os Não Cristãos* (19/05/1964), o qual, em 28 de junho de 1988, com a publicação da constituição apostólica *Pastor Bonus*, foi elevado à categoria de Pontifício Conselho para o Diálogo Inter-religioso e passou a ser a organização central da Igreja para a animação e a coordenação das iniciativas de diálogo com as outras religiões. Dentre os documentos elaborados pelo Pontifício Conselho, dois marcaram o caminho do diálogo: *Diálogo e Missão* (1984), que demonstra uma abertura inter-religiosa, e *Diálogo e Anúncio* (1991), que expressa o maior avanço nas relações inter-religiosas; ambos trataram de alguns aspectos específicos, como o diálogo com os seguidores dos chamados novos movimentos religiosos.

A recepção e a assimilação das propostas decorrentes do Vaticano II ocorreram progressivamente, em um longo processo, no qual o diálogo com as religiões mundiais se tornou parte da agenda da Igreja. O Encontro de Assis, convocado por João Paulo II, por ocasião do *Ano Internacional da Paz* promovido pela *Organização das Nações Unidas* (ONU), tem reunido representantes de todas as grandes religiões mundiais e de diferentes regiões geográficas desde sua primeira edição em 27 de outubro de 1986: católico-romana, igrejas de tradição ortodoxa, protestantes de diferentes confissões, budistas, judeus, representantes do Islã, parses, e representantes das religiões tradicionais da África e da América, em uma *Jornada Mundial de Oração pela Paz*. Os encontros têm sido organizados pela Comunidade de Sant'Egídio, fundada em 1968, e ocorreram sucessivamente em 1986: "Dia Mundial de Oração pela Paz"; 1993 e 2002: quando recordam as etapas percorridas e a renovação do "Compromisso Comum pela Paz"; 2011: "Peregrinos da verdade, peregrinos da paz"; o último ocorreu em 2016, e o lema foi: "Sede de paz. Religiões e culturas em diálogo". O núcleo central do evento é a oração pela paz. Assim, o tema se desdobra e o diálogo gira em torno do compromisso de todos, mesmo daqueles que se definem como não crentes ou sem filiação religiosa, em favor de uma cultura de paz, em que as religiões são chamadas a assumir, juntas, tal responsabilidade. No entanto, os encontros também seguem o fluxo dos acontecimentos de cada período em que se realizam, por exemplo, no contexto da Guerra Fria, das Guerras dos Bálcãs, do "11 de Setembro" e da crise dos refugiados somada à questão do terrorismo fundamentalista.

O papel das religiões, suas motivações espirituais e a responsabilidade comum são reafirmados para que ações concretas ocorram em favor da paz. Outra característica do encontro é a dimensão da oração♀, em que a cada tradição é reservado um momento para que possa expressar sua forma particular de orar. Os temas dos encontros ampliam-se e não deixam de passar por fatores econômicos, sociais, ambientais, pela pobreza♀, pela questão dos migrantes e refugiados, pelo papel da mídia e pelas guerras, para que resultem em ações práticas com objetivos humanitários e sociais compartilhados.

Em 1970, foi criada a *Conferência Mundial de Religiões pela Paz* (*The World Conference on Religions for Peace* [WCRP]), sediada em Nova York e credenciada junto à Organização das Nações Unidas (ONU). *Religions for Peace* compreende um Conselho Mundial de líderes religiosos de todas as regiões do mundo e trabalha para promover o diálogo inter-religioso em 92 países, formando uma rede multirreligiosa que abarca vários objetivos, desenvolvendo trabalhos de âmbito local, regional, nacional e internacional. A criação desta organização teve como motivação inicial promover a ação comum entre as comunidades religiosas do mundo em favor da paz, no período da *Guerra no Vietnã*. A WCRP acredita que existam preocupações comuns e valores comuns entre as religiões que podem ser convertidos em ações conjuntas. Está presente na Ásia, África, Europa, América Latina e Caribe, Oriente Médio e América do Norte. Além disso, inclui a *Rede Global de Mulheres de Fé* e a *Rede Global de Jovens*. A cada cinco anos *Religiões pela Paz* realiza uma assembleia em que líderes religiosos compartilham preocupações sobre assuntos internacionais e abordam questões políticas e sociais; ocasião em que é promulgada uma declaração formal que orienta o foco da rede global para os próximos cinco anos. Incluindo a primeira assembleia mundial realizada em Kyoto, foram convocadas nove assembleias nos cinco continentes: 1970, 1974, 1979, 1984, 1989, 1994, 1999, 2006 e 2013. Os temas das assembleias versaram sobre questões pertinentes a cada período em que foram realizadas, respectivamente: "Servir a humanidade juntos"; "Religião e qualidade de vida"; "Religião na luta pela comunidade mundial"; "Religiões pela dignidade humana e pela paz mundial"; "Buscar a paz, a justiça♀ e preservar a natureza sagrada"; "A cura do mundo: Religiões pela Paz"; "Diante da pluralidade mundial é possível apresentar modelos de paz e reconciliação de acordo com seus textos sagrados"; "Rejeição da violência em nome das religiões que juntas podem comprometer-se em promover a segurança"; "Acolher o outro".

A *United Religions Iniciative* (URI) foi criada oficialmente em 2000, na virada do milênio, por iniciativa do bispo episcopal William Swing. É uma rede inter-religiosa reconhecida internacionalmente, ativa em 97 países, com sede mundial em San Francisco, Califórnia. Atua por meio dos Círculos de cooperação inter-religiosa, cujo objetivo está em superar as divisões religiosas e culturais em todo o mundo com ações voltadas às soluções de problemas críticos enfrentados pelas comunidades em diferentes regiões, de forma permanente e cotidiana, em um amplo leque de atuação. Portanto, suas ações são locais, regionais e globais. Esta cooperação vai além das fronteiras religiosas, culturais e geográficas. A força coletiva é o caminho pelo qual são enfrentados os problemas envolvendo a violência de motivação religiosa e social, crises econômicas e ambientais que desestabilizam diferentes regiões e contribuem para o aumento ou manutenção da pobreza♀. A Consolidação da Paz, ou seja, a busca da paz entre os povos de diferentes credos, justiça♀, a cura para a Terra e todos os seres vivos está no cerne da missão da URI. Nessa trajetória, muitas organizações foram criadas, como o *Doha International Center of Interfaith Dialogue* (DICID); *King Abdullah Bin Abdulaziz International Centre for Interreligious and Intercultural Dialogue* (KAICIID); *World Congress of Faiths* (WCF); *Council of Christians and Jews* (CCJ) e o *Council of Centers on Jewish-Christian Relations* (CCJR), para citar alguns exemplos.

III. A evolução do conceito de "diálogo inter-religioso". A evolução do conceito pode ser entendida sob dois aspectos, o qualitativo e o quantitativo. Qualitativamente, em sua evolução observa-se uma diversidade de estilos e formas de praticá-lo que permitem compreender seus diferentes significados. Quantitativamente, são dados que explicam sua expressão externa. Desse modo, é possível entender a dinâmica do diálogo inter-religioso por meio de tais tipologias que estruturam o diálogo da seguinte forma: 1) *quantitativamente*: tipologia do diálogo em níveis de leitura; e 2) *qualitativamente*: tipologias que discutem o significado do diálogo inter-religioso e os campos de aplicação que o direcionarão. Um terceiro tópico foi colocado para as *Tipologias desenvolvidas no âmbito da teologia das religiões* (Basset, 1999).

1. A tipologia do diálogo em níveis de leitura em função de dados quantificáveis. Significa sua configuração e organização em termos de número de pessoas e tradições religiosas representadas, quem são estas pessoas e qual o objetivo do *diálogo inter-religioso*. Portanto, os meios postos para a efetivação do diálogo inter-religioso podem ser divididos a partir de uma tipologia que abrange três níveis: a *forma*, a *natureza* e o *compromisso do diálogo*, havendo o intercruzamento entre elas. 1.1) *Quanto à forma ou estrutura do diálogo*: a) *local*: mesma realidade sociopolítica e cultural; b) *internacional*: envolve especialistas, professores, universidades e missionários de vários países; c) *restringido*: número restrito de participantes com vínculos de confiança; d) *ampliado*: número ampliado de participantes sem vínculos pessoais, ênfase no tema abordado, não nas relações pessoais; e) *bilateral*; e f) *multilateral*. 1.2) *Quanto à natureza*: enfatiza os participantes envolvidos, como, por exemplo, a) a ação voltada ao compromisso social, familiar e profissional: leigos→; b) ênfase na comunidade e nas práticas religiosas: caciques e pajés, imãs, pastores(as), rabinos(as), padres, xeiques; e c) ligados aos conceitos religiosos e ao Ensino Religioso→: teólogos(as), mestres; d) voltados à experiência religiosa→: imãs, gurus, pais e mães de santo, pastores(as), roshis, lamas, padres, xamãs→ (ou pajés no Brasil). 1.3) *Quanto ao compromisso do diálogo*: diz respeito à finalidade, ao objetivo implícito ou explícito do diálogo, e sua razão de ser.

2. As tipologias que discutem o significado do diálogo inter-religioso e seus campos de aplicação. Estas permitem uma compreensão mais profunda do termo, suas características ou qualidades. A discussão da evolução do conceito de "diálogo inter-religioso" desenvolveu-se ao longo do século XX. As formulações ocorreram tanto no meio religioso quanto acadêmico. No âmbito acadêmico, entre 1967 e 1983, pensadores como Richard W. Taylor (1925-1988), Eric John Sharp (1933-2000) e Arvind Sharma (1940) atribuíram vários significados ao diálogo inter-religioso, aprimorando-os ao longo das décadas e contribuindo para seu desenvolvimento e o entendimento de sua abrangência. Assim, seus estudos possibilitaram a organização de uma tipologia em relação aos seus campos de aplicação, cujos significados resultaram em quatro propostas atribuídas por cada pesquisador. São elas, respectivamente: 1. Taylor; 2. Sharp; 3. Sharma. 1. a) *diálogo socrático*: realizado a partir de um questionamento mútuo sobre um tema específico; b) *diálogo no sentido de Martin Buber*→: como presença existencial do outro; c) *diálogo discursivo*: mais abstrato e analítico; e d) *diálogo pedagógico*: entre professor e alunos. 2. a) *diálogo discursivo*: derivado do debate dialético, orientado ao conhecimento adequado das tradições presentes, em que assuntos específicos são abordados; b) *diálogo buberiano*: escuto o outro tal como ele entende; c) *diálogo secular*: determinado pelos problemas sociais e políticos com os quais os crentes têm que lidar; e d) *diálogo interior*: que enfatiza a dimensão contemplativa e mística→ das tradições religiosas, a oração→ e a meditação→. 3. a) *diálogo teológico*: visto a partir de determinada tradição; b) *diálogo pessoal*: no sentido existencial, o diálogo com Deus;

c) *diálogo acadêmico*: que associa o desejo→ científico à sensibilidade; e d) *diálogo criativo*: contribuição dos crentes para o desafio das questões modernas. Tal tipologia permite seu desdobramento para as relações inter-religiosas recentes.

3. Tipologias desenvolvidas no âmbito da teologia das religiões. A teologia→ do pluralismo religioso→ e suas respectivas tipologias ou modelos teológicos têm contribuído para a avaliação teológica das diversas tradições religiosas e suas respectivas espiritualidades→. A primeira obra de teologia→ das religiões é de autoria de Heinz Robert Schelette (1931-), *As religiões como tema da teologia*, publicada em 1963, contemporânea ao Vaticano II e à *Nostra Aetate*. Posteriormente, o teólogo jesuíta belga Jacques Dupuis, considerado um dos maiores especialistas do tema, é o mais duramente perseguido pela *Congregação para Doutrina da Fé*. Após o Vaticano II, o diálogo nas perspectivas inter-religiosa e cultural tornou-se tema de reflexão e pesquisa. O termo "teologia→ das religiões" foi substituído por "teologia→ do pluralismo religioso→", justamente em razão do reconhecimento da presença mundial de diversas tradições espirituais e religiosas (Vigil, 2006). Nesse sentido, o termo "pluralismo" se diferencia de "pluralidade", por considerar que a pluralidade é um valor do pluralismo; assim, as muitas e diferentes religiões são vias que conduzem a Deus e pelas quais este se manifesta. Após o Vaticano II, o teólogo jesuíta Peter Schineller, em sua obra *Christ and Church. A Spectrum of Views* (1976) propôs um espectro, sem considerar as diferenças existentes entre as igrejas cristãs, de quatro posturas mutuamente exclusivas e não complementares, sobre a extensão em que Jesus Cristo é o Salvador de toda a humanidade: a) universo eclesiocêntrico – cristologia exclusiva; b) universo cristocêntrico – cristologia inclusiva; c) universo teocêntrico – cristologia normativa; e d) universo teocêntrico – cristologia não normativa.

Aqui são consideradas diferentes propostas de pensadores cristãos envolvidos com o tema. A teologia→ das religiões primeiro desenvolveu-se na Ásia, depois no Ocidente, com as grandes religiões mundiais, e mais recentemente, na América Latina, no diálogo com as tradições indígenas e de matriz africana, o qual tem adquirido mais importância com a contribuição de estudos locais.

As categorias para uma tipologia que considere a evolução do diálogo inter-religioso dentro do Cristianismo são insuficientes para lidar com as complexas características do universo religioso das tradições mundiais; por esse motivo não é um tema esgotado. A teologia→ das religiões apresenta uma tipologia ou modalidades discursivas mais gerais que identificam diferentes posturas que têm sido utilizadas para fins didáticos. Considerando que partem de determinado campo de visão, o cristão, devem ter uma aplicação mais cuidadosa. Cada cultura e

DIÁLOGO INTER-RELIGIOSO

tradição religiosa possui lentes e filtros pelos quais a diversidade e a alteridade determinarão a leitura em relação às demais. Estas categorias irão caracterizar o diálogo, ora em questões que permitirão uma abertura e um vínculo maiores, ora em pontos em que as diferenças serão de fato incompatíveis. No diálogo inter-religioso unidade não significa uniformidade. As investigações teológicas têm produzido uma variedade de interpretações. Além disso, no fluxo da história e das mudanças decorrentes das demandas impostas pela Modernidade e do processo de globalização, todas as tradições são chamadas a definir e redefinir suas posturas diante das demais. O encontro as tem transformado e conduzido à reflexão diante de tais fatos.

Acerca da legitimidade salvífica de cada religião, foi a partir da década de 1980 que se destacaram três modelos de relações inter-religiosas na literatura, discutidas entre os teólogos cristãos que comprovam a evolução de uma postura fundamentalista para a pluralista, colaborando ou não com o diálogo inter-religioso, dependendo da postura adotada diante de outras religiões. O teólogo católico Roger Haight definiu quatro posturas nas quais dispõe a relação de Jesus Cristo com a salvação humana: exclusivismo, inclusivismo constitutivo, normatividade não constitutiva e pluralismo. Paul F. Knitter redefiniu uma nova tipologia para a relação do Cristianismo com as demais religiões, também dividida em quatro modelos: substituição, complementação, mutualidade ou reciprocidade e aceitação, todos acompanhando a dinâmica da evolução do conceito do diálogo inter-religioso a partir do Cristianismo. Um quinto modelo é apresentado pelo teólogo espanhol Juan José Tamayo: a teologia inter-religiosa, intercultural e pós-colonial da libertação.

a) Modelo de substituição ou exclusivismo. Nesta postura, a centralidade da verdade está no Cristianismo, havendo apenas uma revelação verdadeira, a contida na Bíblia, e a salvação encontra-se exclusivamente em Jesus Cristo, Filho de Deus, cuja mediação é possível somente pela Igreja, que não se relaciona com outra tradição religiosa. A origem remonta de Orígenes (185-254), Cipriano (ca. 200-258), Agostinho de Hipona (354-430), Fulgêncio de Ruspe (ca. 460-533), estendendo-se pelos séculos até os Concílios de Latrão IV (1215) e de Florença (1445). *Extra Ecclesiam nulla salus* – Fora da Igreja não há salvação – fez parte da mentalidade cristã desde os primeiros séculos do Cristianismo, e permaneceu até o Vaticano II, ocasião em que foi superado. O desenvolvimento desse modelo ocorreu principalmente na história da Igreja Católica, mas também sustenta o pensamento de comunidades evangélicas fundamentalistas contemporâneas. Portanto, é uma postura de confronto que nega a reivindicação salvífica das outras religiões e impossibilita o diálogo inter-religioso. Como característica dessa definição

está o uso dos textos bíblicos interpretados a partir de uma perspectiva exclusivista.

b) Modelo de complementação ou inclusivismo constitutivo. O Concílio de Trento (1545-1563), décimo nono Concílio Ecumênico da Igreja Católica, ocorreu no contexto da exploração colonial que se iniciava no continente americano e introduziu o conceito de "batismo de desejo" como forma de lidar com os povos indígenas, cuja "conversão" se apresentava em meio ao hibridismo de seu sistema de crenças com o Catolicismo. O "batismo de desejo" trouxe em si o conceito de "implícito" e a ideia de "Verbo-Semente" espalhada por toda a humanidade e presente em todas as tradições, ou seja, a salvação estava ao alcance dos "não cristãos", por meio de suas práticas compatíveis com os critérios da moral cristã e da Igreja. Segundo Knitter (2008, p. 113, grifo dele) foi um deslocamento de o "*Fora da Igreja* não há salvação" para o "*Sem a Igreja* não há salvação". De alguma forma, toda pessoa não cristã estaria "vinculada" à Igreja, porém em uma categoria inferior.

Nesta posição, Cristo está presente implicitamente nas religiões. Considera a existência de elementos ou fragmentos da verdade cristã em outras religiões, que são caminhos de salvação; desse modo, são incluídas no Cristianismo, entretanto, este mantém seu *status* de superioridade, posto que o inclusivismo afirma que a salvação se cumpre nas diversas religiões somente em Cristo, o mediador *constitutivo* da salvação. O corte cristocêntrico presente neste modelo nega a autonomia salvífica das demais tradições religiosas, tentando imprimir nelas o selo de Cristo, apesar de reconhecer seus valores espirituais. O teólogo jesuíta Karl Rahner utilizou o termo "cristãos anônimos" ao concluir que o ser humano deve ter a possibilidade de participar de uma relação autêntica e salvadora com Deus, mesmo que não tenha ocorrido o contato direto com Cristo nem com a Igreja. Isto é possível pela Graça de Deus. Este modelo foi adotado no Vaticano II e tem sido criticado por teólogos católicos e protestantes.

O jesuíta belga Jacques Dupuis defende, em sua obra *Rumo a uma teologia cristã do pluralismo religioso*, que um diálogo autêntico respeita e reconhece o valor de cada tradição. Para tanto é necessária uma complementaridade recíproca, na qual o resultado final não objetive a conversão, nem que a verdade cristã leve à realização as verdades fragmentárias das outras religiões, mas o enriquecimento mútuo. O monopólio da verdade não pertenceria aos cristãos. O teólogo faz uma distinção entre o que o Espírito Santo realiza nas outras tradições e o que se encontra no Verbo de Deus. Existe diferença, mas são uma contradição ou oposição a Cristo. Assim, a pluralidade faz parte do plano de Deus, e a plenitude não se encontra necessariamente na Igreja cristã. Neste ponto emergem tanto o valor das demais religiões quanto a ideia de um relativismo, visto, pelos críticos ao modelo, como algo negativo, pois a proposta se fundamenta na questão da Plenitude da Revelação em Cristo. Esta plenitude é "qualitativa" e não "quantitativa", não é de total abrangência, mas de intensidade, portanto, relacional, pois "os cristãos precisam *relacionar* o que possuem em Jesus ao que o Espírito Santo faz nas demais religiões" (Knitter, 2008, p. 152).

Ainda que a ideia central de Dupuis permaneça no inclusivismo "ampliado", o problema está na questão do nivelamento do terreno em que ocorre o diálogo; se a última palavra se encontra no Cristianismo, o diálogo não pode ser levado a sério. Nesta perspectiva é possível preservar a identidade cristã e estabelecer um diálogo mais flexível com as demais tradições mundiais. Obviamente, a centralidade deste modelo é Cristo, porém o Espírito Santo age nas demais tradições, preservando sua identidade e validez.

c) Modelo de mutualidade/reciprocidade, pluralismo ou normatividade não constitutiva. Sustenta a autonomia salvífica de cada religião, retirando o caráter absoluto do Cristianismo em favor do mistério de Deus, enquanto realidade última. Este modelo questiona a salvação universal e a revelação de Deus realizadas somente pela mediação de Cristo, e também questiona a inclusão da Igreja no plano salvífico. O cristocentrismo é substituído pelo teocentrismo e, desse modo, propõe uma abordagem de Cristo junto com as religiões e não contra; Cristo acima ou nas religiões. O modelo pluralista reconhece a equivalência de todas as religiões, pelo menos das grandes religiões mundiais, e não aplica afirmações exclusivas a nenhuma. Cada tradição é reconhecida em sua própria compreensão de salvação e verdade; portanto, reconhece o valor salvífico presente nas religiões, abrindo possibilidades para várias salvações. Deus é o centro da experiência, não Cristo ou a Igreja. O valor das religiões está mais em sua mística e ética do que em sua doutrina ou na instituição. A particularidade de Cristo abre espaço para o amor universal e a presença de "Deus" em outras religiões.

Outra característica deste modelo é o conceito de "igualdade", baseado no valor inato de cada tradição. Nesse sentido, o diálogo autêntico ocorre "entre iguais", uma expressão utilizada no Vaticano II, e em meio às diferenças. No entanto, o diálogo em meio às diferenças requer um acesso pelo qual seja possível estabelecer uma conexão entre as partes, como "algo em comum". Este acesso pode ocorrer de três formas: 1. *A ponte filosófico-histórica.* Para os defensores dessa abordagem, a finitude está nas religiões, posto que nenhuma delas pode pretender possuir a realidade final acerca do divino. O teólogo e filósofo protestante John Hick substituiu o nome "Deus" pelo termo "real", considerando que poderia alcançar outras concepções, como as encontradas no Budismo. Para ele, a doutrina da encarnação não pode ser compreendida em sentido literal, mas em sentido metafórico; 2. *A ponte místico-religiosa.* Raimon Panikkar, um dos autores mais conhecidos dessa abordagem, é autor da obra *O Cristo desconhecido* e viveu um diálogo profundo com outras religiões, especialmente na Índia. Em sua tese de doutorado (1964) identificou um *Cristo desconhecido* do *Hinduísmo*, e na segunda edição do mesmo livro, publicada em 1981, expandiu sua visão do inclusivismo para o pluralismo. A abordagem místico-religiosa considera que "no âmago de cada religião existe algo que excede infinitamente tudo o que um ser humano ou comunidade consegue sentir ou exprimir [...] nenhuma religião pode conferir-nos a verdade plena e final". Panikkar o chama de "fato religioso único". A finitude está na mensagem, mas não na vivência e na experiência mística, pois "a pessoa a conhece quando a tem". Assim, no diálogo inter-religioso "o coração fala ao coração" (Knitter, 2008, p. 201-202-210); e 3. *A ponte ético-prática.* Por meio da abordagem ético-prática, a responsabilidade ética aproxima e une as religiões, na qual o *sofrimento* é entendido como uma realidade universal. Por conseguinte, elas têm a oportunidade de aplicar os preceitos deste modelo, ou seja, a igualdade, a reciprocidade e o encontro na alteridade. É uma opção que percorre o caminho da dor e dos conflitos postos diante de milhões de pessoas em todo o mundo; por isso, questões sociais, políticas, ecológicas e em relação aos direitos humanos compõem sua agenda.

Outro braço deste modelo, apontado por Roger Haight, diz respeito à normatividade não constitutiva; isto implica que Jesus Cristo encarna o amor de Deus, amor que também pode estar presente em outros líderes religiosos. Jesus é totalmente Deus, mas não a totalidade da divindade. Jesus é a norma *representativa* da verdade e da salvação universal, mas não *causa* de salvação fora do Cristianismo, pois cada religião tem o direito de ter sua própria norma, que não o inclui. Haight corrobora a afirmação feita por John Hick de que é preciso superar o literalismo a respeito de Jesus.

d) Modelo de aceitação. Por ser o mais recente, reflete a maneira pela qual as pessoas da sociedade contemporânea ajustaram as abordagens anteriores a fim de compreenderem melhor a diversidade presente no mundo. O motivo pelo qual Paul Knitter trouxe esta abordagem em sua discussão foi por acreditar que os três modelos anteriores não conseguiram desempenhar o papel de um diálogo que equilibre a particularidade, que ameaça a validade das demais crenças em relação ao Cristianismo, e a universalidade, que obscurece as efetivas diferenças específicas que constituem a identidade de cada tradição. Além disso, o modelo não busca explorar pontos nem experiências comuns, a fim de estabelecer pontes entre as religiões e crenças, muito menos levanta a questão da superioridade cristã, mas

DIÁLOGO INTER-RELIGIOSO

encontra suporte no fato de que as diferenças existem e devem ser aceitas. A aplicação deste modelo ocorre no contexto do pensamento pós-moderno, no qual alguns elementos do pensamento moderno são vistos de forma negativa, como a excessiva confiança no poder da razão, que possui significados diferentes dependendo da interpretação cultural ao qual é submetida, e porque não é imune aos interesses de quem dela quiser fazer uso para fins específicos. Isto decorre do excesso de confiança nos fatos, que novamente estão submetidos ao filtro cultural e remetem à necessidade de retirar da ciência o poder da última palavra. Por isso, este modelo acolhe o modo de entender a partir de outras visões de mundo e abre espaço para uma abordagem que o compreenda através da crença em mitos e da vivência da experiência mística. Finalmente, o modelo abandona a ideia da busca pelas verdades universais *impositivas* e reconhece o lado positivo das diferenças entre as religiões.

Este último aspecto é a base sobre a qual este modelo é construído; nele encontramos uma ideia-chave: *o diálogo precede a teologia*. O Modelo de Aceitação pode ser visto a partir de fundamentos pós-liberais da religião; da visão de que, se existem várias religiões, há também várias salvações; e da teologia comparada. Seus defensores ou proponentes são, respectivamente, os teólogos protestantes norte-americanos George Lindbeck e Mark Heim, e os teólogos católicos Francis Xavier Clonney e James Fredericks.

O modelo parte do pressuposto de que não é possível uma experiência comum a todas as religiões; nosso olhar para o outro sempre parte de nossa percepção. Assim, para expor este modelo do ponto de vista da teologia pós-liberal, Lindbeck buscou reformar a própria noção de religião. Ele defende a ideia de que a religião pode ser vista "como uma espécie de estrutura ou ambiência linguística que molda a totalidade da vida e do pensamento"; isto significa que a linguagem precede a experiência, a ideia, a sensação, "são as palavras e as imagens a nós trazidas por nossa religião que dão forma aos nossos pensamentos e convicções religiosos". Portanto, existem os filtros pelos quais não só compreendemos e percebemos o mundo como também o criamos; são eles que determinam e dão sentido ao que percebemos. Então, como poderíamos afirmar uma vivência ou experiência comum diante de tamanha diversidade religiosa e cultural, se estamos submetidos, vivemos e experimentamos apenas um determinado sistema simbólico? Portanto, não se traduz a linguagem de uma tradição para outra, segundo Lindbeck, em sua concepção pós-liberal (Knitter, 2008, p. 282).

Sobre o "problema" da universalidade, que para Lindbeck é a finalidade da religião, "[...] 'cada religião apresenta uma estrutura totalmente abrangente, uma perspectiva universal' a partir da qual os seguidores daquela religião compreendem *tudo*". O problema não é resolver esta questão, mas consiste em como *utilizar* esta postura diante da abertura e da compreensão da diversidade e da alteridade (Lindbeck apud Knitter, 2008, p. 286).

Também encontramos neste modelo argumentos sobre uma apologética positiva e, como em uma engrenagem, cada religião preserva sua particularidade, mas interage com as demais em um enriquecimento recíproco, desconstruindo a ideia de superioridade que anula os valores de outras tradições. O *algo em comum* neste modelo é a salvação ou o aspecto soteriológico, pois afirma que há diferentes *salvações*; portanto, não há um destino único, segundo o argumento do teólogo Mark Heim. Sua argumentação estrutura-se no fato de que "há uma pluralidade entre as religiões porque há uma pluralidade em Deus mesmo", a Trindade. A diversidade de religiões é parte do plano de Deus, posto que cada ser humano tem sua particularidade e, portanto, se expressa de diferentes modos. No entanto, ambos os teólogos acreditam que o papel de Cristo na salvação é singular, embora cada um o compreenda de modo diferente (Heim apud Knitter, 2008, p. 305).

Para finalizar, este modelo propõe que a teologia decorra de uma postura que de fato se abra ao que outras crenças têm a ensinar, para com elas aprender e conversar; por isso, o diálogo precede a teologia. No entanto, existe um pressuposto, o estudo das outras religiões, que consiste em avançar na compreensão para que a base do diálogo seja, também, o conhecimento da realidade a partir da experiência vivenciada pelos crentes.

4. Teologia inter-religiosa, intercultural e pós-colonial da libertação. O último modelo foi desenvolvido pelo teólogo espanhol Juan José Tamayo, que propõe o encontro entre as teologias da libertação, do pluralismo religioso, feminista e pós-colonial, ou uma teologia inter-religiosa, intercultural e pós-colonial da libertação. Esta proposta considera o diálogo na perspectiva das vítimas e que deve ser estabelecido entre todas as religiões e culturas, evitando todo o colonialismo religioso e cultural, o patriarcalismo teológico, a hierarquização das religiões e de seus textos sagrados, incorporando ao diálogo todas as religiões e suas respectivas teologias em igualdade de condições. A crítica levantada por movimentos sociais considera que o sofrimento do ser humano, e o da natureza, têm origem no antropocentrismo e no modelo de desenvolvimento científico tecnológico da Modernidade, que negam sua dignidade; portanto, são a causa de toda forma de opressão de gênero, etnia, religião, orientação sexual e classe social. Sua dimensão é internacional e não apenas local, e isto é um ponto de contato inter-religioso proporcionado pelo encontro da teologia da libertação com a teologia♀ das religiões. A pluralidade de pobres sofredores corresponde à pluralidade de religiões e culturas; por isso, esta proposta procura as dimensões libertadoras nelas presentes. Nesse sentido, segundo Tamayo (2016), o aspecto soteriológico das religiões abre um grande caminho ao diálogo, pois contempla a luta pela justiça♀ e pela libertação♀, que é a base transcultural e um local comum compartilhado pelas religiões.

O encontro entre a teologia♀ das religiões e a pós-colonial resulta em uma crítica ao impacto negativo do colonialismo nos discursos teológicos. Os estudos teológicos pós-coloniais têm raízes na pluralidade das experiências de pessoas, grupos, povos originários e colonizados. Por tal razão requerem a recuperação do *pluriverso* cultural, ético e epistemológico de tradições religiosas e culturais, a partir da libertação♀ do colonialismo epistemológico da teologia♀, ou seja, a desconstrução do paradigma colonial. A questão de gênero♀ neste modelo destaca a importância de uma hermenêutica♀ de gênero♀ inter-religiosa, que supere o patriarcado instalado nas instituições religiosas♀ e nas sociedades. As estruturas de dominação e opressão, como o sexismo, o racismo, o etnocentrismo♀, o imperialismo e o colonialismo, estão inter-relacionadas e são retroalimentadas; portanto, o modelo questiona tal estrutura e ainda chama a atenção para uma hermenêutica♀ inter-religiosa de gênero♀ atenta à presença do caráter androcêntrico e de dominação nas traduções e interpretações dos textos sagrados das religiões, que promovem sua multiplicação em vez de promoverem comunidades livres de discriminações (Tamayo, 2016).

5. Perspectiva do caminho asiático. Esta provém da experiência de sacerdotes católicos em países onde o Cristianismo é minoria e convive com tradições religiosas mais antigas que a cristã, dentre elas o Hinduísmo e o Budismo, que serão mencionados neste verbete. A *Federação das Conferências dos Bispos da Ásia* (FABC), desde 1974, tem contribuído com orientações e reflexões teológicas no campo do diálogo inter-religioso. Muitos teólogos asiáticos deram uma importante contribuição para a teologia♀ das religiões e o diálogo inter-religioso: a) Tissa Balasuriya (1924-2013), católico, do Sri Lanka; b) Aloysius Pieris (1934-), católico, do Sri Lanka; c) Michael Amaladoss (1941-), católico, da Índia.

A experiência dos bispos da Ásia afirma a busca pela harmonia criativa e não a distinção. Portanto, a verdade de Cristo relaciona-se com as outras, não as exclui nem absorve, pois a ênfase em Jesus como único e exclusivo salvador fecha as portas ao diálogo. Desse modo, o diálogo é desenvolvido a partir de *Comunidades Humanas de Base* unidas pela fé, no sentido plural, e o bem-estar de todas. A questão se assenta em como anunciar aquele que é o Salvador do mundo: assim, Jesus é anunciado como o servo dos pobres, e o diálogo é construído no potencial libertador de Cristo Jesus e pela ação, ou seja, o amor que inclui o próximo (Knitter, 2008).

6. Considerações da perspectiva budista. Numa comparação entre as tipologias desenvolvidas pela teologia♀ das religiões e o Budismo, por exemplo, as atitudes encontradas não se encaixam nos modelos apresentados para formular uma tipologia comum aplicada ao diálogo inter-religioso; as comparações têm sido utilizadas para fins didáticos. Desde a origem do Budismo algumas posturas são encontradas, embora discursos tendentes ao dogma♀ e à linguagem não tenham a mesma relevância como ocorre no Cristianismo. Assim, de forma genérica, posturas articuladas por pensadores budistas foram identificadas em trechos do cânone *pali*, nos quais o discurso consistia em transformar o interlocutor. Em decorrência do encontro com diferentes culturas e religiões, inclusive com a cristã, tais métodos♀ discursivos foram aplicados ao diálogo inter-religioso. Estes possuem desde uma posição de maior abertura e de relativização da própria verdade, até um modo menos flexível de interagir e defender seus pontos de vista.

Segundo Usarski (2009), a prática do diálogo no Budismo ocorre através de técnicas estruturadas, como a figura retórica *avyakata*, "perguntas não respondidas", que deixam em aberto a posição do Buda diante de questões filosóficas, divergência intelectual ou perguntas relacionadas à prática espiritual, cujas respostas são consideradas irrelevantes e que em nada contribuem para a libertação♀ do sofrimento. Esta prática fora aplicada deliberadamente por Buda a fim de despertar *insights* em seu interlocutor, ou apelar para a sua razão para que pudesse superar a fé cega. Outras práticas tendem à inclusão: a) como a incorporação de elementos de outra tradição; b) a valorização destes elementos; e c) a reinterpretação de elementos alheios de acordo com a lógica do sistema.

Já em direção ao pluralismo, são identificadas três posturas mais abertas: a) a busca por pontos voltados às experiências místicas♀; b) ao plano intelectual-filosófico; e c) e às questões sociopolíticas. A busca por pontos comuns de interseção, no Budismo, direciona seus objetivos para questões sociais, econômicas, políticas e ambientais atuais, havendo interesse na cooperação inter-religiosa. Isto requer esforços individuais e coletivos a fim de encontrar soluções, retirando da cena diferenças filosóficas e dogmáticas.

Entre as posturas inclusivista e pluralista está a figura retórica chamada *upāya*, traduzida como *meios habilidosos* direcionados à estratégia argumentativa. No processo histórico, o método♀ tem raízes no Budismo primitivo, tanto como estratégia de sobrevivência aperfeiçoada em razão das disputas intrabudistas quanto com objetivos proselitistas praticados em ambiente dominado por outras tradições. Tem sido útil nas relações inter-religiosas atuais, no encontro com posturas e doutrinas de outras tradições, principalmente para o Budismo tibetano. Uma vez que reconhece os aspectos soteriológicos contidos em outras religiões, por um lado é pluralista quando considera que são coparticipantes do trabalho que conduz à salvação→ universal, mas por outro é inclusivista à medida que o considera superior aos outros caminhos, ou o acabamento deles. Nesse sentido, a estratégia é convencer o interlocutor de que sua proposta é a melhor. No cerne desta técnica argumentativa estão algumas ideias e conceitos básicos que implicam uma diferença substancial no modo como o Budismo age nas relações inter-religiosas, dentre elas está a relativização da própria religião→ como único caminho salvífico. Dentre as posturas tendentes ao exclusivismo são citados três exemplos: a) rejeição explícita da posição do interlocutor; b) estratégia da disputa religiosa competitiva; e c) os esforços retóricos com o objetivo de menosprezar o "outro" (Usarski, 2009).

Esta breve exposição comparativa entre as práticas cristãs e budistas, relacionadas ao diálogo com interlocutores de outras crenças→, permite alcançar a dimensão da complexidade dos encontros entre as diversas tradições mundiais, considerando seus métodos→ particulares aplicáveis ao diálogo inter-religioso.

7. Considerações dos estudos e ações no campo inter-religioso na América Latina e Brasil. A partir da década de 1980, muitos(as) teólogos(as) e cientistas da religião, em abordagens que incluem áreas do conhecimento como a Antropologia, a Psicologia e a Sociologia, têm-se debruçado sobre os temas: religião→, espiritualidades→ e o diálogo entre as religiões na América Latina e no Brasil, em um olhar que inclui as questões sociais, as religiões dos povos originários e as religiões afro-brasileiras.

IV. Recepção. A conscientização da importância do diálogo inter-religioso e seus objetivos foram desenvolvidos gradativamente em encontros ocorridos, principalmente, depois do Vaticano II. A recepção do diálogo inter-religioso traz em seu encalço as posturas desenvolvidas pela teologia→ das religiões e suas respectivas problemáticas. Mesmo assim, a reivindicação da verdade, de conter o absoluto e até mesmo ações voltadas às missões são convicções e características encontradas em várias religiões, não apenas no Cristianismo. O inclusivismo, que ameniza a hostilidade em relação ao Outro, foi a réplica ao modelo exclusivista, já a postura pluralista tem sido a crítica da teologia→ pluralista a ambos os posicionamentos.

Cada proposta contém grandes avanços na tentativa de fortalecer o diálogo inter-religioso. Por isso, uma tipologia que contemple de forma abrangente a diversidade de religiões mundiais não precisa ser mutuamente excludente, pelo contrário, pode haver compatibilidade entre as atitudes, até mesmo uma atitude apologética pode estar presente no diálogo. Mas para isso é preciso que se considere qual dimensão religiosa está em discussão. De acordo com Usarski (2009), trata-se de uma postura relacionada à dimensão ética, aos elementos doutrinários, às práticas espirituais, aos objetivos soteriológicos?

Entretanto, na recepção do diálogo fica claro que temas atuais voltados à cooperação e aos valores espirituais, característicos de cada tradição, têm adquirido precedência nos encontros em detrimento dos posicionamentos teológicos. No entanto, no esforço de abarcar todas as formas de crença→, evidenciando os pontos comuns, ainda há certo atrito proveniente da diversidade cultural e religiosa que acentua as diferenças, principalmente em decorrência de que tal ponto de vista provém da mentalidade ocidental moderna, que sustenta determinados princípios alocados em categorias universais. Assim, fica a questão sobre as diferentes interpretações em relação ao sofrimento, à justiça→, à responsabilidade global, à questão de gênero→, à ética e aos direitos humanos→, para citar apenas alguns exemplos. Apesar de tais considerações, pontos de contato não são necessariamente comuns em sua interpretação→; contudo, podem ser encontrados e articulados em favor do diálogo inter-religioso.

***

A comunicação respeitosa entre aqueles que estão engajados caracteriza o diálogo inter-religioso e aparta desconfianças. Seu sentido não está mais em validar as próprias convicções, mas em promover a autocrítica que abre espaços para transformações e compreensão mútua, que permitem estabelecer vínculos duradouros de confiança, essenciais nas relações inter-religiosas. Ambas as atitudes tanto conduzem as tradições a repensarem suas relações com as demais quanto lançam o desafio de vê-las como elas mesmas se compreendem. Isto torna possível descobrir dimensões essenciais, inclusive, da própria tradição, que dão ao diálogo significado e profundidade sem adentrar em práticas sincréticas, em generalizações e pretensões universais.

A importância do diálogo inter-religioso insere-se no contexto da globalização; entretanto está diante do conceito de "interculturalidade", que não é uma mera justaposição ou coexistência, como ocorre na multiculturalidade, mas sim o encontro harmônico e simétrico de crenças→, civilizações e culturas que supõe uma partilha, um diálogo concreto para que se possa ter uma convivência real das diversas culturas e religiões. Além disso, reconhece que as culturas estão em processo; por isso, lança um novo olhar sobre as relações que emergem nas sociedades contemporâneas. No entanto, o desafio da interculturalidade no âmbito do diálogo inter-religioso situa-se na articulação entre os valores universais e as diferentes identidades culturais, que dependem desta relação dialógica com o Outro, e nela se afirma.

Portanto, o diálogo entre as religiões faz parte deste contexto onde a alteridade pode emergir em espaços geográficos distintos ou não. Diante deste quadro, atualmente, o diálogo inter-religioso se depara com grandes temas do nosso tempo, como as questões de gênero℗, os estudos pós-coloniais, meio ambiente, terrorismo, migrações e desigualdade social. O diálogo inter-religioso possui uma complexa função que transborda da esfera inter-religiosa para a social, e tem o potencial de diminuir o fosso entre o mundo religioso e o político-econômico, até mesmo, nas palavras de Tariq Ramadan (2004), ações a partir de éticas da lealdade e da cidadania cotidianas. Apesar da dificuldade de manter a separação entre Estado e *religiões*, esta relação pode ser de cooperação entre ambos em assumir a responsabilidade de promover a coexistência simétrica na alteridade e atuar na defesa de todas as liberdades públicas, inclusive a religiosa, fundamentais para garantir a manutenção de sociedades pacíficas (Hervieu-Lèger, 2015).

Enfim, o diálogo inter-religioso tem seus limites e desafios; é o encontro entre aqueles que, cultural, linguística e religiosamente, partem de algum lugar, mas se empenham, e a energia positiva do diálogo inter-religioso consiste em que é possível aprender a ouvir, a reconhecer os múltiplos pontos de vista, que muitas verdades coexistem, e que é possível considerar o Outro sem caricaturá-lo. Mas, sobretudo, o *modo* pelo qual se põe em prática é a própria finalidade do diálogo. A ignorância sede ao conhecimento, nas escolas, sociedades e relações inter-religiosas.

Bibliografia: BASSET, J.-C. *El diálogo interreligioso*: oportunidad para la fe o decadencia de la misma. Bilbao: Desclée De Brouwer, 1999. (Religiones en diálogo.); BEOZZO, J. O. Verbete: Recepção do Concílio Vaticano II na Igreja do Brasil. In: PASSOS, J. D.; SANCHEZ, W. L. (Coord.). *Dicionário do Concílio Vaticano II*. São Paulo: Paulus/Paulinas, 2015. p. 803-812; HERVIEU-LÉGER, D. *O peregrino e o convertido*: a religião em movimento. Petrópolis: Vozes, 2015; HOUAISS, A.; VILLAR, M. S. *Dicionário Houaiss da língua portuguesa*. Rio de Janeiro: Objetiva, 2001; KNITTER, P. F. *Introdução às teologias das religiões*. São Paulo: Paulinas, 2008; PIERIS, A. *Viver e arriscar*: estudos inter-religiosos comparativos a partir de uma perspectiva asiática. São Bernardo do Campo: Nhanduti, 2008; SCHINELLER, P. Christ and Church. A Spectrum of Views. *Theological Studies*, 37, 1976, p. 545-566; TAMAYO, J. J. *Pluralismo religioso*. Teología de las religiones y sus implicaciones en el diálogo inter-religioso. XXII Congresso de Teologia da Pontifícia Universidade Católica do Paraná, Brasil. Outubro, 2016; TAMAYO, J. J.; FORNET-BETANCOURT, R. (Ed.). *Interculturalidad, diálogo inter-religioso y liberación*. Estella: Verbo Divino, 2005; TEIXEIRA, F.; DIAS, Z. M. *Ecumenismo e diálogo inter-religioso*: a arte do possível. 9. ed. Aparecida:

Santuário, 2011; USARSKI, F. *O Budismo e as outras*: encontros e desencontros entre as grandes religiões mundiais. São Paulo: Ideias e Letras, 2009; USARSKI, F. História da ciência da religião. In: PASSOS, J. D.; USARSKI, F. (Org.). *Compêndio da ciência da religião*. São Paulo: Paulinas/Paulus, 2013; USARSKI, F. Verbete: *Nostra Aetate*. In: PASSOS, J. D.; SANCHEZ, W. L. (Coord.). *Dicionário do Concílio Vaticano II*. São Paulo: Paulus/Paulinas, 2015; VIGIL, J. M. *Teologia do pluralismo religioso*: para uma releitura pluralista do cristianismo. São Paulo: Paulus, 2006.

Angelina Carr

DIÁSPORA

Neste verbete partimos do pressuposto de que a religião℗ tem um papel fundamental nos processos migratórios e na etapa da diáspora, justamente em virtude de sua importância para o tema da identidade cultural. Fundamentalmente, essa importância tem a ver com o papel exercido pela religião℗ no processo de reconfiguração das identidades nas diásporas.

I. Sentidos do termo "diáspora". O termo "diáspora" refere-se tanto a uma condição histórica muito específica como a uma categoria analítica. No caso de condição histórica, diz respeito a uma situação em que um conjunto de grupos humanos, na maioria das vezes, foi forçado a dispersar-se em territórios distintos daqueles de origem. No segundo sentido, é uma categoria analítica utilizada para compreender e analisar os diversos tipos de fenômenos de dispersão de grupos humanos concretos.

Tradicionalmente, o termo "diáspora" foi utilizado para referir-se ao processo de dispersão do povo judeu, que teve início no século VI a.C., motivado pela conquista do reino de Judá pela Babilônia. Naquelas circunstâncias os judeus foram obrigados a migrar para outras regiões distintas daquelas em que viviam. Nesse sentido, o termo foi utilizado com frequência para referir-se ao conjunto de comunidades judias estabelecidas fora da Palestina.

Vertovec apresenta três definições de diáspora muito úteis para entender esse fenômeno: como forma social, como tipo de consciência℗ e como modo de produção cultural (Vertovec apud Lourenço, 2009, p. 36). Essas definições expressam, na verdade, diferentes dimensões e nuances do fenômeno. Além disso, expressam também os diferentes impactos que a diáspora provoca na vida das pessoas e de grupos deslocados e na sociedade onde vivem.

Diáspora, portanto, se refere ao próprio movimento de dispersão e também às condições em que grupos se estabelecem em outras terras. Dessa forma, é possível detectar uma tensão entre a terra de origem e a terra de chegada, entre o desejo℗ de permanecer na terra de origem e a necessidade de sair, entre fazer parte da diáspora e o desejo de retornar à terra de origem. Em resumo, a diáspora provoca nas pessoas e grupos uma tensão entre a ruptura forçada com a sociedade de origem e o desejo de criar condições para uma vida boa apesar das adversidades do local de origem. Não obstante a violência causada na vida dos migrantes em virtude de ter de abandonar a terra de origem, sua família e seus amigos, na diáspora as pessoas procuram criar condições para viver minimamente.

Por isso, como destaca Benites, é importante assinalar, para além dos deslocamentos e das condições objetivas nas terras de chegada, "os efeitos humanos, sociais, culturais e identitários, que derivam disso" (Benites; Piffer; Cotta, 2016, p. 36). Esses efeitos são tensionados nos trajetos pessoais e comunitários na diáspora e se expressam no modo de vida daqueles que vivem na diáspora.

É importante distinguir dois conceitos que frequentemente se confundem: deslocamento de pessoas e grupos humanos e diáspora. Enquanto o deslocamento – ou fluxos migratórios – de pessoas restringe-se ao movimento de saída da terra em busca de melhores condições de vida, a diáspora consiste numa situação posterior a esse movimento. Usarski, ao estudar as relações entre migração e religião, apresenta três momentos presentes nos processos migratórios: antes-durante-depois (2017, p. 259). A diáspora refere-se, justamente, ao terceiro momento desse processo. É na diáspora que as pessoas chegam para viver e que buscam as condições mínimas para ter uma vida digna.

Além disso, em muitos tipos de diáspora, é preciso considerar que as condições concretas de vida são "*locus* privilegiados" para compreender o engajamento das pessoas e dos grupos diaspóricos para transformar a realidade onde vivem (Brito, 2017, p. 23). Na diáspora as sociedades receptoras não ficam ilesas às influências dos grupos de deslocados.

Considerando que muitos deslocamentos humanos se dão em virtude da expulsão violenta da terra de origem, nestes casos o componente violência perpassará as condições de vida na diáspora (Peffer, 2005, p. 2). E essa violência se expressa de diversas formas: nas condições de habitação que muitas vezes são precárias, nas dificuldades para ter acesso às políticas públicas que lhes garantam os seus direitos e, em última instância, no reconhecimento de sua dignidade de pessoas que reivindicam viver.

Dois aspectos merecem ser destacados quando falamos de diáspora:

1. A diáspora como reconfiguração da identidade cultural. A definição de identidade cultural apresentada por Castells é bastante útil para o que queremos discutir, quando falamos de diáspora: "[...] fonte de significado e experiência de um povo" (2006, p. 22).

Ao fixarem-se em terras estrangeiras, as pessoas e grupos levam consigo os diferentes aspectos da vida transplantados para condições nem sempre favoráveis e muitas vezes bastante adversas. A vida na diáspora expressa identidades culturais repletas de significados e de experiências vitais, que se apresentam em movimento e que acabam se hibridizando com elementos da cultura presentes na diáspora.

Na diáspora o caráter transitório dos projetos de vida das pessoas e dos grupos torna a questão da identidade ainda mais movediça (Sousa, 2013, p. 18). Nesse sentido, na diáspora encontramos identidades culturais em trânsito que, numa tensão entre manter-se e adaptar-se, favorecem hibridizações que afetam os costumes, a língua, as estruturas familiares e as religiões nos diferentes ambientes da diáspora.

Ou então, como afirma Hall, "na situação da diáspora, as identidades se tornam múltiplas. Junto com os elos que as ligam a uma ilha de origem específica, há outras formas centrípetas..." (2009, p. 26). Nas relações culturais que se estabelecem entre os migrantes e os membros das sociedades receptoras, as identidades culturais dos migrantes são recriadas de múltiplas formas e, assim, se tornam múltiplas. E isso se dá porque o processo de integração cultural tem diversas facetas. Num movimento de abertura e fechamento, essas realidades culturais se abrem e se fecham aos diversos elementos presentes na cultura receptora. A identidade dos migrantes se abre aos elementos que lhes interessam do ponto de vista da sobrevivência cultural e se fecha para aqueles que representam uma ameaça ou desfiguração daquilo que consideram essencial.

Assim, na diáspora reconfiguram-se as identidades a partir dos elementos oriundos da terra de origem e dos elementos disponíveis nas terras estrangeiras. Se não existem identidades culturais fixas, permanentes, mais ainda no processo de transição para a diáspora e nas condições de vida da própria diáspora. Esse processo nem sempre é isento de conflitos e de contradições, justamente porque as condições de vida na diáspora são marcadas por tensões e negações.

2. A diáspora como recriação da terra de origem. Nos estudos sobre a diáspora, o antes e o durante devem ser considerados como estratégias de sobrevivência identitária que impactarão a vida na diáspora. Na medida em que na diáspora os grupos humanos procuram manter a sua identidade cultural como um mecanismo de resistência para presentificar aqueles elementos originários necessários para a sua sobrevivência cultural (Brito, 2017, p. 23), as práticas culturais realizadas na diáspora revelam a presença de significados e símbolos que tornam presentes as condições concretas de vida na sua terra de origem (antes).

Exemplo disso são as situações-limite vividas pelos negros nas Américas, onde existia constante repressão e vigilância. Nessas situações, os negros escravizados desenvolveram uma resistência cultural que permitiu a eles recriar na diáspora a terra natal. A manutenção de suas festas, práticas e de seus costumes, permeados pela religião dos ancestrais, é o resultado do seu esforço não só de resistir à escravidão, como também de garantir o que consideravam fundamental em sua identidade cultural.

Por isso, e no caso dos negros escravizados, isso é muito evidente: a vida na diáspora procura recriar, de alguma forma, as condições existentes na terra de origem, na utilização de práticas e utensílios presentes nos costumes, de símbolos e de significados, para matar a saudade.

A partir de seus estudos sobre a diáspora judaica, Safram (apud Cohen, 2008, p. 520) apresenta algumas características que, de uma forma ou de outra, estão presentes em outros casos de diásporas. Um dos elementos que está presente nessas características é a ideia da memória como elã que os mantém vivos. Assim, a memória tem um papel fundamental na construção da identidade cultural na diáspora.

É a memória que, articulando os diversos elementos referentes à sua terra de origem – ancestralidade, o lugar, as relações sociais etc. –, possibilita que as pessoas e os grupos na diáspora recriem a sua terra de origem.

II. Relação entre religião e diáspora. O processo migratório, sobretudo quando se dá contra a vontade do migrante, traz insegurança e precariedade diante dos desafios de conquistar as condições mínimas para garantir o respeito a sua dignidade. As religiões, com as suas dinâmicas religiosas, podem dar aos migrantes condições psicossociais para viver na nova terra; é aqui que a dimensão religiosa pode dar um importante suporte psicossocial, oferecendo proteção diante das adversidades, ajudando o migrante a reinterpretar e dar sentido à sua biografia, resgatando sua dignidade e favorecendo o processo de diálogo e incorporação na sociedade de chegada (cf. Marinucci, s.d., p. 1).

Assim, é preciso reconhecer antes de tudo que a religião oferece às pessoas um senso de proteção e de segurança, seja em virtude dos conteúdos de sua mensagem, seja em virtude dos laços que se criam na comunidade religiosa, e que permitem a criação de redes de interação social.

De outro modo, podemos afirmar que na diáspora a religião daqueles que migram pode constituir um universo de plausibilidade (Berger, 1985, p. 60), que dá sentido à permanência dos migrantes na diáspora, apesar das condições adversas, e que permite aos migrantes a sua sobrevivência cultural e social em meio às suas lutas para conquistar direitos. No contexto da diáspora, o migrante se vê diante de diversas alternativas religiosas, ou seja, ele se vê diante de plausibilidades concorrentes e tem de escolher entre manter a religião que trouxe de sua terra de origem ou assumir outras configurações religiosas.

Seja como for, a religião pode ser percebida como uma realidade que dá sentido à sua luta por melhores condições de vida.

A religião com suas estruturas de plausibilidade (Berger, 1985, p. 60) possibilita diversas condições tanto do ponto de vista cultural como do ponto de vista social e existencial. Do ponto de vista cultural, a religião fornece as crenças, os mitos, os símbolos e os ritos que possibilitam a sua localização nas novas circunstâncias e, muitas vezes, a recriação da terra de origem. A religião permite a transplantação, do ponto de vista simbólico, daqueles elementos que permitem tornar a terra de origem presente onde se está. Do ponto de vista social, ela fornece condições de sociabilidade aos migrantes para construir redes que lhes permitem interagir entre si e com outras pessoas. Nesse sentido, a religião não é só espaço onde os laços de amizade são mantidos e aprofundados, mas também espaço a partir do qual outras relações são construídas com quem está fora. Do ponto de vista existencial, a religião pode ser vista pelos migrantes como lugar de vida onde eles podem sentir-se em casa, acolhidos e apoiados. Se na sociedade em geral o migrante é percebido como um estranho porque se apresenta como uma alteridade que exige respeito por parte das pessoas e porque exige do Estado políticas públicas adequadas, nos espaços religiosos ele pode ser visto sem estranheza.

III. Relação entre identidade religiosa e diáspora. A segunda pergunta tem a ver com a eventual contribuição que a religião pode fornecer para que os grupos diaspóricos mantenham os elementos fundamentais de sua identidade religiosa. Quando falamos de identidade religiosa, falamos também de alteridade e de processos de integração que sempre são complexos.

Para discutir a relação da diáspora com a identidade religiosa dos migrantes, Marinucci recorre a três modelos: "[...] teoria da assimilação, da radicalização da identidade religiosa e a da *metissage*" (Marinucci, 2012, p. 196). Segundo a teoria da assimilação, o migrante gradativamente vai sendo assimilado na cultura do país receptor e vai abandonando suas características culturais de origem. A segunda teoria – a da radicalização da identidade religiosa – defende que, para sobreviver no país receptor, o migrante realiza um movimento de retomada e aprofundamento de sua identidade religiosa. O apego à sua religião de origem é visto como uma alternativa para sobreviver e garantir a sua localização no contexto da diáspora. Nesse caso, a identidade religiosa originária é fundamental, mesmo que, de uma forma ou de outra, ela acabe incorporando elementos da cultura da sociedade receptora. A teoria da *metissage* afirma que o migrante realiza sínteses culturais e religiosas e aproxima seus valores e crenças de valores religiosos presentes na sociedade receptora.

Os três modelos procuram explicar como se dá o complexo processo de reconfiguração da identidade religiosa dos migrantes no contexto da diáspora. Embora cada uma dessas teorias tenha abordagens e implicações diferentes, é preciso reconhecer que cada uma delas indica diferentes possibilidades de reconfiguração da identidade⍴ religiosa em contextos da diáspora. De acordo com o contexto sociocultural da sociedade receptora e da capacidade de adaptação⍴ da religião⍴ do migrante, pode-se constatar diferentes reconfigurações religiosas na diáspora, de acordo com os modelos apontados por aquelas teorias.

IV. Reconfigurações religiosas na diáspora. Antes de tudo, é preciso destacar que toda religião, ao entrar em contato com uma realidade cultural diferente daquela de onde teve origem, acaba sendo atingida em seu modo de ser. Quando temos o contato entre duas culturas, nenhuma delas fica isenta de mudanças. O mesmo se dá com a religião. Além disso, o contato e as relações que se estabelecem entre as religiões dos migrantes e as religiões existentes na sociedade receptora sempre serão complexos, envolvendo aproximações, dilemas e conflitos.

São diversas as possibilidades de novas configurações religiosas no contexto da diáspora. Para o objetivo deste verbete, interessa-nos cinco dessas configurações: a transplantação religiosa; o abandono da religião⍴ de origem sem adesão a uma nova religião; o abandono da religião⍴ de origem e a adesão a outras; o trânsito religioso; e o sincretismo⍴.

1. Transplantação religiosa. O termo "transplantação religiosa" foi utilizado por Michael Pye (1969) para referir-se aos processos em que configurações religiosas construídas em sociedades de origem são transferidas para sociedades receptoras. A transplantação religiosa se dá pela necessidade de manter os elementos religiosos de origem, e isso pode ocorrer tanto por uma necessidade de adaptar-se à nova sociedade como também como um mecanismo de resistência às influências da sociedade receptora.

No primeiro caso, a transplantação religiosa se dá num processo de "negociação" que envolve afirmação dos conteúdos religiosos do país de origem e aceitação de elementos da cultura em geral e das religiões na diáspora. No segundo caso, a transplantação possibilita que a pessoa ou grupo de migrantes aprofunde a sua proposta religiosa tanto em razão da necessidade de encontrar energias para enfrentar as adversidades como em razão da necessidade de garantir sua identidade, quando esta se vê ameaçada. Neste último caso, a vivência religiosa torna-se um mecanismo de autodefesa diante das diversas ameaças presentes na diáspora.

A transplantação religiosa pode também assumir um caráter tardio de volta à tradição, quando se sente necessidade de resgatar as raízes do grupo num período bem posterior à chegada à diáspora. Pessoas da segunda ou terceira geração empenham-se em recuperar os valores mais antigos do grupo num processo de volta à tradição.

2. Abandono da religião de origem sem adesão a uma nova religião. A inserção da pessoa ou do grupo no contexto da diáspora, em razão das condições sociais ou da flexibilização das relações no interior do grupo de migrantes, pode relativizar a religião⍴ de origem e assim vão deixando-a sem aderir a outros. Para adaptar-se ao novo contexto cultural, muitas vezes os migrantes deixam de acentuar aspectos que os possam identificar com estrangeiros, até mesmo no que diz respeito aos aspectos religiosos.

3. Abandono da religião de origem e adesão a outra. No processo de adaptação⍴, frequentemente ocorre também o abandono da religião⍴ de origem e a adesão a uma nova religião⍴ ou a novas religiões. Esse processo nem sempre se dá sem conflitos e sem problemas.

A adesão a uma nova religião⍴ ou a novas religiões pode significar uma necessidade de se apropriar de códigos culturais novos que permitam aos migrantes serem aceitos mais facilmente na sociedade receptora. Muitas vezes esse processo está permeado por um mecanismo de resistência diante das pressões e exigências na diáspora; trata-se de aderir a outra religião⍴ para sobreviver na nova sociedade.

4. Trânsito religioso. Em busca de respostas às suas expectativas religiosas, os migrantes adotam trajetórias religiosas marcadas pela transitoriedade. Nessa perspectiva, as religiões não se apresentam como espaços homogêneos e com fronteiras muito rígidas. Ao contrário, são territórios permeáveis que possibilitam que as pessoas transitem entre eles e aproveitem as ofertas religiosas oferecidas.

No âmbito da religião⍴, a pessoa realiza trajetórias muito parecidas com as suas trajetórias como migrante, as quais, frequentemente, a colocam na dinâmica da errância. O trânsito religioso realiza simbolicamente muitas trajetórias de idas e vindas, sem sucesso, realizadas pelos migrantes em busca de mais vida.

5. Sincretismo. O sincretismo⍴ é uma possibilidade de reconfiguração religiosa em circunstâncias em que um grupo de migrantes pode incorporar elementos religiosos distintos e que estão disponíveis nas sociedades receptoras, articulando-os com elementos de sua religião⍴ de origem. Esse processo de hibridização, forçado ou não, promove a aproximação de crenças⍴, mitos, símbolos e ritos, sem necessariamente obedecer a certa coerência, seja no conteúdo, seja na forma. Às vezes, esse processo se dá de forma marginal às religiões, nas práticas privadas; outras vezes, depois de um longo processo, podem ser assumidos pelas religiões enquanto tal.

O sincretismo⍴ pode acontecer de três formas: a) a pessoa ou o grupo de migrantes mantém sua religião⍴ de origem e acrescenta elementos de outras religiões. A religião⍴ de origem é aquela que garante a identidade original do grupo, mas acrescida de elementos religiosos novos; b) a pessoa ou o grupo de migrantes adere a outra religião♀ e acrescenta elementos de sua religião♀ de origem; c) a pessoa ou o grupo de migrantes cria configurações religiosas novas, que incorporam elementos da religião♀ de origem e das religiões encontradas na diáspora.

Bibliografia: BENITES, A. dos S.; PIFFER, B.; COTTA, E. S. Diásporas históricas e contemporâneas. *Revista Memórias e Linguagens Culturais*, Canoas-RS: Unilasalle, ano 4, n. 9, p. 36, 2016; BERGER, P. L. *O dossel sagrado*: elementos para uma teoria sociológica da religião. São Paulo: Paulinas, 1985; BRITO, Ê. J. da C. Diásporas e religiões africanas. In: BAGGIO, F.; PARISE, P.; SANCHEZ, W. L. *Diásporas africanas e processos sociorreligiosos*. São Paulo: Paulus, 2017. p. 13-40; CASTELLS, M. *O poder da identidade*. 5. ed. Rio de Janeiro: Paz e Terra, 2006; COHEN, R. Sólidas, dúcteis e líquidas: noções em mutação de "lar" e "terra natal" nos estudos da diáspora. *Cad. CRH [online]*, v. 21, n. 54, p. 519-532, 2008; HALL, S. *Da diáspora*: identidades e mediações culturais. Belo Horizonte: UFMG, 2009; LOURENÇO, I. *Os corpos da Devi*: religião e género em diáspora. Tese de doutorado. Lisboa: ISCTE-IUL, 2009; MARINUCCI, R. *A religiosidade do migrante como fonte de proteção, sentido, dignidade e diálogo*. Disponível em: <http://www.migrante.org.br/index.php/pastoral-da-mobilidade-humana2/212-a-religiosidade-do-migrante-como-fonte-de-protecao-sentido-dignidade-e-dialogo>. Acesso em: 27/07/18; MARINUCCI, R. A migração dos deuses: as migrações internacionais e a questão religiosa contemporânea. In: PEREIRA, G. M. S.; PEREIRA, J. de R. S. *Migração e globalização*: um olhar interdisciplinar. Curitiba: CRV, 2012. p. 189-208; PEFFER, J. *A diáspora como objecto*. Disponível em: http://www.artafrica.info/html/artigotrimestre/artigo.php?ld.=1. Acesso em: 27/07/18; PYE, Michael. The Transplantation of Religions. *Numen*, v. 16. Fasc. 3, Dec. 1969, p. 234-239; SOUSA, V. M. F. O. O conceito de diáspora em tempo de globalização: a relação entre império, lusofonia e "portugalidade" – Um contrassenso? In: *Anuário Internacional de Comunicación Lusofóna*. Galícia: LUSOCOM-AGACOM, 2013. p. 17-29; USARSKI, F. A estrutura heurística da pesquisa sobre religião e processos migratórios: síntese e exemplificação. *Revista Estudos de Religião*, São Bernardo do Campo: Umesp, v. 31, n. 3, p. 255-271, 2017.

WAGNER LOPES SANCHEZ

DIETA → Abstinência

DILTHEY, WILHELM

I. Vida e contexto. Wilhelm Christian Ludwig Dilthey nasceu em 19 de novembro de 1833, em Wiesbaden, Alemanha, e faleceu em 1º de outubro de 1911, em Siusi allo Sciliar, na Itália. Filho de um teólogo da Igreja♀ Reformada, estudou Teologia♀ na Universidade de Heidelberg e Filosofia na Universidade de Berlim. Iniciou seus estudos universitários em 1863, diplomando-se aos 24 anos. Depois de formado ensinou em escolas secundárias, em Berlim, e logo deu início às pesquisas acadêmicas, às quais se dedicaria até o fim de seus dias. Em 1864 iniciou o doutorado em Berlim. Em 1866 foi nomeado para uma cadeira de Filosofia na Universidade da Basileia, na Suíça. Em 1868 conquistou a cátedra de Filosofia na Universidade de Berlim, antes ocupada por Hegel. Inserido no clima do idealismo que reinava nas universidades, o filósofo demarcará sua posição pelo viés empirista, de onde entende que todo conhecimento nasce e ancora-se na história e não na metafísica♀. Em suas investigações, tece diálogos com Kant♀, Locke, Comte♀, Stuart Mill, Berkeley, dentre outros filósofos de linhagem epistemológica empirista. Suas obras são de viés histórico e, sobretudo, de epistemologia♀ das ciências humanas. No primeiro viés perfilam, dentre várias, as obras *Vida de Schleiermacher* (1867-1870), *A intuição da vida na Renascença e na Reforma* (1891-1900) e *As três épocas da estética moderna* (1892). No segundo, a pioneira *Introdução às ciências do espírito* (1883), *Estudo para a fundamentação das ciências do espírito* (1905) e *A construção do mundo histórico nas ciências do espírito* (1910). Entre esses dois vieses situam-se os estudos sobre *Tipos de visão de mundo* e *Teorias das concepções de mundo*, de 1911, nos quais busca os significados universais da cultura humana.

A segunda metade do século XIX conhecia uma exuberante emergência de novas ciências dedicadas à investigação das questões humanas, rompendo com os métodos♀ especulativos clássicos e construindo caminhos pela verificação empírica e pelos métodos♀ indutivos. É nesse ambiente e sobre essas questões que Wilhelm Dilthey dedicará prioritariamente suas investigações e publicações e consolidará as bases teóricas do chamado *historicismo* alemão. Nessa perspectiva, o filósofo coloca os pressupostos do conhecimento e, por conseguinte, de suas investigações, escolhe seus objetos de estudo e executa suas atividades literárias. Em coerência com o sentido histórico das ciências e, particularmente, das ciências do espírito, Wilhelm Dilthey vai se mostrando cada vez mais como intelectual multidisciplinar. Recepcionando criticamente o universo científico de sua época, dedica-se à História, à Filosofia, à Psicologia, à Sociologia, à Etimologia♀ e à Literatura.

A causa do historicismo, como indica o próprio termo, centra-se na historicidade dos fatos e das ideias. E história é entendida como produção dos homens, e não como desenvolvimento de um princípio espiritual infinito, como postulava o idealismo. Distingue de modo nítido natureza e história e, por conseguinte, os objetos de estudo naturais e culturais. A história construída pelas ações humanas possui uma variável valorativa, uma vez que toda ação tende para um fim. É nessa dinâmica construtiva e processual que devem ser entendidos os conhecimentos humanos; é dentro dos contextos históricos e condicionadas por eles que as ciências são elaboradas e devem ser compreendidas nos métodos☞ e resultados que as compõem (Reale; Antiseri, 2008).

II. O projeto investigativo de Dilthey. A investigação das diversas disciplinas que se expandem em quantidade e qualidade não pode configurar uma dispersão de objetos, de métodos☞ e de estilos; ao contrário, tem sua razão de ser em um ponto de união da diversidade: a fundamentação epistemológica das diversas ciências dedicadas ao ser humano. Após constatar o serviço prestado por Bacon, ao expor os fundamentos teóricos das ciências naturais, o filósofo constata em sua obra de 1883: "Parecia necessário prestar um serviço análogo aos que se ocupam de história, de política, jurisprudência ou economia política, de teologia☞, literatura ou arte" (p. 37). E no seu último texto de 1910 reafirma o mesmo propósito de encontrar a fundamentação para um grupo de ciências que "desenvolveu-se por si mesmo e de maneira espontânea". Essas ciências distintas das naturais estão ligadas entre si pela "comunhão de seu objeto", que é a espécie humana. "Tais ciências são a história, as ciências econômica e jurídica e a ciência do Estado, a Ciência da Religião☞, o estudo da literatura e da poesia, da arquitetura e da música☞, das visões de mundo e dos sistemas filosóficos e, por fim, a psicologia" (2010, p. 19).

O firme propósito de definir e fundamentar as ciências do espírito ou as ciências humanas comporta um tríplice aspecto. O primeiro é pressuposto de todo o edifício de seu sistema de pensamento, o que distingue dois grupos: as ciências da natureza e as ciências humanas. O segundo nega a transposição do método☞ das ciências naturais para essas dedicadas ao homem, e o terceiro apresenta, por conseguinte, os parâmetros epistemológicos da distinção com suas especificidades metodológicas. O que subjaz a essa empreitada teórica advinha de um modelo metodológico em uso em seu tempo, qual seja, o positivismo☞, que entendia o estudo da sociedade humana como reprodução dos métodos☞ utilizados pelas ciências naturais, tal como ensinava Auguste Comte☞. A conhecida física social seria construída como a física newtoniana, que, uma vez mensurando a natureza, explicava sua mecânica por meio de fórmulas e, por conseguinte, possibilitava o domínio de suas dinâmicas. A Sociologia seria uma explicação dos mecanismos sociais pelos mesmos métodos☞ e resultaria na possibilidade de controles sociais. Antagonizando-se com essa transposição metodológica e simplificação mecânica da sociedade humana, Dilthey fará a distinção que se tornará consagrada desde então por parte de correntes filosóficas, notadamente a hermenêutica☞, e sociológicas, sendo o expoente principal Max Weber☞. Trata-se da distinção entre *explicação* e *compreensão*. As ciências naturais se ocupam de objetos naturais e podem apropriar-se deles objetivamente, produzindo explicações sobre os mesmos. As ciências humanas, por sua vez, se ocupam de objetos com vida interior, portadores de valores e de interpretações sobre si mesmos; trata-se de um sujeito que estuda outro sujeito, o que torna a objetivação impossível e, portanto, o resultado só poderá ser uma compreensão, ou seja, uma interpretação☞ historicamente situada, uma vez que os indivíduos e os grupos humanos se distinguem uns dos outros. O elemento valorativo próprio dos humanos constitui um dado fundamental na investigação científica das ciências humanas (Dortier, 2010, p. 140-141). Nesse horizonte, Dilthey vai dedicar-se ao exame da história como lugar onde todo o conhecimento se ancora (Dilthey, 2010) e, ao mesmo tempo, ao estudo dos principais concepções de mundo presentes na cultura humana (Dilthey, 1988). Essa dupla empreitada expõe o paradoxo de seu sistema como um todo: o dilema permanente das ciências, na inevitável relatividade histórica dos modelos teóricos, e a busca do universal que possa unificá-las no espírito☞ humano. As "concepções de mundo" certamente cumprem essa função e podem ser tipificadas na religião☞, na poesia e na metafísica☞, como expõe Dilthey (1988, p. 50-63). Explica: "É missão da teoria da concepção do mundo expor metodicamente, mediante a análise do curso histórico da religiosidade, da poesia e da metafísica☞, a relação do espírito☞ humano com o enigma do mundo e da vida, em oposição ao relativismo". E justifica que "a última palavra do espírito☞ não é a relatividade" e que as concepções de mundo referidas mostram como "nos diversos modos de atitude do espírito☞ se nos dá a realidade única do mundo" (Dilthey apud Imaz, 1946, p. 272). A visão religiosa ocupa, desse modo, lugar seguro no conjunto das visões de mundo historicamente construídas e se mostra como reveladora da realidade do mundo, em que reside, no fundo, o processo real da vida com sua positividade e com seus mistérios. As expressões do espírito☞ humano mostram a realidade que tudo unifica: a vida no mundo. Dentre os seres vivos, os humanos, tão naturais quanto históricos, são capazes de expressar o sentido da própria vida (Dilthey, 1988, p. 40-44). De modo análogo aos *a priori* kantianos, Dilthey oferece um lugar primordial e substancial à religião☞ em relação aos conhecimentos historicamente limitados das ciências humanas. De outra parte, as visões de mundo (dentre elas a religião), ocupam um lugar "performativo" na constituição histórica das sociedades, sendo elas uma referência de valores para os sujeitos e grupos contingenciados no tempo e no espaço. "O gênio religioso, poético ou metafísico, por outro lado, vive numa região em que está isento da vinculação social, do trabalho em matérias restritas, da subordinação ao que é acessível dentro dos limites da época e da situação histórica" (Diltehy, 1988, p. 50).

Sobre essa trama filosófica, Max Weber♀ vai construir suas análises histórico-culturais, quando busca as relações entre os sistemas de valores e as configurações históricas, como na abordagem mais conhecida das relações de afinidade entre a doutrina da justificação e a ética protestante (Weber, 1996).

III. Legados para a Ciência da Religião. Embora tenha vivenciado o contexto primordial de construção da Ciência da Religião♀ já com suas várias abordagens, reconhecido sua cidadania e autonomia dentre as ciências humanas e tocado diretamente na questão religiosa no centro mesmo de seu sistema, Wilhelm Dilthey não tem sido usualmente contado entre os cientistas da religião. Seu legado, porém, é inequívoco, sobretudo na edificação dos pressupostos teóricos e metodológicos para essa ciência, como se pode elencar: a) a historicidade das ciências: as ciências são construções históricas do espírito humano e nesse lugar constitutivo elaboram seus diversos ramos, que se dedicam a interpretar a natureza e o homem. Dentre essas, a Ciência da Religião♀ distingue-se da metafísica♀ e se apresenta como uma abordagem específica do religioso. Nessa condição, encontra-se posicionada também a teologia♀, desvestida, porém, das pretensões clássicas de ciência revelada e, tanto quanto as demais ciências do espírito, dedicada ao "labor da vida" (1986, p. 38); b) o método♀ próprio das ciências humanas: enquanto as ciências naturais conhecem seus objetos de fora para dentro e constroem sobre eles uma explicação objetiva, as ciências humanas conhecem os seus de dentro para fora. O resultado é sempre uma compreensão por envolver no método♀ o sujeito e o objeto, ou seja, os valores que sujeito-conhecido e sujeito-conhecedor carregam consigo, na forma de interpretação♀ de si mesmos e do mundo, e a descrição desses conhecimentos nas diversas abordagens. A Ciência da Religião♀ lida de modo direto com os valores religiosos dos grupos e indivíduos e depara-se, permanentemente, com o problema da distância-proximidade do sujeito investigador, assim como com o problema da experiência particularizada dos sistemas investigados. Do ponto de vista metodológico, encontra-se no centro da problemática da compreensão "objetiva" de um objeto, por lidar diretamente com o "mundo interno" das convicções e dos valores a ele inerentes (Rolim, 1997, p. 82-83); c) o pensamento hermenêutico: a distinção entre as duas ciências e a formulação dos seus distintos métodos♀ oferecidas por Dilthey trouxe à luz o conceito de *compreensão* distinto de *explicação*. Esse conceito será axial para a tradição hermenêutica♀, que se dedica, precisamente, a solucionar a relação complexa que ocorre entre sujeito conhecedor e objeto conhecido. Qual a calibragem metodológica possível entre o sujeito com suas visões e o objeto com seus conteúdos objetivos? Essa interrogação perpassará a filosofia contemporânea, chegando a Heidegger e, de modo sistêmico, a Hans G. Gadamer♀, que coloca o problema hermenêutico como central em todas as operações cognitivas (Gadamer, 2002, p. 334-369; Abbagnano, 2007, p. 186). As ciências humanas são sempre hermenêuticas♀ e, dentre essas, a dedicada à religião♀ depara-se explicitamente com a problemática metodológica dos textos sagrados, das narrativas sagradas, de símbolos religiosos e dos discursos doutrinais e dogmáticos, em que as noções de sujeito religioso, de círculo hermenêutico e de regras de interpretação♀ são constitutivas. A postura hermenêutica♀ torna-se, de fato, uma exigência do pesquisador de religião, que deve ultrapassar sempre os discursos públicos e oficiais, tanto dos religiosos, sobre seus sistemas, quanto do senso comum ou das tradições teóricas, na busca do sentido que cada experiência, comportamento ou discurso religioso oferece em cada tempo e espaço (Higuet, 2013, p. 461-465); d) o lugar da religião♀ nas visões de mundo: a religião♀ não constitui uma visão de mundo superada pela filosofia e pela ciência; ao contrário, compõe juntamente com a filosofia e a poesia uma visão de totalidade que transcende os espaços e os tempos relativos. "Entre todas as vivências sobre as quais a objetivação e a organização do espírito♀ estão fundadas, a religiosidade assume uma posição particular, central" (Dilthey, 2010, p. 267). A religião♀ oferece uma visão que integra os indivíduos e os seus grupos no cosmos e cria uma unidade sobrenatural àquilo que os sentidos captam de modo sempre fragmentado e limitado; os lugares santos, os personagens sagrados, os seres divinos, os sacramentos♀ significam na religião♀ o mesmo que o simbólico na arte e o conceito na metafísica♀ (Dilthey, 1988, p. 52-53). Compreender as tradições religiosas torna-se uma tarefa indispensável à compreensão dos grupos sociais e do próprio ser humano, uma vez que o religioso fornece uma fonte de interpretação♀ da realidade, de valoração da vida e dos ideais práticos. Nesse sentido, afirma que "A eficácia do invisível é a categoria fundamental da vida religiosa elementar" (Dilthey, 1988, p. 52). Assim situada, a religião♀ se mostra como um mundo antagônico ao mundo imanente, porém com uma função performativa do mesmo mundo com suas significações transcendentes unificadas e seguras. Estudar religião♀ significará sempre transitar expressões históricas sempre contingentes da vida humana e das mais diversas tradições religiosas, com suas práticas simbólicas e morais às visões unificadoras de mundo que as sustentam como base, como definição de bem e de mal e como origem e fim. "A religião♀ emerge do trânsito com o invisível. No entanto, não é a partir desse trânsito por si que emergem as formas da religiosidade. Ao contrário, esse trânsito acompanha a configuração da pessoa em direção a uma unidade satisfatória e somente isso se mostra como a realidade efetiva" (Dilthey, 2010, p. 269).

***

As reflexões de Wilhelm Dilthey ofereceram as intuições para os estudos de religião que vieram depois, bem como as posturas metodológicas para a sociologia compreensiva, na qual as visões de mundo têm um lugar fundamental para a compreensão das configurações históricas. Todo o sistema weberiano está pautado nesse princípio e é dele caudatário ao buscar as relações entre as visões religiosas e os regimes econômicos, tanto o Ocidente quanto do Oriente. O esquema de fundo da sociologia compreensiva reserva à religião um lugar constitutivo nas investigações sócio-históricas, aquém das abordagens materialistas. O legado metodológico de Dilthey é igualmente relevante em suas proposições fundamentais para a Ciência da Religião. A relatividade histórica dos modelos científicos inerente às ciências humanas e, por conseguinte, à religião coloca todas elas na dinâmica da investigação permanente, negando os sistemas pretensiosamente metafísicos e fixistas, legado importante da vigilância epistemológica perante as intenções apologéticas que possam invadir o campo dos estudos da religião. Se as ciências humanas deparam sempre com objetos/sujeitos que falam ou que portam e expressam valores, a dedicada à religião investiga um objeto que não somente fala, mas fala verdades, não somente verdades, mas verdades definitivas. O método dessa se posiciona sobremaneira em um lugar de relação particular entre o sujeito investigador e o objeto investigado, entre a calibragem técnica das posturas *insider* e *outsider*. A tensão metodológica entre as duas posições constitui, de fato, um dado prático e teórico para os estudos de religião, de onde se eleva como exigência a construção permanente das múltiplas abordagens das expressões religiosas: aquela que investiga as particularidades segundo as regras da investigação empírica e aquela que avança na direção dos significados singulares pela sistematização lógica, que pretende explicitar a unidade de fundo como expressão do próprio espírito humano.

O estudo da religião situa-se, por fim, como uma das buscas do ser humano por si mesmo, por sua natureza propriamente dita, ou por seu próprio espírito. No fundo das investigações indutivas e empíricas de cada ciência humana se encontra a humanidade, a vida interior onde habitam as significações, os valores e as finalidades. Esse estudo avança para a compreensão da essência do homem retraída no fundo de suas expressões históricas; transita dos exteriores para os interiores, das configurações para os significados, em

uma tarefa hermenêutica árdua. "Tratar-se-ia aqui de Estados, igrejas, instituições, hábitos, livros, obras de arte; tais fenômenos sempre contêm, tal como o próprio homem, a ligação entre um lado exterior sensível e um lado subtraído aos sentidos e, por isso, interior" (Dilthey, 2010, p. 25). Compreender a religião é, portanto, apropriar-se de seu significado para a vida humana, como componente que é do espírito humano. "E é neste mundo espiritual que se movimenta em nós de maneira criadora, responsável e soberana, e somente nele que a vida possui seu valor, seu fim e sua significação" (Dilthey, 2010, p. 23).

Bibliografia: ABBAGNANO, N. *Dicionário de Filosofia*. São Paulo: Martins Fontes, 2007; DILTHEY, W. *A construção do mundo histórico nas ciências humanas*. São Paulo: Unesp, 2010; ABBAGNANO, N. *Introducción a las ciencias del espíritu*. Madrid: Alianza Editorial, 1986; ABBAGNANO, N. *Teoría de las concepciones del mundo*. Madrid: Alianza, 1988; DORTIER, J.-F. *Dicionário de ciências humanas*. São Paulo: Martins Fontes, 2010; GADAMER, H.-G. *Verdade e método*: traços fundamentais de uma hermenêutica filosófica. Petrópolis: Vozes, 2002; HIGUET, E. A. Hermenêutica da religião. In: PASSOS, J. D.; USARSKI, F. *Compêndio de ciência da religião*. São Paulo: Paulus/Paulinas, 2013; IMAZ, E. *El pensamento de Dilthey*: evolución y sistema. México: El Colegio de México, 1946; REALE, G.; ANTISERI, D. *História da Filosofia 6*. São Paulo: Paulus, 2008; ROLIM, F. C. *Dicotomias religiosas*: ensaio de sociologia da religião. Petrópolis: Vozes, 1997; WEBER, M. *A ética protestante e o espírito do capitalismo*. Lisboa: Presença, 1996.

João Décio Passos

DIREITO

O termo "direito" recebe delimitações conceituais e etimológicas distintas, seja em sua procedência latina, como: *ius, jus, justus, directum*, seja como objeto da virtude da Justiça (*justitia*), em seu correspondente grego *dikè, themis*. Conhecer o que é o Direito e a Justiça e quais são os âmbitos em que atuam requer o conhecimento prévio da pessoa, de suas principais relações, dos fundamentos e fins aplicáveis, para delimitar adequadamente os conceitos e suas implicações jurídicas.

I. Significados. *Jus, Ius.* Em todas as épocas, juristas e filósofos preocuparam-se com a formulação de conceitos para fixar a exata noção do fenômeno jurídico, mas o vocábulo "direito" é difícil de ser definido com rigor, por ser um termo de *natureza analógica*. Não se trata de um termo *equívoco*, como pretendem alguns, porque, em qualquer juízo ou raciocínio em que se o empregue, sempre é possível, por um de seus aspectos ou perspectivas, ligá-lo a uma ideia central. Quando dizemos *ciência do direito, tenho direito, direito romano, direito canônico*, o termo "direito", embora empregado em diversas acepções, nem por isso implica rompimento da unidade monolítica que lhe serve de base (Cretella Jr., 1967, p. 184). Conforme o ângulo considerado, o *direito* será definido de forma diversa. Os romanos empregavam o vocábulo *jus*, do latim clássico, para designar o que hoje denominamos *direito* (*diritto, derecho, drept, right, recht*). Ao termo *jus* estava associada a ideia de *poder, comando*, de origem divina. Até hoje não se sabe concretamente a origem da palavra *ius, jus*. Os filólogos e juristas consideram uma palavra primitiva derivada de *iussum* (ordem) e *iubere* (ordenar, preceituar). Outros entendem que o vocábulo deriva do sânscrito *yu, yug, yung*, que significa liame, ligação, fechado, circunscrito, e daí a *assembleia em forma de circo*, o tribunal. Por conseguinte, *ius* seria o estabelecido pelos juízes, os quais refletem nas suas decisões o pensar da comunidade (*populus*), declaram o *iustum* e reprovam o *iniustum* (o a-normal). Modernamente, vários autores pensam que a origem sânscrita *yaus* (puro, bom, santo) signifique algo procedente da divindade. Outros reputam sua origem em *Ioues, Iovis* (de onde *dius, deiuos, deus*), forma antiga de *Iupiter* (Júpiter), que, rigorosamente, invocava Júpiter. A favor desta etimologia está a palavra *iovestod*, que se encontra no brasão do *Forum Romanum*. O *ius* teria em sua estrutura originária certo conteúdo ou sentido religioso que jamais haveria de perder por completo, sobretudo nos seus compostos *iurare* (jurar) e *iusiurandum* (juramento). Laurent Mayali, no artigo "Law and Religion: Law and Religion in Medieval Europe" (2005), afirma que a relação entre direito e religião foi política e que o *status* legal da religião e das instituições religiosas no Direito Romano foi definido pelo conjunto de regras e princípios que regularam o *uso sagrado* por padres e magistrados. Surgiu das vicissitudes históricas, e essa aderência à concreção da vida diferenciou o direito dos romanos do direito dos helenos (Guarino, 2000). Os gregos aliavam conhecer o direito à força para executá-lo (*iudicare*), enquanto os romanos se interessavam pelo *jus-dicere* (dizer o direito pelo *iudex*, juiz, um particular a princípio não versado em direito). O Direito Romano foi, em sua evolução, dominantemente *doutrinário* e *jurisprudencial*, nele desempenhando as leis um papel modesto, como, por exemplo, na vetusta *Legis actio per sacramentum*. O Direito antigo não é obra de um legislador, mas antes se impôs ao legislador. Foi na família que nasceu. Decorreu de crenças religiosas universalmente admitidas. Por meio do culto doméstico foram instituídas as primeiras leis, tais como as fúnebres, que deram margem às leis matrimoniais, no caso, as mulheres deviam abandonar o culto de seus familiares e adotar o culto dos mortos do marido. As famílias, ao formarem a cidade (*jus publicum*),

não abdicavam de seu direito próprio (*jus privatum*). Os deuses conferiam a cada família os seus direitos sobre a terra. As leis gregas e romanas reconheceram um poder ilimitado do pai (*Dyen Pater* – Pai Celeste – *pater famílias*). O pai era o chefe do culto, e o filho deveria ajudá-lo nas funções sagradas. Não eram as leis, mas sim a religião que dava garantia ao direito de propriedade. A primeira lei escrita, a *Lei das XII Tábuas*, apareceu em Roma por volta de 460 a.C., após um período de leis arcaicas consuetudinárias e orais. No tempo da compilação (*Codex*) das leis pelo imperador Justiniano (565 d.C.), no século VI do Império Bizantino, a cristandade trouxe uma simbiose entre lei e religião. Das publicações de Justiniano temos o *Código*, o *Digesto* ou *Pandectas*, acompanhado de um manual para os estudantes, as *Institutas* e as *Novellae* ("Novas Leis"), que formam o *Corpus Iuris Civilis*. Ensina Marchionni (2010, p. 36) que, como as palavras cristãs – "por vontade de Deus, governadores do nosso império, que nos foi entregue pela majestade celeste, empreendemos guerras com êxito, honramos a paz e mantivemos a estabilidade da república. Por isso, elevamos nossos ânimos para a ajuda de Deus onipotente, para que não confiemos nas armas nem nos nossos soldados, nem na nossa habilidade, mas atribuamos toda a esperança à providência da suma Trindade, da qual os elementos do mundo inteiro procederam e pela qual a ordem foi estabelecida" (*Codex Justinianus*, I,17) –, o imperador Justiniano entregava ao jurista Triboniano, na Constantinopla de 509 d.C., a tarefa de reunir uma comissão de juristas para compor o *Corpus Iuris Civilis*, "ordenando a multidão de leis criadas desde a fundação de Roma". A partir do século V a.C., a palavra latina perdeu bastante essa ideia religiosa para significar *ordenamento laico* (civil).

Derectum. O termo *derectum*, proveniente do baixo latim, acusativo do adjetivo *directus, a, um*, tem o sentido de "reto, de acordo com a linha reta, conforme a regra". Afirma Ferraz Junior (1990, p. 35) que, no decorrer dos séculos, a expressão *jus* foi, pouco a pouco, sendo substituída por *derectum* (reto, preciso), de caráter mais popular e ligada ao equilíbrio da balança da deusa Justiça, guardando um sentido moral e religioso. Dos séculos VI ao IX, as fórmulas *derectum* e *directum* passam a sobrepor-se ao uso de *jus*. Depois do século IX, a palavra latina *derectum*, procedente do verbo *derigere* ou *dirigire* (dirigir, ordenar), é consagrada para indicar o ordenamento jurídico ou a norma jurídica em geral.

II. O Direito, objeto da virtude da Justiça. Historicamente, o Direito não é um puro fato situado no tempo, sem ter, como a natureza não espiritual, alguma relação com o próprio tempo. A historicidade do direito significa sua abertura para o *direito natural*, porque, mirando o que não pode alcançar, obtém o que é possível em um lugar e tempo determinados: o direito historicamente *justo*. O Direito Romano,

DIREITO

como qualquer Direito de um povo, é um conjunto de normas ou regras de caráter social. As normas sociais podem ser de várias ordens: religiosas, morais, éticas, de educação etc., e também *jurídicas*. Dizendo-se que a *norma jurídica* é um *nomos*℘ (palavra cujo significado é "esquadro"), afirma-se de modo particular que é uma *regula* (uma "régua", uma regra); esta, por sua vez, é um *canon* (uma medida). *Esquadro* (*norma*), régua (*regula*) e cânone (*cânon*); tudo são medidas para valorar as coisas. O direito estabelece a relação entre os diversos valores, assim como as leis formais que governam cada valor. As normas jurídicas determinam *eficazmente* em virtude do seu poder coercitivo. Determinam e protegem o que pertence a cada um, pois as *normas jurídicas* são ditadas pela *Justiça*, que é a virtude de atribuir a cada um o que é seu – *Justitia est constans et perpetua voluntas suum cuique tribuendi* (Ulpiano, *D.*1,1,10pr). Dar aos demais o que lhes pertence é o justo, o objeto da virtude da Justiça. O objeto da Justiça não é o direito comumente entendido, mas os *deveres de justiça*.

O termo "direito", enquanto forma parte da virtude da *Justiça*, como toda virtude tem um significado subjetivo: faz virtuoso quem a pratica. A Justiça, em seu significado original, é um *dever* da pessoa e, por extensão, da pessoa na sociedade. Não posso ser justo se não tenho deveres de justiça a cumprir: se não sou devedor, não posso ser justo. A virtude cardeal da Justiça, como toda obrigação, origina um *debitum*; seu conteúdo são os direitos alheios, trata-se de uma obrigação prática e deve existir um vínculo que me converte em devedor (este elemento do objeto da Justiça vai implícito no termo "obrigação", que deriva do verbo latino *ob-ligare*). A outra significação mais comum da palavra "direito" é seu sentido objetivo: como ordenamento jurídico, conjunto normativo ou sistema de leis. Assim ocorre quando se fala de Direito Civil, Direito Canônico.

III. Justiça e seus símbolos. O pensamento greco-romano da Antiguidade se movimentava dentro do panteísmo℘, que é uma visão do mundo pela qual o universo é um grande Deus (*pan-theos*). O conceito de *iustitia* (ontológico – do ser) é mais próprio dos filósofos que dos juristas. Todavia, Ulpiano, a quem pertence o fragmento já citado, conhecia e dominava perfeitamente a filosofia grega, sobretudo os textos de Platão (*Rep.* 33), Aristóteles e Plutarco, o que constitui um tópico do pensamento antigo. "Situada na divindade, a Justiça significava antes de tudo harmonia eterna, *divinitas et humanitas*, ordem *universal, correspondência entre natureza e razão*. A justiça distributiva (entre os seres) era objeto do direito" (Marchionni, 2010, p. 38). Como tema de uma *Ciência da Justiça* própria, a *Dikelogía* (palavra encontrada na obra de Altusio/Althusius, de 1617) é vista como uma ciência nova, que trata de um tema velho, cuja denominação (*dikelogía*) é um nome velho

com um sentido novo. *Diké*, filha de *Zeus* e *Themis*, irmã da verdade, é a justiça do caso concreto, personificadora do julgar (*dikazein*), portadora do Direito, que traz do Olimpo para a Terra. As *Themistes* eram os costumes, usos e princípios de Justiça que o deus Zeus impunha e delegava aos reis (virtude aristocrática). Essa era imprescindível. A alternativa ao seu descumprimento era a injustiça generalizada, a guerra, como o mostra o escudo de Aquiles. Ao contrário da deusa *Justitia* romana, representada sentada, com os olhos vendados, segurando com as duas mãos a balança, a deusa *Diké* é guerreira, simbolizada de pé, sem venda nos olhos, que mantém bem abertos, empunha uma espada na mão direita e uma balança, cujos pratos estão em equilíbrio, na mão esquerda. O fiel da balança é o *directum* (direito). O *dikaion* era algo dito solenemente pela deusa ao administrar a justiça. E *íson* (isonomia) correspondia à igualdade entre os pratos da balança. Tais vocábulos se relacionam e se complementam, uma vez que todas as sociedades, mesmo as mais arcaicas, são regidas por princípios de direito quanto às pessoas e aos bens, e essas regras e normas se imprimem no vocabulário da sociedade (Benveniste, 1995, p. 101). Filha da divindade, a Justiça é, por isso, filha da verdade (*alétheia*). Do panteísmo℘, esse conceito passará para o teísmo judeo-cristão e islâmico. No teísmo, o universo não é mais um Deus, mas uma criatura de Deus. Santo Agostinho, segundo Marchionni, dirá, no *Sermão 126*, que a justiça é *a própria mente de Deus*℘ (aquilo que Deus℘ quer é a própria justiça).

Figura jurídica de renome, Hans Kelsen, em sua obra *Das Problem der Gerechtigkeit* (Kelsen, 1960), que corresponde ao Apêndice da segunda edição alemã da *Teoria pura do direito*, analisa a noção de justiça e a doutrina do Direito Natural, e enuncia: "A justiça é uma qualidade ou atributo que pode ser afirmado de diferentes objetos Em primeiro lugar, de um indivíduo. Diz-se que um indivíduo, especialmente um legislador ou juiz, é justo ou injusto. Nesse sentido, a justiça é representada como uma virtude dos indivíduos. Como todas as virtudes, pertence ao domínio da moral". Por se exteriorizar na sua conduta em face de outros indivíduos, em sua conduta social será justa quando corresponder a uma norma que prescreva essa conduta. E injusta em caso contrário. Assim, constitui o valor justiça. Já a *norma moral* é uma norma de justiça, mas nem toda norma de uma moral constitui o valor justiça. Somente podem valer as normas de direito positivo conforme o *direito natural*.

IV. Pressupostos do Direito. A dignidade da pessoa. O fundamento do Direito não é outro senão a ordenação℘ divina referida à natureza humana e, por extensão, à ordem criada, e seu fim é o bem da pessoa: sua felicidade℘. A pessoa, além de ser a imagem℘ filial de Deus – *imago Dei et filius Dei* –, é chamada a conviver e relacionar-se com seus semelhantes. A Justiça é o respeito à ordem criada nas relações devidas aos demais; facilita o projeto de criação divina do homem na sociedade. Desde o jus naturalismo racionalista, sancionado pela Ilustração ou Iluminismo♀, se cometeu o erro de considerar o fundamento do Direito à vontade do governante ou do legislador, mas isso só fundamenta a coercibilidade de suas leis, não sua Justiça. O verdadeiro fundamento do Direito não é o poder, mas a natureza humana, sua dignidade. Ao desrespeitarmos a dignidade da pessoa, o resto do ordenamento jurídico resulta incongruente.

V. Correntes e escolas/Autores envolvidos.

1. Jusnaturalismo – ou direito natural. Provém da natureza e se fundamenta na natureza. Mas o que é natureza? Remontando a Aristóteles (*Metafísica*, Cap. IV, Livro I), encontramos a conhecida definição: "No sentido primário e próprio, natureza é a substância dos seres que têm em si mesmos, enquanto tais, o princípio de seu movimento". Entre as muitas interpretações desta passagem, Aristóteles, expondo a classificação das ciências, distingue as que têm por objeto as coisas naturais, a *Physis – fonte, fundamento, toda a realidade, natureza* (ciências físicas) –, e as que têm por objeto o fazer humano, que compreende o *poein*, isto é, "o operar", o produzir próprio do artesão ou do artista, de onde a teoria da criação humana – poética – e em *prássein*, isto é, o agir intencionalmente, de onde a teoria das virtudes – ética e política. Quando percebemos, porém, que entre os produtos do fazer humano estão também as regras sociais, os costumes, as leis de conduta – distintas das leis naturais –, ou seja, as *normas*, temos o contraste entre *natureza e convenção*. A distinção entre natureza e norma proposta por uma vontade dominante é evidente, mas muito menos óbvia é a que existe entre natureza e costume. Em um fragmento da *Oeuvres complètes*, Pascal (1999, p. 1121) diz que a natureza é uma espécie de segunda natureza. Na Retórica e no início do Capítulo 7 do Livro 5 de *Ética a Nicômaco*, Aristóteles afirma que existem uma lei particular e uma lei comum. A primeira existe em razão das particularidades de cada povo, enquanto a segunda é conforme a natureza. Na Ética ele nos fala em *direito político*, que se divide em natural e legal. Viver em sociedade é algo natural, necessário para a realização da natureza humana; viver fora dela é impensável: "Pois assim como o homem perfeito é o melhor dos animais, assim também, separado da lei e da Justiça, é o pior de todos (uma besta ou um Deus)". Desse modo, a Justiça é uma *virtude social*, perfeição da alma♀ humana, que visa manter os laços sociais por meio da promoção do bem do outro. Curiosamente, a maioria dos doutrinadores não cita Platão, para quem o direito natural é um *modelo inteligível que se identifica com a igualdade de tipo geométrico ou proporcional* (Platão, *Górgias*: A natureza deve refletir-se na lei. A justiça, na *República*, é uma

virtude cardeal, a ordenação♀ da alma♀ – essência inteligível, tem o papel de um paradigma para a atuação do legislador. A essência da justiça é o direito natural). Essa igualdade geométrica, conteúdo do direito natural, institui uma *ordem*, que é análoga ao que o Deus♀ Supremo (demiurgo) estabeleceu na criação do universo. Para Platão, ou Arístocles Platão (427 a.C.), há uma regra moral absoluta: a assimilação a Deus, visto como medida de todas as coisas.

Na Idade Média, a natureza era considerada o produto da inteligência e da potência criadora de Deus. O Direito Natural torna-se ora a lei inscrita por Deus♀ no coração dos homens, ora a lei revelada pelos textos sagrados, que transmitem a palavra divina, ora, ainda, a lei comunicada por Deus, por meio da razão. No princípio da Idade Média, a natureza era vista como ordem natural do universo e o direito é um direito *encontrado pelo homem, não formulado por ele*. Depois do *direito natural consuetudinário*, que se perde na noite do tempo, e do *direito natural divino*, o *direito natural racional* representa uma terceira encarnação do direito não proposto pelo homem, e tem ou pretende ter validade universal. "Com efeito", afirma Passos (2010, p. 85-99), "a justiça constitui o fim de toda construção legal, o objeto e a finalidade do direito, com suas ciências e suas práticas […]. A temporalidade da justiça é *kairológica*, a da lei é cronológica".

Com a paulatina supremacia do Cristianismo, a conversão dos povos bárbaros e a implantação do poder temporal dos bispos e papas, a Igreja♀ instaurou-se como fonte de poder. Na Modernidade, o Direito se rebelou contra a ingerência da religião♀ e do poder eclesiástico na gerência do Estado. Esse processo se consumou sob as formas de secularização♀ e laicização do Direito e do Estado (Bezerra, 2016, p. 80ss.). Os modernos sistemas legais democráticos recepcionam diversas formas de pluralismo religioso♀, alguns estabelecendo ou privilegiando certas religiões particulares. Todavia, esses sistemas legais frequentemente não distinguem a religião♀ dos rituais religiosos e as doutrinas (Kessler, 2005).

2. Direito Positivo – Positivismo Jurídico. A palavra "direito" se utiliza aqui como sinônimo de um poder tutelado pela lei, como atos constitutivos de direitos e deveres. Nesse sentido se constitui no momento em que o titular o possui. Há direitos inerentes à pessoa, como o de liberdade da consciência♀ e outros que procedem da vontade da autoridade. O direito positivo (do latim *possitum*) é definido como o direito *posto, imposto, redigido* pelo Estado. Compreende o conjunto de normas que rege o convívio dos homens em um determinado contexto histórico, social, temporal e espacial ou territorial. O maior expoente da corrente do denominado positivismo♀ jurídico é Hans Kelsen e sua conhecida obra *Teoria pura do direito*, e por sua obra póstuma *Allgemeine Theorie der Normen* (Teoria geral das normas). Kelsen é tido como um divisor de águas no Direito. Seu método♀ visa criar uma *Ciência* lógica *do Direito*, e para tanto se utiliza do conceito de "pureza metodológica do conhecimento científico-jurídico", como um "postulado metodológico" do qual abstrai todo valor, toda política, religião♀, moral, e qualquer outra interferência que não seja provinda do próprio Direito. O problema da Justiça, enquanto valorativo, situa-se fora de uma teoria do Direito, que se limita à análise do Direito positivo como sendo uma realidade jurídica. A Ciência do Direito positiva, ou Jurisprudência, tem como objeto o estudo do *Direito* (práxis), e este será visto como *Norma*. Procura responder à questão: o que é e como é o Direito? Para tanto divide o sistema jurídico em duas partes: sistema estático, que nos fornece a *estrutura jurídica*, nos dá os conceitos (puros) e um sistema *funcional* ou *dinâmico* do Direito. É importante entender que, para Kelsen, Direito e Estado são duas faces da mesma moeda e que um não existe sem o outro. O Direito sem o Poder é vazio e por sua vez o Poder sem o Direito é selvagem, é força. Para tanto devemos atentar para sua importante definição de *Norma* como *esquema doador de sentido*, ou esquema de interpretação♀: "Norma é o sentido de um ato através do qual uma conduta é prescrita, permitida, proibida, facultada, autorizada, no sentido de adjudicada à competência de alguém". É fundamental entendermos que, para o autor, é o Direito e não nós que dá sentido aos nossos atos. Os atos humanos têm um *sentido subjetivo* que as pessoas lhe dão, como, por exemplo, levantar a mão (pedir para falar), e um *sentido objetivo*, dado pela norma (o mesmo ato de levantar a mão é interpretado como: votou uma lei, deu um lance em um leilão, uma advertência de um policial, indicando que pare etc., dependendo do contexto em que se achem inseridos). Os fatos são todos os acontecimentos que modifiquem a natureza, como, por exemplo, chuva, frio, calor, terremoto. Os fatos jurídicos compreendem os *fatos propriamente ditos* e os *atos*. O ato é o agir humano através de *ações e omissões*. Quando faço chover na plantação de meu vizinho por meios artificiais e este perde sua colheita, digo que meu ato foi *ilícito* (contrário à norma). Logo, a intervenção humana em um fato constitui um ato caracterizado por uma norma objetiva incriminadora. Independentemente do conteúdo, as normas valem, isto é, têm validade. Justamente por isso valem para qualquer tempo e espaço. São válidas ou inválidas, e não verdadeiras ou falsas. Para tanto é mister um ordenamento jurídico hierarquizado, com normas superiores e inferiores, que são deduzidas umas das outras. Logo, o fundamento último de validade do sistema é, para Kelsen, uma norma pressuposta lógico-transcendental (*Grundnorm*). E a última norma posta será a Constituição ou o costume. Desse modo, o Direito posto define e identifica o que é ou não é direito, sua autoprodução ou, como diz N.

Luhmann♀, baseado nos biólogos chilenos Maturana e Varela, sua *autopoiese*.

3. Direito divino e Direito humano. Por último, o termo "direito", tanto como objeto da Justiça como em sua vertente de regulação social, tem sua vertente em Deus. Não obstante, para sua precisão se faz necessária a distinção entre *Direito divino* e *Direito humano*. Nestas expressões a palavra é utilizada em um sentido objetivo, como conjunto de leis.

Rémi Brague, ao explorar a *aliança* (*berith*) entre a *lei* e a *divindade*, compara a noção de *lei divina* como fio condutor. Partindo da noção de lei, pergunta: "[…] o que é uma lei que, num lugar e tempo determinados, é apresentada como divina? No que consiste essa divindade? Ela é uma origem ou uma propriedade? Que caracteres essa divindade confere à lei?".

Se, em contrapartida, partimos da noção de divindade, a pergunta pode ser: "[…] como o fato de um Deus ser apresentado como legislador mostra sua divindade? Que relação com o divino, que tipo de religião♀ provém de tal ideia?".

Dessas questões outras surgem, em certa medida, empíricas: como são as sociedades nas quais o comportamento humano é regido por leis qualificadas como divinas? Qual a relação com a lei: submissão, adaptação♀, interpretação♀ mais ou menos criadora? Que grupos sociais administram essas diversas relações?

A noção de lei divina supõe que o *comportamento humano, em toda a sua extensão, recebe sua norma do divino*. Presente na Grécia como metáfora♀ da lei natural, ela adquiriu com Israel novo sentido. No Cristianismo, inicialmente, por *Direito divino* se entende o promulgado por Deus na *Revelação* e constitui o Direito constitucional da Igreja♀; por *Direito humano*, o que procede dos demais legisladores, sejam civis, sejam eclesiásticos. O Decálogo contém preceitos de Justiça entregues por Deus♀ a Moisés. O Código de trânsito ou a obrigação de assistir à missa aos domingos são exemplos de Direitos♀ Humanos (civil o primeiro e eclesiástico o segundo). Os preceitos essenciais são princípios universais e inderrogáveis, sobre os quais se articulam as normas.

Muito cedo, o Cristianismo renunciou à ideia de uma legislação revelada e reaproximou-se da ideia grega de uma lei divina, porque natural.

A norma é uma constante. A etimologia♀, a partir do verbo *nemo*, remete à ideia de pastagem, o que permite diversos jogos do legislador como pastor. Em Hesíodo, *nomos*♀ é invocado pela primeira vez, e encontramos referência ao costume, ao modo de agir, ao *way* no sentido amplo do termo. Com o advento da democracia ateniense, a ideia de norma passa de *thesmos*, quando é imposta por um agente externo, a *nomos*♀, quando é aceita por um grupo. A palavra "lei" vem do latim *lex*, que exprime uma noção romana. A escolha dos termos para traduzir *nomos*♀, do grego, ou *hoqq*, do hebraico, e mais ainda *torah*, é discutível. A ideia de lei exprime apenas parte do domínio normativo, o qual é bem mais vasto que a lei. Recebe diversos nomes: regra (regulação); costumes (*agrapha nomima*); cânone (canônico); lei (legislação).

A ponte que une o projeto criador divino com as leis humanas é a *Lei natural*, o Direito natural, de modo que as leis humanas devem decorrer dos princípios naturais de Justiça. As leis contrárias ao Direito natural são *injustas*, não são propriamente leis, mas um exercício errado ou abusivo de poder. A estrutura fundamental da Igreja✝, a potestade eclesiástica, a base sacramental, o fim *salus animarum*, são alguns dos elementos do Direito divino sobre os quais se articula o Direito Canônico, elementos imutáveis e sem os quais a Igreja✝ seria irreconhecível. Junto a estes pontos, que constituem seu núcleo fundamental, que foram se positivando ao longo dos séculos, há outras disposições de Direito humano ou eclesiástico, como, por exemplo, o elenco de penas vigentes do último Concílio✝ do Vaticano II. Alguns autores distinguem entre Direito *positivo* e Direito *formalizado*. Direito positivo seria todo o direito vigente, também o consuetudinário; formalizado, apenas o Direito escrito e formalizado. O Direito Canônico se *positiviza* quando cobra vigência histórica pela consciência✝ eclesial de seu conteúdo concreto e quando o Direito divino se integra e articula em Direito humano.

4. Direito Canônico (Graciano) e eclesial (Concílio Vaticano II, 1965). Representado pelo *Codex Iuris Canonici*, o Direito Canônico é um direito privado consagrado à constituição e ao regime da Igreja✝. Certamente seus *cânones* são normas jurídicas singulares. A Igreja✝ primitiva apostólica, até o ano 300, não possuía um direito. Pautava-se na Bíblia✝, nos Dez Mandamentos, nos Atos dos Apóstolos e nos escritores eclesiásticos. Também nos concílios✝, a partir do de Niceia (325), nos quais já aparecem *cânones disciplinares*. Deve-se a Graciano, monge nascido na região italiana da Úmbria e professor em Bolonha, a primeira sistematização do Direito Canônico, a qual passou à história como *Decreto de Graciano*. Mas será no Concílio✝ de Trento (1545-1563) que haverá uma regulamentação decisiva, doutrinária e disciplinar da Igreja✝ Católica. Nos séculos seguintes, devido à centralização da Igreja✝ em Roma, à força dos estados nacionais, ao Código napoleônico, entre outros, em 15 de setembro de 1917 tivemos um código unificado, o *Código Bento XV* ("*Benedicto, O Bispo*: 'Aos veneráveis irmãos e amados filhos. Os Patriarcas, Primados, Arcebispos, Bispos e demais ordinários e além deles aos professores e alunos das Universidades Católicas de estudos e dos Seminários, Benedicto, o Bispo, servo dos servos de Deus para perpétua memória✝. "Pedro Card. Gasparini – Secretário de Estado'"). O último Código de Direito Canônico foi promulgado por João Paulo II, em 1983 como *Lex Ecclesiastica Fundamentalis*,

pela eclesiologia do Concílio✝ Vaticano II. Contém 1752 cânones em sete livros: (1) normas gerais, (2) o povo de Deus, (3) a função de ensinar na Igreja✝, (4) a função de santificar na Igreja✝, (5) os bens temporais da Igreja✝, (6) as sanções na Igreja✝, (7) os processos. Tais peculiaridades, além da juridicidade e de sua parcial origem supranatural, podem ser sintetizadas em:

a) Universalidade. O ordenamento canônico se aplica a todos os fiéis, sendo potencialmente idôneo para valer como um complexo de regras para toda a humanidade, sem distinção de nacionalidade, raça, condição social e território.

b) Unidade e variedade. Apresenta uma unidade fundamental, que se reflete: no poder do Pontífice Romano, que, por sua vez, se reflete na Igreja✝ e em seus membros; na unidade dos meios predispostos *ad animarum salutem*; na igualdade dos direitos e deveres fundamentais de todos os fiéis em ordem a alcançar o fim último: *a salvação✝ da alma✝*.

Na ausência de divisão interna dos membros em grupos segundo sua nacionalidade, raça, língua etc., além da unidade, o ordenamento canônico apresenta uma acentuada *variedade*, que é a expressão da vigilância e atenta sensibilidade da Igreja✝ aos problemas do homem em todas as épocas históricas.

c) Incompletude. Por sua natureza o direito canônico é *incompleto e limitado* apenas às matérias que resguardam *fins particulares*, sendo soberano em questões de fé religiosa. A Igreja✝, através do cân. 22 do CDC, pode inserir no próprio ordenamento aquela norma de direito estatal que naturalmente não seja contrária aos fins do direito canônico.

d) Elasticidade. O ordenamento canônico, *rígido e imutável* nos seus princípios dogmáticos basilares, se apresenta flexível na sua aplicação, demonstrando adaptação✝ às diversas circunstâncias de lugar, tempo e pessoa. Hoje a comunidade eclesiástica tem normas particulares a derrogar ou integrar.

e) Duplicidade de hierarquia✝ e diversa capacidade jurídica de seus sujeitos. O ordenamento se apresenta com uma dupla e distinta hierarquia✝, aquela da *ordem* e aquela da *jurisdição*, e é constituída de duas categorias diversas de sujeitos (CDC, cân. 207): os *clérigos* titulares *de jure* da plena subjetividade jurídica, com capacidade de assumir graus e poderes no âmbito da hierarquia✝; e os *leigos✝* privados de qualquer poder de direito público e incapazes de participar da ordem hierárquica (CDC, cân. 204) e do *ofício sacerdotal, profético de Cristo* (*stato di vita consacrata*).

No primeiro milênio, o Direito Canônico é o *conjunto das normas que regulam as relações entre os católicos entre si e destes com a sociedade* (Marchionni, 2010, p. 41). O conjunto de normas jurídicas, prescritas ou feitas valer pela autoridade da Igreja✝ Católica, organiza e regula as atividades dos fiéis no mundo em relação aos fins próprios de toda a

Igreja. No seu interior, o Direito Canônico se divide em *direito divino* e *direito humano*. As normas de origem divina – *o direito divino* – se manifestam na *Revelação* pré-cristã (intrínseca à natureza humana ou deduzível da Bíblia). Tais normas formam o *ius divinae constitutionis* e se repartem em: *ius divinum positivum*, isto é, a norma contida na Sagrada Escritura e na Tradição; e *ius divinum naturale*, isto é, as normas que são essencialmente inerentes à vida social e obrigam a todos, para assegurar a ordem e a justiça. Já o *direito humano* refere-se àquele conjunto de normas canônicas feitas valer pela autoridade da Igreja, pelo governo da comunidade de fiéis. Tais normas formam o *ius humanae constitutionis* e estão contidas nos *Documentos* da legislação eclesiástica positiva, sendo formadas através do *costume*, recebendo *aprovação eclesiástica da autoridade competente* (cân. 23), que pode ser *universal*, se vigora em toda a Igreja, ou *particular*, se vigorar em determinado território.

Em suma, a Parte Geral do Direito Canônico tem duas referências fundamentais – a norma e a relação jurídica – e um conceito básico: o de ordenamento jurídico (sistema de relações jurídicas, unidade estruturada e hierarquizada). Seus princípios básicos são a racionalidade e a formalização, e, vinculado a este último, o princípio da hierarquia das normas. O Direito Canônico é o Direito da Igreja, inseparável de sua história. Que a Igreja possua um Direito próprio responde a uma necessidade não só estrutural, mas a seu próprio ser, que inclui sua missão. A Igreja é uma sociedade e se apresenta como mistério ou "ministério". O mistério da Igreja significa que seu ser e sua ação não são de ordem física, como o objeto das ciências experimentais, mas são realidades espirituais. Para ativar a funcionalidade, o ordenamento canônico reconhece faculdades legislativas a órgãos executivos, são os casos de *legislação delegada* e faculdades judiciais na ordem administrativa. Os fundamentos da ciência jurídica canônica procedem da Ética e da Filosofia do Direito, com referências antropológicas e eclesiais. A Moral alcança a todos em seu agir livre; o Direito afeta a pessoa enquanto cidadão. A Moral e a Ética pretendem que a pessoa seja virtuosa: o Direito, unicamente que cumpra as leis. A Justiça é uma parte da Moral, o Direito é o *mínimo ético*. As relações entre o Direito e a Moral são de *não contradição*. O fim do Direito é contribuir mediante a Justiça para que convivamos em paz. A simetria em espelho traz distorções na percepção das diferentes culturas sobre o *Direito*. O político, o jurídico e o religioso são instituições independentes, com *afinidades eletivas*, que se cruzam e se descruzam, sem se confundir.

Bibliografia: BENVENISTE, É. *O vocabulário das instituições indo-européias*. Campinas: Ed. Unicamp, 1995; BEZERRA, M. *O direito no berço da religião*: a separação entre direito e religião na sociedade secularizada e a permanência dos rituais religiosos no judiciário contemporâneo em geral. Dissertação de mestrado em Ciência da Religião apresentada na PUC-SP. São Paulo, 2016; BRAGUE, R. *A lei de Deus*: história filosófica de uma aliança. São Paulo: Loyola, 2009; BOBBIO, N. *Locke e o direito natural*. Brasília: Ed. UNB, 1997; CRETELLA JR., J. *Curso de Filosofia do Direito*. 4. ed. São Paulo: José Bushatsky, 1967; FERRAZ JR., T. S. *Introdução ao estudo do direito*: técnica, decisão, dominação. São Paulo: Atlas, 1990; GUARINO, A. *Storia del diritto romano*. 5. ed. Napoli: Ed. Jovene Napoli, 1975; KELSEN, H. *A justiça e o direito natural*. 2. ed. Coimbra, Portugal: Armênio Amado Ed., 1979; KESSLER, M. Law and Religion, and Morality: 5366-5369. In: JONES, L. (Ed.) *Encyclopedia of Religion*. 2nd Ed. Farmington: Thomson Gale, 2005; LUHMANN, N. *Sociologia do direito*. Rio de Janeiro: Tempo Brasileiro, 1983. v. 1.; MARCHIONNI, A. O direito na Igreja, na sociedade e na universidade medieval: 36-53. In: SOARES, A. M. L.; PASSOS, J. D. *Teologia e direito*: o mandamento do amor e a meta da justiça. São Paulo: Paulinas, 2010; MAYALI, L. Law and Religion: Law and Religion in Medieval Europe: 3332-3336. In: JONES, L. (Ed.). *Encyclopedia of Religion*. 2nd Ed. Farmington: Thomson Gale, 2005; PASCAL, B. *Oeuvres complètes*. Paris: La Pléiade. 1999; PASSOS, J. D. Relações entre teologia e direito: a justiça como meta comum. In: PASSOS, J. D.; SOARES, Afonso M. L. *Teologia e direito*: o mandamento do amor e a meta da justiça. São Paulo: Paulinas, 2010. p. 85-99.

Maria Celeste Cordeiro Leite dos Santos

DIREITOS HUMANOS

I. Introdução. O que são direitos humanos? Por que e para que direitos? O termo "Direitos Humanos" é sem dúvida um dos mais usados tanto na cultura jurídica e política atual como pelos cientistas e filósofos que se ocupam do homem, do Estado e do Direito, como também pelos cidadãos. Atentando-se à práxis linguística, da qual extraímos as definições léxicas, o uso do termo reflete que, em cada sociedade histórica, nos encontramos com distintas palavras que expressam o conceito de "Direitos Humanos", como direitos naturais, direitos públicos subjetivos, liberdades públicas, direitos morais ou direitos fundamentais, direitos individuais, direitos do cidadão etc. Nenhum desses termos é uma expressão pura de decisão linguística, mas todos têm uma conexão cultural e explicações derivadas de um contexto histórico, ideológico e filosófico. Todos têm sua raiz comum situada no mundo moderno. Substituem as ideias de direito como ordem criada por Deus e desenvolvidas pelo legislador humano, ou com *id quod justum est*, o que é justo e se descobre na relação humana concreta. Como processos institucionais e sociais que possibilitam a abertura e a consolidação de espaços de luta pela *dignidade humana*, uma nova cultura complexa e dinâmica dos direitos humanos, em sua natureza híbrida e impura, reconhece o respeito à diversidade e à pluralidade. Na voz de diversas lutas, conquistas, o tema é plural e tem a força de reunir múltiplos componentes, e de assumir as marcas de práticas interculturais. É um termo emotivo que suscita sentimentos entre seus destinatários.

O *Direito dos direitos humanos* é um meio, *uma técnica* entre muitas, para garantir o resultado dessas lutas e interesses sociais. A perseverança dos povos indígenas por salvaguardar suas tradições e cosmovisões, por exemplo, são práticas sociais que merecem ser aqui mencionadas. O fato religioso aparece muitas vezes ligado à *mãe terra* e aos recursos naturais.

Como podemos constatar, existem *Direitos Humanos antes dos Direitos Humanos*. A palavra como dom criacional, divino, transmissora da verdade oral, nos rincões da África, nos remete à Carta Mandinga ou *Mandinga Kalikan*, ou, ainda, Pacto de Kurukanga, documento histórico oral africano que faz parte do Patrimônio Cultural Imaterial da Humanidade desde 2008, da Unesco. A *Carta Mandinga* parece ter sido proclamada no Império Mali em 1.235, (séc. XIII) na posse de Sundjata Keita como imperador (*maghan*), pela irmandade dos caçadores *manden* (*simbon* [=] caçador), que engendraram um juramento para assegurar o bem-estar e os valores de sua comunidade. Para eles o ofício da caça assume uma função social, política e religiosa. A Carta é uma das *primeiras Declarações dos Direitos Humanos*, pouco conhecida e que tem uma vocação universal. Está dividida em quarenta e quatro artigos, que por vezes são confundidos com o *Juramento dos Caçadores* ("Donsulu Kalikan"), que lhe serviu de inspiração. Sendo citada como referência em alguns textos legais em vigor, consagra os chamados *direitos naturais do homem*, como à vida, à liberdade de agir e de se expressar, o banimento da escravidão, entre outros, nas tribos mandinga. Evidencia, também, o importante papel da mulher na sociedade, o que leva a garantir sua proteção e a das crianças. Destacamos alguns importantes trechos normativos deste pioneiro documento, embora o documento oral tenha sido adaptado para a forma escrita: "Os caçadores declaram: Respeito à vida: toda vida humana é uma vida. É verdade que uma vida parece existir antes de outra, mas uma vida não é mais antiga, mais respeitável do que outra vida. Assim, uma vida não vale mais do que outra vida (ponto 1). Reparação: sendo toda vida uma vida, qualquer dano que se lhe cause exige reparação, em consequência, ninguém tem direito a atacar seu vizinho sem motivo, ninguém deve causar dano ao seu semelhante, ninguém martirize seus semelhantes (ponto 2). [...] Não ofendas jamais as mulheres. São nossas mães (ponto 14). A educação das crianças incumbe ao conjunto da sociedade. O pátrio poder

pertence, em consequência, a todos (ponto 9). Os que descumpram as regras serão castigados. Este é o juramento de Mandinga, que todo o mundo o ouça" (Bajo, 2012).

No ponto 1 do *Juramento dos Caçadores*, é observável o que no Direito moderno denomina-se *princípio da igualdade*, devendo ser concebido à luz de sua dinâmica local e de seu contexto histórico. Há algumas versões que referenciam o *Juramento dos Caçadores* como sendo a *Carta Mandinga*, outras o diferenciam: "*Carta Mandinga Manden Kalikan ou Kurukanfuga), de boca a ouvido*: 'A transmissão de um conhecimento não é menos eficaz do que pelo suporte escrito. Ambos possuem, no bojo da comunidade, independentemente da forma e da informação que é transmitida, o estatuto de ciência [...], um conjunto de normas legais que regem a vida comunitária [...] pela tradição'".

Em seu item I, artigos 1º a 4º, a Carta descreve a *Organização Social*, dividindo a sociedade do grande *Manden* em: dezesseis *tontajon* (portadores de aljavas), cinco *morikanda lolu* (muçulmanos), quatro *nyamakalas* (homens de casta), um *mofé molu* (representante da classe de servos). Cada um desses grupos desempenha uma função específica (art. 1º). Os *morikanda lolu*, que devem dizer a verdade aos chefes e devem defender, por meio da palavra, as regras estabelecidas e a ordem do reino (art. 2º). São os mestres e educadores no Islã (art. 3º). A sociedade está dividida em "classes" (faixas) de idade. Fazem parte de cada classe de idade homens e mulheres nascidos no período de três anos consecutivos (art. 4º). O art. 5º estabelece: "Cada um tem direito à vida e à preservação de sua integridade física. Por consequência, todo atentado contra a vida do próximo será punido com pena de morte". O art. 6º institui um modo de subserviência para lutar contra a preguiça e a ociosidade. O art. 7º institui entre os mandinga o *Sanankuya* (reunião familiar) e o *Tanamanyoya* (um modo de totemismo). Em conformidade, nenhuma pessoa nascida fora desses grupos deve ser prejudicada, tendo-se o respeito por regra. Entre cunhados e noras, entre avós e os pequenos, a *tolerância* e os apartes devem ser o princípio (art. 8º). No art. 9º: "A educação das crianças compete à comunidade. A paternidade é responsabilidade de todos". O art. 12º: "Sendo a sucessão patrilinear, nunca conceder o poder a um filho enquanto um de seus antepassados vive, nunca dê a um menor porque ele possui ligações". Art. 14º: "Não ofender jamais as mulheres, nossas mães". Art. 15º: "Nunca colocar a mão sobre uma mulher casada, não sem antes, ainda que sem sucesso, ocorrer a intervenção de seu marido". Art. 16º: "As mulheres, para além das suas ocupações cotidianas, devem estar associadas a todos os nossos governos". Art. 17º: fornece elementos para uma interessante reflexão: "Após quarenta anos um costume ou hábito não

DIREITOS HUMANOS

poderá ser contestado [...]". Art. 24°: "Nunca faça mal aos estrangeiros [...]". O item II trata dos Bens (art. 31°–art. 36°). O item III trata da Preservação da Natureza: o art. 37° designa Fakombé como chefe dos caçadores, encarregado de preservar a floresta e os seus habitantes, para a felicidade de todos. Aqui a natureza é um bem comunitário. O art. 38° coíbe atear fogo na floresta; o art. 39° cuida dos animais domésticos. O item IV estabelece Disposições Finais. O art. 40° diz: "Respeite o parentesco, o casamento e a vizinhança". O art. 41°: "Mate o seu inimigo, não o humilhe". O art. 42° manda tolerarem-se uns aos outros. O art. 43° designa o grande chefe de cerimônias e mediador principal do *manden*, Balla Fassèkè Kouyaté. E, finalmente, no art. 44° está escrito: "Todos os que infligirem essas regras serão punidos. Cada um é responsável pela aplicação estrita desses artigos".

A *Carta Mandinga*, que vem despertando o interesse dos pesquisadores, dentre outros, é um documento histórico que explicita as relações de poder do império e da vida comunitária, a exemplo da divisão política evidenciada nos seus primeiros artigos. Destaque-se o importante *papel da mulher* no governo (art. 16°); isso mostra não haver uma situação de papéis de gênero definido. A Carta remete, ainda, a características de *tolerância* com os estrangeiros e à *religiosidade* dos mestres muçulmanos (*morikanda lolu*), a quem cabia a tarefa de educar os novos fiéis e seguidores nos preceitos do Alcorão. Não se pode esquecer que a religião do profeta Maomé aí se estabeleceu com particularidades pelos *marabu* ou *iman*. Essas normas orais podem ser consideradas como um contrato de conteúdo avançado, que contou com a adesão imediata de seus integrantes em uma África sobre a qual pouco se fala. Com tal precedente, a *Organização da Unidade Africana*, criada em 1963 e desde 2001 substituída pela União Africana, aprovou uma *Carta Africana de Direitos Humanos e dos Povos*, comumente chamada *Carta de Banjul*, que incluiu, desde 1998, a Corte Africana de Direitos Humanos e dos Povos, que deu seus primeiros passos em 2006.

A história dos Direitos Humanos é toda a história. Pode ser contemplada em qualquer época que nos fixemos como um fenômeno cultural, religioso, ideológico, filosófico, político e, desde logo, jurídico. Todavia, a noção de *Ocidente*, vinculada a um espaço geográfico, a Europa, a uma religião, o Cristianismo, a um modo de pensar, o Iluminismo, a uma raça (*pura*), a um sistema econômico, o capitalismo, nos traz um conjunto de valores cujo traço dominante é a universalidade. Obviamente, o mundo não *ocidental ou oriental* suplanta uma classificação meramente geográfica (Ocidente–Europa/Oriente–Ásia), exigindo uma reescrita da história dos direitos humanos dos povos silenciados, apesar de seu conteúdo inovador e inspirador.

No século XVI, começa um movimento de interpretação do *Corpus Juris* em que se busca distinguir entre o entendimento sistemático das fontes romanas e o seu entendimento histórico-cultural. Donellus (*Commentatorium Juris Civilis Libri*), partindo da conhecida formulação de Celsus (*jus como honeste vivere, alterum non laedere, suumcuique tribuere*), propõe uma definição de Direito em termos de *ea quae sunt cuisque privatium jure tamen illi tributa* e, especificamente, como *facultas et potestas jure tributa*, expressões que denotam qualidades subjetivas. Donellus, ao classificar e conceber o direito subjetivo como *faculdade* e *poder* atribuído pelo direito ao indivíduo sobre aquilo que lhe pertence, não só incorpora a noção de *livre-arbítrio como essência humana* como exige uma clara distinção entre a personalidade comunitária e a personalidade individual. A homogeneidade da personalidade comunitária é garantida pela organização e, como tal, se destaca de seus membros, as pessoas morais. O desenvolvimento de *relações jurídicas ordenadas para uma sociedade do tipo contratual e para o próprio direito* como liberdade e, em especial, para configurações jurídicas da ideia de autonomia autorizada por regulamentos de um poder central resulta do enfraquecimento da noção de um estatuto difuso e sagrado, de onde o crescimento da liberdade individual. Essa liberdade, como um dado típico da espontaneidade humana, opõe-se à natureza, enquanto mundo regido por leis determinadas.

É fácil convir que os direitos humanos aparecem, como categoria conceitual, no que podemos denominar de *positivação*, em textos filosófico-políticos ocidentais e em textos jurídico-declarativos dos séculos XVII e XVIII.

Tem certamente antecedentes imediatos que remontam aos índios e antecedentes mediatos no debate dos franciscanos com o Papa João XXII (1316-1334) em relação à pobreza. Para Hugo Grócio e Francisco Suárez, no século XVI, por exemplo, é a soma da antiga ideia de *direito natural* e a nova ideia de *direito subjetivo*, que se traduz como *direitos subjetivos naturais*, de influência protestante. Clássica e tradicionalmente são considerados como parte da essência humana. Teorizados por John Locke, são finalmente declarados de forma solene na independência das treze colônias britânicas da América do Norte, em 1776, e na Revolução Francesa, em 1789 (*Declaração de Direitos do Homem e do Cidadão*). Em sentido histórico-político, de ambas as declarações encontramos a *Magna Charta* (1215), *a Petition of Right* (1628), o *Bill of Rights* (1629), a *Declaração de Direitos da Virgínia* (1776), a *Declaração de Direitos* de Guilherme de Orange e Maria II (1689), entre outros. Thomas Paine e Thomas Jefferson, no século XVIII, são personagens representativos do pensamento da revolução americana. Paine, em sua obra *Os direitos do homem*, considera que os *direitos naturais* são baseados no *princípio da igualdade* e que todo o direito civil tem como fundamento um direito natural. Como a origem dos direitos é o homem, todos os direitos pertencem ao homem em razão de sua existência, devendo ser iguais para todos os homens.

Os direitos civis são uma consequência e derivação dos direitos naturais, existindo alguns direitos que pertencem ao homem pelo simples fato de os homens existirem, como os direitos intelectuais e da mente. Thomas Jefferson, ao redigir a Declaração de Independência, classifica como *verdades evidentes em si mesmas* a igualdade dos homens, a inalienabilidade de direitos como a vida, a liberdade e a procura da felicidade℗, o consentimento como a origem do poder do governo e a segurança e as garantias a dos direitos como finalidade da ação estatal.

Nenhum documento na história, porém, contribuiu tanto para a garantia e a proteção dos direitos fundamentais como a *Declaração Universal dos Direitos Humanos* (1948), que completou em 10 de dezembro de 2018 setenta anos. A *Declaração* ampliava as anteriores proclamações de direitos e desenvolvia as expressões *Direitos do Homem e do Cidadão e as Liberdades Fundamentais*, sendo irrecusável seu valor declarativo. Foi adotada por unanimidade e, embora não tenha força diretamente obrigatória, são numerosas as decisões da ONU que pressupõem seu caráter obrigatório, que se tornou, pela prática constante, um estatuto internacional de extraordinária força e significação. Como mera declaração, um catálogo de direitos do homem, não teria efeitos. Foi mister que se transformasse em Direito℗ positivo para que seu cumprimento fosse garantido.

Em seu Preâmbulo, deixou claro que [...] *é essencial proteger os Direitos do Homem pelo domínio do Direito*. É nesse sentido que se defende que a *Declaração Universal dos Direitos Humanos* demonstra uma relação com o pensamento filosófico inaugurado no século XVII, de modo que o reconhecimento do *universal* representa o rompimento das cadeias de vontades individuais, o que possibilita a formulação de um arranjo institucional internacional (ONU) que não representa a soma de vontades das nações, mas sim a expressão imparcial, por meio da razão, de que todos os seres humanos são dignos e que possuem direitos iguais e inalienáveis.

A partir da Declaração Universal dos Direitos℗ Humanos, as nações assumem o dever de promover, de forma efetiva, os direitos fundamentais definidos na Carta Declaratória, os quais devem penetrar no ordenamento jurídico pátrio para desvincular os interesses que não coadunam os ideias e valores humanitários. Segue a esta fase de *internacionalização* dos direitos humanos e a *efetivação* dos direitos humanos, cuja preocupação universal é de assegurar a observância de direitos e a garantia de liberdades: "Proclamar a existência de um direito à liberdade não é difícil. A real dificuldade consiste em garantir o respeito ao direito" (Dicey, 1789).

A Convenção Europeia para a Salvaguarda dos Direitos℗ do Homem e das Liberdades Fundamentais, celebrada em Roma, em novembro de 1950, criou uma Comissão Permanente de Direitos℗ do Homem e uma Corte Europeia dos Direitos℗ do Homem, que funciona desde 1958. No plano interno encontramos, com maior ou menor amplitude, previstas declarações de direitos e garantias individuais, em todas as Constituições, desde a Constituição Federal da República Federativa do Brasil de 1824 (art. 179ª).

Portanto, adota-se a compreensão de que, no contexto da Declaração Universal dos Direitos℗ Humanos, a dignidade humana revela-se como o *imperativo universal, o valor fonte*, o fundamento e o ponto comum entre os direitos fundamentais, os quais são imprescindíveis para uma vida digna.

Não obstante, a dificuldade de conceituar o termo "dignidade humana" tem sido recorrente em autores como Niklas Luhmann℗ (2010), que considera que a dignidade se constitui e é o resultado de processos de comunicação e de uma cooperação social. A dignidade dos seres humanos é facilmente violável e consequentemente necessita ser muito bem assegurada.

II. Direito, religião e direitos humanos. *Direito*℗ e *religião*℗ são termos que denotam âmbitos limitados e independentes, curiosamente resistentes a uma precisa e única definição. De tempos em tempos, entram em conflito e se separam. Possuem diferenças e similaridades. Henry Maine (1822-1888), historiador do direito, e o sociólogo francês Emile Durkheim℗ (1858-1917) estudaram a convergência do direito e da religião℗ na sociedade primitiva. Essa convergência histórica do Direito℗ e da Religião℗ parece óbvia no que se denomina *direito religioso*, termo este usado por muitas tradições religiosas para prescrever e regular normas de conduta, codificadas, como, por exemplo, os *Dez Mandamentos* (Livro do Êxodo 20), o *shari'ah* e as *Leis da Manu*, incluindo muitos aspectos de condutas sem o alcance do direito secular. Em muitas tradições legais pré-modernas, a conexão entre lei e religião℗ é dada pela ausência de separação do termo "lei". Por exemplo, no Hinduísmo o termo *dharma* significa não apenas lei, como também religião℗ e *conduta apropriada*, entre outras coisas.

Recentemente, nota-se uma extrema separação do direito e da religião. As mais diferentes opiniões convivem. Para uns a *religião*℗ é interpretada como pela Suprema Corte dos Estados Unidos, como uma relevante *categoria legal*, na qual o Estado não pode discriminar pessoas religiosas e suas práticas. Mas ao estabelecer um privilégio religioso motiva pessoas ou certas instituições religiosas℗ a obterem isenção ou imunidade de tributos fiscais de templos, como, por exemplo, no Brasil. Ironicamente, no caso, o Estado

DIREITOS HUMANOS

distingue e discrimina (*qua* religião) a pessoa humana em suas crenças.

Ainda que Declaração Universal proponha um caminho para que todas as nações assegurem a dignidade humana, por meio da eficácia dos direitos fundamentais, o problema do relativismo ao interpretar a liberdade de culto decorre da própria imprecisão e plasticidade em torno da delimitação de seu conteúdo, motivo pelo qual a interpretação possibilita conduzir a subjetivismos e arbitrariedades, pondo-se em risco a própria liberdade que se pretende garantir.

O papel dos Direitos Humanos na história de lutas pela liberdade e justiça é extenso. É pouco conhecido que o próprio Ciro, rei persa, decretou a *liberdade religiosa* no documento denominado *Cilindro de Ciro*. Ali se menciona a liberdade de cada exilado de voltar à sua pátria e viver a sua religião em paz, sem discriminação. Ciro e seu sucessor Cambises apoiaram-se na religião dos povos dominados e em clima de tolerância religiosa conseguiram a sua submissão e fidelidade no pagamento dos tributos. O encorajamento da religião local e a reconstrução dos templos destruídos fortaleceram e consolidaram o império. Nesse contexto, o Judaísmo ganhou fôlego e se propagou. A análise da promoção e proteção da *liberdade da religião* e os inúmeros textos especializados na ambivalente relação entre *religião* e *os direitos humanos* emergem da década de 1990, influenciados pelos dois volumes de *Religious Human Rights in Global Perspective* (John Witte e Johan D. van der Vyver, 1996). Eles representam a primeira tentativa de examinar conjuntamente as diferentes tradições religiosas e as interconexões com os direitos humanos. David Little rejeita, entretanto, qualquer pretensão de aproximação metodológica nessa incerta e complexa relação.

Para Louis Henkin (1998), a diferença reside nas ideologias de ambas as ciências, em termos de fontes e de autoridades. Religião, geralmente, é mais orientada pelos direitos de seus próprios adeptos ou pelos direitos religiosos. Enquanto reconheçam compartilhar o conceito de *dignidade humana*, destacam as suas diferenças e seus interesses nas áreas de *liberdade religiosa, escolha religiosa, igualdade, não discriminação, gênero e punição capital*.

Os que advogam a compatibilidade acreditam que os direitos humanos são uma política moderna fora das crenças religiosas antigas e de suas práticas (Hackett, 2005).

Em adição aos numerosos trabalhos sobre Cristianismo e direitos humanos, há alguns focos em outras tradições, como no Budismo, Judaísmo, Hinduísmo, ou em religiões africanas.

Conforme Queiroz, "as posições do Vaticano II, referentes aos Direitos Humanos, por exemplo, procedem em quatro direções. Primeiro o Concílio assume e proclama solenemente, na sua globaliza-ção, esses direitos. Segundo, incentiva a proteção e a realização efetiva desses direitos pelo poder civil. Terceiro, especifica vários direitos que devem ser considerados humanos, portanto universais. Quarto, afirma seus fundamentos. A *Gaudium et Spes* pronuncia enfática e solenemente que: 'A Igreja, por força do Evangelho que lhe foi confiado, proclama direitos do homem e admite e aprecia o dinamismo do tempo de hoje, que promove esses direitos por toda parte' (*GS* 41c). Com certeza o Concílio tem presente a *Declaração Universal dos Direitos Humanos aprovada e proclamada pela Assembleia Geral das Nações Unidas (ONU)* em Paris, no dia 12 de dezembro de 1948. A segunda direção tomada pelo Concílio é a ênfase e a urgência de que esses direitos sejam assumidos e protegidos concretamente pelos sistemas de poder. A terceira direção especifica alguns direitos fundamentais mais relevantes. Ao proclamar, por exemplo, a *liberdade*, enfatiza, de maneira particular, a *religiosa* (*Dignitatis Humanae* 15d). A quarta direção diz respeito à fundamentação desses direitos. A *Gaudio et Spes*, 12 a, b, c, d, afirma que: a dignidade do ser humano advém de sua condição de criatura feita à imagem e semelhança do Criador, o que significa que todo direito do ser humano tem seu fundamento último em Deus" (2015, p. 288-289).

Concluindo, as convergências e divergências da cultura dos direitos humanos e da cultura religiosa em nosso mundo globalizado clamam por novas interpretações. A naturalização das normas de direitos humanos religiosos precisa ser objetivada e padronizada. O fundamento teológico e moral dos Direitos Humanos é inegável. Há, porém, duas ordens de conhecimentos, a saber, a da fé e a da razão. Ambas devem cooperar mutuamente para a efetividade dos Direitos Humanos.

Bibliografia: BAJO, C. La aportación de Sundjata Keita. Derechos Humanos antes de los Derechos Humanos. *Revista Nova Africa*, n. 27, enero. 2012. Disponível em: <http://www.africafundacion.org/IMG/pdf/Bajo_Erro_aportacion_de_Sundjata_Keita.pdf>; HACKETT, R. I. J. Verbete: Law and Religion: Law, Religion and Human Rights. In: JONES, L. (Ed.). *Encyclopedia of Religion. Second Edition*. Farmington: Thomson Gale, 2005. vol. 8, p. 5362-5365; LUHMANN, N. *Los derechos fundamentales como instituición*. México: Universidad Iberoamericana, 2010; MARTÍNEZ, G. P.-B. *Curso de derechos fundamentales*: teoria general. Madrid: Universidad Carlos III, 1999; QUEIROZ, J. J. Verbete: Direitos Humanos. In: PASSOS, J. D.; SANCHEZ, W. L. (Orgs.). *Dicionário do Concílio Vaticano II*. São Paulo: Paulus/Paulinas, 2015. p. 288-292; SOUZA, V. M. de. *A aljava e o arco*: o que a África tem a dizer sobre Direitos Humanos – Um estudo da Carta Mandinga. Tese de doutorado em História Social apresentada na PUC-SP. São Paulo, 2018.

Maria Celeste Cordeiro Leite dos Santos

DISCRIMINAÇÃO → Preconceito

DIVINAÇÃO

A divinação, oráculo, jogos divinatórios ou simplesmente adivinhação parecem constituir um dos universais da espécie humana. Não há registro de cultura que não tenha, ou pratique, algum tipo de arte divinatória. A ligação dessas práticas com a religião❓ não é necessariamente direta. Há religiões em que os jogos divinatórios fazem parte das ações cotidianas. Em outras, é negada. Mas a ligação com o mundo religioso é direta. Trata-se de desvendar as verdades que estão ocultas e que fazem parte do amplo mundo do universo das crenças❓ mágico-religiosas. Muitas vezes identificada com o desvelamento do destino❓, a divinação é lida, também, como a descoberta dos significados dos acontecimentos humanos: presentes, passados ou futuros. Trata-se, em muitas culturas, de desvelar as características da personalidade humana que estão ocultas e que podem ser descobertas em vias de um desenvolvimento pessoal mais pleno e ligado àquela realidade última de que falam as religiões.

Até certo tempo atrás, principalmente a partir da crítica da ciência positivista, era comum rotular a adivinhação como mera crendice, um tipo de ciência primitiva ou mesmo pseudociência. Essa é uma postura equivocada que só faz se afastar da questão. Afinal, até os dias atuais os jogos divinatórios se fazem amplamente presentes e muitas pessoas, de todas as classes ou níveis de escolaridade, fazem uso de mancias. Cabe à Ciência da Religião❓ procurar compreender como e por que isso acontece.

Como forma de dar conta do aleatório, dar sentido ao fluxo dos acontecimentos e buscar orientação para as ações, a humanidade cria estratégias de divinação e oráculos. A cada época esses jogos divinatórios guardam profundas relações com o sistema de crenças❓ mais amplo.

Os termos "arte" e "jogo divinatório", utilizados indistintamente neste texto, vêm de divinação. Esta, assim como divino e divindade, deriva do latim *dius*, que significa originalmente céu e de que também derivam *divi* ou *divus*, ou Deus. Divinação está ligada particularmente ao verbo divinar, ou seja, tornar algo divino, não sendo, porém, esse o sentido de uso corrente. Segundo Karcher (1998, p. 215), divinação revela aquilo que está oculto por meio de meios nem sempre racionais. Faz isso através de algo considerado pelos praticantes como de inspiração❓ divina, por deuses, espíritos, anjos, demônios, ou através dos arquétipos❓. O adivinho, ou *Homo divinu*, é por essa concepção aquele a quem os deuses concederam o dom❓ de adivinhar.

A palavra "oráculo" deriva do latim *oraculum*, do verbo *orare*, falar ou perguntar, e se refere ao pronunciamento divino diante do desconhecido e guarda vários significados. Pode-se encontrá-la como sinônimo de templo ou santuário❓ consagrado à adoração de uma divindade profética e visionária. Ou ainda, como na tradição clássica, identificar o oráculo com a própria divindade que respondia a consultas e orientava o crente, como, por exemplo, o oráculo de Apolo, em Delfos. Não é raro identificar a pessoa que transmite os vaticínios, ou, ainda, a própria frase revelada, sempre em sentido figurado ou de interpretação❓ dúbia, com o oráculo em si (Schlesinger, 1995).

No senso comum não é raro haver certa confusão entre oráculo e profecia. O termo "profecia" refere-se a um amplo campo de fenômenos desde a Antiguidade até os dias atuais (Herbrechtsmeier, 2005). Vem do grego *prophétes*, que significa "funcionário de culto que fala no lugar de um deus". Ou, ainda, "aquele que fala antes", visto que o prefixo "pró" significa o que vem antes e *phétes* é a conjugação do verbo *phêmi*, que é o verbo "dizer". No entanto, na Antiguidade era comum acreditar que os deuses controlavam eventos do mundo e faziam suas intenções serem conhecidas dos mortais através de duas maneiras básicas. Em primeiro lugar, havia adivinhos que praticavam técnicas variadas para interpretar mensagens simbólicas do mundo natural. Algumas dessas técnicas eram puramente observacionais (voos de pássaros, por exemplo), enquanto outras dependiam de manipulação (como o exame das entranhas de animais). Em segundo lugar, os deuses comunicavam suas vontades através dos oráculos, pela boca de uma pessoa inspirada. Esses portadores começaram a ser chamados de profetas❓. Na tradição bíblica, oráculos dos mais variados tipos foram desmerecidos em favor das profecias, que no caso eram tidas como manifestação da vontade de um deus único, Yahveh, por meio de seus profetas❓.

Embora distintos pela tradição teológica, os termos "oráculo" e "profecia" são utilizados igualmente pela Antropologia (Aune, 2005). Dizem respeito a todo o tipo de meio ou instrumentação utilizado para desvendar as supostas verdades ocultas. Caracterizam-se como uma maneira de adquirir informações sobre o futuro e o desconhecido não acessíveis através dos canais mais convencionais de comunicação, como a fala e o discurso racional. Pressupõem uma interpretação❓ de símbolos retirados do contexto cultural através de uma infinidade de procedimentos distintos. Qualquer coisa pode ser utilizada como forma de divinação, mas os métodos❓ e sinais não são aleatórios. Cada qual expressa uma lógica específica.

Outra das maneiras mais corriqueiras de designação dos oráculos vem do termo grego *manteia*, que, assim como mania, tem relação direta com *mantiké*, ou furor, delírio e frenesi. Em geral, o delírio considerado sagrado pelos gregos seria consequência da possessão do adivinho por uma divindade. Há a ideia

DIVINAÇÃO

de um êxtase, uma loucura sagrada, que permitiria a transmissão de mensagens das divindadesᏠpara o mundo dos homens.

Vaticínio, ou prognóstico da divinação, vem do verbo latino *vaticinium*, "adivinhar". Mas *vaticinium* vem de *vate*, que significa "aquele que fala", e também originou a palavra poeta. Ou seja, assim como aos poetas, aos adivinhos é permitido o ato de sonhar e delirar sobre a realidade. De acordo com Zuesse (2005), a divinação requer a submissão do adivinho para as chamadas forças transcendentais. Evans-PritchardᏠ(1978) apontava a bruxaria e adivinhação entre os azande como uma transcendência da experiência sensorial.

Evans-PritchardᏠfala que, apesar de os adivinhos se basearem em escândalos locais e que em boa medida eles pensam sobre as respostas que darão, é "da opinião que se deve atribuir ao adivinho Zande uma boa dose de intuição, sem reduzir seus pronunciamentos apenas à razão. [...] É realmente quase impossível ser mais explícito, mas estou [o autor] convencido de que a seleção dos nomes se faz através de uma atividade mental basicamente inconsciente" (Evans-Pritchard, 1978, p. 129).

O adivinho é um sujeito dotado de uma sagacidade para perceber pistas em novas direções nas entrelinhas das falas e expressões dos consulentes, possibilitando uma abertura em que antes só existiam caminhos truncados.

O adivinho deve estar aberto a múltiplas percepções da realidade. Similar aos artistas, aos excêntricos e aos doentes mentais, aproxima-se da figura do xamãᏠ, é o responsável pelo contato entre o acervo de signos de seu sistema de adivinhação e o mundo exterior. Além das correspondências, o discurso e o acerto do adivinho devem se basear nos indícios do contexto que lhe deem evidências dos caminhos sobre os quais correrá seu texto divinatório. Os diagnósticos e prognósticos do adivinho devem repercutir coerentemente, estabelecendo identidades entre esferas distantes. Como os mitos, sua fala reduz a diversidade do mundo em torno de algumas imagens invariantes. Dentro de certa gama de possibilidades razoáveis, sendo coerente, qualquer discurso do adivinho pode ser correto.

Para Victor TurnerᏠ, o adivinho precisa levar em conta a estrutura específica da sociedade e o quadro de valores morais mais amplo. Os símbolos são propositadamente vagos e flexíveis para deixar o adivinho livre para fazer uma interpretaçãoᏠdetalhada da combinação dos símbolos. Essa combinação deve corresponder ao diagnóstico que ele está fazendo e induzir o cliente a enxergar as situações de maneira diferenciada (Turner, 1979, p. 374). Em outras palavras, o adivinho, para fazer um diagnóstico bem-sucedido, deve estabelecer uma correspondência entre a vida do cliente, seus problemas e como este enxerga sua situação, com os aspectos sociais mais amplos.

Oráculos não são religião, mas são vistos como sagrados e místicos. Há um aspecto dos oráculos que evidencia sua dimensão místicaᏠ. Sendo supostamente um instrumento de contato com o divino e com tudo aquilo que está oculto, a divinação responde, em parte, pela sede de transcendência dos sujeitos que a utilizam. Nas novas espiritualidadesᏠcontemporâneas, a divinação passa a ser encarada, com muita naturalidade, como uma via capaz de estabelecer uma conexão entre o indivíduo e o seu próprio deus interior.

A lista de técnicas de divinação é extensa e, devido à criatividade cultural, pode ser infinita. Os meios mais conhecidos são: leitura dos astros (astrologia); leituras de cartas, de baralho comum ou de tarô (cartomancia e taromancia, respectivamente), leitura de mãos (quiromancia), interpretaçãoᏠdos sonhos, adivinhação pelos números (numerologia), além daquelas amplamente conhecidas em determinadas religiões, como o jogo de Ifá, através dos búzios, no Candomblé, as varetas do *I Ching*, ou as runas das religiões dos vikings. Outras leituras parecem inusitadas, mas também são bastante utilizadas, como a leitura das entranhas de um animal, da borra de café, das folhas de chá, da possessão ou transe, do voo de pássaros ou até mesmo do corpo de pessoas mortas.

Estudos sobre a divinação e jogos divinatórios auxiliam o cientista da religião a conhecer mais amplamente o universo das religiões. Dessa forma, nunca esteve ausente do horizonte acadêmico da Ciência da ReligiãoᏠ. Zuesse (2005) cita como referência a monumental obra sobre a história da magia e ciência experimental de Lynn Thorndikke, *A History of Magic and Experimental Science*, publicada pela primeira vez em 1923. Outra referência importante nos estudos de religião é o tratado de Auguste Bouché-Leclerq, publicado entre 1879 e 1882, *Histoire de la divination dans l'antiquité*, em quatro volumes. Estudos mais recentes também podem ser incluídos entre as obras referenciais do estudo de divinação. É o caso do livro de Michael Loewe e Carmen Blacker, *Oracles and divination*, publicado em 1981. Uma visão mais filosófica e política da divinação está na obra organizada pelo historiador e antropólogo Jean-Pierre Vernant, *Divination et rationalité*, publicada em 1974. Aspectos antropológicos que interessam diretamente à Ciência da ReligiãoᏠpodem ser encontrados em *Reader in Comparative Religion: An Antropological Aproach*, editado por William A. Lessa e Evon Z. Vogt e publicado em 1965, da qual foi retirado o capítulo de Victor TurnerᏠaqui citado. Especificamente sobre astrologia há uma grande quantidade de trabalhos publicados, embora a grande maioria seja de livros internos à própria área e poucos, específicos dos estudos de religião. Merecem destaque as obras de Edgar Morin, *O retorno dos astrólogos*, publicado em 1972, e o profundo estudo sobre a história da astrologia publicado em 2007 pelo cientista da religião Kocku von Stuckrad, *História da astrologia. Da Antiguidade aos nossos dias.*

Bibliografia: AUNE, D. Oracles. In: JONES, L. (Org.). *Encyclopedia of religion.* 2nd Ed. Farmington: Thomson Gale, 2005. p. 6831-6838; EVANS-PRITCHARD, E. E. *Bruxaria, oráculos e magia entre os Azande.* Rio de Janeiro: Zahar ed., 1978; HERBRECHTSMEIER, W.; SHEPARD, G. Prophecy. An overview. In: JONES, L. (Org.). *Encyclopedia of religion.* 2nd Ed. Farmington: Thomson Gale, 2005. p. 7423-7429; KARCHER, S. Divination, synchronicity and fate. *Journal of Religion and Health,* vol. 37, n. 3, 1998; SCHLESINGER, H.; PORTO, H. *Dicionário enciclopédico das religiões.* Petrópolis, Rio de Janeiro: Vozes, 1995; TURNER, V. W. Divination as a phase in a social process. In: LESSA, W.; VOGT, E. (Ed.). *Readers in comparative religion*: an anthropological aproach. New York: Harper and Row Public., 1979; ZUESSE, E. M. Divination: An Overview. In: JONES, L. (Org.). *Encyclopedia of religion.* 2nd Ed. Farmington: Thomson Gale, 2005. p. 2369-2375.

Silas Guerriero

DIVINDADES → Seres sobrenaturais

DIVINO, CONCEPÇÕES DE

O divino é Deus considerado na dimensão de Energia Primordial difundida no cosmos. É a presença ativa da Divindade no íntimo de qualquer existente, dando-lhe subsistência e sustentação ordenada, dita também "criação contínua". O divino, segundo o teólogo Raimon Panikkar, é o entrelaçamento inextricável de cosmos–Deus–mundo em unidade cosmoteândrica, em Trindade cristã e oriental.

O divino, enquanto energia *atuante* no íntimo dos seres, é um fato objetivo e subjetivo a só um tempo, com mil cores e figuras, com infinitas nuances de repercussão no indivíduo e na comunidade, entendido mais pela análise vivencial do que pela definição, decifrado mais pelo místico do que pelo cientista. O método♀ aqui escolhido para caminhar pelo dilema é o da conjugação de descrição e introspecção. De alguma forma, teremos de ir, pois a visão de mundo centrada no conceito do divino é considerada crucial, na atualidade, para que a dessacralização completa do mundo não evolva para a dessacração total da humanidade e do planeta. O sagrado♀ é inviolável e não vendável, o dessacrado é vendável.

A afirmação do divino atuante nos meandros da matéria é corriqueira nos orientais, mas é quase ausente no espiritualismo dos ocidentais, presos ao Deus transcendente e distante além da matéria. Consequentemente, o Cristianismo dos ocidentais está reduzido quase somente aos rituais exteriores, sem maior religação (religião) vivencial com o divino. Isto explica o requinte dos orientais na relação com a natureza física e humana, e o desleixo dos ocidentais nessa relação. É abissal, por exemplo, a diferença em número de homicídios entre Ocidente e Oriente: se no Oriente a porcentagem é de três homicídios para cada cem mil habitantes, no Ocidente é de vinte homicídios. Não se deve excluir que essa diferença é atribuível à maneira diária como é vivido o senso religioso, uma vez que o homicídio é impiedade contra o divino presente nas coisas e nos homens. Similarmente, as guerras mortíferas dos últimos dois séculos, deflagradas por nações ocidentais, superam em muito as guerras contra a natureza e contra os homens iniciadas por países orientais. A relação sagrada com a natureza, vista como o divino escorrendo pelas entranhas dos existentes, é forte nos panteísmos orientais, é fraca nos teísmos ocidentais. Daí a conclusão de que a questão do divino toca diretamente a evolução da civilização entre os humanos.

A energia primordial criadora e ordenadora no teísmo das três religiões que se autodenominam religiões reveladas (Judaísmo, Cristianismo, Islamismo), é somente ordenadora (não criadora) no panteísmo oriental e ocidental. Ela inexiste no materialismo. Trata-se de uma Energia arcana, não reconduzível à ideia humana de energia física, como é a energia elétrica ou magnética. É energia pensante e amante, dotada de personalidade. É uma Energia que dispensa os antropomorfismos♀ (Deus pensado como velhinho de barba branca). Todavia, não é uma Energia amorfa, pois ela adquire uma forma na mente humana, ainda que uma forma aproximativa (analógica, se diz em Filosofia): a mente humana emana da mente criadora e ordenadora e lhe é similar, sendo, portanto, capaz de representá-la de alguma forma. Na Escolástica medieval a mente humana é "capaz de Deus" (*capax Dei*).

Com o intuito de estreitar o humano com o divino, uma corrente da teologia♀ atual cristã, inspirada no panenteísmo já formulado no idealismo alemão de 1800, insiste na necessidade de provocar uma guinada para o divino na espiritualidade♀ ocidental, a qual, satisfeita com os rituais, é de fato social e politicamente estéril contra o atual "monoteísmo da mercadoria", onipervasivo. A religião♀ é a grande força que relembra aos humanos a incompatibilidade entre Deus e a mercadoria, como é dito no Evangelho de Jesus Cristo.

Mas, uma vez que já foram aqui pronunciados vários termos técnicos, de antemão os esclarecemos. Perguntado sobre qual medida tomaria primeiro se um dia viesse a ser imperador, Confúcio respondeu: "Voltar às palavras".

I. O termo. O divino, derivado de Deus, é um termo que pode ser adjetivo e substantivo: adjetivo quando indica algo referido a Deus, substantivo quando indica o próprio Deus♀ ou algo diverso dele. O termo "divino" pode ser até verbo em línguas diversas do português, no sentido de divinizar; "yo divino, io divinizzo", em espanhol e italiano respectivamente, significa que eu faço uma prática de divinização sob inspiração do poder da divindade, predizendo o futuro e dando prognósticos, descobrindo água nas profundezas pela rabdomancia, adivinhando a palma da mão pela quiromancia, profetizando as coisas que virão. Existe até uma "numerologia do divino", cujo número é quatro nos caldeus e nove nos pitagóricos.

Como adjetivo, o termo "divino" indica aquilo que se refere a, vem de, é parecido com Deus, considerado geralmente o Ser Supremo. Indica o conjunto dos atributos "divinos" de Deus, tais quais presciência, onisciência, bondade, verdade e o conjunto de suas perfeições. Indica também os atos devotados a Deus, como culto divino, canto divino, liturgia divina. Ou indica aquilo que é procedente de Deus, como a lei divina, a providência divina com resultados divinos, a vontade divina, o amor divino, a intervenção divina no doente, o direito divino do homem à vida, o julgamento divino. Indica, igualmente, aquilo que é relativo ao céu e é celestial, como o reino divino. Indica qualquer ser que é Deus, como Zeus, Apolo e o Salvador, seres divinos.

Como substantivo, o divino pode significar simplesmente Deus, o Ser Supremo, o Poder universal, a energia primordial criadora, a energia cósmica ordenadora. Nesse caso, o divino é sinônimo de Deus. Em outros contextos, como o que está aqui em debate, a expressão "o divino" pode significar algo maior ou menor do que Deus, como, por exemplo, a luz divina no cosmos, ou a consciência iluminada do homem, ou a consciência iluminada do universo, ou a ação decisiva de Deus no universo além da criação do mesmo.

II. O divino no quadro das três grandes visões de mundo. A energia, do grego *en ergon* (em ação), indica uma força atuante. Enquanto energia, *o divino* é força arcana na ação de gerar e manter ordenado o universo. Como dissemos, a atuação do divino é dúplice no teísmo ou panenteísmo (criar e ordenar), é uma no panteísmo (ordenar).

O *teísmo* é a visão de mundo (ou filosofia), a qual afirma que o universo começou a existir mediante a Criação segundo o relato bíblico: "Faça-se a luz". Essa filosofia é adotada pelas três Religiões Reveladas, as quais se estruturam sobre livros revelados pela divindade: Torá (Judaísmo), Bíblia (Cristianismo), Alcorão (Islamismo). No Cristianismo, o divino é triádico e Trindade, sendo energia criante (Deus Pai), energia pensante (Deus Filho, *Logos*), energia amante (Deus Espírito Santo). São as três atribuições que também substanciam a humanização-divinização do homem em sua ascensão do corpo ao espírito: criar, pensar, amar. Deus se tornou homem para que o homem se torne Deus: assimilação operante.

No reino do divino, a vontade de Deus constitui a lei civil e a lei moral: *voluntas Dei lex est*, a vontade de Deus é a lei.

O *panteísmo* é a visão de mundo ou filosofia que afirma uma Matéria eterna não criada, habitada e informada por um Espírito eterno, o qual dá à matéria permanência e forma. O panteísmo é crença majoritária na humanidade, adotada em mais do que a metade dos habitantes do planeta. O Espírito assume vários nomes: Brahma no Hinduísmo, Prana no Budismo, Tao no Taoismo, *Kami* no Xintoísmo, Demiurgo em Platão, Deus ou Natureza em Spinoza, Espírito Absoluto em Hegel, Grande Espírito nos índios americanos, Fórmula do Universo em Einstein (panteísmo científico). Como se vê, há um panteísmo religioso exercido em templos, cerimônias e monges celibatários, e há um panteísmo filosófico-científico exercido nas mentes dos humanos, os quais detectam no universo uma "alma do mundo" (Platão) ou uma Razão Absoluta (panlogismo hegeliano). E há um *misticismo da ciência*, o qual, segundo Fritjof Capra, resolve os paradoxos das partículas quânticas nas intuições do Hinduísmo. O divino coincide com Natureza, Grande Todo, Universo. No divino vive o panteísta, sentindo-o dentro de si e nos seres do reino mineral, vegetal, animal, humano, metafísico. O Dharma, lei eterna do cosmos instalada no divino, constitui o parâmetro do agir dos humanos, parâmetro conhecido pelos mortais através da meditação contemplativa.

O *materialismo* é a visão de mundo que endeusa a matéria como sendo a origem de si mesma e a única realidade existente. O divino ou Deus é hipótese desnecessária para explicar o mundo e o homem. Pensadores materialistas existiram desde a Antiguidade: epicuristas de 300 a.C. e, depois de 1700 até hoje, iluministas, positivistas, marxistas, psicanalistas, existencialistas, desconstrutivistas. Já Zeno e os estoicos, segundo Diógenes Laércio em *Vidas e doutrinas dos filósofos ilustres*, falavam de homens espirituais e de ateus, maus estes últimos, bons os primeiros. A lei civil e moral é determinada pela vontade dos homens em consensos continuamente renováveis.

O *Panenteísmo* é uma fórmula da teologia atual moderna dedicada a corrigir o teísmo ritualístico e nele suscitar uma maior conexão vivencial com o divino presente nas veias da matéria. O termo foi inaugurado em 1800 pelo teólogo evangélico Frederick Krause, querendo indicar que *pan* [=] tudo, *en* [=] em, *théos* [=] Deus, "tudo em Deus". Seus arautos são hoje os teólogos Panikkar, Mancuso, Boff, pautados sobre a cosmogênese e a cristogênese de Teilhard de Chardin. Eles, acusados frequentemente de panteísmo e até de materialismo, contra-argumentam: tudo está em Deus, mas Deus não está todo no mundo e não coincide com o mundo, deste sendo maior e a ele anterior. A transcendência está salva.

III. O divino em outras tipificações filosóficas e religiosas: deísmo, henoteísmo, politeísmo, monoteísmo. O *deísmo* é a filosofia que afirma a existência de Deus Criador, mas nega que este se relacione com os humanos. Trata-se do "Deus da filosofia e dos filósofos" contra o "Deus da revelação e dos teólogos", entendendo a revelação como sendo os conteúdos sobre Deus→ revelados nos livros sagrados. O deísmo afirmou-se a partir dos séculos XVII-XVIII, quando os iluministas e o revolucionário Robespierre, após ter denunciado o Catolicismo como causador de desuniões e guerras entre os humanos, propuseram uma religião "civil" sem dogmas→ e doutrinas abstrusas, contendo apenas a adoração ao Ser Supremo. Quem se opusesse, deixaria a pátria. O Supremo do deísmo é "científico" e racional, uma vez que todo efeito exige uma causa e o efeito-mundo exige a causa-Supremo. Este argumento substancia também o argumento cosmológico das vias tomistas e escolásticas sobre a existência de Deus, assim como constitui a base sobre a qual o Espiritismo se declara científico. O divino, evidentemente, está ausente no deísmo.

O *henoteísmo*, enucleado por Max Muller em fins de 1800 (do grego *eis-théos*, um Deus), descreve cenários religiosos com vários deuses, entre os quais um deles assume a predominância e atrai sobre si os cultos. Este quadro existiu no Egito e na Arábia pré-islâmica, na Grécia (Zeus) e em Roma (Júpiter), nos ambientes de Plotino (o Um). O Hinduísmo, em suas inúmeras formações, se apresenta no *Bhagava-Gita* ora monista, ora monoteísta, ora henoteísta, ora politeísta. Brãhman frequentemente convive com Vishnu e Shiva, os quais, não raro, assumem individualmente a primazia e relegam os outros dois ao segundo lugar. Práticas henoteístas existiam no panteão dos cananeus e em outras tribos anteriores ao hebraísmo, que recebia alertas bíblicos contra aquela prática. O gnosticismo é henoteísta em suas hierarquias→ de entidades espirituais. Em ambientes populares do Catolicismo e da Igreja→ ortodoxa, a veneração→ a santos, anjos e a Maria frequentemente descamba para a adoração, a qual inibe a presença de Cristo Mediador e do próprio Criador, fato denunciado pelo Protestantismo. Os Mórmons, na *Igreja→ de Jesus Cristo dos santos dos últimos dias*, cultuam a Trindade com três deuses distintos, na qual o Pai é superior ao Filho e ao Espírito Santo.

O politeísmo é uma tipificação religiosa na qual existem muitos deuses destinatários de cultos. Eles ficam reunidos no panteão de divindades→ masculinas e femininas, as quais frequentemente se organizam em relações henoteístas. A Trindade cristã é vista por muçulmanos e judeus como um belo politeísmo ou triteísmo. O termo "politeísmo" (do grego *polýs-theói*, "muitos deuses") é introduzido no século XV pelo pensador Jean Bodin. As escolas evolucionistas de 1800 descrevem várias passagens: do fetichismo sobre objetos inanimados para o animismo→ dentro dos objetos, deste para o demonismo, deste para o totem, até aportar no politeísmo. Outra escola (*Ur-monotheismus*) vê a caminhada ao contrário: do monoteísmo inicial passou-se ao politeísmo, na medida em que a divindade inicial começou a se mostrar em vários modos denominados com nomes novos, ou na medida em que fenômenos naturais incompreensíveis exigiram a ação e a proteção de deuses apropriados a cada um, ou porque homens ilustres eram divinizados: os gregos davam o *status* de heróis aos homens notáveis como prémio das virtudes. Há politeísmo junto com o panteísmo nos celtas, nos romanos, nos gregos e em Platão, cuja divindade Demiurgo, sujeita ela própria ao Um, engendra deuses menores a ela. No fim do Império Romano assiste-se ao paganismo germânico e eslavo, e na atualidade registra-se uma revivescência do neopaganismo, por exemplo, no Wikka e no Druidismo: o praticante Wicca pede licença ao mar antes de entrar na *privacy* dele e fala com a jabuticabeira antes de arrancar dela a varinha de bruxa. Nessas eras os planetas eram comandados por divindades→, da mesma forma que na filosofia cristã eles eram sedes dos coros angélicos. Faz-se observar, todavia, que os pensadores gregos e romanos faziam concessões politeístas aos gostos da plebe, mas eles mesmos tendiam a adotar uma divindade única. Por esta razão Voltaire, no verbete "politeísmo" do seu *Dicionário filosófico*, incita as pessoas a não ridicularizar o politeísmo. É verdade que os deuses se dedicavam a aventuras de *Mil e Uma Noites*, e que eram inventados para toda obra, constituindo o divertimento de velhos e crianças, tipo "a deusa dos bicos dos seios". Mas, ressalta Voltaire, "as ideias dessas divindades→ jocosas tinham nada a ver com a ideia do *Deus divum et hominum sator* ('Deus genitor dos deuses e dos homens'). Os pontífices romanos não admitiam caprichos nas boas mulheres. A religião romana era muito séria, muito severa. Os juramentos eram invioláveis. Não poderia ser iniciada uma guerra antes que o colégio sacerdotal dos Feciais a declarasse justa. Uma vestal acusada de ter violado o voto de virgindade era condenada à morte→. Isso tudo nos anuncia um povo austero mais que um povo ridículo".

O *monoteísmo* (do grego *mónos-théos*, "um Deus") crê na existência de uma única divindade chamada Deus. Esta forma de religião abrange agremiações antigas: atonismo do Egito no século XIV a.C., zoroastrismo de 1000-800 a.C., *ebraísmo* abraâmico desde 1700 a.C., Cristianismo (católico, ortodoxo, protestante), *islam* a partir do século VII, *sikhismo* do século XV, Bahaísmo do século XIX. É possível que aqui e lá o monoteísmo tenha vindo do henoteísmo. O Concílio→ de Trento (1545-1563) recorre ao argumento racional, adotado por todos os monoteísmos, para dizer que Deus→ só pode ser um: "Devemos confessar a existência de um único Deus, não de vários deuses. De fato, atribuindo a Deus→ a suprema

DIVINO, CONCEPÇÕES DE

bondade e perfeição, é inconcebível que o infinito e o absoluto se encontrem em mais de um sujeito".

IV. Reaproximação entre *Homo sapiens* e *Homo religiosus*. Inspirando-se na ciência física, Deus é imaginado pela mente humana teológica como uma energia misteriosa que engendra o universo e nele flui, dando-lhe existência contínua e ordem. Consequentemente, todo o existente é um feixe de energia. O homem, nesta visão, é um feixe energético que se apresenta em vários estados: ora é corpo, ora é alma→ vegetativa, ora é alma→ sensitiva, ora é alma→ psíquica, ora é alma→ racional, ora é alma→ espiritual, ora se apresenta em todas estas formas juntas, ora se apresenta em algumas delas, ora se apresenta numa só. Na morte→, por exemplo, a energia-homem dispensa as outras formas fenomênicas e aparece somente em sua forma de alma→ espiritual.

A alma→ espiritual, ponta da alma→, é a planície da liberdade do homem, lá onde este decide os valores a seguir ou os desvalores a repudiar; lá onde este toca o divino e com este convive desde esta vida terrena.

No universo ptolemaico, vigente até Copérnico, o mundo de sete planetas era fechado pelo empíreo (*en-pir*, "no fogo"). No fogo do empíreo residia Deus, cujas intervenções chegavam aos homens em sete saltos pelos sete planetas, donde a magia cabalística do número sete (sete dias da criação, sete braços do candelabro, sete dias da semana, quatro vezes sete o ciclo da lua e da mulher, seis vezes sete as semanas da gestação na mulher, sete sacramentos→, sete virtudes e sete vícios capitais, sete dons do Espírito, sete obras de misericórdia, sete cores do arco-íris, sete notas musicais). Neste universo relativamente pequeno era natural aos homens imaginar Deus→ como um Pai segurando em suas mãos a terra e os céus e vigiando com olhos grandes as ações escondidas dos humanos. Mas os céus explodiram em milhares de galáxias, cada qual contendo milhões de planetas. Daí, cientistas, filósofos e teólogos sentirem-se necessitados a conceber a Divindade não mais com boca e nariz, mas como energia invisível e arcana, a qual penetra silenciosamente nos existentes, dando-lhes movimento, coesão e calor. E deram a essa força geradora-mantenedora um nome novo: o divino.

É o divino que, regendo as galáxias e tudo nelas contido, rege também os meus dedos ao teclar este verbete, a minha mente em pensar conceitos, o ácido clorídrico que faz o meu estômago avisar-me que está na hora do almoço. O divino está aí e está aqui, estendido nos existentes, tonificando o universo desde os sistemas subatômicos até o sistema-átomo, o sistema célula, o sistema corpo, o sistema alma→, o sistema solar, o sistema galáxia, para que tudo tenha força ordenada para um fim.

Tal vivência de todos no divino refaz a união milenar do *Homo sapiens* com o *Homo religiosus*, divorciados no Iluminismo→.

O divino existe no panteísmo e pode existir no teísmo. Existe em Buda e existe em Santa Teresa de Ávila. Com isso, o universo adquire as conotações de morada familiar cósmica, com filhos e pai-mãe ("Deus é mãe", disse João Paulo I). Da experiência unitiva com o todo nascem obras perfeitas: o *karma*→, para o budista, não é superado mediante as obras, mas por meio da meditação→ contemplativa da mente, de onde escorrerão obras perfeitas. O mesmo dirá Lutero em 1517: a salvação→ vem da fé→ (união vivencial com o divino), não das obras, pois das obras não deriva a fé→ (que é dom→ vindo do alto), mas da fé→ brotam somente obras perfeitas.

Neste imenso panorama, o materialismo, claramente, aposta as fichas no homem antropocêntrico, visto como divindade de si segundo Marx→ nos *Anais franco-alemães de 1844*: "[...] a única divindade do homem é o próprio homem".

V. O divino como reaproximação entre as religiões. O termo "divino" parece mais abrangente e mais universal do que Deus no teísmo. De fato, a ideia de divino despe Deus→ de suas feições antropomórficas, como a do septuagenário pintado por Michelangelo na Capela Sistina, e também despe Deus→ de conotações doutrinárias exclusivamente transcendentes. O divino traz Deus→ no meio da matéria e para uma vivência íntima com os homens. Nesse sentido, o divino vivificador da matéria e dos espíritos se apresenta mais articulado do que o Deus→ distante da academia, ainda que deste se queiram ressaltar os atributos de onipresença e previdência. Estando mais articulado afetivamente ao mundo, o divino possui maiores pontos de contato com outras vertentes culturais, tais quais panteísmo e materialismo. Ele recolhe simpatias entre os materialistas e nos cientistas, pois o conceito de "Deus como Energia" estabelece parentesco com as energias físicas, das quais Ele é vivificador.

Na relação com o panteísmo, o panenteísmo dos teólogos cristãos atuais propicia o estreitamento do diálogo inter-religioso→ e o aproveitamento da riqueza educacional das filosofias-religiões orientais. O teísta ocidental, sobretudo católico, não é educado ao mergulho no divino. O teísta vê Deus como ser transcendente e totalmente diferente do mundo, e essa transcendência briga com a imanência panteística. O Deus→ do teísta vive longe e no alto, enquanto o divino do panteísta envolve e vivifica a pele e o sangue do ser humano, com consequências positivas no comportamento social e até na alimentação→. É por tal razão que entre os teólogos teístas surge a tendência a adotar a "transcendência imanente", contemporânea ao "retorno do eterno", seguido do nietzscheano "eterno retorno".

O divino pode ser visto como um Deus cristão revisado. A nova teologia→ panenteísta mexe no Deus→ da Instituição Eclesiástica, pouco elástica e tendente à fossilização dos conceitos, e prefere os nomes dados a Deus nas línguas vulgares. Assim, ao invés de Deus em latim, prefere-se *dio, god, Gott, dieu, diós*. O divino seria um novo nome "popular" de um Deus misturado ao real inanimado e animado.

VI. Panenteísmo cristão: o conceito revisado de graça, pecado, misericórdia. O divino é maior que o Deus cristão da Instituição Eclesial. Quando verte sobre Deus como Princípio Ordenador, a tradição o faz mediante o conceito de *Graça*, apresentada em linguagem mágica, quase como se a graça fosse um toque de varinha do Criador sobre a criatura. Na tradição eclesiástica, Deus é a causa primeira que dá impulso às causas segundas, e estas continuam o trabalho de causas-efeitos por sua conta, enquanto a causa primeira entra em recesso.

Mostrando o Criador como Energia que invade as entranhas do universo criado, a obra do divino se torna mais inteligível às mentes humanas, as quais conceberão o divino parecido com o sangue vivificando o corpo pelos capilares ou parecido com a linfa da árvore vivificando o tronco, os ramos, as folhas, as flores e os frutos. Nesta afiguração "naturalística" da ação divina, a Graça é figurada naturalisticamente como afluxo especial de energia vital divina sobre uma parte de um corpo ou sobre o conjunto da pessoa e das pessoas, da mesma forma que o sangue acorre em maior quantidade sobre a parte do corpo afetada por um incidente. Este afluxo especial de energia divina, chamado *graça*, pode ser pilotado sobre um ponto do corpo humano ou da criação pela vontade energética do Criador, acionado por si mesmo ou implorado pelas energias das criaturas. Com este linguajar naturalístico da ciência, o discurso teológico e catequético fica compreensível também sobre a oração.

Igualmente, a ideia do divino como energia ordenadora simplifica o conceito de *pecado*. O mundo é pensado pelo Criador mediante a sua Mente, que em teologia costuma ser chamada com o nome grego *Logos*, corriqueiro nos estoicos gregos. O *Logos* é a Mente. "No começo era a Mente" (João 1). Pensado mediante o *Logos*, o mundo é *lógico*. Ou seja, é ordenado. O mundo tem "medida, número e peso" (Sabedoria 11). No Cristianismo, a Mente é a primeira coisa engendrada pelo Pai Criador, e se chama Filho; este Filho decidiu assumir carne humana e se encarnou na Palestina, escolhendo o nome de Jesus Cristo. O Criador, mediante a sua Mente ou Logos, fez um mundo ordenado, lógico. Pode acontecer, todavia, que algum elemento desta ordem cósmica caia fora do conjunto, criando o sofrimento da desordem em si e nos circunstantes. É como se uma porca do motor do carro se desagregasse do parafuso e caísse no meio da engrenagem: o motor sofreria e a peça ficaria sem óleo e sem vida, sem energia. Esta desordem, quando acontece no ser humano, é chamada *pecado*. Neste caso, será obrigatório recolocar a peça no seu devido lugar,

onde receberá de novo a lubrificação e a vitalidade. Este ato é chamado *ato de misericórdia*, o qual provocará alívio e bem-estar para a peça e para o motor por inteiro.

No Cristianismo, em força do dogma da Trindade, o divino se difunde como fogo e luz pelas veias do universo numa tríplice ação, que infunde em cada existente três capacidades ou virtudes a serem cultivadas e levadas à perfeição: criar, pensar, amar. O Pai cria, o Filho (Mente do Pai, *Logos*) pensa, o Espírito Santo (amor entre Pai e Filho) ama. Está delineado, assim, o sentido do existir na terra do ser humano: evoluir na tríplice capacidade de criar, pensar, amar.

Esta Energia Primordial, presente poderosamente no universo, tem sua presença captada de forma elevada pelos humanos com espírito evoluído, mas é captada de forma confusa pelos humanos com espírito rudimentar. Este fato nos leva a refletir sobre como conhecer o divino.

VII. Conhecer o divino. O conhecimento do divino acontece no homem mediante uma faculdade suprarracional de conhecimento chamada "alma espiritual", ou "intelecto", ou *nûs* em grego (conhecimento noético). Dizemos "suprarracional", não a-racional nem irracional. A existência dessa faculdade é decisiva no teísmo (panenteísmo) e no panteísmo, pois sem ela é inviabilizada a religação-religião do humano com o divino. No materialismo, tal faculdade é dispensada como sendo supersticiosa e fantasmagórica.

Esta faculdade suprarracional de conhecimento é uma faculdade cognitiva posta no homem pela divindade. Enquanto a razão serve para conhecer as leis da natureza no exercício da ciência, o *nus*, ou intelecto, ou espírito serve para entrar no universo metafísico das entidades supramateriais.

A Bíblia atesta esta faculdade suprema de conhecimento nas primeiras linhas, quando, ao criar o homem, Deus se inclinou sobre o barro figurante, o homem, e nele soprou, dando-lhe vida. Esta parábola ensina de forma poderosa que o Criador depositou no homem a sua própria substância, a sua própria divindade, a qual, no dizer de Aristóteles, é ato puro de conhecimento. Daí a declaração: "És minha imagem e semelhança".

Segundo as filosofias teísta e panteístas, em todo o homem está posta a faculdade divina de conhecer. Ela se distingue da alma racional, vida psíquica, vida sensitiva, vida vegetativa, vida atômica, vida subatômica. No intelecto se acende a "centelha divina". Que conduzirá o teísta ao paraíso (do grego *pará-théos*, "perto de Deus").

O espírito, a parte mais alta ou a ponta da alma humana, toca o divino. Em muitíssimos pensadores, entre eles Platão, Agostinho, Boaventura, Spinoza e Maritain, há tematizações específicas sobre tal momento cognitivo do divino. Todos se valem da base platônica que, no livro VI d'*A República*, divide o conhecimento nos quatro graus: 1) *pístis* ou senso comum, 2) *áistesis* ou representações dos sentidos, 3) *diánoia* ou razão, 4) *nûs* ou intelecto. Os primeiros dois graus produzem verdades de sobrevivência biológica e social, sujeitas ao autoengano. O terceiro grau, o racional, produz a ciência (conhecimento das leis da natureza) com suas verdades lógicas e experimentais. O quarto grau do conhecimento indica a ação do espírito, chamado também de intelecto, ou espírito↗ intelectivo, ou intelecto contemplativo, ou momento noético (*nûs*). É neste quarto grau que o espírito, esfera da liberdade e dos valores, capta o divino com suas verdades eternas. O quarto grau ultrapassa as palavras, que não passam de "etiquetas das coisas", segundo Bergson, e realiza o máximo do impulso vital (elã vital) em seu movimento evolutivo desde a matéria até a sumidade da intuição. O destino↗ do elã vital é o espírito, lugar do encontro com o divino ou com o "mar do ser", segundo Dante Alighieri.

Na captação intuitiva e imediata do divino, o homem realiza a simbiose existencial com ele: diminuem as exigências da matéria e refulgem as percepções sublimes do belo, do bom, do verdadeiro. A pessoa humana repousa, se liga ao todo e a todos, se expande em união com tudo, realiza aquele bem-estar físico e mental que substancia a felicidade↗. Nesta intimidade, o teísta se põe ante o divino como *Eu-Tu*, e o panteísta, como *Nós*.

VIII. O divino no *Yoga*. *Ex Oriente lux*, "do Oriente a luz". Do Oriente vieram os Três Magos e vem o Sol. O homem é destemido guardião da luz divina, segundo o sábio medieval Rumi.

Os orientais são mestres na vivência com o divino, sobretudo mediante o *yoga*, termo sânscrito que significa "estado de união com o divino". O *yoga*, portanto, é mais que *ásanas*, posturas corporais, faquirismo, magia↗, cerimônia, hedonismo, culto. É conectividade com a divindade interior. É iluminação vinda da centelha divina.

Dentro do *yoga* há vários momentos de contato com a luz cósmica: a oração↗, a meditação↗, a paz dos sentidos. Conectividade total. O *yoga* desperta o *Atman*, a centelha divina dentro de nós ou consciência↗ de si ou sua própria alma↗. O *yoga* conecta ao *Brahman*, Luz divina no cosmos, ou Consciência↗ Universal, ou a Realidade absoluta.

Pela oração↗ *yogin*, sobretudo pela oração↗ do *Om*, a consciência↗ do indivíduo se conecta ao sagrado↗, ao divino, ao universo-Deus, deste recebendo um fluxo energético. Oração↗ não para pedir, mas para dizer "obrigado". Oração↗ também de arrependimento e conversão, para restabelecer a pureza na conexão com o divino.

A saudação do *Namasté* diz que "a luz divina em mim honra a luz divina em ti". Ou seja, o divino está deitado no universo e nas pessoas, esperando a conexão da pessoa consigo e das pessoas entre si.

O *yoga*, prática hindu talvez anterior ao Hinduísmo, longe de idealizar a beleza física e a tonificação muscular procuradas pelos ocidentais, é a união de cada existente com todos os outros existentes. Assim é nas variadas formas de *yoga*: *hatha yoga*, *mantra yoga*, *bakti yoga*, *kundalini yoga*, *raja yoga*, *karma↗ yoga*. Mediante o *yoga* e a meditação↗ é alcançado o estágio de consciência↗ clarificada e se vive em companhia de Shiva e Shakti, Ying e Yang, Ida e Pingala, divino masculino e divino feminino. O simples andar descalço sobre a terra nua é conexão do ser humano com a Mãe-Terra divina.

A religação-religião↗ do panteísta evoluído pode ser resumida neste convite: faça um altar em qualquer lugar onde você esteja e lá adore o divino presente! Pode ser a mesa de jantar ou de jogar ou a cama. Abençoe qualquer espaço e objeto, para utilizá-lo a seu favor, obtendo calma e paz profunda.

IX. O divino é o sublime existente no homem. O divino, segundo ilustres imanentistas materialistas, longe de impor-se do alto à consciência↗ iluminada do homem iluminado, brota do baixo, do próprio homem. Assim pensam aqueles que não conseguem captar um divino maior. O divino é a sublimidade do pensar e do agir do homem. O errar é humano, o perdoar é divino.

A mente do viajante neste mundo pode estar incerta sobre a existência de uma Mente, ou Bondade, ou Beleza que impulsiona o mundo. O máximo que nos é dado conhecer é a sumidade virtuosa à qual o homem pode aceder. A altura espiritual é no homem o sublime, que nos leva a crer na existência de seres superiores sublimes.

O homem é filho do universo, argumentava Zenão na Grécia de 300 a.C. A capacidade racional de distinguir e decidir não pode existir no homem se aquilo do qual ele vem não a tem. Portanto, o universo, do qual o homem vem, tem a capacidade racional de distinguir e julgar, ser nobre e justo, ser generoso e bom. Isto é o divino.

Na poesia intitulada *O divino* [*Das Göttliche*], Goethe recorre aos eternos conceitos de bondade e verdade, aos quais atribui a diferenciação do homem em relação aos outros existentes. A virtude do homem constitui provavelmente a prova de seres superiores dos quais suspeitamos a existência: "Seja nobre o homem, socorredor e bom! / Pois isto somente o distingue / De todos os seres que conhecemos. / Haja louvor aos desconhecidos seres supremos / Que pressentimos. / A estes seja semelhante o homem / E o seu exemplo nos ajude a crer neles".

O divino, para Goethe, é a planície da liberdade, dos valores, da faculdade de decidir, planície do espírito↗ e do encontro com o Espírito. E atuando o útil e o justo, o homem descortina a presença da sublimidade de outros seres espirituais. A soma de tanta sublimidade é o divino: o homem somente pode o impossível: "/ Ele distingue, julga, escolhe... / Incansável o homem cumpra o útil e o justo, / Seja para nós a imagem♀ / Daqueles seres que pressentimos".

O divino é pressentido e sentido. Ele não afirma a si mesmo de forma indubitável. Ele permanece mistério, o indizível. Mas o homem pode pôr-se como testemunha da existência dele quando é nobre, solícito, bom, útil. A existência no homem da liberdade de distinguir, decidir e socorrer, capacidades do espírito, é preanúncio da existência do divino, como as andorinhas chegando são anúncio à Europa da primavera que vem.

Bibliografia: BOFF, L. *Panteísmo e panenteísmo*: uma distinção necessária. Disponível em: <https://leonardoboff. wordpress.com/2012/04/16/panteimo-e-panenteismo-distincao-necessaria/>. Acesso em: junho 2017; BOUYER, L. *Cosmos. Le monde et la glorie de Dieu*. Paris: Cerf, 1982; CANOBBIO, G. (a cura di). *Dio, mondo e natura nelle religioni orientali*. Padova: Messaggero, 1993; CHARDIN, T. de. *O meio divino*. São Paulo: Cultrix, 1981; COLOMBO, C. Il valore teologico delle scienze della natura. *Teologia* 9 (1984) 221-230; GAARDER, J.; HELLERN, V.; NOTAKER, H. *O livro das religiões*. São Paulo: Companhia de Bolso, 2000; ANOCZY, A. *Teologia della natura*. Queriniana: Brescia, 1997; GOETHE, J. W. *O divino*. Disponível em: <https://www.citador.pt/poemas/o-divino-johann-wolfgang-von-goethe>. Acesso em: ago. 2017; KÜNG, H. *Religiões do mundo*: em busca dos pontos comuns. Campinas: Verus, 2004; LEVINE, M. P. *Pantheism*: a non-theistic concept of deity. London/New York: Routledge, 1994; LUCHESI, M. *A flauta e a lua*: poemas de Rumi. Rio de Janeiro: Bazar do Tempo, 2016; MANCUSO, V. *Il Coraggio di essere liberi*. Milano: Garzanti, 1916; MOREAU, J. *L'Âme du monde de Platon aux stoïcien*. Hildensheim/New York: Georg Olms, 1981; MÜLLER, M. *On the Origin and Growth of Religion*: As Illustrated by the Religions of India. London: Longmans-Green and Co., 1878; PANIKKAR, R. *La Trinidad, una experiéncia humana primordial*. Madrid: Siruela, 1998; TORRANCE, T. *Senso del divino e scienza moderna*. Città del Vaticano: LEV, 1992.

ANTONIO MARCHIONNI

DOGMA

I. Etimologia. Dogma vem do verbo *dokéo* e aparece na literatura grega pela primeira vez com o sentido de uma expectativa de estar certo, empregado por Homero na fala de Aquiles na *Ilíada* (7, 192): "Meu coração festeja, pois espero (*dokéo*) vencer o divino Heitor". Dessa expectativa se desdobra o seu uso para supor, imaginar, pensar, opinar, de modo que dogma em um primeiro momento é o resultado destas operações mencionadas, como uma suposição, um ato da imaginação, uma crença♀, mas também

um parecer e uma opinião a que se chega por meio de uma conclusão, de onde seu uso também para uma decisão ou juízo, que se amplia posteriormente para decreto público. Apesar de ser considerado atualmente uma verdade de fé, no sentido religioso ou algo que se dispensa o debate no senso comum, dogma foi principalmente entendido como um princípio filosófico pelos estoicos, o qual doa ao Ocidente o exercício de oferta de racionalização a um sistema de crença♀. Nesse sentido, a rigor, dogma deve ser considerado de modo distinto do dogmatismo, sendo este o resultado de um processo histórico de abuso da categoria dogma, que se configura exatamente em seu oposto, pois se furta do debate e da racionalidade crítica em nome de uma verdade pretensamente absoluta, e que leva então ao fenômeno da deflexão, que desqualifica o interlocutor em nome dessa verdade que, supostamente, ele não possui.

II. História e evolução do conceito. Como categoria filosófica, dogma é principalmente utilizado pelo estoicismo latino, também conhecido como estoicismo imperial, que tem início com Sêneca (1-65 d.C.) e encerra-se com a morte♀ do imperador Marco Aurélio, também considerado um filósofo estoico (121-180 d.C.). Especialmente, o grego Epiteto/Epicteto (50-130 d.C.), que muito influencia o imperador filósofo, situa o dogma na questão da *prohairésis*, a faculdade humana de discernir sobre o sentido de cada ação, de modo a distinguir o ser humano dos outros seres por sua liberdade de julgamento. Dogma, para o filósofo grego que mais influencia o estoicismo latino, está relacionado a duas outras categorias, a imaginação (*phantasia*) e o fenômeno (*phainomenon*). A *phantasia* diz respeito ao modo como o *phainomenon* é representado na imaginação humana, sendo capaz de afetar e modificar o modo de pensar racionalmente sobre as coisas (*dynamis logike*) (*Discursos* 1.1.5.3), de acordo com a aceitação de um dogma. Este é entendido como expressão de uma opinião ou crença♀ que é afirmada como um *axioma*, uma verdade evidente, que não é definitiva no sentido de que pode ainda ter sobre ela outro conhecimento a se desenvolver, como um desdobramento. Dito de outro modo, o dogma é a forma linguística de proposições racionais da *phantasia*, que promove uma alteração no estado de consciência♀, que pode ser boa ou má, sendo necessário submeter tal imagem♀ a um teste, que no fundo é o teste do próprio dogma enquanto aspecto proposicional. As *dogmatas*, crenças♀ ou opiniões, são avaliadas de acordo com a ação que promovem, e nesse sentido é que o dogma está relacionado ao discernimento ou a *prohairésis*, devendo preservar as boas ou corretas *dogmatas*, entendidas como adequadas à razão, e eliminar as más ou falsas *dogmatas*, entendidas contrárias à razão, no sentido de que seriam ilusões que distorcem a percepção e por isso trazem em si situações difíceis e sofríveis ao dar sustentação a imagens perturbadoras da realidade (*tracheia phantasia*) (Dinucci, 2017, p. 101-104). Epiteto/Epicteto distingue quatro tipos de *phantasia*, de acordo com os valores internos e externos: 1) é algo (*phainomenon*) e parece com ele; 2) nada é, mas se parece com algo; 3) não é algo e não parece com algo; e 4) é algo, mas não aparece (*Discursos* 1.27). As coisas internas possuem valor inerente e permitem seguir a razão, ao passo que as coisas externas, quando são valorizadas como mais importantes, provocam perturbação na alma. As *dogmatas* corretas conduzem à indiferença das coisas externas, quando a razão dá o seu assentimento (*hypolepsis*) e encontra paz.

Os dogmas fundamentais do estoicismo podem ser definidos como: 1) o único bem é o bem moral, e o único mal é o mal moral; 2) somente o que depende de nós pode ser bom ou mau; e nosso julgamento tão somente depende de nós; 3) há uma unidade e racionalidade do cosmos; e 4) é próprio da natureza do cosmos a imensidão universal. Tais dogmas expressavam a postura dos estoicos como exegetas da natureza e visavam à conversão moral dos discípulos a uma piedade interior capaz de obedecer a um deus racional e cósmico. Com isso, a teologia do Pórtico (em grego: *Stoa*) ou o pensamento religioso estoico é marcado por uma tensão entre a crítica e a justificação de práticas religiosas, especialmente no seu período imperial. A tensão reside na proposta de psicagogia estoica, na qual a crença e meditação no dogma devem ajudar a modelar e guiar a reflexão no itinerário da interioridade à universalidade para se conformar ao destino por meio da virtude da indiferença, uma vez que, como dito, as *dogmatas* corretas conduzem à indiferença das coisas externas, quando a *razão* dá o seu assentimento (*hypolepsis*) e encontra paz. O dogma visa, assim, a um conhecimento superior da divindade que promove uma empatia universal e uma apatia circunstancial através de uma percepção natural do divino. As crenças, como as predições de astrólogos e demais práticas divinatórias, eram tidas como falsas por serem contrárias aos dogmas, ou, dito de outro modo, para os estoicos isso significava que eram contrárias à *razão*.

O estoicismo imperial, no contexto político e religioso da Roma imperial, visava a um aperfeiçoamento moral da pessoa, que deveria se interrogar acerca de suas práticas religiosas, se elas eram capazes de prepará-la para a vida de cidadão(ã) e se os ritos possuíam eficácia psicagógica para a aquisição de virtudes morais e para a piedade da razão do culto à Sabedoria. Lucius Annaeus Cornutus (20 a 65 d.C.), ao estabelecer uma leitura dogmática dos mitos gregos em seu *Theologiae Graecae compendium*, propunha com isso a valorização filosófica dos mesmos através da alegoria, ao extrair uma sabedoria intuitiva dos antigos, como a da concepção circular do tempo e a repetição do rito como modo de in-sistência na interioridade. Visava com isso articular a teologia estoica e a religião tradicional, a razão e a opinião comum. Cornutus e também Epiteto, seguindo os primeiros estoicos, como Perseu de Cítio (306-243 a.C.) e Cleantes de Assos (330-232 a.C.), compreende que a poesia, mais do que o dogma, se constitui como o discurso mais apropriado para se conhecer a natureza divina, tal como a sátira para desqualificar as falsas crenças, especialmente a tensão entre a divinização do homem no chamado a "viver como os deuses", objeto da teologia estoica, e a função política do culto imperial, entendida como idolatria pelos estoicos, especialmente com a ascensão de Nero (Comella, 2016, p. 136-164). Com Marco Aurélio também se inicia uma liturgia dogmática na tentativa de intelectualização das orações, e com isso, na condição de imperador, eleva o soberano acima dos outros homens, sendo a *felicitas* imperial a condição de realização dos cidadãos romanos, considerado assim um não sábio, apesar de ser o primeiro imperador estoico, por ir contra o dogma de que todos os seres humanos são filhos de Zeus (*Discursos* 1.3.1.1). Nesse período, dogma passa progressivamente a ser utilizado como decreto público, tal qual se encontrava em Platão (*Leis* 926d, apesar de também ter o sentido de opinião em *Teeteto* 158d), Políbio (*História* 6.13.2), Andócides (*Contra Alcebíades* 4.6), Demóstenes (*Sobre a Paz* 5.19).

III. Recepção. Dogma foi, no Ocidente, a categoria aplicada à necessidade de as comunidades religiosas na Antiguidade formularem uma sabedoria prática, vinculando à prática discursiva uma imitação (*mímesis*) do que é narrado como tradução em uma prática social. Tal produção de sabedoria é feita em forma de *koinodidaquia*, uma aprendizagem entre aqueles que partilham da mesma experiência, e nesse âmbito reconhecem uma autoridade, que não é vista como supressão da opinião entre os pares, mas sim como um serviço à comunidade. Desse modo, tanto auxilia a comunidade como inicia sua continuidade, na medida em que a sabedoria de tal comunidade passará a ser um elemento constitutivo de uma tradição, como resposta ao sentido ilativo das comunidades religiosas, que possuem um senso do todo da complexidade do fenômeno religioso, mas que demanda uma tradução de sua finalidade.

A este processo John Henry Newman chamou de *gramática de assentimento*, como processo de aceitação da oferta de uma gramática conceitual e normativa de uma comunidade religiosa, podendo ocorrer de forma tácita ou forçada, resultando assim, para cada um dos modos, em efeitos não somente filosóficos ou teológicos, como também envolvendo dimensões psicológicas. Tal processo é possível de ser encontrado em qualquer tradição religiosa e recebe semânticas próprias para o fenômeno comum da consolidação de uma gramática de assentimento que traduza uma experiência religiosa em uma doutrina. O que implica a criação de dogmas, mesmo que não se utilize esse termo oficialmente, como aconteceu com o Cristianismo primitivo, tanto em seu diálogo com o estoicismo, do qual herda a necessidade de estabelecer dogmas como axiomas conclusivos no exercício de oferta de racionalidade à experiência de fé (*fides quaerens intelectus*) e como prova de não contradição, quanto na prática do uso do dogma como decreto público no Cristianismo imperial, herança da religião romana nos últimos imperadores.

***

Evidencia-se no dogma a tensão inevitável entre a busca de uma racionalidade da crença♀ e o senso comum da mesma, com maior ou menor nível de conflito, de acordo com a capacidade de tradução da gramática normativa de uma religião institucional em relação à religião vivida, em que reside a diferença entre dogma e dogmatismo, diferença essa que é exatamente uma das pertinentes contribuições do diálogo entre Ciência da Religião♀ e as Teologias♀, pois possibilita a compreensão da recepção histórica dos dogmas de uma tradição religiosa, contextualizando seus usos e abusos, para assim qualificar uma hermenêutica♀ teológica dialógica da tradição com cada época e cultura, evitando assim a reprodução de hermetismos autorreferenciais que engendram fundamentalismos♀.

Bibliografia: COMELLA, J. P. Prière et "appropriation" des dogmes dans le stoïcisme impérial romain. *Revue de philologie, de littérature et d'histoire anciennes*, 2016/1 (Tome XC), p. 139-164; CORNUTUS, L. A. *Greek Theology*: Fragments and Testimonia. Translated with an Introduction and notes by George Boys Stonces. Atlanta: SBL Press, 2018. (Col. Writtings from the Greco-Roman World, n. 42.); DINUCCI, A. *Phantasia, Phainomenon and Dogma in Epictetus. Athens Journal of Humanities & Arts*, v. 4, n. 2, 2017, p. 101-122; EPICTETUS. *The Discourses of.* Ed. with introduction and notes by Christopher Gill. London: Everyman/Dent, 1995; HOMERO. *Ilíada*. Tradução de Haroldo de Campos. São Paulo: Editora Benvirá, 2010. v. I; NEWMAN, J. H. *Ensaio a favor de uma gramática do assentimento*. Lisboa: Assírio & Alvim, 2005. (Col."Teofanias".); PLATÃO. *Obras completas*. Madrid: Aguilar, 1966.

ALEX VILLAS BOAS

DOM → Carisma

DOUTRINA

O vocábulo doutrina é derivado da palavra latina *doctrina*, que era utilizada no sentido próprio de ensino, instrução ou aprendizagem. É também utilizado por Cícero como sinônimo de educação e cultura (Cícero, *De Oratore ad Qvintvm Fratrem*, I, 145), ou ainda como arte, teoria, método♀ e sistema (Cícero, *De Oratore*, II, 5), sendo *doctor*, o mestre, ou seja, aquele que ensina (Cícero, *De Oratore*, I, 23), e *doctus*, o que foi ensinado, instruído; daí sua corruptela, o douto, referindo-se a sábios e poetas (Cícero, *Brutus*, 94; 104; 114; 168). O substantivo também se relaciona com o verbo *doceo*, com o sentido de ensinar, fazer aprender, de onde ser aplicado também às práticas educativas que se relacionam à ação educativa da *docere*, a aprendizagem da leitura, a repetição, o ensaio de uma peça para teatro, a representação, as instruções retóricas para se portar diante dos magistrados. De *docere* ainda deriva em sua semântica a ideia de *docillitas*, que em sentido próprio diz respeito à aptidão ou facilidade para aprender, e em sentido figurado evoca a ideia de docilidade e bondade, sendo *docillis*, o dócil, aquele que aprende facilmente porque obediente ao docente (Cícero, *Legibus* Liber Secundus, 8; XIX, 47-49; *De Oratore* II, XIX, 77; LXXIX, 329; *De Finibus*, XIII). Tal relação entre *doctrina* e *docillis* não raro é fomentada nas doutrinas religiosas que enfatizam a obediência como virtude, em contraposição à ideia do questionador ou resistente à aprendizagem diametralmente oposta ao dócil, e consequentemente se julga tal postura como de má índole e ignorância (*indoctus*) (Cícero, *Brutus*, 178). De modo geral, *doctrina* pode ser entendida como ensino ou lição (*lectio*) dos doutos. Seu equivalente grego é a *didaskalía*, que, além da arte do ensino e da instrução, também pode ser aplicada à ideia de exercícios para aprendizagem, e nesse sentido também se emprega para ensaio de atores ou uma obra dramática, na medida em que o teatro é parte da *didaskalía* enquanto atividade cuja finalidade é de aprendizagem, e é um valor fundamental dentro da *paideia* grega, uma cultura♀ educacional. Compreendem a sua semântica, por exemplo, os vocábulos *didáxis*, lição; *didásko*, ensinar, instruir, explicar, ensaiar uma peça; *didáskalos*, professor; *didaskaleîon*, escola; *didáktikós*, como algo próprio para instruir ou ensinar; *didáktos* ou *didáké*, como algo que foi e deve ser ensinado ou aprendido.

Essas duas tradições linguistas, a *doctrina* latina e a *didaskalía* grega, produziram ênfases distintas no papel que a doutrina exerceu nas religiões no Ocidente. A tradição grega entendeu doutrina como um exercício de uma totalidade dedutiva do discurso através de um conjunto de premissas. Nesse sentido grego, a doutrina provê a religião♀ de racionalidade às suas narrativas, seus ritos e suas práticas, de modo a organizar a religião♀ a partir de um conjunto de princípios que servem de base a um sistema de crenças♀. Tais princípios se formulam e estabelecem a partir do debate entre as "opiniões" (*doxa*), até atingir o *status* de *dogma*. Em Platão, além de dogma♀

DOUTRINA

aparecer como "opinião" (*Sofista*, 265c), também é utilizado como sinônimo de representação teórica da realidade (*Teeteto*, 156d) e de doutrina (*A República* 538c). Há, ainda, de modo menos usual, o sentido de lei (*Leis*, 644d; 926d). Nesse sentido, o uso grego, filosófico e religioso da palavra dogma,♀ se confunde com doutrina, por ser a primeira constitutiva da segunda, podendo se encontrar a partir do século I d.C. a expressão *dogmata*, no sentido conferido pelo estoicismo, um esforço de univocidade intelectual.

Já a tradição latina se utiliza do sentido jurídico de opinião como *sententia* e dogma,♀ como *decretum* (Cícero, *De Divinatione*, Liber Prior XLI 92; Sêneca, *Epistulae Morales ad Lucilium*, XX, 1; XCV, 40; 60). Essa univocidade consensual é tida como pressuposto do ato moral que atua como princípio; no entanto, não se chega a tal ortodoxia sem o questionamento e a investigação (*inquisitionis*), e é assim que o "investigador das coisas torna-se sábio" (*rerum inquisitorem decet esse sapientem*, Cícero, *Academici* Libri Quattuor, Liber Secundus). Apesar de a tradição grega ser mais antiga, à medida que o Império Romano se estabelece, em um primeiro momento, e se prolonga no Regime de Cristandade, vai ocorrendo uma transmutação da *didaskalía* para a *doctrina*, em que o Direito♀ Romano é determinante para a prática social atrelada à respectiva prática discursiva do termo. *Doctrina* é para o Direito♀ Romano o resultado da opinião dos juristas (*senatus consultos*), unanimemente respeitada e que se consolida ao longo do tempo como tradição (*Traditio*), podendo evoluir ao *status* de força normativa por *decretum* do imperador, ou do soberano, reconhecendo como *magister* tais *doctorum*. A evocação das *sententia* desses grandes *magistri* funcionava como "Tribunal dos Mortos" pela citação de suas interpretações jurídicas (*Lex cita*). Tais leis citadas desempenhavam um papel de magistério vivo, mesmo após a morte♀ do *magister*, tornando-se uma fonte (*fons iuris*), uma autoridade no assunto (*auctoritas*). Tal tradição é tão forte no Ocidente que ainda hoje se fala de dogmática jurídica no campo do Direito♀ como sinônimo de doutrina. A tradição grega, mais filosófica, vai elaborar a ideia de sistemática, como construção de uma teoria acerca de uma questão, como um conjunto de verdades e princípios interligados entre si que mantém a tarefa de totalidade dedutiva da construção do conhecimento, visando a uma unidade sistemática ou, ainda, a um ideal regulador. As religiões farão uso dessas duas noções de acordo com seu estatuto político na sociedade. Se uma religião♀ é mais marginal, doutrina pode ser entendida como ensinamentos acumulados em uma tradição que opera como oferta de sabedoria, uma prática discursiva que engloba práticas sociais carregadas de um sentido religioso, ou como esforço de sistematização de conteúdos e práticas em diálogo com as culturas e momentos históricos. Já a religião♀ que ocupa um papel oficial, portanto, de reguladora

moral, tende a fazer uso da doutrina como um papel mais normativo, ocupando uma posição intermédia entre a política e a lei, por um lado e, por outro, pelos conhecimentos tidos como científicos. Situa-se, portanto, entre a função de determinar as relações humanas por meio da lei, que passa a ter peso divino, e o desejo♀ de oferecer ao gênero humano princípios de conduta por meio da oferta de certo conhecimento também divino (Schrecker, 1975, p. 67).

O caso do Cristianismo ajuda na compreensão da evolução do conceito de doutrina pela riqueza documental que possibilita a verificação do processo de oficialização de uma religião marginal que passa de cultura alternativa a cultura♀ dominante. *Doctrina* e *didaké* são utilizadas entre os séculos I e IV no Cristianismo fundamentalmente como gênero instrutivo e princípio hermenêutico. Isso pode ser verificado tanto na *Didaké*, um escrito que ficou famoso entre os séculos I e II, como no uso que Jerônimo faz do termo *doctrina* na *Vulgata*, a tradução♀ latina da Bíblia♀, na qual aparece cinquenta vezes, tanto para os escritos judaicos (Êxodo 35,32; Provérbios 1,13) como nos escritos cristãos (Matheus 15,9; 22,33; Marcos 4,2; 7,7; João 18,19; Romanos 12,7; 1 Timóteo 4,13). Tal ensino ganha autoridade didática, como é o caso da expressão *regula pastoralis* de Gregório Magno (540-604); de princípio hermenêutico, como é o caso da *regula veritatis* em Irineu de Lyon (130-202); da *regula fidei*, bastante utilizada por Agostinho (354-430). No sentido mais antigo do uso, a doutrina tem uma função de conservar renovando, ao estilo grego, pois também é um modo de investigação que gera novas percepções, que possibilitam mudanças retóricas e substanciais de uma tradição. Entretanto, ao lado do uso mais filosófico do termo, também se encontra um uso mais latino, no emprego de um tom apologético, ao estilo da retórica forense, no combate a outras formulações filosófico-teológicas, identificadas com o então neologismo *heresias*, expressão daqueles que pensam diferente (*haireseis*) por não aceitarem o ensinamento magisterial, como formulado pelo advogado romano de Cartago Tertuliano (160-220), em sua obra *De Praescriptione Haereticorum*. Tal uso mais primitivo faz uso de *regula* extraído da interpretação♀ forense no período tardio da Roma republicana, como descrição das práticas legais (*lex*), e como proposição normativa que governa todas as situações, passando a ser esse o sentido utilizado no período do Cristianismo imperial. Um dos principais nomes para essa transição do uso mais pastoral e filosófico da doutrina para um uso normativo foi Junillus Africanus, com sua obra *Instituta Regularia Divinae Legis*. Ele atuou como procurador do império (541-549), tornando-se um dos principais responsáveis pela exegese e hermenêutica♀ imperial que resultam no sentido legislativo de doutrina (Maas, 2003).

No Islã é possível verificar que, apesar de ser o Alcorão o texto sagrado, a *Suna* é a tradição doutrinal que vai organizando as crenças℗ e as práticas inspiradas no Profeta *Muhammad*, não sem tensões de escolas teológicas, como entre a escola de *Sunni* e a escola de *Shia*. A *Sharia* é a tradição normativa, formulada pelo consenso (*ijmā'*) de juristas (*'ulamā'*), que tem como fonte a *Sunnah*, mas também o ensino dos juristas e a *qiyas*, a jurisprudência islâmica que estabelece correlações entre a *Sunnah* e a *Sharia*. Entretanto, apesar de os aspectos didáticos e expressivamente normativos da doutrina serem mais visíveis, devido à existência de teocracias islâmicas, também não é desconhecido para o Islã o aspecto filosófico da doutrina, havendo desde muito cedo filósofos islâmicos, e alguns até mesmo se tornaram importantes tanto para sunitas como para xiitas, possibilitando um diálogo entre a compreensão semita de doutrina, com um acento normativo, e a compreensão grega de sistematização, como é o caso de Ali ibn Abi Talib (601-661), Al-Kindi (801-873), Ibn Sina ou Avicena (980-1037), Al-Ghazali (1058-1111), Averróis (1126-1198), Ibn Arabi (1165-1240), Rumi (1207-1273), só para citar os mais antigos, entre tantos outros.

Immanuel Kant℗ (1724-1804) ainda faz uso do termo "doutrina" como teoria demonstrada que visa à ampliação dos próprios conhecimentos; portanto, tem uma finalidade positiva, mas distingue da *crítica*, que tem uma finalidade negativa, e assim visa à correção dos fundamentos e à emancipação do erro. Desse modo, quando o filósofo alemão faz uso do termo "doutrina", a expõe de modo completo e em forma de um sistema (*Doutrina transcendental dos elementos*, B31-732; *Doutrina transcendental do método*, B733-884). A filosofia crítica de Kant℗ se opõe, contudo, à filosofia dogmática, distinguindo o "procedimento dogmático da razão", relacionado à confiança de se chegar ao conhecimento de verdades, e o "dogmatismo" da razão, que opera sem crítica da própria capacidade, incorrendo na falácia de proposições errôneas como "absolutamente necessárias", especialmente ao se tratar dos conhecimentos *a priori*, ressaltando o caráter fenomênico do conhecimento no âmbito da experiência, portanto, não absoluto, enfatizando a unidade profunda da razão teórica e prática (*Crítica à razão pura*, XV). Fichte (1762-1814), inspirando-se na terceira crítica kantiana, do Juízo, elabora a sua *Doutrina da ciência*, concedendo um primado à razão prática e, consequentemente, à liberdade, transposta em sua *Tentativa de crítica a toda* [a forma de] *revelação* (*Versuch einer Kritik aller Offenbarung*), de 1792, argumentando que qualquer forma de revelação relacionada a Deus deve ser consistente com a moral, e não com uma representação absoluta. Aos poucos o uso da palavra doutrina foi sendo reservado para os sistemas de crença℗ religiosos e foi sendo substituído pelo uso de sistema/ sistemática, discurso ou tratado, como em Auguste Comte℗ (1798-1857), que apenas em um de seus escritos faz uso do termo no subtítulo, a saber: *Discours*

sur l'ensemble du positivisme ou *Exposition sommaire de la doctrine philosophique et sociale propre à la grande république occidentale* (1848). Entretanto, o uso do termo "doutrina", por seu vínculo com a filosofia dogmática que sustentava sua tarefa sistemática, a partir do argumento ontológico, especialmente após os *Ensaios de teodiceia* de Leibniz (1646-1716), que ainda influíam sobre o século XIX, justificava abusos políticos *in nomine Dei* e catástrofes naturais em nome de um bem maior. A ausência de qualquer fundamento empírico que sustentasse as teodiceias fez com que estas, e suas respectivas doutrinas, se tornassem alvo tanto da filosofia crítica como do Iluminismo℗ e dos mestres da suspeita do século XIX.

Historicamente, portanto, pode-se encontrar na palavra doutrina um sentido didático-sapiencial, em que costuma residir o aspecto mais espiritual, o sistemático-filosófico e político-normativo, podendo ter uma função tanto inovadora quando conservadora. Não raro, as tensões e conflitos se dão entre as relações entre a tarefa filosófica e os usos políticos da doutrina.

Também se pode encontrar essa possibilidade de divisão da doutrina nas religiões do Extremo Oriente, com distintas ênfases em diferentes contextos e épocas. O *dharma*, no Budismo contemporâneo, assume mais o caráter sapiencial-espiritual e filosófico da doutrina, como, por exemplo, a escola de Kyoto. Contudo, no período do Budismo imperial, o *dharma* também tinha uma forte incidência política, sobretudo com a instituição da inquisição pelo xógum Iemitsu Tokugawa, entre os anos de 1640 e 1792. Já o *dharma* no Hinduísmo indiano ainda tem consequências sociais e culturais oriundas da interpretação℗ política das castas, que é combatida pela *dalit theology*.

As ênfases doutrinais ocorrem, não raro, por conta de momentos em que se instalam crises de doutrina, oriundas das crises das crenças℗, na medida em que um imaginário cultural e social destoa do imaginário religioso. As crises de crença℗ antecedem as crises da doutrina, na medida em que novos fenômenos sociais e culturais alteram a percepção de mundo em seu modo de pensar, agir e sentir. Tal mudança de percepção pode resultar em uma redução quantitativa das crenças℗ por uma parcela dos crentes de uma determinada religião, que passa a enxergar superstição℗ onde havia uma adesão de fé. Tal fenômeno provoca uma alteração no tecido e no imaginário da crença℗; ainda que a mudança esteja vinculada a um grupo, a redução de um aspecto da crença℗ à superstição℗ implica que outros grupos que porventura mantenham a crença℗ em tal aspecto sejam vistos como fanáticos. Diante de tal mudança, pode haver grupos que reforçam uma postura apologética de manutenção de todos os componentes da crença℗, assim como grupos dispostos a uma ressignificação, depurando excessos doutrinais em função de um aumento qualitativo da crença♀ dos fiéis. Em um momento crucial de crise da doutrina na Modernidade, os fiéis se viram na encruzilhada de se considerar ignorantes em relação às mudanças da vida ou ignorantes em relação ao modo como a doutrina estava formulada, resultando no abandono de uma das posturas, ou ser moderno aceitando todas as revoluções culturais desse momento (revolução científica, Revolução Francesa, mudanças de sistema de produção etc.), ou manter a fé. A recusa nesse diálogo gerou na Modernidade o fenômeno do ateísmo e, mais contemporaneamente, o fenômeno do agnosticismo, em que permanece um sentimento religioso, porém um descrédito nas categorias que demandavam a vinculação cabal a um sistema de crença♀, herança de um estilo doutrinário próprio de religiões que ocupavam a função de reguladoras sociais na totalidade do comportamento humano, cultural, social e psicológico, que Foucault chamou de *poder pastoral* e operam pela instalação de um regime de verdade (2008). Mais dramática é a vinculação de uma doutrina a um regime político que compromete a crença♀ religiosa à credibilidade política do projeto que determinada religião sustenta, sendo que a descrença em uma parte retroalimenta a descrença em outra parte. Contemporaneamente, as revoluções culturais evocaram posturas contra-hegemônicas que, na medida em que não são assumidas, ou o são paulatinamente, podem ocorrer revoluções silenciosas de fiéis que não confrontam publicamente suas opiniões sobre a vida contemporânea, com as inadequações das formas doutrinais das quais ainda se é herdeiro cultural, e que, apesar de não se abandonar totalmente suas respectivas doutrinas, alimentam um sentimento religioso. Este caso indica certa consciência♀ da precariedade das fórmulas doutrinais, que opta pelo silêncio como tática de resistência e permanecer em determinada religião. Por outro lado, há grupos que se veem com um dever divino de resgatar a posição hegemônica de suas respectivas religiões e, não raro, promovem estratégias, quer sejam religiosas, quer intelectuais, ou, mais comumente, que atuam na formação de *lobbies* políticos, ou, ainda, de confronto bélico para recuperarem suas influências, como é o caso das tentativas de grupos que em nome de uma ortodoxia encampam projetos eleitorais, por vezes até mesmo contraditórios às próprias crenças♀, caso de alguns grupos nas Américas dos séculos XX e XXI, ou ainda grupos radicais que adotavam práticas terroristas, caso do *jihadismo* islâmico, de alguns membros do partido ortodoxo de Israel e de grupos que promovem a crença♀ na supremacia cristã branca nas Américas e na Europa, promovendo confusas crenças♀ com pouca reminiscência religiosa e forte acento político. Nesse sentido, as doutrinas podem ser entendidas como ideologias♀ cristalizadas, ou, dito de outro modo, como sistemas de crença♀ fechados à reflexão, ou ao menos abertos de modo seletivo e não autocrítico.

Para Paul Ricœur♀ (1913-2005), a contribuição de Karl Marx♀ foi identificar como as crenças♀ religiosas, formuladas em forma de doutrina, ou seja, por explicação dogmática (no sentido da crítica kantiana), podem interferir na sociedade. Ricœur♀ analisa três funções da ideologia♀:

1) A *função geral* provoca a unidade social, integrando grupos na medida em que ela promove um sistema de crenças♀, como, por exemplo, a crença♀ em valores que permite integrar grupos distintos; função essa que possui cinco características: a) de *representação*, que atende à necessidade de o grupo ter uma imagem♀ de si mesmo; b) de promoção de *dinamismo* ou de ser uma *teoria da motivação social*, conferindo um caráter de justificativa à razão de ser de um grupo; c) de *simplificar* ou *esquematizar* um sistema de pensamento, modificando-o para um sistema de crenças♀ e, assim, promover uma idealização da imagem♀ que um grupo possui de si mesmo; d) de *doxologia*, ao transformar ideias em opiniões que funcionam como máximas em forma de *slogans*, fórmulas lapidares, frases de efeito, e talvez hoje pudéssemos incluir os "memes" das redes sociais; e e) de *tipificação* ou de *sedimentação* da experiência social, âmbito em que surge a identificação mais forte de um indivíduo com um grupo, que passa a ler a sociedade com a consciência♀ do grupo, de modo que é a partir da ideologia♀ que se pensa, mesmo quando se pretende pensar sobre ela. Dito de outro modo, a consciência♀ se dá dentro de um código cultural. Também aqui se incorre no risco de reforçar o caráter irracional e não transparente do sistema de crença♀ que passa a racionalizar a partir dos pressupostos doxológicos, chegando a promover a dissimulação em relação à crítica e a outras visões, como atitude de defesa do sistema de crenças♀, incorrendo em um dogmatismo ideológico.

2) Na medida em que o modo de pensar e perceber o mundo se sedimenta em grupos de menor ou maior escala, que hoje são possibilitados pelos meios de comunicação de massa, a ideologia♀ pode passar a exercer a *função de dominação*, relacionando-se diretamente com o poder e a autoridade, como gestão do poder, promovendo certa fé na autoridade e acentuando a dissimulação, que passa para o primeiro plano como uma forma de se esquivar de críticas. A função de dominação é praticamente o uso deliberado de um sistema de crença♀ para promover e/ou manter o poder.

3) Por fim, e nesse ponto é que Ricœur♀ reconhece a contribuição de Marx♀ ao desvelar a *função de inversão* da ideologia♀, a qual diz respeito à substituição da percepção do processo da vida real por uma vida imaginária, promovido por um sistema de crença♀ no qual a fé resulta na produção de ingenuidade, ou ainda uma crença♀ sem consciência♀ crítica (Ricœur, 2011, p. 77-86). Para Marx♀, quem promove essa inversão é a religião, ao apregoar que a

realidade social é vontade de Deus. Mais precisamente Bourdieu♀ nomeou tal inversão como sociodiceia, ao nomear as teodiceias como o tipo de mentalidade religiosa que justifica a condição social pela substituição das causas históricas por causas divinas (Bourdieu, 1998, p. 58-59). No entanto, Slavoj Žižek (1949-) levanta a questão do *fascínio do totalitarismo* que funciona como patologia social, sendo os totalitarismos de direita, o nazismo e o fascismo, descritos como processos psicóticos que criam um simbólico paranoico, ao passo que o totalitarismo stalinista segue uma lógica de *fetichização* do partido, em que a parte (o partido) substitui o todo da realidade coletiva. Em ambas as formas de totalitarismo, a contradição não consegue ser identificada, havendo uma fantasia neurótica, a criação de um mestre, que cada um inventa, para quem se transfere a própria liberdade no ato de obedecer. O efeito nefasto dessa neurose da era do ego que chega à contemporaneidade é a produção de um novo sintoma social, o cinismo, dentro de um imaginário que de alguma forma "desobriga a pensar ou impede de pensar ativamente", passando a ser alimentado pelas doutrinas religiosas, políticas, teoréticas, reduzidas à função de ideologia♀, que dispensam uma confrontação com a realidade, dada a ilusão instalada e retroalimentada na condição de funcionarem como sistema de crença♀ (Ži žek, 2013, p. 119). Gianni Vattimo, em seu *Adeus à verdade* (2016), sugere outro *organon* que não seja a busca pela verdade, dado seu modelo representacional e legitimador de hegemonias, reafirmado contemporaneamente na produção da Guerra ao Terror, pela manipulação de provas que confirmassem a existência de armas nucleares no Iraque, origem de tempos de pós-verdade, de *fake news* e de autoverdade. Nesse sentido, o autor sugere que o debate doutrinário seja substituído pelo debate ético, ou ao menos a ele se submeta. A questão coloca em xeque as pretensões hegemônicas e, portanto, universais das doutrinas. Em meio a esse clima de cisão cultural, em que de um lado há um fascínio e de outro uma aversão pelas distintas formas de doutrinação, ocorre uma revisão das tradições doutrinais religiosas de uma perspectiva crítica, contra-hegemônica e colaborativa com os processos de transformação social encampados pelos movimentos sociais. O analista social português Boaventura Sousa Santos reconhece que essa nova hermenêutica♀ das tradições doutrinais é promovida pelas teologias♀ políticas plurais, com origem na América do Sul, mas que teve repercussões para todo o Sul global, e até mesmo colabora para uma versão mais liberal e contra-hegemônica do Islã. Tais práticas podem ser identificadas com aquilo que ele chama de "Epistemologias♀ do Sul", rompendo com o modelo epistemológico representacional que estava na origem da concepção de doutrina para assumir um modelo emergentista e perspectivista (Santos, 2013, p. 30; 142).

Bibliografia: BOURDIEU, P. *Contrafogos*: táticas para enfrentar a invasão neoliberal. Rio de Janeiro: Jorge Zahar, 1998; FICHTE, J. G. *Attempt at a Critique of All Revelation*. Cambridge: Cambridge University Press, 2010; FOUCAULT, M. *Segurança, território, população*: curso no Collège de France (1977-1978). São Paulo: Martins Fontes, 2008; KANT, I. *Crítica da razão pura*. São Paulo: Abril Cultural, 1980. (Coleção Os pensadores.); MAAS, M. *Exegesis and Empire in the Early Byzantine Mediterranean*: Junillus Africanus and the Instituta Regularia Divinae Legis. Heidelberg: Mohr Siebeck, 2003; MARCUS TULLIUS CICERO. *Opera omnia*: The Latin Library. Disponível em: <https://www.thelatinlibrary.com/cic.html>. Acesso em: 22/04/2019; RICŒUR, P. *Hermenêuticas e ideologias*. 2. ed. Petrópolis: Vozes, 2011; SANTOS, Boaventura de S. *Se Deus fosse um ativista dos direitos humanos*. São Paulo: Cortez, 2013; SCHRECKER, P. *La estructura de la civilización*. México: Fondo de Cultura Económica, 1975; VATTIMO, G. *Adeus à verdade*. Petrópolis: Vozes, 2016; ŽIŽEK, S. *Alguém disse totalitarismo?* Cinco intervenções no mau (uso) de uma noção. Rio de Janeiro: Boitempo, 2013. (Edição Kindle.)

ALEX VILLAS BOAS

DUMÉZIL, GEORGES EDMOND RAOUL

Filólogo, linguista e estudioso francês especialista em mitologia♀ comparada e em religião de matriz indo-europeia, Dumézil aprendeu latim e grego ainda criança e dedicou-se desde muito cedo ao estudo de línguas e dos mitos indo-europeus. Ainda antes de entrar na universidade, já tinha contato com um dos mais eminentes linguistas franceses da sua época, Michel Bréal (1832-1915), avô de um colega seu de Liceu, com quem aprendeu sânscrito, uma das diversas línguas indo-europeias que foi objeto do seu estudo. Esse conhecimento, acumulado ao longo dos anos, revelou-se fundamental para a sua visão muito particular acerca da estrutura social e religiosa dos povos indo-europeus.

Na École Normale Supérieure foi aluno de Antoine Meillet (1866-1936), outro nome fundamental nos estudos indo-europeus, conhecedor profundo desse patrimônio linguístico, e que o pôs em contato não só com o mundo iraniano como também com o das gramáticas comparativas. Ao contrário, porém, da tendência geral dos estudiosos da sua época, a principal preocupação de Dumézil nunca foi estritamente linguística ou histórica, tendo-lhe sempre preocupado mais a temática da mitologia♀ comparada, área em que a investigação estava algo estagnada, depois do descrédito em que caíram algumas das teorias de nomes como Adalbert Kuhn (1812-1881), Max Müller♀ (1823-1900) ou Hugo Meyer (1837-1908).

Depois do doutoramento, em 1924, com *Le festin d'immortalité*, o seu percurso académico foi algo atribulado, não só porque a sua tese, na opinião de pessoas como o próprio Antoine Meillet, revelava algumas fraquezas metodológicas, como provavelmente também por razões políticas, pela sua ligação pessoal a Charles Maurras (1868-1952), membro influente na monarquista e contrarrevolucionária Action Française, de ideias fortemente nacionalistas, racistas e antissemitas. Não tendo, portanto, espaço no meio acadêmico francês, acabou por aceitar a docência de História das Religiões♀ em Istambul (1925-1931), algo que lhe deu o ensejo para aprender não só turco como também viajar pelo Cáucaso, aprendendo russo e outras línguas nativas, tomando, assim, contato com diversas culturas de substrato indo-europeu, como os ossetas, cujo patrimônio mitológico e tradição oral muito haveria de aproveitar ao longo da sua extensíssima obra. Já na Suécia, em Upsala (1931-1933), para além de aprender uma língua nórdica, explorou a fértil tradição mitológica de filão escandinavo e germânico.

Em 1933, tendo conquistado a atenção do meio científico francês, volta ao seu país natal para assumir uma cátedra de mitologia♀ comparada indo-europeia na École Pratique de Hautes Études. Mas é em 1938, com o seu artigo seminal "La préhistoire des flâmines majeurs", e livros como *Mythes et dieux des Germains* (1940), que Dumézil se afasta definitivamente das visões de James Frazer♀ (1854-1941) e dos exageros de Max Müller♀, encetando um caminho de investigação próprio que privilegia uma perspetiva estruturalista sobre a mitologia♀, a ideologia♀ e a religião de matriz indo-europeia.

Esta nova linha de análise levou à formulação da sua mais conhecida tese, a da estrutura tripartida das sociedades indo-europeias. Começando por comparar os três mais importantes *flâmines* romanos (sacerdotes dedicados a um determinado deus), os de Júpiter, Marte e Quirino, com outras estruturas tripartidas de patrimônio escandinavo, iraniano e indiano (com o seu sistema de castas), chega à conclusão mais vasta de que, pelo menos num momento recuado da história, as sociedades indo-europeias estariam organizadas hierarquicamente em três funções sociais distintas: a) a da soberania, representada quer por sacerdotes (que detêm o poder religioso ou mágico), quer por reis (que assumem o poder temporal), algo que se espelha em figuras mitológicas como o rei-sacerdote Rômulo ou o deus-rei Júpiter em Roma, o deus iraniano Mitra, o indiano Varuna ou o escandinavo Thor; b) a da força, representada nos guerreiros, e visível no panteão indo-europeu em deuses como Marte, o deus indiano Indra ou o nórdico Wodan; e c) o da abundância e da produtividade, representado, por exemplo, pelos agricultores e pela "gente comum", cujo eco mitológico encontramos em figuras como os Nasatya, os gémeos associados na cultura védica às classes mais baixas, ou o deus romano Quirino, ligado à agricultura, ou o deus escandinavo Fricco, um deus fálico associado à fecundidade.

Daqui se depreende que, para Dumézil, uma religião♀ não pode ser estudada de modo isolado, mas vista numa complexa série de elementos que se entrecruzam: a estrutura conceptual de uma determinada religião exprime-se e materializa-se em mitos que representam essa estrutura prévia, e na relação que os deuses, por exemplo, estabelecem entre si, quer seja ao nível narrativo, quer ritual. Esta visão foi-se desenvolvendo ao longo dos anos subsequentes, que coincidiram com a Segunda Guerra Mundial, em livros como *Mitra-Varuna* (1940), que se dedica à primeira função, *Horace et les Curiaces* (1942), que estuda a segunda, estendendo o seu modelo aos materiais iranianos e zoroástricos em *Jupiter, Mars, Quirinus: III – Naissance des archanges* (1945), tendo já no final da sua vida explorado também a religião grega em *Apollon sonore* (1982).

Dumézil nunca deixou de aprimorar e precisar alguns dos aspectos da sua teoria ao longo dos seus mais de setenta livros, dialogando e respondendo aos diversos críticos que, de uma forma ou de outra, discutiram os seus argumentos; progressivamente foi optando por ver a estrutura tripartida não tanto como um resquício de uma sociedade indo-europeia assim organizada, mas mais como uma "ideologia♀", ou seja, um ideal coletivo que por vezes encontrou expressão ao nível social em diversas sociedades antigas.

O seu trabalho, apesar de influente na obra de autores como E. Benveniste, Stig Wikander, P. G. E. Powel, M. Molé, J. Duchesne-Guillemin, e C. Scott Littleton, tem sido objeto de crítica por diversos estudiosos; os latinistas, por exemplo, contestam a rigidez de algumas das suas análises, quando a comparam com a própria estrutura social romana: mesmo na Roma arcaica não é tão clara assim a divisão social proposta, dada a típica figura do agricultor-soldado, no cerne da própria mentalidade romana. Por outro lado, também é um fato que a esfera dos deuses não se confina a uma única zona de ação: Marte, por exemplo, tanto era invocado em ambiente bélico como era objeto das preces dos agricultores. Outro nível de crítica prende-se com um lado mais político: alguns apontam que, por trás da sua teorização sobre a estrutura social dos povos antigos estaria o seu próprio conservadorismo em relação à sociedade sua coeva, sublinhando o fato de as suas ideias coincidirem, de algum modo, com o ideal social preconizado por pessoas ligadas a movimentos nacionalistas e nacional-socialistas com quem Dumézil estabeleceu relações de amizade. O estudioso, porém, sempre negou de forma veemente tais acusações, sublinhando que a sua reflexão se fez no domínio exclusivo do mundo pré-moderno.

Bibliografia: DUMÉZIL, G. E. R. *Apollon sonore et autres essais: vingt-cinq esquisses de mythologie.* Paris: Gallimard, 1982; DUMÉZIL, G. E. R. *Déesses latines et mythes védiques.* Bruxelles: Collection Latomus, vol. XXV, 1956; DUMÉZIL, G. E. R. *Horace et les Curiaces.* Paris: Gallimard, 1942; DUMÉZIL, G. E. R. *Jupiter, Mars, Quirinus:* I – Essai sur la conception indo-européenne de la société et sur les origines de Rome (Paris: Gallimard, 1941); II – Naissance de Rome (Paris: Gallimard, 1944); III – Naissance d'archanges, essai sur la formation de la religion zoroastrienne (Paris: Gallimard, 1945); IV – Explication de textes indiens et latins (Paris: PUF, 1948); DUMÉZIL, G. E. R. La préhistoire des flamines majeurs. *Revue d'Histoire des Religions,* 118, p. 188-200; DUMÉZIL, G. E. R. *Les Dieux des Germains.* Paris: Gallimard, 1959; DUMÉZIL, G. E. R. *Mitra-Varuna: essai sur deux représentations indo-européennes de la souveraineté.* Paris: PUF, 1940; DUMÉZIL, G. E. R. *Mythes et dieux des Germains:* Essai d'interprétation comparative. Paris: Librairie Ernest Leroux, 1939; DUMÉZIL, G. E. R. *Servius et la Fortune:* Essai sur la fonction sociale de louange et de blâme et sur les éléments indo-européens du cens romain. Paris: Gallimard, 1943; ÉRIBON, D. *Faut-il brûler Dumézil?* Mythologie, science et politique. Paris: Flammarion, 1992; ÉRIBON, D. *Le Festin d'immortalité:* Étude de mythologie comparée indo-européenne. Paris: Annales du Musée Guimet, n. 34, Librairie orientaliste Paul Geuthner, 1924; LITTLETON, C. S. *The New Comparative Mythology.* An Anthropological Assessment of the Theories of Georges Dumézil. University of California Press, 1973; QUINTELA, M. V. G., *Dumézil, une introduction.* Préface de C. J. Guyonvarc'h. Crozon (Finistère): Éditions Armeline, 2001.

Pedro Braga Falcão

DURKHEIM, DAVID ÉMILE

I. Itinerário biográfico. David Émile Durkheim, sociólogo francês, nasceu em Épinal, no dia 15 de abril de 1858, e faleceu em Paris, em 15 de novembro de 1917. Nascido numa família judia, recebeu uma educação rabínica. A sua ascendência estava marcada pela presença familiar de rabis desde o seu bisavô.

Foi admitido na Escola Normal Superior (1879), onde fez a sua agregação em Filosofia. Teve Jaurès, Bergson e Blondel por condiscípulos. Fez parte de uma geração marcada por um ideal de moralização da França, ideário que transporta uma forte valorização da escola laica. Após uma estada na Alemanha, redigiu um texto que indicia esse interesse pelos fundamentos morais da experiência social: "A ciência positiva da moral na Alemanha" (1886). Em 1887, conseguiu um lugar de professor na Universidade de Bordéus, ficando encarregado de uma cadeira de Ciências Sociais e pedagogia. Em 1902, conseguiu uma nomeação para a Sorbonne. Aí, no ano de 1906, tornou-se titular da cadeira de pedagogia, que, a partir de 1913, tomará o nome de "sociologia".

1. Obras principais. Na sua tese *Da divisão do trabalho social* (1893), Durkheim procura os fundamentos de uma "ciência da moral", recorrendo a alguns conceitos estruturantes, como "solidariedade social", "consciência☙ coletiva" ou "anomia". É esta ciência da moral que o conduz à observação de que é a sociedade que está na origem dos imperativos morais e não a consciência☙ individual. Em *As regras do método sociológico* (1895) e em *O suicídio* (1897), esse interesse por uma ciência da moral adquire, com mais clareza, os contornos de uma nova disciplina, a Sociologia. A construção da nova disciplina contou com o seu continuado labor intelectual, impresso, de forma particular, nos textos que preenchiam as páginas de *L'Année sociologique* (1898), de que é fundador. A publicação de *As formas elementares da vida religiosa* (1912) corresponde ao ponto de maturação da sua sociologia, que encontra o seu fulcro numa teoria da religião.

II. Teoria social da religião. O facto mais assinalável das propostas de Durkheim diz respeito ao ato de distinguir a ideia de Deus do ato de separação do sagrado☙ e do profano☙ da ideia de Deus. Definir a religião☙ sem o fulcro da questão de Deus☙ pode apresentar-se como uma rutura epistemológica, no seio de uma tradição cultural que colocava essa categoria no centro da compreensão da experiência religiosa☙. Durkheim encontrou na "obrigação" um traço essencial para compreender o que se poderia apelidar de função religiosa. A partir desse ponto de vista, o sociólogo define a religião☙ como um sistema de mitos, de dogmas☙, de ritos, de cerimónias e de opiniões "obrigatórias" (cf. *Journal sociologique*, 1969, 140-165). Nesta via, procura conciliar a atenção dada ao carácter imperativo dos signos religiosos e o reconhecimento do realismo da força que suscita essas representações, pois essa força é alimentada por necessidades.

O núcleo mais conhecido da sua teoria social da religião concentra-se na observação de que a religião☙ é um sistema de símbolos que permite a uma sociedade ter consciência☙ de si própria. O interesse de Durkheim pelo totemismo, particularmente expresso em *Les formes élémentaires de la vie religieuse*, decorre do reconhecimento de que, nessa forma social, se descobre um laboratório privilegiado para a descoberta da natureza simbólica da experiência social. A prática da reprodução da figura totémica nas paredes das casas, nas armas, nos utensílios, nos túmulos, nos corpos etc., materializa uma função sacral, pois o seu valor não depende dos objetos que lhes dão suporte. O totem é lido como a expressão material de algo. Durkheim interroga-se: se é, simultaneamente, o símbolo do Deus e da sociedade, não será precisamente porque Deus☙ e a sociedade são um? (1968, p. 158-189, 294s).

A atividade religiosa mais decisiva consiste na conservação e consolidação das ideias e dos sentimentos

DURKHEIM, DAVID ÉMILE

coletivos que constituem esse "nós" a que chamamos sociedade. Esta dimensão coletiva é resumida pelo autor na categoria "igreja", que no idioma durkheimiano diz respeito a qualquer sociedade cujos membros partilhem a mesma relação com o sagrado℗. A partir destes pressupostos, não há religião℗ sem "igreja" (Durkheim, 1968, p. 61-65, 352, 599, 610). Para Durkheim, a religião℗ possui em estado de génese todos os elementos que, dissociando-se e combinando-se, dão origem às diferentes formas de vida coletiva (1969, p. 138).

As diferentes formas de religião, das mais simples às mais complexas, transcrevem-se num sistema classificatório: a divisão das coisas em dois grupos, o sagrado℗ e o profano℗. A definição durkheimiana é balizada por dois eixos fundamentais: a afirmação geral de que a religião℗ é um sistema de símbolos que exprimem a identidade coletiva e a ideia específica de que a religião℗ é um sistema de crenças℗ e de práticas relativas às coisas sagradas. Cada "coisa sagrada" constitui um centro de organização. A religião℗ é a expressão simbólica da solidariedade que permite à sociedade superar a anomia e o amorfismo, ultrapassando a desordem que permanentemente a ameaça (Durkheim, p. 50-58). Aqui se percebe o forte nexo do interesse de Durkheim pela religião℗ e o seu projeto intelectual de reconstrução laica de uma moral.

Na sua perspetiva, a sociedade impõe-se ao indivíduo para tornar viável a vida coletiva. A dicotomia temporal/espiritual exprime simbolicamente a dualidade do individual e do social. Durkheim leu, nas sociedades apelidadas de primitivas, duas correspondências fundamentais: sociedade-sagrado, indivíduo-profano℗. Durkheim desvia assim a atenção do conjunto constituído por sinais, ritos, templos, mediadores do sagrado℗ etc., e concentra-se na ideia de que a característica essencial se encontra na autoridade de que se revestem determinadas crenças℗ e práticas (1987, p. 270, 310).

III. A posteridade durkheimiana. A interpretação℗ durkheimiana da função social dos signos totémicos é o laboratório de uma teoria social do simbólico. Durkheim esforça-se por mostrar que eles são portadores de representações coletivas, e que a atividade simbólica se concretiza na atribuição de valores e propriedades às coisas, segundo operações sociais. Estamos na origem do que se tornará um lugar-comum no uso socioantropológico da noção de cultura, enquanto sistema de símbolos que se impõe à nossa perceção e a organiza. O itinerário intelectual de Durkheim veicula um axioma: não há grupos ou sociedades sem esta atividade de simbolização, uma vez que não podem existir representações coletivas sem esse suporte de comunicação.

O modelo durkheimiano de indagação sobre a religião℗ foi retomado frequentemente. Sobretudo quando estão em causa as operações simbólicas de construção das identidades ou valores coletivos ou quando os interesses de pesquisa mobilizam a disjunção sagrado℗/profano℗. Recorde-se, a título de exemplo, que Bourdieu℗ se interessou pela religião℗ enquanto forma de legitimação do arbitrário, e que Castoriadis pensou a religião℗ no quadro da sua noção de sociedade heterónoma (na medida em que imagina fora do seu alcance a sua própria instituição).

Algumas das leituras críticas de Durkheim sublinharam o carácter "societista" da sua teoria da religião, uma vez que, neste quadro explicativo, a religião℗ é sempre explicada a partir de outros factos sociais. Trata-se, portanto, de um modelo hétero-explicativo dentro do qual toda a atividade religiosa é a tradução de relações de força, mais, é a ilusão que consagra, dissimulando, uma ordem social arbitrária. Em última análise, os crentes julgam dirigir o culto a esta ou àquela entidade, mas é a própria sociedade, hipostasiada por meio de representações religiosas, que se esconde na figura dessa entidade. No entanto, julga-se difícil conciliar este modelo explicativo com a observação de que, historicamente, certas formas de religião tiveram um papel de resistência e não de conservação do *status quo*.

Na medida em que nos estudos da religião foi crescendo o interesse pela recomposição individual do religioso, a herança durkheimiana, no seu fulcro, perdeu aplicabilidade. Tornou-se frequente a observação segundo a qual a teoria social da religião de Durkheim tem uma particular força explicativa nas sociedades de tipo totémico. No entanto, reconhece-se que ela tem uma menor força heurística no caso das sociedades complexas. Em particular, numa certa geografia da Modernidade, pode-se perguntar se as configurações do sagrado℗ não se terão deslocado da coletividade para o indivíduo.

Bibliografia: ARON, R. *As etapas do pensamento sociológico*. São Paulo: Martins Fontes, 1987; DURKHEIM, E. *Journal sociologique*. Paris: PUF, 1969; DURKHEIM, E. *La division du travail social*. Paris: PUF, 1960 [original: 1893]; DURKHEIM, E. *La science sociale et l'action*. Paris: PUF, 1987; DURKHEIM, E. *Le suicide: Étude sociologique*. Paris: PUF, 1967; DURKHEIM, E. *Les formes élémentaires de la vie religieuse*: le système totémique en Australie. Paris: PUF, 1968; DURKHEIM, E. *Les règles de la méthode sociologique*. Paris: PUF, 1993; DURKHEIM, E. *Textes. II. Religion, morale, anomie*. Paris: Minuit, 1975; GIDDENS, A. *As ideias de Durkheim*. São Paulo: Cultrix, 1981; LUKES, S. *Émile Durkheim, his Life and Work*: A Historical and Critical Study. Penguin Books, 1988; PICKERING, W. S. F. *Durkheim's Sociology of Religion*. Themes and Theories. London: Routledge and Kegan Paul, 1984; PRADES, J. A. *Persistance et métamorphose du sacré*: Actualiser Durkheim et repenser la modernité. Paris: PUF, 1987; ROLIM, F. C. *Dicotomias religiosas*: ensaio de sociologia da religião. Petrópolis: Vozes, 1997; TAROT, C. *De Durkheim à Mauss, l'invention du symbolique: Sociologie et sciences des religions*. Paris: La Découverte, 1999.

ALFREDO TEIXEIRA

E

ECLETISMO → Fusão de religiões

ECONOMIA DA RELIGIÃO

A Economia da Religião, como aqui compreendida, é uma área de estudo que liga as disciplinas de Ciência da Religião→ e Economia em um nível tanto teórico quanto empírico. Inclui, no nível teórico, teorias econômicas aplicadas ao estudo científico da religião, e vice-versa, de teorias da Ciência da Religião→ para entender a economia. Empiricamente, a Economia da Religião abrange quaisquer relações possíveis entre o que se entende por "esferas de valor" (Max Weber→), "campos" (Pierre Bourdieu→) ou "sistemas funcionais" (Niklas Luhmann→) de "economia" e "religião→".

A relação entre a economia e a religião→ é um campo de investigação primordial no estudo científico desde o estabelecimento das Ciências Sociais no século XIX. Nas últimas décadas, um dos principais interesses de pesquisa no estudo da religião passou a ser como a religião→ foi afetada pelas recentes mudanças econômicas. Atualmente, os laços da religião→ com a economia têm recebido ampla atenção, como o número de conferências, edições especiais, volumes editados e até mesmo artigos gerais indicam.

I. Reflexões clássicas sobre religião e economia: Adam Smith, Karl Marx, Max Weber. A reflexão sobre os laços entre religião→ e economia antecede o surgimento do raciocínio econômico, no final do século XVIII. Não foi outro senão Adam Smith, o fundador da ciência moderna da economia, que incluiu a religião→ em sua interpretação→ econômica da gênese da riqueza. Sua afirmação básica de que o ser humano, conceituado como *Homo economicus*, é geralmente programado pela razão quando busca realizar seus objetivos individuais, esforçando-se para alcançar com o mínimo esforço possível o máximo resultado, aplica-se também aos atores religiosos. Smith argumenta que as ações dos sacerdotes foram dominadas por seus esforços para recrutar seguidores; isto, no entanto, reforça a competição entre os fornecedores religiosos. Dessa forma, os especialistas religiosos estão expostos às forças do mercado. Com isso, Adam Smith antecipou e lançou as bases para o que mais tarde se tornaria a abordagem da escolha racional na Ciência da Religião→.

Karl Marx→, no entanto, procedeu de forma contrária. Para compreender o capitalismo e sua forma intrínseca de "fetichismo da mercadoria", Marx→ afirmou que devemos recorrer às regiões do mundo religioso menos contempladas. Marx→ usou a crítica de Ludwig Feuerbach→ à religião→ como uma ferramenta filosófica para entender o capital. Enquanto Feuerbach→ argumentava que a religião→ é a projeção das capacidades humanas em um poder sobre-humano e divino, um processo em que o criador de Deus (o próprio homem) é dominado pela criatura (Deus), Marx→ argumentava que o capitalismo é um processo análogo de alienação e desapropriação: no trabalho assalariado, o produtor que tem de vender a sua força de trabalho torna-se desapropriado, alienado, e, no final, dominado não só pelo capitalista, mas pelo próprio capital. Como um vampiro, quanto mais capital um trabalhador produz, maior se torna o poder do capital sobre ele. Além disso, no fetichismo da mercadoria, as pessoas – incluindo os economistas – concebem o valor de uma mercadoria como uma característica quase espiritual, desconsiderando a origem do valor como um fato social derivado do tempo necessário de trabalho que é investido na produção da mercadoria.

Em relação ao desenvolvimento histórico, Marx→ estava convencido de que as transformações econômicas precedem a mudança religiosa. Como a religião→ era uma força necessária para legitimar a desigualdade política e econômica nos modos de produção feudalista ou "asiático", o capitalismo, a seu ver, deu origem ao secularismo, uma vez que o reino do capital baseado em contratos, "liberal" e superficialmente "justo" (embora explorador), não se apoiava em nenhuma forma de desapropriação óbvia. Como Marx→ declarou em escritos anteriores e que não repetiu em seu volume principal *O Capital*, a religião→, juntamente com o direito e a política, pertencia à "superestrutura" social, que sempre se apoiaria na estrutura "básica" das forças econômicas.

O mais importante colaborador clássico para a reflexão sobre a relação entre religião→ e economia, Max Weber→, contestou precisamente a última suposição marxista. Em seu estudo *A ética protestante e o espírito do capitalismo* (publicado pela primeira vez em 1904), Weber argumentou que o "ascetismo intramundano" obrigatório para uma conduta que uma teologia→ protestante – e principalmente calvinista – exigia dos crentes no início da Modernidade poderia ter servido como parteira para o surgimento do capitalismo. E, embora ele tenha concebido o Protestantismo como a religião escolhida pela burguesia econômica, foi também o estágio final de um processo evolucionário de racionalização e desencanto religioso que resultou – no Ocidente – em conceitos como o *deus absconditus* e a crença→ na predestinação$\wp$. Weber confirmou que o capitalismo provavelmente emergiu, e só emergiu no Ocidente porque em nenhuma outra região uma ética religiosa semelhante baseada no intramundano (trabalho como serviço a Deus) e ascetismo (incentivo à produção e restrição ao consumo levando a círculos de investimento sempre renovados) evoluiu.

Na reflexão sobre o vínculo economia-religião$\wp$, as perspectivas de Weber são de suma importância, além de suas contribuições empíricas, por pelo menos duas razões. Primeiro, como ex-estudante de economia, sua análise se baseia em raciocínios econômicos, tal qual alguns de seus conceitos sugerem, como "bens de salvação$\wp$". Além disso, Weber destaca a importância do uso da racionalidade como princípio orientador da ação humana. Seria uma simplificação, no entanto, interpretar os estudos de Weber como uma simples abordagem da Escolha Racional. Por exemplo, ele mostrou como o homem econômico, ou, em termos da teoria econômica, o *Homo economicus*, era o resultado histórico de um processo de racionalização generalizado, principalmente no nível das ideias religiosas. Sua segunda importante contribuição teórica é a clara separação entre a economia e a religião$\wp$, que ele concebeu como diferentes "esferas de valor". Assim, a esfera de valor da economia exigirá um tipo de racionalização da vida diferente da esfera de valor da religião. Weber destacou as potenciais tensões entre essas esferas de valor. Cada uma exige uma racionalização específica da conduta de vida e ambas se harmonizariam de vez em quando apenas no âmbito do Protestantismo moderno.

II. Abordagens neoclássicas. Depois da Segunda Guerra Mundial, Karl Marx$\wp$ e Max Weber$\wp$ permaneceram como as mais importantes fontes de inspiração$\wp$ para a reflexão sobre os laços religioso-econômicos. O que é aqui referido como *abordagens neoclássicas* inclui contribuições que recorrem a ambos e integram as suas diferentes perspectivas em um novo quadro conceitual. No entanto, uma grande mudança parece ter ocorrido após a Segunda Guerra Mundial. Enquanto Marx$\wp$ e Weber$\wp$ argumentavam que a economia como tal, ou, pelo menos, os processos econômicos de transformação, só podiam ser compreendidos caso se levasse em consideração o funcionamento e o impacto da religião$\wp$, autores subsequentes preferiram inverter a perspectiva e tenderam a uma investigação da religião$\wp$ e da mudança religiosa com a ajuda de teorias econômicas.

Dentre outros, foi o jovem Peter L. Berger$\wp$ que apresentou no seu livro *O dossel sagrado: elementos para uma teoria sociológica da religião*, uma teoria da religião baseada em *insights* de Marx$\wp$, Weber$\wp$ e Émile Durkheim$\wp$ enfatizando o fato de que na contemporaneidade a religião$\wp$ enfrenta um processo de mercantilização. Como tal, a análise de Berger$\wp$ não é uma teoria econômica da religião em um sentido restrito, mas desenvolve o argumento de que a mercantilização da religião é um processo histórico. Os processos de pluralização e privatização nos tempos modernos levaram a uma ruptura do "dossel sagrado" e, portanto, da função social da religião de fornecer uma ordem social abrangente. Para demonstrar que a religião$\wp$ é atualmente exposta a uma situação de mercado, Berger$\wp$ se apropria de modelos econômicos. Desta maneira aponta para o impacto dessa situação de mercado sobre as instituições religiosas$\wp$ e a natureza da religião$\wp$, a saber: um processo de burocratização, a formação de cartéis e o aumento da "diferenciação marginal" no sentido de que os produtos de diferentes fornecedores tendem a tornar-se cada vez mais semelhantes.

Outro estudo importante e inspirador foi o de Michael Taussig (1977) sobre "superstições" contemporâneas na América Latina rural, como o batismo$\wp$ do dinheiro (o padrinho esconde uma nota na mão para que, no momento em que dispuser a criança no ritual, o dinheiro seja batizado com a expectativa de que se multiplique). Aprofundando-se na análise do capitalismo de Weber$\wp$ e Marx$\wp$, Taussig argumenta que essas crenças$\wp$ não são mais supersticiosas do que o "fetichismo do dinheiro contemporâneo (a certeza de que o dinheiro possui uma dinâmica própria e se multiplicará sozinho, por exemplo, através de investimento em ações ou recebendo juros em uma conta bancária"). Em vez disso, as diferentes superstições são efeito de uma subsunção diferente sobre o capital. Taussig conclui que, embora o efeito da receita sempre renovada (Weber) ou da fórmula D-D de Marx$\wp$ (investir dinheiro para colher mais dinheiro) seja "naturalmente" tomado como certo nas sociedades capitalistas, ele é concebido não apenas como moralmente prejudicial, mas também como "não natural". Portanto, só pode ser explicado pelo impacto de um poder sobrenatural em sociedades baseadas em valor de uso que só recentemente foi incluído no sistema de mercado global.

Provavelmente, a síntese mais importante de Marx$\wp$-Weber$\wp$ na área da Economia da Religião foi elaborada por Pierre Bourdieu$\wp$ a partir do início dos anos 1970. De fato, seus artigos sobre uma perspectiva weberiana sobre religião$\wp$ constituem o início de sua elaboração de uma teoria geral de campo.

Um "campo social", como Bourdieu$\wp$ mais tarde concluiu, emerge sob a condição de que algo está em jogo na sociedade (tal como: a única e "verdadeira" religião, a "verdadeira" ciência ou a "boa literatura") e que os atores competem sobre a avaliação de uma religião como verdadeira, de uma ciência real ou de uma boa literatura. Embora os atores sociais possam ter o interesse subjetivo de afirmar e impor o que acreditam ser o certo, seu interesse objetivo é sempre monopolizar a estrutura de poder do campo em questão. Uma segunda condição para a emersão de campos sociais é a divisão do trabalho específico do campo, de um lado, da demanda (consumidores) e, de outro, da oferta (produtor, como cientistas ou romancistas).

Quanto ao lado da oferta, Bourdieu℘ (1987) recorre aos tipos ideais de especialistas religiosos de Max Weber℘, por exemplo, feiticeiros℘, sacerdotes℘ e profetas℘. Bourdieu℘ afirma que todos eles ocupam posições objetivas na atual estrutura de poder de cada campo. Do ponto de vista de Bourdieu℘, os feiticeiros℘ são os pequenos comerciantes do campo religioso. Eles oferecem serviços religiosos comercializados em nichos, muitas vezes expostos à perseguição de padres. Os padres adquiriram a posição dominante. Eles podem definir o que é a religião verdadeira e legítima. Uma de suas estratégias básicas é construir e comunicar dogmas℘, o que garantirá a conservação da estrutura de poder dos campos religiosos. No entanto, sua posição é desafiada pelos profetas℘. Eles podem contestar a pretensão de poder dos sacerdotes℘ e desafiar sua "religião legítima" como uma forma desprovida que serviria apenas aos interesses dos próprios sacerdotes℘. Em vez disso, o próprio profeta℘, muitas vezes vivendo de esmolas e fingindo não ter interesses pessoais, oferecerá o que é realmente a "verdadeira religião". Se for bem-sucedido, os sacerdotes clássicos podem ser superados e o profeta e seus seguidores se colocarão na posição de sacerdotes.

Dessa maneira, Bourdieu℘ ofereceu uma concepção esquemática do campo religioso sem abordar questões históricas. Assim, Bourdieu℘ não participou do debate sobre a secularização℘. No entanto, ele contribui para a compreensão da religião℘ na Modernidade por chamar a atenção não para o declínio, mas para a dissolução do campo religioso. Para Bourdieu℘, a religião℘ não está desaparecendo. Em vez disso, as fronteiras que definiriam a religião℘ se tornariam obscuras. Isto deve-se ao fato de que sem qualquer conceito de vida após a morte℘ – uma tendência típica da Modernidade europeia – a religião℘ não é capaz de se distinguir da saúde℘ mental. Dessa forma, os fornecedores religiosos acabam em um novo campo maior que engloba também a medicina e a psicologia. Embora isto não explique a variedade de fenômenos religiosos na Modernidade, Bourdieu℘ oferece uma ferramenta para a análise da chamada "nova religiosidade".

III. A abordagem da escolha racional na Ciência da Religião. O desafio político e intelectual do neoliberalismo desde a década de 1970 parece desencadear um ponto de virada na Economia da Religião. Por um lado, fez com que os economistas concebessem fatos sociais não econômicos, como a religião℘, de um ponto de vista econômico. Trata-se de uma perspectiva que foi propositadamente cunhada como "Imperialismo Econômico" (Becker, 1976) e encontrou seu caminho para outras disciplinas sob o título da "teoria da escolha racional". Essas abordagens diferem das abordagens neoclássicas na medida em que sua inspiração℘ intelectual não provém dos pais fundadores da Sociologia, mas dos departamentos de economia e, portanto, da tradição de Adam Smith.

A abordagem da escolha racional se baseia em um individualismo metodológico que procura explicar a prática econômica em termos de interesses dos indivíduos. Os indivíduos são concebidos como *Homo economicus*, o que significa que o homem busca a maior vantagem com custos mínimos, embora limitados por falta de recursos (dinheiro, tempo, conhecimento) e expostos a riscos e inseguranças. Os fenômenos macro, por outro lado, são explicados pela hipótese de equilíbrio. Por exemplo, os preços em um mercado livre são o resultado de um confronto entre os interesses divergentes da oferta e da procura. Aquilo que agora se chama "imperialismo econômico" ou "teoria da escolha racional" é uma abstração destas ideias trazidas de mercados reais e a sua aplicação a situações não mercantis. Dessa forma, economistas e teóricos da escolha racional afirmam que essas teorias desenvolvidas para estudar mercados também podem ajudar a compreender situações não mercantis. Cada situação social pode ser concebida como uma situação de mercado. No estudo da religião, este raciocínio começou em meados da década de 1970, mas obteve um tremendo impacto nos anos 1990, quando seus adeptos autodeclararam que a abordagem da escolha racional constitui um "novo paradigma" no estudo da religião. Um dos principais debates se desenvolveu em torno da questão da secularização℘. Contra a suposição de que na Modernidade a religião℘ estaria em processo de declínio, Rodney Stark e Laurance Iannaccone, dois proeminentes adeptos da abordagem da escolha racional, afirmaram "[...] que a chamada 'era da fé' europeia foi, de fato, uma era de apatia religiosa generalizada, e que as taxas americanas de adesão à igreja e à prática religiosa aumentaram firmemente na medida em que as igrejas estabelecidas pelas colônias originais deram lugar a um mercado livre cada vez mais diversificado de denominações concorrentes" (Stark; Iannaccone, 1994, p. 241).

Esta inversão da percepção histórica clássica se baseia nos componentes conceituais das teorias econômicas gerais clássica e neoclássica já descritas. Como a teoria econômica geral prevê, os mercados resolvem os problemas de alocação de forma mais eficiente do que os monopólios estatais ou privados. Devido à falta de concorrência, os monopólios tendem a oferecer bens de relativamente má qualidade a preços mais elevados. Stark, Iannaccone e outros argumentam que esta lei econômica também vale para ofertas religiosas. Um mercado religioso pluralista com altos graus de concorrência, por outro lado, dará conta das demandas religiosas por a) forçar os fornecedores a oferecer bens religiosos de alta qualidade, b) reduzir os custos econômicos de seus serviços, e c) fornecer produtos de nicho para divergentes interesses religiosos de clientes potenciais. Esta lei econômica relativa à eficiência de mercados poderia explicar os níveis de vitalidade religiosa ao longo da história. Assim, os teóricos da escolha racional concluem que, "na medida em que um mercado religioso local é competitivo e pluralista, o nível de participação religiosa tenderá a ser elevado" (Finke, 1997, p. 56). As taxas europeias de secularização são explicadas pelos graus relativamente elevados de intervenção do Estado neste mercado religioso, que tende a privilegiar um fornecedor religioso em relação aos seus concorrentes. Esta argumentação está em contradição com a de Peter Berger, que afirmou que a pluralidade religiosa e a situação de mercado tendem a diminuir a religião ainda mais. Esta disputa acadêmica inspirou muitos estudos empíricos sobre o relacionamento entre pluralidade religiosa e vitalidade religiosa. Tais estudos, entretanto, não produziram resultados que permitam uma resposta unilateral. Na verdade, a relação entre a pluralidade religiosa e a vitalidade religiosa parece ser estatisticamente fraca (Krech et al., 2013). Afinal, é bem possível que os argumentos sobre as consequências das situações de mercado para as religiões tanto de Peter Berger, por um lado, e os de teóricos da escolha racional, por outro lado, estejam certos: a religião pode perder a plausibilidade e, portanto, a apatia religiosa aumentará, mas, por outro lado, a pluralidade religiosa também aumentará a concorrência e, assim, levará a uma alta qualidade, a preços baixos e a uma grande variedade de bens religiosos.

Enquanto a hipótese sobre a eficácia dos mercados religiosos tem sido a mais famosa afirmação dos teóricos da escolha racional, tem havido uma ampla gama de outras teorias dedutivas. Uma delas se refere à pergunta sobre a função da religião. Ela desempenha um papel compensador de bens desejados, mas inalcançáveis, como a salvação ou a felicidade eterna, que não podem ser alcançadas por fins seculares? Ou ela ajuda a enfrentar a situação de incerteza? Também foi abordada a capacidade de as chamadas seitas, em comparação com a das igrejas, liderarem com o problema dos aproveitadores, ou seja, com aqueles que se beneficiam dos bens públicos sem contribuir para sua produção. Outro assunto é o da natureza e dos tipos de bens de salvação religiosa (Stolz, 2006).

A abordagem da Escolha Racional na Ciência da Religião tem atraído uma grande variedade de estudiosos. Vários artigos com uma visão geral foram publicados, bem como um bom número de artigos em prol de aprofundar este quadro teórico. Isso acontece apesar do caráter polêmico da abordagem e das críticas sociológicas, pelo menos na Europa (Schlamelcher, 2013). A voz crítica mais proeminente

é a do sociólogo escocês Steve Bruce (1999), que considera o potencial explicativo da teoria da escolha racional insuficiente diante dos fatos empíricos. Diversos outros autores até mesmo questionam os pressupostos básicos da abordagem. Em geral, parece que a abordagem da escolha racional no estudo da religião perdeu a relevância que tinha nos anos 1990 e início dos anos 2000.

IV. Religião na economia capitalista como um novo campo de pesquisa. Enquanto as perturbações teóricas sobre a utilidade das abordagens econômicas no estudo da religião parecem ter se acalmado, os laços entre religião e economia têm recebido uma tremenda atenção empírica nos últimos quinze anos. Foram lançados muitos projetos de pesquisa, conferências, volumes editados e edições especiais em torno de questões contemporâneas, tais como "religião e economia", "religião na era do neoliberalismo", ou "religião na cultura de consumidor". Em geral, parece que em estudos contemporâneos a questão weberiana de como a religião afetará a economia é tomada de cabeça para baixo. Agora a pesquisa desenvolve-se em torno de questões sobre como as comunidades religiosas se adaptam às mudanças políticas e econômicas ou sobre como as novas religiões evoluem no contexto de reestruturações consumistas e pós-fordistas da economia. Além das novas espiritualidades, tem sido dada muita atenção ao evangelismo e ao neopentecostalismo, principalmente no que diz respeito à Teologia da Prosperidade, que muitos sociólogos da religião entendem como uma expressão religiosa compatível com o capitalismo neoliberal e o consumismo de nossos tempos.

Outro conceito frequentemente apresentado nos estudos inspirados pelo pensamento pós-moderno é o processo de indiferenciação da religião e da economia. Esta conclusão, no entanto, pode ter sido tomada prematuramente devido ao desconhecimento dos fundamentos das teorias da diferenciação na tradição de pensadores como Max Weber, Georg Simmel ou Niklas Luhmann. Abordagens que não diferenciam entre o econômico e o social (ou religioso), tais como teorias de escolha racional (uma vez que assumem que qualquer agência é constituída por princípios econômicos) e abordagens que concluem prematuramente que os sistemas ou campos sociais foram reintegrados na economia tornam impossível uma investigação sólida da inter-relação entre religião e economia.

O estudo empírico dos laços religioso-econômicos se tornou uma das questões-chave na Sociologia da Religião. Enquanto a maioria das abordagens se concentra em desenvolvimentos contemporâneos, algumas pesquisas também têm sido feitas sobre os laços religioso-econômicos do passado. A dimensão histórica, no entanto, ainda parece carecer de suficiente atenção acadêmica.

Bibliografia: BECKER, G. S. *The economic approach to human behavior.* Chicago: University Chicago Press, 1976; BOURDIEU, P. Legitimation and Structured Interests in Webers`s Sociology of Religion. In: LASCH, S.; WHIMSTER, S. (Ed.). *Max Weber, rationality and modernity.* London: Allen & Unwin, 1987; BRUCE, S. *Choice and religion. A critique of rational choice theory.* Oxford; Oxford University Press, 1999; FINKE, R. The Consequences of Religious Competition. In: YOUNG, L. A. (Ed.). *Rational Choice Theory and Religion: Summary and Assessment.* London/New York: Routledge, 1997; KRECH, V. et al. Religious plurality and religious vitality. New measuring strategies and empirical evidence. In: *Interdisciplinary Journal of Research on Religion* 9, 2013, p. 2-22; SCHLAMELCHER, J. Teorias econômicas no estudo da religião. In: PASSOS, J. D.; USARSKI, F. (Orgs.). *Compêndio de ciência da religião.* São Paulo: Paulus/Paulinas, 2013. p. 257-274; STARK, R.; IANNACCONE, L. R. A Supply-Side Reinterpretation of the 'Secularization of Europe'. *Journal for the Scientific Study of Religion* 33/3, 1994, p. 230–262; STOLZ, J. Salvation Goods and Religious Markets: Integrating Rational Choice and Weberian Perspectives. In: *Social Compass* 53/1, 2006, p. 13-32; TAUSSIG, M. The Genesis of Capitalism amongst a South American Peasantry: Devil's Labor and the Baptism of Money. *Comparative Studies in Society and History* 19/2, 1977, p. 130-155.

Alexander Schroeder
Jens Schlamelcher
Tradução: Gisele Cristina Laranjeira

EDUCAÇÃO

Educação é prática social universal: encontra-se em todas as culturas e desde sempre, razão pela qual aparece sob tão variadas formas e entendimentos. Em meio à variedade, observa-se um sentido comum, porém já implicado na semântica do vocábulo consagrado pela cultura latina: *e-ducere* significa literalmente *mover*, *mover-se*, de um estado (situação, condição) para outro. Se estendermos a ideia de transcendência, do seu campo convencional no interior dos sistemas religiosos para um sentido mais lato, podemos entender *e-ducere* como *transcender*. Tal sentido comum de transcendência na religião☉ e na educação permite postular dois aforismos complementares e indissociáveis ao nosso tema: (1) toda educação é, de algum modo, transcendência; (2) toda religião☉ é, de algum modo, educativa.

Os fenômenos religiosos, por sua vez, podem ser considerados sob duas perspectivas: como puras hierofanias (manifestações por si mesmas reveladoras de um sagrado☉) e como formas culturais e históricas concretas. Essas duas dimensões são indissociáveis e remetem-se reciprocamente: não existe hierofania que não seja cultural e histórica, ao mesmo tempo em que "a manipulação e a transmissão das hierofanias acentua a sua *historicização*" (Eliade, 1977, p. 544). É enquanto forma histórico-cultural que toda religião☉ cumpre inerentemente uma função educativa junto ao seu corpo de fiéis e ao conjunto da sociedade em que atua: o seu sistema de crenças☉, saberes e referências de condutas deve ser ensinado-aprendido a cada geração. Pois, como afirma Hans Küng☉, "todas [as religiões] transmitem, por meio da fé, uma visão da vida, uma atitude perante a vida e uma norma para o bem-viver" (Küng, 2004, p. 16). Nesse processo, a reprodução e o desenvolvimento das religiões arrastam consigo parte do processo de reprodução e desenvolvimento das sociedades nas quais se encontram enraizadas.

A função educativa das religiões se realiza independentemente do sentido político da função social que cumprem (mais reacionária, conservadora ou progressista), mediante provocações à consciência☉ cognitiva e moral dos sujeitos. Essas provocações se dão nas vivências diretas dos ritos e, mormente, nas experiências cognitivas suscitadas pelos discursos comunicativos – documentos institucionais, exortações, comentários, sermões, mantras, orações.

Consideramos, aqui, educação como a prática social que mobiliza especificamente as funções superiores cognitivas dos sujeitos e conduz a resultados, entre os quais se encontram especialmente a maior capacidade de autonomia do sujeito (potencialização de sua liberdade, consciência☉ e responsabilidade) e sua maior capacidade de interação crítica nos processos de tomada de decisão coletivos, em última instância, políticos.

A função social educativa das religiões acentua-se quanto mais institucionalmente elas operam mediante processos de decisão doutrinária, pastoral e litúrgica consensuais, democráticos (e não dogmático-autoritários), pelo que convocam mais a inteligência livre e responsável do crente do que a sua vontade obediente.

A função social educativa das religiões, finalmente, se cumpre tanto mais integralmente quanto mais, histórica e culturalmente, reconhecem-se como instituições educativas e levam a cabo sua missão☉ espiritual mediante ações institucionalmente educacionais, escolares ou não escolares. Por mais que visando eventualmente a finalidades de proselitismo☉ doutrinário religioso e de legitimação institucional, as instituições educativas confessionais não deixam de cumprir, e não raro com excelência científica e pedagógica, uma função educativa. A exposição da doutrina aos requisitos de racionalidade (enfrentamento fé☉-razão) pode ser também exposição a um risco de deslegitimação, mas a experiência histórica acumulada pelas instituições religiosas☉ que apostaram na estratégia missionária educacional revela que se trata de uma prática comumente bem-sucedida. Escolas de todos os níveis, das mais

EDUCAÇÃO

diversas instituições religiosasρ, guardam como lição histórica que qualquer religião portadora de uma narrativa espiritual e religiosa razoável estará apta a receber igualmente legitimidade e fidelidade dos seus fiéis educacionalmente esclarecidos. Talvez porque o mistério do mundo, em última instância inexplicável cientificamente, seja sempre existencialmente compreensível, e toda religiãoρ portadora de uma narrativa espiritual e religiosa razoável poderá ser legitimada como ordenamento satisfatório para a demanda de construção de um sentido razoável para a existência humana e a existência do mundo.

I. As religiões pelo viés da história: histórias de educação. No mito, forma primordial de expressão religiosa, já se pode identificar uma prática de caráter educativo: não por acaso, o sentido homérico de *mythos*, predominante na literatura, é o de "palavra", "narrativa". O mito, aí, é uma produção cognitiva pela qual se busca compreender e transmitir-ensinar uma narrativa contendo certo sentido do mundo (Eliade, 1977). Mas é nas grandes religiões históricas que o seu papel inerente de educação se mostra de modo mais notável.

A religiãoρ mais antiga de que se tem registro, o Hinduísmo, encontra-se exposto em um conjunto de livros que remontam a 1500 a.C. O significado literal do nome desses livros (*Vedas*), em sânscrito, é *conhecimento*. No período tardio do Hinduísmo, entre 1000 a.C. e 500 a.C., os escritos intitulados *Upanishads* predominaram em importância: e eles foram escritos na forma de *diálogos entre mestre e discípulo*. A doutrina do *carma* e da reencarnação distingue três caminhos diferentes e complementares para a libertaçãoρ: os caminhos do *sacrifícioρ*, o do *conhecimento* e o da *devoção*. No caminho do *conhecimento* está escrito que a *ignorância* é o que prende o ser humano ao ciclo repetitivo da reencarnação. Somente quando o sujeito adquire *pleno conhecimento* de que a almaρ humana (*atmã*)ρ e o mundo espiritual (*Brahman*) são uma única e mesma realidade, ele se liberta da roda da transmigração e poderá se dissolver no *Brahman*. O caminho da *devoção*, elaborado mais recentemente (400-300 a.C.), é descrito no *Bhagavad Gita*: um livro sagrado escrito na forma de um diálogo em poema catequético (um poema *pedagógico*, portanto). A centralidade do *conhecimento* (em consequência, da *educação*) no Hinduísmo não é casual: a responsabilidade pelas próximas reencarnações será exclusivamente de cada sujeito; cada um colherá aquilo que semeou; e *conhecer* (ser *bem-educado*, portanto) será decisivo para a libertaçãoρ.

No Budismo a aprendizagem e o conhecimento aparecem com não menos centralidade. O príncipe Sidarta Gautama (563-483 a.C.), depois de uma vida na abundância e na luxúria, movido pelo *conhecimento* que teve acerca do sofrimento no mundo, dedicou-se a um ascetismo radical, no auge do qual alcançou a *iluminação* (o conhecimento pleno – palavra essa que inevitavelmente remete ao conceito europeu moderno de Iluminismoρ) e recebeu de *Brahman* a missãoρ de difundir seus ensinamentos, os quais estão condensados em quatro "nobres verdades": (1) tudo no mundo é sofrimento; (2) o sofrimentoρ é causado pelo desejoρ do ser humano; (3) o sofrimentoρ pode ser eliminado, eliminando-se o desejoρ; (4) o caminho para essa libertaçãoρ é o "caminho do meio", que são as oito vias pelas quais se deve buscar a perfeição: *compreensão*, aspiração, fala, conduta, meio de subsistência, esforço, atenção, contemplação. Como se percebe, o primeiro passo é a superação da *ignorância*. O Budismo da escola Mahayana tem como ideal o *bodhisattwa* ("existência iluminada"), pelo qual a pessoa iluminada abdica do nirvana para permanecer encarnada, *ensinando* os seus semelhantes, por compaixão. No Budismo tibetano esse ideal de compaixão que se realiza por meio da educação se expressa já no nome do seu líder espiritual: o *Lama* (que significa *professor* ou *mestre*).

O núcleo doutrinário do Confucionismo está no ideal da harmonia universal (o *tao*), a qual se alcança mediante o *estudo* da tradição (*tra-dicere*). O ser humano é bom por natureza, mas a falta de *conhecimento* permite o aparecimento do mal. Por isso cada sujeito deve dedicar-se ao *conhecimento*, para identificar o seu devido lugar na sociedade (função de socializaçãoρ), conhecer as regras das boas condutas (função moral) e aprender a celebrar adequadamente os rituais religiosos (função litúrgica). São esses conhecimentos e suas correspondentes práticas que permitem ao sujeito alcançar o *tao*.

O pequeno livro *Tao Te Ching*, de presumida autoria do filósofo Lao-Tse (séc. VI-IV a.C.), sustenta uma posição inversa à do Confucionismo: não é o conhecimento *racional* que leva ao *tao* (pois o *tao* é racionalmente incompreensível), e sim outro *caminho pedagógico*: o da força vital (o *te*) da vida simples e espontânea *aprendida* e convivida em comunidade.

O Xintoísmo tem em comum com o Taoísmo o distanciamento dos conceitos doutrinários e a busca de uma espiritualidadeρ simples e cotidiana, assentada principalmente sobre a prática de cerimônias e rituais, tanto nos templos quanto nos lares, nos quais é adorada uma grande variedade de divindadesρ (*kamis*ρ). A função pedagógica dessas práticas cerimoniais está no ensino-aprendizagem da ordem, do convívio social adequado, da disciplina cerimonial e da reverência às divindadesρ naturais e históricas.

As religiões tribais tradicionais da África assentam-se predominantemente sobre práticas de transmissão oral. Isso atesta o elevado valor da eficácia *pedagógica* das tradições. Nos ritos de passagem, de modo especial nos ritos de puberdade, o processo de socializaçãoρ culmina como *formação* dos futuros adultos. O tempo do rito de passagem é o tempo de *ensino-aprendizagem* no qual a geração antiga transmite à nova geração o seu legado, para que ele se conserve, se reproduza e se desenvolva. No tempo e na forma desses ritos se dá o *ensino das tradições* tribais, das grandes narrativas épicas do povo, sua origem e suas conquistas; das narrativas sagradas, normas e segredos religiosos; e das habilidades básicas próprias da tribo: os usos e costumes, as técnicas de caça e pesca, o uso das armas, as técnicas de defesa e luta etc.

Três das maiores e mais influentes religiões do mundo, o Judaísmo, o Cristianismo e o Islamismo, têm berço no Oriente Médio. Derivadas de um tronco comum, semita, as três são monoteístas e cumpriram um papel decisivo na moldagem da cultura mundial atual. Essas três religiões, por compartilharem em comum as Escrituras Sagradas, compartilham também a mesma ambiguidade fundamental quanto ao alcance do poder do *conhecimento* e, em consequência, da *educação*. A ambiguidade está no significado das duas árvores no Paraíso: uma, do Conhecimento do bem e do mal; outra, da Vida. Segundo Mircea Eliade, "a árvore da Vida estaria 'escondida', só se tornando identificável e acessível no momento em que Adão se apropriasse do conhecimento do bem e do mal, quer dizer, da sabedoria" (Eliade, 1977, p. 347). Mas seu fruto é proibido, ou seja, o conhecimento ocuparia, de partida, um lugar negativo, e isso se daria, paradoxalmente, devido à sua potência. A lição pedagógica final dessa narrativa, porém, parece suficientemente clara: a imortalidade é uma linha inultrapassável para o ser humano; ele deve haver-se com a sua vida nos limites da sua finitude. Ao mesmo tempo observa-se aí como, diferentemente do humanismo helênico que se fez segundo o ordenamento do olhar, o humanismo semita, especialmente o religioso, é a cultura da palavra, ou seja, uma cultura pedagógica. Isso já se mostra no relato da criação do mundo, que se fez pela divina palavra falada: Deus *disse* "Haja luz", e a luz se fez; Moisés *não vê Deus* no Sinai, mas *ouve* a sua *palavra* e a *transmite* aos israelitas; João inicia seu Evangelho afirmando que "No princípio era o *Verbo*..." (João 1,1); ainda hoje, o Credo judaico se apresenta como uma palavra que convoca: "*Ouve*, ó Israel: Iahweh nosso Deus é o único Iahweh!" (Deuteronômio 6,4).

O Judaísmo foi tecido historicamente ao redor de dois modelos pedagógicos peculiares: (1) o da aliança de Javé com seu povo eleito, sob a liderança de Moisés, selada com os dez mandamentos a serem *ensinados* a todos; e (2) o do profetismo, que operava como uma voz de consciência coletiva, visando manter a aliança com Javé viva e consequente na cultura do povo de Israel. Em alguns casos, como em Amós (*circa* 750 a.C.), a função política e educativa do profetismo é radical na defesa dos compromissos éticos de justiça e respeito à dignidade da vida de todos. A função educativa no Judaísmo religioso sempre foi central: o Rabino (palavra que não por acaso significa "mestre") é uma pessoa de elevada instrução e escolaridade, nomeado a partir do coletivo da congregação para representá-la, com um papel decisivo no *ensino* da Lei para a conduta dos sujeitos no cotidiano. Não menos educativos são os ritos judaicos de passagem da puberdade de meninos (*Bar Mitsvá*) e meninas (*Bat Mitsvá*), precedidos de um período de *estudos* junto a um rabino ou outra pessoa instruída, para a *aprendizagem* básica das leis e dos bons costumes judaicos.

O Islamismo é uma das religiões que menos se restringe aos assuntos de ordem espiritual: opera com grande amplitude cultural, abrangendo todos os assuntos da vida pessoal, moral, econômica, social e política. Em consequência, cumpre nessa proporção uma notável função educativa. Desde sua origem essa função educativa central aparece por meio da palavra: na caverna, no alto da montanha, o anjo Gabriel se apresentou a Maomé dizendo: "*Recita em nome do Senhor*..." (Lewis, 2010, p. 34). Em árabe, a palavra *recitar* tem a mesma semântica que *Curan* (daí *Corão – Recitação*), e significa *ler, ler em voz alta*. Essa transmissão oral cumpriu-se com a eficácia que a História atesta: uniu toda a Arábia, tornando-a religiosamente monoteísta (a partir da multiplicidade de tradições e antigos cultos politeístas) e politicamente identitária (a partir da multiplicidade de disputas políticas internas).

O Cristianismo, dentre essas três matrizes religiosas monoteístas, talvez seja a que vem cumprindo mais explicitamente e de modo mais abrangente uma função social educativa. Reconhecido como a religião mais identificada com a cultura ocidental, mistura-se e confunde-se com a maior parte da história, da filosofia, da arte e da moral na Europa e no Novo Mundo. Em consequência, está presente ao longo de todo o percurso das ideias e práticas pedagógicas ocidentais. Joshua de Nazaré já era designado pelos redatores dos Evangelhos e por seus interlocutores com nomes e títulos que o associavam claramente ao papel de educador: "O Verbo feito carne" (João 1,14); "a Palavra de Deus" (Apocalipse 19,13); "a Luz" (João 1,9); "*Rabbi*", "*Rabboni*" (que o próprio evangelista João assinala significar "Mestre", como em João 1,38; 20,16; 3,2; 4,31; e também Mateus 8,19). O próprio Jesus, ao dirigir-se aos que o acompanham, designa-os quase sempre como "discípulos" (como em Lucas 14,26-31). Numa das passagens mais explicitamente pedagógicas, diz: "Ide e *ensinai* a todas as Nações..." (Mateus 28,19-20), sendo que alguns exegetas e comentaristas substituem aí a expressão "ensinai" por "fazei discípulos". Ademais, ensinava utilizando-se de recursos didático-pedagógicos: conversas-diálogos (Mateus 15,21-28), máximas, provérbios e citações (Mateus 9,12-13), parábolas (Lucas 15,11-32; Lucas 10,29-37; Mateus 18,10-14), sermões (Mateus 5–7) e discursos (Mateus 24). Importância especial teve o apóstolo Paulo no desenvolvimento do Cristianismo,

EDUCAÇÃO

como religião℗ que promove o desenvolvimento intelectual e valores universais (Badiou, 2009), o que foi decisivo para a marcação da forte identidade educativa do Cristianismo.

A Igreja℗ ortodoxa, resultante do cisma de 1054, deslocou essa ênfase do caráter pedagógico da *palavra* para os *atos* litúrgicos: investimento na eficácia cultural dos símbolos.

Coube à Reforma℗ Protestante, com destaque para a intuição de Martinho Lutero (1483-1546), consagrar o Cristianismo moderno como religião educativa. Segundo Lutero, se a Bíblia℗ é a fonte originária da verdade, todos devem ter acesso a ela para compreendê-la segundo sua própria autoridade (afirmação radical do valor de autonomia do sujeito) e assim robustecer sua fé – condição para a salvação℗. Para isso, Lutero produziu e difundiu a primeira tradução℗ da Bíblia℗ para a língua alemã e empenhou-se em amplo e duradouro compromisso de alfabetização de adultos e crianças: o conhecimento era indispensável para a fundamentação da fé℗. Coerentemente, a língua de uso cotidiano (no caso, o alemão, não mais o latim) foi adotada como a língua de uso em todos os cultos, textos e hinos litúrgicos. Esse conjunto de projetos reformadores mostrou-se como talvez o mais importante programa educativo jamais empreendido no âmbito da História das Religiões℗ no Ocidente, contribuindo para fundamentar o grande empreendimento moderno de valorização da individualidade e da autonomia intelectual e moral dos sujeitos.

Na sequência dos projetos reformadores, os batistas, adventistas e pentecostais, ao recusarem o batismo℗ de crianças, argumentando que a fé℗ deve ser uma atitude consciente, portanto, de adultos esclarecidos, vieram agregar mais uma justificativa à valorização da educação no interior do Cristianismo.

A intuição de Lutero foi convertida em peculiar prática por John Wesley (1703-1791), na Inglaterra, com a criação da Escola Dominical metodista, instituição pela qual o "Dia do Senhor" passou a incluir, além da dedicação ao culto, investimento na educação dos fiéis: tempo e lugar de alfabetização de adultos e crianças. A ênfase que a doutrina metodista dava à *consciência℗* da salvação℗, pelos fiéis, corroborava esse investimento na educação. As Escolas Dominicais metodistas seguiram cumprindo a função de educação pública onde e enquanto as escolas públicas laicas não estivessem suficientemente difundidas.

Nem todas as novas Igrejas℗ cristãs, porém, enfatizaram essa função educativa que propicia a autonomia intelectual dos crentes: entre as Testemunhas de Jeová, por exemplo, Igreja℗ fundada na segunda metade do século XIX nos Estados Unidos, a alfabetização e a escolarização tinham valor meramente instrumental, voltadas à leitura da Bíblia℗ e à obediência doutrinária, associadas à aprendizagem de normas de conduta moral rígidas e distantes de questões culturais, políticas e sociais. Tendência similar encontra-se entre os Mórmons, desde sua fundação por Joseph Smith (1805-1844) nos Estados Unidos.

Esse breve e parcial percurso histórico, a título de ilustração, evidencia o quanto as religiões podem ser compreendidas sob o viés de sua função inerentemente educativa. O inverso também parece plausível, como se poderá observar a seguir: a história das mais conhecidas teorias e práticas pedagógicas revela no mínimo, nelas, a presença transversal constante de um sentido lato de *transcendência*, que se faz mediante a convocação de aprimoramentos e desenvolvimentos (*e-ducere*) nos sujeitos, nas instituições e nas sociedades.

II. A história da educação: histórias de transcendências. A pedagogia de Platão (427-347 a.C.) atribuiu à educação a elevada tarefa de conduzir o homem à descoberta (conhecimento) do mundo das ideias, como sua pátria ideal e verdadeira. É sabido como o Cristianismo utilizou-se fartamente dessa teoria para manejar o conflito interior do sujeito entre os apelos da vida material e os apelos do mundo espiritual, e sustentar um ideal de educação que investe nos vínculos do sujeito com o seu destino℗ celeste.

Aristóteles (384-322 a.C.), ao contrário de Platão, voltado para a positividade do mundo empírico, estabeleceu duas importantes distinções de definitiva consequência para as teorias pedagógicas e para a teologia℗ cristã: entre matéria e forma; e entre ato e potência. A matéria é variável e passiva; a forma é duradoura e ativa; no homem, o corpo é sua matéria, e o pensamento a sua forma; no homem, a matéria não determina a forma; ao contrário, a forma é que "molda" a sua matéria. O ato é a realização da potência, assim como o fruto é a realização da semente. São Tomás de Aquino (1224-1274) encontrou em Aristóteles o fundamento para elaborar uma nova teologia℗ e, nela, refundar a educação cristã. Afirmava que a educação é a ação que molda (*forma*, daí *formação*) a vida humana, atualizando (ato) os dons (potência) do sujeito, mediante obediência à autoridade pedagógico-religiosa.

A Reforma℗ Protestante, como já apontado, trouxe um questionamento radical a esse modelo pedagógico católico convencional, revirando-o ao avesso, valorizando o potencial de *autodeterminação* do sujeito, agora concebido a partir da sua individualidade, autonomia e liberdade, antes que dos seus deveres de obediência doutrinária. A reação católica não tardou, e a Contrarreforma, sustentada pela nascente Ordem dos Jesuítas, investiu na restauração da autoridade eclesiástica, numa posição, de partida, fortemente antieducativa. Mas essa reação, com o tempo, cumpriu o efeito paradoxal de também elevar o nível de formação intelectual do clero℗ católico para fazer frente à racionalidade reformista. Papel importante nesse sentido passaram a desempenhar os Seminários de formação do clero℗, instituídos pelo Concílio℗ de Trento, e a *Ratio Studiorum*, modelo de organização curricular jesuítico concluído em 1599. Efeitos semelhantes buscou mais tarde (a partir de 1680) a educação nas escolas dos Irmãos de La Salle, na elevação das qualidades intelectuais das pessoas mais pobres.

João Amós Comênio (1593-1670) realizou uma renovação notável nos programas e métodos℗ de ensino (cristão), valorizando a criança e seus processos espontâneos de aprendizagem. Seu declarado compromisso pedagógico com a universalidade, expresso em seu célebre lema de "ensinar tudo, a todos, inteiramente, de todas as maneiras" (Comênio, 1985, p. 155), alinhado à ordem perfeita da Natureza℗, coincidia com a ordem Divina que em tudo deve referenciar a educação: a Natureza℗ põe dentro dos sujeitos as sementes da instrução, da moral e da religião℗ para que possam se conhecer, governar-se e dirigir-se para Deus. Apesar desse fechamento do seu circuito ontológico, Comênio deixou abertos caminhos para uma concepção não essencialista, de um humanismo radical na educação.

Thomas Hobbes (1588-1679) tomou direção oposta à do otimismo de Comênio. A premissa de Hobbes, de que o homem é um ser egoísta por natureza, implicou um descarte da hipótese da "boa natureza" espiritual. Em vez de tentar corrigir o homem pela educação, porém, Hobbes propõe o revés: adaptar a organização social (contrato social) à natureza humana.

Jean-Jacques Rousseau (1712-1778) inspira-se em Comênio, mas toma a Natureza℗ em seu modo mais empírico, investindo no valor da vida cotidiana simples e verdadeira. A valorização da vida natural é parte de um projeto revolucionário em oposição à artificialidade da vida nos resíduos culturais feudais, na realeza e na nobreza. Uma vez que "tudo o que sai das mãos do Criador da Natureza℗ é bom, mas degenera nas mãos do homem" (Rousseau, 1990, p. 15), não conviria confiar a tais homens a tarefa da educação das crianças; melhor seria retornar à bondade da Natureza℗ e deixar que ela cumpra seus desígnios espontaneamente. Embora por um viés empirista e contrário a dogmatismos religiosos, Rousseau delega de volta, em última instância, à bondade do Criador o fundamento e a garantia para uma boa educação.

Nos desdobramentos da Revolução Francesa, o Relatório Condorcet sobre a Instrução Pública (1792), embora de inspiração℗ laica, não deixa de conter uma narrativa subliminar de fundo utópico-religioso: afirma uma instrução única, gratuita e neutra, apostando no infinito progresso dos seres humanos ao longo da história, rumo a uma era em que a desigualdade entre os indivíduos, as classes e as nações desapareceria, alcançando-se a perfectibilidade dos indivíduos e das coletividades.

Johann H. Pestalozzi (1746-1827) encantou-se com a visão naturalística do *Emílio* de Rousseau e, movido por forte sentimento religioso cristão ecumênico, buscou a mesma atitude no trabalho educativo junto a crianças pobres, sob o lema naturalista "do mais fácil e simples para o mais difícil e complexo". Seu método℗ deixou duradouro lastro a partir de seus discípulos, entre eles Friedrich W. A. Froebel (1782-1852) e Allan Kardec (pseudônimo de Hipolyte Denizart Rivail, 1804-1869). O alinhamento entre a missão pedagógica e a missão℗ religiosa, nesses três pedagogos, é notável e reconhecido: nos *Kindergarten* criados por Froebel buscou-se proporcionar às crianças uma experiência de transcendência a partir da atividade lúdica; e Allan Kardec sustentava que as experiências pedagógicas de aprendizagem são parte do processo de evolução do espírito de cada sujeito.

Immanuel Kant℗ (1724-1804), referenciado por sua formação luterana rígida e disciplinada, fortemente impactado pela leitura de Rousseau, pensou a educação alinhada ao progresso das ciências e da sociedade, numa clara visão de constante superação (transcendência), referenciada pela perfeição, pela qual o sujeito *deve* aprender progressivamente a guiar-se pela razão, para sair da menoridade e alcançar a liberdade e a autonomia, buscando um estado melhor, sempre possível no futuro.

Friedrich Hegel (1770-1831) leva às últimas consequências a ideia do potencial transcendental da educação para o desenvolvimento do espírito humano. Para isso, o que se requer da educação é o esforço do estudante, para pleno desenvolvimento de seus potenciais de conhecimento, mas não para valorizar sua individualidade e sim para formar sua personalidade de modo alinhado ao espírito℗ objetivo, e assim servir o espírito℗ objetivo em todas as suas manifestações: as instituições sociais, culturais e políticas; numa palavra, o Estado, uma vez que este é "a marcha de Deus na História".

Sören Kierkegaard (1813-1855) irá contrapor-se frontalmente ao sistema hegeliano ao afirmar a radicalidade existencial de cada sujeito, mergulhado no desafio trágico de recomeçar interminavelmente a luta para *tornar-se si mesmo* enquanto aspira a algo mais elevado que si mesmo. A ciência e o método℗ escolar querem ensinar que o objetivo é o caminho, diz, mas o Cristianismo ensina que o caminho verdadeiro é tornar-se subjetivo, tornar-se sujeito. Educar, então, será proporcionar ao sujeito recursos e meios para esse desenvolvimento individual de sentido profundamente espiritual, de autotranscendência permanente, até o encontro solitário com Deus – e não para a obediência conveniente a instituições sociais.

Se em Kierkegaard o intenso sentimento religioso parece ter sido empecilho para considerar o sujeito em suas condições materiais concretas e conflitivas da história, tal não aconteceu com a onda de utopias

EDUCAÇÃO

socialistas que afloraram simultaneamente na Europa central, das quais Henri de Saint-Simon (1760-1825) é o exemplo mais claro no que se refere à inspiração religiosa: seu livro de 1825 tem como título *New Christianity*. O projeto pedagógico de Saint-Simon, que se desenvolvia no interior de uma igreja, se empenhava pelo aprimoramento da moral e da vida material das pessoas pobres. Partia das condições concretas da condição de vida dos operários, de seus conflitos e submissão a injustiças, e apontava para um futuro de perfectibilidade humana com completo desenvolvimento das capacidades individuais de todos: a "nova cristandade".

A teoria da evolução de Charles Darwin (1809-1882) veio produzir uma completa reviravolta nos parâmetros até então hegemônicos sobre praticamente todas as grandes questões da vida econômica, social, política e cultural, e, de modo particular, nos parâmetros religiosos. Herbert Spencer (1820-1903) foi um dos pensadores que, na trilha imanentista de Darwin, questionou radicalmente qualquer sentido transcendente para educação. Criticava a inutilidade das teorias e práticas até então hegemônicas e, em troca, sustentava uma educação capaz de ensinar o sujeito a simplesmente lutar pela vida e atender às reais e concretas demandas da sua vida biológica e social.

A defesa incondicional do valor da educação para a realização de ideais de justiça e democracia (transcendência histórica) encontrou expressão especial em Anton Makarenko (1888-1939), notavelmente comprometido com a educação de crianças pobres, já em pleno desenvolvimento do socialismo soviético. Afirmava ele, com linguagem de indisfarçável ironia religiosa: "Eu professo uma fé sem limites, temerária e sem reservas, na imensa potência do trabalho educativo" (Makarenko, 1981, p. 13). No mesmo ambiente socialista, e remetendo o sentido de suas pesquisas a um ideal de radical universalidade, Lev Vygostsky (1896-1934) enfatizava o quanto o desenvolvimento de cada indivíduo é função e efeito da evolução da humanidade.

Friedrich Nietzsche (1844-1900), inspirado no princípio da "vontade de viver" de Arthur Schopenhauer (1788-1860), defendia uma educação capaz de formar a "vontade de poder", como arte de saber viver soberanamente acima do bem e do mal (parâmetros da moral) e acima do verdadeiro e do falso (parâmetros do conhecimento). Tratava-se de um empreendimento de radical imanência num humanismo trágico acessível apenas aos homens "fortes": formação do *Übermensch*, o *Homem-Novo*, cuja potência emergia por consequência da afirmação da morte de Deus.

John Dewey (1859-1952), estimulado por sua proximidade a William James (1842-1910) e motivado por suas pesquisas no campo da psicologia evolutiva, pretendeu uma completa reformulação da pedagogia a partir da afirmação do *interesse* como princípio pedagógico. Mas distanciou-se de Spencer, sustentando que a educação não deve visar apenas o desenvolvimento (interesse) do indivíduo, e sim, simultaneamente, o desenvolvimento (interesse) da sociedade. Daí sua defesa intransigente da democracia como meio e fim da educação. Essa abertura histórica que Dewey cultivou deveu-se reconhecidamente à sua formação juvenil religiosa, manifestada em seu *Credo Pedagógico*, de 1897.

Henri Bergson (1859-1941) foi outro pensador que ampliou o campo de possibilidades pedagógicas por superação do circuito de imanência naturalista do evolucionismo. Para Bergson, a evolução não é uma teoria mecanicista e finalista, portanto, não deve convocar soluções adaptativas por parte das instituições e dos sujeitos; ao contrário, a evolução é criadora, é elã *vital*. Em consequência, a verdadeira educação deve estimular a expressão dos *impulsos vitais* inesgotáveis, promovendo a criação interior que se encontra como potência (transcendência) nas camadas mais profundas da vida de cada sujeito.

Sigmund Freud (1856-1939), postulando o inconsciente como uma instância do psiquismo mais profunda e anterior à consciência (a *razão* dos filósofos e pedagogos), redefiniu inteiramente o campo e as (im)possibilidades da educação. Em Carl Gustav Jung (1875-1961), a afirmação do inconsciente coletivo e da constituição arquetípica do humano resultou em propostas pedagógicas com elevado sentido espiritual.

Paulo Freire (1921-1997), considerado um dos mais importantes educadores do mundo na segunda metade do século XX, deu voz a uma pedagogia anticolonialista, do sul, não europeia, dos oprimidos, das vítimas do sistema-mundo globalizado. Sua pedagogia se inspira em diversas fontes, especialmente em John Dewey, na corrente fenomenológica-existencial e no marxismo. Mas a essa convergência Freire atribuiu um sentido fortemente vincado por valores cristãos. Seu conceito de libertação na educação (efeito da superação da alienação), de sentido reconhecidamente político, funda-se no que ele designa de "vocação ontológica do homem a ser-mais", com o que revela seu elevado sentido espiritual, do qual a prática da liberdade e o alcance da autonomia são apenas a primeira manifestação.

Diante da maior parte dos pensadores e pedagogos já referidos, a tendência contemporânea de redução da educação à sua função instrumental de capacitação para o mercado de trabalho revela sua penúria espiritual e, em consequência, seu caráter secularizado anti-humanista.

III. Educação e religião: vínculos intrínsecos. Estes breves e parciais percursos históricos e conceituais, ilustrativos da religião e da educação, permitem perceber suficientemente a indissociabilidade cultural entre ambos os fenômenos, seja nos embates que seus projetos travam, seja nas convergências para as quais atuam. Na vertente das ciências da religião, eles permitem tirar duas conclusões.

A primeira é que as religiões cumprem *minimamente* uma função social educativa, *ainda que*: a) portem uma narrativa acerca da ordem do mundo que insiste em considerá-lo como misterioso e inacessível à explicação e compreensão imediata dos seres humanos e, em consequência, e) façam apelo predominantemente a emoções (medos, alegrias, tristezas) e sentimentos, associados ao cultivo da sensibilidade no mantra, na oração♀, na música♀, no canto e na dança; c) cultivem práticas ritualísticas de tipo mágico, buscando satisfações imediatas a interesses pessoais do sujeito; e d) apelem à obediência do crente no cumprimento de suas obrigações, mais do que inteligência na sua tomada de decisões.

A segunda é que as religiões podem cumprir *maximamente* uma função social educativa, *sempre que*: a) portam uma narrativa acerca da ordem do mundo, a qual, ainda que seja cientificamente inexplicável na sua totalidade, é suficientemente (existencialmente) compreensível e aceitável, e atualizam continuamente sua doutrina de modo a incorporar ao campo da "compreensão" as novas "explicações" oferecidas pelas ciências para os fenômenos naturais e culturais implicados em sua narrativa; b) convocam as funções superiores cognitivas dos sujeitos para os situarem no mundo de modo maximamente integral e coerente com relação a esses mesmos mistérios do mundo, até mesmo especificamente com relação aos objetos naturais, aos seres vivos, aos outros sujeitos, e aos seus ordenamentos históricos e culturais; c) oferecem uma ordem regulatória para as condutas dos sujeitos, a qual implica a sua responsabilidade, uma vez que essa ordem envolve o exercício (e supõe o desenvolvimento interminável) da consciência♀ cognitiva e moral, da liberdade e da vontade e aponta para as consequências das ações individuais e coletivas; d) em consequência, promovem o desenvolvimento da autonomia do sujeito e a formação e o desenvolvimento de comunidades (de fé, aprendizagem, culto e ação); e tanto mais o fazem quanto mais sua teologia♀, doutrina, pastoral e liturgia♀ proverem elaborações referenciais e compreensivas para a ação pessoal e comunitária junto a instituições, da mais próxima e imediata – a familiar – até a mais ampla, mediata e complexa – a política mundial.

Bibliografia: BADIOU, A. *São Paulo*. São Paulo: Boitempo, 2009; COMÊNIO, J. A. *Didactica Magna*: tratado da arte universal de ensinar tudo a todos. Lisboa: Calouste Gulbenkian, 1985; ELIADE, M. *Tratado de História das Religiões*. Lisboa: Cosmos, 1977; KANT, I. *Sobre a pedagogia*. Piracicaba: Unimep, 1996; KÜNG, H. *Religiões do mundo*: em busca de pontos comuns. Campinas: Verus, 2004; LEWIS, D. L. *O Islã*

e a formação da Europa: de 570 a 1215. Barueri: Amarilys, 2010; MAKARENKO, A. *Livro dos pais*. Lisboa: Horizonte Pedagógico, 1981; ROUSSEAU, J.-J. *Emílio*. Mem Martins: Europa-América, 1990.

Alípio Casali

ELIADE, MIRCEA

Mircea Eliade (pronuncia-se como "Mirtchia Eliaadê" / IFA: 'mirtʃea eli'ade) foi um dos grandes autores da Ciência da Religião♀ no século XX, que ajudou a fortalecer e disseminar mundialmente a corrente teórica conhecida como "Fenomenologia da Religião♀ clássica". Nas últimas décadas vem sofrendo muitas críticas, mas ainda tem grande prestígio na América Latina; entretanto, suas ideias são cada vez menos usadas internacionalmente em língua inglesa.

Eliade nasceu na capital da Romênia, Bucareste, em 1907. Sua família era de tradição cristã-ortodoxa, formada basicamente por sua mãe, Joana Stoenesco, seu pai Ghéorghé Eliade e dois irmãos. O pai de Eliade seguiu a carreira militar, e mesmo a condição econômica humilde de sua família não o impediu de se interessar pelos estudos desde cedo.

Por um lado, era orgulhoso de ser romeno, afinando-se com posições nacionalistas mais autoritárias, consideradas de "direita". Com a política romena, porém, tinha uma relação complexa, assumindo posições e militâncias políticas controversas que o levaram a ser preso – este é um dos temas mais polêmicos de sua biografia. Por outro lado, foi fortemente cosmopolita, tendo não só conhecido vários países, aprendido diversas línguas, culturas e religiões, como também era contra atitudes "provincianas".

Sua primeira formação, tanto intelectual como pessoal, ocorreu em seu país natal. Entre os muitos romances que publicou, a extensa maioria foi escrita em romeno. Escreveu um livro que sintetiza a história da Romênia e que, curiosamente, tinha o público português como alvo: *Os romenos – Latinos do Oriente*. Eliade teve dois casamentos: o primeiro com Nina Maresh, de 1934 até o falecimento dela em 1944; e o segundo com Christinel Cottescu, em 1950.

Além desse aspecto mais nacional e familiar, Eliade também conta com uma série de aventuras em outras culturas. Por motivos acadêmicos viajou à Itália em 1927 e no ano seguinte foi à Índia, que estava ainda sob administração colonial britânica, onde ficou até 1931. Lá, além de estudos filosóficos e linguísticos, praticou ioga no *ashram* (centro de prática) de *swami* Shivananda, seu mestre. Na década de 1930, após um momento mais político da sua vida, mas também dos primeiros livros acadêmicos, foi nomeado adido cultural da embaixada romena em Londres, em 1940. Em seguida foi transferido para Lisboa e viveu em Portugal até 1945.

De 1945 a 1956 viveu em Paris, momento de muita produção textual e de encontros com diversos eruditos, sobretudo no *Círculo de Eranos*. Em 1956 se mudou para Chicago, nos EUA. Neste país adquiriu nova cidadania, lá permanecendo até sua morte♀ em 1986. Foi nessas duas últimas fases que mais viajou, produziu e conheceu as últimas amizades (Guimarães, 2000; Kitagawa, 2005; Rennie, 2005; Redyson, 2011).

I. Da Filosofia à Ciência da Religião. A formação intelectual de Eliade como um todo pode ser resumida em uma trajetória que começa na filosofia europeia, passando pela filosofia indiana, orientalismo, história, literatura, política, até culminar na área acadêmica que mais o consagrou, a Ciência da Religião♀. Podemos dividir didaticamente em dois tipos de formação: a institucional e a autodidata via livros.

Sua formação institucional acadêmica começa em 1925, na Universidade de Bucareste, no curso de filosofia (europeia), com forte influência do professor Nae Ionesco. Formou-se em 1928, concluindo com um trabalho sobre filosofia da Renascença italiana. Nos anos seguintes, entre 1928 e 1931, estudou filosofias indianas e sânscrito na Universidade de Calcutá, na Índia, sob tutela de *Surendranath Dasgupta* (1887-1952), um bengali com formação em Cambridge e autor da então famosa *História da filosofia indiana*. De volta à Universidade de Bucareste, doutora-se em filosofia em 1933, com tese sobre ioga, onde depois se tornou professor.

Além deste percurso oficial, Eliade se interessou por diversos temas ao longo da vida, foi autodidata em muitos assuntos e produziu sobre outros tantos. Existiram várias referências extras para ele, desde a própria tradição espiritual/intelectual romena, psicologia profunda de Jung♀, cientistas sociais como Frazer♀ e Durkheim♀, até cientistas da religião como M. Müller♀ e R. Petazzoni. Na busca por ler autores e fontes tão variadas, aprendeu cerca de uma dezena de línguas: romeno, italiano, francês, alemão, inglês, sânscrito, pali, parsi, bengalês, português e hebraico.

Sua carreira acadêmica pode ser pensada em quatro fases: a romena, a portuguesa, a francesa e a estadunidense. A primeira fase vai das suas primeiras leituras e publicações, desde adolescente, até 1940, e é marcada pela escrita em romeno. Nas primeiras viagens, livros (sobretudo de romances) e artigos começam a circular na Europa. Alguns livros desse momento passaram a ser publicados só recentemente, mostrando gostos intelectuais singulares, como seu encanto pela poesia portuguesa, especialmente de Camões, e sua admiração pelo ditador Salazar, retratado no livro *Salazar e a revolução em Portugal* em 1942.

Na França, entre 1945 e 1956, adquiriu renome internacional, escreveu muitos livros e artigos em língua francesa e participou ativamente do *Círculo de Eranos*. Após apresentar cursos na *École des Hautes Études da Sorbonne*, a pedido de Georges Dumézil♀, se tornou professor. Em 1956-1957 ministra cursos e palestras nos EUA, incluindo as *Haskell Lectures* ("Conferências Haskell") na Universidade de Chicago. Após a morte♀ do cientista da religião Joaquim Wach, que o convidou, o substituiu como professor e chefe do departamento de Ciência da Religião♀ [*History of Religions*]. Ficou em Chicago até seu falecimento em 1986, onde produziu mais obras acadêmicas, com destaque para a organização da *Enciclopédia de Religião*, e consagrou sua carreira.

As duas últimas fases, de 1945 até 1986, constituem uma parte mais amadurecida, de ascensão, estabilidade e reconhecimento acadêmico. Chegou a ganhar títulos de doutor *honoris causa* em universidades dos EUA, México, Argentina e San Salvador. Além de publicar inúmeros textos próprios, organizou livros, criou e editou revistas. É nesse período que sua identidade profissional fica mais clara enquanto cientista da religião, já que foi nessa área acadêmica específica em que mais se engajou, destacando-se de forma paradigmática (Guimarães, 2000; Kitagawa, 2005; Mendonça, 2015; Redyson, 2011).

Eliade sempre foi um intelectual complexo e polivalente, entretanto, a maioria das suas obras deixa explícito que estava inserido na tradição da Ciência da Religião♀. Por exemplo, em *O sagrado e o profano* aborda brevemente a história da área e seus precursores. Em *Origens: história e sentido na religião*, tece um histórico comentado dessa área e discute novas direções para cientistas da religião se destacarem socialmente. Com Kitagawa organizou um livro sobre metodologias dessa disciplina em 1959.

Sobre a nomenclatura normalmente usada por Eliade, o próprio autor avisou – em especial na nota 1 de *Origens: história e sentido na religião* – que traduziu *Religionswissenschaft* como "História das Religiões♀". Mas a tradução mais correspondente seria Ciência da Religião♀, em português, e *Science of Religion*, em inglês – termo original do fundador Max Müller♀ (1823-1900). Sabendo da dificuldade e até da rejeição, principalmente em culturas de língua inglesa, de ver estudos humanos como "ciência", optou por usar o termo "história" (Mendonça, 2015, p. 21).

Isso ocorreu na contramão da tendência de traduções como *Comparative Religion Religious Studies* e até *Study of Religions*, mais comuns em inglês. E também o termo *Historian of Religions* [Historiador(a) das religiões] se tornou a tradução comum de Eliade para se referir aos estudantes da *Religionswissenschaft*. No Brasil, tais acadêmicos e profissionais são chamados de "cientistas da religião".

Eliade também busca enfatizar o termo "história" com o objetivo de ressaltar que se trata de uma tradição acadêmica que preza pela historicidade do seu objeto e se afasta de concepções teológicas, e, pelo mesmo motivo, enfatiza a pluralidade do que se estuda; por isso, o plural em "religiões". Contudo, a semântica do termo "história" frequentemente confunde leitores desavisados da tradição intelectual própria da Ciência da Religião♀, à qual Eliade pertence e defendeu enquanto uma ciência autônoma.

Nesse sentido, agrupamos suas obras-chave conforme a lógica própria da Ciência da Religião♀, a qual o próprio Eliade reconhecia estar fazendo, ou seja, com a complementaridade entre as duas subáreas tradicionais: (1) estudos mais específicos, histórico-empíricos, de cada religião, chamados de *História das Religiões* ou, mais recentemente, *Ciência da Religião Empírica*; (2) e sistematizações dos dados religiosos da humanidade, em sentido teórico, conhecida como *Fenomenologia da Religião♀, Religiões Comparadas* e, atualmente, *Ciência da Religião Sistemática*.

Sobre a subárea 1 é interessante notar que Eliade só realizou pesquisas de campo pessoalmente sobre tradições indianas, especificamente ioga. Mesmo outros temas que o interessaram desde cedo, como alquimia♀, foram estudados empiricamente somente de forma documental-textual. Em geral, quando fazia estudos sobre religiões específicas, se baseava em obras de especialistas e relatos de viajantes ou missionários – ou seja, em fontes secundárias e até terciárias. Segue uma lista comentada: *Enciclopédia de Religião*, dezesseis volumes (1987) – editada por Eliade em inglês, foi publicada postumamente, contando com onze artigos. Foi reeditada e ampliada sob direção de L. Jones em 2005, inclusive em formato virtual (*e-book*); *História das crenças♀ e das ideias religiosas*, três volumes (1976-1983) – versão mais aprofundada e cronológica do surgimento e desenvolvimento das religiões em escala mundial, da "Idade da Pedra" até a "Idade das reformas"; *Dicionário das Religiões* (1989) – escrito com Ioan Couliano, é uma versão póstuma e reduzida das duas obras anteriores, feita para ser um guia para leitores não especialistas; *Yoga. Ensaio sobre a origem da mística indiana* (1936); *Técnicas do yoga* (1948); *Yoga: imortalidade e liberdade* (1954); e *Patañjali e o yoga* (1962) – estes quatro livros, somados a outros textos menores, são o resultado dos seus estudos nas e sobre culturas "indianas". Trata-se das poucas obras de Eliade escritas como especialista; *Religiões australianas: uma introdução* (1971) – resultado de quase uma década de leituras de fontes secundárias e de textos de especialistas.

A subárea 2 é entendida por Eliade como busca por estruturas e morfologias próprias das religiões – ou "experiências do sagrado♀" –, vistas comparativamente. A maior parte dos seus textos próprios da Ciência da Religião♀ foi escrita nessa perspectiva, e são os que ganharam maior notoriedade acadêmica, e até social, de modo geral, com ideias que serão tratadas a seguir. Segue uma breve lista de obras da subárea 2: *Tratado de História das Religiões* [também

intitulado na versão revisada e expandida em inglês: *Padrões em religião comparada*] (1949) – escrito na sua fase de vida na França, é uma obra seminal em que expõe seus principais conceitos teóricos; *Mito do eterno retorno* (1949) – uma reflexão sobre a questão do tempo nas sociedades, das que chama de "arcaicas" até as modernas, dividindo entre as que veem o mundo de forma cíclica e as que o veem de forma linear ou histórica; *Imagens e símbolos* (1952) – reunião de ensaios de simbologia comparada das religiões, numa perspectiva bastante generalista e trans-histórica ou a-histórica; *O sagrado e o profano* (1956) – uma apresentação da forma como este autor entende a Ciência da Religião♀ e seu objeto de estudos; *História das Religiões: ensaios em metodologia* [na referência espanhola, *Metodologia da História das Religiões*] (1959) – é uma reunião de ensaios metodológicos em Ciência da Religião♀, com tendência claramente fenomenológica, coorganizado com J. Kitagawa; *Mito e realidade* [*Aspectos do mito*, na tradução portuguesa] (1963) – obra introdutória sobre a sua visão de mito e a relação deste com outras dimensões; *Origens. História e sentido na religião* (1969) – os primeiros capítulos são uma visão histórica, metateórica e da função de cientistas da religião no mundo atual.

Acima se optou por mencionar somente obras mais centrais e exemplares de seus trabalhos em Ciência da Religião♀. Para listas mais completas, ver Handoca (1997-1999; 2007), García (2003), Redyson (2011) e Mendonça (2015). Importante ressaltar que Eliade gravou seu legado com estudos grandes, "de fôlego", que impressionam pela sua erudição. Uma questão metodológica que sustentou tais feitos foi sua prática consciente de sempre fazer revisões bibliográficas mais completas e atualizadas. Extraía sempre o estado da questão dessas revisões e as agrupava sistematicamente conforme uma lógica generalizadora, pautada por uma visão particular da hermenêutica♀ fenomenológica (Guimarães, 2000, p. 264-270).

Estudiosos do pensamento eliadiano chamam a atenção para várias referências que marcaram Eliade. Segue um breve apontamento das mesmas: pensamento e teologia♀ cristão-ortodoxos; nacionalismo romeno conservador ou de direita, especialmente da filosofia de N. Ionesco; filosofia humanista e espiritual da Renascença italiana; filosofias indianas, especialmente, escolas de Tantra e Ioga; psicologia de Jung♀; teologia♀ de Otto♀; romantismo alemão; fenomenologia de Husserl, Bachelard, Heidegger e Dilthey♀; tradicionalismo metafísico de C. Codreanu, J. Evola e A. Coomaraswamy; e dos cientistas da religião R. Petazzoni, G. Dumézil♀, J. Wach e G. van der Leeuw♀.

Diante de toda essa bagagem intelectual, Eliade criou uma síntese pessoal que deve ser vista como sistêmica, ou de conceitos interdependentes. A seguir, um resumo das categorias que estruturaram seu pensamento através dos escritos acadêmicos, conforme seus comentadores (Rennie, 2006). Sendo autoproclamado "generalista" ou "cientista sistemático das religiões", utilizou categorias que buscavam sistematizar a vastidão de matérias sobre religiões para encontrar sistemas de sentido. Entendia que, assim, iria decifrar seus significados mais profundos.

Três categorias interligadas estão na base do sistema eliadiano. A primeira seria a noção de (1) *sagrado/sacred*, que no livro *Origens* Eliade afirma ser uma "estrutura da consciência↗ humana", ou seja, uma visão de mundo que dá sentido e realidade a coisas antes sem significado, ou *profanas*. Isso significa que tal categoria deve mais à tradição de É. Durkheim↗ do que o próprio Eliade admitia, ainda que haja explícita referência ao *Sagrado/Holy*, em maiúsculo, da hermenêutica↗ fenomenológica de R. Otto↗. O sagrado↗ eliadiano é a relação entre o valor que humanos dão ao objeto de devoção e o que reflete desse objeto na psique humana (Rennie, 1996, p. 20-21).

A segunda categoria-chave seria (2) *hierofania*, um neologismo derivado do grego – literalmente: "expressão do sagrado". Eliade cunhou o termo para ser amplo, abarcando várias possibilidades de expressão através da dialética "sagrado/profano↗", tanto nos vários objetos, tempos, povos, como até em variação de intensidade ou nitidez. Assim, qualquer "experiência do sagrado↗" – entendida como vivência criadora ou atribuidora de sentido, que torna algo mais real – seria uma *hierofania*. Isso frequentemente é resumido na seguinte fórmula: o sagrado↗ se manifesta no profano↗.

Partindo das formulações anteriores, Eliade mostra que, assim como o ser humano pode ser visto como *Homo faber*, o ser que cria, também é (3) *Homo religiosus↗*, ou seja, a condição humana é constituída também pela experiência religiosa↗ ou "do sagrado↗". Eliade vê o ser humano, de modo universal, como religioso, e sempre buscou mostrar isso com descrições de culturas "arcaicas", "primitivas", pré-modernas ou tradicionais, afirmando, opositivamente, que os modernos são, por definição, os que negam essa dimensão experiencial, os não religiosos.

Seja como variações, fundamentações ou consequências dos termos anteriores, várias categorias compõem a constelação do pensamento eliadiano. Símbolos, para ele, são sempre religiosos, pois revelam estruturas *reais* do mundo, sendo também polivalentes e universais. Existem normalmente dentro de um simbolismo, sistema de símbolos. Inspirado em Jung↗, mas diferente dele, a noção de arquétipos↗ seria uma base existencial profunda de cada símbolo e serviria como critério de tipologia/classificação dos fenômenos religiosos pelo cientista da religião. Para Eliade, o simbolismo e os arquétipos↗ fazem parte da riqueza da vida interior humana chamada de imaginação.

Coincidentia oppositorum (do latim: "coincidência dos opostos") é uma categoria retirada do renascentista N. de Cusa e usada por Eliade como uma categoria da estrutura-padrão presente em mitos de todo o mundo, em que há uma harmonização de elementos dicotômicos, simbolizando a unidade do "Todo". Tal discurso está presente nos mitos. Mitos, para Eliade, contam histórias sagradas e estão sempre conectados com narrativas de ações feitas em um tempo primordial, do "princípio", de uma criação. Seria, para religiosos, a verdade por excelência.

Várias noções sobre tempo compactuam neste esquema teórico. O *Homo religiosus↗* crê e passa por ritos que reatualizam um *illud tempus* (do latim: "aquele tempo", isto é, um tempo sagrado, heterogêneo em relação ao tempo histórico profano↗). Para Eliade, a mentalidade "arcaica", eminentemente religiosa, faz constante menção a momentos antigos, de criação do mundo – mitos cosmogônicos – *in illo tempore* ("naquele tempo"). Para religiosos, além do tempo profano↗ há o tempo sagrado, sempre reversível ou retornável ritualmente, sendo, então, tempos cíclicos. Para os modernos, só há o tempo histórico, linear, encadeando um terror da história: consciência↗ da situação trágica humana do passar do tempo.

Sobre religiões e a forma que deveriam ser estudadas, defendia que religiões deveriam ser estudadas em seu próprio plano de referência, o "religioso", sendo autônomas em relação a outros fenômenos: sociais, psicológicos, econômicos, linguísticos, fisiológicos, mesmo que inseridos em contextos históricos. Se religião↗ é algo particular ou *sui generis↗*, sua ciência e método↗ de estudo também deveriam ser. Assim, Eliade defendia que a Ciência da Religião↗ é uma disciplina autônoma. Na obra *Origens*, defendeu que cientistas da religião, de um lado, deveriam ter maiores intercâmbios com outras áreas, e, de outro lado, deveriam conhecer mais sobre a perspectiva da sua própria área específica, bem como sobre religiões asiáticas e do mundo "primitivo".

Também advogava o projeto de um novo humanismo que combatesse o provincianismo europeu e norte-americano, sobretudo da sua filosofia, e a crise moral da Modernidade. Clamava por um conhecimento mais amplo do saber humano mundial, incluindo experiências "do sagrado↗", que revestiriam sentido ao "homem moderno" (Rennie, 1996; 2006; Guimarães, 2000; Mendonça, 2015; Redyson, 2011).

II. Repercussão das ideias de Eliade no mundo e no Brasil. Sobre o recebimento das obras de Eliade, ele escrevia pensando, sobretudo, em não especialistas, ao mesmo tempo em que evitava excesso de didatismo. Isso deixou sua escrita muito envolvente. Por outro lado, ao longo dos últimos cinquenta anos tem sido bastante criticado, não somente pelas posições políticas pró-autoritarismo como também por vários pontos considerados frágeis ou exagerados em seus trabalhos.

III. O impacto do "programa eliadiano" na Ciência da Religião. Cruz (2013, p. 38-39) argumenta que há um "programa eliadiano" para a Ciência da Religião, o qual é resumido em cinco pontos: (1) o objeto dessa ciência são as *hierofanias* ao longo da história e em todo o lugar, com especial atenção ao simbolismo e aos arquétipos encontrados em documentos; (2) é a Ciência da Religião a responsável por direito para integrar todo o material religioso academicamente, sendo outras disciplinas apenas auxílios para essa principal; (3) a nomenclatura que mais usou, *História das Religiões*, se tornou uma forte referência, sendo que muitas associações, inclusive a mundial, utilizam-na (por exemplo, IAHR – *Associação Internacional para a História das Religiões*); (4) sobre a particularidade *sui generis* da Ciência da Religião, acrescenta-se que é um empreendimento científico mais interpretativo; e (5) requer um domínio enciclopédico que integre todos os resultados de pesquisas específicas sobre religiões.

Esse programa se tornou paradigmático internacionalmente, com foco na América do Norte, refletindo até hoje da *Academia Americana de Religião*. Ressaltamos que os pontos 1 e 4 foram especialmente abraçados, tanto mundialmente como no Brasil, sobretudo com bases fenomenológicas de interpretação. Houve toda uma rede de autores unidos, de alguma maneira, pela visão eliadiana, como, por exemplo, D. Allen, G. Allen, I. Couliano, G. Dumézil, R. Gross, F. Heiler, J. Kitagawa, W. Smith, A. Terrin e, no Brasil, L. Dreher, A. Guimarães, A. Mendonça, F. Possebon, C. Rohden etc. O ponto 5 fundamentou uma série de livros, coleções, revistas, departamentos e cursos, fomentando estudos comparativos de viés eliadiano em todo o mundo. Até mesmo abrange outras áreas, como Filosofia, História, Literatura e Psicologia, e todo o tipo de autores, obras ou simplesmente curiosos não especialistas. O aspecto 3 também norteou nomenclaturas em todo o mundo, incluindo o Brasil, como o caso da ABHR – *Associação Brasileira de História das Religiões*.

Infelizmente, o ponto 2 ainda não obteve a meta desejada em muitos países, algo já percebido pelo próprio Eliade. Ele reivindicou atitudes mais ousadas e autônomas por parte de cientistas da religião em seu livro *Origens*, pensando numa articulação que diminuísse os riscos de extinção da sua disciplina. No entanto, muitos críticos perceberam as ideias eliadianas mais atrapalhando a soberania da Ciência da Religião do que a ajudando (McCutcheon, 1997).

Sobre críticas relacionadas a questões pessoais ou políticas, boas sínteses estão em Rennie (1996; 2006), Guimarães (2000), Cruz (2013), e bons argumentos são levantados por McCutcheon (1997) e Gasbarro (2013). A tendência geral dos críticos – nor-

malmente de posição mais empirista ou historicista e a favor de teorias explicativas – é de entender a forma como Eliade pensou e fez ciência como inadequada em várias dimensões. Segue um resumo do debate nascido nos anos 1970.

Em termos metodológicos, a crítica recai sobre o uso indevido de dados, de que Eliade utiliza fontes primárias e secundárias como se fossem a mesma coisa, e que foi pouco criterioso na escolha de alguns documentos. A falta de material empírico comprobatório de suas teorias também é afirmada, mostrando que Eliade mostrava mais uma série de fatos avulsos do que uma demonstração empírica. O mais pesado de todos os comentários é de que a forma como Eliade sistematiza e apresenta sua pesquisa não é testável ou falseável empiricamente (no sentido dado por K. Popper). No máximo, é verificável, mas de maneira muito dependente da interpretação do seu leitor.

Suas interpretações também são vistas como uma generalização excessiva que não respeita o contexto de significação de símbolos e mitos por parte dos agentes religiosos. Além disso, sua visão um tanto *a priori* de arquétipos não explica e não dá voz a quem utiliza narrativas e símbolos religiosos. É apontado pejorativamente como um "Frazer do século XX", por ter certa fixação com o que chamava de povos "primitivos/arcaicos" e cometer os mesmos erros do autor do século XIX.

Suas teorias são frequentemente vistas como tendo forte teor esotérico, místico e, principalmente, criptoteológico (teologia implícita). Em especial, sua noção de "sagrado", por mais que autoafirmada como parte da consciência humana, transparece a muitos leitores como uma espécie de teologia secularizada. E, pior, a dialética sagrado/profano, sendo própria do contexto cristão, é taxada de ser usada como referência etnocêntrica para ler outras culturas. Sua teoria de que toda cultura "arcaica" tem uma visão de mundo cíclica, além de denunciada como descuidadamente universalista, é apontada por especialistas como equivocada no que tange à variedade de tradições mundiais.

Por fim, sua escrita é qualificada por muitos como fortemente ambígua. Se por um lado sabemos que em partes isso foi proposital, visto que Eliade mirava também públicos não especialistas, por outro lado isso é fruto inconsciente da sua trajetória intelectual. A Ciência da Religião pode ser descrita como nascida de mentalidade universalista do movimento iluminista, mas também de outros movimentos que buscavam entender as singularidades de "outras" culturas – do ponto de vista europeu.

Eliade, como muitos autores provenientes deste contexto, carregava em si essa ambiguidade, o que explica a disputa sobre se ele considerava a historicidade ou se era a-histórico – outro ataque muito frequente. Ele considerava a seu modo a historicidade dos fenômenos religiosos, mas era abertamente contra visões historicistas em geral, e sobre as religiões, especificamente. Assim, optava por hermenêuticasρ fenomenológicas que, em muitos sentidos, guardam também as ambiguidades do contexto sócio-histórico referido. No caso da corrente teórica da Fenomenologia da Religiãoρ em que Eliade se alocava, havia também a ambiguidade específica entre visão acadêmica secular e visão teológica – ponto que é muito lembrado hoje.

No que tange ao Brasil, tais críticas chegaram tarde, tendo sido conhecidas mais amplamente somente no século XXI. Assim como em toda a América Latina, aqui Eliade continua com grande prestígio, sendo um autor quase sempre citado em todos os eventos, publicações e trabalhos finais em Ciência da Religiãoρ, e em outras áreas quando estudam religiões. Como afirma Rennie (2005), dada a importância de Eliade, todo cientista da religião deve passar pelo entendimento e pelas críticas a tal projeto em sua formação. Devemos ouvi-lo se quisermos avançar/aprofundar nesta ciência.

Bibliografia: ALLEN, D. *Myth and Religion in Mircea Eliade.* New York: Routledge, 2002; CRUZ, E. R. *Estatuto epistemológico da ciência da religião.* In: PASSOS, J. D.; USARSKI, F. (Orgs.). *Compêndio de ciência da religião.* São Paulo: Paulus/ Paulinas, 2013. p. 37-49; GARCÍA, J. A. H. Bibliografía comentada de Mircea Eliade. *Estudios de Asia y África*, vol. 38, n. 1, 2003, p. 223-262; GASBARRO, N. M. Fenomenologia da religião. In: PASSOS, J. D.; USARSKI, F. (Orgs.). *Compêndio de ciência da religião.* São Paulo: Paulus/ Paulinas, 2013. p. 75-113; GUIMARÃES, A. E. *O sagrado e a história*: fenômeno religioso e valorização da história à luz do anti-historicismo de Mircea Eliade. Porto Alegre: Edipucrs, 2000; HANDOCA, M. *Mircea Eliade. Biobibliografie, I-IV.* vol. 1-3: Bucureşti: Editura Jurnalul literar, 1997-1999; vol. 4: Bucureşti: Criterion Publishing, 2007; KITAGAWA, J. Eliade, Mircea (First edition, 1987). In: JONES, L. (Org.). *Encyclopedia of Religion.* 2nd Ed. (ebook). New York, USA: MacMillan Reference, 2005. p. 2753-2757; McCUTCHEON, R. *Manufacturing religion*: The Discourse on Sui Generis Religion and the Politics of Nostalgia. Oxford: Oxford University Press, 1997; MENDONÇA, M. L. *A História das Religiões de Mircea Eliade*: estatuto epistemológico, metodologia e categorias fundamentais. Doutorado em Ciência da Religião. Juiz de Fora: UFJF, 2015; REDYSON, D. *Introdução ao pensamento de Mircea Eliade.* João Pessoa: Editora Universitária – UFPB, 2011; RENNIE, B. (Ed.). *Mircea Eliade*: A Critical Reader. London/Oakville: Equinox, 2006; RENNIE, B. Mircea (Further considerations). In: JONES, L. (Org.). *Encyclopedia of Religion.* 2nd ed. (ebook). New York, USA: MacMillan Reference, 2005. p. 2757-2763; RENNIE, B. *Reconstructing Eliade*: Making Sense of Religion. Albany, NY: State University of New York Press, 1996.

MATHEUS OLIVA DA COSTA

ÊMICO/ÉTICO

I. Etimologia. Êmico: sufixo do inglês *phonemic.* Ético: sufixo do inglês *phonetic.*

II. Formulação do conceito. Êmico/ético são oriundos dos estudos de Kenneth Pike (1912-2000), que na década de 1950 articulava os conceitos fonêmica e fonética com pesquisas linguísticas. Enquanto a fonêmica é entendida como o estudo do significado linguístico, a fonética é entendida como o estudo dos sons de uma língua. A fonêmica é construída tendo como referência a perspectiva "de dentro", pois se ocupa dos significados linguísticos do falante investigado, enquanto a fonética é construída a partir da perspectiva "de fora", pois faz uso de técnicas que buscam, sobretudo, identificar os sons utilizados pelo falante. Ao sistematizar o trabalho do antropólogo como observador participante, Pike identificará duas diferentes posturas que serão derivadas conceitualmente do sufixo das palavras fonêmica e fonética, as perspectivas êmica e ética (Erickson; Murphy, 2015, p. 154).

III. Perspectiva antropológica. Pike, ao sistematizar os conceitos êmico e ético, os relaciona a dois instrumentos do trabalho do antropólogo: a participação e a observação. A participação, segundo Pike, seria de ordem êmica, pois seu objetivo é permitir aos antropólogos vivenciar o cotidiano dos nativos, pensando e se comportando como eles, o que possibilitaria perceber os hábitos de determinada cultura na perspectiva dos próprios nativos. A observação seria de ordem ética, pois mantêm o antropólogo em distanciamento. Cabe aqui a ressalva de que ética em nada diz respeito à área da Filosofia que estuda os valores e comportamento humanos, área muitas vezes também identificada com moral. Pike entende que a abordagem êmica se constitui um avanço em métodosρ antropológicos, pois, ao interpretar determinada culturaρ na perspectiva dos nativos, se evita o etnocentrismoρ (Erickson; Murphy, 2015, p. 155), próprio da interpretaçãoρ de determinada cultura, tendo como perspectiva os parâmetros de uma outra.

Na segunda metade do século XX, com o protagonismo de Marvin Harris (1927-2001), o materialismo cultural busca imprimir maior cientificidade à Antropologia. Suas bases metodológicas estão no axioma de que as pessoas podem ser tanto sujeito como objeto da investigação cultural (Erickson; Murphy, 2015, p. 166). Sendo assim, o antropólogo pode pesquisar tanto o outro como a sua própria cultura. Para garantir um conhecimento crível, Harris propõe dois critérios epistemológicos. O primeiro seria o estudo do domínio mental em contraponto ao comportamental, entendido o mental pelo que elas pensam e o comportamental pelo que elas fazem; o segundo seria o estudo do domínio êmico em contraponto ao ético, sendo que o êmico pertence ao investigado enquanto o ético pertence ao investigador. Harris ainda sistematiza tais parâmetros em quatro perspectivas: comportamental-êmica, mental-êmica, comportamental-ética e mental-ética, sendo que o comportamento ou a perspectiva mental é êmica quando diz respeito ao que o pesquisador entende sobre o próprio comportamento e é ética quando diz respeito ao entendimento do outro, não pertencente ao seu *éthos*. Harris ainda afirma que, das quatro perspectivas, duas seriam metodologicamente problemáticas: a perspectiva comportamental-êmica, pois o pesquisador pode confundir o resultado de suas pesquisas com o significado de seu próprio comportamento, e a mental-ética, pois se torna difícil estabelecer metodologias que consigam alcançar o pensamento do outro sem levar em conta os critérios de determinada cultura. O problema não estaria no fato de ser a pesquisa antropológica fruto de processos êmicos ou éticos, mas a falta de informação sobre o lugar ocupado pelo pesquisador. A pesquisa ética seria mais passível de credibilidade científica, isso porque, na pesquisa êmica, o pesquisador se confunde com o nativo.

A análise ética também ganha espaço no estruturalismo℘. As estruturas e análises que se encontram sob as condutas cotidianas são mais relevantes para os estudos antropológicos do que para o ser humano individual, com suas motivações e ações (Barrett, 2015, p. 160). As estruturas de determinada cultura só poderiam ser identificadas a partir de uma perspectiva ética, visto que o êmico se limitaria ao campo do indivíduo ou de suas motivações.

A diferenciação entre a perspectiva êmica e a ética reafirmam a importância dos dados, entendimentos e motivações do nativo para que o pesquisador consiga maior cientificidade. Torna-se imprescindível o contato com o nativo para colher o material a ser analisado. O aspecto êmico auxilia na superação do etnocentrismo℘ à medida que valoriza a cultura do nativo, não a subjugando à do pesquisador. Por outro lado, há nos estudos de perspectiva êmica uma confusão entre o pesquisador e o objeto pesquisado. Sendo assim, a perspectiva ética não prescinde do contato com o nativo. Antes, traz a importância metodológica da não confusão entre pesquisador e pesquisado.

IV. Na Ciência da Religião – *Insider/Outsider*.

Na Ciência da Religião℘ as pesquisas sobre a relação êmico/ético ainda são tímidas e estabelecem parâmetros a partir do binômio *insider/outsider*. As pesquisas mais relevantes sobre a temática são formuladas pelo cientista da religião Russell T. McCutcheon (1961-), que articula seu pensamento estabelecendo suas bases na metodologia da Ciência da Religião℘. Ao revisitar as posturas êmica e ética de Pike e Harris, McCutcheon (1999, p. 17) não identifica apenas aquele que é ou não iniciado, mas traz o envolvimento do pesquisador com o objeto como uma problemática metodológica (1999, p. 4). A perspectiva metodológica êmica consiste na tentativa do forasteiro de produzir com a maior fidelidade possível as descrições do informante e seus comportamentos e crenças℘, enquanto a perspectiva ética é a tentativa do observador de levar a informações descritivas, já reunidas, para organizá-las e sistematizá-las dentro de um campo de conhecimento (1999, p. 17). A substancial diferença entre os conceitos êmico/ético e *insider/outsider* será, em McCutcheon, na perspectiva do quanto a convicção do adepto – ou a falta dela – influencia na pesquisa em Ciência da Religião℘.

Se o *insider* tem maiores condições de perceber as idiossincrasias do objeto estudado, também tem maior propensão de um estudo comprometido com a defesa de seu objeto, que se confunde com a história e a religião do pesquisador. Mas, por outro lado, o *insider* adentra em aspectos e linguagens não captados com amplitude pelo *outsider*. McCutcheon propõe como saída o agnosticismo metodológico℘, segundo o qual o pesquisador não tem como objetivo nem defender nem desqualificar as visões religiosas, mas cabe-lhe tratar dos objetos que são empiricamente passíveis de observação (1999, p. 216-217).

Poucos são os estudos sobre o êmico/ético ou *insider/outsider* no âmbito da Ciência da Religião℘. Se tomarmos como amostra o cenário brasileiro, há ainda menos pesquisas. Mas a Ciência da Religião℘ brasileira se encontra diante de um cenário que faz com que a reflexão sobre os aspectos êmicos/éticos seja ainda mais necessária. Muitas vezes os estudos em Ciência da Religião℘ servem de legitimação acadêmica para estudos que poderiam ser classificados como Pseudociência da Religião℘ ou criptoteologia℘. Isso porque há um envolvimento dos pesquisadores com a religião estudada que pode comprometer os resultados da pesquisa (Costa; Marchini, 2017, p. 15). O agnosticismo metodológico℘, com a perspectiva de um estudo mais empírico e menos essencialista das religiões, se mostra de grande serventia para a superação do impasse êmico/ético, *insider/outsider* e do envolvimento do cientista da religião com a religião estudada.

Bibliografia: BARRETT, S. R. *Antropologia*: guia do estudante à teoria e ao método antropológico. Petrópolis, RJ: Vozes, 2015; COSTA, M. O.; MARCHINI, W. L. Confusões e demarcações: um estudo tipológico das produções de eventos acadêmicos de ciência da religião e teologia no Brasil. *Sacrilegens*, v. 14, n. 1, 2017, p. 9-30; ERICKSON, P. A.; MURPHY, L. D. *História da teoria antropológica*. Petrópolis, RJ: Vozes, 2015; KESSING, R. M.; STRATHERN, A. J. *Antropologia cultural*: uma perspectiva contemporânea. Petrópolis, RJ: Vozes, 2014; McCUTCHEON, R. T. (Ed.). *The insider/outsider problem in the Study of Religion*: A Reader. London: Cassell, 1999.

Welder Lancieri Marchini

EMOÇÃO

Emoção (do latim *emovere* [=] movimento, como-ção ou ato de mover) é um tipo de afeto que pode ser definido como reação muito estruturada e organizada a determinado evento. A definição de *afeto* ou de *estados afetivos* não é consensual e gera debates na literatura especializada. Pode-se, entretanto, dizer que, de modo geral, *afetos* são compostos de diferentes tipos de sentimentos – uma categoria ampla que engloba emoções e estados de espírito – que têm uma valência específica (positiva ou negativa), dependendo do tipo de sentimento de base. *Sentimento*, por sua vez, pode ser conceituado como uma experiência subjetiva que apresenta correlatos fisiológicos.

A temática da emoção, portanto, liga-se a um sistema complexo de alterações fisiológicas e de comportamentos adaptativos que interessam sobremaneira à Ciência da Religião♀. A correlação entre comportamento religioso e emoção tem sido investigada em profundidade desde o final do século XIX por pioneiros da Neurologia e da Psicologia. Tais estudos demonstram que determinados comportamentos religiosos se associam como causa, resultado ou correlatos de processos emocionais. Há estudos nas áreas do enfrentamento religioso, religiosidade e bem-estar subjetivo, da conversão, da crença♀ e da descrença em deidades ou na realidade sobrenatural, dentre outros, que evidenciam a importância das emoções que geram ou acompanham tais fenômenos. É preciso conhecer primeiramente as bases fisiológicas da emoção e os comportamentos a ela associados para, então, fundamentar/compreender estudos em que o comportamento especificamente religioso foi avaliado em sua relação com aspectos da emoção.

Do ponto de vista fisiológico, há pesquisadores que argumentam que emoções se caracterizam por padrões ou processos neurológicos, expressões externas e internas, sentimentos e cognições associadas. Poderiam também ser caracterizadas como predisposições motivacionais genéticas e adquiridas para responder de forma experiencial, fisiológica e comportamental a certos estímulos internos e externos. As emoções – que também podem ser observadas em primatas – geram alterações fisiológicas que preparam o indivíduo para a ação de forma diferente em diferentes estados emocionais (Ekman, 1999). As emoções seriam inatas e constituiriam um sistema biologicamente muito conectado que promove a sobrevivência do organismo por meio da facilitação de respostas ou reações adaptativas a mudanças circunstanciais no ambiente (Gray et al., 2001).

Historicamente, foram propostos alguns modelos que definiram as bases dos distintos conceitos de emoção, como os modelos de James-Lange e de Cannon-Bard, o Circuito de Papez e o Cérebro Trino de MacLean. No modelo James-Lange – que recebeu o nome de dois pensadores do século XIX, William James♀ (1842-1910) e Carl Lange (1834-1900), que teriam desenvolvido tal perspectiva independentemente um do outro – supõe-se que os estímulos causam mudanças corporais que, por sua vez, geram emoções, ou seja, os estímulos seriam inicialmente vinculados a respostas físicas e somente depois disso seriam decodificados como uma emoção. O modelo Cannon-Bard – que recebeu o nome de Walter B. Cannon (1871-1945), fisiologista da Universidade de Harvard, e de seu ex-aluno de doutorado, Philip Bard (1898-1977) – propõe que, diante de um evento que afeta de algum modo o indivíduo, um impulso nervoso atinge primeiramente o tálamo e, então, a mensagem se divide para o córtex cerebral e gera experiências subjetivas de raiva, alegria, tristeza, medo etc. Outra parte do impulso é conduzida, simultaneamente, para o hipotálamo e determina alterações neurovegetativas periféricas, ou seja, seus sinais fisiológicos. Nesse modelo as reações fisiológicas e a experiência emocional ocorrem simultaneamente. No modelo do Circuito de Papez – que, apesar de descrito em 1908 pelo psiquiatra e neurobiólogo Christofredo Jakob (1866-1956), foi equivocadamente atribuído a James W. Papez (1883-1958) –, a emoção não é executada somente por centros cerebrais específicos, mas por circuitos que envolvem quatro estruturas básicas interconectadas por feixes nervosos. O modelo do Cérebro Trino de MacLean – desenvolvido pelo neurocientista Paul MacLean (1913-2007) – propõe que o cérebro é dividido em três sistemas interativos: o cérebro reptiliano, que é evolutivamente o mais antigo, considerado como um centro de emoções primitivas, como agressão e medo; o "velho" cérebro de mamífero, que está mais relacionado com emoções sociais; e o "novo" cérebro de mamíferos, que consiste especialmente no neocórtex, onde se encontra a interface entre emoção e cognição, possibilitando o controle de cima para baixo (*top-down*) sobre as respostas emocionais originadas dentro de outros sistemas.

A afirmação de que padrões de resposta corporal são suficientes para diferenciar estados emocionais não é amplamente aceita. A visão mais aceita atualmente parte de uma posição híbrida, na qual o corpo colabora para a modulação da intensidade emocional, que é, então, cognitivamente avaliada para induzir uma experiência emocional (Dalgleish; Dunn; Mobbs, 2009).

O conceito de emoções se diferencia e se relaciona com outros conceitos teóricos, como o de temperamento e de estados de espíritos (humor). O temperamento pode ser definido como diferenças individuais características na maneira como as emoções básicas são experimentadas e expressadas pelos indivíduos, levando em consideração a consistência trans-situacional e a estabilidade temporal. Ele se diferencia das emoções e dos estados de espírito, que podem ser considerados como eventos transitórios.

Alguns pesquisadores argumentam que os estados de espírito℗ são diferentes das emoções porque são experiências afetivas que aparecem e desaparecem de forma mais gradual, são menos intensos, duram mais tempo e não têm uma causa imediata tão evidente, ou pelo menos não se tornam muito acessíveis para a cognição consciente.

Em seu texto "Basic Emotions", Paul Ekman, pioneiro no estudo das emoções, defende a existência de emoções básicas com características comuns a toda espécie, argumentando que, de acordo com o processo evolutivo, as emoções passaram a ganhar características específicas para informar a toda a espécie sobre o que está acontecendo internamente no indivíduo. Haveria sete emoções básicas, a saber: raiva, nojo, tristeza, alegria, medo, surpresa e desprezo. Algumas das características que definem a expressão das emoções básicas são: 1) a capacidade de distinção entre as expressões (seus sinais expressivos, os eventos que antecedem tais expressões e lhe conferem sentido e sua fisiologia); 2) a continuidade da expressão emocional no ser humano e em outros animais (presença de uma mesma expressão em outras espécies, nos antepassados℗ de uma espécie, em outras culturas ou em todas as culturas); e 3) a estrutura/função que cada emoção tem em comum com outras emoções (seu início rápido, sua duração curta, sua ocorrência espontânea, a coerência entre respostas expressivas e avaliação automática).

Dentre as várias categorias de emoções classificadas pelos especialistas destacam-se: as emoções relacionadas com o atingimento de objetivos (*goal-direct emotion*) como o orgulho, a diversão, a satisfação, a raiva, a frustração, a decepção; as emoções morais (*moral emotion*), que expressam um sentido de responsabilidade moral, como a indiferença, o orgulho, a culpa, a vergonha; as emoções positivas (*positive emotions*), como a alegria, o interesse, o contentamento, o orgulho e o amor, que, embora fenomenologicamente distintas, compartilham a capacidade de expandir os repertórios de ação de pensamento momentânea dos indivíduos e construir seus recursos pessoais duradouros, que vão desde recursos físicos e intelectuais aos recursos sociais e psicológicos.

Pesquisadores argumentam que existem diferenças entre emoções primárias (básicas) e secundárias. As primeiras seriam fisiologicamente fundamentais, importantes do ponto de vista evolutivo, universais, precoces do ponto de vista ontogenético, e ligar-se-iam empiricamente a atividades importantes para as relações sociais. As emoções secundárias, tais como a culpa, a vergonha, o orgulho, a gratidão, a nostalgia e o tédio, seriam adquiridas por meio de agentes socializadores que definem e rotulam tais emoções enquanto as pessoas experimentam as reações das emoções primárias. Desse modo, argumenta-se que a culpa é uma resposta socializada à excitação das condições fisiológicas do medo, assim como o orgulho seria uma resposta à satisfação e assim por diante.

Há controvérsias na literatura sobre as emoções básicas, e pesquisadores argumentam que as divergências se devem às formas como os dados foram coletados e o grau de rigor na análise de critérios específicos. Muitos autores enfatizam a importância de estudar e avaliar cada uma das emoções em separado. Um número crescente de pesquisadores, no entanto, tem buscado uma visão alternativa das emoções, uma vez que consideram a experiência emocional como amplamente inespecífica por natureza. Essa proposta alternativa é definida como uma visão construtivista das emoções.

Em seu artigo "Emotions emerge from more basic psychological ingredients: a modern psychological constructionist model" (2013), a psicóloga Kristen Lindquist aponta que a abordagem construtivista considera que as emoções surgem na consciência℗ quando os indivíduos categorizam sensações corporais ambíguas (internas) e externas (visuais, olfativas, auditivas etc.) como instâncias de categorias de emoção discretas (por exemplo, o medo). Nesse sentido, a construção da emoção depende fortemente do contexto; e, algumas vezes, as emoções são referidas como conceitualizações situadas, o que significa que as experiências são feitas sob medida para interagir com a situação atual. Para Lindquist, os dois principais ingredientes psicológicos da experiência emocional são o *core affect* ("afeto central") e a conceitualização. O *core affect* é definido como um estado neurofisiológico que determina sentimentos positivos ou negativos, com muita energia e pouca energia. O *core affect* pode ser experimentado como um sinal corporal (por exemplo, um coração batendo), mas é frequentemente experimentado como sentimento de prazer/desprazer com algum grau de excitação, sendo um processo básico que representa as sensações corporais. Este ingrediente tem sido chamado de *core* (central), porque as dimensões de valência e excitação são subjacentes a todas as experiências e percepções emocionais discretas. Lindquist explica que a conceitualização, segundo ingrediente psicológico básico da experiência emocional, pode ser definida como o processo através do qual o fluxo e o refluxo das sensações a partir do interior do corpo e fora do corpo℗ recebem significados.

Outro conceito fundamental da literatura científica das emoções é a *regulação emocional*, compreendida como as alterações que surgem no comportamento ou no funcionamento do indivíduo devido à ativação de uma determinada emoção. Existe uma fronteira tênue entre o conceito de emoção e regulação emocional, o que dificulta a distinção entre os dois conceitos e alguns autores não concordam que seja possível diferenciá-los.

De acordo com o psicólogo James Gross, em seu artigo "Emotion regulation in adulthood: timing is everything" (2001), a regulação emocional afeta a forma como os indivíduos influenciam, expressam e vivenciam as próprias emoções, o que pode ocorrer de duas formas: antecedente à resposta ou focalizada na resposta. A regulação antecedente à resposta pode modificar a forma de futuras trajetórias emocionais e se manifesta por meio de quatro estratégias para evitar que certas emoções aconteçam novamente: (a) seleção da situação; (b) modificação da situação; (c) alocação da atenção; e (d) modificação cognitiva. O outro tipo de regulação centra-se na modificação de respostas comportamentais e fisiológicas após a instalação da emoção e de possíveis tendências de resposta. Gross defende que após a instalação de uma determinada emoção podemos inibir ou suprimir sinais de saída das emoções ou respostas emocionais, processo que definiria a regulação emocional focalizada no comportamento.

O estudo da regulação emocional se detém sobre os processos internos utilizados para gerenciar as emoções, como as cognições emocionais, a mudança do foco de atenção, o gerenciamento de respostas fisiológicas e o papel que as influências externas – como a influência dos pais – exercem no processo de modulação das emoções. Pesquisadores afirmam que existem três processos centrais para a regulação emocional: (a) a consciência das experiências emocionais pessoais e nos outros; (b) estratégias para gerenciar as emoções com o objetivo de gerar respostas comportamentais (*outcomes*) construtivas; (c) gerenciar a forma de expressão das emoções.

A expressão *regulação emocional* pode ser identificada com uma das habilidades do que se convencionou chamar de "inteligência emocional". O termo também é relacionado a conceitos como o de enfrentamento (*coping*), de regulação do estado de espírito (*mood*), de regulação afetiva e de mecanismos de defesa. Pesquisadores argumentam que o conceito de regulação emocional e de enfrentamento são construtos teóricos distintos, mas estão estreitamente relacionados. A regulação emocional seria um conceito mais abrangente que o de enfrentamento, uma vez que envolve eventos emocionais em curso, enquanto o enfrentamento seria um subconjunto da regulação da emoção gerado em resposta a eventos ou circunstâncias estressoras. Entretanto, o enfrentamento abrange uma gama mais ampla de esforços regulatórios em comparação à regulação emocional no contexto de eventos estressores, e a regulação emocional seria um subconjunto de respostas ao estresse. Nesse contexto, um campo de pesquisa que se tem desenvolvido substancialmente é o do enfrentamento religioso, ou seja, a utilização de estratégias religiosas (como as práticas religiosas) por um indivíduo diante de situações de estresse, como perdas, doenças e demais circunstâncias geradoras de sofrimento.

Existe uma ampla discussão na literatura sobre a relação entre emoções e religião. Pesquisadores alegam que faltam trabalhos empíricos sobre emoções em contextos religiosos ou espirituais e que existe apenas um punhado de estudos que examinam a relação entre emoção e religião/espiritualidade, e nenhum estudo que lide propriamente com a questão da distinção entre emoções religiosas e emoções não religiosas.

O estudo da emoção é atualmente uma área promissora da Psicologia, que interage com muitos outros aspectos da disciplina. Além disso – e até mesmo por isso –, a Psicologia da Religião pode se beneficiar grandemente do contato com trabalhos atuais da área da emoção, em especial porque as atuais teorias cognitivas das emoções são de particular interesse para o campo do estudo da religião, uma vez que elas consideram as emoções como decorrentes do processo de interpretação e criação de significados (Watts, 1996).

Haveria três maneiras pelas quais a religião afeta as emoções enquanto um sistema de significado: (1) por oferecer a oportunidade de vivenciar uma experiência emocional única e poderosa de proximidade com uma força espiritual; (2) por desencorajar certas emoções, como a tristeza e a raiva, ou prescrever outras, bem como seu nível de intensidade, como a alegria, dependendo do contexto; e (3) por incentivar certas crenças, metas ou ações que podem impactar emoções tanto de modo positivo como negativo. Por exemplo, a crença religiosa em um Deus de amor que perdoa ou em um Deus vingativo pode determinar, em parte, se a religião tem/terá impactos positivos ou negativos sobre o bem-estar emocional dos indivíduos (Silberman, 2005).

Alguns estudos e seus resultados gerais serão apresentados a seguir, de modo a oferecer um panorama geral do que tem sido pesquisado mais recentemente na área e a título de ilustração das possibilidades de pesquisa que interessariam à Ciência da Religião em especial.

Na esfera das correlações neuronais, avaliações que se utilizam da tomografia por emissão de pósitrons têm sido úteis para mostrar quais estruturas neuronais estariam mais ativas durante uma experiência religiosa. Contrariando a tendência de considerar que a experiência religiosa estaria mais ligada ao sistema límbico, estrutura ligada às emoções, as evidências indicam que a experiência religiosa, de fato, está ligada a distintas redes neurais cognitivas conectadas, envolvendo estruturas neocorticais que não fazem parte do sistema límbico. Os resultados obtidos apontam que a experiência religiosa é um fenômeno essencialmente cognitivo, portanto, pensamentos e crenças desempenham um papel mais fundamental para sua ocorrência.

Outro tema importante e prevalente na literatura é a correlação entre bem-estar e religião, ainda que pouco se saiba dos mecanismos que fazem a mediação entre essas variáveis. Há evidência do papel da religião como fonte de variação na experiência de emoções, na medida em que a religião🔍 desempenha um importante papel no vivenciar de emoções agradáveis e desagradáveis por seus adeptos. Participantes de diferentes religiões apresentam diversas avaliações subjetivas da frequência com que vivenciam certos estados afetivos no cotidiano. Estudos mostram também que a crença🔍 dos adeptos a respeito da conveniência dessas emoções pode estar relacionada à experiência das emoções (Kim-Prieto; Diener, 2009).

Há evidências de que a relação entre religião🔍, espiritualidade🔍 (compreendida de modo amplo como a busca de sentido ou o ato de dar sentido à vida) e bem-estar possa ser mediada por emoções positivas. Também há evidências sobre como as emoções que as pessoas associam à religião🔍 estão relacionadas com a forma como elas compreendem a religião. Ao se classificar a religião🔍 num espaço bidimensional ao longo das dimensões *inclusão versus exclusão da transcendência* e *literal versus simbólico*, verifica-se que a inclusão da transcendência está relacionada à associação da religião🔍 com estados de ânimo e emoções positivas, ao passo que abordar a religião🔍 de forma literal está relacionado à associação com estados de ânimo e emoções negativos.

Indivíduos religiosos têm emoções mais acessíveis, ainda que indiferenciadas, em comparação com ateus, o que talvez possa servir como matéria-prima para a experiência religiosa🔍. Em experimentos, indivíduos que se identificaram com a religião🔍 relatam emoções positivas mais intensas associadas a uma experiência amorosa lembrada, maior tristeza em resposta imediata à leitura de uma notícia trágica e descrevem mais detalhes subjetivos de seu aniversário mais recente ou de uma crise existencial.

Aprofundando a questão da relação entre religiosidade e enfrentamento, há evidências de que a religião🔍 pode servir como refúgio a uma série de experiências e emoções psicologicamente negativas. Por exemplo, sabe-se que a religiosidade aumenta em situação de sofrimento socioeconômico; que a morte🔍 de um ente querido pode provocar interesse em religião🔍 e espiritualidade🔍; que doença, crises pessoais e eventos negativos da vida são frequentes preditores de conversão e maior envolvimento religioso e espiritual; que em condições experimentais em que o tema da morte🔍 é salientado os sujeitos apresentam uma crença🔍 mais forte em Deus e em agentes sobrenaturais em geral. As evidências experimentais ainda indicam que a mera associação de uma cadeia de eventos negativos com a presença de um ser espiritual misericordioso e onipotente induz menos preocupação e tristeza e maior esperança no futuro em comparação com os mesmos eventos quando foram apresentados sozinhos; e que em pacientes com transtornos obsessivos compulsivos uma maior devoção religiosa estava relacionada a mais culpa, o que não parecia ocorrer com outros pacientes com ansiedade. Há também demonstrações de que um maior envolvimento em atividades religiosas não se mostrou preditor direto de mais laços sociais ao longo do tempo, mas foi preditor de menor dificuldade com regulação da emoção ao longo do tempo, se comparado com a dificuldade de regulação da emoção medida anteriormente; e, por sua vez, a menor dificuldade de regular a emoção seria preditora de mais laços sociais ao longo do tempo. A *desconversão religiosa*🔍 parece estar associada a uma série de emoções negativas, ou seja, essas experiências podem ser dolorosas. Por fim, as chamadas práticas contemplativas, como a meditação🔍 e a ioga, evoluíram como um campo muito particular de investigação pelo desenvolvimento de técnicas como o *mindfulness* para intervenções relacionadas com a saúde🔍. Os benefícios de tais técnicas para a regulação emocional estão sendo amplamente estudados.

Outras variáveis fisiológicas têm sido utilizadas na pesquisa das relações entre religiosidade e emoções. Sabe-se que a pele conduz eletricidade e que essa condução é aumentada ou diminuída em função do tipo de emoção vivida pelos sujeitos experimentais. Assim, há pesquisadores que têm procurado encontrar correlatos entre os tipos de emoção e a condutância elétrica da pele em tarefas nas quais temas religiosos são apresentados aos participantes das pesquisas. Pode-se, por exemplo, verificar a resposta da pele de sujeitos de diferentes perspectivas religiosas ou entre religiosos e ateus enquanto submetidos a um mesmo procedimento. Um estudo da psicóloga cognitiva Marjaana Lindeman e colegas (2014) mostra evidências de que as atitudes dos ateus em relação a Deus são ambivalentes, de modo que suas crenças🔍 explícitas entram em conflito com sua resposta afetiva. O estudo tentou observar se os ateus exibiam evidências de excitação emocional quando solicitavam que Deus🔍 lhes causasse danos, bem como a pessoas que lhes eram íntimas. Apesar de os ateus não acharem que as declarações de Deus🔍 fossem tão desagradáveis, como ocorreu no caso dos participantes religiosos em seus relatos verbais, a medição do seu nível de condutância da pele mostrou que a solicitação a Deus🔍 para que fizesse coisas terríveis foi igualmente estressante tanto para os participantes ateus quanto para os participantes religiosos, e que os ateus foram mais afetados por declarações de Deus🔍 do que por declarações ofensivas.

Há pesquisadores que argumentam que somente as emoções autotranscendentes seriam promotoras da espiritualidade🔍. Essas emoções são distintas de outras emoções positivas, pois não se referem primariamente ao eu nem aos objetivos do eu e compartilham uma avaliação comum que se relaciona com algo ou alguém maior ou melhor do que o *Self*.

Exemplos dessas emoções são admiração, inspiração♀, elevação e amor. A pesquisadora Patty van Capellen, juntamente com um grupo de colaboradoras, investigou se a espiritualidade♀ poderia ser desencadeada por emoções positivas autotranscendentes. Considerando *espiritualidade*♀ como a "tendência a se orientar em direção a uma realidade maior transcendente que liga todas as coisas em uma harmonia una, refletindo uma busca pessoal pela conexão com uma sacralidade maior" (Van Capellen et al., 2013, p. 1378), em dois estudos foram induzidas as emoções de enlevação e/ou admiração e compararam-se essas emoções com dois grupos de controle, um em estado neutro e outro em emoção positiva (alegria). Como resultado, as emoções positivas autotranscendentes fizeram aumentar a espiritualidade♀ dos participantes, especialmente para os que não eram religiosos.

Os exemplos de estudos apresentados representam, na verdade, linhas de pesquisa que se têm desenvolvido, sobretudo, na última década. É possível afirmar que cada uma dessas linhas vem se ampliando em número de pesquisas, no aprimoramento metodológico, na profundidade e na abrangência das correlações entre aspectos da emoção e o comportamento religioso. Tais temas são de importância clara para a Ciência da Religião♀, apesar do fato de terem sido surpreendentemente negligenciados em trabalhos recentes sobre religião♀ em nosso meio. Por outro lado, o tema parece tão relevante que a emoção, enquanto construto teórico, e as abordagens metodológicas que lidam com a emoção deveriam servir como modelo para estudos do comportamento religioso (Watts, 1996, p. 175). Talvez o maior desafio da introdução duradoura dessa área no contexto da Ciência da Religião♀ seja o predomínio de estudos qualitativos em detrimento do uso de métodos♀ quantitativos, como a pesquisa correlacional e os estudos de laboratório de tipo experimental. Ainda que haja razões epistemológicas e históricas para esse endereçamento metodológico, como resultado observa-se uma lacuna que poderia ser superada pela compreensão de que aspectos neurofisiológicos, psicológicos e contextuais são igualmente importantes para a compreensão das vivências religiosas. Compreender como a cultura influencia e pode ser influenciada pelas emoções parece ser um desafio de importância capital para a superação desse impasse. As emoções, assim, devem ser consideradas em sua íntima relação tanto com processos internos (orgânicos e psicológicos) quanto com processos externos (grupais, psicossociais, culturais). A antiga separação entre as dimensões biológica e cultural – já superada na própria neurobiologia pela necessária admissão da influência de aspectos cognitivos sobre o comportamento – deve também ser superada no campo da Ciência da Religião♀. A emoção, considerada como um fenômeno multifacetado, influenciando e sendo influenciado por fatores orgânicos e culturais, poderá conduzir a ainda maiores desenvolvimentos na esfera da compreensão do comportamento religioso pela Ciência da Religião♀.

Bibliografia: DALGLEISH, T.; DUNN, B. D.; MOBBS, D. Affective neuroscience: Past, present, and future. *Emotion Review*, v. 1, n. 4, 2009, p. 355-368; EKMAN, P. Basic Emotions. In: DALGLEISH, T.; POWER, M. (Eds.). *Handbook of Cognition and Emotion*. West Sussex, UK: John Wiley & Sons, 1999; GRAY, E. et al. Emotion, mood, and temperament: Similarities, differences, and a synthesis. In: *Emotions at work: theory, research and aplications for management*. West Sussex, UK: John Wiley & Sons Ltd., 2001. p. 21-43; GROSS, J. J. Emotion regulation in adulthood: Timing is everything. *Current Directions in Psychological Science*, v. 10, n. 6, 2001, p. 214-219; KIM-PRIETO, C.; DIENER, E. Religion as a source of variation in the experience of positive and negative emotions. *The Journal of Positive Psychology*, v. 4, n. 6, 2009, p. 447-460; LINDEMAN, M. et al. Atheists become emotionally aroused when daring God to do terrible things. *International Journal for the Psychology of Religion*, v. 24, n. 2, 2014, p. 124-132; LINDQUIST, K. A. Emotions emerge from more basic psychological ingredients: A modern psychological constructionist model. *Emotion Review*, v. 5, n. 4, 2013, p. 356-368; SILBERMAN, I. Religion as a meaning system: Implications for the new millennium. *Journal of Social Issues*, v. 61, n. 4, 2005, p. 641-663; VAN CAPELLEN, P. et al. Self-transcendent positive emotions increase spirituality through basic world assumptions. *Cognition & Emotion*, v. 27, n. 8, 2013, p. 1378-1394; WATTS, F. Emotion and religion revisited: a response to O'Connor and Averill. *The International Journal for the Psychology of Religion*, v. 6, n. 3, 1996, p. 175-179.

ADRIANO DA SILVA COSTA
FATIMA REGINA MACHADO
WELLINGTON ZANGARI

ENSINO RELIGIOSO

Ensino Religioso é um componente curricular presente atualmente na legislação de diferentes países. Isso foi sistematizado historicamente e incluído originariamente em normatizações na Educação Básica. Ou ainda se constituiu em decorrência de acordos com instituições religiosas♀ em diversos países que, por meio desta disciplina, procuram manter uma forma de intervenção no espaço público escolar. Inicialmente, foi caracterizado mais pelo uso de manuais de comunidades cristãs na escola.

Progressivamente, foi acontecendo uma disciplinarização da religião♀ no cenário escolar. Com o evento da Primeira Guerra Mundial, a escola organizou-se a partir de especialização de "matérias" que, compartimentadamente, eram ministradas aos estudantes. No entanto, muitas disciplinas eram estreitamente imbricadas, a ponto de o mesmo professor encarregar-se de diversas tarefas escolares, com finalidade educativa imposta segundo a especialidade do mesmo (Rodrigues, 2009, p. 21-22).

O Ensino Religioso na Europa tem origem no espaço escolar a partir da verificação do Estado sobre a importância da escolarização da população, e não apenas da nobreza. Isso ocorreu em todo o cenário europeu e interferiu no contexto dos países a partir do século XVI (Pajer, 2012, p. 9-11). A Reforma Protestante tem papel decisivo na educação com perspectiva religiosa. Os principais reformistas, Lutero (1483-1546) e Melanchthon (1497-1560), trabalharam intensamente para a implantação da escola elementar para todos. Foi a partir deles que, pela primeira vez, se falou de uma educação universal.

Lutero foi um dos mais incisivos e o desencadeador junto às autoridades para que assumissem a tarefa da educação para todos. Para ele, isso devia ser de competência do Estado, por meio da alfabetização e do estudo de outros elementos, o que possibilitaria ler e interpretar a Bíblia. Assim, a primeira motivação de uma escola que fosse para todos foi religiosa, o que demandaria uma organização no processo de ensino-aprendizagem. Por exemplo, as escolas surgidas na Alemanha por inspiração da Reforma tendiam para o ensino elementar tendo em vista a divulgação religiosa. Assim, essa tendência prosseguiu no século XVII, quando o ducado de Teimar (1619) regulamentou a obrigatoriedade escolar para todas as crianças entre 6 e 12 anos. O mesmo se deu com o duque de Gotha (1642), que normatiza não apenas a respeito da educação primária obrigatória como também quanto aos níveis, horas de trabalho, exames regulares e inspeção.

Também na Guerra dos Trinta Anos (1618-1648) houve uma efetiva dificuldade para realização de projetos de escola básica. Contudo, os alemães conseguem, na Europa, os melhores resultados no que se refere à educação pública. Na França, ainda no ideal da escola pública e gratuita, destaca-se o trabalho do abade Charles Démia (1636-1689), com sua defesa quanto a essa questão (1666). O que fez que, sob sua influência e direção, fossem fundadas diversas escolas gratuitas para crianças pobres e mesmo um seminário para formação de mestres.

Ainda, o pedagogo francês Gabriel Compayré (1843-1913), que defendia a instrução religiosa nas escolas, assim como a disciplina e os trabalhos manuais, visava que essas instituições viessem a ser agências de informação, ou lugares de mercado, onde as pessoas abastadas pudessem buscar servidores domésticos ou empregados comerciais e industriais. A cidade francesa de Lyon, por exemplo, um importante centro fabril e mercantil, foi quem mais formou mão de obra, e também foi palco de frequentes revoltas operárias (Junqueira, 2008, p. 148-150).

Foi em consequência dessa maior articulação dos Estados que o sistema escolar foi sendo estruturado de forma mais independente. O que fez com que a Igreja passasse a ter menor ou mesmo nenhuma influência na educação escolar básica, sobretudo na escola estatal.

No século XVIII, a corrente do pensamento iluminista, que apregoa uma nova mentalidade e põe em relevo a liberdade individual, coloca em risco a reforma e o fanatismo religioso. Também o desenvolvimento das ciências experimentais, com Francis Bacon (1561-1626), Galileu Galilei (1564-1642) e Isaac Newton (1643-1727), do empirismo, com John Locke (1632-1704) e seus escritos sobre tolerância, e o racionalismo cartesiano, verifica-se que o movimento iluminista não é obra de uma classe social determinada, pois dela participaram aristocratas, eclesiásticos e também pessoas de classes mais modestas. Em decorrência desse cenário, monarcas perceberam que, para o avanço de seus reinos, era necessário alterar a postura de condução de seus súditos. Para isso, era necessário investir neles para alcançar maior poder em todos os níveis.

Verificou-se nesse período a consolidação da maturação de uma consciência do senso de nação. A importância se deu em torno da educação escolar, o que exigiu um sistema educacional nacional e a criação de uma escola pública para todos.

Ocorreram algumas significativas transformações no século XVIII, dentre as quais a burguesia enriquecida pela Revolução Comercial, a qual ascendeu por uma aliança com a realeza absolutista, que já estava presente na política. É fato, no entanto, que até então a política ocupava uma posição secundária na estrutura da sociedade aristocrática, cujos privilegiados são a nobreza e o clero. É no contexto desse cenário que a educação é compreendida como um elemento importante para os Estados.

Por exemplo, na Alemanha, sobretudo na Prússia, à medida que o Estado passa a ocupar-se da educação, o governo reconhece a necessidade de investimento na área, o que torna obrigatória as escolas elementares. Para tanto, e simultaneamente, ocorre a preocupação com o método e o conteúdo de ensino. A escola no século XVIII é vista, assim, como elemento essencial para o crescimento da população, o que, por consequência, é também da Coroa. Na monarquia dos Habsburgos (1526-1867) organiza-se uma escola confessional popular. E, com a mesma, manifesta-se uma sensibilidade às exigências civis, políticas e religiosas. Assim, organiza-se um sistema educacional próprio e específico. O que na realidade acontece são novos tempos para a educação, que nasce do chamado Iluminismo. Essa educação demonstra uma preocupação com uma cultura racional, com aspectos da ciência, como combate ao pessimismo jansenista.

É identificada, assim, uma mudança progressiva na visão sobre educação. O que dá um novo impulso, especialmente com Immanuel Kant♀ (1724-1804) e depois com Johann Friedrich Herbart (1776-1841). A pedagogia toma contornos de ciência, com prática e teoria. A arte e o saber tendo como fundo o serviço primeiro de promover a moralidade e a felicidade♀ do povo (Oliveira et al., 2007, p. 25-27).

Nesse contexto a religião♀ é ensinada como forma de educar para a humildade, a generosidade, a paciência, o equilíbrio, a piedade♀. No período da escola infantil, a família exige a presença de elementos religiosos, pois entende que a mesma faz bem às crianças. Simultaneamente se dá e acontece a formação do honesto cidadão, pois que a educação propunha-se à formação do bom e fiel cristão, portanto, a Deus e ao imperador. A base para essa área da educação era o catecismo católico, por meio do qual se realizava a instrução religiosa, e que contribuía como cartilha de alfabetização. Efetivamente a área de educação religiosa passa a ser concebida e estruturada como uma disciplina, na qual se dava a leitura, a escrita e os elementos básicos da Matemática. Há historiadores, por exemplo, que consideram essa iniciativa da imperatriz Maria Teresa da Áustria (1638-1683) como o nascimento do Ensino Religioso.

No entanto, ao longo do tempo constituiu-se a compreensão de que a escola não é um espaço a ser usado pelas confissões religiosas, o que fez com que ela se transformasse para garantir ou para fazer novos fiéis, constituindo-se, assim, em uma área de polêmicas. Historicamente, algumas vezes, por forças políticas, mantinha-se esta ou aquela tradição religiosa, outras vezes se chegou a proibir as aulas de religião em escolas estatais. Paralelamente a toda divergência e discussão, as escolas confessionais mantiveram a disciplina. Ao longo da história da Europa, percebe-se que o avanço da presença da Igreja♀ Católica nos diversos reinos e países, ou seja, nos seus núcleos políticos, interferiu de forma significativa na compreensão de mundo e de ser humano, assim como na orientação moral, o que foi determinante na organização de valores socioculturais.

Logo, para melhor compreender hoje o componente curricular Ensino Religioso, como elemento curricular, é necessário retomar as influências socioculturais e pedagógicas que sofrem interferências políticas na concepção e divulgação de propostas relacionadas ao ensino-aprendizagem.

É real que a religião♀ é um dos elementos que colaborou na unidade dos impérios e, por consequência, de uma nova proposta educativa. No entanto, historicamente constata-se que no início do século XIX, na maior parte dos Estados europeus, a presença do Estado no âmbito da educação é praticamente inexistente. A taxa de analfabetismo é alta. A escola elementar é patrimônio e propriedade, então, da Igreja♀ Católica.

No entanto, a oferta cultural das escolas de posse da Igreja♀ Católica se limita a ler, escrever e contar.

Mas o ensinamento religioso e a educação moral ocupam posto privilegiado. Os colégios são reservados em particular a jovens da burguesia, pertencentes a classes privilegiadas. Os programas se caracterizaram por estudos humanistas.

Já ao longo do século XIX a situação se transforma totalmente e de maneira estrutural. O Estado, que vinha progressivamente descobrindo o papel da escola como instrumento de domínio político e social, toma medidas operacionais sempre mais significativas. Assim, organiza e coloca sob sua tutela e controle a educação. Nessa fase ocorrem, por sua vez, desencontros com a visão da Igreja♀, que vê diminuir seu domínio.

Progressivamente acontece uma pedagogização da sociedade, o que é um salto qualitativo para a organização dos estados modernos e da sociedade burguesa. Articula-se de fato a instituição escolar e um projeto social em torno de uma preocupação com a cultura acadêmica e com as ciências. A sociedade, por meio de seus governantes, investe em um projeto educativo sempre mais articulado e complexo, para formar um ser humano-cidadão, e a Igreja♀ preocupa-se em explicitar o cristão.

Com a explicitação da necessidade de escolas, os governantes conseguem coordenar, por meio dessa instituição, a ordem social. Ao lado da escola está a família, vista como instituição educacional primária e natural, mas que deve agir para o bem da sociedade segundo um modelo mais racional, uniforme e construtivo. A Igreja♀, que até então dominava o sistema educacional existente, se vê diante de um novo esquema, em que progressivamente é o Estado que articula a organização de classes populares. A Igreja♀ Católica, então, assume uma presença social e tenta orientar sua população segundo seus interesses.

Com o fenômeno da urbanização acelerada, decorrente do desenvolvimento do capitalismo industrial, cria-se uma forte expectativa com relação à educação. A complexidade maior do trabalho exige melhor qualificação da mão de obra. Mas é somente no século XX que esses esforços se concretizam, com a intervenção, cada vez maior, do Estado, que consolida a escola elementar universal, leiga, gratuita e obrigatória.

A ampliação da escola elementar levou à reorganização da escola secundária, a qual permanece clássica e propedêutica quando se destina à elite burguesa, e torna-se técnica. Nesse processo ocorrem as resistências da Instituição Católica, já que progressivamente foi excluída de seus tradicionais domínios geográficos e de ideais, e da função da assistência e da instrução.

No entanto, ao longo dos séculos XX e XXI, a Igreja♀ ainda conseguiu interferir na educação pública internacional, por meio de Acordos e Concordatas para continuar a ser presença na escola e garantir a doutrinação dos cidadãos. Acontece, assim, uma retomada da Igreja♀ por meio de uma reorientação para o

Ensino Religioso, para que possa garantir e justificar sua presença na escola. A perspectiva fica por conta do apelo de um ensino de valores e da compreensão da redução da violência, pois para um ensino moralizante é necessário manter a disciplina de Ensino Religioso, já que é este que mantém o controle eclesial e persiste no imaginário de profissionais da educação e das famílias (Junqueira; Sanches, 2011, p. 35-37).

É só um processo histórico de maturação que elaborou a compreensão de um Ensino Religioso a partir da escola e de uma perspectiva pedagógica. Para isso, foi estabelecida a organização vinculada à Ciência da Religião aplicada, que para tanto foi reorganizada como uma disciplina.

Compreendendo que disciplina escolar é uma maneira de organizar e delimitar um território de trabalho, de concentrar a pesquisa e as experiências dentro de uma determinada visão. Daí que cada disciplina oferece uma imagem particular da realidade, isto é, daquela parte que entra no ângulo de seu objetivo.

Disciplinas, ou componentes curriculares, são saberes elaborados pela humanidade e referências do mundo no qual o estudante está inserido. Elas apresentam especificidades e saberes próprios, construídos e sistematizados com elementos de domínio de uma linguagem própria, compreensão do fenômeno específico, que contribui para o enfrentamento de situações a partir da construção de argumentos e a elaboração de propostas, e organiza o ensino no interior da escola.

Enfim, as disciplinas escolares têm origem nas ciências, no desenvolvimento das linguagens, no mundo do trabalho, na cultura e na tecnologia, na produção artística, nas atividades desportivas e corporais, na área da saúde. Ainda incorporam saberes, como os que advêm das formas diversas de exercício da cidadania, dos movimentos sociais, da cultura escolar, da experiência docente, do cotidiano e dos alunos. E os seus devidos conteúdos constituídos se articulam com as áreas de conhecimento, que favorecem a comunicação entre os conhecimentos e saberes das diferentes disciplinas, mas permitem que os referenciais próprios de cada componente curricular sejam preservados, a saber: Linguagens, Matemática, Ciências da Natureza e Ciências Humanas (Junqueira, 2015, p. 17-19).

Nessa perspectiva é fundante estabelecer a ciência de base para o Ensino Religioso não confessional, estabelecendo que a ciência se preocupa em entender o mundo e que o faz através da comparação entre expectativa e realidade. No entanto, vale dizer que isso pode ser feito de diferentes formas e com diferentes objetivos, o que faz com que a ciência seja subdividida de acordo com a finalidade de cada pesquisa. Especificamente, a Ciência de referência, que no caso é a Ciência da Religião, é o "saber sobre religiões" que se aproxima dos seus objetos por um interesse primário e isento de motivos apologéticos ou missionários. Assim, esta proposta adota o agnosticismo metodológico – o que impossibilita que um cientista prático da religião atue como pastor ou como agente religioso enquanto cientista da religião –, bem como reconhece que há uma multiplicidade de religiões no mundo, e que não cabe ao cientista da religião tomar juízos de valores sobre quais são mais ou menos válidas (postura não valorativa). E finalmente distingue entre os discursos êmicos (fala do fiel) e as análises éticas (acadêmicas e científicas), o que significa que não é função de um cientista prático da religião legitimar a religião alheia. Efetivamente, a Ciência da Religião ocupa-se do estudo e da análise do fenômeno religioso desvinculada do interesse de difundir as concepções religiosas; assim como está desprovida de questionar sobre a verdade ou não de determinada crença, é interessada, como já mencionamos, na perspectiva neutra, objetiva e imparcial sobre como o fenômeno religioso se manifesta, o que ele acarreta enquanto expressão do humano.

A partir da Ciência da Religião é que se dialoga, mediante a necessidade de ensino de um conhecimento específico, e que se leva a reelaborações, o que é também chamado de "transposição didática". Na escola, os objetos de conhecimento – o saber científico ou as práticas sociais – convertem-se em "objetos de ensino", isto é, em conteúdo curricular, pois é necessário alterar o saber para que este se transforme em objeto de ensino, para que seja "ensinável", ou seja, para que se deem condições de ser aprendido pelo aluno.

Logo, o fenômeno da transposição didática põe em evidência o fato de que a disciplina escolar não é o conhecimento científico, mas uma parte dele e, além disso, torna-se modificada. Por outro lado, é mais do que o conhecimento em si, porque abarca também os procedimentos para o ensinar. Fazer a transposição didática implica algumas competências, ou seja, é preciso estar atento para desenvolver o aprendizado, e isso deverá estar contemplado no plano de educação continuada da escola, da região ou do sistema de ensino. Ainda, é preciso saber fazer recortes na área de uma especialidade, de acordo com um julgamento sobre relevância, pertinência e significância.

E, além disso, é necessário, para o desenvolvimento das competências escolhidas, garantir a inserção do aluno no mundo moderno; saber selecionar os aspectos relevantes do conhecimento; dominar o conhecimento em questão, de modo articulado, incluindo o modo característico e específico pelo qual o conhecimento é construído. Por último, saber relacionar o conhecimento em questão com os de outras áreas; saber como contextualizar o conhecimento trabalhado; e dominar estratégias de ensino eficazes para organizar situações de aprendizagem que, efetivamente, promovam no aluno as competências que se quer desenvolver (Santos, 2018, p. 46-48).

Com essa perspectiva, o Ensino Religioso não confessional propõe o respeito à liberdade e o apreço à tolerância religiosa diante do pluralismo de ideias e concepções pedagógicas. O Ensino Religioso visa divulgar a cultura a partir do estudo dos conhecimentos religiosos, assim como o reconhecimento e o respeito às alteridades, como um espaço de aprendizagens, experiências pedagógicas, intercâmbios e diálogos. Busca ainda o acolhimento das identidades culturais religiosas, com uma perspectiva intercultural, de direitos humanos e da cultura da paz para proporcionar, a partir das manifestações religiosas percebidas na realidade dos educandos, a aprendizagem dos conhecimentos religiosos, culturais e estéticos, e contribuir com o diálogo entre as perspectivas religiosas e seculares, exercitando a liberdade de expressão (Filoramo; Pajer, 2011, p. 122-123).

Dessa forma, o conhecimento religioso visa não apenas o saber pelo conhecer, como também a compreensão da realidade, a intervenção social a partir da construção de informações; e, no caso específico do Ensino Religioso, formar cidadãos em uma concepção de respeito pela diversidade religiosa, de acordo com a laicidade do Estado.

Portanto, a proposta do Ensino Religioso não confessional é a de promover uma cultura da reciprocidade, como ideal regulativo da convivência que se articula em três momentos. O primeiro: a estima de si. O segundo: o cuidado pelo outro. E o terceiro: a aspiração de viver em instituições justas.

Essa visão da reciprocidade exige uma redefinição tanto do conceito de comunidade como do de cidadania. Comunidade deriva do latim *communitas*, que se fundamenta na palavra *múnus*, que significa tarefa, obrigação, dever, mas também dom. Se faço parte de uma comunidade, portanto, é porque no interior dela devo assumir uma responsabilidade (Domenico). Compreendo que essa comunidade é a escola, um espaço de construção coletiva de conhecimentos em que a proposta pedagógica visa possibilitar a articulação de conteúdos de ensino e de aprendizagem. E, ainda, com vivências e indagações do professor e dos alunos sobre a realidade em que vivem, perceber que uma das tarefas da escola é fornecer instrumentos de leitura da realidade e criar as condições para melhorar a convivência entre as pessoas pelo conhecimento. Logo, isto é construir pressupostos para o diálogo (Genre; Pajer, 2005, p. 18-19).

E especialmente na educação básica o Ensino Religioso tem por finalidade desenvolver o educando, assegurar-lhe a formação comum indispensável para o exercício da cidadania e fornecer-lhe meios para progredir no trabalho e em estudos posteriores. A sala de aula é, assim, um espaço específico de sistematização, análise de síntese das aprendizagens, e se constitui num local de encontro das diferenças, pois é nela que se produzem novas formas de ver, estar e se relacionar com o mundo.

Além da perspectiva não confessional, é importante ressaltar que ainda temos o denominado Ensino Religioso confessional, de acordo com a opção religiosa do aluno ou de seu responsável, ministrado por professores ou orientadores religiosos preparados e credenciados pelas respectivas igrejas ou entidades religiosas, que têm como referência a Teologia e que visam contribuir para a educação da fé dos estudantes. Este é um modelo reconhecido legalmente em diferentes países, visando à difusão de religiões específicas (Junqueira; Sanches, 2011, p. 134-136).

Para a efetivação da disciplina é necessária ainda a formação de profissionais específicos para esse componente curricular. Dessa maneira, o processo formativo dos professores requer diferentes formas que contemplem não só o domínio dos conteúdos específicos como também a transformação destes em conteúdos de ensino.

Para cada componente curricular é fundamental retomar a ciência de referência, para que, por meio da Licenciatura, consiga preparar profissionais para a transposição didática na perspectiva de uma formação para a cidadania crítica. Nossa prática estará voltada, assim, para um cidadão trabalhador capaz de interferir na realidade a fim de transformá-la e não apenas de se formar para integrar o mercado de trabalho. E na perspectiva de uma formação ética nossa prática está voltada para um cidadão consciente de seus direitos e deveres ante o mundo da política e da economia. E diferentes aspectos contemporâneos da sociedade – cidadania, estudo, trabalho – estão integrados, e os formadores precisam compreender essa relação para organizar o seu cotidiano da sala de aula. O que significa compreender que a educação é um espaço formador construído gradativamente ao longo do processo educativo, e que o ofício dos profissionais da área de educação é um fazer qualificado de um coletivo de trabalhadores conscientes de sua identidade e história própria, de seu preparo e formação específica; portanto, que desenvolve um corpo de saberes e tem reconhecimento social. Essa identidade é construída pelo indivíduo e por seus pares. Nesse processo de constituição da identidade profissional, que é permanente, coletivo e individual, é que teremos a cada momento da história os diferentes perfis, em nosso caso o do professor, da professora, que atuarão nos segmentos da educação brasileira.

Assim, além da formação inicial exige-se uma proposta de formação docente permanente e em serviço, considerando a atualização de aspectos técnicos, de planejamento, programação, objetivos, habilidades, competências e de avaliação, para adequar as contínuas reformas que a sociedade exige dos formadores.

Os componentes curriculares dos cursos de Licenciatura devem ser estruturados de forma orgânica, com um caráter integrador dos conteúdos entre si e destes com a realidade. As áreas são distribuídas da seguinte forma: "a) Conhecimentos dos conteúdos específicos da área. Estes são estudos que têm como princípio que o professor é um sistematizador e facilitador de ideias e não uma fonte principal de informação para os estudantes. Os conteúdos devem ser dinâmicos, flexíveis e adaptados às necessidades e interesses institucionais e regionais, desenvolvendo-se, entretanto, a partir de um conjunto básico de conhecimento. Em relação à organização dos conteúdos, estes devem ser evidenciados em um equilíbrio, entre atividades teóricas e práticas e contribuir para o desenvolvimento crítico-reflexivo dos alunos. b) Conhecimentos básicos à compreensão crítica da escola e do contexto sociocultural. Os mesmos são estudos que fundamentam a compreensão da sociedade, do ser humano, da educação escolar e do professor. Abrange aspectos filosóficos, históricos, políticos, econômicos, sociológicos, psicológicos e antropológicos. Há também estudos sobre a escola, como espaço de organização e desenvolvimento do trabalho pedagógico. c) Conhecimentos que compõem a abordagem pedagógica da docência. Os mesmos são conhecimentos didático-metodológicos dos conteúdos específicos, relativos ao exercício da docência; dos conhecimentos espontâneos trazidos pelos alunos; da relação professor-aluno, organização do espaço de ensino e de aprendizagem, currículo do atendimento às diferenças; da avaliação da aprendizagem; e do conhecimento das transposições didáticas dos conteúdos específicos para os níveis de ensino fundamental e médio, e das tecnologias da comunicação e informação. d) Prática pedagógica. Pode ser desenvolvida por meio de projetos. Tais projetos se constituem em espaços de integração teórico-prática do currículo e em instrumentos de aproximação gradativa do aluno à realidade social, econômica e pedagógica do trabalho educativo, resultante da ação coletiva, fruto do projeto pedagógico da IES. Ao longo do curso essa prática deve ser vivenciada, iniciando-se no primeiro ano, em espaços educativos escolares e não escolar, garantindo a inserção do aluno no contexto profissional. A prática pedagógica deve estabelecer condições para a inserção do aluno no contexto dos espaços educativos e proporcionar iniciação ao ensino e a pesquisa sobre o ensino e a aprendizagem do conteúdo específico; a reflexão crítica sobre o fazer pedagógico; a intervenção nas instituições educacionais escolares e não escolares por meio de projetos específicos; e o estágio de prática profissional na área específica de atuação" (Rodrigues; Junqueira; Martins, 2015, p. 38-40).

Na carga horária da prática pedagógica também poderão ser incluídas atividades denominadas "estudos independentes", previstas para aproveitar conhecimentos adquiridos pelo aluno em estudos e práticas. Embora parte da estrutura curricular, esses estudos podem ser desenvolvidos em atividades independentes do conjunto de disciplinas previstas para a integralização curricular, como, por exemplo, monitorias e estágios extracurriculares, estudos complementares e cursos realizados em áreas afins.

Os elementos organizacionais de um curso contribuem para a construção da identidade e demandam tempo, pois cada indivíduo, antes de tudo, se apropria do sentido de sua própria história pessoal e profissional. Isso é um processo complexo, em que há a necessidade de refazer e acomodar inovações, assimilar mudanças e aceitar realidades do cotidiano que interferirão na construção diária dessa identidade. Essa apropriação não é um produto em si, palpável e mensurado, mas um lugar de lutas e conflitos. Ou seja, uma identidade profissional docente também parte da iniciativa do profissional para achar seu espaço e adequar-se à realidade social em que está inserido. Não se construirá uma identidade profissional se não houver disposição para tornar essa identidade visível e aceita no contexto social em que se está inserido.

Os avanços no campo do conhecimento atualmente centram-se na tecnologia. No entanto, esse avanço nem sempre é prioritário para os que atuam no cotidiano escolar. Cabe ao docente assumir uma postura crítica e esclarecedora quanto à inserção tecnológica no processo de aprendizagem, não ficando à mercê nem refém do mesmo quanto ao desenvolvimento do conhecimento.

Além da inserção tecnológica, também há hoje envolvimento num processo de globalização. As exigências de aperfeiçoamento também vêm de forma globalizada, e em uma visão qualitativa. Entre aquilo que se espera do profissional do terceiro milênio é possível mencionar: a requalificação dos professores que exercem efetivamente a função docente; a formação em cursos regulares de forma continuada; e a instrumentalização do professor para atuação mais tecnológica, exigindo um profissional extremamente qualificado para o exercício de sua função.

Essa visão de aperfeiçoamento é que vai ao encontro da melhor qualificação do docente, que vem desconstruir a figura do professor sem produção acadêmica, não pesquisador, com falta de criatividade, considerado apenas um repetidor de conceitos já estruturados. Ao contrário, será possível ver um profissional engajado em uma associação de classe que contribuirá para o fortalecimento da identidade como profissional. Citamos o papel do profissional docente na busca de ações que venham confirmar o seu espaço, o que identifica a profissão com as ações pedagógicas e ressalta a necessidade do docente de buscar a significação social da profissão. Ressalta ainda rever conceitos de tradição, incorporar práticas tidas como culturalmente significativas para a sociedade, no atendimento das necessidades da realidade. E, por último, confrontar teoria e prática, analisando-as à luz das teorias existentes e sob a égide da construção das novas teorias.

Todos esses são elementos que colaboram para que o professor assuma de forma competente e responsável a tarefa de ensinar. Isso faz com que a grande maioria dos alunos desenvolva atividades intelectuais significativas, apropriando-se dos conhecimentos fundamentais para uma inserção comprometida e ativa na sociedade. Esta é uma tarefa extremamente desafiadora e exigente no processo de ensino e aprendizagem.

Para tal são propostos quatro aspectos de formação: "A preparação para o mundo do trabalho, em que a escola se organiza para atender às demandas econômicas e de emprego, inclusive para formas alternativas visando à flexibilização que caracteriza o processo produtivo contemporâneo e adaptação dos trabalhadores às complexas condições de exercício profissional no mercado de trabalho, visando uma sociedade flexível e que saiba interpretar as diferentes linguagens. A preparação para a participação social, que se tornou uma exigência educativa para viabilizar o controle público não estatal sobre o estado, mediante o fortalecimento da escola pública não estatal, e que implica no desenvolvimento de competências sociais como: relações grupais e intergrupais; processos democráticos e eficazes de tomada de decisões; capacidades sócio comunicativas, de iniciativa, de liderança e de solução de problemas" (Rodrigues; Junqueira; Martins, 2015, p. 62-63).

No entanto, independentemente do nível de formação, a ação do professor só se concretiza no processo de ensino e aprendizagem direcionado para uma dinâmica envolvendo a cognição e a relação entre sujeitos. Esses saberes se constituem ao longo do processo de escolarização no curso de formação e na prática profissional, e são decorrentes do enfrentamento dos problemas da prática. Isso envolve o relato dos professores com o conhecimento a ser ensinado, ou seja, são os saberes da experiência, os saberes pedagógicos e específicos e os saberes das lutas cotidianas.

Portanto, o conhecimento profissional do docente é concebido como um estado de contínua construção e aperfeiçoamento, pelo desenvolvimento acelerado do conhecimento social, pelas bases do conhecimento escolar, bem como pelas estruturas materiais e institucionais da sociedade, o que os torna reflexos significativos nas formas de pensar, agir e sentir das novas gerações de alunos. Nesse sentido, o trabalho docente entra como práxis, em que a teoria/prática se caracteriza pela ação/reflexão/ação. Ou seja, o professor aprende, compreende e transforma a situação de ensino e ao mesmo tempo é transformado por ela.

A formação de professores, como processo contínuo, no exercício da docência não trata apenas em saber fazer, mas saber o que fazer, como fazer, por que fazer e a serviço de que interesse se coloca o fazer dos educadores (o que fazemos como educadores). E torna-se responsabilidade da escola e do professor desenvolver seu projeto de formação, num processo

de reflexão e de intervenção contínuas, uma vez que ele é o agente de sua prática pedagógica.

Portanto, organizar a formação desse profissional, para o Ensino Religioso, pressupõe a compreensão de que o saber religioso não assume a proposta da fé para orientar atuação em uma comunidade, mas a inferência que a religião assume na sociedade com todas as suas consequências. Ou seja, é levar a compreender para respeitar.

Dessa forma, ao assumir que o Ensino Religioso é estruturado como um dos marcos de leitura e interpretação da realidade, essenciais para a participação do cidadão na sociedade de forma autônoma, assume-se a perspectiva do Ensino Religioso a partir da escola, como orientação de um processo articulador no dia a dia da sala de aula, desafiando o (re)olhar sobre o processo de ensino-aprendizagem. Nesse sentido, este componente curricular é orientado para que os estudantes dominem as diferentes linguagens, compreendam os fenômenos, sejam físicos, sejam sociais, construam argumentações para elaborar propostas e enfrentem as diversas situações de suas vidas (Rodrigues; Junqueira, 2009, p. 155-156).

Bibliografia: FILORAMO, G.; PAJER, Flavio. *Di che Dio sei?* Tante religione um solo mondo. Torino: SEI, 2011; GENRE, E.; PAJER, F. *L'Unione Europea e la sfida delle religione*. Verso uma nuova presenza della religione nella scuola. Torino: Claudiana, 2005; JUNQUEIRA, S. *História, legislação e fundamentos do ensino religioso*. Curitiba: IBPEX, 2008; JUNQUEIRA, S. Uma ciência como referência: uma conquista para o Ensino Religioso. *Rever: Revista de Estudos da Religião*, v. 15, n. 2, 2015, p. 10-25; JUNQUEIRA, S.; WAGNER, R. (Org.). *O ensino religioso no Brasil*. 2. ed. Curitiba: Champagnat, 2011; OLIVEIRA, L. et al. *Ensino religioso no ensino fundamental*. São Paulo: Cortez, 2007; PAJER, F. *Escuela y religión en Europa*. Un camino de cincuenta años (1960-2010). Madrid: PPC, 2012; RODRIGUES, E.; JUNQUEIRA, S. *Fundamentando pedagogicamente o ensino religioso*. Curitiba: IBPEX, 2009; RODRIGUES, E.; JUNQUEIRA, S.; MARTINS FILHO, L. *Perspectivas pedagógicas do ensino religioso*: formação inicial para um profissional do ensino religioso. Florianópolis: Insular, 2015; SANTOS, R. Ciência da Religião e transposição didática: compreensão e impacto no ensino religioso. *PLURA: Revista de Estudos da Religião*, v. 9, n. 1, 2018, p. 30-55.

SÉRGIO ROGÉRIO AZEVEDO JUNQUEIRA

EPISCOPALISMO →
Organização religiosa

EPISTEMOLOGIA

I. Explicação e redução. As reflexões epistemológicas sempre tiveram destaque na prática da ciência nos últimos dois séculos, com o fito de garantir que se apresenta um conhecimento fidedigno sobre um aspecto da realidade, e não um discurso autorreferencial. Enquanto o termo "epistemologia" aponta mais para o trabalho de fundo sobre o conhecimento, Filosofia da Ciência diz mais respeito à reflexão sobre ciências particulares e que partem da prática dos pesquisadores. É sobre a filosofia da Ciência da Religião℗, que supõe uma preocupação com a história da ciência, que se volta nossa atenção neste verbete. Nessa disciplina buscam-se respostas para questões tais como: O que permite dizer que a Ciência da Religião℗ é uma *ciência*? Trata-se de uma ciência ou de várias ciências coligadas? Ela é uma disciplina autônoma, que merece seu lugar na academia? E seu objeto, "religião℗", também é único e original, ou é múltiplo e derivado? E como a Ciência da Religião℗ se diferencia de outras disciplinas, principalmente da Filosofia da Religião℗ e da Teologia℗? É parte das "humanidades" ou é uma ciência em sentido mais estrito, seguindo alguns padrões das ciências naturais? O foco está sobre dois aspectos clássicos de uma teoria da ciência: explicação e redução.

II. Dois paradigmas de ciência. As ciências compartilham as contingências da história da ciência, e a partir desta podemos reconhecer dois paradigmas de compreensão da ciência: o que chamamos de "paradigma newtoniano" e de "paradigma romântico". O primeiro recebe esse nome porque foi Newton quem melhor sintetizou as várias propostas sobre método℗ para a aquisição do conhecimento, inspirando-se nos preceitos de *Sir* Francis Bacon. Para Newton, o único conhecimento seguro é aquele obtido por indução a partir dos fenômenos, sujeito a revisões futuras.

Primeiro ele lembra o preceito de simplicidade ligado à *navalha de Ockham*, indicando que somente podem ser admitidas causas verdadeiras e suficientes para dar conta dos fenômenos. Ele completa dizendo que a um mesmo efeito natural se deve atribuir as mesmas causas. Também é importante distinguir as qualidades primárias e secundárias dos corpos, algo defendido por Galileu, Descartes e John Locke. Newton sugere, assim, que as qualidades dos corpos que não admitem intensificação nem redução de graus devem ser reputadas como qualidades universais de todo e qualquer corpo, dando-se destaque ao princípio da inércia. Essas indicações são complementadas pela matematização de tais qualidades primárias (Newton, 2002, p. 152-155). Esse novo entendimento da tarefa da ciência permitiu um desenvolvimento significativo das pesquisas científicas, a começar pela fusão da mecânica celeste com a terrestre pela gravitação universal. O objetivo era duplo: estabelecer cadeias de causalidades dos fenômenos e encontrar regularidades que pudessem levar a leis; segundo, procurava-se a redução (ver o uso desse termo mais abaixo) de um conjunto variado de leis a uma única, que se colocava em um patamar mais alto de generalidade.

Segundo Newton, quando essas duas condições estavam satisfeitas, finalmente se teria chegado a uma *explicação* científica. Esse ideal de explicação rapidamente se disseminou pela Europa e influenciou as nascentes ciências humanas no século XVIII. Assim, David Hume℗ assume que todo conhecimento deve ser empírico, e é através da observação e da experiência (por mais imprecisões que os relatos delas contenham) que ele procura construir sua *História natural da religião*. O positivismo℗ do século XIX, por sua vez, pretende construir as ciências humanas seguindo os mesmos métodos℗ das ciências naturais, tomando o ser humano como um objeto entre outros, a ser tratado em termos mecânicos.

Enquanto reação a essa visão desencantada do mundo, surge o que pode ser chamado *paradigma romântico*. Deixam-se aqui de lado tentativas de elaborar uma ciência não mecânica da natureza, como aquela proposta por Goethe e outros. Destacam-se dois momentos metodológicos para as nascentes ciências humanas. Primeiro, a proposta hermenêutica℗ de Schleiermacher, precedida de sua apologia de uma Ciência da Religião℗ em que a *subjetividade* cumpre um papel fundamental. Segundo ele, "o que se deve defender, é preciso defendê-lo totalmente a partir de si; assim também há de se defender a religião℗, não como um meio" (apud Ginzo Fernández, 1990, p. XLIX). Assim, só se pode estudar a religião℗ em seus próprios termos (o que quer que isso signifique) e encontrá-la na interioridade do indivíduo, o que a torna *sui generis*℗.

O historiador e teórico das Ciências Humanas Wilhelm Dilthey℗, também biógrafo de Schleiermacher, procurou por sua vez garantir a objetividade das ciências humanas, superando o subjetivismo de seu ilustre antecessor. Ele aceitou que o método℗ das ciências naturais fosse aquele inspirado em Newton e consagrado no positivismo℗, fundado na ideia determinista de lei natural. Também aceitou que o objetivo próprio dessas ciências é a *explicação* dos fenômenos naturais, conforme indicado acima. Já para as Ciências Humanas o que conta é a historicidade e a intencionalidade do ser humano, o que requereria um método℗ inteiramente diverso. Ele propôs o *método*℗ interpretativo (hermenêutico), cujo objetivo é a compreensão histórica do acontecimento em análise. Em suma, para as Ciências Naturais Dilthey℗ pensou em abordagens em terceira pessoa (onde a subjetividade não conta), e no caso das ciências humanas as abordagens são em primeira e segunda pessoa, através da compreensão empática. Suas ideias inspiraram um bom número de pensadores, como Husserl em sua fenomenologia, a hermenêutica℗ de Heidegger, Gadamer℗ e Ricœur℗, e teóricos da Antropologia (Oliveira, 2000, p. 53-72). Por outro lado, a ideia implicitamente assumida de Schleiermacher, de que a religião se constitui como objeto *sui generis* e que assim requereria um método próprio, influenciou toda uma corrente de estudiosos que foram entendidos como "fenomenólogos da religião". Entre esses, e dadas as suas contribuições para a institucionalização da disciplina, pode-se destacar Gerardus van der Leeuw e Mircea Eliade. O primeiro propôs um método fenomenológico estrito, destacando que a ciência é hermenêutica e histórica. O ato de compreensão envolveria etapas como: *conceituação* e *classificação*; *revivência* do fenômeno; reconhecimento do caráter inacessível da existência, o que solicita a *epoché*; elucidação, busca de conexão típica-ideal; retificação, o confronto das conclusões com a empiria (Van der Leew, 2009 [1933]). Diferentemente de Van der Leeuw, ele diz partir do trabalho de pesquisadores de várias áreas que desenvolveram pesquisas empíricas por metodologias consagradas nas disciplinas correspondentes. Entretanto, a tarefa do "historiador das religiões" (expressão consagrada por Eliade) vai além do que esses pesquisadores podem fornecer: "Em resumo, enquanto a investigação sobre os símbolos em geral e o simbolismo religioso em particular, realizada por especialistas em outras disciplinas, merece a consideração do historiador das religiões, em última análise este deve examinar seu objeto de estudo com seus próprios meios de investigação e desde a sua própria perspectiva. A perspectiva da ciência geral das religiões é a que melhor pode integrar a documentação histórico-religiosa" (Eliade, 1986, p. 119-120).

Tanto a religião como o método de seu estudo são considerados *sui generis*, e aqui Eliade procura confrontar-se com os "reducionistas", aqueles das disciplinas empíricas que julgam poder dar conta do objeto "religião" (quando admitem ser possível assumi-lo como parte da realidade social), a partir de uma perspectiva que violentaria o essencial na experiência religiosa da humanidade. Entre eles, encontram-se aqueles que recorrem a métodos empíricos dentro de um enquadramento positivista. Podem-se incluir aí os evolucionistas do século XIX (por exemplo, Tylor e Frazer), e sociólogos e psicólogos do século XX. A postura eliadiana reflete certa confusão conceitual. Como se viu anteriormente, dá-se o nome de *redução* à absorção de leis e afirmações mais locais em uma lei mais geral. Utiliza-se como exemplo a redução das mecânicas celeste e terrestre à lei mais geral da gravitação, que marcou o triunfo do método newtoniano. Outra forma de se falar a mesma coisa é que só podemos conhecer algo quando reduzimos o desconhecido em termos do já conhecido, ou então que, dados os limites cognitivos da mente humana, é estritamente necessário que se modele o mais complexo em termos do mais simples. Nesse sentido, o processo de redução metodológica é inerente ao desenvolvimento de qualquer ciência. O que Eliade e outros têm em mente, entretanto, é o que se chama de *reducionismo ontológico*, quando o discurso sobre a religião se apresenta como uma "explicação eliminativa" (uma atitude formulada de modo conciso em inglês: "to explain away"). Nesse caso, a explicação da religião implica uma dissolução do objeto em termos de algo que seria inferior e indigno, como é o caso da apresentação freudiana da religião como "neurose obsessiva universal". Entretanto, a tentação do reducionismo inevitavelmente acompanha o trabalho do pesquisador que deseje uma apreensão objetiva daquilo que estuda, e o próprio Eliade não esteve livre desse "pecado". De fato, ao valorizar a religião contra seus redutores na academia, o que ele apresentou foi uma concepção mais geral e abstrata de presumidos traços universais da religião, e não a experiência concreta dos povos por ele citados. Sob esse viés, ficam prejudicados "o nível etnográfico (como as pessoas usam, de fato, o objeto natural ou o artefato que serve como símbolo) e o nível exegético (como elas próprias explicam as qualidades do objeto simbólico)" (Guimarães, 2000, p. 42). Curioso que, apesar de Eliade representar uma abordagem que se denominou pejorativamente de "religionista" (pessoa que, em nome do estudo acadêmico da religião, também tem como propósito defender sua experiência religiosa particular ou algum tipo de essência religiosa universal), também no campo da Antropologia questões semelhantes surgiram. De fato, ao pretenderem penetrar o mais possível no ponto de vista do nativo, a questão das crenças dos pesquisadores surge com mais força, como no caso dos antropólogos Evans-Pritchard e Victor Turner (Engelke, 2002).

No que tange ao paradigma newtoniano, esse informa abordagens evolucionistas do século XIX, na medida em que buscavam leis gerais do desenvolvimento histórico. Ele também informa os críticos de Eliade, tão comuns nas duas últimas décadas do século XX. Informa também todos os esforços de afirmar a cientificidade da Ciência da Religião em face de críticos que a veem como Teologia ou discurso apologético. Frank Usarski, por exemplo, toma como referência um ideal, que pode ser assim descrito: "A investigação dos elementos religiosos empiricamente acessíveis tem como único objetivo o conhecimento sobre os fatos da vida religiosa. [...] A Ciência da Religião defende uma postura epistemológica específica baseada no ideal de 'indiferença' diante de seu objeto de estudo" (Usarski, 2013, p. 51).

Mais adiante o autor reconhece que a Ciência da Religião não ocorre nessa forma "pura" em sua prática histórico-social. Uma das grandes dificuldades é que, como apontado pelo paradigma romântico, os objetos de estudo (pessoas com subjetividade e intencionalidade) não se limitam a produzir "fatos da vida religiosa". O positivismo clássico sustenta que os "fatos são dados", e o conhecimento se construiria a partir daí. Interessante que, como logo se verá, os epistemólogos da ciência contemporânea concordam com os românticos que os fatos são produtos de uma *interpretação*, não sendo simplesmente postos.

Pelo que se viu até aqui, os dois paradigmas (que informam toda a ciência, e a Ciência da Religião em particular) se complementam, ainda que sob constante tensão. Quando a tendência geral é de supervalorização do discurso e excessiva lealdade a princípios religiosos, um saudável empirismo associado a um "agnosticismo metodológico" é então adotado. Quando, ao contrário, a esterilidade de uma abordagem naturalista da religião, em terceira pessoa, se sobressai, adota-se o diálogo com os informantes e a busca de algo mais distinto que se possa entender como religião.

III. O aporte da filosofia da ciência contemporânea. O recurso à Filosofia da Ciência, que se espelha na prática das ciências naturais, permitiu maior progresso nessa reflexão. Há alguns anos, o cientista da religião Armin Geertz, então presidente da IAHR, falava em uma palestra na reunião de ABHR de 2001 sobre a importância da Filosofia e da Sociologia da Ciência para uma metacrítica da Ciência da Religião (Geertz, 2003, p. 27). Cabe, portanto, recorrer aos novos desenvolvimentos dessas disciplinas, seja para estabelecer padrões de cientificidade e falsificabilidade, seja para dar conta de críticas vindas de outros departamentos que se dirigem aos colegas na Ciência da Religião.

Desde o início dos anos 1950, o modelo neopositivista e normativo, então dominante, foi gradualmente sendo substituído por outro, mais histórico e descritivo. Uma das principais contribuições foi o questionamento da ideia de que "fatos são dados", e se destacou o papel das teorias na configuração daqueles. Os fatos só são observados através de uma lente teórica específica, como a descrição deles pode mudar com a teoria (Chalmers, 1993, p. 46-63). Essa virada questiona não só os postulados positivistas como também a ideia estrita de uma *epoché* nos fenomenologistas. Ligado a isso, destacou-se também a importância da comunidade científica no processo de negociação dos dados. Toda a reflexão anterior a esse novo modelo é individualista, como se uma pessoa pudesse produzir conhecimento objetivo sozinha. De fato, na tradição newtoniana tinha-se a figura do observador imparcial, sem rosto, aquele que faz o teste de seus resultados no ambiente laboratorial. Na tradição romântica, tinha-se a ideia do gênio criativo. Coincidência ou não, as principais produções dos fenomenólogos foram vastas, enciclopédicas e eruditas. Apesar de Van der Leeuw, como já se viu, ter dado um espaço aos testes empíricos, não ofereceu parâmetros para a realização deles. Assim, muitas das afirmações desses autores não passaram ou não sobreviveram a testes em campo. Hoje se tem consciência de que o teste e a objetividade almejada se processam no interior da comunidade de pesquisadores competentes, daí a importância da institucionalização da área de Ciência da Religião.

Pode-se repensar o instável equilíbrio entre explicação e compreensão a partir desses desdobramentos na compreensão da ciência. Trata-se de dar conta dos níveis de explicação necessários para configurar o que chamamos de realidade. O cientista da religião Jepe Jensen propôs uma classificação sêxtupla desses níveis, que será aqui descrita brevemente (Jensen, 2013, p. 178-81). Eles estão listados aqui em uma escala que vai do nomotético e causal até o ideográfico e contextual: 1. Explicações de "lei de cobertura" dizem respeito à descoberta de leis gerais: um efeito é explicado quando sua(s) causa(s) pode(m) ser subsumida(s) sob a lei mais abrangente; 2. Explicações causais estão intimamente ligadas a explicações nomológico-dedutivas e foram muitas vezes consideradas idênticas; 3. Explicações "estatísticas", em que a lei de cobertura geral é substituída por frequência estatística (às vezes chamadas de explicações "indutivo-estatísticas"). Este tipo de explicação é comum nas Ciências Sociais e no estudo da religião; 4. Explicações "disposicionais" referem-se a disposições, como, por exemplo, da grama a crescer. Quando transposto para o reino do social e do cultural elas podem ser vistas como explicações de motivos e razões, "intencionais" ou ligadas a propósitos; 5. Explicações "contextuais" ou posicionais. Este tipo de explicação (de "tornar claro") é importante e generalizada nas Ciências Humanas e Sociais. Abrange também as explicações descritivas, como, por exemplo, descrições etnográficas de como as coisas ocorrem; 6. Por fim, as explicações funcionais. Elas dão atenção ao papel que a religião pode desempenhar nos níveis coletivos ou individuais, como explicar o cosmos, manter a ordem social ou fornecer estratégias de enfrentamento individuais.

Os dois primeiros níveis, é claro, são aqueles clássicos ligados às Ciências Naturais desde Newton. Servem como "tipo ideal" quando se pensa no desejável para uma ciência empírica. Os outros quatro se fazem presentes nas Ciências Humanas. Os níveis 4 e 5, por sua vez, são os que mais se aproximam de métodos interpretativos.

Desenvolvimentos recentes na Ciência da Religião envolvem explicações em terceira pessoa, mais ligadas aos níveis 1 e 2 citados. Trata-se das ciências evolutivas da religião, que são as que mais nos aproximam de um ideal de explicação, valendo-se de reduções em larga escala. Quanto ao objeto delas, tem-se que, de um lado, a religião surge como um objeto entre outros, ligado à evolução humana. Além disso, para muitos pesquisadores, a religião surge em nossa história cognitiva como subproduto de disposições cognitivas perfeitamente ordinárias, sem "finalidades religiosas". Por outro lado, essas pesquisas enfatizam as disposições universais humanas, aquelas que estão na raiz das religiões históricas concretas, com uma linguagem que nos lembra de essencialismos e do uso de religião♀ no singular.

Tome-se esta afirmação de um dos pesquisadores que é líder nesse campo, Robert McCauley: "Minha proposta não é que os humanos são naturalmente religiosos, mas sim que seus sistemas cognitivos maturacionais se desenvolvem de tal forma a tornar as pessoas totalmente receptivas às religiões, a seus mitos, rituais e representações. Os humanos não têm uma disposição mental natural para adquirir religião. Mas eles possuem suscetibilidades, baseadas em suas disposições naturais maturacionais da mente, que existem por razões totalmente não relacionadas, que os tornam cognitivamente receptivos a [...] situações religiosas" (McCauley, 2011, p. 220).

O argumento repete duas vezes uma afirmação do senso comum sobre a naturalidade da religião, contrastada em seguida com afirmações mais científicas que apresentam a religião♀ como subproduto. Entretanto, esse entendimento em um nível mais básico (evolutivo) da explicação científica não invalida sua tradução para termos mais acessíveis a pesquisadores de outras disciplinas, como sobre o ser humano ser naturalmente religioso (com as devidas qualificações) e sobre a disposição mental natural. O próprio McCauley oferece a noção de níveis de análise possíveis, de acordo com a escala do objeto que se deseja estudar, à semelhança de Jensen. Utilizando noções contemporâneas de pluralismo explicativo, ele oferece uma postura antirreducionista, mesmo permanecendo reducionista dentro de um mesmo nível de análise. Trata-se, sem dúvida, de um entendimento mais técnico do que se chama de interdisciplinaridade. Em McCauley, 2013, p. 28, a figura 2.5, *Pluralismo explicativo e o estudo da religião*, reproduz o modo como a Ciência da Religião♀ se correlaciona com outras disciplinas. Na figura mencionada, McCauley primeiro destaca as Ciências Físicas, já mais bem estudadas na filosofia da ciência, dando exemplos de revoluções e evoluções das ciências. A Ciência da Religião♀, apesar de na escala ascendente começar a ganhar sentido apenas com as Ciências Biológicas, não deixa de fazer parte do projeto mais amplo das ciências modernas. Como se vê, o contraste entre explicação, que seria típica das Ciências Naturais, e interpretação♀, que é associada às Ciências Humanas, não se sustenta em um contexto de pluralismo explicativo. Não se trata de simples coexistência de diferentes abordagens para o estudo da religião, mas da mútua fertilização que não dissolve a autonomia de cada disciplina.

IV. Sobre as "virtudes epistemológicas". A diversidade de disciplinas, métodos♀ e níveis de explicação suscita uma pergunta de fundo. Como, então, distinguir ciência (no singular) de não ciência? Como evitar que, em nome do pluralismo, oportunistas e ingênuos também queiram se arrogar um lugar na academia? O que se pode dizer é que, independentemente da disciplina e dos métodos♀ adotados, os grupos e indivíduos que se propõem ao trabalho científico devem cultivar "virtudes epistêmicas" (Santos, 2018).

Há algumas décadas o sociólogo Roberto K. Merton falava dos quatro valores da ciência: universalismo, ceticismo organizado, desinteresse e comunismo. O primeiro diz respeito ao caráter transnacional da empreitada científica, que transcende barreiras étnicas, ideológicas e permite cooperação mundial; o segundo fala que qualquer resultado a que um pesquisador chegou deve ser visto como hipotético pelos pares, algo possível de ser falseado. É "organizado" para evitar que se dirija a argumentos, não a pessoas. O desinteresse indica que o produto do trabalho de pesquisa não almeja lucro, e o comunismo solicita que todos os produtos das atividades de pesquisa sejam compartilhados com outros pesquisadores competentes (Merton, 2013, p. 185ss).

É verdade que tais virtudes são quase angelicais, quando comparadas com a prática da ciência hoje, mas o mesmo se pode falar de quaisquer outras virtudes humanas que apontem para um horizonte de sentido. De qualquer forma, caso pretenda ser ciência, e não filosofia ou reflexão devocional, espera-se da Ciência da Religião♀ que desenvolva tais "virtudes epistemológicas". O filósofo da ciência John Dupré (1993, p. 242) acrescentou outras àquelas de Merton, tais como "sensibilidade para com o fato empírico, premissas de fundo plausíveis, coerência com outras coisas que conhecemos e exposição a críticas das mais variadas fontes". A isso se incorporam virtudes de cunho mais pessoal, como "objetividade, imparcialidade, honestidade [intelectual], reflexividade e autocrítica". Em suma, a garantia de cientificidade passa por essas virtudes, combinando atenção aos dados empíricos e avaliação pelos pares.

***

Duas últimas observações relativas à epistemologia. Primeiro, falamos até de "religião♀" sem grandes problematizações. Contudo, vários autores pronunciam-se contra o uso do conceito como se esse fosse um objeto na natureza, e já reforçaram, ao contrário, o caráter contextual e de construto do conceito (Smith, 1998). Assim é frequente o uso de "religião♀" entre aspas, ainda que a maioria use de modo simples, na expectativa de que o uso do termo fique claro pelo contexto. Segundo, a própria noção de epistemologia tem conhecido uma contextualização na forma de "epistemologias alternativas", reforçando o caráter situado e historicizado da pesquisa científica (Sell, 2017). Elas surgem, seja a partir de vozes marginalizadas no próprio Ocidente (por exemplo, epistemologia feminista), seja a partir de vozes colonizadas pelo Ocidente, dando lugar hoje a "epistemologias do sul", "epistemologias subalternas" ou "pós-coloniais". Independentemente do valor cognitivo de tais desdobramentos no campo das ciências humanas, mais do que a eficácia político-social as propostas já descritas de Jensen e McCauley parecem melhor representar o caráter normativo de uma epistemologia da Ciência da Religião♀ hoje.

Bibliografia: CHALMERS, A. F. *O que é ciência, afinal?* São Paulo: Brasiliense, 1993; DUPRÉ, J. *The Disorder of Things*: metaphysical foundations of the disunity of science. Cambridge, MS/London: Harvard University Press, 1993; ELIADE, M. Observaciones metodológicas sobre el estúdio del simbolismo religioso. In: ELIADE, M.; KITAGAWA, J. F. (Org.). *Metodología de la historia de las religiones*. Barcelona: Paidós, 1986. p. 116-139; ENGELKE, M. The Problem of Belief: Evans-Pritchard and Victor Turner on "The Inner Life". *Anthropology Today*, v. 18, n. 6 (Dec., 2002), p. 3-8; GEERTZ, A. W. O estudo da História das Religiões no mundo. In: SIEPIERSKI, P. D.; GIL, B. M. (Org.). *Religião no Brasil*: enfoques, dinâmicas e abordagens. São Paulo: Paulinas, 2003. p. 13-38; GINZO FERNÁNDEZ, A. Estudio preliminar. In: SCHLEIERMACHER, F. D. E. *Sobre la religión*: discursos a sus menospreciadores cultivados. Madrid: Ed. Tecnos, 1990. p. IX-XCIX; GUIMARÃES, A. E. *O sagrado e a história*: fenômeno religioso e valorização da história à luz do anti-historicismo de Mircea Eliade. Porto Alegre: Edipucrs, 2000; JENSEN, J. Epistemologia. *Rever*, ano 13, n. 2, jul./dez. 2013, p. 171-191; McCAULEY, R. Explanatory pluralism and the cognitive science of religion: Why scholars in religious studies should stop worrying about reductionism. In: XYLAGATAS, D.; McCORKLE, Jr. *Mental Culture*. Durham: Acumen, 2013. p. 11-32 (Classical Social Theory and the Cognitive Science of Religion.) Disponível em: <https://scholarblogs.emory.edu/robertnmccauley/files/2013/12/ACU-Mental-Culture-PROOF1-02-McCauley.pdf>. Acesso em: 15 jan. 2016; McCAULEY, R. N. *Why Religion is Natural and Science is Not*. Oxford: Oxford University Press, 2011; MERTON, R. K. *Ensaios de sociologia da ciência*: organização e posfácio de Anne Marcovich e Terry Shinn. São Paulo: Ed. 34, 2013; NEWTON, I. *Newton*: textos, antecedentes, comentários. Escolhidos e organizados por I. Bernard Cohen e Richard S. Westfall. Rio de Janeiro: Eduerj/Contraponto, 2002; OLIVEIRA, R. C. *O trabalho do antropólogo*. 2. ed. São Paulo: Ed. Unesp, 2000; SANTOS, F. R. L. S. *Epistemologia e virtudes intelectuais*: do conhecimento ao entendimento. Porto Alegre: Fi, 2018; SELL, S. De qual epistemologia falamos? De qual epistemologia precisamos? *Estudos Linguísticos e Literários*, n. 57, jul./dez.|2017, p. 382-403; SMITH, J. Z. Religion, Religions, Religious. In: TAYLOR, M. C. (Org.). *Critical Terms for Religious Studies*. Chicago: University of Chicago Press, 1998. p. 269-284.; USARSKI, F. História da Ciência da Religião. In: PASSOS, J. D; USARSKI, F. (Orgs.). *Compêndio de ciência da*

religião. São Paulo: Paulus/Paulinas, 2013. p. 51-61; VAN DER LEEUW, G. Epílogo de *A religião em sua essência e suas manifestações* [original: 1933]. Traduzido do francês por Adriano Holanda. *Revista da Abordagem Gestáltica*, XV(2), jul./dez. 2009, p. 179-183.

Eduardo Rodrigues Cruz

ESCATOLOGIA

O termo "escatologia" vem do grego: *eschatos*, "último", *eschata*, "últimas coisas", e *logos*, "estudo". No sentido etimológico, escatologia é o estudo das últimas coisas, e é nesse sentido que o termo tem sido aplicado na Teologia♀ e no estudo acadêmico da religião – campo de estudo que inclui disciplinas como a Ciência da Religião♀ (*Religionswissenschaft*) e a História das Religiões♀. As últimas coisas a que o termo se aplica são essencialmente os fins que, de um ponto de vista existencial, mais preocupam o ser humano: o fim do mundo, que pode ou não envolver a criação de um novo mundo, e o fim individual de cada vida humana, ou seja, a morte♀ e o que tem lugar para além dela. Por esta razão, é útil dividir a escatologia em escatologia cósmica e em escatologia individual.

Uma vez que o estudo acadêmico da religião nos países ocidentais (nomeadamente da Europa e da América do Norte) emergiu, em larga medida, a partir da teologia♀ cristã – tanto católica como protestante –, várias das categorias usadas nesse campo de estudo foram adaptadas da Teologia♀, contendo assim uma considerável "bagagem" conceptual. É o caso da categoria "escatologia", sendo que a teologia♀ judaica também muito contribuiu para o seu conteúdo semântico. Por este motivo, é útil conhecer as suas emergências e os seus usos no contexto da especulação teológica, especulação esta que difere no tempo e no espaço.

A categoria escatologia engloba e entrecruza-se com outras categorias, tais como "paraíso", "purgatório", "inferno" e "apocalipse". Os fenômenos descritos por estas categorias não emergiram em simultâneo, mas ao longo do tempo. Embora os fenômenos por elas descritos possam ter paralelos anteriores em outras culturas, a genealogia (no sentido adotado por Michel Foucault e Talal Asad) destas categorias remonta às religiões hebraica/judaica e cristã. O uso destas categorias para estudar culturas fora de um contexto judeo-cristão é primariamente feito no âmbito da Ciência da Religião♀ ou da História das Religiões♀, disciplinas estas que estão largamente dependentes das categorias teológicas, como foi dito. Por conseguinte, a exposição centrar-se-á, em primeiro lugar, no seu desenvolvimento no Judaísmo e no Cristianismo.

ESCATOLOGIA

I. Escatologia nacionalista e cósmica na religião hebraica. A dimensão histórica tem muita importância na religião hebraica, e a história hebraica é fundada no interesse de Javé pelo povo que escolheu e com o qual fez uma aliança. Na relação entre Javé e o povo hebraico, este é escolhido e elevado sobre todos os outros. Por este motivo Javé assume com o seu povo uma responsabilidade única, que também deverá ser retribuída através da observância da lei divina (Torá) (por exemplo, Dt 7,7-10).

A semente do ideário escatológico é plantada nesta narrativa da aliança entre Javé e o Povo de Israel. A veracidade de vários dos acontecimentos narrados no Antigo Testamento, tais como o êxodo do Egito, são historicamente questionáveis – sendo provável que haja importantes *nuances* em vários desses acontecimentos –, mas o percurso genealógico da categoria escatologia está largamente dependente da validação desta narrativa por teólogos judeus e cristãos, pelo que tal narrativa deve ser tida em conta.

A ideologia♀ escatológica hebraica começa a ganhar forma com dois acontecimentos arqueologicamente comprovados, que deixaram profundas marcas na cultura hebraica, nomeadamente o Exílio na Babilônia, cerca de 597-536 a.E.C., e a destruição do Templo de Salomão em Jerusalém. O Exílio forçado tem lugar na sequência da conquista do reino de Judá por Nabucodonosor II, após o rei de Judá ter tomado o partido do Egito na disputa deste com o Império Neobabilônico – apenas uma parte da população de Judá foi deportada, tendo ficado muitos para trás, mas uma parte desta comunidade exilada viria a ter uma grande influência na composição e edição do Antigo Testamento. Por sua vez, o Primeiro Templo foi destruído cerca de 587 a.E.C., em resposta à sedição de Judá contra a Babilônia. Como parte da crítica à sua contemporaneidade, a literatura profética pré-exílica admoestava as suas audiências, afirmando que o comportamento ímpio por parte da população e por parte dos reis para com Javé levaria a consequências nefastas. Não é claro, porém, se estas advertências em relação ao futuro teriam já um teor escatológico ou não. Só durante e após o Exílio na Babilônia se torna visível o desenvolvimento da escatologia hebraica (Arnold, 2008, p. 26-27).

A experiência do exílio e da destruição do Templo não leva a totalidade da comunidade exilada a perder a esperança na aliança entre Javé e o Povo de Israel. Pelo contrário, esta esperança mantém-se e dá origem ao que se pode designar de "escatologia messiânica", alicerçada na promessa feita por Javé a David de que, desde que o povo hebraico observasse a Torá, haveria sempre um descendente de David no trono (1Rs 2,4; Sl 132,11-12) (Arnold, 2008, p. 28). Tendo havido uma disrupção na autonomia governativa de Judá, o descendente de David não é apenas um mero sucessor do modelo de rei na cultura hebraica por excelência, mas é um messias. O termo "messias" vem do hebraico *mashiah* ("o ungido"), e, no período pré-exílico, era aplicado a reis e sacerdotes♀. No contexto do messianismo que se desenvolveu com o Exílio, o messias é um rei guerreiro enviado por Javé para libertar a comunidade exilada e restaurar a unidade de Judá e Israel (perdida em cerca de 931 a.E.C.) e o seu lugar central no cosmos (Is 27,12-13; Zc 8,13-23,9). A mensagem desta escatologia messiânica, que confere à história hebraica uma dimensão redentora (Is 41,14) e responde ao problema do mal no mundo, é imediatista, e um exemplo da sua imediatidade pode ser encontrado na identificação do rei persa Ciro II com o messias em Is 45,1 e 45,13, por ter conquistado a Babilônia e libertado a comunidade hebraica para lá deportada.

É possível conjeturar que a ideia de uma intervenção de Javé na história, através de um messias davídico que restaurasse a posição de Israel perante as outras nações, foi suportada em boa medida pela reinterpretação do *yôm Yhwh*, o "dia de Javé" (Arnold, 2008, p. 27-28). Inicialmente, o dia de Javé compreendia uma intervenção de Javé na história enquanto governante de Israel, mas não tinha necessariamente implicações escatológicas. É o profeta Amós, do século VIII a.E.C., que abre a porta a uma nova interpretação♀ deste conceito ao afirmar que o dia de Javé não será agradável para o povo de Israel (Am 5,18-20), sugerindo que este irá ser julgado com as outras nações, e ao advertir que neste dia Javé irá castigar Israel pelos seus pecados (Am 3,14-15). A própria frustração da promessa de uma linha governativa que remontasse de forma continuada a David também contribuiu para uma autocrítica, de uma parte da comunidade exilada, em relação à sua observância da Torá, e em relação ao grau de compromisso exigido pela aliança com Javé. A lição retirada por esta comunidade da sua experiência amarga era a de que não estava numa relação privilegiada com Javé que permitisse um laxismo ético-religioso, mas antes tinha uma obrigação adicional precisamente devido à sua condição de eleita.

Com as dificuldades com que se depara a comunidade retornada à Judá – incluindo pobreza♀, conflitos internos e ameaças externas –, o dia de Javé vai progressivamente adquirindo tonalidades de uma escatologia cósmica e universal que, ao contrário da continuidade da história na escatologia nacionalista, transcende a dimensão histórica e inaugura um novo éon caracterizado por um reino divino de abundância e de paz após o julgamento por Javé das nações e a ressurreição dos mortos (Zc 12-14; Ez 37,1-14; Jl 3-4) (Arnold, 2008, p. 28-29). A escatologia profética vai, assim, dando lugar (embora não necessariamente de forma causativa) ao que mais tarde se designará de "escatologia apocalíptica", podendo profetas como Ezequiel, Zacarias, Isaías e Joel ser considerados profetas♀ de charneira.

II. Escatologia apocalíptica. A escatologia judaica passa a ser claramente apocalíptica a partir da revolta dos macabeus no século II a.E.C. Esta revolta, de cariz religioso e político, teve lugar na sequência da perseguição, por parte do rei selêucida Antíoco IV Epifânio, dos judeus que observavam as prescrições rituais da circuncisão e do tabu em relação a comer carne de porco. A insurgência macabeia visava, assim, manter a identidade judaica centrada numa observância, em maior ou menor grau, da Torá, tendo culminado no estabelecimento da efêmera dinastia dos hasmoneus.

O fenômeno religioso conhecido por apocaliptismo, e a literatura apocalíptica que lhe dá expressão escrita, derivam seu nome do primeiro versículo do *Livro do Apocalipse*, significando este termo, que vem do grego *apokálypsis*, "revelação". A designação "apocalipse" não era usada com frequência na Antiguidade, sendo essencialmente uma categoria acadêmica moderna. Usando a terminologia de Jonathan Z. Smith acerca do estudo da "religião", a categoria "apocalipse" é "imaginada" e, como também reconhecia Marc Bloch a propósito da pesquisa histórica, está dependente da seleção do estudante da religião. Como em qualquer "imaginação" e seleção, é possível que haja um elemento de circularidade, na medida em que as características reconhecidas como pertencendo ao apocaliptismo e à literatura apocalíptica são a base para determinar o que é apocalíptico e o que não é (Arnold, 2008, p. 32). Esta questão é extensível de modo geral a toda a escatologia, uma vez que a sua aplicabilidade a culturas fora do universo judeo-cristão está em larga medida dependente da sua semelhança com esta matriz, como já dissemos.

Há uma variabilidade significativa entre os textos apocalípticos de diferentes seitas judaicas e das primeiras comunidades cristãs, mas há também vários pontos em comum: 1) na origem da presciência apocalíptica está uma revelação visionária a uma figura distinta do passado (sendo os textos, por isso, pseudoepigráficos), podendo o agente humano a quem é feita a revelação ser transportado numa viagem da alma para o mundo espiritual; 2) a história é periodizada (como em Dn 7,11-12), culminando com a destruição do mundo e a instauração de um reino divino; 3) a destruição do mundo é acompanhada pela instauração de um novo mundo e por um julgamento ético de todos os humanos (que pode requerer a ressurreição dos mortos), após o qual estes ou são aceites no novo mundo de natureza divina ou são condenados à perdição (Arnold, 2008, p. 33).

O período de composição da literatura apocalíptica estende-se entre os séculos II a.E.C. e século III E.C., tendo começado, como se disse, por ocasião da perseguição selêucida aos judeus. Após a curta dinastia dos hasmoneus, que se formou na sequência do sucesso da revolta macabeia contra o rei selêucida, a Palestina tornou-se uma província romana, contribuindo esta nova subjugação a uma potência exterior para minar o sentimento de capacidade de autodeterminação política e religiosa das comunidades judaicas, e para alimentar expectativas escatológicas de uma mudança radical. Essas expectativas passaram de um horizonte nacionalista para um horizonte universalista.

A origem do apocaliptismo e da literatura apocalíptica é um assunto complexo, tendo sido propostas essencialmente três avenidas de emergência da tradição apocalíptica: 1) um desenvolvimento a partir da escatologia da profecia pós-exílica; 2) um desenvolvimento a partir de escatologias de outras culturas do Próximo Oriente antigo, nomeadamente a persa por via do Zoroastrismo; e 3) um desenvolvimento a partir da literatura sapiencial. A questão das origens do apocaliptismo é importante porque, embora possa parecer um desenvolvimento natural a partir da literatura profética – e sem dúvida há pontos em comum –, não é certo que o tenha sido.

A escatologia da literatura apocalíptica dá continuidade à escatologia da literatura profética, na medida em que partilha de uma concepção linear da história, da teleologia dessa história e da projeção no futuro de uma intervenção divina que vai mudar o mundo. Diferente é a destruição do mundo atual com o propósito de dar lugar à instauração de um mundo de origem divina, a ressurreição dos mortos e o seu julgamento ético. Caso se considere que a escatologia apocalíptica tem raízes na escatologia profética, pode-se inferir que a literatura apocalíptica intensifica e leva à conclusão lógica os ingredientes da escatologia profética.

Além dos pontos em comum entre as escatologias profética e apocalíptica, há também diversas semelhanças entre a escatologia do Zoroastrismo e a escatologia apocalíptica. Destas podem ser destacadas uma divisão da história, a absolutização do Bem e do Mal, uma batalha cósmica no final dos tempos entre o deus Ahura Mazda e o demónio Ahriman, a nivelação das montanhas e o julgamento individual das almas que resulta na recompensa ou castigo eternos. Contudo, a conjetura de que a escatologia zoroastriana está na base da escatologia apocalíptica mediterrânica parte, em larga medida, da suposição anacrônica do que é o Zoroastrismo (Stausberg, 2009, p. 218). Na realidade, há uma diversidade de interpretações modernas dos iranólogos sobre esta religião persa. Por exemplo, nem todos os iranólogos estão de acordo em relação às origens do Zoroastrismo, e há vários elementos do Zoroastrismo que se considerou terem influenciado os apocalipses das culturas do Mediterrâneo, mas que surgiram posteriormente (Stausberg, 2009, p. 218). Por este motivo não é claro que o apocaliptismo, que se iniciou no período helenístico (323-31 a.E.C.), tenha resultado de influências zoroastrianas.

ESCATOLOGIA

A par dos paralelos entre as escatologias profética e apocalíptica, e entre esta e a escatologia zoroastriana, há também uma aproximação, senão mesmo uma causalidade, entre a literatura sapiencial e a escatologia apocalíptica. Por norma, a literatura sapiencial das culturas do Próximo Oriente antigo mobiliza pouco a escatologia individual, centrando-se antes na conduta humana e na retribuição na vida terrena – geralmente de acordo com o nexo de ato-consequência (*Tun-Ergehen-Zusammmenhang*). Uma exceção, no caso do Egito antigo – onde a escatologia individual conheceu um desenvolvimento diferente das restantes culturas do Próximo Oriente antigo –, é a *Instrução para o Rei Merikaré* (Papiro Petersburgo Hermitage 1116A verso, 53-57), que faz menção ao julgamento ético após a morteℙ a que o rei seria sujeito (assim como os restantes membros da alta elite). Ainda assim, este tipo de exceção é raro na literatura sapiencial egípcia e está muito longe de outros textos religiosos, como o *Bodhicaryāvatāra* ("Introdução à prática da iluminação", frequentemente traduzido por *A via do Bodhisattva*), composto pelo monge e filósofo indiano Shāntideva no século VIII E.C. para monges budistas. Embora apresente marcadas diferenças em relação à literatura sapiencial do Próximo Oriente antigo, este texto combina o ensino doutrinal com um amplo uso de referências a suplícios nos infernos, para incentivar as suas audiências a uma prática rigorosa do Budismo Mahāyāna (por exemplo, capítulo 4, versos 24-26; capítulo 5, versos 2-5; capítulo 6, verso 89; capítulo 7, versos 10-12; e capítulo 8, versos 82-84 da traduçãoℙ tibetana). Note-se ainda que a ausência de elementos escatológicos na literatura sapiencial bíblica é mais expectável do que na literatura sapiencial egípcia, tendo em conta a ligação entre a conduta em vida e a sorte do indivíduo no Além no discurso funerário egípcio (Grifiths, 1991, p. 210-33). No entanto, a raridade de interações entre a literatura sapiencial e a escatologia no Próximo Oriente antigo não seria permanente.

A partir de finais da primeira metade do século XX, foram descobertos vários Manuscritos do Mar Morto nas grutas de Qumran, uma região a sul de Jericó habitada entre cerca de 100 a.E.C. e 68 E.C., sendo possível que a comunidade responsável pela cópia e deposição destes manuscritos fosse a seitaℙ judaica dos Essênios (Collins, 2008, p. 48). Muitos dos textos são fragmentários, sendo por isso difícil determinar o género em que se inserem, mas vários desses textos incluem ideias apocalípticas e cópias dos apocalipses judaicos Daniel e 1 Henoc, sendo este apócrifo. Alguns dos textos da biblioteca da seitaℙ da comunidade de Qumran levaram a uma reapreciação das fronteiras entre géneros textuais durante o apocaliptismo dos períodos helenístico e romano. Um caso ilustrativo é o texto de finais do século II a.E.C., conhecido como 4QInstrução ou *Musar le-Mevin*.

Apesar de se inserir no género da literatura sapiencial, apresentando continuidades com a literatura sapiencial anterior – como o *Livro dos Provérbios*, por exemplo –, um texto ilustrativo da combinação do gênero sapiencial com o gênero apocalíptico como a 4QInstrução estende o horizonte do nexo de ato-consequência para além da vida terrena, ao incluir referências à recompensa e ao castigoℙ eternos pelas ações em vida no julgamento final pela divindade (4Q416 1, 10-14) (Adams, 2008, p. 220-221, 232). A 4QInstrução indica que os condenados ao castigoℙ serão enviados para o *Sheol* e para o "fosso eterno", onde aparentemente serão destruídos, embora também seja possível a interpretaçãoℙ de que apenas ficariam lá eternamente (4Q418 69 II 6-8, 4Q418 126 II 7) (Adams, 2008, p. 222, 227). Entretanto, e talvez devido ao seu estado fragmentário – não obstante a sua longa extensão –, esta instrução proveniente de Qumran é praticamente omissa em relação ao futuro dos que são recompensados, havendo simplesmente a indicação de que terão uma vida eterna abençoada, o que teria o propósito de incentivar a sua audiência a seguir os preceitos da comunidade qumrânica (Adams, 2008, p. 216, 221).

O cruzamento entre a literatura sapiencial e a literatura apocalíptica em textos como a 4QInstrução suscitou a hipótese de a literatura apocalíptica ter emergido a partir da literatura sapiencial. Contudo, e como já foi dito, há o problema de, ao contrário da literatura profética pós-exílica, a literatura sapiencial do Próximo Oriente antigo, incluindo a literatura sapiencial bíblica, mobilizar pouco ou raramente noções escatológicas – mesmo em sociedades, como a egípcia, em que essas noções estavam notoriamente desenvolvidas fora do discurso sapiencial.

Rejeitando tanto influências externas, do Zoroastrismo, por exemplo, como uma origem da literatura apocalíptica na perseguição religiosa por um lado, e entre grupos sociais desfavorecidos por outro, o historiador das religiões Jonathan Z. Smith argumentou que o aparecimento da literatura apocalíptica em sociedades como a egípcia e a babilônica teve lugar por via de uma reinterpretação das literaturas sapienciais destas sociedades por parte das suas elites culturais (1978, p. 68-81). No caso egípcio, o autor centra-se na *Profecia de Neferti*, um texto literário do Império Médio (cerca de 2010-1630 a.E.C.) que descreve um estado de calamidade após o colapso do poder central no final do Império Antigo (cerca de 2125 a.E.C.) – o deus solar Ré/Rá havia abandonado o Egito, os asiáticos (da Síria-Palestina) haviam entrado sem restrições no país, as cheias do Nilo não se repetiam, havia guerra civil, inversão das posições e papéis sociais, e os próprios familiares se viravam uns contra os outros –, ao qual o rei fundador da XII dinastia, Amenemhat/Amenemés I, viria pôr fim, sobretudo por via da expulsão dos estrangeiros e pela repressão dos rebeldes internos (Papiro 1116

B Petersburgo Hermitage verso, 64-65, 67). Partindo do pressuposto deste tipo de textos, que enfatiza a necessidade da continuidade da realeza, Smith argumenta que os apocalipses surgem não devido a circunstâncias de perseguição e intolerância religiosa, mas antes devido à experiência traumática da ausência de uma realeza autóctone (p. 86). Esta sugestão de Smith, de que os apocalipses são alimentados pela tensão entre a ausência de uma realeza autóctone e a presença de uma governação estrangeira que é sentida como opressora e desempoderadora, é bastante interessante e útil para uma melhor compreensão da emergência do apocaliptismo no período helenístico. Relembremos que, tanto quanto podemos apurar, o apocaliptismo emergiu no mesmo período da revolta macabeia, que foi bem-sucedida, mas de curta duração. Além disso, os apocalipses tendem a dividir a história de acordo com reinados ou com impérios, o que também aponta para a sua afinidade com a realeza. Embora a sugestão de Smith tenha a vantagem de nos fazer pensar fora de um contexto de perseguição religiosa e de influência da escatologia zoroastriana na emergência do apocaliptismo, não é garantido que este fenômeno tenha tido origem nas literaturas sapienciais do Próximo Oriente antigo.

Opinião diferente da de Jonathan Smith tem John Collins (2008, p. 45), para quem o apocaliptismo é um fenômeno religioso novo que surgiu nas culturas do Mediterrâneo no período helenístico não por uma única via – enquanto desenvolvimento da literatura profética e/ou literatura sapiencial ou através da influência zoroastriana –, mas sim através do cruzamento de todos estes elementos de uma forma inovadora. Esta é uma posição flexível que tem a vantagem de não forçar os indícios históricos e de admiti-los a todos em vez de selecionar uns em detrimento de outros. Ainda assim, esta tese também não está necessariamente certa, e a dificuldade em demonstrar a origem do apocaliptismo ilustra bem o quão importante são os debates acerca das questões da causalidade e da mudança, quer na História, quer na Sociologia e na Antropologia – disciplinas também elas fundamentais e basilares no estudo acadêmico da religião.

Independentemente da sua origem, o apocaliptismo do período helenístico e do período romano foi um cadinho que gerou novos movimentos religiosos, tendo o Cristianismo sido um deles. Cristo (do Grego *christós*, que foi usado para traduzir o hebraico *mashiah*, "messias") tirou proveito da expectativa messiânica que vigorava no seu tempo e que era herdeira do messianismo da profecia exílica e pós-exílica. De um ponto de vista histórico e sociológico, Cristo foi proposto como um messias entre vários que surgiram durante o período do apocalipticismo (Bryant, 2010, p. 324). Mas, ao contrário dos outros candidatos a messias, que foram desacreditados pelas comunidades judaicas por não atingirem os resulta-

dos que eram esperados deles – sobretudo o fim da dominação romana –, Jesus Cristo foi validado enquanto messias por uma comunidade de seguidores que, por via de um proselitismo ativo, se haveria de alargar à maior parte do Império Romano (Bryant, 2010, p. 325, 328).

Importante para esta validação foram, além de uma reinterpretação do Segundo Isaías (Is 52, 13-53,12), as doutrinas da ressurreição de Cristo e da parusia, a segunda vinda do messias Jesus para iniciar o processo apocalíptico com o julgamento dos mortos e o reino milenar. Apesar de a tradição apocalíptica cristã partilhar muito com as outras tradições apocalípticas, a sua intervenção salvífica em duas fases é um dos elementos que a torna distinta (Bryant, 2010, p. 328). Tal como em outros apocalipses, a primeira vinda de Cristo, enquanto renovação da Aliança com os judeus e redenção dos pecados humanos (Gl 1,4) (p. 331), e a sua segunda vinda, enquanto início do processo apocalíptico, assumem uma dimensão política e social, com a vitória do mal através do destronamento dos ricos e poderosos e a consequente elevação dos pobres e oprimidos (por exemplo, Tg 1,9-11; 2,5-7). No entanto, a ideia da nivelação das hierarquias sociais não é transversal a todas as tradições apocalípticas e, em Qumran, por exemplo, havia a expectativa de que a forte hierarquização da seita qumrânica se prolongasse no novo mundo saído da destruição apocalíptica (Collins, 2008, p. 50).

De um ponto de vista sociológico, e psicológico, é argumentável que o apocaliptismo cristão tenha desempenhado a mesma função de providenciar esperança em tempos de dificuldade e perseguição atribuídas, com frequência, a toda a tradição apocalíptica do Mediterrâneo antigo. Esta tese parece ser suportada pela composição do Apocalipse joanino pouco tempo depois da perseguição aos cristãos na sequência do incêndio deflagrado por Nero em Roma em 64 E.C. (Bryant, 2010, p. 330). Mas será que esta função sociológica e psicológica de dar esperança e alento aos oprimidos e aos perseguidos é universal para os apocalipses do período helenístico e do período romano?

Como foi mencionado anteriormente, Jonathan Smith é cético em relação a esta etiologia do apocaliptismo (1978, p. 86). Por sua vez, John Collins admite que os apocalipses podem ser redigidos por minorias perseguidas e/ou afastadas do poder, mas contrapõe que esse não é sempre o caso, adiantando ainda que se pode separar as motivações da composição dos gêneros literários dos usos que lhe são dados (Collins, 2008, p. 47). Essa questão tem ganhado relevo nos estudos históricos e filológicos dos documentos antigos, e vários autores aceitam que a intenção do autor e o objetivo primário da obra não têm de coincidir com a interpretação e com os usos que as audiências fazem das obras. Além disso, o que começa por ser um uso secundário pode, ao longo do tempo, redirecionar a *intentio operis* de textos posteriores, fazendo com que esses usos secundários se tornem objetivos primários. A complexa questão do contexto e das funções sociais da literatura apocalíptica tem relevância não apenas para o estudo da Antiguidade tardia como também para o estudo, no âmbito da Ciência da Religião, do ressurgimento do milenarismo e da ênfase na escatologia, tanto cósmica como individual, em novos movimentos religiosos atuais, incluindo igrejas evangélicas.

III. Escatologia individual. Independentemente das intenções de escrita e dos usos sociais dos apocalipses dos períodos helenístico e romano, esses apocalipses foram decisivos para desenvolver uma escatologia individual. Como foi dito, a escatologia na religião hebraica desenvolveu-se essencialmente no sentido de uma escatologia nacionalista e cósmica, não havendo grande ênfase na escatologia individual. Ao contrário da cultura egípcia, os hebreus não investiram muito num espaço dos mortos que fosse diferenciado consoante a conduta ética e a observância religiosa em vida – ascendendo os justos e os pios a um espaço de recompensa e os injustos e os ímpios a um espaço de castigo. À semelhança de outras culturas do mundo antigo, a cultura hebraica concebia, de um modo geral, o espaço dos mortos (*Sheol*) como um espaço sombrio em que cabiam tanto os justos como os injustos (Adams, 2008, p. 6, 55, 256), embora alguns salmos pré-exílicos (por exemplo, Sl 49,73) apresentem uma visão diferente que conecta o destino após a morte com a conduta moral em vida, sobretudo no que tem a ver com a atitude para com Javé – de dependência pietista ou de independência ímpia (Adams, 2008, p. 150; Le Goff, 1995, p. 47-48).

Com o apocalipticismo, porém, emerge em várias sociedades do Mediterrâneo – incluindo a judaica – a projeção para o futuro após a morte da recompensa ou castigo pela vida que se levou (como na já mencionada 4QInstrução). Importante na literatura apocalíptica é a doutrina da ressurreição dos mortos, que, no entanto, não era partilhada por todos os apocalipses. Esta doutrina não introduz a novidade da sobrevivência à morte. Pelo contrário, é conjeturável que mesmo entre os grupos sociais mais baixos das culturas do Próximo e do Médio Oriente antigos se supusesse a sobrevivência da alma à morte. O que a doutrina da ressurreição traz de novo é a capacidade de as almas serem julgáveis de modo a serem repartidas ou por um reino paradisíaco ou por um infernal, em vez de levarem uma existência amorfa num reino dos mortos indiferenciado e comum a justos e pecadores. Por certo que o julgamento que tem mais destaque em vários apocalipses é o julgamento final após a conflagração do mundo que abre espaço para um novo mundo de origem divina. Mas o intervalo de tempo entre a morte individual

e o julgamento coletivo que se segue à ressurreição dos mortos haveria de levar à especulação sobre um julgamento individual – e geralmente provisório – que dita a forma como a alma de cada defunto aguarda pelo juízo final. Esta não é uma preocupação no Novo Testamento, provavelmente por ter havido da parte dos seus autores e das suas audiências contemporâneas a expectativa do fim do mundo durante as suas vidas, como denuncia Paulo de Tarso em 1Ts 4,16-17 ao afirmar que "os que morreram em Cristo serão os primeiros a ressuscitar", seguindo-se o arrebatamento de Paulo e dos seus contemporâneos (veja-se também Mc 13,30).

Como o julgamento final não chegasse – o que inclusivamente levou Paulo a admitir, implicitamente, que poderia já não estar vivo quando ocorresse a segunda vinda de Cristo (2Cor 5,6-10) –, a especulação escatológica sobre o que se passa entre a morte individual e o julgamento universal foi ganhando destaque nos primeiros séculos E.C. À semelhança do que é descrito em 4 Esdras, um apocalipse judaico composto em finais do século I E.C., no *Apocalipse de Paulo*, um apócrifo gnóstico composto no início do século V E.C., é feita uma descrição do espaço e da condição em que as almas aguardam a ressurreição e o julgamento final. Nestes dois apocalipses, as almas que tiveram um primeiro julgamento favorável após a morte aguardam o julgamento final no paraíso no interior da terra – provavelmente o mesmo *paradeisos* a que se refere o Novo Testamento (Lc 23,43, 2Cor 12,4 e Ap 2,7) (Delumeau, 1994, p. 39). Este paraíso (do persa *pairidaeza*, "jardim", que deu origem ao grego *paradeisos* e, assim, ao nosso "paraíso") era um lugar intermédio que antecedia a entrada definitiva no Reino dos Céus (p. 36). Por sua vez, as almas dos ímpios e dos injustos são castigadas no inferno (do latim *infernum*, "mundo inferior"), igualmente no interior da terra, enquanto aguardam pelo veredicto final (Delumeau, 1994, p. 35-37).

Em parte por influência dos apocalipses *de Pedro* e *de Paulo*, os Padres da Igreja, que escreveram entre os séculos II e V E.C., vão também contribuir para a doutrina cristã acerca da escatologia individual, em resposta às críticas de não cristãos, assim como de outros grupos cristãos, como os gnósticos. Nessas especulações, a parusia perde o sentido de urgência que tinha entre os primeiros seguidores de Cristo – em boa parte pela demora da segunda vinda –, e consolidam-se dois grandes espaços de retribuição: um paraíso terrestre onde as almas que tiveram um primeiro julgamento favorável após a morte aguardam o julgamento final em condições agradáveis, e um inferno, igualmente no interior da terra, onde as almas dos ímpios e dos injustos são castigadas enquanto aguardam pelo mesmo evento (veja-se, por exemplo, Justino, *Diálogo com Trifão*, capítulo 5) (Rojas, 2009, p. 251). Entre Padres, como Orígenes de Alexandria, não havia uma separação absoluta entre recompensa e castigos eternos, mas antes a expectativa de uma apocatástase, em que todos acabavam por alcançar a salvação, ou seja, o regresso à condição anterior ao pecado original que iniciou o processo histórico. Tal apocatástase parece, inclusivamente, ser extensível aos agentes demoníacos e a Satanás (Rojas, 2009, p. 259).

O Padre da Igreja que haveria de sistematizar a patrologia precedente e que acabaria por ser mais influente no Cristianismo que haveria de ser dominante na Europa por vários séculos, nomeadamente o Católico Romano, foi Agostinho de Hipona. Santo Agostinho reitera os pilares da ressurreição, do julgamento final e de um julgamento individual após a morte que determina a forma como cada alma aguarda o julgamento final: ou no paraíso, ou no inferno. Semelhantemente a autores como Orígenes, Agostinho admite também a possibilidade de alguns dos condenados se libertarem dos castigos no inferno temporário, por via da purificação através desses castigos, ou através da intercessão e da realização de obras em nome do defunto por parte dos vivos. Embora ainda não se possa falar de purgatório em Agostinho, pode-se considerar que a sua emergência tem raízes na teologia do bispo de Hipona (Rojas, 2009, p. 260; Delumeau, 1983, p. 427). Com o Papa Bento XII no século XIV, a espera pela segunda vinda de Cristo perde ainda mais relevo, e, em vez de esperar pelo julgamento universal, as almas sabem o seu destino final – paraíso, purgatório, ou inferno – imediatamente após a morte (Griffiths, 1991, p. 110).

O purgatório (do latim *purgatorium*, "lugar de purificação") emergiu no século XII enquanto espaço intermédio entre o paraíso e o inferno, que permitia a ascensão das almas ao paraíso após um período de purificação através de castigos, frequentemente indistinguíveis dos castigos infernais (Le Goff, 1995, p. 18, 20-21, 187).

Constata-se, assim, que a geografia cristã do Além tem as suas raízes no apocaliptismo dos períodos helenístico e romano, com o foco da literatura apocalíptica na destruição do mundo, que resultará na instauração de um reino de origem divina acessível aos eleitos que tenham sido avaliados de forma favorável no julgamento ético universal, sendo os condenados votados ao castigo eterno. Por exemplo, a emergência do purgatório no século XII E.C. deve muito a vários apocalipses cristãos que não eram considerados apócrifos durante a maior parte da Idade Média, como os *de Pedro* e *de Paulo* (Le Goff, 1993, p. 48, 52-54).

Em termos sociológicos, a escatologia individual tem implicações importantes (Stausberg, 2009, p. 228-32). A promessa de recompensa eterna no paraíso ou a ameaça de castigo igualmente eterno no inferno podem influenciar o comportamento em vida e moldar a agência humana (Le Goff, 1995, p. 137). Não obstante a influência do pecado original, cada um é "julgado segundo os pecados cometidos sob a sua responsabilidade" (Le Goff, 1995, p. 19). Há por isso uma importante dimensão ética e de responsabilidade individual na escatologia individual, que envolve um julgamento após a morte (p. 19). Partindo da teoria de Michel Foucault acerca do funcionamento dos discursos, podemos afirmar que os discursos escatológicos estruturam a agência humana ao impelir os agentes a agir de certa forma (a serem altruístas, por exemplo), enquanto evitam determinadas ações (por exemplo, homicídio), consoante estas levem ao paraíso ou ao inferno (veja-se Stausberg, 2009, p. 230-231). A emergência do purgatório, enquanto segunda (e também última) oportunidade no Cristianismo Católico Romano, é igualmente significativa de um ponto de vista sociológico. Ainda que um pecado pouco grave tenha sido cometido, nem toda a esperança está perdida, o que pode evitar que um agente que seja considerado destinado ao inferno cometa mais transgressões por o paraíso lhe ter ficado permanentemente inacessível. Mas não é só o transgressor menor que é beneficiado com o purgatório: a esperança deste espaço intermédio estende-se também à sua rede familiar e social, através da possibilidade de intercessão pela sua salvação (Delumeau, 1983, p. 427; Le Goff, 1995, p. 25-26). Como afirma Jacques Le Goff, a prática da intercessão pelos defuntos apresenta uma importante diferença entre as religiões cristãs e as religiões "pagãs": enquanto nas últimas se pedia aos mortos, nas primeiras pedia-se pelos mortos (Le Goff, 1995, p. 64). Esta alteração indica que houve uma mudança na condição e na agência dos defuntos: enquanto nas religiões das culturas mediterrânicas os defuntos estavam suficientemente próximos dos vivos e tinham a capacidade de intervir nas suas vidas de forma positiva ou negativa, nas religiões cristãs os defuntos perdem esse grau de agência em detrimento da sua projeção para reinos mais circunscritos de beatitude ou de tormento.

Espaços de tormento como o purgatório e o inferno têm, também, uma importante dimensão de controle social, devido ao medo que suscitam (Hufton, 2002, p. 63-66). Num estudo sobre o pecado e o medo na Europa dos séculos XIII a XVIII, Jean Delumeau enfatizou a mobilização de espaços de castigo e tormento, nomeadamente o purgatório e o inferno, tanto pela Igreja Católica romana como pelos movimentos protestantes (note-se, porém, que o purgatório não era reconhecido pelas Igrejas protestantes). Para Delumeau, o medo daqueles espaços de tormento, mais do que a esperança do espaço de recompensa, foi explorado pela Igreja Católica romana através, por exemplo, da ênfase na necessidade da confissão (Delumeau, 1983, p. 627). Apesar de reconhecer o importante papel do medo

ESCATOLOGIA

no controle social, Olwen Hufton critica a posição de Delumeau, afirmando que o autor francês se centra demasiadamente nesta emoção negativa, enquanto descarta em larga medida a emoção𝒫 mais positiva da esperança do paraíso (veja-se, no entanto: Delumeau, 1983, p. 9-10). A autora não deixa de ter razão ao propor uma abordagem mais equilibrada, mas é inegável a tendência humana para se deixar levar pelo medo apesar de perspetivas mais otimistas. Aqui pode ser útil retomar a comparação com a tradução𝒫 tibetana do *Bodhicaryāvatāra* ("Introdução à prática da iluminação") de *Shāntideva*. Apesar de Delumeau (p. 9) contrapor as religiões orientais (como o "Hinduísmo" e o "Budismo"), enquanto religiões da "tranquilidade", às religiões ocidentais que ele considera da "ansiedade", o filósofo budista indiano refere-se mais vezes aos tormentos dos infernos a que o praticante estará sujeito caso não seja suficientemente diligente e dedicado na sua prática espiritual do que à libertação𝒫 do ciclo de reencarnações (por exemplo, capítulo 7, versos 10-13, 45), ainda que esta última não fique esquecida (por exemplo, capítulo 7, versos 14, 42-43). A própria literatura apocalíptica, que promete o paraíso aos eleitos (como na comunidade de Qumran) ou aos convertidos (como entre os primeiros cristãos) com mais incidência, não deixa de mobilizar os castigos𝒫 infernais para garantir a observância da prática espiritual e religiosa por parte das suas audiências (por exemplo, 1Ts 5,1-11), e para dar um sentido de urgência ao apelo à conversão.

É ainda de salientar a relevância do papel das visões na emergência e no desenvolvimento do purgatório (Le Goff, 1995, p. 48, 132-146). Essas visões podiam ser apocalípticas (p. 48, 132-133), provenientes das culturas celtas e germânicas a partir do século VIII (p. 133-135), ou ainda da cristandade latina (p. 135-146). Também a imagética da escatologia iraniana é devedora de visões obtidas em estados alterados de consciência𝒫. Quer a maior parte dessas visões derive de estados alterados de consciência𝒫, quer lhes sejam meramente atribuídas, é interessante verificar que estão na gênese de concepções e discursos escatológicos. A este propósito podemos pensar no papel do mediador xamanista, ou de tipo xamanista, em várias sociedades indígenas, na elaboração, preservação e transmissão de uma geografia cósmica acessada através de estados alterados de consciência𝒫. Comparando o modo de conhecimento da geografia do Além no Zoroastrismo, no Judaísmo e no Cristianismo com a forma de conhecimento da geografia cósmica nas sociedades em que há mediação xamanista, pode-se perguntar se as visões obtidas em estados alterados de consciência𝒫 são um dos principais motores da criatividade religiosa. Esta pergunta pode ser transposta, por exemplo, para o Egito antigo, em que há uma grande riqueza na descrição da geografia

do Além e dos seus habitantes, embora não haja indícios claros de visões extáticas.

Como foi dito no início, para se poder chegar a uma definição de escatologia é conveniente ter-se consciência𝒫 do percurso histórico desta categoria. Como diz Bill Arnold (2008, p. 24), uma definição demasiado ampla torna-se improdutiva, mas uma definição demasiado restritiva deixa importantes elementos de fora. A partir do percurso histórico descrito, podemos identificar alguns dos elementos-chave na definição do que é a escatologia: 1) a culminação ou a transcendência de um projeto histórico que, ao invés de se desenvolver naturalmente, é divinamente guiado; 2) a destruição e o fim do estado atual do mundo e a sua mudança radical para restaurar um estado prístino da realidade ou impor uma nova realidade de origem divina; 3) a sobrevivência da alma𝒫 à morte𝒫 e a atribuição do seu destino𝒫, por intermédio de um julgamento divino, num espaço de recompensa e beatitude, de castigo𝒫 e tormento, ou de purificação através da dor.

Estes são alguns dos elementos-chave que informam o estudo acadêmico da religião no que concerne à escatologia, e uma limitação evidente é a sua relevância quase exclusiva para as religiões judaica, cristã e islâmica. Desde a sua formação, disciplinas como a Ciência da Religião𝒫 e a História das Religiões𝒫 foram marcadas pelo comparatismo e pela aplicação de categorias provenientes das culturas judaicas e cristãs a outras culturas, não sendo a categoria de escatologia uma exceção. Embora não sem o risco de impor semânticas autóctones a realidades inteiramente distintas, esta abertura tem enriquecido o estudo acadêmico da religião, e sem dúvida que uma definição de escatologia sairá também mais enriquecida pelo cruzamento com outras culturas. Esse cruzamento levará necessariamente a uma reapreciação da categoria de escatologia que não se restringe ao universo judeo-cristão. Ensaiar-se-á aqui uma breve aplicação da categoria de escatologia à cultura budista.

IV. Escatologia individual no Budismo. Tal como sucede em relação à categoria de religião𝒫, a religião budista põe à prova os limites da escatologia e categorias associadas. Parte dos desafios colocados pelas religiões budistas a essas categorias derivam da sua posição, herdada do fundo religioso comum da Índia, em relação à forma como o espírito sobrevive à morte𝒫. Ao contrário das religiões mediterrânicas (com algumas exceções na Grécia antiga), diversas religiões orientais de origem indiana não pressupõem a existência de uma única vida terrena, mas de várias. Por certo que a doutrina da reencarnação, ou transmigração das almas𝒫, não é exclusiva das culturas orientais. Na realidade, encontra-se também em sociedades indígenas, da Sibéria e dos Estados Unidos, por exemplo, no Maniqueísmo da Pérsia do século III E.C., e também na Grécia antiga, pelo menos desde o século VI a.E.C., em alguns cultos místéricos, como os Órfico-Pitagóricos, e em algumas correntes filosóficas, como a de Platão.

Na medida em que no Budismo o espírito sobrevive à morte↗ física, podemos aplicar a este universo religioso a categoria de escatologia individual. Esta categoria perde relevância, porém, no caso de alguns praticantes, sobretudo em países ocidentais, que rejeitam a doutrina da reencarnação. Em comparação com a escatologia individual do Judaísmo e do Cristianismo, a reencarnação tem, no Budismo, implicações diferentes.

Como foi dito acima, a escatologia individual do universo judeo-cristão está intimamente associada à noção de uma história divinamente guiada. Em várias religiões orientais, incluindo o Budismo, o tempo não é linear, mas sim cíclico, havendo éons de grande duração seguidos de uma destruição cataclísmica e de uma nova criação. Influenciado pela tradição religiosa e filosófica indiana, o Budismo vê o mundo como uma ilusão à qual os seres se apegam por via do desejo↗ negativo e excessivo (*tṛṣṇā*). O mundo ilusório onde os seres reencarnam repetidamente é designado de *saṃsāra* (todos os termos aqui mencionados estão em Sânscrito). O *saṃsāra* é composto de seis reinos (cinco em tradições anteriores) em que se pode reencarnar: 1) o dos infernos (que podem ser escaldantes ou gelados); 2) o animal; 3) o dos fantasmas errantes; 4) o dos titãs (uma espécie de deuses inferiores dominados pela inveja e pela conflituosidade); 5) o dos humanos; e 6) o divino (Keown, 2013, p. 35-37).

À semelhança da dimensão ética que se encontra no Judaísmo tardio e no Cristianismo, o reino do *saṃsāra* em que o espírito reencarna depende das suas ações em vida, isto é, do seu *karma*↗ ("ação", tanto mental como física), com a implicação sociológica adicional de que, ao longo da história, houve alguma tendência para interpretar o sofrimento alheio como justo e merecido por se dever a ações negativas em vidas passadas. Dependendo da acumulação negativa ou positiva de *karma*↗ (esta também designada de "mérito"), o espírito↗ reencarnará num ou noutro reino. As reencarnações mais indesejadas são nos quatro reinos abaixo do reino humano – reino dos infernos, animal, dos fantasmas e dos titãs. Embora o espírito↗ desfrute de uma beatitude prolongada se reencarnar como um Deus (*deva*) no reino divino, esta reencarnação também não é a ideal, uma vez que a agradabilidade deste reino leva a que os deuses não se sintam pressionados para se libertarem do ciclo de reencarnações – e também eles acabarão por reencarnar quando o seu *karma*↗ positivo se esgotar. Apenas o renascimento como ser humano é desejável, uma vez que o sofrimento↗ experienciado pelo ser humano lhe serve de motivação para se querer libertar e usar a sua inteligência para alterar o seu *karma*↗

de forma construtiva. No Budismo, a libertação↗ do *saṃsāra* é conseguida com o atingimento do *nirvāṇa*, termo que significa "extinguir", à semelhança da extinção da chama de uma vela (Keown, 2013, p. 56-57).

Uma importante diferença em relação à escatologia judeo-cristã é o dinamismo do *karma*↗ por oposição a um julgamento final. Nenhuma reencarnação é definitiva, e a sua duração depende do *karma*↗ acumulado (Nattier, 2008, p. 161). Há, no entanto, algumas exceções. Uma, comum a todas as escolas budistas e que não se insere no ciclo de reencarnações, é a libertação↗ do Buda, ser que atinge o *nirvāṇa* por si mesmo num dado éon, dos *arhats*, que se libertaram seguindo o caminho ensinado pelo Buda e cuja libertação↗ é considerada inferior, e dos *pratyekabuddhas*, ascetas que atingem a libertação solitariamente (Nattier, 2008, p. 156). No Budismo **Mahāyāna** encontramos ainda a figura do *bodhisattva*, "ser de iluminação" que adia a sua libertação↗ e dedica-se a ajudar todos os seres até que estes atinjam a sua libertação↗. Esta tradição centra-se no caminho do *bodhisattva* como o ideal da prática budista. Embora o caminho do *bodhisattva* para a iluminação seja muito longo, há uma etapa da sua evolução a partir da qual ele não pode regredir e a sua libertação↗ está garantida (Keown, 2013, p. 69).

Outra exceção ao dinamismo do *karma*↗ provém também do Budismo **Mahāyāna**, e mais concretamente da tradição filosófica **Yogācāra**, segundo a qual a certa altura o espírito fica restringido a um reino, dependendo do seu historial (Nattier, 2008, p. 163). Uma dessas categorias é a do *icchantika*, "incorrigível". Inicialmente, o *icchantika* é alguém incapaz de atingir o *nirvāṇa*. No quadro do confronto com críticos do Budismo **Mahāyāna**, alguns textos antigos desta tradição aplicaram a categoria de *icchantika* aos seus inimigos, o que permitia, inclusivamente, a sua morte↗, uma vez que matar um *icchantika* era moralmente neutro e não originava *karma*↗ negativo (veja-se a versão chinesa do *Mahāparinirvāṇa Sūtra*). No entanto, em textos posteriores considera-se que o *icchantika* mantém a capacidade de se libertar do *saṃsāra*, o que poderá fazer retratando-se e seguindo o ensinamento de Buda (*dharma*).

À parte essas exceções, nenhum dos seis reinos retromencionados é um destino↗ fixo para o espírito, o que significa que as categorias de paraíso e inferno herdadas pelo estudo acadêmico da religião por via do Cristianismo não têm um equivalente exato no Budismo. Por exemplo, os infernos budistas não são lugares de castigo↗ eterno, mas antes se assemelham mais ao inferno zoroastriano, onde o castigo↗ não pode exceder o que é merecido pelos pecadores e também não é perpétuo, e ao purgatório cristão (Stausberg, 2009, p. 233, 240). De fato, a categoria purgatório será a que melhor acomoda os infernos budistas, mas há a importante diferença de os tormentos destes infernos constituírem uma consequência do *karma* negativo, e não uma purificação que permitirá a ascensão ao paraíso (Keown, 2013, p. 36). Semelhante à prática cristã da intercessão pelas almas dos mortos para que possam ascender ao paraíso é ainda a prática da transferência de méritos, isto é, a transferência de *karma* positivo para outra pessoa, de modo a permitir-lhe uma reencarnação melhor.

A categoria paraíso também não é útil para descrever o reino diametralmente oposto ao dos infernos, nomeadamente o reino divino. Como já dissemos, à semelhança do que sucede com os infernos a estadia do espírito no reino divino é uma consequência do *karma* positivo, que acabará também por se esgotar e conduzir o espírito a um novo nascimento. Mais similar ao paraíso judeo-cristão é o *nirvāṇa*, uma vez que implica a saída definitiva do ciclo de reencarnações. As vias de acesso ao paraíso e ao *nirvāṇa* são diferentes, embora tenham em comum a necessidade de uma conduta ética. A especulação sobre a natureza do *nirvāṇa* tem sido contínua e, se por um lado as primeiras descrições do *nirvāṇa* parecem sugerir um niilismo, outras fontes contrariam essa sugestão, afirmando antes que se trata de uma realidade transcendental (Keown, 2013, p. 58). Devido à especificidade do *nirvāṇa*, e não obstante as semelhanças, será preferível considerar este conceito distinto do paraíso judeo-cristão. No entanto, existem em algumas tradições budistas locais que se aproximam do paraíso cristão.

Enquanto o Budismo primitivo postula a existência de vários mundos que se vão sucedendo após períodos de desenvolvimento, declínio e renovação, a partir do século I E.C. o Budismo **Mahāyāna** especula acerca da existência simultânea de outros mundos em cada ponto cardeal. Em cada um desses mundos há também um Buda que descobriu e difundiu o caminho para a libertação do saṃsāra, e é possível reencarnar nesses mundos. Um dos mundos que ganhou particular interesse por parte dos adeptos do Budismo **Mahāyāna**, e que veio a conhecer uma grande popularidade sobretudo na China e no Japão, é a Terra Pura (**Sukhāvatī**, "Abençoado com Felicidade") habitada pelo Buda **Amitābha**. Ao contrário do Buda histórico do nosso mundo, Sidarta Gautama, **Amitābha** disponibilizou-se para ajudar a reencarnar na Terra Pura aqueles que nele depositarem fé. Com tal desenvolvimento, esta escola budista aproxima-se não só de uma religiosidade teísta, em que um Buda desempenha um papel redentor e salvífico, como também de um espaço geográfico escatológico mais semelhante ao paraíso cristão. No entanto, a Terra Pura não é diretamente comparável com o paraíso acessível após o julgamento final, mas antes ao paraíso temporário no qual as almas aguardam por este julgamento, uma vez que a reencarnação na Terra

Pura não é equivalente à libertação do *saṃsāra*. A reencarnação no mundo de **Amitābha** é antes uma aceleração do processo de libertação, que não isenta o praticante de conseguir completar por si a última etapa (Keown, 2013, p. 70, 72).

Regressando à categoria sociológica de agência, pode-se encontrar na escatologia budista essencialmente dois modelos de agência: um, mais associado com as tradições budistas mais antigas – como o Budismo *Theravāda* –, que requer uma prática espiritual ativa e centrada no agente humano, e outro, associado a tradições posteriores – como o Budismo *Mahāyāna* e o Budismo Terra Pura – e centrado em agentes extra-humanos, que pede um papel mais passivo por parte do agente humano.

Por um lado, a escatologia individual budista desafia as categorias escatológicas provenientes da herança judeo-cristã, sendo necessária a concessão de alguns ajustes, mas, por outro lado, o confronto destas categorias com outras culturas apenas as enriquece e as torna mais úteis. Um dos principais contributos do Budismo para o estudo da escatologia talvez seja ao nível da reencarnação, em termos das implicações históricas e sociológicas que este termo pode ter.

Bibliografia: ADAMS, S. *Wisdom in Transition*: Act and Consequence in Second Temple Instructions. 2008. Disponível em: <https://brill.com/view/title/14105>; ARNOLD, B. T. Old Testament Eschatology and the Rise of Apocalypticism. In: WALLS, J. L. (Ed.). *The Oxford Handbook of Eschatology*. Oxford: Oxford University Press, 2008. p. 23-39.; BRYANT, J. M. The Sociology of Early Christianity: From History to Theory and Back Again. In: TURBER, B. S. (Ed.). *The New Blackwell Companion to The Sociology of Religion*. Chichester: Blackwell, 2010. p. 311-39; COLLINS, J. J. Apocalyptic Eschatology in the Ancient World. In: WALLS, J. L. (Ed.). *The Oxford Handbook of Eschatology*. Oxford: Oxford University Press, 2008. p. 40-55. DELUMEAU, J. *Le péché et la peur*. La culpabilisation en Occident: XIIIe-XVIIIe siècles. Paris: Fayard, 1983; DELUMEAU, J. *Uma história do paraíso*: o jardim das delícias. Trad. Teresa Peres. Lisboa: Terramar, 1994; GRIFFITHS, J. Gwyn. *The Divine Verdict*: A Study of Divine Judgement in the Ancient Religions. Leiden: Brill, 1991. (Studies in the History of Religions [Suplements to *Numen*] 52.); HUFTON, O. What is Religious History Now? In: CANNADINE, D. (Ed.). *What is History Now?* Basingstoke: Palgrave Macmillan, 2002. p. 57-79; KEOWN, D. *Buddhism*: A Very Short Introduction. 2nd ed. Oxford: Oxford University Press, 2013; LE GOFF, J. *O nascimento do purgatório*. Lisboa: Editorial Estampa, 1995; NATTIER, J. Buddhist Eschatology. In: WALLS, J. L. (Ed.). *The Oxford Handbook of Eschatology*. Oxford: Oxford University Press, 2008. p. 151-169; ROJAS, F. J. M. Cielo nuevo y Tierra nueva. La escatología en el cristianismo antiguo. In: ALBELA, E. F.; GÓMEZ, F. L.; PÉREZ, J. M. (Eds.). *Salvación, Infierno, olvido*: Escatología en el mundo antiguo. Sevilla: Secretariado de

Publicaciones de la Universidad de Sevilla, 2009. p. 245-263; SMITH, J. Z. *Map is Not Territory*: Studies in the History of Religions. Chicago: Chicago University Press, 1993 [original: 1978]; STAUSBERG, M. Hell in Zoroastrian History. *Numen* 56 (2009) p. 217-253;.

ANDRÉ DE CAMPOS SILVA

ESCOLA ITALIANA

No complexo contexto histórico e cultural italiano, o rótulo "escola" não correspondeu, sempre e exatamente, a uma atuação ou a uma inspiração℘ metodológica unitária no âmbito dos estudos das religiões. Todavia, uma perspectiva histórica e metodológica italiana endereçada à específica análise histórica, comparativa e diferencial das religiões veio se reconhecendo e se definindo, justamente, ao redor desta denominação que revelava, inicialmente, uma inovadora metodologia de estudos, inserida em uma rica base programática.

Delineado desde o começo pela antevisão de seu mestre, Raffaele Pettazzoni, que destacou e colocou as precípuas e sólidas características desta historiografia, o rótulo definidor deste endereço de estudos pode ser encontrado já entre os seus discípulos diretos. De fato, quem falou, em primeiro lugar, em "escola *romana* de História das Religiões℘" foi seu sucessor à cátedra romana, Angelo Brelich. Veja-se bem que, todavia, a primeira denominação foi "romana", a qual, aos olhos de Brelich, vinha denotando uma escola crescida ao redor: 1) de um centro referencial, o "Istituto di Studi Storico-Religiosi", da Universidade "La Sapienza", de Roma, e 2) de um nome, Raffaele Pettazzoni, reconhecido como fundador dessa perspectiva historicista com relação à análise (comparativa) das religiões. Sucessivamente, será Vittorio Lanternari quem destacará outra importante característica deste endereço de estudos, falando em "tradição *laica* italiana da História das Religiões℘".

Quanto ao surgimento da perspectiva desses estudos históricos, levam-se em consideração dois pontos: 1) a Itália era privada de um passado colonial e, consequentemente, daquelas experiências de encontro (e, contemporaneamente, de choque) com "outras" culturas que caracterizaram, por exemplo, França, Inglaterra, Estados Unidos, mas também, antes, Espanha e Portugal; e 2) a Itália – por motivos que se enraízam na sua peculiar situação que a vê presa, em sua particularidade, no interior do processo histórico desencadeado pela Contrarreforma – era vítima de um temor crônico perante as disciplinas positivas: por isso, inicialmente, o contexto italiano não podia pensar que se pudesse falar de "religiões",

no plural, e que essas pudessem ser tratadas também enquanto fenômenos culturais submetidos a transformações históricas e cientificamente comparáveis. Este último problema resulta particularmente significativo para compreender, ao mesmo tempo, a dificuldade e a peculiaridade da emergente perspectiva histórico-religiosa de cunho profundamente laico na Itália: característica tanto mais sólida como norteadora, justamente na medida em que surgiu perante a persistência desse condicionamento de uma cultura contrarreformista. Não parece ser por acaso que, conforme chamaram a atenção Guido Verucci, antes, e Adriano Prosperi, depois, tanto a obra do filósofo Benedetto Croce (e, com a dele, aquela de Giovanni Gentile) quanto a do historiador Raffaele Pettazzoni foram objeto de uma tardia e anacrônica condenação e marginalização por parte da Igreja℘ Católica dos anos 1930. Mas, além de compartilhar este destino℘ comum, as obras dos dois historiadores laicos encontravam-se, de fato, fundamental e diferentemente, orientadas em relação ao específico objeto de estudo que diz respeito à autonomia da análise histórica do "objeto religioso". Uma figura ergue-se e torna-se emblemática no estabelecimento desta diferença: aquela do historiador e etnólogo Ernesto De Martino, no percurso por ele realizado entre os dois mestres. Curiosa e significativamente, foi a influência exercida pelo próprio Pettazzoni que produziu a autonomização do percurso historiográfico e antropológico de De Martino, com relação à anterior perspectiva influenciada por Benedetto Croce (responsável por sua primeira formação), em direção à nova perspectiva histórico-religiosa. Passagem esta que estava se tornando evidente já quando da publicação de *Il mondo magico*, de 1948: justamente o trabalho orientado pelo antigo mestre, Benedetto Croce.

I. Raffaele Pettazzoni: os fundamentos da perspectiva histórico-religiosa. No peculiar, difícil e conturbado contexto cultural italiano, Raffaele Pettazzoni (1883-1959) foi o primeiro titular de uma cátedra em História das Religiões℘ na Itália: partindo das elaborações das principais escolas etnológicas e antropológicas de então – o evolucionismo℘ de Tylor℘ e Spencer, o difusionismo da escola "histórico-cultural alemã", a abordagem sociológica de Durkheim℘ e Mauss℘, os resultados fenomenológicos de Otto℘ e de Van der Leeuw℘ –, começou a enfrentar as principais problemáticas da disciplina, atacando alguns "mitos científicos" da época: sobretudo o endereço fenomenológico e a teoria evolucionista do chamado "monoteísmo℘ primitivo". Com relação a este problema específico, um artigo tardio do autor sintetiza exemplarmente as bases metodológicas das quais ele partia. O artigo em questão é "La formazione del monoteismo – il problema di Dio" (Roma, 1949). Esse texto é exemplar da modalidade analítica do autor e da base metodológica sobre a qual se erguia

ESCOLA ITALIANA

o enfoque das principais problemáticas da disciplina: a História das Religiões♀ em sua "versão italiana". Entre elas, destaca-se o *comparativismo histórico* (ou método♀ histórico-comparativo), que defende a natureza intimamente humana e cultural dos fatos religiosos e, em segundo lugar, atesta, ao mesmo tempo, tanto a possibilidade quanto a necessidade de sua comparação. Esta última é uma ideia que, por outro lado, já na época de Pettazzoni, não representava uma novidade. Com efeito, antes dele o evolucionismo♀ havia comparado para demonstrar a adesão de todo o sistema religioso às leis de um "darwinismo cultural" que conduzia as formas do "sacro" do simples ao complexo; a Fenomenologia, por outro lado, comparava para procurar a existência de categorias e formas religiosas permanentes, para além de qualquer diferença espacial e temporal. Todavia, a importante novidade proposta por Pettazzoni foi a de defender uma nova modalidade e construir uma nova metodologia da comparação: esta, de fato, podia ser somente "histórica", isto é – contrariamente à fenomenologia e ao darwinismo –, tendente a evidenciar as irredutíveis especificidades históricas de todo fato religioso. Por consequência, contrariamente a uma comparação que procurava leis gerais e similitudes formais, o historiador italiano apurava um método♀ comparativo que ressaltava as diferenças e as originalidades que somente as particularidades históricas sabem justificar. Logo, essa comparação não tinha mais uma finalidade meramente classificatória; ao contrário, reconduzia todo o evento à sua especificidade histórica: no lugar de uma ordem confortável, mas fictícia, dava razão, enfim, à realidade de uma "desordem histórica". A partir dos pressupostos aprofundados em *Il metodo comparativo* (1959), emerge, portanto, conforme os termos do próprio Pettazzoni, a consideração segundo a qual, "entendendo o *fenômeno* religioso como 'aparição' ou 'revelação' do sagrado♀ e como experiência do sagrado♀, a Fenomenologia ignora deliberadamente aquela outra maneira de pensar e de entender segundo a qual cada *phainómenon* é um *genómenon*, cada aparição pressupõe uma formação, e cada evento tem atrás de si um processo de desenvolvimento".

Logo, a metodologia pettazzoniana – que se desenha e especifica, propriamente, por suas bases historiográficas – vem se definindo perante uma peculiar diferenciação no enfoque da dimensão do "religioso" em relação às abordagens (des-historicizantes) coevas da Fenomenologia, por um lado, e da "escola difusionista", por outro; com relação a este último caso, de fato, a verificação histórica da inexistência de um monoteísmo♀ primordial (que teria caracterizado o primeiro estádio da evolução cultural humana) foi, provavelmente, a mais famosa contribuição de Pettazzoni à polêmica acadêmica internacional. Foi contra o pressuposto da "escola difusionista" (da

qual Wilhem Schmidt foi o principal representante), que sustentava a existência de um monoteísmo♀ primordial (comum a todas as sociedades), que o historiador italiano propôs, enfim (contra o padre Schmidt e contra o próprio Vaticano, que Schmidt apoiava), a alternativa de uma concepção do "ser supremo" que variava entre diferentes sociedades em relação às respectivas bases estruturais (Turim, 1955).

Na trajetória que vê emergir os fundamentos da perspectiva histórico-religiosa, menos conhecida, mas não menos relevante, foi a recuperação histórica do "mito" realizada por Pettazzoni, visto não mais como parto ingênuo de uma mentalidade irracional ou "pré-lógica" (conforme a sugestão antropológica proposta por Lévy-Bruhl), mas como produto histórico contextual ao horizonte cultural que o gerou e, portanto, compreensível, funcional (e "verdadeiro") somente em relação àquelas dinâmicas e àquelas complexidades nas quais se formou e pelas quais foi criado.

Neste percurso, o método♀ histórico-comparado de Pettazzoni conotou, enfim, a História das Religiões♀ nos termos de uma disciplina afim à Etnologia e à Antropologia religiosa. Afim, mas não idêntica, todavia, na base privilegiada dos processos de formação histórica para os quais a História das Religiões♀ devia olhar para encaminhar-se em direção a uma profícua interlocução com estas outras disciplinas. Finalmente, o estudioso não pôde deixar de utilizar-se da mesma linguagem daquelas disciplinas maduras, mas teria feito isso com o objetivo final de verificá-la para a prova histórica dos fatos e, se necessário, negá-la, contradizê-la ou refiná-la. E, de fato, não podia abrir mão dessa linguagem porque a comparação de Pettazzoni – assim como os métodos♀ de Tylor♀, Frazer♀, Durkheim♀ etc. – agia num plano horizontal e sincrônico e – como a Antropologia e a Etnologia – trabalhava sobre as analogias♀ formais. Mas, além disso, é importante observar, utilizava-se de uma mesma linguagem dobrando-a a objetivos bem diferentes: onde a Antropologia utilizava a comparação e a abordagem sincrônica para exaltar as semelhanças e as leis gerais, a História das Religiões♀ o fazia para evidenciar a irredutível especificidade histórica de toda a manifestação do religioso e, portanto, o substancial esvaziamento de toda a generalização das formas religiosas.

Em 1925, com a revista *Studi e Materiali di Storia delle Religioni* (SMSR), nasce enfim, na Itália, através da obra de Pettazzoni, o endereço de estudos histórico-religiosos. Através da *comparação* que produziu as investigações antropoetnológicas, este endereço de estudos se propôs ressaltar a *historicidade* dos fatos religiosos: isto é, "des-ontologizar" estes últimos, tanto a partir do pressuposto fundamental de sua possível e necessária redução à razão histórica quanto pela necessidade de acolher e definir, nesta perspectiva, aqueles fatos que não resultassem redutíveis aos modelos analógicos (isto é, constituídos ao redor de denominadores comuns) sugeridos pela anterior pesquisa comparada. Assim, o próprio Pettazzoni formulou seu programa manifestando o fato de que "cada *phainómenon* é um *genómenon*": formulação que, em polêmica com a obra de Eliade℘, queria destacar como em cada fenômeno (e para longe de sua mera objetivação) é possível repercorrer e recuperar o momento de sua formação histórica, isto é, "des-objetizá-lo". Tratava-se, enfim, de opor às indagações fenomenológicas a necessidade da interpretação℘ histórica. Isto significa que, para compreender um fato cultural qualquer, devemos procurar a reconstrução da sua gênese, da sua formação. Consequentemente, o objeto (ontologia) do sagrado℘ se desagrega e perde aquela prioridade que Eliade℘ havia-lhe atribuído. A alteridade meta-histórica é reconduzida a um produto do próprio pensamento dialético (antítese de uma tese). Para dizê-lo com Pettazzoni: "É o homem que constrói o *cosmos*, isto é, o mundo dos arquétipos℘, como o quadro de sua vida normal. E é sempre o *homem* quem *constrói o caos como outro* [o contrário] *do cosmos*, ou mundo dos arquétipos℘, sem forma" (Pettazzoni, 1960, p. 33). Assim, se a operação fenomenológica se configura, como vimos, enquanto uma objetivação da religião℘, a crítica histórica se contrapõe a ela enquanto – nas palavras de Sabbatucci – uma "vanificação do objeto religioso". Trata-se, finalmente, de tornar inconsistentes as categorias religiosas, que resultam arbitrárias, até chegar a tornar vã a própria categoria do religioso que resulta desviante e inútil para se aproximar às culturas diferentes da nossa e nas quais a diversidade se manifesta também, ou sobretudo, pela falta de um "cívico" contraposto ao "religioso". O problema principal que se desprende dentro dessa perspectiva crítica consiste em que os fatos culturais "outros" foram interpretados, arbitrária e acriticamente, *sub specie religionis*, incluindo-os numa função cultural que é aquela que a religião℘ tem dentro de nossa específica cultura, enfim, dentro de seu próprio e específico percurso histórico.

Depois das sólidas bases postas por Raffaele Pettazzoni e da especificidade com a qual emerge o novo programa de estudos histórico-religiosos, outras relevantes contribuições vieram alimentar e fortalecer o desenho historiográfico do mestre: foram aquelas trazidas por outros renomados autores, tais quais Ernesto De Martino, Angelo Brelich, Vittorio Lanternari, Dario Sabbatucci, Marcello Massenzio, Gilberto Mazzoleni, Paolo Scarpi, Nicola Gasbarro, entre outros. Às vezes tecendo um diálogo significativo, por algumas afinidades de interesses de pesquisa, com a chamada "Escola de Paris" (conhecida principalmente pelos trabalhos de Jean-Pierre Vernant, Pierre Vidal-Naquet, Marcel Detienne, entre outros), a Escola Italiana de História das Religiões℘ foi desenvolvendo um específico itinerário de indagação.

E foi justamente a fim de evidenciar esta especificidade que, em 1973, na cidade de Urbino (Itália), os historiadores envolvidos reafirmaram o nome e a identificação de "Escola Romana de História das Religiões℘": a reassunção desta denominação se deu aqui, até mesmo e justamente, em função (conotativa e, todavia, dialética) dessa contraposição distintiva com a "Escola de Paris", apesar de alguns interesses comuns de investigação. Nesse sentido explica-se e deve ser entendida a denominação adjetival inicial de "romana": adjetivação que, evidentemente, hoje se prefere definir, com maior e mais respondente extensão nacional, de "italiana".

Nesse momento de amadurecimento da gênese da Escola Italiana, são finalmente afinadas as coordenadas destinadas a orientar os estudos histórico-religiosos, partindo da necessidade de ressaltar, antes de tudo, a historicidade dos fatos religiosos enquanto produtos culturais, redutíveis em sua totalidade à razão histórica. Nesta perspectiva, essa escola começou a se preocupar, em primeiro lugar, com a historicidade das próprias categorias de análise, procurando relativizar também estas últimas; e para fazer isso se encontrou na necessidade de ter de recolocar (contextualizar historicamente) a própria ferramenta categorial de análise nos contextos histórico-culturais em que essa foi sendo forjada. Nesse sentido, desde seu nascimento a Escola Italiana de História das Religiões℘ encontrou-se instalada, epistemológica e historicamente, no entrelaçamento entre as disciplinas da Antropologia e da História, tendo de encarar, consequentemente, a polêmica aberta e crítica com a Filologia℘, com a Fenomenologia e com todas as outras disciplinas e escolas de pensamento que, confundindo-se com a História das Religiões℘, privilegiavam abordagens não históricas ou, até mesmo, des-historicizantes.

II. Breve nota sobre a especificidade da etnologia histórico-religiosa de Ernesto De Martino. Se Raffaele Pettazzoni foi o pai dos estudos histórico-religiosos na Itália, Ernesto De Martino (1908-1965) foi, sem dúvida, o etnólogo italiano mais prolífico, provocatório e famoso. Ele não foi, todavia, entre os discípulos da cátedra de Pettazzoni e é, de algum modo, problemático incluí-lo na genealogia da Escola Italiana. Todavia, não há dúvidas de que ele compartilhou com Pettazzoni uma forte aliança de interesses, método℘ e sensibilidade científica. Não é por acaso que os discípulos de Pettazzoni reconheceram de imediato em De Martino sua segunda grande referência para a definição de uma metodologia na abordagem aos fenômenos religiosos. O fato é que, tendo sido discípulo de Benedetto Croce, De Martino afastou-se de seu mestre num ponto crucial, isto é, no considerar, contra o historicismo de Croce, os povos e as massas subalternas (e, portanto, suas culturas e seus costumes) objetos de evolução histórica, atores da história que, portanto, podiam ser

ESCOLA ITALIANA

analisados segundo um enquadramento caracteristicamente historicista. Nesse contexto, o pensamento do historiador e etnólogo napolitano desenvolve-se, criticamente, dentro da perspectiva do historicismo, refletindo as complexas ligações com a cultura italiana e europeia do ante e do pós-guerra, entre o historicismo idealístico de Croce, o marxismo de Gramsci♀ e a abordagem psicoanalítica.

Apesar de tudo isso, de qualquer modo é justo reconhecer (com a síntese exemplar oferecida por Lombardi Satriani na "Introdução" ao livro de De Martino *Furore, simbolo, valore* [Milano, 1962/1980, p. 16-17]) as peculiaridades, mas também os limites, do trabalho de De Martino, que podem ser sintetizados segundo as seguintes diretrizes: a) a pesquisa de campo♀ em De Martino representa essencialmente um momento da pesquisa historiográfica; b) ele atribui extrema importância ao plano teórico da análise: é neste plano que a pesquisa de campo♀ e a análise histórico-diacrônica adquirem, para o autor, sua plena inteligibilidade; c) mesmo que, obviamente, sempre relativa, de um lado a autonomia da pesquisa científica privilegia o momento do "conhecimento", por outro lado, nela e através dela colhe-se continuamente a exigência da "transformação"; d) a pesquisa é sempre, para De Martino, ocasião e provocação para colocar em discussão os limites da própria civilização e do próprio horizonte cultural, verificando-os em continuação; e) a perspectiva do último item, contudo, não comporta nunca a renúncia à própria proposta humanística, sendo função do etnógrafo fazê-la avançar incessantemente quaisquer que sejam os encontros de sua viagem; f) finalmente e de qualquer modo, o etnólogo-historiador italiano entrevê no folclore tradicional um conjunto de despojos, marcas de uma "cultura atrasada" da qual as plebes devem se libertar e ser libertadas.

E é justamente a partir do final dos anos 1940 – contemporaneamente a uma profunda reflexão teórica sobre a relação entre religiões, historicismo e fenomenologia – que De Martino começa a deslocar sua atenção para os camponeses do sul italiano, para seu "folclore" e suas manifestações rituais. Através de textos famosos (*Il mondo magico*, 1948; *Morte e pianto rituale*, 1958; *Sud e magia*, 1959; *La terra del rimorso*, 1961; *Furore, simbolo, valore*, 1962), o etnólogo napolitano impôs, então, importantes questões destinadas a abrir longos debates no interior da comunidade científica: debates que produziram férteis ganhos à compreensão dos fatos religiosos.

Finalmente, entre os tantos fecundos desafios teóricos, históricos e etnológicos propostos pela obra de Ernesto De Martino, também a importância fundamental da reflexão por ele avançada sobre o etnocentrismo♀ (o "etnocentrismo♀ crítico") pode ser constatada pelas sucessivas retomadas e elaborações realizadas pelos herdeiros da tradição de Pettazzoni – com Brelich, Lanternari, Sabbattucci, Massenzio, Mazzoleni, entre outros –, chegando a uma reflexão rigorosa sobre a impossibilidade de sair da (própria) História por parte de quem faz História. A obra de Ernesto De Martino é importante, ainda (sobretudo pelo eco que teve nos trabalhos de Lanternari e Sabbatucci), na teorização proposta com relação ao aparato mítico-ritual entendido enquanto uma sistemática estratégia operativa de "saída da história" contraposta à vontade ocidental de ser parte ativa da História. Não é por acaso, também, que o maior eco desta problemática encontra, por outro lado, o maior sucesso em termos de interesses de leitores (de um público mais abrangente), justamente nos estudos (que se tornaram famosos) relativos ao "fenômeno histérico convulsivo" do "tarantulismo" do sul da Itália.

III. Angelo Brelich: a comparação no mundo clássico. Angelo Brelich (1913-1977) foi o sucessor, em 1959, de Raffaele Pettazzoni na cátedra romana de História das Religiões♀. Com ele, a especulação do historicismo romano desloca decididamente sua atenção para o mundo clássico: significativo, a esse respeito, o fato de ele ter sido discípulo de Károly Kerényi. Com a obra de Brelich, os temas de Pettazzoni e De Martino – isto é, o comparativismo destinado à individuação, mais do que à generalização, e a análise das funções mítico-rituais relacionadas às realidades e às dinâmicas econômicas e sociais – são aplicados, de forma rigorosa, à análise do mundo religioso grego (Brelich, 1969a e 1978) e ao estudo da ritualidade da Roma antiga (Brelich, 1969b).

No contexto da investigação sobre o mundo grego, já em 1958 Brelich detecta que o *fenômeno do politeísmo* é historicamente ligado às civilizações superiores e, sobretudo, à necessidade de se libertar daquilo que o Cristianismo fez da "multidão dos deuses" que antecederam a única verdadeira divindade. De qualquer maneira, o autor permanece ligado à classificação das divindades♀ a serem distinguidas de outras figuras de seres extra-humanos que caracterizam as chamadas religiões primitivas (Brelich, 1958, p. 32). Também, o autor de *Os heróis gregos* penetra a religiosidade grega utilizando uma abordagem holística não distante da corrente funcionalista; dessa maneira, analisa as figuras mitológicas, sua evolução, sua ligação com o mito e o rito, com o contexto econômico e social, em sua contínua transformação. Desvenda, de tal modo, uma linha "evolutiva" do *pantheon* grego que oculta, na base, surpreendentes, mas evidentes, traços de religiosidade arcaica. De qualquer maneira, mesmo partindo de uma classificação das divindades♀ que podia, inicialmente, ecoar a proposta funcionalista, nos dois trabalhos Brelich mostrava, todavia, como a necessidade de uma classificação diferencial exigia, finalmente, um alargamento da análise em relação a outras "figuras" míticas e culturais elaboradas no interior de contextos que não podiam ser identificados em termos politeístas e com relação às quais a própria conceitualização dos deuses já se configurava enquanto uma revolução. Se, portanto, a esse propósito, o autor tem razão em evidenciar a origem evolucionista da classificação comparativa, deve-se tomar certo cuidado com as interpretações de sua obra, não tanto pelas análises propostas por Brelich quanto, a partir da consistência objetiva (não relacional) atribuída às categorias religiosas, por parte do evolucionismo℘ antropológico ou da fenomenologia religiosa; longe de ter essa consistência e objetivação, as categorias representam, para ele, apenas o resultado de uma construção histórico-aculturativa recente, enquanto instrumentos pensados subjetivamente pela nossa cultura propriamente monoteísta.

Foi, então, no trabalho sobre as *Três variações romanas* (1969b) que, deslocando a atenção para o sistema religioso nesse novo contexto, o historiador se defrontou com o espinhoso problema da "demitização romana", relacionando-a às modificações de ordem político-social que caracterizam a transformação do mundo rural romano arcaico em direção a um Estado imperial. Da confrontação com esse tema e na brilhante impostação de sua investigação surgem e amadurecem, justamente, os primeiros resultados de uma problematização das tipologias classificatórias. Enfim, entre essas investigações histórico-comparativas, relativas ao mundo grego, e as sucessivas, estendidas do mundo grego ao mundo romano, Brelich problematizou os condicionamentos da tipologia classificatória, chegando ao resultado de uma definição culturalmente convencional do conceito de religião℘ (Brelich, 1970, 1979). Em primeiro lugar, encontra-se nele, a essa altura, uma importante crítica histórica ao velho comparativismo analógico. Isto porque o pressuposto (fenomenologista) de uma religião inata no homem não pode ser aceito pelo historiador, sobretudo tendo em vista que, por um lado, a realidade histórica conhece somente uma multiplicidade de religiões (e não a "religião℘") e, por outro lado, partindo-se da constatação de que nenhuma língua dos povos primitivos, bem como nenhuma civilização superior arcaica, dispõe de um termo correspondente ao conceito de "religião℘", não podemos deixar de levar em consideração como este se formou no decorrer da história da civilização ocidental. Logo se destaca como não se pode falar de "religião℘" em um contexto cultural que não possui este conceito; além do mais, correndo o perigo de estabelecer e projetar a divisão (por exemplo, "religioso" *versus* "profano℘"), pressuposta pelo conceito habitual, em um complexo de fenômenos que não encontram a articulação dessa divisão perante outras modalidades de manifestações culturais.

Tendo em vista esses alertas histórico-críticos, por parte do historiador desprende-se, portanto, a necessidade de elaborar um diferente percurso. E a sugestão de Brelich é justamente aquela de proceder

a uma análise inicialmente empírica que possa confrontar as concretas realidades históricas com a construção conceitual; isto para que, progressivamente, essa última ganhe em capacidade de compreensão dessas realidades e, portanto, em capacidade de generalização e abertura histórica do próprio instrumento conceitual. Neste percurso metodológico se inscreve, portanto, o resultado sempre parcial e instrumental de uma definição culturalmente convencional do conceito de religião. O estudo citado repercorre essas modalidades operativas e, em termos históricos, sempre críticas, sintetizando mesmo as aquisições metodológicas obtidas dos específicos estudos ligados ao mundo clássico, anteriormente desenvolvidos pelo autor. Assim, trata-se de entender, por exemplo, qual espécie de fatores pode tornar sacro, perante uma civilização, aquilo que, por si, não o é necessariamente. Nessa direção são problematizadas, em termos propriamente históricos e comparativos, as crenças℘ religiosas, os seres extra-humanos, os mitos, os ritos e uma série de outros fenômenos religiosos que têm a função de preparar uma resposta à pergunta: o que é a História das Religiões℘? Na análise proposta por Brelich, entre os pressupostos e os caracteres dessa disciplina podemos salientar como, em primeiro lugar, o método℘ histórico-comparativo encontra seu fundamento na unidade da história humana. Independentemente dos problemas e dos métodos℘ históricos que variam segundo os tipos de documentação e as sociedades (históricas ou etnológicas) com que se defronta a disciplina, ou que caracterizam a peculiaridade das religiões a tendência universalista, em todos os casos se destaca como as atenções metodológicas da comparação devem, necessariamente, fundamentar-se nessa unidade da história. É, então, em termos de elaboração teórica e partindo dos contextos de análise invocados enquanto imprescindíveis que Brelich vem elaborando, em seus trabalhos, algumas das mais exemplares definições do sentido sociocultural do mito: "Levando de volta os fatores fundamentais de sua efetiva existência aos tempos das origens nos quais, em decorrência de um evento prodigioso e não repetível, eles seriam constituídos, a sociedade *dá um sentido* às próprias condições e formas de existência: os mitos *fundam* as coisas, que não somente são como são, mas *devem* ser como são, porque assim tornaram-se naquele tempo longínquo no qual tudo se decidiu; o mito torna aceitável aquilo que é necessário aceitar [...] e assegura estabilidade às instituições; provê, aliás, modelos de comportamento [...]. O mito, portanto, não *explica*, por uma necessidade intelectual, as coisas [...], mas as *funda* conferindo a elas valor" (Brelich, 1965, p. 11).

Daí a emergência de uma modalidade social e cultural completamente distinta daquela, mais frequente, da interpretação℘ intelectual que olhava para o mito nos termos da antiga contraposição racionalista da filosofia grega, sintetizada pela oposição entre *mitos* e *logos*. Uma modalidade *distinta* daquela norteada pelo sentido em termos racionalistas (isto é, que olha a distância a dimensão mítica, mas já não se encontra no interior de sua peculiar lógica operativa) e que caracteriza, propriamente, as sociedades "mito-lógicas" (a peculiaridade de uma lógica do mito, se quisermos), seja em âmbito histórico, seja no etnográfico. Nesse sentido, a desmentida de uma correspondência por oposições *mitos* [:] *logos* [=] *verdadeiro* [:] *falso* é evidenciada pela relação que os "primitivos" instauram com sua modalidade do "crer" (um "crer sem alternativas" para o autor): "Os primitivos *sabem* que seus mitos são verdadeiros [...], mas seu *crer* não é uma escolha entre diferentes possibilidades, mas a aceitação de uma única evidência" (Brelich, 2002, p. 20). E isto levando em consideração a necessária relação do mito com o mais amplo e complexo horizonte mítico (a mitologia) que caracteriza a complexidade social e cultural de uma sociedade.

Não secundariamente, Brelich vem elaborando, também, importantes investigações históricas relativas às funções e às definições do sentido sociocultural do rito, no mundo clássico, preparando, mesmo, a proposta interpretativa de uma relação, diferentemente orientada e complementar, entre mito e rito, a qual será retomada, como veremos mais adiante, pela investigação histórico-religiosa de Dario Sabbatucci. É este o caso do rico estudo dedicado às iniciações espartanas (Brelich, 1969a, p. 22-24). Enfim, como veremos na retomada desta parte da investigação por Sabbatucci, o estudo de Brelich vem evidenciando a característica operatividade ritual, o desejado cultural nela implícito, aquele "fazer" inserido no espaço, culturalmente aberto à mutabilidade, possibilitado e garantido no interior de um mais abrangente horizonte de imutabilidade mítica dentro da qual se insere, se limita, mas também se desprende a possibilidade de uma ação transformadora própria do homem em seu contexto cultural.

De qualquer modo, o percurso da obra de Brelich é constante e ricamente entrelaçado num mais abrangente plano historiográfico e teórico (em contraposição à Escola Histórico-Cultural, à Fenomenologia etc.), que nunca deixa de problematizar, na particularidade de suas investigações, as características e a problemática histórica do *conceito* (e suas consequências) em relação ao estudo da *religião*. Assim, por exemplo, tendo em vista a atenção histórica e metodológica já destacada, o autor ressalta como o plural "as religiões" pressupõe, enfim, um conceito de "religião" que é simplesmente um *conceito* (um instrumento analítico, historicamente construído) e não, necessariamente, alguma coisa realmente existente que possa ser chamada "a religião", sem que seja esta ou aquela religião concreta. Contra as correntes que, apesar do impor-se desta imprescindível perspectiva histórica e metodológica, ainda

operam com o conceito "a religião", como se ele tivesse também uma existência concreta, o autor evidencia, então, como os resultados mais significativos decorrentes do pressuposto crítico da investigação histórico-religiosa tornam manifesto como todos os conceitos históricos formam-se *a posteriori*, isto é, surgem no curso da História. Por isso não se pode deixar de levar em consideração, *a priori*, como um conceito evidente de "religião" é ele mesmo um produto histórico: se tanto nas línguas dos povos "primitivos" quanto naquelas das civilizações antigas falta qualquer termo correspondente, internamente à nossa história ocidental o próprio termo latino *religio* começou a ter um sentido mais abrangente (começou a ver emergir uma nova historicidade) depois do choque entre o Cristianismo e as religiões do mundo antigo. Seria inútil, portanto, segundo Brelich, procurar uma definição da religião válida "em si": as definições dedutivas (abstratas) seriam historicamente inutilizáveis, uma vez que qualquer outra definição é ligada a experiências históricas particulares e, portanto, sujeita a modificações.

E depois de sua reflexão histórica e teórica sobre o conceito e o instrumento operativo "religião", incisiva e de grande relevância foi, também, a reflexão de Brelich sobre o método comparativo: essa se destaca por sua diferença com relação às "comparações selvagens" do evolucionismo e da Fenomenologia, e contra elas o autor retoma a lição de Pettazzoni. Enfim, sintetizando a perspectiva de método proposta pelo autor, tratar-se-ia de um convite endereçado a apurar e desenvolver uma comparação que esteja sempre atenta à *procura das razões históricas* que, unicamente, podem e devem fornecer a base da comparabilidade dos fenômenos religiosos. Nesta óptica a *comparabilidade não significa identidade* ou identificação de fenômenos, mas, com este método, o comparativista encontra-se, sobretudo, perante sua específica função de *individuar razões* igualmente *históricas* que estão na base das formações (religiosas e culturais) comparáveis: nessa base historicista, sua comparação escapa do risco da redução ou da simples identificação, para desvendá-las enquanto o *resultado de processos criativos individuais e não repetíveis*. Tudo isso feito – salvo o pressuposto de que é na história que devem ser procuradas as analogias e diferenças entre as várias religiões – sem nunca esquecer que, como qualquer outra formação cultural, as religiões também são produtos históricos, quer dizer, humanos.

IV. Dario Sabbatucci: entre mundo clássico, etnológico e as dimensões do religioso. Titular da segunda cátedra de História das Religiões junto à Universidade "La Sapienza", de Roma, desde 1971, em seus estudos Dario Sabbatucci (1923-2004) soube conjugar de forma excepcional sua extraordinária competência sobre as religiões do mundo clássico com o conhecimento de culturas e religiões de âmbito etnológico. Essa competência constituiu a base fundamental de uma erudição que, a partir de importantes intuições, o levou a um percurso tanto inquieto, rico e, às vezes, provocador quanto extremamente coerente com os pressupostos da escola histórico-religiosa de sua formação; esta, então, encontrou nele uma síntese bastante significativa. A cognição específica dos "fatos religiosos" de tantas civilizações (históricas ou menos), conjuntamente com uma aplicação rigorosa, mas não rígida, da metodologia elaborada por seus antecessores (sobretudo, mas não só, o comparativismo de Pettazzoni e Brelich, e a reflexão sobre o etnocentrismo♀ de De Martino), foram os instrumentos através dos quais o historiador romano soube esclarecer numerosos temas e problemáticas relativos às dimensões do religioso.

Entre todos destacamos, para começar, aqueles relativos à atenta leitura do mundo clássico. No *Ensaio sobre o misticismo grego* (Sabbatucci, 1965), o autor apontou as confusões relativas ao fenômeno místico e, para tentar dissipá-las, partindo justamente de uma perspectiva histórico-religiosa, em seu estudo começou por dividi-lo segundo duas diferentes características que o distinguem profundamente: a ascese♀ e o comportamento místico. A partir dessa distinção fundamental, na abordagem ao misticismo grego foram escolhidos os dois componentes mais característicos da religião grega: os mistérios (eleusinos) e o orfismo. Os resultados gerais adquiridos com a perspectiva metodológica de Sabbatucci, aplicada ao contexto do mundo grego, em sua generalização oferecem, por um lado, uma preciosa e clara indicação para os historiadores que se debruçarem sobre a problemática do misticismo; mas, por outro lado, apresentam a lúcida e extraordinária análise do orfismo e dos mistérios eleusinos (que não podemos minimamente apontar neste lugar); desenvolvida ao longo da obra, permanece o testemunho e o exemplo mais emblemático das ricas aquisições obtidas com uma pontual e historicamente atentíssima investigação conduzida no interior dessas diretrizes.

Sucessivamente, com relação à religiosidade da Roma antiga, Sabbatucci desenvolve sua análise levando em consideração suas principais e peculiares características, isto é, aquelas que surgem de um contexto histórico, peculiarmente romano, preso entre seu característico processo de "demitização" (Sabbatucci, 1975) – tornando única, nessa direção, a religião romana entre todas as religiões arcaicas – e sua rica ritualidade cívica. A esse respeito, desde o começo da obra, o autor esclarece seu título, introduzindo com ele a perspectiva de uma análise histórica atenta a esses dois aspectos do mundo romano. Caracterizando então o conceito de Estado (qualificador, globalmente, da cultura ocidental) enquanto "estado de direito" e analisando-o enquanto produto histórico, específico e concreto, verifica sua superação das distinções de "sangue", dos privilégios gentilícios, identificando-o enquanto interétnico. Sua concreta formação histórica se configura, assim, como a *res publica* romana, indicada através do complexo de noções contidas na sigla S.P.Q.R. Nesse contexto, os dois problemas originários da indagação, a "demitização" e o "ritualismo", descobrem-se não diretamente ligados à organização estatal de Roma, mas enquanto relativos à sua religião. Nesse sentido, se todo mito se configura enquanto funcionalmente *pré-temporâneo*, na analística romana e na historiografia posterior não há lugar para o mito: "Enquanto em Roma se obteve a organização de uma ordem ou sistema de valores fundados na 'sacralidade' do tempo histórico, na Grécia, com os episódios místicos, se obteve o reviramento de uma ordem que se considerava fundada, uma vez e para sempre, no 'sagrado' tempo do mito". A comparação entre Grécia e Roma, portanto, torna possível detectar as peculiaridades históricas das diferentes e respectivas soluções culturais, partindo da comum finalidade antigenética: "[...] Na Grécia a rejeição do 'dado', entendido como *a* condição humana, produziu misticismo, e entendido como condição política produziu democracia. Em Roma condição humana e condição política se identificam: os 'inaceitáveis' *iura gentium* que sancionam uma desigualdade político-social são também *iura hominum*, ou seja, são aqueles mesmos 'direitos de sangue' que sancionam a desigualdade racial; a rejeição destes *iura* levará Roma a consequências universalistas desconhecidas à Grécia, ou limitadas, na Grécia, ao campo de ação místico; enquanto, por outro lado, Roma não irá produzir outro 'misticismo' que não seja a absoluta dedicação à *res publica* entendida, por si, quase 'trans-humanante' (em termos jurídicos: o *ius civile* toma o lugar do *ius humanum*)" (Sabbatucci, 1975, p. 86-89).

A compreensão da originalidade desse percurso histórico de Roma – e a originalidade da capacidade interpretativa, não lógica, mas histórica, proposta por Sabbatucci – emerge, portanto, lá onde, no capítulo IX do livro, o historiador se detém na peculiar análise da relação entre sacro e profano♀. De tudo isso e em termos gerais vale destacar, aqui, a riqueza de resultados obtidos, para a metodologia histórico-religiosa, com relação a esse aspecto, partindo de uma aprofundada análise histórica do momento da formação cultural (romana) da relação entre as duas categorias.

Depois da investigação sobre a peculiaridade da religiosidade da Roma antiga, Sabbatucci volta, então, a confrontar-se com a religiosidade grega em *Il mito, il rito e la storia* (1978). Ele faz isto, desta vez, prestando particular atenção ao processo de transformação da cultura ateniense arcaica, fundada no princípio de pertença genética, em direção à novidade de uma democracia construída sobre a *pólis*, quase como se a reflexão sobre a *res publica romana* impusesse o retorno à Grécia para repensar,

ESCOLA ITALIANA

comparativamente, as características da democracia do mundo grego. Nessa direção, o autor volta sua atenção para a relação-oposição entre mito e rito (que recalca aquela entre Grécia e Roma), todavia, complicada, desta vez, justamente em relação ao ordenamento cultural gentílico característico do mundo grego (e à revolução antigentílica, exemplificada no rito iniciático de Elêusis).

De fato, segundo Sabbatucci, no contexto histórico e cultural grego, o *genos* havia-se constituído enquanto: "[...] solução ao problema da continuidade do poder perante a descontinuidade dos indivíduos que o exercitavam historicamente; que era, também, o problema da 'indeperibilidade' do poder perante a 'deperibilidade' dos dinastas. [...] [Portanto] não suscita maravilha o fato que ele [o *genos*] fosse subtraído ao porvir histórico, fosse des-historificado e levado a nível místico; de onde nos é possível falar de uma valência mítica da 'geração'" (Sabbatucci, 1978, p. 67).

De tudo isto decorre que, de um lado, para a cultura grega é inconcebível a definição do homem metafísico, e, por outro lado, tornava-se de extrema necessidade a definição da humanidade histórica (através da determinação mítica de "chefes de estirpe", "antepassados♀", "epônimos" etc., de uma família, de um povo, de uma região etc., até chegar à própria nação grega e às nações com as quais a nação grega se confrontava) (Sabbatucci, 1978, p. 70-71).

Assim, portanto, a orientação do mundo grego rejeitava a "criação" e propunha a formulação de qualquer origem nos termos de uma "geração": em definitivo, privilegiava o *genos*. O que explica a *escolha* da "geração" no lugar da "criação". Em consequência disso, detendo-se sobre os fatos gregos que levaram a ênfase (à solução cultural) do *genos*, a análise de Sabbatucci com relação aos fatos gregos vem apontando a emergência de dois tipos de problematização da solução genética, anteriormente proposta: "[...] uma é aquela lógica ou absoluta (ou relativa somente ao sistema lógico que resolveu qualquer coisa com o *genos*); a outra é aquela histórica, ou seja, derivada não das contradições internas ao sistema, mas da rejeição do próprio sistema, como aconteceu quando a sociedade grega rejeitou o ordenamento gentílico e se deu um ordenamento definível, pelo menos em Atenas, como 'democrático'. A dupla problematização, como se pode ver, responde ao dúplice nível, o existencial e o sócio-político, onde se realiza a solução genética" (Sabbatucci, 1978, p. 77).

É nessa direção e em função de uma adequada colocação e entendimento do problema, em termos histórico-religiosos, da democracia no mundo grego (a ser repensada e problematizada comparativamente com a diferente modalidade histórica da *res publica* romana) que, então, Sabbatucci foi obrigado, necessariamente, a delinear e levar em consideração as

peculiares características do mito, isto é, "[...] o mito por si, enquanto *gênesis*; o mito em relação-oposição à história, por sua capacidade de fundar uma realidade meta-histórica; o mito em relação-oposição à cultura, por sua capacidade de fundar uma realidade natural" (Sabbatucci, 1978, p. 79).

E é justamente em relação a esses resultados obtidos que, finalmente, o historiador se repropõe, ainda, a levar em consideração o mito em sua relação-oposição técnica que ele mantém, de fato, com o rito. Para tanto, segundo Sabbatucci, deve-se destacar como: "[...] a relação-oposição entre mito e rito pode ser formulada da seguinte maneira: o mito funda o homem metafísico ou natural, enquanto o rito transforma em homem histórico ou cultural o homem metafísico ou natural (de outro ponto de vista: confere realidade ao homem histórico, em oposição à sua realidade meta-histórica)" (Sabbatucci, 1978, p. 80).

O percurso se aprofunda, a esse respeito, na indagação histórica particular e significativa do mundo grego: da Tebas de Édipo à função ateniense do ciclo tebano; do *logos* à historiografia grega, entendida e exercida enquanto tragediografia; passando pela análise da sublimação socrática do *logos*, que permita repensar a especificidade da relação entre mito, rito e história; a partir dela, a investigação se propõe a levar em consideração a função do instituto mítico-ritual da realidade e, dentro dele, a relação entre o tempo, o calendário e os reis, assim como pode ser historicamente analisada até a caçada dos reis. O patrimônio metodológico histórico-religioso é o constante pano de fundo que estimula Sabbatucci na peculiaridade de sua análise e de seus resultados de pesquisa: as presenças mais constantes e sólidas são, sem dúvida – nesta obra, mas não só nela –, as de Raffaele Pettazzoni e Angelo Brelich, tanto no que diz respeito ao aparato teórico-metodológico quanto com relação às problemáticas históricas (por exemplo, o tema dos mistérios, para o primeiro [Pettazzoni, 1924], ou aquele das iniciações espartanas, no caso do segundo [Brelich, 1969a]). Há de se notar, ainda, a constante presença do confronto com as obras de Dumézil♀ e de Vernant (cuja amizade intelectual foi uma constante para Sabbatucci) e, sobretudo, um confronto crítico com uma tentativa de leitura estrutural dos problemas emergentes da investigação: um confronto, segundo as palavras do próprio Sabbatucci, "interessado mais à história do que à lógica, com um discurso proposto por Lévi-Strauss♀, interessado mais à lógica do que à história" (Sabbatucci, 1978, p. 78).

No interior desse percurso, aqui apenas e necessariamente apontado numa extrema síntese, o autor tenta não perder de vista, portanto, os objetivos da investigação conduzida. Esses objetivos eram norteados, sobretudo, pelas diretrizes de pesquisa fixadas ao redor da contraposição técnica entre mito e rito e obtêm, em uma síntese estreitamente necessária aqui, dois resultados substanciais: 1) O primeiro, em termos de aquisição de uma esclarecedora leitura histórico-comparativa interna ao mundo grego, que se diferencia segundo as distintas modalidades de entender o que nós, hoje, chamamos de História, justamente enquanto filhos do percurso iniciado por Heródoto e que se desprende do contexto ateniense (Sabbatucci, 1978, p. 187-188); 2) O segundo, que exemplifica e sintetiza os resultados teóricos da análise das relações entre o mito e a história. De forma que, segundo os próprios termos do autor: "[...] nossa pesquisa obteve dois ganhos: um teórico-fenomenológico e um prático-historiográfico. A teoria-fenomenologia seria redutível à fórmula *mito: rito = imutável: mutável*; o imutável sendo o não passível de intervenção (humana) e o mutável passível dessa intervenção. Em outros termos: em uma cultura quanto é objeto de mito é incluído na zona do imutável e subtraído à intervenção humana (ou seja, *se quer* que seja subtraído a ela), enquanto aquilo que não se quer se seja subtraído à intervenção humana se torna objeto de rito. O ganho histórico foi obtido pela consideração da unidade cultural ateniense enquanto fruto específico e individualizável de uma revolução antigenética não específica e que não pode ser contida na área cultural ateniense, e nem mesmo na superordenada área cultural grega. [...] [Finalmente, então], a fórmula exposta acima acerca das relações mítico-rituais é para ser entendida enquanto uma teoria-síntese que constitui um ponto de orientação para a continuação da atual investigação [...]" (Sabbatucci, 1978, p. 236-237).

Finalmente, a riqueza do exercício metodológico histórico-religioso de Dario Sabbatucci não se limita exclusivamente à sua grande erudição e aos seus trabalhos sobre o mundo clássico. Uma parte importante do trabalho historiográfico do autor se debruça, também, sobre a análise do *corpus* mitológico de culturas tradicionais, evidenciando a deformação etnocêntrica que caracteriza a interpretação dos mitos e a consequente criação arbitrária de algumas tipologias fenomenológicas (por exemplo, o "dema", hipotizado pelo antropólogo Adolf Jensen); e toda essa análise crítica manifesta e exemplifica, sempre, o exercício de uma pontual, rica e meticulosa aplicação da metodologia histórico-religiosa aos vários estudos e contextos de investigação (Sabbatucci, 1986).

De todo esse percurso e das várias obras do autor emergem claras a sua capacidade de relacionar o fato religioso às dinâmicas socioeconômicas e a sua modalidade de ler o mito evidenciando suas funções e atualidade (leitura não estranha à lição estruturalista). O resultado mais significativo obtido por seus estudos será o de conseguir fazer conviver o científico no humano, isto é, reconduzir as abstratas e rígidas categorias típicas de certa Antropologia à

especificidade do fato histórico. Nessa direção, a primeira distinção basilar da abordagem proposta por Sabbatucci é aquela destacada entre as diferentes funções absolvidas pelo *mito* e pelo *rito* em culturas de tradição oral: fundante e des-historificante, com relação ao primeiro, aberto à "atualidade" e ao "mutável", mas também des-historificante, no segundo caso (Sabbatucci, 1978; 1987). Nessa direção, a distinção proposta pelo historiador supera a fórmula da "subordinação do rito ao mito nos 'momentos de crise'", que foi aquela proposta, mesmo, por Brelich e De Martino, no momento em que eles tentavam realizar uma mediação metodológica com a abordagem fenomenologista. E esta superação pode, justamente, ser exemplificada, na especificidade que o autor detecta em sua relação. Complementando quanto apontado logo acima, de fato: "[...] a categoria do 'religioso' *associa* mito e rito, no sentido que não há mito sem um horizonte cultural e não há rito sem um horizonte mítico; por isso não existe outro problema, acerca das relações entre mito e rito, a não ser aquele da anterioridade genética. O nosso [problema]: mito e rito são funcionalmente *dissociáveis* em vista de uma escolha que cada cultura faz entre aquilo que deve ser considerado imutável, e se torna objeto de mito, e aquilo que deve ser considerado mutável, e se torna objeto de rito; portanto não se põe o problema da anterioridade genética, no sentido que quando se define o imutável ou o mutável se define, contemporaneamente, também seu contrário. Em suma, nós partimos de uma 'dissociação' que não depende de fatos objetivos, enquanto outros [leia-se 'os fenomenólogos'] partem de uma 'associação' que é colocada como um fato *religioso* objetivo. [...] Nós observamos que a interdependência entre mito e rito pode ser formulada mesmo sem recorrer à religião. Por exemplo, nos termos da interdependência que corre entre um 'dizer' e um 'fazer', cujo sentido particular seja expresso somente por sua contraposição e não em absoluto [...]" (Sabbatucci, 1978, p. 238-239).

O resultado desta impostação relacional entre mito e rito, portanto, não tem como pressuposto a abstrata e a-histórica categoria do "religioso", mas se configura como o estudo de suas relações que pode, finalmente, justificar e fundamentar a necessidade de uma disciplina propriamente histórico-religiosa. Resulta evidente, a esse propósito, a retomada e o aprofundamento de Sabbatucci da problemática já proposta por Brelich, lá onde este vinha desmentindo a correspondência por oposições da relação *mitos* [:] logos [=] *verdadeiro* [:] *falso*, evidenciada pela específica relação que os "primitivos" instauram com sua modalidade de um "crer sem alternativas"; lá onde ele vinha preparando a proposta interpretativa de uma relação, diferentemente orientada e complementar, entre mito e rito, caracterizada pela necessidade de fundar uma imutabilidade do

ESCOLA ITALIANA

horizonte mítico no interior do qual se insere uma operatividade (mutabilidade) ritual, correspondente ao desejado cultural nela implícita; é esta, de fato, a proposta retomada, aprofundada e solidificada pela investigação histórico-religiosa de Dario Sabbatucci. A pergunta que, no fundo, segundo Sabbatucci, tal perspectiva deve pôr-se é: por que uma cultura produz mitos e ritos? A resposta sugerida pelo autor é contida, enfim, no fato de confiar aos dois institutos a definição em termos de mutabilidade (o rito que diz respeito à ação humana e, portanto, à história) e imutabilidade (o mito que se ergue perante – e fundamenta – a impossibilidade de ação humana e, portanto, a fuga da história) da própria realidade. A partir dessa relação de mito e rito Sabbatucci segue com a análise das transformações funcionais que eles sofrem na transição para a cultura escrita e para a concepção linear do tempo. E nessa perspectiva a contraposição se nuança até perder-se, quase, confrontando ambos com a História; Nessa direção, não somente o mito é des-historificante, mas o próprio rito se configura enquanto tal, mesmo se permanece enquanto instrumento de operatividade do "mutável". O fato é que a atividade ritual está fora da ação histórica enquanto: "1) *do homem ao rito*: aquilo que não pode fazer o homem o faz o rito; 2) *do rito ao operador ritual*: aqueles ritos que um homem normal não poderia realizar são realizados por um operador ritual diferenciado da gente comum por essa sua função [...]" (Sabbatucci, 1987, p. 204).

A perspectiva histórica e operativa do "real", que pertence à cultura ocidental, se contrapõe, portanto, ao aparato mítico-ritual, que perde, enfim, as próprias funções de fundamento da sociedade e é relegado ao "religioso" (Sabbatucci, 1978, p. 165-180). Chega-se, assim, a outra fundamental distinção: aquela que, a partir do mundo romano, caracteriza ainda o Ocidente, isto é, a dialética entre *cívico* e *religioso*: o primeiro representando um campo que podemos definir de ação histórica, política e científica; o segundo, o religioso, caracterizado por sua dimensão meta-histórica e extra-humana. Ora, é justamente levando em consideração essa distinção que se pode verificar como, historicamente, a partir de suas raízes fincadas na cultura da Roma antiga, o *cívico* na nossa cultura é definido pela dialética entre *público* e *privado*, enquanto, por outro lado, o *religioso* é definido pela dialética entre *sacro* e *profano* (Sabbatucci, 1990, p. 47).

Outra importante (e discutida) aquisição da reflexão, no interior dessa perspectiva, é, enfim, aquela da proposta de uma "vanificação" do fato. A esse respeito escrevia Sabbatucci em seu *Sommario* (1987, p. 127): "[...] se a operação fenomenológica pode ser vista como objetivação da religião, a crítica histórica se lhe contrapõe como 'vanificação' do objeto religioso. 'Vanificação' das arbitrárias categorizações concernentes: a forma da religião (as notas denominações

em -ismo), a produção mítico-ritual, a concepção de seres ou poderes extra-humanos etc., até chegar à própria categoria do religioso que se revela desviante, ou de qualquer forma inútil, para uma abordagem a culturas diferentes da nossa, e nas quais a diversidade se revela, também, ou sobretudo, pela falta de um 'cívico' a ser contraposto ao 'religioso'".

Se, portanto, esta "vanificação" se destaca enquanto efeito secundário de uma pesquisa da função cultural daquilo que, até aqui, foi recebido acriticamente, *sub specie religionis*, em culturas diferentes da nossa (isto é, daquilo a que foi atribuída arbitrariamente a função que a religião tem na nossa cultura), de qualquer maneira, a pesquisa histórico-religiosa na qual pensa Sabbatucci.

Finalmente, os mônitos sobre as problemáticas da perspectiva histórico-religiosa-comparada, deixados em aberto por Brelich e aprofundados com a última reflexão de Sabbatucci – sobre o comparativismo histórico que nega a "globalização" do conceito de religião –, vêm constituindo e sintetizando os resultados mais significativos aos quais chegou essa tradição de estudos italiana. Foi a partir dessa premissa da "vanificação" do objeto religioso, então, que Sabbatucci desenvolveu uma longa e intensa investigação histórico-comparativa sobre o politeísmo (Sabbatucci, 1998). Aqui, partindo de uma historicização do termo (do seu comparecimento na Idade Moderna, com a obra de Bodin, para chegar às suas peculiares definições e significações, do mundo grego ao mundo romano e, sucessivamente, à sua ressemantização na Antiguidade cristã), o autor verifica seu percurso de expressão lexical a sistema filosófico ou teológico, até resultar em um sistema positivo (uma religião) e não mais como um não monoteísmo. Tudo isso, evidentemente, levando em consideração o observador laico. Mas, então, Sabbatucci se pergunta o que dizer do observador eclesiástico ou religiosamente comprometido, tendo em vista justamente como as primeiras observações etnográficas são, sobretudo, obra de missionários e sublinhando, ainda, como no final do século XIX se começou a construir, com base nessas observações, uma disciplina que agora é reconhecida com o nome de História das Religiões, mas que no começo foi chamada de Ciência das Religiões ou *comparative religion*. Distinguindo-a dessa última orientação de estudos, Sabbatucci remete à problemática propriamente histórico-religiosa (italiana), levando em consideração as observações propostas por Pettazzoni, em relação à interdependência entre politeísmo e monoteísmo e a um curso sobre o politeísmo (do ano de 1957-1958) ministrado por Angelo Brelich, segundo o qual a fixação da comunicação entre homens e deuses (o culto) em termos politeístas garantiu uma estabilidade do mundo arcaico por milênios. É sempre Brelich mesmo que enfrenta a questão da origem histórica do politeísmoϙ; a esse respeito Sabbatucci vem se perguntando e colocando no centro de sua atenção se seria útil, ao menos para a pesquisa histórica, procurar se e como os sumérios teriam "inventado" os deuses, mas, sobretudo, tentar verificar (com relação também aos outros politeísmosϙ) se são realmente politeísmosϙ ou se, ao contrário, não são formações religiosas habitualmente entendidas como politeísmosϙ.

O problema inicial da pesquisa é, portanto, para o autor, um problema eminentemente histórico: a formação social (e não a forma mitológica) e o desenvolvimento cultural (para além da analogiaϙ "formal" sugerida pelas correspondências tipológicas) de um novo código de expressão, tanto do pensamento, que se encontra também no mito, quanto das relações, expressas sobretudo nos rituais, das chamadas civilizações superiores. A tentativa do estudo é, portanto, de reconduzir fenômenos "religiosos" à arbitrariedade (toda histórica) das culturas, em que por arbitrariedade se entenda tanto a importância estratégica desses fenômenos, em termos de organização das hierarquiasϙ que organizam o sentido das sociedades, quanto a compreensão dos mecanismos de interpretaçãoϙ ocidental daquelas hierarquiasϙ, a partir dos cânones do monoteísmoϙ cristão. Com esses pressupostos, a partir de uma preclara consciênciaϙ da gênese cristã do conceito de religiãoϙ, Sabbatucci enfrenta, enfim, o politeísmoϙ enquanto estrutura propriamente histórico-cultural; ele realiza esta operação tendo em vista, justamente, que a "vanificação" do objeto religioso exige uma radical historicização da categoria "religiãoϙ" e, consequentemente, um seu repensamento, no interior de uma reflexão culturalmente subjetiva, porque, de qualquer maneira, orientada pela consciênciaϙ cultural historicamente construída no interior do Ocidente.

Este mesmo problema, eminentemente histórico, é posto na base, enfim, da última obra de Sabbatucci (Sabbatucci, 2001). Nela, partindo novamente, em uma síntese inicial, do surgimento do termo "monoteísmoϙ" (pela obra de Henry More *Explanation of the grand mistery of godliness*, Londres, 1660), o autor aponta claramente como o neologismo é produzido em conexão com os termos "politeísmosϙ" (cunhado nos últimos vinte anos do século anterior) e "ateísmo". Portanto, um neologismo serviu, nesse contexto, a caracterizar o Cristianismo entre as tendências à unificação do "divino". Meio século depois de More, de instrumento puramente linguístico, a nova palavra "politeísmoϙ" foi adquirindo, enfim, a dimensão de um fato histórico, de um lado, e a substância de uma categoria filosófica, por outro. Esta operação será completada, finalmente, pela obra de David Humeϙ, que, em seu *The natural history of religion* (Londres, 1779), realiza a passagem da "teologiaϙ natural" à "religião natural"; esta poderá

se tornar, portanto, um possível objeto de história, mas é preciso prestar atenção ao fato de que se tratará, evidentemente, de história natural. E com essa obra e Nessa direção o termo "monoteísmoϙ" (assim como aquele relacionado de "politeísmoϙ") encontrará sua máxima difusão. Vale destacar, ainda, que o evolucionismoϙ de Auguste Comteϙ (que fixou o progresso religioso nas três etapas fundamentais do feiticismo, do politeísmoϙ e do monoteísmoϙ) e de Herbert Spencerϙ preparou a característica antropologia de Edward Burnett Tylorϙ: ela se apropriou, justamente, dos três degraus da evolução religiosa do evolucionismoϙ que levava ao monoteísmoϙ. Ora, a esse respeito Sabbatucci mostra muito claramente como este ponto de chegada foi o resultado do percurso conceitual que, a partir do neologismo cunhado por More, passou e se solidificou, entre outros, pelas e nas obras de Kantϙ e Goethe.

Partindo dessa história (contextualização) do surgimento da palavra e do conceito, Sabbatucci empreende, portanto, a análise eminentemente histórica do monoteísmoϙ, desprendendo-a, justamente, em sua efetiva historicidade, a partir das características intrínsecas a uma definição lexical do termo "monoteísmoϙ" que ele tira da voz "Monotheismus" do *Historische Wörterbuch der Philosophie* [Dicionário histórico de filosofia]: 1) O monoteísmoϙ, como reconhecimento de um único Deus, caracteriza o Hebraísmo, o Cristianismo e o Islamismo, e é uma forma de religiãoϙ que emerge com certa força em Zarathustra e nas recentes correntes do Hinduísmo; 2) São próprios do monoteísmoϙ o caráter exclusivo e a pretensa universalidade. Ele expressa uma ruptura absoluta com o politeísmoϙ, cujas divindadesϙ são negadas radicalmente ou demonizadas. Reconhecer divindadesϙ secundárias é, para ele, pecado; 3) As religiões monoteístas são religiões fundadas. A forma de revelação é, para elas, profética; 4) O sentir religioso do homem é, no monoteísmoϙ, fortemente determinado pela experiência de uma ação divina. A isto corresponde, nas religiões monoteístas, a urgente importância de uma teologiaϙ da história, que é definida teologiaϙ e comporta um aspecto soteriológico e escatológico; e 5) O monoteísmoϙ pretende obediência à vontade divina, que põe em primeiro lugar uma edificação ética.

Esses cinco pontos servem ao autor para colocar algumas observações iniciais a serem entendidas enquanto exemplos de problemas de pesquisa propriamente histórica, mesmo que traçados, aqui inicialmente, de forma geral, mas depois pontualmente (isto é, historicamente) aprofundados no decorrer do estudo. Os problemas de pesquisa histórica, propostos a partir dos cinco pontos do *Wörterbuch*, são, portanto, os seguintes:

Somente o Cristianismo e o Islamismo respondem a todos os requisitos elencados acima. Justamente o Hebraísmo, que abre o elenco como monoteísmoϙ originário, é uma religião étnica e não universal. E não é nem mesmo fundada, a menos que não queiramos considerar Moisés como seu fundador. De qualquer maneira teria que ser esclarecida a questão da fundação. Na realidade, somente o Islã tem um verdadeiro fundador; para o Cristianismo é difícil se pronunciar sem reservas.

Acerca do profetismo, é necessário prestar muita atenção. O Cristianismo aceita os profetas℘ veterotestamentários, mas não produz seus próprios [profetas]. Nem mesmo o Islamismo produz deles; na ortodoxia islâmica, Maomé é, ao mesmo tempo, o fundador e o último profeta℘.

O Hebraísmo não produziu uma escatologia℘, nem uma soteriologia℘, em sentido cristão e islâmico. Como quer que seja, quando se fala de salvação℘ e de religiões salvíficas, é preciso distinguir entre salvação℘ no mundo e salvação℘ do mundo (a definição do *Wörterbuch* alude claramente a uma salvação℘ do mundo).

O Mazdeísmo é um monoteísmo℘ para todos os efeitos, mas não é considerado como tal porque se prefere defini-lo como dualismo. A respeito desse dualismo é necessário realizar uma indagação, porque poderia ser definido como dualismo também o Cristianismo, se olharmos a concepção do diabo em contraposição à concepção de Deus (Sabbatucci, 2001, p. 20-21).

Os problemas de pesquisa histórica propostos pelo autor, a partir de um esquema interpretativo de cunho fenomenológico, servem muito bem, parece-nos, para exemplificar significativamente o quanto a definição fenomenológica pode propor, sim, problemas de ordem histórica, mas não oferece a possibilidade de resolvê-los historicamente. É então que a análise de Sabbatucci remete à (e se desprende da) longa investigação já conduzida por Raffaele Pettazzoni, que, em decorrência de tudo isso, sublinhava, significativamente, o fato de que "se pode dizer que uma religião absoluta e perfeitamente monoteísta não existe". Pode-se dizer, enfim, que uma coisa é a unidade interpretativa da categoria e outra coisa é a arbitrariedade dos percursos e dos resultados históricos para os quais ela remete.

***

Aquilo que os ocidentais chamaram por longo tempo (e ainda continuam chamando) de "religião℘", pelo menos do ponto de vista histórico-cultural, deve ser visto, substancialmente, não como um objeto em si transcendente à dimensão humana, mas como uma *codificação humana e histórica de valores*. Enquanto valores, esses se devem prospectar em uma durabilidade que sirva, justamente, a superar as contingências efêmeras, complexas e incompreensíveis da história, para oferecer uma perspectiva ao operar humano: somente na perspectiva de valores

dando sentido à contingência (histórica e humana) é que esta adquire um sentido e que os primeiros oferecem uma perspectiva à vida. Mas não se pode esquecer que o ponto de partida para a História das Religiões℘ é aquele que sempre leva em consideração a construção desses valores em termos históricos e contextuais. Dito de outra maneira, as culturas (muitas vezes identificadas com termos religiosos) representam estruturas *em* e *de* contingência; enquanto tais, podem construir modelos absolutos de valores (para quem os vive: para aqueles que vivem por dentro da cultura que os construiu e se torna uma com esses valores); todavia, o historiador tem a função de considerá-los como relativos a um tempo, a um espaço e a um contexto relacional de *aculturação℘*. Isto significa que, na perspectiva histórico-religiosa, trata-se, substancialmente, de descobrir a contingência histórica da formação de um absoluto, cultural e historicamente construído enquanto valor.

Bibliografia: BRELICH, A. *Gli Eroi greci*: un problema storico-religioso. Roma: Ateneo, 1978; BRELICH, A. *Il Politeismo*. Roma, 1958; BRELICH, A. *Introduzione alla storia delle religioni*. Roma: Ateneo, 1965; BRELICH, A. Mito e fede. In: XELLA, P. (Org.). *Angelo Brelich, mitologia, politeismo, magia e altri studi di storia delle religioni*. Napoli: Liguori Editore, 2002; BRELICH, A. *Paides e parthenoi*. Roma: Edizioni dell'Ateneo, 1969; BRELICH, A. *Paides e parthenoi*: prolegomeni a una storia delle religioni. In: PUECH. E. C. (Org.). *Storia delle religioni*. Bari: Laterza, 1970; BRELICH, A. *Paides e parthenoi*: tre variazioni romane sul tema delle origini. II ed. Roma: Ateneo, 1969; BRELICH, A. *Paides e parthenoi. I Misteri*: saggio di una teoria storico-religiosa. Bologna, 1924; BRELICH, A. *Paides e parthenoi*: il Metodo comparativo. *Numen: International Review for the History of Religions*, 6 (1959), p. 1-14; BRELICH, A. *Paides e parthenoi*: L'Onniscienza di Dio. Torino: Einaudi, 1955; BRELICH, A. *La Formazione del monoteismo*. Roma: Centro Romano di Studi, 1949; BRELICH, A. *Miti e leggende*. Torino: UTET. 4 vols.: 1948, 1953, 1959, 1963; PETTAZZONI, R. Gli Ultimi apunti di Raffaele Pettazzoni. In: BRELICH, A. (Org.). *Studi e materiali di storia delle religioni*. Roma, 1960. vol. XXX, p. 23-55; SABBATUCCI, D. *Il Mito, il rito, la storia*. Roma: Bulzoni Editore, 1978; SABBATUCCI, D. *La Prospettiva storico-religiosa*: fede, religione e cultura. Milano, Il Saggiatore, 1990; SABBATUCCI, D. *Lo Stato come conquista culturale*: ricerca sulla religione romana. Roma: Bulzoni Editore, 1975; SABBATUCCI, D. *Mistica agraria e demistificazione*. Roma: La Goliardica Editrice Universitaria, 1986; SABBATUCCI, D. *Monoteismo*. Roma: Bulzoni, 2001; SABBATUCCI, D. *Politeismo*. 2 vols. [Vol. I: Mesopotamia, Roma, Grecia, Egitto; Vol. II: Indo-iranici, Germani, Cina, Giapone, Corea]. Roma: Bulzoni, 1998; SABBATUCCI, D. *Saggio sul misticismo greco*. Roma: Edizioni dell'Ateneo, 1965; SABBATUCCI, D. *Sommario di storia delle religioni*. Roma, 1987.

ADONE AGNOLIN

ESCOLHA RACIONAL, TEORIA DA →
Economia da Religião

ESOTÉRICO/EXOTÉRICO

O adjetivo "esotérico" qualifica um conhecimento transmitido nas antigas escolas gregas exclusivamente para aqueles que eram iniciados nos chamados "mistérios", contrastando com o conhecimento exotérico, que, por sua vez, qualifica os conhecimentos destinados aos não iniciados nas escolas de mistério. O termo é usado no sentido de "não esotérico". Por extensão, esotérico é utilizado para qualificar todo conhecimento, elemento ou prática exclusiva que é reservado a um círculo restrito de pessoas com interesses específicos. De forma geral, "esotérico" caracteriza conhecimentos, elementos e práticas específicas daqueles que formam o chamado "círculo interno" de uma organização, grupo ou comunidade. Em contraposição, exotérico é associado aos conhecimentos, elementos e práticas dos demais membros, que formam o chamado círculo externo daquele mesmo grupo. Esotérico descreve um conhecimento associado aos mistérios e às disciplinas arcanas, a uma ciência, doutrina ou prática fundamentada em conhecimento de ordem sobrenatural, conhecido apenas por um pequeno grupo de iniciados. Exotérico, nesse caso, é a negação de esotérico. Esotérico caracteriza um tipo de conhecimento interior secreto, vivencial, essencialmente intuitivo, que também é chamado de "gnose", muitas vezes associado a práticas e técnicas de tradições e sistemas religiosos, iniciáticos ou teúrgicos. Nesse sentido, exotérico refere-se ao conhecimento comum, não vivencial ao alcance de todos.

Segundo Wouter J. Hanegraaff (2006, p. 336), o termo "esotérico" apareceu pela primeira vez numa sátira de Luciano de Samósata (século II), na qual Hermes e Zeus estão vendendo diversos filósofos como escravos e propagam que, ao comprar um discípulo de Aristóteles, o comprador estaria recebendo dois pelo preço de um: aquele visto pelo lado de fora com o nome de exotérico e aquele visto pelo lado de dentro chamado esotérico (note-se que *eso*, em grego, tem o sentido de interno ou interior em contraposição a *exo*, que indica o exterior ou externo). Ainda segundo Hanegraaff, Clemente de Alexandria (150-215) atribui aos discípulos de Aristóteles a afirmação de que alguns de seus tratados eram esotéricos, enquanto outros eram comuns e exotéricos, embora o próprio Aristóteles nunca tenha usado o termo "esotérico". Aristóteles teria usado o termo "exotérico" como uma oposição ao ensinamento oral exclusivo a alguns discípulos eleitos, designado como "acroamático". Hipólito de Roma usou esta terminologia ao se referir aos alunos de Pitágoras, que teriam sido divididos em duas classes, uma exotérica e outra esotérica. Jâmblico, em sua obra *Vida de Pitágoras*, se refere à mesma divisão, e assim o adjetivo "esotérico", referindo-se ao ensinamento secreto destinado à elite mística, passou a ser usual e foi usado com este sentido por Orígenes de Alexandria (184-253), Gregório de Nissa (330-395) e, mais tarde, por escritores ingleses e franceses. No suplemento do *Dictionnaire François e Latin*, de 1752, o termo denota "coisas obscuras, escondidas ou incomuns transmitidas oralmente pelos antigos à elite". Ainda segundo Hanegraaff, em 1828 surgiu o uso do substantivo "esoterismo" na França, usado pela primeira vez por Jacques Matter (1791-1864) em sua obra *Histoire critique du gnosticisme et de son influence*. Descrevendo o sincretismo existente no século II entre o pensamento cristão, judeu, grego, e o uso dos cristãos gnósticos do sistema pitagórico de iniciações progressivas aos mistérios, ele observa que esses métodos e esse esoterismo existiram na Antiguidade desde a Gália até a China. Em 1839, esse neologismo foi adotado por Jacques Etienne Marconis de Nègre (1795-1868), que escreveu que um dos elementos mais importantes das doutrinas sacerdotais antigas era a divisão das ciências sagradas em: "exoterismo", ciência externa, e "esoterismo", ciência interna. Outros autores passaram a usar este termo, que acabou sendo oficializado com a sua inclusão no *Dictionnaire Universel* de Maurice Lachâtre, de 1852, onde foi definido como: "Esoterismo, do grego *Eisotheo*, a totalidade dos princípios de uma doutrina secreta comunicada apenas aos seus membros afiliados". O termo, com esse sentido, acabou se popularizando e universalizando com seu uso pelo famoso escritor ocultista Éliphas Lévi (1810-1875), cujas obras foram traduzidas em diversos idiomas e continuam sendo editadas até os dias de hoje. No entanto, com o tempo a própria palavra "esoterismo" começou a ser reinterpretada, ampliando a gama de sentidos que o termo "esotérico", que lhe deu origem, passou a adquirir.

Enquanto os termos "esotérico" e "exotérico" nasceram na Grécia e suas definições sempre formam associadas a elementos e conceitos da cultura ocidental, com a integração proposta pela Sociedade Teosófica, no final do século XIX, entre o esoterismo ocidental e as religiões orientais, o conceito de "esotérico" ganhou nova perspectiva, principalmente depois do sucesso do livro *Esotheric Buddhism*, de Alfred Percy Sinnett (1840-1921), de 1883, a partir do qual diversos autores passaram a usar os termos "esotérico" e "esoterismo" dentro de diferentes contextos culturais, de acordo com suas preferências. Alice Bailey (1880-1949), por exemplo, em sua obra de 1954, *Education in the New Age* (1982, p. 60), define "esoterismo" como uma escola de pensamento "que reconhece que por trás de todo o evento no mundo dos fenômenos existe um mundo de energias".

Para Antoine Faivre, o termo "esoterismo" é hoje em dia mal definido. Ele observa que sua origem é grega, *eso* significa "interno" ou "interior", mas a formação da palavra pouco esclarece seu significado e, assim como toda palavra vazia de um significado claro, o termo é usado de forma bastante livre, dificultando uma definição consensual do que seja o esoterismo. Isso o levou a propor que em vez de um gênero específico o esoterismo seja visto como uma "maneira de pensar", cuja natureza deve ser captada a partir das correntes de pensamento que o exemplificam (Faivre, 1994, p. 4). Ou seja, a partir das correntes atualmente consideradas esotéricas podemos definir o que é o esoterismo. Analisando as características comuns apresentadas pelas correntes esotéricas ocidentais da Modernidade, definiu o esoterismo ocidental como um modo de pensar que reúne seis características. Embora com isso tenha possibilitado ao mundo acadêmico definir um objeto de estudo bastante claro, ele foi muito criticado pelo caráter restritivo de sua definição, que abrangia somente o pensamento da cultura europeia durante um determinado período (da Renascença à atualidade). Mais recentemente, Kocku von Stuckrad sugeriu abandonar de vez o substantivo "esoterismo" e usar apenas o adjetivo "esotérico" para qualificar o discurso religioso europeu envolvendo tanto as religiões abraâmicas quanto as politeístas. Para Von Stuckrad, a menção ao esoterismo sugere a existência de uma doutrina coerente ou de um corpo tradicional claramente identificado, o que não é o caso, enquanto esotérico é elemento de um processo cultural. Esse elemento esotérico do discurso pode ser compreendido da seguinte forma: "[...] o ponto central de toda a tradição esotérica são afirmações de um conhecimento real, ou absoluto, e dos meios para obtê-lo. Isso pode ocorrer através de uma ascensão individual, como nos textos gnósticos ou neoplatônicos; através de eventos iniciáticos, como ocorre nas sociedades secretas (inclusive) do período moderno; ou através da comunicação com seres espirituais, como nas canalizações" (Von Stuckrad, 2005, p. 10).

Para Von Stuckrad, o que torna um discurso esotérico, portanto, é a retórica de uma verdade oculta, que pode ser obtida de determinada maneira. Isso pode ocorrer por meio de uma mediação que liga o transcendente ao imanente, o desconhecido ao conhecido. Esse conhecimento superior está geralmente associado a experiências individuais, que levam a outros estados de consciência.ρ. Dentro dessa conceituação, exotérico seria o discurso convencional das religiões, com a reafirmação de seus dogmas.ρ e mitos.

Essa discussão sobre "esoterismo" e "esotérico" ainda está aberta no ambiente acadêmico (Mendia, 2017, p. 46-51), principalmente levando em conta a fusão de culturas ocidentais e orientais da atualidade, alimentada pela corrente de pensamento denomina-da "Nova Era" e pelos novos movimentos religiosos. Nesse sentido, Hanegraaff questiona a pertinência do conceito do Ocidente e sugere pensar em um esoterismo global e em uma redefinição dos termos "esotérico" e "esoterismo" (Hanegraaff, 2015). Dessa maneira o autor abre espaço para uma discussão contínua sobre os conceitos em pauta.

Bibliografia: BAILEY, A. *Education in the new age.* New York: Lucis Publishing Company, 1982; FAIVRE, A. *Access to Western Esotericism.* New York: State University of New York Press, 1994; HANEGRAAFF, W. J. (Org.). *Dictionary of Gnosis and Western Esotericism.* Leiden: Brill Academic Publishers, 2006. p. 336-337; HANEGRAAFF, W. J. *The Globalization of Esotericism.* Disponível em: <https://correspondencesjournal.com/14303-2/>; MENDIA, F. *A rosa do encoberto*: uma hermenêutica exploratória do pensamento esotérico de matiz rosacruciano de Fernando Pessoa. Curitiba: URCI, 2017; VON STUCKRAD, K. *Western Esotericism:* A Brief History of a Secret Knowledge. London: Equinox Publishing, 2005.

Fabio Mendia

ESPECIALISTA RELIGIOSO

Especialista religioso é um tipo de autoridade que exerce funções específicas dentro de uma religião; trata-se de uma classificação morfológica que aparece formalmente em textos da história da Ciência da Religião.ρ desde, pelo menos, Joachim Wach, bebendo de fontes mais antigas, como a economia das religiões de Max Weber.ρ. Segundo Hock (2010, p. 123), identifica-se através dos "papéis religiosos e sociais concretos de pessoas às quais é atribuída, dentro da comunidade, uma autoridade particular, em suas funções realizadas em rito, culto, preservação de tradição religiosa e divulgação de conhecimento".

A noção de especialistas religiosos é central na teoria das religiões proposta por Max Weber.ρ, e é bastante útil ao estudo da organização ocidental de religião, em especial ao Cristianismo. Ela já pode ser observada em *A ética protestante e o espírito do capitalismo* (Weber, 2004), mas é mais bem desenvolvida a partir do amadurecimento da Sociologia da Religião.ρ de Weber.ρ.

Na Sociologia da Religião.ρ, a classificação de Max Weber.ρ é a mais tradicional. No entanto, como toda a classificação morfológica, ela não dá conta de todo o universo religioso. Por conta disso, será apresentada primeiramente a separação weberiana de profeta, sacerdote e místico.ρ, e então outras possibilidades de especialistas religiosos para além daquilo que a teoria de Weber apresentou.

I. Profeta, sacerdote e místico. Considerando que as igrejas se organizam em um ambiente que responde a demandas econômicas concretas, segundo as leis do mercado, Weber considerou que diferentes especialistas religiosos seriam responsáveis por diferentes estratos da organização de uma igreja, assim como ocorre em outros empreendimentos econômicos. Nesse sentido, a distinção entre *profeta*℗, *sacerdote* e *místico* apresentada por Weber é central àquilo que ele considera como a manutenção da estrutura religiosa.

O profeta seria o tipo mais dinâmico de especialista religioso, o responsável, na Economia da Religião℗, por anunciar uma novidade ao mercado estabelecido. O profeta apresenta uma realidade diferente do *status quo*, seja na dimensão religiosa, seja na dimensão sociopolítica. Como tal, sua ação social tende a levar a rupturas e reformas, e pode instigar o surgimento de protestos e de uma nova religião. Ele é, em outras palavras, um agente social de transformação religiosa dentro da manutenção econômica das igrejas.

O sacerdote, por outro lado, exerce a função oposta, de preservação da religião. É ele quem cuida da parte burocrática das religiões, da tradição e dos ritos. Como explica Hock (2010, p. 124), os sacerdotes "frequentemente atuam na área da pastoral; ocasionalmente cumprem funções políticas ou também jurídicas". A influência política e a função jurídica do sacerdote são atestadas historicamente desde, pelo menos, os padres romanos. Segundo North (1989, p. 237), "cada colégio tinha o próprio corpo de leis e guardava seus livros e registros", e "como não havia separação entre as esferas política e religiosa, suas decisões tinham, não raro, singular importância política".

O terceiro especialista, o místico, é descrito como alguém cuja experiência religiosa℗ é de comunicação direta com a realidade metaempírica maior à qual a religião em questão tenta se comunicar através dos rituais. Essa realidade pode ser Deus, mas também o absoluto, a verdade, a natureza ou a existência em si. Contudo, "misticismo pode também denotar a crença℗ de que existe um conhecimento mais alto, inacessível ao entendimento humano ou à experiência dos sentidos, mas obtenível através de práticas disciplinares, em estados dilatados de consciência℗ ou intuitivamente" (Pyle, 1989, p. 172). Nesse sentido, o místico seria alguém que rompe com a fronteira daquilo que os fiéis comuns conseguem vivenciar, adquirindo uma experiência religiosa℗ inefável. Muitas vezes os papéis do místico e do profeta podem se misturar, mas são distintos. O profeta, para ser profeta, precisa espalhar aquilo que considera como a boa-nova, enquanto o místico pode escolher ter sua vivência religiosa totalmente voltada a si, em reclusão.

Por mais que Weber tenha desenvolvido sua economia das religiões a partir do estudo comparado de formas religiosas da Ásia (por exemplo, Confucionismo, Daoísmo, Hinduísmo, Budismo, Jainismo etc.), muito da tipologia tríplice *profeta-sacerdote-místico* não pode ser transposto a esses casos com a mesma precisão quando comparado à sua aplicação ao Cristianismo. A tipologia weberiana se tornar cada vez menos aplicável quanto mais distante o objeto se situa do Cristianismo, o que se observa em especial nos estudos da religião de sociedades tribais, de matriz africana, dos xamanismos e da bruxaria. Isso até mesmo é mencionado por Hock (2010, p. 124), que comenta que mesmo figuras tidas como sempre presentes nas religiões, como o sacerdote enquanto o mantenedor da religião, pode não fazer sentido nas manifestações concretas do Islamismo. Por exemplo, os *muftūn* (juristas), os *mujtahidūn* e as *mujtahidāt* (diligentes do *ijtihād*) são figuras que exercem as funções jurídicas no Islã, algo que Weber associa aos sacerdotes. Entretanto, considerar um jurista muçulmano como um sacerdote é um erro de interpretação℗ da religião muçulmana.

II. Bruxa e feiticeiro. Na Ciência da Religião℗, existem diferentes formas de classificar os especialistas religiosos que trabalham com magia℗. Desde o advento da bruxaria moderna, a noção do que é uma bruxa está cada vez mais fluida. Nesse sentido, diferentes categorizações são essenciais para a identificação daquilo que, do ponto de vista empírico, são agentes sociais distintos que se apresentam pelo mesmo nome êmico: "bruxa".

De acordo com Russell e Alexander (2008, p. 9), há três concepções distintas de bruxas: (1) a bruxa como sinônimo de feiticeira, a abordagem que domina na Antropologia; (2) a bruxa como adoradora do diabo, a abordagem atestada pela historiografia do Cristianismo; e (3) a bruxa como sacerdotisa pagã, aquela que cultua deusas e deuses pré-cristãos. Já no modelo de Éva Pócs (1999), as bruxas são divididas em três categorias: (1) a bruxa social, aquela que age (usualmente para o mal) na comunidade; (2) a feiticeira, a pessoa que executa magia geralmente para propósitos de cura, adivinhação e parto; e (3) a bruxa sobrenatural, retratada como a encarnação do próprio mal.

Nesses dois modelos identificamos imediatamente uma sobreposição à tipologia de Weber℗: a bruxa sacerdotisa pagã (modelo Russell-Alexander [2008]) exerceria formalmente o papel religioso do sacerdócio, mas dentro do universo da bruxaria contemporânea, cuja vivência religiosa é psicologizada, ela também seria mística℗ e poderia ter uma vivência religiosa reclusa. Já o papel da bruxa enquanto sinônimo de feiticeira, a definição antropológica pode ainda estar tanto no estrato weberiano do sacerdócio quanto adentrar a função do profeta, o qual é considerado por Weber como antagônico ao sacerdote. Já ao pensarmos na feiticeira (modelo Pócs [1999]), ela também se aproxima daquilo que é considerado sacerdote, mas não necessariamente exerce suas funções jurídicas e burocráticas, estando, portanto, em um limbo da teoria weberiana. Os outros dois papéis sociorreligiosos de Pócs, a bruxa social e a bruxa sobrenatural, nem sequer são previstos na tipologia weberiana. Isso significa que, ao trabalhar com a figura do especialista religioso em magia♀, uma compreensão particular desse universo é necessária, haja vista a classificação morfológica weberiana não dar conta do objeto.

Definições acerca da bruxaria variam muito através das sociedades e, embora os estudiosos tenham várias classificações para bruxaria, elas podem ser simplificadas nos modelos de "alta magia" e "baixa magia". Segundo Russell e Alexander (2008), "alta magia" seria algo que visa ao comunitário, geralmente tido como positivo. Basicamente, todas as religiões possuem algum tipo de prática daquilo que pode ser entendido como "alta magia". Já a "baixa magia" diz respeito à utilização da magia♀ para ganhos particulares, em detrimento do bem comum, e é usualmente vista com desconfiança e condenada pelos praticantes de "alta magia". Não é incomum que a "baixa magia" seja considerada inata, enquanto a "alta magia" seja entendida como algo a ser desenvolvido por um trabalho de imersão e dedicação.

Se a pessoa nasce com "baixa magia" e a "baixa magia" é algo condenado, determinados agentes da comunidade passam a ser entendidos como a encarnação do próprio mal pela égide da bruxaria. Isso significa que a figura da bruxa é um controlador social, pois as pessoas que fogem às normas (por exemplo, doentes mentais, rebeldes, moradores de rua, estrangeiros, eremitas etc.) historicamente foram mais propícias à acusação de bruxaria. Além disso, traços inatos que fogem do padrão (por exemplo, canhotismo, homossexualidade♀, albinismo, deficiências físicas, variações anatômicas, cabelos ruivos etc.) também são fatores de risco. Dessa forma, a bruxa age como um reforço dos comportamentos sancionados socialmente pelas religiões, por ameaçar aqueles que violam tais normas. Não só, isso é uma forma de as religiões culparem terceiros por problemas de desordem social, servindo como uma importante arma política.

III. Xamã. Enquanto categoria acadêmica, o que se entende por xamã♀ é bastante diferente da forma como a palavra é empregada pelas grandes massas. Ainda que tenha sido introduzido na Europa pelo acadêmico Paul Pelliot, foi somente após Mircea Eliade♀ que o termo se tornou um constante acadêmico (Von Stuckrad, 2002, p. 773). Como reflexo, muitos ainda utilizam Eliade♀ para definir um xamã. Contudo, após o advento da crítica "decolonial", o método♀ eliadiano vem sendo recebido com ampla desconfiança. Langdon (2005, p. 14), por exemplo, critica-o por deixar em segundo plano as relações sociais e os contextos culturais em uma busca

filoteológica pelo que haveria de mais "puro" na manifestação xamânica.

A partir da década de 1970, novos modelos éticos têm sido desenvolvidos para o estudo do xamanismo. Dentre as novidades estão a reinterpretação de que o xamã não é uma relíquia do passado ou um especialista religioso primitivo (Langdon, 2005, p. 10); a concepção de que xamanismo não é uma religião, mas um complexo sociocultural (p. 12, 26); a necessidade de um estudo coadunado da religião♀ e das noções de magia♀, para além do estudo específico do xamã♀ (p. 12); e o princípio de que a definição de xamã♀ varia entre os povos, portanto, as pesquisas devem investigar seu significado nas culturas particulares (p. 26), pela perspectiva dos estudos empíricos da religião.

Levando esses pontos em consideração, Langdon (1996, p. 27-28) elenca alguns itens que considera descreverem o que caracterizaria xamanismo: (1) cosmologia na qual o universo possui múltiplos níveis; (2) presença de um princípio geral de energia, indivisível, que unifica os diferentes níveis do universo através de ciclos simbólicos de vida e morte♀; (3) conceito geral de poder xamânico, ligado ao item anterior; (4) crença♀ na transformação: os espíritos assumem outras formas, e o próprio xamã pode se transformar em um animal ou ficar invisível; (5) o xamã♀ como mediador espiritual, agindo em benefício de seu povo; e (6) o êxtase como base do poder do xamã. Isso significa que, embora o xamã♀ também trabalhe com magia♀, ele se diferencia da bruxa. O poder da bruxa não necessariamente vem do êxtase. Ele pode vir dos deuses (bruxa sacerdotisa), do diabo (bruxa sobrenatural), ou de outros elementos, como plantas, os quatro elementos e cristais etc.

Apesar de o termo "xamã" ter origem na academia, não se pode ignorar que ele se popularizou nas massas, tornando-se também uma categoria êmica. Sob uma forte psicologização, a noção êmica começou a ser ligada a discursos pela busca do empoderamento pessoal e à autoajuda. Inspirados em releituras de Mircea Eliade♀, Jung♀ e Joseph Campbell, os europeus e norte-americanos mudaram o significado da palavra para algo relacionado à capacidade de acessar níveis diferentes de consciência♀ e estabelecer uma relação harmoniosa com a natureza. Com isso, os ocidentais passaram a considerar que qualquer um pode ser xamã, mesmo aqueles que vivem em contextos urbanos e não possuem nenhuma relação étnica com povos indígenas (Von Stuckrad, 2002, p. 774). Segundo Leite (2016, p. 206-207), essa apropriação popular da palavra "xamã" pode ser resumida como uma comodificação de bens religiosos indígenas para atender à demanda gerada pelos buscadores espirituais da Nova Era. Como se trata de uma tendência posterior ao movimento da Nova Era, não precede a década de 1960. Embora seus praticantes usualmente a enxerguem como algo antigo, objetivamente se trata de uma reinterpretação moderna de tais práticas, que são adaptadas à vida contemporânea urbana.

Portanto, ao se estudar o "xamã" é necessário primeiramente questionar se estamos tratando do xamanismo como categoria acadêmica – no espírito das definições de Langdon –, ou se estamos trabalhando com os xamãs urbanos modernos e sua comodificação dos saberes indígenas. O fato de "xamã" ser uma palavra que possui tanto um sentido êmico quanto ético, que são conflituosos entre si, torna necessária a atenção para uma definição precisa enquanto pressuposto metodológico ao estudo desse tipo de especialista religioso.

IV. Músico. Algumas religiões também possuem especialistas religiosos responsáveis pela música○ e pelas artes relacionadas (por exemplo, dança). No Cristianismo e no Judaísmo, o próprio Livro dos Salmos foi escrito para ser cantado, possuindo inúmeras indicações musicais. Durante a Idade Média, a importância que a música○ exercia entre os monges católicos levou ao surgimento da teoria musical contemporânea, visto que a notação musical é historicamente atestada como uma tentativa de registro e difusão dos cânticos gregorianos em diferentes paróquias da Europa.

Nas religiões afro-brasileiras, a função do músico é usualmente exercida pelo *ogã*, um papel sociorreligioso tipicamente masculino, mas que vem sendo paulatinamente ocupado por mulheres em diversos terreiros do Brasil – em especial nos terreiros de Umbanda e naqueles de tradição de Angola. O *ogã* toca o atabaque, auxilia na disposição dos filhos de santo da casa, do altar e também é o responsável por "puxar" os pontos (cânticos) a serem cantados por cada orixá. Além disso, ele se diferencia dos outros sacerdotes por se manter sempre lúcido ao longo do ritual. Como os pontos são centrais à cerimônia das religiões afro-brasileiras, o *ogã* é uma figura muito importante à sua ritualística, estando hierarquicamente abaixo apenas do sacerdote, que é o dono da casa. É comum também ser observada uma hierarquia○ interna entre os *ogãs*, com o mais velho da casa sendo considerado o mais importante, a quem todos os outros *ogãs* devem se reportar. Assim como os outros sacerdotes, o *ogã* também passa por um período de preceito ritual para poder ser iniciado enquanto tal.

Na Wicca e em outras religiões neopagãs, tal função é usualmente chamada de *bardo*. São as pessoas responsáveis por tocar os instrumentos musicais, anotar os cânticos, além de registrar os mitos, a história do *coven* e passar os informes mais gerais aos outros membros. Eles também podem ensinar as músicas○ aos neófitos, traduzir cânticos e textos importantes de outros idiomas à língua local e compor novas músicas○. Usualmente são muito valorizados, visto sua importância na dinâmica da ritualística neopagã. *Grosso modo*, todos os membros de uma religião neopagã exercem em algum momento as funções de um bardo. Contudo, em *covens* ou grupos maiores (*groves*) de uma tradição mais bem estabelecida, é comum que a função específica do bardo emirja conforme a inclinação artística de alguns de seus membros se destaca.

No Xintoísmo, as *miko* realizam a dança *kagura*, uma reencenação do retorno de Amaterasu, a deusa do sol. Segundo a mitologia○ japonesa, após um desentendimento com Susano'o, o deus da tempestade, Amaterasu se trancou na caverna Ama No Iwato, levando o mundo às trevas. Assim, a deusa Uzumi dançou sensualmente diante da caverna enquanto vários galos foram levados para cantar e os outros deuses (*kami*○) riam de toda a situação. Isso provocou a curiosidade de Amaterasu, que espreitou para fora e viu seu próprio reflexo em um espelho que os *kami*○ haviam pendurado de propósito diante da caverna. Encantada com seu reflexo, ela saiu e devolveu a luz ao mundo. Por causa dessa passagem mítica que se considera que a dança *kagura* surgiu, e as *miko* são tidas como descendentes diretas da própria deusa Uzumi.

Na história do Budismo Zen japonês, monges mendicantes viajavam difundindo cânticos pelo Japão. Tais monges, chamados de *komusō*, usualmente vestiam um adereço de bambu que lhes cobria toda a cabeça, simbolizando a renúncia ao ego, e tocavam *shakuhachi*, um tipo tradicional de flauta de bambu. A prática meditativa dos *komusō* era inteiramente orientada pela música○ e pela dança, e influenciou diretamente a arte tradicional japonesa. Durante o Período Edo, a ordem dos *komusō* foi abolida pelas reformas governamentais implantadas pelos Tokugawa, embora haja hoje tentativas de reavivamento no Japão.

V. Mestre espiritual. O último tipo de especialista religioso que será abordado neste verbete é o mestre espiritual, descrito como aquele que fornece ensinamento e reflexão da tradição religiosa através de uma relação de discipulado. É um tipo de papel sociorreligioso que pode assumir diversas faces, "como erudito, como conselheiro de líderes políticos, como educador ou algo parecido –, mas, em última análise, reside nas capacidades espirituais e intelectuais que estão unidas de modo ideal em sua figura" (Hock, 2010, p. 125).

No Cristianismo, o mestre espiritual mais comum é o teólogo, que muitas vezes se mistura com as funções do sacerdote e do catequista. Segundo Pyle (1989, p. 261), é função do teólogo "a expressão sistemática de fé, o relato de suas fontes e autoridade e o esclarecimento de sua relação com outras áreas de crença○". Em outras palavras, é o teólogo quem organiza os saberes da religião cristã para que ela possa ser refletida e ensinada à sua comunidade. Contudo, apesar das fronteiras entre padres e teólogos ser borrada no dia a dia do Cristianismo, é possível uma pessoa ser teóloga sem ter nenhum ordenamento, motivo pelo qual as duas funções podem ser tratadas como distintas.

No Budismo, a figura similar é o professor de *dhamma* e o *lama*, que são tipos específicos de religiosos que transmitem os ensinamentos de Buda em complementação à *saṅgha*, a comunidade de monges e monjas budistas que se aproxima mais dos papéis políticos e burocráticos previstos naquilo que Weber chama de sacerdote. Apesar de professores de *dhamma* também poderem ser membros da *saṅgha* (por exemplo, o Dalai Lama), uma coisa não é pré--requisito da outra. No Budismo teravada de fora da Ásia, por exemplo, são os leigos→ os agentes sociais mais comuns que se tornam professores de *dhamma*.

No Hinduísmo, os gurus e iogues podem ser considerados tipos de mestres espirituais. Sua forma de ensinamento muitas vezes requer uma relação de tirocínio, na qual o discipulado, pela vivência cotidiana com o mestre, aprende os ensinamentos da religião. É um método→ de transmissão bastante demorado, se comparado ao método→ utilizado por outros mestres espirituais de outras tradições religiosas, e possui similaridades à transmissão de conhecimento observada nas artes marciais do leste asiático.

No Islã, diversas figuras exercem papéis diferentes de ensino e discipulado. Os *'alāmāt ou 'alā'im* são os professores da jurisprudência e da filosofia islâmica, figuras presentes tanto no Sunismo quanto no Xiismo. Os *estudiosos do ḥadīṯ* são outro tipo de mestre espiritual, especializados na transmissão oral dos ensinamentos de Maomé. Os *mutakallimāt*, estudiosos do *kalām*, são o equivalente mais próximo no Sunismo daquilo que os cristãos chamam de teólogos.

Bibliografia: HOCK, K. *Introdução à ciência da religião*. São Paulo: Loyola, 2010; LANGDON, E. J. M. Xamanismo: velhas e novas perspectivas. In: LANGDON, E. J. M *Xamanismo no Brasil*: novas perspectivas. Florianópolis: UFSC, 1996. p. 9-37; LEITE, A. L. P. Neoxamanismo na América Latina. *Último Andar*, São Paulo, n. 26, 2016, p. 204-217; NORTH, J. A. Sacerdote. In: HINNELLS, J. R. *Dicionário das religiões*. São Paulo: Cultrix, 1989. p. 237; PÓCS, É. *Between the living and the dead*: A perspective on witches and seers in the Early Modern Age. Budapest: Central European University, 1999; PYLE, E. H. Misticismo. In: HINNELLS, J. R. *Dicionário das religiões*. São Paulo: Cultrix, 1989. p. 172; PYLE, E. H. Teologia. In: HINNELLS, J. R. *Dicionário das religiões*. São Paulo: Cultrix, 1989. p. 261; RUSSELL, J. B.; ALEXANDER, B. *História da bruxaria*. São Paulo: Aleph, 2008; VON STUCKRAD, K. Reenchanting nature: modern Western Shamanism and nineteenth-century thought. *Journal of the American Academy of Religion*, Atlanta, v. 70, n. 4, 2002, p. 771-799; WEBER, M. *A ética protestante e o espírito do capitalismo*. São Paulo: Cia das Letras, 2004.

Fábio L. Stern

ESPÍRITO

A definição de espírito, do ponto de vista etimológico, aponta para a palavra originária do latim *spirĭtus, us*, com o seguinte significado: sopro, exalação, espírito, alma→; ligado ao verbo do latim *spirāre*: soprar, respirar. Pode-se também distinguir o significado de a) alma→ racional ou intelecto em geral – o significado predominante na filosofia moderna e contemporânea, bem como na linguagem comum –, ou b) *pneuma*, ou sopro animador. É o significado originário do termo, do qual derivaram todos os outros. Esse significado ainda permanece nas expressões em que espírito significa "aquilo que vivifica". As expressões coloquiais do termo referem-se também a perspectivas religiosas, filosóficas e gramaticais.

Entre os diversos significados e definições, sistematizados em sua maioria pelo campo da filosofia, destaca-se que o único estritamente vinculado à problemática da filosofia moderna é a definição de alma→ racional ou intelecto. Abbagnano (2007) alega ser Descartes quem introduziu este significado, sendo usado como equivalente a consciência→. "Substância pensante, consciência→, intelecto ou razão são, portanto, sinônimos de espírito" (Abbagnano, 2007, p. 355). Muitas equivalências, desenvolvidas posteriormente por outros autores (como Locke, Hume→ etc.) mantêm-se constantes no uso posterior do termo. Assim, os problemas a que ele dá origem são os vinculados às noções de alma→, *consciência→*, *intelecto*, *razão* e *eu*.

Foi em Hegel que se teve uma especificação diferente da noção de espírito como *espírito absoluto* (o mundo das artes, da religião e da filosofia) e *espírito objetivo* (instituições fundamentais do mundo humano, quais sejam: direito, moralidade e eticidade). Nessas duas concepções "o Espírito deixa de ser atividade subjetiva para tornar-se realidade histórica, mundo de valores" (Abbagnano, 2007, p. 356). Para Hegel, as três formas de espírito (subjetivo, objetivo e absoluto) são manifestações da Ideia, da Razão infinita, mas é só no *espírito objetivo* e no *espírito absoluto* que a Ideia ou Razão se realiza plenamente ou chega à manifestação acabada ou adequada.

Hinnels (1984) indica que o termo é utilizado para indicar qualquer ser sobrenatural (usualmente invisível). A maioria das culturas, segundo o autor, tem aceitado a existência de espíritos, de uma "espécie mais ou menos pessoal, capazes de influir, de certo modo, na vida humana" (p. 93). Considera-se o ser humano possuidor de um ou mais espíritos, separáveis do corpo físico.

I. Contexto. Nebulosa e complicada, a palavra espírito foi permeada por diferentes concepções. Ora se referindo ao "sagrado", ora à mente, à consciência→, ou ao "eu" (Huyssteen, 2003, p. 826). Em decorrência dos muitos significados a ela atribuídos, seu uso pode indicar diferentes maneiras de ser que, de alguma forma, transcendem o vital. No entanto, convém usá-la para designar um dos conceitos primordiais do idealismo alemão, que em Hegel teve seu grande desenvolvimento.

Sob a perspectiva de que era importante estabelecer uma contraposição entre natureza e espírito, a palavra espírito tornou-se uma das expressões mais utilizadas pelo idealismo alemão. Entretanto, circunscrever sua noção tornou-se acentuadamente difícil, em decorrência da ideia de que o espírito era concebido, de certa maneira, como "tudo" ou a "verdade de tudo" (Mora, 1978).

O termo espírito circulou e manifestou-se através de inúmeras doutrinas que o articularam à ideia de ser espiritual, seja como ser específico, seja como a maneira de ser do homem enquanto "ser histórico". Concebido como uma verdade parcial incompleta, admitido como substância intelectual, criticado enquanto substância particular, designado como objeto e sujeito da consciência de si, foi em Hegel que finalmente o conceito obteve uma especificidade diferenciada (Mora, 1978, p. 91; Beckenkamp, 2012; Abbagnano, 2007, p. 355).

No idealismo alemão o termo foi difundido por filósofos como Fichte, Hölderlin, Schelling e outros, que, diante do racionalismo extremo expresso pelos franceses, buscavam valorizar a criação artística, a imaginação, a natureza e a religião. Nesse contexto, resgataram por meio do romantismo uma concepção holística relacionada à noção de "vida" (Maniere, 2013). É importante mencionar, contudo, que na cultura alemã os variados elementos renascentistas e iluministas que favoreceram a imaginação e o contato com a filosofia e a literatura não obstruíam o racionalismo (Saldanha, 2013, p. 124).

Retomando perspectivas relacionadas a Aristóteles, o idealismo alemão procurou atender às expectativas de um saber histórico, literário e teológico com novas conotações, em um contexto em que o "saber científico, que no tempo de Kant era principalmente a Física (newtoniana), passava a ser também, e multiplamente, o crescente patrimônio de conhecimentos linguísticos e antropológicos" (Saldanha, 2013, p. 125). Entretanto, em meio a esse cenário, apropriando-se do termo "espírito", mas concedendo a este um lugar diferenciado, Hegel formulou uma outra concepção: as noções de espírito objetivo e espírito absoluto (Abbagnano, 2007, p. 355).

Nessa perspectiva, entre os atributos reivindicados para a noção de espírito que estavam se estabelecendo em Hegel havia a compreensão do espírito como aquele que realiza a síntese. O espírito seria o elemento que realiza a síntese resultante do movimento histórico do mundo. Em outras palavras, o mundo exteriorizado por meio do costume dos povos, da organização política, do Estado, das revoluções etc., o resultado da relação entre subjetivo e objetivo (Manieri, 2013). As reflexões de Hegel ocorreram através de um constante pensar, resultando noções acerca do espírito largamente recepcionadas e aceitas por outros pensadores (Saldanha, 2013).

II. Matrizes teóricas de fundo. Sem sombra de dúvida, a relevância que o conceito "espírito" adquiriu no idealismo alemão e, particularmente, na filosofia de Hegel são inquestionáveis. No entanto, é preciso ressaltar que este cenário teve como pano de fundo algumas concepções importantes advindas de Kant (Beckenkamp, 2012, p. 214). É possível encontrar na historiografia filosófica tradicional a menção aos filósofos "Fichte, Schelling e Hegel como sucessores imediatos de Kant", em uma relação similar entre mestre e "seguidores" (Saldanha, 2013, p. 124).

Partindo da filosofia crítica relacionada aos conceitos de razão, liberdade, entendimento e outros, é possível perguntar se Kant teria ou não construído um conceito próprio de espírito. No entanto, por meio de uma análise bibliográfica de sua obra e da perspectiva histórica em torno do assunto, constata-se a influência de suas ideias no idealismo e no romantismo que se estabeleceriam na Alemanha, e que eram latentes quando Hegel concebeu o seu conceito de espírito (Beckenkamp, 2012, p. 214; Felipi, 1998; Manieri, 2013).

Beckenkamp (2012, p. 214) expõe que em Kant "se esboça um conceito de espírito em dois complexos temáticos distintos, um teórico e prático (ligado à noção latina de *mens*) e outro estético (ligado às noções latina de *genius* e francesas de *génie* e *esprit*)". No que se refere ao seu conceito teórico e prático de espírito, verifica-se um marco que encerra uma determinada compreensão na metafísica, em que o termo era apreendido enquanto "substância intelectual separável do corpo ou da matéria". A partir das críticas elaboradas por Kant, a admissão da concepção funcional de espírito passou a ganhar espaço em contrapartida àquela substancialista. O outro complexo elaborado por Kant em relação ao espírito (concepção estética) contribuiu para o desenvolvimento do idealismo e do romantismo alemão. Esse fato se deu em decorrência da introdução kantiana em relação à "noção de espírito como princípio vivificante do ânimo no âmbito da estética", em particular a arte.

A crítica de Kant que se seguiu em relação ao espírito como substância se instaurou em meio a uma conturbada história referente às concepções para o termo. Restava uma sistemática concebida a partir das premissas de Wolff, filósofo alemão que entendia como espírito uma substância dotada de vontade e intelecto. Esse "conceito de espírito circunscrito à parte da metafísica especial chamada de psicologia racional" havia marcado a formação inicial de Kant (Beckenkamp, 2012, p. 214-216). Beckenkamp descreve com detalhes a abordagem substancialista de Wolff.

Como entendimento, razão e vontade são tratados mais detalhadamente na psicologia empírica, ocorre que na sistemática dos wolffianos o conceito de espírito é marcado particularmente por sua substancialidade. É como substância que o espírito se caracteriza pela imaterialidade, incorporeidade e sobrenaturalidade, características que manterão vivas múltiplas associações com as crenças ♀ dos povos. Esta mesma definição substancialista do espírito se encontra também no manual de metafísica ♀ de Baumgarten, adotado por Kant ♀ já no início dos anos 1760: "A substância intelectual, isto é, dotada de intelecto, é espírito". E mais explicitamente: "Todo espírito é substância" (Beckenkamp, 2012, p. 216).

Até a obra *A falsa sutileza das quatro figuras silogísticas*, de 1762, Kant ♀ empregava o termo "espírito" simplesmente com uma conotação designada a indicar silogismos, como espécie de nota para apresentá-lo como característica do racional. No entanto, na obra *O único argumento possível para uma demonstração da existência de Deus*, de 1763, Kant ♀ trabalhou a ideia de que as propriedades de um espírito se expressavam em entendimento e vontade. Até então a concepção de Wolff sobre o espírito enquanto substância não era problematizada. Contudo, na obra *Investigação sobre a evidência dos princípios da teologia natural e da moral*, também de 1763, Kant ♀ entendeu "que o procedimento de associar uma substância 'com a faculdade da razão' e chamá-la então de espírito" era uma arbitrariedade (Beckenkamp, 2012, p. 216-217).

O conceito de espírito (kantiano) se deu quando, ao deparar-se com a injunção de Swedenborg (1688-1772), começou a refletir sobre o assunto e concluir que *O Magnum pus de Swedenborg – Seus Arcana caelestia* teria sido a pior obra que já havia lido. Em *Sonhos de um visionário*, Kant ♀ expressa essa ideia. No entanto, apesar de declarar-se cético em relação ao sobrenatural dos espíritos, interessou-se por relatos, advindos de diplomatas e de um amigo, sobre os feitos de Swedenborg. Posteriormente, passou a levantar críticas em relação a esse tipo de história. Questionava se os pressupostos de Swedenborg não eram, na verdade, fruto de fantasias dos povos cristãos.

Não havia interesse por parte de Kant ♀ em criticar fantasias populares. Também não se preocupou em dar continuidade às críticas direcionadas aos escritos swedenborgianos. Seu interesse se voltou para "o filósofo que pensa poder demonstrar algo daquilo que os povos inventam com tanta profusão". Nessa direção discutiu questões fantasiosas expressas pela metafísica ♀. Para ele, bastava observar como Baumgarten (1714-1762) admitia a Metafísica ♀ e suas concepções de espíritos, os quais entendia como sendo inferiores e superiores, bons, maus, felizes e infelizes, uma substância fisicamente incorruptível e imortal (Beckenkamp, 2012, p. 218). Questionando

a definição de espírito a partir do fundamento da pneumatologia, e estendendo críticas à substancialidade do "eu pensante" da psicologia racional, posteriormente insiste em defender que a definição de espírito dos racionalistas tinha um caráter arbitrário. Na obra *Sonhos de um visionário* essa ideia é colocada em pauta. Assim, entendia que a noção de espírito que se constituía entre os filósofos tinha origem em narrativas populares, mescladas com expectativas de vida após a morte ♀ e entidades sobrenaturais.

A articulação entre espírito, razão e disposição moral foi o que marcou a conceituação de espírito kantiana. Uma concepção de espírito enquanto disposição moral. Assim, suas noções para o termo se contrapuseram às substancialistas e desqualificaram a pneumatologia enquanto disciplina da metafísica ♀ inspirada no transcendentalismo da razão pura. Por outro lado, admitiu o uso imanente relacionado à questão da vontade livre da própria razão – quesitos que se constituíram como seu primeiro complexo teórico e prático (Beckenkamp, 2012, p. 219-224). O segundo complexo de Kant ♀ para o conceito de espírito se apresentou com a demarcação do termo *Geist* em sua obra *Crítica da faculdade do juízo*. Naquele período, o termo *Geist* era fortemente influenciado pela cultura francesa, que o traduzia, em parte, como *esprit*. Contudo, Kant ♀ marcou uma primordial diferença entre esses termos ao associar a palavra *Geist* àquilo que penetraria ainda mais no sentido de *esprit*. Utilizando a palavra *Witz*, do alemão, em conjunto com a palavra *Geist*, concebeu que o espírito é o que anima e, portanto, uma força que vivifica o homem.

Nesse sentido, o espírito, enquanto força produtiva, capacidade criadora essencial para a arte, era uma concepção que se pautava na imaginação e não na razão. O espírito seria um vivificador da sensibilidade, mas também aquele que dá à obra de arte vida, brilho, intensidade. Ainda que Kant ♀ não tenha estabelecido um conceito claro a respeito do espírito no sentido estético, o exercício de reflexões que se opunha à origem do pensamento racionalista e classicista tornou-o um mediador desses conceitos no século XVIII. Suas concepções nesse sentido forneceram "à geração romântica parâmetros filosóficos para a reflexão sobre gênio, inspiração ♀, naturalidade na concepção artística, originalidade etc." (Beckenkamp, 2012, p. 224-233), garantindo-lhe grande influência na estética ♀ idealista e romântica alemã.

1. Correntes/escolas/autores. Nas primeiras sínteses cristãs é possível encontrar a ideia de espírito como *mind* (mente), equivalente ao que Agostinho de Hipona entedia pela palavra originária do latim *mens* (inteligência, pensamento, razão). De Irineu a Erasmus, do século II ao século XVI, o espírito foi concebido como uma das partes constituintes do homem. Noções que se mantiveram pautadas em uma tradição cristã, apesar das variadas orientações direcionadas ao conceito de "pessoa unitária". Não obstante a última ideia, partindo das concepções de Aristóteles sobre a forma inseparável da substância, Tomás de Aquino entendia que o espírito humano era inseparável do corpo. Foi no século XVII, porém, que o filósofo francês Descartes (1596-1650), ao associar o espírito à consciência♀, substância pensante, intelecto e razão, tornou-se precursor de equivalências seguidas por outros pensadores (Huyssteen, 2003, p. 827-828; Abbagnano, 2007, p. 355).

A exemplo desse contexto, Locke concebeu a ideia na mesma direção. Leibniz, relacionando o homem à concepção de alma♀ racional ou espírito, considerou a distinção entre o ser humano e os demais animais a partir da razão e da ciência. Hume♀ relacionou o termo ao *intelecto*, à alma♀, ao *eu*. Já Berkeley, estabelecendo algumas correspondências entre espírito, alma♀, eu, também caminhou na mesma direção (Abbagnano, 2007, p. 355).

Kant♀ usou o termo "espírito" para designar duas conotações: uma teórica e prática e outra estética♀. Hegel partiu da noção de espírito subjetivo, relacionado ao intelecto, à razão, à alma♀, para estabelecer também duas concepções: espírito absoluto e espírito objetivo. A ideia de espírito absoluto aqui é relacionada ao mundo das artes, da religião♀ e da filosofia, e a de espírito objetivo às instituições fundamentais do mundo humano, quais sejam: direito, moralidade e eticidade. Muitos filósofos, tais como Croce, Spranger, Dilthey♀ e outros, passaram a pautar-se nas concepções de Hegel (Abbagnano, 2007, p. 355).

2. Evolução do conceito. Compondo a representatividade do romantismo alemão, a palavra "espírito" era um termo usado de forma comum para designar um conjunto de ideias relacionadas à natureza e às qualidades humanas. Despreocupado com a crítica e disposto a abraçar a ciência e a arte, o idealismo acendeu um novo e ousado modo de filosofar (Saldanha, 2013, p. 125). Nesse sentido, o espírito era concebido como vivificador, um tipo de estrutura ordenadora do mundo, em que o ápice era o homem, como defendia Schelling. Se em Kant♀ havia um dualismo de ideias concebidas a partir da perspectiva de entendimento e fenômeno, razão e instituição, em Hegel surgia a concepção de síntese, na qual se desvelava a exteriorização do espírito. Este era a manifestação do conteúdo do mundo (Maniere, 2013).

Discussões em torno do pensamento de Kant♀ e do legado de Leibniz, entre os anos de 1770 e 1840, envolveram uma revisão em torno das ideias relacionadas ao conhecimento, ao pensar e ao próprio ser humano. A teoria hegeliana superava os mecanismos concebidos em Descartes na construção de uma dinâmica em torno do pensar, e parecia processar as transformações em relação ao racionalismo clássico decorrentes dos séculos XVII e XVIII (Saldanha, 2013, p. 123-124).

Entretanto, fazer uma crítica ao pensamento de seu tempo parece ter sido um dos grandes problemas encontrados por Hegel. Contudo, como a filosofia enquanto definição de um pensamento abstrato sobre conceitos estáticos, concebida naquele período, era entendida por ele como "morta", direcionou-se para esta por meio de uma análise crítica. Nesse sentido, diante dos limites que eram impostos ao pensamento reflexivo e das consequências relacionadas às práticas da metafísica♀, conduzido por questões políticas e religiosas, que chamou de "positivas", formulou uma nova filosofia (Felipi, 1998, p. 43, 64-68, 81-87).

O projeto filosófico de Hegel pautou-se em críticas aos pressupostos do Iluminismo♀, em especial Kant♀, discordando de suas ideias a respeito de necessidade, liberdade, sensibilidade e racionalidade. Apesar de reconhecer uma objetividade positiva na moral kantiana, direcionou-se àquela que não se opunha à subjetividade. Também rejeitou as concepções de espiritualidade♀ imanente de Fichte e Schelling. Fichte ressaltando mais o aspecto subjetivo e Schelling, o aspecto objetivo. No idealismo de Fichte, o espírito seria o equivalente à expressão final do "Eu absoluto", e na ideia de Schelling o espírito se faria notado na natureza em seu mais alto nível.

Mas na filosofia de Hegel a origem do conceito de espírito remonta também aos seus próprios escritos juvenis, nos quais as expressões "Espírito do povo" e "Espírito da religião♀" estavam presentes. Ainda que eles não estejam inseridos na tradição romântica, sua concepção original para o termo voltava-se a pensadores como Schiller, Herder e Goethe. Por isso a concepção de Hegel para espírito na juventude articulava-se ao mesmo sentido estabelecido para o termo pelos gregos (uma totalidade preestabelecida e harmoniosa).

Importantes autores desconsideram os escritos de Hegel na juventude; todavia, a relevância deles para a construção posterior de seu pensamento sobre espírito se apresentam como importantes instrumentos. Nesses escritos, considerados pré-filosóficos de Hegel, a noção de "Espírito do povo" e "Espírito da religião" mais intuitiva, racional e, portanto, romântica indicava uma ideia de "destino♀". A aproximação com textos literários durante sua juventude o levou a tomar de empréstimo contextos para sua argumentação filosófica. O seu conceito de espírito buscou ressignificar a concepção kantiana de ser humano, diferenciando-se da perspectiva do "eu penso" e do "eu transcendental" cartesiano. Assim, o conceito formulado para Espírito teve uma peculiaridade que possibilitou à sua filosofia caracterizar-se, na história do pensamento filosófico, como "Filosofia do Espírito".

Hegel concebeu uma noção de espírito que remetia à irredutível tensão da contraposição entre razão e natureza, subjetivo e objetivo. Ao adentrar as estruturas filosóficas dos sistemas elaborados por seus contem-

ESPIRITUALIDADE

porâneos, percebeu um erro conceitual e metodológico. Essas filosofias assumiam poder garantir liberdade por meio da abstração do homem e da realidade, mas a mesma cultura que havia lutado e se movimentado em favor de reformas e revoluções (como a Reforma⟨ρ⟩ Protestante e a Revolução Francesa) estabeleceu para si um novo senhor: a subjetividade abstrata. Uma nova concepção de sujeito foi então concebida por Hegel. Sua maturidade filosófica surgiu munida com um novo método⟨ρ⟩ e outra concepção de razão. Tomando por princípio a ideia de espírito subjetivo que designava intelecto, razão, alma⟨ρ⟩ em termos do significado cartesiano, por meio do qual ele entendia ser o espírito finito, elaborou as concepções de espírito objetivo e espírito absoluto. O espírito objetivo direcionava a compreensão que ele tinha acerca das instituições fundamentais relacionadas ao mundo humano. Nesse sentido, referia-se à moralidade, ao direito e à eticidade. Por espírito absoluto compreendia o mundo relacionado à arte, o qual envolvia a filosofia, a arte e a religião⟨ρ⟩ (Abbagnano, 2007, p. 355).

As concepções elaboradas deixavam de ser atividade subjetiva e passavam a se relacionar com o mundo de valores, com uma realidade histórica. Nesse aspecto, entendia que as instituições jurídicas, históricas e sociais alcançavam o seu apogeu na eticidade, por meio das três instituições históricas fundamentais: Estado, família e sociedade civil. Por outro lado, o mundo da autoconfiança, relacionado ao espírito absoluto, se apresentava pelas produções superiores nos campos da arte, da filosofia e da religião. As manifestações da Ideia e da Razão infinita se davam, em sua concepção, por meio das três formas de Espírito (subjetivo, objetivo, absoluto); contudo, somente no espírito objetivo e no espírito absoluto a ideia de razão poderia se realizar de forma plena.

3. Recepção. As noções de espírito atribuídas por Hegel foram recepcionadas por diferentes pensadores. Suas concepções sobre a manifestação da Razão infinita e da Ideia a partir das três formas de espírito (subjetivo; objetivo; absoluto) "caracterizaram o idealismo romântico de inspiração⟨ρ⟩ hegeliana". Gentile apresenta a noção de espírito como "eu universal", "sujeito absoluto"; Croce designa-o como "Razão absoluta" em sua universalidade ou concretude (Abbagnano, 2007, p. 355). Foi recebida também por Dilthey⟨ρ⟩, que, apesar de criticar o caráter dogmático e absoluto hegeliano, atribuiu para a palavra "espírito" uma concepção estritamente relacionada à atividade racional do homem; por Spranger, que ao falar da ciência do espírito a designava como "a disciplina que cuida das formações ultrapessoais ou coletivas da vida histórica"; e por Hartmann, que o recebeu articulando suas ideias ao espírito objetivo enquanto "superestrutura que se eleva acima do mundo orgânico", o protagonista verdadeiro da história, mediante o qual as "letras, arte, técnicas, religiões mitos, ciências, filosofias, etc." seriam produzidas (Abbagnano, 2007, p. 355).

Bibliografia: ABBAGNANO, N. *Dicionário de Filosofia.* São Paulo: Martins Fontes, 2007; BECKENKAMP, J. Tinha Kant um conceito de espírito? *O que nos faz pensar*, [S.l.], v. 21, n. 32, p. 205-224, dec. 2012. ISSN 0104-6675. Disponível em: <http://oquenosfazpensar.fil.puc-rio.br/index.php/oqnfp/article/view/384>. Acesso em: 19/06/2019; FELIPI, M. C. P. *O espírito como herança*: as origens do sujeito contemporâneo na obra de Hegel. Porto Alegre: Edipucrs, 1998. (Coleção Filosofia – 71.); FERNANDES, F.; LUFT, C. P.; GUIMARÃES, F. M. *Dicionário brasileiro Globo.* 43. ed. São Paulo: Globo, 1996; HUYSSTEEN, J. W. V. van. *Encyclopedia of science and religion.* Gale, NY: Thomson, 2003; *IHU – Revista do Instituto Humanitas Unisinos.* Fenomenologia do espírito, de Georg Wilhelm Friedrich Hegel. 1807-2007, São Leopoldo: Ed. 217, 30 de abril de 2007. Disponível em: <http://www.ihuonline.unisinos.br/edicao/217>. Acesso em: 19/06/2019; MANIERI, D. *Teoria da história*: a gênese dos conceitos. Petrópolis, RJ: Vozes, 2013; MORA, J. F. *Dicionário de Filosofia.* Preparado por Garc A. Belsunce e Ezequiel Olaso. Lisboa: Publicações Dom Quixote, 1978; REZENDE, A. M. de; BIANCHET, S. B. 2. ed. *Dicionário do latim essencial.* Belo Horizonte: Autêntica, 2014; SALDANHA, N. O idealismo alemão e a fenomenologia do espírito. *Revista Caderno de Relações Internacionais,* v. 4, n. 7, p. 123-131, jul./dez. 2013.

Bernadete Alves de Medeiros Marcelino
Suzana Ramos Coutinho

ESPIRITUALIDADE

Espiritualidade deriva do termo latino *spiritualis*, que, por sua vez, advém da palavra grega *pneuma* ("espírito"). Essas expressões não são antônimos de *físico* ou *material*, mas de *carne*, exprimindo uma atitude ou um estilo de vida: uma pessoa espiritual é alguém que vive sob a influência do espírito⟨ρ⟩ de Deus (Sheldrake, 2007, p. 2-3). Ainda que as várias tradições religiosas possuam uma espiritualidade, foi na tradição cristã que o termo eclodiu. Na doutrina paulina, ser espiritual é *viver no Espírito*: "Já não sou eu que vivo, é Cristo que vive em mim" (Gl 2,20). O cristão é, assim, outro Cristo – *christianus alter Christus* –, alimentado pelo corpo eucarístico. Na Idade Média, a espiritualidade (*spiritualitas*) era sinônimo de *vida clerical*, tendo apenas passado a significar *vida espiritual* no século XVII. O conceito só terá presença abundante nos escritos teológicos do final do século XIX em diante. Não existe uma definição consensual entre as várias disciplinas que o utilizam, tendo sido fracionado e dependente de uma adjetivação, segundo critérios cronológicos, espaciais ou de denominação (espiritualidade medieval, beneditina, ou francesa). Para A. Vauchez, a "espiritualidade é um conceito moderno" que "exprime a dimensão religiosa da vida interior e implica uma ciência da ascese⟨ρ⟩, que conduz [...] à instauração de relações pessoais com Deus" (1995, p. 11). Cremaschi define-a como "a modalidade através da qual um crente ou um grupo de crentes exprimem a sua fé em determinado tempo" (2004, p. 331-332). Noutra proposta, "espiritualidade é a expressão cultural, pessoal ou de grupo, de uma vida espiritual"; precisando-se que "vida espiritual é o que resulta, no homem, da acção santificadora do Espírito→ Santo". Nesse sentido de transformação, "a vida espiritual joga-se na tensão criadora que provoca a passagem do homem velho ao homem novo. [...] Homem espiritual é o homem novo [...] em contraposição ao homem carnal, dominado pelos elementos do mundo" (Melo, 1994, p. 198-199). A história da espiritualidade prova que a chamada "espiritualidade tradicional" esteve alheada das grandes fontes, como a liturgia→ (ritos e linguagens incompreensíveis), a Palavra revelada (analfabetismo e mediação clerical) e a Igreja→ (piedade→ centrada na salvação→ individual). Observando as raízes medievais da espiritualidade, verifica-se que o Cristianismo se apresenta como uma religião sincrética, naturalista e alheada da mensagem evangélica (Maroto, 1990, p. 342-344). Após o Concílio→ Vaticano II, o termo domina a sua área semântica, substituindo conceitos como teologia→ ascética ou mística→, e alarga também o espetro do seu significado: a espiritualidade é entendida com uma natureza coletiva e sem estar restrita a uma experiência interior, mas integrando a diversidade da experiência humana. A ideia de *retorno* à espiritualidade foi uma constante na história do Cristianismo, sobretudo como antídoto contra a corrupção das instituições eclesiásticas, constituindo uma forma de *re-espiritualização do religioso*. Um dos exemplos mais relevantes é o movimento franciscano, que, resultando de uma espiritualidade desenvolvida no seio da Igreja→, defendia uma reforma radical da instituição (Giordan, 2007, p. 165-167). Nas sociedades do Antigo Regime, os conceitos de religião→ e de espiritualidade confundiam-se. As instituições eclesiásticas regulavam o que era religioso, legitimando as formas de espiritualidade. Nesse horizonte de autoridade, o rompimento das sociabilidades do Antigo Regime, marcadas por "um universo devocional mas confraternal", deu lugar a uma experiência mais individualizada, multiplicando-se também as "referências espirituais, particularmente ao nível das suas mediações". O papel do clero→ e da sua dimensão "sacramental e organizativa" foi preponderante para a definição de limites da vida espiritual, verificando-se na contemporaneidade um desenvolvimento de uma espiritualidade clerical e missionária. Na espiritualidade de matriz católica "persistiu uma forte influência marcadamente clerical, centrada numa piedade→ sacrifical e de renúncia, em contraposição à realidade social, com as suas fracturas e materialidade". A valorização da *acção* é essencial para uma renovação da espiritualidade após o Concílio→ Vaticano II, no

campo católico romano (Ferreira, 2001, p. 383). Os processos de secularização→ promoveram a emergência de um entendimento plural e com diferentes aplicações científicas. Para a Psicologia, a religião→ e a espiritualidade são entendidas enquanto conceitos que fazem parte do desenvolvimento humano; são fenômenos psicossociais e relacionam-se com fenômenos cognitivos, como a complexidade do pensamento; interligam-se com a problemática da emoção e dos afetos; são relevantes para o estudo da personalidade e constituem um elemento fundamental para a saúde→ mental. Sendo um constructo multidimensional, a espiritualidade foi encarada na contemporaneidade em três perspetivas distintas: uma espiritualidade orientada para Deus; uma espiritualidade orientada para o mundo, sublinhando a relação do homem com a ecologia e a natureza; uma espiritualidade humanista, orientada para o potencial humano. No Ocidente, a segunda metade do século XX foi marcada pela crescente desilusão em relação às instituições religiosas→. Um dos efeitos imediatos terá sido a aquisição, por parte da espiritualidade, de um conjunto de novos significados, dos quais se infere um afastamento em relação ao conceito de religião. Essa diferenciação cultural acabou por conduzir a espiritualidade para um terreno de conotações positivas, de uma relação pessoal com a transcendência, ao contrário da religião, que é vista como negativa dada a sua associação às tradições religiosas. A espiritualidade tornar-se-ia, assim, uma expressão identitária para um grupo de crentes que pretende uma experiência espiritual direta (através de uma *fé pessoal*), por contraponto a uma experiência religiosa→ institucional, organizada e tradicional. O surgimento de crentes que se identificam com a expressão *spiritual but not religious* é sintomático desta dissensão. A afirmação de uma espiritualidade individualizada abre espaço para a adoção de uma pluralidade de manifestações do religioso, o que desfaz uma concepção de espiritualidade centrada numa tradição religiosa (Hill et al., 2000, p. 51-77). Essa mudança "torna também as experiências espirituais em percursos ou níveis de interiorização da solidão radical da condição humana. Como fuga ou como busca de sentido para esta experiência, surgem formas de sincretismo→ religioso e de espiritualidade, não só entre correntes cristãs, atravessadas pela dinâmica dos novos movimentos religiosos e das seitas→, mas na fronteira das diversas heranças espirituais em torno de tópicos como a reencarnação, a astrologia→, formas diversas de terapia, recolhendo uma enorme diversidade de sapiências orientais ou afro-americanas. Tem-se assim constituído o que alguns sociólogos da religião consideram ser uma *nebulosa esotérico-mística*→ e que, em larga medida, define as referências do que tem sido designado por *New Age*" (Ferreira, 2001, p. 387).

Como refere Michel de Certeau, "cada cultura tem um excelente *revelador* nos grandes movimentos

ESTÉTICA

espirituais que constituem os marcos da sua história". Isto é, "a elaboração duma espiritualidade no seio dum movimento colectivo implica por sua vez uma reinterpretação das noções mais tradicionais [...] as mesmas palavras, as mesmas ideias ou as mesmas definições já não têm igual alcance nem igual função na linguagem nova". Certeau questiona-se, pois, sobre a epistemologia𝒫 da espiritualidade, sublinhando que as manifestações exteriores podem ser insuficientes se nos munirmos com as "lentes deformadoras duma sociologia das religiões ou duma história exclusivamente do *sentimento* religioso [...] em cada espiritualidade o essencial não é um outro lado exterior à linguagem do tempo" (Certeau, 1966, p. 8-10). Para Sheldrake, a análise histórica das correntes de espiritualidade deve contemplar, em primeiro lugar, a concepção de sagrado𝒫 e de santidade presentes nessas tradições; em segundo lugar, quem controla e regula a espiritualidade; em terceiro lugar, as opções tomadas no decurso da história; e, por fim, o que aconteceu com os grupos que, de uma forma ou de outra, foram sendo afastados das correntes reconhecidas de espiritualidade (2007, p. 8-9).

Bibliografia: CERTEAU, M. de. Culturas e espiritualidades. *Concilium: revista internacional de teologia*, n. 9, Petrópolis: Vozes, nov. 1966, p. 5-26; CREMASCHI, L. Espiritualidade. In: *Christos: enciclopédia do cristianismo*. Lisboa: Verbo, 2004. p. 331-332; FERREIRA, A. M. Espiritualidade: época contemporânea. In: AZEVEDO, C. M. de. (Dir.). *Dicionário de história religiosa de Portugal*. Lisboa: Círculo de Leitores, 2001. v. IV, p. 382-388; GIORDAN, G. Spirituality: from a religious concept to a sociological theory. In: FLANAGAN, K.; JUP, P. C. (Eds.). *A sociology of spirituality*. Hampshire: Ashgate, 2007. p. 161-180; HILL, P. C. et al. Conceptualizing religion and spirituality: points of commonality, points of departure. *Journal for the theory of social behaviour*, vol. 30, n. 1, 2000, p. 51-77; MELO, L. R. E. Que é a espiritualidade? *Communio: Revista Internacional Católica*, ano XI, n. 3, Petrópolis: Vozes, jun. 1994, p. 197-203; MAROTO, D. de P. *Historia de la espiritualidad cristiana*. Madrid: Editorial de Espiritualidad, 1990; SHELDRAKE, P. *A brief history of spirituality*. Malden: Blackwell, 2007; VAUCHEZ, A. *A espiritualidade da Idade Média ocidental: séc. VIII-XIII*. Lisboa: Estampa, 1995.

JORGE REVEZ

ESTATÍSTICA → Método

ESTÉTICA

A relação entre o fenómeno religioso e as diversas manifestações da dimensão estética do humano tem sido permanente ao longo da história da humanidade.

Ela pode articular-se, contudo, a diversos níveis, consoante os diversos aspectos do conceito de estética que estiverem em jogo. Genericamente, podem atribuir-se ao conceito de estética os seguintes significados: estética metafísica𝒫, relacionada com o conceito de beleza, num contexto de compreensão influenciado pelo neoplatonismo; estética epistemológica, relacionada com o conhecimento sensível, correspondendo à origem etimológica do termo a partir do conceito grego de *aisthesis* e explorada, sobretudo, como desenvolvimento da estética enquanto área da Filosofia, a partir do século XVIII; estética como tudo aquilo que se relaciona com o fenômeno da arte e a respetiva reflexão filosófica; estética como qualificativo de uma modalidade da experiência que assenta na valorização do sentimento e da afetividade, tal como foi explorada, sobretudo, pelo romantismo; estética como qualificativo de tudo o que é considerado como ornamental.

Tendo em conta a polissemia do conceito de estética e ainda que os diversos sentidos se possam cruzar de inúmeros modos, sugere-se uma abordagem do seu relacionamento com a religião𝒫 segundo os seguintes níveis: aproximação à experiência do divino ou do sagrado𝒫, como experiência da beleza fundamental; exploração do lugar da percepção sensível e corpórea de uma forma que revela um conteúdo religioso, nomeadamente através da ritualidade; histórias e compreensões do relacionamento entre experiência religiosa𝒫 e realizações artísticas; relação entre experiência religiosa𝒫 e sentimento; relação entre o religioso e uma cultura do ornamento, tal como articulada na cultura𝒫 dos mídia (meios eletrônicos de comunicação de massa) e na cultura𝒫 da virtualidade.

I. A tradição metafísica𝒫, que se inspira essencialmente no conceito platônico de *beleza* (*kalon*), como manifestação sensível do bem (*agathon*), relaciona o conceito da divindade com estes transcendentais do ser, referindo-se a eles como fonte originária e meta final de tudo aquilo que é, manifestando-se no mundo através da aparência sensível. A palavra grega *kalon* faz ressoar três significados diferentes: em primeiro lugar, algo que agrada a partir de si mesmo, porque em si mesmo possui uma evidência que não é colocada em questão: "As coisas belas são aquelas cujo valor se mostra por si mesmo" (Gadamer, 1986, p. 481); depois, a beleza é precisamente a visibilidade desta evidência. Por isso Platão denomina o belo como "aquilo que mais se manifesta e atrai, por assim dizer, a visibilidade do ideal" (Gadamer, 1993, p. 106). A captação do incaptável é, portanto, constituinte do conceito de beleza. "O belo distingue-se, por isso, do puro bem inatingível, pelo fato de que se pode atingir. Faz parte da sua própria essência, ser algo que se manifesta" (Gadamer, 1986, p. 484). Esta manifestabilidade do belo conduz-nos, então, ao seu terceiro significado: a beleza possui "a mais importante função ontológica que existe, nomeadamente a da mediação entre ideia e manifestação" (Gadamer, 1986, p. 485). Pode ser compreendida como relação entre o mundo sensível e o mundo ideal, de tal modo que a sensibilidade tem de fazer parte do conhecimento humano do verdadeiro e do bom.

Nesta doação sensível da beleza irrompe algo que não é redutível à apresentação neutra e empírica do mundo. O filósofo francês Jean-Louis Chrétien chama-lhe um *apelo*. Para isso, recorre a uma possível ligação etimológica entre *kalon* e *kalein*. O segundo termo significa, precisamente como verbo, "chamar", "nomear". Já Platão tinha refletido sobre essa relação e nela fundamentado precisamente a atratividade do belo. Também para o Pseudo-Dionísio era essa a razão pela qual Deus é denominado beleza. "Ele chama/atrai (*kaloun*) todas as coisas para si, por isso é denominado *kallós*, beleza" (Chrétien, 1992, p. 26). Enquanto tal, exerce sobre os humanos especial força atrativa, provocando neles o desejoρ (*eros*) de união, determinando as suas existências como via de libertaçãoρ do mundo das aparências, até à sintonia plena com o Uno primordial. Nesta perspectiva, unem-se os caminhos filosófico e religioso, numa estética da existência que exprime, ao mesmo tempo, a dimensão místicaρ e contemplativa do humano. As raízes culturais e religiosas desta leitura encontram-se, sem dúvida, nas tradições filosófico-religiosas do Extremo Oriente, sobretudo na antiga cultura hindu e na sua compreensão do ser como processo pelo qual o indeterminado primordial se fragmenta na criação, autodeterminando-se, e é reintegrado na indeterminação final, para a qual tudo conflui. O desejoρ dessa reintegração coincide com o desejoρ de participação na beleza, que pode ser percebida na contemplação da realidade.

II. Se a relação com a beleza originária está, ao mesmo tempo, condicionada pela manifestação sensível, então a *forma* da sua revelação é essencial. A dimensão estética situa-se, precisamente, nesta articulação sensível e formal de um sentido que não é redutível à pura empiria da manifestação nem à pura idealidade do conteúdo. A articulação, em figurações sensíveis determinadas, de uma compreensão do sentido é também um fundamental elemento identificador do religioso, o que o coloca na proximidade da dimensão estética. Este aspecto revela-se muito especialmente na estreita relação entre experiência religiosaρ e experiência corpórea do sentido, tal como articulada em formas específicas, sobretudo naquelas que costumam denominar-se ritos.

O rito pode ser definido como um comportamento característico de um grupo e por ele reconhecido, repetido pelos indivíduos e que possui, pelo menos, a significação de produzir a sua pertença a esse grupo. Antes de tudo, o rito é uma ação simbólica executada corporalmente, de forma a realizar a unidade de matéria e espírito, de forma e conteúdo, de manifestação e sentido; precisamente na medida

em que é uma ação simbólica, coloca no seu centro a dimensão simbólica do corpo e dos gestos (dimensão que pode ser denominada, num certo sentido, espiritual, enquanto ligada ao corpo, mas transcendendo a mera realidade física ou mesmo biológica do corpo). Por outro lado, a ação ritual distingue-se de outros tipos de ação quotidiana, medidos pela sua finalidade ou função, no sentido de satisfação de necessidades imediatas, determinadas pelo instinto natural ou por necessidades utilitárias criadas pela cultura. A ação ritual é, enquanto *ação celebrativa*, uma ação "extra-ordinária".

A relação estética entre conteúdo e forma pode ser aplicada, no contexto do religioso, à relação entre mito e rito, entendidos no seu sentido mais fundamental. O mito, enquanto palavra, pertence constitutivamente ao rito, interpretando-o, mesmo que o rito não seja só nem essencialmente palavra. O rito é mais estável, a palavra mais mutável. O rito é a arquitetura de uma religião, no interior da qual se desenrolam e reatualizam os mitos, com mais margem de mutação, consoante as próprias mutações das culturas. A palavra tem tendência para a racionalização. O rito é corporal-simbólico, em todos os seus elementos. Ele coloca os símbolos em movimento e proporciona a sua apropriação. Por isso é que todo o rito, tal como toda a palavra, mas de forma diferente, é sempre portador de significado. No nível mais profundo do rito exprime-se, mesmo, um significado que é, ao mesmo tempo, assumido pela comunidade como sentido primeiro e último de tudo. Isso implica simultaneamente uma dimensão *estético-expressiva* do rito. Nele se exprime o sentido assumido pela comunidade religiosaρ; ao mesmo tempo, por ser "extra-ordinário", ele liberta da rotina e fomenta a criatividade, já que supera a subjugação quotidiana ao esquema determinístico da utilidade e da funcionalidade. Sem utilidade e função imediatas, o rito instaura um espaço de possível criação de novos mundos, enquanto transfiguração do real e "poética do possível", típica da dimensão estética.

Um dos modos mais claros de articulação desta dimensão estética do rito é constituído pela sua organização *cênica*, enquanto espaço de jogo, que na sua característica lúdica o distingue da atividade utilitarista ou marcada pela necessidade natural. No jogo que é o rito não se pretende, contudo, apenas a diversão, no sentido de uma atividade sem pertinência real. O jogo ritual é, por excelência, uma espécie de encenação do sentido primeiro e último da realidade. E assim como uma encenação teatral torna a obra presente, assim também a encenação ritual pretende tornar presente esse sentido originário. A dimensão representativa do rito é, assim, a sua característica básica.

A relação da experiência religiosaρ com os sentidos, exprimindo-se privilegiadamente na dimensão ritual do religioso, não se reduz a essa expressão.

ESTÉTICA

As diversas tradições religiosas manifestam uma relação diferenciada com a dimensão sensorial do humano, que poderemos considerar, no seu sentido etimológico, precisamente a sua dimensão estética, na medida em que corresponde à *aisthesis*, como faculdade de percepção sensorial do sentido. A questão é, evidentemente, muito complexa. As religiões de teor mais naturalista, por exemplo, dão especial ênfase à relação do sujeito com as diversas manifestações naturais, que percepciona precisamente através dos sentidos. Aquilo que se vê, que se ouve, que se toca, que se cheira e mesmo que se degusta é interpretado, em muitas tradições religiosas, como forma da experiência que permite o contato com a dimensão divina que fundamenta. Na maioria dos casos, isso acontece no contexto da ritualidade. Mas pode estender-se ao quotidiano da experiência. Outras tradições religiosas, devido à sua configuração mais intelectualista, tendem a descurar a dimensão sensorial como nuclear na experiência religiosa. É sabido que a tradição cristã, por exemplo, foi marcada por essa tendência, pelo menos em algumas das suas expressões históricas, nomeadamente por influência do gnosticismo. Mas, em rigor, nenhuma religião prescinde por completo da mediação sensorial da experiência, o que se torna patente em todo o património sensorial, originado a partir das diversas configurações históricas (Reichling; Strothmann, 2016). Também nesse sentido, podemos dizer que a dimensão estética da experiência religiosa, como experiência sensorial do divino, é uma constante em todas as tradições religiosas, embora com acentuações diferentes, consoante a respetiva tradição e, no interior de cada tradição, consoante ao contexto histórico e mesmo geográfico das suas manifestações (Harvey; Hughes, 2018). A relação entre sensualidade e racionalidade tem constituído, sem dúvida, um núcleo de tensão permanente nas diversas tradições religiosas (Grieser; Johnston, 2017).

III. Hegel, no seu famoso percurso pela História das Religiões, definia a Antiguidade greco-romana como *religião da arte* (Hegel, 1986, p. 96ss). Nesse modelo de relação, a arte ocupa o lugar da religião, ou melhor, existe como religião, enquanto figura sensível (*Gestalt*) da divindade, nas obras artísticas, sobretudo na escultura e na poesia (Gadamer, 1993, p. 43ss). Se é certo que já nesse contexto se realizou uma primeira "ilustração", como crítica filosófica à poesia mítica, antecipando momentos posteriores da história do Ocidente, não é menos certo que esse modelo de qualificação religiosa da arte também marcou profundamente a história da cultura ocidental. Por outro lado, este modelo continua a ser determinante noutros contextos culturais e religiosos, em que a distinção entre experiência artística e experiência religiosa, sobretudo na relação à linguagem, não é tão precisa como se pretende no Ocidente.

A cristianização da cultura greco-romana, com a inicial desconfiança em relação à arte "pagã", levou progressivamente a uma espécie de inversão dos termos. Ou seja, a arte, enquanto realização humana, já não constituía a religião, nas suas obras, mas colocava-se ao serviço de uma vivência religiosa ou crente, passou a ser *arte de uma religião*. Quer na celebração da fé, quer na catequese, a arte passou a viver em função da vida religiosa da Europa cristã, numa aliança evidente e, por isso, indiscutível. Nisso residia a sua identidade: estar ao serviço de um horizonte diferente de si, que lhe dava sentido; mas, simultaneamente, ser utilizada para uma função, o que a colocou em lugar secundário, muitas vezes considerada como luxo supérfluo ou até prejudicial, como revelam os diversos iconoclasmos. Estava, assim, aberto um espaço para uma tensão que levaria a uma ruptura dolorosa e culturalmente muitas vezes prejudicial, mas também a uma autonomia possível e fértil.

No complexo processo histórico-cultural que ligou a Renascença ao Romantismo, passando pelo Classicismo e pelo Barroco, assistiu-se a uma espécie de recuperação da antiga *religião da arte*, embora noutro registro: em vez de se tratar de uma religião como arte, passa a ser a arte considerada como religião. Já não se trata, propriamente, de assumir novamente a arte como a mais elevada ou praticamente exclusiva representação da divindade. Trata-se, mais do que isso, de uma espécie de divinização da própria arte, enquanto atividade humana autônoma. Divinização que é acompanhada, progressiva e coerentemente, de uma espécie de divinização do ser humano artista, sobretudo considerado como gênio criador.

Ora, esta manifestação da religião na arte pode ser lida como ponto alto de um vasto processo a que podemos chamar, de forma muito geral, "autonomização da arte", iniciado em parte na Renascença e que continua a marcar, de certo modo, toda a cultura ocidental, embora de forma cada vez menos evidente. Trata-se de um processo que coincide, em grande parte, com o não menos vago e complexo espaço da Modernidade e da correspondente secularização.

Antes de mais, a autonomia da arte pode ser compreendida no sentido de emancipação de uma atividade humana específica, assim como dos seus respectivos produtores e produtos, em relação a outros âmbitos da sociedade. No rescaldo de uma situação de dependência social e mesmo estética em relação a determinadas instituições religiosas, a autonomia da arte pode, assim, ser entendida como a libertação da mesma em relação a tutelas exteriores, de ordem social, política ou religiosa.

Mas essa dimensão meramente histórico-social revela, já, uma transformação da concepção da própria realidade social. De fato, só é possível levar a cabo um processo de emancipação de um âmbito social em relação a outros se a ideia global de sociedade admite distinções, e consequentes separações, entre determinados âmbitos. Uma sociedade que entendesse os seus diversos elementos numa unidade homogênea nunca poderia chegar sequer a colocar a hipótese de uma emancipação de uns âmbitos em relação a outros. Assim, se entendermos a Modernidade, numa das suas facetas, como processo de diferenciação de diversos âmbitos da existência humana, terá sido essa Modernidade que possibilitou, antes de mais, a emancipação social da arte, em relação à Igreja℘ e aos seus princípios religiosos.

Do ponto de vista filosófico, a essa emancipação correspondeu a progressiva tomada de consciência℘ dos diversos âmbitos da razão (como exemplarmente se vê em Kant℘), cuja unidade ainda foi tentada, num ponto alto da Modernidade, por Hegel. Mas foi tentada à custa de subjugar ao conceito os âmbitos, já admitidos como "autônomos", da arte e da religião. Porque há distinção entre a arte, como articulação sensível da ideia, a religião℘, como representação da mesma, e a filosofia, como condução da ideia ao seu conceito puro, é possível falar de uma superação final de tudo no conceito racional.

Ora, se Hegel defendeu essa unidade final de tudo no conceito, marcou por isso mesmo o ponto de ruptura entre os diversos âmbitos. A arte e a religião℘, agora conscientes do seu âmbito específico, não puderam aceitar dissolver-se no conceito, sob pena de assim conhecerem a sua própria morte℘. Restou-lhes seguir o seu caminho isoladamente, isto é, sem ligação ao conceito racional, mas também sem ligação entre si. Nasceu, assim, o âmbito do estético, diferente do racional, e o âmbito do religioso, diferente de ambos. Os famosos estádios de Kierkegaard são disso exemplo elucidativo. Ou seja, ter-se-á dado, por via filosófica, o mesmo que por via social, e que Max Weber℘ considerou um dos sinais mais claros da Modernidade: a diferenciação das esferas sociais (Weber, 1963, p. 555ss).

No contexto da cultura contemporânea e como estádio de uma arte "pós-autônoma", poderíamos atribuir uma tarefa comum à arte e à religião℘, que pode ser resumida numa dupla "superação": a superação da redução de tudo à "razão instrumental" e a superação do absolutismo da "sociedade de consumo".

A redução da realidade aos mecanismos da "razão instrumental" foi já largamente criticada pela famosa Teoria Crítica de Frankfurt. Interessante é verificar em que medida alguns dos seus representantes (como Marcuse e Adorno) recorreram precisamente à arte como alternativa, ou melhor, como via de superação dessa redução. Independentemente da concepção específica de arte ou de razão que aí é apresentada, parece ser possível assumir o programa, como tal, vendo na arte um caminho que impede a atual sociedade de tudo reduzir aos mecanismos técnico-científicos ou políticos de instrumentaliza-ção da realidade, em termos de poder e de fazer. Mas, para além disso, a arte não se encontra isolada nesse caminho, já que os elementos básicos de toda a atitude religiosa a acompanham claramente. Para além de todos os debates sobre a mútua autonomia, é possível assumir essa aliança de projeto humano, em defesa da própria humanidade, contra todo o tipo de reducionismos alienantes.

A razão instrumental assume, hoje, uma forma específica, sumamente complexa e simultaneamente encoberta, que é precisamente a que marca a chamada "sociedade de consumo". Os seus mecanismos acabam por ser mais radicais do que as formas tradicionais de alienação, já que se apresentam sob forma de fruição e sedução, dissimulando aquilo que verdadeiramente são e contribuindo, desse modo, para a simulação global da realidade. Nesse sentido, seduzem mesmo a arte e a religião. Mas estas continuam a constituir uma possibilidade de resistência a esse tipo de sociedade. Esta comunhão de tarefas que a arte e a religião℘ podem assumir não surge por acaso nem como mero fruto de determinadas conjunturas circunstanciais. Ela deve-se a uma estreita relação entre ambas, a um nível mais profundo, que permitirá fundamentar essa relação funcional. Para analisar essa relação mais profunda podemos recorrer a três categorias de abordagem da religião℘ e da arte, que podem ser consideradas comuns a ambas e que poderão contribuir para fundamentar a sua relação: as categorias da *doação*, da *figuração* e da *transfiguração*.

Pela primeira entende-se uma forma específica de interpretar toda a realidade. Ler a realidade em termos de *doação* significa acolhê-la (e a nós mesmos) como dom, na sua originária precedência em relação a toda a capacidade criadora do ser humano. Trata-se, pois, de uma visão do mundo que não o pretende criação humana, mas oferta de ser, confiada ao ser humano para que ele a acolha, numa atitude de gratidão que corresponde à gratuidade desse dom℘ originário. Ora, essa atitude de acolhimento da realidade, como dom℘ gratuito, constitui o cerne de tudo o que é articulado na arte e na religião. Ambas as realidades se situam numa dimensão que supera, de longe, a mera transformação ou produção técnica do real, em termos de utilidade e funcionalidade, colocando-se na esfera da gratuidade radical, numa atitude fundamental de acolhimento do ser.

Por *figuração* entende-se a articulação simbólico--cultural dessa experiência do ser como dom. De fato, não se trata de uma experiência abstrata, redutível a conceitos lógicos ou formais, ou a uma mera ideia reguladora. A experiência da doação e do correspondente acolhimento da realidade torna-se real em formas concretas de articulação. Toda a religião℘ e toda a arte vivem dessa conjugação, simultaneamente imprescindível e tensional, entre acolhimento do dom℘ e realização desse acolhimento numa forma simbólica (Duque, 1997).

ESTÉTICA

Mas toda a figuração artística é, simultaneamente, *transfiguradora*, já que não se limita a imitar ou confirmar o real. Ao articular a sua referência a um dom originário, a religião e a arte abrem o espaço de um futuro possível, para além do presente realizado, articulando esse espaço imaginariamente, nas obras que realizam. O elemento "utópico" ou "escatológico" é, assim, constituinte essencial de todo o fenômeno artístico e também de toda a atitude religiosa.

Assumida a relação entre religião e arte a este nível essencial, torna-se compreensível não só a longa história da sua relação e proximidade como também a real interpenetração dessas realidades. Essa não será assumida, portanto, como facultativa ligação entre duas atividades humanas específicas, mas como profunda comunhão dessas atividades numa orientação comum, mesmo que possa ser dita e vivida de modos diferentes.

IV. É conhecida a definição, dada por Schleiermacher, da experiência religiosa como *sentimento* de dependência que origina a consciência humana de finitude. Menos conhecida é a relação que ele próprio estabeleceu entre essa experiência e a experiência estética na arte (Mädler, 1987). Mas, em realidade, Kant já tinha colocado em relação o sentimento do sublime com a experiência religiosa. Sempre que um sujeito se coloca perante algo que o supera e, nesse sentido, o torna consciente da sua finitude, experimenta a dimensão do sublime, que coincide, em geral, com a experiência religiosa do divino. Esta estreita relação entre a experiência estética do sublime – na arte ou em outro contexto – e a experiência religiosa do divino conhece uma longa história, muito anterior à Modernidade. E é um dos tópicos salientes de certas leituras pós-modernas que definem o sublime na arte como representação do irrepresentável (Lyotard, 1984).

Ao tratar-se de uma representação, coloca-nos no campo de outro tópico saliente na aproximação entre estética e religião: a noção de *símbolo*. O símbolo coloca em relação, precisamente, a realidade que se manifesta, no contexto do espaço e do tempo, como formas da experiência humana, com o sentido transcendente da realidade, em si mesmo irrepresentável, mas que, pelo modo simbólico, se torna representado. Este "acontecimento simbólico" (Trías, 1997, p. 125) é, pois, o modo próprio da dimensão estética, que revela o sentido nos e aos sentidos, sendo, simultaneamente, o modo próprio do religioso, que vive na relação entre a transcendência e a sua articulação nas formas da nossa experiência.

Esta representação pode ser considerada *expressão*. Mesmo que este conceito possa ser ambíguo, limitando-se à expressão de sentimentos subjetivos ou alargando à expressão do sentido da realidade, acolhido comunitariamente ou mesmo universalmente, ele é utilizado por certas leituras como modo de definir a dimensão religiosa do humano.

A atividade religiosa do humano seria, assim, definida como expressivo-simbólica e, nesse sentido, estética, pois "procura lidar com aqueles acontecimentos, experiências e referências que não é possível dizer argumentativamente" (Mardones, 1999, p. 107; Habermas, 1992, p. 23).

V. A exploração da relação do último significado de estética, já enunciado, com o campo do religioso é hoje deveras complexa. Na sua base encontra-se certa compreensão das sociedades contemporâneas globalizadas como "sociedades do *espetáculo*" (Certeau, 1987, p. 183). Por um lado, o religioso pode constituir um elemento a mais, no contexto do espetáculo quotidiano, o que implica certa folclorização das tradições religiosas; mas, por outro lado e em certos contextos, a própria experiência religiosa pode articular-se, sobretudo, como espetáculo. O primeiro caso predomina nas sociedades mais fortemente secularizadas, em que a dimensão religiosa parece não ser vivida especificamente como tal, pelo menos de acordo com o seu modo tradicional de ser, mas integrada num dinamismo social mais vasto, para cuja construção contribui como elemento cênico.

O segundo caso predomina em identificações religiosas fortes, com recurso a elementos ou estratégias próprias do mundo do espetáculo. Nesses contextos é integrado aquilo que cada vez mais se denomina a "estética dos mídia". Os processos de representação conduzidos pelos meios eletrônicos de comunicação de massa, que hoje inclui a rede *web*, possuem características muito próprias, que cada vez mais determinam os processos sociais e culturais quotidianos. Na sua raiz encontra-se uma cultura do espetáculo cujos instrumentos vão variando. A utilização desses meios ou a adequação dos processos aos modelos determinados por esses meios transformam muitas práticas religiosas em puro espetáculo. Os ingredientes utilizados são ou os recursos do espetáculo tradicional, a música, o teatro, com a sua representação cênica e os seus cenários, a imagem, com a sua força, etc., ou novos recursos midiáticos que, entretanto, se estabeleceram nos *mass media*, como é o caso da televisão. Nesse sentido, a experiência religiosa deixa de ser algo exterior aos mídia, que depois é transmitido, mas passa a ser a própria transmissão, transformando-se em religião midiática. A experiência do espetáculo midiático identifica-se, assim, com a própria experiência religiosa.

***

Se qualificarmos essa experiência como estética, então assistimos a uma identificação total entre a estética e o religioso. Podemos falar, assim, de uma espécie de versão abrangente e eficaz da romântica religião da arte, sendo agora a religião do estético como espetáculo que representa a vida, substituindo-a. Essa representação, que constitui o cerne tanto da ritualidade como da experiência artística, pode fazer penetrar mais profundamente na vida como dela se afastar, por alienação dos sujeitos. Esse tem sido e será o dilema de sempre, na relação entre o religioso e o estético.

Bibliografia: BOUYER, L. *Le rite et l'homme*. Paris: Éditions du Cerfs, 1962; CERTEAU, M. de. *La faiblesse de croire*. Paris: Seuil, 1987; CHRÉTIEN, J.-L. *L'Apel et la réponse*. Paris: Les Éditions de Minuit, 1992; DUQUE, J. M. *Die Kunst als Ort immanenter Transzendenz*. Frankfurt: Knecht, 1997; GADAMER, H.-G. Ästhetische und religiöse Erfahrung. In: *Gesammelte Werke 8*. Tübingen, 1993; GADAMER, H.-G. Die Aktualität des Schönen. In: *Gesammelte Werke 8*. Tübingen, 1993; GADAMER, H.-G. *Wahrheit und Methode*. 5. Auflage. Tübingen, 1986; GRIESER, A.; JOHNSTON, J. (Eds). *Aesthetics of Religion*: A Connective Concept. Berlin/Boston, 2017; HABERMAS, J. Nachmetaphysisches Denken. Frankfurt a. M, 1992; HARVEY, G.; HUGHES, J. *Sensual Religion*: Religion and the Five Senses. Sheffield: Equinox, 2018; HEGEL, G. F. W. Vorlesungen über die Philosophie der Religion. In: *Werke 20 Bd., Bd. 16*. Frankfurt a. M, 1986; LYOTARD, J.-F. Das Erhabene und die Avantgarde. In: *Merkur*, 1984, p. 38, 151-165; MÄDLER, I. *Kirche und bildende Kunst der Moderne*. Tübingen, 1987; MARDONES, J. M. *Síntomas de un retorno*. La religión en el pensamiento actual. Santander: Sal Terrae, 1999; REICHLING, P.; STROTHMANN, M. (Eds.). *Religion für die Sinne – Religion for the Senses*. Oberhausen, 2016; SEQUERI, P. Estética religiosa/teológica. In: WALDENFELS, H. (Dir.). *Nuovo dizionario delle religioni*. Milano, 1993. p. 308-320; SEQUERI, P. *L'estro di Dio*: saggi di estetica. Milano, 2000; TRÍAS, E. Pensar a religião: o símbolo e o sagrado. In: DERRIDA, J.; VATTIMO, G.; TRÍAS, E. (Eds) *A religião*. Lisboa: Relógio D'Água, 1997. p. 115-132; WEBER, M. *Gesammelte Aufsätze zur Religionssoziologie*. 5. Auflage. Tübingen, 1963. Bd. I.

JOÃO MANUEL DUQUE

ESTRUTURALISMO

Nas ciências humanas e sociais, o conceito de estrutura e a história do estruturalismo possuem uma genealogia complexa e uma grande variedade de significados. Por isso, temos de reconhecer que uma abordagem socioantropológica sobre o estruturalismo – e a sua relação com a religião𝒫 – num texto tão curto não é tarefa fácil e corre o sério risco de ficar incompleto.

O Estruturalismo, um amplo movimento teórico que influenciou significativamente a Filosofia, a História, a Psicologia, a Sociologia e, particularmente, a Antropologia, tem, entre suas raízes, as ideias do linguista suíço Ferdinand de Saussure (1857-1913), em especial aquelas retratadas na sua obra clássica *Cours de Linguistique Générale*, publicada postumamente em 1916, onde estabe-

leceu as bases de estudo das estruturas linguísticas e culturais. Para Saussure, a linguagem expressa ideias e pensamentos, obedecendo a princípios lógicos. A Linguística, como ciência da linguagem, baseia-se em quatro eixos dicotômicos: paradigma/sintagma; língua/fala; significado/significante; sincronia/diacronia. A língua, segundo o argumento saussuriano, seria um sistema/estrutura no qual cada um dos elementos/partes é definido e adquire significado dentro das relações estabelecidas com os outros elementos/partes. É fundamental estudar, portanto, a função que cada parte/elemento desempenha dentro do sistema linguístico e cultural e sua relação com a totalidade.

Considerando alguns pontos que marcaram a evolução do conceito de Estruturalismo, as ideias do Estruturalismo linguístico alcançaram o auge nos anos de 1950 e 1960. Elas se espalharam e foram ressignificadas por, entre outros, pensadores como: Jacques Lacan𝒫 (1901-1981), com as noções de inconsciente e sujeito; Louis Althusser (1918-1990), leitor assíduo de Karl Marx𝒫 (1818-1883), com a ideia de aparelhos ideológicos do Estado; Jean Piaget (1896-1980), com a análise estrutural do desenvolvimento; e Fernand Braudel (1902-1985), com a noção de longa duração dos factos históricos.

Nesta linha do Estruturalismo, o termo "estrutura" tem o seguinte sentido: partes, elementos de um sistema, constituindo subsistemas articulados em uma totalidade, regidos por intercorrelações não aleatórias, ou seja, ordenados perfeitamente segundo uma configuração sistêmica, diacrônica (sucessividades) e/ou sincrônica (simultaneidades).

I. Estruturalismo antropológico. Claude Lévi-Strauss𝒫 (1908-2009), filósofo e antropólogo que inaugurou o Estruturalismo antropológico enquanto teoria, modelo explicativo e método𝒫 de pesquisa, foi fortemente influenciado por Saussure, mas também por Prop, especialmente a sua importante obra *Morfologie du conte*, publicada em 1928. Para esse pensador francês, o foco da Antropologia é o estudo dos sistemas de signos no interior da sociedade, abrangendo: mitos (que dão sentido ao mundo), signos orais e gestuais, ritos/rituais, sagrado𝒫/profano𝒫, regras de casamento/parentesco, costumes, trocas econômicas (Lima, 1970; Barnard, 2000; Rodrigues, 2007).

As pesquisas etnológicas que realizou no Brasil, a partir de 1935 – como a que publicou na Société des Américanistes, em 1948 (*La Vie familiale et sociale des indiens Nambikwara*) –, forneceram-lhe dados empíricos que foram determinantes na formulação de modelos teóricos do pensamento humano, resultando nas conhecidas fases antropológicas Estruturalista (1949) e Mitológica (1964). Em sua obra magistral, *Les Structures élémentaires de la parenté* (1949), um conjunto de ensaios instigantes, estabeleceu as primeiras bases da teoria estruturalista, aprofundada, posteriormente, na clássica *Anthropologie structurale* (1958) e ainda, em 1973, na *Anthropologie structurale deux*.

A partir da dualidade natureza/cultura, analisou a relação entre a estrutura linguística, as regras de casamento e a estrutura social. Todavia, é importante realçar que a estrutura, na concepção levistraussiana, não é estática: ela movimenta-se interna (com rearranjos) e externamente, no tempo e no espaço (diacronia e sincronia); não pode ser apreendida de imediato, mas apenas por meio de análises rigorosas; é inconsciente (sentido formal, não facilmente perceptível); e é regida por regras sistêmicas similares àquelas que orientam, por exemplo, um jogo de xadrez. Lévi-Strauss inspirou-se na ideia do jogo, pois articulam-se aí, sem se dissociarem, uma dimensão formal, geral, lógica, universal e diacrônica – que aponta para a totalidade (da cultura) – e uma dimensão real, eventual, singular e sincrônica – que aponta para a particularidade, ou seja, remete para (um)a singularidade/especificidade cultural.

Quando recebe os influxos da escola sociológica francesa, em especial de Émile Durkheim (1858-1917) e Marcel Mauss (1872-1950), suas investigações centralizam-se em torno da racionalidade lógico-simbólica presente na mente humana, na cultura e na linguagem. Escrito a pedido da ONU (Unesco) para analisar o problema do racismo, no famoso ensaio de Lévi-Strauss *Race et histoire*, publicado em 1952, argumenta que expressões culturais particulares e universalidade do gênero humano, por meio do pensamento e da linguagem, são duas dimensões articuladas, indissociavelmente, em duas temporalidades que estruturam as sociedades – diacrônica e sincrônica. As ideias que defendem a superioridade ou a inferioridade de expressões étnicas-raciais, religiosas e culturais, quaisquer que sejam, estão equivocadas do ponto de vista racional-lógico e histórico. Por isso, não há diferenças essenciais entre a "mente primitiva" (indígena) e a "mente civilizada" (ocidental), como demonstra no seu livro *La Pensée sauvage*, publicado em 1962.

Para Lévi-Strauss, a essência da cultura é a sua estrutura, tanto para culturas particulares, com suas próprias e específicas configurações, quanto para a cultura em geral; a lógica, o sentido, é que as culturas particulares existem como parte de sistemas culturais globais.

II. Análise estrutural do mito. A partir do substrato teórico-metodológico de sua teoria antropológica, Lévi-Strauss interpreta, principalmente, mitos de povos indígenas da América do Sul, correlacionando-os aos mitos da América do Norte e de diferentes regiões do mundo. Nesse modelo comparativo, o mito de uma região poderá explicar ou ajudar a entender o mito de outra. A partir de um grupo de mitos indígenas – recolhidos por Colbacchini e Albisetti e publicados, em 1942, na obra *Os bororo orientais* – analisa, num contexto etnográfico específico, um mito (de referência) e os compara a outros mitos da mesma sociedade. Posteriormente, também em contextos etnográficos variados, estudou mitos de tribos vizinhas, até atingir outras mais distantes, sempre considerando os vínculos reais de ordem histórico-geográfico estabelecidos entre os grupamentos tribais, pois, lembremos, os mitos de um grupo de populações indígenas que mantêm entre si esses vínculos nunca se apresentam isolados. Os mitos provieram, na sua maioria, de populações indígenas do Brasil central e meridional e de regiões como o Chaco e a Bacia Amazônica. As variações dos mitos foram classificadas e distribuídas segundo alguns eixos, buscando seus equivalentes no pensamento mítico de diversas tribos dos grupos Jê e Tupi.

No livro publicado em 1964, *Le Cru et le cuit* – marco inicial de seus estudos estruturalistas sobre mitos – complementado, posteriormente (1967), com *Du Miel aux cendres* –, apresenta uma profunda e complexa análise de mitologia sul-americana e, principalmente, dos mitos recolhidos no Brasil. Partindo de uma cultura particular e definidas com precisão pela observação etnográfica, mostra de que modo categorias empíricas, como o cru e o cozido, o fresco e o podre, podem servir de instrumento para criar noções abstratas e organizá-las em proposições mitológicas generalizantes. Os mitos selecionados referiam-se, direta ou indiretamente, à origem de cocção (cozinha) de alimentos não cozidos: existia uma dupla oposição entre o cru e o cozido, entre o fresco e o podre; enquanto símbolo, no pensamento indígena, a cocção realiza a transformação cultural do cru, a passagem da natureza à cultura, e o podre, a putrefação, realiza uma transformação natural, o retorno à natureza.

Nas obras *L'Origine des manières de table* (1968) e *La Potière jalouse* (1985), ambas publicadas pela Éditions Plon, ao analisar e comparar mitos do continente americano, concluiu que alguns mitos apresentam-se difundidos e que outros surgem espontaneamente, sob formas similares. Verifica que as regras de interpretação que haviam permitido reduzir os mitos sul-americanos a expressões narrativas diversificadas de um mesmo sistema eram transponíveis para a América do Norte. Conclui, assim, que os dois campos míticos, os dois eixos interpretativos, a despeito das distâncias geográficas, tornavam-se integralmente superponíveis dentro do sistema cultural (e simbólico-religioso).

Na abordagem sobre estruturalismo e religião, Lévi-Strauss privilegiou a análise antropológica dos mitos, articulada com a linguagem e a música. Assim, baseando-se em trabalhos de campo etnográficos, que resultam em inúmeros e variados sistemas concretos de manifestação do sagrado – utilizado aqui como conceito que engloba a enorme diversidade de expressões religiosas e mediações socioculturais –, estabeleceu regras metodológicas que organizam esses sistemas numa rede de representações simbólico-religiosas.

Lévi-Strauss℘ trata o discurso mítico como uma metalinguagem, cujas unidades constitutivas seriam temas ou sequências, privados em si mesmo de significações, ao modo dos fonemas da língua, que só ganham sentido através de sua articulação em sistemas. A música℘ e a mitologia℘ têm origem na linguagem, mas com desenvolvimento autônomo e diferente direção: a música℘ destaca os aspectos do som presentes na linguagem, enquanto a mitologia℘ sublinha o aspecto do significado, profundamente presente na linguagem. Na música℘ o que predomina é o elemento sonoro e no mito, o significado. Por isso, a análise das narrativas mitológicas deve ser feita como se fosse uma partitura musical, ou seja, procurando entender a página inteira. Na narrativa mitológica, a primeira frase só adquire significado se considerada como parte da segunda, da terceira e assim por diante. A leitura é feita da esquerda para a direita e, simultaneamente, na vertical, de cima para baixo, ou seja, de forma diacrônica e sincrônica. A dimensão horizontal é necessária para a leitura do mito e a vertical, para a sua compreensão.

A Antropologia estruturalista considera o mito como um instrumento da lógica primitiva e se preocupa mais com a análise da *estrutura* do pensamento mítico do que com o aspecto narrativo – que segue uma orientação horizontal. Ao analisar um mito, Lévi-Strauss℘ liga verticalmente as funções e extrai uma paradigmática de confronto de variantes do mito, enfatizando os "feixes de relações" e sua significação lógica e simbólica. O mito é constituído pelo conjunto de suas versões; é, por definição, incompleto, mas cheio de incontáveis acréscimos e variações. A estrutura do mito reproduz-se no seio de cada versão, cujos episódios não se alinham segundo uma ordem irreversível, ao modo dos eventos históricos; é, antes de tudo, reproduções de diferentes perspectivas. Com diferenças registradas pela etnografia℘, os mitos incluíam-se num código, formado por termos qualitativos e próximos da experiência concreta, constituindo instrumentos conceituais que permitiam associar ou dissociar propriedades significativas, em função de regras lógicas de compatibilidades e incompatibilidades. Os mitos particulares são equivalentes a esquemas condutores que se ordenam ao longo do mesmo eixo: em cada ponto desse eixo traça outros resultantes de uma única população, todos aparentemente definidos, ou, então, os mitos de populações vizinhas, que apresentam certas analogias℘ com os primeiros, estabelecendo, desse modo, conexões entre todos os mitos.

Apesar de suas amplas reflexões, o eminente antropólogo francês não escreve sobre religião℘ de forma específica, mas há, pelo menos, quatro ensaios e textos onde o sagrado℘ e o fenômeno religioso aparecem mais fortemente: os ensaios "Le Sorcier et sa magie" e "L'Efficacité symbolique", ambos de 1949 e reunidos no livro *Les Structures élémentaires de la parenté* (v. 1), o artigo "Le Père Noël suplicié", de 1952, e o livro *Le Totémisme aujourd'hui*, de 1962.

Nos dois primeiros ensaios, desvenda as questões que as práticas xamânicas trazem para o pensamento antropológico, como o papel da metáfora℘ e da metonímia, a eficácia concreta do símbolo, da crença℘ coletiva, da *performance* dos feiticeiros℘/ xamãs℘ e das pessoas com demandas de cura. No terceiro texto, ele analisa um evento singular: uma figura de Papai Noel é queimada por 250 crianças, no dia 24 de dezembro de 1951, diante da catedral de Dijon, sob a supervisão do bispo e de padres. Lévi-Strauss℘ conecta, sincrônica e diacronicamente, a festa de Natal aos mitos natalinos e dos reis da Saturnália, do antigo Império Romano, há 2000 anos. O último texto versa sobre o sistema totêmico, complexa expressão do sagrado-simbólico-religioso, problemática que desafiou a análise dos fundadores da Antropologia e da Sociologia, nomeadamente Émile Durkheim℘, na sua obra clássica, *Les Formes élémentaires de la vie religieuse: le système totémique en Australie*, publicada em 1912.

***

Para finalizar, é relevante ainda dizer que as obras levistraussianas – principalmente as citadas neste texto e ainda *La Voie des Masques* (1975), *Le Regard Éloigné* (1983), *Paroles Données* (1984) e *Histoire de Lynx* (1991) – marcaram a origem das Ciências Sociais e inspiraram uma nova Antropologia no Brasil, como a que desenvolve, por exemplo, Viveiros de Castro (1951-), criador de um conjunto de ideias agrupadas sob o nome de "perspectivismo ameríndio", com amplas repercussões sobre os estudos do xamanismo indígena, uma das mais importantes expressões do sistema cultural e simbólico-religioso.

Bibliografia: BARNARD, A. *History and Theory in Anthropology*. Cambridge: Cambridge University Press, 2000; COLBACCHINI, A.; ALBISETTI, C. *Os bororo orientais*. São Paulo: Companhia Editora Nacional, 1942; LÉVI-STRAUSS, C. *Anthropologie structurale*. Paris: Éditions Plon, 1958; LÉVI-STRAUSS, C. *Histoire de lynx*. Paris: Éditions Plon, 1991; LÉVI-STRAUSS, C. *La Voie des masques: les sentiers de la création*. (Deux volumes). Genève: Ed. Albert Skira, 1975; LÉVI-STRAUSS, C. *Le Regard éloigne*. Paris: Éditions Plon, 1983; LÉVI-STRAUSS, C. *Les Structures élémentaires de la parente*. Paris: EHESS, 1949; LÉVI-STRAUSS, C. *Le Totémisme aujourd'hui*. Paris: Presses Universitaires de France, 1962; LÉVI-STRAUSS, C. *Paroles données*. Paris: Éditions Plon, 1984; LIMA, L. C. *O estruturalismo de Lévi-Strauss*. Petrópolis: Vozes, 1970; RODRIGUES, D. *Sociologia da religião; uma introdução*. Porto: Edições Afrontamento, 2007.

Donizete Rodrigues

Emerson José Sena da Silveira

ESTUDOS AFRO-BRASILEIROS

Historicamente, o nascimento da pesquisa sobre religiões afro-brasileiras é identificado com Nina Rodrigues (1862-1906), autor de *O animismo fetichista dos negros baianos* (1896) e de *Os africanos no Brasil*, obra publicada postumamente (1932). Neles, interpreta as permanências culturais e religiosas dos afro-brasileiros à luz da mentalidade científica positivista-evolucionista do século XIX, e de seus interesses como médico. Emprega as categorias de fetichismo e totemismo, entendendo o primeiro como a identificação entre o humano e o natural, fundado no animismo, como personalização dos seres minerais e animais; e o segundo, como a organização social daí decorrente. Embora considere fetichistas todos os povos africanos que chegaram ao Brasil, entende não haver propriamente totemismo no Brasil, mas uma predisposição atávica a ele: "O totemismo é antes de tudo, nos povos selvagens, uma relação de parentesco sobre que descansa a organização da sua vida civil. Supõe necessariamente plena liberdade de direção e governo" (Rodrigues, 1935, p. 260). Distingue as concepções religiosas dos africanos e as dos afro-brasileiros, reconhecendo a violência da catequese e considerando a adesão ao Catolicismo apenas aparente. Afirma a influência religiosa dos afro-brasileiros no Catolicismo e no Islamismo, vista como um rebaixamento dessas religiões à sua pretensamente limitada capacidade de compreensão. Considera os nagôs (iorubás) superiores às demais etnias africanas, preconceito que influenciou por muito tempo os estudos posteriores. Nina Rodrigues, pioneiro nos estudos da religiosidade afro, questiona o exclusivismo banto, afirma serem os nagôs os mais numerosos e influentes na Bahia. "O mundo dos centro-africanos que ainda viviam na Bahia de seu tempo não despertou nele qualquer curiosidade, sua crença na superioridade intelectual e social dos sudaneses foi certamente decisiva para este afastamento" (Reginaldo, 2011, p. 273). Para Lucilene Reginaldo, Nina Rodrigues foi influenciado pelos escritos de M. D'Avezac sobre a multiplicidade das raças humanas, que hierarquizava os grupos humanos. Os bantos ocupavam o lugar inferior entre os próprios negros. Estudantes brasileiros retornados da África reforçaram esta visão; lá internalizaram a teoria da superioridade iorubá, criada por uma elite africana. O estereótipo criado com relação aos bantos era de serem dóceis, com enorme capacidade de adaptação, mas de uma extrema pobreza mítica. Seu continuador, Arthur Ramos (1903-1949), divulgou sua obra e frequentemente o comenta; é influenciado pela teoria culturalista norte-americana. Foi principalmente um compilador das posições teóricas vigentes em sua época. Autor prolífico, entre seus títulos estão *O negro brasileiro* (1934), *Aculturação negra no Brasil* (1942), *As culturas negras* (1943). Interpreta os contatos entre as tradições africanas e o Catolicismo em termos de sincretismo, que tende a identificar com a aculturação. Embora inicialmente ressaltasse os aspectos harmoniosos do sincretismo, em seus últimos trabalhos apontou o colonialismo e a dominação nos processos culturais, antecipando posições teóricas que seriam plenamente desenvolvidas muito posteriormente. Arthur Ramos, em *O negro brasileiro*, traz distinções importantes, que tem reflexo no dia a dia dos babalaô e pais e mães de santo, como prática religiosa e prática mágica; feitiços diretos ou materiais e feitiços indiretos ou simbólicos. Na verdade, "Ramos busca defender as religiões afro-brasileiras, ao afirmar que a doença, para o homem primitivo, sempre tem causa sobrenatural. O curandeirismo é fenômeno distinto do charlatanismo, com o qual é confundido erroneamente" (Capone, 2004, p. 227). Ainda no contexto das primeiras pesquisas na Bahia, Edison Carneiro (1912-1972) foi dos primeiros intelectuais a assumir a defesa e a descriminalização dos terreiros de Candomblé. Seus interesses de pesquisa incluíam os cultos de origem africana, o folclore e as manifestações culturais populares em geral. De sua produção, podemos destacar: *Antologia do negro brasileiro* (1950), *Ladinos e crioulos, estudos sobre o negro no Brasil* (1964), *Negros bantus* (1937), *Religiões negras* (1966), *Folclore no Brasil* (1963). Influenciado por Nina Rodrigues, considera a unidade do culto africano tendo como referência o Candomblé de rito nagô na Bahia, e, secundariamente, a influência jeje.

Paralelamente, desenvolvia-se a pesquisa, em Pernambuco, com Gonçalves Fernandes (1909-1986). Influenciado pela escola culturalista de Franz Boas, a partir dos trabalhos de Gilberto Freyre. É tido como o primeiro autor a empregar em seus títulos a expressão sincretismo religioso. Algumas de suas obras: *Xangôs no Nordeste* (1937), *As religiões no Brasil* (1939), *Seitas afro-brasileiras* (1940), *O sincretismo religioso no Brasil* (1943). Seu trabalho é fundamentalmente descritivo e rico em detalhes, apresentando características de tradições religiosas, como os Xangôs de Pernambuco, e transformações sociorreligiosas resultantes da nascente urbanização e modernização, como a associação de práticas de macumba ao futebol e ao turismo. Waldemar Valente (1908-1992), autor de *Introdução ao estudo da antropologia cultural* (1953); *Marcas muçulmanas nos xangôs de Pernambuco* (1954); *Sincretismo religioso afro-brasileiro* (1955); *A função mágica dos tambores* (1956), contribuiu com seu trabalho para o conhecimento das práticas religiosas afro-brasileiras em Pernambuco, em termos sincréticos, que interpreta à luz da influência de Arthur Ramos e do antropólogo norte-americano Melville Herskovits. Considera o sincretismo como processo cultural, em duas fases: de acomodação, em que há ajustamento e redução dos conflitos, e de assimilação, de efeitos de longa duração no decorrer do tempo.

I. Melville Herskovits (1895-1963). Antropólogo, foi um dos responsáveis pela constituição de uma área de Estudos Africanos nos Estados Unidos. Suas publicações e em especial sua passagem pelo Brasil contribuíram para os estudos sobre as religiões afro-brasileiras. Entre suas publicações destacam-se *Life in a Haitian Valley* (1937), importante estudo sobre o Vodu haitiano; *The American Negro* (1928); *The Myth of the Negro Past* (1941); e *Economic Transition in Africa* (1964). Sendo conhecido dos cientistas sociais brasileiros e conhecendo bem os trabalhos de Arthur Ramos e Edison Carneiro, teve facilidade para realizar uma pesquisa em Salvador. Em 1941, Herskovits, acompanhado da família, desembarcou na cidade. No Terreiro do Gantois, o Ilê Iyá Omin Àsé Iyamasse, dirigido por Menininha do Gantois, entrevistou, principalmente, mães e filhas de santo. Entrevistas preservadas nos seus numerosos cadernos de campo. Gravou músicas e fotografou muitos objetos, como oferendas, esculturas, árvores sagradas e instrumentos musicais. Entre as finalidades de sua pesquisa realizada em Salvador, pode-se enumerar: buscar a confirmação de outras pesquisas feitas por ele na África; compreender a estrutura familiar negra norte-americana; descrever o Candomblé como religião, excluindo a ideia de culto sincrético; contribuir com as pesquisas realizadas por Arthur Ramos e Edison Carneiro; buscar memórias africanas (africanismos) e explicar os arranjos familiares matrifocais dos negros na Bahia. Herskovits considerava a matrifocalidade como um padrão familiar característico da África Ocidental, posição defendida por ele na célebre polêmica que travou com Franklin Frazier (1894-1962), na qual valorizou a força da cultura africana e sua capacidade de resistência. Sua pesquisa visava colher dados para compreender questões da sociedade norte-americana; no entanto, foi bem recebida por pesquisadores brasileiros que buscavam valorizar as culturas populares brasileiras (Sansone, 2012). Ele valorizou a cultura africana, enfatizando a sua sofisticação e complexidade, e afirmou que os escravizados hauriram de suas tradições os recursos culturais para sobreviver na opressão. Herskovits recebeu o título de Ogã ou Obá de Xangó. Em 1943, retornou ao Brasil para ministrar a Aula Magna na Universidade Federal da Bahia.

II. Roger Bastide (1898-1974). Ao longo da segunda metade do século XX, Roger Bastide foi o pesquisador mais influente no estudo das religiões afro-brasileiras. Pode ser considerado o precursor da sociologia das religiões raciais no Brasil e das religiões afro-brasileiras. Integrou a missão francesa que deu origem à Universidade de São Paulo, em 1938. Autor de extensa obra, em que se pode destacar: *Brasil, terra de contrastes* (1957), *O Candomblé da Bahia: rito nagô* (1958), *As religiões africanas no Brasil* (1960), *O sagrado selvagem* (1975). Reconhece a diversidade das religiões afro-brasileiras, embora tomando o rito nagô dos Candomblés de Salvador como referência e paradigma. Interpreta o sincretismo afro-católico em termos sociológicos e a adesão ao Catolicismo como disfarce, que permitiria a continuidade das religiões subalternas e também em termos psicanalíticos, como originado da situação de inferioridade causada pela experiência da escravidão. Sua obra é marcada pela análise das intersecções entre arte e religião, explicitando a contribuição das religiões e da cultura africanas para a formação da sociedade e da cultura brasileira. Metodologicamente, caracteriza-se por um encontro entre a Filosofia, a Estética, a Sociologia, a Antropologia e a Psicanálise, no esforço para compreender a diversidade e a pluralidade do campo religioso brasileiro. Para Prandi, "devemos a Bastide, ainda hoje, a teoria mais completa que se tem a respeito de como uma religião é transportada de um lugar para outro [...] É dele a ideia de que o candomblé representaria uma espécie de retorno momentâneo dos negros exilados no Brasil à África da qual foram tirados pelo escravismo. Ou seja, era através do candomblé que o negro podia, eventual e temporariamente, sair da sociedade branca, católica, escravista, dominante e adversa, para voltar à civilização de origem, o mundo negro, o mundo da comunidade, da raiz, da família, da origem e assim em diante" (Prandi, 2016, p. 70).

Bastide cria o termo princípio de corte (*coupure*) para indicar essa passagem. Sua abordagem metodológica interdisciplinar voltada para problemas como as relações entre experiências e tradições, indivíduo e sociedade, simbolismo e estrutura, tradição e ruptura auxiliam na compreensão do campo religioso. O caráter não estático das religiões evidenciado pelo sagrado em fase instituinte, voltado para desestabilizar o sagrado tido como instituído, permite compreender com mais nuances os caminhos tomados pela religião na contemporaneidade.

III. Pierre Fatumbi Verger (1902-1996). Fotógrafo e etnólogo autodidata. Em sua obra dedica-se ao estudo das relações entre o Brasil e as Áfricas na diáspora, e as religiões afro-brasileiras, em particular o Candomblé de rito nagô na Bahia. Principais publicações: *Deuses da África* (1954), *Notas sobre o culto aos orixás e voduns* (1957), *Fluxo e refluxo do tráfico de escravos entre o Golfo do Benim e a Bahia de Todos os Santos, dos séculos XVII ao XIX* (1968), *Orixás, deuses iorubás na África e no Novo Mundo* (1981). Sua pesquisa explicita as relações entre a costa ocidental africana e o Brasil, principalmente o Recôncavo baiano, abrindo um novo campo de pesquisa, o do refluxo, onde apresenta a influência dos ex-escravizados que retornaram à África, levando consigo a cultura brasileira. Em geral, retornavam para a região apelidada "costa dos escravos", na África Ocidental, e se estabeleceram em cidades costeiras, como Aquê, Uidá, Porto Novo, Catonou e Lagos, entre outras. Cálculos aproximados estimam entre

ESTUDOS AFRO-BRASILEIROS

3.000 e 8.000 o número dos retornados, pequeno se comparado com a massa escravizada que entrou no Brasil. Metodologicamente, deve-se destacar o diálogo entre texto e imagem♀ fotográfica em sua obra. Desde 1932, a fotografia e as viagens passaram a constituir o universo existencial de Verger. De 1932 a 1946 girou o mundo fotografando e comercializando suas fotos. Rotina que foi desfeita ao desembarcar em Salvador, em 1946, onde descobriu o Candomblé, que para ele era a fonte de vitalidade do povo baiano. Seu envolvimento com a religiosidade de origem africana o levou, em 1948, à África para estudar os rituais. Na África, recebeu o nome de Fatumbi, "nascido de novo graças ao Ifá". "O sistema de Ifá é um conjunto de enunciados orais iorubás que representa a totalidade de conhecimentos desenvolvidos ao longo da história material e espiritual desse grupo cultural. Ele é composto de 256 distintos volumes que chamamos de odù e a partir deles são estabelecidas as dinâmicas de reflexão e produção de saberes" (Verdugo, 2016, p. 10).

IV. Antonio Olinto (1919-2009). Como adido cultural, manteve contato com as comunidades de descendentes de ex-escravizados que retornaram à África, conhecidos como "agudás" (brasileiros). Sua obra caracteriza-se por ser um estudo da permanência brasileira em Áfricas, devido à manutenção da língua portuguesa e do Catolicismo levados do Brasil, a partir das entrevistas que realizou, assim como uma interpretação♀ do processo de descolonização e independência dos países africanos, privilegiando em sua análise a linguagem e a religião♀, mas também o estudo do pan-africanismo e da filosofia da negritude. Principais obras: *Brasileiros na África* (1964; segunda edição ampliada 1980), *A casa da água* (1969), *O rei de Keto* (1980), *Trono de Vidro* (1987). Seu pensamento persegue os rastros-resíduos da cultura brasileira em solo africano, e compromete-se com uma reaproximação, por meio da cultura♀ e da religião♀, entre Brasil e África, assemelhando-se a Pierre Verger, com quem colaborou em seu período como adido cultural. Antecipou em sua análise a potencialidade universal do Candomblé e a superação de seu caráter de religião étnica, antecipando de certa forma posições mais tarde desenvolvidas por pesquisadores como Reginaldo Prandi e Vagner Gonçalves da Silva. Como adido cultural junto à Embaixada do Brasil na Nigéria procurou adentrar na cultura♀ africana buscando compreender "as intensas e violentas (físicas, políticas, simbólicas) transformações vivenciadas pela sociedade africana da década de 1960. O outro caminho é aquele onde segue a aventura dos brasileiros retornados e seus descendentes na África Ocidental" (Pimentel, 2016, p. 59).

V. Renato Ortiz (1947-). Autor de múltiplos interesses, é a partir do tema da tradição e Modernidade no Brasil que desenvolve sua principal contribuição para a Sociologia da Religião♀ e os estudos religiosos afro-brasileiros, *A morte branca do feiticeiro negro* (1978), originalmente sua tese de doutorado. Seguindo os passos de Bastide, seu ponto de partida é o embranquecimento da cultura e das religiões afro-brasileiras, como condição necessária à sua aceitação social. Por outro lado, destaca o "empretecimento" do Espiritismo kardecista, como recepção superficial de elementos de origem africana que, mediados pela cultura♀ e ideologia♀ brancas dominante, e tendo como fundamento moral o Catolicismo, tornaram possível a Umbanda. Nesta, o elemento indígena, também superficial, é recepcionado a partir da mentalidade dominante. Socialmente, a Umbanda responderia às demandas da sociedade urbano-industrial brasileira em processo de formação, sendo por isso caracteristicamente presente em cidades como Rio de Janeiro e São Paulo. O conceito de cultura♀ popular desenvolvido por Renato Ortiz♀, baseado em Gramsci♀, nos diz que a cultura♀ popular, as suas fronteiras tanto internas (éticas e culturais) quanto externas (sociais), não são facilmente definíveis, porque ela não é algo simples, mas, pelo contrário, um fenômeno complexo, construído socialmente, que carrega em si uma extrema variedade, vista não somente na formação das inúmeras culturas populares de matriz indígena e afro, como também nas suas expressões. Contudo, apesar de diversa, a cultura♀ popular carrega em si alguns pontos em comum que servem de base para uma aproximação inicial e, mais do que isso, trazem em si a sua força vital: tem na sua base culturas que se produziram sob o estigma da dominação, tais como as culturas indígena, negra, cabocla e escrava, (i)migrante, dentre outras.

VI. Lísias Negrão (1945-2015). Sociólogo, contribuiu para vários segmentos da Sociologia da Religião♀. Sua principal contribuição ao estudo das religiões afro-brasileiras está em *Entre a cruz e a espada: formação do campo umbandista em São Paulo* (1996). Negrão, a partir de rica variedade de fontes, tais como registros cartoriais, acervos jornalísticos, entrevistas com sacerdotes e adeptos, visitação às giras, literatura umbandista, além da crítica à bibliografia especializada, elabora um estudo empiricamente circunscrito ao estado de São Paulo, mas acredita ser possível encontrar a estrutura do campo religioso, caracterizada por sua organização institucional em terreiros e federações e por suas relações com os demais campos sociais, em outras regiões do país. A pesquisa estabeleceria um degrau intermediário entre aquelas que propuseram um enfoque macrossociológico e nacionalmente abrangente, que o autor tende a criticar por privilegiarem o Rio de Janeiro como referência, e as que se dedicavam a um único ou poucos terreiros, que, embora sejam ricos em detalhes, tendem a ser demasiado restritos. Na Umbanda, a partir de códigos ancestrais♀ e das necessidades concretas – no tempo e no espaço –, fazem-se e refazem-se as dicotomias entre o bem e o mal. Entre cruzes e encruzilhadas, os pesquisadores(as) sabem que a Umbanda está hoje entre as experiências religiosas dispostas a surpreender, por seu ritmo e riqueza simbólica, um mundo que se quer ver racional e desencantado. Os estudos de Lísias Negrão sobre a Umbanda descortinam veredas fecundas tanto para pensar o *modus operandi* da cultura brasileira quanto para estabelecer o lugar da religião♀ na produção de valores e de redes e espaços da sociabilidade no mundo contemporâneo.

VII. Reginaldo Prandi (1946-). Seu trabalho se dirige a diversos campos das Ciências Sociais, sendo de especial interesse para a Ciência da Religião♀ seus estudos sobre religiões afro-brasileiras, religiões evangélicas e Catolicismo. Como romancista, tem sido um importante divulgador das religiões afro-brasileiras em sua literatura. De sua vasta produção, pode-se destacar: *Os Candomblés de São Paulo* (1991), *Mitologia dos orixás* (2001), *Segredos guardados* (2005). Etnograficamente, dedica-se à presença do Candomblé no estado de São Paulo, a partir de onde chega à questão do processo de reafricanização dos cultos afro-brasileiros e da universalização de seus adeptos. Também discute sua adaptação♀ e as transformações sofridas em meio à sociedade brasileira contemporânea e suas relações com as demais religiões.

VIII. Vagner Gonçalves da Silva (1960-). Autor de extensa produção sobre religiões afro-brasileiras, em que se pode destacar: *O antropólogo e sua magia* (2000, originalmente apresentada como tese de doutorado), *Intolerância religiosa: impactos do neopentecostalismo no campo religioso afro-brasileiro* (2007), *Caminhos da alma: memória afro-brasileira* (2012). Sua pesquisa revela a preocupação em relação ao impacto da atividade do pesquisador em relação aos sujeitos da pesquisa, e se estende por temas como a intolerância religiosa em relação às religiões de matriz africana; a mútua influência entre essas religiões e aspectos da cultura e arte brasileiras; as transformações rituais e míticas e as relações culturais do orixá Exu na cultura♀ brasileira.

IX. Sergio Ferretti (1937-2018). Em suas pesquisas analisou a religião afro-brasileira da Casa das Minas, no Maranhão, e especificamente a questão do sincretismo♀ afro-católico. Principais obras: *Tambor de crioula* (1981), *Querebentã de Zomadônu: etnografia da Casa das Minas* (1985), *Repensando o sincretismo* (1995). Introduziu nacionalmente a temática das religiões afro-brasileiras de uma perspectiva maranhense e amazônica, superando os limites dos estudos estabelecidos na Bahia, Pernambuco, Rio de Janeiro e São Paulo. Além de pensar, do ponto de vista etnológico e social, as características do Tambor de Mina, propicia importante contribuição teórico-metodológica sobre o tema do sincretismo♀ ao problematizar o emprego do conceito na ciência social brasileira e propor uma nova compreensão do mesmo como um processo social, que envolve elementos institucionais, rituais e subjetivos dos atores religiosos. Especialmente importante para sua redefinição de sincretismo♀ é sua recepção da ideia de Roberto DaMatta sobre a sociedade brasileira como sociedade relacional, a partir da qual considera o sincretismo♀ como categoria que permite pensar as relações e contatos entre as religiões, mas também como esses contatos se dão subjetivamente para os atores religiosos. Sua rediscussão do sincretismo♀ tem influenciado as Ciências Sociais e a História, e também a Ciência da Religião♀ e a Teologia♀, como se percebe, entre outros, nos trabalhos de Afonso Maria Ligorio Soares.

X. Nei Lopes (1942-). Formado em Direito♀ e Ciências Sociais, músico e pesquisador autodidata da história e cultura africana e afro-brasileira. Conhecido do grande público principalmente como sambista, compositor e intérprete, sua vasta produção bibliográfica inclui: *Islamismo e negritude* (1982, coautor), *Novo dicionário banto do Brasil* (1999), *Bantos, malês e identidade negra* (2006), *Enciclopédia brasileira da diáspora africana* (2004, edição aumentada, 2011), *Dicionário da antiguidade africana* (2011). Seus trabalhos revelam-se uma contribuição ao resgate da historicidade dos povos africanos e afro-diaspóricos, dimensão negada pela perspectiva eurocêntrica. Avançando em meio às contribuições dos diferentes povos africanos que contribuíram para a formação da sociedade brasileira, explicita a relação entre ignorância, racismo e manutenção da condição subalterna na qual ainda se mantém grande parte da população afro-brasileira: "Chegado o novo século, a fraca autoestima da massa afrodescendente, que constitui cerca da metade da população brasileira, é uma triste realidade. E essa circunstância é agravada pela completa alienação dessa massa em relação à sua verdade histórica, à de seus ancestrais♀ africanos e à de seus irmãos nas Américas e no mundo" (Lopes, 2011, p. 17).

Especialmente importante para a Ciência da Religião♀ é o tratamento do Islamismo africano no Brasil e, principalmente, sua rediscussão da importância dos povos bantu na formação nacional, secundarizados durante muito tempo na própria pesquisa acadêmica e que apenas recentemente tem merecido a devida atenção dos estudos universitários.

Para Verdugo, na atualidade três linhas de pensamento se fazem presentes nos estudos das religiões afro-brasileiras: a primeira são análises antropológicas que nos oferecem em riqueza de detalhes e interpretações a complexa organização religiosa♀ afro-brasileira; a segunda, leituras e interpretações sociológicas dos fenômenos religiosos afro-brasileiros, bem como exploração de seus desdobramentos fora do eixo tradicional (Bahia-Rio); e, por fim, a terceira, que é composta de escritores e/ou pesquisadores que são iniciados nos cultos afro-brasileiros e cujos textos estão carregados de leituras interpretativas que se alinham às casas em que prestam culto (Verdugo, 2013).

Bibliografia: CAPONE, S. *A busca da África no candomblé.* Tradição e poder no Brasil. Rio de Janeiro: Pallas, 2004; FERRETTI, S. *Repensando o sincretismo*: estudo sobre a Casa das Minas. São Paulo/São Luís: Edusp-Fapema, 1995; LOPES, N. *Enciclopédia brasileira da diáspora africana*. 4. ed. São Paulo: Selo Negro, 2011; PIMENTEL, C. S. *Memória brasileira em Áfricas*: da convivência à narrativa ficcional. Jundiaí, SP: Paco Editorial, 2016; PRANDI, R. Recriações religiosas da África no Brasil. In: BAGGIO, F.; PARISE, P.; SANCHEZ, W. L. *Diásporas africanas e processos sociorreligiosos*. São Paulo: Paulus, 2016; REGINALDO, L. *Os rosários dos angolas*: irmandades de africanos e crioulos na Bahia setecentista. São Paulo: Alameda, 2011; RODRIGUES, N. *Os africanos no Brasil.* 2. ed. São Paulo: Companhia Editora Nacional, 1935; SANSONE, L. Estados Unidos e Brasil no Gantois: o poder e a origem transnacional dos estudos afro-brasileiros. *Revista Brasileira de Ciências Sociais*, São Paulo, v. 27, n. 79, jun. 2012; VERDUGO, M. V. S. As religiões afro-brasileiras: uma revisão bibliográfica. *Ciberteologia: Revista de Teologia & Cultura*, ano XI (2013), n. 49, p. 3-14; VERDUGO, M. V. de S. *A dià fún*: aproximações à imaginação ioruba na linguagem do sistema de Ifá. Dissertação de mestrado em Ciência da Religião, Pontifícia Universidade Católica de São Paulo, 2016.

Claudio Santana Pimentel
Ênio José da Costa Brito

ETERNIDADE

Apreender o significado de eternidade nas diversas tradições religiosas traz uma complexa discussão sobre o conceito de tempo, temporalidade e tantos outros elementos nele implícitos. O termo acolhe a contribuição de várias áreas do conhecimento em sua construção; portanto, o presente verbete traz alguns passos para compreendê-lo nas seguintes tradições religiosas: Hinduísmo, Taoismo, Budismo, Islamismo, Candomblé, Judaísmo e Cristianismo.

O termo "eternidade" relaciona-se com a ideia de um tempo longo, que "não tem princípio nem fim", de uma duração que não tem início. Vincula-se com a expressão "eterno" e sua etimologia é latina: *aeternĭtas, aeternus*. Na tradição judaica, no Primeiro Testamento, o termo que a expressa é ôlam, e caracteriza a existência de Deus, o "Eterno". Esse Eterno existia mesmo antes da criação do mundo (Sl 90,2). Assim também no Segundo Testamento, a eternidade vem concebida como "propriedade da natureza divina" (Schlesinger; Porto, 1995, p. 999).

No *Hinduísmo*, por exemplo, fala-se num processo perpétuo de fluir, de nascer, morrer, renascer e remorrer. Há uma roda de sucessivos renascimentos

visando à superação e ao redimensionamento do *sansara*. Na verdade, a existência humana não passa de uma aparência transitória, sendo a salvação a experiência singular do rompimento da servidão dos renascimentos (Delumeau, 2000, p. 307-308). Tomando como base o *bhagavad Gita* (BG, 1975, p. 28-29), o tempo não tem finitude: "Nunca houve um tempo em que não existíssemos eu ou tu, ou qualquer destes príncipes da terra" (BG II,12). O Ser Real nunca vive a finitude, "nunca cessa de ser" (BG, II, 16). Tomando o exemplo de uma tradição gnóstica, como no caso da escola Smarta do Vedanta Advaita, o que ocorre com o *atman* individual, no momento final da existência, é a sua fusão no *Brahman* universal. Concretamente falando, na perspectiva da visão das *Upanixades*, o *atman* nunca existe separado do *Brahman*. Qualquer reflexão que indique separação contraria esta perspectiva (Valera, s.d.).

No *Taoismo*, e em particular no Dao de Jing, existe também um "curso" no qual o sujeito deve trabalhar a si mesmo para integrar-se: "A terra segue o céu, e o céu segue o Dao, e o Dao segue a si mesmo, o mesmo que a si mesmo se dá o nome de eterno" (Sproviero, 2014, p. 16). A grande convocação que se faz é a da integração no "curso", a integração no princípio de todas as coisas, e isso mediante o deixar-ser, para além da atividade ou passividade, que é o princípio do *wu wei* (não ser, não fazer, não agir).

No *Zen Budismo*, não se fala num mais além do mundo, mas o que existe é simplesmente o mundo fenomênico que está aí. O horizonte visado não está longínquo, no âmbito extraordinário, nem nas elucubrações verbais ou sutilezas metafísicas, mas "nas coisas concretas da vida diária" (Suzuki, 1999, p. 106). No Zen Budismo, o tempo não se dispersa na eternidade, mas é o lugar da morada enquanto "perfeito e sereno presente". A disposição espiritual vem tocada por um olhar que não olha para além de si mesmo. O que se dá é uma celebração da imanência: "A fugacidade das coisas não vem transcendida em favor de um infinito", mas de um aberto que advém na simplicidade da captação do olhar (Byung-Chul Han, 2018, p. 127, 129). O que ocorre de diferente é um olhar peculiar sobre as coisas do cotidiano, quando o praticante passa pelo processo de despojamento interior no treinamento meditativo. Então pode ocorrer a presença de um particular "poder dinâmico" que abre um campo novo para a visada (Izutsu, 2009, p 33).

O acento no tempo vem também sublinhado na tradição islâmica, em particular na escatologia corânica. Os muçulmanos têm clareza com respeito ao limite do tempo com respeito ao criador. Diz o Corão que todas as coisas perecerão, e só permanecerá o rosto do Senhor (C 22,88). A consciência da impermanência não tira, porém, a responsabilidade ou dignidade da ação no tempo, mas a acentua. É aqui, na história, que se desenrola o processo de salvação♀, mediante as ações que favoreçam uma sintonia profunda com a vontade de Deus. É na história que se prepara o juízo de Deus. A dinâmica da fé suscita o exercício da ética, pois é na prática do bem que se dá o encontro e a benquerença de Deus: "Por certo, aos que creem e fazem as boas obras, o Misericordioso fá-los-á ter afeição mútua" (C 19,96). Deus♀ se derrama em ternura sobre aqueles que seguem sua via no tempo (C 2,207).

Na tradição brasileira temos o *Candomblé*, com sua sabedoria complexa e relacional. O ser humano não vem compreendido de forma dualista, mas profundamente integrado, harmonizado com suas diversas dimensões. Não se fala, precisamente, de eternidade, mas de desfazimento da pessoa e sua reintegração na existência genérica, que preserva a totalidade da existência para além da existência individualizada. Como assinalam os estudiosos dessa tradição, "o corpo, em sua materialidade, é uma composição circunstancial de elementos da terra e que – a qualquer momento – volta a fazer parte da existência genérica terra" (Berkenbrock, 2014, p. 586). O processo de "desfazimento" vem ritualizado nos rituais do *axêxê*, quando então os elementos constitutivos do iniciado "são ritualmente retirados de seus espaços e transferidos para o espaço destinado aos eguns", que são entidades que proporcionam a ligação com a ancestralidade. Uma vez concluído o ciclo vital marcado pelo hálito do Emi, que é o respiro da vida, ocorre essa integração do sujeito, ou ascendência à existência genérica.

No *Judaísmo*, temos a centralidade da revelação concentrada num livro, que é a Torá. Cada uma de suas letras é uma "centelha do divino". Há também os livros do Talmude, que são comentários redigidos nos primeiros séculos de nossa era. Mais que um povo do livro, os judeus são um "povo da interpretação♀ do Livro". Não há como aprisionar Deus numa compreensão única, daí ser o Talmude uma linguagem "explosiva", que abre novos caminhos e brechas para a captação da realidade do Mistério Maior (Bottéro; Qaknin; Moingt, 2001, p. 63-64). O Talmude favorece a presença de um Deus♀ que é vivo e infinito. Na abertura do Livro de Gênesis, verificamos a celebração da criação: "Deus viu tudo o que tinha feito: e era muito bom". O tempo vem acolhido como um tesouro de Deus, e a missão♀ humana consiste, no Judaísmo, em atuar a vontade de Deus. O desafio maior, assinala Heschel (2001, p. 253), é "elevar a existência", retribuir a grande generosidade de Deus♀ através da ação bondosa (Sl 116,12). A vida eterna está enraizada no meio de nós, ela se configura em nossa vida no tempo (Rosenzweig, 2005, p. 312). A eternidade não se perde num além, mas já se desenha no dia a dia, através da resposta ativa do humano ao Eterno. É no presente, constantemente renovado, que a eternidade mostra o seu rosto.

Por muito tempo o *Cristianismo* ficou conhecido nos meios intelectuais como uma religião que rechaça o tempo presente em nome de uma eternidade distante. Trata-se de uma visão dicotômica entre mundo e Reino de Deus, que moldou a mentalidade de gerações de cristãos, e ainda hoje encontra respaldo na visão de muitos fiéis e também de autoridades da Igreja♀ Católica. Para os Padres da Igreja♀, em especial Agostinho de Hipona, a visão de Deus♀ era uma prerrogativa do para além do tempo. O céu, dizia ele, "é a terra da visão sem defeito e do amor sem saturação" (McGinn, 2012, p. 366). No *Catecismo da Igreja♀ Católica* (CIC), vigente no tempo atual, vislumbra-se uma perspectiva que ainda alimenta esta posição, como em trechos específicos (CIC, n. 1404 e 2159). Fala-se na história como vale de lágrimas, a ser sanada num Reino vindouro, quando então a luz ganhará lugar. Foi por esta razão que o Cristianismo veio sendo identificado, pelos "mestres da suspeita" (Freud♀, Marx♀ e Nietzsche), com uma religião da "resignação". Em seu *Anticristo*, Nietzsche dirá: "Se se põe o centro de gravidade da vida, não na vida, mas no 'além' – no nada –, tirou-se da vida toda gravidade" (Nietzsche, 1974, p. 361). Este mesmo pensador vai relacionar o Cristianismo com um "instinto depressivo e contagioso", justamente por sua "tendência hostil à vida".

A teologia♀ que preparou o Concílio♀ Vaticano II (1962-1965) abriu uma nova senda nesta reflexão sobre a salvação♀ e a eternidade. Teólogos pioneiros como Karl Rahner, Edward Schillebeeckx e Yves Congar abriram rastros essenciais para uma nova visão, sintonizada com o tempo e garantidora da sanidade do humano. Firma-se um esforço "para pensar o 'dinamismo' de Deus, ou pelo menos o seu elo íntimo com a temporalidade e com a história, que parece indispensável para compreender seu amor pelos homens" (Lacoste, 2004, p. 671). Dizia Congar em livro precioso que a fé necessitava estar inserida na vida (Congar, 1976, p. 171), e que a salvação♀ não se traduz como algo indiferente à operosidade humana. É na humanidade, no tempo, que se constrói e se delineia a história de Deus. A salvação♀ vem realizada no espaço mesmo onde acontece a vida da humanidade. Esta foi uma virada copernicana essencial na teologia♀, rompendo com a bipolaridade natural/sobrenatural que dominava a teologia♀ barroca. Diria com acerto Edward Schillebeeckx, num dos preciosos volumes de sua trilogia: "Fora do mundo não há salvação♀" (1994, p. 21). Antevendo esta nova perspectiva que ganharia cidadania na década de 1960, com o Concílio♀, Teilhard de Chardin sinalizou, já em 1926, a importância desse cuidado com o tempo, visto como um direito e dever dos crentes: o de apaixonar-se "pelas coisas da Terra" (Chardin, 2010, p. 37; Boudignon, 2008, p. 88-89). Dizia que "nada é profano♀, aqui embaixo, para quem sabe ver". O Mistério maior está sempre à espreita. Ele "nos espera a cada instante na ação, na obra do momento. Ele está, de alguma maneira, na ponta da minha caneta, de minha picareta, de meu pincel, de minha agulha, de meu coração, de meu pensamento" (Chardin, 2010, p. 32).

A retomada do sentido profundo de salvação, com sua sólida base escriturística (Congar, 1976, p. 99, 104), vem situar o humano no seu devido lugar, com a consciência viva de sua dignidade. Firma-se um novo "acordo" com tempo, agora positivo. A salvação vem percebida como o processo de realização do sujeito, de uma vida bem-sucedida. Recupera-se o valor intrínseco da alegria como componente nuclear do Cristianismo, da salvação como "alegria que acompanha a ideia de si mesmo" (Gesché, 2004, p. 25). A etimologia da palavra "salvação" guarda consigo um significado que é positivo. Longe de ser negativa, a salvação é o exercício de uma boa destinação. O termo *salvus* expressa algo que é sadio, forte, sólido e conservado. Salvar, então, significa "tornar forte, preservar, conservar" (Gesché, 2004, p. 24). Com base em Nietzsche, Luc Ferry vai indicar que é "no interior da vida concreta", sem fuga da esfera da humanidade, que se desvela "uma existência mais ou menos 'bem-sucedida' e 'invejável', mais ou menos rica e intensa, mais ou menos digna de ser vivida ou, ao contrário, medíocre e empobrecida" (Ferry, 2004, p. 17).

Assim como a salvação, a eternidade (´olâm – aiôn) é algo que se dá no tempo e não fora dele, ela é fruto dele. Como diz Karl Rahner em seu *Curso fundamental da fé*, "na realidade, é no tempo, como seu fruto maduro que se faz a eternidade". Não é um "para além", mas a experiência madura que se vive no "aquém". A eternidade "é um modo de a espiritualidade e de a liberdade amadurecerem no tempo" (1989, p. 505). A eternidade não traduz um deslocamento para um fora do lugar, mas ela se descortina no aqui e no agora. As questões essenciais, as questões "eternas" apresentam-se aqui, desvelam-se aqui. Como indica José Tolentino Mendonça, "há um momento em que uma pequena voz sem palavra nos alcança no ponto mais vivo e singular da existência" (Mendonça, 2016, p. 43). A eternidade é domínio do "dom", uma oferta à liberdade. Nada mais que a percepção e prolongação da experiência de uma Presença que acontece, de "partilha da vida do Eterno" (Gesché, 2004, p. 84).

O teólogo Jürgen Moltmann, sobretudo nos seus últimos livros, tem insistido na profundidade do "aquém" e da espiritualidade dos sentidos despertos. Há aqui uma profundidade que irradia, um traço de "maravilhamento" que encanta. Como captou singularmente Rainer Maria Rilke numa de suas elegias de Duíno, "Estar aqui é esplendor", ou, na versão original, *Hiersein ist herrlich* (2013, p. 60-61). Captar a eternidade é simplesmente abrir os olhos e ver, a partir de uma dinâmica vital despojada e disponível. Simplesmente viver, diria o místico Thomas Merton. Não se requer muitas instrumentações, mas simplesmente "estar presente" (Hart; Montaldo, 2001, p. 291). O cristão não é alguém que se distingue por um rótulo, o de ser cristão ou um *Homo religiosus*, mas de ser simplesmente humano (Moltmann, 2016, p. 161), alguém que se irmana numa teia de relações em que não vigora excepcionalidade, mas partilha e comunga com outras espécies companheiras.

Bibliografia: *A BÍBLIA DE JERUSALÉM*. São Paulo: Paulinas, 1981; AMIR-MOEZZI, M. A. *Dizionario del Corano*. Milano: Mondadori, 2007; *BHAGAVAD GITA. A mensagem do mestre*. São Paulo: Pensamento, 1975; ERKENBROCK, V. Elementos de uma antropologia religiosa a partir do Candomblé. *Revista Eclesiástica Brasileira*, v. 74, n. 296, out./dez. 2014, p. 847-866; BERQUE, J. *Le Coran*. Essai de traduction. Paris: Albin Michel, 1995; BYUNG-CHUL HAN. *Filosofia del buddhismo zen*. Milano: Nottetempo, 2018; BOTTÉRO, J.; QUAKNIN, M.-A.; MOINGT, J. *A mais bela história de Deus*. São Paulo: Difel, 2001; BOUDIGNON, P. *Pierre Teilhard de Chardin*: sa vie, son ouvre, sa réflexion. Paris: Cerf, 2008; CHARDIN, T. de. *O meio divino*. 2. ed. Petrópolis: Vozes, 2010; CONGAR, Y. *Un popolo messianico*. Brescia: Queriniana, 1976; DELUMEAU, J. *De homens e de religiões*. São Paulo: Loyola, 2000; GESCHÉ, A. *Destinação*. São Paulo: Paulinas, 2004; FERRY, L. *O que é uma vida bem-sucedida*. Rio de Janeiro: Difel, 2004; HART, P.; MONTALDO, J. *Merton na intimidade*: sua vida em seus diários. Rio de Janeiro: Fisus, 2001; HESCHEL, A. J. *L´uomo non è solo*. Milano: Mondadori, 2001; IZUTSU, T. *Hacia una filosofia del budismo zen*. Madrid: Trotta, 2009; LACOSTE, J.-Y. *Dicionário crítico de teologia*. São Paulo: Paulinas/Loyola, 2004; MALCA, S. (Ed.). *Dictionnaire Franz Rosenzweig*. Paris: Cerf, 2016; McGINN, B. *As fundações da mística*: das origens ao século V. São Paulo: Paulus, 2012. Tomo 1. A presença de Deus: uma história da mística cristã ocidental; MENDONÇA, J. T. *A mística do instante*. São Paulo: Paulinas, 2016; MOLTMANN, J. *Il Dio vivente e la pienezza della vita*. Brescia: Queriniana, 2016; NIETZSCHE, F. *Os pensadores*. São Paulo: Abril Cultural, 1974; RAHNER, K. *Curso fundamental da fé*. São Paulo: Paulinas, 1989; RILKE, R. M. *Elegias de Duíno*. 6. ed. São Paulo: Biblioteca Azul, 2013; ROSENZWEIG, F. *La stella della redenzione*. Milano: Vita e Pensiero, 2005; SCHLESINGER, H.; PORTO, H. (Eds.) *Dicionário enciclopédico das religiões*. Petrópolis: Vozes, 1995. v. 1; SCHILLEBEECKX, E. *História humana, revelação de Deus*. São Paulo: Paulus, 1994; SPROVIERO, M. Introdução. *Dao de Jing*. São Paulo: Hedra, 2014; SUZUKI, D. T. *Introdução ao zen-budismo*. São Paulo: Pensamento, 1999; VALERA, L. Morte e renascimento no hinduísmo: Disponível em: <https://www.facebook.com/notes/bhakti-rasa-vedânta-núcleo-de-estudo-e-informação/morte-e-renascimento-no-hindu%C3%ADsmo-por-Jokasãksi-dãsa-lúcio-valera/682501765222039/>. Acesso em: 03/05/2019.

FAUSTINO TEIXEIRA

ÉTICA/MORAL

I. Dos fatos ao conceito. Se há um campo da vida em comum dos seres humanos no qual proliferam as *disputas* entre princípios, valores, convicções e preferências, amiúde afirmados de maneira arbitrária e até violenta, esse é o campo da ética ou da moral. Desde a época da Reforma♀, até um primeiro zênite alcançado no tempo das Luzes, que coroa a chamada Modernidade ocidental e inaugura a nossa contemporaneidade, as ideias de livre-exame, de liberdades (individuais, políticas, econômicas, religiosas), de autonomia e de direitos (humanos, sociais, dos indivíduos, das minorias e até dos animais) ganharam progressivamente um protagonismo nos debates que polarizam as relações humanas nos âmbitos da vida privada e, mais radicalmente, do espaço público.

O cenário criado por essas disputas, que não constituem verdadeiras *discussões*, justamente pela ausência de princípios comuns, pode ser caracterizado tanto pelo conceito de pluralidade, tão caro à mentalidade contemporânea, como pelo de fragmentação, que também reflete a consciência♀ média do nosso tempo. Como quer que seja, o debate moral contemporâneo tem pretensões de ser uma verdadeira *discussão* porque os contendentes, a menos que escolham concluir o debate pela violência, apoiam-se em argumentos racionais de caráter impessoal que apelam para a racionalidade ou a pressupõem realizada nos interlocutores. Ora, é justamente dessas duas possibilidades de concluir uma discussão moral ou sobre a moral que se pode partir para compreender o que é moral/ética.

Moral, etimologicamente, vem do latim *mos* ("costume"). Cícero, no *De fato*, I,1, traduziu o que os gregos chamavam de *éthos* por *"quia pertinet ad mores"* [o que é pertinente aos costumes], criando na língua latina a expressão *"philosophiae de moribus"* para traduzir *ta éthika* do grego. As duas expressões designam o que se refere aos costumes, às atitudes humanas em geral e também às regras de conduta e sua justificação. Rigorosamente falando, os termos moral e ética referem-se à mesma realidade, embora alguns autores prefiram reservar o termo moral para designar o conjunto dos fenômenos morais concretos e ética para a análise filosófica dos fundamentos e dos conceitos fundamentais de toda a moral.

A existência de uma esfera do agir humano "pertinente aos costumes", vale dizer, a existência de um *éthos* nos grupos humanos, "é uma evidência primitiva e indemonstrável" (Lima Vaz, 2012, p. 17). É verdade que certas regularidades de comportamento também se verificam em outras espécies de animais. Entretanto, é só na espécie humana que se encontra um domínio no qual vigora a *quase necessidade* das realidades que são frequentemente (*pollakis*), em contraposição ao campo da natureza regido pela necessidade das realidades que são sempre (*aei*). Os gregos chamaram de *práxis* o domínio no qual comportamentos ou hábitos *podem* ser estabelecidos e assumidos com regularidade, até mesmo de maneira prazerosa, mas que não o são por necessidade. Para as realidades que ocorrem no campo da ação (*práxis*), em contraste com o da contemplação (*theoría*) e com o da simples confecção (*poiesis*), Aristóteles formulou um tipo de saber específico, uma "filosofia das coisas humanas" (Aristóteles, 1999, X, 1181 b 15), que inclui o que é pertinente aos costumes (*tà éthika*) e o que diz respeito à legislação (*perì politeías*). Na tradição ocidental, Aristóteles pode ser considerado o fundador de uma filosofia moral ou de uma ética como ciência do *éthos*.

O fato moral (*éthos*), como se disse, é de uma evidência inquestionável e tem a idade dos grupos humanos. Essa evidência se impõe como o ponto de partida de qualquer tipo de reflexão sobre o que é pertinente aos costumes: não se tem notícia da existência de grupos humanos, mesmo os mais primitivos, totalmente desprovidos de um sistema de regras para a vida dos membros do grupo. Isso significa que qualquer moral, entendida como conjunto de regras que estabelece comportamentos ou hábitos que *devem* ser assumidos pelos membros de um grupo humano, supõe que estes *podem* observar regras morais e, portanto, os considera ao mesmo tempo como imorais. Todas as morais reconhecem a imoralidade dos seres humanos ao reconhecer que eles *podem* e *devem* ser conduzidos à moral. A tese que sustenta esse raciocínio é evidente. Com efeito, prescrever uma regra de comportamento ou exprimir a necessidade dela é, ao mesmo tempo, opor-se a ela como a algo a que não se está necessariamente submetido. De onde se segue que todas as morais consideram os seres humanos como seres morais-imorais, morais *porque* imorais, imorais *porque* podem e devem ser conduzidos à moral (Weil, 2011, p. 17s.). Dito de maneira banal, porém universal: o ser humano é *capaz* de moralidade, é capaz de ser moral porque é capaz de ser imoral.

Dessa banalidade universal procede também a afirmação de que o ser humano, tomado *naturalmente*, não é nem bom nem mau. Como seres de natureza, os humanos, assim como todos os animais, estão submetidos às mesmas forças naturais, são dominados por tendências, instintos e carências que os movem à preservação da própria vida e a da espécie. Entretanto, diferentemente de outras espécies, só os animais humanos são violentos. A violência como traço característico da espécie humana indica um fenômeno estritamente restrito ao âmbito antropológico. As formas de brutalidade que se manifestam nas forças naturais, assim como as lutas ou agressões verificadas no mundo animal, só são violentas para os seres humanos, que são os únicos seres da natureza capazes de, como observou Aristóteles, articular a voz para expressar, além das sensações do prazer e

ÉTICA/MORAL

da dor, também o útil e o danoso, o justo e o injusto, o bem e o mal (Aristóteles, 1998, I, 1252 b 27ss.).

A violência, portanto, é o dado antropológico intrinsecamente ligado à compreensão dos seres humanos como animais morais-imorais. Como seres de natureza, os animais humanos são violentos, mas porque são capazes de reconhecer e de nomear a violência, porque assim eles se *compreendem* como tais, eles não são pura violência: os seres humanos são violentos *e* razoáveis. Dessa compreensão apenas aparentemente paradoxal dos seres humanos seguem-se dois corolários. O primeiro afirma que a razoabilidade não é um *dado* da natureza, como as brânquias são o dado da natureza que permite aos peixes respirar dentro de seu ambiente natural. A razão não é um dado, mas uma *possibilidade*, uma potência, uma capacidade que, inscrita na natureza animal, supõe e exige uma escolha para ser atualizada. Portanto, a questão posta pela razoabilidade dos seres naturalmente violentos é a da escolha da razão, que, rigorosamente falando, é "uma escolha a-razoável ou, num sentido distinto do temporal, pré-razoável" (Weil, 2012, p. 32), porque o razoável e o não razoável só existem e só se opõem no interior dos limites da razão. O segundo corolário é que justamente por serem violentos os seres humanos são morais, seja porque a razoabilidade é uma escolha que institui aquilo que esses animais *devem* ser para ser humanos, seja também porque é como transgressores que eles adquirem consciência꓾ daquilo que eles *devem* fazer se quiserem ser humanos. Só os seres que já atualizaram minimamente aquela potência que os especifica como humanos precisam de regras para viver em comum e só eles sabem que precisam dessas regras porque são os únicos que podem transgredi-las e amiúde o fazem.

Daí procede uma entranhada relação entre moral e violência: as morais existem porque os seres humanos são violentos, mas não são pura violência; a violência existe porque os seres humanos são capazes de distinguir o útil e o danoso, o justo e o injusto, o bem e o mal. Moral e violência surgem no mesmo espaço instituído pela articulação da linguagem, na qual se exprime a razoabilidade dos seres humanos. Entretanto, violência e moral não compartilham o espaço da humanidade-razoabilidade ao mesmo título. As morais aí se encontram como moradas dos seres humanos, vale dizer, espaços de reconhecimento, de inclusão, que criam as condições de sobrevivência dos grupos humanos e de seus membros no interior deles. A violência, ao contrário, entra no espaço humano como ruptura, como ameaça à sobrevivência, que pode assumir as mais radicais formas de exclusão pela eliminação do semelhante. A condição de possibilidade da vida em comum dos seres humanos é a contenção da violência no interior dos grupos e nas relações entre seus membros. Ora, as morais pretendem fazer exatamente isso. São as morais que,

desde as origens dos grupos humanos, criam para seus membros a possibilidade de viver com os que são reconhecidos como semelhantes, ao abrigo da violência dos semelhantes e de si mesmos. Portanto, as morais existem para conter e, em última análise, eliminar a violência da vida e das relações humanas.

II. Do conceito à história. O conceito de moral já esboçado a partir de uma série de banalidades evidentes pode ser resumido numa última afirmação banal: é inútil querer buscar a origem histórica das morais. Os grupos humanos descobrem-se desde sempre providos de regras, e a suposição de um estado humano sem regras conduziria para fora do domínio humano. Só os seres humanos *seguem* regras, porque só eles podem não as seguir. E, como foi dito, se é verdade que é na qualidade de transgressores que os seres humanos tomam consciência꓾ das regras, então não é algum assassinato primitivo que permite *compreender* a moral e a existência de regras, porque na ausência de alguma moral com suas regras simplesmente não haveria assassinato (Weil, 2012, p. 21).

Pode-se, evidentemente, buscar explicações para a origem de quase todas as regras das morais porque todas elas são históricas. O que não se pode *explicar*, ainda que se possa *compreender*, é a origem *da* regra. Que os seres humanos tomem consciência꓾ da regra como transgressores é o equivalente filosófico do mito de uma queda original, tematizado por Kant꓾ como o *mal radical* na natureza humana (Kant, 2008). O que se revela na transgressão e, portanto, na existência de regras morais é a duplicidade que os seres humanos encontram em si mesmos e no mundo criado por suas relações: a duplicidade do lícito e do ilícito, das possibilidades de fazer o bem e de sucumbir ao mal. O conflito entre um bem e um mal, entre o lícito e o ilícito, entre o sensato e o insensato está presente em todas as morais. É esse conflito que as constitui: a partir do momento em que existem regras, o conflito entre o bem e o mal já lançou os seres humanos na insegurança, no desamparo e na divisão interior; a partir do momento em que existe moral, os seres humanos se dão conta de que o bem se mostra sempre indissoluvelmente ligado ao mal, a um mal que não pode ser desenraizado, mas apenas transformado. É o conflito entre bem e mal que permite compreender as morais históricas como vias de superação da violência, expressão mais evidente da radical dicotomia entre um bem e um mal.

III. Das morais históricas às filosofias morais. Afirmar que as morais existem para conter/eliminar a violência no interior dos grupos humanos e assim garantir a sua sobrevivência; afirmar que as morais históricas se apresentem desde as origens como vias de superação do conflito entre bem e mal, não significa que desde o início elas se tenham apresentado como sistemas plenamente articulados de regras e prescrições para todas as situações da vida em comum. Foi no curso de um longo processo de tentativa e erro que os grupos humanos aprenderam a distinguir o que *faz bem* e o que *faz mal*, o que garante e o que ameaça a sua sobrevivência. Mesmo que as relações com diferentes grupos, e suas respectivas morais, tenham provocado incertezas no interior dos grupos, inicialmente estas não se apresentavam como *problemas morais*, pois as instâncias de autoridade dos grupos eram suficientes para dirimi-las.

Entretanto, na medida em que, seja pelas dificuldades de contenção da violência no interior dos grupos, seja pela generalização de questões criadas pelas relações com outros grupos, as morais começaram a ser *postas em questão*, isto é, foram submetidas a um julgamento (em grego: *krisis*), surgiu a necessidade de *pensar* a moral do grupo para que ele não sucumbisse à violência interna e/ou às pressões externas. Nesse processo histórico, para responder a contingências históricas, instauraram-se no interior dos grupos humanos processos de reflexão sobre a moral, que conduziram a aperfeiçoamentos e transformações nos conjuntos de prescrições que orientavam a vida dos grupos, que podem mesmo ter levado ao abandono das regras que se mostraram obsoletas e à criação de novas. Foi assim que se constituíram, na tradição ocidental de pensamento, diferentes tradições de reflexão e de pesquisa moral, vale dizer, diferentes teorias sobre a moral, como tentativas de responder às crises enfrentadas pelas morais históricas.

A mais antiga formulação de uma teoria moral na tradição de pensamento do Ocidente encontra-se dispersa nos diálogos de Platão, que, declaradamente, pretende superar a crise da cultura ateniense instaurada pela atuação dos Sofistas, cuja síntese é o axioma protagoriano do "homem-medida de todas as coisas". A teoria moral de Platão pode ser caracterizada como uma teoria do Bem, seja entendido como a suprema realidade inteligível, o "bem acima do ser" (*República*, 509 B), seja como a ordem e a medida do cosmos (*Filebo*, 64 E). Como quer que seja, na teoria moral de Platão o Bem possui dupla natureza: ele é ao mesmo tempo vinculante (*Fédon*, 99 C) e finalístico (*Górgias*, 499 E). Essa concepção permanece presente em todas as morais que fazem do Bem o "princípio primeiro da demonstração na esfera do agir humano, sob a forma lógica do axioma inicial na ordem do conhecimento *prático: Bonum faciendum, malunque vitandum* [o bem deve ser feito, o mal, evitado]" (Lima Vaz, 2004, V, p. 17). Dupla natureza do bem aparece de maneira exemplar na primeira tentativa bem-sucedida de fazer uma ciência do *éthos*, a *Ética a Nicômaco* de Aristóteles, que começa com a seguinte afirmação: "Toda técnica e toda investigação, assim como toda ação e toda escolha, parece que tendem a algum bem; por isso o bem foi justamente definido como aquilo que tudo tende" (Aristóteles, 1999, I, 1094 a 1-2).

A ética de Aristóteles inaugura também uma tradição de reflexão sobre a moral que identifica a felicidadeℓ ou o contentamento (*eudaimonía*) como o primeiro móvel e o fim último de todas as ações humanas. Para essa tradição de investigação a felicidadeℓ é o fim perfeito da ação humana porque é o único fim que se escolhe por si mesmo e nunca por causa de outro (Aristóteles, 1999, I, 1097 b 4-6). Essa concepção *eudemonista* da moral capta o traço mais característico de todas as morais históricas. Em certo sentido, todas as morais são *eudemonistas* porque todas pretendem oferecer uma via de superação do descontentamento em que se encontram os indivíduos, divididos internamente entre um bem que deve ser feito e um mal a ser evitado, e os grupos humanos, ameaçados pela insegurança que se instaura quando a própria moral é posta em questão. Toda a moral quer fazer a felicidadeℓ dos que ela reconhece como seres humanos, mesmo que ao preço de, em certo sentido, fazer a infelicidadeℓ desses mesmos seres enquanto seres naturais.

Um problema comum às teorias do Bem e da felicidadeℓ consiste em determinar os conteúdos do Bem e da felicidadeℓ. Tanto a tradição de origem platônica, que influenciará grandemente a concepção de moral cristã inspirada em Santo Agostinho, como a de matriz aristotélica, que será retomada e transformada por Santo Tomás de Aquino, definem os conteúdos do Bem e da felicidadeℓ segundo padrões de excelência fundados numa concepção dicotômica dos seres humanos, que se expressa em termos de separação entre o elemento racional (alma) e o elemento natural (corpo). A superioridade dos bens ou da felicidadeℓ da almaℓ sobre os do corpoℓ se traduz numa concepção hierárquica das virtudes, isto é, da excelência humana: as virtudes ligadas ao elemento racional (sabedoria, inteligência, prudência) são superiores às virtudes do caráter (coragem, moderação, justiçaℓ), que traduzem o domínio da almaℓ sobre o corpo.

A assunção no interior da tradição cristã da concepção moral de origem grega, com suas transformações introduzidas pelo Estoicismo, particularmente na sua versão romana (Cícero) e, posteriormente, pelas diferentes escolas derivadas do platonismo, alcançou seu ponto culminante na obra de Santo Tomás de Aquino, que, recorrendo à compreensão agostiniana da moral cristã, corrigiu e superou tanto as generalizações de Agostinho, como as limitações de Aristóteles, operando uma síntese que superou o conflito de tradições criado pelo confronto do criacionismoℓ bíblico com a concepção clássica grega da eternidade do cosmos. Tomás de Aquino assumiu, em horizonte teológico, o esquema vinculante e finalístico da moral grega clássica, estruturado sobre o seguinte tripé: uma concepção da natureza humana em estado bruto, uma concepção do ser humano tal como poderia ser se realizasse a sua finalidade e uma

ÉTICA/MORAL

concepção da moral como o conjunto de prescrições que promoveriam a passagem do primeiro para o segundo estado (MacIntyre, 2001, p. 99 s.). A diferença fundamental, além da introdução de uma nova tábua de virtudes teologais (fé, esperança e caridade), consistiu na compreensão da felicidade humana perfeita como a beatitude da união definitiva com Deus na vida após a morte.

Toda a moral, como foi dito, em última instância é *eudemonista*. Mas o eudemonismo não tem nada em comum com o *hedonismo* (do grego *hedoné*: prazer), já teorizado pelo matemático grego Eudoxo de Cnido (390-337 AEC). Segundo o testemunho de Aristóteles, ele afirmava que o prazer é o bem, porque todos os seres, racionais ou irracionais, tendem a ele, e porque em todas as coisas o que é desejado é bom e o que é mais desejado é o melhor, ao mesmo tempo que o sofrimento é em si mesmo um objeto de aversão para todos os seres e, portanto, seu contrário deve ser um objeto de desejo (Aristóteles, 1999, X, 1172 b 25-27). O hedonismo como teoria moral, imortalizado pelo estilo de vida praticado na escola de Epicuro (341-270 AEC), curiosamente foi incorporado nos tempos modernos no utilitarismo de Jeremy Bentham (1748-1832), para quem o prazer e a dor são valores intrínsecos, respectivamente, positivo e negativo. Dado que para Bentham o útil deve ser entendido no sentido funcional do que serve melhor, do que mais contribui para a maior felicidade para o maior número, a sua teoria moral pode ser caracterizada como *hedonismo* universal.

A época das Luzes, longamente preparada pelo humanismo renascentista de Dante (1265-1321), Petrarca (1304-1374) e Boccaccio (1313-1375), pela revolução científica de Tycho Brahe (1546-1601), Galileu (1564-1642) e Kepler (1571-1630), assim como pelos abalos na tradição filosófica operados pelas obras de Hobbes (1588-1679) e Descartes (1596-1650), se apresenta como um momento de profunda crise em diversos âmbitos da vida humana, inclusive no da moral. Na reflexão sobre a moral, diferentes pensadores movidos pela ousadia de saber (*Sapere aude!*) e pelos ideais de liberdade e de autonomia diante de qualquer tipo de tutela intelectual ou moral, deram-se conta de que o problema de todas as morais históricas para determinar o conteúdo do contentamento não podia ser respondido por nenhuma moral que pretendesse impor ou visar uma felicidade materialmente definida, porque uma felicidade desse tipo certamente não seria de seres que podem escolher até a própria infelicidade com conhecimento de causa. Nesse contexto, a reflexão de Kant sobre a moral opera uma verdadeira revolução porque rompe com a longeva tradição finalística que prioriza o bem e a felicidade.

Kant tematizou o conceito fundamental a partir do qual se desenvolveram e se determinaram os conteúdos de todos os sistemas morais. Para Kant, o conceito que contém a totalidade do problema moral é o de *dever*. É certo que nunca houve e nem pode haver moral que não conheça deveres, mas o dever como conceito central da moral só pode ser tematizado em sua pureza com a descoberta do caráter fundador, não fundado, da liberdade. Na *Fundamentação da metafísica dos costumes*, Kant sustenta que nada no mundo (e mesmo fora do mundo) poderia sem restrições ser tido por bom senão somente uma boa vontade. Entretanto, uma vontade só é incondicionalmente boa em seres perfeitos nos quais a razão governa infalivelmente a vontade com relação a seus objetos, independentemente de inclinações. Dado que somos seres racionais imperfeitos, a nossa razão finita está destinada a influir sobre a vontade para produzir uma *vontade boa*, não como *meio* em vista de outros fins, mas *em si mesma*. Uma vontade não absolutamente boa só pode apresentar a seres racionais imperfeitos a necessidade objetiva de uma ação como boa em si mesma sob a forma da *obrigação*. Ora, a necessidade objetiva de uma ação por obrigação chama-se *dever*.

Portanto, só existem deveres para seres razoáveis, porém finitos, cujos desejos não se alinham com o que é imposto pelo dever, mas são capazes de agir segundo o que o dever ordena. Para Kant, o único dever moral consiste em agir de acordo com o princípio da razão prática, que se expressa, universal e formalmente, nas quatro formulações do imperativo categórico. A primeira impõe que a regra da conduta individual possa ser erigida pelo indivíduo em lei universal ou lei da natureza; a segunda exige que o indivíduo aja de maneira a tratar a humanidade, tanto em si como nos outros, sempre ao mesmo tempo como fim, nunca simplesmente como meio; a terceira formula o princípio da autonomia, segundo o qual a vontade se submete a uma lei que ela mesma se deu; e, finalmente, a quarta formulação exprime o ideal do reino dos fins, em que todos os seres razoáveis agiriam de acordo com a lei moral (Kant, 1974, p. 209ss.).

Apesar das duras críticas ao formalismo e ao rigorismo da moral kantiana, não resta dúvida de que a formulação do princípio da universalidade e da autonomia da vontade representou uma virada na tradição ocidental de pesquisa moral. Muitos filósofos contemporâneos ainda se definem como kantianos ou neo-kantianos em termos de filosofia moral, seja pela adesão a uma concepção *deontológica* dos imperativos morais (como J. Rawls, 2002), seja pela proposta de uma versão *consequencialista* da ideia do dever (Cummiskey, 1997), seja ainda pela adoção de um sentido mais modesto e corriqueiro do dever moral, na linha dos *intuicionistas* e dos *pluralistas* (inspirados por Ross, 1993).

Por outro lado, muitos filósofos contemporâneos expressaram crescente insatisfação com as discussões morais estabelecidas pelos debates polarizados entre a versão teleológica do utilitarismo e a deontologia, predominantemente centrados nos atos, ignorando o caráter do sujeito moral propriamente dito e, por isso mesmo, insuficientes para captar a diversidade da experiência moral. Foi por volta dos anos 1960 que o interesse pelas virtudes começou a entrar na cena filosófica contemporânea. Em 1958, Anscombe publicou na revista *Philosophy* um texto polêmico intitulado: *Modern Moral Philosophy*, que pode ser tomado como marco inicial da renovação do interesse pelo tema da virtude. A partir daí muitos filósofos morais passaram a resistir à tendência dominante que reduzia o foco da problemática moral à escolha entre as duas tradições dominantes e conflitivas, ou seja, a tentativa kantiana de construir a moralidade a partir de uma desenraizada razão pura-prática, e o projeto utilitarista de reduzir a ética a um complexo cálculo das consequências. Os trabalhos de Philipa Foot, James Wallace, Alasdair MacIntyre, Bernard Williams e Martha Nussbaum, entre outros, abriram uma terceira via: a renovação da antiga teoria das virtudes. A ideia predominante nesses filósofos é de que o foco da moderna filosofia moral não é o dever, mas a virtude, não apenas como um tópico longamente negligenciado, mas como a pedra angular para a renovação e até mesmo para a reconstrução de uma adequada teoria moral.

Essa renovação, contudo, não é isenta de problemas. Para seus críticos, a teoria das virtudes não é mais do que uma sofisticada tentativa de ocultar a inevitável queda nas falácias do naturalismo ético; para seus defensores, sua principal vantagem consiste, precisamente, em superar o abismo entre fato e valor por uma sistemática reflexão sobre as condições para a vida boa e feliz, enraizadas nas características biológicas e sociais dos seres humanos. Elizabeth Anscombe, por exemplo, defende uma posição radical com relação à virtude ética, segundo a qual se poderia até mesmo dispensar a ideia de obrigação em favor da ideia de virtudes (Anscombe, 1969, p. 183). MacIntyre, por sua vez, defende uma visão mais moderada, segundo a qual a ideia de obrigação é secundária com relação à de virtudes, e que esta é mais importante do que a de dever em vista de prover uma base racional para a moralidade (MacIntyre, 2001).

O desenvolvimento de uma volumosa produção intelectual e acadêmica em torno dessas questões morais está enraizada em profundas e inquietantes experiências práticas. Em quase todos os quadrantes do mundo defrontamo-nos com a crescente preocupação com a predominância dos interesses particulares, tanto na vida pública como na vida privada, e com o difuso temor a respeito dos funestos sintomas da fragmentação e da privatização das sociedades, ao mesmo tempo causa e consequência da diluição do *éthos* aglutinador das diferentes formas de vida até bem pouco tempo relativamente unificadas.

É forçoso reconhecer que o esforço da reflexão filosófica fracassou em grande parte na sua insistência sobre o dever. Mas é preciso igualmente conceder que esse esforço não foi totalmente vão. Não é uma ilusão retrospectiva afirmar que a reflexão filosófica sobre o dever está na origem de uma renovada disposição para crer que na ausência de certas virtudes tradicionais, tanto os ideais políticos que estão na origem das sociedades modernas como as políticas públicas por eles inspiradas tendem ao fracasso. Iniciativas de expressão cada vez mais universais, como o pacifismo e o movimento ecológico, dão testemunho de que a consciência média do nosso tempo não está totalmente obnubilada pelo individualismo dominante, mas foi imbuída de uma aspiração crescente por uma forma de vida digna para todos os seres humanos, que não renuncie às autênticas conquistas da Modernidade, mas que não tenha de pagar o altíssimo preço dos seus desvios e das suas perversas consequências.

Levar a sério as virtudes é aceitar certos imperativos teóricos e práticos. Em qualquer teoria moral é sempre possível encontrar um lugar para a virtude, entendida como a permanente e efetiva disposição para realizar o que é requerido pela moral. Assim, encontramos concepções da virtude associadas a certas regras deontológicas ou a certos preceitos utilitários. Contudo, as teorias morais que sustentam a centralidade das virtudes defendem uma inversão nessa relação. Inspirando-se em Aristóteles, elas sustentam que, em determinada situação, a atitude correta a ser assumida pelo agente moral não é definida pela relação a uma regra ou a um preceito, mas àquilo que uma pessoa virtuosa faria se dispusesse dos fatos pertinentes. Essa ênfase no particular implica a necessidade de virtudes cognitivas, tais como atenção, imaginação, inventividade moral e capacidade de julgar, aptas a capacitar o agente moral para captar acuradamente as exigências éticas das situações em vista de agir apropriadamente (Weil, 2012, p. 219ss.).

Como quer que se entenda teoricamente a virtude, ela comporta inegavelmente consequências práticas para as estruturas sociais, legais e políticas que contribuem para a formação dos indivíduos. É possível acreditar que o respeito pela lei moral seja algo inato em nós como um "fato da razão", como afirmava Kant, e é possível crer que certos resultados utilitários possam ser alcançados por meio da correta, isto é, racional organização das instituições, mesmo na ausência de motivações utilitárias, como sustentava Mill. Mas é impossível acreditar que as virtudes possam ser realizadas efetivamente sem dar a devida atenção aos contextos no interior dos quais elas devem ser exercidas e desenvolvidas. Nesse sentido, Aristóteles permanece a referência obrigatória nas discussões contemporâneas. Não é acidental o fato de que grande parte das recentes tentativas de

ÉTICA/MORAL

recuperação da teoria das virtudes tome a forma de reinterpretações e reapropriações das pioneiras discussões aristotélicas do tema na *Ética a Nicômaco*.

É evidente que não se pode falar da "virtude" ou de "virtudes" como se se tratasse de uma incontestável e homogênea tradição. O ponto de partida, por exemplo, pode ser teológico ou filosófico. A perspectiva filosófica, por sua vez, pode contemplar uma inspiração cristã, como a que encontramos no monumental esforço de Santo Tomás de Aquino para introduzir Aristóteles no interior da tradição cristã, ou pode remeter-se a uma inspiração liberal, cuja característica original consistiu na tentativa de libertar a filosofia do ônus da tradição teológica.

Mesmo no interior de uma perspectiva não teológica profundas diferenças permanecem entre as diferentes teorias contemporâneas da virtude. A maioria delas, porém, converge na unânime rejeição da exigência kantiana de compreensão da moral independentemente de considerações relativas à "natureza humana" ou às "circunstâncias" no interior das quais o agente moral se encontra. Embora os teóricos da virtude simpatizem com o esforço kantiano de encontrar um fundamento autônomo para a moralidade, as conclusões a que ele chegou lhes parecem inadmissíveis. Este fato torna compreensíveis as tentativas pós-kantianas de recuperação de Aristóteles, pois, como sugere o Estagirita, a nossa moral reflete nossas emoções, nossa constituição corporal e nossa socialidade, e não apenas nossas capacidades racionais: as virtudes humanas são virtudes de uma "natureza composta", situada entre animalidade e a divindade (Aristóteles, 1999, X, 1178 a 8-21).

As virtudes humanas, portanto, são duplamente situadas, e essa dualidade se reflete nas diferentes maneiras de compreendê-las. Caso se considere "natureza humana", tende-se a compreender as virtudes como "bens intrínsecos", isto é, como disposições que constituem nossa excelência ou desenvolvimento na condição de seres humanos. Se se consideram as "circunstâncias", a tendência é de compreender as virtudes como "bens instrumentais", isto é, disposições que nos capacitam a realizar bem as específicas tarefas apresentadas pelas situações. Essas diferentes compreensões das virtudes se refletem, por exemplo, nas diferentes concepções da educação do ser humano enquanto tal e do lugar que deve ser atribuído à comunidade social e política na formação do cidadão. Em Aristóteles, por exemplo, encontramos a distinção entre o "bom cidadão", cuja virtude pode diferir no interior de comunidades políticas diferentes, e o "bom homem", cuja virtude é a mesma em qualquer lugar (Aristóteles, 1998, III, 4).

Na recente investigação filosófica encontramos partidários das diferentes concepções das virtudes. A título de exemplo, refiro-me novamente a dois expoentes da discussão recente sobre a questão. Martha Nussbaum, por exemplo, defende a tese de que as virtudes devem ser entendidas como bens intrínsecos e universais do ser humano, mesmo que, em certa medida, elas devam ser consideradas no interior do campo de gravidade criado pelas particularidades locais (Nussbaum, 1988, p. 32-53). MacIntyre, assim como outros teóricos da virtude, opõe o "localismo" das virtudes fortemente integrado nas tradições e práticas das específicas comunidades ao que considera a falsa universalidade e perigosa abstração das teorias deontológicas e utilitaristas (MacIntyre, 1991).

IV. Religião, moral e violência. Em sentido estrito, conforme o *Dicionário Houaiss da língua portuguesa*, religião é: "1) crença na existência de um poder ou princípio superior, sobrenatural, do qual depende o destino do ser humano e ao qual se deve respeito e obediência; 2) postura intelectual e moral que resulta dessa crença; 3) sistema de doutrinas, crenças e práticas rituais próprias de um grupo social, estabelecido segundo uma determinada concepção de divindade e da sua relação com o homem; fé, culto; 4) culto que se presta à divindade, consolidado nesse sistema; 5) observância cuidadosa e contrita dos preceitos religiosos; devoção, piedade, fervor. Em sentido figurado, religião é 6) prática, doutrina ou organização que se assemelha a uma religião; 7) aquilo que se considera uma obrigação moral, um dever inelutável, e 8) conjunto de princípios morais e éticos".

A nossa língua revela um laço evidente entre religião e prática, crença sobrenatural e postura intelectual e moral, sistema de doutrinas e conjunto de princípios morais. Os dicionários de Filosofia e de Teologia, *grosso modo*, confirmam esse vínculo entre religião e moral (Ferrater-Mora, 2001, p. 2506-2509; Lacoste, 2014, p. 1509-1518). A noção de religião designa uma dimensão da vida humana, em sua esfera social, que se constitui de maneira autônoma para organizar as práticas e as crenças que dizem respeito ao sagrado. Nessa dimensão estão contempladas a vontade desinteressada e afetuosa de servir como retribuição a uma benevolência que se exerce sobre nós; a vontade de obediência a uma autoridade que nos domina e nos guia e, ainda, a reverência e a honra diante de uma presença da qual dependemos. Essa noção de religião remete ao que Rudolf Otto chamou de "sentimento de criatura como reflexo da numinosa sensação de ser objeto na autopercepção" (Otto, 2007, p. 40). Esse sentimento de criatura é o termo de um movimento de assombro suscitado por um objeto misterioso situado além das categorias do entendimento, que só pode ser alcançado diretamente pelo sentimento (Siret, 2002, II, p. 2228).

Segundo essa concepção, os valores morais não são a única mensagem de uma religião, pois isso a transformaria em prática puramente humana e ela perderia sua dimensão divina. Portanto, pode-se assumir que "não é legítimo falar de religião se não há consciência℗ religiosa do sujeito (o que pode designar a noção filosófica de alma℗), se não há uma comunidade de crentes, se a fé não se refere a conteúdos determinados, mesmo com certa margem de imprecisão, se não há símbolos para suportar o elã religioso e impregnar os ritos de uma significação profunda. Enfim, não há religião℗ sem revelação de uma transcendência no mundo humano" (Vieillard-Baron, 1998, IV, p. 2459).

É claro que nos "conteúdos determinados" a que se refere a fé podem ser encontrados os valores morais, mas é igualmente claro que estes não esgotam os conteúdos da fé.

Em grande medida o segredo da moral, já anunciado como a eliminação da violência, é também o da religião. Não é necessário recorrer a refinadas análises da história ou da sociologia das religiões para dar-se conta de que a efetividade de um "sistema simbólico de domínio e realização que permite ultrapassar os limites da realidade objetiva" (Lambert, 2011, p. 31), com a finalidade de aumentar as chances de domínio e realização para a vida na terra, de satisfazer as necessidades, desejos℗ e aspirações humanas tem laços profundos e evidentes com a superação da violência no interior das comunidades de crentes. Ao mesmo tempo, é obrigatório reconhecer que a religião℗ mantém vínculos estreitos e historicamente demonstráveis com a violência que pretende derrotar. Xavier Crettiez aponta quatro vínculos possíveis entre religião℗ e violência: 1) a religião℗ fortalece a identidade ferida, dilacerada ou fragilizada da comunidade confrontada com um inimigo potente; 2) a religião℗ reforça a ideia da ameaça iminente do outro: o inimigo já não é somente aquele que pretende atacar a terra ou a fortuna do grupo, mas também aquele que ameaça suas crenças℗ e convicções; 3) a religião℗ proporciona igualmente uma certeza indiscutível, que se confunde com o dever místico, no combate político: a guerra já não é apenas ideológica ou estratégica, mas torna-se um ato que implica intervenção divina; e 4) por fim, é a própria violência que pode adquirir um *status* religioso: a guerra é percebida como uma violência geradora de potência e regeneradora de moralidade e de virtude. A prática do martírio corrobora essa ideia (Crettiez, 2011, p. 110s.).

Esses vínculos entre religião℗ e violência também se encontram no âmbito da moral. Toda moral pretende ser moral de todos e para todos, e qualquer moral que admitisse, por princípio, a relatividade de seus princípios mostrar-se-ia contraditória e, portanto, incapaz de angariar, senão a fidelidade, ao menos a cumplicidade dos membros de uma comunidade histórica. Assim como a religião℗, a moral também confere identidade aos grupos humanos e define o pertencimento de seus membros, permitindo-lhes identificar os próximos e os distantes, os idênticos e os diferentes, em última análise, os amigos e os inimigos. Do mesmo modo que a religião℗, também a moral proporciona certezas indiscutíveis e pode, mesmo, pretender que uma guerra seja considerada justa.

Um problema que pode decorrer da concessão de identidade e da definição de pertencimento, característicos da religião e da moral, é que elas podem gerar o que Amin Maalouf chamou de "identidades assassinas". Ao contrário do que ocorria num passado não muito distante, em que havia um único pertencimento primordial, a análise dos conflitos atuais mostra que não há mais uma única identidade℗ que se imponha de maneira absoluta sobre as outras. Entretanto, o que é espantoso em nosso presente é que homens de todos os países, de todas as condições, de todas as crenças℗ se transformem muito facilmente em assassinos, e que fanáticos de toda a espécie se imponham como defensores da identidade. A causa disso estaria ligada a uma concepção "tribal" da identidade, herdada dos conflitos do passado, que "reduz a identidade℗ a um único pertencimento, instala os homens numa atitude parcial, sectária, intolerante, dominadora, às vezes suicida, e os transforma amiúde em pessoas que matam ou em partidários dos que matam" (Maalouf, 1998).

V. Morais, religiões e não violência. A ética, apresentada aqui como ciência do *éthos*, é um subproduto da tradição cultural que se impôs no Ocidente a partir da Grécia clássica. Essa tradição se constituiu em torno de uma concepção de razão entendida como *logos* demonstrativo, capaz de tornar evidentes suas próprias razões. A tentativa de explicitar a racionalidade imanente no *éthos* levou o discurso ético da tradição ocidental a encontrar-se diante do paradoxo apontado por Lima Vaz, a saber, "a impossibilidade de *fechar* o sistema com as próprias razões do *éthos* e a necessidade de transgredir as fronteiras noéticas do *éthos* e *abrir-se* a uma fundamentação última de natureza metafísica℗", que aponta para "a presença da relação de *transcendência* como constitutiva do *ser humano*" (Lima Vaz, 2004, V, p. 16). Esse paradoxo indica que a transcrição do *éthos* nos cânones de um saber demonstrativo, tal como ocorreu na tradição ocidental, acabou por revelar, justamente na relação de transcendência, um campo comum da(s) moral(ais) com a(s) religião(ões), uma vez que, segundo o conceito de religião℗ já formulado, "não há religião℗ sem revelação de uma transcendência no mundo humano".

Entretanto, as duas grandes formas da experiência da transcendência que marcaram a tradição ocidental, a saber: "a experiência *ética* do Bem, que deu origem à Ética como 'ciência da *práxis*'", e "a experiência *noético-ética* do Absoluto, que deu origem à Teologia℗ como 'ciência do divino'" (Lima Vaz, 1992, II, p. 102), até hoje mostraram-se incapazes de evitar que a violência vigorasse, até os nossos dias, como uma espécie de imperativo da ação nas

ÉTICA/MORAL

relações entre os grupos humanos. Seria o caso de perguntar: o que é preciso para que as morais históricas não favoreçam a criação de identidades assassinas? A mesma pergunta pode ser dirigida às religiões: quais as condições necessárias para que as religiões, principalmente as que se consideram religiões reveladas, não continuem alimentando conflitos religiosos "cuja selvageria só se iguala à suposta piedade♀ de seus autores", não continuem sendo eficazes promotores de "identidades exclusivas que rejeitam o outro e sua crença♀, tida como indigna ou como ameaça à pureza das próprias crenças♀", e, finalmente, não continuem fazendo da violência "não apenas um direito, mas também um dever em nome de uma crença♀ imperialista" (Crettiez, 2011, p. 42)?

No plano da moral, pelo menos formalmente, pode-se afirmar que "é inadmissível toda ação que não seja dirigida à universalidade, à liberdade, à razão, à unidade que é a liberdade da razão universal; é inadmissível toda ação cuja intenção não vise à realização dessa liberdade razoável no mundo do indivíduo empírico; é inadmissível toda ação cuja máxima seja a do ser particular, do desejo♀, do interesse individual; é inadmissível toda máxima que trate o ser finito e razoável apenas como finito, transformando-o assim em instrumento e objeto; é inadmissível toda máxima que não possa se tornar a máxima de todo ser razoável, que não possa se tornar a máxima de todo homem sem que a violência e a luta dos interesses pessoais destruam a comunidade, fora da qual o ser carente nem sequer conceberia a possibilidade da sua própria superação" (Weil, 2012, p. 71).

No plano religioso ou teológico, Paul Ricœur♀ formulou um critério formal para permitir que se viva a pluralidade das confissões na própria confissão de fé e impedir que o atual pluralismo de fato se reduza apenas a "uma trégua, um armistício, um sinal de ceticismo, ou, pior, o lamento por não ter mais a força de impor e o reconhecimento de que é preciso tolerar o que não se pode impedir". A questão da tolerância♀ no plano religioso ou teológico deve ser situada no interior de um desenvolvimento que leva "da violência da convicção à não violência do testemunho" (Ricœur, 1995, p. 187).

VI. O fim da moral. A moral, toda moral, visa a um fim: seu fim. Com efeito, o fim de toda e qualquer moral é que todos vivam de acordo com o projeto que ela apresenta como forma de vida ideal para a sobrevivência do grupo e para o contentamento de cada um de seus membros. Nesse sentido, o fim de toda moral é a moralização definitiva da vida dos grupos humanos, e dos indivíduos no interior deles, de modo que eles não precisem mais que a moral lhes imponha de fora uma forma de vida que estaria realizada a partir de dentro, pois o ser humano moralizado é a realização da moral.

Entretanto, a moral, qualquer moral, é a forma de vida de seres indigentes que necessitam uns dos outros para sobreviver, mas que permanecem sempre potencialmente violentos. Como forma de vida, toda a moral não quer ser somente pregada, mas pretende ser realizada entre os homens. Qualquer moral não se torna digna da adesão daqueles a quem ela pretende dar uma forma de vida somente por meio de discursos. Se os grupos humanos se deram regras de vida em comum foi para que cada um de seus membros pudesse buscar e, eventualmente, encontrar seu contentamento pelo apaziguamento do descontentamento interior produzido pela impossibilidade de separar definitivamente os dois únicos "valores" morais, o bem e o mal, o primeiro a ser feito, o segundo a ser evitado.

Se, portanto, a moral pretende ser realizada no mundo, se ela pretende que o mundo seja moralizado, ela não poderá ignorar que os seres que ela pretende moralizar são, e serão sempre, seres indigentes, submetidos a necessidades próprias da sua natureza animal, e a um sem número de desejos♀, essas necessidades criadas que vão muito além das necessidades naturais. Isso implica que a satisfação das necessidades esteja minimamente assegurada no interior dos grupos humanos, para que a violência não se apresente como último ou único recurso para garantir a sobrevivência dos indivíduos, mesmo sob risco de destruição do grupo.

Mas isso, mais do que implica, exige que a justiça♀, primeiro *dever* ou primeira *virtude* das relações humanas não violentas, se instale progressivamente na forma de vida dos grupos humanos: "Não basta conceder a todos e a cada um o direito de comer o suficiente se se recusa a determinado grupo a possibilidade de adquirir seu alimento, não é suficiente permitir a cada um elevar-se a todas as funções que correspondem a seus direitos se não se o ajuda a descobrir e a cultivar seu talento, é inútil reconhecer a todo cidadão a liberdade política e social se, ao mesmo tempo, se o situa (ou se o deixa) em condições tais que só a venda dessa liberdade lhe fornece o estrito necessário" (Weil, 2012, p. 182).

Como seres de necessidades e desejos♀, os indivíduos permanecem sempre indivíduos. Essa é a razão pela qual eles devem ser moralizados ou, o que é o mesmo, educados. Na medida em que são indivíduos, eles não mudam; porque são educados, a sua situação se transforma completamente em uma história que é a da sua educação. Não se pode negar que tenha havido e que haja progresso moral nos grupos humanos e até mesmo na humanidade como um todo, libertando sempre mais os indivíduos da pressão da natureza exterior e, na medida desse progresso, libertando-os também dos desejos♀ que, ao serem satisfeitos para todos, tornaram-se desejos♀ legítimos de todos. É, pois, permitido falar de um progresso moral da humanidade. Mas isso não significa que os indivíduos algum dia nascerão perfeitos e que a luta da sua razão com o que ela descobre neles de desrazoável estará, em algum momento, terminada. A violência é sempre capaz de se declarar insatisfeita, e em nossos dias isso é mais do que nunca evidente! Que os indivíduos *devam* se moralizar significa que eles não são morais, portanto, significa que "a cada instante o homem pode cair na violência, seguir o desejo♂ e a paixão" (Weil, 2012, p. 208); mas significa também que ele *pode* ser moral, informar a sua vida pela moral, sob a condição de admitir que sua moralização nunca é definitiva e só poderia ser se o indivíduo se tornasse um Deus ou uma pedra.

A tentativa de compreender o que é moral/ética partiu aqui da constatação de que as disputas morais características de nosso tempo não constituem verdadeiras *discussões* morais, seja pela ausência de princípios comuns, seja pela inconsistência dos apelos à racionalidade dos argumentos e dos interlocutores. No entanto, a discussão moral e sobre a moral no interior dos grupos humanos assinala o momento de *crise* das morais históricas, em que a perda da evidência dos princípios ou "valores" que orientam a vida dos indivíduos exige que as morais sejam submetidas à *crítica*. É a partir desse *juízo* das morais sobre as morais que pode surgir algum progresso da moral e aos olhos da moral. Esse progresso, se e quando ocorre, não é o produto de uma determinação natural, mas o resultado de escolhas e de ações que, voltando do presente ao passado dos grupos humanos, permitem antever a linha que conduz ao futuro da moral e também à compreensão do seu presente. Nesse sentido, o declínio de uma verdadeira discussão moral, que se dirija não só aos seus princípios mas também às suas aplicações, traz o risco de que os grupos humanos sucumbam ao absurdo dos fatos incompreensíveis em seu sentido. Se isso vier a ocorrer, "no melhor dos casos, chegaremos a ser animais bem alimentados, bem protegidos, satisfeitos com os jogos que nos seriam oferecidos. Ao que se pode responder: por que não? Com efeito, bastaria não mais querer compreender" (Weil, 1982, p. 278). Nesse caso, teríamos chegado, efetivamente, mas em outro sentido, ao fim da moral.

Bibliografia: ANSCOMBE, E. Modern Moral Philosophy, *Phylosophy*, n. 33/124 (1958) p. 1-16; ANSCOMBE, E. *The Is-Ought Question.* London: Macmillan, 1969. p. 175-195; ARISTÓTELES. *Ética a Nicômaco.* Trad. introd. e notas de M. da Gama Cury. Brasília: Editora Universidade de Brasília, 1999; ARISTÓTELES. *Política.* Edição bilíngue. Lisboa: Vega, 1998; CRETTIEZ, X. *As formas da violência.* São Paulo: Edições Loyola, 2011; CUMMISKEY, D. *Kantian Consequentialism.* Oxford: Oxford University Press, 1997; FERRATER-MORA, J. *Dicionário de Filosofia.* tomo IV (Q-Z). São Paulo: Loyola, 2001. p. 2506-2509; KANT, I. *A religião nos limites da simples razão.* Covilhã: Universidade da Beira Interior, 2008; KANT, I. *Fundamentação*

da metafísica dos costumes. São Paulo: Abril Cultural, 1974. (Col. Os pensadores XXV.); LACOSTE, J.-Y. (Ed.). *Dicionário crítico de teologia.* 2. ed. São Paulo: Paulinas/Loyola, 2014; LAMBERT, Y. *O nascimento das religiões:* da pré-história às religiões universalistas. São Paulo: Loyola, 2011; LIMA VAZ, H. C. de. *Antropologia filosófica* II. São Paulo: Loyola, 1992; LIMA VAZ, H. C. de. *Escritos de Filosofia* IV: introdução à ética filosófica 1. São Paulo: Loyola, 2012; LIMA VAZ, H. C. de. *Escritos de Filosofia* V: introdução à ética filosófica 2. São Paulo: Loyola, 2004; MAALOUF, A. *Les identités meurtrières.* Paris: Éditions Grasset & Fasquelle, 1998; MACINTYRE, A. *Depois da virtude:* um estudo em teoria moral. Bauru: Edusc, 2001; MACINTYRE, A. *Justiça de quem? Qual racionalidade?* São Paulo: Loyola, 1991; NUSSBAUM, M. C. Non-Relative Virtues: An Aristotelian Aproach. *Midwest Studies in Philosophy* 13 (1988) p. 32-53; OTTO, R. *O sagrado:* os aspectos irracionais da noção do divino e sua relação com o racional. São Leopoldo/Petrópolis: Sinodal/EST/Vozes, 2007; PLATÃO. *A República.* São Paulo: Martins Fontes, 2006; PLATÃO. *Filebo.* Rio de Janeiro/São Paulo: Editora PUC/Loyola, 2012; PLATÃO. *Protágoras, Górgias, Fedão.* Belém: Editora Universitária, 2002; RAWLS, J. *Uma teoria de justiça.* São Paulo: Martins Fontes, 2002; Ricœur, P. Tolerância, intolerância, intolerável (1990). *Leituras 1:* em torno ao político. São Paulo: Loyola, 1995. p. 174-190; ROSS, W. D. *The Right and the Good* (1930). Indianapolis: Hackett Publishing Company, 1993; SIRET, V. Religion. In: *Encyclopédie Philosophique Universelle.* vol. II. Les notions philosophiques. 3eme éd. Paris: PUF, 2002. p. 2228; VIEILLARD-BARON, J.-L. La philosophie et la religion. In: *Encyclopédie Philosophique Universelle.* vol. IV: Le discours philosophique. Paris: PUF, 1998. p. 2457-2471; WEIL, É. *Philosophie et réalité:* derniers essais et conferences. Paris: Beauchesne, 1982. p. 255-278; WEIL, É. *Filosofia moral.* São Paulo: É Realizações, 2011; WEIL, É. *Lógica da Filosofia.* São Paulo: É Realizações, 2012.

MARCELO PERINE

ETIMOLOGIA

A etimologia é a disciplina que se ocupa da origem das palavras e do percurso semântico que é possível traçar até ao momento mais recuado da história. Estuda, portanto, não só a origem e a evolução de determinada palavra dentro da língua em estudo, como também a relação dessa palavra com as outras línguas com as quais é possível estabelecer uma ligação. Estudam-se, assim, a origem e a evolução de uma palavra tendo em conta a língua-mãe (substrato), as línguas faladas no espaço que a língua-mãe veio ocupar (superstrato), bem como a relação com as línguas que lhe são contíguas (adstrato). Na origem da palavra "etimologia" temos a expressão helenística *to etymon* [aquilo que é verdadeiro], referindo-se, assim, ao elemento autêntico, verdadeiro (*etymos*) que está presente numa palavra; esta ideia deu origem à

ETIMOLOGIA

etymologia como disciplina, ou seja, a ciência, o discurso (*-logia*) que se ocupa de encontrar o "sentido verdadeiro" de uma palavra.

No âmbito da Ciência da Religião♀, a etimologia pode assumir particular importância, pois permite estabelecer elos conceptuais e históricos (cientificamente comprováveis, dado o exigente método♀ da linguística moderna) entre diversos fenômenos religiosos e no próprio fenômeno religioso em si. Embora a etimologia moderna já não tente estabelecer "o verdadeiro" sentido de uma palavra, pode, porém, aprofundar a reflexão que se tem sobre determinado conceito e as relações, por vezes insuspeitas e surpreendentes, que ela tece com outros vocábulos e, por inerência, culturas. A própria palavra "religião♀" é disso exemplo; se tomarmos a sua etimologia (do latim *religio*), podemos considerar dois aspetos importantes: em primeiro lugar, a evolução semântica da palavra em relação ao seu sentido na língua-mãe; em segundo lugar, a própria etimologia da palavra, dentro da língua-mãe.

Em relação à evolução semântica, ao ler frases como "é religião♀ (*religio*) que o sacerdote de Júpiter seja levado a cavalo" (Aulo Gélio, *Noites áticas*, 10.15.3) ou "é desejo♀ amar a mulher enquanto viva, quando morta é religião♀ (*religio*)" (Estácio, *Silvae* 5, pr.), percebe-se que este termo tem em latim e na cultura romana acepções bastante distintas daquelas que tem em português, o que leva o estudioso necessariamente a alargar o espectro de análise do fenômeno religioso: de fato, o sentido primeiro de *religio*, tal como define o *Oxford Latin Dictionary*, é "um sentimento sobrenatural de constrangimento, usualmente tendo a força de uma proibição ou impedimento" ou "um estado de impedimento, etc., consequente de uma violação de uma não observância das leis sobrenaturais" (aproximável, portanto, do conceito de tabu). Só depois ganhou um sentido mais próximo do português, de "a prática de rituais, cerimônias, etc., relacionados com o sobrenatural, observação religiosa, uma prática religiosa, costume, ritual ou similar".

Em relação à segunda linha de análise, o fato de a etimologia de *religio* ser difícil de afirmar perentoriamente tem consequências num quadro mais abrangente de reflexão: *religio* tanto pode derivar de *religare*, "religar" (Lactâncio, *Div.* 4. 28), marcando assim uma espécie de religação mística♀ do homem ao divino, como também pode assentar num outro verbo, *relegere*, "voltar (*re-*) a colher (*legere*), voltar, recontar". Nesta segunda hipótese, a tônica é posta naquilo que se deixa aos filhos, naquilo que é transmitido de geração em geração, na tradição; a religião♀, deste ponto de vista, não é uma religação espiritual do homem ao divino, mas o conjunto de tradições que se deixa à comunidade. Daqui pode inferir-se a importância que a etimologia pode assumir numa possível reflexão sobre o termo

"religião♀", oferecendo pistas de análise, colocando importantes questões e expondo também algumas tensões (neste caso, por exemplo, entre espiritualidade♀ e tradição).

I. Da reflexão clássica ao *nirukta*. O mundo antigo teve sempre particular curiosidade em debater questões etimológicas, tentando estabelecer diversos nexos entre palavras a partir da sua etimologia, embora não tivesse ao seu dispor as ferramentas técnicas da linguística moderna, o que levava muitas vezes a relações arbitrárias entre sons e palavras e, portanto, a conclusões hoje tidas como inválidas. Ainda assim, algumas das intuições etimológicas de autores do mundo antigo ainda são citadas pelos dicionários etimológicos modernos dedicados às línguas clássicas (como o de Chantraine ou Ernout--Meillet, por exemplo).

No âmbito filosófico, procurou-se saber se o som de determinada palavra era uma mera convenção (*nomos*), ou se haveria algum tipo de relação entre a palavra e o seu referente (a teoria da *physis*). Esse debate é particularmente evidente no *Crátilo*, de Platão (c. 429-347 a.C.), em que Hermógenes, defensor da teoria do *nomos*♀, dialoga com Crátilo, que representa a teoria da *physis*. Esse diálogo conduz a uma secção central em que Sócrates explana a sua visão sobre o assunto (e a de Platão), chegando a uma posição de compromisso; embora certas palavras contenham certa "descrição" delas próprias e, portanto, não tenham uma relação arbitrária com o seu referente, ainda assim o processo de corrupção do tempo leva a que o seu significado por vezes não seja reconhecível, e que, portanto, a reflexão poderá vir a ter pouco valor epistemológico. Ainda assim, explorando diversas palavras de relevância para o léxico filosófico, Sócrates acaba por explanar questões de ordem religiosa, particularmente quando discute a etimologia do nome de alguns deuses (401b-407d); por exemplo, o fato de fazer derivar, algo que hoje sabemos ser filologicamente incorreto, a etimologia de Zeus (o "rei" dos deuses, o primeiro dos deuses olímpicos) de *zên* [vida], tal como já aliás Ésquilo (?525/4-456/5 a.C.) tinha feito (*Suplicantes* 584), leva-o a concluir que "para nós, e para todos os outros, ninguém é mais responsável pela vida como o chefe e o rei de todos" (396a), um exemplo da Antiguidade de como a etimologia foi usada para legitimar e assumir posições de enquadramento religioso.

Também no estoicismo a etimologia ocupa um lugar de relevo, e os trabalhos etimológicos de filósofos gregos como Crísipo (c. 280-207 a.C.) e Cleantes (331-232 a.C.) acabaram por encontrar eco em autores latinos tais como Cícero ou Varrão. O método♀ estoico de estabelecer uma etimologia assenta em alguns princípios gerais, que Santo Agostinho (354-430 d.C.) no capítulo 6 do seu *Sobre a dialéctica* (*De dialectica*) apresenta de forma concisa: 1) *a similitudine* ("a partir da semelhança"), por exemplo, *balatus* [o balir] tem a ver com o próprio som que as ovelhas emitem; outro tipo de etimologia *a similitudine* tem a ver com palavras que apresentam uma semelhança entre si: *crura* [pernas] tem uma relação com *crux* [cruz], porque no comprimento e na dureza são semelhantes à madeira da cruz; 2) *a vicinitate* [a partir da vizinhança] de sentido, como fazer derivar *horreum* [celeiro] daquilo que ele contém, *hordeum* [cevada]; 3) *a contrario* [a partir do contrário], por exemplo, fazer derivar *bellum* [guerra] da expressão *res bella non est* [não é coisa bela].

Assim, num dos poucos tratados da Antiguidade dedicados exclusivamente a temas religiosos, o *De natura deorum* [Sobre a natureza dos deuses] de Cícero (106-43 a.C.), a etimologia ocupa um papel também de relevo, seguindo a ideia estoica de que o estudo da origem das palavras poderá conduzir à verdadeira natureza das coisas. No Livro II desse diálogo, a personagem Balbo, que representa a visão do estoicismo sobre a religião antiga, utiliza a etimologia dos nomes dos deuses para provar que "a partir de coisas naturais, criadas para nosso benefício, a razão criou deuses imaginários e falsos" (2. 70), confirmando assim a existência de um só ente divino superior, uma Providência℘ (*Pronoia*) que governa o mundo. Esta crítica tem argumentos fundamentalmente etimológicos (2. 60-70): quando faz derivar o nome do deus Júpiter (genitivo *Iovis*) ou Juno do verbo *iuvare* [ajudar], ou a deusa das colheitas, Ceres, do verbo *gerere* [gerar, fazer crescer], ou ainda a deusa Diana, a Lua, do fato de ela dar uma aparência de dia (*dies*) à noite, Balbo tenta fazer ver que os "os nossos antepassados℘ deram corpo e nome a muitas naturezas divinas, por causa dos enormes benefícios que estas lhe traziam" (2. 60), ideia, aliás, presente na etiologia do animismo℘. Embora não seja um tratado sobre religião℘, o *De lingua latina* [Sobre a língua latina] de Varrão (116-27 a.C.) é também um exemplo de como a etimologia pode oferecer pistas sobre aspetos religiosos do mundo antigo; isto é particularmente evidente quando o autor discute etimologias dos nomes das divindades℘ romanas, o que acontece amiúde (veja-se, por exemplo, a discussão sobre o nome de Júpiter, V. 59 e s.).

Esse tipo de reflexão etimológica foi também absorvido no contexto cristão, embora a Torá judaica e a literatura rabínica ofereçam também pistas nesse sentido, particularmente na interpretação℘ dos nomes: veja-se, por exemplo, Gn 17,5: "E não se chamará mais o teu nome Abrão, mas Abraão será o teu nome"; *Abraham* é comumente interpretado como "pai de uma multidão de nações", a mudança de nome marcando a aliança com Deus. Ainda assim, é Jerônimo (c. 347-420), por exemplo, o autor de *Liber interpretationis Hebraicorum nominum* [Livro de interpretação℘ dos nomes hebraicos], glossário que dá uma interpretação℘ etimológica para cada nome, muitas vezes de acordo com a

sua interpretação℘ bíblica, e que conheceu grande sucesso na Idade Média.

Mas talvez o melhor exemplo neste capítulo seja o de Isidoro de Sevilha (c. 560-636 d.C.) e as suas incompletas *Etimologias,* uma enciclopédia que conheceu também uma enorme fortuna no mundo medieval, um compêndio que diz respeito não só ao contexto cristão mas fazendo forte apelo também ao patrimônio da Antiguidade. Naturalmente, a etimologia ocupa um lugar de relevo ao longo dos seus vinte volumes, e quando o tema é teológico ou religioso (por exemplo, os livros VI-VIII) a etimologia serve muitas vezes como argumento etiológico ou doutrinal; veja-se, por exemplo, a explicação do nome de Cristo, tendo em conta o grego *chrisma*, "unção" (7.2.1), explicando o hábito dos judeus de ungirem aqueles que chamavam ao sacerdócio ou ao trono; o nome do apóstolo Pedro (7.9.1 s.), a etimologia de *religio* a partir de *religare*, "porque por ela (a religião) religamos as nossas almas℘ ao Deus único, com a obrigação de servir ao culto divino" (8.2.2), a etimologia de *dilectio* [caridade] também a partir de *ligare*, "porque liga dois entre si, pois a caridade começa a partir de dois, que é o amor de Deus℘ e do próximo".

Mas a preocupação etimológica em contexto teológico ou religioso está longe de ser um fenômeno exclusivo do mundo greco-latino ou cristão, estando bastante presente em diversas culturas pré-modernas, como entre os sumérios e os egípcios (Bronkhorst, 2001, p. 148s.). Por exemplo, os chamados *Vedas* (do sânscrito *Veda*, "conhecimento"), conjunto de textos fundadores das tradições religiosas indianas (*sanatana dharma*), deram origem, ao longo dos tempos, a textos auxiliares, que procuravam explicá-los sob diversas perspectivas, os chamados *Vedangas* (do sânscrito *vedāṅga*, "membro do Veda"). Os *Vedangas* compreendem tradicionalmente a recitação (*śīkṣā*), a métrica (*chandas*), a gramática (*vyākaraṇa*), a etimologia (*nirukta*), a astronomia e o calendário (*jyotiṣa*) e o ritual (*kalpa*). Como se vê, uma secção dos *Vedangas* era especialmente dedicada à etimologia: o *Nirukta*, gênero de escrita cujo exemplo mais antigo é o *Nirukta* de Yaska (c. 250 a.C.?), consiste, pois, numa análise semântica e etimológica de algumas palavras dos Vedas, que apresentam muitas vezes não só uma, mas diversas etimologias, com a ideia de que o seu conhecimento traz diversos benefícios a quem o domina, revelando os segredos que se escondem nas palavras. Como exemplo desse tipo de reflexão, veja-se o seguinte passo do *Śatapatha Brāhmaṇa* (6.1.1.2): "Indra [o rei dos deuses, aproximável a Zeus ou Júpiter], pelo seu poder (*indra*) ateou os outros ares vitais; e assim como ateou (*indh*), é também 'aquele que ateia' (*indha*): chamam-lhe Indra veladamente, porque os deuses amam o que está velado" (traduzido da versão inglesa de Bronkhorst).

II. A etimologia na Modernidade.

Embora na época moderna a etimologia tenha sempre sido uma ferramenta ao uso de teólogos ou filósofos como Leibniz (1646-1716), que teve grande atenção a questões filológicas e que foi autor de uma *Coletânea etimológica* (*Collectanea etymologica*, 1717), foi só a partir do século XIX que a Linguística teve ferramentas suficientes para estabelecer relações etimológicas mais seguras, com base num método℗ científico: reitere-se a ideia de que quase todas as explicações etimológicas dadas por autores antigos ou medievais na alínea anterior são hoje, à luz do método℗ linguístico, considerados especulativos, não comprováveis, ou simplesmente incorrectos. Esse método℗ assenta em larga medida na linguística comparativa, que tem a sua gênese no estudo do sânscrito, a língua literária da Índia, e que permitiu estabelecer afinidades com as línguas clássicas, uma relação que permitiu construir os alicerces daquilo a que se convencionou chamar o proto-indo-europeu, ou o indo-europeu: uma hipotética língua-mãe, conhecida apenas por reconstrução ou comparação, cujo estudo estabeleceu afinidades e parentescos comuns entre vários ramos linguísticos. Latim e grego, por exemplo, pertencem ao grupo de línguas indo-europeias, assim como o sânscrito, o ramo germânico, o céltico, o eslavo, o iraniano, o indo-ariano etc. Os princípios gerais da etimologia, decorrentes da linguística comparativa, assentam na tentativa de estabelecer a forma mais ancestral da palavra ou do seu elemento, e todo o som deve ser comparado com o som correspondente da palavra de onde derivou (o chamado "étimo"). Assim, qualquer desvio a determinada correspondência fonética deve ser explicada de forma plausível e racional, bem como qualquer mudança de sentido.

A ideia de que há uma língua ancestral comum levou naturalmente muitos autores a estipularem a hipótese de que haveria também uma cultura indo-europeia, cujos traços marcantes estariam ainda presentes nos povos do ramo indo-europeu. No capítulo da Ciência da Religião℗, o estudo da Mitologia℗ comparativa tem sido uma disciplina que tem muitas vezes partido das ferramentas da linguística comparativa, embora, naturalmente, com um método℗ e objeto de estudo específicos, até porque há poucos nomes de divindades℗ ou léxico religioso reconstruíveis a partir do proto-indo-europeu (Mallaroy; Adams, 2006, p. 408). Ainda assim, podemos afirmar com segurança que a raiz *deiwós*, "deus", é partilhada tanto pelo latim (*deus*) e pelo sânscrito (*devá-*), como pode ainda ser reconhecido no inglês *tuesday* ("terça-feira", o dia de *Týr*, uma divindade teutônica), assim como *dyěus phatěr*, "Pai Céu" permite colocar numa relação etimológica deuses como o Júpiter romano, o Zeus grego, e *Dyáuş Pitā*, o antigo deus do céu dos Vedas hindus, pai de deuses importantes como Agni ou Indra. Em termos de linguagem que se reporta ao sagrado℗, o estudo comparativo permite-nos igualmente estabelecer relações entre, por exemplo, uma raiz *weik-*, [consagrar], e o latim *victima* [vítima de um sacrifício℗], o inglês *witch* [bruxa] ou o sânscrito *vinákti* [selecionar], o que pode levar a concluir que o ato da consagração envolveria um gesto de separação, de colocar algo à parte.

A mitologia℗ comparada surge, pois, no seguimento das investigações sobre o proto-indo-europeu, a sociedade e a sua cultura. A etimologia assume aqui um lugar de relevo, embora naturalmente grande parte da reflexão assente noutro tipo de premissas. Dentro de uma perspetiva mais funcionalista do mito, visão de que Émile Durkheim℗ (1858-1917) é um dos principais fundadores, houve autores que procuraram ver no panteão e na mitologia℗ indo-europeia traços comuns que permitiriam tomar elações gerais sobre a sua sociedade e cultura, uma vez estabelecido um conjunto de características que lhes são comuns, embora, como já foi referido, poucas relações entre os nomes de deuses ou vocabulário religioso possam ser justificadas pela sua etimologia indo-europeia. Representativo dessa escola de pensamento é Georges Dumézil℗ (1898-1986), que vê na mitologia℗ indo-europeia uma estrutura tripartida que revelaria as três principais funções da sua sociedade: a de sacerdote℗ (*e.g.*: Mitra e Varuna, associado nos *Vedas* aos sacerdotes, e Rômulo, o rei-sacerdote romano), guerreiro (*e.g.*: o deus védico Indra, o romano Marte, o grego Ares) e agricultor (Nasatya, os gêmeos associados na cultura℗ védica às classes mais baixas, ou o deus romano Quirino, ligado à agricultura). Esta perspectiva, apesar de sedutora, oferece alguns problemas. Vejamos o exemplo de Roma (Beard; North; Price, 1998, p. 15s): mesmo na Roma arcaica, esta divisão social parece não ter lugar, uma vez que a figura do agricultor-soldado é tipicamente romana, e a esfera dos deuses não é limitada a uma única zona de intervenção: por exemplo, Marte, o deus da guerra, também olhava sobre as colheitas e era objeto das preces dos agricultores. Este tipo de associações, porém, extravasa os limites propriamente ditos da etimologia e da Linguística.

Num outro tipo de perspetiva, mais centrada propriamente numa análise etimológica do vocabulário, até por ser um profundo conhecedor das línguas indo-europeias, é Émile Benveniste (1902-1976). Por exemplo, no seu *Vocabulário das instituições indo-europeias* (*Le vocabulaire des institutions indo-européennes*, 1969), alguns capítulos são dedicados a questões que se podem enquadrar na Ciência da Religião℗, particularmente na sexta secção, dedicada à religião. Veja-se aqui o exemplo da própria noção de sagrado℗: o autor observa, nesta secção, duas ideias principais: primeiro, que não existe uma palavra no indo-europeu que seja comum para descrever o fenômeno; segundo, que em várias línguas (como o iraniano, o latim e o grego) a noção surge num revelador binômio. Assim, o fato de existir uma oposição em latim entre *sacer* [consagrado] e *sanctus* [sagrado, inviolável do ponto de vista religioso], ideia que podemos reencontrar no grego *hierós/hágios* e no avéstico *spənta/yaoždāta*, leva o autor a concluir que, numa época recuada, o sagradoϘ na cultura protoindo-europeia seria concebido sob duas perspetivas: uma positiva, daquilo que está carregado com a presença divina, e outra negativa, aquilo que é proibido ao homem contactar. Mesmo em capítulos que não são dedicados especificamente a temáticas religiosas, algumas reflexões podem ser enquadradas no âmbito dos estudos da religião; o capítulo 4, dedicado a "obrigações econômicas", traça um relevante paralelismo etimológico entre o latim *credere* [acreditar] e o sânscrito ṣraddhā-, [ato de confiança" (num deus) que implica restituição (na forma de um favor divino que é atribuído ao 'fiel')]"; ao assegurar uma muito provável ligação à complexa noção indo-europeia de *kred*, pode-se aventar uma origem no âmbito religioso para um verbo latino que depois de secularizou (*credere*, em latim clássico, não tem um contexto religioso vincado).

III. Etimologia e Ciência da Religião: alguns exemplos práticos. Muitos são os exemplos de como a etimologia pode servir como uma ferramenta útil na Ciência da ReligiãoϘ, como já foi referido a propósito da própria palavra *religio*. A partir de um étimo de relevância religiosa, como o grego *theos* [deus], pode-se estabelecer uma rede de relações etimológicas que comportam, por exemplo, a noção de *enthousiasmos* [inspiraçãoϘ divina, entusiasmo], assim como *apotheôsis*, [apoteose, transformação em deus]; ao estudar a oposição sagradoϘ e profanoϘ de Mircea EliadeϘ, é fundamental não só ter em conta a própria etimologia binômica de *sacer/sanctus* atrás referida, como também sublinhar a etimologia de profanoϘ, do latim *profanum*, composto pelo prefixo *pro-* [diante de, fora de] e *fanum* [templo, local de culto]; ou seja, tudo o que diz respeito ao que está fora do âmbito consagrado.

Tendo como ponto de partida o português, a etimologia pode também revelar, na perspetiva da História das ReligiõesϘ, a matriz religiosa pré-cristã, oferecendo-se igualmente como matriz de reflexão; por exemplo, no cerne da religiosidade antiga estava a noção de sacrifícioϘ, do latim *sacrificium*, palavra derivada de *sacer* ("sagrado") e de *facere* [fazer]. A expressão quer dizer algo como "fazer o sagradoϘ", "realizar algo de sagradoϘ"; isto poderá conduzir a uma reflexão histórica e antropológica: de fato, nem todos os sacrifíciosϘ romanos envolviam sangue, e muitas cerimônias consistiam apenas em dedicar aos deuses os chamados "bolos sagrados", feitos a partir de farinha, sal e queijo, ou simplesmente um pouco de vinho, incenso ou frutos, embora o sacrifícioϘ pudesse envolver todo um longo e moroso ritual. Sendo fundamentalmente um culto que punha em contacto o humano com o divino, a reflexão sobre o

conceito em Ciência da ReligiãoϘ dificilmente poderá fugir a esta perspetiva de base e da sua relação com o passado religioso romano e proto-indo-europeu.

Outras palavras apresentam relações etimológicas insuspeitas que as aproximam do léxico religioso; por exemplo, outro ritual típico de um sacrifícioϘ era a libação, do latim *libatio*, uma oferenda de consagração de algo aos deuses, normalmente um líquido; na origem deste substantivo está o mesmo verbo *libare*, que se apresenta em *illibatus*, na origem do verbo "ilibar". A razão é a seguinte: *libare*, além de querer dizer "consagrar algo aos deuses", também significava "tirar parte de algo para oferecer aos deuses", daí que tenha o sentido de "diminuir, retirar". Ora, *illibatus* (com o prefixo de negação *in-*) apresenta apenas o último sentido, e queria dizer precisamente "inteiro, que não foi diminuído, intacto". A partir deste sentido o latim tardio criou *illibare*, o radical do nosso "ilibar", no sentido de "tornar puro, tornar inteiro, purificar", e finalmente acabou por se desenvolver o sentido de "restituir a inocência de alguém, absolver". Outro exemplo é a noção de auspício, presente ainda no português com o sentido de "bom ou mau presságio", que tem uma relação com a religião do mundo romano, uma vez que *auspicium*, o seu étimo, deriva de *auspex* [áuspice], que tem na sua raiz *avis* [ave], e o sufixo *-spex* [aquele que observa], fazendo referência à prática da divinaçãoϘ a partir da observação do voo das aves.

Outro tipo de reflexão etimológica transporta-nos também para o universo de outros contextos religiosos, como, exemplificando, para as línguas da Polinésia, da Melanésia e da Micronésia e a sua noção de tabu (do tonganês *tapu*), que descrevia algo (uma comida, um objeto etc.) que devia estar religiosamente separado da convivência do homem comum e que só poderia ser usado por um deus, um rei ou um sacerdote, por exemplo. Esse objeto ficava determinantemente proibido para um grupo específico, tal como para as mulheres; o conceito é complexo, mas parte do mesmo pressuposto que vemos no latim *nefas* (na origem do nosso adjetivo "nefasto") e ao próprio conceito de *religio*: algo que é vedado aos homens, por motivos religiosos. Um preceito semelhante vemos também em *kijila*, palavra do quimbundo – língua falada em Angola – que traduz uma aversão ritual a certos alimentos ou roupas, um tabuϘ imposto particularmente, ao que parece, para assegurar o sucesso na guerra. Essa "aversão ritual" começou a ser aplicada também a pessoas, acabando por significar "embirração, antipatia, inimizade", precisamente o significado que tem a palavra portuguesa daqui derivada: quizília (ou "quezília").

No âmbito do Cristianismo, a etimologia oferece também importantes pistas de análise: "evangelho", do latim *evangelium*, formado a partir do grego *euangelion*, é uma palavra que sem contexto etimológico se torna pouco clara; de fato, este termo queria dizer, em

ETIMOLOGIA

grego clássico, "boa notícia, boa-nova", pois tem na sua origem *eu-* [bem] e o verbo *angelein* [anunciar], e descrevia, em Homero, a recompensa que se dava ao mensageiro quando este trazia uma boa notícia. Foi, porém, o termo usado para descrever a "boa-nova" cristã, o Evangelho, sentido com que passou para as línguas românicas. Mensageiro, aliás, em grego, diz-se *angelos*, uma palavra também já homérica e que deu, pelo latim *angelus*, origem ao português "anjo". No âmbito das festividades, a etimologia ajuda não só a compreender a relação do Cristianismo com a sua matriz judaica (por exemplo, "páscoa" deriva do termo hebraico *pésah*, pelo latim vulgar *pascua*, "passagem", a festa judaica de origem agrícola e que celebrava a chegada da Primavera, e posteriormente a fuga do Egipto, como com a matriz pagã (por exemplo, "liturgia῾" tem origem no grego *leitourgia*, termo pagão que queria dizer "serviço público", passando a designar, no contexto cristão, especificamente o serviço religioso prestado aos fiéis).

No léxico teológico-cristão, a etimologia pode também revelar relevantes relações conceptuais. Alguns termos ganham um relevo teológico que não tinham na língua-mãe; por exemplo, "caridade" já existia no latim *caritas*, designando o amor, a estima que se tinha por coisas ou pessoas, pois deriva do adjetivo *carus* [caro], palavra portuguesa que conserva os seus dois sentidos latinos: o de "amado, estimado, ser caro a alguém" e o de "custoso, dispendioso". Por outro lado, a etimologia revela conceitos que já tinham uma apropriação religiosa no mundo pagão, mas de matiz bastante diferente; por exemplo, "fé" vem do latim *fides*, um conceito importantíssimo para a cultura romana, mas que está longe do seu sentido cristão. Trata-se da personificação da honra pela palavra ou juramento dado, do foro divino, cujo desrespeito implicaria uma ofensa aos próprios deuses. *Fides* era, aliás, também uma deusa, que tinha um templo no Capitólio. Traduzindo o grego *pistis* (que, a propósito, partilha a mesma raiz indo-europeia), o Cristianismo apropriou-se da palavra e despiu-a do seu passado pagão, centrando-a não no homem e nos deuses, mas em Deus. Todavia, expressões portuguesas como "de boa-fé" ou "de má-fé" ainda conservam um pouco do sentido que a palavra tinha em latim, assim como o termo "fidelidade", do latim *fidelitas*, derivado de *fidelis*.

Esses são apenas alguns exemplos de como a etimologia pode ser uma ferramenta ao serviço da Ciência da Religião῾; embora estejamos já longe de uma noção clássica acerca da "verdade" de uma palavra, a etimologia é uma riquíssima ferramenta de análise sob inúmeras perspectivas. O seu estudo, porém, não se deve limitar à origem da palavra na língua de origem (no caso do português, muitas vezes o latim ou o grego filtrado pelo latim), mas também às relações etimológicas que se podem estabelecer com outras línguas e culturas que partilham uma matriz

(as línguas que derivam de um ramo e sub-ramo comum). Só este estudo permitirá apreciar, em toda a sua abrangência, o contexto sagrado ou profano῾ em que determinado conceito surge, as relações que tece com outras culturas e épocas, a evolução semântica que sofre desde um étimo estabelecido como tal e toda a rede de conceitos que lhe está dependente. Para isso se torna necessário ao estudioso da religião ser proficiente na consulta dos diversos dicionários etimológicos que estão à sua disposição e ter noções claras acerca da forma como, linguisticamente, se pode traçar o percurso de certas palavras, e como, por vezes, é de todo impossível ou especulativo fazê-lo.

Bibliografia: BEARD, M., NORTH, J.; PRICE, S. *Religions of Rome: A History*, vol. 1; *Religions of Rome: A Sourcebook*, vol. 2. Cambridge: Cambridge University Press, 1998; BENVENISTE, E. *Le Vocabulaire des institutions indo-européennes*. Paris: Eds. de Minuit, 1969; BERNECKER, R. Etymologie. In: UEDING, G. (Hg.). *Historisches Wörterbuch der Rhetorik*. Darmstadt: Wissenschaftliche Buchgesellschaft, 1998. Band 2: p. 1544-1555; BRONKHORST, J. Etymology and Magic: yāska's *Nirukta*, Plato's *Cratylus*, and the riddle of semantic etymologies. *Numen* 48, 2001, p. 147-203; BUCHBERGER, Begründet von Michael et al. Etymologie. In: *Lexicon für Theologie und Kirche*. Freiburg: Herder, 1995. vol. 3, p. 944-945; BUFFARTIGUE, J.; DELRIEU, A.-M. *Trésors des racines grecques*. Paris: Belin, 1995; BUFFARTIGUE, J.; DELRIEU, A.-M. *Trésors des racines latines*. Paris: Belin, 1996; CHANTRAINE, P. *Dictionnaire étymologique de la langue grecque*: histoire des mots. Paris: Klincksieck, 1999; CÍCERO, M. T. *Da natureza dos deuses*. Lisboa: Vega, 2004; COROMINES, J.; PASCUAL, J. A. *Diccionario crítico etimológico castellano e hispánico*. 6 vols. Madrid: Gredos, 1980-1983. 6 vols.; DUMÉZIL, G. *Mythe et épopée*. Paris: Gallimard, 1968. p. 73; ERNOUT, A.; MEILLET, A. *Dictionnaire étymologique de la langue latine*: histoire des mots. 4. ed. Paris: Klincksieck, 1959; FRISK, H. *Griechisches etymologisches Wörterbuch*. Heidelberg: C. Winter, 1954-1972; GARRUS, R. *Les Étymologies surprises*. Paris: Belin, 2008; GLARE, P. G. W. (Eds.). *Oxford Latin Dictionary*. Oxford: Clarendon Press, 1968; ISIDORO DE SEVILHA. *Etimologías*. Edición bilingüe preparada por Jose Oroz Reta y Manuel-A. Marcos Casquero. Introducción general por Manuel C. Diaz y Diaz. Madrid: BAC. p. 1982-1983; MACHADO, J. P. *Dicionário etimológico da língua portuguesa*. 2. ed. Lisboa: Confluência, 1967; MALLAROY, J. P.; D. Q. ADAMS. *The Oxford Introduction to Proto-indo-european and Proto-indo-european World*. Oxford: Oxford University Press, 2006; MALTBY, R. Etimology. In: HORNBLOWER, S.; SPAWFORTH, A. (Eds.). *The Oxford Classical Dictionary*. 3rd ed. Oxford: Oxford University Press, 2003. p. 561-563; MARTIN, F. *Les Mots grecs. Groupés par familles étymologiques*. Paris: Hachette, 1990; MARTIN, F. *Les mots latins. Groupés par familles étymologiques*. Paris: Hachette, 1976; PLATÃO. *Crátilo*. Introd. de J. Trindade dos Santos, trad. de M. de Figueiredo. Lisboa: Instituto Piaget, 2001; SZEMERENYI, O. J. L.; DAVIES, A. M. D. Linguistics, historical and compara-

ETNICIDADE

Etnicidade se refere ao conceito social que descreve o fenômeno de diferenciação de grupos com base em características naturais e culturais. As teorias e os conceitos variam bastante entre os autores. Se no início do século a diferenciação era dada pelo que se chamava de características primordiais ou biológicas (especialmente raça), mais recentemente a etnicidade é entendida como dada por uma diferenciação cultural e itens como língua e religião. Também no decorrer do tempo passou-se a perceber que a etnicidade não poderia ser entendida como algo estático, mas sim como algo dinâmico e até criativo, com a saliência ou não de aspectos étnicos dependendo da interação social e da negociação de fronteira entre os grupos.

O conceito de etnicidade e as teorias associadas têm sido especialmente rediscutidos por causa da temática do nacionalismo e do estudo de comunidades de imigrantes e refugiados, como forma de se dar conta da diferenciação social, bem como de estudar a evolução nas relações das comunidades de imigrantes e descendentes com a sociedade majoritária. Ainda que o termo "imigrante" não possa ser atribuído aos descendentes, existe um pertencimento e uma vivência como comunidade étnica, que pode ser prolongada por diversas gerações.

I. Correntes teóricas. Historicamente, um conceito de etnicidade, associado a ligações primordiais, que são resultado de afinidade natural e não de interação social, tem sido representado por autores que atribuem a solidariedade de grupo a uma significação inefável, como aquela que se atribui aos vínculos de parentesco e ancestralidade comum. Mais recentemente, o entendimento da etnicidade como extensão do parentesco tem sido defendido por autores como Van den Berghe, na linha de um neodarwinismo. Retomando o conceito de forma mais tradicional, um grupo étnico tem sua formação justificada devido a um suposto isolamento em virtude de diferenças individuais mais estáticas, como características raciais ou linguísticas.

Na outra ponta do espectro existem autores que destacam o aspecto mais social, arbitrário e pautado em interesses daquilo que se entende como etnicidade. Nessa direção, a escolha racional do indivíduo como sustentando o pertencimento de grupo é defendida por autores como Michael Banton, para quem as relações de inclusão ou exclusão de um grupo buscam maximizar vantagens e benefícios individuais, minimizando eventuais custos de pertencimento (Pontignat; Streiff-Fenart, 1997, p. 100-103). Essa escolha racional é instrumentalizada por diferenças como cor, língua e religião. Em outro conjunto de teorias, amparadas na relativa arbitrariedade da diferenciação étnica, mas se distinguindo das teorias de escolha racional, se encontram as teorias neomarxistas da etnicidade. Essas teorias buscam vincular a etnicidade à classe social, associando a diferenciação étnica a uma exploração possível de uma mão de obra de baixo custo, algo especialmente a ser considerado de imigrantes e descendentes (Pontignat; Streiff-Fenart, 1997, p. 106-109).

Na linha de etnicidade como algo mais social e cultural, em vez de se basear em características biológicas, uma proposta que encontrou significativa adesão deriva do trabalho de Fredrik Barth, que propôs o foco na interação social e na negociação de fronteiras. A partir de Barth e dos antropólogos que colaboram na sua linha teórica, surgiram diversas propostas para que o conceito pudesse ter maior valor explicativo e refletisse melhor os dados empíricos das pesquisas antropológicas. Nessa perspectiva, a etnicidade é vista como uma forma de interação social. Em vez de destacar os aspectos de raça ou cultura na identificação de grupos étnicos, a etnicidade é vista como uma forma de interação e organização social, na qual existe uma diferenciação entre os que são do grupo e os que não pertencem a ele. Visto como interação social, ainda que esses elementos continuem sendo importantes para a definição de um grupo étnico, o mais importante é a autoatribuição de uma unidade social diferenciada a partir de critérios de pertencimento ou diferenciação. A formação da identidade do grupo, nesse sentido, só ocorre em contato com padrões mais gerais da sociedade, que por sua vez também se transformam. Dessa forma, é enfatizado o caráter mais relacional e dinâmico da identidade étnica. A comunicação é enfatizada na construção social da identidade, porque através desse contato é que surgem padrões de comparação. Por isso o grupo étnico é estabelecido dinamicamente, suscetível a redefinições e transformações, devido ao seu aspecto relacional. No caso dos grupos étnicos frutos da imigração, essa identidade étnica se transforma não só em virtude das mudanças da sociedade hospedeira, como também das novas gerações de descendentes, que se distanciam da cultura de origem dos ascendentes. A cultura e os costumes dos ascendentes, por sua vez, também podem se transformar rapidamente no país de origem.

Dada essa dinamicidade da etnicidade, talvez uma das afirmações mais relevantes dessa perspectiva seja que o grupo étnico pode permanecer com fronteiras mesmo se muitos aspectos culturais e a língua original forem abandonados. Apesar de os grupos étnicos buscarem preservar suas culturas e tradições, nessa abordagem interacionista a definição do grupo étnico se concentra nas transformações das fronteiras, construídas entre os elementos do grupo e os que estão de fora. De forma geral, os elementos do grupo étnico praticam um "jogo com outras regras", com diferentes padrões éticos, comportamentais e de comunicação, que eles absorvem através da vivência de uma identidade étnica diferenciada. Esse "jogo interno" se transforma com as gerações e não apresenta uma barreira na incorporação de elementos que estão na sociedade majoritária. Nesse sentido, um fenômeno comum é o uso estratégico e pragmático de identidades múltiplas, principalmente no caso dos descendentes de imigrantes.

II. Mitos de origem comum. Considerando o objeto de interesse da Ciência da Religião, o tema importante é considerar os aspectos mais relevantes da relação interdependente entre etnicidade e religião. Uma das formas de construção social da identidade étnica é através de um parentesco fictício, muitas vezes diretamente associado a mitos de origem comum. Essa origem comum, um dos possíveis fatores definidores para uma comunidade imaginada (Anderson, 2008), é um fator simbólico estruturante importante do nacionalismo religioso, justificando dinastias imperiais (por exemplo, no caso do Japão, com a descendência da família imperial de Amaterasu, deusa do Sol), ou classes sociais no poder (por exemplo, no regime de castas na Índia), ou mesmo na preservação de uma identidade étnica em comunidades como as de imigrantes e descendentes.

Na religiosidade étnica, a unidade do grupo é remetida a um tempo imemorial e revitalizada constantemente através de um calendário ritual e cerimônias de passagem. Essas práticas são muitas vezes entendidas como uma obrigação social pelos adeptos, ocorrendo a preservação da identidade de grupo através da socialização religiosa. Nesse sentido a religião pode ser estudada como sendo a sacralização da identidade, entendida como um esforço em se preservar uma existência independente, presente tanto em indivíduos quanto em grupos, e uma característica importante tanto do ponto de vista biológico quanto social (Mol, 1976).

Nessa perspectiva, a evolução do grupo religioso é determinada pelas fronteiras do grupo étnico, que dependem da interação social e da absorção da religiosidade étnica pelas novas gerações. Para os que querem participar do grupo religioso, é frequentemente necessário um entendimento e até um comportamento semelhante ao do grupo étnico. Para a maioria dos adeptos que já pertencem ao grupo étnico, os elementos étnicos e religiosos são dificilmente diferenciáveis, o que limita a possibilidade de conversão e divulgação das ideias religiosas

do grupo. Nesse sentido, uma religião étnica pode ser entendida como a sacralização de símbolos que impliquem uma identificação social diferenciada, em que são repassados mitos e ritos de uma identidade étnica para as próximas gerações e são preservados símbolos que lembram uma origem comum, pouco dada a um esforço de conversão de elementos que estão fora do grupo.

III. Veneração aos ancestrais. Além dos mitos de origem comum, outro caso importante de religiosidade étnica é o culto aos antepassados, restrito em geral ao aspecto familiar, mas tendo como suporte social uma base religiosa única e rituais comuns. Os cultos aparecem com especial destaque ritual nas religiões antigas do Egito a Roma, estando presentes também em religiões de povos nativos e com mais impacto na atualidade nas religiões africanas, nas práticas familiares hindus e no Extremo Oriente em geral.

Nas religiões africanas, em especial na África ocidental, Madagascar e na diáspora para a América, a veneração aos ancestrais é praticada em paralelo com outras religiões, mesmo que haja a crença em um Deus único, seja ele das religiões tribais, seja das monoteístas. Oferendas, rezas e sacrifícios são oferecidos aos ancestrais, entendidos como mensageiros entre os homens e os deuses.

Nos cultos ancestrais derivados do Confucionismo, os antepassados são geralmente cultuados em um altar, geralmente mantido pelo filho primogênito, no qual cada antepassado é representado com uma tabuleta de madeira com seu nome póstumo. Frequentemente são postas oferendas na forma de frutas, comida ou bebida no altar, e muitos descendentes rezam e se comunicam com seus antepassados.

O Budismo teve forte impacto do culto aos ancestrais na sua penetração no Extremo Oriente a partir de uma síntese com o Taoismo e o Confucionismo. A maior parte dos japoneses, por exemplo, tem funerais budistas, ainda que seja provável que o culto aos antepassados e o mundo depois da morte, no caso japonês, já existisse antes da entrada do Budismo no Japão. Em contraposição às cerimônias anuais realizadas na morte de um familiar, as quais ocorrem no círculo privado, existem as cerimônias e festivais budistas de *Obon* e *Ohigan*. O *Obon* ocorre normalmente em agosto, no verão, quando se crê popularmente que os ancestrais retornam do mundo dos antepassados para viver um curto período com seus descendentes. De forma semelhante é comemorado o *Ohigan*, realizado nos equinócios de primavera (março) e outono (setembro). Nessa época são realizados rituais budistas, e os túmulos dos ancestrais são visitados e limpos.

Bibliografia: ANDERSON, B. *Comunidades imaginadas*: reflexões sobre a origem e a difusão do nacionalismo. São Paulo: Companhia das Letras, 2008; MOL, H. *Identity and the Sacred*. Oxford: Basil Blackwell, 1976; PONTIGNAT, P.;

STREIFF-FENART, J. *Teorias da etnicidade*; seguido de *Grupos étnicos e suas fronteiras*, de Fredrik Barth. São Paulo: Editora da Unesp, 1997; VAN DEN BERGHE, P. *Ethnic Phenomenon*. Westport: Greenwood Press, 1987.

Rafael Shoji

ETNOCENTRISMO

Resumindo a perspetiva da grande maioria dos autores, Anthony Giddens descreve o etnocentrismo como uma "desconfiança em relação às pessoas de fora, combinada com uma tendência para avaliar a cultura dos outros nos termos da sua própria cultura" (Giddens, 2009, p. 260). No entanto, os significados atribuídos ao termo não são nem foram de modo algum consensuais. Assim, percorreremos, de modo necessariamente breve, a história do conceito, destacando as principais propostas teóricas e procedendo a uma categorização, nem sempre fácil, das várias utilizações do termo. Dado o carácter específico da obra em que este verbete se inclui, procuraremos também estabelecer uma relação entre tais propostas teóricas e utilizações do conceito e o tema da religião.

De acordo com Šimko, a história atual do termo tem início em 1906, quando William Sumner publicou *Folkways*. Nessa obra Sumner teria caracterizado o "etnocentrismo moderno", isto é, a exageração das diferenças entre práticas culturais ocidentais e sociedades ditas primitivas. Introduz o termo "nós" ou "sentido de pertença" (Šimko, 2013, p. 15). Quando, nas primeiras décadas do século XX, Max Weberℒ publicou a sua reflexão sobre este conceito, propôs a noção de *ethinische Gemeinschaft*, que poderia substituir o termo alemão *Volk*, o qual associava o aspeto antropológico ao político, mas também à classe social. Segundo Šimko, o termo *Gemseinschaft* não se adequava a um tal grupo, dado que chamava a atenção para aspetos de nível mais abstrato, enquanto Weber estava interessado num nível mais baixo e pessoal. De acordo com Šimko, Daniel Levinson ignorou as críticas de Weber e escolheu o termo precisamente pelo significado abrangente e generalizante do mesmo, desconsiderando a questão da emergência de um grupo étnico ou as razões subjacentes à ideia de etnicidadeℒ. Tal como outros autores, Šimko apresenta duas perspetivas na história do conceito de etnocentrismo: o primordialismo e o construtivismoℒ. A este propósito, afirma o autor: "A questão é se as pessoas se mantêm na tradicionalidade ou em grupos naturalmente dados, ou se preferem criar novos tipos de organização de acordo com a sua situação atual" (Šimko, 2013, p. 42). Alguns autores que se enquadram na primeira perspetiva tendem a defender a ideia da continuidade histórica entre os grupos étnicos primitivos e as nações modernas. Por seu turno, segundo a perspetiva construtivista, que Šimko designa também "instrumentalista" ou "modernista", a etnicidadeℒ é um fenómeno construído de modo intencional e que serve de argumento a uma dada ordem social. Para os teóricos deste grupo, são as diferenças sociais que constituem as causas, não os resultados, da identificação com um determinado grupo étnico. Tais teóricos tendem a substituir o termo "etnocentrismo" por "nacionalismo". Se as primeiras críticas às ideias primordialistas haviam surgido já nas décadas de 1940 e 1950, na década de 1980 Anderson, Gellner e Hobsbawm apresentaram propostas "puramente construtivistas da história política, deslocando o momento da etnogénese para os tempos modernos, sendo os motivos as necessidades das sociedades industriais e do trabalho político" (Šimko, 2013, p. 45).

Num texto claramente construtivista, que associa a etnicidadeℒ a uma identidade cultural em constante elaboração, Agier refere também a importância dos seminários sobre identidadeℒ e etnicidadeℒ conduzidos por Barth e Lévi-Straussℒ, nos anos 1960 e 1970. Para Lévi-Straussℒ, a identidadeℒ possui três níveis distintos: a identidadeℒ humana universal; o seu carácter não substancial, dado que "cada sociedade e cada cultura divide a identidadeℒ em uma profusão de elementos cuja 'síntese', a cada momento, 'coloca prolemas'" (Agier, 2001, p. 8); e as fronteiras da identidade, cujos limites Lévi-Straussℒ considerou não corresponderem a qualquer experiência específica, interna às sociedades. Barth, por seu turno, trabalhou muito o plano do limite, da fronteira, tal como muitos outros autores que se interessaram pelos contextos e as situações de identidadeℒ cultural, como refere Agier (2001, p. 9), que, antes de tratar a questão particular da identidadeℒ étnica, sustenta que a identidadeℒ pode ser descrita como "um caldeirão de enunciados, ou de declarações de identidadeℒ alimentado por suas relações com o alhures, o antes e os outros, que lhe transmitem feixes de informações heterogéneas, insuflando-lhe identidade" (Agier, 2001, p. 10). Ora, muitos cientistas sociais de tendência essencialista ou primordialista trataram essas sociedades heterogéneas afirmando o seu carácter absoluto, autêntico e atemporal, o que, de modo paradoxal, contribuiu para a constante recriação dessas sociedades, dado que "o retorno à etnia", o "recolhimento sobre si" e a procura de "raízes" são da ordem da inovação, da invenção, das mestiçagens e da atualidade.

É a partir desta perspetiva que Agier trabalha a questão da identidade étnica, referindo o caso de Bastideℒ, que declarou *Africanus sum* nos anos 1950, e que assim afirmava o seu empenhamento identitário e a sua familiaridade com o seu terreno de estudos, o Candomblé da Bahia. A este propósito, escreve Agier: "Sem saber, Bastideℒ, e antes dele Verger, foram, ao mesmo tempo, vetores de globalização cultural e de etnicização local. Eles contribuíram para a desterritorialização da África, para a sua transformação em um 'universal particularizável'" (Agier, 2001, p. 50), e para fazer da África um conceito-África [que] pertence a todos aqueles que quiseram apoderar-se dela, ligar-se nela (Agier, 2001, p. 15). Localmente, graças a múltiplas contribuições como as deles, a África tornou-se, ao final de uma completa recriação, um vasto caldeirão culturalmente mestiço, dando um sentido "étnico" à nova posição social da identidade♀ negra e baiana e brasileira" (Agier, 2001, p. 14). A este processo de transmutação de escalas, o autor que tenho vindo a citar faz corresponder um outro, que cito também nos seus próprios termos: "Nas escalas microssociais […], surge uma multidão de pequenas narrativas identitárias, que ocupam o vazo deixado pelas 'grandes narrativas' em crise (missão cristã, destino♀ das classes, projeção nacional)" (Agier, 2001, p. 18). Essas pequenas narrativas identitárias, cuja exacerbação Agier coloca nos terrenos urbanos, têm um conteúdo étnico, regional e religioso que, apelando ao passado, exibem características marcadamente modernas. E é em nome dessa Modernidade mesma que passo a tratar, mais explicitamente, a religião♀ em tempos de globalização e na sua relação com a etnicidade♀ e a identidade.

De acordo com Teixeira, o presente contexto de transmutação de escalas provoca a descoberta de espaços dificilmente identificáveis com uma cultura específica, o que conduz a uma "multiplicação de discursos acerca da perda de identidade e do desenraizamento cultural" (Teixeira, 2004, p. 86), tendo o autor o cuidado de salientar que tais discursos esquecem frequentemente que a identidade♀ cultural sempre foi algo imaginado e construído. Em relação a tal suposta crise identitária, Teixeira escreve: "[…] o desenraizamento de que falava promove o desmoronamento das imagens estáveis do mundo, o reservatório das representações colectivas. Este é o contexto em que se tem desenvolvido a observação de que os sistemas de crenças♀ têm sido afectados pela erosão do relativo" (Teixeira, 2004, p. 87). E é no âmbito da sua reflexão sobre este processo que este autor recorre ao argumento segundo o qual as religiões que de algum modo haviam tido características universalizantes se particularizam, enquanto outras religiões que tinham mantido um carácter mais particular se mundializam. Teixeira propõe assim, tal como Agier o fez, o recurso à explicação daquilo que constitui um paradoxo. Mas este paradoxo não se esgota apenas no âmbito da transmutação de escalas, no que à religião♀ diz respeito. O autor que tenho vindo a seguir nota que, no contexto pós-guerra fria, os substratos culturais foram mais reivindicados do que as diferenças ideológicas. Ora, estes substratos culturais "fundem-se sempre numa determinada reserva da qual faz parte um património religioso"

(Teixeira, 2004, p. 88). Contudo, este patrimônio religioso é, no contexto da globalização, obrigado a adaptar-se, de modo que a sua eficácia simbólica possa ser reafirmada em moldes necessariamente diferentes. Esta adaptação♀ compreende resistências culturais de índole especificamente religiosa. É o caso das Comunidades Eclesiais de Base brasileiras, que, ao privilegiarem a dimensão comunitária, resistem "a poderes políticos e económicos demolidores das culturas locais" (Teixeira, 2004, p. 89). Por outro lado, em vários contextos, a redescoberta da religião♀ potenciada pela globalização não é indiferente a uma necessidade mais conotada com a realização de si e a espiritualização da religião♀, que pode deixar de obedecer a qualquer ortodoxia proposta por uma linhagem crente. É, pois, como já foi referido, na tomada a sério do paradoxo que se pode encontrar um sentido para as recomposições religiosas, muitas vezes reivindicadas etnicamente, e que se pode procurar compreender as relações entre religião♀ e mundo globalizado. E a linguagem do paradoxo não permite apenas relacionar a religião♀ com reivindicações identitárias, mas compreender estas últimas no quadro da etnicidade♀, cuja exacerbação Sumner, em 1906, designava "etnocentrismo".

Bibliografia: AGIER, M. Distúrbios identitários em tempos de globalização. In: MANA 7 (2), 2001, p. 7-33; GIDDENS, A. *Sociology*. Cambridge, UK/Malden, USA: Polity Press, 2009; ŠIMKO, I. *Ethnocentrism*: Uses and Usability. Wien: Universität Wien, 2013. Tese não publicada; TEIXEIRA, A. *Não sabemos já donde a luz mana*. Prior Velho: Paulinas, 2004.

Catarina Silva Nunes

ETNOGRAFIA PORTUGUESA

Etnografia♀ e Sociologia, ambas se hegemonizam ao tratar um conjunto de temas que, no seu conteúdo básico, mostram como a religião♀ (nos seus variados ritos, crenças♀ e cerimónias sociais) aí é tratada e que as constituem e nelas se articulam: basta pensar, para o que ao tema diz respeito, na obra básica da autoria de Émile Durkheim♀, *Les Formes élémentaires de la vie religieuse* (1912), e, em Portugal, na obra monumental de José Leite de Vasconcelos, *As religiões da Lusitânia* (em três volumes), a primeira, sociológica, a segunda, etnológica. O autor da segunda – *As religiões da Lusitânia* –, desde os finais do século XIX até à segunda década do século XX (1897-1913), apresenta a "súmula das origens", inventariando usos, costumes e crenças♀ presentes ainda em reminiscência no território de Portugal. Sem esta obra ímpar não se compreende a sua outra obra magistral, *Etnografia Portuguesa* (em dez volumes): um marco para a Etnografia♀ portuguesa (EP). Estamos nas origens deste saber, pois são contemporâneos de Leite de Vasconcelos ou nossos aqueles que aqui vamos revisitar. O saber etnográfico entre nós recua-nos aos finais do século XIX.

I. Da Arqueologia à Etnografia. A primeira fase é um misto de História, Arqueologia♀, Glotologia e estudos sobre Etnografia♀, acabando por consolidar este saber. Para tal concorreram muitos autores que deram os primeiros passos em Etnografia♀ e cujos saberes colocam a Etnografia♀ no meio das investigações de toda a Europa.

Joaquim Teófilo Braga (1843-1924) é o advogado por Coimbra e substituto de Manuel Arriaga como Presidente da República em 1915, nos inícios difíceis da era republicana em Portugal. A sua projeção inicia-se na segunda metade do século XIX, ainda é um pensador romântico. Depois adere às ideias positivistas de Auguste Comte♀ e é brilhante o seu pensamento. Neste período marca-o o interesse pela História das Ideias. A sua perspicácia leva-o a interessar-se pelas manifestações espirituais do seu povo (é um açoriano de raiz), sendo também dessa época as suas obras de interesse etnográfico: *O cancioneiro português da Vaticana* (1878) e, mais tarde, *Os contos tradicionais do povo português* (1883). Presidiu ao primeiro governo da República e lançou Portugal na esfera da Europa, sendo a sua porta atlântica mais ocidental. Do ponto de vista da etnografia♀, tem muito interesse a sua obra *Os contos tradicionais...*, onde se relembra não só o caráter mitológico da identidade portuguesa, como também a sua vertente fantástica. É nesta obra que se encontram os mais delicados traços respeitantes aos rituais religiosos.

Francisco Adolfo Coelho (1847-1919), "uma das figuras na constituição e desenvolvimento inicial da Etnografia♀ e da Antropologia em Portugal" (João Leal) no último quartel do século XIX e nas primeiras décadas do século XX. Sendo o promotor e interventor das *Conferências do Casino*, dedicou-se ao estudo das tradições do povo português, constituindo a sua obra um misto de pedagogia e etnografia♀ sem paralelo. Interessa-nos a sua obra agora organizada e publicada na coleção *Portugal de Perto*, n. 27, sob o título *Obra etnográfica*, da qual destacamos o primeiro volume, dedicado a "Festas♀, costumes e outros materiais para uma Etnologia Portuguesa", que conta com o prefácio de João Leal, que recomendamos. Nela o autor dá prova da sua dedicação à Literatura Popular, com imensas notas folclóricas e mitológicas, versando temáticas populares próprias da sua real dedicação à formação educativa: trata-se de um verdadeiro pedagogo que usa com mestria a Pedagogia nascente e a Etnografia♀ para a recolha da tradição oral que lega à posteridade; além disso, trata de tradições ligadas à morte♀ e a outros costumes e várias superstições populares, Sereias e outros Mitos, levando ao conhecimento Portugal e a vizinha Espanha, ao virar do século dezanove. Realce-se que nesta

época "a antropologia constitui-se em Portugal como uma disciplina preferencialmente vocacionada para o estudo da tradição camponesa nacional". Na dita obra dedica-se uma parte às tecnologias tradicionais e a esboços de programas etnológicos e antropológicos. Interessa também o seu estudo sobre *Os ciganos em Portugal*, que a Publicações Dom Quixote editou sob o n. 32 da coleção *Portugal de perto*, no nosso tempo (em 1995), e que "não nos permite negligenciar a natureza da produção global do autor, compreensível à luz da interdisciplinaridade oitocentista". Como pedagogo e historiador da literatura, linguista e etnógrafo, requer-se atenção: "Enquanto linguista Adolfo Coelho foi atraído pela análise dos Ciganos o que integrou a três partes da sua obra sobre o assunto, a saber, a língua dos ciganos; o seu calão e a história da sua etnia entre nós do ponto de vista etnográfico" (João Leal, p. 13 do prefácio). As primeiras partes constituem mais de dois terços da obra.

Zófimo José Consiglieri Pedroso Gomes da Silva (1851-1910) é um lisboeta, nascido de mãe genovesa, que se notabilizou por toda a sua ideologia♀ republicana, tendo sido militante do Partido Progressista, depois Partido Republicano. Ficou conhecido quer por sua oratória fácil, quer pelas confidências em folhetos republicanos; entregou-se ao estudo daquilo que constituía o relevo do povo português, a Etnografia♀ e a Mitologia♀. As suas viagens eram fundamentalmente de estudo. Publicou para a causa da Etnografia♀, sobretudo no âmbito da mitologia♀: *Contribuições para a mitologia popular portuguesa* (1880), posteriormente editado por Publicações Dom Quixote, coleção *Portugal de perto*, em 1988, sob o título *Contribuições para a mitologia popular portuguesa e outros estudos etnográficos; Tradições populares portuguesas I* (1883) e *II* (1883); e *Contos populares portugueses* (1878), editado no nosso tempo em 1980.

José Leite de Vasconcelos (1858-1941) é um médico que se notabiliza pelo grande conhecimento do seu país, como um dos principais vultos da cultura portuguesa dos séculos XIX e XX. Nascido em Ucanha (zona do mosteiro cisterciense de São João de Tarouca), cedo guarda os seus apontamentos nos fragmentos de papel que possui ou noutras superfícies que facilmente manuseia. Faz a sua carreira de etnógrafo sem o saber e compõe cedo uma obra em três volumes, *Religiões da Lusitânia* (1887, 1905 e 1913), que constitui os alicerces de tudo o que ainda hoje se investiga sobre o passado remoto donde começa o povo português. Formado mais tarde por Paris, o seu mister de médico o levou a ter o hábito de tudo guardar da memória♀ de seu povo, embora só tenha exercido a medicina um escasso ano. Ficou conhecido no país como a maior figura científica com espírito europeu (*Dicionário de história religiosa de Portugal* [DHRP], 200). A obra em análise favorece uma visão sobre as origens, inventariando usos e costumes e compendiando crenças♀ que ainda hoje se podem visualizar no território nacional: de 1887 a 1913, o autor apresenta o povo português como o lugar de um "cruzamento" de doutrinas e práticas, crenças♀ e símbolos que historiograficamente lhe permitem traçar os contornos; sem esta obra não lhe teria sido possível a sua obra etnográfica que agora está publicada, *Etnografia Portuguesa*, em dez volumes: a etnografia♀ de matriz religiosa tem nele o fundador (DHRP, 200). As origens e os alicerces da cultura, enquanto cenário em movimento, não dispensa a obra sobre as religiões, ocupando-se das "cousas antigas" quando estas podem esclarecer a atualidade, sendo que a composição religiosa, que carateriz hoje as populações recebe doutos esclarecimentos em *As religiões da Lusitânia* como memória♀ de crenças♀, mitos ancestrais♀ e ritos como espelhos de vestígios entre o povo português. O volume I da edição fac--similada, de 1887, pela Imprensa Nacional, trata dos "tempos pré-históricos" e da "religiosidade do homem paleolítico", bem como das grandes ideias religiosas no período neolítico, com particular destaque para os cultos relativos à natureza e à lua, à trepanação pré-histórica e ao culto dos mortos, com sepulturas, dólmenes e cistas e sinais esculpidos em pedra. O volume termina com considerações sobre a religião♀ na época dos metais. O volume II trata de "divindades♀, crenças♀ e cultos" dos tempos proto-históricos: os deuses da terra aos bosques sagrados, dos deuses domésticos às deusas-mães, dos rios e das fontes santas, até aos deuses animais, a divindades♀ mais regionais. Invulgar é a etnografia♀ de "rios santos" (p. 224-237). O volume III é consagrado aos "tempos históricos", iniciando com as divindades♀ indígenas romanas, seguindo pelas de procedência romana, pelos monumentos aos mortos, para terminar nos Santuários♀, Sacerdotes♀, confrarias, atos e cerimónias, considerações sobre a arte e a religião♀, aras e amuletos, findando sobre elementos religiosos "na época dos Bárbaros". O volume conclui com um apêndice relativo aos "vestígios atuais do paganismo". Apresenta um leque de considerações que no futuro imediato serão relevantes para a ciência antropológica.

A sua obra de fôlego é ainda a *Etnografia Portuguesa* (dez volumes), que, com *As religiões da Lusitânia*, constitui "uma espécie de *Monumenta Ethnica* de Portugal, desde o paleolítico até à atualidade" (Ribeiro, 1994, p. 36). "Resultado de muitas excursões etno-arqueológicas" (DHRP, 101), o autor consegue publicar até ao volume III e, depois de 1942, é completada em sucessivos volumes, obra que ainda hoje constitui um amplo trabalho de organização: ela foi pensada como uma síntese da cultura popular portuguesa, o que é um trabalho das sucessivas gerações. Neste horizonte, leia-se a nossa entrada em *Dicionário de história religiosa de Portugal*. "O admirável construtor de *Etnografia Portuguesa* continua 'vivo' e as suas obras [...] não só se mantêm, como alargam o

público fiel de leitores" (Ribeiro, 1994). Uma obra perdurável: o volume VII corresponde a uma rubrica única no plano do autor, a saber: "entidades míticas" (Ribeiro, 1994).

A sua obra não se esgota nesta empresa monumental. A coleção *Portugal de perto*, n. 35, da Publicações Dom Quixote, disponibiliza três obras cujos originais se encontram repartidos por revistas da especialidade, a saber: *Signo-Saimão*, a *Figa* e a *Barba em Portugal*. As duas primeiras manifestam o interesse do autor pelos amuletos, que não só colecionou como estudou em profundidade; assim, "para além de uma componente propriamente científica, esse interesse parece possuir também uma dimensão pessoal relativamente importante" (como escreve João Leal, Prefácio à obra, p. 28). O estudo sobre a barba manifesta "uma etnografia♀ nacionalista de feição folclorista" que iniciava em Portugal nos anos 1910-1920 (Leal, 1994, p. 32): "A Barba em Portugal autonomizou-se de tal forma do contexto inicial em que começou por ser pensado que [...] se transformou num pequeno trabalho comparativo sobre uma das mais salientes características fisionómicas, não apenas do seu autor, mas de um número considerável de elementos masculinos da população urbana portuguesa [...] do final do século XIX e das primeiras décadas do século XX" (Leal, 1994, p. 34).

Na idade viril, "a barba seria não um símbolo de virilidade e honra, mas, antes, uma expressão de penitência, luto e desgosto" (Leal, 1994, p. 36). A atualidade dos seus estudos ainda é comprovada.

António Augusto da Rocha Peixoto (1866-1909) "na história da Etnografia♀ nacional é uma figura específica e de recorte nítido" (*Portugal de perto*, n.20, p. XV) pelo facto de tornar Portugal um país conhecido nas lides desta disciplina nascente e por dar à estampa como redator, no seio da sua revista *Portugália* (1899) e em jornais nacionais (principalmente *O Primeiro de Janeiro*), o que ia conseguindo apurar neste precioso domínio, tendo começado "versando logo os temas, que o haviam de notabilizar" (*Portugal de perto*, n. 20, p. XV), fazendo assim vingar a EP. Conhecedor exímio da sua região no litoral norte do país, trata de forma surpreendente o que em todo o país diz respeito à cultura material (ergologia) e dialoga com os folcloristas e versados na etnografia♀ tanto lusitanos como europeus (belgas, alemães, britânicos, franceses...). Dando entre nós os primeiros passos, o autor promove a ciência a EP ao discursar com outros seus contemporâneos: Adolfo Coelho, Teófilo Braga, Consiglieri Pedroso, Leite de Vasconcelos (*Portugal de perto*, n. 20, p. XVII). Neste diálogo científico devemos colocar as suas colaborações, quer em *O Primeiro de Janeiro*, quer depois na *Portugália* (a partir de 1899), revista que vai mostrando o que sai do seu pensamento e sua recolha etnográfica como "sua alma♀ e nervo" (*Portugal de perto*, n 20, p. XXX).

Interessa seguir o singular prefácio de Flávio Gonçalves à sua obra publicada em *Portugal de perto* (*Etnografia Portuguesa*. Lisboa: Dom Quixote, 1990. v. 20), com base na edição de suas obras em 1967 pela Câmara Municipal da Póvoa de Varzim. Trata-se da obra etnográfica completa do autor. Dessa forma daremos uma síntese do seu vasto trabalho. Em apenas 43 anos incompletos de vida "em busca de elementos etnográficos, uma área que pela amplitude nos surpreende" (*Portugal de perto*, n. 20, p. XXXIII), conhecia bem não só a sua terra (a Póvoa de Varzim), como também todo o litoral, muito do Interior, as principais aglomerações entre Douro-e-Minho, a serra minhota, da qual dá notícias das *verandas e inverneiras* nos montes de Melgaço, as terras de Basto, de Moncorvo, do Marão, "onde o cientista se sujeitou às dificuldades, fadigas e contratempos que na sua época as viagens implicavam" (*Portugal de perto*, n. 20, p. XXXIII). Interessou-se pelos mais vastos assuntos, desde os estilos das habitações aos pormenores da decoração de azulejos, dos vestidos e capas serranos à mais engenhosa olaria de Prado dedicando-se com brio às técnicas de modelagem do barro (cf. "As olarias de Prado", "preciosa monografia acerca da técnica", publicada em 1900 na revista *Portugália*). Deixam-se de lado os estudos referentes à Arqueologiaρ, que no tempo funcionava como domínio bastante próximo e de cruzamento de saberes.

No que à EP diz respeito, assinalem-se os estudos que abrem este tema à Malacologia (ciência dos moluscos, ramo da zoologia), também muito próprio da sua região, logo em 1889: "[…] moluscos deste género sei que usam ainda os pescadores da Póvoa de Varzim" (20, 8). Sucedem-se "A tatuagem" (1892) e "Os ciganos" (1893). A tatuagem é de relevo dado o seu uso diferenciado nas áreas mais díspares e o regresso do seu uso nos tempos hodiernos, um século depois, em plena época pós-moderna. Quanto aos ciganos, têm "conservado, através do tempo e do espaço, os traços étnicos mais característicos de um povo ao qual as emigrações, […], em pouco lograram alterar os fundamentos" (*Portugal de perto*, n. 20, p. 45). Hoje, acima de tudo, imersos no mundo das feiras ao ar livre, mantêm os traços identitários.

O ano de 1894 é fundamentalmente dedicado a assuntos religiosos que ainda persistem nas crençasρ do povo: "As maias", "São João" e "O Natal": estas são as investigações mais expostas do ponto de vista religioso, conferindo-lhe as dimensões ancestraisρ ainda bem notórias no religioso do presente século. O autor aborda também as crençasρ em trabalhos como "A iconografia popular em azulejos" (1901), em "Tabulae Votivae" (1906), em "Os cataventos" (1907), deslindando, sobretudo, estes engenhos nas torres sineiras dos campanários, além dos campos e hortas de cultivo e em "filigranas" (1908). Assuntos religiosos abundam nos diferentes estudos de Rocha Peixoto.

Obras suas mais etnográficas que refletem as artes e técnicas do povo português são as do dobrar do século (dezanove-vinte), consagradas aos "palheiros do litoral", às olarias e aos azulejos (1899-1901), seguindo-se na primeira década do novo século assuntos relacionados com fórmulas mágicas (1901) e seu possível sentido, uso das mós manuais (1905), iluminação popular e fogueiras (1905), a casa portuguesa (1904), "divulgando vários aspectos das moradias rústicas e arcaicas" (*Portugal de perto*, n. 20, p. XXI), contos de animais e assuntos da região de Trás-os-Montes (1908). Os temas finais, antes da sua morteρ precoce, são consagrados ao "Traje serrano" (1907), às "Filigranas" (1908) e "Aos restos de um regime comunitário em Portugal" (1908), abreviação duma monografia inédita escrita em língua francesa. Em todos os textos está bem patente quer o desejoρ de relatar as técnicas de construção dos engenhos tratados, quer a singular mestria para o uso habitual de desenhos pessoais e de fotografias de identificação: o volume que nos permite este trabalho (n. 20 da coleção *Portugal de perto*) está recheado de desenhos, de croquis e de fotografias conseguidos pelo Rocha Peixoto (dezasseis folhas no total da obra publicada). Neste capítulo pode-se dizer que aparece "como primeiro cultor acabado dos nossos estudos de *ergologia* (e de *tecnologia*)" (*Portugal de perto*, n. 20, p. XV), "uma amostra das actividades tecnológicas do povo português", no comentário de Leite de Vasconcelos (*Portugal de perto*, n. 20, p. XXI).

II. Nos alvores da Antropologia: influências. Na viragem para o século XX consolidam-se estudos no âmbito antropológico, dada principalmente a índole étnico-comparativa dos mesmos. A disciplina vai construindo o seu saber e robustecendo-se no seio das ciências humanas. Acima de tudo é o trabalho da primeira metade do século XX, constituindo em saber autónomo pelos anos 1980. Reflete um leque de influências da escola francesa (o que nos leva a referir vários autores do nosso conhecimento), da Alemanha e dos estudos anglo-saxões.

António Jorge Dias (1907-1973) e Margot Dias (1908-2003), que seria sua esposa desde 1940, deixando a carreira de pianista para se dedicar em equipa ao estudo da Etnomusicologia e à Etnografiaρ: "[…] trocou a Alemanha por Portugal e o piano pela investigação científica". Seu marido, Jorge Dias, elaborou seu doutoramento na Universidade de Munique apresentando uma monografia sobre *Vilarinho das Furnas*, monografia que seria doravante o expoente em Etnologia lusitana. Conhecido além-fronteiras, notabilizou-se, sobretudo depois de 1947, no Centro de Estudos de Etnologia Peninsular. Estamos na época da passagem simples entre o saber etnográfico e as ciências antropológicas na Península Ibérica: os estudos de Jorge Dias e a sua escola farão caminho; a direção é traçada na sua primeira monografia, a de *Vilarinho das Furnas*, que

ETNOGRAFIA PORTUGUESA

hoje constitui memória♀ escrita de uma povoação serrana, sepultada pelas águas do rio Homem, perpassando nela as mais diversas atividades humanas e os mais consuetudinários usos e costumes. Deve-se a este mestre por Munique a arte etnográfica da monografia, pois a esta se deveria dedicar elaborando para a Península, na dupla vertente espanhola e portuguesa, a singular monografia-piloto sobre a aldeia de *Rio de Onor*, no território raiano de Trás-os-Montes. Depois fez escola de nível nacional e internacional com os célebres *Estudos de Antropologia*, publicados mais tarde, versando temas de inegável valor. Atendo-nos à segunda monografia – sobre *Rio de Onor* –, nela se descrevem as regras prévias de um comunitarismo♀ típico, os usos elaborados de peso e medida nesta aldeia raiana, as varas de justiça♀ aí implementadas, as canções que eram frequentes entre o povo, os procedimentos administrativos, os costumes e crenças♀ de caráter religioso que consolidavam um regime dito comunitário: é um protótipo de monografia que ainda hoje serve de base em inúmeros Centros de Estudo, regionais ou universitários.

Sua esposa colaborou no cancioneiro que integra a primeira monografia de seu marido e foi sempre a companheira infatigável da história singular do antropólogo. Dedica-se ela, no quadro do Centro de Estudos de Etnologia Peninsular, à Missão♀ de Estudos das Minorias Étnicas do Ultramar Português, cujo resultado está patenteado nos quatro volumes da obra *Os Macondes de Moçambique (1964-65)*. Foram ambos que elaboraram esta monografia, "obra de referência nos estudos antropológicos em Portugal": integra matérias que fazem parte da história dos moçambicanos. Jorge era "o chefe de missão, o professor, mais distante, apesar da personalidade solar", Margot "era a antropóloga, que vivia fascinada com aquelas pessoas, com a relação que podia construir com eles". Futuramente se dedica à organização de um museu de etnologia que herdou os trabalhos e materiais do Centro de Estudos Antropológicos e as monografias sucessivas da Investigação Tropical. A investigadora é pioneira nos domínios da Etnomusicologia, Estudos da cultura material e parentesco; seu marido consagra os domínios de Etnografia♀, os Estudos da Antropologia e abre a porta a todas a coleções e recolhas no âmbito da Museologia.

Mircea Eliade♀ (1907-1986) foi principalmente um historiador mundialmente conhecido pelos seus trabalhos, tendo abordado a Religião, na sua história, e dando a mão à Mitologia♀. Conhecedor destacado de Portugal, foi adido cultural pelo seu país, Roménia, tendo nascido em Bucareste. Era um poliglota, conhecendo os códigos gramaticais e léxicos de uma dezena de línguas, que falava e escrevia fluentemente. Usava na escrita a sua língua materna e acima de tudo o francês e o inglês. É o fundador da História moderna das Religiões, mesmo o Hinduísmo, sendo conhecedor dos textos clássicos. Foi um

erudito das Religiões comparadas, devendo-se a ele a explanação do conceito de "hierofania". Estudou ritos iniciáticos (sobretudo a ioga), que constitui a sua tese de doutoramento. A sua representação diplomática em Lisboa, a partir de 1940, facilitou-lhe novos e eruditos conhecimentos, principalmente por não ter podido regressar à Roménia. Lecionou em muitas universidades a partir de 1945, tendo recebido de muitas o doutoramento *Honoris Causa*. São de especial envergadura as suas obras *Ritos e símbolos da iniciação* (1958, Londres), *O sagrado e o profano* (1959, Londres), *Mito e realidade* (1964, Nova Iorque), *História das Religiões* (1979-1985, Chicago), algumas traduzidas em português e revistas pelo autor, como o tratado de *História das Religiões* e *O sagrado e o profano*. É um dos mais completos eruditos, reconhecido no âmbito mundial e cuja influência é registada no nosso país.

Isac Chiva (1925-2012), descendente da pequena burguesia judia romena, é um grande antropólogo social e etnólogo francês de trabalho, colaborador de Lévi-Strauss♀. A sua figura impõe-se pelos cargos que ocupou e acima de tudo pelo seminário que dirigia no Colégio de França (*Collège de France*), no qual diretor do Laboratório de Antropologia Social, apoiando Lévi-Strauss♀ no dito colégio a partir de 1960. Desde 1970 foi diretor da EPHE (*École Pratique de Hautes Études*). Europeu convencido, obrou nos "Debates entre a Alemanha e a França" e muito influenciou os alunos em Etnologia, mormente os portugueses, que gostavam das suas lições quer na Escola, quer no Colégio.

Colette Caller-Boisvert (estudou, na região do Alto Minho, a emigração no Soajo). Tenaz no trabalho de etnografia♀, muito se dedicou aos seus informadores, tendo granjeado a admiração de autóctones e estrangeiros. É de referência a sua obra, publicada pela Câmara de Arcos de Valdevez, *Soajo, entre migrações e memória* (2004). Formada em línguas ibérico-americanas, estudou no Museu do Homem (*Musée de l'Homme*) em Paris, onde se doutorou na Sorbonne, trabalhou cientificamente sobre minorias brasileiras e sobre o Alto Minho (Portugal). Os seus estudos muito meticulosos remetem para as áreas do parentesco, da casa, dos casamentos, das migrações, seus cruzamentos e dinamismos. É autora eminente na área de Antropologia Histórica.

Pierre Sanchis (1928-2018), formado em Teologia♀ em Estrasburgo, cedo enveredou pelos estudos etnológicos e antropológicos em Paris, onde se doutorou. Foi primeiramente um estudioso da literatura cristã dos séculos IV e V, tendo-se dedicado posteriormente, no Brasil, ao estudo das tradições populares e sua religiosidade. Da sua estadia e investigação em Portugal elaborou a sua tese de doutoramento que deu origem a um dos volumes da coleção *Portugal de perto*, sobre "As romarias portuguesas" (subtítulo da obra), *Arraial festa de um povo* (1983), que ficou amplamente conhecido no debate sobre a religião♀ popular no decénio 1980-1990. Esta obra tornou-se depressa de referência em Portugal e no estrangeiro, mormente pela reflexão antropológica sobre as promessas. Lecionou Sociologia e Antropologia na Universidade Federal de Minas Gerais.

Ernesto Veiga de Oliveira (1910-1990) nasceu na Foz do Douro, de família nortenha, licenciado em Direito♀ aos 22 anos e posteriormente em Ciências Históricas e Filosóficas em Coimbra (1947). Sendo funcionário público a partir de 1944, cultivou sempre um espírito independente e uma fecunda dedicação ao povo, às gentes, o que o levou a ser subdiretor do Museu de Etnologia no tempo de Jorge Dias. Caminhou por muitas regiões de Portugal, desde o litoral às fronteiriças do Minho e Trás-os-Montes, ao Tejo e praias do Algarve, visitando aldeias e tornando-se um grande cultor de tudo o que interessava a suas gentes. Na sua mestria do património do Povo Português (veja-se *Arquitetura tradicional portuguesa*, n. 24 de *Portugal de perto*, Publicações Dom Quixote, 1992) soube guardar com esmero tudo o que constituía o seu tesouro. É de singular importância a sua obra publicada em *Portugal de perto* n. 6, a qual dá conta de invulgar trabalho sobre as *Festividades cíclicas em Portugal*, onde reúne textos das décadas de 1950-1960 de caráter etnográfico muito relevante para o estudo do povo português que então saía da ruralidade e que configurou cerca de um século na investigação. No tempo do Centro de Estudos de Etnologia Peninsular, a obra comporta duas partes: uma (I) dedicada a festividades cíclicas como o "entrudo", o domingo de Ramos e a "queima de Judas", festas de domingo de Páscoa, maias, Ascensão, São João e São Martinho, refeições cerimoniais, culto dos Mortos em inícios de novembro e Natal, uma espécie de ano rotativo festivo; e uma segunda parte (II) toda ela dedicada ao estudo de festas e romarias, desde o São João d'Arga ao jogo do pau em Portugal. Pretende-se então "a cobertura etnográfica integral do País, no que se refere à recolha de dados, seu registo, ordenação♀ e elaboração, sob os pontos de vista temático e geográfico". Esta recolha é fundamental para o conhecimento das festas atuais em território nacional. "Estes pequenos estudos [...] são singelas descrições de índole predominantemente folclorística, que em Portugal se podem situar como um último eco daquelas conceções [...] a abrir-se a novos horizontes" (p. 13), estes mais antropológicos. Os estudos nela compendiados podem "ajudar as novas gerações a construir a imagem♀ de um mundo que viveu até então isolado e fechado no sistema ainda integrado da sua ruralidade, com as suas festas e jogos, crenças♀ e símbolos, os seus valores e formas de pensar, de estar e trabalhar próprios e peculiares e que [...] se encontra em vias de mutação essencial, para não falar mesmo de extinção" (p. 14).

A obra deixa ver qual será a nova orientação da investigação dedicada às comunidades antropológicas e a estudos comparativos.

Benjamim Enes Pereira (1928-) é um autor de cujo trabalho transcorre a afirmação da Antropologia em Portugal com sucessivos estudos que versam temas da cultura♀ material próprios da Etnografia♀. É um minhoto de estirpe (nascido em Montedor, Afife, Viana do Castelo), embora conheça o país graças ao seu prestimoso trabalho longo no que à museologia diz respeito. Desde 1959 integrou o Centro de Estudos de Etnologia, primeiro polo de Estudos antropológicos em Portugal e em 1962 fez parte do Centro de Estudos Antropológicos que posteriormente viriam a ser o Centro de Antropologia Cultural. Foi um pupilo do mestre Jorge Dias que dá à estampa a *Bibliografia analítica da Etnografia Portuguesa*, editada em 1965 pelo Instituto de Alta Cultura, obra imprescindível no panorama da Etnografia♀, pois não só elenca os estudos como fornece autonomamente uma classificação e uma síntese: "[...] repertório mais sistemático, relativo ao todo nacional, de dados etnográficos entre o final do século XIX e 1961" ou "uma das vias da sua iniciação aos estudos etnológicos". Permanece como "recurso de referência para o estudo e documentação do Património Cultural Imaterial em Portugal", impondo-se desde há muito a sua reedição (o que acontece em Lisboa, 2009, sob o beneplácito do Ministério da Cultura♀ e Instituto dos Museus e da Conservação. Dispõe de mais de 665 páginas, disponível em *e-book*). Além disso, regista uma outra obra primordial, fazendo valer a nação aos espelhos que comporta, em *Uma imagem da nação: traje à vianesa* (2009). Essas obras mostram a atividade incansável que continua a exercer e a projeção de um trabalho nacional e internacionalmente. Deixa-se de lado a sua obra gigantesca no âmbito museológico sem esquecer a passagem pelos estudos tropicais no tempo do Ultramar português.

Moisés Espírito Santo (1934-) trabalha desde 1980-1981 na Universidade Nova de Lisboa, tendo sido formado pela escola francesa nos trabalhos de recolha e, ainda hoje, pode ser considerado como um devedor da escola antiga de Leite de Vasconcelos, embora a sua obra figure bem também ao lado de estudos sociológicos, pesando a sua formação francesa. A sua figura lembra o velho debate sobre a religião popular nos anos 1980, sendo a sua tese de doutoramento publicada em Portugal sobre o título de *A religião popular portuguesa*, editora Assírio & Alvim (1984), tese defendida na Escola de Altos Estudos em Ciências Sociais. A edição portuguesa é prefaciada por um dos seus orientadores, Émile Poulat, e aparece como um dos pilares estruturantes para o diálogo sobre a Religião Popular em território nacional. Sendo genuíno no seu pensar, este autor alia na sua obra a História, a Filologia♀ e a Etimologia♀ a uma veia etnológica muito própria, o que se reflete de forma especial em *Origens orientais da religião popular portuguesa* (1988) e em *Fontes remotas da cultura portuguesa* (1989), da mesma editora. Sócio-fundador da Associação Portuguesa de Sociologia, a sua obra eclética tem um caráter profundo etnológico, o que evidenciava como professor da UNL.

III. Na atualidade. Os domínios da Etnografiaℙ são bem delimitados no concerto das Ciências Sociais e estas tendem a vulgarizar-se como eixo da compreensão dos fenómenos sociais. Estas Ciências ganham cada vez mais adeptos e são chamadas para a elaboração das tendências sociais, a defesa da etnia está em alta. A Etnografiaℙ tem um campo cada vez mais específico, sendo chamada a intervir quando se quer conhecer bem uma tendência. Nela, a religiãoℙ continua a ter um lugar central como no início; são disto uma prova os estudos daqueles que se dedicam a este universo, hoje distante do folclórico, mas não avesso a ele e descrevendo seus contornos quando é necessário. Pertence à etnografiaℙ uma "atenção predominante" para a coleta de dados e de documentos, para a apresentação daquilo que é mais típico em determinadas culturas e que identifica as populações", como referiu Claude Lévi-Straussℙ (DHRP, 199). Em Portugal, a investigação prossegue com antropólogos devidamente credenciados. As três disciplinas (Etnografiaℙ, Antropologia e Etnologia) revelam-se, sobretudo, "predominantes" no teor da abordagem. Entre muitos que se dedicam na atualidade a estes saberes contam-se principalmente etnógrafos e antropólogos.

Joaquim Maria Valença Pais de Brito (1945-), hoje diretor do Museu Nacional de Etnologia em Lisboa (museu criado em 1965 e inaugurado em 1975), sendo professor agregado pelo ISCTE desde 2008, onde tinha criado a licenciatura em Antropologia (em 1982 com um grupo de docentes). Trabalha acima de tudo as coleções museológicas. Lembre-se, da sua autoria, a obra *Retrato de aldeia com espelho* (fruto da sua tese de doutoramento), pela Publicações Dom Quixote, coleção *Portugal de perto*, n. 34 (Lisboa, 1996), pelo próprio dirigida, relativa a Rio de Onor, depois de quinze anos de trabalho de campo e cerca de trinta anos depois da monografia de Jorge Dias sobre a mesma localidade. Interessa a facilidade de intuir transformações entre populações que permitem comparações. "Os trabalhos publicados dividem-se pelo estudo da Etnologia portuguesa, seus percursos, práticas teóricas e desenvolvimento atual e os modos de constituição e reprodução de formas de expressividade popular, suas permanências e transformações" (p. 6). Trata-se de uma aldeia ibérica fronteiriça que é revisitada, reformulando teses de comunitarismoℙ e devolvendo sistemas de "rodas", de "sorteio", de "leilões" no apuramento da "casa" como unidade económico-social de relevo.

Brian Juan O'Neil (1950-) nasceu em Nova Iorque, de origem andaluza. Licenciado pela Universidade de Colômbia em Letras, inicia-se nas lides antropológicas em 1972, trabalhando sobre o Noroeste da Espanha, e depois em Trás-os-Montes, elaborando uma monografia sobre a vila transmontana de Fontelas, onde esteve em 1976-1977. A obra *Proprietários, lavradores e jornaleiras* é fruto desta estadia como bolseiro da Fundação Calouste Gulbenkian e foi alvo do seu doutoramento em Antropologia Social em 1982. A monografia apresentada interroga-se sobre o igualitarismo nas terras ibéricas, já estudado por Leite de Vasconcelos: detém-se em assuntos de "campos abertos" e "baldios", em casamentos, em rituais de funerais e em problemas de partilhas depois da morteℙ (usos e costumes em matéria de herança). É obra de consulta para assuntos de batismoℙ de filhos ilegítimos. Além do trabalho sobre a estrutura doméstica na aldeia, versa assuntos de casa e património (a "casa" é assunto central na monografia), enquanto unidade económica, contribuindo assim para a antropologia portuguesa, como o autor o deseja nos inícios da obra. Além de tudo, na obra se revela a abertura desta ciência ao mundo, particularmente Inglaterra, Espanha e França, nos grandes antropólogos como Carmelo Lisón-Tolosana e Pierre Bourdieuℙ, e o diálogo com Ernesto Veiga de Oliveira, Manuel Vilaverde Cabral ou Joaquim Pais de Brito.

João de Pina Cabral (1954-), distinto aluno da Universidade de Witwatersrand em Joanesburgo, África do Sul, e também em Oxford, Inglaterra, doutorou-se em Antropologia Social em 1982, tendo fundado a Associação Portuguesa de Antropologia (APA). A sua tese de doutoramento traça uma "visão do mundo camponesa do Alto Minho". Além desta, que *Portugal de perto* tornou a editar em 1989, *Filhos de Adão, filhas de Eva*, n. 19, destacam-se estudos sobre o fenómeno da morteℙ e seus rituais em *A morte no Portugal contemporâneo* e outros muitos ensaios de índole antropológica, mormente sobre a mesma região que estudou com cuidado. Aliás, esses fenómenos da morteℙ já constituem um bom capítulo da sua tese de doutoramento, com estudos sobre "o enterro" e "os cultos dos mortos" nas aldeias minhotas estudadas, capítulo VI da sua obra. Além disso, dá realce ao assunto da casa e família na mesma região e enfrenta a questão da "casa" no concerto da comunidade (capítulos II e IV). Os seus estudos sobre a região do Alto Minho estão editados na revista *Análise Social*. A sua produção estende-se por quatro continentes, Europa, África, América Latina, Ásia, tendo fundado a Associação Europeia de Antropólogos Sociais (em 1995).

João Leal (1954-) é professor catedrático da Universidade Nova de Lisboa, departamento de Antropologia da Faculdade de Ciências Sociais e Humanas. Dedica-se fundamentalmente a estudos relacionados com a religiãoℙ, a etnicidadeℙ, a "transnacionalidade", as migrações, as festas e os rituais, a globalização e a identidade, temas históricos da Antropologia em Portugal, na Europa e no Brasil. A sua tese de doutoramento foi editada na coleção *Portugal de perto*, da Publicações Dom Quixote, Lisboa, 1994, e figura entre os estudos etnoantropológicos de renome. *As festas do Espírito Santo nos Açores* "procura interrogar um dos campos mais complexos e sedutores rituais que integram o calendário cerimonial em Portugal". Estudo estruturado em três partes, apresenta a freguesia de Santa Bárbara na ilha de Santa Maria nos Açores (I), debatendo em seguida a diversidade e unidade nas festas do Espírito Santo (II), concluindo sobre as romarias quaresmais em São Miguel e suas aproximações com as referidas festas (III). Volume obrigatório na compreensão dessas festividades em território insular e continental "resulta de uma pesquisa cujo início remonta a 1982" (p. 11). Consegue aliar de forma esmerada a apresentação quase fotográfica dos cerimoniais que estruturam ou que contextualizam as festas do Espírito Santo e a reflexão antropológica que faz emergir a identidade açoriana na sua idiossincrasia através de um quadro normativo e axiológico que impregna os rituais sociais festivos. Enquadra-se bem no estudo das festas e rituais. A sua mais recente investigação torna-o um dos grandes mentores da Antropologia Cultural em Portugal integrado no domínio europeu.

Clara Saraiva (1959-), antropóloga, professora na Universidade Nova de Lisboa, muito voltada para o que diz respeito à cultura material do povo português, é membro do atual *Centro em Rede de Investigação em Antropologia* e colaboradora da revista *Etnográfica*. Um dos seus estudos concerne ao conjunto das festas entre as populações que foi publicado em *As festas em Portugal*, Círculo de Leitores, prefaciando oito extensos volumes profusamente ilustrados e com textos variados contemplando as realizações materiais das festividades nas respetivas populações. O estudo aparece como um ótimo meio de preservação de usos e costumes relativos às festas em cenário muito diversificado que a fotografia credibiliza. A sua produção científica, na envolvência das instituições onde colabora, estende-se do Portugal de hoje aos ritos entre os povos brasileiro e guineense. Tratou e trata o tema da morte e seus rituais desde o seu início na esteira de Pina de Cabral.

Tratamos alguns dos mais eminentes etnógrafos, etnólogos e antropólogos (já que estes saberes nem sempre são fáceis de distinção). Escolhemos os que mais se voltaram para assuntos relacionados com a religião e seus complexos rituais em terras lusitanas.

Bibliografia: COELHO, A. *Obra etnográfica – volume I*. Lisboa: Dom Quixote, 1993. Col. Portugal de perto n. 27; CALLIER-BOISVERT, C. *Soajo: entre migrações e memória*. Arcos de Valdevez: Câmara Municipal, 2004; DE PINA CABRAL, J. *Filhos de Adão, filhas de Eva*. Lisboa: Dom Quixote, 1989. Col. Portugal de perto, n. 19; LEAL, J. *As festas do Espírito Santo nos Açores*. Lisboa: Dom Quixote, 1994. Col. Portugal de perto, n. 29; LEITE DE VASCONCELOS, J. *Etnografia portuguesa*. Lisboa: INCM, 1913-1988. 10 volumes; LEITE DE VASCONCELOS, J. *Religiões da Lusitânia*, I, II, III. Lisboa: INCM, 1897, 1905, 1912; LEITE DE VASCONCELOS, J. Signum Salomoni. *A figa. A barba em Portugal*: estudos de Etnologia comparativa. Lisboa: Dom Quixote, 1996. Col. Portugal de perto, n. 35; LEITE DE VASCONCELOS, J. *Tratado de História das Religiões*. Porto: Edições Asa, 1997. Três volumes; LEITE DE VASCONCELOS, J. *Tradições populares de Portugal*. Lisboa: INCM, 1986 [original: 1882]; O'NEIL, B. J. *Proprietários, lavradores e jornaleiros*. Lisboa: Dom Quixote, 1984. Col. Portugal de perto, n. 7; PAIS DE BRITO, J. *Retrato de aldeia com espelho*. Lisboa: Dom Quixote, 1996. Col. Portugal de perto, n. 34.; PINTO, J. *"Os santos esperam, mas não perdoam"*: um estudo sobre a Romaria e Peneda. Arcos de Valdevez, [s.d.]; RIBEIRO, O. Vida e obra de José Leite de Vasconcelos. Revista *Lusitana* 12 (1994) 15-49; ROCHA PEIXOTO, A. A. da. *Etnografia portuguesa*. Lisboa: Dom Quixote, 1990. Col. Portugal de perto, n. 20; SANCHIS, P. *Arraial*: festa de um povo. Lisboa: Dom Quixote, 1983. Col. Portugal de perto; SARAIVA, C. Introdução geral. In: BARROS, J.; MARINHO COSTA, S. *Festas e tradições portuguesas*. Lisboa: Círculo de Leitores, 2002-2003. 8 volumes.

José da Silva Lima

ETNOLOGIA E ETNOGRAFIA

I. Definição. "Etnologia" e "etnografia", assim como "antropologia", são termos relacionados e, em algumas línguas, até usados como sinônimos. O termo "etnologia" desenvolveu-se no século XIX, originalmente com um foco na *raça* e na *fisiologia* (*e.g.*: William Edwards), apesar de depois ter sido usado como um equivalente para "antropologia". O termo "etnografia", por sua vez, tendo seu uso também se iniciado no século XIX, foi originalmente percebido como sendo diletante e não acadêmico. Até mesmo hoje é visto como levemente secundário à antropologia devido à sua ampla abordagem descritiva. Mesmo antes, o termo "antropologia" era entendido, do século XVI ao XVIII, como uma disciplina voltada para o estudo de todos os aspectos dos seres humanos, psicológicos e morais. Ele se firmava em distinção às disciplinas dominantes da época, principalmente Teologia e Filosofia, que separavam *mente* e *corpo*. Hoje em dia o termo "antropologia" é visto como um guarda-chuva para várias disciplinas que estudam os seres humanos e a cultura humana, enquanto o termo "etnologia" é visto como idêntico à antropologia cultural, uma das muitas subdisciplinas da antropologia. A última é definida como a disciplina acadêmica do estudo das culturas (principalmente indígenas) e sociedades no passado e no presente. O foco é frequentemente o estudo das similaridades e diferenças entre as culturas. O termo "etnografia♀" é comumente usado como um rótulo para os principais métodos♀ antropológicos de coleta de dados que envolvem observação participativa num longo período. Enquanto tal, tornou-se popular mesmo entre os pesquisadores de disciplinas relacionadas, como a Sociologia. Desde o seu começo, a Antropologia da Religião♀ foi (e ainda é) um importante aspecto da antropologia, e inspirou muitos estudos etnográficos influentes que ainda nos ensinam sobre outras culturas, tendo ainda intensificado o diálogo através das fronteiras culturais e religiosas.

II. História. A etnologia, a etnografia♀ e a antropologia começaram como um campo acadêmico no meio do século XIX, quando o interesse em culturas e religiões estrangeiras crescia na Europa. Os primeiros representantes dessas disciplinas foram influenciados pelas ideias do evolucionismo♀ social e acreditavam no chamado *progresso da civilização humana*, ligado a Charles *Darwin* (1809-1882). Herbert Spencer (1820-1903) elaborou as ideias de Darwin enquanto uma teoria da evolução social (ou darwinismo social), argumentando em favor de uma evolução universal dos seres humanos baseada numa ideia de "sobrevivência do mais adaptado". Spencer escreveu, n'*Os princípios da Sociologia* (1876), que todas as coisas, animadas ou inanimadas, movem-se na direção das formas simples às mais complexas e diferenciadas, da homogeneidade à heterogeneidade. Ele argumentou que todos os seres humanos eram igualmente racionais, apesar de suas tecnologias se encontrarem desenvolvidas em diferentes níveis. Edward Burnett Tylor (1832-1917), um dos fundadores da antropologia, concordou com o conceito de evolução social de Spencer. Baseado nos dados etnográficos coletados em todo o mundo, Tylor demonstrou em seu livro *Pesquisas na história primitiva da humanidade e o desenvolvimento da civilização*, e em particular no seu livro clássico de dois volumes *Cultura Primitiva* (1871), que as chamadas "altas culturas" se originaram num estado semelhante àquele das chamadas "baixas culturas" contemporâneas (as "culturas primitivas" como ele as chamava), que podem ainda ser observadas em algumas partes do mundo. Tylor apoiou a ideia de uma unidade psíquica da humanidade e asseverou que a religião♀ era um caminho pelo qual os seres humanos produziam sentido sobre o mundo.

Seu trabalho inspirou muitos pesquisadores a estudarem as chamadas "culturas primitivas", buscando pelos primeiros estágios da evolução humana. O resultado foi numerosos estudos etnográficos – por exemplo, das culturas aborígenes australianas –, assim como o de outras culturas indígenas no mundo. Eles se concentraram com mais frequência nas colônias europeias, na medida em que a infraestrutura colonial ajudou esses primeiros exploradores a viajarem para áreas distantes. Em casa, seus relatos e publicações eram estudados pelos chamados *antropólogos de gabinete*, tais como James George Frazer, um classicista que comparava textos clássicos (*e.g.*: tragédias gregas) com publicações de missionários e exploradores na tentativa de construir uma teoria universal da magia♀, da religião♀ e da sociedade. *O ramo de ouro* teve um impacto teórico menor do que os livros de Tylor, e a sua metodologia de "coleta de borboleta", que se utiliza de informações frequentemente tiradas de seu contexto, é rejeitada hoje em dia. De qualquer forma, a atitude de Frazer em relação a outras culturas teve um impacto nos primeiros etnógrafos. Baldwin Spencer, por exemplo, um influente etnógrafo das tradições indígenas australianas, foi influenciado pelas ideias de Frazer. Hoje sabemos que as primeiras descrições etnográficas refletem a atitude de sua época. Os primeiros viajantes reagiram às tradições estrangeiras comparando-as com as suas próprias tradições, a partir de algo com o qual eles já eram familiarizados.

Enquanto o impacto destas conquistas do século XIX pode ser visto nas primeiras décadas do século XX, a etnologia, a etnografia♀ e a antropologia começaram a mudar depois da Segunda Guerra Mundial e do colapso dos impérios coloniais. Entre os pesquisadores influentes das primeiras décadas do século XX está Émile Durkheim♀ (1858-1917), que desenvolveu e promoveu o funcionalismo♀. Ele rejeitou as interpretações biológicas e psicológicas dos fenômenos sociais, considerando-os "fatos sociais" e, enquanto tal, tendo características e determinantes sociais distintos. Ele viu a religião♀ não enquanto uma explicação do mundo (como assim fez Tylor), mas enquanto os meios de produção de enunciados simbólicos sobre a sociedade. Bronislaw Kaspar Malinowski (1884-1942) aprimorou a teoria das funções coletivas de Durkheim♀. Ele argumentou, por exemplo, que todo ser humano necessita de um tipo de crença♀. Apesar de Malinoswki ter-se tornado famoso com a sua ideia de participação observante enquanto um método♀ que guiasse a antropologia, seu trabalho sobre magia também foi importante. Em suas monografias sobre os trobriandeses (*e.g.*: *Argonautas do Pacífico ocidental*, em 1922, e *A magia dos jardins corais*, em 1935), Malinowski descreveu muito elaboradamente os diferentes tipos de magia♀. Ao rejeitar o evolucionismo♀, Malinowski tomou conhecimento de que ele nunca encontrou uma tribo sem religião♀ e magia♀, ou sem uma atitude científica. Enquanto isso, Franz Boas (1858-1942), o pai da escola de antropologia cultural americana, criou na América do Norte outra abordagem antropológica sobre o evolucionismo♀, o *particularismo histórico*. Ao contrário dos seus contemporâneos europeus, Boas focou nas diferenças culturais no lugar das funções sociais. Boas foi um importante expoente do relativismo cultural, algo que depois foi aperfeiçoado por suas discípulas Ruth Benedict e Margaret Mead♀.

Outro representante influente da área no século XX foi Claude Lévi-Strauss (1908-2009), que desenvolveu um dos últimos grandes movimentos neste campo de disciplinas, o estruturalismo♀ (francês). Lévi-Strauss combinou as ideias do funcionalismo♀ estrutural com as estruturas linguísticas. Em seu livro *Antropologia estrutural* (1974), ele analisa as estruturas subjacentes aos mitos amazônicos e extrai deles as regras gramaticais da sociedade. Sua mirada se dá na direção de entender as estruturas inconscientes das sociedades nos seus textos ([=] mitos), línguas e culturas que levem ao entendimento da estrutura universal. Enquanto o estruturalismo♀ não é mais influente quanto era décadas atrás, a análise dos mitos indígenas da Amazônia feita por Lévi-Strauss♀ abriu caminho para estudos posteriores dos povos amazônicos, assim como de outras mitologias♀.

Outro pesquisador se tornou muito influente na segunda metade do século XX para o estudo da religião: Edward Evan Evans-Pritchard (1902-1973). Seu livro *Bruxaria, oráculos e magia entre os Azande* (1937) é ainda um dos melhores estudos antropológicos sobre religião. Em vez de focar-se nas descrições etnográficas de encontros com outras culturas, Evans-Pritchard apresentou em seus estudos africanos exemplos de um entendimento mais analítico da diferença. Evans-Pritchard argumentou que a razão central era a questão da tradução♀, algo que envolvia o problema de entrar no mundo de uma cultura não familiar e tornar aquele mundo inteligível para os outros. Um exemplo desta tarefa é seu livro sobre a feitiçaria Azande, no qual ele explicou a lógica interna do modo de pensar Azande. Ele demonstrou como tais ideias podem persistir racionalmente diante daquilo que, para um estrangeiro, apareceria como sendo discrepante ou refutatório. Evans-Pritchard escreve, por exemplo, que os Azande usualmente creditam à feitiçaria aquilo que eles veem como infortúnios. A feitiçaria providencia o canal perdido entre dois eventos, tais como o colapso de uma construção e o ferimento das pessoas sob ele. Enquanto a razão física para o acidente era evidente, não está claro porque alguém estaria ali no momento do acidente. E a explicação que conecta estes dois eventos é, para os Azande, a feitiçaria. Seu trabalho inspirou outros antropólogos no estudo do significado da religião♀ em diferentes sociedades.

Até certo degrau, Roger Bastide seguiu seu caminho com suas publicações sobre as religiões e culturas derivadas da África, principalmente, mas não apenas, no Brasil. Uma de suas maiores contribuições é o reconhecimento da criatividade cultural afro-americana, em particular no nível religioso. Ele influenciou a pesquisa sobre culturas afro-americanas e inspirou não só os pesquisadores brasileiros como também estudiosos de todo o mundo.

Hoje cientistas associados ao campo da etnologia, da etnografia♀ e da antropologia geralmente estudam culturas num nível mais individual, apesar de ainda focarem em seus aspectos sociais e comunitários. A pesquisa é frequentemente baseada nos dados etnográficos coletados empiricamente, e a maioria dos pesquisadores não constrói modelos teóricos que vão além de seus próprios dados, porquanto estes dados etnográficos são utilizados mais no entendimento do Outro – e um pouco para a própria sociedade. Um exemplo é Victor W. Turner (1920-1983), cujo primeiro trabalho focou na interpretação♀ simbólica da cultura africana Ndembu. Seu trabalho o levou a estudos de rituais e depois a estudos de *performance*. Baseado no trabalho do etnógrafo belga Arnold van Gennep, Turner apontou para a importância dos estágios liminares dos ritos de passagem (*e.g.*: n'*O processo ritual*) entre os Ndembu, e oferecendo ainda um meio de estudar as sociedades ocidentais. Suas colaborações com Richard Schechner, um proeminente estudioso do campo da *performance*, e com sua mulher, a antropóloga Edith Turner (1921-2016), são memoráveis. Ela aprimorou o seu trabalho ainda mais e é vista hoje como pioneira no campo da antropologia da experiência (ver mais adiante).

Victor Turner é geralmente comparado com Clifford Geertz♀ (1926-2006). Geertz♀ conduziu pesquisas etnográficas no sudoeste asiático e no norte da África, e tem sido influente no giro antropológico na direção de uma antropologia interpretativa. Um texto-chave é seu livro *A interpretação das culturas*, que representa um marco no debate sobre a definição da religião♀ sob a perspectiva da etnologia, da etnografia♀ e da antropologia. Baseado principalmente nas suas experiências de campo em Java, Geertz♀ define a religião♀ enquanto um sistema cultural, um sistema de símbolos que age para estabelecer humores e motivações poderosas, penetrantes e duradouras entre os seres humanos, por meio da formulação de uma ordem geral da existência, e fechando ainda estas concepções dentro de uma aura de fatalidade, de modo que tais humores e motivações pareçam unicamente realistas. Em rejeição às definições eurocêntricas anteriores, Geertz♀ buscou uma abordagem holística para a religião♀, enquanto um sistema social tal e qual o parentesco ou a linguagem.

III. Desenvolvimentos posteriores. O método♀ principal de pesquisa da etnologia, da etnografia♀ e da antropologia contemporâneas ainda é a observação participante. Pesquisadores vivem por um tempo na vila que eles querem estudar e tentam aprender o máximo possível com os habitantes. O objetivo é ter um entendimento completo da sua cultura e religião♀, para que, ao retornarem, eles possam explicar para as pessoas em casa acerca dos costumes e práticas do lugar visitado. O processo de traduzir conceitos alienígenas para dentro do nosso próprio

ETNOLOGIA E ETNOGRAFIA

sistema é particularmente difícil no campo da religião, porque investigamos muito amiúde ideias ou crenças abstratas. Quando olhamos para a história das pesquisas relacionadas à etnologia, à etnografia e à antropologia, percebemos que o processo de tradução era geralmente conectado a uma atitude colonial – o que leva a uma dura crítica do conceito de *tradução* durante o período pós-colonial. Ernst Gellner (1970), por exemplo, criticou as explicações funcionalistas dos costumes estrangeiros, apontando para uma distinção entre *explicar* e *defender*. Ele insiste numa distância crítica necessária para o entendimento do sentido de cada um e argumenta que todo pesquisador deveria avaliar cada prática porque todo conceito carrega uma conotação de valor, ora bom, ora ruim. No entanto, também devemos levar em consideração a "desigualdade no poder das linguagens", como assim escreveu Talal Assad. Seu livro *Genealogias da religião: disciplina e razões do poder no Cristianismo e Islamismo* (1993) é uma das contribuições mais importantes aos estudos pós-coloniais do ponto de vista da etnologia, da etnografia e da antropologia. Asad argumenta que não é possível atribuir valor às pesquisas sem olhar para a relação de poder entre as partes envolvidas. Ele alega: "A tradução cultural deve acomodar a si mesma para uma língua diferente, não apenas no sentido em que o inglês é oposto ao *dinka/dinca*, ou o inglês é oposto ao árabe, mas no sentido de que um britânico de classe média, acadêmico, se opõe ao modo de vida dos nômades tribais do Sudão" (p. 193). A crítica de Asad é influenciada por Edward Said (1935-2003) e seu livro *O orientalismo* (1978). Said discute a interação entre o Ocidente, percebido como a Europa e a América do Norte, e o Oriente, definido nos termos de um desentendimento romântico sobre o Oriente Médio e o Extremo Oriente. Ele argumentou que o Oriente era apenas uma construção romântica do Ocidente e não um reflexo da realidade. Para o Ocidente, o Oriente Médio e a Ásia parecem ser atrasados e ignorantes quanto à sua própria história e cultura, o que reflete no racismo e preconceito ocidentais. O livro de Said abriu caminho para vários estudos que criticam o modo pelo qual culturas estrangeiras foram estudadas no passado e como estas pesquisas influenciaram nossa disciplina.

A crítica pós-moderna da etnologia, da etnografia e da antropologia trouxe adiante novas formas de estudar outras culturas. Um novo desenvolvimento é o foco na experiência, particularmente experiências não ordinárias, algo ligado a Edith Turner (*e.g.*: 1992). Enquanto etnólogos, etnógrafos e antropólogos estudaram esse tipo de experiências durante décadas, eles olharam para elas geralmente de uma perspectiva de fora, focando-se, por exemplo, na *performance*. Edith Turner, contudo, argumentou em favor de incluir a experiência individual de uma realidade não ordinária para dentro do campo de estudo, mesmo que isso deslocasse alguns pesquisadores para fora de sua zona de conforto, como assim sugerem David Young e Jean-Guy Goulet (1994). Eles escreveram que "experiências extraordinárias tendem a desafiar nossas concepções de realidade no sentido de que as formas normais de classificar os dados perceptíveis se tornam inadequadas e os limites entre o real e o imaginário se turvam" (Young; Goulet, 1994, p. 7-8). Edith Turner argumenta que deveríamos incluir nossas próprias experiências enquanto dados etnográficos e levá-los a sério.

Seu método de antropologia da experiência reflete um debate corrente nos estudos das religiões de matrizes africanas. Etnólogos, etnógrafos e antropólogos brasileiros abriram caminho quanto ao fato de que muitos de seus pesquisadores se tornaram iniciados nas tradições religiosas que eles estudam. Depois de décadas em que os pesquisadores brasileiros estiveram apoiados em escolas ocidentais, *e.g.*: o estruturalismo francês de Lévi-Strauss, o funcionalismo durkheimiano, o relativismo cultural de Boas ou a abordagem etnossociológica de Bastide foram influentes no Brasil, os pesquisadores brasileiros desenvolveram uma abordagem própria e original que teve um impacto muito maior nas disciplinas relacionadas. Seus estudos mostram que a distinção entre a academia enquanto uma perspectiva externa e o crente enquanto portador de uma perspectiva interna deve ser superada sem que se perca o rigor acadêmico. No passado muitos estudiosos (*e.g.*: nos Estados Unidos) não revelavam se eles tinham se tornado iniciados, principalmente porque queriam se prevenir de ser excluídos da academia em virtude de uma possível falha de objetividade. Contudo, a inter-relação dinâmica, a mistura de posições e de autoposicionamento em toda nova situação, algo muito comum entre os etnólogos, etnógrafos e antropólogos brasileiros, demonstrou aos outros representantes destas disciplinas um caminho para fora da gaiola autoconstruída dos estudos pós-coloniais.

A abordagem de Turner acerca da experiência está relacionada a uma virada ontológica inspirada por Eduardo Viveiros de Castro e sua teoria do perspectivismo, que incentiva a inclusão de perspectivas adicionais, e a partir da perspectiva dos seres humanos deveríamos considerar ainda a perspectiva dos animais, espíritos e outras entidades. Ele define o perspectivismo enquanto uma teoria indígena que explica o modo pelo qual humanos percebem os animais e outros entes viventes do mundo, como, por exemplo, espíritos, deidades, os mortos e outros, e também como os próprios animais e espíritos percebem os humanos. Ele explica em seus escritos como animais e outras entidades veem a si mesmos enquanto pessoas, apesar de sua forma humana interna estar escondida e ser visível apenas aos olhos dos xamãs, a quem ele chama de seres transespecíficos.

Seu trabalho teve um largo impacto sobre a etnologia, a etnografia♀ e a antropologia.

IV. Impacto no estudo das religiões. A etnologia, a etnografia♀ e a antropologia prestaram diversas contribuições importantes para o estudo das religiões. Em acréscimo à abordagem metodológica da observação participante, geralmente categorizada hoje em dia sob o selo da pesquisa etnográfica, pesquisadores chamaram nossa atenção para a importância do estudo da religião no nível pessoal, enquanto uma experiência vivida. O paradigma da cultura escrita lançou luz sobre a reflexividade enquanto chave para entender o mundo globalizado de hoje em dia. Um exemplo desta abordagem para o estudo da religião é a monografia de Karen McCarthy Brown, *Mama Lola: uma sacerdotisa vodu no Brooklyn* (1991), um excelente exemplo de uma pesquisa etnográfica num contexto global multilocalizado. O tema também é fascinante – a relação entre etnógrafa e sacerdotisa. Ela demonstra uma maneira memorável pela qual alguém deveria conduzir um estudo num tópico tão sensível como a religião. O livro de Cristina Rocha, *João de Deus* (2017), segue estes caminhos. É também uma etnografia♀ multilocalizada, na qual Rocha retrata o espírito comunitário transnacional ao redor do curandeiro conhecido como João de Deus. O livro apresenta o movimento de João de Deus♀ enquanto a intersecção das esferas públicas com as privadas religiosas, o que também é representativo do século XXI e pode ser visto como uma característica da Modernidade tardia. Seguindo a abordagem de um "observador vulnerável", Rocha usa sua subjetividade, enquanto uma mulher brasileira da megalópole de São Paulo vivendo na Austrália, como um ponto de partida para sua análise sobre o movimento de João de Deus.

Seu estudo é um excelente exemplo da difusão global de culturas e religiões. Hoje em dia, no momento da globalização, é mais importante do que nunca continuar com a antropologia. Globalização "não é sobre a semelhança, ou sobre a homogeneização e a destruição das fronteiras culturais; ao contrário, ela gera a proliferação de novas, reformuladas fronteiras transversais na esfera da cultura, etnicidade♀, linguagem e religião♀ – e a religião♀ cumpre um papel proeminente neste processo" (Lehmann, 2002, p. 311). E aqui está a relevância atual da etnologia, da etnografia♀ e da antropologia. Nossos estudos de caso – baseados no trabalho de campo etnográfico – demonstram a importância de olhar através das fronteiras, mas também de como as fronteiras são criadas. Etnólogos, etnógrafos e antropólogos argumentam contra as noções contemporâneas de um entendimento ocidental sobre a globalização. Como assim demonstraram as teorias culturais desenvolvidas no Brasil e em outros lugares da América Latina, devemos trazer para o debate a perspectiva a partir do periférico quando quisermos superar nossas noções teóricas coloniais. A estrutura acadêmica é demasiadamente orientada a partir das sociedades ocidentais, e outras experiências terminam por ser ignoradas. Ao enfatizar a globalização religiosa em vez das categorias econômicas, a Antropologia da Religião♀ faz uma contribuição importante para o entendimento do lugar da religião♀ no século XXI. Outra contribuição para o estudo das religiões é o foco no agenciamento das pequenas comunidades e dos seus habitantes. Estudos relevantes ainda são feitos baseando-se na observação atuante e nos dados etnográficos em vez de seguirem um esquema universal. Nossos materiais e sua interpretação♀ lançam luz sobre a voz dos outros. Etnólogos, etnógrafos e antropólogos abraçam a alteridade das comunidades de menor escala e incorporam seus agenciamentos em nossos próprios dados. Enquanto alguns podem considerar estas contribuições enquanto opostas, elas estão ambas preocupadas com a tradução♀ cultural. Estudiosos promovem o diálogo, alguns até mesmo estabelecem parcerias autorais, apesar das diferenças entre o conhecimento antropológico e o ponto de vista nativo. Novos estudos lançaram luz sobre as fronteiras apagadas entre os tipos de conhecimento ao demonstrarem que não podemos distinguir mais entre o ponto de vista nativo e aquele sustentado pelo discurso acadêmico (Schmidt, 2016). A etnologia, a etnografia♀ e a antropologia podem oferecer ao estudo das religiões um caminho para fora da atual discussão entre uma perspectiva interna ou externa, e nos ensina como ambos os lados podem aprender um com o outro.

Bibliografia: ASAD, T. *Genealogies of Religion*: Discipline and Reasons of Power in Christianity and Islam. Baltimore: Hopkins, 1993; EVANS-PRITCHARD, E. E. *Witchcraft, Oracles and Magic among the Azande*. Oxford: Clarendon Press, 1937; GELLNER, E. Concepts and Society. In: WILSON, B. (Ed.). *Rationality*. Oxford: Blackwell, 1970; LEHMANN, D. Religion and Globalization. In: WOODHEAD, L. (Ed.). *Religions in the modern world*. London: Routledge, 2002. p. 299-315; ROCHA, C. *John of God: The Globalization of Brazilian Faith Healing*. New York: Oxford University Press, 2017; SAID, E. *Orientalism*. London: Penguin, 2003; SCHMIDT, B. E. *Spirit and Trance in Brazil: Anthropology of Religious Experiences*. London: Bloomsbury, 2016; TURNER, E. *Experiencing Ritual*. Philadelphia: University of Pennsylvania Press, 1992; TYLOR, E. B. *Primitive Culture*: researches into the Development of Mythology, Philosophy, Religion, Art and Custom. London: Murray, 1871; YOUNG, D. E.; GOULET, J.-G. Introduction. In: YOUNG, D. E.; GOULET, J. G. (Eds.). *Being Changed by Cross-Cultural Encounters*: The Anthropology of Extraordinary Experience. Peterborough, Ontario: Broadview Press, 1994. p. 7-13.

BETTINA E. SCHMIDT

TRADUÇÃO: LEONARDO STOCKLER DE MEDEIROS MONNEY

EVANS-PRITCHARD, EDWARD EVAN →
Etnologia e Etnografia →
Antropologia da Religião →
Funcionalismo

EVOLUCIONISMO

Evolução é um conceito que procura entender a gênese, o desenvolvimento e o aperfeiçoamento gradual de fenômenos macro, tais como formas de vida, as quais não são entendidas como consequências do impacto de um ser superior sobre os princípios da vontade, consciênciaρ, planejamento e racionalidade, mas enquanto um processo *de baixo para cima* no qual variações menores possibilitam seleções que no final podem (ou não podem) levar a novas estruturas, que por sua vez estarão expostas a variações menores. Enquanto tal, é uma explicação alternativa para a *criação* (divina, por exemplo). O conceito não nega a criação em si (como assim acontece hoje em dia nos laboratórios de biogenética), mas afirma que a criação não explica a emergência e o desenvolvimento das, por exemplo, espécies de seres vivos. As teorias biológicas da Evolução emergiram nos princípios do século XIX, com Jean-Baptiste de Lamarck (1744-1829), e avançaram com a publicação d'*A origem das espécies* de Charles Darwinρ em 1859. Desde então a teoria foi largamente aceita na Biologiaρ, e tem recebido uma ampla gama de contribuições e estudos empíricos até hoje. Desde o início discutiu-se se o processo de evolução não só se aplica à emergência e ao desenvolvimento das formas de vida como também à cultura e às sociedades.

Evolucionismo é concebido como um paradigma nas Ciências Sociais e na Antropologia Cultural que explica as diferenças culturais principalmente como consequências de um desenvolvimento evolutivo desigual, baseado na convicção de que todas as culturas seguem caminhos similares. Este paradigma era popular e foi extensamente levado a sério de meados do século XIX até o início do século XX. Existiu em paralelo a – e foi criticado por – outras abordagens, tais como o historicismo e o difusionismo. Enquanto concepções evolucionistas eram populares até os anos de 1940, desde os anos de 1920 foram suplantadas pelo funcionalismoρ como o paradigma dominante nas Ciências Sociais e principalmente na Antropologia Cultural. Devido a uma crítica geral sobre as suas falhas conceituais e teóricas, déficits metodológicos e potenciais inclinações normativas (racistas), a abordagem evolucionista desde então foi expulsa dos discursos sociológicos e antropológicos. Nos anos 1960, novas abordagens evolucionistas se aprimoraram, mas estas não se referiam ao paradigma do *evolucionismo* (conferir a seção "Abordagens evolucionistas mais recentes"). Naquele momento, o período de policiamento sobre as abordagens evolucionistas parecia ter chegado ao fim. Desde os anos de 1990 pesquisadores repetidamente se engajam em concepções cunhadas pelos primeiros evolucionistas, tais como totemismo, animismoρ, xamanismo, e as discutem sob uma nova luz.

I. Panorama histórico. O debate se a natureza é estável ou evolutiva data da Grécia antiga. Considerações sobre se as formas de vida mudam com o passar do tempo foram primeiro levantadas pelos filósofos pré-socráticos. As visões mais influentes, contudo, representadas na filosofia de Platão, de Aristóteles e dos estoicos, asseguravam que a natureza não se altera e que é consequência da criação divina. Teólogos e filósofos, de Agostinho a Tomás de Aquino, representaram diferentes simbioses possíveis de criação divina postulada pela Bíbliaρ e uma evolução gradual da natureza. Pensadores naturalistas nos primórdios da era Moderna, tais como Benoît de Maillet, contestaram a ideia de uma origem espiritual do universo. No final do século XVIII, o termo "evolução", anteriormente usado para descrever o crescimento embrionário, recebeu seu significado moderno no sentido do desenvolvimento progressivo. Com a ascensão das ciências naturais no final do século XVIII e o crescimento do conhecimento geológico e paleológico, a ideia de uma natureza evolutiva se tornou amplamente aceita entre os estudiosos da natureza. A primeira teoria da evolução detalhada foi então formulada, no início do século XIX, por Jean-Baptiste de Lamarck, que, ao reverter a *corrente do ser* medieval, a qual alegava que formas de vida complexas e a consciênciaρ se desenvolviam a partir de formas primitivas, insistiu que a transmutação das espécies aconteceria de maneira constante (Lamarck, 1809). A emergência da teoria evolucionista na Biologiaρ ocorreu com a palestra conjunta de Alfred Russel Wallace e Charles Darwinρ em 1858 e com a subsequente publicação d'*A origem das espécies*, de Darwinρ, a qual popularizou a ideia de evolução e tornou-se um *best-seller* científico daquele século. Darwinρ argumentou que a transmutação das formas de vida era um processo de seleção natural baseado em variações menores, e a consequente vantagem dos indivíduos mais adaptados mudaria gradualmente a estrutura de uma espécie inteira. Posteriormente, suas ideias, em conjunto com outras descobertas biológicas, como a genética, foram incorporadas à chamada "Síntese Moderna", uma teoria da evolução biológica que tem recebido constantes atualizações até hoje.

Contudo, a emergência de um paradigma evolucionista não pode ser somente explicada pelos desenvolvimentos da Biologiaρ. A ideia de mudança e progresso na cultura humana, distintamente da Teleologia Cristã (criação, queda pelo pecado, revelação, apocalipse), originou-se antes das popularizadas ideias biológicas da evolução, num período pré-iluminista. Esta foi consequência do fato de que o termo "religião↗" tornou-se um conceito distinguido e debatido para além das disputas teológicas (*religio vero* e *religio falsa*), questionado a respeito de suas definições, seus efeitos, e, não menos importante, sobre suas origens, em um cenário secular. Estudiosos do Iluminismo↗, dentre eles Hobbes, Hume↗ e Rousseau, estavam entre os primeiros a especular sobre o estado original da humanidade e sua religião. Desde cedo pensadores distinguiriam efetivamente os diversos estágios de desenvolvimento da humanidade. Uma pedra angular nesse contexto seria a Lei dos Três Estágios, de Auguste Comte↗, que, por sua vez, argumentou que o desenvolvimento da Humanidade, assim como o desenvolvimento de cada disciplina científica, perfazia os estágios da Teologia↗/Religião), da Metafísica↗, e do Positivismo↗/Ciência (Comte, [1848] 2009).

Quando a Teoria da Evolução da Biologia↗ se tornou popular, estudiosos da cultura facilmente se apropriaram da ideia de que um processo análogo tomaria lugar no desenvolvimento das sociedades.

No entanto, os "pensadores evolucionistas" do campo da cultura apenas raramente refletiam sobre as implicações teoréticas do conceito nem mesmo contribuíram para uma reformulação generalizante do conceito na intenção de aplicá-lo a processos não biológicos. Isso só ocorreria muito mais tarde, dentro do quadro da teoria dos sistemas, principalmente a partir de nomes como Gregory Bateson (1972) e Niklas Luhmann↗ (2012). Para os estudiosos da cultura↗ e da religião↗ assentados sobre o paradigma do Evolucionismo, apenas era o bastante que se mencionasse superficialmente os conceitos de Darwin↗ e se esboçassem algumas etapas evolutivas. Isso, contudo, não levava em conta as descobertas na geologia e na estratigrafia (a datação da terra em períodos incluindo os fósseis encontrados em cada sedimento), que já tinha sido fundada no final do século XVIII e avançara rapidamente no decurso do século XIX. Enquanto os evolucionistas culturais estavam comumente felizes em distinguir não mais do que três ou quatro estágios, as descobertas na estratigrafia já eram muito mais complexas e sofisticadas. Além do mais, as referências e reflexões feitas sobre os conceitos e teorias das ciências naturais pelos estudiosos da cultura↗ era superficial em diversos sentidos.

Abordagens evolucionistas nos estudos da religião podem geralmente ser definidas a partir de dois aspectos. Um diz respeito às fontes que os pesquisadores trazem à tona. Alguns deles, como Edward Burnett Tylor↗, valeram-se de fontes sobre sociedades não europeias, tais como relatórios de missionários ou diários de viajantes sobre culturas primitivas (isto é, orais). Outros pesquisadores, treinados na filologia↗ ou na história antiga, como Friedrich Max Müller↗, William Robertson Smith, James Frazer ou Robert R. Marrett, geralmente combinavam fontes históricas antigas com *insights* trazidos pelo recente campo da Antropologia Cultural.

Um segundo aspecto está relacionado às convicções religiosas destes estudiosos. Alguns, como Max Müller↗ ou Padre Wilhelm Schmidt, assentaram suas ideias evolucionárias num quadro teológico. Schmidt, por exemplo, argumentou que, no estágio primário da humanidade, todas as pessoas acreditavam em um só deus. Contudo, pela tradução errônea da deidade em deuses separados, o politeísmo↗ foi concebido como uma degeneração resultante do contato entre culturas (Schmidt, [1931] 2014). Outros, como Edward B. Tylor↗ ou James Frazer, possuíam uma visão secular.

A religiosidade destes diferentes autores teve graves consequências para as suas respectivas teorias evolucionárias. Para os estudiosos teológicos, a religião↗ em si tinha experimentado um gradual processo de evolução, das primitivas até as religiões esclarecidas, as quais eles conceberam de acordo com suas próprias convicções religiosas coincidentes com aquele que era o auge da cristandade. Para os estudiosos com convicções seculares, a religião↗ era apenas um estágio intermediário na evolução da consciência↗ humana que finalmente seria superada pela ciência. O *Evolucionismo*, enquanto paradigma, prosperou durante o tempo em que as Ciências Sociais não tinham ainda desenvolvido uma metodologia própria como os trabalhos de campo e os métodos↗ empíricos qualitativos, os quais subsequentemente dariam fundamento para procedimentos de pesquisa mais sólidos. O seu procedimento de pesquisa era uma sistematização de um vasto material de fontes primárias sobre diferentes culturas, indo de missionários e viajantes a tribos de todo o mundo. Devido à convicção em um desenvolvimento social geral e unidirecional, os estudiosos procediam primeiro associando as diversas culturas a diferentes estágios de desenvolvimento, segundo estabelecendo uma tipologia geral destes estágios. Esse método↗ de trabalho sistematicamente sacrificou as diferenças em prol da reificação dos atributos mais gerais. As maiores contribuições dos pesquisadores evolucionistas como Tylor↗ ou Frazer consiste em capítulos com uma tipologia geral e considerações teóricas sobre os diferentes estágios e uma subsequente "prova de evidência", em que são ecleticamente citados diferentes aspectos culturais, o que logo levou à crítica de que as generalizações teóricas desses evolucionistas eram "especulações puras". Ademais, tal método↗ violaria as culturas a que se referiam, posto que seus aspectos e atributos seriam arbitrariamente colocados fora de contexto. Então, tanto a Escola de Antropologia Americana do relativismo cultural de Franz Boas↗ quanto a escola britânica (estrutural-)funcional que envolvia Malinowski↗ e Radcliffe-Brown↗ passaram a exigir uma metodologia mais sólida que servisse de guia para o estudo das "culturas" em si mesmas como um ponto de partida necessário antes que generalizações pudessem ser feitas. Nesse sentido, Malinowski♀ (1922), por exemplo, poderia mostrar que os estágios Mágico, Religioso e Científico de Frazer estavam simultaneamente presentes na sociedade "primitiva" trobriandesa. Logo, assim que a Antropologia Social ou Cultural se comprometeu com uma agenda de pesquisa metodologicamente fiel, ela se distanciou do paradigma evolucionista.

Contudo, o paradigma evolucionista fez com que se estabelecesse a disciplina da Antropologia social/cultural. A assunção básica de um desenvolvimento geral semiteleológico de todas as sociedades em estágios passando pela selvageria, barbarismo e civilização (essa distinção sendo feita desde Morgan) foi amplamente compartilhada pelos estudiosos e pelo público geral. Até mesmo os primeiros sociólogos, como Émile Durkheim♀ ou Max Weber♀, não questionaram os pressupostos básicos, ainda que eles tenham seguido uma agenda de pesquisa diferente que culminou, para Durkheim♀, no paradigma do funcionalismo♀, enquanto a análise histórica da ética religiosa de Weber levou a uma tese de dependência de trajetória semievolutiva de diferentes padrões religiosos e culturais. Até mesmo ideias e religiões eram expostas a processos de racionalização, mas a maneira pela qual se desenvolviam era dependente das suas fundações culturais/religiosas.

Pesquisadores norteados pelo paradigma evolucionista contribuíram para ou até mesmo fundaram conceitos-chave no estudo das religiões. Por exemplo, o estudo de William Robertson Smith sobre rituais semíticos (1889) ou a distinção da magia contagiosa e a magia♀ simpática de James Frazer (1894) foram contribuições importantes para o entendimento teórico destes respectivos fenômenos.

Conceitos posteriores, tais como animismo♀, totemismo ou xamanismo, foram um resultado da modelagem dos estágios feita por diferentes autores. Todos esses conceitos se desenvolveram dentro do quadro geral do paradigma evolucionista. Enquanto tais conceitos foram expostos a uma crítica severa, eles têm recebido uma grande atenção até hoje e inspiraram novas abordagens recentes. Autores contemporâneos, como Eduardo Viveiros de Castro, Philipe Descola ou Tim Ingold, trabalharam esses conceitos e os reformularam sob um novo entendimento.

II. Abordagens evolucionistas mais recentes. Nos anos de 1940, o paradigma evolucionista sofreu um criticismo tão forte que o conceito de evolução passou a ser policiado enquanto discurso. As implicações imperialistas e racistas do paradigma evolucionista, em conjunto com o caráter especulativo e a fraqueza estrutural das reconstruções intelectuais dos estágios primários, bem como seu foco na sincronicidade dentro de um paradigma funcionalista, tornou o conceito de evolução impopular. Até mesmo hoje em dia vários professores aconselham seus alunos a não o usar de forma alguma. Os estudiosos se tornaram, como Marshall Sahlins e Elman Service notaram, ou "antievolucionistas" ou pelo menos indiferentes ao conceito de evolução (Sahlins; Service, 1960).

Não obstante, novas abordagens da evolução no estudo das religiões se desenvolveram. Elas compartilham, contra o velho paradigma evolucionista, o pressuposto de que existe um desenvolvimento, porém imprevisível e não teleológico. Acrescente-se a isso as pesquisas que provaram a aparente "afluência" (Sahlins, 1972) das sociedades primitivas em termos de minimização do tempo de trabalho. Enquanto coletores teriam somente de trabalhar quinze horas por semana a fim de sustentar seu estilo de vida (incluindo caça e coleta, construção de abrigos, limpeza e educação das crianças), pessoas em sociedades contemporâneas trabalham algo próximo a oitenta horas por semana. Esses *insights* tornaram possível interrogar as questões evolucionistas sob uma nova luz: em vez de falhar na resposta para a questão sobre por que algumas sociedades avançaram mais rápido do que outras e a resposta, até mesmo para Edward B. Tylor♀ (1881), seria no final apenas uma: tamanho maior do cérebro, a questão agora havia se invertido: por que as sociedades, afinal, evoluem? Estudiosos neoevolucionistas como Leslie White (1959), Marshall Sahlins (1972) e outros, trabalham em cima dos primeiros modelos cibernéticos incluindo conceitos tais como *feedback* positivo ou negativo e estabilização (por exemplo, o crescimento populacional vai inevitavelmente levar a um ritmo de *feedbacks* que trará um sistema estável até seu rompimento. Uma nova estabilidade em termos de estrutura social, tal como hierarquias♀, se desenvolverá).

Quando se trata da nova literatura sobre a evolução da religião, pode-se distinguir três abordagens. A primeira é orientada nas linhas do chamado paradigma neoevolucionista. Pesquisadores como Robert Bellah♀ (2011) basicamente sintetizaram as ideias de Max Weber♀ sobre os processos de racionalização religiosa com pressupostos evolucionistas. Esses autores, profundamente entrelaçados ao conceito de Era Axial (800-200 a.C.), primeiro mencionada por Karl Jaspers, ([1949] 1953), afirmam que uma evolução geral da religião♀ se apresentou principalmente graças à introdução de novos meios de comunicação pela alfabetização. Isso, porém, aconteceu dentro de trilhas culturais específicas (dentro das chamadas "religiões mundiais"). Posteriormente, tais trilhas resultaram não em apenas uma Modernidade, mas em múltiplas modernidades, incluindo a ideia de que a Idade Moderna pode ser concebida como uma "Segunda Era Axial" (Armstrong, 2006). O argumento prediz que, de acordo com o secularismo, a configuração axial da religião♀ é mal adaptada à estrutura social das sociedades modernas. Assim sendo, novas variações da religiosidade aparecem e podem (ou não) se estabilizar dentro de uma religiosidade "pós-axial" melhor adaptada.

Um segundo conjunto de abordagens se desenvolveu dentro do contexto dos estudos cognitivos. Fortemente orientados nas disciplinas de Psicologia Cognitiva e Antropologia, estudiosos como Pascal Boyer (2001) e Armin W. Geertz♀ (2010) argumentam que os comportamentos e as ideias religiosas devem ser entendidos como produtos causados pelos processos do sistema cognitivo.

O objetivo dessas abordagens, que se desenvolveram em direções diferentes, era rastrear as relações causais entre os aspectos culturais e biológicos da condição humana e analisar como eles produziam significados religiosos (Boyer, 2001). O que está proposto aqui é uma evolução simultânea da genética e da cultura, ou seja, um processo de adaptação♀, inovação e seleção nos dois lados enquanto eles continuamente afetam um ao outro. O foco nessas interações requer o estudo das dinâmicas da evolução neurobiológica do cérebro humano, assim como os mutáveis processos culturais de transferência de informação, como, por exemplo, memória♀ coletiva e rituais (Geertz, 2010). Essas abordagens correm o risco da confusão entre a evolução biológica e cultural e estão expostas à velha censura do reducionismo biológico. Por explicar a religião♀ como ao menos parcialmente relacionada aos processos neurais, está imposto que a "cultura" ou a sociedade não são vistas como entidades *sui generis*♀, mas, finalmente, como uma consequência da estrutura genética humana. Tais problemas teóricos parecem se resolver notavelmente numa terceira abordagem, que está fundada no quadro da teoria de sistemas de Niklas Luhmann♀ (2012, 2013). Essa abordagem está baseada na generalização de dois conceitos biológicos distintos: a autopoiese celular, o que significa que uma célula é uma entidade que produz os elementos dos quais é constituída, e a teoria da evolução. Luhmann♀ concebe a evolução como um processo baseado na variação (de algumas entidades), seleção (dos exemplares mais adaptativos), e a reestabilização (de algumas entidades que depois produzirão outros exemplares). Enquanto tal, a evolução é é abordada enquanto um desenvolvimento forçado por um processo cego. Segundo, Luhmann♀ considera que a autopoiese, a alegação de que uma célula produz os elementos dos quais é constituída, também se aplica a outros "sistemas autopoiéticos". Eles diferenciam a si mesmos do ambiente através de suas operações autopoiéticas fechadas. Assim, sistemas orgânicos, psíquicos e sociais podem, todos, ser concebidos e diferenciados uns dos outros enquanto sistemas autopoiéticos. Sistemas sociais, isto é, interações (um discurso é gerado enquanto resposta a outro discurso, e assim por diante), organizações ou toda uma sociedade consiste na comunicação assentada no sentido enquanto meio. A perspectiva desta teoria assegura que nem o humano é o menor elemento de um sistema social, mas uma interação. Daí, Luhmann♀ e outros vão um passo além e alegam que no curso da evolução do maior de todos os sistemas sociais concebíveis, a "sociedade" se ramificou em subsistemas funcionais autopoiéticos, tais como a economia (um pagamento gera outro pagamento e assim por diante), a política, a lei, a educação, a ciência, a arte e a religião.

Essa evolução de um subsistema "religião♀" diferenciado é possível pela implementação de um código dual próprio (no caso da religião♀, a distinção comunicativa entre imanência e transcendência, e, enquanto tal, todo o discurso que concebe um espaço baseado nesta distinção deve ser entendido como sendo religioso). Estabilização, variação e seleção procedem no decorrer da institucionalização♀ das práticas religiosas, dogmas♀ e papéis. Esta abordagem tem recebido muita atenção recentemente e foi impulsionada por vários estudiosos. Por exemplo, foi aperfeiçoada em sua teoria pela combinação com as contribuições semióticas♀ de Volkhard Krech (2018).

Bibliografia: ARMSTRONG, K. *The Great Transformation*: The Beginning of our Religious Traditions. London: Knopf, 2006; BATESON, G. *Steps to an Ecology of Mind*. Chicago: University of Chicago Press, 1972; BELLAH, R. N. *Religion in Human Evolution*: From the Paleolithic to the Axial Age. Cambridge: University Press, 2011; BOYER, P. *Religion Explained*: The Evolutionary Origins of Religious Thought. New York: Basic Books, 2001; COMTE, A. *A General View of Positivism*. Cambridge: University Press, 2009; DARWIN, C. *On the Origin of Species by Means of Natural Selection, or the Preservation of Favoured Races in the Struggle for Life*. London: John Murray, 1859; FRAZER, J. G. *The Golden Bough*: A Study in Comparative Religion. In Two Volumes. New York/London: Macmillan & Co. 1894; GEERTZ, A. W. Brain, Body and Culture: A Biocultural Theory of Religion. *Method and Theory in the Study of Religion* 22, 2010, p. 304-321; JASPERS, K. *The Origin and Goal of History*. New Haven, Connecticut: Yale University Press, 1953; KRECH, V. Theory and Empiricism of Religious Evolution (THERE). Foundation of a research program. Part 1. *Zeitschrift für Religionswissenschaft* 26/1, 2018, p. 1-15; LAMARCK, J.-B. *Philosophie Zoologique ou exposition des considérations relatives à l'histoire naturelle des animaux*. Paris: Museum d'Histoire Naturelle (Jardin des Plantes), 1809; LUHMANN, N. *A Systems Theory of Religion*. Translated by David A. Brenner with Adrian Hermann. E-book edition (Cultural Memory in the Present). Stanford: Stanford University Press, 2013; LUHMANN, N. *Theory of Society*. Translated by Rhodes Barrett. Stanford, California: Stanford University Press, 2012. Volume 1; MALINOWSKI, B. *Argonauts of the Western Pacific*. An account of native enterprise and adventure in the Archipelagoes of Melanesian New Guinea. London: Routledge/Kegan Paul, 1922; SAHLINS, M. *Stone*

EXORCISMO

Age Economics. New York: De Gruyter, 1972; SAHLINS, M.; SERVICE, E. R. *Evolution and Culture*. Ann Arbor: University of Michigan Press, 1960; SCHMIDT, W. *The Origin and Growth of Religion*: Facts and Theories. Wythe-Proctorville, Ohio: North Publishing, 2014; SMITH, W. R. *Lectures on the Religion of the Semites*: Fundamental Institutions. London: Adam & Charles Black, 1889; TYLOR, E. B. *Anthropology*: An introduction to the study of man and civilization. London: Macmillan and Co.,1881; WHITE, L. *The Evolution of Culture*: The Development of Civilization to the Fall of Rome. New York: McGraw-Hill Book, 1959.

ALEXANDER SCHRÖDER
JENS SCHLAMELCHER
TRADUÇÃO: LEONARDO STOCKLER DE MEDEIROS MONNEY

EXORCISMO

O exorcismo pode ser definido como ritual de expulsão de espíritos maus considerados capazes de exercer má influência, ou em possessão de pessoas, objetos, lugares isolados, ou, ainda, afetar regiões inteiras, causando calamidades. Os rituais, em geral, usam fórmulas verbais, mas podem incluir objetos, gestos e ações que se acredita tenham força superior aos maus espíritos. Em outros casos, pode ser o poder carismático de determinada pessoa ou, ainda, através de danças rituais.

Embora o imaginário ocidental contemporâneo esteja marcado pelo ritual católico popularizado pelo cinema, tal prática pode ser identificada com outras tradições distintas da judeo-cristã. Atualmente, é possível notar um retorno dessas práticas em várias tradições e igrejas como modo de enfrentar a crescente demanda dos problemas existenciais humanos.

O entendimento de exorcismo está ligado a uma luta espiritual contra o poder do mal personificado pelo demônio♀, por maus espíritos ou espíritos vagantes que podem assumir o domínio de uma pessoa, causando não só os tormentos espirituais como também físicos e mentais. A personificação do mal em figuras demoníacas tem uma longa história. A imagem♀ comum das tradições monoteístas do anjo caído está presente na literatura apócrifa do Livro de Enoque. No entanto, com a crescente influência da cultura grega na tradição cristã, a representação iconográfica acabou por fundi-la com a representação do deus Pã da mitologia♀ grega. De protetor dos rebanhos assumiu essa identificação com o mal pela sua representação como um homem barbudo com chifres, orelhas e pernas de bode.

Inicialmente, a tradição cristã via essa personificação do mal como um anjo fracassado que, apesar de suas habilidades, era vencido pelos rituais e orações cristãs. Historiadores apontam que somente na Europa Ocidental, entre os séculos XII e XIV, essa figura ganha importância teológica e passa a ser vista como "um rival à altura do Deus cristão" (Souza et al., 2019, p. 388). Nesse período, seu poder se manifestava pela adesão pessoal do ser humano através de um pacto. Somente nos séculos XVII e XVIII é que o entendimento de possessão demoníaca passa a se manifestar com mais frequência, afetando especialmente as mulheres. Diante dessa crescente fragilidade humana sujeita à possessão, começa a ser reforçada a autoridade espiritual cristã e católica por uma crescente institucionalização♀ do rito de exorcismo.

I. Da Mesopotâmia ao Judaísmo antigo. Descobertas arqueológicas mostram como na Mesopotâmia havia uma codificação ritual no combate ao mal. Denominado *āšipu*, o ritual podia ser simples ou mais elaborado, incluindo, além de preces e petições orais, purificações, oferendas de comida e bebida aos deuses, incenso, dependendo da identificação do agente causador. Os textos descobertos descrevem os sintomas apresentados, o diagnóstico dos pacientes, o ritual a ser utilizado e uma conjectura dos resultados esperados.

Embora os textos bíblicos mais antigos mostrem um embate com essas práticas dos povos vizinhos, geralmente vistas como idolátricas, especialistas afirmam que "há indicações suficientes de que a prática mágica fosse significante no Antigo Israel" (Abusch, 2014, p. 518). A Bíblia♀ hebraica, no Primeiro Livro de Samuel 16,14-23, relata a possessão e o exorcismo de Saul por um espírito mal, também este proveniente de Deus.

Após o retorno do Exílio na Babilônia, o Judaísmo é reelaborado em seus conteúdos a partir do contato com a mentalidade religiosa dos povos vizinhos. A influência persa deixou marcas no entendimento dos anjos e possibilitou o desenvolvimento de uma "demonologia" e consequentemente o entendimento da influência demoníaca e da realização de rituais para o combate da mesma. O Livro de Tobias 6,7-8 e 17–18 descreve que a fumaça exalada da queima do coração e do fígado de um peixe servirá para a libertação♀ de uma pessoa atormentada por um demônio♀ ou espírito mau.

Aos poucos a prática do exorcismo vai se firmando no Judaísmo. Flávio Josefo (±37 d.C.-100 d.C.) descreve a técnica empregada por um conhecido exorcista da época chamado Eleazar, que usava a essência de uma raiz como meio para expulsar o demônio♀ da pessoa possuída. A técnica teria sido deixada pelo Rei Salomão. Assim, a prática se torna comum nas comunidades judaicas do primeiro século na Palestina, como mostram os relatos da prática de Jesus, bem como os registros dos rituais descritos nos documentos de *Qumran*.

A prática de Jesus mostra o embate entre o seu poder carismático de expulsar os demônios e a prática institucional das autoridades judaicas que questionam a origem de seu poder (cf. Mc 3,22-30).

II. Da Roma antiga à tradição cristã. Essa herança judaica marcou profundamente a ação de Jesus e de seus seguidores iniciais (cf. At 8,7; 16,16-18). Para esses, a invocação do nome de Jesus se torna o elemento de poder na expulsão dos demônios, prática esta que, segundo os Atos dos Apóstolos, não se restringiu aos seus seguidores (At 10,11-19), porém não com a mesma eficácia. Este se torna um importante meio de atrair novos seguidores para o nascente movimento que pouco depois se separaria do Judaísmo. A habilidade carismática do exorcismo logo se tornará uma marca do "homem santo" no Cristianismo, defendida como superioridade sobre a prática judaica e de outros cultos pagãos. No entanto, a expressão grega *exorcizo*, significando "por sob juramento" ou "conjuro", tal como em Mateus 26,63, não aparece nos escritos dos Padres da Igreja→.

Por outro lado, na Roma antiga já se realizava anualmente e de modo institucionalizado um festival denominado Lemúria, visando apaziguar os espíritos errantes e malfazejos capazes de atormentar os vivos através de uma série de rituais. Esse contexto romano foi importante para a ritualização cristã.

Nos escritos de Justino Mártir (100-165), os demônios ainda são vistos como os anjos caídos, mas começam a ser associados aos deuses pagãos que precisam ser exorcizados em nome de Jesus. Aos poucos se dá a associação do demônio→ aos pecados que precisavam ser exorcizados de todos os candidatos a ingressarem na comunidade cristã, de modo que um ritual de exorcismo foi incorporado à iniciação batismal cristã. O ritual incluía a imposição das mãos e a renúncia ao demônio→ de todos os candidatos, que posteriormente eram ungidos como sinal da pertença à comunidade cristã.

Com o Papa Cornélio (251-253), os exorcistas se tornaram uma ordem separada dentro do clero→. Já no terceiro século cada comunidade tinha um exorcista designado, e no Concílio→ de Cartago, em 397, registra-se o primeiro texto que descreve o ritual de ordenação→ do exorcista da comunidade mostrando a passagem de poder ligado ao carisma→ pessoal para um poder institucionalizado e transmitido pela Igreja→.

A liturgia→ latina retém inicialmente um uso geral e "não demoníaco" do termo *exorcizo*, como aparece no rito da bênção da água no *Sacramentário Gelasiano*, que, apesar das controvérsias de datação, é considerado o segundo livro litúrgico mais antigo da tradição ocidental. Nesse ritual, a expressão *exorcizo te creatura aquae* (n. 604) mantém o sentido comum. No entanto, na revisão do n. 607 a expressão foi invertida, deixando de ter como objeto a água e passando a se dirigir ao poder de Satã, que pode ter na água a fonte para o seu poder (Kelly, 2014, p. 529). Assim o termo *exorcizo* passa para a tradição latina como meio de expulsar o demônio→, assumindo a conotação antidemoníaca que carrega até hoje.

Com a expansão do Cristianismo pela Europa, as práticas exorcistas foram mudando. A ordem dos exorcistas entrou em declínio pela popularização dos rituais realizados pelos "santos", não apenas membros do clero→, por meio de orações e jejuns, da utilização de pinturas religiosas, livros de oração→ ou relíquias, uso de água, sal ou óleo abençoados.

III. A formalização ritual católica. A tradição católica fez por muitos séculos uma distinção entre exorcismo maior e menor para o combate das aflições e problemas causados pelo demônio→. A partir do século XV, a tradição católica passa por uma formalização litúrgica sob o controle eclesiástico, por meio da hierarquia→ em detrimento das práticas populares, que começaram a ser depreciadas e deslegitimadas mediante excomunhões e humilhações.

A forma oficial incluía a parte do exorcismo batismal, bem como a bênção do sal e da água. Além disso, incluía-se a antiga prática judaica da invocação dos diferentes nomes de Deus. Os manuscritos da época descrevem a apropriação e utilização da inteligível linguagem demoníaca a fim de vencer a batalha. "Depois de conjurar em sua própria linguagem, o exorcista podia proceder ao questionamento sobre o seu preciso *status*, sua razão para possuir a vítima e seus pedidos para a expulsão" (Caciola, 2005, p. 2930). Frequentemente se usa o sinal da cruz e aspersão de água benta, juntamente com as orações, para chegar à expulsão do demônio→. Esses elementos se mantiveram praticamente inalterados ao longo dos séculos.

A fórmula ritual do exorcismo maior foi publicada em 1614, promulgada por Paulo V no contexto da Contrarreforma e, portanto, pode ser considerada como "unificador e universalizador" (Pires, 2019, p. 13). Na Europa dos séculos XVI e XVII, vários casos ganharam publicidade e tornaram-se fonte para as polêmicas entre católicos, protestantes e judeus, como mostra Daniel Pickering Walker na obra *Unclean Spirits: Possession and Exorcism in France and England in the Late Sixteenth and Early Seventeenth Centuries* (1981). A partir do século XVIII a prática exorcista entrou em declínio. Aos poucos os sintomas começavam a ser apontados mais como resultado de patologias do que de possessões demoníacas. Ainda assim é possível destacar exorcistas bem conhecidos da época, como o alemão Johann Joseph Gassner (1727-1779).

Durante o pontificado de Leão XIII, foi publicada uma fórmula de exorcismo menor, composta em parte pelo próprio Papa, e seu uso se estendia também aos leigos→. O ritual passou por pequenas alterações em 1952, durante o pontificado de Pio XII. Em 1985, a Congregação→ para a Doutrina→ da Fé proibiu o uso dos chamados exorcismos menores e a conjuração ao demônio→ neles contida por parte

EXORCISMO

dos leigosⓅ. Finalmente, em 1998, João Paulo II aprovou o atual *Ritual de Exorcismos e outras súplicas*.

O ritual atual define o exorcismo como "uma súplica do gênero dos sacramentais" (CNBB 2015, n. 11, p. 16) e deve estar limitado a um sacerdote que tenha recebido a devida preparação e autorização do bispo. O n. 16 das instruções faz uma descrição dos sinais de possessão demoníaca; o n. 19 pede a total discrição para que se evite divulgação, além de todo cuidado para que "se manifeste a fé da IgrejaⓅ e não possa ser considerado por ninguém como ação mágica ou supersticiosa". Os números seguintes fazem uma descrição do rito oficialmente em uso.

O ritual, porém, revela as tensões e a complexidade no modo de realizar o ritual, uma vez que existem distintas posições teológicas e políticas no entendimento de tal prática. As determinações pedem muita prudência e cuidado antes da realização do ritual, para verificar se não se trata de um distúrbio de ordem mental ou psicológica.

IV. Ressurgimento motivado pela arte e pelos círculos carismáticos. Na tradição católica, o ritual do exorcismo ficou em desuso com a renovação dos rituais propostas pelo ConcílioⓅ Vaticano II (1962-1965). A retomada do interesse pelo exorcismo é marcada pelo filme *O exorcista* (1973), dirigido por William Friedkin, seguindo o romance de William Peter Blatty, publicado em 1971. A ficção, no entanto, tinha por base um caso real ocorrido em 1949: o exorcismo de uma jovem luterana por um padre católico nos Estados Unidos (Caciola, 2005, p. 2931). Com a propaganda do filme, as demandas pelo ritual começaram a aumentar.

Exorcistas católicos continuaram a realizar o ritual apesar do descrédito oficial que pairava sobre a questão. O mais ativo expoente exorcista católico do século XX pertencia aos grupos conservadores que rejeitaram as reformas do ConcílioⓅ Vaticano II, tais como o abandono da Missa Tridentina. Esses exorcistas alegavam que a nova missa deixava os fiéis desprotegidos dos ataques demoníacos e creditavam tais ataques ao resultado das mudanças assumidas pelo ConcílioⓅ (Caciola, 2005, p. 2931).

O ressurgimento da prática do exorcismo viria com o crescimento do movimento carismático católico. Pires faz uma análise do aumento na procura de um exorcista na Itália, mesmo diante do crescente pluralismo religiosoⓅ atual, como meio de lidar com "problemas pessoais, seja no âmbito físico, seja psicológico e também espiritual" (Pires, 2019, p. 3). Tal retomada representa, por um lado, a busca dos fiéis de uma maneira de lidar com as angústias existenciais contemporâneas. Por outro lado, em parte do cleroⓅ, o reavivamento dos exorcismos pode ser apontado como parte de um "projeto teológico-político" de resgate do poder católico e do modelo de IgrejaⓅ tridentina que foi deixado de lado com o ConcílioⓅ Vaticano II.

No entanto, tal fenômeno reaparece como "complexo e contraditório" em virtude da presença e da prática de leigosⓅ nos grupos de oraçãoⓅ por libertaçãoⓅ que retomam o ritual, as quais ficaram restritas ao controle da autoridade eclesiástica e limitadas aos sacerdotes nomeados para a prática ritual. A tensão existente entre o controle eclesiástico fica clara nos embates entre a Associação Internacional de Exorcistas (AIE) e outros sacerdotes que não limitam sua prática ritual às normas estabelecidas, bem como leigosⓅ, normalmente de grupos carismáticos, que também realizam o rito solene de exorcismo (cf. Pires, 2019, p. 14). A associação conta com 58% de membros italianos; do Brasil são apenas cinco membros oficiais.

V. Da rejeição dos reformados ao ressurgimento pentecostal. A formalização e unificação ritual católica de Trento era um claro embate com a tradição que nascia da ReformaⓅ. As igrejas reformadas, embora aceitem a possibilidade da possessão demoníaca, não se envolveram em um debate sobre a eficácia dos rituais exorcistas. Mantiveram apenas práticas mais simples de jejumⓅ e oraçãoⓅ como meio de proteção divina contra os demônios.

A exemplo do Catolicismo, a situação mudou com o surgimento do Pentecostalismo, e de maneira especial das igrejas neopentecostais presentes no cenário brasileiro. A vertente pentecostal de curaⓅ divina iniciada pelo pastor Davi Miranda, fundador da IgrejaⓅ Deus é Amor, inicia um processo de identificação do demônioⓅ com as entidades espirituais do Candomblé e da Umbanda. Essa identificação se intensificou com as pregações do bispo neopentecostal Edir Macedo e com o avanço da IgrejaⓅ Universal do Reino de Deus. Outro ponto comum nesse ressurgimento é que, assim "como os católicos tradicionalistas que praticam o exorcismo, protestantes pentecostais interessados em libertaçãoⓅ tendem a ser mais conservadores em oposição ao liberalismo teológico das igrejas históricas" (Caciola, 2005, p. 2931). A diferença se revela na solenização e formalização exigidas no ritual católico, enquanto o ritual pentecostal é descrito como "informal, corriqueiro e até jocoso" (Souza et al., 2019, p. 397), de modo a expor o demônioⓅ e controlá-lo.

VI. A persistência e a inovação no Judaísmo. O Judaísmo começou a retomar o exorcismo a partir de meados do século XVI com o reaparecimento ou reformulação da crençaⓅ da possessão por espíritos de falecidos que reencarnavam. O ressurgimento dessa crençaⓅ se dá em grande parte pelos exorcismos realizados pelo rabino cabalista Isaac Luria (1534-1572) e seu círculo.

A literatura cabalística hispânica registra a noção de *ibbur*, ou "impregnação" da vida humana pelo espírito de alguém falecido. Inicialmente podia se referir tanto aos bons como aos maus espíritos. A compilação de vários textos mágicos exorcistas no

Shoshan Yesod Olam mostra como a cura espiritual estava presente na prática judaica cabalística de então. Os registros mostram um empréstimo mútuo do ritual católico e deveria ser realizado com no mínimo dez homens, podendo incluir o uso de incenso e do *shofar*, que era soprado no ouvido da pessoa possuída de modo a forçar o espírito a se identificar e revelar seus desejos. Após a libertação, a vítima recebia um amuleto para se proteger de futuros ataques. O ritual rabínico se centrava não apenas na libertação da pessoa possuída, como também em um apaziguamento do espírito para que pudesse encontrar repouso e deixasse de atormentar as pessoas.

A crença da possessão pelos mortos fez reacender a ideia da transmigração das almas, retomada pelas comunidades Sefarditas, difundindo-se pelas comunidades judaicas na Europa, especialmente nos séculos XVIII e XIX. A popularização da crença no início do século XX se deve em parte à peça de teatro *Dybbuk*, escrita por Shloime Anski (1863-1920). Atualmente, em Israel, a prática do exorcismo continua. David Batzri é apontado como um notório exorcista, realizando rituais em massa com publicização e mesmo realização via internet, apesar das acusações de fraude (Davis, 2014, p. 528). Nesse contexto, o fenômeno tem despertado o interesse de antropólogos e folcloristas.

VII. Outras tradições. O Islã também tem vasto entendimento sobre o demônio e possessão, consequentemente também as formas de exorcismo ou de purificação espiritual variam de acordo com diferentes correntes e de lugares que incidem na identificação do espírito em possessão da pessoa e dos rituais a serem realizados.

O Islã mais ortodoxo denomina o demônio como *jinn* ou satã que, além de sempre tentar a desobediência humana a Deus, tem o poder de possuir alguém, mas poderá ser expulso por meio de um ritual exorcista realizado por um xeique em uma mesquita. Também há uma preocupação, atualmente, de distinguir entre as questões espirituais e psiquiátricas.

O ritual inclui a recitação de versículos do Corão sobre a pessoa atormentada espiritualmente e, além das conjurações para alcançar a expulsão do demônio, também há o questionamento do nome em busca da identificação do demônio e da causa da possessão para garantir a eficácia do mesmo. Pode incluir ainda uma dieta especial, o uso de água ou banhos de purificação e, em determinados casos, chegar-se a infligir dores físicas.

No Egito, a prática popular é marcada pelo culto de cura *Zar*, originário do norte da África, protagonizado por mulheres, que envolve música de tambores e danças para possibilitar o estado de transe capaz de pacificar os tormentos espirituais. Embora visto como superstição pelo Islã mais ortodoxo, popularizou-se entre as populações urbanas do país.

No Hinduísmo, práticas exorcistas também variam. No norte da Índia esses rituais se centram no Templo Balaji, sob a proteção da divindade *Hanuman*, considerado capaz de libertar da possessão dos espíritos dos mortos, dos demônios do panteão hindu ou mesmo dos demônios islâmicos *jinn*. No sul da Índia, as principais vítimas de possessões demoníacas são jovens noivas. O ritual público pode envolver violência física como sinal de uma batalha entre os poderes dos espíritos. Contudo, no geral envolvem técnicas de danças que possibilitem o transe capaz de vencer tais espíritos.

No Budismo tibetano, os espíritos considerados capazes de infligir ataques a vítimas humanas são os mortos recentes, que podem estar em estado de confusão espiritual, denominado *bardo*. Esse entendimento nativo de um estágio entre a morte e a reencarnação foi incorporado pelo Budismo local. Tais espíritos são vistos como obstáculo temporário aos vivos e precisam ser removidos pelas habilidades rituais de um lama.

O princípio do exorcismo tibetano está na crença da superioridade da inteligência humana sobre a dos espíritos capazes de causar o mal. Por meio de uma escultura denominada *ngar mi* (literalmente: "humano como eu sou" – expressão retirada do sutra do coração), feita com massa misturada com vinho, cerveja, sangue, pedaços de carne, veneno, entre outros elementos, dependendo do espírito a ser atraído e exorcizado (Wu, 2005, p. 104). O lama, então, procede ao ritual duplicando a imagem da pessoa atormentada para atrair a atenção do espírito, oferecendo a escultura de massa como resgate da pessoa atormentada. O momento da troca é essencial no ritual. O espírito é relembrado da promessa de seguir as instruções de Buda feitas pelos espíritos locais, desde a introdução do Budismo no país no século VIII. Após a transferência ritual do espírito da pessoa para a escultura, esta é levada para fora da cidade e colocada geralmente ao lado de um córrego ou rio. A submissão dos espíritos locais ao caminho da iluminação budista é considerada capaz de proporcionar a pacificação a esses espíritos, que podem assumir um lugar de honra após ter sua natureza prejudicial transformada.

No Japão, há uma longa tradição ritual de ritos de purificação e exorcismo, que em parte se assemelha ao entendimento tibetano da crença em espíritos vagantes necessitados de pacificação, e de modo especial pelo entendimento de impureza espiritual (*kegare*). Nesse contexto, o exorcismo é parte dos rituais que compõem o *Shugendō*, uma tradição ascética e mística influenciada pelo Budismo, pelo Taoismo e pelo Xamanismo. Inclui um panteão sincrético de vários *kamis*, Budas, divindades e espíritos que se acredita serem capazes de controlar a vida diária dos seres humanos. As causas de doenças, por exemplo, podem estar em algum espírito mau que pode ser de uma divindade má, dos falecidos ou de um animal. O *shugensha* (monge ou leigo→), através de práticas ascéticas nas montanhas e do aprendizado oral e secreto com outros mestres, pode adquirir poderes supranaturais capazes de controlar e manipular a possessão por esses espíritos maus. "O *shugensha* se identifica com uma divindade para aprender, através de um oráculo→, quais divindades→ ou espíritos maléficos podem causar os infortúnios. Ele, então, domina o poder sobrenatural desta divindade ou de seus acompanhantes, e finalmente exorciza ou remove as más influências" (Miyake, 1989, p. 113). Há dois tipos de rituais: os mais simples são denominados *tsukimono otoshi* e consistem no ensinamento do erro da divindade ou por ameaça a ela por parte do *shugensha*. No entanto, há casos que requerem um ritual mais elaborado, denominado *chōbuku*, ou subjugar os espíritos com um ritual que inclui a utilização de mudras, a recitação de sutras ou de outras fórmulas consideradas eficazes para tomar o controle dessas divindades→. O ritual implica a identificação, a manipulação e o exorcismo com a expulsão ou remoção das más influências da divindade maléfica, pacificando-a para torná-la uma divindade protetora.

Na tradição *Shintō* há um forte entendimento de que o mal, doenças e calamidades podem ser trazidos por maus espíritos ou pelos pecados (*tsumi*). Relatos de rituais de purificação e exorcismos individuais ou coletivos, mediante oferendas às *kamis*→ para livrar a pessoa ou o país dos males e calamidades, estão presentes nas fontes mais antigas da mitologia→ *Shintō*. O exorcismo (*Oharai*) passou de um entendimento religioso e foi absorvido como parte das atividades da casa imperial em vista do bem público, adquirindo, assim, um caráter civil. Além das orações (*norito*) próprias dessa tradição, há bênçãos com a utilização de um objeto ritual denominado *nusa*. Alguns ritos podem incluir a utilização do sal e, mais comumente, as abluções, pois a água está presente na entrada de todos os santuários→ *Shintō*.

Parte desse entendimento foi introduzido no Brasil pelas práticas da Igreja→ Messiânica, que também realiza rituais que visam alcançar a purificação espiritual em vista de uma vida saudável física e espiritualmente.

Nas Religiões Afro-brasileiras, dada a maior flexibilidade na combinação de práticas rituais e entendimentos sobre a possessão, consequentemente a prática do exorcismo pode variar. Entretanto, faz-se necessário destacar a diferença entre o estado de transe provocado pela manifestação de uma entidade, seja dos orixás→, santos, caboclos, seja de outros espíritos, da possessão por espíritos desencarnados, atormentados e perdidos.

A crença→ nas almas→ dos ancestrais→, os *eguns* do Candomblé, passou para o entendimento da Umbanda como espíritos desencarnados que estão de alguma forma atormentados e perdidos, com clara influência do Espiritismo.

Os rituais realizados para "trancar" o espírito para impedi-lo de causar mais males às pessoas são de três tipos: o descarrego, realizado por um pai de santo sobre a pessoa atormentada, com a utilização de orações e cantos, velas e ervas aromáticas; a desobsessão, realizada nos terreiros com mais proximidade ao Espiritismo; ou ainda o sacudimento feito ao ar livre, por considerar a natureza como meio de purificação das forças do mal.

No Espiritismo, o tema é tratado sob o entendimento da obsessão, no qual, em seu grau mais elevado, uma pessoa pode ser subjugada a ponto de não pensar e agir mais por si mesma, mas por meio de um espírito desencarnado. No entanto, como se refuta a ideia de demônio→ como causador do mal, a desobsessão é vista como um processo de conscientização tanto da pessoa subjugada como do espírito→ para alcançar o caminho da luz.

VIII. Abordagens acadêmicas. O fenômeno do exorcismo tem sido estudado de modo especial pela Antropologia, pela Psicologia e pela História. As abordagens antropológicas iniciais trataram a questão como parte das chamadas *folk religions*, ou das religiões populares, em contraposição às religiões históricas. Esta abordagem aparece, por exemplo, na obra *Ecstatic religion* (1971), de Ioan Myrddin Lewis.

Na Psicologia, as possessões e o exorcismo marcaram as abordagens de Sigmund Freud→ e sua psicanálise→. Para ele, o exorcismo tinha um valor terapêutico catártico para resolver as possessões consideradas como resultado dos desejos→ e ansiedades sexuais reprimidos, bem como questões ligadas à identidade sexual.

Na história, as abordagens se dão dentro da chamada história cultural ou das mentalidades, na qual são enfatizadas as relações de poder social que envolvem a *performance* de tais rituais. A batalha sobrenatural funciona como demonstrativo de poder de determinada divindade, doutrina ou prática sobre outra. Essa abordagem marca os trabalhos de Michel de Certeau em suas considerações sobre "A linguagem alterada" e "O que Freud→ fez da história – A propósito de uma neurose demoníaca no século XVII", que compõem sua obra *A escrita da história*.

***

O exorcismo, ritual de combate às possessões e às forças do mal e outras variações, como rituais de purificação, tal como descrito está presente em várias tradições religiosas. Ao longo da história é possível identificar períodos de empréstimos mútuos, bem como períodos de competição, nos quais os resultados atribuídos aos rituais se tornaram elementos de afirmação de poder de uma tradição sobre outras. Ficam claras também as disputas entre as figuras carismáticas e as práticas populares e o poder institucionalizado assumido como ortodoxia nas diferentes tradições. É possível notar ainda como esse ritual e o fenômeno de possessão que o envolve aproxima desde a Antiguidade as abordagens da religião꙰ e dos tratamentos terapêuticos, hoje hegemonicamente abordados na grande área da saúde꙰. Dadas essas considerações, nota-se que o recorte transversal proposto pela Ciência da Religião꙰ contribui no melhor entendimento do tema. Poder-se-ia pensar como perspectiva o aprofundamento da proximidade e das possibilidades de interação com os diversos saberes da área da saúde꙰ no desenvolvimento da Ciência da Religião꙰ aplicada.

Bibliografia: ABUSCH, T. et al. Exorcism: I. Ancient Near East and Hebrew Bible/Old Testament; II. Greco-Roman Antiquity; III. New Testament; IV. Judaism; V. Christianity; VI. Islam; VII. Literature; VIII. Film. In: *The Encyclopedia of the Bible and its Reception*. Berlin/Boston: Verlag Walter de Gruyter. 2014. Vol. 8, p. 513-536; CACIOLA, N. Exorcism. In: LINDSAY, Jones, (Ed.). *Encyclopedia of Religion*. Second Edition. 2005. Macmillan Reference, 2005. Vol. 5, p. 2927-2938. Disponível em: <https://www.encyclopedia.com/philosophy-and-religion/other-religious-beliefs-and-general-terms/religion-general/exorcism>. Acesso em: 30/09/2019; CNBB – CONFERÊNCIA NACIONAL DOS BISPOS DO BRASIL. *Ritual de Exorcismo e outras súplicas*. São Paulo. Paulus, 2015; MARTIN, J. M. Les Rites de purification. In: Le *Shintoisme Ancien*. Paris. Librairie d'Amerique et d'Orient, 1988. p. 60-92; MIYAKE, H. Religious Rituals in Shugendo. *Japanese Journal of Religious Studies* 16/2-3, 1989, p. 101-116. Disponível em: <https://nirc.nanzan-u.ac.jp/nfile/2401>. Acesso em: 10/10/2019; PIRES, T. Esorcismo e possessione nell'Italia contemporanea: un'analisi storico-antropologica. *Diacronie. Studi di Storia Contemporanea*: Costruzione dell'identità e prospettive transnazionali 38, 2/2019, 19/07/2019. Disponível em: <https://www.studistorici.com/2019/07/19/pires_numero_38/>. Acesso em: 08/10/2019; SCHMIDT, J. Exorcism. In: STUCKRAD, Kocku von (Ed.). *The Brill Dictionary of Religion*. Primeira publicação: 2006. p. 695-697. Disponível em: <http://dx.doi.org/10.1163/1872-5287_bdr_COM_00158>. Acesso em: 30/09/2019; SOUZA, A. R. de; ABUMANSSUR, E. S.; LEITE JUNIOR, J. Percursos do Diabo e seus papéis nas igrejas neopentecostais. *Horizontes antropológicos*, Porto Alegre, v. 25, n. 53, abr. 2019, p. 385-410. Disponível em: <http://dx.doi.org/10.1590/s0104-71832019000100014>. Acesso em: 07/10/2019; WU, J. Goetia, Exorcism and Demonic Struggles in Christianity and Tibetan Buddhism. In: CUSACK, M C.; DI LAURO, F.; HARTNEY, C. (Eds.). *The Buddha of Suburbia*. Sydney: RLA Press, 2005. p. 87-107. Disponível em: <https://openjournals.library.sydney.edu.au/index.php/SSR/article/view/105/124>. Acesso em: 08/10/2019.

Antonio Genivaldo Cordeiro de Oliveira

EXPERIÊNCIA RELIGIOSA

O termo "experiência religiosa" é comumente empregado para se referir a uma vivência direta (que pode ser individual ou coletiva) do objeto da crença꙰ religiosa. Alguns exemplos incluem visões da Virgem Maria no Catolicismo popular, experiências de dons do Espírito Santo em contextos carismáticos e evangélicos, experiências de mediunidade em religiões como o Espiritismo e a Umbanda e toda uma série de experiências místicas꙰ narradas por membros de diferentes tradições religiosas e espirituais. Apesar de seu vínculo histórico com o ramo tradicional da Fenomenologia da Religião꙰, o estudo da experiência religiosa abrange, na verdade, uma ampla gama de perspectivas e áreas do conhecimento, da Antropologia às Neurociências꙰, variando de leituras essencialistas e universalistas (com raízes na teologia꙰ e no misticismo) até abordagens mais empíricas e sensíveis aos aspectos socioculturais dessas experiências.

O filósofo e psicólogo de Harvard William James꙰ (1842-1910) é reconhecido como um dos mais importantes pioneiros no estudo das experiências religiosas. Como salientou Ralph W. Hood, "nem as doutrinas nem os dogmas꙰ da religião interessaram James. Foi para a própria vivência religiosa que James voltou seus interesses, ao definir o que era, até aquele momento, um campo de pesquisa inexistente, o da experiência religiosa" (1995, p. 4). Ao contrário de Rudolf Otto꙰, que via na experiência religiosa uma forma de experiência *sui generis*꙰, distinta de outras experiências humanas, James reconhecia nas experiências religiosas as mesmas emoções observadas em outras experiências, apesar de moldadas por crenças꙰ e práticas específicas de uma religião. James reconhecia o papel dos fatores culturais na modelagem das vivências religiosas e já especulava sobre sua dimensão neurofisiológica. Em particular, ele ponderou que a discussão dos aspectos neurofisiológicos da experiência religiosa não conduziria invariavelmente a um reducionismo fisicalista, uma vez que processos orgânicos e fisiológicos acompanham toda e qualquer experiência humana. O subtítulo de sua obra *As variedades da experiência religiosa: um estudo sobre a natureza humana*, baseada em suas Gifford Lectures na Universidade de Edimburgo, indicava claramente sua perspectiva de olhar para a experiência religiosa não como objeto de interesse exclusivo de teólogos e religiosos, mas como uma fonte de elucidação do funcionamento da mente humana (James, 1902).

De modo semelhante a Otto꙰, James defendia a importância da vivência pessoal do pesquisador para uma compreensão mais alargada das experiências religiosas. Essa postura veio a ser objeto de críticas metodológicas ao longo do tempo, conquanto, mais recentemente, alguns pesquisadores tenham advogado em favor de uma retomada da perspectiva de primeira pessoa (isoladamente ou em complementação a outras formas de coleta de dados) no estudo da experiência religiosa (Schmidt, 2017). Mas a despeito do aprofundamento que uma perspectiva de primeira pessoa (ou autoetnográfica) pode proporcionar, há pouca justificativa para seu uso exclusivo na investigação das experiências religiosas, as quais têm sido estudadas, com efeito, com a ajuda dos mais diferentes métodos de pesquisa, incluindo entrevistas qualitativas, *surveys*, designs experimentais e técnicas de neuroimagem.

Há pouca pesquisa transcultural acerca das experiências religiosas. Um dos mais importantes centros de pesquisa no assunto, o Religious Experience Research Centre (RERC), fundado em Oxford por Sir Alister Hardy (1896-1985) e transferido no ano de 2000 para a Universidade de Wales Trinity Saint David (País de Gales), tem coletado centenas de relatos dessas experiências ao longo dos anos, provenientes de pessoas do mundo todo, em um esforço por estabelecer as principais características das experiências religiosas, bem como o perfil dos que as relatam com mais frequência e intensidade. O arquivo do centro conta, atualmente, com mais de seis mil relatos de experiências e está disponível em: <https://www.uwtsd.ac.uk/library/alister-hardy-religious-experience-research-centre/>.

Surveys realizados nos Estados Unidos e no Reino Unido encontraram que aproximadamente um terço dos respondentes relata ao menos um tipo de experiência mística ou religiosa (Castro et al., 2014). De acordo com o padre e sociólogo Andrew Greeley (1928-2013), um dos primeiros a inventariar a prevalência das experiências místicas e religiosas entre os estadunidenses, "a maioria da população teve alguma experiência desse tipo, uma minoria substancial teve mais do que apenas uma experiência ocasional e uma proporção respeitável da população tem tais experiências frequentemente" (Greeley, 1975, p. 7). Em termos do perfil dos respondentes, as pesquisas geralmente mostram que essas experiências podem ser relatadas por pessoas de diferentes condições socioeconômicas e diferentes faixas etárias. As mulheres costumam se destacar, relatando maior número de experiências do que os homens. Até o momento, desconhecemos qualquer levantamento desse tipo que tenha sido realizado no Brasil e publicado em uma revista científica.

Deve-se observar, não obstante, que boa parte dos levantamentos realizados não se baseia em amostras representativas da população de seus respectivos países. Há também grande diversidade de definições para as experiências religiosas. Alguns levantamentos falam em experiências "místicas, religiosas e paranormais", parecendo conceber esses vários termos como equivalentes, o que denota tanto a complexidade e variedade de interpretações possíveis (as quais por vezes se sobrepõem umas às outras)

quanto as muitas modalidades dessas experiências. Esses levantamentos podem incluir desde perguntas sobre experiências com Jesus ou a Virgem Maria, passando por experiências de contato com pessoas falecidas, até experiências místicas de fusão com a natureza. Nesse sentido, a antropóloga Ann Taves cunhou a expressão "experiências consideradas religiosas" (*experiences deemed religious*) por entender que a expressão "experiência religiosa" remete a uma leitura essencialista, nos moldes da fenomenologia clássica da religião. Para ela, é inadequado falar na experiência religiosa como uma categoria particular de experiências. Sustentada na teoria da atribuição, de acordo com a qual as experiências humanas não possuem sentido inerente, mas dependem da atribuição de significado pelos indivíduos e suas comunidades, Taves defende que qualquer experiência, em princípio, poderia ser designada como religiosa, a depender do olhar do observador. A autora se alinha, assim, ao pensamento de James, ao mesmo tempo que dialoga com contribuições das Ciências Sociais, da Psicologia e da Neurofisiologia da Religião contemporâneas (Taves, 2009).

O posicionamento de Taves levanta outra discussão importante, qual seja: a do papel que a intensidade da experiência possui para sua designação como religiosa. Embora os primeiros estudiosos da experiência religiosa tenham enfatizado experiências intensas e não ordinárias, como quando Otto se referia à vivência do sagrado como um *mysterium tremendum et fascinans*, ou quando James privilegiava a investigação de indivíduos que apresentassem intenso envolvimento religioso (como místicos e fundadores de religiões), reconhece-se hoje que as experiências religiosas podem se dar de formas muitas vezes sutis, silenciosas e cotidianas, e que o estudo dessas formas mais brandas de experiência é igualmente relevante para uma compreensão da religiosidade. Foi com esse intuito que a pesquisadora Underwood desenvolveu a chamada *Daily Spiritual Experiences Scale*, visando avaliar "experiências ordinárias de conexão com o transcendente na vida diária" (p. 29), como sentimentos de paz, harmonia e devoção relacionados à crença religiosa do indivíduo (Underwood, 2011).

Boa parte dos estudos disponíveis acerca das experiências religiosas se baseia em *surveys* investigando sua prevalência e seus correlatos. Contudo, os pesquisadores têm realizado com mais frequência investigações de cunho experimental, em que buscam eliciar a ocorrência dessas experiências na tentativa de controlar e compreender as variáveis que atuam sobre elas. Incluem-se nesse rol de investigações as pesquisas com indução de experiências místicas por meio de hipnose (por exemplo, Lynn; Evans, 2017) e uso de substâncias psicotrópicas (Griffiths et al., 2006). Também se incluem aqui os estudos neurofisiológicos da experiência religiosa, durante os quais determinadas tarefas (como a oração♀, a leitura de textos sagrados, a meditação♀ ou a psicografia) são realizadas enquanto o indivíduo tem sua atividade cerebral mapeada por eletroencefalograma e variadas técnicas de neuroimagem.

Uma controvérsia importante nos estudos experimentais da experiência religiosa diz respeito à validade ecológica desses experimentos, isto é, até que ponto reproduzem de modo fidedigno experiências religiosas espontâneas. Questionou-se também, do ponto de vista teológico, se experiências induzidas (como as alterações de consciência♀ estimuladas por certas substâncias) são de fato comparáveis a experiências espirituais "legítimas". Os pesquisadores experimentais reconhecem as limitações comparativas com experiências espontâneas, mas tentam compensar essa dificuldade metodológica com a formulação de desenhos experimentais criativos, envolvendo coleta de dados no próprio ambiente religioso/ritual ou aproximando o máximo possível a vivência laboratorial da realidade dos religiosos em seus contextos específicos de fé.

Um dos mais conhecidos exemplos de um experimento realizado no próprio contexto religioso foi conduzido por Walter Pahnke (1931-1971). Batizada de "Good Friday Experiment", a pesquisa tinha como objetivo saber se a substância psicodélica psilocibina produziria em indivíduos religiosos experiências fundamentalmente similares aos relatos de vivências místicas♀ espontâneas (Pahnke, 1966). Tomando um grupo de seminaristas como amostra, Pahnke os dividiu em um grupo experimental que recebia certa dosagem de psilocibina e um grupo de controle que recebia, no lugar do psicodélico, uma cápsula idêntica contendo ácido nicotínico, uma vitamina B capaz de produzir apenas sensações de rubor e formigamento. Ambos os grupos eram, então, levados para assistir a uma missa de Sexta-feira da Paixão (daí o nome do experimento).

Os membros de cada grupo haviam sido alocados aleatoriamente para as respectivas condições experimentais e todos acreditavam estar tomando a psilocibina. A hipótese era de que, se as experiências místicas♀ aparentemente produzidas por substâncias psicotrópicas♀ derivam de sugestão e expectativa ao invés da ação da própria substância, então não haveria diferenças fenomenológicas entre as experiências eventualmente relatadas pelos dois grupos. De modo a aumentar os efeitos da sugestão, os participantes foram inicialmente informados dos potentes efeitos psicodélicos da psilocibina. Foram também avisados de que metade deles tomaria um placebo no lugar da outra substância (muito embora não soubessem quem haveria de receber uma ou outra cápsula). Assim, dadas as informações e expectativas embaralhadas, se as experiências daqueles que de fato tomaram a psilocibina se mostrassem mais caracteristicamente místicas♀,

tal peculiaridade só poderia resultar de um efeito do psicodélico.

Antes de o experimento ser conduzido, Pahnke havia estabelecido, com base na literatura científica e na descrição fornecida por diferentes místicos, toda uma série de características definidoras dessas experiências, tendo criado um grande questionário a partir dos critérios estabelecidos. Ao analisar as experiências narradas pelos participantes, a par de suas respostas ao questionário, Pahnke verificou diferenças significantes entre os dois grupos, sendo que o grupo experimental assinalou um número muito maior das características elencadas no questionário em comparação com o grupo de controle. Apesar de nenhum participante ter reportado todas as características, estava claro que a psilocibina havia produzido experiências muito parecidas com aquelas tradicionalmente reportadas pelos místicos de diferentes tradições religiosas. Um questionário de *follow-up* aplicado tempos depois também revelou que os efeitos dessas experiências na vida de oito dos dez participantes que tomaram a psilocibina haviam sido duradouros, impactando profundamente suas visões de mundo. Esse dado longitudinal parecia atestar que, de maneira similar a experiências místicas♀ espontâneas, as experiências induzidas podiam também comportar um grande significado espiritual para seus experienciadores.

O estudo de Pahnke padecia, todavia, de uma importante limitação: os participantes de ambos os grupos assistiram à missa ao mesmo tempo e os efeitos da psilocibina sobre o comportamento dos membros do grupo experimental podem ter sido percebidos pelos membros do grupo de controle, levando estes últimos a descobrir que não haviam tomado o psicodélico. Não obstante, estudos posteriores com controles experimentais adicionais confirmaram os resultados obtidos, indicando a psilocibina como substância eliciadora de vivências caracteristicamente místicas♀ (por exemplo, Griffiths et al., 2006).

Os resultados do estudo de Pahnke tendem a embasar uma compreensão universalista das experiências místicas♀, de acordo com a qual essas vivências poderiam ser sempre reproduzidas, em qualquer contexto, uma vez empregados os agentes bioquímicos adequados. Isso nos leva, assim, a um debate recorrente no estudo da experiência religiosa, qual seja: o do universalismo *versus* relativismo. A discussão em torno da definição das experiências religiosas atravessa de modo importante esse debate, pelo fato de suscitar questionamentos acerca de uma definição única e abrangente, válida para diferentes contextos socioculturais. Autores como Walter Stace (1886-1967) e Hood argumentaram em favor da universalidade das experiências místicas♀. Segundo eles, tais experiências apresentariam sempre as mesmas características fenomenológicas

EXPERIÊNCIA RELIGIOSA

básicas, a despeito de suas variações culturais. No caso de Stace, esse argumento se sustenta em uma ampla discussão filosófica, ao passo que, para Hood, haveria evidências empíricas da invariabilidade de certos tipos de experiência mística $\wp$ em contextos diversos, como atestado, por exemplo, por estudos de replicação da estrutura fatorial da Escala de Misticismo, desenvolvida por ele (1995).

A perspectiva mais aceita atualmente é a de que as experiências religiosas são mais bem compreendidas enquanto construções psicossociais, as quais, apesar de remeterem a processos neurofisiológicos básicos e em certa medida universais, não são por estes adequadamente explicadas sem o concurso de variáveis socioculturais mais amplas. Pode-se dizer, portanto, que o paradigma em voga no estudo da experiência religiosa é de base eminentemente biopsicossocial. Tal posicionamento resulta de um longo e tortuoso desenvolvimento histórico no estudo das experiências religiosas. Inicialmente, a experiência religiosa era tanto um objeto de estudo da Teologia $\wp$ quanto da Psicologia, não havendo uma linha divisória clara naquele momento (final do século XIX e início do século XX) entre a perspectiva psicológica e a fenomenologia clássica da religião. Posteriormente, em função do avanço de abordagens como o behaviorismo e a psicologia social experimental, a ênfase na subjetividade declina em favor do estudo do comportamento observável e do controle experimental do comportamento. Com a crítica sociológica à ênfase de James e de outros estudiosos da experiência religiosa na dimensão do privado, do individual, o conceito de experiência religiosa passa a ser visto com reservas pelos cientistas sociais da religião e é, em grande medida, negligenciado por estes. Por fim, em razão de uma série de fatores históricos combinados, incluindo um interesse crescente pelos estados alterados de consciência $\wp$ a partir da década de 1960, a expansão da *New Age* e de uma religiosidade cada vez mais sustentada na experiência, bem como os desenvolvimentos na pesquisa científica do cérebro (com a consequente aplicação das técnicas de neuroimagem no estudo da meditação $\wp$ e de uma série de práticas religiosas e espirituais), a experiência religiosa renasce como objeto de estudo, abarcando, desta vez, um espectro interdisciplinar muito mais amplo, abrangendo desde as Ciências Sociais até as Neurociências $\wp$.

Apesar de ser precipitado afirmar que o debate relativismo *versus* universalismo se extinguiu nos dias de hoje, cresce cada vez mais o consenso de que ambas as perspectivas têm seu lugar e que, embora alguns dos elementos dessas experiências sejam encontrados nos relatos provenientes de diferentes lugares do mundo, a cultura, a linguagem e o contexto social exercem uma influência significativa sobre seu conteúdo e suas formas de expressão. O próximo desafio no estudo das experiências religiosas cabe às pesquisas transculturais. Há poucos estudos para além dos contextos norte-americano e europeu, o que dificulta, por sua vez, um teste adequado de diversos dos pressupostos da abordagem universalista. Uma questão importante é como interpretar evidências de estudos transculturais no contexto de um mundo cada vez mais globalizado e interconectado. Eventuais similaridades ou equivalências entre relatos de experiências religiosas, de diferentes países, podem não refletir uma base central ou universal comum, uma vez que algumas das semelhanças encontradas poderiam ser atribuídas à facilidade com que a informação flui hoje de um contexto cultural para outro, seja pela Internet $\wp$, seja por outros meios. À medida que a globalização aumenta, torna-se mais difícil responder a essas questões de forma definitiva, e mais trabalho é necessário com culturas remotas e tradições culturais distantes das dos próprios pesquisadores para se investigar alegações de uma base universal para essas experiências. Embora o uso de medidas quantitativas estabelecidas e culturalmente adaptadas seja certamente útil para permitir comparações diretas entre culturas, elas excluem participantes analfabetos ou indivíduos menos acostumados com testes psicológicos e outros procedimentos de mensuração (incluindo-se, por exemplo, membros de algumas comunidades indígenas). A investigação transcultural das experiências religiosas, especialmente em culturas mais isoladas, exigirá uma boa dose de criatividade e adaptação $\wp$, uma vez que as condições nem sempre satisfazem os pré-requisitos para a coleta sistemática de dados. Nesse sentido, recomenda-se fortemente o emprego de uma abordagem multimétodos $\wp$, sustentada na análise das convergências entre diferentes formas de coleta de dados.

Bibliografia: CASTRO, M.; BURROWS, R.; WOOFFITT, R. The paranormal is (still) normal: the sociological implications of a survey of paranormal experiences in Great Britain. *Sociological Research Online*, v. 9, n. 3, 2014, p. 1-15; GREELEY, A. *The Sociology of the Paranormal*: A Reconnaissance. London: Sage, 1975; GRIFFITHS, R. et al. Psilocybin can occasion mystical-type experiences having substantial and sustained personal meaning and spiritual significance. *Psychopharmacology*, v. 187, n. 3, 2006, p. 268-283; HOOD, R. (Org.). *Handbook of Religious Experience*. Birmingham, Alabama: Religious Education Press, 1995; JAMES, W. *Varieties of religious experience*: a study in human nature. London: Routledge, 1902; LYNN, S. J.; EVANS, J. Hypnotic suggestion produces mystical-type experiences in the laboratory: A demonstration proof. *Psychology of Consciousness: Theory, Research, and Practice*, v. 4, n. 1, 2017, p. 23-37; PAHNKE, W. Drugs and mysticism. *International Journal of Parapsychology*, v. 8, 1966, p. 295-314; SCHMIDT, B. Varieties of non-ordinary experiences in Brazil – A Critical Review of the Contribution of Studies of 'Religious Experience' to the Study of Religion.

International Journal of Latin-American Religions, v. 1, n. 1, 2017, p. 104-115; TAVES, A. *Religious experience reconsidered*: a building-block aproach to the study of religion and other special things. Princeton, New Jersey: Princeton University Press, 2009; UNDERWOOD, L. The daily spiritual experience scale: overview and results. *Religions*, v. 2, 2011, p. 29-50.

EVERTON DE OLIVEIRA MARALDI

EXPERIÊNCIAS ANÔMALAS

Experiências anômalas é o nome dado a vivências subjetivas que ou são incomuns em termos de frequência, ou fogem à compreensão do paradigma científico vigente. O adjetivo *anômala* deriva do grego ανώμαλος (*anómalo*), que significa *irregular*, *diferente* ou *desigual*. Não denota necessariamente patologia, mas é algo desafiador que contraria expectativas de como o mundo funciona e de como nele agimos ou a ele reagimos.

Um exemplo de experiência considerada anômala no sentido de ser incomum em termos de frequência, porém já descrita e razoavelmente compreendida pela ciência, é a sinestesia, estudada especialmente por neurofisiologistas. Na sinestesia ocorre uma percepção intermodal de estímulo, isto é, uma determinada percepção sensorial diante de certo estímulo é vivenciada involuntariamente como se fosse de outra modalidade perceptiva. Por exemplo, ao receber o estímulo auditivo de uma melodia, o percipiente vê uma cor ou sente um cheiro. Apesar de bem descrita, ainda há muito a conhecer da fenomenologia e da psicofísica envolvida nessa anomalia perceptiva, que pode assumir diversas formas.

Por sua vez, as experiências anômalas que, embora sejam relatadas por parcela considerável da população em geral, desafiam os limites explicativos da ciência são chamadas popularmente de *paranormais*. Apesar de escaparem ao *mainstream* científico vigente, tais vivências podem se encaixar em outros paradigmas, a exemplo de vivências perfeitamente aceitas e desejadas em certas tradições religiosas. São *fatos psíquicos*, ou seja, vivências que assumem caráter de veracidade do ponto de vista do experienciador, mas que não decorrem necessariamente de um evento anômalo objetivo.

Pesquisas de levantamento de dados realizadas em diferentes países, como Estados Unidos, Reino Unido, Islândia e Brasil, por exemplo, apontam a alta prevalência de variadas experiências anômalas desse tipo na população em geral. Nos diversos estudos realizados, parte considerável dos participantes disse ter vivenciado ao menos um tipo de experiência anômala, sendo algumas mais comuns que outras (Holt; Simmonds-Moore; Luke; French, 2012, p. 3). Em uma pesquisa realizada em São Paulo, Brasil,

sobre experiências de percepção extrassensorial e de interações ambientais anômalas extramotoras, conhecidas, em seu conjunto, como *experiências psi*, como veremos mais adiante, 82,7% dos participantes indicaram ter vivenciado ao menos uma dessas experiências, índice que vem se confirmando em pesquisas semelhantes em andamento no país. Essas experiências foram/são atribuídas, de modo geral, à ação de seres sobrenaturais℗ e recebem, comumente, interpretações religiosas ou de cunho sobrenatural. Além disso, resultados indicam que crenças℗ religiosas podem afetar a interpretação℗ dada às experiências, assim como o fato de vivenciar experiências anômalas pode afetar – e frequentemente afeta – relações sociais e influenciar crenças℗ e atitudes (Machado, 2010, p. 470, 474-477).

Não obstante a quantidade considerável de relatos registrados, o estudo das experiências anômalas ainda é bastante negligenciado no meio acadêmico-científico. O esforço de alguns pesquisadores, contudo, tem feito aumentar o cabedal de conhecimento acerca dessas vivências e ampliado o interesse pelo seu estudo, a fim de compreendê-las dos pontos de vista psicológico, fisiológico e cultural, o que implica o caráter religioso assumido por essas experiências em certos contextos.

Em 2000, a *American Psychological Association* lançou a primeira edição de um volume dedicado ao estudo empírico de experiências anômalas, publicado em português no Brasil em 2013 (Cardeña; Lynn; Kripner). Com capítulos escritos pelos organizadores e outros diversos estudiosos das anomalias em questão, aguçou o interesse nas experiências anômalas, em especial no campo da Psicologia; interesse que se tem expandido paulatinamente a outros campos, sobretudo na Sociologia e na Antropologia. De modo particular, estudiosos da religião e da experiência religiosa℗ têm voltado seu olhar às experiências anômalas, uma vez que, por suas características muito peculiares e desafiadoras, facilmente são levadas ao campo das interpretações religiosas. Vale observar que os organizadores de *Variedades da experiência anômala* inspiraram-se no pioneiro dos estudos da experiência religiosa℗, o filósofo e psicólogo norte-americano William James℗ (1842-1910), ao parafrasearem o título do seu clássico *Varieties of Religious Experience: A Study in Human Nature*, publicado originalmente em 1902. Eles ressaltam que "a Psicologia não pode se dizer abrangente se falhar em dar conta das variedades das experiências distintas daquelas consideradas normais. Para compreendermos completamente a totalidade da experiência humana, precisamos fornecer explicações razoáveis dos fenômenos que, embora incomuns, [...] são uma parte importante da totalidade da experiência humana [...]" (Cardeña, Lynn e Kripner, 2013, p. 12).

Dentre as experiências anômalas relatadas ao longo da história da humanidade, destacam-se:

experiências *psi*; experiência fora do corpo; sonhos lúcidos; experiência de memórias♀ de vidas passadas; experiência de quase morte♀; experiência de curas anômalas; experiências alucinatórias; experiência mística♀; e experiência de contato com seres alienígenas. Não raro, diversos tipos de experiências anômalas se imbricam, sendo por vezes difícil separá-las em classificações estanques. No entanto, o estudo das diferentes experiências em suas características fenomenológicas possibilitou uma classificação relativamente clara e útil na delimitação de estudos realizados.

Experiências relacionadas a psi ou, simplesmente, *experiências psi*, consistem em vivenciar eventos que envolveriam interações entre organismos e seu ambiente, que aparentemente desafiam os construtos científicos de tempo, espaço e energia. Ao modo do uso da letra "x" na Matemática, utiliza-se *psi* – nome da vigésima terceira letra do alfabeto grego (Ψ) – para nomear essas experiências, porque seu aspecto ontológico, isto é, sua condição de realidade objetiva, permanece uma incógnita do ponto de vista científico.

As experiências *psi* são divididas em dois grandes grupos: as extrassensoriais e as extramotoras. As experiências extrassensoriais correspondem ao que se chama de *percepção extrassensorial* ou ESP (do inglês *extrasensory perception*), popularmente referida como o "sexto sentido". As experiências extrassensorais dividem-se em: a) telepatia, suposta comunicação direta, imediata, sem a mediação de processos de inferência lógica nem a utilização dos sentidos conhecidos ou de qualquer mediação física conhecida entre duas ou mais mentes, nomeada popularmente como "transmissão de pensamento"; b) clarividência, conhecimento igualmente imediato de eventos distantes, cuja fonte de informação seria o próprio ambiente – no que difere do conceito popular de visão a distância; e c) precognição, obtenção de informações imediatas do futuro. As experiências extramotoras correspondem ao que se denomina *psicocinesia* ou PK (do inglês *psychokinesis*). Dizem respeito à intervenção no ambiente de modo anômalo, popularmente conhecida como "poder da mente sobre a matéria". Há duas categorias de efeitos psicocinéticos: a) macro-PK, que corresponde a eventos anômalos observáveis relatados nos chamados casos *Poltergeist* ou nas casas consideradas "mal-assombradas", tais como movimentação e/ou ruptura de objetos, aparecimento espontâneo de água ou fogo, chuvas de pedras, correntes de ar, mudanças de temperatura em ambientes fechados, aparecimento de dejetos em alimentos, acender e apagar de luzes, acionamento de equipamentos elétricos/eletrônicos; e b) micro-PK, efeitos não observáveis, mas mensuráveis do ponto de vista estatístico, como na influência em equipamentos, ou por medição fisiológica na influência sobre organismos (bio-PK), o

que pode ser relacionado a alegadas curas anômalas. A categorização apresentada segue a nomenclatura divulgada a partir dos anos 1920 pelos pesquisadores Louisa Ella Rhine (1891-1983) e Joseph Banks Rhine (1895-1980), pioneiros dos estudos experimentais de *psi*. A classificação das experiências *psi* é feita com base principalmente em estudos fenomenológicos realizados por meio da análise de relatos.

Vale lembrar que o estudo científico propriamente dito das experiências *psi* teve início mais formalmente nas duas últimas décadas do século XIX, quando intelectuais europeus e norte-americanos se ocuparam da investigação dos chamados "fenômenos espíritas/espiritualistas". Tais fenômenos consistiam em eventos característicos de percepção extrassensorial e/ou de psicocinesia que desafiavam o cenário iluminista de então. O interesse por esses eventos resultou em duas consequências importantes: levou à elaboração de conceitos importantes no campo dos estudos psicológicos e psiquiátricos e fomentou crenças♀ de cunho religioso, o que levou ao nascimento e consolidação do Espiritismo e do Espiritualismo (Alvarado et al., 2007).

Desde que o ser humano começou a registrar sua história por meio de gravuras e escrita, há indicações de experiências relacionadas às *psi*. Esses registros apontam para a atribuição de eventos a forças sobrenaturais ou divinas por aparentemente escaparem à capacidade de ação humana. Nesses relatos incluem-se, por exemplo, as várias passagens bíblicas de sonhos proféticos, curas extraordinárias, multiplicação de pães e peixes e o caminhar sobre as águas. Note-se que várias religiões surgiram assentadas em experiências *psi* e/ou se referem a elas como fenômenos que mantêm a convicção de seus adeptos numa realidade transcendente. Este é o caso do surgimento e da manutenção do Espiritismo kardecista, por exemplo. As experiências *psi* estão nas narrativas dos médiuns e de seus assistentes, que afirmam que entidades espirituais podem perscrutar o futuro e reconhecer dados de suas vidas de modo anômalo. São também conhecidos em nosso meio cultural os relatos de suposta materialização de males espirituais em objetos concretos, como os observados no aparecimento súbito de pedaços de ossos, de terra e outros materiais no algodão ou dentro do travesseiro de alguém, por intermédio de uma pessoa considerada "dotada". A profunda ligação entre experiências *psi* e vivência religiosa em certos contextos culturais torna necessário compreendê-las de modo abrangente, para reconhecer as condições de surgimento e manutenção das práticas e vivências religiosas (Zangari, 1996).

Experiência fora do corpo (OBE, do inglês *out-of-body experience*), popularmente denominada "viagem astral", refere-se à experiência de uma pessoa sentir sua consciência♀ desprendida de seu corpo♀ físico e poder observar a si mesma como se estivesse em um local acima de onde está fisicamente, além de viajar por outros ambientes próximos e até mesmo locais distantes – aspecto que se imbrica com a possibilidade de aquisição de informação por percepção extrassensorial. São experiências que assumiram um colorido transcendental em grupos de natureza hermética, *New Age* e espírita ao longo da história e que inspiraram a criação de grupos paracientíficos de forte pendor religioso, como aquele inspirado nos trabalhos do conhecido espiritualista Waldo Vieira (1932-2015), criador do movimento da projeciologia/conscienciologia. Cientistas têm-se dedicado a buscar explicações psicológicas, psicossociais e, mais recentemente, neurofisiológicas para a experiência fora do corpo. As explicações incluem a interpretação◊ equivocada da paralisia do sono, que poderia oferecer a sensação de perda do controle da musculatura e do próprio eu; interpretações ligadas ao fenômeno do *sonho lúcido*, durante o qual a pessoa tem a consciência◊ de estar sonhando ao mesmo tempo que se sente desprovida de um corpo◊ físico, o que também é considerado uma experiência anômala; e interpretações ligadas a processos neuroquímicos no cérebro relacionados, por exemplo, à utilização de anestésicos.

Memórias de vidas passadas referem-se à nítida impressão que uma pessoa tem de ter sido outra pessoa em tempos remotos, sem que essa impressão anule a identidade atual. Sobretudo nos meios religiosos reencarnacionistas, tal experiência oferece ou reforça a certeza da existência de uma realidade transcendente, uma vez que esse tipo de lembrança não decorreria de fatores convencionais. São comuns casos indianos de crianças que dizem se recordar de sua vida pregressa em detalhes, como seu nome e de parentes, sua personalidade, sua própria história de vida e a causa de sua morte◊. Além desses relatos, pode haver sinais corporais, marcas de nascença correspondentes à forma como o experienciador teria morrido na suposta encarnação passada. Há casos em que a pessoa subitamente mostra ser capaz de desempenhar tarefas ou ter habilidades complexas para as quais não fora treinada, como falar e escrever uma língua estrangeira ou tocar um instrumento. Uma vez que tais memórias◊ não cabem no quadro explicativo científico do funcionamento da mente humana, podem levar a interpretações religiosas em prol da realidade da reencarnação. Há diferentes abordagens para o estudo desses casos. A mais conhecida leva em conta principalmente explicações relacionadas a fatores psicossociais relativos à formação das crenças◊ e à expectativa: um contexto cultural onde essas experiências são conhecidas, esperadas e altamente valorizadas ofereceria condições tanto para a eclosão da experiência quanto para sua interpretação◊. Outra abordagem de estudo enfoca mais o *aspecto parapsicológico* da experiência: considera-se que um ambiente cultural propício pode servir como gatilho de processos efetivamente anômalos, isto é, o experienciador de uma memória◊ de vida passada pode estar captando por telepatia informações acerca de outra pessoa que viveu anteriormente. Essas informações ajudariam a compor um quadro histórico verossímil e compatível com as crenças◊ e expectativas locais. Note-se que este é um exemplo de sobreposição de processos diversos, o que torna complexo o reconhecimento das variáveis que concorrem para uma determinada experiência anômala. Por vezes, as interpretações oferecidas para tentar esclarecer essa experiência parecem ainda mais herméticas do que a própria experiência tal qual narrada. Ao investigar experiências anômalas, é fundamental não se deixar dominar por crenças◊ e desejos◊ pessoais na análise e interpretação◊ do objeto de estudo.

Experiência de quase morte◊ (EQM) consiste em uma forte vivência com conteúdos transcendentais e/ou místicos que acontece em situação de intenso perigo físico ou emocional. Ocorre geralmente após um acidente ou durante uma cirurgia, acompanhada de variados fenômenos, como a visão de si mesmo e da situação de perigo, imagens em *flashback* que em segundos repassam toda a vida, e visualização e/ou entrada em um túnel onde se encontram entidades sagradas e/ou pessoas conhecidas ou desconhecidas, falecidas ou não. Essa experiência é impactante por seu aspecto de realidade. Leva, comumente, à confirmação subjetiva da transcendência e propicia a revisão de valores, crenças◊ e relações sociais. A EQM tem sido investigada em múltiplas frentes. No âmbito psicológico, é considerada com base nos mecanismos de defesa do ego: de modo inconsciente e automático, diante da iminência da morte◊, o sujeito poderia reunir as forças que ainda lhe restam na tentativa de manter a integração do eu, fazendo brotar uma série de imagens ligadas à revisão e à continuidade da vida. Em outra perspectiva, a EQM, assim como a experiência fora do corpo, por exemplo, leva ao interessante debate acerca das relações entre mente e corpo. Filósofos da mente, neurocientistas e psicólogos cognitivos, dentre outros, têm-se ocupado em estudá-la buscando saber se mente e corpo◊ poderiam, de fato, se separar e/ou manter certa autonomia ou independência entre si. Nesse âmbito, a maioria das explicações atuais tende a ser monista, ou seja, reduz as experiências individuais a mecanismos de ordem cerebral. Há, no entanto, um grupo menor de estudiosos que sustenta a irredutibilidade de certas experiências a processos puramente neurológicos e questionam o alcance das interpretações baseadas num fisicalismo ou naturalismo extremo. Outra via interpretativa para a EQM, ou para ao menos parte de suas manifestações, é aquela que a compreende como possível fenômeno parapsicológico à semelhança do que ocorreria nas experiências fora do corpo. O estado alterado de consciência◊ produzido por um acidente ou pela anestesia em situação cirúrgica poderia facilitar um processo de percepção extrassensorial que permitiria ao experienciador ver ao redor e a si mesmo "sem usar os olhos", ou "ver para além da localidade em que o corpo está".

Experiência de cura anômala diz respeito à cura de doença cuja explicação não pode ser encontrada do ponto de vista do *mainstream* científico. Remete às curas espirituais em variados contextos religiosos, como os milagres relatados em ambientes cristãos e as curas resultantes de procedimentos xamânicos e de cirurgias espirituais no contexto das religiões mediúnicas. Os procedimentos podem ser diversos, como as preces intercessórias, as técnicas que utilizam supostas energias sutis presentes em cristais ou aquelas que prometem o restabelecimento da saúde por meio da imposição das mãos ou do uso de substâncias químicas com princípios ativos desconhecidos pela ciência. Afirmar-se curado após submeter-se a práticas desse tipo leva comumente à firme adesão religiosa e, como em quase todas as demais experiências anômalas ocorridas em contexto religioso, sugere a confirmação de existência de uma realidade transcendente. O fato de uma pessoa ter sido ajudada a livrar-se de um perigo ou doença por vezes de modo definitivo aumenta a potência do impacto da experiência sobre si e os seus. São apontadas algumas hipóteses explicativas para as supostas curas anômalas. A primeira delas considera a importância do fator sugestivo, da expectativa e da crença. Há moléstias facilmente influenciadas por esses fatores psicológicos relacionados ao *efeito placebo*, que resulta da mobilização do sujeito que busca melhorar sua saúde. Estudos têm demonstrado que somos bastante susceptíveis a certos sinais externos dos procedimentos terapêuticos, como o tamanho, a cor e o tipo dos medicamentos de que fazemos uso. Uma pílula branca terá menores resultados do que uma pílula vermelha; duas pílulas vermelhas agirão melhor do que apenas uma; uma injeção terá mais efeito do que uma pílula, mesmo que nenhum princípio ativo esteja presente em qualquer das substâncias. De modo semelhante, mas com o efeito contrário, chamado *nocebo*, há piora da saúde quando há mobilização do sujeito nesse sentido, por saber ou acreditar ter sido alvo de alguma prática maléfica. Esse efeito tem sido descrito em contextos culturais onde são praticados magia negra e vodu, por exemplo. As descrições de antropólogos dão conta dessa eficácia simbólica em culturas nas quais se acredita que os processos de saúde e doença são regulados por forças ou seres transcendentais/espirituais. Há demonstração empírica por meio de experimentos bem controlados que, mesmo quando se tem ciência de que uma substância é inócua, é possível obter, por seu uso, o alívio de certas afecções. É de esperar, portanto, que, em ambientes religiosos onde há firme expectativa e crença na possibilidade de intervenção espiritual sobre a doença, os efeitos da "mente sobre o corpo" sejam ainda mais potencializados. Além do efeito placebo, há de considerar que as doenças têm um curso natural e podem se extinguir independentemente da intervenção humana. Remissões espontâneas, como são chamadas, poderiam também estar na base de experiências de cura anômala, que, nesse caso, seriam compreendidas como erro no julgamento de atribuição da causa da cura. O mesmo pode-se dizer dos casos em que se deixa de considerar procedimentos médicos convencionais mantidos durante o uso de práticas alternativas/religiosas. Tende-se a valorizar apenas o sistema de crença religiosa envolvido no tratamento, que oferece compreensão simbólica ao indivíduo em detrimento de outros processos. Outra hipótese investigada é a possibilidade de ação mental sobre o funcionamento cerebral. Há experimentos que apontam que a intenção de uma pessoa parece afetar o corpo de outra pessoa. Tratar-se-ia da testagem da capacidade psicocinética de influenciar mentalmente o ambiente. Todas essas questões remetem novamente às filigranas da relação mente-cérebro ou mente-corpo. A importância do contexto cultural no modo como o indivíduo representa saúde ou doença mostra-se fundamental para o processo de adoecer ou de tornar-se saudável, o que deixa mais complexa uma equação que não se reduziria ao binário corpo-mente. No entanto, ainda não está claro o quanto a religiosidade, o contexto religioso e as crenças, os valores e as atitudes religiosas podem influenciar a relação corpo-mente.

Experiências alucinatórias são percepções que ocorrem sem a presença de um estímulo objetivo, ainda que provoquem objetivamente forte impacto perceptivo no percipiente. Ver, ouvir e sentir-se tocado por entidades espirituais é algo bastante frequente em certos contextos religiosos. As religiões mediúnicas têm nomenclatura própria para médiuns que veem (por exemplo, médiuns videntes ou clarividentes) ou ouvem (por exemplo, médiuns clariaudientes) espíritos. No ambiente cristão, falar com Deus e ouvir suas mensagens é experiência frequente, sobretudo na vida dos santos. Xamãs, em suas jornadas espirituais, dizem passear pelo mundo dos espíritos para deles adquirir sabedoria e, com ela, auxiliar sua comunidade. Não faltam relatos de pessoas que alegam terem visto estátuas de santos piscarem, chorarem, falarem. Essa aparente relação direta entre o ser humano e entidades espirituais aos olhos da ciência pode ser interpretada como fruto de alucinação. Ainda que a literatura científica da alucinação remonte aos princípios da Neurologia, da Psiquiatria e da Psicologia, apenas recentemente alguns dos mais importantes fatores para a sua ocorrência foram descobertos. Diferentemente do que se supunha, as alucinações são também frequentes em pessoas saudáveis e sua ocorrência é fortemente influenciada pelo contexto. A ideia de que apenas portadores de distúrbios neurológicos ou psiquiátricos poderiam alucinar caiu por terra, trazendo uma nova perspectiva para a compreensão de experiências religiosas com componente aparentemente alucinatório. A alucinação pode ser induzida por meio de procedimentos hipnóticos em sujeitos altamente susceptíveis à hipnose, em quaisquer contextos. Assim, em ambiente religioso as pessoas podem indiretamente ser induzidas a responder às sugestões do contexto a ponto de perceberem, de modo alucinatório, entidades nas quais creem, que amam ou temem. Além disso, experiências alucinatórias podem configurar uma forma de acesso a informações obtidas por percepção extrassensorial, como apresentado na coleção de casos de Louisa Rhine (1966). Também são experiências correlatas e podem se referir a expressões de percepção extrassensorial as experiências de visão de aura, de visões no leito de morte e de aparição de mortos.

As *experiências com seres alienígenas* são aquelas nas quais seus experienciadores alegam ter tido alguma vivência dentro de uma ampla gama de experiências, que inclui desde a alegação de terem visto pontos de luzes coloridas com trajetórias anômalas no céu, passando pela visão propriamente do que afirmam ser seres de outros planetas, até aos relatos de contatos corporais com tais seres, inclusive de ordem sexual, chegando até aos supostos contatos de tipo telepático com tais entidades extraterrenas. Há um sem-número de grupos pararreligiosos compostos pela crença na existência de seres alienígenas de elevado poder moral e intelectual, que estariam em contato com seres humanos visando ao desenvolvimento ético da humanidade. A proximidade entre o discurso de tais grupos e aqueles francamente religiosos não parece ser mera coincidência. Os estudos revelam que esses grupos de adoração ufológica poderiam ser compreendidos como manifestações contemporâneas da religiosidade ocidental, fortemente influenciada pelo ambiente neoesotérico, paracientífico, e por variadas produções culturais, dentre as quais a mais significativa seria o cinema. Não é por acaso que surtos epidemiológicos de experiências desse tipo parecem acompanhar no tempo os grandes sucessos cinematográficos de temas alienígenas. A cultura popular influencia os modos de interpretação e pode gerar experiências alucinatórias individuais e mesmo coletivas, interpretadas como sendo genuínas aparições de seres extraterrenos. Tais experiências, por mais bizarras que possam parecer, não são necessariamente acompanhadas de sinais de transtornos mentais por parte daqueles que as relatam, mostrando o forte impacto social como sendo mais importante do que fatores exclusivamente individuais de tipo patológico, como informa Martins (2014).

Experiência mística consiste numa forte vivência de caráter transcendental que envolve a compreensão súbita e intuitiva do universo e a sensação de unidade com o cosmos, cujos efeitos se estendem a reações corporais e alteração de percepção de tempo e espaço. Essa experiência pode ser interpretada num quadro de referência religiosa ou não, mas comumente é reconhecida como religiosa. Não raro, uma experiência mística está ligada a uma experiência alucinatória. Como vimos anteriormente, alucinações podem ter como conteúdo qualquer representação ou ideia associada ao universo religioso. Assim, por exemplo, uma pessoa poderia se sentir invadida por uma vivência profunda de união com o universo e ao mesmo tempo sentir a presença de um ser interpretado como sobrenatural. Não se trata de duas experiências que necessariamente estão acompanhadas uma da outra, mas não é raro que a experiência mística enseje a experiência alucinatória de conteúdo religioso. No já mencionado *The varieties of religious experience: A study in human nature*, William James abordou essas experiências em detalhes em diversos aspectos e, por sua magnitude e impacto, considerou-as privilegiadas como objeto de investigação da experiência religiosa.

Todas as experiências anômalas brevemente apresentadas permanecem na tensão entre explicações naturalistas e sobrenaturalistas, especialmente as de cunho religioso. Vale ressaltar que a busca de interpretações naturalistas para as experiências anômalas não implica afirmar a inexistência de uma realidade sobrenatural ou transcendente. Estudar experiências anômalas não significa assumir interpretações religiosas, mas também não significa desqualificá-las. À ciência cabe buscar causas naturais até para aquilo que é interpretado popularmente como sobrenatural, mas não lhe cabe negar aquilo que o método científico jamais permitirá avaliar, como prescreve o *princípio da exclusão metodológica do transcendente*, sustentado pelo psiquiatra Théodore Flournoy (1854-1920), pioneiro da Parapsicologia, da Psicologia da Religião e da Psicologia Anomalística. O transcendente não se presta ao exame científico.

Independentemente dessa discussão de cunho ontológico, experiências anômalas são um enorme desafio à ciência em geral e à Ciência da Religião em particular, na medida em que compõem parte importante das vivências religiosas, quer por sua natureza rara e ainda não completamente conhecida pela ciência, quer pelo processo de atribuição de causalidade que popularmente recai, quase que inevitavelmente, na esfera do religioso. Seja como for, experiências anômalas estão nas narrativas de fundação de movimentos religiosos e servem como confirmação, sustentação e manutenção da fé de participantes desses movimentos. Cientistas da religião podem investigar os limites das potencialidades humanas por meio da avaliação das relações

EXPERIÊNCIAS ANÔMALAS

entre religião♀ e experiências anômalas, ou podem buscar compreender o quanto a religiosidade é fator fundamental na modulação dessas potencialidades. Variáveis como a expectativa, a crença♀ e os valores parecem jogar importante papel na emergência de processos psicológicos (e talvez parapsicológicos) profundamente ligados às experiências religiosas, se é que é possível separar delas as experiências anômalas. A Ciência da Religião♀, portanto, pode e deve não apenas se beneficiar do estudo das experiências anômalas, como também contribuir para a compreensão do quanto a dimensão religiosa pode afetar e ser afetada por processos psicológicos.

Bibliografia: ALVARADO, C. et al. Perspectivas históricas da influência da mediunidade na construção de ideias psicológicas e psiquiátricas. *Revista de Psiquiatria Clínica*, v. 34, supl. 1, 2007, p. 42-53; Cardeña, E.; Lynn, S. J.; JKripner, S. *Variedades da experiência anômala*: análise de evidências científicas. São Paulo: Atheneu, 2013; HOLT, N. J. et al. *Anomalistic Psychology*. Londres: Palgrave Macmillan, 2012; James, W. *The varieties of religious experience*: A study in human nature. New York: Longmans, Green, 1902; Machado, F. R. Experiências anômalas (extra-sensório-motoras) na vida cotidiana e sua associação com crenças, atitudes e bem-estar subjetivo. *Boletim Academia Paulista de Psicologia*, v. 30, n. 79, 2010, p. 462-483; MARTINS, L. B. *Procurado*: descobertas recentes da Psicologia sobre experiências alienígenas e sobrenaturais. São Paulo: Biblioteca 24 Horas, 2014; RHINE, L. E. *Canais ocultos do espírito*. São Paulo: Bestseller, 1966; ZANGARI, W. *Parapsicologia e religião*: a importância do estudo das experiências parapsicológicas para uma compreensão mais abrangente dos fenômenos religiosos. Dissertação de Mestrado. Ciência da Religião. Pontifícia Universidade Católica de São Paulo, 1996.

FATIMA REGINA MACHADO
WELLINGTON ZANGARI

EXPLICAÇÃO → Epistemologia

F

FANATISMO

O termo "fanatismo" é comumente empregado, no senso comum, para se referir a formas extremadas (e frequentemente irracionais ou desmedidas) de adesão, afiliação ou envolvimento ideológico ou grupal, incluindo o envolvimento religioso. Diz-se de um torcedor ferrenho de futebol, por exemplo, que é torcedor "fanático". Assim também se diz de um religioso fervoroso, de intenso envolvimento e dedicação às suas crenças e práticas religiosas. O fanatismo permeia discussões sobre violência e terrorismo religiosos, diálogo inter-religioso e psicopatologia e religião. Mas apesar do uso frequente do termo, quer no cenário cotidiano e na mídia, quer nos debates acadêmicos, o fanatismo adquiriu conotações distintas ao longo do tempo, sendo sua acepção atual um desenvolvimento relativamente recente na história ocidental.

Conforme nos explica Cavanaugh, o fanatismo emergiu no século XVI como "heresia teológica" (2011, p. 230), como uma tentativa de atribuir a movimentos religiosos demarcados (a exemplo dos anabatistas durante a Reforma Protestante) um caráter desviante, pela sua intenção de estabelecer o Reino de Deus na terra, sem a mediação da Igreja oficializada. Embora nesse período não se pudesse falar propriamente de uma separação entre Igreja e Estado (na verdade, as funções da Igreja se confundiam com as do Estado, no que se caracterizou como um processo de transição das monarquias medievais feudais para a noção moderna de Estado), o fanatismo representava, não obstante, "um desafio para o poder das autoridades civis de mediarem as identidades cristãs às massas cristãs" (p. 203). Os movimentos desviantes e seitas rivais eram definidos como fanáticos por buscarem formas de revelação e inspiração religiosas que não se ajustavam àquelas disciplinadas pelo Estado-Igreja. Assim, o fanatismo era identificado com experiências de profecia, mas uma falsa profecia, atribuída às paixões, à alucinação, ao erro.

Mais tarde, com a emergência do Iluminismo e do pensamento liberal, os quais assentaram as bases da moderna separação entre Igreja e Estado, o termo "fanático" passa a indicar a imposição, por parte de certos indivíduos ou grupos, de suas crenças, práticas e experiências religiosas ao espectro mais amplo da sociedade civil. O fanático é, assim, aquele que se recusa a remover seus julgamentos da esfera pública, mantendo-os na esfera restrita, privada da religião. Nesse processo, filósofos como John Locke (1632-1704), Voltaire (1694-1778) e Immanuel Kant (1724-1804) foram instrumentais para estabelecer uma nova definição de fanatismo.

No trabalho de Immanuel Kant, mais especificamente em sua *Crítica da razão prática*, o fanatismo será definido em termos de uma extrapolação dos limites da razão. Para Kant, o fanático se coloca como ameaça à ordem pública pela imposição de suas visões e ideais, o que impossibilitaria o estabelecimento de um consenso, condição basilar das relações civis. Para Voltaire, a religião deve estar subordinada ao Estado. Uma religião de Estado é controlável e ajuda a impedir a violência religiosa. Fora das mãos do Estado, a religião tenderia para o fanatismo, para o conflito entre visões distintas e, consequentemente, para a violência. Aqui, da mesma forma que em Kant, a religião se identifica com a irracionalidade e com as paixões desmedidas, sendo necessário garantir seu controle pela mão do Estado. Já não há em Voltaire a distinção entre profecia fanática, ilusória e profecia verdadeira, como defendida pelos teólogos do século XVI, mas entre o fanatismo e a tolerância à diversidade de opiniões (Cavanaugh, 2011).

Em John Locke, por sua vez, estabelece-se uma distinção entre a verdadeira religião, no sentido da expressão religiosa que se dá no nível da consciência individual, e as decisões dos magistrados. Não se deve interferir, segundo Locke, na liberdade de opinião religiosa, a não ser quando esta se torna ameaçadora à ordem pública, na relação dos indivíduos com o Príncipe ou com seu vizinho, sendo considerada, nesse caso, expressão de fanatismo. Vê-se, desse modo, como a moderna concepção de separação entre Igreja e Estado se relaciona diretamente ao conceito de fanatismo. O fanatismo é empregado como critério delimitador, como linha divisória entre uma religião organizada, tolerada pelo Estado e pelas seitas e grupos dissidentes (não obrigatoriamente violentos, mas, ainda assim, ameaçadores da ordem instituída, em função de suas concepções polêmicas ou contrastantes). Cavanaugh explica, por fim, como o conceito ocidental de fanatismo acabou moldando nossa compreensão acerca das sociedades não ocidentais. Assim, supõe-se, por exemplo, que "as sociedades muçulmanas são peculiarmente propensas ao fanatismo e à violência porque ainda não aprenderam a separar a religião, que é inerentemente volátil, da política. O mito da violência religiosa é um tipo de Orientalismo que opõe a razão ocidental ao mundo não ocidental, irracional e ignorado" (Cavanaugh, 2011, p. 235).

De modo subjacente ao uso cotidiano do termo "fanatismo", pode-se identificar todo um percurso histórico de delimitação dos lugares ocupados pela religião no contexto da sociedade ocidental. Mas a despeito da importante crítica sócio-histórica à noção de fanatismo, outros conceitos emergiram ao longo dos anos visando abarcar manifestações de fanatismo religioso, como os conceitos de extremismo religioso, terrorismo religioso e radicalismo religioso. Tais conceitos têm sido empregados por psicólogos sociais e outros cientistas sociais para descrever uma ampla gama de fenômenos religiosos contemporâneos. Uma tendência frequente nesses estudos tem sido a de investigar quais fatores sociais e psicológicos predisporiam determinados indivíduos a apresentar comportamentos religiosos extremistas, como, por exemplo, atos violentos contra outros religiosos ou envolvimento com (ou apoio ao) terrorismo religioso. Nesse sentido, as teorias existentes são diversas e por vezes conflitantes entre si. Determinados modelos enfatizam fatores sociais, culturais e econômicos mais amplos, enquanto outros enfatizam aspectos individuais e indicadores psicopatológicos.

Dentre os modelos de fatores sociais, vários autores enfatizam o papel que a marginalização econômica, étnica ou política pode desempenhar na estimulação de comportamentos violentos e atitudes extremistas, sob a forma de tentativas disfuncionais de obtenção de visibilidade social. A evidência em favor desse modelo, porém, é mista, havendo estudos que demonstram não haver correlação direta entre a condição socioeconômica e atitudes religiosas radicais. Outros modelos enfatizam o fato de grupos religiosos radicais recrutarem para seus quadros geralmente os adultos jovens (entre 18 e 35 anos). Acredita-se, nesse sentido, que justamente em um período no qual a identidade social se acha em processo de consolidação e no qual a rede de contatos e amizades externa à família pode desempenhar maior influência sobre o indivíduo, haveria também uma maior vulnerabilidade à assunção de posicionamentos e comportamentos ideológicos extremistas sob a influência do grupo. Uma terceira linhagem teórica salienta, ainda, o papel que o próprio sistema de crença religioso desempenharia na adesão ao radicalismo. Considera-se, assim, que, ao incitarem emoções poderosas, relacionando-as a padrões específicos de comportamento, como a devoção, o sacrifício e a disciplina, certos movimentos religiosos predisporiam os indivíduos a atitudes radicais. Todavia, tal modelo tem sido criticado pela correlação por vezes ingênua que estabelece entre crenças radicais e *comportamento* radical, sendo que nem sempre a adesão a posições extremadas acompanha uma inevitável passagem ao ato (Rink; Sharma, 2018).

A investigação de modelos estruturados no sistema de crenças ilustra, por sua vez, alguns dos problemas metodológicos envolvidos na investigação do radicalismo religioso. Pesquisas baseadas em questionários e entrevistas, por exemplo, podem não refletir toda a amplitude do envolvimento de um indivíduo com grupos ou práticas extremistas, quer em função de vieses de resposta, como a desejabilidade social, quer em função da própria limitação desses instrumentos para captarem a complexidade do envolvimento religioso radical em suas muitas dimensões subjetivas e concretas. É de fundamental importância, assim, que a pesquisa nessa área busque sempre a constante integração de fontes e técnicas diversas de coleta de dados em um paradigma multimétodos e interdisciplinar. É preciso considerar o que *pensam* ou *sentem* as pessoas, mas também como *agem* individual e coletivamente.

Por outro lado, Dawson (2010) defende a importância do sistema de crenças para a compreensão do comportamento terrorista. Segundo o autor, a combinação de sistemas de crença apocalípticos com formas carismáticas de liderança ou autoridade pode exercer um efeito poderoso sobre indivíduos que estejam enfrentando processos de crise de identidade. Dawson acredita que muitos pesquisadores e agências governamentais têm adotado um posicionamento excessivamente secular em relação à violência religiosa, vendo-a como expressão de grupos políticos que usam da religião apenas para justificar suas ações ou manipular pessoas, quando, na verdade, as crenças religiosas cumpririam um importante papel motivador, posicionamento esse que é compartilhado por outros autores, como Crenshaw (2000).

Um último conjunto de hipóteses defende a investigação de fatores psicológicos e individuais implicados no radicalismo religioso, como, por exemplo, um histórico de experiências traumáticas (desde abusos e tortura à perda de entes queridos) ou dificuldades no estabelecimento e manutenção de relacionamentos interpessoais. A ideia central desse modelo é a de que a vulnerabilidade psicológica experimentada por certos indivíduos poderia levá-los à assunção de crenças e posicionamentos radicais como uma tentativa disfuncional de estabelecer um autoconceito estável ou direcionar sua agressividade reativa a alvos considerados ideologicamente passíveis de culpabilização (Rink; Sharma, 2018).

Outra teoria psicológica bastante discutida tem sido a *teoria da gestão do terror* (Pyzscynski et al., 2003), que afirma que o medo da morte é uma característica humana básica e que várias atividades humanas (como a religião) teriam como propósito explícito ou implícito o apaziguamento (isto é, o controle, a gestão) da ansiedade diante da morte. A teoria da gestão do terror pressupõe uma relação direta entre o estabelecimento de uma autoestima e um autoconceito adaptativos e a obtenção de controle sobre o terror diante da própria finitude. A teoria pressupõe que grupos radicais (incluindo grupos religiosos) forneceriam um sentido de vida e propósito mais amplo para pessoas cuja autoestima esteja de algum modo prejudicada ou distorcida. Assim, qualquer ameaça ao sistema de crenças𝒫 grupais será vista como uma ameaça à própria identidade individual e, consequentemente, ao estabelecimento de um senso do eu estável, capaz de administrar a ansiedade causada pelo reconhecimento da própria mortalidade e fragilidade. Paradoxalmente, muitos indivíduos estariam dispostos a sacrificar sua vida em nome da coesão identitária grupal ou da expectativa de serem recompensados em uma vida pós-morte. A teoria da gestão do terror tem sido aplicada à compreensão de diferentes fenômenos sociais, tendo-se dedicado um livro específico sobre sua aplicação à compreensão do ataque terrorista às torres gêmeas nos Estados Unidos, em 11 de setembro de 2001, lançado pela *American Psychological Association* (Pyzscynski et al., 2003).

Em um estudo multimétodos𝒫 investigando diferentes hipóteses sociais e psicológicas para o radicalismo religioso, Rink e Sharma (2018) encontraram que fatores psicológicos, tais como conflitos familiares, dificuldades prévias no estabelecimento de relacionamentos interpessoais e a intensidade da adesão às crenças𝒫 religiosas, exerciam uma influência muito maior em atitudes extremistas, se comparados com outros fatores em uma amostra de muçulmanos e cristãos do Quênia. Os autores sugerem, assim, que teorias voltadas à compreensão dos determinantes do radicalismo religioso estejam voltadas para fatores que se dão no nível individual (psicológico) e processual (identificação com as crenças𝒫 religiosas, vínculos sociais e compartilhamento de práticas e crenças𝒫 no contexto de grupos radicais). Não foram encontradas evidências de que fatores como marginalização política, étnica ou econômica (pobreza𝒫), ou variáveis sociodemográficas (como gênero𝒫 e idade) exercessem influência significativa sobre o radicalismo religioso.

Todavia, Rink e Sharma são cuidadosos ao discutir os resultados da pesquisa, reconhecendo que as estatísticas apresentadas apontam para tendências ou padrões sistemáticos ao invés de regras. Em outras palavras, seria perfeitamente possível encontrar pessoas com as mesmas características psicológicas e sociais descritas anteriormente, mas que não evidenciam atitudes religiosas𝒫 radicais. Embora tais características estejam comumente relacionadas ao extremismo, não se pode afirmar que todo radical preencha o mesmo perfil. Este é, aliás, um dos principais desafios dos estudos sobre extremismo religioso, isto é, a identificação de um perfil sociopsicológico claro. Características de personalidade e presença de transtornos mentais, por exemplo, apesar de relevantes para a compreensão do extremismo religioso, não costumam ser homogêneas e previsíveis o suficiente

para permitir a elaboração de uma teoria única, o que contraria, assim, a hipótese de um perfil válido universalmente. Muitos indivíduos que posteriormente se envolveram com terrorismo religioso tinham uma vida econômica estável e viviam suas vidas de forma aparentemente convencional, sem apresentar histórico de crimes ou violência (Dawson, 2010).

É importante observar, a esse respeito, como preconceitos𝒫 e concepções equivocadas podem influenciar a maneira como o extremismo religioso é identificado e explicado. Indivíduos que manifestam atitudes negativas em relação a muçulmanos tendem a perceber atiradores em massa muçulmanos como menos propensos a transtornos mentais, mais passíveis de culpabilidade e com intenções terroristas, se comparados com atiradores em massa de outras religiões ou não religiosos. Os autores do estudo acreditam que tais concepções enviesadas podem tanto reforçar o preconceito𝒫 contra muçulmanos em geral quanto superestimar a violência inspirada por grupos como o Estado Islâmico, ignorando ou relativizando o perigo de grupos extremistas não muçulmanos (Mercier et al., 2018).

A despeito de toda violência, conflito e terror que grupos fanáticos ou extremistas tendem a ocasionar, é fundamental que se mantenha um olhar sensível para os diversos fatores religiosos, sociais e psicológicos que levariam alguém a se tornar membro desses grupos. Nesse sentido, suas crenças𝒫 religiosas não deveriam ser entendidas, invariavelmente, como desvios da racionalidade ou da lógica. Como afirma Crenshaw (2000, p. 410), "é essencial compreender as ideologias𝒫 ou visões de mundo dos praticantes de terrorismo em seus próprios termos, e não simplesmente excluí-las da análise porque parecem irracionais". Tais ideologias𝒫 servem a funções psicológicas ou emocionais importantes para esses indivíduos e negligenciar isso pode dificultar ainda mais uma aproximação. Tal posicionamento é fundamental para se pensar iniciativas contrárias ao extremismo no contexto do diálogo inter-religioso𝒫, sobretudo nos casos de extremistas potenciais (indivíduos vulneráveis), mas que ainda não integraram grupos radicais, ou cuja conversão é recente.

Bibliografia: CAVANAUGH, W. The invention of fanaticism. *Modern Theology*, v. 27, n. 2, 2011, p. 226-237; CRENSHAW, M. The psychology of terrorism: an agenda for the 21st century. *Political Psychology*, v. 21, n. 2, 2000, p. 405-420; DAWSON, L. The study of New Religious Movements and the radicalization of home-grown terrorists: opening a dialogue. *Terrorism and Political Violence*, v. 22, n. 1., 2010, p. 1-21; MERCIER, B.; NORRIS, A.; SHARIFF, A. Muslim mass shooters are perceived as less mentally ill and more motivated by religion. *Psychology of Violence*, v. 8, n. 6, 2018, p. 772-781; Pyzscynski, T.; SOLOMON, S.; GREENBERG, J. *In The Wake of 9/11*: The Psychology of Terror. Washington, DC: American

Psychological Association, 2003; RINK, A.; SHARMA, K. The determinants of religious radicalization: evidence from Kenya. *Journal of Conflict Resolution*, v. 62, n. 6, 2016, p. 1229-1261.

EVERTON DE OLIVEIRA MARALDI

FATALISMO → Destino

FÉ → Crença

FEITICEIRO → Especialista religioso

FELICIDADE

Na literatura científica, encontra-se a felicidade como correlata de outros termos, tais como bem-estar, qualidade de vida, satisfação com a vida. A felicidade pode ser definida como "o grau em que um indivíduo julga favoravelmente a qualidade geral de sua vida como um todo" (Veenhoven, 1994, p. 106). Ao longo da história, os filósofos consideraram a felicidade como a mais alta e boa motivação final para a ação humana (Diener, 1984). Entretanto, foi a partir de 1960 que a felicidade também passou a ser investigada pelas Ciências Sociais e do comportamento humano. A Psicologia, por exemplo, até a década de 1960, muito se dedicou ao sofrimento e à infelicidade humana, mas pouco à felicidade. A partir de 1998, com a fundação do movimento conhecido como Psicologia Positiva, o tema da felicidade ganhou força (Seligman, 2011).

Algumas revisões sobre história e filosofia da felicidade e termos correlatos até a década de 1980 podem ser encontradas em Diener (1984). A partir da década de 1980, Diener passou a ser uma referência nos estudos de felicidade e bem-estar, tendo vários escritos de referência para essa temática que podem ser acessados tanto para a história do conceito como para uma revisão das pesquisas empíricas relacionadas. Ele defende que as definições de felicidade ou bem-estar podem estar agrupadas em três categorias. Na primeira categoria, a felicidade não foi pensada como um estado subjetivo, mas sim em qualidades desejáveis de uma pessoa. Assim, o bem-estar podia ser definido por critérios externos, tais como virtude ou santidade, que eram desejáveis, ou seja, podiam ser considerados critérios normativos. Assim, o critério de felicidade não é a avaliação própria de quem a vive, mas sim os valores que estão sendo observados. Diener explica que, quando Aristóteles escreveu sobre eudemonia através da vida virtuosa, estava se referindo a um padrão normativo, através do qual a vida das pessoas poderia ser avaliada. Em uma segunda categoria, Diener aponta que os cientistas sociais passaram a se concentrar na questão do que leva as pessoas a avaliarem suas vidas em termos positivos, isto é, um critério subjetivo. Essa definição passou a ser chamada de "satisfação com a vida". Diener chama a atenção para o fato de que o bem-estar de uma perspectiva subjetiva pode ser rastreado há vários milênios, embora tenha se tornado uma ideia popular apenas recentemente. Um terceiro sentido de felicidade denota a preponderância do afeto positivo sobre o afeto negativo, enfatizando a experiência emocional prazerosa. Para Diener, esse terceiro sentido é o que mais se aproxima do modo como o termo é usado na vida cotidiana.

Dentro do campo da felicidade encontra-se uma distinção filosófica bastante antiga entre eudemonia e hedonia. Considera-se que além da filosofia também algumas religiões são fontes igualmente antigas do pensamento eudemônico (Huta, 2013). A tradição hedônica tem sua origem apontada na Grécia, no século IV a.C., e está relacionada com o hedonismo, da palavra grega *hedonê*, relacionada a prazer e vontade. Nesse sentido, a felicidade estaria relacionada a sentir prazer, experienciar mais afetos positivos e menos afetos negativos. Nas pesquisas atuais, essa noção tem sido associada às pesquisas do bem-estar subjetivo, teoria defendida por Diener, na qual o bem-estar é avaliado a partir de um componente afetivo (afetos positivos e negativos), mas também em uma avaliação cognitiva de satisfação com a vida. Por sua vez, o eudaimonismo, que tem origem na palavra grega *eudaimonia*, derivado de *eudaimon*, está relacionado ao pensamento filosófico de Aristóteles, relacionando-se com a realização de uma vida plena, a realização dos potenciais humanos. Também é considerada uma perspectiva ligada à vivência de valores, incluindo valores religiosos.

Encontra-se na literatura um debate acerca dessas duas tradições sobre felicidade. Compreende-se que há uma sobreposição entre a experiência de hedonia e de eudemonia, visto que, além do entendimento teórico, as pesquisas indicam uma alta covariância estatística entre ambas. Waterman, Schwartz e Conti (2008) apontam que, embora nem todo prazer tenha origem em uma vida eudemônica, o contrário pode ser afirmado, visto que, se uma pessoa vivencia uma vida eudemônica, ela necessariamente também experimenta um prazer hedonista. Em geral, nos estudos sobre felicidade ou variáveis correlatas há o predomínio da perspectiva hedônica. Algumas razões para isso são apontadas por Huta. A autora afirma que a dimensão eudemônica é mais difícil de ser definida, operacionalizada e manipulada em pesquisa, pois envolve aspectos de abstração, sutileza e subjetividade, relacionando-se diretamente a valores (Huta, 2013).

Diener (1984) afirma que, após as postulações filosóficas gregas sobre felicidade, pouco se avançou em teorias. O autor encontrou seis diferentes posições teóricas possíveis, explicitadas a seguir. Na primeira delas estão as teorias que ele define como "finalistas", que são aquelas que defendem que a felicidade acontece quando um estado, um objetivo ou uma necessidade é alcançado. Um segundo grupo de teorias estaria relacionado ao prazer e à dor. Para elas, prazer e dor são intimamente relacionados, e a felicidade resultaria de combinações entre prazer e desprazer na vida. Uma suposição presente aqui é que, quanto maior a privação e, com ela, a infelicidade, maior a alegria de atingir a meta. O terceiro grupo seria formado pelas teorias da atividade, que colocam a felicidade como um resultado das atividades humanas, diferentes das teorias finalistas, por exemplo, em que a felicidade é resultado de estados finais. Diener aponta Aristóteles como um defensor de uma das primeiras e mais importantes teorias de atividades, visto que afirmava que a felicidade vem através de atividade virtuosa. Outras teorias da atividade referem-se à atividade em termos mais gerais, como *hobbies*, interação social e exercícios. Outra forma em que as teorias sobre felicidade e bem-estar são compreendidas referem-se às teorias de cima para baixo (*top-down*) e as de baixo para cima (*bottom-up*). As teorias *bottom-up* sustentam que a felicidade é a soma de pequenos prazeres. Assim, em relação à satisfação com a vida, a satisfação média com áreas específicas da vida leva a como a satisfação de vida é avaliada de forma geral. Ao contrário, as teorias *top-down* compreendem que há uma tendência geral no indivíduo para experimentar eventos positivos. Desse modo, seguindo o exemplo da satisfação com a vida, a satisfação geral com a vida é que vai influenciar a satisfação com áreas específicas da vida. Teorias associacionistas são aqueles modelos que procuram explicar por que alguns indivíduos têm um temperamento predisposto à felicidade, a partir de princípios cognitivos, condicionantes ou de memória. Já as teorias do julgamento ou de avaliação são aquelas que compreendem que a felicidade é resultado de uma comparação entre uma condição padrão e a condição real. Nesse entendimento, quando as condições reais são melhores que o padrão comparativo, tem-se a felicidade.

A partir da proposta de Diener sobre as seis teorias da felicidade, novas teorias foram difundidas. Entre elas a teoria das discrepâncias múltiplas, que se aproxima das teorias de julgamento na classificação de Diener, pois entende a felicidade como resultado da comparação com diferentes padrões. As discrepâncias são geradas como resultado entre a situação atual que a pessoa vive e: 1) aquilo que ela deseja; 2) o que as pessoas significativas para ela possuem; 3) a melhor situação em que ela já esteve no passado; 4) quais expectativas que tinha há três anos e o que tem agora; 5) quais as expectativas quanto ao futuro; 6) o que considera merecer; 7) o que tem como necessidade.

Outra teoria que tem embasado estudos sobre felicidade é a da homeostase. Do mesmo modo que o organismo procura manter sua homeostase em relação à temperatura corporal, o bem-estar também é mantido por uma série de fatores psicológicos. Assim, o bem-estar de cada pessoa permanece relativamente estável ao longo do tempo, de modo que os eventos negativos são amortecidos e garantem a satisfação com a vida. Portanto, quando responde o quão satisfeita está com a sua vida em geral, a pessoa reflete seu estado geral de bem-estar, indicando o nível do sistema homeostático. Para a manutenção da homeostase atuam diversos fatores internos, como a autoestima, o otimismo e o controle percebido, e externos, como o apoio social.

Ao pesquisar felicidade, um dos objetivos dos pesquisadores tem sido definir o que faz ou torna as pessoas felizes. Dessa forma, é possível encontrar pesquisas sobre a relação da felicidade e uma série de fatores, tais como sexo, idade, recursos materiais, relacionamentos interpessoais, religiosidade e assim por diante. Em 1967, Warner Wilson apresentou uma revisão intitulada "Correlações de felicidade declarada" na revista *Psychological Bulletin*, na qual, com os dados disponíveis até ali, concluiu as características de uma pessoa feliz. Essa seria jovem, saudável, educada, bem remunerada, extrovertida, otimista, livre de preocupações, religiosa, casada e com alta autoestima, de aspirações modestas, de ambos os sexos, e de uma ampla gama de inteligência. Com os avanços dos estudos, o conceito de Wilson foi sendo testado e reformulado. Diener et al. (1999) concluíram que todos os fatores demográficos, em conjunto, não são responsáveis por muita variação no bem-estar subjetivo. Os autores enfatizaram que uma pessoa feliz teria um temperamento positivo, otimista, e não pensaria excessivamente sobre eventos ruins. Além disso, estaria vivendo em uma sociedade economicamente desenvolvida, teria confidentes para/com quem compartilhar suas experiências e possuiria recursos adequados para progredir em direção a objetivos. Dentro da Psicologia Positiva, alguns aspectos foram propostos para o desenvolvimento da felicidade. Por exemplo, Seligman (2011) propõe um modelo de bem-estar composto de emoção positiva, envolvimento, significado, relacionamentos positivos e realização. É possível encontrar diversos estudos sobre o tema que investigam o perfil de pessoas felizes, aspectos relacionados à felicidade, consequências da felicidade, comparações entre países e grupos, intervenções para promover a felicidade e assim por diante.

Na busca por encontrar as variáveis preditoras da felicidade na população geral, muitos autores se voltaram ao estudo da religiosidade. A religiosidade foi medida nesses estudos de diferentes formas, incluindo frequência de visitas a igrejas ou templos, frequência de práticas religiosas individuais (como orações e meditação♀), percepção subjetiva de religiosidade (o quanto o indivíduo se vê como religioso ou o quanto a religiosidade é vista como importante em sua vida) e crenças♀ religiosas. Em uma grande revisão de cem estudos conduzida por Koenig, McCullough e Larson (2001), os autores encontraram que 80% dos estudos indicavam uma relação positiva entre religiosidade e satisfação com a vida, um indicador de felicidade. As hipóteses levantadas foram de que a religiosidade produz a felicidade porque fornece um propósito para a vida e um senso de pertencimento grupal (o que alguns autores chamam de "capital social").

Todavia, é difícil extrapolar os resultados dos estudos revisados por Koenig et al. para todos os indivíduos religiosos, uma vez que contemplavam poucas comparações entre indivíduos de afiliações e crenças♀ religiosas distintas, e mesmo entre indivíduos de contextos culturais distintos. Levando em conta esses aspectos, Okulicz-Kozaryn (2010) analisou as relações entre religiosidade e satisfação com a vida em 79 nações (incluindo o Brasil), a partir de dados do *World Values Survey Data*. O autor teorizou que a religiosidade seria preditora da felicidade apenas nos casos em que ela pudesse fornecer alguma forma de apoio ou ganho social. O que Okulicz-Kozaryn encontrou foi que, na verdade, a relação entre religiosidade e felicidade tem uma distribuição bimodal, isto é, há pessoas religiosas muito felizes e outras muito infelizes com suas vidas. Por sua vez, as pessoas religiosas eram mais felizes em nações mais religiosas, indicando uma influência do contexto. Por fim, as variáveis de religiosidade mais diretamente ligadas a um ganho em termos de capital social (como a frequência de visitas a igrejas e envolvimento em grupos religiosos) prediziam maior felicidade se comparadas com as crenças♀ religiosas abraçadas pelo indivíduo ou as suas práticas religiosas individuais, fornecendo suporte para a hipótese do autor.

Outros estudos também surgiram no sentido de questionar uma associação positiva necessária entre religiosidade e felicidade. Um grupo de pesquisadores do Reino Unido (Lewis; Maltby; Burkinshaw, 2000) não encontrou associação estatisticamente significativa entre medidas de religiosidade e felicidade. Os autores também observaram que a associação entre essas duas variáveis parece depender do tipo de medida utilizada para avaliação da felicidade. Dependendo da escala empregada, a associação pode se revelar significante ou não. Isso se deve não apenas a diferenças nas propriedades psicométricas dos instrumentos, como também à própria multidimensionalidade da religião♀ e da felicidade. Em conjunto, os estudos de Okulicz-Kozaryn e outros evidenciam uma complexidade nas relações entre religiosidade e felicidade que pode não ser percebida quando se trabalha com amostras de um único contexto cultural ou quando se utilizam sempre as mesmas medidas.

Em um estudo com crianças de oito a doze anos, um grupo de pesquisadores canadenses verificou que a espiritualidade♀, definida pelos autores como "um sistema de crenças♀ internas ao qual uma pessoa recorre para obter força e conforto, enquanto a religiosidade se refere a rituais, práticas e crenças♀ religiosas institucionais" (Holder; Coleman; Wallace, 2010, p. 132), estava mais positivamente associada à felicidade do que ao envolvimento com práticas religiosas (ir à igreja, rezar ou meditar). A espiritualidade♀ explicou entre 3 e 26% da variância na felicidade das crianças, dependendo das medidas. O temperamento também foi um preditor de felicidade, mas a espiritualidade♀ permaneceu como um preditor significativo de felicidade, mesmo após a remoção da variância associada ao temperamento. Os domínios da espiritualidade♀ pessoal (ou seja, significado e valor conferido à própria vida) e comunitários (qualidade e profundidade dos relacionamentos interpessoais) foram particularmente bons indicadores da felicidade das crianças. Os resultados de Holder, Coleman e Wallace vão à contramão dos estudos já citados, porque mostram a espiritualidade♀ como um preditor mais importante do que a religiosidade. Por outro lado, como algum grau de espiritualidade♀ pode ser relatado mesmo por indivíduos pouco religiosos, esse dado poderia novamente sustentar a hipótese de uma ausência de associação necessária entre religiosidade e felicidade.

É preciso considerar, todavia, que a felicidade é conceituada de modos muito distintos, dependendo da perspectiva filosófica ou religiosa adotada. Os instrumentos de medida na área de saúde♀ podem refletir certas noções de felicidade e satisfação com a vida que não correspondem necessariamente aos valores de algumas pessoas religiosas. Para alguns, como os membros de igrejas neopentecostais, a felicidade é algo que se pode buscar e se obter satisfatoriamente enquanto ainda estamos neste mundo. Para outros religiosos, a felicidade pode ser algo reservado a uma situação futura, a um paraíso♀ cujas características diferem deste mundo, conquistado apenas após a morte♀ ou em decorrência de alguma profunda transformação na terra. Enquanto para algumas religiões a felicidade pode ser conquistada a partir de nossos esforços, para outras nosso destino♀ pode estar de tal modo traçado que a felicidade e a satisfação podem não ocorrer. Por sua vez, a maneira como se deve viver neste mundo e os meios pelos quais os indivíduos obtêm satisfação em suas vidas diferem conforme os valores de cada religião, podendo variar desde a prosperidade financeira a diversificadas formas de comunhão espiritual. Assim, uma possível alternativa seria a de os pesquisadores adaptarem os instrumentos utilizados conforme a religião♀ ou o contexto de estudo.

Também é fundamental que se considere a multidimensionalidade tanto da religião quanto da própria noção de felicidade. Como vimos anteriormente, a perspectiva religiosa cristã se associa, histórica e filosoficamente, a uma noção eudemônica de felicidade, o que diminuiria a ênfase na satisfação de prazeres imediatos e o contentamento com conquistas terrenas transitórias, muitas das quais interpretadas pelos pesquisadores como indicativas de satisfação com a vida ou a promoção da felicidade. Nesse sentido, é fundamental que se tenha cuidado na generalização dos resultados das pesquisas e que se busque sempre uma discussão conceitual aprofundada, de modo a adequar o *design* de pesquisa o máximo possível ao objeto, evitando-se, com isso, conclusões apressadas e infundadas.

Bibliografia: DIENER, E. Subjective well-being. *Psychological bulletin*, v. 95, n. 3, 1984, p. 542-575; DIENER, E. et al. Subjective well-being: three decades of progress. *Psychological Bulletin*, v. 125, n. 2, 1999, p. 276-302; HUTA, V. Eudaimonia. In: DAVID, S. BONIWELL, I; AYERS, A. C. (Eds.). *Oxford Handbook of Hapiness*. Oxford, GB: Oxford University Press, 2013. Chapter 15, p. 201-213; HOLDER, M. D.; COLEMAN, B.; WALLACE, J. M. Spirituality, Religiousness, and Hapiness in Children Aged 8–12 Years. *Journal of Hapiness Studies*, v. 11, 2010, p. 131-150; KOENIG, H. G.; McCUllough, M. E.; Larson, D. B. *Handbook of religion and health*. New York: Oxford University Press, 2001; LEWIS, C. A.; MALTBY, J.; BURKINSHAW, S. Religion and hapiness: still no association. *Journal of Beliefs and Alues*, v. 21, n. 2, 2000, p. 233-236; Okulicz-Kozaryn, A. Religiosity and life satisfaction across nations. *Mental Health, Religion & Culture*, v. 13, n. 2, 2010, p. 155-169; SELIGMAN, M. E. P. *Flourish*: A New Understanding of Hapiness and Wellbeing. New York: Free Press, 2011; VEENHOVEN, R. Is hapiness a trait? Tests of the theory that a better society does not make people any hapier. *Social Indicators Research*, v. 32, 1994, p. 101-160; WATERMAN, A. S.; SCHWARTZ, S. J.; CONTI, R. J. The implications of two conceptions of hapiness (hedonic enjoyment and eudaimonia) for the understanding of intrinsic motivation hapiness study. *Journal of Hapiness Studies*, v. 9, n. 1, 2008, p. 41-79.

EVERTON DE OLIVEIRA MARALDI
MIRIAM RAQUEL WACHHOLZ STRELHOW

FEMINISMO

I. Da história do movimento à sua concepção teórica. O feminismo se constitui numa dupla dinâmica: a) como ação política; e b) como elaboração de pensamento que produz sua própria reflexão crítica e sua própria teoria a partir da situação social de vulnerabilidade histórico-cultural das mulheres. Em ambos os casos, abarca enorme diversidade,

podendo, portanto, ser tratado no plural. Há muitas formas de organização política no feminismo, assim como diferentes correntes de pensamento. O elemento unificador dessa diversidade é seu caráter libertário, a luta pelos direitos das mulheres, baseada no reconhecimento de sua condição subalterna na sociedade e de sua sistemática opressão.

Numa visão retrospectiva, é possível identificar como a reivindicação feminista se insere na percepção por parte de algumas mulheres de que os princípios universais de igualdade, conclamados nas revoluções americana (1776) e francesa (1789), não as alcança, ao mesmo tempo em que constatam a desigualdade de poder entre os homens e as mulheres como uma realidade da vida cotidiana. O feminismo estará, assim, intrinsecamente, referido a uma conceituação de direitos universais, baseados nas teorias de direitos da pessoa, o que, de certa forma, o associará com o Liberalismo e os fundamentos burgueses de reivindicação de direitos individuais. Na tentativa de se afastar dessa conotação burguesa, alguns *coletivos femininos* que lutavam politicamente pela igualdade entre homens e mulheres passaram a denominar-se *grupo de mulheres*, como é o caso das mulheres socialistas da 2ª (1889-1916) e 3ª internacional (1919-1943). Dessas especificidades de viés político-ideológico deriva a compreensão distinta das *feministas burguesas* e das *feministas radicais*: umas predominam no movimento ao longo do século XIX e inícios do século XX; as outras assumem maior protagonismo nos movimentos de contracultura dos anos 1960/1970, que inclui a revolução sexual. No mesmo período, na América Latina, mulheres das áreas rurais e das periferias urbanas organizam-se nos grupos de mulheres, atuando conjuntamente em lutas específicas, tais como moradia, saúde, melhorias de equipamentos urbanos. Na vigência de regimes ditatoriais na região, grupos de mulheres e coletivos feministas posicionam-se contra esses regimes em sua ação política.

No entanto, o esforço analítico da história do movimento feminista tende a agrupar a produção teórica sobre a dominação entre sexos e suas consequências em grandes ondas que obedecem tanto a critérios cronológicos como à inflexão de problemáticas e metodologias. A *primeira onda* decorre entre a metade do século XIX até inícios do século XX; a *segunda onda*, chamada de "neofeminismo", surge na metade dos anos 1960; a partir dos anos 1980 configura-se uma *terceira onda*, como feminismo contemporâneo; no final do século XX e início do século XXI emerge uma *quarta onda* feminista num cenário de redes sociais e em confronto direto com o avanço de conservadorismos políticos, sociais e religiosos. Uma delimitação periódica esbarra num vazio entre os anos 1920 e 1960, por isso é possível encontrar academias que alongam a primeira onda até o período da segunda. Outro fator limitante

FEMINISMO

dessa classificação são os contornos provisórios que delimitam a terceira e quarta onda, devido à exígua distância histórica para sua análise. Certamente, não é raro encontrar na literatura especializada apenas o reconhecimento de duas ondas históricas do feminismo. Esse esforço analítico demonstra a dificuldade de se fazer um exaustivo inventário das categorias acumuladas pelo feminismo e os contextos que as possibilitaram, bem como a riqueza de sua produção teórica. Mesmo assim, tal periodização contribui para avaliar os avanços históricos das pautas feministas, diferenciar e associar militância e teoria e identificar as controvérsias suscitadas no interior do próprio movimento.

II. Marco histórico. Nessa direção, o marco histórico da gênese do feminismo pode ser datado desde o século XVII, com a filósofa inglesa Wollstonecraft (1759-1797), que, num contexto iluminista, publica *A reivindicação dos direitos das mulheres* (1792), o que acende o debate com autores como Burke, Rousseau, Stuart Mill. Este último e seu marido, o filósofo e jornalista William Godwin (1756-1836), serão interlocutores de Wollstonecraft na discussão sobre o direito da mulher com Durkheim♀, a não obrigatoriedade do casamento, a suspeita de que a Revolução Francesa não incluiu as mulheres entre seus ideais. Do outro lado do Atlântico, entre inúmeros nomes de mulheres que assumem posições a favor da emancipação das mulheres, encontram-se as brasileiras Teresa Margarida da Silva e Orta (1711-1793), Nísia Floresta Augusta (1810-1885), que se inserem na produção literária e de direitos das mulheres e propõem a inclusão feminina no mundo intelectual; a peruana Flora Tristán (1803-1844) e a argentina Juana Manso (1819-1875), que advogam pelo direito das mulheres à educação, argumentando que a instrução é a rota moral e intelectual da emancipação feminina, e a garantia da defesa dos direitos das mulheres trabalhadoras e indígenas. A hondurenha Visitación Padilla (1882-1960) e a mexicana Rita Cetina Gutiérrez (1846-1908) colocam em prática a aspiração de acesso a Durkheim♀ para mulheres pobres, fundando escolas e faculdade de ofícios. Em seu conjunto, as críticas desse feminismo pioneiro endereçam-se às normas que tornavam a categoria homem o ponto de referência da humanidade, e, consequentemente, a exclusão das mulheres nessa linguagem. Vale ressalvar que, dado o alto grau de analfabetismo de muitas mulheres, suas ideias não são documentadas, mas podem ser rastreadas nas tradições orais, canções e provérbios populares que contribuíram para as fundações do pensamento feminista. Assim também, as narrativas históricas, pela maneira como são feitas, excluem esses registros e apagam da memória♀ coletiva seus feitos.

A esse corolário precursor agrega-se o feminismo do século XIX, com outra demanda por direitos, tais como a do voto (Sufragismo), a administração de pro-priedades, herança, recursos econômicos, patentes, tutela dos filhos, exercício de profissões como a medicina e o magistério, acesso à educação secundária e universitária. A moldura de legalidade que caracteriza o primeiro momento do movimento feminista traz as bandeiras da participação plena da mulher no espaço público, bem como o envolvimento do homem na reprodução da vida doméstica. Na história do feminismo, registra-se o questionamento sobre os mecanismos institucionais da subordinação feminina no fazer ciência, incluindo-se o ocultamento das cientistas e dos seus feitos. Muitas mulheres, pelo menos desde o século XIX, dedicaram-se à produção científica. Entre muitas outras podemos destacar: a paleontóloga inglesa Marie Stopes (1880-1958), a cientista e ativista norte-americana Matilda Joslyn Gage (1826-1898), a bióloga brasileira Bertha Lutz (1894-1976). Suas demandas impactam, até hoje, a percepção social dos papéis sexuais sustentados em argumentos binários. De um lado, atribuem à mulher uma superioridade moral para educar filhas e filhos, restringindo-a ao lar como seu lugar próprio; e, de outro lado, conferem ao homem maior capacidade intelectual que o dota para se ocupar dos negócios, afazeres públicos e científicos. Racionalidade para eles e emoção para elas, justifica a divisão sexual do trabalho, ainda que a classe trabalhadora feminina ao mesmo tempo compartilhasse as obrigações domésticas com as responsabilidades operárias ou na lavoura.

Enquanto *coletivo de luta de mulheres*, o movimento feminista propriamente dito será constituído na segunda metade do século XX, com a afirmação de que a hierarquização das relações entre homens e mulheres não está inscrita na natureza; logo, há possibilidade política da transformação dos mecanismos da desigualdade entre sexos, o que exige o empoderamento de um dos lados: o da mulher. Os escritos da filósofa francesa Simone de Beauvoir (1908-1986), principalmente seu livro *O segundo sexo* (publicado em 1949), terão destaque na consolidação à crítica da concepção tradicional de mulher. Para a autora, essa concepção é socialmente construída e carrega os pressupostos tradicionais do ser mulher, assentados nas diferenças biológicas, presunções misóginas e androcêntricas. Tais pressupostos, nos termos da autora, se constituem em imperativos que configuram uma interpretação♀ simbólica do mundo e legitimam o lugar social que a mulher deve ocupar.

A bagagem epistemológica até aqui acumulada pelo feminismo, com suas demandas de igualdade, será ampliada na *segunda onda* feminista dos anos 1970, ora ao *interrogar os mecanismos do sistema patriarcal* que inviabilizam suas reivindicações, ora ao incluir *a afirmação identitária como forma de participação política*. No elã efervescente dos movimentos da contracultura dos anos 1960 e 1970, extensivo aos anos 1980 e 1990, o movimento feminista constitui-se como *ator político anticapitalista e democrático*.

Para isso, deflagra inúmeras estratégias, dentre elas realçam-se as seguintes: negar aos homens o direito de falar em nome das mulheres, privilegiar o lugar da fala, envolver-se com movimentos antiautoritários e recusar a organização hierárquica, incorporar reivindicações raciais e da população LGBT (lésbicas, gays, bissexuais, transexuais, intersexo), mobilizar mulheres sindicalizadas e de partidos políticos, participar em organizações de planejamento reprodutivo, defesa dos direitos reprodutivos, a favor da descriminalização e legalização do aborto e contra a violência que vitimiza mulheres (estupro, assédio sexual, moral, estupro conjugal).

Novas legalidades serão criadas pelo feminismo quando retira do controle patriarcal, médico e religioso a sexualidade℘ e a reprodução, deslocando-as do campo moral para o campo dos direitos. Consequentemente, por sua ação política, cunha os conceitos de *direitos sexuais* e *direitos reprodutivos*, ampliando o exercício da cidadania pelas mulheres. Ainda, o movimento feminista se posiciona contra os mecanismos do sistema capitalista que perpetuam a exploração e a subordinação feminina e, no final do século XX e início do XXI, se opõe às consequências do neoliberalismo econômico e da globalização.

III. América Latina e Caribe. Tudo isso estará presente na América Latina e no Caribe, com a peculiaridade de um contexto social e político enraizado no Colonialismo, na escravização dos povos africanos e na marginalização dos povos indígenas. Em reação às forças que criaram tal contexto, o feminismo latino-americano se concentra em um trabalho crítico de análise histórica e ação política que terá continuidade na resistência às ditaduras militares. À vista desse cenário político, os feminismos latino-americanos baseiam-se na vida material das mulheres, muitas imersas nas consequências da pobreza℘ e da vulnerabilidade e nas tensões geradas pelas transformações sociais, culturais e organizacionais do mundo ocidental. A complexidade do feminismo, já esboçada, conduz a que, mais do que falar em evolução progressiva e retilínea do movimento e suas teorias, seja mais adequada a imagem℘ de espiral ascendente, com suas respectivas contradições e contendas internas.

IV. Controvérsias. *Grosso modo*, as controvérsias dos movimentos feministas expressam-se em compreensões distintas da opressão das mulheres e das estratégias políticas para sua superação. Tais controvérsias podem ser resumidas em três tendências: *feminismo radical*, *feminismo socialista* e *feminismo liberal*. Esse último, também denominado *feminismo reformista*, sustenta a promoção de valores individuais nos quais a igualdade entre homens e mulheres se faz por meio de ações positivas. Na contramão, o feminismo radical e o feminismo socialista compreendem que deve haver uma transformação estrutural da sociedade, mas divergem entre si na sua

concretização. Para as radicais, as estratégias devem ser focadas contra o sistema patriarcal, falocêntrico e os desdobramentos da heteronormatividade, enquanto as marxistas-socialistas enfatizam uma transformação global da estrutura de classes. Já sob o nome de movimento de mulheres entendem-se as mobilizações que ocorrem em torno de objetivos tópicos como paz, direito a moradia e creche, promovidas na América Latina. Ainda que com essas diferenças, nos anos 1990, a participação feminista em conferências, fóruns e comissões internacionais promovidas por organismos como a ONU, a União Europeia e a OEA visibilizou uma agenda comum. A pauta retirada dessas reuniões instava governos locais a discutirem em suas diversas instâncias as hierarquias℘ que discriminam e excluem as mulheres, e a introduzirem propostas concretas de mudança. De mais a mais, os movimentos feministas se expandem e seus efeitos reverberam nas estruturas familiares e nos costumes, na Durkheim℘, no mercado de trabalho, nos modos de fazer política e de fazer ciência, de criar e recriar pensamento, que, a curto, médio e longo prazo alteram o senso comum em senso crítico.

V. O campo da teorização feminista: relações sociais de sexo e gênero. A partir da década de 1970, a teorização feminista produziu um campo de estudos disciplinar que abriu espaço à organização de conceitos que redimensionaram certas categorias clássicas das Ciências Sociais e Biológicas. Três abordagens fundamentais se inscrevem nesse esforço: a diferença de sexo; a divisão sexual do trabalho e as relações sociais de sexo; e sexo e gênero. Nesse horizonte conceitual, as questões de gênero despontam como reflexão sistemática que se propõe a desentranhar o efeito estruturante da construção histórico-cultural da naturalização de concepções essencialistas e binárias sobre natureza, corpo, sexualidade℘, feminilidade e masculinidade. Fruto da lenta acumulação de pesquisas e trabalhos, o debate incorpora uma gama de desdobramentos englobados tanto nas interseções entre gênero-sexo, raça e etnia e classe social quanto na diversidade das identidades sexuais. Tal grade conceitual origina duas correntes de pensamento: a) francesa, que utiliza *relações sociais de sexo*; e b) anglófona, com o termo *gender* – gênero. O uso de gênero, enquanto categoria heurística, tornou-se hegemônico, quer seja pela língua inglesa, quer pelo declínio da força do Marxismo como linha teórica. Cada uma dessas propostas analíticas apresenta múltiplas conotações, tendo em conta o contexto em que foram produzidas, o seu desenvolvimento conceitual e as divergências teóricas e políticas.

VI. Corrente de pensamento francesa. As *relações sociais de sexo* se inscrevem numa visão sociológica duplamente segmentada entre *diferencialistas* e *materialistas* ou *igualitárias* (de tradição marxista). A primeira, *diferencialista*, com pouca

FEMINISMO

influência, parte da compreensão de que a *igualdade* se opõe à *diferença*, porque supõe um alinhamento indiferenciado com o masculino e uma mutilação em relação à essência do feminino. A oposição identidade-diferença será privilegiada e as diferenças entre os sexos serão focadas na maternidade e nas características reprodutivas. Esta abordagem recebe severas críticas; entre outras, da filósofa e linguista Luce Irigaray e da psicanalista pós-estruturalista Julia Kristeva, que sinalizam, de um lado, o mascaramento da oposição hierárquica da diferença entre homens e mulheres, e, de outro lado, o pensamento essencialista que sustenta suas conjecturas, reforçando os papéis sexuais tradicionais no espaço doméstico. A segunda visão, *materialista-igualitária*, tem como princípio que a *igualdade* se opõe à *desigualdade*, embora igualdade não implique a negação da diferença, nem de reivindicações específicas (como, por exemplo, cotas por sexo, direitos iguais para homo e heterossexuais). A crítica dirigida a essa perspectiva é que as diferenças são naturalizadas e escondem a hierarquia♀ geradora de desigualdade. Outra crítica é a de ser devedora de certa perspectiva da complementaridade entre papéis masculinos e femininos para tentar conciliar família tradicional-sociedade, esfera pública-esfera doméstica. Entretanto, o epicentro geral da corrente *relações sociais de sexo* será a categoria relação social, intrinsecamente associada à divisão do trabalho, formulada teoricamente, dentre outras estudiosas, por Danièle Kergoat, Christine Delphy, Heidi Hartmann. Essas teóricas mostram de forma sistêmica como a desigualdade feminina não se reduz ao capitalismo, por isso a compreensão do patriarcado como um sistema de exploração do trabalho feminino, de subordinação das mulheres aos homens e de dominação das mulheres, cuja base econômica é o trabalho doméstico. Teóricos como Roland Pfefferkorn, Laura Lee Downs, Cynthia Cockburn e Delphine Gardey sinalizam para a divisão sexual do trabalho como o lugar em que as relações sociais de sexo se concretizam, formando assim um sistema indissociável. Ao mesmo tempo, mobilizam noções como opressão feminina, exploração, discriminação♀, estigmatização, que permitem pensar outros tipos de dominação e hierarquia♀ nas relações de sexo, gerando certa produção de subjetividades que se traduz em relações de poder. Consequentemente, as *relações sociais de sexo*, que inclui, para algumas autoras e autores, elementos da teoria *Queer*, capturam a tensão que atravessa o campo social entre grupos de homens, mulheres, *gays*, lésbicas, transexuais. Relações complexas que, em tempos de Neoliberalismo e Globalização, conforme Colette Guillaumin, Dominique Chabaud-Rychter, Helena Hirata, redesenharam o trabalho coletivo e individual, profissional e doméstico. As vantagens dessa vertente teórica consistem na sua contribuição para a construção de uma categoria analítica: *relações sociais de sexo*, presentes em todas as culturas, transversais e estruturantes de toda a realidade social.

VII. Corrente de pensamento anglófona. Na vertente inglesa, o termo *gender* (gênero) será referido à masculinidade e à feminilidade como atributos sociais, culturais, psicológicos, aprendidos no processo da socialização♀ humana, enquanto se entende o sexo como o conjunto de características anatômicas e fisiológicas que orientam o caráter masculino (macho) e o caráter feminino (fêmea), não determinados pelo sexo biológico. Autoras como Anne Oakley, Gayle Rubin consolidam a ideia de que o gênero, enquanto atributo socialmente construído, não é determinado pelo sexo biológico, ainda que interatue em um conjunto de arranjos pelos quais o produto biológico do sexo e da procriação humana é modelado pela intervenção social, especificamente pelas estruturas de parentesco e conjugalidade. Especialistas como Joan Scott, Catharine Mackinnon, Donna Haraway, Sherry Ortner, Nancy Chodorow, Michelle Rosaldo avançam na compreensão sexo-gênero, alertando para o risco de ser entendida a diferença entre sexos como um dado da natureza (ou algo que se compreende como natureza), pelo fato de reduzir numa característica biológica (genitalidade) a diferença entre sexos. Assentada a diferença sexual nesse tal dado da natureza, decorre a redutibilidade de gênero à diferença biológica, na sequência lógica postula-se uma essência biológica como algo inerente ao ser humano. Todavia, a noção de gênero interroga esse essencialismo, procurando a justificativa que autorize uma hierarquização na relação entre os sexos biológicos, na qual um lado, a mulher, tem desvantagens de toda a ordem.

Questionar esse fundamento epistemológico significa que não será mais o reconhecimento da diferença biológica entre homem e mulher o que determina a sua identidade sexual; esta não é fixada de antemão pela natureza biológica, mas construída socialmente. O sexólogo e historiador americano Thomas Laqueur, no seu texto *Inventando o sexo* (1990), levanta suspeita sobre ser o corpo biológico, na ordem social, mais prescritivo do que descritivo. No cerne desse crivo analítico, que discute as diferenças biológicas como ponto de partida, a masculinidade e a feminilidade são comportamentos modelados de acordo com determinadas épocas e culturas, não mais derivados do que se entenda por natureza. Nesse quesito, a monumental obra de Michel Foucault sobre a história da sexualidade♀ humana contribui para o posicionamento da homossexualidade♀ como categoria identitária. Autoras(es) como Peggy MacIntosh, Richard Miskolci, Beatriz/Paul B. Preciado, Berenice Bento ampliam a discussão sobre diversidade sexual e questionam os imperativos sociais que recaem na bissexualidade♀ e transexualidade♀, rebatendo a moldura de legalidade que estrutura a heteronormatividade e seus correlatos. A busca do reconhecimento de diversas identidades sexuais não apenas ampliou a concepção de gênero, que se constitui num produto de relações sociais sobre a sexualidadeℓ, mas confirmou que gênero inclui a biologiaℓ e a sociedade. Contudo, é inegável que as diferenças sexuais biológicas demarcam pontos de partida para desenhar o gênero social e suas distinções; no entanto, a relação entre sexo e gênero é mais intrincada. Simone Beauvoir, com seu livro o *O segundo sexo* (1949), torna-se precursora quando desfia o novelo da expectativa social e a força dos hábitos que moldam comportamentos para adequar a mulher à identidadeℓ que lhe corresponde. Em Beauvoir é nítida a evidência de que tanto a expectativa quanto os hábitos mudam de uma classe para outra; as aspirações e a feminilidade dependem da possibilidade real de se tornarem o que aspiram ser. Na contramão de feminilidades que exaltam como atributo feminino a vocação ao cuidado, ela suspeita que, o que pode ser um valor para a mulher da classe média, para a da classe trabalhadora pode ser uma desvantagem. Em outra direção, Judith Butler, em *Problemas de gênero* (1990), sugere que os corpos adquirem um gênero por meio de representações continuadas (*performances*, máscaras), ou seja, ser feminina é representar a feminilidade. Para a autora, o gênero não denota um ser substantivo, mas uma estratégia corporal de persuasão, pois a sociedade pune quem não se alinha com a sua expectativa. Todavia, cada geração encontra os meios de insubordinação às imposições sociais. Emerge, portanto, o poder político e explicativo da categoria gênero, e estudiosas(os) como Beverley Skeggs, Harold Garfinkel, Sandra Harding e Nancy Fraser enfatizam a necessidade de categorias como corpo, sexo, biologiaℓ, raça e natureza serem diferenciadas e localizadas no tempo e no espaço, isto é, historicizadas. Isso porque, conforme Joan Scott, Bila Sorj, Randy Connell, visões essencialistas e universalizantes da sexualidadeℓ humana começam a ser desmontadas quando historicizadas. O que ocorre quando é apontado em que medida elas instrumentalizam as noções de natureza e cultura, público e privado, ocultando como a discriminaçãoℓ por gênero e o poder se constroem reciprocamente. Processo de conhecimento pode contribuir no *empowerment* feminino. Desse modo, gênero é um elemento constitutivo das relações sociais e das relações de poder – o que para Evelyn Fox Keller e Luzinete Minella inclui o modo de fazer ciência –, com isso, as significações de gênero e de poder se constroem reciprocamente.

Na academia norte-americana, a teorização sobre gênero deu origem a uma área interdisciplinar: *Gender Studies* [Estudos de gênero], deflagrando uma imensa produção de revistas, jornais, livros e um profícuo diálogo internacional com os estudos literários e os estudos culturais. Entre as discussões levantadas propõe-se que as objeções imputadas à categoria gênero são, de um lado, tender a anular o conflito social presente nas relações de gênero, o que contribui para ocultar as relações de classe. E, de outro lado, gênero, quando referido aos aspectos simbólicos do feminino e do masculino fora do contexto histórico da sua produção, torna-se uma noção abstrata. Mesmo assim, enquanto categoria que atravessa o campo social, gênero se constitui num meio decodificador do sentido das complexas interações humanas, inclusive aquelas que se dão no interior dos sistemas religiosos, e contribui para a desconstrução de modelos e de mecanismos sacralizadores que perpetuam comportamentos de submissão e culpa.

VIII. Avanços e resistências. Os avanços do movimento feminista e da sua teorização podem ser contabilizados social, cultural, política e religiosamente. O feminismo como uma proposta societária que redefine as relações socioculturais, laborais e econômicas a partir do lado mais vulnerável historicamente – a mulher – agregará a sua pauta as reivindicações de classe, dos movimentos LGTBI e étnico-raciais. Essa perspectiva de emancipação lentamente alterará os diversos setores da sociedade ao longo do século XX, seus modos de pensar e agir na vida cotidiana. Às mudanças culturais somam-se as políticas que, após o pós-guerra, trazem como ideário a implementação dos Direitosℓ Humanos, civis, políticos e sociais, e a incorporação dos mecanismos de representação democrática, prescritos formalmente na maioria dos países ocidentais. Na esteira dessas consolidações políticas, ganhos legais e políticas públicas foram registrados no que se refere à identidade de gênero, proteção jurídica das minorias sexuais, étnicas e culturais e sobre direitos sexuais e direitos reprodutivos. Igualmente, nos anos 1960 e 1970 se estabelece um marco civilizatório: a disseminação massiva de meios anticoncepcionais propiciada pelos avanços tecnológicos amplia em escala nunca antes alcançada a possibilidade de controle do próprio corpo. Época em que se dissocia prazer e desejoℓ da reprodução, e na moral conjugal questiona-se a indissolubilidade do casamento, o que facilita o divórcio e novas uniões. Essa revolução sexual e tecnológica afetará diretamente o campo das religiões e, de maneira particular, o mundo cristão. O Catolicismo, em especial, experimentará mudanças internas significativas com a realização do Concílioℓ Vaticano II (1961-1965) e da *Conferência Geral do Episcopado Latino-americano* de Medelín (1968), que geraram novas reflexões teológicas: as teologiasℓ da libertaçãoℓ e, posteriormente, as teologiasℓ feministas.

Nesse cenário de mutação, provocado pelas exigências de câmbios estruturais e de relações de poder, as ações políticas do movimento feminista, especialmente o forte desenvolvimento dos estudos de gênero, encontrarão severas resistências por parte de grupos tanto laicos quanto religiosos, conservadores e tradicionais. Tal rejeição provém da insegurança que suscita o questionamento trazido pelo feminismo a determinada ordem sexual que legitima as relações desiguais, hierárquicas, entre sexos e define o lugar social que corresponde a cada um. O movimento feminista implode o ideário de mulher que deve assumir o papel secundário que lhe é outorgado na esfera pública – o que impede seu acesso a espaços econômicos e sociais – e o confinamento à vida doméstica como responsável da reprodução da vida, devido a sua predestinação biológica à maternidade. Exemplos históricos dessa relutância sistemática liderada pelo Estado à militância feminista são encontrados em regimes autoritários na primeira metade do século XX, tais como o Fascismo, de Mussolini, e o Nazismo, de Hitler. Aos argumentos masculinos que impedem o acesso da mulher à vida política e econômica eles acrescentam o de ser a mulher a inculcadora dos valores do nacionalismo, baseados na supremacia racial e cultural. Mais tarde, nas décadas de 1960 e 1970, em contextos de Guerra Fria, as ditaduras civis-militares na América Latina continuarão a insistir nesse ideário de feminilidade e familismo e passam a associar o movimento feminista ao comunismo para o perseguir, assim como às minorias sexuais. Nessa trajetória de resistência aos avanços deflagrados pelo movimento feminista, setores religiosos conservadores, especialmente cristãos, identificam no feminismo uma ameaça real ao modelo heteronormativo de relações entre sexos e de família, assim como aos costumes, normas doutrinárias e morais e às tradições cristãs.

De outro lado, o caudaloso arsenal analítico que transforma o sujeito histórico feminismo em objeto teórico suscita um abalo da ordem sexual transcendente do conservadorismo cristão e, consequentemente, sofre os embates de campanhas antigênero deflagradas por ativistas políticos e religiosos na sociedade. Os estudos de gênero serão o alvo dessas campanhas desencadeadas, simultaneamente, em duas direções: ao interior do Cristianismo, especificamente católico, para atualizar a linguagem sobre seus pressupostos epistemológicos; e colocar na pauta política internacional gênero, sexualidade e reprodução humana. O discurso antigênero, liderado pelo Vaticano, inicia-se nos anos 1990 perante a ameaça iminente, em sua avaliação, de destruição da ordem social e da humanidade que a categoria gênero e as ativistas feministas trazem. A pedra angular dessa visão catastrófica encontra-se na afirmação da imanência da ordem sexual que a militância feminista e a categoria analítica gênero fazem. Ou seja, a desnaturalização de uma ordem sexual assentada em princípios transcendentes, ao propor a compreensão da masculinidade e da feminidade como construções históricas, resultantes de relações de poder entre

sexos e classes. Na sequência, sexo e reprodução afastam-se, ostensivamente, da moral prescrita pelos princípios religiosos e se endereçam para o campo dos direitos, dos reclamos por cidadania, o que cria uma linguagem política que postula direitos sexuais e direitos reprodutivos. De certa forma, uma cidadania sexual.

O impacto dessa inversão provocada pelo pensamento feminista atinge, na doutrina católica, a lei natural, âmago da compreensão da natureza humana, como sendo um dado evidente, assentado na diferença biológica de dois sexos e na compreensão de que a natureza é sagrada, imutável, eterna. Natureza que encontra sua transcendência assegurada numa teologia da criação, na qual "Deus criou o homem e a mulher à sua semelhança". Insere-se nessa perspectiva a ideia de que é inerente à dignidade humana a noção essencialista e binária de natureza humana, sustentada em pressupostos ético-teológicos proclamados como valores inegociáveis da moralidade (sexual) cristã. Com isso, defender a humanidade é salvaguardar sua natureza e dignidade e, ao mesmo tempo, preservar a ordem social, mandato que independe de credo religioso ou posicionamento político. Mais ainda: o argumento central da retórica antigênero será que negar a diferença sexual biológica é eliminar da sexualidade o seu substrato ontológico, que, por sua vez, se constitui na linguagem da natureza e da moral. Por isso, a passagem da especulação teórico-epistemológica para a ação política autoriza a Igreja Católica a se constituir como *expert* em *humanidade*; portanto, as campanhas antigênero podem recrutar outros grupos não católicos, não religiosos, porque esse arrolamento se faz em nome da humanidade.

Na contramão, os pressupostos epistemológicos do gênero ressoam como afronta quando se propõem repensar as diferenças entre sexos como determinantes biológicos, estendem sua mirada às evidências empíricas que apontam para a plasticidade da sexualidade. A noção de gênero sugere a desmistificação dos imperativos de ser homem ou mulher, papéis sociais apreendidos socioculturalmente, simbolicamente perpetuados e religiosamente sacralizados como lei da natureza. Os estudos de gênero questionam os pressupostos que submetem os seres humanos a uma inexorável lei da natureza, legitimando uma ordem social em que as relações entre os sexos são organizadas de maneira assimétrica no trabalho, na esfera doméstica, na política e na religião. Ao serem desconstruídas pelos estudos de gênero categorias há tanto tempo estabelecidas sobre bases binárias e essencialistas, também, é uma determinada ordem e um regime de verdades, com aspiração a continuar a ser a totalidade social, que será colocada em questionamento.

O sinal de alarme acende para o Vaticano quando, na *Conferência Internacional das Nações Unidas sobre*

População e Desenvolvimento, realizada no Cairo (1994), e na *IV Conferência Mundial sobre as Mulheres*, realizada em Beijing/Pequim (1995), as temáticas de direitos sexuais e direitos reprodutivos, atreladas a políticas públicas de saúde☾, o *empoderamento* das mulheres e a igualdade de gênero ressoam como mandatos a serem avaliados nos programas dos governos signatários das Conferências. Essas temáticas e as propostas relativas às políticas públicas dos países nas Conferências representadas serão interpretadas pelo Vaticano como uma ação política de caráter ideológico que influenciou organismos e instituições internacionais. Diante disso, a Igreja☾ Católica reposiciona-se. Nas três últimas décadas, inúmeros assessores e acadêmicos, católicos e não católicos, serão mobilizados, eventos serão organizados, e termos como "novo feminismo", teologia☾ da complementaridade, teologia☾ da mulher, colonização ideológica e ideologia☾ de gênero começam a ser cunhados e a circular nos âmbitos eclesiais e na sociedade. Como subsídio para atualizar o pensamento católico em torno de todos esses assuntos será editado, em 2004, sob a responsabilidade do Pontifício Conselho para a Família, o *Lexicon: termos ambíguos e discutidos sobre a família, a vida e questões éticas*.

Na oposição à categoria analítica gênero, o Vaticano passa a desqualificar as análises científicas dos estudos de gênero, acusando-as de ideológicas e ao serviço de grupos econômicos poderosos com dimensões globais. Essa retórica contraofensiva refere a categoria gênero a uma combinação de teorias produzidas em tempos diferentes, mistura posicionamentos analíticos distintos, e às vezes antagônicos, o que tende, muitas vezes, a deformar consensos construídos no campo da crítica social. Confusão que dá às campanhas antigênero poder de maior receptividade junto ao senso comum e torna difícil, analiticamente, para as estudiosas e os estudiosos do gênero, discutir o repertório discursivo da retórica antigênero.

Ao reagir contra os estudos de gênero, o Vaticano identifica mentoras ideológicas teóricas e analistas, tais como Simone de Beauvoir, Adrienne Rich, Monique Wittig e Judith Butler, homogeneíza ativistas feministas e LGBT, cientistas estudiosas do gênero e políticos a favor das demandas de minorias sexuais e os erige como adversários perigosos e inimigos da ordem social. Ao se configurar um inimigo comum, atemorizante e perigoso, suscetível de ser demonizado, gera-se um pânico moral na esfera pública. Esse *modus operandi* religioso possibilita reunir atores religiosos e não religiosos para formar uma frente ampla de ativismo na defesa do que é "verdadeiramente" humano. Vários são os ganhos dessa estratégia discursiva e política das campanhas antigênero, como os de criar confusão sobre as categorias analíticas, demonizar os sujeitos que as sustentam, desqualificar os diversos atores envolvi-dos e apresentar a defesa da verdadeira essência da humanidade: o "verdadeiramente humano", como discurso racional e científico. Desse modo, a ofensiva antigênero exerce influência sobre juristas, médicos e parlamentares, que, organizados em associações profissionais e bancadas, se propõem bloquear reformas jurídicas e sociais sobre direitos e políticas públicas nos campos da saúde☾, dos direitos sexuais e direitos reprodutivos. No seu conjunto, as campanhas antigênero permitem à Igreja☾ Católica uma reinvenção, epistemológica e política, que a recoloca como protagonista na cena internacional.

Entretanto, o investimento contra o gênero é mais complexo e não é um empenho só da Igreja☾ Católica. A retórica antigênero está presente em outras tradições religiosas, grupos políticos conservadores, ainda que a Igreja☾ desempenhe um protagonismo essencial com a invenção do conceito "ideologia☾ de gênero". Ainda, os sentimentos antigênero respondem a uma crítica cultural que transcende a religiosa e tem repercussões políticas na sociedade. As campanhas antigênero, por um lado, tendem a organizar certa sensação de desordem moral – latente desde as transformações provocadas nos anos 1960 –, atribuída aos movimentos feministas, LGBT e aos estudos de gênero. Até mesmo consolidam o senso comum pautado por visões binárias do gênero e da sexualidade☾. Campanhas que conectam com aspirações sociais de estabilidade canalizam e dão coerência interna às aspirações de grupos religiosos que advogam por uma ordem social como inscrita na lei divina e na lei da natureza. De outro lado, perante a opinião pública as campanhas antigênero provocam um debate até então restrito aos bastidores acadêmicos, com reverberação nas lutas dos movimentos feministas e LGBT. As campanhas antigênero e os embates trazidos pela resistência gerada em torno delas parecem ter robustecido analiticamente os estudos de gênero e a necessidade de uma revisão constante a que se viram submetidos. Observa-se que os estudos de gênero e as campanhas antigênero, cada qual a sua maneira, evidenciaram no debate suscitado a relevância política da sexualidade☾ e dos discursos construídos acerca dela e a intrínseca relação entre gênero e religião.

Bibliografia: BEAUVOIR, S. de. *O segundo sexo*. 2. ed. Rio de Janeiro: Nova Fronteira, 2009; BRACKE, S.; PATERNOTTE, D. (Eds.). *Habemus gender:* The Catholic Church and "gender ideology". *Religion & Gender*, v. 6, n. 2, 2016; BUTLER, J. *Problemas de gênero*: feminismo e subversão da identidade. Rio de Janeiro: Civilização Brasileira, 2003; GARDEY, D.; LÖWY, I. (Dir.). *L'Invention du naturel*: les sciences et la fabrication du féminin et du masculin. Paris: EAC, 2000; LAQUEUR, T. W. *Inventando o sexo*: corpo e gênero dos gregos a Freud. Rio de Janeiro: Relume Dumará, 2001; MATOS, M. Movimento e teoria feminista: é possível reconstruir a teoria feminista a partir do Sul Global? *Revista Sociologia e Política*, Curitiba-PR, v. 18, n. 36, jun. 2010, p. 67-92; MINELLA, L. S. Temáticas prioritárias no campo de gênero e ciências no Brasil: raça/etnia, uma lacuna. *Cadernos Pagu* 40, jan./jun. 2013, p. 95-140; MISKOLCI, R.; CAMPANA, M. Ideologia de gênero: notas para a genealogia de um pânico moral contemporâneo. *Revista Sociedade e Estado*, v. 32, n. 3, set./dez. 2017; PFEFFERKORN, R. *Inégalités et rapports sociaux*: rapports de classes, rapports de sexes. Paris: La Dispute, 2007; SCOTT, J. W. *Gênero*: uma categoria útil para a análise histórica. 2. ed. Recife: SOS Corpo, 1995.

BRENDA CARRANZA
MARIA JOSÉ F. ROSADO-NUNES

FENOMENOLOGIA DA RELIGIÃO

A Ciência da Religião↗ caracteriza-se por duas operações intelectuais complementares. São elas: a) o levantamento de informações históricas e empíricas referentes a tradições religiosas singulares; e b) a identificação de aspectos comuns ao mundo religioso e sua estruturação sistemática. A expressão "Fenomenologia da Religião" diz respeito à segunda operação intelectual descrita por um dos pioneiros da abordagem sistemática dos fenômenos religiosos, o norueguês William Brede Kristensen (1867-1953): "A Fenomenologia da Religião é o tratamento sistemático de História da Religião↗. Ou seja, sua tarefa é classificar e agrupar os numerosos e amplamente divergentes dados, de tal forma que se possa obter uma visão geral do seu conteúdo religioso e dos valores religiosos que eles contêm. Essa visão geral não é uma visão condensada da História da Religião↗, mas um levantamento sistemático dos dados" (Kristensen, 1960, p. 1).

Embora essa definição seja consensual, o uso da expressão "Fenomenologia da Religião" na literatura internacional não é homogêneo. Tal divergência é, em parte, causada pela fragmentação da abordagem em diferentes escolas nacionais, de países como Países Baixos, Inglaterra, Estados Unidos e Alemanha (Cox, 2006). O motivo mais importante para essa heterogeneidade, porém, reside nas diferentes respostas à questão relativa à concretização do programa "fenomenológico" no âmbito da nossa disciplina. Diante dessa situação, temos na literatura especializada algumas tentativas de associar as diversas abordagens de acordo com tipos ideais. Sintetizando as diferentes contribuições para essa metaleitura, é possível distinguir três linhas principais da Fenomenologia da Religião↗.

A primeira é a da "Fenomenologia Descritiva da Religião", que, por meio de um procedimento indutivo, busca comparar e classificar os dados disponibilizados pela História das Religiões↗. Nesse caso, a palavra "fenômeno" corresponde a denominadores comuns ou traços transversais que constituiriam o mundo religioso. O trabalho, nesse caso, geralmente é realizado sem uma reflexão teórica profunda. A segunda linha pode ser chamada de "Fenomenologia Compreensiva da Religião", caracterizada por uma metodologia específica orientada a partir de propostas epistemológicas desenvolvidas no âmbito da filosofia de autores como Edmund Husserl. Ela busca identificar a essência da religião↗ por meio da faculdade do pesquisador de, intuitivamente, reviver as experiências religiosas testemunhadas por sujeitos religiosos no decorrer da História. Indo além desses pressupostos, a terceira linha da Fenomenologia da Religião – em complementação à orientação epistemológica na fenomenológica filosófica – baseia-se em axiomas metafísicos, o que justifica sua classificação como "Fenomenologia Teologizante da Religião". Vale observar que várias obras de Fenomenologia da Religião não se encaixam de forma inequívoca em nenhuma das três linhas acima descritas. Isso vale, particularmente, para a inclinação teológica dos trabalhos, algo que era comum na fase inicial da nossa disciplina e que ainda permanece em alguns autores, sobretudo naqueles oriundos da Teologia↗.

As primeiras articulações no sentido de uma "Fenomenologia da Religião" remontam a P. D. Chantepie de la Saussaye (1848-1920). O cientista da religião holandês é frequentemente citado não apenas pelo mérito de ter introduzido a expressão "Fenomenologia da Religião" na discussão acadêmica mas também por ser um exemplo paradigmático de autor comprometido com a Fenomenologia Descritiva da Religião. Na primeira edição de seu livro *Lehrbuch der Religionsgeschichte* [Manual de história da religião, de 1887], La Saussaye apresenta a Fenomenologia da Religião como uma abordagem complementar à da História da Religião↗. Afirma que a parte de sua obra reservada à Fenomenologia da Religião é "a primeira e mais abrangente tentativa de ordenar os grupos principais das manifestações religiosas [...] para que os mais importantes lados e aspectos do material se destaquem por si mesmos" (Chantepie de la Saussaye, 1887 [2. ed., 1897], p. v-vi). Com esse objetivo, ele levanta expressões específicas do mundo religioso que são entendidas como elementos constitutivos da religião. Sob essas condições, aborda objetos de veneração↗ religiosa, tais como artefatos, fenômenos naturais, tais como pedras, árvores, animais, corpos celestes, elementos como água e fogo, seres humanos como ancestrais↗, heróis ou santos, bem como divindades↗. Contempla práticas religiosas, tais como divinação↗ ou magia↗, sacrifício↗, oração↗, e outras atividades religiosas, tais como a música↗ e a dança, a peregrinação↗, o jejum↗ e os ritos de purificação. Reúne informações sobre lugares e tempos sagrados, bem como sobre especialistas religiosos, tais como sacerdotes↗, curadores, profetas↗, ascetas, eremitas ou monges.

Em seguida, chama a atenção para a comunidade religiosa℘ e para os diferentes graus do seu alcance sociogeográfico. Nos parágrafos restantes, descreve textos sagrados, ideias religiosas, mitologia℘, formas dogmáticas e filosóficas dos ensinamentos religiosos, assim como a relação da religião℘ com a ética e a arte. Para Chantepie de la Saussaye, esse inventário reflete a tentativa de estruturar o material etnográfico e histórico acessível em sua época. O autor contenta-se em fazer uma mera apresentação sistemática de dados, o que faz com que ele seja considerado o representante paradigmático de uma Fenomenologia Descritiva da Religião.

Outro exemplo desse direcionamento da Fenomenologia da Religião é o autor alemão Friedrich Heiler (1892-1967), que entende a Ciência da Religião℘ como uma disciplina comparada comprometida com a "classificação, descrição e análise das várias formas de religião℘ ou fenômenos de religião" (Heiler, 1918 [2. ed., 1920], p. 23). Nesse espírito, oferece, na obra *Das Gebet* [A oração], uma investigação volumosa da oração℘, que, para ele, "é o centro de toda a religião" (Heiler, 1918 [2. ed., 1920], p. 2). Em mais de 550 páginas, Heiler tenta descobrir, em um volume extenso de fatos relacionados, as características gerais da oração℘ enquanto fenômeno religioso universal. Com esse intuito, oferece um panorama das manifestações da oração℘ em diferentes tempos e culturas, identificando as formas e os tipos principais, descrevendo os possíveis motivos da prática e oferecendo uma visão geral sobre aspectos como as posturas que pessoas assumem durante a oração℘. No final do livro sintetiza as informações dos capítulos anteriores e aponta as características cruciais da oração℘, além da sua contextualização em contextos específicos.

Enquanto Chantepie de la Saussaye apresentou sua abordagem descritiva bem antes das primeiras articulações sistemáticas da Fenomenologia Filosófica, realizadas em 1913, a Fenomenologia Compreensiva da Religião foi, em parte, impulsionada pelas obras de Edmund Husserl (1859-1938) e de outros representantes do chamado "movimento fenomenológico" (Spiegelberg, 1965), como Max Scheler (1874-1928) ou Martin Heidegger (1889-1976). A nomenclatura "fenomenologia" tem sua raiz etimológica na expressão grega *phainómenon*, que deriva do verbo *phainesthai* ("aparecer", "mostrar-se"). Nesse sentido, a Fenomenologia, como abordagem filosófica, foca naquilo que vem à luz e se mostra para a consciência℘ humana. Sob essas condições, busca não apenas entender como "o mundo" se manifesta nas respectivas experiências intersubjetivas mas também capturar a estrutura e a essência substancial destes "fenômenos". Essa tarefa é bem-sucedida na medida em que o fenomenólogo é capaz de assumir as perspectivas dos sujeitos investigados. Para esse fim, ele deve se emancipar de conceitos e teorias pré-fabricadas que ofuscam a diversidade,

complexidade e riqueza das experiências imediatas dos indivíduos em questão. Esse princípio implica a demanda de suspender a avaliação por parte do pesquisador. Trata-se de uma exigência epistemológica associada ao termo técnico grego *epoché*, entendido como o pré-requisito para a observação autêntica de um fenômeno particular, da abstração de aspectos acidentais do conteúdo experimentado e da intuição da sua essência invariável.

O cientista da religião holandês Gerardus van der Leeuw é considerado um dos mais acentuados defensores da Fenomenologia Compreensiva da Religião. Em sua obra repercutem diversos elementos emprestados da Fenomenologia Filosófica. Como os representantes da Fenomenologia Descritiva da Religião, Van der Leeuw entende sua abordagem como sendo um ramo complementar à História da Religião℘. Enquanto historiadores da religião elaboram respostas às perguntas "O quê? Onde? Quando?" a partir de um conhecimento detalhado sobre uma religião específica, a Fenomenologia da Religião adverte para o fato de que o estudo da religião não pode se contentar com a mera descrição de uma determinada tradição religiosa. Em vez disso, deve sistematizar e sintetizar o saber histórico em sua totalidade, em prol de uma "ideia geral da religião" (Van der Leeuw, 1925, p. 2). Para transformar o caos de informações soltas em um estoque de conhecimento sistemático, deve-se ordenar os dados e inter-relacionar aqueles que demonstram características semelhantes. Além dessa tarefa ainda meramente descritiva e em distinção tanto à normatividade da Filosofia da Religião℘ quanto ao reducionismo de disciplinas como a Psicologia da Religião℘ ou da Sociologia da Religião℘, a Fenomenologia Compreensiva apresenta-se como uma abordagem própria, capaz de capturar a essência das expressões religiosas enquanto uma "província própria" da vida (Van der Leeuw, 1925, p. 8-9). Isso acontece por meio de empatia para com as experiências religiosas relacionadas aos objetos sistematizados. Nesse ponto, a Fenomenologia da Religião deixa de ser uma operação descritiva – desde que a sensibilidade do pesquisador permita-lhe "ingressar" na dimensão espiritual do outro, colocar-se no lugar do crente e compreender seus sentimentos mais profundos. Em vez de contentar-se com uma compreensão aproximada por palavras incapazes para chegar ao íntimo do interlocutor, a Fenomenologia Compreensiva da Religião aposta na intuição do pesquisador em relação à essência do religioso compartilhada por todos os sujeitos religiosos – inclusive o próprio cientista da religião. Por isso, a metodologia dessa linha fenomenológica exige que o pesquisador tenha "uma visão clara do seu próprio ser" alcançada por meio de "introspecção" que o protege de "uma construção dogmática" e de uma "ilusão ingênua de uma 'objetividade'" em sentido científico (p. 9).

Enquanto o segundo tipo da Fenomenologia da Religião, apesar da ampliação do seu espectro metodológico, mantém um compromisso com a estruturação do vasto material fornecido pelos estudos de religiões singulares, a terceira linha se afasta do programa de sistematização de informações sobre manifestações empíricas do mundo religioso. Não se mostra mais interessado no espectro diferenciado de expressões religiosas observáveis, mas direciona sua atenção para o suposto cerne universal da religião, além das variações desta última em seus diferentes contextos históricos, geográficos e culturais. O exemplo paradigmático desse grau máximo de abstração das manifestações empíricas é a abordagem de Rudolf Otto (1869-1937), cientista da religião alemão cuja obra *Das Heilige* [O sagrado, de 1917] é fruto de uma orientação nascida não apenas da Fenomenologia Filosófica mas também de ideias propagadas por autores influentes na Teologia♀ protestante liberal da tradição alemã. Com a primeira referência, Otto compartilha o foco na experiência humana alcançável por meio da *epoché* e da intuição em prol da fusão das perspectivas do pesquisador e do sujeito investigado. O impacto da segunda fonte sobre o pensamento de Otto mostra-se sobretudo no desdobramento de posições teológicas defendidas por Albrecht Ritschl (1822-1889) e seus discípulos. Baseado no axioma de Friedrich Schleiermacher (1768-1834), segundo o qual a religião♀ tem sua raiz no sentimento do ser humano da sua dependência absoluta de Deus, Ritschl reconheceu a importância de elementos como dogmas♀, mas tratou a dimensão emotiva como constituinte crucial, categoricamente distinto de qualquer outra manifestação religiosa e, portanto, carente de uma abordagem que daria conta do caráter irracional do lado mais profundo da religião♀ (Cox, 2006, p. 35-62).

No livro *Das Heilige*, Rudolf Otto orienta seu raciocínio tanto para a Fenomenologia Filosófica quanto para a Teologia♀ ritschliana. Do ponto de vista ontológico, o *sagrado*♀ é concebido como entidade *sui generis*♀, que constitui algo "*de ordem diferente, de uma realidade que não pertence ao nosso mundo natural, profano*" (Schlesinger; Porto, 1999, p. 1265). Nesse sentido, o sagrado♀ vive em todas as religiões como seu aspecto mais íntimo (Otto, 1920, p. 6). Graças à sua natureza dinâmica, o sagrado♀ deixa seus rastros no mundo empírico ao se relacionar, por exemplo, a determinados objetos, lugares e personalidades. Embora as formas diversificadas e variáveis no tempo e espaço constituam o mundo religioso empírico, elas são consideradas secundárias em comparação com a essência universal e trans-histórica da religião, isto é, a *experiência humana* do sagrado♀. Na busca de compreensão desse cerne da religião, os elementos culturais, sociais, filosóficos e práticos constituintes da plurivalência das religiões são colocados no segundo patamar da agenda acadêmica. A partir dessa delimitação, Otto afirma que o sagrado♀ é "conhecido" pelo sujeito graças a uma faculdade inata ao ser humano de um "reflexo emocional peculiar" ou, então, da "disposição numinosa da alma♀" (Otto, 1920, p. 6-7). Essa faculdade possibilita, mesmo, a sensação mais profunda de qualquer "emoção piedosa", isto é, o impacto do sagrado♀ como *mysterium tremendum et fascinosum* (p. 13) caracterizado pela simultaneidade de arrepio e atração. Trata-se de um "dado primário e elementar não definível em sentido estrito" (Otto, 1920, p. 7). Quem quer comunicar esse "estado de espírito" inefável não vai encontrar conceitos adequados, devendo se contentar com indicações por meio de analogias♀ e símbolos (p. 13).

A consequência metodológica dessa caracterização do objeto do estudo da religião é que o pesquisador deve se sensibilizar para a correspondência do sagrado♀ em seu próprio interior, onde "o numinoso♀ nasce, agita e se torna consciente" (Otto, 1920, p. 7).

Durante décadas, a Fenomenologia da Religião, em suas diferentes articulações específicas, constituiu o paradigma dominante dentro da Ciência da Religião♀. A partir do final dos anos 1960, porém, foram articuladas críticas severas a diversos aspectos dessa abordagem. Esses questionamentos não surgem com a mesma intensidade em todos os países. Enquanto na Alemanha, por exemplo, a Fenomenologia da Religião é atualmente representada apenas por uma minoria, autores como Rudolf Otto ainda gozam de boa reputação no Brasil.

As críticas à Fenomenologia da Religião podem ser subdivididas em objeções formuladas do ponto de vista da Fenomenologia Filosófica, por um lado, e de réplicas articuladas no âmbito da Ciência da Religião♀, por outro lado.

Um motivo para preocupações em relação à perspectiva da Fenomenologia Filosófica reside no fato de que a nomenclatura "Fenomenologia da Religião" desperta expectativas equivocadas. Um entendimento espontâneo do termo deixa entender que são dois campos sobrepostos. Representantes da Fenomenologia Filosófica não confirmam essa impressão e avaliam a Fenomenologia da Religião como uma pseudofenomenologia (Spiegelberg, 1965, p. 7-11). Isso vale não apenas para a Fenomenologia Descritiva da Religião, elaborada sem nenhuma referência a pensadores como Husserl, como também para as duas outras sublinhas que buscam incorporar alguns aspectos da Fenomenologia Filosófica em seus repertórios metodológicos. Ambas as sublinhas ignoram o fato de que a Fenomenologia Filosófica é uma abordagem especificamente vinculada à área da epistemologia♀ interessada na estrutura da experiência humana, mas não nos objetos que repercutem nesta experiência.

Rudolf Otto não se submete a essa restrição. Em vez disso, caracteriza detalhadamente a "natureza" do sagradoρ como uma entidade ontológica própria que existe independentemente de qualquer subjetividade. Mais do que isso: a certeza de Otto tanto sobre a existência quanto sobre as qualidades do sagradoρ, bem como seu tratamento como uma categoria *a priori*, aponta para uma direção oposta ao princípio da *epoché* postulado por Husserl. Enquanto a Fenomenologia Filosófica busca acesso à experiência humana por meio de uma suspensão dos pré-conceitos do pesquisador, Otto instrumentaliza suas próprias caracterizações do sagradoρ como chave de leitura em prol da verificação da universalidade do sagradoρ nos relatos religiosos seletivos de diferentes tradições. Essa dicotomia entre a verdade dada e a verdade percebida pelo sujeito também é característica da abordagem de outro representante alemão da Fenomenologia da Religião, Gustav Mensching (1901-1978). Ele entende práticas espirituais como "apenas um lado da vida religiosa, isto é, a reação humana ao objetivo perfeito" (Mensching, 1926, p. v). Algo semelhante vale para Mircea Eliadeρ, que se mostra fiel às ideias de Rudolf Otto quando escreve: "O homem toma conhecimento do sagradoρ porque este se manifesta, mostra-se como algo absolutamente diferente do profanoρ". Para esse autor, todas as religiões têm sua raiz nessas manifestações ou "hierofanias". Embora essas "manifestações das realidades sagradas" (Eliade, 1996, p. 17) devam repercutir na consciênciaρ para que o ser humano dê início a uma tradição religiosa histórico-empírica, o "sagrado" não é intuído por meio da *epoché* do pesquisador, mas postulado por ele como uma entidade "objetiva". É importante ressaltar que nem todos os fenomenólogos inspirados por Otto compartilham essa abordagem ontologizante e o abandono do princípio metodológico que leva a sério a perspectiva do sujeito pesquisado. William Brede Kristensen, por exemplo, reaproxima-se da metodologia proposta pela Fenomenologia Filosófica quando escreve: "Devemos colocar as perguntas de forma diferente da que foi adotada por Otto. Não devemos tomar o conceito do 'sagrado' como o nosso ponto de partida, perguntando, por exemplo, como o numinosoρ é revelado em fenômenos naturais. Pelo contrário, devemos perguntar como o crente concebe o fenômeno que ele chama de 'sagrado'" (Kristensen, 1960, p. 17). De qualquer maneira, fica em aberto a questão importante sobre as técnicas aplicadas por fenomenólogos na busca de reconstrução dos fenômenos postulados. Não são respondidas perguntas como: Qual é o ponto de partida da investigação e como ela progride subsequentemente? Que fatos devem ser assumidos como fatos religiosos?

A objeção mais severa entre as críticas à Fenomenologia da Religião desenvolvidas por cientistas da religião ganhou força à medida que a Ciência da Religiãoρ intensificou seus esforços de se emancipar da Teologiaρ. Gerações recentes de pesquisadores comprometidos com o caráter empírico e secular da nossa área têm tido problemas com depoimentos religiosos presentes nas constatações dos fenomenólogos da religião.

Friedrich Heiler, por exemplo, não discrimina afirmações êmicas de constatações científicas. Em vez disso, em vários momentos da sua investigação deixa transparecer a convicção de que a oraçãoρ tem como base real a existência de Deus. Para ele, a oraçãoρ é "um contato real do homem com Deus, uma relação viva do espírito finito com o infinito [...]. Como misteriosa ligação do homem com o Eterno, a oraçãoρ é um milagre incompreensível, o milagre dos milagres, que se realiza diariamente na almaρ dos piedosos" (Heiler, 1920, p. 458-459).

A falta de discriminação entre a linguagem cotidiana religiosa e a linguagem analítica acadêmica foi criticada, sobretudo, em relação à obra de Rudolf Otto, cuja retórica "positiva" sobre a existência real do sagrado não difere do discurso de um crente. A asserção de Otto, de que "o sagradoρ existe", não apenas tem a mesma estrutura semântica do enunciado "Deus existe": ambas as frases são substancialmente equivalentes. A noção de *sagradoρ*, portanto, não é uma "citação" em um "relatório" de pesquisa de campoρ sobre a fé de membros de uma determinada religião. É um depoimento religioso pessoal de Rudolf Otto.

Outra indicação do intuito religioso da abordagem de Otto encontra-se na divisão de seus leitores entre aqueles suficientemente sensíveis em termos espirituais para entender a mensagem profunda da Fenomenologia da Religião e aqueles que carecem desta qualidade, sendo incapazes de intuir o verdadeiro espírito da publicação. Essas posturas chamaram a atenção de cientistas da religião norteados pelo princípio do "agnosticismo metodológicoρ" e resultaram na acusação de que abordagens de autores como Otto não representam a Ciência da Religiãoρ contemporânea. Elas seriam, de fato, uma espécie de "criptoteologiaρ".

Críticos também reclamam tendências etnocentristas e reducionistas frequentemente encontradas nas obras de representantes da Fenomenologia da Religião. Nas respectivas obras, essas duas inclinações, inter-relacionadas, articulam-se através da abstração do caráter sistêmico das religiões e de suas ligações íntimas as culturas de que emergiram. Do mesmo modo, são negligentes em relação à necessidade de reconstruir os repertórios espirituais das diferentes comunidades religiosas de acordo com sua própria lógica e os termos técnicos desenvolvidos pelos grupos pesquisados. Chantepie de la Saussaye, por exemplo, mostrou-se convicto de que todas as religiões teriam apenas um único objetivo, qual seja: o de homenagear o Deus vivo, "mesmo que Ele seja apenas parcialmente reconhecido ou mal compreendido por muitos" (Chantepie, 1897, p. 51). Os casos aos quais Rudolf Otto de refere para "comprovar" a existência universal do sagrado são, em sua maioria, relacionados à tradição bíblica. Outras correntes são apenas citadas esporadicamente, mas desde que alinhadas com um pensamento teísta.

A unilateralidade da abordagem em relação ao foco da experiência religiosaρ é outro ponto problemático da Fenomenologia da Religião. Essa concentração em uma determinada dimensão dos diversos fatos constitutivos da religiãoρ faz com que a Psicologia da Religiãoρ seja frequentemente mencionada como uma disciplina "paralela". Outras, como a Sociologia da Religiãoρ, a Geografia da Religiãoρ ou a Economia da Religiãoρ, que hoje fazem parte do espectro disciplinar inegociável da Ciência da Religiãoρ pós-fenomenológica, não desempenham papel algum ou são, até mesmo, desvalorizadas como superficiais e incapazes de penetrar o último mistério da religião.

Bibliografia: CHANTEPIE DE LA SAUSSAYE, P. D. *Lehrbuch der Religionsgeschichte.* 2. Auflage. Freiburg/Leipzig: Mohr, 1897; COX, J. L. *A Guide to the Phenomenology of Religion*: Key Figures, Formative Influences and Subsequent Debates. London/New York: Continuum 2006; ELIADE, M. *O sagrado e o profano*: a essência das religiões. São Paulo: Martins Fontes, 1996; HEILER, F. *Das Gebet*: eine religionsgeschichtliche und religionspsychologische Untersuchung. 2. Auflage, München: Ernst Reinhardt, 1920; KRISTENSEN, W. B. *The Meaning of Religion*: Lectures in the Phenomenology of Religion. Springer Science+Business Media, 1960; MENSCHING, G. *Das Heilige Schweigen*: eine religionsgeschichtliche untersuchung. Giessen: Alfred Töppelmann, 1926; OTTO, R. *Das Heilige*. Breslau: Trewendt & Granier, 1920; SCHLESINGER, H.; PORTO, H. *Dicionário enciclopédico das religiões*. Petrópolis: Vozes, 1999. v. 1; SPIEGELBERG, H. *The Phenomenological Movement*: A Historical Introduction. The Hague: Martinus Nijhoff, 1965; VAN DER LEEUW, G. *Einführung in die Religionsphänomenologie*. München: Ernst Reinhard, 1925.

FRANK USARSKI

FENÔMENOS EXTRAORDINÁRIOS

Alegações de fenômenos extraordinários ou sobrenaturais constituem um importante aspecto do arcabouço de crençasρ das religiões, servindo a funções diversas, incluindo a comprovação da revelação religiosa e das experiências espirituais de profetasρ e místicos e a legitimação do poder e a intervenção dos deuses na vida humana. A gama de fenômenos extraordinários alegados pelas religiões é ampla, incluindo, por exemplo, curas surpreendentes; apariçõesρ de santos, espíritos ou outros seres sobrenaturaisρ; a comunicação de pessoas falecidas ou de outras entidades espirituais pela intermediação de médiuns; dons do Espírito Santo, como o domρ de línguas estranhas (glossolalia); o domρ da bilocação (a suposta capacidade de alguns indivíduos, notadamente de alguns dos santos do Catolicismo, de estarem em dois lugares ao mesmo tempo); o milagre da ressurreição de Cristo; entre tantos outros exemplos.

Do ponto de vista histórico, os relatos de fenômenos extraordinários desempenham um importante papel na gênese das religiões ao contribuírem para a construção da narrativa metafísicaρ que fundamentará seus alicerces doutrinários e ritualísticos. Todavia, o relato desses fenômenos pode ocorrer em muitos outros momentos da História das Religiõesρ, diminuindo ou aumentando em frequência, sendo esperados e almejados, restringidos a movimentos heterodoxos ou rechaçados como sinais de heresia. É comum que a ortodoxia e a tradição religiosas imponham limites ou critérios ao que pode ou não ser considerado extraordinário ou genuinamente divino. Assim, por exemplo, cabe à Igrejaρ Católica, na figura do Papa, a função de reconhecer um indivíduo como santo católico. Tal reconhecimento não é automático, mas leva por vezes décadas ou séculos até que se cumpra. Dentre os critérios previstos para a afirmação de santidade se encontra a realização de milagres, incluindo milagres reportados após a morteρ do indivíduo beatificado. Contudo, há casos de figuras não reconhecidas pela Igrejaρ como santos, mas que são assim designados popularmente, a exemplo de Padre Cícero (1844-1934) no Brasil. Há também grupos religiosos, como os evangélicos pentecostais e neopentecostais, para os quais a crençaρ na ocorrência cotidiana dos milagres constitui um aspecto central de sua religiosidade. O relato de fenômenos extraordinários representa, com efeito, uma importante expressão da religiosidade popularρ (a exemplo das curas espirituais e das visões de santos e espíritos).

As religiões variam consideravelmente em relação a quem (seja humano, seja sobre-humano) pode produzir ou intermediar a ocorrência de fenômenos extraordinários. De qualquer modo, é com base na identificação de poderes ou faculdades especiais que as religiões geralmente atribuem a certos indivíduos a potencialidade para a produção de tais fenômenos, o que se observa não apenas com os santos do Catolicismo, como também, por exemplo, com médiuns ditos ostensivos no Espiritismo e na Umbanda. O caráter extraordinário dos fenômenos alegados costuma variar em função da perspectiva do observador. Para muitos religiosos, há pouco sentido em designar como extraordinário o que é, para eles, recorrente e perfeitamente explicável a partir de suas doutrinas. Para os espíritas, por exemplo, a mediunidade é uma faculdade natural, da qual todas as pessoas seriam portadoras, a despeito de alguns a apresentarem de

411

modo mais ostensivo. Mas enquanto a comunicação com pessoas falecidas é tida como algo usual pelos espíritas, não sendo vista como inerentemente benéfica ou malfazeja (dependendo isto do caráter do médium, sua devoção aos preceitos morais e doutrinários e da natureza dos espíritos comunicantes), outros religiosos (evangélicos, mórmons, judeus) podem discordar quanto ao caráter natural dessas manifestações, quanto à sua real possibilidade ou quanto aos seus benefícios ou malefícios. Trata-se de área potencialmente conflituosa, uma vez que os fenômenos de certa religião não necessariamente serão aceitos, estimulados ou interpretados como genuínos por outra.

Fazem parte também dessa zona potencial de conflito instituições e discursos seculares, os quais podem consentir ou não com a propagação de relatos de fenômenos sobrenaturais, conforme seu grau maior ou menor de ameaça à visão de mundo corrente e a práticas seculares socialmente dominantes. Foi assim que, durante o século XIX, diversos processos criminais foram instaurados contra alegações de misticismo em diferentes países europeus. Para elaborar uma ação judicial contra os supostos místicos, os sistemas de justiça tiveram de reduzir as pretensões de produção de fenômenos extraordinários a ações envolvendo alguma violação da lei, geralmente a fraude. Segundo Graus (2018), esses processos tinham relação, na verdade, com conflitos específicos entre o réu e as autoridades eclesiásticas ou seculares, e pouco se explicavam como expressão de um clamor público pelo combate a alegações sobrenaturais infundadas. As incriminações tinham um "poder desmistificador", nas palavras de Graus, e eram efetivas no sentido de atingir a reputação dos réus. Um exemplo semelhante, no caso do Brasil, foi a perseguição às práticas espíritas no final do século XIX e início do século XX. Nesse período, diversos psiquiatras insurgiram-se contra as práticas mediúnicas (sobretudo aquelas de caráter terapêutico, como as cirurgias espirituais), associando-as, quase invariavelmente, quer à doença mental, quer ao charlatanismo. Tais investidas acabaram resultando em inquéritos policiais e processos criminais, até chegar à dura repressão legal das práticas mediúnicas e de práticas semelhantes ligadas ao que se convencionou chamar de "curandeirismo" (Hess, 1991).

A história dos fenômenos extraordinários revela uma constante oscilação entre, de um lado, aceitação, estímulo ou tolerância a tais crenças e a práticas religiosas relacionadas e, por outro, uma forte resistência e oposição a esses relatos por instituições dominantes (religiosas ou seculares) e seus representantes. O sociólogo Jeremy Northcote (2007) descreve que, na Antiguidade grega, as práticas originadas da crença em fenômenos extraordinários, tais como a magia, eram admitidas como fraudulentas por pensadores como Hipócrates (460-377 a.C.) e Platão (427-347 a.C.). Não obstante, a crença nos poderes clarividentes das pitonisas representava um importante aspecto da religiosidade grega naquele período. Por sua vez, nos dois primeiros séculos do Cristianismo, embora as formas de cultuar e adorar fossem diferentes da experiência de muitos cristãos hoje, vários relatos de "dons do Espírito Santo" (ou *charismata*) – revelações, visões, êxtases, exorcismo, curas milagrosas – teriam sido noticiados. Para Anderson (Anderson, 2010, p. 19), o Cristianismo primitivo era "[...] uma comunidade do Espírito Santo. [...] Algumas das principais características e fenômenos extáticos do Pentecostalismo como profecia, e dom de línguas, eram comuns. Apesar de nem todos os acadêmicos concordarem com a sua frequência, o Novo Testamento ao menos presta testemunho das manifestações pouco usuais do Espírito, especialmente no Livro dos Atos e na Primeira Carta de Paulo aos Coríntios".

O declínio no exercício e na prevalência dos dons carismáticos teve seu início por volta do século III da era cristã. Começa-se aí a sugerir que tais manifestações pertenciam, na verdade, ao tempo de Jesus, e teriam depois se extinguido por não serem mais necessárias à fé ou por terem se limitado, então, à atividade dos bispos. Gradativamente, os dons carismáticos tornaram-se, assim, parte das lendas populares envolvendo santos, mártires e ascetas. Também se concebia que, quando tais experiências efetivamente ocorriam, elas eram prerrogativas exclusivas do próprio Deus, e não fenômenos mediados pela relação dos indivíduos com o "Espírito Santo". No mundo oriental, todavia, o Cristianismo teria preservado o dom de línguas, mesmo ao longo de todo o período medieval, o que se estendia igualmente à Igreja Ortodoxa, conquanto tais manifestações se restringissem, em sua maior parte, aos monastérios. No Ocidente, em contrapartida, tais experiências (antes consideradas divinas) passaram a constituir indícios de procedência demoníaca.

No período medieval tardio, Northcote explica que vários fenômenos extraordinários foram associados à intervenção do demônio, ao pecado e, de modo geral, à heresia, o que culminou na condenação de diversas mulheres consideradas bruxas pelo tribunal da Inquisição. Às bruxas se atribuíam vários dos fenômenos que hoje designaríamos de paranormais, como a previsão de acontecimentos futuros, o teletransporte e a experiência fora do corpo. Contudo, no período renascentista, a atenção aos fenômenos e poderes extraordinários passa a ser vista positivamente, sendo perceptível no interesse crescente pelo ocultismo. É nesse período que se observa uma drástica mudança na maneira de os pensadores conceberem o papel da imaginação, a qual passa a ser reconhecida como expressão das forças latentes da natureza, como o lugar em que os mundos subjetivo e objetivo encontram-se. Essa forma superior da

Imaginação – concebida por Paracelso (1493-1541) como um macrocosmo ou "alma do mundo" – seria o protótipo da imaginação humana. Por meio dela é que se poderiam desvendar os mistérios e as leis da natureza, desde que se recorresse à magiaℙ, a qual, entretanto, era distinguida da "magiaℙ diabólica", própria da bruxaria e da feitiçaria, referindo-se à "magiaℙ natural" da alquimiaℙ, da astrologiaℙ e demais ciências ocultas. A Imaginação era, pois, considerada uma área racional, investigativa, enquanto a magiaℙ popular ou "baixa magia" não passaria de um conjunto de crençasℙ adotado pela população menos educada, tendenciosa a fantasiar criaturas míticas e irreais.

Northcote continua sua narrativa histórica descrevendo que, com o surgimento das ideias iluministas por volta do século XVII, o ceticismo, antes restrito às práticas da "baixa magia", atinge igualmente a visão dos renascentistas sobre o papel da Imaginação. Se a natureza era interpretada por estes simbolicamente, de forma a se encontrar as leis ocultas por trás dos fenômenos observáveis, com o Iluminismoℙ ela passa a ser estudada literalmente, regida agora por leis mecânicas objetivas, passíveis de experimentação. Aos poucos, a crençaℙ nos fenômenos e poderes extraordinários passa a ser vista como irracional, movida por paixões descontroladas e por uma imaginação exacerbada, sendo acusada de prejudicar o desenvolvimento social e científico. A marginalização dos fenômenos extraordinários se estende até a Reformaℙ Protestante, que considerará tais crençasℙ obstáculos à autodisciplina cristã. Martinho Lutero (1483-1546) e João Calvino (1509-1564) acreditavam que os dons do Espírito já não eram necessários para avivar ou manter a fé, e serviriam apenas para converter os incrédulos (Anderson, 2010). A busca pelo sobrenatural ressurgirá apenas entre os séculos XVIII e XIX, com a emergência do magnetismo animal de Franz Anton Mesmer (1734-1815), do Espiritualismo moderno e de grupos esotéricos na Europa e nos Estados Unidos (por exemplo, a Teosofia). O século XX, por sua vez, contou com os movimentos da contracultura e da *New Age*, que impulsionaram o interesse pela parapsicologiaℙ e por práticas e experiências espirituais não convencionais.

Para Northcote, a marginalidade dessas crençasℙ residiria não tanto na própria marginalidade de grupos sociais específicos, mas no fato de elas terem sido excluídas, ao longo do tempo, por instituições e discursos tidos como dominantes, como a Igrejaℙ Católica e a comunidade científica. Tais fenômenos teriam sido, por outro lado, reconhecidos, afirmados e mesmo buscados quando se aproximavam dos interesses vigentes. O autor acredita que o debate em torno da legitimidade desses fenômenos parece representar, historicamente, uma luta entre discursos já estabelecidos e legitimados pela sociedade ocidental e vários outros discursos emergentes, que

surgem como resultado de uma decadência – ou crise – dos discursos dominantes em preencher as necessidades culturais vigorantes. A propagação dos relatos de fenômenos extraordinários constituiria, dessa forma, uma tentativa de superação do "vácuo" entre velhos e novos discursos. Northcote cita como exemplo o período da Renascença, na qual a imaginação é libertada, adquirindo *status* investigativo diante da natureza, sem abandonar, entretanto, uma cosmovisão cristã.

Northcote também mostrou como as fronteiras entre concepções científicas e religiosas sobre fenômenos extraordinários podem ser algumas vezes tênues quando rastreamos o desenvolvimento histórico e as várias ramificações dessas ideias. Em oposição à noção de incomensurabilidade, segundo a qual o conhecimento científico e o conhecimento religioso seriam fundamentalmente distintos, Northcote defendeu que, em alguns casos específicos, as diferenças são mais retóricas do que necessárias. Um interessante exemplo pode ser encontrado no século XVIII, batalha intelectual entre dois homens: o primeiro, integrante da religião instituída, padre Johann Joseph Gassner (1727-1779); o segundo, um membro da ciência e da medicina de sua época, Franz Anton Mesmer (1734-1815). Multidões vinham de diferentes localidades (Alemanha, França, Suíça) para obter tratamento mediante o exorcismoℙ com o padre Gassner. Embora fosse modesto e desconhecido quando do início de suas atividades, Gassner rapidamente obteve sucesso e os relatos de suas curas se espalharam com presteza. A forma de tratamento empregada por Gassner era, de modo geral, bastante simples: diante do paciente, ele ordenava, em nome de Jesus, que o demônioℙ se manifestasse. Caso fosse a possessão a causa, e não um fator de natureza orgânica, o indivíduo apresentava sintomas típicos, como convulsões. Gassner também podia, algumas vezes, ir além desse procedimento introdutório, ordenando ao demônioℙ, em latim, que produzisse outras tantas alterações em diferentes partes do corpo do possuído, o que confirmava, a seu ver, a causa demoníaca da doença. Em seguida, o padre prosseguia com o exorcismoℙ propriamente dito, forçando a presumida "criatura" a deixar aquele corpoℙ por meio de palavras de ordem.

Na mesma época, Mesmer, médico alemão, tendo se instalado em Paris alguns anos antes da Revolução Francesa, desenvolveu tratamento muito semelhante, sustentado, porém, na hipótese da existência de um "magnetismo animal", baseado na hipótese de uma influência direta dos astros sobre a fisiologia humana. Tal magnetismo seria suscetível de ser transmitido de um corpo para outro; sua representação, portanto, correspondia menos a uma força física invisível e mais a uma substância ou fluido, ideia que acabou sendo reforçada pelos seguidores de Mesmer ao longo do tempo. Havendo

413   FENÔMENOS EXTRAORDINÁRIOS

adequada manipulação terapêutica do magnetismo animal, poder-se-ia restaurar com sucesso a saúde ao órgão doente. Para Mesmer, as curas de Gassner resultavam da ação do magnetismo animal e não do exorcismo. A disputa de concepções entre os dois parecia mostrar como um mesmo fenômeno poderia ser interpretado de modos muito distintos, embora apresentasse características semelhantes nos dois casos. As convulsões e sintomas apresentados por indivíduos "magnetizados" por Mesmer, por exemplo, aproximavam-se daquelas reportadas pelos possuídos de Gassner, muito embora os contextos e as crenças em jogo fossem diferentes. Apesar de desacreditadas pelo meio científico, as ideias de Mesmer sobre o papel do fluido animal no tratamento das doenças desempenhou, mais tarde, um importante papel na prática espírita do passe e da fluidoterapia, mostrando que as concepções religiosas e científicas podem muitas vezes se fundir, dando origem a práticas e interpretações que, embora religiosas, tiveram suas bases em hipóteses que se pretendiam científicas. Não é incorreto afirmar que muitas das manifestações designadas à época de "clarividência mesmérica" viriam pouco tempo depois a integrar o rol de alegações extraordinárias que originaram o Espiritualismo moderno e o Espiritismo, embora vistas, agora, como manifestações de um mundo espiritual.

O importante levantamento histórico empreendido por Northcote constitui um exemplo até certo ponto isolado da contribuição científica à investigação do tema. O fato é que o estudo dos fenômenos extraordinários foi, em grande medida, ignorado pelos cientistas da religião. Com a transição do paradigma da fenomenologia clássica para uma perspectiva histórica e sociológica, a investigação tanto das experiências místicas e religiosas quanto das alegações de fenômenos extraordinários adquiriu importância secundária. A ênfase passou a residir nos textos e práticas religiosas tradicionais e em seus determinantes históricos, sociais, geográficos e psicológicos. Tal ênfase resultou, em parte, de uma tentativa de afastamento de perspectivas teológicas. Como consequência, instaurou-se uma situação tal que, ao invés de serem compreendidas a partir de seus elementos mais básicos (como a crença em seres sobrenaturais e experiências de contato com tais seres e realidades), as manifestações religiosas passaram a ser explicadas em termos de seus impactos ou de fatores associados, como, por exemplo, o fortalecimento dos vínculos sociais ou a produção de sistemas simbólicos e culturais.

Essa tendência tem sido menos evidente no trabalho de cientistas cognitivos da religião. Com sua ênfase nos mecanismos cognitivos fundamentais subjacentes às crenças religiosas, os cientistas cognitivos formularam uma série de hipóteses para explicar como certas crenças se formam e como se enraízam na própria vivência intuitiva de diferentes seres humanos. Um exemplo conhecido se refere àquilo que Justin Barret denominou de *mecanismo hipersensível de detecção de agentes*, uma tendência cognitiva para detectar padrões em estímulos de outro modo aleatórios, atribuindo-lhes intencionalidade, mecanismo esse cuja ação residiria por trás de toda uma série de fenômenos perceptivos interpretados como evidências da presença de seres e fenômenos sobrenaturais (Barret, 2000). Do antropomorfismo ao efeito da mínima contraintuitividade, os conceitos desenvolvidos pelos cientistas cognitivos para explicar os elementos constitutivos básicos das religiões abriram espaço para a compreensão de eventos e experiências humanas antes usualmente negligenciados pelos cientistas da religião, em sua predileção por uma perspectiva mais interpretativa e menos explicativa. Pode-se afirmar, assim, que a Ciência Cognitiva da Religião representa uma das poucas abordagens vigentes a conceder espaço para a compreensão de como se constroem e se perpetuam as crenças em fenômenos extraordinários.

Um exemplo ilustrativo das contribuições da ciência cognitiva nesse tocante consiste no trabalho de Singh (2018). De acordo com o autor, a atribuição de poderes e fenômenos extraordinários a deuses, líderes religiosos e xamãs estaria vinculada a uma necessidade de controle sobre situações de incerteza, como eventos naturais de outro modo incontroláveis ou imprevisíveis pelos seres humanos. Para Singh, a crença em fenômenos e habilidades sobrenaturais teria uma vantagem adaptativa do ponto de vista evolutivo, qual seja: a de aumentar a sensação psicológica de controle e segurança sobre os eventos. Segundo esse modelo, a ritualística envolvida na *performance* do xamã visaria impressionar sua comunidade, de modo a fomentar a credibilidade nos poderes e fenômenos que afirmaria possuir ou intermediar. Conquanto se mostrem limitadas para abarcar a complexidade envolvida em diferentes manifestações religiosas, as hipóteses de Singh são de relevância para uma discussão dos fatores culturais e cognitivos implicados na crença em fenômenos extraordinários.

O poder do convencimento também revela sua importância em diferentes cenários de cura. A simulação, a fraude e o emprego de uma série de recursos ilusionistas foram relatados pelos antropólogos em suas observações de rituais xamanísticos (Singh, 2018). Convencer o paciente de que está curado é, assim, parte do processo terapêutico, embora também existam relatos de xamãs mal-intencionados. De uma perspectiva social-construcionista, porém, entendem-se tais fenômenos – autênticos ou não – como produtos da própria realidade cultural e social compartilhada pelos membros daquela comunidade. Lévi-Strauss (1975) menciona o fato um tanto curioso de que, mesmo quando um xamã ensinou a outro como se utilizar de suas artimanhas e truques,

FENÔMENOS EXTRAORDINÁRIOS

ele próprio pode recorrer (ambivalentemente) a outro xamã⊘ quando se vê doente ou quando algum de seus familiares cai adoentado. Esses exemplos só nos permitem concluir que a "fraude" é um conceito muito fraco para explicar o conjunto dos relatos de fenômenos extraordinários, uma vez que a crença⊘ nestes ultrapassa a distinção moderna e ocidental entre fraudador e vítima. O artifício adquire, assim, um caráter mágico que torna questionável encará-lo simplesmente como engodo.

Do ponto de vista científico, pode-se questionar se fenômenos ditos extraordinários são objetivamente verificáveis ou se decorrem tão somente de uma atribuição subjetiva. O estudo desses fenômenos se relaciona diretamente ao estudo da experiência religiosa⊘ (ver o respectivo verbete neste *Dicionário*). Com efeito, na maioria dos casos, não se diferenciam claramente *fenômenos extraordinários* de *experiências* extraordinárias, dado que os fenômenos reportados permanecem usualmente no campo da vivência interior, subjetiva (como visões ou audições de espíritos), sem maior evidência externa para além do relato do experienciador. Não obstante, mesmo nesses casos há quem alegue que tais vivências veiculam *informações sobre eventos objetivos* que o indivíduo não poderia obter de outro modo, como a revelação da morte⊘ de alguém distante, sem que se pudesse ter notícia de sua ocorrência naquele momento, ou a visão, em tempo real, de um acontecimento remoto, como a conhecida visão do místico Emanuel Swedenborg (1688-1772), em Gotemburgo, de um incêndio que ocorria em Estocolmo (Cardeña; Lynn; Kripner, 2014).

O estudo científico das alegações de fenômenos extraordinários tem já uma longa história, iniciando-se, formalmente, com a fundação, em 1882, da *Society for Psychical Research*, em Londres. Essa sociedade congregou pensadores respeitados das mais diversas áreas do conhecimento, incluindo nomes como William James⊘ (1842-1910) e Carl Gustav Jung⊘ (1875-1961). Nesse período, as fronteiras entre a Psicologia da Religião⊘ e o estudo das alegações paranormais não havia se estabelecido de modo claro. Ao contrário, a investigação dessas alegações constituía um dos principais objetos de estudo da Psicologia entre o final do século XIX e o início do século XX, tendo sido perseguido por pioneiros da Psicologia da Religião⊘, como Théodore Flournoy (1854-1920). Como era de esperar, esses estudos sofreram forte influência do momento histórico e social em que foram conduzidos – marcado, sobretudo, pela expansão do Espiritualismo Moderno. Andrew Lang (1844-1912), um dos pais fundadores da Ciência da Religião⊘, foi presidente da *Society* em 1911, tendo especulado acerca dos fenômenos paranormais, sua autenticidade do ponto de vista científico e o papel que teriam desempenhado na origem e no desenvolvimento das religiões (Cardeña; Lynn; Kripner, 2014).

A disciplina dedicada à investigação científica dos fenômenos paranormais tem recebido diferentes nomes ao longo do tempo, sendo o mais conhecido deles *Parapsicologia*, termo disseminado, sobretudo, em decorrência do trabalho de Joseph Banks Rhine (1895-1980) e da associação que ajudou a fundar, a *Parapsychological Association* (PA), ativa até os dias de hoje. O termo mais utilizado atualmente nessa literatura para se referir ao que aqui denominamos fenômenos extraordinários é o "experiência anômala". Segundo a definição do mais importante *handbook* sobre o tema, experiências anômalas⊘ são "experiências incomuns [...] ou que, apesar de poderem ser vivenciadas por uma parcela substancial da população [...] são interpretadas como desviantes da experiência ordinária ou das explicações geralmente aceitas para a compreensão da realidade, de acordo com a ciência dominante ocidental" (Cardeña; Lynn; Kripner, 2014, p. 4). Na esteira da definição trazida por Cardeña, Lynn e Kripner, alguns autores preferem o termo "Psicologia Anomalística⊘" ao termo "Parapsicologia⊘" para se referir a esse campo de estudos, mormente em decorrência de sua perspectiva ser mais psicológica e mais interessada nas implicações dessas experiências para a compreensão da mente e do comportamento humano e muito menos devotada a testar, do ponto de vista experimental, alegações de fenômenos anômalos ou excepcionais. Há, assim, toda uma série de nuances teóricas que desembocam em escolhas terminológicas particulares para a definição tanto dos fenômenos em estudo quanto da disciplina de pesquisa propriamente dita.

Da perspectiva da Ciência da Religião⊘, as posições adotadas foram variadas, tendo havido autores que se interessaram pelo diálogo com as investigações de fenômenos anômalos (a exemplo de Lang), enquanto a maioria dos que se debruçaram a estudar o tema enxergou na Parapsicologia⊘ um objeto de estudo, um exemplo entre tantos outros das intricadas e complexas relações entre religião⊘ e ciência, abstendo-se, assim, de considerá-la disciplina auxiliar (por exemplo, Hess, 1991).

A parapsicologia⊘ tem recebido várias críticas ao longo de sua trajetória, principalmente em relação à sua validade como campo científico e à adequação metodológica de seus experimentos. Sua disciplina irmã, a Psicologia Anomalística⊘, desfruta de maior respeitabilidade, figurando em grandes centros de pesquisa no mundo todo, incluindo o *Anomalistic Psychology Research Unit* na Universidade de Goldsmiths, Reino Unido (unidade fundada e dirigida pelo Prof. Christopher French), e o *Center for Research on Consciousness and Anomalous Psychology*, na Universidade de Lund, Suécia, fundado e dirigido pelo Prof. Etzel Cardeña. Mais recentemente, foram levantadas propostas para um diálogo entre Psicologia da Religião⊘ e Psicologia Anomalística⊘, dado o reconhecimento de sua interligação do ponto de vista histórico e do cruzamento de temas e objetos de investigação (Zangari et al., 2017).

Para além das discussões de caráter ontológico, isto é, da controvérsia em torno da existência de processos ou fenômenos anômalos, o estudo dos aspectos psicológicos, culturais e sociais da crença♀ em fenômenos extraordinários representa uma importante e crescente área de investigações. De acordo com a revisão clássica de Bourguignon (1973), realizada com mais de 488 sociedades, 74% acreditavam que forças espirituais podem afetar a personalidade e o bem-estar do indivíduo, e 52% sustentaram a concepção de que a personalidade de alguém pode ser substituída pela de outro ser (o que os cientistas sociais convencionaram chamar de possessão ou transe de possessão). Nos Estados Unidos, vários *surveys* apontam para um aumento no interesse pela paranormalidade, um relevante aspecto do imaginário norte-americano visível em seriados de televisão, filmes e livros *best-sellers* que abordam temas como detetives psíquicos, *Poltergeists* e médiuns (Cardeña; Lynn; Kripner, 2014).

A forma como a alegada produção de fenômenos extraordinários é explorada para diferentes fins (devocionais, terapêuticos, mercadológicos etc.) e os fatores históricos e sociológicos envolvidos no posicionamento adotado por diferentes atores sociais (as agendas epistemológicas subjacentes e os contextos dos discursos de religiosos, cientistas, mídia, público em geral) compreendem objetos de investigação legítimos da Ciência da Religião♀. Também constituem objetos dessa ciência os mecanismos cognitivos e evolutivos básicos subjacentes às crenças♀ em fenômenos extraordinários, incluindo o papel que desempenharam na origem de diferentes religiões, bem como as funções que continuam a exercer nas práticas e rituais dessas religiões hoje.

Bibliografia: ANDERSON, A. *An introduction to Pentecostalism*: global charismatic Christianity. 5th. ed. New York: Cambridge University Press, 2010; BARRETT, J. Exploring the natural foundations of religion: Trends in Cognitive Sciences, v. 4, n. 1, 2000, p. 29-34; BOURGUIGNON, E. *Religion, altered states of consciousness and social change*. Columbus: Ohio State University Press, 1973; CARDEÑA, E.; LYNN, S. J.; KRIPNER, S. *Varieties of Anomalous Experience*: Examining the Scientific Evidence. 2nd. ed. Washington, DC: American Psychological Association, 2014; GRAUS, A. Mysticism in the courtroom in 19th century Europe. *History of the Human Sciences*, vol. 31, n. 3, 2018, p. 21-40; HESS, D. *Spirits and Scientists*: Ideology, Spiritism, and Brazilian Culture. Pennsyvalnia: The Pennsyvalnia State University Press, 1991; LÉVI-STRAUSS, C. O feiticeiro e sua magia. In: LÉVI-STRAUSS, C. *Antropologia estrutural*. Rio de Janeiro: Tempo Brasileiro, 1975. p. 193-213 [original: 1949]; NORTHCOTE, J. *The Paranormal and the Politics of Truth*: A Sociological Account. Exeter, UK: Imprint-Academic, 2007; SINGH, M. The cultural evolution of shamanism. Disponível em: <https://robobees.seas.harvard.edu/files/culture_cognition_coevol_lab/files/singh_-_2018_-_the_cultural_evolution_of_shamanism.pdf>; ZANGARI, W. et al. Psicologia da Religião e Psicologia Anomalística: aproximações pela produção recente. *Revista Pistis e Práxis*, v. 9, n. 1, 2017, p. 173-188.

EVERTON DE OLIVEIRA MARALDI

FERNANDES, GONÇALVES →
Estudos afro-brasileiros

FESTA

I. Formulação do conceito e abordagens. A palavra "festa" tem origem no latim, em que também é denominada *festa*. Como evento e circunstância étnica e cultural, a festa acompanha a história da humanidade. Os estudos, pesquisas e teorias acerca das festas transitam entre a abordagem etnográfica e as análises acerca de festividades locais. Os autores de tais estudos acabam por analisar a festa a partir de sua característica ritual, a exemplo de Van Gennep, com os estudos acerca dos ritos de passagem, ou Victor Turner♀, com o processo ritual. Contudo, nem todo rito é festivo, visto que a festa implica a característica do ser humano que busca celebrar uma situação ou a própria vida criando momentos extraordinários. Os estudos sobre as festividades, sobretudo da cultura popular brasileira, geram quantidade significativa de obras e autores, o que torna mais difícil optar por uma linha de análise deste fenômeno cultural. A proximidade histórica entre as festas e as religiões possibilita que a exposição aqui proposta seja feita na perspectiva do entendimento das festividades religiosas. Mesmo que nem toda festa seja uma manifestação religiosa, as festas religiosas são manifestações culturais. Em contrapartida, nem toda festa expressa regozijo ou alegria. Em termos gerais, a festa se revela um intervalo na vida ordinária e cotidiana, em que as pessoas e suas comunidades se reúnem em torno de uma motivação comum.

O desafio é identificar as características estruturais ou rituais da festa e não estudá-las como produtos reificados, o que resultaria em um verbete sobre festividades religiosas, nos moldes etnográficos. A festa caracteriza-se como um rito. Assim, ela assume conhecimentos, crenças♀, princípios e comportamentos que lhes são próprios e que, em determinado contexto, ganham sentido (Vilhena, 2013, p. 513). Toda festa pode, então, ser considerada um rito, mas nem todo rito é propriamente uma festa. Cabe primeiramente diferenciá-los para que se possa chegar às características que forjam a festa, tendo como principal objeto a festa religiosa.

FESTA

Ao abordar a festa religiosa, adentra-se em um terreno complexo, visto que a festividade é entendida como um ritual com características religiosas, mas se diferencia no sentido de que nem todo ritual é festivo e nem todo ritual é religioso. Assim, a festa religiosa é entendida como um ritual que assume a perspectiva de criar um intervalo comemorativo no tempo ordinário, de modo a enfatizar uma data ou situação específica e relevante, seja para a vida do indivíduo, seja da comunidade religiosa. Uma festividade deve ser entendida de modo sincrônico, isso porque ela está relacionada ao contexto cultural onde é celebrada. Desse modo, os fatores geográficos, éticos, políticos e culturais são condição para a hermenêutica da festividade religiosa (Vilhena, 2013, p. 522). A abordagem aqui proposta acontece nas perspectivas antropológica, sociológica, filosófica e psicológica, para depois ser sintetizada na perspectiva da Ciência da Religião.

II. Perspectiva antropológica: a festa como constitutivo étnico. A festa se relaciona com a memória de um fato passado, que pode ser originário, como a gênese do universo, ou um episódio fundante da vida de um povo, como é o caso da Páscoa da tradição judeo-cristã. A memória festiva se remete a um momento extraordinário de intervenção deísta. Mais do que a uma lembrança, a rememoração aponta para a vivência do tempo presente, atribuindo sentido à realidade. Assim, por exemplo, a força criacional do Orixá é vivenciada na festa a ele dedicada, como a Eucaristia, em perspectiva cristã, é a presença do Cristo.

Arnold Van Gennep entende os ritos na perspectiva da localização do indivíduo diante de determinada sociedade, bem como da legitimação de sua ação. A sociedade dá diretrizes culturais ao indivíduo, moldando seu comportamento e princípios. Em perspectiva mais conceitual, constrói sua identidade. Com estudos voltados aos ritos de passagem, Van Gennep interpreta-os como uma forma de legitimação da participação de um indivíduo em determinado grupo ou sociedade. Sua metodologia, centrada no rito como objeto, possibilita o entendimento da dinâmica que é própria do ritual religioso, superando uma visão tipológica que ocorreria no erro de acreditar que todos os ritos são iguais. Do mesmo modo, é dinâmica a noção de sagrado e profano, que permeiam as festas religiosas. Isso porque aquilo que é sagrado em um determinado momento pode mudar com o passar do tempo ou não o ser em outra situação. O carnaval, considerado uma festa profana nos dias atuais, tem suas bases no tempo litúrgico do Cristianismo.

Victor Turner, ao observar os ritos e festividades do povo Ndembu, identifica a encenação padronizada e a perspectiva de transformação dos sentimentos caracterizados. Os festejos e ritos demarcam o pertencimento a um povo através da assimilação simbólica de seu *éthos*, muito mais que pela assimilação de um novo membro do grupo. Símbolo e rito estão interligados. Ao identificar os ritos de crise e de aflição, Turner aponta para a possibilidade de uma interpretação de que nem toda festa é positiva ou alegre, mas sim paradigmática e extraordinária. Assim, o rito está conectado a um contexto social e não pode ser interpretado senão nesse contexto. Por consequência, os ritos auxiliam no entendimento da própria sociedade onde eles são celebrados. Mas é com o conceito de *communitas*, primeiramente proposto por Van Gennep, que Turner trata da relação entre a estrutura, que representa a realidade cotidiana de uma coletividade, e a antiestrutura, entendidos como momentos extraordinários. Tal relação é dialética visto que a estrutura é quem cria a antiestrutura na intenção de distanciamento. Dessa maneira, a festa religiosa seria um momento de antiestrutura, no sentido de que é extraordinário. A antiestrutura coloca em suspensão, mesmo que temporariamente, o universo ordinário.

Os calendários fazem parte integrante das festas. Ao organizar o tempo cotidiano, seja pelo calendário lunar, seja pelo calendário solar, as sociedades manifestam o entendimento cíclico da existência humana e da natureza. Alguns momentos se tornam paradigmáticos no sentido de colocar o ser religioso em contato com sua finitude, como, por exemplo, a Paixão de Jesus na tradição cristã, ou o *Yom Kipur* no Judaísmo. Também o *Ramadã* islâmico, mês de jejum ritual desde o nascer ao pôr do sol, pode ser entendido como um intervalo extraordinário no cotidiano. Mesmo sem o caráter da alegria, a memória é celebrada no sentido da reorientação da vida cotidiana, agora entendida a partir do intervalo festivo.

Talvez o exemplo mais evidente da circularidade do tempo seja o calendário litúrgico cristão, estabelecido a partir do século XIII. A concepção linear do tempo deu lugar à ideia cíclica e mística de interpretação da realidade. As festividades e memórias religiosas passaram a ser vividas anualmente. Festejar não se trata apenas de rememorar o tempo passado, mas no entendimento e vivência cíclica e simbólica do tempo.

Diferente do ritual, que pode ser rotineiro, a festa se apresenta como um momento extraordinário, que extrapola o dado cotidiano. Contudo, os rituais não nasceram para ser explicados. Isso seria tarefa da teologia de cada religião, mas não da prática ritual. Antes, os ritos são vivenciados, e tal vivência acontece como experiência simbólica e festiva (Keesing; Stratern, 2014, p. 388). Dentro da perspectiva ritual das festas, há de se perceber o caráter mediador entre o indivíduo e a divindade, possibilitando um momento em que a distância entre ambas as partes diminua.

As festividades religiosas nem sempre se apartam no mundo civil. Isso porque elas não se limitam ao território e à linguagem religiosa, ao mesmo tempo que levam para dentro do ambiente religioso as características civis. Mais equivocada ainda seria a bipartição entre a festa sagrada e a festa profana. Seria o *Réveillon* uma festa civil ou religiosa? Sagrada ou profana? A distinção dicotômica não conseguiria explicar se o início do novo ano civil, acompanhado de oferendas a Iemanjá à beira-mar, se colocaria de um lado ou de outro, dentro de um cenário declaradamente híbrido. Assim, a perspectiva do hibridismo♀ ou da complexidade auxilia no entendimento de que a festa religiosa se concretiza trazendo aspectos sacros ou religiosos ao ambiente profano♀ ou civil, ao mesmo tempo que incorporam nos rituais festivos aspectos da sociedade onde a religião♀ está inserida e é construída.

No cenário brasileiro a festa pode ser vista na perspectiva de um momento de abundância de uma sociedade que vive, sob muitos aspectos, a escassez. Câmara Cascudo relata a perda das tradições pela introdução de novos elementos inovadores, e Gilberto Freire, pela introdução de mudanças sociais, seja pelo final da escravatura, seja pela proclamação da República. Na festa se permite participar de uma realidade alheia ao indivíduo, seja de outra classe social, seja de uma divindade. Desse modo, tanto o pobre pode usar plumas e paetês como o rico pode sair maltrapilho ou vestido de malandro e meretriz, como o fiel pode, ao tocar na corda, participar das graças oferecidas pelo Círio de Nazaré. A festa apresenta a possibilidade de ser, mesmo que por um instante, aquilo que não se é. E isso alimenta a rotina e o cotidiano pós-festa, pois se sabe que o indivíduo não é fadado às agruras da vida. No Brasil, a festa também parece ter assumido a função de diminuir os conflitos sociais próprios da diversidade étnica e das distinções coloniais. Roberto Da Matta entende a festa como expressão da utopia de igualdade, liberdade e fraternidade. Na manifestação extática, os participantes assumem relações equiparadas, podendo participar, igualmente, daquele grupo social. Também na festa é permitido que grupos sociais assumam linguagem e expressões que são próprias de outros grupos, tais como músicas♀, vestimentas e adornos. Da Matta categoriza os rituais festivos como sendo de separação ou reforço, em que a distinção se evidencia, mas também de inversão, em que há a suspensão de papéis rotineiros, e ainda o ritual de neutralização, que combina os dois tipos anteriores.

III. Perspectiva sociológica: a festa como rito social. O nascimento das Ciências Sociais está relacionado à etnografia♀ e ao estudo dos ritos religiosos. Assim, o entendimento de que os ritos estão relacionados à organização da sociedade onde eles foram formulados e celebrados leva, por consequência, ao entendimento de que os ritos religiosos têm a função social da construção da consciência♀ dos sujeitos sociais. Entender a festa religiosa como um rito religioso possibilita a compreensão de sua função social.

Durkheim♀ situa os rituais religiosos no campo da delimitação entre aquilo que é sagrado e o que é profano♀. É através dos ritos que determinada sociedade exerce influência sobre seus indivíduos. Em Durkheim♀ é possível relacionar a festa com as representações coletivas, conceito segundo o qual a sociedade se constitui a partir de imagens simbólicas ou modelos de vida social. Durkheim♀ entende a origem da religião♀ como concomitante ao próprio processo de socialização♀. Assim, as relações rituais são acompanhadas da delimitação de vivências, tempos e territórios sagrados. E se a rotina e o cotidiano estão no campo do profano♀, a festa e os rituais sinalizam a participação em práticas sagradas. Em qualquer festa religiosa as danças, cantos e a organização do espaço ganham importância, pois são expressão simbólica daquilo que é celebrado. Dessa maneira, a festa se manifesta como fato social, ou como efervescência coletiva, que aglutina em um evento aquilo que é assumido doutrinária ou paradigmaticamente por determinado grupo religioso. A separação mágica entre o rito e o cotidiano, entre a festa e a rotina, entre o sagrado♀ e o profano♀ permite que a solidariedade se traduza na interação física. Especificamente sobre as festas, Durkheim♀ entende que mesmo as civis apresentam características religiosas. Isso porque elas aproximam os indivíduos, colocam as massas em movimento e suscitam o estado de efervescência ou delírio, características próprias das festas religiosas. As festas têm como características a excitação de seus participantes que se manifestam com gritos, cantos, músicas♀, movimentos violentos e danças, geralmente em excesso. Muitos rituais religiosos têm características festivas, mas são emicamente considerados festas quando são extraordinários, ou seja, a festa se apresenta como um rito que sai da rotina, do cotidiano, não obstante esteja prevista no calendário religioso. Celebrado anualmente, o Natal é visto, pelos cristãos, como uma festa, pois se diferencia da rotina litúrgica do Tempo Comum. Durkheim♀ ainda diferencia os cultos como sendo negativos e positivos. Os cultos negativos não prescrevem ações ao fiel, mas se limitam a proibições e interdições. Assim, não adentrar o roncó durante o período de iniciação♀ do Candomblé, ou a não permissão de adentrar o Santo dos Santos no Templo de Jerusalém, ou a proibição da ingestão de carne na Sexta-feira Santa para os católicos, ou o *Ramadã* para os muçulmanos são exemplos de ritos negativos. Eles mantêm a separação entre o mundo sobrenatural, sagrado♀ e o mundo profano♀ (Durkheim, 2003, p. 318). Os ritos positivos, por sua vez, têm sua realização viabilizada pelo rito negativo. Assim como a Quaresma é condição para se viver a Páscoa do Cristianismo católico, o rito negativo tem a pretensão de afastar o fiel do mundo profano♀ e aproximá-lo do mundo sagrado, e por isso torna-se um pressuposto para o positivo. As festas, como ritos positivos, constituem-se um intervalo na vida profana, de modo a colocar o indivíduo em contato com o mundo sobrenatural. Quando realizada com intensidade e prolongamento de tempo, chega-se ao que Durkheim♀ entende como um frenesi (2003, p. 318).

Mauss♀ entende o rito como instrumento de recomposição do todo, herdando de Durkheim♀ o que define como uma visão holística da sociedade. Assim, os ritos de determinada sociedade reintegram seus indivíduos não apenas àquilo que se refere à experiência religiosa♀, mas englobam elementos aparentemente desconexos, tais como a vida social, a psíquica ou a física. Mas diferentemente de seu predecessor, Mauss♀ não vincula o entendimento dos rituais religiosos à classificação da realidade na perspectiva do sagrado e do profano♀, porém na perspectiva da circulação de benefícios, ou dádivas, e da reciprocidade. Mauss♀ não entende a dádiva unicamente na perspectiva de conquistas materiais ou mesmo benefícios palpáveis e concretos, como uma cura. Antes, trata-se de o ritual religioso ser uma troca, mesmo que o fiel tenha como benefício a própria participação na comunidade religiosa♀ e o rito deixe de ocupar a centralidade das relações religiosas, que passa a ser ocupada pela pessoa. Dessa maneira, a festa se torna um momento de antiestrutura que possibilita relações interpessoais para além daquelas estabelecidas estruturalmente.

Max Weber♀, ao analisar o papel social das religiões, situa o rito, juntamente com o mito, no monopólio das instituições por meio da burocratização da religião. Assim, a administração dos ritos religiosos teria a função de manutenção dos poderes das religiões. Soma-se a essa característica a possibilidade que o rito traz de contato com as divindades♀ e, consequentemente, da resolução de questões individuais ou locais. Desse modo, pede-se a bênção das divindades♀, tendo em vista a possibilidade de uma boa colheita ou a cura♀ de uma doença (Vilhena, 2013, p. 519). A festa seria, nessa perspectiva, a possibilidade de o indivíduo participar das realidades celestiais. A bonança e as benesses divinas são oferecidas aos mortais e legitimadas pelo poder religioso. Entendida como um ritual, a festa reforça o sentimento coletivo e a integração social, carregada de aspectos simbólicos. A festa religiosa, mais do que qualquer outra, evidencia tais aspectos, justamente porque nela o crente se relaciona também com seres divinos e, por serem invisíveis, são vivenciados de maneira simbólica. Assim, a intelectualização demasiada do processo ritual ou a sua criptografia cultural são movimentos nocivos à vivência do ritual como festa (Keesing; Strathern, 2014, p. 367-368).

IV. Perspectiva filosófica: a tragédia como festa. Nas religiões antigas, a festa tem uma dimensão cosmogônica no sentido de que ela remete as comunidades que festejam aos primórdios da humanidade. Assim, ao celebrar a festa, a comunidade revive o sentido da vida e do mundo. Há na festa uma característica ritual que busca simbolizar a ordem do mundo. O cosmos, amorfo e sem significado, ganha sentido. Ao tomar parte na festa, os indivíduos se tornam também parte do mundo.

Há uma perspectiva semiótica♀ na festa. Para se entender seus códigos e linguagens é necessário ser um *insider*. E se aos olhos de quem está de fora uma gira de Umbanda pode parecer algo desorganizado, há uma harmonia cosmológica para aqueles que entendem a atuação das entidades. Desse modo, os gestos, presentes nos rituais, também podem ser vistos nas festas, e a intensidade ou a efervescência presente em tais gestos não pode ser confundida com a simples falta de critério ritual.

A Filosofia entende a festa dentro da perspectiva da antropologia filosófica. O ser humano é um ser simbólico e cultural. Ao sistematizar as reflexões filosóficas acerca do ser humano, Cassirer recorre ao mito como narrativas que, mesmo parecendo caóticas à primeira vista, traduzem o ser humano, assim como o faz a Filosofia (Cassirer, 2005, p. 121). O ser humano, como um ser de linguagem e como um ser simbólico, busca constituir narrativas que organizem o caos originário da existência. Assim como os mitos atribuem sentido à dor ou à angústia, o ser humano busca dar sentido e ordem à vida cotidiana e à existência. Os mitos são, por sua vez, celebrados nos ritos. Dessa maneira, os funerais nasceram na intenção do ser humano de dar sentido à vida daquele que foi sepultado e, principalmente, à vida daqueles que permaneceram vivos. Mitos e ritos são originários à medida que buscam resgatar o ser humano originário ou o próprio sentido da origem da vida (Cassirer, 2005, p. 181-182). O mito é como o fio de Ariadne, que possibilita ao ser humano desbravar o labirinto do Minotauro. A ritualização da vida é o passar pelo labirinto e vencer o monstro do caos. Os ritos, como possibilidade de leitura dos mitos, constituem-se como momento de festa, assim como o eram as tragédias apresentadas nos teatros gregos.

As tragédias gregas encenavam as epopeias dos heróis como forma de ritualizar a luta cotidiana pela própria existência. Retomar as narrativas míticas que eram ritualizadas nas tragédias possibilitava àquele que assistia encontrar o sentido da própria existência. Também os ritos de sepultamento em que se enterravam junto com os mortos taças de vinho, pinturas e vasos e outros objetos que remetiam ao aspecto festivo da vida humana demonstram o elemento dionisíaco (Kerényi, 2015, p. 28), que traz consigo a tragédia (p. 42). Os festivais gregos não traziam apenas a alegria, mas tornavam o ser humano consciente da tragédia que é a própria vida. A tragédia grega tem sua origem relacionada às homenagens a Dionísio, deus da fertilidade e do vinho.

Junto às festividades aconteciam as encenações, costumeiramente cantadas pelo coro. Mas ao longo do tempo os atores foram acrescidos e passaram a dialogar com o coro, não apenas cantando os feitos dos deuses, mas encenando os dramas humanos, em relação com os feitos dos deuses. Os enredos eram geralmente retirados da mitologia𝒫, mas que nos festivais caracterizavam casos particulares, como, por exemplo, na *Oresteia*, de Ésquilo, que retratava o retorno de Agamenon à sua pátria e o seu assassinato (Pleger, 2019, p. 37). O aspecto dramático, por mais que tratasse das intempéries ou agruras da existência, fazia parte das festividades.

Sófocles, o mais conhecido autor das tragédias, foi um dos responsáveis pela inserção do aspecto dramático nos festivais gregos. Influenciando por Eurípedes e rendendo louvores a Ésquilo (Pleger, 2019, p. 37), Sófocles deixou como herança a redação de sete tragédias: *As Traquínias, Ajax, Antígona, Édipo Rei, Electra, Filoctetes* e *Édipo em Colono*. As tragédias de Sófocles se ocupavam da temática do destino𝒫 e do sofrimento humano. Mais importante do que a vontade dos deuses era a maneira como o ser humano reagia, tomando suas próprias decisões. Édipo não é apenas o homem que tem seu destino𝒫 escrito pelos deuses e acaba por se casar com a própria mãe após ter assassinado o pai. Ele também é a personagem que toma consciência𝒫 de sua existência. O ato de cegar-se, análogo à atitude do suicida que traz a contradição da fuga do mundo e da coragem de dar fim à própria vida, mostra que Édipo passa a escolher seu próprio desfecho, mesmo que sob a influência divina.

O aspecto trágico da vida também é objeto da empreitada de Nietzsche, sobretudo ao tratar do conceito de vontade. Para resolver os conflitos entre as aspirações externas ao ser humano e sua liberdade, Nietzsche recorre à tragédia grega, a qual, segundo ele, retrata duas posturas: a apolínea e a dionisíaca. Por mais que os dois [Apolo e Dionísio] estejam na festa, Dionísio é o deus da festa. A atitude dionisíaca é extática e ébria. Nietzsche ainda entende que a tragédia surge justamente do conflito entre as duas posturas (Pleger, 2019, p. 277). O ser humano se mostra para Nietzsche como ser para a vontade de potência, e isso como impulso vital.

V. Perspectiva psicológica: há na festa a possibilidade de reconciliação e regozijo do ser humano consigo mesmo. Os momentos festivos são envoltos de emoção e possibilitam ao indivíduo uma experiência lúdica e contemplativa que dá sentido à realidade cotidiana. A festa se torna um intervalo extraordinário diante da monotonia do tempo ordinário. Freud𝒫 entende a festa como sendo um momento ritual em que os excessos são permitidos ou até mesmo obrigatórios, em que se rompe solenemente com alguma proibição (Freud, 1974, p. 168). Na festa é permitido extrapolar, é permitido o excesso

como forma de realizar aquilo que no cotidiano não é passível de aprovação.

Jung𝒫 entende a festa na perspectiva arquetípica. Ela é uma conjunção alquímica entre os opostos, entre o corpo e o espírito, combinando a duplicidade que acompanha a existência humana. Exemplo é o cortejo das nereidas nos sarcófagos romanos, marcado tanto pelo aspecto nupcial quanto sepulcral (Jung, 2019, p. 266-267). Muitas festas religiosas são acompanhadas de transe de seus fiéis. Jung𝒫 entende o transe como uma manifestação de um conteúdo psíquico que cruza a limiaridade da consciência𝒫, cessando sua manifestação sincronística. Em contrapartida, o fiel pode produzir fenômenos sincronísticos que o colocam em um estado inconsciente, reconhecido como transe (Jung, 2012, p. 182).

VI. A festa na Ciência da Religião. A festa, como objeto da Ciência da Religião𝒫, é comumente pesquisada em perspectiva ritual. Os pesquisadores em Ciência da Religião𝒫 fazem uso de autores e metodologias próprias das Ciências Sociais, sobretudo da Antropologia, que possibilitam o entendimento das festividades como eventos sociais, culturais e antropológicos. Contudo, é como manifestação religiosa que a festa torna-se objeto da Ciência da Religião𝒫. A festa, como característica antropológica, e as festividades, como produto cultural, possibilitam o entendimento do ser humano como ser religioso.

A festa constitui-se como uma abertura que possibilita o contato do fiel com a deidade, do profano𝒫 com o sagrado𝒫, fazendo daquele momento festivo o centro do mundo (Eliade, 2001, p. 38). Eliade𝒫 entende que a festa, como qualquer rito, sacraliza aquele determinado território e aquele tempo (p. 43). O espaço festivo se concretiza como um microcosmo que remete mitologicamente à origem do universo. Retomando os acontecimentos originários, a festa é entendida como uma atualização do tempo originário, sacralizando o momento presente (p. 73). Ao festejar, o fiel imita os deuses, suas atitudes e perspectivas, assumindo-os como paradigma e inspiração𝒫 para sua vida cotidiana.

O rito religioso constitui-se como uma ação simbólica, individual ou coletiva, realizado com base em um sistema de crenças𝒫 que entende haver um modo correto de praticá-la. Tais ritos colocam o crente em contato com realidades divinas, com deuses, divindades𝒫, ancestrais𝒫 ou entidades religiosas, estabelecendo um vínculo entre as entidades e o cotidiano do praticante do rito (Vilhena, 2013, p. 514).

A festa traz consigo a capacidade de levar o indivíduo ou a comunidade a transcender o cotidiano, atribuindo sentido a ele. Não se trata apenas de chegar ao transcendente (divindade), mas de assumir uma atitude ou paradigma que transcende a vida cotidiana. Ao festejar, o indivíduo abre-se à possibilidade de dar sentido à vida. Assumindo a perspectiva de Durkheim𝒫 de sacralização como constructo social, podemos entender que o rito religioso sacraliza a vida (Vilhena, 2003, p. 19), valorizando o cotidiano.

Bibliografia: CASSIRER, E. *Ensaio sobre o homem*: introdução a uma filosofia da cultura humana. São Paulo: Martins Fontes: 2005; DURKHEIM, É. *As formas elementares da vida religiosa*. São Paulo: Martins Fontes, 2003; ELIADE, M. *O sagrado e o profano*: a essência das religiões. São Paulo: Martins Fontes, 2001; FREUD, S. *Totem e tabu*. Rio de Janeiro: Imago, 1974; JUNG, C. G. *A natureza da psique*. 9. ed. Petrópolis, RJ: Vozes, 2012; JUNG, C. G. *Mysterium coniunctionis*: pesquisa sobre a separação e a composição dos opostos psíquicos da alquimia. 3. ed. Petrópolis, RJ: Vozes, 2019; KERÉNYI, K. *A mitologia dos gregos*: a história dos heróis. Petrópolis, RJ: Vozes, 2015. v. 2; KEESING, R. M.; STRATHERN, A. J. *Antropologia cultural*: uma perspectiva contemporânea. Petrópolis, RJ: Vozes, 2014; PLEGER, W. *Manual de antropologia filosófica*: os conceitos mais importantes de Homero a Sartre. Petrópolis, RJ: Vozes, 2019; VILHENA, M. A. Ritos religiosos. In: PASSOS, J. D.; USARSKI, F. (Orgs.). *Compêndio de Ciência da Religião*. São Paulo: Paulus/Paulinas, 2013. p. 513-524.

Welder Lancieri Marchini

FETICHE

O termo "fetiche" deriva da palavra portuguesa *feitiço*, que traz em si a ideia de encanto, fascínio ou simpatia. Um objeto ao qual foram atribuídas características mágicas é um objeto "fetichizado". O fetiche caracteriza, portanto, aquele elemento sobrenatural, mágico ou místico atribuído a determinado objeto, potencializando-o para além de suas próprias funcionalidades objetivas e consagrando-o, não poucas vezes, ao culto por parte dos indivíduos.

A expressão "fetichismo" aparece em Alfred Binet (1857-1911), psicólogo francês, quando este faz uso do conceito na Psicologia para referir-se à manifestação de perversões sexuais nos indivíduos. O uso que Binet faz do termo na Psicologia reflete alguns pressupostos que Charles de Brosses (1709-1777), filósofo francês iluminista, já havia assumido em seus estudos culturais. Membro da Académie des Inscriptions et Belle-Lettres de Paris e colaborador da Enciclopédia de Diderot e D'Alambert, foi ele quem enunciou o conceito de "fetichismo" pela primeira vez. É de De Brosses a obra *Do culto dos deuses fetiches ou Paralelo da antiga religião do Egito com a religião atual da Nigritia* (1760). Como observa Pires, "De Brosses afirma que a religião 'fetichista' marcaria o pensamento não apenas dos africanos, mas das 'nações primitivas' de todo o mundo, e em todos os tempos. O fetichismo seria a adoração de divindades⚲ *puramente materiais*: o fetichista é o homem que, por ignorância, medo, desejo⚲ e loucura,

adora pedras, animais e toda espécie de matéria bruta e sórdida" (Pires, 2014, p. 350-351).

Essa teoria proposta por De Brosses, que ficou conhecida como a *teoria do primeiro encontro*, trouxe grande influência no âmbito do debate sobre a origem da religião⚲ até o século XIX, de modo que o fetichismo passou a ser considerado como sinônimo de religião primitiva. Foi apenas com o animismo⚲ de Tylor⚲ (1832-1917) que essa caracterização do fetichismo passou a cair em desuso. O fetichismo em De Brosses, portanto, descreve manifestações culturais e religiosas qualificadas como selvagens a partir do referencial cultural ideal europeu, tão fortemente determinante à época. Na Psicologia, conforme Binet, ele é usado para descrever perversões sexuais ou comportamentos sexuais tidos como imorais, regredidos, também a partir do mesmo referencial ideal.

O conceito de fetiche adquire uma expressão conceitual nova e uma potencialidade analítica original em Karl Marx⚲ (1818-1883). O termo é apropriado pelo autor e aplicado em sua análise da mercadoria. Ainda que o autor não dedique um conteúdo mais significativo de sua produção teórica, no contexto do conjunto da obra *O capital*, para descrever com mais detalhes todos os aspectos de sua pretensão ao aplicar este conceito, bem como de sua percepção acerca deste, fica evidente que Marx⚲ quer mostrar o elemento de ocultamento ou de dissimulação das reais condições sob as quais se deu a produção de uma determinada mercadoria para que esta, então, fosse apresentada na forma mercadoria.

Karl Marx⚲, ainda jovem, com aproximadamente 24 anos, teve contato com a obra *Sobre o culto dos deuses fetiches* (1760), de Charles de Brosses, tomando nota de partes do texto em seu caderno de anotações. É a partir desta leitura que os termos "fetiche", "fetichismo" e "fetichização" passam a se destacar com maior proeminência em detrimento de "ídolos", "deuses", entre outros, como observam Assmann e Hinkelammert (1989, 399). O autor o apresenta num estilo diferente do restante de sua obra. "É quase literário, evocativo e metafórico, imaginativo, lúdico e emotivo, cheio de alusões e referências a mágica, mistérios e necromancias" (Harvey, 2013, p. 46). O item a esse respeito no primeiro volume de *O capital* é bastante contrastante com o anterior e Marx⚲ alterna os estilos conforme o assunto abordado como parte de sua estratégia de produção. A breve apresentação do conceito pelo autor, no entanto, não diminui a relevância do conceito, ainda que alguns especialistas em Marx⚲ possam considerá-lo dessa forma. Prova disso é a apropriação do conceito feita por outros autores como chave de leitura teórica de fundamental importância nas análises de problemas diversos da realidade em diferentes campos da ciência, permitindo maior aplicabilidade do conceito, bem como a sua evolução.

A elucidação da expressão *fetiche da mercadoria* está condicionada à compreensão do significado que Marx♀ atribuiu ao conceito de mercadoria. É em *O capital*, livro I, primeira de três obras exaustivas de Marx♀, nas quais o autor expõe a sua crítica sobre o modo de produção capitalista, que o filósofo alemão apresenta a sua definição do conceito de mercadoria, dizendo ser, antes de tudo, um objeto ou coisa qualquer elaborada com a finalidade de satisfazer necessidades humanas variadas, mediante as suas propriedades (2013, p. 113). No entanto, é na maneira como o autor aprofunda a sua percepção investigativa do conceito de mercadoria que o elemento de fetiche a ela atribuído aparece no conjunto de sua análise. Sendo assim, para Marx♀, que vê no acúmulo ou na coleção de mercadorias a expressão exata do significado de riqueza das sociedades regidas sob o modo de produção capitalista de seu tempo, uma mercadoria se apresenta como uma coisa comum, trivial, mas, segundo o autor, isto apenas aparentemente, tendo em vista que uma análise cuidadosa a revela, inevitavelmente, como "uma coisa muito intricada, plena de sutilezas metafísicas♀ e caprichos teológicos" (2013, p. 146). A que Marx♀ se refere quando qualifica a mercadoria com expressões como plena de *sutilezas metafísicas♀* e *caprichos teológicos*? O autor pretende mostrar, em sua análise, que a mercadoria, para além de suas próprias funcionalidades previamente pensadas, isto é, para além de sua constituição essencialmente funcional, também possui em seu conjunto elementos, atributos ou "caprichos" que extrapolam a sua essência primeira, que se pretendem à satisfação de necessidades humanas de um tipo bastante específico e que, portanto, a qualificam para além de um objeto trivial ou comum. Para Marx♀, não há nada de extraordinário nos objetos enquanto valor de uso. Mesmo quando as formas naturais dos objetos são manipuladas e alteradas a fim de atender às variadas necessidades humanas, necessidades objetivas que preenchem o cotidiano dos indivíduos, ainda assim os objetos continuam sendo compreendidos conforme aquilo que, de fato, o são. A madeira, mesmo quando manipulada com a finalidade de criação de um objeto específico e para usos específicos, como de uma mesa, por exemplo, ainda assim continua sendo madeira, algo "sensível e banal", como faz questão de explicitar Marx♀ em seu texto. No entanto, enfatiza o autor que, "tão logo aparece como mercadoria, ela se transforma numa coisa sensível-suprassensível. Ela não se contenta em manter os pés no chão, mas põe-se de cabeça para baixo em relação a todas as outras mercadorias, e em sua cabeça de madeira nascem minhocas que nos assombram muito mais do que se ela começasse a dançar por vontade própria" (Marx, 2013, p. 146).

Sendo assim, o autor está convencido de que o caráter enigmático ou místico de uma mercadoria não tem relação com o seu valor de uso, bem como não é resultado também do conteúdo de tudo aquilo que determina o valor das mercadorias, já que as atividades produtivas dos indivíduos constituem a expressão das capacidades e potencialidades humanas. Para Marx♀, o caráter misterioso da forma-mercadoria consiste "no fato de que ela reflete aos homens os caracteres sociais de seu próprio trabalho como caracteres objetivos dos próprios produtos do trabalho, como propriedades sociais que são naturais a essas coisas e, por isso, reflete também a relação social dos produtores com o trabalho total como uma relação social entre os objetos, existente à margem dos produtores" (Marx, 2013, p. 147).

O fetiche da mercadoria, portanto, é o atributo que, acrescentado à mercadoria, lhe confere um elemento místico, mágico, entre outros adjetivos semelhantes, capaz de dissimular a realidade das relações sociais que determinaram a produção de uma mercadoria, "substituindo-a por um equivalente ideal", como bem assinala Collin (2010, p. 127). O autor acrescenta ainda que é este elemento de "fetichismo" que "dá às coisas o poder mágico de agir como se tratasse de seres vivos dotados de uma potência própria. As relações sociais entre os produtores aparecem como relações entre as coisas, e por isso o valor das mercadorias não diz o que ele é, ao invés, aparece como um 'hieróglifo'" (Collin, 2010, p. 127).

Com o intuito de esclarecer a sua percepção, Marx♀ propõe uma analogia♀ com o mundo religioso. Para o autor, assim como os produtos da imaginação humana que prestam significação à vida, um norte de referências de valores a ser assumido na conduta diária, explicações às questões e dilemas vividos na objetividade e subjetividade da vida quanto a males, desgraças e desapontamentos que permeiam o cotidiano vivido em sociedade, entre outros preenchimentos, se manifestam como que dotados de vida própria nas mais variadas experiências e práticas religiosas, bem como nas relações e condutas ordinárias, da mesma forma o "fetichismo" é agregado ou colado aos produtos como uma segunda pele, assim que assumem a forma de mercadoria, sendo, portanto, inseparável da produção das mercadorias. A propósito, vale destacar a observação de Assmann e Mate acerca do conceito de fetiche da mercadoria em Marx♀. Para ambos os autores, "a noção 'fetichismo da mercadoria' não é algo acidental em Marx♀, mas a ideia central do escrito que o mesmo autor considerava como mais científico e elaborado de sua obra: o primeiro livro de *O capital*" (Assmann; Mate, 1979, p. 27). Assmann e Hinkelammert, na mesma perspectiva, destacam a teoria do fetiche como sendo uma chave de leitura fundamental para a compreensão da análise que Marx♀ faz do capitalismo, e destacam também de que maneira Marx♀ emprega figuras bíblicas para tal finalidade; a crítica de Marx♀ à religião♀ se dirige fundamentalmente à "religião da vida cotidiana", a saber: "o caráter fetichizado da realidade nas relações sociais de produção do capitalismo" (Assmann; Hinkelammert, 1989, p. 396).

No amplo ou global, por assim dizer, e complexo mercado de bens variados para consumo na contemporaneidade, a relação entre consumidores e produtores é transmudada em uma relação entre consumidores e coisas, tendo em vista a impossibilidade de se conhecer, em muitos aspectos, a atividade daqueles que se prestaram à produção de uma determinada mercadoria, isto é, não estão evidentes aos potenciais consumidores as circunstâncias sob as quais os trabalhadores a produziram. A atividade foi exercida sob condições de trabalho favoráveis, com carga horária de produção aceitável e remuneração justa? Ou se deu sob condições deploráveis, com exploração da mão de obra ou trabalho escravo, entre outros? Assmann e Hinkelammert, comentando a respeito da teoria do fetiche, afirmam que "o mundo invertido, onde a realidade se tornou opaca, exige uma teoria que saiba trazer à luz o que já não se vê" (1989, p. 395). É, por assim dizer, nesse sentido que o "fetichismo" se torna inevitável no mercado mundial contemporâneo, como assinalou Harvey (2013, p. 47). Harvey também contribui para esclarecer que não interessa objetivamente a Marx♀ as implicações morais quando este assinala o "fetichismo" colado às mercadorias. "Seu interesse é mostrar como o sistema de mercado e a forma-dinheiro disfarçam as relações reais por meio da troca de coisas" (Harvey, 2013, p. 48). A esse disfarce Marx♀ denomina de "fetichismo". As coisas ou as mercadorias "aparecem aos indivíduos, potenciais consumidores, como aquilo que elas são", assinala Marx♀, mesmo que ocultem as relações sociais que determinaram a produção de um objeto. Assmann e Mate acrescentam, nessa perspectiva, que "o caráter fetichista da mercadoria não é, portanto, uma criação da consciência♀ alienada, senão o contrário: é o efeito que toma na consciência♀ a realidade das relações de produção. Seria inútil, portanto, pretender eliminar o fetichismo lutando diretamente contra a consciência♀ alienada. O fetichismo desaparecerá da consciência♀ se antes desaparecerem as relações sociais que lhe dão vida" (Assmann; Mate, 1979, p. 28). Grespan, na mesma perspectiva, ressalta que "não é que as mercadorias possam ir por conta própria ao mercado, mas lá elas são aparentemente trocadas apenas por seu valor de uso, por qualidades pertencentes a elas, quando o que sustenta e permite a troca é o valor, socialmente estabelecido" (2008, p. 38). Assim, Assmann e Hinkelammert consideram que a teoria do fetiche da mercadoria de Marx♀ "é uma explicação do estranho poder das coisas sobre as pessoas". Eles afirmam ainda que "a teoria do fetichismo tenta explicar por que o poder 'atribuído' às coisas funciona de fato como um poder real das coisas" (1989, p. 410).

Em Freud♀ (1856-1939), a ideia de fetiche aparece com maior destaque em dois textos, a saber: *Fetichismo* (1927) e *A divisão do ego no processo de defesa* (1938), além de ser usado em trechos de outras de suas obras. Conforme Silva, a aplicação do "fetichismo" na obra de Freud♀ "sugere um desenvolvimento conceitual desse termo, de tal maneira que não conduziria apenas a uma nosologia de doenças psíquicas, mas sim a uma tentativa por parte de Freud♀ de sofisticação de seus sentidos com intuito de formular uma teoria geral da mente" (Silva, 2012, p. 57). Para Pires, Freud♀ o conecta "a um aparato explicativo mais amplo, ao complexo familiar e à ideia de castração, ao problema da construção do eu, da consciência♀ e da realidade" (Pires, 2014, p. 361). Em Adorno (1903-1969), um dos principais líderes da Escola de Frankfurt, cujos intelectuais produziram uma crítica contundente da sociedade industrial avançada a partir da obra de Marx♀, o conceito de fetichismo é aplicado ao campo das artes, de modo especial, à música♀ e ao cinema. Como salienta Silva, "a novidade crítica que Adorno e Horkheimer dão ao fetichismo é a observação da manifestação deste sob um aparato que se constituiria a partir do século XX, principalmente nos Estados Unidos, que eles denominaram de Indústria Cultural" (2010, p. 376). É de especial atenção, também, a aplicação de Guy Debord (1931-1994), em sua análise da sociedade do espetáculo, do conceito de fetiche da mercadoria. Para o autor, a sociedade do espetáculo, entre outras características, manifesta a predominância da mediação das imagens nas diversas relações sociais que se dão no contexto social moderno, dando as condições, portanto, para a emergência de um reino do espetáculo, isto é, da aparência como modo de ser, da representação fetichizada do amplo universo das mercadorias. Em Lipovetsky, filósofo francês ainda ativo em sua produção acadêmica, quando de sua análise da sociedade, denominada por ele de hiperconsumo, o elemento do fetiche permeia as mais variadas relações que se dão nos mercados de consumo. O autor percebe a emergência de um novo paradigma nas motivações para a compra, manifestado pelos indivíduos. No lugar de um objetivo de compra voltado para propósitos de competição simbólica no palco social compartilhado entre os indivíduos, isto é, um consumo determinado por uma lógica do signo diferencial, impõe-se um consumo mais subjetivo, mais para "si" do que para os "outros", mais para "ser" do que para "ter" e mais para "existir" do que para "exibir". Na perspectiva de Lipovetsky, predomina nas atividades de consumo dos indivíduos na contemporaneidade um consumo com finalidades existenciais mais que distintivas, que atenda às demandas de sentido e também de conforto, de bem-estar e de suavização da vida permeada de dramas, decepções e contrariedades. Os mercados de consumo, ao apresentarem uma ampla variedade de mercadorias, o fazem veiculando os objetos com promessas de satisfação dos anseios mais íntimos dos potenciais clientes. As mercadorias encantam, enfeitiçam e seduzem pelas potencialidades a elas agregadas, sem que, no entanto, seja possível aos indivíduos o conhecimento dos processos de produção envolvidos na elaboração de determinado produto, tampouco das condições sob as quais eles foram produzidos. Além disso, os bens de consumo prometem felicidade, gozo ininterrupto e bem-estar psíquico, entre outras promessas que formam um conjunto "fetichizado" de recursos subjetivos para o enfrentamento da vida disponível para a compra, dissimulando sempre num clima de festa; no entanto, não apenas como se deu os processos de produção destes bens, como anteriormente mencionado, mas também a realidade objetiva dos produtos, que é a sua finitude, isto é, uma coisa trivial, banal, feita para o descarte, a fim de que a lógica de compra seja mantida, mistificada, a fim de conquistar os potenciais clientes. Na análise da sociedade de hiperconsumo de Lipovetsky é possível encontrar nuances do pensamento de Marx a respeito do fetiche da mercadoria a partir do uso que o filósofo francês faz de expressões do tipo: *fetichismo das marcas, luxo e individualismo, a espiritualidade consumista, hedonismo, lazer e economia da experiência*, entre outras expressões que fazem ecoar a teoria de Marx a respeito do fetiche da mercadoria e que apontam, portanto, para uma influência do pensamento deste último sobre o primeiro também em análises de temas próprios da contemporaneidade.

No âmbito da evolução do conceito, vale ressaltar ainda que as percepções concernentes ao fetichismo provenientes, sobretudo, do marxismo e do freudismo estão presentes no universo das ciências humanas contemporâneas de forma mais corrente do que a versão antropológico-religiosa do termo, conforme De Brosses o compreendeu e empregou. Na perspectiva do marxismo e do freudismo quanto à aplicação do conceito de fetiche, derivam concepções como *fetichismo do Estado, fetichismo da tecnologia, fetiche radical, "fetichização" da mulher, fetiche do dinheiro*, entre outras, que "partem de um ponto de vista antifetichista e/ou desconstrutivista para denunciar a criação de ilusões que reduziriam uma realidade complexa (o Estado, o negro, a mulher etc.) a uma imagem que a simplifica e objetifica, a fim de subjugá-la" (Pires, 2014, p. 370-371). Essas expressões, aqui exemplificadas, mostram a atualidade e, principalmente, a relevância do conceito na interpretação da realidade sob novas perspectivas.

***

O estudo do conceito "fetiche", desde o seu sentido etimológico, passando por uma análise da evolução do conceito a partir do seu emprego por autores de campos diversos da ciência, até os correntes usos na contemporaneidade, é, sobremodo, importante no universo dos estudos científicos de religião. As caracterizações que o conceito recebeu ao longo de sua trajetória histórica foram de grande relevância, como conceito-chave, na compreensão de fenômenos diversos da realidade, no estudo do meio social compartilhado pelos indivíduos com toda a sua dinâmica, articulações e pressupostos teóricos, e também como recurso teórico satisfatório para uma compreensão do sujeito e de suas reações diante dos paradigmas impostos pela sociedade de seu tempo.

Como foi destacado, autores contemporâneos também encontram no conceito de fetiche uma reserva teórica suficiente para atender às necessidades de uma hermenêutica consistente, por exemplo, da cultura de consumo contemporânea e do modo de ser que ela fomenta nos indivíduos sem que estes estejam conscientes disso. Nessa perspectiva, poder-se-ia falar também de um "fetichismo ecológico", isto é, de uma análise da questão ambiental contemporânea que descreveria de que maneira as sociedades modernas globais ocultam ou dissimulam a urgente necessidade de revisão no uso dos recursos naturais por parte das grandes indústrias, bem como pelas políticas governamentais diversas, a partir de um discurso retórico fundamentado na ideia de uma promoção contínua de um consumo e de um estilo de vida responsáveis perante o meio ambiente que por todos é compartilhado, como sendo esta uma ação suficiente. Lipovetsky, como citado, escreve a respeito de um "fetichismo das marcas", ou seja, do poder que a marca tem de vender uma imagem de sujeito bem-sucedido, que alcançou um significativo *status* no meio social, a partir do uso de determinada marca, dissimulando a realidade presente em seus produtos como sendo, estes, objetos simples, triviais, além de ocultar também como se deu a atividade produtiva dos produtores de determinado objeto. Muitas mercadorias da cultura de consumo são elaboradas em contextos nos quais as condições de trabalho são vexatórias, com remuneração inadequada, com exacerbação do elemento de "mais-valia", para lembrar Marx. No campo da religião, o conceito de "fetichismo" também pode ser aplicado para descrever como alguns grupos religiosos ocultam seus mecanismos de exploração através de discursos que prometem prosperidade material mediante o pagamento de ofertas. Enfim, com esses e outros exemplos, é possível perceber a atualidade e eficácia do conceito na compreensão de fenômenos diversos da realidade contemporânea, de modo que, certamente, novas análises ainda serão apresentadas elucidando com novas nuances o sentido do conceito de fetiche e enriquecendo o amplo universo da pesquisa científica, inclusive no campo da religião.

Bibliografia: ASSMANN, H.; HINKELAMMERT, F. J. *A idolatria do mercado*: ensaio sobre economia e teologia. São Paulo: Vozes, 1989; ASSMANN, H.; MATE, R. (Org.). *Sobre la religión I*. Salamanca: Ediciones Sígueme, 1979; COLLIN, D. *Compreender Marx*. 3. ed. Petrópolis, Vozes, 2010; GRESPAN, J. *Marx*. São Paulo: Publifolha, 2008; HARVEY, D. *Para entender "O capital"*, livro I. São Paulo: Boitempo, 2013; MARX, K. *O capital*. São Paulo: Boitempo, 2013. Livro I: o processo de produção do capital; PIRES, R. B. W. Fetichismo religioso, fetichismo da mercadoria, fetichismo sexual: transposições e conexões. *Revista de Antropologia da USP*, São Paulo: USP, v. 57, n. I, nov. 2014, p. 347-391. Também disponível em: <http://www.revistas.usp.br/ra/article/view/87763/pdf_9>. Acesso em: 27/02/2019; SILVA, F. C. da. O conceito de fetichismo da mercadoria cultural de T. W. Adorno e M. Horkheimer: uma ampliação do fetichismo marxiano. *Kínesis: revista de estudos dos pós-graduandos em Filosofia da Unesp*. São Paulo: Unesp, v. II, n. 3, abr. 2010, p. 375-384. Também disponível em: <http://www.marilia.unesp.br/Home/RevistasEletronicas/Kinesis/FabioCesardaSilva.pdf>. Acesso em: 27/02/2019; SILVA, F. C. da. O fetichismo da mercadoria cultural em T. W. Adorno. Dissertação (Mestrado em Estética e Filosofia da Arte). Ouro Preto: UFOP, 2012. p. 57.

RENATO DE LIMA DA COSTA

FEUERBACH, LUDWIG

Ludwig Andreas Feuerbach nasceu em Landshut (Baviera), Alemanha, em 28 de julho de 1804, e faleceu em Rechenberg (Nuremberg), Alemanha, em 13 de setembro de 1872. Seu pai, Anselm Ritter von Feuerbach, um famoso criminologista na época, era homem de temperamento forte, que fazia jus à semântica de seu nome familiar (em alemão, *Feuerbach* significa literalmente "riacho de fogo"). Foi difícil ao jovem Ludwig consentir com esse pai forte, talvez justamente porque era ele próprio portador da mesma chama inscrita em seu nome.

Feuerbach não pôde percorrer uma carreira universitária convencional bem-sucedida. Não lhe faltavam qualidades intelectuais para isso, mas seu pensamento operava no dissenso, em conflito direto com o hegelianismo dominante em Berlim na época. E a universidade alemã, não obstante o espírito de liberdade instituído por Humboldt desde 1810, ainda não se mostrava tolerante o suficiente para acolhê-lo. Em consequência, Feuerbach terminou seus dias em miséria econômica e solitário. Ainda assim, não lhe faltaram a estima e a admiração de muitos dos seus concidadãos comuns: a notícia de sua morte♀ provocou comoção em Nuremberg e atraiu uma multidão de vinte mil pessoas à descida de seu corpo ao túmulo.

Como os principais filósofos que o precederam (Fichte, Hegel e Schelling), Feuerbach iniciou seus estudos superiores na teologia♀ luterana, a partir de 1823, em Heidelberg. Entretanto, dois anos após, em 1825, já decidiu mudar-se para Berlim, para estudar Filosofia, particularmente interessado nas aulas de Hegel, em busca de um caminho novo para a Filosofia da Religião♀. Na Universidade de Berlim teve o privilégio de conviver muito próximo a Hegel – que admirava sua inteligência. Mas já em 1827 começou a se contrapor ao pensamento do mestre, elaborando paulatinamente uma crítica, cada vez mais radical, que veio a resultar em sua primeira importante obra, *Para a crítica da filosofia de Hegel* (1839). Feuerbach será corrosivo: acusará o sistema hegeliano de desprezar a experiência sensível e tornar-se uma "autoalienação absoluta da razão". Uma crítica que invertia de ponta-cabeça o sistema hegeliano.

Após a morte♀ de Hegel, em 1831, seus discípulos se dividiram em dois grupos: os da "direita" (os "velhos") e os da "esquerda" (os "novos"). A direita enfatizava no pensamento de Hegel a *religião♀* como a etapa final preparatória para uma futura realização da filosofia. A esquerda (David Strauss, Bruno Bauer e principalmente Feuerbach, entre outros) enfatizava a *filosofia* como sendo já a efetiva superação da religião. Hegel afirmara a identidade de *conteúdo* (ou seja, a *verdade*) entre religião♀ e filosofia, sendo que a religião♀ exprimiria a verdade pela *representação*, enquanto a filosofia exprimiria a verdade pelo *conceito*. Portanto, afirmava entre ambas uma identidade♀ *de conteúdo* (a verdade) e uma *diferença de forma* (representação *versus* conceito). A direita hegeliana enfatizava a identidade♀ de conteúdo entre religião♀ e filosofia, enquanto a esquerda enfatizava a diferença de forma. A direita enfatizava a identidade♀ entre o racional e o real, afirmando que o papel da Filosofia é justificar a racionalidade do real, inclusive politicamente. A esquerda sustentava que o real apenas *tende* à racionalidade, que o alcance pleno da racionalidade requer um longo processo histórico e que o papel da Filosofia é justamente transformar a realidade de modo a torná-la racional ao longo da história. Feuerbach, na esquerda hegeliana, foi o principal pensador desse projeto de reconstituir a Filosofia para que ela pudesse realizar a verdade, pelo conceito, ao longo do processo histórico.

Para essa reconstituição da Filosofia, afirmava Feuerbach, requer-se um novo modo de pensamento, uma "inversão das relações entre sujeito e predicado", o que ele explicitará em *A essência do Cristianismo* ([1841] 1988, p. 30 e 57). O equívoco fundamental do idealismo hegeliano teria sido, segundo Feuerbach, derivar o concreto (Homem) a partir do abstrato (Deus). Ora, afirma ele, o ser é matéria; e o pensamento é seu atributo. Aquela relação de derivação, portanto, deve ser invertida: é o concreto (Homem) que cria o abstrato (Deus). Quando o Homem concebe Deus→ criador, subtrai de si mesmo a *sua própria essência humana*, projetando-a sobre o Deus→ criado. Em consequência, tampouco cabe dizer que Deus→ (sujeito) seja Sabedoria e Amor (predicados), mas que a Sabedoria e o Amor (sujeitos) são Divinos (predicado). Portanto, para Feuerbach, o ateísmo se impõe primeiramente como uma condição ontológica e uma exigência epistemológica; secundariamente, e em consequência, como um dever moral.

É a partir dessa posição que Feuerbach elabora sua obra mais importante, *A essência do Cristianismo* (1841). O conceito-chave que subjaz a essa leitura sobre o Cristianismo é o de *encarnação*, que Feuerbach sustenta na forma de um *materialismo sensível e naturalístico*.

Com *A essência do Cristianismo*, Feuerbach pretende deixar para trás o método→ dialético de Hegel, adotando o que ele denomina de "método→ histórico-filosófico". Pode-se dizer que nessa obra Feuerbach inaugura o modelo de ateísmo moderno. Ele declara buscar aí "uma solução para o enigma da religião cristã" (p. 27), que seria solução para o enigma da religião→ em geral. Fundado em seu materialismo sensível e naturalístico, ele afirma: "Sou astronomicamente diferente dos filósofos que arrancam os olhos da cabeça para poder pensar melhor; eu, para pensar, necessito dos sentidos, mas acima de tudo dos olhos…" (p. 27). Seu método→ lhe permitirá afirmar, assim, um humanismo radical: "O verdadeiro significado da teologia→ é a antropologia" (p. 29), pois "o ser absoluto, o Deus do homem é a sua própria essência" (p. 47), ou seja, "o homem afirma em Deus→ o que ele nega em si mesmo" (p. 68). Pode-se dizer, em síntese, que para Feuerbach a religião→ não é janela, não abre para uma realidade exterior objetiva; é espelho: uma representação invertida do próprio homem, o qual, olhando para a religião→ como representação de si, vendo nela sua própria imagem→ como essência objetivada, pode nela (re)apropriar-se de sua essência subjetiva alienada.

No período de escrita de *A essência do Cristianismo*, Feuerbach acompanhava com interesse o desenvolvimento do pensamento de Schelling, o qual igualmente buscava um novo método→ para superar a dialética hegeliana. O projeto schellingiano era cumprir uma investigação histórica capaz de compreender a positividade dos símbolos e das mitologias→, afirmando a liberdade para além da própria ciência e da razão; ou seja, uma nova filosofia, fortemente humanista. Feuerbach empreende a seu modo o desafio de Schelling, e em dois anos escreve três obras, pequenas, porém fundamentais: *Necessidade da reforma da Filosofia* (1842); *Teses provisórias para a reforma da Filosofia* (1842); e *Princípios da Filosofia do futuro* (1843). Nessas obras Feuerbach sustenta que a Filosofia nova não será nenhum resultado de desdobramentos internos à própria história da filosofia, e sim uma filosofia que terá como fundamento o não filosófico, a cotidianidade sensível e corpórea, as necessidades materiais concretas da miséria humana. Tal filosofia realizará definitivamente a humanização de Deus, "a resolução plena, absoluta, não contraditória, da teologia→ em antropologia" (Feuerbach, *Princípios da filosofia do futuro*, p. 70), proposição essa já anunciada em *A essência do Cristianismo*, como visto. Nessa nova antropologia afirma que a razão será superada pela sensibilidade, pois somente a sensibilidade permite a um ser humano alcançar o outro ser humano, pelo amor (e não pela razão hegeliana). Por isso, conclui: enquanto a filosofia antiga dizia que só o racional é o verdadeiro e real, a nova filosofia enuncia, ao contrário, que só o *humano* é o verdadeiro e o real: "A verdade é unicamente a totalidade da vida e da essência humanas" ([1843] 2008, p. 73).

A influência do pensamento de Feuerbach no desenvolvimento da filosofia contemporânea é notória. O percurso de todo pensamento materialista pós-Hegel passou por ele, e a ele deveu os principais dispositivos para desvencilhar-se do idealismo. O caso de Marx→ é o mais notório, e se Marx→ não tivesse escrito suas *XI Teses contra Feuerbach*, talvez não tivesse Feuerbach alcançado tão elevada notoriedade até nossos dias. Mas não apenas Karl Marx→ e Friedrich Engels; outros notáveis pensadores reconheceram a influência recebida de Feuerbach, como Sigmund Freud→, Guy Debord, René Girard→, Enrique Dussel e tantos outros.

Enrique Dussel, particularmente, reconhece no pensamento de Feuerbach um momento pré-histórico da constituição da nova filosofia latino-americana: a afirmação do "rosto sensível de outro homem, que tem fome e sangue [e] se encontra mais além do sistema onde o ser é o pensar" (Dussel, 1974, p. 136).

Bibliografia: DUSSEL, E. *Método para una filosofía de la liberación*: superación analéctica de la dialéctica hegeliana. Salamanca: Sígueme, 1974; FEUERBACH, L. *A essência do cristianismo*. Campinas: Papirus, 1988; FEUERBACH, L. *Princípios da filosofia do futuro*. Covilhã: Lusosofia Press, 2008.

Alípio Casali

FILOLOGIA

Dificilmente se pensará numa designação de área técnica ou científica que tenha demonstrado maior elasticidade conceptual do que a de *Philologia*, etimologicamente: "amor à palavra, ao discurso", entenda-se, ao património poético, narrativo, sapiencial – oral, mas sobretudo escrito – de uma cultura. O documento escrito não é separável do seu conteúdo, de maneira que esse "amor à palavra" cantada ou

FILOLOGIA

escrita é – na realidade pessoal e concreta do filólogo – inseparável do amor ao respectivo conteúdo e a todas as circunstâncias, culturais e históricas, em geral, mas também, em particular, linguísticas e gramaticais, que, necessariamente, contribuem para a plena recepção e, por conseguinte, para a reconstituição de um discurso desgastado por longa transmissão. Foi assim que, já no mundo clássico, filologia se tornou uma designação quase coextensa da filosofia, dado o conteúdo predominantemente sapiencial dos textos indagados. No Renascimento torna-se investigação da Antiguidade e quase sinónimo de História antiga. Com a aplicação do analogado das letras clássicas, gregas e latinas às literaturas nacionais, chega, por vezes, no romantismo, a confundir-se com a etnografia𝒫. Em todos estes momentos parece intercambiável com a hermenêutica𝒫, que é, de facto, o horizonte de sentido de todo o labor filológico propriamente dito. No presente contexto, manda a prudência abstrair de todas essas acepções amplas decorrentes da consideração dos conteúdos, e reduzir o campo de observação, não sem algum artifício metodológico, à estrita consideração formal da identificação e transmissão do texto e, sucessivamente, também, do património oral de uma cultura𝒫 ágrafa. Entenderemos, pois, aqui, por filologia, a disciplina votada à busca, atribuição, "canonização", restauro e edição do texto, na fase – comum a todas as sobreditas filologias em sentido amplo – chamada ecdótica, que culmina na respectiva edição crítica (é o termo proposto pelo filólogo francês dos Novecentos Henri Quentin). Depois de ilustrar a actual urgência da filologia para a transmissão da cultura𝒫 e de traçar o seu percurso histórico – com destaque para a filologia bíblica e patrística –, convirá dar conta da relevância de tal disciplina para a Ciência da Religião𝒫, quer para uma abordagem histórica, quer para a relação da religião𝒫 com os seus textos sagrados.

O facto é que, também para a transmissão da cultura moderna aos seus herdeiros contemporâneos, sobretudo para as profissões que protagonizam essa transmissão, uma mínima formação filológica continua urgente e actual. No antiquíssimo fascínio suscitado pelo milagre da escrita – scripta manent, "o escrito permanece", dizia-se... – radica uma convicção tão infundada quanto difusa e persistente, a saber: a de que a transmissão escrita de uma mensagem é mais precisa e estável do que a transmissão oral, pelo que, uma vez reduzido à forma escrita, um texto permaneceria imutável. Venial no leitor, esta ingenuidade "filológica" é grave de consequências em editores e educadores. Os leitores lusófonos têm acesso a uma comum ilustração do fenómeno ao aceder a tantas das edições mais disponíveis de sermões do Padre António Vieira. Os sermões movem-se num incessante círculo hermenêutico entre o pregador e os passos bíblicos da Vulgata que o inspiram; e o editor não pode deixar de se dar

conta da opacidade ocasionada ao leitor comum de hoje pelo desuso do latim; pelo que, para obviar a esta opacidade, se propõe justamente fornecer em rodapé ou hipertexto a versão vernácula do passo bíblico em causa. No entanto, iludido por aquela acrítica convicção, e com o caminho facilitado pelo pormenorizado sistema quinhentista das referências bíblicas, vai ingenuamente buscar essa versão às mais alheias e diversas edições bíblicas suas contemporâneas. Ora, essas podem diferir, por vezes muito significativamente, da Vulgata, cujas edições, aliás, também conhecem variantes. Nesses casos, quebrado o nexo entre o comentário e o seu objeto, deita-se a perder a motivação da própria citação, esvaziando-a de sentido. Quando o orador invoca – claramente em sentido apocalíptico – o salmo messiânico ... donec auferatur luna... (Salmo 71), tem em mente, em português, algo como "até que seja arrebatada a lua". A motivação perde-se se lermos simplesmente "para sempre", como na versão do lecionário litúrgico, que, justamente, reconstrói a mens auctoris subjacente à expressão "até ao fim das luas". Dentro dos códices ou edições da mesma Vulgata pode dar-se a mesma desconexão. Caso muito elucidativo é o de Jó 19, 26, citado numa antiga variante que reza absque carne mea videbo Deum [sem a minha carne verei a Deus], precisamente oposta à citada variante da Vulgata Clementina, in carne mea [na minha carne] videbo Deum. E a incúria já vem de longe, se considerarmos que o próprio editor da princeps dos sermões também desfez o nexo entre citante e citado "corrigindo", para o conformar à Vulgata Clementina, o passo de Act 1, 14: "Os homens [Homines] achavam-se perseverantes na oração𝒫...", quando o que estava em causa no sermão de Pentecostes era precisamente desdobrar todas as implicações da expressão "todos eles" [Hi omnes], de uma edição anterior à Vulgata Sisto-Clementina. Um mínimo de prevenção filológica diria ao editor que se, em causa, está o texto citante e não o texto citado, é forçoso verter especificamente o primeiro e excluir o recurso, sobretudo se anacrónico, a quaisquer alheias versões do segundo.

Na realidade, a transmissão escrita de um texto aumenta tão só a capacidade da memória𝒫 de uma cultura, não a precisão. Pelo contrário: confiado o texto ao suporte material externo, a desresponsabilização da memória𝒫 pessoal ocasiona um sem-número de possibilidades de lapso na transmissão manuscrita que o podem, apógrafo a apógrafo, tornar a longo prazo incompreensível. Por outro lado, a esta desresponsabilização da memória𝒫 acresce, no texto escrito, uma intrínseca disponibilidade ou plasticidade motivadas pelos supostos hermenêuticos de cada época que o recebe e o transmite; e dessa plasticidade decorrem oportunas ocasiões para interpolações e mal-entendidos cuja identificação é condição de uma plena compreensão, quer do autor, quer da fortuna diacrónica do texto. Os primeiros que se deram o nome de "filólogos", primeiros "amigos da palavra", pretenderam restaurar precisamente essa palavra originária, a palavra desgastada, mal-entendida e por vezes perdida do autógrafo que, idealmente, a teria fixado para sempre. Foram eles os letrados de Alexandria (como Apolónio de Rodes, Eratóstenes de Cirene, Calímaco…) e de Pérgamo (como Crates de Malos), que, ao longo do século III a.C., foram fixando o *canon* literário grego, a começar pelos textos homéricos, já então percebidos como arcaicos e necessitados de mediação técnica para continuarem acessíveis na *paideia* helenista. No século seguinte, Varrão procederá analogamente para com o teatro de Plauto, dando início a uma filologia latina.

No momento da génese de uma cultura cristã, algo altera radicalmente o estatuto e a incidência cultural do texto escrito. De facto – ironias dos contemporâneos à parte –, o Cristianismo representou inicialmente não só a possibilidade de todos serem judeus independentemente da origem étnica, como a possibilidade de todos serem filósofos, independentemente da origem social: "Até mulheres simples e crendeiras" discutiriam filosofia no mercado, satiriza Celso no *Contra Celsum* de Orígenes (1, 9 e 3, 55-59). Na cultura estruturada pelo Cristianismo, ouvir ler um texto escrito passa ser um acto de religião e, nessa medida, uma acção popular, acessível potencialmente a todos e não só às raras reuniões de elite nos átrios patrícios para ouvir a leitura dos poetas do *canon* literário clássico.

Trata-se por ora de um *corpus* "bárbaro", tal como soou de início a Jerónimo (*Ad Eustochium*, 22, 30) e a Agostinho (*Confessiones*, III, 5, 9): indigno do nome de *canon*. Contudo, virá a ser O *Canon* por antonomásia. Já pelo fim do século IV estavam consolidados três cânones decisivos desse *corpus* textual, cada um deles "fechado" por uma tradição que nele se revia: o hebraico (do Judaísmo palestino, fechado por exilados retornados e em que continuaram a rever-se os mais rigoristas); o alexandrino, da diáspora helenizada, consubstanciado na versão dos *LXX* (subentenda-se: dos setenta legendários sábios seus autores); e o cristão. Os dois primeiros, para além do facto da língua (hebraico e grego), diferem, sobretudo, na admissão "de uma segunda regra" de escritos (ditos por isso *deuterocanónicos*) compostos em ambientes da diáspora helenista e conservados apenas na versão grega, posto que a crítica moderna, através de constructos morfossintáticos, lhes detecte geralmente a subjacente origem semítica (são os livros de Tobias, Judite, Sabedoria, Eclesiástico ou Sirácida, Baruc, Macabeus I e II e suplementos gregos de Ester e Daniel, cuja ausência, juntamente com a da Carta de São Tiago, no Novo Testamento, identifica as chamadas "Bíblias protestantes"). Quanto ao terceiro, além de incorporar novos escritos suscitados pela Tradição viva de Jesus e dos Doze, teve de optar entre os dois primeiros. Superando

embora uma outra reserva por parte de alguns Padres orientais, os deuterocanónicos, muito venerados na Igreja latina, acabaram por ocupar indúbio lugar até à Modernidade e, depois de ser postos em causa pelos fautores da *sola scriptura*, serão confirmados pelas duas Tradições de sucessão apostólica, católica e ortodoxa.

Estreitamente ligada à questão do *canon* está a questão da transmissão e fixação do texto e, num segundo momento, da versão em novas línguas. Neste aspecto, o *corpus* bíblico apresenta uma notável particularidade, dado que os seus textos gozam hoje de uma distância documental, entre a fase de redação e o manuscrito mais antigo, insignificante em face de congéneres da Antiguidade clássica e oriental (para Platão, por exemplo, temos treze séculos). É certo que, para o Antigo Testamento, não se dispunha até bem pouco tempo de manuscritos hebraicos anteriores ao século IX – para isso contribuiu o ideal rabínico de depuração de exemplares anteriores à fixação e vocalização dos "massoretas" (de *massora*, *i.e.*, "tradição oral"), os mestres da filologia hebraica que, entre os séculos VII e IX d.C., fixaram a vocalização num absoluto respeito pelo texto consonântico original. Mas com os achados de Qumram, estudados a partir dos anos 1960, a distância chega a encurtar-se a pouco mais de uma geração, e mesmo menos, no caso do famoso fragmento de São Marcos. Em contrapartida, a superabundância de exemplares e variantes textuais de que tal distância decorre, mesmo depois de reduzidas as fontes por todas as conjeturas possíveis de genealogia textual, faz com que uma "edição crítica" da Bíblia se tenha tornado uma empresa ciclópica, ulteriormente complicada pela disponibilidade de versões (a começar pela grega) e citações que atestam frequentemente um estádio mais antigo do que o dos manuscritos hebraicos sobreviventes. Certo é que, em continuidade com o Judaísmo alexandrino, o exercício da exegese alegórica que os filólogos haviam aplicado aos velhos poetas mitógrafos será agora aplicado a esses livros bárbaros, fazendo deles, também por antonomásia, *ta biblia* [os livros], assim capacitados para serem os novos interlocutores da filosofia. Mais, numa época em que *vetustas* era prenda e *novitas* era vitupério (*hesterni estis*, "sois de ainda ontem", era a acusação de que se defendiam os cristãos – cf. Tertuliano, *Apologeticum*, 37, 4), indo ao encontro do Judaísmo da diáspora alexandrina, que já tinha notado numerosos pontos de contacto – sobretudo na concepção transcendente da divindade e da alma humana – entre os filósofos gregos, por um lado, e a *Torah* e os *ketuvim*, a "Lei e os escritos" hebraicos, por outro, os Padres apologetas procedentes do helenismo redescobrem-nos em sentido inverso e atribuem à revelação dos hebreus o estatuto de originalidade, de que as letras dos gregos, mil anos posteriores, não seriam mais do que plágio (veja-se, por exemplo, São Justino, *Apologia I*, 44, 4-6; capítulos 59 e 60). Depois, também na filologia bíblica se seguirão à distância de um século os filólogos de língua grega e latina. Orígenes, no século III, pode bem ser considerado o criador da noção de edição crítica com a sua *Hexapla*, ao propor-se, para cada livro, uma disposição, em seis colunas, dos "testemunhos" mais autorizados entre os que contivessem: o texto hebraico, flanqueado pela transliteração grega, a versão grega dos *LXX*, e as versões gregas de Símaco, Áquila e Teodosião; sendo que a coluna da *Septuaginta* é acompanhada de um autêntico aparato crítico em que, à maneira dos filólogos alexandrinos para com a tradição homérica, se assinalam por óbelos (÷) passos dúbios ou tidos por espúrios por falta de correspondência nos testemunhos hebraicos e por asteriscos os incisos, colhidos em Teodosião, destinados a preencher-lhe as lacunas em face desses testemunhos. No século IV, caberá a São Jerónimo um papel análogo no Cristianismo latino. Não é de admirar que, pelo simples facto da língua, o *canon* mais familiar a um Cristianismo que cedo rompera o casulo do originário ambiente palestino fosse o alexandrino, consignado na *Septuaginta*. Quando São Jerónimo, por encargo do Papa São Dâmaso, empreende a sua *Vulgata* latina (fins do século IV), é este cânon alexandrino que ele espontaneamente adota, segundo a *Septuaginta*, conservando as opções de composição e divisão do todo. Quanto ao texto de partida, norteia-o, porém, o programa de privilegiar sempre a *hebraica veritas*, ao contrário das versões latinas anteriores, não hesitando para isso em valer-se de colegas judeus com quem travou amizade ao longo dos anos passados em Belém, para onde se transferiu após a morte℗ do Papa Dâmaso, mecenas do empreendimento. Legou assim, ao Cristianismo latino, um texto oficial que o Concílio℗ Tridentino ainda sancionou sem intervenções significativas na *Vulgata* Clementina (1592) e permanece presumptivamente, apesar da abertura aos meios e dados da filologia moderna, o texto de referência da própria *Neovulgata*, vinda a lume em 1979.

Concomitante a esta nascente filologia bíblica é a profunda alteração representada pelo próprio suporte material do texto, com crescente vantagem do mais duradouro pergaminho sobre o papiro e do mais capaz e manuseável formato do códice *in quaderno* sobre o *volumen* ou rolo. A alteração de suporte redunda naturalmente, a um tempo, numa suplementar motivação para a actividade do copista e numa inevitável selecção do texto a transpor. Num critério puramente quantitativo de "visualizações", poucos seriam os textos clássicos resgatados para os novos formatos, o que seria o fim da filologia clássica. Mas a religião℗ revelada implica uma relação de complementaridade, não de substituição, entre letras seculares ou profanas e divinas ou sagradas: *Institutiones divinarum et saecularium litterarum* é o título do compêndio deixado por Cassiodoro (século VI), fundador do primeiro *scriptorium* no mosteiro de Vivarium. De modo que, quer no Oriente helenista até à queda de Constantinopla, quer no Ocidente latino acompanhando a dissolução da Cidade Antiga, a Filologia, distinguindo embora entre letras sacras e profanas, refugiou-se em ambientes – os monásticos, primeiro e, depois, catedralescos e universitários – de si, pouco propensos a critérios meramente quantitativos. E a rede de *scriptoria* beneditinos veio assim a conservar o património escrito, quer clássico, quer cristão para a série dos "renascimentos", a começar pelo carolíngio, com Alcuíno de Iorque, no século IX, e acabar com o italiano e depois propriamente europeu do fascínio pelas *artes humaniores*, no século XV. Foi Florença o cadinho desta nova época áurea da filologia clássica em que, mercê dos refugiados eruditos gregos de Constantinopla, já antes, mas sobretudo depois da conquista otomana, se uniram de novo, em simbiose filológica, as letras gregas e latinas. Antes de ser aplicada às artes plásticas, primeiro, e, depois, à filosofia e à política, a própria ideia de "renascença", com a assunção da Antiguidade como modelo para a Modernidade, em ruptura com a "idade do meio", nasce aplicada às letras e é eminentemente "filológica", na medida em que o que se pretende restaurar é a língua e o texto da Antiguidade clássica. É, pois, natural que confira inicial vantagem às letras seculares sobre as divinas; e foi de facto por descobertas e edições de clássicos, como o *pro Archia* e muitas epístolas de Cícero, que se notabilizaram no século XIV Petrarca e Bocaccio. Mas, de novo, à distância de um século, o mesmo afã de restauro do texto clássico não pôde deixar de investir também nos autores cristãos antigos e medievais. Já Poliziano e Lorenço Vala/Lorenzo Valla se tinham interessado pela crítica de textos mais recentes, tendo-se Vala/Valla notabilizado por um protótipo de desmontagem de um dos apócrifos mais preciosos para a génese da Europa Medieval, a célebre *donatio Constantini*. Erasmo, seu discípulo, além do seu Novo Testamento latino, dedica-se à descoberta, crítica e edição dos Padres latinos da Antiguidade tardia, como São Cipriano, Santo Ambrósio, Santo Agostinho, e Santo Hilário de Poitiers. No século seguinte, o uso historiográfico das fontes cristãs elaboradas pela crítica, numa linha que culminará nos Setecentos com Muratori, é cultivado nos *Annales Historiae Ecclesiasticae* e na revisão do *Martyrologium* do Cardeal Barónio. Nasce, assim, aquela filologia que, nos séculos seguintes, completaria, ao lado da bíblica, a teologia℗ que os escolásticos haviam chamado "positiva", sobre as fontes da revelação, para a distinguir da "especulativa". A noção do valor fundacional e canónico dos primeiros textos cristãos fora contemporânea da paz de Constantino. Já a protótipica *História eclesiástica* de Eusébio se preocupava com elencar autores e oferecer uma selecta dos respectivos trechos, modelo que geraria, com São Jerónimo, o precioso tratado *a se stante*, intitulado *De viris illustribus*, sucessivamente actualizado nos séculos seguintes por Genádio de Marselha/Massília e Santo Isidoro de Sevilha, sob o título *De scriptoribus ecclesiasticis*, bem como, no Oriente, por Hesíquio de Mileto, no século VI, e pelo patriarca Fócio, no século IX. Ao renascimento é que caberá, porém, mercê da necessária distância histórica, a prerrogativa específica de "canonizar" um *corpus patristicum* e inaugurar formalmente a correspondente filologia. Fá-lo-ão, ainda sobre o modelo hieronimita, e colhendo nele as informações para o período das origens, Johanes Trittenheim/Trithemius ou Abade Trittemio/Tritêmio, no século XV, com perto de um milhar de fichas no seu *Catalogus Scriptorum Ecclesiasticorum* e, em ambiente protestante, inaugurando a designação de *Patrologia*, Johanes Gerhard, no século XVII, com a sua *Patrologia, sive de primitivae ecclesiae christianae doctorum vita ac lucubrationibus*. Em ambiente católico, o progresso na descoberta de fontes sempre mais antigas culminará na cunhagem, por Cotelier, da fecunda categoria filológica dos "Padres apostólicos", autores nem sempre identificados da primeira geração cristã, que ainda conheceu os apóstolos, editados nas *Sanctorum Patrum qui temporibus apostolicis floruerunt – Barnaba, Clementis, Hermae, Ignatii, Polycarpi – opera edita et non edita, vera et suposita, graece et latine, cum notis* [Obras anotadas, já editadas e inéditas, autênticas e supostas, em grego e em latim, dos Santos Padres que floresceram nos tempos apostólicos – Epístola de Barnabé, Epístolas de Clemente Romano, *O Pastor de Hermas*, Cartas de Santo Inácio de Antioquia e de São Policarpo de Esmirna].

Finalmente, é com a deslocação, culminada no romantismo, do baricentro filológico para o mundo académico alemão, que a disciplina, por um lado, adquire a sua formulação metodológica e, por outro lado, a sua máxima extensão pela aplicação, a partir do grego e do latim (e, com as letras cristãs, de línguas semíticas, tais como o hebraico e o siríaco) aos *corpora* literários das línguas e culturas vernáculas – germânicas, românicas, eslavas etc. Ainda na primeira metade do século XIX, cabe a Karl Lachmann, classicista, mas também germanista (o seu nome ficou ligado à *Ilíada* e a Lucrécio, mas também à epopeia dos Nibelungos), com o seu método℘ lachmanniano, a representação em percurso pessoal daqueles dois méritos. O centro de gravidade do sobredito método℘ assenta numa rigorosa distinção e outro tanto artificiosa separação entre o primeiro e o último passo da edição crítica: *recensio* e *emendatio*. O primeiro consiste em eliminar os testemunhos menos fidedignos, colocando-os numa espécie de árvore genealógica, dita *stemma codicum*, em que se identificam, através de erros comuns, as descendências dos vários testemunhos em face de um ou mais arquétipos℘. Finalmente, selecionado

o melhor arquétipo℘, tem-se um critério para a *emendatio*. O método℘, corrigido, mas, no fim das contas, aperfeiçoado, já no século XX, por Maas (com a distinção entre erro separativo e erro conjuntivo), seria posto em crise por Bédier (na eleição de um "bom manuscrito" como alternativa à *collatio* de vários arquétipos℘) e finalmente reabilitado por Pasquali, restringindo, embora, a sua eficácia aos casos de um texto em que logre remontar-se a um arquétipo℘ único. Foi a partir dele e da sua discussão que se precisaram conceitos operativos como *traditio directa* e *indirecta, lectio* ou variante, princípio da *lectio difficilior* (ou da prioridade à variante de mais difícil compreensão), *elliminatio codicum descriptorum* (ou rejeição dos códices de segunda geração), *reductio ad unum* (a tentativa de remontar a uma *lectio* compatível com todas as variantes) etc.

Fora já neste ambiente académico alemão que se dera, ainda no século XVIII, a canonização formal das letras latinas medievais na *Bibliotheca latina mediae et infimae aetatis*, de Johannes Albert Fabricius, e explodira na filologia bíblica o interesse pelos apócrifos, nas suas recolhas ditas pseudoepigráficas e apócrifas, respectivamente do Antigo e do Novo Testamento. Foi também neste alfobre, enfim, que floresceram filólogos atentos às raízes contextuais religiosas dos textos clássicos, como Wolf, Wilamowitz, Fraenkels, homeristas e estudiosos dos cultos helénicos; Wissowa, o filólogo estudioso da religião dos romanos; e Usener, talvez o filólogo clássico que, depois de Fustel de Coulanges℘, mais funcionaliza a filologia para a História da Religião℘ e do mito.

Uma simples consideração do método℘ filológico para a reconstituição do pensamento religioso dos antigos, que viria a dar fruto nos seus *Nomes dos deuses* [*Götternamen*, 1896], nos permite aqui entrever a relevância da filologia para a História em particular e, por conseguinte, para a necessária abordagem histórica dos fenómenos sociais: "Surpreendeu-me uma vez ouvir um matemático (Leo Königsberger) afirmar que as chamadas ciências da natureza deveriam aspirar a ser consideradas ciências só na medida em que se tenham tornado matemáticas. Com maior razão se pode dizer que todas as disciplinas históricas precisam de sólidos fundamentos filológicos" (apud Ferrando).

Quer dizer, aquilo que a matemática é nas ciências naturais deveria ser a filologia no momento histórico das humanas. Um historiador, mas também um filósofo, um teólogo, ou um antropólogo, o estudioso da religião, não podem deixar de aceder ao seu objecto, às vezes exclusivamente, mediante fontes textuais. Pelo que deveriam todos dominar como ferramenta a filologia, como o físico e o químico dominam a matemática. No entanto, não há texto nem filologia em abstracto. As letras vivem nos concretos códigos de signos a que chamamos línguas, e o conhecimento da filologia é, antes de mais, conhecimento de uma língua. Não poderia, pois, haver maior contraste entre este desiderato e o curso dos acontecimentos a partir da segunda metade do século XX, se é certo que, com o desinvestimento na aprendizagem das letras antigas (e não só as clássicas) desde a viragem do século, continuando as ciências naturais a não prescindir da matemática, a generalidade das dissertações académicas nas ciências humanas (históricas, filosóficas, teológicas, até mesmo literárias) tem de prescindir da filologia, que garantiria o acesso directo às suas fontes. Entre outras razões epocais, a menoridade social e o desprestígio destas em face daquelas talvez radiquem também nesta apressada e viciosa desigualdade nas exigências de apetrechamento.

Bibliografia: CHIESA, P. *Elementi di critica testuale*. 2. ed. Bologna: Patrón, 2012; CAMBIANO, G. Ermeneutica e filologia. *Rivista di Filosofia*, vol. LXXXVIII, n. 3, dic. 1997, p. 430-460; FERRANDO, M. *Hermann Usener*: dalla filologia alla morfologia della religione. Disponível em: <http://babilo. rebeccalibri.it/files/libri_previews/9788837222208_preview. pdf>. Acesso em: 28/04/2019.; FREIRE, J. G. F. *Da filologia clássica do século XIX à filologia cristã e ao latim tardio*. In: Congresso Internacional – As humanidades greco-latinas e a civilização do universal. Coimbra: Ed. Universidade de Coimbra, 1988. p. 483-507; GORDON, F.; STUART, D. *Como aprire le porte a una lettura informata della Bibbia*. Patmos, 2009; HUMMEL, P. *Histoire de la philologie: un étude d'un genre épistemologique et bibliographique*. Genebra: Droz, 2000; REYNOLDS, L.; WILSON, N. *Copisti e filologi, la tradizione dei classici dall'antichitá ai tempi moderni*. Nápoles: Ed. Antenore, 2016; VIAN, G. M. *Bibliotheca divina, filologia e storia dei testi cristiani*. Roma: Carocci, 2001.

José Carlos Lopes de Miranda

FILOSOFIA DA RELIGIÃO

O termo "Filosofia da Religião♀" é atualmente empregado para designar qualquer reflexão filosófica quer sobre o divino em si mesmo, quer sobre a religião. Nesse sentido amplo ela se desenvolve numa dupla perspectiva. Como Filosofia da Religião♀ em sentido estrito, consiste na investigação filosófica sobre o fenômeno religioso, que se apresenta historicamente como uma dimensão da existência humana, ao lado da arte, ciência, moral, política. Já o que chamamos aqui de Teologia♀ Filosófica trata propriamente da questão de Deus, entendido como algo distinto e superior à realidade humano-mundana, da qual constitui o princípio e fundamento. Nem sempre os estudiosos de Filosofia da Religião♀ distinguem claramente os dois pontos de vista, já que a atitude religiosa, como se verá, é concebida como relação recíproca do ser humano com o divino, de modo que a reflexão sobre esta relação pode centrar-se mais em um ou outro de seus polos.

I. A Filosofia da Religião como Teologia Filosófica. Ela parte não da experiência religiosa♀, mas de experiências comuns a todo ser humano na sua relação consigo mesmo e com seu mundo. O ser humano experimenta-se fundamentalmente como pergunta sobre o sentido de sua existência no mundo. Ele busca realizar-se e quer saber como alcançar a sua verdadeira realização. Uma das respostas a esta pergunta já é dada espontaneamente pela atitude religiosa que implica uma relação existencial com o sagrado♀ ou divino. O termo "deus" já preexiste na linguagem humana, anteriormente a qualquer interrogação filosófica. A Teologia♀ Filosófica, ao elaborar uma resposta à pergunta do sentido da existência, discute, ao mesmo tempo, a existência e a natureza do que é chamado "deus", chegando (ou não) à sua afirmação como princípio de inteligibilidade da realidade humano-mundana e como fim último da aspiração humana. Nesse contexto é recorrente ainda o problema do mal no mundo. Trata-se, portanto, de uma reflexão de caráter metafísico, em sentido amplo, sobre uma realidade absoluta (Deus). Enquanto discute a questão do absoluto divino, a Teologia♀ Filosófica restringe o campo de sua investigação às representações do sagrado♀, correspondentes a tal concepção, próprias do monoteísmo♀ e, de certo modo, do panteísmo♀, excluindo o politeísmo♀ e outras formas de religião, enquanto atribuem um caráter plural e relativo ao divino. Embora pretenda ser logicamente independente do elemento religioso, ela não pode, enquanto é precedida historicamente pela religião, prescindir inteiramente deste dado, seja na posição do problema da existência de Deus, seja na identificação do Deus♀ cuja existência se trata de discutir.

1. Nestes termos a Teologia♀ Filosófica corresponde à forma originária da Filosofia da Religião♀ em sentido amplo, enquanto se confunde com o próprio início do pensamento filosófico no Ocidente. A descoberta do *logos*, como razão crítica, leva os primeiros filósofos gregos a investigar o fundamento ou princípio unificante (*archē*) de toda realidade (*kosmos*). Sua reflexão constitui a primeira elaboração de uma ideia filosófica do divino. Este princípio "ingenerado" e imperecível, embora assuma estas características, atribuídas também aos deuses, e seja efetivamente chamado de "divino" (*theion*), não possui traços pessoais nem é objeto de culto. Contudo, não existe propriamente oposição entre o *mythos* da religião grega tradicional e o *logos* ou pensar filosófico, que surge no século VI a.C. Constituem dois tipos distintos, mas conexos, de racionalidade na acepção ampla que designa a prerrogativa do ser humano de pensar e dizer o sentido de ser. Trata-se, por um lado, da interpretação♀ da realidade expressa numa linguagem narrativo-simbólica e fundada na

autoridade da tradição religiosa, por outro lado, da busca pela razão humana individual de uma compreensão do mundo, fundada na sua própria manifestação e na evidência racional daí resultante. Ambos, mito e *logos*, falam da profundidade divina da realidade. Comum às duas interpretações é o caráter cósmico ou não perfeitamente transcendente do divino. A procura do princípio fundante de toda a realidade prossegue de maneira mais articulada na etapa clássica da filosofia antiga com a ideia do bem, "para além de toda a representação", termo final da dialética platônica, e com o "primeiro movente imóvel" ou "pensamento de si mesmo", exigido, segundo Aristóteles, para a inteligibilidade do mundo de nossa experiência. É a este filósofo que se deve não só o termo "ciência teológica", assumido pela Teologiaρ Filosófica, mas também a sua estruturação em disciplina filosófica, como dimensão da "filosofia primeira", ao lado da reflexão sobre o ente enquanto ente, bem mais tarde (século XVII) denominada ontologia. Esta dimensão teológica da metafísicaρ – título devido aos comentadores de Aristóteles – mantém-se no pensamento helenista tanto dos estoicos, com seu *logos* divino, quanto dos neoplatônicos, sobretudo com o Uno de Plotino.

2. Com o Cristianismo o termo "Teologiaρ" passou pouco a pouco a significar não mais, como entre os gregos, uma dimensão da "filosofia primeira" ou metafísicaρ, mas o estudo da autorrevelação do próprio Deus recebida pela fé na mensagem cristã. Os pensadores cristãos da época patrística e de grande parte da Idade Média, crendo possuir a verdade revelada, julgavam supérflua uma reflexão filosófica autônoma sobre Deusρ e sobre sua relação para com o ser humano. A reflexão filosófica era utilizada, sobretudo, como instrumento para a compreensão racional do conteúdo da fé. Célebres são, no entanto, as especulações filosóficas a respeito de Deusρ e de sua existência, desenvolvidas, ainda que em um contexto teológico, por exemplo, por Santo Agostinho, Escoto Eriúgena/Erígena e Santo Anselmo, este com o chamado argumento ontológico. Importante também é a "teologiaρ negativa" desenvolvida no século VII pelo autor conhecido como Pseudo-Dionísio, que, no seu neoplatonismo cristão, insiste na incompreensibilidade de Deus. Suas ideias se refletem, no final da Idade Média, na teologiaρ místicaρ de Mestre Eckhart e na *docta ignorantia* de Nicolau de Cusa. Mas já a partir do século XIII, o termo "teologiaρ" volta a ser empregado também no sentido aristotélico original. Tomás de Aquino reconhece expressamente a legitimidade de uma reflexão filosófica sobre Deusρ enquanto causa do ente em geral, chamando-a, com Aristóteles, de "ciência divina" ou "teologiaρ". Há, segundo ele, dois tipos de teologiaρ, *i.e.* de ciência suprema ou "sabedoria". A primeira, baseada só na investigação da razão, é um aspecto da metafísicaρ, como ciência do ente enquanto ente e das suas últi-

mas causas. A segunda, que é mais perfeita, baseada na féρ (revelação cristã), é propriamente o seu campo de estudo, como "teólogo". Para Tomás, o objeto da metafísicaρ é o ente em geral (*ens commune*) com suas propriedades, o qual compreende todo o âmbito do finito ou criado. Tal é o horizonte próprio do conhecimento humano (objeto formal do intelecto), aberto para sempre mais, incapaz, porém, de abarcar o todo ou a plenitude de ser. Deus, portanto, não é objeto da metafísicaρ, pois, enquanto infinito, ele é incompreensível, inacessível em si mesmo à razão humana e conhecido apenas analogamente por seus efeitos. Estabelece-se, assim, a unidade (ontoteológica) da metafísicaρ, articulando verticalmente o ente enquanto ente (dimensão ontológica) e Deusρ como seu fundamento (dimensão teológica), sem comprometer a transcendência absoluta de tal fundamento. O processo de desagregação da estrutura unitária da metafísicaρ tomásica, iniciado por Duns Escoto/Scotus, com a afirmação da univocidade da noção de ser, toma corpo com a primeira exposição sistemática da metafísicaρ, feita pelo teólogo e filósofo da segunda escolástica, Francisco Suárez, no fim do século XVI. Ele define a metafísicaρ como ciência do conceito generalíssimo de ser, que significa simplesmente algo possível (não nada, não contraditório) e é estudado sem referência a Deus. Num segundo momento ele distingue as duas modalidades de ser, o infinito (Deus) e o finito (criatura), subordinando a compreensão de Deusρ ao conceito de ser, próprio da razão humana. Essa prioridade da essência representada no conceito sobre o ente real levará Descartes a assumir o pressuposto gratuito, segundo o qual a mente só tem acesso imediato às suas ideias, devendo provar a existência do mundo, *i.e.*, daquilo que elas representam. Assim, sob o influxo de Suárez, diretamente e pela mediação de Descartes, consolida-se a separação entre uma "Metafísicaρ geral", chamada logo de "Ontologia", porque trata da noção de ser, e uma "Metafísicaρ especial", que trata das várias modalidades de entes, entre os quais Deus. Esse processo de racionalização do pensar filosófico sobre Deusρ teve sua expressão consumada na classificação wolffiana da metafísicaρ. Wolff distingue três tipos de "Metafísicaρ especial", segundo as três ideias básicas da razão: a Cosmologia (Mundo), a Psicologia (alma) e a Teologiaρ Natural (Deus). O termo "Teologiaρ Natural" é empregado para distinguir a reflexão filosófica sobre Deus, baseada unicamente na razão natural, da teologiaρ cristã, chamada simplesmente "Teologiaρ". Ao defender a validade do conhecimento de Deusρ pela razão metafísicaρ, Tomás de Aquino não vira, em princípio, qualquer oposição entre razão e fé, Filosofia e Teologiaρ, uma vez que ambas se originam do mesmo princípio divino. Esta harmonia começara a romper-se já na Idade Média tardia com o nominalismo de Ockham, para quem a razão não é capaz de intuir as essências universais e daí chegar ao conhecimento de Deus, o qual só pode ser afirmado pela féρ (fideísmo). Com a autonomia da razão em relação à fé, promovida pelo humanismo renascentista e consagrada no início da Modernidade pelo *"cogito, ergo sum"* de Descartes, como fundamento inconcusso de toda a certeza, o conflito entre fé religiosa e razão natural torna-se cada vez mais agudo. A afirmação do caráter não racional da féρ é comum ao fideísmo e ao racionalismo, enquanto entendem a relação fé/razão como entre grandezas mutuamente excludentes. Malgrado tal coincidência, estas posições se opõem radicalmente ao absolutizar um dos polos da relação com exclusão do outro: ou julgando a razão incompetente nas questões de fé religiosa, ou reputando a féρ como uma atitude irracional, desprovida de sentido. Ao contrário, a racionalidade da féρ em Deusρ ou também de sua revelação histórica (cristã) tem sido defendida, sob diferentes vestes e justificativas, ao longo da história até hoje.

3. Na verdade, a adoção de um pensar desvinculado da féρ leva os filósofos da primeira fase da Modernidade a concentrar-se ainda mais na discussão da questão de Deus, seja para afirmar, seja para negar a sua existência. Entre os primeiros, além do próprio Descartes, encontram-se os racionalistas Malebranche e Leibniz, mas também empiristas como Locke e Berkeley. Especial é a posição panteísta de Spinoza. Apelando apenas para a luz natural da razão como princípio hermenêutico na interpretaçãoρ da Bíblia, ele elimina dela toda a dimensão sobrenatural. Sua imagemρ de Deusρ é reduzida ao que será chamado de deísmoρ, primeiro passo da crítica ao Deusρ do teísmo. Trata-se da afirmação de um Deusρ criador, proposto pela razão, que se abstém de qualquer intervenção na natureza e na história. Ele é objeto de adoração em uma religião natural, que rejeita qualquer revelação histórica ou religião instituída, em particular o Cristianismo, seus dogmasρ, mistérios, milagres e práticas cultuais. Antecipada por Toland no mundo britânico, tornou-se a forma de pensar do Iluminismoρ francês (Bayle, Rousseau, Voltaire) e difundiu-se finalmente na Alemanha (por exemplo, Reimarus) e em toda a Europa. Um passo à frente é dado pelo agnosticismo de Humeρ. O questionamento de Deusρ atingiu o seu auge com o ateísmo dos enciclopedistas Diderot e d'Holbach e do materialista de la Mettrie. Já abalada pelas objeções de Humeρ, especialmente por sua rejeição do princípio de causalidade, a Teologiaρ Natural recebeu um golpe decisivo de Kantρ na *Crítica da razão pura*. É partindo, porém, da concepção racionalista da metafísicaρ que Kantρ tentará mostrar que a razão não é capaz de afirmar a realidade efetiva do conteúdo da ideia de Deus, *i.e.*, a sua existência. É verdade que, ao rejeitar as provas da existência de Deus, ele não se professa ateu. Antes declara que estabelece os limites da razão para abrir espaço para a féρ (filosófica). Com efeito, na *Crítica da razão prática* postula, juntamente com a imortalidade da almaρ, a existência de Deus, Sumo Bem, como autor, numa vida supraterrena, da conciliação, que não acontece neste mundo, entre a retidão moral (realização da liberdade) e a felicidadeρ (realização da natureza), sem a qual a moralidade e a própria existência humana careceriam de sentido.

II. A Filosofia da Religião propriamente dita a partir do Iluminismo. Sob o impacto da crítica à metafísicaρ, a Teologiaρ Filosófica, na sua versão racionalista, como Teologiaρ Natural, será substituída paulatinamente pela Filosofia da Religiãoρ em sentido estrito. Tal processo se inicia com a própria Modernidade. De fato, as épocas antiga e medieval nem conheceram o termo "Filosofia da Religiãoρ" nem desenvolveram uma reflexão sistemática sobre o fenômeno religioso, embora rasgos de uma Crítica da Religiãoρ tradicional (greco-romana) já se encontrem, além de Platão, em Xenófanes, Evêmero, Epicuro e o epicurista latino Lucrécio. Com a guinada antropocêntrica do pensamento cartesiano, a Filosofia tende a deixar de considerar Deus em si mesmo como princípio transcendente da realidade, para assumir como objeto de sua investigação o fenômeno religioso, enquanto dimensão da existência humana, tratando do Deusρ do monoteísmoρ apenas no âmbito da religião como seu objeto, *i.e.*, como uma das expressões históricas do "sagrado" e "divino".

1. Um primeiro esboço desta nova perspectiva fornecem, como se viu, Spinoza e Toland. Mas o projeto explícito de uma Filosofia da Religiãoρ surge apenas com o Iluminismoρ no século XVIII, quando a religiãoρ se torna um fenômeno cultural entre outros, que se trata de investigar criticamente. É o caso da "religião civil", proposta por Rousseau como condição para manter a coesão social. Em sua "profissão de fé do vigário da Saboia", cujos artigos são a existência de Deus, a imortalidade da almaρ e a liberdade, estabelecidos pela reflexão racional, ele reconhece também Jesus como figura perfeita, mas rechaça os dogmasρ cristãos e todas as religiões históricas como superstições contraditórias e absurdas. Lessing, por sua vez, entende "a educação do gênero humano" ao longo da história, ou seja, o aperfeiçoamento progressivo da razão na sua compreensão do sentido (ético) da existência como processo de internalização do próprio Deus. Kantρ, poucos anos depois, publica sua obra *A religião nos limites da simples razão* (1793-1794), na qual, numa análise puramente racional, reduz o Cristianismo, a religiãoρ mais perfeita, a mera moral, recusando, porém, qualquer panteísmoρ. A influência de Kantρ foi determinante em vários sentidos. Reação imediata foi a reivindicação por Schleiermacher da originalidade da religião, enquanto fundada numa dimensão específica do espírito humano, distinta tanto da razão teórica como da prática. Diante da

refutação kantiana das provas tradicionais da existência de Deus℘ e da interpretação℘ puramente ética da essência da religião℘, aponta para o sentimento radical de dependência para com o absoluto divino, como o fundamento da atitude religiosa. Esta via experimental de acesso a Deus℘ será retomada de várias maneiras nos anos seguintes. Schopenhauer, porém, aceita o caráter fenomênico do conhecimento do mundo, mas no seu ateísmo afirma a natureza absoluta da vontade cega como única realidade. Quanto aos idealistas alemães, pretendem superar os dualismos kantianos, especialmente sujeito/objeto, finito/infinito, englobando o todo no espírito℘ absoluto. Hegel entende o processo dialético de autodesenvolvimento da razão humana na história como a automanifestação progressiva do espírito℘ absoluto (Deus). Ele considera a religião℘ uma das três formas de manifestação do todo, enquanto expresso em representações, posterior à arte (expressão no sensível) e anterior à sua expressão absoluta no conceito (Filosofia). Só no pensar filosófico a representação cristã de Deus, a mais perfeita, encontra sua verdade plena. Nas suas *Preleções sobre a filosofia da religião*, publicadas postumamente (1832), ele oferece o primeiro tratado sistemático da matéria, que investiga o conceito de religião℘, suas figuras históricas e sua forma consumada, o Cristianismo, enquanto realização perfeita do conceito de religião℘ pela compreensão de Deus℘ como o todo finito/infinito na figura do homem/Deus Jesus Cristo. Não é possível expor em poucas palavras as diversas abordagens de Schelling sobre a questão do absoluto e da religião℘, especialmente do Cristianismo. Basta dizer que, na última fase de sua reflexão, ao contrário de Hegel e de todo o pensamento moderno, que chama de filosofia negativa, enquanto atinge apenas a essência possível, ele nega a capacidade da razão de uma perfeita autofundamentação, sem que isso implique o irracionalismo.

2. Com a súbita derrocada do pensamento idealista, em meados do século XIX, começa a imperar no mundo filosófico o ateísmo, inspirado particularmente pelo grande desenvolvimento das ciências naturais. Trata-se nesse caso do empirismo cientificista. Ele se exprime no positivismo℘ de Comte℘, com sua lei dos três estados, que anuncia o domínio definitivo do pensamento científico como único tipo de racionalidade, bem como na visão materialista dos cientistas Moleschott, Büchner e Haeckel. Mas o ateísmo se manifesta também com feição humanista em Feuerbach℘, que inverte a posição de Hegel com a redução da teologia℘ à antropologia, de modo que os atributos divinos (sabedoria, amor, verdade, bem etc.) não são senão predicados da essência genérica do ser humano, alienados pelo indivíduo finito que os projeta fora de si numa realidade infinitamente perfeita. Marx℘, por sua vez, acusando Feuerbach℘ de ainda estar preso a uma imagem℘ de Deus e do

homem própria da metafísica℘ tradicional, explica a religião℘ como uma superestrutura dependente da alienação fundamental, situada no plano socioeconômico das relações de propriedade. Nietzsche, finalmente, ao proclamar que "Deus está morto" no mundo moderno, pretende superar o niilismo resultante da dissolução dos valores humanos, projetados metafisicamente em um mundo ideal e abstrato, pela afirmação da vida e pela criação de novos valores a partir das forças vitais. Na mesma linha feuerbachiana, no século XX Freud℘ entenderá a religião℘, à luz do complexo de Édipo, como a projeção infantilizante da figura do Pai em um Deus℘ protetor supremo diante das agruras da vida. No cenário filosófico da segunda metade do século XIX, a única voz discordante que se destaca é a de Kierkegaard, com sua compreensão do sentido da existência humana como adesão paradoxal na fé ao Deus℘ da revelação judeo-cristã. Com isso ele rejeita também veementemente a pretensão do racionalismo metafísico, *à la* Hegel, de justificar a afirmação de Deus℘ ou de interpretar o mistério cristão. Embora menos conhecido nos meios filosóficos, merece também atenção por sua reflexão inovadora quanto à compreensão da fé℘ o teólogo anglicano Newman, convertido ao Catolicismo. Ele justifica a racionalidade da fé℘ ao combater uma concepção racionalista da razão, mostrando que os padrões científicos para a evidência e o assentimento são demasiado estreitos e não podem ser aplicados na vida concreta e nas decisões fundamentais da existência.

3. Apesar da secularização℘ crescente da sociedade e da cultura, característica da Modernidade, a experiência do mistério da existência não deixa de intrigar o pensamento filosófico. No entanto, no cenário filosófico dos três primeiros quartos do século XX, a questão de Deus já não é certamente dominante. Isto se deve à pressão da Crítica da Religião℘, crescente desde o Iluminismo℘. Também o desenvolvimento das ciências humanas (Psicologia, Antropologia Cultural, Sociologia, Linguística), arvoradas em única forma de acesso racional à realidade humana, contribuiu para desacreditar a ideia de Deus. No novo clima cultural, avesso à metafísica℘ tradicional, a problemática teológica vigente não é tanto a da afirmação ou negação de Deus℘ com a da maneira de abordar esta questão. A tradição do humanismo ateu prolonga-se, porém, em várias correntes, para as quais o confronto com a perspectiva religiosa continua a ser fundamental. É o caso do humanismo científico, representado, além de Freud℘, pelo eminente biólogo Huxley, ou do humanismo marxista de E. Bloch, com seu "princípio esperança", e de Garaudy. O ateísmo postulatório do existencialista Sartre exclui *a priori* a questão da existência de Deus, enquanto incompatível com a dignidade do ser humano e sua liberdade. A lógica racionalista de um saber fechado em si mesmo leva ao agnosticismo

FILOSOFIA DA RELIGIÃO

de B. Russell, quando não a um ateísmo declarado, como o de Dewey. Os representantes mais importantes da Filosofia Analítica inglesa nessa época, como Moore, Ryle e Austin, não mostram nenhum interesse especial pela questão de Deus. Para os neopositivistas lógicos do Círculo de Viena, as proposições sobre Deus não são nem verdadeiras nem falsas, porque seus termos simplesmente não têm qualquer sentido, à luz do princípio de verificabilidade. Tal posição foi enfatizada por Carnap e seus seguidores em Oxford, Ayer e Flew. Os filósofos estruturalistas franceses (Lévi-Strauss, Foucault, Althusser) tendem a ignorar a questão de Deus. Sua proclamação da "morte do homem" ratifica definitivamente a "morte de Deus". Mais complexa é a posição dos fundadores da Escola de Frankfurt, Horkheimer e Adorno, ou de nomes próximos a ela, como W. Benjamin. O primeiro, juntamente com uma crítica severa da religião e da cultura burguesa, manifesta claramente uma "nostalgia do absolutamente outro", sem o que a afirmação da verdade e da justiça é inconsistente.

4. É surpreendente que, malgrado os múltiplos interditos lançados contra a ideia de Deus, um número considerável de pensadores desta época, pertencentes a diferentes correntes filosóficas, tenha procurado descobrir caminhos para a sua afirmação. Uma das primeiras tentativas de demonstrar metafisicamente a existência do Deus do teísmo tradicional no contexto do imanentismo moderno deve-se a Blondel, com sua dialética da ação. A intuição blondeliana inspirou Maréchal, iniciador do chamado tomismo transcendental, em diálogo com Kant. Sua reinterpretação do pensamento de Tomás de Aquino foi aplicada ao conhecimento de Deus por Lotz, Rahner e Lonergan, entre outros. O confronto da visão católica sobre Deus com a problemática moderna, sobretudo Hegel e Heidegger, foi levado a cabo também por Przywara, Siewerth, Fessard, Welte e von Balthasar. A pura contraposição ao ateísmo moderno é assumida pelo neotomismo de Maritain, Gilson e Fabro. Para o teólogo luterano Tillich, a religião consiste na dimensão profunda e fundamental, constitutiva do espírito humano como tal, enquanto "orientação para o absoluto". Em outra perspectiva, já no início do século, numa época ainda fortemente marcada pelo espírito positivista, o pragmatista norte-americano William James valorizou a experiência religiosa como originária e irredutível a outros tipos de fenômenos. Contrárias também ao espírito da época foram duas obras inovadoras, até hoje prestigiadas. Em *Processo e realidade* (1929), Whitehead, substituindo a noção de substância pela de evento, concebe o universo como um processo orgânico que tem como meta a autoconsciência, mediante a emergência permanente de novos valores. Deus, como natureza originária, consiste na unidade eterna das possibilidades ilimitadas do universo; como natureza consequente,

ele se identifica com a realização desses valores no processo, sendo assim transcendente e imanente ao mundo em evolução. Bergson, por sua vez, na obra *As duas fontes da moral e da religião* (1932), a partir da análise da mística judeo-cristã, distingue a religião estática, voltada para a manutenção do vínculo social, da dinâmica, na qual o amor de Deus se traduz no amor do próximo. O mundo moderno cresceu como corpo com o desenvolvimento da técnica, mas precisa de um "suplemento de alma", proporcionado pela religião. A preocupação com oferecer uma justificação da existência de Deus adequada à mentalidade científica contemporânea leva o paleontólogo jesuíta Teilhard de Chardin a postular uma forma de energia psíquica de tipo cumulativo, que anima toda a realidade num processo de complexificação e centração até o Ponto Ômega, identificado com um Deus pessoal e transcendente. A questão de Deus foi levantada também no âmbito da fenomenologia por Scheler, para quem o sagrado é percebido imediatamente através da vivência da criaturalidade, sendo irredutível ao ético, estético e lógico, já que é o fundamento de toda a hierarquia dos valores. No pensamento existencialista de Jaspers, a ideia da transcendência ocupa um lugar central. Trata-se do "englobante" divino, que não pode ser objetivado como na metafísica tradicional e tampouco reduzido à imanência da consciência humana. Importante para a nova concepção da relação com Deus é a obra *Eu e tu* (1923), de Buber, fundada no princípio dialógico. O tu não é objeto, mas uma presença que irrompe na vida de cada um, de modo que é na relação a ele que o eu se constitui como tal. Deus, como tu eterno, é o ponto de convergência de todas as relações possíveis. Pode-se falar com Deus, mas não falar dele. Mais original é a obra do também judeu Rosenzweig. Em confronto especialmente com os sistemas idealistas, ele propõe um "novo pensar" do todo, enquanto articulação dos três tipos fundamentais de ente (Deus, mundo, ser humano), mediante as três relações fundamentais (criação, revelação, redenção), em uma unidade que respeita absolutamente a diversidade dos particulares. Ela é constituída não do ponto de vista do absoluto, mas dos indivíduos finitos, que na sua temporalidade se experimentam como já estando no mundo (criação/ passado), abertos para o outro na liberdade (revelação/presente) e aptos a realizar as possibilidades de amar enquanto antecipação da redenção/futuro. Este pensamento, próximo ao de Heidegger sob certos aspectos, influenciou decisivamente Levinas.

5. A problemática do acesso ao transcendente assume nova feição para os nomes mais influentes da filosofia do século XX, Heidegger e Wittgenstein. Embora não desenvolvam nenhuma reflexão sistemática a esse respeito, marcaram decisivamente o pensamento posterior, um no âmbito continental, o outro no da filosofia de língua inglesa, enquanto

captam o impasse do pensamento tradicional e abrem novas perspectivas para a abordagem da questão de Deus. A reflexão de Wittgenstein→ a esse respeito pode ser dividida em dois períodos. Segundo ele, Deus→ pertence ao reino do "místico", *i.e.*, do que transcende o mundo da experiência sensível, que pode ser expresso numa linguagem proposicional significativa. Portanto, pode-se "mostrar" o "místico", mas dele não é possível falar. Definindo as condições do que é "dizível", sua intenção é proteger o inefável de uma linguagem objetivante, segundo ele, totalmente inadequada para exprimir o que importa verdadeiramente, o sentido da vida (*Tractatus logico-philosophicus*, 1921). Posteriormente, ao admitir que o significado das palavras consiste no seu uso, segundo os diferentes "jogos" de linguagem, reconhece que a linguagem religiosa também pode ser sensata, mas apenas na medida em que tem uma incidência prática na vida. A fé autêntica, que interessa o coração, não o intelecto especulativo, só é significante para quem participa da "forma de vida" religiosa. Sua compreensão da fé→ tende, assim, para o fideísmo, na medida em que a interpretação→ religiosa da existência for apenas uma entre outras possíveis, experimentada, mas não demonstrável. Heidegger rejeita tanto o teísmo como o ateísmo, frutos da abordagem errônea do problema de Deus, própria da metafísica→ tradicional. Enquanto ontoteológica, esta vê em Deus→ o ente supremo, exigido pela razão para a explicação do mundo, o que compromete a sua transcendência. Ele reconhece que, na época atual, a civilização da técnica, em virtude do retraimento do divino, não é possível pensar ou falar adequadamente dele. Mas é necessário preparar-se para acolhê-lo no pensar experiente se e quando ele voltar a manifestar-se. A complexidade do pensamento de Heidegger a respeito do sagrado→, divino, os deuses e Deus, dá azo a diferentes interpretações. Tudo indica, porém, que o "sagrado" constitui a dimensão oculta implicada no acontecer da verdade, enquanto desocultamento que abre o horizonte luminoso do ser, constitutivo da existência humana. Nesta perspectiva, o "divino" corresponde à experiência do sagrado→, e "Deus" ou os "deuses" à sua nomeação no culto mediante a atitude religiosa. Com esses termos ele indicaria algo não objetivável, mas também indisponível, que não se reduz a uma dimensão superior da própria existência humana.

III. Natureza da Filosofia da Religião em sentido estrito. A Filosofia da Religião→, como investigação filosófica sobre o fenômeno religioso, que se vinha constituindo desde o início da Modernidade, assume finalmente com Hegel os foros de uma verdadeira disciplina filosófica, ao lado, por exemplo, da ética e da filosofia política. Apesar da grande diversidade do fenômeno religioso nas suas manifestações históricas, é possível identificar um núcleo comum a todas essas expressões, uma dimensão específica da existência humana que se caracteriza como religiosa em função da atitude que implica relação ao conjunto da realidade. Ela pode ser concebida como relação recíproca entre o ser humano, com seu mundo, e um poder superior, denominado sagrado ou divino, do qual ele julga que dependem, de algum modo, a sua origem e o seu destino→. A atitude religiosa pressupõe que o sagrado/divino de algum modo se manifesta na experiência humana. A religião→ vem a ser, então, numa primeira aproximação, correspondente à autocompreensão do homem religioso, a resposta existencial e espontânea do ser humano à manifestação do sagrado/divino. Tal resposta se expressa, no plano subjetivo, fundamentalmente, como experiência e reconhecimento da própria dependência para com o sagrado/divino (adoração). No plano objetivo, a religião→ se apresenta como mito (profissão de fé) e como rito (práticas cultuais), que tendem a divulgar-se e a institucionalizar-se, de diversos modos, em um grupo humano, constituindo, assim, a variedade das religiões e tradições religiosas. Trata-se de uma definição substancial de religião→, que exprime a sua essência. Embora seja de origem ocidental, a categoria "religião→" cobre suficientemente fenômenos análogos observados nas diversas culturas. Esta noção não decide, porém, sobre a existência efetiva de uma esfera transcendente do sagrado→, conforme crê o homem religioso. O fenômeno religioso pode ser considerado também numa perspectiva funcional, ou seja, segundo a função que exerce no plano individual, por exemplo, como consolo ante as contingências da vida, e social, por exemplo, como fator de coesão da sociedade. Contudo, as definições funcionais de religião→, embora expressem aspectos válidos do fenômeno religioso, por si sós não atingem o seu elemento fundamental, a relação do ser humano com o poder sagrado/divino, sem o qual se tornam incoerentes. A Filosofia da Religião→, *stricto sensu*, aborda o fenômeno religioso sob dois aspectos fundamentais: a) aspecto eidético-interpretativo, enquanto determina o que é religião→, a sua essência (*eidos*), ou seja, o que caracteriza o fenômeno religioso como tal e o distingue de outras realidades humanas, como a arte, a magia→, a moral, a filosofia; b) aspecto crítico-valorativo, enquanto determina o valor da religião, em termos tanto ontológicos como ético-antropológicos. No primeiro caso, pergunta-se: a compreensão que a religião→ tem de si mesma é verdadeira ou inconsistente; o divino, como termo da relação religiosa, existe realmente ou é apenas uma projeção do espírito humano; a atitude religiosa pode justificar-se diante da razão ou é fruto de uma ilusão, que a razão crítica explica, ao reduzi-la às suas raízes não religiosas, *i.e.*, psicológicas, sociológicas etc. No segundo caso, trata-se de saber qual o valor humano da religião: ela respeita a dignidade humana; contribui para o aperfeiçoamento pessoal e social? É fator de libertação℗ e progresso ou de alienação e violência? Embora claramente distintas, essas duas questões não são perfeitamente separáveis. Sob os dois aspectos mencionados, a Filosofia da Religião℗ se distingue das ciências da religião (História, Antropologia Cultural, Sociologia, Psicologia), as quais pretendem, sob distintos aspectos, observar e classificar os fatos religiosos, bem como explicar, através de hipóteses a serem comprovadas experimentalmente, suas causas e consequências. Não lhes compete, porém, determinar nem o sentido essencial nem o valor dos fatos que analisam, tarefa justamente da Filosofia da Religião℗. Há várias modalidades desta disciplina, conforme o método℗ adotado na sua elaboração. O método℗ apriorístico não interpreta a religião℗ nas suas manifestações históricas, o que ela é, mas determina o que deve ser a partir das exigências de um sistema filosófico. É o caso de vários dos exemplos já dados, como as concepções de Rousseau, Lessing, Kant℗ e Hegel, ou, do ponto de vista crítico, de Comte℗, Marx℗, Nietzsche e Freud℗. O método℗ aposteriorístico, ao contrário, pela observação dos fenômenos, como são vividos e compreendidos pelo homem religioso, procura entender racionalmente o seu significado, i.e., a lógica interna do sistema religioso, em contraposição a outros sistemas culturais, reconhecendo que se trata de algo original, acessível apenas a partir de uma experiência específica. Sob a forma de análise da linguagem, este método℗ estuda os procedimentos lógicos através dos quais o significado da linguagem religiosa é estabelecido e/ou clarificado. Foi utilizado pelos neopositivistas lógicos, para demonstrar, à luz do princípio de verificabilidade, que tais proposições são estruturalmente incapazes de referir-se a algo real e expressar algo significativo. Outros filósofos analíticos, reconhecendo que a linguagem religiosa não pode ter um significado informativo, i.e., referir-se a fatos reais, concedem-lhe, contudo, um significado expressivo, enquanto exprime a atitude do crente diante da vida, ou moral, enquanto proposta de um padrão de comportamento. A ideia da linguagem religiosa como correspondente a uma forma de vida peculiar, proposta por Wittgenstein℗, foi adotada a seu modo por Ramsey, Hick, Macquarrie e outros. Aposteriorístico é também o método℗ fenomenológico, que através da reflexão sobre os fenômenos constatados historicamente em todas as culturas procura identificar o que os caracteriza como religiosos. A Fenomenologia da Religião℗ torna-se conhecida com a obra *O sagrado* (1917), de Otto℗, e chega a seu apogeu com as investigações de Eliade℗. Inspirada vagamente no método℗ fenomenológico de Husserl, ela não constitui propriamente uma disciplina científica, ao lado da Sociologia ou da História das Religiões℗. Não pretende explicar determinados fatos de caráter religioso, mas compreender as características constitutivas do fenômeno religioso e de suas diferentes especificações. Não lhe compete, porém, determinar a essência e o valor de tal fenômeno. Ao estabelecer as suas características, ela assume um papel intermediário entre a Ciência da Religião℗ e a Filosofia da Religião℗. É esta que intui, a partir da análise fenomenológica, a estrutura essencial e unitária do fenômeno religioso, entendido como a interpretação℗ do todo da realidade humano-mundana em sua relação fundamental com o sagrado℗.

IV. A Filosofia da Religião na atualidade. A situação atual da Filosofia da Religião℗, computada aqui como o período desde a década de 1970, depende basicamente de dois fatores interligados. Por um lado, a transformação cultural, que se tem denominado pós-Modernidade, na verdade um estágio avançado da própria Modernidade. Ela caracteriza-se filosoficamente pelo colapso dos sistemas ideológicos que, ainda que contrapostos entre si, sustentavam na razão humana absolutizada a mentalidade moderna e seus ideais. Provocado pelas críticas, sobretudo de Kant℗ e Nietzsche, à metafísica℗, ou antes nelas previsto, o novo *éthos* social do mundo globalizado acarreta a relativização de todos os valores e a completa imanentização do sentido da existência, restando como único absoluto o próprio indivíduo. Esse encurtamento dos horizontes existenciais, aliado à secura afetiva da vida em um mundo dominado pela técnica, despertou a busca de uma realização superior às satisfações imediatas, que só a religião℗, com sua abertura ao transcendente, parece oferecer. Daí, em contraste com interpretações correntes do processo de secularização℗ da humanidade, o impressionante ressurgimento religioso na sociedade contemporânea, cuja autenticidade requer, porém, um exame atento. Este duplo fator determina as características da Filosofia da Religião℗ hodierna. Embora a problemática religiosa não seja hoje dominante no mundo filosófico, como foi, inclusive na Modernidade, até o fim do século XIX, observa-se no debate contemporâneo um interesse surpreendente por essa questão, em consonância com sua atualidade na vida pública e privada. Chama a atenção o número considerável de pensadores significativos que propõem novos caminhos de acesso à transcendência no próprio seio de uma sociedade pós-metafísica℗ e secular. Todavia, faz-se mister distinguir de partida entre as características da problemática religiosa no campo da filosofia que vigora nos países de língua inglesa e nos países sobretudo da Europa continental. Não obstante a aproximação que ocorre ultimamente entre esses dois estilos de pensar, permanece, pelo menos no terreno da Filosofia da Religião℗, uma clara diferença tanto na temática prevalente como na maneira de abordá-la. Ambos tendem a superar a metafísica℗ tradicional, um à luz da crítica de Hume℗ e Kant℗, outro à luz da crítica de Nietzsche e Heidegger.

1. No mundo anglofônico, grande parte dos pensadores mais influentes ou não se ocupa absolutamente com a questão de Deus, ou rejeita a sua ideia, pelo menos como concebida pela tradição metafísica℘. É o caso de van Orman Quine, Davidson, Jeffrey, Rawls, Armstrong e Strawson, falecidos depois de 2000, e, entre os ainda vivos, Chomsky, Searle, Parfit, McDowell, Singer, Brandom, e Chalmers. De fato, o pensamento marcado pela tradição analítica sofreu uma importante evolução nas últimas décadas, passando da pura análise lógica da linguagem à luz da problemática verificacionista a considerações de cunho metafísico sobre a própria constituição do real, em particular, em volta da questão mente/cérebro. Nesse sentido, domina nesse setor o pensamento naturalista, que exclui *a priori* a questão de Deus. Na sua versão radical ele equivale ao materialismo evolucionista, enquanto afirma que nada há além do mundo natural, ou seja, exclui qualquer realidade de ordem espiritual, reduzindo os fenômenos de ordem biológica ou mental, como a consciência℘, e cultural, como a ciência, a arte e a religião℘, ao resultado de meros arranjos de partículas elementares. Referência a problemas religiosos, mas sempre numa visão negativa, é feita por alguns filósofos bem conhecidos, tais como Lewis, Rorty, Williams e Nussbaum. Ambígua é a posição de Dworkin, Nozik, Nagel e Scruton. Eles chegam a perceber uma realidade transcendente, mas não conseguem admiti-la claramente como Deus. A afirmação do Deus℘ de suas religiões é límpida em pensadores de destaque, tais como os católicos Taylor e McIntyre, e o judeu Putnam, ainda que seus campos principais de estudo não incluam diretamente tal questão. Não obstante este quadro geral aparentemente desfavorável à problemática religiosa, verifica-se na área específica de Filosofia da Religião℘ uma verdadeira "explosão" do interesse pelo assunto, como se exprimem os autores de *Reason and Religious Belief. An Introduction to the Philosophy of Religion* (2003), que acrescentam: "[…] tanto a vitalidade como o nível de sofisticação nesta área efervescente de pesquisa indicam a seriedade e a importância das questões". É o que demonstram as inúmeras publicações recentes, tanto individuais como coletivas, introdutórias ou especializadas. Dentre os que se posicionam contrários à existência de Deus, sobressaem Martin, Rowe e Nielsen, sem falar no ateísmo agressivo, filosoficamente nulo, de Sam Harris e Dawkins, ou, em nível superior, do conhecido filósofo Dennett. Mais inventivas mostram-se as novas tentativas de reafirmar a existência de Deus. Sob a inspiração℘ de Wittgenstein℘, Phillips desenvolve sua reflexão sobre a atitude religiosa, afirmando que a tarefa da filosofia é compreender e descrever a religião℘ e suas linguagens, não justificá-la argumentativamente, o que não exclui que o crente tenha razões de crer ou que a linguagem religiosa, embora seja específica, possa ser entendida e discutida pelo não crente. Destaca-se na defesa do teísmo cristão a "Epistemologia℘ reformada", cujo principal representante é Plantinga. Ele julga que as proposições da fé℘ podem possuir a mesma evidência que outras proposições básicas, que são aceitas como racionais e verdadeiras, não simplesmente em virtude de uma evidência interna, mas por causa da garantia resultante de certas condições externalistas de confiabilidade, em particular, que as faculdades cognitivas foram estruturadas para produzir conhecimentos verdadeiros. Essa fiabilidade está garantida se Deus℘ existe. Mas, em um mundo proveniente do acaso (naturalismo evolucionista), o surgimento de uma mente adequada ao conhecimento da verdade seria no máximo uma possibilidade. Portanto, a existência de Deus℘ tem uma racionalidade superior à sua negação baseada em teorias científicas, já que sem ela a verdade da ciência torna-se extremamente problemática. Na linha analítica, o teísmo é propugnado ainda, de modo independente, por Swinburne, para o qual uma série de argumentos apenas prováveis constitui cumulativamente uma prova válida da existência de Deus, a melhor explicação do conjunto da realidade. Outro nome influente é van Inwagen, com sua abordagem metafísica℘ da questão da natureza de Deus℘ e do problema do mal. Em síntese, o pensamento analítico atual no âmbito da Filosofia da Religião℘ centra-se na busca de soluções novas para a problemática teológica tradicional acerca do Deus℘ do teísmo, sua existência e seus atributos, assumindo a feição mais de Teologia℘ Filosófica do que de Filosofia da Religião℘ *stricto sensu*. Prevalece o rigor lógico da argumentação. A questão de Deus℘ é abordada, normalmente, do ponto de vista meramente epistêmico, como uma questão particular, sem maior atenção para sua dimensão antropológica e sua inserção em uma visão de conjunto sobre o sentido da realidade.

2. Bem distinta é a situação atual do pensamento filosófico sobre Deus no âmbito continental. Ele parte da superação dos sistemas filosóficos da Modernidade, as "metanarrativas", que substituem o Deus℘ cristão pela absolutização de realidades imanentes: espírito, razão, sujeito, vontade, matéria etc. Apoiando-se preferentemente na constatação nietzscheana da "morte de Deus", inspira-se com frequência na interpretação℘ desta afirmação feita por Heidegger. Como ele, tais pensadores não se consideram nem teístas nem ateus, entendendo estas posições como afirmação ou negação de uma ideia inconsistente de Deus℘ como ente supremo. Afastam-se, assim, da tradição metafísica℘ caracterizada como ontoteológica e rejeitada, enquanto tida ou como desrespeitosa da transcendência divina ou como mera projeção das aspirações humanas de infinito. Numa perspectiva pós-moderna, alguns desses pensadores persistem na investigação do sentido do mistério que envolve a existência humana,

FILOSOFIA DA RELIGIÃO

ao passo que outros simplesmente se contentam com refletir sobre a realidade na sua pura imanência, tendendo ao niilismo, enquanto relativização de todos os valores. O problema em foco não se refere propriamente à existência ou não de Deus, mas à maneira de pensar e falar de algo que só pode ser apontado para além de qualquer linguagem objetivante. A questão religiosa torna-se, assim, amplamente presente, seja como investigação sobre as raízes cristãs da civilização ocidental, seja com atenção a uma realidade última, como alternativa ao Deus do teísmo tradicional, reconhecida, expressamente ou não, como transcendente e divina. Neste caso, a Filosofia da Religião tende a assumir a feição de uma "teologia negativa", que se refere a algo suprarracional e indizível, mas de algum modo presente, de forma negativa ou privativa, em nossa experiência. O acesso a tal realidade dá-se não por processos de demonstração lógica, mas prioritariamente por uma análise fenomenológico-hermenêutica com valorização de experiências que transcendem o nível empírico. É importante notar ainda que a problemática religiosa é abordada muitas vezes não em si mesma, mas em função da interpretação da cultura ocidental. Trata-se com frequência de uma reflexão diretamente ligada à crítica sociopolítico-cultural da civilização contemporânea e a buscas de superação de seus limites, não implicando sempre a preocupação com a questão de Deus. É o caso do marxista Badiou, crítico do pensamento pós-moderno, que sublinha a importância histórico-cultural da visão universalista do apóstolo Paulo. Propõe como tarefa da filosofia a destituição final do Deus da religião, da filosofia e da poesia, o que significa renunciar ao pensar existencial da finitude, que não é senão o vestígio da sobrevivência do infinito divino. A corrente do "humanismo secular", representada por Ferry e Comte-Sponville, não obstante seu ateísmo, preocupa-se, antes de tudo, em salvaguardar os valores ameaçados do humanismo ocidental, cuja origem cristã reconhece abertamente. Já o pós-modernista Baudrillard, que também rejeita a ideia de Deus, interpreta a cultura tecnológica e neocapitalista da Modernidade avançada como uma inversão da dinâmica que movia teologicamente a existência humana. O sagrado assume a figura perversa de uma hiper-realidade artificial, sob a forma de simulacro, que mascara a ausência de Deus e exorciza o ressentimento provocado pela sua inexistência. G. Agamben, por sua vez, utiliza-se das categorias de "sagrado/profano" para expor seu pensamento político. É próprio da religião criar a esfera do sagrado como radicalmente separada do mundo meramente humano. A religião do capitalismo generaliza e absolutiza o princípio definidor da religião em todos os âmbitos da realidade humana, transformando todas as coisas em mercadoria, introduzidas na esfera do consumo, como o novo sagrado. A solução é a profanação desse sagrado, estabelecendo uma forma de relacionamento social que elimine a separação instaurada pelo capitalismo e restitua para posse e uso do homem aquilo que o sistema remete ao plano do seu sagrado. Também ateu, o marxista Žižek valoriza o potencial emancipatório da religião cristã. Rejeitando a aceitação realista das coisas como são, a atitude evangélica consiste em acreditar no impossível. O amor cristão, enquanto loucura do ponto de vista político, apresenta-se como fundamento de uma ordem social igualitária. Sloterdijk, porém, severo crítico do cinismo da civilização europeia, não poupa o caráter exclusivista do monoteísmo cristão. Outros autores recentes têm dado especial atenção ao fato cristão, como imprescindível para a interpretação do mundo atual e da própria condição humana. Mas, ao contrário dos mencionados, encontram nele uma pista para a identificação de algo transcendente, que evitam, contudo, reconhecer como o Deus da tradição. Essa ambiguidade manifesta-se já no desejo do "Neutro", de Barthes, e no "Outro", de Lacan. Mais recente, Lyotard, por um lado, critica o universalismo de Paulo como origem dos ideais do Iluminismo e das metanarrativas da Modernidade. Por outro lado, em obra póstuma sobre Santo Agostinho, mantendo a rejeição da metafísica como acesso especulativo a Deus, reconhece uma "experiência metafísica" pré-reflexiva do absoluto, que funda o pensamento, sem, no entanto, poder jamais ser plenamente conscientizada. Semelhante é a posição de Gadamer. Omisso sobre a questão de Deus na maioria de seus escritos, ele confessa que sua hermenêutica pressupõe a noção de transcendência. Esta é concebida não de modo meramente teórico, mas como um sentimento de caráter religioso, que se funda na experiência dos limites de nosso conhecimento e aponta para algo misterioso, inacessível. Ainda mais sutil revela-se o pensamento de Nancy, de origem católica, nos dois volumes de sua obra recente sobre "a desconstrução do Cristianismo" (*La Déclosion*, 2005; *L'Adoration*, 2010). Ele não pretende determinar o sentido da existência, horizonte inacessível, mas mostrar a existência do sentido. A significação limita sempre, ao passo que o pensar ultrapassa os limites da representação, abrindo sempre novas possibilidades de sentido. O Cristianismo, como fenômeno histórico, equivale ao monoteísmo, que determinou o destino da civilização ocidental, hoje planetária. Foi suplantado pelo racionalismo, que levou ao ateísmo. Hoje, em vez dos dogmas e da moral, impõe-se por toda parte uma única cultura, fundada no sistema de mercado, responsável pelas catástrofes atuais. Não se trata de demolir a mensagem cristã, mas de analisar a sua constituição e reinterpretá-la. De fato, nas fontes do Cristianismo, no mistério de Jesus, encontra-se um limite que não é fechamento, mas passagem (páscoa), não a um Deus inacessível como o do monoteísmo, e sim comunicação entre este mundo e o outro: enlace de ausência e presença. A humanidade é inseparável do que a supera, conforme já via Pascal. É renunciando a seus privilégios que Jesus se torna igual a Deus. Também para nós, é o movimento pelo qual nos apagamos uns diante dos outros para nos escutar e tentar nos compreender e nos responder que constitui esta passagem. Nancy advoga a abertura da razão à ilimitação, que constitui a sua verdade, a um outro, reconhecido pela razão, não como exigência de sentido, mas como fé, a fé da razão. O caráter fortuito da existência se abre em uma adoração, não de si mesma nem de Deus, nem de coisa alguma. Um mundo aberto é um mundo sem religião, sem Deus, se se entende por tal palavra a oferta de sentido, de segurança e realização. De fato, o Cristianismo não é apenas religião, mas também fé. Daí a ambivalência irredutível da palavra "Deus". Ela pode indicar também algo da abertura que mantém a vida. Uma ambivalência de outro gênero manifesta-se no pensamento de Vattimo. Ele vislumbra, na superação do pensamento moderno, com seu pressuposto imanentista pelo "pensamento débil" da pós-Modernidade, a oportunidade do surgimento de uma nova religiosidade. Contrário a qualquer absoluto, tal pensamento é afim ao Deus cristão, que se esvazia de seu poder (kenosis), para assumir a fragilidade da condição humana. O "Cristianismo depois da cristandade", que ele propõe, renunciando a verdades dogmáticas e a instituições autoritárias, consistirá na prática do amor. Não é claro, porém, se o seu Deus mantém alguma transcendência ou coincide com a plena realização humana. Posição nada ambígua assume Habermas, que se declara agnóstico. Nos seus escritos mais recentes, ele valoriza o fenômeno religioso e a sua presença no debate público. Quando o pensamento contemporâneo já não é mais capaz de pensar o sentido da existência, determinando em que consiste o seu bem, a religião oferece intuições ainda válidas, que se trata de explorar racionalmente em vista de soluções para os problemas básicos da sociedade pluralista e secular. A afirmação expressa do Deus de monoteísmo abraâmico, interpretado, porém, numa perspectiva pós-metafísica, na esteira do pensar de Husserl e Heidegger, é proposta pela corrente, que foi caracterizada como a "virada teológica da fenomenologia francesa". Seu pensamento tem o caráter de uma teologia negativa, enquanto evita falar diretamente de Deus e muito menos de representá-lo. A figura dominante é Levinas, que lança mão da herança hebraica, tanto talmúdica como filosófica. Ele se aparta, assim, de seus mestres, Husserl e Heidegger, pela valorização da alteridade pessoal sobre a identidade do ser e, por conseguinte, pela substituição da ontologia pela ética como filosofia primeira. Dedica, de certa maneira, toda a sua reflexão à questão de Deus, sem, todavia, focalizá-lo, levado pela preocupação de preservar a sua transcendência. Este Deus não é atingido diretamente pelo pensar, mas apela o homem a partir do rosto do outro, enquanto nele se encontra um vestígio do infinito divino. Tentar captar o transcendente no horizonte total do ser, correlativo da razão humana, equivale a destituí-lo de sua infinitude. A criação não é participação do ser, mas a "separação", resultante da contração do infinito, que se retira da ordem ontológica e instaura a ordem do bem. A ideia do Infinito está em nós, embora não o possamos conter, nem estejamos nele contidos, já que somos separados. O Infinito no finito, como o mais no menos, é o princípio do "desejo", não um desejo que seja aplacado pela posse do desejável, mas que cresce diante dele. Ele remete o sujeito que o deseja ao não desejável do outro humano. Enquanto santo (separado), afasta de si o movimento que provoca, orientando-o para o outro e apenas assim para o Bem. Deus se apresenta, então, como terceira pessoa (Ele), no fundo do "tu". O rosto do outro homem é um vestígio do Outro transcendente, que subverte o egoísmo do eu. A consciência de si é, antes de tudo, consciência da justiça, da injustiça e da responsabilidade que torna cada um solidário com os outros. Nesse sentido, a relação ética é entendida como relação religiosa e vice-versa. Também de origem judaica, J. Derrida promove um aprofundamento crítico das obras de Husserl, Heidegger e Levinas mediante a problematização do que ele chama de "metafísica da presença", que implica a existência em si mesmo do significado. Daí a "desconstrução" como pensamento dos limites da pretensão de totalização própria do discurso nos moldes conceituais. Deus jamais poderá ser conhecido e representado adequadamente pelo ser humano. A religião não fornece consolo e fundamentos seguros. Pelo contrário, é profundamente perturbadora enquanto coloca o ser humano diante de um mistério que ele não é capaz de controlar. Outros representantes insignes da mesma corrente são Michel Henry, com sua "fenomenologia da vida", e Marion, que, para explicar a manifestação divina, propõe a ideia do "fenômeno saturado", no qual a intuição proporciona mais do que aquilo que intencionalmente se poderia visar e prever. Além de P. Ricœur, com sua análise do símbolo religioso, externaram ainda reflexões de peso sobre a questão de Deus os cristãos Breton, Ladrière e Schaeffler, bem como o agnóstico Cacciari. No Brasil, a problemática religiosa ainda não tem sido abordada criativamente do ponto de vista filosófico. Destaca-se, porém, a obra original e profunda de Puntel, nascido aqui, mas radicado na Alemanha, que, à luz de seu pensar sistemático-estrutural, chega a Deus como a dimensão necessária do ser.

Bibliografia: ALESSI, A. *Sui sentieri del sacro*: introduzione alla filosofia della religione. Roma: LAS, 2005; GRASSI, P. Filosofia della Religione. In: FONDAZIONE CENTRO STUDI FILOSOFICI DI GALLARATE. *Enciclopedia filosofica*. Milano: Bompiani, 2006. vol. 10, 9605-9624; HICK, J. *An Interpretation of Religion:* Human Responses to the Transcendent. London: Macmillan Press, 1989; PETERSON, M. et al. *Reason and Religious Belief*. An Introduction to the Philosophy of Religion. New York/Oxford: Oxford University Press, 2003; PROUDFOOT, W. Philosophy of Religion (1987). In: JONES, L.(Ed.). *Encyclopedia of Religion*. Farmington Hills: Gale, 2005. vol. 10, 7122-7128; ROSENAU, H. Christliche Religionsphilosophie [Religionsphilosophie I]. In: MÜLLER, G. (Hrsg.). *Theologische Realenzyklopedie*. Berlin/New York: Walter de Gruyter, 1997. Bd. 28, 749-761; SMITH, J. E. Philosophy: Philosophy and Religion (1987). In: JONES, L. (Ed.). *Encyclopedia of Religion*. Farmington Hills: Gale, 2005. vol. 10, 7113-7122.

João Augusto A. A. Mac Dowell

FILOSOFIA JUDAICA

Há uma controvérsia entre os estudiosos acerca da existência de uma filosofia judaica propriamente dita, bem como uma discussão sobre a escolha de termos entre filosofia judaica e filosofia do Judaísmo. Por ser uma religião muito antiga, que precede o desenvolvimento da filosofia grega, o Judaísmo, ao contrário dos demais monoteísmos que o seguiram, Cristianismo e Islã, não necessitou imediatamente de uma justificativa filosófica para se impor. Deve-se acrescentar o fato de que as Escrituras judaicas contam com uma explicação própria sobre o surgimento do mundo além de um conjunto de regras reveladas por Deus aos homens, as quais transformaram em um código de conduta bastante preciso. Assim, o relato do Gênesis, a princípio, dispensaria uma investigação racional que conduzisse a uma explicação metafísica para o universo, sua origem e seus propósitos, e os mandamentos e prescrições contidos no Pentateuco conduzem a um guia de conduta que dispensa a formulação ética em bases filosóficas. Assim, a Filosofia nos meios judaicos surge muito mais como um reflexo da convivência com outros povos do que propriamente de uma exigência intrínseca à religião.

Essa discussão conduz a outra associada a ela, que é a questão dos termos. Enquanto alguns estudiosos se referem à produção teórica em moldes racionais elaborada por autores de confissão religiosa judaica como filosofia judaica, outros tendem a entender essas produções mais como uma filosofia do Judaísmo (Guttmann, 2003, p. 28). Entendem que tanto a temática quanto a problemática estariam, na maioria das obras desses autores, vinculadas às questões religiosas ou a passagens obscuramente explicitadas nas Escrituras que geram dificuldades de interpretação. Na verdade, uma questão não invalida a outra, já que o diálogo com outras comunidades conduz ao questionamento das explicações puramente reveladas, levando assim ao ímpeto da investigação racional de temas possivelmente originados no seio da literatura religiosa. Além disso, um bom indício de que a filosofia não é uma necessidade intrínseca ao Judaísmo é o fato de que poucas obras filosóficas foram redigidas originariamente em hebraico. Apesar de ser o hebraico o idioma sagrado do povo judeu, em virtude da diáspora, a produção literária filosófica foi redigida, em sua ampla maioria, em diferentes idiomas, de acordo com os períodos históricos e/ou locais nos quais os autores estavam estabelecidos.

I. Primórdios da Filosofia nos meios judaicos. Ainda que já possa ser notada a presença de caracteres filosóficos e de elementos helenísticos nos textos mais tardios que compõem a literatura do *Tanach* (ou Antigo Testamento), em especial nos livros sapienciais como *Qohelet* e Sabedoria (Calabi, 2010, p. 95), e de notícias de predecessores, o primeiro judeu que pode ser considerado propriamente um filósofo é Fílon de Alexandria. Classificado na história da Filosofia como um médio-platônico, Fílon viveu no século I da Era Cristã, escreveu suas obras em grego e citou as Escrituras a partir da *Septuaginta*. Alguns estudiosos afirmam que, apesar de ter sido criado como judeu praticante, seu conhecimento do idioma hebraico parece ter sido bastante limitado. Judeu egípcio helenizado, Fílon (ou Philo) empreende uma espécie de exegese filosófica, buscando encontrar equivalentes entre a palavra revelada e a especulação racional, na defesa da existência de uma única verdade alcançada a partir de modos diferentes e expressa em linguagens distintas. Seu modelo metafísico de inspiração platônica comporta um Deus único absolutamente transcendente, acompanhado de potências através das quais atua, e, entre Deus e o mundo criado, encontramos um intermediário criador que Lhe poupava o contato direto com a matéria sensível e impura, denominado *Logos*. Para ele, as Escrituras não devem ser entendidas de modo literal ou histórico, mas deve-se partir da perspectiva de que o que lá se encontra foi escrito numa linguagem alegórica e por trás daquelas palavras há um significado oculto: as escrituras em si compõem-se de corpo e de alma. Sua visão pode ser considerada como mística ou iniciática em inúmeras passagens, e este alegorismo poderia ser proveniente tanto da tradição mística judaica quanto de influências helênicas, aproximando-se da iniciação mistérica. A perspectiva que Fílon apresenta da criação é peculiar, porquanto deriva diretamente da separação entre sensível e inteligível, herdada da filosofia platônica, e comporta um cosmos inteligível precedendo ontologicamente o mundo sensível. Como exemplo, podemos citar sua interpretação de Gênesis 2–7, conhecida

FILOSOFIA JUDAICA

como teoria da dupla criação. Sob sua perspectiva, tratar-se-ia de dois momentos distintos e da criação de "dois gêneros de homens: o homem celeste e o homem terrestre", que participariam de níveis de realidades diferentes. "O homem celeste, porquanto é nascido à imagem e semelhança de Deus, não possui participação na substância corruptível e, em geral, terrestre" (Philon, 1909, p. 23). Assim, haveria o homem propriamente criado, que seria o primeiro Adão perfeito, desprovido de corpo e protótipo e arquétipo da humanidade (o que se relaciona à ideia do andrógino perfeito descrito por Platão), e o homem plasmado, que seria o homem propriamente dito, modelado do barro, corpóreo, imperfeito e dividido entre os sexos. Fílon também ficou conhecido pela radicalização absoluta da transcendência de Deus na tradição platônica e por seu modelo de criação através do *Logos* e potências divinas. Também relacionada a essa duplicidade cosmos inteligível/cosmos sensível surge a formulação da expressão imanente do *Logos* originariamente transcendente, o que veio a propiciar a interpretação tendenciosa que sua obra sofreu por parte de autores cristãos posteriores, por quem foi amplamente aproveitado, ainda que pouca influência tenha alcançado entre seus correligionários (Runia, 1993).

II. O ressurgimento da filosofia na Idade Média: platonismo, teologia e aristotelismo.

Após a queda do Segundo Templo e a diáspora, a filosofia sai da cena de preocupações dos judeus durante longos séculos. A partir da oficialização do Cristianismo como religião imperial, não só os judeus sofreram perseguições como também os filósofos pagãos foram obrigados a fugir, migrando para a Pérsia Sassânida. Com a crescente organização da Igreja Católica e o estabelecimento dos dogmas, em especial após o Concílio de Niceia, os adeptos de linhas interpretativas minoritárias, consideradas a partir de então heréticas (nestorianos, monofisitas e arianistas), migraram também para áreas desérticas, distantes dos grandes centros. Com o advento do Islã e sua expansão de rapidez extraordinária (séculos VIII e XI) a *Umma* (comunidade islâmica), almejou tornar-se uma civilização culta e esplendorosa, capaz de rivalizar com o Império Bizantino e superar seus antecessores recém-conquistados, como o Império Persa. Iniciou-se então o processo de aquisição de obras filosóficas e científicas e, paralelamente, começaram as traduções ao árabe e o estímulo à produção cultural como um todo por parte dos governantes. Paralelamente a isso houve um estímulo ao estudo do idioma árabe, iniciando-se um processo de alfabetização da população; e este esforço contemplava não somente o conjunto dos fiéis muçulmanos, como também era extensivo às demais comunidades religiosas. Associando-se a isso a existência da instituição jurídica da *dhimma*, que conferia aos cristãos e judeus sob o domínio islâmico um estatuto de proteção, o clima geral propiciou um desenvolvimento cultural que favoreceu o ressurgimento da filosofia nos meios judaicos.

Notam-se facilmente as diferenças entre o tratamento conferido às comunidades judaicas durante a Idade Média por parte dos territórios dominados pelos muçulmanos e pelos cristãos a partir dos elementos citados. E essas diferenças ocasionaram consequências nas produções intelectuais dos judeus, de acordo com o local em que se estabeleceram. Enquanto, após séculos de desaparecimento, a partir do século IX, a filosofia tornaria a surgir entre os judeus no meio islâmico, nas comunidades estabelecidas na Europa cristã encontraremos apenas escritos teológicos, jurídicos, éticos e místicos, na sua maior parte redigidos em hebraico. Seguindo os passos da filosofia islâmica e tendo como base os mesmos textos, traduções e comentários, a filosofia escrita pelos judeus na Idade Média seguirá também mais ou menos as mesmas direções e distribuição por escolas de pensamento da filosofia entre os muçulmanos, já que ressurge em diálogo e como consequência do movimento da *Falsafa*.

As primeiras expressões que podemos considerar como de um pensamento filosófico judaico medieval seguirão em duas diferentes linhas, ambas acompanhando seus precursores islâmicos. De um lado, encontraremos uma contraparte judaica do *Kalam*, especialmente *mu'tazili*, consistindo numa teologia racional que se propunha a demonstrar a existência, atributos e ações de Deus por meio da razão. O maior expoente desta corrente de pensamento é Saadia Gaon (882/892-942). Para Saadia, a aquisição da verdade por meios racionais é um preceito religioso. Sua obra principal, *Kitab al-amanat wa-l i'tiqadat* (traduzida ao hebraico como *Sefer emunot ve deot*), o *Livro das crenças e opiniões*, expõe seu sistema e critica seus oponentes, especialmente os dualistas, os cristãos e os muçulmanos, assim como quaisquer ideias contrárias aos ensinamentos do Judaísmo. Conforme sua doutrina, a religião judaica é a única verdadeiramente revelada por Deus, e, portanto, difere de todas as outras, que seriam construções puramente humanas, reivindicando falsamente uma origem divina.

Paralelamente, inicia-se outra escola de pensamento: o Neoplatonismo Judaico Medieval. Seu primeiro expoente foi Isaac Israeli. Mais um pensador egípcio, nasceu em torno de 850, e acredita-se que tenha vivido uma centena de anos, vindo a falecer cerca de 950, em Kairouan. Médico de formação e prática, trabalhou na corte de *Ziyadat Allah III* em 904. Na época do califado fatímida, sediado no Egito, sua fama se espalhou e foi requisitado para o serviço pessoal do califa *'Ubaid Allah alMahdi*. Nesse período, escreveu importantes obras médicas que foram amplamente estudadas tanto por muçulmanos e judeus quanto, mais tardiamente, mas com

FILOSOFIA JUDAICA

mais avidez, pelos cristãos. Traduzidas ao latim em 1087 pelo monge Constantino de Cartago, foram apresentadas como obras próprias, vindo a ser a autoria restituída indiscutivelmente a Israeli somente em 1515. Também estudou Astronomia, Filosofia, Matemática e História Natural. Infelizmente, de sua produção filosófica só chegaram às mãos atuais o *Livro das definições* e o *Livro dos elementos*, ambos disponíveis em traduções latinas, além das obras médicas preservadas.

Pode-se dizer que, de modo geral, as inclinações apresentadas por estes dois autores pioneiros no Medievo judaico indicaram os caminhos principais que direcionaram, ao menos, a temática geral dos demais pensadores judeus e cuja composição, em maior ou menor grau de mistura ou prevalência de uma ou outra opção, definirá a tônica das obras dos pensadores que a eles se seguiram. A polêmica girará, portanto, em torno das questões levantadas, de um lado, pelos pensadores do *Kalam* judaico – defensores da teologia racional, da superioridade da fé judaica e das questões que derivam da temática religiosa – e, de outro lado, dos adeptos do neoplatonismo – modelo afirmado por Fílon de Alexandria e Isaac Israeli, uma corrente mais propriamente de matriz grega, caracterizada por um pensamento metafísico especulativo forte – que veio a se tornar dominante entre os séculos XI e XII, mas que começa a cair em descrédito após o século XIII, com a ascensão do aristotelismo.

Deslocando-se do Oriente para o Ocidente, a filosofia judaica desponta na Espanha islâmica no século XI com Schlomo Ibn Gabirol (1021/1022-1057/1058). Poeta de profissão, seus hinos são cantados até hoje na liturgia judaica Sefaradi, sendo considerado um dos mais brilhantes poetas judeus de toda a história. De sua obra filosófica, que parece ter sido bem mais ampla, chegaram aos dias atuais duas obras éticas, ambas escritas em árabe: *A seleção de pérolas*, que consiste numa coleção de 652 ditos sapienciais das mais diferentes origens religiosas, nacionais e culturais, da qual temos a tradução hebraica *Mibhar ha-Peninim*; e *Muhtar al-jawahir*, traduzida ao hebraico como *Sefer Tikkun Midot Ha-Nefesh* (tendo os títulos das traduções aos idiomas modernos derivado, tanto do árabe quanto do hebraico, como *Livro das qualidades da alma* ou *Livro da correção dos caracteres*), que parece ter tido à época diversas edições. Esta é uma obra psicofisiológica, partindo da teoria hipocrático-galênica dos humores (sangue, bílis amarela, bílis negra e fleuma) e seus temperamentos associados, relacionados à composição de toda a matéria pelos quatro elementos fundamentais (fogo, terra, ar e água) e das quatro características fundamentais (quente, frio, seco e úmido). Com base nesta teoria, Gabirol associa as características de personalidade e o comportamento não a vícios ou virtudes, mas a fatores naturais. Ao contrário do que fez Saadia, Gabirol parte da medicina e da ciência de sua época e usa as passagens bíblicas somente como ilustração de seu pensamento. Além dessas, temos a tradução latina de sua obra metafísica fundamental: *Yanbu al Hayyat* [Fonte da vida], da qual também nos chegou um resumo hebraico. *Fonte da vida* é uma obra que parte da ideia de que tudo o que há no mundo é composto de matéria e forma, em diferentes níveis de sutileza ou densidade, e não há diferença essencial entre a matéria corpórea e a espiritual, sendo esta una por toda a criação. O mundo, por sua vez, vem a ser, a partir de um intermediário criador, denominado Vontade, que conduz ao ato a matéria e a forma primeira que serão as componentes do primeiro ser denominado substância: a Inteligência. A partir dela fluem os demais níveis de existência, como as demais substâncias espirituais simples, Alma e Natureza, e as substâncias corpóreas particulares sensíveis. Assim, as linhas mestras de sua metafísica são o chamado "hilemorfismo universal" e o "voluntarismo divino". Tendo exercido pouco impacto nos meios judaicos, foi avidamente estudado pela Escolástica Cristã, angariando tanto admiradores célebres entre os franciscanos – como Guilherme de Auvergne – quanto críticos não menos famosos, na escola dominicana, como Tomás de Aquino.

Seguindo-se a ele, e compartilhando, *grosso modo*, a classificação de Neoplatonismo Judaico, pode-se destacar Ibn Paquda e Halevi, embora estes já tragam a temática religiosa como central. Bachya Ibn Paquda (segunda metade do século XI) foi *dayyan* [juiz] na comunidade judaica de Zaragoza, e sua obra fundamental, *kitab al hidayat al qulub* [Os deveres dos corações], é a única da qual tivemos notícia. Apresenta uma preocupação eminentemente ética, contendo, entretanto, também considerações psicológicas gerais, metafísicas, bem como passagens descritivas da Criação e das funções exercidas pelas diferentes partes do corpo e faculdades da alma. Para Ibn Paquda, cada homem deve seguir os preceitos religiosos e a conduta moral de acordo com suas possibilidades, no cumprimento dos deveres do corpo e do coração. Numa religião fortemente legalista e formalista, como era o Judaísmo da época, este autor vem acrescentar uma preocupação com a interiorização da religião, provavelmente por influência das correntes cristãs e muçulmanas (Sufis) com as quais convivia. Seguindo a linha de compatibilização entre o criacionismo abraâmico e a estrutura emanacionista neoplatônica, para Ibn Paquda o homem reflete simultaneamente a imagem exposta pelo modelo criacionista judaico e o microcosmo da tradição grega. Seus órgãos físicos, as funções, faculdades e potencialidades de sua alma e as situações que enfrenta no decorrer de sua vida derivam de um modelo maior, e estas existem e foram criadas com um propósito definido.

Já *Yehudah Ben Samuel Ha-Levi*, ou *Abû al-Hasân ibn al-Levi*, como era conhecido entre os árabes, nasceu em Tudela, Espanha, entre 1070 e 1075, e morreu em circunstâncias misteriosas, durante sua viagem à Palestina, provavelmente em 1141, no Egito. Foi o mais importante poeta nacionalista da Idade Média. Sendo médico de formação e profissão, ficou mais conhecido por sua extensa obra poética de temática variada, mas também por sua obra fundamental, considerada, ainda que não sem muitas reservas, no âmbito da filosofia: o *Livro da prova e fundamento da religião menosprezada*, redigido em árabe sob o título de *Kitâb al-huyya wal-dalîl fi nusr-al-dîn al-dalil* (abreviado para *Kitab Al-Khazari*) entre 1130 e 1140. Nesta obra o autor expõe um sólido conhecimento das teorias filosóficas discutidas em sua época, ainda que não possamos caracterizar claramente seu pensamento diante das escolas de seu tempo. Ainda que Yehuda Ha-Levi seja pouco conhecido nos meios filosóficos laicos ou cristãos, a influência do autor alcançou a posteridade através do seu estudo pelos autores modernos de origem judaica. Sua obra principal, o *Kuzari*, é um livro organizado de modo dialógico, em cinco partes distintas, que narra a passagem de inspiração histórica da conversão de um Rei (o rei dos Khazares) ao Judaísmo. Um anjo aparece ao rei em seus sonhos dizendo: "[...] tua intenção agrada ao criador, mas as tuas obras não lhe são gratas". Preocupado com a advertência do anjo em sonhos recorrentes, convoca um filósofo, um erudito cristão e um erudito muçulmano para inquiri-los acerca de suas crenças e tentar esclarecer o significado da mensagem. Não considerando ter obtido uma resposta satisfatória daqueles sábios, o Rei chama um sábio judeu. A partir daí, o diálogo prossegue, discutindo e aprofundando questões referentes à filosofia e às doutrinas da religião judaica. O sábio judeu, por sua vez, convence o Rei da veracidade e superioridade do Judaísmo.

Yehuda Ha-Levi rompe com a tradição racionalista de seus predecessores judeus (que vinha desde Saadia Gaon e a tradição do *Kalam* judaico) e não tenta identificar o Judaísmo com a verdade racional, ou seja, a filosofia, nem justificá-lo através desta. Até hoje a obra de Ha-Levi é estudada nos meios religiosos e ele tem sua expressão filosófica renovada justamente pela retomada de sua temática nos escritos de um dos mais importantes filósofos/teólogos do século XX, o alemão Rosenzweig (1886-1929). Especialmente na sua obra *A estrela da redenção*, na qual confere uma dimensão filosófica a conceitos como criação, revelação e redenção, Rosenzweig revela a influência que recebeu de Ha-Levi, e veio, por sua vez, a influenciar filósofos mais recentes, tais como Benjamin e Levinas, entre outros.

Mas a tradição racionalista retornará e será reforçada por Maimônides (1135, Córdoba – 1204, Fustat), o mais célebre filósofo judeu medieval.

Maimônides é um dos mais importantes pensadores da Idade Média, não somente por ser uma referência fundamental para os pensadores judeus até os dias atuais, como também pela intensa influência que exerceu na Escolástica Cristã. Filósofo, estudioso do Talmud e médico de formação, sua principal obra filosófica é o *Guia dos perplexos*, escrita originariamente em árabe, sob o título *Dalalat al-'airin*. Esta obra é composta de três partes e discorre sobre os mais variados assuntos de interesse da filosofia e da teologia da época, desde as questões de interesse mais propriamente religioso, como a Profecia e os atributos de Deus, até alguns temas de preocupação nitidamente filosófica, como a teoria aristotélica da eternidade do universo. Escritor prolífico também no campo mais propriamente religioso no âmbito do Judaísmo, Maimônides chegou a ser *nagid* (líder) da comunidade judaica do Cairo e deixou obras fundamentais, cujo estudo é considerado imprescindível até os dias atuais nos programas de formação dos seminários teológicos judaicos. Dentre elas destacam-se especialmente a *Mishne Torah*, que consiste em um condensado da jurisprudência judaica, em que figuram seus comentários aos 613 preceitos e às Leis da *Torah* (Pentateuco) e também um comentário em árabe à *Mishná*, o *Kitab al-Siraj*, além de diversas epístolas. Como médico, chegou a servir na corte do sultão Salah al-Din/Saladino e também neste campo deixou diversas obras importantes que influenciaram profundamente a medicina medieval. A questão fundamental que impulsiona o esforço de Maimônides no *Guia dos perplexos* é, conforme o próprio autor: "Explicar certas figuras obscuras que estão nos livros proféticos, mas que não são propriamente caracterizadas como tais. Ignorantes e leitores superficiais tomaram-nas no sentido literal e não no sentido figurado. Mesmo aqueles bem informados ficam perplexos ao tomarem estas passagens em sua significação literal, mas ficam totalmente aliviados desta perplexidade ao explicitarmos a figura, ou meramente sugerirmos que os termos são figurativos" (Maimônides, 2003, I, Introdução).

Maimônides tem como uma das preocupações fortes em sua obra o esclarecimento de diversas contradições entre a mensagem bíblica e a filosofia racional, tão em voga naquele momento. Tais contradições, em sua maioria, são para ele meramente questões de aparência, devidas em muitos casos às diferenças na terminologia utilizada, o que, conforme já mencionamos, não significa incompatibilidade radical, uma vez que a linguagem não é capaz de designar diretamente as realidades que ultrapassam o mundo sensível e extenso no tempo e no espaço.

Maimônides é um pensador essencialmente racionalista. Mas este seu racionalismo está longe de conduzi-lo a uma negação de sua fé; ao contrário, é radicado fortemente na própria tradição teológica rabínica, caracterizada pelas discussões talmúdicas,

FILOSOFIA JUDAICA

nas quais a razão figura como instrumento conferido por Deus ao homem para a interpretação da mensagem bíblica. É este tipo de racionalismo teológico, já amplamente utilizado na época pelos *mutakallimin*, que caracterizará também sua apreciação filosófica. Dele decorrerão os paralelos que traça entre diversas questões contidas no texto bíblico com as noções filosóficas de sua época, sugerindo a compreensão de uma série de conceitos filosóficos a partir daqueles que entende como seus equivalentes revelados. Por exemplo, Maimônides tenta aproximar o modelo emanacionista com a crença na Criação, a partir do entendimento da processão dos neoplatônicos, ou seja, o processo de surgimento das diversas realidades a partir do Uno, como emanação divina, equivalente, por sua vez, ao conceito hebraico de *Shefa*, termo que pode ser traduzido literalmente por "abundância", mas que é aplicado por extensão à influência de Deus no mundo. As inteligências separadas, provenientes do modelo aristotélico, são equiparadas por ele às entidades angelicais.

Assim, seu aristotelismo, consequentemente sua adesão à filosofia em geral, é, sempre, limitado pelas Escrituras e contextualizado por sua fé, no sentido de que o autor toma para si exclusivamente aqueles conteúdos filosóficos que podem ser lidos a partir do modelo bíblico e apresentam, de alguma forma, equivalentes no conteúdo da palavra revelada. Já quanto àquelas questões que se opõem frontalmente à fé mosaica, Maimônides não só discorda veementemente delas como não poupa esforços para desacreditá-las, como na questão da teoria da eternidade do mundo. Apresenta-as como doutrinas jamais demonstradas devidamente, ou seja, a seu ver, todas aquelas teorias que se referem às realidades suprassensíveis não passam de meras opiniões, apoiadas muitas vezes em argumentos de autoridade mediante recurso a filósofos anteriores. Desse modo, nada garantiria sua superioridade diante da palavra revelada pelos Profetas, uma vez que se trata de escolha entre crenças igualmente apoiadas em argumentos de autoridade. Ainda nos moldes do aristotelismo lido a partir dos cânones judaicos, Maimônides afirma que a filosofia – entendida aqui como a ciência da época – é um instrumento perfeito para o estudo da realidade sensível, sujeita à geração e corrupção, ou seja, para o mundo sublunar, mas somente para este âmbito. As realidades superiores, celestes ou inteligíveis, são inatingíveis pela inteligência puramente humana, não podendo ser alvos da especulação racional.

Após Maimônides começará a surgir propriamente a filosofia em hebraico. Sendo essencialmente um idioma de oração, não dispunha de termos para traduzir a filosofia grega. A partir da tradução do *Guia dos perplexos* por Ibn Tibbon, começará a ser criado um vocabulário filosófico próprio, a partir de adaptações dos termos gregos ou árabes. Durante o século seguinte, a polêmica em torno das doutrinas de Maimônides dominará o cenário, entre defensores, comentadores e aqueles que desejavam banir essas obras definitivamente por considerá-las antijudaicas. A partir do século XIII, inicia-se também o desenvolvimento de uma corrente de pensamento mais mística – representada pela *Kabbalah* –, um pouco como reação à radicalização desse racionalismo. Se, por um lado, a obra de Maimônides chegou a ser censurada e proibida por alguns círculos mais fanáticos, por outro lado teve grande aceitação nos meios filosóficos. Entre os filósofos que se seguiram, merecem destaque: Levi ben Gerson/Gersónides (1288-1344), autor de *Milkhamot Adonai* [As guerras do Senhor], em que afirma que a matéria não pode ter sido derivada de Deus; Hasdai Crescas (1340-1412), que, na sua obra principal *Or Adonai* [A luz do Senhor], comenta as principais teses de Maimônides, entre outros.

III. Renascimento: o encontro com as tradições pagãs. Durante o renascimento, o único filósofo que se distanciou das polêmicas medievais foi Yehuda Abravanel ("Leão Hebreu": 1460, Lisboa – 1521, Veneza). Português de nascimento, radicou-se na Itália fugindo da expulsão dos judeus na Península Ibérica, onde tomou contato com as correntes sincréticas com a revalorização do paganismo e neoplatonismo, em voga no renascimento italiano. Sua obra principal, os *Diálogos de amor*, foi redigida em italiano e defende que o amor é a força agregadora do universo, sendo o motor tanto da criação quanto do retorno a Deus. Como o próprio nome já nos adianta, trata-se de um diálogo acerca do amor entre dois personagens – Fílon e Sofia –, dividido em três partes. O amor, para Leão Hebreu, exerce sua força desde os elementos simples até as esferas celestes e inteligíveis, conduzindo os seres à perfeição e a Deus. Em relação ao homem, diz: "Amar as coisas honestas é, na verdade, aquilo que torna o homem preclaro, porque tais amores e desejos tornam excelente aquela parte primacial do homem…" (Leão Hebreu, 2001, p. 77). E Deus é o princípio de todas as coisas honestas. Apesar de fortemente ancorada no pensamento monoteísta, discorre amplamente sobre os mitos gregos, considerando que devem ser interpretados à luz de uma leitura não literal, não sendo, portanto, contraditórios com o monoteísmo de origem.

IV. Modernidade: entre secularização e assimilação e a afirmação dos valores judaicos. Ao adentrarmos a Modernidade, deparamo-nos novamente com a questão controversa sobre o que é a filosofia judaica: poderia Baruch de Espinosa (1632-1677) ser considerado um autor no âmbito da chamada filosofia judaica? Aos 23 anos, o jovem pensador já havia sido denunciado à comunidade por suas ideias heréticas, o que culminou num *Herem* (excomunhão). A partir disso, viveu sua vida em Amsterdã em meio a círculos cristãos. Suas ideias se distanciam muito do corpo de crenças, comuns ao Judaísmo, sendo muito mais um filósofo moderno do que um autor que se dedica a questões judaicas. Por essa razão, embora alguns historiadores o classifiquem nesse âmbito em virtude de traços judaicos encontrados em suas doutrinas, não há razão para determo-nos aqui em seu pensamento.

A partir da Modernidade, o contato com a tradição filosófica geral se amplia, bem como o diálogo com os autores cristãos se caracteriza nesse período por uma filosofia propriamente judaica, independente da temática religiosa, que vai se tornando cada vez mais difícil. Esse processo se agrava a partir do século XVIII, com o movimento do Iluminismo, judaico (*Haskalah*). Nesse século encontraremos o primeiro filósofo judeu moderno: Moses Mendelssohn (1729, Dessau – 1786, Berlim). Conforme Guttmann (2003, p. 321), em suas duas obras principais de filosofia religiosa, *Fedon* e *Morgenstunden*, na primeira tenta demonstrar a imortalidade da alma, e na segunda, estabelecer a crença, na existência de Deus, não tanto como doutrinas judaicas, mas como doutrinas da religião racional e metafísica, geral. Pode-se notar aqui uma inversão em relação ao racionalismo medieval. Se para o racionalismo medieval as verdades religiosas podem ser explicadas igualmente através da razão e da revelação, para Mendelssohn a razão é a verdadeira fonte do conhecimento e o caminho estabelecido por Deus, para a religião, que se utiliza da revelação para dar-se a conhecer ao público comum.

O processo de contaminação cultural atingirá seu auge no século XIX. Nessa época, a intelectualidade judaica do norte da Europa buscava assimilação, deixando de lado seus valores propriamente judaicos. Nesse meio surgirá com especial destaque o neo--kantiano Hermann Cohen (1842, Coswig – 1918, Berlim) que assentará sua Filosofia da Religião, inicialmente, na dependência da filosofia transcendental, rejeitando a possibilidade de provas teóricas sobre a existência ou inexistência de Deus. Suas obras principais na área são *Der Begriff der Religion im System der Philosophie* e *Religion der Vernunft aus den Quellen des Judentums*. Para alguns intérpretes, mais adiante, a partir de sua experiência pessoal com o Judaísmo, Cohen irá se afastar da linha kantiana pura, mas esta questão não é consensual.

Será justamente a partir do círculo do eminente professor Cohen de Marburg que despontará Rosenzweig (1886, Kassel-1929, Frankfurt am Main). Suas ligações com o Judaísmo em tenra idade foram muito tênues e chegou a se sentir tentado à conversão ao Cristianismo, tal como fizeram alguns de seus colegas. Mas decide, pela via inversa, aproximar-se da religião judaica, para a qual completará um retorno que culminará com sua filosofia, que reflete uma senda própria. Sua obra principal, *Der Stern der Erlösung* [A estrela da redenção, 1921], foi concebida como uma obra essencialmente judaica, mas não deixa de abrir caminhos para a

filosofia existencialista, que se tornará forte tendência nos jovens filósofos alemães, como Heidegger. Prosseguindo com a coletânea de ensaios intitulada *O novo pensamento*, Rosenzweig se contrapõe fortemente à tradição da busca metafísica, de um princípio que imperara até Hegel. Tomando Deus, mundo e homem como dados que não precisam ser provados, que possuem cada um deles sua essência própria inseparável, sendo, portanto, irredutíveis a um único princípio, entende a existência como um âmbito separado que deve ser captado em sua concretude. O sujeito dessa experiência é o homem. A partir dessa concepção relaciona estes três elementos: Deus, e mundo relacionam-se pela criação; Deus, e homem, pela revelação; e Deus, e mundo pela redenção. Ao se combinarem estas duas tríades surge a figura da estrela de David, que dá nome à sua obra. O conhecimento da criação e da revelação é o conhecimento de que somos ao mesmo tempo criaturas de Deus, e objetos de seu amor, e nele está contido o conhecimento possível da essência de Deus. O amor divino, testemunhado pela fé, ou por uma experiência religiosa, primordial, desperta o amor do homem a Deus, conduzindo ao amor ao próximo e às obras de amor. Distanciando-se da lei que embasa a obrigação religiosa judaica em moldes racionais, Rosenzweig assenta sua ética na experiência direta e amor desinteressado, refletindo uma religiosidade pessoal, mas não restrita, ao âmbito particular em virtude de sua relação com o mundo e da redenção através do amor divino. E, ainda que seu método, e suas concepções tenham brotado das experiências judaicas e que haja diferenças significativas entre as religiões, para ele nada impediria que um caminho semelhante fosse trilhado a partir do Cristianismo. Infelizmente, as complicações da esclerose lateral amiotrófica que o conduziram a uma morte, precoce abreviaram as contribuições com as quais Rozensweig poderia ainda ter brindado o pensamento filosófico.

V. O século XX e a filosofia pós-Holocausto: o olhar para o outro. Se Rosenzweig não chegou a presenciar completamente os horrores do século XX, seus contemporâneos que viveram uma vida mais longa tiveram tal oportunidade. As duas grandes guerras e todas as demais que a elas se seguiram fizeram com que a proposta humanista fosse seriamente questionada. Toda a filosofia, não importando a origem do pensador, sofreu com o impacto desse século. Mas, no seio do Judaísmo, a crise filosófica pôde ser notada de modo mais profundo, em especial, nos questionamentos que surgiram no período pós-Holocausto. Onde estava Deus quando milhões de judeus foram exterminados? E como poderia a simples razão dar conta de semelhantes barbaridades? Como consequência, no século XX veremos a derrota total e inevitável do império do racionalismo judaico medieval de cunho maimonideano, pois,

FILOSOFIA JUDAICA

após a segunda grande guerra, manter a crença♀ de que ainda havia alguma validade em pensar a filosofia tornava imperativo buscar outros rumos para o pensamento.

Apesar de quanto à data de nascimento ser contemporâneo de Rosenzweig, a vida mais longa fez com que Buber (1878, Viena – 1965, Jerusalém) ultrapassasse as duas grandes guerras, o que proporcionou à sua filosofia uma tônica diferente. Ainda que tenha sido criado sob o espírito♀ liberal da *Haskalah*, por ter vivido com seus avós, Buber teve uma maior aproximação com a tradição judaica autêntica e o *Hassidismo*. Sua obra principal, *Ich und Du* [Eu e tu, 1923], foi publicada quando ainda residia na Alemanha. Buber foi professor na Universidade de Frankfurt até 1933, afastou-se e depois foi destituído do cargo que veio a ocupar pelos nazistas. Ativista do movimento Sionista, em 1938 migra definitivamente para Jerusalém. Considerada sua obra mais densa e fundamento das posteriores, *Eu e tu* apresenta sua doutrina baseada nas palavras--princípios Eu-Tu (relação) e Eu-Isso (experiência). Sua "filosofia do diálogo" consiste numa espécie de existencialismo religioso, muito influenciado pelo *Hassidismo*. O diálogo e, portanto, a relação Eu-Tu só é possível para o ser em sua totalidade, sendo a "força de relação, único poder, aliás, que lhe permite viver no Espírito" (Buber, 2001, p. 76), tendo como contraposição o Eu-Isso, que se torna seu maior obstáculo pela objetificação do outro. A relação se desenvolve em três esferas distintas: o homem diante da natureza, o homem diante dos homens e o homem diante das formas inteligíveis. O contemplar do outro face a face, ou estarem dois em recíproca presença (Eu-Tu), é a chave para o *Tu Eterno*, que nada mais é do que o Deus buscado pelos homens sob diferentes nomes. O materialismo da Modernidade pela objetificação do Tu/homem conduz à objetificação do Tu/Deus, tema abordado em sua obra *O eclipse de Deus*. Nesta obra, contrapõe o materialismo e os ataques desferidos à religião♀ através da Metafísica♀ pela filosofia pós-kantiana, com a noção de que Deus♀ não é algo que possa ser apropriado pela razão ou tornar-se conteúdo da razão, mas é realidade tão somente a partir do encontro, pois a existência não pode ser possuída, mas somente compartilhada.

Talvez o pensamento de Levinas (1906, Kaunas – 1995, Paris) seja aquele que mais profundamente foi marcado pela reflexão sobre a guerra e os horrores do século em que viveu. Auschwitz, Treblinka, Hiroshima, Nagasaki... Essas são as inspirações da filosofia levinasiana: "Os mortos que ficaram sem sepultura nas guerras e os campos de extermínio afiançam a ideia de uma morte♀ sem amanhã e tornam tragicômica a preocupação para consigo mesmo e ilusórias tanto a pretensão do animal racional a um lugar privilegiado no cosmos como a capacidade

de dominar e de integrar a totalidade do ser numa consciência♀ de si" (Levinas, 2012, p. 83).

Iniciando sua jornada filosófica pelo debate com Husserl e Heidegger, Levinas passa por diversas fases em seu pensamento e termina na formulação de sua ética da alteridade. Reflete sobre as idiossincrasias de uma sociedade refém do consumismo, na qual a tecnologia promete a abundância, fomentando o individualismo e o egoísmo absolutos associados à competitividade, diante das guerras e do abandono de milhões de civis e do sacrifício♀ de milhões de soldados que tornam a vida humana um bem frágil e descartável. Esse é o humanismo anti-humanista do qual nos fala. A busca desenfreada pelos bens materiais suplantou a valorização do bem mais precioso, a vida. "A crise do humanismo em nossa época tem, sem dúvida, sua fonte na experiência da ineficácia humana posta em acusação pela própria abundância de nossos meios de agir e pela extensão de nossas ambições" (Levinas, 2012, p. 82). Levinas entende que o modelo racional da sociedade contemporânea é assentado sobre a noção de totalidade, centrando o indivíduo, a sociedade e os Estados num desejo♀ egoísta de poder, produção e consumo que enclausura o indivíduo em si mesmo. O eu é uma totalidade, enquanto o outro é um nada e uma constante ameaça. Assim, "a paz dos impérios saídos da guerra assenta na guerra e não devolve aos seres alienados a sua identidade perdida". A busca de Levinas é, portanto, a de um caminho para a paz, que ele assenta sobre a ética da alteridade e a tarefa da filosofia, para ele é escutar a Deus. "A verdadeira essência do homem se presentifica no rosto, onde ele é infinitamente outro..." (Levinas, 2000, p. 323). O Outro é, então, um rosto diante do qual eu adquiro a capacidade de reconhecer a mim mesmo enquanto ser. O rosto é uma epifania, uma expressão do Infinito, e me convoca a uma responsabilidade. É uma epifania: "Assumir a responsabilidade por outrem é, para todo o homem, uma maneira de testemunhar a glória do Infinito, de ser inspirado. Há profetismo, há inspiração♀ no homem que responde por outrem, paradoxalmente, mesmo antes de saber o que, concretamente, se exige dele. Esta responsabilidade anterior à Lei é revelação de Deus" (Levinas, 2000, p. 107).

Talvez uma das imagens mais marcantes da modificação radical pela qual passou a filosofia judaica no período pós-Holocausto seja a foto de Heschel (1907, Varsóvia – 1972, Nova York) marchando pelos direitos civis nos Estados Unidos ao lado de Martin Luther King. Definitivamente, a comunidade judaica e seus assuntos internos deixaram de ser do interesse exclusivo dos filósofos e os pensadores judeus finalmente começavam a se abrir para um universalismo que consistiu num movimento em ambas as direções. Se os intelectuais judeus aprenderam a receber e admirar as influências de outros povos e comunidades sem perder sua identidade, aprenderam também que o pensamento judaico tinha muito a contribuir com o mundo como um todo. Universalizando a máxima do "amor ao próximo", Heschel foi o símbolo de que essa disposição não foi meramente uma proposta intelectual, mas seria exercida na prática. Nascido numa família polonesa de tradição hassídica, doutorou-se na Universidade de Berlim em 1933, sendo ordenado rabino no ano seguinte. Iniciou sua produção acadêmica com um extenso estudo sobre os Profetas☌, *Die Prophetie* (publicado em 1936), ao lado de duas outras obras sobre pensadores medievais: *Maimonides: Eine Biographie* (1935) e *Don Jizchak Abravanel* (1937). Poucos meses após a declaração da Segunda Guerra, Heschel desembarcava nos Estados Unidos da América, onde lecionou, exerceu o rabinato e publicou o restante de suas obras importantes: sua obra principal de Filosofia da Religião☌ *Man Is Not Alone: A Philosophy of Religion* (1951), *The Sabbath: Its Meaning for Modern Man* (1951), *Man's Quest for God: Studies in Prayer and Symbolism* (1954), *God in Search of Man* (1955), *The Prophets* (1962), *Who Is Man?* (1965) e *The Insecurity of Freedom: Essays on Human Existence* (1966). Apesar de sua vida militante por bandeiras universais e suas visões ecumênicas, a produção filosófica de Heschel é profundamente judaica. Com sua âncora na experiência profética do inefável, tem seu ponto de partida no Judaísmo e a ele se destina. Em *Quem é o homem?*, diz que "ser é obedecer a um comando da criação", o que é reafirmado em *O homem não está só*. Seguindo a tradição bíblica, o homem não é substância, mas relação, criatura.

A filosofia de Heschel se desenvolve numa perspectiva fenomenológica, iniciada já em *Die Profetie* e aprofundada nos trabalhos posteriores. Segundo ele, esta perspectiva é capaz de neutralizar o reducionismo psicologizante muito utilizado na contemporaneidade para explicações sobre religião☌ e que conduz ao esvaziamento do significado da experiência. Esse artifício de interpretação☌ foi usado, em especial, para o fenômeno profético, tentando "explicá-lo como o produto das experiências pessoais do profeta☌, cenas, paixões, tensões, frustrações, para relacioná-las ao que se chama de complexos" (Heschel, 2011, p. 520). Para Heschel, a experiência profética não pode ser reduzida à razão ou a impulsos psicológicos, pois o que o profeta☌ sabe de Deus provém do seu encontro com a presença divina, ele é afetado pelo *Pathos* divino. Contradizendo toda a tradição ontológica e teológica medieval, para a qual Deus☌ é perfeito em si e é o homem quem busca a Deus, sendo impossível imaginar um *pathos* divino, conforme Heschel, Deus☌ busca o homem, porque o homem é necessário a Deus. À resposta do Profeta☌ a esta busca, Heschel chamou simpatia. "O que eu busco é uma compreensão do que significa pensar, sentir, responder e agir como um profeta☌. [...] A

suposição de que está além e abaixo do limiar da consciência☌ do profeta☌ nunca pode ser um substituto para a compreensão do que é exibido na própria consciência☌" (Heschel, 2011, p. 14). Para Heschel, o problema fundamental do humano não é o ser, mas o viver; e o pensamento bíblico, ao contrário do metafísico/ontológico, não busca o ser enquanto tal, mas coloca o viver como realidade última. Seguindo a linha anteriormente apontada por Rosenzweig, entende a criação como contínua, no sentido de que a vida é uma expressão da criação e esta está em ligação com a revelação e a redenção, que, segundo ele, também é contínua, ocorrendo em todos os momentos em que o homem descobre o divino. Assim nos diz em Deus☌ *em busca do homem*: "Os atos em que o indivíduo tem a revelação do divino são verdadeiros atos de redenção. E Redenção significa precisamente conseguir descobrir o sagrado☌ que está escondido, para revelar o divino que está oculto. Todo homem é chamado a ser um redentor e a redenção ocorre em todos os momentos, todos os dias".

Bibliografia: BUBER, M. *Eu e tu*. São Paulo: Centauro, 2001; CALABI, F. *História do pensamento judaico-helenístico*: com uma contribuição de Romano Penna sobre "A literatura canônica do movimento cristão". São Paulo: Loyola, 2010; CAVALEIRO DE MACEDO, C.; SAVIAN, J. *Filosofia judaica em diálogo*. São Paulo: Garimpo Editorial, 2016; FÍLON DE ALEXANDRIA. *Da criação do mundo e outros escritos*. São Paulo: Filocalia, 2016; GUTTMANN, J. *A filosofia do judaísmo*. São Paulo: Perspectiva, 2003; LEÃO HEBREU. *Diálogos de amor*. Lisboa: Imprensa Nacional Casa da Moeda, 2001; HESCHEL, A. J. *Deus em busca do homem*. São Paulo: Paulinas, 1975; HESCHEL, A. J. *The Prophets*. New York: Perennial Classics, 2011; LEVINAS, E. *Humanismo do outro homem*. 3. ed. Petrópolis: Vozes, 2012; LEVINAS, E. *Totalidade e infinito*. Lisboa: Edições 70, 2000; MAIMÔNIDES, M. *Guia dos perplexos*. São Paulo: Landy, 2003; MANEKIN, C. *Textos filosóficos judaicos medievais*. São Paulo: Madras, 2010; PHILON. *Commentaire allégorique des saintes lois après l'oeuvre des six jours*. Paris: A. Picard, 1909; ROSENZWEIG, F. *La estrella de la redención*. Salamanca: Editorial Sígueme, 1997; RUNIA, D. Philo in Early Christian Literature: A Survey. Assen/Minneapolis: Van Gorcum/Fortress Press, 1993.

CECILIA C. CAVALEIRO DE MACEDO

FISIOLOGIA DA RELIGIÃO

I. Definição e delimitações conceituais. A Fisiologia da Religião é uma subdisciplina em construção da Ciência da Religião☌, pertencente à disciplina Biologia da Religião (Reynolds; Tanner, 1983). A etimologia☌ de fisiologia vem da raiz grega *physis* (literalmente, "natureza", "função" ou "funcionamento") e *logos* (literalmente, "palavra" ou "estudo"); assim, a Fisiologia da Religião investiga o funcionamento do corpo humano e da sua interação com o mundo a partir de seus sistemas de atos inscritos em narrativas religiosas.

II. História do conceito. O corpo aparece como uma constante, tanto nas doutrinas quanto nos mitos e nas práticas das diversas comunidades religiosas; às vezes tomando parte de purificações para redimir possíveis pecados, outras vezes representando o divino. As alterações fisiológicas estão diretamente vinculadas às práticas religiosas, e entender como tais ações atuam no corpo e como os seus adeptos interpretam tais ações (muitas vezes não verificáveis empiricamente) pode ajudar a compreender melhor as funções fisiológicas do corpo na religião, auxiliando outras disciplinas no entendimento de seus objetos de estudo.

1. Contexto. A importância de uma fisiologia singular nas práticas religiosas é tão forte que muitos devotos marcam nos próprios corpos a sua religiosidade, até mesmo por meio de intervenções cirúrgicas. Os *hatha-iogues* da linhagem *kamphata* furam suas orelhas como sinal iniciático, os aborígenes australianos inserem pedras ou ossos em seus próprios órgãos genitais, os judeus e os muçulmanos se submetem à circuncisão, os jovens de etnias do Sudão e da Nova Guiné passam por escarificações rituais e os maoris tatuam a pele como sinal de graus iniciáticos da tribo. Entre os índios americanos ainda é comum, em algumas comunidades, os homens banharem-se nas águas glaciais, permanecerem imóveis enquanto são picados por formigas, ou ter os seus cabelos arrancados como prova de coragem em rituais religiosos. Outro fator importante ainda é a representação das divindades ou das energias sutis em partes do corpo, como a *kundalini* e o *prana* na ioga, o *Qi* (ou *Chi*) no Taoismo e a energia espiritual no *Johrei* da Igreja Messiânica.

Deuses também foram erigidos por órgãos ou membros do corpo, como *Shiva*, representado falicamente; o Sagrado Coração de Maria no Cristianismo; e, recentemente, a Inédia ou Respiratorianismo, que propala o viver de *prana* [luz] a partir de uma completa recodificação genética por espíritos ascencionados. Na religião espírita brasileira, o corpo orgânico é apenas um entre os corpos sutis estabelecidos por sua doutrina. Atualmente, ainda subsiste a antiga crença de que a glândula pineal (ou pituitária) seria a sede da mediunidade. Alguns xamãs contemplam os próprios corpos desprovidos de carne e sangue, devendo denominar cada parte esquelética na "linguagem especial e sagrada" da sua religiosidade com fins místicos (Eliade, 1998, p. 80-81). De várias formas, há uma fisiologia extraordinária, ou transfisiologia, que possui seus sistemas únicos em cada uma dessas narrativas e práticas religiosas místicas e mágicas.

O que é inequívoco é a presença e importância do corpo na complexidade que envolve as religiões. Mais do que apenas um envoltório da alma, para os cristãos o funcionamento do corpo pode ser compreendido como responsável direto pela *queda* ou *redenção* humanas, que pode até mesmo ser possuído por demônios; daí rituais de exorcismo. Para os budistas e iogues, o corpo é o responsável por enredá-los sob o véu da ignorância espiritual (*maya* ou *avidya*), assim como é o veículo de sua libertação (*nirvana* ou *kaivalya*). Se a religião pode estar envolta nas tragédias reais da vida e nos conflitos entre os anseios humanos e a realidade (Malinowski, 1984, p. 7), então as referências religiosas ao corpo e a sua fisiologia (estudo do funcionamento do corpo e da dinâmica de seus sistemas) podem mostrar esses conflitos através de atos ou narrativas fisiológicas nas suas mais diversas manifestações (Coakley, 1997, p. 8-9).

Em geral, dentro da óptica da religião, o corpo pode ser adotado como um obstáculo a ser vencido ou como o santuário onde o sacramento se torna possível. Enquanto alguns cientistas se perguntam sobre o porquê e qual a origem de tais práticas e cosmologias corporais, os fisiologistas da religião se interessam pelos mecanismos de ação orgânicos e simbólicos (ou transfisiológicos) de tais atos descritos em suas escrituras e preservados como cultura ou tradição entre os seus adeptos.

2. Matizes teóricas de fundo: sistemas de estudo. O interesse pelos mecanismos de ação, físicos ou orgânicos e metafísicos ou simbólicos, que envolvem a religião exige antes que tenhamos um mínimo de compreensão da estrutura fisiológica humana. O corpo humano é altamente complexo e intersistêmico.

Imagine um educador físico recebendo um cliente sedentário que deseja completar uma maratona. O profissional em educação física avaliará o seu nível de condicionamento físico primeiro. Mas antes de montar o seu programa de treinamento precisaria levar em consideração todos os cinco sistemas fisiológicos a seguir: observará a dieta, pois há alimentos que podem prejudicar o desempenho nos treinos; com os dados da avaliação física em mãos, saberá o volume de oxigênio que seu futuro maratonista consegue absorver da atmosfera e conduzir até as células musculares; sabe que o sistema imunoendócrino sofrerá alterações advindas do estresse dos treinamentos, por isso ficará atento aos primeiros sinais de cansaço; acompanhará alterações no humor do aluno, pois tem ciência do efeito do exercício físico sobre a psique; e, principalmente, observará que a melhora da técnica motora da corrida repercutirá com maior eficácia em outros sistemas, como melhor metabolização energética, diminuição do estresse dos treinos e confiança em si mesmo.

Do mesmo modo, um cientista da religião, utilizando-se da Fisiologia da Religião como seu instrumento de investigação, pode direcionar seu olhar para um sistema fisiológico em particular. Por exemplo, um cientista da religião que investiga quais áreas encefálicas estão envolvidas nas experiências religiosas, denominação que ficou bastante popular como *neuroteólogo*, é um fisiologista da religião especialista no sistema neurofisiológico. O sistema fisiológico da religião envolvido na investigação com os respiratorianos (os que vivem de luz ou *prana*) corresponde ao cardiorrespiratório.

Para investigar o funcionamento do corpo humano em toda a sua complexidade, pode-se organizar a investigação da subdisciplina Fisiologia da Religião em cinco *Sistemas Fisiológicos*: Bioquímico, Cardiorrespiratório, Imunoendócrino, Neurofisiológico e Neuromotor. Apresentamos aqui a linha principal de cada sistema e sugestões de pesquisa que podem ser desenvolvidas por fisiologistas da religião.

III. Sistema bioquímico e digestório ou energético. O sistema bioquímico e digestório é uma área investigativa dos processos de produção e consumo energético biológico, como metabolização dos alimentos e seus nutrientes. Como exemplo, poder-se-ia pensar nos aspectos bioquímicos envolvidos nos processos rituais que envolvem os jejuns, ou na alimentação℗ vegetariana e suas repercussões para a saúde℗ sobre determinados grupos religiosos, como os muçulmanos e os membros da International Society for Krishna Consciousness (ISKCON [=] *hare krishna*), ou, ainda, analisar a fundamentação teológica de tais obrigações nutricionais e suas possíveis alterações emocionais.

Outro matiz repousa na relação energética sutil ou simbólica. Entre as diversas religiões que surgem no movimento denominado Nova Era cresce a cosmologia do retorno aos alimentos crus e orgânicos, como se estes, quando ingeridos, carregassem consigo um "poder energético" agregado maior e mais eficiente do que os alimentos industrializados ou de procedência animal. Seria possível aqui, como hipótese de pesquisa para um fisiologista da religião, explicar a correspondência entre alimentos de maior valor energético ótico sutil, buscando tecer a dialética da persistência em tais mitos contemporâneos com sua ancestralidade. Os respiratorianos, como adiantamos, são pessoas que acreditam conseguir gradualmente transmutar seu código genético por seres espirituais e se abster de qualquer alimento ou líquido. O sistema fisiológico bioquímico ou energético da religião poderia buscar as bases bioquímicas desse processo, reconstruir suas origens míticas em escrituras "ioguicas" antigas do processo ritual espiritual e/ou relatar as experiências dos iniciantes e iniciados nessa forma de viver contemporaneamente. Seria a existência dos respiratorianos na contemporaneidade consequência de uma espécie de *espiritualização* da anorexia nervosa, transformada agora em um novo mito religioso em desenvolvimento?

IV. Sistema cardiorrespiratório. A respiração e o ar que inspiramos e expiramos tece relação direta (simbólica e orgânica) com o "fora" de nós. O processo cardiorrespiratório é percebido por algumas religiões e espiritualidades℗ como o meio de conexão divina. Um dos exemplos é a técnica ióguica do *pranayama* (literalmente, condução de *prana*). *Prana* é um conceito clássico que denomina uma energia cósmica que circunda o universo, fornecendo vida aos seres vivos. Essa energia transfisiológica entraria pelas narinas e percorreria canais da fisiologia sutil da ioga. Uma má circulação *prânica* resulta em baixa disposição física e espiritual, e a sua deficiência acarreta um descompasso na senda espiritual ao praticante da ioga, segundo suas escrituras.

V. Sistema imunoendócrino. O renomado fisiologista Walter Cannon, em 1949, escreveu *Voodoo Death*, um artigo publicado pela *American Anthropologist*, em que analisou as possíveis reações fisiológicas que poderiam estar associadas à causa da morte℗ de vítimas de feitiços malignos lançados por xamãs℗ da tribo ou rivais. Nessa pesquisa, Cannon demonstra, com dados da fisiologia do estresse e da homeostase, descobertos por ele mesmo, quais os possíveis caminhos imunoendócrinos desencadeados pelo medo em indivíduos que haviam sido alvos de feitiços.

Lévi-Strauss℗, em *O feiticeiro e sua magia*, cita Cannon para corroborar a sua tese de que o inconsciente produz e influencia o social. Neste capítulo, o autor identifica a manipulação psicofisiológica realizada pelos xamãs℗ (Lévi-Strauss, 2008, p. 237-240) e conclui: "A integridade física não resiste à dissolução da personalidade social" (p. 238).

O medo do enfeitiçado desencadearia mecanismos que desregulam a sua homeostase; como ele se considera um sentenciado à morte℗, não reage, promovendo uma possível diminuição do volume sanguíneo e acentuada redução da pressão arterial, ocasionando danos irreparáveis ao organismo. Nesse estado de estresse crônico e consequente secreção abundante de cortisol, o sistema imunológico é inibido, acentuando uma maior propensão a infecções e manifestações de doenças (Danucalov; Simões, 2009, p. 113-123). E, como ocorre invariavelmente, os enfeitiçados param de se alimentar e beber, são tomados pelo desespero e pelo medo, e o estado fisiológico tende a se agravar, podendo levar à morte℗ (Lévi-Strauss, 2008, p. 238).

Futuros estudos na Fisiologia da Religião imunoendócrina podem corroborar tais fatos, mas também elucidar outros matizes deste sistema, como repercussões positivas à saúde℗ em diversas crenças℗ e rituais religiosos. Já está bastante avançada a linha de pesquisa que dialoga com o objeto saúde℗ e espiritualidade℗. Uma área da Antropologia investiga as relações entre medicina e religião℗ (Laplantine, 2001, p. 213-252), mas são poucos os cientistas da

FISIOLOGIA DA RELIGIÃO

religião que se aventuraram em tal matiz investigativa (Grassie, 2010, p. 111-132).

VI. Sistema neuronal. Sem dúvida, o sistema neurofisiológico é o mais investigado nestas últimas décadas nas práticas espirituais, sobretudo as contemplativas, tais como oração♀ e meditação♀. Entre os espíritas kardecistas brasileiros existe a crença♀ de que a glândula pineal tem íntima relação com o mundo espiritual. Segundo eles, conhecer a fisiologia neuronal do cérebro é a chave para se comprovar a existência e a "fisicalidade" de tal fenômeno. A ciência, aos espíritas kardecistas, parece a responsável pela legitimação empírica da comunicação com os espíritos que suas escrituras revelam.

Na mesma linha de raciocínio, o pesquisador canadense Michael Persinger sustenta a hipótese de que a emissão de ondas eletromagnéticas sobre os lobos temporais altera a sua neurofisiologia, o que estimularia profundas experiências religiosas e místicas♀. Em seus artigos, especialmente *Religious and mystical experiences as artifacts of temporal lobe function* (1983), são descritos os relatos subjetivos de voluntários que, dependendo do hemisfério cerebral estimulado, relataram a presença de Deus, do Diabo, de espíritos malignos ou energias do bem ou "positivas".

Controvérsias à parte, o interessante a um cientista da religião, entretanto, é a ocorrência de um maior diálogo entre ciência e religião, seja colocando a ciência como legitimadora de (novos) discursos religiosos, seja a própria ciência erigindo novas formas de conhecimento a partir de práticas e narrativas religiosas. Um exemplo vem de neurocientistas como Richard Davidson e Jon Kabat-Zinn et al., com o artigo *Alterations in brain and immune function produced by mindfulness meditation* (2003), e a biomedicina de Herbert Benson na obra *Medicina espiritual: o poder essencial da cura* (1998). As pesquisas com o sistema neurofisiológico da Fisiologia da Religião têm estreitado laços entre os saberes religiosos e científicos.

VII. Sistema somático ou neuromotor. Segundo Mauss♀, o corpo é o primeiro e o mais natural instrumento do homem. Mauss♀ compreendia o corpo como uma técnica. A maneira como aprendemos a marchar ou dormir, por exemplo, é aprendida e, por tradição e eficácia, incorporada como "natural" em um dado grupo social (Mauss, 2003, p. 399-422), assim como desde os gestos específicos de um juiz de direito às formas adotadas de dormir, a execução dos *asanas* da ioga e a dança dos orixás♀ no Candomblé. A técnica corporal e a eficácia simbólica do gesto executado inúmeras vezes se perpetuam pela tradição. Em suma, a técnica corporal, mais do que apenas reprodução, seria, para Mauss♀, um processo de representação.

É lícito supor, portanto, que o sistema fisiológico neuromotor, que se preocupa com a relação entre os músculos esqueléticos e o cérebro, exerça relevância em estudos do movimento do corpo e a religião.

Mestres ióguicos e pais e mães de santo, na vida cotidiana e no contexto religioso, reproduzem, mantêm e criam novas técnicas corporais de representação de suas religiões. As posturas corporais podem ser apreendidas como "idiomas simbólicos" capazes de construir identidades religiosas; e não há como ser iniciado na tradição da hataioga ou do Candomblé sem sentir no corpo as repercussões e representações psicofisiológicas e sociais (Nunes, 2008; Rocha, 2008). Mais do que nas escrituras sagradas, é no corpo♀ que estão inscritos os códigos de valor de suas espiritualidades♀ (Mauss, 2003, p. 399-422).

A fisiologia neuromuscular é uma rede complexa que conecta áreas encefálicas somatossensoriais com cada fibra muscular esquelética corporal. Um único neurônio pode se conectar com centenas de fibras musculares específicas. São, por exemplo, necessários 580 neurônios para coordenar as sensações, contrações e distensões de mais de um milhão de fibras musculares da parte posterior da perna. Diante disso, é possível afirmar que muito do que pensamos ou imaginamos (consciente, mas, sobretudo, inconscientemente) mantém uma íntima relação com os músculos esqueléticos. Não seria incomum investigar a relação do relaxamento promovido pelas técnicas corporais tradicionais da ioga e o estado de transcendência, denominado *samadhi*, em suas narrativas sagradas; ou comparar as repercussões "estressantes" da fisiologia neuromuscular de religiões que se utilizam de danças rítmicas, como o Candomblé ou o sufismo.

O fisiologista da religião que investigasse o sistema neuromuscular de narrativas ou práticas espirituais se preocuparia em tecer um possível diálogo do complexo neural com os músculos esqueléticos. É uma área rica, que pode auxiliar antropólogos da religião que estudam *performance* e a experiência religiosa♀ (Langdon, 2007), mas também psicólogos da religião interessados na possível influência do funcionamento do corpo e da psique em conversões religiosas.

VIII. Correntes de estudo. A Fisiologia da Religião ainda não foi sistematizada na Ciência da Religião♀. É, como adiantamos, uma subdisciplina da Biologia da Religião, mas ainda não podemos pensar em correntes ou escolas bem definidas. Seus autores não são especialistas no assunto, como os antropólogos e psicólogos da religião. Mas, dentro do escopo dos sistemas fisiológicos da religião apresentados nas subseções anteriores, acreditamos que existam, basicamente, três *pontos de vista* ou *modelos* possíveis de estudos sobre o corpo na Ciência da Religião♀ já existentes, apesar de dispersos em várias denominações e campos de investigação.

Sugerimos três recortes de como um fisiologista da religião poderia abordar o corpo: a) *Corpo♀*

Experiencial, como um produtor das experiências religiosas; b) *Corpo Terapêutico*, como sujeito a enfermidades ou de cura de outros corpos; e c) *Corpo Simbólico*, como portador de mais de um corpo.

1. Corpo experiencial: o corpo como produtor das experiências religiosas. No seu livro *As variedades da experiência religiosa: um estudo sobre a natureza humana*, ainda em 1902, o filósofo e psicólogo norte-americano William James discute a importância das abordagens fisiológicas na Ciência da Religião. Neste título existem sugestivos títulos, tal como *Religião e neurologia*, por exemplo, denotando aí já um interesse por certa *Protoneurofisiologia da Religião* vinculada aos interesses ditos autotranscendentes ou de autoconhecimento desenvolvidos pela religião (James, 1995, p. 14-31; p. 76-111).

Logo no início deste trabalho, James apresenta uma hipótese que os fisiologistas da religião em andamento, atualmente, por meio da eletroencefalografia e das tomografias, ainda discutem: pode haver diferenças na fisiologia neuronal entre os praticantes leigos ou crentes religiosos comuns e os praticantes devotos ou de "febre ardente", como James os denomina? Ele afirma nas suas conclusões que a religião, antes de tudo, "é uma reação biológica" (James, 1995, p. 13).

Essa *perspectiva neurofisiológica* de investigação ganhou notoriedade a partir dos estudos conhecidos como *neuroteológicos*, sobretudo a partir de trabalhos que buscavam revelar as origens das experiências místicas e religiosas no cérebro. A neurologista Norma Geschwin, no início da década de 1970, descreveu relações entre pacientes epilépticos e intensas experiências religiosas (Waxman; Geschwind, 1975). Posteriormente, entre os anos de 1980 e 1990, outros investigadores se interessaram sobre os aspectos neuroquímicos e o conhecimento religioso.

Persinger, neurocientista cognitivo já citado, produziu uma gama de artigos científicos buscando relacionar estimulações eletromagnéticas nos lobos temporais com a produção de experiências religiosas, chegando mesmo a construir o que ele denominou de "Capacete de Deus" (Persinger, 1987). Em 1991, o psicólogo da religião Wulf publica o livro *Psicologia da Religião: clássico e contemporâneo*. No seu terceiro capítulo, *Fundamentos biológicos da religião*, Wulf apresenta os estudos mais sistemáticos que compõem o espectro *neuroteológico*, abordando temas como *Assimetria cerebral e religião* e *Epilepsia e estados religiosos* (Wulf, 1991, p. 49-116). Em 1993, os antropólogos D'Aquilli e Newberg se aprofundaram na interface entre neurofisiologia e experiências religioso-místicas, mas agora realizando experimentos com maior envergadura em cérebros de monges budistas e freiras, durante estados religiosos, com modernos aparelhos de tomografia e ressonância magnética, revelando similaridades neurofuncionais (D'Aquilli; Newberg, 2002). Essas pesquisas construíram um modelo teórico dos possíveis caminhos encefálicos das práticas religiosas contemplativas. Um ano depois, o pesquisador do Instituto Americano para *Mindfulness*, o professor Laurence McKinney, publicou pela primeira vez um trabalho com o termo *Neuroteologia* (*Neurotheology*). E essa abordagem de pesquisa ganha fôlego na academia.

Esses cientistas da religião, a partir de investigações neurofisiológicas, fundaram uma base teórica que tece correspondência entre regiões encefálicas envolvidas em práticas e experiências religiosas e místicas e suas respostas neurofisiológicas e os relatos dos praticantes envolvidos (Fuller, 2008, p. 75-98).

2. Corpo terapêutico: o corpo que cura e adoece. Segundo Mauss, magia pode ser definida por um complexo que envolve agentes, rituais e representações. Os feiticeiros são todos aqueles atores principais dos rituais mágicos. Os rituais mágicos, por sua vez, são atos que pertencem a uma tradição e se repetem; assim, a sua eficácia depende de que todo o grupo social acredite neles. Todavia, não é qualquer ator do grupo social que pode vir a ser considerado um feiticeiro. Há uma série de características hereditárias, comportamentais, físicas, prescrições dietéticas, além de outras, que definem os feiticeiros autorizados pela tradição do grupo. Um feiticeiro, portanto, é uma pessoa extraordinária. O seu corpo nasce ou adquire uma fisiologia extraordinária (Mauss, 2003, p. 399-422).

"Muitas vezes, é exatamente [o mago] porque deixa de o estar [em seu estado normal] que se encontra em posição de atuar com bons resultados. Observou interdições alimentares ou sexuais, jejuou, sonhou, executou-se ele aquele gesto preliminar, sem contar que, nem que seja por um só instante, o rito fez dele um homem diferente. Os elementos de uma sociedade secreta [de magos], pelo fato de se terem submetido a uma iniciação, podem também sentir-se dotados de poderes mágicos" (Mauss, 2008, p. 62-63).

Um feiticeiro, através de suas práticas rituais corporais, desenvolve poderes extraordinários, como viajar para o mundo dos espíritos ou curar doenças. Quando alguém doente é levado ao feiticeiro, este – seja por ingestão de alimentos, beberagens, inalações ou jejuns, gestos e danças, confecção de amuletos para proteção e/ou emanação de energias, cantos e/ou músicas rítmicas – almeja, em objetivo último, restaurar a saúde, portanto, a fisiologia do paciente (orgânica e espiritual) a níveis ótimos. Em outras palavras, a eficácia da cura se dará apenas quando o mago – dentro da cosmologia do seu grupo e tradição mágica – transformar ou manipular a fisiologia do paciente (orgânica e espiritual) na remoção do que o aflige, seja um espírito da floresta que provoca febre alta, seja a má circulação energética de *prana* pelos *chakras*.

As medicinas tradicionais, como o *Ayurveda* ou a chinesa, e as religiões terapêuticas, como a Igreja Messiânica, a ioga e o Espiritismo brasileiro, possuem essas mesmas características de percepção da relação entre a fisiologia orgânica e uma transfisiologia ou fisiologia espiritual ou sutil, capacitando agentes religiosos entre os seus que adquirem os mesmos poderes transfisiológicos de feiticeiros citados por Mauss.

A Fisiologia da Religião pode contribuir, sobremaneira, na compreensão tanto das construções narrativas dessas religiões terapêuticas quanto das repercussões orgânicas de tais práticas espirituais, que vêm sendo cada vez mais incorporadas na biomedicina convencional – haja vista a discussão em andamento da inclusão de novas racionalidades médicas dentro dos serviços de saúde pública em diversos países (Nascimento et al., 2013).

3. Corpo simbólico: os corpos possíveis. Os índios Juruna, no Brasil, são um pequeno grupo social tupi do rio Xingu. Segundo eles, quando perguntado ao xamã da aldeia, por um missionário católico, se a ideia de alma teria sido a principal contribuição cristã ao pensamento da tribo, o feiticeiro prontamente respondeu, dizendo que a grande novidade que o missionário trouxera para eles foi a noção da existência de um corpo separado da alma.

Na cosmologia Juruna, nunca fora cogitada uma concepção da separação dos corpos. Para eles, todos os animais (homens, mulheres e uma arara, por exemplo) seriam humanos em essência, mas vestidos com peles diferentes. Uma onça ou uma cobra é um homem ou uma mulher vestido(a) de onça ou cobra. Corpo e alma, assim, não são substâncias, "mas relações ou posições, ou ainda perspectivas" (Lima, 2002, p. 4).

A alma, nesta conjuntura religiosa, é uma parte do corpo, como um fígado ou o joelho; entretanto, juntamente com a pele, ela destaca-se, como a que define o aspecto vital das pessoas: "[...] enquanto a pele corresponde a um princípio de individuação, a alma atua como um princípio de subjetivação, conferindo a todas as espécies de *i-bida* [conceito que designa o conjunto das partes do corpo *humano*, inclusive a alma], faculdades que são ao mesmo tempo psicológicas, sociológicas e intelectuais, como: consciência de si e de outrem, linguagem, pensamento, socialidade. Todas as espécies de *i-bida* – os corpos humanos e os corpos animais – são, nesta medida, pessoas" (Lima, 2002, p. 5).

Ser uma pessoa, na perspectiva Juruna, não é ser distinto da humanidade. É uma concepção diferente da usual de nossa cultura, que pensa a humanidade formada apenas por humanos. Para os Juruna, não. Se o que diferencia uma onça de um peixe, ou de uma mulher, é a pele que estão vestindo, todos os animais são humanos, inclusive os *humanos*.

Esse discurso mítico, entretanto, possui interface: a (trans)fisiologia diretamente que buscamos revelar. Se uma pessoa (seja na pele de um humano, seja na de um animal) não vê ou ouve um espírito, por exemplo, é por incapacidade dos olhos e ouvidos do observador. A fisiologia dos Juruna, desse modo, pode ser *manipulada* para ver e/ou ouvir – ou qualquer outro sentido – espíritos. Os espíritos, portanto, são apenas humanos sem pele. Apenas um observador capacitado, como um xamã, consegue ver um espírito ou a pessoa por trás da pele que esteja vestindo; mas têm êxito, apenas, pois consegue situar-se no *campo visual* do espírito, seja na pele de um pássaro, seja na de um macaco. Se um Juruna olhar nos olhos de uma onça, ele pode virar onça e nunca mais voltar; assim como a onça pode virar "gente" para ele (Lima, 2002, p. 6).

4. Evolução do conceito. A Fisiologia da Religião, como dissemos, por ser ainda uma subdisciplina nova na Ciência da Religião, ainda não tem correntes teóricas de investigação ou escolas de pensamento bem definidas. Entretanto, é possível organizar, a partir da composição teórica das três abordagens de subseções anteriores (*Corpo Experiencial*, *Corpo Mágico* e *Corpo Simbólico*), algumas linhas de raciocínio que venham a compor uma evolução do conceito para uma Fisiologia da Religião em andamento.

Mesmo que estas venham a ser modificadas e rearranjadas posteriormente, o primeiro passo precisa ser dado. Com isso em mente, organizamos três possíveis *perspectivas* para a Fisiologia da Religião: 1) perspectiva fisiológica das experiências religiosas; 2) perspectiva fisiológica das terapias religiosas; e 3) perspectiva fisiológica sutil ou simbólica da religião.

a) Perspectiva fisiológica das experiências religiosas. Investigar o corpo como produtor de experiências religiosas é uma *perspectiva* específica na Fisiologia da Religião aqui apresentada. Dentro desta *Perspectiva fisiológica da religião*, pode-se investigar qualquer um dos *Sistemas Fisiológicos* apresentados anteriormente. Sejam os efeitos do *Sistema Bioquímico*, induzido pela *ayahuasca* nos rituais daimistas, seja uma possível dialética entre o *Sistema Neuromotor* e a dança sufi. Independentemente do sistema fisiológico empregado para o estudo, se o objeto de estudo for as repercussões fisiológicas das experiências místico-religiosas, será a perspectiva fisiológica das experiências religiosas.

Trabalhos desenvolvidos deste ponto de vista tornaram possíveis teorias como o do *Circuito Neuronal da Espiritualidade* e o *Gene de Deus*, por exemplo, de Newberg e D'Aquilli (*Why God won't go away*, 2002) e de Dean Hammer (*O gene de Deus*, 2004). Mesmo que sujeitas a críticas, essas investigações permitiram certo alargamento das inquirições sobre conversão e experiência religiosa na Ciência da Religião, antes apenas restrito ao domínio da filosofia fenomenológica.

Em 2001, a neurocientista Nina Azari realizou, juntamente com os seus colegas (Azari et al., *Neural correlates of religious experience*), um experimento em que, por meio da tomografia por emissão de pósitrons, comparou as respostas cerebrais de ateus e de crentes protestantes. Azari fez com que tanto os ateus quanto os crentes lessem salmos bíblicos, quadrinhas infantis, além de informações para utilização de cartões telefônicos. O resultado da experiência indicou que os ateus reagiram de forma emocional à familiar quadrinha infantil. Isso sucedeu devido às elevações das atividades neuronais nos seus sistemas límbicos. Os crentes, por sua vez, reagiram com indiferença às quadrinhas, contudo a repetição continuada dos salmos bíblicos conduziu-os a um estado dito "religioso", como eles mesmos o denominaram. As áreas ativadas no cérebro dos crentes, segundo os autores, poderiam apontar para existência de um "circuito neuronal religioso", o circuito frontoparietal do córtex cerebral. Azari concluiu, assim como alguns outros cientistas que investigam experiências religiosas sob a perspectiva fisiológica, que a experiência religiosa♀, como anunciou James em 1902, é um processo biológico (Gellhorn; Kiely, 1972; Persinger, 1987).

b) Perspectiva fisiológica das terapias religiosas. Os cientistas que na época investigavam uma *Protofisiologia* da Religião sob a perspectiva aqui empregada de Terapêutica e Saúde♀ realizavam estudos comparativos entre as práticas religiosas e as suas possíveis implicações medicinais. Isso pode ser verificado na própria história da tradicional medicinal indiana, dos *medicine-man* (Rocha, 2010, p. 30) e dos *saludadores*, com a medicina popular da Europa (Moura, 2009). Ainda hoje, essa intrincada relação – religião♀ e saúde♀ – pode ser observada, como nos mostra a historiadora da ciência Anne Harrington, descrevendo a relação histórica entre a medicina, a cura♀ e a religião♀ (Harrington, 2005, p. 287-307).

Há registros das especulações sobre uma *Fisiologia terapêutica da religião* na própria historicidade que as práticas religiosas exerceram nas formas de medicina de civilizações antigas (Harrington, 2005, p. 287-307): trabalhos como o do Major Basu sobre o sistema hindu de medicina tradicional, de 1889, e as investigações pioneiras sobre *pranayama*. Em 1936, os médicos franceses Charles Laubry e Théérèse Brosse investigaram o *pranayama*, uma conhecida prática espiritual iógica e suas relações *cardiorrespiratórias* em *ratha-iogues* (Eliade, 2001, p. 336-337). Jean Filliozart é outro médico e fisiologista que, a partir de 1940, se interessa e traduz trabalhos sobre a história do *Ayurveda*, a tradicional medicina indiana, e faz extensos comentários sobre as práticas corporais realizadas pelos iogues indianos e sobre suas interfaces fisiológicas (Eliade, 2001, p. 337).

Em uma pesquisa publicada em 2007, intitulada *The new sciences of religion*, o filósofo da religião William Grassie propõe a inclusão de novas ciências nos estudos religiosos, entre as quais a fisiologia estaria incluída neste novo espectro, intitulada "Fisiologia e Saúde♀" pelo autor. Em seu livro, com o mesmo título de sua investigação, Grassie dedica capítulos inteiros a discutir a interface religião♀ e saúde♀, como *As neurociências♀ da religião* ou *A medicina da religião*. Ele enfatiza os novos desafios que os cientistas da religião precisam enfrentar para dar conta de compreender novas narrativas religiosas. Muitas religiões, ele pondera, têm surgido nas últimas décadas, e as suas cosmologias carregam consigo elementos das mais recentes pesquisas da biomedicina, cabendo aos cientistas da religião consolidar a fisiologia entre mais uma de suas disciplinas para dar conta de acompanhar as transformações religiosas no mundo contemporâneo (Grassie, 2010, p. 111-132).

c) Perspectiva fisiológica sutil ou simbólica da religião. Conceitos como perispírito, *chakras*, *chi* e *reiki* e *johrei* podem não significar nada para o fisiologista convencional da biomedicina, mas para um cientista da religião, que dialoga tanto com a fisiologia quanto com as crenças♀ dos grupos investigados, faz toda diferença. O objetivo dos ensinamentos ióguicos, por exemplo, em realizar posturas físicas combinadas com exercícios respiratórios e meditação♀ não está em melhorar a saúde♀ ou produzir experiências místicas♀ ou saúde♀ e bem-estar aos seus praticantes.

Aqueles que se dedicam a estranhas técnicas corporais, muitas vezes estranhas a nossa cultura, como ioga e *tai chi chuan*, se prostram em prece por horas numa igreja ou realizam cinco genuflexões por dia em direção a Meca, mas não o fazem para melhorar as suas capacidades cardiorrespiratórias, a flexibilidade dos extensores dos seus músculos da coxa ou para se prevenir da lombalgia. Mesmo que isso possa vir a acontecer, esses homens e essas mulheres desempenham tais atos de tradições milenares objetivando a *salvação♀*, a *libertação♀* ou a *redenção*.

Pensando nisso, podemos aventar uma terceira *perspectiva* na Fisiologia da Religião, a qual não está circunscrita no diálogo religião-saúde♀ ou na descrição empírica das experiências religiosas, como as duas perspectivas anteriores, mas na percepção simbólica do corpo em interface com novas cosmologias corporais. A *perspectiva fisiológica sutil ou simbólica da religião* levaria em consideração a fisiologia sutil ou transfisiologia contida nas doutrinas religiosas, como verdade ontológica para o seu grupo (Fuller, 2008, p. 79, p. 93-94, p. 96; Jain, 2010).

Um exemplo é o caso da ioga no Brasil. Trazido ao conhecimento dos brasileiros a partir de 1960, foi se erigindo de forma particularmente singular, agregando nomenclaturas da fisiologia biomédica às suas escrituras sagradas. Conceitos fisiológicos sutis, como *chakras*, vieram adquirindo cada vez mais popularidade. Hoje, por exemplo, é bastante comum vê-los associados com o funcionamento das glândulas endócrinas. Um fisiologista biomédico ou mesmo um fisiologista da religião que adote

FISIOLOGIA DA RELIGIÃO

apenas as perspectivas terapêuticas ou experienciais empíricas pode não se ater às ressignificações que já vêm ocorrendo.

Desde a transplantação da ioga indiano ao Ocidente, diversas ressignificações ocorreram. Uma das principais influências da ioga moderna tem sido a ciência biomédica. O encontro da transfisiologia ióguica medieval da Índia, fortemente atrelada ao pensamento mágico, com a fisiologia da biomedicina, profundamente racional, fez os iogues buscarem legitimar as escrituras ióguicas medievais à racionalidade moderna (Simões, 2015). Entretanto, não foram os *chakras* que se "materializaram", mas as glândulas endócrinas é que foram se "sutilizando".

As implicações dessas descobertas conduzem o cientista da religião preocupado em compreender a construção de novas narrativas sendo edificadas. A perspectiva fisiológica sutil ou simbólica da religião permite analisar não a fisiologia orgânica do corpo, mas a fisiologia sutil do corpo na religião. Parece que, para a religião, um corpo só é pouco, por isso uma perspectiva fisiológica deve contemplar o funcionamento de outros corpos também.

IX. Recepção. As maiores críticas que recaem sobre a Fisiologia da Religião em andamento talvez estejam na sua preocupação com a fenomenologia das experiências religiosas, e a busca por certa universalização de justificativas pela fisiologia biomédica. Sabe-se, por exemplo, que o lobo occipital sofre uma ação glutamatérgica quando se observa a lua, mas isso não impede de intuir e experienciar outros tantos fenômenos, que a beleza e o fascínio que o conhecimento fisiológico empírico dessa ação não pode desfazer. Há uma preocupação também entre os *neuroteólogos* para localizar a "morada de Deus" no cérebro, fato este impossível de se investigar, por não ser passível de demonstração científica (Atran, 2002, p. 178-185).

Não há dúvida de que, nas situações ditas religiosas, ocorrem alterações fisiológicas, mas qualquer ação humana, como se sabe, altera também a bioquímica do corpo humano. Como ter certeza de que essas situações foram causadas pelas endorfinas ou pelo divino, o Vazio, *Ishvara* ou pelo contato espiritual com um *guru* ou o próprio Deus? Os fenômenos religiosos não são mais importantes do que os conteúdos da situação religiosa, das interpretações que causam e das ressignificações que os indivíduos construíram com as suas experiências. A religião pode ser mais do que alguns estados fisioquímicos, emocionais, psíquicos ou de secreções hormonais.

Quando alguém afirma que a religiosidade deve ser atribuída ao sistema límbico, ao lobo temporal, ao córtex pré-frontal, a qualquer outra área específica, ao neurotransmissor do cérebro ou outro órgão físico, está a um passo de se tornar um fundamentalista ou pseudocientista, e se posicionar do mesmo lado de um clérigo ou xamã que sente a energia divina circulando em suas veias. Deve-se considerar o contexto cultural, ambiental e genético antes de se fazer tais afirmações fisiológicas. É com o olhar do cientista da religião que a fisiologia adentra as ciências que compõem a Ciência da Religião.

Numerosos passos, entretanto, ainda têm de ser percorridos com o intuito de consolidar os mecanismos fisiológicos envolvidos nas práticas, descritos nas escrituras e perpetuados pelas experiências e comunidades religiosas. Como toda área científica acadêmica é passível de crítica, os estudos que correlacionam a fisiologia com a religião, devido ao pequeno número de voluntários em algumas pesquisas, às condições de controle e às dificuldades na interpretação de variáveis que muitas vezes interagem, não são exceção à regra. Mas os efeitos fisiológicos que se observam durante as práticas religiosas parecem apontar para um padrão de alterações consistentes que devem ser compreendidas e criticadas pela comunidade científica da religião, mas não conseguem mais ser ignoradas.

Mesmo que se considerem prematuras algumas das conclusões (a favor ou contra), as análises descritas acarretaram ingresso cada vez maior da fisiologia no âmbito das investigações científicas sobre a religiosidade humana. Atualmente, para poder entender e criticar o que essas investigações empíricas pretendem é preciso cada vez mais compreender a ciência que investiga o funcionamento do corpo humano (Fuller, 2008).

Bibliografia: ATRAN, S. *In Gods We Trust*: The Evolutionary Landscape of Religion. Oxford: Oxford University Press, 2002; COAKLEY, S. (Org.) *Religion and the body*. Cambridge: Cambridge University, Press, 1997; D'AQUILLI, E. G.; NEWBERG, A. B.; RAUSE, V. *Why God won't go away*: Brain science and the biology of belief. New York, United States of America: The Ballantine Publishing Group, a division of Random House, Inc., 2002; DANUCALOV, Á. D.; SIMÕES, R. S. *Neurofisiologia da meditação*: as bases neurofisiológicas das experiências místico-religiosas. 2. reimpressão. São Paulo: Phorte Editora, 2009; ELIADE, M. *Xamanismo e as técnicas arcaicas do êxtase*. São Paulo: Martins Fontes, 1998; ELIADE, M. *Yoga*: imortalidade e liberdade. São Paulo: Palas Athena, 2001; FULLER, R. C. *Spirituality in the flesh*: bodily sources of religious experience. New York: Oxford University Press, 2008; Gellhorn, E.; KIELY, W. F. Mystical states of consciousness: neurophysiological and clinical aspects. *J. Nerv. Mental. Dis.*154, 1972, p. 399-405; GRASSIE, W. The Medicine of Religion. In: *The new sciences of religion*. New York: Palgrave Macmilian, 2010. p. 111-132; HARRINGTON, A. Uneasy Alliances: The faith factor in medicine; the health factor in religion. In: PROCTOR, J. D. (Org). *Science, religion and the human experience*. Oxford: Oxford UP, 2005. p. 287-307; IYENGAR, B. K. S.; RIEKER, H-U. *Hatha-Yoga Pradipika*. Elsy Becherer: The Aquarian Press, 1992; JAIN, A. R. Chakras and Endocrine Glands: Metaphysics and Physiology in the

Preksha Dhyana of Acharya Mahaprajna. *Bulletin for the Study of Religion* 39(2), 2010; JAMES, W. *As variedades da experiência religiosa*: um estudo sobre a natureza humana. São Paulo: Cultrix, 1995 [original: 1902]; LANGDON, E. J. *Performance* e sua diversidade como paradigma analítico: a contribuição da abordagem de Bauman e Briggs. *Antropologia em primeira mão*, 94, 2007, p. 5-26; LAPLATINE, F. *Antropologia da doença*. São Paulo: Martins Fontes, 2011; LÉVI-STRAUSS, C. O feiticeiro e sua magia. In: *Antropologia estrutural*. São Paulo: Cosac Naify, 2008. p. 237-292; LIMA, T. S. O que é um corpo? *Religião & Sociedade*, Rio de Janeiro, v. 22, n. 1, 2002, p. 9-20; MALINOWSKI, B. *Argonautas do Pacífico ocidental*: um relato do empreendimento e da aventura dos nativos nos arquipélagos da Nova Guiné melanesia. 3. ed. São Paulo: Abril Cultural, 1984; MAUSS, M. As técnicas do corpo. In: *Sociologia e Antropologia*. São Paulo: Cosac & Naify, 2003; McKINNEY, L. O. *Neurotheology*: virtual Religion in the 21st Century. Cambridge, MA: American Institut for Mindfulness, 1994; McNAMARA, P. (Ed.). The frontal lobes, and the evolution of cooperation and religion. In: *Where God and science meet*: how brain and evolutionary studies alter our understanding of religion. Westport, CT: Praeger Perspectives, 2006. v. II: *The neurology of religious experience*, p. 189-204; MOURA, E. C. *Entre ramos e rezas*: o ritual de benzeção em São Luiz do Paraitinga, de 1950 a 2008. Dissertação de Mestrado, Programa de Ciências da Religião, PUC-SP. São Paulo:, 2009; NASCIMENTO, M. C. et al. A categoria racionalidade médica e uma nova epistemologia em saúde. *Ciênc. saúde coletiva* [online]. vol. 18, n. 12, 2013, p. 3595-3604; NEWBERG, A. et al. *Why God won't go away*: brain science and the biology of belief. New York: Ballantine Books, 2002; NUNES, T. C. L. *Yoga: do corpo, a consciência; do corpo à consciência* – O significado da experiência corporal em praticantes de Yoga. Dissertação de Mestrado. Programa de Pós-Graduação em Antropologia Social da Universidade Federal de Santa Catarina, 2008; PERSINGER, M. A. *Neuropsychological bases of God beliefs*. New York: Praeger Publishers, 1987; REYNOLDS, V.; TANNER, R. *The biology of religion*. London: Longman, 1983; ROCHA, A. M. *A tradição do Ayurveda*. Rio de Janeiro: Águia Dourada, 2010; ROCHA, G. Marcel Mauss e o significado do corpo nas religiões brasileiras. *Interações – Cultura e Comunidade* 3(4), 2008, p. 133-150; SIMÕES, R. *O papel dos klesas no contexto moderno da ioga no Brasil*: uma investigação sobre os possíveis deslocamentos da causa do mal e da produção de novos bens de salvação por meio da fisiologia biomédica ocidental. Tese de Doutorado. Programa de Pós-Graduação em Ciências da Religião da Pontifícia Universidade Católica de São Paulo. São Paulo, 2015; SOUTO, A. *A essência do* Hatha-Yoga. São Paulo: Phorte, 2009; WAXMAN, S. G.; GESCHWIND, N. The interictal behavior syndrome of temporal lobe epilepsy. *Arch Gen Psychiatry*. 32(12), 1975 Dec., p. 1580-1586; WULF, D. H. *Psychology of Religion*: Classic and Contemporary. New York: John Wiley & Sons, 1991.

ROBERTO SERAFIM SIMÕES

FRAZER, JAMES GEORGE → Etnologia e Etnografia → Antropologia da Religião → História das Religiões → Sociologia da Religião

FREUD, SIGMUND

Conhecido mundialmente como o criador da psicanálise♀, Sigmund Freud (1856-1939) era médico neurologista de formação. De origem judaica, Freud nasceu em Freiberg, na Morávia, em 6 de maio de 1856. Foi o filho primogênito de Jacob Freud e de Amalie Nathanson. Quando tinha quatro anos de idade, sua família se mudou para Viena, local onde os judeus tinham melhor aceitação social, assim como melhores perspectivas econômicas.

Freud estudou com o médico francês Jean-Martin Charcot (1825-1893) e, posteriormente, com o médico Josef Breuer (1842-1925). Ambos se dedicavam às pesquisas sobre a histeria, um diagnóstico utilizado à época e que abarcava toda uma série de sintomas pseudoneurológicos e somáticos, de causa aparentemente psicogênica. Por um breve período, Freud utilizou a hipnose para tratar suas pacientes histéricas. No entanto, a partir de sua prática clínica, do trabalho realizado com Breuer e de sua própria autoanálise (como a interpretação♀ de seus próprios sonhos e aqueles de seus pacientes), Freud passou a desenvolver outras técnicas terapêuticas e de análise da vida psíquica, como a associação livre, as quais deram origem, mais tarde, à psicanálise♀ enquanto disciplina específica do conhecimento e da abordagem terapêutica. Para a psicanálise♀, os sintomas psicopatológicos, bem como as motivações que determinam o comportamento dos indivíduos, são geralmente inconscientes, sendo preciso buscá-los na história de vida do indivíduo, em sua relação com o(a) psicanalista, em seus sonhos, atos falhos e outras manifestações de seu inconsciente. Em seu percurso de construção da Psicanálise♀, Freud, além de propor teorizações sobre o funcionamento do inconsciente, também se debruçou sobre a relação do sujeito com os objetos do mundo externo, isto é, sobre o modo como o sujeito se relaciona no campo social, o que inclui as práticas religiosas. Dessa maneira, abriu caminho para um amplo debate entre psicanálise♀ e religião♀, psicanálise♀ e antropologia, à medida que levantava semelhanças e diferenças entre os mitos fundadores, os sistemas religiosos e os modos pelos quais o indivíduo estrutura sua subjetividade.

A temática "religião♀" está presente em vários textos freudianos, sendo válido destacar que, no estudo psicanalítico da religião♀, não há ultrapassagem dos limites do psiquismo humano, ou seja, a experiência religiosa♀ é entendida como uma experiência

FREUD, SIGMUND

psicológica, com toda a representação simbólica e afetiva que possua. Sendo assim, a psicanálise♀ traz contribuições úteis tanto para interpretar o sentido inconsciente dos rituais religiosos como também para esclarecer a natureza das crenças♀ religiosas e a gênese dos fenômenos religiosos em suas mais diversas formas. No intervalo entre o primeiro texto freudiano sobre a temática religiosa, em 1907, e o último, publicado em 1939, é possível observar os movimentos de modificação – peculiares a uma teoria que se encontra em construção – na própria teorização sobre a religião.

A primeira referência freudiana ao tema da religião♀ aparece em um texto chamado *Um caso de cura pelo hipnotismo* (1892-1893), no qual Freud observou que os delírios histéricos das monjas durante a Idade Média, repletos de linguagem erótica e blasfêmias♀, seriam a expressão de ideias recalcadas que surgiriam em função de uma operação denominada como "contravontade" (Freud, 1892-1893/1996). Em outras palavras, um desejo♀ inconsciente recalcado se impunha sobre a consciência♀. Nesse momento, a religião♀ surge como um mecanismo a favor do recalque, capaz de controlar e conter as pulsões sexuais, opondo--se ao desejo♀ do sujeito. De acordo com Freud (1892-1893/1996), as monjas, acometidas de uma exaustão histérica, atestariam a natureza sexual do recalcado por meio de seus delírios. Essas primeiras formulações acerca da histeria e suas ligações com o fenômeno religioso abrem espaço, alguns anos depois, para a análise das possíveis relações existentes entre a neurose obsessiva e a religião. É importante frisar que, na interpretação♀ freudiana do fenômeno religioso, os fenômenos da neurose obsessiva ocupam lugar de destaque em sua interpretação♀ do comportamento religioso.

Em *Atos obsessivos e práticas religiosas*, primeiro texto dedicado exclusivamente à temática da religião♀ (1907), Freud coloca em evidência a analogia♀ entre os atos obsessivos e cerimoniais religiosos. Essa aproximação reside na semelhança existente entre eles, a saber: na impossibilidade de serem negligenciados sem que acarretem os "escrúpulos de consciência♀", na exclusão de outros atos, com proibição de serem interrompidos e na sua execução minuciosa. É nesse ensaio também que encontramos a célebre enunciação freudiana: "[...] podemos atrever-nos a considerar a neurose obsessiva como o correlato patológico da formação de uma religião, descrevendo a neurose como uma religiosidade individual e a religião♀ como uma neurose obsessiva universal" (Freud, 1907/1996, p. 116). Por meio do relato de fragmentos de alguns casos clínicos, Freud (1907/1996) nos mostra que os rituais obsessivos aparecem como uma necessidade urgente e insistente que deve ser efetuada, ainda que o sujeito nada saiba sobre o sentido de determinada ação. No que diz

respeito aos crentes religiosos, o autor emprega o mesmo raciocínio.

No texto *Leonardo da Vinci e uma lembrança de sua infância* (1910), já encontramos sinais da problemática religiosa como vinculada à problemática edípica. Podemos observar nesse ensaio, ainda que resumidamente, os principais elementos que posteriormente compõem a crítica freudiana à religião♀, a saber: a religião♀ como uma solução para o desamparo no qual o homem se encontra e como forma de aliviar os sentimentos de culpa inconscientes resultantes do complexo de Édipo. É também nesse texto que encontramos a primeira associação freudiana explícita entre a figura do pai e a figura de Deus, bem como seu enlaçamento no complexo paterno. Por meio dessa obra percebemos que o interesse freudiano pelas questões colocadas pela religião♀ estava diretamente ligado com a sua prática analítica. Sendo assim, as teorizações freudianas acerca da religião♀ não devem ser consideradas como pouco relevantes na totalidade de sua obra, tampouco como uma construção de cunho meramente sociológico ou antropológico.

Com a publicação de *Totem e tabu* (1913), o fenômeno religioso ganha amplitude e aprofundamento nas análises freudianas. Nesse texto, Freud (1913/1996) apresenta uma primeira tentativa de empregar as descobertas da psicanálise♀ para além da esfera clínica e psicológica, aproximando-as das questões tratadas pela Antropologia, pela Sociologia e pela Etnologia. Todavia, *Totem e tabu* deve ser tomado em um lugar de relevância dentro da teoria freudiana, pois é nele que vemos o estabelecimento de uma identidade originária para a neurose e a religião♀, na medida em que postula o conflito edipiano como fonte comum do nascimento da cultura e suas instituições, assim como do conflito neurótico. Nesses termos, temas importantes na teorização psicanalítica, tais como: a gênese da cultura♀ e da religião♀, a origem da lei moral, o assassinato, a ambivalência afetiva, a culpabilidade e a dívida simbólica, podem ser encontrados e trabalhados em *Totem e tabu*.

Para realizar suas considerações, Freud (1913/1996) escolheu como base as tribos dos aborígines da Austrália que já haviam sido pesquisadas anteriormente por antropólogos. O que desperta a atenção de Freud nessas tribos é o lugar ocupado pelas instituições religiosas♀ e sociais no sistema chamado "totemismo". O totemismo configura a subdivisão das tribos em grupos menores, clãs, denominados de acordo com seu totem. Por meio das pesquisas realizadas, Freud (1913/1996) tem acesso à conceituação do totem, que, salvo exceções, é um animal, um vegetal (observado com frequência) ou um fenômeno natural, que mantém vinculação especial com o clã.

A particularidade do sistema totêmico que despertou o interesse de Freud (1913/1996) reporta-se a uma lei que se opõe à prática de relações sexuais entre pessoas do mesmo totem. Ele observa que a transgressão dessa proibição é punida de forma extremamente vigorosa, como um modo de tolher um perigo que ameaça a comunidade. O castigoρ para as relações sexuais com uma pessoa de um mesmo clã é a morteρ. Sendo assim, os povos "primitivos" (como Freud os definia) cuidam da proibição ao incesto com bastante severidade, por meio do que chamam de "evitações". Na existência de tantas regras e tanto rigor é que se mostra a relação entre a vida do homem primitivo e a vida psíquica do neurótico. Em ambos os casos, a escolha do primeiro objeto de amor é incestuosa. Freud (1913/1996) conclui que se existem muitas regras e proibições é porque há desejoρ.

Freud (1913/1996) prossegue realizando uma análise dos tabus e verifica seu caráter ambivalente já na etimologiaρ da palavra, que ao mesmo tempo designa aquilo que é sagrado, consagrado, e o que é impuro, misterioso, proibido. Diante do caráter inabordável do tabu e das proibições às quais se submetem os ditos "povos primitivos", Freud (1913/1996) considera pertinente ater-se à questão relativa ao seu enigma. A justificativa para a psicanáliseρ se ocupar deste tema é que os tabus dos povos polinésios não estão muito distantes daqueles da sociedade ocidental. No que diz respeito às proibições, Freud (1913/1996) faz uma distinção entre as decorrentes dos tabus e as religiosas ou morais. Para o autor, as proibições do tabuρ não se alicerçam em nenhuma ordem divina, mas se impõem por sua própria conta, não possuem fundamento e são de origem desconhecida. Divergem das proibições morais e convenções, pois não se enquadram em algum sistema que apresente motivos para certas abstinênciasρ.

No exame das diversas circunstâncias nas quais os tabus são aplicados, verifica-se uma semelhança entre eles e as obrigações impostas nos rituais obsessivos. O caráter compulsivo da restrição evidencia os votos de que aquela proibição venha a ser realizada. As várias proibições advindas dos tabus, para Freud (1913/1996), decorrem das duas principais restrições totêmicas: não matar e comer o totem, e não ter relações sexuais com os membros do mesmo clã. No decorrer dessas elaborações, Freud (1913/1996) visa demonstrar as relações entre a proibição e o desejoρ, estabelecendo uma interlocução entre as proibições do tabu e o totemismo, associando-as com a organização subjetiva do neurótico.

Partindo dessa ligação estabelecida entre o tabu e o totemismo, Freud (1913/1996) se interessa em explorar um conceito que deu um caráter singular às figuras totêmicas: o animismoρ. Referindo-se a uma doutrina das almasρ e, mais genericamente, à doutrinaρ dos seres espirituais, o animismoρ é apresentado como um sistema de pensamento cujo objetivo é compreender o universo em sua totalidade.

Baseando-se na teoria positivista dos estágios mentais de Auguste Comteρ, Freud (1913/1996) delineia os três sistemas de pensamento pelos quais a humanidade buscou apreender o mundo. Na primeira fase, a animista, o modo de pensar era mítico e o homem atribuía muita importância à onipotência de seus pensamentos. As coisas eram consideradas menos importantes do que as ideias das coisas, espalhando a crençaρ de que tudo o que ocorresse às ideias das coisas também aconteceria com as coisas. Na segunda fase, a religiosa, uma parte da onipotência foi transferida aos deuses. Por fim, a terceira fase, científica, não oferece lugar para a onipotência humana.

Freud (1913/1996) faz uma comparação entre as fases do desenvolvimento da visão humana acerca do universo e as fases do percurso libidinal dos humanos. A fase animista estaria correlacionada à narcisista, cronologicamente e em conteúdo; já a fase científica equivaleria exatamente ao período em que o indivíduo atinge a maturidade, renuncia ao princípio de prazer, ajusta-se à realidade e volta-se para o mundo externo em busca de uma satisfação socialmente aceita do desejoρ, ou eventualmente renuncia à sua realização. Por sua vez, a fase religiosa corresponderia ao período de escolha de objeto, cuja ligação da criança com os pais é a principal peculiaridade. Tal fase é influenciada pelo Complexo de Édipo, no qual observamos um primeiro registro de atitudes ambivalentes diante das figuras parentais, as quais, posteriormente, determinarão a relação entre o homem e seu Deus, ou deuses.

Partindo da observação da refeição totêmica do orientalista escocês William Robertson Smithρ (1846-1894), e das hordas primitivas, de Charles Darwinρ (1809-1882) e James Jasper Atkinson, Freud (1913/1996) lança a hipótese da existência de um pai primitivo. O mito do pai primevo descreve uma situação mítica em que os filhos mataram e devoraram o pai tirânico, colocando fim à horda patriarcal. Após o assassinato, os filhos rejeitaram sua ação e, logo em seguida, deram origem a uma nova ordem social, na qual se configura a exogamia, renúncia à posse das mulheres da tribo, e a proibição do assassinato do substituto do pai, figura representada pelo totem. Em outras palavras, a morteρ do pai da horda fez surgir um *ideal que corporificava o poder ilimitado do pai primevo contra quem os filhos haviam lutado, assim como a disposição de submeter-se a ele.* Freud pôde constatar que este ideal seria encontrado nas religiões, em que a ideia de Deus representaria a ideia de um pai glorificado e também afetaria as organizações sociais. Podemos dizer, então, que é partindo de um lugar vazio, deixado pelo pai, que a cultura se institui. O Pai morto retoma sua existência e sua potência por meio deste lugar vazio, primeiramente sob a forma do animal totêmico, em seguida na imagemρ de heróis, deuses, demônios e, posteriormente, na figura do Deusℙ único judeo-cristão.

De acordo com Freud (1913/1996), todas as religiões posteriores ao totemismo são observadas como esforços para solucionar o sentimento filial de culpa – numa tentativa de suavizar esse sentimento e acalmar o pai por uma obediência que lhe foi protelada –, mesmo que se diversifiquem de acordo com a etapa da civilização em que se originaram e com os métodosℙ que escolhem. Nesse sentido, o Deus de cada humano, para Freud (1913/1996), se estabelece à semelhança do pai, e sua relação pessoal com este Deusℙ está vinculada àquela que possui com o pai de carne e osso, modificando-se e oscilando de acordo com esta última, pois Deusℙ nada mais é do que um pai glorificado.

Freud (1913/1996) presume que todas as religiões que se desenvolveram posteriormente não conseguiram extinguir o sentimento de culpa do filho, bem como sua rebeldia. Com o advento do Cristianismo, surge um métodoℙ alternativo para atenuar a culpa sentida: Cristo sacrificou a própria vida e redimiu o pecado original do conjunto de irmãos. A conduta do filho que deu sua vida para o cumprimento de uma penitência para com o pai faz com que este filho se torne Deus, ao lado do pai. A religião filial passa a sobrepor a religião paterna. A refeição totêmica é um exemplo dessa substituição, que, revivida em comunhão com outros irmãos, passa a consumir o corpo e o sangue do filho, obtendo santidade e identificando-se com este, e não mais com o pai. Estas elaborações são retomadas posteriormente em *Moisés e o monoteísmo* (1939).

Em *O futuro de uma ilusão* (1927), Freud estabelece uma relação entre psicanáliseℙ e religiãoℙ, demonstrando as razões da crençaℙ em Deus. Para Freud (1927/1996), todo sujeito passa pela experiência daquilo que foi designado como *Hilflosigkeit*, isto é, um estado de desamparo, de carência de recursos, de ausência de ajuda, de abandono. Uma experiência como esta não é a primeira na história de vida do sujeito.

Retornando às primeiras experiências infantis, vemos que, habitualmente, a criança vive sob proteção desde o momento de seu nascimento. Esse momento retrata a condição de dependência completa, na qual o bebê se encontra para a satisfação de suas necessidades. Apenas mediante o grito e o choro é que o bebê apela para a intervenção de seu cuidador a fim de que este lhe satisfaça alguma necessidade. Isso significa que, sem a ação por parte do outro, o bebê é incapaz de amenizar a tensão sentida pela fome, pelo frio, pela sede, dentre outras. O outro – que muitas vezes comparece na figura da mãe – é quem promove o apaziguamento dessas tensões. Observamos, então, que a dependência total do bebê está diretamente relacionada com a onipotência desse outro que surge para suprir suas necessidades. Mais tarde, a criança

aprende a falar e a expressar a sua demanda, fazendo com que, por meio de sua fala, haja o aparecimento de um cuidador.

É a partir do sentimento de desamparo infantil vivido pela criança e pela proteção encontrada na figura paterna que Freud (1927/1996) vai explicar a origem psicológica das ideias religiosas. Já vimos que a mãe era a responsável por proporcionar satisfação ao bebê, tornando-se o primeiro objeto de amor deste. Posteriormente, a figura materna é substituída pela paterna, mais forte, que ocupará uma função protetora no decorrer de toda a infância. No entanto, vale destacar que essa relação com o pai será marcada por sentimentos de ambivalência. Ao mesmo tempo, ele será odiado por se interpor na relação da criança com a mãe, assim como será amado e admirado pela força e pela capacidade de proporcionar segurança, proteção à criança, diante de circunstâncias que lhe causem temor.

Na fase adulta, os seres humanos constatam que as suas vidas são repletas de situações difíceis e de enfrentamentos. Existem elementos que parecem escarnecer de qualquer controle humano e nos mostram que a natureza não foi vencida e tampouco se submeterá completamente ao homem. Segundo Freud (1927/1996), é por meio dessas forças que a natureza indomada – denominada "destinoℙ" – se levanta contra os homens, trazendo à mente a fraqueza e o desamparo humanos.

Ao adulto, diferentemente da criança, é possível reconhecer que seu pai não possui a onipotência irrestrita, como foi imaginado na infância. Sendo assim, o homem atribui à figura divina toda a potência e o amor que eram destinados ao pai naquele período infantil. Tudo o que acontece a homens e mulheres, no mundo, vai se configurar como manifestação da inteligência de um ser superior, inteligência essa que ordena tudo para melhor. Sobre cada humano existe uma Providênciaℙ bondosa que só aparentemente é severa e que não irá consentir que os homens se tornem um brinquedo para as forças poderosas e impiedosas da natureza. Dentre essas forças podemos destacar a própria morteℙ, que não é percebida como uma extinção, mas sim como o começo de uma nova espécie de existência que se acha no caminho da evolução para algo mais elevado, outra vida, a denominada "vida após a morteℙ". Nessa existência posterior, todo bem é recompensado e todo mal, punido, caso as práticas consideradas boas ou más não tenham recebido um julgamento devido na vida terrena. A partir do exposto, Freud (1927/1996) nos indica que a razão do nascimento da crençaℙ em Deus, bem como da origem das ideias religiosas, ambas estão pautadas em dois elementos: a necessidade de proteção – oriunda do desamparo – e o anseio pelo pai.

As ideias religiosas, por sua vez, têm o objetivo de proteger o homem em duas direções: contra os perigos da natureza e do destino e contra os danos que o ameaçam por parte da sociedade. Com base nessas considerações acerca da função psicológica das ideias religiosas, Freud (1927/1996) chega à conclusão de que a consolação oferecida pela religião se encontra na ordem das ilusões, nas realizações dos desejos mais antigos, fortes e prementes da humanidade. Portanto, a força de tais ideias encontra-se na força desses desejos. O conceito de ilusão teve seu significado trabalhado por Freud no texto *Reflexões para os tempos de guerra e morte* (1915). Nessa obra, a ilusão aparece coadunada com a noção de decepção. Para o autor, trata-se de uma decepção que nasce mediante a realidade humana, tendo em vista sua matização falseada em consonância com a força do desejo.

Além da ligação com a decepção, a própria ideia que se faz de homem é marcada pela ilusão, já que o acreditamos como um animal que teria dominado completamente o mundo instintivo pela racionalidade. De acordo com Freud (1915/1996), acolhemos as ilusões em razão de elas nos pouparem de sentimentos desagradáveis e nos permitirem, em troca, gozar de satisfações.

A temática da ilusão ganha relevo também em *Psicologia das massas e análise do eu* (1921), no qual encontramos uma relação entre fato religioso e ilusão. Freud (1921/1996) verifica a "ilusão amorosa" como pertencente ao seio do credo cristão. Na análise dos grupos, o autor se debruça na função do líder. O líder é um componente essencial para a coesão grupal, uma vez que permite a reunião dos outros integrantes em torno dele por amor. A ilusão amorosa é o alicerce da crença no líder, já que ele é percebido como aquele que destina amor – de irmão mais velho (de pai) – e cuidado igualmente a todos. Na análise da Igreja, Freud (1921/1996) a compreende enquanto um grupo coeso. Jesus Cristo é concebido como o líder desse grupo, o chefe que detém o saber e pode conduzir os demais membros, e, portanto, não se constitui somente um objeto de amor, mas um modelo a ser seguido, a partir do qual todos os que creem devem almejar um amor total como o seu. Os integrantes desse grupo se identificam com Cristo, e é por essa via que são possibilitados os laços de identificação entre os demais componentes.

Mesmo abordando as ilusões colateralmente à questão religiosa, podemos observar que apenas em *O futuro de uma ilusão*, Freud (1927) empreende sua análise crítica acerca da religião. Esse texto visa também apontar para o caráter ilusório das ideias religiosas em oposição à racionalidade científica. Freud (1927/1996) declara que, por se configurarem como ilusões, as ideias religiosas não são passíveis de experimentação, não se constituindo, consequentemente, como objeto das ciências; não oferecem margem para questionamentos acerca de sua autenticidade. Mas ao definir a religião como ilusão, Freud não está dizendo que ela seja um erro, no sentido de algo que pode ser facilmente alterado, uma vez reconhecido o equívoco. A religião é uma ilusão no sentido de contrariar a realidade por causa do desejo. Ao contrário da crítica intelectualista, que vê nas crenças religiosas a expressão de ideias inerentemente irracionais e, por isso, ilusórias, Freud insiste no fato de que o que mantém a ilusão religiosa é essencialmente o desejo e não um simples erro de raciocínio.

Ainda que tenha lançado críticas severas às religiões, seguindo uma tradição de pensamento iluminista, Freud (1927/1996), no final desse texto, ressalta que a religião é mais uma etapa do processo evolutivo humano, mas não descarta as vantagens que a doutrina religiosa traz para a vida comunal do homem, como a possibilidade de refinamento e sublimação das ideias que tornam possível livrar-se da maioria dos resíduos oriundos do pensamento primitivo e infantil.

É partindo de uma análise acerca da religiosidade que Freud, no texto *O mal-estar na civilização* (1929), situa a sua concepção de um novo dualismo pulsional e apresenta um antagonismo entre as exigências da pulsão e as da civilização, considerando que a busca do homem por felicidade e prazer encontra-se em contradição com as restrições impostas pela sua inserção na cultura. A fim de abordar os desdobramentos possíveis do sentimento religioso, Freud (1929/1996) elabora uma hipótese de que este seja derivado de um sentimento primário de Eu, que nos "aparece como algo autônomo e unitário, distintamente demarcado de tudo mais" (p. 74-75). Entretanto, essa aparência do Eu é enganadora, pois o Eu é continuado para dentro, sem nenhuma delimitação clara, por uma instância mental inconsciente que é denominada de *Isso*, a qual o Eu serve de fachada. Parte-se da hipótese de que o sentimento religioso remeteria às origens de formação do Eu.

Além de demonstrar a barreira constitutiva dos seres humanos à civilização, bem como as tentativas da religião em fornecer os sentidos para as vidas no mundo, em *O mal-estar na civilização* vemos os desenvolvimentos freudianos novos e salutares acerca do sentimento de culpa. É sabido que a segunda tópica do aparelho psíquico já havia sido formulada no período em que esse texto foi publicado e, como consequência dessa reconstrução teórica, o sentimento de culpa não é decorrente apenas dos sentimentos hostis destinados às figuras de autoridade, como também indicação da ação punitiva do Supereu. Toda agressividade que poderia ser endereçada ao mundo externo é assumida pelo Supereu e deslocada para o Eu. O sentimento de culpa caracteriza-se como a manifestação afetiva dessa autoagressão. De acordo com Freud (1929/1996), essa é uma das razões pelas quais pessoas crentes e virtuosas sentem-se culpadas e pecadoras: volta-se contra o Eu aquela agressividade não externalizada.

O principal texto que aborda de que maneira a psicanálise♀ concebe o fenômeno religioso e suas respectivas figuras divinas foi escrito nos últimos anos de vida de Freud, a saber: *Moisés e o monoteísmo* (1939). Esse texto se mostra importante devido à sua proposta de reconstrução da crença♀ judaica em um Deus único, das elaborações acerca da verdade histórica, partindo das contribuições de diversos campos do conhecimento, tais como a História das Religiões♀ e a Exegese do Pentateuco.

Inicialmente, Freud (1939/1996) apresenta a hipótese da origem egípcia de Moisés. Partindo dos pontos que se mantiveram em obscuridade, ou que se mantiveram esquecidos, separados dos registros oficiais da história mosaica, tais como a etimologia♀ do nome deste, Freud (1939/1996) constata que o nome "Moisés" é derivado de uma palavra egípcia. Na sequência, Freud (1939/1996) passa a analisar as características da religião mosaica, bem como das religiões politeístas e monoteístas presentes no Egito, chegando à conclusão de que a primeira carregaria elementos essenciais das segundas.

Após levantar várias observações que confirmariam a hipótese da origem egípcia de Moisés, Freud (1939/1996), baseado nos trabalhos desenvolvidos pelos historiadores Ernest Sellin e E. Meyer, verifica que há um corte, uma ruptura na história mosaica – do período relativo ao êxodo até o recebimento das leis no Monte Sinai –, não revelado pelos registros judaicos. Os estudos de Sellin defendem a tese de que Moisés havia sido assassinado pelo povo conduzido por ele na saída do Egito.

A conclusão a que Freud (1939/1996) chega a partir da leitura desses trabalhos é de que existiram dois Moisés. O primeiro foi o legislador, o Moisés egípcio, condutor do êxodo no Egito. Já o segundo foi o Moisés mediador entre Deus e o povo, aquele que recebe a convocação divina e os dez mandamentos. A tradição judaica, por sua vez, trata a história de Moisés partindo da conciliação, da unificação desses dois homens, a fim de manter o predomínio de uma história linear.

Nesse sentido, podemos apreender no processo de duplicação de Moisés que o surgimento do monoteísmo♀ judaico está relacionado com aquilo que se configura como traumático. Vemos que Freud (1939/1996) erige a perpetuação da mensagem monoteísta que compõe o povo judeu sob o ponto traumático e da história mosaica. Em outras palavras, no trauma do assassinato de Moisés – isto é, naquilo que, por não poder ser dito, incorre no esquecimento – reside a força da transmissão da mensagem monoteísta. Ainda que esquecido, há produção de efeitos e, neste caso, a própria religião judaica aparece como efeito de um trauma.

A transmissão e a prevalência do monoteísmo♀ – desde o período do monoteísmo♀ egípcio até o surgimento do Cristianismo, incluindo a historiografia judaica – passam a ser compreendidas como um acontecimento fundamentado no assassinato. O Deus único, o Uno, instaura-se a partir do trauma. Nesse sentido, Freud (1939/1996) reconhece os processos de formação dos fenômenos religiosos monoteístas de maneira equivalente ao das neuroses, uma vez que a etiologia das neuroses está relacionada com o traumático.

Nesse sentido, o evento traumático ao qual Freud (1939/1996) se refere remonta ao assassinato do pai, já mencionado por ele em 1913, em *Totem e tabu*. O autor observa que, tanto nos fenômenos da religião♀ quanto nas neuroses, os traumas atuantes e esquecidos reportam-se à vida na família humana. A defesa, nesse caso, o recalque, é relativa ao esquecimento do assassinato pelas gerações subsequentes. O período de latência, por sua vez, corresponde ao tempo decorrente entre o assassinato do pai primevo e o surgimento do monoteísmo♀. E, por fim, o retorno do recalcado é relativo à crença♀ em um Deus único, ao nascimento do monoteísmo♀, que é equivalente ao restabelecimento do pai primevo.

Além da possibilidade de pensar sobre a constituição do povo judeu e a transmissão da mensagem monoteísta, o trauma nos serve ainda para compreendermos as mudanças da percepção de um povo em relação à divindade. Deus não era mais um totem, um animal, um elemento da natureza; agora, Ele estava na ordem do irrepresentável. A interdição mosaica de adoração do Deus♀ em forma visível implicou um avanço da intelectualidade sobre a sensualidade, ou uma renúncia pulsional, tendo em vista que a ideia abstrata passou a ocupar o primeiro plano, antes pertencente à percepção sensorial. Deus♀ passou a ser uma lei a ser seguida, por isso a relação a ser estabelecida com Ele é de natureza moral.

Considerando que a concepção de um Deus-Pai e, consequentemente, da gênese do monoteísmo♀ está associada à construção da história de Moisés, Freud (1939/1996) lança mão da noção de verdade histórica para tratar da temática religiosa. No pós-escrito de seu *Estudo autobiográfico*, Freud (1925[1935]) afirma que é possível creditar à religião♀ algum fundamento de verdade. No entanto, não se trata da verdade material – aquela que o cientificismo declara como sendo verdade por excelência –, mas de uma verdade histórica. Por meio dela, a ideia de Deus♀ adquire um novo estatuto que vai além do religioso na teoria psicanalítica. Objetivando estabelecer qual o nexo de verdade histórica na religião monoteísta, Freud (1939/1996) reconstrói a história de Moisés, fazendo dele um egípcio, o estrangeiro que funda o povo judeu e que é posteriormente assassinado, e revela, assim, a concepção de um Deus♀ como ausência, que direciona o homem ao eco de suas próprias vozes. Assim, a religião♀ se caracteriza enquanto uma experiência de linguagem.

Bibliografia: FREUD, S. Atos obsessivos e práticas religiosas (1907). In: *Edição standard brasileira das obras psicológicas completas*. Rio de Janeiro: Imago, 1996. v. IX; FREUD, S. Leonardo da Vinci e uma lembrança de sua infância (1910). In: *Edição standard brasileira das obras psicológicas completas*. Rio de Janeiro: Imago, 1996. v. XI; FREUD, S. Moisés e o monoteísmo (1939). In: *Edição standard brasileira das obras psicológicas completas*. Rio de Janeiro: Imago, 1996. v. XXIII. FREUD, S. O futuro de uma ilusão (1927). In: *Edição standard brasileira das obras psicológicas completas*. Rio de Janeiro: Imago, 1996. v. XXI; FREUD, S. O mal-estar na civilização (1929). In: *Edição standard brasileira das obras psicológicas completas*. Rio de Janeiro: Imago, 1996. v. XXI; FREUD, S. Psicologia das massas e análise do eu (1921). In: *Edição standard brasileira das obras psicológicas completas*. Rio de Janeiro: Imago, 1996. v. XVIII; FREUD, S. Reflexões para os tempos de guerra e morte (1915). In: *Edição standard brasileira das obras psicológicas completas*. Rio de Janeiro: Imago, 1996. v. XIV; FREUD, S. Totem e tabu (1913). In: *Edição standard brasileira das obras psicológicas completas*. Rio de Janeiro: Imago, 1996. v. XIII; FREUD, S. Um caso de cura pelo hipnotismo (1892-1893). In: *Edição standard brasileira das obras psicológicas completas*. Rio de Janeiro: Imago, 1996. v. I; FREUD, S. Um estudo autobiográfico (1925/1935). In: *Edição standard brasileira das obras psicológicas completas*. Rio de Janeiro: Imago, 1996. v. XX.

Rafisa Moscoso Lobato Mendonça Martins
Caroline Gonzaga Torres
Everton de Oliveira Maraldi

FROMM, ERICH

Como muitos outros cultores da Psicanálise℗, Erich Fromm (1900-1980) nasceu numa tradicional família judia, na qual teve uma iniciação℗ bem dentro dos padrões de uma família ortodoxa na Alemanha de então. Quando adolescente, chegou mesmo a participar da Juventude Judaica. Ao que parece, sua vida pessoal foi influenciada por essa experiência religiosa℗, deixando marcas em sua carreira de psicanalista e de escritor famoso. Fromm fez seus primeiros estudos de Direito℗ e Filosofia na Universidade de Frankfurt, em Breisgau. Mais tarde, estudou nas Universidades de Heildelberg e de Frankfurt. Tempos depois, por iniciativa própria, dirigiu-se a Berlim, cidade onde participou do círculo psicanalítico liderado por Theodor Reik, em que teve também a assistência de Hans Sachs. Em Frankfurt tomou parte da chamada Escola de Frankfurt (de Max Horkheimer e Theodor Adorno), conhecida por sua visão filosófica e social ao aliar as ideias do Marxismo às concepções da Psicanálise℗. No entanto, alguns anos depois, em plena década de 1950, Fromm se opôs à leitura freudo-marxista de Hebert Marcuse, um dos intelectuais inspiradores das revoluções juvenis. Movimentos esses que nos anos 1960 abalaram os Estados Unidos e a Europa, tendo como epicentro Paris.

Com pouco mais de 30 anos, Fromm viu-se coagido a migrar para os Estados Unidos. Ali, travou contato com as teorias culturalistas dos psicanalistas americanos H. S. Sullivan e Karin Horney. Essas novas teorias influenciaram Fromm a ver na Psicanálise℗ ângulos novos, que acabaram por apartá-lo da Psicanálise℗ que aprendera em Berlim. No fluxo dessas várias correntes, Fromm passou a ser um psicanalista cada vez mais atento aos fatores sociais e aos fenômenos da cultura. Tornou-se um dos nomes mais famosos de uma corrente neopsicanalítica que teve sucesso em terras americanas.

Roudinesco (1998, p. 284) resume assim o pensamento de Fromm como psicanalista e como analista de sua época: "[...] cosmopolita, culturalista, apaixonado pela História das Religiões e sempre tentado pelo sincretismo℗ messiânico, em sua opinião o único capaz de permitir a emancipação individual, ele [...] fez da psicanálise℗ a expressão última de uma crise espiritual do homem ocidental, desejoso de se liberar de seu inconsciente, contestou radicalmente o universalismo freudiano e a filosofia do Iluminismo℗, em nome do relativismo cultural, e pregou os valores de um humanismo individual. Por conseguinte mostrou-se hostil a todas as formas de tirania e de autoritarismo, fossem elas políticas (ideológicas) ou familiares, fazendo ao mesmo tempo da técnica do tratamento analítico um instrumento de adaptação℗ à sociedade".

Fromm uniu o exercício da clínica psicanalítica a duas outras atividades que o tornaram famoso nos Estados Unidos. Dedicou-se à docência universitária em universidades de grande prestígio, como Yale, Michigan e Columbia – exatamente na época em que na Europa explodiam as contradições ideológicas que levaram ao Nazismo e ao Comunismo e, nesta esteira de conflitos, à Segunda Guerra Mundial e ao Holocausto do povo hebreu. Estes acontecimentos serviram de ensejo para Fromm escrever uma série de livros que o tornaram um dos escritores mais lidos no mundo, inclusive no Brasil.

Basta enumerar os títulos de algumas de suas obras, bem fundamentadas, mas distantes do pesado estilo de outros psicanalistas mais acadêmicos, para se perceber que em seus livros esteve sempre presente uma concepção humanista da Psicanálise℗ (Fromm, 1980/1982/1983a) e uma espécie de projeto ou roteiro capaz de conduzir as nações, os povos e cada ser humano a um patamar civilizatório que escapasse à barbárie que caracterizou a Europa de meados do século XX e das sociedades capitalista ou comunista contemporâneas (1983a/1983b). Esse caminho afastava-se propositalmente do de Freud℗, mas permanecia sem dúvida nos limites da via psicanalítica (Fromm, 1960/1983). O novo em Fromm era que ele sonhava com um homem capaz de assumir a liberdade para amar (1974/1975) e para escolher "mais o ser do que o ter" (1978). A condição para tanto era a utopia de instaurar uma "revolução da esperança" (1968), que, não obstante as inconsistências e vacilações da sociedade e da cultura humanas, permanecia viva no "coração do homem moderno" (1982). Uma das pré-condições para essa utopia era a recuperação de um humanismo laico que ao mesmo tempo fosse capaz de recuperar os valores tanto das religiões do Ocidente quanto as do Oriente (1979/1980/1984a/1984b).

Não basta ao homem ganhar a liberdade "de", é preciso que ele cultive uma liberdade "para". O homem não é um ser governado apenas pelas leis da natureza. Ele é um ser da cultura. Há nele uma série de necessidades especificamente humanas que vão além dos instintos que controlam o comportamento dos animais. A sociedade pode sufocar essas necessidades (como prova a história), mas não pode destruí-las por inteiro. Este é o motor da vida e da sociedade, seja no nível filogenético, seja no ontogenético.

Ao caracterizar a psicologia que especifica o modo de ser humano, Fromm elenca quatro necessidades que decorrem das dicotomias existenciais que competem aos instintos e à consciência da pessoa (1983a): a) a necessidade de amar, que faz o homem superar o narcisismo (infantil) e se transformar em um ser de relações (Fromm, 1974); b) a necessidade da fecundidade criativa, que tira o homem da passividade e do conformismo e o faz um ser não destrutivo; c) a necessidade de uma segurança que supere o aconchego da criança no regaço protetivo da mãe; quando o ser humano não supera esse estágio infantil, ele se torna facilmente adepto de mitos ideológicos de um partido, de um Führer ou de uma raça, tornando-se um ser incapaz de uma fraternidade maior, d) a necessidade de uma individualidade autônoma e de uma identidade pessoal e não massificada (Fromm, 1978).

Bibliografia: ÁVILA, A *Para conocer la psicología de la religión.* Estella: Editorial del Verbo Divino, 2003; FIZZOTTI, E. *Verso una psicologia della religione.* Leumann (Torino): Elle Di Ci, 1992. vol 1: Problemi e protagonisti; FROMM, E. *Budismo Zen y psicoanálisis.* México: F. C. E., 1979; FROMM, E. *El arte de amar.* 15. ed. Buenos Aires: Editorial Paidós, 1974; FROMM, E. *El corazón del hombre.* México/Madrid: F. C. E., 1982; FROMM, E. *El dogma de Cristo.* Barcelona: Ediciones Paidós, 1984a; FROMM, E. *El miedo a la libertad.* Barcelona: Ed. Paidós, 1975; FROMM, E. *Ética y psicoanálisis.* México/Madrid: F. C. E., 1983a; FROMM, E. *La misión de Sigmund Freud.* México: F. C. E., 1960; FROMM, E. *La revolución de la esperanza.* México: F. C. E., 1968; FROMM, E. *Psicoanálisis de la sociedad contemporánea.* México/Madrid: F. C. E., 1983b; FROMM, E.

Psicoanálisis y religión. Buenos Aires: Ediciones Psique, 1980; FROMM, E. *¿Tener o ser?* México/Madrid: F. C. E., 1978; FROMM, E. *Y sereis como dioses.* Barcelona: Ediciones Paidós, 1984b; ROUDINESCO, E.; PLON, M. *Dicionário de psicanálise.* Rio de Janeiro: Jorge Zahar 1998.

JOÃO EDÊNIO REIS VALLE

FUNÇÃO DA RELIGIÃO → Religião

FUNCIONALISMO

Funcionalismo é um paradigma da Antropologia Cultural e da Sociologia que concebe uma "cultura" ou "sociedade" enquanto uma totalidade isolada em que os seus elementos contribuem para sua estabilidade. O termo se refere ao fato de que todo o elemento, ou estrutura, serve para outro fim, com uma analogia grosseira a um organismo em que, por exemplo, um fígado não apenas existe por si mesmo, mas está ali para realizar uma função indispensável para o organismo como um todo. Dessa forma, de acordo com Radcliffe-Brown, uma "'função' é a contribuição que uma atividade parcial desempenha dentro de uma atividade total da qual é parte. A função de um uso social particular é a sua contribuição ao todo da vida social enquanto funcionamento de um sistema social total" (Radcliffe-Brown, 1935, p. 397).

O funcionalismo foi cunhado, enquanto um paradigma, nos anos 1920 como uma crítica às abordagens evolucionistas, e deu forma às Ciências Sociais, primeiramente à Antropologia Social Britânica e à Sociologia Americana até os anos 1960. Existiu ao longo de outros paradigmas, tais como a Escola de Cultura Americana e Personalidade, o Estruturalismo Francês ou a Fenomenologia Social. Desde os anos 1960, foi criticado devido aos seus pressupostos básicos que concebem culturas enquanto totalidades isoladas, à ignorância parcial da agência e à aparente lacuna de explicações para as mudanças sociais.

O funcionalismo também teve, e continua a ter, um tremendo impacto no estudo da religião. Em oposição às críticas à religião dentro do quadro das teorias iluministas ou à proposição de que a religião seria superada no curso da evolução social (*Evolucionismo*), funcionalistas argumentaram que, apesar de sua aparente ou possível irracionalidade, as práticas e crenças religiosas são um aspecto necessário da cultura/sociedade porque, dentre outras coisas, funcionam para salvar a totalidade cultural da contingência e de um retrocesso rumo à anomia (caótica).

I. História do conceito. Os pressupostos básicos do funcionalismo foram esboçados muito antes de a autoconsciência↗, enquanto um paradigma distinto nas ciências humanas e sociais, tornar-se assertiva. Pensadores evolucionistas como Herbert Spencer (1860) conceberam as sociedades de forma análoga aos organismos biológicos e assumiram que todo e qualquer de seus aspectos serviriam para a sustentação do todo. Isso incluía a perspectiva de que toda a sociedade deve ser vista como uma totalidade que existe entre outras sociedades igualmente isoladas. Tais pressupostos foram largamente compartilhados no final do século XIX e início do século XX, mesmo tendo de lidar com as críticas de várias outras abordagens, dentre elas o historicismo e o difusionismo. No estudo da religião, foi principalmente William Robertson Smith (1889) quem estabeleceu explicações funcionais. Robertson Smith argumentou que o sacrifício↗ ritual tinha o efeito de estabilizar a comunidade sacrifical. Assim sendo, o contato e a troca com os deuses seria, afinal, uma troca de presentes↗ entre os homens com o efeito de fortalecer os vínculos sociais de seus membros.

Dentre os estudiosos do final do século XIX e o início do século XX, Émile Durkheim↗ é provavelmente o mais importante precursor do funcionalismo. Enquanto fundador da Sociologia na França, seu trabalho influenciou fortemente sociólogos e antropólogos na Grã-Bretanha e nos Estados Unidos. Durkheim↗ concebeu o campo da Sociologia enquanto a análise dos "fatos sociais", que ele define enquanto "qualquer forma de atuação, ordenada ou não, capaz de exercer sobre os indivíduos um constrangimento externo; ou algo geral sobre o todo de uma dada sociedade enquanto ainda possui uma existência própria, independente das manifestações individuais" (Durkheim, [1895] 1964, p. 13).

A sociedade, então, enquanto uma entidade distinta do mundo da física, dos organismos e da consciência↗, deve ser concebida como sendo a totalidade dos fatos sociais. Ao lado de Spencer, Durkheim↗ entendia a sociedade como análoga a um organismo, de modo que os fatos sociais podem ser analisados não só em sua forma específica, mas também em termos de funcionamento em relação ao todo. Uma das áreas que guiavam seu interesse era a religião↗, e até hoje Durkheim↗ é citado como autor de uma das teorias funcionalistas centrais da religião.

O funcionalismo, enquanto um paradigma autoconsciente, evoluiu no início dos anos 1920 na eminência dos pesquisadores de campo da Antropologia, e provavelmente pela primeira vez nos trabalhos de Bronislaw Malinowski. Para ele, autoafirmar-se um funcionalista serviu para se distanciar das abordagens evolucionistas anteriores que haviam dominado as Ciências Sociais, incluindo a Antropologia Social. O evolucionismo↗ costumava explicar a diferença entre as culturas a partir do pressuposto de que todas as culturas estavam em um caminho teleológico de desenvolvimento, enquanto algumas haviam alcan-

çado estágios superiores às outras. Abordagens evolucionistas, entre outros aspectos, pareciam ajudar a reduzir a complexidade do vasto e crescente conhecimento sobre culturas não europeias. Contudo, este paradigma encontrava vários problemas, dentre eles o conhecimento mais ou menos superficial sobre essas sociedades não europeias, a superficialidade da comparação intercultural, e por suas hipóteses e pressupostos básicos serem não comprováveis.

A contribuição primária de Malinowski foi metodológica, ao passo que ele alegou (com certa dose de razão, no entanto) ter inventado o método↗ de trabalho de campo antropológico e a observação participativa voltando-se para um estudo em profundidade de culturas estrangeiras que demandava, dentre outras coisas, uma longa duração e integração do pesquisador dentro destas sociedades. Deve-se notar que a mudança de paradigmas do evolucionismo↗ para o funcionalismo também se deve à introdução das reivindicações metodológicas de Malinowski para com a Antropologia Social, uma vez que se poderia facilmente argumentar que o paradigma evolucionista carecia de quaisquer considerações metodológicas (excetuando-se as comparações arbitrárias). Contra os elementos diacrônicos das abordagens evolucionistas, qualquer método↗ sociológico ou antropológico sólido poderia apenas visualizar um instante sincrônico, um *status quo* no tempo, e não, obviamente, seu curso de desenvolvimento. Nesse sentido, enquanto o paradigma evolucionista estava investido de duas analogias↗ biológicas, o entendimento da sociedade enquanto algo análogo a um organismo e a transformação das sociedades análoga à transmutação das espécies, o funcionalismo se reduziria ao primeiro e baniria o segundo para o reino das ficções hipotéticas.

O funcionalismo nunca se consolidou numa escola homogênea, e além de Malinowski apenas alguns poucos estudiosos assumiram ser funcionalistas de forma autoconsciente. Comumente, pesquisadores como Alfred Radcliffe-Brown, Edward Evan Evans-Pritchard ou Talcott Parsons foram ligados a este paradigma, muito embora eles negassem esta forma de enquadrar seus trabalhos, até mesmo pelo fato de que nenhum deles trazia as questões centrais do funcionalismo para o centro de suas pesquisas. Entretanto, havia pontos de discordância entre estes estudiosos. O próprio Malinowski limitou-se a uma versão psicobiológica do funcionalismo. Instituições sociais, ele afirmou, desempenhavam funções para o bem-estar psicológico e fisiológico dos indivíduos. A economia, por exemplo, garante aos indivíduos bens materiais, enquanto a religião↗ os ajuda a lidar com incertezas. Seu colega e oponente Alfred Radcliffe-Brown, por sua vez, seguindo Durkheim↗, assegurava que as estruturas sociais não servem ao individual, mas à sociedade como um todo, às vezes até mesmo sacrificando o individual. A versão de Radcliffe-Brown (1935; 1952) é usualmente denominada funcionalismo-estrutural, porque seu foco não reincidia sobre o individual, mas sobre a questão de como a estabilidade social é formada por meio da interação de diferentes práticas. Ele argumentava que a ocorrência da estabilidade não poderia ser propriamente explicada pela abordagem de Malinowski, ao passo que ele não discutia como sociedades solidamente unidas poderiam evoluir a partir de agenciamentos e ações individuais. Em vez disso, ele procurou entender como uma estrutura social superordenada é formada e sustentada através da repetição e do suporte mútuo de diferentes processos sociais. Além de seu confronto pessoal, Malinowski e Radcliffe-Brown estabeleceram a agenda do paradigma funcionalista na Antropologia. A maioria de seus seguidores subsequentes, tais como Meyer Fortes, Reo Fortune, Evans-Pritchard ou Sir Raymond Firth, Edmund Leach, Max Gluckman e outros eram estudantes diretos de Malinowski ou de Radcliffe-Brown. Além de sua difusão na Antropologia Social, principalmente Radcliffe-Brown inspirou sociólogos como Talcott Parsons e Robert Merton.

As abordagens funcionalistas também têm sido amplamente criticadas, contudo. Acusações mais comuns incluem a negligência da mudança social, bem como uma perspectiva superficial sobre as sociedades complexas. Elas também implicariam que sociedades como um todo abstrato tenham necessidades e agenciamentos específicos, não só os indivíduos, um postulado que estudiosos como Giddens rejeitam como sendo insustentável. Argumenta-se que os funcionalistas tendem a ver sociedades "ideais" enquanto um "todo" homogêneo, um conceito que raramente se verificaria na realidade observável. Especialmente a partir dos anos 1970, como um reflexo das agitações sociais no Ocidente e as lutas anticoloniais no hemisfério Sul, conceitos como agência e resistência tornaram-se populares.

II. A teorização da religião dentro do paradigma funcionalista. Entre a maioria dos estudiosos que foram descritos como funcionalistas, o estudo da religião teve um papel central.

A seguinte citação de Alfred Radcliffe-Brown pode sumariar a perspectiva funcionalista sobre a religião♀, contrária à crítica iluminista e aos pressupostos evolucionistas: "Devemos pensar ao menos a possibilidade da teoria segundo a qual qualquer religião♀ é uma parte importante ou mesmo essencial do maquinário social, assim como são a moralidade e a lei, parte do complexo sistema pelo qual seres humanos estão habilitados para viverem juntos em um arranjo ordenado de relações sociais. Neste ponto de vista não lidamos com as origens, mas com as funções sociais da religião, ou seja, com a contribuição que elas fazem para a formação e manutenção da ordem social. Há muitas pessoas que diriam que só há uma religião verdadeira (isto é, a sua própria)

que pode providenciar as fundações de uma vida social ordenada. A hipótese que consideramos é que a função social da religião independe de ela ser verdadeira ou falsa, que religiões que pensamos serem errôneas ou mesmo absurdas e repulsivas, tais como aquelas de algumas tribos selvagens, podem ser partes importantes e eficientes do maquinário social, e que sem essas 'falsas' religiões o desenvolvimento e a evolução social da civilização moderna teria sido impossível. A hipótese, portanto, é de que aquilo que consideramos como falsas religiões, na medida em que a *performance* dos ritos religiosos não produz de fato os efeitos esperados por aqueles que os executaram ou tomaram parte neles, possuem outros efeitos, alguns dos quais podem ser, no mínimo, socialmente valiosos" (Radcliffe-Brown, 1952, p. 154).

Na mudança da explicação diacrônica em que a religião♀ e as crenças♀ religiosas são entendidas como um estágio no desenvolvimento humano da consciência♀, começando com a crença♀ animista em "seres sobrenaturais♀" e terminando na racionalidade das investigações científicas, funcionalistas romperam com dois pressupostos evolucionistas centrais: a) a religião♀ (e a magia) é uma consciência♀ irracional (e, portanto, falsa); e b) toda religião♀ só pode ser explicada no contexto da evolução da consciência♀ humana.

A mudança do evolucionismo♀ para o funcionalismo pode ser bem concebida na obra *As formas elementares da vida religiosa*, de Émile Durkheim♀ ([1912] 1915). Enquanto seu objetivo era uma teoria geral da religião, Durkheim♀ ainda preserva a ideia de que a religião♀ pode ser mais bem observada nos primeiros estágios evolutivos de sua aparição, os quais, ele acredita, podem ainda ser encontrados entre os aborígenes australianos. O entendimento de Durkheim♀ sobre a religião♀ está baseado no que ele concebe como sendo a dupla identidade do totem (aborígene), em que ele pode ser ao mesmo tempo um "deus" ou a "bandeira" de uma tribo. Ele combina esse *insight* com um silogismo aparente: na medida em que deus é um poder acima do individual, também é a sociedade, a qual não só assegura a existência do indivíduo, mas também fornece as estruturas básicas de linguagem que permitem a ele agir dentro do mundo. Por trás do deus, Durkheim♀ afirma, se esconde o poder abrangente da sociedade. Religião, portanto, não é nada além de uma autodeificação. No entanto, esta autodeificação é necessária para a estabilidade social, posto que este agenciamento normativo da estrutura social é atrelado à contingência e, portanto, sempre corre o risco de cair numa anomia caótica, a qual coloca o indivíduo em situações ameaçadoras para a sua vida. A religião♀ pode preencher sua função estabilizadora devido à diferenciação na esfera do profano♀ e do sagrado♀, onde o último está regulado pela proibição e, assim, assegura que as normas sociais básicas nunca podem ser questionadas. Alguns dos argumentos centrais da teoria funcionalista da religião de Durkheim♀ foram comumente elaborados e editados, por exemplo, nos famosos trabalhos de Berger♀ e Luckmann e de Clifford Geertz♀.

Mais que Durkheim♀, o próprio Malinowski procurou refutar os pressupostos básicos evolucionistas. Contra o paradigma evolucionista do modelo dos estágios, Malinowski alegou que nas sociedades primitivas, não muito diferentemente das sociedades modernas, mito, religião♀ e magia coexistiam com a ciência. O mito, Malinowski sustentava, serviria nas sociedades primitivas como um "contrato social", a partir daí fundando e legitimando as normas básicas. A religião♀, por sua vez, serviria para atenuar as ansiedades existenciais, tais como a morte♀. A magia♀, ao contrário de ser irracional, ajudaria a lidar com resultados incertos. Malinowski asseverou que, enquanto os trobriandeses estariam bem equipados com o conhecimento de jardinagem e, portanto, assentados em uma perspectiva "científica" e racional, eles também usariam a magia♀ com a intenção de resolver os acidentes contingenciais. Ao passo que nem mesmo os fazendeiros modernos conseguem garantir o sucesso de seus esforços, o homem primitivo usaria a magia♀ com a esperança de conseguir melhorias sob as condições de resultados incertos.

Enquanto Malinowski foi depois criticado pela imposição de uma perspectiva moderna sobre aqueles chamados "primitivos" que nem sempre estaria comprometida com os registros coletados em seu trabalho de campo, foi depois apoiado pelo seu aluno Edward E. Evans-Pritchard em seu próprio estudo sobre a Feitiçaria Azande (1937). A feitiçaria, como Evans-Pritchard argumentou, era um conceito utilizado para explicar eventos desfavoráveis. O seu exemplo do colapso de um celeiro é provavelmente um dos parágrafos mais citados na literatura antropológica: "Na terra zande, às vezes os velhos armazéns colapsam. Não há nada de muito notável nisso. Todo zande sabe que os cupins comem os suportes ao longo do tempo e que mesmo a madeira mais dura se desgasta depois de anos de serventia. Só que um celeiro também é a casa de verão de uma propriedade zande e pessoas se sentam sob ele durante o calor do dia e conversam, ou então jogam jogos típicos africanos ou mesmo trabalham em alguma forma de artesanato. Consequentemente, pode acontecer de algumas pessoas estarem sentadas sob o celeiro no momento em que ele colapsa, ferindo-as, uma vez que há uma estrutura pesada feita de vigas e cera e às vezes preenchida também com *eleusine*. Agora, por que estas pessoas em particular deveriam estar sentadas sob este celeiro em particular no exato momento em que ele colapsou? Que ele fosse colapsar é fácil de perceber, mas por que ele deveria ter colapsado naquele momento particular em que as pessoas estavam sentadas sob ele? Durante anos ele poderia ter colapsado, então por que ele caiu justamente quando certas pessoas se aproveitavam de seu abrigo? Nós diríamos que o celeiro cedeu porque sua sustentação foi corroída por cupins. Esta é a causa que explica o colapso do celeiro. Nós também dizemos que as pessoas estavam sentadas ali naquele momento porque fazia calor durante o dia e eles pensaram que seria um lugar confortável para conversar e trabalhar. Esta é a causa pela qual as pessoas estavam sob o celeiro no instante em que ele desabou. Para nossas mentes, a única relação entre estes fatos causais independentes é a sua coincidência no tempo e no espaço. Nós não temos explicações sobre por que as duas cadeias causais se interseccionaram num certo tempo e num certo lugar, porque não há interdependência entre elas" (Radcliffe-Brown, 1952, p. 69-70).

Além do pressuposto básico da homogeneidade, harmonia e estabilidade das culturas e sociedades, uma interessante derivação e desenvolvimento posterior de uma perspectiva funcionalista foi a abordagem dos conflitos intraculturais. Pesquisadores tais como Edmund Leach, Gregory Bateson, Max Gluckman e Victor Turner♀ se interrogaram sobre as garantias da estabilidade social enquanto uma qualidade dada, sendo, em vez disso, o resultado de certos modos de resolução de conflito. Nesses termos, Bateson, por exemplo, desenvolveu o conceito de *esquismogênese* enquanto um padrão dinâmico de relações simétricas ou complementares. Ele concebeu a religião♀ como uma modificação da consciência♀ humana que servia para salvar a humanidade – na sua dimensão ecológica – de uma *hybris* autodestrutiva no decurso da maximização das utilidades. Bateson influenciou muitos pesquisadores com suas teorias cibernéticas, dentre eles Roy A. Rappaport, que argumentou que rituais funcionam como reguladores da sustentação de uma homeostase ecológica. Os tsembaga maring da Papua Nova Guiné, como ele observou, sempre conduziriam um banquete cerimonial incluindo o abate de porcos todas as vezes que estes tivessem se multiplicado e se tornado uma ameaça ecológica de algum grau.

O ritual era um dos tópicos principais em que as perspectivas funcionalistas prevaleceram. Max Gluckman e Victor Turner♀ argumentaram que os rituais cumprem um papel fundamental na preservação da estabilidade no decurso das alterações. Gluckman usou o termo "rituais de rebelião" para descrever as ficções políticas. Isso, acrescido do constante questionamento de lideranças nas sociedades da África do Sul, iria, contudo, servir para a integração política da sociedade como um todo. Mais importante para os estudos da religião, Victor Turner♀ concebeu os rituais enquanto mecanismos para preservar a estabilidade no contexto da dinamização "natural" do envelhecimento. A estabilidade no contexto da alternância das gerações é alcançada, dentre outras possibilidades, devido a mudanças de *status* nos indivíduos em contextos de ritos de passagem. Nos contextos liminares, a integração estrutural dos indivíduos é suspendida em comunidades antiestruturais; a reintegração consecutiva enquanto uma etapa conclusiva dos ritos de passagem os dota de novas posições dentro da estrutura.

***

O pensamento funcionalista preparou o caminho para a institucionalização♀ de um procedimento metodológico, na ciência social, das disciplinas Antropologia Social e Sociologia. Ao contrário da maioria dos pensadores evolucionistas, que só são lembrados nas revisões históricas sobre a história do pensamento antropológico, muitos dos autores ligados ao paradigma funcionalista continuam pertencendo à literatura obrigatória oferecida aos estudantes destes temas. Isso também se deve ao fato de que a questão da função ainda é um assunto-chave numa discussão científica geral. Alguém pode argumentar que os seguintes conceitos são indispensáveis para uma teoria científica geral: um *meio* no qual *formas* podem evoluir para desempenhar uma *função* em um *sistema* superordenado que está constantemente em fluxo (*evolução*). Este é o começo de uma teoria contemporânea de sistemas, por exemplo buscada por estudiosos tais como Gregory Bateson ou Niklas Luhmann♀.

Enquanto alguns dos primeiros pressupostos do paradigma funcionalista, tais como os de uma sociedade isolada e sem variações, tiveram de ser abandonados, outros, como a função da religião♀ para preservar a estabilidade, ainda são aceitos, embora muitos estudiosos, seguindo Max Weber♀, tenham lançado luz sobre o potencial revolucionário das inovações religiosas. Enquanto o paradigma funcionalista tem sido comumente criticado pela sua lacuna a respeito das agências e sua ignorância sobre atores autoconscientes, alguém pode considerar aberto o debate sobre como entender melhor a sociedade: começando de baixo para cima, com uma abordagem focada nos indivíduos, ao modo do individualismo metodológico de Max Weber♀, ou vir de cima para baixo, com a abrangência de Durkheim♀. Isso também se emaranha com a questão sobre se o indivíduo é de fato a menor partícula (ou mesmo *parte* da sociedade em geral), como pensadores anti-humanistas como Michel Foucault, ou Niklas Luhmann, objetam em suas teorias dos sistemas sociológicos. Assim, de certa perspectiva teórica, a crítica contra as abordagens funcionalistas provenientes, por exemplo, das teorias sobre escolhas racionais, devem estar enganadas, sob a condição de que alguém aceite, assim como Durkheim♀ delimitou nas suas *Regras do método sociológico* ([1895] 1964), que o social é uma entidade *sui generis*♀ irredutível a nenhuma outra entidade, tais como atores individuais.

Bibliografia: DURKHEIM, É. The Elementary Forms of the Religious Life. London: George Allen & Unwin Ltd., [1912] 1915; DURKHEIM, É. *The Rules of Sociological Method*. 8th edition. New York: The Free Press. [1895] 1964; EVANS-PRITCHARD, E. E. *Witchcraft, Oracles and Magic Among the Azande*. Oxford: Oxford University Press, 1937; RADCLIFFE-BROWN, A. On the Concept of Function in Social Science. *American Anthropologist* 37(3/1), 1935, p. 394-402; RADCLIFFE-BROWN, A. *Structure and Function in Primitive Society*. Essays and Addresses. Glencoe, Illinois: The Free Press, 1952; SMITH, W. R. *Lectures on the Religion of the Semites*. Fundamental Institutions. First Series. London: Adam & Charles Black, 1889; SPENCER, H. The Social Organism. *Westminister Review* 73, 1860, p. 90-120.

Alexander Schröder

Jens Schlamelcher

Tradução: Leonardo Stockler de Medeiros Monney

FUNDAMENTALISMO

I. Delimitações conceptuais. O fundamentalismo surgiu como um movimento do Protestantismo americano novecentista e adquiriu uma complexidade histórica que obriga a uma definição que englobe a sua evolução enquanto corrente ou tendência teológica e enquanto reação e dinâmica religiosa, às quais corresponderam uma ação e uma prática particulares no âmbito do Cristianismo e a estruturação de um pensamento, identidade e até subcultura específicos, alicerçados essencialmente sobre uma orientação conservadora assente no princípio estruturante da inerrância, inspiração♀ verbal e infalibilidade da Bíblia♀ e na fidelidade total à interpretação♀ literal dos livros bíblicos. Tendo dado origem a um universo religioso, político e ideológico diverso, o fundamentalismo manteve, nas suas múltiplas formas, um elemento-base permanente que justapõe à dinamização de certo reacionarismo apostado no regresso às origens de um tempo puro e não corrompido uma reprovação militante dos tempos modernos.

As origens do fundamentalismo situam-se na transição do século XIX para o século XX no seio do Cristianismo evangélico norte-americano e, mais especificamente, estadunidense. Parte integrante do movimento evangélico – uma força dominante no contexto do Protestantismo americano –, o fundamentalismo desenvolver-se-ia simultaneamente como corrente específica e, por conseguinte, como traço caracterizador da multiplicidade daquele mesmo movimento. Confrontados com a crise cultural e espiritual potenciada pelos acontecimentos políticos e econômicos dos inícios do século XX, os evangélicos tenderam a perspectivar as dinâmicas de secularização$\wp$, simplisticamente entendidas enquanto processos de fragilização da cultura cristã, como raiz do problema. Para os fundamentalistas, a identificação dessas raízes estava objetivamente relacionada com os movimentos que mais diretamente tinham colocado em causa os alicerces bíblicos da civilização americana: o modernismo e a teoria evolucionista (Marsden, 1991, p. 3). Esse antimodernismo militante, marca distintiva do fundamentalismo na sua origem, influenciou de forma determinante o Cristianismo evangélico americano no seu todo ao longo do século XX. Desenvolvendo-se como movimento interdenominacional, o fundamentalismo nunca se autonomizou por completo e manteve-se sempre como parte integrante daquele "evangelicalismo", caminhando igualmente a par de outras tradições cristãs com as quais manteve uma proximidade considerável, como o revivalismo, o pietismo, as correntes milenaristas, a tradição batista e o confessionalismo reformado. Nesse sentido, desenvolveu-se inicialmente como uma "coligação de retalhos" (Marsden, 2006, p. 4) dinamizada por representantes daquelas diferentes denominações e estruturou-se a partir de uma experiência partilhada de oposição ao modernismo, quer no âmbito estrito da teologia$\wp$, quer no contexto das mutações culturais e sociais que o mesmo potenciou. A construção de uma identidade própria fez-se a par da manutenção duradoura de uma interligação com aquelas correntes cristãs.

II. História do conceito e correntes envolvidas. No período que se seguiu ao final da Guerra Civil americana (1861-1865), o Cristianismo evangélico apresentava-se como uma força consolidada no seio da sociedade e da cultura norte-americanas. No mesmo período em que, no continente europeu, ideologias$\wp$ de tipo secularizante e laicizante se impunham com cada vez maior vigor, a militância proselitista cristã, e mais especificamente protestante, manteve uma influência determinante no seio da sociedade americana, em grande medida como resultado do empreendedorismo evangélico e do revivalismo e voluntarismo religiosos que o mesmo potenciou e promoveu (Marsden, 1991, p. 12-13). Ainda que marcado pela persistência de divisões entre o sul e o norte do país, o interdenominacionalismo evangélico foi amplamente dinamizado naquele período pela via dos esforços missionários, do trabalho de circulação dos livros bíblicos e das publicações evangélicas, da ação das escolas dominicais e das campanhas de moralização, dinâmicas que tenderam a promover uma unidade considerável entre as diferentes denominações cristãs em presença naquele contexto. Essa consolidação foi reforçada pelo processo de expansão que, quer em termos absolutos, quer em termos relativos, as igrejas evangélicas experienciaram durante a segunda metade do século XIX e princípios do século XX. Reforçado pelo crescimento demográfico e pelos processos migratórios em curso, esse fortalecimento não deixou, no entanto, de ser acompanhado pela simultânea ampliação da influência do Catolicismo romano, do Cristianismo ortodoxo e do Protestantismo de origem não britânica, que dinamizariam um percurso complexo de diversificação não apenas religiosa como também étnica e cultural da sociedade americana, de transformação de uma sociedade essencialmente rural numa sociedade urbanizada e de passagem de uma economia agrícola a uma economia industrializada (Armogathe, 2010, p. 834-835). O Cristianismo evangélico norte-americano não foi alheio aos desafios de natureza demográfica e socioeconômica em curso, tal como não procurou sê-lo em relação ao debate intelectual e teológico que no mesmo período se desenvolveu no âmbito do Cristianismo ocidental. Nesse contexto, a publicação, em 1859, da obra *On the Origin of Species*, de Charles Darwin$\wp$ (1809-1882), desempenhou um papel crucial, enquanto símbolo da crescente confiança no conhecimento científico e, no contexto especificamente norte-americano, do confronto daqueles líderes evangélicos com o problema da fiabilidade da Bíblia$\wp$. A integridade absoluta dos textos bíblicos constituía um elemento absolutamente estruturante no âmbito daquelas correntes, que tenderam a perspetivar o darwinismo como uma força opositora em relação à cosmovisão cristã em geral e às narrativas veterotestamentárias em particular. O evolucionismo$\wp$ foi interpretado pelos sectores evangélicos como parte integrante de uma crise cultural e religiosa mais lata, em cuja resolução ativamente se empenharam. Da resposta a esse desafio nasceu, entre outros movimentos, o fundamentalismo.

Aquele conjunto de transformações e as tensões e conflitos que as acompanharam impuseram ao Protestantismo americano no seu todo uma reflexão sobre o potencial de compatibilização entre as novas teorias modernistas e o conhecimento cristão e resultaram no desenvolvimento paralelo das correntes cristãs liberais e de movimentos conservadores antimodernistas. O desenvolvimento destas tendências colocou em evidência a diversidade não apenas do Cristianismo americano em geral como das denominações evangélicas em particular. Surgido daquele contexto, o fundamentalismo estruturou-se, então, como um movimento verdadeiramente "americano" (New, 2012, p. 4), como elemento ativo de um Cristianismo de novas fronteiras, que já não as tradicionais europeias, e como uma inovação no seio do Cristianismo evangélico norte-americano. Fissuras anteriormente apaziguadas por objetivos e dinâmicas consensuais acabariam por ser expostas num processo que impôs tomadas de posição claras em relação a assuntos tão fraturantes como o da autoridade dos textos bíblicos.

Nesse debate, o conservadorismo fundamentalista acabou por funcionar como a "contrapartida" do liberalismo e do modernismo cristãos, movimentos que procuraram coadunar os novos desenvolvimentos científicos, a expansão econômica mundial e os novos ideais progressistas com a doutrina cristã (Gilley; Stanley, 2014, p. 371), naquilo que alguns autores designam como um projeto de "salvação℘" do Protestantismo (Marsden, 1991, p. 32). Nos inícios do século XX, as correntes que procuravam distanciar-se do tradicionalismo – daí serem designadas como "liberais" – e adaptar-se ao mundo moderno – daí a adjetivação de "modernistas" – detinham já uma influência significativa nos seminários teológicos e instituições universitárias norte-americanas. Ainda assim, o conservadorismo moderado continuou a dominar a maior parte das igrejas evangélicas nos Estados Unidos da América e desse contexto surgiriam também novas respostas para aquela crise e os diversos problemas que a compunham.

No âmbito dessas "inovações conservadoras" (Marsden, 1991, p. 39) destacaram-se as dinâmicas revivalistas compostas de três grandes correntes: os movimentos de santidade, o Pentecostalismo e o pré-milenarismo dispensacionalista. O "Holiness movement" desenvolveu-se em torno da valorização da moral e produziu resultados no âmbito das preocupações sociais e da ajuda às classes mais pobres, dando lugar a instituições como o Exército de Salvação. O Pentecostalismo, apostado na dinamização de um Cristianismo de conversão, progrediu a partir da enfatização da militância religiosa pessoal e da experiência do milagre, dando especial destaque às questões relativas à ortopraxia, isto é, da conformidade da conduta dos crentes em relação a determinadas prescrições (Willaime, 2005, p. 28-29), estando na origem das chamadas Assembleias de Deus. Por último, o pré-milenarismo dispensacionalista, também conhecido como dispensacionalismo pré-milenarista, estruturou-se em torno de um reavivamento do interesse nas profecias bíblicas e da dinamização de renovadas leituras literais dos textos bíblicos, com influência determinante no nascimento do fundamentalismo.

Distanciando-se das leituras pós-milenaristas dominantes, que previam a instauração do Reino de Deus na sequência dos últimos séculos de progresso espiritual e moral da civilização cristã, os pré-milenaristas consideravam que a humanidade vivia antes um período de declínio e que aquele momento chegaria apenas depois de um primeiro regresso de Jesus à terra, a que se seguiria o período da Grande Tribulação procedido da instauração do milénio (isto é, da instituição do reino de Deus℘ por mil anos). De acordo com a doutrina dispensacionalista, a Bíblia℘ ilustra e explica a história da humanidade, definindo, nesse sentido, a existência de sete "dispensações". Em cada uma dessas eras, Deus℘ testou o Homem, que sucessivamente falhou. Na era atual, interpretada como a sexta dispensação

e designada como a "era da Graça", a crise a que se assistia indiciava novo fracasso, que os pré-milenaristas consideravam estar previsto na profecia bíblica e cujo resultado seria uma nova intervenção divina, marcada por uma sequência substancialmente rígida de eventos: o regresso de Jesus à terra e o Arrebatamento, seguido para os *left-behind* – portanto, dos não arrebatados e "deixados para trás" – de um tumulto de sete anos calamitosos, durante os quais se assistiria ao domínio do Anticristo e da Igreja℘ apóstata; a que se sucederia depois um novo regresso de Jesus, a derrota daquelas forças na batalha do Armagedão e a instauração da última dispensação – o milénio cristão –, seguida da ressurreição dos mortos e, no fim dos tempos, do Julgamento Final. As profecias bíblicas e a leitura literal dos livros bíblicos, juntamente com a valorização radical do princípio da inerrância das Escrituras, desempenharam, portanto, um papel crucial no pré-milenarismo. A hermenêutica℘ dispensacionalista, sustentada sobre a valorização de aproximações numerológicas e interpretações escatológicas e teleológicas das Escrituras cristãs, desenvolveu-se como um verdadeiro sistema de história e como uma doutrina℘ específica (Maltby, 2013) e influenciou determinantemente o fundamentalismo protestante, participando ativamente da sua estruturação enquanto movimento antimodernista.

Com origens britânicas e profundamente influenciado por correntes como o Darbismo, o pré-milenarismo dispensacionalista foi popularizado nos Estados Unidos através das chamadas "conferências de Verão" ou "conferências proféticas", em que se dinamizava o estudo da Bíblia℘. Evangelistas como Dwight L. Moody (1837-1899), Reuben A. Torrey (1856-1928), James M. Gray (1851-1935), C. I. Scofield (1843-1921), William J. Erdman (1833-1923), A. C. Dixon (1854-1925) e A. J. Gordon (1836-1895), com origem nas diversas correntes revivalistas, protagonizaram aquela divulgação ao mesmo tempo que promoveram a institucionalização℘ do movimento através da criação de organizações como o *Moody Bible Institute*, em 1886, o *Bible Institute of Los Angeles*, em 1907, e o *Philadelphia College of the Bible*, em 1914. Essa rede estruturou-se como o núcleo de desenvolvimento do movimento fundamentalista (Marsden, 1991, p. 40-41). A militância antiliberal dos pré-milenaristas foi também reforçada por contributos de conservadores não dispensacionalistas, como os teólogos do *Princeton Theological Seminary*, representantes do calvinismo americano e defensores acérrimos da infalibilidade da Bíblia℘ enquanto Palavra revelada. Dessa "aliança" (New, 2012, p. 118) surgiria o ponto de partida simbólico do fundamentalismo enquanto movimento religioso distinto e autónomo: a publicação, entre 1910 e 1915, da obra *The Fundamentals: a Testimony to the Truth*.

Procurando sintetizar as "verdades simples" que compunham a fé cristã e a religião bíblica, *Os fundamentos* ou *Princípios fundamentais* foram publicados ao longo daqueles seis anos em doze volumes (mais tarde condensados em quatro), num conjunto de noventa artigos, redigidos por sessenta e quatro autores diferentes. Editada pelo Instituto Bíblico de Los Angeles, a obra teria uma tiragem de mais de três milhões de exemplares e foi profusamente difundida não apenas entre os membros das igrejas protestantes norte-americanas como, através delas, entre um vasto número de pastores, missionários e professores de escolas dominicais um pouco por todo o mundo. Recolhendo a aprovação de um universo bastante difuso de correntes cristãs, aqueles volumes foram divulgados, portanto, por via interdenominacional.

Estruturada sobre a defesa da Bíblia℗ como Palavra inspirada – a temática central naquele conjunto de textos –, a obra é composta de duas tendências essenciais: por um lado, os textos de crítica e oposição, por outro lado, os artigos onde se afirmam e defendem os princípios bíblicos considerados essenciais e se advoga uma ortodoxia cristã específica. Assim, por um lado, são denunciados movimentos ou ideologias℗ como o ateísmo, o espiritualismo, o romanismo, o mormonismo, a filosofia moderna, a exegese histórico-crítica, a teologia℗ liberal, o evolucionismo℗, o naturalismo e o socialismo democrático. Por outro lado, afirmam-se e valorizam-se as "verdades" essenciais do Cristianismo em torno de dois núcleos cruciais: a inerrância e infalibilidade dos textos sagrados e a autoridade da Bíblia℗ enquanto Revelação; e a divindade de Jesus Cristo, alicerçada no seu nascimento de uma Virgem, no seu sacrifício℗ expiatório e substitutiva morte℗ na Cruz, na sua ressurreição corporal, na autenticidade dos seus milagres e na promessa da sua segunda vinda à terra. Essas temáticas eram discutidas quer através de textos argumentativos de natureza mais estritamente teológica, quer através dos "testemunhos", "exortações", "tributos" e partilha de "experiências" pessoais que compunham os diferentes volumes, pontuados ainda por artigos mais especificamente direcionados para a promoção da prática da oração℗ e da dinamização do evangelismo e da missionação. Assente num modelo histórico providencialista, num literalismo bíblico estrito e numa conceção do Cristianismo essencialmente profética, a obra representava no seu conjunto, apesar de tudo, posições bastante menos radicais do que aquelas que depois se cristalizaram no movimento fundamentalista (Gilley; Stanley, 2014, p. 505) que tendeu, efetivamente, a fundamentalizar-se. No período da redação daqueles ensaios estava-se nas vésperas da Grande Guerra, na fase da recepção e vulgarização daquelas ideias e de consolidação do fundamentalismo; vivia-se já o trauma da I Guerra Mundial, um momento de viragem na autonomização daquele movimento.

O sentido de crise da civilização cristã, e da sociedade americana em particular, foi, de facto, agudizado pelo conflito mundial, no qual os Estados Unidos intervieram e em relação ao qual o Protestantismo conservador norte-americano tendeu a projetar a necessidade de preservação dos ideais da nação, assentes numa moralidade cristã e num fundamento bíblico, contra influências estrangeiras desestruturantes e forças ideológicas ameaçadoras (New, 2012, p. 124). O fundamentalismo surgiu como fenômeno distinto no seio dessa "atmosfera alarmista" (Marsden, 1991, p. 6). Ao mesmo tempo, acontecimentos como o da captura de Jerusalém pelos britânicos em 1917 reforçaram as leituras proféticas dos pré-milenaristas dispensacionalistas, que viram naquele evento o anúncio do regresso dos judeus à Palestina e, consequentemente, a iminência do prometido regresso de Jesus Cristo à terra (Kaplan, 1992, p. 29). Da discussão promovida em torno desses temas resultou a realização, em maio de 1919, em Filadélfia, daquela que seria a conferência fundadora da *World's Christian Fundamentals Association* (WCFA), sob a liderança do pastor William Bell Riley (1861-1947). Com uma adesão significativa – evidenciada na presença de mais de seis mil participantes –, a Associação comprometeu-se com um objetivo essencial de regeneração do Protestantismo americano e luta contra o liberalismo teológico e o modernismo em geral, fundamentada nos princípios essenciais da inerrância bíblica e do pré-milenarismo. Em julho de 1920, num artigo inserido no periódico batista *Watchman-Examiner*, o termo "fundamentalista" foi utilizado pela primeira vez para definir aquele grupo de pessoas.

A par de uma militância ativa no combate à influência do liberalismo no interior das denominações a que pertenciam, esses evangélicos fundamentalistas procuraram também desenvolver novas modalidades de ação alicerçadas essencialmente na valorização do ensino. O processo de secularização℗ em curso nas escolas americanas foi avaliado como sendo responsável pela degeneração moral e espiritual da sociedade americana, razão pela qual o movimento fundamentalista investiu na criação de novas escolas onde se ensinassem as doutrinas essenciais do Cristianismo evangélico, na publicação de listagens de escolas aprovadas e na multiplicação dos institutos bíblicos. Nesse contexto tomou ainda especial preeminência a luta pela abolição do ensino do darwinismo no sistema escolar americano, liderada por William Jennings Bryan (1860-1925).

Nos princípios dos anos 1920, aquele e outros líderes fundamentalistas, tais como John Gresham Machen (1881-1937), Billy Sunday (1862-1935), e pastores milenaristas, tais como William Bell Riley, Frank Norris (1877-1952) e John Roach Straton (1875-1929), promoveram uma verdadeira campanha antievolucionista que ofereceu ao movimento uma visibilidade e proeminência nacionais. Lutando pela abolição do ensino daquela teoria no ensino das escolas públicas em cerca de vinte estados, William Jennings Bryan representou a WCFA no ataque ao darwinismo, denunciando-o como não sendo verdadeiramente científico, como uma ameaça à fé cristã e como um atentado à moralidade. Com graus diferenciados de eficácia, o movimento conseguiu resultados em vários daqueles estados, garantindo inclusivamente que em três deles o ensino do darwinismo fosse efetivamente proibido.

Já em 1925, num episódio que ficaria conhecido como "Scopes Trial" ou o "processo do macaco", John Thomas Scopes (1900-1970), um professor do Tennessee, foi acusado de violar a legislação, entretanto, promulgada naquele estado precisamente por insistir no ensino do evolucionismo℗, tendo sido, por isso, alvo de um processo jurídico, no decorrer do qual foi considerado culpado e, consequentemente, condenado ao pagamento de uma multa. No entanto, apesar de vitoriosos no âmbito legal, os fundamentalistas acabariam por ser derrotados no contexto da "batalha mediática" que o julgamento gerou (Armagothe, 2012, p. 930). Impossibilitado, pelo juiz, de convocar especialistas no âmbito do evolucionismo℗, o advogado de defesa chamou William Jennings Bryan a testemunhar, forçando-o a admitir que a Bíblia℗ era um livro complexo e inclusivamente problemático e que potenciava interpretações múltiplas. Bryan acabaria por falecer na semana seguinte (Kaplan, 1992, p. 30-31). Sendo simbólico da fragilidade da posição fundamentalista, aquele momento foi acompanhado de uma contracampanha de ridicularização do fundamentalismo como movimento reacionário e obscurantista, o que, em resultado do grande mediatismo do processo, acabou por retirar alguma abrangência ao movimento e conduzir ao seu acantonamento. Os fundamentalistas reagiram, procurando reposicionar-se, ao mesmo tempo que se consolidaram como uma "subcultura substancial" (Marsden, 2016, p. 6), tendendo a endurecer as suas posições, a enfatizar a sua hostilidade em relação ao mundo moderno e a dogmatizar as suas orientações doutrinais. Nesse sentido, a controvérsia dos anos 1920 serviu tanto para definir a sua posição na cultura americana como para firmar o seu lugar específico entre os evangélicos.

Tendo nascido como uma coligação das alas mais militantemente conservadoras do Cristianismo evangélico americano, o fundamentalismo estruturou-se e consolidou-se nos anos 1920 e, sobretudo, a partir da década de 1930, como um movimento mais circunscrito e com uma autonomia própria. A partir daquele período, a demarcação em relação às denominações protestantes tradicionais e a consequente saída das respetivas igrejas passaram inclusivamente a ser avaliados como "testes de verdadeira fé" (Mardsen, 2006, p. 3-4). Nos anos

1960, o termo "fundamentalista" surgia já claramente associado à noção de separatismo, estando dali excluídas as fileiras mais conservadoras das denominações tradicionais, ao mesmo tempo que aquela designação passou a dizer especificamente respeito a um tipo particular de militantismo protestante. Protestante mas também evangélico, uma vez que o fundamentalismo se manteve, até aos dias de hoje, como uma subcategoria do Cristianismo evangélico norte-americano. Um fundamentalista americano passou naquele período a definir-se e distinguir-se claramente como um cristão protestante evangélico militantemente empenhado: na luta contra o liberalismo teológico; na oposição à influência considerada perniciosa da cultura moderna e do secularismo; e na defesa do princípio da inerrância das Escrituras, alicerçado na interpretação℗ literal dos textos bíblicos, na consequente promoção das doutrinas do criacionismo℗ e do milenarismo e da valorização da profecia como chave de leitura da Bíblia℗. Desta especificidade resulta também o fato de que se todo fundamentalista é evangélico, nem todos os evangélicos são fundamentalistas, sendo que o Cristianismo evangélico, ou "evangelicalismo" norte-americano, é composto de um conjunto lato e diverso de denominações (Marsden, 2006, p. 5), em que se incluem, entre outros, os pentecostais, os metodistas, os batistas, os presbiterianos, os pietistas, os menonitas e alguns episcopalistas, e, finalmente, os fundamentalistas.

III. Integrismo. Nascido no âmbito do Protestantismo conservador norte-americano, o fundamentalismo não teve propriamente influência no seio do Catolicismo romano nem se produziu verdadeiramente no interior deste um movimento paralelo àquele. Contudo, o debate entre o modernismo e o Cristianismo gerou também, naturalmente, tensões no contexto do Catolicismo romano, gerando respostas mais ou menos conservadoras perante os desafios colocados pelo liberalismo e pelo pensamento moderno.

Se, por um lado, o Protestantismo evangélico, assente numa conceção salvífica, na qual se enfatiza o valor da "reconstrução do mundo terreno com base numa visão transcendente além-terrena", tende a ser mais permeável, e inclusivamente a potenciar o desenvolvimento de dinâmicas "protofundamentalistas" (Eisenstadt, 1997, p. 57), de modo distinto do ambiente protestante em geral, e evangélico em particular, o Catolicismo romano tendeu a encontrar nas funções mediadoras da hierarquia℗ um filtro que atenuou a influência de tendências de pendor fundamentalizante. Ao mesmo tempo, conferindo aos textos bíblicos um valor distinto do das igrejas protestantes e valorizando o papel da Tradição juntamente com o das Escrituras, o Catolicismo romano é mais propenso à promoção de uma prática de tradição interpretativa por oposição a aproximações de tipo mais literalista. Nesse contexto, na reação ao modernismo, as tendências mais conservadoras e intransigentes do Catolicismo romano desenvolveram-se no âmbito de um movimento particular e especificamente católico: o integrismo, assente num projecto de restauração da ordem social antiga (isto é, anterior ao período moderno) e na recuperação de uma religião verdadeiramente pura.

Enquanto sistema doutrinal e prático assente na alteração substancial dos métodos♀ de estudo, das relações entre a hierarquia♀ e os leigos♀ e da organização política e social dos católicos, o modernismo foi condenado e rejeitado em 1907 pelo Papa Pio X (1835-1914 – Papa a partir de 1903) na encíclica *Pascendi Dominici Gregis*, sendo aí perspetivado como uma ameaça em relação à perspetiva católica da imutabilidade da Igreja♀. Essa condenação teve efeitos, sobretudo, no âmbito do Catolicismo europeu, na medida em que o Catolicismo norte-americano não dispunha ainda, naquele período, de uma tradição intelectual suficientemente consolidada ou capaz de promover aquela discussão. Naquele contexto geográfico, o debate modernismo-integrismo não teve, de fato, um impacto nem sequer comparável com o da controvérsia modernismo-fundamentalismo dos anos 1920 (Armogathe, 2010, p. 844). Foi na Europa dos inícios do século XX que o integrismo se desenvolveu, então, como reação ao modernismo, resultando da valorização absoluta do papel da tradição na interpretação♀ da mensagem evangélica e na conservação da estrutura eclesiástica e da defesa acérrima da sobrenaturalidade cristã contra qualquer tipo de reducionismo naturalista. A origem etimológica daquela designação – do latim *integrare* – transmitia bem esse intento de tornar e manter completos um conhecimento e uma ordem cujas raízes se encontravam nas origens da Igreja♀ Católica e cuja preservação havia sido garantida por via da Tradição.

Nascido no contexto dos Catolicismos espanhol e francês, no primeiro como partido político antiliberal, no segundo como movimento de reação ao desenvolvimento do progressismo no âmbito da exegese bíblica (Poulat, 1969, p. 78-79), o termo "integrista" surgiu quer como autodesignação, relativa àqueles que em Espanha diziam defender o sentido íntegro e puro da sua fé, quer como uma catalogação externa, relativa a todos aqueles católicos que, em França e depois no resto da Europa, começando por se opor aos avanços exegéticos, promoveram uma resistência generalizada ao liberalismo, ao modernismo, ao laicismo, ao naturalismo, aos socialismos e ao progressismo em geral, contrariando qualquer tipo de abertura social ou política por parte dos católicos. De tendência totalizante e dogmatizante, o movimento integrista tendeu, portanto, a promover a fidelidade absoluta à Tradição e às tradições católicas (anteriores a 1789), a rejeitar todo e qualquer tipo

de novidade litúrgica ou pastoral, e a promover um rigorismo moral estrito. Tal como no caso do fundamentalismo, também ali se procurava dar resposta às mutações que a sociedade e a cultura ocidentais vivenciavam, contrapondo-se neste caso a defesa dos valores católicos tradicionais ao sentimento de crise que se vivia.

Apesar de tudo, profusa nas alusões ao "liberalismo" e ao "modernismo", a documentação pontifícia daquelas primeiras décadas do século XX nunca se refere explicitamente ao "integrismo" nem sanciona propriamente a sua existência ou validade, sendo que os sucessores de Pio X rejeitaram a utilização da expressão "Catolicismo integral" em resultado do caráter sectário e poder divisório que a mesma detinha (Poulat, 1969, p. 79). Em 1947, o cardeal francês Emmanuel Suhard (1874-1949) definiu-o como o "erro inverso" do modernismo. Na verdade, o integrismo não teria, no âmbito do Catolicismo romano, um desenvolvimento comparável ao do fundamentalismo no contexto do Protestantismo, nem em termos numéricos nem em termos dos efeitos religiosos e sociopolíticos a longo prazo.

IV. Evolução do conceito e recepção. Na primeira metade do século XX, o movimento fundamentalista americano reposicionou-se e recompôs-se através da promoção de práticas e dinâmicas específicas desdobradas entre a institucionalização♀ de agências dedicadas a causas particulares – as chamadas "*revival agencies*" –, a organização de conferências proféticas, a criação de escolas, a formação de líderes, a circulação de publicações próprias e a dinamização das igrejas locais, numa dinâmica religiosa verdadeiramente estruturada de acordo com o sistema de mercado livre. A partir dos anos 1960 e 1970, essa infraestrutura fundamentalista foi completada com o recurso aos média e com o estabelecimento de uma rede radiofônica, e depois televisiva, que potenciou a visibilidade do movimento na opinião pública e garantiu decididamente a sua entrada e permanência na esfera político-partidária.

Protagonizando uma crítica feroz àqueles meios de comunicação enquanto instrumentos duma conspiração liberal que punha em causa os valores morais, designadamente no âmbito sexual e familiar, do Cristianismo evangélico, e servia uma propaganda materialista e ateia (Willaime, 2005, p. 100), os fundamentalistas não abdicaram da utilização dos mesmos na divulgação da crítica àquela mesma sociedade secularizada, promovendo por aquela via campanhas contra o comunismo, durante o período da Guerra Fria, e, sobretudo a partir dos anos 1970, contra a pornografia, o aborto e a homossexualidade♀. Se nas primeiras décadas de estruturação o fundamentalismo se desenvolveu como movimento relativamente apolítico, a partir das décadas de 1970 e 1980 os fundamentalistas americanos associaram à sua militância religiosa

FUNDAMENTALISMO

um ativismo político agressivo, transformando-se numa força muito influente no seio da nova direita republicana e fazendo com que hoje seja impossível compreender o sistema político norte-americano sem ter em conta o seu papel naquele âmbito.

Naquele mesmo período, de verdadeira expansão do fundamentalismo, movimentos de tipo semelhante desenvolveram-se também no Canadá, na América Latina e nalguns outros países onde a presença missionária norte-americana era marcante. No caso específico dos países latino-americanos, aquele processo acompanhou e potenciou o crescimento do Protestantismo e estruturou-se, ao contrário daquilo que acontecia nos EUA, sobre uma mecânica de agregação de indivíduos de estratos socioeconómicos médios e baixos e de populações ligadas às periferias urbanas (Pace; Stefani, 2002, p. 46) que em grande medida engrossaram as percentagens da expansão do Pentecostalismo e do fundamentalismo na América Latina.

Aquela assunção de um compromisso político associado à militância evangélica, pelo caráter de novidade que impôs ao movimento, gerou, inclusivamente por parte de alguns autores, a criação de um novo termo – o "neofundamentalismo" – para definir aquela nova relação estreita entre "a adesão acrítica e literal ao texto bíblico e o compromisso direto com a sociedade civil e política" (Pace; Stefani, 2002, p. 35) na luta contra a degeneração da sociedade ocidental, evidenciada no abandono dos valores familiares e na difusão das ameaças a essa mesma moral, como a legalização do casamento homossexual ou a legalização do aborto.

Assim, se, como vimos, nos anos 1920, o fundamentalismo começou por surgir como uma "coligação" de protestantes evangélicos conservadores unidos na luta contra o liberalismo teológico e a cultura moderna e na defesa do princípio da inerrância bíblica e da doutrina pré-milenarista, desenvolvendo-se a partir dos anos 1930 até à década de 1960 como uma força separatista e uma corrente autônoma no interior do Cristianismo evangélico, a partir dos anos 1970 o movimento recuperou um carácter interdenominacional em grande medida alicerçado na dinamização de um conservadorismo e um ativismo políticos que lhe permitiram consolidar-se como influência religiosa e partidária determinante no interior da sociedade e da cultura norte-americanas.

Simultaneamente, importa notar que daquela abrangência resultou também a utilização menos rigorosa do termo "fundamentalista" para designar toda e qualquer atitude defensiva, anti-intelectual, anticientífica, antimoderna e obscurantista no seio da cultura americana. No entanto, e a este propósito, é importante ressalvar que o fundamentalismo nunca foi, e continua não sendo, um movimento monolítico ou absolutamente coeso. Nesse sentido,

persiste dentro do movimento fundamentalista a existência de um espectro alargado de posições que variam entre um maior ou menor intransigentismo e, sobretudo, entre uma maior ou menor compatibilidade estrita entre o discurso e a prática dos militantes fundamentalistas.

Interpretações sociológicas coevas do nascimento e da implementação do movimento tenderam a definir e a desvalorizar o fundamentalismo como um movimento circunscrito e extemporâneo de mera reação às transformações culturais e sociopolíticas dos inícios do século XX, num radicalismo que a educação e o tempo acabariam eventualmente por expurgar. A permanência do movimento, a sua eficácia e a sua influência crescente evidenciaram, no entanto, a existência de uma dinâmica e de um pensamento estruturados numa base teológica e cultural específica e operacionalizados através de uma estrutura organizacional própria, a partir das quais o fundamentalismo se definiu como um "movimento religioso genuíno" (Marsden, 2006, p. 6). Nesse sentido, apresentando-se como um movimento militantemente antimoderno, o fundamentalismo deve ser também analisado como parte integrante do programa cultural e político da Modernidade (Eisenstadt, 1997, p. 1-2), na medida em que transporta consigo as grandes questões da agenda política moderna encetada com os processos revolucionários setecentistas e integra no seu cerne um elemento central na discussão do programa político da Modernidade, a saber, a "construção totalizante de uma visão utópico-sectária fechada e a sua legitimação nos termos de uma tradição ideologizada" (Eisenstadt, 1997, p. 52). Símbolos específicos dessa tradição são definidos como alicerces de um princípio totalizante que se sobrepõe a todos os outros elementos que compuseram e recompuseram aquela tradição ao longo do tempo, donde resulta a rejeição absoluta de qualquer tipo de inovação, mesmo que ela seja parte integrante da tradição cristã. Nisso o fundamentalismo, reclamando-se tradicionalista, é também, pelo contrário, um movimento profundamente novo e inovador que, apesar de se autorrepresentar como baluarte da ortodoxia cristã, se desenvolve como tendência heterodoxa, distante da ordem religiosa estabelecida e apostado numa interpretação própria da cosmovisão cristã.

Tendo sido o primeiro e porventura o único movimento a autodesignar-se como tal, o fundamentalismo cristão americano deu lugar à vulgarização do termo "fundamentalista" e à sua aplicação a universos sociorreligiosos distintos. O significante "fundamentalismo" foi posteriormente aplicado com rigor variável a outros movimentos religiosos, quer no contexto do Islão, quer no do Judaísmo, quer, mais tarde, no âmbito do Hinduísmo e do Budismo, no sentido de designar correntes que reagem à integração de conceitos modernos nas chamadas "religiões tradicionais" ou aos ajustamentos doutrinais promovidos por processos reformistas. Nesse contexto, a história do fundamentalismo e dos seus efeitos, das suas origens e dos seus ecos, demonstra bem como a Modernidade, muitas vezes perspetivada como uma realidade uniformizada, é composta de uma diversidade civilizacional substantiva que resulta simultaneamente da partilha de um debate comum e da multiplicação de respostas distintas a esse mesmo debate. Nessa multiplicidade, o conflito é a grande marca da Modernidade contemporânea e o fundamentalismo foi, e continua a ser, parte integrante da sua dinamização.

Bibliografia: ARMOGATHE, J.-R. (Dir.). *Histoire générale du christianisme*. Paris: Presses Universitaires de France, 2010. vol. II: Du XVIe siècle à nos jours; EISENSTADT, S. N. *Fundamentalismo e modernidade*: heterodoxias, utopismo e jacobinismo na constituição dos movimentos fundamentalistas. Oeiras: Celta Editora, 1997; GILLEY, S.; STANLEY, B. (Eds.). *The Cambridge History of Christianity*. Cambridge: Cambridge University Press, 2014. vol. 8: *World Christianities c.1815 – c.1914*.; KAPLAN, L. (Ed.). *Fundamentalism in Comparative Perspective*. s.l.: The University of Massachusetts Press, 1992; MALTBY, P. *Christian Fundamentalism and the culture of disenchantment*. Charlottesville/London: University of Virginia Press, 2013; MARSDEN, G. M. *Fundamentalism and American Culture*. 2nd edition. Oxford: Oxford University Press, 2006; MARSDEN, G. M. *Understanding Fundamentalism and Evangelicalism*. Michigan: Wm. B. Eerdmans Publishing Co., 1991; NEW, D. S. *Christian fundamentalism in America: a cultural history*. Jefferson, North Carolina: McFarland & Company, 2012; PACE, E.; STEFANI, P. *Fundamentalismo religioso contemporâneo*. Lisboa: Paulus Editora, 2002; POULAT, É. *Intégrisme et catholicisme intégral*. Tournai: Casterman, 1969; WILLAIME, J.-P. *Sociologie du protestantisme*. Paris: Presses Universitaires de France, 2005.

Rita Mendonça Leite

FUNERAL

A palavra "funeral" está diretamente relacionada a enterro, sepultamento, exéquias, cerimônia fúnebre (Cunha, 1991, p. 372), e geralmente é definida como um conjunto de práticas e cerimônias que se realizam entre a morte⌕ e o sepultamento de uma pessoa. Nem sempre os funerais, principalmente em nossa contemporaneidade, são cerimônias religiosas. As sociedades urbanas industrializadas e secularizadas, por exemplo, passaram por um longo processo histórico de "esvaziamento" do conteúdo religioso nas suas práticas funerárias (Rodrigues, 1983, p. 125).

Precisar a origem exata dos funerais ao longo da história da humanidade é um empreendimento complexo, mas mesmo assim podemos afirmar que, como qualquer outra prática humana, os funerais possuem historicidades diferenciadas de acordo com o tempo e com a sociedade que os elabora, e, de acordo com Bayard (1996, p. 13), "podemos avançar a hipótese de que o homem se define como o animal que pratica ritos funerários". Existe um traço em comum nos funerais: são cerimônias coletivas que transitaram ao longo da história da humanidade de cerimônias religiosas a cerimônias civis, sendo que ambas são de interesse da Ciência da Religião⌕, pois em muitas sociedades a elaboração dos funerais civis está estritamente vinculada a um processo de ruptura com o pensamento religioso.

No entanto, Geertz⌕ (2015) entende que os sistemas religiosos conseguem simbolicamente atribuir sentido pelo menos em três pontos da vida humana em que o caos se estabelece – o sofrimento, a perplexidade e o paradoxo ético –, pois são acontecimentos a que falta não apenas interpretação⌕, como também interpretabilidade, e nessa ausência as religiões mobilizam a proposição de que a vida é compreensível e que é possível nos orientarmos diante do caos. Assim, de acordo com Geertz⌕, "o problema do sofrimento⌕ tem sido investigado, ou pelo menos descrito pormenorizadamente, principalmente devido à grande atenção dispensada nos trabalhos sobre religião tribal ao que constitui, talvez, os *dois loci* principais: a doença e o luto" (2015, p. 75-76).

Nesta mesma linha de análise, podemos considerar os funerais religiosos inseridos num conjunto complexo de ritos cuja função é afastar a perplexidade da situação de morte⌕ do outro e, numa conjuntura onde a falha na ordem é estabelecida, o rito é a forma de negociar a alteridade a fim de inflecti-la em sentido positivo, de acordo com Louis-Vincent Thomas (apud Bayard, 1996): "Como já deixei assinalado, não inventamos nós nossos ritos, por exemplo, para começarmos o dia, para partirmos de viagem, para passarmos no exame, para nos apresentarmos ao patrão? E o que dizer ao encontro da morte⌕, representado pela alteridade por excelência uma vez que ela é não vida! Nas sociedades tradicionais, o ritual funerário indicava, ponto a ponto, o passo a seguir para se conter a perturbação e instaurar a nova ordem".

I. O funeral no Ocidente cristão. O historiador francês Lauwers (2015), ao estudar o nascimento dos cemitérios na sociedade ocidental entre a Antiguidade tardia (VI-VIII) e a Idade Média (IX-XV), denomina esse modo de ocupação territorial de *inecclesiamento*, ou seja, um processo de "terreteriolização" coordenado pela Igreja⌕ Católica em torno do trinômio: lugar de culto, zona funerária e *habitat*. Assim, a morte⌕ e seu espaço ritualístico forjaram a perspetiva de mundo da sociedade europeia ocidental, a partir da qual se produziu a identidade do corpo social. Esse processo ocorreu, fundamentalmente, segundo Lauwers, nas regiões setentrionais da Europa, na qual se situa Portugal.

Dessa maneira, as experiências funerárias produzidas ao longo desse processo histórico estiveram essencialmente orientadas em torno da perspectiva do *inecclesiamento*, ou seja, o Cristianismo se constitui historicamente em torno dos espaços de culto, das zonas funerárias e locais de povoamento, conformando uma relação simbiótica entre o mundo dos vivos e o dos mortos.

Como resultado de processos historicamente datados, o funeral transitou entre a ritualística civil e a religiosa (Braudel, 1990, p. 8-9). No entanto, podemos afirmar que toda ritualística em torno do funeral representa uma perspectiva de mundo cujos elementos constituintes desenham um processo de elaboração de conhecimentos em torno do sentido da morte e do morrer na sociedade ocidental. Assim que se tomava conhecimento da morte de uma pessoa, começava uma série de providências. A primeira delas era dar publicidade à comunidade da morte de um de seus membros; logo em seguida iniciava-se uma série de tratamentos ao cadáver: o morto era envolvido numa mortalha, o corpo era colocado num ataúde ou sobre uma padiola, onde ficava um tempo exposto diante de sua casa, até ser transportado ao lugar de inumação.

De acordo com o historiador Ariès (2012), havia ainda uma etapa do funeral que consistia na demonstração de dor insuportável por parte dos parentes e amigos do falecido, os quais, por meio de todo um gestual, rasgavam as roupas e arrancavam as barbas e os cabelos, marcando o desespero da perda. A cerimônia religiosa nesse período era apenas uma etapa do funeral e consistia na absolvição da alma do defunto por um sacerdote, que oficiava a encomendação do corpo, a qual era seguida pelo cortejo fúnebre, até, finalmente, a inumação.

Durante todo o primeiro milênio da história da cristandade ocidental, construiu-se no meio das comunidades a ideia de que o fiel que tivesse confiado seu corpo *ad sanctos* se tornava um santo, o que dispensava inúmeros rituais de encomendação da alma e confirmava que o solo consagrado das igrejas e de cemitérios contíguos a elas garantia a salvação da alma. Contudo, "na segunda fase da Idade Média, pelo contrário, ninguém estava mais seguro da salvação: nem os clérigos, nem os monges, nem os papas, que ferviam no caldeirão do inferno. Era preciso assegurar-se dos recursos do tesouro de preces e graças mantido pela Igreja" (Ariès, 2012, p. 112).

A partir do século XIII, os frades mendicantes começaram a desempenhar um grande papel nos assuntos referentes à morte e, por conseguinte, a Igreja Católica começou a normatizar as relações entre a vida do aquém e do além, que passaram a ser mediadas pela ideia do juízo particular. A salvação da alma tornou-se uma grande preocupação, e cada vez mais uma série de rituais prescritos pela Igreja entrou no repertório do imaginário da sociedade europeia em relação à morte. Fundamentalmente, o medo da danação eterna, nesse sentido o funeral, como ritual de trânsito, gradativamente se torna uma cerimônia religiosa, e a missa de corpo presente ficou no centro desse ritual, precedida e sucedida por uma série de preces e orações; assim, o funeral passou a ser garantia da salvação da alma.

II. Funeral nos dois lados do Atlântico: Portugal, Brasil e Angola. Os funerais em Portugal historicamente se caracterizam por um cuidado extremado com os mortos, banhando-os, cortando-lhes os cabelos, as barbas (quando homens) e as unhas, procurando vesti-los com as melhores roupas ou com mortalhas que ritualisticamente representavam as vestes de um santo de devoção. Além disso, o funeral era uma cerimônia religiosa pública, havendo grande preocupação com o rito de despedida, que consistia nas vigílias sempre com a presença de familiares, sacerdotes e membros da comunidade à qual pertencia o falecido. Essa estrutura que se consolidou a partir do século XIII insere-se no processo de garantia da salvação da alma que fundamenta as concepções de boa morte ou bem morrer.

De acordo com Reis (1991), os africanos no Brasil mantiveram sua maneira de morrer, mas especialmente incorporaram as maneiras portuguesas de se comportar diante da morte, e isto se deve a dois fatores fundamentais: em grande medida pela repressão imposta aos escravizados, mas também pelo fato de que a dramaticidade ritualística presente nos funerais portugueses se assemelhava em grande medida aos rituais funerários dos africanos que vieram para o Brasil.

Sendo assim, podemos afirmar que o funeral como prática religiosa de trânsito do mundo dos vivos para o mundo dos mortos guarda enormes semelhanças entre Portugal, Brasil e Angola. Nesses lugares, que ao longo de séculos desenvolveram relações históricas partilhadas, encontramos presente a ideia de que o indivíduo deve se preparar para morte, e esse preparo é informado e conformado por uma série de crenças religiosas, no caso das sociedades cristãs, como Portugal, cuidando de seus santos de devoção e, no caso dos africanos, oferecendo sacrifícios a seus deuses e ancestrais. Por isso, o funeral como elaboração religiosa denota a sua "qualidade perspectiva" (Castro, 1996, p. 117) e revela uma visão de mundo produtora de suas identidades sociais.

III. O funeral no Brasil. As Irmandades Religiosas foram as responsáveis pela sistematização do modelo de funeral que se praticou no Brasil pelo menos até o século XIX. Foi nas Irmandades que se encontrou o *habitat* favorável para forjar o *éthos* religioso brasileiro (Montes, 2012, p. 51), na medida em que, por serem entidades de leigos↗, conseguiam acomodar em seu interior as cosmologias cristãs, africanas e ameríndias que nelas inscreviam suas concepções e sensibilidades sobre a morte↗, os mortos e em especial sobre os ritos fúnebres (além da devoção aos santos e suas festas). As Irmandades foram tecendo, por meio dessas redes de relações entre as três culturas formadoras da sociedade brasileira, um importante aspecto do Catolicismo barroco brasileiro (Reis, 1991, p. 49).

O modelo de funeral produzido pelas Irmandades Religiosas possui elementos materiais e imateriais que representam pontos de contato das concepções e sensibilidades diante da morte↗ entre os três sistemas de crenças↗, os quais estão umbilicalmente ligados à formação social brasileira. Alguns pontos de contato entre essas cosmologias podem ser evidenciados: a lavagem do corpo, o amortalhamento do defunto, expressões de dor e cerimônias públicas.

Quando, no Brasil, as Irmandades Religiosas (que surgiram em Portugal no século XIII e posteriormente se espalharam pelo Império Ultramarino) assumiram o cotidiano das práticas funerárias, mantiveram o modelo básico das organizações europeias, porém essas irmandades não se restringiam às classes dominantes. Desse modo, observamos que durante três séculos o *éthos* religioso brasileiro forjado nas Irmandades perpassou todas as classes sociais, o que permitiu que outras dinâmicas de sensibilidades e concepções diante da morte↗ presentes nas culturas africana e indígena se apropriassem e fossem apropriadas pelo ideário cristão diante da morte↗.

IV. Funerais entre os indígenas. Elementos marcantes nas tradições funerárias indígenas passaram a compor esse processo de adaptação↗ às práticas funerárias no Brasil, entre os quais podemos citar a expressão pública da dor, do lamento e da ira, que para os índios guaranis significava um modo de assegurar a separação da alma↗ do corpo do morto. Apesar de os jesuítas considerarem essas práticas ignorância, o fato é que o lamento público e o chorar copiosamente fizeram e ainda fazem parte dos funerais no Brasil desde o período colonial (Flech, 2014, p. 98).

V. Funeral entre os africanos. As práticas funerárias entre os africanos oriundos especificamente das regiões que compreendem do Senegal até Angola (locais de origem da maioria dos africanos que vieram para o Brasil) pertencem ao tronco linguístico nigero-congolês. O funeral entre esses povos também se divide em várias etapas, sendo que a primeira delas era dar publicidade da morte↗ aos membros da comunidade.

De acordo com Del Priori (2014), não existe nada mais público do que um enterro, e para os africanos dessas regiões era uma grande ofensa não comparecer ao funeral, e os corpos também eram envoltos em mortalhas. A autora os denomina de tecidos de passagem e tinham por função representar a passagem, a regeneração, a vida contida na morte↗. "No envelopamento do corpo do defunto reconstituíam-se redes de alianças sociais, em particular familiares e clânicas, permitindo ao morto ser reconhecido e dignamente recebido pelos ancestrais↗" (Del Priori, 2014, p. 137).

Assim, podemos inferir que entre os funerais cristãos, africanos e ameríndios existiam uma série de pontos de contato que permitiram sua aproximação e, na construção de seus cotidianos, a possibilidade de adesão a práticas comuns. Isso não implicou abandonos, mas na construção de um sentido próprio para o funeral brasileiro, que começa por volta do século XVII e se estende em algumas regiões do Brasil até o século XX.

O funeral, portanto, é um conjunto de práticas rituais que garantem o trânsito da alma↗ para o outro mundo, seja este outro mundo, no caso dos cristãos, céu, purgatório↗ ou inferno↗, seja o encontro com os ancestrais↗, como no caso dos africanos do tronco nigero-congolês, seja uma forma de evitar que a alma↗ retorne para atormentar os viventes, como no caso dos indígenas guaranis.

VI. Funeral nas sociedades industrializadas e secularizadas. Ainda de acordo com Ariès, nos Estados Unidos, modelo de sociedade industrializada, criou-se um espaço neutro para a produção dos funerais: "Imaginou-se, nos Estados Unidos, colocar o corpo num lugar neutro, que não fosse o hospital anônimo, nem a casa demasiado pessoal, ou seja, na *funeral home*, com uma espécie de hoteleiro especializado em receber os mortos, o *funeral director*. A estadia no *funeral home* é uma acomodação↗ entre a desritualização decente, mas ativa e radical, da morte↗ na Europa e as cerimônias arcaicas do luto tradicional. Do mesmo modo, os novos ritos funerários criados pelos americanos são um compromisso entre sua repugnância em deixar de marcar uma pausa solene após a morte↗ e o seu respeito geral ao interdito sobre a morte↗" (Ariès, 2012, p. 247).

Na sociedade brasileira secularizada, os funerais também passaram por certo esvaziamento do seu conteúdo religioso; por isso, em grandes centros urbanos, o *funeral home* é uma realidade; no entanto, esse processo não se deu uniformemente, e ainda encontramos no interior do país funerais muito semelhantes aos praticados pelas Irmandades Religiosas até o século XIX.

Assim sendo, mesmo que os funerais aconteçam no *funeral home*, nos velórios municipais ou em casa (como ainda ocorre em inúmeras localidades no Brasil), constituem uma série de práticas ritualísticas que marca a solene postura das sociedades humanas no processo de enfrentamento dos últimos momentos diante de seus mortos, sendo que tal processo de enfrentamento em longos períodos da história da humanidade se expressou e ainda se expressa

FUNERAL

mediado pelo *éthos* religioso, o que demonstra a importância das religiões e religiosidades na elaboração das mentalidades sociais.

VII. Funeral budista. Definir Budismo é um exercício bastante complexo, pois existe um pluralismo interno que se expressa por meio das diferenças e convergências doutrinárias entre duas grandes tradições budistas, a saber: o *Theravāda* e o *Mahāyāna*. Além disso, existe uma perspectiva presente no campo da História das Religiões⦶ e religiosidades que trata o Budismo como uma filosofia de vida. Concordamos com Usarski (2011), que afirma que o Budismo é uma religião por defender uma cosmovisão que implica esferas da existência empiricamente não verificáveis.

O funeral budista envolve uma série de ritos centrados fundamentalmente no trânsito do morto para outra forma de vida, os quais representam e expressam a cosmovisão religiosa budista que entende a vida e a morte⦶ como condição humana mediada por sucessivas passagens condicionadas pelo carma do indivíduo. De acordo com Bayard, a morte⦶ para o Budismo não é entendida como fim último, mas sim uma simples passagem, uma saída tríplice: "[...] o renascimento no mundo dos humanos ou em outro mundo do ciclo das existências condicionadas, no qual tem prosseguimento o fluxo das alegrias e dos sofrimentos; a entrada no 'campo puro', domínio da manifestação luminosa; e a eclosão da natureza última do ser, consciência⦶ pura, não dual, ilimitada, onisciente e toda amor, o que é chamado de estado de Buda" (1996, p. 87-88).

No perspectivismo mortuário budista (Castro, 1996), a preservação do corpo não é uma questão importante: o corpo⦶ é mantido durante o funeral e por isso a cremação é amplamente praticada entre os seguidores do Budismo; sendo assim, o funeral é o momento em que, diante do corpo⦶ presente, se procede ao processo de transmigração da alma⦶. Quando é chegada a hora da cremação, o corpo⦶ é colocado numa pira de cimento, os familiares e amigos colocam a lenha, incenso e velas. As cinzas do falecido são recolhidas e colocadas numa urna.

VIII. Funeral islâmico. De acordo com Pace (2005), o Islamismo é uma religião una e plural (apud Ferreira, p. 279). Assim, a pluralidade do Islamismo deve-se ao fato de sua expansão, que começou no século VII e ainda está em processo. Atualmente, o Islamismo é uma religião presente nos cinco continentes, e em algumas regiões, como na África, por exemplo, se encontra em franco crescimento, sendo esta a fundamental característica de seu pluralismo, ou seja, a capacidade de adaptar-se e ser absorvido por culturas extremamente diversas, no entanto, sem prescindir de sua característica fundamental, que é a orientação da vida social a partir do Alcorão, seu livro sagrado.

O Centro de Divulgação do Islam para América Latina (CDIAL) publicou um manual intitulado Regras do Funeral Islâmico (2012). Essas regras são, na verdade, um conjunto de técnicas que orientam a comunidade islâmica a conduzir da melhor maneira o falecido ao encontro de *Allah*. É importante ressaltar que os praticantes do Islamismo reproduzem uma prática que foi abandonada pelo Cristianismo católico no século XIX, que é a de seguir as orientações de manuais mortuários. Esses manuais possuem funções importantes, pois orienta a comunidade religiosa⦶ sobre o ofício funerário considerado adequado do ponto de vista dos princípios de crenças⦶.

Dessa maneira, o funeral islâmico começa com a lavagem (*al-ghusul*). Nesse processo, o objetivo é eliminar os pecados para que o morto se encontre com *Allah* em estado de pureza. Essa lavagem é acompanhada do enfaixar das partes íntimas do corpo, procedimento que é feito de três a cinco vezes, obedecendo a esta ordem: cabelos, rosto, parte superior do corpo⦶ (da esquerda para a direita) e parte inferior; na última lavagem são colocadas na água fragrâncias aromáticas. Se o cadáver for de uma mulher, seus cabelos devem ser lavados e trançados.

O amortalhamento é uma prática fundamental entre os rituais funerários islâmicos. Os tecidos que envolvem o corpo são chamados de *kafan* e formam um conjunto de três peças de pano (cinco peças se o defunto for mulher); esses panos que envolvem o corpo⦶ devem necessariamente ser perfumados com incenso. Em primeiro lugar, o corpo⦶ é colocado em cima de um lençol. Os três panos perfumados envolvem o corpo, sendo que um corte é feito nos panos, formando uma espécie de gola; após esse procedimento o corpo⦶ é embrulhado em um lençol e atado com cordas, uma sobre a cabeça e a outra sobre os pés.

No enterro (*Al-Dafan*), o corpo é trasladado ao cemitério (islâmico) em um caixão simples; de preferência o corpo⦶ deve ser colocado direto na terra, mas nem sempre isso é possível, em função de questões sanitárias, o seu rosto deve ser direcionado para Kaaba, em Makkah, na Arábia Saudita, e o corpo⦶ deve ser encostado na parede do túmulo. Sobre o corpo⦶ são colocadas grandes pedras ou pedaços de madeira. Todos os ritos que envolvem o funeral islâmico são incumbência dos familiares, pais, avós ou filhos; na falta destes, parentes mais próximos; no caso das mulheres, mães, avós ou filhas devem proceder à lavagem dos corpos.

IX. Funeral judaico. Um dos traços marcantes do Judaísmo é a vida em diáspora⦶; desde o ano 70 da Era Comum, o povo judeu se dispersou pelo mundo. Essa situação de desterritorialização (Canclini, 1997) provocou um longo processo de adaptação⦶ do Judaísmo a culturas extremamente diversas, o que, em contrapartida, fez com que o Judaísmo trouxesse muitas influências nos locais onde se estabeleceu. Assim, os costumes étnico-religiosos judaicos diferem segundo os países de adoção e, fundamentalmente, segundo dois ritos principais: *achenaz* e *sefarad*. O primeiro é característico das regiões da Europa Oriental e o segundo é característico da Península Ibérica. De forma geral, o Judaísmo acredita na perenidade da alma. A morte significa o fim do estado físico do indivíduo, que finaliza sua missão na terra. Tal interpretação codifica os seus ritos funerários e de luto, "os quais não são estéreis, mas salutares e edificantes para aqueles que os observam. Eles os levam a tomar consciência do verdadeiro sentido da vida e da necessidade de 'tornar rentável' ao máximo a curta passagem por este mundo, a minimizar a importância do físico e material e a renunciar, enfim, a identificar seu ser com seu corpo, para não desaparecer com ele quando se tornar pó", declara o rabino Michel Gugenheim (Bayard, 1996, p. 123).

Devemos indicar que o Judaísmo se fundamenta em dois textos: a Torá e o Tamuld, que são os dois livros que estruturam a religião judaica. O Talmud foi escrito ao longo de séculos – em função da situação de diáspora do povo judeu – e pode ser considerado uma interpretação prática rabínica dos textos da Torá. A característica fundamental do Talmud é a de ser um longo debate sobre a Mishná, a lei oral. Dessa forma, de acordo com o Talmud, morrer em consequência de doença é um dom do céu, como também a assistência aos doentes é uma obrigação sagrada.

Os ritos mortuários judaicos se dividem em dez fases, a saber: a) da morte à inumação; b) a *aninut*; c) a dilaceração ritual, *keria*; d) as exéquias; e) os cemitérios; f) o luto, *avelut*; h) as proibições para depois da inumação; i) fim das *chive'as* e os trinta dias; j) os dozes meses e k) as sepulturas (Bayard, 1996, p. 129-132).

O funeral propriamente dito começa com a *aninut* e finaliza com o sepultamento. Esse processo compõe uma série de ritos da qual um *cohen* (sacerdote) é proibido de participar, pois a Torá não permite que ele toque um morto ou mesmo permaneça com ele sob o mesmo teto. O corpo deve ser lavado segundo o rito chamado *tahrara* e passar por uma toalete completa, a fim de que todas as suas impurezas sejam extirpadas e ele possa se apresentar dignamente perante o Senhor; o corpo recebe sete salpicos de água, enquanto são recitados versículos do livro do profeta Ezequiel.

O defunto deve estar vestido de branco, colocado no caixão, com o rosto voltado para o céu e a cabeça repousando sobre a terra de Israel. Esses ritos são praticados por amigos e parentes do falecido, e durante o tempo todo o corpo não deve permanecer sozinho. Durante esse período é costume que filhos, parentes e amigos do morto recitem salmos (*techillim*) ou leituras piedosas.

É dever sagrado acompanhar o morto até sua última morada. De acordo com a tradição judaica, o corpo deveria ser enterrado diretamente na terra; no entanto, as leis sanitárias contemporâneas não permitem essa prática. No enterro, o defunto é colocado dentro de um caixão, e seus familiares são proibidos nesse momento de chegar perto do falecido. A incineração é proibida porque, de acordo com a Torá, o corpo deve voltar ao pó a fim de que a alma retorne ao seu lugar de origem junto ao Senhor.

X. Funeral hindu. Entre os hindus é costume incinerar os corpos, uma vez que do ponto de vista de seu sistema de crenças, o defunto deve ser despojado de sua identidade, personalidade e inserção social. Por isso seu corpo deve ser consumido pelo fogo e suas cinzas devem ser lançadas ao vento ou nos rios – no caso da Índia, o rio Ganges. Dessa forma, por meio deste ritual, os praticantes do Hinduísmo elaboram a representação da morte como uma transição para outro plano de existência, um processo em que a alma da pessoa funde-se com o Absoluto, o acesso ao Eterno, ao Nirvana.

Entretanto, existe um grupo de pessoas entre os hindus que, ao morrer, não têm seus corpos incinerados: são os ascetas, os monges, indivíduos admiráveis que ao longo de suas vidas libertaram-se da vida material. Estas são pessoas que, ao morrer, não são incineradas, mas enterradas na posição de meditação, em covas situadas em lugares sagrados. Seus túmulos se tornam lugares de peregrinação e representam para os hindus que o verdadeiro sentido da vida é o despojamento do corpo, o que resultaria numa preparação para a morte gloriosa (Giacoia, 2005, apud Micsik, 2012).

A preparação do corpo normalmente é feita pelo filho mais velho da pessoa falecida; o ritual consiste em passar uma candeia por todo o corpo antes do banho final. Tanto o fogo quanto a água representam a purificação. No banho são colocadas flores em torno do cadáver, enquanto sua cabeça é ungida com óleo de sésamo (ervas da família das *Pedaliaceae*) e o corpo é vestido com roupas brancas. Durante essa fase do ritual o corpo é colocado em um caixão posicionado de maneira que seus pés apontem para o sul, em direção do Yama (deus da morte), e sua cabeça para o norte, em direção a Kubera (deus da prosperidade).

Na cosmovisão hindu, a cremação é o meio eficiente no processo de separação do corpo e da alma, pois existe a crença de que o corpo é composto dos elementos água, fogo, terra e ar; assim sendo, a cremação possibilita que esses elementos retornem aos seus estados naturais. Dessa forma, o representante da família enlutada acende a pira do funeral utilizando um maço incandescente de grama *kusha* (grama considerada sagrada entre os hindus) e caminha em sentido horário em torno do corpo por três vezes, acendendo a pira.

Após o corpo estar praticamente cremado, o esqueleto do defunto é quebrado com uma vara de bambu. Com essa prática, espera-se que a alma

FUSÃO DE RELIGIÕES

flutue livremente, libertando-se do corpo. Este ritual é denominado de *kapala kriya*. As cinzas, após doze horas da cerimônia de cremação, são coletadas pelos homens da família enlutada, que se incumbe de enterrá-las juntamente com pedaços dos ossos que não foram totalmente incinerados.

Bibliografia: ADAMGY, M. Yiossuf M. *Regras do funeral islâmico*. São Bernardo do Campo: Centro de Divulgação do Islam para América Latina, 2012; AMÂNCIO, M. *O Talmud*: excertos. São Paulo: Iluminuras, 2015; ARIÈS, P. *História da morte no Ocidente*: da Idade Média aos nossos dias. Rio de Janeiro: Nova Fronteira, 2012; BAYARD, J.-P. *Sentido oculto dos ritos mortuários*: morrer é morrer? São Paulo: Paulus, 1996; BRAUDEL, F. *História e Ciências Sociais*. Lisboa: Editorial Presença, 1990; CANCLINI, N. G. *Culturas híbridas*: estratégias para entrar e sair da modernidade. São Paulo: Edusp, 1997; CASTRO, E. V. de. Os pronomes cosmológicos e o perspectivismo ameríndio. In: *Mana*, v. 2, n. 2, Rio de Janeiro, 1996; CUNHA, A. G. da. *Dicionário etimológico Nova Fronteira da língua portuguesa*. Rio de Janeiro: Nova Fronteira, 1991; DEL PRIORI, M. Morte e fronteiras culturais: passagens, rituais e práticas funerárias entre ancestrais africanos (outra lógica da finitude). In: RODRIGUES, C.; LOPES, F. (Orgs.). *Sentidos da morte e do morrer na Ibero-América*. Rio de Janeiro: Eduerj, 2014; FERREIRA, F. C. B. Sociologia do Islã: fenômenos religiosos e lógicas sociais (Resenha). *Mana*, v. 13, n. 1, Rio de Janeiro, abr. 2007; FLECK, E. C. D. *Sentir, adoecer e morrer nas reduções jesuítico-guaranis (Província Jesuíta do Paraguai, século XVII)*. Tese (doutorado em História) – Instituto de Filosofia e Ciências Humanas. Porto Alegre: Pontifícia Universidade Católica do Rio Grande do Sul, 1999; HUDS, D. Cerimônia hindu após uma morte. Tradução de Aline Abreu. Disponível em: <http://www.ehow.com.br/cerimonia-hindu-apos-morte-sobre>. Acesso em: 10/12/2017; LAUWERS, M. *O nascimento do cemitério*: lugares sagrados e terra dos mortos no ocidente medieval. Campinas (SP): Editora Unicamp, 2015; LOPES, F. (Org.). *Sentidos da morte e do morrer na Ibero-América*. Rio de Janeiro: Eduerj, 2014; MICSIK, B. F. *Questões sobre a morte e o morrer entre os egípcios e hindus*: conservação ou destruição do corpo? São Paulo: Pontifícia Universidade Católica de São Paulo, 2012; MONTES, M. L. *As figuras do sagrado*: entre o público e o privado na religiosidade brasileira. São Paulo: Claro Enigma, 2012; REIS, J. J. *A morte é uma festa*: ritos fúnebres e revolta popular no Brasil do século XIX. São Paulo: Companhia das Letras, 1991; RODRIGUES, J. C. *Tabu da morte*. Rio de Janeiro: Edições Achiamé, 1983.

Valéria Aparecida Rocha Torres

FUSÃO DE RELIGIÕES

A existência de diversas combinações religiosas em práticas individuais, doutrinas, simbologia e mesmo ritos é uma constatação empírica importante da Ciência da Religião✷. De fato, tradições puras e livres de incoerência conforme descritas em textos sagrados e livros didáticos são quase impossíveis de encontrar na realidade social. Nesse sentido, o estudo da combinação das religiões é um componente de uma perspectiva descritiva a partir de um eixo temporal, mas também desperta a necessidade de uma teoria que tenha como objetivo mostrar a lógica da combinatória religiosa, delineando critérios de sobrevivência de combinações. Na época contemporânea, dado o encontro global de praticamente todas as religiões, o estudo dessa interpenetração das religiões tem-se mostrado necessário para estudar padrões de ressignificação e confronto nas religiões estabelecidas e nos novos movimentos que surgem diariamente.

I. Aspectos históricos e correntes geográficas. O estudo das combinações religiosas foi tradicionalmente feito sob o rótulo de sincretismo. Historicamente, Plutarco usou o termo "sincretismo" para descrever o comportamento dos cretenses, que minimizavam as diferenças internas diante de inimigos externos. Erasmus retomou o uso do termo de forma similar no início do século XVI. O termo "sincretismo" foi usado pela primeira vez com um significado pejorativo, para os esforços de reconciliação entre molinistas e tomistas no século XVI e entre luteranos e calvinistas no século XVII.

Apesar da utilização de forma relativamente neutra da palavra "sincretismo" até o século XVI, o seu uso valorativo no discurso teológico produziu frequentemente uma conotação pejorativa nos séculos subsequentes. Teologicamente, sincretismo foi desde então um conceito normalmente usado de forma negativa, ainda que mais recentemente seu uso tenha recebido uma neutralidade maior, especialmente em sua associação indireta com a aculturação✷ e a inculturação e como consequência da globalização. Em contraste com uma tendência de interpretação✷ negativa, o sincretismo foi algumas vezes positivamente valorizado, como, por exemplo, na América Latina, porque apresentava elementos culturais de resistência contra a hegemonia católica oficial, historicamente associada à colonização europeia. Especialmente cientistas da religião e antropólogos buscaram resgatar o sincretismo como um conceito científico e neutro, mas há grande variação geográfica no tratamento do termo, em parte devido aos principais fenômenos e religiões tratadas.

Na Europa, tradicionalmente, os principais teóricos sobre o sincretismo têm como foco a História das Religiões✷ antigas, especialmente helênicas, posteriormente se dedicando a usar esse conceito em outras religiões, em especial as religiões antigas no Oriente Médio. Na América, o modelo principal para o sincretismo parece ser as obras antropológicas sobre religiões africanas, cujas pesquisas tiveram importantes contribuições de cientistas sociais

FUSÃO DE RELIGIÕES

como Herkovits e Roger Bastide→, que desenvolveram linhas de análise que ainda hoje influenciam a interpretação→ do fenômeno. Nos EUA, o uso de sincretismo em Antropologia aparece através dos trabalhos de Boas→ sobre integração e raça, e foi utilizado de forma instrumental por Herkovits em seus estudos sobre as religiões afro-americanas. Em muitos estudos de religiões no Extremo Oriente, o paradigma vigente é o do pertencimento múltiplo, muitas vezes harmônico e combinatório, ensejando em muitos casos a formação de novos movimentos baseados em correspondências e identificações entre diferentes religiões.

II. Combinações e fusões de religiões: sincretismo, ecleticismo e conceitos correlatos.

1. Sincretismo e síntese. Embora possa ser observado um uso teológico dos termos "sincretismo" e "ecleticismo" de forma depreciativa diante de outras religiões, tem sido perseguida a eliminação de qualquer conotação valorativa no uso científico do conceito, para que dessa forma possa ser usado como uma categoria importante na Ciência da Religião→ (Rudolph, 1979; Pye, 1994). Provavelmente, o conceito mais geral e heurístico de sincretismo é o de "suspensão de barreiras entre dois sistemas", como proposto por Ulrich Berner (1982, p. 85), a partir da definição de religião→ como sistema em Luhmann→. Algo analógico vale para o conceito "ecleticismo". Essa suspensão de limites gera um processo social de combinação religiosa a partir da suspensão da concorrência entre diferentes sistemas, através da apropriação, reinterpretação e justaposição com elementos externos.

Uma tendência importante nos estudos sobre sincretismo é a diferenciação entre diferentes níveis de combinação, da incorporação de elementos sem uma forte conexão até a síntese. Bechert, por exemplo, propôs diferentes níveis de sincretismo, o que contempla uma diferenciação no uso do termo a partir da definição de limites necessários com conceitos correlatos. No primeiro nível pode-se identificar uma reapropriação de elementos, o que representa sincretismo em um uso mais livre do termo. Isso ocorre quando elementos são incorporados e reinterpretados dentro de outra religião, mas eles geralmente ocupam um caráter marginal para os adeptos e para a instituição.

Um exemplo paradigmático para essa situação é a apropriação de *Krishna* no Jainismo. Em um sentido mais estrito do termo, o sincretismo é um processo no qual os elementos incorporados possuem um peso comparável aos elementos existentes. Nesse uso mais restrito ocorre uma suspensão real de limites, sendo comum a justaposição e a identificação de elementos pertencentes originalmente a diferentes sistemas. Nesse uso do termo "sincretismo", através de diversos fatores, o resultado de uma combinação sincrética pode ser representado como uma criação

de diferentes níveis de verdade ou o sincretismo pode ser mais bem descrito com conceitos como "integração" e "assimilação". Diversos exemplos podem ser encontrados nas religiões asiáticas para este segundo nível, como, por exemplo, a relação simbiótica entre o Hinduísmo e o Budismo no Nepal ou em Java, ou mesmo a adaptação→ do Budismo a religiões locais peculiares no Extremo Oriente através do conceito de *bodisatva*. Em muitos desses casos os elementos externos não são negados, mas entendidos como uma versão provisória ou incompleta.

Um terceiro nível de combinação religiosa é a síntese, que está associada ao sincretismo, mas esses termos podem ser diferenciados, porque no caso da síntese existe a formação de um novo movimento. Na síntese, dois sistemas religiosos contribuem para a formação de um terceiro sistema distinto. Enquanto o sincretismo é um processo, uma síntese é proposta como um resultado diferente dos elementos originais. Muitas vezes formando novas religiões, um exemplo clássico de síntese é a religião *Sikh*, com a combinação de elementos hindus e islâmicos.

Há autores que defenderam essa diferenciação entre sincretismo e síntese (Berner, 1982, p. 92; Pye, 1994). Partindo da perspectiva de sincretismo como um tipo de tradução→, é possível diferenciar entre tradução sincrética (preposição de uma unidade fundamental de diversidades culturais) e uma tradução→ competitiva e assimilatória, baseada na absorção de elementos externos de forma e neutralizá-los. Tradução→ mútua, um terceiro tipo de combinação, preconiza uma reciprocidade e mutualidade na combinação dos conteúdos, mas sem pressupor uma unidade em um sistema maior.

Em outras pesquisas, a diferenciação entre diferentes tipos de combinação (em especial sincretismo *versus* síntese) não é muito acentuada, sendo o sincretismo não apenas um processo, mas também um estado possível de forma quase permanente. A Umbanda no Brasil, por exemplo, é frequentemente descrita como uma religião sincrética e não como uma síntese, porque o sincretismo aparece não apenas na sua formação, como também em sua teologia→, potencialmente aberta a influências externas de forma contínua (Negrão, 1996). O helenismo, conforme descrito por Assmann, também pode ser entendido como um terceiro elemento, um meio que ajudou na tradução→ entre diferentes religiões.

Em termos de formas semelhantes de sincretismo, Berner descreveu níveis semelhantes em sua classificação, a partir dos conceitos de relação (sistema com limites), sincretismo (limites suspensos) e síntese (novo sistema) (Berner, 1982, p. 83-87). Uma proposta semelhante, embora independente, aparece no estudo do sincretismo nas religiões afro-brasileiras (Ferretti, 1995, p. 91).

2. Críticas ao conceito de sincretismo. Uma das principais dificuldades do termo "sincretismo" é seu

FUSÃO DE RELIGIÕES

significado ideológico e carga histórica que contém, o que faz com que alguns autores evitem o uso do conceito, usando outros termos para as combinações entre religiões.

Outra dificuldade já apontada para a pesquisa do sincretismo é o uso relativamente livre do termo, o que dificulta a formação de um conceito mais preciso. Nesse contexto, é possível distinguir entre usos mais amplos e mais rigorosos do termo "sincretismo" como um conceito central no estudo de combinações religiosas. Embora às vezes uma definição mais instrumental e formal tenha sido proposta, o termo é geralmente usado de maneira vaga, inexata e muitas vezes contraditória (Berner, 1982, p. 5-79).

Devido a essas críticas surgiram conceitos que buscam substituir a categoria do sincretismo, apresentada por muitos autores como contraditória por causa da variedade do uso do termo. Talvez a principal fonte dessas contradições e variações seja a dificuldade de sistematizar contribuições de diferentes regiões geográficas ou religiões diferentes, dadas as especificidades e peculiaridades que influenciaram a ocorrência do sincretismo. Por exemplo, nas propostas sobre sincretismo originalmente desenvolvidas na Europa, na linha de um processo que acompanha a formação de novas religiões, raramente se inclui a pesquisa desenvolvida na América Latina, onde o sincretismo é mais uma característica cultural do que um processo (Berner, 1982, p. 83-116; Pye, 1994, p. 218). Reciprocamente, é pouco comum, nos estudos sobre sincretismo nas religiões brasileiras, a referência a trabalhos sobre sincretismo em outras épocas históricas e regiões geográficas.

Em um uso em geral mais voltado para a linguagem teológica, termos como "inculturação" têm sido usados quando se quer dar destaque a uma doutrina que precisa ser adaptada a uma diferente cultura. Termos como "indigenização" e "tropicalização" são usados de forma semelhante, ainda que nesse caso eles estejam mais presentes na linha das Ciências Sociais, especialmente na Antropologia.

3. Mestiçagem, crioulização e hibridismo. Na Europa, o principal modelo para o conceito de sincretismo é a História das Religiões helênicas na Antiguidade (Stolz, 1996, p. 18). No Brasil, e talvez em toda a América, o modelo principal parece ser os trabalhos antropológicos sobre as religiões africanas, cujas pesquisas tiveram contribuições importantes de cientistas sociais como Herkovits e Bastide, que desenvolveram linhas de análise que também hoje influenciam a interpretação do fenômeno (Ferretti, 1995, p. 41-113; Reuter, 2002, p. 171-282). Nos EUA, o uso do sincretismo na Antropologia, independentemente do uso mais antigo na História das Religiões, aparece através das obras de Boas sobre integração e raça, e foi estabelecido como um conceito instrumental com as pesquisas de Herkovits sobre as religiões afro-americanas (Greenfield, 1998).

Nesses contextos de estudos de combinações têm sido usados os termos "mestiçagem", "crioulização", "hibridismo", transcendendo seu uso com base na ideia racial para a cultura e também para a religião, deixando explícitos os muitos casos em que o contexto das relações de poder se tornaram determinantes para as combinações entre as religiões. Na sua proposta sobre hibridismo cultural, Peter Burke reforça as afinidades ou convergências de diferentes tradições, potencialmente reforçadas pelo híbrido como um mediador cultural, em especial os híbridos ou mestiços pós-coloniais (Burke, 2006).

No caso das religiões africanas, termos como "mestiçagem" e "crioulização" ressaltam fatores étnicos e do passado colonial na combinação das religiões envolvidas. Nessas definições e modelos gerais de mestiçagem, fatores específicos de um contexto racial e histórico costumam ser bastante importantes. Por exemplo, o contexto social no qual foi praticada a escravidão é essencial no entendimento das combinações e tentativas de recuperação das religiões africanas no Brasil, marcando o nascimento e a evolução da Umbanda e do Candomblé, que precisavam de uma fonte de legitimação a partir de uma religião europeia. Nesse contexto, o Catolicismo oficial e mesmo o Espiritismo tinham uma relação de poder muito diferente diante das religiões trazidas pelos africanos.

4. Antissincretismo e aniquilação. Em termos históricos, religiões sincréticas ou politeístas foram, em geral, combatidas como heresia e paganismo. Assmann resume tal tendência ressaltando que religiões tribais são etnocêntricas e que "o monoteísmo é uma autodescrição, enquanto politeísmo é uma construção do outro" (Assmann, 2004, p. 17). Essa rotulação negativa de fenômenos sincréticos tem sido chamada de "antissincretismo", sendo importante notar que esse antissincretismo não deixa de incluir o outro, mesmo que em uma perspectiva negativa.

A tendência para o antissincretismo continua presente na época contemporânea, em especial em fases de reorientação na transplantação de uma religião (Pye, 1969), ou dentro de uma busca de uma reinvenção da identidade religiosa. De acordo com a teoria culturalista, o sincretismo foi muitas vezes usado como uma reinterpretação e um resultado do contato de duas culturas. Mais recentemente, os fenômenos sincréticos têm sido muitas vezes rejeitados com a valorização de uma identidade étnica, na linha das políticas de identidade, com a tendência de substituição das políticas de assimilação pelo conceito de sociedade multicultural.

A evolução do conceito de sincretismo na comunidade acadêmica reflete essas mudanças políticas (Stewart, 1994, p. 6-23). Como essas combinações religiosas têm sido utilizadas ideológica e politicamente com diferentes usos em culturas particulares, pesquisadores que reconhecem essas mudanças propõem incorporar o estudo desse discurso político sobre fusão através dos termos "sincretismo" e "antissincretismo". Por outro lado, de uma perspectiva mais destrutiva e deturpadora em termos de descrição na mídia, esforços de antissincretismo por parte de uma instituição de uma religião majoritária podem ser entendidos como tentativas de aniquilação, na qual a visão das religiões minoritárias ou alternativas é descaracterizada negativamente como cultos e seitas que representam uma ameaça para a sociedade (Usarski, 2001).

5. Bricolagem. Bricolagem foi um conceito proposto por Lévi-Strauss para originalmente descrever um modo de pensar que, embora tenha um elemento abstrato que seja comum à ciência, tivesse como princípio básico uma recombinação ou reorganização de materiais já existentes.

Em contraste com o engenheiro ou físico, que planeja e atua com conceitos e métodos, obedecendo a um planejamento estrutural, o *bricoleur* combina elementos de segunda mão com um objetivo concreto e não generalizado, resignificando algo já utilizado em outro contexto. Como o *bricoleur* de Lévi-Strauss, a apropriação de elementos religiosos se dá muitas vezes a partir de elementos isolados da estrutura original.

Uma vantagem de uma diferenciação estrutural entre bricolagem e sincretismo é que, enquanto o sincretismo tem sido descrito como um *processo* no contato entre diferentes religiões, a bricolagem é caracterizada como uma *maneira de pensar*. Essa é uma importante distinção no caso da América Latina, onde a combinação religiosa é mais um dado cultural, uma constante reinterpretação e associação de diferentes conteúdos religiosos, não com o objetivo de formar um sistema final, mas sim como uma forma de entender e praticar qualquer religião. Nesse sentido, também poderiam ser mencionados os usos mais recentes dessa incorporação de elementos na chamada "religiosidade pós-moderna" (Lip, 1996; Sanchis, 1997).

Apesar disso, dado que o conceito de bricolagem tem sua aplicação originalmente formulada para o pensamento mítico e é baseado na reutilização de elementos, a sua transposição para um estudo mais geral de padrões sociais de combinação e sincretismo requer uma justificativa teórica. No contexto da bricolagem e através da inspiração com a Linguística, Lévi-Strauss desenvolveu duas formas de associação, a paradigmática e a sintagmática. Na paradigmática, a associação entre dois elementos é feita através de semelhanças entre o todo; na sintagmática, a associação entre os elementos se realiza através de uma das partes (Lévi-Strauss, 1989[1962]). No caso das religiões afro-brasileiras, um exemplo seria a identificação paradigmática de *Iemanjá*, a mãe do orixá, com Maria, a mãe de Jesus, e a identificação sintagmática de *Ogun*, orixá associado à guerra, com

São Jorge, somente devido à presença da lança como símbolo da guerra na sua iconografia (Reuter, 2002, p. 235). No entanto, apesar do potencial explicativo dessa classificação, sociólogos como Roger Bastide afirmam que, apesar de o sistema ser coerente e de ser possível identificar motivos de uma correspondência particular, a associação é relativamente arbitrária e varia de acordo com o período ou região (Bastide, 1971, p. 156-157).

Usados como termos distintos, pode-se reservar o termo "bricolagem" para os casos de uso de elementos mais isolados, originários de um uso mais tradicional em outras culturas, enquanto o "sincretismo" busca combinar diferentes doutrinas ou práticas através de uma estrutura híbrida.

Nessa linha, Roger Bastide, por exemplo, propôs combinar a abordagem de sincretismo com bricolagem na análise das combinações religiosas nas religiões africanas no Brasil. Nesse autor, de acordo com a teoria culturalista, o sincretismo é muitas vezes usado como uma reinterpretação, resultado do contato de duas culturas. As combinações surgem a partir de lacunas na memória coletiva, dado o passado de separação linguística e étnica dos povos africanos. Essas lacunas de memória coletiva na prática das religiões africanas trouxeram a possibilidade de incorporação e de reinterpretação de elementos externos de outras religiões, caracterizando, dessa forma, o fenômeno sincrético.

6. Harmonização e paradigma combinatório. No caso das religiões asiáticas, em especial do Extremo Oriente, é comum a busca de uma harmonização entre diferentes filosofias e movimentos religiosos. O Budismo chinês, por exemplo, que é a base do Budismo do Extremo Oriente, é em resumo o resultado de um longo esforço de harmonização, inicialmente pela tradução das escrituras indianas, em um processo que é dividido em duas fases principais e que se estendeu por vários séculos. Nesse contexto, a aparição do *Ch'an/Zen* ocorre como uma escola budista tipicamente chinesa, partindo de um sincretismo do Budismo com o Taoismo. As escolas do Budismo esotérico e da Terra Pura, enfatizando a recitação de nomes de *bodisatvas* como Amitofo (sânscrito: Amitaba, japonês: Amida), foi baseada na salvação, pela fé, em uma força externa, uma tendência que favoreceu posteriormente a incorporação de deuses locais. No caso chinês, as práticas mais institucionais do *Ch'an* e da Terra Pura não permaneceram separadas como no caso do Japão, mas na verdade são combinadas e praticadas juntas. O sincretismo é ainda mais perceptível na busca de uma harmonização das três principais religiões chinesas e na religiosidade popular.

Em outro exemplo, desde a introdução do Budismo no Japão, buscou-se uma harmonização entre *Budas* e *kami* (divindades xintoístas). Ainda que a Era Nara tenha visto o início dessa ideia, foi no período *Heian*

FUSÃO DE RELIGIÕES

que ela se estabeleceu com mais força, inicialmente como uma forma de legitimar o estabelecimento de templos em lugares sagrados ao Xintoísmo, posteriormente a partir de um sincretismo que, no nível popular, implicava o acúmulo de práticas mágicas. A reinterpretação dos *kami* e sua "conversão" foram especialmente importantes na ocupação de lugares geográficos antes considerados não permitidos para o homem (especialmente montanhas, consideradas moradias dos *kami*). Em um estágio posterior, essa combinação teve uma sofisticada formulação "budológica" a partir da teoria de *honji suijaku* (diversas manifestações de um princípio fundamental único).

Existem diversos estudos sobre *honji suijaku* como uma filosofia de assimilação e como um paradigma de religiosidade combinatória no período medieval japonês. Nesse contexto, religiosidade combinatória não pode ser vista como uma identificação simples, mas como um mecanismo de identificação múltipla de deuses universais com princípios locais, incluindo Budas, *kami*, seres humanos e lugares geográficos, entre outros. Existem vários fenômenos semelhantes nas novas religiões japonesas como exemplo dessa religiosidade combinatória.

III. Evolução e recepção do conceito.

1. Combinações de doutrina e rituais, intelectuais e populares. É possível enfatizar dois padrões de combinação bastante frequentes nas religiões: uma combinação religiosa doutrinal e uma combinação religiosa para obter benefícios neste mundo. Essa classificação, aqui colocada a partir da contraposição das combinações doutrinais e de resultado, é também tratada por alguns autores como sincretismo "vindo de cima" e sincretismo "vindo de baixo".

Em geral, uma combinação religiosa doutrinal é consciente no sentido de propor o problema intelectual de combinar diferentes gramáticas religiosas através do estabelecimento de paralelos e associações. Novas doutrinas religiosas, como a Teosofia, surgiram a partir do estabelecimento desses paralelos e, de forma geral, a suposição de uma unidade das religiões ou da mística tem o papel de possibilitar combinações dessa natureza.

Em contraposição à combinação religiosa doutrinal, a combinação de práticas ou rituais para obter benefícios ocorre de forma bastante diferente. É comum que nesses casos ocorra o simples acréscimo de novas práticas, sem nenhuma reflexão doutrinal associada. As práticas e os rituais não são entendidos dentro de uma estrutura, mas sim isolados de acordo com o benefício desejado. Nesse caso, a combinação se dá a partir não de semelhanças ou analogias, mas sim através dos seus resultados comuns observados neste mundo. Nesses casos, o acúmulo de práticas raramente forma uma doutrina ou sistema, apesar de um estudo potencial de combinação sempre se encontrar presente. Além da descrição formal de diferentes níveis de sincretismo, muitas vezes a forma

de sincretismo é influenciada pelo conteúdo religioso combinado, o que parece ser quase sempre ignorado na pesquisa sobre sincretismo. Roger Bastide, por exemplo, afirmou que a lógica do sincretismo em magia e ritual é frequentemente dada pela simples acumulação, enquanto na doutrina e instituição a tendência é trabalhar estabelecendo paralelos (Bastide, 1971, p. 154). Também relacionado a isso, Rudolph fez uma diferenciação similar entre um sincretismo refletido ou consciente e um sincretismo popular ou inconsciente (1979, p. 207-208).

Nesse sentido é possível enfatizar dois padrões de combinação bastante frequentes nas religiões: uma combinação religiosa doutrinal e uma combinação religiosa para obter benefícios neste mundo. Em geral, uma combinação religiosa doutrinal é consciente no sentido de propor o problema intelectual de combinar diferentes gramáticas religiosas através do estabelecimento de paralelos e associações. Novas doutrinas religiosas, como a Teosofia, surgiram a partir do estabelecimento desses paralelos e, de forma geral, a suposição de uma unidade das religiões ou da mística tem o papel de possibilitar combinações dessa natureza. Em contraposição à combinação religiosa doutrinal, a combinação de práticas ou rituais para obter benefícios ocorre de forma bastante diferente. É comum que nesses casos ocorra o simples acréscimo de novas práticas, sem nenhuma reflexão doutrinal associada. As práticas e os rituais não são entendidos dentro de uma estrutura, mas sim isolados de acordo com o benefício desejado. Nesse caso, a combinação se dá a partir não semelhanças ou analogias, mas sim através dos seus resultados comuns observados neste mundo. Existe uma identificação sintagmática: práticas são combinadas porque têm uma parte comum, a mais importante, nesses casos, que é a obtenção de resultados. Nesse contexto, o acúmulo de práticas raramente forma uma doutrina ou sistema, mas um estudo potencial de combinação sempre se encontra presente. A eliminação da ambiguidade significaria saber com certeza os meios espirituais para os resultados desejados, o que é, *a priori*, algo não determinado. Um exemplo é o que poderia ser pensado com o espectro de diferentes práticas para manter a saúde ou curar doenças nas sociedades contemporâneas. Esse é um tema que pode ser entendido em vários níveis, desde a prática de métodos alternativos de saúde em conjunto com a medicina tradicional, algo comum em níveis sociais mais altos ou em países desenvolvidos, até a prática simultânea de várias práticas de cura espiritual, o que é mais encontrado nos meios mais populares em contextos como na América Latina. Nesses casos, as práticas são frequentemente acumuladas de forma simples, mesmo que em seu fundamento possam apresentar discrepâncias irreconciliáveis do ponto de vista doutrinal, mas totalmente irrelevantes para aqueles que têm em vista o resultado prático final neste mundo.

No caso de combinações religiosas para benefícios neste mundo, uma perspectiva estrutural cede espaço a uma abordagem mais funcionalista da religião. Simplificadamente falando, a função da religião, nesse caso, é ajudar na obtenção de benefícios neste mundo, através da comunicação desse desejo e a transação com um mundo espiritual. Essa comunicação no sentido estrito do termo, no caso da religião contemporânea, se dá somente a partir de um dos lados do canal. Ainda que uma resposta possa ser interpretada a partir do que ocorre neste mundo, como, por exemplo, um crente que reconhece a graça de Deus e o esforço da sua promessa na cura de uma doença, ou através de uma sensação mais subjetiva, como na introspecção de uma experiência interior ou mística, na experiência social Deus deixou de falar em público. Tocando em um ponto semelhante, Luhmann observou que uma das consequências da secularização e uma das tendências de diversas sociedades ocidentais é o esgotamento dos meios de comunicação com um mundo espiritual, apresentando problemas teológicos na renovação de um canal de comunicação.

Conforme o antropólogo Edmund Leach, o estudo das religiões também pode ser feito como sistemas de comunicação, principalmente nos rituais (Lawson; McCauley, 1990, p. 54ss.). Por isso, no caso de benefícios práticos pode ser considerado que um dos lados da comunicação existe, mas tem algumas características que são desconhecidas, existindo um ruído semântico na comunicação. Um resultado trivial da teoria da informação é que um meio simples de combater um ruído na comunicação é a repetição da transmissão, um ponto que não deixou de ocupar um espaço importante na teoria estruturalista do mito em Lévi-Strauss, que pressupõe uma revelação espiral, e na análise de Luhmann, sobre os diferentes canais midiáticos para a revelação religiosa. Para uma comunicação com um mundo espiritual, em um diferente uso desse princípio da teoria da informação, quanto mais desconhecido é o interlocutor, mais redundante pode ser a mensagem. Repetições podem ser necessárias ou pelo menos consideradas não prejudiciais. Devido a essa lógica, rituais e práticas mágicas são adicionados para efetivar a comunicação e aumentar a possibilidade de sucesso de um entendimento com o mundo espiritual. Um nível de combinação doutrinal não deixa de ocorrer nos conceitos associados a esses benefícios, mas dificilmente a combinação foge de um padrão associado ao que se deseja obter.

Nesse caso, religiões são particionadas e combinadas, tendo como ponto de encontro o resultado desejado, não as doutrinas originais. Algumas instituições rejeitam as combinações, mesmo as que explicitamente oferecem uma prática mágica. A justificativa dessa rejeição não vem somente do contexto doutrinal, como no caso das religiões monoteístas, mas também da afirmação de que uma prática simultânea prejudica a própria obtenção do resultado desejado, que nada mais é do que afirmar um resultado trivial da teoria da informação, que indica que a repetição sempre aumenta a possibilidade de informações inconsistentes na comunicação. A reação popular contra uma combinação não é, no entanto, sempre acompanhada de rejeição. Como nos casos de combinação religiosa para benefícios neste mundo, as diferenças doutrinais não são consideradas relevantes, e o praticante pode ser encarado ou mesmo se definir explicitamente como um elemento passivo e não um adepto, como um consumidor de música *pop* ou do cinema americano, que recebe o inglês a partir de sua busca de lazer e não tem o entendimento da língua. No caso do Brasil, por exemplo, esse é um ponto que une terapeutas de uma medicina alternativa, centros de Umbanda ou espíritas, e mesmo alguns ambientes de prática de meditação, *yoga* ou *spas* com práticas orientais e budistas.

2. Diáspora e memória coletiva. Um dos conceitos teóricos potencialmente associados à diáspora é o de memória coletiva, apropriado de Maurice Halbwachs, e que define a memória em termos sociais. A partir desse conceito de memória social na diáspora, preservada nos imigrantes de primeira geração, podem ser entendidos alguns mecanismos importantes de combinação religiosa nessas comunidades.

Um exemplo de tal inter-relação entre memória coletiva e combinações pode ser encontrado na teoria de Roger Bastide sobre o sincretismo das religiões africanas com o Catolicismo e o Espiritismo no Brasil. No contexto da escravidão, etnias e línguas foram sistematicamente separadas e colocadas em diferentes ocupações, em ambiente urbano (com funções servis e maior possibilidade de instrução e contatos) e rural (comunidades isoladas em senzalas). Nesse contexto, as combinações religiosas tiveram uma relação direta com a possibilidade de convívio, que impossibilitou uma comunicação plena e o estabelecimento de comunidades mais orientadas para uma reconstrução da memória religiosa africana. Dessa forma, dentro das religiões africanas no Brasil, existem muitas variáveis, como etnia e evolução social, que determinam diferentes formas das religiões africanas desde o Candomblé até a Umbanda, que apresentam diferentes modelos e explicações teóricas para o sincretismo (Ferretti, 1995, p. 41-113; Reuter, 2002, p. 171-282). Nessa linha, uma abordagem que busca propor uma sociologia da bricolagem e relacionando-a com o sincretismo foi proposto por Bastide (1970), ainda que o conceito não tenha sido desenvolvido em toda a sua potencialidade para casos concretos.

Devido ao contato entre dois grupos, Bastide propõe que surgem lacunas nessa memória coletiva,

FUSÃO DE RELIGIÕES

com maior ou menor intensidade com o passar das gerações e por causa de fatores contextuais. O sincretismo afro-brasileiro seria consequência da perda da memória℗ coletiva e da sua complementação, a partir de elementos da sociedade local. Dessa forma, é possível diferenciar a evolução da Umbanda e do Candomblé de acordo com as diferentes etnias africanas e com os diferentes ambientes no qual se processou a escravidão.

3. Abordagem cognitiva. Um crescente número de pesquisadores da religião tem se interessado pelas correlações entre cognição e cultura como forma de explicar a experiência religiosa℗ ou mesmo descrever formalmente rituais (Lawson; McCauley, 1990). Apesar de essa corrente ter uma orientação mais linguística, podem ser dadas algumas indicações das consequências dessa correlação para o caso de uma prática de religiosidade múltipla e sincretismo (Martin, 1996, p. 219). Novas abordagens nessa direção consideram que o "sincretismo representa uma mistura seletiva de elementos miméticos que se encaixam no mapa cognitivo de uma coletividade cultural particular" (Martin; Leopold, 2004).

Essa abordagem tem como pressuposto que, em casos de práticas de múltiplas religiões ou de frequentes combinações, ao invés de conversão pode ser mais útil falar de *aquisição* de uma religião, não como na metáfora℗ de um supermercado, mas como um processo cognitivo tão longo quanto a aquisição de uma segunda língua. Essa aquisição se dá a partir de um processo que pode ser descrito como um progressivo ganho de *proficiência*, desde o conhecimento de elementos isolados até o seu uso em estruturas coordenadas por uma doutrina, com um conhecimento do contexto e do uso semântico correto das expressões. As combinações que surgem nesse processo podem ser fruto de analogias℗ intencionais ou de ambiguidades inerentes a qualquer aprendizado, que depois podem receber interpretações mais doutrinais ou filosóficas.

4. Transplantação e aclimatização. A transplantação de uma religião, envolvendo a mudança geográfica de uma religião, envolve em muitos casos um processo de combinação com religiões locais. Buscando descrever as similaridades entre processos de adaptação℗ e tendo como referência a dialética da inovação, Pye propôs três aspectos principais desse processo: contato, ambiguidade e reorientação (Pye, 1969). A ambiguidade do processo de transplantação traz com isso a possibilidade de combinação de elementos estrangeiros e locais.

Adicionalmente, a fusão de religiões muitas vezes não é determinada com base na cultura, sociedade, doutrina ou idioma. No entanto, em muitos casos o ambiente natural tem um impacto determinante na fusão entre diferentes crenças℗. É importante nesses casos rever a associação do sincretismo com um viés somente sociocultural, isso especialmente no caso das religiões com forte relação com o *habitat* natural, um tema, em muitos casos, da geografia das religiões. Por exemplo, os mundos espirituais do Xamanismo e as religiões focadas em uma relação com a natureza não dependem prioritariamente de aculturação℗, mas principalmente da "aclimatização" a outras paisagens geográficas.

***

O fenômeno da combinação das religiões é essencial para a Ciência da Religião℗, considerando que as diferentes tradições religiosas representam tipos ideais raramente encontrados na realidade. Na origem, na sua evolução histórica e especialmente na época contemporânea, o que é mais comum observar são diferentes combinações entre as religiões. A reflexão analítica sobre essas combinações aparece em diferentes áreas da Ciência da Religião℗, tanto em termos descritivos como sistemáticos.

Uma tipologia dessas combinações vai além da constatação de combinações religiosas em casos particulares, ainda que exemplos sejam importantes para fixar os conceitos. O que requer análise é, por exemplo, por que algumas combinações religiosas são mais praticadas, dentre todas as combinações religiosas possíveis, ou por que algumas combinações religiosas são socialmente estáveis enquanto outras desaparecem rapidamente.

Nesse sentido, a tendência à combinação e à fusão, já existente em doutrinas religiosas que relativizam o seu próprio caráter de verdade absoluta, é ainda mais acentuada pela sua presença em sociedades já permeadas pela convivência religiosa múltipla (como os países da América Latina em geral). Nesses casos, categorias sociológicas que trabalham com ideias como "pertencimento religioso" e "conversão" podem ser bastante inadequadas, por terem tido a sua origem principalmente nos ambientes europeu e norte-americano do início do século XX. Em um número crescente de casos tem-se mostrado a relevância de analisar a prática de uma "família de religiões" e de substituir a categoria de convertido por outras propostas, seguindo a tendência de "glocalização" de muitos grupos e a extinção de tradições isoladas. Adicionalmente, comunidades de imigrantes se tornam multirreligiosas devido ao seu processo de integração social e às novas gerações de descendentes, grupos esotéricos e de Nova Era, que optam conscientemente por uma abordagem aberta e de inclusão de diferentes tendências.

De forma geral, todas as religiões têm tido de elaborar e formular critérios de legitimação e confrontação com outras religiões, que eram desnecessários décadas atrás. Amplificadas pela migração de pessoas e ideias, tentativas de harmonização entre religiões ou aniquilação de visões religiosas concorrentes são frequentemente encontradas tanto em grupos quanto em indivíduos, como consequência dessas reformulações doutrinais nas instituições. Nessa direção pode ser considerado, por exemplo, o problema de descrever como os rituais ecumênicos têm sido praticados. Por outro lado, mesmo grupos baseados no fundamentalismo♀ dificilmente permanecem como sistemas fechados e isolados. Ainda que possam optar pelo antissincretismo ou pela aniquilação de visões religiosas concorrentes, mesmo nesse caso não deixa de haver uma combinação religiosa a partir da incorporação de um elemento religioso externo como algo negativo.

Bibliografia: ASSMANN, J. Monotheism and Polytheism. In: Johnston, Sarah (Ed.). *Religions of the Ancient World*: A Guide. Cambridge (Mass): Harvard University Press, 2004. p. 17-31; BASTIDE, R. *As religiões africanas no Brasil.* São Paulo: Pioneira/Edusp, 1971. v. 1-2; BASTIDE, R. Mémoire Collective et Sociologie du Bricolage. *L'Anné Sociologique*, vol. 21, 1970, p. 73-82; BECHERT, H. *Buddhism in Ceylon and studies on religious syncretism in Buddhist countries*: report on a Symposium in Göttingen. Göttingen: Vandenhoeck und Ruprecht, 1978; BERNER, U. *Untersuchungen zur Verwendung des Synkretismus-Begriffes.* Wiesbaden: Harrassowitz, 1982; BURKE, P. *Hibridismo cultural.* São Leopoldo: Unisinos, 2006; FERRETTI, S. F. *Repensando o sincretismo*: estudo sobre a Casa das Minas. São Paulo/São Luís: Edusp/ Fapema, 1995; GREENFIELD, S. M. Recasting Syncretism... Again: Theories and Concepts in Antropology and Afro-American Studies in the Light of Changing Social Agendas. In: CLARKE, P. (Ed.). *New Trends and Developments in African Religions.* Westport: Greenwood Press, 1998. p. 1-16; LAWSON, E. T.; McCAULEY, R. N. *Rethinking Religion*: Connecting Cognition and Culture. Cambridge: Cambridge University Press, 1990; LÉVI-STRAUSS, C. *O pensamento selvagem.* São Paulo: Papirus, 1989 [original: 1962]; LIP, Wolfgang. Synkretismus, soziokulturell: Aspekte einer Soziologie der Postmoderne. In: DREHSEN, V.; SPARN, W. (Eds.). *Schmelztiegel der Religionen*: Konturen des modernen Synkretismus. Gütersloh: Gütersloher Verlag-Haus, 1996. p. 37-53; MARTIN, L.; LEOPOLD, A. New Aproaches to the Study of Syncretism. In: ANTES, P.; GEERTZ, A.; WARNE, W. R. R. (Eds.). *New Aproaches to the Study of Religion.* Walter de Gruyter: Berlin, 2004. vol. 2, p. 93-108; MARTIN, L. Syncretism, historicism, and cognition: A response to Michael Pye. *Method and Theory in the Study of Religion*, 8-2, 1996, p. 215-224; PYE, M. Syncretism *versus* synthese. *Method and Theory in the Study of Religion*, 6-3, 1994, p. 217-229; PYE, M. The Transplantation of Religion. *Numen* 16, 4. 1969, p. 234-239; REUTER, A. *Das Wilde Heilige*: *Roger Bastide (1898-1974) und die Religionswissenschaft seiner Zeit.* Frankfurt/New York: Campus, 2002; RUDOLPH, K. Synkretismus – vom theollogischen Scheltwort zum religionswissenschaftlichen Begriff. In: NEULANDE, L. (Ed.). *Humanitas Religiosa.* Festschrift für Harald Biezais zu seinem 70. Geburtstag. Stockholm: Almqvist and Wiksell, 1979. p. 194-212; SANCHIS, P. O campo religioso contemporâneo no Brasil. In: ORO, A. P.; STEIL, C. A. (Eds.). *Globalização e religião.* Petrópolis: Vozes, 1997. p. 103-115; STEWART, C.; SHAW, R. (Eds.). *Syncretism/Anti-syncretism*: The politics of religious synthesis. London/New York: Routledge, 1994. p. 212-216; STOLZ, F. Austauschprozesse zwischen religiösen Gemeinschaften und Symbolsystemen. In: DREHSEN, V.; SPARNS, W. (Ed.). *In Schmelztiegel der Religionen*: Konturen des modernen Synkretismus. Gütersloh: Gütersloher Verlag-Haus, 1996. p. 15-36; USARSKI, F. Retórica de "aniquilação". Uma reflexão paradigmática sobre recursos de rejeição a alternativas religiosas. *REVER: Revista de Estudos da Religião*, 1, 2001, p. 91-111.

RAFAEL SHOJI

FUSTEL DE COULANGES, NUMA DENIS

Justamente conhecido como historiador da Antiguidade clássica e pioneiro medievalista, Numa Denis Fustel de Coulanges (1830-1889) cursou aos vinte anos a Escola Normal Superior de Paris, de que viria a ser Diretor na maturidade, e foi logo em seguida nomeado para a Escola Francesa de Atenas, dedicando-se durante dois anos a escavações arqueológicas na ilha de Quios. Após a notoriedade alcançada pela sua tese sobre *Políbio e a conquista da Grécia pelos Romanos* (1858), foi cooptado pela Faculdade de Letras da Universidade de Estrasburgo, onde lecionou até 1870. No decurso deste magistério, elaborou a obra-prima que o consagraria como figura fundadora da História da Religião♀, *La Cité Antique. Étude sur le Culte, le Droit et les Institutions de la Grèce et de Rome*, de que adiante se tratará mais em pormenor. Nomeado, ao fim de uma década, *Maître de Conférences* da Escola Normal, assumirá em Paris uma crescente visibilidade e empenhamento político (para o que não pouco contribuiu, em contexto de conflito franco-prussiano, a sua defesa histórica de uma Alsácia francesa contra Theodor Mommsen), até inaugurar na Sorbonne, em 1875, a primeira Cátedra de História Medieval. A maior relevância política do magistério parisino fá-lo-ia enveredar, com efeito, pelo estudo das *Instituições políticas da Antiga França*, título que sonhou para um *magnum opus* que devia chegar até à Revolução de 1789. No entanto, a mesma paixão pela verdade unificadora dos factos sociais que o levara, na *Cité Antique*, a pôr o dado documental ao abrigo das projeções do presente, levou-o agora a um tal esforço de reconstituição ou restituição das origens medievais da França que os seus seis volumes (dos quais só os primeiros dois foram publicados em vida) não puderam trazer o olhar aquém da era carolíngia. Ao serviço do ideal romântico, a historiografia política pós-revolucionária presumia acriticamente o entroncamento dos seus ideais libertários e constitucionais numa alma♀ nacional germânica emergida das "invasões bárbaras", um lugar-comum, ainda hoje corrente, na associação simplista entre o etnónimo (*franco*, *i.e.*, "livre") ao ideário republicano (Delacampagne, 2002). Preenchendo documentalmente o vazio que a mente moderna projetava sobre uma não melhor especificada "Idade do Meio", o historiador-cientista acabaria por provar, pelo contrário, a latinidade da França, na continuidade entre as suas instituições medievais, nomeadamente da monarquia merovíngia, e a Gália da Antiguidade tardia; esvaziando, pelo caminho, de real relevância historiográfica lugares-comuns incontestados no seu tempo, como a "raça" germânica, o seu "nacionalismo" e as suas "invasões".

A *Cidade Antiga*, porém, teria bastado para o consagrar como historiador e como estudioso do fenómeno religioso; no primeiro aspeto, por dois contributos metodológicos particularmente relevantes para o estudo da Antiguidade; no segundo, por duas intuições unificadoras do vasto cenário documental dos seus dois volumes, a saber: a do íntimo nexo entre a religião♀ e a produção dos vínculos sociais, por um lado, e a da natureza mista – natural e cultural, com precedência da cultural – desses vínculos.

Para o verificarmos, não podemos deixar de nos deter na própria Introdução, como manifesto programático que é, do seu método♀ e objeto científicos. Parte ela da constatação de que, paradoxalmente, o maior obstáculo ao conhecimento das culturas grega e romana era a sua ilusória proximidade ao presente do observador. Na realidade, diríamos hoje, tal como a distância no espaço, também a distância no tempo inviabiliza a perspetiva do observador participante: "[…] o que de gregos e romanos conservamos e por eles nos foi legado, faz-nos crer que a esses povos nos assemelhamos […]; quase sempre os interpretamos como a nós mesmos. De este modo de ver procedem muitos erros. Enganamo-nos redondamente ao apreciar estes povos antigos através de opiniões e à luz de factos do nosso tempo" (Delacampagne, 2002, p. 5), citaremos, segundo tradução portuguesa já referida. Mais: consorte de um século de sucessivos rescaldos e reacendimentos de revoluções e impérios equivocamente deduzidos das matrizes culturais greco-romanas, não deixa de apelar à responsabilidade política do historiador e do ideal restauracionista subjacente à primeira Modernidade: de facto, tais "erros não estão isentos de perigos […]; por má observação das instituições da Cidade Antiga, imaginou-se poder fazê-las reviver entre nós; iludiram-se quanto à liberdade dos antigos e por isso a liberdade entre os modernos tem corrido risco; os nossos últimos oitenta anos mostram claramente que uma das grandes dificuldades a opor-se à marcha da sociedade moderna está no hábito de termos as antiguidades grega e romana sempre diante dos olhos" (Delacampagne, 2002, p. 6).

Reconhecida e respeitada a distância do objeto, põe-se o problema da sua acessibilidade. É que, à luz da sua intuição fundamental, objeto primeiro do historiador, não são as instituições, nem sequer os factos sociais do passado em si mesmos, mas sim as crenças♀ que lhes dão origem e coerência: "[…] atentai nas instituições dos antigos sem pensar nas suas crenças♀ e achá-las-eis confusas, extravagantes, inexplicáveis […]. Mas ao lado destas instituições colocai as crenças♀; e os factos tornar-se-ão claros, a sua explicação apresentar-se-á por si mesma" (Delacampagne, 2002, p. 7). Ora, para aceder a algo "tão imaterial e fugitivo" dispõe, para o antigo cepo comum indo-europeu, dos testemunhos literários do sânscrito, como os hinos dos Vedas ou o Código de Manu. Como comparar com aqueles seus aparentados, os helenos e latinos arcaicos, de quem não restam análogos coevos? É conhecido o recurso à etimologia♀: os testemunhos literários "servem-se de uma língua cujos radicais são infinitamente antigos […] e o sentido íntimo de um radical pode por vezes revelar uma tradição ou uso antigo" (Delacampagne, 2002, p. 272) – por exemplo, a designação dos magistrados gregos como *oi en télei* só se compreende apelando à aceção primitiva de *telos* como "sacrifício♀", que por sua vez atesta o seu originário carácter sacerdotal. Mas para realizar este desiderato – a partir, decerto, da sua experiência de arqueólogo –, Fustel de Coulanges elabora um método♀ bem mais fecundo e original: "O passado nunca morre completamente para o homem […] porque, tal como ele se apresenta em cada época, o homem é o resumo de todas as épocas anteriores e, se penetrar na sua alma♀, pode achar e distinguir nela essas diferentes épocas, de harmonia com o que cada uma delas lhe deixou". Ao mesmo tempo, dá-se conta da persistência autónoma do rito religioso para além do contexto em que ele tinha o seu pleno significado: "[…] o contemporâneo de Cícero pratica ritos, nos sacrifícios♀, nos funerais, nos casamentos; esses ritos são de uma idade anterior e a prova disso está em que eles já não correspondem às crenças♀ que esse homem tem. Mas analisem-se de perto os ritos que esse homem pratica ou as fórmulas que recita e achar-se-ão ali os vestígios daquilo em que os homens acreditaram quinze ou vinte séculos atrás" (p. 10).

Assim, em cada testemunho literário da época "histórica" que descreva ou simplesmente aluda a um rito religioso, posto que coevo, ele reconhece estádios anteriores em camadas sobrepostas e, em cada camada, coordenadas religiosas próprias que explicam outras tantas leis e instituições persistentes para além dessas coordenadas. A desmesurada importância ritual de instituições como o Censor e o Censo, por exemplo, persistia ainda no tempo de Augusto, por haverem sido concebidas originariamente em função da Lustração, um quadrienal sacrifício♀ expiatório, em que era necessário garantir a escrupulosa presença de todos os cidadãos e ainda mais escrupulosa exclusão de qualquer estrangeiro; posto que os homens de Estado não vissem já nele senão uma medida de administração (Delacampagne, 2002, p. 243). De modo semelhante, o cortejo do Triunfo continuou já praticamente centrado na aclamação do *imperator*, a ser aberto pelos sacerdotes, muito para além, portanto, da sua finalidade originária, mas a persistência da prescrição atesta que ela consistira em oferecer aos deuses da cidade o sacrifício devido pela proteção na campanha (Delacampagne, 2002, p. 273). A *Cidade Antiga* apresenta-se-nos, assim, à maneira de uma estação arqueológica, como uma escavação de ritos e de instituições, dotada de ricas reconstituições da religião arcaica de helenos e latinos, conjeturadas a partir das camadas inferiores. Finalmente, por extensas que sejam no tempo, todas essas reconstituições configuram uma substancial continuidade e coerência – de religião e, por conseguinte, de leis e de instituições – da matriz social indo-europeia até ao Cristianismo. E a intuição que permite ao nosso arqueólogo reconstituir, a partir do alicerce restante, toda a edificação cultural, desde a sociedade unicelular da família arcaica às várias subsequentes "sociedades de sociedades" (a *gens*, a *fratria* ou *curia*, a tribo e, por fim, a cidade), é a de que é uma mesma religião que produz o vínculo agregador de todas elas. Ora, aquela, na amostra histórico-social em causa, consiste na persistência do culto dos antepassados (os ascendentes por via varonil na família arcaica, os fundadores, na cidade) e na representação simbólica da sua sobrevida terrena, após a inumação num solo determinado, como dependente do culto dadivoso dos vivos. De facto, "os deuses da cidade são da mesma natureza dos da religião primitiva da família. Também eles se chamavam Lares, Penates, Génios e Heróis e, a coberto destes nomes, achavam-se almas humanas divinizadas pela morte" (Delacampagne, 2002, p. 217). Intuição secundária e complementar da primeira é a da natureza essencialmente religiosa – cultural, pois, e não natural – daquele vínculo ("o verdadeiro parentesco consiste", no dizer de Platão, "no culto dos mesmos deuses domésticos"), de maneira que a sua ideal perenidade, sem prejuízo da prioridade de princípio para a descendência natural, logra pôr-se ao abrigo das fragilidades da biologia. À luz destes dois princípios cruzados – culto dos antepassados e natureza essencialmente cultual do vínculo social –, acham coerência numerosos costumes e institutos à volta do sistema de parentesco, do matrimónio e do celibato, da primogenitura, de mecanismos de extensão do vínculo familiar (como o estatuto do escravo, o do liberto e, mais tarde, o do cliente) do direito sucessório, do direito de propriedade (com as suas estranhas cláusulas de inalienabilidade), do calendário e festividades da cidade, do regime municipal, do princípio de conquista da cidade pela adoção do seu culto, do carácter a um tempo sacerdotal e hereditário de todo o poder (no Rei, como no *pater familias* primitivo) e do modo peculiar como as próprias "revoluções" o foram passando para outras mãos até ao advento do Cristianismo. De facto, com a nova concepção filosófica e, depois, cristã, da divindade e do seu culto, desaparecem as "estruturas de plausibilidade" da *Cidade Antiga* (para usarmos a expressão de Berger [*The Sacred Canopy*], 1967). Se é o culto da divindade que produz o vínculo social e o sentido de pertença, uma nova sociedade e um novo Estado deverão emergir, compatíveis com o seu carácter universal e transcendente.

A fecundidade científica desta análise da sociedade clássica revela-se também pela sua extensibilidade a outros contextos. O olhar do estudioso selecionou eficazmente o filão dos deuses sociais e a respetiva capacidade de gerar o edifício político da cultura sedentária, simbolizada na inamobilidade do túmulo dos antepassados e nessa prosopopeia do fogo doméstico que era o Lar. Determinado pela necessidade de gerar sociedades de maior escala, identificou depois o processo de passagem do antepassado histórico ao antepassado mítico (fundadores e heróis, sempre, porém, como os outros, excludentes do estrangeiro). Uma só vez alude à outra face da divindade imanente dos antigos, a dos deuses naturais, que identifica, na fase pós-neolítica que tem sob observação, como prosopopeias míticas dos astros. Se bem que note de passagem o facto de a *gens julia* se fazer remontar à ascendência de Vénus, deixa fora da sua observação este outro mecanismo religioso a que Roma viria a recorrer da fase do Império: o de, à imitação das grandes civilizações orientais – que, motivando a divindade dos soberanos na descendência mítica dos astros, haviam produzido os primeiros Estados e as primeiras sociedades de grande escala –, fundar na identificação com o Sol, e exprimir pelo rito da cremação, a sacralidade dos seus novos deuses exclusivos, isto é, os imperadores. Mas a alusão às divindades naturais deixa em aberto um campo de fascinantes hipóteses para analisar outras sociedades, mais precisamente, em contexto pré-neolítico. Porque, em analogia com esta radical correlação entre cruzamento do culto dos antepassados com rito fúnebre de inumação e as bases da vida sedentária, outra correlação se deixa adivinhar entre o cruzamento do culto dos elementos naturais com rito fúnebre de exposição e a fragilidade das pequenas sociedades nómadas.

Bibliografia: FUSTEL DE COULANGES, N. D. *A cidade antiga* [*La Cité Antique*. Étude sur le Culte, le Droit et les Institutions de la Grèce et de Rome]. 7. ed. São Paulo: Ed. das Américas, 1961; DELACAMPAGNE, C. *Histoire de l'Esclavage*. Paris: LGF, 2002; BERGER, P. L. *The Sacred Canopy*: Elements of a Sociological Theory of Religion. New York: Doubleday, 1967.

José Carlos Lopes de Miranda

G

GADAMER, HANS GEORG →
Hermenêutica

GEERTZ, CLIFFORD

Clifford Geertz é um dos mais conhecidos antropólogos da segunda metade do século XX e talvez um dos que mais marcou o pensamento antropológico. Para a Ciência da Religião⚲, sua influência continua muito forte até os dias atuais, principalmente no tocante à tão utilizada e propalada definição de religião. No entanto, Geertz nunca se colocou, tampouco é reconhecido, como um antropólogo da religião. Segundo Klaus Hock, a Ciência da Religião⚲ deve sua mais significativa contribuição etnológica e religiosa a Geertz (Hock, 2010, p. 158). Para esse mesmo pensador, Geertz representou um verdadeiro divisor de águas na Ciência da Religião⚲, direcionando-a a uma perspectiva histórica e científica através do seu famoso ensaio "Religião como sistema cultural" (Hock, 2010, p. 239).

Geertz formou-se em Filosofia, o que talvez tenha proporcionado um olhar diferenciado sobre a Antropologia norte-americana de seu tempo. Fez doutorado na Universidade de Harvard, em um programa interdisciplinar, com tese sobre a religião em Java, já dentro de uma perspectiva antropológica. Essa sua formação mais eclética acabou por fazer com que não ficasse condicionado nem à Antropologia Cultural, tradicional nos EUA, nem à nascente Antropologia Ecológica. Acabou por inaugurar uma nova corrente que acabou sendo denominada de Antropologia Interpretativa, ou mesmo Antropologia Simbólica. Sempre enfatizou a necessidade do trabalho de campo, tendo realizado inúmeros deles em Java, Bali, na década de 1950, e Marrocos, nos anos 1960. Sua teoria é profundamente marcada por essa constante coleta de dados. Trabalhou até o final de sua vida, já como professor emérito no Instituto de Estudos Avançados de Princeton.

Seus principais e mais influentes livros são, na verdade, coletâneas de diferentes ensaios, como *A interpretação das culturas*, originalmente publicado em 1973, *O saber local*, de 1983, e *Nova luz sobre a Antropologia*, publicado em 2000. Embora recheados de dados empíricos, esses livros trazem inúmeros ensaios teóricos que marcaram profundamente uma transformação na Antropologia. Dos livros monográficos, destaca-se *A religião de Java*, de 1960, e originalmente sua tese de doutorado, e *Observando o Islã*, de 1968, no qual o autor procura compreender o que faz o Islã ser uma única

religião, fato que se apresenta de maneira tão diversa na Indonésia e no Marrocos. Duas formações históricas com duas formas de vivenciar uma mesma religião.

Geertz nunca se considerou um antropólogo da religião, pois para ele não fazia sentido olhar apenas para a religião. Sempre se preocupou com vários temas, como comércio local, desenvolvimento econômico, estruturas políticas tradicionais, parentesco, identidade e também teoria antropológica. Sua grande ênfase sempre recaiu na análise dos sistemas de sentido. Antes de tudo, Geertz parte de uma teoria geral da cultura, que é sempre interpretativa. A religião⚲, assim como outros elementos da vida, como a arte, a ciência, são sistemas culturais e fazem parte da cultura⚲ como um todo. A cultura⚲ é vista como um sistema de símbolos, os quais se articulam numa rede de significados.

Sua visão de cultura é semiótica⚲ e nem tanto social. A cultura⚲ é vista como um texto, e os seres humanos estão sempre interpretando seus papéis. Nesse profundo jogo de intersubjetividades não há lugar para análises frias e objetivas. A Antropologia não deve ser uma ciência objetiva, mas uma hermenêutica⚲ em busca de significados que os seres humanos dão a eles mesmos a cada contexto histórico.

Geertz sempre centrou sua análise no espetáculo, tanto no Marrocos como em Java ou em Bali. São episódios nos quais o que é mais profundo do grupo se revela. Para ele, é no ritual que se vive e atualiza a crença⚲. O ritual é a própria interpretação⚲ dos papéis culturais que o grupo se põe a si mesmo. Para analisar um ritual, ou outro acontecimento cultural significativo, o pesquisador deve empreender uma *descrição densa*. Essa descrição, detalhada em um ensaio dos anos 1960, é sua maior contribuição para a metodologia de pesquisa, de religião ou de outros aspectos da vida social. A descrição deve ser densa, porque não pode ficar presa apenas àquilo que o pesquisador vê, mas deve descer às profundidades dos significados envolvidos.

Um exemplo muito utilizado em outro ensaio publicado no mesmo livro é o de uma briga de galos em Bali. Geertz analisa a briga de galos como um texto em que as emoções são utilizadas para fins cognitivos. Depois de vários dias observando o povo balinês e sua paixão pelas rinhas de galo sem conseguir sair da superficialidade, Geertz presencia um momento inusitado que o leva a descobrir aspectos significativos, e subjetivos, da cultura de um povo. Nas brigas de galo não estão apenas os galos, mas os próprios indivíduos. Trata-se de uma guerra caricaturada de eus simbólicos. Na relação homem-galo são os próprios homens que lutam. O que chama a atenção para estudar a briga de galos não é a "função" de reforçar a discriminaçãoρ de *status*, mas o fato de ela fornecer um comentário metassocial. Sua função é interpretativa: é uma leitura balinesa, uma estória sobre eles que eles contam a si mesmos. O antropólogo deve saber "ler" essas interpretações dos próprios autores. Não pode pegar o discurso dos atores como real e explicação do real; deve saber reinterpretá-los. Descrição densa é um métodoρ antropológico de explicar com o máximo detalhamento possível os sentidos e significados por trás das ações humanas. Muitas dessas ações podem significar coisas muito diferentes. Geertz insistiu que o antropólogo precisa estar ciente disso e com isso saber lidar.

Sua maior contribuição para a Ciência da Religiãoρ foi, sem dúvida, o conceito de religiãoρ enquanto um sistema cultural e simbólico. É, talvez, uma das definições de religiãoρ mais utilizadas entre os estudiosos de religião. No entanto, muitas vezes é tomada de forma distanciada de todo o arcabouço teórico que marca a Antropologia Interpretativa. É preciso levar em consideração sua concepção geral de sistema cultural.

Geertz parte de dois conceitos que são fundamentais em sua teoria – *éthos* e visão de mundo. O conceito de *éthos* na Antropologia é antigo, vindo da Antropologia Cultural de Franz Boasρ (1858-1942). Remete a tudo aquilo que se refere a aspectos mais subjetivos e emocionais da vida de um povo. É seu jeito de ser, suas disposições morais e estéticasρ, seus valores e estilo de vida. Pode-se pensar que o *éthos* não é verbalizado conscientemente. Por outro lado, existe a visão de mundo. Essa, sim, é consciente e remete a uma metafísicaρ e uma cosmologia. É a maneira de compreender a existência e o mundo ao redor. A religiãoρ é forte exatamente porque promove a junção entre o *éthos* e a visão de mundo.

Geertz estava insatisfeito com as teorias sobre religiãoρ existentes até aquele momento. Seria necessário outro olhar que desse conta dos substratos simbólicos. É a isso que ele se propõe fazer. Entende que dificilmente se apreende a totalidade da dimensão religiosa, pois esta está profundamente imbricada com a realidade simbólica e material. Geertz está preocupado com a questão do vivido.

Cada religiãoρ tem sua marca característica, embora todas elas promovam a junção do *éthos* e da visão de mundo. As religiões são diferentes, pois tratam de modos de vida particulares. Cada cultura ou cada povo específico possui um *éthos* característico e também uma visão de mundo única. Portanto, as religiões engendram a cada circunstância histórica um *éthos* e uma visão de mundo exclusivos. A questão é saber como se dá essa junção a cada uma das situações.

A religiãoρ estabelece uma congruência absoluta entre os dois polos. Para compreender como isso se dá, é preciso se referir a um processo histórico. A religiãoρ é um sistema cultural e implica um sistema de símbolos. Contudo, os símbolos são constituídos num contexto histórico e político. Não se pode abstrair dessa questão.

Ele começa sua definição dizendo que religiãoρ é um sistema de símbolos que atua para alguma coisa. Assim como há modelos na natureza, no mundo humano também estabelecemos inúmeros modelos. Eles servem como modelos *da* realidade, como uma representação de maneira simbólica dos padrões de comportamento de cada cultura. Mas há também os modelos *para*, como uma planta que servirá para se constituir algo. Modelo *de* e modelo *para* são intercambiáveis. Um é o reverso do outro. Diferentemente da vida biológica não simbólica, em que só existem modelos *para*, os padrões culturais têm um aspecto duplo, são também modelos *de*. "Eles dão significado, uma forma conceitual objetiva, à realidade social e psicológica, modelando-se em conformidade a ela e ao mesmo tempo modelando-a a eles mesmos" (Geertz, 1978, p. 108). Isso torna possível a articulação entre visão de mundo e *éthos*.

Na sequência, Geertz afirma que esse sistema simbólico estabelece poderosas disposições e motivações nas pessoas. Os dois modelos, *de* e *para*, expressam o clima do mundo e também o modelam. Isso faz com que o crente religioso se sinta com disposição a uma série de acontecimentos. Para ele, a religiãoρ induz a duas espécies de disposições um tanto diferentes: ânimo e motivação. As pessoas religiosas estão inclinadas a executar determinados tipos de atos ou ter determinados tipos de sentimentos que vão desde exultação até melancolia, autoconfiança até autopiedade, jocosidade incorrigível até certa apatia. Assim, não se pode falar num sentimento religioso único (Geertz, 1978, p. 111). Nesse aspecto, ele se refere indiretamente ao *éthos*.

Essas disposições se dão através da formulação de conceitos de uma ordem geral da existência. Aqui entram as ideias de ordem que as religiões indicam. A religiãoρ aponta um sentido, uma compreensão de como o mundo é, ou ao menos deveria ser. Diante do caos insuportável, toda a religiãoρ formula explicações para nossos limites de capacidade analítica. Sempre haverá um sentido outro para algo que não se consegue explicar. Também encontramos refúgio na religiãoρ diante dos nossos limites de suportar o sofrimento e dos nossos limites éticos. A religiãoρ não eliminará o sofrimento, mas torna-o sofrível. Não corrige a injustiça deste mundo, mas aponta para outro mundo justo, em que os crentes que agem com retidão serão beneficiados. Aqui temos a referência à visão de mundo.

Mas a grande característica da religiãoρ, diferente de outros sistemas simbólicos, é que ela traduz essas concepções gerais com uma aura de fato concreto que nenhuma outra consegue conceber. Geertz questiona o que significa crençaρ. Como é que o ser

GEOGRAFIA DA RELIGIÃO

humano nega a desordem vivida e aceita a existência de uma ordem fundamental e transcendente? Para ele, é no ritual que se origina a convicção de que as concepções religiosas são verídicas e de que as diretivas religiosas são corretas. *Éthos* e visão de mundo se fundem.

Terminando sua definição, Geertz fala que as disposições e motivações parecem singularmente realistas. Afinal, ninguém, nem mesmo uma pessoa santa, vive cem por cento do tempo em estado religioso ou em ritual (Geertz, 1978, p. 135). Mas as disposições que os rituais religiosos induzem tem maior impacto fora mesmo do ritual. Elas retornam à concepção individual do mundo como uma coisa nítida e clara de realidade. É esse movimento de ida e volta, entre a perspectiva religiosa e a perspectiva de senso comum, um dos mais importantes movimentos da vida social, geralmente negligenciado pelos estudiosos da religião. É esse movimento que permite estabelecer a noção de plena realidade que a religião♀ proporciona. Para compreender como isso se dá, a cada situação particular são necessárias uma descrição densa e uma interpretação♀ profunda dos textos culturais.

A definição de religião♀ de Geertz se pauta menos pela busca de sua essência da religião♀ enquanto uma esfera rigidamente distinta de outras e mais pela localização de relações que circunscrevem realidades empíricas. Para ele, "[...] não procuramos uma propriedade universal – o 'sagrado' ou 'crença no sobrenatural' – que separa os fenômenos religiosos dos não religiosos com nitidez cartesiana, mas um sistema de conceitos que possa resumir um conjunto de semelhanças inexatas, e, contudo, genuínas, que sentimos num certo corpo de materiais" (Geertz, 2004, p. 104).

As ideias de Geertz tiveram forte influência em amplos campos acadêmicos, não apenas na Antropologia em Ciência da Religião♀, mas atingindo campos como História, Psicologia, Geografia, Ciência Política e outros. Seu conceito de religião♀, além de amplamente utilizado, foi criticado e também ampliado. Talal Asad (1993) criticou sua tentativa de construção de um conceito universal de religião♀ e a própria noção de símbolo utilizada. Para Asad, Geertz atribui uma força descomunal ao símbolo, mas não consegue explicar de onde ela se origina. Além disso, afirma que Geertz trabalhou com uma visão eurocêntrica de religião. Houter Hanegraaff (1999) ampliou o conceito. Partiu dessa famosa teoria de Geertz e introduziu a crença♀ em seres metaempíricos, não presente na perspectiva original. Além disso, diferenciou as religiões das espiritualidades♀.

Podemos perceber que a famosa teoria de Geertz, gerada na década de 1960, faz-se ainda muito presente instigando novas compreensões sobre o mundo religioso. Esse é um fato que identifica bem quando estamos diante de um clássico.

Bibliografia: ASAD, Talal. *Genealogies of religion*: Discipline and Reasons of Power in Christianity and Islam. Baltimore-London: The Johns Hopkins Univ. Press, 1993; GEERTZ, Clifford. *A interpretação das culturas*. Rio de Janeiro: Zahar Editores, 1978; GEERTZ, Clifford. *Nova luz sobre a Antropologia*. Rio de Janeiro: Jorge Zahar Editor, 2000; GEERTZ, Clifford. *Observando o Islã*. Rio de Janeiro: Jorge Zahar Editor, 2004; GIUMBELLI, Emerson; GEERTZ, Clifford. A religião e a cultura. In: TEIXEIRA, Faustino (Org.). *Sociologia da religião*: enfoques teóricos. Petrópolis: Vozes, 2003; HANEGRAAFF, Woulter. Defining religion in spite of history. In: MOLENDIJK, A.; PLATVOET, J. *The pragmatics of defining religion*: Contexts, concepts & Contests. Leiden/Boston/Köln: Brill, 1999; HOCK, Klaus. *Introdução à ciência da religião*. São Paulo: Loyola, 2010.

SILAS GUERRIERO

GÊNERO → Feminismo

GEOGRAFIA DA RELIGIÃO

A Geografia da Religião investiga a inter-relação entre espaço e religião. Em termos de interesses de conhecimento e métodos♀, a Geografia da Religião difere de três outras correntes reflexivas também associadas à investigação das relações entre religião♀ e espaço geográfico. Primeiro, há uma diferença em relação à chamada Teologia♀ Física, que traz uma abordagem teológica dedicada, até o século XVIII, a comprovar a existência de Deus por meio da contemplação da natureza, suas maravilhas e seu funcionamento milagroso. Segundo, enquanto disciplina empírica, a Geografia da Religião não compartilha especulações oriundas da fenomenologia clássica sobre supostas características inatas de "espaço sagrado" identificáveis pelo ser humano religioso devido a uma "experiência primária que precede qualquer reflexão sobre o mundo" (Eliade, 1987, p. 21). Terceiro, não se deve confundir a Geografia da Religião com a chamada *geopiedade*, *geoteologia♀* ou *geografia mítica* presente nas doutrinas de tradições religiosas e que diz respeito a espaços reais ou imaginados e suas alegadas características, como, por exemplo, o extraordinário Reino de Shangri-lá postulado pelo Budismo tibetano (Usarski, 2010).

Apesar de um crescimento nas últimas décadas impulsionado por uma dinâmica intelectual associada a uma "virada espacial", a Geografia da Religião ainda pode ser considerada como um campo de estudos relativamente recente. E, diferentemente do que se verifica em relação à Sociologia da Religião♀ e à Psicologia da Religião♀, a disciplina ainda tem o *status* de uma linha de pesquisa emergente no âmbito da Ciência da Religião♀.

As primeiras articulações sistemáticas da Geografia da Religião encontram-se nas obras de Paul Fickeler (1947) e Pierre Deffontaines (1948), que entenderam a disciplina como um subcampo da Geografia Cultural. Duas décadas depois, o geógrafo norte-americano David E. Sopher (1967) lançou o primeiro manual da área, contribuindo para a situação da Geografia da Religião em um contexto de pesquisa específico norteado por três problemas principais. São eles: a) a disseminação das religiões na terra; b) o impacto do ambiente sobre a religião; e c) a influência da religião sobre o espaço. Em outras palavras: os trabalhos acadêmicos de geógrafos da religião "gravitam ao redor de três tarefas centrais resumidamente indicadas pelos seguintes verbetes: teoria de divulgação, teoria de dependência do ambiente e teoria de modulação do ambiente" (Schwind, 1975, p. 2).

O interesse no primeiro dos três problemas foi o elemento constitutivo de abordagens como as da "Geografia Bíblica" ou da "Geografia de Missão", que precederam a Geografia da Religião. Respostas à pergunta sobre a difusão geográfica de religiões encontram-se, de maneira rudimentar e muitas vezes generalizada, em forma de mapas em livros introdutórios de nossa área que indicam, em cores, a prevalência, por exemplo, do Budismo em países no Sudeste Asiático e no Extremo Oriente, do Hinduísmo na Índia e do Islã no Oriente Médio. Uma vez que a dinâmica e a mobilidade do campo religioso contemporâneo têm diminuído o valor heurístico desse tipo de mapeamento, a Geografia da Religião acabou estudando manifestações espaciais mais específicas e limitadas. Como, por exemplo, a dispersão transnacional de monastérios de certa ordem monástica, a presença local de igrejas em um determinado país ou a distribuição de religiões em bairros metropolitanos. Em geral, esses estudos não têm um fim em si, servindo como base para referências teóricas em prol da análise dos problemas relacionados à questão sobre os efeitos do ambiente geográfico sobre a religião e vice-versa.

A segunda dimensão heurística da Geografia da Religião ganhou um perfil "moderno" na medida em que representantes da disciplina superaram suposições "geodeterministas". Nessa perspectiva, especificidades religiosas foram concebidas como expressões "diretas" de condições naturais dos espaços em que as religiões em questão foram encontradas. A atitude introspectiva do Hinduísmo, por exemplo, foi vista como efeito de um clima abafado e da vegetação exuberante e dadivosa, que libera as pessoas de esforços corporais em prol da sobrevivência material. Hoje, a hipótese de um impacto imediato do ambiente sobre a religião é obsoleta, uma vez que negligencia a capacidade do ser humano de refletir sobre sua situação no mundo e decidir sobre como reagir às condições naturais encontradas no seu *habitat*. Isso não significa que fatores espaciais não provoquem reações no campo religioso. Pelo contrário, influências geográficas podem repercutir, às vezes fortemente – até mesmo em termos materiais diretos –, nas doutrinas, práticas e regras de um sistema religioso, como comprovam as condições favoráveis para o crescimento do cipó mariri e da árvore chacrona, indispensáveis para a preparação do chá em torno do qual a religiosidade do Ayahuasca emergiu. O impacto do ambiente sobre a religião também é observável, por exemplo, nos códigos que regem as vestimentas monásticas de clérigos budistas. Em países como o Tibete e o Sri Lanka, que possuem climas distintos e extremos (frio, calor, neve, umidade), os trajes também atendem a demandas climáticas – e são bem distintos entre si.

Outro caso em que a relação entre espaço (variável independente) e religião (variável dependente) torna-se evidente reside na insistência de algumas religiões no uso de materiais tipicamente encontrados no ambiente "doméstico" ou "nativo" para fins religiosos, mesmo que a religião tenha se expandido para outros territórios. Isso vale, por exemplo, para o maior templo hindu na Europa, o *Swaminarayan Mandir*, em Londres, cuja construção foi feita com uma espécie rara de madeira própria da Índia e exportada para a Inglaterra. Um exemplo bastante ilustrativo da dependência parcial da religião de circunstâncias ambientais foi dado por Maria Madalena F. Alves, mestre em Ciência da Religião pela PUC-SP, que relatou o seguinte: "Nasci em 2 de fevereiro: dia de Yemanjá, de Nossa Senhora da Luz ou Nossa Senhora das Candeias, como se diz no Nordeste. Meu nome é Maria Madalena e, segundo minha mãe, eu nasci durante os festejos da padroeira da minha cidade, que é Santa Maria Madalena. O dia de Santa Maria Madalena é 22 de julho, mas minha mãe garante que eu nasci em plena festa da padroeira e que, durante as dores do parto, ela ouvia os fogos da festa. Recentemente, fui à minha cidade natal e procurei a Igreja cuja padroeira é Santa Maria Madalena. Encontrei um livreto sobre a padroeira e sua festa e descobri que a minha mãe tinha razão: eu realmente nasci no dia da festa da padroeira. Na cidade existe um rio, que no mês de julho, na década de 60, por causa das fortes enchentes, transbordava inundando grande parte da cidade e prejudicando o acesso dos fiéis para participarem da festa da padroeira. Então, a data da festa foi transferida para fevereiro, mais especificamente 2 de fevereiro".

A terceira dimensão heurística da Geografia da Religião relacionada à questão relativa ao potencial da religião de influenciar seu ambiente reside na investigação a respeito de como crenças, normas e atitudes religiosas de uma determinada comunidade deixam suas marcas no espaço que ela ocupa. Trata-se do estudo de ambientes culturais como "cristalizações" de cosmovisões e de suas respectivas

GIRARD, RENÉ

manifestações comportamentais. No subcampo da Geografia da Religião, portanto, busca-se descobrir e definir como convicções e orientações religiosas se manifestam, por exemplo, em construções arquitetônicas e planejamentos urbanos, jardins e bosques sagrados, cemitérios, rotas missionárias e caminhos de peregrinação.

A teoria de modulação do ambiente pela religião joga, por exemplo, uma luz sobre a construção votiva budista conhecida como *stupa* (sânscrito), *chedi* (tailandês), *pagode* (birmanês) ou *chörten* (tibetano) (em português: "estupa"). Sua construção no ponto central de um dado território está relacionada à importância espiritual atribuída a essa construção pelos praticantes budistas e ao costume de visitá-la. O caminho para tal construção votiva culmina na prática de circunvolução (*circumambulation*), cuja importância se reflete em elementos espaciais normalmente encontrados ao redor de estupas arquitetonicamente mais elaboradas. É comum que essas obras possuam uma plataforma e uma cerca ao seu redor. Andando pelo caminho estabelecido por essa estrutura "adjacente" à própria *stupa*, o peregrino encontra esculturas e relevos nas paredes que tematizam episódios da vida de Buda e aspectos da sua doutrina (Usarski, 2010).

Um segundo exemplo de impacto da religião sobre o ambiente é a expansão da plantação de limões em regiões mediterrâneas, algo que se explica pelo impacto de comunidades judaicas e suas privilegiadas atividades econômicas de grande parte dos seus integrantes. Outro caso que confirma a teoria de modulação do ambiente pela religião se refere à comunidade de *Herrnhuter*, fundada no século XVIII pelo teólogo luterano Nikolaus Ludwig Graf von Zinzendorf (1700-1760). O grupo é conhecido por seu engajamento ativo no mundo. Em prol da divulgação sistemática do Evangelho, membros da comunidade assumiram o papel de "soldados de Cristo" nitidamente organizados por Zinzendorf, de acordo com o modelo de um exército. Os assentamentos padronizados do grupo, com ruas retangulares e uma praça central quadrada cercada por casas compridas em estilo de caserna, aquartelamentos e um pátio de exercícios, refletiam tal espírito "militante".

Bibliografia: ELIADE, M. *The Sacred and the Profane*: The Nature of Religion. New York: Harvest Book, 1987; SCHWIND, M. Einleitung: Über die Aufgaben der Religionsgeographie. In: SCHWIND, M. (Org.). *Religionsgeographie*: Darmstadt: Wissenschaftliche Buchgesellschaft, 1975. p. 1-29; USARSKI, F. Geografia da religião. In: USARSKI, F. (Org.). *O espectro disciplinar da ciência da religião*. São Paulo: Paulinas, 2007; USARSKI, F. Imaginários espaciais no Budismo: reflexões sobre o *stupa* em prol do diálogo entre a geografia da religião e a ciência da religião. *Espaço e Cultura* 27, 2010.

FRANK USARSKI

GIRARD, RENÉ

René Nöel Théophile Girard (1923-2015) nasceu na antiga cidade papal de Avinhão, Departamento de Vaucluse, França, na noite de Natal de 1923. Filho do curador, bibliotecário e arquivista do museu e do Palácio dos Papas de Avinhão, René Girard graduou-se, em 1947, como arquivista-paleógrafo pela *École de Chartes*. Com doutorados na França e nos Estados Unidos, foi convidado a lecionar na *Indiana University*, principiando uma longa carreira docente nos EUA: *Duke University*, *Bryn Mawr College*, *Johns Hopkins University*, *State University of New York at Buffalo*, *Stanford University*.

Ainda que se tenha especializado como paleógrafo medieval, Girard foi recebido como intelectual de expressão internacional com a publicação de análises e ensaios em crítica literária, com base nos quais seus estudos subsequentes ganharam corpo teórico e visibilidade acadêmica. Nas décadas de 1960 e 1970, ficou internacionalmente conhecido como articulador da teoria do *desejo mimético* e do *mecanismo sacrifical do bode expiatório*, o que lhe deu visibilidade tanto no círculo universitário quanto no ambiente mais amplo e associado ao público leitor interessado em ciências humanas.

Em 2005, Girard foi condecorado como membro da *Académie Française*, juntando-se aos quarenta imortais dessa instituição. No discurso de recepção à Academia Francesa, o filósofo Michel Serres, em seu panegírico ao amigo e colega René Girard, disse: "Para compreender nosso tempo, temos não somente o Darwin da cultura, como também um doutor da Igreja" (Serres; Girard, 2011, p. 67). Com efeito, o epíteto de "Darwin das ciências humanas" foi acolhido pelos círculos que estudam Girard, uma vez que expressa a obra de um pensador que se dedicou a investigar as chamadas *estruturas fundantes*, com desdobramentos diretos e indiretos sobre as mais diversas áreas do conhecimento: da crítica literária à Antropologia, da História à Psicologia, destas à Teologia e Economia. Em seu conjunto, a obra de Girard, cerca de trinta livros, sugere tanto uma teoria da natureza humana e social quanto uma filosofia da história, num quadro teórico que integra intuições advindas das ciências humanas e biológicas e das tradições literárias e religiosas. Girard aposentou-se da docência em Stanford em 1995, dedicando-se integralmente às pesquisas, colóquios e seminários. Após sofrer um período de enfermidades, o "imortal" francês faleceu em novembro de 2015 em Palo Alto, Califórnia.

Formado em Paleografia na escola de estudos medievais, Girard defendeu seu primeiro doutorado em 1947: "La vie privée à Avignon dans la seconde moitié du XVme siècle"; pouco mais tarde, já nos EUA, ele defenderia, em 1950, um segundo doutorado em História: "American Opinion on France,

1940-1943". Na sequência, Girard dedicou-se a publicar artigos em crítica literária (John Perse, Malraux, Kafka), juntamente com a organização de cursos em literatura francesa, o que lhe rendeu suas primeiras intuições acerca do funcionamento mimético do desejo♀, sobretudo nas reflexões que fez da obra de Marcel Proust.

Solidamente estabelecido no universo acadêmico norte-americano, Girard lançou, em 1961, seu primeiro livro em crítica literária, *Mentira romântica e verdade romanesca*, em que se anunciavam os elementos centrais de seu pensamento: a mimese triangular do desejo♀, sua orientação metafísica♀ e suas mediações. Em 1966, já como professor da prestigiada *Johns Hopkins University*, Girard organizou um simpósio internacional em Ciências Humanas que contou com a presença de luminares como Roland Barthes, Jacques Derrida, Lucien Goldman, Jean Hypolite, Jacques Lacan♀, dentre outros. Conhecido do *mainstream* intelectual, ele preparava o material para um segundo trabalho de peso, *A violência e o sagrado*, que seria publicado em 1972. Nesse ínterim, Girard passou por um período de leituras extensivas e intensivas em Antropologia, Mitologia♀, Literatura clássica e História antiga, além de buscar o auxílio de especialistas e colegas em *Johns Hopkins*: "Talvez tenha sido uma de minhas experiências intelectuais mais intensas. Comecei lendo trabalhos monográficos sobre uma só cultura. Li Tyler, Robertson-Smith, Radcliffe-Brown♀, Malinowski♀, entre outros. Lia um atrás do outro, anotando observações relevantes para a teoria mimética e posteriormente incluídas em *A violência e o sagrado*. […] Antes de realizar as leituras em Antropologia, comecei a ler as tragédias gregas […]" (Girard; Antonello; Castro Rocha, 2011, p. 62).

Com efeito, dispondo de uma sólida base intelectual em Literatura moderna (Cervantes, Stendhal, Proust, Flaubert, Dostoievski etc.), Girard se dispôs a articulá-la com o estado da arte da Antropologia e dos estudos clássicos e bíblicos, cujo resultado, publicado em duas partes, em 1972 e 1978, concretizou-se na apresentação de dois trabalhos: *A violência e o sagrado* e *coisas ocultas desde a fundação do mundo*, respectivamente. Nesse momento, o corpo teórico girardiano tomou forma definitiva em três formulações fundamentais: a *mimese do desejo♀*, o *mecanismo do bode expiatório* e a necessidade da *reconciliação pela vítima*. Visto como uma espécie de *outsider*, muito em razão de um não conformismo diante dos alegados limites epistemológicos das disciplinas acadêmicas, o pensador francês esforçou-se por integrar e correlacionar uma gama impressionante de dados e conhecimentos advindos das mais diversas áreas do conhecimento, ainda que sua proposta teórica inicial seja, de fato, muito simples: nossos desejos♀ são cópias de desejos♀ de terceiros, um *insight* enxuto e poderoso, o cânone girardiano abarca uma multiplicidade quase inesgotável de temas.

Após a publicação de *Coisas ocultas*, um sucesso editorial, a carreira intelectual de Girard voltou-se, *grosso modo*, para uma repaginação cuidadosa dos elementos teóricos, analíticos e metodológicos desses três livros centrais. Praticamente, toda a produção intelectual subsequente foi concebida para ampliar, esmiuçar, rever e aprofundar os temas e elaborações das três obras-chave: *Mentira romântica e verdade romanesca*, *A violência e o sagrado* e *Coisas ocultas desde a fundação do mundo*. Ademais, na última fase de sua vida intelectual, que compreendeu as décadas de 1980, 1990 e início dos anos 2000, Girard investigou o papel fundamental das religiões na estruturação das sociedades humanas como mecanismo de contenção da violência, o que o levou a se aproximar de questionamentos teológicos e largamente bíblicos. Com efeito, uma análise apocalíptico-escatológica das relações humanas e da história, no sentido originário do termo "apocalipse" (revelação), foi se desenvolvendo como espécie de hermenêutica♀ central do pensamento de Girard, e isso se tornou absolutamente manifesto em seu último trabalho, *Rematar Clausewitz: além da Guerra*.

As categorias do pensamento de Girard estão dispostas em desdobramentos coincidentes a um *insight*: em sua configuração mimética elementar, o desejo♀ necessita de *modelos* para que estes lhe designem o que é e o que não é desejável; portanto, o desejo♀ se encaminha segundo o *Outro* (muitos outros). Em razão de sua *interdividualidade* incontornável, sua dependência estrutural do Outro, o desejo♀ humano produz *intersubjetividades* de toda ordem: "O pecado é crer que se pode começar por si mesmo qualquer coisa. Nada se começa, tudo se responde" (Girard, 2011, p. 66). Em sua dependência estrutural, o desejo♀ tende a se apropriar e gerar conflito. Há uma primeira categoria analítica: a *triangularidade do desejo♀*, em cujos vértices (sujeito, modelo e objeto) o desejo♀ circula. Nesse ambiente *relacional*, o chamado modelo sugere/designa o quanto um objeto é desejável, o que cria fortes vínculos de interdependência entre modelo e sujeito. A distância relativa entre o modelo/*mediador* e o sujeito que esse mediador afeta tende a produzir aproximações progressivas entre os dois vértices, que passarão a disputar o controle exclusivo do objeto designado. Nesse momento, o modelo se transforma em *obstáculo* ou *rival* do sujeito e vice-versa. Uma maior ou menor aproximação entre modelo e sujeito determinará o grau conflituoso da relação mimética, de uma *mediação externa*, pouco ou não conflituosa, para uma *mediação interna*, muito ou absolutamente conflituosa.

A aproximação do rival intensifica o desejo♀ do sujeito pelo objeto disputado, o que conduz a uma polarização crescente entre as partes envolvidas: "Quanto mais o mediador se aproximar do sujeito desejante, mais as possibilidades dos dois rivais tendem a se confundir e mais o obstáculo que eles opõem um ao outro se torna intransponível" (Girard, 2009, p. 49). Essa aproximação entre modelo e sujeito produz um distanciamento do vértice do objeto, que se torna mero pretexto para um *fascínio* crescente entre dois rivais em conflito. A polarização conflituosa entre rivais miméticos, entre *irmãos gêmeos*, se estabelece num *duplo vínculo* que se retroalimenta em doses crescentes de violência, numa *escalada aos extremos*, e que tende a tornar rivais em verdadeiros *duplos* de violência, progressivamente indiferenciados e fascinados um pelo outro. A *indiferenciação* da mediação interna fora de controle será o prelúdio de uma crise mimética, que pode desarticular e mesmo destruir um campo social qualquer.

A interdependência do desejoም humano, sua natureza mimética, torna-o *contagioso*; portanto, uma crise de indiferenciação tende a contagiar um corpo social, e este só sobreviverá à desordem caso reverta, mimeticamente, a indiferenciação em coesão. Durante as fases mais agudas de um processo de indiferenciação, o mimetismo contagioso é capaz de criar *unanimidades expiatórias* ao inverter, momentaneamente, o sentido da rede partilhada de desejosም indiferenciados: de uma situação em que todos desejavam (e disputavam) o mesmo objeto para outra em que passam a repudiar (e unir forças) contra um mesmo sujeito. Cria-se, portanto, uma unanimidade de *linchamento* capaz de reunificar desejosም conflitantes contra um alvo comum: uma *vítima* ou *bode expiatório* que absorverá, mediante o seu *assassinato fundador*, frustrações e ressentimentos coletivos. A *katharsis* fomentada pelo linchamento pacifica, em torno da vítima, antigas dissensões e desavenças, e o bode expiatório será visto como causa indiscutível da desordem e da aflição anteriores (como o verdadeiro culpado), mas também será visto como fonte "miraculosa" da paz agora reinante (um salvador divino). Com efeito, na *méconnaissance* que se segue ao assassinato fundador, a vítima expiatória é sacralizada, tornando-se um ser *sagrado*, uma *divindade arcaica* com duplo aspecto: maligno e benigno.

Para Girard, o processo de hominização teve como base a "descoberta" e a "adoção" paulatinas desse mecanismo gerador de ordem que responde, em tese, pela primeira instituição humana: o *sacrifício*ም. A religiãoም seria fruto direto dessa instituição geradora e organizadora dos três pilares arcaicos (rito, mito e tabu): "O desconhecimento [a *méconnaissance*] é indispensável a qualquer estruturação religiosa e pós-religiosa, e a presente teoria é a primeira a justificar tanto o papel primordial do religioso, nas sociedades primitivas, quanto nosso desconhecimento sobre esse papel. [...] Afirmamos que certo número de aproximações entre os mitos e os rituais, à luz da tragédia grega, prova a tese da unanimidade violenta e da vítima expiatória" (Girard, 1998, p. 390-391).

Segundo Girard, a suposta culpabilidade mito-ritual da vítima expiatória é a matéria-prima em que se estruturaram todas as sociedades e instituições humanas, desde os recônditos paleolíticos. Seu funcionamento dependeu, em absoluto, desse desconhecimento, mas que foi sendo parcial e relativamente *revelado* no movimento interno de alguns sistemas religiosos, até que, segundo Girard, o *apocalipse* cristão da Paixão o revelasse integralmente. A revelação do caráter sacrifical da cultura humana foi aos poucos desmobilizando as estruturas arcaicas de contenção, o que promoveu, ao mesmo tempo, uma libertaçãoም da culturaም de seus expedientes vitimários mais grosseiros junto a uma crescente instabilidade das relações humanas. No pensamento de Girard, a crise da Modernidade reside justamente nesse paradoxo de uma humanidade para a qual já foram reveladas as fundações sacrificais e violentas da cultura, donde não se pode mais viver em *méconnaissance*, mas que ainda é incapaz de reconhecer a própria violência de seu *desejo*ም *metafísico*, ou seja, uma Modernidade largamente indisposta à *conversão romanesca*: "Os homens sempre encontraram a paz à sombra de seus ídolos, ou seja, de sua própria violência sacralizada, e é ao abrigo da violência mais extrema, ainda hoje, que eles buscam essa paz. Num mundo sempre mais dessacralizado, apenas a ameaça permanente de uma destruição total e imediata impede os homens de se destruírem entre si. Em suma, é sempre a violência que impede o desencadeamento da violência" (Girard, 2009, p. 304).

Dessa forma, o pensamento de Girard caminha para concepções apocalípticas de história, em qualquer nível, do âmbito pessoal-familiar ao âmbito social mais amplo, e mesmo ao espectro geopolítico, em que uma reorientação diante das redes de desejoም, uma radical conversão, apresenta-se como forma única de evitar crises agudas de indiferenciação seguidas de soluções sacrificais.

I. Estudos em Religião e René Girard. Durante toda a sua carreira intelectual, Girard exortou seus colegas em ciências humanas para que se debruçassem sobre o religioso e o vissem como elemento matricial da constituição psíquico-simbólica do *sapiens*. Para Girard, a realidade social é fundamentalmente religiosa, pouco importando o sistema de crençaም vigente ou dominante, uma posição que abarca as ideologiasም modernas em seus símbolos fundantes, premissas dogmáticas e "histórias sagradas". Nessa linha, coisas como positivismoም, racionalismo, materialismo histórico, dentre outros, também compreendem sistemas de crençaም com tendência a reproduzir, em linguagem atualizada, a *méconnaissance* arcaica. Segundo Girard, a religiãoም sempre compreenderá o fulcro das motivações humanas, e uma aproximação real ante a História e a Antropologia depende, em absoluto, desse entendimento. Uma vez que o desejoም humano é fundamentalmente metafísico, orientado na imaterialidade intersubjetiva do "valor", todas as instituições e ideias humanas têm uma base religiosa, o que não significa que tenham de se apresentar em formatos explicitamente confessionais.

Para Girard, quanto mais se tenta camuflar a dimensão religiosa do desejo, mais esta se torna virulenta em sua "fome de sagrado", e isso se evidencia nas análises que fez da obra de Dostoievski. Teólogos e estudiosos em religião têm-se aproveitado do pensamento girardiano no aprofundamento de suas investigações, e há uma linha do pensamento teológico contemporâneo largamente tributária de intuições advindas da teoria mimética (Raymund Schwager, James Alison, Wolfgang Palaver, Mendoza-Álvarez et al.). Todavia, não existem pressupostos teológicos nas análises de Girard, o que torna o seu pensamento exclusivamente ligado às premissas de ordem antropológica. Quase invariavelmente, seu pensamento parte de uma antropologia literária (moderna, clássica, bíblica, mitológica) que vai ao encontro de relações e redes progressivamente imateriais de desejo, em que este passa a ser um *desejo de ser*, ou seja, determinado por metafísicas que o tornam progressivamente religioso: "Com efeito, tudo é falso no desejo, tudo é teatral e artificial exceto a fome imensa de sagrado. [...] À medida que cresce o papel do metafísico no desejo, o papel físico decresce. Quanto mais o mediador se aproxima, mais a paixão se intensifica e mais o objeto se esvazia de qualquer valor concreto" (Girard, 2009, p. 105-11).

A quantidade de autores que atualmente articulam as categorias do pensamento de Girard, tanto em pesquisas acadêmicas quanto de interesse geral, tornou-se bem expressiva, e, desde a década de 1990, surgiram muitas associações e periódicos de pesquisa exclusivamente dedicados à interpretação e à divulgação de seu pensamento e de autores associados: *Imitatio; Contagion: Journal of Violence, Mimesis and Culture; Generative Anthropology Society; Association Recherches Mimétiques; The Colloquium on Violence & Religion (COV&R)*, dentre outros. Na maturidade de sua vida intelectual, Girard recebeu atenções especiais tanto da academia quanto da mídia, e foi convidado a integrar inúmeros colóquios, simpósios, palestras e seminários mundo afora, o que lhe rendeu certa exposição internacional. No Brasil, além da promoção de colóquios em Piracicaba (1990), houve a iniciativa editorial de criar uma biblioteca exclusivamente dedicada a seu pensamento, organizada no presente momento pelo professor doutor João Cézar de Castro Rocha, ex-aluno de Girard em Stanford.

Bibliografia: GIRARD, R. *A violência e o sagrado*. São Paulo: Paz e Terra, 1998; GIRARD, R. *Coisas ocultas desde a fundação do mundo*: a revelação destruidora do mecanismo vitimário. São Paulo: Paz e Terra, 2009a; GIRARD, R. *Eu via Satanás cair do céu como um raio*. Lisboa: Instituto Piaget. 1999; GIRARD, R.; ANTONELLO, P.; CASTRO ROCHA, J. C. de. *Evolução e conversão*. São Paulo: É Realizações, 2011; GIRARD, R. *Mentira romântica e verdade romanesca*. São Paulo: É Realizações, 2009b; GIRARD, R. *O bode expiatório*. São Paulo: Paulus, 2004; GIRARD, R.; SERRES, M. *O trágico e a piedade*: discurso de posse de René Girard na Academia e discurso de recepção. São Paulo: É Realizações, 2011; GIRARD, R. *Rematar Clausewitz*: além da guerra. Diálogos com Benoît Chantre. São Paulo: É Realizações, 2011; GOLSAN, R. J. *Mito e teoria mimética*: uma introdução ao pensamento girardiano. São Paulo: É Realizações, 2014; RAMOND, C. *Le Vocabulaire de René Girard*. Paris: Ellipses Édition, 2009c.

MAURÍCIO RIGHI

GRAMSCI, ANTONIO

Antonio Gramsci é um dos mais importantes pensadores marxistas do século XX. Fundador do Partido Comunista Italiano (1921), ele escreveu a maior parte de seu trabalho na clandestinidade ou na prisão, e suas reflexões sempre foram inspiradas por seu compromisso político revolucionário. Uma mente ansiosa e heterodoxa, Gramsci renovou a teoria marxista, tanto na filosofia como na política.

Apologeticamente contra as interpretações positivistas, científicas ou deterministas do materialismo histórico, tanto na social democracia (Enrico Ferri, Filipo Turati) quanto no movimento comunista (Bukharin), ele proporá uma interpretação ética e voluntarista do marxismo, apoiando seus primeiros textos em Sorel e Bergson e em seus escritos posteriores sobre a tradição historicista italiana.

Nascido em Ales, na Sardenha, em 22/01/1891, o jovem Antonio Gramsci estudou na Universidade de Turim, onde se juntou ao Partido Socialista Italiano em 1914. Logo depois começou a escrever no jornal do Partido Socialista Italiano (PSI), *Avanti*. Como muitos socialistas italianos, ele se solidarizou com a Revolução Russa de outubro de 1917. Em 1918, tornou-se um dos líderes do movimento dos conselhos de trabalhadores nas fábricas de Turim. Durante esses anos (1919-1920), publicou o jornal *Ordine Nuovo*, onde escreveu sobre conselhismo, revolução russa e cultura socialista. Em 1921, tornou-se um dos fundadores do Partido Comunista Italiano. Também criou o diário *Unita*. Eleito deputado do Partido Comunista Italiano (PCI) (1924-1926) por Turim, em 1925 tornou-se secretário-geral do Partido.

Em novembro de 1926, Gramsci foi preso pela polícia fascista. Durante o julgamento, o promotor fascista pronunciou uma frase que se tornou famosa: "Devemos evitar que este cérebro funcione por vinte anos". Ele, de fato, permanecerá na prisão até sua morteρ, mas o cérebro continuou funcionando ininterruptamente. Na prisão ele escreverá cerca de trinta *Cadernos* (*Cahiers*), que constituem o seu trabalho intelectual mais importante.

Doente, Gramsci morreu em 27/04/1937, poucos dias antes da sua libertaçãoρ.

Os *Cadernos* contêm notas breves sobre uma ampla gama de questões. Serão publicados pelo PCI após a guerra, entre 1948 e 1951, por Edições Einaudi, em vários volumes temáticos: *Il materialismo storico e a filosofia de Benedeto Croce; Nota sobre Machiavelli, sulla politica e sullo stato moderno; Gli intelltetuali e a organizazzione della cultura; Il Risorgimento; Letteratura e vita nazionale; Passato e Presente.*

A partir de 1975, os *Cadernos* serão publicados em sua versão original (não classificados por temas), *Quaderni del Carcere*, em quatro volumes, novamente pela Einaudi, sob a direção de Valentino Gerratana.

Nos *Cadernos* (*Cahiers*), Gramsci define o marxismo pelo termo "filosofia da práxis". Essa escolha é, em parte, uma tentativa de enganar a censura fascista da prisão, mas também expressa sua distância crítica do "materialismo dialético" oficial dos ideólogos soviéticos (Bukharin, Stalin). É uma concepção da abordagem marxista inspirada nas Teses de Marxρ em Feuerbachρ (1845), no sentido de uma unidade dialética entre teoria e prática, uma ruptura radical com qualquer forma de positivismoρ e cientificismo. É também um métodoρ de conhecimento baseado no "historicismo e humanismo absolutos". Gramsci recusa as tendências dogmáticas, dentro do marxismo, que o reduzem a um métodoρ economista e determinista, considerando a cultura como um epifenômeno. Em uma passagem famosa nos *Cadernos* (*Cahiers*) ele denunciou a tendência de explicar cada vez mais a política ou a culturaρ como uma expressão direta da estrutura econômica como uma forma de "infantilismo primitivo", a ser lida usando os textos de Marxρ, o autor de análises políticas e históricas concretas.

A forma mais importante de práxis, para Gramsci, foi a práxis revolucionária, definida não apenas como uma transformação política e socioeconômica, mas como uma profunda mudança cultural, uma "reforma intelectual e moral" que poderia levar à fundação de uma nova sociedade.

Essa revolução foi capaz de assumir a forma de uma "guerra de movimento" na Rússia do Oriente – Czarista, porque era um confronto direto com um estado autocrático. A sociedade civil, por outro lado, era fraca e "gelatinosa". No Ocidente – Europa –, no entanto, essa sociedade civil, e suas instituições – festas, igrejas, escolas, várias associações, redes de intelectuais –, é poderosa. Uma estratégia distinta, a da "guerra de posições", é necessária para conquistar as "fortalezas e abrigos" da sociedade civil.

O movimento socialista não pode realizar seu programa sem ganhar hegemonia cultural na sociedade. O poder das classes dominantes não é apenas coerção, mas também implica hegemonia, a geração do consentimento das classes mais baixas. Na Itália, Gramsci advogava um bloco histórico, uma aliança de classes entre o movimento trabalhista das grandes cidades do Norte e os camponeses pobres do Sul (*Mezzogiorno*). Neste bloco, o Partido desempenharia um papel equivalente ao do Príncipe em Maquiavel: unir o povo italiano em um processo emancipatório. Mas seria um Príncipe moderno, um sujeito coletivo a serviço das classes mais baixas.

Entre os líderes e pensadores do movimento comunista, sem dúvida foi Gramsci quem mostrou o maior interesse em assuntos religiosos. Ao contrário de Engels e Kautsky, ele estava menos preocupado com o Cristianismo primitivo ou com as heresias comunistas do final da Idade Média do que com o funcionamento da Igrejaρ Católica, consistindo, assim, em um dos primeiros marxistas a procurar compreender o papel contemporâneo da Igrejaρ e o peso da cultura religiosa nas massas populares. Como veremos adiante, ele também sentia um fascínio pela Reformaρ Protestante como paradigma da mudança histórica.

Em seus primeiros escritos, vemos uma análise das afinidades eletivas entre religiãoρ e socialismo, ou melhor, do socialismo como uma espécie de "religião de substituição". Essa caracterização não tem nada de pejorativo, pelo contrário, apresenta-a como uma comparação "objetiva" e como uma valorização ética e espiritual do socialismo. Por exemplo, Gramsci, em um artigo de 1916, "Audácia e Fé", definiu o socialismo como uma religião "no sentido de que também tem sua fé, seus místicos, seus praticantes. É uma religião porque substituiu na consciênciaρ o Deus transcendente dos católicos pela confiança no homem e nas suas melhores energias como a única realidade espiritual" (Gramsci apud Diaz-Salazar, 1991, p. 47).

Essa analogiaρ explica por que, apesar da hostilidade declarada ao Catolicismo e sua moral, à Igrejaρ e ao poder pontifício, ele é fascinado pelo socialismo cristão de Charles Péguy: "A característica mais óbvia da personalidade de Péguy é a religiosidade, sua fé intensa. [...] seus livros estão cheios desse misticismo inspirado pelo entusiasmo mais puro e persuasivo, expressado em uma prosa muito pessoal e em uma entonação bíblica. Ao ler *Notre jeunesse* ('Nossos jovens') de Péguy, ficamos intoxicados por esse sentimento religioso místico do socialismo, da justiçaρ que invade tudo. [...] sentimos uma nova vida, uma féρ mais forte nos leva além da polêmica comum e miserável de políticos insignificantes e materialistas" (Gramsci, 1958, p. 33-34).

O conceito de "misticismo" aparece aqui, como em Péguy, com um significado religioso, ético e político que vai muito além da conotação tradicional do termo (união direta do crente com seu Deus).

Esses paralelos entre socialismo e religião são sem dúvida inspirados por Sorel. É a ele que Gramsci se refere quando, em um dos seus primeiros artigos que definem o que deveria ser um Partido Comunista, elabora sua demonstração em comparação com o Cristianismo, inteira e notavelmente, em sua forma original: "A partir de Sorel tornou-se um lugar comum referir-se às comunidades primitivas cristãs para julgar o movimento proletário moderno. [...] Para Sorel, como para a doutrina marxista, o Cristianismo representa uma revolução na plenitude do seu desenvolvimento, isto é, uma revolução que atingiu suas últimas consequências, até criar um sistema novo e original de relações morais, jurídicas, filosóficas e artísticas [...]. Qualquer revolução que, como a cristã e a comunista, atue e só possa atuar com um movimento das massas populares mais profundas e mais amplas, não pode quebrar e destruir todo o sistema de organização social existente".

Comparando os "militantes da Cidade de Deus" e os da "Cidade do Homem", Gramsci concluiu que "o comunista não é inferior ao cristão das catacumbas" (Gramsci, 1954, p. 1540-156).

Evidentemente, o Cristianismo do século XX tem pouco a ver com o de origem. Na Itália pós-guerra moderna, a religião – o Catolicismo – como um mito, como uma consciência difusa que forma, com seus valores, as atividades e organizações da vida individual e coletiva, começa a se dissolver e transformar-se, como outras forças sociais, em um partido político separado. Gramsci considera a fundação do Partido Popular Italiano, em 1918, pelos católicos, como "o evento mais importante na história italiana desde o Ressurgimento" (Gramsci, 1918, p. 349). Ele acompanhará de perto a evolução deste partido, particularmente a da sua corrente de esquerda, representada pelo movimento camponês católico do Mezzagiorno, de orientação antifascista, dirigida por G. Miglioli, porta-voz de esquerda camponês do Partido Popular. Segundo Gramsci, os comunistas devem buscar uma aliança com esta corrente, porque o "fenômeno de Miglioli" expressa a atitude de um setor importante do campesinato que, "sob a pressão econômica e política do fascismo, fortalece sua orientação de classe e começa a perceber que seu destino está ligado ao da classe trabalhadora" (Gramsci, 1978, p. 483-486).

As alas da esquerda e da direita – o Centro Católico, pró-fascista – serão excluídas do Partido Popular, que, abandonado pelo Papa, desaparecerá em 1926. O que nos interessa aqui é menos a estratégia política das alianças de Gramsci e mais a sua análise sociorreligiosa que percebe o mundo católico não como um bloco monolítico, mas como um campo politicamente heterogêneo atravessado por conflitos sociais.

Esses primeiros textos dão pistas interessantes, porém as análises mais importantes da religião de Gramsci são as dispersas em fragmentos em seus Cadernos do Cárcere, escritos na década de 1930, publicados postumamente, apenas após a guerra. Essas notas às vezes incluem alguns dos temas dos seus escritos da juventude, mas, no geral, há uma mudança de tom e problemática. Sem querer sistematizar um pensamento em constante movimento, podemos distinguir alguns temas essenciais: a religião como uma utopia, a diversidade social do Cristianismo, a autonomia da Igreja como instituição, o clero como "intelectual coletivo", a Reforma Protestante como paradigma histórico. Este conjunto de notas não assume a forma de um corpo teórico constituído, porém, apesar de todas as suas limitações, presta uma contribuição do maior interesse para as Ciências Sociais das religiões.

Nos Quaderni del Carcere [Cadernos do Cárcere] encontramos uma tentativa de definir fatos religiosos, inspirados em parte pelo trabalho do historiador italiano Nicola Turchi: "O conceito de religião pressupõe os seguintes elementos constitutivos: (1) crença na existência de uma ou mais divindades pessoais que transcendem as condições terrestres e temporais; (2) o sentimento dos homens de depender dos seres superiores que governam totalmente a vida do cosmos; (3) a existência de um sistema de relações (adoração) entre homens e deuses". Gramsci recusa outras definições, que parecem muito vagas: por exemplo, a religião como qualquer forma de fé, mesmo em forças impessoais; ou como uma crença abstrata em um deus (deísmo), sem qualquer forma de adoração; ou como um conjunto de crenças e tabus que limitam o exercício livre de nossas faculdades (definição proposta por Salomon Reinach) (Gramsci, 1977, p. 715-716).

No entanto, o que interessa a Gramsci é menos a religião como tal do que a sua relação com a política. Nesses escritos da "maturidade", não há mais voos "Sorelianos" sobre a afinidade entre religião e socialismo. Mas ele não deixa de reconhecer que a primeira tem uma poderosa dimensão utópica. A caracterização da religião como "utopia" é ambivalente: o termo tem um significado pejorativo – quimera, ilusão –, mas também uma dimensão positiva, como um poder cultural capaz de mobilizar as massas do povo e revoluções inspiradoras. A religião é a utopia mais gigantesca, isto é, a maior "metafísica" que a história já conheceu, uma vez que é a tentativa mais grandiosa de reconciliar, na forma mitológica, as verdadeiras contradições da vida histórica. De fato, ele afirma que a humanidade tem a mesma "natureza" e que o homem "[...] na medida em que é criado por Deus, filho de Deus é, portanto, irmão de todos os homens, igual a outros homens, e livre entre outros homens e tanto quanto eles [...]"; mas também afirma que "tudo isso não é deste mundo e para este mundo, mas de outro (utópico). Assim, as ideias de igualdade, fraternidade e liberdade fermentaram-se entre os homens, entre as camadas sociais dos homens que constatam que não são iguais, nem irmãos de outros homens, nem livres diante deles. Assim, essas demandas se levantaram em todos os impulsos radicais da multidão, de uma forma ou de outra, com formas e ideologias particulares" (Gramsci, 1977, p. 1488).

Esse fragmento, portanto, designa a religião como uma utopia, porque tenta reconciliar, na forma imaginária, mitológica, metafísica, as reais contradições sociais, e porque situa esta reconciliação em outro mundo além daqui. Contudo, ao mesmo tempo, ele a via como uma ideologia socialmente mobilizadora na origem das ideias revolucionárias, libertárias e igualitárias que, ao longo dos séculos, alimentaram revoltas e levantes populares.

A religião, então, é o "ópio do povo", como Marx havia sugerido – depois de Feuerbach, Moses Hess e Henri Heine – em 1844? Gramsci reserva essa designação para as formas que lhe parecem mais manipuladoras e mais nocivas da religião, como, por exemplo, entre os católicos, a doutrina dos jesuítas. Ele chega a reconhecer que o Cristianismo, sob certas condições históricas, representa "uma certa forma de vontade das massas, uma forma específica de racionalidade no mundo e na vida". Contudo, isso se aplica apenas à religião inocente do povo, e não ao "*Cristianesimo gesuitizzato*" (Cristianismo jesuitizado), que é um "narcótico puro para as massas populares". Não se pode dizer que Gramsci tenha uma excelente opinião dos jesuítas: "A Sociedade de Jesus é a última grande ordem religiosa, de origem reacionária e autoritária, de caráter repressivo e 'diplomático', que assinou com o nascimento do endurecimento da organização católica" (Gramsci, 1953, p. 12).

Como todos os marxistas, Gramsci se recusa a considerar as religiões como grupos homogêneos e insiste na sua diversidade social: "Qualquer religião, mesmo católica (e principalmente a católica, precisamente por seus esforços de permanecer 'superficialmente' unitária para não se dividir em igrejas nacionais e estratificações sociais), se constitui na verdade uma multiplicidade de religiões diferentes e muitas vezes contraditórias: há um catolicismo de camponeses, um catolicismo da pequena burguesia e de trabalhadores urbanos, um catolicismo para mulheres e um catolicismo para intelectuais, ela mesma diversificada e desarticulada" (Gramsci, 1977, p. 1397).

Aqui Gramsci se aproxima de Engels e a análise marxista da religião do ponto de vista da luta de classes, exceto que o parceiro de Marx considerou "todas as classes de sua religião", enquanto o pensador italiano pensa a mesma religião é interpretada de maneira diferente pelas várias classes e grupos sociais. Outra diferença é que Gramsci também leva em consideração as diferenciações que se manifestam dentro da mesma religião com base em orientações ideológicas não reduzidas ao conflito entre as classes: ele se nega à tendência de "encontrar uma explicação imediata e primária na estrutura da Igreja para cada luta ideológica dentro dela" (Gramsci, 1979, p. 120).

Por exemplo, a existência de correntes modernistas, jesuítas ou fundamentalistas dentro da Igreja Católica não pode ser explicada diretamente em termos econômicos ou sociais. A primeira, uma espécie de "esquerda" da Igreja, favorável à democracia e, às vezes, ao socialismo moderado, criou a democracia cristã, os últimos, partidários da monarquia, alegando ser o Papa Pio X, fundaram o Centro Católico na Itália e a Ação Francesa. Os jesuítas formam o "centro" que controla o aparelho da Igreja e do Vaticano (especialmente com Pio XI) e cuja influência social é exercida através da Ação Católica e do sistema escolar católico. Gramsci deu aos jesuítas um papel decisivo como fator de equilíbrio dentro da Igreja, atuando para neutralizar as duas tendências mais radicais e para adaptar a cultura católica aos desafios da Modernidade de forma "molecular". É interessante observar que a revista da Sociedade de Jesus, *Civilta Cattolica*, foi a principal fonte de informações sobre a Igreja para Gramsci na prisão. Em várias notas, ele examina como o Vaticano, apoiado pelos jesuítas, liderou a batalha contra os modernistas, com a encíclica *Pascendi*, para atacar os integrantes da Ação Francesa e impor a reconciliação com a República (Portelli, 1974).

Um grande número de notas de Gramsci refere-se à história e ao papel atual da Igreja Católica na Itália: seu papel restaurador no início do século XIX, sua derrota contra os liberais durante o Ressurgimento (*Risorgimento*), sua dupla oposição entre 1870 e 1900, ao Estado liberal e ao socialismo, e finalmente, durante o século XX, seu realinhamento ao Estado moderno, que encontra expressão decisiva na Concordata de 1929 com Mussolini: graças a esse acordo, a Igreja conseguiu impor o seu monopólio ao aparelho educacional – mas à custa de perder sua independência do Estado (Portelli, 1974). Uma das ideias mais inovadoras desses escritos sobre o Catolicismo é a definição da Igreja moderna como um "bloco intelectual", relativamente autônomo em relação às classes sociais. Como sabemos, Gramsci tinha um conceito muito amplo do intelectual, incluindo todos aqueles cuja função é apoiar ou modificar uma concepção do mundo. O intelectual orgânico é o que surge "organicamente" dentro de uma classe social definida e dá-lhe certa homogeneidade e consciência sociopolítica (Gramsci, 1966, p. 3, 6-7). Durante os séculos de feudalismo, o clero era um grupo de intelectuais orgânicos da aristocracia feudal, monopolizando uma série de funções intelectuais: religião, filosofia, ciência, educação, moralidade, justiça etc. À medida que desenvolvem um *esprit de corps* (espírito de equipe), esses intelectuais se consideravam uma força autônoma, independente do grupo social dominante. Graças à sua continuidade histórica ininterrupta, eles puderam sobreviver ao declínio da classe social à qual eles estavam "ligados organicamente": neste caso, eles se tornaram intelectuais tradicionais, um grupo cristalizado – "fossilizado", às vezes escrito por Gramsci –, voltado para o passado, e sem ligações diretas com as "novas" classes sociais que se confrontavam. Para Gramsci, o clero católico é o exemplo típico do intelectual tradicional (Gramsci, 1966, p. 4). Em alguns aspectos, esse conceito se aproxima ao de "intelectuais não conectados" de Karl Mannheim, exceto que estes últimos não têm as mesmas conotações retrógradas e tradicionais.

Essa autonomia – reconhecidamente relativa – do bloco intelectual católico, incluindo o clero e a intelectualidade secular (quadros da Ação Católica e dos sindicatos ou partidos católicos), reflete-se na autonomia da própria Igreja, como instituição, em relação às grandes forças econômicas e sociais. É por isso que a principal motivação das ações políticas da Igreja em suas relações conflitantes com o Estado e a burguesia italiana é a defesa de seus interesses corporativos, seu poder e seus privilégios.

Aqui reside o diagnóstico irônico de Gramsci do "pensamento social" católico e do comportamento político da Igreja: "Para compreender plenamente a posição da Igreja na sociedade moderna, devemos entender que ela está disposta a lutar apenas para defender suas liberdades corporativistas particulares (da Igreja como Igreja, organização eclesiástica), isto é, os privilégios que proclama ligados à sua própria essência divina. Para essa defesa, a Igreja não exclui nenhum meio, nem a insurreição armada, nem o ataque individual, nem o apelo à invasão estrangeira. Todo o resto é relativamente insignificante, a menos que esteja relacionado às próprias condições existenciais. Por 'despotismo' a Igreja entende a intervenção da autoridade secular do Estado no sentido da limitação ou da supressão de seus privilégios, nada mais. Ela está pronta para reconhecer qualquer poder de fato se não tocar nos seus privilégios e em sua legitimidade. Se esse poder posteriormente aumentar os privilégios, ela o exalta e o declara providencial. Considerando estas premissas, o 'pensamento social' católico tem apenas um interesse acadêmico: deve ser estudado e analisado como um elemento ideológico opiáceo que tende a manter certos estados mentais da atenção passiva do tipo religioso, mas não como um elemento da vida política e histórica ativa" (Gramsci, 1977, p. 546-547).

Essa passagem é interessante: a ironia gramsciana é facilmente explicada pelo contexto histórico: a recente união da Igreja ao despotismo de Mussolini (Concordata de 1929). No entanto, existe certa contradição entre o ativismo que ela acredita na defesa de seus privilégios e a ideia de que seu pensamento social não seria historicamente ativo. Além disso, Gramsci subestima a importância da doutrina social da Igreja, reduzindo-a a uma mera figura do ópio do povo. No entanto, do ponto de vista metodológico, o mais interessante é que o pensador marxista italiano não tenta explicar o comportamento político da Igreja para com a infraestrutura socioeconômica, pelo contrário, insiste em sua autonomia e na motivação institucional "corporativista" – defesa das liberdades e privilégios – de sua ação, que poderia até mesmo assumir formas rebeldes, o que não seria contraditório, diga-se de passagem, por sinal, com suas observações sobre a diversidade social e política da Igreja.

A atenção de Gramsci em seus *Cadernos do Cárcere* não se limita à Igreja Católica. Ele também se interessou muito pela Reforma Protestante, começando pelo Calvinismo. Mas, enquanto Marx e Engels estabeleceram como o seu principal objetivo destacar as origens burguesas da doutrina de Calvino, o importante para o marxista italiano são as consequências socioeconômicas dessa tendência religiosa. Ele parte da constatação de um paradoxo: a concepção protestante da graça, que deveria "logicamente" levar a um máximo de fatalismo e de passividade, deu origem, ao contrário, a uma prática econômica em escala mundial, iniciando a ideologia capitalista emergente. Na sua opinião, a forma como a doutrina calvinista da predestinação se transformou em "um dos principais impulsos em favor da iniciativa prática manifestada na história mundial" se constitui um exemplo clássico da passagem de uma concepção do mundo para um padrão de comportamento prático (Gramsci, 1977, p. 892-893, 1267). Esta tese, é claro, inspirou-se em uma leitura cuidadosa da *Ética Protestante* de Max Weber, que ele conseguiu consultar na prisão na tradução italiana publicada em 1931-1932 na revista *Nuovi studi di diritto, economia e politica* (Novos estudos de direito, economia e política). Ele cita o texto de Weber várias vezes, associando-o à pesquisa de Groethuysen sobre a origem religiosa da burguesia na França, para enfatizar a ideia de que a teoria da predestinação e da graça protestante deu origem a "uma vasta expansão do espírito de iniciativa" (Gramsci, 1977, p. 892-893, 1267).

Claro, esta é uma leitura parcial da tese weberiana, mas que, no entanto, capta um aspecto central disso.

Podemos supor, até certo ponto, que Gramsci usou Weber para ir além da abordagem economista do marxismo comum ao se unir ao papel historicamente produtivo de ideias e representações. Segundo Gramsci, a questão metodológica geral colocada pelo Calvinismo é a passagem da concepção do mundo para a ação que lhe corresponde. O que lhe interessa é "o ponto em que a visão de mundo, a contemplação e a filosofia se tornam 'realidade' porque tendem a mudar o mundo, a subverter a prática". Esta é uma questão que também diz respeito à filosofia da práxis, isto é, ao próprio marxismo (Gramsci, 1977, p. 1266).

Sua relação com o Protestantismo foi muito além dessa questão metodológica: ele considerou a Reforma, não o Renascimento, como o grande ponto de virada da história moderna. Embora Kautsky, que vivia na Alemanha protestante, idealizara o Renascimento italiano e desprezava a Reforma por considerá-la "bárbara", Gramsci, o marxista italiano, cantou louvores a Lutero e a Calvino e denunciou o Renascimento como um movimento aristocrático e reacionário! Ao contrário de Engels e Kautsky, ele não se aliou a Thomas Münzer e aos anabatistas, e sim a Lutero e a Calvino. Para ele, a Reforma, como um movimento genuinamente nacional e popular, capaz de mobilizar as massas, era uma espécie de modelo para a grande "reforma moral e intelectual" que o marxismo tentava realizar. A filosofia da prática "corresponde à conexão Reforma Protestante + Revolução Francesa: uma filosofia que também é uma política e uma política que também é uma filosofia" (Gramsci, 1977, p. 76). Essa valorização socialista da Reforma é uma das contribuições mais originais de Gramsci para uma renovação da reflexão marxista sobre a religião.

Bibliografia: DIAZ-SALAZAR, R. *El proyecto de Gramsci*. Barcelona: Ed. Anthropos, 1991; GRAMSCI, A. Carlo Péguy ed Emesto Psichari (1916). In: *Scritti Giovanili 1914-1918*. Torino: Einaudi, 1958, p. 33-34; GRAMSCI, A. *Gli intellettuali e l'organizzazione della cultura*. Torino: Einaudi, 1966; GRAMSCI, A. I cattolici italiani. *Avanti*, 22.12.1918. In: *Scritti Giovanili*; GRAMSCI, A. Il congresso de Lyon. (janvier 1926) In: *La Costruzione del Partito Comunista*. Torino: Einaudi, 1978, p. 483-486; GRAMSCI, A. *Il materialismo storico e la filosofia de Benedetto Croce*. Torino: Ed. Riuniti, 1979; GRAMSCI, A. Il Partito Comunista. 4.9.1920. *Ordine Nuovo 1919-1920*. Torino: Einaudi, 1954; GRAMSCI, A. *Nota sobre Machiavelli, sulla politica e sullo stato moderno*. Torino: Einaudi, 1953; GRAMSCI, A. *Quaderni del Carcere*. Torino: Einaudi, 1977; PORTELLI, H. *Gramsci et la question religieuse*. Paris: Anthropos, 1974.

MICHAEL LÖWY
TRADUÇÃO: SILVIA GERUZA F. RODRIGUES

GUERRA E PAZ

Ao fazer uma retrospectiva do século XX, verifica-se que ele foi "o mais mortífero de toda a história documentada. O número total das mortes causadas pelas guerras do século ou associadas a elas foi estimado em 187 milhões de pessoas, o que equivale a mais de 10% da população mundial de 1913" (Hobsbawm, 2007, p. 21). Foi o século "mais assassino" de que se tem registro, seja na "escala, frequência e extensão da guerra que o preencheu" (Hobsbawm, 1995, p. 22). Um século, portanto, sombrio e que se concluiu num estado de "inquietação". E se o anterior não terminou bem, o século XXI já começa com "crepúsculo e obscuridade" (Hobsbawm, 2002, p. 448). Daí a importância de tratar com cuidado esse argumento tendo em vista o horizonte complexo e dramático que se antevê caso o ritmo da história continue na linha empreendida.

Importantes lideranças religiosas de nosso tempo, como o monge zen-budista vietnamita Thich Nhat Hanh (1926-), indicado ao Nobel da Paz por Martin Luther King, em 1967, relatam a dura experiência da Guerra, quando se perde o controle do tempo de duração da vida, que pode ser ceifada numa manhã ou durante o dia. Na Guerra do Vietnã, que ele pôde acompanhar de perto, perderam a vida, só entre os anos de 1961 e 1964, mais de meio milhão de civis (Hanh, 1968, p. 84).

Toda essa conflitividade que se desenha nos dois últimos séculos é também expressão de uma globalização descontrolada, que gera insegurança, emoção aflitiva e muitos deslocamentos de pessoas, que fogem dos conflitos, perseguições, violência ou fome em busca de espaços mais seguros e garantidos. São tempos de "deteriorização ética" ou de "desgaste da compaixão", que geram extremismos e intolerância, apontando para uma "terceira guerra mundial aos pedaços". Um "rosto cruel" desponta de toda essa situação, "de que não se sabe exatamente quantas vítimas, viúvas e órfãos produziram". Palcos de novos conflitos surgem a cada momento, com seu repertório de dores, solidão e desesperança. Trata-se de uma "situação mundial dominada pela incerteza, pela decepção e pelo medo do futuro e controlada por míopes interesses econômicos" (Francisco; Al--Tayyeb, 2019).

Em documento singular do Concílio Vaticano II (1962-1965), a constituição pastoral *Gaudium et Spes* (*GS*), relatou-se essa situação particular do mundo, carente de fraternidade verdadeira, "quando o aumento do poder da humanidade ameaça destruir o próprio gênero humano" (*GS* 37). Em tempos de medo e terror permanentes, acirram-se gestões da barbárie, descontentamentos que provocam terrorismo e violência por toda a parte, bem como uma corrida armamentista que ameaça o destino do planeta. O documento condena com vigor a guerra total, considerando-a um crime contra a humanidade: "Qualquer ação bélica que visa à destruição indiscriminada de cidades inteiras ou de vastas regiões com seus habitantes, é um crime contra Deus e o próprio homem, a ser condenado com firmeza e sem hesitação" (*GS* 80). Na mesma direção vai a reflexão de Thomas Merton, em livro que causou muita resistência no início de década de 1960, não podendo ser publicado na ocasião em razão das controvérsias que a questão suscitava naquele período. Falar em "Paz" no início daquela época era algo suspeito. Corajosamente, Merton denuncia, sobretudo, a guerra nuclear como crime de grande gravidade, que contraria a moralidade cristã (Merton, 2007, p. 76, 94).

Assim como Merton, o líder tibetano Dalai Lama reage contra a indústria da guerra e a corrida armamentista, vistas como "um incêndio na comunidade humana", cujo combustível são as pessoas mesmas (Dalai Lama, 2000, p. 221). Para muitos, a guerra traduz certo *glamour*, favorecendo a oportunidade de mostrar para os outros o poderio, a coragem e a competência. É vista por muitos como "algo excitante" e mesmo sedutor, com sua estética exteriorista, motivo de atração e reverência. Nem sempre a guerra vem associada ao crime, o que é lamentável (Dalai Lama, 2000, p. 221).

Num documento do Papa João XXIII, que foi essencial para o tempo, a carta encíclica *Pacem in Terris* (*PT*), foram abordados os riscos envolvidos nas ameaças da guerra e da circulação das armas. Tudo isso provoca um "terror permanente" entre as pessoas, que pode a qualquer momento desabar como uma tempestade: "Não é impossível que um fato imprevisível e incontrolável possa inesperadamente atear esse incêndio".

Daí a necessidade imperiosa da busca da paz em todo canto. Ela é um "anseio profundo de todos os homens de todos os tempos" (*PT* 1). O desafio maior é edificar a paz no leito da justiça. Ela não se traduz por mera ausência de guerra, ou pelo equilíbrio entre forças adversas, mas "é obra da justiça" (*GS* 78). Esse apelo do Vaticano II veio acolhido na América Latina pelo episcopado da região, nos documentos de Medellín (*DM*) e Puebla (*DP*). Firma-se a ideia da paz como "obra da justiça" (*DM*, Paz, 14) e do imperativo de edificá-la na justiça (*DP* 1188).

Num tempo onde vigoram as intolerâncias e exclusivismos, a busca da paz exige mudanças radicais no comportamento das pessoas, em seu mundo interior. Na psicologia budista fala-se no vigor e robustez das "formações internas", que provocam "nós" de resistência à convivência e abertura desarmada ao outro. Se o trabalho de desatar os nós não começa cedo, quando ainda estão se formando, tornam-se cegos, fortes e apertados, dificultando ainda mais o processo de convivência dialogal. Essas formações expressam-se de muitas formas, através da linguagem, dos comportamentos e sentimentos nocivos e ferinos (Hanh, 2006, p. 87-88). Em tempos de insegurança as pessoas tendem a se fechar nas suas comunidades de sentido, como forma de reassegurar a confiança e a nomização. No novo regime do tempo, que acompanha a dinâmica do capitalismo moderno, as pessoas são despertadas pelo anseio de comunidade, um reforço do "nós",

da identidade do grupo: "esse uso do 'nós' se torna um ato de autoproteção. O desejo de comunidade é defensivo, muitas vezes manifestado como rejeição a imigrantes ou outros marginais – sendo a arquitetura comunal mais importante que as muralhas contra uma ordem econômica hostil" (Sennet, 1999, p. 165; Bauman, 2003, p. 8-9). Em vez de desaparecerem, as fronteiras e os muros são erguidos em cada esquina, como mecanismo de proteção das particularidades.

Se a paz é o grande desafio, ela deve começar no mundo interior das pessoas, no âmbito da profundidade. Dizia a *Gaudium et Spes* que "os desequilíbrios que atormentam o mundo moderno se vinculam com aquele desequilíbrio mais fundamental radicado no coração humano" (*GS* 10). Faz-se necessário todo um trabalho pedagógico de cultivar a paz em nós mesmos, de buscar uma paz interior. Isto revela uma prática de base, essencial, que se expressa no modo de ser, no corpo, na delicadeza da relação, na abertura e disponibilidade novas (Hanh, 2006, p. 19-20, 104). É o caminho propício para novas sensações, de quebra das resistências interiores e possibilidade efetiva para o trabalho de inter-ser, de ajuda aos outros para que também possam encontrar a paz serena e necessária. A *Gaudium et Spes*, no Vaticano II, fala em "inculcar ao espírito de todos novos sentimentos pacíficos" (*GS* 82). A paz no mundo depende essencialmente da paz no coração, não há dúvida. Nem a paz nem a guerra existem como realidades objetivas, independentes de nós. Só pode haver paz se cada um conseguir hospedar a paz em seu mundo interior (*PT* 164).

As religiões exercem um papel fundamental na luta contra a guerra e na busca da paz. Elas são artesãs da paz. O caminho em favor da paz é uma "responsabilidade religiosa" (Merton, 2007, p. 73), mas também uma responsabilidade que envolve todas as espiritualidades, sejam religiosas, sejam seculares. É um desafio para todos. É um dever de todos consagrar seus pensamentos, preocupações e energias para a consolidação do bem comum (*PT* 166). No histórico documento sobre a fraternidade humana em prol da paz mundial e da convivência humana, o Papa Francisco, junto com o Grã Imã de Al-Azhar, Ahmad Al-Tayyeb, indicaram que as religiões convidam ao desafio fundamental de domiciliar-se nos valores da paz. Com firmeza diante dos extremismos em curso, sinalizam que "Deus não criou os homens para ser assassinados ou lutar uns com os outros, nem para ser torturados ou humilhados na sua vida e na sua existência" (Francisco; Al-Tayyeb, 2019). O que ele deseja para todos, e isto brota da raiz das religiões, é a fraternidade humana e a convivência livre comum.

Bibliografia: BAUMAN, Z. *Comunidade*: a busca por segurança no mundo atual. Rio de Janeiro: Jorge Zahar, 2003; COMPÊNDIO do Vaticano II. *Constituições, decretos,*

GUERRA E PAZ

declarações. 6. ed. Petrópolis: Vozes, 1968; III CONFERÊNCIA Geral do Episcopado Latino-Americano. *Puebla*: a evangelização no presente e no futuro da América Latina. 2. ed. Petrópolis: Vozes, 1979; CONSELHO Episcopal Latino-Americano. *A Igreja na atual transformação da América Latina à luz do Concílio*. (Conclusões de Medellín). Petrópolis: Vozes, 1969; DALAI LAMA. *Uma ética para o novo milênio*. Rio de Janeiro: Sextante, 2000; FRANCISCO; AL-TAYYEB, A. *Documento sobre a fraternidade humana em prol da paz mundial e da convivência comum*. Disponível em: <http://www.vatican.va/content/francesco/pt/travels/2019/outside/documents/papa-francesco_20190204_documento-fratellanza-umana.html>. Acesso em: 15/02/2019; HANH, T. N. *Flor de lótus em mar de fogo*. Rio de Janeiro: Paz e Terra, 1968; HANH, T. N. *La paix en soi, la paix em marche*. Paris: Albin Michel, 2006; HOBSBAWM, E. *Era dos extremos*. O breve século XX – 1914-1991. São Paulo: Companhia das Letras, 1995; HANH, T. N. *Globalização, democracia e terrorismo*. São Paulo: Companhia das Letras, 2007; HANH, T. N. *Tempos interessantes*: uma vida no século XX. São Paulo: Companhia das Letras, 2002; JOÃO XXIII. *Carta encíclica* Pacem in Terris, 1963. Disponível em: <http://www.vatican.va/content/john-xxiii/pt/encyclicals/documents/hf_j-xxiii_enc_11041963_pacem.html>. Acesso em: 15/02/2019.; MERTON, T. *Paz na era pós-cristã*. Aparecida: Santuário, 2007; SENNET, R. *A corrosão do caráter*. Rio de Janeiro: Record, 1999.

FAUSTINO TEIXEIRA

H

HABERMAS, JÜRGEN

Jürgen Habermas (1929-) é um filósofo e sociólogo alemão, um dos membros da chamada Escola de Frankfurt. Seu ponto de partida teórico reside nas concepções marxistas, mas não se limita a elas. Uma das principais críticas levantadas por Habermas à proposta materialista de esclarecimento do processo histórico consiste na importância conferida às forças econômicas, em detrimento do papel concedido ao indivíduo e à cultura. Habermas (1976/1990) defende que as formações da identidade, ancoradas em imagens específicas do mundo e em convicções morais que regulam o agir comunicativo e o saber prático, originam processos de aprendizagem que tendem a culminar em novas formas de integração social, ou, para se utilizar da terminologia marxista, em novas *relações de produção*. Assim, Habermas reitera e amplia a dialética marxista para demonstrar, no sentido inverso ao da ênfase nas forças produtivas, como a identidade, a moral e a cosmovisão intersubjetivamente articuladas se materializam em movimentos sociais e, por fim, chegam aos sistemas de instituições. A culturaρ e suas formações identitárias seguem uma dinâmica própria; dinâmica esta que se caracteriza pelo desenvolvimento de estruturas normativas cada vez mais complexas. Isso significa dizer que o desenvolvimento das forças produtivas coincide, em muitos aspectos, com o desenvolvimento psicossocial da identidade, havendo certa homologia entre eles. Tal lógica desenvolvimentista, contudo, não implica a estipulação de rígidos mecanismos evolutivos, a partir dos quais sejam elaborados estágios inflexíveis de gradação progressiva, mas tão somente as "margens de variação em cujo interior os valores culturais, as ideias morais, as normas, etc., podem ser modificados, a um dado nível de organização da sociedade, encontrando formas históricas diversas. Em sua *dinâmica de desenvolvimento*, essa mutação de estruturas normativas permanece dependente tanto dos desafios evolutivos representados por problemas sistêmicos irresolvidos e economicamente condicionantes, quanto dos processos de aprendizagem que são a resposta a tais desafios. Em outras palavras: a culturaρ permanece um fenômeno superestrutural, embora na passagem para novos níveis de desenvolvimento ela pareça ter um papel mais preeminente do que o supuseram até agora muitos marxistas" (Habermas, 1976/1990, p. 14).

Tomando como base a psicologia do desenvolvimento – sobretudo no que diz respeito às dimensões da moralidade –, mais particularmente o trabalho de Lawrence Kohlberg (1927-1987), e advogando para sua teoria o constante intercâmbio entre o individual e o social, entre os modelos ontogenético e social-evolutivo, Habermas descreve o desenvolvimento das estruturas de consciênciaρ formadoras da identidade. Tal desenvolvimento ocorreria de modo parcialmente independente das diferenças de gênero, por antecederem expectativas generalizadas de comportamento construídas socialmente. Nesse sentido, é possível dizer que, quanto mais o indivíduo se desenvolve, maiores são as condições para a resolução, tanto de dissonâncias no campo individual quanto de conflitos sociais desintegradores que tendem a gerar estereótipos e crençasρ culturalmente arraigadas. Em outras palavras: o fortalecimento da identidadeρ promove sua independência diante dos valores estabelecidos, ao mesmo tempo que enriquece o poder de solução de conflitos – até mesmo nas questões de gêneroρ –, embora também imponha condições de vida mais complexas (Habermas, 1976/1990).

Para Habermas, a sociedade ocidental moderna desvinculou-se, em grande parte, de uma visão de mundo mais tradicional, sustentada em imagens religiosas e em instituições que se identificavam com o poder estatal, como a Igrejaρ Católica. Várias alternativas de imagens do mundo se colocaram diante do declínio político e ideológico dos sistemas religiosos, e dentre elas Habermas menciona determinadas "terapias pseudocientíficas, que operam com a ajuda da ioga, da auto-hipnose e da dinâmica de grupo" (Habermas, 1976/1990, p. 90-91). Para o autor, tais crençasρ representariam um passo atrás no desenvolvimento psicológico e cultural, o retorno a "[…] formas regressivas da consciênciaρ religiosa" (Habermas, 1976/1990, p. 90).

Mais à frente em sua obra, Habermas (2002) estabelece uma distinção mais refinada entre três dimensões da religiosidade: 1) as grandes religiões mundiais (Cristianismo, Islamismo, Judaísmo etc.); 2) os movimentos místicos e reacionários no interior dessas tradições; e 3) as crençasρ mágicas e "esotéricas". Ele entende que, enquanto os movimentos místicos e anticlericais desempenharam um papel importante na história das instituições religiosasρ, promovendo críticas e mudanças internas, as crençasρ mágicas e populares, como aquelas que encontramos "nas sessões de esoterismo das livrarias, parecem para mim mais um sintoma de fraqueza egoica e regressão, a expressão de uma urgência para um impossível retorno a formas místicasρ do pensamento, práticas mágicas, e visões de mundo fechadas […] Mas a história nos ensina que as seitasρ religiosas podem ser muito inovadoras. Então talvez nem tudo no mercado seja baboseira californiana ou neopaganismo. [...] Em uma sociedade midiática homogeneizada, tudo perde sua gravidade, talvez até o próprio cristianismo institucionalizado" (Habermas, 2002, p. 151-152).

Em alguns de seus escritos sobre religião℘ e secularização℘ (Habermas, 2002, 2006, 2008), o interesse de Habermas volta-se especialmente para uma elucidação do papel político desempenhado pelas instituições religiosas℘ e seus adeptos no contexto de uma sociedade democrática. Sua preocupação maior parece ser a garantia de uma racionalidade integradora que abarque tanto o direito de manifestação e participação político-social dos religiosos quanto dos não religiosos, bem como as condições de inserção nesse debate. Sob esse aspecto, as tradições religiosas não seriam "[...] meramente irracionais ou sem sentido" (Habermas, 2008, p. 5). O autor interessa-se pelas atitudes cognitivas dos crentes ou não crentes que deveriam guiar um *discurso*, um processo de interação dialogal distinto dos modos cotidianos de agir comunicativo, no qual fatos e normas previamente aceitos, em maior ou menor consenso, são então questionados e expostos a uma rigorosa argumentação lógica, empírica e intersubjetivamente validada. O autor afirma que as tradições religiosas mundiais permanecem constituindo um aspecto persistente e importante da condição humana, não facilmente olvidado. "Nessa disputa, eu defendo a tese de Hegel de que as grandes religiões mundiais pertencem à história da razão em si mesma. Sobre essas premissas, seria irracional rejeitar essas 'fortes' tradições como resíduos 'arcaicos', ao invés de elucidar sua conexão interna com formas modernas de pensamento. Mesmo hoje, religiões tradicionais exercem a função de articular uma consciência℘ do que é faltante ou ausente. Elas mantêm viva uma sensibilidade ao fracasso e ao sofrimento. Elas resgatam do esquecimento as dimensões das nossas relações sociais e pessoais nas quais os avanços da racionalização cultural e social têm causado completa devastação" (Habermas, 2008, p. 6).

Seus adeptos, homens e mulheres dos mais variados tipos, são passíveis, tanto quanto outros cidadãos, de formar, a respeito de si mesmos e de sua sociedade, uma compreensão racional: "[...] religiões *poderiam* envolver intuições racionais e momentos instrutivos de demandas não preenchidas, mas legítimas" (Habermas, 2008, p. 5). Destarte, coloca-se o problema de como conciliar um pensamento científico constituído, em parte, no interior de uma proposta de secularização℘ da sociedade, com o pensamento religioso, de maneira a permitir a criação de um espaço público verdadeiramente democrático e igualitário.

De acordo com o autor, a passagem das sociedades tradicionais, regidas por imagens do mundo religiosas, legitimadoras dos processos de relação social e de intercâmbio socioeconômico, pode ser descrita como resultado de um crescente "desencantamento do mundo℘" (termo inspirado em Max Weber℘) – ou *crise de motivação* – que conduz a uma perda significativa e a uma restrição da proeminência ideológica de representações religiosas e metafísicas℘, situação que culmina na emergência de uma cultura profana marcada pela diferenciação de estruturas distintas de valor – ciência e técnica, lei e moral, arte e teoria da arte etc. –, cada uma delas guiada por uma lógica particular. Nesse processo, as estruturas sociais são diferenciadas, basicamente, em dois sistemas funcionalmente entrelaçados: 1) o sistema econômico, dirigido pelas regras do mercado e do capital; e 2) o aparelho burocrático do Estado. No que diz respeito à cultura, aquilo que Habermas define como *mundo da vida*, isto é, o universo das relações cotidianas, várias mudanças acompanharão o intenso projeto de secularização℘, operando diversas transformações nos referenciais e paradigmas vigentes de formação da identidade.

É assim que um dilema paradoxal emerge no contexto das várias possibilidades identitárias disponíveis aos cidadãos modernos. De um lado, sente-se positivamente esse processo como sinal de emancipação e liberação diante das dependências naturais, potencialmente opressoras; mas, de outro lado, ressente-se a perda de apoios convencionais, do aconchego das proteções oferecidas pela comunidade integrada como um todo ético. Se agora os indivíduos já não necessitam subordinar-se exclusivamente a um modelo de identidade, podendo então optar pelas mais diversificadas roupagens e tendências, também é certo que se sentirão angustiados e desorientados diante da enorme pluralidade de caminhos potencialmente traçáveis, e diante dos muitos riscos, ganhos e perdas que envolvem irremediavelmente esse processo. Muitas das decisões a serem tomadas, numa sociedade moderna, dependem dos próprios indivíduos e não mais de normas ou padrões prefixados e legitimados culturalmente, mas muitas outras permanecem ocorrendo sob condições que eles não podem escolher. É aí que a possibilidade de um enredamento nas redes sociais persiste, conquanto agora, em relação aos sistemas sociais diferenciados, movidos pelos meios "dinheiro" e "poder". A ambiguidade mostra-se no fato de que, mesmo quando as pessoas se imaginam como indivíduos livres e autônomos, capazes de adotar uma conduta de vida consciente, elas ainda permaneceriam restringidas por determinações coletivas, tais como: as que as tornam dependentes do mercado de trabalho, das regulamentações políticas e jurídicas, das ofertas do consumo, da moda, dos dispositivos da disciplina e ordenamento social, dos conselhos médicos, psicológicos e pedagógicos, e das funções e papéis sociais previstos pela articulação, conjunta ou fragmentada, desses fatores. E quanto mais os indivíduos se distanciam da possibilidade de uma participação política efetiva na corrente dessas determinantes, quanto mais se afastam do seu poder de transformação da realidade social, mais se tornam predispostos à alienação do consumismo, dos modismos, da fluidez quase infinita das opções identitárias, mercadologicamente exploradas (Habermas, 1973).

Essa situação parece evidenciar não tanto um desaparecimento das crenças☧ religiosas, mas uma limitação de sua influência e poderio social. Ao contrário de Weber☧, Habermas conceberá que a modernização não necessariamente coincidiu com a secularização☧, como mostrou a revitalização política da religião nos Estados Unidos e da emergência de um discurso de tolerância☧ às minorias religiosas. Por sua vez, a despeito de haverem perdido poder, as religiões continuam a se inscrever justamente naqueles campos onde a "devastação racionalista" tem dificuldade em chegar, ou muito lentamente o faz: o consolo emocional, a perseverança e motivação para enfrentar adversidades da vida; a sensibilidade ao sofrimento humano; o fornecimento de um sentido ou significado mais amplo para a vida que não exclusivamente o do lucro e do capital; a valorização do indivíduo em sua relação com o sagrado; a promoção da solidariedade e do espírito comunitário, e até mesmo, mais recentemente, a defesa de certos direitos humanos☧ e ambientais, em consonância com projetos ecológicos e ambientalistas. Desarte, para Habermas, o debate entre crentes e descrentes já não diz respeito hoje a quem vence quem, a quem permanece em pé e triunfa, mas, antes, a como cada qual deve se posicionar diante das demandas de uma sociedade democrática. Mas se é verdade que as religiões podem suprir lacunas apenas hesitantemente preenchidas no contexto moderno, também nos parece adequado lembrar que essas crenças☧ – tanto quanto os efeitos da "racionalização devastadora" – encontram-se expostas a muitas "patologias" e excessos, não menos opressoras e limitantes, como nos casos do fundamentalismo☧, das guerras religiosas e da alienação das massas (Habermas, 2008, 2006).

Habermas (2006) pretende definir a secularização☧ cultural e social como um *processo de aprendizagem duplo*, em que tanto as tradições provenientes do esforço iluminista de racionalização da cultura quanto as tradições religiosas aprenderiam mutuamente, refletindo sobre os limites de cada uma na esfera social. Esse processo, para ser bem-sucedido, deve ser guiado por atitudes cognitivas e expectativas normativas a serem exigidas de cada um dos lados nesse debate; em outras palavras, os participantes desse *discurso* devem adentrá-lo tomando como pressupostas regras específicas de diálogo e respeito a serem cumpridas. Precisam se esforçar por universalizar suas perspectivas e torná-las aceitáveis a um número cada vez maior de cidadãos, o que

equivaleria, em termos de desenvolvimento moral, a um estágio *pós-convencional*.

Habermas defende o que ele designa de um *republicanismo kantiano*, ou um liberalismo político, como a base normativa para a justificação de um estado democrático constitucional. Essa proposta se assenta, contudo, não em perspectivas religiosas, mas num pensamento que o autor define como *pós-metafísico*, e que, portanto, renuncia a alegações cosmológicas e de salvacionismo histórico, embebidas nas clássicas teorias da lei natural fundamentadas teologicamente. Numa democracia, as normas, as leis, e outros objetos de discussão social são debatidos e defendidos com base em argumentos racionais, não em uma suposta lei divina revelada aos homens. São os indivíduos que, enquanto cidadãos, constroem e prescrevem normas de conduta, sustentados em princípios racionais, passíveis de averiguação, contestação ou aceitação por parte de outros membros da sociedade. Assim sendo, os crentes são entendidos não como possuidores de uma verdade divina a ser aceita igualmente por todos, independentemente de suas diferenças ideológicas, mas como cidadãos que, justamente por isso, têm o direito de manifestar suas ideias, embora tenham, para tanto, de se ancorar em argumentos passíveis de universalização e assunção racional pelos demais membros da sociedade.

Não obstante, para que essa proposta caminhe favoravelmente no sentido do já citado *processo de aprendizagem duplo*, é preciso aceitar que a história da teologia☧ cristã, no Ocidente, forma uma parte importante e indissociável da genealogia dos direitos humanos☧, sustentáculos do estado democrático constitucional. Assim, ao invés de regressiva ou inoportuna, a tradição cristã se apresenta doravante como marco da própria produção e desenvolvimento da racionalidade ocidental, em continuidade histórica com as posteriores conquistas do Iluminismo☧ e do pensamento científico. Esse reconhecimento é o que permite, na convicção de Habermas, aos racionalistas, ateus, descrentes, respeitarem o pensamento religioso, e se esforçarem igualmente em prol de um diálogo amistoso e da estipulação de normas sociais exequíveis de articulação por ambos os grupos. Por sua vez, os religiosos devem reconhecer suas limitações epistemológicas e de normatização no contexto de uma sociedade pós-metafísica☧, onde concorrem com visões de mundo semelhantes ou dessemelhantes, todas igualmente passíveis de aceitação ou contestação, mediante argumentação racional, sem o direito de sobrepujamento opressivo ou ideológico.

Bibliografia: HABERMAS, J. *Between naturalism and religion*: Philosophical essays. Translated by Ciaran Cronin. Cambridge: Polity Press, 2008. HABERMAS, J. (1976). *Para a reconstrução do materialismo histórico*. 2. ed. São Paulo: Brasiliense, 1990; HABERMAS, J. Pre-political foundations of the democractic constitutional state? In: HABERMAS, J.; RATZINGER, J. *The dialectics of secularization*: On reason and religion. San Francisco: Ignatius Press, 2006; HABERMAS, J. *Problemas de legitimación en el capitalismo tardío*. Traducción de José Luis Etcheverry. Madrid: Cátedra, 1973; HABERMAS, J. *Religion and rationality*: Essays on reason, God and modernity. Cambridge: Polity Press, 2002;

EVERTON DE OLIVEIRA MARALDI

HAGIOGRAFIA

Composto a partir de étimos gregos (*hagio* [santo] e *grafia* [escrita]), o termo "hagiografia" é utilizado para designar um género/filão literário e documental, de natureza religiosa, polarizado em torno da história, do culto ou da devoção aos santos, comportando propósitos didácticos, edificantes, apologéticos e, não raras vezes, litúrgicos, *ad maiorem Dei gloriam*. Ainda que, em alguns estudos, o termo "hagiologia" tenha sido utilizado como sinónimo de hagiografia, parece mais adequada, em termos históricos e potencialidade explicativa, a posição/proposta de Guy Philipart, que o reserva para designar o campo de estudos de natureza científica que toma como objecto fundamental de investigação os textos e documentos hagiográficos, recorrendo a métodos exegéticos e críticos. Por outro lado, como já realçaram H. Delehaye (1966), B. de Gaiffier (1977) e J. Leclercq (1963), não será despiciendo sublinhar que a hagiografia constitui um género "literário", embora o conceito tal como o entendemos hoje não tenha exactamente o mesmo sentido nem o mesmo alcance que revestia antes do século XVIII. Assim, no conjunto global das práticas de escrita, não deverá ser confundido com a historiografia, pese embora o facto de os textos focalizados em torno dos santos possuírem matizes vários que configuram certa aproximação e até mesmo hibridismo entre os dois domínios, no sentido em que, como se dizia no século XVI, articulavam "história verdadeira" e "história fingida".

Mais recentemente, T. Heffernan (1988) defendeu a utilização da designação de "biografia sagrada" como alternativa à de "hagiografia", valorizando, sobretudo, as estratégias de organização discursiva da narrativa, insistindo na sua construção retórica. Heffernan filia a hagiografia no mesmo domínio epistemológico da historiografia, na medida em que aquela elege como objecto a história sagrada. Em todo caso, a sua (suposta) historicidade escora-se no facto de ser uma manifestação da mentalidade colectiva numa determinada época, influenciando, assim, a consequente percepção da santidade da personagem em causa.

A hagiografia cristã é composta não só de fontes litúrgicas (calendários, martirológios, menológios, legendários), como também de fontes narrativas (*Acta* e *Passiones* de mártires, "Vidas" de santos, compilações de milagres) (Grégoire, 1996, p. 109-166).

Os primeiros testemunhos da literatura hagiográfica são constituídos pelas relações sobre o processo, condenação, prisão e execução dos mártires cristãos, especialmente aquelas que podem ser consideradas exemplares e, em maior ou menor medida, fidedignas (Aigrain, 2000, p. 132-155; Grégoire, 1996, p. 167-168). Alguns dos textos mais antigos, tais como os relativos a Policarpo de Esmirna ou aos mártires de Lyon e de Viena, apresentam a forma de epístola, enviada pelas respectivas comunidades às outras Igrejas. No caso da literatura sobre os mártires, a terminologia que designa este tipo de relatos é, geralmente, *martýrion* ou *passio*, mas, normalmente, esta literatura é designada como *Acta martyrum*. Victor Saxer distingue três géneros distintos na literatura produzida em torno dos mártires: as *Acta martyrum*, as *Passiones* – que poderão ainda, de acordo com Hippolyte Delehaye, ser classificadas como "passions historiques" ou "passions épiques" (Delehaye, 1966, p. 171-226), e as *Legenda* (Saxer, 1991, p. 321-331), que se reportam a um conjunto de relatos, divulgados, sobretudo, após o fim das perseguições aos cristãos, em que se multiplicam os interrogatórios, as torturas, os milagres e outros aspectos que se enquadram no domínio do "maravilhoso". De resto, o conceito *legenda* será usado, na hagiografia, com o valor etimológico do vocábulo latino *legenda* (que deve ser lido), ou seja, os textos usados no ofício da festa de um determinado santo, tendo como objectivo o seu culto. Entre o filão da Antiguidade, contam-se o relato da *Passio Perpetuae et Felicitatis*, escrita nos primeiros anos do século III, em Cartago, considerada por Hippolyte Delehaye a "obra-prima da literatura hagiográfica" (1966, p. 49), que constitui o relato dos últimos dias de seis futuros mártires no cárcere, que, posteriormente, foram mortos por animais ferozes, a 7 de março de 203, e a *Vita Cypriani* (século III), cuja autoria é atribuída a Pontius, que valoriza não só a figura de Cipriano, bispo de Cartago, enquanto mártir, como também a do confessor, e une, narrativamente, o itinerário da vida à heroica provação do martírio. A escrita hagiográfica em torno dos mártires conheceu uma larga fortuna ao longo da época tardo-medieval, contribuindo para a coagulação da figura do mártir como o "Modelo" de santidade "por excelência", na medida em que este, sofrendo até à morte, imita Cristo e confessa a sua fé.

Após o final das perseguições e a progressiva cristianização do Império Romano, o culto dos mártires conhece um considerável impulso: começa a desenvolver-se, paulatinamente, a partir do século IV, uma significativa produção de tónica hagiográfica elegendo como protagonistas figuras como os confessores, os monges e os bispos, que assumiram um papel de destaque na moldura religiosa e espiritual tardo-antiga, contribuindo assim para a cristalização de novos modelos de santidade. No filão constituído pelas *Vitae* de monges, a mais antiga – e que funcionará como paradigma para a escrita de muitas outras – foi a *Vita Antonii*, escrita por Atanásio de Alexandria, cerca de 357. Merecem destaque também as hagiografias de santos militares, assim como o mais antigo martirológio ocidental, conhecido como *Martirológio Jeronimiano*, composto na primeira metade do século V. Nesta moldura, a memória hagiográfica vai sendo, paulatinamente, articulada com outras dimensões intrinsecamente relacionadas com o culto dos santos, tais como a devoção às relíquias, as peregrinações, os santuários, mas, sobretudo, com a valorização da actividade taumatúrgica do santo, em vida e *post mortem*, e da função de patrono que, entretanto, este vai assumindo.

As profundas alterações políticas e administrativas resultantes da queda do Império Romano do Ocidente acentuaram uma já evidente diferenciação entre o Oriente e o Ocidente, que se projectou também no domínio religioso e espiritual, nomeadamente em problemáticas teológicas ou no debate em torno do culto das imagens dos santos, durante o período da iconoclastia. Neste complexo enquadramento, configurado por novos rumos espirituais, equacionam-se, necessariamente, dimensões relacionadas com antigos e novos cultos e testemunhos litúrgicos e hagiográficos, marcando a continuidade e a renovação. A continuidade traduz-se, essencialmente, na escrita e na reescrita de *Passiones* de mártires da Antiguidade, tentando, desse modo, colmatar as lacunas informativas existentes nos martirológios. A mudança verifica-se, sobretudo, no âmbito da hagiografia, na crescente divulgação das *Vitae* de um grande número de figuras – eremitas, monges, abades, bispos e algumas (ainda que muito poucas) figuras femininas, sobretudo abadessas e rainhas. Nesse contexto, compostos em finais do século VI, por São Gregório Magno, os *Dialogi* polarizados em torno da "Vida" de São Bento conheceram uma larga fortuna, sendo considerados uma obra de transição entre a hagiografia tardo-antiga e a hagiografia medieval.

A partir de finais do século VIII, multiplica-se a produção de obras que narram a história de catedrais ou de mosteiros, através de breves "Vidas" relativas aos seus bispos ou abades (*gesta episcoporum, gesta abbatum*). Este género literário, que conheceu uma significativa difusão a partir do século IX, apresenta como travejamento principal a exaltação da Antiguidade e do prestígio da instituição, reivindicando mesmo origens "apostólicas", procurando, desse modo, exaltar a sua própria identidade. Ainda que a produção hagiográfica alto medieval seja significativamente considerável, a verdade é que a grande maioria das *Vitae* possui um parco valor histórico:

algumas foram compostas quando já havia passado muito tempo acerca dos acontecimentos registados; outras privilegiavam, em lugar dos elementos mais biográficos, informações muito vagas ou concediam uma excessiva atenção à dimensão dos milagres; outras ainda eram decalcadas de "Vidas" mais antigas, que, em muitos casos, "transferiam" para um santo praticamente desconhecido as acções e virtudes de um santo ilustre. Ainda que possam ser omitidas ou readaptadas certas etapas, a composição de *Vitae* medievais obedece a um esquema, em regra geral, imutável, que divulga, sobretudo, um modelo de santidade de raiz monástica – que acaba, de certo modo, sendo ""institucionalizado" pelo género hagiográfico – que contempla os seguintes aspectos, tornados quase "tópicos": a origem do santo (que pertence, na maior parte dos casos, a uma família nobre); o seu nascimento (que, geralmente, ocorre em circunstâncias extraordinárias); a infância (etapa em que o futuro "santo" começa a revelar o seu carácter excepcional, como marca de "predestinação"); a educação; o zelo pastoral e/ou a vida ascética; a "santa morte" e os milagres. Ao longo destes séculos, também se vai operando uma mutação na estrutura dos Legendários, que vão sofrendo simplificações, tentando, assim, responder, de forma mais funcional e eficaz, às necessidades de uma pastoral que fazia da pregação o seu ponto nevrálgico. Neste enquadramento, haverá de destacar a divulgadíssima *Legenda Aurea*, compilada por Jacopo/Giacomo da Varagine/*Varazze* (Jacques de Voragine), que favoreceu não só uma renovada difusão e circulação da matéria hagiográfica, como também uma significativa variedade de relatos sobre santos pertencentes a diversas tipologias.

É importante, todavia, não perder de vista que o contexto religioso e espiritual da Baixa Idade Média se pautou por aspectos de natureza vária, que se reflectiram no domínio da santidade e na cristalização não apenas da memória hagiográfica, mas também nos cultos dos santos. Basta lembrar a criação do processo de canonização, por Alexandre III, em finais do século XII, que marca a emergência de uma concepção de santidade em que os critérios de reconhecimento deixaram de ser apenas o poder taumatúrgico ou o número de milagres operados por sua intercessão, tal como se verificava anteriormente, para passarem a incluir também a doutrina e o comportamento (*fides et mores*). De resto, as *Vitae* constituirão, não raras vezes, um importante instrumento de suporte aos processos com vista à canonização (e, posteriormente, beatificação) dos candidatos aos altares.

Pese embora o facto de terem surgido recomposições religiosas, políticas e sociais, como, por exemplo, a da problemática da espiritualidade do casamento e da possibilidade de "santificação" dos casados ou, pelo menos, dos leigos, que foram

HAGIOGRAFIA

alterando profundamente as representações de santidade, ou da emergência da santidade mística♀, corporizada por figuras como Margarida de Cortona ou Clara de Montefalco, a verdade é que a espiritualidade♀ daqueles que viviam no século era vista pelo prisma do claustro e condicionada pelo forte ascendente do modelo religioso.

No caso português, os mais antigos testemunhos hagiográficos são tardios, na medida em que remontam aos séculos X-XI, e encontram-se nas *legendas* dos mártires locais (Veríssimo, Júlia e Máxima, de Lisboa; Manços e, hipoteticamente, Vicente, Sabina e Cristeta, de Évora; Vítor, de Braga; Iria, de Santarém), integradas ou não no *Passionarium Hispanicum*. De acordo com Aires Augusto Nascimento, a primeira *Vita* escrita em território português é a *Vita S. Fructuosi* (c. 670), bispo de Braga do século VII, que exerceu um papel central na moldura da estruturação da vida monástica no Ocidente peninsular. Segundo José Mattoso, do período compreendido entre 950 e 1130 apenas conhecemos, actualmente, um texto hagiográfico redigido em território português: trata-se da *Vita Geraldi*, escrita pelo francês Bernard, arcediago de Braga, entre 1112 e 1128 (Mattoso, 1996, p. 84-85). No período compreendido entre 1130 e 1220, o mosteiro de Santa Cruz de Coimbra constituirá um importante centro de produção hagiográfica: disso são exemplo: a *Vita Martini Sauriensis*, consagrada a Martinho Árias, cónego de Soure, que foi aprisionado pelos Árabes e levado para Córdova, onde faleceu em 1145 (Mattoso, 1996, p. 86); a *Vita Tellonis Archidiaconi* (c. 1155), composta por Pedro Alfarde; e a *Vita Theotonii*, que terá sido redigida imediatamente após a sua morte♀ e antes da sua canonização, em 1163, pelo arcebispo de Braga, D. João Peculiar (Mattoso, 1996, p. 86). De destacar, também, a *Vita S. Senorinae*, redigida, provavelmente, no século XII, por um monge beneditino do mosteiro de Refojos de Basto, que contribuiu para a cristalização do modelo da religiosa. No século XV, registam-se também as primeiras tentativas de construção de uma hagiografia dinástica portuguesa, através da composição do *Tratuado da vida e feitos do muito virtuoso Senhor Ifante D. Fernando*, filho de D. João I, redigido entre 1451 e 1460 por Frei João Álvares, companheiro de cativeiro do biografado, e o *Memorial da infanta Santa Joana filha del rei D. Afonso V*, redigida pela religiosa dominicana Margarida Pinheira (Mattoso, 1996, p. 95-96).

O género hagiográfico foi conhecendo, no período compreendido entre o final da Idade Média e o século XVI, uma significativa evolução, em grande parte devida à proliferação de *Flos Sanctorum* e de *Legendae*, que conduziram a um crescente esforço de distinção entre *vita* e *legendae* (Aigrain, 2000, p. 316-338), mas que terá de ser, necessariamente, compreendido no contexto religioso e cultural desses tempos, o qual, na esteira da herança da *Devotio*

Moderna, buscou novos (ou renovados) rumos no domínio da espiritualidade♀, que se reflectiram no âmbito das práticas de oração♀, da pastoral, numa moldura configurado pela ânsia de reformas, que vinha ecoando desde o século XV.

De resto, sobretudo a partir do século XVI, não deixarão de se fazer ouvir críticas, emanadas de sectores humanistas – lembremos Erasmo, no seu *Enchiridion militis christiani* (1503) e na "introdução programática" à *Vita Hieronymi* (1516) –, por teólogos – de que é exemplo Melchor Cano, no *De Locis Theologicis* – ou por reformados, como Lutero, no que respeitava à falta de rigor histórico e à dimensão do "maravilhoso", sobretudo os milagres, que enformavam os relatos da "Vida" de alguns santos, especialmente aqueles que foram compilados na *Legenda Aurea*. Por outro lado, o êxito gerado pela redescoberta da biografia nos círculos humanistas do Renascimento, particularmente a partir do *De viris illustribus*, de Petrarca, mas também da redescoberta das obras de Plutarco (*Vitae Parallelae*) e de Suetónio (*De vita Caesarum* e *De viris illustribus*), vistas como paradigmas de educação moral e política, terá exercido uma influência fundamental no âmbito da hagiografia, muito especialmente no que respeita à valorização do rigor histórico. No entanto, ainda antes do eco das primeiras críticas dos humanistas, registaram-se algumas tentativas de renovação no âmbito da escrita hagiográfica, como, por exemplo, a que foi empreendida por Bonino Mombrizio (1424-1482 ou 1500), através da edição do seu *Sanctuarium*, publicado em dois volumes, por volta de 1478. Mas a verdade é que, apesar das críticas dos humanistas e dos reformados, de novas perspectivas ideológicas, tais como as das tentativas de reforço, já no século XVI, da dimensão historiográfica ou biográfica dos relatos hagiográficos, por parte de Georg Witzel, com o seu *Hagiologium* (1541), Luigi Lippomano, nas *Sanctorum priscorum Patrum vitae* (1551-1560), Lourenço Surius, com o *De probatis Sanctorum historiis* (1570-1576), de Heribert Rosweyde e dos bolandistas e dos beneditinos de Saint Maur, o modelo hagiográfico medieval, de base essencialmente monástica, permaneceu dominante e determinante e continuou a influenciar a produção hagiográfica, como "o Modelo" legitimado pelo carácter tradicional do género.

A Reforma♀ Católica, acentuando uma estratégia que visava o disciplinamento – conceito que continua a revelar-se permanece "operativo" – de comportamentos e práticas, imposto a todas as esferas da sociedade, estimulou uma vasta produção de literatura religiosa e de espiritualidade♀, de função normativa e paradigmática, favorecida pelo surgimento da imprensa, constituída por catecismos, manuais de confissão, espelhos de perfeição cristã, obras teológicas, guias e, muito compreensivelmente, hagiografias. Esta ofensiva havia começado com a tentativa, por parte da Cúria romana, de reorganização do culto dos santos, que se traduziu, entre outros aspectos, na criação da Congregação dos Ritos Sacros e das Cerimónias, em 1588, após um longo período durante o qual não se registou qualquer canonização, e nos decretos de 3 de março de 1625 e de 5 de julho de 1634, de Urbano VIII, que fixaram, de forma determinante, os critérios para a instauração dos processos de beatificação e de canonização iriam atribuir renovadas funcionalidades à hagiografia. Como é sabido, esta moldura conduziria à necessidade de uma distinção formal no que dizia respeito às "Vidas" de santos canonizados e às "Vidas" de varões e mulheres "ilustres em virtude" e falecidos com *fama sanctitatis*. Foi instituída a obrigatoriedade de incluir uma "Protestação do Autor", em que este assevera não ser sua intenção promover qualquer culto àquela figura, ainda que, muito naturalmente, aquele pretendesse acentuar e sustentar a *fama sanctitatis* dessas pessoas que, não raras vezes, tinham sido "santos vivos", embora, em muitos casos, dificilmente fossem canonizáveis..., inúmeras narrativas de vidas de homens e mulheres "insignes em virtude", embora não canonizados, as quais denominamos biografias devotas. Desse modo, com esta definição, a autora pretende realçar a especificidade dessas obras que, embora comungando das marcas dos relatos hagiográficos de raiz medieval, não podem ser estritamente classificadas como pertencendo ao género hagiográfico e, por outro lado, apesar dos elementos biográficos que nelas constam, também não podem ser definidas simplesmente como biografias *strictu sensu*.

Em Portugal, à semelhança do que se registou em outros espaços católicos europeus, como Espanha e os estados italianos, o panorama editorial dos séculos XVI, XVII e XVIII foi fortemente marcado por uma produção maciça de hagiografias e de biografias devotas (Santos, 2002; Mendes, 2017). Pese embora o facto de o ritmo editorial apresentar algumas oscilações, cujo auge se verifica no século XVII, o sucesso e ampla recepção do género manter-se-ão ainda, sobretudo, na primeira metade do século XVIII. Este fenómeno justifica-se não só pelo avanço da ofensiva contrarreformista no domínio da hagiografia, na sequência de orientações tridentinas relativamente ao culto dos santos, mas também por certo gosto e fascínio pela heroicidade que os tempos pós-Trento terão alimentado e estimulado, em face da persistência de outros modelos difundidos pela literatura profana – livros de cavalaria, contos e novelas de aventuras –, que se julgavam inadequados para mulheres e jovens.

O contexto da Reforma Católica, visando uma estratégia que privilegiava o disciplinamento, conduziu à (re)actualização e à recuperação de certos modelos de santidade, de valor "exemplar", pautas comportamentais que propunham o exercício das virtudes, e se pretendiam paradigmas de imitação para os leitores e dos fiéis, com especial realce para o mártir, que continuou, durante a Época Moderna, a corporizar "o Modelo" por excelência, no sentido em que, sofrendo até à morte, imita Cristo e confessa a sua fé: *Vida, martírio e ultima tresladação do Martyr S. Vincente*, Lisboa, por Pedro Craesbeeck, 1620), de Diogo Pires Cinza; *Vida de Santo Ângelo Martyr Carmelita*, Lisboa, por João da Costa, 1671), de Frei António de Escobar (O.C.); *Exemplar da constancia dos martyres em a vida do glorioso S. Torpes*, Lisboa, por Miguel Manescal da Costa, 1746), de Estêvão de Lis Velho; *Epitome da vida do glorioso S. Placido, primeiro martyr benedictino*, Coimbra, no Real Collegio das Artes, 1752), de Frei Marceliano da Ascensão (O.S.B.). O modelo do bispo, na linha das directrizes do Concílio de Trento, que veio favorecer a revalorização do espírito evangélico e do zelo pastoral é valorizado em obras como: a *Relação summaria da vida, morte, milagres e canonização de S. Carlos Borromeo. Acrecentado de novo um exercicio quotidiano de vida espiritual ensinado pelo mesmo santo* (tradução de Frei Pedro Fragoso, O.C.) (Lisboa, 1616), de Francisco Peña; e o *Epítome da vida apostólica e milagres de S. Thomas de Villa Nova arcebispo de Valença, exemplo de Prelados, & pay de pobres, da Ordem nosso Padre Santo Agostinho* (Lisboa, 1629), por Frei Duarte Pacheco (O.E.S.A.). Entre as biografias devotas, valerá a pena destacar a *Relação summaria da vida do ilustríssimo e reverendíssimo senhor D. Teotónio de Bragança, arcebispo de Évora* (Évora, 1614), de Nicolau Agostinho, e a *Vida de D. Fr. Bartholameo dos Martyres da Ordem dos Pregadores* (Viana do Castelo, 1619), de Frei Luís de Sousa (O.P.), que conheceu várias reedições. O modelo do sacerdote, cuja figura foi sofrendo uma evolução em sintonia com os novos tempos pós-Trento, exprime-se em biografias devotas, como: *Diálogos sobre a vida, e morte de Bartholameu da Costa Thezoureiro Mór da Sé de Lisboa* (Lisboa, 1611), de António Carvalho de Parada, ou o *Tratado do nacimento, vida e morte do Doutor João Pissarro, prior da igreja paroquial de S. Nicolau da corte e cidade de Lisboa* (Lisboa, 1741), do Padre João Pissarro. O paradigma do(a) religioso(a) religioso(a), no lastro de uma concepção que conotava a santidade com o claustro, é divulgado através de obras como: *O livro da vida do glorioso padre S. Domingos* (tradução de Diogo de Lemos, O.P.) (Lisboa, 1525), de Frei Manuel Estaço; *Vida, virtudes y milagros de la bienaventurada virgen Teresa de Jesus* (Lisboa, 1616), de Frei Diego de Yepes (O.S.H.); *Historia da vida do Bemaventurado Padre S. João da Cruz primeiro carmelita descalço: reflexões sobre algumas acções da sua vida* (Lisboa, 1680), de Dom Fernando Correia de Lacerda; *Vida da gloriosa virgem a madre Santa Theresa de Jesus* (Lisboa, Francisco Villella, 1691), de Nuno Barreto Fuzeiro; *Epitome da admiravel vida de S. Gertrudes a Magna, virgem e abadessa da Ordem* do *Principe dos Patriarchas S. Bento* (Lisboa, 1696 e Lisboa Occidental, 1728), por Frei João dos Prazeres (O.S.B.), *Vida de S. Felix de Cantalicio* (Lisboa, 1716), de Francisco Ferrão de Castelo Branco.

Por sua vez, o modelo do missionário foi, sobretudo, veiculado e divulgado pelas hagiografias e biografias devotas de jesuítas: disso é exemplo: *Historia da vida do Padre Francisco de Xavier e do que fizerão na India os mais religiosos da Companhia de Jesus* (Lisboa, 1600), do Padre João Lucena; *Sol do Oriente S. Francisco Xavier da Companhia de Jesus do qual como em breve Mappa descreve os dez annos da sua milagrosa vida no Oriente* (Lisboa, 1665), do Padre António da Silva; *Brevíssimo compendio panegírico da vida, & excellencias de S. Francisco de Xavier* (Lisboa, 1659; Évora, 1709), do Padre Manuel Monteiro, no âmbito de um conjunto de textos, muitos manuscritos, que registavam martírios de missionários, no Oriente, da Índia ao Japão.

O modelo do penitente é difundido, sobretudo, por hagiografias femininas, "corporizadas" por figuras como Santa Maria Egipcíaca (*A conversão miraculosa da feliz egípcia penitente Santa Maria. Sua vida e morte. Composta em redondilhas* (Lisboa, 1627; Lisboa, 1671; Lisboa, 1674), de Leonel da Costa; ou Santa Maria Madalena (*Vida da fenis da penitencia S. Maria Magdalena assombro dos desertos, e exemplar dos anachoretas: Historia panegyrica ornada com todo o genero de erudição, divina, e humana* (Lisboa, 1747), de Frei António da Assunção (O.P.).

A dimensão do eremita encontra eco em textos como a *Vida de S. Rosalia, virgem Palermitana, advogada contra a peste. Recopilada de varios, e variados Authores* (Lisboa, 1701), do Padre Antonio Maria Bonuci (S.J.), e os vários e diversos exemplos de leigos𝒫, em que "pontificavam" os casos de santidade régia ou nobiliárquica, originam obras como: *Historia da vida, acçoens heroicas e virtudes insignes do glorioso S. Fernando, rey de Castella e Leão, espelho de principes perfeitos, meretissimo filho da veneravel Ordem Terceira do seráfico Padre S. Francisco* (tradução de José Pereira Baião) (Lisboa, 1728), de Dom Afonso Nunes de Castro.

Para além dos relatos referidos, não será despiciendo destacar as várias "Vidas" de Cristo: *Vida y corona de Christo* (Lisboa, por Francisco de Lyra, 1610), do Padre João Rebelo (S.J.); *Vita Christi* (Lisboa, 1614), de Manuel das Póvoas; a *Vida de Jesus Christo Senhor nosso, reduzida chronologicamente a um corpo de historia* (Lisboa, 1751; Lisboa, 1771), do Padre João Batista de Castro); da Virgem Maria: *Historia da vida da Virgem Maria Senhora Nossa tirada dos Santos Padres com suas meditaçoens, e acrecentada com oraçoens, e ladainhas, e milagres da mesma Virgem* (tradução de António Vaz de Sousa) (Lisboa, 1626; Lisboa, 1631; Lisboa, 1679), do Padre Luca Pinelli (S.J.); a *Vida da Santissima Virgem Maria, mãe de Deus, senhora nossa* (tradução) (Goa, no Collegio de São Paulo, 1652),

do Padre António Fernandes (S.J.); *Virginidos, ou Vida da Virgem Nossa Senhora. Poema heróico, dedicado à magestade da Rainha Dona Luísa* (Lisboa, 1667), de Manuel Mendes de Barbuda e Vasconcelos; ou de figuras como São João Evangelista: *Tratado de la vida, loores y excelencias del bienaventurado Evangelista S. Juan* (Lisboa, 1554), de Frei Diogo Estela (O.F.M.); *Historia, prerogativas e louvores do glorioso S. João Evangelista tirado de vários autores* (Lisboa, 1628), de Soror Maria Madalena (O.S.C.); *Vida de Sam Joam Evangelista* (Lisboa, 1682), de Nuno Barreto Fuzeiro.

Mas esta abundante produção hagiográfica e biográfica devota não poderá igualmente ser dissociada do facto de se ter assistido ao que Maria de Lurdes Correia Fernandes designa por crescente valorização dos "santos de Portugal e suas conquistas" (Fernandes, 1996), concretizando, desse modo, uma estratégia que passava, em larga medida, pela valorização da estreita complementaridade entre história religiosa e história política, numa moldura de glorificação da pátria e de construção de uma "santidade territorial", para utilizarmos a expressão de Henri Fros, reflecte a influência de uma tendência europeia, estimulada por rivalidades várias, que poderá ser tanto ou mais sintomática se não perdermos de vista que Portugal, até ao final do século XVII, tinha pouquíssimos santos canonizados: se exceptuarmos alguns santos de culto imemorial da antiga Lusitânia e da Galiza bracarense – sobretudo virgens e mártires –, o reino português apenas contava, até ao final do século XVII, com quatro santos nos altares, a saber: São Teotónio, Santo António, Santa Isabel de Portugal e São João de Deus. Desse modo, não nos deve causar estranheza que, sobretudo a partir do século XVII, se tenha assistido a um investimento na difusão, através do registo escrito – não raras vezes acompanhado por suportes iconográficos –, das "Vidas" de santos, beatos, veneráveis e varões e mulheres "ilustres em virtude" do reino de Portugal e "suas conquistas", disseminados por colectâneas ou catálogos de natureza hagiográfica – de que são exemplo o *Jardim de Portugal, em que se dá noticia de algumas Santas, e outras mulheres ilustres em virtude, as quaes nacerão, e viverão, ou estão sepultadas neste Reyno, e suas Conquistas* (Coimbra, por Nicolao Carvalho, 1626), de Frei Luís dos Anjos (O.E.S.A.), ou o monumental *Agiologio Lusitano dos Santos, e Varoens ilustres* (Lisboa, 1652, 1657 e 1666), de Jorge Cardoso (o quarto e último tomo, da responsabilidade de Dom António Caetano de Sousa, seria editado em 1744) –, mas também hagiografias avulsas, como as edições da *Historia da vida e martyrio da gloriosa virgem Santa Eria* (Lisboa, 1618), de Frei Isidoro Barreira (Ordem de Cristo), *A nova fenix mais que entre incendios renacida, em pegos perpetuada. S. Iria, sua vida, martyrio, sua morte e sepultura* (Lisboa, 1704), de Pascoal Ribeiro Coutinho; *A vida e martyrio de S. Quitéria e de suas oito irmãs, todas nacidas de hum parto, portuguezas e prothomartyres de Hespanha* (Coimbra, 1651), de Pedro Henriques de Abreu; a *Vida da gloriosa Infanta Santa Quitéria Virgem, e Martyr prodigio da graça, natural da augusta, e nobilíssima Cidade de Braga Primaz das Espanhas* (Lisboa, 1712), de António Álvares Carvalho; a *Vida do bemaventurado padre Santo Theotonio primeiro prior do real mosteiro de Sancta Cruz de Coimbra, de Conegos Regulares do patriarcha Sancto Agostinho. Escripta em latim por um religioso contemporaneo e discípulo do mesmo sancto. Traduzida em nosso vulgar portuguez, e juntas as vidas de outros sanctos e sanctas, coligidas de diversos e graves autores* (tradução de Dom Timóteo dos Mártires, C.R.S.A.) (Coimbra, 1650); a *Vida do admiravel P. S. Theotonio, Conego Regular, e primeiro prior do mosteiro de Sancta Cruz. Traduzida do latim, e ampliada com aditamentos* (Coimbra, 1764), de Dom Joaquim da Encarnação (C.R.S.A.); *Santo Antonio de Lisboa. Primeira e segunda parte do seu nacimento, criação, vida, morte e milagres* (Lisboa, 1610; ibidem, 1680; ibidem, 1683), de Francisco Lopes; *Poema mystico del glorioso Santo Antonio de Padua: contiene su vida, milagros y muerte* (Lisboa, 1616), de Luís Tovar; o *Tratado dos milagres que pelos merecimentos do Glorioso Santo Antonio assim em vida do Santo como depois da sua morte foy Nosso Senhor servido obrar, com a vida do mesmo Santo, tradusidos, e compostos na lingua da terra corrente para serem de todos mais facilmente entendidos* (Rachol, 1655), do Padre António de Saldanha (S.J.); o *Epitome de la vida, acciones y milagros de Santo Antonio, natural de Lisboa* (Madrid, 1647; Lisboa, 1658), de Frei Miguel Pacheco (Ordem de Cristo); os *Discursos predicaveis sobre a vida, virtudes e milagres do gigante dos Menores, Hércules Portuguez, divino Athlante Santo Antonio. Primeira Parte* (Lisboa, 1663), de Jerónimo Coelho e *Discursos predicaveis sobre a vida, virtudes e milagres do gigante dos Menores, Hércules Portuguez, divino Athlante Santo Antonio. Segunda Parte* (Lisboa, 1669); *Vida e milagres de Santa Izabel Rainha de Portugal* (Coimbra, 1560), de Diogo Afonso de Macedo; *A Fenix de Portugal, a flor transformada em Estrella, a estrella transferida a Sol: a idea moral, politica, historica de tres estados discursada a vida da Raynha Santa Izabel Infanta de Aragão* (Coimbra, 1680), de Frei António de Escobar (O.C.); a *Historia da vida, morte, milagres, canonização e trasladação de Santa Isabel, sexta Rainha de Portugal* (Lisboa, 1680), de Dom Fernando Correia de Lacerda; o *Panegyrico da sancta vida e gloriosa morte do grande Patriarcha S. João de Deus* (Lisboa, 1648), de Francisco Barreto de Landim; a *Historia de la vida, muerte y milagros de fr. Juan de Dios* (Lisboa, 1658), de Dom Frei António de Gouveia (O.E.S.A.).

Por outro lado, valerá a pena valorizar o quanto as ordens e congregações religiosas investiram na promoção dos "seus santos", materializando, assim, uma estratégia que visava a afirmação do seu prestígio e de uma legitimidade específica. Como é bem sabido, a visibilidade das várias ordens e congregações religiosas tendia a apoiar-se na "santidade" dos seus membros, como, de resto, provam as "Vidas" modelares que as suas crónicas, muito compreensivelmente, incluem na moldura da construção da sua História –, mas que deram também origem a colectâneas de tónica hagiográfica, tais como: *Breve exemplar das vidas de alguns sanctos da Ordem dos Conegos regulares do grande patriarcha Santo Agostinho. Primeiro tomo* (Coimbra, 1648) e *Segundo tomo* (Lisboa, 1650), de Dom Timóteo dos Mártires (C.R.S.A.); *Elogios, e ramalhete de flores borrifado com o sangue dos religiosos da Companhia de Jesu. A quem os tyrannos do Imperio do Jappão tirarão as vidas por odio da Fê Catholica* (Lisboa, 1650), do Padre António Francisco Cardim (S.J.); *Espelho de penitentes e chronica das vidas dos sanctos, em que se manifestam as vidas de muitos varões de abalisadas virtudes, e outros que pelas verdades da fé catholica sacrificaram as vidas; aonde se mostram as fundações de algumas provincias, que floreceram em sanctidade, por seu author Fr. Francisco de Monforte, religioso menor* (Lisboa, 1754), de Frei Francisco de Monforte (O.F.M.); e *Jardim do Céo, plantado no convento de Nossa Senhora da Conceição da cidade de Braga; em que se tracta das memorias da fundação d'este primeiro convento do reino dedicado à Conceição puríssima de Nossa Senhora e se expõe a vida da venerável D. Beatriz da Silva, fundadora d'esta ordem e as de outras religiosas illustres em sanctidade, que no referido convento floreceram desde o anno de 1629 até o de 1764* (Lisboa, 1766), de Soror Maria Benta do Céu (O. Concep.).

A partir da segunda metade do século XVIII, a edição de hagiografias e biografias devotas sofreu, efetivamente, uma muito significativa redução, que poderá, talvez, ser explicada não só pelo facto de os jesuítas, grandes cultores e divulgadores destes textos exemplares, terem sido expulsos do reino português como também pela emergência de um racionalismo e de um experimentalismo, imbuídos do espírito das Luzes, que, naturalmente, não foi isento de consequências no domínio da circulação de modelos culturais.

O advento do Liberalismo, na sua tentativa de "desarticulação" das estruturas conotadas com o Antigo Regime e, nesse sentido, de secularização do Estado e da sociedade, conduziu, como é sabido, à extinção das ordens religiosas e não deixará de se reflectir no domínio da produção hagiográfica, cujos índices de produção e edição não conseguem efectivamente, "rivalizar" com os de épocas anteriores. Será, contudo, necessário aguardar da chegada do século XX para que esta moldura conheça algumas alterações. Disso é exemplo a renovada atenção que merece o culto das "Santas Rainhas", declinado em *Santas de Portugal: Esboço de agiographia nacional (1918)*, de Maria de Mendonça, assim como os casos de "santidade" mais recente, como aquele "corporizado" por Alexandrina Maria da Costa (Gabriel Bosco, *A Alexandrina de*

Balasar, 1962; Mariano Pinho, *Alexandrina Maria da Costa, a doentinha de Balasar*, 1975; *A Paixão de Jesus em Alexandrina Maria da Costa* (coord. Humberto Pasquale, 1979); Alberto Tavares, *A martirizada de Balasar* (1990) Por outro lado, não será despiciendo destacar a atenção que merece a reescrita de hagiografias de figuras medievais, de que é exemplo a *Vida do Infante Santo* (Paulus Editora, 2003), de António Manuel Ribeiro Rebelo. Publicada por ocasião do sexto centenário do seu nascimento, esta "Vida" do infante Dom Fernando, filho mais novo de Dom João I e de Dona Filipa de Lencastre, emula o seu alto exemplo enquanto mártir, procurando também chamar a atenção para a necessidade de alimentar a devoção em seu torno, de molde a reavivar a causa e o processo que tinham em vista a sua beatificação ou canonização.

Para uma larga franja de leitores de hoje, a hagiografia constituirá, provavelmente, um género literário desatualizado, objeto de progressiva desvalorização, se perspetivado sob um ponto de vista predominantemente escorado na racionalidade. No entanto, pesem embora as diferenças de padrões históricos e culturais que nos separam do período áureo que a hagiografia conheceu, o seu estudo permite perceber mudanças culturais de longa duração e constatar como muitos dos seus tópicos se conservam, ainda que, muitas vezes, se desconheça a sua origem, na medida em que esta tipologia "literária" perdeu, obviamente, leitores, mas continua a manter, dentro do "Cristianismo", uma função "modelizante", que hoje acentua o "serviço" ao próximo e a capacidade de resistir à atração do "mundo" como formas de "santificação".

Bibliografia: AIGRAIN, R. *L'hagiograhie. Ses sources, ses methods, son histoire* (reproduction inchangée de l'édition originale de 1953). Bruxelles: Société des Bollandistes, 2000; DELEHAYE, H. *Les Passions des martyrs et les genres littéraires*. Deuxième édition. Bruxelles: Société des Bollandistes, 1966 (Subsidia Hagiographica, nº 13 B); FERNANDES, M. de L. C. Entre a família e a religião: a "Vida" de João Cardim (1585-1615). Separata da revista *Lusitania Sacra*, 2a série, tomo V, 1993, p. 93-120; FERNANDES, M. de L. C. História, santidade e identidade. O *Agiologio Lusitano* de Jorge Cardoso e o seu contexto. In *Via Spiritus* 3, 1996, p. 25-68; GAIFFIER, B. de. Hagiographie et historiographie. Quelques aspects du problème. In: GAIFFIER, B. de. *Recueil d'Hagiographie*. Bruxelles: Société des Bollandistes, 1977; GRÉGOIRE, R. *Manuale di Agiologia*: introduzione alla letteratura agiografica. 2. ed. Fabriano: Monastero San Silvestro Abate, 1996; HEFFERNAN, T. J. *Sacred Biography*: saints and their biographers in the Middle Ages. New York/Oxford: Oxford University Press, 1988; LECLERCQ, J. *Initiation aux auteurs monastiques du Moyen Âge*. L'Amour des lettres et le Désir de Dieu. Paris: Cerf, 1963; MATTOSO, J. Le Portugal de 950 à 1550. In: PHILIPPART, G. (Dir.). *Hagiographies*: histoire internationale de la littérature latine et vernaculaire en Occident des origines à

1550. Turnhout: Brepols, 1996. vol. II, p. 83-102; MENDES, P. A. *Paradigmas de papel*: a edição de "Vidas" de santos e de "Vidas" devotas em Portugal (séculos XVI-XVIII). Porto: CITCEM, 2017; SANTOS, Z. C. Hagiografia: a prosa religiosa e mística nos séculos XVII-XVIII. In: *História da Literatura Portuguesa*. Lisboa: Alfa, 2002. v. 3: *Da época Barroca ao Pré-Romantismo*, p. 165-169; SAXER, V. Aspects de la typologie martyriale. *Récits, portraits et personnages*. In: *Les fonctions des saints dans le monde occidental (IIIe-XIIIe siècle)*. Actes du Colloque organisé par l'École Française de Rome. Rome, 27-29 octobre 1988. École Française de Rome, 1991. p. 321-331.

PAULA ALMEIDA MENDES
ZULMIRA SANTOS

HEILER, FRIEDRICH → Fenomenologia da Religião

HENOTEÍSMO → Divino, Concepções de

HERMENÊUTICA

A palavra "hermenêutica" tem ocupado lugar preeminente cada vez mais nos círculos de debates filosóficos, literários, teológicos e das religiões comparadas na atualidade. A reflexão sobre a hermenêutica nestas áreas vincula-se a uma gama de pensadores que apresentam o desdobramento desta ciência em vertentes histórica e ontológica. Autores como Schleiermacher, Dilthey℘, Heidegger, Bultmann, Gadamer e Ricœur iniciaram uma nova etapa da reflexão hermenêutica e sua aplicação às ciências. O exercício da interpretação passa a ser repensado a partir de considerações pontuais da hermenêutica filosófica contemporânea que coloca em evidência a implicação da subjetividade no conhecimento, especialmente no conhecimento histórico.

I. A origem da palavra. Na sua origem, a palavra "hermenêutica" está associada ao deus olímpico da mitologia℘ grega *Hermés*, uma vez que o verbo *hermeneuein* e o substantivo *hermeneia*, mais comum, remetem para esse deus mensageiro alado. A palavra grega *hermeios* referia-se ao sacerdote do oráculo℘ de Delfos. Recorda-se que os gregos atribuíam a *Hermés* a descoberta da linguagem e da escrita, ferramentas decisivas de que a compreensão humana utiliza-se para chegar ao significado das coisas e para transmiti-lo aos outros. Todas essas palavras que dão origem ao conceito de hermenêutica sugerem o processo dinâmico da interpretação, o exercício de trazer a compreensão à inteligência de algo que escapa à própria compreensão humana de imediato. Os elementos teóricos que dão origem à palavra hermenêutica evidenciam que o termo *hermeneuein* tem como orientação fundamental a função de "exprimir", "afirmar" ou, ainda, "dizer". Elementos que configuram e definem a função anunciadora de *Hermés*. Nesse sentido, o uso da palavra *hermeneuein*, enquanto interpretação, compreendido como dizer e como exprimir, levou à afirmação de alguns princípios fundamentais de interpretação, quer em literatura, quer em ciências religiosas. A palavra *hermeneuein* diz respeito também à ideia de explicação; sendo assim, a interpretação como explicação dá ênfase ao aspecto discursivo da compreensão; aponta para a dimensão explicativa da interpretação mais do que para a sua dimensão expressiva. Explicar é uma forma de interpretação. O conceito *hermeneuein*, traduzido por "interpretar", e o substantivo *hermeneia*, compreendido como "interpretação", aparecem inúmeras vezes em muitos textos filosóficos que nos vieram da Antiguidade. Aristóteles, no célebre *Organon*, considerou que a reflexão sobre a hermenêutica merecia um tratado importante; daí o famoso escrito do filósofo *Peri hermeneias* [Da interpretação]. Para o filósofo grego de Estagira, *Peri hermeneias* define a questão da interpretação como enunciado, uma vez que *hermeneias* tem como significado principal "declarar", "anunciar" e "explicar". Nestes termos, a presente definição sugere que interpretar é dizer alguma coisa sobre alguma coisa. Sendo assim, Aristóteles deixa como legado que o conceito de hermenêutica vincula-se diretamente ao caráter interpretativo da linguagem. A hermenêutica tem uma função fundamental sobre a linguagem, daí a importância de compreendê-la na perspectiva aristotélica, uma vez que o homem é um ser em relação com as coisas por meio dos signos. Nestes termos, compreende-se que a linguagem, ao dizer algo, é por si mesma interpretação. Aristóteles define ainda o conceito *hermeneia* referindo-se à operação da mente que forma juízos que têm a ver com a verdade ou falsidade das coisas. Com este elemento teórico, evidencia que a interpretação é uma operação fundamental do intelecto quando formula um juízo verdadeiro sobre uma coisa. O que está subentendido nesta impostação filosófica é que o ato de interpretar não se confunde com a lógica, a qual provém da comparação de juízos formados. Interpretar é a formulação dos próprios juízos, não é um processo de raciocínio que parte do conhecido para o desconhecido, ela é uma operação fundamental, enunciação da verdade ou falsidade de uma coisa enquanto juízo.

II. O conceito de hermenêutica nos horizontes da Ciência da Religião e da Teologia. No campo dos estudos das religiões, a etimologia♀ do conceito hermenêutica vincula-se inicialmente à palavra *herme*, próxima do latim, que significa "termo", "dizer", e, concomitantemente, se relaciona ao termo *verbum*, "palavra". *Hermeneia* era também usada antigamente para designar um trabalho de formulação lógica ou de locução artística, o que hoje chamamos de "inter-

pretação oral". Mas, quando se trata de tradução♀ escrita, a reflexão moderna de interpretação tem recorrido à escola alemã para ressaltar a importância do termo "hermenêutica" e que esta pode designar enquanto disciplina que objetiva um rigoroso estatuto epistemológico do termo. Por esta razão, é importante observar que a hermenêutica filosófica ganha significativa configuração no interior das ciências religiosas, quando se trata da relação entre hermenêutica e as religiões. A análise das hierofanias realizada pela Fenomenologia da Religião♀ atesta a importância de tal relação. No horizonte da Teologia♀, a hermenêutica filosófica apresenta-se como seu *organon*, uma vez que os aparatos investigativos da linguagem servem de mediação para a compreensão e interpretação do evento da Revelação de Deus na carne da história e, concomitantemente, no despertar da pessoa humana para a dimensão mais profunda do seu ser. Por esta razão, é importante observar que a crítica literária precisa encontrar um método♀ ou uma teoria adequada à decifração da marca humana numa obra, ao seu significado. Este processo de decifração, no espelho das palavras, é essencialmente a tarefa da compreensão de textos e de compreender-se diante deles.

III. A compreensão moderna do conceito "hermenêutica". Mas é no final do século XVIII, com o aparecimento do método♀ histórico-crítico e do complexo de forças em atuação durante esse período, que se evidencia o problema da hermenêutica. A partir desse período, aparece o interesse dos filósofos pela condição semântica do termo, a originalidade do termo "hermenêutica". Acentua-se a reflexão de que a Pontifícia Comissão Bíblica tem colocado na pauta de sua discussão a atividade da exegese em sua relação com a hermenêutica filosófica contemporânea, relacionada à questão da subjetividade no conhecimento, especialmente ao que se refere ao terreno histórico (IBI, n. 71). A análise da Comissão finca raízes na história da hermenêutica tomada de empréstimo por uma gama de pensadores alemães que colocam em destaque que a hermenêutica define-se a si mesma como estudo da própria compreensão. Dentro deste arcabouço encontra-se o começo da condição não disciplinar da hermenêutica. Como afirma a Pontifícia Comissão Bíblica, "a reflexão hermenêutica teve nova força com a publicação dos trabalhos de Friedrich Schleiermacher, Wilhelm Dilthey♀ e, sobretudo, Martin Heidegger" (IBI, n. 71). Continua a Comissão Bíblica: "Na trilha destes filósofos, mas também se distanciando deles, diversos autores aprofundaram a teoria hermenêutica contemporânea e suas aplicações à Escritura. Entre eles mencionaremos especialmente Rudolf Bultmann, Hans Georg Gadamer e Paul Ricœur. Não se pode aqui resumir-lhes o pensamento. Será suficiente indicar algumas ideias centrais da filosofia deles, aquelas que têm uma

HERMENÊUTICA

incidência sobre a interpretação dos textos bíblica" (IBI, n. 71).

1. Friedrich Daniel Ernst Schleiermacher. Filósofo e teólogo, chamado por muitos de pai do liberalismo teológico e da teologia℘ moderna. Sua ideia de hermenêutica é oriunda de sua noção e experiência religiosa℘. A categoria "religião℘" é de central importância para Schleiermacher, uma vez que o tema da religião℘ toca efetivamente os pontos centrais da relação do homem com a Totalidade. No terreno dos fenômenos religiosos, para falar dessa experiência, Schleiermacher a identifica com o contexto do império dos sentidos. Compreende e define a religião℘ a partir do sentimento religioso denominado por ele de "sentimento de dependência absoluta". O que significa dizer que a feição corporal da religião se constitui no coração das experiências profundamente sentidas. Aqui, intuição e sentimento do infinito ganham total significação. O sentimento religioso é, então, transcrição do domínio da representação e, concomitantemente, manifestação do sentimento de total dependência do homem à Totalidade. No quadro desta enunciação, em Schleiermacher a hermenêutica é repensada como ciência ou arte da compreensão. Ela não se reduz simplesmente a um conjunto de regras; pelo contrário, passa a ser compreendida como ciência que descreve as condições da compreensão em qualquer diálogo. Em efeito, o resultado deste exercício de compreensão não é a materialização de uma hermenêutica meramente filológica, mas sim uma hermenêutica geral, cujos princípios possam servir de base a todos os tipos de interpretação de textos. A gênese da construção hermenêutica de Schleiermacher inscreve-se na conjunção entre o kantismo e o romantismo alemão, delineando um programa hermenêutico romântico que se apresenta e se orquestra nas duas variações constitutivas de sua hermenêutica geral (Ricœur, 1992, p. 457). Disso decorre compreender que a hermenêutica geral invoca uma relação vivente com o processo de criação e, concomitantemente, reclama uma relação crítica, que se desdobra em sua vontade de elaborar as regras universalmente válidas da compreensão (Ricœur, 1980, p. 71). Com sua definição de hermenêutica, Schleiermacher procura ultrapassar o conceito de que a hermenêutica seria apenas uma técnica ou conjunto de regras, desenvolvendo uma reflexão sobre a hermenêutica enquanto arte de compreender um texto, defendendo a concepção de "hermenêutica geral". A contribuição que Schleiermacher confere ao estudo da hermenêutica está no fato de evidenciar que a linguagem ordinária não funciona senão no jogo da identidade de sentido e da mobilidade de significação, como importante desenvolvimento da semântica contemporânea.

2. Wilhelm Christian Ludwig Dilthey. Nas pegadas de Schleiermacher, o filósofo hermenêutico Dilthey℘ entendia a hermenêutica como a disciplina central que serviria de base para todas as disciplinas centradas na compreensão da arte, comportamento e escrita do homem. Com sua "crítica da razão histórica", defendia que a interpretação das expressões essenciais da vida humana, seja ela do domínio das leis, da literatura ou das Sagradas Escrituras, implica um ato de compreensão histórica, uma operação fundamentalmente diferente da quantificação, do domínio científico do mundo natural. Com sua reflexão hermenêutica do historicismo, o ato da compreensão histórica é garantido pelo caráter científico da compreensão histórica e geral das ciências do espírito. A análise da hermenêutica de Dilthey℘ depende ainda da afirmação de que na "crítica da razão histórica" encontra-se a primazia do sujeito em relação à mensagem decorrente do texto, uma vez que somente o sujeito é capaz de expressar-se através dele. A questão primeira está em como conceber o encadeamento histórico, pois a história precede a coerência de um texto. Dilthey℘ é o intérprete do pacto entre hermenêutica e história, uma vez que evidencia uma preocupação com a história como condição primeira a ser interpretada. A história é o grande documento do homem, a máxima manifestação e expressão do seu existir. O homem não tem apenas um texto a interpretar, mas, concomitantemente, a sua própria historicidade. Daí a importância de acentuar que é o ser que existe interpretando-se, e o seu tecido existencial constituinte da corporeidade sacramental de sua vida está à procura de um narrador. Nesse contexto pactual entre hermenêutica e história, sob o influxo de Hegel e dos sistemas filosóficos, Dilthey℘ define a hermenêutica como arte de compreensão histórica, considerando-a como fato cultural fundamental. Assim, no processo de busca de um texto com a coerência de uma sequência histórica, tenciona duas realidades: a promoção da história no campo epistemológico e a ausência de uma metodologia disponível para ela. Observa-se aqui a grande oposição que atravessa toda a obra desse hermeneuta, a dicotomia entre "explicação da natureza" e "compreensão da história", trazendo à hermenêutica consequências adversas, mas, simultaneamente, abrindo possibilidades significativas. Dilthey℘, na esteira de Hegel, abre caminho para que a história seja considerada como pressuposto *a priori* à interpretação dos textos. Com uma fisionomia bem precisa, a hermenêutica diltheyiana coloca em evidência "a consciência℘ histórica da finitude de todo fenômeno histórico". Esta visão apresentada por Dilthey℘ advém de dentro do que o filósofo define por "objetivação da vida", evidenciando o produto de homens históricos. Sua hermenêutica reivindica estruturas históricas que viabilizam a interpretação. "Toda beleza, toda santidade, todo sacrifício℘, revividos e interpretados, descerram perspectivas que revelam uma realidade" (Reale; Antiseri, 2007, p. 455).

3. Martin Heidegger. A hermenêutica heideggeriana constrói-se na passagem da epistemologia𝒫 das ciências humanas à ontologia da compreensão. Com sua obra *Sein und Zeit*, Heidegger considera que a hermenêutica não é uma reflexão sobre as ciências do espírito, mas uma explicitação do solo ontológico sobre o qual se podem edificar estas ciências. Martin Heidegger compreende a hermenêutica como fenomenologia e facticidade do *Dasein*. Para ele, a tradição metafísica𝒫 tem sido devedora de uma real reflexão sobre o problema do ser. O modo de ser da existência não pode ser considerado de maneira especulativa, mas sim em sua facticidade prática. Não pode ser observado teoricamente, senão a partir de uma realidade prática em que vivemos. Daí a importância de observar que o filósofo do *Dasein* trata o problema ontológico voltando-se para o método𝒫 fenomenológico do seu mestre, Edmund Husserl, empreendendo um estudo fenomenológico da presença cotidiana do homem no mundo. Em definitivo, o homem é um ser-no-mundo, o que significa dizer que é um ser em relação com tudo o que está ao seu redor. Tecida tais considerações acerca do *Dasein*, observa-se que a hermenêutica apresentada por Heidegger não se refere à ciência ou às regras da interpretação textual, mas à explicação fenomenológica da própria existência humana. Para o filósofo, compreensão e interpretação são modos fundantes da existência humana. O fundamento que o filósofo alemão confere ao conceito de fenomenologia, ao dividi-lo em duas partes a partir da etimologia𝒫 grega, determina sua compreensão de que a fenomenologia apresenta-se como hermenêutica. Ao definir fenômeno como aquilo que se mostra e o *logos* como o tornar-se manifesto, Heidegger aponta diretamente para a ideia do *apophansis*, ressaltando a estreita relação existente entre o deixar ver e o desvendar, condição própria do fenômeno em seu estado de ocultamento e dissimulação, tornando-se *conditio sine qua non* da compreensão não de qualquer coisa, mas do fenômeno em si. Essa preconceitualização heideggeriana aponta para a construção de uma hermenêutica homogênea que se fundamenta no quadro da descrição fenomenológica da compreensão, que, por sua vez, se inscreve no horizonte ontológico. Nestes termos, compreende-se que Heidegger propõe uma passagem do *apophansis* à hermenêutica, do fenômeno à interpretação (decifração), o que permite dizer que a passagem da ontologia-fenomenológica, enquanto questão do *Dasein*, para a hermenêutica exige a passagem ao compreender-se. O *Dasein* heideggeriano é portador de uma capacidade singular, aquela de projetar suas possibilidades que lhe habitam e, concomitantemente, de se orientar em situações que o configuram como *ser-no-mundo*. Nesse sentido, o axioma "ser-no" significa, *a priori*, habitar, que, em termos heideggerianos, indica uma espécie de espacialidade da existência, condição de habitação e de realização, realidade que escapa aos condicionamentos meramente geográficos e que tange o horizonte próprio do fenômeno. Quanto ao conceito "mundo", designa o local do sujeito, pois é deste polo, deste mundo, que se extrai todo o privilégio do sujeito. Sendo assim, a lógica do *ser-no-mundo* de Heidegger interpela pensar o "ser-aí" em sua orquestração com a situação, a compreensão e a interpretação (Ricœur, 1980, p. 106). A situação revela-se como condição inerente do ser, que não pode ser, senão como ser-situado, o que obriga presumir um mundo, também entendido como mundo dos textos. A compreensão em sua dinâmica própria é constituída por uma tarefa específica: sua primeira função consiste em fornecer uma orientação em uma determinada situação. O conceito de interpretação evidencia a precedência da exegese das coisas sobre a exegese dos textos. Por esta razão, é importante observar que, para a lógica estrutural da Filosofia de Heidegger, o ato de compreender constrói-se voluntariamente na relação diádica entre o ser-situado e o projetar-se, o que exige esclarecer que o ponto de partida de um projetar-se inscreve-se no fato de haver uma situação-doada, que se apresenta como lugar do projetar-se. Assim, não há compreensão sem uma efetiva pré-compreensão, o que permite deduzir que, no horizonte da linguagem, o ato da compreensão constitui-se pelo círculo hermenêutico construído pelo signo em sua estrutura de mundalidade que revela um mundo em situação; o mundo como possibilidade de ser (Jervolino, 1993, p. 81).

4. Hans-Georg Gadamer. A hermenêutica de Gadamer introduz aos problemas epistemológicos o caráter finito da compreensão enquanto tema ontológico. O filósofo empenha-se em debater sua Filosofia com as ciências humanas, o que origina o título de sua obra *Verdade e método*. Nesta, contrapõe o conceito de verdade oriundo de Heidegger e o conceito de método𝒫 oriundo de Dilthey𝒫, fundando assim uma descrição fenomenológica da compreensão. Para ele, "a verdade é somente uma questão de método𝒫 e o método𝒫 se funda na distância do que se observa a respeito do observado" (Grodin, 2008, p. 71). Nestes termos, hermenêutica é mais do que uma história que se desdobra; é um esforço de relacionamento entre a estética𝒫 e a filosofia do conhecimento histórico. A acepção que se descortina é que a hermenêutica avança para o horizonte da Linguística, de tal forma que, segundo Gadamer, um ser que pode ser compreendido é linguagem. A intenção de Gadamer está no fato de despertar uma inteligência da linguagem capaz de manifestar a vida íntima da linguagem, tal como acontece no interior do diálogo e do acontecimento da compreensão. Assim afirma o filósofo: "[...] quando hoje falamos de hermenêutica, encontramo-nos situados, bem ao contrário, na tradição científica da Modernidade. O uso moderno da palavra hermenêutica principia exatamente aí, quer dizer, com o surgimento do conceito moderno de método℘ e de ciência. No seu uso aparece sempre implícita uma espécie de consciência℘ metodológica. Não apenas possuímos a arte da interpretação como também podemos justificá-la teoricamente".

No centro do debate de Gadamer com as ciências humanas, três expressões apresentam-se: a Arte, a História e a Linguística, cada uma procurando confrontar o paradoxo entre a estranheza. Com o conceito de estranheza, inscreve-se no horizonte das ciências do espírito, em que se propõe uma distância da parte do sujeito em relação ao objeto estético, histórico e linguístico. Na esfera da arte ou estética℘, a captação da realidade estética℘ do homem depara-se com o juízo distanciado do gosto; na esfera histórica, compreende-se que a consciência℘ expõe-se diante do trabalho da história e confronta a objetivação da historiografia documental; e, por fim, na esfera linguística, o caráter linguístico da experiência humana afronta-se diante de qualquer metodologia linguística, semiótica℘ e semântica (Ricœur, 1992, p. 456). A analítica temporal do *Dasein* existente, desenvolvida em Heidegger, tem mostrado, em minha opinião de maneira convincente, que a compreensão não é um dos modos de comportamento do sujeito, mas o modo de ser do próprio *Dasein*. Nesse sentido é como temos empregado aqui o conceito de "hermenêutica". Ele designa a característica fundamental móvel do ser aí, que constitui sua finitude e sua especificidade e que, portanto, abrange assim o conjunto de sua experiência de mundo. Em sua origem o problema hermenêutico não é um problema metódico. Não se interessa por um método℘ da compreensão que permita submeter os textos, igual a qualquer outro objeto da experiência, ao conhecimento científico. Nem sequer se ocupa basicamente de constituir um conhecimento seguro e de acordo com o ideal metodológico da ciência. Embora também trate de ciência, e também de verdade. Uma experiência de verdade que não somente é justificada filosoficamente, mas que é ela mesma uma forma de filosofar. Por isso a hermenêutica que aqui se desenvolve não é tanto uma metodologia das ciências do espírito℘ nem um acordo sobre o que são na verdade as ciências do espírito, mas um dirigir-se para além de sua autoconsciência℘ metodológica e sobre o que as liga com toda a nossa experiência de mundo. Assim se define o conceito de "distanciação" como questão metodológica. Nestes termos, inscreve-se a hermenêutica gadameriana com perspectiva profundamente universal. Sua perspectivação reivindica que se estenda a todo o campo da experiência cultural, a tudo o que possa ser expresso linguisticamente, o que permite a Gadamer tecer a expressão "experiência hermenêutica" com a intencionalidade de sintetizar as passagens das hermenêuticas regionais à hermenêutica geral e da epistemologia℘ das ciências humanas à ontologia como configuração de sua

Filosofia (Jervolino, 1993, p. 83). Nestes termos, a hermenêutica é um encontro com o Ser através da linguagem. Dentro deste arcabouço epistemológico e ontológico, Gadamer defende o caráter linguístico da própria realidade humana e insere a questão da hermenêutica nos problemas puramente filosóficos da relação da linguagem com o Ser, com a compreensão, a história, a existência e a realidade. Para o filósofo da linguagem, a hermenêutica não pode fugir às questões epistemológicas e ontológicas, pois a própria compreensão é uma realidade tecida por ambas as categorias.

5. Paul Ricœur. Ricœur não se esquiva ao afirmar que o ser filósofo é que anima o aprendiz de teólogo que nele se agita, o que permite compreender que, para ele, a ideia da existência de atitudes e sentimentos identificados com os religiosos assume, em sua vida, um lugar de destaque. Vinculam-se a esse primeiro sentimento religioso o de confiança absoluta, o da pertença a uma economia do dom℘ e o de ser precedido na ordem da fala, do amor e da existência. A consciência℘ religiosa, para o filósofo francês, insere-se no campo da temática do sentimento do Absoluto. Para ele, esse sentimento afeta o sujeito religioso num horizonte mais profundo, o da afirmação originária. O sujeito que crê é capaz de dar conta da presença de um Outro que lhe fala e torna-se fonte do seu chamado. Em linhas gerais, pode-se dizer que as inquietações teológicas de Ricœur tangenciam o horizonte da experiência existencial de sua fé℘, que, na busca da inteligibilidade, remete-o à semântica do encontro entre Deus e o homem. No que diz respeito à questão da hermenêutica, Ricœur assume o problema do texto como teoria da interpretação, como resposta e efetivação da sua preocupação da oposição entre a instância metodológica e a compreensão hermenêutica. Atribui à questão da textualidade um papel essencial em seu trabalho relativo à própria linguagem, capaz de introduzir ao plano do *logos* a experiência humana que no âmbito da compreensão torna-se possível de ser mediada pelos textos. Em sua obra *Autobiographie intellectuelle* (1995), o filósofo expõe, sistematicamente, a importância da questão da textualidade. Desde o confronto com as ciências modernas, a interpretação dos textos através da simbólica não pode realizar-se isenta do aparato crítico e epistemológico que a própria análise da linguagem exige. A hermenêutica ricœuriana se apresenta com uma tarefa singular: buscar o "sentido mais rico, mais elevado e mais espiritual" (Ricœur, 1995, p. 48-49), que desenvolva igualmente em uma escala textual o conflito de interpretações rivais. Nestes termos, o filósofo dará ênfase à questão do fenômeno da escrita e à autonomia do texto. Para ele, um texto é todo discurso fixado pela escrita. A fixação pela escrita é constituída do próprio texto. Encontra-se aqui o problema da analogia℘ do discurso, do poder falar, que analogicamente se poderia escrever. É nesse ato analógico que a escrita torna-se a gênese do texto. O que é fixado pela escrita é, pois, um discurso que poderia ter sido dito, mas que se escreve, precisamente, porque não se diz. A fixação pela escrita surge no lugar da fala, no mesmo lugar em que a palavra poderia ter nascido. O texto nasce pelo fato de a escrita libertar-se do discurso, da factualidade da voz, o que permite compreender que o texto é, em sua origem, um fenômeno do discurso. É o fenômeno da escrita que torna o texto autônomo, garantindo a diferença entre a significação textual e a significação psicológica original do autor. Nesse âmbito de reflexão, Ricœur insiste em explorar a questão da singularidade da obra, denominando a separação do texto do seu autor como autonomia semântica, uma vez que na obra escrita a intenção do autor e a significação do texto não coincidem. A outra ordem, uma dinâmica, a primazia do texto sobre a intenção do autor torna-se critério do desdobramento de uma exegese que procura uma significação textual, capaz de romper com a significação psicológica do seu autor. Ricœur discute a questão do sentido doado pelo texto em confronto com o aspecto receptivo dos seus interlocutores. A dimensão receptiva dos interlocutores significa que o sentido que habita no texto é suscetível de ser identificado. É nessa perspectiva que o filósofo confere ao texto seu caráter de autonomia e, simultaneamente, a possibilidade da compreensão por parte do sujeito interpretante. Nestes termos, o filósofo elabora o estatuto epistemológico da sua teorização do texto, elucidando os cinco tratados que constituem critérios da sua arquitetura textual: 1) a realização da linguagem como discurso; 2) a realização do discurso como obra estruturada; 3) a relação da fala com a escrita no discurso e nas obras do discurso; 4) a obra do discurso como projeção de um mundo; 5) o discurso e a obra de discurso como mediação da compreensão de si. Com essa tessitura, o filósofo demonstra que as categorias centrais do texto supõem primeiramente uma dialética entre a fala e a escrita, o que exige o fenômeno da distanciação para estabelecer a autonomia do texto. Insere-se aqui o problema das duas subjetividades e a singularidade do texto. A primeira consideração refere-se à intenção do autor, agora não mais doada pelo texto. A intenção do autor já não é imediatamente doada como pretende sê-lo a do locutor numa fala sincera e direta. Ela deve ser reconstruída ao mesmo tempo que a significação do próprio texto, como o nome próprio dado ao estilo singular da obra. É o texto que permite inferir que a leitura, enquanto interpretação do fenômeno da distanciação, leva a escrita a transcender-se, pois neste, paradoxalmente, o que aparentemente se apresenta como fraqueza torna-se forte. Se, por um lado, o texto "produz um duplo aniquilamento do escritor e do leitor, e é nesse modo

que esse substitui a relação como diálogo que liga imediatamente a voz de uma audição ao outro" (Ricœur, 2006, p. 214), por outro lado, transcende a condição psicológica do autor e a condição sociológica da sua produção. Assim, compreende-se que, no caminho adotado por Ricœur, a escrita substitui a fala, criando uma nova relação entre o que é dito e a sua referência ontológica. Para Ricœur, a hermenêutica textual tem uma dupla intencionalidade: no que diz respeito à intenção originária do autor, confere um movimento sincrônico através do fenômeno da distanciação. A intenção do autor, que se tornara ausente do seu próprio texto, converte-se, concomitantemente, em uma questão hermenêutica. No que diz respeito à subjetividade do leitor, algo acontece como um processo refigurador: o mundo da obra e o mundo do leitor são alterados pelo caráter estético da receptividade do texto, *conditio sine qua non* da sua hermenêutica textual. A questão nodal, para Paul Ricœur, versa sobre a necessidade de arquitetar um trabalho investigativo que se objetiva na relação entre o ser-texto do discurso e a arte de interpretar, o que confere à hermenêutica ricœuriana uma autocaracterização como interpretação do texto. O que o filósofo propõe não é, propriamente falando, uma hermenêutica do texto, mas uma hermenêutica a partir da problemática do texto. Nesse contexto, a temática do texto estabelece uma relação fundamental com o intérprete, que agora se configura como sujeito que se projeta no horizonte de um texto. Ricœur, ao abordar a questão do texto e o seu mundo, o faz em referência ao que Gadamer denominou "coisa do texto". O filósofo vai da coisa do texto ao mundo do texto, realizando esse percurso como um prolongamento do ser-no-mundo heideggeriano. O acento ao mundo do texto incide que a interpretação tem diante de si um texto e não meramente um sujeito falante. Ao concatenar a noção de mundo do texto, o filósofo põe em relevo a questão da interpretação e sua referência. Isso justifica a sua pergunta em relação ao que é que se torna a referência quando o discurso se torna texto. A resposta configura-se no que denomina "suspensão de uma referência de primeira categoria" para desenhar uma referência de segunda categoria, oriunda da ficção e da poesia (Ricœur, 1992, p. 337-339). Sendo assim, fundamentando-se em Aristóteles, introduz no coração da textualização o poder da linguagem poética de dizer a realidade. Por outro lado, porque a imaginação é poesia, a linguagem poética converte o imaginário. É nesse horizonte de referencialidade, desenhado pela nova realidade gestada pela poesia e marcado pelas variações imaginativas, que o texto constitui-se como textualidade (Ricœur, 2006, p. 241). Dessa feita, enquanto trabalho literário, a textualidade é a manifestação do real e da imaginação que constitui, para Paul Ricœur, o mundo do texto. O mundo do texto é por excelência o objeto da sua hermenêutica. Como trabalho de textualidade, liga-se ao mundo do texto a questão do compreender-se diante do texto, o que propicia dizer que Paul Ricœur assim o faz em continuidade à sua hermenêutica do eu, que desde a perspectiva da mediação do texto apresentara-se em um nível mais geral (Jervolino, 1993, p. 57). No contexto da hermenêutica textual, a questão de compreender-se a si mesmo é colocada em termos analíticos ou metodológicos. Ricœur elabora uma nova teoria da subjetividade com gênese na relação leitor e texto e, consequentemente, inferindo a relação leitor e mundo do texto a partir da aplicabilidade do fenômeno da apropriação. A apropriação não é mais compreender na linha dos filósofos da suspeita. Compreender não é projetar dentro do texto: é receber um si mais vasto da apreensão das proposições do mundo que são objeto verdadeiro da interpretação. Com essa reflexão, percebe-se que não é a relação intersubjetivista da compreensão que está em jogo, mas a relação de apreensão aplicada ao mundo contido no texto. Por apropriação, o filósofo define como a interpretação de um texto que se completa na interpretação de si de um sujeito que doravante se compreende melhor, se compreende de outro modo, ou que começa mesmo a compreender-se. Aqui, Paul Ricœur aproxima a Filosofia hermenêutica e a Filosofia reflexiva a partir da ideia de uma interferência entre a compreensão do texto e a autocompreensão. Para ele, a Filosofia hermenêutica localiza-se no prolongamento da Filosofia reflexiva. Ao lado destas considerações filosóficas de Ricœur observa-se que as estruturas epistemológicas por ele apresentadas viabilizam a interpretação de um discurso religioso. Nesse ponto, o filósofo se ocupa em refletir sobre o tema da especificidade da linguagem religiosa. Em suas obras *La philosophie et la specificité du langage religieux* (1975), *Dire Dio. Per un'ermeneutica del linguaggio religioso* (1978) e *L'Herméneutique bíblique* (1998) elucida que o discurso religioso não carece de sentido, mas, ao contrário, é uma linguagem portadora de uma superabundância de sentido. Para o filósofo, a linguagem religiosa é capaz de desvelar novas dimensões da realidade e da verdade. Nesse sentido, o discurso religioso diz algo que não é dito nas outras modalidades de discursos (Ricœur, 2011, p. 237). Considerando que a linguagem religiosa pressupõe um contexto de tradições históricas específicas, a análise do discurso religioso, como sugere o filósofo, não pode eximir-se da passagem pela questão estrutural e "kerigmática" que compõe a textualidade da fé. Uma marca indelével, cuja incidência transborda o domínio de uma linguística meramente estruturalista, é que a travessia pelo sentido fecundo da linguagem religiosa apresenta-se como a porta que se abre para que o leitor possa identificar-se com o projeto de uma nova existência que o mundo do texto desvela. Como afirma Ricœur, "o que um leitor recebe não é somente o sentido da obra, mas, através de seu sentido, sua referência" (Ricœur, 1983, p. 148). A especificidade da linguagem religiosa está no fato de evidenciar o Mistério de Deus, que se utiliza também dela para manifestar-se. Permanecendo no âmbito da linguagem religiosa e conservando inteiramente a validade da Filosofia da Linguagem orquestrada por Ricœur, pode-se dizer que essa possui uma fisionomia bem precisa que nos autoriza encontrar o seu referente último. A linguagem dos textos narrativos de uma fé geralmente é elevada a categorias poéticas, o que faz deles formas de discursos especificamente religiosos devido à sua característica metalinguística e extravagante de ser (Ricœur, 2010, p. 150-151). O clima que caracteriza este movimento pode ser mais bem entendido se se observa o funcionamento da linguagem religiosa como um referente às parábolas; enquanto propósito do Reino de Deus, alude a este discurso "uma referência a um referente último" (Ricœur, 2010, p. 219). Isso significa compreender que essa referencialidade que excede os textos parabólicos torna-se um alerta contra toda e qualquer interpretação prematura dos textos bíblicos. Ora, com essa proposição pode-se tirar de imediato ao menos uma conclusão: os textos bíblicos enquanto narrativas de uma fé de uma comunidade; neles, Deus se manifesta como o seu referente e o seu inacabamento. Os textos considerados sagrados permanecem abertos, apontando constantemente para uma referencialidade que os transcende. Destarte, a partir das nuances apontadas por Ricœur, assegura-se dizer que o aspecto aberto e não acabado do texto desenha-se pelo fato de referir-se a um referente último, que é Deus que se revela no horizonte da linguagem. Deus condescendeu-se nos textos que narram sua presença e ação. Como afirma o filósofo, "Deus se deixa conhecer através da audição dos discursos nos quais ele aparece como referente" (Vincent, 2008, p. 101). História e linguagem se encontram, uma vez que o homem é linguagem e essa é um acontecimento da história. Deus que se revela é de fato o Deus das possibilidades desconhecidas, cujas incidências tocam a natureza, o conteúdo e a tarefa da Teologia que se realiza como discurso. A Teologia enquanto discurso humano sobre Deus reenvia a um fora do texto. Os textos permanecem abertos ao seu Referente. Deus serve-se da linguagem humana com seus caminhos e atalhos. O que está subentendido nesta impostação é que a linguagem humana possui um estatuto ostensivo e referencial, ela possui uma implicação profunda nos círculos de debates filosóficos, literários, teológicos e das religiões comparadas na atualidade: refletir a atitude de audição do que é dito na linguagem humana. O estatuto ostensivo da linguagem pode oferecer a essas ciências razões pertinentes para se afirmar a autenticidade da linguagem como meio da manifestação do Mistério de

Deus, ou ainda, na linguagem de Eliade℘, manifestação do Sagrado℘, uma hierofania. Em decorrência disso, dizer Deus, ou o Sagrado℘, significa encontrar na linguagem o seu sentido e a sua função semântica e ontológica. Nesse sentido, por possuir um estatuto ostensivo que também afeta o campo das ciências filosóficas, literárias, teológicas e das religiões. A linguagem religiosa apresenta-se como reivindicadora do inerente movimento de transcendentalidade.

IV. Hermenêutica filosófica e hermenêutica teológica. Ao tratar sobre a mediação da linguagem filosófica para a utilização da Teologia℘, Ricœur propõe como método℘ a relação dialética entre a hermenêutica filosófica e a hermenêutica teológica, de tal forma que a hermenêutica filosófica apresenta-se como *organon* para a Teologia℘ em seu exercício hermenêutico da linguagem. Assim elucida Ricœur: "[...] o *kerigma* bíblico foi transmitido nas 'línguas' sucessivamente helenística, neoplatônica, kantiana, schellingiana, etc. [...] uma hermenêutica geral no sentido de Schleiermacher, quer dizer, uma reflexão sobre o que é o compreender, sobre o lugar do leitor, a historicidade do sentido, etc., serve de *organon* à hermenêutica bíblica. Por seu turno, um envolve o outro. Esta condição de englobamento mútuo não é rara, encontrei-a, como disse, num registro completamente diferente, no próprio interior do discurso filosófico: o filósofo poderá dizer que inclui um segmento semiótico na sua teoria da linguagem, e o semiótico poderá responder-lhe que, por sua vez, ele faz a semiótica℘ do discurso filosófico. Passa-se, de fato, qualquer coisa de semelhante entre o discurso teológico e o seu *organon* filosófico, inclusivamente o da filosofia hermenêutica" (Ricœur, 2010, p. 228).

Partindo do pressuposto de que a hermenêutica filosófica apresenta-se como hermenêutica geral, o filósofo denomina a hermenêutica teológica como hermenêutica regional, uma vez que esta aparece como um caso particular da hermenêutica filosófica. Ricœur arquiteta um caminho, que se desdobra desde a hermenêutica filosófica à questão da aplicação à Teologia℘. Isso significa reconhecer que nessa aplicabilidade entre as duas ciências o nível epistemológico de sua teoria filosófica está assegurado, uma vez que os mais significativos conceitos hermenêuticos oriundos da tradição que persegue se fazem presentes. O *corpus* ou a comunidade dos conceitos que delineiam a hermenêutica de Ricœur, apropriação e distanciação, discurso e escrita, sentido e referência, tradição/tradicionalidade e inovação semântica, explicação e compreensão, metáfora℘ e símbolo, diálogo e linguagem, texto e leitura, interpretação e narrativa, evidenciam sua originalidade de receber e aplicar tais conceitos como legados da tradição hermenêutica. Recebê-los significa aplicá-los como um bem comum que configura a hermenêutica filosófica como uma hermenêutica geral. Nesse

sentido, a hermenêutica teológica se apresenta como uma hermenêutica específica, ou regional; ela vai subordinando-se progressivamente à hermenêutica filosófica como seu próprio *organon*. Aqui, a ideia de subordinação não significa a prioridade de uma hermenêutica em detrimento da outra, mas a necessidade de um instrumento de interpretação que a própria condição relacional reivindica. Dessa feita, em termos ricœurianos, a hermenêutica teológica supõe uma análise válida em relação aos textos que tecem a experiência religiosa℘ de um povo e, concomitantemente, pedem uma reflexão filosófica sobre os discursos que constituem a "dizibilidade" da confissão de fé℘ enquanto tecido do discurso religioso. Quando se vai do polo filosófico ao polo bíblico, a interpretação das Escrituras apresenta-se como uma aplicação regional da interpretação que a hermenêutica filosófica constitui. De tal modo que se poderia dizer que a hermenêutica teológica, incorporando os conceitos, métodos℘ e argumentos da hermenêutica geral, tem necessidade da mesma como seu instrumento. A hermenêutica geral é estabelecida como um *organon* para a interpretação de textos que são considerados como escritos fundadores de comunidades de leitura e de interpretação, que, por sua vez, tiram sua própria identidade histórica dessas comunidades. Reafirmando a importância da função da hermenêutica geral, por outro lado, a especificidade da linguagem religiosa, levada até as últimas consequências, diz um referente último – Deus – Cristo – Reino. Aqui, a hermenêutica teológica torna-se um caso específico da hermenêutica filosófica (Ricœur, 1985, p. 228). É esse processo de inversão progressiva que revela a dinâmica dialética entre as duas hermenêuticas, uma vez que, para Ricœur, ao propor a mútua relação entre as hermenêuticas filosófica e teológica, aproxima-se da teologia℘ da correlação de Tillich. Recorda-se que o método℘ da correlação de Tillich objetiva a relação mutual entre Filosofia e Teologia℘. Para o teólogo, esse método℘ expõe explicitamente a relação existente entre essas duas ciências, de tal forma que, se a Filosofia se ocupa da questão fundamental, que é a pergunta que o homem faz sobre o sentido da sua existência, a Teologia℘ se ocupa na busca dessa resposta. Nestes termos, Tillich esclarece que "o método℘ da correlação explica os conteúdos da fé cristã através de perguntas existenciais e de respostas teológicas em interdependência mútua" (Tillich, 2005, p. 74). Diante de tudo isso, a dinâmica textual apresentada por Ricœur configura-se como uma autêntica arqueologia de sentido, que permite tocar a unicidade de seu referente, o inaudito da manifestação do divino e sua expressividade selada no texto. Nestes termos, as aplicações das categorias gerais da hermenêutica à Teologia℘ e à Ciência da Religião℘ alocam-se como uma marca indelével para demonstrar com maior clareza a "humanidade do texto" e o mundo novo descortinado por ele. Em termos da aplicação textual às Ciências Humanas, compreende-se por humanidade do texto a vivacidade textual enquanto experiência narrativa da manifestação do Sagrado no coração da escola da humanidade. Diz o filósofo em seu ensaio que o símbolo dá o que pensar, ao referir-se à questão da hermenêutica moderna: "É aqui que encontro as notas iniciais interrompidas pela criteriologia do símbolo. Dizíamos então que queremos de novo ser interpelados na época do esquecimento dos signos do sagrado𝒫. Quererá isto dizer que podemos voltar à primeira ingenuidade? De forma alguma. De qualquer modo, alguma coisa foi perdida e irremediavelmente perdida: a imediatidade da crença𝒫. Mas se não podemos viver mais, de acordo com a crença𝒫 originária, os grandes simbolismos do céu, da vegetação, da água, das pedras e da lua, nós modernos, podemos tender na e pela crítica para uma segunda ingenuidade. Porque nós somos os filhos da crítica – da filologia𝒫, da exegese, da psicanálise𝒫 –, mas entrevemos agora uma crítica que seria restauradora e não redutora. Dito de outro modo, é interpretando que podemos entender de novo".

A hermenêutica de Ricœur, em sua fatura textual, se nos apresenta como um processo de decifração com alcance relevante: vai de um conteúdo e de um significado manifestos para um significado latente ou escondido.

V. A hermenêutica filosófica aplicada à Ciência da Religião e à Teologia. Tecidas essas considerações, há de destacar que no exercício da hermenêutica moderna as obras literárias são consideradas como textos que falam. Pondo a questão de um modo pragmático, historicamente, esta ideia da hermenêutica filosófica como *organon* aplicada às Ciências Humanas, fala-se de uma nova configuração da hermenêutica que emerge como um ato fenomenológico em que ela mesma se apresenta como ponto central dos atuais problemas das religiões comparadas. Um olhar voltado para esta motivação metodológica ajuda-nos a compreender a importância da relação entre a fenomenologia e a hermenêutica para se chegar a uma análise profunda das marcas que o sagrado𝒫 imprime na história. No terreno da Teologia𝒫, a partir deste dispositivo heurístico, o que se observa é que o alargamento da palavra "hermenêutica" exige que se leia a história da hermenêutica bíblica na história da experiência de fé𝒫 de um povo. A acepção que aqui se descortina é que a ideia de hermenêutica não pode reduzir-se a mera interpretação filológica; ela é possuidora de uma razão original que invoca uma epistemologia𝒫 e uma metodologia dinâmicas de apreensão do sentido das palavras e das escrituras (Ricœur, 2008, p. 65). Com ecos e articulações igualmente em campos da Ciência da Religião𝒫, que se ocupa da análise da manifestação do sagrado𝒫 na história, a relevância do estudo da hermenêutica repousa na aventura da interpretação do sagrado𝒫 selado e escondido em um texto. Como afirma o filósofo: "[…] nunca, com efeito, o intérprete se aproximaria daquilo que diz o seu texto se ele não vivesse na aura do sentido interrogado" (Símbolo dá o que pensar). O clima que caracteriza este movimento de decifração do Sagrado é que a busca dos sinais deixados na contingencia da história nos é possível desde uma Fenomenologia do Sagrado𝒫. Sendo um objeto fenomenológico, o Sagrado𝒫 impresso num texto é *per se* hermenêutico. Neste ponto, vale a pena reiterar que o Sagrado𝒫 pode ser estudado hermeneuticamente por filósofos, teólogos, cientistas da religião, literatos no mesmo liame de uma fenomenologia da manifestação que considera o processo hermenêutico da interpretação do sagrado𝒫 (Ricœur, 2008, p. 65). O saber sapiencial, que tende a colher as razões que justificam o exercício da hermenêutica nos estudos da Ciência da Religião𝒫 e da Teologia𝒫, é que o Sagrado𝒫 se mostra nas filigranas de um discurso oral que foi elevado à categoria fenomenológica de texto e que *per se* pede para ser narrado. Por outro lado, como afirma o filósofo: devido ao esquecimento do significado imediato das hierofanias e dos signos sagrados clausurados pela precisão da linguagem técnica e unívoca, precisamos de uma crítica muito mais restauradora do que redutora, uma vez que é interpretando que podemos entender de novo.

***

Tecidas essas considerações, é importante insistir, no horizonte da razão prática da interpretação, que o filósofo, o hermeneuta, o teólogo ou o cientista da religião não podem deixar de considerar a linguagem do ponto de vista semântico, uma vez que a linguagem não procede somente da análise estrutural, como também de uma fenomenologia que coloca em destaque a intencionalidade significante que rege a constelação de um discurso. Se tomarmos por empréstimo a reflexão de Ricœur sobre o que significa um discurso, veremos que o discurso tem como modo de presença um ato, a instância de discurso que, como tal, é de natureza do acontecimento. Nesse sentido, o discurso consiste numa série de escolhas pelas quais certas significações são eleitas e outras, excluídas; essas escolhas produzem combinações novas. Por outro lado, é na instância do discurso que a linguagem tem uma referência, o que significa dizer que falar é dizer alguma coisa de alguma coisa. Por fim, a ânsia do discurso, o acontecimento, a escolha, a inovação semântica e a referência implicam também uma maneira própria de designar o sujeito do discurso. Por trás dessa análise do filósofo da linguagem, destaca-se que a ocorrência que se instaura nessa arte epistemológica da interpretação aloca-se na metamorfose da estrutura à função. A unidade de análise de um discurso que diz a fé de um povo, ou expressa sua relação como o sagrado, está no fato de revestir-se do seu sentido semântico que não significa somente algo em geral, mas dizer alguma coisa que é ao mesmo tempo o ato de remeter o signo à coisa. Nesse sentido, compreende-se que esse movimento do signo à coisa é o que denomina a atualização do que está escrito no terreno da semântica. Por esta razão é importante observar que a hermenêutica contemporânea exigirá sempre mais esse olhar sob o sentido e a referência da linguagem, uma vez que ambas as realidades exercem um papel transgressor na clausura estruturante da linguagem, marcando sua eclosão em direção a outra coisa que não ela mesma, abrindo-se efetivamente à realidade. É o aparecimento do dizer no falar humano, que se desenha como mistério para a própria linguagem. Sendo assim, não basta o exercício gramatical da análise das palavras, essas são por si mesmas polissêmicas e hemorrágicas. É preciso estancar as hemorragias das palavras, lançar-se na busca do seu sentido. A polissemia constitui o eixo semântico da linguagem e, por sua vez, é no funcionamento da frase, em sua sensibilidade contextual, que acontece o ato "disciplinar" da polissemia, evitando que se produza uma "hemorragia de sentido" (D'Acunto, 2009, p. 9). A polissemia disciplinada pelo funcionamento da frase torna-se uma polissemia regrada, pertencente a uma ordem pancrônica, que é ao mesmo tempo sincrônica e diacrônica. Dentro deste arcabouço da estrutura dialética da linguagem, a hermenêutica moderna ganha uma real significação: ela nos introduz no caminho da busca do sentido e da referência que habita no coração do texto. Encontrar a sua referência exige que se siga a flecha para onde orienta o seu sentido. Aventurar-se no caminho do sentido do texto é reconhecer que o texto é portador de uma função reveladora que não podemos ignorar. Se executamos uma hermenêutica da linguagem religiosa é porque a experiência religiosa se articula em uma linguagem repleta de sentido. O Sagrado impresso no texto evoca uma presença assumida na codificação nata da linguagem; por outro lado invoca o exercício da decodificação e comunicabilidade do experienciável. Aqui, pode-se recorrer a Gadamer, com sua teorização sobre o conceito de *langagière*. O filósofo alemão ressalta que a condição linguística – *langagière* – é um caráter universalmente linguístico da experiência humana. Nesse sentido, é preciso evidenciar que o mesmo pertence a um contexto histórico que passa pela função mediadora da linguagem e é assim suscetível à decodificação e à comunicabilidade do experimentável. Toda a experiência tem uma "dizibilidade" por princípio. Com esta afirmativa axiológica, ressalta-se, no terreno da Ciência da Religião, a importância de se afirmar que a experiência do Sagrado pede para ser dita. Nas palavras de Eliade, "é difícil imaginar como poderia funcionar a mente humana sem a convicção de que existe algo de irredutivelmente *real* no mundo, e é impossível imaginar como poderia ter surgido a consciência sem conferir *sentido* aos impulsos e experiências do Homem" (Eliade, 1980, p. 79). O sentido experiencial, ou, ainda nas pegadas do cientista romeno das religiões, "a consciência de um mundo real e com sentido está intimamente relacionada com a descoberta do sagrado" (Eliade, 1980, p. 79). Se a experiência do sagrado não é objetável, ao menos ela pode ser dita, uma vez que é possível situar a questão da manifestação do sagrado não mais em termos abstratos ou especulativos, mas no horizonte das experiências concretas em que o homem está inserido. Nessa direção e com forte significatividade, Ricœur argumenta que "não haveria hermenêutica se não houvesse proclamação, pois não haveria proclamação se esta palavra não fosse potência, se não tivesse o poder de desvendar o novo que anuncia" (Ricœur, 2008, p. 83). A categoria de potência, no estudo da Fenomenologia da Religião, nos remete ao teólogo protestante, Otto, erudito em religiões comparadas. Para ele, o Sagrado é potência, força que se associa ao elemento do numinoso, poder divino como "outro absoluto". O sagrado se manifesta em sua irracionalidade, em seu mistério *tremendum* e *fascinosum*, uma vivência que, ao mesmo tempo que espanta, fascina. A Filosofia e a Ciência da Religião têm dado passos significativos para compreender à luz da razão e para além dos seus limites a questão da compreensão da manifestação do Sagrado. Neste horizonte, os estudos sobre a linguagem ganham novas significações, uma vez que paradigmas mais recentes, como o estudo da hermenêutica moderna com seu inserto fenomenológico, têm criado novas condições para investigar o campo da religião a partir da ideia do princípio de "dizibilidade" que toca a reivindicação inerente a toda a experiência humana. As novas descobertas em relação à linguagem e do simbolismo na interpretação do ser têm demonstrado que a linguagem em sua condição de potência ontológica possui um referente que fala de alguma coisa; no caso da religião, a interpretação do ser configura-se a ideia do absoluto que se manifesta. A linguagem é mediação do ser. O ser é o ato que vem à tona na linguagem. Nesse sentido, "o simbolismo não é uma linguagem deficiente, senão uma linguagem apropriada, uma linguagem justa, pertinente e adequada, que toca o universo da linguagem religiosa" (Ricœur, 1964, p. 27). É nessa perspectiva que a proposição de que o Sagrado pode manifestar-se no curso anônimo e inumano das coisas, ocupando posição de destaque na fenomenologia da manifestação que investiga a questão da hierofania. O sentido experiencial como tal é compreendido no horizonte da linguagem. Daí a importância da análise do Sagrado na sua codificação textual, seja na intertextualidade bíblica, seja nos relatos antropológicos ou transcendentais em sua invocação de interpretação. Nas palavras de A. Corona, a hermenêutica textual "é a notícia lúcida, articulada racionalmente, da pertença do homem na linguagem, ao ser" (Corona, 2008, p. 33). Neste horizonte, observar e interpretar o Sagrado♀, quer seja em *loco* que configura as ciências envolvidas em sua análise, nos envolve num movimento semântico que nos conduz da montante do texto à jusante do texto (Ricœur, 1985, p. 77). Por esta razão, é importante observar que, quando se trata do texto, quer seja no terreno da Literatura, quer da Ciência da Religião♀, quer da Teologia♀, o texto apresenta-se como indivíduo, pois há sempre uma alteridade do texto com o leitor. Quando estamos diante dele, podemos descobrir novas possibilidades de ser, pois desta fusão de horizontes emerge uma consequência ontológica inevitável. Podemos dizer que esta dinâmica própria do texto ajuda-nos a compreender que por trás das reivindicações contemporâneas sobre a importância do exercício da hermenêutica torna-se cada vez mais evidente que ela assume um domínio semântico nas fronteiras das disciplinas humanísticas. Por esta razão, para falar sobre o sagrado♀, no horizonte da Ciência da Religião♀, ou do Deus revelado, no campo da Teologia♀ Histórica nas mais variadas situações-limite em que se encontram os homens, é preciso conscientizar-se de que o eixo religioso proclamatório de sua fé♀ passa pelos atos da palavra e do símbolo.

Bibliografia: CORONA, N. El concepto de hermenéutica en Paul Ricœur. In: RICŒUR, P. *Fe y filosofia*: problemas del lenguaje religioso. Buenos Aires: Prometeo, 1992. p. 7-54; D'ACUNTO, G. *L'etica della parola*: la riflessione sul linguaggio di Paul Ricœur. Parva Philosophica, 2009; ELIADE, M. *Origens*. Lisboa: Edições 70, 1980; GADAMER, H. G. *Antología*. Salamanca: Ediciones Sígueme, 2001; GRODIN, J. *¿Qué es hermenêutica?* Barcelona: Heder, 2008; JERVOLINO, D. *Il cogito e l'ermeneutica. La questione del soggetto in Ricœur*. Napoli: Procaccini, 1993; PONTIFÍCIA COMISSÃO BÍBLICA. *A Interpretação Bíblica na Igreja* (IBI). Roma, 1993. Disponível em: <http://www.vatican.va/roman_curia/congregations/cfaith/pcb_documents/rc_con_cfaith_doc_19930415_interpretazione_po.html>. Acesso em: 22/07/2019; REALE, G.; ANTISERI, D. Wilhelm Dilthey e a crítica da razão histórica. In: REALE, G.; ANTISERI, D. *História da filosofia;* do romantismo ao empiriocriticismo. São Paulo: Paulus, 2007; RICŒUR, P. *Fe y filosofia. Problemas del linguaje religioso*. Buenos Aires: Prometeo Libros, 1992; RICŒUR, P. *L'Herméneutique biblique*. Paris: Cerf, 2001; RICŒUR, P. *Lectures 2. La contrée des philosophes*. Paris: Seuil 1992; RICŒUR, P. *Réflexion faite*: autobiographie intellectuelle. Paris: Esprit, 1995; RICŒUR, P. *Temps et récit 1*: l'Intrigue et le récit historique. Paris: Seuil 1983; TILLICH, P. *Teologia sistematica*. São Leopoldo: Sinodal, 2005. VICENT, G. *La Religión de Ricœur*. Paris: Éditions Ouvriers, 2008.

DONIZETE JOSÉ XAVIER

HERSKOVITS, MELVILLE JEAN →
Estudos afro-brasileiros

HERVIEU-LÉGER, DANIÈLE

Danièle Hervieu-Léger nasceu em 1947. Diplomada pelo *Institut d'Études Politiques* bacharel em Direito♀, doutora em Sociologia e em Letras e Ciências Humanas, é uma das autoras mais prolixas da Sociologia da Religião♀, cujos textos evidenciam, sobretudo, a realidade francesa. Foi *Directrice de recherche no Centre National de la Recherche Scientifique* e professora na *École des Hautes Études en Sciences Sociales*, de que viria a ser presidente entre 2004 e 2009. Aí dirigiu o *Centre d'Études Interdisciplinaires des Faits Religieux* de 1993 a 2004. Foi igualmente redatora-chefe do periódico *Archives de Sciences Sociales des Religions*.

Em 1973, surgia o livro *De la mission à la protestation*. A publicação decorria da tese de doutorado da autora. O que está em jogo nesta obra, que apresenta a *Mission étudiante* como estudo de caso para produzir considerações mais abrangentes sobre o vínculo entre representações políticas e representações religiosas, é a questão da utopia. No período estudado pela autora, e sobretudo no final do mesmo, os estudantes cristãos, e de modo particular católicos, defendem uma dupla crítica: a que a Igreja♀ pode realizar em relação ao mundo definitivamente aceito e defendido como secular; e a que o mundo secularizado deve realizar em relação à instituição eclesial. Como escreve a autora: "Pede-se à crítica política, de modo bastante curioso, certo tipo de expectativas do Reino" (Hervieu-Léger, 1973, p. 213).

A utopia religiosa é um tema persistente na obra de Hervieu-Léger, e que esta associa a outros assuntos. Exemplificamos este fato com a associação entre religião♀ e ecologia, presente, entre outras obras, em *Des communautés pour les temps difficiles*, livro de 1983, em coautoria com Bertrand Hervieu (1948). Neste livro é apresentado um tipo específico de populações neorrurais, o tipo apocalíptico, bem como a metodologia seguida. Os autores realizaram um inquérito de cerca de três anos, seguindo uma dúzia de comunidades deste gênero. A representatividade estatística foi considerada de natureza problemática, pelo fato de a amostra ser muito restrita. Mas, de acordo com as palavras de Hervieu-Léger e Hervieu: "[...] é a representatividade típica deste fenômeno dito 'marginal', que nos apaixonou, de um ponto de vista sociológico. Interessou-nos antes de mais, porquanto constituiu uma condensação, uma cristalização de aspirações presentes no conjunto da sociedade" (Hervieu-Léger, 1983, p. 14).

Vers un nouveau christianisme surge em 1986 e corresponde, *grosso modo*, à agregação da autora. A obra tem um caráter essencialmente geral (o do

Cristianismo no Ocidente), ainda que boa parte dela se refira a questões francesas. As questões do monaquismo, do fim dos praticantes, da perda da identidade de padres e pastores, da religião popular e dos novos movimentos religiosos, entre outras, estão aí presentes.

Em 1993, é publicado *La religion pour mémoire*. Esta obra é fundamental na definição do percurso intelectual da autora, que nela enuncia várias heranças intelectuais. Henri Desroche (1914-1994) é convocado pelo conselho que dava aos seus estudantes na década de 1970: de só tomar como religião℗ o que a sociedade designa como tal. Este conselho permitia, como identifica a autora, evitar as armadilhas da abordagem fenomenológica da "religião℗ em si". Por seu turno, Jean Séguy (1925-2007) fornece o conceito de religião metafórica, constituindo a metaforização "a expressão da intelectualização e da espiritualização propriamente modernas" (Hervieu-Léger, 1998, p. 98).

Por sua vez, Michel de Certeau (1925-1986) é convocado no sentido de dotar o crer de um significado, já que a autora pensa que a única via possível para sair do impasse do trabalho científico sobre a religião℗ é transmutar a análise das mudanças dos conteúdos da crença℗ para a análise das mudanças das estruturas do crer. Ora, a enunciação do crer é feita por De Certeau nestes termos: "[...] o crer é aquilo que o locutor, individual ou coletivo, faz do enunciado que ele afirma crer", ou seja, o crer é a crença℗ em ato (Certeau apud Hervieu-Léger, 1993, p. 105).

Na primeira das obras daquilo que Grace Davie caracteriza como uma trilogia com particular ênfase no contexto francês: *Le pèlerin et le converti*, *La religion en miettes* e *Catholicisme, la fin d'un monde*, Hervieu-Léger confirma o que designa como uma concepção "dessubstantivada" da religião℗ e declara que o objetivo de *Le pèlerin et le converti*, 1999, é retomar a perspectiva de religião℗ presente em *La religion pour mémoire* para procurar esclarecer o modo pelo qual os fenômenos de recomposição se inscrevem concretamente "na paisagem religiosa do final deste século, e mais particularmente na paisagem religiosa francesa" (Hervieu-Léger, 1999, p. 25).

Por sua vez, *La religion en miettes*, 2001, apresenta a relação particular que a França mantém com o fenômeno sectário. Segundo Hervieu-Léger, a necessidade que o Estado francês tem de controlar as seitas℗, vistas como mais perigosas que em outros países com o mesmo risco sectário, deriva da falta de regulação da esfera religiosa promovida pela Lei da Separação de 1905, antes dirigida ao Catolicismo. Ora, a perda de influência do Catolicismo sobre a sociedade francesa conduziu à constituição de um espaço vazio que as seitas℗ vieram ocupar.

Como salientam respetivamente François Isambert e Denis Pelletier numa longa recensão a *Catho-licisme, la fin d'un monde*, 2003, a abordagem de Hervieu-Léger a este contexto religioso francês filia-se de modo muito claro nas "fontes do weberianismo", mas de modo particular: não se trata aqui de estabelecer uma conexão entre a cultura católica e a ruralidade, mas, antes, de sustentar as transformações de uma nas da outra (Isambert et al., 2004, p. 8).

Na mesma linha, Denis Pelletier evidencia o interesse do livro no sentido em que este descreve o modo pelo qual "o fato religioso serve de porta de entrada a uma análise mais ampla das mutações do laço social e da relação com o mundo", convocando a operacionalidade do conceito de "exculturação" do Catolicismo na sociedade francesa (Pelletier et al., 2004, p. 12).

As principais obras de Hervieu-Léger são: *De la mission à la protestation. L'évolution des étudiants chrétiens*, 1973; *Des communautes pour les temps difficiles: néo-ruraux ou nouveaux moines* (com Bertrand Hervieu), 1983; *Vers un nouveau christianisme: introduction à la sociologie du christianisme occidental*, 1986; *La religion pour mémoire*, 1993; *Le pèlerin et le converti: la religion en mouvement*, 1999; *La religion en miettes ou la question des sectes*, 2001; *Catholicisme, la fin d'un monde*, 2003.

Pode-se falar de quatro preocupações sistemáticas na obra de Hervieu-Léger, encadeadas umas nas outras:

I. A questão da secularização e da Modernidade. Tendo em conta a perspectiva kuhniana dos paradigmas científicos, pode-se considerar a existência de um paradigma sociológico da secularização℗, como o faz o sociólogo suíço contemporâneo Olivier Tschannen. De acordo com este autor, o paradigma da secularização℗ pressupõe, como os demais, um nível suprateórico, constituído por crenças℗ e escolhas metodológicas e um nível infrateórico. Por sua vez, essas crenças℗ compreendem um pressuposto filosófico, a ideia segundo a qual o ser humano é um animal a um tempo racional e simbólico ou religioso, e uma posição epistemológica, que consiste em defender a independência da sociologia em face da religião℗ e da teologia℗. O nível infrateórico compreende os três elementos da diferenciação, da racionalização e da mundanização (Tschannen, 1992, p. 60-62).

Hervieu-Léger opõe-se a este paradigma através de uma série de categorias e raciocínios. Em *Vers un nouveau christianisme*, começa por colocar a pergunta: "O que é a secularização℗?", e afirma que na tradição universitária francesa a desqualificação do Cristianismo, e de qualquer outra forma religiosa, no mundo moderno teve uma importância particular na França, uma vez que correspondia, no âmbito intelectual, à lógica da separação da Igreja℗ e do Estado. Mas pensar isso significa, defende a autora, transpor um mundo noutro (sociedade tradicional em sociedade moderna) e criar uma dificuldade na apreensão do real: "Ela apaga o caráter histórico, e por isso contraditório da modernidade" (Hervieu--Léger, 1986, p. 204).

Quanto à tese que apresenta a religião♀ como uma fornecedora de um conjunto de legitimações ao mundo humano e ao tempo dessa construção sempre frágil, ela apresenta, por conseguinte, a religião♀ como a mais eficiente muralha contra a anomia. Mas, como escreve Hervieu-Léger, "a lógica deste processo é também a de que este outro mundo colocado pela religião♀ adquire, ele mesmo, certa autonomia em relação à atividade humana que não cessa de o criar" (Hervieu-Léger, 1986, p. 207-208).

E, de fato, de acordo com a autora, certo retorno do sagrado evidencia uma bruma feita de esperas, quer coletivas, quer individuais, fruto da desestabilização da sociedade. Neste ponto, pode-se pensar que a presente crise é uma depressão transitória, sendo esta postura a que se fixa no esquema tradicional do antagonismo entre religião♀ e racionalidade moderna, ou valorizar ao máximo esta procura permanente de uma racionalidade alternativa à técnico-científica e apresentar uma utopia pós-moderna. Como nota Hervieu-Léger, este debate sobre a secularização♀, em confronto com o impulso religioso atual, presta-se a alguma confusão. E se assim é, defende a autora, é porque se deparam confundidas duas interrogações que não se situam no mesmo plano. A primeira dessas interrogações prende-se à relação entre o mencionado impulso religioso e a conjuntura econômica, política, cultural etc. das sociedades onde ele surge. A segunda interrogação diz respeito à questão das realizações religiosas da Modernidade mesma: "[...] esta nova consciência♀ religiosa não será, ao seu nível, uma expressão da Modernidade enquanto tal?" (Hervieu-Léger, 1986, p. 221).

II. A recusa da dicotomia religião/racionalidade, que se resolverá na equação que associa a religião ao crer e à tradição. Entramos, assim, na análise de outro constructo-chave: a recusa da dicotomia religião/racionalidade ancorada na concepção da religião♀ como crer associado à tradição. Mas para tal é necessário saber o que entende a autora por tradição e como encara as sociedades tradicionais. Desde já, Hervieu-Léger defende, ao contrário do que é comumente sugerido, que as sociedades tradicional e moderna não se opõem de modo necessário. Nas palavras da autora: "Diz-se simplesmente desse modo que as sociedades pré-modernas ignoram aquilo que Marcel Gauchet designou 'o imperativo da mudança'" (Hervieu-Léger, 1993, p. 122). A segunda questão diz respeito ao conceito mesmo de religião♀ apropriado pela autora, que o associa ao conjunto das *tradita*, ou seja, de um grupo social que possui um valor de continuidade entre o passado e o presente. Mas, questiona-se Hervieu-Léger, o problema reside em saber se a dinâmica inventiva da tradição, que fundamenta a mudança pela convocação da continuidade, pode assegurar seja que pertinência for numa sociedade onde a transformação é enaltecida em si mesma. Este raciocínio conduz ao terceiro eixo temático da produção de Hervieu-Léger: os processos de folclorização/patrimonialização da religião.

III. A folclorização/patrimonialização da religião. Em causa está, antes de tudo, a dimensão da perda e do luto de uma sociedade que procura uma religião♀ reinventada, porque se encontra diante de uma amnésia, ou pelo menos de um desconhecimento, relativa à religião dos antepassados♀. Esta preocupação de Hervieu-Léger torna-se pública em 1973, quando de um debate radiofônico entre Jean-Marie Domenach e Michel de Certeau, depois alargado ao público e no qual a autora participa. No debate mencionado, Certeau refere o seguinte fato: havia poucos anos, tendo em conta o momento em que fala, a linguagem religiosa era objeto de adesão ou de combate. Nesse momento, o Cristianismo tinha-se tornado "um fragmento de cultura", ou, em termos mais radicais, "um folclore da sociedade atual" (Certeau; Domenach, 1974, p. 10). Hervieu-Léger filia-se de modo claro no contributo dos autores referidos acima. Assim, escreve: "Esta deslocação da 'capacidade significativa' das religiões históricas do social para o individual faz delas, em todas as sociedades avançadas, patrimônios culturais referenciados pelas suas significações e funções emblemáticas, mas fracamente mobilizadas, pelo menos de modo explícito, na produção atual das significações coletivas" (Hervieu-Léger, 1993, p. 131).

Mas o fato de as crenças♀ e as práticas religiosas na Modernidade serem reconhecidas apenas por pequenos grupos marcados pela intensidade não significa o fim da intervenção da religião♀ na Modernidade. Essa intervenção faz-se, segundo a autora, através da dimensão utópica.

IV. A natureza e o papel da utopia. A mobilização utópica de referências religiosas pressupõe, nos termos de Hervieu-Léger, uma dinâmica imaginária e uma dinâmica social. Se este enraizamento social não ocorrer, tal mobilização torna-se pouco provável. Todavia, salientava a autora, a conjuntura presente à época mostrava que a "desidentificação social" das crenças♀ e das práticas era um processo potencialmente reversível; em certos casos tais crenças♀ e práticas podiam servir para o estabelecimento de fenômenos de reidentificação social, com efeitos nas esferas política, social e cultural (Hervieu-Léger, 1993, p. 134).

Nos prefácios a *Le monastère au travail*, de Isabelle Jonveaux, e a *Prêtres, diacres, laïcs*, de Céline Béraud, Hervieu-Léger expõe aquilo que considera as virtudes da apresentação de realidades vividas na sua modalidade mais cotidiana. No prefácio a *Le monastère au travail*, Hervieu-Léger salienta as consequências do fascínio que os mosteiros atualmente exercem quer sobre os fiéis mais regulares, quer sobre os indivíduos em busca de um sentido religioso para uma vida plena de subjetividade. O fascínio por esses *haut-lieux* inclui a apreciação da beleza destes locais, da qualidade da música♀ dos ofícios divinos e, sobretudo, das lojas dos mosteiros, que exigem trabalho aos monges. Ora, o estudo deste fenômeno através do olhar sobre a economia não possibilita apenas relacionar a reconfiguração do projeto monástico com um protesto implícito dirigido ao mundo desordenado, como também, inscrevendo-se na tradição dos trabalhos dos historiadores, aos "que exploraram o contributo das ordens religiosas para a produção da ética econômica do seu tempo – mostrar, como o faz Jounveax, 'o esforço propriamente levado a cabo pelas comunidades para inscrever a sua atividade econômica na procura da perfeição cristã, que é o objetivo da sua vida monástica'" (Hervieu-Léger, "Prefácio", 2011, VII).

No prefácio a *Prêtres, diacres, laïcs*, Hervieu-Léger empenha-se na valorização do modo pelo qual Céline Béraud mostra uma realidade vivida em baixa tensão e decorrente do fim da civilização paroquial. Não se trata aqui de operar uma revolução eclesiológica na linha dos teólogos progressistas do século XX, mas uma revolução silenciosa, que se afirma pela bricolagem necessária para fazer frente à falta de padres. Nas palavras da autora: "Não que elas [as comunidades católicas locais] se empenhem em experiências pastorais particularmente inovadoras: o quadro obrigatório onde se inscreve a sua ação, bem com as disposições pastorais culturais e sociais dos atores em causa, impedem-nas de explorar formas de organização verdadeiramente inéditas" (Hervieu-Léger, 2007, "Prefácio", XIII).

O fascínio da vida monástica e o convívio não ideológico com a falta de funcionários sacerdotais retratados por duas discípulas de Hervieu-Léger não é aqui trazida por acaso. Entre ela e todos os aspetos focados neste verbete se verifica uma continuidade. Propõe-se que esta continuidade se prende com uma abordagem específica à questão do tempo. No início referiram-se os estudos mais difundidos, as obras que mais diziam respeito a uma realidade geográfica particular, nomeadamente francesa, as sequências temáticas baseadas nos primeiros trabalhos da autora, e posteriormente as repercussões da sua obra, como os aspectos relacionados com outros estudos. Na realidade, observa-se que, em *De la mission à la protestation*, o conceito operativo é o da utopia, mormente religiosa, também presente *em Des communautés pour les temps difficiles*, em que pontifica a população neorrural apocalíptica, a qual, como a larga maioria dos estudos da autora, se encontra nas margens da representatividade estatística. *La religion pour mémoire* enuncia dívidas intelectuais para com outros autores que trabalharam a questão do tempo na sua dimensão utópica (Desroche e Séguy) e folclorizadora (Certeau). *Catholicisme, la fin d'un monde* é o corolário desse árduo trabalho sobre a perda, através do conceito de "exculturação". Finalmente, vemos que as categorias estruturantes do pensamento de Hervieu-Léger residem no modo particular pelo qual a autora se opõe ao paradigma da secularização♀. Ela recusa a dicotomia religião/racionalidade e redefine a importância da tradição nas sociedades modernas, o que conduz à folclorização, reconhecível nomeadamente no fascínio pelos mosteiros, mas também na maneira tranquila de lidar com a atual situação da Igreja♀ Católica no que diz respeito à falta dos seus funcionários sacerdotais.

Bibliografia: CERTEAU, M. de; DOMENACH, J.-M. *Le christianisme éclaté*. Paris: Les Éditions du Cerf, 1974; HERVIEU, B.; LÉGER, D. *Catholicisme, la fin d'un monde*. Paris: Bayard, 2003; HERVIEU, B.; LÉGER, D. *De la mission à la protestation*: l'évolution des étudiants chrétiens. Paris: Les Éditions du Cerf, 1973; HERVIEU, B.; LÉGER, D. *Des communautés pour les temps difficiles*: néo-ruraux ou nouveaux moines. Paris: Le Centurion, 1983; HERVIEU, B.; LÉGER, D. *La religion pour mémoire*. Paris: Les Éditions du Cerf, 1993; HERVIEU, B.; LÉGER, D. *Le pèlerin et le converti*: la religion en mouvement. Paris: Flammarion, 1999; HERVIEU, B.; LÉGER, D. *Vers un nouveau christianisme*: introduction à la sociologie du christianisme occidental. Paris: Les Éditions du Cerf, 1986; HERVIEU, B.; LÉGER, D. Préface. In: BÉRAUD, C. *Prêtres, diacres, laïcs*: révolution silencieuse dans le catholicisme français. Paris: PUF, 2007. p. X-XV; HERVIEU, B.; LÉGER, D. Préface. In: JONVEAUX, I. *Le monastère au travail*: le Royaume de Dieu au défi de l'économie. Montrouge: Bayard, 2011. p. I-VIII; ISAMBERT, F.; PELLETIER, D.; DAVIE, G. Regards croisés sur une fin annoncée. *Archives de sciences sociales des religions* [online], 126 | abr.-jun. 2004, document 126.53, colocado online em 18 de novembro de 2005, consultado em 15 de janeiro de 2017, URL: <http://assr.revues.org/2652>; DOI: 10.4000/assr.2652; TSCHANNEN, O. *Les théories de la sécularisation*. Genève-Paris: Librairie Droz, 1992.

Catarina Silva Nunes

HIBRIDISMO → Fusão de religiões

HIERARQUIA

O termo "hierarquia" é derivado do latim *hyerarchia* e do grego *Ierarchía*, dizendo respeito, em ambos os casos, ao ordenamento de elementos ou coisas sagradas por sua ordem de importância, valor ou poder em dada configuração religiosa (Abbagnano, 2007, p. 580). No grego, *Ierarchía* é o resultado da junção de dois termos, a saber: *hieros*, isto é, "sagrado", e *arkhé*, que significa "origem", "dominação" (Beinert, 2004, p. 827). O conceito de hierarquia é neoplatônico, tendo, no entanto, sido introduzido na filosofia ocidental por intermédio de dois textos específicos do Pseudo-Dionísio, o Areopagita, a saber: *Sobre a hierarquia celeste* e *Sobre a hierarquia eclesiástica* (Abbagnano, 2007, p. 580). Pseudo-Dionísio ou Dionísio Pseudo-Areopagita é o nome pelo qual é conhecido o autor de quatro importantes tratados e mais dez cartas que exerceram, por um período de aproximadamente mil anos, uma significativa influência em vários aspectos da cultura cristã, como na literatura, na teologiaρ, na místicaρ, entre outras áreas. Nos tratados, que datam do final do século V, é possível notar uma forte influência dos neoplatônicos Plotino e Proclo. Nesse sentido, compreende-se a relação imediata entre as significações etimológicas do termo "hierarquia" com a dimensão religiosa, já que para os neoplatônicos, como Plotino, a filosofia cooperaria para aproximar o indivíduo numa relação cada vez mais próxima de Deus e, consequentemente, cada vez mais distante do mundo material com as suas cobiças e coisas vãs. Nos referidos textos, Dionísio Pseudo-Areopagita faz menção a uma classificação, ao ordenamento, à organização ou, simplesmente, à noção de uma hierarquia dos anjos ou das forças celestiais. Além deste enfoque, o autor também trata de uma hierarquia eclesiástica, destacando um primeiro grupo, ou classificação, relacionado aos mistérios, como o Batismoρ e a Eucaristia, um segundo grupo correspondendo àqueles responsáveis por administrar os mistérios, como os Bispos e os Diáconos, e ainda um terceiro grupo, referente àqueles que, por intermédio dos mistérios e da ministração por parte daqueles que são separados para tal atividade, recebem a graça divina, como os catecúmenos e os penitentes (Abbagnano, 2007, p. 580).

Beinert, em sua análise do termo, destaca que a palavra hierarquia "designa no direito canônico uma estrutura religiosa caracterizada e determinada por um poder de origem transcendente" (Beinert, 2004, p. 826). O autor acrescenta ainda que "tal estrutura só aparece num contexto em que decisões essenciais devem ser tomadas constantemente; quando se trata apenas, como numa religião da Lei ou do Livro, de interpretar princípios estabelecidos, não pode haver hierarquia. É por esse motivo que hierarquia representa um fenômeno tipicamente cristão" (Binert, 2004, p. 826).

I. As grandes tradições religiosas e a hierarquia. A noção de hierarquia nas grandes tradições religiosas é bastante variada. Pode-se, por exemplo, conjecturar acerca de uma hierarquia no sistema de castas hindu. Nesse sistema, são quatro as principais classes sociais: os "sacerdotes"ρ (brâmanes), os "guerreiros", os "agricultores", os "comerciantes" ou "artesãos" e, por fim, a classe dos "servos". É certo, no entanto, que, à medida que a sociedade indiana se desenvolveu, novas concepções acerca do sistema de castas foram sendo concebidas, de modo que, já

no início do século XX, havia algo em torno de três mil castas (Gaarder; Hellern; Notaker, 2000, p. 46). A palavra empregada na Índia para a ideia de casta é *jati*, que significa "nascimento" (Gaarder; Hellern; Notaker, 2000, p. 41). É válido notar que a noção de "puro" e "impuro" é a base do sistema de castas, de modo que cada casta possui o seu próprio conjunto de regras de conduta e de prática religiosa, estabelecendo, por exemplo, quais serão as profissões e quais as relações que poderão ser cultivadas pelos indivíduos a partir das regras já conhecidas de sua própria casta (Gaarder; Hellern; Notaker, 2000, p. 46). Nesta perspectiva, castas consideradas superiores gozarão de um *status* social mais hierarquicamente privilegiado em relação às demais castas.

No Budismo, pode ser forçoso afirmar a existência de uma estrutura hierárquica definida, pois é característica desta religião a prática individual e a busca pessoal pela iluminação, que é o alvo de todo budista. Em termos de hierarquia, pode-se conjecturar haver um elemento de distinção de importância entre as principais tradições do Budismo e a partir da legitimidade atribuída aos seus principais ramos pelos próprios adeptos. A tradição *teravada*, predominante em países do sul da Ásia, por exemplo, afirma ser o ramo do Budismo que mais se aproxima dos ensinamentos originais de Buda (Smith, 2007, p. 125). O nome da tradição reflete a convicção de seus adeptos, pois *teravada* significa "escola dos antigos". Para os budistas *teravadas*, o Buda é um ideal a ser seguido. A tradição *mahayana*, ramo predominante em países como China e Japão e que têm o Buda como um salvador, elemento de fundamental importância, pois admite a possibilidade de salvaçãoρ não apenas a monges, como também a leigosρ, à semelhança da tradição *teravada*, também possui um número bastante expressivo de adeptos (Gaarder; Hellern; Notaker, 2000, p. 75). Ambas as tradições, disputando entre si, buscam afirmar-se como a principal expressão contemporânea do Budismo concebido por Sidarta Gautama. Todavia, como anteriormente mencionado, esta é apenas uma tentativa de classificar os ramos do Budismo por ordem de importância a partir do critério de número de adeptos e de legitimidade social que cada tradição possui. Nesta perspectiva, o Budismo tibetano e o Zen Budismo, juntamente com as tradições *teravada* e *mahayana*, também se destacam neste cenário de múltiplas expressões de compreensão da fé budista. Mas, como também já destacado, não é característica desta religião a presença de estruturas severas de hierarquia, sobretudo por sua centralização no indivíduo como sendo o único responsável pelo desenvolvimento de sua própria jornada espiritual em busca de um aperfeiçoamento constante de seu carma e objetivando a consequente iluminação.

As relações de hierarquia no Islamismo também são complexas. O termo "aiatolá", por exemplo, é de

527   HIERARQUIA

origem iraniana, do século XIX, quando designava os juristas graduados que superavam os estudiosos do Islamismo, conhecidos como "mulás". O termo "xeque", por sua vez, designa, geralmente, qualquer pessoa que tenha autoridade religiosa→, e o termo "sultão" é usualmente conferido ao indivíduo com autoridade política. Sendo assim, há vários títulos que designam posições de liderança religiosa e política no contexto dos países islâmicos, variando os termos empregados de localidade a localidade e também por fatores políticos e de interpretação→ do texto sagrado próprio, o Corão ou Alcorão.

No contexto do Judaísmo antigo, relações de hierarquia são determinantes nas atividades do tabernáculo, espaço sagrado→ que precedeu o culto no templo durante o período monástico de Israel. Práticas rituais e sacrificais, bem como as festividades a serem celebradas, todas elas eram desempenhadas com o exercício de múltiplos papéis desempenhados a partir das relações hierárquicas ali estabelecidas. Nesta perspectiva, ao sumo sacerdote, por exemplo, cabia a responsabilidade por interceder pelo povo perante o Deus de Israel, representando-o, sobretudo, na oferta do sacrifício→ pela expiação dos pecados do povo. Destacando o elemento de importância conferido aos sacerdotes na estrutura religiosa a ser seguida no tabernáculo, o texto do Antigo Testamento, por exemplo, aponta a elaboração de vestes especiais para os sacerdotes e descreve também um rito especial de consagração destes indivíduos à atividade que lhes era atribuída (Êxodo, capítulos 28, 29 e 39). Ao longo da história de Israel, é legado aos descendentes de Arão, primeiro sumo sacerdote e membro da tribo de Levi, portanto, destinado aos levitas, o direito ao sacerdócio, com todas as funções relativas ao culto, como a prática dos sacrifícios→, a intercessão pelo povo e a leitura pública da lei, funções que tinham como objetivo manter o culto, trazer à memória→ do povo os atos de libertação→ do Deus→ de Israel em favor dos israelitas e conservar os israelitas puros perante as exigências morais e sacrifícas da divindade, sendo este um critério fundamental para a manutenção da relação com o Sagrado→. As relações hierárquicas ali estabelecidas são reproduzidas durante o período monárquico com a atividade religiosa, agora sendo exercida no templo. Ainda que o rei ocupasse uma posição central na monarquia de Israel, estando, dessa forma, no topo da hierarquia político-militar de governo, no que diz respeito às atividades religiosas, são os levitas que, descendendo de Arão, serão os responsáveis pela manutenção do culto, com o auxílio dos escribas, do secretário do templo, do arquivista e de outros cargos de menor importância na estrutura religiosa do templo.

As sinagogas, sendo um ponto de encontro entre judeus para a oração→, a leitura e a meditação→ dos textos sagrados, começam a ser concebidas a partir do retorno dos israelitas do exílio babilônico no século V

a.C. e se tornam bastante comuns durante os séculos seguintes. No início da era cristã, mesmo com um templo instituído em Jerusalém, já existiam diversas sinagogas nas regiões circunvizinhas a Jerusalém e nas quais os judeus realizavam os seus encontros para a oração→, a leitura e a meditação→, sempre no dia de sábado. Ainda hoje, as sinagogas são comuns em diversas localidades, caracterizando-se como o principal lugar de encontro religioso entre os judeus. Na estrutura religiosa de uma sinagoga, destaca-se a figura do rabino, que é o líder espiritual em uma comunidade judaica. Uma figura secundária é a do Chazan, que é o cantor litúrgico.

II. A mitologia grega e a hierarquia dos deuses. Nos diversos mitos gregos é que repousam as principais explicações acerca da natureza com todos os seus fenômenos, suas leis e seus princípios, antes do surgimento da filosofia, no século VI a.C., e do questionamento levantado por seus primeiros representantes quanto à possibilidade de novas interpretações da realidade a partir da reflexão puramente racional e crítica. Antes que Tales, Anaximandro ou Anaxímenes, filósofos de Mileto, pudessem, no entanto, propor uma "arché", isto é, um princípio originário de todas as coisas a partir da própria realidade concreta e, portanto, natural e não sobrenatural, era referenciando-se nos deuses, nos seus embates descritos pelos mitos e nas suas hierarquias estabelecida que o homem entendia e governo do universo. Os deuses gregos é que regiam as forças da natureza, o tempo, os acontecimentos e a sorte de todo o indivíduo. Nesta perspectiva, no universo mitológico grego, antes da era dos deuses, existia apenas Urano, o céu, e Gaia, a terra, de cuja união nasceram filhos, os titãs na mitologia→ grega. Urano e Gaia se separaram quando Cronus, titã e, portanto, um dos filhos de Urano e Gaia, se levanta contra Urano a pedido da própria Gaia; um mito que explica o surgimento da realidade a partir da separação entre céu e terra. Cronus passa a exercer domínio e autoridade até que Zeus, um de seus filhos, o confronta em uma grande batalha, derrotando-o e inaugurando, dessa forma, a era dos deuses. Esta narrativa explica a razão pela qual Zeus é reconhecido como sendo a principal divindade no amplo escopo de deuses mitológicos gregos. Ele é o deus dos deuses e líder das divindades→ do Olimpo. Da união de Zeus com Leto nasceu Apolo, o deus da luz, das artes e da medicina. Ares, o terrível deus da guerra, é fruto da relação de Zeus com Hera. Atenas, deusa da sabedoria, é filha da união de Zeus com Métis. Verifica-se, portanto, que os principais deuses da mitologia→ grega são filhos de Zeus. Desse modo, pode-se perceber que o elemento hierárquico é bastante característico da mitologia→ grega desde Urano e Gaia, nos embates que daí decorreram até o aparecimento de Zeus e de sua batalha contra Cronus e, por fim, na prevalência de Zeus sobre todos as demais divindades♀ que apareceriam a partir de suas relações com as suas diversas esposas.

III. A hierarquia no início da Igreja♀ cristã e no Cristianismo católico. Embora o conceito de hierarquia não apareça com clareza no Novo Testamento cristão, é possível verificar o estabelecimento de relações hierárquicas ao longo de seu texto. Dentre os discípulos do Cristo, doze mantinham com ele uma relação de maior proximidade em comparação aos demais discípulos. No Livro dos Atos dos Apóstolos, a relação hierárquica entre os apóstolos e os demais discípulos que permaneceram ou que se juntaram ao grupo por ocasião da manifestação do Espírito no dia de Pentecostes (Atos, capítulo 2) e daí por diante, é, da mesma forma, evidente. Além disso, relações de hierarquia aparecem com clareza na organização das primeiras igrejas, em seu funcionamento e nas orientações paulinas destinadas às igrejas que ele havia fundado em suas viagens missionárias, ou que simplesmente necessitavam de sua orientação. Sendo assim, como apontado anteriormente, foi com Pseudo-Dionísio que a relação entre o termo "hierarquia" e as estruturas, ou organizações eclesiásticas, começam a aparecer. Beinert destaca, no entanto, que no século XII, com o desenvolvimento da teologia♀ canônica, "a Igreja♀ aparece como uma sociedade (*societas perfecta*) comparável à coletividade política composta de classes desiguais – clero♀ e laicato –, cujas diversas funções determinam, por sua vez, novas diferenças de posto. Por essa razão, pela importância do clero♀ para o conjunto da Igreja♀, a hierarquia tornou-se um conceito canônico central" (Beinert, 2004, p. 826).

Beinert também destaca que é no século XII que se configura a noção de que o poder eclesial é constituído a partir de dois elementos-chave, a saber: um primeiro que resulta da ordenação♀ e o segundo que resulta da jurisdição sobre uma Igreja♀ específica. Assim, ele coloca que "o poder de ordem é gradualmente conferido pelo sacramento♀ da ordem (diácono, sacerdote, bispo) e determina a hierarquia da ordem; o poder de jurisdição está ligado aos ministérios do papa e dos bispos, compete ao primeiro pela aceitação de seu cargo, e aos segundos pela designação. Todos os outros cargos apenas participam de um desses dois graus hierárquicos" (Beinert, 2004, p. 826-827).

Nesta perspectiva, portanto, é importante enfatizar que o Cristianismo antigo assimila dois modelos hierárquicos em sua constituição religiosa, sendo o primeiro deles uma referência extraída do quadro hierárquico estabelecido no templo durante o período monárquico de Israel; período este que, como antes salientado, apresenta a figura do rei como governante político-militar central, mas que destaca também uma clara hierarquia presente nas atividades religiosas do templo, com a figura do sacerdote e dos levitas na administração do templo, com os

seus sacrifícios♀, ritos e festas religiosas, além das funções de menor importância, também necessárias para o bom funcionamento das questões relativas à religião dos israelitas. Sendo assim, é deste primeiro quadro referencial que o Cristianismo antigo extrai o seu modelo de organização hierárquica, com a institucionalização♀ dos diáconos, presbíteros e bispos atuando na organização e administração das diversas igrejas que vão sendo organizadas. Um segundo modelo, no entanto, é referido a partir da instituição política dominante no início da era cristã, o Império Romano, o qual apresentava, em sua estrutura, uma figura central de autoridade que era, evidentemente, o imperador, e também um corpo de senadores, de cujas esferas de poder emanam as decisões diretivas em relação aos interesses do império. Dessa referência resulta a noção de epíscopo ou supervisor, um magistrado romano que supervisionava uma diocese e que, no contexto das igrejas, exercerá a mesma função de supervisor da manutenção da doutrina, da conduta relativa aos princípios e valores abraçados e assim por diante.

No Catolicismo contemporâneo, as relações hierárquicas são determinantes na organização da estrutura religiosa. O Papa é a figura central. Ele é o bispo de Roma, líder mundial da Igreja♀ Católica Apostólica Romana e Chefe de Estado da Cidade do Vaticano. Seu cargo é vitalício, pois sua legitimidade repousa sobre a convicção de ser ele o sucessor de São Pedro, apóstolo cristão; elemento este que faz do papado uma das instituições mais antigas do mundo. A fim de que o Papa possa desempenhar a sua função de modo a atender plenamente às demandas que lhe são dirigidas, há diversos funcionários e órgãos da Igreja♀ estabelecidos com o intuito de auxiliá-lo nas diversas questões que envolvem o papado, conjunto este denominado de "Cúria romana". Além disso, existem os dicastérios, instituição similar aos ministérios de um Estado moderno, cujos responsáveis também cooperarão com o Papa no exercício de seu ofício e que incluem congregações, tribunais e ofícios. Dentre os dicastérios, destaca-se a Secretaria de Estado, que organiza e cuida de todas as atividades de ordem política e diplomática do papado. Há de destacar ainda a figura dos cardeais, que atuam como conselheiros mais próximos do Papa. Três ordens de cardeais se destacam: os cardeais-bispos, os cardeais-presbíteros e os cardeais-diáconos. A forte estrutura hierárquica presente no Catolicismo e estabelecida em torno do papado se reflete nas diversas comunidades católicas por todo o mundo. Ao arcebispo, responsável por uma arquidiocese, compete a responsabilidade de supervisionar, cuidar e zelar pelo cumprimento das doutrinas católicas e interesses do papado sobre várias dioceses e bispos que atuam afastados de Roma. Aos bispos, semelhantemente, compete a supervisão no âmbito de uma diocese ou circunscrição definida e, por fim, aos padres, compete o ensino das escrituras sagradas, a ministração dos sacramentos$\wp$ aos adeptos, a administração da paróquia, entre outras funções. Dessa forma, cada um exercendo a função que lhe é atribuída, buscará atuar de modo a atender às exigências que lhe são impostas por autoridades mais hierarquicamente elevadas a si.

IV. A hierarquia nas igrejas evangélicas. Em se tratando de igrejas reformadas e presbiterianas, prevalecem as relações hierárquicas com base em uma forma de governo eclesiástico conhecido como presbiteral. No âmbito de uma comunidade local, existe um conselho de presbíteros que é responsável pela administração e direção da comunidade conforme as suas finalidades. Entre os presbíteros, existe o pastor da Igreja$\wp$, cuja função é caracterizada pela pregação do texto sagrado, pelo ensino e pela ministração dos sacramentos$\wp$. O grupo de diáconos apoia o conselho de presbíteros atuando com a responsabilidade de cuidar de questões de natureza social dos membros da comunidade. As comunidades de uma determinada região ficam sob a supervisão de um presbitério, formado por presbíteros de várias comunidades locais. Por fim, existe ainda a Assembleia Geral ou o Supremo Concílio$\wp$, que tem autoridade sobre todas as igrejas presbiterianas em uma determinada região ou país e que é formada por membros dos diversos presbitérios (Ferreira; Myatt, 2007, p. 932-933).

Como característico de igrejas de tradição anglicana e metodista, as relações de hierarquia se organizam em torno de um ministério triplo formado por bispos, pastores e diáconos. Nesta forma de governo eclesiástico, no entanto, compete exclusivamente aos bispos a responsabilidade por ordenar outros indivíduos para a realização do ministério eclesiástico.

Acerca da tradição luterana, a estrutura de governo eclesiástico, a partir do qual as relações hierárquicas são estabelecidas, se caracteriza, primeiramente, pela existência de instâncias nacionais. Nesta esfera, acontecem os concílios$\wp$ da Igreja$\wp$, que debatem diversos assuntos que lhe são encaminhados pelo Conselho da Igreja$\wp$, isto no que diz respeito a assuntos administrativos, e aqueles que lhe são trazidos pela presidência da Igreja$\wp$, quando dizem respeito a assuntos de ordem ministerial específica do grupo. Portanto, a direção nacional da Igreja$\wp$ Luterana, no que diz respeito à realidade brasileira, é formada pelo Concílio$\wp$, pela presidência, pelo Conselho da Igreja$\wp$ e sua diretoria. A segunda instância no governo luterano diz respeito à esfera sinodal, isto é, ao campo em que reflexões e decisões diversas de ordem normativa acerca de diversos assuntos são discutidas e estabelecidas para a orientação às igrejas. Nesta esfera, existe a Assembleia Sinodal, formada por representantes de comunidades, paróquias, setores e ministros que atuam no sínodo. As demandas diversas são tratadas pela diretoria sinodal, pelo Conselho

Sinodal e, aquelas de maior relevância, discutidas no âmbito da Assembleia Sinodal. As decisões tomadas pela Assembleia Sinodal são normativas às paróquias e comunidades, com seus presbitérios e ministros. Por fim, existem as instâncias locais, formadas pela paróquia e pelas comunidades locais. No âmbito das comunidades locais, existe a Assembleia Geral da Comunidade, que, do ponto de vista hierárquico, é a instância de maior autoridade na comunidade. Ela reúne os membros da comunidade a fim de que possam participar diretamente na tomada de decisões relacionadas à concretização de suas finalidades específicas. As decisões tomadas pela Assembleia Geral são executadas pelo presbitério da Igreja$\wp$ local. Ao ministro local compete atuar na realização das tarefas ministeriais da comunidade. As comunidades locais de uma determinada região fazem parte de uma paróquia, que dá apoio às diversas comunidades que a integram pela reunião de esforços e recursos e com o intuito de concretizar os objetivos da comunidade em termos de assistência espiritual, social, de evangelização, entre outros. O Conselho paroquial administra a paróquia e conta com o apoio de uma diretoria paroquial na execução das questões administrativas.

Em comunidades cristãs batistas e congregacionais, a relação hierárquica é bastante reduzida quando em comparação, por exemplo, com as relações hierárquicas presentes em outras tradições cristãs. Isto se dá porque, nestas igrejas, cada comunidade local é independente do ponto de vista administrativo. A ausência de outras instâncias para as quais as comunidades locais tenham de prestar contas de sua administração permite que as relações hierárquicas sejam estabelecidas internamente, conforme as necessidades próprias de cada comunidade e a partir da figura do pastor da comunidade local, que, tendo a sua posição legitimada pela comunidade mediante um convite formal que lhe é feito, assume a direção do grupo em todos os aspectos. O pastor atua, juntamente com os seus suboficiais, tais como os diáconos, no pastoreio dos membros da comunidade, na administração das questões jurídicas e sociais relativas ao grupo e na determinação de diretrizes e ações que visem salvaguardar o bom andamento da Igreja$\wp$, conforme os interesses e propósitos compreendidos e estabelecidos. Ainda que seja da competência do pastor local, que também atua como presidente da comunidade, juntamente com os seus suboficiais e líderes de departamentos, a direção da comunidade, as decisões mais importantes, sobretudo de natureza administrativa, são tomadas mediante a participação de toda a comunidade reunida em assembleias administrativas ordinárias, nas quais é conferido a cada membro da comunidade o direito de ponderar e deliberar, prevalecendo, sempre, a vontade da maioria.

Nas mais variadas igrejas evangélicas que se autorreconhecem como sendo pentecostais ou neopentecostais, a hierarquia se estabelece, geralmente, em

HIERARQUIA

torno de uma figura central, cuja função é legitimada por comissionamento divino. É essa figura, podendo ser um pastor, um bispo ou ainda um apóstolo, dentre outras nomenclaturas, que confere títulos e designa funções a outros em posição, portanto, de subordinação a si, estabelecendo, dessa forma, as diretrizes e ações necessárias para o funcionamento da comunidade e para a concretização da missão estabelecida.

V. O conceito no campo da ciência e da filosofia. No campo da ciência e da filosofia, Platão (428/427-348/347 a.C.), na Grécia antiga, por exemplo, defendia o governo de um rei-filósofo como sendo o único habilmente capaz de conduzir com excelência a *pólis*, garantido sua prosperidade e, consequentemente, o bem-estar de seus cidadãos. Não era incomum a compreensão na Grécia antiga da importância da filosofia como disciplina superior aos demais saberes, exatamente por seu caráter interrogativo e investigativo na busca pelos significados primeiros de todo objeto em questão. Nesse sentido, a filosofia ocupava uma posição hierarquicamente privilegiada em relação às demais áreas do conhecimento. No entanto, faz-se necessário pontuar que, naquele contexto, não estava posta uma distinção ou uma separação clara entre filosofia e ciência, de modo que todo aquele que se dispunha a investigar com mais afinco determinado objeto era, por essa razão, considerado um filósofo.

Aristóteles (384-322 a.C.), por sua vez, considerando todo saber filosófico produzido pela filosofia desde os pré-socráticos de Mileto, com a sua investigação da *physis*, isto é, da natureza com todos os seus fenômenos, leis e princípios, foi quem primeiro criou uma classificação entre as diversas ciências, conforme os mais variados ramos do saber. Para Aristóteles, as ciências poderiam ser classificadas em três grupos principais: 1) as ciências produtivas, que são os conhecimentos que objetivam determinada produção, tais como a arquitetura, a escultura e a poesia; 2) as ciências práticas, isto é, os saberes relacionados ao estudo das ações humanas em correspondência ao próprio ser humano, como a ética e a política; 3) as ciências teóricas ou contemplativas, que são as que têm como objeto de estudo tudo aquilo que não foi produzido ou criado pelo ser humano, como a Biologia♀, a Física e a Matemática. É fundamental destacar que a filosofia era considerada soberana em relação aos demais saberes por sua característica investigativa quanto às causas primeiras de todo fenômeno e objeto, como já fora destacado, de modo que as demais ciências se encontravam numa posição de subordinação à filosofia ou, ainda, como parte dela.

A classificação das ciências elaborada por Aristóteles foi predominante até a revolução científica do século XVII, quando, então, novas teorias científicas respaldadas pelo uso de instrumentos específicos e mais precisos em seus resultados confrontaram as teorias aristotélicas e estabeleceram, então, a separação entre conhecimento filosófico e conhecimento científico. A Matemática, por seu caráter objetivo, demonstrável e universal, passou a ser considerada a principal linguagem da ciência por cientistas como Galileu (1564-1642), Kepler (1571-1630) e Newton (1643-1727), além de outros. O propósito era fazer ciência a partir da produção de um conhecimento seguro.

Ainda que haja tentativas na direção de negar a expressão ou a suposição de uma "hierarquia das ciências" no amplo universo científico contemporâneo, é reconhecível, por exemplo, a tendência contemporânea a uma concentração de cursos acadêmicos, que atendam às demandas e flutuações do mercado, nas universidades globais, ao passo que as disciplinas relacionadas ao campo das ciências humanas tenderão a encontrar localidade apenas nas universidades mais tradicionais e históricas, isto é, nas universidades de elite. Esta é uma das problemáticas levantadas e debatidas entre Donskis e Bauman em *Cegueira moral: a perda da sensibilidade na modernidade líquida*. Para ambos os autores, as ciências humanas serão sacrificadas em favorecimento de projetos relacionados ao campo da administração, da economia, do direito, da ciência política, entre outros, para os quais há significativa demanda por serem disciplinas com utilidade aos interesses do mercado (Bauman; Donskis, 2014, p. 158-200).

Lalande, observando o elemento de hierarquia também no campo das ciências, ressalta que "é indubitável que a noção de hierarquia é essencial à Filosofia, mas não se pode admitir que ela seja anticientífica, nem que a ciência se reduza ao domínio da quantidade: dificilmente isso seria verdadeiro para as próprias matemáticas. A ciência moderna, pelo contrário, alarga cada vez mais os seus quadros e os seus métodos♀ e recusa expressamente deixar-se identificar com uma geometria. A própria Física utiliza o conceito de hierarquia quando se trata de *formas* de energia. Com mais forte razão, o mesmo se passa nas ciências biológicas, psicológicas e sociais. As ciências 'normativas' foram criadas expressamente para analisar os juízos de valor" (Lalande, 1999, p. 463).

Pode-se ainda conjecturar se esta tendência reflete, apenas, os movimentos do mercado e de sua seleção própria, natural, em separar e exigir as capacidades técnicas e científicas que melhor atendam às suas demandas, isto é, com rápido retorno em termos de resultados práticos aos interesses do próprio mercado e que, portanto, as universidades e os governos, inseridos na lógica de produção capitalista, nada podem fazer a respeito, senão dar curso às suas decisões e atividades na direção dos horizontes apontados pelo mercado, a fim de não perderem capital substancial necessário à manutenção de seus estados e de seu próprio poder e importância no cenário econômico global, ou, então, se esta tendência reflete um movimento mútuo, conjunto, que concilia interesses próprios do mercado e também por parte dos governos, com base em suas justificativas ideológicas, e assim por diante.

VI. O conceito na contemporaneidade. Na contemporaneidade, o termo "hierarquia" diz respeito às mais variadas classificações e ordenamentos próprios da maneira de se organizar socialmente dos mais variados grupos que subsistem em conjunto no tecido social, tais como as hierarquias próprias das múltiplas esferas do trabalho secular, como na indústria, nos serviços e no comércio, das esferas da atividade pública e política, como se vê na relação hierárquica entre os servidores públicos e o cidadão comum, e assim por diante. Em cada um desses grupos, relações hierárquicas são estabelecidas com o intuito de distinguir entre os indivíduos pertencentes ao mesmo grupo, aqueles que exercem poder, controle sobre o capital, legitimidade técnica e simbólica, e que, portanto, ocupam as primeiras posições na cadeia hierárquica e, dessa forma, atuam de modo a estabelecer as diretrizes do grupo e a determinar as suas ações, os seus valores e os seus objetivos. Nesta perspectiva, Lalande, em relação ao uso contemporâneo do termo, o entende, propriamente, como "subordinação serial de pessoas, tal que cada uma seja superior à precedente pela extensão do seu poder ou pela elevação do seu nível social" (Lalande, 1999, p. 463). Lalande acrescenta ainda que, por extensão, hierarquia diz respeito a "toda subordinação serial de pessoas, ou de fatos ou de ideias, tal que cada termo da série seja superior ao precedente por uma característica de natureza normativa (quer apreciativa, quer imperativa): 'Hierarquia dos deveres, hierarquia das ciências, hierarquia das formas de energia'…" (Lalande, 1999, p. 463).

***

O estudo da noção de hierarquia como elemento característico das mais variadas relações que se dão no cenário social contemporâneo e, portanto, não apenas no que diz respeito às relações próprias do campo religioso, como também quanto àquelas que acontecem em outras esferas sociais, determinando condutas religiosas, valores éticos, exercícios de poder e práticas políticas, relações no âmbito do mercado, entre outras, a partir de um olhar etimológico do termo "hierarquia", é significativo, pois tal engajamento fornece as noções básicas, primeiras e, portanto, fundamentais, quanto ao surgimento da noção de hierarquia e também de suas primeiras concepções. É esse resgate do significado primeiro e da aplicação primeira do termo num contexto específico que algumas luzes são lançadas sobre o horizonte interpretativo de quem busca compreender os diversos usos, neste verbete, ao longo da história e, sobretudo, na contemporaneidade. A hierarquia, como foi apontado, é um elemento próprio das diversas relações sociais no mundo global. Compreender a sua noção é de fundamental importância para uma compreensão mais ampla das relações e dos modos de vida na sociedade do século XXI.

Bibliografia: ABBAGNANO, N. Hierarquia. In: ABBAGNANO, N. *Dicionário de filosofia*. São Paulo: Martins Fontes, 2007; BAUMAN, Z.; DONSKIS, L. *Cegueira moral*: a perda da sensibilidade na modernidade líquida. Rio de Janeiro: Zahar, 2014; BEINERT, W. Hierarquia. In: LACOSTE, J.-Y. *Dicionário crítico de teologia*. São Paulo: Paulinas/Loyola, 2004; FERREIRA, F.; MYATT, A. *Teologia sistemática*: uma análise histórica, bíblica e apologética para o contexto atual. São Paulo: Vida Nova, 2007; GAARDER, J.; HELLERN, V.; NOTAKER, H. *O livro das religiões*. São Paulo: Companhia das Letras. 2000; LALANDE, A. Hierarquia. In: LALANDE, A. *Vocabulário técnico e crítico da filosofia*. São Paulo: Martins Fontes, 1999; SMITH, H. *As religiões do mundo*: nossas grandes tradições de sabedoria. 10. ed. São Paulo: Cultrix, 2007.

Renato de Lima da Costa

HISTÓRIA DAS RELIGIÕES

I. O conceito. Quando falamos em História das Religiões, hoje, precisamos levar em consideração um "rótulo de denominação pouco controlada". Antes de levar em consideração a História das Religiões, de fato, seria preciso propor uma análise histórica da formação e do percurso desta, de algum modo, "disciplina indisciplinada"; e que, aliás, dificilmente pode ser declinada no singular. Não podendo realizar isto com o devido espaço, no contexto desse verbete, todavia apontamos, aqui, para as conflitantes origens da disciplina (substancialmente plural em sua formação, apesar do termo generalizante). E se tratou, sem sombra de dúvidas, de uma denominação que, para além de uma sua falta de unidade e apesar de definir-se enquanto perspectiva histórica, em suas origens nunca viu determinar-se enquanto prioritária uma abordagem propriamente histórica e historiográfica. Isto porque, substancialmente, suas perspectivas foram se delineando conforme diretrizes sistemáticas, essencialistas, teológicas e fenomenológicas. Enfim, tratou-se de abordagens que foram construídas, sobretudo, na base de uma objetivação da religião e dos fenômenos que lhe dizem respeito: não, portanto e propriamente, de uma problematização histórica e crítica.

II. O nascimento da História das Religiões. No que diz respeito à genealogia da disciplina, precisamos oferecer, inicialmente, um enquadramento, mínimo e geral, do contexto histórico que viu seu surgimento no interior de uma problemática, de

HISTÓRIA DAS RELIGIÕES

qualquer modo, histórico-religiosa. Isto porque, em suas origens, os estudos sobre religião foram abordados partindo de uma dimensão autônoma, transcendente e holística, isto é, para além (ou aquém) de sua dimensão propriamente histórica. É sobre esta primeira fundação genealógica que se constituirão, sucessivamente, algumas perspectivas de estudos comparativos das religiões; diferenciando-se dessas irá se destacar a especificidade inscrita na vertente propriamente histórico-religiosa italiana.

Segundo sua denominação mais abrangente e onicompreensiva, então, a História das Religiões nasceu na segunda metade do século XIX. Trata-se, sinteticamente, do momento histórico no qual a Europa decidia acerca da divisão da África – a partir de 1878, com, finalmente, a realização da Conferência de Berlim entre 1884 e 1885 –; trata-se da época na qual o Império Britânico tornava-se o maior império da história; e, ainda, do momento no qual a civilização europeia manifestava sua mais completa convicção de superioridade (em termos propriamente raciais, vale destacar). É justamente nessa conjuntura que alguns estudiosos começam a se interessar pelas culturas dos outros povos da terra, sistematizando seus estudos a partir de suas religiões. Aliás, vale observar como, a esse respeito e nesse contexto, frequentemente o termo "cultura" coincidirá com o de "religião♀": longe de serem propostos, pelo menos, enquanto categorias interpretativas ou relacionais, junto com as categorias raciais subjacentes, ambos os conceitos serão propostos, de fato, em termos solidamente objetivos, determinados e determinantes. Enfim, esta perspectiva holística (porque, no fundo, teológica) considerava as religiões não enquanto sistemas históricos de valores, mas como realidades metatemporais e não modificáveis, isto é, transformava e confundia a necessidade da duração de um valor culturalmente (e historicamente) definido em eternidade♀, transformando, assim, a sua eficácia histórica e cultural em paradigma fixo e atemporal.

Ao longo da primeira metade do século XX, sobretudo no período entre os dois conflitos mundiais, perante as novas contingências históricas, políticas e culturais que veem a Europa sujeitada a repensar e a redimensionar criticamente seu conceito de civilização – e, portanto, a revisitar, sempre de forma crítica, seus estudos antropológicos e aqueles sobre as religiões dos povos extraeuropeus –, o problema de propor uma perspectiva "objetivística" da religião♀ (assim como de cultura) manifesta-se enquanto não somente um problema epistemológico, mas também, evidente e fortemente, político e cultural.

No entanto, vale evidenciar que é no momento histórico do segundo Oitocentos que surge a "manualística" histórico-religiosa: trata-se dos primeiros manuais, modelares e exemplares, de História das Religiões. Significativamente, isto se verifica no interior de uma perspectiva e a partir de um conceito de religião♀ que permanece fortemente preso e determinado pelo seu sentido mais ocidental, objetivo, transcendente, impermeável (com relação à historicidade do próprio Ocidente). Não é por acaso que o berço privilegiado dessa "manualística" tenha sido o contexto teológico-protestante, que, sem questionar-se sobre o próprio percurso histórico, predispôs e afinou seus instrumentos para a abordagem ao problema.

III. Ciência da Religião e *comparative religion*.
É no interior dessa perspectiva que, em meados do século XIX, surge a obra de Müller♀ *Lectures on the Science of Language*: trata-se de uma obra que, tecida através da análise da linguagem, pretende implementar uma sua *comparative religion*, que, enquanto tal, busca uma possível interpretação♀ dos fatos religiosos. Com esse objetivo e levando em consideração a personificação de fenômenos (naturais ou outros), o estudioso alemão (em sua origem, mas que se transferiu sucessivamente para a Inglaterra) consegue enfocar juntos, portanto, os dois problemas: da linguagem e da mitologia♀, definindo a última enquanto uma característica "doença da linguagem", pela qual o símbolo passa a ser o simbolizado. E falar em "doença da linguagem" significa que a *mitologia♀* estaria para a *linguagem* como a *doença* para a *sanidade*, enquanto a equação viria repropondo (quase) a contraposição grega entre *mythos* e *logos* como correspondentes a um dizer coisas falsas e coisas verdadeiras.

Segundo Müller♀, portanto, apesar de a mitologia♀ configurar-se como uma linguagem de criança que exprime ideias de crianças, ela se caracteriza enquanto "linguagem verdadeira" para uma "religião verdadeira"; ela afirma-se, enfim, enquanto produto de uma específica experiência primordial vivida, da qual, na época sucessiva, só chega até nós um eco flébil. Perante essa perspectiva geral, no entanto – mesmo que o pressuposto de Müller♀ fosse aquele de que as religiões dos "selvagens" devessem ser tratadas com o mesmo respeito que é reservado às das civilizações "superiores" –, sua análise permanece ligada, fundamentalmente, ao pressuposto da comparabilidade das religiões a partir do fato de que elas podem ser consideradas cronologicamente estranhas aos contextos culturais que as subtendem. E esse vício de fundo aponta para a perspectiva de uma característica contraposição das religiões que se diferenciariam, segundo o autor, conforme um plano que vai da "conservação" de um passado unificante, em direção a um "progresso" diversificante. A partir desses pressupostos, o estudioso alemão não fala, ainda, em "História das Religiões", mas fala de *comparative religion* ou de "ciência das religiões".

Em síntese, em nome do rigor científico, Müller♀ põe as bases para os futuros manuais de História das Religiões. E realiza essa operação partindo do pressuposto de que cada cultura, cada povo tem a própria religião, e somente quem conhece a língua daquele povo pode explicá-la; o que viria a implicar, necessariamente, que a cada especialista caberia estudar e interpretar a "sua" religião: a religião que diz respeito às competências linguísticas do especialista que se debruça sobre ela.

1. Evolucionismo, animismo e *Primitive Culture*.

A partir do produto mitológico considerado enquanto doença da linguagem, Müller𝒫 inaugura, então, a atenção para o fenômeno da personificação (linguística e mitológica). De um lado, ele interpreta tudo em chave de personificação (de fenômenos naturais ou outros); por outro lado, é a partir desse fenômeno que a questão da personificação é vista enquanto central na maior parte dos construtos histórico-religiosos; até mesmo naqueles dos evolucionistas, que, sucessivamente, irão se contrapor ao próprio Müller𝒫. Prevalentemente condicionadas pelas teorias evolucionistas de Charles Darwin𝒫, o fato é que a aplicação dessas teorias à análise das diferentes sociedades parecia permitir a individuação das leis de desenvolvimento da humanidade, de modo que, por um lado, foram sendo procuradas obsessivamente as origens e, por outro, se considerava que o futuro da humanidade teria sido dominado pela ciência, a ser entendida enquanto ciência da natureza. Coerentemente com a teoria do evolucionismo𝒫, os povos etnológicos vinham se configurando, então, como a persistência no presente das condições primitivas de vida do homem; foi nesta perspectiva que, no vocabulário da época, aqueles povos ganharam o estatuto de "primitivos". Considerados, portanto, enquanto resíduos da humanidade primitiva pela Antropologia e pela Etnologia oitocentista (e isto veio ocorrendo, ainda, em boa parte, do século XX), os povos etnológicos deviam conservar, também, nesse estágio de primitivismo, suas formas religiosas que viriam a ensejar as "formas elementares" (durkheimianas) da religião.

As origens da antropologia cultural, fundamentada nesses pressupostos, se encontram na obra de Tylor, que, a partir de uma obra de 1871 (*Primitive Culture*), formulou a teoria animista. Com relação a essa teoria, vale salientar como o *animismo𝒫* de Tylor também realiza uma personificação, assim como havia feito Müller𝒫; de fato, o antropólogo inglês atribui uma alma𝒫 às coisas, o que quer dizer que transforma as coisas em pessoas ou as trata enquanto suas imagens, quase como se tratasse de representações personificadas. A esse respeito vale observar como, por outro lado, apesar da aparente diversidade de tratamento em relação à teoria animista de Tylor, também o *pré-animismo𝒫* mágico – atribuído por outros, a partir de Robert Ranulph Marett em uma publicação de 1900, aos povos mais primitivos – expressava, da mesma forma, a convicção de uma humanidade ainda incapaz de personificar e que, portanto, consegue conceber somente forças impes-

soais. Logo, tanto na teoria animista (Tylor) quanto na pré-animista (Marett), base das sucessivas perspectivas evolucionistas, a personificação permanece um referencial indispensável.

2. *Science of religion versus anthropology*.

Não é secundário observar como é na própria Inglaterra que o alemão Müller𝒫 colocava as bases de uma *science of religion*, enquanto é sempre lá que outros, como o inglês E. B. Tylor, estavam fundando uma *anthropology* que não distinguia o homem natural do homem cultural. A respeito dessa distinção nesse contexto, poder-se-ia falar de uma *anthropology* que se colocava decididamente contra a *science of religion*. E, veja-se bem, é justamente a partir da perspectiva apontada por Müller𝒫 que nasce a História das Religiões. Esta, consequentemente, desde o começo, mostra-se aberta a duas possibilidades: 1) uma "romântica" (a de Müller𝒫), que faz dos "primitivos" os depositários do primeiro fundamental elemento (a religião), que transforma o indiferenciado em povo, etnia, nação: uma perspectiva "culturalista" (conservadora) propriamente alemã; 2) e uma segunda, a "positivista" (a proposta por Edward Burnett Tylor), que olha para os "primitivos" como aqueles que conservam uma rude forma de religiosidade: traço de uma perspectiva "civilizacional" (progressista) caracteristicamente inglesa.

Torna-se evidente, a esse respeito, a correlação analógica (que se destaca dentro da nova perspectiva antropológica do século XIX) do percurso especulativo de um "religioso" paralelo àquele da linguagem; nesse percurso, como resulta evidente pelo próprio relato bíblico da confusão babélica das línguas, aos elementos essenciais que seriam próprios da língua adâmica corresponde a essencialidade romântica da religião (Müller𝒫). E isto, na perspectiva da recusa de uma língua natural já constituída *in illo tempore* – e levando-se em conta a nova perspectiva de um aprendizado gradual da linguagem e da escrita –, vem se constituindo a perspectiva progressista do religioso típica do positivismo𝒫 (Tylor). Como parte da especulação ocidental acerca do religioso, a partir dessas duas perspectivas vai se estabelecendo a representação de um passado no qual a religião, como a linguagem, adquire um significado absolutamente contraposto: segundo os (e apesar dos) dois diferentes pressupostos, com seus relativos julgamentos éticos, "românticos" ou "positivistas", tratar-se-ia de detectar, de qualquer maneira, um processo histórico de degeneração ou de evolução que teria trazido do "religioso" para o "laico". Dessa forma, desde a teoria animista de Tylor, a comparação histórico-religiosa constituiu-se não como forma de distinção, mas como forma de equiparação. Isto significa que, a partir dessa equiparação, os fatos religiosos eram colocados em relação analógica e acabavam por constituir um *sistema* religioso; assim, as religiões deixavam de ser levadas em consideração em suas dimensões históricas e eram reduzidas a sistemas classificatórios. Dessa maneira, as civilizações "primitivas" individualizavam-se por serem percebíveis *sub specie religionis*, isto é, do ponto de vista genericamente "religioso" que as pré-ordenava segundo estágios, degraus ou etapas, em seu constituir-se enquanto sistema. Logo, desse ponto de vista a perspectiva positivista não fez outra coisa senão retranscrever a diferenciação sistemática por estágios, dentro da óptica "processual" que manteve, até mesmo, uma importante dialética com o coevo projeto missionário: oferecendo-lhe uma sua interpretação♀ das alteridades culturais, com as quais se confrontava na época, que efetivava, de algum modo, a realização indispensável de um "projeto civilizador" (tipicamente imperial) enquanto fundamento essencial para uma efetiva obra de evangelização das culturas outras.

3. Ciência e história: o atrelamento indissolúvel. Nesse sentido e com relação a esse específico contexto do século XIX, em que se desprende a primeira perspectiva "científica" da História das Religiões, é bom não esquecer, enfim – conforme um artigo publicado em *Studi e Materiali di Storia dele Religioni* (SMSR), Roma, 1929 –, segundo o alerta de Edvard Lehmann (que, aliás, profere uma conferência depois publicada em SMSR 4, 1928, p. 298-305, justamente sobre "Max Müller♀, fondateur de l'histoire des religions"), que, ao mesmo tempo que criava as bases para essa nova ciência do homem, a Inglaterra é também o Império Indiano. Logo, "para os ingleses a indologia não é um luxo científico, mas é, sobretudo, um negócio político". Nesse sentido, não se pode esquecer que "os primeiros grandes indólogos, William Jones, Colebrooke etc., eram colonizadores ingleses", assim como não se pode perder de vista que Müller♀ continuou a obra daqueles que a haviam começado.

Em síntese, na perspectiva aberta pelos dois autores levados em consideração até aqui, a História das Religiões instaurava-se na dupla especularidade do romantismo e do positivismo♀. De fato, era fundada a partir de uma dúplice possibilidade: uma alemã, culturalista, étnica, essencialista etc., que podemos chamar de "romântica" (Müller♀), e outra inglesa, civilizacional, antropológica, desenvolvimentista etc., que podemos chamar de "positivista" (Tylor). Ambos os percursos levavam ao *originário*, no qual a primeira perspectiva encontrava a completude da experiência religiosa♀, enquanto a segunda encontrava a rudeza das formas religiosas primitivas. A especularidade das posições pode ser verificada, enfim, no fato de que esse *focus* tridimensional do *originário* levou historiadores das religiões (partidos das posições de Müller♀) a posições "positivistas" antropológicas, mas levou também antropólogos (partidos do "positivismo♀" evolucionista) a posições românticas müllerianas.

A busca comum de um originário levou, enfim, a Ciência da Religião♀ a abrir-se aos primitivos: abertura parcialmente programática, praticada; todavia, na lógica dessa nova ciência. Mas, na lógica de uma ciência endereçada à descoberta do originário, valia a pena seguir, também, o percurso sugerido por Tylor (*Religion of Savage*, 1866), na esperança de encontrar esse originário, além de nos textos antigos, também nos primitivos. De fato, Müller♀, mesmo quando rejeita Tylor, não rejeita ver nos selvagens, como ele, os representantes atuais de uma época primordial.

O resultado decorrente da especularidade das duas perspectivas foi aquele do estabelecimento de duas vertentes: 1) a formulação da identificação entre antigos e selvagens (o "primitivismo") por parte da *anthropology* evolucionista; 2) e o solidificar-se do lugar comum, segundo o qual os selvagens são como crianças com relação a nós e, portanto, representam a infância da humanidade.

A diferença que se ergue a partir dessas vertentes é aquela que se instala na distinção decorrente. À perspectiva "romântica" e "culturalista" (conservadora) propriamente alemã (a de Müller♀), que faz dos "primitivos" os depositários do primeiro fundamental elemento (a religião) que transforma o indiferenciado em povo, etnia, nação, contrapõe-se, portanto, uma segunda perspectiva (a proposta por Tylor), "positivista" e "civilizacional" (progressista), propriamente inglesa, que olha para os "primitivos" como sendo aqueles que conservam uma rude forma de religiosidade. E, no fundo, trata-se da diferença genealógica que perpassa e contrapõe, ainda hoje, a perspectiva etnológica e a antropológica.

Müller♀ propõe, *in primis*, a distinção com relação àqueles que estudam os primitivos; a denominação apropriada para esses estudiosos é, segundo o autor, a de *ethnologist*, em contraposição à de *anthropologist*. Ora, no que diz respeito a esse problema, é importante levar em consideração que o *ethnologist* não parte da pergunta "o que é o homem?", mas da pergunta "o que é o *ethnos*?", isto é, o que torna *ethnos* um grupo de seres humanos? Trata-se, portanto, de uma abertura aos primitivos, mas realizada enquanto etnologia e não como antropologia. Nesse caso, uma etnia se constitui como o real objeto da ciência das religiões, ou seja, a etnologia se configura enquanto Ciência da Religião♀, na medida em que leva em consideração sua capacidade de determinar uma etnia (nesse caso, constatamos quanto Müller♀ segue Schelling). É na esteira dessas diretrizes que Müller♀ levou sua investigação da arcaicidade religiosa até a reconstrução de uma originária religião indo-europeia explicável em seus próprios termos e sem recorrer às realidades históricas diferenciadas. Algo parecido aconteceu quando a procura do originário foi endereçada sobre os selvagens enquanto representantes da primitiva humanidade e, por isso, foram chamados de "primitivos".

4. Os selvagens primitivos e a "religião elementar" do homem.

O fato é que, sem os limites linguísticos que conduziam e limitavam Müller♀, os antropólogos reconstruíram, também, uma "religião primitiva", abstraindo da atualidade histórico-geográfica e da variedade do material tratado. Dessa forma, Tylor reconstruiu o *animismo*♀, assim como outros fizeram com o *fetichismo*, o *xamanismo* e assim por diante. Enfim, a antropologia positivista inventava os "selvagens primitivos". Para tanto, como Müller♀, Tylor procede à procura das origens da cultura. Como Müller♀ e em concorrência com ele, o antropólogo inglês investiga as origens da linguagem e da religião. É assim que, em 1866, publica dois artigos (*On the Origin of Language* e *The Religion of Savages*), nos quais, enfim, a "religião dos selvagens" é levada em consideração segundo os três aspectos que deviam conotar a religião: a teoria, a prática cultural e a tradução♀ mitológica. É nesses trabalhos que a concepção da alma♀ é colocada (serve a Tylor), enquanto fundamento teórico para alcançar esse objetivo; e isso desde suas principais expressões, como, por exemplo, a alma♀-respiro, o fantasma, a visão onírica. O resultado desse percurso será, justamente, a invenção do *animismo*♀, identificado com a "religião elementar" do homem, que caracteriza, portanto, o grau zero de uma civilização em seus primórdios selvagens, de fato.

A tese de que os selvagens sejam "primitivos", isto é, representem os primórdios da humanidade, é cientificamente formulada por Tylor, enfim, no Congresso de Arqueologia♀ Pré-Histórica de Norwich, em 1868; trata-se da tese que fará adotar, finalmente, o termo técnico "primitivos" para indicar os povos estudados pela Antropologia, antes chamados de "selvagens". A solidariedade intelectual – essencial para o projeto de sua perspectiva antropológica – entre religião♀ e cultura, junto ao problema de uma ampliação do conceito de religião♀, foi sistematicamente tratada por Tylor em seu trabalho fundamental *Primitive Culture* (1871). A obra endereçou todo o desenvolvimento sucessivo dos estudos histórico-religiosos; e isso na medida em que, mesmo quando não foram aceitas suas soluções, se deram simplesmente outras respostas aos mesmos problemas postos pelo autor. O campo de investigação fixado pelo título é o ponto de partida para chegar ao universalmente humano. Neste caso, a Antropologia parece imitar a Teologia♀: como em Teologia♀ chega-se a Deus partindo das obras divinas, também em Antropologia chega-se ao homem partindo de seus produtos humanos (a cultura). Finalmente, a objetivação de uma "cultura primitiva", única como a humanidade, servia aos europeus tanto para compreender os "incivis" (isentos da realização de um processo civilizador, todavia, homens) exóticos quanto sua própria "civilização", por meio da retrospecção às origens longínquas. "Cultura" torna-se sinônimo de "civilização", mesmo que sem as implicações éticas que caracterizava esse termo quando era contraposto ao de barbárie.

A fim de compreender e estudar essa solidariedade torna-se necessário ampliar o conceito de religião. Tylor obtém essa ampliação propondo uma *definição mínima de religião*: problema, veja-se bem, que já foi missionário e que, nesse âmbito, ganhou ênfase, justamente, na primeira Idade Moderna, perante a provocação-interpretação♀ antropológica da nova descoberta americana. Tal "definição mínima" (um mínimo denominador comum para a humanidade) impunha-se como fundamental para não ter de obrigar a considerar irreligiosos povos que não conheciam divindades♀, ídolos, sacrifícios♀, escatologias♀ etc. Essa definição mínima é sintetizada, finalmente, na fórmula proposta pelo autor: crença♀ em "seres espirituais". É essa crença♀ que é chamada de "animismo♀", e este último é proposto como conotação essencial ou, até mesmo, *a* denominação (cultura animística♀) do mais primitivo estágio da evolução cultural.

Com esses pressupostos, Tylor fez escola. Em síntese: o comparativismo produziu aquilo que estava em suas premissas, isto é, comparar não para distinguir, mas para equiparar, e logo comparar para poder adquirir material analógico, atingindo às mais diferentes fontes, para depois ordená-lo em sistema. Fatos religiosos colocados em relação analógica acabavam por constituir um sistema religioso, ou seja, uma religião. Essas religiões – não históricas, mas classificatórias, que não podiam ser definidas com o nome da cultura que as carregava, mas eram "fundadas" por aquele que as classificava – foram denominadas com aquilo que as caracterizava ou parecia caracterizá-las. Essas religiões classificatórias, enfim, representavam a tentativa científica de reconstruir as "religiões primitivas". Como vimos anteriormente, tal resultado era o desdobramento mais significativo das teorias evolucionistas que procurava encontrar de forma obsessiva as origens e as etapas de desenvolvimento da sociedade.

5. O evolucionismo e as "formas elementares" da vida religiosa.

Dentro desses esquemas evolucionistas se desprendia, ainda, a obra de Frazer, autor de *The Golden Bough: a study in Magic and Religion*, de 1890. Com este trabalho o autor tornava evidente sua interpretação♀ evolucionista, sustentando que a humanidade passou através de três etapas: a primeira e mais arcaica teria visto o homem enquanto vítima de um erro de interpretação♀ das forças que governam a natureza, entregando-se àquela falsa ciência que é a "magia", etapa sucessivamente abandonada por aquela que, nos termos de Frazer, se configurou enquanto "reforçada por uma teoria religiosa", à qual teria sucedido, finalmente, a terceira e última fase, a da ciência. O autor, enfim, chegou a se apropriar, adequando-a a sua perspectiva, também da teoria totêmica, que, em princípio, havia-se constituído enquanto teoria alternativa àquela animista. É assim que, em sua colossal obra *Totemism and Exogamy*, de 1910, debruçou-se sobre a relação entre totemismo e sistemas matrimoniais exogâmicos. E não é inútil observar, a esse respeito, como é na base do totemismo que o próprio Sigmund Freud♀ realiza, sucessivamente, o esforço de explicar de modo unitário a origem da religião: se, antes de tudo, ela teria nascido, segundo os termos do pai da psicanálise♀, de um parricídio primordial realizado pelos filhos contra o "pai-patrão", "senhor das fêmeas-madres", em um passado longínquo e indefinido; por outro lado, a perspectiva para este estudo enxertava-se na esteira da trajetória de estudos que analisamos, tendo em vista que, conforme o subtítulo da obra, tratava-se de desvendar "alguns pontos de concordância entre a vida mental dos selvagens e dos neuróticos" (*Totem und Tabu*, 1913).

De qualquer maneira, a evidência comum é que todas essas contribuições resultaram de desdobramentos das teorias evolucionistas na procura das origens (e, eventualmente, das etapas) da sociedade, para entender seu desenvolvimento. E, como verificamos, sinteticamente, essas origens foram sendo identificadas, então, com a invenção dos "primitivos". Neles deviam ser procuradas, também, as "formas elementares" da religião.

Não deixa de ser significativo, portanto, em termos de continuidade com essa perspectiva, o fato de que, substituindo (como bom francês) a sociedade à cultura, Émile Durkheim♀ escolha o "sistema totêmico" australiano para analisar *Les Formes Élémentaires de la Vie Religieuse: le système totémique en Australie* (Paris, 1912). Comparação analógica, teoria totêmica e evolucionismo♀ influenciaram, de fato, também as teorias e os métodos♀ do fundador da nascente escola sociológica francesa. Se, em razão das descobertas etnológicas a ele contemporâneas, a maior simplicidade das sociedades primitivas australianas era aquilo que, presumivelmente, expressava as formas mais simples da religião, para o sociólogo francês o "totemismo" australiano devia representar o tipo de culto "mais fundamental e mais primitivo"; portanto, tudo isso, além de permitir descobrir, hipoteticamente, as formas elementares da religião, por outro lado, na visão positivista de Durkheim♀, servia, sobretudo, para generalizar essas formas a todas as sociedades "primitivas" (ou "simples").

Deixemos claro: a perspectiva durkheimiana se constitui como uma evidente crítica à interpretação♀ naturalista e à ideia do animismo♀ de Tylor, assim como à ideia do infinito como origem da religião♀, de Müller♀. Todavia, mesmo atribuindo uma função privilegiada ao fato social na análise dos fenômenos religiosos, até considerá-los uma projeção do próprio sistema social, com a elaboração de uma funcionalidade social da religião♀ que se dá na superioridade moral da sociedade diante do indivíduo, Durkheim♀

também acaba por constituir um *sistema religioso*, através do mecanismo da equiparação de fatos religiosos colocados em relação analógica (mesmo que, dessa vez, dentro da identificação "social-religioso"), da mesma forma que vimos acontecer com Tylor e Müller♀. Ora, é verdade que, rejeitando a sociologia biológica (a doença da linguagem) e psicológica (o animismo♀), Durkheim♀ realmente tenta fundar sua análise em cima de dados históricos. O problema permanece, todavia, na medida em que esse resultado é alcançado com a redução do conceito de religião♀ a uma "lei" sociológica que, de fato e mais uma vez, a des-historifica. Isso recalca, no fundo, o que acontece com a atenta análise do "totem" na sociedade australiana, que é des-historificada quando se torna o signo distintivo da sacralidade do social nas sociedades "simples" consideradas em seu conjunto.

Partindo do evolucionismo♀ de Tylor e tendo em vista uma definição mínima (o mínimo denominador comum de seu animismo♀) de religião♀ enquanto conotação essencial, isto é, enquanto o mais primitivo estágio da evolução cultural, chega-se às civilizações "primitivas" individualizadas *sub specie religionis*. Mais uma vez, trata-se da individualização do ponto de vista genericamente "religioso" que pré-ordenava as culturas (civilizações) primitivas segundo estágios, degraus ou etapas, em seu constituir-se enquanto sistema, realizando, como já apontamos, a perspectiva positivista que retranscreveu a diferenciação sistemática por estágios dentro da óptica "processual", que já foi própria ao determinar-se o "processo civilizador". Logo, Durkheim♀ também se encontra refém dessa perspectiva. É ela que nos permite entender sua construção de um *sistema religioso* enquanto mecanismo da equiparação de fatos religiosos postos em relação analógica (mesmo que dentro da identificação "social-religioso"), obtendo, apesar de suas críticas aos respectivos autores, o mesmo resultado alcançado por Tylor e Müller♀. É ainda no interior dessa perspectiva que se produz, portanto, a "lei" sociológica, base da operação analógica, que des-historifica a religião♀ na análise durkheimiana.

Com Durkheim♀ se entra, portanto, no interior do espaço da sociologia religiosa, dentro do qual se elaboraram as obras de Mauss♀ e Hubert: eles continuaram a obra do fundador da disciplina e, enfrentando temas específicos da análise histórico-religiosa, como o "sacrifício♀", a "magia", a representação do tempo, desenvolveram uma sistemática metodologia comparativa, graças à qual fatos sociais e religiosos foram examinados em suas recíprocas relações. Ainda, sempre entre o final dos Oitocentos e o começo dos Novecentos, o fato religioso enquanto expressão de uma realidade social e objeto de indagação sociológica emerge, igualmente, no centro dos interesses da sociologia alemã e, particularmente, da obra de Weber♀. A fim de contrastar, indiretamente, as teorias de Marx♀, que consideravam as religiões enquanto sobre-estruturas desviantes, enganadoras e alienadoras, Weber tentou estabelecer as dinâmicas que regulavam as relações entre mecanismos sociais e universos religiosos; para tanto, tentou detectar as éticas econômicas das grandes religiões universais. Diferentemente da perspectiva proposta pela escola sociológica francesa, que dissolvia a ação humana no interior da complexa multiplicidade dos fatos sociais coletivos, enfim, Weber acabou reconhecendo e enfatizando o grande peso de personalidades individuais, dotadas de qualidades particulares e extraordinárias, e, por consequência, fortemente carismáticas.

6. Antropologia religiosa e reação ortodoxa dos ambientes religiosos. Finalmente, a fase pioneira da antropologia religiosa, da comparação analógica e do evolucionismo℘ cultural encerrou sua estação com as obras de Weber℘, Durkheim℘ e Frazer. Mas a obra deste último autor (o representante privilegiado da vertente evolucionista na interpretação℘ dos fatos religiosos, agora destinada ao ocaso final) deixou uma marca importante na nova perspectiva da antropologia religiosa; foi, de fato, a leitura casual do *The Golden Bough* de Frazer que fomentou a reorientação de estudos de Malinowski℘ em direção à etnografia℘ e à antropologia. Foi o estudioso polonês – professor em Londres, até 1939, e depois nos Estados Unidos, junto à Universidade de Yale – que, apesar dessa marca importante, acabaria fornecendo um estatuto epistemológico e metodológico à antropologia religiosa, libertando seu estudo do preconceito℘ evolucionista. O *funcionalismo℘* de Malinowski℘, enfim, vem colocando em cena, no âmbito desses estudos, uma nova dimensão do religioso que, fora de pressupostas etapas evolucionistas preordenadas, se apresenta, de fato, enquanto função do sistema cultural; isso significa que o interesse dele é fazer emergir exclusivamente, nesse âmbito, as relações que o antropólogo tece entre as partes determinadas de que é constituída e das quais se serve uma cultura, uma civilização, e sem as quais deixaria de ser tal. A partir dessa orientação, para Malinowski℘, o sistema religioso se torna instrumento privilegiado para transformar em ato público toda ação significativa, dramática e emotivamente intensa, manifestando publicamente toda forma de contrato social que caracteriza a vida humana, fixando-o segundo uma forma tradicional que possa torná-lo repetível e subordinado a uma legitimação e a sanções sobrenaturais, através das quais as ligações sociais são reforçadas e consolidadas.

Mesmo que em seus limites implícitos, com essa passagem e com essa nova perspectiva chega-se, finalmente, a colocar as bases para uma nova abordagem de estudos antropológicos e, ao mesmo tempo, religiosos, solidifica-se, nessa importante etapa do percurso, a transformação da religião℘ como objeto de estudo sobre o qual se teriam debruçado, sucessivamente, numerosas abordagens metodológicas,

escolas de orientação, perspectivas e correntes de pensamento. Partindo dos fatos religiosos individuados, justamente, no interior do e na relação com o complexo histórico, cultural, social que podia ser reconhecido naquelas manifestações, se começava o longo trabalho de classificação e descrição, em bases que deviam permitir analisar esses fatos religiosos em termos de descrições e interpretações quanto mais possivelmente isentos de condicionamentos ou hipotecas confessionais ou teológicos: mesmo no limite de uma orientação que, ainda, pensava as religiões enquanto realidade universal, começava a se afirmar e se estruturar uma *história comparada das religiões*.

Apesar desse novo encaminhamento, todavia, o processo não foi simples nem linear, como podemos constatar com a construção de obstáculos que, desde o final do século XIX, foram sendo postos à emergência das versões cientistas e evolucionistas. Apontamos, a respeito, apenas alguns exemplos significativos. Uma primeira emblemática reação foi aquela elaborada pelo divulgador científico Lang, que, em *Making of Religion* (de 1898), pretendeu reconhecer a figura de um Ser supremo celeste ativo junto às religiões dos povos primitivos. E a imagem℘ deste Ser, segundo a própria confissão de Lang, foi confeccionada inspirando-se no modelo bíblico. Logo, com isso era reproposta, implicitamente, a antiga questão teológica da revelação primordial, visando revirar, radicalmente, a perspectiva proposta pelo evolucionismo℘.

Mas foi sobretudo com a obra do padre Wilhelm Schmidt, fundador da *escola histórico-cultural* ou *dos âmbitos culturais* (*Kulturkreise*) de Viena, que a tentativa de repropor a perspectiva de uma revelação primordial encontrou seu esforço de realização mais evidente e significativo, mas também mais acrítico. Em uma obra de dimensões imensas – constituída pelos doze volumes de *Der Ursprung der Gottesidee* ("Sobre a origem da ideia de Deus", 1926-1955) –, padre Schmidt defendeu o fato de que, nas origens, o homem devia ter conhecido um "monoteísmo℘ primordial" (*Urmonotheismus*), revelado em decorrência de sucessivas fases de decadência; enfim, teriam emergido as religiões históricas. A partir dessa perspectiva (um pressuposto teológico que, de fato, inverte a abordagem, mas também os resultados de investigação propriamente historiográfica), o politeísmo℘ resultaria ser apenas o produto (secundário) da degradação de uma civilização primordial, religiosamente fundamentada.

E, finalmente, de forma paralela e quase contemporaneamente, foi sempre e sobretudo nos ambientes teológicos de inspiração℘ luterana (em oposição, ainda, à matriz biológica e naturalística de tipo evolucionista e, mais tarde, também ao historicismo) que emergiu uma instância irracional e, também, por alguns aspectos, psicológica e quase mística℘: ela realizava um significativo esforço de subtrair os fatos religiosos a qualquer possível interpretação lógica e racional, em nome de uma invocada autonomização. A primeira e mais eficaz expressão desse impulso se encontra, justamente, na obra de Otto, *Das Heilige*, de 1917.

IV. A fenomenologia essencialista. Da proposta de Durkheim emergiu uma relação estreita e imediata entre religião e estrutura social: a obra do sociólogo francês tornava então manifesto um círculo fechado, no qual a religião era presa entre um poder contar na sociedade e um dever dar conta à sociedade. É este sentido de dependência que é invertido, significativamente, por Otto, no poder contar com a ajuda do "extra-humano" e no dever dar conta do "extra-humano"; torna-se evidente, portanto, o fato de que a inversão realizada por este último autor aponta para a passagem da Sociologia à Teologia.

Otto era um teólogo luterano e filósofo kantiano que, com a sua obra *Das Heilige*, utilizou-se da Ciência das Religiões para empreender uma análise propriamente teológica. Nessa direção, ele encaminhou para a Fenomenologia grande parte da produção histórico-religiosa do século XX. Partindo da ideia de unicidade e especificidade da experiência religiosa, ele se torna o grande intérprete da problemática romântica, representada, sobretudo, pela obra de Schleiermacher. Nessa base, ele vem propondo a perspectiva segundo a qual, se a experiência religiosa não pode ser observada por si mesma, as características do sagrado serão inferidas pelo sentimento que o próprio sagrado inspira no "homem religioso"; é esse sentimento, portanto, que devia permitir analisar o religioso numa perspectiva declaradamente teológica. E é através de uma primeira fase empírica e descritiva, antes, e por meio de uma análise comparativa e sistemática das religiões, depois, que Otto e seus discípulos estavam persuadidos de poder aceder a um terceiro nível de conhecimento, isto é, à própria essência da religião, identificada com o "sagrado".

No interior da obra do teólogo luterano, a gramática fundamental dessa perspectiva é aquela que aponta para um "totalmente outro" (com sua característica de "inefabilidade"), para o *mysterium tremendum* ou "numinoso" (com seu "sentimento de dependência" que ele determina no homem), para o *fascinans* (ao qual se associa a ideia de *majestas*); todos esses termos representam (entre outros) a tentativa de alcançar uma realidade inatingível para o conhecimento. Por esse motivo, portanto, trata-se de evidenciar o caráter emotivo, isto é, não racional, do sagrado que se revela como uma espécie de *a priori* kantiano: o sentimento do sagrado preexiste no homem ao seu "objeto". Essa preexistência, por outro lado, é significativamente reveladora da própria ideia de predestinação característica do luteranismo. E aqui a problemática romântica de Otto revela, ao mesmo tempo, um bem característico e contraditório

aspecto positivista: se a característica do *tremendum* tende a se resolver no processo que vai das religiões primitivas *versus* as religiões "mais evoluídas", é no Cristianismo e no próprio Protestantismo que "o sagrado torna-se bom e o bem, sagrado". Esses pressupostos teológicos e teleológicos da obra de Otto tornam manifestamente claro como, no fundo, não poderíamos imaginar nada que esteja mais longe de uma perspectiva de análise propriamente histórico-religiosa.

Finalmente, a obra de des-historificação torna-se útil à Fenomenologia e principalmente à *Phänomenologie der Religion* de Gerardus van der Leeuw (Tubingen, 1933). Holandês, pastor da Igreja Reformada holandesa, sucessivamente professor de História das Religiões da Universidade de Gröningen, com sua obra ele se propõe construir uma fenomenologia religiosa, tendo em vista o objetivo de fixar e ordenar o objeto religioso recuperando-o através de sua fragmentariedade, com a qual emerge da documentação, e subtraindo-o, mais uma vez, às interpretações naturalísticas, sociológicas e intelectualísticas. Nesse caso também, portanto, vemos tratar-se de uma reivindicação – mesmo que, supostamente, em nível científico e não filosófico ou teológico –, por parte desse autor, da mesma ideia romântica da unicidade e especificidade da experiência religiosa, anteriormente apontada por Otto. Nessa direção, reencontramos nele o *mysterium* (inexplicável e transcendente) e a "experiência religiosa vivida" (que pode ser estudada em si mesma) enquanto as duas faces características da religião. Essas duas faces do religioso desprendem-se, em Van der Leeuw, da própria ideia de "sacro", independente e autônomo, elaborada por Otto, à qual se somam alguns aspectos da fenomenologia filosófica de Husserl.

Com Van der Leeuw, portanto, a fenomenologia começa a procurar não só uma descrição, como também uma interpretação e uma compreensão dos fenômenos religiosos. A autonomia da religião se tornava, então, o pressuposto de uma reflexão filosófica pela qual a religião não podia ser desvinculada de cada aspecto da vida do homem e, portanto, da história; tudo isso levava, necessariamente, a uma teologia da religião. O esforço do autor representa, então, a emergência de um primeiro esboço da hermenêutica da religião que condicionará de forma marcante a sucessiva fenomenologia religiosa. A fenomenologia de Van der Leeuw acolhe o "fenômeno" em seu valor etimológico de "aquilo que aparece", centrando-se, por consequência, no resultado do encontro entre o homem e aquilo que se manifesta: um objeto que não pode ser outra coisa senão (ou repercorrer a mesma perspectiva do) o Deus do Ocidente cristão. Conforme o autor, portanto, a fenomenologia tem, justamente, o objetivo de acompanhar a manifestação desse objeto em suas várias formas e modalidades: o objeto aparece, inicialmente, em forma impessoal, de uma força ou de uma potência, para assumir, sucessivamente, um aspecto pessoal que começa a aviar em direção a formas de relação com o homem através de práticas de culto com seus relativos rituais. Isso significa, enfim, que a fenomenologia tem o objetivo de captar o divino a partir da experiência do homem religioso e, segundo Van der Leeuw, suas características são alcançadas não no sentimento (como acontecia por Otto), mas no próprio comportamento: a objetivação da religião torna-se a objetivação da "experiência religiosa", à custa de se afastar da história para recuperar uma significação universal, com o objetivo final de alcançar uma pressuposta essência da religião.

Eliade é o autor que sintetizou da forma mais significativa os pressupostos, as perspectivas e os percursos já esboçados e que levou a fenomenologia aos extraordinários resultados de divulgação científica e/ou pseudocientífica, que, ainda hoje, atraem um público tanto amplo quanto diferenciado: antes do fenomenólogo, seria propriamente esse fenômeno que mereceria um especial e atento estudo para entendê-lo e, portanto, redimensioná-lo. Não é esse o nosso objetivo aqui, mesmo que, todavia, não possamos deixar de chamar a atenção para este fato.

É com Eliade que a multiplicidade dos fenômenos culturais torna-se a expressão de uma mesma essência religiosa. No final dos anos 1940, a partir de uma obra que se tornou bastante famosa, o *Traité d'Histoire des Religions* – de fato, uma verdadeira "morfologia do sagrado" –, seu autor levou às extremas consequências o esquema fenomenológico fundado na autonomia do sagrado. Se, em sua obra, a dimensão da história parece ser (declaradamente) importante, por outro lado, além da história, torna-se importante, sobretudo, a descoberta da *estrutura* dos fenômenos religiosos; aliás, repare-se que, apesar de desenvolver-se nessa perspectiva, o livro citado leva no título a pretensão de uma abordagem histórica, evidentemente desatendida pelo estudo (paradoxo e contradição habilmente desfrutados pelo autor). Nessa direção, para o autor, a diversidade histórica vem representar apenas o começo de um percurso destinado a levar à compreensão da estrutura, através de um trajeto unidirecional: do momento histórico concreto, essencial para alcançar o fenômeno ideológico e definir aquele religioso, passa-se pelo momento fenomenológico, que se constitui enquanto superação do momento histórico, para se chegar, enfim, à essência da religião alcançada pelo momento hermenêutico, enquanto exegese e interpretação dos fatos através da superação dos dois primeiros momentos. A importância atribuída ao momento hermenêutico torna manifesto o fato de que só a superação histórica pode tornar inteligíveis os fatos religiosos ao homem de hoje, tornando possível, assim, o contato do "homem natural" com o "homem religioso". Afinal, toda a operação hermenêutica

de Eliade se configura como uma recuperação do pensamento religioso para a sociedade moderna.

Partindo desses pressupostos, Eliade elogia, portanto, a perspectiva de Rudolf Otto da análise das modalidades das experiências religiosas, que leva em consideração o religioso como inexprimível e inefável, e, portanto, transcendente o natural. Em decorrência disso, todavia, ele ressalta como é dentro do mundo da natureza que devemos (podemos) procurar a sua manifestação. Por consequência, se o sagrado é uma realidade que não pertence ao nosso mundo, segundo Eliade só podemos captá-lo através da sua manifestação, isto é, a *hierofania*. Essa representa algo do sagrado que se mostra para nós e constitui, portanto, a mediação através da qual se dá e se limita o sagrado no e para o mundo. Para o fenomenólogo, o próprio símbolo é trazido para o nível das *hierofanias*, que constituem manifestações (quase irrupções) do sagrado. E é nesse ponto que a tese de Eliade se manifesta em todas as suas consequências: ela sustenta a hipótese de que o símbolo se impõe por si mesmo, apagando a função do contexto histórico na constituição do símbolo, para apontar em direção a esse último enquanto constituinte do contexto; nada mais distante, evidentemente, de uma perspectiva propriamente histórica!

Finalmente, para Eliade, é o sagrado que se configura como elemento fundante da vida social. É ele, segundo o autor, que se torna uma realidade objetiva que constitui *a realidade* do homem religioso. É dessa forma que, enfim, o homem "recria" o mundo para dele se reapropriar, com a finalidade de "reiterar a cosmogonia". Consequentemente, a hermenêutica de Eliade se caracteriza por uma evidente nostalgia religiosa, que constrói uma dicotomia peculiarmente fenomenológica entre, de um lado: o *Sagrado*, que configura a hierofania e a ontologia enquanto correspondentes ao "real", que torna o cosmos o sistema privilegiado de "ordem, poder e perenidade", atribuindo eficácia ao tempo mítico (e cíclico, ao mesmo tempo) enquanto inesgotável e, logo, sempre recuperável; e, de outro lado, o *Profano*, entendido enquanto natural e ilusório, ao mesmo tempo, logo correspondente ao irreal, caótico e impotente, configurando-se enquanto passageiro e ineficaz, ligado a um tempo histórico linear e contínuo que é fundamentalmente limitado por ser irrecuperável. Dentro dessa dicotomia, o segundo termo vem sendo denotado, evidentemente, de forma negativa e, então, enquanto dependente necessariamente do primeiro. É essa hermenêutica do autor que manifesta, portanto, a total ausência de autonomia operativa e explicativa da história na perspectiva fenomenológica eliadiana.

Assim, acontece que o próprio tempo histórico (linear), que segundo Weber é introduzido pelo Judaísmo como marco fundamental (ético e moral) do tempo na história, configura-se para Eliade como

HOMO RELIGIOSUS

um novo tempo na perspectiva religiosa, caracterizando-se não mais como uma epifania, mas como uma teofania que ameaça a autonomia da história e visa ao mundo moderno (profano♀), enquanto constituído dentro de certos "ritualismos degradados", dos quais o homem só esqueceu os significados religiosos. A dimensão religiosa continuaria representando, portanto, no mundo moderno, o papel fundamental de válvula de escape contra um tempo histórico que se configuraria como tirânico, denotando uma laceração da cosmogonia originária, da qual as angústias e as imagens oníricas representariam os andrajos. Os símbolos mítico-religiosos enquanto símbolos universais constituiriam, consequentemente, segundo Eliade♀, os arquétipos♀ do inconsciente humano, que, trabalhados racionalmente, podem vir a constituir sucedâneos de uma cosmologia perdida e dos símbolos religiosos; daí que a "nostalgia religiosa" não se sabe se é do homem em si ou do próprio Eliade♀!

Dessa forma, resulta evidente como Eliade♀ não se afasta da fenomenologia de Van der Leeuw, apesar de operar de modo diferente. A diferença consiste na procura de "sentido", por parte do primeiro, lá onde Van der Leeuw procurava o "sentimento". Dito de outra maneira, Eliade♀ construiu uma "morfologia" religiosa, enquanto Van der Leeuw construiu uma "psicologia" religiosa, mesmo não sendo sempre fácil eliminar um ou outro fator na obra de um ou outro autor. O fato comum é que ambos procuram uma objetivação da religião, mas enquanto Van der Leeuw o faz objetivando a "experiência religiosa♀", Eliade♀ o faz objetivando o modo de ser e de funcionar das "hierofanias".

***

Enfim, aquelas acenadas ou descritas anteriormente representam as conflitantes origens da disciplina que, nascida no específico contexto histórico da segunda metade do século XIX como *comparative religion*, e entrecruzando seu desenvolvimento com uma Antropologia (da época) de cunho positivista, veio ganhando as feições de uma *science of religion*, e nessa direção tomava conotações "fenomenologistas". E isso por dois motivos substanciais: a) em primeiro lugar, pelo fato de que uma "ciência" tem um "objeto" sobre o qual se debruçar e exercer sua função; nesse sentido, sub-repticiamente, a "Ciência da Religião♀" tornava esta última um objeto que, mesmo transcendente à natureza, era naturalizada ou colocada a fundamento da natureza humana; e b) o segundo motivo pode ser colhido no singular do conceito de religião♀ proposto pelo rótulo; este detalhe, não pouco relevante, aponta para a caracterização do conceito tendo em vista sua referência unívoca e modelar inspirada e ditada (muitas vezes, ainda hoje) pela "religião cristã e ocidental".

Tudo isso, evidentemente, revela os "vícios de origem", e fortemente vinculantes, tanto da perspectiva antropológica evolucionista quanto daquela propriamente histórica e, sobretudo, de uma importante perspectiva implícita na denominação de uma "História das Religiões", que, final e frequentemente, resultou equivocada, na medida em que ficou presa no interior das conflitantes origens da disciplina, conforme acenamos.

A breve análise aqui proposta, enfim, não seria completa se não acenássemos a duas perspectivas que, em âmbito propriamente histórico e historiográfico, abriram, sucessivamente, um novo e rico caminho para se pensar, propriamente, uma "História das Religiões". E, veja-se bem, a contribuição se construiu, justamente, ao redor do âmbito de estudos históricos (nem linguísticos, nem psicologísticos, nem, tanto menos, teológicos ou fenomenológicos), sobretudo voltados para o mundo clássico e a Antiguidade. Nessa direção, devemos reconhecer a poderosa elaboração sistemática e a contribuição desses estudos em dois contextos coevos: 1) o da chamada "Escola de Paris" (conhecida principalmente pelos trabalhos, relativos ao mundo antigo, de Georges Dumézil♀, Jean-Pierre Vernant, Pierre Vidal-Naquet, Marcel Detienne, entre outros classicistas, principalmente do mundo grego, mas também de Claude Lévi-Strauss♀ e Jacques Gernet); 2) e o da "Escola Romana de História das Religiões" (inicialmente denominada de "romana" justamente para destacar, além de suas peculiaridades, a estreita relação de pesquisa e de interesses entretida entre os "especialistas" italianos do mundo clássico e os estudiosos franceses).

Bibliografia: DURKHEIM, É. *Les Formes Élémentaires de la Vie Religieuse*: le système totémique en Australie. Paris, 1912; ELIADE, M. *Traité d'Histoire des Religions*. Paris: Payot, [1948] 1964; FRAZER, G. *The Golden Bough*: A Study in Magic and Religion. London, 1890; FRAZER, G. *Totemism and Exogamy*. London, 1910; FREUD, S. *Totem und Tabu*. Leipzig/Wien, 1913; LANG, A. *Making of Religion*. London, 1898; MÜLLER, M. *Lectures on the Science of Language*. London, 1861; OTTO, R. *Das Heilige*. Breslau, 1917; SCHMIDT, W. *Der Ursprung der Gottesidee*. Münster, 1926-1955; TYLOR, E. B. *Primitive Culture*. London, 1871; TYLOR, E. B. *Religion of Savage*. Fortnightly Review, 1866; VAN DER LEEUW, G. *Phänomenologie der Religion*. Tübingen, 1933.

ADONE AGNOLIN

HOMO RELIGIOSUS

A expressão *Homo religiosus♀* nos vem da Antiguidade, e durante a maior parte da história designou simplesmente uma pessoa religiosa. Apenas acompanhando o advento da Ciência da Religiãoꝑ no século XIX é que ela ganhou outros significados. Para melhor entendê-los, segue-se aqui a divisão tripartite proposta por Alles (2005). Em primeiro lugar, o autor lembra a classificação das espécies de Lineu no século XVIII, que colocou em destaque o *Homo sapiens*. Durante o romantismo, *Homo sapiens* ganhou uma série de adjetivações para ressaltar aspectos do gênio humano, como, por exemplo, *Homo ludens*. Surge uma primeira noção de "Homem Religioso", o modelo exemplar de piedadeꝑ e temor a Deus. Wach utiliza a expressão em termos mais weberianos, indicando-o como um "tipo idealꝑ". O próprio Weber também assume algo parecido, mas de modo indireto, ao indicar que "não tinha ouvido musical para a religião" (Pierucci, 2010, p. 106). Bem mais recente é o uso proposto por Piette (2014), do *Homo religiosus*ꝑ como relacionado à crençaꝑ, ambivalente, entre realidade e ficção.

Mais comum, ainda de acordo com Alles, é a visão do *Homo religiosus*ꝑ como uma forma pela qual o *Homo sapiens* se manifesta. Assim, a experiência religiosaꝑ viria da própria natureza humana. Alguns atribuem ao antropólogo Marett a primazia de utilizar o termo nesse sentido (Marett, 1933, p. 3), e mais ou menos simultaneamente o foi por Van der Leeuwꝑ. Ora, a crítica contemporânea, com base nas Ciências Sociais, suspeita de noções como natureza humana, instinto etc., e assim essa segunda visão encontra resistências entre os estudiosos. No entanto, veremos que ela reaparece hoje (modificada) nas ciências evolutivas da religião.

Ainda mais conhecida é a noção de *Homo religiosus*ꝑ adotada por Eliadeꝑ, que diz: "O objetivo último do historiador das religiões é compreender, e tornar compreensível aos outros, o comportamento do HR e seu universo mental (Eliade, 1992, p. 133)". No seu argumento, essa noção diz respeito à condição humana anterior ao aparecimento do homem moderno e secular. Ao mesmo, entretanto, esse homem secularizado retém traços do *Homo religiosus*ꝑ, e a proposta de Eliadeꝑ de um "novo humanismo" se funda na recuperação do *Homo religiosus*ꝑ no seio da Modernidade. Diz o autor: "Isso, porém, não nos surpreende, pois, como vimos, o homem profanoꝑ descende do *Homo religiosus*ꝑ e não pode anular sua própria história, quer dizer, os comportamentos de seus antepassadosꝑ religiosos, que o constituíram tal como ele é hoje" (Eliade, 1992, p. 170).

Pelo que se pôde notar, no fundo as duas últimas noções a que Alles se refere convergem, apesar da ausência em Eliadeꝑ de uma noção de natureza humana prévia à cultura, na medida em que está interessado mais nas estruturas universais de experiência humana. O principal ponto, de qualquer forma, é que a noção de *Homo religiosus*ꝑ é tacitamente assumida, sem preocupar-se com uma definição mais acurada. Seguidores de Eliadeꝑ

permanecem usando essa noção de forma acrítica. Por exemplo, o ambicioso *Tratado de antropologia do sagrado*, inicialmente publicado em sete volumes na Itália (Ries et al., 1995), procura ser uma expansão do projeto de Eliadeꝑ em seu *Tratado de História das Religiões*, e está inteiramente baseado na noção de *Homo religiosus*ꝑ. Como diz Ries: "A Antropologia Religiosa deve distinguir-se da etnologia, história e sociologia das religiões. Seu objeto de estudo é o *Homo religiosus*ꝑ, enquanto criador e utilizador do conjunto simbólico do sagradoꝑ e como portador de crençasꝑ religiosas que regem sua vida e sua conduta" (Ries et al., 1995, p. 14). Tal interpretaçãoꝑ, portanto, vincula-se à tradição eliadiana do Sagrado como estrutura da consciênciaꝑ. A crítica contemporânea do Sagradoꝑ nos principais centros de estudo sobre a religião, entretanto, também tem colocado em questão a noção em pauta.

Um exemplo de crítica de maior envergadura é a do antropólogo Saliba, que justamente avaliou a noção de *Homo religiosus*ꝑ em Eliadeꝑ e, após revisar a literatura antropológica, assim concluiu com certa contundência: "O antropólogo, entretanto, está consciente de que ele não encontrou em sua experiência de campo o homem religioso da visão de Durkheimꝑ, e estará mais propenso a colocar a contribuição de Eliadeꝑ no campo da teologiaꝑ das religiões ou na literatura" (Saliba, 1976, p. 141).

Com a crítica mais ampla feita a Eliadeꝑ por sua visão da experiência do Sagradoꝑ, assim como de noções essencialistas da Fenomenologia da Religiãoꝑ, a expressão *Homo religiosus*ꝑ quase desaparece do panorama da Ciência da Religiãoꝑ. É de surpreender, entretanto, o quão pouco dessa crítica infiltrou-se na produção acadêmica de língua portuguesa e espanhola. Assim como outros conceitos propostos por Eliadeꝑ, *Homo religiosus*ꝑ continua sendo utilizado de forma irrefletida. Autores que dependem de Eliadeꝑ para apresentar o estudo da religião são largamente empregados. Exemplos são Croattoꝑ (2001, p. 45), Terrin (1998, p. 40) e na obra recente de Almeida Jr. (2014), que cita pelo menos vinte vezes a expressão *Homo religiosus*ꝑ, de um modo totalmente fiel a Eliadeꝑ.

Desse modo, seja pela ausência da expressão *Homo religiosus*ꝑ em centros de estudo da religião mais desenvolvidos, seja pelo excesso de seu uso na produção local, poder-se-ia aconselhar o abandono completo dessa expressão, por motivos semelhantes àqueles empregados na crítica ao Sagradoꝑ. Mas não podemos adotar dois pesos e duas medidas, pois expressões correlatas como *Homo ludens* e *Homo faber* continuam sendo utilizadas largamente na academia, de modo geral irrefletidamente. De fato, é possível utilizar *Homo religiosus*ꝑ de uma forma não essencialista, se recorrermos às recentes ciências evolutivas da religião. Os muitos pesquisadores nessa área ainda não voltaram a utilizar a referida expressão, mas, na medida em que tratam de universais humanos advindos de nosso processo evolutivo, ela não está longe do escopo de seus estudos. Destaco um autor que utilizou explicitamente essa expressão, o psicólogo Barrett: "A evolução darwiniana levanta pelo menos quatro outras oportunidades que dizem respeito a quando e como a religião*pode ter surgido, quando o *Homo* pode ter se tornado *Homo religiosus*: (1) a visão padrão das ciências sociais: natureza humana é irrelevante (2) a hipótese adaptacionista: a adaptação*para a religião ocorreu depois da emergência do *Homo sapiens* (3) a hipótese da religião pré-humana, ou seja, antes da emergência de nossa espécie; e (4) a hipótese [que o autor favorece] da convergência, de que o que quer nos tornou comportalmente modernos é a mesma coisa que nos tornou religiosos" (2011, p. 206-207).

Apesar de o autor argumentar em favor dessa última possibilidade, o que nos interessa aqui é que, em qualquer caso, não se pode assumir a religião* (ou conceitos correlatos) em termos essencialistas – a religião*possui uma história, aquela da evolução conjunta genes-cultura. Não há mutações genéticas que deem margem à religiosidade; esta decorre das características dos sistemas cognitivos humanos ordinários, que podem ter evoluído por razões inteiramente diferentes em nosso passado ancestral e ter coalescido para formar a religiosidade dos humanos (Barret, 2011, p. 213).

Em suma, a noção de *Homo religiosus*, como especificação do *Homo sapiens*, possui uma história que coincide, *grosso modo*, com aquela da Ciência da Religião*e, juntamente com conceitos correlatos, foi reificada como algo absoluto. Com isso se juntou ao conceito do *Homo naturaliter religiosus*, que nos vem da Antiguidade no bojo da apologética cristã e hoje em desuso em tempos de diálogo inter-religioso*. Entretanto, essa essencialização não é necessária, e pode-se retomar hoje uma noção qualificada e historicizada, como, por exemplo, encontra-se nas ciências evolutivas da religião. Daí também decorre que a dicotomia *Homo religiosus*e homem moderno (Eliade*) não se sustenta – a variabilidade da espécie humana já prevê todo o espectro entre a pessoa mais crédula e a mais cética.

Bibliografia: ALLES, G. D. *Encyclopedia of Religion*. 2nd. ed. New York: Macmillan Reference, 2005. *s.v. Homo religiosus*; ALMEIDA Jr., J. B. *Introdução à mitologia*. São Paulo: Paulus, 2014; BARRETT, J. L. *Metarepresentation: Homo religiosus*, and *Homo symbolicus*. In: HENSHILWOOD, C. S.; D'ERRICO, F. (Orgs.). *Homo symbolicus*: The Dawn of Language, Imagination and Spirituality. Amsterdam: John Benjamins, 2011. p. 205-224; CROATTO, J. S. *As linguagens da experiência religiosa*: uma introdução à fenomenologia da religião. São Paulo: Paulinas, 2001; ELIADE, M. *O sagrado e o profano*. A essência das religiões. São Paulo: Ed. Martins Fontes, 1992;

MARETT, R. R. *Sacraments of simple folk*. Oxford: Clarendon Press, 1933; PIERUCCI, A. "SIMMEL, Georg. *Religião* – ensaios" (resenha). *Rever*, São Paulo: PUCSP, ano 10, p. 103-107, dez. 2010; PIETTE, A. An Anthropology of Belief and a Theory of *Homo religiosus*. *Archives de Sciences Sociales des Religions* 167, juillet-septembre 2014, p. 277-294; RIES, J. (Org.). *Tratado de Antropología de lo sagrado [1]*. Las orígenes del *Homo religiosus*. Madrid: Ed. Trotta, 1995; SALIBA, J. A. "*Homo religiosus*" in *Mircea Eliade*: An Anthropological Evaluation. Leiden: Brill, 1976; TERRIN, A. N. *O sagrado* off-limits. São Paulo: Loyola, 1998.

Eduardo Rodrigues Cruz

HUME, DAVID

David Hume (1711-1776) nasceu em Edimburgo, Escócia, mudando-se para a província rural de Berwickshire em 1714, após o falecimento de seu pai. Da propriedade Nineweels, pertencente à família, havia de regressar, logo aos 12 anos, para o Colégio de Edimburgo – mais tarde Universidade de Edimburgo –, onde se inicia no estudo dos clássicos e onde mostra particular interesse pela obra de Cícero. Será precisamente o estudo da obra *De Natura Deorum* que o motivará para a reflexão nas questões metafísicas*. A partir da leitura desse diálogo entre a escola estoica e a escola epicurista, que Cícero tão bem expressou, permanecerá em David Hume a influência cética em termos epistemológicos. Aliando o estudo dos clássicos ao estudo da Filosofia Natural, ou seja, da Física, procurará estabelecer aquilo que designará por "ciência do homem".

Recusando cursar ciências jurídicas, na senda do seu pai, que fora advogado, parte para a França em 1734, onde redige o *Tratado da natureza humana*. Tendo regressado à Inglaterra em 1737, publica-o em 1739, mas não é bem acolhido pela crítica, tendo mesmo estado na base da rejeição da sua candidatura para lecionar, primeiro na Universidade de Edimburgo e depois na Universidade de Glasgow, com acusações de ser partidário de doutrinas céticas e ateias. Tais eventos têm como consequência, em primeiro lugar, no âmbito acadêmico, a reformulação do *Tratado*, cujos três livros foram revistos pelo autor nas edições de *Investigação sobre o entendimento humano* (1748), de *Investigação sobre os princípios da moral* (1751) e de *Dissertação sobre as paixões* – que inclui o texto *História natural da religião* (1757). E, em segundo lugar, no âmbito profissional, que, depois de acompanhar o general Saint Clair como seu secretário particular em missões diplomáticas por França e Itália, isso o leva a aceitar o lugar de Conservador da biblioteca do Colégio de Advogados de Edimburgo. Aí permanece até 1762, o que lhe possibilita a escrita dos seis volumes que compõem a sua *História de Inglaterra: de Júlio César a Jaime II*. Regressado à vida diplomática, aceita o lugar de Secretário da Embaixada britânica em Paris, a convite do Embaixador Lord Hertford, cultivando aí fecundas amizades filosóficas, no período compreendido entre 1763 e 1766, com Rousseau, Diderot, D'Alembert, entre outros. Em 1767, regressa à Inglaterra, acompanhando Lord Hertford e tornando-se subsecretário de Estado, o que finalmente lhe deu o conforto financeiro necessário para regressar a Edimburgo, em 1769, e se dedicar à revisão dos seus escritos. Em particular, os *Diálogos sobre a religião natural*, em que retoma o espírito daquela obra de Cícero que tanto o tinha marcado e que viria a ser publicada postumamente, dois anos após a sua morte♀, em 1779.

É na Introdução ao *Tratado* que declara que o objetivo principal da obra é o de estabelecer uma "ciência do homem" que se apresente como um novo e seguro fundamento para o *sistema completo das ciências* – entendendo por tal sistema aquele que compreende a Matemática, a Filosofia Natural, a Religião Natural, a Lógica, a Moral e a Política. O subtítulo da obra reflete um segundo objetivo: *Uma tentativa para introduzir o método de raciocínio experimental em assuntos morais*.

Se a influência cética é recebida dos clássicos, os objetivos desta obra são tão modernos quanto os de Newton. De fato, em toda a sua obra Hume faz, pelo menos, onze referências explícitas a Newton: ocorrem no *Tratado da natureza humana*, em particular no "Apêndice"; nos *Ensaios morais e políticos*; na *Investigação sobre o entendimento humano*; nos *Diálogos sobre a religião natural*; na *História da religião natural*; na *História de Inglaterra* e nas *Cartas*. É a partir dessas referências que podemos conceber as afinidades de Hume em relação a Newton, considerando que a sua *ciência da natureza humana* é inspirada na *nova ciência experimental* de Newton. Tal se verifica no seu método♀ de investigação, em particular nas *Regras para julgar das causas e dos efeitos* (que podem ser compreendidas como uma versão genérica das regras de Newton, conforme aparecem no início do Livro III dos *Principia mathematica philosophiae naturalis*) e também na analogia♀ que se pode encontrar entre os princípios de associação de Hume e as leis do movimento de Newton. Apesar do exposto, a crítica de Hume a Newton liga-se ao seu objetivo de restabelecer o prestígio e a independência de uma filosofia moral como filosofia primeira. Segundo Hume, "Mesmo a *matemática*, a *filosofia natural* e a *religião natural* estão em certa medida dependentes da ciência do Homem, visto que são abrangidas pelo conhecimento dos homens e julgadas pelos seus poderes e faculdades" (Hume, 1975, p. XV-XVI).

Para Hume, a filosofia natural, e a de Newton em particular, contém superstições religiosas que invalidam a sua utilidade, se não for devidamente reinterpretada. Assim, a ciência do homem é a ciência fundacional, porque nela estão pressupostas todas as outras ciências, assumindo-se como a verdadeira ciência que procura combater *o jargão metafísico* através da investigação séria do entendimento humano que sirva para *mostrar, com base numa análise exata dos seus poderes e capacidades, que ele de modo algum é capaz de tratar de assuntos tão remotos e abstrusos*.

O exercício exige a investigação do entendimento humano. É necessário conhecer não só a natureza dos conteúdos com que a mente opera, como também analisar a natureza das faculdades da mente e descobrir quais princípios regem as suas ações. Nesse sentido de inquirição, Hume reduz os conteúdos da mente a perceções atomizadas. Considera que as perceções são de dois tipos distintos, impressões e ideias, e a diferença entre elas resulta dos graus de força e vivacidade com que se apresentam à mente. Sustenta também que as impressões têm precedência sobre as ideias, e tal significa que as ideias se originam a partir de impressões, e não o contrário. No que concerne às impressões, estas são também de dois tipos: impressões de sensação e impressões de reflexão. As ideias, por sua vez, serão simples ou complexas. Sobre tais conteúdos e em ordem ao conhecimento operam as faculdades da mente, em particular a memória♀ e a imaginação. A imaginação, como faculdade operativa do entendimento, produz ideias copiando as correspondentes impressões, mas também associa ideias segundo princípios que, também eles, resultam da experiência continuada, habitual e costumeira, que se faz da realidade externa. Isto é, a imaginação não só associa ideias simples, formando ideias complexas, como também associa ideias, simples ou complexas, segundo os princípios da semelhança, da contiguidade no espaço e no tempo e da relação de causa e efeito. Estes princípios não são, no entanto, inatos – derivam, resultam ou se formam na mente a partir da regularidade que experienciamos no mundo.

Esta conceção de mente não é completamente original, pois tem paralelismos com as conceções filosóficas de alguns dos principais autores dos séculos XVII e XVIII, em particular os autores do Iluminismo♀ escocês, com especial relevo para John Locke e George Berkeley. De qualquer modo, estamos na presença de uma conceção empirista acerca da origem dos conteúdos da mente, que rejeita a possibilidade da existência de ideias inatas e que admite que tais conteúdos têm origem em sensações corpóreas. Esta conceção vê-se confrontada com a dificuldade de compreender ou conhecer a natureza de algo que possa ser exterior à mente, pois que os conteúdos da mente apenas são as suas próprias perceções. Para Hume, simplesmente não podemos ir além do alcance do entendimento humano e penetrar na natureza dos corpos ou explicar as causas secretas das suas operações – não temos qualquer ideia de

HUME, DAVID

substância distinta do conjunto das qualidades particulares de um determinado objeto –, a não ser pelas suas propriedades externas que se apresentam aos nossos sentidos. Considerar o contrário é admitir a ação de um poder oculto de uma entidade invisível.

Assim, se todas as nossas ideias são retiradas da experiência, das nossas impressões, como podemos afirmar as ideias de *substância, essência, força, poder, Deus*? Quais as impressões correspondentes? Se não são derivadas de impressões correspondentes, então só podem ser produto das nossas *paixões* e *emoções*, da sugestão da fantasia ou de alguma imperfeição das nossas faculdades mentais.

Apesar do afirmado, em *Diálogos sobre a religião natural* o ceticismo epistemológico de Hume vê-se inevitavelmente confrontado com um realismo ontológico. De fato, se, por um lado, não podemos conceber a realidade externa de qualquer outra forma senão sob aquele como se apresenta à mente, por outro lado a regularidade que experienciamos na realidade externa e que, como afirmamos, regula os princípios com que a imaginação opera, determinando a nossa crença,

mediante o hábito e o costume, essa regularidade não pode deixar de ser expressão de um poder ou causa que, embora desconhecida, tenha de ser concebida como existente. É nesse sentido que as recentes interpretações do pensamento de Hume apontam para uma conceção deísta da natureza do mundo, pois que, se não concebesse a existência de um *Grande Arquiteto do Mundo*, ficaria igualmente indeterminada qualquer função ou operação do entendimento.

Bibliografia: HUME, D. *A Treatise of Human Nature.* 2nd ed. Oxford: Clarendon Press, 1975; HUME, D. *Enquiry concerning Human Understanding.* In: SELBY-BIGGE, L. A. *Enquiries concerning Human Understanding and concerning the Principles of Morals.* 3rd ed. Oxford: Clarendon Press, 1975; HUME, D. *Dialogues concerning Natural Religion.* Oxford: Oxford University Press, 1935; HUME, D. *The Letters of David Hume.* Oxford: Oxford University Press, 2011. vol. I, ed. J. Y. T. Greig. HUME, D. *The Natural History of Religion.* Stanford: Stanford University Press, 1967.

Luís Lóia

I

ICONOGRAFIA/ICONOLOGIA

Iconografia e iconologia podem descrever linguagens inclusivas religiosas, de articulação ou representar formas de análise e interpretaçãoϱ de artefatos, imagens, figuras e suas dimensões religiosas ou de fenômenos religiosos. Estudos iconográficos e iconológicos existem nos campos da religião, da liturgiaϱ, da astronomia, da arte, de realezas, impérios e da política, da economia, de classes sociais, da arquitetura, da heráldica, da emblemática, de cores, da luz, do mundo vivo, de animais, da erótica, de gênero de épocas históricas específicas e mais outras.

I. Delimitações conceituais/etimológicas. As contribuições da iconografia e da iconologia aos estudos da religião precisam considerar que no campo religioso a discussão sobre imagens, figuras e artefatos ocorreu e ocorre de forma altamente conflitante; às vezes, por se tratar de representações da Cultura Material religiosa, muitas vezes, por pertencer à culturaϱ visual de outra religião ou vertente religiosa da mesma religião. Por causa disso, integramos em nossa discussão sobre a iconografia e a iconologia uma introdução, três conceitos fundamentais desses debates: iconolatria, iconoclasmo e iconofilia.

1. Iconolatria, iconoclasmo e iconofilia/iconodulia. Estes três conceitos pertencem à perspectiva antropológica da recepção ou interação entre o ser humano e o divino, mediante suas representações visuais e materiais. A primeira palavra é composta das palavras *icon*, grego para "imagem", e *latria*, grego para "adoração", mas também "veneraçãoϱ". Originalmente, então, a palavra tem um significado mais aberto e não restrito no sentido de uma prática inadequada. Já o verbo grego *klastein* significa "quebrar", e iconoclasmo é "a quebra de imagens", uma ação hostil que se dirige na história na maioria dos casos, tanto contra representações religiosas quanto políticas. Já a palavra *filos* significa "amante de" ou "amigo". A iconofilia descreve, então, literalmente, o ato de amar imagens, sem, automaticamente, confundir a representação com o(a) divindade representado(a). Distinta da iconofilia, descreve a iconodulia, de *duleuein*, "servir", literalmente, uma forma de venerar imagens mais submissa e dependente da imagemϱ. Atrás disso existe um debate teológico. A concepção iconoclasta, o *finitum non capax infiniti* [o finito (é incapaz [de assumir] / não pode conter) o infinito] orientou a teologiaϱ calvinista, especialmente presente no humanista Zuínglio; já a concepção iconófila, o *finitum capax infiniti* [o

finito é capaz de apontar o infinito] pertence mais às iconologias católica, anglicana e luterana.

Enquanto a idolatriaϱ descreve uma confusão entre a representação, o(a) representado(a) e a pessoa, e o iconoclasmo reage a essa compreensão com a aniquilação dessa representação (ou seja, o[a] iconoclasta não nega tal relação, mas ou combate a representação religiosa ou política do outro ou entende essa relação como indigna do divino). Fora dos campos da religião e da política existe também um iconoclasmo científico, como, por exemplo, quando ele questiona a compreensão religiosa de textos como sagrados e pessoas que têm essa compreensão como idólatras. Aqui o conceito iconófilo pode abrir uma nova compreensão de uma relação de amor e respeito para com o texto, sem nenhuma tendência de confundir o texto com o sagradoϱ.

Diversamente da perspectiva mais antropológica, usam os dois próximos conceitos qualidades distintas da interpretaçãoϱ de artefatos, e o último a relação entre imagens e seus equivalentes.

2. Iconografia. *Graphia*, em grego, significa "a escrita", e a iconografia, literalmente, é a escrita da imagemϱ. O mais próximo dessa ideia são os hieróglifos, mesmo se tratando de uma escrita com imagens. Isso se distingue da compreensão das igrejas orientais ortodoxas, que veem ícones, como, por exemplo, um retrato de um *Pantocrator*, como "escritos" e não "pintados". Já uma pintura religiosa, como, por exemplo, da escola litúrgica bizantina, eles chamam de "litografia".

A compreensão mais literal da iconografia pode transferir à imagemϱ uma qualidade de sujeito ou de uma força performativa. Entretanto, prevaleceu a ideia da iconografia como descrição de imagens. Novamente, pode-se referir tanto a uma iconografia religiosa quanto política. Até meados do século XVI, a iconografia religiosa cristã se restringia à descrição de símbolos religiosos, atributos dos(as) santos(as), ou obras mais complexas, compostas com diversos motivos, como pinturas e gravuras; já a iconografia política era promovida pelos mesmos formatos, especialmente, porém, por estátuas e retratos, heráldica, retratos etc. Já na renascença surge um novo tipo da "escrita de imagens" no formato de emblemas, que se inspiraram, inicialmente, mais nos mitos e símbolos religiosos da Antiguidade. Finalmente, a iconografia ganha um novo significado na disciplina da história da arte, em que ela descreve o estudo ou a análise de características estéticasϱ de imagens, pinturas, gravuras etc., diversamente do seu significado histórico. Durante esse tempo, a iconografia foi entendida como uma forma de escrever por imagens, motivos etc., ou de revelar pelas(os) mesmas(os) o(a) autor(a) de uma obra, a época de sua criação, o gênero de arte ao qual a imagem ou o artefato pertence. Já um segundo significado, a iconografia como estudo descritivo de uma representação visual, seja em forma de imagem, figura ou outra expressão da Cultura Material, foi posterior. Enquanto a primeira forma é característica das próprias religiões, pertence a segunda às ciências humanas, aos estudos culturais e sociais e as ciências da religião.

3. Iconologia. O grego *logia* quer dizer "ciência" ou "conhecimento". A iconologia, como ciência a respeito de imagens, traz consigo a ideia de uma análise mais ampla e profunda das representações. Nesse sentido, foi usada como algo que transcende a iconografia, tanto no seu sentido clássico, como descrição de símbolos e representações religiosas ou políticas, como no sentido mais recente, de uma análise preferencialmente estética. No método de Panofsky, a iconografia pode estabelecer relacionamento entre imagens distintas a partir dos seus motivos centrais parecidos para, depois, investigar dependências e aspectos originais. Diferentemente das duas, a iconologia busca entender as representações, suas funções e seus papéis e as formas como o ser humano se relaciona com elas em seu contexto mais direto. Condições da criação, da recepção e do patronato se tornam importantes nessa fase. Para isso, a iconologia usa os instrumentos das Ciências Sociais e das Ciências Humanas, tais como: análises sociológicas, sociopolíticas, econômicas e ideológicas.

4. Iconofagia. Recentemente, Baitello Junior (2014) introduziu um conceito novo na discussão: a iconofagia. Para ele, estabeleceu-se na Modernidade tardia um novo jogo do visual, do virtual e do imagético. Isso muda profundamente o papel da iconografia como movimento que procura entender um imaginário ou uma imaginação contemporânea a partir das tradições imagéticas distintas estabelecidas ao longo dos anos. Na fase da iconofagia, essa conexão profunda com o passado, literalmente, não é mais "significante". Em vez disso, em alguns momentos imagens são devoradas e, em outros momentos, as imagens se devoram. A iconofagia pertence, então, aos processos dinâmicos culturais, até mesmo religiosos, não ao método interpretativo das ciências humanas, porém se tornou um referencial teórico importante.

II. História do conceito. A iconografia como articulação religiosa é tão antiga como as próprias religiões e ocorre sempre quando imagens, figuras, artefatos, formas de organização de espaços etc. ocupam um papel numa religião. Pinturas nas cavernas na França, o conjunto circular de pedras na Inglaterra, um espaço de enterro pré-colombiano, um tecido colorido maia, os ornamentos e hieróglifos em vasos marajoaras, pinturas corporais de tribos da floresta amazônica ou das selvas urbanas, tudo isso são expressões iconográficas com possíveis referências a significados religiosos. Assim, funde-se a história da iconografia com a História da Religião (a ideia da iconografia como testemunho resultou na designação "Acervo iconográfico" da Biblioteca Nacional do Brasil).

De mesma forma, nasce a problematização de aspectos iconográficos da religião nas próprias religiões, muitas vezes em forma de questionamento e até de rejeição das expressões iconográficas, visuais ou materiais das outras religiões. A proibição de imagens articuladas em diversas religiões em momentos e intensidades distintas corresponde a uma rejeição da iconografia. Aqui entra outro elemento-chave: a relação entre o aspecto material da iconografia e a noção do poder, que se refere tanto a objetos como a amuletos, relíquias, imagens, figuras e espaços (Menestrier, 1694). Tanto a defesa como a rejeição de artefatos iconográficos não nasce de preocupações predominantemente estéticas ou da preocupação com formas mais belas ou mais feias, mais ou menos ideais. Qualquer objeto religioso marcado iconograficamente que pertence a um lugar sagrado e que cumpre seu papel em um rito ou outras práticas religiosas, sejam elas de natureza mais privada ou pública, pode ser considerado uma representação de uma divindade ou um canal de comunicação do poder divino. Em muitas religiões, entende-se que existe uma relação direta entre fidelidade iconográfica e eficácia religiosa. Diferente disso, como já dissemos, iconolatria, iconoclasmo ou iconofilia ou iconodulia descrevem a resposta humana à iconografia religiosa. Depois das próprias escrituras sagradas, há discussões a respeito dos benefícios ou aspectos negativos das iconografias religiosas, durante certas épocas com mais intensidade e em outras épocas com menos. Uma fase foi o conflito entre iconoclastas e iconódulas durante os séculos VIII e IX, na ainda não separada Igreja. Algo parecido ocorreu em outros momentos no Judaísmo, no Islã e no Budismo. Em momentos mais pacíficos (1597), Arndt, por exemplo, publicou uma *Iconografia*, com o subtítulo revelador "Relato cuidadoso e cristão sobre imagens, as suas origens, seu uso correto e seu abuso no Antigo e Novo Testamento; se o seu abuso até mesmo justifica o abandono das imagens e o que elas encontram de testemunho (a seu favor) na natureza". Aqui, o aspecto iconográfico da religião é reconhecido e informado.

Também a iconologia pode ser entendida em dois sentidos. Por um lado, pode descrever o aspecto da articulação do sentido de uma forma mais afirmativa pelas próprias religiões. No caso, seria não somente uma fala da representação religiosa mediante a sua linguagem iconográfica, mas uma fala a respeito dessa fala em termos mais racionais, explicativos ou até apologéticos. Esse momento chega sempre quando textos religiosos defendem a linguagem iconográfica e a explicam. Não é mais a linguagem religiosa em si que fala, seja ela visual, seja material, seja simbólica, mas acaba-se falando a respeito dela. Um exemplo desse tipo de literatura é a obra *Iconologia*, de Cesare Ripa (1603). Outras obras da época se referem a imagens como espelho ou emblema como imagem específica (Menestrier, 1694). Assim, todos os textos que desenvolvem uma teoria da imagem são, nesse sentido, textos iconológicos.

III. Correntes/escolas/autores envolvidos. De forma muito resumida, pode-se constatar a existência de duas linhas que partem dos dois modelos distintos de imagens e imaginação de Platão e Aristóteles, seguidos, por sua vez, pelos movimentos dos neoplatonistas e, posteriormente, empiristas, que são retomados pelos autores das reformas católica e protestante. Entretanto, há também um debate teológico entre a Igreja cristã ocidental, com sua sede em Roma, e a Igreja oriental, com sua capital em Constantinopla. Estas duas vertentes reaparecem também nas discussões sobre a magia e a força performativa de imagens, figuras, outros tipos de artefatos, espaços etc., ou se o impacto sobre as pessoas não depende unilateralmente da forma da sua recepção ou interação com aqueles objetos como fenômeno cognitivo ou psicológico.

A segunda compreensão encontra-se na estética da religião enquanto ela discute a interação entre o ser humano e o mundo ao seu redor, através da sua imaginação. A "imaginação contribui de uma forma significativa para transcender nos mundos da compreensão e dos sensos/sentidos a vida biológica e as rotinas do cotidiano e de atravessar do 'mundo cotidiano' para o 'mundo religioso'" (Traut; Wilke, 2015, p. 18). Segundo as autoras, a imaginação como *aisthesis* designa a "[...] operação cognitiva que resulta em ideias/imagens mentais – estruturas mentais semelhantes a uma percepção cujo conteúdo pode ser descrito. Estas estruturas influenciam como um filtro a percepção sensorial individual. A imaginação faz com que 'algo' seja visto, ouvido ou experimentado como 'algo'" (Traut; Wilke, 2015, p. 20). A relação entre o processo (percepção) e o resultado (imaginação) é vista de uma forma mutuamente influente. Assim, dizem as autoras, acerca da força performativa da imaginação, "[...] que o processo de imaginação se sobrepõe ao (ou transcende o) processo da percepção e se atribui a algo imaginário ou imaginado um compromisso ou uma realidade maior do que a própria realidade sensorial. Isto acontece especialmente quando certo tipo de imaginação e o imaginado funciona em um grupo como vínculo sociomental (*socialmental bond*)" (Traut; Wilke, 2015, p. 21). Entretanto, percepção e imaginação não são vistas como meras alternativas ou agentes opostos, mas como inseparáveis (Traut; Wilke, 2015, p. 21), porque o ser humano também imagina baseado no que vê, escuta, cheira e toca.

"De forma inversa, a imaginação e seu conteúdo são influenciados e conduzidos, por exemplo, por imagens e *performances*. Assim, cria-se para cada pessoa um acesso aos conteúdos imaginativos que ela possivelmente não teria produzido de si mesma. Mediante a percepção sensorial e a comunicação, pode ser construído um imaginário compartilhado (*shared imaginary*) que possibilita a socialização dentro de um coletivo de imaginação" (Traut; Wilke, 2015, p. 22).

Isso faz compreender imediatamente por que na religião o controle das imagens externas (imago em sua dimensão material) – e, muitas vezes, a rejeição das imagens externas dos outros – como das imagens internas (imago em sua dimensão mental) seja um dos seus assuntos decorrentes, e isso com prioridade alta. Podemos acrescer ainda que a imaginação humana também relaciona o passado com o presente e o futuro: "Imaginação e imaginação [...] assumem ao mesmo tempo funções neuronais e biológicas como sociais e culturais. Eles permitem ao ser humano superar distâncias temporais e espaciais e tornar o ausente presente, seja em forma de imagens mentais e sentimentos, memórias, ideias e sentimentos" (Traut, 2015, p. 383). Nessa direção moveu-se certamente o humanista italiano Andrea Alciato (1492-1550) com sua emblemática, que por sua vez se inspirava na heráldica e nos hieróglifos egípcios. Ele criou imagens-textos nas quais o leitor precisava criar um sentido estudando a *inscriptio* (título, lema) junto da *pictura* (imagem, normalmente com um motivo) e a *subscriptio* (uma poesia). Tal estrutura iria orientar por séculos a criação de panfletos religiosos, inclusive a arte religiosa popular, até a criação de certo tipo de bíblias, chamadas bíblias imagens-palavras, hieróglifas ou *rebus*, unindo elementos iconográficos medievais com o formato da emblemática. Um dos primeiros livros com emblemas religiosos, aliás, foi criado por Georgette de Montenay (1540-1581), uma calvinista francesa, seguida especialmente por obras de jesuítas e também de luteranos. Apesar da importância da iconografia e da iconologia religiosa nos séculos XVI, XVII e XVIII, ela caiu sucessivamente no esquecimento e seriam especialmente pesquisadores franceses e alemães que iriam se dedicar novamente a esse campo de conhecimento. Primeiro deve ser mencionado o francês Adolphe Napoléon Didron (1806-1867), um arqueólogo de formação e especialista da iconografia medieval. Sua *História de Deus: iconografia de pessoas divinas* (1844) renovou o interesse na iconografia como forma de analisar e interpretar a cultura material e visual das religiões. Outra personalidade foi o francês Louis Réau (1881-1961), um historiador da arte medieval e da sua iconografia como parte da expansão cultural francesa e de um projeto de cristandade no qual os

ICONOGRAFIA/ICONOLOGIA

aspectos religioso e cívico se fundiram. Os próximos dois representantes dos estudos iconográficos e iconológicos são historiadores da arte alemães, Aby Moritz Warburg (1866-1929) e Erwin Panofsky (1892-1968). Ambos estudavam especialmente a relação iconográfica entre a Antiguidade e a arte da Renascença, entretanto, com ênfases diferentes. Warburg se concentrava no aspecto do impacto das imagens, e desenvolveu uma teoria para explicar a força encantadora da arte renascentista, assunto importante para os estudos da religião. Para ele, essa força era resultado do *Nachleben* (ecos dinâmicos e dinamizantes de formas e gestos humanos do passado) da iconografia da Antiguidade. Warburg considerava que elas representaram fórmulas de paixão (*Pathosformeln*) que prevaleceram também nas obras de arte posteriores e cujas relações ela tentou evidenciar no projeto do *Atlas Mnemosyne*. Nele, pretendeu demonstrar como certos motivos ou aspectos desses motivos reapareceram em obras de arte durante séculos. Para Warburg, a percepção desse eco da Antiguidade era um processo psicológico e cognitivo. Panofsky não seguiu essa ênfase do seu mentor, mas criou um método que ele chamava iconológico, até mesmo para educar seus e suas estudantes de história da arte. Ele queria que eles e elas, por meio de tal método, redescobrissem as fontes iconográficas nas obras de arte estudas. Para isso, ele distinguiu três passos: a análise pré-iconográfica, a análise iconográfica e a interpretação iconológica, respondendo às perguntas. "O que é representado?", "Como isso é representado?" e "Por que é representado assim?". Ao longo do tempo, a interpretação iconológica de Panofsky se tornou padrão na história da arte. Mas também para os estudos da religião Warburg e Panofsky parecem-nos ainda interessantes, especialmente quando se estuda a cultura visual e material popular.

Depois do reavivamento warburguiano na década 1980, iniciado por Martin Warnke (Warnke et al., 2011), as ideias de Warburg foram acolhidas pelas ciências humanas ou sociais no sentido amplo. Uma nova geração de pesquisadores na história da arte, como Georges Didi-Huberman, continuam explorando as contribuições. A área brasileira da comunicação social enriqueceu a iconologia pelo conceito da iconofagia como fenômeno da Modernidade tardia (Baitello Junior, 2014). Independente de Warnke, W. J. T. Mitchell desenvolveu uma iconologia política e dedicou sua obra *Iconologia, imagem, texto, ideologia* (1987) à questão do poder das imagens no discurso político. A mesma direção tomou também David Freedberg (*O poder das imagens*, 1989), entretanto, na perspectiva da teoria da resposta ou da recepção, partindo do ser humano como intérprete de artefatos da cultura visual. Nessa direção avançou recentemente Hans Belting, com a sua *Antropologia da imagem* (2001). Além disso, a iconografia e a iconologia

também estabelecem interfaces com os conceitos da *performance*, do imaginário, da imaginação (Kamper, 1981) e do [re-]encantamento. Um dos pioneiros da tradução desse tema para o campo religioso é David Morgan. Inicialmente, ele explorou mais os temas da recepção (*Piedade visual*, 1999); atualmente, foca mais no poder performático de imagens reescritas com encantamento (Morgan, 2018). Para as ciências da religião, todos esses movimentos interpretativos de artefatos – em termos gerais – e da arte – em termos especiais – são muito importantes, por abrirem portas para a interpretação de imagens e artefatos religiosos, e sua compreensão em tempos antigos, contemporaneamente e além.

IV. Evolução dos conceitos. Tanto o conceito da iconografia como o da iconologia podem se referir a uma linguagem das próprias imagens, figuras ou artefatos, da cultura visual e material, como uma forma da sua interpretação. Estas duas compreensões transpassam a história e reaparecem com frequência. Observe-se também que, ao longo do tempo, a iconografia e a iconologia se distanciam do seu lugar vivencial inicial da religião. Isso já é o caso em Warburg e continua em Panofsky.

V. Recepção. A aplicação das perspectivas iconográfica e iconológica nas ciências da religião e seu uso sistemático e amplo estão somente se iniciando. Especialmente no Brasil, essa linha de pesquisa é por enquanto mais conhecida em outras áreas de conhecimento. Entretanto, especialmente quanto à sua cultura visual e material religiosa criada depois de 1500, análises iconográficas e interpretações iconológicas podem representar uma ferramenta útil e significativa.

Bibliografia: BIBLIOTECA NACIONAL DO BRASIL. Acervo iconográfico. Disponível em: <https://bn.gov.br/explore/acervos/iconografia>; ARNDT, J. *Ikonographia* (1597): Kritisch herausgegeben, kommentiert und mit einem Nachwort versehen von Johann Anselm Steiger. Mit einem Beitrag von Wilhelm Kühlmann. Hildsheim: Georg Olms Verlag 2014; BAITELLO JUNIOR, N. *A era da iconofagia*: reflexões sobre a imagem, comunicação, mídia e cultura. São Paulo: Paulus, 2014; BELTING, H. *Antropologia da imagem*: para uma ciência da imagem. Lisboa: KKYM, 2001; BEYER, A *Die Kunst – zur Sprache gebracht.* Berlin: Verlag Klaus Wagenbac, 2017; FREEDBERG, D. *The Power of Images.* Studies in the History and Theory of Response. Chicago: University of Chicago Press. 1989; KAMPER, D. *Zur Geschichte der Einbildungskraft.* München: Carl Hanser, 1981; MENESTRIER, C.-F. S. J. *La Philosophie des images enigmatiques.* Lyon: Hilaire Barite, 1694; MITCHELL, W. J. T. *Iconology, image, text, ideology.* Chicago/London: The University of Chicago Press, 1987; MITCHELL, W. J. T. *What Do Pictures Want? The Lives and Loves of Images.* Chicago: University of Chicago Press. 2005; MORGAN, D. *Images at Work*: The Material Culture of Enchantment. New York, NY: Oxford University Press, 2018; MORGAN, D. *Visual Piety*: A

History and Theory of Popular Religious Images. Berkeley/ Los Angeles/London: University of California Press, 1999; PANOFSKY, E. *Significado nas artes visuais*. 3. ed. São Paulo: Perspectiva, 1991; RIPA, C. *Iconologia*: overo descrittione di diverse imagini cavate dall'antichità, e di propria inventione / Trovate & dichiarate da Cesare Ripa Perugino, Cavaliere de Santi Mauritio & Lazaro ... with an introduction by Erna Mandowsky. – Reprograf. Nachdr. der Ausg. Rom 1603, 1970. – [12] Bl., 523; WARNKE, M.; FLECKNER, U. F.; ZIEGLER, H. *Politische Ikonographie*: ein Handbuch. Band I: Abdankung bis Huldigung; Band II: Imperator bis Zwerg. München: C. H. Beck, 2011; TRAUT, L.; WILKE, A. (Orgs.). *Religion – Imagination – Ästhetik*: Vorstellungs- und Sinneswelten in Religion und Kultur. Göttingen: Vandenhoeck & Ruprecht, 2015.

HELMUT RENDERS

IDENTIDADE

I. Delimitação e história do conceito. O termo "identidade" deriva do grego *tautotes* (ταυτότης), século IV a.C., e do latim clássico *idem* (*īdem*), significando "o mesmo", e do seu sufixo *-tās* (*īdentitās*), século IV d.C., denotando "identidade" ou "a qualidade de idêntico". A palavra *identitas* está associada ao substantivo *entitas* (*entitās*), "ser" ou "essência de algo", fazendo referência às ideias de unidade ou completude e significando, nesse contexto, algo que é igual a si próprio, por inteiro. Está também associada ao advérbio *identitem*, "repetidamente", "frequentemente" ou "continuamente", apresentando um sentido de uniformidade ou identidade contínua, uma falta de variedade ou monotonia. Assim sendo, *identidade*, no seu sentido original, significa a uniformidade identitária de um indivíduo em todos os momentos ou em todas as circunstâncias. Cada indivíduo torna-se reconhecível pelo conjunto de características singulares, observáveis, fixas e recorrentes de que é possuidor.

Desde a Antiguidade, o conceito adquiriu uma variedade de significados, como, por exemplo, matemático, em que a identidade é distinguida através de uma mera equação de igualdade algébrica (a [=] a); filosófico, tal como discutido em Montaigne, Kant $\wp$, Locke e Hegel, até aos filósofos contemporâneos; antropológico e sociológico, através de George Herbert Mead e Goffman; e psicológico, nomeadamente com o trabalho pioneiro de Erik Erikson. No contexto deste verbete, o seu primeiro significado, matemático, não é tão relevante para o desenvolvimento da identidade no campo das Ciências Sociais. Dentro dessa área, a filosofia foi a primeira a considerar as interrogações suscitadas pela identidade. Com efeito, os filósofos pré-socráticos, como Heráclito e Parménides, fazem já da identidade um conceito

central nas suas reflexões. Posteriormente, Aristóteles introduz o supramencionado conceito de *tautotes*, a identidade "política"/"partilhada". Por fim, Cícero traz as ideias de *iidem* e *eadem*, entendidas como a duplicação da *mesma* coisa ou como o efeito sob dois aspectos diferentes da *mesma* pessoa (Jucks; Baudry, 2007, p. 158).

Mais tarde, na Idade Média, o termo começa a ser associado a alguns sinais de identidade pessoal, especialmente o nome, a assinatura e o retrato. No período medieval, a identidade surge através das diferentes facetas do indivíduo – o ator social, o ser moral, independente e autónomo, a introspeção associada ao "eu" dos sujeitos poéticos –, ou seja, exprime-se na primeira pessoa, sem, porém, se singularizar ou se demarcar do grupo que o define – a família, a linhagem, a paróquia ou a senhoria. Nessa época, identidade permite, essencialmente, exprimir a conformidade ao grupo (Bedos-Rezak; Iogna-Prat, 2005). Mais recentemente, os empiristas dos séculos XVII e XVIII usam este conceito para desenvolver o problema da identidade pessoal. John Locke e, posteriormente, David Hume $\wp$ desenvolveram a noção de identidade pessoal, associando-a à jurisprudência estatal e à psicologia. Relativamente à primeira, Locke, em particular, relaciona a identidade com as filosofias relativas ao sujeito jurídico; no concernente à segunda, associa-a à questão da unidade da identidade pessoal no tempo. Locke postula que uma pessoa tem uma autoconsciência $\wp$ capaz de manter em mente as fases sucessivas da sua existência. Esse desenvolvimento é refinado no contexto do Iluminismo $\wp$ escocês, por meio de John Stuart Mill, pois o introduz com um conceito de psicologia de grupo, sendo, de acordo com Ely (1997, p. 74), o primeiro a usá-lo no seu sentido de identidade nacional. Se o seu significado dominante segue a linha da filosofia positiva, a sua utilização crítica surge com a dialética hegeliana. No século XIX, Georg W. F. Hegel conduziu a questão da identidade para o campo das relações sociais. A identidade resulta, então, do reconhecimento recíproco entre o indivíduo e os outros, derivando dum processo conflitual onde se constroem interações individuais e práticas sociais objetivas e subjetivas (Baudry; Juchs, 2007, p. 159).

No século XX, com o desenvolvimento das Ciências Sociais, a ideia de identidade é enriquecida. Em particular, a psicologia abraça o conceito, colocando o acento tónico no indivíduo. Nesse campo, importa sublinhar o trabalho pioneiro de Sigmund Freud $\wp$. Aí as identidades constroem-se através do conflito: de um lado, entre a identidade por referência a nós mesmos e por referência aos outros; e, de outro lado, entre as diferentes instâncias do indivíduo: Id, Ego e Superego. Não obstante a relevância e o impacto da tradição freudiana, até à década de 1930, o conceito de identidade continuou a não ser muito significativo para as Ciências Sociais. De acordo com

IDENTIDADE

Gleason (1983, p. 460), nos inícios dessa década, a *Encyclopedia of the Social Sciences* não tinha qualquer entrada para *identidade*, possuindo apenas uma sob a epígrafe *identificação*, cuja descrição estava longe daquela aplicada às Ciências Sociais. De facto, é apenas com Erik Erikson que o termo "identidade" entra em circulação e começa a ser entendido, da forma como hoje o compreendemos, na área. Em 1950, o psicanalista publica *Childhood and society*, procurando ir além da teoria freudiana, nomeadamente através da sua ênfase no papel das interações sociais na construção da personalidade. Erikson cunha a famigerada expressão "crise de identidade" para descrever um ponto de viragem no desenvolvimento da identidade – a mais notável é a que se dá na adolescência, podendo também reproduzir-se mais tarde, aquando do surgimento de dificuldades particulares na existência. Nesse campo, a obra de Allport♀, *The nature of prejudice* (1954), é igualmente marcante, pois, além de reapropriar a noção de identidade através do conceito de *identificação*, associa-o, pela primeira vez, à etnicidade♀. Essa aplicação mais geral do conceito e a sua assimilação através de elementos (étnicos) externos ao indivíduo – um sentimento de fusão emocional do indivíduo com os outros –, como descreve Allport♀, é muito importante para a evolução do conceito e para a sua aproximação por outras áreas do conhecimento sociocientífico.

Apesar do papel importante da Psicologia e, em particular, de Erikson para forjar o sentido moderno de identidade, existiram outras "vias de difusão" (Halpern, 2009, p. 7-8) do conceito. A Sociologia tem, nesse campo, um papel muito importante, porquanto ligou a noção de identificação à teoria dos papéis sociais e à teoria dos grupos de referência. Desse modo, nos inícios da década de 1950, Nelson N. Foote, em "Identification as the basis for a theory of motivation" (1951), descreve *identificação* como a apropriação por um indivíduo de uma identidade ou de um conjunto de identidades. Ou seja, é o processo que permite compreender por qual razão os indivíduos procuram desempenhar um determinado papel social. A teoria do grupo de referência ganha certa relevância na comunidade sociológica, especialmente, através do impulso de Robert K. Merton. Não obstante o seu contributo para a popularização da terminologia da identidade, é sobretudo através do interacionismo simbólico – da sua ênfase no modo como as interações sociais, por meio de sistemas simbólicos partilhados, forjam a consciência♀ que o indivíduo tem de si mesmo – que a noção de identidade assume um papel determinante no vocabulário sociológico (Halpern, 2009, p. 8). É precisamente com esta teoria que a identidade ganha um papel proeminente no vocabulário sociológico. No entanto, interacionistas como Cooley ou George Herbert Mead continuaram a preferir, até à década de 1960, a expressão *Self* nos seus estudos. Segundo

Gleason (1996, p. 467), é apenas com Goffman e Berger♀ que o termo "identidade" se afirma na Sociologia. O primeiro troca, em 1963, a terminologia do *Self* pela de identidade no seu trabalho *Stigma: Notes on the management of spoiled identity*. Berger♀, no mesmo ano, publica o *Invitation to sociology: A humanistic perspective*, dando ênfase à identidade no seu estudo sobre as teorias dos papéis sociais e do grupo de referência, sobre o modelo dramatúrgico e sobre a fenomenologia.

A partir da década de 1970, mas sobretudo dos decénios de 1980 e 1990, sob a influência das teorias da (pós-)Modernidade e dos debates sobre o multiculturalismo, a maioria dos académicos das humanidades e das Ciências Sociais começa a apoiar-se com maior frequência na identidade, à medida que explora as categorias sociais compreendidas nos seus estudos – etnia, religião♀, nacionalidade, género ou classe. No ocaso do século XX, um vasto número de disciplinas das Ciências Sociais e de humanidades ganha um "interesse intenso" nas questões relacionadas com a identidade (Fearon, 2013, p. 1). Em particular, a ciência política e as relações internacionais destacam a identidade ao analisar questões relacionadas com o nacionalismo e os conflitos étnicos e com a identidade estatal, respetivamente.

II. Dimensões da identidade. Apesar do crescente e mais amplo interesse na identidade, como escreveu Fukuyama, o conceito "continua a ter hoje uma miríade de significados" (2018, p. 9). Esses diferentes significados podem ser agrupados em quatro dimensões principais da identidade: pessoal, narrativa, corporativa e social.

A identidade pessoal está sempre intimamente relacionada com a questão moral sobre o bem, segundo Taylor (1989, p. 47). Para o filósofo canadiano, os indivíduos, para que as suas vidas tenham um significado mínimo, precisam sempre de alguma concepção, implícita ou explícita, de vida boa. Essa necessidade de ter alguma concepção do bem para que as vidas dos indivíduos façam sentido, combinada com a natureza temporal da vida humana, resulta na necessidade de compreendermos as nossas vidas dentro duma narrativa. Existem, portanto, duas condições para nos compreendermos a nós próprios: alguma concepção de vida boa e a compreensão das nossas vidas como histórias (p. 27). Dado que as questões relativas à moralidade e aos valores são amiúde respondidas através da linguagem religiosa, segundo Greil e Davidman (2007, p. 554), devemos considerar o papel importante que a religião♀ tem na formação da identidade pessoal. Berger♀ já havia argumentado, em *The sacred canopy* (1967), que a função da religião♀ é, essencialmente, santificar as cosmovisões individuais; no mesmo ano, Luckmann, no *The invisible religion* (1967), ao definir a religião♀ como a capacidade de o organismo humano transcender a sua natureza biológica – através da construção de universos de significado abrangentes e moralmente vinculativos –, define implicitamente a religião₽ como um terreno para a identidade pessoal; na mesma linha, Mol, no *Identity and the sacred* (1976), descreve a religião₽ como a *sacralização da identidade*. A identidade pessoal é, então, alguma(s) característica(s) distintiva(s) na(s) qual(is) um indivíduo tem particular orgulho, assumindo-a como uma consequência social, mais ou menos, imutável. Aqui, a identidade, num sentido mais psicológico freudiano ou eriksonaino, situa-se na estrutura psíquica profunda do indivíduo, residindo num fundo de confiança acumulada e num sentimento de continuidade interior do próprio ser.

A ideia da identidade como narrativa levantada por Taylor é, anos mais tarde, aprofundada por Ammerman (2003, p. 213ss). Para a socióloga norte-americana, a metáfora₽ da narrativa ajuda a compreender a natureza das identidades. Em particular, permite-nos focar nas relações e ações que dão significado às palavras que os indivíduos usam para se descrever. Bebendo do trabalho de Somers, "The narrative constitution of identity" (1994), Ammerman sublinha o facto de que cada indivíduo é ele próprio pelo facto de se localizar, frequentemente de forma inconsciente, em determinadas narrativas sociais. A narrativa torna compreensíveis os eventos da vida, através da sua conexão histórica e espacial a um conjunto de relações e práticas. As pessoas não são meramente impelidas a agir de acordo com a sua filiação a uma classe, etnia ou religião₽; pelo contrário, usam estas categorias de experiência como material para construir as suas próprias narrativas ontológicas e, desse modo, as suas identidades. A essas narrativas de carácter ontológico, Ammerman prefere chamar "autobiográfico", de modo a evitar pressuposições de imutabilidade narrativa; podem ser descritas como as histórias socialmente construídas e assumidas pelos indivíduos como forma de orientação para as suas vidas. Para McAdams, no *The case for unity in the (post)modern self* (1997), quando entendemos a identidade como uma história que contamos a nós mesmos, temos uma forma de compreender como é possível mantermos um sentido de nós próprios enquanto entidades coerentes. Na mesma linha, Giddens, no *Modernity and self-identity* (1991), descreve a identidade como a capacidade de os indivíduos manterem uma narrativa.

A identidade como narrativa é, portanto, a forma como o indivíduo se compreende através da história que conta sobre si próprio, mas é também o modo como essa história influencia as suas ações, tornando-o capaz ou incapaz de agir de determinadas formas. Para Ammerman (2003, p. 214), a narrativa autobiográfica torna possível certa "previsibilidade" no modo como interagimos com os outros e confere uma "certa fidedignidade e integridade" às nossas ações.

Contudo, as narrativas não são meramente autobiográficas. Tal como demonstra Margaret Somers, as narrativas são também públicas, porquanto estão ligadas a grupos e categorias, culturas e instituições. Tais narrativas são construídas e partilhadas publicamente, indo além da ação e consciência₽ dos próprios indivíduos. Algumas, como aquelas associadas a instituições, têm bastante força e são amplamente reconhecidas. A sua força pode ser medida através do modo como as suas narrativas estão disponíveis numa determinada cultura e da extensão na qual as suas histórias são usadas para justificar certas ações em diferentes contextos. Os indivíduos não são, portanto, as únicas entidades que podem ser descritas como tendo identidade. Como explica Fearon (2013, p. 33), também os Estados, as igrejas ou as universidades têm identidades próprias, pois qualquer ator corporativo é possuidor de um conjunto de características, valores e crenças₽ com os quais os seus membros se identificam e que os diferenciam das outras organizações existentes na sociedade. A identidade corporativa é, então, uma identidade coletiva concentrada em torno de uma organização específica que se distingue pela forma como é apresentada e percebida pelos seus membros e pelo público em geral. Essa identidade é partilhada pela globalidade dos seus elementos, sendo desenvolvida e mantida de modo a promover os seus objetivos gerais.

Assim sendo, a identidade pode ser entendida por referência a uma categoria social, ou seja, um conjunto de pessoas descritas através dum rótulo e distinguidas através de regras que determinam a sua filiação, as suas características e os seus atributos específicos. De um lado, a identidade social é definida através de regras implícitas ou explícitas de filiação que integram os indivíduos numa determinada categoria (social); de outro lado, essas categorias são compreendidas como um conjunto de características – por exemplo, crenças₽, desejos₽ ou compromissos morais – ou comportamentos que são expectáveis ou exigidos aos seus membros em determinadas circunstâncias (Fearon, 2013, p. 11ss). Aqui, a identidade é vista como um artefacto de interação entre o indivíduo e a sociedade, sendo essencialmente uma questão de ser designado por certo rótulo, de aceitar essa designação, de internalizar os papéis sociais que o acompanham e de agir de acordo com essas prescrições. Na teoria da identidade social, a filiação nessas categorias torna-se, por meio dos processos de despersonalização e autoverificação, na principal matriz de comportamento e autorregulação dos indivíduos (Greil; Davidman, 2007, p. 537).

A ênfase principal da teoria da identidade social tem sido maioritariamente em categorias como etnicidade₽, raça e género. Tem-se prestado menos atenção à identidade religiosa enquanto identidade social. Todavia, como demonstrou Seul no *"Ours*

IDENTIDADE

is the way of God": Religion, identity, and intergroup conflict (1999), a identidade religiosa serve de forma mais abrangente e potente a certas necessidades psicológicas do que outros repositórios de significado cultural que também contribuem para a criação de identidades. As religiões recorrem frequentemente a cosmologias, a quadros morais, a instituições, a rituais, a tradições e a outros conteúdos que respondem às necessidades de estabilidade psicológica dos indivíduos, possuindo uma capacidade singular de servir o impulso da identidade humana.

III. Identidade religiosa. Na obra *Les formes élémentaires de la vie religieuse* (1912), Émile Durkheim℗ explica como a religião℗ deriva das diferentes circunstâncias sociais e como é capaz de criar um ambiente propício à aceitação de um determinado modo de vida, nomeadamente através da adesão a um grupo. Para Durkheim℗, as pessoas demonstram o seu sentido de unidade e filiação por meio da participação em cerimónias, sistemas de crenças℗ e comportamentos direcionados para e por objetos considerados sagrados. A capacidade de produção de sentido e pertença que tais rituais coletivos oferecem aos indivíduos mostra como a religião℗ é um elemento importante na promoção da sua identidade pessoal e social. A religião℗ está, portanto, intimamente ligada à identidade das pessoas – o sentido de quem realmente são.

A religião℗ pode, portanto, ser entendida como um contexto ideológico ou social para o desenvolvimento da identidade dos indivíduos. Por um lado, as crenças℗, cosmovisões e valores religiosos oferecem um contexto ideológico, baseado na tríade sentido--ordem-lugar no mundo, essencial para a formação das identidades. Por outro lado, a religião℗ oferece um contexto social que, por meio de eventos históricos reais, põe em prática os princípios e normas comportamentais religiosos dos indivíduos e dos outros crentes. Segundo Erickson, é a incorporação desses princípios ideológicos e dessas normas comportamentais que permite à religião℗ ser tão eficaz no desenvolvimento da identidade.

A religião℗, enquanto identidade social ancorada num sistema de crenças℗ e símbolos guiadores, tem uma função poderosa na formação de processos psicológicos e sociais. Em particular, porque se encontra ligada a uma parte essencial da matriz sócio-histórica que oferece a base para a formação da identidade. Erikson afirma que a religião℗ é a instituição mais antiga que cria um ambiente capaz para o desenvolvimento dos sentimentos de fidelidade – conexão a uma ideologia℗ que surge aquando da conclusão bem-sucedida da *crise de identidade* associada à formação da identidade (1995, p. 228, 251). A religião℗ oferece tanto uma cosmovisão transcendental que ajuda a forjar as crenças℗ morais como um guia comportamental, baseado numa plataforma ideológica. Além disso, as normas religiosas

também contribuem para a transição das crenças℗ (individuais) para a sua compreensão (coletiva) dentro duma comunidade de crentes.

Com efeito, a influência da religião na formação da identidade dos indivíduos também pode advir da experiência comunitária, nomeadamente daquela vivida nas congregações religiosas. King explica como estas instituições oferecem condições para a "padronização espiritual", porquanto as pessoas ficam mais expostas à observação e à imitação de "exemplos espirituais" – referências vivas ou históricas da ideologia℗ ou dos valores religiosos que servem como modelos (2003, p. 199). As relações de confiança nos e de partilha desses exemplos promovem atitudes de autorreflexão e interiorização de valores, crenças℗ e compromissos que constituem a essência da formação de identidades. Ammerman, através da sua ênfase na questão da narrativa, é também da opinião de que as instituições religiosas℗ são locais privilegiados para a construção e o desenvolvimento das identidades religiosas. Segundo Ammerman, as narrativas e, por consequência, as interações têm um carácter religioso quando implícita ou explicitamente invocam a coparticipação da transcendência ou do sagrado℗. As organizações religiosas oferecem narrativas públicas que são expressamente desenvolvidas através dum conjunto de papéis, mitos ou rituais que criam arenas sociais – mas também individuais, por meio das narrativas biográficas – onde a ação religiosa pode decorrer. Elas estabelecem a "gramática" para as histórias que as pessoas contam sobre o mundo, conduzindo, através dessa narrativa mais ou menos comum, os participantes a procurar os seus "outros sagrados", com quem e através dos quais partilham e experimentam a sua identidade (2003, p. 217). Ao oferecerem e reforçarem gestos habituais – ritos musicais, comportamentais, linguísticos ou gastronómicos –, experiências humanas/religiosas que ajudam a definir as fronteiras identitárias, as instituições religiosas℗ orientam os seus participantes para as dimensões sagradas da experiência identitária.

De acordo com a autora, estas instituições são capazes de construir narrativas suficientemente fortes para resistir à competição quotidiana das narrativas modernas de identidade. No entanto, contrariamente ao argumento da unidade religiosa durkheimiana, as instituições não são o único repositório social do sagrado℗, e as narrativas promovidas não são intangíveis nem imutáveis. Pelo contrário, por causa da "permeabilidade das fronteiras" das instituições modernas e da interseção das diferentes identidades sociais, os indivíduos não limitam a sua participação a uma única organização ou tradição religiosa, construindo narrativas religiosas através da combinação de histórias de diferentes experiências religiosas ou não religiosas (Ammerman, 2003, p. 218).

IV. Evolução da narrativa (sociológica) predominante.

A relação entre identidade e Modernidade tem sido uma questão sociológica central desde o desenvolvimento da disciplina. De acordo com Greil e Davidman (2007, p. 539), para organizarmos os estudos sobre religião e identidade em torno duma história coerente, é-nos "útil" discuti-los no contexto de uma narrativa sociológica popular: a transição da comunidade para a sociedade.

A versão original desta teoria é de Tönnies, na obra *Gemeinschaft und Gesellschaft* (1887), mas a distinção que Émile DurkheimϘ faz, na monografia *De la division du travail social* (1893), entre sociedades pré-modernas e modernas é particularmente pertinente no âmbito desta secção. Nas primeiras, DurkheimϘ identifica um padrão de organização que apelida de "divisão mecânica do trabalho", em que os indivíduos desenvolvem a sua coesão através duma identificação pura. Nas segundas, ele observa uma divisão orgânica do trabalho, sustentada não na similaridade das suas unidades (como acontece na solidariedade mecânica), mas em fórmulas gerais de diferenças complementares. Apesar de trazer desafios ao fortalecimento da consciênciaϘ coletiva, a solidariedade orgânica traz consigo a possibilidade da liberdade, dado que os atores sociais podem escolher o que querem fazer e o que querem ser.

Este modelo, que contrasta o individualismo da Modernidade com a afiliação coletiva tradicional, acabaria por se afirmar na Protosociologia da Religião, nomeadamente por Georg Simmel, no *Über de Kreuzung socialer Kreise* (1922), Linton, no *The study of man* (1936), ou ParsonsϘ, no *The social system* (1951), através da sua distinção entre características atribuídas (típicas das sociedades pré-modernas) e adquiridas (típicas das modernas) dos indivíduos.

Com o advento e o desenvolvimento das teorias da secularizaçãoϘ no período pós-Segunda Grande Guerra (pós-1945) e nos inícios da década de 1960 – sobretudo por conta dos trabalhos de Bryan Wilson, *Religion in secular society* (1966), Luckmann, *The invisible religion* (1967), e BergerϘ, *The sacred canopy* (1967) –, a narrativa social sobre os efeitos (tendencialmente negativos) da transição comunidade-sociedade para a identidade (religiosa) torna-se, definitivamente, num dos temas centrais da Sociologia da ReligiãoϘ. Ao analisar a relação entre identidade religiosa e Modernidade, a disciplina assumia, no geral, que nas sociedades modernas a religiãoϘ é caracterizada por um pluralismo, uma privatização e uma construção social/pessoal que se diferenciava diametralmente do tipo de religião, determinista e inquestionável, das sociedades pré--modernas. A consciênciaϘ da existência de várias cosmovisões, não vinculativas, e o sentimento concomitante de que, na Modernidade, a identidade religiosa é uma matéria de escolha pessoal passam a ser as narrativas dominantes.

Não obstante, o crescente descrédito das teorias da secularizaçãoϘ, especialmente a partir das décadas de 1980 e 1990, tanto o *novo paradigma* do mercado religioso – preconizado por autores como R. Stephen Warner, Rodney StarkϘ, William Bainbridge ou Roger Finke – como a *alternativa teórica* da individualização religiosa – defendida por Ulrich Beck, Danièle Hervieu-LégerϘ, Françoise Champion ou Grace Davie –, mantiveram subjacente esta perspetiva de que a identidade religiosa perde o seu sentido prescritivo e inquestionável nas sociedades hodiernas. Os últimos, pelo seu enfoque particular nas questões sobre a identidade individual na *alta Modernidade*, são nesse contexto particularmente pertinentes. Ao olharem para essas sociedades como espaços de diversidade e multiplicidade de opções – com sistemas abstratos, experiências mediadas e uma urgência de mudança permanente –, os teóricos da individualização encaram a identidade como um esforço reflexivamente organizado, um "projeto reflexivo do eu", como o descreveu Giddens (1991, p. 9, 201). Dissemina-se, entre outras, a ideia de ego proteu (*protean self*), moldável, fluido e multidimensional – um processo de contínua (re)criação psicológica individual –, adaptável aos diferentes contextos sociais, como o caracterizou Lifton (*The protean self*, 1999). Este ego é expansivo (*expansive self*), segundo Roof (*Spiritual marketplace*, 2001), pois o indivíduo assume deliberadamente uma postura de exploração da sua vida interior, procurando respostas, sentidos e significados morais para a elaboração do seu *eu*.

Hervieu-LégerϘ (1999, p. 42ss) explica que esse fenómeno faz com que, inversamente ao que sucedia no passado, as identidades religiosas dos indivíduos modernos não sejam mais herdadas dos seus antepassadosϘ. Antes, são construídas individualmente, por meio de uma *bricolagem religiosa* autoconstruída a partir de vários fragmentos, mas com o objetivo de construção de um todo de significações derradeiras subjetivas. Esta forma de viver a religiosidade cria, no ver de Hervieu-LégerϘ, duas figuras reveladoras do espírito da nossa época: o peregrino e o convertido. Não obstante as suas diferenças, ambos remetem para a ideia de um cenário religioso em movimento e onde a adesão à(s) religião(ões) se baseia no voluntarismo associativo. É um novo tipo de religião *New Age*. Uma identidade religiosa totalmente centrada nos indivíduos e na sua realização pessoal e caracterizada pela primazia conferida à experiência pessoal que os guia de acordo com as suas próprias cosmovisões. A tendência crescente para as pessoas se entenderem como *crentes sem religião* pode ser um reflexo dessa desinstitucionalizaçãoϘ das identidades religiosas.

No entanto, recorrendo a uma expressão de Giddens, nem tudo é *caos* (1991, p. 36-37); ou seja, não existe um número infinito de identidades puramente idiossincráticas. Pelo contrário, os principais grupos religiosos continuam a estar

IDEOLOGIA

esmagadoramente representados, integrando a maioria das identidades religiosas dos indivíduos. Para isso muito contribui a influência que as instituições religiosas℗ têm no desenvolvimento e no fortalecimento das identidades de cariz religioso. No dealbar do século XXI e, em particular, com o pano de fundo dos fenómenos de migração global, vários estudos vêm enfatizando o papel das organizações religiosas na integração dos indivíduos, nomeadamente dos migrantes, e no reforço das suas identidades religiosas (Greil; Davidman, 2007, p. 559ss). As afiliações organizacionais religiosas, pela sua prescrição e rotinização de práticas e preceitos morais, mantêm-se como importantes marcadores identitários. Mesmo nas sociedades modernas, ou, talvez, particularmente nelas – por conta da atomização, da falta de diretrizes morais e do relativismo típicos da Modernidade –, a oferta distinta das organizações religiosas transforma-as em locais importantes para a construção das identidades religiosas.

Bibliografia: AMMERMAN, N. T. Religious identities and religious institutions. DILLON, Michele (Ed.). *Handbook of the sociology of religion.* Cambridge: Cambridge University Press, 2003. p. 207-224; BEDOS-REZAK, B.-M.; IOGNA-PRAT, D. *L'Individu au Moyen Age*: individuation et individualisation avant la modernité. Paris: Editions Aubier, 2005; ELY, J. D. Community and the politics of identity: toward the genealogy of a nation-state concept. *Standford Electronic Humanities Review*, vol. 5.2, 1997; ERIKSON, E. *Childhood and society.* London: Vintage Books, 1995 [1965]; FEARON, J. D. What is identity (as we now use the word)? California: Stanford University, 1999. Disponível em: <https://web.stanford.edu/group/fearon-research/cgi-bin/wordpress/wp-content/uploads/2013/10/What-is-Identity-as-we-now-use-the-word-.pdf>; FUKUYAMA, F. *Identity: contemporary identity politics and the struggle for recognition.* London: Profile Books, 2018; GIDDENS, A. *Modernity and self-identity*: Self and society in the late modern age. Stanford: Stanford University Press, 1991; GLEASON, P. Identifying identity: a semantic history. SOLLORS, W. (Ed.). *Theories of ethnicity*: A classical reader. New York: New York University Press, 1996 [1983], p. 460-488; GREIL, A. L.; DAVIDMAN, L. Religion and identity. BECKFORD, J. A.; DEMERATH, N. J. (Eds.). *The SAGE handbook of the sociology of religion.* London: Sage, 2007. p. 549-565; HALPERN, C. *Identité(s)*: l'Individu, le groupe, la société. Auxerre: Sciences Humaines, 2009; HERVIEU-LÉGER, D. *La religion en mouvement*: le pèlerin et le converti. Paris: Flammarion, 1999; JUCKS, J.-P.; BAUDRY, R. Définir l'identité. *Hypothèses 2006*, 2007, p. 157-167; KING, P. E. Religion and identity: the role of ideological, social, and spiritual contexts. *Aplied Developmental Science*, vol. 7, n. 3, 2003, p. 197-204; TAYLOR, C. *Sources of the self: the making of the modern identity.* Cambridge: Cambridge University Press, 1989.

Jorge Botelho Moniz

IDEOLOGIA

I. Definição etimológica e compreensão histórico-hermenêutica do conceito de ideologia. O conceito de "ideologia" foi criado por Tracy no final do século XVIII, no contexto da Revolução Francesa, para designar a sua teoria da formação das ideias. Foi forjado etimologicamente a partir do grego pela conjugação da palavra *idea*, que significa literalmente "aparência", mas pode ser traduzida por "arquétipo℗ ideal", com a palavra *logos*, que significa "estudo". O termo é utilizado para caraterizar os pensadores de uma escola filosófica iluminista francesa que se autointitulam *idéologues*.

Esses autores defendem que a filosofia não pertence ao domínio das coisas e da realidade, mas sim ao plano das ideias, por isso são considerados opositores do Império Francês de Napoleão e acusados pelos políticos ilustrados de teóricos alheados do mundo e com uma falsa consciência℗. Napoleão via nos *idéologues* um entrave à sua ação e uma oposição ao realismo político, que já não se fundamentava na unidade teológico-filosófica da ordem cristã e no método℗ epistemológico dedutivo-especulativo da metafísica℗, mas sim no método℗ epistemológico das ciências naturais que se impusera a partir do século XVI em Inglaterra e França, com a exigência de um pensamento indutivo e empírico-experimental, tal como proposto na "doutrina dos ídolos" do *Novum organum* de F. Bacon.

A partir da obra *A ideologia alemã*, redigida em conjunto por Marx℗ e Engels entre 1845 e 1846, e publicada em 1932, num ataque ao materialismo de Feuerbach℗, ao idealismo de Hegel e ao individualismo anárquico de Max Stirner, o vocábulo *ideologia* passa a ser sinónimo de conhecimento alienado e projetado em vagas abstrações, bem como dogmatismo justificativo da opressão do ser humano pelo ser humano. A *ideologia* é associada à ilusão que se constitui como deformadora da consciência℗ das classes, nomeadamente, das classes operárias, com o objetivo final de domínio e opressão.

Assim, a partir das formulações de Marx℗ podemos definir *ideologia* como uma forma de ocultamento em que os interesses de um grupo social são disfarçados, fazendo-se passar por valores universais para que sejam aceites por todos. Os enunciados ideológicos apresentam-se como um conhecimento, quando na realidade são um embuste com o objetivo de manipular os indivíduos para os conduzir a ações que promovam o poder político de um grupo ou determinada classe.

Mas por outro lado, principalmente com o contributo de Mannheim, o conceito adquire uma conotação mais vasta e positiva no sentido de uma determinada teoria ou configuração do mundo, da sociedade e do ser humano com a vontade de a traduzir num programa de ação com símbolos e

IDEOLOGIA

instituições adequadas. Dessa maneira, distingue-se da religiãoρ, da filosofia e da ciência, dando origem a vários movimentos ideológicos, tais como o socialismo, o estalinismo, o maoísmo, o nacional-socialismo, o fascismo, o liberalismo e o capitalismo. Assim, passa a significar um conjunto de conhecimentos e de crençasρ, verdadeiras ou falsas, condicionadas socialmente e, em alguns casos, com caráter de irracionalidade que são aceites por autoridade com a função de justificação do poder político.

A pergunta que se põe é a seguinte: como é que podemos reconhecer a falsidade de um conjunto de enunciados defendidos socialmente, que têm como único objetivo satisfazer o poder de uma determinada classe social? Para Villoro, as crençasρ partilhadas por um determinado grupo social são ideológicas quando não estão suficientemente justificadas ou fundadas em razões objetivamente suficientes e promovem o poder político desse grupo. Uma crençaρ injustificada racionalmente só pode ser aceite e cumprir a sua função de domínio se for apresentada como se estivesse justificada, e isso apenas pode acontecer por um processo de engano e ocultamento, como, por exemplo, pelo uso de termos como liberdade, paz e justiçaρ no contexto da aplicação de políticas ditatoriais.

Ora, este logro pode acontecer também no campo das instituições económicas e religiosas. Veremos que no campo religioso essa justificação suficiente não pode ser dada de acordo com critérios estritamente objetivos e que exige o recurso de outras categorias epistemológicas, sem no entanto negar a razoabilidade exigível para que haja uma adesão que não seja supersticiosa e alienante. Tal como afirma Ricœurρ, a religiãoρ pertence ao plano da transcendência e da escatologiaρ, enquanto a ideologia se limita a justificar o que já existe socialmente no plano da história.

Nesse sentido, a inserção do conceito de "ideologia" resulta da necessidade em explicar a relação entre crençasρ injustificadas e fatores sociais, pelo que tem uma função explicativa, na medida em que explica as crençasρ injustificadas de um modo distinto das explicações psicológicas, e tem uma função heurística, porque orienta o investigador na descoberta de crençasρ injustificadas a partir da análise da sua função social. Nessa medida, tem de ser um conceito interdisciplinar. Implicando as noções de falsa consciênciaρ, alienação e prática social, o conceito de "ideologia" enquanto força real social converte-se em objeto de estudo para todas as Ciências Sociais: História, Filosofia, Economia, Semióticaρ, Antropologia, Psicologia, Política e Teologiaρ. Toda a ideologia é difundida de maneira aberta ou implícita através da Durkheimρ e dos meios de comunicação. Como adverte Ricœurρ, torna-se um conceito polissémico, que está associado, por um lado, à dissimulação e à distorção no âmbito de conflitos de interesses, e, por outro lado, à integração no âmbito da mediação simbólica constitutiva de um grupo social.

II. Ideologia negativa de "pensamento falso" e ideologia positiva de "visão do mundo". Ora, esta conclusão insere-se na problemática já enunciada por Karl Mannheim acerca da possibilidade de toda atividade humana incluir fatores ideológicos. Aquém e além do sentido originário e filosófico de "ciência das ideias", a *ideologia* adquire hoje um duplo significado: a) no sentido pejorativo ou negativo de "pensamento falso" e enganoso; b) no sentido descritivo de "visão do mundo" e "projeção social", enquanto justificação ou promoção de uma ordem social que inclua todas as dimensões da cultura. Na primeira significação, constitui-se como uma teoria falsa sustentada racionalmente e como um sistema de crençasρ capaz de mover os homens sob a influência das paixões. Uma teoria falsa que se apresenta como verdadeira, porque encerra justificações de aparência científica que lhe oferecem uma grande credibilidade. Na segunda significação, como esclarece Juan Luis Segundo, constitui-se como o plano em que o ser humano se determina a si mesmo pelos valores sociais e científicos escolhidos em liberdade. O mundo da significação e do sentido da vida procede da féρ, e o mundo do conhecimento científico validado pela experiência pertence ao campo da ideologia.

De acordo com essa interpretaçãoρ, Rossi-Landi identifica na primeira aceção uma gradação ideológica em sentido crescente de falsidade e consciênciaρ: como mitologiaρ e crençaρ popular; como ilusão ou autoengano; como preconceitoρ associado ao senso comum; como mentira não deliberada no sentido marxista de ilusão e representação superestrutural que justifica a modalidade e as relações de produção dominantes; como engano consciente resultante de uma planificação minuciosa com o fim definido de atingir certas vantagens práticas, através do prejuízo e da instrumentalização de interesses, ideias e valores de pessoas e grupos sociais, como acontece, por exemplo, nas propagandas comunista, fascista, comercial, política e religiosa; como falso pensamento em geral; a filosofia como falso pensamento no sentido sofista, fingindo caráter de cientificidade. Freudρ inclui nesta aceção as ideias religiosas que são de base reflexiva e resultado dos desejosρ mais antigos e imperativos da humanidade, mas ilusoriamente apresentadas sob a forma de um mandamento divino para lhe dar maior credibilidade.

Da mesma maneira é estabelecida uma gradação, no sentido decrescente de importância e consciênciaρ social, para a ideologia concebida como visão ou configuração da realidade: como filosofia ou visão metafísicaρ do mundo com caráter sistemático e englobante, que se apoia na realidade mas não tem a pretensão de objetividade empírica; como intuição do mundo de caráter emocional, religioso e irracional que pode ser ou não consciente, no reconhecimento de que a pura racionalidade científica não é suficiente para responder à necessidade humana de sentido;

como sistema de comportamentos assentes numa estrutura de valores éticos, comum a determinado grupo social; como sentimento ou inclinação pessoal e social sem sistema geral de comportamentos e sem qualquer pretensão de verdade. Este último nível emotivo da aceção positiva da ideologia como visão do mundo aproxima-se do primeiro nível mítico da aceção negativa da ideologia, no sentido de pré-conceito ou crença℗ mitológica, mas em que esse pensamento falso ou enganoso é ténue e inócuo. Como critérios principais para essa classificação surgem as noções de consciência℗ e vontade, honestidade e generalidade, prática social e alienação.

A ideologia como "visão do mundo", quando não se limita a uma atitude puramente contemplativa ou especulativa, converte-se necessariamente em prática ou projeção social que inclui a sociedade na sua totalidade, pelo que até os fatores naturais se entrelaçam com os sociais, como, por exemplo, na forma em que se dá ou não a prevenção de inundações ou sismos ou na forma como se lida com o problema da exploração dos recursos naturais e com o problema das alterações climáticas. Toda a interação social é regida por um programa prévio, no qual se inclui a própria liberdade. O indivíduo é um produto social e é um produtor social, pelo que está condicionado, desde a gestação, pela ideologia dominante e pelas ideologias subalternas, ao nível linguístico, político, económico, cultural e religioso.

As programações sociais servem para conservar a coesão de grupo e os valores da cultura e são desenhadas pela classe dominante, isto é, pela ideologia dominante, mas também podem servir para revolucionar essa mesma ordem social. Mas não se trata de um fatal determinismo, porque na intervenção ativa o ser humano consciente e não alienado pode favorecer o curso do processo e acelerá-lo, pode opor-se agindo no sentido de o reverter ou de criar um novo, ou pode abster-se, evitando atuar no processo.

Os discursos filosóficos e religiosos tornam-se ideológicos no sentido negativo quando se apresentam como reveladores de uma verdade absoluta dada de forma definitiva, não admitindo o diálogo entre os diferentes "pontos de vista", para usar uma expressão de Ortega y Gasset, como forma benigna de complementaridade no desenvolvimento progressivo do conhecimento. Não há diálogo filosófico, nem ecuménico, nem científico, porque os diferentes sistemas reflexivos e as diferentes doutrinas religiosas tendem a excluir-se numa atitude ideológica. Para garantir essa posição maioritária, estas ideologias tendem a recorrer, por um lado, a realidades extra-históricas e, por outro lado, tendem a afirmar o caráter natural e não ideológico das suas doutrinas, esquecendo que o próprio conceito de natureza é um produto cultural e social que tem evoluído historicamente, acompanhando o progresso do conhecimento científico e filosófico.

A única forma de não incorrermos na teoria e prática nocivas da ideologia negativa de ingénuo autoengano, de alienada ilusão ou mentira e manipulação deliberada é adquirindo a lucidez de que a ideologia está imediatamente presente logo que algum aspeto da consciência℗ seja verbalizado, teorizado, racionalizado e justificado. Todos os comportamentos sociais e livres iniciativas se enquadram numa prévia programação histórica, incluindo a investigação científica, apesar do seu esforço desmitificador, pelo que a nossa ação terá de passar pela correção e melhoria dos programas já existentes de acordo com os valores da dignidade das criaturas e dos direitos dos homens. Adquirir uma consciência℗ pura sem qualquer contaminação ideológica significaria possuir o movimento da história e deixarmos de existir como homens. Assim, sem sair do plano horizontal da análise sociológica, Ferruccio propõe uma noção de ideologia inovadora, que, por distinção com a ideologia conservadora, comporte uma reavaliação voluntária do pensamento como racionalidade histórica e esteja em condições de construir a sua própria realidade, numa síntese harmoniosa entre consciência℗ e prática.

III. Ideologia, religião política e crença religiosa. São frequentes as perspetivas que estabelecem um contraste entre o gnosticismo monista, que imanentiza os princípios escatológicos – propondo a visão utópica de uma sociedade perfeita ou de um paraíso℗ terreal –, e as narrativas religiosas de salvação℗ escatológica que apelam a uma consumação da realidade num plano espiritual e trans-histórico.

Em todas as civilizações, as inquietações religiosas se expressam, de alguma maneira, através da linguagem política. Voegelin, na sua obra *As religiões políticas*, reconhece, por um lado, uma distinção conceptual entre a ideologia, que concentra o seu programa de felicidade℗ no plano intramundano, e a religião℗, cuja ação visa uma vida para além da história, e admite, por outro lado, que ideologia e religião℗ estão historicamente associadas, porque a vida dos homens na comunidade política não se reduz à esfera do direito e do poder, mas se estende à experiência do sagrado e da vida espiritual.

A crítica teológica à possibilidade de uma religião política tende a sublinhar a incapacidade desta para responder ao desejo℗ humano do sobrenatural. Nesse sentido interpretativo, Capdevila defende que a religião℗ é a instituição humana mais persuasiva para atenuar o temor da morte℗ e a mais poderosa para mobilizar a energia emocional na concretização de uma vida feliz. Dessa maneira, concebe a religião℗ como um sistema ideológico de representações, valores e condutas e, a partir desse pressuposto, defende que, por um lado, a religião política ou secular se distingue da religião tradicional – porque ignora a transcendência e a vida para além da morte℗ –, mas, por outro lado, é idêntica, no sentido em que apresenta orientações que substituem as doutrinas religiosas e constituem, no plano do porvir, uma ordem social que tem como fim salvar a humanidade. Nesse sentido, não se ignora que, na sua concretização histórica e social, qualquer religião⌗ encerra elementos ideológicos, em sentido estrito.

No entender dos ideólogos materialistas, a mudança não pode ser operada pela filosofia tradicional, que é fonte de novas alienações, mas através de uma filosofia mais original, que é hermenêutica⌗ de ideologias, numa crítica radical dos mecanismos subjacentes às intenções mais ocultas da classe social dominante. A sua função primordial é fazer com que o ser humano se torne consciente da sua alienação, nomeadamente a que é provocada pelo poder religioso, sob o dogma⌗ enganador da crença⌗ numa divindade, que não se pode demonstrar cientificamente.

Como reconhece Alvarez, a crítica ideológica de inspiração⌗ materialista parte do princípio da anterioridade ontológica e gnosiológica da matéria em relação ao pensamento e ao espírito. Nessa via, a religião⌗ é englobada no plano das formas de pensamento que procuram justificar a ordem social existente. Assim, através de uma preocupação messiânica e redentora, procura-se construir um sistema político que retire o ser humano da sua condição alienada e o faça retornar à sua condição original de unidade harmónica. Recordamos, a este propósito, a observação de Mannheim, quando afirma que seria necessária uma já impossível condição de inocência para voltarmos a viver, sem nenhum elemento transcendente, em plena harmonia com as outras criaturas deste mundo, seja na forma de utopia, seja na forma de ideologia.

Muitas das reações a essa hermenêutica⌗ da religião sublinham que a crítica da ideologia renuncia a uma interpretação⌗ metafísica⌗ da realidade, veiculada pela compreensão hermenêutica⌗ de uma razão mistérica, de fundamentação analógica e transconceptual. Este tipo de racionalidade pretende captar algo da essência antepredicativa e atemática da experiência religiosa⌗ de Deus, lendo a realidade não apenas na sua dimensão física, biológica, psicológica, consciente e social, como também na ontológica e espiritual de natureza indizível e inefável.

Como adverte Ruas, qualquer ideologia se apresenta como a transmutação da particularidade imanente de uma ideia relativa no universal transcendente de uma ideia absoluta. Especificamente, a crença⌗ religiosa tende a ver a iniciativa divina num plano de anterioridade em relação à experiência humana. O discurso intelectual religioso responde aos críticos sublinhando que os substitutos políticos da religião governam a partir da ideia clara e distinta de uma ordem universal do todo, sem a necessária atenção ao carácter concreto da existência humana.

Bibliografia: ALVAREZ, J. G. *Filosofía, ideología y utopía.* Burgos: Facultad de Teología del Norte de España, 1973; BOUDON, R. *L'Idéologie ou l'origine des idées reçues.* Paris: Fayard, 1986; CAPDEVILA, N. *El concepto de ideología.* Buenos Aires: Ediciones Nueva Visión, 2006; EAGLETON, T. *Ideology: An Introduction.* London: Verso, 1991; HERSCH, J. *Idéologies et réalité.* Paris: Plon, 1956; LENK, K. *El concepto de ideología:* comentario crítico y selección sistemática de textos. Buenos Aires: Amorrortu, 2008; MANNHEIM, K. *Ideology and Utopia.* London: Routledge, 1936; MARX, K. *La ideología alemana.* Barcelona: Grijalbo, 1970; MORENO, F. *De la fe a la ideología.* Santiago: Ediciones Universidad Católica de Chile, 1989; NUNES, A. S. *Sociologia e ideologia do desenvolvimento.* Lisboa: Moraes, 1969; RATZINGER, J. *Teología de la liberación:* documentos sobre una polémica. San José (Costa Rica): Departamento Ecuménico de Investigaciones, 1984; RICŒUR, P. *Ideologia e utopia.* Lisboa: Edições 70, 1991; ROSSI-LANDI, F. *Ideologia.* Barcelona: Editorial Labor, 1980; RUAS, H. B. R. Fé e ideologia. *Communio,* ano IV, 4, p. 3313-317, jul.-ago. 1987; RUAS, H. B. R. *Ideologia:* ensaio de análise histórica e crítica. Lisboa: Junta da Acção Social, Plano de Formação Social e Corporativa, 1959; SEGUNDO, J. L. *Fé e ideologia.* São Paulo: Edições Loyola, 1983. v. I e II; VILLORO, L. *El concepto de ideología.* México: Fondo de Cultura Económica, 2007; VOEGELIN, E. *As religiões políticas.* Lisboa: Vega, 2002.

SAMUEL DIMAS

IDOLATRIA

A origem etimológica do termo "idolatria" está diretamente relacionada ao termo "ídolo". "Imagem" ou "ídolo" tem seu correspondente no vocábulo latino *idolum.* Semelhante é o sentido do termo "ídolo" a partir de sua origem grega, isto é, a partir de *eidolon,* que também significa "imagem", "ídolo". Alguns termos correlatos construídos em torno do vocábulo *eidolon* são: *eidoleion,* "templo de um ídolo"; *eidolothyton,* "carne oferecida a ídolos"; *kateidolos,* "cheio de ídolos"; *eidolatres,* "idólatra", "adorador de ídolos"; e *eidololatria,* "idolatria", "adoração a ídolos" (Mundle, 2000, p. 999). Sendo assim, idolatria diz respeito à prática de culto, devoção ou adoração prestada ou direcionada a ídolos. Por razões históricas, o Ocidente teceu conotações específicas ao termo, reforçando sobremaneira o caráter de falsidade ou de divindade falsa em oposição à divindade verdadeira, o Deus judaico e cristão. Esse campo de tensão histórico-religiosa moldou o conceito de idolatria como categoria ambígua, quando utilizada nos estudos de religião.

I. Conceito ambíguo. Para além do campo dos juízos teológicos sobre as práticas religiosas extrabíblicas, o conceito tem sido utilizado de maneira mais neutra para designar as práticas religiosas arcaicas, como conceito crítico dos processos ideológicos que instaram espiritualidades♀ e religiosidades implícitas nos processos sociais e políticos de dominação. Os estudos de Reza Aslan sobre o surgimento da ideia de Deus constituem um caso elucidativo. Considerando as pesquisas recentes no campo da Arqueologia♀, esse autor busca compreender o significado e a importância das representações e dos objetos de culto no campo das atividades de caráter religioso praticadas pelos ancestrais♀ do homem moderno. Diz o autor que "[…] a escultura de ídolos para representar espíritos ou deuses pode ser atribuída ao Paleolítico" (Aslan, 2018, p. 80). Destaca ainda que "os povos antigos não adoravam pedaços de pedra; eles adoravam os espíritos que residiam dentro deles. O ídolo não era ele próprio um deus; ele estava imbuído do deus. Julgava-se que o deus tomasse forma dentro do ídolo" (p. 80). As percepções de Aslan, portanto, lançam luz sobre o sentido presente na prática de reverenciar representações ou objetos pelos ancestrais♀, bem como reforçam a necessidade de uma menção bastante cuidadosa do termo "idolatria", pois sua referência pode vir acompanhada de constantes juízos de valor que, quase sempre, são determinados a partir da assimilação de um escopo teológico de uma determinada concepção religiosa.

O conceito de "ídolo" tem origem no universo bíblico-teológico, criado para descrever e qualificar os deuses das demais tradições religiosas que, na visão judeo-cristã, são considerados falsos. No entanto, o conceito atravessa a história das tradições judaica e cristã como categoria importante para o entendimento da relação de Judaísmo e Cristianismo com as demais tradições religiosas. A partir de uma perspectiva teológica particular e que se pretendia verdadeira, as manifestações religiosas distintas eram consideradas falsas e relacionadas ao mal. Muitas das divisões e guerras ditas religiosas entre Oriente e Ocidente e discursos de dominação colonial foram fundamentados sobre essa dicotomia segura entre a divindade falsa, o ídolo, e o Deus verdadeiro.

II. Origem bíblico-judaica. No âmbito do Judaísmo, os relatos clássicos do Antigo Testamento, o bezerro de ouro no Sinai (Êxodo, capítulo 32) e os bezerros que Jeroboão erigiu em Dã e Betel (1Rs 12,26-33) constituem narrativas teológicas emblemáticas a partir das quais "desenvolveu-se toda uma teologia♀ libertadora antiidolátrica" para o povo judeu, o que incluía, também, a proibição de "ídolos javistas", isto é, a proibição de imagens cultuais de Iahweh (Caravias, 1992, p. 19). O texto do Antigo Testamento, aliás, traduz o termo "ídolo" a partir de, aproximadamente, trinta nomes hebraicos diferentes, conforme destacam Porto e Schlesinger (1995, p. 1317). Os autores destacam, dentre os termos, o hebraico gilulim, empregado com frequência no texto de Ezequiel e cujo sentido é "imundície", "esterco" ou "impureza". Além de gilulim, o termo hébel também aparece com frequência no Antigo Testamento hebraico para descrever o "ídolo" como sendo uma "coisa vã" ou um "sopro". Por fim, ambos destacam também o termo bôshet para descrever o aspecto de "vergonha", "ignorância" ou "obscenidade" relacionado aos ídolos. Dessa forma, a veneração♀ a ídolos é expressamente proibida ao povo hebreu, sendo, não poucas vezes, considerada como um tipo de prostituição no contexto do Antigo Testamento (Jz 8,33-34 e Os 9,1). Porto e Schlesinger (1995, p. 1316) destacam também, no entanto, que a prática de idolatria, entre os judeus, parece ter cessado definitivamente durante o exílio na Babilônia, o que é pertinente, a partir da observação dos autores de que a prática de idolatria se fez mais incisiva no Reino do Norte, que teve o seu fim quando suas tribos foram misturadas a outros povos por ocasião da invasão assíria em 721 a.C. (2Rs 17). Neste aspecto, Caravias acrescenta que "desde a época macabeia, em oposição ao mundo helenístico, a proibição foi interpretada cada vez mais como uma proibição radical de toda representação de qualquer ser vivente" (Caravias, 1992, p. 19). Mundle observa também que a questão em torno da idolatria "cessara de ter importância" na Palestina do contexto do Novo Testamento, isto é, a controvérsia havia se encerrado em torno da radicalidade teológica e moral contra qualquer tipo de devoção, praticada por um judeu, em relação a um ídolo ou imagem♀, sobretudo no contexto romano politeísta da época (Mundle, 2000, p. 1001).

III. A problemática no Cristianismo. O Cristianismo herda do Judaísmo a condenação da veneração♀ a ídolos como abominação à religião do Deus verdadeiro; terá, porém, de enfrentar reiteradamente a questão, na medida em que se insere nas cidades gregas com seus cultos e com suas expressões artísticas. O uso de pinturas e imagens nos templos cristãos como forma de representar os personagens bíblicos e os santos acende o debate teológico sobre o problema da idolatria, dividindo as comunidades e os teólogos. A luta iconoclasta representa esse embate teológico em torno do problema da idolatria e divide a questão em torno de duas posições principais. Enquanto os iconófilos defendiam o uso de ícones religiosos nas igrejas e nas práticas de culto sob a afirmação de não acreditarem que tais representações estavam dotadas de alguma divindade ou poder para lhes favorecer em algum aspecto da vida e, portanto, acreditavam estarem adorando o próprio Cristo através dos ícones e imagens ali representados, os iconoclastas, por sua vez, se propunham a combater a veneração♀ a ícones e imagens religiosas, a qual, na perspectiva destes, se configurava como sendo idolatria. No ano 730, ícones de santos, obras de arte, pinturas, ornamentos sobre os altares das igrejas, entre outras expressões artísticas, foram todos destruídos por terem sido considerados formas variadas de idolatria, ação esta respaldada pelo imperador Leão III. A problemática foi resolvida doutrinalmente apenas com o segundo Concílio♀ de

Niceia, no ano 787 da era cristã, quando, então, se atribuiu legitimidade à prática de veneração♀ a imagens de santos. O Catolicismo distinguiu adoração de veneração♀ e com essa distinção ofereceu uma saída para o culto às imagens que já estava entranhado nas práticas religiosas. Sendo assim, na perspectiva católica, conforme salientam Porto e Schlesinger, o pecado da idolatria é compreendido como o ato de prestar culto ou adoração, devidos somente a Deus, a outra criatura (1995, p. 1317). No Protestantismo, ainda que Lutero aceitasse inicialmente o uso de imagens, a prática de veneração♀ a santos e ícones diversos foi sendo excluída dos templos e cultos protestantes, em suas várias vertentes, a partir de novas hermenêuticas♀ teológicas que foram sendo desenvolvidas com o passar dos anos, sendo o uso de imagens considerado uma forma de idolatria. Ainda que as hermenêuticas♀ da tradição protestante em torno da doutrina da graça sejam um pilar fundamental no escopo teológico e doutrinário das mais variadas tradições protestantes, a questão em torno do uso de imagens é também um elemento que marca profundamente a divergência entre as tradições católica e protestante, refletindo-se na maneira como as duas tradições concebem as práticas de culto, a maneira como se dá a relação com o sagrado♀ e os valores da fé cristã, entre outros aspectos. No entanto, vale ressaltar que o Cristianismo, no espectro geral de suas tradições, considerou como idólatras todas as religiões que lhe eram diferentes, como aquelas próprias do grande Oriente e também as que eram oriundas do Novo Mundo e, nesta perspectiva, de um modo particular, as religiões dos maias, astecas e incas.

IV. Outras tradições religiosas. O Islamismo, por seu caráter monoteísta, semelhantemente ao Judaísmo, condena a veneração♀ e o culto às imagens, classificando-os como sendo idolatria, embora utilizem refinadas expressões artísticas na arquitetura das mesquitas. Em algumas variações do Budismo, o culto às imagens é praticado regularmente. Para os budistas da tradição *mahayana*, por exemplo, predominante em países como China, Japão e Tibete, o Buda é concebido como sendo um salvador e não apenas um ideal, conforme acreditam os budistas da linha *teravada*. No Hinduísmo, a veneração♀ a imagens é, semelhantemente ao Budismo *mahayana*, bastante comum. Na prática do *puja*, isto é, na prática do culto diário de um religioso hindu, por exemplo, o adorante, após um banho purificador, volta sua atenção para a imagem♀ de sua divindade geralmente localizada num canto de um dos cômodos da casa. Ali, ele deposita, diante de sua divindade, flores e alimentos, além também de proferir orações e recitar hinos, pois a imagem♀ ali representada não é concebida como um símbolo da divindade, mas sim como parte de sua essência (Wilkinson, 2011, p. 174).

V. O conceito na filosofia. Foi Demócrito (460 a.C.-370 a.C.), filósofo pré-socrático de Abdera, um dos principais expoentes do atomismo, mas cujo pensamento não se limitou apenas ao estudo da *physis* (natureza), como era característico dos pré-socráticos, quem elaborou, na Antiguidade, um estudo ou doutrina dos ídolos. Para Demócrito, atributos humanos, como o pensamento, são produzidos na interioridade dos indivíduos pelos ídolos (Abbagnano, 2007, p. 617), concepção esta adotada também pelos epicuristas, que defendiam o apego moderado aos prazeres como meio para a felicidade♀ e a tranquilidade interior. Ainda no campo da filosofia, merece atenção também a teoria dos ídolos de Francis Bacon (1561-1626). Considerado o primeiro de uma tradição de pensadores empiristas, Bacon elencou as falsas noções que justificavam, em sua perspectiva, o insucesso da ciência, isto é, que se colocavam como obstáculos ao conhecimento. A essas falsas noções ele denominou de ídolos, concepção que foi preservada pelo também filósofo britânico Thomas Hobbes (1588-1679). Bacon, assim, emprega o termo "ídolo" com o sentido de "erro enraizado" ou "falsa noção", isto é, se referindo às concepções próprias, particulares, as quais, de tão arraigadas na interioridade dos indivíduos, e por estes defendidas, os comprometiam quanto à possibilidade de se abrir para novas formas de interpretação♀ da realidade, revelando-se, dessa forma, como sendo "ídolos" a serem guardados, preservados diante de toda e qualquer "ameaça exterior". Para o autor, existiriam quatro ídolos principais a serem superados a fim de que o conhecimento científico se tornasse possível: os ídolos da tribo, os ídolos da caverna, os ídolos do mercado ou do foro e os ídolos do teatro. A importância desta teoria se vê também no fato de que alguns a consideram precursora do conceito de ideologia♀ (Abbagnano, 2007, p. 617). Nietzsche (1844-1900) foi quem sugeriu a necessidade de algo como que uma idolatria humana. Na perspectiva do filósofo alemão, crítico do racionalismo, do Cristianismo e do idealismo, os valores ocidentais precisavam ser revistos, pois foram fundamentados em sistemas limitantes que desvalorizavam a vivência concreta dos indivíduos, bem como o indivíduo em si e em suas potencialidades. Daí a necessidade de transformação ou de inversão de todos os valores e da criação de um "novo homem", no alemão: *Übermensch*, termo que alguns especialistas, como o filósofo italiano Vattimo, preferem traduzir por "além-homem", mas outros comentadores, no entanto, optam pela tradução "super-homem". O termo *Übermensch* reflete a encarnação dos valores vitais que o filósofo alemão exalta como essenciais para a dominação, a legislação e o poder (Abbagnano, 2007, p. 1100). Um homem, portanto, que seria capaz de superar os valores tradicionais falidos. Neste aspecto, o pensamento de Nietzsche sugere uma prática idólatra do indivíduo para consigo mesmo e, embora Nietzsche não tenha pretendido uma conotação política, como salienta

Abbagnano, o termo "acabou servindo de pretexto ao racismo e às concepções antidemocráticas em política" (Abbagnano, 2007, p. 1100). Vale ressaltar, ainda no contexto da filosofia, que é possível notar, ao longo da história da disciplina, uma ideia de idolatria implícita nas concepções que foram sendo desenvolvidas e apresentadas por seus defensores. Nesse sentido, é possível cogitar se Descartes não idolatrou a razão enquanto única fonte segura de conhecimento, se David Hume♀ não fez o mesmo em relação à experiência dos sentidos, ou também Comte♀ em relação ao positivismo♀. São concepções filosóficas que se tornaram, pelo menos para os seus defensores, crenças♀ a serem abraçadas como fonte de respostas às grandes inquietações da existência e como referenciais norteadores e reguladores da vida, chegando ao ponto, às vezes, de impedirem novas perspectivas da realidade, como alertara Bacon a partir de sua teoria dos ídolos.

VI. A noção de idolatria para além da esfera religiosa. Um ídolo não necessariamente precisa ser a representação de uma concepção de deus na forma de uma escultura ou outra representação, dentre outros objetos e materiais, para que seja reconhecido como um ídolo e, sendo assim, para que se torne um objeto de culto. O ídolo, como algo dotado de divindade e poder sobrenaturais, pode estar relacionado também àquilo que traz à vida significado, esperança, referência na tomada de decisões e na assimilação de valores, podendo ser, portanto, a representação de uma divindade e também a apropriação de uma ideia, ideologia♀, etnia, valores, um bem material específico, um cargo na carreira profissional que confere poder, entre outros elementos, cuja relação que se tem com esse objeto, ideia, bem material, entre outros, extrapola o plano relacional comum centrado apenas no âmbito de uma admiração natural para se tornar uma relação de devoção, de culto a ser prestado. A partir da divinização de um determinado bem, valor, cargo, pessoa, dentre tantas outras possibilidades, isto é, a partir da configuração de um ídolo, surge a idolatria, que é, como foi visto, o ato de reforçar esse elemento de divinização atribuído a um determinado objeto a partir da devoção, da adoração, enfim, do culto que a ele é prestado. Com declarações de fé♀, com expectativas depositadas, com apego irrestrito, dentre outros atos, o indivíduo manifesta a sua idolatria. Vale mencionar mais uma vez que essa noção de ídolo e de idolatria é própria de uma perspectiva religiosa judeo-cristã, o que equivale dizer que, para o indivíduo que não compactua das hermenêuticas♀ e doutrinas religiosas judeo-cristãs, a sua relação com um objeto qualquer, ainda que se configure como uma devoção, não é concebida, no entanto, como sendo uma forma de idolatria. A noção reflete o olhar de uma religião dominante e impositiva que, assim sendo, desqualifica todas as demais que lhe são diferentes.

A prática de venerar ou cultuar imagens religiosas e também indivíduos que, por alguma razão, gozam de notoriedade e popularidade no espectro social, ícones e personalidades das mais variadas esferas sociais, bens diversos, entre outros objetos, comum no contexto contemporâneo, pode ser observada não apenas no amplo e complexo campo religioso, onde sua presença é marcante em algumas tradições religiosas, como também nas mais variadas relações que os indivíduos constroem na vivência cotidiana com objetos de significado especial, símbolos, entidades, pessoas, bens materiais, entre outros elementos para os quais a aproximação por parte dos indivíduos também pode ser caracterizada como prática de devoção, de veneração♀ ou, conforme a noção judeo-cristã qualifica, como sendo formas de idolatria. Em torno dessas práticas se constroem os chamados "rituais profanos♀", como bem observou Rivière (1997). Para o autor, ritos que permeiam o universo das grandes competições esportivas, como se vê, por exemplo, na realização dos jogos olímpicos, aqueles que são organizados em torno da recepção de novos alunos em campos universitários, ritos relacionados a um comportamento ideal, ao ambiente de trabalho, da infância, da juventude e da fase adulta, entre outros, refletem uma devoção prestada pelos indivíduos a objetos, ambientes, imagens e símbolos profanos♀. A idolatria se constitui na veneração♀ a esses elementos, além, também, de uma apropriação simbólica, por parte do indivíduo idólatra, da figura, do objeto ou da imagem♀ adorada como sendo dotada(o) de potencialidades para prover sentido existencial, esperança, valores, entre outros elementos necessários à referenciação da vida. Em torno da prática idólatra acontecem os ritos e se constroem os mitos, além, também, da observação de alguns sacrifícios♀. Nesse contexto, alguns fazem de um time de futebol, de uma personalidade do universo da moda, da música♀ ou do cinema, ou mesmo da profissão, um ídolo, e em torno da adoração a esse ídolo acontece a idolatria, isto é, a vida se organiza e passa a se referenciar em torno dessa adoração.

VII. Idolatria como categoria de análise. Os autores da teologia♀ latino-americana também se apropriaram da metáfora♀ da idolatria para tecer as suas críticas, por exemplo, ao mercado e ao capital, como sendo grandes ídolos. Reunindo biblistas, teólogos e cientistas sociais, a obra *A luta dos deuses: os ídolos da opressão e a busca do Deus libertador* (1982), de Victorio Araya et al., reflete, por exemplo, essa perspectiva. Destaca-se, também, numa perspectiva similar, a obra *A idolatria do mercado: ensaio sobre economia e teologia* (1989), de Assmann e Hinkelammert, obra na qual os autores pretendem mostrar de que maneira o mercado foi transformado num grande ídolo opressor a exigir sacrifícios♀ humanos, além de destacarem também os pressupostos teológicos que permeiam as práticas de mercado. Buscando compreender a maneira como o tema da idolatria se expressa em Marx☿, os autores destacam, na referida obra, o uso abundante de figuras bíblicas a que Marx☿ recorre em seus textos (bezerro de ouro, Mamon, Baal, Moloc, entre outras), a fim de sistematizar a sua crítica contra os ídolos do capital e do dinheiro, bem como o seu profundo incômodo quanto ao fato de que vidas humanas devam ser sacrificadas em favorecimento desses ídolos. Após uma análise detalhada das aplicações que Marx☿ faz dos termos bíblicos, Assmann e Hinkelammert ressaltam o que realmente significa idolatria para Marx☿, dizendo que "não se trata já de simples falsos deuses. Todos os deuses são verdadeiros para quem os cultua. Trata-se de deuses que são falsos na medida em que oprimem. Ídolos são os deuses da opressão". Sendo assim, concluem os autores que "no centro da idolatria existe a compra e venda da vida e a destruição dela enquanto vida humana" (Assmann e Hinkelammert, 1989, p. 407). Também com um elemento de forte crítica social, Ramachandra, em *A falência dos deuses* (2000), mostra, a partir de uma perspectiva teológica, de que maneira se percebe uma pluralização de ídolos nos contextos secular e eclesiástico modernos, comprometendo, em sua perspectiva, a missão☿ cristã e deflagrando a realidade de muitas práticas de idolatria perpetradas pelos indivíduos na contemporaneidade.

Contrariamente às análises que demonizavam, por exemplo, as práticas de consumo, classificando-as como atos de idolatria ao mercado, ao capitalismo, à própria sociedade de consumo em si e ao poder das marcas em conferir recursos objetivos para uma apresentação favorável de si no palco social por todos compartilhado, isto é, *status* e vantagens simbólicas em uma época em que a imagem☿ é um modo de ser, Lipovetsky, em sua análise da sociedade, denominada por ele de "hiperconsumo", percebe que as motivações para as compras no contexto contemporâneo são predominantemente determinadas por demandas de sentido, de bem-estar, de conforto psíquico e, portanto, mais voltadas a "si" do que para aos "outros". É em torno de um consumo de aspirações narcisistas que funciona a lógica do consumo exacerbado na contemporaneidade. Sendo assim, na perspectiva de Lipovetsky, é coerente afirmar, no campo das análises das relações variadas de consumo, a predominância de uma idolatria do "eu", isto é, do elemento narcísico em todos imbricado e, pelas propagandas que incitam ao consumo, para todos legitimado. Na prática idolátrica do "eu", a satisfação das demandas subjetivas se torna o propósito da adoração, dos ritos e dos sacrifícios☿. Sob este olhar se compreende a centralização dos indivíduos nas propagandas para o consumo ao mesmo tempo que os mercados de consumo apresentam as suas mercadorias como as únicas capazes de preencher o vazio interior, de confortar o "eu" ante as angústias existenciais, de dar esperança numa época de crises, decepções e dilemas que se mostram o tempo todo. Os mercados de consumo centralizam o "eu" nas variadas propagandas e, assim sendo, legitimam a idolatria do "eu" e apresentam os seus produtos como necessários à adoração. Em torno do ato de fé☿ depositado nos produtos como sendo os únicos capazes de satisfazer às necessidade de culto do ego e das aspirações privadas acontecem os ritos de compra e os sacrifícios☿ por parte dos indivíduos, a fim de que a divindade, seu próprio interior, seja satisfeita em seus desejos☿, e tudo isso, como assinala Lipovetsky em sua obra *A felicidade paradoxal* (2007), acontecendo num clima de festa e de euforia. Nada de coagir à compra, mas sim de encantar pelas cores, pelos brilhos e pelas promessas, desculpabilizando todo o ato de compra, tornando-o necessário e legítimo, se disso depende a realização pessoal.

***

Um olhar atento para a questão da idolatria, observando o seu sentido etimológico e as diversas aplicações feitas por autores de diversos campos do saber, destaca a relevância do termo não apenas no âmbito dos estudos científicos da religião, como também no universo de outras disciplinas. A questão acompanhou o desenvolvimento histórico do Cristianismo como tema central em sua autocompreensão e como critério de julgamento das diferentes religiões com as quais manteve contato a partir da expansão europeia do século XVI. Faz-se necessário destacar, mais uma vez, que também na contemporaneidade o uso do termo "idolatria" continua sendo aplicado para descrever não apenas fenômenos próprios do mundo religioso, como também como categoria fundamental para a compreensão da relação dos indivíduos com objetos, personalidades, bens, posições, entre outros; relação que extrapola os limites de uma relação humana convencional para transformar-se numa prática idólatra, tendo em vista os aspectos de devoção, de culto e de adoração que se fazem presentes nela. É a partir dessas práticas idólatras seculares, por assim dizer, que se compreende a manifestação, também, de novas formas de espiritualidades☿ no contexto contemporâneo, que, na perspectiva de Lipovetsky na obra *Da leveza* (2016), são de caráter *light*, isto é, voltadas para a satisfação das aspirações privadas dos indivíduos, com pouco ou nenhum rigorismo moral, flexíveis em termos de exigência de assiduidade pelo atendente e cujos discursos enfocam mais o bem viver no tempo presente do que a reflexão acerca de temas voltados para realidades ainda por vir. São espiritualidades☿ ou novas manifestações religiosas que preparam para a vida, que fornecem um *plus* de alma☿, equilíbrio e paz interiores, entre outras ofertas. Tal tendência, que reflete, sobretudo, os novos ordenamentos das práticas de consumo, ressalta-se mais uma vez, um consumo para "ser" mais do que para "ter", em todas as esferas sociais, fomenta uma relação idolátrica com o corpo e seu bem-estar, um culto à saúde♀, além de fomentar também uma relação idolátrica com a própria subjetividade, com os interesses privados e a necessidade de ser atendido nas demandas pessoais por significação, conforto, felicidade♀, entre outros reclamos. Assim, a prática da idolatria na Modernidade, como ressaltou Ramachandra (*A falência dos deuses*), é uma realidade inegável, ainda que mais secularizada do que em outras épocas. No entanto, assim como em outras épocas, a idolatria no mundo contemporâneo é também uma forma de fetiche♀, pois oculta limitações presentes no objeto, na imagem♀ ou no ídolo adorado em sua capacidade de prover ao indivíduo tudo aquilo que ele busca quando se dispõe a professar sua fé♀ em determinado objeto. Em que medida as mais variadas manifestações de idolatria na Modernidade afetam a vida diária dos indivíduos, sob qual aspecto se configuram em torno das novas espiritualidades♀, quais os seus reflexos no amplo cenário social, entre outras questões, são dados que apontam para a relevância da discussão e da pertinência do tema no escopo dos estudos científicos e, sobretudo, de religião.

Bibliografia: ASLAN, R. *Deus*: uma história humana. Rio de Janeiro: Zahar, 2018; ABBAGNANO, N. Ídolos e Super-homem. In: ABBAGNANO, N. *Dicionário de filosofia*. São Paulo: Martins Fontes, 2007; ARAYA, V. et al. *A luta dos deuses*: os ídolos da opressão e a busca do Deus libertador. São Paulo: Paulinas, 1982; ASSMANN, H.; HINKELAMMERT, F. J. *A idolatria do mercado*: ensaio sobre economia e teologia. São Paulo: Vozes, 1989; CARAVIAS, J. L. *O Deus da vida e os ídolos da morte*. São Paulo: Paulinas, 1992; LIPOVETSKY, G. *Da leveza*: para uma civilização do ligeiro. Lisboa: Edições 70, 2016; MUNDLE, W. Imagem, ídolo, impressão. In: BROWN, C.; COENEN, L. (Orgs.). *Dicionário internacional de teologia do Novo Testamento*. 2. ed. São Paulo: Vida Nova, 2000; PORTO, H.; SCHLESINGER, H. Idolatria. In: PORTO, H.; SCHLESINGER, H. *Dicionário enciclopédico das religiões*. Petrópolis: Vozes, 1995. v. 1; RAMACHANDRA, V. *A falência dos deuses*: a idolatria moderna e a missão cristã. São Paulo: ABU, 2000; RIVIÈRE, C. *Os ritos profanos*. Petrópolis: Vozes, 1997. WILKINSON, P. *Guia ilustrado Zahar*: religiões. Rio de Janeiro: Zahar, 2011.

RENATO DE LIMA DA COSTA

IGREJA → Instituições religiosas → Sociologia da Religião

ILUMINISMO

A evolução da humanidade fez-se sempre por meio de acréscimos de "luz" no que diz respeito ao que, na sua história, a mesma humanidade foi diferenciando positivamente como sucessivos estádios de desenvolvimento. Essa "luz" traduz o que na tradição ocidental recebeu o nome clássico de "logos", isto é, de "sentido", de isso que constitui, no seio da imanência pensante humana, o conteúdo inteligível com que cada ser humano e a humanidade como um todo vai, imbricadamente, construindo em cronológico movimento, o seu ser, individual e comum, não como coisa física ou fisicamente redutível, mas como entidade que, *em espírito* – outra valência semântica para "logos" – a tudo está presente, mesmo à sua própria materialidade.

É precisamente neste âmbito do "lógico", do que é "logos", do que constitui sentido, que a própria questão do religioso se põe em sua essência e substância, como isso que surge "logicamente", quer dizer: como sentido, como *o mais precioso*, como *o absoluto* que a tudo o mais confere sentido. Nasce, assim, a intuição do "sagrado", não como oposição a "profano♀" ou a coisa alguma mais, mas como absoluto ontológico omnissignificativo e de que todo o demais significado totalmente depende.

Desde sempre, esse âmbito define o que é o espaço do "luminoso", como *absoluto do que se revela*, mas também como oposição contraditória – que não contrária – ao que não é luminoso, isto é, que é tenebroso, em treva total, que nega, sem remissão possível, todo o ser. Desse ponto de vista, que é o fundamental, toda a vida da humanidade como realidade-ato espiritual pode ser entendida como "Iluminismo". Sem dúvida, é um ato de iluminação, não em qualquer sentido religioso ou filosófico restrito, mas como o absoluto do sentido e do sentido como a elevação do ser humano, aqui, sim, contra o nada. Isso que, em absoluto, contraria o nada, isso que ilumina, contrariando o nada, isso é o sagrado♀. O "Iluminismo" como movimentos ou escolas de pensamento moderno sobre o ser, portanto, também sobre o seu fundamento religioso/sagrado, não pode escapar a esse mesmo movimento radical de "esclarecimento" literalmente ontológico e ontopoiético – porque, pensando, cria "luz" no e para o ser –, na forma do que se revela à experiência humana e como experiência humana, em todas as suas valências, possíveis e concretas. No extremo da sua realização, formas de "Iluminismo" ou neste fundadas acabaram por ser atualizadas como autênticas formas religiosas e não apenas formalmente, como no caso de Auguste Comte♀.

A classificação de "Iluminismo" é autorreferente, pois se toma como portadora de luz para algo que supostamente necessitaria de luz. Ora, o que necessita de luz ou são trevas – escuridão total – ou são ambientes de pouca luz, que necessitam de melhor iluminação, quer dizer, que necessitam de outro modo literalmente ontológico, isto é, de leitura do ser, da realidade.

Desse modo, o Iluminismo assume-se como o modo novo de pensar – sentido o mais lato possível –, fundado na "luz" de um pensamento que a si próprio se assume como "racional". Essa racionalidade tem como eixo fundamental um modo e uma atitude críticos. O sentido crítico deriva da assunção de que há critérios transcendentais – necessários e universais – para avaliar e selecionar o que se pode aceitar como digno de ser pensado e pode ser aceito como próprio de uma humanidade livre e que de nada dependa senão de si própria quanto a fins e meios.

O tema da "autonomia" não apenas da razão – e do pensamento em geral –, mas do "humano" em sua totalidade, constitui o motivo e esteio de toda ação propriamente moderna, em que o Iluminismo se inclui. Nada se pode compreender adequadamente sem se ter em consideração esse desiderato de libertação℘ total e universal do ser humano relativamente a tudo o que não seja humano.

A religião℘, sendo sempre uma qualquer forma de relação entre o ser humano e uma qualquer realidade não humana – sempre superior em poder e majestade –, é, exactamente pelo que é, campo de possibilidade de heteronomia humana, pois, sendo relação do humano com algo de não humano superior, facilmente põe aquele sob o poder e domínio deste. A Modernidade e o Iluminismo podem ser percebidos como parte do grande movimento de emancipação, do ser humano particular e de toda a humanidade que assim pensa, de todas as formas de heteronomia e de heteronomização, de que a religião℘ e as religiões *podem* fazer parte, de que a religião℘ e as religiões historicamente fizeram parte, ainda antes de haver história em sentido historiográfico, isto é, ainda antes de haver registo histórico propriamente dito.

Criticamente, há de se notar que o critério de bondade racional que o Iluminismo usa depende e dependerá sempre de uma escolha feita por cada iluminista, sem que possa haver uma qualquer forma de logicamente assegurar que tal critério corresponde a algo mais do que a mais uma forma de pensamento humano, criticamente tão validável como outra qualquer, pois é sempre a humanidade, por meio das pessoas singulares que pensam, que decide o que é "racional" ou não.

Esta é uma questão epistemológica, mas que é da mesma natureza lógica das questões religiosas fundamentais no que toca à sua validação real: como validar a racionalidade de qualquer forma de pensamento humano, se a entidade validadora é, ainda, esse mesmo pensamento humano? Esta condição lógica, que é inultrapassável neste seu contexto próprio de que não pode escapar, implica que nunca se possa aceitar como absolutamente válida qualquer afirmação de garantia de racionalidade. Labora-se, aqui, no limite da realidade humana, que é sempre, a este nível – teórico – uma realidade de pensamento.

O pensamento humano é sempre a única garantia do pensamento humano, não se podendo invocar qualquer outra forma de validação que o transcenda, pois, como pensamento, nada há que o transcenda.

Assim sendo, o Iluminismo, toda a Modernidade, como qualquer outra forma de modo de pensar, nada mais é do que uma – uma outra, uma nova, quiçá – forma de pensar. Talvez pressentindo inteligentemente esta condição epistemologicamente – e de forma atemática – tenha a humanidade (ou as várias humanidades culturalmente entendidas nas suas diferenças ontoeretoras) incoativa intuído ou necessitado de imaginar entidades diferentes e necessariamente transcendentes capazes de fundar em termos aparentemente absolutos isso que a simples e limitada a si própria humanidade não podia, nomeadamente, ser fundamento absoluto de si própria e ser fundamento absoluto do seu pensamento.

A religião℘ resolve o impasse sobre que se refletiu anteriormente através de uma referência única a uma realidade absoluta independente em si mesma da humanidade, quebrando, assim, o ciclo autorreferente do pensamento. Como é evidente, este mecanismo lógico, que resolve o problema da fundamentação última do pensamento humano, imediatamente põe a humanidade na dependência ontológica disso a que se refere como fundamento ontológico e de pensamento. É uma situação de heteronomia ontológica e lógica segundo o pensamento: numa linguagem comum, pode-se dizer que "o deus" deu o ser e deu o modo de pensar, que derivam a sua bondade intrínseca apenas da bondade disso que "o deus" neles pôs.

Repare-se que esse processo é algo de simplesmente ontológico, não tendo qualquer resquício de perversão de tipo ético ou político: "o deus" relativiza ontológica e logicamente isso a que deu ser e pensamento, mas não o escraviza, por exemplo. No entanto, a humanidade assim constituída não é autônoma em sentido estrito e absoluto.

É contra essa heteronomia que o Iluminismo vai trabalhar, procurando, de muitas maneiras, um modo definitivo de eliminar o sentido de dependência ontológica do ser humano relativamente a qualquer outra realidade que não a sua própria. De notar que esse mesmo desiderato, se prosseguido consistentemente, implica que o ser humano não se liberte apenas da tutela tradicionalmente considerada como religiosa – "o deus" –, mas também, por exemplo, da tutela da "natureza". Se a dependência "do deus" diminui a autonomia – de facto, deste ponto de vista, anula-a – do ser humano, também a sua dependência da "natureza", seja ela posta ou não por "o deus", lhe anula a possibilidade de autonomia completa.

O resultado, aliás, historicamente verificável, consiste num fechamento da humanidade em si própria, servindo apenas esta mesma como referência única para si própria, acabando por repetir, em âmbito apenas humano, os mesmos vínculos de dependência, por exemplo, com "o deus", que passa a ser "o tirano" humano, ou com "a natureza", que passa a ser algo exemplificável com a hereditariedade, deificando o "DNA".

A situação de "iluminação" em que o Iluminismo se encontra como nova forma de pensar, de "pensar" sem mais e de pensar o real, isto é, de buscar de modo novo o sentido do real, não é, como intenção e como crença, diferente das formas que pretende substituir: também elas se pensaram como novas formas de pensar, de pensar o real, certamente não como formas falsas ou mesmo "mentirosas", mas como o que de melhor a humanidade era capaz, no seu tempo e modo. Faz parte do comum do ato de pensar que quem pensa pense que o seu ato de pensar é o ato correto, sobretudo se comparado com os atos dos outros.

Assim, o Iluminismo é apenas mais um modo de pensar, um modo que constituiu moda, mas que procurou não apenas ser uma alternativa de pensamento, como também impor-se como o modo único bom de pensar, no que foi semelhante a todos os outros que procuraram ser hegemônicos, talvez únicos.

A novidade do Iluminismo não consistiu, assim, em pensar de forma iluminada porque finalmente lógica, como se o pensamento humano anterior fosse falho de estrutura lógica, mas em pôr a mesma tradicional lógica forma de pensar ao serviço de um programa de total libertação humana relativamente a tudo o que não fosse humano. Mesmo quando se remete para algo, como a descoberta de "leis universais", mais não se está a fazer do que a remeter para o que são formas humanas de intuição de princípios universais, que só são "leis" porque antropológica e antropicamente assim são consideradas: não é para os princípios universais que o Iluminismo remete, mas para as representações de origem humana de tais princípios. Em si mesmos, os princípios, não sendo humanos, são, ainda, formas heteronômicas, logo, inimigas da completa autonomia do ser humano e da humanidade como um todo. Parecem-se em demasia com "o deus" ou "a natureza" heterodominadores.

Não se ignora que houve várias formas de Iluminismo, no entanto, sem esse sentido e fim de total e universal autonomização do ser humano, não há propriamente Iluminismo. O caso mais flagrante talvez seja o de Kant, que, tendo sido perfeito iluminista na sua *Crítica da razão pura* (teórica), libertando a humanidade de qualquer referência que não a si própria, ao transformá-la num autoproduto racional de uma estrutura transcendental apenas humana, sem qualquer compromisso "transcendente", isto é, heterônomo, teve de procurar recuperar uma heterorreferência, sem a qual percebeu que nada poderia fundar uma epistemologia da ação humana ou da paixão humana, tendo de desmentir na *Crítica da razão prática* e na *Crítica da faculdade*

de julgar o que tinha estatuído como propriamente transcendentalmente estrutural na primeira crítica. Kant, embora tenha procurado manifestar o contrário, talvez seja o melhor exemplo de como o Iluminismo, ao ser totalmente autorreferente, acaba por anular a si próprio.

Historicamente, sabe-se que as luzes novas propostas – "autênticas" luzes ou mesmo luzes únicas – se opõem à ausência de verdadeira luz – racional – que presidiu aos tempos anteriores, mormente os tempos da chamada medievalidade. O sentido de uma "idade média" impõe-se a partir do momento em que alguém passou a considerar que a história da humanidade – restrita antropocentricamente à humanidade ocidental – se divide em dois períodos luminosos e um, intermédio, de não luminosidade, de "trevas". Assim, os tempos antigos, correspondentes de modo geral às culturas e civilizações helênica e latina – desconsiderando tudo o que tinha sido a grandeza de outras culturas e civilizações que foram capazes de realizações extraordinárias, como, por exemplo, ainda próximas do Ocidente, a Suméria e o Egito –, especialmente no que diz respeito à sua filosofia e primórdios científicos e tecnológicos, bem como às suas realizações poéticas, impassíveis de ser rejeitadas como não ilustradas. No que diz respeito aos tempos recentes (relativamente a quem criou essa classificação), retomam-se os tempos e modos luminosos quando se redescobre e reaviva o que é possível daquela cultura e civilização antiga, o que corresponde à época do significativamente chamado Renascimento.

Desse modo, entre os tempos antigos clássicos greco-latinos e o renascimento e sua continuidade – de que o Iluminismo se reclama como ápice – medeia um longo período, de cerca de mil anos, em que a humanidade – leia-se o Ocidente –, viveu sem luz, logo, em trevas. Daqui, a ideia de uma "idade das trevas". O Iluminismo não apenas se intitula assim por oposição radical a essas supostas trevas como se constitui como a sua antítese.

Antes de trabalhar o verdadeiro nascimento radical dos fundamentos racionais do Iluminismo, com a ação pensante de Descartes, há de se pôr, brevemente, na devida perspectiva, esse longo tempo histórico, que foi reduzido a um interregno irracional da história da humanidade, o que é falso.

O longo tempo da chamada Idade Média correspondeu a um movimento quase sempre de aparência desordenada em termos políticos, na decorrência do que fora a caótica desagregação progressiva do Império Romano, que desapareceu na parte ocidental, tendo continuado, precisamente até a data que se considera ser o fim formal da Idade Média, já no século XV, com a definitiva queda de Constantinopla em mãos muçulmanas.

Durante esses aproximados mil anos, e no seio de uma imensa inquietação geral, não deixou de haver pensamento racional, em qualquer âmbito: as pessoas que habitavam o que sobrou do velho império latino ocidental e as pessoas que persistiram no remanescente império latino-grego oriental não passaram automaticamente de racionais sob o império a irracionais, sob formas alternativas de poder, fossem elas as de tipo feudal ou proximamente feudal ou, a Oriente, sob a forma helenizada de "Roma", agora Bizâncio/Constantinopla.

A humanidade continuou sendo o que era, essencial e substancialmente. Os modos de expressão diversificaram-se, mas não houve propriamente uma irracionalização do pensamento. Quer a Ocidente, quer a Oriente, o pensamento humano continuou sendo tão racional em termos genéricos e "médios" quanto fora anteriormente. Algum do acervo de conhecimento perdeu-se com algumas catástrofes, de que se pode destacar a destruição da Biblioteca de Alexandria, mas o restante perdido não se deveu propriamente a uma decisão formal de abandonar a racionalidade, mas antes a um acumular de perdas, que originou quer a já aludida diminuição de certos conhecimentos, quer a incapacidade de adquirir outros por desaparecimento seja dos materiais de estudo, seja dos sítios dedicados ao estudo, seja das pessoas *que sabiam*.

A instabilidade política impediu a manutenção de tais recursos, nomeadamente através dos efeitos de guerras, doenças, e da simples desorganização política. Competiu ao único elemento politicamente organizado de forma razoável, a Igreja℗, dispersa pela velha Europa, sempre em periclitância, a guarda e o desenvolvimento do remanescente acervo cultural, civilizacional, racional, herdado dos tempos antigos.

Nos lugares em que tal guarda e desenvolvimento ocorreram, mormente nas abadias e também nas escolas catedrais e universidades, nunca houve qualquer quebra de racionalidade, sendo a monumentalidade vária que chegou até nós, especialmente o material escrito, revelador de altíssimo valor racional, intelectual, científico.

Sendo assim, por que razão se desvalorizou todo esse tempo e toda essa ação a partir do ponto de vista dos que lhe sucederam e dele se serviram para precisamente lhe poderem suceder?

O entendimento pós-medieval de que a centralização medieval – já o fora nos tempos antigos, também – de tudo em torno do divino, de "o deus", de Deus, necessariamente menorizava a humanidade está na base da rejeição radical da forma medieval de racionalidade, desconsiderada como propriamente irracional. Não é, pois, a questão da irracionalidade, sem mais, do pensamento medieval que está em causa, mas considerar, pós-medievalmente, que centrar tudo em torno de Deus℗ é, em si mesmo e por si mesmo, irracional. A racionalidade humana, como humana e porque humana, deve centrar-se em torno de si própria e de nada mais.

Em termos profundos, é isso que dá significado à comum noção de que da medievalidade para a Modernidade se passou de um "teocentrismo" para um "antropocentrismo".

O autor que maior importância teve nessa transição, embora tenha feito todos os esforços intelectuais para que em termos de fundamentação última tal não acontecesse, e de que dependem todos os grandes pensadores posteriores, incluindo os vários iluministas e seus antecessores, é Descartes, na sua busca de refundação, precisamente *racional*, para toda a realidade, mormente a humana, de que tudo, de que toda a referência necessária a tudo passa a depender. Sem se compreender a problemática de Descartes e o modo como procurou responder-lhe não é possível compreender a essência racional do Iluminismo.

Tendo em consideração a situação epistemológica sua contemporânea, em que não encontrava solidez conceitual e fundacional que permitisse a construção de uma ciência não sujeita à dúvida, pensando, ainda, que era necessário refundar todo o edifício científico, Descartes propõe-se reescrever o livro universal da ciência, um novo "sistema do mundo", que abarcasse todos os principais âmbitos do conhecimento. Para tal, pensou ser necessário refundar também o estrato de pensamento que funda toda a possibilidade de construção epistemológica, no seu entender, a metafísica℗: uma metafísica℗ inabalavelmente confiável é a base firme sobre a qual todas as diferentes ciências podem ser construídas. Assim, surge logicamente a necessidade de encontrar critérios epistemológicos, sustentáculos quer da metafísica℗, quer das ciências, que a partir desta se podem erguer. Os critérios fundamentais são a evidência e a clareza. Estes dois critérios não vão ser apenas os principais para o labor intelectual cartesiano, como serão os esteios intelectuais de toda a posterior racionalidade, especialmente a do Iluminismo e de todas as correntes que no Iluminismo têm a sua fonte histórica.

De notar que estes dois critérios não são critérios sistémicos de um processo mecânico, como é o do raciocínio, mas critérios atinentes ao ato da intuição, isto é, do conhecimento direto e imediato. A partir do momento cartesiano, também no Iluminismo, é sempre a questão da intuição e do seu modo que está em causa, o que se torna patente em autores como David Hume℗ e Immanuel Kant℗. A grande questão é, então, sempre: "Como se obtém o conhecimento?"; a que se associa esta outra questão: "Que garantia há de que a intuição de que todo o conhecimento necessariamente parte é epistemologicamente válida?", questão sobre a qual Kant℗ constrói todo o seu edifício transcendental.

Descartes parte da evidência da falibilidade do pensamento, que se estende da parte sensível à parte intelectual do seu ato: nada, no pensamento, parece permanecer, sendo impossível saber o que é real, no limite, se a realidade não é mais do que uma confusão com uma ficção produzida pelo próprio pensamento. Há, assim, que procurar, no próprio pensamento, que é todo o real que constitui o mundo como realidade propriamente humana, dado que, sem qualquer ato de pensamento, não é possível referência humana alguma, um ponto de apoio que seja confiável, isto é, não dubitável, e tal de um modo necessário e universal.

O primeiro passo consiste em eliminar tudo o que no ato do pensamento constitua algo de dubitável. Descartes elimina tudo o que apresenta ambiguidade de manifestação endonoética, como os atos de intuição sensível. No entanto, para que não possa haver qualquer dúvida possível sobre qualquer intuição, encontra modos artificiosos de pôr em causa também realidades que, em si mesmas, se mostram aparentemente como imutáveis, tais as matemáticas. Através das figuras epistemológicas do "deus enganador", que permite alargar a dubitabilidade natural a todo o universo das possíveis intuições, e do "gênio maligno", que implica artificialmente, mas como operador lógico universal, que de nada se possa estar certo, mesmo quando se sigam os critérios fundamentais da evidência e da clareza, Descartes impede que qualquer falsa certeza se possa instalar. É este o chamado processo da "dúvida hiperbólica".

Esse processo artificialmente hiperbolizado tem uma consequência lógica fundamental e impassível de desmentido: é que estabelece um limite inultrapassável para a dúvida, a saber: por mais que se duvide, mesmo que a dúvida seja virtualmente infinita, há algo de que não se pode duvidar – e que constitui o limite inultrapassável –: é que, para duvidar de tal modo, é necessário que algo duvide, isto é, a dúvida em ato corresponde a um ato de pensamento, necessariamente. A dúvida metódica é o ato de pensamento de que não se pode duvidar, sob pena de se provar a sua realidade com essa mesma dúvida.

Descartes acaba de provar a realidade indesmentível do ato de pensamento, ato que se confunde, para ele e para toda a posteridade que com ele nasce, com o que o ser humano é enquanto "ato de pensamento", vulgarmente conhecido como *res cogitans*, "coisa pensante". Há, no entanto, que fazer notar que essa "coisa pensante" não é coisa alguma para lá de um puro ato de pensamento, que marca o absoluto da diferença entre haver pensamento em ato e não haver coisa alguma, mas que, para já, nada mais é do que isso. A investigação cartesiana fundadora de toda a Modernidade e, nesta, do Iluminismo, vai ter de continuar.

É através do exame – conduzido pelo pensamento sobre si próprio e na sua pura interioridade/imanência – do que constitui concretamente o ato de pensamento, isto é, do pensamento como conteúdo/conteúdos, todos eles dados através de um ato de intuição, que Descartes vai poder avançar. Este filósofo denomina tais intuições/conteúdos/

atos de pensamento como "realidade objetiva"; essa realidade objetiva coincide com o que cada conteúdo de pensamento é em si mesmo, quer dizer, como pura realidade atual na forma de pensamento. Assim, tanto é realidade objetiva de pensamento uma sereia como um cheiro, como um triângulo: todos são diferentes, mas todos existem apenas como atos de pensamento. Ora, todos podem existir como atos de pensamento porque todos são, precisamente, diferentes enquanto realidades objetivas; sem essa diferença, confundir-se-iam uns com os outros e, no limite lógico, poderiam ser apenas um. Não é esta, no entanto, a realidade que o pensamento descobre como sendo o ato que o constitui.

Da investigação acerca dos vários modos de apresentação diferencial das realidades objetivas, Descartes conclui que há três grandes tipos de tais realidades, a que chama "ideias adventícias", "ideias factícias" e "ideias inatas". Essa divisão está na base de toda a epistemologia iluminista e é fundamental para se entender a situação epistemológica do fato religioso nessa corrente filosófica. Desse modo, as "ideias adventícias" correspondem às intuições que aparentemente têm origem em algo que transcende a pura imanência do ato de pensamento, porque nada parece haver em tal imanência que justifique isso que é a realidade objetiva de tais intuições: restrito a si próprio, em que pode o pensamento basear a intuição de, por exemplo, o sol?

As "ideias factícias" correspondem a intuições hauridas a partir da composição entre ideias adventícias, como, por exemplo, a "sereia", que é uma intuição composta de duas ideias adventícias, a saber: a da "cauda de peixe" e a de "cabeça e busto de mulher". O pensamento não tem em sua mesma pura imanência a possibilidade de intuir quer a ideia de cauda de peixe, quer a de cabeça e busto de mulher, mas, estando já nele presentes de forma adventícia tais ideias, pode perfeitamente ter uma intuição que corresponda a uma qualquer forma de combinação das duas.

Finalmente, as "ideias inatas", aparentemente as mais estranhas, mas, na realidade e de um ponto de vista estritamente lógico, as mais evidentes quer tanto à sua natureza quanto à sua matriz original. Descartes considera como inatas todas as ideias, todas as realidades objetivas de pensamento que não podem ser adventícias ou factícias, quer dizer, todas as que não podem ter a sua origem numa intuição transcendente à imanência do puro pensamento ou numa intuição que combine duas ou mais com origem transcendente.

A ideia inata especial que Descartes vai trabalhar é a ideia de "perfeição", em sentido estrito, isto é, de perfeição absoluta, infinita em ato, se se quiser, de que não pode haver ideia quer adventícia, quer factícia. No entanto, o filósofo faz notar que tal ideia se encontra presente como realidade objetiva de pensamento. Como é possível tal? Como é que uma realidade como pensamento, que é imperfeito porque necessariamente duvida, pode ser ela própria origem da realidade objetiva da ideia de perfeição (vulgo "Deus")?

Apenas algo que seja em si, ontologicamente em si – Descartes diz "de forma eminente" –, tão real eminentemente quanto é real como realidade objetiva de pensamento, o ato presente no e como ato de pensamento pode justificar a presença neste último de semelhante intuição. Então, é a realidade ontológica própria e irredutível do perfeito, de Deus, que permite a realidade da intuição a que corresponde a realidade objetiva da "sua" ideia. Assim se explica a presença de tal intuição/ideia/realidade objetiva como ato de pensamento, assim, como se costuma dizer, se prova a "existência" de Deus, por via da sua necessidade lógica como forma de explicar logicamente a realidade incontornável da "ideia de Deus/perfeição" como conteúdo real do pensamento.

Provada a realidade ontológica própria e irredutível de Deus, imediatamente as hipóteses lógico--epistemológicas do "deus enganador" e do "gênio maligno" são eliminadas, porque são incompatíveis com tal Deus/perfeição, o que, também imediatamente, implica que os dois critérios de evidência e de clareza passem a ser universalmente válidos, estando, como estão, sob a égide epistemológica do Deus/perfeição (que deixaria de o ser se permitisse que a clareza e a evidência fossem fonte de falsidade).

É a partir dessa reconstrução epistêmica, que é fundamentalmente uma reconstrução metafísica, dos princípios universais de validade do conhecimento, que Descartes vai procurar reconstruir todo o edifício universal da ciência. O filósofo chegou a produzir textos que concretizavam tal objetivo, de que o mundo científico aproveitou especialmente a sua "geometria analítica", também ela uma refundação matemático-geométrica, mas também metafísica, do sentido humano do espaço, que teve consequências futuras ainda totalmente por explorar, até porque abriu um campo de investigação infinito.

Essa recolocação da reflexão sobre a totalidade do pensamento, não apenas recentrando tudo no ato do pensar humano, mesmo a referência a Deus, mas mostrando que, do ponto de vista do ato humano como sentido, isto é, como realidade objetiva, operada por Descartes, é a maior viragem de sempre na história da humanidade, que condiciona intelectualmente toda a sua posteridade, sendo sobre ela que toda a reflexão filosófica e teológica irá ter de se fundar, implicando que todas as outras modalidades de ponderação intelectual sobre a realidade sigam os mesmos passos: da economia à política, da reflexão concreta sobre a moral à reflexão concreta sobre a religião. O Iluminismo é um dos produtos intelectuais dessa mudança dramática operada por Descartes.

Antes de se ponderar sobre o Iluminismo em sentido estrito, há de se salientar, deste nosso ponto de vista, alguns dos mediadores entre Descartes e os pensadores "das luzes". Ver-se-á que do pensamento cartesiano emerge já o fundamento do movimento de iluminação quer do modo comum de pensar, quer do modo comum de viver, que terá, então, o seu culminar prático e pragmático no Iluminismo.

Sem se perceber a importância da posteridade cartesiana no mundo do pensamento europeu e, posteriormente, em todas as formas de pensamento que por este foram marcadas, não se compreende a matriz própria da racionalidade iluminista, que é, ainda, uma variante da nova maneira radical de pensar *tudo* inaugurada por Descartes.

Assim, o modo racional, por vezes extremado em tipos racionalistas do Iluminismo, é sempre tributário da aventura cartesiana de situar o pensamento humano como ponto fulcral em torno do qual toda a realidade possível do mundo, em seu sentido mais lato, é construída ou reconstruída. Como é evidente, essa totalidade construtiva ontológica inclui também as questões relativas ao campo do sagrado e do religioso.

Não é por acaso que, já desde as polêmicas havidas ainda em tempo de vida de Descartes e em que este participou ativamente, respondendo a uma série de pertinentes objeções levantadas por grandes intelectuais seus contemporâneos, a problematicidade acerca do divino e sua ontologia própria – intuída, induzida ou deduzida – está permanentemente presente (deste ponto de vista, é fundamental visitar ou revisitar esta discussão inicial).

Também não é fruto de casualidade que autores e suas filosofias pós-cartesianas – no sentido de que são não apenas posteriores ao trabalho intelectual--epistêmico de Descartes mas que deste dependem fundamentalmente –, como Espinosa, Pascal, Leibniz ou Newton, todos apresentem profundas marcas dos temas cartesianos em seus trabalhos de pesquisa e de síntese.

Todos esses vultos maiores do tempo cultural que medeia entre Descartes e o que se convenciona ser propriamente o Iluminismo – embora haja quem considere já Newton como iluminista – manifestam em suas obras, mesmo o mais aparentemente "religioso" Pascal, estritas exigências de racionalidade, chegando Espinosa a, pelo menos na aparência superficial, querer não reduzir, mas elevar todo o pensamento a uma forma puramente racional – quiçá geométrica (no que recupera os antigos pitagóricos e o próprio Platão) –, em que a realidade única, quer da humanidade, quer do restante mundo, mais não é do que uma forma racional, dupla participante de duas das infinitas dimensões divinas, também elas racionais, o tempo e o espaço.

Assim, para Espinosa, a sobrerracionalidade da sua posição acaba por conduzir a uma posição de tipo panteísta, em que o todo-infinito da realidade é absolutamente divino e em que isso a que se chama mundo, com o ser humano dele fazendo parte, é, ainda, parte do próprio divino, não totalmente coincidente com ele, mas dele indiscernível em termos de fundamentação ontológica, mais propriamente metafísica℘. Essa posição extrema relativamente ao divino e ao modo religioso é uma forma de piedade℘ racional e conformadora com o que é próprio de um ato de participação, necessariamente em coincidência com a melhor adesão possível a isso de que se participa (forma que substitui os velhos mandamentos judaicos e mesmo o mandamento crístico).

Tal posição, que pode terminar em algo como um pietismo radical ou uma total rejeição de qualquer forma de religiosidade, porque, ao participar do divino, já se tem toda a "religião℘" necessária e possível, encontrará seguidores nos filosóficos e teológicos tempos subsequentes, que não apenas marcaram o Iluminismo oficial como se prolongam até aos nossos dias.

Aparentemente muito distante filosófica e teologicamente de Espinosa, situa-se Pascal; no entanto, sendo, também ele, pensador de extremos, acaba por pôr as mesmas grandes questões, a que dá resposta que, em termos de radicalidade de racionalidade, nada fica a dever a Espinosa. Nos breves anos de sua existência terrena, Pascal desdobrou-se por uma grande variedade de campos de labor intelectual, sendo um dos maiores expoentes humanos em campos, precisamente, de estrita racionalidade, como a geometria, a matemática de cálculo combinatório e de probabilidades, bem como a própria construção de máquinas capazes de replicar a mente humana em termos computacionais, tendo sido quem primeiro fez um projeto de uma máquina computadora viável.

Blaise Pascal levou a mesma exigência de racionalidade extrema para os campos da moral e da religião. Nesta chegou mesmo a apresentar o famoso argumento da "aposta", no qual, levado o questionamento cético ao extremo e posta em causa toda possibilidade de razoabilidade concreta da fé℘, afirma que o salto de inteligência e vontade que representa a aposta na realidade ontológica de isso que Deus significa nada faz perder ao ser humano, podendo tudo lhe permitir ganhar.

Note-se que essa posição não é fideísta, pois rebenta com qualquer valor mundano acrítico da fé℘ – ainda a tradição de Anselmo de Cantuária –, propondo uma forma de vida espiritual em que, sendo possível que tudo se perca, se aja sempre como se o melhor da ação humana necessariamente ecoasse numa eternidade℘ onipresente. Assim, ainda que eventualmente se perca a eternidade℘, sempre se ganha o máximo de dignidade humana no e do mundo. Trata-se, então, de uma aposta inteligente e estritamente racional na verdade – racional – da fé℘.

Gottfried W. Leibniz é frequentemente mal compreendido, e essa má compreensão pode estar presente como um dos motores negativos do próprio Iluminismo como movimento que, em grande parte, é uma forma reativa contra a ausência percebida como real de uma Providência℘ divina, prometida, mas manifestamente não cumprida: lembremo-nos do escândalo filosófico e teológico que o terremoto de Lisboa, ironicamente ocorrido no "dia de todos os santos", com a cidade com centenas de igrejas cheias de fiéis em louvor a Deus, Deus℘ que, tendo ocorrido tamanha catástrofe, ou não "existe" ou, a "existir", é mau ou incompetente, características que desmentem o que Deus, para ser Deus℘ digno do nome, deve ser (lembremo-nos que o Deus℘ de Descartes é o que é intuído como "o perfeito").

Perante esse divino dislate ocorrido em Lisboa, como aceitar como boa a posição filosófica e teológica de Leibniz, que procura manifestar racionalmente não apenas um Deus bom, mas uma relação de bondade de Deus℘ como criador com as suas criaturas, quer como criador incoativo, quer como criador-providencial? A famosa teodiceia leibniziana pareceu ridícula perante a crua realidade dos fatos.

No entanto, que diz precisamente a posição de Leibniz sobre Deus e a sua mundana criatura? Não se pode perceber a posição leibniziana sem ter em conta que o cerne do seu pensamento é monadológico, em que a tessitura ontológica-metafísica℘ do real – no seu sentido mais lato possível, sentido fundamental em termos da teodiceia – é constituída por uma mônada infinita em ato – Deus℘ – de que, em ato, participam infinitas mônadas, não confundíveis em seu ato próprio com a mônada divina, no entanto, impassíveis de existência sem esta (Leibniz retoma a estrutura metafísica℘ que Platão propõe metaforicamente na sua *República*).

Todas as infinitas mônadas e também a mônada infinita – Deus – são constituídas por dois atos integrados, se bem que distintos, a saber: percepção e apetição (volição), quer dizer, cada mônada é um ato de intuição, sempre infinito, atualmente infinito em Deus, virtualmente infinito nas outras mônadas. Todas as mônadas têm como horizonte intuitivo o infinito e todas, infinitamente, segundo essa mesma condição, se intuem umas às outras. O que dá maior clareza e distinção – para usar os termos cartesianos – a cada intuição é a distância ontológica entre mônadas, de que a distância física é apenas uma forma. Deus℘ tem infinitamente uma intuição clara e distinta de todas as mônadas, como criador, estando nelas presente providencialmente na precisa forma da intuição constante que delas possui.

Considerações semelhantes se podem tecer para a apetição. De salientar que é esta apetição que corresponde ao motor evolutivo das mônadas. Em Deus, sendo a sua intuição infinita em ato e a sua apetição, correspondente, não há propriamente evolução ou movimento.

Então, como se relaciona Deus com o mundo, sobretudo no que diz respeito à questão da justiça℘, questão que vai ser central, pela notável sua ausência mundana, no Iluminismo? Surge a famigerada questão do "melhor dos mundos": o mundo em que os seres humanos se encontram é o melhor dos mundos possíveis.

Numa visão não metafísica℘, prosaica e humildemente mundana, olhando o ser humano em seu redor, em todas as latitudes, longitudes e épocas, o que intui é mesmo um mundo que se manifeste como "o melhor possível"? Comecemos por responder a uma outra questão, que é a que, de fato, se costuma pôr, confundindo-a com a que se acabou de dizer, e que é a correta.

"É o mundo que o ser humano intui o melhor mundo?" Como "melhor" implica um termo de comparação, que teria de ser um outro mundo – não um pensado, mas um real-concreto –, avance-se a questão correta e que é a que subjaz a todo este drama intelectual (que retrata teoricamente o que é o drama real-vivido da humanidade): "É o mundo um mundo bom? É este mundo um mundo bom, havendo nele a justiça℘ que há, a injustiça que há, havendo nele o sofrimento inexplicável que há, sofrimento℘ que é a consequência que implica pôr-se a questão da justiça℘?".

A resposta é, manifestamente, *não*. Essa questão e essa resposta estão na base de todo esforço iluminista, que é uma resposta maximamente humanista à questão do mal, da injustiça e do sofrimento injusto. O Iluminismo não tem como origem um qualquer capricho de intelectuais ociosos que se lembraram de encontrar uma causa que os libertasse do tédio, mas a irresolução dos problemas antropológicos cruciais acabados de enunciar.

Voltemos a Leibniz e à sua posição metafísica℘, que buscava uma resposta a estas mesmas questões perenes e incontornáveis. A posição metafísica℘ de Leibniz concilia a bondade de Deus criador com a realidade ontológica das criaturas ao nível em que tal tem de ser conciliado, isto é, ao nível da liberdade: para que o ser humano possa ser livre, o mal que da sua ação depende tem de ser possível. Esta é uma leitura metafísica℘ correta do início do livro do Gênesis, em que a criatura é criada não como necessariamente boa – o que faria dela um títere nas mãos do criador –, mas como *necessariamente possivelmente boa*, o que implica, lógica e imediatamente, que *possa* não ser boa, quer dizer, que possa ser má.

Metafisicamente, a possibilidade ontoantropológica da humanidade e de cada ser humano oscila sempre – de forma transcendental, isto é, necessária e universalmente – entre a possibilidade de uma ação absolutamente impecável e a possibilidade de uma ação totalmente perversa e má. É essa a condição

da liberdade humana. Sem essa possibilidade não haveria liberdade humana, nem sequer como possibilidade, pelo que nunca teria havido humanidade, ou seja, nunca teria havido este mundo, pois este mundo é o mundo com a humanidade, sem a humanidade "este mundo" não seria "este" mundo, seria outra coisa qualquer, aliás, humanamente irreferenciável.

É esta a posição de Leibniz: este mundo é o melhor dos mundos possíveis, mesmo havendo nele o mal ético, porque é o mundo em que é possível o ser humano, isto é, a mônada que é a mais próxima da mônada divina. Como é evidente, mesmo que Leibniz o não tenha compreendido manifestamente, os velhos significados de "mal", ditos "físicos" e "metafísicos", deixam de ser possíveis, pois, no seu esquema metafísico, não há literalmente lugar para o mal metafísico, eis que tudo foi criado bom, mesmo a possibilidade do mal – não necessariamente ativada –, e o mal físico é apenas uma decorrência mecânica da metafísica℘ da diferencialidade das coisas, que são o que são e funcionam como funcionam: um tremor de terra não é bom ou mau; limita-se a ser um modo de movimento de algo que, para ser, tem de se poder mover.

O mal, metafisicamente, passa a estar apenas no âmbito da ação humana, mas, fazendo, ainda assim, parte da possibilidade de liberdade humana. Voltando à perplexidade metafísica℘ e moral originada pelo grande tremor de terra de Lisboa (1755), então, tal evento não foi um mal? Um mal para os que foram afetados? A questão, em termos leibnizianos, não tem sentido, pois o tremor de terra não é uma mônada com capacidade de apetição de tipo moral, isto é, não pode escolher ser ou não ser ou ser de outro modo.

O mal e o bem têm uma determinação monadológica ética e política somente humana, as questões a pôr passarão a ser do tipo: "Fez sentido construir uma cidade como Lisboa onde ela foi construída, sabendo que periodicamente nesta mesma zona havia grandes movimentos de terra?". "Posteriormente ao grande terremoto, fez sentido voltar a construir esta mesma cidade no mesmo local?"

Note-se que o que ressalta é uma exigência de maior racionalidade, de uma racionalidade diamantina, quiçá incompatível com formas culturais tradicionais, ancestrais℘, mesmo, que se revelam, a quem estiver atento e queira evoluir em sentido propriamente racional, como erradas, antropologicamente perigosas. Este é o solo metafísico, ontológico, antropológico, ético, político, religioso, mas também epistemológico, em que o Iluminismo irá enraizar-se, procurando o que no seu entender é uma autêntica "revolução" cultural, e que se revelará, prática e pragmaticamente, como verdadeiramente revolucionário em muitos âmbitos antropológicos, chegando ao ponto de se procurar pela violência a realização de tal modificação cultural profunda. Ora, para se concretizar uma tal modificação literalmente radical é necessário tocar no nível da fundamentação mais profunda, no princípio dos princípios, que, metafisicamente, é "Deus", seja este o dos filósofos, seja o de Abraão, na conhecida dicotomia – aliás, errada – de Pascal.

Assim sendo, o ponto fulcral que será criticado pelo Iluminismo será precisamente este fundamento, isto é, "Deus", na forma quer do sentido geral do divino, na relação com o humano e o natural, quer do próprio sentido do divino predominante à época, o DeusϽ entendido na óptica teísta, de um DeusϽ pessoal, criador e amante das suas criaturas.

Em termos da luz intelectual que modificará a Modernidade e conformará a contemporaneidade, a figura de Isaac Newton é modelar. É este pensador quem vai concretizar de forma em certo sentido definitiva a mostra de que existe uma estrutura matemática do universo, estrutura que não é uma invenção humana, mas que constitui o tecido ontológico do mundo, tecido que Newton intui como racional e fruto da ação de um Deus eminentemente – em sentido cartesiano – racional.

Note-se que esta concretização newtoniana fixa uma tradição que tem como remotos "profetas" racionais Heráclito, com a sua remissão do movimento não caótico que constitui o mundo para um "Logos" transcendente e universal; Pitágoras e a sua Escola, para quem a matriz metafísicaϽ do mundo é o próprio número; Platão, para quem a estrutura medial do cosmos é constituída pela matemática, pelas relações. É toda uma remotíssima tradição de esforço racional de construção do modelo intelectual do mundo que culmina com os "princípios matemáticos" do mundo, de Newton.

Isaac Newton não reduz o universo a estes princípios nem imanentiza a ontologia total do mesmo, deixando-o na relação criatural com Deus, que não cria diretamente e por magiaϽ, mas através, precisamente, de tais princípios. No fundo, como em Platão, genericamente, para Newton, a matemática do mundo é o modo como DeusϽ cria o mundo, não como conjunto de coisas, mas como conjunto de princípios relacionais – quantitativos, mas com consequências ontológicas qualitativas – a partir dos quais tudo se constrói, tudo se pode construir ontologicamente.

Se bem que Newton pareça oscilar entre uma posição deísta e uma posição teísta, filosoficamente – dado que religiosamente, como bom súdito britânico, era manifestamente religioso de forma comum, como o grosso da população –, a sua posição implica que o Deus que criou a estrutura principial matemática do universo o tenha feito de uma forma não impessoal, logo, aproximando-se de uma sua noção teísta.

De Newton, no entanto, o que mais importou para a posteridade intelectual ocidental – e sua diásporaϽ posterior, global a este nível – foi a descrição matemática – de uma estrita racionalidade – do mundo,

do seu movimento, isto é, da sua evolução, com capacidade verificada de prognose epistemológica, descrição que só veio a ser ultrapassada – e, ainda assim, assumindo-a como parte sua – pela descrição mais lata de Einstein.

A grandeza racional matemática do trabalho de descrição do mundo operado por Newton irá ser fundamental para a proposta que o maior dos iluministas (no nosso entender), KantϽ, irá dar, procurando, num esforço de reconstrução epistêmica e de cosmovisão ao modo cartesiano, refundamentar a possibilidade da construção racional da ciência – exatamente ao modo matemático-transcendental de Newton.

Importa fazer notar, antes de avançar, que a importância maior de Newton não é científica, mas cosmológica e, no seio da sua nova cosmologia, antropológica, quer no que diz à recolocação do ser humano no âmbito ontológico do cosmos, quer no que tal significa em termos do sentido da existência humana. De um ponto de vista fundamental, o Iluminismo, como se pode perceber pelo denodado esforço lógico-epistemológico de KantϽ, é uma busca de resposta racional para a questão do sentido da realidade humana, isto é, e embora tal não pareça, é um esforço escatológico e soteriológico racional, mesmo que a resposta final a que chegue seja negativa, isto é, que não há possibilidade alguma de sentido algum.

Questões paralelas, batalhadas em diferentes campos de luta intelectual, ética e política se foram pondo ao longo destes tempos em que o Iluminismo foi sendo preparado e depois floresceu, mormente as chamadas "guerras de religião" e outras que dependiam, em muito, da nova forma pós-cartesiana de ver o mundo, mundo em que, relembre-se, a intuição humana já se apresentava como o ponto fulcral. Como ainda hoje, os grandes conflitos dessa época tiveram como fundamento real concepções antagônicas sobre o sentido do mundo, da vida, do humano.

Um autor e sua obra que são simbólicos dessa situação de luta pelo sentido e pela racionalidade do mesmo é John Locke. O autor de *An essay concerning human understanding*, obra fundamental da epistemologiaϽ pós-cartesiana, considerada anticartesiana, dado que se centra numa visão empírica do real, mas que, no entanto, continua o mesmo esforço intelectual de racionalização da vida do espírito humano. De fundamental, há de se notar que a experiência humana é recentrada na empiria própria dos sentidos, ficando a capacidade de inteligibilidade humana próxima de uma redução puramente sensista, o que se irá verificar com David HumeϽ. A metafísicaϽ sofre, então, um rude golpe, não podendo admitir-se porque as suas afirmações/proposições não têm verificabilidade empírica/sensista. Numa teoria gnosiológica complexa, Locke pensa conseguir responder aos impasses supostamente criados por Descartes, sem recorrer a categorias metafísicasϽ, dependendo de uma capacidade interna (subjetiva) de associação vária das ideias simples dadas na experiência sensível.

Não obstante, Locke, também teólogo, não nega a realidade de Deus, embora a sua realidade não possa ser dada por intuição sensível. Neste ponto, retorna-se a uma necessária dicotomia anterior ao esforço cartesiano, pois, não havendo qualquer possível intuição capaz de Deus, este tem de ser, em última instância, um simples dado de fé↗, sem fundamentação racional adequada – o que fora o cerne do trabalho intelectual de Descartes.

Esse tipo de posição teórica implica necessariamente uma consequência fideísta, dado que, não sendo aceite uma intuição metafísica↗ (intelectual) e não podendo haver intuição sensível de Deus, resta apenas acreditar nos dados supostamente hauridos sensivelmente por alguém, algures, e transmitidos através de uma tradição cultural, esta sim sensivelmente verificável. Prefigura-se, já, a redução de tipo sociologista operada pelo hiperiluminista que foi Auguste Comte↗, no nosso entender, culminar hiperbólico do Iluminismo, sua conclusão lógica a partir das premissas sensistas e também sua sentença de morte↗ epistemológica, ainda por se cumprir na totalidade.

Entretanto, o legado de Locke é também importantíssimo no que diz respeito ao âmbito de ação humana religiosa, ética e política, através da sua proposta de "tolerância↗" e de separação dos domínios de ação do "Estado" e da "Igreja↗", bem como a definição do que deve ser considerado esfera íntima pessoal, para todos os efeitos inviolável através de meios humanos, relegando o eventual diálogo de sentido desta com o seu ponto de amarração absoluto, o seu "deus", Deus eventualmente.

Essas várias propostas são uma conquista fundamental dos tempos em que a humanidade esclarecida lutou pela afirmação de princípios racionais de existência pessoal e transpessoal, ou seja, éticos e políticos, respectivamente, bem como religiosos, visto que a religião↗ implica quer a dimensão pessoal-ética, fora do arbítrio do Estado e mesmo da Igreja↗ na sua dimensão institucional, quer a dimensão pessoal-política, esta sim sob a alçada do arbítrio – justo, de preferência – do poder civil-estatal, no que diz respeito às questões da cidade, mas também no que diz respeito à dimensão política da religião.

Essa separação radical entre a esfera do ético-interior humano e do político-exterior interativo humano serviu e serve ainda hoje como o denominador comum de possibilidade de coexistência pacífica quer entre pessoas singulares, quer entre povos. Essa definição mínima é algo que constitui um instrumento notável para permitir a uma humanidade factualmente incapaz de construir o bem-comum continuar a existir através da separação tolerante daquilo em que se acredita daquilo que se faz em termos políticos.

Por causa do radicalismo da sua posição epistemológica, que ainda hoje se faz sentir direta e indiretamente, mas, sobretudo, pela importância extrema que teve sobre o pensamento kantiano, David Hume↗ surge como uma das figuras mais importantes do modo de conceber o mundo construído na época iluminista. Em comparação com a dimensão da alteração proposta por Hume↗, na sequência de Locke, mesmo os elementos mais conhecidos do movimento iluminista – dos quais alguns serão referidos adiante – se revelam como muito menos influentes. Hume↗ propõe um empiricismo radical, na sua obra *An Enquiry Concerning Human Understanding*, de 1748, (de que são indissociáveis as obras, que desta dependem em termos de fundação epistemológica, *An Enquiry Concerning the Principles of Morals*, de 1751, e *[Dissertation] Of the Passions*, de 1757), uma real redução de todo o conteúdo do "entendimento humano" a ideias diferenciadas, hauridas apenas através dos comuns cinco sentidos. O mais não existe.

Hume↗, sabendo da insustentabilidade dessa posição, imediatamente, e contra os seus próprios pressupostos epistemológicos, encontra modo de "associar" tais ideias, dependendo toda a construção daquilo que se entende como "mundo" destas duas realidades, uma passiva, a recepção das "ideias", a outra ativa, a sua "associação". Ora, nada nos pressupostos sensistas de Hume↗ permite afirmar que haja uma qualquer estrutura ativa intramental que organize o que à mente acede por via puramente passiva, pois não pode haver uma intuição sensível de tal estrutura. O pensamento de Kant↗ irá sofrer de semelhante erro lógico fatal. Todavia, o que se percebe, desapaixonadamente, destas tentativas é não tanto uma busca de encontrar o modo real de o ato do mundo se dar, mas de lutar contra a metafísica↗ e tudo o que representa em termos da sustentação teórica do mundo político vigente até aos tempos iluministas.

Como é evidente, em Hume↗, não havendo outro acesso ao real senão através da intuição sensível, não é possível, em termos religiosos, qualquer fundamentação ontológica do religioso, pois este último mais não é do que um conjunto de sensações cujo possível objeto representado em tais sensações não tem modo de ser em si mesmo intuído. Como é, também, evidente, trata-se de uma posição – metafísica↗, ironicamente – que fica pelo primeiro estádio da reflexão cartesiana, o relativo à recepção acrítica das sensações. Nenhuma das posições iluministas, se bem que todas herdeiras do ambiente filosófico e teológico fundado por Descartes, ousa, como este filósofo, levar a interrogação crítica acerca do valor dos modos de pensamento ao extremo.

Em nosso entender, Kant↗ é o filósofo iluminista de maior importância, pela procura de reconstrução racional – que cumpre formal e materialmente o escopo iluminista – do edifício do pensamento humano,

ILUMINISMO

ainda em sentido cartesiano, ou seja, reconstruir a possibilidade total, universal, do sentido humano do mundo ou do mundo como sentido humano, não em termos individuais ou psicológicos, mas em sentido transcendental.

A proposta kantiana retoma o sentido profundo da transcendentalidade, termo de remotas glórias metafísicas♀ medievais, e que Kant♀ vai retrabalhar de um modo diferenciado, precisamente como base filosófica para eliminar definitivamente a metafísica♀, substituindo-a por uma estrutura ontológica capaz de suportar todo o pensamento, na sua mais estrita racionalidade. A filosofia que Kant♀ propõe é uma filosofia de radical luz racional, tendo a sua posteridade influenciado, para não usar o termo excessivo "determinado", todo o pensamento posterior, como matriz de exigência racional.

Enquanto a forma do transcendental medieval se referia ao que o "sumo ser", "Deus" era em si mesmo, recobrindo cada transcendental o ser divino de um modo necessário – não podia não ser – e universal – todo se aplicava totalmente (infinitamente em ato) a Deus♀ – por exemplo, o transcendental "bem" aplicava-se a Deus♀ de forma universal e necessária –, para Kant♀, o "transcendental", continuando a ser universal e necessário, passa a designar as "condições de possibilidade de conhecimento *a priori*", isto é, o modo universal e necessário de possibilidade de qualquer conhecimento.

O escopo consiste mesmo em definir qualquer possibilidade de conhecimento, mas aplica-se realmente à forma humana de conhecimento, restrição que se liga logicamente ao fato de tal "sistema" gnosiológico ser pensado precisamente pela estrutura fática humana que se procura fundamentar como se transcendente a tal sistema fosse, o que não é logicamente possível. É este o erro epistemológico de Kant♀, que invalida todo o imenso esforço de fundamentação racional que opera.

A arquitectónica transcendental kantiana impede que se possa conhecer a "coisa em si", limitando – ainda na esteira de Descartes, incompleto –, de Locke e de Hume♀, todo o pensamento racionalmente aceitável a um exercício mecânico sobre "fenômenos". Das velhas ideias metafísicas♀ de "mundo", "alma" e "Deus", Kant♀ faz simples "ideias da Razão", em sentido estrito, isto é, modos mecânicos racionais de referir e unificar maximamente os fenômenos relativos ao "espaço", a ideia de "mundo"; ao "tempo", a ideia de "alma"; e, no que se refere à unificação destes dois tipos de fenômenos, a ideia de "Deus" funciona como polo unificador lógico máximo.

Facilmente se compreende que do "próprio Deus" nada se pode saber, relegando Kant♀ as questões relativas a "Deus em si" para o campo da ética e de uma "religião dentro dos limites da razão", isto é, transcendental a seu modo. Como em Hume♀, a religião♀ perde totalmente a possibilidade de fundação ontológica através de um modo metafísico, sendo apenas coisa fenomênica. O futuro dessas posições redundará em várias formas de redução sociológica, psicológica, moralista ou ideológica do fato religioso, quando muito visto como um fenômeno, mas um fenômeno não cartesiano, ou seja, sem correlato necessário eminente, mas kantiano, quer dizer, como forma lógica de unificação quer da inteligência, quer da vontade humana. É nesse clima que ainda hoje se vive.

De entre os iluministas mais conhecidos, salientam-se, pela sua importância em termos epistemológicos, com influência acadêmica, científica geral e também cultural, os nomes de Christian Wolff, Herder, Montesquieu, Voltaire, Rousseau, Condillac, Buffon. De salientar também o movimento filosófico que originou a *Enciclopédia* (1751-1772).

A Revolução Americana, fundada sobre princípios tipicamente iluministas, e de que toda a Modernidade política democrática é herdeira, bem como a Revolução Francesa, posterior e muito mais violenta, são ambas fruto prático e pragmático das ideias iluministas, que procuraram introduzir uma nova forma de esclarecer o pensamento, independente de fontes de autoridade que não se baseassem na razão. Essa ideia de razão manteve sempre um sentido ideal como forma supra-humana e paradigmática, tendo, no entanto, sempre sido pervertida em modos de apropriação humana tirânica, tendo servido todo o tipo de tiranos, sempre prontos a apresentar-se como arautos de uma qualquer razão universal, que, afinal, não era mais do que a que a sua inteligência era capaz de ditar.

Talvez de todo o esforço iluminista o que reste de mais precioso seja precisamente a ideia plasmada no texto fundador da Revolução Americana, segundo o qual todos os seres humanos são criados iguais perante Deus, princípio universal de racionalidade, fundamental mesmo para qualquer religião que queira ser mais do que um exercício de sentimentalismo irracional, bem como para qualquer sociedade que queira ser mais do que uma má desculpa para justificar oligarcas e tiranos.

Bibliografia: DESCARTES R. *Meditações sobre a filosofia primeira*: introdução, tradução e notas de Gustavo de Fraga. Coimbra: Livraria Almedina, 1976; HUME, D. *Enquiries concerning human understanding and concerning the principles of morals*: reprinted from the 1777 edition with introduction and analytical index by L. A. Selby-Bigge. Third edition with text revised and notes by P. H. Nidditch. Oxford: Clarendon Press, 1990; HUME, D. *Obras sobre religião*. Lisboa: Fundação Calouste Gulbenkian, 2005; KANT, I. *A metafísica dos costumes*. Lisboa: Fundação Calouste Gulbenkian, 2005; KANT, I. *A religião nos limites da simples razão*. Lisboa: Edições 70, 1992; KANT, I. *Crítica da razão prática*. Tradução de Artur Morão. Lisboa: Edições 70, 1984; KANT, I. *Crítica da razão* *pura*. Lisboa: Fundação Calouste Gulbenkian, 1985; KANT, I. *Investigação sobre a clareza dos princípios da teologia natural e da moral*. Lisboa: Imprensa Nacional Casa da Moeda, 2006; KANT, I. *O único argumento possível para uma demonstração da existência de Deus*. Lisboa: Imprensa Nacional Casa da Moeda, 2004; LEIBNIZ, G. W. *Essais de théodicée sur la bonté de Dieu, la liberté de l'homme et l'origine du mal*. Présentation par Jacques Brunschwig. Paris: Garnier/Flammarion, 1969; KANT, I. *Nouveaux Essais sur l'entendement humain*. Présentation par Jacques Brunschwig. Paris: Garnier/Flammarion, 1990; KANT, I. *Princípios de filosofia ou Monadologia*. Lisboa: Imprensa Nacional Casa da Moeda, 1987.

Américo Pereira

IMAGEM

Imagem é um conceito amplo e importante para a Ciência da Religião♀, já que está presente em muitas religiões ao redor do mundo, às vezes por elas privilegiado, às vezes empregado sob condições específicas, até muito criteriosas, e às vezes rejeitado como incompatível com uma matriz religiosa. Não poucas vezes, ao longo do tempo, houve nas mesmas religiões alterações dessas formas de apreciação. Isso faz o estudo das imagens no campo religioso interessante, entretanto, trabalhoso, o que requer do(a) pesquisador(a) um conhecimento amplo do contexto, da cultura, da época e das vertentes distintas de uma religião para identificar com precisão a sua relação específica com uma respectiva imagem.

I. Quanto à diversidade de imagens. A diversidade de imagens diz respeito à compreensão do que pode ou deve ser interpretado como uma imagem, oscilando entre duas propostas: a) as mais restritas, como: pintura, desenho, ilustração, colagem, mosaico etc., e também as imagens internas ou mentais; b) aquelas mais amplas, como: *imagens gráficas* (pinturas, estátuas, desenhos, ilustrações), *imagens ópticas* (espelhos, projeções), *imagens perceptíveis* (dados de sentidos, aparições♀, ideias, imaginários), *imagens mentais* (sonhos, memórias♀, visões, fantasias), *imagens verbais* (metáforas♀, descrições, narrativas, mitos), *imagens ritualistas* (liturgias♀, sacramentos♀, meios de graça, ritos), *imagens mitológicas* (relatos fundadores, mitos), *imagens estruturais* (arquitetura religiosa), *imagens sistêmicas* (sistemas, sociais, políticos, econômicos), *imagens naturais* (água, vento, terra, fogo, estrelas, o cosmos e locais sagrados) e *imagens técnicas* (fotos do macrocosmo capturadas pelos telescópios e do microcosmo, pelos microscópios). Na visão mais ampla investiga-se não somente a imagem (i)material, mas o comportamento humano em relação a ela(a), parecido com as interações entre seres humanos e imagens [ou imagens e seres humanos]. Além disso, podem assumir formas abstratas, a rigor, não icônicas ou não imagéticas, assumir o papel de imagens.

Em termos etimológicos, todas as línguas são relevantes para a Ciência da Religião♀. Imagem/ Bild/Eikon/Eidolon/Imago/Pictura/Selem. Não seria incomum que o(a) pesquisador(a) lusófono realizasse pesquisas na África, nas Américas, na Ásia, na Austrália ou na Oceania; entretanto, o verbete está focado em quatro raízes de línguas indo-europeias usadas na Europa ocidental com acréscimo do grego e do hebraico. Dependendo do objeto de estudo, deveriam ser consultadas as línguas balto-eslavas, celtas, itálicas, anatólias, indo-arianas, indo-iranianas, os cinco grupos das línguas africanas (línguas do Níger-Congo, nilo-saariano, *khoisan/coisa/coissã* e afro-asiáticas), as línguas asiáticas (línguas altai, coreano, japonês, línguas paleosiberianas, o sino-tibetano, *hmong-mien/miao-yao, tai-kadai/kra-dai/kra-dai*), as línguas austro-asiáticas (*munda* e *mon-khmer*), o dravidiano (no Sul da Índia), o *burushaski/mišãski* (Caxemira) e *ainu/aino* (Japão), bem como as línguas faladas nas Américas (línguas do Ártico americano, macroalgonquiano, macro-Sioux, *hokan*, asteca-tano, *penuti*). Para a pesquisa realizada na América do Sul, é relevante o fato de que não há consenso em relação à classificação por famílias de línguas nas Américas.

O verbete elegeu as seguintes raízes: a) *Bild*, no alemão (norueguês: *bilde*; sueco: *bild*; dinamarquês: *billede*; estoniano: *pilt*); b) *eikon* e c) *eidolon*, no grego [=] "ícone" e "ídolo", respectivamente; d) *imago*, no latim, [=] "imagem" (também no espanhol: *imagen*; no francês: *image*; no inglês: *image*; no italiano: *immagine*; no romeno: *imagine*); e) *pictura*, no latim, [=] *picture*, no inglês; e f) *selem*, no hebraico. Do arábico será tratado mais adiante, devido à sua ênfase numa teoria do *ver*, em vez de uma teoria da imagem. Este recorte é necessário no intuito de atender demandas mais clássicas da pesquisa lusófona, de servir como subsídio para entender melhor os imaginários e as conceituações encontradas em pesquisadores(as) das línguas alemã, espanhola, francesa, inglesa e portuguesa, que lideram, nas últimas décadas, as respectivas pesquisas, e por fornecer elementos para um melhor encontro entre os mundos árabe, grego, judaico e lusófono.

1. *Bild* [Imagem, Retrato]. Verbo substantivado de *bilden*, significa, originalmente: formar, reproduzir uma forma ou uma figura, dar forma a algo; também no sentido educativo; o derivado *Bildnis* articula o aspecto material e ideal (ou da sua essência); variações: *Gottesbild*: imaginação em relação a Deus [normalmente com uma conotação positiva]; *Götterbild*: imagem de um Deus; *Götzenbild*: imagem de um ídolo [corresponde a *eidolon*]; *Ebenbild*: [imagem] semelhante; idêntico na essência; *Abbild*: cópia; *Vorbild*: modelo ou exemplo ([=] ter uma imagem à

IMAGEM

sua frente); derivativos: *Bildung:* conteúdo de formação; *Einbildung:* imaginação errônea; *Abbildung:* reprodução visual.

2. Eidolon [Ídolo]. Figura, representação. Vem de *eidos*, "visão", ou seja, aquilo que é visível para alguém. Remete, por sua vez, ao invisível, descrevendo, na literatura grega antiga, um aparecimento, uma aparição, uma sombra de uma pessoa morta (fantasma) ou viva. É distinto de *symbolon* porque o poder está no ver, não na fusão de esferas, como a do divino e do humano. *Eidolon* tem certa proximidade com a concepção árabe da imagem, que também é relacionada ao verbo "ver". O aspecto original sombrio traduziu-se posteriormente numa compreensão negativa: os ídolos são as imagens dos deuses falsos e, por causa disso, enganadores, ou das deusas inimigas que precisam ser combatidas. Em algumas religiões da Índia, porém, usa-se a palavra inglesa *idol* para se referir aos seus próprios deuses, e isso sem que haja uma conotação negativa. Talvez se trate de uma rejeição e ao mesmo tempo inversão da leitura cristã que chegou com a língua inglesa.

3. Eikon [Ícone]. Vem de *eoika*, que significa "ser semelhante" ou "ser como"; disso derivam os significados "imagem", "semelhança", "aparência" e até "forma". Segundo a compreensão grega, a "imagem" participa da realidade daquilo que representa porque a essência do representado aparece nela, mesmo no caso de divindadesℙ. Essa presença é imaginada como capaz de operar magias e/ou milagres. No Novo Testamento se aplica *eikon* de uma forma singular a Cristo Jesus como imagem de Deus (2Cor 4,4 e Cl 1,15) e, de forma negativa, à imagem do imperador em moedas (Mc 12,16 e textos sinóticos paralelos) ou, de forma mais metafórica, a uma representação do império, provavelmente uma estátua do imperador, como "imagem da besta" (Ap 13,14).

4. Imago [Imagem]. Na Roma antiga, é o primeiro nome de uma máscara mortuária, depois um retrato baseado nela. Assim, traz consigo originalmente o significado de um retrato (*Bild* como *Abbild*), uma representação de algo não mais presente fisicamente. As *imagines* (plural) de pessoas falecidas em forma de bustos foram depois mantidas em nichos especiais ou prateleiras de madeira nos átrios das casas romanas e, eventualmente, levados para funerais. Entretanto, distingue-se da *persona* – uma máscara usada pelos autores no teatro para representar as emoções e o gênero das personalidades retratadas – *imago* mantém a compreensão de uma ligação única com e fiel a quem representa. A base etimológica de *imago* em *imitari* e *aemulus* aponta ainda para uma emulação no sentido de um esforço para a realização de um mesmo objetivo ou procurar emparelhar-se, imitar, seguir o exemplo de alguém. Assim, o conceito da *imago* traz consigo, paralelamente, a ideia do distanciamento ou da distinção, e a ideia da continuidade e representação. Diferente de *eikon*, *imago* não traz

consigo a ideia de algo encantado ou capaz de causar um encantamento.

5. Pictura [Retrato]. Significa "pintura", com sentido secundário de "imagem", "bordado" ou "maquiagem", até "quadro". Dessa forma, a palavra descreve uma atividade humana e reaparece nesse sentido na descrição dos três elementos de um emblema, ao lado da *inscriptio* e da *subscriptio*.

6. Selem e demut. *Selem* é a "*imagem* material, esculpida" de qualquer divindade. Por isso, a *Septuaginta* traduz, às vezes, *eikon*, às vezes, *eidolon*. *Demut* é traduzido por "semelhança". A combinação dos dois conceitos, *selem* e *demut*, segue, em termos materiais, a tradição de estelas ou figuras de faraós egípcios e reis mesopotâmios que representam a autorização divina para governar. Entretanto, ocorre uma transposição radical: no Antigo Testamento esse imaginário é integrado na narrativa da criação (Gn 1,26), aplicado a todos os seres humanos de todas as gerações (Gn 5,1-3), que são autorizados a "ter domínio sobre" a criação, com uma restrição: a proteção divina de cada ser humano contra o domínio violento por parte de seres humanos (Gn 9,6). A combinação de *selem* e *demut*, a rigor, não estabelece uma teoria (ou teologiaℙ) da imagem judaica, mas uma analogiaℙ em combinação com uma radical releitura que nem desafia tanto as imagens, senão o que elas representam: a suposta autorização divina de qualquer governo violento do ser humano sobre o ser humano. Essa linha reaparece no Novo Testamento.

II. Quanto às funções da imagem. A história do conceito remete à compreensão funcional da imagem. Assim, uma primeira orientação em Christoph Wulf (2013) vê o ser humano como *Homo pictor*, ou seja, constituído pela imagem. Wulf distingue entre imagens como: a) "presença mágica"; b) "representação mimética"; e c) "simulação técnica", em compreensões que se comunicam bem com as raízes etimológicas dos conceitos introduzidos.

1. Imagens como presença mágica. Este tipo de imagens é muito comum no mundo religioso e na visão religiosa do mundo. Essas imagens pertencem a um mundo encantado, habitado por animais, seres humanos, deuses e deusas, semideuses e semideusas, anjos e demônios, espíritos bons e maus, duendes, fadas etc. Aqui, imagens, estatuetas e artefatos religiosos têm uma função real em ritos religiosos públicos ou privados, pessoais ou coletivos. Especialmente os retratos de deuses e deusas são considerados meios poderosos, mas também dos mensageiros e mensageiras, e dos deuses e deusas que se estende a sacerdotesℙ, sacerdotisas, profetasℙ, reis e rainhas.

2. Imagens como representação mimética. Esta perspectiva é regida por uma noção de distanciamento. Não se trata de uma presença, mas de uma representação. Pode-se ainda identificar algo – até mesmo um vínculo com o divino –, porém a imagem e o divino não são vistos como idênticos. A imagem é vista como artefato humano. Ela não é encontrada como a imagem de Aparecida, nem nasce; ela é artificialmente feita por seres humanos que criam algo segundo a sua imaginação. A imagem externa nasce "internamente", no ser humano. Esse tipo de imagem ainda pode ser um meio de encantamento, mas para isso ela mesma deve passar por um ritual, um tratamento espiritual etc. Wulf argumenta que a imagem como *representação mimética* também seja a base de comunicação do ser humano sobre si mesmo. "Imagens de corpos são imagens do ser humano, como representações do ser humano sempre são representações de corpos."

3. *Imagens como simulação técnica*. Aqui a imagem se distancia ainda mais. Fotografias em bancos de dados ou em livros sobre a arte sacra podem até ser admiradas por razões estéticas ♀, mas não por serem consideradas artefatos para o cotidiano religioso. Dependendo do caso, pode-se entender que essas três formas de descrever imagens compreendem a imagem *como retrato da realidade*, no entanto, de realidades muito diferentes.

4. *Lugar vivencial, socioeconômico e ideológico da imagem*. Para a interpretação ♀ de imagens religiosas é também importante identificar o seu lugar na vida de cada pessoa: a) uma imagem *devocional* é uma imagem usada na esfera privada, como, por exemplo, de uma casa ou de uma fazenda; b) uma *imagem do culto* pertence aos espaços das práticas religiosas comunitárias; e uma c) imagem *pública* é uma imagem colocada e exposta, por exemplo, em praças ou pontos topográficos de destaque, com a intenção de comunicar-se com seu entorno ou comunicar algo a ele. Como exemplos podemos citar oratórios; um peji ou congá ("altar"), do Candomblé e da Umbanda, respectivamente; e a figura do Cristo Redentor no Corcovado no Rio de Janeiro, Brasil, ou do Cristo Rei no outro lado do Rio Tejo "olhando" para Lisboa, Portugal, ambos santuários ♀ católicos. Além disso, há imagens de produção popular, feitas em oficinas de artistas altamente sofisticadas, imagens como peças únicas de materiais considerados nobres e imagens produzidas em altas tiragens feitas de materiais baratos, de fácil acesso e ampla disponibilidade. Parte disso faz também uma análise de quem está na origem da imagem: artistas que expressam sua visão, seu conhecimento ou sua experiência religiosa ♀? Um patrocinador religioso que encomenda um trabalho acompanhado de exigências e determinações específicas? Outra versão de uma imagem *pública* são imagens religiosas expostas em museus, ou seja, fora do seu *habitat* original e comum, e assim geralmente reduzidas a uma interpretação ♀ sócio-histórica ou estética ♀.

III. Quanto às dimensões. Quanto às suas *dimensões*, ao tamanho da imagem, não há restrições que modifiquem a interpretação ♀ de uma imagem religiosa. Anéis, amuletos e selos talvez sejam provavelmente as formas menores da cultura visual; figuras enormes de líderes religiosos, como Buda e Bodisatva, e aquelas com membros elevados, com asas e braços, como no caso de um querubim ou Bodisatva.

IV. Quanto às matrizez teóricas. As matrizes teóricas de fundo, ou as teorias da imagem, trazem formas mais adequadas de descrever a interação entre seres humanos e imagens, e imagens e seres humanos. Podemos distingui-las de cinco formas: a) *teorias da recepção* da imagem pelo ser humano; b) *teorias da "performance"* da própria imagem; c) uma combinação das duas, considerando que o comportamento humano específico em relação às imagens, por sua vez, leva às; d) *teorias da imaginação*, com uma interface; e às e) *teorias do ver árabe*, distintas do olhar das teorias ocidentais.

1. Recepção da imagem. Descreve as formas humanas de se relacionar com imagens ou de integrá-las em suas vidas, mesmo nas práticas religiosas, privadas ou públicas. Classicamente, a teologia ♀ contribui com a distinção entre *adoração ou veneração ♀ de imagens*, e, em oposição a ela, a substituição de representações imagéticas por formas e ornamentações abstratas (por exemplo, a ornamentação por florais ou caligrafias ♀ no Islã) ou simbólicas, como o símbolo do peixe no Cristianismo. (Quanto à distinção entre *iconoclasmo, iconolatria, iconofilia* e *iconodulia*, veja o verbete *Iconografia/Iconologia*.) Mais recentemente, David Morgan (1999) propôs uma distinção entre formas de relacionamento empático ou simpático do ser humano com uma imagem. A relação simpática baseia-se na ideia de negociação e troca de favores, na qual o ser humano serve à imagem e a imagem, e a divindade vinculada à imagem, atende às necessidades do ser humano. A relação empática inclui na relação um terceiro elemento, desde outro ser humano até o mundo como um todo. Aqui, o adepto encontra na representação figurativa ou imagética um exemplo que o faz pensar, imaginar e, eventualmente, seguir como inspiração ♀ e modelo de interação com o mundo, e que o leva à sua própria interação com o mundo ao seu redor. Essa distinção aproxima-se mais aos imaginários mágicos ou racionais.

2. *Performance* da imagem. Oposta à ideia da recepção é a compreensão da *performance* da própria imagem. Mesmo quando as teologias ♀ judaica, cristã e islâmica rejeitam imagens como ídolos, ou meios de magia ♀, elas de fato reconhecem, ao mesmo tempo, aquilo que se chama de "aspecto performativo". A conotação positiva dessa concepção é a ideia de imagens milagrosas. Atualmente, alguns sociólogos, historiadores e teóricos da arte têm enfatizado que há uma dinâmica que parte da imagem e se direciona ao mundo ao seu redor. Bredekamp (2015) se refere a um "ato icônico" e Morgan (2014), ao "olhar das imagens", ou seja, como um aspecto intrínseco às imagens, entre o relativamente independente até o totalmente autônomo da recepção humana ou da interação humana com as imagens (Morgan, 2014, p. 83-86).

3. Interações características junto às imagens. Alguns pesquisadores se referem ao poder de imagens Freeberg (1989) ou ao *pathos* articulado mediante as imagens (Aby Warburg), por um lado, baseados em teorias da recepção e psicológicas, e por outro lado, valorizando as características distintas das imagens se comparadas com os textos, como aspecto essencial dessa dinâmica, ou seja, os seres humanos se comportam de tal forma somente diante das imagens, pois as imagens articulam paixões melhor do que os textos.

4. A criação das imagens. O tema da recepção tem uma interface com o assunto da criação de imagens e do imaginário, discutidos por Wulf (2013), que enfatiza o papel da imaginação na formação do ser humano. Traut e Wilke (2015) desenvolvem uma visão ampla das técnicas, dos espaços, das políticas e da história da imaginação, que leva à leitura, à construção e à contínua releitura e recomposição de imaginários, uma imagem mental, por sua vez, integrando imagens.

5. As teorias do ver árabe. Uma importante contribuição para a composição e criação de imagens renascentistas vem do mundo árabe: o tratado sobre a óptica de Abu Ali al-Hasan Ibn Al-Haitham (965-1040 d.C.), conhecido no Ocidente pela versão latinizada do seu nome, Alhazen. Alhazen trabalhava com hipóteses a serem verificadas por experimentos acompanhados de uma postura crítica; por essa razão, alguns o consideram o primeiro cientista, cuja postura somente seria retomada seiscentos anos mais tarde, por Francis Bacon (1561-1626 d.C.). Sua *teoria do ver*, traduzida em 1270 para o latim como *Opticae thesaurus Alhazeni*, valorizou a perspectiva humana como *o ver humano* no sentido óptico, que depois foi transformado na Renascença numa teoria do olhar humano ativo. O trabalho mais duradouro de Alhazen foi o desenvolvimento da perspectiva na arte europeia, que submete essas imagens ao olhar humano e compõe a imagem ao redor desse olhar de forma visível e direta: o olhar humano se torna parte da imagem, e a imagem se constrói por meio de seu olhar.

V. Quanto às correntes, escolas e autores. No que tange às correntes, escolas e autores envolvidos, uma visão ampla da hermenêutica da imagem é apresentada por Rose (2002), com valiosas distinções de perspectivas e formas, como as abordagens das análises da composição e do conteúdo, as análises semióticas, psicanalíticas e os diferentes tipos de análise do discurso. Em termos metodológicos se destaca pelo rico desdobramento das possíveis perguntas iniciais que uma pesquisa deseja responder.

Rose relaciona três modalidades: a) tecnológicas (MT); b) composicionais (MC); c) sociais (MS); e três perspectivas: produção (PRO), audiência (AUD) e imagem por si (IMA).

1. Quanto à modalidade tecnológica. IMA: Efeitos visuais? AUD: Circulação? Exposição? PRO: Como é feita? Por exemplo, se a imagem se encontra em uma igreja ou um monastério, em uma biblioteca ou uma sacristia, em um livro ou uma escultura na parede exterior de uma casa, ou ainda como parte de um oratório dentro de casa. Enquanto a tecnologia preferida dos jesuítas consistia em figuras talhadas na madeira, os povos indígenas favoreceram o barro cozido, que até mesmo deu origem a milhares de "paulistinhas" (arte sacra brasileira, figuras de santos(as).

2. Quanto à modalidade composicional. IMA: Composição? AUD: Relação com outras linguagens? PRO: Pertence a um gênero? Segue um formato ou modelo? Por exemplo, se a imagem segue emblemas e gravuras renascentistas, regras de composição clássica, se serviu como modelo para muitas pinturas coloniais religiosas e segue modelos hagiográficos típicos, os retratos de santos(as), entretanto, com a modificação dos aspectos fisiológicos, tais como o cabelo e nariz africano ou indígena.

3. Quanto à modalidade social. IMA: Significado visual? AUD: Interpretada como? Por quem? Para quem? PRO: Por quem? Quando? Para quê? Por quê? Por exemplo, qual é a relação entre as fixações do sentido pelo projeto institucional, como parte de um projeto de colonização, e as tendências mitopoéticas que criavam sentidos e até espaços alternativos? Existem evidências para releituras, preferencialmente coletivas, apesar da intenção do produtor pela realização do artista?

VI. Quanto à evolução do conceito de imagem. Como não existe cultura humana sem imagens, as mesmas conquistaram todos os campos das ciências. *Bild, eikon, eidolon, imago, pictura, icon* representam em si uma *multiplicidade de compreensões da imagem*, as quais posteriormente refletem em linguagens científicas distintas, no contexto das diferentes linguagens das ciências humanas, como na Filosofia, na Teologia, na Antropologia, na Psicologia, na Sociologia, na Biologia ou nas Exatas, como a óptica. *Imago*, por exemplo, designa, na Psicologia, a imagem (ideal) e subconsciente de uma pessoa, e, na Biologia, uma última fase de vida de um inseto sexualmente maduro depois da sua metamorfose final. Na comunicação, imagens e ícones são temas-chave. Na Sociologia (e na Antropologia) se estuda desde a década de 1980 o aspecto performativo da imagem e seu papel na construção social e nas relações de poder, e também em comunidades imaginadas, mundos utópicos; finalmente, não seria possível articular as ciências do macro e do microespaço sem imagens de telescópios e microscópios, que por sua vez encantam religiosamente.

VII. Recepção de culturas icônicas e não icônicas. Quanto à recepção de *culturas icônicas e não icônicas*, o ser humano, que cria as imagens, com elas convive, e as teorias que as acompanham fazem parte de culturas e subculturas que apreciam imagens religiosas de formas diferentes. A rigor, entendemos que todas as culturas são *icônicas*, no sentido de que qualquer cultura tem aspectos materiais e imagéticos imateriais, como os mitos, tradições, memórias↗, e também as utopias que ela institui e pelas quais é constituída. Entretanto, quanto à criação e ao papel das imagens religiosas, podemos falar de *culturas tendenciais ou predominantemente icônicas e não icônicas*, porém sempre abertas à possibilidade de que, em certos tempos e lugares, possam existir exemplos que fogem tanto de uma como da outra tendência, tais como as religiões monoteístas, como o Judaísmo, o Cristianismo e o Islã. O Judaísmo conhece um número alto e diversificado de representações antropomórficas de Deus, entretanto rejeita certas formas de veneração↗. O Islã cria imagens com formas geométricas, florais ou caligráficas, e o mesmo cuidado deve ser aplicado quando se trata de outras religiões.

Essa recepção também deve ampliar a construção do raciocínio epistemológico em suas dependências culturais e subculturais. Quando Mitchell (2005, p. 53) descreve a "configuração padrão" do "gênero das imagens" como "feminino", isso serve como uma alerta. De repente, lembra mais de um aspecto da teoria da imagem jesuíta (religiosa) e não de uma linguagem científica. Da mesma forma, devemos estar atentos às questões sociais e étnicas que sempre envolvem aqueles(as) que criaram, patrocinaram e receberam as imagens.

Bibliografia: BREDEKAMP, H. *Teoria do icônico*. Lisboa: KKYM, 2015; MITCHELL, W. J. T. *What do pictures want?* The lives and loves of images. Chicago: University of Chicago Press, 2005; MORGAN, D. The look of the sacred. In: ORSI, R. A. (Ed.). *The Cambridge Companion to Religious Studies*. Cambridge: Cambridge University Press, 2014. p. 83-86; MORGAN, D. *Visual piety*: A history and theory of popular religious images. Berkeley/Los Angeles/London: University of California Press, 1999; ROSE, Gillian. *Visual methodologies*: An introduction to the interpretation of visual materials. London/Thousand Oaks/New Delhi: SAGE Publications, 2002; TRAUT, L.; WILKE, A. (Orgs.). *Religion – Imagination – Ästhetik*. Vorstellungs- und Sinneswelten in Religion und Kultur. Göttingen: Vandenhoeck & Ruprecht, 2015. Critical Studies in Religion/Religionswissenschaft, v. 07 (CSRRW); WULF, Christoph. *Homo pictor*: imaginação, ritual e aprendizado mimético no mundo globalizado. São Paulo: Hedra, 2013.

HELMUT RENDERS

INFERNO → Castigo → Escatologia

INICIAÇÃO → Rito/Ritual

INSIDER/OUTSIDER → Êmico/Ético

INSPIRAÇÃO

O termo "inspiração", no terreno da fenomenologia religiosa, traduz preponderantemente uma particular valorização do estatuto de determinadas personalidades ou *corpus* textuais dentro de certas tradições religiosas. A identificação, nessas tradições, de figuras "inspiradas" apela ao reconhecimento de que a sua ação ou o seu ensino é portador de um significado e de uma eficácia que não advêm de si próprio, mas de uma alteridade que o precede e o "possui" ("ilumina", "elege", "assinala" etc.), ou decorre de um estádio de desenvolvimento espiritual excepcional. Em algumas tradições, esta qualidade cristaliza-se também no reconhecimento do valor revelacional de uma tradição oral ou de um códice de escritos – oralidade e escrita implicam-se, quase sempre, numa sintaxe que descreve algo de essencial nas tradições religiosas. Nas religiões das civilizações da escrita e naquelas em que as produções intelectuais conheceram um papel determinante, a noção de "inspiração" pode descrever o estatuto singular de determinada literatura religiosa. No entanto, a autoridade destes textos pode ter um alcance muito diverso na geografia das diferentes tradições religiosas.

I. Personalidades inspiradas. Interessado que estava em estudar as religiões como sistemas de sentido, Max Weber↗ privilegiou o estudo da História das Religiões↗ como passagem da religião dos "virtuosos" à religião das "massas". Na sua perspetiva, as doutrinas religiosas são produções daqueles que ele denomina de "virtuosos". As religiosidades virtuosísticas são constituídas por um vasto conjunto de produções de atores "especializados", esses que Weber vê como líderes intelectuais da esfera religiosa: monges, comunidades carismáticas (chefes e discípulos), grupos sectários e reformadores. Precisamente esses que se caracterizam por viverem de forma excecional o confronto com o problema do sentido e a demanda de salvação↗ (nesse sentido deve ser compreendida a sua qualidade de "intelectuais"). Weber assinala que a História das Religiões↗ não é compreensível sem se ter em conta o papel desses crentes "excecionais". Aliás, esse fato está patente, no próprio senso comum religioso, nessa necessidade de diferenciar os crentes através de qualificações religiosas, reconhecendo em alguns um particular grau de excelência.

Para que esta excelência adquira perenidade social, descobre-se na História das Religiões↗ um amplo trabalho social em torno da construção de um "estado [*Stand*] religioso" particular, dentro de determinado campo religioso. Ora, é a definição desse estatuto e desse "estado" que está na primeira linha das preocupações de Weber♀, bem como o destino♀ das produções religiosas desses "virtuosos" no registo da "religiosidade de massas". Tais produções religiosas concentram-se, no seio das religiões mais estudadas por Weber♀, na ideia de salvação♀, que é expressão de um trabalho de racionalização da imagem♀ de mundo. Esta via interpretativa foi recebida na teoria social da religião de Pierre Bourdieu♀, que prolongou, na segunda metade do século XX, a influência weberiana quanto à importância do aparecimento e desenvolvimento de um corpo de especialistas, cujo trabalho é o alicerce fundamental do percurso de autonomização de um campo religioso.

Assim, é fundamental ter em conta que não há religião♀ sem "mestres de religião". Tal perspetiva ganha particular consistência a partir da obra clássica de Marcel Detienne sobre os "mestres de verdade na Grécia antiga": o "adivinho", o "poeta" e o "rei de justiça". Pela sua memória♀, o poeta acede diretamente, segundo uma visão pessoal, aos acontecimentos que evoca. A memória♀ não é apenas o suporte material da palavra cantada, a função psicológica que sustenta a técnica da recitação, ela é, sobretudo, o poder religioso que confere ao verbo poético o seu estatuto de eficácia. Tal como o verbo poético, a palavra do adivinho não é um reflexo de um acontecimento precedente, é um dos elementos da realização oracular – às palavras que não realizam, opõem-se as que "realizam a realidade". Mestre de verdade, "o rei de justiça" está dotado do mesmo privilégio de eficácia – os seus ditos de justiça♀ são realizadores. Em qualquer dos casos, a palavra não se separa da ação (eficaz), ela contém o seu próprio cumprimento.

Nesta linha, a observação fenomenológica tem prestado alguma atenção à figura do "mestre espiritual" nas tradições religiosas. Depositário de uma herança, e garante da continuidade, ele é o detentor da palavra e do gesto autênticos: ele é homem de receitas e fala a verdade, na tradição taoista; ser pleno, ser pesado que transporta consigo o seu discípulo, em algumas tradições africanas e hinduístas; é um homem apostólico, segundo a Ortodoxia; o canal vivo da *shekhina*, na *kabbala* judaica. A função de mestre espiritual aproxima-se, assim, da noção de *diadokhe* conhecida da Antiguidade grega, enquanto capacidade daquele que tem uma sabedoria reconhecida como autêntica. Aqui se podem encontrar imaginários religiosos tão distintos como a noção de sucessão apostólica, da qual decorre a legitimidade apostólica no Cristianismo, como o sistema de sucessão dos *Tzadik* hassídicos.

Fato assinalável é a observação de que, no quadro das modernidades múltiplas, determinados "mestres de religião" contam com mais capital de confiança do que as tradições e instituições religiosas♀ que os reclamam. Em sociedades em que se experimenta o impacto dos custos da Modernidade avançada e se vive um processo de relativa desideologização das dinâmicas sociais, as "sabedorias" e as personalidades religiosas inspiradas são redescobertas em contextos que permitem uma ampla diversidade de apropriações individuais. Assim, paradoxalmente, essas tradições parecem servir o moderno desígnio de autoafirmação do sujeito.

II. Textos inspirados. As "escrituras sagradas", na história religiosa da humanidade, traduzem a memória♀ de uma articulação entre o ver, o ler e o ouvir. Entre a estatuária egípcia, greco-romana ou mesopotâmica e a literatura védica, bíblica ou corânica existem, antes de mais, diferenças de percepção. A figura seduz o olhar, impõe-se à comunicação sensorial. O texto, rasto da palavra, exige o esforço da penetração, favorecendo a emergência de comunidades de sentido, grupos humanos que encontram, na história da passagem da oralidade à textualidade, a memória♀ de um trabalho perscrutador dos enigmas da existência humana. Em algumas tradições religiosas, a interdição da imagem♀ está ao serviço da transcendência do divino – protelando o ver, amplia-se o tempo do contar, recitar ou narrar. A história das expressões religiosas humanas está, assim, intimamente ligada à história da comunicação. Da pictografia ao fonetismo, da oralidade à escrita, a cultura dá testemunho da passagem de uma religiosidade marcada por códigos ancestrais♀ de transmissão familiar para o tempo da elaboração de mundividências (sejam cosmogonias, genealogias, teodiceias, sociodiceias, apocalipses etc.). Os percursos históricos de constituição escriturística de tradições religiosas, a "descolagem alfabética" – como lhe chamou Regis Debray (2001) –, foi uma alavanca de espiritualidade♀ e transcendência, permitindo às culturas a elaboração de sistemas de sentido mais complexos. Entre as pedras monumentais levantadas ao alto e os rolos da *Torah*, entre os hieróglifos e as parábolas♀ de Jesus de Nazaré, entre as inscrições pictográficas e as criações caligráficas árabe-islâmicas há percursos civilizacionais.

O reconhecimento do carácter inspirado das escrituras sagradas tem características próprias nas diversas tradições. Mesmo dentro de uma mesma tradição religiosa, no seu médio e longo curso, podemos distinguir modalidades diversas. Inspiração e revelação, enquanto macroconceitos, aproximam-se, podem implicar-se mutuamente, mas não necessariamente. Na cultura da antiga Mesopotâmia não existia uma religião normativa. As primeiras escrituras remontam aos anos 3300 antes da nossa era, antes do seu estádio cuneiforme. Na sua origem, reconhece-se o deus Enki, deus da sabedoria, deus criador. A passagem dos textos sumérios à língua acádica tornar-se-á um fator de difusão. Mesmo fora de um quadro revelacional, os teólogos de Babilônia escreveram, 1100 anos antes da nossa era, uma "epopeia da criação", na qual se impõe o deus Marduk ao universo. Assim, a sacralidade é mais de ordem política do que revelacional.

Nos Vedas, a palavra é criadora. E é necessário saber usá-la e merecê-la. A palavra é, assim, conhecimento. Um dos sentidos de *brahman* aponta, precisamente, para a ação de reconhecimento de um sentido inacessível à inteligência comum. Compreender é saber enunciar bem. Assim, a oralidade não só precede, mas também acompanha a ulterior interpretação do texto. O tantrismo irá desenvolver, de forma mais pronunciada, a atenção à energia do som e ao poder criador do som das palavras, construindo um sistema de correspondências entre o indivíduo e o mundo.

No Budismo, a experiência espiritual de Buddha não decorre de nenhuma revelação, nem se oferece num texto que se apresente como inspirado. Mesmo assim, pode-se identificar um conjunto canônico de regras ou sermões, transmitidos oralmente durante cinco séculos, até serem fixados por escrito. Nesse contexto, o principal problema dizia respeito à unificação do conjunto de línguas ou dialetos que deram corpo a essa transmissão. O *pāḷi* e o sânscrito irão adquirir o estatuto de línguas sagradas. O estatuto de sacralidade não diz respeito a uma origem sobrenatural, mas ao fato de os textos veicularem a experiência de Buddha. A experiência prevalece sobre a língua que a conserva. Por isso, não se inviabilizaram as traduções.

No Judaísmo, o conceito de revelação alia os sentidos de descoberta e de exílio. A língua é, sobretudo, oralidade, segundo o modelo da palavra criadora de Deus. Mas, se cria, a Palavra de Deus não denomina – essa é a tarefa humana (Gen 2: 19-20). Assim, a língua do texto inspirado e a revelação pela própria língua constituem uma circularidade interpretativa. No caso da Lei da *kabbala*, estando em causa uma transmissão de mestre a discípulo, afirma-se uma disciplina de conhecimento. Procura-se na *Torah* o "sentido escondido" (*sod*). Esse sentido está condensado ou contrário. O trabalho sobre a língua hebraica tem, nesse contexto, um sentido místico, já que os jogos lexicais, nomeadamente através da grafia própria das dez vogais, exigem um caminho iniciático de descodificação. É necessário encontrar a estrutura escondida para encontrar o sentido. A qualidade "inspirada" do texto, neste caso, exige o trabalho da descoberta.

O Cristianismo antigo confrontou-se com um sistema complexo de interpretação das escrituras judaicas. A necessidade de uma leitura simbólica das tradições escriturísticas favoreceu o modelo de "interpretação alegórica". Esquematicamente, poder-se-á dizer que se caracteriza pela intenção de decantar o sentido espiritual do texto com a ajuda de tópicos que lhe são exteriores. Fílon de Alexandria (25 a.C.-50 a.C.) permanecia, neste âmbito, como referência fundamental. O seu programa apologético procurava mostrar ao mundo greco-romano o carácter razoável e atual das escrituras judaicas. A interpretação alegórica permitia contornar as incoerências textuais, os antropomorfismos, encontrando para eles um sentido que ultrapassava a imediatez do próprio texto, defendendo, assim, a identidade de uma comunidade ameaçada pelas profundas transformações que as migrações culturais sempre desencadeiam.

As primeiras gerações de cristãos, maioritariamente originários do Judaísmo, reinterpretam as escrituras judaicas, mas à luz das narrativas sobre Jesus Cristo. No entanto, à medida que um corpo diversificado de tradições se vai constituindo, este modelo de interpretação messiânica e cristológica tenderá a distribuir-se por caminhos distintos e, em muitos casos, conflituais. Esta leitura cristológica enraíza-se, antes de mais, numa dupla convicção: as escrituras judaicas anunciam a vinda de Jesus Cristo e apenas este realiza plenamente as promessas de Deus a Israel. Este é o núcleo de um movimento interpretativo, qualificado de "tipológico", que procura descobrir nas literaturas bíblicas judaicas "figuras/modelos" (*typoi*) que legitimem o conhecimento que se tem do "evangelho de Jesus" – as escrituras judaicas são assim interpretadas a partir de uma instância que lhes é exterior, numa reivindicação complexa de continuidade e novidade. Esta via levaria inevitavelmente a um conflito interpretativo, no qual dois campos, o judaico e o protocristão, se demarcam na disputa de uma chave hermenêutica de autenticidade.

Mas este não seria o único campo de batalha para as primeiras gerações de cristãos. O desenvolvimento da exegese gnóstica no seio do próprio Cristianismo desencadeou um importante movimento de reflexão acerca da autoridade interpretativa. Os séculos II e III conheceram, assim, o fortalecimento de princípios de ortodoxia, como o de Ireneu de Lião (morreu em 202) – a "tradição apostólica" – e o de Tertuliano (160-depois de 220) – a *regula fidei*, contexto que favorecerá o desenvolvimento de escolas teológicas com uma significativa posteridade na história do Ocidente – por sinal, ambas enraizadas em tradições judaicas locais –, a escola de Alexandria e a escola de Antioquia.

Agostinho de Hipona (354-430), por sua vez, conheceu bem a propaganda de determinadas tendências gnósticas que, apoiadas numa exegese literal, punham em causa a validade cristã das escrituras judaicas. Assim, a sua aproximação à exegese alegórica situa-se no contexto da emergente constituição de uma ortodoxia cristã com mais instrumentos institucionais. Mas a sua competência no âmbito da retórica clássica não o poderia deixar indiferente a uma abordagem gramatical do texto,

INSPIRAÇÃO

como instância de controle hermenêutico da própria "leitura espiritual". Refletindo sobre o signo como algo que reenvia para uma determinada realidade, Agostinho de Hipona, em particular na obra *De doctrina christiana*, chega à descoberta de que é necessário rejeitar a pura identificação entre as escrituras e as coisas de que elas falam ou a que se referem. Construindo uma teologia→ avessa a qualquer forma de literocracia, elabora um discurso em que as escrituras surgem compreendidas como produção humana. As escrituras existem para o exercício da fé→, são uma via para o conhecimento de Deus. Assim, Agostinho de Hipona exprime-se num quadro semiótico que se pretende universal, no qual o texto bíblico não reivindica um *status* hermenêutico excepcional. Mas a sua reflexão não termina aqui. Ele tem a consciência→ de que é necessária uma chave de interpretação→ que se possa constituir em palavra transversal sobre as escrituras. Encontra no "mandamento novo evangélico" (*agapê-caritas*) a possibilidade de um *logos* hermenêutico adequado a uma inteligência cristã das escrituras. A hermenêutica→ teológica de Agostinho abre caminho para a perceção de uma descoincidência entre "Palavra de Deus" – enquanto autocomunicação divina – e "Escrituras", enquanto rasto dessa revelação. Esse intervalo semiótico será o terreno de produção quer de discursos teológicos, quer de afirmação de autoridades interpretativas. A resposta a este problema – como discernir a "Palavra de Deus" nas "Escrituras" – será um dos principais itinerários de pluralização no interior do Cristianismo, entre a emergência de uma *norma normans*, que autoriza a leitura, ou a firmação do *sola Scriptura* luterano.

Numa lógica contrapontística, observe-se que o Concílio→ de Trento (1545-1563) veio a reafirmar a teoria das "duas fontes", segundo a qual a fé→ e a teologia→ cristãs se fundariam sobre dois pilares: a Bíblia→ e a Tradição. Por seu lado, a constituição de uma ortodoxia protestante – Matthias Flacius Illyricus (1520-1575), Joahnnes Andreas Quenstedt (1617-1688) e Abraham Calovius (1612-1686) – trouxe consigo o endurecimento da doutrina da "inspiração verbal" (*scriptura sacra est verbum dei*) e o princípio da "infalibilidade bíblica". Prescindindo da força política de uma autoridade interpretativa, restava encontrar na natureza das escrituras sagradas o poder de traçar a fronteira. Os grandes debates letrados no interior do Protestantismo situar-se-ão, por isso, na esfera hermenêutica→. Nesse sentido, o fundamentalismo→, enquanto forma de literocracia, corresponde, no Protestantismo, ao que, no Catolicismo, é o integrismo→, na sua visão da infalibilidade institucional. A partir deste ponto de vista, não é difícil perceber por que é que, por caminhos diversos, as várias ortodoxias do Cristianismo ocidental – luterana, reformada ou católico-romana – acabam juntas no mesmo pacto contra certos itinerários de

emergência da ciência moderna, que punham em causa a cronologia e a ordem cósmica apresentada pela Bíblia→.

A radicalização logocrática do texto inspirado encontra no Islão algumas das versões mais proeminentes. Nesse contexto, a revelação, o *Qor'an*, acontece na língua árabe. O Corão, codificado como livro meio século depois da morte do profeta, é apresentado como um livro único, unitário e intangível – os diferentes estratos literários não sobreviveram. As ideias de inspiração e revelação tomam corpo na própria língua. O árabe é uma língua revelacional, que funda uma unidade filosófica, moral e política. A língua transcreve a sua sacralidade na materialidade do texto, declarando a imagem→ obsoleta. A apropriação imagística da memória→ religiosa tende a concentrar-se, por isso, na arte caligráfica.

III. Escrituras "inspiradas" e culturas. Falar de escrituras sagradas implica considerar que elas nascem de tradições orais anteriores. Mas essa oralidade não diz respeito apenas à arqueologia do texto, ela toca a sua atualização. Em muitas tradições religiosas, os textos sagrados são recitados, proclamados, cantados, adorados, ritualizados em cenários religiosos diversos, suscitando o sentido da escuta crente. Mas na medida em que determinada experiência crente se torna letra, narrativa, livro, ela ganha novas oportunidades de tradução→ e, tornando-se portátil, pode viajar para contextos diferentes daqueles que conheceram a sua gênese. As escrituras sagradas permitem que determinada experiência religiosa→ se torne testamento, autorizando a constituição de tradições de leitura em torno de si e suscitando a sua apropriação literária, plástica, performativa, musical, entre outras. Não será por acaso que, em muitas culturas, algumas das mais estimadas expressões estéticas→ resultam do impacto do texto sagrado nesse labor de transformação poética do mundo. É, aliás, esse trabalho de leitura e tradução→ (não só noutras línguas, mas também noutras expressões, noutros *media*) que permite, ao texto, novos desenhos de criatividade cultural.

As escrituras sagradas são textos transportados por comunidades humanas que dão corpo à necessidade permanente de uma reativação das origens e ao desejo→ de narrar os nomes e os modos que o impulso originante tomou no curso das gerações. Sublinhe-se, no entanto, que, em rigor, a conservação da memória→ implica sempre estratégias de inovação – "mortas" dizem-se as línguas que são incapazes de incorporar o novo (porque não são faladas). Assim, as tradições escriturísticas da humanidade dão testemunho de um secular trabalho de (re)construção de certa perspetiva sobre o mundo (cósmico e social), sobre os modos de nele e sobre ele agir, projetando as pontes a lançar para outros "mundos" além deste.

As escrituras sagradas constituem-se como uma biblioteca complexa, não só na sua organização interna, mas também nas práticas sociais e objetos culturais que suscitam: são territórios de identidade que permitem aos crentes um lugar de reconhecimento de si; são banda larga de cultura, na medida em que exprimem a diversidade da aventura humana no terreno de muitas das suas interrogações mais decisivas; são terreno de construção de grandezas de valor que continuam a habitar o quotidiano de muitos crentes; são textos que, ultrapassando os limites das circunstâncias que lhe deram corpo, convocam, ainda hoje, leitores e leituras.

A sua história confunde-se com a das línguas, das linguagens e das literaturas (sapienciais, proféticas, místicas𝒫, apocalípticas, poéticas, jurídicas, morais, políticas etc.), exprimindo, não sem ambiguidades e contradições, modos humanos de habitar o mundo. Esses textos podem articular-se de forma muito diversificada com as dinâmicas religiosas. Entre as modalidades com mais impacto social contam-se as diferentes formas de logocracia, contextos em que o texto sagrado invade politicamente todo o espaço social, tornando-se lei.

Bibliografia: AGOSTINHO DE HIPONA. La doctrine chrétienne. In: Œuvres de saint Augustin XI. Paris: Desclée de Brouwer 1949. p. 1-167; ARMSTRONG, K. The Lost Art of Scripture. London: Bodley Head, 2019; BLASQUEZ, J. M.; MARTINEZ-PINNA, J.; MONTERO, S. Historia de las religiones antiguas: Oriente, Grecia y Roma. Madrid: Ediciones Cátedra, 1993; BOURDIEU, P. "Genèse et structure du champ religieux". Revue Française de Sociologie 12 (1971) 295-334; DEBRAY, R. Dieu, un itinéraire: Matériaux pour l'histoire de l'Éternel en Occident. Paris: Odile Jacob, 2001; DETIENNE, M. Les Maîtres de Vérité dans la Grèce archaïque. Paris: François Maspero, 1981 [1967]; GRANT, R. M.; TRACY, D. A Short History of the Interpretation of the Bible. Philadelphia: Fortress, 1984; HATZFELD, H. As raízes da religião. Lisboa: Piaget, 1997; MESLIN, M. (Dir.). Maître et disciples dans les traditions religieuses. Paris: Le Cerf, 1990; VALLET, O. Qu'est-ce qu'une religion? Héritage et croyances dans les traditions monothéistes. Paris: Albin Michel, 1999; WEBER, M. Sociologie des religions. Paris: Gallimard, 1996.

Alfredo Teixeira

INSTITUCIONALIZAÇÃO

Termo que se refere ao processo de mudança em que determinada associação, organização ou grupo passa a formalizar e estabelecer um conjunto de normas e regras que possibilitem sua delimitação, legitimação e permanência na sociedade, tornando aquela associação ou organização uma instituição.

É importante observarmos que esta definição inicial não esgota as diferentes concepções que o termo carrega, mas sim realça os elementos que todas têm em comum. Há uma série de variações e, apesar das diferentes concepções, a ideia central está relacionada a um processo de ordenamento, normatização e permanência.

O termo original de sua variante verbalizada, "instituição", tem um longo histórico conceitual que atravessa diferentes campos do conhecimento, como a Filosofia, a Economia, a Antropologia, a Sociologia, a Ciência Política e o Direito𝒫. Se considerarmos, grosso modo, as definições elaboradas nestas áreas, podemos elencar como elementos que caracterizam as instituições a noção de ordem, a estrutura social, o conjunto de comportamentos etc. É nesse sentido que podemos falar de institucionalização de um determinado campo do saber, um determinado hábito ou prática, um papel social etc.

Na perspectiva do economista e sociólogo norte americano Veblen (1857-1929), fundador da Economia Institucionalista, as instituições são entendidas como hábitos de pensamento que predominam coletivamente em determinada comunidade. Os hábitos arraigados e generalizados no ambiente são os responsáveis pela formação de instituições políticas, econômicas e sociais de uma determinada sociedade (Veblen, 1912, p. 190).

Uma contribuição importante sob a perspectiva filosófico-antropológica foi a sistematização de uma teoria relativa à instituição elaborada pelo sociólogo alemão Gehlen (1904-1976). Para ele, instituições podem ser entendidas como estruturas do viver e do agir em comum. Portanto, a escola, o exército, o casamento, a família seriam exemplos de instituição. Na concepção de Gehlen, as instituições são estruturas imprescindíveis para a vida em sociedade, sendo que sua ausência acarretaria o que em termos durkheimianos poderia ser descrito como uma anomia. A teoria de Gehlen exposta em sua obra seminal de 1940, Der Mensch, seine Natur und seine Stellung in der Welt, preconizava, a partir de uma perspectiva biologicamente fundamentada, a necessidade humana por instituições (Muller,1997, p. 408).

No que diz respeito à relação dos indivíduos com as instituições, pode-se dizer que na perspectiva de Gehlen estas seriam, em certo sentido, garantidoras da liberdade, pois funcionariam como um depósito de sentido que liberaria o indivíduo da tarefa de reinventar o mundo a cada geração. Assim, a liberdade estaria garantida pela ausência desse fardo de criação, pois as instituições substituiriam os instintos, ou seja, possibilitariam uma forma de agir num espectro de opções prováveis, para o qual não é preciso decidir cuidadosamente as alternativas.

Em comentários tecidos sobre a teoria de Gehlen, Berger𝒫 (1929-2017) e Luckmann (1927-2016) observam que as instituições fornecem padrões comprovados segundo os quais a pessoa pode orientar o comportamento. É atuando de acordo

INSTITUIÇÕES RELIGIOSAS

com os papéis prescritos a estes comportamentos que o indivíduo obtém êxito no cumprimento das expectativas relacionadas a estes papéis, como, por exemplo, consumidor, mãe, pai, casado etc. (Berger; Luckmann, 2012, p. 56-57).

Por fim, pode-se dizer que institucionalizar, para Gehlen, significa organizar num sistema bem orientado o impulso instintivo de nossa natureza. Talvez a tarefa mais difícil que o ser humano carrega (Gehlen, 1980, p. 64).

Baseando-se no pensamento de Gehlen e de outros autores, Berger e Luckmann abordam a questão da institucionalização no contexto da Sociologia do Conhecimento. Nesta perspectiva, a cultura em geral e a vida cotidiana são objetivações que resultam de um processo triplo que os autores na obra *A construção social da realidade* definiram como externalização, habituação e institucionalização. O primeiro momento, a externalização, caracteriza-se como sendo de abertura ao mundo, ou seja, o ser humano se abre ao exterior, recebendo e criando a cultura. À medida que a cultura vai sendo internalizada, modos de vida e modos de pensar transformam-se em hábitos. Estes fornecem a direção de uma determinada ação, aliviando as tensões dos impulsos não dirigidos. Por fim, num terceiro momento tem-se a institucionalização na qual os produtos culturais externalizados alcançam um *status* de instituição objetiva. A cultura, então, é passada de geração em geração, dando a impressão de possuírem uma realidade própria externa e coercitiva (Berger; Luckmann, 2012, p. 75-92).

É nesse sentido que podemos dizer que a institucionalização está relacionada a uma noção de permanência e perpetuação temporal, já que a instituição é experienciada pelo indivíduo como uma realidade objetiva. Sua história antecede o indivíduo. Já existia antes dele e continuará a existir depois dele. A própria história da instituição, assim como sua tradição, é dotada de objetividade (Berger; Luckmann, 2012, p. 83).

No que se refere à legitimação das instituições, Berger nos diz que o controle social exercido pelas instituições tem como elemento de contenção às resistências individuais que comprometem a ordem social o processo de legitimação. São as legitimações, enquanto saberes socialmente objetivados, que sustentam os dispositivos institucionais (Berger, 1985, p. 42). O caráter controlador da instituição, nesse sentido, é inerente à institucionalização. Como bem observam os autores, dizer que determinado segmento da atividade humana foi institucionalizado significa dizer que foi submetido ao controle social (Berger; Luckmann, 2012, p. 78).

Bibliografia: BERGER, P. L. *Modernidade, pluralismo e crise de sentido*: a orientação do homem moderno. 3. ed. Petrópolis, RJ: Vozes, 2012; BERGER, P. L. *O dossel sagrado*: elementos para uma teoria sociológica da religião. São Paulo: Paulinas, 1985; BERGER, P. L.; LUCKMANN, T. *A construção social da realidade*: tratado de sociologia do conhecimento. 24. ed. Petrópolis: Vozes, 2012; MULLER, J. Z. *Conservatism*: An Anthology of Social and Political Thought from David Hume to the Present. Princeton, NJ: Princeton University Press, 1997; GEHLEN, A.; FRANZ, K. *El hombre*. Salamanca: Ediciones Sígueme, 1980; VEBLEN, T. B. *The Theory of Leisure Class*: An Economic Study of Institutions. New York/London: Macmillan Company, 1912.

Celso Luiz Terzetti Filho

INSTITUIÇÕES RELIGIOSAS

A institucionalização da religião, assim como as formas de organização religiosa constituem objeto de investigação dos cientistas sociais desde as primeiras formulações teóricas no campo da Sociologia. Nesse sentido, a preocupação dos pesquisadores em relação às dinâmicas da vida religiosa relacionadas à comunalização da religião não só fizeram parte das indagações iniciais daqueles que se interessaram pelo fenômeno religioso como ainda estão presentes nas discussões sobre a religião no contexto da pós-Modernidade. A importância deste tema para os estudiosos da religião repousa justamente no fato de a religião, antes de tudo, ser um fenômeno humano social coletivo. Como muito bem coloca João Décio Passos, a institucionalização das religiões segue de perto a institucionalização das culturas, ou seja, a capacidade de os grupos codificarem significados culturais e fixarem papéis sociais (Passos, 2006, p. 53).

I. Institucionalização religiosa na perspectiva dos clássicos e seus desdobramentos posteriores. Uma das tentativas mais prolíficas de se entender o processo de institucionalização da religião foi feita pelo sociólogo alemão Max Weber (1864-1920). Na perspectiva weberiana, a institucionalização da religião configura-se como resultado do que o sociólogo denominou como *rotinização* do carisma. É importante esclarecer que para Weber carisma refere-se a uma qualidade extraordinária de uma pessoa. Um chefe tribal, um feiticeiro, profeta, os fundadores de religião são exemplos de pessoas dotadas de carisma (Weber, 2010, p. 40). O carisma nasce da excitação comum a um grupo de pessoas, provocada pelo extraordinário, e da entrega ao heroísmo, seja qual for o seu conteúdo (Weber, 2004, p. 331). Já a rotinização diz respeito a um retorno do processo carismático inicial a uma forma cotidiana de existência. Nasce do desejo dos adeptos de terem sempre entre eles um portador do carisma (Weber, 2004, p. 334).

A questão da legitimação do poder se mostra um elemento de suma importância para os estudiosos da religião, no que se refere ao processo de institucionalização. Passos, ao comentar o processo de institucionalização da religião a partir da perspectiva weberiana, chama a atenção para a tríade *carisma-rotina-instituição* e sua relação com as três formas de legitimação do poder. Para Weber, o poder necessita ser legitimado enquanto tal. Sendo assim, descreve três formas nas quais a autoridade se legitima: (1) fundamentos carismáticos: a base de legitimação é a devoção a uma santidade pessoal e excepcional; (2) fundamento tradicional: a crença é legitimada na santidade de tradições imemoriais; e (3) fundamento racional: a crença se baseia na legalidade e objetividade das normas e ordenamentos (Passos, 2006, p. 55-56).

No momento carismático, a autoridade é legitimada por um líder religioso que agrega discípulos e seguidores. Os fundadores de religião são dotados desse carisma que extraordinariamente rompe com a realidade cotidiana. Os agrupamentos que surgem dessa dinâmica inicial carecem de organizações estáveis com papéis definidos. A autoridade carismática é precária, já que não é possível viver muito tempo fora da cotidianidade, além disso essa experiência é temporária e vinculada diretamente ao fundador da religião.

Segundo Weber, ao atingir seu pleno desenvolvimento, as comunidades e agrupamentos religiosos correspondem a uma forma de autoridade coorporativa que detém o monopólio de cessão ou negação de valores sagrados. Estes agrupamentos coorporativos são o que autor denominou agrupamentos *hierocráticos*. Neles o hierócrata já não governa mais legitimado por suas qualidades pessoais, ou seja, carismáticas (Weber, 2010, p. 39).

O processo de rotinização acontece quando fatores internos e externos se desenvolvem em consequência do desgaste e do desaparecimento da experiência carismática inicial. Em relação aos fatores internos à organização religiosa, podemos elencar o problema da sucessão do líder carismático original. Weber chega a descrever seis métodos de escolha para um novo chefe: (1) a busca organizada por outro portador do carisma; (2) o recurso aos oráculos, onde se manifesta o juízo divino; (3) a designação de um sucessor pelo mesmo chefe carismático e a aceitação deste pela comunidade de discípulos; (4) a eleição de um sucessor pelo grupo mais próximo ao chefe e sua posterior aceitação pela comunidade; (5) a presunção de que o carisma é inseparável de uma descendência natural, considerando-o algo hereditário; (6) a transmissão por meios mágicos ou religiosos (Weber, 2004, p. 331-355).

Em relação a fatores externos, podemos dizer que as organizações religiosas inseridas num processo de institucionalização tendem a se adaptar buscando ao máximo evitar as tensões com a sociedade. Além disso, a institucionalização da religião depende da relação que esta estabelece com as mudanças e transformações sociais. Institucionalizar é um processo duplo, em que, de um lado, exige-se por parte do movimento religioso certo grau de abertura a mudanças internas ao mesmo tempo que se faz necessário um ajustamento da organização religiosa à sociedade.

Outro autor clássico nos estudos da religião é Émile Durkheim (1858-1917), considerado o fundador da Sociologia como Ciência positiva. A questão-chave que intrigava o sociólogo era a da *coesão social*. A religião, para ele, seria a primeira forma de ligação social que mantém os indivíduos de uma sociedade unidos. A definição de religião que ele nos fornece em sua obra de 1912, *As formas elementares da vida religiosa*, é a seguinte: "Uma religião é um sistema solidário de crenças relativas a coisas sagradas, ou seja, separadas, interditas, crenças e práticas que unem em uma mesma comunidade moral, chamada Igreja, todos aqueles que a ela aderem" (Durkheim, 2003, p. 65).

Nesta simples e objetiva definição fica clara a ênfase no caráter comunal da religião, e é nesse sentido que Durkheim postula que não podemos falar em Igreja da magia, pois nenhuma ligação permanente é concretizada entre o mago e a clientela (Durkheim, 2003, p. 60-61). Como bem notam Danièle Hervieu-Léger e Jean-Paul Willaime, a noção de Igreja se confunde, nessa acepção, com a própria definição de religião.

Apesar de Durkheim não ter-se interessado em analisar as hierarquias, as burocracias e a institucionalização (Camurça, 2013, p. 288), podemos vislumbrar alguns pontos importantes de sua produção além d'*As formas elementares da vida religiosa*. Em relação à institucionalização na visão durkheimiana, Hervieu-Léger e Willaime, em sua apresentação esquematizada da teoria da religião de Durkheim, chamam a atenção para o texto de Desroche *Retour à Durkheim? D'un texte peu connu à quelques thèses méconnues*, de 1969. Este, um comentário de um texto de Durkheim pouco conhecido descoberto por Constant Hamès e que traz elementos de interpretação da teoria do autor que estão de certa forma relacionados à questão da institucionalização da religião. Durkheim fala em dois patamares distintos em relação à estruturação do fenômeno religioso. O primeiro patamar é o do contato emocional com o princípio divino, o segundo representa a racionalização e socialização dessa experiência. A institucionalização, nesse sentido, seria uma garantidora da domesticação de uma experiência emocional primeva.

O processo de passagem de um estado a outro, ou seja, de uma experiência emocional primitiva para uma religião institucional, tem como consequência

INSTITUIÇÕES RELIGIOSAS

uma redução dessa experiência. Inicialmente efêmera e transitória, se institucionalizada torna-se inserida na rotina da vida ordinária. Nesse sentido, a efervescência episódica dessa experiência emocional primeva torna-se um elemento necessário para evitar a dispersão social e manter firmes os laços sociais. Sendo assim, podemos considerar a institucionalização como um ajustamento da experiência religiosa à cotidianidade (Hervieu-Léger; Willaime, 2009, p. 196).

Os principais elementos da tese dos autores clássicos já elencados forneceram ferramentas interpretativas relacionadas à questão da institucionalização que se mostram de grande importância para o Estudo da Religião, originando alguns desdobramentos subsequentes de suas contribuições.

O'Dea (1915-1974), seguindo Weber, Durkheim e Talcott Parsons (1902-1979), sistematizou a complexidade processual do desenvolvimento institucional das religiões de forma estruturalmente clara. Para este autor, o processo de institucionalização pode ser resumido em três aspectos: (1) o desenvolvimento de padrões de culto; (2) padrões de crenças; e (3) forma de associações ou organizações. De acordo com essas caracterizações, a institucionalização ocorre no nível intelectual, no nível do culto e no nível da organização.

Em relação ao primeiro aspecto, ou seja, a padronização do culto, o desenvolvimento de padrões estabelecidos e preceitos litúrgicos definidos, resulta de uma expressão espontânea inicial que vai sendo elaborada com o tempo. Nesse sentido, o culto torna-se a representação da experiência religiosa inicial. É o que o autor define como *objetivação das atitudes originalmente subjetivas e espontâneas dos crentes* (O'Dea, 1969, p. 60). Essa objetivação está ligada à ideia de permanência no sentido de que busca preservar, sob o contexto de institucionalização, a experiência religiosa inicial.

O segundo aspecto apresentado pelo autor diz respeito à institucionalização no nível intelectual e está relacionado ao aparecimento de padrões de crença. Uma teologia racional vai sendo construída, refletindo a preocupação de um corpo de especialistas religiosos em relação à coerência do conteúdo de determinada tradição religiosa. Nesse processo entra em cena o aparecimento de uma ética racional que terá influência nas ações humanas. Segundo O'Dea, o desenvolvimento de teologias racionais é o resultado da passagem do *mythos* para o *logos*, do mito poético ao racional (O'Dea, 1969, p. 67).

A questão da organização é apresentada como o terceiro aspecto da religião. O'Dea apresenta dois fatores que tendem a provocar uma mudança no contexto das sociedades primitivas em que a religião se apresenta como um elemento difuso que perpassa as diversas relações sociais. Em primeiro lugar, há o desenvolvimento de uma diferenciação interna da sociedade. Com o aumento da divisão do trabalho e a diversificação das funções sociais surgem grupos baseados num objetivo específico. As organizações religiosas, nesse sentido, seriam parte dessa tendência geral de especificidade funcional. Em segundo lugar, há o enriquecimento da experiência religiosa que resulta na fundação de novas organizações religiosas.

O'Dea segue a tese weberiana de que a institucionalização é resultado do processo de rotinização. Sendo assim, o autor chama a atenção para o fato de que institucionalizar pode ser entendido como um processo de contenção do carisma. O desenvolvimento dos três níveis interdependentes, culto, doutrina e organização, decorreu não apenas da necessidade de estabilidade e continuidade da experiência religiosa, como também da necessidade de se preservar o conteúdo das crenças religiosas e da experiência carismática. É nesse processo de institucionalização que o carisma do fundador se transforma no carisma do posto. Com a rotinização do carisma tem-se o aparecimento das organizações especificamente religiosas.

A questão da estabilidade e a continuidade representada na formalização de práticas e ritos, bem como o ajustamento das organizações à sociedade, são, na visão do autor, aspectos universais que podem ser encontrados na história de diferentes grupos religiosos.

Ao elaborar seu esquema conceitual, O'Dea identificou cinco dilemas que em sua concepção eram estruturalmente inerentes ao processo de institucionalização da religião.

1. O dilema da motivação mista. Na fase inicial, onde a experiência religiosa está restrita a um contexto carismático, os membros de determinado movimento religioso seguem as determinações do fundador. Com o passar do tempo e do processo de institucionalização, podem aparecer motivações divergentes que contrastam com os valores religiosos do grupo. Os profissionais e especialistas de determinada religião podem buscar almejar prestígio social, desvirtuando com isso a mensagem religiosa original.

2. Dilema simbólico: objetivação *versus* alienação. A continuidade da experiência religiosa inicial é o *leitmotiv* da institucionalização. Uma das formas de perpetuação dessa experiência primeva se dá através da objetivação simbólica. Contudo, o dilema se encontra justamente na questão da objetivação, pois a objetivação necessária à permanecia da experiência religiosa original pode resultar em alienação. A alienação do símbolo significa que este perdeu sua expressão original.

3. Dilema da ordem administrativa: elaboração e alienação. O processo de institucionalização resulta na formação de organizações religiosas e estruturas burocráticas que podem converter-se em obstáculos a tentativas de mudanças. Um elemento característico resultante deste dilema é a distância que se forma entre o corpo de funcionários e os fiéis leigos.

4. Dilema da limitação: definição concreta *versus* substituição da letra pelo espírito. No processo de institucionalização℗, a formação de uma ética religiosa, dogmas℗ e leis pode resultar no estabelecimento de estruturas interpretativas especializadas. A mensagem religiosa original, neste caso, acaba sendo reduzida, pois, na tentativa de se preservar a mensagem original e manter sua relevância, recorre-se a uma trama interpretativa que fica circunscrita apenas ao corpo profissional da religião.

5. Dilema do poder: conversão *versus* coerção. Em sua fase inicial, determinado movimento religioso é composto de membros que declaram sua fé℗ e comprometimento a uma determinada revelação ou mensagem. Uma organização religiosa℗ institucionalizada, diferentemente do movimento inicial, tende a se aproximar e se aliar às autoridades seculares pela manutenção de seu poder e relevância na sociedade. Nesse sentido, a religião℗ acaba se tornando um costume social em que a conversão já não representa elemento caracterizador da aderência religiosa, mas sim a coerção (O'Dea; Yinger, 1961, p. 33-38).

É importante deixar claro, no entanto, que esses dilemas da institucionalização℗ são experienciados com diferentes nuances e intensidades por diferentes grupos (Riesgo, 1997, p. 99).

Este percurso inicial relativo ao processo de institucionalização℗ é importante para se entender de forma mais clara as diversas formas de organização religiosa℗.

II. As formas organizacionais da religião: a dicotomia Igreja-seita e seus desdobramentos e variantes tipológicas. Quando falamos em organização religiosa℗, nenhum par de categorias é tão estudado e referenciado como Igreja e seita. A teoria Igreja-seita pertence ao instrumental conceitual clássico da Sociologia da Religião℗, sendo os primeiros esforços em direção a categorizações realizadas por Weber e Troeltsch (1865-1923). Estes dois autores desenvolveram o que podemos entender como as definições seminais dos conceitos de Igreja e seita. É importante esclarecer que tais conceitos foram pensados levando-se em conta o contexto do Cristianismo. E como tipos ideais são úteis enquanto instrumentos referenciais para o estudo da realidade empírica.

Embora Igreja e seita sejam categorias que têm uma longa herança nos escritos de historiadores da Igreja, o crédito para sua primeira utilização como um conceito sociológico deve ser dado a Weber (Swatos, 1998, p. 90). Para se falar da concepção dicotômica Igreja-seita na perspectiva weberiana, deve-se, antes de tudo, localizar onde, em suas obras, se insere a discussão de tais categorias. É importante atentar para o fato de que Igreja e seita são entendidas, por Weber℗, como dois modos de existência social da religião (Willaime, 2012, p. 52).

Em sua obra mais famosa, *A ética protestante e o espírito do capitalismo* (1904-1905), Weber descreve, em contraste com as seitas, que a Igreja seria como uma instituição que abrangeria necessariamente justos e injustos, seja para aumentar a glória de Deus, seja para dispensar aos humanos os bens de salvação℗. A seita, portanto, seria uma comunidade exclusivamente composta de pessoas crentes e renegadas, ou seja, uma comunidade formada por aqueles que se consideram os verdadeiros fiéis (Weber, 2004, p. 131). Em sua outra obra, *Economia e sociedade*, o sociólogo alemão define a Igreja relacionando-a a sua análise do carisma℗: "Na Igreja não se entra, em regra, voluntariamente, como se fosse um clube, mas se nasce dentro dela; à sua disciplina está também submetido o religiosamente não qualificado e o antirreligioso. Em resumo: a Igreja não se considera, como a 'seita', uma comunidade de pessoas carismaticamente qualificadas do ponto de vista puramente pessoal, mas portadora e administradora de um carisma℗ de cargo" (Weber, 2009, p. 368).

A seita, por sua vez, caracteriza-se por ser uma associação voluntária de crentes. Nesse sentido, podemos notar que Weber atribuía uma importância decisiva ao princípio da confessionalidade como característica-chave das formações sectárias.

A intenção inicial de Weber não tinha como fim último identificar os tipos de organizações religiosas. Muito mais do que isso, sua concepção de Igreja-seita está relacionada à questão dos tipos de dominação, a saber, "a probabilidade de encontrar obediência para ordens específicas (ou todas) dentro de determinado grupo de pessoas" (Weber, 2009, p. 139). Em seu delineamento teórico utiliza a dicotomia Igreja-seita como ferramenta na relação à sua análise mais ampla do carisma℗ e da rotinização (Tinaz, 2005, p. 66). Portanto, a concepção weberiana de Igreja e seita é inerente à sua discussão da dominação e legitimação da autoridade.

Colega e discípulo de Weber℗, o teólogo protestante e sociólogo alemão Troeltsch também se interessou pela dicotomia Igreja-seita. Seu livro de 1912, *Die Soziallehren der christlichen Kirchen und Grupen* (1912), é um estudo aprofundado destas duas categorias.

Em sua análise considerou a Igreja como sendo uma organização conservadora, com estreitas relações com o Estado e aspirando a um patamar de universalidade que seja capaz de abranger toda a humanidade. A objetividade concreta da santidade do sacerdócio, bem como a sucessão apostólica e os sacramentos℗ são características desse tipo de organização. A proximidade não apenas com o Estado como também com a elite social dominante faz com que a Igreja, na concepção de Troeltsch, se torne parte da ordem social secular. Já a seita é definida pelo autor como um pequeno grupo cujos membros possuem uma relação pessoal de vínculos fortes. A atitude destes grupos ante a sociedade secular e o Estado tende a ser de indiferença, tolerância℗ ou

INSTITUIÇÕES RELIGIOSAS

renúncia. Diferentemente da Igreja, a seita não busca a universalização, já que não têm interesse em controlar ou incorporar elementos da sociedade secular. Muito pelo contrário, a seita busca evitá-los. Se, por um lado, a Igreja mantém uma relação próxima das elites sociais, a seita, por outro lado, está ligada às classes mais pobres ou aos elementos que estão em oposição ao Estado e à Sociedade (Troeltsch, 1931, p. 331).

Além das tipologias de Igreja e seita, Troeltsch acrescentou uma terceira categoria, o *individualismo religioso radical místico*, caracterizado por uma experiência individualizada que escapa às formas objetivadas de crenças௦ e cultos. Uma das características deste tipo é justamente a ausência de qualquer tipo de formação organizada (Troeltsch, 1931, p. 377). O desenvolvimento posterior de uma categorização de culto deve muito à concepção do tipo *místico*.

Como se pode observar em relação à tipologia "seita", na definição de Troeltsch a questão quantitativa revela-se como um dos elementos de caracterização desta categoria. No entanto, o delineamento deste tipo de organização religiosa௦ relacionado ao número de fiéis foi realizado de modo mais evidente pelo sociólogo alemão Simmel (1858-1918). Apesar de não ter desenvolvido uma investigação sistemática relacionada às formas organizacionais religiosas, tendo abordado apenas de forma episódica a religião௦, Simmel é um autor de relevância quando consideramos suas elucubrações acerca das formas de socialização௦ religiosa presentes em sua obra *Sociologia*, de 1908, em que estudou a importância do número de indivíduos como fator determinante para as formas de coletividade religiosa.

No entendimento desse autor, as formas de organização religiosa௦ estavam intrinsecamente ligadas ao número de indivíduos que um grupo possuía. Nesta perspectiva Simmel define a seita religiosa como uma formação grupal cuja estrutura sociológica torna impossível manter um grande número de adeptos (Simmel, 1983, p. 93). Nesse sentido, a seita se caracteriza por laços sociais que promovem uma coesão comunal efetiva entre seus membros. O aumento no número de pessoas reforçaria a interpretação objetiva das ações e da experiência religiosa௦, acarretando com isso uma significativa despersonalização dessa experiência, bem como a deterioração dos laços de solidariedade.

É notório que, desde as primeiras categorizações e formulações, a preocupação em se delimitar e conceituar as diversas formas de grupos e organizações fez com que novas categorias e tipologias fossem criadas, ao ponto de a cada novo estudo, com novos casos a se classificar, fossem criados novos subtipos (Stark; Bainbridge, 1985, p. 21). Portanto, o desdobramento em diferentes categorizações e tipologias dessas primeiras formas organizacionais foi sendo paulatinamente ampliado.

Até aqui, pudemos observar a elaboração e análise de três categorias: Igreja, seita e misticismo. Passemos agora a uma quarta categoria: denominação.

Em 1929, o teólogo americano Niebuhr publica *The social sources of denominationalism*, obra considerada pioneira na introdução da discussão relativa à dicotomia de Igreja-seita na concepção weberiana e troeltschiana na América do Norte (Diefenthaler, 1986, p. 24).

Em suas considerações iniciais de seu sugestivo capítulo conclusivo "Ways to Unity", descreve que a história dos cismas tem sido a história da derrota do Cristianismo (Niebuhr, 1929, p. 147). A acomodação௦ ao mundo, ou seja, o distanciamento da ética do evangelho, resultava em uma ausência da participação da massa de fiéis, que logo lançavam um movimento religioso. Esse novo movimento religioso era capturado pela classe dominante e novamente um novo grupo religioso surgia, inviabilizando o caminho para unidade.

É importante colocar que, ao analisarmos a obra de Niebuhr, nos parece que seu interesse não é encontrar uma definição de seita e Igreja, mas sim estudar o fenômeno do sectarismo. Por isso ele adota como ponto de partida as definições de Weber e Troeltsch quando se refere à Igreja como grupo natural, em que se nasce, e à seita como uma associação voluntária, na qual se é membro por conversão. Nesse sentido, a seita é uma instituição exclusiva (há uma seleção de entrada) e a Igreja, uma instituição inclusiva.

Niebuhr apresenta a noção de Igreja-seita como polos de um contínuo, muito mais do que simples categorias separadas e independentes. A questão do nascimento e morte௦ dos membros da seita reflete esse *continuum*.

Para que possamos compreender melhor, podemos observar o processo de transformação de uma seita em denominação enumerando as razões apontadas por Niebuhr. Quando os membros da seita o são por nascimento, a seita deixa de ser seita e torna-se uma denominação, pois há (1) um abandono do exclusivismo primitivo, (2) aceitação menos rigorosa de membros, e (3) posição de menor tensão com o mundo, devendo eventualmente, por isso, aceitar a legitimidade de outros movimentos religiosos.

Não podemos perder de vista que esse processo de estabelecimento de uma denominação está focado, sobretudo, no contexto norte-americano. Mesmo assim, apesar de restritivas àquele cenário, as tipologias reformuladas por Niebuhr não deixam de trazer uma importante contribuição.

Ele não apenas classificou os grupos em relação às suas semelhanças com tais tipologias como também analisou o processo dinâmico na história religiosa pela movimentação dos grupos ao longo desse processo *continum*.

O sociólogo norte-americano Liston Pope (1909-1974) também se interessou pelo estudo das denominações. No entanto, baseou sua análise muito mais em Simmel e na questão numérica como fator de reorientação organizacional da seita para a formação denominacional do que em Niebuhr e na questão das classes sociais.

Para Pope, a seita transformava-se em denominação à medida que o número de adeptos aumentava e as possibilidades de êxito numa perspectiva de acomodação à cultura predominante mostravam-se presentes. Este quadro independia dos princípios e motivos que a impulsionaram originalmente em termos de conteúdo. A denominação, na perspectiva de Pope, definia-se como uma Igreja em formação (Hill, 1976, p. 92).

No segundo capítulo de sua obra de 1942, *Millhands & Preachers: a study of Gastonia*, Pope esquematiza a transição de seita para Igreja da seguinte forma: (1) de uma comunidade de pobres para uma comunidade de proprietários; (2) da pobreza econômica para a riqueza econômica; (3) da periferia cultural para o centro cultural da comunidade; (4) da renúncia ou indiferença à cultura dominante e da sociedade para sua afirmação e aceitação; (5) da religiosidade pessoal para a institucional; (6) da não colaboração e do desprezo das instituições religiosas para a cooperação com as mesmas; (7) das suspeitas e desprezo em relação às seitas rivais para a compaixão para com todas elas; (8) de uma comunidade moral que exclui os membros indignos para uma instituição social que acolhe a todos os que se identificam com ela; (9) de um ministério não profissional com dedicação parcial para um ministério profissional com dedicação plena; (10) de uma psicologia de perseguição para uma de êxito e predomínio; (11) de uma adesão voluntária por convicção para uma afiliação ritualizada; (12) de uma atenção preferencial aos adultos para uma preocupação com os menores; (13) da insistência na evangelização e conversão para a importância atribuída à formação religiosa; (14) da preocupação com a morte e a outra vida para a revalorização da vida e o futuro neste mundo; (15) da adesão a alguns critérios estritamente bíblicos para a aceitação das normas culturais da sociedade; (16) de um alto grau de participação comunitária para a delegação de responsabilidades a uma minoria reduzida; (17) do fervor e da participação no culto para o distanciamento e a passividade; (18) de uma relativa abundância de serviços religiosos para um programa de serviços regulares; (19) da preferência pela espontaneidade no culto e na administração para uma ordem fixa de serviços e procedimentos normativos e administrativos; (20) do uso de hinos derivados da música popular para composições mais solenes e estáticas derivadas de uma tradição litúrgica remota; (21) da importância atribuída às práticas religiosas e orações para a delegação de responsabilidades aos ministros das organizações religiosas (Pope, 1942, p. 117-140). Essa sistematização proposta por Pope revela não

apenas a dinâmica transicional de uma formação a outra, como também contribui para uma caracterização mais detalhada da tipologia clássica Igreja-seita.

Até aqui nossa breve descrição concentrou-se na tipologia da dicotomia Igreja-seita e seus desdobramentos iniciais, misticismo e denominação. No entanto, a aplicabilidade empírica dessas categorias iniciais mostrou-se em muitos casos insuficiente, o que levou pesquisadores posteriores a elaborar novas tipologias e a ampliar as características das existentes.

Em relação a esse quadro, um nome importante deve ser mencionado, Joachim Wach (1898-1955). Considerado pioneiro na classificação sistemática de formações organizacionais no contexto dos estudos sociológicos da religião, Wach, em seu estudo sobre a inter-relação e interação da religião e da sociedade, se preocupou com a questão da institucionalização e formação dos grupos religiosos.

Em sua *Sociologia da religião* (1947), descreveu que a experiência religiosa se expressava em três campos: o doutrinal, o prático e o sociológico. E justamente neste último Wach chamava a atenção para a importância do estudo e da classificação das estruturas organizacionais.

Ele definiu inicialmente a religião como uma unidade não natural dentro de uma sociedade. O relacionamento tribal e familiar com objetivos primários, tais como prover alimento, construir abrigos, produzir armas, caracterizariam estes grupos naturais. A religião, nesse sentido, seria um vínculo adicional não natural de manutenção da coesão desses grupos. O desenvolvimento de grupos naturais para não naturais, ou seja, no caso aqui, grupo religioso, implica uma diferenciação não apenas organizacional do grupo como, sobretudo, no espírito de unidade (Wach, 1990, p. 140). O estudo dos grupos religiosos proposto por Wach pauta-se numa perspectiva histórica que compreende a análise das formas mais rudes até as mais perfeitas da organização religiosa (Wach, 1990, p. 142). Nesse sentido, o primeiro tipo de organização estudado pelo autor é a *sociedade secreta*, definida como uma forma subdesenvolvida da organização especificamente religiosa. É caracterizada por ser forte e diversificada, e relativamente permanente. A qualidade de membro não se dá de forma natural, como nos grupos naturais, mas sim por seleção e eleição. O segundo tipo organizacional classificado por Wach refere-se aos *cultos de mistério*. Estes guardam semelhanças com as sociedades secretas; no entanto, diferem-se em relação ao desenvolvimento, pois estes costumam surgir no interior de culturas mais complexas e caracterizam-se por conceitos teóricos mais altamente diferenciados, tais como mitos, doutrina e teologia. Um terceiro tipo seria o *Sampradaya*, do Hinduísmo, que Wach designa como um grupo dotado de concepções próprias, formas de culto e adesão à liderança

INSTITUIÇÕES RELIGIOSAS

exclusiva exercida por personalidade religiosa de destaque ou por seu descendente físico ou espiritual (Wach, 1990, p. 160). A quarta classificação é denominada *Religião fundada*. Aqui Wach desenvolve uma análise muito próxima à concepção weberiana do processo carisma♀-rotina-institucionalização♀, descrevendo-os com os seguintes termos: *Círculo de discípulos, Irmandade* e *Organização eclesiástica*. A semelhança com a concepção weberiana está relacionada às etapas de rotinização do carisma, eis que no círculo de discípulos há uma relação mais próxima com o fundador; já no segundo momento, o da irmandade, encontra-se o problema da sucessão e do ajustamento do grupo e, no terceiro momento, o da organização eclesiástica, tem-se a formação institucional de uma Igreja.

No que se refere ao processo sectário, Wach sistematizou uma tipologia de reação a que denominou de "protesto" e que se divide em duas formas, *individual e coletivo*, sendo o primeiro caracterizado pela reação crítica interna a uma determinada Igreja, como, por exemplo, Lutero e a crítica inicial à Igreja Católica, e o segundo por movimentos religiosos sectários. Nesse sentido, Wach observa que em muitos casos os protestos individuais podem tornar-se coletivos (Wach, 1990, p. 200).

Ainda em sua tipologia dos protestos, Wach analisou a formação de grupos dentro da própria organização eclesiástica, ou seja, protestos coletivos internos denominados de *Ecclesiolae in Ecclesia*, caracterizados pela crítica daqueles que buscam elevar os padrões morais e éticos da organização sem, contudo, provocar uma cisão. Essa reação desenvolve-se em três tipos: (1) o *Collegium Pietatis*, compreendendo um nível intermediário entre o protesto individual e a completa separação, caracterizado por um grupo que ainda não se autodefine como uma comunidade nem tampouco identifica-se com uma unidade; (2) *Fraternitas*, caracterizado pelo desejo♀ de intensificação da experiência religiosa♀ e insatisfação com o *status quo*. Podemos dizer que tal categoria guarda semelhanças com o misticismo de Troeltsch; (3) *Monaquismo: Ordem*, caracterizado pelo desenvolvimento comunal mais rígido e rigoroso, como no caso das ordens monásticas.

Os protestos e reações, segundo Wach, se dão tanto no nível doutrinal, prático, como organizacional. E é neste último aspecto que para o autor podemos encontrar os conflitos mais decididos e violentos, pois "aqueles que protestam contra os aspectos formais da religião organizada com frequência acham que toda constituição, hierarquia♀, lei, disciplina, sacerdócio ou ministério não constituem somente erros, mas até apostasia♀" (Wach, 1990, p. 235).

Uma das críticas que têm sido feitas em relação à tipologia Igreja-seita e seus diversos gradientes refere-se ao campo de análise dos grupos, que se restringe em grande parte ao contexto e à experiência cristã.

Nesse sentido é importante destacar a contribuição das tipologias elaboradas pelo sociólogo britânico Brian Ronald Wilson (1926-2004) para superar essa miopia ocidental cristã das classificações da Sociologia da Religião♀ clássica, já que o autor busca, com sua proposta de classificação, desenvolver uma tipologia das seitas "que tenham utilidade para análise de movimentos sectários em contextos não cristãos e também não ocidentais" (Wilson, 1980, p. 331).

O ponto-chave da categorização realizada por Wilson é o elemento que ele toma como critério de sua classificação, a resposta da seita ao mundo, ou seja, é uma classificação que não está apoiada em concepções teológicas, mas sim preocupada com as respostas ao mundo exterior. Na década de 1960, Wilson definiu sete subtipos de seita: (1) a seita *conversionista*: sua reação diante do mundo exterior consiste em demonstrar que este está corrompido porque o homem está corrompido; (2) seita *revolucionária*: sua reação ao mundo exterior se resume ao desejo♀ de destruir a ordem social, pela força e violência se necessário, quando chegado o momento; (3) seita *introversionista*: cuja resposta ao mundo não é a conversão da população nem a espera da destruição do mundo, mas simplesmente se retirar do mundo; (4) as seitas *manipulacionistas* ou *gnósticas*: a postura diante do mundo exterior é caracterizada não por uma tensão e negação, mas pela valorização de alguns elementos, como autoconhecimento, saúde♀ e espiritualidades♀ místicas♀ e esotéricas; (5) as seitas *taumatúrgicas*: são os movimentos que acreditam na experiência sobrenatural através da operação de milagres e bênçãos; constituem-se na maioria por grupos espiritualistas; (6) as seitas *reformistas*: caracterizam-se pela aceitação do mundo, porém buscando não pertencer a ele a fim de não se corromper. Possuem uma postura ponderada diante do mundo, restringindo-se a uma orientação doutrinária voltada a ações humanitárias e reformistas; (7) a seita *utópica*: representa o tipo mais complexo. Sua resposta ao mundo exterior é em parte uma negação no sentido de que seus membros buscam se retirar dele e, por outro lado, modificá-lo e melhorá-lo (Wilson, 1980, p. 332-337).

Outra tipologia amplamente utilizada nos estudos relativos à organização religiosa♀ é o culto. Podemos distinguir dois tipos de uso em relação a esta categoria. O primeiro está relacionado a um contexto antropológico em que tal conceito é aplicado no sentido de referenciar a devoção a uma divindade. O segundo relaciona-se a uma tipologia sociológica que busca descrever uma forma específica de organização religiosa♀.

A palavra "culto" foi amplamente difundida em décadas passadas como caracterização de grupos religiosos que possuíam tendências alternativas que divergiam das vertentes religiosas predominantes. O uso não acadêmico desta categoria, assim como o termo "seita", popularizou-se principalmente nos relatos jornalísticos que destacavam e enfatizavam a natureza desviante de grupos religiosos.

No contexto acadêmico, a utilização desta categoria dentro de uma sistematização tipológica se deu com Howard Becker. Em 1932, o sociólogo americano apresentou, em sua obra *Systematic Sociology: On the Basis of Beziehungslehre and Gebildungslehre of Leopold von Wiese*, quatro formas organizacionais: *ecclesia, seita, denominação* e *culto*.

Becker definiu a *ecclesia* como uma organização predominantemente conservadora, que não entra em conflito aberto com os aspectos seculares da sociedade e que aspira conscientemente à universalidade. A seita, ao contrário, seria um pequeno grupo separatista cujos membros se associam livremente e que se caracterizaria por seu exclusivismo. A denominação seria uma seita em um avançado estado de evolução e de reajuste em relação ao mundo secular (Becker apud Dawson, 2009, p. 528). Por fim, temos a categoria culto, proposta por Becker, e que segue de perto a definição de misticismo de Troeltsch, já que considerava a aparição desse tipo de organização cristã como resultado último das tendências individualistas que podiam ser observadas na seita. Os adeptos desse tipo de estrutura social, amorfa e constituída por vínculos frágeis, não estariam muito preocupados em manter a estrutura em si, diferentemente dos da Igreja e da seita, que tratam de proteger sua organização. O objetivo não está na relação social como um constructo que deve ser mantido, mas sim na busca pela salvação através de uma experiência extática puramente pessoal, não institucionalizada.

O desdobramento das diferentes tipologias e a inclusão da categoria culto geraram diversas contribuições em relação às formas organizacionais. Assim como outros pesquisadores, o sociólogo norte-americano John Milton Yinger (1916-2011) toma como ponto de partida a dicotomia Igreja-seita, pautando-se principalmente no trabalho de Troeltsch. Em 1946, Yinger apresentou o resultado de sua tipologia pela primeira vez. A primeira tipologia compreendia quatro tipos de organização religiosa dentro do Cristianismo: (1) *igreja universal*, (2) *ecclesia*, (3) *seita* e (4) *seita estabelecida*.

As diferenças entre seita e Igreja, no entendimento de Yinger, não se mostraram suficientes, por esse motivo ele expande sua classificação em seis divisões. Em *Journal for the Scientific Study of Religion* (1970), estabeleceu os seis tipos principais com subdivisões que compreendiam: (1) *igreja universal*, (2) *ecclesia*, (3) *denominação ou Igreja de classe*, (4) *seita estabelecida*, (5) *seita (transitória)* e (6) *culto*. Na concepção de Yinger, a questão do grau de universalidade é o elemento definidor da distinção do tipo Igreja em relação a todos estes subtipos.

Entre os trabalhos mais recentes relativos à conceitualização das diferentes tipologias da organização religiosa, temos a produção dos trabalhos no contexto da Teoria da Escolha Racional. Uma grande contribuição nesse sentido têm sido as definições propostas por Stark e Bainbridge, que sistematizaram de forma aprofundada e detalhada em uma série de axiomas e definições a formação e o desenvolvimento das organizações religiosas. A categoria culto, por exemplo, é ampliada e expandida pelos autores, abrangendo não apenas as características desses agrupamentos como também oferecendo modelos de inovação e formação desse tipo de formação organizacional. Em *The future of religion* (1985), Stark e Bainbridge propõem três modelos de culto: (1) *client Cult*: caracterizado por relações de clientela e oferecimento de serviços, como, por exemplo, terapias alternativas; (2) *audience Cult*: caracterizado pela ausência de laços significativos entre os participantes/consumidores; e (3) *Cult movement*: um grupo mais organizado, em que os membros têm uma relação mais duradoura (p. 209). Em *Uma teoria da religião* (1987), Stark e Bainbridge destacam que a formação de um culto se dá num processo de inovação de duas fases: (1) a invenção de novas ideias religiosas; e (2) a aceitação social dessas novas ideias pelo menos a ponto de criar um grupo de devotos. Sendo assim, diferentemente da seita e da Igreja (definidas pelos autores da seguinte forma: Igreja como uma organização religiosa convencional e um movimento de seita como uma organização religiosa desviante, com crenças e práticas tradicionais), o culto é caracterizado como uma organização religiosa desviante, com crenças e práticas novas (2008, p. 159). Na sistematização proposta pelos autores, vale também destacar os modelos de inovação de culto que são por eles apresentados: (1) *modelo psicopatológico*: em que o culto é caracterizado como uma nova resposta cultural a crises pessoais e sociais; (2) o *modelo empresarial*: em que o culto é caracterizado por ser um negócio que oferece um produto a seus consumidores e recebendo em troca um pagamento; e (3) o *modelo de evolução subcultural*: em que o culto é caracterizado por ser expressão de um novo sistema social, sendo em geral pequeno em tamanho, porém com pelo menos alguns indivíduos interagindo intimamente (Stark; Bainbridge, 2008, p. 203-228).

Uma contribuição significativa em relação a uma nova categorização do culto foi proposta por Campbell. A noção de *cultic milieu* proposta por este autor mostrou-se funcional principalmente em relação a correntes esotéricas e crenças alternativas. O *cultic milieu* compreenderia a ciência não ortodoxa, medicina desviante (práticas alternativas), temas relacionados a extraterrestres etc. São incluídas também organizações, instituições e coletividades associadas a estes temas; sistemas mágicos, ocultismo, espiritualismo, misticismo, civilizações perdidas e crença na cura natural. Essas crenças, aparentemente diversas, compõem uma unidade chamada de *cultic milieu* (Campbell, 2002, p. 122). A base que unifica essas tendências é a posição heterodoxa e desviante em relação à cultura ortodoxa dominante. Característica que, segundo Campbell, é compartilhada por todos esses mundos. No *cultic milieu*, a figura central não é o convertido, mas o *seeker* ("buscador").

Como se pode notar, o interesse pela perspectiva organizacional da religião não se esgotou com a categorização inicial dicotômica de Igreja-seita. A aplicabilidade dessas categorias, como foi dito, mostrou-se problemática, requerendo por parte dos pesquisadores a criação de novas tipologias, bem como a revisão das existentes. O problema do ajustamento dos tipos ideais à realidade empírica, contudo, não é o único empecilho a ser realçado pelos críticos das tipologias. A utilização dos termos "seitas" ou "cultos" fora do contexto sociológico também tem levado muitos pesquisadores a problematizar o sentido do próprio termo. Um exemplo desse desgaste conceitual é o termo "culto". Muitos pesquisadores começaram a utilizar a nomenclatura "Novo Movimento Religioso" com a intenção de se desvencilhar de uma trama conceitual entrelaçada não só por diversas categorizações como pelo sentido pejorativo que o termo poderia acarretar em determinado contexto, haja vista as diversas organizações anticultos. O mesmo pode ser dito para a categoria seita, que se tornou um termo altamente pejorativo, principalmente quando referido a minorias religiosas não cristãs.

Apesar dos problemas já elencados, as categorizações dos tipos organizacionais da religião ainda podem nos revelar elementos importantes relativos às nossas formas de nos relacionarmos. Deve-se observar que institucionalização e organização religiosa são temas de estudo, dentro dos Estudos da Religião, que ganharam fôlego principalmente na fase inicial e formativa do estudo científico da Religião, em que imperava uma tendência de leitura da sociedade pelo viés coletivista. A relação entre Sociedade e Religião, como pudemos perceber, sempre esteve presente nas discussões referentes às tipologias. Isso se deve ao fato de que o surgimento e desenvolvimento de uma religião representa ainda hoje um campo de indagações e dúvidas que nos leva a analisar de modo detalhado e com estrita observância os aspectos mais fascinantes de nossas relações sociais.

Bibliografia: CAMPBELL, C. The Cult, the Cultic Milieu and Secularization. In: KAPLAN, J.; LÖÖW, H. (Eds.). *The cultic milieu*: Oppositional subcultures in an age of globalization. USA: AltaMira, 2002; CAMURÇA, M. A. Religião como organização. In: PASSOS, J. D.; USARSKI, F. (Orgs.). *Compêndio de ciência da religião*. São Paulo: Paulus/Paulinas, 2013. p. 287-300; DAWSON, L. L. Church-Sect-Cult: Constructing Typologies of Religious Groups. In: CLARKE, P. B. *The Oxford Handbook of Sociology of Religion*. New York: Oxford University Press,

2009. p. 525-544; DIEFENTHALER, J. H. *Richard Niebuhr*: A life time of reflections on the Church and the World. Georgia: Mercer University Press, 1986; DURKHEIM, É. *As formas elementares da vida religiosa*. São Paulo: Martins Fontes, 2003; HERVIEU-LÉGER, D.; WILLAIME, J.-P. *Sociologia e religião*: abordagens clássicas. São Paulo: Ideias & Letras, 2009; HILL, M. *Sociología de la Religión*. Madrid: Ediciones Cristiandad, 1976; NIEBUHR, H. R. *The social sources of the denominationalism*. New York: Hount, 1929; O'DEA, T. *Sociologia da religião*. São Paulo: Livraria Pioneira Editora, 1969; O'DEA, T.; YINGER, J. M. Five Dilemmas in the Institutionalization of Religion. *Journal for the Scientific Study of Religion*, vol. 1, n. 1, 1961, p. 30-41. Disponível em: <www.jstor.org/stable/1385174>; PASSOS, J. D. *Como a religião se organiza*: tipos e processos. São Paulo: Paulinas, 2006. Temas do Ensino Religioso; POPE, L. *Millhands & Preachers*: A Study of Gastonia. New Haven/ London: Yale University Press/H. Milford/ Oxford University Press, 1942; RIESGO, M. F. *La ambigüedad social de la religión*: ensayo de sociología crítica desde la creencia. Estella: Editorial Verbo Divino, 1997; STARK, R.; BAINBRIDGE, W. S. *The future of Religion*: Secularization, revival, and cult formation. Berkely/Los Angeles/London: University of California Press, 1985; STARK, R.; BAINBRIDGE, W. S. *Uma teoria da religião*. São Paulo: Paulinas, 2008; SIMMEL, G.; MORAES FILHO, E. (Orgs.). *Sociologia*. São Paulo: Ática, 1983; SWATOS, W. H. (Ed.). *Encyclopedia of Religion and Society*. London: AltaMira Press, 1998; TINAZ, N. A "Social Analysis of Religious Organizations: The Cases of Church, Sect, Denomination, Cult and New Religious Movements (NRMs) and Their Typologies". *Islâm Araştirmalari Dergisi*, v. 13, 2005, p. 63-108; TROELTSCH, E. *The Social Teaching of the Christian Churches*. London/ New York: George Allen & Unwin Ltd./The Macmillan Company, 1931. Vol. 1; WACH, J. *Sociologia da religião*. São Paulo: Paulinas, 1990; WEBER, M. *A ética protestante e o espírito do capitalismo*. São Paulo: Companhia das Letras, 2004; WEBER, M. *Economia e sociedade*: fundamentos da sociologia compreensiva. São Paulo: UNB, 2009. v. 1; WEBER, M. *Economia e sociedade*: fundamentos da sociologia compreensiva. São Paulo: UNB/ Imprensa Oficial, 2004. v. 2; WEBER, M. *Sociologia das religiões*. São Paulo: Ícone, 2010; WILLAIME, J.-P. *Sociologia das religiões*. São Paulo: Unesp, 2012; WILSON, B. R. A typology of sects in a dynamic and comparative perspective. *Archives de Sociologie de Religion*, vol. 16, 1963, p. 49-63. In: ROBERTSON, R. (Ed.). *Sociología de la religión*. México: Fondo de Cultura Económica, 1980. p. 329-348.

Celso Luiz Terzetti Filho

INSTITUTOS DE PESQUISA DE RELIGIÃO

Há imensa rede de estudos de religião disseminada pelas igrejas, confissões religiosas, escolas e organismos das denominações eclesiásticas de modo concreto nos lugares de culto. Como exemplo, podemos informar que existem perto de cinquenta mil comunidades e igrejas da confissão romana no Brasil e com frequência esses locais de culto, rezas e celebrações litúrgicas também são utilizados para a formação teológica do grupo cristão em formato catequético ou bíblico. Não se trata de estudo científico ou acadêmico, ainda que utilizem material ofertado por muitos teólogos e cientistas da religião para aprofundamento de temas de suas denominações. Esse tipo de pesquisa e debates é frequente em todos os grupos de reflexão do Espiritismo kardecista, da fé Bahaí e mesmo de sinagogas judaicas ou mesquitas da fé muçulmana.

Em termos mais rigorosos, podemos destacar na história recente do Brasil alguns institutos ou centros de pesquisa brasileiros que se debruçaram sobre o fenômeno religioso, apresentando leituras, hipóteses, metodologias de análise de cunho acadêmico, compartilhando em livros, simpósios e palestras seus estudos. Há de se dizer que muitos pesquisadores também se utilizam das fontes do PEW Research Center, fundado em 2004, e sediado em 1615 L Street, NW Suite 800; Washington, DC, EUA. Destacaremos os cincos principais institutos e centros de pesquisa brasileiros, com dados de sua estrutura e organização.

• CEBRAP – Centro Brasileiro de Análise e Planejamento. Foi criado, em 1969, por um grupo de professores de diferentes áreas, afastados das universidades pela ditadura militar, para ser um espaço de produção de conhecimento crítico e independente no Brasil. O foco é a análise da realidade brasileira, com um estilo de trabalho que enfatiza a comparação e combina a especialização e a interdisciplinaridade, em diálogo constante entre as diferentes perspectivas teóricas e metodológicas das áreas de origem de seus pesquisadores: Sociologia, Política, Demografia, Direito, Filosofia, História, Antropologia, Economia e Geografia. Atualmente, conta com 41 pesquisadores permanentes, cerca de 140 pesquisadores associados, sendo 60 doutores. Esse corpo de pesquisadores investiga diversos temas, como desenvolvimento, inovação, sustentabilidade, cidades, mobilidade urbana, desigualdade, população, saúde, educação, movimentos sociais, democracia, violência, direitos humanos, raça, gênero, religião e política de drogas. Muitas de suas pesquisas subsidiam estratégias para tomada de decisão de instituições públicas, associações da sociedade civil e empresas. O CEBRAP possui um núcleo permanente chamado *Núcleo de religiões do mundo contemporâneo*. Em andamento, quatro pesquisas sobre religião: Religião, direito e secularismo; religiões e controvérsias públicas; missões cristãs e povos indígenas; alteridade e mediação. Está localizado em São Paulo, na Rua Morgado de Mateus, 615, Vila Mariana (CEBRAP, 2019).

• ISER – Instituto de Estudos da Religião. É uma organização da sociedade civil, de caráter laico, comprometida e dedicada à causa dos direitos humanos e da democracia. Surgida no contexto brasileiro dos anos 1970, objetiva promover estudos, pesquisas e também intervenção social a partir de eixos temáticos plurais da sociedade brasileira, como defesa e garantia de direitos, segurança pública, meio ambiente, diversidade religiosa, entre outros. Em sua trajetória de mais de quarenta anos, o ISER tem estado atento e sensível às demandas e tendências sociais fundamentais desse período na história do Brasil e, às vezes, no contexto internacional, enfrentando desafios de mudanças de cada tempo sem, no entanto, alterar a essência e o perfil da instituição, identificados de forma contínua com seu caráter inovador, agregador, crítico e transformador. Acompanhou o desenvolvimento de movimentos sociais voltados para a luta pelos direitos humanos, englobando uma série de temáticas específicas, tais como o combate ao racismo, ao sexismo, a defesa dos direitos das mulheres, da população em situação de rua, da juventude, do meio ambiente, entre outros. Alguns desses movimentos seguiram seus próprios caminhos, consolidando-se como novas ONGs; fato que confirma o cumprimento de uma das missões primordiais do ISER: fortalecer a sociedade civil por meio da organização de demandas e interesses que garantam a diversidade e o amplo respeito ao direito de todos, especialmente de grupos mais estigmatizados. Desde sua origem o ISER tem se constituído por um corpo de pesquisadores, cientistas e estudiosos que compartilham interesse e compromisso em desenvolver investigações diversas, especialmente na interface sociedade e religião. Como resultado desses esforços, vários materiais foram produzidos ao longo dos anos, com destaque para a série *Cadernos do ISER*, periódico que promovia o debate das abordagens teóricas da questão religiosa nas Ciências Sociais brasileiras. Na mesma linha, existe, ainda, a revista *Comunicações do ISER*, desde 1981, que divulga pesquisas e projetos realizados por estudiosos da instituição e outros pesquisadores associados. A revista *Religião e Sociedade*, lançada em 1977, inaugurou uma nova etapa no que se refere às publicações do ISER. Sob o formato de revista científica, tornou-se referência teórica importante para pesquisadores e estudiosos das Ciências Sociais e da Religião no Brasil e na América Latina. Atualmente, além de livros, relatórios e outros documentos já produzidos, *Comunicações do ISER* e *Religião e Sociedade* são publicações regulares da instituição. Hoje, as atividades desenvolvidas pelo ISER são orientadas, sobretudo, por temas como Religião e Espaço Público, Relações Sociais Sustentáveis e Violência, Segurança Pública e Gestão de Conflitos, e cruzamentos temáticos de natureza transversal, interdisciplinar, como gênero, juventude e mediação. É a partir desses eixos temáticos que a instituição organiza suas linhas de atuação, definidas como atividades que, de maneira geral, visam à produção de conhecimento, ao desenvolvimento de projetos estratégicos e à avaliação e monitoramento de políticas públicas. Afirmado pela qualidade de suas pesquisas, estudos e publicações, o ISER desenvolveu a habilidade de promover diálogo entre linguagens oriundas dos movimentos sociais, academia e políticas públicas, apostando na pluralidade e na convivência dialógica como mecanismos próprios para a construção de cidadania inclusiva e solidariedade humana. Está localizado no Rio de Janeiro, na Rua do Russel, 76, 5º andar, Rio de Janeiro-RJ (ISER, 2019).

• IBRADES – Instituto Brasileiro de Desenvolvimento. Ligado à Companhia de Jesus (jesuítas), conectado atualmente ao CCB – Centro Cultural de Brasília-DF, fundado em 1975 por iniciativa da Companhia de Jesus (ordem religiosa da Igreja Católica). Em 1998, foram transferidos do Rio de Janeiro o Centro de Investigação e Ação Social e o Instituto Brasileiro de Desenvolvimento (CIAS-IBRADES). O padre Provincial da Companhia de Jesus, F. Ivern, na época, reuniu as duas dimensões que resumem a missão da Companhia de Jesus: *o serviço da fé e a promoção da justiça neste único centro de formação e pesquisas.* Fundado em 1968 e consolidado em 1971 por um convênio com a CNBB, o IBRADES traduziu a "vontade de trabalhar no nível da Igreja e do Brasil", como definiu o demógrafo Thierry Linard de Guertechin. Cursos de formação social e política, assessorias e pesquisas; estas são as três frentes nas quais atua o Ibrades. Em 1968, quando a instituição surgiu, havia quatro Províncias Jesuítas no Brasil. O demógrafo belga Thierry Linard de Guertechin, pesquisador e professor no Centro de Investigação e Ação Social do IBRADES desde 1980, assumiu como diretor do CIAS/IBRADES em outubro de 2000. Patrocinou cursos distintos, conhecidos como "cursos do IBRADES": "curso longo" (três a quatro meses), cursos de "média duração" (uma ou duas semanas) e os numerosos cursos de pequena duração, de três dias, ditos "mini-IBRADES". O IBRADES divulgou o inédito mapa intitulado *Atlas da filiação religiosa no Brasil,* publicado pela PUC-Rio em parceria com Edições Loyola, em 2003. Participou ativamente da compreensão da mutação religiosa no Brasil nas últimas décadas (*Revista do Instituto Humanista,* Unisinos, 2019).

• CERIS – Centro de Estatísticas Religiosas e Investigações Sociais. É uma associação civil de direito privado, sem fins econômicos e lucrativos, com sede e foro na cidade do Rio de Janeiro, no estado do Rio de Janeiro, na Rua Dr. Júlio Ottoni, 571, Santa Teresa, CEP 20.241-400, fundada em 1º de outubro de 1962 pela Conferência Nacional dos Bispos do Brasil – CNBB e pela Conferência dos Religiosos do Brasil – CRB. O CERIS tem por objeto, nos termos inscritos em seu Estatuto Social: executar trabalhos estatísticos e pesquisas sociorreligiosas e socioeconômicas para subsidiar o planejamento da ação pastoral da Igreja Católica no Brasil, sobretudo no campo da promoção social; elaborar e publicar, por todos os meios tecnológicos disponíveis, o Anuário Católico do Brasil, mediante a gestão e o controle qualitativo da sua respectiva base de dados; divulgar os resultados das pesquisas e estudos estatísticos e sociológicos; coletar dados e documentação indispensáveis às suas atribuições; organizar cursos e promover movimentos que facilitem o preparo de pessoal para os seus quadros, bem como para a realização de seus objetivos; colaborar em planejamento e prestar assessorias nos setores que lhe são específicos; e manter intercâmbio com instituições congêneres, nacionais e internacionais. A pesquisa e a sistematização das informações sobre a Igreja Católica no Brasil remontam ao ano de 1933, quando o Pe. João Batista Lehmann, da Congregação do Verbo Divino, escreveu a primeira "Synopse da hierarchia ecclesiastica brasileira, inclusive Ordens e Congregações religiosas", sob o nome de *O Brasil Católico.* Mais tarde, em 1955, a CRB editou o primeiro *Anuário dos Religiosos,* fazendo-o seguir de três outros: em 1957, 1958 e 1960. É também do mesmo período a iniciativa da CNBB, relativamente às dioceses e ao clero secular, tendo sido publicados os anuários católicos de 1957 e 1960. Em 1962, a CNBB e a CRB decidiram criar o CERIS, com a missão de ampliar não somente o escopo da pesquisa a toda a Igreja, consolidando numa só publicação os anuários Católicos e dos Religiosos, mas também a distribuição do novo *Anuário Católico do Brasil* a todo o território nacional. Assim, desde a fundação, o CERIS realiza o Censo Anual da Igreja Católica do Brasil – CAICBr, por delegação exclusiva da CNBB e da CRB, como atividade permanente. Atualmente, realiza pesquisas no campo da religião sobre Mobilidade religiosa no Brasil. Essa pesquisa nacional verifica as motivações principais dos católicos e não católicos para mudarem de religião. Os resultados preliminares foram apresentados na 43ª Assembleia Geral da CNBB. Há também estudos sobre as novas formas de crer (Pesquisa que examina as tendências de práticas das igrejas cristãs no Brasil) e ainda Catolicismo no Brasil (Pesquisa que examina as tendências de práticas dos católicos em seis capitais brasileiras) (CERIS, 2019).

• IBGE – Instituto Brasileiro de Geografia e Estatística. Fonte de pesquisas demográficas e mapas da pertença religiosa no Brasil, de modo particular nos censos decenais organizados pelo Estado brasileiro. Há uma Diretoria de Pesquisas (DPE), que possui uma Coordenação de População e Indicadores Sociais (COPIS), articulada pelo Prof. Dr. Luiz Antonio de Oliveira, que apresenta de forma sistemática os dados coletados no quesito religião (Censo, 2010).

Vale registrar que existem em universidades federais e centros universitários no Brasil numerosos núcleos de pesquisa sobre religião. Exemplos concretos são os da FGV e da UFRGS, em geral vinculados aos programas de Antropologia, Sociologia, Políticas Sociais e/ou Demografia. Há também, nas universidades confessionais cristãs (Metodista, Luterana, Presbiteriana, Católica), ênfase no estudo das religiões inseridas no currículo de graduação e/ou de pós-graduação em Teologia℘, em geral sob a denominação de Ecumenismo ou Diálogo inter-religioso℘. Há também estudos permanentes na área de fenomenologia da religião℘ em inúmeros centros de estudo nas universidades. A temática se tornou inter, multi e transdisciplinar, exigindo mais pertinência e rigor conceitual e dados efetivos da realidade complexa das múltiplas experiências religiosas no Brasil. Parte das pesquisas é apresentada em simpósios promovidos pela ABHR – Associação Brasileira de História das Religiões℘, e pela SOTER – Sociedade de Teologia℘ e Ciências da Religião, com sede na PUC-Minas, em Belo Horizonte-MG.

Bibliografia: ABHR. Disponível em: <www.abhr.org.br>. Acesso em: 16/05/2019; CEBRAP. Disponível em: <https://cebrap.org.br/>; <https://bdpi.usp.br/item/002247326>. Acesso em: 16/05/2019; CENTRO DE POLÍTICAS SOCIAIS DO IBRE/ FGV. Disponível em: <https://www.cps.fgv.br/cps/religioes/Apresenta%C3%A7%C3%A3o/Religi%C3%B5es_GuiadeBancodadosGeral.pdf>. Acesso em: 16/05/2019; CERIS. Disponível em: <www.ceris.org.br>. Acesso em: 16/05/2019; IBGE. Censo 2010. Disponível em: <https://censo2010.ibge.gov.br/noticias=-censo?view=noticia&id3=&idnoticia2170=&busca1=&t-censo-2010-numero-catolicos-cai-aumenta-evangelicos-espiritas-sem-religiao>. Acesso em: 16/05/2019; IHU. Disponível em: <http://www.ihuonline.unisinos.br/index.php?option=-com_content&view=article&id=3382&secao=337>. Acesso em: 16/05/2019; ISER. Disponível em: <http://www.iser.org.br/site/>. Acesso em: 16/05/2019; NÚCLEO DE ESTUDOS DA RELIGIÃO. Disponível em: <http://www.ufrgs.br/ner/>. Acesso em: 16/05/2019; SOTER. Disponível em: <www.soter.org.br>. Acesso em:16/05/2019

Fernando Altemeyer Jr.

INTEGRISMO → Fundamentalismo

INTERNET → Religião digital

INTERPRETAÇÃO → Hermenêutica

J

JAMES, WILLIAM

William James, um dos mais importantes precursores da Psicologia da ReligiãoϘ e importante filósofo ligado ao pragmatismoϘ, nasceu em 11 de janeiro de 1842, em Nova Iorque, EUA, e faleceu em 26 de agosto de 1910 em Chocorua, NH, EUA. Foi o primeiro dos cinco filhos de Mary Robertson Walsh (1810-1882) e Henry James Senior (1811-1882). Dentre seus irmãos, merecem destaque Henry James Jr. (1843-1916), um dos maiores romancistas estadunidenses, e Alice James (1848-1892), escritora que se tornou um ícone feminista postumamente. Seu pai era um místico e calvinista por hereditariedade, com interesses maiores pelas ideias do socialista francês François Marie Charles Fourier (1772-1837) e também do cientista e místico sueco Emanuel Swedenborg (1688-1772).

Desde a tenra idade, James viveu em um ambiente intelectual que, além de familiarizá-lo com discussões de ordem metafísicaϘ, o estimulava à apreciação crítica de fenômenos com base em evidências. Seu pai, em casa, organizava colóquios que reuniam importantes intelectuais da época. Nesses encontros, as crianças não apenas estavam presentes como eram incentivadas a participarem das discussões, cujos tópicos se estendiam da política à religiãoϘ e das reformas sociais ao espiritualismo, tema que levantava muitas dúvidas e gerava longos debates. O pai de James tinha convicção de que a educação não deveria ser limitada a atividades institucionais. Esta foi uma das razões que motivaram as constantes viagens dos James à Inglaterra, França, Alemanha e Suíça, um tipo de experiência que ele considerava de grande valor pedagógico para os filhos.

Após tentativas frustradas de inserir-se no campo das artes, James tornou-se um estudante de Química na *Lawrence Scientific School* da Universidade de Harvard em 1861. Em 1863-1864, transferiu-se para o Departamento de Anatomia Comparada e Fisiologia da *Harvard Medical School*, mas interrompeu seus estudos em medicina após um ano. Juntou-se, então, ao naturalista Louis Agassiz (1807-1873) em sua expedição ao Brasil em 1865, tendo abandonado a expedição após oito meses de viagem, acometido por varíola, e retornou aos Estados Unidos. Tinha uma série de problemas de saúdeϘ: depressão, distúrbios digestivos, insônia, problemas visuais e dores nas costas. Alguns desses sintomas eram compatíveis com a *neurastenia*, diagnosticada ainda na adolescência e que acompanharia James por toda a vida. Seu quase constante estado depressivo chegou a levá-lo a pensar em suicídio. Na tentativa de encontrar a curaϘ para o que ele chamava de sua *doença da alma*Ϙ, dedicou-se intensamente à Filosofia por um longo período. Deparou-se com os ensaios sobre o livre-arbítrio do filósofo Charles Renouvier (1815-1903), que o fizeram acreditar ser possível, através da crençaϘ no poder da vontade, curar-se. Em 1868, James foi à Europa em busca de curaϘ para si. Nessa ocasião, assistiu a conferências sobre Fisiologia na Universidade de Berlim que despertaram nele o interesse em estudar Psicologia. A par das tendências científicas de sua época, James se ocupou, então, não apenas de estudos de Fisiologia, como também de Filosofia, disciplina que ele considerava necessária para o estudo da Psicologia, que emergia como ciência (Perry, 1996).

James completou seus estudos e obteve seu título de Doutor em Medicina em 1869. Direcionou-se à docência, tendo se dedicado à carreira acadêmica na Universidade de Harvard, onde, dentre outras disciplinas, lecionou Psicologia entre 1875-1876, no primeiro curso de pós-graduação em Psicologia dos Estados Unidos. Desde então, James jamais deixou a Psicologia, tendo abraçado com igual vigor a Filosofia, que mais tarde serviria para a elaboração dos protocolos metafísicos, epistemológicos e metodológicos que sustentariam seus estudos sobre a consciênciaϘ, seus estados incomuns e seus fenômenos considerados anômalos. Em contato com o espiritualismo, na década de 1860 James participou de algumas reuniões mediúnicas (*séances*) e decidiu conhecer esse tema em profundidade, com vistas a desenvolver um métodoϘ científico para estudá-lo (Knapp, 2003, p. 152).

Em 1878, William James casou-se com Alice Howe Gibbens (1849-1922), que o incentivava em seu trabalho e com quem teve quatro filhos e sofreu a perda de um quinto.

Em 1890, James publicou o *The Principles of Psychology*, obra pioneira que combina elementos de Filosofia, Fisiologia e Psicologia, na qual abordou diversos temas, dentre os quais a vontade, as emoções e a atenção, além de discorrer sobre seu conceito de *fluxo de consciência*Ϙ. Apesar de ter sido influenciado pelos trabalhos dos pioneiros da Psicologia Experimental, os alemães Wilhelm WundtϘ (1832-1920) e Gustav Theodor Fechner (1801-1887), James declarou que *The Principles of Psychology* foi elaborado a partir do métodoϘ da introspecção, pois faz uso de experiências próprias, pessoais, para ilustrar os conceitos psicológicos que aborda.

É comum que manuais de história geral da Psicologia se refiram a William James como um dos pioneiros desse campo de estudo e informem, também, que ele tenha se afastado da Psicologia para se dedicar a outros interesses de natureza metafísica♀. De fato, James se interessou e se dedicou à Filosofia e ao estudo da experiência religiosa♀. Tinha fascinação pelo espiritualismo e realizou investigações acerca de fenômenos tais como curas mentais, escrita automática, telepatia e clarividência (Hothersall, 2006). Vários historiadores falham ao desconsiderar o grande peso que esses temas e estudos têm no conjunto e na importância da obra de James, deixando a impressão de ser esse aspecto uma mera curiosidade acerca de sua vida intelectual. Tal distorção pode ser justificada se considerarmos o contexto da época: na segunda metade do século XIX buscava-se consolidar a Psicologia como ciência e fazê-la independente de qualquer viés metafísico. Sendo assim, as formulações teóricas de James destoavam nesse cenário pelo fato de ousarem lidar com temas controversos.

James foi duramente criticado por ter enveredado entusiasticamente para o campo então conhecido como Pesquisa Psíquica, que posteriormente originou a Parapsicologia♀. Esse campo de estudo era visto pela ciência ortodoxa da época como envolto em obscurantismos espiritualistas, fruto de práticas duvidosas daqueles que criam no oculto ou no paranormal (Taylor, 1996).

Não obstante essas críticas, de fato William James foi tanto um homem de ciência quanto um pensador da Filosofia, cuja ousadia intelectual associou essas frentes no exame do aspecto mais essencial do ser humano e que representa território comum a qualquer dimensão da vida: a experiência. Dedicou grande parte de seu tempo ao estudo e à observação das experiências que desafiavam o *mainstream* científico de sua época. Com vistas a ultrapassar os limites da Psicologia emergente e alargar seu escopo, James incluiu como indispensável em seu corpo teórico-prático o estudo do que ele chamou de *estados excepcionais da mente*, no sentido de estados mentais de exceção à regra da consciência♀ em vigília.

James ficava intrigado com o conhecimento obtido e com os processos envolvidos em sua aquisição nos transes mediúnicos e nos relatos de casos de telepatia. Nas curas mentais, o interesse médico de William James era aguçado por casos que pareciam inegavelmente demonstrar a ação do pensamento sobre o corpo dos pacientes. E nas experiências místico-religiosas James identificava, em estados de alteração mental, a produção de experiências que dotariam a vida, tanto de santos quanto de pessoas comuns, de significados mais profundos. Ao analisar esse tripé fenomênico, identificamos um elemento em comum na sua produção, ou seja, mecanismos mentais chamados à época de subconscientes, ou como preferia o pesquisador psíquico Frederic Myers (1843-1901), subliminares. Assim, James identificava no subconsciente o território mental de transição entre a dimensão da consciência♀ e outras dimensões que pareciam participar de alguma forma na produção desses fenômenos. Aliás, o termo "transição" bem define o interesse maior de William James tanto na Psicologia quanto na Filosofia e na religião. Em seu ensaio de 1904, *A World of Pure Experience*, James propõe o conceito de experiência pura, a base metafísica♀ do que ele chamou de Empirismo Radical. Ao chamar a atenção para as transições contínuas em um mundo de experiências, James na verdade propõe um mundo intrinsecamente unitário e de caráter dinâmico e variegado, pois seu princípio metafísico, a experiência pura, se expande continuamente através de suas margens ou limites. Segundo James, ao contrário das filosofias que analogamente ao mosaico encrustam as substâncias sobre uma superfície, seja ela chamada de ego transcendental, seja absoluto, no empirismo radical não há tal tipo de fundação, pois as peças são ligadas umas às outras por suas bordas, isto é, por transições sentidas entre elas, tão reais quanto as próprias peças.

No mundo arrazoado por James, essa experiência original é neutra, isto é, ainda não qualificada em seu campo instantâneo. Uma vez revisitada ou projetada para o futuro, deixa de ser pura, já que, tomada de forma reflexiva, passa a ser experiência de segunda ordem, em que as categorias se definem. Para James não existe uma consciência♀ em estado puro, pois pura é apenas a experiência. Assim, ele equaliza em uma mesma dimensão metafísica♀ não apenas os objetos e suas relações como também o sujeito que conhece e o objeto conhecido, o interno e o externo, o visível e o invisível, todas essas categorias constituídas reflexiva e retrospectivamente para a experiência pura. No empirismo radical, portanto, não há espaço para o dualismo ou qualquer tentativa de compartimentalização da realidade, por este preconizar um universo aberto e em constante formação. Por esses motivos, nada que seja experienciável poderá ser ignorado ou desconsiderado.

Sua insistência na pesquisa dos fenômenos excepcionais da mente tinha como justificativa desafiar o modelo dualista, tanto metafísico quanto epistemológico, pois sua investigação poderia trazer à luz a natureza de processos cognitivos que mais tarde validariam o seu empirismo radical. Para James, os fenômenos excepcionais da mente, por também envolverem estados psíquicos de transição, deveriam ser considerados científica e filosoficamente, pois, ao invés de mediarem dualismos, poderiam revelar participação de opostos em ambos os polos, ou que findaria por desfazê-los no único elemento de constituição basilar da realidade, a experiência pura. Além disso, esses são fenômenos que por sua natureza de exceção se mostravam elusivos a tentativas de localização em categorias da natureza conhecidas à época

JAMES, WILLIAM

e chamados por James de "resíduo não classificado" (James, 1890/1983, p. 247).

Um dos argumentos da ortodoxia científica que se formava no século XIX era de que os tais fenômenos excepcionais da mente constituíam uma classe de fenômenos que representava expressões culturais do passado, quando o pensamento mágico servia como amarra na imobilização da racionalidade. Contrário à transição preconizada pelos esforços dos cientistas do período vitoriano que anunciavam um futuro promissor à custa da anulação do que era considerado primitivo, James parece ter identificado na investigação dos fenômenos mentais de exceção (os fenômenos do transe mediúnico, as curas mentais e as experiências místico-religiosas) o caminho para superar um modelo para ele de alcance bastante limitado e de leitura parcial da realidade. Assim, James via no estudo desses fenômenos – que poderiam estar sustentados por processos comuns – a possibilidade de reconfigurar tais modelos e que poderiam fazer avançar questões fundamentais e cruciais para a Psicologia, a Filosofia e a religião.

William James envolveu-se formalmente com a Pesquisa Psíquica em 1882, ano de fundação da *Society for Psychical Research* (SPR) em Londres. Dois anos após a fundação da SPR, aconteceu a primeira reunião oficial do seu braço americano, a *American Society for Psychical Research* (ASPR), que ocorreu na *American Academy of Arts and Sciences* em Boston. Juntamente com cientistas e estudiosos, na sua maioria de *Harvard*, James desempenhou importante papel de liderança no seu estabelecimento. Assumiu a direção de dois comitês: o de Hipnose e o de Mediunidade, além de participar ativamente em outros comitês, como os dedicados à investigação da Transferência de Pensamentos (telepatia) e Aparições♀ e Alucinações. Exercia as funções de direção em reuniões, produção de relatórios, responder a cartas daqueles que alegavam ter tido experiências de natureza psíquica e, mais importante, a condução de pesquisas. James foi vice-presidente da *SPR* britânica por dezoito anos e presidente por dois mandatos, em 1894 e 1896. Ele também escreveu artigos e resenhas nos *Proceedings* e *Journal*, da *SPR* e da *ASPR*, sobre claridência, escrita automática e fenômenos mediúnicos (transe, materializações e experiências sensoriais), bem como em periódicos, tais como *Science*, *Forum* e *Scribner's*, com o propósito de popularizar a Pesquisa Psíquica, mas também de criticar a Psicologia científica da época por não se interessar em investigar tais fenômenos.

James observou, descreveu, reuniu e interpretou inúmeras ocorrências de fenômenos psíquicos, mas foi à médium da cidade de Boston Leonora E. Piper (1857-1950) que ele dedicou grande parte de sua atenção. Ela fez demonstrações que levaram James a crer na possibilidade da aquisição de conhecimentos através de um canal distinto dos órgãos sensoriais. A Sra. Piper foi capaz de revelar informações acerca da vida particular de James e de sua esposa, Alice, bem como de outros presentes, mesmo daqueles que ela jamais vira antes, e atribuiu as informações comunicadas a espíritos de pessoas já falecidas.

Em seu artigo *The Hidden Self* (1890/1983), James apresenta evidências da realidade de estados subconscientes da mente apoiado nos avanços da Psicologia Experimental do Subconsciente, encabeçada na França pelo psicólogo francês Pierre Janet. Sob o impacto das investigações e ideias de Janet, James anuncia uma verdadeira revolução científica com o estudo experimental de aspectos da consciência♀ alternativos aos estados normais de vigília, sobretudo através da hipnose. Com isso, além de desmistificar o caráter oculto de fenômenos classificados antes como *superstições*, a revolução dos estudos acerca do subconsciente desmitificaria também pretensões de os relacionar unicamente à morbidez da mente. Segundo James, a quantidade de casos que resistem às explicações de fraude ou mesmo de truques enganosos da própria imaginação coloca os fenômenos de transe entre os objetos de ciência de maior interesse para a compreensão da natureza mental humana. Além disso, esses mesmos fatos, que, através dos tempos, têm sido registrados abundantemente como expressões de forças externas e ocultas que agiriam sobre o psiquismo humano, na verdade corroboram a hipótese de que a mente humana possui um poder cognitivo de maior alcance e influência do que acreditamos vivenciar.

Pode-se considerar que o mais famoso e dos mais importantes escritos de James seja *The Varieties of Religious Experience: A Study in Human Nature*, publicado originalmente em 1902. Esse livro resultou das transcrições das *Gifford Lectures on Natural Religion* proferidas por James entre 1901 e 1902 na Universidade de Edimburgo, na Escócia. As experiências religiosas ou místicas♀, um dos apoios do tripé de ocorrências que fundamenta a obra de William James no seu sentido empírico, são o foco de discussão. James defende que a experiência pessoal, não a Filosofia, é a coluna vertebral da religião. São as experiências de natureza transcendente aos limites da consciência♀ do indivíduo, vividas por santos, profetas♀ e mesmo por homens comuns, que mantêm as religiões vivas. As definições abstratas e os sistemas de adjetivos logicamente concatenados são apenas os efeitos posteriores que se aglomeram sobre uma massa de experiências místico-religiosas concretas.

As experiências místico-religiosas não seriam meras fantasias ou expressões de estados mentais patológicos. São *fatos psíquicos*, têm valor de verdade para quem as vivencia e suas consequências podem ser constatadas em termos efetivos nas vidas desses indivíduos.

James concluiu que, mesmo que as interpretações referentes à natureza da realidade última possam variar de pessoa a pessoa, os mecanismos psicológicos que subjazem às experiências místicas♀ parecem ser os mesmos dos transes mediúnicos. Procurou demonstrar a razoabilidade das experiências místicas♀ apontando sua semelhança com aquilo que pesquisadores psíquicos e psicólogos do subconsciente investigavam em condições controladas. O conceito de subconsciente estaria na base de todas essas experiências, que, para ele, mesmo sendo uma concepção da Psicologia, poderia ser suscetível a uma interpretação♀ religiosa. Também as curas mentais, outro componente do tripé das experiências excepcionais, foram identificadas no *Varieties* por William James, na discussão da influência da mente sobre as doenças. Essas práticas se difundiam na época, sobretudo na Nova Inglaterra, nos Estados Unidos, e muito chamavam sua atenção por sua proposta terapêutica e por apontarem para uma conexão vital entre as experiências místicas♀, a psicologia do subconsciente, o movimento das curas mentais e Pesquisa Psíquica (Myers, 1986).

Nas últimas décadas do século XIX, ações de psicólogos, psiquiatras e médicos foram organizadas contra espiritualistas e os chamados *mental healers* ("curadores mentais"). Ao longo do século XIX, a medicina ortodoxa disputou mercado e competiu pelo domínio profissional com praticantes de diversas medicinas que, além de alternativas, não eram reconhecidas pelos centros acadêmicos que formavam especialistas na área da saúde♀. Dentre diversos grupos, o de *mental healers* do movimento *New Thought* se popularizou, sobretudo nos Estados Unidos naquele período, devido ao sucesso de suas curas, que supostamente se realizavam através da ação da mente sobre o corpo do paciente. Em sua origem, esse movimento foi influenciado pelo Transcendentalismo do filósofo estadunidense Ralph Waldo Emerson (1803-1882) e pelo mesmerizador também norte-americano Phineas Parkhurst Quimby (1802-1866).

Essas curas, também chamadas de curas pela fé♀, não eram aceitas pelas ciências reconhecidas do período, o que era questionado publicamente por James. Ao mesmo tempo que as curas mentais se popularizavam, os médicos academicamente treinados, também chamados de *regulars* ("formais"), por intermédio da *American Medical Association*, pressionavam para que comitês estaduais licenciassem os médicos mediante avaliações que assegurassem que a prática médica se manteria apoiada sobre bases científicas e que o público, assim, estaria protegido contra charlatães. No estado de Massachusetts, essa disputa culminou com projetos de lei, em 1894 e 1898, formulados com o intuito de regulamentar a prática da medicina e da cirurgia. Com o objetivo de banir práticas terapêuticas alternativas, tais como as curas mentais, determinavam que todo aquele que as praticasse sem um "diploma respeitável", e

não obtivesse uma licença mediante a realização de um exame de proficiência médica, estaria sujeito a multa, a prisão ou a ambas. Debates públicos foram instaurados, e um dos mais ávidos opositores a esses projetos de lei foi William James, já psicólogo renomado e com sólida formação em medicina pela Universidade de Harvard, o que lhe conferia autoridade de peso na questão, que permaneceu num impasse (Taylor, 1996).

A participação de James na Pesquisa Psíquica, suas conferências sobre fenômenos místico-religiosos e sua defesa pública do movimento das curas mentais evidenciam que seu interesse pelo que ele nomeou de *estados excepcionais da mente* ultrapassava a mera curiosidade. James viu no transe a possibilidade de acesso à dimensão ainda ocultada da realidade que poderia de uma só vez apontar para soluções de problemas essencialmente filosóficos, tais como o do uno e do múltiplo, enquanto dissolveria o dualismo das substâncias por ser a experiência realidade única e, portanto, partícipe de ambos os polos. Seu entusiasmo não se restringiu apenas a conjeturas metafísicas♀, pois sua insistência para que colegas seus da Universidade de Harvard conhecessem e participassem de *séances* mediúnicas, somada às instâncias em que recorreu a publicações científicas para responder a ataques contra o fenômeno oculto, demonstram sua atitude também como intelectual engajado na causa empirista das pesquisas de fenômenos mentais de transição. Nessa mesma perspectiva, suas conferências sobre as experiências religiosas vividas nas experiências pessoais de exceção, a que James chamou de *místicas*♀, somam outra evidência ao argumento de que seu interesse pelo transe era central e, sobretudo, empírico.

Ao protestar publicamente contra a proposta de regulamentação do exercício da profissão médica no estado de Massachusetts em 1894 e 1898, que proscreveria as práticas alternativas das chamadas curas mentais, James não se opunha apenas à legislação, mas denunciava que a cidadela construída pela ciência médica até então era mais frágil do que se julgava, e defendia que sua edificação poderia ser reforçada com a pesquisa meticulosa e séria dos mecanismos terapêuticos em questão. Nos argumentos que ele levou a público desvelam-se os fundamentos filosóficos do que ele veio a chamar de empirismo radical, sem deixar de reconhecer a razoabilidade de uma ciência sustentada no empirismo clássico e o quanto este operou em prol do avanço científico. James não aceitou que este seria o único caminho legítimo de acesso ao conhecimento verdadeiro. Para James, qualquer fato que contrariasse as teorias existentes já era suficiente para que uma revisão de seus princípios fosse instaurada. Qualquer explicação que insista nas perspectivas racional e/ou empirista traz, inevitavelmente, o ônus de uma representação final da realidade segmentada, descontínua e, portanto,

JAMES, WILLIAM

incompleta e parcial. Nesse sentido, a Psicologia não poderia se dizer uma ciência abrangente se não considerasse a complexidade da experiência humana e, sem dúvida, a experiência religiosa♀, assim como todo o rol de experiências consideradas anômalas ou excepcionais – no sentido de se desviarem daquilo que usualmente é considerado como *comum* – compõe esse complexo quadro vivencial. Trata-se de uma visão que retira dessas experiências o caráter patológico que lhes foi imputado ao longo da história de estudos do funcionamento físico e mental. Abrir-se a essas experiências não significa abdicar do rigor exigido pela investigação científica. Significa ampliar a possibilidade de conhecer aspectos ainda obscuros das potencialidades e limitações humanas.

James propôs um conjunto de postulados metafísicos que situam a experiência na sua mais ampla acepção como a pedra fundamental da realidade. James viu nos interstícios dos objetos a dimensão em que as transições habitam na forma de relações sentidas e por isso reais, fazendo da pluralidade do mundo a totalidade de elemento único, a experiência. Consequentemente, através de raciocínio filosófico, ele foi capaz de abranger qualquer tipo de experiência, objetiva ou subjetiva, ordinária ou extraordinária, e sujeitá-la ao exame da ciência. A proposta jamesiana de um empirismo radical, ao alargar esse conceito à sua máxima extensão, descortina um mundo no qual a corrente da experiência, um fluxo fenomênico constante de objetos e relações, se mantém suscetível a considerações científicas por serem todos sentidos, percebidos, experimentados ou vividos, em outras palavras, experienciados (Sech Júnior, 2010).

Apesar da curiosidade acerca dos aspectos ontológicos dos fenômenos extraordinários♀ estudados na Pesquisa Psíquica, por exemplo, a preocupação central de James não residia em provar a existência de fantasmas, ou a legitimidade das mensagens supostamente comunicadas por eles, nem a existência ou não de uma realidade transcendente do ponto de vista religioso. Seu foco era compreender os limites e as possibilidades da mente humana e sua relação com realidades informacionais que escapam aos olhos e ouvidos da vigília. Seu projeto foi muito mais o da naturalização dos estados excepcionais da consciência♀, fazendo deles parte integrante de nossa vivência em uma realidade aberta e dinâmica de construções contínuas e infinitas que, a partir de experiências pessoais únicas, atestam nada além do que a unidade de dimensões visíveis e invisíveis, sem mistificação. Sob a óptica empírica de James, no tripé de experiências excepcionais, os fenômenos psíquicos seriam ocorrências capazes de promover a transição da Psicologia para uma nova ciência da mente mais abrangente; as curas mentais seriam instrumentos de intermediação na configuração de uma medicina não materialista; e as experiências

místico-religiosas seriam estruturas de sustentação para novos modelos de compreensão do sagrado♀.

***

A perspectiva jamesiana aborda aspectos cruciais a serem observados nas práticas de pesquisa realizadas no campo de estudos da Ciência da Religião♀, para além da Psicologia da Religião♀ que James ajudou a fundar. Em primeiro lugar, sua postura de abertura e respeito diante do novo e do ainda desconhecido pela ciência em determinado momento deve inspirar cientistas da religião para a avaliação rigorosa de uma rica e multifacetada realidade de expressões religiosas que as experiências pessoais informam. Em segundo lugar, aprendemos com ele que por trás dessa multiplicidade de manifestações pode haver uma unidade capaz de expressar a natureza humana. Note-se que seu trabalho fundamental a respeito das experiências religiosas tem como subtítulo "um estudo da natureza humana". Por fim, a Ciência da Religião♀ pode encontrar em James a inspiração♀ para a compreensão desapaixonada de experiências que tocam tão profundamente a subjetividade do pesquisador, uma vez que não é tarefa simples não se deixar dominar por nossas crenças♀, interesses e desejos♀ quando nos depararmos com experiências que podem afrontar nossas mais íntimas convicções.

Bibliografia: HOTHERSALL, D. *História da Psicologia*. São Paulo: McGraw-Hill, 2006; JAMES, W. A world of pure experience. In: *Essays in Radical Empiricism*. Cambridge: Harvard University Press, 1904/1976. The works of William James, p. 21-44; JAMES, W. *The Principles of Psychology*. Cambridge: Harvard University Press, 1890/1981. The Works of William James, vols. I, II, III; JAMES, W. The Hidden Self. In: *Essays in Psychology*. Cambridge: Harvard University Press, 1890/1983. The Works of William James, p. 247-268; JAMES, W. *The Varieties of Religious Experience*: A study in Human Nature. Pennsylvania State University, 1902/2002. Electronic Classic Series; KNAPP, K. D. *To the Summerland*: William James, psychical research and modernity. Thesis. Department of History. The Graduate School of Arts and Sciences, Boston College, 2003; MYERS, G. E. *William James*: His Life and Thought. New Haven/London: Yale University Press, 1986; PERRY, R. *The Thought and Character of William James*. Nashville/London: Vanderbilt University Press, 1996; SECH JÚNIOR, A. *O empirismo radical e os estados excepcionais da consciência para uma ciência da mente em William James*. Dissertação de Mestrado em Filosofia. Pontifícia Universidade Católica do Paraná, 2010; TAYLOR, E. *William James on Consciousness Beyond the Margin*. Princeton, NJ: Princeton University Press, 1996.

ALEXANDRE SECH JÚNIOR
FATIMA REGINA MACHADO
WELLINGTON ZANGARI

JEJUM → Abstinência

JUNG, CARL GUSTAV

Carl Gustav Jung nasceu na pequena vila de Kesswil, na Suíça, em 1875. Filho de pastor da Igreja♀ Evangélica Reformada suíça, desde criança viveu cercado por religiosos: oito tios maternos e dois paternos também eram pastores, formando uma família, descrita por Jung, como bastante convencional, religiosa e rígida. Muito sensível e bastante impressionado por esse ambiente, costumava ter sonhos religiosos que questionavam a figura de Deus que lhe fora ensinada. Esse questionamento perdurou por toda a sua vida e tomou várias formas. Ao se diplomar doutor em Medicina, defendeu em 1902 a tese "A psicologia e a patologia dos chamados fenômenos ocultos", provando que as comunicações "mediúnicas" de uma prima nada mais eram do que a manifestação de complexos inconscientes, desmistificando, assim, seu comportamento.

Casou-se com Emma Rauschenbach e teve com ela cinco filhos. Inscreveu, em latim, na soleira de sua casa, os dizeres: "Invocado ou não invocado, Deus estará presente", afirmando, dessa forma, seu profundo respeito pelo transcendente.

Trabalhou com Sigmund Freud♀ por vários anos e era considerado por ele seu "príncipe herdeiro", até que, por divergências teóricas, romperam o relacionamento em 1913. Seguiram-se anos de intensa produtividade distribuída por suas várias áreas de interesse, até 1961, ano de seu falecimento.

Viajou por vários países pesquisando mitos e rituais religiosos para confirmar sua hipótese da existência de arquétipos e do inconsciente coletivo. Entendia o estudo da religião do ponto de vista psicológico científico, isto é, de como os comportamentos e as imagens divinas eram expressos na psique e no comportamento humano, sem entrar no mérito de sua existência real.

Sua obra completa, conhecida como a Psicologia Analítica, a qual abrange inúmeros livros, seminários e artigos, além da coletânea de dezenove volumes (*Obras coletadas*), encontra-se hoje traduzida em várias línguas e faz parte do currículo das melhores universidades. Seu livro *A Psicologia do Ocidente e do Oriente* é uma de suas obras mais valiosas e imprescindíveis no estudo do fenômeno religioso. Uma de suas biógrafas, Anielle Jaffé (1984, p. 167), descreve seu trabalho como "uma afirmação psicorreligiosa, uma interpretação♀ progressiva do numinoso♀, pelo qual o homem torna-se consciente ou inconscientemente preenchido, cercado e conduzido".

Entre os conceitos fundamentais da Psicologia Analítica, destacamos aqui:

I. Arquétipo. Corresponde basicamente à manifestação psicológica do instinto. Sua existência é inferida pela observação de padrões coletivos de comportamento, isto é, padrões comuns a toda a humanidade desde os seus primórdios. É uma disponibilidade para reproduzir representações típicas que correspondem às experiências que a humanidade passou ao longo de seu desenvolvimento.

Os arquétipos são experimentados e percebidos nas imagens mitológicas e nos comportamentos recorrentes, semelhantes em diferentes culturas e épocas. Aparecem como imagens e símbolos arquetípicos na base das religiões, contos de fada, lendas e mitos, por exemplo. São percebidos, especialmente, em comportamentos que marcam experiências fundamentais no desenvolvimento, tais como nascimento, puberdade, casamento e morte♀.

Imagens arquetípicas são encontradas em símbolos de poder mobilizador coletivo e têm grande energia motivadora. Por seu fascínio e energia, suscitam profunda transformação no nível tanto individual quanto coletivo. A experiência do arquétipo, no nível pessoal, pode vir por meio de visões ou sonhos, levando a uma profunda experiência subjetiva. No nível coletivo, devido à grande emoção que produz, pode levar a comportamentos de massa destrutivos (fanatismo♀, por exemplo) ou construtivos (culto a uma imagem♀ construtiva e promotora de desenvolvimento), dependendo da polaridade positiva ou negativa do arquétipo emergente. São experiências que transformam a cultura ou o grupo que o percebe, alterando o estilo de vida dos envolvidos.

Os arquétipos formam o inconsciente coletivo, o qual se transforma à medida que suas expressões simbólicas vão sendo reveladas e vividas pela humanidade, de modo que seu número é desconhecido, pois não temos parâmetros para definir a finitude do desenvolvimento humano.

Os arquétipos mais conhecidos são:

1. O Si Mesmo ou o Arquétipo Central. Segundo Jung, é o arquétipo principal, à medida que expressa a totalidade psíquica e, ao mesmo tempo, sua centralidade. É o centro entre a mente consciente e o inconsciente, incorporando, paradoxalmente, os lados masculino e feminino do ser humano. Rege o processo de desenvolvimento como se estivesse "despertando" os arquétipos ao longo do desenvolvimento, os quais são incorporados como imagens e comportamento pelo ego. Dessa forma, promove a harmonia e o equilíbrio entre as diferentes qualidades da psique.

Os símbolos do Si Mesmo são multifacetados e frequentemente tomam a forma geométrica quaternária ou de círculos, como as mandalas. Figuras divinas, como Homem Cósmico, Cristo, *Krishna*, Buda, entre outras, também são expressões do Si Mesmo. Suas representações, embora de longa permanência na cultura, não são estáticas; elas se transformam à medida que o ser humano absorve suas qualidades. Por exemplo, a imagem♀ judeo-cristã de Deus, um homem velho com longas barbas brancas, já não atrai a projeção divina: caminhamos para imagens mais abstratas e cósmicas, sem forma definida.

Desse modo, a evolução da consciência♀ coletiva leva à emergência de novas imagens de totalidade

JUNG, CARL GUSTAV

correspondentes a conteúdos psíquicos ainda desconhecidos, provocando, por vezes, conflitos com dogmas♀ e instituições religiosas♀ estabelecidas. Esse movimento evolutivo traz à tona novos símbolos e comportamentos religiosos, desafiando a consciência♀ a absorver qualidades psíquicas de um arquétipo ainda desconhecido.

2. A Grande Mãe. Princípio do feminino considerado gerador da vida, da nutrição e da proteção, aparece em imagens religiosas como deusa da fertilidade e mãe protetora. Gaia, *Ishtar*, Ísis, Astarte, Deméter, Hera, Iemanjá e as Nossas Senhoras católicas estão entre as centenas de representações registradas. Na polaridade negativa, seu símbolo é da mãe devoradora, a bruxa malévola dos contos de fada, por exemplo. Representa a mãe natureza no seu pântano original, de onde emerge a vida, mas também é o local onde a vida é devorada. As formas côncavas, cavernas, barrigas, buracos, vasos, caixas, como também o caixão, são símbolos abstratos deste arquétipo.

Erich Neumann (2001) destacou duas formas características da Grande Mãe: seu caráter elementar e seu caráter transformador. O primeiro compreende todas as experiências vitais básicas, como nascimento e nutrição, ser acarinhado, protegido e acalentado pela mãe; como também ser dominado e aprisionado por ela. Símbolos dessa natureza estão presentes em rituais antigos, desde a Mesopotâmia, na forma de vasos, cabaças e imagens de deusas com quadris largos e inúmeros seios, entre outras imagens. O motivo dos seios está relacionado ao simbolismo do leite e da vaca. "A deusa, como vaca e senhora do rebanho provedor de alimento, encontra-se como um dos objetos de adoração histórico-culturais mais antigos que conhecemos" (Neumann, 2001, p. 115). O motivo dos seios também aparece onde se manifesta o arquétipo da mãe amamentando a criança. Assim, "[…] o vigor da imagem♀ arquetípica da Grande Mãe penetra na consciência♀ humana, e conscientemente define sua vida e cultura" (Neumann, 2001, p. 115).

Enquanto o caráter elementar tem característica conservadora com o indivíduo totalmente dependente, o caráter transformador manifesta-se nos elementos que provocam uma mudança contínua, e a independência torna-se central. Seu simbolismo aparece nas deusas do tempo e do destino♀, nas sacerdotisas, nas profetisas e nas feiticeiras.

3. O Arquétipo do Pai Espiritual. O arquétipo do Pai Espiritual pertence ao campo da luz e do espírito. Personifica o princípio masculino da consciência♀ simbolizado pela região celeste solar. Esta região relaciona-se com o vento, *pneuma*, *ruach*, *nous*, símbolos do espírito, algo oposto à matéria. Seu aspecto fertilizador aparece nas imagens da chuva e do sol, os quais impregnam a terra receptiva, como também na imagem♀ do *phallus* ou dos objetos penetrantes, tais como faca, flecha e raios. No seu aspecto positivo, o princípio do Pai Espiritual promove a racionalidade, a compreensão, a lei e a ordem, como nas imagens dos deuses masculinos Zeus e *Chronos*.

Da mesma forma, o mito de criação judeo-cristão fala de Jeová, um Deus que cria pelo sopro e pela palavra, ordenando e discriminando a natureza. Esse arquétipo, no seu aspecto negativo, pode conduzir à destrutividade em nome de princípios rígidos e unilaterais.

II. Religião. Esse termo foi usado por Jung em inúmeros de seus escritos e claramente por ele definido, em 1937, na série de palestras intituladas *The Terry Lectures* (EUA). Religião♀ é "uma observação cuidadosa e escrupulosa do que Rudolf Otto♀ cunhou de *numinosum*, isto é, um agente ou efeito dinâmico não causado por um ato arbitrário da vontade. Pelo contrário, ele capta e controla o sujeito humano, o qual é sempre mais sua vítima do criador. O *numinosum*, qualquer que seja sua causa, é uma experiência do sujeito independente de sua vontade" (Jung, 1973, p. 6).

Desse modo, para o autor, religião♀ (*re-ligare*) seria uma atitude mental associada a certos fatores dinâmicos observados como espíritos, deuses, leis ou qualquer outro nome que o ser humano atribua ao que considera poderoso, perigoso ou útil o suficiente para adorar ou temer. Crenças♀ seriam formas codificadas e dogmatizadas dessa experiência original, as quais com frequência tornam-se santificadas e rígidas em estruturas elaboradas de rituais e ideias. Ao estudar diferentes religiões, Jung se admirou com as diferenças religiosas entre Ocidente e Oriente, considerando-as formas opostas de relação com o divino. Aprofundou-se mais nos estudos sobre Cristianismo, estudando especialmente o dogma♀ da Trindade e o simbolismo de transformação da Missa. Seu livro *Resposta a Jó* foi e é sujeito de inúmeras reflexões por seus seguidores, que o tomam como um marco nas reflexões sobre o significado da vida e o processo de individuação.

Bibliografia: BAIR, D. *Jung, a Biography*. New York: Back Bay Books, 2003; JAFFÉ, Anielle. *Jung's last year*. Dallas, TX: Spring Publications Inc., 1984; JUNG, C. G. *Espiritualidade e transcendência*. Petrópolis, RJ: Vozes, 2013; JUNG, C. G. *Memórias, sonhos e reflexões*. São Paulo: Nova Fronteira, 2015; JUNG, C. G. *Psicologia e religião*. Petrópolis, RJ: Vozes, 2011; JUNG, C. G. *Psicologia e religião oriental*. Petrópolis, RJ: Vozes, 2011; JUNG, C. G. *Psychology and Religion*. London: Routledge & Kegan Paul, 1973; NEUMANN, E. *A Grande Mãe*. São Paulo: Pensamento/Cultrix, 2001; SHAMDASANI, S. *Jung e a construção da psicologia moderna*. Aparecida, SP: Ideias e Letras, 2005; STEVENS, A. *Jung, vida e pensamento*. Petrópolis, RJ: Vozes, 1993; TACEY, D. *Jung and the New Age*. New York: Brunner/Routledge, 2001.

DENISE GIMENEZ RAMOS

JUSTIÇA → Direito

K

KAMI → Seres sobrenaturais

KANT, IMMANUEL

Immanuel Kant nasceu em Königsberg, a 22 de abril de 1724, e veio a falecer nessa mesma cidade a 12 de fevereiro de 1804. Quarto de onze filhos de Johann-Georg Kant e Ana Regina Reuter, veio a sofrer profunda influência do Pietismo que sua mãe professava, embora esta tenha falecido quando Kant contava apenas treze anos de idade. Não obstante, permaneceu em Kant um profundo sentido religioso adverso ao misticismo e ao fanatismoₚ, de cariz pessoal, íntimo e austero.

Iniciou os seus estudos, em 1732, no Collegium Fridericianum, então dirigido por Franz-Albert Schulz, também ele pietista e professor de teologiaₚ na Universidade de Königsberg, tendo estudado latim e teologiaₚ e revelado particular entusiasmo pelas doutrinas estoicas. Em 1740, prosseguiu os seus estudos na Universidade de Königsberg, tendo cursado seminários de Teologiaₚ, Filosofia, Matemática e Física, sob o magistério de, entre outros, Martin Knutzen, de quem recebeu o conhecimento das doutrinas da Física, em particular da mecânica, de Newton, e a ideia primeira, embora na esteira de David Humeₚ, de aplicar o mesmo tipo de raciocínio experimental próprio da Física às questões da metafísicaₚ. Não é, pois, de estranhar que a sua dissertação de conclusão de estudos superiores tenha tido por título *Pensamentos sobre a verdadeira estimação das forças vivas, e exame das demonstrações de Leibniz e outros mecânicos, relativas a esta questão* (1747), onde denota já, também, a presença da influência das teorias leibnizianas no chamado período pré-crítico da sua filosofia.

Coincidindo com o falecimento do pai, em 1746, termina os seus estudos superiores e torna-se perceptor, tarefa que desempenha durante nove anos, até que volta a publicar os seus estudos em dois artigos intitulados: 1. *Cosmogonia ou ensaio de dedução da origem do universo, da formação dos corpos celestes e das causas do movimento a partir das leis do movimento universal da matéria e da teoria de Newton,* e 2. *É possível saber se a Terra sofreu algumas modificações no seu movimento de rotação desde a origem?.* No ano seguinte, em 1755, publica *História geral da natureza e da teoria do céu ou Ensaio sobre a concepção da origem mecânica do conjunto do universo segundo os princípios de Newton e Esboço sumário de algumas explicações sobre o fogo,* mas é com o estudo intitulado *Nova explicação dos primeiros princípios do conhecimento metafísico* que,

nesse mesmo ano, concorre e é admitido à lecionação na Universidade de Königsberg. A produção de ensaios de teor científico, mais físicos do que filosóficos, dir-se-á, prolonga-se em paralelo com o ensino, denotando o seu progressivo interesse pelas questões da lógica e da metafísicaₚ. Se, em 1756, faz publicar o ensaio *Monadologia física,* em 1762 publica o programa do seu seminário *A falsa subtileza das quatro figuras do silogismo,* mas, em 1763, o âmbito da inquirição é já claramente metafísico, como se pode comprovar pelos seguintes títulos: *Investigação sobre a clareza dos princípios da teologia natural e da moral* e *O único fundamento de uma demonstração possível da existência de Deus.* De 1764 é o seu, ainda hoje, famoso ensaio intitulado *Considerações acerca do sentimento do belo e do sublime.*

Apesar da significativa produção científica e da reconhecida qualidade dos seus seminários, a sua nomeação definitiva como professor da Universidade de Königsberg não foi fácil. Vendo a sua candidatura ter sido recusada por mais de uma vez, e mesmo tendo, entretanto, sido nomeado sub-bibliotecário da Biblioteca Real do castelo de Königsberg, em 1765, só em 1770, com a dissertação intitulada *Da forma e dos princípios do mundo sensível e do mundo inteligível,* é que a sua nomeação como professor ordinário é aceita. É precisamente com esta obra que fica cunhado o início daquilo que se veio a designar por período crítico da filosofia de Immanuel Kant.

É a chamada revolução copernicana que Kant operou. A partir daí, isto é, sensivelmente a partir da publicação da dissertação de 1770, a preocupação de Kant deixa de ser a de determinar em bases sólidas ou *dogmáticas* o conhecimento que podemos ter da realidade sensível, em particular do movimento que envolve as determinações do espaço e do tempo de inspiraçãoₚ newtoniana, mas sim de fazer a análise crítica sobre a possibilidade, a origem e o valor das nossas representações mentais e dos nossos juízos.

Recusando convites para lecionar em outras universidades, aprofundando os seus estudos em sucessivos seminários nas disciplinas de Lógica e Metafísicaₚ, mas nunca alheio aos principais acontecimentos do seu tempo (naturais: o Terremoto de Lisboa, de 1755; acadêmicos: em particular a publicação das obras de Rousseau e David Humeₚ; políticos: a Revolução Francesa, de 1789), Kant faz publicar, em 1781, a sua obra magistral, intitulada *Crítica da razão pura.* Seguir-se-á a *Crítica da razão prática,* em 1788, e a *Crítica da faculdade do juízo,* em

1790. Mas entre a trilogia *Crítica*, e para os interesses particulares do nosso estudo, faz publicar, em 1785, a *Fundamentação da metafísica dos costumes*, preparatória da análise da razão prática, e já depois da trilogia, em 1793, *A religião nos limites da simples razão*, estudo este antecedido, dois anos antes, pela publicação de *Sobre o insucesso de todas as tentativas dos filósofos em matéria de teodiceia*.

Apesar de não ser apenas nos dois últimos títulos referidos que Kant se ocupa da religião→ ou da questão de Deus, eles são os textos centrais e determinantes para a compreensão do seu pensamento no âmbito da teologia→ filosófica. Não obstante, uma vez que funda (ou reduz) a determinação do religioso e do sagrado ao plano da moralidade, não se compreenderá a reflexão kantiana sobre a temática se não tivermos em consideração os seus textos maiores sobre a moral, a saber: *Fundamentação da metafísica dos costumes* e *Crítica da razão prática*. Efetivamente, para Kant, a ideia de Deus→ é deduzida racionalmente dos princípios da razão prática, apresentando-se como seu postulado, pois que, de qualquer ideia metafísica→ – como de toda a metafísica→ – *não é possível fazer-se ciência*. Conforme afirma: "Certamente, ninguém se poderá gabar de *saber* que há um Deus→ e uma vida futura. [...] Todo o saber (quando diz respeito a um objeto da simples razão) pode comunicar-se e, portanto, pelos seus ensinamentos, poderia também esperar ver a minha ciência maravilhosamente ampliada. Mas não, a convicção não é uma certeza *lógica*, é certeza *moral* [...]" (Kant, 1989, p. 654).

A dedução de um *Ser Supremo* faz-se racionalmente, da mesma forma a de um *Bem Supremo*, isto é, aquele ou aquilo que é postulado como origem ou finalidade para aquele que carece de confiança de que o cumprimento da lei moral, do dever, não se basta a si mesma e necessita de um depositário ou de estar ordenada a um ideal sagrado→. Ora, a incondicionalidade do cumprimento do dever que a lei moral acarreta exige que não dependa nem possa depender de qualquer depositário, nem possa ser ordenada a outro fim que não seja o próprio dever sob a condição de se anular em qualquer tipo de heteronomia legislativa. O máximo que Kant parece admitir é que possa ser concebida uma espécie de identificação entre a lei moral e o conceito de soberano, conforme se pode compreender na seguinte afirmação: "Desse modo a lei moral conduz, através do conceito de soberano bem enquanto objeto (*Objekt*) e fim derradeiro da razão pura prática, à religião→, isto é, ao conhecimento todos os deveres como mandamentos divinos, não como sanções, isto é, ordens arbitrárias e por si contingentes de uma vontade estranha, mas como *leis* essenciais de toda a vontade livre por si mesma. [...] Também aqui, pois, tudo permanece desinteressado e unicamente baseado no dever [...]" (Kant, 1994, p. 148.).

De qualquer modo, tal identificação não significa que a religião→ se apresente como condição de possibilidade da moralidade, antes, pelo contrário, o fato de a lei moral ser universalizável permite conceber uma comunidade ética no *reino dos fins* que, para além de já ter anulado a necessidade de um fundamento outro que não a razão, dispensa também qualquer ordenação→ a um fim que resida fora dos limites da simples razão. Assim: "A Moral, enquanto fundada no conceito do homem como um ser livre que, justamente por isso, se vincula a si mesmo pela razão a leis incondicionadas, não precisa nem da ideia de outro ser acima do homem para conhecer o seu dever, nem de outro móbil diferente da própria lei para o observar. [...] Por conseguinte, a Moral, em prol de si própria (tanto objectivamente, no tocante ao querer, como subjectivamente, no que diz respeito ao poder), de nenhum modo precisa da religião→, mas basta-se a si própria em virtude da razão pura prática" (Kant, 1992, p. 11).

Immanuel Kant faleceu a 12 de fevereiro de 1804.

Bibliografia: KANT, I. *A religião nos limites da simples razão*. Lisboa: Edições 70, 1992; KANT, I. *Crítica da razão prática*. Lisboa: Edições 70, 1994; KANT, I. *Crítica da razão pura*. 2. ed. Lisboa: Fundação Calouste Gulbenkian, 1989; KANT, I. *Fundamentação da metafísica dos costumes*. Lisboa: Edições 70, 1995; KANT, I. *Investigação sobre a clareza dos princípios da teologia natural e da moral*. Lisboa: Imprensa Nacional/Casa da Moeda, 2006. KANT, I. *Werke* (ed. Hartenstein). 10 vols. Leipzig, 1838-1839; KANT, I. *Werke*. 9. ed. Preussiche Akademie der Wissenchaften in Berlin, 1902-1928. 19 v.

Luís Lóia

KARMA → Destino

KÜNG, HANS

Teólogo católico, suíço nascido em Sursee, em 19 de março de 1928, iniciou seus estudos em Lucerna e depois estudou filosofia e teologia→ na Pontifícia Universidade Gregoriana de Roma. Ainda sob o Papa Pio XII, Küng foi um estudante talentoso em Roma (1948-1955). Foi ordenado padre em 10 de outubro de 1954, na capital italiana. Realizou seu doutorado em Paris na Universidade Católica da Sorbonne, com uma tese sobre a justificação em Karl Barth: *Rechtfertigung. Die Lehre Karl Barths und eine katholische Besinnung* (1957). Lecionou na Universidade de Münster, na Alemanha Ocidental (1959-1960). Com apenas 32 anos, em 1960, foi nomeado professor na Universidade de Tubinga/ Tübingen na Alemanha, onde foi docente durante

36 anos, e fundou posteriormente o Instituto para as pesquisas ecumênicas. Foi perito no Concílio Vaticano II (1962-1965), nomeado pelo Papa João XXIII, e nessa ocasião conheceu pessoalmente outro grande teólogo, o alemão Joseph Ratzinger, conselheiro do bispo de Colônia. Ao retornar a Tübingen, convidou Ratzinger para assumir a disciplina de Teologia Dogmática. A cooperação entre os dois terminou em 1969, quando Ratzinger seguiu para a Universidade de Ratisbona/Regensburg.

Em 15 de dezembro de 1979, a Congregação para a Doutrina da Fé, presidida pelo cardeal Seper, emitiu uma declaração acerca de alguns pontos de sua teologia, sobretudo em relação aos questionamentos sobre o dogma da infalibilidade papal e a interpretação bíblica pelo magistério eclesial. Com a não retratação por parte de Küng, a Congregação para Doutrina da Fé o impediu de ensinar teologia católica. Teve, assim, sua *missio canonica* (autorização para ensinar teologia católica) retirada, porém não foi excomungado. A declaração que lhe retirou a *missio canonica* foi assinada pelo Papa João Paulo II. Küng foi então privado da cátedra de teologia dogmática por causa de suas posições, mas não daquela sobre ecumenismo. Com base em sua pesquisa histórico-teológica, ele defendeu uma revisão das estruturas da Igreja, julgando-as inadequadas para os tempos atuais. Em 1993, criou a Fundação *Weltéthos* ("Ética Mundial"), comprometida com o desenvolvimento e o fortalecimento da cooperação entre religiões. Através desse projeto, buscou destacar como as religiões deveriam ser instrumentos de paz de maneira nova, crítica e construtiva, contando também com participação de destacados organismos internacionais. Sua teologia das religiões se distanciou de um eclesiocentrismo (fora da Igreja não há salvação) e se aproximava de um cristocentrismo, fundado na intenção universal salvífica por parte de Deus em Jesus Cristo. Um dos frutos desse projeto levou então à *Declaração para uma Ética Global*, em Chicago, no verão de 1993, na qual duzentos delegados de todas as religiões identificaram um pequeno núcleo de valores fundamentais compartilhados – sendo o primeiro entre eles a regra de ouro: fazer aos outros o que você quer que os outros façam a você –, reconhecendo-os como total e originalmente pertencentes à própria confissão. Dessa forma, Küng proporcionou não apenas uma espécie de "consideração ética" sobre a *Declaração Universal dos Direitos Humanos*, mas também logrou êxito começando "de baixo", ou seja, partindo de algumas tradições religiosas.

Desde 1996 é professor emérito, tendo deixado o magistério devido à sua idade. Permaneceu entre os principais críticos da autoridade papal e continua a sua luta para que a Igreja Católica, com base no Concílio Vaticano II, se abra à admissão de mulheres em todos os ministérios, fomente a participação dos leigos na vida religiosa, encoraje o diálogo ecumênico e inter-religioso e se abra ao mundo, abandonando o exclusivismo teológico e o eurocentrismo. Küng é certamente um dos teólogos católicos mais conhecidos e debatidos, e seu nome está relacionado ao ecumenismo, aos estudos de eclesiologia bíblica e à busca de cooperação entre as religiões através do reconhecimento dos valores em comum. Dedicou-se ao diálogo com as grandes tradições religiosas, promoveu o desenvolvimento de uma ética global, continuou a investigar criticamente as escolhas teológicas e éticas da Igreja Católica, expressou-se sobre os desenvolvimentos mais recentes das sociedades ocidentais. Entre as suas principais obras em alemão estão: *Rechtfertigung. Die Lehre Karl Barths und eine katholische Besinnung* (1957); *Konzil und Wiedervereinigung* (1960); *Strukturen der Kirche* (1962); *Unfehlbar? Eine Anfrage* (1970); *Menschwerdung Gottes. Eine Einführung in Hegels theologisches Denken als Prolegomena zu einer künftigen Christologie* (1970); e, sobretudo, a reconstrução eclesiológica *Die Kirche* (1967); *Wahrhaftigkeit, zur Zukunft der Kirche* (1968; no Brasil: "Veracidade, o futuro da Igreja", 1969); *Woran man sich halten kann. Christliche Orientierung in orientierungsarmer Zeit* (1985; no Brasil: "Por que ainda ser cristão hoje?", 2004). Depois da fase de aprofundamento eclesiológico, Küng tratou dos principais temas da teologia dogmática: *Christ sein* (1974; no Brasil: "Ser Cristão", 1979); *Existiert Gott?* (1978); *Ewiges Leben?* (1982). Com *Christentum und Weltreligionen* (1984) e *Christentum und chinesische Religion* (1988, escrito em colaboração com Julia Ching), e podemos incluir *Projekt Weltéthos* (1990; no Brasil: "Projeto de ética mundial: uma moral ecumênica em vista da sobrevivência humana", 2003), *Das Judentum* (1991), *Christentum und Weltreligionen-Buddhismus* (1995) e *Der Islam. Geschichte, Gegenwart, Zukunft* (2004). *Weltéthos für Weltpolitik und Weltwirtschaft* (1998; no Brasil: "Uma ética global para a política e a economia mundiais", 1999); *Theologie im Aufbruch* (1987; no Brasil: "Teologia a caminho" 1999), nas quais se dedicou a analisar os diversos modelos interpretativos da teologia na história. Ao mesmo tempo, as suas posições tornam-se muito críticas diante da imobilidade da hierarquia eclesiástica (questionamentos sobre a infalibilidade papal, desejo pela admissão de mulheres e dos leigos nos ministérios), posições que foram reafirmadas em *Erkämpfte Freiheit: Erinnerungen* (2002) e *Friedenspolitik: ethische Grundlagen internationaler Beziehungen* (2003). Estão entre suas principais publicações: *Kleine Geschichte der katholischen Kirche* (2002; no Brasil: "A Igreja Católica", 2002); *Spurensuche: Die Weltreligionen auf dem Weg* (2004; no Brasil: "Religiões do mundo: em busca de pontos comuns", 2004); *Anfang aller Dinge. Naturwissenschaft und Religion* (2005; no Brasil: "O princípio de todas as coisas: ciências naturais e religião", 2011), sobre a relação entre ciência e fé♀; *Was ich glaube* (2009), novamente sobre a importância do diálogo inter-religioso♀; *Ist die Kirche noch zu retten?* (2011; no Brasil: "A Igreja♀ tem salvação♀?", 2012), nos quais afronta os temas dos abusos sexuais e a crise do Catolicismo; *Glücklich sterben?* (2014), sobre o tema da eutanásia.

Oito vezes doutor *Honoris Causa*, Küng recebeu inúmeros prêmios. Em particular, a União das Igrejas♀ Evangélicas na Alemanha lhe conferiu o prêmio Karl Barth em 1992. As premiações foram conferidas, acima de tudo, pelas universidades dos EUA e da Grã-Bretanha.

Bibliografia: KÜNG, H. *A Igreja Católica*. São Paulo: Objetiva, 2002; KÜNG, H. *A Igreja tem salvação?* São Paulo: Paulus, 2012; KÜNG, H. *O princípio de todas as coisas*: ciências naturais e religião. Petrópolis: Vozes, 2004; KÜNG, H. *Por que ainda ser cristão hoje?* Campinas: Verus, 2004; KÜNG, H. *Projeto de ética mundial*: uma moral ecumênica em vista da sobrevivência humana. São Paulo: Paulinas, 2003; KÜNG, H. *Religiões do mundo*: em busca de pontos comuns. Campinas: Verus, 2004; KÜNG, H. *Ser cristão*. Petrópolis: Vozes, 1979; KÜNG, H. *Uma ética global para a política e a economia mundiais*. Petrópolis: Vozes, 1999; ZAMAGNI, G. *La teologia dele religioni di Hans Küng*: dalla salvezza dei non cristiani all'etica mondiale (1964-1990). Bologna: EDB, 2005.

Wellington da Silva de Barros

L

LACAN, JACQUES

Jacques Marie-Émile Lacan (1901-1981) nasceu em Paris, França, no dia 13 de abril. Lacan cresceu em uma família burguesa conservadora e católica praticante. Dentro dessa tradição religiosa, foi educado por jesuítas. Formou-se, mais tarde, como médico, mas mantendo vivo interesse pela filosofia e pelas artes, tendo sido inspirado em suas obras por filósofos como Spinoza (1632-1677), Nietzsche (1844-1900) e Heidegger (1889-1976), e surrealistas como André Breton (1896-1966) e Salvador Dalí (1904-1989).

Dentre as especialidades médicas, Lacan se decidiu pela psiquiatria. Em sua tese de doutorado sobre a psicose paranoica e suas relações com a personalidade, defendida em 1932, já se observava o emprego de conceitos da psicanálise♀ em sua compressão do caso clínico. Mais tarde, enquanto membro atuante do movimento psicanalítico, Lacan enfrentaria diversas críticas em função de suas ideias divergentes daquelas da ala conservadora da IPA (*International Psychoanalytic Association*). As muitas cisões e os conflitos com o movimento psicanalítico ao longo dos anos o levaram a formar seu próprio grupo, o qual também padecerá de fragmentações outras até seu falecimento. Seus conceitos herméticos, sua profunda releitura dos textos de Freud♀ à luz da Linguística, da Antropologia, da Matemática e de outros campos, bem como suas inovações no campo da clínica, como as sessões de duração variável e o término da distinção entre análise didática e terapêutica, atraíram seguidores e plateias numerosas, ao passo que também promoveram inimizades e cisões no interior de sua escola de pensamento (Roudinesco, 1994).

Tanto quanto Freud♀, seu mestre inspirador, Lacan se definia como ateu. Ao contrário de seu irmão mais novo, que se tornaria monge beneditino, Lacan seguirá seu caminho pela via da psicanálise♀. Não obstante, pode-se observar em sua obra o reconhecimento da importância da religião♀ na vida humana e na própria constituição da psicanálise♀ freudiana, como quando ele observa que "tanto a meditação♀ de Freud♀ em torno da função, do papel e da figura do Nome-do-Pai como toda sua referência ética giram em torno da tradição propriamente judaico-cristã, e nela são inteiramente articuláveis" (Lacan, 1960/2005, p. 28). Segundo Lacan, a importância do monoteísmo♀, para Freud♀, evidente em sua obra *Moisés e o monoteísmo*, residia no valor sublimatório da função do pai, na força do laço paterno como garantidor da fé e da lei. Psicologicamente, a ideia de um deus único se impunha com uma unidade organizadora contrária à variedade de deuses do politeísmo♀, representantes estereotipados dos muitos desejos♀ humanos em competição uns com os outros. Essas reflexões acerca do pensamento de Freud♀ de certo modo refletiam a maneira própria como Lacan diagnosticava a sociedade de seu tempo. Ele via na decadência do modelo de sociedade patriarcal uma crise psicológica, a qual contribuíra para o surgimento histórico da psicanálise♀, cujas análises revelavam a carência da autoridade paterna e seus efeitos (Roudinesco, 1994).

Como vimos, Lacan enxergava certa continuidade entre a tradição judeo-cristã e a psicanálise♀ de Freud♀. "Acho que Freud♀ está bem mais próximo do mandamento evangélico 'Amarás teu próximo' do que consente" (Lacan, 1960/2005, p. 37). Ao desnudar o narcisismo humano e analisar as ambivalências e descaminhos do amor, revelando sua face subjetiva ao invés da face meramente biológica, Freud♀ contribuía, assim, sem o consentir, para um maior entendimento da máxima cristã. Nesse sentido, Lacan acreditava que a reflexão sobre a ética não deve diferenciar o conhecimento secular do religioso, sendo "que uma epístola de São Paulo parece-me tão importante de ser comentada quanto moral como uma de Sêneca" (Lacan, 1960/2005, p. 24). Ao discutir as origens da moral, Lacan reconhece, por exemplo, que as observações de São Paulo sobre a relação entre a lei e o pecado de certo modo refletem a noção psicanalítica de acordo com a qual a moral consistiria na "frustração de um gozo, colocado como lei aparentemente ávida" (Lacan, 1960/2005, p. 27) e salienta sua própria proximidade de ideias com São Paulo, ao comentar o fato de que seus alunos não puderam inicialmente discernir se era Lacan ou São Paulo a falar quando, em uma de suas aulas, ele discorria sobre um dos textos do apóstolo.

Mas apesar das similaridades apontadas, Lacan diferenciava claramente a religião da psicanálise♀. Ao ser perguntado se as pessoas vão ao psicanalista como iam antes ao confessor, Lacan imediatamente responde: "Mas de forma alguma! Isso nada tem a ver. Na análise, começa-se por explicar às pessoas que elas não estão ali para se confessar. É o começo da arte. Elas estão ali para dizer – dizer qualquer coisa" (Lacan, 1974/2005, p. 64). Com isso, Lacan desejava assinalar que o trabalho psicanalítico se situa na análise dos processos inconscientes e que o analista precisa ir além do discurso consciente. Por sua vez, quando questionado se a psicanálise♀ se tornaria um dia uma religião, Lacan, num primeiro momento, rejeita esse cenário, para depois corrigir-se: "Ela talvez se torne com efeito uma religião – quem sabe, por que não –, mas não acho que seja este o meu viés" (Lacan, 1974/2005, p. 66).

Em contraste com a visão iluminista de Freud♀, que concebia um futuro de vitória para o conhecimento científico diante da religião, Lacan defendia, ao contrário, que a religião♀ triunfaria em função de sua poderosa capacidade de doar sentido às coisas: "[...] [as religiões] são capazes de dar um sentido realmente a qualquer coisa, um sentido à vida humana, por exemplo. São formados nisso. [...] a religião♀ vai dar um sentido às coisas mais curiosas, aquelas pelas quais os próprios cientistas começam a sentir uma ponta de angústia" (Lacan, 1974/2005, p. 65-66). Em meio à falência das utopias e ideais políticos, às novidades por vezes desconcertantes do conhecimento científico e diante da natureza do trabalho psicanalítico, voltado para a dimensão do real, insuportável e angustiante, Lacan admitirá a vitória da religião♀, até mesmo em relação à psicanálise♀. Tornou-se famosa, a esse respeito, a frase a seguir: "[...] se a psicanálise♀ não triunfar sobre a religião♀, é porque a religião♀ é inquebrantável. A psicanálise♀ não triunfará: sobreviverá ou não" (Lacan, 2005, p. 65). Lacan define a psicanálise♀ como um sintoma, uma intrusão do real, expressão do mal-estar civilizatório que Freud♀ havia diagnosticado. E, enquanto sintoma, a psicanálise♀ poderá um dia desaparecer: "Mas você verá que a humanidade será curada da psicanálise♀. Por força de mergulhá-lo no sentido, no sentido religioso naturalmente, acabarão recalcando esse sintoma". Com a psicanálise♀, teve-se "um lampejo de verdade. Não é absolutamente obrigatório que dure" (Lacan, 1974/2005, p. 67-68).

Mas quando Lacan fala em religião, ele não se refere às religiões de modo genérico. Sua concepção do triunfo da religião♀ se refere, na verdade, ao Cristianismo: "A verdadeira religião é a romana. Tentar colocar todas as religiões no mesmo saco e fazer o que se chama História das Religiões♀ é realmente horrível. Há uma verdadeira religião, é a religião cristã" (Lacan, 1974/2005, p. 67). Criticando Carl Jung♀ (1875-1961), que ele acreditava ser influenciado por uma religiosidade pagã, uma "feitiçaria rústica", a qual, segundo ele, "espanta vermos preferida nos meios católicos, até mesmo protestantes, como se [...] pudesse renovar as vias de acesso ao eterno" (Lacan, 1960/2005, p. 35), Lacan estabelece uma hierarquia♀ de crenças♀, como se o Cristianismo fosse superior às outras. É um tanto curiosa, a esse respeito, sua interpretação♀ de Jung♀ como portador de uma religiosidade predominantemente gnóstica ou pagã, quando Jung♀, na verdade, dedicou boa parte de seus escritos a um estudo aprofundado de diferentes elementos da simbologia e da tradição cristãs.

A relação de Lacan com o Cristianismo e, mais especificamente, com a Igreja♀ Católica mobilizou a discussão de diferentes autores. Embora tenha se definido como ateu, Lacan se casou na igreja, batizou seus filhos e escreveu cartas para o irmão, monge beneditino, afirmando que seu trabalho tinha relação com a tradição cristã. Por diversas vezes, Lacan buscou contatos com o Papa e instituições da Igreja♀ na intenção de tornar a atitude dos católicos mais aberta à psicanálise♀ e, em particular, ao seu sistema de pensamento. Apesar de Roudinesco (1994) haver levantado a hipótese de que Lacan articulava seus contatos e seu discurso em relação à Igreja♀ como uma tentativa oportunista de conseguir apoiadores poderosos, outras evidências parecem confluir no sentido de que ele, de fato, valorizava o pensamento cristão, constantemente fazendo alusão a metáforas♀ cristãs, ao discurso teológico e até mesmo a elementos do monasticismo beneditino. Esses paralelos parecem ter resultado, em grande parte, da educação religiosa recebida por Lacan, da influência do irmão e da constante troca de correspondência entre os dois (Gale, 2018).

Apesar das ideias de Lacan sobre religião♀ terem evidenciado menor impacto nas teorias de psicólogos da religião comparativamente às ideias de outros psicanalistas, como Freud♀ e Jung♀ – com a importante exceção do psicanalista belga e estudante de Lacan, Antoine Vergote (1921-2013) –, elas permanecem fundamentais para discussão, sobretudo por representarem uma visão parcialmente distinta daquela de Freud♀ em face da religiosidade e por buscarem aproximações entre o pensamento psicanalítico e o pensamento cristão, que são de importância não apenas psicológica como histórica, contribuindo para a compreensão do desenrolar dos conceitos acerca da religião♀ no interior da psicanálise♀ e de disciplinas científicas adjacentes (como a Psicologia da Religião♀).

Bibliografia: GALE, J. Lacan and the Benedictines. *European Journal of Psychoanalysis*, v. 1-2, n. 9-10, 2018; LACAN, J. *Discurso aos católicos*. Rio de Janeiro: Jorge Zahar Editor, 2005; LACAN, J. *O triunfo da religião*. Rio de Janeiro: Jorge Zahar Editor, 2005; ROUDINESCO, E. *Jacques Lacan*: esboço de uma vida, história de um sistema de pensamento. São Paulo: Companhia das Letras, 1994.

EVERTON DE OLIVEIRA MARALDI

LE BRAS, GABRIEL

Professor de Direito♀, especializado em História do Direito♀ Canônico, Gabriel Le Bras (1891-1970) foi uma figura marcante entre os fundadores da sociologia religiosa em França ainda na década de 1930, com significativo impacto na Europa desde o pós-guerra.

Estudou Direitoρ e Letras nas Universidades de Rennes (1908-1911), Paris e na *École des Hautes Études* (1911-1914). Doutorado em Ciências Políticas e Econômicas (1920) e em Ciências Jurídicas (1922), foi professor das Faculdades de Direitoρ e de Ciências Econômicas da Universidade de Paris (1922-1964), do Instituto de Direitoρ Canônico da Universidade de Estrasburgo (1922-1964), da Faculdade de Direitoρ de Estrasburgo (1923-1929) e do Instituto de Estudos Políticos (1945-1964).

A par da carreira docente, a investigação assumiu lugar privilegiado, com posições de destaque nas instituições mais prestigiadas de França, incluindo lugares de coordenaçãoρ. Membro da Direção do *Centre National de la Recherche Scientifique* (1945-1952), diretor de estudos da *École Pratique des Hautes Études*, nas secções de Ciências Religiosas (1931-1964) e de Ciências Econômicas e Sociais (1948-1964), foi presidente da Sociedade de História Eclesiástica de França e da Sociedade Francesa de Sociologia. Integrou conselhos editoriais de diferentes periódicos acadêmicos na área das Ciências Sociais, tais como *L'Année Sociologique, Revue Historique de Droit Français et Étranger, Revue d'Histoire Économique et Sociale, Cahiers Internationaux de Sociologie, Revue Française de Sociologie* e *Mouvement Sociale*.

Assumiu, ainda, diversas funções técnicas na administração pública e na esfera da decisão política em França, destacando-se os cargos de conselheiro do Ministério dos Negócios Estrangeiros para os Assuntos Religiosos e presidente do Conselho Superior da Educaçãoρ Nacional e do Comitê Consultivo do Ensino Superior.

A projeção internacional do seu trabalho de investigação é atestada pela pertença a sociedades científicas europeias e norte-americanas, como a Academia Pontifícia de Santo Tomás (1949), as Academias de Itália (1947) ou de Inglaterra (1948), a Mediæval Academy (EUA, 1950), ou a *Louisiana State Law Institute*, para além dos doutoramentos *honoris causa* atribuídos pelas Universidades de Liège (1947), Lovaina (1947), Milão (1949) e Bolonha (1952).

Para além da sociologia religiosa e também da sociologia geral (Le Bras, 1955-1956), a sua bibliografia é vasta, com destaque para a História do Direitoρ Canônico, abrangendo ainda múltiplas áreas, como sejam a História Econômica, do Direitoρ e da Teologiaρ, para além da Filosofia, Liturgiaρ, Artes e Direitoρ Público Eclesiástico (Vedel, 1965, p. ix-xxxiii). Aos dois volumes com uma coletânea de estudos sociológicos dispersos juntar-se-ia uma obra publicada a título póstumo (Le Bras, 1976).

Na década de 1930, Le Bras empreende um projeto de recenseamento da prática religiosa e estimula outros trabalhos do mesmo tipo, com o intuito de obter explicações históricas para a descristianização da sociedade francesa. Na esteira das aplicações do métodoρ experimental aos fenômenos religiosos, com base na observação e na verificação, propostas e ensaiadas por Frédéric Le Play (1806-1882), os seus trabalhos de sociologia religiosa visavam à superação da lógica filosófica e da matriz moral que impregnava as análises dominantes na mesma área (Le Bras, 1951).

A "sociologia do Catolicismo" de Le Bras visava à demonstração científica das vantagens e fragilidades dos meios de organização dos católicos e dos seus instrumentos de intervenção sobre a sociedade. Daí a importância da obtenção de dados estatísticos, pretensamente neutros, porque objetivos, e o relevo atribuído à recolha de elementos sobre a prática religiosa, cujo recenseamento viria a constituir uma prioridade. Indicadores objetivos, realização de classificações e, também de acordo com o interesse de Le Bras pelo componente historiográfico, a percepção das evoluções ao longo do tempo. Na sua perspectiva, a morfologia da Igrejaρ constituía o domínio da Sociologia, enquanto as apreciações críticas já competiam à pastoral.

Os tipos de trabalhos desenvolvidos por Le Bras inscrevem-se num movimento mais vasto, envolvendo figuras como Jacques Leclerq (1891-1971), Fernand Boulard (1898-1978), Joseph Fichter (1908-1994) e François Houtart (1925-2017). Remonta a 1948, em Lovaina, a primeira reunião da *Conférence Internationale de Sociologie Religieuse* (CISR), com um conjunto de personalidades do universo acadêmico e eclesiástico com interesse na sociologia religiosa. A discussão centrar-se-ia precisamente na descristianização, mas a não confessionalidade e a necessidade de dissociar Sociologia, enquanto ciência, e pastoral, direcionada para a prática, seriam características dominantes da iniciativa. A relação de Le Bras com a emergente CISR estaria associada ao perfil desta organização, mas também ao estatuto da Sociologia enquanto abordagem científica do religioso e às suas conexões com outras ciências (Poulat, 1990). Paralelamente, Le Bras estaria envolvido na formação do *Groupe de Sociologie des Religions* (1954) e no lançamento da respetiva revista científica, *Archives de Sociologie des Religions* (1956). A partir da universidade, a produção científica já não estaria focada no Catolicismo, não seria privilegiada uma metodologia marcadamente empírica, nem seria estabelecida uma conexão com a pastoral.

Sobretudo no plano da sociologia religiosa, a novidade da obra de Le Bras possuiu manifesto impacto que superou amplamente as fronteiras da academia e da sociedade francesas. A sua figura conferiu prestígio a iniciativas ainda incipientes e a tentativas de institucionalizaçãoρ e de estruturação de áreas disciplinares, na época pouco conhecidas e com um grau de aceitação reduzido, sobretudo nos meios eclesiásticos. O relevo dos seus sucessivos trabalhos foi, desde bem cedo, reconhecido nos meios acadêmicos internacionais (Febvre, 1946).

Também em Portugal, as repercussões da sua obra seriam notórias, dando continuidade, na linha do reformismo e da metodologia de Le Play, à recepção que a obra de Léon Poinsard (1857-1917) e Paul Descamps (1872-1946) haviam já assumido em restritos círculos acadêmicos e intelectuais (Ágoas, 2013; Neto, 2013; Cruz, 1982). Iniciativas lançadas já no final da década de 1950, tais como o Secretariado de Informação Religiosa e o Boletim de Informação Pastoral, são manifestamente devedoras da obra de Le Bras, antecedidas de uma coluna no diário *Novidades*, assinada por um ex-aluno seu em França, Gustavo de Almeida (Ferreira, 2006).

Bibliografia: ÁGOAS, F. Narrativas em perspectiva sobre a história da sociologia em Portugal. *Análise Social*, 206, 2013, p. 221-256; CRUZ, M. B. Para a história da sociologia académica em Portugal. *Boletim da Faculdade de Direito da Universidade de Coimbra*, 58, 1982, p. 73-119; FEBVRE, L. Une sociologie de la pratique religieuse. *Annales. Économies, Sociétés, Civilisations*, 4, 1946, p. 350-351; FERREIRA, N. E. *A sociologia em Portugal*: da igreja à universidade. Lisboa: Imprensa de Ciências Sociais, 2006; LE BRAS, G. *Études de sociologie religieuse*. Paris: Presses Universitaires de France, 1955-1956. 2 vols.; LE BRAS, G. *L'Église et le village*, Paris: Flammarion, 1976; LE BRAS, G. La sociologie du catholicisme en France. In: *État présent de la sociologie religieuse. III Conférence Internationale de Sociologie Religieuse*, Bréda, 1951. Numéro Spécial de *Lumen Vitae*, 1951, p. 25-42; NETO, H. V. Principais estádios evolutivos da sociologia em Portugal. *Sociologia: Revista da Faculdade de Letras da Universidade do Porto*, 26, 2013, p. 37-59; POULAT, É. La CISR de la fondation à la mutation: réflexions sur une trajectoire et ses enjeaux. *Social Compass*, 1, 1990, p. 15-16; POULAT, É. La sociologie religieuse de Gabriel Le Bras. 1. Note de présentatation. *L'Année Sociologique*, 20, 1969, p. 301-302; VEDEL, G. Études d'histoire du droit canonique dédiés à Gabriel Le Bras. Paris: Sirey, 1965. 2 vols.

NUNO ESTÊVÃO FERREIRA

LEEUW, GERARDUS VAN DER →
História das Religiões→
Fenomenologia da Religião

LEIGO

Leigo é o aportuguesamento da palavra latina *laicus* ("não consagrado"), a qual, por sua vez, é oriunda do grego antigo *laikós* ("do povo"), adotada no Cristianismo primitivo para se referir a qualquer um que não fizesse parte do clero. Referências à distinção entre leigos e clérigos podem ser encontradas já nos escritos de Clemente de Alexandria (século II), Tertuliano (século II), Orígenes (século III) e Cipriano de Cartago (século III). É, em grande medida, um termo teológico. No entanto, é possível estender a distinção entre iniciados e não iniciados a outras tradições. Dessa forma, uma definição não teológica possível seria que leigos são "os membros de uma comunidade religiosa♀ que, como grupo, não têm a responsabilidade de cumprir as funções sacerdotais apropriadas aos ofícios do clero ou dos ministros ordenados" (Lusby, 2005, p. 5286, tradução nossa).

Embora a noção de leigo não seja relevante ao estudo de todas as comunidades religiosas, Lusby (2005, p. 5287) a considera uma categoria útil na Ciência da Religião♀, quando nos deparamos com tradições nas quais uma distinção fundamental é feita entre dois estilos de vida religiosa: 1) um que diz respeito à maioria dos membros, envolvendo a vivência religiosa mesclada com a participação da vida normal em sociedade; e 2) um que é caracterizado pela entrega total à vida religiosa, geralmente associado à renuncia ou afastamento da vida comum em sociedade.

No presente verbete, apresentaremos como a distinção entre leigos e clérigos/monges pode ser percebida tanto no Cristianismo quanto no Budismo *theravāda*, visto se tratar de dois casos de destaque no cenário das religiões mundiais.

I. Cristianismo. Originalmente o termo "leigo" foi utilizado no Cristianismo primitivo para se referir de modo geral ao povo escolhido de Deus. As conotações eclesiásticas atuais passaram a ocorrer na virada do século I para o II, quando Clemente de Alexandria começa a distinguir os leigos dos diáconos e presbíteros (Lusby, 2005, p. 5286-5287). Conforme o martírio se tornou o modelo ideal do Cristianismo, os monges e os ascetas começaram a viver fortemente a religião♀ em uma dimensão escatológica, o que levou o Cristianismo a constituir uma espiritualidade♀ de desprezo e fuga do mundo material.

Com base nesse sentimento, o Cristianismo medieval, já em seu início, criou a noção de espiritualidade♀ monástica, o que levaria a uma distinção muito dura no Catolicismo romano entre leigos e clérigos (Lusby, 2005, p. 5287). O resultado da aplicação de critérios ascéticos e monástico para hierarquizar os estados de vida levou a condição laical a um grau de subalternidade no Cristianismo. Além disso, a promoção dos leigos passou a depender do seu acesso à instrução, que, dentro do regime teocrático que se fortalecia na Idade Média, estava nas mãos dos clérigos, nos mosteiros.

Com o progresso da urbanização na Europa ao longo dos séculos XI e XII, os leigos da classe burguesa e os mercadores começaram a quebrar essa hegemonia da educação monástica. A multiplicação das traduções de escritos e ensinamentos religiosos, a partir do século XIII, permitiu que a instrução e cultura cristã leiga crescessem fortemente. Conforme a espiritualidade♀ cristã começava a se distanciar da teologia♀, movimentos na Europa passaram a pregar e a escrever na língua vulgar. Com isso, o número de místicos aumentou, levando a uma percepção intrarreligiosa paralela de que os leigos seriam os "verdadeiros cristãos".

A insatisfação com a hierarquização da religião♀ levaria, no século XVI, os reformadores protestantes a afirmar claramente a dignidade do leigo, defendendo a igualdade de todos os cristãos perante Deus em detrimento da visão dominante do Catolicismo de supremacia clerical. O Concílio♀ de Trento (1545-1663), na contramão, não só afirmava como acentuava as diferenças entre clérigos e leigos. Após o Iluminismo♀, o Catolicismo clericalizado tentou se defender da secularização♀ e do laicismo, implantando um período de restauração sob a justificativa de que isso protegeria os fiéis. Assim, o Concílio♀ Vaticano I (1870) reafirmava que a Igreja♀ era uma sociedade desigual, na qual uns dirigem e outros obedecem (Congar, 1976, p. 50).

Pela disputa religiosa com os protestantismos, que passavam a converter cada vez mais fiéis mundo afora, o reconhecimento do papel religioso do leigo – ainda que muito lentamente – foi se tornando uma realidade no Catolicismo. Assim, no Concilio Vaticano II ele foi examinado dentro de uma eclesiologia total, abordando a Igreja♀ por aquilo que é comum a todos os fiéis: a Igreja♀ como Povo de Deus. Nas palavras de Kuzma e Santinon (2014, p. 125), "declarar a Igreja♀ como Povo de Deus♀ inaugura um tempo novo, no qual a pertença e as questões internas e externas não acontecem mais (ou não deveriam acontecer!) de modo piramidal, mas num processo mais amplo, capaz de envolver a todos, pois 'todos' os batizados fazem parte deste povo e comungam da mesma missão♀ de Cristo e em Cristo, e nele possuem a mesma dignidade, caminhando, cada qual a seu modo, a missão♀ e vocação a que foram chamados".

Em outras palavras: todos os fiéis e todos os batizados são Igreja♀, participantes de todos os bens religiosos e responsabilidades coletivas que o batismo♀ comporta na diversidade de ministérios e carismas♀.

Sanchez (2014, p. 244) sintetiza alguns aspectos da recepção das diretrizes do Vaticano II pelo laicato no pós-Concílio♀. Ela pode ser constatada "pelo avanço na atuação interna do laicato, pela inserção autônoma do laicato no mundo da política, abandonando a ideia de que o laicato é o 'braço estendido da hierarquia♀' no mundo; pela defesa de que os leigos também podem dizer a sua palavra no interior da Igreja♀ Católica Romana com decorrência de sua condição de membros do Povo de Deus; pela exigência por parte dos leigos de novas formas celebrativas e de ministérios que levem em conta as demandas existenciais do laicato; pelo acentuado interesse dos leigos em estudar e produzir teologia♀, levando em conta os seus interesses, suas expectativas e seus ideais de Igreja♀".

II. Budismo. No Budismo *theravāda* sul-asiático, é notada uma inter-relação entre monges e leigos, nos quais os leigos oferecem o sustento material básico para os monges, ao passo que os monges passam os ensinamentos e cumprem as funções sacerdotais aos leigos. É comum que homens adultos leigos ofereçam abrigo aos monges errantes. Isso pode tanto ocorrer no caso dos chefes das famílias mais prestigiadas (*gahapati*), que compartilham de sua posição acolhendo os monges, quanto por ex-monges que abrem as portas de suas casas por já terem necessitado, eles próprios, da hospedagem de outra pessoa. Sobre o último caso, ele é mais comum na Birmânia/Myanmar e em algumas regiões da Tailândia, em que as pessoas podem voltar à vida leiga após terem dedicado um período à vida monástica.

A lógica intrarreligiosa por trás da acolhida leiga aos monges jaz na crença♀ de que os leigos retiram dos monges a responsabilidade por suas necessidades mais básicas (alimentação♀, vestes, abrigo etc.), permitindo assim que eles possam se focar na busca pela perfeição espiritual (*nibbāna*) e libertação♀ do *samsara*. Em contrapartida, considera-se que os leigos progridem espiritualmente ao ajudar os monges, acumulando *kamma* positivo. Como é considerado que os leigos, por causa da vida civil, são preteridos em termos da realização espiritual (*nibbāna*), sua vivência religiosa tem uma prática focada nesse acúmulo de *kamma* positivo, visando assegurar um renascimento favorável (Usarski, 2009).

Contudo, isso não significa que leigos e monges possuam a mesma importância. Segundo Hongladarom (2000, p. 739), no *theravāda* se considera que, quando os monges desaparecerem, o próprio Budismo desaparecerá, demonstrando que tal perspectiva êmica é fortemente orientada pela importância da vida monástica. Além disso, conforme comentado anteriormente, acredita-se que o mais alto grau de realização espiritual (*nibbāna*) não é possível aos leigos, somente aos monges. Embora os leigos possuam suas responsabilidades espirituais, eles devem aguardar um renascimento auspicioso, no qual possam, eles próprios, dedicar-se como monges e trabalhar em prol de sua própria libertação♀ do *samsara* (Usarski, 2009).

Além da população comum e dos monges, existem também duas ordens de leigos no Budismo *theravāda*, que se situam como algo intermediário entre leigos comuns e monges tradicionais. Os leigos iniciados não possuem o mesmo grau de separação do mundo que os monges possuem, mas também operam na sociedade civil diferente do resto da comunidade. A iniciação♀ desse grupo envolve o refúgio nas Três Joias (*triśaraṇa*) e a recitação dos cinco princípios éticos básicos do Budismo (*pañcasīla*).

LIBERTAÇÃO

Bibliografia: CONGAR, Y. M. *Laicat.* Paris: Beauchesne, 1976; HONGLADAROM, S. Laicization of Spirituality: Buddhist perspectives. *In:* JOHNSTON, W. M.; KLEINHENZ, Christopher (Eds.). *Encyclopedia of monasticism.* London/; New York: Routledge, 2000, p. 739-740; KUZMA, C.; e SANTINON, I. T. G. A teologia do laicato no Concilio Vaticano II. In: PASSOS, J. D. (Org.). *Sujeitos no mundo e na Igreja.* São Paulo: Paulus, 2014., p. 123-143; LUSBY, F. S. Laity. In: JONES, L. (Org.). *Encyclopedia of religion,* v. 8, 2nd. ed. Farmington: Thomson Gale, 2005., v. 8, p. 5286-5291; SANCHEZ, W L. O laicato após o Vaticano II: avanços práticos e desafios teológicos. In: PASSOS, J. D. (Org.). *Sujeitos no mundo e na Igreja.* São Paulo: Paulus, 2014., p. 233-258; USARSKI, F. *O budismo e as outras.* São Paulo: Ideias & Letras, 2009.

Ênio José da Costa Brito

Fábio L. Stern

LEVINAS, EMMANUEL →
Filosofia judaica

LÉVI-STRAUSS, CLAUDE →
Etnologia e Etnografia →
Antropologia da Religião

LIBERTAÇÃO

Substantivo feminino. Ação de libertar, livramento, separação. A *libertação* como ação é um processo que corresponde a uma dinâmica disruptiva e a uma prática emancipatória, visto que a problemática que lhe está inerente respeita ao trânsito entre inclusão e exclusão. Associada aos conceitos de *liberdade* e *emancipação*, no campo da filosofia e da ética a categoria *libertação* está relacionada com matérias de direito e questões culturais, políticas, económicas, cívicas e religiosas, relativas às sociabilidades, aos vínculos e à convivência humana, nas suas contingências, possibilidades e limites. No entanto, ainda que não consigamos isolar cada um dos conceitos, podemos distingui-los dissociando o substantivo *libertação*, como ação, do conceito de *liberdade*, como situação. *Libertação* corresponde a um processo transitivo no qual a *liberdade* se equaciona como condição, na conjugação do verbo *libertar*.

No processo de delimitação teórica do substantivo *libertação*, assistimos a um alargamento da sua perceção hermenêutica♀, não se circunscrevendo exclusivamente a uma compreensão negativa do processo que implica, como dinâmica de exclusão, desobrigação ou desembaraçamento de impedimentos que obstaculizem o exercício da liberdade. Mas

também positivamente, por oposição a aprisionar ou prender, como problemática que respeita à alteridade e à justiça♀, no modo como as pessoas vivem e se relacionam entre si e com o poder que lhes escapa. Associando-se àquele substantivo, os conceitos de *liberalidade* (percebida como atitude) ou, ainda, *liberalismo, Cristianismo* e *socialismo* (abrangidos como dinâmicas de relações societárias ideológico--devocionais).

Do ponto de vista etimológico, destacam-se do hebraico os termos *pāṭar* e *pādâh* no leque lexical semanticamente correspondente ao conceito "libertação". A raiz do primeiro ocorre cerca de 21 vezes na *Tanak* (Bíblia♀ hebraica sensivelmente correspondente ao Antigo Testamento, sendo considerada o cânone católico), a do segundo regista 71 ocorrências, frequentemente concentradas na mesma frase. Nas línguas do Oriente antigo, na utilização da raiz *pdh* como substantivo (ou nome), salienta-se o significado de "resgate" como contrapartida pela libertação de um indivíduo, sob a forma de pagamento ou de multa. É, pois, um conceito jurídico da legislação cultual, matrimonial e, particularmente, em torno da escravatura. Dá-se o caso de ser utilizado como parte de nomes próprios significando "Liberto". A raiz deriva ainda na referência ao estatuto de escravo livre e no nome "desertor" e, no que respeita aos verbos, exprime "resgatar", "libertar" ou "outorgar". No hebraico significa "escapar", e ainda "rachar" ou "fender", como termo técnico da arquitetura e construção de edifícios. É este o significado que tem na narrativa da construção do Templo de Jerusalém no Primeiro Livro dos Reis (sexto capítulo). Pode ainda reportar-se a isenções concedidas pelos levitas. Contudo, o significado de "resgatar" e "libertar", tão presente nas línguas circunvizinhas, encontra-se no hebraico, sobretudo, na raiz *pdh*.

Uma acepção relevante e específica que *pāṭar* no hebraico adquire tem a ver com o primogénito (*peṭer reḥem*), aquele que "rasga" ou "fende" o ventre materno. Comporta uma conotação essencialmente litúrgica, pelo facto de o primogénito ser consagrado a *Iahweh*, o que, com decrescente incidência, corresponde a ser sacrificado. A ritualização do parto do primeiro filho modifica o seu significado social e cultual na passagem da poligamia para a monogamia e também na substituição do sacrifício♀ do primogénito dos homens pelo primogénito dos animais, novos paradigmas expressos quer na narrativa de Génesis 22 (o sacrifício♀ de Isaac), quer no texto do Livro do Êxodo 13 (34,19-20). O entendimento da libertação do Egito como resgate supera uma noção de intervenção salvífica de *Iahweh* violenta e de cariz bélico por uma ação legal libertadora. A determinação posterior de que o grupo dos levitas substitui cada primogénito israelita como oferta a Deus corresponde ao alcance de um outro nível de transação. Um último nível alcança-se, finalmente, pela equiparação do objeto sacrificado a uma quantia de dinheiro. Nesta equivalência surge a ideia de "resgatar" (*pādâh*) por pagamento aquele que "rasga" (*pāṭar*) o ventre, isto é, o primogénito. O termo torna-se mais teológico à medida que se torna coletivo e que se inscreve em discursos escatológicos; já em Oseias, por exemplo, se fala numa libertação comunitária. Em suma, a libertação na Bíblia℘ hebraica adquire o significado de resgate do primogénito, no âmbito da economia sacrifical, das práticas em torno da progenitura e da ritualização do parto e, como qualquer língua semítica, concerne à experiência da alforria do escravo.

Nos *LXX* são os verbos *lýō* e *lytróō* e o seu substantivo correspondente – *lýtron* – os termos mais utilizados para traduzir as palavras derivadas das duas raízes hebraicas referidas. Elas traduzem do hebraico o campo semântico correspondente a "libertar" e "libertação" (*pādâh*), mas igualmente o campo semântico correspondente a "redimir" e "redenção", ou "salvar" e "salvação℘" (*gā'al*). Os mesmos vocábulos são também os que mais importam no grego neotestamentário para exprimir a ideia de libertação. Com 42 recorrências no Novo Testamento, *lýō* era um vocábulo utilizado, nos seus numerosos compostos e formas verbais, desde Homero, exprimindo a ação de desatar, libertar (um preso, por exemplo) e, tal como nas línguas semíticas, inclui a ideia "redimir" ou "salvar" os homens da tribulação, da miséria ou da opressão por ação dos deuses. Descreve superiormente o ato da libertação a partir da supressão dos nós mediante a ação de desatá-los; nesse sentido pode também significar "desfazer". Assim, nos Evangelhos e nos Atos dos Apóstolos descreve a ação de soltar o burro (Mt 21,2), de desatar a correia das sandálias (Mc 1,7), de desatar Paulo ou os anjos quando são feitos prisioneiros (Act 22,30), e, numa significação mais abstrata, de libertar do laço da doença ou dos grilhões da morte℘ (Lc 13,16; Act 2,24). Também apresenta, coincidindo com a semântica dos termos hebraicos analisados, os significados de "destruir", "rebentar", "desintegrar", "abolir" ou "isentar".

O substantivo *lytroún*, no grego clássico, é utilizado desde o século V aEC e significa resgate (pagamento do resgate). Surge muitas vezes na tradução℘ dos *LXX*, mas no Novo Testamento, ocorre apenas em Mc 10,45: "[...] o Filho do Homem não veio para ser servido, mas para servir e dar a sua vida em resgate por todos".

O prefixo *apo* colocado nos vocábulos assinalados formando *apolýō* ("soltar", "deixar em liberdade"), *apolýtrōsis* ("libertação"), reforça a dinâmica do significado, aproximando-os mais do sentido ativo de "libertar", transitando de uma ideia (liberdade) para uma ação (libertar). O mesmo acontece com *apeleútheros* ("liberto") em relação a *eleútheros* ("livre")

e *eleuthería* ("liberdade"). É sobretudo Paulo, nas suas principais cartas, que recorre à família morfológica de *eleuthería*. Desse modo, São Paulo joga com a antinomia escravo/homem liberto para a condição cristã e a liberdade escatológica de Jesus, tendo lugar uma abstração da ação de libertar: passa de ser o resgate da eminência de perigo, opressão ou destruição para a libertação do pecado, da morte℘ ou da lei (judaica). Também afirmando que Jesus é o primogénito sacrificado, cuja morte℘ é o resgate, realizando-se nele a redenção (Rm 3,24), Paulo aplica a Jesus a gramática jurídica do resgate, da redenção ou da libertação, sendo estas palavras praticamente sinónimos pela tradução℘ para o grego do Antigo Testamento e pela sua utilização no Novo Testamento.

O termo "libertação" advém do latim *liberatio*, "libertar", de *liberarem* e "libertador", de *liberator*; imprime, pois, uma dinâmica processual ao significado de "liberdade". Isto significa que no latim não se diferencia aquilo que na língua portuguesa se autonomizará como fonemas específicos: "libertar", "liberar" e "livrar". Na língua latina persiste a ideia de libertação de um escravo, mas também a de outras ações concretas, como o perdão de uma dívida. Entretanto, *liberatio* era, ainda antes do surgimento do Cristianismo, utilizado por Cícero no sentido de "absolvição da culpa".

Na língua portuguesa, os fonemas "livrar" e "livramento" correspondem imediatamente à ação de soltura de uma pessoa que estava presa e, novamente, à de resgate. Dessa forma, o significado mais original do que se designa hoje por "libertação" subsiste nos termos "livramento" e "livrar". Historicamente falando, a problemática do "livramento" situa-se, na origem, na relação senhor-escravo(a) e, em última análise, na relação com a escravatura, encarada como situação sistémica e definida como uma ordem, no contexto da qual se reflete sobre o domínio e a submissão. Livramento e/ou libertação é, portanto, uma ação e implica a noção de alteridade, dado que há alguém que liberta e alguém que é libertado, enquanto a liberdade é uma situação e uma instância individual e individualizante. No universo lusófono, a data do primeiro registo estimado da aplicação do substantivo *libertação* remonta à segunda metade do século XVI (1562-1575), aos sermões do professor de Teologia℘ na Universidade de Coimbra Diogo Paiva de Andrade (representante português no Concílio℘ de Trento, falecido em 1575).

No sânscrito é de étimo *muc*, que significa "libertação", que derivam várias palavras que exprimem essa ideia ou dinâmica, das quais se destacam *mukti* (substantivo feminino) e *mokṣa* (masculino). Ambos os termos foram empregues sempre e exclusivamente com significado religioso. Conjugados com vários prefixos, ocorrerão na literatura religiosa hindu pós-védica. O Budismo antigo usa uma terminologia

LIBERTAÇÃO

semelhante, também decorrente de *muk*: a palavra *mokkha*, do **Pāli**.

Com efeito, a ideia de "libertação" é especialmente salutar no Hinduísmo, exprimindo o objetivo final de qualquer hindu: a libertação do sofrimento que marca o ciclo de morte♀ e renascimento (*saṃsāra*). Esta noção, que vem a adquirir grande relevância nas crenças♀ hindus, não surge imediatamente no pensamento indiano, mas apenas após a finalização dos Vedas, durante a redação da literatura de comentário àqueles – os *Upaniṣadas/Upanixades*, e no *Código de Manu*.

Os sistemas mais tardios derivados do pensamento bramânico dão conotações diferentes à conceção de libertação, o que se espelha no vocabulário com que a exprimem: os sistemas de *yoga* usam *apavarga*, que enfatiza a saída do ciclo de renascimentos; o sistema de pensamento *sāṃkhya* utiliza *kaivalya*, que valoriza a aquisição por um ser vivo da unidade primitiva. Todos eles exprimem a libertação da *jīva*, ou seja, da alma♀ individual. Nesse sentido, a expressão *jīvanmukti* ganha preponderância no Hinduísmo, exprimindo a libertação da alma♀ individual de qualquer ser vivo, não existindo no Budismo. *Jīvanmukti* tornou-se preferencial nalgumas tradições ascéticas que preconizavam a possibilidade de adquirir a libertação antes da morte♀ física, ao passo que *mokṣa* define a libertação *post mortem*. As primeiras ocorrências da noção de libertação dão-se sob a forma de *mukti* ou de *vimokṣa* nos primeiros *Upaniṣadas/Upanixades*. No *Bhagavagītā* (que integra o *Código de Manu*), há palavras como *mukta* ou *nirvimokṣa*, mas nunca se emprega *mokṣa*. Este termo impor-se-á na medievalidade, sendo o escolhido pelos comentadores do *Brahma Sūtra* – falamos de Sankara (século VIII), Ramanuja (entre os séculos XI e XII), Nimbarka (século XIII), Madhva (século XIV), Vallabha (século XV) – e igualmente pelos filósofos hindus do século XIX, que o utilizaram e aprofundaram.

Do ponto de vista da diacronia, o problema não é tanto, pois, como o da história do conceito quanto do modo como, nas sociedades, se aborda a questão da libertação. Nos campos antropológico, teológico e psicanalítico, a "libertação" correspondeu historicamente a atos de violência que só muito lentamente foram superados por noções tais como a de "resgate", "passagem", "transfiguração" – problemáticas muito anteriores à teologia♀ da libertação, que acabou também por trabalhar e por se apropriar de alguns desses elementos. Nesse sentido, a teologia♀ da libertação desenvolveu-se apenas como um dos capítulos de uma problemática de longa duração. A teologia♀ da redenção helenística (como sustenta Bultmann) enraíza-se de algum modo na experiência concreta da libertação de um primogénito ou de um escravo pelo pagamento do resgate, mas configura-se em categorias filosóficas. Neste processo,

os conceitos de "redenção" e "libertação", que, articulados pelo de "resgate", partilhavam uma mesma semântica e coincidiam, afastam-se e especializam-se progressivamente com o desenvolvimento teológico e doutrinal da teologia♀ da salvação♀ e com a centralização nela da compreensão do mistério de Cristo. A "redenção" focou-se no plano mais transcendente e cristológico, ao passo que a "libertação" persistiu num âmbito de significado imanente e antropológico. O mal como objeto a libertar ou redimir no primeiro caso alocou-se ao conceito de "pecado", e no segundo subsistiu uma articulação entre libertação e o problema da injustiça na relação entre os homens: a vítima é libertada, o pecador é redimido. Desse modo, a forma como se concebe a libertação tem a ver com o modo como cada universo religioso elabora a questão da prática da justiça♀ e com o modo como a liberdade é pensada nesse âmbito a partir do homem, da mulher, do masculino e do feminino.

Se a problemática da libertação não é redutível ao mundo contemporâneo, não conseguimos contornar a preponderância que assume no caldo do pensamento filosófico-teológico e das práticas político-pedagógicas latino-americanas na segunda metade de Novecentos. Longe de se subsumir ao subcontinente americano e de redundarem numa leitura unívoca dos mesmos, é na América Latina das décadas de 1960-1970 que se ensaia grande parte dos estudos que abordam a categoria *libertação* em face dos processos de libertação histórica em curso. A situação política dos regimes militares autoritários aos quais estavam submetidos os países latino-americanos, a par da repressão e violação dos direitos humanos♀ a que estavam sujeitas as suas populações, potenciou o desenvolvimento de uma reflexão pluridisciplinar em torno da temática da *libertação*, a partir de quadros teórico-conceptuais diferenciados. Nesse contexto, nas distintas geografias que o caracterizam, surgem diferentes escolas e autores que assumem a *libertação* como conceito--chave, teorizando-o – positiva ou negativamente – a partir de diferenciados níveis de problematização e campos de observação.

Além das reflexões produzidas no âmbito das ciências e tecnologias (J. Leite Lopes), é no campo das Ciências Sociais e Humanas que esta questão ganha corpo teórico consoante os diferentes ramos epistemológicos do saber: a Filosofia (Arturo Andrés Roig, Rodolfo Kusch, Enrique Dussel e Hugo Assmann); a Sociologia (Pedro Negre Rigol); a Antropologia (Alberto Vivar Flores); a Pedagogia "do oprimido" (Paulo Freire); e a Teologia♀ (Gustavo Gutiérrez, Leonardo Boff, Juan Luís Segundo). Bem assim, em África, na Europa e nos Estados Unidos, a temática da *libertação* é abordada a partir das distintas disciplinas em meio do processo histórico envolvente: seja a problemática da descolonização africana (Frantz Fannon, Ébénézer Njoh-Mouelle e Amílcar Cabral), seja nos esquemas de uma teoria crítica (Herbert Marcuse) ou antropológica (André Gunder Frank).

No âmbito teológico, a problemática da *libertação* afirma-se como corrente de pensamento pelas mãos de Rubem Alves, pastor presbiteriano brasileiro, autor da *Teologia da Esperança*, e Gustavo Gutiérrez, sacerdote católico peruano, no diálogo com a filosofia e a pedagogia e ao recorrer à metodologia analítica e prática das Ciências Sociais.

Ainda que herdeiro do cruzamento de diferentes correntes teológicas cristãs, e de experiências pastorais de matriz europeia e norte-americana desenvolvidas na primeira metade de Novecentos, ao cunhar o termo "Teologia♀ da Libertação", Gutiérrez distingue três níveis de significação recíprocos do processo de libertação teórica, que correspondem, por sua vez, a três dimensões da práxis libertadora: a dimensão político-social – tendo em conta as aspirações dos povos em vista à transformação das estruturas societárias injustas; a dimensão humana – concebendo a história como um processo de libertação do homem e este como protagonista desse processo; e, por fim, a dimensão teológica e espiritual – enquanto práxis "estimulada pela caridade" numa aproximação das fontes bíblicas que inspiram a ação do homem na história. A esses três âmbitos correspondem níveis de interpretação♀ diferenciados: as Ciências Sociais, a Filosofia e a Teologia♀. Esclarece Gutiérrez: "No se trata, sin embargo, de tres procesos paralelos o que se suceden cronológicamente; estamos ante tres niveles de significación de un proceso único y complejo que encuentra su sentido profundo y su plena realización en la obra salvadora de Cristo. Niveles de significación que, por lo tanto, se implican mutuamente" (Gutierrez, 1972, p. 69).

Sem esquecer a preponderância simbólica do Livro do Êxodo como dinâmica de salvação♀ comunitária realizada na história do povo hebreu, ao fazer uma "opção preferencial pelos pobres" como os agentes da sua própria libertação, a reflexão cristológica desse movimento teológico destaca a prática libertadora de Cristo por meio da valorização da dimensão histórica do seu percurso. Assim, num esforço de justaposição daquilo que seriam as preocupações históricas do Cristianismo com o processo histórico de libertação dos povos oprimidos, Jesus Cristo é considerado como o "libertador das opressões", no qual reside o fundamento da "libertação como tarefa messiânica". Entendendo-se o anúncio do Reino de Deus como mensagem de uma "libertação integral" a concretizar no decurso da história. Com efeito, assumindo essa estrutura de pensamento, os teólogos da libertação corporizam uma crítica moral e social do capitalismo, e adotam o marxismo como instrumento socioanalítico a fim de compreender o tema

da pobreza♀, as estruturas da sociedade capitalista e o sistema religioso, equacionados agora na óptica da luta de classes.

Não obstante esta denominação, por se tratar de um movimento sociorreligioso alargado, Michel Lowy, mediante uma abordagem metodológica inspirada em Marx♀ e Weber♀, propõe denominar este ramo de pensamento de *Cristianismo de libertação*, "por ser esse um conceito mais amplo que 'teologia♀' ou que 'Igreja♀' e incluir tanto a cultura religiosa e a rede social, quanto a fé♀ e a prática" (Lowy, 2000, p. 57).

Todavia, tendo em conta o contexto sociopolítico e cultural onde se procura inserir, este corpo teórico ramifica-se, moldando vertentes teórico-práticas distintas. Segundo Juan Carlos Scannone (1983, p. 271-274), podemos subdividir este movimento teológico em quatro correntes com práxis diferenciadas: a) "práxis pastoral da Igreja♀" dos Congressos de Medellín e Puebla – frisando o caracter *integral* e *evangélico* da libertação, "enfocandola ante todo desde una perspectiva bíblica y eclesial", na qual se destaca o teólogo argentino Eduardo Pironio; b) "práxis grupos revolucionários" – recorre ao materialismo histórico no processo analítico da realidade, sem, porém, aceitar o materialismo dialético ateu, onde se destaca o brasileiro Hugo Assmann; c) "práxis histórica" – na linha do peruano Gustavo Gutiérrez, seria "radical en sus planteas de transformación estructural de la sociedad latinoamericana, pero conscientemente desea ser fiel a la Iglesia y a la tradición teológica"; e d) "práxis dos povos latino-americanos" – a qual, por fim, era equacionada a partir da cultura e da pastoral popular latino-americana, onde se destaca o argentino Lucio Gera.

Numa outra perspectiva, João Batista Libanio distingue quatro contextos regionais de produção teológica com declinações particulares no modo de compreensão e aplicação da problemática da *libertação*: a região brasileira; a região do Cone Sul (Argentina, Chile e Uruguai); a região Andina (Bolívia, Peru, Equador e Colômbia); a região centro-americana (El Salvador, Nicarágua, Guatemala).

Dessas, a clivagem entre os contextos sociopolíticos, religiosos e culturais do Brasil e da Nicarágua acentuam as particularidades da teologia♀ da libertação nestas duas regiões. No primeiro contexto, o termo "libertação" vai adquirir um significado reformista do capitalismo e da abertura política, naquilo que seria uma "transição pactuada" do regime ditatorial. Nesta geografia, esta corrente teológica é impulsionada por muitos dos bispos e ganha forte implantação territorial popular através da preponderância das Comunidades Eclesiais de Base e do Movimento dos Sem Terra – contem-se entre os seus autores Antônio Fragoso, Carlos Mesters, Clodovis Boff, Domingos Barbé, Frei Betto, Helder Câmara, Ivone Gebara, José Comblin, Leonardo Boff, Marcelo

Barros, Milton Schwantes, Paulo Evaristo Arns, Pedro Casaldáliga.

Na Nicarágua, ao contrário, o percurso teológico assumiu contornos mais radicais ao sustentar o ideário assumido pela Revolução Sandinista (1979), levando à participação de muitos cristãos na luta armada dos grupos de guerrilha. Aqui, embora com forte expressão popular, esta corrente teológica nunca chegou a conquistar o apoio da Conferência Episcopal, apesar de os teóricos da libertação terem tido forte influência na queda do regime ditatorial e na teorização e práxis revolucionária – citem-se entre estes Edgard Parrales, Ernesto Cardenal, Fernando Cardenal e Miguel D'Escoto.

No universo católico, estas nuances teológicas suscitaram a intervenção de Roma. Embora com incidências e declinações diferentes, a categoria "libertação" tem larga utilização nos documentos pontifícios ao longo do pontificado de Paulo VI – na encíclica *Ecclesiam Suam* (1964); na carta apostólica *Octogesima Adveniens* (1971); e nas exortações apostólicas *Evangelica Testificatio* (1971) e a *Evangelii Nuntiandi* (1975). Neste último, o Papa Montini, referindo-se às variantes teológicas latino-americanas de libertação, não ignorando que a Igreja→ é portadora de "uma mensagem de libertação" e que a mesma tem uma "necessária ligação com a promoção humana", esclarece que a missão→ da Igreja→ não se reduzia "às dimensões de um projeto simplesmente temporal". Caucionando, desse modo, uma perspetiva de "libertação evangélica" fundamentada "no Reino de Deus" e na promoção de "uma visão evangélica do homem", comportando "necessariamente uma conversão" que "exclui a violência" (nn. 30-37).

Todavia, seria na década de 1980, com as diretivas de João Paulo II e do então cardeal Ratzinger, que aquela divergência se aprofundaria: quando Roma inicia um processo de disciplinamento e enquadramento doutrinário da práxis da libertação no campo teológico, desautorizando e afastando diversos teólogos católicos. Enquanto prefeito da Congregação para a Doutrina da Fé, Joseph Ratzinger faz publicar as instruções *Libertatis nuntius* (1984), sobre "alguns aspetos da Teologia→ da Libertação", e *Libertatis conscientia* (1986), sobre "a liberdade cristã e a libertação", definindo aquilo que para o magistério romano seriam "as dimensões de uma autêntica libertação". Logo no primeiro documento, o teólogo alemão deslinda que o conceito de "libertação", mais que avocado às estruturas políticas ou socioeconómicas, devia ser entendido principalmente como "libertação da escravidão radical do pecado". E ao chamar a atenção para o facto de a práxis da libertação "relegar ao segundo plano a libertação do pecado e, portanto, de não atribuir-lhe praticamente a importância primordial que lhe compete", alerta para os "perigos de desvio, prejudiciais à fé→ e à vida cristã, inerentes a certas formas da teologia→ da

libertação que usam, de maneira insuficientemente crítica, conceitos assumidos de diversas correntes do pensamento marxista". Nesse sentido, seria no pontificado de João Paulo II que Roma potenciaria o movimento *Comunhão e Libertação*, nascido pela mão de Luigi Giussani, em Milão, em 1954.

Denominando-se primeiramente *Gioventù Studentesca*, o nome "Comunhão e Libertação" surge pela primeira vez em 1969. A identidade do movimento marca-se pela ambivalência entre o recentramento eclesial e a convicção de que a sociedade moderna é de algum modo estranha à mensagem cristã. Apresentando-se como um lugar preciso e identificável de comunhão, ele procura contrariar uma transferência da especificidade do engajamento religioso para um outro tipo de engajamento social, que de algum modo consideram que ocorreu com a Ação Católica. Nos anos 1960, com a abertura de uma missão→ no Brasil, em Belo Horizonte, deu-se a primeira iniciativa de natureza missionária. Houve casos de estudantes que abandonaram a então *Gioventù Studentesca* para aderir a movimentos de libertação marxista, o que se ocasionou também com os acontecimentos de maio de 1968. Constitui parte da primeira crise do movimento ocorrida em 1965-1966 (portanto, logo após o Concílio→ Vaticano II). É nesse contexto que se refunda o movimento, passando a designar-se *Comunhão e Libertação*.

Ainda assim, à margem das divisões e desautorizações romanas do crescimento de movimentos e experiências eclesiais como a *Comunhão e Libertação*, a formulação teórica de *libertação* no campo teológico formula-se além das estruturas de dominação sociais, políticas e económicas, ganhando um sentido polissémico, quando equacionado numa tessitura mais ampla, consoante não só às diversas regiões onde se insere como também ao ponto de observação dos mesmos, integrando novos protagonistas e variáveis de análise – isto é, avocando no cômputo dos processos de libertação os vetores referentes aos aspetos culturais, raciais, étnicos e de género. Assim, no universo da teologia→ cristã contemporânea, a problemática de *libertação* alarga-se, ao declinar-se como categorização analítica onde se estruturam novas escolas e correntes teológicas, com os seus respetivos autores: a teologia→ feminista (Elsa Tamez; Ivone Gebara; Maria José Rosário Nunes; Maria Clara Bingemer); a teologia→ da terra, ecológica e campesina (Marcelo Barros; José L. Caravias; Charles R. Avila); a teologia→ indígena e negra (Samuel Ruiz; James Cone; Eleazar López Hernández); e, por fim, a teologia→ *gay* e *queer* (Marcella Althaus-Reid; Laurel C. Schneider; Richard Cleaver).

Nesse sentido, também no campo dos estudos bíblicos da Teologia→ da Libertação decorre a Hermenêutica→ Bíblica da Libertação (*Biblical Liberation Hermeneutics*), que consiste numa modalidade de leitura da Bíblia→ realizada por grupos concretos de pessoas vulneráveis ou excluídas, numa lógica de investigação em ação participativa, que vise criar de algum modo o empoderamento dos participantes, mas também um novo tipo de abordagem científica. Procura-se produzir uma teologia℘ bíblica que não seja essencialista nem toldada pelas grelhas ou parâmetros da interpretação académica ou institucional-eclesial, tidas por resultantes do poder de dominação, e sensíveis a temas que escapam a uma interpretação℘ tradicional e que dão voz às minorias: as questões de género, a exploração, o colonialismo, relação entre economia e religião℘, a descriminação étnica, a violência, o terceiro mundismo, a experiência do estigma (dos portadores de HIV, dos detidos, por exemplo), o isolamento rural etc.

A emergência da teologia℘ islâmica da libertação foi fomentada pelo colonialismo, no contexto da repressão das minorias islâmicas operada pelos colonizadores. Deu-se depois em países em circunstâncias políticas autoritárias ou fomentadoras de segregacionismo de minorias com populações muçulmanas significativas e nas quais, além da luta pela possibilidade de prática livre do Islão, puderam convergir na intensificação do compromisso político dos muçulmanos por via do Islão (islamistas) e por via do humanismo (humanistas islâmicos). O caso da África do Sul é representativo, com os muçulmanos duplamente excluídos pelo colonialismo e pelo *apartheid* cristão branco. Com efeito, o pensamento humanista de autores africanos foi central para filósofos políticos da época, que, após as independências, lutaram contra o colonialismo. Demarcavam-se, assim, do humanismo liberal da Europa vincadamente individualista; sendo muitos deles profundamente religiosos (cristãos ou muçulmanos), sentiram necessidade de rever a sua fé℘ a partir das circunstâncias de opressão sociopolítica e do horizonte de *libertação* das mesmas como processo social e como chave teológica. Assim, autores como Asghar Ali Engineer dedicaram-se a encontrar conexões entre as teologias℘ da libertação cristã e islâmica, e outros se empenharam na busca de modos de fazer teologia℘ da libertação num mundo globalizado e de contextos policêntricos.

A *libertação* está, pois, vinculada às dinâmicas de emancipação social e política decorrentes da evolução dos costumes e do Direito℘ no âmbito de consagração dos Direitos℘ Humanos, bem como ao processo de afirmação da soberania nacional associada à construção dos Estados Modernos, onde se situam os movimentos cívico-políticos estruturados desde o fim do século XVIII, e ao longo dos séculos XIX e XX relativos ao processo de fragmentação dos impérios europeus e à independência dos territórios coloniais, a par do ativismo de vária ordem pela abolição da escravatura, pelo sufrágio, pelos direitos das minorias raciais, étnicas e de género etc.

Em concreto, no Portugal de Novecentos é no caldear da Guerra Colonial e do processo de transformação societário desencadeado pelo 25 de abril de 1974 que a problemática da *libertação* ganha relevância política e cultural. Com efeito, no panorama africano a Guerra vai potenciar a formação de grupos armados, nos quais a libertação é equacionada no contexto da independência política como dinâmica de luta pela emancipação dos povos colonizados – onde se destacam a Frente Nacional de Libertação de Angola e o Movimento Popular de Libertação de Angola; o Partido Africano para a Independência da Guiné e Cabo Verde; a Frente de Libertação de Moçambique e a Resistência Nacional Moçambicana. Em Portugal, por seu turno, findas quatro décadas de ditadura, o "abalo telúrico" da Revolução dos Cravos estimula o desenvolvimento de reflexões teóricas em torno da problemática em causa em chaves distintas: seja a leitura dos aspetos psicológicos e sociológicos da Revolução, feitos por Aires Gameiro e por José Carlos Sousa – equacionando as dinâmicas de libertação psicológica, intrapsíquica, psicossocial decorrentes daquele acontecimento; seja a abordagem religiosa e teológica da libertação, feita por Luís de França e José Policarpo –, os quais procuram analisar o modo como a fé℘ e a evangelização interrogam e interagem no processo de libertação pessoal, social, político e eclesial, e o modo como os cristãos portugueses se inseriam no contexto histórico do Portugal revolucionário. Visto que, se para o primeiro o Evangelho tem a propor ao homem "uma linguagem de libertação", para o segundo evangelização é "anúncio de liberdade".

Bibliografia: BALZ, H.; SCHNEIDER, G. *Exegetical Dictionary of the New Testament*. Michigan: William B. Eerdmans, 1990. Volume I; BOTTERWECK, G. J.; RINGGREN, H.; FABRY, H.-J. *Theological Dictionary of the Old Testament*. Michigan: William B. Eerdmans Publs., 2001. Volume XI; CARREIRA, J. N. O êxodo e a linguagem da libertação. In: *Didaskalia*, vol. VII, 1977, Fascículo 2, p. 239-258; ELIADE, M. (Ed.). *The Encyclopedia of Religion*. New York/London: Macmillan-Macmillan Collier, 1987. Volume 9; GUTIÉRREZ, G. *Teología de la liberación. Perspectivas*. Salamanca: Sígueme, 1972; LOWY, M. *A guerra dos deuses*: religião e política na América Latina. Petrópolis: Vozes, 2000; ROWLAND, C. (Ed.). *The Cambridge Companion to Liberation Theology*. Cambridge: Cambridge University Press, 1999; SALVATORE, A. *Comunione e liberazione*: identité catholique et disqualification du monde. Paris: Cerf, 1989; SCANNONE, J. C. La Teología de la Liberación. Caracterización, corrientes, etapas. *Revista Medellín*, vol. 9, n. 34, 1983, p. 259-288; SILVA, S. R. F. da. *Teologia da Libertação*: revolução e reação interiorizadas na Igreja. Dissertação de Pós-Graduação em História Contemporânea. Rio de Janeiro: Universidade Federal Fluminense, 2006.

CÁTIA TUNA
PEDRO J. SILVA REI
RITA MENDONÇA LEITE

LIVROS SAGRADOS

LITURGIA → Rito/Ritual

LIVROS SAGRADOS

I. Delimitação e alcance. Cabe começar com o "texto sagrado", "uma espécie de templo linguístico, uma evocação do sagrado♀ por meio da voz, que não exige interpretação♀ alguma, mas ser recitado ao amparo do rito e com cuidadoso respeito" (Assmann, 2008, p. 64). Como conceito, abarca "aquelas manifestações linguísticas às quais se une a ideia de presença do sagrado", pertencentes "à esfera que um texto egípcio descreve como 'contentamento dos deuses', ou seja, criação de uma proximidade com eles" (p. 146). Se se põem alguns desses textos por escrito, podem ocorrer processos de edição – em pedras e tabuletas de assírios e babilônios; em papiro, técnica que do Egito se espalhará por toda a encosta do Mediterrâneo; no pergaminho ou sobre placas de metal, até chegarmos ao papel e à imprensa – e o resultado será o "livro". Se lhe for atribuído lugar especial no estabelecimento de uma dada tradição religiosa e na recepção do dado transcendente, supra-humano; se ele for tomado como depositário de uma trama linguística que chama a sensibilidade de uma comunidade de fiéis e a vincula, identificando-a de alguma forma, poderá então ser designado propriamente com a expressão "livro sagrado" (ou "escritura [sagrada]"). E a ele estará associada a crença♀ de que seus teores têm origem de alguma forma transcendente ou resultam de particular e diferenciada inspiração♀ ou intuição, o que os dota de poder; são invioláveis e dignos de reverência; são normativos, portadores de autoridade em várias dimensões da vida: no culto, na doutrina e no comportamento. Em sua forma oral, mas principalmente em sua expressão escrita e editada, o texto é visto como fechado e fixo; a ele, em princípio, nada se lhe deve adicionar ou subtrair, pois contém tudo de importante; ao fim e ao cabo, ele pretende apontar para o estrutural e o decisivo da existência.

Assim concebido, o conceito abarca uma base de títulos ampla o suficiente para mostrá-lo complexo: as várias escrituras (na totalidade que constitui cada uma delas ou em sua diversidade interna) dificultam uma classificação mínima, tantas são as formas literárias que assumem, os conteúdos que veiculam, as intencionalidades que as presidem e as utilizações a que são submetidas. Cotejar um *corpus* literário com outro só faz ampliar a constatação de tais diversidades.

E há problemas de outra ordem; a rigor, não caberia, por exemplo, tratar aqui da "literatura" hindu, já que no universo cultural-religioso do qual ela brota e em que faz sentido o objeto "livro" é quase irrelevante, tendo havido reservas a se colocarem os *Vedas* por escrito. Ou mesmo da imensa literatura "canônica"

produzida no mundo dos Budismos, já que o *dharma* (a verdade) transcende todas as palavras e quaisquer potencialidades da linguagem. Mas elas precisam ser consideradas, seja por sua importância indiscutível, seja por suas trajetórias peculiares, como contraponto a uma abordagem que generalizasse indevidamente considerações mais pertinentes ao mundo do Oriente Médio e a suas "religiões do livro".

Por outro lado, ficam à margem desta abordagem os conjuntos textuais que comunidades ágrafas tomariam como "sagrados", eventualmente ocupando lugares e cumprindo funções similares àqueles identificados quanto às escrituras, mas que dependem exclusivamente da sua transmissão oral e da "encarnação" de seus conteúdos. Também não são abordados aqui escritos como a *Ilíada* e a *Odisseia*, que fizeram história particularmente em função de suas qualidades literárias. Ficam ainda num plano marginal aquelas obras que alguns denominam "livros sagrados secundários", tomados como de autoria humana, privilegiada na relação com o divino ou mesmo inspiradas, que comentam e interpretam aquelas "primárias". É secundária no Hinduísmo, diante dos escritos *sruti* ("o [que é] ouvido"), a literatura *smrti* ("o [que é] recordado, tradição): obras humanas, procedentes da inspiração♀ divina e passíveis de serem interpretadas, comunicadoras que são de saberes ancorados no mais profundo da consciência♀ humana, descobertos por videntes (*rishis*) pela via da introspecção. A *Mishná* e o *Talmud* também o são em relação à *Tanak* (acróstico com o qual se designa a escritura judaica), bem como os *hadiths* em relação ao *Corão* muçulmano. Essas obras nada secundárias são tomadas aqui como frutos destacados das marcas que as escrituras vão imprimindo no âmbito das tradições religiosas que cada uma delas inspira e sustenta.

II. Livros sagrados e Ciência da Religião. O estudo das escrituras tem sido algo negligenciado em não poucos ambientes da Ciência da Religião♀, possivelmente porque pareceria ser tarefa apenas das diversas teologias♀ nelas ancoradas. Comprometida em analisar dinâmicas religiosas empiricamente observáveis, a Ciência da Religião♀ pouco teria de se ocupar com documentos comprometidos com os ideários das várias religiões. A discussão sobre eles pareceria algo livresco, reservada a especialistas com formação filológica ou assemelhada, capazes de identificar neles apenas os jogos de palavras à espera de decifração, que nada repercutiriam de/em vivências de sujeitos religiosos ao longo de muitos tempos e espaços. Junte-se a isso a efetiva ampliação do olhar sobre as religiões, considerando-as para além dos escritos que delas emerjam ou nelas façam suas histórias, evocando os artefatos, os corpo, os sabores, as cores e as formas, as sonoridades, as imagens, as relações de poder, as práticas cotidianas etc., que nelas têm vida e delas fazem a vida, e temos um cenário em que o "livro sagrado", na medida em que exista como dado empírico, seja eventualmente tomado como elemento constitutivo do cenário religioso em questão, mas sem a complexidade e o cuidado que sua presença, com as características próprias a este ou àquele contexto, efetivamente demanda. "Textos sagrados são mais importantes para sacerdotes do que para leigos" (Greschat, 2005, p. 63): em inúmeros contextos tal constatação simplesmente não se verifica. Como contraponto sirvam as razões que Max Weber℗ teve para falar de "bibliocracias" encontradas em comunidades advindas da Reforma℗ Protestante. E mesmo onde porventura Greschat pudesse ter razão a Ciência da Religião℗ não estaria dispensada de se ocupar do lugar "secundário" do referido objeto.

Recorde-se ainda que, se Friedrich Max Müller℗ (1823-1900) é tido como fundador da Ciência da Religião℗ como área acadêmica do saber, isto se deve em grande parte à publicação da monumental série *Sacred Books of the East*, a partir de 1879, que representa o ápice de uma sequência de investigações que, desenvolvidas ao longo do século XIX, propiciaram condições bastante promissoras para uma abordagem comparativa das religiões. No entanto, foi ficando cada vez mais evidente que os limites impostos à incorporação de "livros sagrados" à coleção dirigida por Max Müller℗ carregavam dose não pequena de arbitrariedade. E aos poucos se notou que não foram considerados de maneira suficiente os diferentes caminhos pelos quais os referidos livros foram recebidos nas respectivas tradições que os tomavam como sagrados, bem como os papéis que vieram a ocupar no interior delas. A identificação das insuficiências teóricas com que os pioneiros da Ciência da Religião℗ trabalhavam na interpretação℗ dos textos e nas questões que deles emergiam de alguma forma contribuiu para que eles acabassem sendo colocados de lado, ou então abordados em estudos orientados (explicitamente ou não) por pressupostos teológicos, como foi o caso da clássica Fenomenologia da Religião℗ (Van der Leeuw℗, Otto℗, Heiler℗, Mensching). As certeiras críticas a esta dirigidas levaram a uma desconsideração das escrituras como fontes indispensáveis para a pesquisa. Cabe, portanto, definir com a maior clareza possível o lugar de tais estudos no âmbito da Ciência da Religião℗, mapeando algumas das possibilidades que eles lhe oferecem em sua formação contemporânea e interdisciplinar, sem ignorar as tantas dificuldades já mencionadas. Afinal, trata-se de um conceito descritivo, surgido a partir da herança judeo-cristã-muçulmana, ampliado para alcançar outros universos culturais e religiosos, com todos os riscos que esta generalização comporta e as sutilezas que esta exige serem consideradas para que soe viável.

III. Origem e desenvolvimento do conceito. Não é preciso apelar ao conceito, presente no antigo Oriente Médio e no mundo greco-romano, de um "livro celestial", escrito por (alg)uma divindade que ali registra seus decretos e sabedoria, para se pensar no livro sagrado terreno que de alguma forma o reproduziria ou seria sua contrapartida. A expressão corânica "povos do livro" (para designar judeus e cristãos) expressa bem o lugar que "livros sagrados" ocupam em muitas das religiões emergidas daquele universo médio-oriental. O fato de que Mani, no século III de nossa era, tenha tratado de produzir seus escritos, cuidando de lhes definir os contornos, mostra bem como a noção de um "livro sagrado" que legitima e autoriza um movimento religioso estava bem enraizada naquele ambiente e época. A centralidade que o Islã atribui ao *Corão* terá sido responsável por fenômeno similar entre os *sikhs* em relação à sua escritura. O conceito até mesmo serviu à polêmica entre religiões: Pedro, o Venerável (século XII) falava da "sagrada escritura", ou seja, a *Bíblia*, em contraste com a "escritura nefasta" advinda de *Muhammad*. O Humanismo e o Iluminismo℗ fariam notar que em culturas antigas como a indiana e a chinesa havia livros que cumpriam papéis análogos aos que a *Bíblia* desempenhava nos ambientes de herança judeo-cristã. Abria-se a Max Müller℗ a possibilidade de conceber sua coleção.

IV. Possibilidades para a Ciência da Religião. Os textos testemunham os tempos de sua gestação, fixação, percursos e marcas que vão deixando. Os tempos testemunham os textos que por eles passam, que neles e deles nascem, crescem, neles se consolidam e fazem história – além de gestarem textos, eles interagem com aqueles que lhes chegam de tantos modos. Se isto vale para os textos em geral, tanto mais valerá para aqueles que, por diversos caminhos e olhares, no interior de algumas das mais destacadas tradições religiosas do passado e do presente, são tomados como sagrados. As perspectivas metodológicas para o enfrentamento da complexidade deste universo são basicamente: a) abordar os referidos textos como testemunhas e resultantes de processos histórico-religiosos, dentro dos quais eles foram sendo gestados, que antecedem os tempos e circunstâncias de sua fixação na forma que assumirá os contornos da sacralidade; b) considerá-los na forma eventualmente fixa que assumiu respeitabilidade ímpar, enquanto grandezas estabelecidas, "canonizadas"; c) verificar de que forma eles, agora sacralizados, surgem como portadores de inúmeras possibilidades de acolhimento e impressores de marcas decisivas no cotidiano sociorreligioso que inspiram e sustentam. Para alguns caberia à Ciência da Religião℗ apenas esta última tarefa, focada nos tempos subsequentes àquele em que os livros adquiriram o venerável caráter de escrituras. Na formulação de Smith (1989, p. 21), em relação ao *Corão*: trata-se de "estudar muito mais que seu texto; e muito mais do que aquelas condições sociais que

LIVROS SAGRADOS

precederam (ou acompanharam) sua primeira aparição na história e contribuíram para sua formação. A história importante para um entendimento desta escritura (como escritura) é não apenas a de seu contexto [*background*] mas também, e talvez especialmente, de sua trajetória contínua desde então [...]. O que produziu o *Corão* é uma questão interessante e legítima, mas secundária. [...] religiosamente muito mais significativa é a maravilhosa questão: o que o *Corão* produziu?".

Cabe mostrar o quanto se perde ao serem ignoradas as questões que Smith confina no âmbito do apenas interessante, num receituário que, sugestivamente, converge com as expressões mais conservadoras das teologias𝒫 judia, cristã e muçulmana, reativas a considerar a gênese histórica de suas respectivas escrituras.

1. Gêneses de Escrituras. Uma coisa é considerar como cada tradição religiosa concebe a origem de suas escrituras. Esta é a tarefa das respectivas "teologias", que tratarão de explicitar os sentidos e os impactos do reconhecimento de que os *Vedas* seriam parte da tradição revelada por *Brahman* (como quer grande parte das correntes hindus) ou de que o *Corão* árabe, para o Islã, registra com absoluta precisão as palavras de *Allah*, mesmo contendo em seu interior textos de conteúdos por vezes contrastantes. É completamente outra a perspectiva da Ciência da Religião𝒫 para abordar a questão do surgimento desses mesmos textos: ela só pode ser histórica e processual, não pode desconectá-los dos marcos temporais e das circunstâncias que os fizeram nascer. E preciso ser capaz, mesmo, de refletir sobre esta tendência para atribuir a alguns escritos origem de alguma forma transcendente.

Boa parte dos procedimentos metodológicos aos quais aqui se fará referência foi aplicada primária e preponderantemente, durante séculos, à *Tanak* judaica e à *Bíblia* cristã, o mais das vezes sob os auspícios de instituições teológicas, e com propósitos correspondentes ao perfil destas. Questões oriundas da diversidade de versões de um "mesmo" texto testemunhada por manuscritos vários inauguraram, nos primórdios da Modernidade, um campo de pesquisa fértil e promissor, logo enriquecido de indagações vindas de pensadores tão distintos entre si, como Hobbes, Spinoza e Richard Simon, fundadores de um conjunto de procedimentos que, consolidado ao longo do século XIX, veio a ser denominado "método𝒫 histórico-crítico", tendo sido ampliado e revisto, no decorrer do século XX, à luz de novas perspectivas. Ele pretendeu, o mais das vezes, aceder ao sentido que os textos terão tido no ambiente de sua produção (aquele "verdadeiro", demandado pelas teologias), o que demandava investigar: a) o contexto histórico, social, cultural e religioso em/de que os textos emergiram; b) os processos que mais diretamente impactaram na confecção dos referidos

textos. Não poucas vezes estes procedimentos foram tentados a sujeitar a história e as dinâmicas sociais, reconhecidas como subjacentes aos textos, às necessidades "teológicas" impostas a estes quanto à sua interpretação𝒫 "correta".

Na perspectiva da Ciência da Religião𝒫, esses mesmos procedimentos ganham foco radicalmente deslocado. Os textos são aqui tomados, prioritariamente, como "testemunhas" e acesso a mundos socioculturais dinâmicos que os fizeram, viram-nos nascer e lhes conferiram os contornos, mundos estes que de outra forma seriam quase ou totalmente inacessíveis. Seja dito que, tais procedimentos, a Ciência da Religião𝒫 os adota não por causa da sacralidade atribuída aos textos pelos respectivos grupos religiosos. Ao contrário, é tal caráter especial que acaba oferecendo-os como objeto para a investigação, na medida em que por esta razão, ao final, eles acabaram por ser conservados. São procedimentos que cabem a quaisquer textos, na medida em que eles existam ou sejam encontrados. O que se busca é acessar os processos sócio-históricos e culturais em que a configuração deles está envolvida, desde as dinâmicas da transmissão oral até o papel de quem delineou o formato pelo qual eles vieram a ser sacralizados e, a partir daí, fazer novas histórias. Assim, nesta perspectiva os textos são abordados prioritariamente em busca de temporalidades/espacialidades anteriores àquelas que os declararam sagrados; antes, portanto, que viessem a atuar como sagrados (o que não impede, contudo, que exercícios venham a ser feitos à procura de compreensão dos rastros, por exemplo, de um Deuteronômio, detectáveis em livros da *Tanak* que lhe são cronologicamente posteriores, ou mesmo no Novo Testamento cristão).

Não é possível detalhar aqui todos os procedimentos, mas vale considerar que, desde pelo menos o século XVI, o já mencionado cotejo de manuscritos distintos, cópias, ao final, derivadas de um mesmo original, fez surgir a crítica textual, que lançou luzes sobre os tempos e as circunstâncias das várias escritas em questão. No século seguinte, Spinoza e Simon exigem, cada qual a seu modo, que os textos bíblicos sejam abordados considerando os princípios que as nascentes ciências das literaturas começavam a estabelecer, bem como dentro do horizonte histórico de seus supostos autores. Que a *Tanak* e a *Bíblia* fossem estudadas com os mesmos instrumentos aplicáveis à *Odisseia* ou à *Eneida*. A suspeita de que a forma escrita destes textos trazia marcas de uma história anterior mais ou menos longa levou à formulação de questões como a dependência que teriam (ou não) de fontes escritas, de quais tradições anteriores (eventualmente transmitidas e recriadas em complexos e dinâmicos processos predominantemente orais) eles seriam tributários, quem teriam sido os responsáveis pelo estabelecimento das suas versões escritas e sobre as circunstâncias em que todas essas etapas se teriam desenvolvido. Às perguntas de ordem literária se somaram aquelas oriundas da Arqueologia☿, da Filologia☿, da História, da Antropologia, da Sociologia, entre outros saberes: eis que as escrituras judaica e cristã, em cada um de seus livros, são submetidas a um intensíssimo processo de "dissecação", em busca de camadas literárias prévias, fontes diversas, intervenções em letra e voz de grupos sociais distintos etc. É daí que a Ciência da Religião☿ notará a pertinência de se dirigirem a outros conjuntos escriturísticos questões semelhantes. A importância delas fica ampliada quando se percebe a possibilidade de avançar para além do literário para alcançar as vivências sociorreligiosas de que os textos são testemunhas. É impossível fazer a História das Religiões☿ vividas no território de Israel e adjacências, em suas múltiplas e contraditórias facetas, em mais de mil anos, sem que se tome a sério o exame articulado dos corpos de textos que constituem a *Tanak* e a *Bíblia* – obviamente articulado com as contribuições que convergem para a iluminação dos cenários múltiplos que os fizeram e viram nascer.

No caso do *Corão*, a aplicação dos métodos☿ acima referidos se vem dando de forma ainda incipiente. Se se pudesse levar em conta a teoria tradicional da formação do livro, soaria operacional a distinção entre as suras derivadas da ação de *Muhammad* em Meca (desde 610, quando teriam começado as revelações, até 622, quando o profeta teve de fugir), e as de Medina (daí até 632, ano de sua morte☿). As primeiras suras seriam, basicamente, exortações em vistas à conversão dos incrédulos, além da crítica ao culto das divindades☿ tradicionais da região e de anúncios escatológicos. Já as subsequentes estariam voltadas para o estabelecimento de regras de vida e culto para a nova comunidade religiosa☿. E no conjunto o *Corão* seria testemunha significativa do caleidoscópio religioso da Península Arábica. Mas estudos recentes têm ampliado a perspectiva, remetendo-o a um pano de fundo mais amplo, para além dos tempos supostos para a vida do profeta. Os elementos judeo-cristãos de origem siríaca aí encontrados, em que não faltariam pitadas de uma piedade☿ monacal pessimista, urgências apocalípticas, traços gnósticos e maniqueus, além de zoroastristas, de que a revelação profética registrada no livro aparece embebida, emergem tanto para viabilizar a compreensão do livro em seu conjunto e nas partes como para jogar luz sobre processos, de outra forma praticamente obscuros e mesmo inacessíveis, vividos por grupos socioreligiosos marginais dos séculos V-VII. Segundo outros, a consolidação da versão hoje padrão demorou para ocorrer bem mais do que o exíguo tempo reconhecido pela tradição; foi longo e conflitivo o processo de sedimentação redacional, o que permitiria divisar nebulosos cenários do complexo cultural-religioso do qual foi nascendo uma articulação simbólica que se converteria num sistema religioso novo. O *Corão* seria testemunha, resultado e sujeito desta dinâmica complexa.

E fora desse universo médio-oriental as possibilidades analíticas não são menos promissoras. Um único exemplo, e algumas perguntas. Há significativo consenso em reconhecer que o núcleo central da escritura hindu, o *Rig Veda*, teve seus hinos mais antigos colocados por escrito entre 1200 e 1000 a.C., quando as tribos arianas se estabelecem no Punjab, a partir do qual se expandirão para todo o subcontinente indiano. Se se reconhecer que os referidos hinos foram surgindo cada qual em tempo muito anterior ao de sua fixação por escrito (sem falar no processo de compilação deles, de época bem mais recente), o que a atividade redacional terá tido a ver com a alteração no cenário social e histórico? O que seriam esses poemas antes do seu estabelecimento em forma escrita? Por que foram redigidos? Em que circunstâncias eles terão sido anteriormente recitados? Se, por outro lado, os *Vedas* trouxerem fundamentalmente as marcas de uma cultura letrada, não se devendo supor para eles uma história anterior em pura oralidade, as questões precisarão ser todas recolocadas: o que tem a ver a redação dos *Vedas* com o estabelecimento das tribos arianas no que hoje é a Índia? De quais alterações na dinâmica socioreligiosa experimentada na região a escrita do *Rig Veda* será testemunha e protagonista? Se para o conhecimento do Hinduísmo moderno os *Vedas* poderiam soar irrelevantes, por serem de acesso restrito a um pequeno número de brâmanes letrados e de não terem sido traduzidos para as línguas faladas na Índia, quem faça a História das Religiões☿ nessa região nevrálgica do planeta não pode ignorá-los.

Como se vê, a pesquisa tem ido muito além da antiga questão, colocada muitas vezes no âmbito da polêmica, sobre a origem "humana" dos textos e livros tomados por sagrados. Quando Porfírio ridicularizava as atribuições tradicionais, sobre data e autoria, de textos da *Tanak* e do Novo Testamento e os vinculava a modelos literários "pagãos"; ou quando João Damasceno caçoava dos que levavam a sério textos de um tal *Muhammad* como se fossem divinamente inspirados: ao lançarem invectivas, entre irônicas e sarcásticas, contra textos e livros sagrados "dos outros", mal podiam imaginar que elas inspirariam novos movimentos da investigação sobre estes e outros conjuntos textuais.

2. Sacralização de livros. A descrição estilizada encontrada na *Tanak* judaica (2 Reis, capítulos 22 e 23) serve de parâmetro para se pensar sobre como a alguns livros pode ter ocorrido algo similar ao que se deu com o Deuteronômio, cuja parte central (seus atuais capítulos 12–26) veio a se tornar "canônica" para o Israel/Judá de fins do século VII a.C. Processos desse teor costumam ser nebulosos, e dificilmente revelam suas entranhas. Assim, a narração convencional muçulmana, ao sugerir que o califa *Uthman* (em meados do século VII de nossa era) estabeleceu uma versão modelar e oficial do texto do *Corão*, que coletava com precisão a totalidade das revelações comunicadas pelo anjo Gabriel a *Muhammad* e por este repetidas sem erro durante os tantos anos de seu ministério, é interessante principalmente pelo que deixa escapar em suas bordas: a existência de versões alternativas e concorrentes dele. Cabe, portanto, pensar nas "políticas de canonização" daqueles livros que, justamente por elas, foram feitos "sagrados". A escolha deles tem a ver com características inerentes (seus conteúdos) e também exteriores, a saber: circunstâncias que "pedem" tais canonizações. Por outro lado, uma noção estreita de cânon como a que emerge no mundo médio-oriental é pouco adequada para a consideração de religiões como o Hinduísmo e o Budismo. Assim, as pontuações seguintes demandam ser cuidadosamente verificadas, nos detalhes e matizes particulares, em cada contexto histórico e processo cultural-religioso.

A canonização de escrituras visa fixar seus conteúdos, a serem reproduzidos nas mais variadas circunstâncias. São palavras ancestrais, autênticas, capazes de gerar história ao serem reiteradas. Ao menos em princípio, "tudo o que o texto diz possui, por excelência, validade normativa, e [...] tudo aquilo que exige uma validade normativa deve poder identificar-se com o sentido de tal texto". As implicações são importantes: "[...] o texto não pode ser continuado ou ampliado; pelo contrário, daí para frente todo sentido ulterior deve depreender-se do próprio texto. Esta clausura condiciona sua forma, que fica assim fixa na materialidade do texto. [...] Com a forma acabada se olvida o porvir histórico do texto" (Assmann, 2008, p. 90s). Mas entre sua pretensão de "fixar" e sua efetividade existem muitos meandros, possibilidades e percalços; por exemplo, judeus e samaritanos têm versões significativamente diversas da *Torah*. O Evangelho segundo Marcos das bíblias atuais contém uma conclusão ausente dos testemunhos escritos mais antigos de que dispomos desta obra (século IV). O Papa Sixto V (em fins do século XVI), para estabelecer para o mundo católico um texto bíblico único, afirmou-se revestido de assistência divina que lhe permitiria decidir, entre as tantas versões do "mesmo" texto trazidas pelos inúmeros manuscritos, qual melhor corresponderia à doutrina verdadeira. Já os "versos satânicos", celebrizados por Rushdie, teriam estado presentes em alguma edição do texto corânico? De que tipo de falsificação a erudição xiita acusava aquele *Corão* que rumava para se tornar, após uns tantos séculos, "padrão"?

A partir destas ponderações e ressalvas se pode acompanhar Croatto (2002, p. 467-498), que, reconhecendo a importância da fixação das escrituras para judeus e cristãos, trata de dinâmicas similares que se tenham dado alhures, com duas considerações principais. Primeiramente, os processos de canonização ocorreram em meio a conflitos internos ao grupo religioso, e outros que o envolviam a forças externas a ele. Reagem a crises. O Judaísmo, por exemplo, viveu a fixação "definitiva" da *Tanak* em meados do século II de nossa era, impactado pela segunda destruição de Jerusalém pelos romanos (135 d.C.) e a dispersão dos judeus pelo mundo. Por outro lado, tensões com grupos – inclusive alguns vinculados a Jesus – que cultivavam vivências alternativas àquelas encampadas pelos esforços em reconstruir a identidade sociorreligiosa judaica explicam por que textos de uso significativo nas sinagogas da diáspora, de fala grega, e outros que traduziam certas expressões de misticismo acabassem sendo excluídos. Já o processo que resultou no Novo Testamento cristão foi longo, desde Marcião (meados do século II), que sugeria a identidade cristã definida num *corpus* literário bem limitado, despido de quaisquer referências à *Tanak*, até a fixação dos vinte e sete títulos que hoje o compõem, mais de dois séculos depois. Aqui as tensões opunham setores que se entendiam como ortodoxos e outros tomados como gnósticos, ebionitas, encratistas etc. Por outro lado, o Apocalipse de João só avança rumo à canonização após interpretações dele afastarem qualquer potencial de cunho milenarista ou de contestação ostensiva ao poderio romano. As discussões reaparecerão em momentos de agudização de conflitos: dissensões decorrentes das reformas do século XVI repercutirão na definição dos cânones católico e evangélico.

No caso do *Avesta*, a fixação de seu teor, de matrizes bem anteriores, se deu em meio a embates de zoroastristas com judeus, cristãos e particularmente maniqueus. Já no caso da forma final do *Corão*, para além do já mencionado empreendimento de *Uthman* para estabelecer "o" texto, a tradição muçulmana reconhece intervenções posteriores de califas visando estabelecer o teor que teimava em reproduzir-se em variantes. As discussões desse teor não teriam terminado antes do século X, época provável da seleção das variantes de leitura que seriam, a partir de então, as únicas autorizadas para o ensino e as práticas cultuais, visando a um texto único do *Corão*, a que a própria tradição xiita acabou por se submeter. Outras recensões que ainda circulavam foram proscritas.

O segundo aspecto que Croatto destaca de alguma forma decorre do anterior: a relação entre processos de canonização e a busca de unidade doutrinária e organização religiosa. No caso do Cristianismo, a definição do cânon do Novo Testamento se foi dando em meio a intensos conflitos que haveriam de redundar num sistema religioso visto como ortodoxo (e cada vez mais consolidado por meio de elementos extracanônicos, como os concílios dos séculos IV e V, verdadeiras chaves interpretativas dos referidos textos). Por outro lado, justamente esse vínculo estreito entre cânon e unidade organizacional faz perceber que, na ausência – ou presença menos incisiva – desta última, também os processos de canonização, se ocorrem, se dão com menos intensidade e/ou maior flexibilidade. O caso do Hinduísmo é exemplar: ele não se marca pela unidade doutrinária, nem por uma uniformização de ordem institucional. Justamente aí o reconhecimento das "Escrituras" é bastante fluido, e, mais do que um livro, há um núcleo básico fundamental, *sruti*, inspirador de toda uma literatura *smrti*. Mas se para todos os hindus as quatro coleções de *Vedas* e os *Upanishads* são *sruti*, haverá facções que não reconheçam esta condição aos épicos *Mahabharata* e *Ramayana*. E, além do "cânon *pali*", há vários outros no multifacetado universo budista, bem como distinções quanto ao entendimento do que seja o "canônico": pluralidades que, afirmadas em meio a tensões e conflitos, ilustram flexibilidade e pragmatismo⌀ na adaptação⌀/invenção das tradições.

Assim, é considerando contextos ao mesmo tempo complexos e distintos que cabe investigar como e com qual intensidade e variações os processos de canonização terão estabelecido, aos textos feitos escrituras – e assim reconhecidos –, os marcos seguintes: "Resistência ao tempo: busca-se salvar alguns elementos da tradição da temporalidade e da mudança; Des-historicização: garantir-lhes expressividade imediata e significação em todos os contextos sem mediação histórica; Institucionalização⌀: a tradição preservada é confiada a grupos específicos, que se configuram no vínculo com ela; Normatividade: estabelecimento de um caráter paradigmático e obrigatório às partes da tradição em questão; Identificação: reforço da coesão de um grupo e da consciência⌀ de pertença a ele; Retrospecção: a canonização implica a consciência⌀ de declínio e distância em relação às origens" (Adriaanse, 1998, p. 313-314).

Ou seja, as escrituras reforçam significativamente a definição da identidade religiosa, acentuam a coesão interna em torno de elementos da tradição que agora se veem "formatados", feitos referenciais para o sistema religioso em questão, em seu arcabouço mítico-doutrinário, em suas expressões rituais e no *éthos* que o caracteriza. Entender por quais caminhos elas vieram a assumir o lugar diferenciado que ocupam exige jogar luz sobre processos que as instituições religiosas⌀ em questão – e seus intelectuais – nem sempre estão dispostas a considerar com a objetividade exigida.

3. Rastros de escrituras na História. Histórias diversas e experiências acidentadas geraram as escrituras; assim, não é agora que tudo começa; mas agora elas começam a fazer história como tais, nas explorações de suas mensagens, feitas pontos de partida, nos múltiplos impactos que produzirão, apontando veios caudalosos referidos à construção de identidades religiosas em permanente dinâmica. Os significados, efeitos e funções dos livros sagrados podem ser considerados, segundo Watts, nas dimensões semântica, performativa e icônica. A eles ocorre algo como uma ritualização constante, que as deixa patenteadas; elas que muitas vezes se manifestam simultaneamente. Acrescente-se a isso que os livros "funcionarão" como escrituras não apenas no campo especificamente religioso, mas para além dele: suas marcas, impressões e rastros serão encontrados em âmbitos da vida – à primeira vista inimagináveis – das sociedades e de seus sujeitos particulares.

a) Semântica. Considera-se aqui "o significado do que está escrito, e isto inclui todos os aspectos da interpretação⌀ e comentário, bem como apelos a conteúdos do texto na pregação e outras formas de retórica persuasiva" (Watts, 2006, p. 141). Ela tem merecido a maior atenção por parte dos estudiosos, até porque ela recebe a mais acentuada ênfase por parte das próprias tradições religiosas que se nutrem de seus livros sagrados. Tarefa das mais desafiadoras, já que todo o texto (quanto mais um que se toma por sagrado), mesmo com sua forma escrita estabelecida, comporta "reservas-de-sentido" (Croatto⌀). Seu impacto deriva não tanto do sentido pretendido por seu autor e eventualmente captado por seu primeiro destinatário, mas dos "rastros", diria Gadamer⌀, que ele vai deixando atrás de si ao ser retomado, relido, ressignificado; há quem fale de "ditadura do sentido literal" (Certeau), que impede que leitores de tantas conjunturas de tempo/espaço e trajetórias particulares e comunitárias de inimagináveis perfis sejam vistos como os meios que possibilitam ao texto ser eficaz. De forma que a pretensão da instituição religiosa será a de controlar a interpretação⌀, neste cenário – caótico, aos olhos dela – de manipulação do "nariz de cera" próprio aos textos e livros, que "pode ser projetado em diferentes sentidos" (expressão do medieval Alain de Lille); afinal de contas, diria Shakespeare, até o diabo cita a *Bíblia*... Uma disputa sem tréguas, de múltiplos lances, de que a lista que segue nem de longe é exaustiva.

• *Fixar o texto.* Verdadeiras disputas têm sido travadas, em variados cenários espaçotemporais, em torno dos contornos indefinidos de textos pretensamente fixados de modo definitivo. A já mencionada crítica textual faz pensar, seja quando busca reconstituir, pelo exame das variantes encontradas nos manuscritos de uma referida obra, a formulação original dela, seja quando toma a mesma pluralidade de versões como testemunho de como determinada obra ou passagem terá sido recebida nos variados contextos histórico-religiosos. Além do exemplo já citado, referente ao Papa Sixto V, bastem dois outros. O primeiro diz respeito a um acréscimo, produzido em algum momento do século III e motivado por querelas teológicas de então, de uma passagem hoje presente num dos quatro evangelhos da escritura cristã (Lucas 22,43-44, que mostra Jesus suando sangue quando se avizinha sua prisão). Nesse caso,

LIVROS SAGRADOS

como em outros, o que veio a ser fixado foi um texto diferente do que terá sido o "autógrafo" do escritor de dois séculos antes. O outro exemplo refere-se ao *Corão* islâmico, impresso apenas no fim do século XVIII: é uma versão dele, de 1923, baseada em uma das "sete leituras" tradicionais – derivadas de os textos, nos primórdios, não portarem sinais vocálicos – que se tornou padrão e referência geral. As perspectivas de investigação desse *corpus* e suas histórias só se abrem; com efeito, mal se podem imaginar os resultados de um enfrentamento que apenas começa a ser feito, entre dificuldades e temores: o cotejo entre materiais tão antigos, datados dos séculos VII e VIII de nossa era – pense-se, por exemplo, nos chamados **"Papéis de Şan'ā'"** ou nos da "Coleção Mingana" – contendo versões de passagens do *Corão* que são distintas daquilo que hoje é tido como único e imutável.

• *Cercar o texto*. Se definir a letra exata do texto parece tarefa destinada ao fracasso – mas nem por isso ela deixa de ser exercida –, fechar a "obra aberta" nas significações virtualmente infinitas possíveis a partir de sua reserva de sentido é outro desses empenhos para cuja realização se recorre aos mais inusitados meios. Então será preciso restringir ou mesmo suprimir a leitura do texto (as dificuldades colocadas a uma aproximação ao "erótico" *Cântico dos Cânticos*, na Idade Média, se tornaram proverbiais). Evitar que ele seja citado: a regra de vida que Francisco de Assis propôs ao grupo formado ao seu redor sofreu a censura romana pelo excesso de citações dos evangelhos a embasá-la.

Outra tendência, verificável em certos contextos, é a da resistência à tradução dos livros sagrados. Vertê-los implicaria inseri-los nos processos experimentados pelas línguas vernáculas, sempre dinâmicos e cambiantes, capazes, ao final, de comprometê-los. Assim, Zoroastro não pode ser traduzido; busca-se conservar a tradição védica na língua ancestral; apenas o *Corão* em árabe pode ser dito propriamente "palavra de *Allah*"; a autorização para bíblias no vernáculo demorou muito no ambiente católico; e tradutores *outsiders* eram tomados como suspeitos e hereges. E se traduzir soa inevitável, que se o faça sob estreita vigilância. De novo o caso católico é exemplar: a primeira autorização para que a Bíblia fosse traduzida para o português – no fim do século XVIII – não se estendeu às notas explicativas que obrigatoriamente a deviam acompanhar: censuradas quando a primeira edição da obra foi publicada, foram substituídas nas publicações subsequentes. Outro exemplo, do mundo islâmico: edições bilíngues do *Corão* costumam trazer, no texto em língua vernácula, palavras em negrito que só os sabedores de árabe identificarão como adições sem correspondência no texto "original", inseridas para "facilitar" a leitura e o entendimento...

Um adicional a dificultar a eficácia de todas as estratégias direcionadas a manter sob controle os conteúdos dos livros sagrados e seus sentidos foi o advento da imprensa – a quem alguns quiseram atribuir a maternidade da Reforma℗ Protestante e seu acento no *Sola Scriptura* – que veio relativizar, até certo ponto, o acesso privilegiado aos livros sagrados de que gozavam sacerdotes, escribas e afins. Não se demorou a perceber o potencial contestador do acesso "democratizado" da Bíblia ("discutida até em tabernas!", lamentava-se Henrique VIII na Inglaterra da primeira metade do século XVI).

Sem imprensa, mas principalmente com ela, vale de forma geral o seguinte sumário: "[...] o trato com os textos canônicos pede que haja um terceiro, o intérprete, que intervém entre o texto e seu destinatário, libertando os impulsos normativos e formativos cativos na sacrossanta superfície textual. [...] Por isso é que no âmbito de uma tradição canônica surgem em toda a parte instituições para a interpretação℗, e por fim uma nova classe de elites intelectuais" (Assmann, 2008, p. 64).

Nem de longe esta restrição interpretativa se impôs definitivamente: a consolidação do texto não terá impedido inúmeras e criativas apropriações dele. Mas, parodiando o saber reconhecido no mestre William de Baskerville – aquele de *O nome da rosa* –, sempre foi escopo das instituições religiosas℗ definir o modo de ler os livros da escritura, e como pensar através deles. Expressão extremada e eloquente dessa obsessão pelo sentido único e verdadeiro dos conteúdos dos livros sagrados são as variadas formas de fundamentalismo℗, presentes em praticamente todas as religiões que têm presença marcante no cenário contemporâneo.

• *Quando livros leem livros*. O mesmo William de Baskerville constata que, "não raro, os livros falam dos livros". A situação que aqui interessa faz considerar escritos que orientam a interpretação℗ dos venerandos escritos. No mundo hindu: desde os *Vedas* até o *Bhagavad-Gita*, os livros mais recentes são expressões de um longo processo de compreensão das possibilidades e riquezas daqueles primordiais, relidos em tempos distintos e grupos diferentes. Por outro lado, "certos tipos da Palavra, como a literatura *sutra*, convidam ou virtualmente demandam comentários por causa de sua deliberada brevidade. [...] Outros tipos demandam comentários porque estão em sânscrito e por isso requerem um comentário em vernáculo de sorte a torná-los inteligíveis". Inúmeros textos denominados *Gitas* apelam ao *Bhagavad-Gita*, numa "tendência a envolver o novo no velho", que "é apenas um caminho que hindus têm trilhado com a Palavra, mas parece atravessar o âmbito completo do material 'escriturístico' hindu". O resultado é "um *corpus* acumulativo", que se constitui "progressivamente, tanto em número de obras como na própria estrutura interna de cada obra, e sumariza as distintas etapas de evolução e de concepções religiosas diferentes sem que se note contradição" (Tuñón, 2007, p. 24). No interior da tradição *Mahayana*, as palavras de Buda registradas nos antigos livros foram consignadas em doutrina lógica pela ação de importantes escolas como a de *Mādhyamika* (século II de nossa era). Os *midraxes* e *targumim*, no interior do Judaísmo, e os *Talmudim* babilônico e palestinense – obras que recolhem séculos de debates e discussões sobre os sentidos dos textos da *Tanak* – preparam processo semelhante, bem como as disputas entre as escolas cristãs de Antioquia e Alexandria, nos séculos III e seguintes, sobre a perspectiva hermenêutica$\wp$ básica a ser aplicada a suas escrituras. No Islã dos primórdios, enquanto fluíam as tradições, entre orais e escritas, que formariam o *Corão*, também ganhavam vida os já citados *hadiths*, que seriam vistos como interpretações de versículos do livro sagrado e como vetores a filtrar algumas leituras e orientar outras, num processo de múltiplas possibilidades de desdobramento. Obras foram escritas em distintas direções hermenêuticas$\wp$, tanto para sugerir ir além da letra do *Corão* para se descobrirem as verdades nele comunicadas, mas ocultas a mentes despreparadas, como para indicar que nele se visse a concretização de todas as promessas, como as encontradas na *Tanak* e no Novo Testamento. Ou ainda para apontar que o *Corão* é uma unidade, cujas partes devem ser compreendidas na relação umas com as outras. Não é preciso dizer que, na maioria das vezes, textos produzidos para "fechar" o sentido daqueles veneráveis a que estavam referidos só fizeram "abri-lo" ainda mais.

• *Ouvidos que leem*. Mas não há apenas o universo restrito das letras que pelejam com letras. Cabe perguntar pelos ecos das escrituras no infinitamente mais amplo âmbito da sua recepção popular, predominantemente oral. Vejam-se as comunidades de negros escravizados nos Estados Unidos; a Bíblia fomentou aí, entre tantas outras, atitudes de rebeldia; os sonhos de liberdade nessa vida e/ou na outra bebiam das narrativas sobre o êxodo dos hebreus: "Moisés se tornara Jesus, e Jesus se tornara Moisés; e, nessa fusão, os dois aspectos da busca religiosa dos escravos, libertação$\wp$ coletiva enquanto povo e redenção de seus terríveis sofrimentos pessoais, tornaram-se uma só coisa, pela mediação do poder criativo que se manifesta com tanta beleza nos *spirituals*" (Genovese, 1988, p. 365). Já para o séquito de Antonio Conselheiro, a terra prometida dos hebreus ganhou perfil diferenciado, em adequação ao contexto sertanejo em que e do qual seu Belo Monte surgiu: um rio de leite corre por ali, e seus barrancos são de cuscuz de milho (Vasconcellos, 2015, p. 184-192).

b) Livros em atuação. Escrituras atuam como tais também pela *performance*: a) de suas palavras, o que inclui ritualizações e leituras, públicas e em particular, e ainda memorização e recitação de textos:

palavras que são cantadas, versos que são inscritos, por caligrafias$\wp$ entre rudes e monumentais, em paredes de palácios como os de Alhambra, templos ou cavernas; récitas do *Corão* motivam competição no Irã; b) de seus conteúdos, que são dramatizados, tornados representações teatrais ou películas fílmicas. Representações de cenas bíblicas constituíram o teor dos diversos exemplares de *Biblia pauperum* produzidos em fins do medievo, destinados tanto a curas de empobrecidos como a pessoas analfabetas. Termos ou expressões das escrituras reconfiguram geografias: doutra forma, pergunta-se Kehl (veja Bibliografia), como se entenderiam os símbolos e nomenclaturas estruturantes do processo da fundação, por Nóbrega e Anchieta, do que séculos depois seria a metrópole de São Paulo?

São mesmo várias as formas de se refazerem fraseados tomados por supra-humanos, palavras com poder, caídas do céu, adquiridas em sonhos, ditadas por anjos, frutos de particular iluminação, intuição ou inspiração$\wp$. Expressões artísticas há que, ao se apossarem delas, por vezes transgridem e mesmo subvertem os sentidos em que continuamente se pretende encerrá-las. Estudiosos como Frye e Kuschel têm mostrado escrituras inspirando escritores, que acabam por conferir a elas potencialidades inimagináveis em suas obras literárias: assim como Homero repercute em Virgílio e Camões, a Bíblia reverbera num sem-número de peças literárias. No campo da música$\wp$ recordem-se o *Go down, Moses*, imortalizado por Armstrong, e as caricaturas de cenas bíblicas no *Porgy and Bess*, de Gershwin. Por outro lado, um monumento como o oratório *Messias* estava comprometido tanto com uma peleja em torno da verdadeira interpretação$\wp$ das escrituras cristãs – especialmente para Charles Jennens, que fez seu libreto combinando engenhosamente versículos bíblicos em torno do que ele tomava, acompanhando a tradição mais ortodoxa, como o eixo do livro sagrado cristão – como com a comunicação de uma mensagem não verbal por Händel, capaz, de um lado, de alimentar furores imperialistas em nome da difusão da Palavra de Deus pelos rincões pagãos do mundo e, de outro, já em tempos vitorianos, atrair aqueles a quem o obsessivo apelo ao rigorismo moralista pareceria obscurecer o misterioso e o belo da proposta religiosa. Já o mundo hindu ilustra por dois modos distintos o caráter performativo dos veneráveis textos: a) nem sempre eles precisam ser entendidos: "*mantras* não '*significam*' nada no sentido semântico e etimológico convencionais. Antes, eles significam *tudo*" (Coburn, 1989, p. 119 [destaques do autor]); b) o quase monopólio exercido pelos brâmanes sobre os escritos *shruti* fez da literatura *smrti* algo de maior acesso e apelo populares justamente pela via das *performances*, a que têm sido submetidos épicos como *Ramayana*. Acentue-se o surpreendente das possibilidades performativas de

LIVROS SAGRADOS

um texto: a enigmática "sutra do coração" compõe rituais populares de exorcismo℗ no Budismo tibetano, para horror de letrados.

c) O livro como ícone. Livros sagrados costumam ser tomados como objetos diferenciados, seja na forma de sua confecção, seja no tocante à sua conservação e mesmo ritualizações que se façam em torno e em honra deles. Rolos da *Torah* revestidos, *Vedas* acompanhados de ilustrações, volumes da *Bíblia* com capas adornadas de joias, exemplares do *Corão* com grafia altamente estilizada. Escritos colocados em pedestais ou (depois que a imprensa ampliou a possibilidade de aquisição do livro) em lugar destacado da casa (o livro *sikh Adi Granth* exige um lugar específico, que tanto o proteja como exiba), ou num recôndito mais íntimo e "sagrado", como pode ser a bolsa de trabalho de alguém. Corões nunca podem ser postos no chão, e o descarte de rolos da *Tanak* exige providências meticulosas, de que as repartições das sinagogas nomeadas *Genizah* são a melhor ilustração.

A tais objetos não poucas vezes são atribuídos poderes mágicos, talismânicos. Versículos bíblicos são reproduzidos em papelotes que acompanham o fiel. Frases corânicas, feitas amuletos, foram encontrados nos bolsos das roupas de escravos malês aprisionados ou mortos em meio a uma rebelião escrava na Bahia oitocentista (Reis, 2005, p. 180-197), um cenário que pode ser visto na esteira daqueles da África subsaariana, em que se identifica um impacto poderoso do *Corão* sobre culturas predominante ou exclusivamente orais: o livro como base para ritos de adivinhação e confecção de filactérios, entre outras utilizações (Goody, 1999, p. 131-132). Também o avesso mostra esse caráter icônico das escrituras, nos rituais a que são submetidas em situações em que se pretende eliminá-las: queimas de corões na Península Ibérica de fins do século XV, ou de bíblias em momentos da história brasileira, entre os séculos XIX e XX, ilustram bem o caráter fetichista atribuído a elas.

Assim, ao trilharem caminhos variados dentro e fora das religiões que embasam e legitimam, ao serem tomados por registros escritos de palavras que comportam uma autoridade estabelecida nalgum plano supra-humano ("Está escrito", "Deus disse", "Então eu ouvi"), ao simbolizarem a verdade e o poder pretendidos pelas religiões que os assumem como fundantes, as escrituras deixam marcas tanto nas informações que comunicam, visando estabelecer certo modo de seus receptores se situarem na vida e perante o mundo, quanto nas chamadas a reposicionamentos pessoais e sociais.

* * *

Do pouco que se sabe sobre um livro, pensado como epitáfio de um sistema religioso agonizante quando a sua redação escrita, a que nos chegou, foi elaborada, se podem sumarizar os processos que envolvem as escrituras, incluindo tantas que aqui não foi possível nem sequer mencionar. O *Popol vuh* que conhecemos bem pareceria ser uma, mas isso justamente ele não terá pretendido. O registro em caracteres latinos – estranho sistema gráfico, transplantado e imposto – de memórias℗ ancestrais℗ de uma das tribos do mundo maia só se deu no anseio de que a cosmovisão que a sustentava não desaparecesse da lembrança, agora que chegaram os terríveis colonizadores castelhanos. Que mais não se perca daquilo que um dia foi alçado à condição de escrito sem que se saiba como e por quê. Um duplo deslocamento: das experiências vividas, únicas e efêmeras nas espaçotemporalidades que lhes davam razão de ser, ao escrito primordial; e dele se vai a outra escrita, estranha, "já dentro do Cristianismo, com o novo modo de escrever", trazido àquelas terras por temíveis caravelas de cruéis corsários, e produzido "porque já não se vê o *Popol vuh*, já não se entende o livro onde se referem estas coisas ['as antigas histórias do lugar chamado Quiché']. Existia o livro original, escrito antigamente, mas sua vista está agora oculta ao leitor e ao pensador" (versos 45-56; 1-2).

Então cabe lançar a este "livro original", pela via da testemunha posterior sobrevivente, as perguntas cruciais: De que práticas sociorreligiosas, de que experiências o escrito ancestral seria registro? Assinale-se que para sua redação teriam servido de fontes "um ou mais repertórios […] de tradições, notícias, fatos e normas, possivelmente escritos […], guardados e transmitidos dentro de um grupo social maia" governado por "uma assembleia de notáveis"; nela "eram recolhidas por escrito muitas das senhas de identidade, religiosas e históricas" (Rivera Dorado [org.], 2008, p. 176s [nota 4]). Concebida com algum propósito "canônico", quais motivações e circunstâncias, quais jogos de força e poder teriam inspirado esta redação? Quais sentidos ela deixou salientes, e quais outros foram obscurecidos no processo de interpretação℗? Quais práticas terá inaugurado ou estimulado, entre leitores "qualificados", na ritualidade religiosa e nas tramas do cotidiano? E quais processos se pode supor entre a primeira redação e aquela desesperançada? O registro contemporâneo de um ritual maia permite que as perguntas continuem a ecoar: "Como suas predecessoras de quinze séculos atrás, aquelas mulheres dançavam para santificar um momento de iniciação℗ em seu mundo. […] não seguiam ritos prescritos e ditados pelo costume local atual. Sinto que, recordando talvez cerimônias que presenciaram em sua infância, inventaram juntas uma nova cerimônia que consideraram adequada a seu propósito. E não apenas dançaram, mas leram do *Popol vuh*. E o que é mais importante: escolheram abençoar seu empreendimento não nos terrenos da igreja local, mas perto dos portais reverenciados que seus antepassados𝒫 construíram" (Schele, 2001, p. 231).

Como os conteúdos do *Popol vuh* terão logrado resistir assim, em palavras e ritos? A impossibilidade – por ora – de respostas não tira a pertinência desta questão e de outras a ela associadas, próprias do estudo das dinâmicas surpreendentes das religiões, dirigidas às tantas escrituras, testemunhas insubstituíveis de vivências ancestrais𝒫, na "edição" que lhes confere autoridade, e quanto a seu potencial de impactar e deixar rastros.

Bibliografia: ADRIAANSE, H. J. Canonicity and the Problem of the Golden Mean. In: KOOIJ, A. van der; TOOM, K. van dern (Ed.). *Canonization and Decanonization.* Leiden/Boston/Köln: Brill, 1998. p. 313-330; ASSMANN, J. *Religión y memoria cultural.* Buenos Aires: Lilmod/Libros de la Araucaria, 2008; COBURN, T. B. "Scripture". In: India: towards a Tipology of the Word in Hindu Life. In: LEVERING, M. (Ed.) *Rethinking Scripture*: Essays from a Comparative Perspective. Albany: State University of New York Press, 1989. p. 102-128; CROATTO, J. S. *Experiencia de lo sagrado*: estudio de fenomenología de la religión. Buenos Aires/Guadalupe: EstellaVerbo Divino, 2002; DELMAIRE, D.; GOBILLOT, G. (Ed.). *Exégèse et critique des textes sacrés*: Judaïsme, Christianisme et Islam hier et aujourd'hui. Paris: Geuthner, 2007; FRYE, N. *O código dos códigos*: a Bíblia e a literatura. São Paulo: Boitempo, 2004; GENOVESE, E. D. *A terra prometida*: o mundo que os escravos criaram. Rio de Janeiro/Brasília: Paz e Terra/CNPq, 1988; GOODY, J. *A lógica da escrita e a organização da sociedade.* Lisboa: Edições 70, 1987; GOODY, J. *The Interface between the Written and the Oral.* Cambridge: Cambridge University Press, 1999; GRAHAM, W. Scripture. In: JONES, L. (Ed.) *Encyclopedia of Religion.* 2nd ed., Detroit: Macmillan Reference, 2005. p. 8194-8205; GRESCHAT, H-J. *O que é ciência da religião?* São Paulo: Paulinas, 2005; KEHL, L. A. B. *Simbolismo e profecia na fundação de São Paulo.* São Paulo: Terceiro Nome, 2005; KUSCHEL, K.-J. *Os escritores e*

as escrituras: retratos teológico-literários. São Paulo: Loyola, 1999; LEVERING, M. (Ed.). *Rethinking Scripture*: Essays from a Comparative Perspective. Albany: State University of New York Press, 1989; PYYSIÄINEN, I. Holy Book: a Treasury of the Incomprehensible. The Invention of Writing and Religious Cognition. *Numen*, Leiden, 1999, v. 46, n. 3, p. 269-290; REIS, J. J. *Rebelião escrava no Brasil*: a história do levante dos malês em 1835. Ed. revista e ampliada. São Paulo: Companhia das Letras, 2005; RIVERA DORADO, M. *Popol vuh*: relato maya del origen del mundo y de la vida. Madrid: Trotta, 2008; SAWYER, J. F. A. *Sacred languages and Sacred Texts.* London/New York: Routledge, 1999; SCHELE, L. Darle alma al mundo y elevar el árbol. In: FREIDEL, D.; SCHELE, L.; PARKER, J. *El cosmos maya*: tres mil años por la senda de los chamanes. México: Fondo de Cultura Económica, 2001. p. 229-253; SMITH, W. C. *What is Scripture?* A Comparative Approach. Minneapolis: Fortress Press, 1993; SMITH, W. C. The Study of Religion and the Study of the Bible. In: LEVERING, M. (Ed.). *Rethinking Scripture*: Essays from a Comparative Perspective. Albany: State University of New York Press, 1989. p. 18-28; TREBOLLE BARRERA, J. *A Bíblia judaica e a Bíblia cristã.* Petrópolis: Vozes, 1995; TUÑÓN, J. M. M. Los libros sagrados del Hinduismo. In: PIÑERO, A.; PELÁEZ, J. (Ed.). *Los libros sagrados en las grandes religiones*: Los fundamentalismos. Córdoba: El Almendro, 2007. p. 21-58; VASCONCELLOS, P. L. *O Belo Monte de Antonio Conselheiro*: uma invenção "biblada". Maceió: Edufal, 2015; WATTS, J. The Three Dimensions of Scripture. *Postscripts*. Sheffield, v. 2, n. 2-3, p. 135-159, 2006.

Pedro Lima Vasconcellos

LUHMANN, NIKLAS → Funcionalismo → Sociologia da Religião

M

MAGIA

"Magia" é um termo pouco explorado, quando não negligenciado, pela Ciência da Religião☞. Poucos são os estudos específicos sobre magia, assim como as publicações em revistas e apresentações de trabalhos em congressos da área. Em grande parte das vezes, aparece em contraposição à religião. Em outras, está ligada à ideia de promoção de malefícios, enquanto sua congênere religião☞ estaria voltada à prática do bem. Tanto quanto a religião☞, o termo "magia" está profundamente relacionado à construção histórica de um conceito. Assim, não há sentido em se afirmar uma essencialidade relacionada à magia.

Para muitas sociedades inexiste uma definição ou até mesmo a denominação de magia. Aquilo que entendemos por este termo se encontra profundamente arraigado no cotidiano dessas culturas, não se distinguindo dos aspectos ordinários nem mesmo daqueles identificados com uma esfera sagrada, considerado campo próprio das religiões. Portanto, há de se perceber que para compreender o que é magia, e consequentemente os estudos científicos de magia, é preciso localizar historicamente o conceito. É necessário um esforço, de igual monta, para separar os estudos sobre magia efetivados pela Ciência da Religião☞ daqueles produzidos pelos praticantes e estudiosos *insiders*. Para esta ciência, não há razão para separar magia de religião. Ambas fazem parte de um mesmo universo do campo das crenças☞ e de comportamentos daí advindos. Ao contrário, a distinção entre magia e religião☞ interessa aos crentes e praticantes na medida em que cria os contornos e limites de um e de outro. Essa construção não é livre, de maneira alguma, de ideologias☞ e preconceitos☞. No entanto, os estudos de religião, a Antropologia e mesmo a Filosofia têm tratado magia e religião☞ como fenômenos distintos, acabando por reificar os conceitos.

Tal qual para religião☞, qualquer definição conclusiva sobre o que é magia se torna não apenas inútil como insuficiente. Veremos, mais à frente, como essas definições se constituíram em oposição à religião☞, sendo esta algo relacionado à devoção aos seres divinos na esperança de que estes resolvam os problemas que afligem os seres humanos e a magia à manipulação das forças da natureza (ocultas ou visíveis), por parte do agente mágico, em prol das soluções dos mesmos problemas. Outra oposição sempre recorrente define a religião☞ como algo público, coletivo e social e a magia como algo recôndito e individual. Forte, ainda, é a relação que se estabelece muitas vezes entre magia e ciência numa aproximação despudorada, relacionada ao campo do natural, excluindo a religião☞ para as margens de uma crença☞ pueril e sobrenatural ou mesmo invocando à magia uma ciência ainda a ser reconhecida. Middleton, na famosa *Encyclopedia of Religion* editada primeiramente por Mircea Eliade☞, ensaia uma definição que, de certa forma, vai ao encontro do nosso senso comum sobre o que entendemos de magia. Para esse autor, magia é uma ação distinta das demais ações cotidianas e que envolve algum tipo de ritual na pretensão de provocar certos eventos ou condições, seja na natureza, seja entre as pessoas (Middleton, 2005, p. 5562). Na magia, diferentemente da ciência, a relação de causa e efeito entre o ato e a consequência é de ordem mística☞. Os atos compreendem algum tipo específico de ação, como manipulação de objetos e recitação de fórmulas verbais ou feitiços. Tal definição pode satisfazer a leigos☞ e cientistas, mas alimenta ainda mais a noção de magia como algo reificado e distinto da religião. Longe de esclarecer, pode mais confundir e enviesar nossa compreensão sobre o fenômeno. Percebe-se, assim, que a questão da magia é dotada de enorme complexidade e requer um olhar acurado por parte da Ciência da Religião☞.

I. A noção de magia ao longo dos tempos. Não é possível determinar o surgimento da magia, uma vez que ela encontra-se intimamente relacionada ao cotidiano dos povos. Destarte, pode-se dizer que a magia existe desde que o ser humano se constitui como tal. No entanto, o que podemos verificar é o surgimento da noção de magia. Uma constante que se apresenta é o fato de que o termo "magia" está invariavelmente relacionado às práticas do *outro*, daquele que não é do grupo, daquele que é diferente. Em geral, essas ações são vistas enquanto equívocos ou ameaças. O termo "magia" surgiu inicialmente na Grécia antiga e se configurou em oposição ao pensamento religioso da época. Entre os séculos VI e V a.C. já se estabelecia a noção de magia identificada com as práticas e crenças☞ consideradas supersticiosas. A palavra "magia" surge a partir do termo designado a seu agente, ou mago (μάγος/**magos**), tomado emprestado do persa *magus*, sacerdote zoroastra. Naquele período, o termo era depreciativo e designava os estrangeiros e as mulheres que praticavam atos considerados falsos e em desacordo com as práticas religiosas de então.

Na Roma antiga, no início da Era Comum, a magia estava relacionada aos grupos cristãos, vistos como estranhos e pouco romanos. Após a consolidação do

Cristianismo, a magia começou a receber um novo estigma, o de estar relacionada a atividades demoníacas. A magia de então eram as práticas dos pagãos, tidas como falsa religião, em oposição à verdadeira religião, o Cristianismo. Exceção a isso se encontrava na *magia naturalis*, reconhecida como uma prática ligada às forças ocultas da natureza e, portanto, não às forças demoníacas. Após a Reforma Ɛ Protestante, os católicos foram identificados com os praticantes da falsa religião, principalmente pela devoção aos santos. As denominadas ciências ocultas, surgidas em torno do século XVI, também receberam forte oposição dos protestantes, pois traziam a ideia de um ressurgimento do paganismo. A emergência da ciência moderna contribuiu para relegar as ciências ocultas, por conseguinte a magia, ao obscurantismo antinatural. O racionalismo do Iluminismo Ɛ rejeitava qualquer forma de pensamento tido como irracional ou supersticioso. É nesse contexto que o processo de colonização do europeu sobre os demais povos do planeta levou à identificação direta da magia com as práticas ditas selvagens. O chamado "primitivo", habitante das terras exóticas e distantes, era incivilizado e portador de um pensamento irracional. Nesse caso, a religião Ɛ seria oriunda de um alto grau de racionalidade e civilização, enquanto o *primitivo* significaria o selvagem, e seu próprio *status* de ser humano estava em questionamento.

Esse breve relato demonstra como a magia foi considerada, na maioria das vezes, a religião do outro, estigmatizada e definida como pensamento errôneo. A cada época recebeu a roupagem ideológica de então. Hão de ser ressaltados, no interior do pensamento ocidental, alguns movimentos surgidos desde o Renascimento, como as já mencionadas ciências ocultas, que vão procurar outras formas de conhecimento, à margem da religião cristã estabelecida, utilizando forças não empíricas. O avanço da ciência moderna fez com que vários desses grupos procurassem, naquilo que consideravam forças da natureza, as raízes para um novo pensamento mágico. Esses momentos foram significativos, pois estabeleciam uma valorização da magia. Surge um discurso proselitista, desafiador da religião hegemônica, de certa forma misturado com as descobertas científicas de então. O final do século XVIII e, principalmente, o século XIX são palcos de muitos desses discursos. Entre esses podemos citar o magnetismo animal de Franz Mesmer (1734-1815), o esoterismo de Eliphas Levi (1810-1875), a teosofia de Helena Blavatsky (1831-1891) e até mesmo o Espiritismo de Allan Kardec (1804-1869). O que se buscava, apoiado nas descobertas científicas da época, era a manipulação de forças ocultas da natureza em prol do ser humano. Nesse sentido, não há aqui uma desvalorização da magia ou sua atribuição a coisas malignas ou equivocadas. Tratava-se de um posicionamento em defesa da magia. Todos esses movimentos foram

fortemente criticados pelas Igrejas Ɛ cristãs. Cabe ressaltar, ainda, as novas espiritualidades Ɛ e a Nova Era. Muitos dos grupos que defendem a elevação do *Self* através de práticas espiritualizadas praticam abertamente o que denominam de "magia". A Wicca, religião neopagã e autointitulada mágica, é forte exemplo desse fenômeno.

Anterior a todo esse processo, mas de certa forma na mesma direção, podemos incluir a alquimia, surgida com esse nome no Ocidente a partir do século XII. Embora suas origens possam ser traçadas desde tempos bem mais distantes, até mesmo em localidades do Oriente, como a China, foi na Idade Média que essa corrente mágico-esotérica ficou mais conhecida. Com outros nomes e não necessariamente com os mesmos objetivos, a prática da alquimia tem sido identificada em diferentes regiões do globo e em épocas bastante distintas. Em todas elas sempre houve uma forte ligação com as tradições esotérica e mística Ɛ.

O objetivo principal da alquimia é a obtenção da Pedra Filosofal, de caráter místico, que tornaria possível a transmutação de metais em ouro, e também um elixir que garantiria a imortalidade. Até hoje há muitos que defendem ser a alquimia um processo científico e não religioso, ou no mínimo relacionado às ciências ocultas. No entanto, dadas as suas características místicas Ɛ, não é possível compreender a história da alquimia separada dos ambientes mágico-religiosos. Para muitos, como nos tempos atuais, trata-se de uma simples metáfora Ɛ para a alteração da consciência Ɛ da pessoa que busca a transmutação. Esta é a visão disseminada pelas novas espiritualidades Ɛ individualizadas do começo do século XXI, bastante difundidas em meios de comunicação e literatura, como os livros de autoajuda ou do autointitulado mago Paulo Coelho (1947-), famoso escritor que publicou, em 1988, *O Alquimista*, livro brasileiro mais vendido de todos os tempos. Também em tempos contemporâneos, há quem defenda que a alquimia esteja relacionada às ordens herméticas e sociedades ocultas, como a ordem Rosacruz. A magia hermética, atribuída aos escritos de Hermes Trismegisto (pensador egípcio que teria vivido no século XIV a.C. ou até antes), tiveram forte influência na configuração da alquimia. A partir dos séculos XIX e XX, grandes nomes ligados à magia e ao esoterismo aprofundaram os estudos da relação entre alquimia e esoterismo, como o já citado Eliphas Levi e Aleister Crowley (1875-1947), fundador da ordem secreta *Golden Down* e influenciador de vários movimentos e personalidades até os dias atuais.

É inegável a contribuição dos alquimistas no desenvolvimento da moderna ciência da química. Entre essas podemos citar o isolamento do mercúrio, a descoberta do *aqua vitae* (álcool) e dos ácidos minerais. Dado o caráter de ciência oculta, as descobertas da alquimia sempre estiveram envoltas em sigilos. Como tal, apenas os iniciados poderiam ter acesso às sabedorias alquímicas e os textos utilizam uma espécie de linguagem secreta, plena de metáforas e figuras fabulosas. Da mesma maneira que pressupõem uma mutação dos metais mais básicos ao ouro, os alquimistas acreditam que também o ser humano pode alcançar essa elevação, seja prolongando a vida, seja mesmo alcançando a plena espiritualidade. Nesse sentido, a busca da alquimia não é propriamente científica, mas espiritual. O alquimista acredita que aperfeiçoa a criação divina. Trata-se de um mito otimista baseado numa escatologia natural. A partir da revolução científica do século XIX, esses ideais foram sendo secularizados, muito embora os sonhos e os objetivos dos alquimistas não tenham sido abolidos. Migraram para a ideologia do progresso infinito e para o mito do cientificismo. Hoje esse discurso se funde com leituras simplificadas das ciências, notadamente da física das partículas. O novo alquimista não está mais preso a ordens iniciáticas. Através de um processo individual, de controle do espaço e do tempo e da relação entre energia e matéria, busca-se a plena transmutação pessoal em um ser espiritualizado perfeito e superior.

De maneira geral, podemos dizer que a visão sobre a magia tem sido muito mais forte no sentido de desaprovação e seu rebaixamento a algo primitivo ou equivocado. Para todos os efeitos, e na perspectiva dos estudos de religião, não é tão simples distinguir até onde vai o ato mágico e se inicia o religioso, ou vice-versa. Por exemplo, a um olhar exterior, ou de um concorrente religioso, a bênção ministrada por um sacerdote cristão pode ser vista como um ato mágico, assim como, aos olhares de um fiel, a água benta pode ser curadora de doenças. Muito embora esse sacerdote e esse fiel não vejam tais ações como mágicas, mas como intervenções divinas, o mesmo pode ser estendido a outros povos e suas práticas que invariavelmente são tidos pela ortodoxia religiosa como práticas mágicas. A história brasileira é plena de exemplos de como religiões de tradição africana foram estigmatizadas e combatidas como feitiçarias. Nos anos 1930, terreiros foram invadidos e destruídos pelo Estado. No presente momento, em pleno século XXI, as religiões afro-brasileiras são agredidas, física e moralmente, por ações de religiões cristãs evangélicas. Muito disso se deve à visão estigmatizada de magia que se tem sobre essas religiões. Entretanto, aos olhos de um estudioso é necessário reconhecer que as ações empreendidas em muitas das igrejas pentecostais, como as sessões de descarrego, ou as curas por benzeção entre fiéis católicos, ou mesmo as denominadas "curas energéticas" da Nova Era, são de natureza similar. O mesmo pode-se aplicar às práticas mágico-religiosas dos povos indígenas. Como anteriormente afirmado, desde o início da colonização eram vistas como retratos de primitivismo ou atraso intelectual, servindo como justificativa para uma dominação das metrópoles brancas e cristãs sobre outras etnias. Até hoje, muitas igrejas utilizam esse discurso para justificar uma ação missionária que, em última instância, afeta profundamente as culturas locais.

Em suma, o que podemos perceber é que a noção de magia é, na maioria das vezes, uma visão que se tem sobre o outro na perspectiva de desmerecê-lo e rebaixá-lo, e que a distinção entre magia e religião é muito mais sutil do que parece ser à primeira vista. O estudo sobre a magia depende, antes de tudo, dos significados e conotações a ela empreendidos ao longo da história. No entanto, a própria Ciência da Religião e demais estudos científicos sobre a magia e a religião acabaram por reificar esses conceitos, gerando uma grande confusão teórica que perdura até hoje. Hanegraaff (2016) aponta o fato de que a constituição da tríade magia-religião-ciência está na raiz desses problemas. O grande erro é o fato de atribuir a toda a humanidade esses três tipos de conhecimento fundamentais. Nesse sentido, criou-se uma realidade que acaba por gerar uma distinção fundamental entre os povos que pensam, e agem, magicamente, daqueles que pensam cientificamente. Colocou, ainda, a distinção abissal entre magia e religião, uma falsa e perigosa, outra verdadeira e redentora. Cabe ressaltar, ainda, o aspecto da amplitude do conceito de magia. Afinal, vários elementos da vida humana acabaram sendo atribuídos, por exclusão ou intencionalidade, à magia. Nesse campo acabou entrando uma plêiade de fenômenos muito distintos, tais como: feitiçaria, prática da maldade, ações demoníacas, curas medicinais, ocultismo, superstição, divinação, oráculos, misticismo, irracionalidade, paganismo, idolatria, fetichismo etc. Faz-se necessário olhar de maneira mais acurada para a formação do conceito a partir da constituição dos estudos de religião.

II. Visões teóricas sobre magia. Longe de se constituir como algo em si, a magia tem sido a construção de um determinado olhar sobre práticas e intervenções na vida cotidiana dos mais diferentes povos. Constitui-se, enquanto tal, um afastamento das crenças e ações dos outros povos em relação àquilo que se considerava verdadeiro no momento. Esse aspecto impactou fortemente as visões científicas sobre magia. Hanegraaff lembra que a evidente distinção entre magia e religião é um legado direto da teologia cristã e das polêmicas doutrinárias (2016, p. 396). Para esse autor, a sociedade ocidental considerou como religião o Cristianismo, enquanto relegou a magia à ideia de adoração demoníaca e idolatria pagã, ou seja, uma religião falsa. Tal perspectiva normativa e tendenciosa jamais deveria ter sido aceita por uma ciência supostamente neutra. Contudo, não foi esse o caso. A própria tríade magia-religião-ciência depende inteiramente de distinções normativas entre a "religião verdadeira" e a "falsa", bem como entre a ciência "verdadeira" e a "falsa" (Hanegraaff, 2016, p. 397). Portanto, magia é muito mais uma categoria polêmica de exclusão do que um instrumento imparcial de análise.

É possível distinguir três grandes perspectivas teóricas distintas sobre a noção de magia. Evidente que essa distinção tem muito mais um caráter analítico do que uma evidência empírica. Muitos trabalhos sobre magia utilizam elementos que são identificados com uma ou outra perspectiva, principalmente quanto às duas primeiras. A primeira corrente teórica diz respeito às obras dos primeiros estudiosos científicos da religião, principalmente antropólogos do século XIX. Essa perspectiva pode ser denominada de abordagem intelectualista. A segunda perspectiva é a relativista cultural ou também denominada de funcionalismo♀. Por fim, uma perspectiva mais atual, que ganhou bastante força nos últimos anos, é a abordagem cognitivista. Cabe aqui uma breve explanação de cada uma delas.

1. A teoria intelectualista da magia. A teoria intelectualista da magia pode ser assim definida, pois procura explicar a magia em termos de processos de pensamento. Edward Tylor♀ (1832-1917), um dos fundadores da antropologia britânica, não se preocupou especificamente com a magia, mas elaborou um pensamento centrado na análise das mentalidades como forma de distinção da cultura dos povos colonizados em relação ao então denominado europeu civilizado. Em sua obra referencial, publicada em 1871, *Primitive Culture*, introduz na academia o termo "animismo♀", aquele que seria para ele o primeiro estágio evolutivo da religião (Tylor, 1920). Fortemente influenciado pela visão evolucionista do século XIX, Tylor♀ considerava a magia como um estágio primitivo do desenvolvimento cultural de todos os povos. Enquanto o civilizado já teria deixado o pensamento mágico de lado, os nativos das colônias ainda estavam presos a essa forma de pensamento infantil. Para Tylor♀, o primitivo pensava em termos animistas porque não conseguia separar a realidade cotidiana do mundo dos sonhos, estendendo essa visão à não separação entre o mundo empírico do mundo espiritual. Essa visão estende a noção de alma♀ para todos os seres vivos e também a elementos do mundo natural, como plantas, rochas, montanhas, trovões, nuvens etc. Em seu pensamento, assim como no de seus contemporâneos, não havia uma preocupação em assinalar uma clara diferença entre magia e religião. A grande preocupação se dava em relação à ciência, visto que a magia era tida como um estágio primitivo e errôneo desta. O primitivo não seria capaz de distinguir entre a realidade objetiva e o mundo subjetivo, criando conexões ilusórias. O civilizado, por outro lado, saberia que essas conexões são apenas subjetivas, ocorrendo apenas na mente do observador, não na realidade.

Tylor♀ influenciou fortemente outros autores, sobretudo James George Frazer♀ (1854-1941), outro grande expoente do início da ciência antropológica. Da mesma perspectiva intelectualista que o primeiro, Frazer afirma que a magia se baseia em associações erradas de ideias, enquanto a religião♀ está fundamentada nas crenças♀ de entidades espirituais e a ciência, tendo-se emancipado de ambas, representa a visão da realidade válida e final. Frazer (1949) apresenta de forma sistemática suas ideias sobre magia na obra *The Golden Bough: A Study in Magic and Religion*, publicada em doze volumes entre 1890 e 1915. Foi responsável por uma das definições clássicas a respeito da magia. Considera que a simpatia é a característica necessária e suficiente da magia e que esta magia simpática está na base da maioria das superstições. Tratava a superstição♀ como um defeito intelectual que levava às disfunções do pensamento lógico. Para ele, a magia é um sistema de pensamento que pressupõe a ação regular e mecânica da natureza. Frazer percebeu que nas sociedades ditas primitivas o feiticeiro♀ acredita que, compreendendo as leis que regem o mundo, é possível controlar os fenômenos. Como na ciência moderna, a magia interferiria nos acontecimentos deste mundo e preveria fatos futuros.

A magia simpática baseia-se na associação de ideias por similaridade ou por contiguidade física ou temporal. Para Frazer, isso se devia a um erro de pensamento. Classificava a magia simpática em dois tipos: a homeopática, ou imitativa, ou seja, o semelhante age sobre o semelhante; e a contagiosa, quando estabelece uma relação, mesmo a distância, entre duas coisas que já estiveram em contato. Em ambos os casos temos uma relação direta entre causa e efeito. Se para Frazer a magia utiliza de maneira errônea o princípio de associação de ideias, então pode ser considerada como uma falsa ciência.

Segundo Frazer, a magia seria a primeira forma de pensamento humano. O primitivo procura controlar, por seus próprios meios, as forças da natureza. Após perceber que não consegue valer-se dessas forças, o ser humano abandonaria a magia para se ater à adoração de seres divinizados e superiores. Passaria, assim, a uma etapa mais evoluída, que, através da prece e do sacrifício♀ em nome desses deuses, o ser humano procuraria o caminho da salvação♀. Este seria o momento da religião. Quando, enfim, percebesse os limites da religião, o ser humano voltaria para o princípio da causalidade, mas agora não mais de maneira mágica, mas sim experimental e científica. Dessa forma, atingiria o grau mais evoluído, ou seja, a ciência moderna da civilização ocidental.

Tylor♀ e Frazer foram seguidos por muitos estudiosos também influenciados pela perspectiva evolucionista, tais como Andrew Lang (1844-1912), Wilhelm Wundt♀ (1832-1920) e Gerardus Van der Leeuw♀ (1890-1950). Este último, um dos expoentes iniciais da Ciência da Religião♀, sustentou que o mago acredita poder controlar o mundo externo pelo uso de palavras e feitiços.

Um ponto importante a enfatizar sobre a teoria intelectualista de magia, protagonizada por Tylor e Frazer, é que ela considera a ciência, e não a religião, a oposição intelectual da magia. Na magia há a crença em correspondências e analogias meramente imaginárias, através de forças invisíveis, em contraste com os mecanismos causais básicos reais da ciência. No entanto, diferentemente de seu antecessor, Frazer estabeleceu uma linha evolutiva entre elas que passaria pela religião. Dessa maneira estava estabelecida a tríade magia-religião-ciência que tanto influenciou pensamentos posteriores.

2. Relativismo cultural e funcionalismo. A virada para o século XX trouxe novas perspectivas teóricas que colocaram em xeque a visão etnocêntrica dos evolucionistas. A teoria intelectualista foi sendo deixada de lado e passou-se a analisar a magia a partir de uma perspectiva relativizadora. Não se tratava mais de colocar o branco, cristão e europeu no ápice da civilização, mas perceber que não há culturas superiores ou primitivas. Outras chaves analíticas foram utilizadas para dar conta da explicação não apenas da magia, mas dos comportamentos e da cultura como um todo. Esse empreendimento da Antropologia foi estendido aos demais estudos de religião. Essa perspectiva relativista também foi denominada de funcionalista devido, principalmente, à obra de seus principais iniciadores, que buscaram as explicações da vida social na função exercida pelas instituições, entre elas a religião e a magia. Os inauguradores dessa perspectiva foram os franceses Émile Durkheim (1858-1917) e Marcel Mauss (1872-1950).

Mauss, ao estabelecer o conceito de "fato social total", aprofundou a compreensão da cultura como campo multidimensional, formado pela integração de várias instâncias da vida social, entre elas a religiosa, a mística, a histórica, a econômica e a política. Nesse sentido, a magia deve ser compreendida como uma realidade total a partir das representações coletivas que a definem num determinado contexto particular. A vida social é um mundo de relações simbólicas, e os sistemas formados pelos símbolos são sempre construções coletivas. Uma ação individual só ganha sentido no conjunto mais amplo da vida social total.

Mauss e o estudioso de religiões comparadas Henri Hubert (1872-1927) escreveram uma obra seminal para os estudos sobre magia, *Esboço de uma teoria geral da magia* (Mauss; Hubert, 1974). Para esses autores, não basta compreender a magia restringindo-se apenas à sua lógica interna. É preciso reconhecer que o pensamento mágico está inserido num conjunto de valores sociais mais amplos, pleno de emoções e intenções. Para compreender um ato mágico, é preciso olhar para organização social que os criou. Os fenômenos mágicos, e também os religiosos, não podem ser apreendidos simplesmente através das consciências particulares. A magia não é um ato individual, por mais isolado que o mago esteja. Ela será sempre social, pois aquele indivíduo age de acordo com as tradições de seu grupo. A magia só funciona porque está inserida no conjunto das representações sociais.

O elemento comum entre magia e religião foi denominado por Marcel Mauss como *mana*, palavra melanésia que designa a ação de manipulação de forças sobrenaturais, bem como a qualidade mágica de certos objetos ou seres. O *mana*, distinto de qualquer força material, é uma substância que pode ser transmitida e manipulada. Pode ligar-se a coisas materiais ou ser uma força espiritual que produz efeitos a distância. A riqueza do pensamento de Mauss não está em pensar o *mana* como algo em si, mas como uma categoria de pensamento coletiva que organiza e classifica objetos e pessoas. A magia e a religião são sistemas de conhecimento. Enquanto crenças, magia e religião envolvem pensamento, símbolos e formas de comportamento. Traduzem maneiras únicas de ser um grupo humano na infinita possibilidade de ser.

Com Durkeim, Mauss escreveu sobre o pensamento enquanto uma maneira de classificação (Mauss; Durkheim, 1981), ou seja, do empreendimento humano de colocar ordem nas coisas. Dessa feita, a magia cumpre, como qualquer outro sistema de pensamento, um papel na classificação dos seres animados e inanimados. Ao estabelecer uma relação entre coisas aparentemente desconexas, o pensamento mágico estabelece um conjunto de relações significativas entre elas. A divisão hierárquica da sociedade e as relações que os indivíduos estabelecem a partir dessas relações acarretam uma hierarquização lógica de valores. Ao estudar as sociedades tribais, esses dois autores procuraram perceber qual é a origem dos sistemas classificatórios. As questões relacionadas a parentesco, casamento, gênero, família, clã, serviriam de base para classificações de outra ordem. A classificação entre as ordens do sagrado e do profano fundamenta todo um conjunto de classificações sociais. As oposições sagrado/profano e vida/morte orientam todas as demais classificações. Assim também se dá com a magia. As ações, as interpretações dadas aos oráculos e os feitiços praticados estão todos relacionados a esse conjunto de classificações.

Diferentemente de seu sobrinho Marcel Mauss, Durkheim nunca empreendeu um estudo específico sobre a magia. Entretanto, em sua principal obra sobre a religião, *As formas elementares da vida religiosa* (2000), publicada originalmente em 1912, distingue claramente a religião da magia. Para o sociólogo francês, religião é "um sistema solidário de crenças e de práticas relativas a coisas sagradas, [...] que reúnem numa mesma comunidade moral, chamada igreja, todos aqueles que a ela aderem"

(Durkheim, 2000, p. 32) Para esses dois autores, no entanto, magia se distingue fortemente de religião. Apontam a repugnância da religião♀ pela magia, assim como o ato mágico é intrinsecamente antirreligioso (Mauss♀) e não há Igreja♀ mágica (Durkheim♀). Diferentemente da primeira perspectiva intelectualista, a grande ênfase, nesta segunda corrente teórica, é a conjuntura social focada na função que a magia, em oposição à religião, exerce.

Outro grande pensador desse período foi Lucien Lévy-Bruhl (1857-1939). Este pensador francês não apresentou nenhuma teoria específica da magia, mas estava centralmente preocupado com o modo de pensamento associado, que ele chamava de "pré--lógico ou pré-científico" (Lévy-Bruhl, 1960). Ele argumentou que as sociedades ocidentais modernas são cientificamente orientadas em seus pensamentos, enquanto as sociedades primitivas são misticamente orientadas a usar o sobrenatural para explicar eventos inesperados e anômalos. Uma grande contribuição sua foi o conceito de participação. O pensamento mágico é atrativo porque permite o sentimento de participação do sujeito numa totalidade. O indivíduo e o cosmos estão ligados, tudo o que acontecer ao mundo afetará o ser humano e vice-versa. Esse autor negava que os povos primitivos fizessem uso do pensamento abstrato e conceitual. Para ele, a mentalidade primitiva tem uma funcionalidade eminentemente prática e é voltada para aspectos místicos. Essa característica mística♀ permite estabelecer relações entre pessoas, coisas, fatos ou ideias que estão isolados. A todo momento e lugar, o homem das sociedades tribais percebe que os objetos e seres que o cercam estão inseridos, inclusive ele próprio, numa ampla rede de participações ou exclusões. Como o elemento que rege essas participações é místico, sempre que lhe acontece ou deseja alguma coisa o homem busca agir através do sobrenatural, manipulando forças místicas♀. Dessa maneira, o mundo sobrenatural confunde-se com o natural.

Na mesma perspectiva funcionalista, mas agora acrescentada da riqueza do trabalho de campo, que colocou o cientista em contato com os nativos praticantes do que se chamava de magia, encontramos o pensamento de um polonês radicado na Inglaterra, Bronislaw Malinowski (1884-1942). Para esse antropólogo, para compreender a visão de mundo e o sentido dado à magia pelos povos estudados é fundamental que se procure, através de uma observação participante, compreender a cultura em seus próprios termos. A magia, como um dos componentes fundamentais desses grupos, deve ser entendida a partir das funções que desempenha visando ao funcionamento do organismo social como um todo, pois todos os elementos da cultura♀ são funcionais e interdependentes (Malinowski, 1988).

Para ele, a magia, assim como qualquer outro fato social, é uma resposta a uma necessidade básica do grupo. Se aqueles habitantes não dispõem de instrumentos e conhecimentos capazes de assegurar um domínio sobre o meio natural, então lançarão mão de forças mágicas. Diferentemente dos evolucionistas, que viam a magia como uma etapa a ser superada, o funcionalismo♀ de Malinowski compreende que se o pensamento mágico sobrevive é porque ele tem um sentido e uma função para o grupo. A magia adquire, sob esse ponto de vista, uma função pragmática, uma vez que seus atos simbólicos só se tornam reais e efetivos através dos efeitos que produzem. Todas as atividades realizadas pelos nativos por ele estudados, seja a pesca, a construção de seus barcos e a navegação, estão envolvidas com a magia.

Malinowski percebia nesses povos a existência de um pensamento racional e lógico. A magia é utilizada quando não se tem conhecimentos e instrumentos que deem conta do domínio sobre a natureza. Assim, diante do imprevisto e do desconhecido, quando os meios práticos não possibilitam nenhum tipo de controle, faz-se uso da magia. Nestes casos, esta cumpre muito bem sua função.

Malinowski influenciou toda uma geração de antropólogos. Dentre estes, destacamos o estudo de Evans-Pritchard♀ (1902-1973) entre os Azande, no Sudão do Sul. O nome de seu principal trabalho, *Bruxarias, oráculos e magia entre os Azande* (1978), já nos dá uma pista da sua preocupação principal. Evans-Pritchard♀ questionou o pensamento de Lévy-Bruhl quanto à questão de uma mentalidade primitiva que explicaria as crenças♀ tidas como irracionais. Por outro lado, admirava-o quanto à explicação que Lévy-Bruhl dava a respeito da natureza das representações coletivas, ou seja, aquelas crenças♀ que são compartilhadas por todos os membros do grupo. Esses postulados e crenças♀ são aceitos até de maneira inconsciente por todos os indivíduos.

De acordo com Evans-Pritchard♀, os Azande fazem uma distinção entre ser bruxo e ser feiticeiro♀. Para ele, a bruxaria é um fenômeno orgânico e hereditário. Todo o ato de bruxaria seria, então, um ato psíquico. Observa que a bruxaria permeia todos os momentos dos Azande. Forma um pano de fundo para o vasto panorama do uso de oráculos♀ e magia. Se um insucesso ou infortúnio qualquer se abate sobre uma pessoa, pode-se atribuir a causa à bruxaria, a menos que haja alguma evidência do contrário ou que o oráculo♀ confirme que o acontecimento foi obra de feitiçaria feita por algum inimigo. O combate à bruxaria se faz através da magia. Nesses casos, seu uso é socialmente aprovado. Se, no entanto, algum Azande utiliza a magia conscientemente para fins malignos, está usando feitiçaria, fato este que é moralmente condenável. A bruxaria não é temida, pois é esperada e acatada por todos com muita naturalidade.

É importante perceber como os Azande explicam a ordem dos acontecimentos. A bruxaria explica a coincidência de dois acontecimentos independentes que acontecem num mesmo momento, acarretando algum tipo de prejuízo. O exemplo que Evans-Pritchard♀ dá para o caso do celeiro é bastante ilustrativo. Todo Azande sabe que a madeira dos celeiros apodrece devido à ação dos cupins, causando muitas vezes seu desabamento. Todos eles sabem, também, que ao meio do dia, quando o sol está mais forte, costumam ficar alguns momentos sob os celeiros. O problema que o Azande se coloca é: por que o celeiro caiu exatamente na hora em que ele estava embaixo? Eles sabem como o celeiro caiu. Foi pela ação dos cupins. Mas por que naquele exato momento? Isso se deve, sem dúvida, a uma obra de bruxaria. Para os Azande, a bruxaria não é a única causa dos fenômenos. Ela permite, no entanto, colocar um homem em relação a eventos nos quais ele sofre danos, mas que ele não tem como controlar.

Portanto, longe de significar um desconhecimento das relações causais, como diriam os evolucionistas, a crença♀ na magia aponta exatamente ao contrário. Há, sim, uma mentalidade voltada às causas. Ela permite estabelecer relações causais onde o pensamento lógico não percebe nenhuma. Mais ainda, ela permite um controle sobre a ordem dos acontecimentos, pois todo o Azande tem a possibilidade de utilizar os oráculos♀, para saber dos perigos de alguma feitiçaria, e pode até lançar mão da própria magia para se proteger. Sendo um conjunto de crenças♀ que permeia todo o grupo social, acaba por colocar os acontecimentos em relação aos demais indivíduos. Dessa maneira, a magia tem por função controlar, orientar e explicar a ordem das relações sociais entre o grupo.

Superando o pensamento de Durkheim♀ e de Mauss♀, Claude Lévi-Strauss♀ (1908-2009) trouxe significativa contribuição ao estudo antropológico da religião♀ e da magia, embora não possam ser encontrados entre suas obras estudos específicos desses fenômenos. Lévi-Strauss♀ considera que seus antecessores, apesar de não equivocados, não explicaram a complexidade das relações sociais. Ao permanecerem presos somente aos dados empíricos, ou seja, àqueles verificados através da experiência, Mauss♀ e Durkheim♀ não reconheceram as demais dimensões simbólicas e abstratas presentes na sociedade. Ele analisa o religioso e o mágico como partes de um sistema de relações que engloba o artístico, o jurídico e todo o aspecto material da sociedade.

Em seu livro *O pensamento selvagem*, Lévi-Strauss♀ (1970) mostra como se dá o conhecimento entre os povos primitivos. Para ele, tanto o pensamento científico moderno quanto o pensamento mágico, mítico e religioso utilizam procedimentos semelhantes: observação, sistematização e classificação. O pensamento primitivo é uma forma de conhecimento que produz ordenações verdadeiras. Lévi-Strauss♀ diz que o pensamento mágico é distinto e autônomo diante do científico. A magia não é uma mera etapa da evolução científica, mas é uma forma de conhecimento bem articulada e independente. Na base de qualquer pensamento está a ordem que se dá a partir de uma intuição sensível e se apoia na percepção de que os seres e coisas do mundo não são elementos isolados, mas estão envolvidos em relações de significado. Lévi-Strauss♀ chama essas formas de conhecimento de "ciência do concreto", cujos resultados não são menos verdadeiros do que os das ciências exatas.

Para Lévi-Strauss♀, ao colocar elementos diferentes numa mesma classe estabelece-se um princípio de congruência entre duas ou mais coisas então separadas (fundamento do pensamento mágico). Ao realizar isso, os seres humanos criam um princípio de ordem no universo. A necessidade de ordenação♀ está na raiz de qualquer pensamento. Diz ele que "qualquer ordem é melhor do que nenhuma". A exigência de uma ordem está na base do pensamento primitivo não por uma característica particular deste, mas porque esta exigência está na base de todo pensamento. Todo ato mágico participa dessa ordem classificatória maior, atribuindo o valor e o lugar de cada coisa. Longe de ser apenas um sistema voltado a questões práticas, o pensamento mágico articula conhecimentos extremamente abstratos. Lévi-Strauss♀ afirma que "as espécies animais e vegetais não são conhecidas porque são úteis, mas são classificadas úteis ou interessantes porque são primeiramente conhecidas" (Levi-Strauss, 1970, p. 29).

A magia não é menor do que a ciência. Ela não ignora as causas reais que afetam os fenômenos. Lévi-Strauss♀ afirma que as duas se diferem pela ordem de determinações impostas por cada um desses tipos de pensamento. Enquanto a ciência diferencia níveis e formas de determinações, a magia formula uma crença♀ mais global que abarca todos os tipos de acontecimentos. Assim, para o pensamento mágico as causalidades que regem os fenômenos já são dadas *a priori* e estão no nível mágico e sobrenatural. Sendo o mago, ou feiticeiro♀, alguém que consegue controlar essas forças causais, a magia tem, portanto, sua eficácia. A magia não pode ser vista como uma modalidade tímida da ciência, pois assim nos privaríamos de conhecer o pensamento mágico. Este é tão completo, acabado e coerente em sua imaterialidade quanto a ciência. Melhor que opor magia e ciência seria colocá-las em paralelo, como duas formas de conhecimento, desiguais quanto aos resultados teóricos e práticos, mas não pelo gênero de operações mentais que ambas supõem.

As teorias relativistas culturais e funcionalistas permanecem influenciando os estudiosos até os dias atuais. Seu grande mérito foi o de contornar a visão etnocêntrica tão presente nos pensamentos anteriores e nas posturas de senso comum presentes até hoje. No entanto, deram enorme ênfase à cultura

MAGIA

enquanto produtora de diferenças. Longe de ser um equívoco, esse pensamento impossibilitou enxergar a magia, ou a religião, em sentido mais amplo. Afinal, toda tentativa de generalização tem sido rechaçada e em seu lugar afirma-se que somente é possível estabelecer estudos particulares. Evita-se cair num essencialismo, mas por outro lado inviabiliza uma compreensão geral sobre a persistência do pensamento mágico e religioso por todos os povos do planeta. Outro problema a ser destacado é o fato de que essa perspectiva reforçou a suposta diferença entre magia e religião, colocando-as em polos opostos. Tal fato acaba por reforçar a noção reificadora tanto da magia quanto da religião como entidades em si mesmas.

3. Teoria cognitivista da religião e da magia. Na crítica feita ao evolucionismo etnocêntrico do século XIX, as teorias culturalistas de cunho funcional acabaram deixando de lado a visão intelectualista. A persistência da religião e da magia foi atribuída, então, às suas funções sociais. Há de se pensar que, não havendo necessidade ou função, a magia e a religião tenderiam a desaparecer. De certa forma essa é a tese do historiador Keith Thomas (1933-) sobre o declínio da magia na Modernidade que muito tem influenciado os pensadores atuais. Entretanto, essas posturas invalidaram a tentativa de perceber a magia enquanto consequência de estruturas cognitivas mentais do ser humano, além de fortalecerem uma visão reificadora de um elemento de contornos visíveis denominado de magia.

À margem desse pensamento hegemônico, começou a surgir nas últimas décadas uma nova perspectiva intelectualista. Essa retomada pode ser de grande auxílio para compreender a natureza e a universalidade da magia e da religião sem se remeter a uma explicação funcional e muito menos essencialista. A religião e tudo aquilo que entendemos por pensamento mágico-religioso são consequências das estruturas de pensamento dos seres humanos. No entanto, é preciso deixar claro que não há a perspectiva dos primeiros estudiosos, para os quais religião e magia eram frutos de uma mente primitiva incapaz de perceber a realidade causal. É necessário ressaltar, também, que nessa perspectiva não se diferencia magia da religião e muito menos da ciência. Todas essas formas de conhecimento são obras da maneira como nossas mentes trabalham.

Para compreender o cérebro que produz crenças, é preciso percebê-lo como resultado de uma longa evolução biológica e adaptativa. As Ciências Cognitivas se baseiam na concepção de que o cérebro humano é uma grande coleção de recursos especializados, evoluídos para resolver problemas adaptativos encontrados pelos nossos ancestrais ao longo de muitos milênios. Essa arquitetura estrutural da mente do ser humano moderno, o *Homo sapiens*, é comum a todos nós e opera para além das diferenças culturais. Convém ressaltar que as particularidades culturais são frutos dessa mesma arquitetura mental, notadamente a capacidade simbólica. Quando falamos de seres humanos, há de considerar suas duas facetas: a biológica, da espécie, e a cultural, da imensa diversidade histórica. Ambas interferem naquilo que somos. Os humanos são uma mescla de genes, natureza e experiências. Dessa forma, podemos entender a natureza dos aspectos mágicos e religiosos para além das especificidades culturais. E também compreender as manifestações culturais, frutos de contextos históricos.

As ciências cognitivas surgiram a partir de estudos interdisciplinares vindos da psicologia evolutiva, filosofia, cibernética, inteligência artificial e antropologia. Aos poucos esses estudos foram sendo aplicados em diferentes áreas, entre elas a religião. Segundo seus defensores, é possível perceber o comportamento mágico-religioso a partir de componentes inatos do ser humano.

Evoluímos no sentido do desenvolvimento de um "motor de crenças", sendo o cérebro uma máquina dessas. A partir das informações captadas pelos sentidos, o cérebro constrói padrões e incute um significado. Esses padrões significativos se tornam crenças. Segundo a Ciência Cognitiva da Religião, a descoberta de padrões, na natureza, no comportamento dos demais animais e também dos demais seres humanos, é um tremendo ganho. Somos, portanto, descendentes daqueles que foram melhores na descoberta desses padrões. Nessa busca por padrões os seres humanos encontram causas. O grande problema é que nem sempre as causas descobertas são aquelas que efetivamente acarretam os acontecimentos. Muitas vezes não há tempo e discernimento capazes de perceber se tal efeito é fruto de uma ou outra causa. Acabam-se criando padrões onde eles nem mesmo existem! A repetição de acontecimentos gera a atribuição de um padrão, o que nos faz perceber que diante de uma determinada causa há um efeito. Essa ligação é feita de maneira direta, sem haver uma conexão real entre causa e efeito. Cria-se uma crença de que existe essa ligação. Isso é feito de maneira inconsciente e muito rápida. Se os seres humanos tivessem de pensar como responder diante dessas situações, acabariam não agindo e sofrendo um grande risco de serem pegos pelos predadores ou inimigos. Esse mecanismo é intuitivo e automático, semelhante ao que se dá em outros mecanismos mentais.

Na ciência também trabalhamos com causas e efeitos, mas de maneira bastante diferente. Há uma verificação metódica para perceber se há ligação entre a causa e o efeito. Na magia e na religião essas conexões são diretas, sem uma necessária vinculação. São crenças. O mecanismo da crença é inato. A cada época conteúdos de crenças distintos são construídos. Esses, sim, são culturais. O conceito de magia é histórico, portanto. Mas aquilo que possibilita a magia é inato.

Os cientistas cognitivos que estudam as crenças religiosas apontam para o fato de que acontecimentos fortuitos incomodam os seres humanos. O acaso é insuportável, pois é incontrolável. Buscam-se causas e sentido nos acontecimentos. Cria-se uma ordem por trás do que está oculto e acredita-se que a causa pode ser desvelada. Percebem-se sequências em busca de uma ordenação. Trata-se de uma causa-efeito que se repete e permite predição e controle. Ciência, magia e religião nascem desse princípio. O mecanismo cognitivo que relaciona causa e efeito é o mesmo para esses três domínios.

Pyysiäinen argumenta que o conceito de magia emergiu simplesmente porque existe uma tendência humana para acreditar que alguns eventos naturais são devidos a uma causa sobrenatural (Pyysiäinen, 2004, p. 96). A relação de causa e efeito, descrita inicialmente por Frazer na magia simpática, está presente tanto na religião como na ciência. É fruto do funcionamento mental. A crítica que o autor faz é a de que os estudiosos funcionalistas ignoraram a fundamentação psicológica cognitiva do pensamento mágico. Afirma que é fundamental a consideração do processo todo para a compreensão do fenômeno (Pyysiäinen, 2004, p. 105).

Avançando nesse raciocínio, Jesper Sorensen vai procurar como as descobertas da ciência cognitiva podem dar assistência na análise sobre a magia, a ação mágica e o ritual mágico. Descreve como várias vertentes serão combinadas de maneira a dar uma visão compreensiva da categorização humana, da conceitualização e da construção de significados que suportam a ação mágica nas suas diferentes formas (Sorensen, 2007, p. 32).

Ainda é cedo para testemunhar os ganhos que essa nova perspectiva intelectualista denominada de Ciência Cognitiva da Religião pode provocar no estudo da magia. Pesquisas recentes têm demonstrado que esses mecanismos de crenças, uma vez da espécie, tenderão a persistir entre todos os povos, e a magia, assim como a religião, está muito distante de eliminação e mesmo de um declínio. Um grande proveito perceptível é a eliminação do efeito de reificação desses conceitos. Pesquisas promissoras vão na direção, agora, de procurar perceber como, e quanto, os fatores culturais interferem nas cores e dimensões dos elementos mágicos e religiosos da vida das pessoas. Para muitos, é a grande promessa dos estudos de religião do século XXI.

III. Um conceito descartável? Há quem proponha a eliminação de conceitos como magia e religião pelo fato de serem construções colonialistas e ideológicas. Evidente que magia não é uma categoria natural encontrada no mundo (Sorensen, 2007, p. 2). São modelos sobre o mundo e servem como descritores de um leque de fenômenos observáveis.

Como visto, a concepção de magia serviu mais para discriminar os outros povos, classificando aqueles superiores detentores de uma religião diante dos demais, supersticiosos e voltados a um pensamento mágico.

Enxergar magia nas culturas não ocidentais é fazer uma projeção de um conceito ocidental por sobre culturas que não possuem qualquer denominação a esse respeito. Identificar a magia serviu muito mais como uma forma de isolar e reprimir crenças e ideias diferentes das aceitas como verdadeiras. O mesmo vale para o interior da nossa cultura, pois os elementos mágicos estão presentes a todo momento. Embora haja uma distinção nas concepções de senso comum separando magia da religião e da ciência, é preciso reconhecer que são formas de lidar com as vicissitudes do mundo.

Como apontado anteriormente por Hanegraaff (2006), está mais do que na hora de a Ciência da Religião se afastar de estudos tendenciosos. É preciso empreender uma desconstrução dos conceitos para evitar o risco de se cair em reificações que os tornem engessados, acabando por fazer com que os pesquisadores mais procurem encaixar a realidade observada dentro daqueles conceitos já estabelecidos do que realmente empreender uma construção edificadora de compreensão mais ampla sobre os fenômenos mágicos e religiosos.

Em vez de simplesmente abandonar o conceito, o que pode em nada contribuir para eliminar o problema, a tarefa que se coloca é a de perceber a magia como algo intrínseco ao ser humano. A enorme variedade com que ela é comumente identificada pode ser entendida como fruto de um mecanismo básico central. Ao invés de desmerecê-la, é preciso compreender essa variedade e as relações com as histórias e particularidades culturais. A magia não vai declinar nem é algo a ser evitado. O cotidiano de cada um de nós é exemplo de como se vive rodeado de elementos mágicos. Cabe à Ciência da Religião compreender indistintamente os elementos mágicos e religiosos e como eles se fazem presentes na vida dos povos.

Bibliografia: DURKHEIM, E. *As formas elementares da vida religiosa*. São Paulo: Martins Fontes, 2000; EVANS-PRITCHARD, E. E. *Bruxaria, oráculos e magia entre os Azande*. Rio de Janeiro: Zahar, 1978; FRAZER, G. J. *The golden bough*: a study in magic and religion. London: The MacMillan Press, 1949; HANEGRAAFF, W. Magic. In: MAGEE, G. A. (Org.). *The Cambridge Handbook of Western Mysticism and Esotericism*. Cambridge: Cambridge University Press, 2016. p. 393-404; LÉVI-STRAUSS, C. *O pensamento selvagem*. São Paulo: Cia. Ed. Nacional, 1970; LÉVY-BRUHL, L. *La mentalité primitive*. Paris: PUF, 1960; MALINOWSKI, B. *Magia, ciência e religião*. Lisboa: Edições 70, 1988; MAUSS, M.; DURKHEIM, É. Algumas formas primitivas de classificação. In: MAUSS, M. *Ensaios* *de sociologia*. São Paulo: Ed. Perspectiva, 1981; MAUSS, M.; HUBERT, H. Esboço de uma teoria geral da magia. In: MAUSS, M. *Sociologia e sociedade*. São Paulo: E.P.U., 1974. v. I; MIDDLETON, J. Magic: theories of magic. In: JONES, L. (Org.). *Encyclopedia of Religion*. 2nd ed. Farmington: Thomson Gale, 2005. p. 5562-5569; PYYSIÄINEN, I. *Magic, miracles and religion*: a scientist´s perspective. Oxford: AltaMira Press, 2004; TYLOR, E. Magic. In: *Encyclopeadia Britannica*. 9th ed. New York: Charles Scribner's Sons, 1882. vol. 15; TYLOR, E. *Primitive Culture*. London: John Murray, 1920. Vol. I.

Silas Guerriero

MALINOWSKI, BRONISLAW → Etnologia e Etnografia → Antropologia da Religião → Funcionalismo → Magia

MARX, KARL E ENGELS, FRIEDRICH

Karl Marx (1818-1883) e Friedrich Engels (1820-1895) são considerados os fundadores do socialismo moderno (e do comunismo). Seus escritos exerceram grande influência no movimento dos trabalhadores, nas ciências humanas (economia política, filosofia, história) e na cultura nos últimos cento e cinquenta anos.

Nascido em Trier (1818) na Renânia, filho de um advogado judeu convertido ao Protestantismo, Karl Heinrich Marx defende sua tese de doutorado em filosofia na Universidade de Jena, em 1841. Seu trabalho versa sobre a *Diferença da filosofia da natureza em Demócrito e Epicuro*. Próximo dos neo-hegelianos da esquerda (Bruno e Edgar Bauer), em 1842, ele se tornou editor do jornal liberal *A Gazeta Renana*, que será interditada pela censura prussiana em 1843. Seus artigos neste diário, por exemplo, sobre os viticultores do Mosela, ou sobre o roubo de madeira pelos camponeses pobres, revelam uma evidente sensibilidade social, no âmbito de uma concepção hegeliana do Estado.

Em 1843, depois de seu casamento com uma amiga de infância, Jenny von Westphalen, Marx instalou-se em Paris, onde se tornou amigo do comunista utopista Moses Hess, do poeta Henri Heine e do jovem comunista Friedrich Engels. Nessa época publicou nos *Annales Franco-Allemandes* ("Anais Franco-Alemães") suas primeiras obras de tendência comunista: *A questão judaica* (1843) e a *Contribuição para a crítica da filosofia do direito de Hegel: introdução* (1844). Ainda é um comunismo neo-hegeliano, para o qual a revolução começa na cabeça do filósofo antes de tomar as massas. Durante esse ano, ele escreverá duas obras importantes: *Economia política e Filosofia* (*Manuscritos de 1844*), sua primeira excursão no campo da crítica da economia política, contendo uma

análise brilhante da alienação do trabalho (permanecerá inédito até o século XX), e *A Sagrada Família*, em colaboração com Engels, uma controvérsia materialista contra os neo-hegelianos. Impressionado pelo levante dos tecelões da Silésia em junho de 1844, ele escreveu em uma revisão dos exilados alemães em Paris uma polêmica contra o neo-hegeliano Arnold Ruge, em que afirmou que o socialismo emerge como a práxis dos proletários revoltados.

Expulsos de Paris pelas autoridades francesas, Marx e Engels instalam-se em Bruxelas. Lá, Marx escreveu em 1845 duas páginas de anotações que se tornariam famosas, sob o título *Teses sobre Feuerbach* (1845). De acordo com Engels, que as publicará após a morte℗ de Marx, é o "germe genial de uma nova concepção do mundo". Essa filosofia de práxis, que difere tanto do materialismo de Feuerbach℗ como do idealismo dos neo-hegelianos, propõe uma nova ideia de ação emancipatória. Enquanto os materialistas proclamam a prioridade da mudança das circunstâncias materiais e os vínculos idealistas, a prioridade da mudança de consciência℗, Marx escreve na Tese III: "A coincidência da mudança de circunstâncias e da mudança de si mesmo não pode ser aproveitada e racionalmente compreendida como uma práxis revolucionária".

Pouco depois, Marx e Engels escreveram outro livro polêmico contra os neo-hegelianos (notadamente Max Stirner), *A ideologia alemã* (1846), que, conforme a editora, foi abandonado pelos seus autores aos "críticos 'ratazões'" e não seria publicado até o século XX.

Podemos considerar essa escrita a primeira formulação da concepção materialista da história, ou, para usar a terminologia de Gramsci℗, a filosofia da práxis. Para Marx e Engels, é somente por sua própria práxis revolucionária, pela sua experiência em ação, por sua aprendizagem prática, por sua autoeducação na luta, que a classe subversiva, ou seja, o proletariado, não pode apenas quebrar o poder das classes dominantes como também transformar-se, livrar-se do antigo lixo mental, tornar-se uma comunidade de "novos seres humanos" capazes de fundar uma nova sociedade, a sociedade sem classe e sem dominação. Em outras palavras: a única forma que a revolução pode assumir é a de uma autoemancipação revolucionária das classes oprimidas.

Em 1847, Marx e Engels aceitam o pedido da Liga dos Comunistas (pequena organização dos trabalhadores alemães) para elaborar um manifesto. Será o *Manifesto do Partido Comunista* (1848), sem dúvida o trabalho mais conhecido dos dois pensadores. Seu tema central é a luta de classes entre a burguesia e o proletariado. Fiel ao princípio da autoemancipação dos oprimidos, Marx e Engels definem o movimento proletário como "o movimento autônomo da grande maioria no interesse da grande maioria". Daí a crítica deles aos socialistas utópicos, cujas propostas alternativas também apreciam que os inventores dos sistemas crítico-utópicos "não percebem, do lado do proletariado, qualquer autoatividade histórica, qualquer movimento político próprio".

Quando a Revolução de março de 1848 estourou na Alemanha, Marx e Engels se mudaram para Colônia e publicaram um jornal radical democrático, *O Novo Jornal Renano*. Eles também acompanharam de perto os eventos revolucionários de 1848-1850 na França. Os artigos que Marx publicou sobre esse assunto serão coletados em dois livros que se tornarão clássicos da análise marxista da política através do prisma da luta de classes: *Luta de classes na França 1848-1850* e *18 Brumaire de Louis Bonaparte*. Engels, entretanto, publicará, em 1850, *A guerra dos camponeses*, a primeira grande tentativa de análise marxista de um movimento sociorreligioso, a revolta dos Anabatistas, sob a liderança do teólogo revolucionário Thomas Münzer.

Após a derrota da Revolução alemã em 1849, perseguidos pelas cortes prussianas, Marx e Engels se refugiaram em Londres. No entanto, eles continuaram se correspondendo com seus camaradas da Liga dos Comunistas na Alemanha, a quem enviam, em março de 1850, uma carta circular falando de uma "revolução permanente". Na década de 1850, Marx encontrou trabalho como correspondente para um jornal americano, *New York Tribune*, enquanto Engels herdava a fábrica de sua família em Manchester.

Então, é no exílio em Londres que Marx começará a escrever suas principais obras de crítica de economia política: *Introdução à crítica da economia política* (1859), cujo prefácio contém uma espécie de resumo do materialismo histórico; *Fundamentos da crítica da economia política* (*Grundrisse 1857-1858*), que permanecerá inédito por muito tempo e, finalmente, em 1867, o primeiro volume de sua obra principal, *O Capital: crítica da economia política*. Os outros dois volumes, inacabados, serão reescritos por Engels e publicados após a morte $\wp$ de Marx. A análise do fetichismo da mercadoria e da mais-valia – a fonte do lucro extorquido dos trabalhadores pelos capitalistas – são os dois temas mais influentes desse trabalho.

A partir de 1864, Marx e Engels se envolverão ativamente na Associação Internacional dos Trabalhadores, a Primeira Internacional, fundada em Londres nesse ano. Marx elaborará o Preâmbulo dos Estatutos da A.I.T., que proclama: "A emancipação dos trabalhadores será o trabalho dos próprios trabalhadores". Em 1871, os militantes da seção francesa do A.I.T. (Varlin, Frankel e outros) desempenharão papel importante na Comuna de Paris, que será celebrada por Marx em uma resolução da Associação Internacional intitulada *Guerra civil na França*, em 1871. Neste documento, Marx afirma, a partir da experiência da Comuna, que os trabalhadores não podem se apropriar do aparato do Estado burguês, mas devem quebrá-lo e substituí-lo por um poder proletário revolucionário (a "ditadura do proletariado"). Após a derrota da Comuna, o A.I.T. sofre profundas dissensões internas, o que levará à separação (expulsão de Bakunin e seus seguidores) e, logo depois, sua dissolução.

Durante os anos 1870 e 1880, Marx e Engels participam ativamente do estabelecimento de um grupo de trabalho na Alemanha, o SPD, Partido Social-Democrata alemão, resultado da fusão ocorrida, em 1875, entre os partidários de Ferdinand Lassalle, Marx e Engels. A sua união com essa organização não é sem críticas, como mostra o documento interno *Crítica do Programa Gotha* (1875). Poucos anos depois, quando seus seguidores se tornam hegemônicos, criticarão, ainda em circulares internas, a tendência reformista representada, entre outros, por Eduard Bernstein. Em 1880, Engels publicou um livro controverso, *The Anti-Dühring*, que se tornou uma espécie de Manual do materialismo histórico para militantes marxistas.

Durante seus últimos anos, Marx se tornará cada vez mais interessado na Rússia, onde ele tem muitos seguidores. Em correspondência com um exilado revolucionário da Rússia (1881), Vera Zassoulitsch, ele expressa a sua esperança de uma revolução na Rússia, dirigida contra o absolutismo czarista, mas que eventualmente pode levar ao caminho do socialismo através das tradições comunitárias dos camponeses russos. A mesma ideia é encontrada no prefácio, escrito com Engels, para uma tradução russa do *Manifesto Comunista* (1881). Uma revolução na Rússia poderia embarcar no caminho do socialismo, se seguida de uma revolução na Europa Ocidental.

Após a morte $\wp$ de Marx, Engels publicou *A origem da família, da propriedade privada e do Estado* (1884) e, em 1891, participou da fundação da Segunda Internacional, hegemonizada pelos marxistas. Ela será extinta em 1895.

Muito se tem escrito sobre a crítica marxista da alienação religiosa ou a luta do ateísmo materialista contra o idealismo cristão. O que nos interessa neste artigo é outra coisa: a contribuição de Marx e Engels para a sociologia de fatos religiosos. Uma excursão atenta neste terreno pode nos reservar algumas surpresas.

Os defensores e os opositores do marxismo parecem concordar em um ponto: a famosa frase "religião $\wp$ é o ópio do povo" representa a quintessência da concepção marxista do fenômeno religioso. No entanto, esta fórmula não é especificamente marxista. Pode ser encontrada, antes de Marx, com poucas nuances, em Kant $\wp$, Herder, Feuerbach $\wp$, Bruno Bauer e muitos outros. Tomemos dois exemplos de autores próximos de Marx.

No seu livro sobre Ludwig Borne, de 1840, Heine se refere ao papel opiáceo da religião, antes positivamente – com um toque de ironia: "Benia é uma religião, que penetra no cálice amargo da humanidade sofrida com alguns doces e gotas soporíferas de ópio espiritual, algumas gotas de amor, fé e esperança". Moisés Hess, em seus ensaios publicados na Suíça em 1843, adota uma postura mais crítica, mas não inequívoca: "A religião℘ pode tornar suportável. [...] a consciência℘ infeliz da servidão [...] da mesma forma que o ópio é de grande ajuda em doenças dolorosas" (Gollwitzer, 1962, p. 15-16). A expressão aparece pouco depois no artigo de Marx "Contribuição para a crítica da filosofia da lei de Hegel" (1844). Uma leitura cuidadosa de todo o parágrafo mostra que seu pensamento é mais complexo do que pensamos. De fato, ao rejeitar a religião℘, Marx não leva em conta seu caráter duplo: "O sofrimento religioso é, ao mesmo tempo, a expressão da verdadeira angústia e o protesto contra essa verdadeira angústia. A religião℘ é o suspiro da criatura oprimida, o coração de um mundo desapiedado, assim como é o espírito de uma condição privada de espírito. Ela é o ópio do povo" (Marx; Engels, 1960, p. 42, 77).

Uma leitura do conjunto dos seus ensaios mostra claramente que o ponto de vista de Marx em 1844 é mais parecido com o neo-hegelianismo da esquerda, que vê na religião℘ a alienação da essência humana, do que da filosofia do Iluminismo℘, a qual simplesmente a denuncia como uma conspiração clerical. De fato, quando Marx escreveu a passagem acima, ele ainda era um discípulo de Feuerbach℘, um neo-hegeliano. Sua análise da religião era, portanto, "pré-marxista", sem referência à classe social e, antes, a-histórica. Mas não era menos dialética porque denunciava a natureza contraditória da "angústia" religiosa: às vezes a legitimação da sociedade existente, às vezes um protesto contra ela.

Apenas mais tarde, particularmente n'*A ideologia alemã* (1846), começou o estudo propriamente marxista da religião como uma realidade social e histórica. O elemento central desse novo método℘ de análise de fatos religiosos é considerá-los – juntamente com o direito, a moralidade, a metafísica℘, as ideias políticas etc. – como uma das muitas formas de ideologia℘. Isto é, da produção espiritual (*geistige Produktion*) de um povo, a produção de ideias, representações e formas de consciência℘, necessariamente condicionadas pela produção material e pelas relações sociais correspondentes.

Se ele fala de "reflexo" – um termo que levará muitas gerações de marxistas a um impasse –, a ideia central do texto é mais uma vez a necessidade de explicar a gênese das várias formas de consciência℘ (religião℘, filosofia, moralidade etc.) das relações sociais, o que então, naturalmente, permite representar a coisa em sua totalidade, e de considerar também a interação desses diferentes aspectos (Marx; Engels, 1960, p. 74). Toda uma escola "dissidente" de sociologia da cultura marxista privilegiará, a partir de Lukacs, a categoria dialética da totalidade em relação à do reflexo. Por exemplo, de acordo com Lucien Goldmann, o grande princípio metodológico da sociologia marxista é o "caráter total da atividade humana e o vínculo indissolúvel entre a história dos fatos econômicos e sociais e a história das ideias" (Goldmann, 1966, p. 63).

Esta abordagem pode ser resumida por uma passagem "programática" que aparece em um artigo escrito alguns anos depois. "É claro que qualquer agitação histórica em condições sociais, ao mesmo tempo, leva à derrubada das concepções e representações do homem e, portanto, de suas representações religiosas". Este método℘ de análise macrossocial terá uma influência duradoura sobre a sociologia das religiões, mesmo além do movimento marxista (Marx; Engels, 1960, p. 94).

A partir de 1846, Marx não prestou mais tanta atenção à religião℘ como um universo cultural e ideológico específico. Não se encontra em seu trabalho praticamente mais nenhum estudo mais elaborado de qualquer fenômeno religioso. Convencido de que, como afirma no artigo de 1844, a Crítica da Religião℘ deve se transformar em crítica desse vale de lágrimas e críticas à Teologia℘ como crítica da política, ele parece desviar sua atenção do domínio religioso.

No entanto, encontramos no primeiro volume de *O Capital* (1867) uma série de anotações que são bastante interessantes do ponto de vista metodológico, mesmo que se refiram à religião℘ somente de passagem. Assim, em uma famosa nota de rodapé, Marx responde ao argumento daqueles que veem a importância da política na Antiguidade e da religião na Idade Média como prova da inadequação da explicação materialista da história: "Nem a Idade Média poderia viver do Catolicismo nem a Antiguidade da política, ao contrário, as condições econômicas do tempo explicam por que lá o Catolicismo e aqui a política desempenharam o papel principal (*Hauptrolle*)" (Marx, 1969, v. I, p. 590). Marx nunca trará a demonstração das causas econômicas da importância da religião medieval, mas esta observação é interessante para o método℘, na medida em que reitera que, em certas condições, a religião℘ pode realmente *desempenhar o papel principal na vida de uma sociedade*.

O único fenômeno religioso que parece interessá-lo n'*O Capital* (e outros escritos econômicos) é o Protestantismo, do ponto de vista da sua relação com o surgimento do capitalismo. No entanto, ao contrário do que se poderia supor, essa conexão é examinada a partir de uma multiplicidade de ângulos, sem que alguém possa deduzir um modelo único de causalidade.

A abordagem mais clássica é a que tornaria a Reforma℘ Protestante um reflexo (ou espelho) da sociedade burguesa. Por exemplo, na seguinte passagem: "O mundo religioso é apenas um reflexo do mundo real, uma sociedade onde o produto do trabalho assume a forma de mercadoria [...] uma sociedade como essa encontra no Cristianismo, com o culto do homem abstrato, e especialmente em seus tipos burgueses, Protestantismo, Deísmo↗ etc., o complemento religioso mais adequado" (Marx, 1969, v. I, p. 74).

No entanto, mesmo nesta seção há alguma flexibilidade: a complementaridade não tem o mesmo significado que o reflexo. Marx parece hesitar entre duas modalidades de relacionamento sócio-histórico bastante diferentes.

Às vezes, Marx sugere uma relação causal em que a religião↗ seria um fator ativo na formação do capitalismo. Por exemplo, para sustentar a afirmação de que "o Protestantismo é essencialmente uma religião burguesa", ele menciona o papel da Reforma↗ na Inglaterra na espoliação da propriedade da Igreja↗ e das terras comunais: "[...] um novo e terrível impulso para a expropriação violenta do povo no século XVI", a nova religião favoreceu o acúmulo primitivo de capital. Ainda mais explicitamente, ele afirma em outra passagem: "O Protestantismo já desempenha a transformação que opera desde que transformou quase todos os feriados públicos em dias úteis, um papel importante na gênese do capital" (Marx, 1969, v. I, p. 533, 621). Nesse sentido, a expropriação de mosteiros e outras terras cultivadas por camponeses também favoreceu o empobrecimento e a proletarização das massas rurais.

Mais interessante do que a validade empírica dessas análises historiográficas é seu significado metodológico: o reconhecimento da religião↗ como uma das causas importantes das transformações econômicas que levam ao estabelecimento do sistema capitalista moderno.

O que concluir: reflexo ou causa? Tal questão não parece preocupar muito Marx: na sua visão, o essencial é destacar a conexão íntima e efetiva entre os dois fenômenos. Nesse contexto, é particularmente interessante retornar a uma passagem de *Grundrisse* (1857-1858), que sugere uma ligação intrínseca entre a ética protestante e o capitalismo: "O culto ao ouro tem seu ascetismo, suas renúncias e seus sacrifícios: a poupança, a frugalidade, o desprezo pelos prazeres terrestres, temporários e passageiros é a caça ao tesouro eterno. Fazer dinheiro é assim conectado (*Zusammenhang*) com o puritano inglês e o Protestantismo holandês" (Marx, 1967, p. 174). O paralelo (mas não a identidade!) com as teses de Weber é impressionante, principalmente porque Weber não poderia ter lido este manuscrito de Marx, publicado pela primeira vez em 1940.

Apesar desses fragmentos de anotações, pouco desenvolvidos, podemos considerar que a principal contribuição de Marx para a Sociologia da Religião↗ foi tê-la considerado como uma das formas da "produção espiritual" cuja história não pode ser desconectada do desenvolvimento global econômico e social da sociedade. Para saber mais sobre as modalidades concretas e históricas dessa conexão de *Zusammenhang*, precisamos olhar mais de perto o trabalho de seu amigo e camarada de combate Friedrich Engels.

Talvez por sua educação pietista, Friedrich Engels tenha mostrado maior interesse do que Marx nos fenômenos religiosos e seu papel histórico – ao mesmo tempo, compartilhando, claro, as opções decididamente materialistas e ateias do seu amigo. Sua principal contribuição para a sociologia marxista da religião↗ é, sem dúvida, sua análise da relação entre representações religiosas e classes sociais. O Cristianismo, por exemplo, já não aparece em seus escritos (como em Feuerbach↗) como uma "essência" a-histórica, mas como uma forma cultural (ideológica) que se transforma no curso da história e como um espaço simbólico, tendo em jogo as forças sociais antagônicas.

Engels nem sempre escapa à tentação de interpretar movimentos religiosos em termos estreitamente utilitaristas e instrumentais, como, por exemplo, nesta passagem bem conhecida do ensaio *Ludwig Feuerbach e o fim da filosofia clássica alemã* (1886): "Devemos ressaltar que cada uma das diferentes classes usa a religião↗ que lhe convém [...] e se esses cavalheiros acreditam ou não em suas respectivas religiões, não faz nenhuma diferença" (Marx; Engels, 1960, p. 260).

Seguindo a mesma lógica, ele reduz as várias crenças↗ a um mero "disfarce religioso" de interesses de classe. No entanto, pelo seu método↗ de análise, baseado na relação com a luta de classes, uma nova iluminação sociológica é trazida para o estudo das religiões, graças ao qual as instituições religiosas↗ podem ser vistas não mais como um todo homogêneo (visão herdada da crítica enciclopedista da trama clerical), mas como um campo de forças atravessado por conflitos sociais.

Engels permaneceu um oponente irreconciliável da religião, mas, como o jovem Marx, não reconheceu a dualidade paradoxal do fenômeno: seu papel na sacralização da ordem estabelecida, mas também, dependendo do caso, seu papel crítico, protestante e mesmo revolucionário. Além disso, é precisamente este segundo aspecto o que mais lhe interessa e que se encontra no centro da maioria dos seus estudos concretos, desde o Cristianismo das origens ao puritanismo revolucionário inglês do século XVII, incluindo as heresias medievais e a guerra dos camponeses alemães no século XVI.

Para o propósito deste verbete, não podemos examinar atentamente os escritos históricos de Engels. Iremos nos referir somente a alguns pontos ressaltados nas notáveis obras de Henri Desroche (1965) e, mais recentemente, pela síntese útil de David MacLellan (1987). Nos limitaremos aqui a algumas observações de método↗.

Engels fez várias reprises à história do Cristianismo primitivo. Em uma primeira tentativa – no artigo

"Bruno Bauer e o Cristianismo primitivo", de 1882 – ele sugeriu que o movimento havia recrutado a maioria dos seus primeiros adeptos entre os escravos do Império Romano. Ao substituir as várias religiões nacionais, locais ou tribais por escravos destruídos pelo império, o Cristianismo foi "a primeira religião universal possível". Poucos anos depois, em sua *Contribuição para a história do Cristianismo primitivo* (1894-1895), ele propôs uma análise sociológica mais matizada dos primeiros cristãos: os homens livres caídos das cidades, os libertos privados de seus direitos, pequenos camponeses sobrecarregados de dívidas e os escravos. Como não havia uma maneira comum de emancipação para tantos elementos diferentes, apenas a religião♀ poderia oferecer-lhes uma perspectiva e um sonho comuns (Marx; Engels, 1960, p. 199, 327-328).

O interesse de Engels no Cristianismo primitivo não é puramente arqueológico: ele se nutre de duas constatações políticas atuais. Por um lado, a memória♀ do primeiro Cristianismo se encontra em todos os movimentos populares e revolucionários, das heresias medievais aos operários comunistas do século XIX, através dos taboritas de Jan/John Zizka ("memória♀ gloriosa") e da guerra dos camponeses alemães. Mesmo depois de 1830, o Cristianismo primitivo continuou a servir de inspiração♀ para os primeiros operários comunistas alemães (Wilhelm Weitling) e para os comunistas revolucionários franceses.

Por outro lado, Engels observa um paralelismo estrutural entre o Cristianismo original e o socialismo moderno: em ambos os casos, os movimentos das massas oprimidas, cujos membros foram proscritos e perseguidos pelas autoridades públicas, e que pregaram uma iminente libertação♀ da escravidão e do sofrimento.

A diferença essencial entre os dois movimentos estava no fato de que os cristãos rejeitaram a libertação♀ para o próximo enquanto o socialismo o colocava neste mundo (Marx; Engels, 1960, p. 311-312).

Mas essa diferença aparece à primeira vista na trincheira? Em seu estudo de um segundo grande movimento de protesto cristão – a guerra dos camponeses –, ela parece perder a clareza: Thomas Münzer, teólogo e líder dos camponeses e plebeus revolucionários do século XVI, não queria o estabelecimento do reino de Deus na terra?

O levante dos camponeses e o personagem de Münzer em particular exerceram um verdadeiro fascínio sobre Engels. A eles Engels dedicará um dos principais estudos históricos – se não o mais importante estudo histórico no livro *A guerra dos camponeses* (1850). Esse interesse provavelmente se deve ao fato de que essa revolta foi a única tradição verdadeiramente revolucionária na história alemã.

Analisando a Reforma♀ Protestante e a crise religiosa da virada do século na Alemanha em termos de luta de classes, Engels distingue três segmentos que se confrontam em um campo de batalha político-religioso: o conservador católico, composto pelo poder do Império, prelados e uma parte dos príncipes, da nobreza rica e cidadãos; o partido da reforma burguesa luterana moderada, reunindo os detentores da oposição, a massa da pequena nobreza, a burguesia e até mesmo uma parte dos príncipes, que esperavam enriquecer pela confiscação dos bens da Igreja♀; e, finalmente, os camponeses e plebeus constituíram um partido revolucionário, "cujas demandas e doutrinas eram mais claramente expressas por Thomas Münzer" (Marx; Engels, 1960, p. 105).

Se essa análise de confrontos religiosos através da grade de classes sociais antagônicas é sociologicamente esclarecedora, Engels nem sempre evita o atalho reducionista. Muitas vezes ele parece considerar a religião♀ apenas como uma "máscara" ou "capa" (*Decke*) por trás da qual "os interesses, necessidades e reivindicações de diferentes classes" estão escondidos. No caso de Münzer, ele afirma que "dissimulou" suas convicções revolucionárias sob uma "fraseologia cristã" ou uma "máscara bíblica"; se falou com o povo "na linguagem do profetismo religioso" foi porque era "o único que ele conseguia entender na época". A dimensão especificamente religiosa do milenarismo munzeriano, sua força espiritual e moral, sua profundidade mística♀ autenticamente vivida, parece ter escapado dele (Marx; Engels, 1960, p. 99, 114).

Ao mesmo tempo, ele não esconde sua admiração pela figura do profeta quiliasta, cujas ideias ele descreve como "quase comunistas" e "religiosas revolucionárias": "Sua doutrina política correspondia exatamente a essa concepção religiosa revolucionária e estava além das relações sociais e políticas existentes, que sua teologia♀ ultrapassava as concepções religiosas do tempo. [...] Este programa, que era menos a síntese das reivindicações dos plebeus da época do que uma brilhante antecipação das condições de emancipação dos elementos proletários germinando entre esses plebeus, exigiu o estabelecimento imediato na terra do Reino de Deus, o reino milenar dos profetas♀, pelo retorno da Igreja♀ à sua origem e a supressão de todas as instituições em contradição com esta Igreja♀, supostamente primitiva, mas, na realidade, tudo novo. Para Münzer, o Reino de Deus♀ não era outra coisa senão uma sociedade onde não haveria mais qualquer diferença de classe, qualquer propriedade privada, qualquer poder estatal estrangeiro, autônomo, opondo-se aos membros da sociedade" (Marx; Engels, 1960, p. 114).

O que se sugere neste surpreendente parágrafo não é apenas a função contestatória e revolucionária de um movimento religioso, mas também sua dimensão antecipatória, sua função utópica. Estamos aqui em desacordo com a teoria do "reflexo": longe de ser a mera "expressão" das condições existentes, a doutrina político-religiosa de Münzer aparece como uma "brilhante antecipação" das aspirações comunistas do futuro. Neste texto, encontramos uma nova pista, que não é explorada por Engels, mas que mais tarde será ricamente trabalhada por Ernst Bloch, desde o seu ensaio juvenil sobre Thomas Münzer até *O princípio da esperança*, sua obra maior.

Para uma avaliação sóbria e equitativa da contribuição de Engels para o estudo sócio-histórico da Reforma, podemos nos referir ao prefácio de Leonard Krieger para a edição inglesa do livro (1967): "A conexão entre as seitas radicais e as classes 'plebeias-camponesas' – a conexão que permitiu a Engels fazer suas análises históricas mais penetrantes – continua a ser a única relação precisa que foi aceita pelos historiadores de ambos os lados da linha de divisão marxista. No entanto, em geral, mesmo que a prioridade dada por Engels aos interesses sociais e sua correlação inequívoca de outras denominações religiosas com classes sociais não tenha sido tão amplamente aceita, a importância da dimensão social para os conflitos religiosos da era da Reforma não está em dúvida, e a descoberta do modo pelo qual essa relação foi capaz de funcionar continua sendo uma das questões vivas para a historiografia europeia" (Krieger, 1967, p. XLI).

Se Marx estava interessado em *Zusammenhang* entre o Protestantismo e o capitalismo, Engels examina a relação entre o Calvinismo e a burguesia: "Com rigor bem francês, Calvino coloca em primeiro plano o caráter burguês da Reforma, democratizou e republicanizou a Igreja". Na Revolução Inglesa do século XVII, "o Calvinismo revela-se o verdadeiro disfarce religioso dos interesses da burguesia da época" (Marx; Engels, 1960, p. 259).

No entanto, esta metáfora teatral (ou carnavalesca?), que parece reduzir a relação complexa, íntima e "dialética" entre a religião e as classes sociais a uma ocultação simples e mecânica do rosto por uma máscara, não é a única análise do Calvinismo proposto por Engels. Seus escritos também contêm hipóteses mais frutíferas, que conectam a religião e a condição existencial da burguesia: "Onde Lutero falhou, Calvino ganhou. O dogma calvinista foi de encontro às necessidades da burguesia mais avançada da época. Sua doutrina da predestinação era a expressão religiosa do fato de que, no mundo comercial da competição, o sucesso e o fracasso não dependem da atividade ou da habilidade do homem, mas de circunstâncias além de seu controle. Essas circunstâncias não dependem nem daquele que quer nem daquele que trabalha. Eles estão à mercê de poderes econômicos superiores e desconhecidos" (Marx; Engels, 1960, p. 294).

A analogia entre essa análise e a de Weber não escapou da aguda atenção de Georges Lukacs, que combinará os dois para apoiar sua teoria da reificação capitalista: "Não é por acaso que a religiosidade revolucionária das seitas forneceu à sua ideologia as formas mais puras do capitalismo (Inglaterra e Estados Unidos). [...] Pode-se mesmo dizer que a junção calvinista e igualmente revolucionária, entre uma ética de prova (ascetismo intramundano) e a transcendência completa de poderes objetivos que movem o mundo e moldam o destino humano (Deus *absconditus* e predestinação) em seu conteúdo, representa, de maneira mitológica, mas em um estado puro, a estrutura burguesa e a consciência reificada".

Em uma nota de rodapé, Lukacs se refere tanto ao texto já referido de Engels como aos "ensaios de Max Weber no primeiro volume de sua *Sociologia da Religião*". A questão de saber se a interpretação materialista de Engels, e a de Weber – considerado (com ou sem razão) como um não materialista, se não "idealista" –, são compatíveis parece-lhe sem interesse: "É completamente indiferente, para apreciar os fatos, quer aprovemos ou não a sua (Weber) interpretação causal" (Lukacs, 1960, p. 237).

Examinando a Revolução Inglesa do século XVII do ponto de vista da sociologia das religiões, Engels observa: "O segundo grande levantamento da burguesia encontrou no Calvinismo uma doutrina talhada à medida". Se a religião e não o materialismo proporcionaram a doutrina dessa luta revolucionária, isso se deve à natureza politicamente reacionária dessa filosofia na Inglaterra naquela época: "Com Hobbes, o materialismo veio à cena, como defensor da onipotência e prerrogativas reais, apelou para a monarquia absoluta para manter subjugada aquela criança forte e maliciosa (*sed malitius*) que era o povo. O mesmo aconteceu com os sucessores de Hobbes, com Bolingbroke, Shaftesbury etc. A nova forma deísta ou materialista, como no passado, uma doutrina aristocrática e esotérica e, portanto, odiosa à burguesia [...] consequentemente, em oposição a estes materialismo e deísmo aristocráticos, as seitas protestantes, que haviam fornecido sua bandeira e seus combatentes na guerra contra os Stuarts, continuaram a constituir a força principal da classe média progressiva" (Marx; Engels, 1960, p. 297-298).

Esta observação é significativa: rompendo com uma visão linear da história herdada da filosofia do Iluminismo, Engels conta aqui que a luta entre materialismo e religião não corresponde necessariamente à luta entre a revolução e a contrarrevolução, o progresso e a regressão, a liberdade e o despotismo, classes dominadas e classes dominantes. Ao contrário do que o marxismo oficial da facção soviética mais tarde reivindicará. Veja-se, por exemplo, o *Pequeno dicionário filosófico* preparado por dois eminentes acadêmicos soviéticos, M. Rosenthal e P. Ioudine: "O materialismo [...] sempre foi a concepção do mundo das classes sociais avançadas lutando pelo progresso e interessado no desenvolvimento da ciência" (Rosenthal; Ioudin, 1955, p. 360).

Neste caso, a relação é exatamente o oposto: a religião revolucionária *versus* o materialismo absolutista.

Curiosamente, apesar de sua estada de quarenta anos na Inglaterra, Engels nunca se interessou pelos movimentos político-religiosos da Revolução Inglesa, e particularmente pelas correntes radicais, igualitárias ou comunistas (niveladores, escavadores) que se manifestaram nesse grande levante. Ao contrário da Reforma alemã do século XVI, o movimento inglês é analisado quase exclusivamente em sua dimensão burguesa.

Engels estava convencido de que a Revolução Puritana do século XVII era a última em que a religião poderia ter desempenhado o papel de ideologia revolucionária: "O padrão religioso flutuou pela última vez na Inglaterra no século XVII e, no máximo cinquenta anos mais tarde, a nova concepção clássica da burguesia, a concepção jurídica entra em cena na França sem disfarce". A grande Revolução Francesa foi o primeiro levante burguês que "rejeitou completamente o acesso religioso e lutou todas as suas batalhas no terreno abertamente político". A partir de então, a religião só poderia ser uma força social e politicamente regressiva (Marx; e Engels, 1960, p. 298).

É por esta razão que ele mostra (como Marx) a maior perplexidade na persistência, entre as primeiras correntes operárias e comunistas do século XIX, em se referirem ao Cristianismo primitivo. Em seu artigo de 1843 sobre "O progresso da reforma social no continente", Engels se surpreende pelo fato de os comunistas franceses, "enquanto eles são membros de uma nação famosa por sua incredulidade, são eles próprios cristãos. Um dos seus axiomas prediletos é que 'o Cristianismo é o comunismo'. Eles tentam provar isso pela Bíblia, o status das comunidades nas quais os primeiros cristãos viveram etc.". Eles não encontram outra explicação para esse paradoxo do que o mau conhecimento da Bíblia entre os comunistas franceses. Se eles estivessem mais familiarizados com as Escrituras, teriam entendido que "o espírito geral do seu ensino é totalmente oposto" para o comunismo. Ele também observa que Weitling, "o fundador do comunismo alemão", também afirmou, "exatamente como os Icarianos da França", que "o Cristianismo é o comunismo".

Rejeitando esse tipo de sincretismo político-religioso, Engels expressa sua simpatia e acordo filosófico com os socialistas ingleses (isto é, os *owenistas*, que "lutam, como nós, contra preconceitos religiosos" – contrariamente aos comunistas franceses, que "perpetuam religião, atrás deles como uma bola" (Desroche, 1965, p. 268-275). Como sabemos, essas divergências na religião impedirão um acordo entre Marx e Engels e os comunistas franceses em torno de uma revisão conjunta em 1844 (os *Anais franco-alemães*), e também causarão sua ruptura com Weitling em 1846, sobre a circular contra o "comunismo amoroso" de Hermann Kriege.

Trinta anos depois, Engels observa com satisfação que o novo movimento dos trabalhadores socialistas não é religioso – um conceito que lhe parece mais relevante que o do "ateísmo". Seu principal argumento para ridicularizar as pretensões de alguns revolucionários (blanquistas e bakunistas) para "transformar as pessoas em ateus por ordem dos Mufti", "revogar Deus por decreto" ou "tornar a adesão ao ateísmo um artigo de fé obrigatório", era, em todo o caso, na grande maioria dos trabalhadores socialistas, especialmente na Alemanha e na França, que o ateísmo "teve seu tempo": "esse termo puramente negativo não se aplica a eles, porque eles não estão mais em oposição teórica, mas apenas prática com a crença em Deus, eles simplesmente deixaram de falar com Deus, eles vivem e pensam no mundo real e, portanto, são materialistas" (Marx; Engels, 1960, p. 143).

Este diagnóstico evidentemente se relaciona com a hipótese fundamental de Engels, ou seja, a partir do século XVIII, com o advento da filosofia do Iluminismo (Voltaire), O Cristianismo entrara em sua última etapa e se tornara "incapaz de servir no futuro como um manto ideológico para as aspirações de uma classe progressiva qualquer" (Marx; Engels, 1960, p. 260). No entanto, em algumas análises concretas, Engels encontra-se mais matizado e pronto para reconhecer a existência de movimentos religiosos potencialmente subversivos, ou movimentos revolucionários tomando uma "forma" religiosa.

Por exemplo, em um artigo de 1853 sobre o conflito entre o bispo de Freiburg e as autoridades protestantes (Príncipe de Baden), Engels refere-se ao levante armado dos camponeses para defender seu clero (católico) e expulsar os gendarmes prussianos. Como explicar esse retorno inesperado dos conflitos religiosos do século XVII? "O segredo reside simplesmente no fato de que todos os movimentos populares que se fermentam sob a superfície são forçados pelo governo a assumir a forma mística e impossibilita monitorar os movimentos religiosos. Os clérigos deixam-se enganar pela aparência e creem dirigir as paixões populares contra o governo em sua vantagem, mas são na realidade os instrumentos inconscientes e involuntários da própria revolução" (Marx; Engels, 1954, II, 1, p. 633-634).

Ainda mais surpreendente é a análise de Engels do Exército de Salvação na Inglaterra: em seu esforço para manter o espírito religioso na classe trabalhadora a qualquer custo, a burguesia inglesa "aceitou a ajuda perigosa do Exército de Salvação, que revive a propaganda do Cristianismo primitivo, declara que os pobres são eleitos, combate o capitalismo em sua maneira religiosa e, portanto, mantém um elemento primitivo do antagonismo das classes cristãs, que se tornará um dia perigoso para os ricos que hoje são seus patrocinadores" (Marx; Engels, 1960, p. 303).

Inútil afirmar que Engels se enganou em suas previsões e que nem os camponeses católicos de Baden nem os salvacionistas se tornaram "perigosos para os ricos". No entanto, o que merece ser enfatizado é a sua abertura à possibilidade de um ressurgimento da religião como ideologia℘ e cultura de um movimento anticapitalista revolucionário.

Mais tarde, seria compreendido que outras formas mais importantes do que o Exército de Salvação – o qual, aliás, também fascinou Brecht, que lhe dedicou a peça *Santa Joana dos Matadouros* – na esquerda cristã francesa da década de 1930, nos anos 1970 e latino-americanos desde a década de 1960 até o presente (especialmente a Teologia℘ da Libertação℘). Mas esta é outra história, que nem Marx nem Engels poderiam prever...

***

Concluindo: herdeiros da filosofia hegeliana de esquerda e da filosofia do Iluminismo℘, Marx e Engels, no entanto, criarão um novo modo de análise da religião, baseado no estudo dos vínculos entre mudanças econômicas, conflitos de classes e transformações religiosas. Embora ainda evitem o reducionismo, eles abriram um campo de pesquisa que permanece até hoje no coração da sociologia das religiões.

Bibliografia: DESROCHE, H. *Socialismes et Sociologie Religieuse.* Paris: Ed. Cujas, 1965; GOLDMANN, L. *Sciences humaines et philosophie.* Paris: Editions Gonthier, 1966; GOLLWITZER, H. Marxistische Religionskritik und christlicher Glaube. Vierte Folge, J. C. B. Mohr, Tübingen, 1962; KRIEGER, L. Introduction à F. Engels. *The German Revolutions.* Chicago: Chicago University Press, 1967; LUKACS, G. *Histoire et Conscience de Classe.* Paris: Minuit, 1960; MARX, K. *Le Capital.* Paris: Garnier-Flammarion, 1969. vol. I; MARX, K. *Fondements de la Critique de l'Economie Politique (Grundrisse).* Paris: Anthropos, 1967; MARX, K.; ENGELS, F. Die religiöse Bewegung in Preussen. In: *Zur Deutschen Geschichte.* Berlin: Dietz Verlag, 1954; MARX, K.; ENGELS, F. *Sur la religion.* Paris: Social Editions, 1960.

Michael Löwy
Tradução: Silvia Geruza F. Rodrigues

MASLOW, ABRAHAM

Abraham Harold Maslow (1908-1970) foi um psicólogo norte-americano. Ele é considerado o principal fundador da chamada "psicologia humanista", que enfatizava o estudo dos aspectos saudáveis do comportamento e o desenvolvimento dos potenciais humanos e se opunha às concepções de indivíduo oriundas das abordagens psicológicas behaviorista e psicanalítica. Maslow também desempenhou um importante papel na fundação da chamada "psicologia transpessoal", abordagem psicológica voltada ao estudo das experiências de transcendência do ego, do conhecimento oriundo de tradições religiosas e espirituais, bem como de suas implicações para a psicoterapia e a transformação pessoal. É também famoso por sua hierarquia℘ das necessidades humanas, teoria que obteve aplicações em diversas áreas, da administração à psicoterapia.

Maslow era filho de imigrantes russos e nasceu no bairro do Brooklyn, em Nova York. Segundo o próprio Maslow, suas experiências infantis dolorosas exerceram um importante papel no desenvolvimento posterior de sua perspectiva eminentemente altruística e humanista da vida e do comportamento humano. Durante sua infância, era tímido e solitário. Em função de sua descendência judia, sofria constantemente com o preconceito℘ e com ataques de gangues antissemitas. Seu pai era alcoólatra e costumava passar longos períodos longe de casa. Sua mãe era descrita como punitiva e o rejeitava em favor de seus outros dois filhos mais novos. Quando sua mãe faleceu, Maslow se recusou a ir ao funeral℘. Ele a descrevia como uma pessoa religiosa, porém supersticiosa. Nesse sentido, sua relação negativa com a mãe parece ter influenciado não apenas sua defesa do humanismo, como também sua visão da religião℘ em geral. Desde cedo, Maslow se afirmava ateu. Não obstante, ele reconhecerá em si mesmo uma veia mística℘, a qual fundamentará suas concepções acerca das experiências religiosas e sua proposta de uma psicologia transpessoal, aberta ao conhecimento advindo das tradições religiosas e espirituais (Hoffman, 1988).

A formação psicológica inicial de Maslow era predominantemente behaviorista e seus primeiros estudos tinham um caráter experimental, muito diferente da perspectiva humanista que ele ajudaria a criar anos mais tarde. Após realizar seu mestrado na Universidade de Wisconsin, Maslow continuou suas pesquisas na Universidade Columbia. Lá ele encontra Alfred Adler (1870-1937), um dos primeiros dissidentes do movimento psicanalítico iniciado por Sigmund Freud℘ (1856-1939). Ao contrário de Freud℘, Adler atribuía papel secundário à sexualidade℘, ao passo que enfatizava a busca por poder e a superação das limitações físicas e sociais como fatores determinantes no comportamento dos indivíduos. Adler tornou-se um mentor para Maslow, tendo exercido uma importante influência sobre suas teorias posteriores acerca da motivação. A influência de Adler, somada às reflexões mobilizadas em Maslow pelos horrores da Segunda Guerra Mundial, levaram-no a questionar profundamente as ideias behavioristas que havia abraçado até então. Maslow passou a se dedicar, assim, à criação de teorias que enfatizavam não o controle do comportamento, mas a autonomia e a autorrealização (Hoffman, 1988).

A mais conhecida contribuição teórica de Maslow consistiu em seu modelo de hierarquia℘ das necessidades, base de suas ideias sobre a natureza da motivação. Maslow entendia as necessidades humanas como divididas em diferentes níveis hierárquicos, partindo das necessidades fisiológicas (como, por exemplo, comer, dormir e saciar a sede), passando pelas necessidades de segurança, amor/pertencimento e autoestima, até a necessidade de autorrealização, no topo da hierarquia→, um estado de ampla autonomia, criatividade e satisfação pessoal. Maslow entendia que a satisfação de necessidades mais elevadas depende, em grande parte, da satisfação de necessidades mais fundamentais, embora necessidades provenientes de diferentes níveis possam coexistir em um mesmo indivíduo. Para que as necessidades sejam supridas, algumas condições são indispensáveis, tais como a liberdade de expressão e a busca por novas informações e soluções. Quando os indivíduos são privados de sua liberdade e do respeito à sua dignidade como seres humanos, a satisfação de suas necessidades corre perigo. Disso decorre que, ao contrário das críticas muitas vezes feitas a Maslow, sua teoria da motivação não afirma que a satisfação das necessidades depende de esforços exclusivamente individuais, mas está diretamente ligada ao estabelecimento de um contexto social favorável ao florescimento humano, em seus diferentes níveis (Maslow, 1970a).

Os indivíduos autorrealizados não são primariamente motivados pela busca por suprir *deficits* em suas necessidades (uma vez que as necessidades anteriores e mais fundamentais na hierarquia→ já foram supridas ou continuam sendo), mas por aquilo que ele denominou de *metanecessidades*, voltadas à plena realização dos potenciais humanos. Ao modo de pensamento subjacente às metanecessidades, Maslow concedeu o nome de "cognição do ser" (*being cognition or b-cognition*), baseada em valores elevados como a verdade, a bondade, a justiça→, a autonomia e a simplicidade. Embora qualquer pessoa possa vislumbrar e lutar por esses valores, Maslow acreditava que sua plena realização estava mais próxima daqueles indivíduos motivados primariamente por metanecessidades. Sua teoria invertia, assim, a ênfase anteriormente concedida na história da psicologia ao comportamento patológico. Em oposição a Freud→, que havia desenvolvido um complexo sistema teórico com base na análise de pacientes neuróticos, Maslow passou a se dedicar ao estudo de uma amostra seleta de pessoas que ele julgava terem atingido o topo da hierarquia→ de necessidades. Maslow supunha um estado de plena saúde→ mental, ao contrário de Freud→, que entendia a neurose como uma consequência até certo ponto inevitável da condição humana (Maslow, 1971).

É com base em seu modelo das necessidades humanas que Maslow especulará acerca da natureza das experiências místicas→ e religiosas. Maslow acreditava que, em suas manifestações essenciais e universais, as experiências místicas→ seriam mais facilmente acessíveis aos que alcançaram o estágio de autorrealização. Não obstante, vislumbres eventuais das verdades fundamentais do misticismo poderiam ser atingidos por qualquer indivíduo por meio de *experiências de pico*, nome que Maslow empregava para se referir a vivências de êxtase, assombro diante da natureza e plenitude. Para ele, tais experiências se achavam intrinsecamente relacionadas à vida mística→ e espiritual. Ao longo do tempo, a repetição mais ou menos constante desses estados por indivíduos autorrealizados levaria ao que ele chamou posteriormente de *experiência do alto do platô* (*high-plateau experience*), um estado em que as vivências de pico seriam experimentadas com menor frequência e intensidade, sendo gradativamente incorporadas às diversas situações cotidianas, como um precipitado dos muitos *insights* experimentados por esses indivíduos (Krippner, 1972).

Semelhantemente a outros teóricos da psicologia transpessoal, o pensamento de Maslow estava alinhado à chamada filosofia perene (Huxley, 1947), de acordo com a qual, subjacente às muitas variedades de prática e crença→ religiosa ao redor do mundo, haveria um conhecimento universal, perene, acima das diferenças socioculturais encontradas nas experiências religiosas de diferentes povos. Tais verdades seriam acessíveis, sobretudo, por meio da vivência mística→, do contato mais ou menos direto com uma realidade transcendente, sempre filtrado pelas lentes culturais e experiências pessoais prévias. Nesse sentido, Maslow era crítico da religião→ em suas expressões tradicionais, daquilo que ele definia como a *religião organizada ou institucionalizada*. Ele acreditava que os rituais e práticas religiosas formais são como solidificações enrijecidas do conhecimento perene adquirido por meio das experiências religiosas originárias, tentativas de reduzir as experiências de pico a um código passível de ser transmitido a gerações vindouras. Nesse processo de codificação, muito da experiência acabaria se perdendo, restando apenas um simulacro empobrecido de suas verdades essenciais. A experiência inicial é, assim, convertida em uma série de ações repetidas, desvinculada de seu contexto original e restrita agora a certo dia, cerimônia ou localidade – a igreja (Maslow, 1970b).

Entre os indivíduos religiosos, há muitos "organizadores", indivíduos que pertencem aos mais altos escalões da burocracia religiosa, e que são responsáveis por zelar pela codificação estabelecida. Para Maslow, esses indivíduos reprimiriam em si mesmos as experiências de pico, mesmo que não intencionalmente, por medo dessas vivências e de suas consequências transformadoras. Nesse sentido, ele especulou acerca de um medo humano universal da experiência direta com o divino, muitas vezes disseminado pelas próprias instituições religiosas→, de modo a preservar a codificação das experiências originárias com os "organizadores" e garantir a sobrevivência da estrutura burocrática. Para Maslow, os religiosos se dividiriam, essencialmente, em dois grandes tipos: os legalistas e os místicos. O primeiro grupo seria burocrático, convencional, dogmático, sistemático. A religiosidade legalista seria predominantemente idólatra, centrada mais em objetos e ações padronizados do que na filosofia ou nos valores subjacentes à doutrina religiosa. Já a religiosidade mística℘ consistiria naquela dos profetas℘ e buscaria pela vivência direta do transcendente, dando a ela maior ênfase do que a codificações preestabelecidas. Maslow também explicou, em sua classificação dos tipos religiosos, como a religiosidade dos indivíduos poderia adquirir contornos distintos dependendo de quais necessidades lhes fossem mais deficientes. É assim que, segundo ele, indivíduos inseguros e de autoestima reduzida buscariam na religião℘ um sistema coerente e integrado de valores e significados, capazes de aplacar, ainda que transitoriamente, suas profundas incertezas e sua necessidade de pertencimento.

Maslow não negou, porém, que algum grau de institucionalização℘ fosse possível sem que o conhecimento advindo das experiências religiosas fosse prejudicado. Ele, na verdade, acreditava na importância de uma religiosidade fluida, flexível, capaz de se modificar e adaptar às mudanças sociais e às necessidades das pessoas em cada época. Nesse sentido, Maslow entendia a religiosidade mais como uma busca do que como o alcance de uma verdade absoluta, e enfatizava a experiência religiosa℘, mais do que outros aspectos das religiões. Embora ateísta, Maslow não negava a possibilidade de se definir Deus de um modo impessoal, como o conjunto de toda realidade ou como o mistério da origem da vida e do universo, a adoração não de um ser em particular, mas de tudo o que fosse bom, belo e verdadeiro.

Poucos anos após a fundação da psicologia humanista e de uma associação dedicada ao seu estudo, Maslow passa a discutir os limites da abordagem que havia auxiliado a desenvolver e a defini-la como preparação para uma quarta força na Psicologia (depois das forças behaviorista, psicanalítica e humanista), de caráter transpessoal, cósmico, espiritual. Após um encontro, em 1969, que reuniu autores como James Fadiman, Antony Sutich, Abraham Maslow e Stanislav Grof, é lançado o *Journal of Transpersonal Psychology*, viabilizando a publicação de pesquisas em torno da temática transpessoal. Preocupando-se com uma série de experiências que haviam sido, até então, de interesse quase exclusivo dos psicólogos da religião, os psicólogos transpessoais adotaram, não obstante, uma abordagem distinta, concedendo espaço para a dimensão transcendente, diferentemente da postura agnóstica abraçada pelos psicólogos da religião. Comparativamente a estes, que haviam se debruçado até ali muito mais sobre religiões cristãs,

os transpessoais enfatizaram o estudo das tradições orientais e a incorporação, na prática terapêutica e na investigação dos estados alterados de consciência℘, de técnicas como a meditação℘. Pode-se dizer que a psicologia transpessoal representou, em grande medida, um esforço por integrar a psicologia ocidental e a religiosidade e filosofia orientais, em suas diversas expressões, como se vê claramente pelo clássico volume *Psicologias transpessoais*, editado pelo psicólogo norte-americano Charles Tart (Tart, 1977).

As teorias de Maslow tiveram um grande impacto na psicologia de seu tempo, mas receberam também críticas quanto à ausência de sustentação empírica. Seu trabalho foi criticado como sendo mais filosófico do que científico e seus conceitos nem sempre obtiveram respaldo das pesquisas ou se mostraram de difícil avaliação, como vários aspectos de sua teoria das necessidades humanas (Hoffman, 1988). Ainda assim, parte de suas ideias mostrou alguma confirmação empírica, como a noção de que as experiências místicas℘ são comuns na população e de que se associam a indicadores de saúde℘ mental. Todavia, questionários desenvolvidos para avaliar a hierarquia℘ de necessidades e seu conceito de autorrealização nem sempre confirmaram a mesma sequência de estágios ou o mesmo conjunto de características esperados para cada nível. Influenciada pelo momento histórico e pelo contexto social em que foi formulada, a descrição de Maslow dos indivíduos autorrealizados poderia representar, implicitamente, muito mais o resultado de um ideal norte-americano de liberdade e crescimento pessoal do que propriamente um estágio humano universal de desenvolvimento (Wulff, 1991).

Deve-se reconhecer, de qualquer modo, que suas contribuições tiveram um papel importante no estabelecimento de abordagens posteriores, como a psicologia positiva, cujas contribuições se embasaram mais na investigação empírica do que o fizeram as contribuições de Maslow e outros psicólogos humanistas. As concepções de Maslow acerca das religiões refletiram mudanças que caracterizam até hoje a religiosidade contemporânea, como a ênfase nas experiências espirituais e em uma forma de espiritualidade℘ livre de vínculos institucionais. Sua ênfase na saúde℘ mental e na relação entre experiências místicas℘ e autorrealização de certa forma ecoa até hoje em uma ampla literatura dedicada a inventariar as relações entre religiosidade, espiritualidade℘ e saúde℘.

Bibliografia: HOFFMAN, E. *The Right to be Human*: A Biography of Abraham Maslow. New York: St. Martin's Press, 1988; HUXLEY, A. *The perennial philosophy*. London: Chatto & Windus, 1947; KRIPPNER, S. The plateau experience: A. H. Maslow and others. *Journal of Transpersonal Psychology*, v. 4, 1972, p. 107-120; MASLOW, A. *Motivation and personality*. New York: Harper and Row, 1970a; MASLOW, A. *Religions*, *values and peak-experiences*. New York: Viking Press, 1970b; MASLOW, A. *The farther reaches of human nature*. New York: Viking Press, 1971; TART, C. (Org.). *Transpersonal psychologies*. New York: Harper Colophon Books, 1977; WULFF, D. *Psychology of religion*: classic and contemporary views. New York: John Wiley and Sons, 1991.

EVERTON DE OLIVEIRA MARALDI

MAUSS, MARCEL

Marcel Mauss (1872-1950) é considerado o pai da Etnologia francesa. Nasceu em Épinal, na região da Alsácia. Estudou filosofia, mas logo após a sua formação voltou-se para a Sociologia, mais especificamente para a Sociologia da Religião☿, com forte inclinação aos estudos da História das Religiões☿ e Etnologia, que se tornaria posteriormente a sua disciplina por opção. Estudou filologia☿, especialmente através dos estudos de sânscrito, área bastante forte no interior da Ciência da Religião☿. Convém lembrar que nesse período as divisões acadêmicas não se colocavam nos mesmos formatos que as atuais. Mauss sempre foi atrás do que havia de ponta nos estudos de religião, tendo até mesmo recebido bolsa de estudo para ir aos Países Baixos e à Inglaterra para estabelecer contatos mais estreitos com os pensadores da nascente Ciência da Religião☿ (Fournier, 2005, p. 58).

Junto com seu tio, Émile Durkheim☿ (1858-1917), formou a matriz da denominada Escola Sociológica Francesa. A preocupação central era a de desenvolver uma ciência propriamente social, distante dos ditames teológicos e do senso comum. Foi primeiramente assistente de Durkheim☿, com quem dividiu alguns de seus primeiros trabalhos.

Esse momento de constituição da Sociologia e da Antropologia coincide com a formação da Ciência da Religião☿. Os estudos de religião experimentavam um momento efervescente, tanto pelas descobertas das religiões dos outros povos, iletrados, como pela tradução e edição de inúmeros textos clássicos de religiões do Oriente. Na França, a Teologia☿ foi retirada da academia e se buscava um novo conhecimento, científico e laico, das questões religiosas. Mauss e Durkheim☿ contribuíram para que a Ciência da Religião☿ emergente reconhecesse os vínculos sociais em que a religião☿ se encontra envolvida. Nesse sentido, muito se deve a eles, principalmente a Mauss, a aplicação do método☿ científico aos fenômenos religiosos.

Após os estágios em universidades dos Países Baixos, em Leiden e Breda, e em Oxford, na Inglaterra, Mauss tornou-se assistente de Alfred Foucher, diretor de estudos de História de Religiões da Índia, na seção de ciências religiosas da prestigiosa *École Pratique des Hautes Études*, em Paris. Em 1902, nessa mesma instituição, assumiu a cátedra de "História das Religiões☿ e povos não civilizados" (Oliveira, 1979, p. 9). Esse seu início como professor acadêmico foi marcado por uma preocupação detalhada com os dados empíricos e as evidências. Fazia parte de um programa de pesquisas sobre expressões rituais da vida religiosa e tinha como uma das metas o desenvolvimento de uma teoria do sagrado☿.

Seu trabalho rapidamente ultrapassou os limites da Sociologia da Religião☿ para lidar com a teoria do conhecimento, como pode ser visto no ensaio, escrito com Durkheim☿, intitulado "Algumas formas primitivas de classificação", de 1903.

A primeira obra significativa de Marcel Mauss foi escrita junto com seu amigo e colega Henri Hubert (1872-1927), intitulado "Ensaio sobre a natureza e a função do sacrifício☿", de 1899, com exemplos de sacrifícios☿ hindus e hebraicos. Este extenso e denso ensaio foi publicado na revista *L'Année sociologique*, fundada por Durkheim☿ em 1898. Mauss acabou ficando responsável pela seção de sociologia religiosa da revista e como um de seus principais colaboradores. Posteriormente, ficou sob seus cuidados até 1913, quando foi interrompida. Após o período da Primeira Grande Guerra (1914-1918), o próprio Mauss retomou a publicação por mais alguns anos.

Dividia com Durkheim☿ a preocupação de estabelecer a Sociologia enquanto uma ciência distinta das demais, e com grau de positividade. Para ele, a Sociologia se diferenciaria da Psicologia, pois esta trabalha com representações individuais, enquanto a Sociologia versa sobre as representações coletivas. São exatamente essas que tomam lugar nas obras pioneiras desse autor e já trazem uma grande contribuição aos estudos de religião. As representações religiosas são vistas como representações coletivas, compartilhadas pelos integrantes da sociedade, porém de maneira inconsciente de seus determinantes sociais.

Mauss tratava as religiões das sociedades indígenas, então denominadas de primitivas, com a mesma legitimidade das grandes religiões mundiais. Para ele, os conceitos desenvolvidos pelos estudiosos da religião, advindos em geral do próprio campo religioso cristão ocidental, não serviam para compreender as religiões dos povos tribais ou outras religiões mais distantes dos monoteísmos☿ hebraico, cristão e islâmico. O campo de trabalho do cientista da religião deveria ser amplo o suficiente para abarcar todas as expressões religiosas, mesmo que muito distantes daquelas comumente identificadas como religião.

Ao conceber a religião☿ como uma articulação de crenças☿ e práticas, Mauss provocou uma nova maneira de compreender as religiões. Tirou o foco das formas oficiais e institucionalizadas da religião, voltando-se para as formas concretas em que ela é efetivamente vivenciada (Menezes, 2003, p. 116).

Em 1904, Mauss publicou, juntamente com Henri Hubert, em *L'Année sociologique*, o importante trabalho intitulado "Esboço de uma teoria geral da magia". O uso do conceito de *mana*, como a ideia-fonte da magia♀, provocou uma forte controvérsia. Nesse ensaio, o autor faz uma profunda comparação entre religião♀ e magia♀, destacando as propriedades da magia♀ simpática e a sua eficácia. Para ele, magia♀ e religião♀ são produtos de representações sociais. A magia♀ e a religião♀ são objetos de crença♀ e estão sob a ação de forças coletivas.

Na primeira fase de sua obra, que dura até a eclosão da Primeira Grande Guerra, em 1914, Mauss se dedicou fortemente às questões religiosas. Em momentos posteriores, o foco sobre a religião♀ é diluído por outras preocupações, embora permanecesse em segundo plano.

A etnologia fazia sucesso e ganhava a curiosidade do público. Junto com Lucien Lévy-Bruhl e Paul Rivet, em 1925, fundou o *Institut d'ethnologie de l'universite de Paris*. O Instituto atraiu muitos estudantes e pesquisadores que ficariam, mais tarde, célebres no universo da Antropologia francesa, como Metraux, Dumézil♀, Dumont e outros.

Em 1925, veio a publicar o seu mais famoso e influente trabalho: *O ensaio sobre a dádiva*. Nessa obra, indo na contramão daquilo que era corrente na época, afirma que a moral está baseada na solidariedade e na reciprocidade.

Em 1931, alcançou o considerado mais alto posto da academia francesa, tornando-se professor do *Collège de France*, assumindo a cadeira de Sociologia. Sua carreira foi violentamente encerrada em 1940, com a ocupação nazista da França e a expulsão de judeus dos cargos públicos. Mauss não voltou mais às atividades acadêmicas, vindo a falecer em 1950.

Na obra inicial, sobre o sacrifício♀, de 1899, Mauss e Hubert procuram construir um esquema geral a partir de casos extraídos de textos semitas e védicos. Identificam os agentes envolvidos e suas etapas. Ao contrário da Antropologia da época, de cunho evolucionista, os autores defendem uma relativização do sacrifício♀ como coisa atual. Buscam uma unidade de ato sacrifical, muito mais do que suas origens. Trata-se de um grande exercício em que se faz relacionar as noções de sagrado e profano♀. Os atores sociais, sacrificante, sacrificado, a vítima, passam por um longo processo de retirada do mundo profano♀ e ingresso no mundo sagrado, estabelecendo a comunicação entre ambos. Identificam dois tipos de sacrifício♀. Nos de sacralização, a vítima oferece as forças de consagração a suas custas. Nos outros, denominados de rituais de expiação, as impurezas do sacrificante são transpostas à vítima, tornando-as inócuas. São, na realidade, duas categorias analíticas, abstratas, uma vez que essas formas se compõem na prática. Através do sacrifício♀, do desapego e altruísmo da vítima é que os indivíduos sacrificantes podem se valer do social para atingirem seus objetivos particulares. Reforça-se, assim, a máxima de Durkheim♀ de que a religião♀ é um fato social.

Em 1904, por meio do ensaio sobre a magia♀, os mesmos dois autores buscaram uma nova definição, um esboço geral que se distinguisse da visão clássica da Antropologia de Frazer♀. A magia♀, mesmo tendo um caráter escondido e ilícito, tem raízes profundamente sociais. O fundamento último da magia♀ estaria na crença♀ nos poderes de manipulação do mago ou feiticeiro♀, que é compartilhada socialmente por todos os agentes envolvidos. Em vez de enxergar a magia♀ como antecessora da religião, Hubert e Mauss veem ambas como coexistentes e muitas vezes complementares.

A noção central, que explica tanto a religião♀ como a magia♀, é a noção de *mana*. Trata-se de pensar nessa categoria como aglutinação dos poderes extrassensoriais atribuídos a pessoas, objetos e ritos, que torna esses poderes eficazes. Para os autores, *mana* seria uma categoria do entendimento humano mais abrangente do que a noção de sagrado♀.

Nessas obras, principalmente, é que as contribuições de Mauss para o estudo da religião se fazem mais presentes. No entanto, na sua obra de maior envergadura, escrita num momento de maior maturidade, o "Ensaio sobre a dádiva", de 1925, a religião♀ aparece secundariamente. É possível compreender a religião♀ como um fato social total, conceito bastante caro a esse autor, na mesma medida em que é possível compreender outros fatos sociais. A dádiva é a chave de análise que vai permitir compreender a produção das alianças e laços sociais, sejam eles do campo dos matrimônios e parentesco, da política, da economia, da religião♀, do âmbito jurídico, entre outros. A constituição da vida social se estabelece a partir de um constante dar e receber, no qual se evidencia o papel da troca. O sacrifício♀ não deixa de ser uma dádiva que se faz no interesse de ganhar os favores dos deuses ou desviar a sua cólera. É um contrato, uma reciprocidade e um ato útil que compreende necessariamente uma obrigação.

Os fatos econômicos, pensando aqui na simples troca, não estão separados dos demais aspectos da vida social. Para Mauss, trata-se de um fato social total. Qualquer troca diz respeito à sociedade em seu todo e advém da obrigação de dar e retribuir. A dádiva tem valor social e reúne ao mesmo tempo questões religiosas, econômicas, políticas, matrimoniais e jurídicas.

Distanciando-se da Sociologia de Durkheim♀, Mauss começa a estabelecer outra dicotomia, distinta daquela entre sagrado e profano♀. Se para Durkheim♀ a sociedade poderia ser explicada a partir dessas noções religiosas, Mauss insiste na relação entre o utilitário e o simbólico, entre interesse e desinteresse. As trocas, por mais livres e gratuitas que aparentam ser, compreendem na verdade obrigações e interesses. Mauss se refere à noção de *hau*, o espírito da coisa em si, para explicar sua tese: há uma força das coisas que nos obriga a dar presentes, pois dar alguma coisa a alguém é dar alguma coisa de si. Pode-se isolar o aspecto econômico de uma troca, mas sempre haverá um aspecto religioso, político ou mesmo estético.

O trabalho de Marcel Mauss está longe de ser ultrapassado. Não se pode negar que outros autores que o sucederam avançaram em suas teorias, como é o caso evidente de Claude Lévi-Strauss.♀. Mas um retorno em profundidade às obras de Mauss permite ao cientista da religião uma compreensão ampla do fato religioso, profundamente enraizado nos condicionantes sociais e, principalmente, absolutamente relacionado às demais esferas da sociedade.

Bibliografia: FOURNIER, M. *Marcel Mauss*: A Biography. Princeton: Princeton University Press, 2005; LÉVI-STRAUSS, C. A obra de Marcel Mauss. In: MAUSS, M. *Sociologia e Antropologia*. São Paulo: Edusp, 1974. v. I; MAUSS, M. Ensaio sobre a dádiva. Forma e razão da troca nas sociedades primitivas. In: MAUSS, M. *Sociologia e Antropologia*. São Paulo: Edusp, 1974. v. II; MAUSS, M.; HUBERT, H. Ensaio sobre a natureza e a função do sacrifício. In: MAUSS, M. *Ensaios de Sociologia*. São Paulo: Perspectiva, 2001; MAUSS, M.; HUBERT, H. Esboço de uma teoria geral da magia. In: MAUSS, M. *Sociologia e Antropologia*. São Paulo: Edusp, 1974. v. I; MENEZES, R. de C. Marcel Mauss e a sociologia da religião. In: TEIXEIRA, F. (Org.). *Sociologia da religião*. Enfoques teóricos. Petrópolis: Vozes, 2003; OLIVEIRA, R. C. Introdução a uma leitura de Mauss. In: OLIVEIRA, R. C. *Mauss*. São Paulo: Ática, 1979. Coleção Grandes Cientistas Sociais.

Silas Guerriero

MEAD, MARGARET

Margaret Mead (1901-1978) foi, talvez, a mais midiática e conhecida antropóloga de seu tempo. Houve um momento em que os Estados Unidos da América estavam interessados em conhecer as particularidades e excentricidades das outras culturas ao redor do mundo. Esse despertar veio como consequência do final da Segunda Grande Guerra e do avanço dos norte-americanos sobre os mais diferentes rincões do planeta. Era comum a participação de Mead em programas televisivos, principalmente para falar das curiosidades da vida das garotas adolescentes em Samoa, Nova Guiné. Isso a transformou numa celebridade. Mas Margaret Mead foi uma profunda estudiosa das comparações culturais, defensora do relativismo cultural e, como não poderia deixar de ser, trouxe os aspectos peculiares das religiões diferentes, dos povos longínquos, à baila da discussão do grande público.

Nascida na Pensilvânia, EUA, em 1901, Margaret Mead graduou-se em Psicologia e fez seu doutorado em Antropologia na Universidade de Columbia, com Franz Boas.♀, na década de 1920. Foi curadora do Museu Americano de História Natural, em Nova York, onde passou toda a sua vida profissional. Boas♀ foi um pioneiro da Antropologia nos EUA e empreendeu uma grande crítica à visão anterior do evolucionismo♀ cultural. Formou uma grande geração de antropólogos. Boas♀ defendeu um relativismo profundo, afirmando que os povos são diferentes por terem histórias culturais particulares. Margaret Mead foi uma de suas mais proeminentes discípulas, defendendo a disciplina da Antropologia e tornando-a conhecida do grande público. Foi pesquisadora perspicaz, com trabalho de campo em várias culturas no Pacífico Sul durante as décadas de 1920 a 1930, como os Arapesh, Mundugumor, Tchambuli e Iatmul da Nova Guiné. Concentrou-se, principalmente, nos estudos sobre infância, juventude e adolescência, bem como no parentesco e na organização social. Um de seus trabalhos mais conhecidos girou em torno do tornar-se adolescente numa cultura distante da Nova Guiné em comparação com as jovens adolescentes norte-americanas (Mead, 1973).

Um de seus livros mais famosos, *Sexo e temperamento* (1979), publicado em 1935, trata da personalidade feminina e masculina naquelas culturas da Nova Guiné. Nesse período não era comum tratar das questões de gênero♀, comparando homens e mulheres, muito menos comparar essas questões entre os norte-americanos e as culturas muito diferentes. Essa obra teve forte impacto na sociedade e na maneira como eram vistas as diferenças não apenas entre as sociedades, como também entre homens e mulheres. Mead percebeu, nas três culturas pesquisadas, que havia fortes diferenças de temperamento e comportamento entre os gêneros♀. Por exemplo, entre os Tchambuli, as mulheres é que tinham um senso administrativo e dominador, enquanto os homens eram submissos e emocionalmente dependentes. Entre os Arapesh, tanto homens como mulheres eram de temperamento pacífico. Já entre os Mundugumor, tanto homens como mulheres tinham pendor para a guerra. Para ela, o temperamento varia de cultura a cultura, dependendo dos diferentes condicionamentos culturais.

Margaret Mead não é propriamente conhecida por seus estudos de religião e, por consequência, acaba sendo pouco citada pelos cientistas da religião. No entanto, escreveu sobre religião♀ tanto para o público profissional quanto para o popular. A pesquisa de Mead sobre religião♀ pode ser percebida em sua pesquisa detalhada sobre a visão sobrenatural do povo Arapesh e descrita, em parte, no livro *Sexo e temperamento* (1979). Trata-se de uma abrangente

MEDITAÇÃO

descrição de um sistema religioso indígena, contendo dados extensos sobre cosmologia, mitos, crenças, rituais e as práticas dessa cultura tribal da Nova Guiné, com especial atenção aos ritos de passagem.

De seu trabalho de campo na ilha Manus, na costa da Nova Guiné, Mead publicou um importante trabalho sobre tabu, magia e a crença no animismo, tanto em adultos como em crianças. Com seu marido da época, o famoso antropólogo Gregory Bateson (1904-1980), desenvolveu um método pioneiro do uso de fotografias no trabalho de campo do antropólogo, publicado em 1942, *Balinese Character*, na perspectiva de compreensão do transe entre os balineses. Dessas pesquisas resultaram vários trabalhos, como o documentário cinematográfico *Trance and Dance in Bali*, de 1952. Esses filmes auxiliaram, mais ainda, na popularidade de Margaret Mead.

A religião na obra de Mead, embora habitualmente presente, foi sempre tratada de maneira tangencial. Em seu famoso trabalho sobre o crescimento das adolescentes em Samoa (1973), ela analisa o papel do Cristianismo na vida das meninas adolescentes. O detalhamento proporcionado pelo exímio trabalho de campo levou a um excelente conhecimento sobre a vida religiosa dos povos estudados. Contudo, isso não significou a construção de teorias da religião específicas por parte de Margaret Mead. Seu grande trunfo foi o aprofundamento de uma vertente teórica que procurou perceber os aspectos psicológicos em relação à cultura mais ampla. Essa corrente teve, também, a contribuição de outra grande antropóloga, igualmente discípula de Franz Boas, Ruth Benedict.

A influência de Margaret Mead para a Antropologia foi bastante significativa. A partir dos anos 1960, uma nova geração de antropólogos, norte-americanos e britânicos, desenvolveu novas teorias, tendo como referencial, entre outros, as obras de Mead. Foram eles Clifford Geertz, Victor Turner e Mary Douglas. Nessa mesma época, Margaret Mead voltou-se cada vez mais para suas raízes cristãs e para lutas sociais, tornando-se ativista na luta por direitos civis e ecumenismo. Chegou a ser convidada como representante da Igreja Episcopal para o Conselho Mundial de Igrejas, frequentado esse organismo durante vários anos. Sua contribuição, nesse aspecto, foi muito mais voltada para as questões religiosas no meio social e político do que para as teorias sobre religião. Envolveu-se em assuntos polêmicos, tais como as dimensões espirituais do controle de natalidade, o direito de morrer, as mulheres como sacerdotes e outras relacionadas ao fascínio exercido pelos aspectos ocultos da religião. Coerente com tudo aquilo que desempenhou em sua vida, como acadêmica ou fora da universidade, não via conflito entre religião e ciência. Imaginava, e lutava, por um mundo onde as crenças de outras culturas não fossem consideradas inferiores.

Embora não tratasse especificamente do fato religioso, a obra de Margaret Mead traz grandes contribuições aos estudos de religião. A noção de individualidade, e por consequência a influência dos ensinamentos religiosos na vida dos indivíduos, pode ser compreendida como algo que se constrói a partir de uma relação indivíduo-sociedade, e não apenas uma imposição cultural. Assim, nos grupos religiosos, notadamente os mais fechados, é possível perceber como se constrói a noção de indivíduo ali presente. Outra forte contribuição pode ser percebida na ênfase da autora no relativismo cultural, assunto tão caro quando se trabalha com religiões comparadas. O resultado disso é a forte convicção de que não há religiões superiores ou inferiores, atrasadas ou desenvolvidas.

Bibliografia: MEAD, M. *Coming of Age in Samoa*: A psychological study of primitive youth for Western Civilisation. New York: Morrow Quill Paperbacks, 1973; MEAD, M. *Growing up in New Guinea*: A study of adolescence and sex in primitive societies. Harmondsworth, Middlesex: Penguin Books, 1975; MEAD, M. *Sexo e temperamento*. São Paulo: Perspectiva, 1979.

SILAS GUERRIERO

MEDITAÇÃO

A meditação é uma prática ancestral, cuja origem se perde no tempo. Sua primeira sistematização como método religioso pode ser encontrada entre as escrituras hinduístas (*Yoga-Sutras*) por volta do século II a.C.

Eliade propôs como definição operacional para a meditação: "[...] diminuição voluntária das modificações da mente/consciência" na experiência religiosa (Eliade, 2000, p. 88-101).

A meditação foi adotada por diversas religiões, como o Budismo, o Taoismo, o Sufismo, o Judaísmo e o Cristianismo, para citar algumas (Odier, 2003; Kugle, 2012; Hollywodd; Beckman, 2012; Kaplan, 1985). Em cada uma delas, no entanto, *técnicas* específicas foram sendo elaboradas para cada *método*, tradição ou escola de pensamento. Por *técnica* meditativa pretende-se compreender o *formato* da meditação propriamente dita – como as meditações baseadas em visualizações, recitações, observação dos pensamentos e/ou ritmos corporais e respiratórios e outros. Por *método* meditativo compreende-se a meditação como um amplo *complexo espiritual* em si que envolve: 1) a técnica, mas também; 2) as escrituras que embasam a fé e crenças dos adeptos; 3) as experiências advindas de cada prática realizada; e por último 4) a comunidade, que legitima, mantém e troca os bens espirituais envolvidos durante e após a meditação.

Para exemplificar a diferença entre *técnica* e *método* meditativo, podemos dizer que no Budismo a técnica meditativa do *Mindfulness* foi desenvolvida pelo método *Theravada*, e a técnica da Compaixão pelo método *Mahayana*. Entre alguns dos métodos meditativos da religião Daoísta, podemos indicar a técnica do "Sentar e Esquecer", do método *Shang Qing* (literalmente: "Clareza Suprema"). Entre os muçulmanos, uma das técnicas meditativas do método *sufi* é a recitação do *Dhikr* (ou "invocação de *Allah*"). No Judaísmo, por outro lado, prevalecem as técnicas de visualização, especificamente no método meditativo do *Hassidismo*. E, dentro do método Místico Cristão Oriental, as técnicas meditativas silenciosas são as mais utilizadas.

Desde o início do século XX, os estudos sobre meditação foram adotando nuances neurobiológicas e biomédicas, as quais, a partir dos anos de 1990-2000, levaram as neurociências a dialogar com as experiências místicas de meditadores de diversas religiões. Em 2000, o antropólogo da religião Eugene D'Aquilli e o neurocientista Andrew Newberg publicaram um estudo em que apresentaram as bases neurobiológicas da meditação e a produção, segundo eles, da "mente mística", buscando explicar a origem da religião por meio das neurociências (D'Aquilli; Newberg, 2000). Foram investigados oito monges budistas do método *Theravada* em técnica de visualização, comparados com cinco freiras que praticavam o método meditativo franciscano, baseado na técnica da verbalização. Este trabalho foi um dos primeiros a relatar experimentos neurocientíficos conduzidos durante processos meditativos religiosos, demonstrando que as repercussões encefálicas entre métodos e técnicas religiosas diferentes poderiam produzir resultados neurofisiológicos semelhantes e experiências religiosas díspares (Newberg et al., 2003).

Os estudos em torno da meditação crescem em volume exponencial desde então, tanto na academia quanto em livros populares. Nunca uma prática ritual religiosa havia sido tão investigada pela biomedicina, com aplicações terapêuticas em hospitais, escolas e outros setores da sociedade, que começaram a introduzir programas de meditação, visando a benefícios para a saúde de indivíduos com dificuldades emocionais e atentivas. Um dos exemplos mais emblemáticos é o *Center for Mindfulness* da *University Massachusetts Medical School*, inaugurado em 1979 pelo biólogo Jon Kabat-Zinn. Com o objetivo inicial de tratar de forma alternativa "pacientes em condições crônicas para os quais os clínicos não poderiam oferecer mais ajuda", surgiu o *Mindfulness Based Stress Reduction* (MBSR), um programa de redução de estresse inspirado nas técnicas meditativas do método budista *Theravada* (Germer et al., 2016, p. 11). Em 2012, Kabat-Zinn contava já com mais de setecentos programas de MBSR inaugurados em universidades e hospitais do mundo, vindo a se tornar um dos instrumentos psicológicos mais utilizados academicamente para melhorar os níveis de relaxamento e a qualidade de vida através da meditação.

As repercussões psicofisiológicas positivas, ou seja, influências comportamentais e de origem orgânica, como, por exemplo, aumento de graus mais profundos de relaxamento e atenção plena, que a ciência biomédica apresentou sobre os efeitos da meditação, possibilitaram que diversas outras técnicas fossem transplantadas de suas religiões originais como "terapêuticas espirituais" por médicos, professores, psicólogos e toda uma gama variada de profissionais. Esse fato parece ter legitimado a meditação para além dos consagrados métodos com finalidade originariamente religiosa. Hoje, até mesmo é possível conceitualizar a operacionalidade da meditação em termos não religiosos (Harris, 2015, p. 130-133), algo impensável em tempos passados.

A primeira definição operacional de meditação fora do escopo religioso foi elaborada em uma pesquisa de 2004, segundo a qual toda prática meditativa deve obedecer a cinco princípios: 1) uso específico de uma técnica; 2) relaxamento muscular em algum momento do processo; 3) "relaxamento da lógica"; 4) ser necessariamente autoinduzida; e 5) utilizar um foco de atenção, denominado de "âncora" (Cardoso et al., 2004). Entretanto, mesmo que cientistas busquem desvincular as diversas técnicas de meditação dos métodos religiosos de origem, ela parece insistir em se aproximar da sua antiga religiosidade. Uma pesquisa realizada em 2010 e outra em 2018 atentaram para a possibilidade de alguns cientistas, que se utilizam e pesquisam técnicas meditativas para a saúde e a promoção de bem-estar, estarem gradativamente aproximando seus discursos a conteúdos religiosos (Simões, 2015, p. 108-115).

Essa expansão do interesse sobre a aplicação laica e religiosa da meditação, advindas das suas mudanças neurobiológicas, permitiu que a Ciência da Religião erigisse um novo campo do saber: a *Neurociência da Religião* (Grassie, 2010, p. 93-110). As pesquisas desta nova área têm possibilitado à Ciência da Religião investigar as experiências religiosas em outra perspectiva que não a filosófica, ao questionar o reducionismo fenomenológico das experiências religiosas e corroborar com o caráter multidisciplinar de seus estudos (Usarski, 2004). A meditação, assim, antes uma prática exclusivamente religiosa e parte intrínseca de complexos espirituais, recentemente foi ganhando contornos científicos, além de fomentar o surgimento de novas técnicas e metodologias.

Bibliografia: CARDOSO, R. et al. Meditation in health: An operational definition. *Brain Research Protocols*, 2004, 14(1):58-60. Disponível em: <https://scholar.google.com/

scholar_lookup?title=Meditation+in+health:+An+operational+definition&author=Cardoso+R.&author=Souza+E.&author=Camano+L.&author=Leite+J.+R.&publication_year=2004&journal=Brain+Research+Protocols&volume=14&pages=58-60>. Acesso em: 02/01/2019; DANUCALOV, M.; SIMÕES, R. *Neurofisiologia da meditação.* São Paulo: Phorte, 2009; D'AQUILLI, E.; NEWBERG, A. The neuropsychology of aesthetic, spiritual, and mystical states. *Zygon,* 2000, 35(1): 177-197. Disponível em: <https://www.researchgate.net/publication/233570610_The_neuropsychology_of_religious_and_spiritual_experience>. Acesso em: 04/01/2019; ELIADE, M. *Patañjali e o yoga.* Lisboa: Relógio D'Água, 2000; GERMER, C. K., SIEGEL, R. D.; FULTON, P. R. *"Mindfulness" e psicoterapia.* Porto Alegre: Artmed, 2016; GRASSIE, W. *The New Sciences of Religion:* Exploring spirituality from the outside in and bottom up. New York: Palgrave Macmillan, 2010; HARRIS, S. *Despertar:* um guia para a espiritualidade sem religião. São Paulo: Cia. das Letras, 2015; HOLLYWODD, A.; BECKMAN, P. *Christian Mysticism.* Cambridge: Cambridge University Press, 2012; KAPLAN, A. *Jewish Meditation:* A pratical guide. New York: Schocken Books, 1985; KUGLE, S. *Sufi Meditation and Contemplation: Timeless Wisdom from Mughal India.* New Lebanon, NY: Omega Publications Inc., 2012; NEWBERG, A. et al. Cerebral blood flow during meditative prayer: Preliminary findings and methodological issues. *Perceptual and Motor Skills* 97, 2003, p 625-630. Disponível em: <https://www.ncbi.nlm.nih.gov/pubmed/14620252> Acesso em: 04/01/2109; ODIER, D. *Meditation Techniques of the Buddhist and Taoist Masters.* Rochester, Vermont: Inner Traditions, 2003; SIMÕES, R. *O papel dos "klesas" no contexto moderno do ioga no Brasil:* uma investigação sobre os possíveis deslocamentos da causa do mal e da produção de novos bens de salvação por meio da fisiologia biomédica ocidental. Doutorado em Ciências da Religião. São Paulo: PUC-SP, 2015; USARSKI, F. Os enganos sobre o *sagrado:* uma síntese da crítica ao ramo "clássico" da fenomenologia da religião e seus conceitos-chave. *REVER: Revista de Estudos da Religião,* n. 4, 2004, p. 73-95.

ROBERTO SERAFIM SIMÕES

MEMÓRIA

Mnēmosýnē era a divindade que personificava a memória no mundo da mitologia grega. Protegendo do esquecimento, permitia a união do que foi, do que é e daquilo que há de ser. Essa função pode ser de ordem biológica e psicológica, garantindo o funcionamento das estruturas cognitivas que permitem a construção da identidade pessoal. Mas é também de ordem socioantrológica, como a própria mitologia grega atesta, se a lermos como um repositório de reminiscências do processo de sociogênese humana. Antropólogos e historiadores, como Jan Assmann,

sublinharam que a necessidade da organização da memória, enquanto tradição, é documentável, desde cedo, nesse processo de sociogênese. Os grupos humanos desenvolveram toda espécie de recursos mnemotécnicos e sistemas de registro para facilitar o acesso posterior a algo que foi descoberto, produzido e adquirido.

A religião, na medida em que condensa uma parte das experiências humanas de construção da coletividade, é um laboratório relevante no que diz respeito à construção social da memória. Organizando-se como tradição, a ação religiosa ritualiza a memória da "origem", rememora acontecimentos e lugares fundadores, recita o extraordinário, inscreve narrativas em códigos e suportes diversos, ordena o corpo segundo linguagens recebidas, codifica costumes, monumentaliza, esteticiza, constituindo, assim, um vasto estoque simbólico, disponível para reutilizações diversas, incluindo a sua patrimonialização. Pensar a religião a partir deste ponto focal é eleger como central a sua organização enquanto tradição e perscrutar as dinâmicas de transmissão que a descrevem culturalmente. Nesse contexto, os estudos de religião foram influenciados pelos discursos socioantropológicos acerca da "memória coletiva" e da "memória cultural".

I. Memória e transmissão. Uma parte da teorização sobre a memória como construção social depende da discussão das teses de Maurice Halbwachs (1877-1945). Na sua óptica, o que recordamos do passado depende das construções sociais do presente. Ele apresenta o essencial das suas teses em *Les cadres sociaux de la mémoire* (1925), em que se descobrem três eixos orientadores: a) as memórias têm de ser pensadas como convenções sociais (o que designa por "quadros sociais da memória"); b) estas convenções fazem parte do mundo empírico observável, não estão encerradas nas intenções dos indivíduos; e c) o passado que "existe" é aquele que é continuamente reconstruído no presente. Os indivíduos não se lembram apenas a partir da sua experiência subjetiva. A sua capacidade de discernimento interage com os "quadros coletivos da memória". Para se lembrarem, precisam da memória coletiva, como instrumento comum, ou seja, necessitam da memória construída na interação entre sujeitos – nenhuma lembrança pode existir sem a sociedade. Assim, às dimensões mecânicas da memória Halbwachs junta a história e a interação social: "Toda recordação, por mais pessoal que seja, mesmo a dos acontecimentos dos quais fomos as únicas testemunhas, mesmo a dos pensamentos e sentimentos nunca exprimidos, está em relação com um conjunto de noções que muitos outros, para além de nós, possuem, integrando pessoas, grupos, lugares, datas, palavras, formas de linguagem, raciocínios e ideias, ou seja, toda a vida material e moral das sociedades de que fazemos ou fizemos parte" (Halbwachs, 1994, p. 38).

Já na segunda metade do século XX, Régis Debray (1940) interessou-se também pelo processo de organização social e institucional da memória social, chamando a atenção para o fato de que esse processo necessita de um veículo – conhecimento, costume, ritual, convenção social, norma jurídica, fórmula, receita etc. –, que atravesse o tempo e os espaços numa trajetória entre o passado e o presente. Transmissão, recepção e veículo (ou suporte) tecem esta modalidade de ação, pela qual os grupos humanos incorporam fragmentos da dotação cultural dos que os precederam, mobilizando-os para a construção da realidade. É na estrita distinção que estabelece entre transmissão e comunicação que o autor descobre a chave identificadora do seu programa mediológico. "Comunicação" remete para o interior dos códigos, ou seja, para a imaterialidade da linguagem. "Transmissão" evoca a mecânica do transporte. Na tentativa de afinação terminológica, Debray descreve a categoria "transmissão" a partir de três planos: material, diacrônico e político (Debray, 1997, p. 15-22).

1. Material. A transmissão cultural transcreve-se num conjunto vasto de veículos, de agentes materiais, de atores, que tornam o processo como que uma *mise en scène*, um complexo simbólico materializado. Esse complexo não se reduz aos ditos e escritos. Inclui as narrativas hagiográficas, as palavras cristalizadas do passado, as imagens móveis e imóveis, os lugares, os itinerários, os ritos. A manutenção de linhagens espirituais depende da contínua reciclagem dessas marcas e gestos que transportam as ideias – o mediólogo interessa-se tanto pelos meios de transporte como pelos mitos das origens, interessam-lhe mais os "missionários" do que a "doutrina".

2. Diacrônico. Se a comunicação transporta no espaço, a transmissão transporta no tempo. A comunicação é sincronizante, é uma trama, um fluxo. A transmissão é diacrônica, é um relevo e, sendo uma trama, é um drama: liga os vivos e os mortos, a presença e a ausência, o presente ao passado e ao futuro, ou seja, organiza o patrimônio. Religião, arte ou ideologia, todos os sistemas simbólicos que visam ultrapassar o efêmero se alimentam de processos de transmissão cujo efeito mais visível se resume na ação de prolongar, fazer perdurar, salvaguardar.

3. Político. A comunicação tem um horizonte individualista, binário, bem presente na matriz emissor/receptor – um jornalista comunica, um professor transmite; um notário regula as sucessões, um sacerdote assegura uma tradição. O canal que une os que emitem e os que recebem não se reduz a um fenômeno físico (ondas sonoras, sinais elétricos etc.) nem a um dispositivo industrial (rádio, televisão, computador etc.). A transmissão junta-lhe um organigrama, dando ao suporte técnico uma personalidade moral. A transmissão inclui fatos de comunicação, mas o inverso pode não se verificar. A vida pode perpetuar-se por instinto, a cultura necessita de projeto. A transmissão requer, assim, a competência estratégica: fazer alianças, testemunhar, incluir/excluir, hierarquizar, ordenar, classificar, arquivar etc. É por isso que a transmissão se exprime no campo simbólico do político, uma vez que resume em si os processos necessários à preservação da experiência do "nós" na sua razão de ser e esperar.

A transmissão mobiliza duas ordens específicas, ou seja, o duplo corpo do *medium*: "matéria organizada" (MO) e "organização materializada" (OM) – "não há Império (OM) sem vias de comunicação (MO)". Transmitir é "informar o inorgânico" por meio de mediações organizadoras da memória (MO), que suportam a construção de totalidades persistentes e transcendentes aos seus membros (OM). No campo MO incluem-se os meios de difusão e transporte; no campo OM, as instituições, as diversas formas de coesão que unem os operadores humanos da transmissão (Debray, 1997, p. 28-32).

II. A religião como instituição do memorável. A abordagem da religião como modalidade de crença que institui uma memória, por via da organização de uma tradição, permite pôr em evidência um fato frequentemente observado: não há crença religiosa que não se refira a um material simbólico recebido, a uma herança legada, a uma memória que solidariza o passado e o presente. Nesse sentido, a crença religiosa cria um espaço de comunicação no qual o crente é chamado a responder a uma precedência, feita de imagens e narrativas. A dinâmica religiosa declina-se genealogicamente, enquanto relação com uma memória fundadora, transmissão recitada e praticada. A religião tem uma particular relação com as outras dimensões da cultura, nesse tecido que é o ensinar e o aprender; processo que não é viável sem referências a uma memória transmitida – tradição, enquanto memória instituída. Recordem-se as observações de Émile Benveniste acerca de *re-legere*, uma das etimologias do termo "religião": tornar a ler, colher de novo, voltar a uma tarefa, retomar os elementos e sinais disponíveis com vista a uma reflexão (Benveniste, 1969, p. 265). Estaremos, pois, perante um comportamento humano que procura mais certezas voltando atrás, procurando a confirmação em sinais, palavras ou textos já conhecidos. É claro que uma etimologia não é uma definição, mas pode ser uma via de exploração. *Re-legere* aponta para a ação de releitura dos elementos simbólicos disponíveis, seja por meio do ritual, seja por via do comentário interpretativo, só para citar duas das práticas mais universais.

É necessário não perder de vista que uma determinada memória religiosa organizada pode conter, dentro de si, um permanente trabalho de releitura do material simbólico disponível. Em certa medida, pode-se afirmar que a tradição só sobrevive porque muda. Enquanto memória crente, a tradição não pode ser pensada criticamente como um depósito – é, antes, um tecido. A fixação da tradição não significa a completa impermeabilidade à mudança. Sem essa qualidade estaria impossibilitada de se tornar verdadeiramente "memória" para as sucessivas gerações, em tempos sociais diversos. Maurice Halbwachs, no seu clássico sobre "os quadros sociais da memória" (1925), toma diversos exemplos da história do Cristianismo para mostrar como a memória dogmatizada regula a emergência de novas correntes espirituais, por vezes com uma ênfase contestatária. Observa que a resistência ao endurecimento dogmático veio com frequência de grupos religiosos qualificados, como uma espécie de vanguarda espiritual, e não de tendências marginais relativamente às instituições. A teia de relações complexas e tensas entre a memória autorizada e as contínuas reativações espirituais é uma das principais fontes de renovação da tradição (Halbwachs, 1994, p. 213-217, 286).

É no ensaio *La topographie légendaire des évangiles em Terre Sainte* que encontramos o seu contributo mais direto para uma compreensão da memória religiosa das culturas. Partindo do vasto *corpus* de narrativas de viajantes na Palestina, desde o século IV, Halbwachs persegue as variações das crenças coletivas, relativas aos lugares memoráveis frequentados pelos peregrinos. Nessa leitura, não tem a preocupação de determinar a historicidade de cada uma das narrativas. Ele preocupa-se com o estudo do contexto que dá origem a tais narrativas e com a compreensão do processo pelo qual se organiza topograficamente a memória, tentando compreender as variações e oscilações, as tentativas de fixação da tradição nos seus lugares e, ainda, o processo pelo qual a memória cristã dos lugares se impõe ao substrato judaico anterior. O que lhe interessa é descobrir, nesse contexto de bricolagem das crenças topograficamente referidas, as correntes de pensamento que são veiculadas nessa diversidade e compreender o itinerário de homogeneização das memórias, fruto da estabilização teológica e da canonização das tradições.

Este é também o tema do capítulo IV de *Les cadres sociaux* (*La mémoire collective religieuse*). Halbwachs privilegia a observação das tradições religiosas na sua capacidade de integrar e unificar os diferentes substratos que constituem as sociedades: "Pode-se dizer que toda religião, sob formas mais ou menos simbólicas, reproduz a história das migrações e da fusão de raças e de tribos, de grandes acontecimentos, guerras, instaurações, invenções e reformas" (1994, p. 178). Assim, Halbwachs define a especificidade da tradição religiosa a partir da sua capacidade de sistematizar um conjunto de crenças e ritos, que vêm do passado, em função das necessidades do presente. Uma tradição religiosa é, na sua óptica, uma síntese continuamente reelaborada num "trabalho mitológico de interpretação, que altera progressivamente o sentido, ou mesmo a forma, das antigas instituições"

(1994, p. 182). Para o pensador francês, estudar as religiões implica sempre descobrir os diferentes estratos que as constituem. Os ritos e crenças sofrem remodelações. Mas mesmo tendo desaparecido a realidade social e material que contextualizou a sua emergência, uma parte desses substratos persiste. É possível mesmo que as novas aspirações de um grupo possam alimentar-se da releitura de elementos antigos de uma tradição. Mas tal processo não passa pela reprodução das condições que acompanharam a emergência histórica dessas crenças e práticas.

Halbwachs insiste na observação de que a religião é um vetor de continuidade social precisamente porque é relato e comemoração da sua própria origem. Isso implica, paradoxalmente, que toda mudança se legitima a partir da continuidade – dir-se-ia que a mudança, no terreno da memória religiosa, é tradicional. Essa relação paradoxal entre o antigo e o novo beneficia-se de um regime próprio de temporalidade. Na medida em que determinado contexto de emergência de uma crença ou prática religiosa se incorpora numa tradição, sofre um processo simbólico de "eternização". A sua perenidade permanece ancorada fora do tempo, ou num regime temporal distinto dos outros que descrevem a história. Tal disjunção poderá ser um correlato do contraste entre o ritmo regular dos fenômenos naturais e o ritmo incerto da vida corrente (Halbwachs, 1994, p. 191, 215).

A partir de uma perspetiva que privilegia um olhar concentrado no próprio processo de transmissão, também Régis Debray viria a se interessar pela articulação religiosa da "origem" e do "destino" – uma arte de combinação do antigo e do novo. A tradição metamorfoseia-se, dando sentido ao presente, fixando a origem, assegurando o futuro. Este interesse pelo jogo da inovação e conservação cria uma particular disponibilidade para a leitura das formas comunitárias religiosas. Para Debray, a *ecclesia*, enquanto "espírito de corpo", é um caso paradigmático de transmissão materializada historicamente, atravessando as diversas idades técnicas da memória, transitando pelos diferentes sistemas sociotécnicos de transmissão, depois da invenção da escrita. A atenção dada por Debray às figuras históricas do Cristianismo, enquanto "matéria organizada" e "organização materializada", enraíza-se numa consideração nuclear: a representação cristã da "Incarnação" é um determinante civilizacional da maior importância, uma vez que nesse código inaugural se encontra o suporte simbólico fundamental para o curso dos *media* nas culturas que fizeram a experiência histórica do Cristianismo (Debray, 1997, p. 36, 182; 2001, p. 49).

Para além desse jogo entre o passado e o presente, descobre-se em Halbwachs uma leitura da memória religiosa na perspectiva de memória conquistadora. Com esse atributo visava interpretar os processos que conduzem à edificação de uma ortodoxia religiosa, com limites estritos quanto ao que se autoriza acreditar, rompendo com o regime de proliferação que poderá caracterizar as suas origens. Trata-se de um processo de fixação e administração da memória – que inclui a identificação dos garantes dessa autenticidade –, do qual decorrem estratégias defensivas em face da contaminação de memórias emergentes. Do seu ponto de vista, na medida em que a memória se torna exclusivista e totalizante, cresce o seu potencial conflitual. No entanto, Halbwachs não apresenta esse dinamismo social de forma a-histórica; tem em conta que esse processo pode conhecer variantes no espaço e no tempo (1994, p. 199).

III. Compromisso, carisma, autoridade. Essa dinâmica da memória religiosa, na sua inscrição histórica, conheceu, na teoria social clássica germânica, um particular enfoque. A categoria "compromisso" (*Kompromiss, Konzession, Ausgleich*) está presente na teoria social da religião de Weber (1864-1920), Troeltsch (1865-1923) e Simmel (1858-1918), que a ela recorrem para compreender os processos de constituição histórica de tradições religiosas. Weber situa esse fenômeno no nó de passagem das religiosidades dos "virtuosos" às "religiosidades de massas". A abordagem weberiana do processo histórico de constituição das tradições religiosas privilegia o estudo dos processos de institucionalização℘ do "excepcional", isso porque o excepcional das origens necessita de se relacionar com o ordinário quotidiano. Segundo as observações de Weber℘, o processo de institucionalização℘ do religioso passa por uma quotidianização do excepcional das origens. Essa quotidianização, enquanto inscrição na duração e aquisição de propriedades institucionais, é condição para que esse capital das origens desenvolva efeitos sociais. Neste trajeto, é inescapável a tensão entre a referência ao transcendente, mediada pelo carisma℘ fundador, e as condições de existência quotidiana. Mas é, segundo Weber℘, uma tensão insolúvel, uma vez que a sobrevivência histórica da visão religiosa das origens depende desse processo de quotidianização.

Situa-se nessa linhagem intelectual o interesse da Ciência da Religião℘ pela figura do "mestre espiritual", nas tradições religiosas, cujas qualidades mais influentes passam pelo reconhecimento da autenticidade de uma sabedoria. Depositário de uma herança, e garantia da continuidade, ele é o detentor da palavra e do gesto autêntico: ele é homem de receitas e fala a verdade, na tradição taoista; ser pleno, ser pesado que transporta consigo o seu discípulo, em algumas tradições africanas e hinduístas; é um homem apostólico, segundo a Ortodoxia; o canal vivo da *shekhina*, na cabala judaica etc. Esses "mestres" podem estar no lugar do impulso carismático das origens, ou com ele ter uma particular relação. Tal interesse privilegia a compreensão da religião℘ enquanto modo de comunicação simbólica, que põe em cena um carisma℘ fundador. A proposta de Jean-Paul Willaime vai nesse sentido, uma vez que, na sua perspectiva, a religião℘ deve ser compreendida como uma atividade social regular que põe em jogo uma relação, por meio de ritos e crenças℘, com um poder carismático. Essa comunicação simbólica põe em cena um carisma℘ fundador (ou refundador), ou seja, um carisma℘ que se transmite instaurando uma filiação (Willaime, 1995, p. 122).

Nesta via, pertence a Danièle Hervieu-Léger℘ a proposta que mais se concentrou na compreensão da religião℘ como processo de legitimação de uma memória. A socióloga procurou uma definição ideal-típica de religião, que respondesse a três exigências: ser um instrumento de investigação e não uma abstração que pretenda "fixar" o objeto; mostrar eficácia no estudo das mutações modernas do religioso; e, ainda, permitir a observação do religioso em deslocação, para além dos limites das religiões históricas: "Um só terreno subsiste, então, para se tentar especificar o crer religioso: o *tipo de legitimação* produzido pelo ato de crer. Avançamos com a hipótese de que não há religião℘ sem que seja invocada, como fundamento do ato de crer (de forma explícita, semiexplícita, ou inteiramente implícita), a *autoridade de uma tradição*" (Hervieu-Léger, 1993, p. 110).

A definição de religião℘ como modo de crer que apela à autoridade legitimadora de uma memória autorizada coloca no centro da pesquisa a análise das modalidades específicas, segundo as quais o religioso institui, preserva e organiza uma linhagem crente. Essa redução de perspectiva apresenta-se como uma modalidade de leitura dos fenômenos do crer para além das formas religiosas com uma presença social organizada. Nessa ordem de ideias, o religioso é apresentado, antes de mais, como dimensão transversal do fenômeno humano que trabalha a realidade social segundo modos diferentes, consoante os espaços culturais. A definição pressupõe um programa de investigação capaz de dar conta tanto das lógicas e modalidades de "condensação" do religioso nas "religiões" institucionalizadas como do recuo das mesmas nas sociedades que sofreram o impacto das estruturas da Modernidade. É clara, também, a vontade de superar, a partir dessa referência a uma "memória autorizada", quer a antinomia entre sociedades modernas e sociedades tradicionais, quer a abordagem religiocêntrica dos fenômenos religiosos. Ocupada com a Modernidade religiosa, a socióloga escolhe como critério definidor aquele traço das instituições religiosas℘ que parece mais afetado pela dinâmica social moderna: a sua capacidade de reproduzir uma linhagem crente. Esse lugar de crise é, paradoxalmente, o lugar de recomposição de novas formas de identificação religiosa que não dispensam a referência a uma linhagem crente, mas que podem conceder um lugar menor à instituição no seu papel de autorizar o crer.

METAFÍSICA

IV. Memórias plurais. As categorias totalizantes que visam nomear entidades coletivas – como comunidade, sociedade, povo, ideologia꠵, religião popular, memória coletiva, identidade cultural, classe social – tornaram-se muito usuais nas ciências humanas. Mas nas últimas décadas desenvolveram-se, recorrentemente, posições críticas em face dessas "retóricas holistas", que supunham a memória social enquanto totalização que designa conjuntos estáveis, duráveis e homogêneos. A vigilância sobre os efeitos sobreinterpretativos da utilização dessas categorias não as tem tornado, necessariamente, caducas, uma vez que continuam a revelar utilidade para nomear ideias, pertenças e práticas partilhadas, mesmo que não sejam redutíveis a uma homogeneidade essencial. Não restam dúvidas de que os indivíduos não são realidades atomísticas꠵ e que, a partir da sua capacidade de comunicação e transmissão, são seres com aptidões para partilhar conhecimentos, saberes, representações, crenças꠵, bem como o próprio trabalho de produção de significações.

No contexto desta revisão conceitual, Maurice Bloch tornou evidente que é necessário não confundir as narrativas da memória (a evocação) e a própria memória (por exemplo, as memórias de um acontecimento transportadas pelos sujeitos que o viveram). Na sua pesquisa etnográfica sobre a revolta ocorrida em Madagáscar, em 1947, o antropólogo mostrou como o trabalho de rememoração produzia narrativas múltiplas não redutíveis a uma generalização. A memória "coletiva" do acontecimento não podia, pois, nivelar as diferentes experiências e dissolver numa uniformidade a variedade dos contextos em que aquela rememoração é ativada. A existência de um discurso metamemorial – ou seja, proposições que alguns membros de um grupo social apresentam como partilhadas por todos – não torna evidente uma memória coletiva. Mas o ato de enunciação, ou seja, o fato de alguns julgarem que tal narrativa é partilhada por todos não deixa de ter efeitos sobre a construção social da realidade, como sublinhou Dan Sperber. Por vezes, a existência de uma memória coletiva é deduzida da existência de atos de rememoração: comemorações, construção de dispositivos museográficos, mitos, relatos, ritos etc. Mas, de fato, um grupo pode partilhar um conjunto de atos rememorativos sem que se possa confirmar a partilha exaustiva das mesmas representações acerca dos acontecimentos rememorados. Nesse sentido, algumas das tendências predominantes entre os investigadores, como Boyer, Sperber ou Candau, vão no sentido de perceber que condições permitem a determinadas narrativas, que visam explicar uma cultura, tornarem-se mais ou menos partilhadas dentro de um grupo social, chegando a configurar-se como "representação pública".

As tradições podem não ser memórias coletivas homogêneas, mas também não são conjuntos de lembranças individuais, nem simplesmente recordações armazenadas em arquivos (monumentais, analógicos, digitais etc.). São práticas que se distribuem no espaço social, tão heterogêneas quanto mais esse espaço se definir como multi e intercultural. Na geografia das múltiplas modernidades, as memórias de antigos e novos residentes encontram-se, muitas vezes de forma inédita, exigindo novas competências sociais. Em concreto, os novos fluxos demográficos tornam porosas as fronteiras entre geografias religiosas distintas. A globalização social contemporânea promove a recomposição da memória religiosa das comunidades. Esses novos quadros sociais podem suscitar a recriação dessa memória num contexto novo, a sua recuperação – como fator de resistência ou de diferenciação –, a sua patrimonialização, mas também a promoção de novas estratégias de aproximação, visando à construção da coesão social. São disso exemplo as inúmeras iniciativas em que atores religiosos e políticos trabalham pela "reconciliação das memórias", contexto em que é necessário promover a releitura de um passado de conflito e perseguição. Este espaço social inter-religioso é um dos novos terrenos de investigação para a Ciência da Religião꠵.

Bibliografia: ASSMANN, J. *Religión y memoria cultural*: diez estudios. Buenos Aires: Lilmod, 2008; BENVENISTE, É. *Le vocabulaire des institutions indo-européennes*. Paris: Minuit, 1969. II. Pouvoir, droit, religion; BLOCH, M. *Ritual, History and Power*. London: The Athlone Press, 1989; BOYER, P. *Tradition as Truth and Communication*: A Cognitive Description of Traditional Discourse. Cambridge: Cambridge University Press, 1990; CANDAU, J. *Mémoire et identité*. Paris: PUF, 1998; DEBRAY, R. *Dieu, un itinéraire*: matériaux pour l'histoire de l'Éternel en Occident. Paris: Odile Jacob, 2001; DEBRAY, R. *Transmettre*. Paris: Odile Jacob, 1997; HALBWACHS, M. *La mémoire collective*. Paris: Albin Michel, 1997; DEBRAY, R. *La topographie légendaire des évangiles en Terre Sainte*: étude de mémoire collective. Paris: PUF, 1972; DEBRAY, R. *Les cadres sociaux de la mémoire*. Paris: PUF, 1994; HERVIEU-LÉGER, D. *La religion pour mémoire*. Paris: Cerf, 1993; SPERBER, D. *La contagion des idées*. Paris: Odile Jacob, 1996; WEBER, M. *Sociologia das religiões*. São Paulo: Ícone, 2010; WILLAIME, J.-P. *Sociologie de la religion*. Paris: PUF, 1995.

ALFREDO TEIXEIRA

MESTIÇAGEM → Fusão de religiões

METAFÍSICA

O conceito de "metafísica" é assumidamente polivalente. A expressão, como tal, terá surgido de uma organização bibliotecária das obras de Aristóteles, tendo sido atribuído a um conjunto delas, devido aos assuntos tratados e à perspectiva de abordagem, o epíteto de *meta-physica*. É claro que essa organização não foi inocente, colocando sob esse nome precisamente o conjunto das obras do filósofo grego que são por ele assumidas como "filosofia primeira". Já aqui, contudo, se afirmam opções de pensamento que irão determinar toda a tradição ocidental. De fato, a filosofia primeira será aquela que aborda explicitamente o ser, na sua dimensão geral e originária, ou seja, o ser enquanto tal, respondendo à pergunta essencial e inicial: "O que significa ser?". A primeira filosofia afirma-se, assim, como ontologia, enquanto doutrina (*logia*) sobre o ser e sobre o ente. Enquanto tal, nunca abandonou a proximidade e mesmo o cruzamento com a experiência religiosa♀, acompanhando mesmo as propostas da sua superação. No rescaldo dessas propostas, contudo, têm surgido novas configurações que permitem uma fértil permuta entre discurso religioso e discurso metafísico.

I. Metafísica e religião. É claro que, ao colocar a questão do ser e do ente na sua perspectiva mais originária, a metafísica acaba por ter de tocar na questão do *fundamento* do ser, cruzando-se aí inevitavelmente com a dimensão religiosa. Terá sido a tradição hindu – e, mais tarde, o Budismo – uma das que mais explicitamente desenvolveram a sua compreensão do mundo, expressa numa mitologia♀ própria, em termos ontológicos, colocando a questão da origem na relação entre ser e indeterminação primordial e, a partir desta, na distinção entre ser e nada (Panikkar, 2007). O pensamento grego, por seu turno e nitidamente por influência oriental, concentrou-se, já a partir dos pré-socráticos, na relação entre ser e nada, situando o início da filosofia – assumida praticamente como religião♀ – precisamente no espanto provocado por haver ser, em vez de nada, espanto que aproxima a humanidade da divindade. Todas as tradições idealistas e gnósticas posteriores irão beber nesta fonte, sendo sem dúvida a tradição platónica aquela que mais explicitamente relaciona religião♀ (e mesmo Teologia♀) com a questão do ser, ou seja, com a metafísica enquanto ontologia.

Por influência inicialmente platónica, e mais tarde também aristotélica, o Cristianismo elaborou o seu pensamento teológico em estreita proximidade com a tradição metafísica grega, mantendo uma espécie de indistinção, típica do mundo antigo, entre Teologia♀ – como reflexão estritamente "religiosa" – e filosofia – como reflexão pretensamente "neutra" em relação à opção crente propriamente dita.

Contudo, e claramente como efeito do processo que se denominou Modernidade, um dos tópicos mais salientes do pensamento filosófico dos finais do século XIX e primeira metade do século XX foi a ideia de superação da metafísica. Esse tópico foi assumido, de modo mais ou menos crítico, no contexto da religião♀ e mesmo da Teologia♀ (Jüngel, 1977).

Ora, seja devido à ambiguidade do que se pretende com essa superação, seja devido à dificuldade em realizar, com congruência sistemática, o programa que ela se propõe, mantendo ileso o estatuto da filosofia, não faltam pensadores a defender que a metafísica de modo algum se encontra superada, ou mesmo que ela é insuperável – a não ser por outra metafísica (Ollig, 1990; Henrich, 1987; Oelmüller, 1987). A tornar tudo ainda mais complexo, há vozes que, recentemente, têm defendido que a metafísica só é superável pela própria Teologia♀, ou seja, por uma forma de pensamento e de discurso explicitamente religiosos (Milbank, 1997).

II. Superação da metafísica. Jürgen Habermas♀, num texto já clássico (Habermas, 1988), expõe de modo sintético, mas bastante completo, os significados possíveis da ideia de superação da metafísica, que ele dá por realizada e que terá conduzido a um pensamento já claramente pós-metafísico, para o qual não há alternativa no contexto contemporâneo. Segundo ele, são três as características do pensamento metafísico, e é precisamente com base nessas características que se torna compreensível – eventualmente necessária – a sua superação.

Em primeiro lugar, o pensamento metafísico será um pensamento da *unidade*, ou seja, um pensamento que pretende superar a pluralidade do real, enquanto pluralidade dos entes particulares, reconduzindo-os a uma identidade fundamental, precisamente no ser. Esse pensamento da identidade♀ reduz a relação entre os particulares à relação abstrata entre identidade♀ e diferença, concebida ontológica e logicamente. "O uno é ambas as coisas – axioma e fundamento da essência, princípio e origem. Dele deriva o múltiplo – no sentido da fundamentação e do surgir" (Habermas, 1988, p. 37). Metafisicamente, como tal, o múltiplo é reconduzido ao uno, e a multiplicidade do particular é anulada nessa recondução, tornando tudo idêntico.

Em segundo lugar, o pensamento metafísico será um pensamento *idealista*, na medida em que se baseia na identificação entre ser e pensar. Essa identificação conduz à contraposição entre ideia e aparência ou manifestação. Tradicionalmente, essa contraposição partia da existência de um mundo das ideias, com certa objectividade própria, ao qual correspondia – apenas como sombra – o mundo dos objetos particulares. Com a Modernidade, o mundo das ideias foi substituído pela subjetividade e, no caso extremo do idealismo hegeliano, pelo espírito absoluto. Mas manteve-se a contraposição entre forma e matéria, com prevalência para a primeira. Essa contraposição está na base da ideia heideggeriana de superação da metafísica, que nisso herda a crítica nietzschiana ao pensamento ocidental, por ele considerado um pensamento niilista. No fundo, a pretensão de Nietzsche e de Heidegger seria superar toda a contaminação idealista da compreensão do mundo, que reduzia este à sua transposição na ideia ou no conceito.

Em terceiro lugar, o pensamento metafísico evidencia um conceito forte de *teoria*, o que significa que é conferida, à capacidade de teorização – sobretudo no sentido grego de contemplação das ideias, em si mesmas –, uma tarefa salvífica. No seguimento de certo pensamento gnóstico, o trabalho teórico, na medida em que vai distanciando o ser humano da sua relação à particularidade da matéria, vai conduzindo-o à proximidade do espírito unificador, sendo esse o caminho para o verdadeiro sentido de tudo, isto é, o caminho da salvação→. Com esse movimento, o pensamento afasta-se da prática e abandona a percepção das suas raízes pragmáticas, relacionadas sempre com a particularidade dos contextos.

Segundo Habermas→, o pensamento da unidade foi colocado em questão, precisamente, pelo surgimento da racionalidade processual, sobretudo aquela que se baseava no método→ científico moderno, única base de conhecimento seguro. Assim sendo, só determinados processos pragmáticos podem garantir conhecimento – o qual está sempre em processo de revisão –, e não a recondução dos eventos particulares às suas ideias unificantes.

O pendor idealista do pensamento metafísico terá sido superado pela afirmação da historicidade do ser e do pensar, sobretudo através do trabalho da hermenêutica→, desde a sua aplicação em certas ciências até a explícita hermenêutica→ filosófica. Mais uma vez, essa herança do pensamento histórico encontrou em Heidegger um expoente, a partir da influência de Wilhelm Dilthey→. Gadamer→ irá dar a esta leitura uma versão mais desenvolvida, explicitamente aplicada ao pensamento histórico, mas as raízes são as mesmas.

No mesmo sentido, o idealismo da filosofia do sujeito, que tudo reduzia à contraposição entre sujeito e objeto, foi superado pela concentração, sobretudo, na filosofia da linguagem, segundo a qual esta é o meio originário, no qual sujeito e objeto não são ainda separáveis. A tradição analítica, sobretudo na sua versão mais originária, isto é, a partir da filosofia da linguagem de Wittgenstein→, encontrar-se-á, neste aspecto da superação da metafísica, com a referida tradição hermenêutica→, mesmo que por caminhos diversos, muitas vezes até sem conhecimento mútuo.

Por último, as filosofias pragmatistas, sobretudo aquelas que dão prioridade cognitiva aos processos reais de ação e comunicação, situam o processo do conhecimento no seu contexto vital, no interior de um mundo determinado, o que impede a sua redução à pura dimensão teórica.

Poder-se-ia acrescentar, a esta tipologia habermasiana, a ideia de que haverá uma relação intrínseca entre metafísica e violência, na medida em que o pensamento metafísico é anulador das diferenças, originando uma atitude violenta sobre todo o tipo de alteridade, em nome de um sistema de pensamento com base no conhecimento da totalidade. A desconstrução dessa dimensão da metafísica – que acaba por ser uma manifestação das três características apresentadas por Habermas→, pois resulta de um pensamento da unidade totalitária, que é atingida idealisticamente, com pretensões fortes de domínio, a partir de uma posição teórica – dever-se-á essencialmente a Emmanuel Levinas→ e à sua proposta de distinção entre totalidade (violenta) e infinito (Levinas, 1961). Mas terá sido Derrida, precisamente a partir de Levinas→ e para além dele, quem mais longe levou a identificação do pensamento metafísico com a violência conceptual sobre a realidade e sobre o outro, propondo a sua desconstrução (Derrida, 1967).

Estas definições do pensamento metafísico aplicam-se, certamente, a muitas modalidades desse pensamento. Falta saber, contudo, se essas modalidades esgotam as possibilidades da metafísica, enquanto tal. O que não significa que este trabalho crítico não tenha consequências importantes sobre uma espécie de "purificação" do próprio conceito – e da respetiva realização – de metafísica (Duque, 2010).

III. Versões da metafísica na era pós-metafísica. Juntamente com os modelos de superação da sua superação, também a pretensa independência do pensamento religioso em relação à metafísica, tal como é defendida por muitos, nomeadamente teólogos, precisa de ser repensada, de modo mais aprofundado e por isso mais diferenciado, superando alternativas demasiado diretas, como as que se traçaram entre pensamento da historicidade e pensamento do conceito. No aprofundamento dessa relação – que implica, também, a crítica de certas metafísicas substancialistas ou subjetivistas –, pode tornar-se mais claro em que medida se mantém uma relação possível – e talvez necessária – entre discurso religioso (sobretudo na sua versão tipicamente teológica) e discurso metafísico.

1. Metafísica analógica. Assume-se aqui que o discurso religioso, pelo menos na medida em que se formula como discurso sobre Deus ou sobre o divino – e como discurso, simultaneamente, a sua revelação e sobre a fé→ que a colhe, sendo por elas originado –, assume, de um modo ou de outro, um estatuto propriamente metafísico. Entende-se por estatuto metafísico do discurso aquela modalidade da linguagem que se refere ao *todo da realidade, na perspectiva do seu sentido primeiro e último*. Não com a pretensão de incluir, no conceito formulado linguisticamente, a totalidade do real, mas no sentido de formular, em linguagem finita, a relação infinita que está implicada na dimensão universal do sentido de tudo aquilo que é. Isso implica, evidentemente, a capacidade de um discurso sobre o *ser* da realidade. E implica, ao mesmo tempo, a possibilidade de que esse discurso se refira, adequadamente, à *universalidade* desse ser. O que só é possível no dinamismo da linguagem *analógica*, cuja capacidade *especulativa* implica a referência do conceito à universalidade do ser, ao mesmo tempo que implica o reconhecimento da limitação do conceito nessa sua capacidade especulativa de dizer o sentido primeiro e último de tudo o que é.

Ora, esse dinamismo analógico da linguagem, na relação entre a particularidade da palavra ou do conceito e a universalidade do sentido, é que anima, internamente, qualquer discurso religioso, na sua dimensão fundamental, distinguindo-o do discurso categorial sobre sectores da realidade, e distinguindo-o mesmo do discurso das Ciências da Religião.

É claro que se pode reivindicar também para a filosofia, estritamente considerada e sem relação com a dimensão religiosa, a mesma possibilidade e até necessidade de elaboração de um discurso metafísico (cf. Pacho, 2015). Mas a questão torna-se, aí, difícil de decidir. De fato, é certo que o pensamento filosófico encaminha o pensador para as questões últimas, as quais, evidentemente, terão de chegar à formulação de um sentido universal, primeiro e último. Mas ao chegarmos a esse nível do discurso, torna-se legítima a questão: será possível, ao pensamento puramente filosófico, isto é, concebido como mera elaboração de capacidades do sujeito humano e da sua linguagem, formular adequadamente uma resposta à questão do sentido primeiro e último de tudo? E não será mais adequado, à filosofia, limitar-se a formular as questões que colocam a pergunta pelo sentido primeiro e último de tudo, concluindo, humildemente, da impossibilidade simplesmente humana de produzir uma resposta a essas questões? Não será a resposta sobre o sentido primeiro e último de tudo simplesmente dada por uma revelação ao pensamento, em vez de deduzida a partir do próprio dinamismo pensante, eventualmente pela via da dialética? E se essa via "passiva" parece tornar um discurso filosófico de nível metafísico possível, ou mesmo necessário, não será esse discurso já propriamente religioso – pelo menos *teiológico* – claramente para além das capacidades estritamente filosóficas?

Nesse sentido, certas modalidades de discurso religioso e teológico podem ser consideradas como superação de certa(s) metafísica(s), sendo ao mesmo tempo um discurso de teor metafísico. Do ponto de vista geral, poder-se-ia que só um discurso religioso e teológico concentrado na relação dinâmica, temporal e, por isso, não substancialista entre *Logos* e *Theos* poderá assumir a função superadora da metafísica subjetivista e substancialista. Mas existe, ainda, um outro nível da crítica, levada a cabo pelo discurso religioso, em relação a outras modalidades de metafísica. Trata-se da superação de certo formalismo inerente à metafísica puramente filosófica. De fato, como se pode comprovar a partir da história da metafísica, esta se encaminhou, essencialmente, para a consideração *teiológica* do princípio do ser, abstratamente considerado (o *divino*), ou para a consideração *ontológica* sobre a *entidade* dos entes,

ou, quando muito, sobre o *ser* desses entes. Mas escapava-lhe, na sua raiz, a denominação específica do princípio do ser, na sua relação a tudo o que é e ao próprio ser; e escapava-lhe – talvez por não atingir afirmações de conteúdo sobre o princípio, ficando-se apenas em afirmações formais – a capacidade de fazer afirmações sobre os modos de ser, com base numa diferença que, sendo anterior à própria diferença ontológica, marcasse a diferença entre os entes – por exemplo, a diferença ética entre bem e mal, ou entre verdadeiro e falso, que a diferença ontológica, só por si, não permite perceber. Ora, as afirmações principiais de conteúdo, seja quanto ao próprio conceito de Deus, seja, por analogia, quanto ao conceito de ser e de ente, são próprias do discurso religioso. A esse nível, uma metafísica especificamente "religiosa" desenvolve-se, também, como crítica de um formalismo ontológico – ou epistemológico – que não permite abandonar o nível da neutralidade do ser e do conhecer.

2. Metafísica poética. Em certa tradição substancialista da metafísica, partindo da ideia de transcendência como diferença primordial em relação ao mundo, na sua totalidade, pensou-se esse conceito como realidade exterior ao mundo, ou seja, como entidade existente em si mesma, mas pensada do mesmo modo que a entidade do próprio mundo. Mas é possível pensar a metafísica, superando a sua versão abstrata e substancialista, compreendendo a noção de transcendência a partir da sua modalidade verbal, como ato de transcender. Ato que acontece, primordialmente, enquanto linguagem – no ato de dizer, na medida em que nele se articula o ato de pensar, o dizer transcende-se a si mesmo, na medida em que acolhe aquilo que o transcende. Desse modo se assume, na relação entre dizer e pensar, a tradição da relação à ideia de Infinito em nós. De fato, essa ideia, na medida em que introduz na nossa linguagem a própria noção de Infinito, implica uma transcendência da linguagem e do pensamento, no próprio ato de formulação dessa linguagem e desse pensamento.

Poderíamos denominar esta modalidade de metafísica, baseada numa transcendência ativa-passiva (que se realiza, na medida em que recebe), uma metafísica *poiética*, pois a *poiesis* aplica-se a uma ação humana que, nela mesma, acolhe mais do que aquilo que ela própria, por si mesma, pode realizar – na mesmidade da sua realização, acolhe a alteridade do diferente que, aí, se lhe dá a receber. A metafísica *poiética* permite a conjugação da dimensão ôntica com a dimensão ontológica e com a dimensão transcendental/transcendente. De fato, ela parte de um modo de ser que é, sempre, um modo de estar, como realização do ser, no ente concreto, enquanto ente de linguagem e na linguagem. O dizer é aí compreendido como ser e o ser, como dizer. Na dimensão ôntica do ente concreto e do seu dizer também concreto é que se

METAFÍSICA

realiza a semiótica♀ da significação. O ser e o dizer entram numa relação de permuta, em que um é pelo outro. O ser de tudo o que é assume-se, pois, como permuta do significado, sempre em movimento da linguagem – como *poiesis* perpétua.

Dessa permuta é que surge a dimensão ontológica, como interpretação♀ do ser, segundo determinada modalidade dita na linguagem. Não se trata, portanto, de acesso a uma dimensão ontológica existente em si mesma, como dimensão do ser, presente a si e independente do seu dar-se na relação dos entes, através da linguagem. É, isso sim, uma ontologia *poiética*, pois resulta da permanente interpretação♀ dos entes, no processo da sua permuta linguística.

Esta leitura *poiética* da realidade possui, contudo, pretensão universal, como condição primeira e última de tudo o que, simplesmente, é. Nesse sentido, possui dimensão verdadeiramente transcendental, correspondendo ao próprio processo verbal de transcendência dos entes, no ato de acolherem significado ou sentido. Como tal, a dimensão transcendental da metafísica – relativa à dimensão da universalidade e da condição primeira e última de tudo – é inseparável da sua dimensão ontológica, como interpretação♀ do ser de tudo aquilo que é, e da sua dimensão ôntica, como realização dessa interpretação♀ e da sua transcendentalidade/transcendência, no próprio ato concreto de dizer.

Esse dinamismo da transcendência como *poiesis* é o que se pretende com a qualificação da relação ao fundamento como relação simbólica. O símbolo é, assim, o ato de, na significação, transcender o mesmo no outro, sem abandonar a presença do mesmo e sem recusar a referência ao outro. Esse dinamismo simbólico – que corresponde ao dinamismo fundamental do discurso religioso – permite recolocar adequadamente a relação entre certos binômios tradicionais, cuja conjugação sempre foi altamente problemática: ser e tempo, pensamento (ideia) e linguagem, inteligível e sensível, razão e história, geral e particular, transcendental e categorial, identidade e diferença, mesmidade e alteridade. Estamos, pois, perante um discurso que supera todos os eventuais dualismos entre essas diferentes abordagens do real, conjugando-as na sua necessária referência mútua.

3. Metafísica simbólica. Por outro lado, a estreita relação entre ser e agir, que implica uma estreita relação entre ser e entes, assim como uma estreita relação entre ser e tempo, é a base de uma metafísica pragmática, que pode, também nesta dimensão, ser compreendida como metafísica simbólica. De fato, a ordem do simbólico não é estática, mas dinâmica, sendo o modo simbólico um modo de ser no tempo, enquanto interação própria de sujeitos, no processo de significação. Que a dimensão simbólica da realidade implique uma relação transcendente, isso não significa que seja possível abandonar a ordem da ação humana. Aliás, o que qualifica o simbólico é

precisamente a sua inserção no dinamismo humano da ação. O modo de recepção do sentido – dado a partir da sua dimensão transcendente e no seu significado eventualmente transcendental ou universal – é um modo sempre dado no dinamismo da ação humana, sendo esse um dos elementos que o qualifica de modo simbólico (dado que a transcendentalidade pura e simplesmente abstrata nunca poderia ser considerada simbólica). Assim sendo, o ser da realidade e o sentido desse ser, que é dado a perceber, precisamente no processo do seu acontecer histórico, é um ser realizado na ação, cujo dinamismo transcendente, ele mesmo, se dá na ação que abre para ele (Blondel, 1950). Existe uma espécie de performatividade histórica do ser, sem a qual não é possível qualquer tipo de ontologia, base da metafísica. Na perspectiva religiosa, o "ato de ser" coincide, originária e historicamente, com o ato de "ser dado", sendo esse ato, visto na perspectiva do receptor humano, revelação e realização do "ser-a-tingido" pela verdade e pela justiça♀, numa resposta que resulta de uma opção livre.

4. Metafísica mística. A doação histórico-pragmática do sentido procurado, da "ciência procurada e nunca encontrada" (Marion, 1999), como raiz de toda a metafísica filosófica, conduz esta à sua realização plena – mesmo que essa realização, porque orientada para uma ação escatológica futura, não elimine propriamente o dinamismo da procura. Mas este é assumido, não propriamente pela consciência♀ da ignorância que nos habita, mas pela percepção viva – fenomenológica – do excesso que nos atinge, precisamente no acontecimento da doação histórica do sentido metafísico. Assim sendo, metafísica filosófica e discurso religioso continuam a percorrer caminhos muito próximos, por vezes com pontos de contato e de cruzamento, mesmo que sejam caminhos distintos.

O discurso metafísico conduz-nos, assim, à noção de experiência: experiência que se faz com a experiência, na medida em que se considera ou interpreta essa experiência como experiência originária da doação do ser na sua gratuidade. O mistério – ou "milagre", noutra nomenclatura (Vergílio Ferreira, 1979, p. 33) – de que haja ser, em vez de nada (ou de não haver), é, precisamente, aquilo que origina a experiência metafísica propriamente dita. Diante dessa experiência, surge no ser humano a atitude de espanto (Gilbert, 1994, p. 1996), que nenhum sistema lógico pode eliminar – ou já estaria a eliminar a própria experiência metafísica. Ou seja, um *sistema* metafísico fechado acabará por ser, ele mesmo, a contradição da própria metafísica.

Tendo em conta este ponto de partida originário e irrecusável, seja para que metafísica for, então todas as modalidades de metafísica realizam, no pensamento, uma adequação – sempre imperfeita – a esta experiência originária, que dá sempre o que pensar, nunca se esgotando em nenhum sistema de pensamento. Porque só esta experiência originária coloca a realidade sob a perspectiva da questão mais fundamental de todas, aquela que não tem resposta imediata, mas que, só pelo fato de ser colocada, nos coloca perante a realidade numa determinada perspectiva: a perspectiva da consideração dessa realidade na sua globalidade e na sua dimensão originária. Metafísica é já a própria abordagem que coloca o real "sob o fogo" (Virgílio Ferreira, 1994, p. 59) desse porquê originário, um porquê que não é dirigido ao *como* do funcionamento da realidade, mas sim ao seu *quê*, para recorrer à nomenclatura usada por Wittgenstein♀, a propósito da dimensão mística♀. Nesse nível do questionamento – o nível, precisamente, em que é possível tocar, também, a questão de Deus, ou a dimensão mística♀ – estamos no âmbito do mistério que se revela e se dá, irrompendo inesperadamente na realidade (como ser dessa realidade), e não no nível da relação direta entre perguntas e respostas. Manter-se no nível da metafísica é, antes de tudo, manter-se no nível deste questionamento originário, que implica a percepção da gratuidade do ser, na sua doação não necessária, ou na doação da sua própria não necessidade.

5. Metafísica narrativa. Articulando-se toda a experiência em linguagem, o discurso religioso é, sempre, um discurso que coloca em relação o nível narrativo e o nível transcendental. Facilmente se consideram estes dois modos de discurso como contraposições alternativas. De fato, é frequente encontrar perspectivas defensoras da pura narratividade, seja para fazer justiça à historicidade do crer, seja para manter a relação com a experiência humana, seja mesmo para dar continuidade a um estilo de discurso que parece ser predominante nas escrituras das diversas tradições religiosas (Duque, 2016). E não é menos frequente encontrar formas de discurso religioso concentradas na exclusividade do modo transcendental, seja postulatório, seja dialético. Mas pode-se pensar um modo de discurso em que o narrativo assuma pertinência transcendental e o transcendental não possa ser elaborado sem o seu enraizamento narrativo. Porque o que é possível ser dito, transcendentalmente, resulta, precisamente, de uma doação histórica que, radicalmente, só pode ser narrada. Poderíamos dizer, então, que a narrativa – tal como o símbolo – assume, aqui, dimensão metafísica, não por deixar de ser narrativa, mas por ser uma narrativa religiosa. Ao mesmo tempo, a metafísica de que aqui se fala é uma metafísica narrativa, não por deixar de ser metafísica e passar a ser mera descrição de acontecimentos particulares, mas por ser metafísica religiosa. Nesta relação paradigmática entre discurso narrativo e discurso transcendental manifesta-se a relação entre hermenêutica♀ e metafísica. Fundamentalmente, uma metafísica hermenêutica♀ conjuga, de forma intrínseca, a questão do ser e a questão do sentido, porque elas são inseparáveis. De fato, a questão do ser, sem a questão do sentido, ficar-se-ia pelo puro formalismo metafísico; e a questão do sentido, sem a questão do ser, ficar-se-ia pelo mero contextualismo cultural ou subjetivo.

6. Metafísica testemunhal. A relação intrínseca e necessária entre metafísica e hermenêutica♀ fundamenta-se, antes de tudo, no fato de o ser-assim de uma história particular concreta se constituir como manifestação da própria verdade do ser. E o ser-assim de uma história só pode ser compreendido hermeneuticamente; mas, na medida em que é compreendido como revelação universal da verdade do ser, pretensão típica da experiência religiosa♀, trata-se de uma compreensão de nível metafísico. Não que essa pretensão torne o discurso, ou o crer a que corresponde, absolutos em si mesmos, mas porque assume a pretensão de universalidade num regime testemunhal. Esse é um regime que caracteriza explicitamente muitas tradições religiosas. Poderíamos falar, nesse contexto, de uma metafísica testemunhal.

Diferentemente do discurso simplesmente argumentativo – mesmo que a dimensão crítica da metafísica dele não possa prescindir –, o discurso testemunhal não pretende, em primeira linha, provar, por demonstração, aquilo de que fala. O seu modo próprio é o de tornar presente, na linguagem, algo ou alguém que vem a essa linguagem, não sendo por ela originado. Ao mesmo tempo, a própria linguagem, na qual vem até nós uma alteridade diferente dela mesma, não é simples produto de sujeitos ou de circunstâncias, mas sim o modo histórico – finito – como o fundamento – infinito – dessa mesma história se dá, precisamente enquanto fundamento, até mesmo desse dar-se. A linguagem da metafísica religiosa não seria uma linguagem que demonstre, muito menos que origine, Deus, segundo a versão ontoteológica mas, antes, uma linguagem que acolhe Deus♀ ou o divino, que vem a essa linguagem, tornando-a possível. A própria ideia de Deus, tal como formulada no conceito, não seria originadora de Deus♀ ou seu garante lógico-dialético, mas sim o modo como Deus♀ se dá, precisamente na medida em que "vem à ideia" (Levinas, 1992; Ricœur, 1994; Teixeira, 1992).

Bibliografia: BLONDEL, M. *L'Action*: essai d'une critique de la vie et d'une science de la pratique. Paris: PUF, 1950; DERRIDA, J. *L'Écriture et la différence*. Paris: Seuil, 1967; DUQUE, J. M. *A transparência do conceito*. Lisboa: Didaskalia, 2010; DUQUE, J. M. *Para o diálogo com a pós-modernidade*. São Paulo: Paulus, 2016; GILBERT, P. La Métaphysique: Archéologie et Téléologie. *Revista Portuguesa de Filosofia*, 71, 2015, p. 355-374; GILBERT, P. *La patience d'être*: Metaphysique. Bruxelles: Lessius, 1996; GILBERT, P. *La simplicité du principe*: prolégomènes a la Metaphysique. Bruxelles: Lessius, 1994; HABERMAS, J. *Nachmetaphysisches Denken*. Frankfurt am

METÁFORA

Main: Suhrkamp, 1988; HALDER, A. Metaphysik. In: *Handbuch theologischer Grundbegriffe*. München: Kösel, 1985. Bd. 3, p. 104-117; HENRICH, D. *Konzepte*. Frankfurt am Main, 1987; JÜNGEL, E. *Gott entsprechendes Schweigen? Theologie in der Nachbarschaft des Denkens von Martin Heidegger*. In: AA.VV. *Martin Heidegger. Fragen an sein Werk*. Stuttgart: Reclam, 1977. p. 37-45; LEVINAS, E. *Autrement qu'être et au-dela de l'essence*. La Haye: Martinus Nijhoff, 1974; LEVINAS, E. *De Dieu qui vient à l'idée*. 2eme Ed. Paris: J. Vrin, 1992; LEVINAS, E. *Totalité et Infini*. La Haye: M. Nijhoff, 1961; MARION, J.-L. La science toujours recherchée et toujours manquante. In: NARBONE, J.-M.; LANGLOIS, L. (Eds.). *La métaphysique*: Son histoire, sa critique, ses enjeux. Paris/Québec: J. Vrin/PU Laval, 1999. p. 13-36; MILBANK, J. Only Theology Overcomes Metaphysics. In: MILBANK, J. *The Word Made Strange*: Theology, Language, Culture. Oxford: Blackwell, 1997. p. 36-52; OELMÜLLER, W. (Ed.). *Metaphysik heute?* Paderborn: Schöningh, 1987; OLLIG, H.-L. Das unerledigte Metaphysikproblem. *Theologie und Philosophie*, 65, 1990, p. 31-68; PACHO, J. ¿Filosofía sin Metafísica o final de la Filosofía? *Revista Portuguesa de Filosofia*, 71, 2015, p. 611-628; PANIKKAR, R. *Mito, fe y hermenéutica*. Barcelona: Herder, 2007; PINTO-RAMOS, A. Z. Una Metafísica en la edad Postmetafísica. *Revista Portuguesa de Filosofia*, 71, 2015, p. 307-326; RICŒUR, P. *Lectures 3*. Paris: Seuil, 1994; TEIXEIRA, J. A hermenêutica do testemunho. In: AA.VV. *Falar de Deus hoje*. Lisboa: Edições Didaskalia, 1992. p. 15-48; VERGÍLIO FERREIRA. *Do mundo original*. 2. ed. Amadora: Bertrand, 1979; VERGÍLIO FERREIRA. *Invocação ao meu corpo*. 3. ed. Venda Nova: Bertrand, 1994.

João Manuel Duque

METÁFORA

Para refletir sobre a configuração da linguagem religiosa, quer seja no contexto da Ciência da Religião♀, quer seja no contexto teológico, é preciso considerá-la também no quadro das ciências cognitivas. É aqui que a metáfora ganha relevância no que diz respeito à construção do discurso religioso. As metáforas estão presentes na elaboração epistemológica quando um discurso fala humanamente e sobre Deus ou quando um discurso expressa o sagrado♀. Partindo-se da ideia de que esses discursos sejam *per se* metafóricos, eles exigem por sua própria razão de ser que se defina a relação entre significado e linguagem, uma vez que, no horizonte das expressões religiosas, o que se procura não é a linguagem pela linguagem, mas o sentido que essa linguagem pode desvelar. Por certo, é na busca do sentido da linguagem religiosa que a Ciência da Religião♀ e a Teologia♀ podem encontrar em Paul Ricœur♀ a possibilidade de extrair de sua filosofia da linguagem maior inteligibilidade do mistério próprio da linguagem, o que o filósofo define como "veemência ontológica". Quando se

busca o sentido e a referência da linguagem religiosa, tem-se consciência♀ de que é preciso passar pelo terreno semântico da metáfora, da sua função inovadora e pelo poder criativo de dizer a realidade e, finalmente, de expressar o sagrado♀. Para Ricœur♀, o que caracteriza a especificidade da linguagem religiosa é o fato de aperceber-se nela a irrupção do extraordinário no ordinário (Ricœur, 1974, p. 69). Quando se trata da revelação de Deus♀ ou, ainda, a expressão do sagrado♀ na fatura textual do discurso religioso, já se tem, de certa forma, o alcance relevante e expressivo da irrupção do extraordinário. Assim, faz-se necessário percorremos metodologicamente a investigação da estrutura linguística das imagens e dos símbolos contidos no texto, como a faz o filósofo, para poder extrair, do caráter particular dos gêneros literários, tais como estão estruturados, codificados e transformados em metáforas e poesias, a descrição do fenômeno religioso. Essa é nossa intenção com a construção deste verbete, uma vez que nos ocuparemos em trazer ao centro da reflexão a ideia que o discurso religioso não somente possui uma linguagem rica de sentido como, ao mesmo tempo, é *per se* um discurso sensato e verdadeiro (Ricœur, 2011, p. 236). É aqui que fenomenologia religiosa e fenomenologia literária se encontram, tendo como objeto comum o sagrado♀, já que em ambas, em suas faturas textuais, o que se manifesta é o que está escondido no labirinto das aparências.

I. A função das metáforas no discurso religioso. Podemos dizer que o que está em jogo, quando se coloca em evidência a ideia das metáforas no horizonte semântico da linguagem religiosa, é que precisamos extrair do confronto com o discurso religioso não somente a sua significação como também novas dimensões da realidade e da verdade. As metáforas não têm por função adornar a linguagem, não se reduzem a mero estado figurativo e estético da linguagem religiosa, ao contrário, segundo o filósofo, em um discurso religioso têm por função: 1) testemunhar em favor da virtude criativa do discurso; 2) conter também uma denotação de referência, o que permite falar de verdade metafórica; 3) trata-se de uma função da linguagem bíblica em descortinar uma nova possibilidade da existência; 4) contrapor-se a uma mera função retórica (Ricœur, 2005, p. 75-76). Diante desses quatro pontos sobre a função de uma linguagem metafórica, fica-nos claro que a metáfora atua sempre sob uma nova descrição da realidade em favor de uma nova existência (Ricœur, 2001, p. 188-217). Por outro lado, quando se trata de elucidar algo sobre a linguagem religiosa, é preciso que se amplie a ideia da redescrição do real, isso porque, do ponto de vista da expressão religiosa, um texto de onde se descortina a ideia do sagrado será sempre um texto que diz a realidade e algo a mais, escapando da própria imanência estruturante da linguagem humana. Nessa perspectiva, Jürgen tem afirmado a importância da metáfora quando o discurso trata sobre as questões de Deus, o que nos permite também aplicá-la ao terreno fecundo da Ciência da Religião, quando se trata de pensar o sagrado em sua perspectiva fenomenológica textual. Considerando aqui que o dizer Deus, para a Teologia, ou dizer o sagrado, para a Ciência da Religião, se inscreve no horizonte da linguagem textual, faz-se necessário, do ponto de vista do método, considerar as significações e as especificidades de configuração dessas linguagens e, por outro lado, perguntar-se pelos sinais que o Absoluto deixa na contingência da história. As expressões linguísticas são as mediações do ser e, no caso da religião, as mediações do absoluto que se manifesta. Jürgen acenou para as consequências principais da análise da metáfora, que vale a pena reproduzir com suas palavras, como ponto de partida para nossa reflexão ulterior: "1) O discurso metafórico não é uma linguagem imprópria ou equívoca para a Teologia; 2) A metáfora pertence à dimensão da alocução; 3) A metáfora tem uma função comparativa à definição pelo fato de exprimir qualquer coisa; 4) O discurso metafórico precisa da dialética entre familiaridade e estrangeiridade; 5) A metáfora amplia o horizonte da compreensão; 6) As metáforas são eventos de uma aprendizagem imediata; 7) A metáfora não é palavra usada de maneira diversa do habitual, mas a predicação com o auxílio de uma palavra usada de maneira diversa do habitual; 8) Uma palavra que foge do predicado perde sua relação habitual com um estado de coisas designadas; 9) Mediante a mudança do significado, produz-se uma tensão da qual se beneficia o sujeito gramatical: este vem precisado no seu ser; 10) As metáforas ampliam e precisam o mundo narrado; 11) As parábolas são rememorização da estrutura geralmente metafórica da linguagem humana; 12) A estrutura geralmente metafórica da linguagem é devedora da verdade com o evento, no qual um mundo é transferido para uma linguagem e, portanto, torna possível a descoberta de um existente; 13) A estrutura metafórica da linguagem é devedora da verdade qual evento da transferência do existente na linguagem implica a liberdade da escolha da palavra como liberdade do falante; 14) A liberdade da linguagem metafórica não exclui absolutamente a aspiração de uma linguagem conceitual controlante dessa liberdade e na qual torna manifesto o acordo da descoberta com o descoberto; 15) A linguagem da fé cristã, como cada linguagem religiosa, é inteiramente metafórica; 16) A linguagem da fé cristã divide a característica do discurso religioso de exprimir o real em modo que seja manifestado um suplemento do ser; 17) Essa aquisição do ser deve deixar-se documentar na experiência da realidade; 18) A aquisição do ser afirmado pela fé cristã deve exprimir-se em uma linguagem que deixa que tal aquisição torne-se evento para os destinatários; 19) A linguagem da fé, enquanto discurso assertivo, é uma linguagem

alocutória. O que une o caráter assertivo e alocutório da linguagem da fé é a sua dimensão narrativa; 20) A linguagem religiosa é metafórica. Nesse sentido, sendo discurso sobre Deus, coloca em evidência sua inaudita vinda ao mundo. Daí a importância de acenar que, no acontecimento Jesus Cristo, a linguagem da fé cristã é metafórica em modo particular; 21) Na linguagem da fé cristã, a metáfora teológica tem a sua particular função no aplicar-se ao homem, de tal modo que ele possa acordar a possibilidade do não-ser, não só enquanto superada da parte de Deus, mas já superada uma vez por todas na vida, morte e ressurreição de Jesus Cristo; 22) A particular dificuldade do discurso cristão sobre Deus surge desse evento de aquisição do ser enquanto se trata de falar de um Deus que não pertence a este mundo; 23) Enquanto Deus conquista para si um espaço no mundo mediante os instrumentos do mundo pelo fato de acender a linguagem, o horizonte do mundo dilata-se em um modo tal que a realidade desse último vem percebida mais agudamente; 24) A aquisição do ser de um discurso metafórico sobre Deus torna uma tal extensão de horizonte do mundo que merece ser mencionado que o renovamento do mundo é um dos efeitos da metáfora teológica, possível somente em virtude da força renovadora do Espírito Divino; 25) A elaboração de uma metaforologia teológica constitui uma exigência urgente para a Teologia" (Jürgen, 2005, p. 175-180).

Em vista dessas premissas apresentadas, podemos dizer que, no exercício do uso das metáforas, estamos sempre diante de uma nova significação emergente que nos permite buscar na linguagem o seu poder de inovação, que denuncia a esterilidade de uma análise meramente estrutural da mesma. Dessa feita, compreende-se a importância de se falar de metáforas vivas, como o faz o filósofo Ricœur, uma vez que a intenção está no fato de evidenciar que, por meio dessas, emergências de novas significações se fazem pertinentes. As metáforas estão acima de ser identificadas com simples figuras de estilo. Não se encontram enclausuradas nos dicionários como metáforas mortas, mas fazem parte da dizibilidade das experiências vividas. A linguagem metafórica diz sempre mais e, tratando-se da dinâmica própria de um discurso religioso, ela redescreve a realidade, uma vez que sua impertinência destrói a mera descrição literal, remetendo a uma abertura semântica da linguagem capaz de despertar novas dimensões da realidade (Grampa, 2005, p. 30). É aqui que se esclarece que por meio da metaforização emergem novas significações, isto é, é próprio da linguagem transcender-se, uma vez que em si mesma residem significações ocultas que o plano de uma referência direta da linguagem não pode descortinar. Nesse sentido, a metáfora ganha força, já que é próprio de sua pertinência semântica requerer a polaridade entre sentido e referência, daí a relevância de deixar-se afetar pela busca de uma linguagem plena, que *per se* diz o excesso de sentido.

II. A especificidade da linguagem religiosa. A linguagem religiosa está repleta de sentido. Dizer o sagrado℘ em sua condição de mistério pressupõe um "semantismo" de linguagem que convida a pessoa humana a pensar em direção a uma lógica de super-abundância, ou, ainda, do excesso de sentido, cuja travessia pelos textos fundadores de sua fé conduz ao coração de sua experiência a inaudita manifestação fenomenológica do divino. Resulta claro, então, que estamos diante de um dado de capital importância na ordem da compreensão atual da ideia do sagrado℘ impresso no texto. Quando são textos teológicos, narrativas do agir de Deus na história, esses evocam um quadro de inteligibilidade do amor e oferecem uma autêntica experiência que se traduzem como uma verdadeira poética da fé℘. Partindo da experiência judeo-cristã de que o Deus℘ que se revela nos textos é o Deus℘ que se revela no tempo e na linguagem, essa dinâmica reveladora de Deus, por não se fechar em uma clausura textual ou em uma clausura de discursos, exige *per se* que se reafirme o caráter inacabado de todas as formas de discursos. "Deus não está somente na Bíblia℘, essa que reúne todas as significações provenientes dos discursos parciais [...] enquanto formas originais do discurso da fé℘" (Thomasset, 2007, p. 116). Disso decorre a possibilidade de afirmar que a transposição do discurso religioso ao discurso científico, quer seja ele teológico, quer fenomenológico, é uma tentativa de demonstrar que em tais discursos realiza-se algo parecido como o advento de uma nova linguagem, que, desde os conceitos-limite do discurso religioso e das apresentações figurativas do Absoluto, permanece em aberto a reivindicação objetiva do saber e a apresentação poética do Incondicionado, que se manifesta nas palavras humanas. Nesse sentido, segundo Ricœur℘, a poética dos textos narrativos da fé℘ não se exime da responsabilidade de demonstrar o referente último do mundo bíblico, cujas formas de discursos testemunham e evidenciam. Como afirma Geffré: "A estrutura da confissão de fé está estreitamente ligada à estrutura da linguagem na qual ela se exprime" (Geffré, 1989, p. 56).

III. Sentido e referência. Sendo assim, é o sentido e a referência que nos interessam na análise do sagrado impresso no texto. "O sentido do texto significa a estrutura e significação (*meaning*) internas do texto enquanto essa estrutura pode ser determinada através dos métodos℘ ordinários da investigação semântica e literária" (Tracy, 1975, p. 51). Cabe aqui, ainda que de maneira breve, recordar as distinções semiológicas a respeito do sentido e da referência para aprofundar nossa reflexão em percurso. Recorrendo à concepção de frase do sânscrito, Benveniste, em sua arquitetura da linguagem, tem consciência℘ de que a mesma contém o ato

sintético da predicação e se completa com a ideia da referência. Mas é do debate entre semântica e semiótica℘, na articulação das duas linguísticas, a da língua e a do discurso, que se extrai a ideia de que todo e qualquer texto possui, assim como a palavra e a frase, uma característica criativa, pois o texto pode dizer algo novo por meio de sua metaforização. Aqui, o padrão êmico da Linguística se atesta, uma vez que a linguagem é mediação do ser. Como afirma Ricœur℘: "A experiência que temos da linguagem descobre alguma coisa do seu modo de ser que resiste à redução. Para nós que falamos, a linguagem não é um objeto, mas uma mediação; é esse através de que, por meio de que, que nós exprimimos e experimentamos as coisas" (Ricœur, 1969, p. 85). Inscreve-se aqui a ação transgressora da fala, uma vez que o ato de falar rompe a clausura do universo do signo e se adentra no universo da referência. A linguagem quer morrer como objeto para ressurgir como discurso. A chave de compreensão desse enunciado delineia-se no fato de que o fenômeno da linguagem exige o fenômeno do sujeito falante. Então, servindo-se da instância discursiva de Benveniste, a da linguagem como mediação, pode-se explorar outra dimensão que ultrapassa a própria mediação, a possibilidade de uma "ontologia do discurso" como tarefa de recuperar para a inteligência da linguagem o ato de falar, como propõe Paul Ricœur℘ (1968, p. 336). Por outro lado, diante da necessidade iminente da efetivação da dimensão da intersubjetividade da linguagem como lugar de emergência da significação é que o recurso à frase ou ao enunciado se nos apresenta como unidade portadora de referência. "Esta unidade já não é de língua, mas de fala ou de discurso" (Ricœur, 1969, p. 87). O que acontece aqui é uma metamorfose da estrutura à função. A nova unidade que constitui a frase reveste-se do seu sentido semântico, que não significa somente algo em geral, mas dizer alguma coisa que é ao mesmo tempo o ato de remeter o signo à coisa. Nesse sentido, compreende-se que esse movimento do signo à coisa é o que denomina a atualização da frase no terreno da semântica. Sendo assim, partindo da arquitetura linguística proposta por Émile Benveniste, com sua concepção sobre a frase enquanto unidade do discurso, e a concepção de Frege em relação ao sentido e à referência, é possível conceber a frase como linguagem em sua realidade de abertura e a sua referência enquanto transcendência da linguagem (Valldecabres, 2005, p. 113). Em outras palavras, compreende-se que a frase enquanto unidade da base do discurso é portadora de um sentido e de uma referência, o que significa reconhecer que nela se pode distinguir o que se diz daquilo sobre o que se fala. A referência exerce um papel transgressor na clausura da linguagem, marca sua eclosão em direção a outra coisa que não ela mesma, abrindo-se efetivamente à realidade.

IV. A função poética da linguagem religiosa.

É o aparecimento do dizer no falar humano que se desenha como mistério da linguagem. A poética apresenta-se como resposta às aporias de referência no que diz respeito ao sentido da existência ao mundo e à vida. Assim situa a investigação da estrutura linguística das imagens e símbolos contidos no texto, um olhar renovado às expressões metafóricas, reabrindo-se ao campo das múltiplas possibilidades e ao interior da dimensão poética da linguagem religiosa. É na lógica da ostensividade da linguagem que a função poética se nos apresenta como sede da manifestação do sagrado impresso no texto. Fica-nos claro que a poética e a interpretação da linguagem cifradas dos símbolos são meios necessários para compreender o homem e, concomitantemente, sua relação com o Absoluto. Daí a importância de acentuar a questão da imaginação semântica, de onde emanam a formação da linguagem poética no interior das expressões metafóricas e a formação da linguagem narrativa no interior das sílabas da estrutura linguística. A linguagem poética sugere a imaginação, uma vez que a imagem é aurora da palavra e não resíduo de uma impressão. Então, chegados a este ponto, nos cabe afirmar que a função poética se nos apresenta como *organon* da linguagem religiosa, a *poièsis* como produtividade dessa linguagem, a inovação semântica como sua criatividade e a metáfora como *conditio sine qua non* da linguagem parabólica.

V. As parábolas e sua relação com as metáforas.

Ao entrarmos nesta questão da linguagem parabólica e sua relação com as metáforas, vale a pena ressaltar a conexão semântica existente entre metáfora e parábola. As parábolas apresentam-se como uma forma de discurso narrativo que se realiza como processo metafórico, em que se possam descobrir os signos das metaforicidades das parábolas, ou, ainda, os sentidos escondidos nos labirintos das aparências (Ricœur, 2005, p. 87). Nesse sentido, considerando-se as parábolas em perspectivas ricœurianas, estas são paradigmas de transgressão da linguagem poética e se inscrevem em um tecido mais vasto e figurante, tocando o universo de diversos enunciados. As parábolas enquanto discursos, quer sejam sapienciais, quer mesmo escatológicos, são classificadas pelo filósofo como expressões-limite. Isso significa reconhecer primeiramente a existência de um tipo de transgressão próprio da linguagem poética que determina a especificidade da linguagem religiosa. O que acontece com a linguagem parabólica é uma espécie de intensificação que sofrem as formas de discurso bíblico; os ditos proclamatórios, proverbiais e parabólicos, mas, de modo particular, os que tecem a perspectiva hiperbólica e paradoxal das narrativas neotestamentárias. Sendo assim, poder-se-ia dizer que é próprio das expressões-limite romper o quadro habitual da linguagem no modelo de redescrição da realidade (Ricœur, 2010, 236). As expressões-limite, uma vez entendidas como subversão da linguagem, impelem as formas de discursos ordinários ao seu limite para transportá-los para o inaudito do Reino (Ricœur, 2010, p. 42). As parábolas de Jesus que narram o acontecimento do Reino, bem como os ditos proclamatórios e proverbiais, ocupam-se igualmente da expressividade do Reino. Sendo assim, essas formas de linguagem encontram-se dotadas de uma transgressão análoga da linguagem, porém nenhuma tradução literal esgota o seu sentido, se recorrermos ao termo "qualificador", oriundo de Ian Ramsey. Com esse termo, procura demonstrar que os discursos proclamatórios, proverbiais e parabólicos, uma vez tratados como símbolos, sugerem o jogo criativo da interpretação e passam a ser considerados como uma parte do sentido. Se os símbolos dão o que pensar, como afirma seu tradicional axioma kantiano, esses discursos, levados ao horizonte simbólico, repousam na conjunção de um qualificador que aponta para além da estrutura textual. O sentido é o que um enunciado diz, a referência é aquilo sobre o que se diz. O que um enunciado diz é imanente a ele – é seu arranjo interno. Aquilo de que se trata é extralinguístico. É real na medida em que é expresso pela linguagem: é o que é dito sobre o mundo (Ricœur, 2010, p. 42). Partindo dessa consideração, compreende-se que a referência enquanto uma realidade extralinguística corrobora para elucidar que o referente último das parábolas não pode ser outro senão a experiência humana interpretada à luz dos recursos extravagantes da hipérbole e do paradoxo. Na transgressão das formas usuais da linguagem, o que é próprio da linguagem religiosa e que as narrativas trazem ao horizonte da linguagem parabólica é o curso ordinário da vida que o inaudito tocou e penetrou. O que se anuncia na linguagem parabólica é a aurora do inaudito no discurso e na experiência humana. Quando o inaudito chega, diz o filósofo, os auditores são interpelados ao menos a pensar o impensável (Ricœur, 2010, p. 214). As parábolas redescrevem a realidade, trazem ao cenário literário o fenômeno da extravagância de sentido, o que é próprio da linguagem religiosa. Compreende-se por extravagância o escândalo lógico da linguagem metafórica, a sua metaforização. Daí a pertinência de dizer que a linguagem religiosa é uma linguagem metafórica (Vincent, 2008, p. 134). O escândalo da linguagem parabólica está no fato da irrupção do inaudito ao penetrar o horizonte da linguagem e da experiência humana. As parábolas são como um resumo da nominação de Deus, uma vez que se constituem pela estrutura narrativa, pelo poema metafórico e pelas expressões-limite. O que nelas acontece é uma espécie de jogo sobre os limites. O que significa compreender que as características que orquestram o universo das parábolas, como, por exemplo, a extravagância, a hipérbole e o paradoxo,

METÁFORA

despertam outras categorias, tais como as de experiências-limite, conceito oriundo da filosofia de Karl Jasper, que designa a situação-limite que configura a existência humana em toda sua dramaticidade. A esse conceito vincula-se a ideia de experiência de fronteira, que delineia a verticalidade da existência humana, oriunda da teologia℘ de Karl Barth, bem como o seu paradoxo de horizontalidade, oriundo da filosofia de Kierkegaard (Ricœur, 2010, p. 234-235). Falar de experiências-limite é falar de nossa experiência. É pelo poder de redescrever a experiência humana que a linguagem religiosa se vê implicada pelas experiências-limite, pois é aqui, no extremo existencial marcado pelos dramas humanos, pelas experiências de caducidade, mas, ao mesmo tempo, pelas experiências culminantes de criatividade e de alegria, que reside a capacidade de reorientar a vida e que originalmente a linguagem religiosa redescreve. Paul Ricœur℘ dirá que "a linguagem religiosa revela a dimensão religiosa da experiência humana comum" (Ricœur, 2010, p. 236). O conceito de expressões-limite se apresenta como um indício ou modificação da linguagem que afeta todas as formas de discurso cuja travessia pelo limite desencadeia a possibilidade de dizer um referente que ao mesmo tempo escapa a cada uma delas (Ricœur, 1994, p. 295). As expressões-limite da linguagem religiosa, cujas metáforas são paradigmas, invocam em termos de análise uma transposição necessária do discurso religioso e se chega ao discurso fenomenológico. A linguagem religiosa, na qualidade de linguagem metafórica, busca o seu referente último e exige essa espécie de jogo sobre os limites enquanto "tensão entre a reivindicação *objetiva* do saber e a apresentação *poética* do incondicionado" (Ricœur, 2010, p. 236). A lógica constituída pela questão do referente último, desde a perspectiva do jogo dos limites, esboça a emergência criativa da linguagem e toca o universo semântico das narrativas. O reino de Deus℘ é igual: "a um homem que semeou" (Mt 13,24); "a um grão de mostarda" (Mt 13,31); "ao fermento que a mulher mistura na farinha" (Mt 13,33); ao tesouro escondido num campo" (Mt 13,44); "a um negociante que procura pérolas preciosas" (Mt 13,45); "como uma rede lançada ao mar" (Mt 13,47); "como um dono de uma casa que tira do seu tesouro coisas novas e velhas" (Mt 13,52); "como um rei que deseja acertar as contas com seus empregados" (Mt 18,23); "como o proprietário que saiu de manhã cedo para contratar trabalhadores para a sua vinha" (Mt 20,1); "como um rei que preparou um banquete de casamento para o seu filho" (Mt 22,2-7). Por outro lado, a extravagância reveste-se do paradoxo: "Quem procurar conservar a sua vida a perderá, e quem a perder há de salvá-la" (Lc 17,33), e da hipérbole dos discursos proverbiais, enquanto forma de intensificação desse primeiro: "Mas eu vos digo, a vós que me ouvis: Amai os vossos inimigos, fazei o bem aos que vos odeiam" (Lc 6,27). Poder-se-ia dizer que essa notável convergência entre a extravagância e a hipérbole na parábola constitui a "arte de intriga" que a própria poética da parábola provoca.

VI. A intriga e o processo metafórico. Recorda-se que a arte de construir intriga é fruto da estrutura poética do texto, uma vez que esta permite a outra. Nesse sentido, a arte de construir intrigas serve para alargar o imaginário individual e coletivo. Ricœur℘ entende por intriga a estrutura dramática do narrativo, o que significa que a parábola, por ser uma forma de narração, está marcada internamente por uma estrutura dinâmica que por si mesma é homogênea. A intriga aparece na narrativa da parábola vinculada ao que denomina "processo metafórico", ou seja, a própria estrutura dramática da parábola. Nesse sentido, a parábola marcada pelo processo metafórico iniciado na dramaticidade própria da narrativa é o que possibilita que a existência seja redescrita dentro de um movimento concêntrico que vai da crise à solução (por exemplo, a existência pode ser perdida ou ganhada). Com base nessa aferição ricœuriana, compreende-se que o critério da inteligibilidade da presença da metáfora como tecido da linguagem religiosa é o que permite a redescrição da existência sob o enfoque da intriga, sob o enfoque da estrutura do narrativo que a parábola oferece. Uma maior adequabilidade da função metafórica no interior da linguagem religiosa está na possibilidade de pensar a lógica do paradoxo (perder-se/encontrar-se; morrer/viver; último/primeiro etc.). A possibilidade de pensar o estranho na ordinariedade é o que constitui a lógica do paradoxo.

VII. A inovação semântica e a experiência de sentido. A ideia da inovação semântica esclarece todo esforço do filósofo em definir um campo racional aberto ao espetáculo das possibilidades. Compreende-se aqui a ideia do advento e da produção de sentido no que tange à linguagem. A inovação semântica diz a criatividade da linguagem, configura sua inventividade como injunção de significação e diz ao mundo uma dimensão profunda da linguagem. Por outro lado, quando a inovação semântica se faz presente em um discurso, exerce uma função singular, traz à linguagem o desejo℘ de ser e a experiência de sentido. Para explicar como emerge esse novo sentido, Paul Ricœur℘ apela para o jogo da semelhança como condição necessária tanto na teoria da tensão da linguagem como na substituição que rege a concepção retórica da metáfora. Como dizia Aristóteles, o dom℘ da metáfora é de "perceber o semelhante" (Ricœur, 1975, p. 261). Perceber "uma proximidade inédita entre dois ideais, apesar de sua distância lógica" (Ricœur, 1975, p. 14). A semelhança age "como uma tensão entre a identidade e a diferença na operação predicada desencadeada pela inovação semântica" (Ricœur, 1975, p. 14). A semelhança articula igualdade e diferença; nesse sentido, é na metáfora que a identidade℗ trabalha apesar da diferença. É aqui que o filósofo atribui ao conceito de inovação semântica uma relação estreita com a metáfora. Então, fica claro quando afirma que "a metáfora é um trabalho sobre a linguagem que consiste em atribuir a sujeitos lógicos predicados incompatíveis com os primeiros" (Ricœur, 1986, p. 19).

VIII. A imaginação. Por outro lado, a título de complemento esclarecedor, em seu ensaio *Poétique et symbolique* (1982), Paul Ricœur℗ com acuidade procura distinguir que a compreensão da imaginação não se inscreve no sentido de reprodução de imagens, como se fossem resíduos perceptíveis do sentido, mas como imaginação produtiva, tal como aquela esboçada pelo esquematismo kantiano, que permite compreender que a função da imaginação não é doar uma imagem℗ presente a coisas ausentes, mas uma nova produção de sentido. Com essa aferição semântica sobre a questão da imaginação, nota-se que Paul Ricœur℗ propicia uma autêntica inter-relação entre três categorias da linguagem poética e ordinária das parábolas de Jesus, que, para ele, tecem a ideia de expressões-limite. Sendo assim, a questão do aspecto da extravagância da linguagem ao interno da parábola não acontece sem sua dinâmica de interação com o paradoxo do discurso escatológico e com a hipérbole dos discursos proverbiais. É dessa inter-relação que se realiza a admirável estratégia da linguagem: "Arrancar o ouvinte da continuidade ordinária" (Queiruga, 1995, p. 186). Por outro lado, tal estratégia da linguagem pode permitir ao ouvinte da parábola uma nova orientação da vida através de uma pertinente desorientação, ou, ainda, de um processo desconcertante e de crise que a extravagância da linguagem provoca. Daí a relevância da proposição ricœuriana de que a arte de fazer intriga desencadeia um movimento dinâmico que vai da crise à solução. Recorda-se que, para o filósofo, a arte de compor intriga registra-se na lógica do paradoxo. A intriga é um jogo entre a concordância e a discordância (Ricœur, 2005, p. 84). A presença das metáforas no interior do discurso religioso, tal como se encontram especificamente nas parábolas, e, concomitantemente, diante de sua função heurística de redescrever a realidade, dirige-se, *a priori*, à imaginação do homem (no sentido kantiano de produção de sentido). Dessa forma, à medida que se tem consciência℗ de que a linguagem religiosa, compreendida dentro de sua própria ordinariedade, está dotada de um caráter ostensivo, ou, ainda, de um excesso de sentido, no vínculo e no uso de suas expressões-limite (extravagância, paradoxo e hipérbole), percebe-se que ela é capaz de suspender o caráter não ostensivo da linguagem meramente comum e ordinária para alcançar sua plena significatividade e, assim, possibilitar ao homem que crê acolher em sua imaginação a manifestação do fenômeno que se mostra. É importante sublinhar a semanticidade da linguagem religiosa e sua profunda afinidade com a ideia da imaginação produtiva, o que caracteriza no horizonte da linguagem religiosa que o seu referente último se deixa dizer na significação metafórica (Ricœur, 1982, p. 4).

IX. A reciprocidade entre metafórica e poética. Diante do que foi dito até o exato momento, podemos dizer, como conclusão antecipada, que a questão do poder da metáfora desde sua conexão com a poética é o que permite atribuir a ideia do poema à necessidade de uma linguagem que preserve e expresse o mundo criado pelo próprio poema (Ricœur, 1972, p. 111). É a partir da ideia do poder criativo da linguagem que o discurso religioso pode dizer o novo, o inaudito, expressar o sagrado℗. Nesse sentido, a linguagem, devido à sua função referencial mais primitiva e mais original, reivindica as duas funções da metáfora que constituem a maravilha do poema: a inovação semântica e a função heurística. É por meio delas que o sagrado℗ se configura como objeto fenomenológico. Por outro lado, a reciprocidade entre poética e metáfora possui forte incidência no fenômeno da interpretação℗, uma vez que ele se liga simetricamente à arte da leitura e ao fenômeno de apropriação. Desta feita, a configuração do sagrado℗ como objeto fenomenológico dos textos que dizem a experiência de fé de um povo necessita do labor hermenêutico, que reconhece o papel central da linguagem e dos símbolos no tecido existencial de nossa vida. Nesse caso, a dimensão poética dos textos, a partir da ideia das metáforas, os conceitos de inovação semântica, função heurística ou arte de fazer intriga, bem como o das variações imaginativas, formam um fecundo e vasto horizonte poético, no qual se inscreve a possibilidade de descrever e classificar os fenômenos religiosos experimentados. Considerando o fenômeno textual como poema, sua função particular é levar à linguagem aqueles aspectos da realidade que a linguagem ordinária e direta não descreve. É aqui que temos a necessidade de não falar somente sobre a questão do sentido metafórico, mas de incluir na análise da fenomenologia literária, no par semântico da poética e da metáfora, a ideia da referência metafórica, no intuito de expressar o poder da manifestação do que é sagrado. O significado imediato das hierofanias e dos signos do sagrado℗ não pode ficar esquecido, enclausurado na precisão da linguagem técnica, mas ser levado ao horizonte da sua restauração (Ricœur, 1969, p. 284). Para Ricœur℗, é preciso restaurar o que foi esquecido, principalmente no tempo da Modernidade que se nos apresenta como questão aberta. Nesse sentido, o obscuro reconhecimento do esquecimento da hierofanias, dos signos sagrados e do sentimento de pertença do homem ao sagrado℗ é o que motiva a restaurar a linguagem integral (Ricœur, 1959). Nesse contexto, tudo indica que a semântica implícita da linguagem religiosa segue sendo a do simbolismo

METÓDO

sagrado; sendo assim, a linguagem metafórica e, *per se*, linguagem de transgressão. Diz o filósofo que "a metáfora não é um adorno da fala; não tem caráter meramente emocional: traz uma nova informação consigo. De fato, graças à *category mistake*, são abertos novos campos semânticos mediante aproximações inesperadas. Brevemente: a metáfora diz algo novo sobre a realidade" (Jürgen, 2005, p. 49).

***

Para o objetivo a que nos propusemos neste verbete, consideramos ter construído uma reflexão sobre a metáfora à luz das aferições oferecidas por Paul Ricœur℗ em sua análise da linguagem. O que se destaca nesse contexto é o caráter desvelador da veemência ontológica das metáforas, uma vez que essas são possuidoras de um caráter semântico capaz de expressar um sentido e uma referência. Se toda experiência tem *per se* uma dizibilidade por princípio, é possível ressaltar, quer seja no terreno teológico, quer no da Ciência da Religião℗, a importância da narrativa êmica da experiência do sagrado℗. Como afirma o cientista romeno das religiões Mircea Eliade℗, "é difícil imaginar como poderia funcionar a mente humana sem a convicção de que existe algo de irredutivelmente *real* no mundo, e é impossível imaginar como poderia ter surgido a consciência℗ sem conferir *sentido* aos impulsos e experiências do Homem" (Eliade, 1980, p. 79). Considerando-se que a experiência do sagrado℗ não é objetável, ela pode, ao menos, ser dita e interpretada quando elevada ao horizonte do discurso escrito. É aqui que o conceito de "veemência ontológica" de Ricœur℗ nos é caro, uma vez que, pela utilização desse termo, o discurso poético torna-se capaz de oferecer à linguagem aspectos, qualidades, valores da realidade que não têm acesso à linguagem diretamente descritiva e que só podem ser ditos graças ao jogo complexo da enunciação metafórica e da transgressão regrada das significações usuais das nossas palavras humanas. Aqui, o sagrado℗ impresso no texto, seja nas narrativas bíblicas, seja nos textos literários, seja nos relatos antropológicos, se manifesta como referência última dessa linguagem. Nesse sentido, o filósofo, o hermeneuta, o teólogo ou o cientista da religião não podem deixar de considerar a linguagem do ponto de vista semântico. Não seria o nível ontológico do dizer, o caráter desvelador da veemência ontológica da metáfora, enquanto manifestação do ser, o pressuposto necessário de uma fenomenologia do sagrado?

Bibliografia: BIRCK, B. O. *O sagrado em Rudolf Otto*. Porto Alegre: Edipucrs, 1993; ELIADE, M. *Origens*. Coimbra: Edições 70, 1980; GEFFRÉ, C. *Como fazer teologia hoje*: hermenêutica teológica. São Paulo: Paulinas, 1989; GRAMPA. Dire Dio: poetica e linguaggio religioso. In: RICŒUR, P.; JÜRGEL, E. *Dire Dio*: per un'ermeneutica del linguaggio religioso. Brescia:

Queriniana, 2005; JÜRGEN, E. Posizione e funzione della metafora nel linguaggio biblico. In: RICŒUR, P.; JÜRGEL, E. *Dire Dio*: per un'ermeneutica del linguaggio religioso. Brescia: Queriniana, 2005; RICŒUR, P. Contribution d'une réflexion sur le langage à une théologie de la parole. *Revue de Theologie et de Philosophie*, Paris, 1968, p. 334-348; RICŒUR, P.; JÜRGEL, E. *Dire Dio*: per un'ermeneutica del linguaggio religioso. Brescia: Queriniana, 2005; RICŒUR, P. Entre philosophie et théologie II: Nommear Dieu. In: RICŒUR, P. *Lecture 3. Aux frontières de la philosophie*. Paris: Cerf, 1994; RICŒUR, P. Imagination et metaphore. *Communication à Journée de la Societé François, Psychologie médicale*, Paris, n. 14, 1982, p. 1-7; RICŒUR, P. *L'Herméneutique biblique*. Paris: Cerf, 2010; RICŒUR, P. La métaphore et le problem central de l'herméneutique. *Revue Philosophique de Louvain*, Louvain, février, 1972, p. 93-112; RICŒUR, P. La philosophie e la spécificité du langage religieux. In: BUHLER, P.; FREY, D. (Dir.). *Paul Ricœur: un philosophe lit la Bible*. A l'entrecroisement des herméneutiques philosophique et biblique. Quebec: Labor et Fides, 2011; RICŒUR, P. *Le conflit des interprétations*: essais d'hermeneutique I. Paris: Cerf, 1969; RICŒUR, P. Les symboles donne à penser. *Esprit*, 27/7-8, 1959; RICŒUR, P. Manifestation et proclamation. In: CASTELLI, E. (Org.). *Les Sacrè*: études et recherches. Paris: Aubier, 1974; RICŒUR, P. Posizione e funzione della metafora nel linguaggio biblico. In: RICŒUR, P.; JÜRGEL, E. *Dire Dio*: per un'ermeneutica del linguaggio religioso. Brescia: Queriniana, 2005; OTTO, R. *O sagrado*. São Leopoldo/Petrópolis: Sinodal/EST/Vozes, 2007; QUEIRUGA, Andrés Torres. *A revelação de Deus na realização humana*. São Paulo: Paulinas, 1995; THOMASSET. Paul Ricœur et la Bible: poétique et argumentation. In: GILBERT, P. et al. *Bible et philosophie*: les lumières de la raison. Bruxeles: Lessius, 2007; VALLDECABRES, D. V. *Del simbolismo a la hermenéutica*. Madrid: Anejos de la Revista de literatura, 2005; VINCENT, G. *La religion de Ricœur*. Paris: Éditions de l'Atelier, 2008.

Donizete José Xavier

MÉTODO

O método científico, enquanto um conjunto de procedimentos empíricos destinados à produção sistemática e rigorosa de conhecimento, sustenta-se em três procedimentos fundamentais, dos quais deriva toda uma série de técnicas de coleta e análise de dados: a observação, a classificação/categorização e a experimentação. A observação sistemática consiste no procedimento científico mais fundamental, referindo-se, aqui, tanto à observação naturalista (comum às ciências naturais) quanto à observação participante (característica das Ciências Sociais). Também se inclui aqui a auto-observação (ou autorrelato), que é encontrada, sobretudo, na Psicologia e outras ciências humanas, quer em suas formas mais qualitativas, quer sob a forma de questionários quantitativos. A classificação/categorização é outro procedimento científico fundamental, de caráter auxiliar à observação e à experimentação. Embora não seja exclusiva do método científico, sendo também encontrada na Filosofia e nas Artes, por exemplo, a classificação serve ao cientista como forma de organizar coerentemente o conhecimento adquirido pela observação ou pela experimentação, de modo a permitir comparações e diferenciações entre fenômenos, bem como sua identificação e frequência de ocorrência. Alguns exemplos incluem a tabela periódica dos elementos químicos e o conceito de espécie na Biologia♀, unidade básica de classificação dos organismos vivos e da biodiversidade. Por sua vez, a experimentação consiste na reprodução e manipulação de um fenômeno ou série de fenômenos visando identificar seus fatores causais. A experimentação busca não apenas conhecimento acerca de um fenômeno, como também controle sobre sua ocorrência e sobre as variáveis que atuam sobre ele. É dito que um experimento possui boa validade ecológica quando consegue reproduzir da forma mais fiel possível e em ambiente controlado (isto é, com controle de variáveis de confusão) os fatores considerados atuantes em um fenômeno quando em seu contexto natural de ocorrência.

Sendo um campo inerentemente multidisciplinar, a Ciência da Religião♀ se favorece de uma multiplicidade de técnicas de observação, classificação/categorização e experimentação advindas de suas muitas disciplinas auxiliares. Muito se tem discutido ao longo do tempo sobre a ausência de procedimentos metodológicos genuínos e específicos da Ciência da Religião♀, ao que alguns autores responderam inventariando uma série de procedimentos empregados pelos cientistas desse campo, a exemplo dos métodos classificatórios e comparativos (Stern; Costa, 2017). Em que pese a importância dos muitos esforços (tanto teóricos quanto metodológicos) empreendidos para o estabelecimento da Ciência da Religião♀ como uma disciplina autônoma, tal debate metodológico se assenta em algumas importantes confusões. Em primeiro lugar, há o fato de que as técnicas empregadas pelos cientistas da religião, a exemplo das técnicas comparativas e classificatórias, não são exclusivas de sua ciência (como, aliás, não são exclusivas de nenhuma outra ciência). Muitos dos procedimentos empregados pelos cientistas de diferentes áreas são equivalentes em sua essência, embora adaptados a cada objeto e aperfeiçoados em função de avanços tecnológicos, do aprendizado adquirido pelos pesquisadores ao longo do tempo e de mudanças nas correntes teóricas e paradigmas vigentes em um dado momento histórico. Observação, classificação/categorização e experimentação são procedimentos encontrados em uma ampla variedade de ciências e sua utilização nada tem a ver com a autonomia dessas disciplinas, que se assenta muito mais na primazia dada a certos objetos de estudo ou na forma com que tais objetos são abordados e considerados do ponto de vista teórico. Como observam Stern e Costa, "tais métodos, como em qualquer outra ciência, foram inspirados por métodos anteriores, e depois adaptados ao estudo de seu objeto específico, que são as religiões" (p. 71). Assim, a busca pelo método "genuíno" é, em grande medida, equivocada, e não se relaciona com a autonomia da Ciência da Religião♀, a qual é garantida pela integração teórica (e também prática, no caso da Ciência da Religião♀ aplicada) dos muitos olhares científicos acerca dos fenômenos religiosos.

Sendo a religião♀ um fenômeno historicamente mutável, seu estudo científico sofreu importantes modificações ao longo dos anos, não apenas em termos teóricos como também metodológicos. Cada período na trajetória da Ciência da Religião♀ e de suas disciplinas auxiliares demarcou uma determinada ênfase metodológica, isto é, um recorte no modo de se entender e de se estudar cientificamente a religião. Para o filólogo e orientalista alemão Friedrich Max Müller♀ (1823-1900), o estudo da religião significava pesquisar seus textos sagrados, na busca por compreender, com o máximo de detalhamento e rigor, as doutrinas e tradições contidas nessas obras. Müller♀ também via na pesquisa histórica um componente fundamental do estudo da religião, ao permitir o delineamento de suas origens e desenvolvimentos subsequentes. Essa perspectiva histórica e filológica marcou muito do contato dos intelectuais europeus naquele período (final do século XIX e início do século XX) com outras culturas, com a alteridade, para além da tradição eminentemente cristã em que haviam sido educados, como foi o caso do filósofo e filólogo clássico Friedrich Nietzsche (1844-1900).

As análises de Müller♀ remetiam, não obstante, a uma visão universalista de religião, amparada no estudo comparativo de diferentes tradições religiosas. Para ele, as várias religiões do mundo guardariam elementos comuns (como a crença♀ em algo infinito para além do finito e a representação de fenômenos naturais sob a forma de personagens míticos) a serem desvendados pelo estudioso da religião (Müller, *Natural religion*, 1889). Essa mesma perspectiva comparativa e universalista foi extensamente explorada pela chamada Fenomenologia da Religião♀, abordagem desenvolvida subsequentemente por autores como Rudolf Otto♀ (1869-1937) e Mircea Eliade♀ (1907-1986). Eliade♀, em particular, destacou-se pela fusão de perspectivas tanto históricas quanto hermenêuticas♀, buscando estabelecer categorias gerais e transculturais de análise dos fenômenos religiosos (Stern; Costa, 2017).

Paralelamente ao desenvolvimento das bases da Ciência da Religião♀ por meio da pesquisa histórica e comparativa, outra corrente se desenvolvia tendo

MÉTODO

como objeto de investigação as experiências religiosas. O filósofo e psicólogo de Harvard William James꙾ (1842-1910) é considerado o pai fundador do campo de estudos da experiência religiosa꙾ a partir de uma perspectiva científica. Se para Müller꙾ o estudo da religião se caracterizava, sobretudo, pela análise dos textos sagrados, em James, por outro lado, são as experiências dos fundadores das religiões e dos grandes místicos o objeto central de sua análise da vida religiosa. Sua abordagem psicológica ecoava, de certo modo, os esforços de Otto꙾ em sustentar o estudo da religião não em seus aspectos racionais, mas nas emoções e vivências religiosas não racionais. Da mesma forma, para o escritor e antropólogo Andrew Lang (1844-1912), o estudo das experiências religiosas era de fundamental importância para a compreensão de como as religiões se originaram. O olhar desses autores se voltava, assim, para a análise de toda uma série de relatos de experiências espirituais, na busca por estabelecer suas características fenomenológicas básicas, os diversos fatores individuais e ambientais que atuavam sobre elas, bem como suas implicações médicas, sociais e filosóficas (Lang, 1909).

Outras perspectivas foram se desenvolvendo no decorrer do século XX, da abordagem histórica de Rafaelle Pettazzoni꙾ (1883-1959), centrada nas condições materiais de desenvolvimento das religiões e no papel determinante do contexto sócio-histórico (em oposição ao universalismo subjacente à perspectiva fenomenológica clássica), até a chamada Ciência Cognitiva da Religião꙾, com sua ênfase na experimentação, na pesquisa quantitativa e no método comparativo (neste caso, a partir de uma leitura evolucionista e biocultural). Os caminhos metodológicos tomados no estudo da religião por disciplinas como a Antropologia da Religião꙾, a Sociologia da Religião꙾ e a Psicologia da Religião꙾ proporcionaram, por sua vez, as condições para a investigação dos fenômenos religiosos sob diferentes ângulos e métodos empíricos, da observação participante e das entrevistas qualitativas aos *surveys* populacionais e questionários quantitativos.

Uma controvérsia importante, não apenas na Ciência da Religião꙾ como em outros campos das ciências humanas, refere-se à dicotomia qualitativo-quantitativo. Pode-se dizer que a primazia dada a um ou outro método depende, em grande medida, dos referenciais teóricos em jogo. Para alguns, não se pode falar da vivência do outro sem que esse outro tenha um lugar de fala privilegiado e seu discurso seja o menos restringido e manipulado possível (como costuma ocorrer na coleta de dados quantitativa, em que as categorias de resposta são predefinidas, ou na análise quantitativa, em que porcentagens, frequências ou testes estatísticos sintetizam as respostas de muitos e diferentes indivíduos). Inserem-se nessa crítica às técnicas quantitativas os que seguem

metodologias mais hermenêuticas꙾, interpretativas, coerentes com perspectivas fenomenológicas, existencialistas, psicanalíticas, feministas e social-construcionistas (Stausberg; Engler, 2011). Por outro lado, a combinação de técnicas tanto quantitativas quanto qualitativas em um mesmo estudo representa tendência crescente e desejável. Um exemplo clássico e bem-sucedido de pesquisa multimétodos pode ser encontrado no estudo de Theodor Adorno (1903-1969) e colaboradores sobre as raízes psicológicas e sociais do autoritarismo (Adorno et al., 1950). Também não é incomum que dados coletados de forma qualitativa sejam posteriormente analisados quantitativamente, como ocorre em estudos que utilizam variações quantitativas da técnica de análise de conteúdo (Bardin, 2011). As possibilidades de complementação e cruzamento entre formas de coleta e análise quantitativas e qualitativas são diversas, mas é preciso que se tenha muito claro o desenho do estudo, as razões para se empregar cada técnica e o modo com que serão integradas, a fim de responder às perguntas da pesquisa em consonância com os referenciais teóricos adotados.

É comum que estudos multimétodos sejam estruturados em várias etapas, com algumas delas permitindo maior aprofundamento em casos particulares (geralmente com base em técnicas qualitativas), enquanto outras etapas buscam maior generalização dos dados (com base em técnicas quantitativas). No estudo de Adorno e colaboradores sobre a personalidade autoritária, entrevistas qualitativas com dois participantes serviram de inspiração꙾ para a criação de questionários quantitativos avaliando toda uma série de tendências autoritárias, os quais foram posteriormente aplicados em uma grande amostra de respondentes. Num terceiro momento, uma parte dos respondentes com pontuações baixas e elevadas nas medidas empregadas foram convidados para a realização de entrevistas e testes psicológicos projetivos (Adorno et al., 1950). Assim, os pesquisadores puderam analisar o fenômeno estudado sob muitos ângulos distintos, enriquecendo sua compreensão e fornecendo confiabilidade às análises, que se entrecruzavam, ora confirmando umas às outras mutuamente, ora apontando divergências que eram, então, discutidas e aprofundadas com mais estudos.

Além da perspectiva teórica, outros dois critérios importantes a se considerar na escolha de uma técnica quantitativa ou qualitativa de pesquisa são: 1) os objetivos do estudo e 2) as condições de realização da pesquisa (tempo e recursos disponíveis). A coleta e a análise de dados qualitativas são mais apropriadas: a) quando o intuito é dar espaço privilegiado para que os participantes se expressem e para que o pesquisador se permita uma imersão no contexto de estudo; b) quando se trabalha com grupos ou contextos onde a sistematização e quantificação da coleta ou o uso de técnicas experimentais seria inviável ou muito difícil (por exemplo, com indivíduos analfabetos ou comunidades indígenas em regiões remotas); 3) quando se deseja aprofundar o conhecimento acerca de um assunto a partir do estudo de poucos casos, sem se preocupar com a generalização de hipóteses para amostras mais amplas; e 4) quando há pouca investigação a respeito de um assunto (por exemplo, novas igrejas ou movimentos religiosos novos) ou quando desejamos desenvolver novas hipóteses acerca de um tema bastante estudado. Neste último caso, a coleta e a análise de dados qualitativas tendem a permitir um campo de trabalho mais aberto, em que a criatividade na produção de ideias e hipóteses pode mais facilmente emergir. Deve-se reconhecer, todavia, que há também formas bastante estruturadas de pesquisa qualitativa, como a *grounded theory*, em que as hipóteses a serem exploradas e os procedimentos de análise são estipulados previamente à coleta de dados, com base em construções teóricas detalhadas (Creswell, 2007).

A pesquisa quantitativa é mais útil quando se deseja testar uma hipótese ou modelo existente. Também é pertinente quando o objetivo é a generalização dos dados, como no caso de *surveys* e estudos correlacionais, em que é necessário um número significativo de participantes (com base em critérios como representatividade da amostra e poder estatístico) para se avaliar correlações entre variáveis ou identificar a prevalência de comportamentos, experiências e crenças$\wp$ na população, por exemplo. Do ponto de vista prático, o preenchimento de um questionário quantitativo costuma consumir menos tempo do que uma entrevista qualitativa detalhada (como entrevistas do tipo *história de vida*) e pode ser realizado hoje de forma não presencial e inteiramente anônima, como é o caso de questionários criados em plataformas *online*, a exemplo do *Google Forms*, *SurveyMonkey* e *Qualtrics*. Por sua vez, a pesquisa quantitativa facilita a replicação dos achados pelo fato de empregar procedimentos padronizados, tanto para a coleta (por exemplo, escalas submetidas a validação transcultural) quanto para a análise dos dados. Ao contrário dos modelos de análise qualitativa, usualmente difíceis de reproduzir de forma independente por outros pesquisadores, os modelos de análise quantitativa envolvem cálculos e testes estatísticos facilmente reprodutíveis, haja vista a extensa gama de *softwares* disponíveis no mercado para esse propósito, a exemplo do tradicional SPSS (*Statistical Package for the Social Sciences*) produzido pela empresa IBM e do *software* R, um programa gratuito distribuído de forma *online* que é utilizado para análises estatísticas e geração de gráficos.

Um tipo de pesquisa pouco explorado no estudo da religião tem sido a pesquisa experimental. Há poucas investigações laboratoriais e experimentais da religião, talvez pela dificuldade em se reproduzir diferentes aspectos da experiência e da prática religiosa em um contexto controlado. Nesse sentido, é comum que estudos quase experimentais sejam realizados nos próprios contextos religiosos, sendo a metodologia utilizada (tarefas experimentais escolhidas, seleção dos participantes e uso de equipamentos) adaptada a tais contextos. Incluem-se nesse rol de investigações as pesquisas com indução de experiências místicas$\wp$ por meio de substâncias psicodélicas (Griffiths et al., 2006) e uma série de outros desenhos experimentais, como o clássico estudo de Darley e Batson, no qual se usou de encenação (um indivíduo supostamente doente e abandonado que se posicionava próximo de onde passavam os participantes) de modo a investigar os aspectos situacionais e predisponentes do comportamento de ajuda por parte de indivíduos religiosos (Darley; Batson, 1973). Também se incluem aqui os estudos neurofisiológicos da experiência religiosa$\wp$, durante os quais determinadas tarefas (como a oração$\wp$, a leitura de textos sagrados, a meditação$\wp$ ou a psicografia) são realizadas enquanto o indivíduo tem sua atividade cerebral mapeada por eletroencefalograma e variadas técnicas de neuroimagem.

Os exemplos acima dão conta de muito do que se denomina comumente de "pesquisa de campo" ou "pesquisa empírica", isto é, um conjunto de procedimentos de coleta de dados em que o pesquisador visita certos contextos de pesquisa (como igrejas, templos, terreiros ou sinagogas) e ativamente participa de práticas religiosas, entrevista pessoas, registra comportamentos ou obtém questionários com potenciais participantes. Há, porém, toda outra série de técnicas que se sustenta em dados já disponíveis em bibliotecas, bases de dados científicas e outras fontes documentais. A principal dessas técnicas consiste na revisão de literatura. A revisão de literatura tem um importante papel no trabalho do cientista. É fundamental que o conhecimento adquirido seja comparado com outras investigações realizadas anteriormente, para os pesquisadores iniciantes possam saber o que foi produzido até ali. Quando um(a) estudante se debruça sobre uma determinada área de estudo, ele(a) deve ter em mente que aquele mesmo assunto pode ter sido extensivamente estudado por outros pesquisadores antes dele(a). Assim, para que o trabalho que pretende realizar represente uma contribuição original e efetiva ao conhecimento, deve-se saber o que foi pesquisado até aquele momento acerca do assunto estudado. Eis a razão de revisões de literatura serem tão frequentemente citadas em artigos científicos e trabalhos acadêmicos em geral; elas sintetizam todo (ou o mais importante) o conhecimento disponível em uma determinada área, sem que precisemos ler tudo o que foi produzido a cada vez que nos debruçamos sobre um novo tema. Existem, basicamente, duas

MÉTODO

grandes formas de revisão de literatura: a revisão narrativa ou conceitual e a revisão sistemática.

Na revisão narrativa, o pesquisador elege as produções que julga mais relevantes para apresentar, com o objetivo de oferecer um panorama (ou narrativa) dos estudos naquela área e avaliar criticamente a produção disponível, podendo enfatizar aspectos teóricos, metodológicos ou ambos. Também é comum nesses estudos que se descreva o percurso histórico de uma área de pesquisa, discutindo-se as transformações ocorridas ao longo do seu desenvolvimento. Na revisão sistemática, por sua vez, o pesquisador estabelece critérios claros sobre como chegou às produções científicas e acadêmicas apresentadas (por exemplo, ao explicar em quais bases de dados científicas e bibliotecas efetuou suas consultas e com quais palavras-chave realizou a pesquisa) e busca abarcar toda a (ou a maior parte da) produção relevante em sua área de interesse (trata-se de uma revisão exaustiva da literatura). Outra diferença importante consiste na forma com que os dados são apresentados. Ao contrário da revisão narrativa, geralmente baseada em discussões conceituais e qualitativas, a revisão sistemática procura extrair dados quantificáveis, como o ano de cada artigo ou trabalho acadêmico, a quantidade de estudos realizados, a quantidade de participantes estudados, características demográficas das amostras e outras informações relevantes, geralmente apresentadas ao leitor sob a forma de tabelas e gráficos. Uma modalidade ainda mais sofisticada e complexa de revisão sistemática é encontrada na meta-análise, a qual extrai dados estatísticos de vários estudos quantitativos com o objetivo de gerar análises baseadas no conjunto das pesquisas levantadas. As meta-análises têm importância fundamental para o avanço do conhecimento científico, uma vez que permitem o teste de hipóteses a partir de toda a produção científica em uma área, além de fornecer dados relevantes sobre a adequação metodológica desses estudos e sobre o impacto que falhas e vieses metodológicos possuem para os resultados obtidos. Há também a técnica da metassíntese, uma forma de meta-análise direcionada para a integração dos dados provenientes de estudos qualitativos (Onwuegbuzie; Frels, 2016).

A pesquisa documental, porém, não se limita às revisões narrativa e sistemática de literatura em bases de dados científicas e bibliotecas, mas inclui também a pesquisa a documentos históricos, visando reconstituir o desenvolvimento dos conceitos e práticas de caráter religioso em diferentes períodos. Por sua vez, com a enorme expansão da internet♀ nas últimas décadas, hoje é possível o acesso a uma série de fontes de dados para além de documentos impressos, como imagens/fotos, postagens em redes sociais, matérias jornalísticas, vídeos, músicas♀ e registros de áudio (como é o caso dos *podcasts*), todos

os quais podem ser também coletados e analisados do ponto de vista científico. Muitas pessoas hoje já não vivem sua religiosidade apenas em igrejas ou templos, mas a expressam nas redes sociais em imagens, músicas♀ e textos, oferecendo, assim, uma ampla gama de fontes potenciais de dados para o cientista da religião.

No cenário brasileiro, a maior parte dos estudos em Ciência da Religião♀ e mesmo em disciplinas auxiliares, como a Antropologia, a Sociologia e a Psicologia da Religião♀, tem enfatizado metodologias qualitativas, com muito menos contribuições quantitativas. Isso se deve, em parte, à baixa penetração no Brasil, até o momento, das contribuições de áreas como a Ciência Cognitiva da Religião♀ (que se sustenta primordialmente em técnicas quantitativas) e de estudos experimentais e correlacionais advindos da Psicologia da Religião♀ europeia e norte-americana. Mas essa situação tem-se modificado nos últimos anos e caminha agora no sentido de um alargamento das possibilidades metodológicas disponíveis aos cientistas da religião brasileiros (ver, por exemplo, Esperandio; Marques, 2015). Questões metodológicas têm sido cada vez mais abordadas em artigos, livros e monografias na área de Ciência da Religião♀, o que evidencia a importância dessa temática para os estudiosos do campo e a busca por aperfeiçoamento constante das técnicas de estudo e dos modelos teóricos acerca dos fenômenos religiosos.

Bibliografia: ADORNO, T. W. et al. *The authoritarian personality*. New York: Harper & Brothers, 1950; BARDIN, L. *Análise de conteúdo*. Edição revista e ampliada. São Paulo: Edições 70, 2011; CRESWELL, J. W. *Qualitative inquiry and research design*: Choosing among five approaches. London: Sage Publications, 2007; DARLEY, J. M.; BATSON, C. D. From Jerusalem to Jericho: a study of situational and dispositional variables in helping behavior. *Journal of Personality and Social Psychology*, Pennsylvania, v. 27, 1973, p. 100-108; ESPERANDIO, M. R. G.; MARQUES, L. F. The psychology of religion in Brazil. *The International Journal for the Psychology of Religion*, Taylor and Francis Group Online, v. 25, 2015, p. 1-17; GRIFFITHS, R. R. et al. Psilocybin can occasion mystical-type experiences having substantial and sustained personal meaning and spiritual significance. *Psychopharmacology*, Baltimore, v. 187, n. 3, 2006, p. 268-283; LANG, A. *The making of religion*. London: Longmans, 1909; ONWuegbuzie, A. J.; Frels, r. *Seven steps to a comprehensive literature review*: A multimodal and cultural approach. London: Sage, 2016; STAUSBERG, M.; ENGLER, S. *The Routledge Handbook of Research Methods in the Study of Religion*. New York: Routledge, 2011; STERN, F. L.; COSTA, M. O. Metodologias desenvolvidas pela genealogia intelectual da ciência da religião. *Sacrilegens: Revista dos alunos do programa de pós-graduação em Ciência da Religião – UFJF*, Juiz de Fora, v. 14, n. 1, 2017, p. 70-89.

EVERTON DE OLIVEIRA MARALDI

MISSÃO

Embora o conceito de "missão" esteja associado diretamente às religiões de salvação↗, em particular o Cristianismo, grande parte das religiões têm a convicção de que possuem a verdade fundamental sobre o ser humano, o que as leva a se entender como único caminho para a superação do mal e do sofrimento. Isso tem colocado às religiões a necessidade de anunciar-se, oferecendo-se como caminho de libertação↗ espiritual. Fechadas, restritas a um número de seguidores, ou dispostas a partir ao encontro de povos distantes, muitas religiões têm entendido que existem para ser anunciadas.

Desde seus anos iniciais, os seguidores de cada religião ou de suas ramificações têm-se defrontado com a decisão de reproduzir-se em outros contextos, caso contrário podem ficar restritos a um grupo muito pequeno que poderia desaparecer com o tempo. Estamos, assim, diante do que os cientistas da religião têm chamado de "transplantação religiosa". Os povos aos quais estas religiões chegam, por diversas razões ou interesses, podem converter-se à nova religião ou permanecer fiéis à antiga. A adesão a uma nova religião na maioria das vezes exige o abandono da religião antiga e uma ruptura com seus ensinamentos, prescrições e rituais. Assim, adesão e conversão, independentemente de proselitismos↗, nos colocam, pois, no âmbito da missão que aqui estamos tratando.

No Cristianismo, missão remete ao estabelecimento de uma tarefa que deve ser cumprida. Nos Evangelhos (Mc 3,25 e Mt 28,19) e na tradição cristã, refere-se ao envio dos discípulos de Jesus para o anúncio da Boa Notícia. Depois, as igrejas teriam enviado os primeiros apóstolos para difundir o ensinamento de Jesus entre os não cristãos. A convicção de que essa missão é parte crucial do plano divino de salvação↗ atravessa tanto a História da Igreja↗ como a da teologia↗ cristã, desde seus inícios até o dia de hoje.

Nos primeiros séculos do Cristianismo, prevaleceu a leitura afirmada nos Evangelhos que Deus queria a salvação↗ de toda a humanidade, e que ela seria feita através da Igreja↗. Com Orígenes de Alexandria (185-253) configurou-se no interior da Igreja↗ o entendimento de um caráter exclusivo, formulado na expressão *extra Ecclesia nulla salus*, que seria referendado por diversos padres, entre eles Agostinho, para quem o pertencimento à *Ecclesia Catholica* era um pré-requisito da salvação↗.

Diante do Judaísmo rabínico, das crenças↗ e práticas religiosas helênicas e da religião romana, o Cristianismo foi se autocompreendendo como religião verdadeira, portadora de uma mensagem única. Também a adesão ao Cristianismo foi compreendida como conversão, na acepção de virada ou ruptura, algo que implicava renúncia às antigas crenças↗ e abandono das práticas sociais e culturais consideradas contrárias ao Cristianismo. Os desentendimentos teológicos dos primeiros anos do Cristianismo levaram ao aparecimento das heresias e as condenações de crenças↗ e práticas destoantes dos Concílios↗ e do Magistério. A Igreja↗ afirmou-se, assim, como o único espaço de salvação↗ e definiu sua matriz religiosa como proselitista. Nesse sentido, no segundo milênio o Papa Inocêncio III (1160-1216), em carta de dezembro de 1208, consignou a confissão da Igreja↗ como "santa, romana, católica e apostólica, fora da qual nós cremos que ninguém se salva". O particularismo salvífico, que segundo Usarski (2018, p. 107) foi reiterado no IV Concílio↗ de Latrão, em 1215, ao afirmar que existia uma "só Igreja↗ universal dos fiéis, fora da qual absolutamente ninguém se salva". O Concílio↗ de Florença (1442) foi ainda mais explícito ao declarar que ninguém fora da Igreja↗ Católica (ou seja, pagãos, judeus, hereges, cismáticos) "poderá chegar à vida eterna, mas irão para o fogo eterno" (*sic*).

A partir do monacato irlandês do século V, o Cristianismo entendeu-se como missionário em regiões pagãs da Europa. Se profundamente vivenciado, o Cristianismo podia ser levado a regiões distantes, triunfando sobre culturas pagãs. e, portanto, consideradas inferiores. O fervor pela defesa da fé↗, aliado a interesses econômicos e senhoriais, desembocou nas cruzadas contra os reinos muçulmanos; marchando em direção aos lugares santos, os cristãos exercitaram seu ódio religioso em relação aos que não fossem da cristandade, o que resultou no massacre de muitas comunidades judaicas.

Ao mesmo tempo que assimilava e ressignificava costumes e práticas pagãs, o Catolicismo diminuía sua capacidade de convívio com outras religiões. A preocupação com a pureza da fé↗ levou ao combate das heresias nos séculos XIV e XV, à criação da Inquisição para desmascarar os cristãos-novos (produtos das conversões forçadas), mouriscos, hereges, e à configuração do sacramento↗ da confissão como espaço de controle das consciências↗, como apontado por Adriano Prosperi (2013, p. 466). Foi esse Catolicismo convicto de seu papel de salvador universal que se fez presente na expansão portuguesa na África, abençoado por bulas papais e pregado pelos frades de São Francisco, que adentraram até o rio Congo para converter e batizar reis e senhores tribais. Ante a expansão Atlântica, a catolicidade se entenderia como uma comunidade missionária, o que seria institucionalizado no século XVII, quando o papado criou a Sagrada Congregação↗ de *Propaganda Fidei* (1622).

Os navegadores Colombo, Vespúcio e Cabral não deixaram de registrar que as populações do Novo Mundo, pela sua simplicidade, em pouco tempo seriam compostas de bons cristãos e obedientes servidores. A superioridade do colonizador perante

MISSÃO

o colonizado acompanhou as conquistas e legitimou como justa a prática das guerras contra os nativos. As conquistas do que viriam a ser a América espanhola e a América portuguesa foram entendidas e registradas por reis e conquistadores como conquista espiritual, representando o sentido maior da presença europeia: trazer a fé para aquela parte da humanidade que por anos havia sido deixada fora do plano da salvação humana. A sujeição e a exploração das populações nativas no marco colonial castelhano ou português sempre estiveram associadas à cristianização.

Coube às ordens religiosas e à sua estrutura institucional o papel de difusores da fé e a definição de projetos missionários. Financiados no marco dos padroados régios de Castela e Portugal, franciscanos, carmelitas, agostinianos, dominicanos, jesuítas, mercedários, e depois diversas ordens, espalharam-se pela América, África, Ásia, Oceania, e se confrontaram com as mais variadas culturas e atitudes, como portadores da religião verdadeira que chegava junto com o domínio colonial.

Foram os franciscanos chegados à *Nueva España*, no atual México (nos anos trinta do século XVI), os primeiros a perceber, através do conhecimento das línguas e de um contato de maior proximidade com a cultura *mexíca*, que não adiantavam batismos multitudinários nem uma cristianização massiva para tornar cristãs as populações onde a religião nativa estava profundamente arraigada toda a vida, com uma estrutura de templos, sacerdotes, escrivas, e com um expressivo número de festas e rituais que atendiam desde o nascimento até a morte. Algo parecido ocorreu também no Peru, onde pouco adiantava batizar os antigos senhores incas, tendo em vista que, a despeito do batismo, as antigas crenças seguiam sendo praticadas pelas populações mais simples. Assim, um conjunto de perguntas esteve presente nas primeiras juntas eclesiásticas da *Nueva España*, nos três concílios do México e nos três de Lima, e nos textos de bispos, missionários e teólogos, e atravessou grande parte do século XVI. Entre essas perguntas estavam: deveria ser anunciado o Evangelho aos povos que por diversas razões não se interessavam por ele ou o rejeitavam? Em caso de rejeição, tais povos deveriam ser obrigados a aceitar a fé? Poderiam ser utilizadas as armas e a violência para forçar a conversão? Qual seria o melhor método para conseguir uma adesão sincera e permanente à fé cristã? O que deveria ser seguido no Cristianismo e o que não podia permanecer da antiga religião? Que fazer com aqueles que, já batizados, insistiam em permanecer nas suas antigas crenças, celebrando às escondidas os seus ritos, considerados idólatras?

Embora autores conceituados e seguidos no seu tempo, e ainda posteriormente, como o jesuíta José de Acosta, autor de *De Procuranda Indorum Salute* (escrita em 1576 e publicada em 1588), rejeitas-

sem a violência para a pregação do Evangelho, só poucas vezes acompanharam o frade sevilhano Frei Bartolomé de Las Casas e sua defesa intransigente do método apostólico, fundamentado no testemunho e no afeto, e que defendia que os índios, como seres livres, tinham o direito de aderir ou não ao Cristianismo. Para o Padre José de Acosta, o anúncio do Cristianismo nos mais distantes lugares era uma obrigação da Igreja, dos reis católicos e dos que a estes serviam, como os missionários. O Evangelho deveria ser levado a todos, sem estar condicionado à sua aceitação. O destinatário definia o tipo de missão: para povos letrados e com Estado, o tipo de missão que se esperava era mais um debate teológico do que uma catequese; para povos iletrados e com príncipes e senhores, estes deveriam ser privilegiados na sua conversão; e para povos bárbaros, a coação poderia ser utilizada, mas sem violência. A missão era uma questão de método; um de seus primeiros entendimentos era o de que a cristianização deveria ser feita nas línguas da região, aprendidas antecipadamente pelos pregadores; cada tipo de pessoa pedia um tipo de explicação e aprendizado da doutrina cristã; os sacramentos deveriam ser administrados a partir do claro conhecimento e entendimento deles; o único recurso indispensável para a missão eram bons missionários, que deveriam, na medida do possível, estar sempre presentes; tudo o que ajudasse a introduzir o Evangelho sem que ferisse a doutrina poderia ser utilizado, e tudo aquilo que transgredisse deveria ser abandonado pelos neófitos; aqueles batizados que voltassem às suas antigas crenças e práticas, e mesmo os dogmatizadores nativos, deveriam ser afastados do convívio, castigados duramente de diversas formas.

Nascida em 1540, a Companhia de Jesus teve entre os eixos de sua espiritualidade a compreensão de que Deus queria a salvação de toda a humanidade, e para isso o Papa enviava os jesuítas aos mais diversos lugares, para dar testemunho, anunciar a fé e defender a Igreja. Assim, respondendo à solicitação do Papa, que por sua vez atendia os príncipes católicos, às voltas com as lutas contra os protestantes e a expansão de ultramar, desde sua fundação os jesuítas se fizeram presentes em diversas partes da Europa para combater os ataques protestantes contra a Igreja, levando a fé aos pagãos e gentios na Índia, na Ásia, no Brasil, no Peru, na *Nueva España*, no Paraguai, no Japão, no Tibete, no Paquistão, na China e em muitas outras regiões do planeta. A compreensão de que deveriam adaptar-se às condições e costumes da região, aprendendo as línguas autóctones, traduzindo as verdades evangélicas e assimilando-se aos sacerdotes nativos, lhes permitiu ser portadores de uma mensagem entendida como universal, mas acomodada às circunstâncias de sua pregação. Adaptação e tradução caracterizaram, pois, a impronta jesuítica da missão. Das cortes do

Tibete e da China aos sertões do Brasil e à selva paraguaia, os jesuítas apresentaram em diversas línguas e de diferentes formas o centro da doutrina cristã, desde os príncipes da Ásia até as crianças da América do Sul. Na Ásia ou na América, padres de diversas províncias entenderam que poderiam levar em consideração aspectos dos costumes e forma de ser de seus neófitos, sem abrir mão da doutrina♀ fundada no Evangelho. Na Ásia, desenvolveram missões que os colocaram em debate com sábios ou mestres de outras religiões. Na América do Sul reduziram os guaranis em *pueblos* regidos por autoridades locais, ao mesmo tempo que tributavam ao rei da Espanha. Tudo isso num leque de negociação local que podia abrir-se ou fechar-se, segundo as circunstâncias, ao mesmo tempo que os missionários jesuítas procuravam manter-se leais às coroas católicas que os patrocinavam e ao Papa, sua última autoridade. Tal difícil equilíbrio no marco do absolutismo régio do século XVIII rendeu não poucas expulsões de reinos e países e a extinção da Companhia de Jesus como ordem religiosa em 1773.

Sendo assim, esse modelo de missões foi uma invenção dos séculos XV e XVI, que admitiu as compreensões dadas pelas ordens religiosas e a *Propaganda Fidei*, ligada a Roma. A interpretação♀ do *acomodatio* jesuítico presente nas missões dos inacianos no Japão, na Índia, no Tibete, na China e na América do Sul foi um dos recursos que mais permitiu interagir com as culturas receptoras, até chegar a traduções de mão dupla ou a leituras positivas em termos de ritos civis, em relação a práticas funerárias asiáticas. Também uma leitura "pelo avesso" das fontes ou outras documentações mostra que as missões eram também espaços nativos de elaboração tanto do colonialismo como do Cristianismo. A cultura religiosa nascida das missões na Ásia ou na América foi muito mais híbrida do que se costumava imaginar na época; basta pensar nos belos crucifixos goanos de marfim que lembram os movimentos de *Vishnu* e as imagens de madeira dos santos das missões do Paraguai com seus traços guaranis. Ao mesmo tempo, do século XVI ao século XIX, os missionários e as missões foram parte dos aparelhos dos sistemas coloniais, administrando diversos dispositivos de sujeição, controle e cooptação, entre eles o catequético.

O século XIX trouxe para Igreja♀ e suas instituições perda de direitos, privilégios e funções na França e na Itália unificada e assinalou que era na direção de outros continentes que deveria dirigir-se o esforço de propaganda do Catolicismo. Ordens religiosas antigas, como os beneditinos, e novas, como os Missionários do Verbo Divino, sairiam de Europa para América, Ásia, África, Filipinas em novo esforço missionário, mas repetindo o paradigma de propaganda consagrado no século XVI, que entendia a Igreja♀ Católica como exclusivo caminho de salvação♀ e a cultura europeia como superior e referência

de civilização, acima das outras culturas. Enquanto isso, no marco do colonialismo que desde o século XVIII se fez presente na Ásia e na África, na Europa emergiram projetos missionários das igrejas protestantes. Estas missões associavam o Cristianismo ao progresso que diziam representar esse colonialismo na era industrial. O forte caráter civilizador europeu se desenvolveu através de ações de educação, como escolas e colégios, e de saúde♀, como hospitais, cooptando setores nativos, que muitas vezes, em ruptura com suas tradições e valores, constituíam sua base de enraizamento, e por sua vez asseguravam a sustentação local colonial.

Ao mesmo tempo, foi no âmbito dessas igrejas protestantes que desde a segunda metade do século XIX bispos e hierarquias♀ de diferentes nomeações auspiciaram aproximações e projetos comuns que rompiam centenas de anos de conflitos teológicos e divisões de denominações. Em Londres, surgiram, assim, a Associação Cristã de Moços (1844) e a Aliança Evangélica Mundial (1846), que nos anos seguintes se estenderiam aos Estados Unidos e à América do Sul. Um clima de cooperação por parte de diversas igrejas e hierarquias♀ propiciou eventos como o encontro de sociedades missionárias protestantes em Edimburgo (1910), e o Congresso Internacional de Missões (1921). Na América Latina, o Congresso da Ação Cristã na América Latina (1916), realizado na área do Canal de Panamá (terminado em 1914), propriedade dos Estados Unidos, significou uma tentativa de estabelecer formas de cooperação entre as igrejas visando à consolidação de sua presença no subcontinente americano, que deveria ser "descatolizado", "protestantizado", educado, modernizado e democratizado, seguindo o modelo norte-americano. Todas essas iniciativas tiveram origem no campo protestante, e quer fossem europeias, quer norte-americanas, apontavam para os primórdios de um ecumenismo em formação, embora sem abrir mão das iniciativas missionárias de transplantação das igrejas para regiões de predomínio católico ou de outras religiões, onde os adeptos "deveriam converter-se" às igrejas evangélicas que lhes eram oferecidas como o verdadeiro Cristianismo. Em Amsterdam, Países Baixos, no ano de 1948, dando um passo fundamental para a afirmação de um ecumenismo de diversos formatos e constituindo um espaço permanente de encontro e diálogo religioso, 147 igrejas fundaram o Conselho Mundial de Igrejas (CMI). Em 1961, o CMI realizou sua terceira Assembleia, em Nova Deli, Índia, primeira a ser celebrada num país de minoria cristã, contando 197 igrejas de noventa países. Nesse mesmo ano o Conselho Missionário Internacional foi integrado ao CMI.

De sua parte, a hierarquia♀ católica, envolvida na sua luta contra os avanços do liberalismo anticatólico e a crítica racionalista, na qual alguns afirmavam que qualquer religião♀ oferecia caminho para a salvação, contestou, através do Papa Pio IX na alocução *Singulari Quadam* (1854), que a Igreja continuava sendo a única "arca de salvação". Dez anos depois, o mesmo Pio IX, na encíclica *Quanta Cura* (1864), embora considerasse "o bem da salvação eterna daqueles todos que não vivem na verdadeira Igreja de Cristo", não deixou de condenar como erro as formulações de que "em qualquer religião podem os homens achar o caminho da salvação eterna daqueles todos que não vivem na verdadeira Igreja de Cristo". Esta "tendência soteriológica exclusivista", que considerava ser a Igreja a via de salvação da humanidade, começou a ser interrogada no século XX e mais especificamente nas décadas imediatas ao pós-guerra por bispos, teólogos, padres e diversas tendências no espírito do *aggiornamento*, ou seja, na intenção de mudar a Igreja para "ser ela mesma". Foi aparecendo assim, dentro da Igreja, um consenso em torno de que estava na hora de uma correção da sua posição perante as religiões não cristãs, como afirmado por Usarski (2018, p. 120).

O fim da Segunda Guerra Mundial e o enfraquecimento das antigas potências colonialistas, além da expansão comunista em Europa e Ásia, possibilitou que se alastrassem pela Ásia e África inúmeros processos de independência, alguns que representavam antigas aspirações de povos e nações. Nacionalismos de diversos conteúdos contaram em alguns casos com o apoio e a legitimação de religiões nativas que se tinham visto recortadas nas suas liberdades pela ordem colonial e desclassificadas pelas igrejas cristãs. Missões e missionários europeus foram vistos pelos governos mais nacionalistas das novas nações como agentes da opressão colonial. Desde a teoria social, que acompanhava todos esses processos, os programas missionários das igrejas cristãs entre os povos nativos, que tinham extirpado crenças e rituais autóctones, tachado como falsos e imposto seus cânones e valores apregoados como verdadeiros, foram vistos como expressão da aculturação que enfraquecia os povos. Em janeiro de 1971, em Barbados, durante o Simpósio Sobre Fricção Interétnica na América do Sul, que contou com o apoio do Conselho Mundial de Igrejas, quinze reconhecidos antropólogos declararam que, para a proteção das populações indígenas e também para a preservação moral das próprias igrejas, seria melhor acabar com todas as atividades missionárias.

Por outro lado, alguns agentes missionários reunidos em Melgar, Colômbia (1968), em Santo Antonio de los Altos, Venezuela (1969), em Xicotepec, México (1970), e em Iquitos, Peru (1971), começaram a interrogar-se sobre o anúncio do Evangelho diante das culturas e ao que seria um fracasso histórico das missões, o que exigia uma autocrítica da Igreja em termos missionários. Mesmo assim, em Assunção, Paraguai (1972), outro encontro do Departamento de Missões do CELAM respondeu à declaração de Barbados que o reconhecimento de erros e falhas na ação missionária não levava à conclusão de que seria preciso suspender toda atividade missionária perante os povos indígenas. Mesmo assim, no interior das Conferências Episcopais dos países da América Latina foram surgindo espaços como o do Conselho Indigenista Missionário do Brasil (CIMI, 1972), para colocar em andamento uma pastoral que levasse mais em consideração as culturas nativas e sua preservação enquanto povos. A partir de 1973, o CIMI deu uma grande virada na sua relação com os povos indígenas, considerando que o primeiro dever da Igreja era a defesa da vida e dos direitos elementares destes povos ante as ameaças constantes representadas pela ocupação de suas terras por fazendeiros e grileiros, a exploração de recursos minerais e madeireiros, a construção de estradas e o projeto assimilacionista vigente desde o século XIX.

O Concílio Vaticano II, convocado pelo Papa João XXIII sob o lema do *aggiornamento*, a colegialidade, o diálogo, a abertura, nos seus mais expressivos decretos, declarações e documentos (dos dezesseis que produziu, como a *Lumen Gentium* e a *Gaudium et Spes*), apontou para o fim dos paradigmas da *Ex eclessias nullius salum*. Também a Igreja abandonou a compreensão de sociedade perfeita, hierárquica e vertical em termos jurídicos e institucionais. Na *Lumen Gentium*, a Igreja definiu-se como nascida do Povo de Deus, inserida no mundo moderno e aberta ao diálogo com os não cristãos e os não crentes. A *Gaudium et Spes* apontou para a autonomia e legitimidade da cultura de cada povo. Na declaração *Nostra Aetate*, sobre a relação com as religiões não cristãs, foi afirmado o potencial salvífico presente em todos os seres humanos, rejeitando a discriminação das pessoas e os povos por causa de sua religião. Mostrando a pluralidade característica do Concílio Vaticano II, o decreto *Ad Gentes* afirmou o caráter missionário da Igreja, atribuindo a missão a todos os batizados, porém mais uma vez se afirmou que ela representava o caminho de salvação para todos os homens.

Foi no período do pós-concílio, com a inspiração de Paulo VI, que emergiu a formulação da necessidade da "enculturação" da fé, que, segundo Paulo Suess (2015, p. 105), seria um "neologismo teológico" dos anos 1970, de que a missão não se define a partir da referência e centralidade do Ocidente, mas pede um anúncio do Evangelho a partir da cultura de cada povo, o que supõe também a complexa tarefa da descolonização do sujeito da missão. Não se tratando de uma atuação da Igreja a partir de territórios missionários, mas de uma natureza missionária intrínseca a todos os cristãos, configurando a missionalidade a partir do "macrossujeito", "Povo de Deus" que, de acordo com Suess, atuaria respeitando a identidade de cada povo. A *Evangelli*

Gaudium, já em tempos do Papa Francisco, afirma que o dom de Deus se encarna na cultura que o recebe; e que uma Igreja missionária é uma Igreja em saída. Assim, a evangelização deve ser entendida como "enculturação" do Evangelho, inserido no processo de transmissão cultural de um povo. Dessa forma, cada cultura deve ser vista como capaz de oferecer valores que enriquecem a maneira de como o evangelho deve ser pregado, compreendido e vivido.

No final do século XX e avançando no século XXI, passados alguns anos da associação das missões ao colonialismo, a palavra missão e seus significados aparecem sendo retomados de forma secular. Os principais dicionários em língua inglesa definem missão ou missões como os propósitos de instituições laicas com tarefas específicas, a ser realizadas por embaixadas tanto de países quanto de corporações, ONGs, movimentos internacionais, ligas mundiais etc. Em vários dicionários, em termos religiosos, a missão aparece referida ao passado, e em quarta ou quinta acepção. Também no pós-guerra, diversas religiões e igrejas de América e da Ásia, tanto milenárias e centenárias como de formação recente, têm-se lançado à busca de prosélitos através de novas missões. Inverte-se, assim, a orientação geográfica do esforço missionário, que, ao contrário de sair do norte cristão em direção ao sul de predomínio de outras religiões, agora estaria saindo desde o sul, isto é, desde a América Latina, África, Ásia, em direção ao norte, Estados Unidos e Europa. Em determinadas situações, as âncoras dessas missões são comunidades da mesma origem e língua dos missionários e seriam desdobramentos dos contínuos deslocamentos populacionais que a globalização incentiva. Parte desse esforço proselitista, não poucas vezes bem-sucedido em termos de adesões, ainda é devedor do paradigma missionário do século XVI de confronto e desqualificação das religiões nativas ou mais praticadas, e tem dificuldade em pregar suas mensagens a partir do diálogo antirreligioso.

Na segunda metade do século XX e no início do século XXI, as missões cristãs têm recebido críticas pela sua associação com os diversos colonialismos e por seu proselitismo, que desde o paradigma ocidental avançou sobre as culturas nativas, o que levou à reformulação de estratégias missionárias por parte das igrejas. Em tempos pós-conciliares, a missão, entendida pela Teologia como parte do mistério divino da encarnação, afirmou-se como princípio central do Cristianismo e desdobrou-se em termos semânticos como apostolado e evangelização, que seriam realizados a partir das culturas.

A Ciência da Religião tem abordado o tema geral da missão, considerando como as religiões se propagam e difundem, tirando, assim, do envio de agentes religiosos o peso soteriológico que as missões cristãs ganharam do século XV ao século XX. Portanto, o conceito de transplantação utilizado na disciplina faz referência ao deslocamento de uma religião da cultura e do âmbito geográfico que a gerou para outro diferente, em encontro e confronto de suas crenças, valores e práticas. Esse movimento de religiões estaria promovendo dinâmicas tanto de adaptação a outros contextos culturais por parte da religião que chega como de afirmação das identidades religiosas que se possam estar confrontando.

Demandada nos últimos sessenta anos por um mundo em movimento que leva pessoas e religiões de Sul a Norte, de Oriente a Ocidente, e acompanhando os diversos movimentos religiosos em deslocamento pelo mundo, nesse sentido a Ciência da Religião tem formulado um conjunto básico de indagações para o estudo da transplantação religiosa. Tais indagações têm o objetivo de produzir conhecimento em relação à dinâmica das religiões, como, por exemplo, como é apresentado o conjunto de crenças e práticas desenvolvidas num contexto cultural para que possam ser compreendidas tanto no seu sentido original quanto em outro contexto? Que traduções e adaptações são feitas no processo de transmissão de uma religião em termos de linguagem, organizações sociais e valores diferentes? Quanto uma religião transmigrada para outro contexto cultural pode mudar e se manter afinada com a original? Que ortodoxias e ortopraxias fazem-se sentir e de que forma se manifestam? O que pode ser negociado e o que não? Que fazer com as hibridações e ressignificações que dão "cor" local à religião que chega?

A consideração de estratégias de transplantação, de formas de adaptação e de negociação entre os diversos agentes religiosos envolvidos numa operação de deslocamento, tanto no lugar de saída e de referência da religião como no lugar de chegada, confrontam os estudiosos de Ciência da Religião com dimensões já abordadas pela História das Religiões, no caso das missões modernas, com suas imposições, adaptações, traduções e hibridismos. A missão, ao inserir-se de forma central na dinâmica das religiões, constitui assim um tema de crescente relevância teórica e metodológica para a Ciência da Religião.

Bibliografia: AGNOLIN, A. *O amplexo político dos costumes de um jesuíta brâmane na Índia*: a acomodação de Roberto de Nobilli em Madurai e a polêmica de Malabar (séc. XVII). Ortopráticas rituais às margens dos impérios políticos, entre religião ou política, cultos idolátricos ou ritos civis. Tese de Livre-Docência. São Paulo: Universidade de São Paulo, 2017; ALENCAR, G. F. de. *Ecumenismos e pentecostalismos*: a relação entre o pescoço e a guilhotina. São Paulo: Recriar, 2018; COSTA, M. da. *Daoísmo tropical*: transplantação do Daoísmo ao Brasil através da Sociedade Taoista do Brasil e da Sociedade Taoista. Dissertação de Mestrado em Ciência da Religião. São Paulo: PUC-SP, 2015; GRUZINSKI, S. *As quatro partes do mundo*: história de uma mundialização.

Belo Horizonte/São Paulo: Editora UFMG/Edusp, 2014; PAZ, C. *A missão jesuítica: as complexas relações que vão além da expansão do cristianismo*. IHU Online: Revista do Instituto Humanitas Unisinos, ed. 530, 16 de outubro de 2018. Disponível em: <http://www.ihuonline.unisinos.br/artigo/7457-a-missao-jesuitica-as-complexas-relacoes-que-vaoalem-da-expansao-do-cristianismo>; PREZIA, B. (Org.). *Caminhando na luta e na esperança*: retrospectiva dos últimos 60 anos da pastoral indigenista e dos 30 anos do Cimi. São Paulo: Edições Loyola, 2003; PROSPERI, A. *Tribunais da consciência*: inquisidores, confessores e missionários. São Paulo: Edusc, 2013; SUESS, P. *Dicionário da "Evangelii Gaudium"*: 50 palavras-chave para uma leitura pastoral. São Paulo: Paulus, 2015; SUESS, P. *Em defesa dos povos indígenas*: documentos e legislação. Declaração do Simpósio sobre a fricção interétnica na América do Sul, Barbados. São Paulo: Edições Loyola, 1980; SUESS, P. *Introdução à teologia da missão*: convocar e enviar. Servos e testemunhas do Reino. Petrópolis: Vozes, 2011; USARSKI, F. *A construção do diálogo*: o Concílio Vaticano II e as religiões. São Paulo: Paulinas, 2018.

FERNANDO TORRES LONDOÑO

MÍSTICA

O termo "mística(o)", como adjetivo, refere-se a: 1) um tipo de experiência metaempírica inefável, que leva à certeza de uma união com o todo ou a uma união com Deus, bem como aos caminhos e práticas para obtê-la (por exemplo, a "via mística"). 2) Por extensão, refere-se a toda experiência metaempírica. 3) Ele também é usado popularmente com o sentido de esotérica(o). Já o substantivo "mística(o)" refere-se ao indivíduo que busca a experiência mística. O substantivo feminino "mística" pode também se referir a: 1) o corpo de ensinamentos de determinada religião ou a escola de pensamento, os quais visam produzir a experiência mística ou estão a ela relacionada (como, por exemplo, em "a mística islâmica", "a mística judaica", ou "a mística neoplatônica"). 2) O mesmo que misticismo, ou seja, a própria experiência em si, bem como o conjunto de elementos, ideias, práticas e símbolos relacionados com ela (por exemplo, em "o misticismo oriental"). 3) Também é usado popularmente com o sentido de esoterismo.

Os termos "mística(o)" e "misticismo" são ambíguos e, muitas vezes, confundidos com outras formas de apreensão da realidade, e em particular com o "Esoterismo". Conforme Jérôme Rousse Lacordaire (2006, p. 819-820), etimologicamente, assim como o termo "esoterismo", eles se relacionam às escolas de mistério gregas. *Muo* se refere a fechado, especialmente a boca e os olhos, e assim *mustes* ou *mystes* se refere ao iniciado, aquele que não abre a boca e que guarda o segredo. Desse modo, *musterion*, que os latinos chamaram de *misterium*, inicialmente se referia aos cultos iniciáticos e ao segredo.

No Cristianismo, esse vocabulário tomou o sentido da manifestação do plano divino da salvação através de Jesus Cristo, que pode ser revelado através de uma linguagem mística ou alegórica. Refere-se também a elementos litúrgicos e especialmente sacramentais. Com isso, o adjetivo *musticos*, que se relacionava inicialmente ao iniciado, ao segredo e, portanto, ao mistério, posteriormente passou a se referir à comunhão dos fiéis em Cristo e ao inefável.

Durante a Idade Média ocorreu um processo pelo qual o termo "mística" passou a ser associado à experiência religiosa e à teologia baseada nessa experiência, a Teologia Mística, para diferenciá-la do discurso da Teologia Escolástica, mais apoiada na razão.

A partir da Renascença, com a redescoberta na Europa do *Hermetismo Alexandrino*, da *Cabala Hebraica* e do *Neoplatonismo*, a palavra "mística" passou a ser usada para designar a chamada experiência unitiva, da presença íntima de Deus no Homem, ou, em termos neoplatônicos, da reintegração da alma no Uno. Surgiram, assim, os substantivos: "misticismo", para designar esse tipo de experiências e as práticas para obtê-las, e "místico", para designar aquele que a buscava.

I. Misticismo e esoterismo. Mais tarde, no século XIX, com o aparecimento e o uso do termo "esoterismo", considerando a proximidade semântica e a histórica de ambos, surgiram tentativas de separar os conceitos de "misticismo" e "esoterismo", uma vez que ambos estão ligados a experiências numa dimensão de realidade metaempírica, que escapam ao entendimento comum pelos sentidos e pela razão.

Evelyn Underhill (1875-1941), escritora católica, em sua extensa pesquisa sobre misticismo, de 1911, define o objetivo do místico como a experiência última da "união com o Absoluto". O místico, para ela, é a pessoa que atinge essa união, e não a que fala a respeito (Underhill, 2008, p. 124). A autora argumenta que magia e misticismo são os polos opostos de uma mesma realidade: a consciência transcendente do ser humano. Ela afirma que a diferença fundamental entre eles é que a magia visa receber, enquanto o misticismo visa dar. No curso de seu desenvolvimento, magia e misticismo geram mecanismos mentais conscientes e inconscientes, que vêm sustentar sua atuação. Diz ela: "No caso do misticismo, a vontade alia-se às emoções, num apaixonado anseio de transcender o mundo dos sentidos, a fim de que o Eu possa se fundir, pelo amor, com o objeto eterno e derradeiro do amor [...]. Na magia, a vontade alia-se ao intelecto, num apaixonado anseio pelo conhecimento suprassensível" (Underhill, 2008, p. 122-123); assim, a magia quer conhecer, o misticismo quer amar. O que Underhill define como magia, portanto, é justamente o processo de busca do esoterismo, associado à ideia de conhecimento e da busca de algum benefício individual ou coletivo. Underhill observa que, quando Pseudo-Dionísio, Areopagita, dividiu os anjos mais próximos de Deus em Serafins, inflamados de amor perfeito, e Querubins, dotados de conhecimento perfeito, nada mais fez do que exprimir as duas aspirações mais intensas da alma꩜ humana. Mas a autora reconhece que a prática da magia꩜ deve ter um sentimento por trás que estimula o interesse pelo seu objeto, e o místico deseja também conhecer o ente amado (p. 84); portanto, eles são complementares.

Antoine Faivre, mais recentemente (1994), descreve a diferença entre a atitude do esoterista e do místico, afirmando que, diante da bíblica escada de Jacó, enquanto o esoterista se interessa por examinar cada um dos degraus e conversar com os anjos no caminho, o místico quer logo superar o último degrau e se integrar no todo (Faivre, 1994, p. 12). Faivre observa, porém, que aquilo que chama de místico e de esoterista são modelos ideais, pois todos têm um pouco de um e de outro. A este propósito lembra as figuras de Hildegarda de Bingen, como uma mística com tendências esotéricas, e de Louis Claude de Saint-Martin, um esoterista com tendências místicas.

Conforme observado por William James꩜ (1842-1910) em sua obra *As variedades da experiência religiosa*, essa experiência mística pode ocorrer tanto a pessoas que a almejam e têm um conjunto de crenças꩜ onde ela pode ser encaixada e compreendida quanto a outras que estão distantes do tema. Neste caso, ela se irrompe de forma inesperada, e pode ser traumática, causando uma profunda dissonância cognitiva. A maior parte dos santos, e mesmo filósofos, como o próprio Plotino, parece pertencer ao primeiro grupo. No entanto, existem inúmeros relatos de eventos repentinos, como a própria iluminação de Paulo de Tarso, ou daqueles que experimentaram substâncias psicoativas. Assim, diferentemente do esoterismo, o misticismo não está necessariamente ligado a uma religião ou escola de pensamento.

Essas experiências, que estão na base do sentido do esotérico e do místico, por serem de difícil ajuste à lógica convencional, permanecem um mistério e, assim, na linguagem corrente, percebe-se uma grande superposição de sentidos entre esses termos, mesmo entre estudiosos. Gershom Scholem (1897-1982), por exemplo, afirma, na introdução de sua obra *La Kabbalah e il suo simbolismo*, que a *Kabbalah* é a "mística hebraica" (Scholem, 1960, p. 3). Mas, sendo a *Kabballah* um dos pilares do esoterismo ocidental, a superposição dos dois significados vem à tona. A ocultista Dion Fortune (1890-1946), em sua obra *A Cabala mística*, reforça essa confusão ao afirmar que o "misticismo de Israel" fornece os fundamentos do moderno ocultismo ocidental (1993, p. 6). Assim, aparece outra aplicação do termo "mística", como um substantivo similar a misticismo. Jérôme Rousse-Lacordaire cita diversos outros exemplos nesse sentido, como o de Hans Lewy, que deu ao seu livro de 1978, *Oráculos caldaicos e teurgia*, o subtítulo: "Misticismo, mágica e platonismo no Império Romano tardio", sendo os "oráculos꩜ caldaicos" uma das bases do sistema teúrgico neoplatônico de Jâmblico.

II. O misticismo fora do contexto ocidental. Os termos "místico" e "esotérico", conforme explicado, nasceram e são utilizados no contexto da cultura ocidental (de base greco-romana) e apresentam interpretações dúbias. Ao serem transportados para outras culturas, o nível de indefinição aumenta, como, por exemplo, no contexto oriental. Os próprios estudiosos usam livremente as palavras "místico" e "misticismo" ao falar do Oriente. Thomas Merton (1915-1968), pensador e monge trapista, escreveu um livro denominado *Místicos e mestres Zen*, onde diz que não se pode afirmar que o Zen seja místico, no entanto diz que a autenticidade da iluminação Zen é certamente reconhecível por aquele que conseguiu compreendê-la (Merton, 1972, p. 11). Portanto, dentro da interpretação꩜ geral do termo, apresentada anteriormente, o Zen pode ser entendido como místico. Na mesma linha, o pensador Daisetz Taitaro Suzuki (1870-1966), um dos principais divulgadores do Budismo Zen no Ocidente, escreveu *Mística cristã e budista*, onde aponta a convergência do misticismo cristão, principalmente a partir dos textos de Mestre Eckhart, com o Budismo *Mahayana*, particularmente o Zen, e mesmo o *Shin*. No prefácio do livro afirma que Eckhart, o Zen e o *Shin* podem ser agrupados como pertencendo à grande escola do misticismo (Suzuki, 1976, p. 17). Contudo, num outro livro, *Introdução ao Zen-Budismo*, Suzuki alerta: "O Zen é um misticismo a seu próprio modo. É místico no sentido que o sol brilha, que uma flor desabrocha e que nesse momento ouço alguém bater um tambor na rua. Se esses fatos são místicos, o Zen está cheio deles" (Suzuki, 1971, p. 19). Assim, reforça a ambiguidade dos termos "misticismo" e "místico" nesse contexto.

Em um sentido mais geral, torna-se difícil incluir as religiões e as práticas orientais com seu ideal de passividade e de desapego, num conceito de misticismo baseado no ardor dos serafins, conforme proposto por Underhill. Afinal, segundo o Pseudo-Dionísio, estes "abrasam com o ardor fervente de uma constante revolução [...] e não conhecem relaxamento" (Pseudo-Dionísio o Areopagita, 2004, p. 159). Menos ainda, com a paixão ardente da grande mística Santa Teresa de Jesus: "*Si el padecer con amor puede dar tan grande deleite, que gozo no dará el verte*" (2006, p. 59). No entanto, o chamado Oriente tem um vasto corpo de conhecimentos que visa alcançar experiências metaempíricas aparentemente similares às dos místicos ocidentais e, portanto, é importante nesse caso utilizar, com a devida cautela, os termos

MITOLOGIA

"místico" e "misticismo" e ater-se sempre a seu sentido mais amplo.

Bibliografia: FAIVRE, A. *Access to Western Esotericism*. New York: State University of New York Press, 1994; FORTUNE, D. *A Cabala mística*. São Paulo: Pensamento, 1993; JAMES, W. *The Varieties of Religious Experience*. Digireads.com Publishing, 2011; LACORDAIRE, J. R. In: HANEGRAAFF, W. J (Org.). *Dictionary of Gnosis and Western Esotericism*. Leiden: Brill Academic Publishers, 2006. p. 819-820; MERTON, T. *Místicos e mestres Zen*. Rio de Janeiro. Civilização Brasileira, 1972; PSEUDO-DIONÍSIO, O Areopagita. *Obra completa*. São Paulo: Paulus, 2004; SANTA TERESA DE JESUS. A San Andrés Apostol. In: *Lira mística: poesias completas de Santa Teresa de Jesús y San Juan de la Cruz*. Madrid: Editorial de la Espiritualidad, 2006; SCHOLEM G. *La Kabbalah e il suo simbolismo*. Torino: Einaudi, 1960; SUZUKI, D. T. *Introdução ao Zen-Budismo*. Rio de Janeiro: Civilização Brasileira, 1971; SUZUKI, D. T. *Mística cristã e budista*. Belo Horizonte: Itatiaia, 1976; UNDERHILL, E. *Misticismo, estudo sobre a natureza e o desenvolvimento da consciência espiritual do ser humano*. Curitiba: Amorc GLP, 2008.

FABIO MENDIA

MITOLOGIA

Existem duas compreensões distintas para o significado da palavra "mitologia". A primeira, a que domina no senso comum, é simplesmente o conjunto de mitos que diz respeito a um panteão. Nesse sentido, ao falar sobre "mitologia grega" ou "mitologia egípcia", usualmente as pessoas se referem aos deuses e mitos dessas culturas. O segundo significado diz respeito às formas de se estudar esses mitos. É nesse último sentido que este verbete foi produzido, pelo entendimento de que isso é de maior interesse aos cientistas da religião.

O estudo das religiões comparadas é tão antigo na Ciência da Religião♀ quanto a própria área. Seus fundadores se debruçaram, desde o início, em estudos dos textos sagrados, desenvolvendo abordagens de classificação das religiões. Com isso, muito cedo na Ciência da Religião♀ foram estabelecidos métodos♀ de comparar mitos, ainda que com a abordagem colonialista, pautada no evolucionismo♀, que dominava a academia europeia do século XIX.

Nesse cenário, os mitos eram considerados formas obsoletas ou infantis de pensamento, em oposição à ciência das "civilizações evoluídas" (ou seja, da Europa). O próprio criador da Ciência da Religião♀ endossou isso em sua obra *Comparative mythology*, ao comparar a racionalidade dos filósofos gregos com o pensamento "irracional" e "absurdo" dos mitos, que ele considerava indigno da tradição intelectual

(Müller, 1909). Chantepie de la Saussaye♀ (1940), pai da Fenomenologia da Religião♀, também parecia compartilhar dessa visão, ao distinguir "religiões mitológicas" de "religiões racionais".

Mas assim como ocorreu com teorias similares do campo da Antropologia, essa perspectiva foi superada conforme os estudos sobre mitos avançaram no século XX. Malinowski♀ (1925), por exemplo, criticou a leitura de que os mitos seriam opostos à ciência, porque mesmo as culturas chamadas de "primitivas" possuíam ciência. Malinowski♀ demonstrou que os povos antigos utilizavam ciência – embora uma forma própria de ciência – para explicar e controlar a natureza, ao passo que os mitos eram utilizados para a reconciliação com os aspectos que essas pessoas não conseguiam controlar na vida (por exemplo, morte♀, clima, movimento dos astros).

Atualmente, a visão do século XIX está superada, e o estudo acadêmico dos mitos se tornou um campo que extrapola uma única área, tendo contribuições de teorias da Ciência da Religião♀, mas também na Psicologia, da Antropologia, dos Estudos Folclóricos, da Filologia♀, da Literatura, da História, das Artes, da Filosofia, dentre outras. Neste verbete, um breve panorama desses estudos será apresentado, sem a possibilidade ou intenção de esgotá-los.

I. Mitologia comparada. O maior campo de estudos mitológicos diz respeito à comparação de mitos de diferentes panteões, visando identificar temas compartilhados em sistemas religiosos muitas vezes geográfica e historicamente distantes. Pode ser dividido em duas vertentes principais: uma de *viés generalista*, com interpretações que visam fornecer explicações aplicáveis ao maior número possível de culturas; e outra de *viés particularista*, que valoriza as peculiaridades, sem pretensões de fornecer teorias universais. As abordagens generalistas ainda são as mais evidentes nas produções de cientistas da religião, embora críticas importantes dos particularistas tenham começado a ganhar força, em especial entre os autores da virada material, desde a última década do século XX.

A origem da mitologia comparada se deu pela percepção de que alguns temas parecem se repetir em mitos de povos tão díspares quanto os sumerianos, os chineses, os hindus e os nativos americanos. Alguns exemplos muito comuns são histórias sobre a criação e a destruição do mundo e da humanidade, sobre a origem das estações do ano, sobre heróis e missões impossíveis, sobre descidas ao submundo, sobre deuses que morrem e voltam à vida, sobre criaturas meio humanas e meio animais, sobre guerras entre divindades♀, mitos que explicam o porquê e o que acontece quando morremos, a fundação de uma nação, a geografia do mundo (por exemplo, *axis mundi*♀) e histórias de dilúvios.

As explicações para esses paralelos variam. No século XIX, a aproximação generalista era quase unânime. Essa época foi marcada por uma abordagem indutiva influenciada pelo evolucionismo♀ e pelo historicismo alemão. A hipótese mais corriqueira era de que toda a narrativa mítica teria derivado de um mesmo núcleo comum. Essa perspectiva embasou a hipótese de J. J. Bachofen e Robert von Ranke Graves de um matriarcado primordial, a concepção de inconsciente coletivo de Carl G. Jung♀ e a teoria do monomito de Joseph J. Campbell, para citar nomes mais conhecidos no Brasil.

Na Ciência da Religião♀, ao escrever sobre mitologias comparadas, F. Max Müller♀ também adotou essa lógica, tendo como base de comparação a Filologia♀. Em seus estudos etimológicos da língua de vários povos indo-europeus, Müller♀ identificou parentescos semânticos que o levaram à pressuposição de que todo o mito derivava originalmente de interpretações que os povos antigos fizeram do movimento do sol. Conforme essas descrições foram se modificando com o tempo, elas teriam deixado de ser simples descrições poéticas para se corromperem em mitos, dando origem às lendas de deuses e de heróis (Müller, 1909).

Outro exemplo foi a chamada *escola de mito e rito* da virada do século XX, usualmente referenciada como sendo formada por antropólogos britânicos, mas que possuiu também cientistas da religião como Samuel H. Hooke e W. Robertson Smith. Nesse grupo, uma das teorias mais utilizadas era a suposição de que houvera uma única cultura na região do Crescente Fértil, que, através de um evolucionismo♀ histórico-religioso, teria dado origem a todas as variações mitológicas encontradas na Europa (Hock, 2010, p. 35-36, 51).

Com a criação da Fenomenologia da Religião♀, os eixos de comparação foram se tornando cada vez mais morfológicos, ao ponto de grandes digressões serem aplicadas visando encaixar os objetos nessas comparações. Divindades♀ entendidas como de um mesmo tipo (por exemplo, do céu, da terra, da lua, das matas), ainda que provenientes de contextos muito distintos, passaram a ser estudadas como manifestações de uma mesma "essência". Diversos autores compartilharam dessa forma de se pensar na Ciência da Religião♀, como Mircea Eliade♀, Gerardus van der Leeuw♀, Joachim E. A. F. Wach e Aldo Natale Terrin.

Eliade♀ (1972), por exemplo, considerava os mitos como a essência da religião♀, proporcionando uma reconexão com a fonte última do universo, algo compartilhado por muitos outros fenomenólogos. Por isso, apesar das diferenças culturais e religiosas, determinados temas apareceriam transversalmente em vários lugares e períodos por serem, eles próprios, manifestações dessa fonte. Para Eliade♀, os mitos são reais para aqueles que neles acreditam, e a única coisa que diferencia uma mitologia antiga de um mito vivo seria o fato de esse último ainda possuir adeptos (por exemplo, a narrativa bíblica). Contudo, mesmo as histórias cuja religião se perdeu (por exemplo, os mitos gregos, babilônicos, egípcios ou maias) conteriam em si sacralidade.

No entanto, mesmo dentro da Fenomenologia da Religião♀, houve perspectivas que tentaram romper com essa abordagem, questionando suas explicações anistóricas e sua leitura transcultural. Um exemplo seria Geo Widengreen, contemporâneo de Eliade♀, que declarava que a síntese fenomenológica precisa estar baseada em análises históricas sólidas, uma crítica ao método♀ anistórico eliadiano.

II. Abordagem estruturalista. A abordagem estruturalista poderia ser considerada uma forma de mitologia comparada, mas usualmente é tratada à parte por mitólogos para diferenciá-la do método♀ da Fenomenologia da Religião♀. As abordagens estruturalistas fizeram muito sucesso no Brasil, e representam uma perspectiva historicamente importante do estudo dos mitos. No âmbito da Antropologia, seu grande expoente foi Claude Lévi-Strauss♀, cujo pensamento é em grande parte devedor de Marcel Mauss♀ e Vladimir Yakovlevich Propp, embora o devido crédito usualmente não lhes seja dado.

Na década de 1930, a etnografia♀ dos funcionalistas, amplamente difundida por Bronisław K. Malinowski♀ na corrente inglesa, passou a não mais ser considerada suficiente, pois a descrição das culturas não levou necessariamente à compreensão do que é cultura. Por isso, Lévi-Strauss♀ propôs uma nova forma de Antropologia pautada no entendimento das estruturas do pensamento humano, subjacentes à cultura. Lévi-Strauss♀ radicalizou com a Antropologia da época ao declarar que a etnografia♀ sozinha não daria conta de compreender a cultura, visto que essas estruturas invariáveis não seriam captadas apenas pela empiria. Lévi-Strauss♀ defendia que, se conseguíssemos identificar as estruturas invariáveis do pensamento humano, então seria possível elaborar leis universais para o comportamento humano, tão precisas quanto as leis da Física.

Lévi-Strauss♀ (1975) entendia os mitos como reflexos de padrões mentais que preservam reminiscências dos métodos♀ de reflexão e observação primordiais das sociedades. Diferenciando-se dos cientistas sociais anteriores, ele não considerava que os mitos eram apenas fruto de relações sociais, mas sim o resultado da atuação do mecanismo básico do pensamento humano. Através do estudo dos mitos, seria possível entender como cada grupo humano se formou e desenvolveu até chegar a ser o que é. Enquanto a produção artística parte de um objeto ou acontecimento para, a partir daí, descobrir a sua estrutura, o mito partiria do oposto, da estrutura, para daí construir seu conjunto e objeto.

Segundo Lévi-Strauss♀ (1975), todos os seres humanos possuiriam a mesma infraestrutura mental, motivo pelo qual evitou a utilização de termos como "primitivos" para se referir às culturas forrageadoras ou tradicionais. Se a estrutura de pensamento é compartilhada entre toda a espécie humana, os temas mitológicos paralelos ocorreriam por constituírem *células elementares* da própria mente humana.

Entretanto, no âmbito mitológico uma mesma história corriqueiramente possui mais de uma versão. Por isso Lévi-StraussϘ (1975) considerava que um mito deveria sempre ser tratado como o conjunto de suas variantes narrativas. As versões de um mito não podem ser estudadas isoladamente; é necessário que se levante o maior número de variações de um mesmo mito, destrinchando a história em *mitemas*. A análise dos mitemas é o que ao final permite a observação do sentido dos mitos, adquiridos em estruturas de oposições binárias (por exemplo, bem/mal, vida/morte, luz/sombra).

A observação dessas oposições é uma peça-chave ao estudo estruturalista de mitos. O pensamento mítico seria uma resposta consciente dessas oposições rumo à sua resolução. Como exemplo, Lévi-StraussϘ (1975) considerou emblemáticos os *tricksters*, figuras mitológicas de personalidade e intenções imprevisíveis, comuns a muitos panteões, que agem como mediadoras entre as oposições binárias, conciliando-as simbolicamente.

III. Aplicações da Psicologia. O interesse da Psicologia pela mitologia no início do século XX criou a possibilidade de aplicabilidade dessas narrativas em âmbito terapêutico. Para além de relacionar os mitos com os processos psicoemocionais, diversas vertentes terapêuticas (por exemplo, Arteterapia, Terapia *Gestalt*, Psicologia Analítica, Naturologia) desenvolveram técnicas próprias de utilização de elementos mitológicos em seus consultórios, com base nesses trabalhos. As duas abordagens mais populares, em número de referências, são a abordagem psicanalítica e a abordagem junguiana.

A grande virada interpretativa que a Psicologia proporcionou ao estudo dos mitos permitiu uma nova releitura. Ao passo que os mitos eram entendidos pelos pesquisadores do século XIX como formas rudimentares e irracionais de explicar os fenômenos que os povos antigos não conseguiam explicar de outra forma (por exemplo, forças da natureza, o ciclo do dia e da noite, a morteϘ, as doenças, o bem, o mal etc.), a partir da influência psicológica os mitos passaram a ser entendidos também como símbolos da própria experiência humana.

A psicanáliseϘ se interessou por mitos desde o seu início. Conforme elaborava sua teoria, FreudϘ recorreu à mitologia comparada para justificar que seu modelo era universalmente válido, buscando inspiraçãoϘ nos mitos gregos para cunhar os termos "narcisismo" e "complexo de Édipo", utilizados para explicar a formação da libido e o desenvolvimento do ego. Para FreudϘ, os mitos são projeções exteriores de conteúdos interiores do inconsciente. Na psicaná-

liseϘ, o inconsciente é sempre individual, mas seus conteúdos permitem organizações coletivas, porque o ego se desenvolve pelo conflito paterno, e todos possuem um pai. Assim, o mito do herói pode ser visto como uma projeção da rebeldia infantil contra o pai durante a fase fálica do desenvolvimento psicossexual.

No entanto, como FreudϘ nasceu no fim do século XIX, sua compreensão sobre mitos manteve grande parte da tônica evolucionista e eurocêntrica desse século. Em *Totem e tabu*, FreudϘ também traçou uma linha progressiva entre o animismoϘ e a ciência, colocando a religiãoϘ como uma intermediária entre esses dois polos. O pensamento animista, aquele que FreudϘ relacionou aos mitos, é considerado nesse livro como o estrato menos desenvolvido e mais infantilizado do pensamento humano, ao passo que a ciência é descrita como o pináculo do desenvolvimento adulto do pensamento (Freud, 2013).

A psicologia analítica rompeu com esse paradigma ao considerar os mitos como veículos saudáveis de intermediação entre a consciênciaϘ e o inconsciente. Por tocarem as questões mais inquietantes da existência humana, JungϘ valorizava os mitos, opondo-se à interpretaçãoϘ freudiana de que seriam formas de pensamento inferiores à ciência. JungϘ via os mitos como meios de a humanidade expressar conteúdos psíquicos que não se conseguiria expressar de outro modo, uma fonte de conhecimento inconsciente herdado de nossos ancestraisϘ, declarando que jamais o pensamento científico poderá substituir a narrativa mítica, pois ela oferece sentidos que favorecem o processo de individuação; *grosso modo*, a própria busca de sentido na vida.

Segundo Segal (1998), JungϘ dava muita importância às religiões, relacionando-as ao *Self*, a dimensão psíquica central de sua teoria, que diz respeito ao ser humano total-atemporal e ao processo de individuação. Para a psicologia analítica, a sanidade psíquica depende de retornos periódicos ao *Self*, e os mitos seriam uma de suas vias de acesso (outra via importante seriam os ritos de passagem). Caso esses retornos periódicos não ocorressem, a autorrealização se prejudicaria, inviabilizando a individuação, o que acarretaria em neuroses, fobias, psicoses e depressão.

A explicação de JungϘ, bastante popular até hoje, está calcada no conceito de *inconsciente coletivo*, uma ideia que ele desenvolveu com base em sua experiência clínica, mas que também foi influenciada por teorias anteriores de cientistas sociais como Lévy-Bruhl e DurkheimϘ. Diferente de DurkheimϘ, que considerava ser possível falarmos de uma "consciênciaϘ coletiva", mas que isso seria sempre resultante (e, portanto, dependente) da ação concreta de agentes sociais, JungϘ atribuiu aos arquétiposϘ e ao próprio inconsciente um *status a priori*.

Os arquétipos℗ agiriam como "órgãos psíquicos" inatos, adquiridos pela própria evolução da espécie humana. Divergente da noção de consciência℗ coletiva de Durkheim℗, o inconsciente coletivo de Jung℗ é algo que existe independente dos sujeitos. Como os arquétipos℗ seriam passados através das gerações, Jung℗ considerou que eles poderiam ser acessados até mesmo após o declínio de uma civilização. Temas míticos similares que aparecem entre diferentes povos seriam evidências de que há imagens universais, memórias℗ compartilhadas por toda a humanidade através do inconsciente coletivo. Os deuses e heróis, como potenciais arquetípicos, evocariam sentimentos e experiências a que os seres humanos se relacionam. E os reinos míticos (por exemplo, submundo, morada dos deuses) seriam espelhos de nossas próprias dimensões psíquicas (Segal, 1998).

A psicologia junguiana foi a base da abordagem de Joseph J. Campbell. Para ele, os mitos possuíam: 1) uma função pedagógica; 2) uma função social, que valida e mantém a ordem vigente; 3) uma função cosmológica, que explica o universo; e 4) uma função espiritual, metafísica℗. Em *O herói de mil faces*, seu trabalho seminal em mitologia comparada, Campbell (1992) se aprofunda em explicar a função pedagógica, a suposta capacidade da narrativa mítica em guiar as pessoas através de suas vidas rumo à individuação. Isso está contido no conceito de *monomito*, a noção de que todas as lendas de heróis compartilham uma mesma estrutura narrativa que, em última instância, é reflexo das etapas que as pessoas percorrem até atingir a individuação.

Campbell partia da premissa de Heinrich R. Zimmer (1890-1943) de que os mitos seriam roteiros para o autoconhecimento. Ao abordar a estrutura básica do monomito, Campbell (1992) identificou dezessete etapas principais, dividindo-as em três grandes fases: 1) a *fase da partida*, que diz respeito à consciência℗ de pré-individuação, na qual o herói se despede da vida mundana e inicia sua aventura ao desconhecido; 2) a *fase da iniciação℗*, que diz respeito ao contato com a sombra e ao inconsciente, no qual diversos desafios são apresentados ao herói até que ele atinja a vitória decisiva; e 3) a *fase de retorno*, que diz respeito à consciência℗ de pós-individuação, quando o herói retorna ao lar para compartilhar seu prêmio. Na prática, uma mistura das abordagens campbelliana e junguiana tende a ser aplicada em consultórios de psicologia analítica, quando as narrativas míticas são utilizadas como ferramenta terapêutica.

Hoje a abordagem campbelliana é bastante criticada na Ciência da Religião℗ mundial, em especial por seu viés androcêntrico, que ignora mitos de heroínas e a jornada feminina, e por sua abordagem colonialista, que plastifica toda idiossincrasia cultural para encaixar os mitos na estrutura do *monomito*. Academicamente, Campbell também é malvisto por não ter formação específica para estudar religiões; a saber: além de não ser doutor, sua formação acadêmica foi na área de literatura medieval. Contudo, no Brasil e em Portugal, aparentemente, tais críticas não possuem o mesmo peso que no resto do mundo, e grande parte dos estudos de mitologia comparada em língua portuguesa ainda recorre a Campbell como referência central de suas interpretações.

IV. Outras abordagens. Como foi dito na introdução, os estudos acadêmicos de mitos é um campo disciplinar alimentado por pesquisadores e abordagens de diferentes áreas. Posto isso, não se teria como esgotar, no espaço deste verbete, todas as abordagens possíveis de estudo de mitos; assim, optou-se pelas abordagens mais comumente observadas na produção de cientistas da religião brasileiros sobre mitos.

Contudo, antes de concluir este texto, há a possibilidade de mencionar brevemente algumas das vertentes que não foram citadas como seção específica, mas são muito populares nos estudos não empíricos das religiões (por exemplo, Filosofia da Religião℗), ou possuem apelo específico em outras áreas de conhecimento (por exemplo, Literatura, Cinema, Artes Plásticas).

1. Abordagens filosóficas. Tais abordagens são observadas desde a filosofia grega clássica. A principal distinção entre a forma como os deuses gregos são retratados pela poesia pan-helênica de Homero e Hesíodo é, justamente, que Hesíodo apresenta uma perspectiva mais metafísica℗ e abstrata das divindades℗, descritas como "potências deificadas", contradizendo a descrição homérica dos deuses, com paixões, humores e rancores humanos bastante concretos. Muitos filósofos continuaram a utilizar alegorias℗ míticas, e diálogos entre mitos e filosofia são observados até hoje. Há, mesmo, concepções na Filosofia de que os mitos seriam corruptelas de eventos históricos reais, de pessoas normais que foram sendo deificadas paulatinamente pelos narradores através das gerações.

2. Abordagens literárias e artísticas. As perspectivas literárias e artísticas também possuem uma tradição que remonta à própria criação dessas disciplinas, haja vista a íntima relação entre estética℗, artes e religião. Alguns escritores e poetas (por exemplo, Graves, Campbell) conseguiram conquistar grande importância em suas leituras sobre os mitos, dando origem a verdadeiras escolas ainda existentes. No caso específico de Campbell, sua teoria do *monomito* chegou a ser utilizada em Hollywood como uma cartilha para roteiristas, sendo adotada até mesmo pela *Disney* e pela *Lucasfilm* ao produzir diversos de seus longas-metragens.

3. Abordagem reconstrutivista. Uma última abordagem que também vale a pena citarmos é a perspectiva reconstrutivista. Ela tem como metodologia a busca por leituras transculturais de diversos mitos, em uma tentativa de identificar passagens e temas similares para reconstruir mitos cujos registros arqueológicos ou documentais se perderam. No geral, é uma abordagem que tende a ter apelo específico entre religiões revividas na Modernidade (por exemplo, neopaganismo, neodruidismo, *wicca*, *heathenry*, religiões de Nova Era) e também para a área da História, como ilustrado por seu principal expoente, Michael Witzel. Algumas categorias muito populares entre grupos que estudam mitologias hoje (por exemplo, "deusa tríplice", "matriarcado primordial" ou "sagrado feminino") são frutos ou foram mais bem desenvolvidas por autores dessa vertente interpretativa.

Bibliografia: CAMPBELL, J *O herói de mil faces*. São Paulo: Cultrix, 1992; CHANTEPIE DE LA SAUSSAYE, P. D. *História das religiões*. 2. ed. Lisboa: Inquérito, 1940; ELIADE, Mircea. *Mito e realidade*. São Paulo: Perspectiva, 1972; FREUD, S. *Totem e tabu*. Rio de Janeiro: Companhia das Letras, 2013; HOCK, K. *Introdução à ciência da religião*. Rio de Janeiro: São Paulo, 2010; LÉVI-STRAUSS, C. *Antropologia estrutural*. Rio de Janeiro: Tempo Brasileiro, 1975; MALINOWSKI, B. K. Magic, science and religion. In: NEEDHAM, N. J. T M. (Ed.). *Science, religion and reality*. London: MacMillan, 1925. p. 20-84; MÜLLER, F. M. *Comparative mythology*: An essay. London: Routledge, 1909; SEGAL, R. A. *Jung on mythology*. New Jersey: Princeton University, 1998.

Fábio L. Stern

MONOTEÍSMO→ Divino, Concepções de

MORTE

Nas ciências humanas, o trabalho com o fenômeno da morte exige uma distinção conceitual entre "morte biológica" e "morte cultural". Todos sabemos que vamos morrer um dia e que, se não falecermos antes deles, eventualmente perderemos aqueles a quem amamos. Uniforme e presente em todas as épocas e civilizações, a morte biológica é algo dado, tão natural quanto a vida. No entanto, a experiência cultural da morte muda radicalmente ao longo do tempo e do espaço. Construída historicamente, a vivência da morte é algo que desafia os limites das palavras, dos símbolos, das concepções teóricas e até mesmo da imaginação humana.

A forma como as pessoas entendem a morte molda as suas experiências de morte, tanto individual quanto coletivamente. Nesse sentido, muitas questões permeiam as civilizações, parecendo se tratar de problemas transculturais: por que os seres vivos precisam morrer? O que acontece com uma pessoa após a morte? Os mortos continuam a existir de alguma forma? Eles são felizes? Aonde vão os mortos? Os mortos podem retornar ao mundo dos vivos, ou se comunicar com os vivos? E, principalmente, a morte é permanente ou um estado temporário? Se a História das Religiões atesta tais perguntas em todas as épocas e tradições, a morte em si é um paradoxo, porque até dentro de uma mesma religião ou cultura pode não haver consenso sobre suas respostas.

Para a maioria das pessoas, suas conclusões sobre a morte não são vividas como especulações. As culturas possuem meios de construir "provas" para convencer que suas interpretações são reais. Nesse sentido, quando um religioso diz saber o que acontecerá consigo após a morte, diz pelo convencimento que a religião imprime em sua percepção. Em outras palavras: pela capacidade que tem a religião para promover uma aura de realidade, fazendo parecer verdadeira e lógica a visão de mundo que se acredita. Isso pode ser reforçado pelos sonhos, por viagens xamânicas ou outros tipos de transe extático, mas também pela autoridade dos textos sagrados e dos mitos.

Em religiões em que não há a crença na reencarnação, não é incomum que a morte seja entendida como antônimo à própria vida, motivo pelo qual ela é mais temida e negada. Já nas religiões reencarnacionistas, o oposto de morte é o nascimento, e ambos são vistos como partes integrantes da vida, seu fim e recomeço. Independentemente da abordagem religiosa, contudo, os seres humanos raramente se contentam com a simples explicação de que a morte é a vida seguindo o seu curso natural. Logo, ritos funerários são atestados em todas as religiões, mesmo naquelas que pregam a menor interferência possível com o corpo do falecido.

O entendimento religioso da morte nunca é descolado da experiência humana. Mesmo quando é temida e segregada na sociedade, a morte permeia a vida diária e estrutura a vida coletiva, tanto que os calendários possuem observâncias relacionadas aos mortos (por exemplo, dia de Finados, dia dos soldados falecidos em guerras, celebração das mortes de presidentes e reis etc.). Além disso, muito da arquitetura monumental deseja garantir a memória dos mortos às futuras gerações, em memoriais, cemitérios, ossuários ou museus.

Neste verbete serão apresentadas algumas das teorias de estudos sobre a morte nas religiões. Na primeira seção, a abordagem colonialista será apresentada. Uma segunda seção, sobre a visão de Freud sobre o tema, é destacada da primeira, haja vista a particularidade do pensamento freudiano sobre a morte e a religião. Contudo, atenta-se que o paradigma freudiano deve ser também classificado como colonialista, assim como os outros pensadores discutidos na primeira seção deste verbete. Após isso, será discutida a forma atual como o tema da morte nas religiões tem sido trabalhado, com os principais ramos de pesquisa possíveis na Ciência da Religião→. Concluindo, a questão da interferência religiosa ao processo de luto será mencionada.

I. Teorias iniciais. Com o surgimento da Ciência da Religião→ e da Antropologia no século XIX, uma das primeiras especulações sobre a origem das religiões foi de que elas surgiram da oferta para respostas diante das questões que permeiam a morte. Hoje se trata de uma teoria refutada, uma vez que não há evidência histórica ou arqueológica que sustente isso. No entanto, os primeiros cientistas da religião partiam do pressuposto de que as assunções psicológicas de hoje poderiam ser aplicáveis aos seres humanos pré-históricos.

Existem dois erros nisso. Um deles é fruto do imperialismo cultural, que levava muitos acadêmicos a considerar o seu entendimento e experiências de morte como normativos, analisando as outras culturas por esse parâmetro. Embora nas outras ciências humanas uma maior sensibilidade a este tipo de abordagens seja observada desde meados do século XX, na Ciência da Religião→, por causa da ainda presente interferência da teologia→ cristã, muito do que se produz sobre seus objetos adota o Cristianismo como parâmetro normativo de análise (Murphy, 2018). O segundo equívoco diz respeito à tendência de se fazer anacronismos com o passado, projetando nele a forma como as pessoas vivenciavam a morte hoje. Isso é mais comum nos estudos sistemáticos da religião, e em especial na Fenomenologia da Religião→ clássica. Todavia, como explicam Rafaelle Petazzoni (2016) e o próprio criador da Fenomenologia da Religião→, Chantepie de la Saussaye→ (1940), mesmo na abordagem fenomenológica toda comparação deve estar contextualizada historicamente. No entanto, essa discussão mais ampla dos limites de uma abordagem eurocêntrica não era comum no século XIX.

Edward B. Tylor→ (1879, cap. 6), um dos primeiros antropólogos da história, declarava em sua principal obra que a religião→ existe por causa da morte. Para este autor, a crença→ na existência da alma→ seria uma dedução dos primeiros humanos causada pelo fato de um corpo vibrante e vivo se transformar em um cadáver frio e imóvel no momento da morte. Se o corpo→ continua mas deixa de estar vivo, a conclusão lógica, segundo Tylor→, é de que a fonte da vida não se encontraria no corpo. Além disso, por causa de as pessoas vivas verem e conversarem com as pessoas mortas em sonhos e visões, Tylor→ também considerava que elas pareciam continuar a existir de alguma forma após a morte do corpo. Embora hoje já desacreditada, até porque não há nenhuma prova material de que a História da Religião→ tenha se dado dessa forma, a teoria de Tylor→ foi importante para o próprio início da Ciência da Religião→, como atesta Hock (2010).

Herbet Spencer (1898), outro importante autor do século XIX, também considerava que a religião→ existe por causa da morte. Como explica Hock (2010, p. 51), Spencer "defendeu a opinião de que a religião→ teria se desenvolvido no âmbito de um culto primitivo aos mortos", por uma abordagem evolucionista de três fases (magia-religião-ciência), que hoje é refutada pelas ciências humanas. Contudo, Spencer se diferenciava de Tylor→ em acreditar que o cerne da origem da religião→ era a crença→ nos fantasmas, e não na alma→. Essa teoria de Spencer foi uma das primeiras que se debruçou sobre a questão do surgimento dos deuses em uma sociedade. Segundo o autor, o culto aos ancestrais→ faz com que seus membros mais importantes acabem por manter a sua posição e poder mesmo após morrerem. Com o tempo, o respeito e o decoro recebido os transformariam em divindades→.

II. Teoria psicanalítica. Freud→ também foi um autor importante nesse período inicial do estudo acadêmico da morte nas religiões, e manteve a temática recorrente em suas produções. A própria organização dos impulsos humanos na psicanálise→ se dá por duas forças inconscientes entrelaçadas, que seriam primordiais à natureza humana: 1) *eros*, o impulso que leva os seres humanos a procriar; e 2) *tânato*, o impulso que leva os seres humanos à própria aniquilação. Pelo entrelaçamento entre *eros* e *tânato*, Freud→ alegava que existia uma conexão psicológica entre sexualidade→ e morte.

Embora as explicações de Freud→ ainda sejam bastante populares na Psicologia, poucos antropólogos e cientistas da religião aceitam na íntegra hoje as alegações da psicanálise→ freudiana sobre a morte e a religião. Alguns dos motivos mais comuns de controvérsia com a teoria freudiana se dá pelo fato de Freud→ mal comentar sobre as experiências femininas nas comparações de rituais de sociedades não europeias, por ele ignorar os entendimentos nativos, alegando que explicações conscientes nunca chegam à raiz causal inconsciente do comportamento humano, e por sua total desconsideração do impacto significativo que diferentes religiões e diferentes compreensões de corpo humano têm sobre a vivência da sexualidade→ e da morte nas culturas. Embora ele fosse ateu, as teorias de Freud→ endossavam muito o paradigma cristão austro-húngaro de sua sociedade de origem. Além disso, para Freud→ os "primitivos" (*sic*) nem sequer eram seres racionais.

Em *Totem e tabu*, Freud→ (2012) igualmente alegou que a religião→ existe por causa da morte, mas considerava que, além da religião→, a própria sociedade e a civilização seriam também frutos da morte. Para explicar isso, ele inventou o mito do parricídio primordial, uma narrativa fictícia sobre a forma como os desejos→ primitivos e os instintos são afetados e controlados pela psicodinâmica familiar e pela organização social. Segundo a fábula criada por Freud→, em uma sociedade primitiva um macho dominante clamava os direitos sexuais exclusivos de todas as fêmeas do bando. Os filhos produzidos deveriam proteger seu pai e aspirar a ser como ele. Contudo, eles o odiavam e invejavam. Ao chegar à maturidade, os filhos ficaram cada vez mais frustrados, pois lhes era negada a experiência sexual dentro do bando, chegando ao ponto em que eles se uniram e mataram o pai para ganhar acesso sexual às mulheres. Após isso, a admiração e o amor dos filhos pelo pai, que estava reprimida para que pudessem cometer o assassinato, surgiu como culpa e ambivalência psicológica. De um lado, eles estavam horrorizados e em luto pela morte do pai e pelo papel deles nisso. Por outro, estavam satisfeitos por terem substituído o pai opressor. No entanto, segue Freud♀ em sua alegoria♀, após a morte o pai ficou ainda mais poderoso do que em vida. Através dos mecanismos de defesa de repressão e substituição, os filhos proibiram a si mesmos o acesso sexual às mulheres da tribo. Freud♀ conclui a estória dizendo que a ambivalência psicológica pela morte do pai era a origem das regras universais sobre o tabu♀ do incesto, da morte e da carne totêmica, além de ser também a origem da organização da sociedade e das religiões. Segundo Freud♀, nas sociedades tribais, a figura do pai assassinado (totem animal) age da mesma forma que Deus nas sociedades desenvolvidas.

Para além da questão óbvia de que todo mito que fundamenta a sua teoria foi uma criação do próprio Freud♀, sua hipótese de que os primeiros humanos viviam em bandos dominados por um macho alfa que tem acesso a todas as fêmeas do bando há muito foi refutada pela Arqueologia♀. Além disso, Freud♀ possui uma concepção errada do que é totemismo, elevando o totem a um *status* maior do que, de fato, ele pode ser. O totem não necessariamente será uma divindade nas sociedades tribais. Às vezes, o totem simplesmente diz respeito à noção de família, e o animal em si não é adorado como um deus. Por fim, o fato de Freud♀ tratar os povos não europeus como crianças neuróticas irracionais, declarando que as culturas também "evoluem" psicologicamente, é deveras preconceituosa. Para este psiquiatra europeu, a maturidade social seria representada pela própria Europa, o que dispensa maiores comentários.

III. Abordagem moderna. Poucos acadêmicos contemporâneos atribuem hoje aos pressupostos psicológicos da morte a origem da religião. A própria busca pela origem da religião♀ foi, em grande parte, abandonada pela Ciência da Religião♀. Quase não são encontradas mais pretensões de traçar grandes teorias generalizantes. Todavia, algumas abordagens comuns na Ciência da Religião♀ atual podem ser destacadas a respeito do estudo da morte nas religiões.

Ebersole (2005, p. 2239-2240) menciona três autores que, na opinião dele, vinham se destacando no estudo da morte nas religiões na Modernidade: Philippe Ariès, Maurice Bloch e Jonathon Parry. Os trabalhos de Bloch e Parry são influenciados por Robert Hertz, um estudante de Durkheim♀ que traçava uma relação entre a morte e a fertilidade. Já Airès é identificado por seu estudo da mudança das representações da morte na Europa, do século XI ao século XX. A respeito de Ebersole, ele próprio pode ser também identificado como um importante cientista da religião atual, que estuda a morte nas religiões. Embora seja especialista em religiões japonesas, Ebersole é um estudioso do luto em geral pelo ramo da Ciência da Religião♀ sistemática, através do estudo comparado de várias tradições.

O que se observa nesses estudos contemporâneos é um entendimento de que a experiência de morte individual é afetada pelas conceituações de morte, do além-vida, de corpo e de diversas práticas rituais. No entanto, o arcabouço simbólico dessas quatro dimensões não é apenas fornecido pela religião. Nesse sentido, o estudo da morte nas religiões entende a interdependência dos símbolos fúnebres com a cultura, a sociedade e a comunidade.

Na Ciência da Religião♀ moderna, o estudo da morte é, em partes, o estudo da história de como diferentes culturas e religiões buscaram negar a natureza inevitável e imprevisível da morte. Figuras míticas que ressuscitam são comuns em diversas religiões (por exemplo, Jesus, *Baldr*, *Ba'al*, *Inanna*, *Ištar*, *Dumuzid*, *Tammuz*, Perséfone, Asclépio). Além disso, várias práticas religiosas têm o objetivo de vencer a morte ou restaurar a humanidade às condições anteriores à sua introdução no mundo. Pela crença♀ na ressurreição, alguns ritos religiosos reencenaram tais passagens míticas. A mumificação egípcia, por exemplo, era um rito funerário pautado no mito de ressurreição de Osíris. Já os ritos fúnebres dos nórdicos tinham o objetivo de preparar os falecidos para uma ressurreição no Valhalla ou em *Niflheimr*. Outras formas religiosas priorizam a prevenção da morte física. A alquimia♀ – tanto europeia quanto chinesa – é um excelente exemplo histórico desse tipo de busca espiritual. Se, por um lado, os alquimistas não conseguiram objetivamente produzir a imortalidade material, seus estudos os levaram a importantes descobertas sobre a previsibilidade do momento da morte física. Isso foi importante, pois muitas religiões tendem a considerar as mortes "aleatórias" como mais problemáticas do que quando se pode observar os rituais e preparar o moribundo e a família. Uma morte causada por acidente ou a morte de uma criança, por exemplo, são muito mais lamentadas do que a morte de alguém doente ou idoso.

Um segundo ramo importante de estudos é a escatologia♀, campo que não é exclusivo da Ciência da Religião♀, mas que possui uma abordagem metodológica peculiar, quando comparada à escatologia♀ da teologia♀ ou da filosofia. Na Ciência da Religião♀, a escatologia♀ é um estudo descritivo sobre como as sociedades explicam a finitude dos seres humanos e do próprio mundo, o que pode ser depois integrado pelo estudo comparativo-sistemático de diferentes tradições e culturas. Ao contrário da busca pelas causas morais ou existenciais para a morte na escatologiaϘ teofilosófica, este tipo de estudo na Ciência da ReligiãoϘ não pretende resolver o problema da morte nem explicar o lugar do ser humano. Ao contrário, entende que tais concepções êmicas fazem parte de uma construção social histórica geograficamente localizada.

As religiões podem fornecer também significação aos desastres naturais (por exemplo, enchentes, pragas) e às estações do ano, demarcando novos ciclos cosmológicos na história do povo estudado. Sendo assim, o terceiro ramo possível é o estudo de como a morte é um demarcador do calendário religioso. Religiões agrícolas, pagãs e indígenas tendem a projetar em seu calendário litúrgico a morte, em uma alegoriaϘ com os ciclos da natureza e o próprio ciclo da vida. A lua que cresce, fica cheia, míngua e desaparece depois por três noites no céu, ou o sol que nasce e se põe todos os dias foram vistos como alegoriasϘ temporais à morte em diversas culturas. No Cristianismo, a celebração da crucificação de Cristo é um exemplo da influência central da morte em seu calendário litúrgico.

O quarto ramo é o da relação entre tabu e banalização da morte. A proibição de comidas, locais, palavras e nomes que evocam a morte apenas reforça sua presença à consciênciaϘ dos vivos, através de um efeito psicológico que mantém o tema sempre na sociedade. Já a banalização da morte possui efeito contrário, pois rouba o senso de significado da morte, levando à desumanização da própria vida (por exemplo, Holocausto, Inquisição, noite de São Bartolomeu, massacre palestino, genocídio negro, genocídio indígena, terrorismo cristão, terrorismo muçulmano etc.).

Um quinto ramo possível é o estudo dos ritos funerários que integram simbolicamente o falecido em um mundo cosmológico de significados. Na Ciência da ReligiãoϘ, o foco do estudo dos ritos fúnebres está nos vivos, na resposta às necessidades sociais que tais rituais fornecem àqueles que ficam. A lógica êmica por trás dos ritos fúnebres diz respeito à percepção de liminaridade que a morte causa tanto para os vivos quanto para a pessoa morta. Em muitas culturas, por um período de tempo as pessoas próximas ao falecido devem cumprir obrigações e proibições rituais específicas. A duração desse período varia tremendamente de cultura para culturaϘ (por exemplo, uma semana no Catolicismo, trinta anos no leste asiático). Durante esse tempo, a pessoa falecida é imaginada como também estando em uma condição liminar (entremundos), e os ritos observados a auxiliariam em sua jornada ao além-vida. A importância dos ritos fúnebres é assegurada pela crençaϘ, em muitas religiões, de que, quando o recém-morto não supera esse *status* de liminaridade, ele pode virar um "morto-vivo".

Muitas religiões possuem formas de se comunicar com os mortos, portanto, o estudo acadêmico da necromancia pode ser um último ramo possível à Ciência da ReligiãoϘ. Nas religiões tradicionais, o xamãϘ ocupa esse papel. Nas modernas, quem o exerce é geralmente chamado de "médium". Independentemente do contexto, o contato ritual entre vivos e mortos tende a ser controlado nas religiões, não pode ser feito sempre e possui duração específica. Embora no Ocidente usualmente a necromancia seja uma forma de resolver pendências dos vivos com os mortos, nas religiões africanas, polinésicas e indígenas o contato ritual com os mortos pode ser feito simplesmente para que eles não se sintam esquecidos pelos vivos.

Em todos esses ramos, o ponto de partida para a discussão é a concepção de ser humano e natureza divina. Ao estabelecer como a religiãoϘ entende o ser humano e a realidade última, é possível ao cientista da religião identificar qual a relação entre essas duas esferas no discurso êmico. Uma vez traçado esse caminho, o segundo passo é entender a epistemologiaϘ da morte. O que o religioso diz saber sobre a morte e o além-vida? E o que as pessoas ao seu redor falam sobre isso? O último ponto é acerca do corpo, pois, sempre que ocorre uma morte, um cadáver é produzido, motivo pelo qual o estudo do corpoϘ nas religiões é tão central a todos os ramos de estudos da morte.

Em muitas sociedades, somente certas pessoas podem tocar e preparar um cadáver. Quem é essa pessoa varia muito de tradição para tradição. Pode ser um pária (por exemplo, *dalit* na Índia), um sacerdoteϘ ou xamãϘ, determinados familiares que poderão ser considerados impuros por um tempo após o rito de preparação, ou até mesmo profissionais da saúdeϘ e agentes funerários. Até o início do século XX, alguns pesquisadores do ramo sistemático consideravam que todas as formas de lidar com o corpo dos mortos tinha uma relação com os quatro elementos. Exemplificando com o caso de Walker (2002, p. 18), essa autora considerava que a cremação, o enterro, a exposição às aves detritívoras ou a submersão do morto tinham relação com o Fogo, a Terra, o Ar e a Água. Sem sustentação empírica, tais teorias foram abandonadas, mas a importância do estudo do corpoϘ do morto continua até hoje na Ciência da ReligiãoϘ. Um ponto bastante atual, segundo Ebersole (2005), é o fato de a historiografia das religiões atentar a uma importante questão de gêneroϘ e de classe social ainda pouco explorada. Tem sido mais comum mulheres serem designadas ao manejo do corpoϘ do cadáver do que homens, e usualmente os ricos tendem a ter um rito funerário diferente do dos pobres.

IV. Interferência no luto. Embora não seja comum na Ciência da Religião♀, a interferência das religiões no processo saudável do luto é um objeto comum de estudo da tanatologia e da psicologia. As religiões provocam grande influência em como uma pessoa entende e vive a morte. Se, por um lado, elas podem agir como uma rede de apoio, fornecendo explicações e amparo, na maioria das vezes não é isso que acontece.

O problema se dá entre o conflito da crença♀ religiosa com o que a pessoa está sentindo. Em outras palavras, a significação de uma ou mais das instâncias religiosas pode acabar por ignorar as fases concretas do luto da pessoa. Isso pode acontecer desde a própria explicação da morte pela religião♀ como também durante os ritos funerários, no manejar do corpo ou pelos ritos – ou ausência – de necromancia.

Pela perspectiva psicológica, não é incomum que as religiões ignorem as fases do luto. Isso pode acontecer, por exemplo, quando a religião♀ diz que a pessoa precisa aceitar a morte de alguém e deixar ir, mas ela ainda está em negação ou raiva pelo acontecido. Pode ocorrer também quando a religião♀ proíbe seus fiéis de se comunicar, de alguma forma, com os seus entes queridos falecidos, seja pelo tabu à necromancia, seja pela simples condenação à veneração♀ dos ancestrais♀. Consequentemente, o discurso religioso pode levar o enlutado à neurose, o que até mesmo pode desencadear uma crise de fé♀ e uma vivência patológica do luto.

Além disso, há uma relação próxima entre os lutos desautorizados, o luto patológico e a interferência religiosa. Nem toda forma de luto é legitimada na sociedade, e muito dessa deslegitimação vem das religiões. No caso do luto de parceiros homossexuais, de pessoas que se suicidaram, de amantes, de criminosos, de animais de estimação ou de filhos bastardos, não é incomum que o aparato religioso seja utilizado para negar aos enlutados formas de ressignificação desse luto. Um amante, por exemplo, pode encontrar resistências tanto em externar seu luto quanto em participar dos rituais funerários, em oposição ao marido, a quem o luto não só é esperado como também estimulado. Essa discrepância causada pela postura normativa religiosa é algo concreto e ainda pouco estudado na Ciência da Religião♀, mas que encontra campo fértil em possíveis parcerias com os pesquisadores da tanatologia.

Bibliografia: CHANTEPIE DE LA SAUSSAYE, P. D. *História das religiões*. 2. ed. Lisboa: Inquérito, 1940; EBERSOLE, G. L. Death. In: JONES, L. (Org.). *Encyclopedia of religion*. 2nd Ed. Farmington: Thomson Gale, 2005., v. 2, p. 2235-2245; FREUD, S. *Totem e tabu*: contribuição à história do movimento psicanalítico e outros textos (1912-1914). São Paulo: Cia. das Letras, 2012; HOCK, K. *Introdução à ciência da religião*. São Paulo: Loyola, 2010; HOWARTH, G.; LEAMAN, O. (Orgs.). *Enciclopédia da*

morte e da arte de morrer. Lisboa: Quimera, 2004; MURPHY, T. M. Ciência da Religião como discurso colonianista: o caso de Rudolf Otto. *REVER: Revista de Estudos da Religião*, São Paulo, v. 18, n. 1, 2018, p. 319-349; PETAZZONI, R. O método comparativo. *Religare*, João Pessoa, v. 13, n. 1, 2016, p. 245-265; SPENCER, H. *The principles of sociology*. New York: D. Appleton, 1898. v. 3; TYLOR, E. B. *Primitive culture*: Researches into the development of mythology, philosophy, religion, language, art, and custom. London: John Murray, 1879; WALKER, B. G. *Dicionário dos símbolos e objectos sagrados da mulher*. Lisboa: Planeta, 2002.

FÁBIO L. STERN

MÜLLER, FRIEDRICH MAX

I. Vida. Friedrich Max Müller nasceu em 6 de dezembro de 1823 na cidade de Dessau, capital do então ducado de Anhalt-Dessau/Dessávia, na atual Alemanha, como filho de uma família erudita e politicamente influente. O pai, Wilhelm Müller (1794-1827), formado em História e Filologia♀, era um poeta lírico popular e bibliotecário do duque de Dessau. A mãe, Adelheid Müller (1799-1883), era a filha mais velha de Ludwig von Basedow e irmã de Friedrich von Basedow, ambos – em momentos diferentes – funcionários com cargos importantes no governo do ducado de Dessau/Dessávia.

Beneficiado por uma bolsa de estudos do governo do ducado, Max Müller matriculou-se na Universidade de Leipzig em 1841. Num primeiro momento, dedicou-se aos estudos da Filosofia e da Linguística latina e grega. Mais adiante, foi atraído pelas línguas árabe e persa e, sobretudo, pelo sânscrito. Este último chamou sua atenção depois da leitura da obra *Sobre a língua e sabedoria dos indianos* [*Über die Sprache und Weisheit der Indier*], publicada em 1808 por Friedrich Schlegel (1772-1829). O livro não apenas apresentava as características formais do sânscrito e sua relação com outras línguas como também trazia uma averiguação – ainda imprecisa – da filosofia indiana. O professor de sânscrito de Müller era o indologista recém-contratado Hermann Brockhaus (1806-1877), aluno de August Wilhelm Schlegel, que, por sua vez, era irmão de Friedrich e, como este, representante da primeira fase do Romantismo alemão. O doutoramento de Müller, porém, era na área de Filosofia. Em setembro de 1843, com 19 anos, defendeu sua tese *Sobre o terceiro livro da ética de Espinoza, De Affectibus*.

Um ano mais tarde, o recém-doutor deu continuidade à sua formação acadêmica na Universidade de Berlim, onde estudou Filosofia com Friedrich V. Schelling (1775-1854), Língua Persa com Friedrich Rückert (1788-1866) e Linguística Comparada com um dos pioneiros desta disciplina, Franz Bopp (1791-1867). Em março de 1845, Müller mudou-se para Paris, onde entrou no grupo de orientalistas de Eugène Burnouf (1801-1852), um dos mais renomados orientalistas e especialistas em escrituras em sânscrito da época. Incentivado por Burnouf e patrocinado pelo governo da Prússia, Müller mudou-se em junho de 1846 para Londres com o objetivo de estudar os volumes do *Rig-Veda* acessíveis na biblioteca da Companhia Britânica das Índias Orientais. Foi o primeiro passo de um trabalho intenso e demorado de tradução⚭ desses textos milenares. Como frutos desses esforços (financiados pela Companhia Britânica das Índias Orientais), foram publicados sucessivamente (1849-1874) seis volumes do *Rig-Veda*.

Já em maio de 1848, Müller tinha se mudado para Oxford para ter a oportunidade de acompanhar de perto as preparações para a impressão do primeiro volume. O que havia sido planejado como apenas uma etapa acadêmica acabou sendo o prelúdio de um salto importante na sua carreira. Em 1850, começou a lecionar na Universidade de Oxford sobre línguas contemporâneas e literaturas europeias. Em 1860, apesar do reconhecimento do seu domínio do sânscrito, foi derrotado no concurso à Cátedra de Sânscrito, concedida a M. Monier-Williams (1819-1899). Demorou mais oito anos até que ocupasse a cátedra de "Filologia⚭ Comparada". No início de 1875, Müller começou a falar – ainda apenas em um círculo pequeno e sem detalhes – sobre seu plano de organizar uma coletânea de traduções de textos-chave das religiões orientais. A ideia foi recebida pela Oxford University Press e apareceu pela primeira vez em um relatório da editora datado de 28 de janeiro de 1876. Finalmente, em 19 de outubro de 1877, Müller assinou o contrato referente a seu papel como editor daquele que se tornaria o "megaprojeto" (Molendijk, 2016, p. 1) de sua vida acadêmica: a edição da coletânea *Sacred Books of the East*, composta de cinquenta volumes. Um ano antes, Müller tinha-se mudado definitivamente para sua casa na rua Norham Gardens, em Oxford (Conway, 1900, p. 890), onde permaneceu – abstraindo as viagens para o exterior – até sua morte⚭, em 28 de outubro em 1900. Seu túmulo encontra-se no St. Cross Churchyard, um dos cemitérios mais tradicionais da cidade universitária, que, por mais de meio século, havia sido o lar acadêmico de Max Müller.

II. Obra. O trabalho incansável de Müller durante décadas resultou em um número extraordinário de publicações nas áreas acadêmicas em que atuou, sobretudo nos campos da Linguística e da Ciência da Religião⚭. A bibliografia de Müller levantada por Molendijk (2016, p. 193-199) contém cerca de oitenta títulos. Três anos antes da sua morte⚭, o próprio Müller forneceu, no prefácio de sua publicação *Contributions to the Science of Mythology* (1897), uma lista de oito publicações da sua obra abrangente

que ele mesmo considerava as mais importantes. Nessa coleção encontram-se dois títulos referentes à Filosofia (*The Science of Thought*, de 1887, e uma tradução do alemão para o inglês da obra a *Crítica da razão pura*, de Immanuel Kant, 1881). Uma obra é associada ao campo da Linguística (*The Science of Language*, 1864). A Ciência da Religião⚭ é representada por seis obras (*Introduction to the Science of Religion*, 1870; *The Origin and Growth of Religion*, 1878; *Natural Religion*, 1888; *Physical Religion*, 1890; *Anthropological Religion*, 1891; e *Theosophy, or Psychological Religion*, 1892), o que demonstra a atenção que Müller dava à disciplina (Stone, 2008, p. 2). Além dessa lista, há outra indicação de como Müller avaliou a relevância do seu próprio trabalho: trata-se da coleção *Collected Works of the Right Hon. F. Max Müller*, composta de vinte volumes provavelmente selecionados pelo próprio autor no final da sua vida. Quanto à Ciência da Religião⚭, a coletânea contém as seis publicações já citadas, bem como o título *Last Essays. Second Series: Essays on the Science of Religion* (1901). Além disso, a lista reflete outro foco do interesse acadêmico de Müller, isto é, a religiosidade indiana contemplada pelas obras *India: What Can it Teach Us?* (1883), *Biographies of Words and the Home of the Aryas* (1887 e 1888), *Three Lectures on the Vedanta Philosophy* (1894), *Ramakrishna. His Life and Sayings* (1898) e *The Six Systems of Indian Philosophy* (1899).

As listas de obras que Max Müller escolheu como suas mais acentuadas publicações não contemplam as contribuições do autor para a familiarização do público europeu com os livros sagrados⚭ das religiões orientais. Esse lado da sua produção acadêmica abrangeu tanto traduções do próprio Müller quanto seu trabalho como editor da famosa coletânea *The Sacred Books of the East*.

Já em 1844, ainda como pós-doutorando na Universidade de Berlim, Müller lançou uma tradução⚭ do sânscrito para o alemão – o *Hitopadesa*, uma antologia indiana de antigas fábulas. Três anos mais tarde, finalizou a tradução⚭ adaptada à língua alemã do poema lírico *Meghadūta*, escrito por *Kālidāsa*, um dos mais reputados representantes da poesia clássica indiana. Com esses trabalhos, Müller comprovou sua capacidade não apenas de traduzir, como também de capturar o espírito das obras originais. Em 1849, como resultado de um trabalho duradouro de traduções, foi lançado o primeiro volume do *Rig-Veda* em inglês, seguido por mais cinco partes publicadas nos anos subsequentes, a última em 1874. Outros trabalhos como tradutor foram incorporados na coletânea *The Sacred Books of the East*, cujo primeiro volume, *The Upanishads, Part 1*, lançado em 1897, foi a contribuição do próprio Müller. Em 1885, Müller lançou a segunda parte da sua tradução⚭ dos *Upanishades*, que surgiu como décimo quinto volume dos *Sacred Books of the East*. O trigésimo segundo volume da coletânea, *Vedic Hyms*, também é produto dos esforços de Müller como tradutor. Além disso, desempenhou três vezes o papel de co-tradutor. Em 1881, como fruto da colaboração com Viggo Fausböll, foi publicada a antologia budista *Dhammapada* (décimo volume dos *Sacred Books of the East*). O trigésimo volume da coletânea, ou seja, a tradução℗ de Max Müller e Hermann Oldenberg dos *Grihya-Sutras*, um manual referente às cerimônias domésticas védicas, surgiu em 1892. Em 1894, a primeira parte da tradução℗ de *Buddhist Mahayana Texts* (Max Müller, Edward Byles Cowell e Takasu Junjiro) foi lançada como o quadragésimo nono volume dos *Sacred Books of the East*.

Simultaneamente, Müller organizou a tradução℗ dos outros quarenta e quatro volumes da coletânea, que reuniu colegas renomados, como – para citar apenas alguns – o sinólogo escocês James Legge (1815-1897), o especialista inglês no Budismo *Teravada* e na língua páli Thomas William Rhys Davids (1843-1922), o orientalista inglês Edward William West (1824-1905) e Samuel Beal (1825-1889), conhecido como primeiro erudito inglês a traduzir textos chineses para sua língua materna. A religião℗ mais contemplada nesse contexto é o Hinduísmo, cujos vinte e dois volumes refletem a paixão de Müller pela sabedoria e espiritualidade℗ hindus. Nove volumes são dedicados a textos budistas, oito ao Zoroastrismo. As religiões chinesas (Confucionismo e Taoismo) ocupam seis volumes. Dois volumes trazem a tradução℗ do Corão, outros dois são compostos com escrituras do Jainismo. O último volume da coletânea é o Índice.

Um segundo motivo para se homenagear Max Müller é seu incentivo à criação da Ciência da Religião℗ e seu estabelecimento no mundo universitário. Müller é frequentemente celebrado como o pensador que introduziu a palavra *Science of Religion* no mundo acadêmico da segunda metade do século XIX, seis anos antes da fundação da primeira cátedra (Théophile Droz) da disciplina (*Histoire des religions et étude des systèmes sociaux*) na Faculté des Lettres da Universidade de Genebra, Suíça, em 1873. A menção de Müller encontra-se no prefácio do primeiro volume da sua obra *Chips from a German Workshop* (1867) e contém sua esperança de formação de uma nova disciplina, orientada no modelo da Linguística, capaz de dar conta do estudo e da compreensão de materiais autênticos e complexos oriundos do mundo religioso (p. XI). Mais adiante, encontra-se a esperança do autor de uma divisão adequada do trabalho em prol da coleção, tradução℗ e publicação do restante de fontes – "e, quando isso for feito, certamente o homem nunca descansará até que tenha descoberto o propósito que percorre as religiões da humanidade" (p. XIX). Baseada nesse conhecimento e lembrando a contribuição da Linguística, que "nos ensinou que há ordem e sabedoria em todas as línguas, e mesmo os jargões mais degradados contêm as ruínas da

antiga grandeza e beleza", a Ciência da Religião℗ poderia causar "uma mudança semelhante em nossas visões sobre formas [supostamente] bárbaras de fé e adoração" (p. XXI). Em outras palavras: "A Ciência da Religião℗ pode ser a última das ciências que o homem está destinado a elaborar; mas, quando for elaborada, mudará a atitude do mundo e dará uma nova vida ao próprio Cristianismo" (p. XIX).

O fato de o próprio Müller levar sua exigência de um estudo sistemático do mundo religioso a sério é demonstrado, sobretudo, em seus esforços de analisar, classificar e comparar diferentes articulações religiosas de acordo com aspectos linguísticos, buscando interpelações e dependências etimológicas entre as fontes da família indo-europeia. Nesse horizonte, apresentou, em seu ensaio *Comparative Mythology* (1856), uma teoria que se tornaria uma referência para a chamada "escola mitológica-natural". Para Müller, as mitologias℗ dos respectivos povos resultariam de distorções de antigas narrativas sobre experiências humanas com a natureza, em especial com o sol e os diferentes estágios do seu movimento. No processo de transmissão desses relatos, os diferentes nomes originalmente relacionados a fenômenos reais ganharam uma dinâmica própria e se tornaram cenários de figuras fantasiosas. Müller concebeu esse desenvolvimento como algo patológico e o caracterizou como uma "doença da linguagem".

III. Legado. Não há dúvida sobre o *status* extraordinário de Max Müller como tradutor e editor de textos religiosos do Oriente, até então em grande parte desconhecidos em países do hemisfério ocidental. Os cinquenta livros de *Sacred Books of the East* têm fornecido um volume impressionante de informações primárias que, por sua vez, estimularam pesquisas sistemáticas sobre as crenças℗ das grandes religiões "extraeuropeias", suas inter-relações e diferenças dogmáticas entre si. Vale lembrar que o interesse especial de Müller no Hinduísmo em seus diferentes estágios históricos emitiu fortes impulsos para a investigação dessa religião. Devido a seu talento linguístico extraordinário, à sensibilidade e à simpatia com a qual apresentava os resultados de suas pesquisas, ele criou um contraponto às atitudes colonialistas dominantes na Inglaterra da Era Vitoriana. Já na sua época, alguns brâmanes consideravam Müller um verdadeiro conhecedor da cultura sânscrita, conferindo-lhe um dos títulos mais altos da tradição indiana, isto é, o epíteto *veda-sâstrasampanum*, reservado para alguém que é versado nos Vedas e manuais hindus chamados *Shastras* (Bosch, 2002, p. 490). Até hoje, a figura de Müller desfruta de grade reputação na Índia e não é por acaso que o nome oficial do Instituto Goethe em Nova Delhi é "Max Müller Bhavan".

Igualmente inesquecível, do ponto de vista da nossa disciplina, é o impulso inicial dado por Max Müller para a evolução da Ciência da Religião℗. Sem sua insistência na formação de uma *Science of Religion* em analogia♀ à Linguística, nossa área certamente estaria em outra situação no que diz respeito à institucionalização♀ no mundo acadêmico. Além disso, ele contribuiu, por meio de palestras públicas, para o reconhecimento da demanda da nova disciplina.

Esse mérito é plenamente válido, apesar de abordagens, posturas epistemológicas e convicções teóricas de Müller que, desde então, foram gradativamente superadas. Gerações mais recentes de cientistas da religião ampliaram o horizonte de interesses que, na época de Müller, eram ainda quase exclusivamente focados nas articulações religiosas epigráficas. Concentrado nas tradições e interpretações de textos sagrados de tradições como Hinduísmo, Budismo ou Islã, Müller não reservou espaço para reflexões sobre aspectos como, por exemplo, as formas institucionais ou expressões populares das religiões. Quem lê as afirmações do autor com atenção também percebe que Müller, em tensão com o reconhecimento atual de que religiões representam sistemas culturais com lógicas díspares, especulava que as religiões representavam manifestações variáveis de ideias, normas e valores universalmente compartilhados pela humanidade. Trata-se de um elemento especulativo na concepção de Müller que foge à possibilidade de verificação e que, portanto, foi posteriormente descartado da agenda acadêmica. Mais do que isso, Müller acreditava que a descoberta de uma "religião universal" poderia contribuir para dirimir a crise do Cristianismo contemporâneo e abrir novas perspectivas para um diálogo inter-religioso♀. Nesse espírito, ele estava convicto de que as traduções do *Sacred Books of the East* despertariam respeito pelas outras religiões nos missionários cristãos, muitas vezes inclinados a ridicularizar crenças♀ alheias.

Tais afirmações, frequentemente encontradas nas publicações de autores da geração de Müller, diluem a fronteira entre um empreendimento científico e aspirações religiosas. Isso se torna mais evidente em trechos em que Müller defende, pelo menos implicitamente, uma espécie de "teologia♀ inclusivista da religião", que, embora identificando a atuação divina em outras religiões e certo grau de verdade nelas, apontaria para Cristo como a incorporação humana da verdade completa. Nesse horizonte intelectual subjacente, Müller declarou que o contato com outros povos inspirados pelo amor como verdadeiro fundamento do Cristianismo teria o potencial de transformar e reanimar as religiões locais (Molendijk, 2016, p. 160).

O aspecto mais problemático do trabalho de Müller reside em sua mitológica comparada. A ideia de que as narrativas dos povos indo-europeus seriam resultado de uma distorção das intenções originais das respectivas histórias causou polêmica na época e se intensificou nas décadas seguintes. Isso porque, à medida que o evolucionismo♀ foi sendo desacreditado, um olhar menos ideológico a outras culturas e épocas aumentou a sensibilidade para com estilos cognitivos não modernos e para a avaliação do mito como um gênero textual com características linguísticas próprias. Além da acusação de falta de empatia com o pensamento de povos antigos expressado nos mitos, Müller, sob suspeita de ser vítima, refém ou partícipe da "prudência moral" da burguesia vitoriana, foi criticado pela negligência de elementos-chave dos mitos, como a frequente referência à sexualidade♀. Consequentemente e com poucas exceções (como a categoria do henoteísmo♀), seus conceitos não foram assimilados ao repertório analítico da Ciência da Religião♀.

Bibliografia: BOSCH, L. P. van den. *Friedrich Max Müller: A Life Devoted to the Humanities.* Leiden: Brill, 2002; CHAUDHURI, N. C. *Friedrich Max Müller: Ein außergewöhnliches Gelehrtenleben im 19. Jahrhundert.* Draupadi Verlag: Heidelberg, 2008; CONWAY, M. D. Memories of Max Müller. *The North American Review,* vol. 171, n. 529 (Dec. 1900), p. 884-893; DAVIS, J. R.; NICHOLLS, A. Friedrich Max Müller: The Career and Intellectual Trajectory of a German Philologist in Victorian Britain, Publications of the English, *Goethe Society,* 85:2-3, 2016, p. 67-97; MOLENDIJK, A. L. *Friedrich Max Müller and the "Sacred Books of the East".* New York: Oxford University Press, 2016; MÜLLER, M. *Chips from a German Workshop.* London: Longmans, Green and Co. 1867. Volume I: Essays on the Science of Religion; STONE, J. R. Introduction. In: STONE, J. R. (Ed.). *The essential Max Müller: On language, myth, and religion.* New York: Palgrave Macmillan, 2008. p. 1-23; WHEELER-BARCLEY, M. *The Science of Religion in Britain, 1860-1915.* Charlottesville & London: University of Virginia Press, 2010.

Frank Usarski

MÚSICA

A música é presença constante e massiva nas diferentes tradições e contextos religiosos. Música e religião♀, na verdade, estruturam-se mutuamente. A música aparece em uma variedade imensa de ações religiosas: da formalidade dos rituais e das ações comunitárias à dinâmica individual da vida cotidiana. Possui papel central na transmissão e na transformação das tradições religiosas. Impacta diversas esferas da vida, da economia e da política à devoção individual. Com música, fiéis ao redor do mundo evocam a beleza e conclamam à batalha. Com música, enterram seus mortos e celebram suas mais alegres esperanças. Com música, leem solenemente seus textos sagrados e dançam livremente em momentos rituais e mesmo de lazer.

Em tradições da Índia, a título de exemplo, o som é tido como a fonte sagrada de toda aparência. É como a música articula o caos e ordena o cosmos.

Quando Confúcio enfatizou a ética e a educação como base do governo e da sociedade, a música lá estava a sustentar rituais e atitudes. No Taoismo, poesia e música são caminhos para a realização do Tao. Já no Budismo tibetano a música prepara para a visualização e a meditação℗. O *nigum* judaico, por sua vez, manifesta um cantar que, mesmo sem palavras, induz à experiência extática de alegria. Os salmos cantados são constitutivos para judeus e para cristãos, ao passo que a Reforma℗ Protestante na Alemanha não pode ser pensada sem os hinos de Lutero e de outros compositores. No contexto do Islã, a música pode ser percebida de modo especial no sufismo, mas também na recitação do Corão e nas chamadas de oração℗ (Bowker, 2000, p. 393-394). Exemplos que atestem a centralidade da música para a religião℗ poderiam ser, certamente, levantados em cada evento ou tradição religiosa.

I. A questão da música na Ciência da Religião. Há, mesmo assim, certo consenso em assumir uma significativa lacuna no que tange ao estudo de religião e música na Ciência da Religião℗. A questão, inicialmente, apareceu com alguma relevância no período do surgimento da disciplina na Europa. Dois estudos, nesse sentido, ganham importância. Rudolf Otto℗, em 1917, deu notoriedade à música no clássico *Das Heilige*, ao passo que, quatro décadas depois, Gerardus van der Leeuw℗ retomou o tema, em meio às demais artes, em seu *Vom Heiligen in der Kunst*, de 1932.

Após esta primeira fase, esperou-se mais algumas décadas até a publicação da *Encyclopedia of Religion*, em 1987, o último grande empreendimento de Mircea Eliade℗, que comportou uma significativa seção de verbetes sobre música, com um texto de abertura de Ter Ellingson, *Music: music and religion*, seguido de subverbetes dedicados a várias regiões do mundo (África subsaariana, Austrália, Oceania etc.). Todavia, Eliade℗, e outros dentre os pioneiros da Ciência da Religião℗, tais como Joachim Wach, Joseph Kitagawa e Ninian Smart, não se dedicaram ao tema. Dessa maneira, a despeito de sua ampla relevância para a vida religiosa, o assunto permanece à margem dos interesses centrais das pesquisas em Ciência da Religião℗.

Deve-se, todavia, notar que, desde o final dos anos 1990, esforços internacionais têm avultado principalmente em dois horizontes: o da presença da música como expressão nas religiões mundiais e o do aspecto religioso da cultura *pop* contemporânea. No primeiro caso, o exemplo mais eminente é o livro organizado pelo estudioso do Hinduísmo Guy Beck: *Sacred sound, experiencing music in world religions*, de 2006. No segundo, pode-se citar *Call me the seeker, listening to religion in popular music*, editado por Michael Gilmour, em 2005. Percebe-se, portanto, a presença de duas nuances: a música na religião℗ (Beck) e a religião℗ na música (Gilmour).

Outros expoentes que se dedicaram à questão, e que de alguma forma impactam a Ciência da Religião℗, são Max Weber℗ (1958), com seu *Die rationalen und soziologischen Grundlagen der Musik*, de 1921; e Johan Huizinga (2007), que tratou da questão estruturante do jogo na música em *Homo ludens*, de 1938. Deve-se assumir, nesse sentido, que os estudos realizados em outros campos das humanidades tornam-se constituintes para a Ciência da Religião℗ dedicada à música. Não obstante, as questões conceituais e os paradigmas interpretativos encontram, é claro, diferentes acentos conforme os cânones das disciplinas que se dedicam ao tema. Os estudos de história da música são, inicialmente, basilares, assim como aqueles voltados para questões de teoria musical. A etnomusicologia, acompanhada da antropologia do ritual, é também referência fundamental. Assim também o que se produziu no campo dos estudos de liturgia℗. A Linguística e a Psicologia, à medida que lidam com o som e com efeitos acústicos, também colaboram efetivamente na discussão. No campo da teologia℗ negra estadunidense, Jon Michael Spencer cunhou o termo "teomusicologia", subcampo voltado à interpretação℗ da presença da experiência religiosa℗ na música. De todas essas áreas, a Ciência da Religião℗ se beneficia extraindo-lhes *insights*, questões, abordagens e métodos℗ para o estudo de música e religião.

II. O conceito e o objeto. Quando se passa às questões teóricas e conceituais envolvidas, torna-se difícil, como é de esperar, qualquer tipo de consenso abrangente. Como no caso das definições de religião℗, as conceituações acerca da música padecem de forte etnocentrismo℗ ocidental. Ao passo que cresce a consciência℗ de que o termo "religião℗", como o entendemos, é uma invenção universitária relativamente recente, avulta também o entendimento de que a concepção de música como a arte dos sons, que viabiliza expressões e experiências individuais, é também localizada no tempo e no espaço, não tendo relevância para muitas culturas e tradições religiosas. A própria diversidade interna às concepções religiosas sobre música pode indicar a dificuldade da tarefa de pesquisa acadêmica. Como constatou Ellingson: "Fiéis ouvem música como a voz dos deuses e como a cacofonia dos demônios; ela já foi exaltada como a forma mais pura de espiritualidade℗ e condenada como a mais grave depravação sensual; com igual entusiasmo, promoveram seu uso no culto e tentaram erradicá-la da vida religiosa e secular. É difícil considerar a música um fenômeno neutro. Ela possui grande relevância, seja de forma positiva, seja negativa, o que reflete sua importância quase universal na esfera religiosa. Tal importância é penetrante – e isso a despeito de que possa ser de difícil percepção para ocidentais pós-revolução industrial acostumados a reduzir a música aos campos secundários da 'arte', do 'entretenimento' e da música especificamente 'religiosa', isolada atrás das paredes dos santuários" (Ellingson, 2005, p. 6.248).

Como no caso do conceito de "religião", o modo como se compreendeu a música nos estudos acadêmicos passou por um momento evolucionista, em que se percebia a música europeia como o ápice evolutivo de sua história, tendo como referência o que se tinha como "música primitiva". À medida que a ideia de diversidade musical-cultural ganhou espaço, em um esforço de superação da perspectiva evolucionista, permaneceu, mesmo assim, o problema da definição dos conceitos, uma vez que há questões de ordem técnica e artística envolvidas e que, de fato, se necessita acercar conceitualmente o fenômeno para poder tratar dele academicamente – o que levanta novamente o problema, visto que a linguagem e a percepção acadêmica pertencem originalmente ao mundo ocidental.

A Ciência da Religião, por sua vez, ao passo que surge em um grande esforço filológico de tradução, carrega, mesmo que em germe, certo espírito historicista ou culturalista que favorece a percepção de que as religiões são construídas historicamente em determinados contextos culturais. A atividade hermenêutica demanda, na verdade, tal compreensão. Assim, ao lado de uma percepção ontológica da religião, que indica sua natureza constitutivamente humana, também a dimensão linguística e simbólica esteve no horizonte da disciplina. Na verdade, a concepção de música como fenômeno multifacetado é latente já nos textos de Otto e Van der Leeuw. Todavia, à medida que as abordagens culturalistas ganham a forma do debate pós-moderno ou pós-estruturalista, desde os anos 1960, o problema conceitual recebe uma formulação radical: não é possível definir religião e música, uma vez que cada cultura ou sistema as entende de modo particular. Formulando dessa maneira o problema, a pesquisa pode cair em um tipo de paralisia metodológica, uma vez que, se é verdade que (a) as concepções de religião e música são múltiplas, também o é que (b1) até hoje não se conseguiu abandonar os termos "religião" e "música" e que (b2) está reiteradamente implicada nestes mesmos termos uma determinada concepção subentendida do que é religião e do que é música.

Ellingson chega a afirmar que uma tentativa de definir a música religiosa em "seus próprios termos" pode resultar em uma "coleção de perspectivas ininteligíveis sobre algo que deve ser, em alguma medida, um tema cósmico, divino ou humanamente universal" (Ellingson, 2005, p. 6250). A saída sugerida pelo autor ganha o rumo da abordagem de questões técnicas que envolvem a música nos diferentes contextos religiosos, uma vez que a voz e/ou algum tipo de instrumentação que produz som estarão sempre envolvidos. Surgem, então, na visada da pesquisa as relações entre canto, melodia, palavras, ritmo, instrumentos musicais etc. Ao tentar,

porém, evitar o problema do etnocentrismo pela via técnico-musical, o autor vê-se novamente preso a conceitos elaborados no âmbito da teoria musical ocidental.

Um entendimento mais promissor parece vir da estética musical. Andrew Kania (2017), no verbete *The philosophy of music*, publicado na *Stanford Encyclopedia of Philosophy*, apresenta o problema da definição de música no horizonte da relação entre uma dimensão tonal e uma dimensão estética. Algo semelhante ao que José Miguel Wisnik, em *O som e o sentido* (2017), chama de física e metafísica do som. A primeira indica o aspecto técnico, as questões físicas e acústicas envolvidas na produção do som, ao passo que a segunda está para a produção e a recepção do som, atinente, portanto, às diferentes possibilidades de experiência, criação e interpretação. Para Kania, ambas as dimensões precisam ser consideradas. Nessa perspectiva, Kania define música como: "(1) qualquer evento produzido ou organizado intencionalmente (2) para ser ouvido e (3) ou (a) para ter uma característica musical básica como afinação ou ritmo, ou (b) para ser escutado em função de tais características". Essa parece ser uma perspectiva equilibrada para enfrentar a questão conceitual também no âmbito da Ciência da Religião, uma vez que possibilita reservar espaço concomitante para a percepção acadêmica e para o entendimento propriamente religioso sobre música e religião.

Seguindo-se a percepção de Kania, abre-se um leque amplo de fenômenos e experiências musicorreligiosas. Podemos, nesse sentido, concordar com o acercamento do objeto realizado pelo liturgiologista Felice Rainoldi, para quem, sob o termo geral "música", "[...] deveriam ser incluídos todos os eventos acústicos, emitidos de várias fontes (isoladas ou concomitantes), organizados de modos variados segundo escolhas/dosagens de um ou mais elementos de formalização (por exemplo, timbre, ritmo...), estruturados de acordo com gramáticas e sistemas de diversos tipos (modos, escalas...). No nosso caso, o espaço se estende do sinal emitido por uma cascavel até o concerto de sinos, de um solo de trombeta a uma sinfonia de órgão, da recitação entoada de um ministro da Palavra à melodia aprimorada de um vocalista, da intervenção em solo ao coral da mais harmoniosa polifonia. Música é tudo isto, e uma história da experiência musical (não só na liturgia) deveria ocupar-se dela sem preconceitos, de oposições ideológicas e sem discriminações aprioorísticas" (Rainoldi, 1992, p. 158).

Nesse esforço de pesquisa interdisciplinar surge, então, a relação entre som e música. Se é verdade que a música supõe alguma forma de organização do som, é também verdade que os modos e estilos de organização do som ou apreciação estética variam infinitamente no tempo e no espaço. Ade-

MÚSICA

mais, ao lado do som, também o silêncio e o ruído constituem rudimentos da música em sua interface com a religião☉ (Wisnik, 2017, p. 28-32). Trata-se de uma paisagem rica, dinâmica e complexa que estimula os interesses da pesquisa em Ciência da Religião☉.

Guy Beck, por exemplo, aponta a relevância da questão do canto e da canção religiosa, em vista de que significados religiosos são neles articulados através da interação entre mito e rito. O autor argumenta que o que normalmente é chamado de "recitação" nas tradições religiosas não é meramente uma leitura audível, mas essencialmente uma recitação tonal que inclui o uso de uma ou de algumas notas musicais. Para ele, o termo "cantilena" seria mais preciso que "recitação" (Beck, 2006, p. 18-20). Nesse sentido, uma vez que o "canto" engloba a "cantilena", constitui uma categoria mais abrangente que inclui o uso de escalas musicais completas, como no canto gregoriano. Canto e cantilena trazem à existência a canção religiosa: ao passo que as letras refletem o conteúdo mítico de uma tradição, o contexto performativo de tais canções liga-se a determinada liturgia☉ ou ritual. Dando vida a mitos e ritos, estariam, assim, ondas sonoras dinamizando grandezas de periodicidade e pulso, duração e altura, timbre e intensidade (Wisnik, 2017, p. 21-28).

III. Possibilidades de interpretação. Em termos de correntes interpretativas sobre música e religião☉, pode-se acercar ao menos três possibilidades: a) uma alinhada à ideia da especificidade da experiência estético-musical, que encontra equivalência na singularidade da experiência religiosa☉; b) outra que salienta na música e na religião☉ o traço de processo histórico produzido social e culturalmente; e c) ainda outra que busca assumir a tarefa de pesquisa a partir da estruturação clássica da Ciência da Religião☉ em dois momentos: um sistemático, outro histórico.

a) A primeira linha interpretativa tem em Rudolf Otto☉ seu expoente inicial. Deve-se sublinhar, todavia, que Otto☉ não se dedicou à música em primeiro plano, valendo-se, antes, dela para melhor compreender o sagrado☉. Nesse esforço, mesmo assim, o autor elenca diversas homologias entre a música e a religião. Segundo Otto☉, o que a música desperta se relaciona a uma "predisposição natural", algo que "vem de dentro", em "estado bruto", que é estimulado e atingido pelos sons musicais. Há, para Otto☉, uma dimensão irracional na música, assim como no sagrado☉, e nisso consiste sua primeira fonte e sua força. Nesse sentido, a música, assim como o numinoso☉, possui um caráter de "outridade", uma vez que não pode ser reduzida à expressão desta ou daquela ideia ou imagem☉, ou a algo que possa ser plenamente racionalizado. A canção, nesse sentido, é música já racionalizada, em função do que busca expressar em termos de letra (Otto, 2007, p. 88, 112). O que vale fundamentalmente, nesse caso, e

que atesta o caráter singular da música, é o que se move no nível interior do sentimento, anterior à letra e à racionalização religiosa: "Mediante sentimento pode-se 'entender' profundamente, sem que o entendimento 'compreenda', por exemplo, música. O que em música é conceitualmente compreensível nem é música. Conhecer e compreender conceitualmente não são a mesma coisa, inclusive, muitas vezes, se encontram em posição mutuamente excludente" (Otto, 2007, p. 171).

O que permite, nessa óptica, a experiência musical é a intuição. Como no caso da experiência do *nume*, a experiência musical é dependente de um *a priori*, intuitivo, que é posto em movimento pelos sons musicais e proporciona a impressão que se efetua na e pela música, em um processo, portanto, relacional. A experiência musical encontra, assim, equivalência paralela à experiência religiosa☉, sem, porém, com ela identificar-se.

Influenciado por Otto☉, Geradus van der Leeuw☉ segue caminho semelhante, quando diz que a "beleza do som reforça o poder das belas palavras. Cantar é mais eficaz que falar" (Leeuw, 1963, p. 217). Para o autor, a religião☉ perde mais sem a música do que sem as palavras. Todavia, argumenta, se é verdade que, por um lado, "a música representa a grande luta por alcançar o totalmente outro", por outro lado "ela jamais o poderá expressar" (Leeuw, 1963, p. 227, 225). Não há como dizer o indizível, em outras palavras.

A obra de Van der Leeuw☉ a que nos referimos comporta, de fato, uma significativa sessão voltada ao tema "Música e religião☉". No epílogo de tal parte da obra, Leeuw☉ escreve uma "Estética☉ teológica da música", em que desenvolve um longo debate com Schopenhauer. Emulando o filósofo, segundo o qual a música não precisa de conteúdo, porque é em si mesma um mundo, Van der Leeuw☉ assume que a música constitui uma nova realidade, afastando-se da ideia de música como reprodução ou representação de emoções ou do real e argumentando em prol do caráter encarnacional, sacramental da música, que em sua forma manifesta a essência fundante do mundo, o fundamento do ser. Rearticula-se nesse argumento a discussão atinente ao universo do idealismo alemão acerca da dialética entre o eterno e o temporal, o infinito e o finito. Em Van der Leeuw☉, todavia, isso se dá em termos propriamente musicais. Utilizando-se de outro filósofo, Edward Hanslick (2011), em *Vom Musikalisch-Schönen*, de 1854, que fora também lido por Otto☉, Van der Leeuw☉ afirma que a beleza de uma peça musical é especificamente musical. Todavia, quando se conecta à poesia, o poder da música é expandido (Leeuw, 1963, p. 252). Para o autor, nessa natureza peculiar da música manifesta-se uma essência, que pode também ser percebida de modo incompleto no mundo como um todo.

Em uma perspectiva que pertence também ao horizonte das relações dialéticas entre o infinito e o finito, o eterno e o temporal, está a teologia da cultura de Paul Tillich, que inspirou inúmeros estudos de arte e religião e é amplamente influente também no Brasil, especialmente nas pesquisas sobre literatura e religião. A perspectiva de Tillich deve ser alocada também nesse primeiro grupo, ainda que ele tenha preferido as artes plásticas em suas análises, mormente o expressionismo. Partindo de um conceito de religião como uma "preocupação última", que move de forma incondicional, Tillich entende que a "religião é a substância da cultura" e que a "cultura é a forma da religião" (Tillich, 2009, p. 83). Há, por isso, sempre algo de substância (do que é infinito) no que aparece culturalmente (de modo finito). Se a vida cultural expressar algum nível de profundidade existencial, tal profundidade é de ordem religiosa. Nesse horizonte, Tillich efetua uma análise teológica de obras de arte, entendidas como cultura, nas quais se expressa sua substância religiosa, estejam ou não fazendo uso de símbolos ou ideias tradicionais entendidas como religiosas.

Não há, por isso, espaço em Tillich para a noção de "música pela música". Trata-se sempre da expressão de uma substância espiritual. Nisso, Tillich, Van der Leeuw e Otto estão equiparados. Ou seja, o caráter de "outridade" da música não equivale à ideia de "música pela música". A concepção de música de Rubem Alves (por exemplo, *A alegria da música*) deve ser, assim também, alocada nesta perspectiva: como a religião, a música é a presença de uma ausência, há uma dialética constitutiva entre o presente e o ausente, o finito e o infinito, ou o condicionado e o incondicionado, como preferia Tillich, e não apenas uma presentificação da linguagem artística.

b) A segunda perspectiva não possui, no âmbito da Ciência da Religião dedicada à música, uma tomada classicamente influente como a primeira. É, mesmo assim, digna de nota, uma vez que é saliente e mesmo hegemônica em outras esferas da atividade de pesquisa na área. De fato, não é surpreendente que os mínimos esforços de interpretação em religião e música tenham justamente aparecido no âmbito da primeira perspectiva, em virtude de sua tradicional atenção ao sentimento e à dimensão experiencial e psicológica – que se situam fora do foco central das abordagens social-científicas. Nos servirá de base para a segunda possibilidade de abordagem um artigo de Isabel Laack, *Sound, music and religion: a preliminary cartography of a transdisciplinary research field*. O texto apresenta um panorama atento do campo e foi publicado, em 2015, na eminente revista holandesa *Method and theory in the study of religion*.

O argumento de Laack visa à construção de uma base metodológica para o estudo das relações entre som, música e religião, considerando-o como um campo de pesquisa *transdisciplinar* e *secular*. Com a ideia de transdisciplinaridade, a autora busca evitar a superespecialização que estaria implicada na criação de uma nova subdisciplina da Ciência da Religião, como seria o caso de uma musicologia (ou acusticologia) da religião. Ao invés disso, Laack pretende enfrentar o estudo de religião e música rompendo com as fronteiras das disciplinas tradicionais e combinando suas diferentes perspectivas, a fim de obter uma visão holística desse complexo aspecto da vida humana. Para tanto, chama à baila o que se produziu internamente ao campo da Ciência da Religião, assim como na musicologia, mas também em outras áreas, como os estudos históricos, a etnomusicologia e os estudos de ritual (Laack, 2015, p. 222).

A questão relativa à secularidade do campo de pesquisa, por sua vez, consta no argumento como uma "decisão epistemológica", e consiste no traço que nos permite acercar o fundamento de sua perspectiva como parte da segunda abordagem acima mencionada. A autora indica dois principais polos que dividem a Ciência da Religião. Segundo ela, por um lado estariam aqueles próximos da Teologia e dos estudos comparados de religião, que preferem epistemologias hermenêuticas e se identificam com as humanidades. Para estes, que optam por "falar *com* as pessoas, e não apenas *sobre* elas", a questão do sentido de ser humano é um ponto fulcral. Tal acercamento equivale, em linhas gerais, à primeira perspectiva sobre música e religião aqui elencada. Por sua vez, por outro lado, conforme Laack, estariam aqueles que entendem a primeira perspectiva como "criptoteológica". Identificando-se com os estudos culturais, as Ciências Sociais e por vezes as Ciências Naturais têm preferência pelas epistemologias positivistas e possuem questões intelectuais que diferem fundamentalmente das preocupações religiosas das pessoas estudadas. Esta seria a perspectiva secular, assumida pela autora, para o estudo de som, música e religião. Laack entende que o segundo polo, que poderia ser denominado de "estudo cultural da religião", corresponde às principais correntes no estudo da religião em voga na Europa; ao passo que o primeiro polo estaria majoritariamente representado na *American Academy of Religion* (AAR). Já a *North American Association for the Study of Religion*, formada em ruptura à AAR, representaria na América do Norte a presença da epistemologia secular da religião (Laack, 2015, p. 229): "Com relação aos fundamentos desta abordagem, os seguintes tópicos são mencionados: a aplicação da razão e da racionalidade expressa em argumentação lógica e ancorada nos princípios postulados pelo Iluminismo, os axiomas de verificabilidade e/ou falseabilidade, uma crença no caráter intramundano e não absoluto do conhecimento secular, coroado pela reflexividade crítica. O ideal é o de esforçar-se no sentido da não normatividade nas teorias científicas e de excluir avaliações das crenças das pessoas religiosas e de seu comportamento. Subjacente a este esforço está a busca de objetividade e neutralidade que é influenciada fortemente pelas epistemologias tradicionais das ciências naturais e sociais" (Laack, 2015, p. 229-230).

Este não é o espaço adequado para a apreciação crítica das correntes epistemológicas implicadas no debate, o que exigiria maior vagar. Tomemos, mesmo assim, por um momento, os polos elencados por Laack como caricaturas, em que estariam exagerados os traços. Nesta visada, o primeiro polo não seria na realidade tão ingenuamente religioso, uma vez que é informado academicamente por uma forte tradição moderna (Paul Tillich, por exemplo, assume claramente que em sua Teologia Deus é um símbolo do incondicional, entendendo este como uma qualidade da experiência humana, não referente, portanto, a nenhuma ideia de mundo suprassensível). Já o polo iluminista, por sua vez, não estaria assim tão afastado de questões de sentido último (termos como "decisão", "axioma" e "crença", utilizados por Laack, nos permitem, afinal, tal ponderação).

c) Encarar o debate nesta perspectiva nos possibilita adentrar a terceira possibilidade já indicada para a Ciência da Religião dedicada à música. Trata-se da compreensão clássica da estruturação da Ciência da Religião em dois momentos complementarmente articulados, um sistemático e outro histórico, formulada inicialmente por Joaquim Wach. No primeiro momento, a pesquisa volta-se para as diferentes formas que a religião ganha no tempo e no espaço ao longo da história. É o momento de privilegiar analiticamente o específico em meio à diversidade incontável da religião, conhecer a fundo, mergulhar na singularidade de uma tradição, de uma instituição ou grupo, de uma sociedade ou cultura. No segundo momento, privilegia-se a visada para o geral, em um esforço de síntese. É a hora do voo de pássaro, em que o pesquisador se debruça por sobre as diversas singularidades do objeto a fim de construir categorias interpretativas gerais que possibilitem o entendimento da religião enquanto fenômeno humano. Se no primeiro momento percebem-se *as* religiões, em sua diversidade, no segundo trata-se de vislumbrar *a* religião, no singular.

O ganho conceitual mais eminente desta perspectiva, aplicada ao estudo de religião e música, é a superação da dicotomia arraigada entre a primeira e a segunda percepção já delineadas por Laack. Ou seja, a possibilidade de conjugação entre, por um lado, o esforço de compreensão dos traços constitutivos e da natureza da religião e da música daquilo que permite identificar tal fenômeno como prática ou experiência religiosa e musical; e, por outro lado, as diversas construções histórico-culturais dinamizadas em eventos religiosos e musicais. É importante notar que não se trata aqui de haver na atividade de pesquisa um momento sobrenatural (o sistemático) e

outro natural (o histórico). Ambos constituem perspectivas complementares de uma mesma atividade acadêmica, metodológica e teoricamente controlada, voltada ao estudo e à interpretação de uma atividade humana. Não se trata, em outras palavras, de discutir se a música é ou não uma revelação ou um dom divino, mas de buscar compreender a natureza da religião e da música em atos míticos e rituais.

IV. Recepção do debate. Nos países de língua portuguesa, a recepção dos estudos sobre religião e música ecoa a escassez da produção mundial. São esparsos os trabalhos em Ciência da Religião, e não constituem um esforço sistemático. De fato, não é ainda possível notar um esforço de definição de um campo de pesquisa com literatura e objetos mais bem definidos. As dissertações e teses que envolvem religião e música correspondem à tendência de disciplinarização, estando ora mais para a filosofia ou a teologia, ora mais para a Sociologia e a Antropologia, ou a História, sem que se avente a construção de um cânon próprio à Ciência da Religião. Outro traço aparente nas análises é a primazia das letras sobre a música, o que deixa escapar justamente o que é mais próprio e constitutivo do campo em questão.

Em Portugal, a maior parte dos estudos em música e religião advém da musicologia, dedicados à história da música religiosa em Portugal. Eles encampam principalmente o que se produziu no ambiente musical católico nos últimos séculos. Mencione-se, como exemplo, os estudos de Manoel Pedro Ferreira, "A música religiosa em Portugal por volta de 1500" (2004), e de José Maria Pedrosa Cardoso, "Em busca do peculiar na música sacra portuguesa dos séculos XVI, XVII e XVIII" (2012). Como em Portugal, não há notícia de produção em Ciência da Religião sobre música nos demais países de fala portuguesa.

No Brasil, vale mencionar dois casos como referência. São dignos de nota, primeiramente, os estudos realizados no âmbito da Ciência da Religião por Jaci Maraschin, voltados também para a questão litúrgica. Escrevendo sob inspiração da teologia da libertação, Maraschin propõe-se pensar horizontes para a liturgia cristã na perspectiva da América Latina, especialmente dos excluídos. Nesse objetivo, movimenta um aparato intelectual de fôlego e oferece preciosos *insights* para a Ciência da Religião interessada em música. Tratando, por exemplo, dos sons da liturgia, afirma que, enquanto a sociedade capitalista cria uma acústica da morte, os sinos das igrejas constituem sons da vida (Maraschin, 1996, p. 96): "De bronze e de complexas ligas metálicas, os sinos evoluíram de sons simples a complicadas tessituras de timbres. No alto das torres, transformaram-se em belíssimos instrumentos musicais, capazes de reproduzir não apenas melodias, como também harmonias. [...] São considerados festivos quando bimbalham com rapidez em tons maiores e tendem aos sons mais altos da escala musical. São considerados solenes e tristes quando soam vagarosos, pausados, preferindo os sons mais graves. No primeiro caso, anunciam a ressurreição de Cristo, os grandes festivais da Igreja♀, os tratados de paz e as alegrias da comunidade. No segundo caso, a morte♀" (Maraschin, 1996, p. 96-97).

Nesse passo, Maraschin, que foi também instrumentista e compositor, consegue sucesso em construir algo dificílimo, porque demanda sensibilidade e escuta: interpretar e traduzir em linguagem acadêmica uma experiência musical que acontece para além das palavras. Ele não se atém, portanto, ao significado textual dos cânticos, das letras religiosas, indo à busca dos sentidos mais propriamente musicais.

O outro esforço brasileiro de interpretação♀ em música e religião♀ vem de inspiração♀ tillichiana. Uma busca rápida usando a palavra "música" no portal da revista *Correlatio*, publicada pelo Grupo de Pesquisa Paul Tillich, da Universidade Metodista de São Paulo, e pela Sociedade Paul Tillich do Brasil, resultou em sessenta e oito diferentes itens, entre artigos e editoriais. O texto a ser aqui destacado é fruto deste ambiente acadêmico. Trata-se da tese doutoral de Carlos Eduardo Brandão Calvani, intitulada "Teologia♀ e MPB", defendida naquela universidade e publicada em 1998. Calvani constrói no texto uma ampla introdução à teologia♀ da cultura, levantando os fundamentos filosóficos e teológicos nela implicados e demonstrando o caminho intelectual de Tillich na direção da estética♀. A partir de tal aparato conceitual, segue, então, rumo a uma interpretação♀ da música popular brasileira. Apresenta, inicialmente, um panorama que passa pelos modernistas, pelo samba, pela bossa nova e pelo tropicalismo, para então aprofundar sua interpretação♀ a partir de canções de Chico Buarque de Holanda, Caetano Veloso, Gilberto Gil, Raul Seixas, Renato Russo, Cazuza e Titãs. Para o que aqui nos interessa, o trabalho de Calvani é exemplar, uma vez que constitui uma iniciativa que consegue articular na prática da pesquisa e textualmente um momento sistemático (a questão da cultura♀ em Tillich) e outro histórico (as canções da MPB em seus contextos culturais). O tema da experiência propriamente musical, presente no trabalho de Maraschin, fica, todavia, diminuído na tese doutoral de Calvani, em função mesmo da importância conferida às letras, o que decorre da própria perspectiva tillichiana adotada.

Calvani, todavia, em artigo publicado em 2015, "Religião e MPB: um dueto em busca de afinação", apontou também os limites da abordagem tillichiana, em se tratando especificamente da música popular. No artigo, Calvani sublinha a preferência de Tillich pela dita "alta cultura" e pelas vanguardas artísticas, assim como a valorização por parte de Tillich de determinado "conteúdo" que se deseja encontrar na arte, dependente, portanto, das palavras. Calvani situa, nesse texto, a MPB no ambiente de uma cultura♀ média (algo entre a "alta cultura" e a "cultura popular") e vê na canção popular brasileira a união inextrincável entre poesia e música. Afirma, nesse sentido, que "no gênero 'canção', letra, melodia e harmonia se mesclam em uma relação dinâmica de significados verbais e efeitos linguísticos conduzidos por um ritmo particular" (Calvani, 2015, p. 43). Encerra o artigo discutindo as ideias de Luigi Pareyson acerca da coincidência entre espiritualidade♀ e fisicidade na obra de arte.

***

É provável que se identifique a falta de algum estudo ou mesmo de alguma perspectiva significativa para além destas aqui apresentadas. O leitor pode também notar a preferência por tratar de questões mais gerais, não atinentes a esta ou àquela tradição específica. Este texto constitui, todavia, mais um horizonte do que um mapa bem definido, que pode, mesmo assim, colaborar na introdução ao debate neste campo de estudos em formação. O trabalho a ser feito indica a construção de um instrumental teórico próprio à Ciência da Religião♀, ainda que inter ou transdisciplinar, bem como o aprofundamento descritivo e analítico dos mais diversos fenômenos musicais e religiosos constitutivos das práticas de fé♀.

Bibliografia: ALVES, R. A alegria da música. In: ALVES, R. *Na morada das palavras* (crônicas). 3. ed. Campinas, SP: Papirus, 2003, 2008; BECK, G. L. (Ed.). *Sacred sound*: Experiencing music in world religions. Ontario: Wilfried Laurier University Press, 2006; BOWKER, J. (Ed.). *Concise Oxford Dictionary of World Religions*. Oxford: Oxford University Press, 2000; CALVANI, C. E. Religião e MPB: um dueto em busca de afinação. Revista Eletrônica *Correlatio*, v. 14, n. 28, dez. 2015, p. 29-54; CALVANI, C. E. *Teologia e MPB*. São Paulo/São Bernardo do Campo: Loyola/Umesp, 1998; CARDOSO, J. M. P. Em busca do peculiar na música sacra portuguesa dos séculos XVI, XVII e XVIII. In: CARDOSO, J. M. P.; MIRANDA, M. L. (Coords.). *Sons do clássico*: no 100º aniversário de Maria Augusta Barbosa. Coimbra: Imprensa da Universidade de Coimbra, 2012. p. 101-122. Disponível em: <https://digitalis-dsp.uc.pt/bitstream/10316.2/30038/1/10-Sons%20do%20Cl%c3%a1ssico%20-%202012.pdf?ln=pt-pt>. Acesso em: 09/05/2019; ELLINGSON, T. Music: music and religion. In: JONES, L. (Ed.). *Encyclopedia of Religion*. 2nd ed. Farmington Hills: Thomson Gale, 2005. Vol. 9, p. 6248-6256; FERREIRA, M. P. A música religiosa em Portugal por volta de 1500. In: *III Congresso Histórico de Guimarães*. D. Manoel e sua época, 2004. p. 203-216. Disponível em: <https://ch.guimaraes.pt/uploads/actas/3CH/2sec/3ch-2sec-012.pdf>. Acesso em: 09/05/2019; GILMOUR, M. (Ed.). *Call me the seeker*: Listening to religion in popular music. New York/London: Continuum, 2005; HANSLICK, E. *Do Belo Musical*: um contributo para a revisão da estética da arte dos sons. Covilhã: LusoSofia Press, 2011. Disponível em: <http://www.lusosofia.net/textos/hanslick_eduard_do_belo_musical.pdf>. Acesso em: 09/05/2011; HUIZINGA, J. *Homo ludens*: o jogo como elemento da cultura. São Paulo: Perspectiva, 2007; KANIA, A. The philosophy of music. In: ZALTA, E. N. (Ed.). *The Stanford Encyclopedia of Philosophy*. Fall 2017 Edition. Disponível em: <https://plato.stanford.edu/archives/fall2017/entries/music/>. Acesso em: 26/03/2019; LAACK, I. Sound, music and religion: a preliminary cartography of a transdisciplinary research field. *Method and theory in the study of religion*, n. 27, Leiden: Koninklijke Brill, 2015, p. 220-246; LEEUW, G. van der. *Sacred and profane beauty*: The holy in art. New York: Holt, Rinehart and Winston, 1963; MARASCHIN, J. *A beleza da santidade*: ensaios de liturgia. São Paulo: ASTE, 1996; OTTO, R. *O sagrado*: os aspectos irracionais na noção do divino e sua relação com o racional. São Leopoldo/Petrópolis: EST/Sinodal/Vozes, 2007; RAINOLDI, F. Canto e música. In: SARTORE, D.; TRIACCA, A. *Dicionário de liturgia*. São Paulo: Paulinas, 1992. p. 158-169; TILLICH, P. *Teologia da cultura*. São Paulo: Fonte Editorial, 2009; WEBER, M. *The rational and social foundations of music*. New York: Southern Illinois University Press, 1958; WISNIK, J. M. *O som e o sentido*: uma outra história das músicas. 3. ed. São Paulo: Cia. das Letras, 2017.

Arnaldo Érico Huff Júnior

N

NATUREZA

A construção de sentido do termo "natureza" abrange diferentes áreas do conhecimento e tem sido objeto de reflexão tanto das ciências naturais quanto sociais. Para os gregos, natureza definia nascer ou nascimento. Ser e estar nascido. Para Aristóteles, "aquilo que possui em si mesmo um princípio de movimento e fixidez"; em Descartes "a essência ou a natureza da alma♀ é a de pensar" (Rezende, 1996).

Existem muitas definições para o vocábulo, entre outras, podemos citar: conjunto de leis que presidem à existência das coisas e à sucessão dos seres; força ativa que estabeleceu e conserva a ordem natural de tudo quanto existe; conjunto de todas as coisas criadas; aquilo que constitui um ser em geral, criado ou *incriado*; ou, ainda, essência ou condição própria de um ser, de uma coisa (Laurosse, 2007).

Poderemos observar a noção de natureza construída a partir das ciências naturais, apresentando-se como campo ontológico autônomo, passível de experimentação e tomando como foco de análise suas leis e regularidades e o paralelo que as teologias♀ das religiões instituídas se pautam para defender suas doutrinas diante do avanço científico; e as visões das Ciências Sociais, como resultado de desdobramento do conhecimento e da história. Nesse sentido, as conceptualizações produzidas sobre o termo "natureza" apresentam diferenças muito expressivas, que acabam por redefini-la constantemente enquanto objeto de conhecimento, percorrendo caminhos que vão desde a Geografia e a Antropologia até a Biologia♀ e a Física (Vargas, 2003).

Definir natureza a partir da reflexão do contexto da Ciência da Religião♀ pressupõe relacionar suas origens históricas e suas transformações de sentido ao longo do tempo. Levar em consideração os desenhos e contornos da noção de natureza nas chamadas ciências naturais e sociais e nas teologias♀ (tanto das religiões instituídas como daquelas chamadas modernas e fluidas, a exemplo da Nova Era e dos frutos da Bricolagem♀) é objeto para a Ciência da Religião♀.

Observaremos para tanto que suas definições durante muito tempo refletiam a visão euroamericana do mundo e de si mesmo. Só muito lá na frente, nos estudos da Antropologia e da Sociologia, iremos ter novas perspectivas para a definição de natureza e de que como se trata de uma palavra cujo significado dependerá de seu contexto. Contudo, interessante observar como a palavra torna-se a definição para culturas que nem sequer tinham algo que expressasse a mesma intenção, no caso das culturas dos povos originários.

I. Ciências da natureza e religião. Classificam-se como ciências naturais todas aquelas que têm como objetivo o estudo da natureza, seus aspectos gerais, e também os fundamentais. Seu foco está nos aspectos físicos e não nos comportamentais, até porque nesse contexto a espécie humana é apenas parte integrante da natureza, não ocupa nenhum lugar especial no mundo, estando suscetível às mesmas regras que regem todo e qualquer evento físico, biológico ou químico do universo. E aqui reside o ponto, que adiante veremos, de tensão com as teologias♀.

Para uma leitura histórica das ciências naturais, partimos do Renascimento, com ênfase a partir do século XVIII, quando se assistiu a uma oposição entre "Idade das Trevas" (Idade Média) *versus* "Idade da Luz" (Iluminismo♀), que trazia a ciência emergente como grandes fatos de mudança. Dessa época vem o termo "revolução científica", que teria ocorrido em oposição aos poderes que a Igreja♀ desempenhava. Copérnico, Giordano Bruno e Galileu lideravam a luta contra o obscurantismo em prol do esclarecimento das mentes.

Mas foi a partir do século XIX que assistimos claramente que as novas definições para natureza feitas pela ciência propuseram novas pautas às teologias♀ protestantes e católicas, buscando fazer frente à disseminação do conhecimento científico. Isso se deu em particular com a proposição do mecanismo de seleção natural para a evolução das espécies por Charles Darwin♀, em 1859, ano em que foi publicado o livro *A origem das espécies*. O embate e as consequências provocadas pelas teorias darwinianas também são explicáveis. Segundo o historiador Ernan MacMullin, há duas possibilidades de estabelecer uma relação entre a doutrina e o conhecimento da natureza, seguindo o "princípio de relevância" e o "princípio da neutralidade". Para o princípio da relevância, os fatos e as teorias científicas influenciaram a compreensão de Deus e o campo de seu domínio ou criação (*sic*). Teorias como as do *Big-Bang* teriam peso nas doutrinas da criação do mundo. Já o da neutralidade poderia ser entendido dizendo que as teses científicas, por serem imutáveis, podem contar pouco ou nada a respeito da "substância" das doutrinas cristãs (Cruz, 2013).

Eduardo Cruz (2013), no *Compêndio de ciência da religião*, lembra que místicos de todos os tempos tenderam, e tendem, a ver continuidade entre natureza e criação, seria o caso de Galileu, que, para Cruz, seria um famoso caso que recorreria ao segundo princípio de MacMullin para mostrar que sua ciência e seu Cristianismo eram compatíveis – "a ciência explica os céus, enquanto a Teologiaρ explica como se vai aos céus", dizia Galileu.

O século XIX foi tomado pela construção de uma apologética para fazer frente à disseminação do conhecimento científico, e à gradual hegemonia dos cientistas, quase todos ateus ou agnósticos, nos postos de comando das universidades. Os apologéticos, então, se esforçam para continuar a dominar os debates e em certa conta concordar que as afirmações bíblicas sobre a criação seriam compatíveis com conhecimentos científicos, bastando a interpretaçãoρ correta. E o princípio da neutralidade se acentua com a intenção de proteger a doutrina de perguntas que ofereceriam certos desagrados e desconfortos. E isso ocorre com a proposição do mecanismo de seleção natural para a evolução das espécies de Charles Darwinρ, em 1859. Darwinρ, ao enfatizar o papel do acaso e da necessidade, aparentemente tornava supérfluo o mito da ação de Deus no mundo tanto na explicação da origem quanto dos seus domínios. As proposições darwnianas trouxeram impactos profundos no mundo de protestantes e católicos. No Protestantismo, abriu-se campo para o fenômeno do fundamentalismoρ, e para os católicos, mesmo sem dizerem explicitamente, deixam claro que toda a teoria da evolução deixaria de fora a noção de almaρ humana (Cruz, 2013).

No contexto atual das ciências da natureza, os representantes naturalistas Daniel Dennett (1995) e Richard Dawkins (1986) partem do princípio de que a natureza se explica a si própria, sem necessidade de "outro mundo", e os humanos, como produto dessa natureza, não têm de esperar por uma posição especial. Ou seja, nenhuma condescendência viria da natureza em relação aos humanos. Tal descrição daria elementos fundantes para o neoateísmo, diriam. Contudo, veremos mais adiante que, no que tange aos *Direitos da Natureza*, considerar tal posicionamento e a figura de *Pacha Mama* daria espaço para novas perspectivas teológicas.

II. Natureza (e pureza) e cultura. Vemos o primeiro uso dicotômico de natureza na definição de culturaρ em Edward Tylorρ, em seu livro *Primitive Culture* (1871). Para ele culturaρ pode ser objeto de um estudo sistemático, pois se trata de um fenômeno natural que possui causas e regularidades, permitindo um estudo objetivo e uma análise capazes de proporcionar a formulação de leis sobre o processo cultural e a evolução.

Buscando apoio nas ciências naturais, pois considerava a cultura como um fenômeno natural, Tylorρ escreveu: "[...] quando falamos dos altos processos do sentimento e da ação humana, do pensamento e linguagem, conhecimento e arte, uma mudança aparece nos tons predominantes de opinião. O mundo como um todo está francamente preparado para aceitar o estudo geral da vida humana como ramo da ciência natural. Para muitas mentes educadas parece alguma coisa presunçosa e repulsiva o ponto de vista de que a história da humanidade é parte e parcela da história da natureza, que nossos pensamentos, desejosρ e ações estão de acordo com leis equivalentes àquelas que governam os ventos e as ondas, a combinação dos ácidos e das bases e o crescimento das plantas e animais" (Tylor apud Laraia, 1986, p. 31).

Ainda durante o século XIX, segue nesse mesmo pensamento acerca da definição de "natureza sagrada" do homem. Permanecemos com a escolha da palavra "homem" em vez de "humana". Pois, de fato, Tylorρ está falando mesmo da "natureza do homem" que produz a teologiaρ europeia, o que traduz muito do *background* de Tylorρ. Dessa forma, Tylorρ afirma: "Mas outros obstáculos para a investigação das leis da natureza humana surgem das considerações metafísicasρ e teológicas. A noção popular do livre-arbítrio humano envolve não somente a liberdade de agir de acordo com motivações, mas também o poder de quebrar a continuidade e de agir sem causa [...]. Felizmente, não é necessário adicionar mais nada à lista de dissertações sobre a intervenção sobrenatural e causação natural, sobre liberdade, predestinaçãoρ, responsabilidade. Podemos rapidamente escapar das regiões da filosofia transcendental e da Teologiaρ, para iniciar uma esperançosa jornada sobre um terreno mais prático. Ninguém negará que, como cada homem conhece pelas evidências de sua própria consciênciaρ, causas naturais e definidas determinam as ações humanas" (Tylor apud Laraia, 1986, p. 32).

Tylorρ, ao discutir as questões mencionadas, estava reafirmando a igualdade da natureza humana, "que pode ser estudada com grande precisão na comparação das raças do mesmo grau de civilização". Ele desenvolveu suas ideias na efervescente Europa produtora de novos sentidos diante do impacto que Darwinρ causou com sua obra *A origem das espécies*, e que a então nascente Antropologia foi dominada pela estreita perspectiva do evolucionismoρ unilinear (Laraia, 2001, p. 33).

Entretanto, no caminhar dos anos, um reconhecimento implícito entre as qualidades e os processos orgânicos (naturais) e as qualidades de processos sociais foi posto à reflexão. Podemos citar o antropólogo norte-americano Alfred Kroeber (1917), em seu artigo "O Superorgânico", mostrou como a cultura atua sobre o indivíduo humano, e junto com esse tema discutiu diversos outros, colocando em xeque um conjunto de crençasρ populares; postulou entre elas a de que com a culturaρ a humanidade distanciou-se do mundo animal (natural ou de sua natureza inata). Para Kroeber, não se podia ignorar que o indivíduo humano, membro proeminente da classe dos primatas, depende muito de seu equipamento biológico para se manter vivo e, independentemente do sistema cultural ao qual pertença, ele tem de satisfazer um número de funções vitais, como alimentação♀, sono, respiração, atividade sexual etc. Mas, embora tais funções sejam comuns a toda a humanidade, a maneira de satisfazê-las varia de cultura♀ para cultura. Para ele, suas heranças genéticas nada teriam a ver com suas ações e pensamentos, pois todas as suas ações dependeriam de um processo de aprendizado. Logo, para Kroeber, o indivíduo humano criou seu próprio processo evolutivo. Ele procurou mostrar que, superando o orgânico, a humanidade de certa forma libertou-se da natureza.

III. Natureza e gênero. Nossas observações sobre a construção da categoria de gênero♀ para abordar *natureza* serão acerca, em sua maioria, do gênero♀ que se atribui às fêmeas humanas e seu aparato técnico cultural e social. Tampouco desconsideramos noção de natureza para a construção e produção de masculinidades.

Sobre a dinâmica de construção desses conceitos em dicotomias, alguns autores dedicaram-se a criticá-la, procurando perceber as distinções de gênero♀ chamando a atenção principalmente para os interesses ideológicos dessas construções. Principalmente com relação ao feminismo♀, que recebe como crítica o não considerar as diferenças biológicas entre mulheres e homens, diferenças ditas *naturais* pelas ciências médicas. Com Simone de Beauvoir em *Segundo sexo* e Gayle Rubin em "The Traffic in Women", o feminismo♀ incorporou a ideia de que a identidade feminina não é uma simples conclusão da (natureza) Biologia♀, mas antes uma condição construída ao longo da vida na relação com o outro. Dessa forma, as reflexões acerca da igualdade de gênero♀ passariam a considerar a identidade♀ construída por uma óptica cultural para além da anatomia ou da natureza biológica (Alves, 2011, p. 45).

Precisamos lembrar que, frequentemente, o termo "natureza", no sentido de "incontrolável", foi associado aos processos biológicos das fêmeas humanas, mulheres que menstruam, por exemplo, logo, postas em oposição à cultura,(razão e controle). Seria como na proposta de Strathern (1980) em *Nature, Culture and Gender*, em que natureza e cultura♀ pensadas nos modelos ocidentais são processos nos quais a natureza se transforma em cultura, ou seja, tensões e atribuições hierárquicas entre conceitos (Strathern, 1980, p. 174).

Não podemos esquecer-nos de mencionar que para Aristóteles o olhar de uma mulher menstruada (natureza biológica) "tinha poder de tirar o polimento da superfície e de enfeitiçar aqueles para os quais fossem dirigidos". Então, entendamos que os processos de construção de corporeidade das mulheres estão perpassados pela percepção que o outro tem dela, dela com ela mesma e dela com os outros (Alves, 2011). Nesse exemplo de Aristóteles estaria posta a associação da natureza biológica das mulheres menstruadas à sua qualidade de impura, nem que fosse uma vez por mês. Com isso identi-

ficamos a diversidade de discursos sobre cultura e natureza, principalmente ao que se refere ao corpo das mulheres.

Uma das grandes questões para essa incorporação é a persistência do gênero♀ em ser entendido como imutável, *anistórico* e, no limite, "natural", partindo-se do pressuposto de que os homens dominaram as mulheres nos diferentes espaços e tempos. Entre as abordagens atuais que caminham nesse sentido, existem duas principais: a naturalizante, assentada em explicações biológicas (dentre o determinismo da natureza biológica) e a postura essencializante que, embora assuma a construção social do gênero♀, enfatiza demasiadamente as constâncias e permanências.

Contudo, num contexto mais atual temos Raewyn Connell, contrária a essa tendência. Sem apelar para o determinismo biológico, a socióloga australiana busca sua definição de gênero♀ em sua obra *Gênero: uma perspectiva global* (2009). Connell também nega a visão de que gênero♀ é uma diferença cultural entre homens e mulheres, a qual teria como base a divisão natural biológica de machos e fêmeas. Para ela, pautar o conceito de gênero♀ pela noção de "diferenças" ou "dicotomias" é muito complicado, pelas seguintes razões: a vida humana não é tão dicotomizada quanto aparenta ser. A saída, segundo seu argumento, seria tirar a ênfase das "diferenças" e pensar nas "relações". Gênero♀ seria uma estrutura dentro das relações sociais, não sendo mera expressão da natureza biológica, tampouco esquematizando um traço fixo ou permanente do caráter humano. Sua fluidez é, portanto, inevitável. Para Connell, o conceito, contudo, não deve deixar o corpo de lado, como se fosse apenas produto social. O equívoco estaria em pressupor a primazia do corpo♀ e da biologia♀ sobre as demais estruturas, e não em entendê-lo. Na sua visão, a sociedade lida com processos reprodutivos e diferença entre corpo, no sentido de que corpo♀ é um campo, uma arena, que é trazido para os processos sociais, em que a conduta social faz alguma coisa com a diferença reprodutiva.

O filósofo *queer* Beatriz Preciado, em seu *Manifesto contrassexual* (2002), explora o conceito de natureza e gênero♀ sob outra óptica. O autor apresenta o conceito de "contrassexualidade♀". Segundo ele, a "contrassexualidade♀" não é a criação de uma nova natureza, mas o fim da natureza e, consequentemente, com a ordem que legitima um sistema de opressão, de sujeição de um corpo a outro corpo. Essa *natureza* estabeleceria uma verdade única sobre o sexo ou, em outras palavras, existe, segundo ele, uma equação construída e normativa em que a *natureza* é igual à heterossexualidade♀ e, portanto, trata-se de um dispositivo de poder heterocentrado de normatização e proibição.

Esse conceito de natureza implica no que a também filósofa Judith Butler chamou de "a ordem compulsória do sexo/gênero♀/desejo♀", em *Problemas de gênero: feminismo e subversão da identidade* (2015). Para Butler, trata-se de categorias heteronômicas estabelecidas sobre materialidade dos órgãos sexuais, gênero♀ e desejo♀ e interligadas nessa ordem. Logo, gênero♀, segundo ela, "não é um substantivo, mas tampouco é um conjunto de atributos flutuantes" e "seu efeito substantivo é performatizante; então, por que não falar em *performance* de gênero♀ ao invés de simplesmente gênero♀". O que Butler pretende mostrar é que essas identidades de gênero masculino e feminino são coercitivas, e que são unidades performativas inscritas e mantidas nos corpo, e sempre serão vistas como mantenedoras da ordem das coisas, numa ordem biológica, natural e da natureza. E, em verdade, existem práticas reguladoras tanto do gênero♀ quanto dos órgãos sexuais do desejo♀. Na sua teoria de fundo, ao criticar a diferença de gênero♀ e sexo como produto do contrato social, estaria a proposta de uma troca desse contrato que denominamos como *natureza* por um "contrato contrassexual"; e por contrato "contrassexual" devemos entender que nele os corpos não se reconhecem mais como homens ou mulheres, mas como o que ela chama de "corpos parlantes". Enfim, é no campo do poder que a natureza estabelece a coerção dos corpos, implicando um contrato sexual, e em uma ordem compulsória a ser obrigatoriamente seguida, a começar pela própria materialidade do sexo.

Como já dito, estamos lidando com a noção e a construção de gênero♀ e natureza segundo os interesses ideológicos dessas construções. Se no início lidávamos com o conceito de natureza como sendo criado, essência ou condição própria de um ser, vimos as definições teológicas das religiões instituídas que se pautaram de modo a distinguir a alma♀ humana da natureza biológica darwiniana (na qual o indivíduo humano nada mais é do que parte da natureza como qualquer átomo). No avançar das reflexões e na distinção entre natureza (natureza biológica e impulsiva) e cultura (razão), assistimos à manipulação dos conceitos de natureza; quando esta é posta para definir os corpos não normativos (mulheres e todas as identidades desviantes), há naturezas e naturezas, umas mais subalternas que outras, logo passíveis de limpezas.

IV. Natureza em pessoa. Mas nem só de definições vive a natureza, ou de existir a partir das definições euroamericanas autocentradas, por assim dizer. É o que em sua vasta obra Viveiros de Castro (2002) e outros antropólogos e antropólogas do perspectivismo ameríndio defendem, de que tudo se dá como se os povos originários das Américas pensassem o mundo de forma inversa à nossa, se consideradas as concepções de "natureza" e "cultura". Enquanto o pensamento ocidental teria como chão a ideia de que a natureza é universal e as culturas são particulares (há um só mundo e muitas formas de vivê-lo), para vários povos do continente americano haveria apenas uma "cultura" ou uma "relação" primordial, e naturezas particulares dependendo do ponto de vista do observador (Viveiros de Castro, 2002, p. 319-344).

Na tese defendida por Viveiros de Castro (2002), no contexto do "perspectivismo" ameríndio, ou no aspecto que manifesta a "qualidade perspectiva" dos indivíduos originários das Américas, a cosmologia estabelece-se com relação ao modo como humanos, animais e espíritos veem-se a si mesmos e aos outros seres do mundo ou que povoam o universo – deuses, espíritos, mortos, habitantes de outros níveis cósmicos, plantas, fenômenos meteorológicos, acidentes geográficos, objetos e artefatos –, modo que é profundamente diferente daquele como esses seres veem os humanos e a si mesmos: "Essas ideias sugerem uma possibilidade de redefinição relacional das categorias clássicas de 'natureza', 'cultura' e 'sobrenatureza' a partir do conceito de perspectiva ou ponto de vista. Em particular, argumenta-se que a antinomia entre duas caracterizações do pensamento indígena: de um lado, o 'etnocentrismo♀', que negaria os predicados da humanidade aos humanos de outros grupos; de outro, o 'animismo♀', que os estenderia a seres de outras espécies, pode ser resolvida se se considerar a diferença entre os aspectos espirituais e corporais dos seres" (Viveiros de Castro, 1996).

O pensamento filosófico em questão está condicionado à natureza do outro; é isso que torna a realidade, por meio do perspectivismo, uma flecha que direciona em vários sentidos e redimensiona o conceito de "natureza".

Viveiros de Castro traz importantes abordagens para debate especialmente no que se refere aos chamados "conhecimentos tradicionais" e sua relação direta com a noção etnocêntrica de natureza – que tais conhecimentos devam ser valorizados, assimilados, incorporados ao estoque de conhecimento e retribuídos etc. Contudo, ele problematiza que tal interesse pelos "conhecimentos tradicionais" se apoia, na verdade, em uma concepção (de nossa parte) completamente tradicional (no mau sentido) do conhecimento, que não imagina que a incorporação dos conhecimentos tradicionais irá modificar nossa imagem♀ do conhecimento dele próprio. O segundo ponto sobre conhecimentos tradicionais enfatiza o conteúdo desses conhecimentos, separando de sua forma, especialmente no que diz respeito a interesses capitalistas; afinal, o que distingue os conhecimentos tradicionais indígenas dos "nossos conhecimentos" (tradicionais científicos) é muito mais a forma do que o conteúdo; é, além disso, a ideia mesma de conhecimento, o reflexo daquele que conhece. "Amazônia", "índios" e "natureza" são palavras que despertam, na consciência♀ urbana, uma densa rede de associações, não necessariamente positivas, aliás. Ainda se acha, especialmente entre aqueles que têm a lucrar (literalmente) com isso, quem veja os índios como símbolo negativo da brasilidade, de nosso secular atraso e vergonhosa não europeidade. Mas a sensibilidade contemporânea tem-se mostrado, em geral, crescentemente simpática às culturas nativas do continente, à medida que vamos definindo a Natureza como um valor positivo, percebendo a Amazônia como um ambiente frágil e ameaçado, e projetando sobre os povos indígenas uma imagem nostálgica "do que poderia ter sido e não foi", para falarmos como o poeta; uma imagem do que perdemos ao deixar (imaginamos) a natureza para entrar (imaginamos) na história, enveredando pelo caminho sem volta da cultura e da civilização: urbanização, industrialização, poluição, superpopulação, globalização (Viveiros de Castro, 2007).

A grande importância das teorias viverianas está em apresentar à Antropologia e aos estudos da religião a natureza para além de definições etnocentradas, mesmo quando essas preveem termos de salvação. Diz Viveiros de Castro que nessa imaginação da natureza e da história, nesse penoso trabalho simbólico sobre o ser e o *dever-ser*, o *estar* e o *devir da humanidade*, os povos originários quase sempre são imaginados com estrutura de personagem ambíguo e, certamente, representante de um estilo de vida bem diferente do nosso – em sintonia natural com a natureza. Viveiros de Castro aponta que isso não é privilégio da mídia, tampouco das classes mais abastadas, mas também de uma grande parcela da classe antropológica ou do "pseudodarwinismo simplista", pois, como ele diz, tendem a apresentar os povos ameríndios como populações reguladas por parâmetros "naturais", ou seja, independentes das atividades humanas. Por outro lado, Viveiros de Castro enxerga que os de ideologia ecológico-progressista representam os povos indígenas como possuidores de uma quantidade de "segredos da natureza" inacessíveis ao pensamento científico capitalista, cuja sintonia com a natureza seria transcendente, cognitiva, em lugar de natural; seria, então, sobrenatural.

O núcleo duro das teorias viverianas está em propor uma escuta e consequente pesquisa de como os povos originários se autodeterminam conceitualmente e constituem suas próprias dimensões de exterioridades.

V. Os Direitos da Natureza ou o direito à existência. A tese sobre *Direitos da Natureza* foi proposta pela primeira vez em 1972, com a publicação do ensaio "Should trees have standing?", de Christopher Stone. A partir de então intensos debates entre juristas, teólogos, filósofos e sociólogos estão em curso no sentido de admitir ou dimensionar a Natureza como sujeito de direitos. As ideias contidas nessa publicação são usadas em muitas cidades para embasar suas legislações, como, por exemplo, no estado da Pensilvânia, nos Estados Unidos, bem como a Convenção sobre a Diversidade Biológica das Nações Unidas, assinada no Rio de Janeiro em 1992 (Pontes Jr., 2016, p. 431).

"A Natureza, como construção social, ou seja, como termo conceptualizado pelos seres humanos, deve ser reinterpretada e revisada integralmente se não quisermos colocar em risco a vida do ser humano no planeta", escreve Alberto Acosta (2011). Foi seu país, o Equador, cuja constituição, em seu artigo 71, afirma pela primeira vez que: "[...] a Natureza ou *Pacha Mama*, figura mítica representante da terra existencial e religiosa, onde se reproduz e se realiza a vida, tem direito a que se respeite integralmente sua existência e a manutenção e regeneração dos seus ciclos de vida, estrutura, funções e processos evolutivos" (Pontes Jr.; Barros, 2016).

Nos Direitos da Natureza, segundo Acosta, o centro estaria posto na Natureza, que evidentemente inclui o ser humano. Ela se vale por ela mesma independentemente dos usos a ela apregoados pelo humano. Essa visão define o que ficou pactuado como "visão biocêntrica". Entretanto, esses direitos não defendem uma natureza intocada, que nos leve, por exemplo, a deixar de plantar, de pescar ou até mesmo de praticar a pecuária; ao contrário, defendem a manutenção dos sistemas de vida, os conjuntos de vida. Logo, a atenção se fixa nos ecossistemas, nas coletividades, não nos indivíduos (Acosta, 2011).

Bibliografia: ACOSTA, A. Por uma declaração universal dos Direitos da Natureza: reflexões para ação. *Ecodebate: Cidadania & Meio ambiente*, Rio de Janeiro, mar. 2011. Publicado originalmente na *Revista da AFESE* (do Serviço Exterior Equatoriano), n. 54, ago. 2010. Disponível em: <https://www. ecodebate.com.br/2011/03/31/por-uma-declaracao-universal-dos-direitos-da-natureza-reflexoes-para-a-acao-artigo-de-alberto-acosta/>. Acesso em: 22/06/2018; ALVES, S. *Ela muda tudo que toca, ela toca tudo que muda*. Dissertação de Mestrado. Programa de Ciência da Religião. São Paulo: PUC-SP, 2011; BEAUVOIR, S. *Segundo sexo II*: a experiência vivida. São Paulo: DIFEL, 1970; BUTLER, J. *Problemas de gênero*: feminismo e subversão da identidade. 16. ed. Rio de Janeiro: Civilização Brasileira, 2015; CONNELL, R.; PEARSE, R. *Gênero*: uma perspectiva global. São Paulo: NVersos Editora, 2009; CONNELL, R.; PEARSE, R. *Gênero em termos reais*. São Paulo: NVersos, 2016; CRUZ, E. Ciências naturais, religião e teologia. In: PASSOS, J. D.; USARSKI, F. *Compêndio de ciência da religião*. São Paulo: Paulus/Paulinas, 2013; CYFER, I. Liberalismo e feminismo: igualdade de gênero em Carole Pateman e Martha Nussbaum. *Revista de Sociologia e Política*, Curitiba, v. 18, n. 36, jun. 2010, p. 135-146; DAWKINS, R. *The Blind Watchmaker*. London: Penguin, 1998; DAWKINS, R. *The God Delusion*. Boston: Houghton Mifflin, 2006; DENNETT, D. *Breaking the Spell*: Religion as a Natural Phenomenon. New York: Penguin, 2006; DENNETT, D. *Darwin's Dangerous Idea*: Evolution and the Meanings of Life. New York: Simon & Schuster, 1995; DUROZOI, G.; ROUSSEL, A. *Dicionário de filosofia*. Campinas, SP: Papirus, 1993; DICIONÁRIO ENCICLOPÉDICO ILUSTRADO LAROUSSE. São Paulo: Larousse, 2007; KROBER, A. L. A ciência da cultura. In: CASTRO, C. (Org.). *Evolucionismo cultural*. Rio de Janeiro: Zahar, 2005; KROBER, A. L. O superorgânico. In: KROBER, A. L. *A natureza da cultura*. Lisboa: Edições 70, 1993. p. 39-79; LARAIA, R. de B. *Cultura, um conceito antropológico*. Rio de Janeiro: Jorge Zahar Editor, 1986; PONTES Jr., F. A.; BARROS, L. V. A natureza como direitos humanos: a proteção do Rio Xingu em face da construção de Belo Monte. In: FUNDAÇÃO ROSA DE LUXEMBURGO (Org.). *Descolonizar o imaginário*: debates sobre pós-extrativismo e alternativas ao desenvolvimento. São Paulo: Elefante, 2016. p. 427-442; PRECIADO, B. *Manifesto contrassexual*. São Paulo: Civilização Brasileira, 2002; REZENDE, A. (Org.). *Curso de filosofia*: para professores e alunos dos cursos de segundo grau e de graduação. 6. ed. Rio de Janeiro: Zahar, 1996; RUBIN, G. The Traffic in Women. Notes on the "Political Economy" of Sex. In: REITER, R. (Ed.). *Toward an Anthropology of Women*. New York: Monthly Review Press, 1975; SCAVONE, L. A maternidade e o feminismo: diálogo com as Ciências Sociais. *Cadernos Pagu*, Campinas, n. 16, 2001, p. 137-150; STONE, C. D. Should Trees Have Standing? Towards Legal Rights for Natural Objects. *Southern California Law Review*, 45, 1972, p. 450-501; STRATHERN, M. No nature, no culture: the Hagen Case. In: MacCORMACK, C.; STRATHERN, M. (Eds.). *Nature, Culture and Gender*. Cambridge: Cambridge University Press, 1980. p. 174-222; TYLOR, E. B. *Cultura primitiva*: los orígenes de la cultura (1971). Madrid: Editorial Ayuso, 2000; VARGAS, G. M. Natureza e Ciências Sociais. *Sociedade e Estado*, Brasília, v. 18, n. 1/2, jan./dez. 2003, p. 115-136; VIVEIROS DE CASTRO, E. *A natureza em pessoa*: sobre outras práticas de conhecimento. Encontro "Visões do Rio Babel. Conversas sobre o futuro da bacia do Rio Negro". Manaus: Instituto Socioambiental/ Fundação Vitória Amazônica, 2007; VIVEIROS DE CASTRO, E. Imagens da natureza e da sociedade. In: *A inconstância da alma selvagem*. São Paulo: Cosac & Naify, 2002. p. 319-344; VIVEIROS DE CASTRO, E. Os pronomes cosmológicos e o perspectivismo ameríndio. *Mana* 2(2), 1996, p. 115-144.

SABRINA ALVES

NEUROCIÊNCIAS

Pode-se definir as neurociências, basicamente, como as disciplinas científicas dedicadas ao estudo dos neurônios, do funcionamento do cérebro e do sistema nervoso. Tais ciências podem ser divididas com base em diferentes parâmetros de análise. Quando o foco de investigação são as moléculas, tem-se a *neurobiologia molecular*. Quando, por outro lado, o escopo da análise são as células, tem-se a *neurobiologia celular*. Usa-se o termo "neurociências cognitivas" para todas aquelas áreas de investigação "dos mecanismos dos sistemas neuronais mais complexos associados às funções mentais superiores (linguagem, memória$\wp$, atenção..., mas também consciência$\wp$, representações mentais...)" (Fiori, 2008, p. 12). Fala-se, ainda, de

neurociência social, neurociência afetiva, entre outras. Também é de interesse das neurociências o estudo dos substratos neuronais envolvidos na experiência religiosa$\wp$. Para esse campo específico de análise, dão-se variados nomes, como *neuroteologia$\wp$* (Newberg, 2010) ou simplesmente *neurociência da experiência religiosa$\wp$* (McNamara, 2009).

Todavia, há quem critique o uso desses termos, como fez o filósofo e psicólogo Matthew Ratcliffe em seu texto *Neurotheology: a science of what?*, no sentido de que não se deveria reduzir o estudo da religião ao da *experiência religiosa$\wp$*. Para o referido autor, a religião$\wp$ envolve não apenas vivências místicas$\wp$ como também sistemas de crença$\wp$, cerimônias, textos sagrados e preces. Mas a controvérsia terminológica que Ratcliffe expõe não se inicia nas expressões utilizadas para definir tais áreas de investigação. Ela tem como ponto de partida, na verdade, o próprio conceito de religião. Como sustentou o antropólogo e cognitivista americano Pascal Boyer em seu livro *Religion explained: the evolutionary origins of religious thought*, não há, exatamente, religião$\wp$, mas vivências, rituais e sentidos variados, que perpassam as mais diferentes culturas, os quais potencialmente envolvem mecanismos neurofisiológicos diversos. Tal constatação levou muitos neurocientistas a admitir a improcedência de hipóteses fundamentadas na existência de uma única (ou poucas e definidas) áreas cerebrais relacionadas ao comportamento religioso (como a rejeitada ideia do "ponto de Deus" ou *God spot*), reconhecendo, destarte, a inerente complexidade dos processos cerebrais envolvidos (Ratcliffe, 2006).

Com efeito, a discussão terminológica em torno do estudo neurocientífico da religião tende a refletir muito da história desse campo de estudos, das tendências e apostas teóricas que têm marcado tais pesquisas ao longo dos anos. O termo "neuroteologia$\wp$" expressa bem uma forma particular de compreensão das vivências religiosas à luz dos processos cerebrais. Trata-se de uma perspectiva notadamente fenomenológica, que entende a religião$\wp$ a partir de vivências extáticas, místicas$\wp$ e espirituais mais ou menos intensas, e que explora a religião$\wp$ muito mais por seus aspectos subjetivos do que por suas manifestações concretas. Tal perspectiva se interessa, principalmente, pelas relações entre religiosidade, estados emocionais e afetivos e alterações da consciência$\wp$ (Newberg, 2010). Outro tema de particular interesse a essa perspectiva é o das relações entre a experiência religiosa$\wp$ e o "eu" ou *Self* (McNamara, 2009).

Pode-se perguntar, com alguma razão, se o interesse fenomenológico desses autores não se refletiria em um rebaixamento das fronteiras entre ciência e religião$\wp$, em que o conhecimento neurofisiológico seria então aplicado de modo a reduzir as experiências transcendentais a processos que ocorrem no cérebro e no sistema nervoso. Essa impressão se torna particularmente acentuada, quando analisamos o trabalho de autores como o neurocientista norte-americano Michael Persinger, que considera que a estimulação dos lobos temporais estaria diretamente associada à deflagração das vivências místico-religiosas (Persinger, 2001, p. 515-524). Em outras palavras, seria possível falar de causalidade, como se determinados processos neurofisiológicos criassem a experiência religiosa? Trata-se de questão apropriadamente abordada pelo neurocientista americano Patrick McNamara, em *The neuroscience of religious experience*. Segundo o autor, ainda que se pudesse estabelecer uma relação inequívoca entre a atividade de certas regiões cerebrais ou de redes neuronais específicas com a experiência religiosa, não se poderia, mesmo nesse caso, falar em causa e efeito. Tudo o que se poderia concluir é que tais regiões são necessárias para que a experiência religiosa ocorra. Estabelece-se, desse modo, uma diferenciação epistemológica importante entre os domínios da ciência e da metafísica. Não cabe ao cientista adentrar o reino da fé e da especulação teológica, contestando-a (ou, ao contrário, comprovando-a) a partir de seus instrumentos e análises. O estudo neurocientífico das crenças e práticas religiosas tem muito mais o objetivo de desvendar seus mecanismos e substratos neuronais. Assim, a vivência de contato com Deus relatada por um fiel deve ser entendida tal como o relato de qualquer outra experiência humana (a exemplo dos sonhos ou do estar apaixonado). Todas essas são experiências igualmente válidas enquanto vivências humanas.

A citada discussão de McNamara aponta para a delicada e crucial questão das diferenças entre bases neuronais e correlatos neuronais, e suas respectivas implicações para as neurociências em geral e para o estudo da religião em particular. Falar em *bases* neuronais de fenômenos religiosos implica afirmar que o alicerce de tais fenômenos, isto é, sua causa, reside no sistema nervoso e nos demais processos físicos, químicos e biológicos que a ele se ligam. Já *correlatos* neuronais remetem a uma correlação ou associação, como McNamara aponta, entre atividades neuronais específicas e dada experiência religiosa, sem apontar, ao menos *a priori*, uma relação causal. As implicações dessa distinção são tremendas, desde a mencionada diferenciação epistemológica entre ciência e metafísica, que dirime os cientistas de falarem diretamente sobre o transcendente, até a delimitação de embates teóricos que se arrastam há milênios.

Possivelmente, o exemplo mais emblemático desse embate é o chamado *problema mente-cérebro*, que se ergue a partir de questões como, entre outras: a mente é produto do cérebro ou apenas utiliza o cérebro para se manifestar? Fenômenos subjetivos complexos (como consciência, amor, imoralidade, altruísmo, livre-arbítrio) são *determinados* ou "apenas" *influenciados* pelo cérebro? *E até que ponto?* O que acontece à mente (ou ao eu/*Self*) após a morte do cérebro? O que ocorre durante as alegadas experiências de quase morte (vivências subjetivas aparentemente concomitantes a condições de morte clínica e, não raro, com conteúdo religioso)? Como compreender ocorrências (comumente associadas a visões de mundo religiosas) em que algo de aparência intencional e inteligente (como supostos espíritos) parece se manifestar de modo autônomo a um sistema nervoso?

O problema mente-cérebro traz repercussões imediatas ao estudo dos fenômenos religiosos, que envolvem desde alegações de aparência extraordinária (como mediunidade, experiências de quase morte) até intrincados sistemas de crença sobre a vida após a morte, a comunicação com entidades sobrenaturais e outros tantos temas relacionados ao transcendente. Por sua vez, estudos neurocientíficos da religião e de temas afins têm buscado lidar com essas incógnitas, ao que se seguem alguns exemplos.

Através de tomografia computadorizada por emissão de fótons únicos (*single photon emission computed tomography*), um grupo de pesquisadores investigou a atividade cerebral de dez médiuns espíritas saudáveis (cinco experientes e cinco inexperientes) durante a atividade da psicografia (isto é, a escrita de mensagens alegadamente de origem sobrenatural). Investigou também a complexidade das mensagens produzidas. Em síntese, apurou-se que os médiuns experientes demonstraram menor atividade cerebral no cúlmen esquerdo, hipocampo esquerdo, giro occipital inferior esquerdo, cíngulo anterior esquerdo, giro temporal superior direito e giro pré-central direito, em comparação com a atividade de escrita normal (isto é, fora do estado de transe mediúnico), além de apresentarem as mensagens de conteúdo mais complexo. Os resultados foram entendidos pelos pesquisadores como indicativos de que os médiuns não se encontrariam meramente relaxados e "fingindo", além do que a subativação de tais áreas não condiria com a complexidade das mensagens produzidas, criando um desafio explicativo acerca de eventuais processos causais envolvidos (Peres et al., 2012).

Em outro estudo, pesquisadores coletaram dados eletrofisiológicos cerebrais de seis médiuns enquanto eles tentavam obter informações alegadamente de pessoas falecidas. Além da verificação da precisão das informações, que teria sido acima da esperada pelo acaso para três dos médiuns, em um segundo momento, para efeito de comparação, foi pedido aos voluntários que pensassem em determinada pessoa não falecida, ouvissem uma biografia, pensassem em uma pessoa imaginária e interagissem mentalmente com uma pessoa falecida. Em síntese, os resultados sugeriram que a experiência subjetiva de comunicação

NEUROCIÊNCIAS

com uma pessoa falecida é, enquanto processo mental, distinta de pensamentos e processos imaginativos corriqueiros (Delorme et al., 2013, p. 1-10).

O estudo neurocientífico da relação mente-cérebro em interface com fenômenos religiosos é relativamente recente, de modo que seus achados acumulados ainda requerem esforços adicionais de replicação e o amadurecimento das discussões epistemológicas, teóricas e metodológicas que os subjazem, pois, não raro, os objetivos e discussões do campo são orientados (e prejudicados) por agendas veladas de seus proponentes, relativas à busca de validação científica de suas convicções no campo religioso.

A perspectiva fenomenológica e as implicações cotidianas do problema mente-cérebro têm também levantado outras preocupações acerca do alcance da definição de experiência religiosa♀, em comparação com outras formas de experiência humana. Seria possível estabelecer uma distinção clara e irrevogável entre vivências religiosas e não religiosas? Haveria algo como uma experiência religiosa♀ sui generis♀? Apesar de muitos autores da neuroteologia♀ acreditarem que sim, há também, a todo o momento, o reconhecimento de um continuum que iria das vivências cotidianas (digamos, deixar-se envolver profundamente em uma obra musical, a ponto de se "fundir" com ela) aos êxtases mais intensos (a unio mystica) dos místicos (Newberg, 2010). Em The Neuropsychiatry of Paranormal Experiences, Persinger nos fala, por exemplo, de uma continuidade entre experiências típicas da epilepsia do lobo temporal (muitas das quais envolvem um evidente componente religioso) e experiências relatadas cotidianamente por indivíduos sem diagnóstico de epilepsia, mas que apresentariam, segundo o autor, maior labilidade dos lobos temporais, ou que de outro modo se submeteram a procedimentos não invasivos de estimulação magnética transcraniana direcionada a essas regiões cerebrais. Tais analogias♀ parecem sugerir, dessa forma, não haver uma experiência religiosa♀ propriamente dita, mas experiências humanas complexas, presentes em diferentes indivíduos, em diversificadas intensidades, as quais são interpretadas (ou mesmo moldadas em sua expressão) como religiosas (Ratcliffe, 2006, p. 81-104).

Tal discussão tem implicações amplas para as neurociências da religião, uma vez que, dependendo da forma como são concebidas tais práticas e experiências, muda-se também a maneira de estudar os processos cerebrais aos quais estão relacionadas. O cérebro é um órgão demasiadamente complexo para que se estude tudo o que nele ocorre enquanto alguém reporta uma dada experiência. É preciso sempre eleger quais áreas ou redes em potencial serão investigadas em um experimento, e controlar da melhor forma a variável de interesse, de modo a diminuir o papel que explicações alternativas ou variáveis de confusão desempenham nesse tipo de

pesquisas. Ao reconhecerem que processos cognitivos e psicossociais usuais estão implicados na religiosidade, em vez de procurarem por padrões peculiares ou excepcionais de funcionamento cerebral para explicar as vivências religiosas, as pesquisas se abrem, assim, para outras perspectivas de investigação.

É o que ilustra o trabalho de Nina Azari e seus colaboradores, no artigo Neural correlates of religious experience, e de Uffe Schojedt e colaboradores, em Highly religious participants recruit areas of social cognition in personal prayer. Para esses pesquisadores, as experiências religiosas envolvem, basicamente, os mesmos (ou similares) mecanismos neuronais e cognitivos presentes em outras experiências humanas. É assim, por exemplo, que a "comunicação do fiel com Deus", por meio da prece, reproduz um padrão de ativação cerebral semelhante àquele observado na comunicação e interação com outras pessoas, indicando que, em seus diálogos com o divino, o religioso emprega, na verdade, os mesmos processos cognitivos e neurofisiológicos atuantes em outras formas de interação social (ainda que o interlocutor não seja outra pessoa, mas um agente transcendente). Disso decorre que as discussões teológicas em torno de "Deus" ou de outras entidades e seres sobrenaturais♀ compõem apenas uma das muitas abordagens (de uma perspectiva neuronal) ao relacionamento com o transcendente, a qual não necessariamente reproduz a relação pessoal do fiel com "Deus" ou sua vivência particular da fé♀. É bastante provável, assim, que, ao se reportar a cada uma dessas dimensões, o indivíduo religioso recrute circuitos neuronais específicos a cada contexto ou categoria de atividade considerada. Tal constatação não difere, com efeito, daquilo que se poderia observar do ponto de vista psicológico, uma vez que é claro que processos cognitivos e emocionais particulares estão presentes em diferentes atividades humanas. Assim, rezar, meditar, participar de uma missa ou integrar certas formas de ritual religioso são atividades distintas, as quais exigirão do cérebro e do sistema nervoso padrões correspondentes de funcionamento.

Nada disso implica que não se possam identificar regularidades mais ou menos frequentes ao longo de muitos estudos; regularidades essas que sugeririam a existência de uma "assinatura", por assim dizer, peculiar às vivências e atividades religiosas. Todavia, tem-se agora um cenário mais fiel à complexidade envolvida nesses processos, e aos desafios empíricos e teóricos a serem enfrentados, antes que uma teoria única (caso procedente) possa ser erigida.

A investigação neurocientífica das crenças♀, experiências e práticas religiosas não se limita, porém, apenas à investigação de seus correlatos neuronais. Ela não possui, portanto, um objetivo exclusivamente elucidativo desses fenômenos, mas se interessa, ainda, por suas repercussões, a exemplo de seus efeitos eventualmente patológicos ou terapêuticos. Desde o final do século XIX, muitos foram os médicos e psicólogos que buscaram uma compreensão das crenças♀ e experiências religiosas e espirituais. Atentos às descrições que seus pacientes lhes faziam de seus sintomas e aflições psíquicas e neurológicas, e interessados em esclarecer como tais relatos poderiam lançar luz sobre outros aspectos ainda incompreendidos da mente humana, esses autores acabaram por identificar curiosas semelhanças entre os fenômenos patológicos com os quais estavam habituados em sua prática e diversas manifestações da vida religiosa. Em particular, autores como Jean-Martin Charcot (1825-1893) e Pierre Janet (1859-1947) sustentaram que muitas das experiências místico-religiosas teriam por base a vasta sintomatologia histérica, que incluía, à época, em uma só categoria diagnóstica, os fenômenos de alteração da identidade e da percepção corporal a que psiquiatrias e psicólogos convencionaram chamar hoje de "dissociativos, conversivos e somatoformes". Charcot acreditava, entre outras coisas, que os santos da Igreja♀ Católica e outras figuras religiosas seriam exemplos de histeria, e comparava seus relatos de experiências espirituais às aparentes vivências de êxtase de seus pacientes.

Apesar da contestação a que muitas dessas hipóteses foram submetidas mais tarde, ideias semelhantes ou derivadas prevaleceram ao longo do tempo pela associação estabelecida entre epilepsia do lobo temporal e intensas experiências religiosas (Persinger, 2001, p. 515-524). Tornou-se claro, todavia, que, apesar da identificação de correlatos neurológicos e psicológicos relevantes, esses estudos não contavam a história completa sobre as relações entre religiosidade e saúde♀ mental. Tal como visto anteriormente, as pesquisas mostraram que, dependendo da dimensão religiosa estudada, das predisposições e da relação estabelecida pelo indivíduo com suas crenças♀, os resultados poderiam apontar caminhos diversificados.

Tomando-se o caso da meditação♀, por exemplo, os estudos indicaram que tal prática parece associada a processos neuroquímicos indicativos de maior bem-estar e saúde♀. Após a meditação♀, a verificação de subprodutos da serotonina na urina se mostrou elevada. A serotonina é um neurotransmissor cujos níveis reduzidos se correlacionam à depressão, e cuja produção moderada se associa à alegria. Outra substância produzida pelo cérebro, o hormônio melatonina, a qual se acha diretamente relacionada a estados de relaxamento e à redução da dor, apresentou níveis elevados na corrente sanguínea em resposta à meditação♀ (Newberg, 2010). Tais resultados, a par de muitos outros, tendem a sustentar o argumento de uma função terapêutica exercida por determinadas práticas religiosas e espirituais.

Em síntese, as neurociências se debruçam sobre o campo de estudos da religião de variadas formas, com propósitos, agendas e métodos♀ diversificados.

Especialmente após a "década do cérebro", proclamada, em 1990, pelo presidente norte-americano George Bush, os estudos neurocientíficos têm-se aproximado de modo progressivo de questões que movem a Ciência da Religião♀ e abrem novas possibilidades de investigação. O caráter relativamente recente dos estudos convida a replicações para novas checagens de resultados anteriormente obtidos, para a apreciação ponderada desses resultados e para a avaliação neurocientífica de fenômenos religiosos ainda não explorados, com a necessária reflexão constante a respeito de suas implicações para esse campo de estudo.

Bibliografia: AZARI, N. et al. Neural correlates of religious experience. *European Journal of Neuroscience*, v. 13, n. 8, 2001, p. 1649-1652; BOYER, P. *Religion explained*: the evolutionary origins of religious thought. New York: Basic Books, 2001; DELORME, A. et al. Electrocortical activity associated with subjective communication with the deceased. *Frontiers in Psychology*, v. 4, 2013, p. 1-10; FIORI, N. *As neurociências cognitivas*. Petrópolis: Vozes, 2008; McNAMARA, P. *The neuroscience of religious experience*. Cambridge: Cambridge University Press, 2009; NEWBERG, A. *Principles of neurotheology*. Farnham: Ashgate Publishing, 2010; PERES, J. F. et al. Neuroimaging during trance state: a contribution to the study of dissociation. Disponível em: <*https://journals.plos. org/plosone/article?id=10.1371/journal.pone.0049360*>; PERSINGER, M. The neuropsychiatry of paranormal experiences. *Journal of Neuropsychiatry and Clinical Neuroscience*, v. 13, n. 4, 2001, p. 515-524; RATCLIFFE, M. Neurotheology: a science of what? In: McNAMARA, P. *Where God and Science meet*: how brain and evolutionary studies alter our understanding of religion. Westport: Praeger, 2006. Volume 2: The Neurology of Religious Experience, p. 81-104; SCHJOEDT, U. et al. Highly religious participants recruit areas of social cognition in personal prayer. *Social Cognitive and Affective Neuroscience*, v. 4, n. 2, 2009, p. 199-207.

EVERTON DE OLIVEIRA MARALDI
FATIMA REGINA MACHADO
LEONARDO BRENO MARTINS
WELLINGTON ZANGARI

NINA RODRIGUES, RAIMUNDO → Estudos afro-brasileiros

NOMOS → Sociologia da Religião

NUMEROLOGIA → Divinação

NUMINOSO → Sagrado

O

OCIDENTE/ORIENTE

Os termos "Ocidente" e "Oriente" são, basicamente, questões de demarcações e invenções de identidades. Com raízes na Antiguidade, desde o século XVIII foi reforçado por parte de europeus que existe uma suposta divisão do continente euro-afro-asiático entre *Ocidente* (leste) e *Oriente* (oeste), depois expandida a uma divisão de todo o mundo. Críticos dessas noções afirmam que se trata de uma geografia imaginária ou ideológica, politicamente enviesada e pouco interessada na realidade do que descrevem. Já simpatizantes destes termos têm mostrado pouca concordância sobre o que tais palavras significam.

Essa dicotomia hemisférica tem começado a cair em desuso há algumas décadas, sobretudo em língua inglesa. Como categorias mais utilizadas recentemente, pende-se ou para uma descentralização em que blocos culturais são vistos de forma mais localizada e menos generalizada, ou simplesmente param de usar os termos "Ocidente" e "Oriente" – frequentemente trocados pelos termos "Europa/América do Norte" e "Ásia", respectivamente.

O final do século XX e o início do século XXI foram marcados por desconstrucionismos em vários aspectos. Debates sobre sexualidade♀, raça, religião♀, cultura e tantos outros temas sofreram diversas reviravoltas, e guardam um aspecto em comum: um forte ataque a essencialismos e universalizações. Até mesmo temas caros à Ciência da Religião♀, como o conceito de religião♀, têm sido alvo de várias críticas. No entanto, as categorias "Ocidente" e "Oriente" ainda são usadas com demasiada naturalidade no Brasil e em grande parte da América Latina. Interessante refletir sobre o que está implícito a tais termos.

I. Construções de identidade e demarcação de geografias imaginárias. É importante compreender que é um dado humano o entendimento de que a própria cultura é o centro do mundo, em sentido simbólico e/ou literal. Trata-se de algo observado em vários povos e em diferentes tempos. Um exemplo emblemático é uma das formas como chineses nomeiam seu país: 中国, *Zhōng guó*, "País do Centro". Em casos mais fortes, pode haver o "etnocentrismo♀", termo que designa a atitude baseada na visão de que a própria cultura/grupo/sociedade seria melhor ou superior a qualquer outra. Por exemplo, franceses veem o mundo através da singularidade histórica e cultural com que se identificam, mas podem, exageradamente, chegar a um *francocentrismo* exclusivista – assim como guaranis, nigerianos ou russos também podem fazer com seus respectivos etnocentrismos♀.

Identidade pode ser vista como o processo dinâmico de construção de si através de *identificações* com algo ou alguém. A formação de identidades implica autorrepresentações e representações dos *outros*, no sentido de seguir algumas referências e deixar de seguir outras (Said, 2007). Essas referências são, muitas vezes, imagens, símbolos, narrativas e ideias, podendo ou não corresponder a realidades materiais. Assim, quando um peruano se vê como peruano, ele está trabalhando com imagens mentais do que seria ser alguém dessa cultura e país. Consequentemente lhe ocorre também o que *não é* ser peruano. Há uma dialética do ser e do não ser nesse processo, que constrói a visão de mundo de atores sociais. A identidade♀ social é uma construção, invenção e até demarcação simbólica.

Tanto a noção de Ocidente quanto de Oriente são invenções humanas, demarcações simbólicas, geografias imaginárias – podendo ser mais reais do que a própria realidade observável, para quem se serve delas. A demarcação de um Ocidente, de um oeste, além de implicar um ponto de referência, implica um Oriente, um leste. Sendo uma divisão hemisférica simbólica, como tudo o que é cultural, está submetida a visões de mundo historicamente construídas sobre o que seria o lado direito/oriental e qual seria o lado esquerdo/ocidental. Sendo o nosso planeta arredondado, não há sentido lógico dividi-lo *como se* tivesse dois lados, a não ser que seja por uma convenção social. Quais seriam as origens dessas convenções?

II. Ocidente e Oriente: categorias generalizantes. Vamos operar de modo sincrônico ou descontínuo. Apresentaremos tentativas atuais de definir Ocidente e Oriente, mostrando, em seguida, algumas contraposições. Helder Macedo (2006) sintetizou o debate historiográfico sobre o que seria Ocidente e Oriente. Ele cita Jacques Le Goff e seu recorte do que seria o *Ocidente geográfico* – que contém pedaços do que se entende hoje por África, Ásia, e, principalmente, Europa –, e *Ocidente religioso*, que se limita a regiões europeias onde imperou o Cristianismo romanizado.

Já Bernard Gueneé mostra como, desde a oficialização do Cristianismo como religião do Império Romano ocidental, seguindo a queda política deste, latinidade e cristandade se tornaram sinônimos. Países que aceitavam a autoridade do líder cristão-romano denominado "papa" e que tinham o latim como língua comum são considerados "Ocidente". E após o encontro com os povos e terras chamados de América com a consequente expansão comercial, começou a ser criada uma autoimagem de Europa e europeus, bem como de teorias e práticas políticas específicas – por exemplo, ideia de nação e de Estado centralizado (Macedo, 2006).

Muitos autores buscaram defender uma noção de "Ocidente": Arnold Toynbee, Alfred Kroeber, Carroll Quigley e tantos outros. Mais recentemente, Philippe Nemo (2005) respondeu de forma mais direta, em seu livro homônimo, *O que é Ocidente?* Segundo ele, o Ocidente seria um conjunto cultural constituído por vários povos que perceberam certos legados históricos como *seus*.

São resumidos cinco legados de acontecimentos definidores do "Ocidente": 1) dos antigos gregos, a "invenção" da cidade, da igualdade e da liberdade sob a lei comum, da ciência e da escola; 2) dos antigos romanos, a "invenção" do direito privado, da propriedade privada, da noção de pessoa e de certo humanismo; 3) da Bíblia♀, a ética religiosa judeo--cristã, a visão temporal escatológica progressista e seu messianismo, milenarismo e utopismo; 4) da "Revolução Papal" na política e na cultura religiosa do século XI ao século XIII, a releitura da antiga ciência grega e o antigo direito romano numa lógica bíblica, gerando uma fusão inédita; 5) da Modernidade europeia, "as democracias liberais" burguesas com sua liberdade intelectual, democracia política, liberalismo econômico e ordem pluralista (que excluiria socialismos e fascismos). Nesses critérios, somente países da Europa ocidental e América do Norte são Ocidente, sendo que países cristãos ortodoxos, da Europa Central, América Latina (como Brasil!) e até Israel seriam apenas "próximos do Ocidente" (Nemo, 2005, p. 133).

Já num primeiro olhar pode-se notar como o termo "Ocidente" pode significar coisas diversas, desde lugares geográficos, blocos linguísticos e visões políticas, até conjuntos cultural-religiosos. Buruma e Margalit (2006, p. 146), por exemplo, veem Ocidente basicamente como "as democracias liberais do mundo" e, "nesse sentido, inclui frágeis democracias asiáticas, tais como a Indonésia e as Filipinas", contrastando com Nemo (2005).

Não há unanimidade ou possível definição consensual. E vários aspectos dos argumentos levantados por esses autores são problemáticos. Por exemplo, Macedo (2006, p. 11) questiona que a visão de Nemo "está carregada de forte etnocentrismo♀", pois, "em diversas passagens do seu texto, a superioridade do Ocidente" é percebida. Isso ocorre devido a afirmações de que povos orientais seriam pouco voltados à inovação (preconceito♀ europeu antigo), ou a certo desprezo a que Nemo chama de "tribalismos", entre outras questões.

Refletindo sobre possíveis definições de "Oriente", Macedo (2006) cita o sinólogo brasileiro Mário Sproviero, que propõe a existência de três Orientes: Próximo Oriente, o Oriente Médio e o Extremo Oriente. Basicamente são territórios da Ásia. O *Próximo Oriente* englobaria o leste europeu, o norte africano e o oeste asiático, algo que o esotérico René Guenón também afirmou décadas antes. Nessa proposta o *Oriente Médio* seria o mundo cultural de matriz hindu, e o *Extremo Oriente* seria a parte geográfica e cultural asiática de forte referência chinesa.

Percebe-se que a ideia de proximidade ou de extremidade está em relação a algum centro, que seria a Europa cristã. Na mesma linha de raciocínio, também é comum ver listas que dividem Ocidente do Oriente através de conjecturas das suas características: um seria racional, o outro irracional, um é lógico, o outro intuitivo, um transcendente, outro imanente etc. Normalmente, Ocidente tem os primeiros atributos, e Oriente os segundos.

Entretanto, como pode ser notado, a definição de "Oriente" também não é consensual, já que por *Oriente Médio* são indicados países islâmicos da região que Sproviero chama de *Próximo Oriente*. Além de desacordos, a noção de Oriente também sofreu forte impacto depois das críticas de Said (2007) – que será vista a seguir. Uma leitura atenta notará que em textos internacionais mais recentes, sobretudo em inglês, o termo "Oriente" tende a ser substituído por "Ásia" ou pelo país específico a qual se refere (China, Japão, Índia etc.).

Menos atenção tem sido dada à noção complementar, mas também demasiadamente generalista, de "Ocidente". Um resumo de várias desconstruções desse suposto bloco cultural, também chamado de "Europa", foi escrito por Dussel (2000). Ele mostra que há várias razões históricas que mostram não haver continuidade ou transmissão direta entre culturas helênicas antigas e a atual Europa. Além disso, a construção política, econômica e cultural-religiosa que fez surgir a Modernidade se dá muito mais por encontros transculturais do que por motivos intraeuropeus, como normalmente se afirma – caso de Nemo (2005).

Conclusivamente, falta consenso acadêmico mínimo nas tentativas de conceituação; grande parte dos argumentos utilizados para definir Oriente e Ocidente é carregada de preconceitos♀, estereótipos e estigmatizações negativas ou romantizadas de algum lado; somado a tudo isso, há grande pluralidade interna entre culturas europeias e asiáticas que impede generalizações tão grandes. Assim, essas categorias pouco ajudam na construção do conhecimento respeitável cientificamente e respeitoso culturalmente, pois escondem as singularidades das diversidades de expressões sociais em grandes blocos conceituais monolíticos. Melhor é abordar cada cultura em sua especificidade, e, se necessário, limitando ver grandes grupos culturais com critérios mais rigorosos e mais sensíveis (King, 2005).

III. História, contexto e matrizes das representações de divisão entre Ocidente-Oriente.

OCIDENTE/ORIENTE

Apesar de essa demarcação ter-se generalizado só nos últimos séculos, já é possível ver suas raízes na Antiguidade. Em antigos escritos das civilizações helênicas ("gregas"), há noções de demarcação para com a Ásia, como na tragédia *Os persas*, de Ésquilo, de 472 a.C. (Said, 2007; Irwin, 2008). Muito depois, entre os séculos III e IV, houve a divisão do Império Romano entre ocidental e oriental. Após várias conturbações políticas, essa divisão se firmou e existiu até que ocorresse a queda do lado ocidental, no século V. O Império Romano oriental se tornou o Império Bizantino, que durou até o século XV (Macedo, 2006).

Devido ao fato de o Cristianismo ter-se tornado a religião oficial e de ter surgido na região desses impérios, as tradições cristãs receberam, dentre outras coisas, o legado dessa divisão organizacional entre Ocidente e Oriente. Após a queda do lado oeste/ocidental do Império Romano, foi a Igreja⚥ de Roma que se tornou a instituição continuadora de parte dessa cultura. No leste/Oriente, várias comunidades (igrejas) cristãs foram se formando paralelamente, como a siríaca, a grega, a copta ou a bizantina. Todas juntas formavam as primeiras comunidades cristãs que foram gradativamente se institucionalizando de forma autônoma, mas associadas, até o evento chamado Grande Cisma, de 1054, separar as igrejas do Oriente e do Ocidente cristão.

Somado a esse histórico de divisão política e simbólica entre Ocidente e Oriente no continente físico euro-afro-asiático, surge o Islã no século VII. Essa fonte cultural-religiosa foi base de muitas novidades criativas, e também de vários impérios. Segundo autores como Norman Daniel, Edward Said e Roger Garaudy, houve todo um conjunto de discursos por parte da cristandade europeia (ocidental) sobre culturas islâmicas, muitas vezes em caráter depreciativo e com antipatia. Por outro lado, autores como David Blancks, Richard Flecher e Robert Irwin têm reivindicado outra visão da história, sobretudo com o argumento de que houve muitas trocas e compreensões mútuas de cristãos e islâmicos, sendo que há tanto imagens negativas quanto positivas do mundo "oriental" (Chaves Filho, 2012).

De um modo ou de outro, estereótipos do *outro oriental* reforçaram discursos que fomentaram imagens divisórias entre um "nós/cristãos europeus ocidentais" em oposição a "eles/orientais". Estes últimos foram entendidos como povos que ou não seguem o legado grego, ou são cristãos não católico romanos, ou são islâmicos, ou simplesmente se localizam à leste de Roma. Tudo isso, claro, nasceu de um imaginário popular da cristandade europeia sobre sua alteridade. Vejamos agora versões acadêmicas de definição de Oriente e Ocidente.

IV. Autores e correntes envolvidos com o orientalismo: Oriente visto pela academia da cristandade. Em termos diacrônicos ou cronológicos, E.

Said (2007, p. 60) atribui à busca erudita e acadêmica para entender o dito "Oriente" ao Concílio⚥ de Vienne, em 1312, ocasião do estabelecimento de cátedras de língua árabe, grega, hebraica e síria em universidades europeias. Ele chama esse intento intelectual formal de *orientalismo*. Em contrapartida, R. Irwin (2008, p. 60-61) alega que, historicamente, esse empreendimento durou poucos anos, e não teve solidez nem continuidade.

Para Irwin (2008, p. 82-88), o primeiro orientalista acadêmico foi Guillaume Postel (1510-1581). Em 1539, Postel ocupou a primeira cátedra de árabe na universidade *Collège de France*, em Paris, e produziu a primeira gramática da língua árabe clássica na Europa cristã. Ele conhecia várias línguas (francês, hebraico, latim, grego, árabe, turco, copta e armênio), era escritor de costumes turcos e muçulmanos e foi autor de teorias sobre protolíngua.

Após Postel, o orientalismo se desenvolveu na Europa, primeiramente, por pessoas e em meios católicos e de línguas latinas – especialmente falantes de francês e italiano no século XVI. Aos poucos, outra tendência surgiu, a de autores protestantes e em países do norte da Europa, como Inglaterra, Países Baixos e Alemanha, no século XVII. Em geral, todos tinham em comum o interesse em conhecimentos ligados à sua tradição bíblica, normalmente assuntos de culturas antigas estudados por fontes textuais (Irwin, 2008, p. 133-169).

Após o surgimento das primeiras cátedras e textos importantes, Irwin (2008, p. 175) atribui ao francês Silvestre de Sacy (1758-1838) a sistematização e o modelo do orientalismo no meio acadêmico tal como existe até hoje. E cada parte do "Oriente" teve seus líderes orientalistas e desenvolvimento próprio. No caso sul-asiático, por exemplo, foi William Jones (1746-1794) – juiz da Companhia das Índias Orientais, filólogo e jurista – quem institucionalizou o orientalismo sobre essa região, através da Sociedade Asiática de Bengala, em Calcutá (Índia), no ano de 1784 (King, 2005, p. 280).

Mesmo já existindo várias cátedras, revistas e livros na área ao longo destes séculos na Europa, o primeiro congresso de orientalistas só ocorreu em Paris (França), em 1873. Seguindo métodos⚥ filológicos e do historicismo alemão até boa parte do seu desenvolvimento, principalmente no início do século XX, orientalistas aderem a teorias e metodologias vindas dos estudos sociais e históricos britânicos e norte-americanos (Irwin, 2008).

V. Desenvolvimento da crítica ao orientalismo e ao ocidentalismo. No século XX, com mais força na segunda metade, surgem várias críticas ao orientalismo, tanto internas à academia da cristandade quanto de comentadores externos. Na esteira de críticos islâmicos do orientalismo, como Abdel-Malek, Laroui e Tibawi, somado a leituras de K. M. Panikkar, E. Auerbach, M. Foucault, A. Gramsci⚥,

G. Lukács e R. Williams, a obra *Orientalismo*, publicada inicialmente em 1978 por E. Said (2007), é um marco. Além de ser uma inspiração♀ mais geral aos estudos descoloniais/pós-coloniais/subalternos, com este livro Said consegue agitar boa parte da academia com a tese de que o "Oriente" seria, na verdade, uma representação ou invenção de orientalistas "ocidentais" para fins imperialistas.

Para Said (2007, p. 28-29), pode haver três sentidos para *orientalismo*: 1) produção, área ou pesquisador(a) acadêmico(a) que pesquise o "Oriente", em especial de forma textual; 2) ontológico/estilo de pensamento, afirmando a distinção básica entre Oriente/Ocidente, inerente à realidade, visto como um dado existencial, sendo uma visão mais essencialista de Oriente/Ocidente; 3) ideias e instituições colonizadoras europeias – com mais força entre franceses e ingleses – e estadunidenses feitas para representar e dominar o "Oriente".

Basicamente, são discursos e atitudes sobre o "Oriente" com uma perspectiva essencialista que dificulta ver o *outro* como ele é. Isso pode ocorrer de duas formas: manifesta/explícita – como em práticas políticas de dominação colonial –, e latente, que ocorre sutilmente, através de representações e estereótipos generalizantes. O ponto central defendido por Said (2007, p. 16-20) é, justamente, questionar estudos com objetivos de autoafirmação e conflito declarado, e sensibilizar para que estudos sobre as culturas busquem a compreensão mútua. Assim, acredita que alargou o debate em prol de uma perspectiva mais dialogal do conhecimento, ao mesmo tempo que denunciava ligações entre preconceitos♀, imperialismos e certas formas de conhecimento e seus estudiosos.

Importante ressaltar que houve várias reações à tese de Said (Chaves Filho, 2012). O autor que publicou a resposta mais elaborada foi Irwin (2008), delineando uma história sistemática dessa tradição acadêmica e rebatendo o que considerava serem equívocos e exageros de Said e outros críticos. Em defesa de orientalistas, seu principal contra-argumento é que ele considera "confuso e equivocado reuni-los todos no mesmo saco com poetas, administradores e exploradores" (Irwin, 2008, p. 347). Sobre as representações e invenções do *outro*, propôs que, "já que se está tratando do tema de estereótipos, vale considerar se é possível ou mesmo desejável descartá-los totalmente" (Irwin, 2008, p. 327), pois podem servir para facilitar a vida. Por outro lado, concorda que as acusações de Said quanto a ligações de orientalistas com o colonialismo fazem sentido em alguns casos.

Além das críticas, debates específicos decorrentes da teoria saidiana do *discurso orientalista* florescem até hoje, através de casos indianos, chineses, japoneses, islâmicos, entre muitos outros. Trataremos agora apenas do estudo de uma repercussão de caráter mais geral e, na verdade, oposta: o *ocidentalismo*.

Este seria "o retrato desumano do Ocidente pintado por seus inimigos" (Buruma; Margalit, 2006, p. 11). Há vários pontos que sustentam os ocidentalistas.

Ocidentalistas – alemães, russos, japoneses etc. – conectam o dito Ocidente com cidades, urbanização e tecnocracia, e seus habitantes como seres "sem alma♀" e demasiadamente racionalistas. O aspecto liberal-democrático, em que há uma defesa do conforto material, liberdade e luxo são vistos como formas anti-heroicas e antiutópicas. Em geral, ocidentalistas veem o pensamento intuitivo como superior ao racional discursivo, e mais próximo de uma vivência e fé♀ autênticas. No mesmo sentido, critica-se fortemente o cientificismo europeu e norte-americano, vendo-os como limitados e limitantes.

Parte dessa crítica provém de cristãos ortodoxos e do romantismo alemão. Mas existe outra fonte religiosa, o Islã. Para todas essas fontes, quando apresentam uma atitude ocidentalista, veem "ocidentais" como cultuadores da matéria; logo, representariam o próprio *mal*, uma idolatria♀, numa visão religiosa polarizada. Por vezes, como no caso de grupos extremistas armados de Osama Bin Laden, a luta contra o "Ocidente" pode se tornar um drama cósmico do *bem* x *mal*, com consequências violentas. Ironicamente, ideias ocidentalistas por vezes apresentam certo débito com fontes europeias autocríticas.

Sobre tudo isso, Buruma e Margalit (2006, p. 148) dizem que "uma aversão, ou até mesmo um ódio, em relação ao Ocidente não é, por si só, uma questão relevante. O ocidentalismo se torna perigoso quando se atrela ao poder político", como, por exemplo, fundamentando uma ditadura. Vemos, então, que tanto o orientalismo quanto o ocidentalismo valem-se de estereótipos que desumanizam o objeto dos seus discursos, chegando a ser muito perigosos, principalmente se aliados com práticas políticas. E isso é apenas uma parte do longo debate, que o leitor poderá ver em seus detalhes nas referências e suas respectivas bibliografias.

VI. Recepção do orientalismo na Ciência da Religião. O orientalismo, enquanto campo de estudos sobre culturas asiáticas, deu base e fomento para várias ciências, como as da linguagem (Filologia♀) e da religião. O fundador formal da Ciência da Religião♀, Friedrich Max Müller♀ (1823-1900), estudou sânscrito, história e religiões do que chamamos hoje de Índia. Em especial, a sua coleção *Livros sagrados do Oriente*, lançados inicialmente em 1879, ampliou significativamente o conteúdo disponível para o empreendimento de comparar academicamente religiões em universidades da Europa. Além do fundador, vários professores e pesquisadores da Ciência da Religião♀ estavam ligados diretamente a centros universitários orientalistas, como Robertson Smith, Hans Schaeder, Wilfred Smith (Irwin, 2008, p. 151, 217, 228, 274, 370).

Indo diretamente ao caso do orientalismo brasileiro, por um lado, pode-se afirmar que até poucas décadas não havia no Brasil nada parecido com os grandes centros europeus e norte-americanos de estudos sobre culturas asiáticas, carecendo de uma tradição orientalista universitária. Por outro lado, percebe-se a presença de grupos de estudos orientalistas não acadêmicos, em especial ligados a tradições esotéricas (por exemplo, Maçonaria, Teosofia e Rosacruz) e poético-literárias (como modernismo, tropicalismo ou concretismo), desde o século XVIII, com mais força no século XX. Especificamente na Ciência da Religião é somente no século XXI que aparecem grupos institucionalizados, com destaque para o *Centro de Estudos de Religiões Alternativas Orientais* (CERAL) da PUC-SP e o *Religiões e Filosofias Orientais* (PADMA) da UFPB.

Após as críticas descoloniais do fim do século XX, com ênfase na teoria de Said (2007) do discurso orientalista, o termo acabou ganhando um aspecto pejorativo. No caso específico da Ciência da Religião, Hent de Vries (2005, p. 6881) afirma que o fenômeno do *orientalismo* "evoca a tendência de mistificar, caricaturar, homogeneizar e petrificar os sistemas culturais asiáticos e norte-africanos", normalmente de duas maneiras: "[...] via idealização ou via demonização, vendo-os como contrastantes, e, muitas vezes, opostos a conceitos 'ocidentais', como a crença privatizada e racionalizada ou a separação de Igreja e Estado". Autores dessa área, com destaque ao próprio fundador, são hoje malvistos como orientalistas.

Vries (2005) continua mostrando que a própria pretensão universalista do conceito de religião, sobretudo aplicada a tradições asiáticas, faz parte do orientalismo dessa área. A primeira crítica ao caráter demasiado geral do termo "religião" que obteve impacto nessa área veio de Wilfred Smith em 1962, que acusou o termo de ser demasiadamente homogeneizante. A crítica descolonial ao termo "religião", feita na tradição da Antropologia Cultural por Talal Asad em 1993, também tem impactado cientistas das religiões.

Baseado nesses e em outros eruditos, Richard King (1999) tem-se destacado no debate específico da Ciência da Religião e do orientalismo – seu livro ganhou toda uma seção de debate na revista *Method & Theory in the Study of Religion* (v. 14, n. 2, de 2002). Ele tem mostrado a relevância da crítica ao discurso orientalista – incluindo a crítica da suposta divisão entre "Ocidente" e "Oriente" –, aplicada aos estudos das religiões, em especial das sul-asiáticas. King (1999, 2005) tem insistido na necessidade de refletir criticamente sobre – e até de banir – termos generalizantes como "religiões mundiais". Termos como "religiões ocidentais", "mística oriental" e até "Hinduísmo" são acusados de obscurecer a diversidade das experiências humanas.

Sinteticamente, os textos de King (2005) e Vries (2005) apresentam três questões-chave para os estudos culturais, em geral, e para a Ciência da Religião, em particular: 1) repensar as visões políticas ou de poder por trás de estudos e categorias; 2) repensar ou até abandonar o conceito de religião como algo universal; 3) mais ênfase em pluralidades e singularidades, e menos para dicotomias, estereótipos e grandes narrativas. Um ponto também sensível é a questão da *agência*, que, neste caso, se trata de considerar asiáticos(as) como agentes ativos da sua própria história, bem como levar em conta a produção acadêmica destes.

No Brasil, por mais que toda essa discussão já possa ser vista parcialmente em alguns textos acadêmicos, ainda não ganhou a devida atenção de cientistas da religião. No entanto, é importante os pesquisadores se atentarem para a necessidade de desnaturalizar, em seus estudos, visões exageradamente genéricas como as discutidas aqui. Tendo em vista o *lugar* geográfico e cultural – América Latina – em que se insere a cultura brasileira, nunca tendo se encaixado perfeitamente em estereótipos "ocidentais" ou "orientais" (como refletido desde Freyre), isso se torna mais urgente.

Assim, importa que nós, brasileiros, que também passamos pela colonização e fomos formados na estrutura eurocêntrica de universidade, estejamos atentos quando estudarmos temas asiáticos. Complementarmente, interessa lembrar que o estudo das múltiplas religiões em sua diversidade, além de estar na raiz histórica da Ciência da Religião, é um requisito para sua existência e qualidade acadêmica, já que comparar religiões demanda conhecer a riqueza das suas expressões em suas singularidades.

Bibliografia: BURUMA, I.; MARGALIT, A. *Ocidentalismo*: o Ocidente aos olhos de seus inimigos. Rio de Janeiro: Jorge Zahar Editor, 2006; CHAVES FILHO, J. E. *As múltiplas imagens do Islã no telejornalismo*: a cobertura da emissora Rede Globo dos eventos do 11 de Setembro. Monografia de Especialização em História, Sociedade e Cultura do Brasil. Montes Claros: Unimontes, 2012; DUSSEL, E. Europa, modernidad y eurocentrismo. In: LANDER, E. (Org.). *La colonialidad del saber*: eurocentrismo y ciencias sociales. Perspectivas latinoamericanas. Buenos Aires: Ediciones CLACSO, 2000. p. 55-70; IRWIN, R. *Pelo amor ao saber*: os orientalistas e seus inimigos. Rio de Janeiro: Record, 2008; KING, R. Orientalism and the study of religions. In: HINNELLS, J. R. *The Routledge companion to the study of religion*. New York: Routledge, 2005. p. 275-290; : HINNELLS, J. R. *Orientalism and Religion*: Postcolonial Theory, India and the Mystic East. London: Routledge, 1999; MACEDO, H. A. M. Oriente, Ocidente e ocidentalização: discutindo conceitos. *Revista da Faculdade do Seridó*, v. 1, 2006, p. 1-22; NEMO, P. *O que é Ocidente?* São Paulo: Martins Fontes, 2005; SAID, E. *Orientalismo*: o Oriente como invenção do Ocidente. São Paulo: Companhia das

Letras, 2007; VRIES, H. de. Orientalism. In: JONES, L. (Org.). *Encyclopedia of Religion*. 2nd ed. [*e-book*]. New York, USA: MacMillan Reference, 2005. p. 6881-6885.

MATHEUS OLIVA DA COSTA

OLIVEIRA, ERNESTO VEIGA DE →
Etnografia portuguesa

ORAÇÃO

A oração ou prece é um procedimento fundamental do homem religioso, talvez "o ato religioso essencial", presente em todas as tradições. É o "respiro" que anima o homem espiritual, de uma universalidade que supera a féρ explícita num Deus pessoal (Geffré, 1991, p. 124). Trata-se de um procedimento que transcende a diversidade das distintas religiões do mundo. Segundo a expressão cunhada pelo antropólogo Marcel Maussρ, "a prece é um rito religioso, oral, diretamente relacionada com as coisas sagradas" (Oliveira, 1979, p. 146). A oração é um ato, um movimento, mesmo que não venha acompanhada de palavra. Expressa uma "atitude da almaρ". Trata-se de um ato "eficaz", pois pode suscitar fenômenos extraordináriosρ. É um ato que expressa uma ação sobre os seres sagrados, que envolve sua presença e suscita modificações no fiel, numa perspectiva dinamogênica. Mesmo quando realizada individual e solitariamente, a oração é um "fenômeno social", como bem mostrou Marcel Maussρ. Mesmo em sua forma mental, traduz uma dinâmica social, pois "o espírito que a domina é o da Igrejaρ, as ideias que suscita são as da dogmática de sua seitaρ, os sentimentos que aí dominam são os da moral de sua facção" (Oliveira, 1979, p. 117).

Em suas diversas expressões linguísticas (prece, *prière*, *prayer*, *Gebet*, *proseukh* etc.), a oração envolve dois movimentos: uma súplica dirigida ao Mistério, ao Sagrado; e uma crençaρ de que essa comunicação é possível. Implica também uma atitude essencial de "escuta", de deixar-se habitar pelo hálito do Misericordioso, como pode ser verificado na devoção judaica, no exemplo da vocação de Samuel (1Sm 3). Essa atitude orante pode ocorrer em qualquer lugar, não se restringindo aos locais de culto. Dizia com razão Thomas Merton: "Nenhum escrito sobre as dimensões de solidão, de meditaçãoρ da vida pode dizer algo que já não tenha sido dito melhor pelo vento nos pinheiros" (Merton, 2004, p. 17). O essencial é saber escutar, disponibilizar o mundo interior, com atitude de paz e equilíbrio, para escutar o canto das coisas. Na visão de Merton, não há momento despido da presença do Mistério, o que se requer é disponibilidade interior para ouvir o seu canto. Todo

momento é um "bom momento para Deus, seu *kairós*. Tudo se limita a darmos oportunidade, na oração, para a consciênciaρ de que temos o que buscamos. Não temos de persegui-lo. Ele está sempre aí, e se lhe damos tempo ele se apresenta a nós" (Shannon; Bochen; O'Connel, 2015, p. 403).

O orante é alguém que se vê interpelado, que se dirige a um "tu" amoroso, num campo aceso de sentido: "Quando te invoco, responde-me, ó meu justo Deus! Na angústia tu me aliviaste: tem piedadeρ de mim, ouve a minha prece!" (Sl 4,2). E o crente amoroso tem convicção de que o Misericordioso é capaz de captar a nervura da prece, como acentuou o místico sufi Rûmî, numa das passagens de seu *Masnawi*, com base num clássico dito do livro do Corão: "Recordai-vos de mim, que eu me recordarei de vós" (Corão 2, 152). Seguindo a pista aberta por Rûmî, quando há no coração a presença da centelha do amor de Deus, a correspondência de amor vem imediatamente. Deusρ apresenta-se no ato mesmo da invocação do fiel. A súplica do amante de *Allah* corresponde ao "aqui estou" (*labbayka*) de seu Amado (Mathnawî, 1990, 189s). Na tradição islâmica, a rememoração de Deusρ (*dhikr*) está viva em todo o cotidiano do fiel, que vem instado a invocá-lo do amanhecer ao entardecer (Corão 7, 205). O fiel sente a efetividade do Mistério em cada passo da existência, pois ele está mais próximo do que sua veia jugular (Corão 50, 16). Para o muçulmano, a sura de abertura do Corão, a *Fatiha*, é a oração que serve de chave para a compreensão do Livro, como uma síntese de todo o seu conteúdo (Ventura, 1991). A vida e a morteρ dos fiéis muçulmanos são adornadas por essa potente oração. Logo na entrada, a *basmala* (o primeiro versículo do Livro), como "fórmula invocativa fundamental", indica o universo da divina proteção que cobre cada um dos fiéis na sua jornada. A Misericórdia, que abraça todas as coisas, não deixa nenhum fiel à margem de sua proteção (Corão 7, 151 e 7, 156).

Na tradição cristã ocidental, há a presença singular de Teresa de Ávila, ou Teresa de Jesus, a grande mestra do discernimento espiritual. Traçando o passo pedagógico para entender o universo da oração, ela sublinha que a oração não é questão de pensamento, mas de amor: "O essencial não é pensar muito – é amar muito" (Santa Teresa de Jesus, 1981, 1,7). Em linha de sintonia com a tradição místicaρ esponsal, Teresa reitera a oração como uma relação amorosa com Deus, insistindo com aqueles que ainda não fizeram tal experiência para não deixarem de praticá-la, pois estariam privados de um grande bem. A oração para ela é um "trato de amizade", favorecendo o estar a sós "com quem sabemos que nos ama" (Santa Teresa de Jesus, 2002, 8, 5). No repertório de Teresa há inúmeras modulações da oração, como "louvar, adorar, suplicar e pedir, interceder e expiar…", bem como outros componentes: "[…] o requebro, a queixa, a ousadia, até a liberdade de 'dizer desatinos'"

ORDENAÇÃO

(Sciadini, 2009, p. 531). Para Teresa, a oração sempre se direcionava para as obras: "O Senhor quer obras. Se vês uma enferma a quem podes dar algum alívio, não tenhas receio de perder a tua devoção e compadece-te dela" (Santa Teresa de Jesus, 2002, 3,11). No âmbito da tradição cristã oriental, há o exemplo do misticismo monástico russo, que remonta ao centro monástico do Monte Athos. O traço característico é o hesicasmo, com a singularidade das fórmulas breves, como a "oração de Jesus". O nome referencial é Gregório Palamas (Merton, 1972, p. 190-199).

A oração ocupa igualmente um lugar central na mística judaica. Como exemplo, a reflexão de Abraham J. Heschchel, um dos mais destacados pensadores religiosos do século XX. Em sua visão, "orar é tomar conhecimento do maravilhoso, é apreender o senso do mistério que anima todos os seres, a margem divina de todas as realizações" (Heschel, 1974, p. 21). É algo que ultrapassa a mera emoção, pois favorece "a aproximação do humano com o transcendente", fazendo do humano um *partner* do sublime, na presença inebriante de seu mistério.

Como se pode perceber, a oração é um "ato" essencial na dinâmica de nomização humana, de dar sentido ao significado e presença do ser humano no tempo, marcado pela impermanência, mas permeado por uma sede que não se apaga, de se aconchegar na Presença Inefável.

Bibliografia: A BÍBLIA DE JERUSALÉM. São Paulo: Paulinas, 1981; GEFFRÉ, C. *Passion de l'homme, passion de Dieu*. Paris: Cerf, 1991; HESCHEL, A. *O homem à procura de Deus*. São Paulo: Paulinas, 1974; MERTON, T. *Amor e vida*. São Paulo: Martins Fontes, 2004; MERTON, T. *Místicos e mestres Zen*. Rio de Janeiro: Civilização Brasileira, 1972; NASR, H. *Tradução do sentido do nobre Alcorão*. Brasília: Centro Islâmico do Brasil, [s.d.]; OLIVEIRA, R. C. de. *Mauss*. São Paulo: Ática, 1979; RÛMÎ, D. *Mathnawî*. La quête de l'Absolu. Paris: Rocher, 1990; SANTA TERESA DE JESUS. *Castelo interior ou moradas*. 8. ed. São Paulo: Paulus, 1981; SANTA TERESA DE JESUS. *Obras completas*. 2. ed. São Paulo: Edições Carmelitanas/Loyola, 2002; SHANNON, W. H.; BOCHEN, C. M.; e O'CONNEL, P. F. (Eds.). *Diccionario de Thomas Merton*. Bilbao: Ediciones Mensajero, 2015; SCIADINI, P. (Org.). *Dicionário de Santa Teresa de Jesus*. São Paulo: LTR, 2009. VENTURA, A. *Al-Fatiha – l'aprente*. La prima sura del Corano. Genova: Marietti, 1991.

Faustino Teixeira

ORÁCULO → Divinação

ORDENAÇÃO

Na história do Cristianismo, a ordenação afirma-se progressivamente como o ritual pelo qual alguns dos cristãos passam à condição de ministros, sendo que alguns desses ministérios implicam a liderança das comunidades. De entre a diversidade de ministérios emerge a tríade bispo, presbítero e diácono. Alguns autores e correntes tendem a situar uma possível origem do ritual de ordenação cristão numa cerimónia de ordenação dos rabinos no Judaísmo contemporâneo da emergência do Cristianismo, visto existir uma imposição das mãos. Esta hipótese é posta em causa, uma vez que o Judaísmo rabínico apresenta algumas práticas posteriores às que se conhecem do Cristianismo primitivo (cf. Hoffmann, 1979). A imposição das mãos é o rito que marcou, e marca, a história do ritual da ordenação e da própria história do entendimento dos ministérios. A tradição cristã faz derivar esta prática ritual de alguns textos do Novo Testamento (cf. Act 13,1-3; 1 Tim 4,14; 5,22; 2 Tim 1,6), contudo, tal como afirma Bradshaw (2013), não se pode assumir com rigor e segurança que a escolha/eleição de alguém para os diferentes ministérios nas comunidades cristãs primitivas implicasse a imposição das mãos. Este gesto acompanharia, eventualmente, a oração sobre a pessoa e não seria um exclusivo da "ordenação". É no século III e posteriormente que o gesto ganhou uma grande preponderância no ritual da ordenação, em particular devido à interpretação dada à palavra grega "quirotonia". No grego clássico, esta palavra significava a escolha de alguém através de um processo de eleição levantando a mão. Alguns autores cristãos do século III (*e.g.*: Cipriano de Cartago) referem-nos o processo de escolha dos bispos para as comunidades, a documentação disponível refere-nos, sobretudo, o caso do Norte de África e de Roma, como sendo um processo implicando o "sufrágio do povo". Bradshaw considera que nesse período a quirotonia começou a designar o todo do processo. É também no decorrer do século III que se assiste ao processo de sacerdotalização dos ministérios cristãos, isto é, a uma releitura do episcopado, do presbiterado e do diaconado com categorias sacerdotais do Antigo Testamento e, entre outros documentos, as orações de ordenação contidas na Tradição Apostólica de Hipólito de Roma testemunham este processo.

Embora a Tradição Apostólica tenha sido considerada uma fonte do século III, é importante referir que mais recentemente Bradshaw, Johnson e Philips (2002) consideram ser um documento feito de vários estratos de diferentes séculos, entre o III e o V, e de diferentes proveniências geográficas, e não apenas da Igreja de Roma, como foi pensado antes. O ritual de ordenação no Cristianismo desenvolveu-se de forma diferenciada no Oriente e no Ocidente. À imposição das mãos e à oração de consagração, o ritual vai ter a integração de mais gestos e ritos, em particular a entrega dos instrumentos que identificam a especificidade de cada um dos ministérios. O processo de complexificação do ritual também mostra uma crescente subordinação de todos os ministérios ao episcopado. O advento da Reforma♀ Protestante trouxe uma contestação do ministério ordenado e a consequente negação da sacramentalidade e necessidade da ordenação. No entanto, a ministerialidade, o princípio de existir sempre um ou alguns ao serviço da comunidade toda, permite-nos ver a permanência de rituais envolvendo a imposição das mãos nas diversas famílias protestantes nas celebrações onde se assume e consuma a eleição dos seus ministros. Uma das questões mais candentes nas diferentes variantes da tradição cristã é o debate sobre o acesso das cristãs ao ministério ordenado, sendo as práticas diversas no seio de todas as Igrejas♀ e denominações cristãs.

O Budismo também tem rituais de ordenação para aqueles que entram na vida monástica. A ordenação de um noviço (*samanera*) implica o pedido a um monge mais velho para ser aceite e envolve a entrega das vestes monásticas, o hábito, e o corte total do cabelo e o pedido para ter um mestre. A entrada na fase mais avançada e definitiva da vida monástica (*Umpasapada* ou aceitação como *Bhikkhu*) implica o noviço ter um mestre, o qual o guia durante o processo ritual, envolvendo a entrega de três conjuntos de vestes monásticas e de um recipiente para pedir esmola, o qual terá a forma de uma tigela. Há práticas contemporâneas nas quais se coloca a questão de as mulheres poderem ter acesso a este ritual de ordenação budista. Assim como também se verifica, devido a um forte desenvolvimento da consciência♀ das questões ambientais, a afirmação de um movimento na Tailândia de ordenação de árvores.

Bibliografia: BATTAGLIA, L. *Women Who Have Gone Forth*: Thai Buddhist Nuns and the Debate Over Women's Ordination. Scholars' Press, 2014; BRADSHAW, P. F.; JOHNSON, M. E.; PHILLIPS, L. E. *Apostolic Tradition Hermeneia*. Minneapolis, MN: Fortress Press, 2002; BRADSHAW, P. F.; JOHNSON, M. E.; PHILLIPS, L. E. *Rites of Ordination: Their History and Theology*. Collegeville, Minnesota: Pueblo Books, 2013; DARLINGTON, S. M. *The Ordination of a Tree*: The Thai Buddhist Environmental Movement. Suny Press, 2012; HARVEY, P. *An Introduction to Buddhism, Second Edition*: Teachings, History and Practices. 2nd edition. New York: Cambridge University Press, 2012; HOFFMAN, L. Jewish Ordination on the Eve of Christianity. *Studia Liturgica*, 13 (1979) p. 11-41; PUGLISI, J. *The Process of Admission to Ordained Ministry*: A Comparative Study. Collegeville, Minn: Liturgical Press, 2005; PUGLISI, J. *The Process of Admission to Ordained Ministry*: A Comparative Study (Vol. III), Contemporary Rites and General Conclusions. Collegeville, Minn: Liturgical Press, 2001; PUGLISI, J. *The Process of Admission to Ordained Ministry*: The First Lutheran, Reformed, Anglican, and Wesleyan Rites. A Comparative Study. Collegeville, Minn: Liturgical Press, 1998.

João Eleutério

ORGANIZAÇÃO RELIGIOSA

I. Delimitações conceituais. Organização religiosa diz respeito, em sentido lato, ao modo como se organiza ou se institucionaliza um sistema de crença♀ de uma determinada tradição religiosa, sua estrutura hierárquica, produção, manutenção e atualização doutrinária, estabelecimento e administração de ritos, símbolos e normas éticas, por meio de normatização e/ou orientação religiosa. Em sentido estrito, diz respeito ao regime de governo de uma instituição religiosa. Entretanto, em alguns lugares opta-se pelo uso do termo "organização religiosa" no Ensino Religioso♀ público, em vez de tradições religiosas, a fim de melhor contemplar a diversidade religiosa, especialmente as novas religiões ou expressões religiosas que não são vistas ainda como tradicionais. Existem diferentes organizações religiosas, assim como processos de transformação das organizações religiosas, que ora aproximam diferentes religiões, ora se distanciam de outras expressões, implicando, assim, o modo de produção e ressignificação de uma cultura religiosa de acordo com o papel que ocupa na sociedade em que se desenvolve, as influências de seus respectivos fundadores e as personalidades das lideranças que dão historicamente continuidade à organização religiosa. Além dos elementos constitutivos da organização religiosa, também estão implicados os modos como tal conjunto de fatores se relaciona com a cultura♀ dominante e as culturas menores de determinado lugar, as situações de intercâmbio cultural em um processo de expansão, em suas respectivas capacidades de inclusão ou não das diferentes culturas religiosas que coexistem em um mesmo espaço social, político, econômico e cultural, e seu próprio desenvolvimento histórico que reconfigura os fenômenos religiosos de uma determinada organização religiosa.

II. História do conceito. A tematização da organização religiosa tem início com o surgimento da então chamada "Antropologia da Religião♀", com uma forte influência do projeto iluminista, como dito anteriormente, especialmente da compreensão de bom selvagem de Jean-Jacques Rousseau (1712-1778), como povos em que suas religiões primitivas (*primitive religious*) não se teriam corrompido com o projeto de hegemonia das religiões mundiais (*world religious*) que atuavam como teocracias, especialmente o Cristianismo de cristandade como religião do Estado (Pereira, 2016, p. 266).

Os antropólogos dos séculos XIX e XX foram influenciados pela ideia de uma religião natural somada ao espírito evolucionista que Charles Darwin♀ (1809-1882) havia inaugurado, especialmente em seu livro *A descida do homem* (1871), no qual apresentava causas naturais para a evolução da espécie que resultaria no ser humano, excluindo, ainda que sem intenção antirreligiosa, a ação sobrenatural de

ORGANIZAÇÃO RELIGIOSA

um ato de criação divina. Há uma busca, portanto, de uma depuração da influência das religiões mundiais por meio da identificação de formas mais puras de religiosidade nas chamadas "religiões primitivas". Edward B. Tylor♀ (1832-1917) desenvolveu essa perspectiva evolucionista em sua obra principal, *Cultura primitiva* (*Primitive Culture*), e para ele religião♀ tem três estágios: o animismo♀, o politeísmo♀ e o monoteísmo♀. Em sua análise, o antropólogo britânico analisa os sistemas de crença♀ como sistemas teológicos concebidos pela razão humana ou natural (sem ajuda sobrenatural), bem como dá atenção à "continuidade entre as crenças♀ e práticas religiosas dos 'selvagens' e dos 'civilizados'" (Tylor, 1873, p. 424-427). Esses dois elementos foram mudando de forma na trilogia evolutiva da religião♀ de Tylor♀, sendo este último mais acentuado na forma de monoteísmo♀. Tal visão provocou uma busca pela religião♀ mais primitiva no mundo, a fim de identificar um estágio pré-religioso, enquanto ausência de oferta de sacrifícios♀ ou rituais a uma entidade mais elevada que seja propícia, entendendo este estágio anterior à religião♀ como magia♀. Os aborígenes australianos foram identificados com esse povo, levando à discussão do tema do totemismo, iniciada por James George Frazer♀ (1854-1941). A ideia de totem é retirada de um grupo ameríndio, *ototeman* (*ojibwa*), da região dos Grandes Lagos da América do Norte, pelo inglês John Long em 1791, e apresentado como um espírito♀ benevolente que protege um grupo (Van Der Leeuw, 1970). A análise do *totemismo* teve grande repercussão ao tema que estabelece uma relação entre a organização clânica ou tribal, a atribuição ao clã de nomes ou símbolos animais ou vegetais e a crença♀ no parentesco entre o totem e o clã. A magia♀ funcionaria como uma crença♀ primitiva promotora de gestos imitativos de leis que governariam o mundo natural, sem a compreensão de um governo do mundo por meio de uma divindade com características pessoais. Havia, assim, a passagem da humanidade por três estados intelectuais: magia♀, religião♀ e ciência, entendendo essa última como fruto do progresso que coincide com a racionalização (Guerriero, 2013, p. 254).

Em um segundo momento, a análise recaiu sobre as formas de organização religiosa das religiões monoteístas; portanto, sua relação com os projetos civilizatórios estava implicando a análise da gestão de poder dentro da instituição religiosa. Nesse sentido, as organizações religiosas podem ser, em um determinado contexto histórico, rigorosas ou flexíveis, e sofrer processos radicais de mudanças que alteram sua configuração, como, por exemplo, uma organização religiosa que pode passar de uma cultura religiosa alternativa para uma cultura♀ religiosa dominante, e ainda se instituindo em um Estado laico ou em uma forma de Teocracia, vinculada a processos de transformação ou de manutenção social. Tudo isso interfere, em uma organização religiosa, no papel de suas lideranças religiosas, ênfases narrativas e doutrinais, utilização de símbolos, orientações éticas e morais, e o modo como relacionar o imaginário social, relacionando as práticas religiosas discursivas com as práticas sociais de inspiração♀ religiosa, ora com mais contradições, ora com mais coerência, como no caso de dramas sociais, apoio ou crítica no âmbito político, questões de gênero♀, entre outras. Um exemplo mais clássico, no que diz respeito à análise documental histórica, pode ser identificado entre o Cristianismo primitivo e o Cristianismo imperial, que se torna oficial no continente europeu, e um exemplo mais contemporâneo diz respeito aos governos oficialmente islâmicos e o Islã liberal, como na Bósnia e na Turquia.

III. Formas de organização religiosa. Um modo de tematização da organização religiosa é a apresentação da estrutura organizacional, como se dá a política institucional e a respectiva gestão de poder, bem como os diversos níveis de autoridade. Para o Ocidente, as organizações religiosas mais comuns são aquelas que estão relacionadas ao Cristianismo, sendo mais comum os modelos de episcopalismo e congregacionalismo. O episcopalismo é derivado da organização interna do Cristianismo primitivo ou, como também se chama, de eclesiologia pastoral, na qual a forma de serviço religioso, ou pastorado, era organizado pelo *epíscocos*, do grego, aquele que detém a função de supervisionar, dirigir, que tem o "olhar sobre" (*epí* (+) *scopos*), sendo traduzido por epíscopo, ou, mais popularmente, bispo, tendo-se destacado esse papel como responsável pelos presbíteros de um determinado local e auxiliado diretamente por diáconos, tal qual descreve Inácio de Antioquia (c. 35-107 d.C.), em sua *Carta aos Efésios*, n. 4. Dado o caráter expansionista do Cristianismo, mesmo quando ainda não oficializada, o bispo regional passa a ser chamado de Patriarca, que tem a sede nas igrejas mais antigas, e a macro-organização se dá na forma de Pentapatriarcado, conhecido na forma de *Karai*, um acróstico para se referir aos cinco patriarcados mais antigos, e consequentemente mais importantes, a saber: *Konstantinopla, Alexandria, Roma, Antioquia* e *Jerusalém*, sendo o *Epíscopos de Roma*, o *primus inter pares*, o "patriarcado mais antigo", enquanto comunidade organizada, devendo presidir na unidade e na caridade, o que implicava reconhecer a igual dignidade dos demais patriarcas. Uma das formas de gestão de poder desse período é o Sinodalismo e o Conciliarismo, que é uma forma de equilibrar as forças entre os patriarcados, mediante sínodos regionais e concílios♀, estes mais normativos, também regionais, mas sobretudo os chamados "ecumênicos", chamados assim porque abrangiam a organização religiosa de toda a extensão territorial (*oicumêne*). Ainda sem o Cristianismo ter-se tornado religião oficial, os epíscopos haviam recebido de

Constantino, em 318, a *potestas* que permitia serem escolhidos em um eventual litígio judicial como juiz de primeira instância, no lugar de um senador romano. Devido à grande absorção que as comunidades primitivas tinham das camadas mais populares, e a oferta de julgamentos não onerosos, e por isso estavam fora do circuito de magistrados corruptos, distintos dos lentos, caros e não raro escandalosos casos de corrupção nos processos senatoriais do Império Romano, havia uma significativa procura que levou o imperador a decretar um segundo edital, a fim de reduzir o fluxo de atendimento. Com a transição para uma eclesiologia jurídica imperial, por causa da oficialização do Cristianismo, esse papel legal da *potestas iudicialis* do episcopado é ampliado e mantido por todo o período de cristandade. Esse novo *status* estabeleceu uma nova relação entre autoridade e força; na medida em que havia tensões entre a autoridade eclesial e a autoridade imperial, se emolduraram regimes de força distintos, ora a força do governo imperial incidia sobre o governo eclesial, fenômeno político conhecido como "cesaropapismo", que inverte a teocracia, ora a força do governo eclesial incidia sobre o governo imperial, fenômeno político conhecido como "hierocracia". No Ocidente, houve uma crescente tendência de a hierocracia assumir a forma de supremacia papal, também conhecida como "episcopado monárquico", que resultou em um desequilíbrio de forças entre o Pentapatriarcado, tendo como consequência uma crescente perda de autoridade, que ocasionou rupturas entre Ocidente católico e Oriente ortodoxo, no próprio Ocidente, entre católicos e distintas formas de organização protestante, e, por fim, entre Igreja♀ e Estado. Para cada uma dessas tensões há impactos organizacionais. No caso ortodoxo, manteve-se o episcopalismo, porém as autoridades regionais passam a ser instância de governo máximo, podendo se pensar em um patriarcalismo. No caso protestante, houve, em alguns casos, uma ruptura com o papismo, mas não com o episcopalismo, e em outros casos houve a emergência do congregacionalismo, que preza pela autonomia da organização local, de modo que não há uma instância superior que confira legitimidade à existência da comunidade. No caso católico, com a expansão *ultra maris* dos processos de colonização legitimados pela cristandade, promoviam a emergência de galicanismos, que é uma forma de episcopalismo nacional como maneira de resistência à supremacia papal. No caso protestante, há tradições que mantiveram a política episcopal e outras que adotaram o modelo presbiteral, ou, ainda, o modelo congregacional, como ruptura ao próprio episcopalismo protestante. Destes, pode-se destacar a Igreja♀ Anglicana, que é vista por alguns como um caso de cesaropapismo britânico, por ser a Igreja♀ da Inglaterra, assim como a Igreja♀ Ortodoxa russa. Nesse sentido, a política episcopal da Igreja♀

Metodista, com suas variações, é uma ruptura com o episcopalismo britânico. Também algumas igrejas luteranas locais adotam o episcopalismo, como a Suécia. Por ocasião da emergência do episcopalismo protestante, o episcopalismo católico reivindicava sua legitimidade através do que chamou de sucessão apostólica; contudo, não ausente em algumas tradições protestantes, e também insuficiente para evitar a ruptura com os chamados "veterocatólicos".

Já as chamadas igrejas reformadas, distintas das igrejas da Reforma♀, como é o caso do calvinismo ou também conhecidas como presbiterianas, por adotarem outra política de governo que rejeita a concentração de poder em um bispo singular, para adotar um regime entre presbíteros ou anciãos, que se agrupam em sínodos regionais e assembleias nacionais e gerais. Apesar de essas assembleias terem autoridade, há limites em seu exercício sobre as comunidades locais. Os presbíteros são distintos dos ministros, que são pastores ordenados para atender à comunidade. Tal política de governo eclesial tem origem na Suíça e na Escócia, mas se expande para outros continentes.

O congregacionalismo, por sua vez, advoga autonomia e independência local, como postura de ruptura do puritanismo britânico em relação ao episcopalismo britânico, sendo a figura do clérigo ou do pastor local sua autoridade maior. Apesar da origem inglesa, tornou-se uma expressão forte nos Estados Unidos. Essas Igrejas♀ congregacionais têm grande expressão entre as igrejas Batistas, Anabatistas, Congregação♀ Cristã, entre outras.

A organização religiosa do Islã é bastante diferente da organização religiosa cristã, e muito mais complexa do que o senso comum ocidental imagina sobre a comunidade muçulmana. Há uma organização religiosa com características mais hierárquicas, como é o caso dos Xiitas, e outra com características mais autônomas, como é o caso dos Sunitas. Além desses, há o grupo dos Ibadis, mais próximos aos Xiitas e que estão localizados em Omã, na Líbia, Tunísia, Argélia e na África Oriental. Também há o que se chama de "Modernistas", presentes nos Bálcãs e na Turquia. Cada grupo representa menos de 1% do Islã mundial. Os Xiitas representam 10% do Islã, e estão divididos em *Zaydi*, *Já'fari* e *Isma'ii*. Os Sunitas representam 90% do Islã e são divididos em ortodoxos, com 65%, e não ortodoxos, com 10%, e 25% são indiferentes a essa classificação. Entre os ortodoxos se encontram os grupos filiados aos Sufismo, uma corrente mais mística♀, como *Hanafi*, *Shafi'i*, *Malikis* e *Hanbali*. Entre os não ortodoxos encontram-se os *Salafi-Wahhabi*, que são apenas 10% deste grupo, considerado uma vertente extremista chamada *wahhabitas*, e a Irmandade Muçulmana, que tem apenas 5% dos sunitas não ortodoxos e possui em seu seio os *Takfiris*, os grupos muçulmanos terroristas. O Islã,, em 2016, possuía 1,7 bilhão de adeptos, sendo o número de membros extremistas adeptos do *jihadismo* infinitamente menor, não chegando nem mesmo a 0,1% (precisamente, representaria 0,008%), e nem todos são membros do Estado Islâmico (Muhammad, 2017, p. 195).

Quanto às especificidades da organização religiosa islâmica, *Mohammad* não deixou regras claras, havendo, portanto, tensões a respeito das políticas organizacionais. Apesar de algumas correntes afirmarem não existir um clero→ ordenado no Islã, há, no entanto, diversos grupos e funções religiosas. A primeira organização religiosa se deu com a morte→ do profeta *Mohammad*, em 632 d.C., e Abu Bakr tornou-se seu *sucessor* (*Khalifah*), inaugurando, assim, o regime de califado. O termo diz respeito à função de líder político e religioso de um Estado Árabe e durou até o século XIII, havendo 45 sucessores neste regime, quando houve a invasão do Império Mongol e a queda de Bagdá, capital do califado desde 762 d.C. Também se utilizava o termo "sultão" para funções de governo, e com a crise do califado foi sendo utilizado para os soberanos de pequenos reinos no século XI. Os *Ibadis* de Omã utilizam o termo para o governante da nação. Os irmãos e os filhos de um sultão eram chamados de *paxá*, ampliando seu uso para governadores, militares de alto escalão e para funções aparentadas com a de primeiro-ministro, também chamado de *vizir* na Pérsia. Hoje é um título de honra na Turquia. O *sheik* é o termo árabe para "ancião" e já foi aplicado a uma autoridade religiosa→ tribal, que transmitia essa função de pai para filho. Atualmente, é aplicado a um líder e estudioso religioso formado em uma Escola Islâmica. *Xá* é o termo persa para se referir ao rei, e passou a ser utilizado para governantes no Irã, durando até a revolução iraniana, que passou a utilizar o termo *aiatolá* para os grandes juristas e grandes teólogos que ocupam o topo da hierarquia→ dos *mulás*, os teólogos islâmicos, mas no Irã, Afeganistão, Ásia do Sul e Central, Somália, Bósnia e Turquia equivale a um clérigo islâmico e/ou a lideranças de mesquitas, que é o lugar de culto dos muçulmanos. Os *ulemás* são o equivalente sunita para os considerados grandes mulás, ou há o título de *mufti*, que é um jurista conselheiro, membro de um *mufiat*, conselhos de escolas distintas responsáveis pela jurisprudência (*madhhab*) que interpretam a lei islâmica (*sharia*). *Emir* era um título designado a príncipes ou comandantes, e é utilizado como líder da nação do Qatar. O *imã* é um "guia espiritual" e um título histórico que foi designado para várias funções, desde professores de Teologia→ e de Direito→, clérigos, líderes de mesquita e califas. O sultanato de Omã, por ser governado por imã *ibadita*, concentrando as funções religiosas e políticas, passa a ser conhecido também como imanato de Omã (Demant, 2004, p. 299s; 647s; 820s; 839; 900; 935).

Há inúmeras formas de organização religiosa, algumas bastante distintas e ao mesmo tempo tradicionais, como é o caso do Budismo tradicional, em que existe a *Triratna*, consideradas as três joias budistas: o *Buddha*, o *dharma*, que é o ensinamento, e a *sangha*, a comunidade monástica. No Budismo tibetano, também conhecido como lamanismo, há a figura do *Dalai Lama*, que é o chefe de Estado do Tibete. No Hinduísmo, o chefe religioso, por excelência, é o guru. Há formas de organização religiosa que adotam uma taxonomia secularizada (presidência, diretoria, tesouraria…), denotando, assim, o exercício de funções administrativas institucionais mais do que um caráter sagrado do exercício de liderança.

IV. Evolução do conceito. A questão das organizações religiosas na contemporaneidade não está isenta das crises institucionais que a mudança de época impõe às organizações tradicionais. Para François Dubet, a tentativa de fundar um "sentido" moderno para a existência inicia-se com o programa de "socialização→", que visa assegurar a continuidade entre a estrutura social (valores e princípios) e personalidade, dando solidificação à sociedade, processo esse que tem origem no papel que as instituições religiosas→ promoviam no imaginário social. O modo como irá fazer isso está inscrito no "programa institucional". Este se fundamenta em dois níveis: um "alto" e um "baixo". O nível "alto" diz respeito à "extraterritorialidade" institucional, ou seja, seus valores e princípios não são meros reflexos da comunidade e de seus costumes, mas antes são construídos sobre um princípio universal, que habita mais ou menos "fora do mundo". Assim, o que significa Deus para a Igreja→ será a razão para a escola republicana e para a ciência, o cuidado para o hospital, a justiça→ para o direito etc. Diz-se "extraterritorial" porque se situa "acima" da diversidade dos grupos e das classes, dos interesses privados e do particularismo dos costumes. Na instituição, portanto, a vocação se define pelo "alto" (valores e princípios universais). Dado tal princípio central, o profissional legítimo para o programa institucional não é avaliado por sua técnica de "saber fazer", mas pela adesão aos princípios universais dessa instituição. Segundo Dubet, o "vocacionado" que se apropria da semântica da tradição para uma transposição fundante da Modernidade, mais do que um profissional a obedecer, é capaz de se anular, de se sacrificar por uma causa superior. A legitimidade dos profissionais não é estritamente técnica e instrumental, mas portadora de valores com os quais os profissionais são, pouco ou muito, identificados. Em outras palavras, é necessário mais do que saber ler e escrever para ensinar, mais do que saber fazer curativos para ser bom enfermeiro, do que conhecer as leis para ser juiz; é necessário amar as crianças, compartilhar a dor dos enfermos, desejar a justiça→ etc. Exige-se, assim, mais do que um "saber fazer" técnico-instrumental, e sim uma doação à vocação do que se faz, como "garantia moral". Aí está a definição por "baixo" da vocação institucional, em que os valores "imanentes" são concebidos como um "traço da personalidade" em que "o indivíduo deve ser orientado por sua própria bússola". No programa moderno, a consciência𝒫 de si mesmo como indivíduo próprio não acarreta oposição à instituição, pois resulta do mesmo processo civilizador, o que pede, sim, uma forte interiorização das normas e dos valores. Portanto, o indivíduo moderno elabora sua própria moral, torna-se juiz de si mesmo, à medida que supõe a "autonomia" (lei própria) que a instituição "heterônoma" lhe capacitou. Teoricamente, em sua obrigação de ser livre está contida a obrigação de ser seu próprio censor. A Razão o orienta para tanto, devendo a moral ser tributária da inteligência, em consonância com a disciplina institucional, como relação social, que moldam o indivíduo no "controle de si", mediante os valores e princípios instituídos que o constituem como "sujeito". Sendo assim, a Modernidade tinha fundado seu "sentido" em seu programa de institucionalização𝒫 da sociedade, o que implica uma coerência suposta entre "cultura", "estrutura social" e as "personalidades", em que as instituições exercem papel fundamental na disposição do indivíduo para a aceitação do modo moderno de ser. Para este sociólogo francês da educação, a geração francesa de "Maio de 1968" exerce um grande papel ao denunciar a real imagem𝒫 da instituição moderna, tendo como modelo o "Estado soberano" e suas instituições, essas "máquinas de disciplinar e destruir toda a individualidade". Para Dubet, o programa institucional da Modernidade recebe duas críticas fundamentais de 1968, que põem em xeque a visão autorromanceada da apatia do pensamento moderno: 1) há uma reificação das instituições, substituindo o desejo𝒫 de ensinar e curar à astúcia de dominação e de poder. As instituições de socialização𝒫 são vistas na forma de "hospícios" e "prisões", gerando total desencanto em relação às mesmas; 2) opõe-se o fechamento das instituições à diversidade das demandas sociais, dentro de um hermetismo institucional em que, não poucas vezes, o indivíduo não se enquadra, pois programas institucionais são erigidos em rígidas burocracias. A grande força do programa da Modernidade, que visava substituir o universo simbólico da Tradição, ao ser sentida de forma paradoxal pelas "contradições culturais do capitalismo" (por exemplo, a ética burguesa e a realidade dos trabalhadores da sociedade industrial), começa a ruir. O monopólio das instituições, revelando não somente não portarem a resposta cabal para o sentido de viver moderno, como também, nas instituições, razões obscuras, convertendo o ideal dos orgulhosos das "luzes" de eliminar as classes sociais para eliminação das classes sociais em "lúgubres campos de concentração",

seguidas de uma tensão e uma neurose social bipolar de uma guerra fria. Em Auschwitz, descobriu-se do que as instituições modernas eram capazes e, em Hiroshima, o que estava em jogo, e as instituições religiosas𝒫 não somente foram incapazes de conter tal processo como, por vezes, o corroboraram. No mundo capitalista, a promoção do "sujeito ético" é substituída pelo "indivíduo utilitarista", uma vez que os valores e princípios da Modernidade não cumpriram o papel de salvaguardar as "garantias morais" no relacionamento social. A grande paixão moderna, a Razão, em sua forma de progresso e técnica, e em sua busca apaixonada de eficácia, deu, por sua vez, ao cidadão comum, a necessidade de pensar sobre o sentido da vida, quando o seu cotidiano parece absurdo, desordenado e injusto, sem haver ordem aparente para tal, pois ao menos na Antiguidade podia-se atenuar a tensão atribuindo o sofrimento aos deuses ou a Deus, o que agora não mais é possível com honestidade intelectual. Onde as promessas do progresso resultaram no extermínio do ser humano e na destruição da natureza, à medida que a exploravam de modo irracional e suicida, foi gerada a grande desilusão da Modernidade. Desse modo, as instituições perderam a credibilidade por não cumprirem o que prometeram, deixando ao indivíduo um sentimento de desamparo, não podendo contar com as mesmas, sem saber para onde ou para que dedicar sua vida, o que resulta na sensação de "salve-se quem puder". É interessante a leitura de Dubet da depressão como "doença da liberdade", da obrigação que o indivíduo tem de se motivar por si mesmo, desacreditado na sociedade, por perceber a incoerência entre a estrutura social (valores e princípios modernos), sua cultura𝒫 (burocrática, na busca cega da eficácia, passando por cima do próprio indivíduo) e sua vida pessoal (Dubet, 2002, p. 19-83).

Com a dificuldade de as organizações religiosas se desvencilharem dos processos que doam para as instituições modernas laicas, surge uma revanche do sagrado antimoderno, como razão de recusa das mudanças possíveis. Tal recusa engendra, por sua vez, uma via de radicalização dessa perspectiva presente de forma mais brutal no *jihadismo*, mas também devaneios ideológicos de grupos religiosos que advogam uma supremacia branca norte-americana, invertendo a máxima de Dostoiévski, pois, "se Deus existe, tudo é permitido" (Žižek, 2006, p. 114).

Com a mudança de época, a secularização𝒫 da cultura e a emergência dos movimentos sociais que também promoveram o reconhecimento das minorias, há um influxo cultural laico que incide sobre a cultura𝒫 religiosa e, consequentemente, sobre a organização religiosa. Um dos temas que mais se destaca como espírito de época e impacta na organização religiosa tradicional é a questão de gênero𝒫, pois, à medida que a mulher foi conquistando seu

ORGANIZAÇÃO RELIGIOSA

espaço e sendo reconhecida pela sociedade contemporânea, apesar de todo avanço ainda por se fazer, nesse sentido, há algumas organizações religiosas mais abertas e outras mais fechadas a um processo de redução de assimetria. Desse modo, há expressões religiosas cristãs que admitem bispas e/ou pastoras, monjas cristãs, budistas e hindus, e, em número ainda bem reduzido no Islã liberal, há *sheikas*. Na tradição católica houve, recentemente, um debate sobre a possibilidade de se reconhecer diaconisas, mas ainda sem grandes impactos no quadro oficial da organização religiosa. Por outro lado, a despeito da resistência dos quadros oficiais de uma organização religiosa, a base religiosa é, não raro, composta de um grande número de mulheres que despontam até mesmo como lideranças espontâneas.

Outra questão é a emergência do fenômeno do indivíduo e a posterior consciência♀ de sujeito, na qual o exercício de poder é demandado por uma ressignificação da concepção organizacional. Tal questão sugere a necessidade de uma cultura institucional que estabeleça novas relações entre as lideranças religiosas oficiais e as comunidades religiosas que se entendem cada vez mais como sujeitos ativos e reivindicam uma participação ativa nos espaços de decisão. Ainda, a experiência do mundo laico em uma sociedade plural exige que a cultura♀ institucional da organização religiosa assimile formas de relação interconfessionais, ecumênicas e inter-religiosas; um movimento que, em relação às grandes massas religiosas, tem um pequeno percentual, mas tem-se mostrado com cada vez mais aceitação e consolidação no imaginário religioso, devido à convivência com alteridades religiosas no cotidiano em uma sociedade plural.

V. Recepção. As tentativas de mudança de uma forma de organização religiosa buscam uma nova gestão de poder, mas não significa que a nova forma seja imune a abusos, exigindo sempre novos mecanismos que busquem equilíbrio de forças e promoção de cultura institucional que auxilie na dinâmica institucional. Atualmente, é muito comum a adoção de uma cultura♀ sinodal, de exercício compartilhado da gestão de poder da organização religiosa. Ao mesmo tempo, existem grupos com pretensões hegemônicas que julgam as adaptações de uma organização religiosa ser uma infidelidade.

Contudo, a tematização da organização religiosa favorece iniciativas que fomentem a interculturalidade religiosa, ou esse espírito ecumênico e inter-religioso, sobretudo expressos em formas educacionais, como é a promoção do Ensino Religioso♀ não confessional, que visa a uma dinâmica de conhecimento, respeito e convivência como processo de promoção de uma cultura de paz e tolerância♀ religiosa.

Bibliografia: DEMANT, P. R. *O mundo muçulmano.* 4. ed. São Paulo: Contexto, 2004; DUBET, F. *Le Declin de L'Institution.* Paris: Edition du Seuil, 2002; GUERRIERO, S. Antropologia da Religião. In: PASSOS, J. D.; USARSKI, F. *Compêndio de ciência da religião.* São Paulo: Paulus/Paulinas, 2013. p. 243-256; IGNACE D'ANTIOCHE. Lettre aux Ephésiens, Lettre aux Magnésiens, Lettre aux Philadelphiens, Lettre aux Smyrniotes, Lettre aux Romains, Lettre aux Tralliens, Lettre à Polycarpe. In: CAMELOT, P. T. (Org.). n. 10. Lyon: Institut des Sources Chrétiennes, 1998. Col. Sources Chrétiennes; MUHAMMAD, P. G. B. *A Thinking Persons Guide to Islam*: The Essence of Islam in Twelve Verses from the Quran. London: Turath Publishing, 2017; PEREIRA, P. Uma viagem retrospetiva à antropologia da religião. *Revista de Antropología Experimental*, n. 16, texto 19, 2016, p. 263-284; SCHRECKER, P. *La Estructura de la Civilización.* México: Fondo de Cultura Económica, 1975; TYLOR, E. B. *Primitive Culture*: Researches into the Development of Mythology, Philosophy, Religion, Language, Art, and Custom. 2nd ed. London: John Murray, 1873. 2 vols.; VAN DER LEEUW, G. *Phänomenologie der Religion*: Unveränderter Nachdruck der 2. Durchsehenen und Erw: Aufl. J.C.B. Mohr (Paul Siebeck), 1970; ŽIŽEK, S. *Como ler Lacan.* Rio de Janeiro: Zahar, 2006.

ALEX VILLAS BOAS

ORIXÁS → Seres sobrenaturais

ORTIZ, RENATO → Estudos afro-brasileiros

OTTO, RUDOLF → História das Religiões → Fenomenologia da Religião → Sagrado

P

PANTEÍSMO → Divino, Concepções de

PARÁBOLA → Metáfora

PARAÍSO → Escatologia

PARAPSICOLOGIA →
Psicologia Anomalística

PARSONS, TALCOTT → Funcionalismo →
Sociologia da Religião

PATRIARCADO/MATRIARCADO

O termo "patriarca" (πατριάρχης – *patriárkhes*), de origem grega, combina as palavras "pai" (πατήρ – *patér*) e "autoridade" ou "governo" (αρχή – *arkhé*). "Patriarcado" (πατριαρχιά – *patriarkía*) é uma expressão que evoca o governo do patriarca sobre uma coletividade. O regime patriarcal é autocrático, isto é, o homem detém poder absoluto e determina os rumos daqueles e daquelas que lhe estão sujeitos. A figura do πατήρ (*patér*), em suas origens, não significa necessariamente genitor. A ideia de que o patriarcado se refere a família, e família consanguínea, por si só já apresenta muitas limitações. Uma delas está na própria etimologia. O patriarcado, em sua etimologia, refere-se especificamente à autoridade de um homem sobre um grupo, e esse grupo extrapola os laços consanguíneos de parentesco.

Os sentidos atribuídos ao patriarcado sofreram várias mudanças ao longo da história. Se não é possível afirmar a existência de sociedades matriarcais, levando Sherry Ortner (1974, p. 70) a declarar que "a busca por uma cultura genuinamente igualitária, quanto mais matriarcal, tem-se revelado infrutífera", o mesmo não se verifica em relação ao patriarcado. O termo foi empregado para se referir ao governo do pai sobre a família, do chefe sobre a comunidade doméstica, constituindo-se como uma organização social baseada em relações de parentesco em que o homem exerce autoridade sobre uma coletividade. Mais tarde, foi empregado como expressão do domínio masculino.

A figura dos patriarcas está presente em distintos contextos culturais, até mesmo na literatura sagrada de diferentes tradições religiosas monoteístas. Na *Torah*, no Antigo Testamento e no Alcorão, os chefes de grandes famílias eram chamados de "patriarcas". Nessa literatura sagrada, mulheres, crianças e escravos estão sujeitos ao domínio patriarcal. A Igreja Ortodoxa, até os dias de hoje, refere-se ao bispo como patriarca, uma espécie de título honorífico.

Até antes do século XX, a palavra patriarcado se restringia a uma compreensão mais doméstico-eclesiástica, em que o governo e o domínio estavam nas mãos dos homens mais velhos, os pais clânicos. Com a nascente Antropologia em meados do século XIX, sob a influência do evolucionismo, a ideia de patriarcado se complexificou, sugerindo que o surgimento dessa forma de governo estaria associado à transição de organizações sociais baseadas na filiação feminina e no direito materno hereditário, para organizações baseadas na filiação masculina e no direito paterno hereditário.

A partir de meados do século XX, especialmente com a chamada "segunda onda feminista" iniciada entre as décadas de 1960 e 1970, o patriarcado passa a ser definido como dominação dos homens sobre as mulheres. A feminista radical Kate Millet lança as bases para essa nova conceituação de patriarcado em seu *Sexual Politics*, publicado pela primeira vez em 1970. Millet contesta a visão dicotômica e naturalizante, predominante na leitura evolucionista do século XIX, de que a instauração da forma de governo patriarcal na sociedade estaria relacionada com uma suposta superioridade física masculina, como uma espécie de "seleção natural" de quem está apto para governar, nesse caso, o homem. A associação naturalizante das mulheres com o trabalho reprodutivo e a consequente naturalização da própria desigualdade entre os sexos também foi objeto da crítica feminista desse período.

Dentre as feministas socialistas da década de 1970, a ênfase das radicais na opressão de gênero como base das desigualdades sociais foi rejeitada, pois ignorava o componente de classe da dominação. Apesar de não rejeitarem plenamente o conceito de patriarcado como suas antecessoras marxistas do início do século fizeram, as feministas socialistas da segunda onda o adotaram, afirmando, porém, a relativa independência e interdependência dos sistemas patriarcal e capitalista.

O sentido que tem prevalecido na concepção feminista contemporânea de patriarcado é o de governo/dominação masculina, e, apesar dos dissensos em relação ao uso do conceito no âmbito dos estudos feministas, este contribuiu definitivamente para a explicitação do caráter sistêmico da dominação masculina, compreensão predominante também nos estudos feministas sobre religião.

Christine Delphy (2009, p. 174) chama a atenção para seu significado primário, apontado em 1864 por Numa-Denys Fustel de Coulanges♀. Esse autor recupera o significado antigo de *patér*, que se refere ao homem que não possui relação de dependência com outro homem, e que possui autoridade sobre um grupo. O patriarcado, portanto, seria entendido como um modo de produção familiar, entendendo-se família como família estendida, cujos componentes seriam econômica e politicamente dependentes do patriarca. A noção de paternidade não está contida no *patér famílias*, esta é bem mais ampla, estando contida a ideia de poder, autoridade e "dignidade majestosa".

Em seu sentido mais estrito, o termo significa "o poder do pai" e foi utilizado inicialmente para adjetivar um tipo de composição familiar cuja autoridade primeira é a do homem, chefe de família, conforme podemos ler em Engels, que afirma que a família patriarcal refere-se à "organização de certo número de indivíduos, livres e não livres, numa família submetida ao poder paterno do seu chefe" (Engels, 1984, p. 95). Tal forma de organização visava manter as mulheres sob o controle dos homens, para garantir, assim, a filiação masculina e o direito hereditário paterno.

Em sua crítica à "interpretação♀ patriarcal do 'patriarcado' como direito paterno", Carole Pateman chama a atenção para a forma como se priorizou a discussão sobre o direito paterno ao direito conjugal. Ela afirma que essa leitura oculta a dimensão da dominação sexual nele contida. Por ser considerado um contrato, o casamento mascararia os mecanismos de exploração e subordinação das mulheres, e "a abrangência do direito sexual masculino" (Pateman, 1993, p. 49).

O conceito de patriarcado se ampliou no decorrer da história, e no século XX, com o movimento feminista, passa a ser empregado para tratar do poder do homem de forma geral e de seus esforços para controlar e sujeitar as mulheres a partir da afirmação de um masculino paradigmático que governa o mundo. Ara Wilson sintetiza essa mudança de perspectiva em relação ao patriarcado inaugurada pelos feminismos♀ estadunidense e europeu, afirmando-o como um "sistema social expandido de dominação de gênero♀". Pautada no pensamento marxista, Wilson identifica a chancela colonial e de classe do sistema patriarcal, mas destaca que sua principal marca "é o desenvolvimento de uma teoria geral da opressão sexo-gênero♀" (Wilson, 2000, p. 1493).

I. Da hipótese do matriarcado. A busca por sociedades matriarcais, isto é, por sistemas sociais governados por mulheres, marcou estudos no campo da História, da Arqueologia♀ e da Antropologia. Durante algumas décadas, estudiosos e estudiosas tentaram reunir evidências sobre a existência de uma espécie de matriarcado primitivo anterior às sociedades patriarcais. As obras intituladas *O direito materno:*

uma pesquisa sobre a ginecocracia do mundo antigo segundo sua natureza religiosa e jurídica, de Johann Jakob Bachofen (1861), e *O casamento primitivo*, de John Ferguson McLennan (1865), apresentaram argumentos sobre a existência do matriarcado, que se transformaram em obras de referência a esse respeito. Anos depois, em 1877, Lewis Henry Morgan, em seu *A sociedade antiga*, reitera as teorias do matriarcado primitivo e afirma que as relações sociais de sexo estavam baseadas na luta pela subsistência. Essa tese foi acolhida por Friedrich Engels, seu contemporâneo, que objetivava desvelar os primórdios históricos do comunismo.

A tese do matriarcado primitivo, apesar de bem aceita em seu início, foi objeto de discussão e oposição por não apresentar provas históricas da existência de tal forma de organização social. O que se encontra são sociedades matrilineares (a linhagem materna define a organização do parentesco) e matrifocais (a mulher como centro das relações e organizações familiares) em diferentes épocas e lugares, porém não organizações sociais matriarcais. Max Weber♀ contraria os teóricos do matriarcado afirmando a ausência de evidências que sustentam essa teoria, não existindo "provas sérias" que confirmem tal tese (Weber, 1997, p. 303).

No âmbito dos estudos feministas, a teoria do matriarcado não foi adiante, mas para as feministas da chamada "primeira onda", contemporâneas de Bachofen, Morgan, McLennan e Engels, a ideia de uma "pré-história matriarcal" conferiu legitimidade para a nascente luta contra a sujeição das mulheres. Cynthia Eller identifica diferentes apropriações feministas do que denomina "mito da pré-história matriarcal". Segundo ela, em alguns círculos feministas essa ideia "reinou como dogma♀ político; em outros forneceu alimento para o pensamento; enquanto em ainda outros serviu como a base de uma nova religião" (Eller, 2005, p. 2). Elizabeth Cady Stanton (1815-1902) e Matilda Joslyn Gage (1826-1898) evocaram as teorias do matriarcado primitivo para defender o governo das mulheres e para afirmar a sua superioridade em relação às estruturas patriarcais de sua época.

Entre as "feministas de segunda onda", a partir da década de 1970, a ideia do matriarcado é retomada em alguns círculos. Elizabeth Gould Davis, autora de *The First Sex* (1971), defende a ideia de um matriarcado primordial em que a adoração de divindades♀ femininas predominava e as relações sociais eram igualitárias. Essa perspectiva é minoritária no feminismo♀ de segunda onda, restringindo-se especialmente a movimentos de espiritualidade♀. Simone de Beauvoir (1949) não referendou a existência do matriarcado. Segundo ela, por estarem absortas pela maternidade, as mulheres desenvolveram certa dependência da caça provida pelos homens e também de sua proteção. A instalação posterior do patriarcado apenas teria chancelado o poder masculino sobre as mulheres. A afirmação do matriarcado primitivo ainda subsiste entre algumas feministas, como Riane Eisler, que, dentre diversas publicações a esse respeito, escreveu *Sex, myth and politics* (1995). Na mesma linha, Françoise Ganges publicou *Les dieux menteurs* (1997). Essas duas autoras sugerem que a falência do matriarcado primitivo teria sido um projeto patriarcal. Na atualidade, a menor ou nenhuma ênfase na existência do matriarcado primordial se verifica nas distintas correntes feministas. É mesmo interessante notar que os mais importantes dicionários feministas nem sequer apresentam tal verbete, ao contrário de patriarcado. Isso não implica, todavia, afirmar que existe unanimidade em relação ao uso do termo "patriarcado".

II. Da história do conceito e suas matrizes teóricas. Uma leitura reducionista tende a se referir ao patriarcado como uma inversão da ordem de supremacia feminina (matriarcado) para a supremacia masculina. Tal leitura não se sustenta, não apenas pela inexistência de evidências sobre um matriarcado primordial como também pela complexidade do que se convencionou chamar de "patriarcado", que vai desde uma noção mais restrita de exercício de poder do pai sobre a família extensa à noção de dominação de gênero.

Na obra *A origem da família, da propriedade privada e do Estado*, de 1884, Engels toma as anotações de Marx sobre o livro de Lewis Morgan e as desenvolve. No prefácio à quarta edição, em 1891, Engels refere-se à pouca ousadia na compreensão dominante sobre família nas ciências históricas até 1860, que, segundo ele, ainda estaria sob a influência do Pentateuco: "[...] a forma patriarcal da família, pintada nesses cinco livros com maior riqueza de minúcias do que em qualquer outro lugar, não somente era admitida, sem reservas, como a mais antiga, como também se identificava – descontando a poligamia – com a família burguesa de hoje, de modo que era como se a família não tivesse tido evolução alguma através da história" (Engels, 1984, p. 38).

Engels atribui à obra de Bachofen, *O direito materno*, de 1861, a mudança de perspectiva sobre o tema. McLennan (*O casamento primitivo*, 1865) e Morgan (*A sociedade antiga*, 1877) vêm na sequência. Sua análise sobre a família monogâmico-patriarcal se pauta, em grande medida, nos trabalhos desses estudiosos. Engels se refere à comunidade familiar patriarcal como uma organização em que predomina o domínio do *páter* (Engels, 1984, p. 95); domínio este adquirido pela modificação da ordem do direito à herança, passando do direito materno ao direito paterno.

Max Weber concebe o domínio patriarcal como uma forma moderna de dominação, porém limitada por ainda ter a família como núcleo. Família é entendida por ele como algo que ultrapassa os laços consanguíneos, englobando escravos e escravas,

reféns etc., constituindo, portanto, uma organização para além das relações de parentesco. A estrutura patriarcal seria a mais importante estrutura de dominação daquilo que denomina de "princípios pré-burocráticos".

Na perspectiva weberiana, o patriarcado é um tipo ideal de forma de dominação fundamentada na autoridade doméstica e familiar, sendo o arbítrio do chefe legitimado e limitado pela tradição, que o sacraliza. Trata-se de uma organização social, econômica e familiar baseada na autoridade do patriarca, que prescinde de quadro administrativo (Weber, 1997, p. 184). Esse sistema de dominação perderá força diante das transformações da estrutura familiar ao longo do tempo, o que levará à diferenciação das esferas econômica e política, favorecendo o surgimento do capitalismo. Segundo Weber, a ampliação do alcance do poder senhorial, que extrapola os limites da comunidade doméstica, o que significa dizer uma ampliação dos limites geográficos e demográficos, demanda transformações na forma de organização patriarcal. O exercício pessoal de poder do patriarca é limitado. É preciso delegar poder, distribuir funções administrativas, criar um quadro militar para haver condições de governar, e isso leva ao desenvolvimento de uma complexa estrutura de dominação. A essa racionalização da dominação patriarcal Weber denomina de "patrimonialismo" (Weber, 1997, p. 185).

Para Weber, a superação do patriarcado estaria diretamente relacionada com o processo de racionalização ocorrido nas sociedades ocidentais. O tipo racional-legal, que implica a adoção de normas já não baseadas exclusiva e principalmente no carisma e na tradição, inauguraria uma forma burocrática de dominação da qual emergiria o Estado moderno.

No final do século XIX, as feministas liberais da "primeira onda" adotaram a noção de patriarcado para se referir à opressão das mulheres, mas não se debruçaram sobre a sua discussão. Eram denominadas liberais por constituírem um movimento que reivindicava os mesmos direitos concedidos aos homens pelo liberalismo. Suas referências ao patriarcado eram adjetivas, não havendo uma reflexão mais aprofundada sobre o conceito. Seus questionamentos sobre as origens das sociedades patriarcais e seu diálogo com a antropologia de Morgan e McLennan sobre o matriarcado e o patriarcado as levaram a refletir, ao contrário dos autores mencionados, sobre o patriarcado como expressão da decadência da sociedade (Eller, 2005, p. 4). Enquanto Morgan e McLennan defendiam ter existido uma organização social matriarcal que teria antecedido a organização patriarcal da sociedade, e interpretavam o sistema patriarcal como um estágio superior ao matriarcado, as feministas liberais defendiam a ideia inversa, considerando o patriarcado uma involução das relações entre os sexos. Elizabeth Cady Stanton e Matilda Joslyn Gage estão dentre as feministas que defenderam a superioridade de um governo das mulheres e que criticaram enfaticamente a forma como a sociedade do seu tempo assimilava com naturalidade o controle das mulheres pelos homens.

A luta pela igualdade de direitos mobilizou essas feministas, que questionavam a legitimidade de uma sociedade baseada na exclusão das mulheres e reivindicavam o direito à propriedade, à liberdade de escolha no casamento, ao divórcio e ao voto, dentre outros direitos. Por ocasião da Convenção de Seneca Falls, em 1848, em Nova York, algumas feministas liberais, dentre elas Lucretia Mott, Martha C. Wright, Mary Ann McClintock e Elizabeth Cady Stanton, se mobilizaram e estabeleceram a agenda do movimento para a reunião. Stanton foi uma das responsáveis pela escrita da *Declaração de Sentimentos*, que reivindicava a igualdade de direitos para as mulheres e afirmava a opressão das mulheres pelo Estado e pela sociedade patriarcal.

O sufragismo foi objeto de crítica pelas mulheres socialistas e anarquistas de fins do século XIX e início do século XX. Clara Zetkin, Alexandra Kollontai e Emma Goldman se opuseram ao movimento por considerarem que suas demandas refletiam os interesses da sociedade burguesa, mantinham as mulheres sujeitas à mesma ordem e não questionavam a estrutura de opressão em si. Para elas, havia uma tendência entre as feministas liberais de tratar as demandas das mulheres burguesas como demandas de todas as mulheres, deixando de considerar as diferenças de classe na sua análise. Socialistas e anarquistas defendiam a maior relevância de classe sobre gênero► para a compreensão das relações de dominação.

III. Do tratamento do conceito nos feminismos contemporâneos. A partir da década de 1960, com a emergência do feminismo► (ou dos feminismos) de segunda onda, o tema do patriarcado ganha força nos estudos feministas. Os feminismos► do século XX trataram do patriarcado de formas diversas, não havendo consenso sobre o uso deste conceito. A pergunta por sua validade ou não para a compreensão das relações de gênero► mobilizou e ainda mobiliza estudiosas(os) do tema, e os posicionamentos variam desde a sua adoção inquestionável até seu abandono radical, rejeitando-o como um conceito universal e totalizante.

Nas décadas de 1960 e 1970, na América do Norte e na Europa, as teóricas feministas retomaram o debate sobre o patriarcado. Isso também vai ocorrer no Brasil e em outros países da América Latina, mas de forma mais limitada, dentre outros motivos, por causa da eclosão das ditaduras no continente. O feminismo► radical, crítico da teoria política tradicional, atribuiu a opressão e a dominação das mulheres, nas diferentes esferas da sociedade, ao sistema patriarcal, concebido como um sistema generalizado de dominação de gênero►. Conforme Ara Wilson (2000, p. 1493), "a rubrica do patriarcado apresentou um esforço particularmente influente para o desenvolvimento de uma teoria geral da opressão de sexo/gênero►". As feministas radicais estabeleceram uma hierarquia► das relações de sexo sobre as relações de classe, dissociando o patriarcado do capitalismo, afirmando a sua anterioridade. Para essas feministas, as desigualdades entre homens e mulheres em todas as sociedades têm origem no patriarcado.

Kate Millet, em *Sexual Politics* (1969), vai além da compreensão de patriarcado predominante entre os teóricos do final do século XIX e início do século XX. Para ela, o sistema patriarcal é uma "instituição política de controle, fundada sobre o *status*, o temperamento e o papel [social], um sistema de crenças► socialmente condicionado que apresenta a si mesmo como natureza ou necessidade" (Millet, 1969, p. xi). Ele forneceria os princípios de organização da sociedade a partir das diferenças entre os sexos. Shulamith Firestone (1970), como Millet, também afirma a divisão sexual como base da organização social. Millet concebe o patriarcado como uma ideologia► dominante e universal.

A apropriação feminista do termo "patriarcado" é uma afirmação política do movimento, que, ao afirmar o caráter sistêmico do mesmo, denuncia o complexo de estruturas que subjugam as mulheres. Na perspectiva feminista radical, o patriarcado traduz a concentração de poder, das mais distintas instituições, nas mãos dos homens. Ele é "a manifestação e institucionalização► da dominação masculina sobre mulheres e crianças na família e a extensão da dominação masculina sobre as mulheres na sociedade em geral" (French, 1985, p. 239); portanto, a sua superação estaria relacionada com uma necessária transformação estrutural da sociedade. No Brasil essa perspectiva foi acolhida por algumas feministas, dentre as quais Rose Marie Muraro (*A mulher no terceiro milênio*, 1993), que assume o conceito de patriarcado como capaz de explicar as relações desiguais entre homens e mulheres e a subordinação das mesmas ao poder masculino.

A compreensão feminista radical do patriarcado não foi consenso entre as estudiosas feministas de meados do século XX. O sistema patriarcal, entendido como estrutura determinante da divisão sexual do trabalho, como gênese da constituição e organização de todas as sociedades, tem sido objeto de revisões e críticas. O caráter aparentemente a-histórico desse sistema é alvo de críticas pelo feminismo► socialista, que questiona a indiferença das teorias do patriarcado para com o processo histórico de surgimento da opressão das mulheres e a base material sobre a qual tal opressão se assenta. Para as feministas socialistas, o feminismo► radical falha ao sobrepor a luta dos sexos à luta de classes, uma vez que a opressão das mulheres, a dominação masculina, estaria relacionada à dominação econômica imposta pelo capitalismo. A divisão sexual do trabalho permitiria a preservação do próprio sistema patriarcal. Mais recentemente, essa corrente feminista tem sido menos hermética ao uso do termo "patriarcado".

As feministas socialistas se afastaram da ortodoxia de suas antecessoras, evitando a afirmação de uma sobreposição de classe a gênero♀, insistindo na importância do cruzamento entre essas categorias. Elas também se opuseram à ideia de uma desigualdade fundadora das desigualdades na sociedade, presente tanto entre feministas radicais da primeira e segunda onda (opressão de gênero♀) quanto entre feministas socialistas do início do século XX (opressão de classe). Heidi Hartmann ("The Unhappy Marriage of Marxism and Feminism", 1979) e Zillah Eisenstein (*Capitalist patriarchy and the case for socialist feminism*, 1979), adotando a teoria de sistemas duais, trataram patriarcado e capitalismo como sistemas relativamente independentes (Pateman, 1993, p. 62) e, ao mesmo tempo, interdependentes. As relações de produção capitalista, ao demandarem o trabalho de mulheres e crianças nas fábricas, teriam comprometido as bases sobre as quais o domínio patriarcal se assentava. Isso teria sido equacionado com a menor valoração do trabalho feminino e sua consequente exclusão do mundo do trabalho, reforçando sua subordinação aos homens. Uma das críticas de Iris Marion Young (1981) à teoria de sistemas duais proposta por Hartmann é que nessa teoria a variável classe ainda se sobrepõe a gênero♀. De qualquer forma, o debate sobre a inter-relação entre a dominação masculina e a dominação de classe está posto.

Se a crítica ao feminismo♀ socialista está na prevalência da variável classe, a insistência do feminismo♀ radical em afirmar a condição patriarcal inerente à sociedade, sua universalidade, continua a ser criticada pelos feminismos♀ contemporâneos. Judith Butler é uma das críticas à suposta universalidade do patriarcado. Para ela, a ideia de um patriarcado universal se funda em concepções ocidentais sobre a opressão das mulheres, e tais concepções são tomadas como medida para a compreensão de contextos não ocidentais (Butler, 2003, p. 21-22).

A feminista socialista Carole Pateman critica a adoção acrítica do conceito de patriarcado pelo feminismo♀ radical, chamando a atenção para o fato de que nessa corrente a própria história das origens da família patriarcal se confunde com a história das origens da sociedade, o que supõe ser o patriarcado um atributo universal de uma sociedade humana também universal (Pateman, 1993, p. 43). Pateman não descarta o uso do conceito, mas defende a necessidade de despatriarcalizar a sua compreensão, isto é, fazer "uma história feminista do conceito de patriarcado" (Pateman, 1993, p. 40), desenredando-se da sua compreensão como patriarcalismo tradicional e assumindo-o como uma nova forma de patriarcado,

que denomina de "patriarcado moderno", e que estaria baseado em relações contratuais. O contrato sexual chancelaria a dominação sexual masculina, a soberania coletiva dos homens sobre as mulheres. Pateman admite, porém, que "as estruturas e as divisões patriarcais não são tão sólidas como eram" (Pateman, 1993, p. 341). Esse é um dos pontos que se torna objeto da crítica feminista ao uso do conceito de patriarcado para a compreensão das relações de gênero♀ que se estabelecem na contemporaneidade.

Nancy Fraser (*Justice interruptus*, 1997) critica a perspectiva defendida por Pateman exatamente por entender que a situação das mulheres e sua relação com os homens, de forma geral, já não pode ser entendida tomando-se como parâmetro séculos ou mesmo décadas atrás. Ela não ignora a maior vulnerabilidade das mulheres, mas entende que a relativização da instituição do casamento, o abrandamento das assimetrias no relacionamento conjugal, a maior independência econômica das mulheres, dentre outros aspectos, seriam indicadores da insuficiência da noção moderna de patriarcado para entender os processos que envolvem a dominação de gênero♀. Fraser também aponta para a complexidade das relações contratuais e, apesar de concordar com Pateman que efetivamente as assimetrias de gênero♀ impedem que as partes negociem de igual para igual, isso não significa que as mulheres não tenham nenhuma capacidade de negociação nessa relação e não façam seus próprios arranjos.

Para Ara Wilson, com a emergência e a consolidação do conceito de gênero♀ o conceito de patriarcado tem perdido importância no âmbito acadêmico e também no ativismo feminista (Wilson, 2000, p. 1496). Esse argumento está presente em estudiosas como Elisabeth Souza Lobo dentre outras, que criticam as pretensões universalistas e invariantes do patriarcado e defendem o uso de gênero♀ como categoria de análise. Elisabeth Souza Lobo constata que o conceito de patriarcado referenciou a produção brasileira sobre divisão sexual do trabalho e enxerga limitações no seu uso por suas pretensões universalizantes, naturalizantes e fixas (1992, p. 10-11), preferindo referir-se a relações de gênero♀. Adriana Piscitelli aponta que, apesar da importância política do conceito, visibilizando a opressão das mulheres nas práticas sociais, a noção de patriarcado apresentou "problemas delicados em termos metodológicos, ao referir-se a um sistema político quase mítico, invisível, trans-histórico e transcultural, cujo propósito era oprimir as mulheres" (Piscitelli, 2004, p. 48).

Mary Castro e Lena Lavinas também dispensam o uso do conceito sob o argumento de que o mesmo tem sido utilizado visando referir-se à dominação masculina que ocorre nas diferentes esferas da vida das mulheres, mas de forma adjetiva, isto é, o conceito é utilizado para referir-se à "família patriarcal" e à "ideologia♀ patriarcal", não alcançando a dimensão sistêmica da dominação. Ambas entendem que o patriarcado se consolidou como "uma referência implícita e sistemática da dominação sexual", tendo perdido seu estatuto de conceito (Castro; Lavinas, 1992, p. 238).

A redução naturalizante da noção de patriarcado é criticada por Lia Zanota Machado. Segundo ela, somente o fato de o patriarcado ser um conceito historicamente referido contradiz essa perspectiva reducionista. Além disso, o termo tem sido empregado, em sua forma adjetiva ou substantiva, visando mostrar seu processo de construção sociocultural como um "'sistema' ou como uma forma de 'dominação'", afastando-se, portanto, de uma noção naturalizante das relações patriarcais. Ela considera ser legítimo se referir a "patriarcado contemporâneo", uma vez que as relações patriarcais podem ser observadas na sociedade contemporânea, porém observa que a ideia de patriarcado possui um sentido totalizador e não dá lugar aos "sentidos contraditórios das transformações" (Machado, 2000, p. 3).

IV. Do patriarcado nos estudos feministas da religião. A compreensão predominante nos estudos feministas da religião tem sido a de que o patriarcado afirma a cosmovisão masculina como paradigmática, relegando as experiências e visões de mundo das mulheres a um segundo plano. Essa cosmovisão implica a afirmação de dualismos que definem a forma de organização em sociedade em termos familiares, políticos, econômicos e religiosos, dentre outros. Sujeito e objeto, mente e corpo, razão e emoção, objetividade e subjetividade, força e fraqueza, público e privado são alguns dos dualismos que, tomados hierarquicamente, são associados a homens e mulheres, sendo sujeito, mente, razão, objetividade, força e público positivados e associados ao homem paradigmático, e objeto, corpo, emoção, subjetividade, fraqueza e privado negativados e associados à mulher paradigmática, conferindo plausibilidade ao sistema patriarcal.

Os estudos feministas revelam a lógica patriarcal nas estruturas políticas, jurídicas e culturais; incluam-se aqui as religiões. Segundo Ara Wilson, "o termo feminista patriarcado, e a ideia de crenças e práticas patriarcais específicas, ainda serve como um termo politizado importante na teologia" (2000, p. 1496).

A noção de "patriarcado político" é tardia no Cristianismo, tendo se efetivado por volta do século IV. Na teologia feminista, tem predominado a concepção de patriarcado como um complexo sistema de dominação que envolve a subordinação das mulheres aos homens nas diversas esferas da vida social. O termo é utilizado para se referir a um sistema de dominação/sujeição das mulheres que perpassa a história da humanidade. Essa percepção está presente de diferentes maneiras em teólogas europeias, asiáticas, africanas, estadunidenses e latino-americanas.

A publicação de *The Woman's Bible*, organizada por Elisabeth Cady Stanton, com a colaboração de diversas estudiosas, representa um marco para a nascente teologia feminista no âmbito cristão. O texto foi publicado em duas partes, sendo a primeira em 1895 e a segunda, em 1898. Stanton, de origem presbiteriana, teve como objetivo a produção de um livro que apresentasse uma nova perspectiva na leitura bíblica, questionando a hermenêutica tradicional de textos veterotestamentários sobre as mulheres, questionando a prática interpretativa patriarcal. *The Woman's Bible* nasce no contexto de luta das mulheres do final do século XIX por direitos civis, as quais se deparavam frequentemente com a utilização de argumentos religiosos para negar a plenitude de seus direitos na sociedade. As autoras se dedicaram a demonstrar as contradições existentes entre a leitura patriarcal da Bíblia e a luta pela justiça para com as mulheres, daí reivindicarem a despatriarcalização da interpretação bíblica. A contestação da leitura patriarcal da Bíblia pode ser identificada ainda na primeira metade do século XIX. Sarah Grimké, feminista abolicionista *Quaker*, já na década de 1830 se posicionava contra a hermenêutica bíblica patriarcal.

Em meados do século XX, com a emergência do feminismo de segunda onda, emerge também uma série de escritos de mulheres no campo da teologia, em especial no âmbito católico. Tais escritos apresentam ampla crítica ao patriarcado e às estruturas religiosas patriarcais. A teóloga e filósofa feminista radical Mary Daly é uma das representantes desse movimento de contestação do sistema patriarcal e sua legitimação religiosa. Seu livro *The Church and the second sex*, publicado em 1968, critica a estrutura patriarcal da Igreja Católica. Nesse livro, Daly confronta a Igreja com seu sexismo e a desafia a uma reforma doutrinária e prática. Para ela, a misoginia está na raiz do patriarcado. Posteriormente, concluindo que a Igreja Católica se demonstra impermeável à mudança, Daly se declarará "pós-cristã" e proporá a "saída" de todas as mulheres dessa instituição. Sua pregação na Harvard Memorial Church foi emblemática. Afirmando ser o movimento feminista uma "comunidade de êxodo", ela desafia as mulheres a um ato de "partida de todas as religiões patriarcais" (Daly, 1993, p. 138-139).

A noção de patriarcado como dominação das mulheres continua em Rosemary Radford Ruether. Ela desenvolveu importante reflexão sobre hermenêutica bíblica e teologia em perspectiva feminista. Em seu conhecido livro *Sexismo e religião*, publicado em 1983, Ruether afirma a relação entre patriarcado e monoteísmo masculino. Segundo ela, a classe dominante patriarcal conforma Deus de acordo com seus desejos. Os representantes de Deus na terra são os homens, e "as mulheres como esposas tornam-se agora simbolicamente reprimidas como a classe servidora dependente. Elas, juntamente com as crianças e os servos, representam aqueles que são dominados e possuídos pela classe patriarcal" (Ruether, 1993, p. 51).

Também entre teólogas feministas encontramos a crítica à equiparação do patriarcado à dominação e subordinação das mulheres. Elisabeth Schüssler Fiorenza critica o que denomina de "ideologia→ do patriarcado" como um sistema binário de sexo--gênero→, que produziria um antagonismo redutor das relações de dominação. Ela enxerga o sistema patriarcal em sua complexidade, identificando uma variedade de componentes estruturais desse sistema, e propõe o termo "kiriarcado", que entende traduzir com maior eficiência esse complexo de dominação. Para Schüssler Fiorenza, o *kiriarcado* se refere a um complexo sistema político piramidal de dominação que envolve gênero→, raça, classe e religião→, dentre outros. Para manter sua plausibilidade, ele necessita de uma classe de servos e servas regulados/ domesticados por meio de diferentes sistemas que conformam a ordem social, tais como a economia, a política, a educação e a religião. Tais sistemas fazem prevalecer a norma do senhor, do pai, do marido sobre seus subordinados, entendidos como naturalmente inferiores: "O sexismo misógino, o classismo racista e o colonialismo expansionista são eixos de dominação que legitimam e perpetuam desigualdades e opressões patriarcais porque supostamente elas se baseiam em naturezas humanas inferiores" (Schüssler, 1996, p. 286). O poder *kiriarcal* colonialista envolve "estruturas multiplicadoras de controle, exploração e desumanização", tais como "racismo, pobreza→, imperialismo cultural, guerra, colonialismo militarista, homofobia e fundamentalismo→ religioso" (Schüssler, 1996, p. 289).

Recentemente, especialmente na Ásia, África e América Latina, com a emergência das teologias→ feministas pós/descoloniais, tem sido enfatizada a estreita relação entre patriarcado e imperialismo/ neocolonialismo. De acordo com Kwok Pui-lan, a compreensão das normas patriarcais, das práticas religiosas patriarcais, deve considerar o contexto histórico, sociocultural, político e geográfico no qual se está inserido (Pui-lan, 2005, p. 136). Segundo ela, o cânon bíblico foi estabelecido por um grupo dominante que impôs sua cosmovisão e suas normas, excluindo, dessa forma, outras expressões cultural-religiosas e outros sujeitos, dentre eles as mulheres. Para as teologias→ feministas pós-coloniais, é fundamental compreender o caráter sistêmico do patriarcado, demonstrando a relação entre a teologia→ patriarcal e o imperialismo/neocolonialismo "através de múltiplas lentes de gênero→, raça, classe, sexualidade→, religião→ e outros" (Pui-lan, 2005, p. 44).

Enfim, no Brasil, a teóloga feminista Ivone Gebara, dentre outras, também reconhece o sistema patriarcal como um complexo de dominação. Gebara critica o que denomina de "epistemologia→ teológica patriarcal" (1997, p. 38-56). Para ela, a teologia→ dominante é patriarcal por ser essencialista, monoteísta, androcêntrica, antropocêntrica, etnocêntrica, e baseada em verdades eternas. Trata-se de uma teologia→ que evoca uma essência inatingível, uma divindade soberana e impositiva, que nega o plural, que tem a experiência masculina como paradigma, que nega a vida cotidiana como saber teológico e que não aceita o contraditório. Essa compreensão predomina entre as estudiosas feministas da religião.

Bibliografia: BUTLER, J. *Problemas de gênero*: feminismo e subversão da identidade. Rio de Janeiro: Civilização Brasileira, 2003; CASTRO, M. G.; LAVINAS, L. Do feminino ao gênero: a construção de um objeto. In: COSTA, A. de O.; BRUSCHINI, C. *Uma questão de gênero*. Rio de Janeiro: Rosa dos Tempos, 1992; DALY, M. *Outercourse*: The Be-Dazzling Voyage. London: The Women's Press, 1993; DELPHY, C. Patriarcado (teorias do). In: HIRATA, H. et al. (Orgs.). *Dicionário crítico do feminismo*. São Paulo: Unesp, 2009; ELLER, C. The Feminist Appropriation of Matriarchal Myth in the 19th and 20th Centuries. *History Compass*, 3, 2005, p. 1-10; ENGELS, F. *A origem da família, da propriedade privada e do Estado*. São Paulo: Global, 1984; FRASER, N. *Justice interruptus*: Critical reflections on the "postsocialist" condition. New York: Routledge, 1997; FRENCH, M. *Beyond power*: On women, men, and morals. New York: Summit, 1985; GEBARA, I. *Teologia Ecofeminista*; ensaio para repensar o conhecimento e a religião. São Paulo: Olho D'Água, 1997; LOBO, E. S. O trabalho como linguagem: o gênero do trabalho. In: COSTA, A. de O.; BRUSCHINI, C. *Uma questão de gênero*. Rio de Janeiro: Rosa dos Tempos, 1992; MACHADO, L. Z. Perspectivas em confronto: relações de gênero ou patriarcado contemporâneo? In: Sociedade Brasileira de Sociologia (Ed.). *Simpósio Relações de Gênero ou Patriarcado Contemporâneo*. Brasília: SBP, 2000; MILLET, K. *Sexual politics*. Chicago: University of Illinois Press, 1969 2000; ORTNER, S. Is Female to Male as Nature Is to Culture? In: ROSALDO, M. Z.; LAMPHERE, L. (Eds.). *Woman, Culture and Society*. Stanford: Stanford University Press, 1974; PATEMAN, C. *O contrato sexual*. Rio de Janeiro: Paz e Terra, 1993; PISCITELLI, A. Reflexões em torno do gênero e feminismo. In: COSTA, C. de L.; SCHMIDT, S. P. *Poéticas e políticas feministas*. Florianópolis: Mulheres, 2004; PUI-LAN, K. *Postcolonial Imagination and Feminist Theology*. London: SCM Press, 2005; RUETHER, R. R. *Sexismo e religião*: rumo a uma teologia feminista. São Leopoldo: Sinodal, 1993; SCHUSSLER, F. E. Rumo ao discipulado de iguais: a *Ekklesia* de mulheres. *Estudos Teológicos*, 36(3), 1996, p. 281-296; WEBER, M. *Economía y sociedad*: Esbozo de sociología comprensiva. México: Fondo de Cultura Económica, 1997; WILSON, Ara. Patriarchy: Feminist Theory. In: KRAMARAE, C.; SPENDER, D. (Eds.). *Routledge International Encyclopedia of Women*: Global women's issues and knowledge. New York: Routledge, 2000. p. 1493-1497.

SANDRA DUARTE DE SOUZA

PEDROSO, CONSIGLIERI →
Etnografia portuguesa

PEREGRINAÇÃO

Peregrinar, em seu étimo latino, traz duas possibilidades: a primeira, e mais óbvia, vem diretamente de *peregrinatio*, que significa "viajar em país estrangeiro". Daí vem também *peregrinus*, que é "aquele que viaja fora de sua pátria". A outra possibilidade vai buscar em Cícero a palavra *peragro*, que tem o sentido de "andar ou discorrer por diversas partes" ou apenas "fazer uma viagem". Aqui temos mais clara a ideia de campos e terras a serem percorridas.

No Cristianismo, a peregrinação adquire aura religiosa e sagrada. Peregrinação passa a ser entendida como um percurso a ser realizado como forma de devoção ou de purga. É com o Cristianismo que o ato de peregrinar passa a ser em si mesmo a própria devoção. Também é próprio das religiões entenderem a peregrinação como o percurso da almaρ em direção à sua realização final ou ao seu encontro definitivo com Deus: "[…] nosso coração está inquieto enquanto não encontrar em ti descanso", já rezava Santo Agostinho. Peregrinação é também a metáforaρ preferida para designar os percursos errantes encetados por homens e mulheres no correr de suas vidas.

Embora haja quem faça diferenciação entre romaria e peregrinação, não é esse o nosso entendimento. Para alguns autores (Nolan; Nolan, 1989; Sanchis, 2006), a romaria se caracteriza por viagens de curto alcance, feitas em geral em grupos, e possuem um caráter mais festivo. Sanchis, por sua vez, afirma que a romaria é um modelo ideal típico que se circunscreve nas práticas da religiosidade popularρ, ao passo que a peregrinação se encontra mais próxima do controle da Igrejaρ em função de seu caráter sacramental de penitência. A diferença entre uma coisa e outra interessaria, na verdade, apenas ao contexto cristão. O termo "romaria" com o sentido de peregrinação que se dirige a Roma é próprio e exclusivo do Cristianismo ibérico. No entanto, a peregrinação é uma prática devocional encontrada não apenas no Cristianismo como também no Islã, no Budismo, no Judaísmo, no Hinduísmo e nos novos movimentos religiosos. A peregrinação é também praticada por formas seculares de religião, voltadas ao culto da natureza ou da busca interior. Assim, a diferença entre uma coisa e outra é de pouca valia. Diferenciar um termo do outro, "romaria" ou "peregrinação", teria razão de ser apenas se os compreendermos como categorias êmicas, úteis em uma análise sobre a dinâmica da produção, manutenção e uso do capital religioso em circulação entre os diferentes agentes envolvidos no fenômeno.

Os motivos para peregrinar podem ter diferentes origens: "[…] memorizar parentes falecidos, buscar méritos como preparação para a própria morteρ, engajar-se em práticas ascéticas, buscar a iluminação (um tema que pode ser articulado em outros contextos como uma jornada espiritual para Deus), buscar a salvaçãoρ, buscar milagres e consolo na desgraça, buscar curaρ e outros benefícios práticos, buscar ajuda espiritual para afastar a má sorte, realizar penitência pelos pecados, cumprir votos, fugir do ambiente cotidiano, mesmo que temporariamente" (Reader, 2007, p. 214).

A razão material que faz a peregrinação acontecer está na construção mítica de determinados sítios que se reportam a eventos fundantes e conferem-lhes a aura sagrada necessária para distingui-los dos lugares em torno. Neste caso, o foco de atração de peregrinos é aquilo que torna o sítio um lugar especial. Tais sítios seriam os lugares mais apropriados para a obtenção de uma graça – diz a sabedoria popular que "santo de casa não faz milagres" – ou para purgar os pecados. Nesses casos, a peregrinação adquire uma carga de sacrifícioρ para que o caminhante possa tornar-se digno de um milagre ou de perdão. As rotas mais antigas e tradicionais das peregrinações cristãs guardam essa dimensão religiosa penitencial.

Mas, para além do sacrifícioρ e da busca por uma graça, o zelo devocional é também uma das motivações para as peregrinações. O Islã preceitua uma viagem a Meca – *Hajj* – como obrigação de todo bom muçulmano, que deve fazê-la ao menos uma vez na vida se gozar de boa saúdeρ física e financeira.

Se há uma dimensão sacrifical e de zelo religioso em rotas tradicionais de peregrinação, em alguns dos percursos mais contemporâneos tais aspectos nem sempre estão presentes. Novas rotas têm surgido nos últimos anos, quase todas inspiradas em maior ou menor grau no Caminho de Santiago de Compostela (Carneiro, 2004). O Caminho de Santiago tornou-se um paradigma no que diz respeito à forma, mas não necessariamente ao conteúdo religioso. Essas novas peregrinações, em especial aquelas de caráter secular baseadas em um sentimento difuso de integração com a natureza ou do desenvolvimento espiritual, encontram, no próprio caminho e no ato em si de peregrinar, a sua razão de ser. Com a emergência de religiões secularizadas e da desinstitucionalizaçãoρ das formas de vivências religiosas, a peregrinação sofre um deslizamento semântico no qual a dimensão penitencial e purgativa está ausente ou reduzida à imanência do próprio ato de peregrinar.

A peregrinação se torna mais relevante para o crente quanto mais distante for o destinoρ de seu lugar de moradia e quanto mais tempo levar para cumprir o caminho. À medida que o peregrino se distancia de seu lugar de origem, as estruturas que sustentam suas representações sociais se enfraquecem e perdem parte de sua capacidade de dar sentido e consistência ao seu cotidiano. O que sustenta o peregrino, seu lugar e sua razão de ser, não está inscrito nas estruturas do seu cotidiano. Para o peregrino, o inesperado e o inusitado são a garantia de que o significado de sua viagem se fundamenta em uma realidade que, para ele, e apenas para ele, é palpável e eficaz. Turner, aproveitando-se das pesquisas desenvolvidas por Van Gennep, percebe o processo da caminhada, a viagem mesma, como um rito de passagem no qual prevalece um estado de liminaridade (Van Gennep, 2011). Este é um estado de suspensão das estruturas de sentido e que fazem da peregrinação uma experiência *sui generis*. A peregrinação, por ser uma situação liminar, é também transitória e ambígua. Ela se situa entre dois polos, o da origem e o do destino: "[...] passa através de um domínio cultural que tem poucos, ou quase nenhum, dos atributos do passado ou do estado futuro" (Turner, 1974, p. 117). No primeiro prevalecem as normas, as regras e o reconhecimento de si e de seu lugar na estrutura social. É o mundo profano que se justifica na sua própria imanência. No polo oposto está aquilo que transcende os padrões e a lógica cotidiana, é o polo das coisas sagradas e que, devido às distâncias geográfica e espiritual, garante a legitimidade de seu contrário.

Nesse período liminar – temporal e espacial – emerge uma nova condição social que Turner chamou de *communitas*, que seria a "sociedade considerada como um *comitatus* não estruturado, ou rudimentarmente estruturado e relativamente indiferenciado, uma comunidade, ou mesmo comunhão, de indivíduos iguais" (Turner, 1974, p. 119).

O Cristianismo é pródigo em santuários de peregrinação. Na Europa, ao lado de Santiago de Compostela na Espanha, há ainda Lourdes na França, Fátima em Portugal, Medjugorge na Croácia. Nos Estados Unidos, em Clearwater, na Flórida, os efeitos de luz natural e sombras das árvores criou, em 1996, nos vidros das janelas de um moderno edifício comercial, a ilusão de óptica que lembra os contornos da Virgem de Guadalupe. Essa imagem tem-se tornado cada vez mais conhecida como a Nossa Senhora de Clearwater e atraído milhares de visitantes. Se as aparições da Virgem estão quase sempre associadas a situações de conflitos, como na Croácia, ou de penúria, como a de Fátima, o caso dessas aparições na Flórida foge do padrão. Um moderno edifício, com a fachada toda de vidro espelhado, pode também ser objeto de atração. Na América Latina, Nossa Senhora de Guadalupe, Nossa Senhora de Aparecida, Nossa Senhora de Nazaré, Nossa Senhora de Copacabana são apenas alguns exemplos da prodigalidade da devoção cristã.

No entanto, as peregrinações não são exclusivas da piedade cristã. Praticamente quase todas as religiões possuem suas peregrinações. O Islã, como já mencionamos, indica para os fiéis que têm condições física e financeira a peregrinação a Meca, na Arábia Saudita, pelo menos uma vez na vida. Mas há outros sítios de visitação islâmica, como, por exemplo, Uyghur, no Noroeste da China, Ásia Central, cuja população de maioria muçulmana recebe centenas de visitantes (Hällzon, 2010, p. 87).

No Japão, há a peregrinação a Shikoku, uma rota de 1.400 quilômetros que circula a ilha de mesmo nome e envolve a visitação a oitenta e oito templos budistas. Originalmente, essa peregrinação acontecia, e ainda hoje continua, em grupos organizados que percorriam o caminho de ônibus. No entanto, o número de peregrinos que optam por fazê-lo a pé tem crescido exponencialmente (Reader, 2007, p. 212).

Ao norte da Índia, em Amarnath, na Caxemira, uma caverna atrai milhares de peregrinos que desejam ver uma representação – *lingam* ou *linga* – de Shiva esculpida em gelo. Essa é uma peregrinação que tem crescido desde o início deste século a despeito de ela estar no centro do conflito entre a Índia e o Paquistão e sofrer muitos ataques violentos por parte dos muçulmanos (Reader, 2007, p. 211).

Entre os judeus, a visita aos lugares do Holocausto, em Auschwitz-Birkenau, Czestochowa e Varsóvia, na Polônia, tem sido tratada por muitos pesquisadores como peregrinação (Hamrin-Dahl, 2010, p. 122). Tal peregrinação busca não apenas manter viva a memória de uma das maiores tragédias humanitárias da história moderna, como também procura inscrever-se no contexto das afirmações identitárias do Judaísmo.

O movimento cultural conhecido como Nova Era também tem produzido as suas rotas e sítios de peregrinação. Elas acontecem em torno de festivais (Glastonbury, na Inglaterra), de histórias que se perdem no tempo (Stonehenge, também na Inglaterra), de "lugares de energia" (Sedona, no Arizona, EUA). Os exemplos poderiam se multiplicar.

Outras peregrinações que também podem ser listadas não estão relacionadas a alguma tradição religiosa. São lugares que, no entanto, apresentam algumas características associadas às peregrinações como atos de devoção, referência a curas emocionais e físicas e identidade e pertencimento. A visita de motociclistas veteranos de guerra ao Memorial do Vietnã em Washington. Os peregrinos que vão a Graceland, em Memphis, a cada aniversário da morte de Elvis Presley, relatam mesmo eventos de cura (Reader, 2007, p. 213). O Marco Zero em Nova York tornou-se também um lugar de atração de peregrinos que criam seus próprios rituais (Martin, 2010, p. 268).

Há lugares, ainda, que estão associados a personalidades várias que se têm tornado focos de atração de visitantes: "O surgimento das múltiplas formas de novos movimentos religiosos e espirituais no último século inclui uma variedade de cultos de veneração de indivíduos específicos, tais como políticos (por exemplo, Mao, Lênin) e ídolos modernos (por exemplo,

PERIÓDICOS

Elvis Presley, Princesa Diana, Michael Jackson), que são glorificados como santos. Os devotos se reúnem anualmente para lembrar seus ídolos falecidos ou viajam longas distâncias para visitar o túmulo, a antiga casa etc. de uma pessoa específica para prestar tributo a ele ou ela. Devido às motivações desses devotos, os problemas que eles enfrentam, a prática e a emocionalidade tangível que estão relacionadas com este fenômeno, podem ser considerados uma forma de peregrinação" (Grünhagen, 2010, p. 71).

A peregrinação é, portanto, um evento que, em muitas situações, transcende a própria ideia daquilo que o senso comum reconhece como religião. Ela varia nas suas motivações, na sua *performance* e ritos e na maneira de ser realizada. Em cada peregrinação há ainda um elevado grau de polissemia que pode levar diferentes estudiosos a diferentes conclusões. Para a peregrinação converge um universo semântico que a orna de tal complexidade que apenas a abordagem multidisciplinar, característica da Ciência da Religião꩜, pode possibilitar alguma aproximação do fenômeno.

Bibliografia: CARNEIRO, S. M. C. de Sá. Novas peregrinações brasileiras e suas interfaces com o turismo. In: ASSOCIAÇÃO DE CIENTISTAS SOCIAIS DO MERCOSUL. *Ciencias Sociales y Religión/Ciências Sociais e Religião*. Porto Alegre, UFRGS, ano 6, n. 6, p. 71-100, 2004; GRÜNHAGEN, C. "Our queen of hearts": The glofication of Lady Diana Spencer. A critical appraisal of the glorification of celebrities and new pilgrimage. In: AHLBÄCK, T. *Pilgrimages today*: Donner Institute for Research in Religious and Cultural History, Abo/Turku, 2010; HÄLLZON, P. Stepping onto Sacred Ground: The *mazar* in Uyghur day-to-day life. In: AHLBÄCK, T. *Pilgrimages today*: Donner Institute for Research in Religious and Cultural History, Abo/Turku, 2010; HAMRIN-DAHL, T. This-worldly and other-worldly: a Holocaust pilgrimage. In: AHLBÄCK, T. *Pilgrimages today*: Donner Institute for Research in Religious and Cultural History, Abo/Turku, 2010; MARTIN, R. Visiting Ground Zero: Sacred echoes in secular rites. In: AHLBÄCK, T. *Pilgrimages today*: Donner Institute for Research in Religious and Cultural History, Abo/Turku, 2010; NOLAN, M. L.; NOLAN, S. *Christian Pilgrimage in modern western Europe*. Chapel Hill/Londres: University of North Carolina Press, 1989; READER, I. Pilgrimage growth in the modern world: meanings and implications. *Religion*, 37, 2007, p. 210-229; SANCHIS, P. Peregrinação e romaria: um lugar para o turismo religioso. In: ASSOCIAÇÃO DE CIENTISTAS SOCIAIS DO MERCOSUL. *Ciencias Sociales y Religión/ Ciências Sociais e Religião*. Porto Alegre, UFRGS, ano 8, n. 8, p. 85-97, 2006; TURNER, V. *O processo ritual*: estrutura e antiestrutura. Petrópolis: Vozes,1974; VAN GENNEP, A. *Os ritos de passagem*. Petrópolis: Vozes, 2011.

EDIN SUED ABUMANSSUR

PERIÓDICOS

O presente verbete apresenta uma lista dos principais periódicos científicos internacionais da Ciência da Religião꩜. Foram priorizadas as revistas acadêmicas das associações científicas꩜ internacionais, além de publicações que marcaram a história da Ciência da Religião꩜ e o campo mais geral dos estudos das religiões mundialmente. Para evitar qualquer tipo de leitura de valoração a respeito dos periódicos, eles serão apresentados em ordem alfabética.

I. *Anthropos*. Revista do *Anthropos Institute*, fundada entre 1905 e 1906 como uma revista multidisciplinar de Antropologia e linguística, consagrada ao estudo das religiões tribais (Eliade, 1992, p. 5). Prioriza, em especial, a pesquisa etnográfica, mas, pela tradução꩜ histórica, aceita até hoje textos sobre religião. Foi fundada, em sua maioria, por padres e religiosos da Sociedade do Verbo Divino que possuíam formação coaduanada em Linguística e Antropologia, como Wilhelm Schmidt, Paul Arndt e Paul Schebesta. Atualmente, seu conselho editorial é formado inteiramente por acadêmicos sitiados na Alemanha.

De 1906 a 1915, possuía periodicidade anual. A partir de 1915, tornou-se bienal por causa da Primeira Guerra Mundial, o que ocorreu até 1925, quando retornou ao padrão de um volume por ano, que mantém até hoje. A exceção se deu durante a década de 1940, em virtude de o avanço da Segunda Guerra Mundial não permitir o cumprimento de sua periodicidade, o que só pôde ser retomado novamente a partir de 1950. Até 1999, lançava, por volume anual, seis números. De 2000 em diante, passou a lançar apenas dois números por volume.

Embora seja um periódico de acesso pago, os números mais recentes são disponibilizados gratuitamente no *website* <https://www.nomos-elibrary.de/>. Prioriza textos em inglês, mas aceita também manuscritos em alemão, francês e espanhol.

II. *Archive for the Psychology of Religion*. O mais antigo periódico acadêmico de Psicologia da Religião꩜, o *Archive for the Psychology of Religion* (originalmente lançado como *Archiv für Religionspsychologie*) é a revista oficial da *International Association for the Psychology of Religion* (IAPR). Lançada em 1914 pela editora Brill, dos Países Baixos, a partir de 2019 passou a ser editada pela britânica Sage, mudando o nome de alemão para inglês. Atualmente, seu conselho editorial é formado por acadêmicos da Alemanha, da Áustria, da Bélgica, dos Estados Unidos, da Finlândia, da Itália, de Israel, dos Países Baixos, da Polônia, do Reino Unido, da Suécia e da Suíça.

De 1914 a 1936, manteve periodicidade septenial. Nessa primeira fase, a revista publicava exclusivamente manuscritos em alemão. O periódico, então, teve um hiato de duas décadas e meia por causa da Segunda Guerra Mundial, retomando suas atividades apenas em 1962, quando passou a publicar textos também em língua inglesa e francesa. Desde então, alternou sua periodicidade entre bienal e trienal, até que, em 2000, se tornou anual. A partir de 2009, começou a lançar, por volume, três números, padrão que mantém até hoje. Atualmente, aceita apenas textos em inglês.

Em seu alvo de publicação – Psicologia da Religião𝒫 –, aceita artigos de pesquisa aplicada, artigos de revisão e relatórios, independentemente da metodologia escolhida. A submissão é isenta de taxas para os autores, mas não aos leitores. Segue as regras técnicas da APA para formatação dos manuscritos e exige ORCID. Além disso, conta com serviço *online first*, ou seja, artigos no prelo, completos e já aprovados, são publicados previamente à atribuição a um número, o que reduz o tempo entre a submissão e a publicação.

III. *Bandue: Revista de la Sociedad Española de Ciencias de las Religiones*. Periódico oficial da *Sociedad Española de Ciencias de las Religiones* (SECR), foi criado originalmente em 1993, com o nome de *Boletín de la Sociedad Española de Ciencias de las Religiones*, adotando o nome atual em 2007 em homenagem à deusa hispânica Bandua. Embora se declare uma revista aberta, mantém o formato impresso comercializável até hoje. Além disso, é possível também comprar as versões digitais de alguns de seus volumes pela editora Trotta, a responsável pela publicação. Arquivos das digitalizações de todos os números anteriores a 2007 estão disponibilizados gratuitamente no *website* da revista.

O foco desse periódico é o estudo multidisciplinar das religiões – no espírito da nomenclatura da associação espanhola "ciências das religiões", com tudo no plural. Eles publicam trabalhos inéditos originais sobre religiões de qualquer disciplina que estude religião, desde que os autores adotem um ponto de vista ético e uma metodologia não "religionista". Quase todos os artigos são publicados em espanhol, embora a Bandue aceite também textos em inglês, francês e italiano (SECR, 2013).

IV. *History of Religions*. Uma das revistas mais antigas da Ciência da Religião𝒫, é considerada um dos primeiros periódicos na história da disciplina a se dedicar, em língua inglesa, exclusivamente ao estudo comparado das religiões. Foi, de acordo com Sharpe (1985), criada como uma resposta da Universidade de Chicago às empreitadas de cientistas da religião do início do século XX que buscavam, através da criação de periódicos, uma maior legitimação acadêmica da Ciência da Religião𝒫 em âmbito mundial. Atualmente, a editora da Universidade de Chicago publica quatro números da revista por ano, em fevereiro, maio, agosto e novembro, respectivamente.

O corpo editorial da *History of Religions* é composto inteiramente de acadêmicos dos Estados Unidos. Seus artigos são considerados mais longos do que a média dos artigos publicados pelos periódicos da disciplina, contendo de sete mil a quinze mil palavras. Além disso, organiza uma seção de comentários, em que são inseridos textos curtos de até mil palavras sobre artigos originais publicados na revista.

A *History of Religions* é comercializada pela editora da Universidade de Chicago, mas possui algumas possibilidades de acesso livre aos manuscritos aprovados. Num período de no mínimo um ano (salvo exigência governamental contrária ou de algum órgão de financiamento da pesquisa), os autores não podem compartilhar o manuscrito aprovado por qualquer via. Após o período de embargo, a editora autoriza o compartilhamento em repositórios não comerciais, de modo gratuito. Outra possibilidade é os autores pagarem uma taxa de 2.500 dólares para que o artigo seja disponibilizado gratuitamente em licença *Creative Commons*. Através da *Chicago Emerging Nations Initiative* [Iniciativa das Nações Emergentes de Chicago], a Universidade de Chicago também disponibiliza os números mais antigos que três anos gratuitamente para mais de cinco mil instituições qualificadas em nações emergentes em todo o mundo.

V. *International Journal for the Study of New Religions*. Revista semestral de Ciência da Religião𝒫 fundada em 2010 por pesquisadores da Suécia e da Austrália e especializada em novos movimentos religiosos, o *International Journal for the Study of New Religions* é uma publicação da *International Society for the Study of New Religions*, comercializada pela editora Equinox. Seu corpo editorial é formado por acadêmicos da África do Sul, da Alemanha, da Austrália, do Canadá, da Dinamarca, dos Estados Unidos, da Estônia, da Finlândia, da França, de Israel, da Lituânia, da Noruega, dos Países Baixos, da Polônia, do Reino Unido, da Suécia e da Suíça.

O *International Journal for the Study of New Religions* aceita artigos em inglês tanto de doutores quanto de estudantes, e publica seus números em maio e novembro. De acordo com as diretrizes de submissão para a revista, o corpo editorial entende por "novos movimentos religiosos" os fenômenos religiosos – sejam grupos organizados (por exemplo, novas igrejas), sejam apenas tendências mais gerais observáveis (Nova Era e espiritualidades𝒫 alternativas) – que surgiram na Europa e na América do Norte após a metade do século XIX. Incluem-se nessa compreensão também os movimentos, ou organizações mais antigos que, num contexto histórico específico, são tidos como novos (por exemplo, Budismo na Europa), bem como novas expressões religiosas dentro das religiões estabelecidas (por exemplo, Catolicismo carismático) (Equinox, 2019, p. 1).

VI. *International Journal of Latin American Religions*. Periódico multidisciplinar da editora Springer, tem por alvo o estudo das religiões na América Latina, priorizando produções oriundas da Ciência da Religião𝒫, da Antropologia, da Sociologia e da História. Em seu escopo, aceita apenas pesquisas não teológicas das religiões, tendo como foco específico os fenômenos religiosos da América Latina ou entre minorias latino-americanas em outras partes do mundo. Além disso, faz parte do Comitê de Ética em Publicações (COPE), como a maioria das revistas desta editora (Springer, 2018).

Lançada em 2017 com dois números anuais, seus dois primeiros volumes ficaram abertos ao acesso público até 2018. A partir de 2019, porém, os leitores passaram a pagá-lo, embora as submissões ainda sejam gratuitas aos autores. O *International Journal of Latin American Religions* possui uma política de *open choice*, na qual os autores podem pagar uma taxa para que sua produção, uma vez aprovada, seja disponibilizada gratuitamente sob licença *Creative Commons*. No entanto, contém também um serviço chamado *SharedIt*, no qual um link dos artigos aprovados apenas para leitura é disponibilizado aos autores, para que eles possam compartilhar seu trabalho legalmente, sem infligir as leis de *copyright*.

Além de ser coordenada por um editor-chefe do Brasil, possui entre os membros de sua comissão editorial pessoas da Argentina, do Brasil, da Colômbia, do México, do Uruguai, da Alemanha, da Austrália, do Canadá, da Dinamarca, dos Estados Unidos, da Itália, da Polônia e do Reino Unido. Atualmente, é o único periódico totalmente em inglês listado no site da ANPTECRE. Também atribui um DOI para todos os textos publicados, e exige o ORCID dos autores para a submissão de textos para apreciação.

O *International Journal of Latin American Religions* também conta com o serviço *online first*, em que artigos completos já aprovados são publicados previamente à atribuição a um número.

VII. *Journal for the Academic Study of Religion*. O *Journal for the Academic Study of Religion* (originalmente *Australian Religious Studies Review*) é a revista da *Australian Association for the Study of Religion*, administrada inteiramente por cientistas da religião australianos. Foi criado em 1988 pela Universidade de Sidney, e até 2004 possuía acesso livre aos leitores. A partir do volume de 2005, porém, foi comprado pela britânica Equinox, tornando-se uma revista paga.

O *Journal for the Academic Study of Religion* se apresenta objetivamente como um periódico interdisciplinar da região do Pacífico, aceitando artigos do campo dos estudos da religião em geral e não apenas da Ciência da Religião♀. Possui periodicidade quadrimestral, alternando um número temático com um número de tema livre. Além disso, tende a publicar informações relevantes aos associados da AASR, como obituários dos membros e informações sobre eventos acadêmicos.

O periódico aceita publicações de quaisquer países, contudo publica apenas textos em inglês.

Os artigos devem conter de cinco mil a oito mil palavras, e um resumo de cento e cinquenta palavras. A submissão de manuscritos para avaliação é isenta aos autores, mas no geral a revista cobra dos leitores o acesso aos artigos publicados. No entanto, existe a possibilidade dos autores pagarem uma taxa que varia de 1.250 a 1.750 libras esterlinas para que seus artigos sejam lançados abertos ao público, sob licença *Creative Commons*. Esse valor, todavia, pode ser reduzido em caso de parcerias institucionais, chegando ao máximo de 55% de desconto.

VIII. *Journal for the Cognitive Science of Religion*. Revista da *International Association for the Cognitive Science of Religion*, é disponibilizada gratuitamente aos seus membros. Seu alvo diz respeito ao estudo das religiões pelo recorte da Ciência Cognitiva da Religião♀, um ramo florescente da Ciência da Religião♀ que cruza conhecimentos sobre religião, cultura e cognição, utilizando-se de novas metodologias e tecnologias no campo da ciência cognitiva. É, nesse sentido, uma das revistas de ponta da Ciência da Religião♀ mundial, contando com uma comissão editorial formada por nomes de peso da disciplina na contemporaneidade, como Armin W. Geertz♀, Pascal Boyer e Luther H. Martin.

O periódico é caracterizado por aceitar apenas artigos curtos, de no máximo seis mil palavras. A título de comparação, alguns periódicos que publicam textos maiores na área não aceitam artigos que não tenham no mínimo oito mil palavras. É publicada pela editora Equinox tanto em versão impressa, distribuída aos membros da associação, quanto em versão eletrônica. Além disso, possui também seções para relatos de pesquisas em andamento (máximo de quatro mil palavras), relatórios breves (máximo de duas mil e quinhentas palavras) e comentários ou resenhas (de quatrocentas a mil e quatrocentas palavras).

IX. *Journal for the Scientific Study of Religion*. Revista multidisciplinar da SSSR, é um dos periódicos de maior fator de impacto no estudo das religiões nos Estados Unidos. Somente aceita artigos que respeitem o agnosticismo metodológico♀, recusando textos teológicos ou êmicos. A principal área que publica é a Sociologia, mas o periódico também abre espaço para cientistas da religião, antropólogos, economistas, cientistas da saúde♀, psicólogos e cientistas políticos. No entanto, apesar de aceitar textos da área da saúde♀, não são publicadas pesquisas clínicas ou de instrumentalização prática da espiritualidade♀ (por exemplo, religião♀ aplicada à saúde♀, ou discussões sobre a eficácia de curas religiosas), pela consideração metodológica de que tais estudos ultrapassam os limites do agnosticismo metodológico♀.

Atualmente o periódico é publicado e comercializado pela John Wiley & Sons. A maior parte da comissão editorial é formada por acadêmicos dos

Estados Unidos, mas contém também membros da Austrália, do Canadá, da França e do Reino Unido. Apesar da cessão de direitos de cópia à editora, a republicação dos artigos publicados pelo *Journal for the Scientific Study of Religion* é autorizada pela John Wiley & Sons em caso de nova obra organizada ou coorganizada pelos próprios autores, através de cessão de uma licença formal gratuita, obtida pelos autores no portal da revista. Os autores também têm a permissão para arquivar a versão do arquivo sem a diagramação feita pela John Wiley & Sons (por exemplo, texto corrido em .docx), em repositórios gratuitos, e compartilhar a versão aceita (revisada e diagramada) em seus *websites* pessoais e repositórios gratuitos após um período de embargo de dois anos. Os trabalhos também podem ser disponibilizados gratuitamente através da licença *Creative Commons*, por uma taxa de 2.500 dólares por artigo.

X. *Journal of the American Academy of Religion* (JAAR). Periódico trimestral da AAR, indexado em mais de vinte bases, o JAAR publica artigos que cobrem virtualmente qualquer tradição religiosa, tanto em perspectiva êmica quanto ética, possuindo uma versão impressa e uma edição digital. Destaca-se, em especial, pela sua grande seção de resenhas de livros, sendo uma das revistas que mais contêm esse tipo de publicação na área. A maior parte de seu corpo editorial e comissão é formada por pesquisadores dos Estados Unidos, mas contém também acadêmicos da Austrália, do Canadá, da França, da Nova Zelândia e da Suíça. Atualmente, o periódico é editado pela editora da Universidade de Oxford.

Como é uma publicação que atinge o público local de membros da AAR – que é formado por acadêmicos e religiosos –, tanto quanto um público acadêmico mais amplo, a revista recomenda que os artigos, quando pensados em perspectiva êmica, devam envolver o campo dos estudos da religião. Isso significa que, embora eles aceitem textos de grupos particulares, é preciso oferecer um conteúdo e conclusões que sejam do interesse também de pessoas de fora do grupo em questão. No geral, seus textos são amplamente orientados pela Fenomenologia da Religião♀.

O JAAR foi um dos primeiros periódicos sobre os estudos da religião, mas diferentemente da maioria das revistas mais antigas desse campo, nunca aceitou artigos além da língua inglesa. Ele foi fundado em 1933, e desde 1937 passou a ser publicado com periodicidade trimestral, a qual mantém até hoje. É uma revista científica que se destaca pelo tamanho estendido de seus manuscritos: os textos devem ter entre oito mil e doze mil palavras, volume levemente maior do que a média das publicações científicas da área. Caracteriza-se, também, por adotar um processo de revisão organizado em duas partes: uma primeira revisão técnica, feita pelos editores, determina se o artigo está no alvo e atende o formato da revista

para, somente após a aprovação nessa primeira fase, os manuscritos serem encaminhados para a revisão cega dos pares.

XI. *Method & Theory in the Study of Religion*. Única revista acadêmica internacional dedicada à metodologia e à epistemologia♀ em Ciência da Religião♀, foi idealizada por E. Thomas Lawson, Luther H. Martin, Jonathan Z. Smith e Donald Wiebe como o periódico oficial da NAASR, em 1989. Seus artigos, notas, resenhas de livros e cartas abordam explicitamente os problemas de metodologia e teoria na Ciência da Religião♀, incluindo as perspectivas tradicionais de diálogos com as ciências humanas (por exemplo, História, Filosofia, Antropologia, Psicologia, Sociologia), mas também novas abordagens com diálogos com as ciências naturais, teoria feminista, análise do discurso e crítica ideológica. Além da discussão de método♀ e epistemologia♀, a *Method & Theory in the Study of Religion* também se concentra na análise crítica da história da própria Ciência da Religião♀.

O periódico está incluso em mais de quinze indexadores, além de possuir um corpo editorial formado por acadêmicos da Alemanha, do Canadá, dos Estados Unidos, da França e do Reino Unido. Atualmente, é editada pela editora Brill, estando avaliada com *ranking* A pela Fundação Europeia de Ciência. Como ocorre com quase todas as revistas internacionais, em caso de aceitação, os direitos de cópia do artigo são transferidos para a editora, embora os autores possam compartilhar os manuscritos em bancos de dados não comerciais, após um período de embargo de um ano, desde que não seja utilizada a versão diagramada pela editora. Contudo, os autores podem publicar o artigo em acesso gratuito sob uma licença *Creative Commons*, pagando uma taxa de 2.350 dólares.

XII. *Numen: International Review for the History of Religions*. Revista oficial da IAHR, a *Numen* (por vezes também grafada como *Nvmen*) foi lançada em 1954, e desde 1999 passou a ser editada pela Brill. A comissão editorial da *Numen* é formada pelo próprio Comitê Executivo da IAHR, que indica editores administrativos que atuam como representantes da IAHR na Brill, em todas as questões relacionadas com a publicação do periódico. O mandato dos editores administrativos é de cinco anos e pode ser renovado por um segundo mandato, após o qual novos editores são indicados pelo Comitê Executivo da IAHR (IAHR, 2019).

Periódico caracterizado por publicações orientadas por uma compreensão da religião♀ enquanto produção humana, tende a conter muitos artigos em perspectiva metodológica dos estudos sistemáticos da religião. Por causa disso, historicamente tem sido um local importante de difusão da Fenomenologia da Religião♀, ainda que nos últimos anos isso tenha diminuído com o próprio declínio internacional da

Fenomenologia da Religião℗ clássica. É uma revista de ampla penetrabilidade na Ciência da Religião℗ internacional, com uma comissão editorial bastante diversificada, formada por acadêmicos de todos os continentes, menos da América do Sul. Além disso, até o fechamento deste verbete, contava com mais de trinta indexadores diferentes.

Embora possua textos mais antigos em outros idiomas (por exemplo, francês e alemão), nos últimos anos tem priorizado apenas as publicações em inglês americano. Os artigos não podem ultrapassar dez mil caracteres e, embora não cobre dos autores a submissão, o acesso aos artigos é pago pelos leitores. Além disso, os autores cedem totalmente os direitos de cópia de seus artigos em um período de vinte e quatro meses, e devem assinar um documento dizendo que nunca compartilharão o manuscrito na diagramação oferecida pela Brill. No entanto, caso desejem, podem pagar uma taxa de 990 euros para que seu artigo, caso aceito pelos revisores, tenha acesso público e gratuito aos leitores, sob licença de cópia *Creative Commons*.

Até 1969, a *Numen* lançava um único número por ano. A partir de 1970, cada volume anual passou a lançar três números. De 1979 a 1992, reduziu a periodicidade para semestral, retornando ao padrão de três números por ano em 1993. Em 1999, passou a lançar quatro números por volume; em 2008, começou a lançar cinco números por volume; desde 2012 adotou o padrão atual, de seis números por ano.

É importante ressaltar que existe uma revista acadêmica brasileira também chamada *Numen*, vinculada ao programa de pós-graduação em Ciência da Religião℗ da Universidade Federal de Juiz de Fora, a qual não possui vínculo com o periódico internacional da IAHR.

XIII. *ASDIWAL: Revue genevoise d'antropologie et d'histoire des religions*. Publicação do curso de História das Religiões℗ da Universidade de Genebra e da Faculdade de Teologia℗ e Ciências da Religião da Universidade de Lausanne, é editada com o apoio da Sociedade Suíça de Ciência da Religião℗ e da Academia Suíça de Humanidades e Ciências Sociais. Foi criada em 2006 com o objetivo de difundir a produção das áreas de Antropologia da Religião℗ e História das Religiões℗ em língua francesa, embora também aceite excepcionalmente artigos em inglês, italiano e alemão. Seu conselho científico é formado majoritariamente por pesquisadores da Suíça francófona e da França, mas possui também acadêmicos da Alemanha, do Chipre, dos Estados Unidos, de Israel e do Reino Unido.

Com periodicidade anual, recebe manuscritos até o dia 1º de julho para o fechamento do volume do ano vigente. Além de artigos originais, por vezes são publicados comentários, entrevistas e anais de eventos científicos. A revista é organizada em três seções: 1) *Études*, com artigos originais de até cinquenta mil caracteres (incluindo notas e espaços), acompanhados de resumo e palavras-chave em francês e inglês; 2) *Recherches*, referente a recortes de dissertações, teses e pesquisas em andamento, que não podem exceder doze mil caracteres (incluindo notas e espaços); e 3) *Comptes rendus*, resenhas de até oito mil caracteres (incluindo espaços). Seu primeiro número está disponível na íntegra gratuitamente no *website* da revista, mas, a partir do número de 2007, somente os textos da *Comptes rendus* são disponibilizados gratuitamente aos leitores.

XIV. *Temenos: Nordic Journal of Comparative Religion*. Periódico semestral da *Finnish Society for the Study of Religion*, foi fundado em 1965 como uma publicação conjunta entre as sociedades de Ciência da Religião℗ da Dinamarca, da Finlândia, da Noruega e da Suécia. Publica artigos em inglês, relatórios de eventos acadêmicos em países nórdicos e resenhas sobre Ciência da Religião℗ e cultura, destacando-se como um periódico que adota a perspectiva da Ciência da Religião℗ enquanto área autônoma. No entanto, não é uma revista que está fechada apenas para a área, aceitando também textos de antropólogos, arqueólogos, folcloristas, cientistas políticos, geógrafos, historiadores e outros. Como se trata de uma revista muito antiga, muitos de seus números ainda não estão disponíveis *online*. Contudo, a revista tem trabalhado pela digitalização de todo o seu acervo.

É, dentre as revistas acadêmicas internacionais, uma das poucas que possuem uma política de acesso aberto, sem cobrar taxas nem dos leitores nem dos autores. Por causa disso, embora esteja situada na Europa setentrional, publica textos de cientistas da religião de todo o mundo. No geral, são priorizados artigos sobre a temática nórdica, mas a revista tende a aceitar também textos que falem sobre teorias e métodos℗ mais gerais da Ciência da Religião℗. Seu principal alvo é o papel das religiões na construção das nacionalidades, da história, da política e das identidades individuais. Seus artigos originais não devem exceder mais do que oito mil palavras, e os artigos de revisão bibliográfica, não mais do que cinco mil palavras.

XV. *Zeitschrift für Religionswissenschaft*. Periódico semestral alemão editado pela editora De Gruyter e organizado pela Associação Alemã de Ciência da Religião℗, publica artigos tanto do ramo sistemático quanto empírico da Ciência da Religião℗, além de estudos sobre teorias e métodos℗ em Ciência da Religião℗. Apesar de priorizar a Ciência da Religião℗, também aceita textos de outras áreas que estudam a religião, como a Sociologia e a Antropologia, desde que comentários sobre a pertinência do estudo para a Ciência da Religião℗ sejam oferecidos.

Atualmente, a comissão editorial da *Zeitschrift für Religionswissenschaft* é compartilhada pela Universidade de Leipzig (Alemanha), Universidade do Texas

(Estados Unidos) e Universidade de Zurique (Suíça), além de estar indexada em mais de trinta e cinco bases de dados internacionais diferentes. No geral, seus artigos não devem ultrapassar quarenta e cinco mil caracteres (incluindo espaços). Como o objetivo principal do periódico e a difusão do conhecimento de ponta produzido em alemão pela Ciência da Religião♀, é muito raro a revista publicar textos que não estejam em alemão. Além disso, destaca-se por conter uma seção *Impulse* (incentivos), em que propicia debates sobre temas caros ao desenvolvimento da Ciência da Religião♀, como o fortalecimento da área, a profissionalização, didática e metodologia em Ciência da Religião♀.

Bibliografia: ELIADE, M. Prefácio. In: ELIADE, M. *O sagrado e o profano*. São Paulo: Martins Fontes, 1992. p. 5-11; EQUINOX. *International Journal for the Study of New Religions*: guidelines for contributors. [s.l.]: Equinox, 2019; IAHR. *Procedures concerning NUMEN*. 2019. Disponível em: <http://www.iahrweb.org/numen.php>. Acesso em: 06/02/2019; SHARPE, E. *Comparative religion*: a history. 2nd ed. New York/London: Columbia University, 1985; SECR. *Revista Bandue*. 2013. Disponível em: <http://secr.es/publicaciones/bandue/>. Acesso em: 10/09/ 2019; SPRINGER. *International Journal of Latin-American Religions*: 2017-2018 Publisher's Report. 2018.

FÁBIO L. STERN

PESQUISA DE campo → Método

PESQUISA QUALITATIVA → Método

PESQUISA QUANTITATIVA → Método

PETTAZZONI, RAFFAELE → Escola italiana

PIEDADE → Atitudes religiosas

PIERUCCI, ANTÔNIO FLÁVIO DE OLIVEIRA

Antônio Flávio de Oliveira Pierucci é um dos principais nomes da Sociologia da Religião♀ no Brasil. Nascido em Altinópolis, em 28 de agosto de 1945, ingressou no seminário da diocese de Ribeirão Preto ainda durante a infância. Após graduar-se em Filosofia (1962-1964) pelo seminário da arquidiocese de São Paulo, formou-se também em Teologia♀ (1965-1968) pela PUC-SP. Contudo, ao final do doutorado em Teologia♀ na Pontifícia Universidade Gregoriana de Roma, desencantou-se não só com a carreira teológica, como também da própria Igreja♀ Católica. Rompeu, então, com ambas.

Instituição e identidade religiosa ficaram para trás, mas não o repertório adquirido, que propiciou, pouco tempo depois, sua entrada no recém-criado Centro Brasileiro de Análise e Planejamento. Quem conduziu a entrevista de admissão foi Cândido Procópio♀ Ferreira de Camargo, um dos pioneiros da Sociologia da Religião♀ no Brasil, que acabaria orientando o mestrado em Sociologia de Pierucci, concluído em 1977. Já o doutorado em Sociologia, concluído em 1985, teve orientação de outra referência fundamental da área, Reginaldo Prandi. A tese foi defendida na Universidade de São Paulo (USP), instituição na qual Pierucci adentraria como professor no ano seguinte e permaneceria até seu falecimento, em 8 de junho de 2012.

Afora a religião♀, Pierucci acabou virando referência sociológica também nos estudos sobre Max Weber♀. Em 2001, obteve a livre-docência com *Desencantamento do mundo: os passos do conceito em Max Weber* (2003). Em 2004, compôs uma celebrada edição crítica d'*A ética protestante e o espírito do capitalismo*. Nos seus últimos anos de vida, já como professor titular, vinha trabalhando na tradução e na revisão técnica de outro pilar da sociologia weberiana, *Ética econômica das religiões mundiais*.

Na década de 1990, na esteira dos questionamentos levantados por Bourdieu♀ em *Sociólogos da crença e crenças de sociólogos*, Pierucci assumiu a polêmica tarefa de "alertar os cientistas sociais da religião sobre as eventuais armadilhas do excesso de 'boa vontade cultural' com as (ou de pura ingenuidade em relação a) instituições religiosas♀" (Mariano, 2013, p. 15).

Em *Reconstrução do processo de formação e desenvolvimento da área de estudos da religião nas Ciências Sociais brasileiras*, Herrera apontou que, nas diversas entrevistas que fez com pesquisadores da religião em todo o Brasil, o tema da "contaminação" pela identidade religiosa era imediatamente associado a Pierucci, embora nem todos concordassem com seu diagnóstico sobre a "impureza" da área. A discordância, às vezes, não era apenas teórica, mas consistia na suspeita de que, em vez de boa vontade, haveria em Pierucci excessiva "má vontade" em relação à religião.

As críticas de Pierucci, de fato, eram contundentes. De seu ponto de vista, sob o guarda-chuva das ciências da religião encontravam-se muitos fiéis querendo disfarçar, numa linguagem pretensamente científica, suas predileções valorativas: "[…] depois da oficialização dos cursos de pós-graduação em 'ciências da religião' em muitas universidades brasileiras, poderíamos multiplicar indefinidamente a lista de agentes religiosos que se autoproclamam cientistas simplesmente porque fazem 'Ciência da Religião♀'. Durma-se com um barulho desses!" (Pierucci, 1999, p. 248).

Ao lado da falta de rigor conceitual, esse misto de excesso de boa vontade com falta de reflexividade seria, para Pierucci, responsável por fazer muitos embarcarem na ideia de que estaria ocorrendo um "retorno do sagrado", no Brasil e no mundo.

Reencantamento e dessecularização (1997); *Secularização em Max Weber* (1998) e *O desencantamento do mundo* (2003) são três das principais tentativas, por parte de Pierucci, de criar balizas conceituais mais sólidas para os debates então em voga nas Ciências Sociais da religião.

Por um lado, trata-se de lembrar que "secularização*P*" e "desencantamento" eram dois conceitos que, apesar de frequentemente confundidos, significavam coisas distintas. "Quando se fala em 'retorno do sagrado' faz uma bruta diferença saber se o sagrado*P* que supostamente estaria retornando à vida – e à cena – é de caráter mágico ou de caráter religioso" (Pierucci, 2003, p. 101). Por outro, era preciso aprofundar o estudo de cada conceito, mostrando onde repousava e no que consistiria o seu núcleo duro.

No caso da secularização*P*, Pierucci demonstrou que, na obra daquele que é apontado como um dos pais da teoria, Max Weber*P*, o lugar privilegiado da discussão é a sociologia do direito, não da religião. Trata-se de uma conceituação ao mesmo tempo descritiva, sobre a apropriação dos bens eclesiásticos pelo poder civil, e teórica, sobre as implicações da desvinculação da religião*P* do aparato estatal e da fundamentação do direito. Em ambos os casos, não há nenhuma espécie de profecia ou teleologia. A partir dessa dimensão jurídico-política, e não na dimensão cultural, propõe Pierucci, seria possível encontrar um mínimo de consenso sobre a validade da teoria dessecularização. Ainda, valendo-se desse deslinde conceitual e de *insights* de outro sociólogo da religião, Bryan Wilson, Pierucci postulava que o dinamismo religioso em certos contextos seria resultado, e não evidência em contrário, da secularização*P*, posto que tais efervescências estariam represadas em ambientes de monopólio religioso garantido pelo Estado.

Já sobre o desencantamento do mundo*P*, Pierucci pinçou todas as ocorrências do conceito na obra weberiana (dezessete, no total) para mostrar que ele tem dois significados encavalados, mas não coextensivos: desmagificação e perda de sentido metafísico. Na leitura de Pierucci, é a religião*P* (monoteísta ocidental) que originalmente desmagifica o mundo natural, purgando-o das inúmeras divindades*P* que o habitavam, e, apenas depois, a ciência desaloja essa metafísica*P* religiosa. O resultado é um mundo sem sentido e, por isso, objetivamente desencantado – ainda que permanentemente sujeito a todo o tipo de encantamento subjetivo. Assim, apenas a reversão generalizada dessa autonomia adquirida pelo mundo natural, algo que Pierucci acreditava não ser possível por meio da dinâmica religiosa, é que poderia caracterizar um reencantamento do mundo.

Ao transportar tais discussões conceituais às análises concretas do contexto brasileiro, mais do que secularização*P* ou desencantamento, Pierucci costumava chamar a atenção para o intenso processo de destradicionalização que caracteriza a religião*P* no país. Com o *disestablishment* da Igreja*P* Católica e o contínuo aprofundamento da competição mercantil entre as religiões, os deslocamentos religiosos no Brasil tenderiam a seguir um padrão de abertura para o mundo e de rompimento com as tradições. Assim, religiões que antes funcionavam como cimento que unia grupos e preservava identidades (o Candomblé, por exemplo) tenderiam a se tornar cada vez mais universais e universalistas, dissolvendo as antigas pertenças étnicas em nome da pertença religiosa genérica.

A modernidade religiosa que emerge desse movimento de abertura, porém, pontuava sempre Pierucci, tinha um diferencial "à brasileira": a conservação de um caráter restritivo, posto que a "diversidade" instaurada continuava e continua quase que totalmente restrita às denominações cristãs.

Bibliografia: BOURDIEU, P. Sociólogos da crença e crenças de sociólogos. In: BOURDIEU, P. *Coisas ditas*. São Paulo: Brasiliense, 2004. p. 108-113; HERRERA, S. R. Reconstrução do processo de formação e desenvolvimento da área de estudos da religião nas Ciências Sociais brasileiras. Tese de doutorado. Universidade Federal do Rio Grande do Sul (UFRGS), Porto Alegre, 2004; MARIANO, R. Antônio Flávio Pierucci: sociólogo materialista da religião. *Revista Brasileira de Ciências Sociais (RBCS)*, v. 28, n. 81, 2013, p. 7-16; MARIANO, R. *A magia*. São Paulo: Publifolha, 2001; MARIANO, R. *O desencantamento do mundo*: todos os passos do conceito em Max Weber. São Paulo: Editora 34, 2003; MARIANO, R. A religião como solvente. *Novos Estudos*, n. 75, 2006, p. 111-27; MARIANO, R. Modernidade religiosa à brasileira. *Clio* (Lisboa), v. 14, n. 15, 2006, p. 151-172; MARIANO, R. Reencantamento e dessecularização: a propósito do autoengano em sociologia da religião. *Novos Estudos*, n. 49, 1997, p. 99-117; MARIANO, R. Secularização em Max Weber: da contemporânea serventia de voltarmos a acessar aquele velho sentido. *RBCS*, v. 13, n. 37, 1998, p. 43-73; MARIANO, R. Sociologia da religião: área impuramente acadêmica. In: MICELI, S. *O que ler na ciência social brasileira*. São Paulo: Anpocs, 1999. p. 237-287.

RENAN WILLIAM

PIONEIROS DOS ESTUDOS DE RELIGIÃO NO BRASIL

Os estudos das religiões no Brasil são devedores de alguns intelectuais que, de forma pioneira, se debruçaram sobre o fenômeno religioso abrindo muitos horizontes nos estudos sobre religiões. Em tempos em que os estudos das religiões ainda não faziam parte das prioridades dos estudiosos no âmbito das Ciências Sociais, esses pioneiros deram início aos estudos das diversas manifestações religiosas existentes no Brasil e assentaram as bases teóricas para a compreensão da complexidade do campo religioso brasileiro. Com isso, possibilitaram uma melhor compreensão da sociedade brasileira pelo viés das raízes e dos processos de construção religiosa. Como todo pioneiro, esses ora elencados, demarcam o antes e o depois nos objetos abordados e nas metodologias adotadas. Inseridos na área de Ciências Sociais, na época ainda incipiente no Brasil, esses pioneiros nem sequer cogitavam a formação e institucionalização da Ciência da Religião no país, evento que se configurará décadas mais tarde. Contudo, deram os primeiros passos de legitimação acadêmica dos estudos de religião, desencadeando possibilidades metodológicas e curriculares para os futuros programas de estudo e pesquisa sobre o assunto. Elencamos aqui quatro nomes de pioneiros desses estudos: Roger Bastide, Maria Isaura Pereira de Queiroz, Duglas Teixeira Monteiro e Cândido Procópio Ferreira de Camargo.

I. Roger Bastide. Roger Bastide nasceu na cidade Nimes, no dia 1º de abril de 1898, e morreu na cidade de Maisons-Laffitte, no dia 10 de abril de 1974, na França. Formado em Letras pela Faculdade de Letras de Bordeaux e pela Sorbonne. Chegou ao Brasil, em 1938, com a Missão Francesa que foi convidada a contribuir na organização da Faculdade de Filosofia, Ciências e Letras da Universidade de São Paulo (USP). Ocupou a cátedra de Sociologia nessa instituição no período de 1937-1954. Recebeu o título de *doutor honoris causa* da USP. Ele influenciou decididamente na formação de muitos sociólogos brasileiros, entre eles Antônio Cândido, Duglas Teixeira Monteiro, Fernando Henrique Cardoso, Florestan Fernandes, Maria Isaura Pereira de Queiroz, Otávio Ianni e tantos outros. Ao chegar ao Brasil, procurou compreender a sociedade brasileira tanto do ponto da imersão na realidade como também através da leitura de diversos autores brasileiros, tais como Euclides da Cunha, Gilberto Freyre, Mário de Andrade, Oliveira Vianna e Raimundo Nina Rodrigues. Enquanto esteve no Brasil, foi membro de diversas sociedades científicas dedicadas ao estudo da Sociologia, da Antropologia e da Psicologia. Estudou durante muitos anos as religiões afro-brasileiras, tendo até sido iniciado no Candomblé da Bahia. Publicou dezenas de trabalhos, no Brasil e no exterior, resultado de suas pesquisas no Brasil. Suas principais obras no âmbito da Sociologia da Religião publicadas no Brasil são: *O Candomblé da Bahia*, de 1958; *As religiões africanas no Brasil*, de 1960; *Estudos afro-brasileiros*, de 1973, reunião de diversos artigos; *O sagrado selvagem e outros ensaios*, de 1975. Seus estudos sobre as religiões afro-brasileiras são de leitura obrigatória para quem quer estudar essas religiões. Ao retornar à França, em 1954, assumiu a docência na École Pratique des Hautes Études (VIª section) e na Sorbonne.

II. Maria Isaura Pereira de Queiroz. Maria Isaura Pereira de Queiroz nasceu em São Paulo, no dia 26 de agosto de 1918, e faleceu em 29 de dezembro de 2018, na mesma cidade. Em 1946, ingressou na Universidade de São Paulo (USP), no curso de Ciências Sociais. Em 1951, concluiu o mestrado em Sociologia, Antropologia e Política na Universidade de São Paulo. Foi assistente de Roger Bastide na Faculdade de Filosofia, Ciências e Letras da USP. Em 1959, obteve o doutorado em Sociologia pela École Pratique Des Hautes Études, VIª, em Paris, sob a orientação de Roger Bastide. Lecionou na École das Hautes Études, no período de 1963 a 1964, e no Institut des Hautes Études d'Amérique Latine, Universidade de Paris, de 1961 a 1970; em 1964, lecionou na Université Laval, Canadá, e, em 1979, na Universisé dos Mutants, de Dakar, Senegal. Concluiu a sua vida acadêmica como professora da USP em 1982. Foi pioneira nos estudos de Sociologia Rural no Brasil e uma das fundadoras do Centro de Estudos Rurais e Urbanos (CERU) da FFLCH-USP. No âmbito da Sociologia da Religião, Maria Isaura Pereira de Queiroz escreveu duas obras importantes e que se tornaram referência nos estudos sobre o messianismo: *A guerra santa no Brasil: o movimento messiânico no Contestado*, em 1957, e *O messianismo no Brasil e no mundo*, em 1965, resultado de sua tese de livre-docência. Com esta última obra, ela ganhou o Prêmio Jabuti de 1967.

III. Duglas Teixeira Monteiro. Duglas Teixeira Monteiro nasceu em Rio Claro, São Paulo, no dia 22 de agosto de 1926, e faleceu precocemente no dia 25 de setembro de 1978, na cidade do Recife. Cursou Ciências Sociais na Universidade de São Paulo (USP). A partir de 1952, começou sua atividade no magistério secundário na rede de educação estadual de São Paulo. Trabalhou na tradicional Escola Caetano de Campos, no centro de São Paulo, e em diversas escolas no interior de São Paulo. Em 1959, foi convidado pelo professor Fernando Azevedo para trabalhar na USP como auxiliar de ensino. Posteriormente, tornou-se assistente da cadeira de Sociologia da Educação. Na primeira etapa de sua vida acadêmica na USP, suas preocupações se voltaram para a educação brasileira. Nessa primeira etapa, participou da criação do Centro Regional de Pesquisas Educacionais, vinculado ao antigo Serviço Estadual de Mão de Obra. A sua dissertação de mestrado, na USP, foi sobre a problemática do desenvolvimento na região norte do estado do Paraná. Sua tese de doutorado foi *Os errantes do novo século: um estudo sobre o surto milenarista do Contestado*, a respeito do movimento milenarista chamado "Contestado" e ocorrido entre os anos 1912 e 1916, em Santa Catarina. Sua tese de doutorado representou uma nova fase em suas pesquisas, agora tendo como foco a religião℘ e a sociedade no Brasil. Essa obra foi publicada em 1974 e, a partir daí, tornou-se uma referência no âmbito dos estudos sobre religião℘ no Brasil. Depois de sua tese de doutorado, ele foi responsável pela formação de diversos pesquisadores(as) que se debruçaram, sob sua inspiração℘, sobre o tema "religião℘". Foi criador do Centro de Estudos da Religião (CER) e o dirigiu até a sua morte℘. Esteve envolvido nas atividades do Instituto Superior de Estudos de Religião (ISER), no Rio de Janeiro, organismo que reuniu importantes pesquisadores de religião no Brasil. No ISER, foi um dos fundadores da revista *Religião e Sociedade*, periódico importante dedicado aos estudos de religião. Duglas Teixeira Monteiro será lembrado com um dos estudiosos que contribuiu para sedimentar as bases dos estudos de religião no Brasil.

IV. Cândido Procópio Ferreira de Camargo. Cândido Procópio Ferreira de Camargo nasceu em São Carlos, São Paulo, em 26 de junho de 1922, e faleceu em São Paulo, São Paulo, no dia 24 de janeiro de 1987. Fez graduação em Direito℘ na Universidade de São Paulo (USP) e em Filosofia na Pontifícia Universidade Católica de São Paulo (PUC-SP). Fez especialização em Filosofia na Universidade de Sorbonne, Paris. Foi professor de 1958 a 1975 na Escola de Sociologia e Política, na Faculdade de Higiene, atual Faculdade de Saúde℘ Pública, da USP, e posteriormente na PUC-SP. Em 1957, concluiu o doutorado em Filosofia pela Universidade de Columbia, EUA. Em sua tese de doutorado, pôde elaborar o conceito de internalização que posteriormente foi utilizado por ele em suas pesquisas sobre religião. Na PUC-SP atuou no Programa de Estudos Pós-Graduados em Ciências Sociais e, durante muitos anos, foi presidente da Comissão Geral de Pós-Graduação. Na primeira fase de sua vida acadêmica dedicou-se aos estudos de demografia e, nesse período, dirigiu o Centro de Estudos da Dinâmica Populacional (CEDIP). Foi um dos fundadores do Centro Brasileiro de Análise e Planejamento (CEBRAP), no ano de 1969, e seu primeiro presidente. O CEBRAP, que reuniu muitos pesquisadores perseguidos pela ditadura militar, teve um importante papel nas pesquisas sobre a realidade brasileira. O professor Cândido Procópio foi um dos primeiros membros da Comissão de Justiça e Paz da Arquidiocese de São Paulo, organismo que foi muito importante na defesa dos direitos humanos℘. Em 1975, apresentou ao CEBRAP uma proposta de Dom Paulo Evaristo Arns, arcebispo de São Paulo, a qual consistia no desenvolvimento de uma grande pesquisa que mostrasse as reais condições de vida da população pobre da cidade de São Paulo. Essa pesquisa foi publicada num livro, *São Paulo: crescimento e pobreza*, e teve um grande impacto na sociedade brasileira, porque trazia à tona as duras condições de vida dos pobres na cidade de São Paulo em pleno regime militar. No ano seguinte, o CEBRAP publicou outra obra: *São Paulo, o povo em movimento*. Cândido Procópio deixou uma grande contribuição para a Sociologia da Religião℘ no Brasil e reuniu ao seu redor diversos estudiosos que se destacaram nos estudos de religiões: Beatriz Muniz de Souza, José Reginaldo Prandi e Antônio Flávio de Oliveira Pierucci℘. Realizou muitos estudos sobre as religiões brasileiras e, especificamente, sobre o Catolicismo, destacando-se aqueles que procuravam compreender o seu dinamismo nas décadas de 1970-1980. A abordagem weberiana permitiu a Cândido Procópio compreender, por exemplo, as cisões no interior no Catolicismo brasileiro após o processo de urbanização: o Catolicismo tradicional cedeu terreno ao Catolicismo internalizado (Godoy; Carvalho, 2017, p. 8). Uma obra organizada por Cândido Procópio tornou-se um clássico nos estudos de religião no Brasil: *Católicos, protestantes, espíritas*, editada em 1973. Com a participação de Beatriz Muniz de Souza, José Reginaldo Prandi, Melanie Berezowski Singer e Renata Raffaelli Nascimento, foi o primeiro esforço para compreender algumas das principais religiões brasileiras – Catolicismo, Protestantismo e religiões mediúnicas –, com base na teoria da religião de Max Weber℘. É um excelente estudo sobre o panorama do campo religioso brasileiro com sua complexidade e especificidade.

***

Os pioneiros elencados estão posicionados entre a originalidade dos fenômenos religiosos nacionais, fruto do encontro das matrizes ibéricas, afrodescendentes e indígenas, e alguns teóricos da grande narrativa do Brasil, como Gilberto Freyre e Sérgio Buarque de Holanda. Na condição de pioneiros, podem ser demarcados como preparadores da futura Ciência da Religião℘, mas também de inventores de uma ciência social da religião no país, superando os olhares teológicos que dispensavam as abordagens empíricas, bem como a pura transposição de modelos europeus para nosso contexto. O estudo científico das religiões por aqui processadas deve a esses autores referências teóricas e metodológicas, assim como uma legitimação dessa abordagem num contexto acadêmico nem sempre receptivo, seja por uma cultura positivista distraída da relevância da religião℘ para a compreensão da vida local, seja por uma hegemonia hermenêutica℘ que afirmava ser o religioso matéria de competência de teólogos e clérigos. Os pioneiros elevaram a questão da religião℘ para além do preconceito℘ e da superstição℘ e expuseram as particularidades das construções religiosas processadas no encontro intercultural, na mestiçagem℘ e nos hibridismos۹ das matrizes e símbolos religiosos, na passagem da sociedade rural para a urbana, na luta por legitimidade social, política e religiosa dos grupos emergentes e nas novas configurações confessionais que reconfiguravam o campo religioso brasileiro.

Bibliografia: BASTIDE, R. *O candomblé da Bahia*. São Paulo: Companhia das Letras, 2001; BRANDÃO, C. R.; RICARDO, C. A. *Duglas Teixeira Monteiro*. São Paulo: 1978 (mimeo); CAMARGO, C. P. F. de. (Org.). *Católicos, protestantes, espíritas*. Petrópolis: Vozes, 1973; GODOY, J. M. T.; CARVALHO, Maria Gabriela. Cândido Procópio Ferreira de Camargo: a sociologia da religião no Brasil. *Reflexus*, Vitória: Faculdade Unida, ano XI, n. 18, 2017, p. 471-498; MONTEIRO, D. T. *Os errantes do novo século*: um estudo sobre o surto milenarista do Contestado. São Paulo: Duas Cidades, 1974; QUEIROZ, M. I. P. de. Roger Bastide e o Brasil. São Paulo: [s.d.] (mimeo); QUEIROZ, M. I. P. de. *O messianismo no Brasil e no mundo*. São Paulo: USP, 1965.

João Décio Passos
Wagner Lopes Sanchez

PLURALISMO RELIGIOSO

I. O conceito. O conceito de pluralismo religioso frequentemente está relacionado ao conceito de diversidade religiosa. No entanto, é necessário fazer uma distinção tendo em vista a aplicabilidade do mesmo. O conceito de pluralismo religioso utilizado no âmbito das Ciências Sociais, e especificamente no âmbito da Ciência da Religião۹, tem duas acepções: a primeira refere-se a uma condição social em que podemos encontrar uma diversidade de expressões religiosas organizadas ou não. Nesse sentido – e apenas nesse sentido – o conceito de pluralismo religioso equivale ao conceito de diversidade religiosa (ou pluralidade religiosa). Dessa forma, afirmar que em uma sociedade existe pluralismo religioso significa dizer que nela existem diversas expressões religiosas que podem se expressar e que convivem com ou sem conflito. Berger۹ e Luckmann, ao referirem-se ao conceito de pluralismo religioso, afirmam que essa condição já estava presente em muitas sociedades pré-modernas (2004, p. 37) e, por isso, não foi uma invenção da sociedade moderna. A segunda acepção é do ponto de vista filosófico e foi a grande novidade da sociedade moderna: o conceito de pluralismo religioso significa um princípio que considera que a diversidade religiosa é um valor a ser reconhecido como algo positivo. Nesse segundo sentido, enquanto a diversidade se refere a uma realidade de fato, a noção de pluralismo religioso se refere a um princípio.

Se a existência da diversidade religiosa é uma condição social presente em muitas sociedades, o conceito de pluralismo religioso, nesta acepção, depende de certas condições históricas que só se fizeram presentes na Modernidade. Essas condições são, conforme Mallimaci (1996, p. 2), inexistência de hegemonias religiosas, existência de condições políticas determinadas baseadas nas relações entre Estado, sociedade civil e atores religiosos e a existência de liberdade religiosa garantida pelo Estado. A noção de pluralismo religioso, na segunda acepção, e que será usada a partir de agora neste verbete, ao mesmo tempo que supõe certas condições políticas específicas, tem implicações políticas bastante explícitas. Para existir o pluralismo religioso é preciso que, do ponto de vista jurídico, todas as expressões e grupos religiosos sejam reconhecidos como iguais e que, do ponto de vista político, todas possam se expressar livremente sem nenhuma forma de constrangimento, desde que respeitem as regras presentes na dinâmica do campo religioso na sociedade em geral. Se pudéssemos expressar o sentido de pluralismo religioso num esquema, este seria: diversidade religiosa [+] liberdade religiosa [®] pluralismo religioso. Ou seja, dada a existência de diversidade religiosa e liberdade religiosa, teremos as condições necessárias para a existência do pluralismo religioso.

Como vimos, o pluralismo religioso supõe dois tipos de relações: um conjunto de relações dos grupos e expressões religiosas com o Estado e com o conjunto da sociedade civil, que fornecem um amplo espectro de elementos legais que garantem a liberdade religiosa das pessoas e das expressões religiosas; um outro conjunto de relações é aquele que se refere ao interior do próprio campo religioso. Nesse segundo grupo de relações espera-se que, apesar das eventuais tensões, os diferentes grupos e as expressões religiosas possam estabelecer relações de convivência entendidas como condizentes com os princípios de respeito em razão da realidade da diversidade e do pluralismo presente nas sociedades atuais.

O pluralismo religioso não se apresenta à sociedade moderna como algo dado, mas, ao contrário, como um princípio a ser construído pelos diferentes sujeitos, tanto políticos como religiosos. É, portanto, um processo complexo que não depende apenas da definição legal do fim do monopólio religioso e da liberdade religiosa; depende também da criação de uma nova consciência۹ que permeia as instituições e as pessoas no sentido de construir uma nova sensibilidade de acolhida das diferenças como legítimas.

II. A sociedade moderna e o fim da hegemonia religiosa. Toda sociedade constrói um conjunto de quadros referenciais – visões de mundo – que permitem aos sujeitos extrair dele os elementos que precisam para construir o sentido que permite a orientação de suas vidas. É esse sentido que possibilita que as pessoas possam articular suas experiências de vida e viver com o mínimo de segurança existencial (Berger; Luckmann, 2004, p. 15).

Na sociedade pré-moderna, os quadros referenciais eram fornecidos pela Igreja Católica romana, instância religiosa hegemônica. Se toda visão religiosa de mundo tem a pretensão de fornecer uma concepção totalizante da realidade, como afirmam Berger e Luckmann (2004, p. 35), o quadro referencial fornecido pela Igreja Católica apresentava-se como totalizante e autossuficiente para explicar o mundo. A própria diversidade religiosa existente no período da cristandade, tanto no interior do Catolicismo, com toda a possibilidade de criação e recriação religiosa que este tem, como também fora e à revelia da própria instituição religiosa, acabava "circulando" dentro da própria visão de mundo produzida pela Igreja Católica num processo complexo de criação e recriação religiosa. Por essa razão, quando uma expressão religiosa procurava produzir a sua visão de mundo que se apresentava como alternativa à visão católica dominante, era classificada como heresia. Isso acontecia em virtude da inexistência de uma visão de mundo pluralista que legitimasse as diferentes expressões religiosas.

A queda do monopólio religioso foi fundamental para que o pluralismo religioso se apresentasse como uma compreensão positiva da diversidade religiosa, defendendo, do ponto de vista do Estado e da sociedade civil, a legitimidade de todas as religiões e visões religiosas.

Como a concepção religiosa da sociedade lastreava todas as várias esferas da vida social (Weber, 1982, p. 379ss) – a política, a econômica, a moral e o direito –, a quebra do monopólio religioso trouxe mudanças para a esfera religiosa ao redefinir o seu papel, como também para todas as outras esferas (Weber, 1982, p. 379ss) que passaram a definir a sua própria autonomia em relação às outras esferas. Temos, neste caso, um processo intenso de diferenciação e autonomização das próprias esferas sociais. No entanto, como afirma Montero (2006, p. 2): "Embora a diferenciação das esferas sociais certamente constitua uma dimensão fundamental da ordem social moderna, não pode ser reduzida a um movimento de simples retração do religioso".

Muito antes, já no período pré-moderno, havia um questionamento intenso do modelo religioso católico. Os vários movimentos político-religiosos da Idade Média foram exemplos de que a hegemonia católica já começava a ser questionada. No entanto, a separação Igreja-Estado desmantelou o monopólio religioso, estabelecendo a garantia legal da liberdade de consciência e religiosa e criou condições para o desenvolvimento de uma concepção de pluralismo religioso.

É importante ressaltar que a ruptura do monopólio religioso significou a destituição da religião como matriz ideológica para o conjunto da sociedade, mas não a eliminação da religião. Esta continuou tendo relevância para as pessoas. A novidade é que agora as diversas expressões religiosas conquistam legitimidade do ponto de vista legal e as pessoas passam a ter uma oferta maior de bens religiosos. Agora a escolha religiosa sobrepõe-se à religião recebida da tradição.

O pluralismo religioso traz consigo uma série de mudanças para o campo religioso, que tem na escolha da pessoa o seu eixo. A diversificação religiosa e o pluralismo religioso oferecem para a pessoa a condição em que ela pode exercer a sua liberdade de consciência: escolher entre as religiões tradicionais e as novas religiões aquela ou aquelas – no caso da múltipla filiação religiosa – que mais se adéque(m) às suas expectativas religiosas.

Se as religiões tradicionais sempre foram as responsáveis por fornecer sentido à vida das pessoas, no mundo moderno elas têm de conviver com outras mediações de sentido. Ocorre, portanto, nessa situação, a perda da hegemonia por parte das instituições tradicionais produtoras de sentido (Brandão, 1994, p. 26) e o desenvolvimento de outros grupos que reivindicam o direito de também produzir sentido à vida das pessoas. A perda da hegemonia religiosa abre a possibilidade de um grande leque de opções para as pessoas. Dessa forma, a crise de hegemonia religiosa inaugura um novo cenário para as instituições tradicionais e também para as pessoas que agora se veem diante de um novo campo religioso caracterizado pela diversidade religiosa e pela liberdade de ação.

Ao criticar e se opor ao monopólio religioso próprio da sociedade tradicional, a sociedade moderna leva o campo religioso a adotar uma nova dinâmica, em que a diversidade não é apenas tolerada, mas estimulada. E, mais do que isso, a diversificação do campo religioso ganha dimensões nunca antes vistas com o aumento de ofertas religiosas em que as pessoas têm diante de si diversas alternativas.

Se antes do fim do monopólio religioso a diversidade religiosa podia ser tolerada em algumas situações, mas não reconhecida como legítima, no novo contexto ela passa a ser vista como um valor a ser garantido até mesmo pelas estruturas legais. Essa nova situação cria o ambiente favorável para a intensificação da diversidade religiosa com o aumento das ofertas religiosas e dos arranjos religiosos realizados pelos próprios sujeitos. Não são apenas as religiões que se tornam criativas para atender às novas demandas, como também as pessoas, que agora estabelecem novas formas de relacionamento com a religião. Se antes a pessoa entregava-se ao universo da religião tradicional, agora ela se entrega a um mundo de possibilidades religiosas diversas; se antes o quadro referencial religioso estava dado, agora a própria pessoa cria o seu quadro referencial a partir das opções religiosas disponíveis num processo constante de invenção e reinvenção.

Dessa forma, se do ponto de vista mais amplo a quebra do monopólio religioso possibilita o incremento da diversidade religiosa, no âmbito pessoal a quebra do monopólio religioso traz a escolha religiosa como um estilo de vida; ao mesmo tempo que há uma crise das instituições produtoras de sentido, há também uma crise no âmbito da vida pessoal, já que, neste novo formato, abre-se um leque de opções religiosas para o sujeito.

III. Pluralismo religioso e implicações políticas. Numa sociedade em que o Estado tem uma religião a defender institucionalmente, essa religião possui diversos privilégios legais e políticos. Numa situação de monopólio religioso, as implicações políticas passam necessariamente pela existência do Estado, que garante a existência e beneficia uma religião específica, e toda a sua estrutura atua para isso.

A separação Igreja-Estado e a quebra do monopólio religioso trouxeram mudanças importantes que afetaram tanto o Estado como a sociedade civil e o campo religioso. Uma primeira mudança foi a do *status* político da Igreja Católica, que desfrutava da condição de religião hegemônica. A partir da separação Igreja-Estado, essa instituição perdeu a condição de religião oficial e, portanto, perdeu diversas prerrogativas, como já foi apontado. Uma segunda mudança foi o fato de o Estado tornar-se não confessional. Como decorrência, ele deixou de ter ingerência sobre uma religião específica. Uma terceira mudança foi o fato de o Estado não precisar mais de uma religião formuladora das bases ideológicas de sua atuação. Uma quarta mudança foi "a distinção entre a esfera pública do Estado e a esfera privada da sociedade" (Montero, 2006, p. 49).

Essa distinção colocou a religião na esfera privada, fora da abrangência da esfera pública do Estado e, assim, a religião deixa de ser referência para a sociedade e passa a ser apenas referência para a vida das pessoas. É o que frequentemente se denomina de privatização da religião. Uma quinta mudança, relacionada ao campo religioso, foi a afirmação de que todas as religiões são iguais perante a lei e o aparato jurídico-institucional. Desse modo, reconhece-se legalmente a existência da diversidade religiosa.

IV. Pluralismo religioso: um novo contexto para as religiões. Para além da diversidade religiosa, o pluralismo religioso cria para as religiões um novo contexto. Agora elas têm de conviver não só com a diversidade propriamente dita, como também com uma visão de mundo que legitima a diversidade.

A quebra do monopólio religioso cria duas situações diferentes. Para aquelas religiões que antes detinham o monopólio religioso, a existência do pluralismo religioso cria um problema ao diminuir a sua influência sobre a sociedade e ao destruir todo o aparato jurídico que justificava os seus privilégios. Para as outras religiões, a adoção do pluralismo religioso facilita a adoção de estratégias de atuação que permitem que estas transitem com muita liberdade no campo religioso.

O pluralismo religioso se apresenta como um desafio tanto para as religiões que antes detinham o monopólio religioso como também para aquelas que conquistaram a liberdade religiosa. De modo geral, as religiões se veem envolvidas num processo de crescente relativização de interpretações, de certezas e de valores. Diante do olhar da sociedade, esse processo coloca todas as religiões numa condição de igualdade, independentemente da história e da configuração de cada uma.

Essa perspectiva não deixa nenhuma religião isenta de influências e de mudanças. Nesse contexto caracterizado pela diversidade de visões de mundo, o tema da alteridade ganha nova importância. A alteridade impõe-se como uma realidade a ser considerada nas relações sociais entre as pessoas e entre os grupos. Assim como o pluralismo, a alteridade desponta como um valor. Há uma dinâmica da alteridade que exige um olhar mais compreensivo e mais aberto por parte das religiões: a autonomia da pessoa torna-se um valor fundamental a ser respeitado.

Dessa forma, as religiões são obrigadas a rever os seus referenciais tendo em conta que agora a alteridade desponta como um princípio que, aceitando ou não, afeta tanto o modo como compreendem as pessoas como a forma. As religiões são desafiadas a rever os seus posicionamentos diante das outras porque, num contexto de escolhas religiosas, as pessoas, independentemente de suas tradições, constroem formas de aproximação existencial e de valores que diminuem as distâncias entre as religiões e tornam as diferenças menos relevantes.

As diferentes formas de intransigência e de fundamentalismos são tentativas de alguns grupos religiosos de se protegerem contra a dinâmica da alteridade que exige a convivência e o diálogo. Enquanto as religiões podem optar por uma impermeabilidade diante da valorização das escolhas religiosas, seus membros fazem as mais diferentes combinações entre os universos religiosos no seu cotidiano. Mesmo que os discursos destes sejam caracterizados pela rejeição das outras religiões, parcial ou totalmente, muitas vezes as suas práticas vão para outra direção. O trânsito religioso, o sincretismo e outros arranjos religiosos mostram isso. Em suma, o pluralismo religioso provoca uma interação maior entre as pessoas e entre as religiões.

A heterogeneidade e a dinâmica intensa do campo religioso, por causa do crescimento constante da diversidade religiosa, fazem as religiões perceberem que não estão sozinhas no mundo e que não podem simplesmente desconsiderar as demais religiões. Evidentemente, esse caminho é bastante contraditório e cheio de idas e vindas, de altos e baixos.

V. Pluralismo religioso: um novo paradigma para as religiões. No âmbito específico do Cristianismo, sobretudo a partir da década de 1960, surgiu uma nova posição teológica denominada "teologia

POBREZA

pluralista das religiões". Essa teologia♀ defende a legitimidade da elaboração de uma reflexão teológica sobre as demais religiões, tendo como ponto de partida o contexto do pluralismo religioso.

Para os teólogos que defendem essa posição, a diversidade religiosa presente no mundo atual é também ponto de partida para se fazer teologia♀. Dessa forma, essa corrente teológica faz da categoria sociológica de pluralismo religioso uma categoria teológica e propõe, a partir daí, uma revisão de toda a Teologia♀.

Na perspectiva teológica pluralista, as religiões são vistas como portadoras de uma riqueza, que, por causa de seus valores e de suas tradições, apresentam às pessoas caminhos legítimos de salvação♀. Essa perspectiva, portanto, adota uma abordagem muito diferente da abordagem exclusivista, que afirmava que o Cristianismo era a única tradição portadora de salvação♀ e que compreendia o mundo das religiões a partir de um centro, o Cristianismo.

A teologia♀ cristã pluralista das religiões é uma posição teológica que pode contribuir, e muito, com o diálogo das religiões ao propor um paradigma que valoriza cada religião sem privilegiar o próprio Cristianismo. Num mundo em que cada vez mais as distâncias culturais diminuem, pensar as religiões a partir do seu potencial interno para o diálogo pode ser muito útil para o entendimento e a aproximação.

Essa posição ainda encontra muita resistência na maioria das igrejas cristãs, porque nos seus vários contrastes, de modo geral, relativiza as posições exclusivista e inclusivista, ainda muito presentes no Cristianismo.

***

O pluralismo religioso entendido como um princípio que valoriza a diversidade religiosa é uma conquista no mundo moderno. Com o fim da hegemonia religiosa, a sociedade moderna gradativamente vai criando condições e mecanismos para que todos possam manifestar livremente suas crenças♀ e seus valores, mesmo que não tenham fundamentos religiosos.

O direito à escolha religiosa baseado no direito ao exercício livre da consciência♀ individual passa a ser um valor importante para a prática da cidadania. Dessa forma, o pluralismo religioso mostra a sua face política: a escolha religiosa é um dos direitos humanos♀ reconhecidos até mesmo pela Declaração Universal dos Direitos♀ Humanos, de 1948 (Art. 18°).

Falar em pluralismo religioso é, portanto, não só uma forma de garantir que as religiões possam existir livremente, mas, em última instância, é afirmar o direito de cada ser humano de expressar as suas convicções, religiosas ou não, com liberdade, respeitados os limites da ética.

Bibliografia: BERGER, P.; LUCKMANN, T. *Modernidade, pluralismo e crise de sentido*: a orientação do homem moderno.

Petrópolis: Vozes, 2004; BRANDÃO, C. R. A crise das instituições tradicionais produtoras de sentido. In: MOREIRA, A.; ZICMAN, R. *Misticismo e novas religiões*. Petrópolis/São Paulo: Vozes/USF, 1994. p. 23-41; MALLIMACI, F. *Apuntes para una comprensión de la pluralidad, diversidad y pluralismo religioso en el campo religioso del siglo XIX y XX*. Guatemala, 1996 (mimeo); MONTERO, P. Religião, pluralismo e esfera pública. *Novos Estudos*, 74. São Paulo: CEBRAP, 2006. p. 47-65; WEBER, M. *Ensaios de Sociologia*. 5. ed. Rio de Janeiro: Zahar, 1982.

WAGNER LOPES SANCHEZ

POBREZA

A sistematização conceitual do termo "pobreza" e as interconexões entre tal conceito e a Ciência da Religião♀ é operacionalizada sob o ângulo da transversalidade, sobretudo derivada da interpenetração, textual, histórica, sociológica, teológica, ética, patrimonial, que caracteriza quer a história do conceito, quer os sistemas de sentido eleitos como horizonte de análise: as três religiões abraâmicas. A ponte estabelecida entre pobreza e Ciência da Religião♀ terá como pilares os textos e a história comuns a estes três universos religiosos, concretizados num universo de implicações ético-práticas que enformam, em não pequeno grau, a relevância desta análise para uma compreensão mais aprofundada e ulterior resolução deste problema no momento atual e futuro.

"Quem não sabe o que seja a pobreza? A vemos todos os dias, nas ruas, à porta das igrejas, debaixo das arcadas ou nas escadas do metrô. Nascemos, crescemos e vivemos ao lado dela, se não no meio dela, alguns mesmo dentro dela. Sabemos que não é de hoje nem de ontem. Quem sabe dizer o que é ser pobre?" (Costa et al., 2008, p. 19). Por fidelidade à densidade semântica do próprio conceito, reconhecida quer pela opinião pública, quer pela literatura especializada, regista-se que a questão da definição de pobreza é indissociável da identificação daquele(s) que é(são) o(s) seu(s) sujeito(s). Isto é demonstrado pelos debates que atravessaram a Idade Média e a Moderna e chegaram até aos nossos dias: de Francisco de Assis, Santo Tomás de Aquino, Maimónides e Algazali a Leão XIII, Levinas♀, Heidegger, Max Weber♀ e ao Papa Francisco, passando por Juan Luis Vives e Domingos de Soto, perpassa uma reflexão sobre o que significa(va), na teoria e na prática, ser pobre, e onde "o que está em causa é o critério e o modo mais correto de distinguir o pobre do não pobre" (Costa et al., 2008, p. 21). Tal distinção é indissociável da carga existencial que subjaz à condição humana, socialmente incorporada do sujeito que a experimenta/padece (Geremek, 1994, p. 1).

Nesse sentido, o elemento primordial a reter acerca deste conceito é o seu caráter operativo: pobreza, independentemente dos "aglomerados de significado" utilizados para a sua definição, diz sempre respeito a uma situação concreta que exige uma resposta (ético-política) igualmente concreta (Spicker, 2007, p. 4-5). Em segundo lugar, uma compreensão histórica deste conceito-fenômeno impõe o reconhecimento do seu caráter contextual e relativo (Townsend, 1971), pois alguém considerado pobre em determinado local e época poderá não o ser quando colocado em local ou época diferentes, mesmo que a sua situação objetiva não se altere. Afinal e consequentemente, e sendo este um dos temas mais investigados pelas Ciências Sociais, que ora o tentam *identificar*, ora *medir*, ora *explicar*, o que nele mais releva é a variabilidade de significados que adquire, seja em função dos múltiplos critérios, componentes, determinantes e indicadores identificados para análise, seja da autocompreensão de cada sujeito em face das suas próprias condições materiais, circunstância econômica e universo de relações sociais (Herrera; Barichello, 2015, p. 46-56).

Isso porque "o modo como entendemos a pobreza afeta o tipo de problemas que reconhecemos" (Spicker, 2007, p. IV). Com efeito, diante da reconhecida impossibilidade de consenso teórico-científico em torno de uma definição universal e transversal de pobre/pobreza, assim como de uma semelhante estratégia para a sua erradicação total, o estudo *Vozes dos pobres* (Narayan, 1999) traz para o debate a voz das pessoas reais que a experimentam. Verifica-se, assim, que na base do conceito está, sobretudo, uma questão de ordem antropológico-existencial, logo ético-moral e não meramente econômico-financeira, que justifica, por seu lado, o seu cruzamento com a questão religiosa.

I. Pobreza nas religiões abraâmicas (Judaísmo, Cristianismo e Islamismo). No contexto das religiões abraâmicas, a (questão da) pobreza surge como um dos elementos transversais da sua identidade e tradição próprias, quer ao nível textual-fundacional, quer ao nível das consequências ético-práticas mediante as quais tais sistemas de sentido se apresentam diante das culturas e das sociedades em que se inscrevem. Partindo do denominador comum a essas três tradições religiosas, constata-se que o texto bíblico é atravessado por uma constante preocupação pelos pobres e que Deus aparece como a última instância de resposta (de justiça♀) ao seu clamor. Assim, para os judeus, tal como para cristãos e muçulmanos, todos aqueles preceitos, leis ou mandamentos (dos mandatos de proteger e prover aos pobres de Ex 20,22; 23,33 e Dt 24,17-22 ao Código de Santidade de Lv 19,9-10; do Sermão da Montanha de Mt 5-7 e Lc 6,17-36 ao mandamento da caridade proposta por Jesus Cristo como resumo de toda a Lei – Mt 22,36-40; da obrigação Corânica do *zakat* – esmola, um dos cinco pilares do Islão –,

à noção de *tzedakah* – justiça♀/caridade judaica) são expressões conceituais – textuais, culturais, rituais e ético-morais – do mesmo esforço de imitação daquela opção fundamental/preferencial do Deus♀ bíblico pelos pobres. Nesse sentido, a sua crença♀ no transcendente, embora encha de esperança o presente dos seus crentes imersos em dificuldades, não exime os demais da responsabilidade, pessoal e comunitariamente assumida, de responder à pergunta ética fundamental: "O que fizeste de teu irmão?" (Gn 4,10). Com efeito, o permanente esforço de aprofundamento da compreensão, mesmo atualização desses preceitos, deu origem a um vasto e pluriforme legado que constitui, ainda hoje, marca indelével e contributo inegável desses sistemas religiosos para a compreensão, e resolução, do problema da pobreza. Assim, as mais antigas fontes e chafarizes das cidades, os hospitais e as Misericórdias, ou as extintas albergarias, gafarias (leprosários) e mercearias são exemplos histórico-patrimoniais dessa assistência "cristãmente inspirada" que foi (re)pensando e (re)fazendo o que o Criador impeliu a ser feito. E o mesmo se diga do tratado sobre a caridade do filósofo judeu Moses ben Maimon/Maimónides (Kollar; Shafiq, 2016, p. 253ss; p. 283ss) ou do *De Subventione Pauperum*, da autoria do humanista católico, de raízes judaicas, Juan Luis Vives: estes textos, entre tantos outros, nomeadamente os que se inscrevem na denominada *Doutrina Social da Igreja♀*, são expressão ineludível de que o tema da pobreza continua a ser um problema religioso.

Por outro lado, essa compreensão monoteísta da caridade, ora identificada com, ora distinguida da justiça♀, tem um sentido redentor: é a busca da redenção dos próprios pobres e daqueles que os auxiliam, o motor de toda a dinâmica caritativo-assistencial. Não obstante as diferenças existentes em relação a certos temas, como os do juro e da usura, ou da pobreza voluntária, são notórios os pontos de convergência inter-religiosa entre essas tradições, sobretudo num quadro de análise tão raramente equacionado como o da ética econômica (Kollar; Shafiq, 2016, p. 143). Nesse sentido, a pobreza e os problemas atuais a ela correlativos surgem como horizonte hermenêutico-prático de um diálogo ético-religioso que se adivinha profícuo.

II. Pobreza nas tradições ético-religiosas chinesas (Taoismo e Confucionismo). Embora reconhecendo que as tradições taoista e confucionista não englobam a (porventura mais que) duas vezes milenar história religiosa chinesa, será minimamente lícito considerar que é nelas que vemos concentrado o essencial da sua compreensão religiosa ainda hoje influente em muitos milhões de pessoas em todo o mundo. Assim, e muito sumariamente, também nestas tradições a questão da pobreza surge, sobretudo, como problema ético: se, num plano individual, a experiência da pobreza é entendida como oportunidade de treinamento das virtudes pessoais,

POBREZA

num plano comunitário ela supõe e impele a um imperativo de resposta que é visto como expressão da generosidade e do amor altruísta, fundamentos essenciais do Taoísmo. Enxertada, assim, naqueles que são os eixos fundamentais destas duas tradições (esse delicado equilíbrio entre a contemplação e a ataraxia taoista e a busca/construção de um mundo de Grande União/Unidade – defendida por Confúcio), ela é, também aqui, ponto de partida hermenêutico de toda uma proposta ética que ainda hoje se nos faz presente através dos seus textos clássicos, nomeadamente o *Tao Te Ching* (de Laozi, século IV-III a.C.), o *Zhuangzi* e o *Daozang* ("Tesouro dos Tao"), bem como os *Analectos de Confúcio*.

III. Pobreza no Budismo. A maior dificuldade que esta tradição nos coloca a respeito da pobreza reside em não apresentar uma reflexão minimamente sistemática sobre a questão. Por conseguinte, qualquer tentativa de aproximação a esta temática nesse contexto terá necessariamente que recorrer à análise (diacrónica e/ou sincrónica) dos múltiplos textos surgidos ao longo dos séculos, também como respostas orientadoras a situações e contextos muito díspares (Brackney; Das, 2018, p. 110-148). Não obstante, é possível identificar algumas linhas essenciais de orientação sobre esta questão, hauridas daqueles que são alguns dos seus elementos constitutivos. Neste quadro, constata-se que, para o Budismo, o conceito "pobreza" é anexo ao de "sofrimento", o que impõe uma imediata desvalorização do mesmo, tratando-se tal tradição de uma filosofia de vida que defende precisamente a eliminação do sofrimento℘ (*duhkha*). Simultaneamente, o preconizado desapego pelos bens materiais (eternas fontes de desejos℘ insaciáveis) é visto como virtude. Contudo, ter-se-á presente que esta pobreza é aqui compreendida como não posse daquelas exigências materiais básicas à prossecução de uma vida digna, a saber: a ausência de alimento, de vestuário, de abrigo e de cuidados de saúde℘. Não está em causa, portanto, o suprimento das necessidades básicas humanas: o que o Budismo considera como "boa pobreza" (os textos Neotestamentários diriam "pobreza de espírito") e a continência (autocontrolo) dos desejos℘ (de posse). Igualmente relevantes a este respeito são as considerações budistas relativas à riqueza. Os escritos de Buda referem quatro tipos de felicidade℘ tangível às pessoas (ditas) comuns: a felicidade℘ de possuir recursos materiais suficientes (*atthi sukha*); a felicidade℘ de desfrutar desses recursos; a possibilidade de compartilhá-los com aqueles com quem se estabelece laços sociais próximos (*sukha bhoga*); e a felicidade℘ de não estar em dívida para com ninguém (*anana sukha*). Aqui se depreende a correlação entre riqueza material e riqueza espiritual, que é paralela à que o Budismo estabelece entre a pobreza material e a pobreza espiritual (ver a *Sutra do Rugido do Leão – Cakkavatti-Sihanada Sutta*). Com efeito, e

apesar de valorizar preferencialmente as riquezas espirituais humanas, esta tradição alerta para o facto de uma situação de privação das necessidades materiais básicas (sobretudo se motivada por uma ordem económica injusta) desemboca *naturalmente* na degeneração moral de toda a sociedade, o que significa que a pobreza é aqui apresentada como raiz (justificativa) de comportamentos imorais (roubos, violências, revoltas…). Concluindo, vemos como no Budismo, e contrariamente ao que seria de esperar de uma tradição que supostamente propõe uma *fuga mundi*, não existe qualquer espécie de aceitação do *karma*℘ pobreza: a pobreza (verdadeira), material e espiritual, individual ou comunitária, não está nunca desligada das grandes questões da justiça℘ (e injustiça), da felicidade℘ pessoal e do bem comum. E por aqui passa o essencial do seu contributo na resposta à questão aqui formulada.

IV. Pobreza no Hinduísmo. À semelhança do que sucede no Budismo, também o que se entende por Hinduísmo é resultado da confluência de uma multiplicidade de tradições religiosas-espirituais, de contornos igualmente variáveis consoante as épocas do seu aparecimento e posterior evolução, o que torna difícil (se não mesmo impossível) o exercício comparativo aqui proposto. Por conseguinte, uma vez mais se impõe uma apresentação muito sintética dos elementos-base a reter sobre este tema. Neste quadro, teremos de recordar que o Hinduísmo valoriza muito positivamente a riqueza pessoal, considerada expressão social de pertença a uma casta superior (apesar de o fator económico não ser, na Índia antiga, promotor de ascensão social). Simultaneamente, a generosidade e a hospitalidade eram valores altamente considerados, quer privada, quer coletivamente exercidos, a ponto de o provimento de alimentos aos pobres fazer parte dos deveres do Estado, por mandato do Rei (prática ainda hoje verificável nas atividades caritativas promovidas pelos templos hindus). Paralelamente à tradição budista, o Hinduísmo reserva os seus melhores créditos àqueles que conseguem renunciar a todos os seus pertences. Para os crentes hindus, e desde a mais antiga tradição dos *Vedas*, o sucesso económico é um dos quatro objetivos de vida – *purushartas* –, ao mesmo tempo que identifica a pobreza com uma condição pecaminosa. Tal significa que é dado um grande relevo à responsabilidade pessoal, entendida como trabalho árduo na prossecução/cumprimento do seu destino℘. Contudo, a realidade social do continente indiano contrasta com este espírito: sendo uma das regiões mais pobres do mundo, a pobreza faz parte do dia a dia das suas gentes, o que leva a que a prática da caridade para com os mais pobres seja comum entre os hindus. A tal os impele os próprios ensinamentos da sua religião, que também valoriza fortemente a partilha: é esta que permite criar um bom *karma*℘. Os escritos hindus e seus mestres clássicos (particularmente Mahatma Gandhi) sublinham precisamente este aspeto *necessariamente* comunitário da riqueza, entendida e expressa de modo especial na partilha dos bens a todos comuns e na corresponsabilidade no cuidado daqueles que deles se vêm privados.

***

O problema equacionado da relação entre pobreza e religião℗ resume-se, assim, em uma questão: "O que é que as religiões fazem pelos pobres?". Não ignorando as diferenças atrás evidenciadas, responde-ríamos que, em teoria e *grosso modo*, elas apresentam um "mínimo denominador comum" que poderíamos resumir da seguinte maneira: "Elas fazem três coisas: fornecem uma visão abrangente do mundo, que muitas vezes é a única esperança permanente nas suas vidas; prestam ajuda direta às suas necessidades materiais, tais como alimentos, roupas, educação e habitação; e exortam todos os povos a procurar a paz e a prosperidade mútuas" (Kollar; Shafiq, 2016, p. 90). Ignorar ou subverter, apriorística e preconcei-tuosamente, tal contributo não poderá ser um bom caminho de procura da sua solução.

Bibliografia: BRACKNEY, W. H.; DAS, R. (Eds.). *Poverty and the Poor in the World's Religious Traditions*: Religious Responses to the Problem of Poverty. Praeger, 2018; COSTA, A. B. da (Coord.); BAPTISTA, I.; PERISTA, P.; CARRILHO, P. *Um olhar sobre a pobreza*: Vulnerabilidade e exclusão social no Portugal contemporâneo. Lisboa: Gradiva, 2008; FARINA, M. *Chiesa di poveri e Chiesa dei poveri*: La memoria della Chiesa. Roma: Libreria Ateneo Salesiano, 1988; GEREMEK, B. *Poverty*: A history. Oxford (UK)/Cambridge (USA): Blackwell, 1994; HEIDEGGER, M. *La pauvreté (die Armut)*. Strasbourg: Presses Universitaires de Strasbourg, 2004; HERRERA, J. A. C.; BARICHELLO, Ro. Hacia una noción sobre la pobreza. *Apuntes del Cenes*, v. 34, n. 59, 2015, p. 39-62; KOLLAR, N. R; SHAFIQ, M. (Eds.). *Poverty and Wealth in Judaism, Christianity, and Islam*. New York: Palgrave Macmillan, 2016; LEVINAS, E. *De otro modo que ser o más allá de la esencia*. 5ª ed. Salamanca: Ediciones Sígueme, 2011; NARAYAN, D. *Voices of the Poor*: Can anyone hear us? Oxford: Oxford University Press/World Bank, 1999; SPICKER, P. *The Idea of Poverty*. Bristol: The Policy Press, 2007; TOWNSEND, P. *The Concept of Poverty*. London: Heinemann Educational, 1971; WEBER, M. *A ética protestante e o espírito do capitalismo*. Lisboa: Presença, 1999.

Luís Leal

POLITEÍSMO → Divino, Concepções de

POSITIVISMO

I. Delimitações conceptuais/etimológicas. O positivismo de Comte℗ apresenta duas fases: antes e depois de Clotilde de Vaux (1815-1846), sua musa inspiradora. O positivismo da sua primeira fase encontra-se fortemente marcado pelo espírito racional iluminista, ilustrado pelo *Curso de filosofia positiva* (1830-1842). Da segunda fase, depois da amizade breve, mas intensa, com Clotilde de Vaux, tragicamente terminada com a morte℗ desta, a frieza racional temperou-se pela afectividade, herdada do contato com a mesma, da qual desenvolveu a religião da humanidade, ilustrada pelo *Sistema de política positiva ou Tratado de Sociologia instituindo a religião da humanidade* (1851-1854).

Positivismo deriva de positivo no sentido daquilo que se baseia na experiência, observação ou realidade objectiva. Foi neste pressuposto que Comte℗ desenvolveu a sua filosofia positiva ou positivismo, enquadrado na lei dos três estados. Ele acreditava que tinha descoberto uma grande Lei fundamental, para a qual a mente humana se sujeitaria por uma necessidade constante. Segundo ele, todas as concepções principais, todos os ramos do conhecimento passariam sucessivamente por três estados teóricos. No primeiro estado, teológico ou fictício, a mente humana questionaria, sobretudo, a natureza interna dos seres, a causa primeira e final de todos os fenômenos, ou seja, o conhecimento absoluto. Dessa forma, os fenômenos seriam tomados como produto directo e contínuo de agentes sobrenaturais, cuja intervenção arbitrária explicaria as anomalias aparentes do universo. No segundo estado, metafísico, modificação aparente do estado anterior, os agentes sobrenaturais seriam substituídos por forças abstractas, entidades reais ou abstracções personificadas, inerentes às diferentes realidades do universo, as quais seriam capazes de originar todos os fenômenos observados. No terceiro e último estado, positivo, a mente humana, na impossibilidade de obter a verdade absoluta, abandonaria a procura da origem e destino℗ do universo, assim como das causas finais dos fenômenos, pretendendo agora descobrir, através da razão e da observação, as leis dos fenômenos, explicados pela relação com fatos gerais, cuja quantidade diminuiria com o progresso científico.

Para Comte℗, o estado teológico acabara quando a ação providencial de um único ser fora substituída pela ação independente de vários deuses. O estado metafísico terminara quando essas entidades foram trocadas pela ideia de uma única grande entidade geral, a Natureza℗, como fonte de todos os fenômenos. Por fim, o estado positivo seria atingido somente quando todos os fenômenos observáveis fossem tomados como casos particulares de um único fato geral, como a gravitação, por exemplo. Olhando para a história desses estados, Comte℗ considerava que a filosofia positiva, e a revolução mental inerente, começara a desenvolver-se, sobretudo, a partir do século XVII, embora as ciências tivessem atingido o estado positivo em épocas diferentes, começando

POSITIVISMO

pela astronomia. Embora Comte🜨 afirmasse que os fenômenos naturais já se encontrassem no estado positivo, os fenômenos sociais continuavam a ser somente analisados na perspectiva teológica ou metafísica🜨. Dessa forma, considerava que esta seria a única lacuna existente para a construção da filosofia positiva, já que a mente humana teria criado três físicas (celestial, terrestre e orgânica), mas faltar-lhe-ia ainda a física social ou sociologia, termo cunhado por Comte🜨 no tomo IV (1839) do seu livro *Curso de filosofia positiva.*

No cume do positivismo de Comte🜨 surgiu a religião da humanidade nos últimos anos da sua vida. Fortemente influenciado por Clotilde de Vaux, que o deixara prematuramente, mas que muito o influenciara, Comte🜨 tornou-se menos racional e mais afetivo. Embora crítico feroz do Catolicismo, Comte🜨 decalcou do mesmo a sua nova religião: substituiu Deus pelo Grande Ser (humanidade), o Papa por ele (sumo sacerdote), os sacerdotes pelos sociólogos, Nossa Senhora por Clotilde e os santos por figuras importantes da cultura europeia. Animado pelo golpe de estado de dezembro de 1851, Comte🜨 publicou os livros em que descreve a religião fundada por si (1851-1854, 1852). Para substituir os monoteísmos🜨, que se revelaram incapazes de produzir a comunhão universal, intelectual e moral, considerava que o positivismo não poderia ficar circunscrito à ordem material, mas deveria ser estendido à ordem humana. O dogma🜨 fundamental da religião universal consistiria na existência de uma ordem imutável, a que se submeteriam todos os acontecimentos, qual Deus🜨 secularizado e impessoal. Essa imutabilidade permitiria a invariabilidade das leis e a resignação activa, ou seja, só a conformidade às leis fundamentais poderia permitir intervenções sábias para modificar as situações. Tal como as religiões tradicionais teriam os seus deuses para despertar as afeições devocionais, na religião positiva surgiriam em torno da noção de Grande Ser, da qual nasceu a fórmula sagrada do positivismo: o amor como princípio, a ordem como base e o progresso como finalidade.

II. História do conceito

1. Contexto. O surgimento do positivismo tem de ser lido à luz do desenvolvimento científico e filosófico da época, como também da situação sociopolítica francesa e europeia na primeira metade do século XIX. Da Revolução Francesa (1789) à Revolução de Fevereiro (1848), passando pela Revolução de Julho (1830), a França tinha passado por vários acontecimentos políticos que a agitaram socialmente de forma profunda. Tais transformações associavam-se à onda convulsiva que atravessara a Europa naquele período, nomeadamente em países próximos como Portugal, Espanha, Países Baixos, Alemanha, Itália e Áustria. Profundamente inquieto por essa turbulência ocidental e pelo futuro da França e da Europa, dois aspectos tornaram-se centrais

na sua filosofia, sua cara e coroa, seu meio e fim: a ordem e o progresso. Comte🜨 desenvolveu a sua sociologia ou física social assente nestes dois eixos: a estática ou teoria da ordem social, a dinâmica ou teoria do progresso social. A sua teoria do progresso social ou filosofia positiva da história (lei dos três estados) deveria estar subordinada à estática social. Comte🜨 ultrapassou os reformadores da época, que não passavam de críticos, preconizando um sistema filosófico e espiritual, assente na ciência, tendo em vista profundas reformas sociopolíticas. Aliado a esta vontade reformista, tem-se de olhar para Comte🜨 como opositor feroz de todo pensamento religioso e metafísico que entravavam o conhecimento científico positivo. Para ele, só os fatos observáveis, traduzidos em leis, poderiam ser ciência. Este seu pensamento positivo assentaria no desenvolvimento científico que, segundo ele, ocorrera desde Aristóteles, passando pela introdução das ciências naturais na Europa Ocidental pelos árabes, mas, sobretudo, nos duzentos anos anteriores com Bacon, Descartes e Galileu.

2. Matizes teóricas de fundo. O sistema positivista resulta do cruzamento de várias influências, como reconhece Comte🜨 (1979, p. 18) ao nomear como seus precursores Hume🜨 (1711-1776), Kant🜨 (1724-1804), Condorcet (1743-1794), De Maistre (1753-1821), Bichat (1771-1802) e Franz Gall (1758-1828). De Hume🜨 retirou dois aspectos centrais: por um lado, a noção de que o método🜨 científico deveria ser aplicado às ciências humanas, para além das ciências naturais; por outro lado, a noção de que o conhecimento se cingiria ao que a experiência sensível apreende e demonstra, não havendo ideias inatas. Entretanto, a sua concepção de causalidade, impregnada de cepticismo, por considerar que se apoia num hábito mental, numa associação de ideias, numa crença🜨 subjectiva, foi contestada por Kant🜨, que a tomou como motor da sua crítica da razão humana. O conhecimento, então, resultaria do uso do entendimento, que organizaria, através de categorias, os dados empíricos obtidos pela sensibilidade. Dessa forma, a causalidade seria uma categoria universal e necessária para a ciência, a qual só poderia existir assente nos dados da experiência. Por isso Kant🜨 criticava a razão metafísica🜨, considerando impossível alcançar as coisas em si, tendo a ciência de cingir-se aos fenômenos.

De Condorcet e De Maistre herdou duas posições opostas. Condorcet, considerado o último iluminista, desenvolveu uma análise do progresso do espírito em dez etapas, devendo a última etapa (no futuro) assentar na instrução pública, que desenvolveria as faculdades físicas, intelectuais e morais. Essa visão progressista de cariz iluminista emprenhou a obra de Comte🜨, certamente a partir de Saint-Simon (1760-1825), de quem foi secretário e que foi discípulo de Condorcet. Comte🜨 laicizou a concepção ternária de Joaquim de Flora/de Fiore, a partir de Saint-Simon. Esta visão de Condorcet estava imbuída de anticlericalismo, tal como em Comte☿, embora este fosse admirador do Catolicismo e do seu papel civilizador de outrora, indo, neste ponto, ao encontro dos contrarrevolucionários, nomeadamente De Maistre e da sua obra maior, *Do Papa* (1819). Defensor intransigente do papado e da sua autoridade universal sobre todas as nações, De Maistre influenciou Comte☿ com a visão de ordem estabelecida pelo poder papal, dando-lhe ideias para a ultrapassagem da desordem social do seu tempo, já que a Igreja☿ Católica, libertada da sua Teologia☿, poderia servir de modelo estrutural e simbólico à nova sociedade. Seria colocar vinho novo em odres velhos, transformando a hierarquia☿ eclesiástica e o prestígio do poder espiritual em benefício da civilização moderna e do espírito☿ científico. Realmente, a ordem social era tão importante para Comte☿ que no final da vida apelou aos conservadores (1855), nomeadamente ao Geral dos jesuítas, para se aliarem no combate à anarquia ocidental (1856).

Por fim, Comte☿ sofreu a influência de homens das ciências naturais. Dos estudos de Bichat, considerado o pai da histologia, concluía-se que a vida era regulada superiormente pelo cérebro e pelo sistema nervoso e que cada órgão se compunha de tecidos específicos. Comte☿ passou da Biologia☿ para a Sociologia ao considerar que a sociedade era um sistema de partes inter-relacionadas que trabalhariam conjuntamente para formar um todo unido e estável, tal como os vários órgãos funcionariam interdependentemente para garantir o bem-estar. De Franz Gall, criador da frenologia, arranjou suporte biológico para a sua concepção de desigualdade. Gall defendia que a desigualdade craniana dos homens demonstrava que a maioria não tinha capacidades intelectuais, estando cingidos a sentimentos morais e afectivos, sendo, portanto, inferiores. Ao contrário de Condorcet, arauto da igualdade, Comte☿ encontrara na frenologia o apoio para a teoria estática da ordem social: a maioria das pessoas teria, sobretudo, afectividade e uma minoria seria intelectualmente superior, nascendo uns para obedecer e outros para governar, mantendo-se, assim, a ordem social.

III. Correntes/escolas/autores envolvidos. Dos autores contemporâneos ou próximos de Comte☿ que seguiram o positivismo e que tiveram influência direta na Ciência da Religião☿ destacam-se Stuart Mill (1806-1873), Spencer (1820-1903), Renan (1823-1892) e Durkheim☿ (1858-1917), para além de autores como o lexicógrafo Littré (1801-1881) e o psiquiatra Lombroso (1835-1909), sem influência nas ciências da religião. Mill, dos mais influentes filósofos do século XIX, defendeu o liberalismo político e o utilitarismo (bem-estar máximo), sendo amigo de Comte☿, sobre quem escreveu um livro (*Augusto Comte e o positivismo*, 1865). Sobre religião☿ escreveu *Três ensaios sobre religião* (1874), no qual,

inspirado por Bentham, criador do utilitarismo, e por Comte☿, defendeu a religião da humanidade pela sua importância para o bem-estar social e individual, demonstrando a sua superioridade em relação às religiões sobrenaturais. Para Spencer, defensor do evolucionismo☿ social, chamado de filosofia sintética, como o conhecimento requeria demonstração empírica, haveria sempre algo incognoscível, no qual se incluía Deus. O seu agnosticismo reflectia a sua posição perante Deus, pois, empiricamente, não seria possível provar que existe nem que não existe. A posição anticlerical de Renan marcou a posteridade com a sua obra historiográfica e filosófica acerca da religião cristã, em que tentou afastar o sobrenatural e o mistério da mesma, no fundo, tirar-lhe o teológico e o metafísico, muito ao jeito positivista, nomeadamente na *Vida de Jesus* (1863).

Mas o autor mais famoso da Ciência da Religião☿, muito influenciado pelo positivismo de Comte☿, foi Durkheim☿. Pode-se ver a influência de Comte☿ pelo menos em dois aspectos: função social e diferenciação social. Para Durkheim☿, a alma☿ da religião☿ seria a ideia de sociedade. Embora Durkheim☿ fosse ateu e tomasse a religião☿ como sistema cognitivo falso, considerava que lhe subjazia uma realidade, não Deus, como o fiel a imaginava, mas a sociedade. A adoração desta conduziria à integração social, pois, para Durkheim☿, a religião☿ seria um sistema de crenças☿ e práticas que unia os fiéis numa única comunidade moral. Assim, na sua teoria da religião, a sociedade adorar-se-ia a si mesma, para se manter a ordem social, tal como em Comte☿ a humanidade seria o Grande Ser a ser adorado. Ao adorar a sociedade, embora pensando que se adorava um ou vários deuses, estar-se-ia a perpetuá-la, a protegê-la contra a sua desintegração. Para Durkheim☿, o sentimento de união num mundo crescentemente individualista passaria pela coesão moral, sem a qual a sociedade não poderia existir.

No segundo aspecto, Durkheim☿ seguia a concepção de Comte☿ sobre a sociedade como sistema de partes inter-relacionadas que trabalhariam juntas para formar um todo unido e estável, tal como os organismos teriam partes que funcionariam interdependentemente. Para Durkheim☿, a evolução social conduziria ao domínio da consciência☿ individual sobre a consciência☿ coletiva, de uma sociedade composta de corpos brutos, dominados pelo ser coletivo, por isso com solidariedade mecânica, para uma sociedade composta de corpos vivos, autónomos, fruto da divisão do trabalho, cuja individualidade contribuiria para a unidade do organismo, por isso com solidariedade orgânica. Embora nas sociedades orgânicas a individualidade fosse coarctada pelas normas profissionais comuns, o jugo individual seria bem menos pesado do que nas sociedades mecânicas, assinaladas pelo jugo coletivo, sendo a unidade social diretamente proporcional à autonomia individual.

POSITIVISMO

IV. Evolução do conceito. O positivismo seguiu vários percursos, destacando-se, por um lado, a sua associação à filosofia da ciência, desligada da religião, que será brevemente referida. Por outro lado, surge o herdeiro principal do positivismo sociológico e antropológico, o funcionalismo☉, nas suas diferentes vertentes. Com o físico Ernst Mach (1838-1916), mas também com o filósofo Avenarius (1843-1896), desenvolveu-se um positivismo crítico: os fenómenos científicos só poderiam ser compreendidos como experiências ou sensações, e os objetos do mundo real não seriam mais do que complexos de sensações. Essa corrente originou o positivismo lógico, empirismo lógico ou neopositivismo do Círculo de Viena, associado ao Círculo de Berlim, grupos de filosofia da ciência cujo princípio da verificabilidade defendia que o significado de uma proposição assentava na experiência e na observação. Dessa forma, a ética, a metafísica☉, a religião☉ e a estética☉ eram consideradas sem sentido. Além disso, defendiam a doutrina da ciência unificada, não existindo diferenças entre as ciências naturais e as sociais. O Círculo de Viena foi fundado por Moritz Schlick (1882-1936), pertencendo, entre outros, Rudolf Carnap (1891-1970) e Kurt Gödel (1906-1978), enquanto o Círculo de Berlim foi fundado por Hans Reichenbach (1891-1953), pertencendo, entre outros, Carl Hempel (1905-1997) e Richard von Mises (1883-1953).

A visão funcionalista de Durkheim☉ força-o a encontrar função ou necessidade na permanência da religião na sociedade, para o bem-estar do organismo social, pela sua capacidade de contribuir para a ordem social. Essa questão da ordem, associada à função, era tão importante na sua sociologia que a noção de fato social, maneira de agir, pensar ou sentir, exterior e coercitiva do indivíduo, era essencial na sua sociologia. O funcionalismo☉ influenciou tanto a Antropologia como a Sociologia. Na Antropologia distinguem-se os trabalhos de Bronislaw Malinowski☉ (1884-1942) e de Radcliffe-Brown☉ (1881-1955). Malinowski☉ considerava que as instituições serviriam para satisfazer as necessidades humanas básicas para se evitar, assim, o caos social. Enquanto a magia serviria para resolver problemas concretos ou circunstanciais, a religião☉ funcionaria como resposta a problemas maiores de sentido. Para Radcliffe-Brown☉ a religião☉ não serviria para resolver problemas individuais, mas para criá-los ou promovê-los, de forma a assegurar necessidades estruturais ou sociais. Ou seja, a estabilidade social assentaria na partilha de valores, crenças☉ e normas, os quais seriam reforçados pelos rituais religiosos. Festas☉, danças e cerimónias serviriam para consolidar a estrutura social.

Na Sociologia, distinguem-se os trabalhos acerca da religião civil de Robert Bellah☉ (1927-2013) ou da religião individual de Thomas Luckmann (1927-2016), ambos à revelia das religiões tradicionais.

Realmente, Durkheim☉ defendia que a religião☉ não poderia desempenhar no futuro o papel que tivera no passado, sendo chamada a transformar-se e não a desaparecer. Robert Bellah☉ vai buscar este conceito, para além de Rousseau, a Talcott Parsons☉ (1902-1979), por sua vez influenciado por Durkheim☉, pois Parsons☉ considerava que a religião☉ congregaria as pessoas numa comunidade moral, pela partilha de crenças☉, práticas e valores comuns. Na perspectiva de Parsons☉, a diferenciação conduziria à pluralização, a qual levaria à necessidade de generalização, ou seja, a algo que encimasse todas as religiões para manter a coesão social. Parsons☉ referia que a religião☉ tinha jurisdição suprema sobre os valores humanos, pela sua capacidade integradora generalizada, o que podia ser integrado pelos valores institucionalizados pelo estado. Seguindo Rousseau e Parsons☉, para Bellah☉ a religião civil serviria essencialmente para unir a sociedade americana e para salvaguardar a ordem, a lei e a liberdade. Porventura por ser mais deísta do que judeo-cristão, o Deus americano torna-se projecção da nação americana, indo ao encontro do culto da sociedade de Durkheim☉.

A religião individual era considerada por Durkheim☉ como eventualidade vindoura, sendo composta de estados internos e subjectivos e construída livremente por cada um, crescendo à medida que os indivíduos se diferenciassem uns dos outros e a pessoa tivesse mais valor, embora estes cultos individuais fossem enquadrados colectivamente. Tais ideias tornaram-se o núcleo do subjectivismo religioso actual, nomeadamente da religião invisível de Luckmann. Luckmann advogava as definições funcionais de religião, pois evitariam o enviesamento ideológico habitual e a estreiteza "etnocêntrica". A sua teorização assentava na ideia de que a religião☉ seria tudo aquilo que transcende a natureza humana e lhe dá sentido, sendo a diferenciação essencial na transformação da religião☉ ao longo dos tempos. A diferenciação continuou o seu processo pela especialização institucional, reflectida no decréscimo de importância da religião tradicional, manifestada de três formas: autonomização, pluralização e privatização. Da privatização surgiria a religião invisível, generalizada e mundanizada, a quarta forma social de religião, cujo cosmos sagrado se comporia, sobretudo, dos temas da autonomia (autoexpressão, autorrealização, mobilidade, sexualidade☉) e da família, mas também de temas menores vindos das tradições religiosas e das ideologias☉ seculares.

V. Recepção. Nesta alínea pretende-se analisar brevemente a recepção do positivismo em Portugal e no Brasil. Para além da introdução de matemáticas de recorte positivista na Politécnica do Porto e de Lisboa, nas humanidades o positivismo entrou em Portugal em meados dos anos 1860 através do professor da Faculdade de Direito☉ de Coimbra, Manuel Emídio Garcia. Já com este acadêmico o positivismo associou-se ao republicanismo, vendo naquele uma perspectiva sociopolítica reformadora de ataque às instituições monárquicas e eclesiásticas. Dessa forma, esperar-se-iam polémicas com os defensores da ordem vigente, o que ocorreu com a primeira polémica em 1873, com o seu colega da Faculdade de Teologia♀ de Coimbra, Manuel Mota Veiga, a qual repercutiu em jornais da época. Nesta altura (anos 1870), o positivismo tornou-se, então, uma corrente doutrinal forte, período em que as lutas de classes e as fricções entre as camadas burguesas se agudizaram, num ambiente marcado na Europa próxima pela Comuna de Paris (1871) e pela revolução republicana espanhola (1873-1874), o que obrigou a cisões no movimento democrático. De um lado, o movimento socialista, formalizado em partido em 1875, focado nas questões sociais de interesse para as camadas populares (propriedade e educação) e desligado da questão do regime; de outro lado, o movimento republicano, focado no derrube do regime e da laicização das consciências♀, despreocupando-se das reformas socioeconómicas de cariz estrutural, mas preocupando-se com alterações conjunturais de interesse para as classes médias. A existência de diversidade interna considerável foi ultrapassada pelo positivismo, que serviu de elemento aglutinador, inundando todas as ciências e a cultura em Portugal, destacando-se deste movimento republicano inicial figuras como Teófilo Braga♀, Bernardino Machado ou Ramalho Ortigão.

No Brasil, os primeiros contatos com o positivismo ocorreram directamente com Comte♀ nos anos 1830, na Escola Politécnica de Paris, por alunos seus brasileiros, embora não se saiba o impacto deles na sua disseminação pela sociedade brasileira. A primeira referência pública ao positivismo ocorreu através da Biologia♀, em 1844, na defesa de uma tese para a obtenção de uma cátedra na Faculdade de Medicina da Baía por Justiniano Silva Gomes. A partir de 1850, foi na Escola Militar e na Escola Politécnica do Rio de Janeiro que o positivismo foi usado de forma mais sistemática no Brasil, tornando-se cada vez mais numerosos os trabalhos com recorte positivista, sobretudo na Matemática, na Astronomia e na Física. Contudo, esses começos cingiam-se às ciências naturais e não a perspectivas mais amplas na sociedade brasileira, as quais surgiram com estudantes da Universidade de Bruxelas cerca de 1860, sobretudo Luís Pereira Barreto, Joaquim Ribeiro de Mendonça e Francisco Antônio Brandão Júnior, que se tornaram verdadeiros divulgadores. A publicação de As três filosofias (1874-1876), de Barreto, tornou-se marco da filosofia positivista no Brasil, ao argumentar que o positivismo deveria substituir-se ao Catolicismo, a que se junta a fundação da Associação Positivista (1876), sob direção de Antônio Carlos Oliveira Guimarães, da qual faziam parte, entre outros, Benjamin Constant, professor da Academia Militar e um dos chefes da revolução republicana, Miguel Lemos e Raimundo Teixeira Mendes. Estes dois deram origem ao Apostolado Positivista do Brasil (1881), do qual surgiu a Igreja♀ Positivista do Brasil (1881), a partir da qual efetuaram forte campanha republicana e abolicionista, pois, tal como em Portugal, o positivismo esteve na génese do movimento republicano, que se reflete, por exemplo, no dístico "Ordem e Progresso" da nova bandeira.

***

A complexidade do positivismo, do seu conteúdo, das suas raízes, do seu impacto e das suas transformações dificultou a abreviação desta análise, que se tornou, por isso, parcelar, havendo muito mais para referir em todos os pontos. Parece claro que o positivismo se enquadrava num movimento europeu de progresso e de ciência empírica, ao qual deu mais alento, nomeadamente, através do surgimento do evolucionismo♀ social, decalcado também da Biologia♀. Esta visão progressista da história associava-se à questão da ordem social, central em Comte♀, que foi buscar dos sectores mais conservadores, daí que se possa olhar para este autor como antitético ou ambíguo. A perspectiva biológica ajudou-o a delinear as suas ideias de sociedade como organismo social e da inevitabilidade da desigualdade social. Seu herdeiro sociológico, Durkheim♀, desenvolveu a sociologia francesa à volta das questões de ordem e função, conceitos inter-relacionados, dos quais surgiu o funcionalismo♀ na Antropologia e na Sociologia, em que se olhava para a religião♀ na perspectiva de função, tanto no mundo primitivo (Antropologia) como na sociedade moderna (Sociologia), aqui mais associada à religião civil ou à religião invisível. Por fim, tendo o positivismo pendor reformista e laicista, naturalmente esteve, tanto em Portugal como no Brasil, associado, nos seus primórdios, aos movimentos republicanos respectivos.

Bibliografia: BENOIT, L. O. *Sociologia comteana*: gênese e devir. São Paulo: Discurso Editorial/Fapesp, 1999; CATROGA, F. Os inícios do positivismo em Portugal. *Revista de História das Ideias*, 1, 1977, p. 287-394; CIPRIANI, R. *Manuale di sociologia della religione*. Roma: Edizione Borla, 1997; COMTE, A. *Appel aux conservateurs*. Paris: V. Dalmont, 1855; COMTE, A. *Catéchisme positiviste*. Paris: Carilian-Goeury et V. Dalmont, 1852; COMTE, A. *Cours de philosophie positive*. Paris: Bachelier, 1830-1842; COMTE, A. *Système de politique positive ou Traité de sociologie instituant la religion de l'humanité*. Paris: Carilian-Goeury et V. Dalmont, 1851-1854; COSTA, J. C. *Augusto Comte e as origens do positivismo*. São Paulo: Companhia Editora Nacional, 1959; DURKHEIM, É. *Les formes élémentaires de la vie religieuse*. Paris: PUF, 1912; LINS, I. *História do positivismo no Brasil*. São Paulo: Editora Nacional, 1964.

José Pereira Coutinho

PRAGMATISMO

I. Definição geral. Corrente filosófica centrada na dimensão prática da existência humana e que releva o aspeto da utilidade; não é uniforme do ponto de vista doutrinal, assumindo matizes diferentes em cada autor.

O pragmatismo visa dissipar o que considera ser um equívoco da teoria do conhecimento, da Antiguidade à Modernidade: a saber, que o objeto de conhecimento tem uma determinada essência, a qual não é diretamente apreendida pelo sujeito cognoscente, na medida em que o processo de apreensão é condicionado pela estrutura sensorial própria do ser humano. O pragmatismo diferencia-se desta conceção ao defender que: 1) aquilo a que se dá o nome de essência não existe como entidade separada, resulta meramente de juízos formulados pelo pensamento e expressos em linguagem; 2) os sentidos não constituem obstáculo ao conhecimento, têm valor instrumental na relação do ser humano com o mundo.

Dessa forma, o pragmatismo demarca-se das demais correntes empenhadas em atingir uma verdade fixa e imutável. Em relação a qualquer sistema filosófico fechado, replica que a existência se caracteriza pela plasticidade, pelo que o mundo humano se evidencia incompatível com a tentativa de estabelecer uma verdade definitiva. Esta posição epistemológica desemboca no relativismo, o qual se repercute na filosofia moral e política. Na consciência individual e na vida social, o critério preconizado é o da ponderação, quer da utilidade, quer das consequências que poderão resultar da adoção de determinados princípios e normas.

Tal relativismo espraia-se na Filosofia da Religião; ainda que o entendimento dos vários filósofos pragmatistas não seja idêntico, estriba-se em algumas notas comuns: valorização da experiência, individual e social, do sagrado; reconhecimento de que a religiosidade é parte do mundo humano, o que apenas manifesta que houve e há pessoas que consideraram útil e benéfica integrá-la no seu modo de vida. O prisma da análise é, pois, eminentemente antropológico.

II. A emergência do pragmatismo. Na segunda metade do século XIX (c. 1870), em Harvard, um grupo de pensadores criou um grupo de discussão informal, intitulado *Metaphysical Club*. Entre eles estavam os dois maiores expoentes do Pragmatismo Clássico: Charles Sanders Peirce (1839-1914), seu fundador, e William James (1842-1910), seu maior divulgador. O sentido do termo "pragmatismo" não era, contudo, exatamente o mesmo para ambos. O foco da reflexão de Peirce estava na lógica e no significado. Por seu turno, James conferiu ao pragmatismo outra orientação, que acabou por se tornar preponderante: uma teoria da verdade norteada pela ponderação da utilidade e das consequências.

Peirce recusa (a partir de 1905) continuar a usar o termo "pragmatismo" (*pragmatism*), passando a usar *pragmaticismo* (*pragmaticism*). Perto do final da vida, James veio a ser criticado pelo que alguns consideraram ser uma usurpação.

III. Charles Sanders Peirce. Cientista e filósofo, é fortemente influenciado pela filosofia britânica e pela filosofia alemã modernas, mas também pelo medieval João Duns Escoto. Em 1878, redige o texto fundador do Pragmatismo: "How to make our ideas clear" (1878). No artigo, privilegia o uso da lógica na deteção de incoerências e erros no âmbito da metafísica, a cujo respeito se declara como mordaz detrator – apresenta-a como *um assunto mais curioso do que útil*, asseverando que a utilidade do seu conhecimento é semelhante à do conhecimento que temos de um recife subaquático; ou seja, sabendo onde a metafísica ou o recife se encontram, evitamos navegar por lá e arriscar-nos a naufragar (Peirce, 1931-1935).

Já em "Evolutionary Love" – um de um conjunto de cinco ensaios publicados de 1891 a 1893 – encontramos um cruzamento de questões de cosmologia e biologia com questões de teologia natural. Peirce apresenta e analisa três modelos explicativos para o enigma da evolução: *tychasma* (*tychasm*), *anancasma* (*anancasm*) e *agapasma* (*agapasm*). Os termos são cunhados a partir do grego: *tychasma* de *tychê* – sorte, ou acaso; *anancasma* de *anankê* – necessidade, determinação; *agapasma* de *agapê* – amor, caridade. Os três paradigmas fundamentam-se em diversos modos de entender as relações entre acaso e necessidade.

O *tychasma* defende que o motor da evolução é a aleatoriedade inerente ao acaso. Um dos exemplos referidos por Peirce a propósito das teorias explicativas é a afirmação de Darwin de que a chegada do símio ao estado de ser humano resulta apenas do próprio querer e agir do mesmo símio. O *anancasma*, por seu turno, rechaça o acaso, declarando que todos os processos evolutivos e todas as mudanças estão submetidos a leis inexoráveis do âmbito da *necessidade mecânica* (*mechanical necessity*). Nesse caso, priorizam-se causas externas como explicativas da evolução; por exemplo, as alterações no meio ambiente em que determinada espécie habita.

O *agapasma*, defendido por Peirce, apoia-se, do ponto de vista científico, no pensamento de Lamarck (1744-1829). Embora admita a influência, parcial, da causalidade mecânica, não lhe reconhece a última palavra. Na evolução, o exercício gera hábitos, e estes mesmos hábitos, próprios do domínio do psiquismo, repercutem-se na configuração biológica, pelo que passam a integrar a matéria e a ser transmitidos pelos progenitores à descendência.

No modelo *agapástico*, o motor da evolução o é *amor criativo* (*creative love*); ele é origem e finalidade da evolução. Peirce opõe-se ao darwinismo, quer na sua dimensão biológica, quer na sua dimensão social. O individualismo, a ambição e a ganância são contrários ao amor *agápico*, raiz do cosmos, força criativa, impulsionadora, aglutinadora e renovadora, que visa as melhores soluções para todos. Peirce contrasta o Evangelho de Cristo, fundamentado no amor, ao *Evangelho da Ganância* (que considera próprio dos cientistas e economistas do século XIX), fundamentado no egocentrismo e na agressividade.

Em 1908, publica o ensaio "A Neglected Argument for the Reality of God". Nele elucida o sentido em que concebe Deus: *Ens necessarium*, sumamente perfeito. Denotando influência escotista, pretere o termo "existência", que substitui por *realidade*. Peirce não empreende uma demonstração, em sentido próprio, da existência de Deus, mas antes uma reflexão no intuito de evidenciar que todo ser humano, instruído ou não, pode experimentar no seu íntimo – e, em consequência de tal experiência, conhecer – Deus. O encontro ocorre no estado de *musement*, caraterizado pela distensão da mente, que medita, livre, como que em devaneio, sobre a vida e a natureza. Surge na mente da pessoa honesta, de modo espontâneo e instintivo, a hipótese da realidade de Deus. No entender de Peirce, os teólogos e metafísicos teriam relegado para segundo plano o caráter instintivo e universal desta experiência.

IV. William James. Médico e psicólogo, ocupou-se progressivamente de questões morais, religiosas e metafísicas☞. A humanidade é o cerne do seu pensamento; concede grande relevância à vida psíquica, que entende como *fluxo de consciência*☞ (*stream of consciousness*) em permanente movimento. Para James, a filosofia deve aplicar-se à ponderação das implicações e consequências que uma determinada conceção do mundo terá na vida humana. O seu fito é o de intervir e transformar a sociedade; nesse contexto, teorias, conceitos e normas são vistos não como fins, mas como meios, instrumentos de transformação. O critério da verdade é substituído pelo de conveniência, a verdade será o que mais beneficiar a vida humana. Opositor do racionalismo, defende que a sua posição não é inovadora, reclamando de Locke e de Berkeley, mas também (o que é certamente contestável) de Sócrates e de Aristóteles.

De entre os seus escritos, dois são particularmente relevantes para a Filosofia da Religião☞: *The will to believe* (1896) e *The varieties of Religious Experience: a study in Human Nature* (1902). No primeiro deles, de cunho fortemente empirista, James assevera que a posição de alguém a propósito de assuntos de metafísica☞ e de religião☞ depende de condições prévias ao exame racional, a saber: do sentimento e da vontade dessa pessoa singular, mas também – e não menos importante – do conjunto de hipóteses que, num determinado contexto cultural, são conhecidas e consideradas plausíveis; bem como no segundo texto, que compila as suas *Gifford Lectures on Natural Religion* (vinte conferências proferidas em Edimburgo nos anos de 1901 e 1902), James contribuiu decisivamen-

te para uma inflexão no âmbito da Psicologia; esta, até à data, concebia a religião☞ como mero resquício de estádios arcaicos da humanidade e a religiosidade como manifestação de patologia psíquica. James declara, contra o positivismo☞ e contra o materialismo, que tais temas devem ser mais estudados com atenção e detalhe na academia, até mesmo pela medicina.

O que importa a James é a experiência religiosa☞ singular, não os aspetos institucionais da religião. Assim, *The Varieties of Religious Experience* dedica largo espaço à análise cuidada de testemunhos pessoais, vivências no singular, escritas na primeira pessoa e citados por James. Tais depoimentos não são apenas cristãos, embora estes totalizem um número elevado. A obra compreende tópicos variados, de entre os quais salientamos os seguintes: a relação entre religião☞ e neurologia, o sofrimento, a conversão, a santidade, a mística☞, a oração☞ e a meditação☞. No respeitante à relação entre religião☞, teologia☞ e filosofia, James insiste na prioridade do sentimento religioso e da experiência singular sobre a construção de qualquer teoria, filosófica ou teológica (pois a experiência precede a interpretação☞ ou teorização dessa mesma experiência) e afirma a insuficiência das demonstrações tradicionais da existência de Deus. No que concerne à tradicional explicitação dos atributos divinos, considera-a infundada e inútil: "So much for the metaphysical attributes of God! From the point of view of practical religion, the metaphysical monster which they offer to our worship is an absolutely worthless invention of the scholarly mind" (James, 2012, p. 313).

V. John Dewey. Dewey (1859-1952) prefere o termo "instrumentalismo" a "pragmatismo". Sob a sua influência, a corrente pragmatista estende-se ao campo da educação e ao vínculo desta com a democracia. Crucial para o a compreensão do seu posicionamento acerca da religião☞ é o ensaio *A Common Faith* (1934), resultante das "Terry Lectures", em Yale (1933-1934).

A reflexão de Dewey é enformada pelo empirismo e pelo naturalismo. A existência da religião☞ é um facto empiricamente verificado no seio das várias sociedades; todavia, a ligação desta com o que comumente se denomina como sobrenatural não pode ser, de acordo com Dewey, comprovada. A religião☞ carateriza-se pela pluralidade: existem várias religiões, em diversos tempos e lugares, diferindo em doutrina, culto, prescrições morais e organização institucional. Segundo Dewey, cada uma delas reflete as condições socioculturais em que vivia determinado povo, quando a fundou e desenvolveu. Defende, por isso, que uma situação civilizacional nova demanda um novo modo de entender e viver a religião.

Em particular, considera nociva a crença☞ em entidades sobrenaturais com poder para interferir na existência humana; afiança que o sobrenatural é uma criação da humanidade, tendo sido esta que dotou Deus de determinados atributos, pelo que, reconhecendo-se

PRECONCEITO

como autora desses mesmos atributos, pode, enfim, libertar-se do medo, ser criativa e desenvolver-se a si mesma. O ideal de Dewey é, pois, de emancipação do que considera serem formas obsoletas da religião, derivadas elas mesmas de estruturas sociais obsoletas. A humanidade deve, gradualmente, tomar consciência das suas próprias capacidades e possibilidades a fim de que nela possa brotar uma fé comum: a fé em si mesma. Dewey advoga que tal será útil e benéfico para as sociedades e para a democracia, apelando ao sentimento de fraternidade universal por meio de uma metáfora – somos todos passageiros que partilham o mesmo barco numa viagem turbulenta.

Para Dewey, a experiência religiosa é, em si, natural e universal. Ela acontece (ou pode acontecer) quando o sujeito vislumbra a sua pertença a um todo natural imenso e, em especial, à comunidade humana, composta pela que já viveu (à qual os sucessores devem ser gratos), pela que agora vive e pela que viverá no futuro.

VI. Receção. Os dois maiores continuadores do pragmatismo, Richard Rorty (1931-2007) e Hilary Putnam (1926-2016), são habitualmente chamados "neopragmatistas". Rorty defende que a religião se deve emancipar da metafísica essencialista e de qualquer vestígio de sentimento de culpa; considera, ainda, a religião como assunto inteiramente privado. A sua posição é, pois, mais próxima de Dewey. Por seu turno, Putnam integra elementos da reflexão de Dewey e de James, privilegiando este último; colhe, ainda, influências de Wittgenstein e da teologia negativa, enquanto formulada por Moisés Maimónides. Se a religião não é racionalizável, não é, por outra parte, irrelevante para a vida; como efeito, afirma Putnam, a posição de uma pessoa no que concerne à religião é da maior importância, já que define o seu enraizamento na existência.

Bibliografia: DEWEY, J. *Essays: A Common Faith*. The Collected Works of John Dewey, 1882-1953. Electronic edition. The Later Works of John Dewey, 1925-1953. Volume 9: 1933-1934. Southern Illinois: University Press, Carbondale and Edwardsville; JAMES, W. *The Varieties of Religious Experience*: A Study In Human Nature. London/New York: Routledge, 2012; JAMES, W. *The Will to Believe and Other Popular Essays in Philosophy*. Cambridge/Massachusetts: Harvard University Press, 1979; LEGG, C.; HOOKWAY, C. Pragmatism. In: ZALTA, E. N. (Ed.). *The Stanford Encyclopedia of Philosophy*. Spring 2019 Edition. URL [=] <https://plato.stanford.edu/archives/spr2019/entries/pragmatism/>; MISAK, C. *The American Pragmatists*. Oxford: Oxford University Press, 2013; PEIRCE, C. S. *Collected Papers of Charles Sanders Peirce*. 8 vols. Cambridge/Massachusetts: Harvard University Press, 1931-1958: vols. 1-6; 1931-1935: vols. 7-8. (Em particular, os volumes 5 e 6); PIHLSTRÖM, S. *Pragmatic Pluralism and the Problem of God*. New York: Fordham University Press, 2013.

INÊS BOLINHAS

PRECONCEITO

I. Delimitações conceituais/etimológicas. A palavra "preconceito" é oriunda do latim *praeconceptu* (*prae* [+] *conceptu*), substantivo masculino, que significa o conceito e a opinião, formados antecipadamente, sem maior ponderação ou conhecimento dos fatos. É, conforme ensina Aurélio Buarque de Holanda, a ideia preconcebida e julgamento sem que se leve em conta os fatos que a conteste e, por extensão, torna-se superstição, crendice, convertendo-se em intolerância, ódio irracional ou aversão a outras raças, credos, religiões e manifestações diversas e plurais. Caldas Aulete aponta o preconceito como sendo o conceito sem nenhum fundamento razoável, um estado de cegueira moral, sendo a superstição que obriga a certos atos ou impede que eles se pratiquem (Aulete, 1881, p. 1390).

Por outro lado, Peters informa que o sentido encontra-se, também, na expressão grega *prolepsis*, isto é, compreensão prévia, antecipação, precon-cepção (Peters, 1974, p. 195). Trata-se do resultado da repetida apreensão do mesmo tipo de objeto (p. 196) que padroniza julgamentos posteriores e que, citando Cícero, Peters esclarece que formava os conceitos comuns (*koinai ennoiai*, *notiones communes*), naturalmente *adquirida*, mas não inata, somando certo conhecimento dos primeiros princípios de moralidade de Deus e do pós-vida (p. 75).

Através das sensações, várias imagens são apresentadas à razão, para sua apreensão, e, então, apreendidas e conservadas, tornam-se conceitos (*ennoiai*) do espírito, no contexto da racionalidade, mas, ocorrendo sem contextualização formal, são chamadas preconceitos (*prolepsis*). Alguns conceitos e preconceitos desenvolvem-se através da educação formal (Peters,1974, p. 75).

O preconceito é a referência adquirida para um futuro julgamento, ou simplesmente uma decisão. Mantém-se a referência ainda que não verificada racionalmente, e por ser adquirida é cultural. Por ser referência *a priori*, o resultado é comumente negativo e injusto, porque carrega em si certo prejulgamento e, por isso mesmo, sem quaisquer fundamentações. O preconceito de modo algum pode ser concebido como inerte, de eficácia apenas potencial. Ao contrário, traz, desde sua aquisição continuada, os elementos para decisão, opção, escolha, ainda que sem fundamento; por isso, na língua italiana, o preconceito é semelhante ao *pregiudizio*, do latim *prae* e *iudicium*, ou seja, um juízo prematuro, fruto da falta de solidez ou proferido na insuficiência de argumentos válidos.

Nesse sentido, o *pregiudizio* (prejulgamento) é fruto das ideias preconcebidas e, efetivamente, preconceituosas (*idee preconcette*). É a criação do estereótipo (*stereotipo*) que fere o processo de livre julgamento a partir de elementos concretos e convincentes.

Epicuro trata da *prolepsis* não como algo em si mesmo negativo, mas como intuição de princípios que servem de guia à meditação♀. Mais do que isso, segundo ele, é necessário que não se combatam tais sensações, pois são necessárias. O problema, segundo ele, é a sensação se converter em opinião falsa e, daí, levar ao erro. Isso ocorre quando se perdem elementos de julgamento, especialmente com base na racionalidade, o que leva, quase sempre, à atribuição de igual valor ao que é verdadeiro e ao que é falso (Epicuro, 1986, p. 49).

Segundo Epicuro, para se evitarem julgamentos equivocados e injustos, e fugir ao vazio das palavras, que, de resto, é característica do *preconceito*, bem como buscar critérios para o julgamento ou juízo que se pode fazer sobre as coisas, é necessário buscar o significado original de cada palavra, um tipo de investigação etimológica e denotativa, pois cada palavra, diferente do *preconceito*, deve corresponder a uma noção exata. A investigação, *ab initio*, da própria palavra, pode confirmar, ou não, o valor do conceito concebido antecipadamente (Epicuro, 1986, p. 43).

A análise da palavra, então, no plano da linguagem, pode contribuir para que a ideia encontre o objeto perfazendo as análises morfológica, sintática e semântica e, assim, tornar-se o pressuposto de uma efetiva hermenêutica♀, já que, na linha epicurista, aí se encontrariam fundamentos mais criteriosos para um julgamento, seja de um objeto, de uma experiência ou de um grupo.

De acordo com Nizan, não se trata de nenhum procedimento erudito, nem poderia mesmo, mas de métodos♀ semelhantes ao das medidas, considerando, desde logo, a linguagem, mas, em seguida, o dimensionamento de tudo o que se apresenta, seja a ideia, sejam os fatos em direção a um julgamento de caráter muito mais dialético. O preconceito é, quase sempre, oposto a procedimentos dialéticos, já que a abordagem dialética tem como função lançar opostos em busca de um conceito aprimorado. Entretanto, ainda com Nizan, quando o mesmo cita Lucrécio: "[...] se numa construção a régua que se utiliza à partida não for perfeitamente reta, se o esquadro for falso e se distanciar da vertical, se o nível for defeituoso, o trabalho sairá errado e torto" (Nizan, 1972, p. 63).

O que ocorre, geralmente, com o preconceito, é essa falta de critério e de justos juízos, que coloquem as ideias no contexto da linguagem, da dialética e, a partir de então, possa-se buscar um conceito, diga-se, enquanto ideia aprimorada dialeticamente. Exatamente por isso mesmo, o preconceito é não apenas uma falsidade, mas um instrumento para o conflito e a destruição. Em outras palavras: em vez do preconceito (enquanto ideia preconcebida), submeter-se aos processos de investigação, orientando-se por outros pesos e medidas, ocorre o contrário, isto é, tudo se decide ou se julga tendo o preconceito como medida e como referência. Volte-se ao citado Lucrécio, ao tratar de instrumentos e medidas equivocadas: "o trabalho sairá errado e torto", a construção, defeituosa, e as relações, totalmente comprometidas.

II. História do conceito.

1. Contexto. O preconceito é objeto de estudos em várias frentes, sociológicas, políticas e psicológicas. Em especial, o estereótipo enquanto comportamento aprendido ao longo da vida, porém marcadamente nos primeiros anos de vida. Há estudos que incluem, principalmente, os brinquedos escolhidos pelos pais como presentes aos seus filhos, como, por exemplo, bonecas brancas ou negras, altas ou baixas, mais fortes ou mais fracas, com esse ou aquele tipo de roupa, se de uma ou outra classe social. Pois, a partir da escolha dos brinquedos, seguidos de um discurso específico dos próprios pais ou responsáveis, criam-se estereótipos e, com eles, o preconceito, que vai se firmando e servindo para medir o mundo e as experiências interpessoais.

Como explica Pereira Lima, não há nenhuma base científica para superioridade racial, mas apenas condições proporcionadas pelo ambiente e, ainda, os referentes às culturas. A ideia de superioridade racial, que, mais agressivamente que qualquer outra, criou estereótipos, preconceitos e destruição, é simplesmente fruto de criação cultural (Lima, 1973, p. 437).

A evolução do preconceito acompanha, por motivos variados, o desenrolar histórico das religiões unidimensionais, dito isso em função do fenômeno cultural da identidade dos membros de um grupo em detrimento de outros. Ao mesmo tempo que a cultura, enquanto *cultus*, agrega indivíduos em torno de uma existência semelhante, com língua, rezas, músicas♀ etc., afasta outros grupos e, com estes, começa um processo de conflito para, quase sempre, estabelecer guerras e extermínios.

Por exemplo, a ideia preconcebida de que determinado povo possa ser "escolhido" de Deus ou, em outro tempo, outro povo ser salvo pelo Filho de Deus♀ e, ainda, que determinado profeta♀ tenha sido enviado por Deus♀ para um tipo de religião específica e, em todas essas experiências, tratar grupos diversos como inferiores e, por isso mesmo, sujeitos ao extermínio, parece ser a raiz de muitos preconceitos. O dogma♀ em religiões monoteístas é forte enquanto, no mesmo tempo, não exige comprovação, pois em tais religiões vale um tipo de crença♀ cega, aliás, o próprio questionamento de tais dogmas♀ é passível de punição♀.

Nordau trata disso, apontando o obstáculo para o desenvolvimento da humanidade em relação a essa ideia preconceituosa de um grupo ser mais querido do que outros diante da divindade (Nordau, 1950, p. 261).

O outro é sempre visto como inimigo e inferior e, por isso mesmo, deve ser destruído ou convertido em coisa, no processo de coisificação ou reificação. Não poucas vezes, como explica Pereira Lima, o outro,

PRECONCEITO

em face do estereótipo, enquanto característica do preconceito, é convertido em bode expiatório (Lima, 1973, p. 437) e sobre ele, ou seu grupo, é imposta toda violência em fúria incontrolável. Para o grupo que impõe violência, exatamente porque legitimado pelo preconceito, não há nada de equivocado ou errado, mas quase tudo é feito, muitas vezes, em nome de alguma divindade.

Os negros e os indígenas parecem ser alguns dos exemplos que reforçam a ideia do bode expiatório. Não se confunda o bode expiatório com a vítima sacrifical, pois, neste caso, fala-se em membro do próprio grupo, enquanto naquele, do bode expiatório, a violência é descarregada sobre o grupo inimigo.

2. Matizes teóricas de fundo. Voltaire (1694-1784) é um dos primeiros a detalhar o preconceito em seu *Dicionário filosófico*, considerando o preconceito como opinião sem julgamento, incluindo aí a educação das crianças que recebem o preconceito mesmo sem qualquer capacidade para julgar (Voltaire, 1964, p. 317). Mas ele segue a linha epicurista, considerando haver preconceitos universais necessários e virtuosos, como os exemplos que ele traz: "[...] amar o pai e a mãe, encarar o furto como um crime, a mentira como vício". Segundo Voltaire, as crianças são educadas com tais preconceitos antes mesmo de poderem manifestar qualquer juízo de valor, sendo certo que nada sabem enquanto recebem os preconceitos, o que seja virtude ou vício (p. 317).

Difere, de qualquer modo, o sentimento, que é, segundo ele, alguma coisa de mais forte do preconceito, pois uma mãe não ama o filho porque aprendeu a amar, não se trata de uma ideia preconcebida, mas é inata a ela enquanto mãe.

Não se pode confundir uma fábula com determinados ensinamentos de obediência. Se, assim, é narrada à criança uma fábula qualquer de qualquer povo, não deixa de ser recepcionada pela criança enquanto verdade e, depois, com idade e discernimento, não será uma mentira, mas uma engenhosidade literária. Ao contrário, explica Voltaire, se uma criança é ensinada a respeitar um homem que se veste de determinada maneira, e, além disso, aprende a se inclinar diante desse homem, isso poderá ser um preconceito que não resistirá ao julgamento quando a criança alcançar a maturidade, momento em que descobre que aquele homem não passa de um charlatão e, nesse caso, o preconceito será desfeito totalmente pelo julgamento (p. 318).

Voltaire indica alguns preconceitos típicos: preconceitos dos sentidos; preconceitos físicos; preconceitos históricos; preconceitos religiosos (p. 318 e 320).

3. Preconceitos dos sentidos. Diz Voltaire que nem sempre o que ao ouvido se diz é o que os olhos enxergam e, mesmo havendo uma palavra aos ouvidos dizendo: "És bela, eu te amo", o espelho poderá demonstrar exatamente o oposto. As coisas que os olhos enxergam como astros celestiais não são do tamanho que parecem, bem como os movimentos dos astros não são exatamente como foi ensinado (p. 318).

4. Preconceitos físicos. Um dos expressivos exemplos que Voltaire traz refere-se a determinadas expressões que, não apenas religiosamente, mas comumente, são enunciadas: *o sol ergue-se, a lua também, a terra é imóvel*, sendo esses preconceitos físicos naturais (p. 319).

5. Preconceitos históricos. A maior parte das histórias formou-se sem exame, e tal crença é um preconceito. Por exemplo, o caso de Roma ter sido formada a partir de Remo e Rômulo, ambos criados por uma loba. Segundo Voltaire, não houve nenhuma investigação se era, ou não, possível uma loba amamentar duas crianças em lugar de devorá-las. É um preconceito que se firmou (p. 319).

6. Preconceitos religiosos. Aquilo que é ensinado a uma criança nos primeiros anos sobre qualquer narrativa religiosa e, depois, o professor aprofunda ainda mais tais narrativas, tais preconceitos religiosos tendem a manter-se, ainda que o juízo, em certa época da maturidade e do esclarecimento, queira se voltar contra isso. Às vezes, tais ensinamentos que se tornam preconceitos servem para o julgamento do mundo, dos grupos, das pessoas (p. 320).

III. Correntes/escolas/autores envolvidos. O *preconceito*, bem como seus respectivos, isto é, *estereótipo*, *discriminação*, *racismo*, *americanismo* etc., vem sendo estudado por psicólogos, sociólogos, historiadores, juristas, cientistas da religião e filósofos.

Lombroso, no campo da criminologia, criou e reforçou um estereótipo, um preconceito, ou seja, um tipo criminal específico que, entre outros males, serviu para julgamentos de ordem penal durante muito tempo. Provou-se, cientificamente, que Lombroso estava errado, mas não sem o prejuízo da liberdade de inúmeras pessoas. Chegou mesmo a apresentar seu trabalho com imagens dos criminais/criminosos em potencial (Lombroso, 1896). A derrocada lombrosiana adveio com uma criminalística crítica contemporânea.

O estereótipo criado por Lombroso é apenas um exemplo dos muitos estereótipos que, no contexto do preconceito, vêm sendo criados. Torna-se a forma de pensar, conforme lembra Pereira Lima, sobre determinada pessoa ou situação. A percepção que se tem sobre determinado indivíduo ou grupo é calcada em maneiras de pensar a partir de *traços* gerais do grupo psicossocial e econômico. Assim, as características "calcadas" sobre o grupo dão a base falsa para o julgamento de qualquer indivíduo daquele mesmo grupo. É quase uma ideia fixa machadiana (*Memórias Póstumas de Brás Cubas*).

Na mesma linha, há os preconceitos exemplares. Se alguém tem um nome caracteristicamente hebraico, logo é considerado como um judeu que empresta dinheiro a juros, ou, se se tratar de um árabe, não haverá nenhum tipo de julgamento e o mesmo será considerado como inimigo natural de um judeu (Lima, 1973, p. 202).

Werneck traz um exemplo de preconceito criado na literatura de Monteiro Lobato. Refere-se ao Jeca Tatu, homem do interior, caipira, pobre, doente, preguiçoso, ignorante. Jeca Tatu, enquanto um estereótipo, era falso, justamente pela verdade unilateral de sua forma exterior, pois, completa Werneck, sob a aparência da preguiça, da ignorância, da doença, estava o drama profundo (Werneck, 1969, p. 416-417).

Nordau demonstra que a sociedade austríaca considerava como sinônimas as palavras *judeu* e *irreligioso*, pois, naquele contexto social, qualquer um que se mantinha judeu em face da religiosidade cristã da Áustria era tido como o outro, o de nenhuma religião, já que a religião cristã se impunha como modelo único (Nordau, 1950, p. 172).

IV. Evolução do conceito/Recepção. O *preconceito* evoluiu gravemente, sendo ratificado por teorias racistas, de supremacia ariana, religiosa, ocidental. O século XX testemunhou a expressão máxima do preconceito, não apenas como ideia estática e adestradora, mas como motivador discriminatório, de caráter social, econômico e jurídico. Vejam-se as três Leis de Nuremberg de 1935, cuja base era exatamente a supremacia de determinado grupo racial sobre outros. Não é demais lembrar que, na base racial de superioridade, a Europa experimentou o que é, ainda, a sua pior guerra, com mais de quarenta milhões de mortos, sem considerar quase dez milhões de mortos nos campos de concentração, entre os quais judeus, ciganos, poloneses, deficientes físicos e mentais, homossexuais e outros.

O mesmo século XX, logo no início, viu a grande movimentação de milhões de pessoas, os imigrantes/emigrantes, saídos da Europa para os países americanos, sendo considerados como inferiores nos países em que chegavam.

Um dos aspectos mais contundentes do preconceito, além de criar tipos estereotipados e comportamentos negativos, é a discriminação.

V. Discriminação. A discriminação é generalizada em relação aos grupos chamados de "minorias", feitos minorias; é um fenômeno presente em qualquer parte do mundo contemporâneo. Há políticas discriminatórias estadunidenses, francesas, europeias, orientais etc. Para citar mais detalhadamente apenas as brasileiras, com graves violações discriminatórias, eis alguns grupos: LGBT, moradores de periferias, negros, membros de cultos de matriz africana.

Discriminar é tratar com diferenças e, em qualquer caso, não reconhecendo direitos ou obstaculizando tais direitos. Discriminar é o preconceito levado a efeito prático, é a realização do preconceito, sobretudo no que respeita às políticas públicas. A Constituição Federal brasileira é clara quando aponta objetivos fundamentais da Repú-blica Federativa do Brasil, na condição de Estado Democrático de Direito⟲: "Promover o bem de todos, sem preconceitos de origem, raça, sexo, cor, idade e quaisquer outras formas de discriminação" (CF/88: Artigo 3º, IV).

Apesar da Constituição Federal, os grupos LGBT não têm direitos positivados, já que o Brasil é de um Sistema Positivo, tendo conseguido, apenas, uma decisão no Supremo Tribunal Federal (STF).

Ademais, os moradores periféricos não têm garantidos todos os direitos, mormente os que se referem aos serviços públicos. Por exemplo, quando da última época de seca, houve flagrante discriminação na distribuição de água, privilegiando bairros "nobres" em detrimento de bairros "periféricos" (Nardella-Dellova, 2015, p. 68).

A mesma coisa se diga dos cultos de matriz africana que, em face de uma sociedade preconceituosa, não têm os mesmos tratamentos despendidos para grupos cristãos em geral. Finalmente, um dos maiores flagrantes discriminatórios ocorre no sistema de favelas. Conforme a visão discriminatória, a favela é vista como um aglomerado desordenado de vagabundos desempregados, mulheres e crianças abandonadas, ladrões, bêbados, prostitutas e traficantes. Um grupo de sociólogos que trabalhou intensamente com favelas concluiu que a favela é usada como bode expiatório para muitos problemas sociais embaraçosos não resolvidos, baixo índice de crescimento nacional bruto, altos índices de infiltração, e são tais as definições discriminatórias que até mesmo o favelado se convence de que é mesmo incapaz.

Marcos Bagno, em importante obra, aponta um tipo já conhecido de preconceito: o linguístico. É preconceito convertido em discriminação desde os bancos escolares fundamentais, pois qualquer "desvio" em relação à norma culta é chamado de "erro". Nos anos 1990, o conhecido Professor Pasquale tentou ensinar que a palavra *pizza* poderia ser escrita como *pitça*, não obtendo qualquer sucesso, pelo contrário, foi muito criticado. Mas a Língua Portuguesa não é exatamente a língua natural da terra. Aliás, o Brasil possui inúmeras famílias linguísticas, entre as quais as indígenas e as africanas. Mas, lembra o autor, a questão da língua é uma questão política (Bagno, 2009, p. 92).

Tal é o preconceito, de origem, e a discriminação em relação a grupos minoritários ou vulneráveis, que, além do texto constitucional, os preconceitos de raça e cor são objeto da Lei 7.716/1989, que trata de crimes resultantes de preconceito de raça ou de cor; a Lei 8.081/1990 trata de penas aplicáveis aos atos discriminatórios ou de preconceito de raça, cor, religião⟲, etnia, ou procedência nacional, praticados pelos meios de comunicação ou por publicação de qualquer natureza; a Lei 12.288/2010 institui o Estatuto da Igualdade Racial; e o Decreto 7.388/2010 dispõe sobre o Conselho Nacional de Combate à Discriminação (CNCD). Há outras leis no mesmo sentido.

PROSELITISMO   754

A título de considerações finais. Embora o problema tenha sido identificado e, é preciso reconhecer, tenha havido avanços importantes no combate ao preconceito, à discriminação, às homofobias etc., não basta que haja leis, pois o processo de criação de preconceitos e seu estabelecimento exigem tempo e determinação com vigor (*Satyagraha*, lembrando Gandhi). Os estudos antropológicos, sobretudo na área cultural, a defesa do pluralismo e da diversidade religiosa, de gênero♀ e de liberdade sexual, a interdisciplinaridade das várias áreas humanistas com o Direito♀ contribuem para se tentar reverter o quadro de humilhações e constrangimentos por que ainda passam grupos minoritários ou tidos como diferentes.

Bibliografia: AULETE, F. J. C. *Diccionario Contemporaneo da Lingua Portugueza*. v. 2. Lisboa: Imprensa Nacional, 1881; BAGNO, M. *Preconceito linguístico*: o que é, como se faz. 51. ed. São Paulo: Loyola, 2009; EPICURO. *Opere, frammenti, testimonianze*. Traduzione italiana. Introduzione di Gabriele Giannantoni. Roma: Laterza e Figli, 1986; LOMBROSO, C. *L'Uomo criminale*. Firenze: Fratelli Bocca Editori, 1896; NARDELLA-DELLOVA, P. Racismo e exclusão na distribuição de água: uma reflexão a partir da gestão do Governo do Estado de São Paulo. *Revista de Direito Padre Anchieta*, ano 15, n. 23, 2015, p. 68; NIZAN, P. *Os materialistas da Antiguidade*. Tradução de Maria Helena Barreiro Alves. Lisboa: Editorial Estampa, 1972; NORDAU, M. *As mentiras convencionais da nossa sociedade*. Tradução de M. C. da Rocha. Rio de Janeiro: Simões, 1950; LIMA, L. P. *Dicionário de psicologia prática*. 6. ed. São Paulo: Honor Editorial, 1973. vol. I e II; PETERS, F. E. *Termos filosóficos gregos*: um léxico histórico. Tradução de Beatriz Rodrigues Barbosa. 2. ed. Lisboa: Fundação Calouste Gulbenkian, 1974; VOLTAIRE. *Seleções de Voltaire*. Rio de Janeiro: W. M. Jackson, 1964; WERNECK SODRÉ, N. *História da literatura brasileira*: seus fundamentos econômicos. 5. ed. Rio de Janeiro: Civilização Brasileira, 1969.

PIETRO NARDELLA-DELLOVA

PREDESTINAÇÃO → Destino

PROFANO → Sagrado

PROFETA → Especialista religioso

PROSELITISMO

Conceito êmico que deriva do grego antigo *prosélutos* [recém-chegado], foi originalmente utilizado para se referir aos não judeus que consideravam a conversão ao Judaísmo. Hoje, porém, pode ser aplicado virtualmente a qualquer pessoa ou congregação♀ religiosa que tenta, através de qualquer meio, converter outra pessoa ao seu sistema de crenças♀ ou convencê-la a se manter como um membro de sua congregação♀. O proselitismo engloba ações de manutenção da identidade de uma comunidade religiosa♀, manutenção do poder religioso, todo tipo de educação religiosa confessional, a presença pública de símbolos religiosos na sociedade, publicidade religiosa e políticas de manutenção da adesão de fiéis.

Como termo êmico, uma tendência é notada entre os teólogos de considerar "proselitismo" um termo pejorativo, distinguindo "proselitismo" de "evangelização". Do ponto de vista ético, "proselitismo" e "evangelização" são sinônimos. O buscar a conversão e manutenção de fiéis não se torna algo diferente só porque está baseado na Bíblia♀. Esse tipo de distinção não é apropriado à Ciência da Religião♀, pois os cristãos não devem ser considerados mais especiais do que as pessoas de outras religiões em nossa disciplina. Nesse sentido, nossa leitura do objeto deve levar em conta o que caracteriza a ação em si do proselitismo (critérios extrarreligiosos), e não o que as religiões emicamente consideram que é ou não proselitismo (critérios intrarreligiosos).

Proselitismo é, antes de tudo, uma forma de propaganda, tanto que "a primeira apropriação do termo 'propagada' foi feita pela Igreja♀ Católica, no séc. XVII, com o estabelecimento pelo Papa Gregório XV de uma Comissão Cardinalícia para a Propagação da Fé" (Pinho, 1990, p. 20, grifo do autor). Portanto, para a Ciência da Religião♀, um meio ético de abordar o assunto é através de empréstimos teóricos da área da publicidade. Mas para isso é preciso antes se ter claro que "fazer propaganda é propagar ideias, crenças♀, princípios e doutrinas" (Pinho, 1990, p. 20), e não simplesmente veicular anúncios em busca de aumentar os lucros de uma empresa. Como explica Giacomini Filho (1991, p. 16), nem todo tipo de propaganda será empreendido, ou seja, pago. Isso significa que o proselitismo envolve qualquer ação utilizada para difundir os valores de uma religião e ampliar as possibilidades de adesão e conversão, desde a comunicação interpessoal, pelo testemunho de uma pessoa a outra, ou na forma de discurso durante um culto perante várias pessoas, tanto quanto a escrita, a música♀, as artes plásticas, o teatro, os jornais, as revistas, o rádio, o cinema, a televisão, e, mais recentemente, a Internet♀.

Segundo Pinho (1990, p. 23), no Brasil "a mais conhecida ação de propaganda religiosa é empreendida todo ano, no período da Quaresma, pela Igreja♀ Católica. Trata-se da Campanha da Fraternidade, [...] que se serve dos meios de comunicação de massa para disseminar sua mensagem evangélica". No entanto, outros casos, de outras religiões, possuem também grande destaque, como a campanha "Eu sou a Universal", da Igreja♀ Universal do Reino de

Deus. Nas artes, todo movimento da música ♀ *gospel*, que visa difundir valores e dogmas ♀ religiosos aos ouvintes, é também uma forma de proselitismo religioso. Outros exemplos são o caso da popularização da Wicca, que se deu graças ao cinema e à televisão na década de 1990 (Russell; Alexander, 2008), e as diversas novelas da Rede Globo que apresentaram a concepção espírita de reencarnação ao público brasileiro.

No presente verbete aplicaremos três tipologias da propaganda ao proselitismo, considerando que discutir os diferentes tipos de propaganda torna possível à Ciência da Religião ♀ o entendimento das diferentes formas pelas quais o proselitismo pode se manifestar na sociedade.

I. Proselitismo comercial. Segundo Giacomini Filho (1991, p. 13), a propaganda comercial (ou propaganda de serviço) é identificada com "uma conotação de interesse direto à atividade comercial, [...] o que a torna – se estudada dentro de uma perspectiva social – um elemento básico para compreender as relações de consumo e a realidade atual". Aplicando o conceito às religiões, isso significa que o proselitismo comercial diz respeito a ações de divulgação de produtos ou serviços religiosos a serem vendidos aos adeptos ou a pessoas que, porventura, transitam pelos meios religiosos. Além disso, estudar esse tipo de proselitismo auxilia na compreensão da relação entre dinheiro/consumo e a realidade do grupo estudado. Ao passo que algumas religiões terão maiores ressalvas à comercialização direta em seus templos, outras possuirão uma abordagem menos problemática com o dinheiro, o que também terá reflexos na realidade concreta de seus adeptos. Não somente isso, tal relação pode levar algumas religiões a se especializar em fiéis pobres, ao passo que outras podem se especializar em fiéis ricos.

Como explica Giacomini Filho (1991, p. 15-16), as propagandas comerciais são identificadas com duas características principais: 1) sua comunicação é *identificada*, ou seja, faz alusão a quem fornece o produto; e 2) adota uma *linguagem persuasiva*, visando instigar uma reação no consumidor para que experimente o produto e tenha uma opinião positiva sobre a empresa. No geral, isso também é observado nas religiões. Citando o exemplo do casamento religioso em uma sociedade secular, as religiões utilizam o proselitismo comercial para convencer seus fiéis a adquirirem o matrimônio religioso além do matrimônio cívico. Isso é feito através de uma linguagem persuasiva para reforçar a importância espiritual do serviço religioso, identificando explicitamente a religião ♀ com a prestadora do serviço a ser adquirido.

A respeito de a comunicação ser identificada, isso pode acontecer explícita ou implicitamente. O autor explica que "normalmente a identificação ou assinatura é feita com uma marca do anunciante ou a própria estampa do produto; há muitos casos, porém, em que aparece o nome do fabricante, fornecedor, distribuidor ou apenas o crédito da agência" (Giacomini Filho, 1991, p. 15). Isso também é observado nas religiões. Em alguns casos, o produto religioso pode ser claramente apresentado como um bem de consumo ofertado pela religião ♀ (por exemplo, objetos ungidos, rosários, livros religiosos, taxas para ritos de passagem etc.), tanto quanto como bens desassociados de um pertencimento religioso imediato, mas que contêm implicitamente a assinatura do grupo religioso produtor (por exemplo, leituras de oráculos ♀, banhos de banimento, *workshops*, vivências, atividades corporais, turismo religioso ♀, quermesses, festas populares etc.).

II. Proselitismo institucional. Segundo Pinho (1990, p. 23), "a propaganda institucional tem por propósito preencher as necessidades legítimas da empresa, aquelas diferentes de vender um produto ou serviço". É, em outras palavras, uma mescla de relações públicas e publicidade, podendo ser utilizada para informar sobre mudanças institucionais, a necessidade de se seguir alguma regra ou norma, e também para construir e manter a própria imagem ♀ da empresa. Sua linguagem usualmente é marcada por recursos emocionais para sensibilizar as pessoas, sendo utilizada tanto por órgãos públicos quanto por grupos privados (Pineda Cachero; Rey, 2009, p. 10-11).

A propaganda institucional não difere da propaganda comercial nos quesitos de comunicação. Ela também adota uma linguagem persuasiva e sua origem sempre é identificada. A diferença entre as duas jaz no veículo e no objetivo. De acordo com Pineda Cachero e Rey (2009, p. 13), como a propaganda institucional visa à difusão ampla de uma informação, é esperado disso que a marca como um todo seja tornada pública, e não simplesmente um produto ou serviço. Isso faz com que as propagandas institucionais tenham uma restrição quanto à forma e ao veículo, algo que a propaganda comercial não possui. Portanto, é mais fácil vermos propagandas institucionais em veículos de grande penetração, como jornais, televisão, rádios e na educação.

Aplicando o conceito às religiões, toda forma de iniciativa pela manutenção da imagem ♀ da instituição religiosa pode ser classificada como proselitismo institucional. As campanhas da fraternidade do Catolicismo, citadas anteriormente, e as peças publicitárias da Igreja ♀ Universal do Reino de Deus com o *slogan* "Eu sou a Universal" são exemplos claros de proselitismo institucional. Mas a presença de determinados agentes ou símbolos religiosos em programas de TV e no espaço público também o são. Todos os canais de TV (por exemplo, Canção Nova, Rede Vida, TV Aparecida, Rede Visão, TV Mundo Maior etc.) e rádios (por exemplo, Rádio Espírita, Rádio *Hare Krishna*, Rádio Mundial, Rádio Vinha de Luz etc.), programas religiosos (por exemplo, novelas de temática bíblica, Show da Fé, Fala que Eu te Escuto, Diante do Trono, Missa de Aparecida etc.), além do jornalismo orientado pela religião♀ (por exemplo, *Gospel News*, O Eco d'Além Túmulo, Folha Universal, Despertai!), são formas de proselitismo institucional.

O aparato público pode também promover proselitismo institucional, mesmo em países cuja constituição declara se tratar de um Estado laico. Quando, por exemplo, encontramos um crucifixo em um cartório, um tribunal ou uma delegacia, o Estado está fazendo proselitismo institucional. Quando Luis Inácio Lula da Silva foi eleito em 2003, e uma de suas primeiras ações como presidente, ainda durante sua posse, foi entrar em uma Igreja♀ Católica, isso também foi uma forma de proselitismo institucional. Do mesmo modo, quando, em 2017, o Supremo Tribunal Federal do Brasil, para atender aos interesses do Catolicismo, decidiu que o Ensino Religioso pode ser confessional nas escolas públicas, o ministro Alexandre de Moraes fez proselitismo institucional ao declarar em seu voto que o Ensino Religioso que ensina sobre várias religiões é "fictício" (*sic*) e que opera "em desrespeito à singularidade de cada um", além de afirmar que o Ensino Religioso pautado na Ciência da Religião♀ seria uma forma de "interferência estatal" (*sic*) (Moraes, 2017, p. 4-5). O objetivo dessa fala específica foi muito mais uma forma de reafirmação/manutenção da imagem♀ do Ensino Religioso catequético do que, de fato, uma argumentação jurídica com base na realidade do que está acontecendo nas escolas públicas do Brasil.

Além disso, usualmente as propagandas institucionais apresentam um ou mais dos objetivos listados a seguir: 1) informar; 2) favorecer o conhecimento das leis; 3) modificar comportamentos e atitudes; 4) criar, manter ou melhorar a imagem♀ da instituição; 5) destacar a existência ou a notoriedade da instituição; 6) favorecer a atividade de algum setor; 7) levantar dinheiro; e 8) proporcionar serviços. Como explicam Pineda Cachero e Rey (2009, p. 14), os três primeiros objetivos podem ser mais neutros e se distanciar bastante das propagandas comerciais, ao passo que os três últimos se mesclam mais com os propósitos das mesmas. A diferença pode ser notada no veículo. Quando uma igreja cristã faz uma campanha sobre a importância do dízimo para a manutenção de sua sede, ela está fazendo proselitismo institucional. Isso difere de quando a mesma igreja, tendo a mesma finalidade, decide fazer uma rifa ou vender algum produto aos fiéis. O objetivo é o mesmo, mas o veículo é diferente. Comprar uma rifa ou produto não tem uma relação tão direta com a imagem♀ da igreja em si quanto o dízimo.

Por fim, devemos ter claro que qualquer forma de educação religiosa confessional é sempre uma forma de proselitismo institucional. Não existe Ensino Religioso confessional que não seja proselitista,

mesmo quando, em perspectiva ecumênica, o Ensino Religioso confessional adota quase todos os objetivos listados no parágrafo anterior: 1) deseja informar às crianças sobre a religião♀ que orienta a confissão; 2) apresenta os dogmas♀ e valores principais dessa religião; 3) pretende modificar o comportamento e as atitudes dos estudantes, de acordo com tais dogmas♀ e valores; 4) perpetua a imagem♀ autoconstruída pela religião♀; e 5) reforça a notoriedade e importância da religião. Em muitos casos, esse modelo de Ensino Religioso pode também 6) reforçar as atividades de um setor – no caso, os próprios religiosos (teólogos, padres, pastores etc.), que são apresentados como docentes para tal conteúdo escolar.

III. Proselitismo de guerra. A propaganda de guerra – também chamada de propaganda ideológica por Pinho (1990) – pode ser vista como o oposto da propaganda institucional: ela tem o objetivo de difamar a imagem♀ institucional de um rival entre o maior número possível de pessoas. Por causa disso, faz uso dos mesmos meios de grande massa da propaganda institucional: o cinema, a música♀, os jornais, a televisão etc. Mas enquanto a propaganda institucional tem sua origem sempre identificada, muitas vezes a propaganda de guerra omite quem são os veículos que propagam a informação difamatória.

Como explica Pinho (1990, p. 22), o estilo de vida é o principal foco da propaganda de guerra. Através de um discurso de pretensa segurança do estilo de vida de determinada sociedade, atenta-se contra os grupos rivais, vilipendiando-os por meio da propaganda. Esse processo acontece fortemente pautado na ideologia♀, através de uma versão parcial da realidade que tem como objetivo final a implantação ou manutenção de determinado regime político, estrutura econômica ou sistema cultural. No Brasil, esse tipo de propaganda foi muito utilizado durante a ditadura militar, "coordenada por órgãos especialmente criados: Assessoria Especial de Relações Públicas da Presidência da República (AERP) nos governos Costa e Silva e Médici; Assessoria de Imprensa e Relações Públicas (AIRP) no governo Geisel; finalmente, Secretaria da Comunicação Social (SECOM) no governo Figueiredo" (Pinho, 1999, p. 22). Mais recentemente, também foi empregada pela operação Lava Jato, em parceria com a Rede Globo, para demonizar o Partido dos Trabalhadores e os políticos de esquerda, manipulando a opinião pública para apoiar o golpe contra Dilma Rousseff (Santana, 2019).

Nas religiões, o proselitismo de guerra pode assumir duas facetas principais: 1) objetivamente demonizando um grupo religioso rival (por exemplo, demonização das religiões de matriz africana) ou setores da sociedade (por exemplo, demonizam a população LGBT); e 2) criando heróis ou messias que passam a ser apresentados como salvadores do estilo de vida do grupo religioso em questão. Ambas as facetas podem acontecer em conjunto, como foi possível observar nas eleições presidenciais brasileiras de 2018: a esquerda e os "comunistas", de modo geral, foram demonizados por grande parte das igrejas pentecostais do país, ao mesmo tempo que Jair Bolsonaro foi apresentado como um messias que salvaguardaria o estilo de vida da família tradicional cristã.

Os efeitos do proselitismo de guerra são bastante nefastos, pois levam impreterivelmente à intolerância. Novamente pegando o caso já mencionado das eleições presidenciais brasileiras, ao propagarem que a esquerda vai contra os valores tradicionais da família cristã e apresentarem Bolsonaro como o bastião da moral e dos bons costumes, as igrejas evangélicas que adotaram tal estratégia de proselitismo criaram um mecanismo de cerceamento da liberdade de pensamento entre seus fiéis. Não apoiar o messias apresentado pela Igreja℗ ou não aceitar que o grupo que está a ser difamado é a própria encarnação do mal passa a ser visto como uma forma de heresia. Nesse sentido, o proselitismo de guerra, diferente do proselitismo comercial e do proselitismo institucional, assume um grande risco, pois acaba colocando em xeque a própria pertença religiosa de seus adeptos. Em outras palavras, ou a pessoa está disposta a enfrentar com a Igreja℗ o inimigo comum, ou ela não é mais considerada um fiel verdadeiro.

Bibliografia: GIACOMINI FILHO, G. *Consumidor* versus *propaganda*. São Paulo: Summus, 1991; MORAES, A. de. *Voto*: ADI 4439/DF. Brasília: STF, 2017; PINEDA CACHERO, Antonio; REY, J. Propaganda y publicidad institucional: algunas consideraciones teóricas. *Questiones publicitárias*, Sevilla, 2009, p. 9-32; PINHO, J. B. *Propaganda institucional*: usos e funções da propaganda em relações públicas. São Paulo: Summus, 1990; RUSSELL, J. B.; ALEXANDER, B. *História da bruxaria*. São Paulo: Aleph, 2008; SANTANA, E. Parceria JN-Lava Jato redefiniu os rumos do país, e para pior. *Viomundo*, 06/09/2019. Desnudando a Mídia. Disponível em: <https://www.viomundo.com.br/desnudandoamidia/eliara-santana-parceria-jn-lava-jato-redefiniu-os-rumos-do-pais-e-para-pior.html>. Acesso em: 17/09/2019.

Fábio L. Stern

PROVIDÊNCIA → Destino

PSICANÁLISE

A psicanálise consiste, ao mesmo tempo, em uma disciplina do conhecimento sustentada na análise da vida psíquica (mais particularmente, no estudo de seus aspectos inconscientes) e em uma forma de terapia verbal fundamentada em métodos℗ específicos de investigação dos processos mentais, a exemplo da associação livre. Desenvolvida inicialmente pelo neurologista austríaco Sigmund Freud℗ (1856-1939), a psicanálise veio a receber as contribuições de diversos outros psicanalistas ao longo do tempo, ora favoráveis às teses de Freud℗, ora descontentes com as teorias do pai fundador. Os psicanalistas que o sucederam também propuseram teorias novas e alguns criaram suas próprias escolas de pensamento, como se deu com Alfred Adler (1870-1937) e Carl Gustav Jung℗ (1875-1961).

Em função das muitas disputas conceituais que marcaram a trajetória da psicanálise, ela tem sido objeto, desde os seus primórdios, de uma ampla controvérsia em relação à sua cientificidade. Para o filósofo Karl Popper (1902-1994), as teses psicanalíticas não seriam passíveis de refutação pelo método℗ científico e, portanto, não seriam científicas. Há quem defina a psicanálise, como é o caso de Paul Ricœur℗ (1913-2005), como uma forma de hermenêutica℗ do sujeito, um sistema de interpretação℗ dos conteúdos subjacentes ao conteúdo manifesto do discurso. Pode-se também argumentar que a psicanálise se fundamenta, primordialmente, em técnicas de análise qualitativa. Algumas de suas ideias são cientificamente testáveis, a exemplo de suas hipóteses sobre o papel da figura paterna nas representações de Deus, enquanto outras permanecem em um terreno exclusivamente especulativo, como sua complexa hipótese do parricídio original na horda primitiva (Wulff, 1991). É importante assinalar que Freud℗ foi um homem de seu tempo, por isso suas elaborações teóricas carregam a pretensão de universalidade, abordagem própria dos conceitos de sua época e visível no trabalho também dos que o acompanharam, a exemplo de Jung℗. Variações mais contemporâneas das teorias psicanalíticas, como a chamada "teoria do apego", têm obtido significativa confirmação empírica, com importantes implicações para uma elucidação psicológica de certos aspectos das crenças℗ religiosas, como discutiremos mais adiante.

A despeito de sua origem terem-se verificado no contexto da clínica neurológica e psiquiátrica, as teorias psicanalíticas foram aplicadas por Freud℗ em diversas outras áreas, adquirindo o caráter de um sistema interpretativo amplo. Suas ideias foram utilizadas como um método℗ de análise das obras de arte, na interpretação℗ das culturas e no estudo das crenças℗ e práticas religiosas. Freud℗ acreditava que todos os processos mentais possuem uma causa psicológica a ser desvendada; nada em nossa mente acontece por acaso, daí a ação de processos inconscientes nos sonhos, nos atos falhos, sintomas, chistes e em praticamente todas as atividades humanas. Por outro lado, ele se opunha à ideia de uma relação causal entre os eventos intrapsíquicos e os de natureza externa – o que ele enxergava como mera superstição♀: "Creio no acaso (real) externo, sem dúvida, mas não em casualidades (psíquicas) internas" (Freud, 1901, p. 253). Para Freud♀, o supersticioso projetaria no mundo a causalidade percebida por ele entre seus próprios eventos intrapsíquicos, considerando-a, erroneamente, como originária do ambiente externo, ao interpretá-la como ação de espíritos ou forças mágicas, num processo semelhante à paranoia – em que certas características inconscientes e ameaçadoras ao próprio indivíduo são projetadas em outras pessoas, vindo a assumir, imaginariamente, a posição de perseguidoras suas.

Freud♀ entendia que as crenças♀ mágicas e religiosas teriam se originado da necessidade humana de tornar tolerável seu desamparo e debilidade diante das forças da natureza, tendo sido criadas a partir de lembranças do desamparo infantil individual e da infância da espécie humana. O controle psicológico sobre o ambiente, mediante o antropomorfismo♀, precederia e subsidiaria uma posterior dominação física. A atribuição de caracteres humanos à natureza torná-la-ia um tanto mais previsível, diminuindo a ansiedade proveniente do acaso e da incerteza que caracterizam os fenômenos naturais (Freud, 1927).

Freud♀ associava também a adoração religiosa à ambivalência peculiar contida no relacionamento da criança com a figura paterna, ao mesmo tempo de *identificação e temor*. Aos poderes e deuses superiores do imaginário religioso seriam emprestadas características pertencentes à figura do pai. Deus seria, assim, uma espécie de pai exaltado. Suas ideias sobre religião♀ estavam intrinsecamente relacionadas à sua teoria do surgimento da civilização, expressa no mito da horda primitiva, explorado em detalhes em sua obra *Totem e tabu*, de 1913, livro no qual sugere que a religião♀, a moralidade e o senso social se formaram com base no complexo paterno e no sentimento de culpa subsequente, originados do parricídio original; tema mítico que seria reproduzido enquanto herança filogenética em cada indivíduo nascido, constituindo uma parcela inconsciente de sua estrutura superegoica. Nesse sentido, Freud♀ definirá as crenças♀ religiosas como ilusões sustentadas em fortes e prementes desejos♀ da humanidade, ilusões neuróticas que, tal como ocorre no caso do desenvolvimento infantil individual, são superadas conforme se atingem estágios psicológicos mais maduros. Freud♀ considerava como ações compulsivas as doutrinas e os ritos religiosos. Em sua perspectiva desenvolvimentista e psicopatológica, ele comparou a religião♀ a uma neurose obsessiva universal, isto é, uma etapa a ser superada na história humana, mas sem adentrar discussões teológicas e metafísicas♀ (Freud, 1927).

É importante assinalar, contudo, que Freud♀ também salientou indícios de associação positiva entre crença♀ religiosa e saúde♀ mental. Considere-se, por exemplo, este seu comentário após explorar certas comparações entre religião♀ e neurose obsessiva: "E harmoniza-se bem com isso o fato de os crentes devotos serem em alto grau salvaguardados do risco de certas enfermidades neuróticas; sua aceitação da neurose universal poupa-lhes o trabalho de elaborar uma neurose pessoal" (Freud, 1927, p. 118). Por seu turno, ele próprio veio a reconhecer que seu exame psicológico das questões religiosas era limitado: "Meu trabalho constitui um bom exemplo do isolamento estrito da contribuição específica que o exame psicanalítico pode efetuar quanto à solução do problema da religião" (p. 102).

As concepções de Freud♀ acerca da religião♀ não permaneceram, todavia, isentas de críticas, mesmo dentro do movimento psicanalítico. Seu interlocutor e amigo, o pastor luterano e psicanalista leigo♀ Oskar Pfister (1873-1956), defendeu a psicanálise como um recurso de clarificação da religião. Contrapondo-se a Freud♀, ele argumentará que a neurose obsessiva se restringe a formas "primitivas" de religiosidade, diferenciando-se, assim, da estrutura eclesiástica. Embora a neurose possa distorcer a religião♀, aquela não representaria um aspecto necessário desta. À explicação de Freud♀ da religião♀ como realização de desejos♀ infantis e desenvolvimento ulterior do antropomorfismo♀, Pfister argumentará que muitos outros produtos da atividade humana envolvem características antropomórficas e regressivas, não sendo estas definidoras por excelência das religiões. Se para Freud♀ a ilusão deve ser superada, para Pfister a ilusão pode também produzir frutos, incluindo a própria ciência e os avanços tecnológicos. Invertendo a lógica freudiana, Pfister também sugerirá que o ateísmo poderia ser entendido sob o prisma da neurose, ao constituir uma negação de Deus e, portanto, da figura paterna. Opondo-se à caracterização da religião♀ por Freud♀ como repressora dos instintos, Pfister defenderá que a verdadeira religião não deve proteger a civilização ou o *status quo*, mas sim transcendê-los. Por fim, Pfister enxergará no pensamento cristão a aplicação de princípios psicanalíticos. Com o evangelho de Jesus, retira-se a fixação dos pais para direcioná-la ao pai absoluto, que é amor. Assim, Deus♀ não seria mais adorado com sacrifícios♀, mas amado e vivido em atos e sentimentos (Pfister, [1928] 1993).

A resposta de Pfister a Freud♀ ilustra alguns dos desenvolvimentos posteriores tomados por outros psicanalistas no estudo da religião. Diferentemente de Freud♀, pensadores como Erich Fromm♀ (1900-1980), Erik Erikson (1902-1994) e Donald Winnicott (1896-1971) estabelecerão importantes distinções entre variadas formas e desenvolvimentos da religiosidade, salientando a variedade e complexidade dos caminhos pelos quais as práticas religiosas (não apenas as de natureza judeo-cristã) se relacionam com os processos psíquicos investigados pela psicanálise. Um dos primeiros psicanalistas a romper com Freud em razão de sua perspectiva unilateral da religião, entre outros fatores, foi o psiquiatra suíço Carl Jung.

A compreensão de Jung sobre as crenças religiosas diferia substancialmente da de Freud, no fato de que, enquanto este tendia a relacionar a religiosidade a processos de natureza infantil e patológica, aquele reconhecia nelas uma tentativa da psique em restabelecer equilíbrio e buscar desenvolvimento, em outras palavras: *individuação*. A individuação designa, para Jung, o processo pelo qual acessamos nossos potenciais, ao mesmo tempo que fortalecemos nossas identidades e estabelecemos um relacionamento maduro com os outros. O objetivo da individuação é expandir o ego para o que Jung chama de *Self*, a totalidade psíquica, a personalidade em sua inteireza, consciente e inconsciente. Jung acreditava que as crenças e rituais religiosos são representações simbólicas de alguns dos principais desafios na jornada da individuação. As práticas e representações religiosas também indicariam possíveis soluções, fornecendo as circunstâncias pelas quais os indivíduos podem obter acesso a seus potenciais e direcionar a energia psíquica para objetivos específicos (Jung, [1940] 1980).

Embora Jung se negasse a avaliar as questões místicas e religiosas de uma perspectiva metafísica, limitando-se a considerá-las em seu aspecto estritamente psicológico, ele acreditava que as religiões desempenham um papel crucial na vida das pessoas e na sua capacidade de lidar com a questão da morte, chegando a defender a noção de que as religiões são como sistemas psicoterapêuticos naturais à disposição dos indivíduos, os quais facilitam as relações entre o ego e o *Self* e contribuem no desenvolvimento da personalidade, ao converterem a energia instintiva em atividades psicológicas específicas. Segundo suas palavras, "a religião é o sistema mais elaborado por trás do qual se esconde uma grande verdade prática" (Jung, 1935, p. 151). Jung considerava as religiões, ao lado dos elaborados sistemas mitológicos de diferentes civilizações, como uma fonte fundamental de informação para o psicólogo, em seus esforços por compreender a natureza da psique e os problemas humanos. Assim, ele se dedicou a um detalhado estudo comparativo de diversas tradições místicas orientais e ocidentais, em um esforço por integrar o conhecimento antigo com os desenvolvimentos da Psicanálise e da Psicologia modernas.

De modo semelhante a Jung, que entendia a religiosidade como expressão de uma função natural e instintiva da psique, o psicanalista alemão Erich Fromm também se referia a uma *necessidade religiosa*, a uma busca intrínseca do ser humano por sistemas de orientação e devoção, a qual seria universal. De forma parecida com Pfister, Fromm também diferenciava formas humanistas e autoritárias de religiosidade, distinguindo, assim, entre modalidades mais saudáveis em contraste com outras mais neuróticas. Também de modo assemelhado a Jung, Fromm definirá a função religiosa como presente não apenas em práticas ou sistemas de crença reconhecidamente religiosos, como também na devoção moderna a partidos políticos e movimentos sociais, tomando como exemplo negativo a emergência do Nazismo na Alemanha após a Primeira Guerra Mundial (Fuller, 1994). Outro psicanalista a analisar a religião sob uma perspectiva mais positiva que a de Freud foi Erik Erikson, cujo modelo desenvolvimentista da identidade concederá um lugar de importância à religiosidade e à fé na tradição como propulsoras de um desenvolvimento psíquico maduro (Wulff, 1991).

Duas mudanças importantes nas perspectivas psicanalíticas pós-freudianas acerca da religião se deram em relação ao papel outorgado à figura materna, antes negligenciado nas teses freudianas da religião como exaltação do pai, e à importância das relações interpessoais, de modo geral. Embora atento à maneira como as relações familiares moldam a maneira de o indivíduo se relacionar consigo mesmo e com o mundo, Freud tendia a enfatizar o embate de forças sexuais e destrutivas no interior do indivíduo, mais do que as relações objetais propriamente ditas. Foi com o trabalho de psicanalistas como Melanie Klein (1882-1960) e Donald Winnicott que a perspectiva centrada nas relações objetais ganhou força e influenciou desenvolvimentos subsequentes na visão psicanalítica da religião. Nesse sentido, a ênfase passa a residir em como se dá a construção das representações religiosas, em especial de Deus e outras figuras espirituais, a partir de uma compreensão das relações inicias do indivíduo com seus pais e com outros objetos ao longo da vida. Para Winnicott, a religião ocuparia um lugar intermediário entre a ilusão e a realidade, uma zona transicional de criatividade primária, em que outros produtos da cultura humana, como as artes, são também forjados. O conceito de ilusão empregado aqui é, todavia, diferente daquele de Freud. Em contraste com a fantasia patológica, a imaginação humana é o terreno da brincadeira, do lúdico, da criatividade.

Inspirada no trabalho de Winnicott, a psicanalista argentina Ana-Maria Rizzuto (1932-) investigou como se desenvolve a representação de Deus nos indivíduos desde a infância e como essa representação tanto se constrói a partir das relações com as figuras parentais quanto ajuda a moldar, em um processo de retroalimentação, essas mesmas relações. A partir das entrevistas e do material de análise apresentado em sua obra *The birth of the living God*, Rizzuto conclui que ambos, mãe e pai, contribuem para o estabelecimento da representação de Deus. Ela também observa que essa representação não é estática, mas se modifica ao longo da vida, adquirindo contornos diversos conformes as situações e demandas emocionais em jogo. Para Rizzuto, cada estágio de desenvolvimento tem seus próprios objetos transicionais apropriados para a idade e para o nível de maturidade do indivíduo. Caso atualizado durante cada crise de desenvolvimento, Deus pode permanecer como um objeto transicional psiquicamente relevante até a maturidade e o restante da vida (Fuller, 1994).

Outro trabalho importante e de inspiração psicanalítica a se mencionar no campo das representações de Deus consiste na série de estudos realizada pelo padre e psicanalista belga Antoine Vergote (1921-2013). Vergote investigará em profundidade, a partir do método quantitativo, as representações de Deus em diferentes indivíduos, desde pessoas saudáveis a pacientes esquizofrênicos, delinquentes e indivíduos de culturas e afiliações religiosas distintas. Em convergência com o estudo de Rizzuto, Vergote observará que a representação de Deus se constitui a partir de uma integração de elementos do pai e da mãe, sendo, algumas vezes, mais maternal do que paternal. Variações importantes também eram observadas entre os indivíduos saudáveis e ajustados e os demais grupos, mostrando que características psicopatológicas e antissociais podem se associar a diferentes concepções, tanto das figuras parentais quanto de Deus. Os estudos de Vergote, a par daqueles realizados por Rizzuto e outros, estabeleceram toda uma tradição de pesquisas psicológicas acerca das imagens de Deus que extrapolaram as fronteiras da psicanálise, dando origem a teorias e abordagens derivadas, a exemplo da teoria do apego.

A teoria do apego desenvolvida por John Bowlby (1907-1990) sustenta que os seres humanos são dotados de uma forte disposição inata para procurar ajuda, carinho e conforto de um membro de seu grupo familiar ou social. Essa necessidade é tanto maior quanto mais o indivíduo se vê vulnerável ao sofrimento físico e emocional. Ela também é ativada pela separação ou perda de uma figura importante de apego. Tal disposição, porém, não é estática ou inflexível, mas é moldada por interações prévias com as figuras cuidadoras, dando origem a padrões específicos de apego e a estruturas de memória e expectativa que tendem a se repetir em relacionamentos futuros. Expandindo a teoria do apego para uma compreensão das crenças e práticas religiosas, Granqvist e Kirkpatrick (2008) sugerem que se concebam as diferentes divindades e entidades sobrenaturais das religiões como figuras de apego, com as quais o indivíduo reproduziria ou compensaria padrões anteriores de apego estabelecidos com as figuras parentais ou outras figuras cuidadoras significativas. Os autores acreditam, assim, que a "crença religiosa pode providenciar uma janela única para processos de apego na infância" (p. 906). Eles também mencionam a centralidade dos sentimentos de amor nas religiões em geral e o fato de a religião

emular a família em diversos aspectos, como quando o fiel toma seu colega de culto como um "irmão" ou considera Deus como um pai.

Os autores definem o Deus cristão como exemplo de uma figura de apego ideal, unindo elementos tanto paternais quanto maternais, protetor e cuidador, mas também severo e aconselhador. A religião estaria, desse modo, enraizada em uma necessidade de proteção e segurança. No entanto, duas hipóteses básicas poderiam ser derivadas dessa suposição básica: 1) a hipótese da *compensação*, segundo a qual as religiões compensariam positivamente formas de apego desorganizadas e desequilibradas dos indivíduos com as figuras parentais ou cuidadoras na infância; e 2) a hipótese da *correspondência*, que entende que a relação do indivíduo com as figuras religiosas simplesmente reproduziria as mesmas formas de apego (positivas ou negativas) da criança com os pais.

A teoria do apego é considerada, hoje, a teoria psicológica de inspiração psicanalítica mais bem demonstrada, com toda uma série de evidências empíricas favoráveis, de estudos correlacionais a experimentos bem delineados, além de suas aplicações clínicas. Todavia, apesar de alguns estudos indicarem sua validade para além do Cristianismo, seu potencial de explicação de religiosidades não sustentadas diretamente na relação com figuras espirituais e sobrenaturais é bastante restrito. Sua utilidade para uma compreensão de outros aspectos das religiões para além das representações de Deus e da relação com seres espirituais é incerta. Há também pouca pesquisa disponível para além dos Estados Unidos e de países europeus, o que levanta questionamentos quanto à validade transcultural da teoria. Não obstante, as evidências acumuladas são já consistentes o bastante para sustentar a conclusão de que a teoria do apego representa uma contribuição consolidada no campo da Psicologia da Religião, ao menos no que se refere à compreensão dos processos emocionais e relacionais implicados na representação das figuras religiosas.

A teoria do apego representa um microcosmo em meio ao macrocosmo das diversas teorias e correntes psicanalíticas (ou derivadas da psicanálise). Muitos outros psicanalistas se debruçaram sobre os temas da religião, do sagrado e do misticismo, a exemplo de Wilfred Bion (1897-1979) e Jacques Lacan (1901-1981). Muitas de suas ideias não chegaram a se converter em hipóteses testáveis pelos psicólogos da religião e não foram levadas adiante. Não obstante, elas continuam instigando os psicanalistas em seu trabalho de interpretação e acolhimento do sofrimento psíquico e, assim como as contribuições de Freud, continuam a constituir um campo fértil de inspiração para novas hipóteses acerca das bases psicológicas dos fenômenos religiosos. Cultura e religião definem os diferentes tipos de identidades e moldam o comportamento humano e as relações interpessoais. Portanto, também podem produzir, agravar ou remediar os processos neuróticos, pois definem papéis, situam o ser humano na sociedade idealizada, disponibilizam o universo simbólico e dotam a vida de regras, valores e interditos. Assim, religiãoρ e psicanálise possuem uma frutífera interação, no intuito de compreender os processos psíquicos do ser humano e a própria realidade deste. A psicanálise é relevante não apenas à discussão teórica em torno dos fenômenos religiosos, como também ao trabalho da Ciência da Religiãoρ aplicada, incluindo as relações entre religiãoρ e saúdeρ. Por sua vez, o conhecimento interdisciplinar proposto pela Ciência da Religiãoρ enriquece o conhecimento do psicanalista, porque busca uma compreensão integrada do ser humano, da sociedade e das interações sociais.

Bibliografia: FREUD, S. Determinismo, crença no acaso e superstição: alguns pontos de vista. In: *Sobre a psicopatologia da vida cotidiana*. Rio de Janeiro: Imago, 1987. p. 237-273; FREUD, S. O futuro de uma ilusão. In: *Os pensadores*. São Paulo: Abril Cultural, 1978; FREUD, S. *Totem e tabu*. Rio de Janeiro: Imago, 1996; FULLER, A. R. *Psychology & Religion*: Eight points of view. Maryland: Littlefield Adams Quality Paperbacks, 1994; GRANQVIST, P.; KIRKPATRICK, A. Attachment and religious representations and behavior. In: CASSIDY, J.; SHAVER, P. R. (Eds.). *Handbook of attachment*: Theory, research, and clinical applications. 2nd ed. New York: Guilford Press, 2008. p. 906-933; JUNG, C. G. *Fundamentos de psicologia analítica*. Petrópolis: Vozes, 1998; JUNG, C. G. *Psicologia e religião*. Rio de Janeiro: Vozes, [1940] 1980; PFISTER, O. The illusion of a future: a friendly disagreement with Prof. Sigmund Freud (1928). *International Journal of Psycho-Analysis*, v. 74, 1993, p. 557-579; WULFF, D. M. *Psychology of religion*: classic and contemporary views. New York: John Wiley & Sons, 1991.

Everton de Oliveira Maraldi

PSICOLOGIA ANOMALÍSTICA

Psicologia Anomalística é um campo de estudo estabelecido recentemente na Psicologia que se ocupa do estudo de vivências consideradas anômalas ou *paranormais*, como são popularmente chamadas, e dos comportamentos que delas decorrem. Nesse caso, uma anomalia consistiria num fenômeno que não encontra explicação nas teorias científicas vigentes (*mainstream* científico), sendo suas características consideradas com base no modo como são relatadas e interpretadas por quem vivencia a experiência. Essas vivências subjetivas são consideradas *fatos psíquicos*, isto é, têm valor de realidade do ponto de vista psicológico para quem as vivencia, mas não necessariamente correspondem a fatos anômalos do ponto de vista objetivo. São exemplos indicativos de experiências anômalasρ relatos de: percepção extrassensorial, interação/intervenção no ambiente sem o uso de forças físicas conhecidas, memóriasρ de vidas passadas, contato com pessoas falecidas, viagens astrais ("saídas do corpo" ou deslocamento do centro de consciênciaρ para fora do corpoρ físico), experiências de quase morteρ, curas milagrosas, experiências místicasρ, experiência de contato com seres alienígenas e sonhos lúcidos.

Pesquisas realizadas em diferentes países apontam que parte considerável da população em geral relata ter vivenciado ao menos um tipo de experiência anômala (Holt et al., 2012, p. 3). No Brasil, esse número ultrapassa os 80% (Machado, 2010, p. 470).

As experiências anômalasρ encontram guarida no esoterismo e em religiões que oferecem explicações de caráter sobrenatural para essas vivências, pois é sobre experiências desse tipo que se assentam tradições religiosas e ritualísticas. Por possibilitar um referencial teórico e embasamento empírico para a compreensão de comportamentos religiosos e sua manutenção, a Psicologia Anomalística pode contribuir sobremaneira com os estudos do campo da Ciência da Religiãoρ.

A Psicologia Anomalística tem seu início demarcado como área de estudo na década de 1980, quando o termo *Anomalistic Psychology* foi sugerido e começou a ser empregado/divulgado pelos psicólogos norte-americanos Leonard Zusne (1924-2003) e Warren H. Jones (1945-2016). Seu livro *Anomalistic Psychology: A Study of Magical Thinking*, publicado em 1989, atualizou e expandiu a primeira edição que havia sido publicada em 1982 com o título *Anomalistic psychology: A study of extraordinary phenomena and experience*. Na edição de 1989, é apresentado o conceito de pensamento mágico desenvolvido pelos autores, conceito-chave que subsidia uma explicação naturalista para as experiências anômalasρ.

Originalmente, a Psicologia Anomalística foi proposta com base no pressuposto reducionista apriorístico de que todos os chamados fenômenos paranormais ou experiências anômalasρ seriam frutos de processos físicos e psicológicos conhecidos, sem que houvesse necessidade de recorrer a explicações de ordem sobrenatural ou religiosa para compreendê-los. Portanto, os pesquisadores estariam empenhados em explicar ou demonstrar empiricamente fatores físicos e psicológicos que causam a impressão de que um evento paranormal esteja ocorrendo quando, na realidade, não está. Desse modo, as principais explicações oferecidas pela Psicologia Anomalística para as experiências anômalasρ e supostos eventos anômalos girariam em torno de fraude, autoengano, credulidade, sugestionabilidade, problemas cognitivos, falsas memóriasρ, estados alterados de consciênciaρ, estados dissociativos, sintomas psiquiátricos, fatores de personalidade, ilusões ópticas, alucinações,

PSICOLOGIA ANOMALÍSTICA

erro interpretativo, expectativa, pensamento mágico, validação subjetiva e coincidência.

O interesse pela compreensão das atualmente denominadas experiências anômalas♀ iniciou-se antes mesmo do estabelecimento da Psicologia Anomalística propriamente dita, nos estudos que compõem o que podemos chamar de Psicologia Anomalística *avant la lettre*, dos quais se tem notícia, de modo mais específico, a partir do século XIX, com raízes no modelo médico e psiquiátrico. Apenas para mencionar alguns desses trabalhos, encontramos, por exemplo, publicações de ensaios e textos científicos que apontam investigações e propostas teóricas tais como: a explicação da visão de fantasmas e aparições♀ como ilusões de óptica, pelo médico escocês John Ferriar (1761-1815), e como alucinações pelo médico francês Jacques de Boismont (1797-1881); os estudos sobre alucinações realizados por Pierre Janet (1859-1947); a apresentação das práticas espiritualistas e espíritas como fruto de fraude, ilusão e sugestão, pelo naturalista inglês William Benjamin Carpenter (1813-1885); a interpretação♀ de experiências sobrenaturais como decorrentes de transtornos mentais ou erros observacionais/interpretativos, pelo psiquiatra inglês Henry Maudsley (1835-1918); explicações naturais e racionais para aparições♀, experiências paranormais e religiosas pelo psiquiatra galês Lionel Weatherly (1852-1940) e pelo mágico inglês John Nevil Maskelyne (1839-1917); e a apresentação de curas, fenômenos mediúnicos e práticas da ciência cristã, do espiritualismo e do ocultismo, respectivamente, como resultantes de fraudes e de sugestão hipnótica pelo psiquiatra alemão Albert Moll (1862-1939). Vale ressaltar, ainda, dentre outros, o nome do filósofo e psiquiatra alemão Karl Jaspers (1883-1969), que, nos seus escritos de psicopatologia geral no início da segunda década do século XX, aponta relatos de experiências paranormais como explicáveis do ponto de vista psicológico/psiquiátrico. No início da década de 1970, Graham Reed (1923-1989), psicólogo inglês radicado no Canadá, desenvolveu as ideias de Jaspers, especialmente no tocante ao conteúdo e à forma das experiências anômalas♀, já se referindo, no início da década de 1970, a uma "psicologia da experiência anômala".

De fato, não se pode negar que o relato de experiências anômalas♀ guarda semelhança com sintomas psicopatológicos. No entanto, a suposta associação indissolúvel entre experiências anômalas♀ e psicopatologia teve consequências drásticas para pessoas que passavam por esse tipo de vivência em seu cotidiano, mas que, de fato, gozavam de perfeita saúde♀ mental: muitas foram submetidas a tratamentos psiquiátricos sem necessidade e outras não ousaram compartilhar suas experiências com medo de ser estigmatizadas como loucas.

Observe-se que, antes da revolução científica do século XVII, a distinção entre o que era normal e o que era paranormal era muito tênue para justificar a existência de uma disciplina que estivesse unicamente voltada ao estudo do paranormal (Beloff, 1993, p. ix). O questionamento a respeito do que se enquadraria nos padrões de normalidade tendo como parâmetro os conhecimentos acerca do funcionamento do mundo natural e do ser humano como parte desse cenário veio posteriormente, com o positivismo♀ e o estabelecimento da ciência como forma mais confiável de conhecer.

O estudo da experiência anômala figurava no *mainstream* científico no final do século XIX e início do século XX. O grande psicólogo precursor da Psicologia da Religião♀, William James♀ (1842-1910), ocupou-se do estudo dessas experiências, bem como contemporâneos seus que buscavam compreender suas características e seus significados. Esse interesse do meio científico em compreender fenômenos considerados extraordinários propiciou o desenvolvimento de ideias psiquiátricas e psicológicas (Alvarado; Machado; Zangari; Zingrone, 2007).

Paralelamente ao desenvolvimento *avant la lettre* da Psicologia Anomalística, outro campo de estudo se desenvolvia também se ocupando em especial das experiências anômalas♀ relacionadas a supostas capacidades humanas de interação com o ambiente e entre mentes – as chamadas *experiências de percepção extrassensorial* (ESP, do inglês *extrasensory perception*) e *experiências de psicocinesia* (PK, do inglês *psychokinesis*), popularmente conhecidas como "poder da mente sobre a matéria". Trata-se da Parapsicologia, que se ocupa primordialmente do estudo e da investigação do aspecto ontológico das experiências parapsicológicas ou *experiências psi*, uma denominação genérica que engloba experiências psicocinéticas e de percepção extrassensorial. Por aspecto ontológico entende-se a busca de alguma capacidade humana que efetivamente transcenderia os postulados científicos a respeito do funcionamento e dos limites da mente. A Parapsicologia, assim, não estaria "apenas" em busca de explicações já consagradas pela ciência que poderiam explicar as experiências anômalas♀, como faz a Psicologia Anomalística, mas teria como objetivo avaliar empiricamente a realidade de processos mentais novos, ainda desconhecidos pela ciência, principalmente pela Psicologia – daí o uso do prefixo *para-*, que denota a natureza *à margem* da Psicologia. Além das experiências *psi*, outros tipos de experiências anômalas♀ são também de interesse da Parapsicologia, na medida em que contenham ou ensejem experiências de tipo parapsicológico, como as experiências fora do corpo e as experiências de memórias♀ de vidas passadas, por exemplo. Há pesquisadores que se dedicam também, de modo mais específico e bastante controverso, ao estudo da sobrevivência da personalidade à morte ♀ física por meio de estudos sobre a mediunidade e experiências de quase morte ♀ (EQM).

Assim como a Psicologia Anomalística, a Parapsicologia – que se estabeleceu como área de estudo há quase um século – resulta de um período que poderia ser denominado *avant la lettre*, o qual, até certo ponto, se intersecciona com as raízes da Psicologia Anomalística, e as primeiras décadas de estudos parapsicológicos podem ser consideradas no âmbito dos antecedentes ou das raízes da Psicologia Anomalística propriamente dita.

Fundamental antecedente para ensejar os estudos posteriores foi o mesmerismo, movimento desencadeado pelo médico austríaco Franz Anton Mesmer (1734-1815) no século XVIII, que possibilitou a descoberta do fenômeno hipnótico e o desenvolvimento da hipnose como técnica. Mesmer contrapunha as ideias e práticas do austríaco Johann Gassner (1727-1779), padre católico exorcista que classificava as doenças como naturais, preternaturais e sobrenaturais, admitia a ação de práticas mágicas e do demônio ♀ como desencadeadoras de malefícios e oferecia procedimentos religiosos para a cura ♀ dos males. Mesmer foi um dos opositores intelectuais de Gassner. Depois de investigar os métodos ♀ de Gassner a pedido de intelectuais e cientistas da época, ofereceu aos fenômenos descritos pelo padre uma explicação naturalista a partir dos princípios elaborados e apresentados em sua tese sobre o médico e ocultista suíço-alemão Paracelso (1493-1541), intitulada *De planetarum influxu* [Sobre a influência dos planetas]. Mesmer propunha que as doenças resultariam do desequilíbrio das forças eletromagnéticas do organismo. Tendo por base essa ideia, ele realizava práticas de cura ♀ nas quais utilizava ímãs para reequilibrar, em seus pacientes, o que ele denominava *magnetismo animal*, que se trataria da força vital que manteria as pessoas saudáveis. Nas chamadas *sessões de curas magnéticas*, Mesmer, de modo bastante exótico e dramático, aplicava ímãs sobre os corpos dos pacientes e dava-lhes água magnetizada para beber, pois estava convencido de que esses procedimentos poderiam sanar males físicos. Os pacientes tinham reações histéricas diante de Mesmer e ao *toque magnético*. Ao saírem dessa espécie de *transe convulsivo*, diziam-se curados. No entanto, posteriormente ficou claro que não eram os ímãs que provocavam a melhora de seus pacientes, mas sim o *rapport* (ligação empática) estabelecido entre ele, como magnetizador, e os pacientes, como magnetizados. Um dos discípulos de Mesmer, Armand Marie Jacques de Chastenet de Puységur (1751-1825), o Marquês de Puységur, verificou que um de seus próprios pacientes não apresentava os ataques histéricos costumeiros, mas caía em estado de profundo torpor durante a sessão de cura, além de comumente reagir às ordens de seu *magnetizador* antes mesmo que este as verbali-

zasse. O jovem demonstrava, ainda, a capacidade de fazer diagnósticos de doenças enquanto estava em transe e, por isso, foi considerado como uma espécie de "clarividente". O interesse no chamado transe mesmérico cresceu de modo especial devido ao fato de as pessoas acreditarem que os chamados "clarividentes mesmeristas" receberiam mensagens de espíritos que seriam as fontes de suas revelações, crença ♀ que se manteria ao longo do tempo. Esses antecedentes impulsionaram tanto os estudos posteriores da hipnose quanto dos fenômenos ou experiências anômalas ♀ de tipo extrassensorial e extramotor. Mais tarde, as pesquisas do fisiologista francês, professor da Escola Médica da Universidade de Paris e, então, futuro ganhador do Prêmio Nobel de Fisiologia, Charles Richet (1850-1935), levaram à descoberta de que se poderia prescindir da hipnose e obter os mesmos fenômenos incomuns de comunicação e "adivinhação". Portanto, a hipnose e a transmissão de pensamento seriam fenômenos distintos. Estabelecida essa distinção, a telepatia – como a transmissão de pensamento ficou conhecida mais tarde – constituiu-se, em si mesma, um objeto de estudo, considerando-se outras variáveis que não apenas o estado hipnótico.

Os estudos parapsicológicos propriamente ditos resultaram do que primeiro ficou conhecido como Pesquisa Psíquica (*Psychical Research*), na Grã-Bretanha, e Metapsíquica (*Métapsychique*), na França e na Itália, no final do século XIX e início do século XX. Nesse período, a atenção se voltava especialmente a estudos de campo e de caso.

Na segunda metade do século XIX, sessões espíritas ou as chamadas *séances* eram realizadas nos EUA, na Europa e no Brasil, onde notícias desses fatos chegaram por volta de 1870. Pessoas que demonstravam maior sensibilidade para perceber e/ou provocar *raps* (sons de batidas) e movimentação de mesas e objetos se destacavam e foram chamadas de "médiuns", sendo consideradas intermediárias entre este mundo e o mundo dos espíritos. Fato marcante desse período foi o episódio conhecido como *Caso das Irmãs Fox*, que acabou por marcar a origem do que chamamos hoje de "Espiritismo". Em 1848, as irmãs Margaret e Katherine Fox, com 15 e 12 anos de idade, respectivamente, viviam em Hydesville, Condado de Wayne, NY, e alegavam estabelecer contato com um espírito desencarnado por meio de *raps* (sons de batidas) vindos das paredes e do assoalho da casa. A família Fox, que era metodista, foi expulsa de sua igreja e viu-se obrigada a se mudar para Rochester, onde continuou a realizar sessões sistematicamente como fazia em Hydesville. Além dos *raps*, relatou-se que durante as sessões também ocorriam movimentações de mesas que rodopiavam pela sala, fenômeno que ficou conhecido como *mesas girantes*.

A notícia sobre essas ocorrências se espalhou e sessões com o objetivo de tentar comunicação com mortos se multiplicaram especialmente nos Estados Unidos e na Europa. Nesse contexto, o pedagogo francês Hyppolite Léon Denizard Rivail (1804-1869) foi convidado, em 1854, a colher relatos das ocorrências mediúnicas em vários grupos e verificar sua coerência. Rivail organizou e codificou os ensinamentos supostamente transmitidos pelos espíritos nos diferentes grupos e convenceu-se da possibilidade de contato com o além. Adotou o pseudônimo Allan Kardec, nome druida de uma suposta vida passada, e tornou-se conhecido como o codificador do Espiritismo, tendo publicado vários volumes com orientações doutrinárias e práticas fornecidas pelos espíritos e informações sobre a vida pós-morte.

Os chamados fenômenos espíritas e os transes mesméricos que fascinavam o meio social na segunda metade do século XIX inquietavam os intelectuais da época, que questionavam o que haveria de objetivo nos relatos de eventos tão extraordinários que desafiavam os conhecimentos científicos acumulados até então. Apesar de haver pesquisas realizadas autonomamente por cientistas interessados naquelas ocorrências, tornou-se premente a necessidade de sistematizar esses estudos e garantir um controle científico rigoroso. Dessa necessidade nasceu a *Society for Psychical Research* (SPR) de Londres, em 20 de fevereiro de 1882, fundada por um grupo de eminentes pensadores, dentre os quais o ensaísta e poeta Frederic Myers (1843-1901), o filósofo Henry Sidgwick (1838-1900), ambos professores da Universidade de Cambridge, e o psicólogo Edmund Gurney (1847-1888). A SPR tinha como objetivo o estudo sistemático dos fenômenos de leitura de pensamento, da clarividência, do mesmerismo e dos chamados *fenômenos espíritas*, sem preconceitos ou prevenções, mas primando pelo rigor científico. Além de estabelecer métodos de pesquisa padronizados, a SPR promoveu a divulgação dos avanços nesse novo campo de estudo, a Pesquisa Psíquica, através de publicações e de seminários científicos (Broughton, 1991, p. 63-66). A SPR congregou cientistas, intelectuais e filósofos renomados de diferentes países. Teve, por exemplo, dentre seus ilustres presidentes: em 1894-1895, o já mencionado filósofo e psicólogo William James; de 1896 a 1899, o químico e físico William Crookes (1832-1919); em 1905, o fisiologista ganhador do Prêmio Nobel em 1913, Charles Richet; em 1908-1909 e 1932 a matemática Eleanor Sidgwick (1845-1936); e, em 1913, o filósofo Henry Bergson (1859-1941). A SPR contou ainda com a participação, como membros, do neurologista austríaco criador da Psicanálise, Sigmund Freud, e do propositor da Psicologia Analítica, o psiquiatra e psicoterapeuta Carl. G. Jung.

A fundação da SPR de Londres – que permanece em atividade – motivou o surgimento de outras sociedades e institutos com os mesmos propósitos. Em 1885, foi fundada a *American Society for Psychical Research* (ASPR), em Nova York, uma espécie de filial da SPR de Londres, que também se mantém ativa. Além da ASPR, outras SPRs foram surgindo, como a SPR de Boston, EUA, e a SPR dos Países Baixos. Em 1919, foi fundado o *Institute Métapsychique Internacional* (IMI) em Paris, por Charles Richet, marcando a utilização do termo "metapsíquica" em território francês para denominar essa área de estudos. O IMI também permanece em atividade. Outras associações e institutos surgiram, muitos não tendo vida longa nem sendo sempre fiéis aos propósitos científicos. Universidades europeias e norte-americanas começaram a ceder bolsas de pesquisa para que se investigassem os chamados fenômenos parapsíquicos, como a Universidade de Harvard, nos EUA, e a Universidade de Groeningen, nos Países Baixos. Do final do século XIX até as duas primeiras décadas do século XX, imperaram o estudo de campo e de caso, primordialmente com a pesquisa dos chamados *grandes médiuns*. Esses não eram pessoas necessariamente ligadas a alguma religião ou crença espiritualista específica, mas eram assim denominados por seu suposto poder de intermediação entre o aquém e o além e de intervenção no mundo físico. Vários grupos religiosos se valem das pesquisas realizadas nesse período para justificar suas crenças. Contudo, apesar da realização de estudos sistemáticos de observação, muitos dos resultados obtidos nesse período podem ser questionados devido à fragilidade dos controles no ambiente onde se davam as ocorrências investigadas, ainda que tenha havido esforço dos pesquisadores para controlar, à época, as condições ambientais no *lócus* de pesquisa.

Na segunda metade da década de 1920, nos Estados Unidos, os doutores em fisiologia vegetal Louisa Ella Rhine (1891-1983) e Joseph Banks Rhine (1895-1980), com a colaboração inicial do psicólogo William McDougall (1871-1938), deram início propriamente à Parapsicologia (*Parapsychology*), com a fundação do Laboratório de Parapsicologia na Universidade Duke, na Carolina do Norte, EUA. Os Rhine e sua equipe de pesquisadores se transferiram posteriormente, em 1965, para sua própria fundação, próximo ao *campus* da Duke, a *Foundation for Research on the Nature of Man* (FRNM). Em 1995, a instituição passou a ser nomeada *Rhine Research Center*.

A princípio, a Parapsicologia privilegiou estudos experimentais na investigação da realidade ontológica da capacidade humana de interação anômala com o ambiente e entre seres humanos. Não concentrou os estudos apenas em indivíduos que pareciam ser especialmente dotados de algum tipo de capacidade paranormal, como era feito na época dos estudos dos grandes médiuns. Tinha, como objetivo inicial, realizar rigorosos estudos experimentais para verificar a existência de processos anômalos na população em geral e, posteriormente, o *modus operandi* dos processos anômalos que os resultados das pesquisas realizadas evidenciavam existir. Os Rhine provocaram uma verdadeira revolução no campo da Pesquisa Psíquica e da Metapsíquica, tendo cumprido, de forma "relativamente muito bem-sucedida" – em especial se considerarmos os cenários norte-americano e europeu –, três objetivos: a) introduzir um programa progressivo de pesquisa experimental no estudo do paranormal de acordo com uma metodologia que propiciasse uma esfera de conhecimento sempre em expansão; b) conseguir o *status* acadêmico e o reconhecimento científico para o campo; e c) demonstrar que a habilidade parapsicológica está talvez presente em todas as pessoas, não apenas em algumas especialmente dotadas (Beloff, 1993, p. 127).

Posteriormente, em especial com o estudo de relatos de experiências parapsicológicas feito por Louisa Rhine na década de 1940, nova atenção passou a ser dada aos estudos de casos, que serviam para subsidiar a elaboração de experimentos no sentido de aproximar mais as condições experimentais de situações encontradas no cotidiano, sem afrouxamento dos controles necessários. E assim, particularmente a partir da década de 1960, novos projetos experimentais foram criados (para uma visão geral do desenvolvimento das pesquisas, ver: Zingrone; Alvarado; Hövelman, 2015).

Os fenômenos estudados pela Parapsicologia, assim como os estudados pela Psicologia Anomalística, facilmente se aproximam de interpretações religiosas, dadas as suas características, como já mencionado. Diversos estudiosos têm apontado para a relação da Parapsicologia com a religião, pois supõem que, devido ao seu objeto de estudo, poderia contribuir para a diferenciação entre aquilo que seria decorrente de capacidades humanas e o que se originaria de forças sobrenaturais, ajudando a estabelecer o limite entre o *milagroso* e o *natural*. Este é um tema bastante controverso. Há diversos estudos a respeito dos santos cristãos e suas capacidades anômalas, como a preservação do corpo físico após a morte, levitações, o caminhar sobre as águas, a resistência ao fogo, bilocação e fenômenos físicos diversos. J. B. Rhine chegou a defender a existência de uma Parapsicologia da Religião, dada a riqueza de experiências de tipo parapsicológico ocorridas em contextos religiosos (Zingrone; Alvarado; Hövelman, 2015, p. 16).

Essa proximidade com a esfera dos fenômenos religiosos tem suas consequências. O termo "parapsicologia" foi originalmente proposto por Max Dessoir em 1899. Adotado e popularizado pelos Rhine e seus colaboradores entre as décadas de 1920 e 1970 nos EUA, espalhou-se para diferentes países. Não tardou, porém, que começasse a ser usado de modo indevido por pessoas que deturpavam os objetivos dessa área de estudo e os resultados das pesquisas em prol de justificativas para crenças pessoais ou grupais. O mesmo ocorreu no Brasil, em especial devido ao embate entre espíritas kardecistas e católicos que utilizam o termo e alguns conhecimentos de Parapsicologia de modo enviesado em benefício de suas respectivas crenças. Dentre os divulgadores religiosos da Parapsicologia no Brasil, vale mencionar o padre jesuíta espanhol Óscar Gonzáles Quevedo (1930-2019), que ajudou a divulgar uma visão "patologizante" das vivências parapsicológicas desde os anos 1960. Ele admitia a existência de capacidades paranormais no ser humano, mas impunha a elas limites a partir do referencial de possibilidades de intervenções divinas, de modo a diferenciar, como ele defendia ser possível, "o verdadeiro do falso milagre". Além disso, como ele e seus colaboradores de modo geral seguiam/seguem uma agenda de combate ao Espiritismo e a todas as religiões mediúnicas, consideram como erros interpretativos ou como fruto de psicopatologia as vivências que correspondem aos chamados "fenômenos espíritas". Quevedo se valeu de informações decorrentes dos escritos da medicina psiquiátrica que no século XX apontavam essas experiências como subjetivas, decorrentes de processos cognitivos *normais* ou como resultantes de distúrbios físicos e mentais, aproximando-se, sem saber, da posterior proposta inicial da Psicologia Anomalística, mais do que da Parapsicologia propriamente dita. Esse tipo de ataque às religiões mediúnicas pode ser observado no Brasil nas décadas de 1930 a 1980. Nesse período, principalmente espíritas kardecistas se defendiam dos ataques sofridos utilizando também conhecimentos acerca dos experimentos realizados pelos Rhine e colaboradores (Machado, 1996, p. 69-71; 119-158; 159-199).

Há ainda os que utilizem o termo "parapsicologia" para nomear práticas terapêuticas que não têm embasamento científico. A deturpação da Parapsicologia e o mau uso do termo causou grande prejuízo social à área de estudo, além dos prejuízos pessoais e sociais causados a pessoas que passam por tais experiências. Por isso, parte da comunidade internacional de acadêmicos e pesquisadores passou a optar, na década de 1990, por utilizar o termo "pesquisa de psi" (*psi research*), ou, simplesmente, *pesquisa psi* para se referir a esse campo de estudo. No entanto, grandes instituições internacionais ainda mantêm o termo original em suas denominações, como a *Parapsychology Foundation*, fundada na cidade de Nova York em 1951 pela médium Eileen Garret (1893-1970), com o objetivo de fomentar a pesquisa científica na área; e a *Parapsychological Association*, fundada em 1957, associação que congrega profissionais, pesquisadores e acadêmicos da área que atuam em diversos países e é afiliada à *American Association for the Advancement of Science* [Associação Americana para o Progresso da Ciência] desde 1969. No campo acadêmico, o termo "parapsicologia" ainda permanece, por exemplo, na *Koestler Parapsychology Unit*, ativa desde 1985 no Departamento de Psicologia da Universidade de Edimburgo, na Escócia.

A replicação dos estudos experimentais sempre foi e continua sendo um dos pontos controversos da pesquisa *psi*. Não há consenso sobre a real existência de capacidades extrassensoriais e extramotoras particularmente devido ao fato de não ser possível replicar à vontade eventos decorrentes desses tipos de capacidades de interação anômala com o ambiente, apesar da robustez de alguns resultados laboratoriais do ponto de vista estatístico. Esta questão reforça as explicações naturalistas oferecidas pela Psicologia Anomalística e seus antecessores que compartilhavam da mesma visão acerca dessas vivências.

Em 1976, foi criado nos Estados Unidos o *Committee for the Scientific Investigation of Claims of the Paranormal* (CSICOP), composto de vários cientistas, acadêmicos e alguns mágicos que tinham como propósito investigar relatos de vivências anômalas – em contextos religiosos ou não religiosos – ou quaisquer fatos que fugissem ao que é considerado *normal*, e avaliar as pesquisas realizadas com a finalidade de informar a sociedade sobre a confiabilidade ou não dos resultados obtidos. As críticas não serviram apenas para desencorajar as pesquisas, ao contrário, também contribuíram para o aprimoramento dos experimentos, apontando falhas a serem corrigidas, num diálogo construtivo. Em 2015, o CSICOP tornou-se o *Committee for Skeptical Inquiry* (CSI), um programa do *Center for Inquiry* (CFI), uma organização cética e educacional norte-americana com ramificações internacionais, cujo objetivo é o de promover o empreendimento científico, a pesquisa crítica e o uso da razão no exame de alegações controversas e extraordinárias.

Essa é a mesma perspectiva que delineia as mudanças ocorridas mais recentemente na abordagem da Psicologia Anomalística. Apesar de sua proposta original ter como objetivo oferecer explicações científicas empiricamente embasadas em detrimento de explicações sobrenaturais e/ou religiosas, com o passar do tempo o estudo dessa temática ganhou contornos mais suaves, que variam a depender da abordagem dos pesquisadores. Isto não significa que se tenha passado a admitir explicações sobrenaturalistas ou religiosas para as experiências anômalas♀. Mantém-se a máxima de que estudar experiências anômalas♀ não significa assumir a existência de processos "paranormais" ou anômalos. Mas a postura atual, gradualmente mais aberta, é a de buscar o que há de psicológico nessas vivências sem, no entanto, negar *a priori* outras possibilidades no que se refere à ocorrência de fatos anômalos propriamente ditos. Adota-se, portanto, o ceticismo metodológico, mas sem deixar de considerar o que/como é narrado, sentido, vivenciado e interpretado pelo sujeito da narrativa, independentemente da "realidade ontológica" do fato, numa "escuta" sem preconceitos♀. Reconhece-se o ganho para as pesquisas proporcionado pelos avanços nas neurociências♀ por meio do desenvolvimento de tecnologias que permitem conhecer mais detalhadamente o funcionamento cerebral. Entretanto, admite-se que não é possível isolar, manipular e observar os sujeitos de pesquisa de maneira absolutamente imparcial, sem que sejam afetados pela própria situação de observação e/ou experimentação. Essa postura se estabelece a partir do reconhecimento das teorias científicas como verdades provisórias e na importância da subjetividade para os contornos das experiências. Além disso, amplia o diálogo com a Parapsicologia, pois, se a princípio a investigação de processos anômalos de interação entre o ser humano e o meio fugia ao escopo da Psicologia Anomalística *stricto sensu*, agora há maior possibilidade de diálogo entre ambas as perspectivas, o que enriquece a compreensão acerca dos limites e possibilidades do ser humano. Assim, as pesquisas na área se dão por meio da utilização de diferentes métodos: abordagens clínicas; observação; levantamento de dados; estudos históricos/sócio-históricos; estudos de casos/de campo; e pesquisas experimentais.

Como exemplos empíricos da importância das experiências anômalas♀ para a Ciência da Religião♀, destacam-se estudos realizados em nosso meio de vivências desse tipo prevalentes na cultura brasileira, como os estudos psicossociais da mediunidade e a relação desta com a constituição da identidade religiosa, as relações entre psicopatologia e saúde♀ mental nas experiências de contatos com alienígenas e os aspectos psicológicos e sociais ligados a grupos paracientíficos e *New Age* como os da projeciologia/conscienciologia.

Nas duas últimas décadas multiplicou-se o número de grupos de pesquisa e de laboratórios que estudam ou ampliaram seu escopo para estudar as experiências anômalas♀ de um modo geral, concomitantemente ao arrefecimento do número de grupos que se dedicam exclusivamente à Parapsicologia.

Atualmente, a Europa concentra o interesse e a produção de conhecimento no estudo das experiências anômalas♀. Além de tradicionais instituições dedicadas à Parapsicologia propriamente dita, destacam-se: a) a *Anomalistic Psychology Research Unit*, no Departamento de Psicologia da Universidade de Londres, dirigida pelo psicólogo Dr. Christopher French, especialista na psicologia das crenças♀ e experiências paranormais, cognição e emoção, que mantém uma abordagem cognitivista no estudo das experiências anômalas♀; b) o *Centre for Study of Anomalous Psychological Processes*, da Divisão de Psicologia da Universidade de Northampton, integrado pelos psicólogos Dr. Chris Roe, Dra. Elizabeth Roxburgh, Dr. Alasdair Gordon-Finlayson e Dra. Lesley-Ann Smith, que adotam uma perspectiva que está entre a Parapsicologia e a Psicologia Transpessoal; c) o *Center for Research on Consciousness and Anomalous Psychology*, do Departamento de Psicologia da Universidade de Lund, Suécia, dirigido pelo psicólogo

Dr. Etzel Cardeña – um dos organizadores do livro *Varieties of Anomalous Experiences* –, que mantém estudos, sobretudo, de experiências anômalas♀ e de hipnose; d) a *Anomalous Experience Research Unit*, do Departamento de Sociologia da Universidade de York, dirigido pelo Prof. Robin Wooffitt, que avalia experiências anômalas♀ e estados excepcionais de consciência♀; e) o *Brain, Belief, & Behaviour Group*, da Universidade de Coventry, dirigido pelo psicólogo Dr. Miguel Farias, que tem como objeto de estudo experiências anômalas♀ e religiosas e sua relação com aspectos cognitivos e neurofisiológicos; f) o grupo *Investigação Científica em Psicologia Anomalística*, da Universidade da Madeira, que tem como coordenadores o Prof. Dr. Carlos Manuel Lopes Pires, o Prof. Dr. Mário Simões e o Prof. Dr. Bruno Cecílio de Sousa e se destina a explorar a prevalência e a etiologia clínica das experiências anômalas♀.

Além dos mencionados, há outros polos de interesse pelo estudo das experiências anômalas♀ se formando ou já tradicionais, dentre os quais se destacam os localizados na Itália, na Alemanha e na França.

No Brasil, destacam-se, como centro de pesquisa, o *Núcleo de Pesquisa em Espiritualidade e Saúde* (NUPES), na Universidade Federal de Juiz de Fora, coordenado pelo Prof. Dr. Alexander Moreira-Almeida, cujo objetivo principal é a pesquisa das relações entre espiritualidade♀ e saúde♀, e o *Inter Psi – Laboratório de Psicologia Anomalística e Processos Psicossociais*, do Departamento de Psicologia Social e do Trabalho do Instituto de Psicologia da Universidade de São Paulo, sob a coordenação♀ do Prof. Dr. Wellington Zangari e da Dra. Fatima Regina Machado, que tem como objetivo o estudo e a avaliação de experiências anômalas♀ e religiosas sob um enfoque interdisciplinar, com ênfase na interação dessas experiências com variáveis e processos psicossociais e culturais. Inspirados no trabalho desenvolvido pelo *Inter Psi*, outros três grupos de estudos e pesquisas foram criados, o *GRUPPA – Grupo de Pesquisas em Psicologia Anomalística*, na Universidade do Extremo Sul Catarinense (Unesc), dirigido pelo psicólogo Prof. Jeverson Rogério Reichow; o *GEPPA – Grupo de Estudos e Pesquisas em Psicologia Anomalística*, na Universidade Ceuma, dirigido pela psicóloga Profa. Rafisa Lobato e pelo Prof. Dr. Sandro Rodrigues; e o *GIEPA – Grupo Interdisciplinar de Estudos em Psicologia Anomalística*, ligado ao Conselho Regional de Psicologia do Paraná, dirigido pelo psicólogo Dr. Fábio Eduardo da Silva.

O estudo das experiências anômalas♀ está cada vez mais imbricado com o estudo da experiência religiosa♀, uma vez que o contexto religioso é profícuo para a ocorrência de experiências anômalas♀. Mas vale lembrar que nem sempre as experiências anômalas♀ são interpretadas como religiosas. Uma interpretação♀ como tal dependerá grandemente dos esquemas interpretativos e crenças♀ de quem as

vivencia e do grupo social em que está inserida. Especialmente o estudo de grupos pentecostais, grupos de religiões mediúnicas – como o Espiritismo kardecista e as religiões de matrizes africanas – e de práticas que ensejam a alteração de consciência♀ por meio da ingestão de enteógenos têm especial interesse por parte de pesquisadores na área, por consistirem em rico cenário de experiências anômalas♀. A atenção dos estudos tem-se voltado a pesquisas etnográficas e de avaliação de saúde♀ mental e têm demonstrado que vivenciar experiências anômalas♀ não implica, de fato, necessariamente, distúrbio patológico. Tais estudos fornecem importante conhecimento para os estudos na área da Ciência da Religião♀ por ajudar a redimensionar o olhar lançado a diversas práticas religiosas, sem a visão psicopatológica apriorística de determinados sistemas religiosos.

Bibliografia: ALVARADO, C. S. et al. Perspectivas históricas da influência da mediunidade na construção de ideias psicológicas e psiquiátricas. *Revista de Psiquiatria Clínica*, n. 34, supl. 1, 2007, p. 42-53; BELOFF, J. *Parapsychology:* A Concise History. London: The Athlone Press, 1993; BROUGHTON, R. S. *Parapsychology*: The Controversial Science. New York: Ballantine Books, 1991; Cardeña, E.; Lynn, S. J.; Krippner, S. (Orgs.). As variedades da experiência anômala: análise de evidências científicas. São Paulo: Atheneu, 2013; FRENCH, C. C.; STONE, A. *Anomalistic Psychology*: exploring paranormal belief and experience. Londres, UK: Palgrave Macmillan, 2014; HOLT, N. et al. *Anomalistic Psychology*. Londres, UK: Palgrave Macmillan, 2012; MACHADO, F. R. *A causa dos espíritos*: um estudo sobre a utilização da parapsicologia para a defesa da fé católica e espírita no Brasil. Dissertação de Mestrado. São Paulo: PUC-SP, 1996; MACHADO, F. Experiências anômalas (extra-sensório-motoras) na vida cotidiana e sua associação com crenças, atitudes e bem-estar subjetivo. *Boletim Academia Paulista de Psicologia*, v. 30, n. 79, 2010, p. 462-483; ZINGRONE, N. L.; ALVARADO, C. S.; HÖVELMANN, G. An Overview of Modern Developments in Parapsychology. In: CARDEÑA, E. et al. (Orgs.). *Parapsychology, a handbook for the 21st century*. Jefferson, NC: McFarland, 2015. p. 13-29; Zusne, L.; Jones, W. H. *Anomalistic Psychology*: A Study of Magical Thinking. Hillsdale, NJ: Erlbaum Associates, 1989.

FATIMA REGINA MACHADO
WELLINGTON ZANGARI

PSICOLOGIA DA RELIGIÃO

Entre as ciências humanas interessadas no estudo da religião e de suas múltiplas formas e manifestações, a Psicologia tem há muito seu lugar.

A ciência, ou as ciências, da religião tem um objeto único, a saber: a religião. Essa unicidade de objeto justifica falar de ciência, no singular. Contudo,

PSICOLOGIA DA RELIGIÃO

ao mesmo tempo, são variados os ângulos de observação e de enfoque, o que permite usar o plural, uma vez que, mais do que à unicidade do objeto, são as epistemologias→, as teorias e os métodos→ que definem as várias ciências. Acresce a isso que a perspectiva modifica o objeto. Assim, por exemplo, o próprio "social" é entendido de maneira diferente pela Sociologia e pela Psicologia, aquela localizando o social no grande grupo, esta o limitando ao indivíduo ou a relações interpessoais entre duas ou poucas pessoas, nas quais se podem estudar as peculiaridades pessoais.

Ultrapassando, contudo, a discussão acerca da unidade ou pluralidade do estudo científico da religião, deve-se reconhecer à Psicologia um interesse antigo, a bem dizer: já em seus primórdios, pelo comportamento humano relacionado com o sobrenatural, isto é, com a religião. Como ciência moderna, e ocidental, desvinculada, em sua epistemologia→, da Teologia→ e da Filosofia – que discutiram a religião→ muitos séculos antes do aparecimento da Psicologia –, esta se ocupou do comportamento religioso seja como patologia, seja como experiência *sui generis*→ de realidades que superam o cotidiano da vida humana. Apesar do impacto que a perspectiva patológica exerceu nos estudos psicológicos da religião, haja vista a interpretação→ freudiana da religião→ como ilusão ou como expiação de uma culpa primitiva, o entendimento da religião→ como contato benfazejo com o sobrenatural ou o divino parece ser a tendência historicamente predominante nesses estudos. Não é hora de simplesmente opor os dois encaminhamentos, pois a realidade humana é suficientemente complexa para, ao menos em certos momentos, abrigar a patologia com a elevação. Se a patologia se revela mais diretamente psicológica, por situar-se no plano estritamente intramundano do comportamento, a perspectiva benéfica no estudo da religião mantém-se estritamente psicológica, pois se abstém de qualquer pronunciamento acerca da existência do objeto transcendente, ocupando-se tão só dos pensamentos, afetos e atos orientados para esse objeto, cuja realidade ou irrealidade a pessoa obtém por vias independentes da Psicologia. Se, com efeito, é óbvio que o mundo passa a existir para a pessoa enquanto é percebido, a realidade do mundo não é fruto dessa percepção. Nesse sentido pode-se dizer que tudo é psicológico, mas o psicológico não é tudo.

I. Natureza da Psicologia da Religião. Para entender o que é a Psicologia da Religião é interessante saber o que ela não é. Em primeiro lugar, a Psicologia da Religião não é o estudo da religião em si. A religião→ como tal é objeto, de um lado, das várias ciências humanas e sociais, com destaque da Antropologia e, do outro, das teologias→, que se fundamentam em critérios distintos dos critérios científicos. Todas essas ciências têm algo a dizer a respeito da religião, mas as ciências humanas e sociais restringem-se a descrever e esclarecer as expressões que pessoas, sociedades e culturas utilizam para apontar, na esfera imanente à humanidade, uma realidade que a transcende. Em segundo lugar, a Psicologia da Religião não é um estudo favorável ou contrário à religião, porque se abstém por completo da afirmação ou da negação da existência do objeto transcendente ao qual se refere o comportamento religioso, devoto ou ímpio (Flournoy, 1902). Se o pesquisador pode ter uma atitude favorável ou adversa ao objeto religioso ou, até, uma convicção religiosa ou irreligiosa, o exercício da pesquisa mantém-se neutro em relação ao objeto.

O que é, então, Psicologia da Religião? É o estudo do comportamento referido ao objeto religioso. Embora comportamento seja um conceito aplicável às ciências humanas e sociais, e por vezes às ciências naturais, é um termo específico da Psicologia para designar pensamentos, afetos e ações da pessoa (e, quando for o caso, de outros organismos). Dessa definição quase tautológica de Psicologia da Religião nem mesmo William James→ escapou, quando acabou admitindo que a religião→ é o sentimento do indivíduo em sua solidão relacionado a um objeto que considera divino (James, 1936, p. 31s). Para designar o "objeto divino", James teve de recorrer à linguagem comum dos grupos culturais humanos. Esse recurso vige ainda hoje, apesar de os estudiosos se terem esforçado por encontrar uma definição universal do que sejam o objeto religioso e a religião. Parece ser essencial esclarecer que o comportamento religioso não é, em primeiro lugar, o comportamento raro, como o relacionado com visões, aparições→, possessões, êxtases, e semelhantes, que são julgados periféricos ao cerne do religioso. Pelo contrário, o comportamento religioso é, principalmente, o da relação quotidiana e simples com o sobrenatural, tal como encontrado na prece de súplica ou no louvor da gratidão, e nas várias ações rituais que colocam a pessoa em contato com o sobrenatural.

Pode-se definir o objeto religioso como "sobrenatural". Esse é um termo discutível, de origem cristã e teológica, mas pode ser aceito para designar alguma realidade além do âmbito da vida natural, isto é, da vida quotidiana e comum, com seus interesses nas coisas materiais e na interação com as pessoas vivas. Outros nomes indicam, com intensidade gradativa, essa realidade transcendente: energias superiores, pessoas falecidas, espíritos imateriais, anjos e demônios, deuses e deusas, Deus. O comportamento direcionado para alguma dessas entidades sobrenaturais é o que estuda a Psicologia da Religião.

Compreende-se que as realidades sobrenaturais cumprem diversas funções para o ser humano. Proteção, pertença e comunhão, sanção moral, explicação dos males da natureza e da existência, como o sofrimento, as doenças e a morte→ são algumas das funções que historicamente têm sido reconhecidas a essas realidades. Como outras ciências, a Psicologia tem abordado com essa perspectiva funcional o estudo do comportamento religioso e da religião. Serão, porém, essas funções características exclusivas da religião, de modo que a definam como objeto de estudo? Muitos estudiosos receiam que não, uma vez que outras referências, como a arte, a ciência, o esporte, o bem da humanidade, podem cumprir as mesmas funções. Preferem, por isso, fiar-se na linguagem comum, que, na variedade das culturas, é capaz de apontar ao mesmo tempo para o caráter transcendente e para a peculiaridade da religião. Optam, por isso, por uma definição substantiva da religião e de seu objeto, que dá o nome de "religião" para uma coisa, e outros nomes para outras coisas. Naturalmente, há certa dificuldade nessa opção, pois nem todas as culturas têm a palavra "religião", o que exige discernimento, por parte do pesquisador, em estabelecer equivalência entre os comportamentos de uma cultura diferente e os comportamentos que sua própria cultura denomina "religiosos". Por essa razão há estudiosos que preferem estudar o comportamento religioso apenas em sua cultura ou em culturas afins.

Nessa vertente, uma definição abrangente, mas não menos específica, da Psicologia da Religião é-nos proposta pelo grande estudioso Antoine Vergote, da Universidade Católica de Leuven. Abrangente, porque não isola o psiquismo de seu contexto real, a saber: a cultura e a sociedade, que fornecem para a religião, respectivamente, o sistema simbólico e a instituição. À Psicologia compete a subjetivação dessas instâncias. Específica, porque se aplica tão só à Psicologia da Religião, que vem definida como o estudo do comportamento relacionado ao "conjunto da linguagem, dos sentimentos, das ações e dos sinais que se referem a um ser (ou a seres) sobrenatural(ais)" (Vergote, 1997, p. 16). Esse comportamento é constituído por toda a gama de comportamentos com que o ser humano subjetiva a cultura, tais como linguagem, pensamentos, afetos, desejos, temores, conflitos, memórias, expectativas, experiências, motivações, imaginações, intenções e ações, na dinâmica consciente e não consciente. Todas essas variações comportamentais vão dirigidas para o objeto sobrenatural, transmitido pelo sistema simbólico da cultura e veiculado pelo grupo social e pelas instituições. O sistema simbólico religioso inclui linguagens, ritos, locais, objetos vários, pessoas, ligados ao sobrenatural, que o indivíduo pode acolher ou rejeitar. Os grupos e instituições preservam e propõem à pessoa o simbólico religioso, ao mesmo tempo em que a introduzem nele, ajudam-na a mantê-lo e aplicam-lhe as sanções correspondentes à sua aceitação ou recusa.

Mesmo após essas considerações, a pesquisa continua embaraçada com o próprio conceito de "religião", cuja natureza não é simples, e cuja prática é multiforme. Numa contribuição à Psicologia da Religião, os sociólogos C. Y. Glock e R. Stark utilizaram a análise fatorial para determinar, dentre os múltiplos comportamentos expressos numa filiação religiosa, os fatores que os agrupam. Estes autores identificaram cinco fatores: o ideológico, o ritual, o experiencial, o intelectual e o consequencial. São dimensões diversas do comportamento religioso não simplesmente paralelas, mas, segundo a pesquisa, agrupadas ao redor do eixo ideológico. Por ideologia, conceito de muitas definições, os autores entendem a convicção da crença, expressa na prece e nos atos de devoção. É ao redor da ideologia, ou convicção da crença, que se agrupam, em intensidades variadas, as demais dimensões da religião, o que permite reconhecer a religião como um conjunto ordenado e um campo estruturado. Deve-se registrar que, em pesquisas posteriores, foi abandonado o fator consequencial, pois o pecador não deixa de ser religioso. Note-se que, também em relação à irreligião, os fatores identificados por Glock e Stark permitem uma discussão mais matizada.

Como ciência, a Psicologia aspira a pronunciar juízos de verdade, quando estabelece relações de causalidade ou de correlação entre as variáveis que estuda. Qual a verdade da Psicologia da Religião? Uma vez que a Psicologia da Religião se abstém da transcendência do comportamento religioso, sua verdade não será uma verdade religiosa. Será, contudo, uma verdade psicológica. Em que consiste a verdade psicológica? Na afirmação, ou negação, de uma relação verificada, com graus de probabilidade, entre variáveis antecedentes e consequentes ou entre variáveis concomitantes. Numa situação de culpa, por exemplo, a Psicologia não se pronunciará acerca de Deus ou do pecado, mas acerca do ideal do ego da pessoa e a consciência de havê-lo infringido, com o consequente sentimento de culpa. Pode até existir, nesse caso, culpa religiosa, porém a Psicologia se pronunciará apenas sobre a adequação ou falta de adequação entre a culpa e a frustração do ideal da pessoa. Nessa pronúncia a Psicologia estabelecerá o bom ou mau funcionamento psíquico. No caso de um funcionamento indevido, poderá haver uma patologia, cujo tratamento caberá não ao teólogo ou ao ministro religioso, mas ao psicólogo. Como em outras manifestações comportamentais, a Psicologia da Religião lida com o psíquico no religioso, e não com o religioso no psíquico. Na negação da existência de Deus ou na militância ateia, a Psicologia, igualmente, não se pronuncia a respeito de Deus, mas examina se esses comportamentos estão relacionados, por exemplo, com a solução incompleta do complexo de Édipo ou com a pressão social. Como complementação, registra-se que poderá haver casos patológicos e mesmo assim voltados para o religioso. A histeria tem sido um bom exemplo concreto, na história de certos místicos. Nesses casos exige-se discernimento para confiar a patologia ao psicólogo e o religioso ao diretor espiritual. Outros casos, aparentemente patológicos, mas, após exame, sadios, poderão receber auxílio da orientação puramente espiritual.

No estudo psicológico do comportamento religioso são lembradas com frequência a Antropologia e a Sociologia. A subjetivação altamente idiossincrática do sobrenatural não se realiza, de fato, no vácuo. Como com os demais comportamentos, ela é o resultado de uma apropriação, pela pessoa, do objeto mediado pela cultura e pela sociedade em que vive. Devoção e militância antirreligiosa não são produtos do mero indivíduo, mas construção da pessoa devota ou militante que, por meio da linguagem, do exemplo e de várias modalidades de interação, elaborou como suas as informações culturais e sociais.

Mais recentemente, também a Biologia♀ tem contribuído para esse estudo. Fala-se da Biologia♀ Evolutiva, ou Evolucionária, que investiga as bases pré-psíquicas e pré-culturais da religião, isto é, as condições biológicas que tornam possível à cultura e à sociedade produzir a religião♀ (Pyysiäinen, 2003). As bases pré-psíquicas encontram-se na neurofisiologia do cérebro e do sistema nervoso, comuns a todos os organismos mais complexos. As bases pré-culturais encontram-se principalmente nas contraintuições e emoções correlatas. Como o sobrenatural, por definição, não faz parte do que a vida quotidiana e comum conhece intuitivamente, tais como espaço, tempo, extensão, seres vivos e inanimados, causalidade, e semelhantes, ele é, por definição, não intuitivo, ou contraintuitivo. A percepção do contraintuitivo é, a princípio, ininteligível, e, por isso, acompanhada de emoções, isto é, de alterações orgânicas experimentadas como estranheza, medo, ou, inversamente, alegria e felicidade♀. No caso da religião, destaca-se a contraintuição de um agente causal dotado de excesso de força, invisibilidade, ubiquidade, onisciência e imprevisibilidade. No caso de haver um grande número de percepções, tais emoções podem até antecipar a aceitação da informação contraintuitiva, e mantê-la constante.

Haveria, no entanto, uma teoria exclusiva da Psicologia da Religião? Ou seria a Psicologia da Religião uma aplicação das teorias psicológicas ao comportamento religioso? A importância de ambas as perguntas sensibiliza os estudiosos. No capítulo dedicado à Psicologia da Religião no *Handbook of Social Psychology*, James Dittes (Dittes, 1969) registrava as várias posições dos estudiosos: a maior parte deles entende que a Psicologia da Religião traz ao comportamento religioso as teorias e os métodos♀ da Psicologia *tout court*; outros, inspirando-se até em William James♀ e em Durkheim♀, pensam que o comportamento religioso é de certa forma único, em vista da intensidade e da seriedade de que se reveste. A ausência de uma teoria apropriada à Psicologia da Religião é lamentada por vários pesquisadores, mas parece que até o momento são as teorias comuns à Psicologia que orientam os estudos da Psicologia da Religião. Em "Teorias contemporâneas da Psicologia da Religião" (Paiva, 2013, p. 347-366), foram apontadas, como influentes na Psicologia da Religião atual, as da Psicologia Narrativa, da Atribuição de Causalidade, das Representações Sociais, do Apego, da Psicologia Cultural, da Psicologia Evolutiva ou Evolucionária, e recentes desenvolvimentos da Psicanálise♀ (em particular: D. Winnicott, A. M. Rizzuto, M. Aletti). No entanto, deve-se admitir que todas elas tiveram origem e se desenvolveram na linha mestra Psicologia. Mesmo as duas teorias freudianas da religião, a saber, como expiação do parricídio original e como compensação da fragilidade humana, não são exclusivas da religião, pois que Freud♀ as coloca, igualmente, na origem da cultura ou da civilização. Tampouco os arquétipos♀ junguianos são exclusivos da religião. A percepção do *tremendo e fascinante* de Otto♀ não é uma teoria psicológica e, além disso, é tributária da concepção bíblica de Deus, ideal para o qual caminhariam as outras formas religiosas. Será, então, a Psicologia da Religião uma aplicação da Psicologia comum ao comportamento religioso? Estou inclinado a responder afirmativamente, enfatizando, contudo, a singularidade de sua intencionalidade e a importância pessoal e social desse comportamento. Outras áreas do comportamento, como o esporte, a saúde♀, o ensino/a aprendizagem, a arte, a justiça♀, são estudadas pela linha mestra da Psicologia em razão de sua relevância para a vida das pessoas e das sociedades, e da especificidade dos comportamentos nelas envolvidos. Admitindo-se a importância da religião♀ para o indivíduo, os grupos e a sociedade inteira, justifica-se, então, a Psicologia da Religião como empreendimento científico especializado. Essa especialização implica, por parte do pesquisador, suficiente familiaridade com os comportamentos intencionados para o sobrenatural. Nem sempre se pode supor essa familiaridade no estudioso e no profissional. De outro lado, não é necessária uma opção religiosa pessoal, que poderia induzir preferência por uma ou outra doutrina ou prática, violando a exigência de neutralidade ontológica e metodológica no estudo da Psicologia da Religião, como preconizado, desde 1902, por Théodore Flournoy. Por vezes se diz que o ideal no estudo e no exercício profissional seria que o comportamento religioso devoto fosse desempenhado por um ateu, e que o comportamento ateu fosse estudado por um devoto religioso. Se o viés de favorecimento seria com isso controlado, pode não se dar o mesmo com o viés oposto.

II. História da Psicologia da Religião. O estudo psicológico da religião esteve presente desde os primórdios da moderna Psicologia. Wilhelm Wundt♀, criador do método♀ experimental para o estudo dos elementos da atividade mental, foi também pesquisador de comportamentos mais complexos, como a moral e a religião♀, no que denominou *Völkerpsychologie*, traduzido habitualmente por Psicologia dos Povos, e mais bem traduzido como Psicologia Cultural (Belzen, 2010). Nessa última empresa, Wundt♀ deixou de lado o laboratório e seu método♀ experimental para uma abordagem de cunho social e histórico. Oswald Külpe, seu continuador na Escola de Würzburg, influenciou diretamente os pioneiros da Psicologia da Religião, na chamada Escola de Dorpat (hoje, Tartu, na Estônia). Karl Wilhelm Ståhlin, Jürgen Giergensohn, Werner Gruehn e Wilhelm Keilbach aplicaram laboriosamente o método♀ experimental de Wundt♀ aos processos mentais superiores, envolvidos, por exemplo, na leitura e retenção dos textos da Bíblia♀. O método♀ por este empregado era o da introspecção controlada, que veio a ser, posteriormente, abandonado na Psicologia em favor da observação externa. De passagem, note-se que atualmente alguns pesquisadores em Psicologia da Religião se interessam novamente pela introspecção. A Escola de Dorpat, que criou a *Gesellschaft für Religionspsychologie und Religionswissenschaft*, deu origem, em 1914, ao *Archiv für Religionspsychologie*, periódico interrompido de 1915 a 1920 e, novamente, de 1922-1928, e a partir de 1936, em razão da Primeira e da Segunda Grande Guerra. Foi, no entanto, repristinado em 2003, como *Archive for the Psychology of Religion*, mantido o título original como subtítulo, sob a responsabilidade da *International Association for the Psychology of Religion* (Belzen, 2004).

Nos Estados Unidos, igualmente desde o início do século XX, desenvolveu-se a Psicologia da Religião principalmente pelas mãos de Stanley Hall, William James♀ e James Leuba. Diferentemente da Europa, onde a Psicologia da Religião nasceu no ambiente religioso do Protestantismo, nos Estados Unidos a Psicologia da Religião desde cedo se apresentou desvinculada da Filosofia e da Teologia♀, e próxima da ciência. Stanley Hall, além de interessado no desenvolvimento religioso, fundou um dos primeiros periódicos da Psicologia, intitulado *American Journal of Education and Religion*. William James♀, convidado pela Universidade de Edimburgo, proferiu, em 1901-1902, as célebres conferências acerca das variedades da experiência religiosa♀. A referência condutora de James foi o conceito de "religião natural", isto é, não revelada, como o Cristianismo. Estudos da religião natural são o objeto das "Gifford Lectures", e James se manteve dentro desse limite, dando a suas palestras o consentâneo subtítulo de "Um estudo da natureza humana". Leuba, que já publicara, em 1896, um estudo da Psicologia dos fenômenos religiosos, tornou-se conhecido principalmente pela pesquisa entre os cientistas relativamente à ciência e à religião♀, em suas dimensões de crença♀ num Deus pessoal e na imortalidade da alma♀. Na esteira de Stanley Hall e de James realizaram-se muitos estudos psicológicos da religião, que não podiam deixar de ser, principalmente, estudos das modalidades protestantes

norte-americanas. Um dos temas mais pesquisados foi o da conversão, isto é, da opção adolescente ou adulta pela fé♀ recebida na infância.

A Psicologia da Religião europeia desenvolveu-se por meio da associação dos *European Psychologists of Religion*, que incorporou aos estudos psicológicos da religião referências teóricas e metodologias mais amplas que as da *Gesellschaft*. Em 2003, essa associação transformou-se na atual *International Association for the Psychology of Religion* (IAPR). Os *European Psychologists* congregavam pesquisadores de numerosos países da Europa. Como IAPR, acolhe, particularmente em seus Congressos bienais, pesquisadores das Américas, da Ásia e da África, filiados ou não a múltiplas formas religiosas. Seu órgão de difusão científica é o *Archive for the Psychology of Religion*, continuação do *Archiv für Religionspsychologie*, nomenclatura que manteve como subtítulo (Belzen, 2004). Nesse tempo muitas universidades iniciaram e mantiveram programas ou disciplinas da área. Pode-se dizer que, na Europa, se constituíram verdadeiras Escolas, como as de Leuven/Louvain-la-Neuve, Uppsala/Lund, Nijmegen, com centros menores, nos vários continentes, como Turku, na Finlândia, Aarhus, na Dinamarca, Istambul, na Turquia, Varsóvia, na Polônia, Lausanne, na Suíça, Edimburgo, na Escócia, Londres, na Inglaterra, Milão, na Itália, Teerã, no Irã, Moscou, na Rússia, Índia, Indonésia, Israel e vários outros. Forçoso é, contudo, reconhecer que na última década foram fechados, na Europa, diversos centros de pesquisa, em função da reavaliação dos interesses acadêmicos e da reorganização do ensino superior pela Declaração de Bolonha.

Nos Estados Unidos, a Psicologia da Religião, depois de décadas de silêncio rompido nos anos 1950 por Gordon Allport♀, organizou-se, em 1976, no âmbito da *American Psychological Association* (APA), uma Divisão especial, a Divisão 36. Essa Divisão acolhia, em sua denominação primeira, os *Psychologists Interested in Religious Issues* (PIRI). Em 1992, passou a denominar-se *Psychology of Religion* e, recentemente, após muito debate, *Psychology of Religion and Spirituality*. As duas publicações da Divisão são *Psychology of Religion Newsletter* e *Psychology of Religion and Spirituality*. A principal referência da área, mas independente da Divisão 36, é, desde 1991, o *International Journal for the Psychology of Religion*, periódico aberto a colaboradores de toda procedência geográfica e teórica. Nos Estados Unidos, a Psicologia da Religião se mantém nos encontros anuais da APA e em Departamentos de várias universidades.

Particularmente no Brasil, a Psicologia da Religião contou entre seus precursores com o jesuíta Leonel Franca e o franciscano Damião Berge. Seu início ocorreu nos anos 1960, na Pontifícia Universidade Católica de São Paulo (PUC-SP), como *Associação Brasileira de Psicologia da Religião*. As pesquisas da Associação, inclusive as de índole experimental,

PSICOLOGIA DA RELIGIÃO

encontram-se registradas na *Revista de Psicologia Normal e Patológica*. Dentre seus membros, psicólogos, psicanalistas e médicos, destacaram-se Alberto Abib Andery, Odilon de Mello Franco Filho, Theodorus van Kolck, João Edênio dos Reis Valle. Com o novo clima político da época, a Associação se dissolveu e seus membros em parte migraram para a nova Psicologia Comunitária (Paiva, 2017). A Psicologia da Religião na instituição abrigou-se no curso de pós-graduação "Ciência da Religião♀", responsável pela *Revista de Estudos da Religião* (REVER).

Em 1988, foi criado, no seio da Associação Nacional de Pesquisa e Pós-Graduação em Psicologia (ANPEPP), o Grupo de Trabalho (GT) "Psicologia & Religião", com pesquisadores da Universidade de São Paulo, da PUC-SP, da Universidade Federal de Minas Gerais e da Pontifícia Universidade Católica de Campinas (PUC-Campinas). O Grupo de Trabalho cresceu ao longo dos anos, incluindo pesquisadores das Universidades Federais do Rio Grande do Sul e da Paraíba, das Universidades Católicas de Brasília, Petrópolis e Curitiba, e da Escola Superior de Teologia♀, de São Leopoldo, Rio Grande do Sul. O GT vem promovendo, desde 1998, Seminários bienais intitulados "Psicologia e Senso Religioso", registrados em livros e artigos. Os Seminários têm contado com a participação de expoentes internacionais em Psicologia da Religião, como, entre outros, Antoine Vergote, Mario Aletti, Kenneth Pargament, Kevin Ladd, Denise Jodelet, Jeremy Carrette, Miguel Farias, Charles Watters, Jacob van Belzen, Ray Paloutzian. Em 2000, foi instituído no curso de pós-graduação em Psicologia Social, do Instituto de Psicologia da Universidade de São Paulo (IPUSP), o Laboratório de Psicologia Social da Religião. O Laboratório, integrado por pesquisadores doutores, tem conseguido precioso apoio das agências de fomento para realizar suas pesquisas, dentre as quais se destacam o levantamento crítico da produção brasileira em Psicologia da Religião de 1955 a 2005, a investigação das opções fundamentais entre ciência e religião♀, a comparação entre fenômenos paranormais religiosos e não religiosos, a posição dos pesquisadores universitários brasileiros em relação à ciência e à religião. O Laboratório, em conjunção com o Laboratório de Psicologia Anomalística♀ e Processos Psicossociais (*InterPsi*), tem gerado diversos grupos de estudo regulares no âmbito do IPUSP. Outros pesquisadores, não integrantes do GT "Psicologia & Religião", devem ser citados no campo da Psicologia da Religião no Brasil: entre eles, Adriano Holanda, Francisco Lotufo Neto, Karla Daniele Maciel Luz, Valdemar A. Angerami Camon, Jorge W. F. Amaro, Raul Marino Jr., Paulo Dalgalarrondo, Ricardo Torri de Araújo.

III. Termos e conceitos associados à Psicologia da Religião: espiritualidade, religiosidade, sagrado e experiência. Um termo em voga é o da "espiritualidade♀". Seria o comportamento religio-so idêntico, conceitualmente, ao comportamento espiritual ou espiritualizado? O termo "espiritual" é encontrado no Novo Testamento, como tradução♀ do grego *pneumatikos*. O latim clássico não o conhecia. Pavel Rican, especialista no tema, esclarece que, originalmente, espiritual referia-se ao Espírito Santo. Essa referência persiste até hoje nas chamadas "espiritualidades" do Cristianismo, representadas, por exemplo, pelas ordens religiosas ou pelas vertentes cristãs. Fala-se, então, de "espiritualidade♀ franciscana", "espiritualidade♀ carmelita", "espiritualidade♀ luterana". Rican reconhece no Iluminismo♀ uma mudança no sentido do "espírito", que passa a denotar o intelecto, a razão, universal. A seguir, o Romantismo entende como "espírito" o espírito♀ humano, e finalmente, em nossos dias, "espírito" veio a significar o que eleva a vida humana acima dos interesses materiais e imediatos e realiza o potencial da pessoa. É certo que, nos dias de hoje, por influência da literatura norte-americana, o termo "espiritualidade♀" se tornou referência nos estudos psicológicos da religião, chegando a alterar a denominação da Divisão 36 da APA, de *Psychology of Religion* para *Psychology of Religion and Spirituality*. Vassilis Saroglou (2003), sensível a esse deslocamento semântico que, segundo ele, afeta mais a psicologia anglo-saxã do que a psicologia europeia, delineou, empiricamente, as convergências e divergências contemporâneas entre espiritualidade♀ e religião♀, nas variáveis importância, dimensões incluídas, busca de sentido, motivações, personalidade e valores. Uma distinção saliente é estabelecida entre religião♀ e espiritualidade♀ quando a esta se atribuem autonomia e espontaneidade e, àquela, tradição e instituição. Discute-se, por isso, se Psicologia da Religião e Psicologia da Espiritualidade♀ são a mesma Psicologia ou Psicologias legítimas, mas distintas. A resposta depende da opção pela funcionalidade ou pela substantividade do objeto religioso. Admitida a diferença de objeto, haverá duas distintas psicologias, ambas legítimas e relevantes para nossos dias, a Psicologia da Religião e a Psicologia da Espiritualidade♀. Se se aceitar o sagrado♀ como o limite superior do empenho humano, aberto ao sobrenatural, a Psicologia da Espiritualidade♀, mesmo agnóstica e ateia, terá proximidade com a Psicologia da Religião.

Igualmente em voga é o termo "religiosidade", apontado como o fundamento comum das várias formas de comportamento religioso. É conveniente notar, antes de tudo, que o termo é um substantivo abstrato derivado do adjetivo "religioso", que, por sua vez, deriva do substantivo concreto "religião♀". O termo "religiosidade" é legítimo e indica um hábito religioso. Entretanto, sua utilidade para a Psicologia da Religião se limita aos comportamentos que têm como objeto uma entidade vaga, não raro um precipitado de religiões históricas que foram sendo perdidas.

Outro termo frequentemente associado, quando não identificado com religião℘, é o "sagrado". O termo, antigo como adjetivo, data do século XIX como substantivo. A recepção do substantivo deve-se a Rudolf Otto℘, com a impactante obra *Das Heilige*, (em alemão, gênero neutro: *das!*), "O Sagrado", de 1917. O vocábulo, em nossos dias, é de uso praticamente restrito à(s) Ciência(s) da Religião. Ninguém, de fato, se relaciona pessoalmente com o Sagrado℘, embora possa perceber, admirar, recear algo ou alguém qualificado como sagrado. Informada discussão do termo é oferecida por Vergote, que, embora reconhecendo o trânsito atual da palavra, não a identifica com o religioso. O sagrado℘, substantivado, refere-se a realidades humanas fundamentais, como vida e morte℘, honra, liberdade, família, e semelhantes, que se devem preservar com o risco da própria vida. Essas realidades não são religiosas, tampouco são puramente profanas ou trivialmente quotidianas. Estão como que a meio caminho entre o profano℘/secular e o religioso. Por vezes, nos estudos psicológicos da religião, encontra-se o sagrado℘ apontado como a referência mais singular na busca de significância das religiões, por envolver, nas palavras de Pargament, ligação com os antepassados℘, mistério, sofrimento, esperança, finitude, entrega (*surrender*), propósito divino, redenção. Mistério, sofrimento℘ e finitude são, realmente, partilhados nas situações-limite de toda a vida humana, e situam-se na esfera do sagrado℘. Mas entrega, propósito divino e redenção apontam para a origem religiosa judaica e cristã dessas referências. Como a Psicologia se abstém de afirmar ou negar o sobrenatural, é capaz de atingir o sagrado℘ no enfrentamento, mas o propriamente religioso lhe escapa.

"Experiência religiosa℘" é expressão frequente quando o tema é religião. É termo relativamente recente, oriundo do Romantismo, que valorizou o sentimento e a emoção. A associação entre experiência e emoção℘ é habitual, e pressupõe que a experiência, particularmente a religiosa, seja, antes de tudo, um sentimento (Schleiermacher), uma sensação de terror e/ou fascínio (Otto℘), um estado vulcânico original (James). Outro é o sentido clássico, expresso, por exemplo, em Camões, quando, nos cantos IV e V d'*Os Lusíadas*, fala de um saber de experiências feito, contraposto ao conhecimento na época científico. A experiência é, sem dúvida, emocional, mas é, essencialmente, cognitiva, no sentido de conhecimento. Não se pode ter experiência a não ser de alguma coisa, e essa coisa é objeto de conhecimento. A experiência religiosa℘, portanto, pode ser aceita como idêntica ao comportamento religioso em sua dimensão de conhecimento, que pode ser acompanhado pela admiração, alegria, gratidão, temor e outras emoções.

IV. Matrizes teóricas de fundo. Deve-se reconhecer que a Psicologia da Religião, que tem objeto tão singular como a relação religiosa, não criou nenhuma teoria própria. Embora não seja necessário concordar com a qualificação de Psicologia simplesmente "aplicada", a Psicologia da Religião acompanha as teorias e os métodos℘ da linha mestra da Psicologia, e está sujeita à variedade, mesmo das modas, da Psicologia. Uma salvaguarda inicial deve ser feita: qualquer teoria percebe aspectos que outras teorias não percebem, mas também não percebe dimensões percebidas por outras teorias.

A Psicologia da Religião já foi pesquisada com o Wundt℘ do laboratório, com a psicanálise℘ e a Psicologia Analítica, com a *Gestalt*, e mesmo com o behaviorismo, com várias correntes da Psicologia Cognitiva dos anos 1950, e, contemporaneamente, com a teoria "cognitiva" ou "evolutiva", que procura suas raízes, quando não a inteira árvore, na estrutura e no funcionamento do cérebro e do sistema nervoso em geral. Tal estrutura e funcionamento são, em primeiro lugar, a filogênese da religião, que de alguma forma são entendidos como recurso de sobrevivência e de reprodução da espécie humana (Pyysiäinen, 2003).

Outra influência em gestação é a da Psicologia Cultural (Belzen, 2010). Complementarmente à Psicologia Intercultural, que busca o universal no comportamento humano, incluído o religioso, a Psicologia Cultural busca o que é particular e, por isso, real no comportamento, chegando a identificar concretamente o psíquico e o cultural. Também no estudo da religião, a Psicologia Cultural propõe o *Self* dialógico, de Hermans, como uma promessa teórica frutífera. O *Self* dialógico entende a pessoa não como um eu unificado, mas como eus múltiplos em diálogo, por vezes harmonioso, por vezes em atrito, uns com os outros, no contexto da cultura. Na cultura℘ confluem, ao lado dos elementos materiais, as referências ao espírito, à memória℘ individual e social, aos valores, aos ideais e também à religião℘, que, vivenciados pela pessoa, tornam-se suas múltiplas vozes ou seus múltiplos eus. O *Self* dialógico permite acompanhar, de forma realista, as vicissitudes da pessoa religiosa, cujo comprometimento com o sobrenatural pode continuar autêntico, embora outras vivências proponham a ela questionamentos ou oposições, recordando a afirmação do cardeal Martini de que há, dentro do fiel, um território ateu.

Na linha da psicanálise℘, a contribuição de Ana-Maria Rizzuto e de Mario Aletti, inspirada em Winnicott, abre interessante perspectiva ao conceito freudiano de "ilusão", processo fundamentalmente psicológico, relacionado com a religião. Se a ilusão for entendida como a transição entre o autismo ou o egocentrismo da criança e o mundo externo, a ilusão religiosa, além de ser um jogo, de acordo com sua etimologia℘, é o espaço potencial onde se pode encontrar a pessoa e o sobrenatural. Este, de fato, não se dá por inteiro, mas somente mediante o símbolo, cujo lugar natural é precisamente o espaço potencial. De resto, como a ilusão freudiana não é apanágio da criança, mas acompanha a pessoa religiosa ao longo da vida, a localização dela na área transicional winnicottiana permite compreender a religião♀, e o comportamento a ela relacionado, como permanentemente simbólicos.

V. O futuro da Psicologia da Religião. Como perspectiva geral para a Psicologia da Religião, pode-se prever, apesar das oscilações a que está sujeita, sua permanência, à vista do lugar que nos últimos tempos tem ocupado a religião♀ na vida pública e, em geral, nas sociedades, seja em direção positiva, seja em direção negativa. Além disso, o lugar da religião♀ nos hospitais, nas clínicas e nos centros de apoio social permite imaginar que a Psicologia da Religião continua com papel relevante tanto na prática psicológica como na pesquisa que a alimenta. A Associação Internacional, com filiados de muitos países e, mesmo, continentes, com Congressos de muita participação, com o conceituado periódico *Archive for the Psychology of Religion*, Associações regionais, como a *Società di Psicologia della Religione*, a Divisão 36 da APA, o rigoroso *Journal for the Psychology of Religion*, a pesquisa em numerosas universidades e centros ou grupos de estudo parecem augurar a consolidação da Psicologia da Religião e sua contribuição para as pessoas e a sociedade. Medida importante para despertar e manter o interesse acadêmico por ela é oferecer, ao menos como eletivas, disciplinas nos níveis de graduação e pós-graduação, e incentivar pesquisas apropriadas a esses níveis. Conservando a própria identidade, a Psicologia da Religião se tornará mais vigorosa se interagir com a História, a Antropologia e a Sociologia, que lhe fornecerão parâmetros históricos, culturais e sociais da complexa realidade com que se ocupa. A perspectiva cognitiva, recente nos estudos da Psicologia, esclarece à Psicologia da Religião os fundamentos pré-psíquicos e pré-culturais do comportamento religioso e não deverá ser deixada de lado sem prejuízo do diálogo interdisciplinar e do próprio entendimento desse comportamento.

Uma Introdução mais ampla à Psicologia da Religião encontrará o interessado na Parte III: Ciências Psicológicas da Religião, organizada por Edênio Valle, em Passos e Usarski, *Compêndio de Ciência da Religião* (2013).

Bibliografia: BELZEN, J. A. Like a Phoenix from Its Ashes? On the Fate and Future of the International Association for the Psychology of Religion. *Pastoral Psychology*, 52, (6), 2004, p. 441-457; BELZEN, J. A. *Towards Cultural Psychology of Religion*: Principles, Approaches, Applications. New York: Springer, 2010; DITTES, J. E. Psychology of Religion. In: Lindzey, G.; ARONSON, E. (Org.). *The Handbook of Social Psychology*. 2nd. ed. Reading: Addison-Wesley, 1969. Vol. V, p. 602-659; FLOURNOY, T. Les principes de la psychologie religieuse.

Archives de Psychologie, (2), 1902, p. 153-158; JAMES, W. *The Varieties of Religious Experience*: A Study in Human Nature. New York: The Modern Library, 1902/1936; PAIVA, G. J. Psicologia Acadêmica da Religião no Brasil: história, resultados e perspectivas. *Pistis & Praxis*, 9, 2017, p. 31-48; PAIVA, G. J. Teorias contemporâneas em psicologia da religião. In: PASSOS, J. D.; USARSKI, F. (Org.). *Compêndio de Ciência da Religião*. São Paulo: Paulus/Paulinas, 2013; PYYSIÄINEN, I. *How Religion Works*: Towards a New Cognitive Science of Religion. Leiden/Boston: Brill, 2003; SAROGLOU, V. Spiritualité moderne: un regard de psychologie de la religion. *Revue Théologique de Louvain*, 34, 2003, p. 473-504; VERGOTE, A. *Religion, Belief and Unbelief*: A Psychological Study. Leuven University Press/Amsterdam/Atlanta: Rodopi, 1997.

GERALDO JOSÉ DE PAIVA

PUNIÇÃO → Castigo

PURGATÓRIO → Escatologia

PURO/IMPURO

Nas diversas culturas e sistemas religiosos, as categorias de puro e impuro representam uma chave de distinção comunicativa-classificatória que auxilia a determinar os parâmetros das fronteiras dentro da tradição, como, por exemplo, a diferença entre clero♀ e leigos♀, mulheres e homens, e parâmetros externos, como, por exemplo, a distinção entre crentes e "pagãos" etc. (Stausberg, 2007). Assim sendo, as noções de pureza e impureza, para a cultura, são norteadoras, ordenando o mundo à sua volta e estruturando a sociedade com base nesse dualismo.

A impureza implicaria estar em uma transgressão em relação às normas sociais, aos costumes culturais e a outras pessoas da comunidade. O impuro está conectado às noções de sujeira, poluição, que pode ser adquirida pelo contato com uma pessoa ou substância impura/suja, resíduos corporais, ações pessoais. Tais categorias se tornam normativas e prescrições nas tradições religiosas e, ao serem transgredidas, há uma série de procedimentos para retornar a ordem de pureza.

Uma das obras de maior importância para os estudos de puro/impuro é *Purity and Danger*, publicada pela primeira vez 1966 pela antropóloga norte-americana Mary Douglas (1976). Nessa obra Douglas retoma criticamente esses conceitos dos estudiosos da religião como Evans-Pritchard♀, James Frazer♀, Robertson Smith, entre outros, para desenvolver a sua teoria sobre o puro e o impuro. Para a antropóloga, "o impuro absoluto só existe aos olhos do observador" (Douglas, 1976), e é essencialmente a desordem; entretanto, as fronteiras do puro e do impuro são difusas e não tão fixas como pode parecer.

Ao retomar o conceito de *sacer*, palavra em latim que tem como sentido "separação", "restrição" quando aplicada aos deuses, mas pode também ser aplicada no sentido de "consagração" e o seu contrário, a "profanação". Portanto, definir tais conceitos de maneira reducionista seria excluir os inúmeros significados que puro/impuro têm para cada tradição e cultura. Por mais que as categorias possam parecer estar em polos distintos e opostos, isso nem sempre é real. "A linguagem da poluição presta-se a uma álgebra complexa que leva em conta as variáveis de cada contexto" (Douglas, 1976). Mircea Eliade♀ diria que há uma ambivalência desse sagrado♀, não apenas no nível de ordem psicológica – causando atração e repulsa –, como nas também nas questões de ordem de valores, pois, segundo o autor, "o sagrado♀ é, ao mesmo tempo, sagrado♀ e profano♀" (Eliade, 1958).

Para Stausberg, ao se pensar a partir da lógica estruturalista, as oposições binárias de limpo e sujo, puro e impuro levam a um paradoxo identitário: a identidade representaria um estado puro, um ideal, a absoluta pureza; entretanto, isso a levaria para um isolamento da sociedade e do ambiente em que se vive, embora possa levar a ser removida a superioridade do "outro", simultaneamente condenando para sua própria impotência (Stausberg, 2007). Ressoando Edmund Leach, a impureza é, portanto, associada ao poder (Leach, 1976, p. 61). Na obra *Rethinking Anthropology* (Leach, 1961), é possível encontrar pistas que Leach deixa para pensar a relação de poder que se estabelece entre os conceitos de puro e impuro. Mary Douglas sintetiza de melhor maneira essa relação, entendendo-a como analogia♀ para representar uma ordem social.

Há diferenciações do conceito de pureza nas tradições religiosas, como, por exemplo, as formas extremas desse entendimento, como as teorias miasmáticas de impureza, sendo compreendida como algo mágico e perigoso. Ao mesmo tempo, há compreensões que são consideradas não transmissíveis e inofensivas: Stausberg menciona o exemplo do Islamismo sunita (Stausberg, 2007). Já no Judaísmo antigo a impureza poderia ser distinguida entre a ritual, por exemplo, o nascimento, que é natural e pode ser ritualmente eliminada, e a moral, por exemplo, a idolatria♀, que é intransmissível e não pode ser ritualmente eliminada (Klawans, 1998, p. 391-415). Caminhando nessa direção, é necessário compreender que há formas de poluições não intencionais e intencionais, reversíveis e irreversíveis.

Conforme dito, as impurezas podem ser adquiridas por fatores naturais, tais como nascimento, relações sexuais, doenças e morte♀. A distinção entre puro e impuro é central para a construção de sociedade e religião no antigo Israel. Pode-se ver, no Antigo Testamento, que são mencionadas as doenças de pele, lepra (Levítico 13-14), os fluidos corporais (Levítico 15), os cadáveres (Números 19,11-16), entre outras passagens que tratam as questões de impureza e ritos de purificação. Dessa maneira, tal distinção gerencia o cotidiano e as relações, incluindo aspectos da vida religiosa da comunidade. D. P. Wright distingue como impurezas permitidas, como as de fatores naturais, mencionadas acima, e como impurezas proibidas, que são controláveis e desnecessárias, como assassinato, idolatria♀ (Wright, 1992).

Seres humanos, utensílios, alimentos podem se tornar impuros, sendo necessários rituais e *performances* de purificação, embora muitos deles tenham entrado em desuso na atualidade. Há também, no Antigo Testamento, as questões quanto aos animais impuros. No artigo "The Forbidden Animals in Leviticus", Mary Douglas trabalha as questões colocadas no Livro do Levítico quanto aos animais puros e impuros, por exemplo, animais que vivem em mais de uma biosfera são considerados impuros (Douglas, 1993, p. 3-23).

Na tradição judaica existe a *halakhah*, as leis do ritual de pureza e impureza do sistema legal judaico. Tradicionalmente, a *halakhah* é diretamente associada a Moisés, que são apresentadas em doze tratados da *Mishná* (a lei oral judaica e, em particular, a coleção de leis orais compiladas por *Judah ha-Nasi*) e da *Tosefta* (a *Tosefta* é paralela e complementa a *Mishná*). *Halakhah* inclui os seiscentos e treze mandamentos do Pentateuco, as afirmações ditas pela tradição e a tradição oral (Bowker, 2000).

Portanto, no Antigo Testamento as noções de puro e impuro são elementos funcionais que guiam a sociedade em termos culturais, religiosos, morais e cosmogônicos. Dessa forma, é criada a noção de um cosmos ordenado e elaborado, um sistema de classificação e rotulagem (Neusner, 1979). Há a crença♀ de que toda mistura ou transgressão de fronteiras têm um efeito devastador na vida e no tempo (maldição), contrariando a pureza e santidade de *YHWH*, que representa a ordem cósmica intacta (Seidl, 2007). Para Theodor Seidl, "a pureza tem um efeito normativo na interação com a esfera do divino e é ela mesma a condição para a possibilidade de estabelecer contato com o divino" (Seidl, 2007).

Já no Novo Testamento os conceitos de puro e impuro acabam sendo influenciados pelas noções do Antigo Testamento, como, por exemplo, os demônios serem também considerados impuros. Nos estudos do Novo Testamento, nas questões de pureza e impureza, pode-se destacar a pesquisa de Bruce Malina, *The New Testament World: Insights from Cultural Anthropology* (1981), em que aborda as questões de casamentos e deficiências físicas para o contexto. Malina segue os passos de Mary Douglas, porém com outros pontos a serem trabalhados, a citar: a categoria proposta por Malina daqueles que quebram os limites estabelecidos da pureza, como a figura de Jesus. Para Malina, Jesus rompe as fronteiras das leis rituais judaicas criando uma série de enfrentamentos para tanto (Malina, 1981, p. 122-152). Jerome Neyrey cita, com base em estudos do Evangelho de Marcos, três fatores para que Jesus seja considerado um "sem lugar" na cultura judaica: 1) comércio com "pecadores", pessoas impuras (leprosos, mulheres menstruadas etc.); 2) a não observância dos tempos ou lugares sagrados, como o *Sabbath* e o Templo; 3) a desconsideração sobre as regras alimentares, como lavar as mãos e os pães do Templo (Neyrey, 1986). Nesse sentido, a ética de Jesus, encontrada no Novo Testamento (Marcos 7,15), pode ser caracterizada em reduzir o peso da lei ritual, com uma simultânea radicalização nos mandamentos de amor, a pureza moral é sobreposta às leis e regras de pureza ritual (Kollmann apud Betz, 2007).

Esse movimento surge também como reação do pós-exílio hebreu e do que foi desenvolvido pelos fariseus, como a já mencionada *Halakhah* da pureza, além da *Torah*. E justamente as pessoas excluídas da sociedade com base nos preceitos de pureza foram aquelas das quais o Novo Testamento diz que Jesus se aproximava e dizia incluir no Reino de Deus (Marcos 1,40-45; 5,25-34). Entretanto, essa relação entre o Cristianismo primitivo e a pureza da *Torah* não era uniforme, afinal, grande parte dos judeus cristãos ainda guardavam preceitos do Judaísmo e observavam as leis de pureza da *Torah*. Kollmann cita um exemplo contrastante, que é a visão de Pedro narrada em Atos 10,9-16, na qual a distinção entre puro e impuro haveria sido abolida pelo próprio Deus (Kollmann apud Betz, 2007).

No Cristianismo primitivo haveria reservas dos cristãos gentios aos ritos e preceitos da lei, como é narrado em Gálatas 2,11-14: o incidente em Antioquia demonstra as divergências entre judeus e gentios em relação às questões de pureza. Dessa maneira, após o chamado "Decreto Apostólico" (Atos 15,19), foi requerido o mínimo de pureza aos gentios, assim como foi feito aos estrangeiros no Antigo Testamento. Nas cartas associadas a Paulo, a temática da pureza e da impureza sempre aparece, mas a pureza, em Paulo, se torna moral, não mais ritualística. Ao pesquisar e aplicar as teorias de Mary Douglas, Neyrey demonstra que Paulo enxergava o mundo como um fariseu de seu tempo, em que a ordem do cosmos era prioridade máxima. Os conceitos e percepções de Paulo sobre "pecado" e "cosmologia" são cruciais para a compreensão do puro e do impuro nas cartas do Novo Testamento, já que o pecado seria entendido tanto como uma poluição que ameaça o grupo puro (1 Coríntios 5,6-8) como uma violação de regras específicas (1 Coríntios 6,9-10). A cosmologia em Paulo é o reordenamento do mundo; em uma visão dualista ele hierarquiza o puro e o impuro, estratégia

já mencionada por Mary Douglas para o controle social do grupo (Neyrey, 1990).

Nas religiões abraâmicas, os ritos de pureza são fundamentais para a obtenção da ordem no mundo; isso também ocorre no Islã. No Islamismo há um compêndio: *Furu' al-Fiqh*, que traz preceitos individuais para a pureza ritual, *ṭahāra*, que são os pré-requisitos para a realização de serviços ritualísticos e devocionais, como o *ṭawāf*, circular ao redor do *Kaaba*, em Meca, durante o período de peregrinação, ou até mesmo tocar o Alcorão (Sabiq, 1985). A palavra *tahāra* também se refere à circuncisão: *ḫitān* (Krawietz apud Betz, 2007). No Islã, a impureza é transmitida pelo contato com as coisas impuras e proibidas, tais como: sangue, porcos, cães, álcool, carnes indevidamente tratadas, e mesmo o contato com a pele de uma pessoa do sexo oposto e que não pertence ao ciclo familiar se torna impureza (Bowker, 2000). Assim como no Judaísmo, os processos naturais do corpo também são contabilizados na categoria impuro, como a defecação, e até mesmo o sono é citado como a causa de impureza ritual (Bowker, 2000).

No Islamismo, dois ritos de purificação são de extrema importância: a ablução menor, chamada *wuḍū'*, e a ablução completa, chamada *ġusl*. O primeiro caso de ablução é um procedimento ritual de higiene, mas também de contramedida ao mau-olhado. O *wuḍū'* consiste em lavar o rosto, braços, cabeça e pés com água, mas, na ausência de água, pode-se valer de terra ou areia. Essa primeira ablução é realizada em casos de impureza ritual menor, que, assim, é eliminada com essa limpeza parcial. No segundo caso de impureza – o ato sexual, a ejaculação, a menstruação, os sangramentos (parto ou outras causas) –, deve-se purificar com o banho completo, *ġusl*. Essa purificação é essencial na conversão ao Islã, em que é tomado o banho completo proferindo o nome de *Allah*. Sem a ablução completa não se pode recitar versos do Alcorão, nem mesmo entrar na mesquita. Entretanto, entre outros pontos rituais do Islamismo, há a sua diferenciação doutrinária por parte de sunitas e xiitas (Bowker, 2000).

Quando pensamos o contexto do Hinduísmo, é necessário falar da prática de *shodhana*, que significa "limpeza" em sânscrito. O rito de purificação pode ser realizado em diferentes níveis e por diversas razões, entretanto, faz parte do ritual diário e pode ser mais elaborado dependendo da função, como no caso dos *sadhus*, "sábios" (Bowker, 2000). No Hinduísmo, a menstruação é uma das principais formas de impureza, por isso as mulheres ficam exiladas da comunidade por um período de no mínimo cinco dias. A morte é a segunda principal fonte de impureza, sendo transmitida pela ligação genealógica. O nascimento também entra na lista de principais formas de impureza; embora seja feliz, a mãe é considerada impura durante três meses e o pai, por onze dias.

Outra causa natural que causa impureza é o eclipse, seja ele solar, seja lunar, pois se acredita que contamina e não se deve começar nenhum projeto nesse período. A questão das castas, no Hinduísmo, é um ponto que diferirá os níveis e ritos de purificação; dessa forma, as castas baixas ou as não castas, como os *dalits*, ficam com trabalhos considerados "impuros" para manter a "ordem" estabelecida e a pureza das altas castas. Então, trabalhos como lidar com animais mortos, saneamento e limpeza ficam para os da baixa casta (Olson, 2010, p. 181).

No Hinduísmo, reconhece-se que a impureza pode fluir para outra pessoa, mas nunca a pureza. A pureza é um estado impermanente que pode ser facilmente perdido, mas nunca transferido. "Portanto, a pureza não é uma condição absoluta porque é sempre temporária e relativa. Assim, a simples oposição entre impuro e puro não se sustenta no Hinduísmo, em parte porque a pureza é um estado ritual de ser que deve ser continuamente renovado" (Olson, 2010, p. 182).

Bibliografia: BÍBLIA DE JERUSALÉM. São Paulo: Paulus, 2002; BOWKER, J. (Ed.). *The concise Oxford dictionary of world religions*. Oxford University Press, 2000; DOUGLAS, M. *Pureza e perigo*: ensaio sobre as noções de poluição e tabu. São Paulo: Ed. Perspectiva, 1976; DOUGLAS, M. The Forbidden Animals in Leviticus. *Journal for the Study of the Old Testament*, 59, London, 1993; ELIADE. M. *Patterns in Comparative Religion*. Transl. of *Traité d'Histoire des Religions*. London, 1958; KLAWANS, J. Idolatry, Incest, and Impurity: Moral Defilement in Ancient Judaism. *Journal for the Study of Judaism*, 29(4), 1998; KOLLMANN, B. Pure and Impure. In: BETZ, H. D. et al. (Ed.). *Religion past & present*: encyclopedia of theology and religion. Leiden: Brill, 2007; KRAWIETZ, B. Pure and Impure. In: BETZ, H. D. et al. (Ed.). *Religion past & present*: encyclopedia of theology and religion. Leiden: Brill, 2007; LEACH, E. *Culture and Communication: the logic by which symbols are connected*. Cambridge University Press, 1976; LEACH, E. *Rethinking anthropology*. London: Athlone Press, 1961; MALINA, B. J. Clean and Unclean: Understanding Rules of Purity. In: *The New Testament World. Insights from Cultural Anthropology*. Atlanta: John Knox, 1981; NEUSNER, J. Map Without Territory: Mishnah's System of Sacrifice and Sanctuary. *History of Religions*, 19, 1979, p. 103-127; NEYREY, J. H. *Paul, in Other Words*: A Cultural Reading of His Letters. Louisville, KY: Westminster/John Knox Press, 1990; NEYREY, J. H. The Idea of Purity in Mark's Gospel. *Semeia* 35, 1986, p. 91-128; OLSON, C. *Religious studies*: The key concepts. London/ New York: Routledge, 2010; SABIQ, A.-S. *Fiqh us-Sunnah*: At Tahara and As Salah. Jeddah (Saudi Arabia): American Trust Publications, 1985; SEIDL, T, Pure and Impure. In: BETZ, H. D. et al. (Ed.). *Religion past & present*: encyclopedia of theology and religion. Leiden: Brill, 2007; STAUSBERG, M. Pure and Impure. In: BETZ, H. D. et al. (Ed.). *Religion past & present*: encyclopedia of theology and religion. Leiden: Brill, 2007; WRIGHT, D. P. Clean and Unclean (OT). In: *The Anchor Bible Dictionary*, Doubleday, 1992. VI, p. 729-741.

Angelica Tostes
Suzana Ramos Coutinho

R

RADCLIFFE-BROWN, ALFRED →
Antropologia da Religião → Funcionalismo

RAMOS, ARTHUR →
Estudos afro-brasileiros

REDUÇÃO → Epistemologia

REFORMA

Em geral, as referências sobre a Reforma remetem à "revolução religiosa" vivida na Europa no século XVI que resultou na divisão do Cristianismo ocidental entre católicos e reformados ou protestantes. Para uma melhor compreensão do fenômeno, faz-se necessário considerar a profunda crise moral e religiosa, mas também as mudanças socioeconômicas que assolavam a Europa de então. Deve-se incluir, ainda, a reação da Igreja→ Católica marcada pelo Concílio→ de Trento (1545-1563), que também buscou atender às necessidades religiosas do período, tal como fez a Reforma Protestante.

O objetivo inicial era a "reforma" da tradição cristã, no entanto os embates que culminaram com a excomunhão de Lutero não só transformaram o Cristianismo ocidental como, em virtude da rápida expansão para outras regiões da Europa, tiveram também impactos relevantes em toda a organização social.

A crise religiosa que despertou o desejo→ de uma reforma interna do Cristianismo não visava inicialmente à superação da cultura cristã predominante. O Cristianismo havia experimentado várias reformas internas que retomaram aspectos da vida cristã que tinham sido esquecidos em virtude do atrelamento da Igreja→ ao Império Romano ao longo dos séculos. O movimento iniciado na Alemanha por Martinho Lutero em outubro de 1517, no entanto, se diferenciava por uma denúncia explícita da situação de corrupção da Igreja→ através do comércio das indulgências. As contestações dele estavam teologicamente embasadas na doutrina da redenção e da graça como gratuitas, além de defender como única autoridade de fé→ as Escrituras e não o papado, como tradicionalmente se defendia.

Na Suíça, o movimento liderado por Huldrych Zwingli/Ulrico Zuínglio, posteriormente reforçado pelo francês Jehan Cauvin/João Calvino levou à formação da tradição reformada que, embora concordasse com as questões levantadas por Lutero sobre a graça, mantinha o entendimento da Eucaristia como sagrada. A tradição calvinista que se expandiu a partir de Genebra em 1540 adquiriu um caráter mais militante. A organização e a teologia→ de fato levaram à militarização e a um longo período de guerras até que fosse garantida a liberdade de crença→.

As guerras religiosas que assolaram a Europa entre 1524 e 1648 só finalizariam com o Tratado de Paz de Vestfália, o qual, reforçando o Princípio de Augsburg *cuius regio, eius religio* – tal a religião do príncipe, tal o país, ou seja, os súditos seguem a religião do governante –, teve efeitos não somente em questões doutrinárias e institucionais, mas também em todo o entendimento seguinte sobre o papel da religião→ tanto na esfera política interna como no espaço internacional. Tal compreensão ainda tem resquícios no entendimento da não intervenção e da soberania dos países e representa ainda hoje uma das grandes barreiras para a inclusão da religião→ como elemento importante na área de Relações Internacionais.

Na Inglaterra, o movimento teve uma conotação mais política, dadas as peculiaridades do desentendimento com a Igreja→ Católica romana. Embora se destaque uma reforma litúrgica que preparou a adaptação→ das orações para o inglês, sua principal marca foi o rompimento com a autoridade papal e o estabelecimento do rei Henrique VIII como suprema autoridade da Igreja→ da Inglaterra. Ao mesmo tempo, a partir da Escócia, a liderança de John Knox, seguindo a influência de Calvino, levou ao estabelecimento do Presbiterianismo. Essa faceta da Reforma, tida como paralela e descontinuada, levou, posteriormente, às múltiplas denominações que marcariam o cenário das igrejas transplantado para os Estados Unidos da América.

Os grupos mais radicais, denominados genericamente de anabatistas, levaram à formação de igrejas minoritárias, como os mennonitas e huteritas, que acabaram não se reconhecendo dentro dos rumos das principais igrejas reformadas. Outro exemplo são os socinianos (seguidores de Fausto Socino), caracterizados pela recusa do dogma→ trinitário que continuou sendo aceito pelas principais igrejas reformadas.

De modo geral, pode-se destacar que, a partir da Reforma, o Cristianismo passou a experimentar a retomada da pluralização de expressões que a tradição latino-católica fora uniformizando e centralizando em Roma ao longo dos vários séculos.

I. Revendo a singularização da Reforma. Bentes Monteiro (2007) faz uma revisão das abordagens históricas sobre o movimento da Reforma para mostrar que o fenômeno vivido pelo Cristianismo ocidental não deve ser singularizado pela Reforma Protestante. Defende, portanto, que se deveria falar das reformas religiosas, as quais, como um todo, compõem o marco inicial da história moderna ocidental.

Para tanto, o autor mostra como as variadas abordagens se centraram em especial nas controvérsias teológicas e eclesiásticas, bem como nas implicações para o contexto político da época. As análises mais tradicionais apontam para a crise religiosa e os abusos das autoridades eclesiásticas; outras, ao incluírem as questões econômicas, ampliaram o horizonte com a luta da burguesia nascente contra o feudalismo. Historiadores protestantes e laicos, no geral, apontaram a liberdade individual como o grande marco de todo o movimento. Em contrapartida, autores católicos buscaram ressaltar a desestabilização social resultante do movimento.

A partir da primeira metade do século XVIII se busca uma abordagem menos confessional e apologética com Leopold von Ranke (1795-1886). No século XX, Jean Delumeau (1923-2020) destaca a luta contra o que era considerado "supersticioso" por Lutero e Calvino na busca de purificar o Cristianismo de seus aspectos mágicos e realçar a dimensão religiosa. Seu entendimento, "concebe a marcha do Cristianismo como progressiva e não triunfal dentro da cristandade, sublinhando o equívoco perigoso para os historiadores que lidam somente com os aspectos institucionais da filiação religiosa" (Bentes Monteiro, 2007, p. 136).

John Bossy (1933-2015), por sua vez, centrou-se na Reforma Católica que se dá a partir do Concílio→ de Trento, a qual não poderia ser considerada apenas como Contrarreforma. Embora silenciosa, essa reforma investiu na disciplina dos clérigos e dos fiéis em várias questões sobre o matrimônio, o batismo→ e a confissão periódica. Elementos que também mostram a incorporação das responsabilidades individuais dentro da prática católica e um afastamento do modelo de cristandade medieval marcado pela prática mais coletiva (Bentes Monteiro, 2007, p. 137-138).

Outra abordagem histórica importante é a do revisionista Hugh Trevor-Roper (1914-2003), que dialoga com a conhecida tese de Max Weber→ sobre *A ética protestante e o espírito do capitalismo*. Ele ressalta "o valor da pesquisa histórica em contraposição a modelos sociológicos generalizantes" que acabaram marcando praticamente todas as abordagens sobre a relação entre a vida econômica e social e a religião. Assim, seria preciso que a análise histórica pudesse chegar à "ruptura do monopólio da interpretação→" sociológica.

Após essa revisão da historiografia, Bentes Monteiro mostra como, "nos Oitocentos, a palavra Reforma no âmbito protestante ganhou rapidamente um sentido, evoluindo depois para a concepção de um período específico [...]. Posteriormente, a historiografia protestante singularizou a expressão como um conceito de época – a Reforma de Lutero e seus

companheiros, vinculada à restauração da pureza da mensagem da Sagrada Escritura, inaugurando o último período cristão" (Bentes Monteiro, 2007, p. 148). Assim, o autor conclui que o conjunto das reformas religiosas vividas na Europa sem dúvida proporcionou o "despertar da consciência→ individual, presente na Reforma, como gérmen da modernidade ocidental" (Bentes Monteiro, 2007, p. 148-149). No entanto, a historiografia recente mostra que tal elemento pode ser encontrado tanto nos reformadores como na Igreja→ Católica.

II. Reformas: uma constante nas religiões. Weber→, ao abordar a figura do profeta→ em uma perspectiva sociológica, embora não aprofunde a ligação deste com as reformas religiosas, destaca a importância dele nesses processos. Em virtude do carisma→ que porta, o profeta→ é visto como o protótipo do "renovador" ou "fundador" de uma tradição religiosa (Weber, 1966, p. 46). Na introdução dessa obra, Parsons→ destaca que *profecia, carisma→ e processo de ruptura* formam a moldura na qual Weber entendeu a profecia. Assim, "o profeta→ é acima de tudo o agente de uma ruptura em vista de uma nova sistematização religiosa mais elevada, no sentido de uma mais racionalizada e sistematizada ordem cultural, uma ordem no nível da ética religiosa, a qual tem implicações para a natureza da sociedade onde se torna institucionalizada" (Parsons apud Weber→, 1966, p. xxxiii). No entanto, vale ressaltar, como reconhece Weber→, que as reformas e a criação de novas comunidades religiosas podem ocorrer também sem a ação direta de uma figura profética.

Seguindo a inspiração→ weberiana sobre a soteriologia→ e os tipos de salvação→, Shapiro destaca que esse fenômeno das reformas que pode resultar no estabelecimento de uma nova corrente religiosa e posteriormente de uma nova religião ao longo do tempo seria o "ritmo natural da civilização". Seguindo a perspectiva da História Comparada das Religiões, entende "reforma" como uma ocorrência normal na História das Religiões, ou como um fenômeno histórico recorrente nas várias tradições e em diferentes períodos (Shapiro, 1973, p. 149). Mais adiante destaca: "No Ocidente, nota-se um ritmo contínuo de reações contra visões religiosas que se tornaram demasiado preocupadas com especulações teológicas e obras de vários tipos. Esses mesmos tipos de reformas também se desenvolveram em outras religiões. O ritmo é geral e independente de tradição cultural" (Shapiro, 1973, p. 156). Para corroborar sua teorização, ele analisa ainda, de modo superficial, as similaridades entre a Reforma Protestante e a reforma do Budismo no Japão.

Em outro artigo, Shapiro desenvolve a moralidade tal como defendida pelas figuras proféticas como elemento determinante para as reformas religiosas. Ele constata que "a conexão entre valores religiosos

REFORMA

no mundo e a proeminência da moralidade nas reformas é sugestiva. Sugere, assim, que as reformas parecem ter ocorrido somente naquelas religiões para as quais os interesses morais eram considerados relevantes. Portanto, o fracasso em viver segundo o código moral era significativo a ponto de produzir eventuais reações capazes de definir os movimentos de reforma" (Shapiro, 1976, p. 455).

O paralelo entre a Reforma Protestante e o Budismo no Japão é aprofundado por James Foard ao analisar as transformações ocorridas no período Kamakura (1185-1333). A popularização promovida por cinco "reformadores" no período levou ao surgimento de cinco novos ramos denominados "novo Budismo" em relação a expressões anteriores que restringiam a vivência do Budismo. Também aqui é possível perceber a inspiração♀ de Weber sobre os meios de salvação♀ e como estes são tornados mais acessíveis aos indivíduos, a exemplo do que se nota na Reforma Protestante.

As novas possibilidades de acesso aos caminhos da iluminação não se restringiam apenas aos monges ou à aristocracia que comandava os monastérios. A inovação soteriológica, bem como as diversas maneiras de divulgação visual, aumentaram as chances de alcance da mensagem que se pretendia ser universal. Ao mesmo tempo, a diversificação possibilitou o surgimento de três novas categorias sociológicas: cultos, ordens e seitas♀ (Foard, 1980, p. 274). A popularização do Budismo iniciada por meio de práticas devocionais populares logo alcançou as massas, possibilitando cada vez mais o surgimento de novas seitas♀. Para ele, mais do que a diversificação de uma tradição religiosa, seria preciso olhar para o impacto sociológico resultante das diferentes "alternativas religiosas" que passaram a ser acessíveis às massas japonesas do período medieval.

Após constatar que a reforma do Budismo japonês neste período não seguiu o caminho da institucionalização♀ como na Reforma Protestante, Foard questiona o "modelo de reforma" que se firmou nas análises acadêmicas. Apesar do surgimento de novas expressões do Budismo, os efeitos econômicos e políticos não se notaram em uma esfera individual como na Europa do século XVI, mas em novas formas coletivas de organização religiosa♀. O caso japonês se caracteriza pelo reforço da lealdade grupal sobre a autonomia individual, revelando-se a antítese do significado social da Reforma Protestante para o Ocidente (Foard, 1980, p. 286). Assim, o modelo ocidental de análise da Reforma Protestante precisaria ser repensado.

III. Reivindicações por um Islã Reformado. Atualmente, há uma corrente do Islã que defende um movimento de reforma para que a mensagem islâmica possa se adaptar ao momento atual, incluindo elementos como a defesa da paz, os direitos humanos♀ (incluindo direitos das mulheres) e um governo secular como resposta à politização defendida pelo Islamismo (*Muslim Reform Movement*). Além disso, as reivindicações baseiam-se, ainda, nos princípios de individualidade e liberdade de crença♀ e de crítica às interpretações religiosas. Essas postulações podem ser claramente identificadas como inspirações das reformas religiosas ocidentais. Provavelmente por isso, o movimento encontra grande resistência dentro das expressões institucionalizadas do Islã. Somente o desenrolar da história poderá mostrar os resultados desse movimento e se o que defende Shapiro em sua teorização, as reformas, é realmente uma constante na História das Religiões♀.

***

A Reforma, vista pelo prisma da Ciência da Religião♀, deve compreender o que está além do evento histórico iniciado por Martinho Lutero em 1517 e destacar em especial a passagem de um modelo de cristandade unificado para o modelo de coexistência de distintas confissões que foram se diversificando cada vez mais nos séculos seguintes. A formalização das igrejas de confissão protestante, mais regionais, levou também a uma maior valorização da vida secular, sem a distinção entre clérigos e leigos♀, característica do modelo católico hegemônico no período medieval.

Igualmente, deve-se notar que o movimento, iniciado com questões teológicas, logo revelou um forte potencial político, alimentando conflitos sociais que se prolongaram por muitos anos e foram marcados pelas guerras religiosas. O reconhecimento da confessionalização e da liberdade de crença♀ não apenas marcou o cenário religioso, mas pretendeu relegar a religião♀ à esfera privada e individual supostamente destituída de qualquer participação na esfera política interna ou externa dos países. Esse entendimento continua presente nas abordagens da religião em política internacional, constituindo um campo ainda a ser mais bem explorado pela Ciência da Religião♀ aplicada.

Cabe observar que características semelhantes às que foram vividas pelo Cristianismo ocidental a partir do século XVI podem ser encontradas também em outras tradições religiosas. Desse modo, parece válido para o cientista da religião encampar a proposta da historiografia de rever a singularização do entendimento nas abordagens da Reforma e, seguindo as inspirações de Weber♀, aprofundar as implicações que as reformas religiosas podem ter nos diferentes cenários sociais, indo além das disputas ditas propriamente religiosas.

Bibliografia: BENTES MONTEIRO, R. As reformas religiosas na Europa Moderna. Notas para um debate historiográfico. *Varia Historia*, Belo Horizonte, v. 23, n. 37, jan.-jun./2007, p. 130-150. Disponível em: <http://www.redalyc.org/articulo.oa?id=384434820007>. Último acesso: 13/11/2019;

FOARD, J. H. Search of a Lost Reformation: A Reconsideration of Kamakura Buddhism. *Japanese Journal of Religious Studies*, v. 7, n. 4, December 1980, p. 261-291. Disponível em: <https://nirc.nanzan-u.ac.jp/nfile/2216>. Último acesso: 14/10/2019; KLOSINSKI, G. Crisis. In: STUCKRAD, Kocku von (Ed.). *The Brill Dictionary of Religion*. Primeira publicação: 2006. p. 464-467. Disponível em: <http://dx.doi.org/10.1163/1872-5287_bdr_COM_00158>. Último acesso: 29/10/2019; LEPPIN, V. Reformation. In: STUCKRAD, Kocku von (Ed.). *The Brill Dictionary of Religion*. Primeira publicação: 2006. p. 1596-1597. Disponível em: <http://dx.doi.org/10.1163/1872-5287_bdr_COM_00158>. Último acesso: 29/10/2019; MUSLIM REFORM MOVEMENT. Disponível em: <https://muslimreformmovement.org/>. Último acesso: 12/11/2019; SHAPIRO, S. Morality in Religious Reformations. *Comparative Studies in Society and History*, v. 18, Issue 4, October 1976, p. 438-457; SHAPIRO, S. Patterns of Religious Reformations. *Comparative Studies in Society and History*, v. 15, Issue 2, March 1973, p. 143-157; TRIM, D. J. B. *The Break From Rome*. Jan.-Feb./2009. Disponível em: <http://libertymagazine.org/article/the-break-from-rome>. *The European Holy Wars*. July-Aug./ 2010. Disponível em: <http://libertymagazine.org/article/the-european-holy-wars>. Último acesso: 12/11/2019; *The Reformation and Wars of Religion*. May-June/2010. Disponível em: <http://libertymagazine.org/article/the-reformation-and-wars-of-religion>; WEBER, M. *The Sociology of Religion*: Introduction by Talcott Parsons. London: Social Science Paperbacks e Methuen & Co. Ltd., 1966.

Antonio Genivaldo Cordeiro de Oliveira

RELIGIÃO

A questão relativa ao que é religião e como ela difere da "não religião" representa um problema contínuo cuja relevância não se limita ao mundo científico. Ela atinge instâncias extra-acadêmicas, como, por exemplo, a das instituições encarregadas de decidir que organizações da sociedade contemporânea devem ser rotuladas "religiosas" – o que pode impactar, por exemplo, a cobrança ou a isenção de tributos como o imposto de renda. Do ponto de vista acadêmico, a necessidade de operacionalizar o termo já se dá pelo fato de que um cientista da religião tem de ter clareza sobre o objeto indicado pela nomenclatura da sua disciplina. Além disso, uma noção "positiva" daquilo que se pode chamar religião é um pré-requisito para discriminar "religião" e "espiritualidade?" como dois fenômenos que se sobrepõem, mas que não são idênticos. Algo semelhante vale para a discussão sobre a chamada "secularização?", entendida como declínio da religião. Seria impossível afirmar algo sobre esse declínio sem ter, pelo menos, uma ideia daquilo que estaria perdendo força.

Na busca de uma delimitação do nosso objeto, a literatura especializada oferece inúmeras opções de definição de "religião". Já em 1921 o psicólogo norte-americano James Leuba apresentou uma longa lista de operacionalizações do termo para indicar a vastidão do respectivo campo semântico (Leuba, 1921). Uma das reações a essa heterogeneidade é a proposta de abandonar uma definição fechada da religião enquanto fenômeno universal e trabalhar com um conceito flexível, no sentido de um esclarecimento rudimentar aberto para concretizações em casos específicos. Para essa decisão repercute a substituição do "paradigma normativo" pelo "paradigma interpretativo" no âmbito das ciências humanas e a desvalorização de "definições reais" em relação a "definições nominais". Enquanto uma "definição real" parte do pressuposto de que a operacionalização de uma "coisa" é um ato linguístico *a posteriori* que captura a "essência" de uma realidade supostamente dada, uma "definição nominal" reconhece o potencial criativo da língua e seu papel fundamental para a construção social da realidade. Para seguidores do paradigma interpretativo, uma definição não pode ser entendida como um rótulo colocado em um fenômeno pré-existente, mas sim como uma operação semântica estruturante que delimita determinados segmentos em um horizonte "amorfo" e lhes dá sentido específico. Uma definição nominal, portanto, fornece um "esquema mental" que direciona a atenção do observador para fatos *declarados* significativos. Trata-se de uma *atribuição* e não de *dedução* de características supostamente imanentes no objeto em questão. Isso se torna evidente em conceitos como "beleza", "coragem", "honra" ou "inteligência", cuja relatividade histórica e cultural impede uma operacionalização baseada em uma suposta "essência" destas categorias. Por falta de um critério absoluto, não faz mais sentido perguntar se uma definição dos fenômenos acima mencionados é "verdadeira" ou "falsa". Em vez disso, é obrigatório observar como conceitos desse tipo são usados pelos povos em questão com o objetivo de identificar denominadores comuns característicos dos contextos em que as expressões são aplicadas. No caso da "religião", é necessário verificar quais aspectos específicos da realidade social uma comunidade linguística tem em mente ao usar a palavra "religião" ou – no caso de povos extraeuropeus – um termo equivalente. Uma das maneiras de levantar entendimentos da religião em diferentes contextos nacionais e internacionais é um estudo de textos jurídicos, até mesmo de artigos constitucionais que normatizam esta noção para seu uso legal.

Pesquisadores que concordam com essa diretriz abandonam uma definição de religião "em si" e esclarecem como entendem a expressão religião e a aplicam em sua obra. Uma operacionalização desse tipo é bem-sucedida à medida que o uso da noção de religião no decorrer de uma obra se demonstra plausível e heuristicamente "útil". Um parâmetro geral da utilidade de uma definição nominal é seu potencial discriminatório. Por um lado, ela tem de ser suficientemente ampla para incluir fenômenos como o Budismo, que seria excluído da categoria se a crença₽ em um ou vários deuses fosse vista como critério operacional crucial. Por outro lado, deve ter capacidade delimitadora suficiente para diferenciar religião de, por exemplo, filosofia. A discriminação entre "religião" e sistemas "não religiosos", porém, demanda atenção especial da nossa área. O cientista da religião, comprometido com o ideal de controlar as determinações culturais em que se orienta como "pessoa privada", tem de "pôr entre parênteses" suas próprias experiências diárias com aquilo que se entende publicamente por "religião". Não se deve esperar a possibilidade de aplicar universalmente uma noção da religião associada a uma esfera autônoma e categoricamente diferenciada de outros segmentos de vida. A coexistência de subsistemas funcionalmente complementares, entre outros a religião, é uma configuração moderna cuja projeção para outras épocas e regiões do mundo corre o risco de distorcer uma realidade histórica e geograficamente variável. A complexidade das manifestações que cabem no espectro dos objetos da nossa disciplina, portanto, exige cautela com as armadilhas epistemológicas herdadas pelo colonialismo e sua tendência de descrever e analisar os povos dominados em termos europeus. O Hinduísmo e o Islã, por exemplo, escapam de uma dicotomia "óbvia" entre religião e não religião. A organização clássica da sociedade hindu em castas é um fenômeno sociológico sustentado por referência a uma realidade extraempírica confirmada por "textos sagrados" Os seis *darshanas* do Hinduísmo não são 100% analógicos a sistemas filosóficos no sentido ocidental. O Corão tem a pretensão de ser uma fonte revelada em prol da moldura da totalidade de vida de acordo com a vontade de *Allah*, o que explica, por exemplo, o surgimento de um sistema econômico e bancário cuja lógica não está em oposição a princípios religiosos, mas sim em harmonia com eles. Essa sobreposição vale também para religiões de povos sem escrita. Em outras palavras, "a religião não é, especialmente nas sociedades que os antropólogos estudam, uma instituição com limites bem definidos; qualquer forma de comportamento pode ter seu aspecto religioso" (Southwold, 1978, p. 362).

Aquém da abrangência e da capacidade discriminatória há aspectos como o interesse do conhecimento de um pesquisador, o foco analítico e objetivo do seu projeto que determinam a utilidade de uma definição nominal. A liberdade relativa de um autor favorecer, em uma definição nominal, esta ou aquela nuança do objeto em questão contribui para a heterogeneidade das operacionalizações da religião em nossa área. Uma tentativa de reduzir essa comple-

xidade é a construção de um sistema de diferentes tipos de definição. As mais citadas são abordagens etimológicas, operacionalizações substanciais, caracterizações funcionais e definições fatoriais.

Abordagens etimológicas buscam um esclarecimento do termo "religião" nas raízes e na história da palavra. O ponto de partida é a observação que a expressão portuguesa, bem como seus equivalentes em outras línguas contemporâneas (*religión* [espanhol], *religione* [italiano], *religion* [inglês, francês, alemão], *religie* [holandês] ou *religia* [polonês]), deriva da palavra latina *religio*. Enquanto essa constatação é consensual entre etimologistas, há dúvidas sobre o verbo que deu origem ao substantivo. Diferentemente do senso comum acostumado com a associação entre *religio* e *religare*, pela primeira vez sugerida por Lúcio Célio Firmiano Lactâncio (240-320 d.C.), o primeiro verbo mencionado em relação a *religio* é *relegere*, encontrado na famosa obra de Cícero (106-43 a.C.) *De Natura Deorum* (45 a.C.). Enquanto o conceito de "religare", privilegiado por um autor cristão, aludia à necessidade soteriológica do "conserto de um desligamento anterior" (o rompimento da aliança entre Deus e os seres humanos devido ao pecado original), "relegere" ("releitura", no sentido de "repetir algo de maneira atenciosa") fazia todo o sentido para um autor romano que tinha em mente práticas baseadas em uma atitude respeitosa e guiadas por instruções "técnicas" para os rituais às divindades₽ ou do panteão henoteísta. Sem descartar nem a proposta de Cícero nem a de Lactâncio, Agostinho (354-430 d.C.) acrescentou à lista das opções etimológicas um terceiro verbo, *religere*, que alude à decisão do indivíduo de "reeleger" Deus₽ como seu Senhor. Um quarto verbo, ou seja, *relinquere* ("deixar", "abandonar") foi introduzido na discussão por Ambrósio Teodósio Macróbio (340-415 d.C.). O significado "deixar" ou "abandonar" indica que Macróbio estava consciente da formação dos primeiros mosteiros cristãos e associava uma existência verdadeiramente religiosa ao estilo de vida de um monge. Há duas lições importantes que podem ser extraídas da etimologia₽ do termo. Primeiro, constata-se uma variabilidade do uso êmico do termo em diferentes momentos da história. A preferência dos autores por um ou outro verbo reflete o entendimento do fenômeno "religião" na respectiva época. No *relinquere* de Ambrósio Teodósio Macróbio, por exemplo, cuja geração testemunhou o surgimento dos primeiros mosteiros no mundo cristão, repercute a dicotomia entre a "vida contemplativa" e a "vida ativa" e a apreciação da primeira como "verdadeiramente religiosa", um princípio mais tarde questionado por Lutero com o conceito de "vocação", que valorizou a existência cristã enraizada no mundano.

Em segundo lugar, a reconstrução da trajetória da palavra "religião" no contexto ocidental aponta para a necessidade de ampliar o espectro de uma aproximação etimológica por incluir termos considerados equivalentes em línguas extraeuropeias. Um bom exemplo dessa problemática é a palavra *dīn*, que geralmente aparece em textos islâmicos em lugares em que um autor "ocidental" usaria a palavra "religião". Essa "tradução℘" é problemática já pelo fato de que nenhum dos quatro verbos associados ao substantivo *religio* faz sentido para muçulmanos. O Islã condena o politeísmo℘ e, com isso, cultos a divindades℘ (*relegere*), e não conhece a ideia de pecado original no sentido de um rompimento com Deus e a necessidade de consertar esta ligação perdida (*religare*). Além disso, parte da ideia de que o Islã é a "religião" inata do ser humano, independentemente da escolha do indivíduo (*religere*). Também não conhece a vida monástica que poderia justificar o verbo *relinquere*. Consequentemente, etimologistas árabes criticam a identificação da expressão *dīn* com "religião" e salientam o fato de que o campo semântico implica noções como obrigação, direção e submissão. Não é impossível para um cientista da religião encaixar o Islã na categoria de religião desde que ele entenda que se trata de uma manifestação com um perfil específico em parte indicado pela noção *dīn*.

Operacionalizações substanciais identificam um denominador comum doutrinário no sentido de afirmações centrais que discriminam a religião da ciência, da filosofia ou de uma ideologia℘ política. A questão crucial, aqui, é qual conteúdo específico um sistema deve apresentar se quer ser chamado de "religião". Uma das primeiras articulações de uma operacionalização substancial na área de estudo das religiões remonta a Edward Burnett Tylor℘, que, no fim do século XIX, apontou para a "fé em seres espirituais" como critério diferencial. Outro exemplo é a famosa definição de Milford E. Spiro, que entende a religião como "uma interação padronizada com seres supra-humanos" postulada por uma entidade cultural (Spiro, 1966, p. 96). Uma leitura literal das duas definições demonstra o problema de que são excluídas tanto religiões monoteístas quanto religiões cuja fé em "seres supra-humanos" é apenas secundária em relação à crença℘ em uma realidade última impessoal ou não teísta, como o *Tao* ou o *Brahman*. Para evitar essa limitação, definições substanciais mais úteis optam por uma formulação generalizante, como, por exemplo, apontando para a submissão do ser humano a uma "força supramundana" da qual se sente dependente. Uma alternativa na mesma direção encontra-se nas obras de representantes da fenomenologia clássica da religião, que entendem uma religião como uma reação do ser humano à existência do "sagrado". Alguns autores classificam operacionalizações substanciais do último tipo como definições essencialistas.

A maioria das *caracterizações funcionais* resulta particularmente de obras de sociólogos interessados no impacto da religião sobre a sociedade. Possíveis efeitos sobre o indivíduo foram, sobretudo, articulados no âmbito da Psicologia. Em qualquer caso, muitos dos efeitos, quer sociológicos, quer psicológicos, se complementam – ou devido a uma inter-relação ou, então, no sentido de tendências alternativas em cenários ambíguos.

No decorrer da respectiva discussão, a primeira função da religião é a *compensação*, associada a Karl Marx℘, pensador conhecido por sua posição rigorosamente crítica à religião. Para ele, a religião não tem uma base em si, mas é projeção de necessidades insatisfeitas, uma maneira de fugir da realidade, uma "ilusão", enraizada na insuficiência da vida humana. Diante desses *deficits*, a religião seria relevante por causa da sua capacidade compensatória. Parafraseando a hipótese de Marx℘, a esperança de uma vida justa e plena no além, promovida pela fé℘, ajuda os sujeitos oprimidos e materialmente carentes a aguentar sua situação precária no aqui e agora porque a miséria atual se relativiza em comparação com aquilo que supostamente está por vir após a morte℘. Esse conforto, porém, é altamente ambíguo, bem como o consumo do "ópio", cujo efeito tranquilizante implica a apatia que impede a concentração de energia revolucionária em prol da mudança das constelações dominantes que produzem as desigualdades materiais e sociais sem as quais a religião nem existiria. Por isso Marx℘ chama a atenção para a função complementar à compensação, isto é, a legitimação. Um rei que se declara escolhido por uma instância divina ou um sistema social estratificado em castas sustentado por um mito encontrado em um dos mais antigos textos sagrados da humanidade, por exemplo, torna-se infenso a críticas porque qualquer questionamento do *statu quo* não representaria uma articulação política no sentido estrito, mas sim uma "blasfêmia℘" a ser punida pelas instâncias superiores desrespeitadas.

Uma variação branda da teoria da compensação é a constatação da capacidade da religião de superar a contingência. Essa função de combater a insegurança do ser humano diante do incalculável e desconhecido é consequência da competência da religião de fornecer uma visão do mundo no sentido de um quadro referencial para a interpretação℘ da existência e para a busca do sentido de vida. A religião consegue isso por meio de mitos de criação, conceitos teleológicos da história ou narrativas sobre a necessidade de uma salvação℘ e sobre a maneira como alcançá-la. O conforto emocional resultante dessas "explicações" tem a ver com o fato de que elas protegem o ser humano do desespero diante da imprevisibilidade de acontecimentos (anomia). Postulando um "plano divino" ou uma "lógica cósmica" subjacente aos fatos isolados, a religião alimenta a esperança de que o futuro seja, até certo grau, controlável, desde que se estabeleça uma relação "construtiva" com as instâncias metafísicas℘ que deixam nosso mundo girar.

A capacidade de superar a contingência torna-se especificamente sensível diante da situação-limite antropológica *per se*, isto é, o falecimento de um ser próximo que confronta os sobreviventes com sua própria fragilidade existencial. O cerimonial fúnebre é uma maneira de diminuir a sensação da ruptura com o ordinário causada pela morte♀. Um rito de passagem padronizado quanto à sua *performance* representa algo consistente e estável em contraposição ao "extraordinário" da morte♀ e à lacuna deixada pelo falecido.

Isso é apenas um caso concreto em que a religião demonstra sua competência de integração paradigmaticamente refletida por Émile Durkheim♀. Conforme o sociólogo francês, a coesão de um grupo é assegurada por rituais coletivos cuja realização fortalece os laços entre os participantes, lembrando-os de que são seres humanos interligados em uma unidade soberana que transcende a existência física de cada indivíduo envolvido. Nesse sentido e junto à tarefa de promover os mesmos valores éticos e morais para cada integrante, a religião é um elemento-chave em prol da preservação da ordem social. Contudo, devido ao seu caráter ambíguo, o contrário também é possível. Sob determinadas circunstâncias, a religião pode ter um efeito desintegrador por justificar protestos ou, até mesmo, despertar potencial revolucionário. A força da religião, nesse sentido, é demonstrada de maneira dramática em ações extremas como as cometidas pelos chamados "homens-bomba" no âmbito do Islã ou pela autoimolação de monges budistas tibetanos que querem chamar a atenção do público para a destruição da sua pátria pelos chineses.

O problema das caracterizações funcionais da religião é que elas são insuficientemente discriminatórias. Os efeitos mencionados na literatura especializada não são exclusivos da religião. Para citar apenas alguns exemplos: uma viagem para um lugar paradisíaco também pode ser entendida como uma fuga do triste e exigente cotidiano. Uma pessoa que se sinta solitária e passe a buscar uma comunidade de acolhida poderia encontrá-la em uma torcida de um clube de futebol. Uma atitude política conservadora pode ser a fonte para a justificativa do *statu quo*. Uma ideologia♀ secular e um engajamento nela também têm o potencial de dar sentido à vida e de despertar energia para a revolta contra as circunstâncias atuais.

Definições fatoriais representam tentativas de operacionalizar a religião por meio de indicação de dimensões constitutivas do fenômeno em questão. Há diversas aproximações desse tipo, com distintos graus de subdiferenciação. Para Joachim Wach, por exemplo, a religião é composta de três dimensões: a teórica, a sociológica e a prática. A primeira representa as manifestações verbais por meio das quais uma religião estabelece e transmite seus ensinamentos, como, por exemplo, na forma de mitos ou no sentido de um repertório doutrinário. A inclusão da dimensão sociológica leva em consideração o caráter coletivo da religião e o fato de que ela se apresenta como um sistema estruturado em diferentes campos de atuação, tarefas e competências, quer sejam elas distribuídas espontaneamente (seita), quer de acordo com uma burocracia definida (igreja). A dimensão da prática abrange aspectos como oração♀, meditação♀, peregrinação♀, rituais ou campanhas (até mesmo bélicas) incentivadas pela crença♀ (Wach, 1947). O modelo analítico de Michael Pye compartilha três aspectos básicos com o esquema de Wach. São, na terminologia de Pye, elementos conceituais, elementos sociais e elementos comportamentais. A saber, na dimensão conceitual, tem-se em mente que ela é composta de elementos comportamentais. Além disso, toma-se um quarto fator em consideração, isto é, a dimensão subjetiva, levando em consideração que a religião se manifesta também em sentimentos, emoções e experiências (Pye, 2017).

A abordagem multidimensional de Glock e Stark♀ (1968) – dentre as definições fatoriais, talvez a mais frequentemente citada na literatura especializada – contempla cinco dimensões. A primeira é a das crenças♀ apresentadas por uma religião com a expectativa de que seus aderentes acreditem nelas. A segunda dimensão abrange as práticas religiosas, tanto no sentido de rituais quanto no que diz respeito a atividades devocionais (entre elas a oração♀, a leitura de textos sagrados e a recitação de hinos). Há, em terceiro lugar, a dimensão da experiência, que se refere a sentimentos, percepções e sensações causadas pela religião. A dimensão do conhecimento diz respeito ao fato de que muitos aderentes de uma religião sabem, pelo menos de maneira rudimentar, o que seu livro sagrado contém, o que as práticas significam ou quais eventos históricos são comemorados pelo calendário religioso. No entanto, Glock e Stark♀ salientam que a fé♀ não precisa ser sustentada por uma compreensão racional da crença♀. A última pode atuar no fiel sem que este último submeta suas convicções espirituais a uma reflexão intelectual. A dimensão chamada de "consequências" completa os outros quatro elementos. Ela foi incluída no sistema quíntuplo para salientar que o compromisso com uma religião transcende a própria religião em sentido estrito, repercutindo em atitudes, decisões e ações nas diferentes esferas de vida de que o crente participa.

Ninian Smart (1996) discrimina sete dimensões, ou seja, a dimensão prática e ritualista, a dimensão experimental e emocional, a dimensão narrativa e mítica, a dimensão doutrinária e filosófica, a dimensão ética e legal, a dimensão social e institucional e a dimensão material. Enquanto os primeiros seis fatores equivalem de uma ou outra maneira às outras operacionalizações fatoriais *já* resumidas, Smart está consciente da importância das expressões "físicas" da religião, como, por exemplo, em construções arquitetônicas ou em obras de arte.

Além dos estudiosos da religião já citados, diversos autores têm participado da discussão sobre a utilidade e a composição obrigatória de operacionalizações fatoriais. Em alguns casos, a lista de fatores constitutivos da religião supera até mesmo o esquema sétuplo de Ninian Smart. Um exemplo é a abordagem de Vaillancourt (2008), que transformou a abordagem quíntupla de Glock e Stark→ em um modelo composto de dez dimensões.

I. Religião como sistema cultural. Uma das definições de religião mais citadas em tempos recentes é de autoria do antropólogo Clifford Geertz→. Seu sucesso se justifica por três razões. Primeiro, ela integra diversos tipos de operacionalização. Segundo, permite uma distinção adequada entre religião e sistemas "ideológicos" seculares sem se fechar demais, correndo o risco de negligenciar a grande variedade empírico-histórica do nosso objeto. Terceiro, é compatível com o princípio da Ciência da Religião→ de evitar conceitos conotados por referências religiosas específicas.

A definição de Geertz→ é composta de cinco aspectos e afirma que a religião representa "(1) um sistema de símbolos que atua para (2) estabelecer poderosas, penetrantes e duradouras disposições e motivações nos homens através da (3) formulação de conceitos de uma ordem de existência geral e (4) vestindo essas concepções com tal aura de factualidade que (5) as disposições e motivações parecem singularmente realistas" (Geertz, 1989, p. 67).

A aproximação à religião como um sistema cultural é altamente útil para nossa disciplina por chamar a atenção pelo fato de que cada religião representa uma espécie de "gramática" que deve ser reconstruída para que se possa entender o significado de cada elemento singular e de sua relação com os outros constituintes do construto na sua totalidade. Além disso, a tematização da religião em termos de um sistema aponta para o fato de que cada religião possui uma plausibilidade própria, que tem seu valor em si e impede uma comparação "qualitativa" com outros sistemas. Uma vez que cada sistema é sustentado por uma lógica interna, ele "tem razão" tanto quanto qualquer outro. Na medida em que essa pressuposição é compartilhada por um cientista da religião, mais fácil é a manutenção do compromisso com a "indiferença" do pesquisador diante do seu objeto. O segundo aspecto da definição de Geertz→ é de caráter funcional por apontar para determinados efeitos da religião. O terceiro componente é uma determinação substancial que postula como conteúdo central da religião a atuação de uma força ordenadora que regulariza a vida humana. É uma vantagem Geertz→ deixar em aberto a "natureza" dessa força. Por isso, a definição pode ser aplicada às religiões monoteístas, henoteístas, politeístas ou não teístas, como o Taoismo, cuja "formulação de conceitos de uma ordem de existência geral" corresponde à ideia do princípio cósmico impessoal, ou seja, o *Tao*. As duas últimas partes da definição de Geertz→ levam em consideração que a religião é uma espécie de narrativa que "ontologiza" os conteúdos da fé→ por meio de uma retórica específica. Religiões não se apresentam como "especulações", mas como "verdades". Suas doutrinas dizem respeito a "fatos", mesmo que eles não possam ser verificados em sentido empírico. A certeza de que se trata de "realidades" sustenta o compromisso do fiel com sua crença→ e lhe dá confiança de que sua orientação segundo certas regras éticas não é em vão.

Bibliografia: GEERTZ, C. *A interpretação das culturas*. Rio de Janeiro: LTC, 1989; GLOCK, C. Y.; STARK, R. *American Piety*: The Nature of Religious Commitment. Berkeley: University of California Press, 1968; LEUBA, J. H. *The Psychological Origin and the Nature of Religion*. London: Constable, 1921; PYE, M. Integração metodológica na ciência da religião. *REVER: Revista de Estudos da Religião*, ano 17, n. 2, São Paulo: PUC-SP, 2017, p. 162-178; SMART, N. *Dimensions of the Sacred*: An Anatomy of the World's Beliefs. Berkeley: University of California Press, 1996; SOUTHWOLD, M. Buddhism and the Definition of Religion. *Man, New Series*, vol. 13, n. 3 (Sep. 1978), p. 362-379; SPIRO, M. E. Religion: Problems of Definition and Explanation. In: BANTON, M. (Ed.). *Anthropological Approaches to the Study of Religion*. London/New York: Routledge 1966. p. 85-126; VAILLANCOURT, J.-G. From Five to Ten Dimensions of Religion: Charles Y. Glock's Dimensions of Religiosity Revisited. *Journal for the Academic Study of Religion*, vol. 21, nº 1, 2008, p. 58-69; WACH, J. *Sociology of Religion*. London: Trubner, 1947.

Frank Usarski

RELIGIÃO DIGITAL

Religião digital é uma área de pesquisa em rápida expansão, entendida como a reformulação das práticas religiosas existentes a partir da mídia e da cultura digital. A religião digital propicia novas formas de disseminação, autoridade e carisma→ a partir, por exemplo, de vídeos na internet, redes sociais, jogos e aplicativos de celulares. Além de sua atuação como uma nova mídia, diversos conceitos espirituais, mitos e rituais nativamente digitais têm surgido a partir da tecnologia, em especial como consequência da simbiose progressiva entre o humano e o digital.

Dado o amplo escopo dessa interação, aqui nos concentraremos em introduzir a sociologia das religiões na internet e o impacto de algumas tecnologias no futuro das religiões, com foco na inteligência artificial. Não serão abordadas em detalhe, por exemplo, as questões filosóficas da simulação e de mundos

RELIGIÃO DIGITAL

virtuais, incluindo áreas associadas a mitologias♀, de jogos digitais e religiões hiper-reais, além dos posicionamentos das instituições religiosas♀ em relação à automação e robôs. Do ponto de vista metodológico, não abordaremos métodos♀ quantitativos na sociologia das religiões digitais nem a área de humanidades digitais, que busca trazer métodos♀ computacionais para as ciências humanas.

I. Sociologia da Religião digital. Do ponto de vista histórico, nossa interação com computadores é bastante recente, tendo nascida da combinação da evolução da engenharia eletrônica e de uma matemática especializada, ambas surgidas a partir dos anos 1950. Na década de 1970 surgiu a internet, projeto do Ministério da Defesa americano que se popularizou e conquistou o mundo universitário na década seguinte. Durante os anos da década de 1990, tanto a internet como os computadores se tornaram uma realidade presente nos ambientes de pesquisa e, progressivamente, nas empresas e casas, com um crescimento exponencial no poder de armazenamento de informação e de processamento dos computadores.

Atualmente, a inteligência artificial, a partir do reconhecimento de complexos padrões estatísticos, vem se disseminando em áreas como mineração de dados, visão computacional e processamento da linguagem natural. Nada indica que a revolução tecnológica da nossa época esteja perdendo força e que novas invenções não afetarão profundamente inúmeras áreas do conhecimento e de nossa vida social, incluindo a religião.

Em termos de presença, como os sistemas de busca podem atestar, praticamente todos os temas relacionados a religiões e à espiritualidade♀ estão bastante presentes na internet. Ainda que as religiões mais tradicionais tenham inicialmente postergado sua entrada no mundo virtual, diversas comunidades religiosas têm feito divulgação através da rede, vídeos, redes sociais, e, recentemente, por meio de aplicativos de celular.

Religiões tradicionais não têm incentivado ostensivamente rituais através da internet, apesar de reconhecer seu poder de divulgação. Essa é uma tendência que também pode ser observada em inovações tecnológicas anteriores, como a televisão, o telefone e o rádio. No caso da Igreja♀ Católica, por exemplo, não se aceita a confissão via internet porque, para a efetivação desse sacramento♀, coloca-se como necessário o encontro pessoal com o sacerdote♀. Por outro lado, novos grupos religiosos, novas religiões ou comunidades alternativas têm usado extensamente a internet para trocar mensagens, formar comunidades virtuais e mesmo realizar rituais *online*. De fato, a internet oferece um espaço de convivência para grupos que têm dificuldades de ter um espaço físico devido à distância física ou ao custo financeiro, como é o caso de muitos grupos heterodoxos ou religiões alternativas. A propagação através de redes sociais digitais é comum e incentivada.

Do ponto de vista sociológico, como uma nova mídia para exposição e organização da religião, a digitalização das religiões pressupõe uma série de transformações. Em primeiro lugar, diversos materiais tradicionais e de difícil acesso são disponibilizados, em um fenômeno semelhante ao da invenção da impressão de livros, algo que democratiza o acesso à informação e dificulta seu controle hierárquico, secreto ou esotérico. Por outro lado, como a internet também é um meio barato e livre, uma constatação é a grande quantidade de falsas informações veiculadas. Mesmo que a internet apresente uma quantidade imensa de textos, de imagens, mesmo de sons e filmes que documentam muito das práticas religiosas contemporâneas e tradicionais, é essencial lidar criticamente com essas informações.

Do ponto de vista doutrinal, o sincretismo♀ e a fusão de visões religiosas são estimulados devido à possibilidade de livre expressão individual e da possibilidade de acesso *online* a praticamente todas as religiões. Essa tendência promovida pela internet, bem em sintonia com uma espiritualidade♀ Nova Era, pode ser observada na própria navegação dos usuários por *sites* religiosos, no conteúdo de diversas páginas e nas próprias religiões e rituais virtuais surgidos na internet, que ainda apresentam uma combinação adicional com conceitos científicos populares. Muitas dessas combinações são instáveis e tentativas. Os chamados rituais virtuais e as ciber-religiões, que só têm existência na internet, não parecem ser tão importantes nem estão se tornando tão presentes quanto se supunha inicialmente. Em média, a maior parte das religiões e dos rituais virtuais têm desaparecido após alguns meses, um reflexo da própria transitoriedade e do ciclo de vida das informações da rede.

Por outro lado, essa possibilidade facilita muito o surgimento de grupos e visões religiosas alternativas, impulsionadas por essa nova forma de organizar comunidades. Por exemplo, exatamente porque as barreiras geográficas são praticamente eliminadas nas religiões na internet é que grupos dispersos adquirem uma coesão social e ideológica, uma característica especialmente significativa, por exemplo, para grupos étnicos em diáspora♀. No que se refere ao poder e à hierarquia♀ religiosa, a internet foi inicialmente vista como uma mídia mais democrática e anárquica, mas atualmente esse ponto é questionado e aceito somente de forma parcial. Ainda que a internet possibilite a expressão de uma série de tendências que não teriam espaço sem essa tecnologia, muitas relações de poder e autoridade presentes no mundo *offline* encontram-se espelhadas no mundo *online*, muitas vezes de forma mais sutil, mediada por grandes empresas de tecnologia como propaganda e dentro dos algoritmos das redes sociais.

Um desafio apresentado aos pesquisadores de comunidades *online* é o problema de conceitualizar, compreender e desenvolver metodologias relevantes para o mundo virtual. Como comunidade religiosa *online* entende-se um grupo de pessoas que compartilham de uma mesma visão espiritual e que interagem através de meios eletrônicos, especialmente aqueles proporcionados pelas páginas *web* (incluindo comentários), *email*, vídeos, listas de discussão, *chats*, *blogs*, jogos (muitos usando as mais diversas mitologias e universos fantásticos), *podcasts* e redes sociais dos mais diferentes tipos. Essas comunidades *on-line* têm características de expansão em forma de rede e apresentam vasta documentação disponível nos grupos e nas listas de discussão, podendo ser prospectadas computacionalmente. Nas redes sociais já se identificam claros fenômenos em termos de influências de grupos organizados em eleições e desinformação disseminadas de forma sistemática, incluindo robôs de mensagens e de anúncios para audiências específicas determinadas por algoritmos, algo que também pode ocorrer com movimentos religiosos.

Como pode ser desenvolvida uma metodologia que estude o desenvolvimento dessas comunidades? Abordagens iniciais tendiam principalmente para estudos semióticos, baseados na análise do discurso e de mídia, culminando com uma área de pesquisa centrada na comunicação mediada por computadores. Mais recentemente, uma das inspirações tem sido uma apropriação da metodologia de pesquisa social para estudos *online*. Essa tendência surgiu a partir da observação de que muitas comunidades *online* são bem menos virtuais do que se supunha. Combinando a perspectiva midiática e a observação participante, a metodologia proposta mais utilizada nas ciências humanas é uma pesquisa de campo intensa, de forma a possibilitar a análise de discurso e de texto através de qualquer conteúdo compartilhado pelo grupo. Em outra direção, a emergente área de humanidades digitais busca trazer métodos quantitativos e computacionais para o estudo dessas interações.

No que se refere à observação participativa, ainda que a pesquisa nesse sentido possa ser vista como algo particularmente simples, mensagens trocadas e a interferência nas listas de discussão podem se tornar facilmente objeto de polêmica e mesmo de discussão ética, o que questiona o papel da metodologia antropológica. A religião digital permite uma observação participante de forma totalmente anônima, possibilitando até uma participação ativa e um registro das mensagens trocadas, sem que seja explicitamente revelada uma intenção de pesquisa. Exemplos de trabalhos de campo em listas de discussão mostram que existe uma ordem construída também nos grupos virtuais, e questionamentos a essa ordem assumem uma relevância muito maior e uma expansão muito mais rápida do que se tais questionamentos fossem veiculados no mundo real.

As tensões são amplificadas pela leitura simultânea e por uma frequentemente intensa e rápida reação em escala. O tema merece uma séria reflexão metodológica e ética de pesquisa, considerando o crescente entrelaçamento dos mundos virtual e real.

II. Digitalização e futuro das religiões. Na terceira e última de suas "leis", o famoso escritor de ficção científica Arthur C. Clarke afirma que não se pode distinguir nenhuma tecnologia suficientemente avançada da mágica. Essa afirmação pode ser estendida com a observação de que "suficientemente avançada" é algo relativo, dependendo de uma pessoa, cultura e mesmo época. De fato, muitos consideram quase mágica uma tecnologia que não compreendem, e a progressão da história mostra a crescente tendência de não podermos compreender toda a tecnologia que utilizamos.

Essas constatações identificam um fenômeno bastante comum e conduzem a duas consequências quando projetadas na relação do homem contemporâneo com a tecnologia. A primeira é uma relação *animista* do homem moderno com as máquinas, enquanto a segunda é uma atitude especulativa com relação ao progresso, defendendo que a evolução dos computadores terá como consequência um *pós-humanismo*. Meu objetivo nesta seção é descrever essas correntes de análise da tecnologia e mostrar estudos que apontam a religiosidade implícita ou explícita nessa relação entre tecnologia e futuro.

No que diz respeito ao animismo, para ficarmos em termos mais comuns, palavras como "vírus", "memória", "realidade virtual" e "inteligência" têm significado modificado com a cultura digital. Através de uma sutil mas contínua alteração na gramática filosófica, vivemos uma época de redefinição do que significa ser humano e se existe algum sentido religioso ou espiritual para a vida.

Nesse sentido, uma relação animista com a tecnologia, que alguns caracterizam como tecnopaganismo, pode ser apontada lembrando o misticismo implícito presente no nosso discurso sobre computadores e internet, que personifica as máquinas da mesma forma que outras gerações personificavam a natureza. Um dos melhores exemplos de uma relação animista com a tecnologia é a posse e o cuidado de vidas artificiais, o que inclui criaturas virtuais em aplicativos de celular, animais de estimação digitais e mesmo robôs. Um exemplo recente é o jogo *Pokémon Go*, no qual se colecionam e se criam criaturas coletadas na realidade geográfica (algumas com uma clara influência do Xintoísmo), um exemplo da chamada "realidade aumentada" que fez sucesso entre usuários em todo o mundo. Em outro exemplo recente, o templo *Zen Kodaiji*, de Kyoto/Quioto, investiu fortemente na criação de um robô que pudesse dar sermões budistas em linguagem natural e assumisse a forma da *bodisatva Kannon* para o público contemporâneo (especialmente jovens), estimulando a

RELIGIÃO DIGITAL

formação de um missionário virtual robótico através da inteligência artificial.

Seria bastante extenso discutir todas as ramificações dessas tendências e é provável que as novas gerações não tenham nenhum estranhamento filosófico com a crescente e imperceptível antropomorfização das máquinas, que encontra um terreno aparentemente muito mais fértil nas religiões do Extremo Oriente, em contraposição às religiões monoteístas. A inteligência artificial forte, no entanto, é bastante discutida nas chamadas "ciências cognitivas" e precisa também ser considerada em conjunto com a visão religiosa que vem emergindo desse pós-humanismo. A crença℘ na possibilidade de uma inteligência artificial forte defende que o cérebro humano pode ser visto funcionalmente como uma espécie de computador e a mente, como um tipo de programa. De forma inversa, um computador apropriadamente programado é visto, na perspectiva da inteligência artificial forte, como uma mente que efetivamente entende e que tem estados cognitivos conscientes.

A possibilidade de uma inteligência artificial forte é um tema debatido de forma intensa tanto na filosofia da mente quanto na ciência da computação desde Alan Turing. Na tentativa de trazer critérios simples para a determinação da inteligência artificial forte, o clássico teste de Turing busca substituir a questão sobre se os computadores pensam por um teste mais prático. Turing estabelece que, se não houver meios de um ser humano identificar se ele está em comunicação com uma máquina ou com outro humano através de mensagens em forma de texto, então a máquina é considerada inteligente.

Como um dos principais críticos, John Searle vem desde os anos 1980 defendendo uma versão mais formal do argumento de que computadores são definidos somente por um conjunto de regras para manipulação de símbolos, capaz de manipular estruturas sintáticas, mas sem a possibilidade de apresentar conteúdo semântico ou intencionalidade. Sua posição pode ser representada pelo seu famoso argumento do quarto chinês, um experimento do pensamento que pode ser resumido da seguinte forma: considere um não falante de chinês, trancado em um quarto, que recebe ideogramas chineses por uma pequena portinhola e que, depois de consultar regras complexas para manipulação de símbolos (regras que podem estar descritas em um livro, por exemplo), gera ideogramas de saída que compõem uma resposta inteligível ao observador externo. Apesar de não saber chinês, a pessoa no quarto consegue processar uma entrada e gerar respostas em chinês a partir de consulta a regras. Para Searle, esse experimento conceitual mostra claramente que a possibilidade de manipular símbolos com base nas mais complexas regras, mesmo que de forma inteligível e aparentemente consciente para o observador externo (e, portanto, de acordo com o teste de Turing), não é

equivalente a um conteúdo semântico ou intencional que está presente em qualquer estado consciente.

Ainda que muitos estudos mostrem o animismo℘ que perpassa a relação contemporânea que temos com a tecnologia, ou mesmo um reducionismo semântico do tipo funcionalista latente na inteligência artificial, ainda é discutível se o avanço da ciência não trará uma virtualização da realidade e uma fronteira pouco nítida entre o mundo biológico e o artificial. De qualquer forma, parece um consenso o impacto da automação e da análise de dados realizada de forma massiva e com algoritmos inteligentes em nosso futuro.

Nesse cenário, apesar de muitos temas serem encarados como especulação e com relativo ceticismo, há um componente de forte impacto espiritual em torno de argumentos filosóficos sobre se já não vivemos em uma simulação computacional ou em relação à possibilidade da criação de uma superinteligência no futuro. A possibilidade de um corpo e uma consciência℘ superiores por estarem integrados a circuitos artificiais tem sido caracterizada como uma forma de transcendermos e aperfeiçoarmos nossa humanidade, que ocorreria a partir da crescente superação e recombinação do homem e da máquina, de redes neurais baseadas em carbono substituídas por redes neurais profundas baseadas em silício, do mundo real pelo mundo virtual. Críticos entendem esse tipo de previsão, que atualmente fundamenta a atividades de alguns grupos religiosos, como literatura de Nova Era.

Isso nos leva, na linha do pós-humanismo que se consegue identificar com mais clareza em alguns movimentos religiosos atuais, para as "máquinas inteligentes, espirituais", citadas por Kurzweil. A previsão de Kurzweil para o futuro é determinada pelo crescimento exponencial da capacidade de processamento dos computadores nas últimas décadas, o que representaria um ponto de singularidade. Seres humanos e máquinas tenderiam a ser uma síntese, espécies codependentes. O argumento principal é, então, o de que uma aceleração evolutiva da inteligência humana, a partir da evolução exponencial da capacidade de processamento dos computadores, provoca um retorno em uma espiral que se autoalimenta. Se formos capazes de criar algo mais inteligente do que a espécie humana, ou algo que seja mais inteligente quando combinado com o ser humano, esse algo será capaz de criar algo novo e ainda superior, alimentando um processo no qual as mudanças serão rápidas e envolverão revoluções e redefinições do que significa consciência℘, inteligência e ser humano. Para Kurzweil, esse seria um novo estágio evolutivo. No contexto das religiões, talvez as maiores implicações desse cenário de futuro sejam a possibilidade da imortalidade e a obtenção de experiências místicas℘ como um bem de consumo.

O sociólogo William Bainbridge chama tal possibilidade tecnológica de "ciberimortalidade". A nanotecnologia, a biotecnologia, a tecnologia da informação e as ciências cognitivas, combinadas, mostrariam a ilusão da alma e ofereceriam o que o ser humano sempre desejou. Com base nessa suposição, e de acordo com sua teoria da religião, ele estima que um sério conflito entre as religiões institucionalizadas e as ciências cognitivas está por vir, porque estas propiciarão recompensas que compensadores religiosos somente prometem. Nesse cenário, segundo ele prevê, as instituições devem reagir de forma agressiva contra a tecnologia e declarar a inteligência artificial e suas pesquisas como heréticas, em uma reação semelhante ao que ocorreu com o darwinismo, mas de proporções ainda maiores devido à competição social com relação aos resultados que a tecnologia pode trazer, tornando a instituição religiosa irrelevante.

Bibliografia: BAINBRIDGE, W. The Coming Conflict between Religion and Cognitive Science. In: WAGNER, C. G. (Ed.). *Foresight, Innovation, and Strategy*: Toward a Wiser Future. Bethesda, Maryland: World Future Society, 2005; CAMPBELL, H. *Digital Religion*: Understanding Religious Practice in New Media Worlds. London: Routledge, 2013; HARARI, Y. N. *Homo Deus*: uma breve história do amanhã. São Paulo: Companhia das Letras, 2016; KURZWEIL, R. *The Age of Spiritual Machines*. New York: Penguin Books, 1999; SEARLE, J. 1997 [1992]. *A redescoberta da mente*. São Paulo: Martins Fontes, 1997 [original: 1992]; TURING, A. Computing machinery and intelligence. *Mind*, vol. LIX, n. 236, October 1950, p. 433-460.

RAFAEL SHOJI

RELIGIÃO IMPLÍCITA

Pensando o processo de secularização tanto como desenvolvimento histórico quanto teoria sociológica, era de esperar que as religiões, em especial o Cristianismo, fossem aos poucos se afastando do domínio público e tornando-se organizações de crenças privadas em grupos minoritários. Esperava-se também que, com uma educação secular, a religião nada tivesse mais a dizer sobre assuntos mundanos. Isso em parte se tornou verdade, variando de país para país no Ocidente, e há abundantes mostras disso. Mesmo Jürgen Habermas, ao falar da presença da religião na esfera pública, fala de "cidadãos religiosos" e "cidadãos seculares", estes últimos habitantes de um domínio crescente de não religião na sociedade. Entretanto, mais e mais as Ciências Sociais da Religião têm-se voltado a essa esfera secular, perguntando-se se há de fato um domínio completamente secularizado, ou se há aí

manifestações religiosas implícitas (Davidsen, 2012). Já Durkheim, no início do século XX, indica a ameaça da anomia em qualquer sociedade, o que solicita a constituição de uma força moral que ao mesmo tempo sustente e reconforte os indivíduos em uma rede de solidariedade. Mais recentemente, isso deixa de ser quase um postulado para ser objeto de pesquisa empírica, o estudo de novas formas religiosas no Ocidente.

Essas novas formas incluem: 1) religiões alternativas, como os *Novos Movimentos Religiosos* (NMRs); 2) religião dos *bricoleurs*, ou *à la carte*, ou, ainda, "do supermercado", que é mais individualizada; 3) a religiosidade vaga, uma crença em um poder superior que usualmente não possui impacto na vida social, mas que pode ser ativada em momentos cruciais, como no casamento e no luto; é muito comum entre grupos mais secularizados, e compartilhada; 4) finalmente, religião implícita, ou seja, rituais, efervescência, carisma, emoção etc., embebidos em tradições ou instituições que não se consideram religiosas (Ter Borg, 2004). Tais formas convivem lado a lado com as formas institucionais que conhecemos e permitem dupla pertença devido à sua própria fluidez.

O quase sinônimo de religião implícita é "religião secular", que muitas vezes é entendido no sentido pejorativo, equacionando-o a ideologias totalitárias. Mas, ao contrário, o sentido é mais positivo, de substitutos das religiões tradicionais, que podem ou não coexistir com essas últimas. O antropólogo francês Claude Rivière (1932-) tem utilizado o termo "ritos profanos" para caracterizá-las (Rivière, 1997). Ele representa uma tradição francesa funcionalista, tributária de Durkheim, que passa por Roger Caillois (1913-1978) e inclui outros autores, como Albert Piette (1960-).

O espaço público, livre da interferência religiosa institucional, é reocupado; trata-se, agora, da substituição de uma forma religiosa por outra, ainda que imanente. Não é a "dessecularização" de Peter Berger, mas a contínua presença transfigurada de formas religiosas ocidentais. Este último ponto é destacado pelo sociólogo britânico Bronislaw Szerszynski: "[…] mais do que entender religião como um fenômeno cultural distinto dentro de um mundo fundamentalmente secular, aberto à explicação, tendo como referência realidades seculares, como a Psicologia ou outros interesses e ideologias, é sempre o *secular* que deveríamos problematizar" (Szerszynski, 2011, p. 293).

Essa presença do religioso no secular se manifesta de duas formas: 1) uma mais explícita, "efervescências coletivas", que marcam atividades como os esportes; 2) outra mais sutil, em atividades aparentemente desvestidas de qualquer referência religiosa, como as ligadas à política, à ciência, à economia etc. Nos dois casos, quando sob um escrutínio mais rigoroso, revelam-se traços característicos da religiosidade ocidental. Agora, seja pelo estado inicial das pesquisas, seja pela presença de várias possibilidades de se interpretar essa persistência religiosa, não há um consenso sobre nomenclatura.

De fato, muitas expressões têm sido utilizadas, como, por exemplo, religião profana, secular, implícita, invisível, substituta, civil, quase religião, do cotidiano, laica, difusa etc. Definições como "religião secular" ou substituta representam mais formas organizadas que envolvem rituais e outras características religiosas, com ou sem efervescência. Outras dessas definições, como religião do cotidiano e religião difusa, apontam para ritos informais, presentes em qualquer população ocidental, o que permite dupla pertença (Nesti, 2005). Nosso interesse recai na segunda forma. As manifestações religiosas substitutas ou difusas indicam que pelo menos uma das acepções da teoria da secularização clássica não se justifica. Pensando em Durkheim, não pode haver grupos "a-religiosos", seculares, a despeito de manifestações em contrário dos diretamente afetados. No entanto, alguns pesquisadores contemporâneos defendem o estudo de grupos que seriam autenticamente seculares, sob o rótulo de "irreligião" ou "não religião" (Lee, 2015). Contudo, a referência principal ainda é a religião. A autora, de fato, ainda inclui formas mais organizadas de irreligião dentro do panorama religioso (Lee, 2015, p. 16).

Para além das considerações de ordem sociológica, hoje também se atenta para as causas naturais da persistência da religião. De fato, nas duas últimas décadas têm-se desenvolvido muito a Ciência Cognitiva da Religião, que recorre a perspectivas da evolução da mente humana para entender a origem da religião. Segundo Malcolm B. Hamilton, "se atitudes, sentimentos e ações religiosos podem ser implícitos [...] e se esses são universais e fontes inerentes das quais formas de religião mais desenvolvidas, explícitas e institucionalizadas surgem, então pode ser interessante explorar a possibilidade de que a religião está fundada sobre um conjunto de predisposições enraizadas em nossa psicologia" (Hamilton, 2012, p. 523).

Uma declaração que surpreende, partindo de um renomado sociólogo.

A abordagem evolutiva ajuda a evitar o perigo do uso excessivo da expressão "Religião secular". Como nos diz o sociólogo francês Jean-Paul Willaime, o perigo é "ver o religioso em tudo e depois não identificá-lo mais em lugar nenhum" (Willaime, 2012, p. 133). Tal observação se justifica principalmente porque o emprego do termo tem sido, em muitos casos, informal, por vezes depreciativo e mal definido. Alguns dos termos já citados têm conhecido uma exploração mais cuidadosa. Tal é o caso de "Religião civil" (Pettit, 2014), e também de "Religião implícita" (Nesti, 2005; Hamilton, 2012).

Há de se mencionar também que tais definições são funcionalistas. Por importantes que sejam, elas novamente representariam um problema na medida em que podem "equacionar tudo o que é significativo, social ou importante para pessoas com religião, assim deixando de lado diferenças reais e perdendo a oportunidade de distinguir entre o especificamente religioso e o mais geral em termos de sociedade e cultura" (Davidsen, 2012, p. 557-558). Davidsen prefere uma definição mais substantiva, associando a busca por sentido com o pensamento mágico e aninimista, característico do ser humano.

Já Tatjana Schnell (2012) sugere que a maioria dos autores utiliza o termo "religião implícita" como uma ferramenta hermenêutica, destinada a classificar vários fenômenos sociais aparentemente seculares. Ela, ao contrário, propõe que o termo seja empregado como um construto teórico, útil para o pesquisador, mas não observável; os "fiéis" não se identificam com o "implicitamente religioso". Isso já ajudaria a superar problemas de indefinição e proporcionaria bases mais sólidas para se aplicar esse tipo ideal a situações específicas.

Em relação ao uso, por alguns autores brasileiros, da categoria de "religião secular" e assemelhadas, uma breve menção inclui, primeiro, o trabalho pioneiro de Marcelo Camurça sobre a religião secular de grupos de esquerda de um ponto de vista antropológico (Camurça, 2015). Alan Fonseca (2006), por sua vez, analisa os cruzamentos entre o religioso e o laico, comparando milenarismos e utopias sociais, com base em clássicos como Durkheim e Weber. Também Silas Guerriero (2014), ao rediscutir a definição de religião em face dos novos movimentos religiosos (NMRs), emprega o conceito de "espiritualidades seculares". Já César A. Ranquetat Jr. (2009) dirige-se ao simbolismo e aos rituais de religiões políticas extremistas, como o integralismo brasileiro. Por fim, sem pretender exaurir o campo, destaca-se o trabalho daqueles que se dirigem ao rito no Judiciário, indicando que, de certa forma, também o Direito, apesar de florescer em um estado laico, assume características religiosas da tradição judeo-cristã (Santos, 2005). Mas ainda se nota a ausência de uma definição mais precisa nesses estudos de movimentações religiosas em um mundo secular.

***

Enfim, o conceito de "religião implícita" ou equivalente chama a atenção para a presença, para além de considerações funcionalistas, da religiosidade ocidental nas concepções e estruturas típicas de um mundo secularizado. Seja na forma de grupos organizados pararreligiosos, seja como formas difusas de religiosidade no cotidiano das pessoas, tais manifestações têm merecido a atenção de muita pesquisa no âmbito da Ciência da Religião.

Bibliografia: CAMURÇA, M. A. *Os "melhores filhos do povo"*: um estudo do ritual e do simbólico no Movimento Revolucionário Oito de Outubro (Mr8). Curitiba: Appris, 2015; DAVIDSEN, M. A. Future Directions in the Sociology of Non-Institutional Religion. *Implicit Religion*, 15.4 (2012) 553-570; FONSECA, A. L. P. Novas trilhas do paraíso: o rastro do religioso na contemporaneidade. *Sociedade e Cultura*, 9/1 (jan.-jun./2006) 39-49; GUERRIERO, S. Até onde vai a religião: um estudo do elemento religioso nos movimentos da Nova Era. *Horizonte*, Belo Horizonte, v. 12, n. 35, jul.-set./2014, p. 902-931,; HAMILTON, M. B. The Concepts of Implicit and Non-Institutional Religion: Theoretical Implications. *Implicit Religion*, XV/4 (2012), 523-533; LEE, L. *Recognizing the Non-religious*: Reimagining the Secular. Oxford: Oxford University Press, 2015; NESTI, A. Implicit Religion. In: JONES, I. et al. (Eds.). *Encyclopedia of Religion*. 2nd ed. Detroit: Thomson-Gale-Macmillan, 2005. v. 7, p. 4.400-4.402; RANQUETAT JR., C. A. A dimensão simbólica e o ritual na política moderna: O caso das religiões políticas. *Composição: Revista de Ciências Sociais da UFMT*, Cuibá, ano 3, n. 4, jun. 2009, p. 37-52; SANTOS, L. C. A. O sagrado e o profano no tribunal do júri brasileiro. *Prisma Jurídico*, São Paulo, v. 4, 2005, p. 161-179; SCHNELL, T. On Method: A Foundation for Empirical Research on Implicit Religion. *Implicit Religion*, 15.4 (2012) 407-422; SZERSZYNSKI, B. Repensando o secular: ciência, tecnologia e religião hoje. In: CRUZ, E. R. da. (Org.). *Teologia e ciências naturais*: teologia da criação, ciências e tecnologia em diálogo. São Paulo: Paulinas, 2011. p. 291-301; TER BORG, M. Some Ideas on Wild Religion. *Implicit Religion*, 7.2 (2004) 108-119; WILLAIME, J.-P. *Sociologia das religiões*. São Paulo: Ed. Unesp, 2012.

EDUARDO RODRIGUES DA CRUZ

RELIGIÃO MATERIAL →
Cultura material religiosa

RELIGIOSIDADE POPULAR

"Religiosidade" é, para certos pesquisadores e pesquisadoras, um termo que se refere às orientações e aos envolvimentos religiosos, isto é, às dimensões experienciais, ritualísticas, intelectuais, comunais, doutrinárias, políticas, morais e culturais de uma religião. Outros pesquisadores e pesquisadoras argumentam que religiosidade se ocupa do *quão* religiosas são as pessoas e de *como* são as pessoas religiosamente. Para outros e outras ainda, religiosidade é tanto a fuga quanto a explicação para o real vivido, até mesmo para negociações e entendimentos com a(s) divindade(s) na procura de resoluções de problemas cotidianos. Como as crenças☉, o sentimento de pertença e os comportamentos dos adeptos e adeptas frequentemente não são tão congruentes com as reais crenças☉ de suas religiões, pois a religiosidade também pode ser compreendida como a diversidade de experiências e linguagens de uma religião. Seja qual for, a religiosidade é sempre um processo.

Ademais, esse heterodoxo processo, por meio de um complexo jogo dialético entre conformismo e resistência, permite criar sensibilidade na compreensão do encontro, nem sempre pacífico e igualitário, entre diferentes formas religiosas em oposição aos modos racionalistas de se conceber as temporalidades religiosas. Em outras palavras: há religiosidades que, em oposição terminológica com a religiosidade das elites, dos intelectuais e das hierarquias☉ eclesiásticas, traduzem esse encontro em devoções particularizadas dentro da linguagem religiosa oficial, por um lado, e/ou em novas linguagens religiosas, por outro. Essa tradução é sempre acompanhada por tensões teológicas e políticas que marcam a delicada relação entre o discurso religioso oficial e o discurso religioso popular. O pensar popular é produzido em dois níveis, quais sejam: a experiência concreta da vida cotidiana, na qual a religiosidade oficial é aceita, interiorizada, reproduzida e transformada, e a sua capacidade de propor alternativas ao campo social e religioso, pela qual a religiosidade oficial é recusada, negada e afastada, implícita ou explicitamente. Essa tradução, portanto, é o que se conhece por religiosidade popular.

I. O popular. A religiosidade popular é a forma pela qual as pessoas que não estão vinculadas a uma instituição religiosa praticam e vivem concretamente em suas vidas a experiência religiosa☉. Diante dos desafios sociais, econômicos, políticos, psicológicos e espirituais, respondem com suas culturas, suas línguas, suas organizações, seus lugares, suas datas, suas vestimentas, suas danças e suas peregrinações. Diante das instituições, dos dogmas☉, das disciplinas e dos templos, respondem com seus atores, seus símbolos, seus corpos, suas músicas☉, suas festas e o seu compartilhar da comida. Nessa relação de poder, o ponto de vista oficial e estatal (a cultura erudita de base no sistema educacional e universitário) concebe o "popular" como o regional, o tradicional e o folclórico, isto é, de base na oralidade, "corresponde aos *mores* materiais e simbólicos do homem rústico, sertanejo ou interiorano e do homem pobre suburbano ainda não de todo assimilado pelas estruturas simbólicas da cidade moderna" (Zaluar, 1983, p. 107).

O termo "popular", ainda que muito difundido nas Ciências Sociais, tem sua origem numa oposição marcadamente de poder e controle entre a "Igreja☉ Oficial" (clero☉) e a "Igreja☉ do povo". "Num movimento natural, estendeu-se à cultura produzida e elaborada pelo povo em oposição à cultura☉ erudita; nesse caso, de cunho clerical. Esse termo nos diz também esta cultura, acima de tudo grupal, supraindividual" (Brito, 1996a, p. 103). De outro modo, a dificuldade de definição do termo "popular" enquanto categoria analítica reside tanto na ausência da adjetivação das manifestações culturais do povo como "popular" por parte de seus próprios produtores e produtoras quanto na clara dependência do "quem" designa uma parte da população como "povo" e de que critérios lança mão para determinar o que é e o que não é "popular".

Jesús Martín-Barbero sugere uma distinção na análise do conceito de "popular": a divergência entre o *popular na cultura*, expoente da linha romântica, e o *povo na política*, de linha ilustrada. O "povo na política" deriva de uma histórica construção da razão política com base na distinção romana entre "o povo como instância jurídico-política legisladora, soberana e legitimadora dos governos, e a plebe como dispersão de indivíduos desprovidos de cidadania, multidão anônima que espreita o poder e reivindica direitos tácitos". Por essa linha de pensamento, há o povo como vontade universal e legislador soberano, unidade jurídica dos cidadãos definidos pela lei, e o "popular" (plebe), ignorante, supersticioso, irracional e sobretudo sedicioso – a massa perigosa. Há, por conseguinte, o povo como generalidade política e o povo como particularidade social, os "pobres". É um círculo contraditório: "[...] estão contra a tirania, em nome da vontade popular, e contra o povo, em nome da razão". Assim, "popular" é associado, em sua irracionalidade, ao entusiasmo, isto é, "para a imaginação religiosa sem freios, origem do milenarismo e da sedição" (Chauí, 2014, p. 20-22). Tal perspectiva foi sempre reforçada quando da associação da religiosidade popular ao fanatismo♀.

Este tipo de definição estabelece oposição entre cultura oficial, cultura♀ de elite e cultura♀ popular que revela uma qualificação de modo diferente dos sujeitos. Este modelo foi criticado "por estratificar preconceituosamente as pessoas sob o aspecto cultural esperando que as expressões primitivas da cultura♀ – que vivem no limiar da escrita – sejam absorvidas por outras formas culturais avançadas" (Brito, 1996b, p. 155). Logo, a religiosidade popular seria "incapaz de produzir um sentido verdadeiro sobre a realidade", e sua natureza é residual, já que "estabelecido firmemente esse ponto de vista, tudo o que estiver sob o limiar da escrita e, em geral, os hábitos rústicos e suburbanos, é visto como sobrevivência das culturas indígenas, negras, caboclas, escrava ou mesmo portuguesa arcaica: culturas que se produziram sempre sob o ferrete da dominação" (Bosi, 1993, p. 323).

O "popular na cultura" refere-se aos românticos que esperam que a afirmação da alma♀ popular, do sentimento popular, da imaginação, da simplicidade e da pureza populares quebre o racionalismo e o utilitarismo da Ilustração, considerada por eles causa da decadência e do caos social. O popular (povo romântico) – sensível, simples, iletrado, comunitário, instintivo, emotivo, irracional, puro,

natural, enraizado na tradição – nasce de motivos estéticos, intelectuais e políticos. Assim, expressa a revolta da natureza contra o artificial, a resposta dos sentimentos contra o nacionalismo ilustrado, a revolta da tradição contra o progresso das Luzes, do sobrenatural e do maravilhoso contra o "desencantamento do mundo♀", em resumo: a cultura♀ popular ou o popular na cultura♀ torna-se alicerce dos nacionalismos emergentes. Daí que o nativismo será um traço de toda a literatura e a arte românticas, chegando mesmo, no Brasil, a se constituir como movimento literário próprio.

Por essa tendência romântica delineiam-se as características principais do que se tornou certo discurso sobre a cultura popular e, em particular, a religiosidade popular: primitivismo (isto é, a ideia de que a cultura♀ popular é retomada e preservação de tradições que, sem o povo, teriam sido perdidas), comunitarismo♀ e purismo. Em busca de um esforço "hermenêutico-empático" que busca captar o seu dinamismo interno, "o seu processo fortemente aculturador", a crítica ao modelo romântico surge contra a transformação do "popular" em um valor em si, que nega, portanto, a sua temporalidade específica sempre em perspectiva sincrônica e diacrônica (Brito, 1996b, p. 156-157).

A tendência contemporânea nos estudos da religiosidade popular aborda o "popular" como manifestação diferenciada que se realiza no interior de uma sociedade que é a mesma para todos e todas, mas dotada de sentidos e finalidades diferentes para cada uma das classes sociais. Nesse sentido, os processos em que diferentes classes sociais se constituem como tais pela elaboração prática e teórica, explícita ou implícita, de suas divergências, de seus antagonismos e de suas contradições. Isso significa que, diferentemente da perspectiva romântica, da ilustrada e da marxista "ortodoxa", busca-se analisar a religiosidade popular não como outra religiosidade ao lado (ou no fundo) da religião oficial, mas como uma experiência que se realiza por dentro dessa mesma religião, ainda que para resistir a ela. Desta feita, a religiosidade popular não é analisada na perspectiva de uma totalidade que se põe como antagônica à totalidade oficial, mas como um conjunto disperso de práticas, representações e formas de consciência♀ e saberes que possuem lógica própria (o jogo interno do conformismo, do inconformismo e de resistência), distinguindo-se da religiosidade oficial exatamente por essa lógica de práticas, representações e formas de consciência♀ e saberes.

II. A produção teórica e seus contextos sócio-históricos. A produção teórica sobre religiosidade popular é abundante e ainda em expansão. No entanto, o seu conjunto revela as dúvidas em relação à natureza do conceito de "religião popular". Remete a ideias e fatos que interessam aos pesquisadores e pesquisadoras, mas não chega a delinear uma noção de contornos bem definidos, isto é, não dá forma a um "objeto" de reconhecimento geral. A literatura sugere ao menos três explicações para tal controvérsia. A primeira é a enorme variedade de manifestações culturais que o termo "religiosidade popular" recobre. Há uma *variação regional* (por exemplo, pajelança na Amazônia, samba de roda na Bahia, maracatu no Recife, folias católicas por toda a parte, a Umbanda também generalizada e se diferenciando de uma região para outra, as expressões étnicas de populações de origem alemã, polonesa, italiana, japonesa, no sul do país, e assim por diante) e uma *variação segundo as crenças religiosas* (esta distingue entre semelhantes, sejam eles adeptos/adeptas, sejam pesquisadores/pesquisadoras, isto é, sob a mesma cobertura da religiosidade popular encontram-se tradições cujas origens e modelos referenciais separam-se por continentes – remetem, ao menos, à Europa mediterrânea, à África, aos anglo-saxões, aos grupos originários).

A segunda é justamente que ninguém se define como praticante de uma religiosidade popular. As pessoas se dizem "católicas", "evangélicas", "espíritas", "umbandistas". Por esse motivo, há quem diga com certa ironia que essa é uma expressão própria à fala dos intelectuais, ou seja, seria entre eles, ou a partir de suas iniciativas, que a religiosidade popular ganharia existência e faria história. A terceira é que a expressão é utilizada em sentidos diversos, nem sempre coincidentes, portanto, seriam "extraoficiais", fora do controle e da regulamentação das autoridades instituídas, cultivadas pelos "leigos" em oposição à religiosidade clerical (Chauí, 2014, p. 75).

Daí pesquisadores e pesquisadoras afirmarem que os três sentidos não se recobrem. Há festas, como a de Iemanjá, no Rio de Janeiro, que gozam de "grande popularidade", a despeito das autoridades eclesiásticas e/ou políticas do estado, e que, no entanto, atraem pessoas de todas as classes sociais. Há rituais, como o de louvor ao divino Espírito Santo, que podem ser promovidos pelo clero em uma paróquia ou desconsiderados por representantes do mesmo clero em outras regiões, ou, ainda, ser festa do "povo da roça" em um local e devoção típicos, como, por exemplo, de um segmento da classe média carioca. Messias e taumaturgos, como Pe. Cícero e Pe. Donizetti, têm alcançado "popularidade", com apoio maior nos "estratos inferiores", são perseguidos pela hierarquia e, no entanto, recebem a simpatia de setores significativos do clero, preservando elementos rituais aprendidos no seminário e consagrados pela ortodoxia (Brandão, 1980, p. 124). Em outras palavras: há um problema de relação entre os vínculos horizontais e verticais nas formas de produção da religiosidade popular, isto é, o predicado "popular" deve caracterizar laços que unem uma classe de iguais (vínculos horizontais), por um lado, mas deve também dar conta das relações obtidas entre posições desiguais (vínculo vertical), por outro

lado. "Popular", enquanto "classe subalterna", está associado ao primeiro sentido; e quando pensado como "extraoficial", associado, prioritariamente, ao segundo. Qualquer que seja o ponto de partida adotado, haverá resultados diversos e contraditórios que, no conjunto, constituem o campo analítico e epistemológico de pesquisadores e pesquisadoras da religiosidade popular.

Os primeiros discursos sobre a religiosidade popular têm origem pejorativamente no clero católico no início da República, período no qual a hierarquia empenhou-se em recuperar a disciplina perdida sob o regime do padroado. Evocou-se a expressão a propósito de uma "identidade nacional" no entre guerras, fornecendo referencial para os regionalismos que acompanhavam a formação da nacionalidade, inundando, assim, o imaginário nacional nos anos do *Deus e o Diabo na Terra do Sol*. Nos anos 1960, pesquisadores e pesquisadoras, preocupados com a transformação na configuração sociorreligiosa nacional e baseados em metodologias de matrizes europeias, apontam novas perspectivas no sentido de ressaltar as tensões entre as novas formas de organização social e expressões religiosas. Buscavam, assim, responder qual seria a influência dessas condições sociais na vida cotidiana da população e suas opções religiosas.

Nos anos 1970, a religiosidade popular torna-se material abundante para a indústria cultural que fora desenvolvida. Há a sinalização dos contextos discursivos e práticos que realçam as ambivalências da relação entre as ideias de "elite" e "povo" na cultura brasileira. Cândido Procópio Ferreira de Camargo busca novas bases teórico-metodológicas para compreender a relação entre religião e práticas religiosas. Nesse sentido, suas obras questionam o que representa a vida religiosa para a sociedade brasileira e, por tal razão, revelam a preocupação com novas formas de ser e do fazer religioso em uma sociedade que se secularizava. Pedro de Assis Ribeiro de Oliveira demonstra a preocupação com a tensão entre as práticas religiosas populares e as práticas propostas pela hierarquia clerical. Para tanto, utiliza como categoria analítica o "popular" enquanto *autonomia* e *produtora* de formas diferenciadas de religiosidade, por conseguinte, contribuiu para a compreensão da estrutura religiosa na sociedade e para a valorização de formas diferenciadas de viver a religião. O fato é que, ao valorizar o Catolicismo popular, além de atribuir-lhe outra identidade – atribuição que se dá pelo reconhecimento empírico dessas formas diferenciadas de produção material e simbólica –, o autor radicaliza a discussão entre um Catolicismo prático, pensado na óptica popular, e um Catolicismo erudito, mais institucionalizado e racional.

Nos anos 1980, Carlos Rodrigues Brandão, acompanhando as mudanças sociais e religiosas enquanto bases produtivas, interroga-se sobre as

RELIGIOSIDADE POPULAR

formas populares de produzir e preservar a religiosidade. Assim, compreendendo as transformações a partir da microestrutura social, o autor buscou responder de que maneira as expressões populares, como autônomas, produzem as suas formas materiais e simbólicas. Em seus termos, "religião popular" define-se por oposição à "religião erudita", numa polaridade que ordena o conjunto do "campo religioso", dividindo-o entre "dominantes" e "dominados" em toda a sua extensão. Logo, cada tradição religiosa – católica, protestantes, afro-brasileiras, originárias, mediúnicas, e outras mais que porventura apareçam – será atravessada pela oposição "dominante-erudito/dominado-popular", gerando estilos rituais e simbólicos correspondentes. A zona fronteiriça entre "os de cima e os de baixo" é cavada por escaramuças constantes, numa silenciosa guerra cotidiana. A memória℗ do sagrado é construída pela dialética da dominação, que se revela como tal graças à consciência℗ que dela têm os dominados. Há um "saber popular" que é transmitido a duras penas, em um trabalho contraposto às censuras assimiladoras dos agentes da erudição.

Alba Zaluar, a partir de "estudos de comunidades", aponta para uma religiosidade popular que surge na produção material e simbólica da vida, como formas de crença℗ e culto, do cotidiano ou dos dias de festa da comunidade. É uma leitura que buscou compreender o popular por meio das relações entre símbolos, representações sociais e religião, revelando, assim, a estrutura das articulações dos espaços e categorias de sujeitos através dos quais fluem, ao mesmo tempo que as falas oficiais da fé, as relações de poder, as divisões de trabalho e da vida social. Os trabalhos desse período, em suma, concentram suas atenções no imaginário católico popular (aspectos sociorreligiosos e identidade subjetiva) iluminado por elementos culturais, mas ainda se estruturam na dicotomia entre "classes dominantes" e "classes subalternas".

Os anos 1990 são marcados pelo afastamento dos determinismos metodológicos que marcaram, sobretudo, os anos 1960 e 1970 e pela ênfase nas tensões culturais para a determinação e orientação dos conflitos religiosos. Isto é, são os temas hegemônicos (cultura e identidade, inculturação) que determinam as relações de tensão entre cultura℗ e fé℗. Assim, a religiosidade popular não é mais entendida pela perspectiva da ingenuidade de seus sujeitos, ou mesmo de uma supersticiosidade presente nessas narrativas de tradução do sagrado℗, mas como um meio de construções simbólicas que contribuem para a construção das identidades dos grupos classificados como populares.

Recentemente, os estudos sobre a religiosidade popular se revitalizam diante de um universo devocional que constantemente se renova e se reinventa, e que "não está, pois, unicamente regido pelo contra-

tual. Por meio de modos e gestos particulares como benzer, rezar, escrever, carregar, visitar, colocar hábito, deixar ex-votos, peregrinar, colocar uma faixa, repartir santinhos, o devoto cumpre sua estratégia de aproximar-se de Deus multiplicando os espaços de sua presença" (Torres-Londoño, 1999, p. 10).

Diante da complexificação do campo religioso e da falta de reflexão e critérios interpretativos (falta de recursos hermenêuticos), há dois pressupostos que orientam a produção contemporânea sobre a religiosidade popular. No primeiro, a religiosidade popular é analisada a partir das peculiaridades das matrizes culturais, isto é, dos elementos específicos geradores de sentido e suas manifestações nas práticas sociais e simbólicas: o dinamismo interno das culturas locais. No segundo, são os universos simbólicos que implicam uma abertura ao sobrenatural em análises que não separam o sagrado℗ da vida, bem como a atenção às diversidades nas formas de crer (crenças expandidas) e na experiência vital das pessoas, a "visão de mundo".

III. O Catolicismo popular. O santo ou a santa, de modo geral, é o elemento definidor de um conjunto heterogêneo de religiosidades populares ora conhecido como Catolicismo popular, ora como piedade℗ popular. Seres individuais, dotados de liberdade, vontade, qualidades próprias e uma biografia, os santos ou as santas habitam concomitantemente dois lugares dentro do imaginário popular católico. O primeiro é o próprio "céu" enquanto lugar de proximidade com a realidade última do Cristianismo, *Deus*, justificando, assim, a potencialidade do agir do santo ou da santa na realidade material. Da experiência concreta dessa primeira habitação, a atitude de fé℗ e a consagração a um santo ou uma santa são as linguagens que fazem de uma pessoa seu devoto/sua devota. O segundo lugar é a imagem℗ material do santo ou da santa que equivale à sua própria pessoa. Essa "imagem viva", portanto, está em relação pessoal com o devoto/a devota, isto é, por um lado, com ela se conversa, se enfeita, acendem-se velas e são agradecidos os milagres alcançados, e, por outro lado, a imagem℗ sai à rua, participa das procissões, recebe e faz visitas.

Outro aspecto do Catolicismo popular – que também se reflete em inúmeras outras formas da religiosidade popular – é a "relação intrínseca entre a crença℗ e a graça, isto é, a fé℗ busca milagres". O devoto/a devota pede ao santo/à santa cura℗ de doenças, fim do alcoolismo, emprego, moradia, regeneração de algum membro da família, um marido ou uma esposa fiéis. As desgraças do cotidiano configuram especificidade à religiosidade popular, ou seja, "o que se pede é que a vida não seja tal como é". Nesse sentido, a religiosidade popular se estrutura de tal maneira a dar lugar a uma pluralidade de saberes e crenças℗ aparentemente incompatíveis, no nível epistemológico de sua linguagem, e, abandonando a redutiva análise de ser uma mera alienação, o saber popular exprime perfeito conhecimento de causa e sistemático reconhecimento da impotência presente, cuja fundamental representação é o milagre, no nível político. No primeiro nível, há expressão da fragilidade do controle social através do sistema religioso dominante e a resistência implícita dos devotos/das devotas a esse controle, na medida em que organizam seu próprio sistema de crenças℗ e devoções. No segundo nível, a religiosidade popular, enquanto linguagem em potência do povo, "se realiza como uma forma de conhecimento real, como uma prática que ao mesmo tempo reforça e nega esse real, combina fatalismo℗ (conformismo) e desejo℗ de mudança (inconformismo), o milagre sendo sua pedra de toque" (Chauí, 2014, p. 72-74).

IV. O afro-brasileiro. Os discursos oficiais sobre religiosidade popular afro-brasileira refletem um universo de oposições geradas a partir das linguagens científicas: magia/medicina, pureza/sincretismo℗ e superstição℗/religião. No caso da Umbanda, por exemplo, os espíritos afros apresentam "pouca elevação espiritual", do lado kardecista; do lado cristão católico e protestante, ela é escândalo e demoníaca porque politeísta. Da ilegitimidade social à ilegalidade jurídica, passando pela profanação religiosa, o resultado de tal conjuntura social, cultural e política é expressa pela Umbanda sob dois aspectos, "ambos marcando o esforço para ascender da condição de magia℗ à de religião℗ e da condição de seita℗ à de igreja. Esse duplo esforço explica o surgimento das federações umbandistas e suas relações contraditórias tanto com o estado quanto com os terreiros" (Chauí, 2014, p. 109).

A religiosidade afro-brasileira é tradição diaspórica. As identidades diaspóricas "são obrigadas a negociar com as novas culturas em que vivem, sem simplesmente serem assimiladas por elas e sem perder completamente suas identidades. Elas carregam os traços das culturas, das tradições, das linguagens e das histórias particulares pelas quais foram marcadas". Dessa maneira, na religiosidade popular afro-brasileira há a obrigação de "renunciar ao sonho ou à ambição de redescobrir qualquer tipo de pureza cultural 'perdida' ou de absolutismo étnico. Elas são irrevogavelmente traduzidas" (Hall, 2005, p. 88).

A Umbanda, as Irmandades, a congada, o maracatu, o moçambique, a cavalhada, a devoção a Iemanjá, as missas afro, dentre muitos outros, compõem a religiosidade popular afro-brasileira que encontra na oralidade o seu modo de conhecimento, exigindo, assim, novas formas de solidariedades, de saberes e fazeres. A compreensão dessa religiosidade, portanto, requer uma melhor investigação sobre a elaboração das diferenças nos processos e nas mentalidades orais.

V. A potencialidade do senso comum. O senso comum, nos termos de Gramsci℗, é um dos elementos básicos para a criação de uma consciência℗

crítica. As linguagens populares de elaboração de significado para a realidade e o mundo surgem muitas vezes como consequência de relações plurais com diversas outras linguagens, ainda que dominantes. O senso comum seria fragmentário e assimétrico. Como esse conceito está inserido dentro do que o autor discute como cultura popular, a religiosidade popular seria passiva e receptiva, isto é, por seu caráter imediato não produz conhecimento, mas se relaciona fragmentariamente – tanto os fragmentos das culturas passadas como os da cultura℗ dominante – com o mundo. Por sua natureza, a religiosidade popular não possuiria qualquer lógica interna.

No entanto, "o inconveniente deste tipo de análise é que se obtém como resultado unicamente uma série alternada de sinais opostos. Tudo se passa como se os polos da positividade e negatividade fossem excludentes, heterogêneos, partes antagônicas de um fenômeno idêntico, mas jamais analisado em sua ambiguidade própria" (Ortiz, 1980, p. 68). Há uma complexidade própria da religiosidade popular que não pode ser apenas compreendida como "fator de reprodução social, mas também de contestação, de resistência. Graças a ela, preserva-se um mínimo de autonomia da consciência℗ popular". O seu dinamismo próprio, que lhe permite responder "favoravelmente dentro da situação imediata", aponta para uma religiosidade fundada em saberes e processos "que escapam a esquema preestabelecido" (Brito, 1996a, p. 104-105). Fica difícil, portanto, "reduzir esse pensar (das classes subalternas) a um sistema preestabelecido de fixo de conteúdos culturais explicados em última instância pela sua posição subalterna ou dominada no processo de produção ou como prisioneiro de uma prática vista na tradição estruturalista como mera execução de um código subjacente" (Zaluar, 2000, p. 29).

Pela noção de fragmentariedade chega-se à fonte de autonomia da religiosidade popular, "ao seu metabolismo vital que mantém o equilíbrio diante das estruturas repressivas". Assim, abre a possibilidade de um espaço de autonomia que, por sua vez, permite o distanciamento da realidade (Brito, 1996a, p. 105). As religiosidades populares se inserem em um "extenso diálogo que travam entre si nas ruas, nas praças, nas biroscas, nas casas e que gostam de chamar animadamente de trocar de ideias. É em grande medida nesta troca de ideias não institucionalizadas, fora do controle dos aparelhos ideológicos da dominação ou da disciplina, que ideias tornam-se eficazes, ações incorporadas, reputações legitimadas e políticas aceitas. Ou, alternativamente, negadas". Logo, sua natureza fragmentária, sua ambiguidade e seu dinamismo próprios possibilitam pensar essas religiosidades como processos de constituição de culturas autônomas até certo ponto, mas nunca "uma, homogênea e completamente sistematizada" (Zaluar, 2000, p. 31).

RITO/RITUAL

O dinamismo interno constatado nas relações de objetividade da produção cultural está presente nas relações de intersubjetividade dos saberes populares, portanto, está presente na religiosidade tal como é vivida pelo povo de forma espontânea e variável, ligada a ritos e costumes, a festas e folclore, como parte de uma cultura cuja autonomia é fruto da relação "conformismo/resistência", que, por sua lógica própria, expressa tais saberes em formas vivas e pulsantes de linguagens religiosas ditas populares, porque expressão subjetiva e racional do povo.

Bibliografia: BOSI, A. *Dialética da colonização*. São Paulo: Cia. das Letras, 1993; BRANDÃO, C. R. *Os deuses do povo*: um estudo sobre a religião popular. São Paulo: Brasiliense, 1980; BRITO, Ê. J. da C. A cultura popular e o sagrado. In: QUEIROZ, J. J. (Org.). *Interfaces do sagrado em véspera de milênio*. São Paulo: PUC/CRE-Olho D'Água, 1996a. p. 102-111; QUEIROZ, J. J. Cultura popular: memória e perspectiva. *Espaço*, v. 4, n. 2, 1996b, p. 153-163; CHAUÍ, M. *Conformismo e resistência*. Belo Horizonte/São Paulo: Autêntica/Fundação Perseu Abramo, 2014; HALL, S. *Identidades culturais na pós-modernidade*. Rio de Janeiro: DP&A, 2005; ORTIZ, R. *A consciência fragmentada*. Rio de Janeiro: Paz e Terra, 1980; TORRES-LONDOÑO, F. Devoções populares: cotidiano e memória. In: Revista *PUCviva*, v. II, n. 7, 1999, p. 8-10; ZALUAR, A. *A máquina e a revolta*. São Paulo: Brasiliense, 2000; ZALUAR, A. *Os homens de Deus*: um estudo dos sonhos e das festas no Catolicismo popular. Rio de Janeiro: Zahar Editores, 1983.

Ênio José da Costa Brito
Marcos Vinicius de Souza Verdugo

RICŒUR, PAUL → Hermenêutica

RITO/RITUAL

O ritual, enquanto agir social específico, programado, repetitivo e simbólico, não é uma modalidade de comunicação necessariamente religiosa. Mas é certo que não se conhecem fenômenos religiosos nas culturas que não se integrem, de algum modo, com a linguagem ritual. O termo "rito/ritual", se apelarmos ao estudo que Émile Benveniste fez da sua raiz indo-europeia (*dhe*), significa: colocar algo de uma maneira criadora, dar existência, e não simplesmente deixar um objeto no solo. Mas a palavra "rito" transporta também, das suas origens mais remotas, a ideia de um conjunto de gestos e palavras que se recebem para serem repetidas. No seu substrato latino, *ritus* evoca a ideia de ordem, experiência do acordo que é necessário para realizar algo em conjunto que ultrapassa os interesses do indivíduo. Assim, se seguirmos a "arqueologia" das palavras, percebemos

que estamos perante uma ação humana complexa: é repetição que alimenta uma memória☿, aponta para significados que estão para além da materialidade dos gestos e objetos envolvidos, e tem uma determinada função social, particularmente visível nas suas dimensões comunitárias. Por isso o rito é, ao mesmo tempo, repetição e criação, ou seja, cultura.

Têm sido muitas as tentativas de definir a ação ritual, variando consoante a perspectiva em que se considera esse fenômeno. As abordagens, que se podem considerar clássicas, variam entre dois extremos. Num deles está a abordagem sociofuncionalista, presente na posição de Émile Durkheim☿, que considera o rito como uma função de "auto-*poiesis* do social", através da qual cada sociedade se realiza a si mesma (Terrin, 1999, p. 72); no outro extremo poderíamos considerar a interpretação☿ simbólico-cultural de Victor Turner☿ e de Clifford Geertz☿, em que ganham mais importância as dimensões da atividade ritual enquanto integração simbólica dos sujeitos num contexto cultural ou comunitário. As abordagens foram sempre plurais. Umas concentram-se mais na sua funcionalidade social, seja no contexto microssocial de uma organização particular, seja mesmo, do ponto de vista sistêmico, considerando-a como aquela funcionalidade social global que acolhe ou impulsiona a atividade quotidiana, aquém e além do seu tratamento reflexivo, permitindo controlo daquelas dimensões que ameaçam o sistema, sobretudo em situações de crise, como sublinhou Niklas Luhmann☿. Outros preferem explorar a sua relação com o subconsciente pessoal ou coletivo, na esteira de Sigmund Freud☿ e, sobretudo, de Carl Jung☿, considerando o rito como uma ação que permite controlar situações de estresse ou provocar esse mesmo estresse.

No terreno dos estudos sobre a ritualidade humana, as opções pelas categorias de "rito" e "ritual" oscilam. A escolha de uma estratégia de adjetivação, em vez de uma perspectiva substantivante, decorre de uma valorização do objeto "rito" na sua dimensão operativa. Nesta perspectiva, o que se impõe à observação são comportamentos rituais, discursos rituais, ações, objetos e espaços rituais. O rito é lido, assim, como uma operação simbólica que se pode apropriar de qualquer realidade. A pesquisa ritológica, seguindo esta via, dá uma particular atenção aos atores do ritual, não só porque eles são os seus praticantes, mas porque introduzem variações, organizam cenários e propõem delimitações semânticas. O trabalho institucional em torno dos ritos traduz-se num enorme esforço de racionalização. Trata-se de uma vontade de disciplinar o desejo☿. Mas, por outro lado, é essa relação com o desejo☿ que permite ao rito aculturações diversas. Frequentemente, o rito permanece na sua materialidade, na sua denominação, mas as modalidades de uso são já diferentes. Não raras vezes, o rito sobrevive ao desaparecimento do próprio mito que o explicava. É necessário superar a tentação de, no esforço de compreensão dos ritos, dar demasiada importância à palavra mítica ou à explicação teológica que os acompanha, como se o rito se pudesse reduzir a um discurso.

As trajetórias de pesquisa do início do século XXI dão conta de um reinvestimento no problema da ritualidade humana, a ponto de o objeto ritual se ter autonomizado dos estudos do religioso e do político. Tornou-se um fato a constituição de comunidades de saber em torno das hermenêuticas𝒫 do rito, das operações rituais, e das ritualidades. Essa autonomização permitiu o estudo dessa forma de comunicação, em diferentes sistemas simbólicos, no próprio coração das estruturas das modernidades múltiplas – daí a relevância da categoria "modernidade ritual" (Dianteill et al., 2004).

I. Uma antropologia fundamental do rito.

Do ponto de vista da Antropologia fundamental, enquanto consideração do humano nas suas características mais gerais, ou, ainda, na perspectiva de uma fenomenologia (filosófica) da ritualidade, ganha especial significado uma compreensão que articula a necessidade cultural do rito com a sua gratuidade estrutural, por recurso à categoria do jogo, como chave hermenêutica𝒫 de compreensão. Tudo se concentra, por um lado, na própria dinâmica ritual e, por outro, na questão da sua finalidade. Quanto ao primeiro aspeto, salientam-se as dimensões pragmática e corpórea da ritualidade; quanto ao segundo, explora-se o significado de uma espécie de "finalidade sem fim".

O ritual definir-se-ia, antes de tudo, por ser articulação pragmática de um "processo redentor" (Bell, 1992, p. 83). O acento é colocado, por um lado, na dimensão redentora, ainda que não seja em sentido estritamente religioso: a redenção é aqui entendida, antes de tudo, como organização de sentido. Mas não é menos importante, por outro lado, o fato de o ritual articular esse sentido "redentor" de forma, antes de tudo, pragmática: numa ação determinada, que coloca o significado no próprio agir, mesmo se, pelo seu dinamismo próprio, possua "um significado *pré-pragmático* e *ultra-significante*" (Terrin, 1999, p. 160). "Quando uma ação é repetida e invariavelmente repetida, a sua estilização assume um significado simbólico de confirmação de um mundo, na medida em que não pode possuir apenas uma simples função instrumental e o seu valor deve inscrever-se no âmbito da expressividade pura" (Terrin, 1999, p. 160-161). Esse âmbito é que nos levará, mais adiante, à questão da gratuidade da ação ritual. Mas, para já, é importante também não esquecer que a pragmática ritual se inscreve, fundamentalmente, na corporeidade da ação. "O rito... é a continuação do evento do mundo, como recepção e reproposta do homem, através do seu corpo" (Terrin, 1999, p. 162). No corpo𝒫 humano, natureza e cultura, biologia𝒫

e simbólica articulam-se de forma imediata, o que permite localizar a ação ritual no âmbito de uma realização do sentido, anterior e mais ligada à vida do que a elaboração reflexiva do pensamento abstrato. "O corpo𝒫 está coordenado com a natureza e com o mundo de maneira imediata e, contudo, os seus biorritmos, que são expressões primeiras de um agir ritual, implicam já um movimento metafórico, que conjuga elementos naturais com elementos culturais e religiosos" (Terrin, 1999, p. 163-164). O que nos reconduz à pragmática corpórea do sentido, dado imediatamente numa ação significativa, anterior e posterior à separação artificial entre natureza e cultura.

Mas que dimensão do sentido é articulada especificamente na ritualidade, e de que modo? Podemos considerar, antes de tudo, o(s) sentido(s) imanente(s) a uma sociedade ou comunidade, como organização de um mundo que é preciso compreender e assumir, para lhe pertencer. É essa a dimensão da ritualidade na relação entre sujeito e sociedade, no processo de construção de identidades e de identificações, inevitável na história de cada sujeito e nas histórias coletivas. Mas poderíamos assumir que, a este nível do sentido, o lugar do rito se situaria, novamente, em certa exclusividade da sua perspectiva funcional, que é importante e imprescindível, mas que não o esgota: a ritualidade seria o instrumento de integração dos sujeitos num sentido compreendido comunitariamente.

No entanto, podemos considerar, para além disso, uma dimensão do sentido excessiva em relação à comunidade, mesmo que evidentemente se venha a refletir no(s) sentido(s) da comunidade. Nessa dimensão excessiva é que poderíamos falar de uma finalidade sem fim imediato, o qual seria definido pela relação direta entre ação, como causa, e efeito da ação, como resultado. Retoma-se assim, de forma livre, a definição de beleza na terceira crítica kantiana: "A beleza é a forma da finalidade [*Zweckmäßigkeit*] de um objeto, na medida em que ela, sem representação [*Vorstellung*] de um fim [*Zweck*], é nele percepcionada" (Kant, 1990, p. 155). Tal como no jogo, assistimos aqui à suspensão de um mundo, que proporciona a entrada noutro mundo, o qual envolve os jogadores e que, através das suas regras próprias, inaugura um tempo e um espaço específicos, não mensuráveis pelas regras do quotidiano. Nesse outro mundo, as relações de necessidade e de utilidade suspendem-se, a ponto de podermos falar de luxo absoluto, de inutilidade fundamental. É na dimensão da gratuidade, da absoluta não funcionalização, da pura celebração do sentido, que se realiza o jogo, como o rito e como a arte. "O rito 'trans-põe' verdadeiramente a significatividade do mundo, embora mantendo referências concretas e colocando-se em relação com o mundo" (Terrin, 1999, p. 177). Nisso partilha o modo de ser do jogo, que em realidade constitui um modo de ação que poderemos denominar como ação "po(i)ética". Esta poderia compreender-se como ação criativa, nem útil nem necessária, que articula sentido, na sua dimensão social ou interativa. Tal como na arte, trata-se aqui de uma articulação em obra desse sentido, como *performance* no tempo e no espaço – como acontecimento "po(i)ético".

Assumindo a inspiração⊘ kantiana da finalidade sem fim e transferindo a compreensão do rito para a dimensão da linguagem – que é a dimensão específica do significado e do sentido –, podemos recorrer à teoria da metáfora⊘ desenvolvida por Paul Ricœur⊘ como modelo de aproximação ao fenômeno ritual. Na dimensão da ritualidade assiste-se, por assim dizer, a uma suspensão da finalidade funcional, enquanto causa que se esgota no seu efeito direto, assim como no processo metafórico assistimos a uma suspensão da dimensão denotativa ou descritiva da linguagem. Essa suspensão não é negativa, mas condição para atingir uma dimensão diferente da significação, através de uma inovação semântica. Tal como na metáfora⊘, a suspensão da semântica descritiva é condição necessária para passar a outro nível semântico, assim no rito a suspensão da finalidade funcional é condição necessária para transitar em outra ordem de finalidade – a que Ricœur⊘ chama, precisamente, a ordem metafórica ou poética da linguagem. Na ritualidade teríamos, então, uma ação simbólica, como metáfora⊘ que revela e proporciona sentido, realizando-o de forma poética e permitindo, por esse meio, que os humanos se lhe refiram, na experiência pragmática quotidiana, acolhendo, desse modo, sentido e, por esse meio, construindo identidades. A esse modo de ação poder-se-ia chamar, de forma genérica, ação ritual ou mesmo ação celebrativa.

II. O símbolo ritual. Os ritos ou rituais podem ser entendidos como explicitações fundamentais da identidade de uma determinada comunidade humana, pelo que no rito hão de ser considerados não só os gestos e operações que se repetem, como também os elementos que expressam os valores e as crenças⊘ dessa mesma comunidade. No entanto, enquanto atividade simbólica, o rito é ação. Não pode, também, ser reduzido ao plano das intenções ou outras construções mentais. O rito religioso foca-se mais na práxis do que na cognição. Se há informações éticas ou doutrinais, estas surgem a partir da ação ritual e do seu simbolismo inerente. São, sobretudo, ações simbólicas que visam a uma real eficácia no efeito que provocam nos participantes. O fazer tem prioridade sobre o dizer, porque uma das suas finalidades é provocar o fascínio que leva à contemplação, dado que "o ser humano e o mundo são os mistérios cuja chave de compreensão é a admiração" (Martínez de Pisón, 2006, p. 50). Seguindo a intuição do filósofo Paul Ricœur⊘, amplamente comentada, pode afirmar-se, assim, que o ritual é uma "modalidade do fazer".

Esta forma de comunicação deve ser vista como ação transitiva que compromete o corpo, o espaço, o movimento, o gesto, objetos e materiais diversos.

Os próprios atos de fala, em contexto ritual, têm caraterísticas específicas, não se confundem com outras situações de interlocução no quotidiano das sociedades. As palavras que preenchem as convenções de civilidade nas sociedades (saudações, cumprimentos e outras cortesias) reproduzem também esse carácter de repetição. São, também, fórmulas recebidas e que permitem a comunicação organizada. Mas esse "dizer" não tem uma relação tão vinculada com um "fazer". As fórmulas de cortesia podem ficar-se pela convenção comunicativa. Na comunicação ritual, os praticantes dos ritos dizem as palavras esperando que elas atuem, de fato, sobre a realidade. Os estudos da linguagem apelidam este discurso de performativo – transforma-se em ação o que se enuncia discursivamente. Nesse contexto de observação, importa sublinhar que, associado ao rito, pode estar o conceito de cerimonial, o qual tem uma função mais confirmatória, ao passo que aquele visa operar uma transformação no sujeito, pelo que uma das caraterísticas mais significativas dos ritos é a sua performatividade, perspectiva amplamente sublinhada na obra de Victor Turner⊘.

O ritual religioso coloca em cena diversos praticantes, normalmente com lugares e formas de participação complementares – mais ou menos hierarquizados, consoante as características do campo religioso. O rito religioso vive num *habitat* comunitário. Mesmo quando certas práticas se apresentam como gestos individuais, inserem o crente numa comunhão com outros e inscrevem-no numa linhagem crente que inclui a família de todos os que o precederam. Mesmo se há muitos contatos entre o rito e o espetáculo, o rito religioso não pode reduzir-se a uma cenografia, a um "pôr em cena". É certo que muitas das criações atuais no domínio das artes performativas procuram ultrapassar a fronteira que separa cena e espectador. No entanto, podemos continuar a afirmar que encontramos aí uma diferença significativa. Na sua textura própria, o rito religioso não permite que os praticantes se tornem espectadores, exige que eles se impliquem numa comunidade crente. A fragilidade que os ritos religiosos conheceram nas sociedades pós-industriais modernas decorre da erosão das formas de vinculação comunitária.

A atividade ritual religiosa distingue-se de outras formas de ação que descrevem o nosso quotidiano. Ela não tem uma finalidade produtiva nem é uma forma de lazer. Tendo uma dimensão plástica, coreográfica, cénica, não equivale, como vimos, ao espetáculo – dissolve a linha que separa cena e espectador. Tendo regras que os seus praticantes respeitam, não é apenas um jogo – os seus efeitos vão para além da duração do jogo. Num jogo os intervenientes podem vestir a pele de outro, durante o período do jogo, respeitando as regras do jogo – o jogo só é possível nesse respeito. Mas, quando o jogo termina, nada do que ali aconteceu tem um forte impacto na continuidade da vida dos participantes. O ritual acompanha a trajetória de vida das pessoas e o longo curso da vida das gerações, preenchendo com um determinado significado muitas das decisivas experiências humanas: o nascimento, a entrada na vida adulta, a constituição de novas famílias, a comemoração de acontecimentos coletivos, a morte♀, a memória♀ dos que partiram etc.

O ritual pode ser visto, ainda, como um "programa". As margens de improvisação podem variar. Os gestos e as palavras rituais estão para além da fantasia individual. Nas diversas sociedades humanas, os indivíduos não criaram espontaneamente rituais religiosos, mas praticaram programas rituais recebidos no quadro de uma tradição de longo curso. Parte da eficácia simbólica dos rituais depende do fato de estarem inseridos numa corrente de transmissão que permite ao crente sentir-se gerado, ou seja, filiado em algo que o precede e que estará para além do curso da sua própria vida. Em muitas tradições religiosas, a transmissão e eficácia deste "saber-fazer" exige a constituição de um serviço de caráter sacerdotal – entre outras funções, podem ser vistos como "especialistas" do rito, sendo reconhecidos pela comunidade como aqueles a quem cabe administrar esse património tão decisivo para a vida coletiva. A universalidade e a persistência dos rituais fúnebres devem ter a ver com esta qualidade própria da ação ritual. A morte♀, num contexto de separação irreversível, coloca os grupos humanos perante a experiência difícil do confronto com a mais radical fronteira da existência. Num contexto tão crítico, o programa ritual que nas diversas culturas acompanha esta experiência oferece gestos, palavras e suportes comunitários para tais vivências.

Grande parte dos rituais tem um carácter cíclico ou repetitivo, acompanhando o curso da vida, assinalando as passagens, protegendo das ameaças, apoiando comunitariamente as experiências de sofrimento etc. Grande parte dos grandes acontecimentos rituais – ou grandes festas religiosas – integra em si uma diversidade grande de sequências rituais. A peregrinação♀ dos muçulmanos a Meca é um grande acontecimento ritual, mas ele integra diversos ritos (como a oferenda de animais, lavagens rituais, prostrações, caminhadas de carácter penitencial etc.). Pode-se dizer algo de parecido da Missa que as comunidades católicas celebram. Aí encontramos gestos e palavras de súplica, louvor e perdão, o canto comunitário, a proclamação e escuta das Escrituras Sagradas, a pregação, a renovação de uma memória♀ fundadora – "fazei isto em memória♀ de Mim". Essa memória♀ pode encontrar momentos privilegiados de atualização, em ciclos rituais mais desenvolvidos,

como é o caso da Semana Santa para muitas igrejas cristãs. Se recuarmos até à Antiguidade, na Babilónia do segundo milénio antes da nossa era, uma das mais importantes festas do seu calendário – a festa do Ano-Novo (*Akītu*) – era um verdadeiro *puzzle* ritual. Durante vários dias, as populações viviam sequências rituais muito diversificadas.

A pluridimensionalidade que antes se descreveu dá testemunho do nexo estrutural que existe, a ação simbólico-ritual dá testemunho da forte relação dos rituais com os comportamentos humanos mais estruturais. Os ritos de renovação do tempo, presentes em grande parte das sociedades ditas tradicionais, dão forma, com frequência, à narrativa de um combate mítico original, no qual se passou do caos à ordem de um mundo organizado. O caráter cíclico dos ritos tem uma particular relação com a experiência do tempo nas culturas. Esse caráter acentua-se particularmente nas culturas agrárias, correspondendo aos próprios ciclos naturais, ou em culturas em que o tempo é representado como um eterno retorno. Na interpretação♀ do historiador e antropólogo Mircea Eliade♀, o rito transporta para o presente da comunidade o tempo das origens – por isso este autor vê o rito como o mito em ação. O mesmo processo simbólico de regeneração do tempo pode encontrar-se nas formas de ritualização do espaço. O amplamente comentado *Hino à Skambha*, de *Atharva Veda* (10,7), mostra como, por meio do rito, o espaço selvagem inóspito se torna um espaço civilizado, ou seja, habitável pelos humanos. No mundo ocidental, marcado pela civilização romana, *jus* é a zona delimitada onde se exerce e protege o exercício do direito. Os ritos de delimitação do espaço, que se podem observar em contextos de sacralização de edifícios ou lugares, têm uma relação mais ampla com as próprias operações de delimitação de um território protegido para a ação humana. Por vezes essa proteção é uma fronteira que impede que o mundo dos mortos invada o território dos vivos. A essas duas operações básicas de ritualização do tempo e do espaço corresponde um outro tipo de sintaxe ritual, que visa à integração numa construção coletiva, para além da solidão dos indivíduos. Encontra-se aí uma enorme diversidade de rituais de iniciação que integram os indivíduos em grupos ou os fazem passar a estados de vida diferenciados. Próximos desses devem assinalar-se os ritos de instituição e consagração, que instituem posições sociais diferenciadas. Tais rituais podem ter uma relação diferente com o tempo. Eles têm um carácter repetitivo na medida em que recorrem a um cânone de gestos e palavras permanentemente atualizado, mas não são necessariamente cíclicos. Podem estar presentes na vida de alguém apenas num momento, assinalando uma pertença ou uma passagem de forma única. Este é o terreno de evidentes trânsitos simbólicos entre a religião♀ e a política, que exigem uma particular clarificação.

III. Rito e instituição. O funcionamento sociossimbólico do rito exige a consideração de uma dupla perspectiva, sob o ponto de vista antropológico: religiosa e política. Falar ou agir em nome de uma Referência representada como transcendente em relação ao grupo humano (Deus, Lei, Escritura, Estado, Revolução etc.) implica uma operação social essencial: o reconhecimento. As condições formais que determinam a conformidade de um ato autorizado escondem as condições sociais que produzem o reconhecimento desse ato enquanto tal. Só essas condições permitem o discurso soberano, ou seja, essa qualidade dos que podem falar em nome próprio, uma vez que são o lugar-tenente desse sujeito ideal que é a Referência instituidora. Só através das bocas autorizadas esse corpo ficcional pode falar ou adquirir o estatuto de corpoρ falante – o antropólogo do Direitoρ Pierre Legendre descreve este processo como um trabalho de "emblematização" do sujeito, sugerindo a ideia de um "sujeito-monumental". Seguindo a via etimológica, "emblema", aquilo que é aplicado, embutido, encrostado, incorporado, no ferro ou na madeira. Ora o argumento emblemático é particularmente discernível no âmbito do discurso fundador, cujo estatuto não é o da demonstração, mas o da palavra-emblema, ou seja, a palavra articulada para ser vista (Legendre, 1999, p. 25, 45, 51s, 55).

Tal trabalho social pode ser resumido numa das fórmulas centrais dos estudos de Kantorowicz reunidos em *The King's Two Bodies: dignitas non moritur* ("a dignidade [a função] não morre"). Kantorowicz procurou mostrar como o "brasão" é, em sentido estrito, um emblema que resume o sentido da perenidade suposta das instituições, processo simbólico que permite o desdobramento institucional do sujeito ("os dois corpos do rei"): o soberano e a sua função, unidos numa espécie de matrimónio místico. Os estudos de Kantorowicz têm o mérito de pôr em destaque a necessidade do elemento mitológico à vida institucional, elemento que permite essa divisão do monarca: o seu corpo real, por um lado, e, por outro lado, o corpoρ de ficção, em razão do qual o rei acede ao estatuto de representação legal da estrutura. O *dossier* reunido por Kantorowicz em torno da máxima escolástica que visava o Imperador e o Papa – *omnia iura habet in scrino pectoris sui* ("tem todos os direitos no arquivo do seu peito") –, é um bom exemplo deste trabalho de construção simbólica que está na base das montagens institucionais (Kantorowicz, 1957, p. 24s, 153s).

A linguagem ritual religa o tempo dos praticantes ao tempo da memóriaρ que funda o crer instituído. Por isso o rito é recebido. Por isso, também, o crédito que o institucionaliza exige a referência a algo que o ultrapassa, não podendo reduzir-se à figura do jogo, sem necessariamente a excluir. A leitura atenta dos estudos de Paul Veyne permite descobrir que esta qualidade heterológica da credibilidade está bem patente nos mitos gregos. Aí, a credibilidade funda-se num tempo "outro", antes do nosso, num passado sem idade, do qual apenas se sabe que é anterior, exterior e heterogéneo em relação ao tempo atual. Os procedimentos etiológicos, gesto religioso por excelência, são um exemplo bem característico desse modo de saber. As coisas são explicadas a partir das suas origens: uma cidade, pelo seu fundador; um rito, por um qualquer incidente que o precedeu; um povo, pela existência de um primeiro indivíduo. Neste processo, a imaginação alegórica recorre a múltiplos recursos para cumprir o seu objetivo: fornecer uma explicação.

Nesta perspectiva, os atos rituais podem ser atos de palavra, como demonstra a história jurídica do Ocidente – liberal ou tirânico, nenhum sistema dispensa um modo instituído de distribuição da palavra. Nos estudos de Pierre Legendre, o Ocidente revela-se atravessado pela problemática do fundamento do dizer, inquietude que repousa em figuras mitológicas muito diversas e em identidades coletivas juridicamente constituídas como corpo. O arquivo de montagens jurídicas medievais, reunido por este antropólogo do Direitoρ, permite enunciar a hipótese de que não há gesto ritual que não seja referido: a ritualidade só é praticável na relação com a "referência" que a acredita. Essa relação exprime-se na teatralidade própria do rito, em particular nas diversas montagens do "em nome de" – este é, aliás, o ponto em que se articulam ritos e mitologiasρ, uma vez que estas pretendem superar o não dito da ritualidade, fixando as origens e os efeitos deste falar e agir "em nome de". Tal observação permite supor que é a relação com a Referência que confere ao rito o poder de classificar. Ou seja, é o seu valor emblemático que o torna eficaz em face do perigo social da indiferenciação, uma vez que nele se representam as diferenças, as hierarquiasρ, as genealogias etc. A estas manobras é necessário juntar as práticas de erudição que dizem os "porquês" das coisas rituais e que acabam por fazer parte da própria ordem cénica do rito (Legendre, 1999, p. 28, 33-40, 403-407).

IV. Liturgia, iniciação, louvor. A ação ritual inscreve-se na morfologia do campo religioso de forma muito diversificada. Para uma perspectiva compreensiva, podemos construir uma grelha de variabilidades, com dois conjuntos fortemente polarizados. De um lado, as modalidades mais formalizadas em que o rito se constitui como liturgia, ou seja, como forma de culto que emblematiza a própria instituição, operando como um recurso permanente de instituição da memóriaρ fundadora. De outro, as modalidades menos formalizadas, mais determinadas pela performatividade dos indivíduos, cuja autenticidade é, no entanto, reconhecida pelo grupo. Esta diferenciação pode subsistir num mesmo universo religioso, como a seguir se exemplifica.

No contexto da mundividência cristã, Odo Casel mostrou como historicamente se tornou fulcral a relação entre a narrativa fundadora e o rito. A narrativa fundadora do Cristianismo é o evento "paixão, morteƤ e ressurreição de Jesus Cristo", que não é visto como um mito de eterno retorno, mas antes como um acontecimento singular na história. A dimensão mistérica do rito cristão implica, então: o reconhecimento de um acontecimento primordial e salvífico; que esse acontecimento se torne presente através do rito; e que cada sujeito acolha a sua história de salvaçãoƤ através da participação no rito (Casel, 1953, p. 105-108). Nesta perspectiva, o memorial litúrgico, o fazer memóriaƤ, não consiste num voltar para o passado. Será, antes, "um tornar presente que, justamente, diz no hoje o sentido desse passado. Na medida em que faz memóriaƤ, confessa que o passado não é simplesmente passado, morto. Um fazer memóriaƤ é sempre um gesto presente que cristaliza uma existência, pessoal e comunitariamente, onde as coordenadas escapam ao desenrolar linear da simples temporalidade" (Gisel, 1986, p. 44).

Uma particular atenção dada aos ritos de iniciação foi alimentada pelos estudos sobre a construção da pertença no Protocristianismo. Embora haja alguns elementos da comunidade mais dedicados a acompanhar aqueles que estão em processo de iniciação, esta é uma atividade da comunidade no seu todo. Os cristãos começaram a ter consciênciaƤ desses processos iniciáticos quase desde os primeiros séculos (Hippolyte de Rome, *La Tradition Apostolique*). Já desde os tempos do Cristianismo antigo a iniciação cristã é vista como uma preparação progressiva para celebrar e viver a comunhão com Deus, configurando-se como um caminho. Trata-se do chamado "catecumenado", que ainda hoje é a proposta paradigmática para as diversas concretizações de iniciação à vida cristã. Ele assume a noção antiga de iniciação, "que consiste num rito sacramental de passagem dos catecúmenos a fiéis, mais precisamente um rito no qual se descobrem as realidades da féƤ" (Gy, 1977, p. 33-54). Esse caminho iniciático caracteriza-se pela conjugação entre o rito e a experiência de uma descoberta de féƤ, pelo que a noção de iniciação é, aqui, próxima à de iluminação.

O caminho iniciático compendiado no *Ritual de Iniciação Cristã de Adultos*, da IgrejaƤ Católica romana, visa iniciar à vida cristã através de um ensino e de uma aprendizagem prolongada. Os sujeitos são iniciados num determinado estilo de vida, condizente com os mistérios que celebram. Para que se processe esta transformação do indivíduo, também denominada de conversão, são propostas quatro fases, delimitadas por "degraus" ou "passos", com rituais específicos. O primeiro passo, assinalado com o rito da instituição dos catecúmenos, dá-se quando alguém deseja ser cristão e é recebido na comunidade como catecúmeno, onde inicia o processo formativo. O segundo, que consiste no rito da eleição, dá-se quando alguém, estando já adiantado no processo catecumenal, é admitido a uma preparação mais intensa, em ordem à celebração dos sacramentosƤ de iniciação cristã. Chega-se, assim, ao terceiro passo, que é a celebração dos sacramentosƤ de iniciação cristã – Batismo, Confirmação e Eucaristia –, normalmente celebrados na Vigília Pascal. Depois dessa celebração, segue-se o tempo da mistagogia, onde toda a comunidade, juntamente com os neófitos, aprofunda cada vez mais o mistério celebrado e procura traduzi-lo no quotidiano do seu existir. Após a celebração dos sacramentosƤ, e pela experiência dos mesmos, pode-se aprofundar o conhecimento dessas realidades mistéricas, dado que o sentido e o valor deste tempo vêm da experiência pessoal e nova, tanto dos sacramentosƤ como da comunidade.

No processo iniciático, a comunidade cria as condições para transmitir um determinado estilo de vida. Há, nesse contexto, a expectativa de que, no processo iniciático, se opere uma transformação, que se pode sintetizar em cinco aspectos: uma nova hermenêuticaƤ da experiência; uma integração comunitária; um crescimento pessoal; a assunção de uma dinâmica de serviço altruísta; e, por fim, o estabelecimento de relações de amizade entre os diversos membros (Cook; Macy, 2005, p. 84-86). Neste processo iniciático há uma interação entre a experiência pessoal, do sujeito, e a receção da tradição, como experiência da comunidade, que se influenciam reciprocamente. A tradição recebida, e na qual o sujeito é inserido, ajuda a dar um significado novo às experiências, e estas ajudam a compreender e a modificar a tradição. Experiência, autoridade e tradição são os elementos clássicos nos quais o rito iniciático se apoia, e no atual contexto se valoriza, sobretudo, a experiência (Abrahams, 1986, p. 45-72).

As linguagens rituais podem não ter o mesmo nível de formalização que encontramos no *habitat* institucional da IgrejaƤ Católica romana. Na própria geografia cristã, importa considerar os contextos em que as formas rituais correspondem a uma sintaxe diversa, na medida em que a experiência religiosaƤ não estabelece o mesmo tipo de relação com a autoridade e a tradição. No caso do universo cristão evangélico, de pendor pentecostal, a ideia de salvaçãoƤ é central. Os bens de salvaçãoƤ podem mesmo estar fortemente associados às virtualidades taumatúrgicas das ações simbólico-rituais. Nesse contexto, a salvaçãoƤ-libertaçãoƤ-redenção passa pela expulsão do mal – ou melhor, dos seus agentes. O mal, nesse contexto, exprime-se como sofrimento. O sofrimentoƤ é consequência do afastamento do ser divino. Por isso, conversão e curaƤ são dois correlatos do processo de salvaçãoƤ-libertaçãoƤ. A conversão, enquanto voltar-se para o ser divino, é compreendida como um nascer de novo (*born again*). Mas não se trata da expressão de um renascimento cíclico. Trata-se de renascimento enquanto "cura divina".

A imposição das mãos é, nesse contexto, o recurso ritual mais distribuído. O gesto é acompanhado por um discurso imperativo, feito "em nome de Jesus". Gesto e discurso unem-se, como é próprio da ação ritual, numa função performativa, para libertar o crente do mal, num verdadeiro corpo a corpo. Os agentes, pastores ou profetas𝒫-taumaturgos, são soldados de Deus (*Warriors of God, Prayer Warriors*) que combatem o mal. É uma "guerra total", uma vez que este mal é moral, é psíquico, é somático, é social, numa economia de continuidades, que exige uma total devoção do crente. A resposta orante e ritual dos crentes, perante a intervenção divina, concretiza-se na omnipresença das linguagens do "louvor". A ação celebrativa-ritual sofre uma forte concentração nos recursos expressivos que exteriorizam as disposições crentes, decorrentes da consciência𝒫 crente de que a graça divina habita os quotidianos, resgatando-os das presas do mal. Assim, os gestos rituais estão menos dependentes de um regime de autorização ou da sua inscrição numa tradição. Essas dimensões estão em tensão com o impulso carismático que atravessa, de forma idiossincrática, toda a comunicação orante e ritual. Tal particularidade conduziu alguns investigadores à observação de que poderíamos estar perante sistemas religiosos sem formas rituais. A partir de outra perspectiva, outros se interrogaram acerca da possibilidade de se tratar de ritualidades correspondentes ao tipo de sociabilidade religiosa.

V. Modernidade ritual. O plano de abordagem anterior exige a pergunta acerca das consequências da chamada crise religiosa dos anos 1960, particularmente visível no mundo do Atlântico Norte. As práticas rituais no contexto das modernidades múltiplas sofrem as consequências da erosão que afeta os processos de instituição do crer. Os discursos acerca da secularização𝒫 ou da Modernidade religiosa centram-se, com frequência, na observação da crise das observâncias rituais. Jürgen Habermas𝒫 colocou a experiência da ritualidade no cerne do processo de secularização𝒫. No seguimento de Max Weber𝒫, sustenta a afirmação de que existe uma continuidade entre o fundamento religioso e o processo de racionalização do domínio prático-moral rumo às éticas formais e cognitivas dos tempos modernos – a ética racional, universalista e secularizada resulta da racionalização das visões religiosas do mundo. No entanto, a sua estabilidade não depende já da matriz religiosa que lhe deu origem. Para o autor, a religião𝒫 é importante no plano da génese, não no da manutenção de um estádio pós-convencional da consciência𝒫 moral. Assim, para Habermas𝒫, a prática religiosa, para além da sua orientação ética, tornou-se obsoleta enquanto ritual. O simbolismo religioso é interpretado como raiz "pré-linguística" do agir comunicativo – nesta perspectiva, os símbolos sagrados arcaicos exprimem um consenso normativo tradicional prolongado e renovado na prática ritual. As funções ligadas à reprodução simbólica do mundo vivido – reprodução cultural (cultura), integração social (sociedade) e socialização𝒫 dos indivíduos (personalidade) – abandonaram progressivamente o domínio sacral, peregrinando na direção das estruturas profanas da comunicação pela linguagem. Essa "verbalização", ou esse "pôr-em-linguagem" (*Versprachlichung*) do sagrado traduz um processo segundo o qual a autoridade da crença𝒫 religiosa é substituída pela autoridade do consenso racional visado pela comunicação, ou seja, um consenso resultante da discussão livre e argumentada entre sujeitos capazes de falar e de agir. Habermas𝒫 observa que as funções de integração social e de expressão, antes preenchidas pela prática ritual, transitaram para o agir comunicativo. Isso significa que o agir comunicativo se liberta dos contextos normativos que se abrigavam sob a proteção do sagrado𝒫. Nessa perspectiva, o rito, sob o signo da obsolescência, é lido como o lugar da inexorável crise do religioso (Habermas, 1981, p. 53; II, p. 118).

Noutras abordagens complementares, a perspectiva centra-se menos na erosão e mais na desregulação. Consciente da complexidade das sociedades contemporâneas, o hermeneuta da cultura Michel de Certeau sublinhou que os repertórios do crer não podem pressupor, nas sociedades contemporâneas, um coro de sábios que, na sua unanimidade, se constituem como referência de verdade para a *polis*. O contexto é o da multiplicação e disseminação de micro e macroconstelações de locutores "admitidos" em redes que variam quanto às dimensões, estatuto, registo, origens e conteúdos (cena internacional ou nacional, familiar, grupal, íntima, fantástica etc.). O resultado é um conjunto de sistemas fragmentados, um espaço interlocutório que aparece sob a forma de *patchwork* de relíquias. Michel de Certeau interessou-se pelo problema da (des)articulação do "dizer" e do "fazer" no contexto do que identificou como processo de fragmentação do Cristianismo enquanto corpo social – a desagregação social do "Cristianismo objetivo". Certeau referia-se, assim, ao fim da articulação estrutural entre a experiência pessoal do crente e a experiência social da comunidade através de uma Igreja𝒫 enquanto "corpo de sentido".

O frequente recurso, nos estudos de religião, a termos como "bricolage" ou "patchwork" para identificar esta desregulação institucional do crer fez passar a ideia de que os itinerários contemporâneos de individualização situavam as crenças𝒫 numa espécie de jogo totalmente livre sem que as tradições religiosas dominantes fossem implicadas. Os dados empíricos mostram que a introdução de elementos exógenos é condicionada pelas transformações internas que atravessam essas mesmas tradições, dentro das quais a heterodoxia e a ortodoxia se vão recompondo. Os fenômenos de recomposição individual do crer dão testemunho de uma contínua adaptação⟡ das novas expressões do crer à tradição recebida, e tal só é possível porque a atual plasticidade das crenças⟡ permite operações de extensão e de deslocação de sentido, processo no qual as crenças⟡ exógenas são adaptadas aos novos contextos e tomam o lugar de outras que parecem menos plausíveis aos olhos do indivíduo. Mesmo se as expressões rituais – sobretudo as que se inscrevem no longo curso das identidades – apresentam uma capacidade de resistência social maior que os enunciados crentes, não deixam de sofrer múltiplas apropriações (estéticas⟡, narrativas, performativas etc.).

VI. Ritualidade e religiosidades seculares. Nesse contexto, os rituais sofrem recomposições inesperadas – longe do modelo tradicionalizante que arruma o rito na camada social das permanências. Em razão das transformações estruturais que afetaram os processos de instituição do crer, acentuaram-se aquelas qualidades que dão plasticidade ao rito, permitindo-lhe a oportunidade de contínuas reciclagens – fato que só é novo na escala e nas condições sociais que o favorecem. A articulação que os ritos das religiões universais mantiveram com outras linguagens rituais autóctones, no curso dos diferentes trânsitos e mobilidades, dá testemunho dessa plasticidade. Essas alianças deram lugar a significados que romperam com as fronteiras normativas, permitindo migrações de sentido para além da coerência institucional.

Tal contexto cultural abriu novos caminhos para uma hermenêutica⟡ comparativa, por vezes com um perfil holístico, que encontra no rito um laboratório privilegiado para a observação das homologias que podem aproximar as vivências religiosas de outros domínios da experiência social – tal tendência é particularmente evidente nos estudos sobre as chamadas religiosidades seculares. Nesta via de análise, alguns observam que à relativa perda de plausibilidade social das instituições que tradicionalmente geriam os recursos religiosos de uma sociedade corresponde a emergência de religiosidades seculares, lidas como um produto da Modernidade. Esta parece ser a situação da "religião das *stars*", seguindo uma conhecida expressão de Edgar Morin. São bem conhecidos os fenômenos de culto e ritualização que reúnem os "fans" em torno dos seus "heróis/ídolos". No século XX, os canais da cultura de massas ergueram "ídolos" para todos os gostos. A partir dos anos 1930, esse movimento encontrou condições de recepção nas classes populares cujo interesse pelo lazer ia crescendo. A partir dos anos 1950, as culturas juvenis, beneficiando-se de uma notória valorização social, veem crescer à sua volta uma gigantesca indústria de entretenimento, a imagem⟡ de marca desta nova sociedade de consumo. O *star-system* tornou-se a maior fábrica de mitos do século XX. Nesses novos altares, os *écrans*, surgem, assim, as imagens da beleza que se procura, da heroicidade que se sonha, da revolta que se não pode sequer segredar, o *glamour* impossível de encontrar na vida macerada dos dias que se consomem sob o peso de uma sociedade moderna cada vez mais incapaz de cumprir as suas promessas. Nas vedetas se reconhecia uma espécie de superpersonalidade semelhante à que antes habitava a efabulação mítica.

Os estudos sobre o nexo sociossimbólico entre desporto, moral e religião⟡, nesse contexto teórico, estão entre os que mais se aproximaram da problemática da ritualidade secular. Tenha-se em conta que no século XIX se desenvolveu uma ideologia⟡ de moralização da sociedade pelo desporto, que conheceu, posteriormente, diversos sucedâneos. O privilégio concedido ao desporto pelo sistema pedagógico das *publics schools* britânicas ou os vários registos de divulgação dos ideais de Pierre de Coubertin são exemplos eloquentes da anexação do desporto à moral e à religião⟡, trajetória em que a *performance* desportiva é pensada como uma via moderna de musculação moral do indivíduo. Tratava-se não só de uma moral de elevação virtuosa do indivíduo, mas também de uma moral de regeneração social. A educação física ganhou lugar na construção da ideia de saúde⟡ nacional, como prática de disciplina do corpo, de regulação dos tempos livres, barreira à degenerescência dos costumes, escape para os impulsos sexuais e para a violência recalcada, numa ascese⟡ capaz de dar ao indivíduo o domínio de si próprio, expressão da melhor forma de integração social. As conhecidas festas e competições de ginástica não eram puro entretenimento, pretendiam pregar uma pedagogia cívica e incrementar o culto da pátria e da república. Os Jogos Olímpicos surgiram, nesse contexto, como ofício solene que celebra a civilização do respeito mútuo entre os povos, segundo uma moralidade que cultiva o gosto pela competição, o sentido do esforço, a solidariedade e a abnegação. Seguindo um quadro de análise tipicamente durkheimiano, poder-se-á afirmar que a ritualização do espírito olímpico responde, neste quadro de análise, à necessidade de novas cerimónias que alimentem o fervor que sustenta as representações coletivas.

Nos estudos desenvolvidos nas décadas de 1980 e 1990, proliferam, assim, as metáforas⟡ religiosas: o espaço separado, o sacrifício⟡, o milagre, a transgressão, a *lectio* matinal de jornais e revistas especializados, os relatos de feitos desportivos inigualáveis, os mártires, a iconografia devocional, os vendilhões do templo etc. De um modo particular, o uso da metáfora⟡ ritual não conduz necessariamente a um discurso acerca do desporto como religião de salvação⟡. Traduz, antes, a realidade complexa do desporto como dramatização de representações coletivas e de crenças⟡ que dão uma ordem à dispersão do quotidiano dos indivíduos. É assim que a glória

RITO/RITUAL

desportiva, como representação da excelência humana, fabrica o sobre-humano na medida do indivíduo comum, favorecendo o culto da excecionalidade, o espírito de competição, o gosto pela *performance* espetacular. Embora a identificação com as vedetas desportivas seja frequentemente efémera, ela é suficiente para instituir um modelo de êxito social, mais eficaz, ainda, quando o herói desportivo partilha com os seus apoiantes a mesma origem social.

Esta análise tem encontrado particular fecundidade no caso do futebol, desporto que, de forma preponderante, nas sociedades europeias e da América do Sul, constitui o exemplo mais acabado duma prática desportiva que dramatiza tanto a pertença coletiva como o sentido da individualidade. Grande parte das interpretações socioantropológicas tem sublinhado quer a dimensão comunitária (procura de um suplemento de identidade), quer a dimensão emocional (a experiência das emoções), próprias do futebol como ritual. Marc Augé procurou sustentar que o futebol deve ser compreendido, de forma denotativa, como ritual: uma construção cultural que torna possível a comunicação simbólica entre participantes e celebra os valores mobilizados pelos atores. O antropólogo descreveu o futebol como um grande ritual moderno, o qual, medido por intervalos regulares e celebrado a horas fixas, congrega milhões de indivíduos junto do altar doméstico, a televisão – hoje, os *media* são mais diversificados. A multidão de fiéis participa intensamente, imitando, exclamando, gritando, numa ritualização das emoções, onde se adensa uma experiência de comunhão. No estádio, a mesma experiência de fusão de sentimentos ao ritmo da exclamação-canto, ambiente que cria, segundo Marc Augé, a possibilidade de uma forma de transcender o psiquismo individual em ordem a constituir o sentimento de pertença a um "nós".

Seguem a mesma orientação as propostas que veem no futebol uma encenação dos valores coletivos sacralizados. Refira-se, por exemplo, a perspectiva segundo a qual o futebol narra o ideal igualitário, resolvendo imaginariamente a contradição entre a igualdade de princípio e a desigualdade de fato: valorizando a igualdade de oportunidades, o mérito individual, o êxito e a justa competição, o futebol traduz o imaginário democrático numa espécie de encenação do que "deveria ser a vida para cada um se ela fosse justa". A adesão ao espetáculo futebolístico não mobiliza apenas a necessidade de sinalizar a pertença comum (tribal, local, regional ou outra). Efetiva-se também por meio da simbolização de um modo específico de existência coletiva que se incarna na competição entre equipas. Neste modelo de análise, tal processo é essencialmente ritual, mas não é necessariamente religioso – uma vez que se apresenta desprovido de configuração mítica, sem referência à transcendência ou a uma soteriologiaρ, os participantes não têm a consciênciaρ de participar

num rito e os seus deuses são efémeros. Na caracterização dessa ritualidade não religiosa, Albert Piette sublinhou que, no caso dos desafios de futebol, o rito se satisfaz na sua própria realização porque o seu cumprimento se encontra na intensidade emocional. Nessa discussão, o antropólogo francês sublinhou a ideia de que se trata de uma sacralidade lúdica, que se exprime num sistema de regras que procuram gerir as emoções, que é um recurso basilar na gestão societal do sagrado (Piette, 1993, p. 66-69).

Em termos gerais, a *performance* desportiva de alta competição é frequentemente vista como ritualização ou teatralização de um modo de civilização assente numa apropriação tecnológica do mundo. O desempenho dos corpos, num quadro de manipulação desportiva, foi lido como concretização daquela mitologiaρ do progresso que deu conteúdo ao tempo moderno. Como a *performance* industrial dá corpo a uma vontade de dominação do mundo, assim o sintagma "*citius, altius, fortius*" ("mais alto, mais rápido[mais longe], mais forte"), correspondendo ao ideal moderno de racionalização, enuncia uma vontade de expansão e afirmação do *Self* sobre o mundo e uma ambição de agigantar a distância entre si e os outros por meio de uma exploração metódica de determinados parâmetros corporais. Em última análise, o desporto de alto rendimento exprimiria, nesta óptica, uma vontade de poder que nasce da luta pela superação de uma radical incompletude existencial, no intuito de cicatrizar o narcisismo ferido do indivíduo diluído na cultura massificada. Nas suas vias mais recentes, esta leitura religiológica do desporto acentua mais os aspectos individualizantes, vendo no desporto – tanto na sua dimensão de alto rendimento como nas práticas quotidianas – um programa simbólico de autotranscendência. Em todo o caso, esses modelos interpretativos continuam a ler o desporto enquanto ação simbólica capaz de fazer o transporte de valores e modos de habitar o mundo, perspectiva que aproxima, de novo, a prática desportiva do domínio da ritualidade, no coração das dinâmicas das modernidades múltiplas.

Bibliografia: ABRAHAMS, R. D. Ordinary and Extraordinary Experience. In: TURNER, V. W.; BRUNE, E. M. *The Antropology of Experience*: university of Illinois Press: Chicago, 1986. p. 45-72; AUGE, M. Football, de l'histoire social à l'anthropologie religieuse. *Le Débat*, 19 (1982) 59-67; BELL, C. *Ritual*: Practice and Theory. Oxford: Oxford University Press, 1992; BENVENISTE, É. *Le vocabulaire des institutions indo-européennes*: II. Pouvoir, droit, religion. Paris: Minuit, 1969; CASEL, O. *El mistério del culto cristiano*. San Sebastián: Ediciones Dinor, 1953; CERTEAU, M. de. L'institution du croire. Note de travail. *Recherches de Science Religieuse*, 71 (1983) 61-80; CERTEAU, M. *Le christianisme éclaté*: en collaboration avec Jean-Marie Domenach. Paris: Seuil, 1974; COOK, B.; MACY, G. *Christian*

Symbol and Ritual. Oxford University Press: New York, 2005; DIANTEILL, E.; HERVIEU-LÉGER, D.; SAINT-MARTIN, I. (Dir.). *La modernité rituelle*: Rites politiques e religieux des sociétés modernes. Paris: L'Harmattan, 2004; DUQUE, J. M. A linguagem do rito. A propósito de um texto de Gadamer. *Revista Portuguesa de Filosofia* 69 (2013) 195-204; DÜRKHEIM, É. *Les formes élémentaires de la vie religieuse.* Paris: Félix Alcan, 1912; EHRENBERG, A. *Le culte de la performance.* Paris: Calmann-Lévy, 1991; ELIADE, M. *Initiations*: Studies in the History of Religions. vol. X. Leiden: J. Brill, 1965; GADAMER, H.-G. Zur Phänomenologie von Ritual und Sprache. In: *Äthetik und Poetik. Gesammelte Werke.* Tübingen: J. B. Mohr, 1993. Bd. 8, p. 400-440; GEERTZ, C. *The Interpretation of Cultures.* New York: BasicBooks, 1973; GENNEP, A. Van. *Os ritos de passagem.* Petrópolis: Vozes, 2011; GISEL, P. *Croyance incarnée.* Tradition – Écriture – Canon – Dogme. Gènève: Labor et Fides, 1986; GRIMES, R. L. *The Craft of Ritual Studies.* New York: Oxford University Press, 2014; GY, P.-M. La notion chrétienne d'initiation. Jalons pour une enquete. *Le Maison-Dieu* 132 (1977) 33-54; HABERMAS, J. *Theorie des kommunikativen Handels I-II.* Frankfurt: Suhrkamp, 1981; HIPPOLYTE DE ROME. *La Tradition Apostolique.* Sources Chrétiennes 11b. Paris: Editions du Cerf, 1984; KANT, I. *Kritik der Urteilskraft.* Frankfurt am Main: Suhrkamp, 1990; KANTOROWICZ, E. *The King's Two Bodies*: A Study in Mediaeval Political Theology. Princeton University Press, 1957; LEGENDRE, P. *Leçons VII*: Le désir politique de Dieu. Étude sur les montages de l'État et du Droit. Paris: Fayard, 1988. LEGENDRE, P. *Sur la question dogmatique en Occident*: Aspects théoriques. Paris: Fayard, 1999;

LUHMANN, N. *Soziale Systeme*: grundriss einer allgemeinen Theorie. Frankfurt am Main: Suhrkamp, 1984; MARTÍNEZ DE PISÓN, R. Les fondements anthropologiques de l'expérience religieuse. In: DERROITTE, H. (Dir.). *Catéchèse et initiation.* Bruxelles: Lumen Vitae, 2006. p. 41-56; MARY, A. *Le bricolage africain des héros chrétiens.* Paris: Cerf, 2000; MORIN, E. *Les stars.* Paris: Seuil, 1957; PIETTE, A. *Les religiosités séculières.* Paris: PUF, 1993; QUEVAL, I. *S'accomplir ou se dépasser*: essai sur le sport contemporain. Paris: Gallimard, 2004; RICŒUR, P. *La métaphore vive.* Paris: Seuil, 1975; RITUAL DE INICIAÇÃO CRISTÃ DE ADULTOS. In: *Enquirídio dos documentos da reforma litúrgica.* Fátima: Secretariado Nacional de Liturgia, 1998. p. 34-56; RIVIÈRE, C. *Les rites profanes.* Paris: PUF, 1995; RIVIÈRE, C.; PIETTE, A. (Dir.). *Nouvelles idoles, nouveaux cultes. Dérives de la sacralité.* Paris: L'Harmattan, 1990; TERRIN, A. N. *Il rito*: antropologia e fenomenologia della ritualità. Brescia: Morcelliana, 1999; TURNER, V. *O processo ritual*: estrutura e anti-estrutura. São Paulo: Vozes, 1974; VEYNE, P. *Les Grecs ont-ils cru à leurs mythes?* Paris: Seuil, 1983.

Alfredo Teixeira
João Manuel Duque
Luís M. Figueiredo Rodrigues

ROSENZWEIG, FRANZ →
Filosofia judaica

S

SABBATUCCI, DARIO → Escola italiana

SACERDOTE → Especialista religioso

SACRAMENTO

I. Etimologia. Do latim *sacramentum*, "consagração", "tornar sagrado".

II. Perspectiva teológica. *Sacramentum* é a tradução→ latina do grego *mysterion*, que na cultura grega antiga estava relacionado aos processos iniciáticos pelos quais passavam aqueles que queriam participar de alguma religião. Na transição para o Cristianismo, o mistério será identificado com o próprio Deus. Com a Patrística, o termo *mysterion* será substituído por *sacramentum*, próprio do mundo romano, principalmente do norte da África e da Península Itálica. A origem do termo "sacramento" está em Tertuliano (160-220), no século III, que o toma dos rituais romanos que chancelavam a fidelidade dos oficiais ao imperador e às suas insígnias. O emprego da palavra *sacramentum* dentro dos hábitos romanos traz a concepção do processo de adesão a um grupo específico e do comprometimento juramentado diante de uma autoridade. Principalmente se referindo ao batismo→, o sacramento marcará a inscrição dos catecúmenos no Cristianismo, assumindo a pertença a este grupo e seus consequentes riscos, visto que o Cristianismo era, à época, uma religião ilícita. Na leitura de Tertuliano, assim como o soldado romano recebia as insígnias do imperador, o batizado passa a receber as insígnias de Cristo. Cipriano (210-258) define, além do Batismo→, a Eucaristia como sacramento.

Nos primeiros séculos do Cristianismo encontramos os sacramentos relacionados às práticas rituais, muito mais do que à Teologia→. A primeira reflexão acerca dos sacramentos será encontrada em Agostinho (354-430), que os define como toda a realidade visível que se refere à realidade invisível (divina), ou como sinal sagrado visível do Deus invisível. O sacramento estaria, então, mais relacionado à revelação de Deus→ do que ao entendimento ritual-litúrgico. Há em Agostinho uma característica própria dos Padres da Igreja→ que entendem o sacramento na perspectiva da revelação de Deus→ e da história da salvação→. Mas os aspectos rituais se fazem presentes em sua reflexão ao vincular a administração dos sacramentos à palavra proferida. Segundo ele, o sinal visível, junto à palavra proferida, constitui o sacramento e a participação na realidade divina. Assim, a água, somada à palavra proferida, resulta no sacramento do Batismo→. A teoria de Agostinho acerca do sacramento como sinal visível do Deus→ invisível exerceu influência quase hegemônica durante o primeiro milênio do Cristianismo, mas mesmo no período medieval ela se perpetuará fazendo parte de sua base teórica da Teologia→ sacramental.

III. Perspectiva católica. Diferente da visão patrística que é própria do Cristianismo, a visão escolástica aponta para um entendimento católico acerca dos sacramentos. Não há um rompimento com o entendimento patrístico. Tomás de Aquino (1225-1274), ícone do pensamento escolástico, corroborando a ideia de sete sacramentos, enfatiza o sacramento como um sinal de uma realidade santa que serve para a santificação das pessoas.

A partir daí, quando se fala em sacramento é comum a referência aos sete sacramentos, própria dos ensinamentos católicos. Eles foram confirmados no Concílio→ de Trento, tendo como referência o numeral sete (número da plenitude), mas, como já vimos, a concepção sacramental é bem mais antiga. Não há um cânon sacramental anterior a Trento, mas ao longo da história do Cristianismo já foram identificados mais de trinta. Há registros do Concílio→ de Florença (1439), que impôs o número de sete sacramentos, que Trento confirmará, conferindo-lhes fundamentação bíblica. Encontramos a referência aos sete sacramentos em Pedro Lombardo (1100-1160), na profissão de fé dos valdenses (1208) e por parte do imperador bizantino Miguel VIII (II Concílio→ de Lyon, 1274). Mas é Hugo de São Vítor (1096-1141), escolástico de origens agostinianas, que trará uma concepção que servirá de substrato para as teorias sacramentais que se seguem. Para o teólogo, o sacramento é mais do que sinal, visto que o sinal sinaliza, mas não é o que é sinalizado. Como o sacramento é mais do que uma sinalização, ele é, para Hugo, a própria realidade divina. Insere-se, no entendimento sacramental, o conceito de eficácia que passará a fazer parte de todas as discussões acerca dos sacramentos. Portanto, o sacramento não seria apenas o sinal, mas a própria graça divina. A graça sacramental será entendida como o conteúdo e o sacramento, como o meio que o comunica (Nocke, 2012, p. 181), teoria esta confirmada em Trento. Nos termos êmicos do Catolicismo, e da expressa contraposição à Reforma→ Protestante que não aceita outros meios de salvação→, exceto o próprio Jesus, Trento afirma o sacramento como sinal de salvação→. Há uma eficiência sacramental no que diz respeito à salvação→, identificada com *ex opere operato*, ou seja, o sacramento é eficiente à medida que é realizado de forma correta (dentro das normas rituais católicas) e válida (dentro das jurisprudência católica).

A reflexão da Igreja♀ Ortodoxa do Oriente acerca do sacramento segue, em sua estrutura, a reflexão da Igreja♀ Católica, acompanhando as teologias♀ sacramentais dos séculos XVI e XVII. Contudo, o século XIX marca a volta da doutrina ortodoxa à valorização do mistério e do caráter simbólico dos sacramentos, a qual influenciará o entendimento dos sacramentos no Concílio♀ Vaticano II.

IV. Perspectiva protestante. As considerações de Lutero acerca da teologia♀ dos sacramentos são raras. Ele se ocupa com maior empenho da teoria da justificação e da salvação♀. Suas observações acerca do número dos sacramentos são esparsas e mudam ao longo de sua produção teológica. A tradição protestante (século XVI), seja com Lutero, seja com Calvino, vincula o entendimento dos sacramentos à teoria da justificação. Para Lutero, não há fundamentação bíblica para a teoria dos sacramentos, havendo, portanto, um único sacramento, o próprio Jesus Cristo. Depois de Lutero, a teologia♀ protestante admitiu dois sacramentos, o batismo♀ e a eucaristia, que são identificados por Lutero com sinais sacramentais, somados à penitência em alguns de seus escritos. Segundo Lutero, somente estes teriam fundamentação bíblica, pois poderiam ser diretamente relacionados ao agir de Jesus.

V. Perspectiva antropológica. O processo de recepção do Concílio♀ Vaticano II leva as comunidades eclesiais católicas a se oporem ao modelo de sacramentalização, marcado pela formalidade e pelas ortodoxias rituais. Boff sistematiza a vivência sacramental a partir da harmonia entre realidades distintas ou mesmo opostas, como corpo e alma♀, o divino e o humano, o temporal e o eterno (Boff, 1974, p. 860). Nesse sentido, o sacramento pode ser entendido como *mysterion*, que, na concepção do autor, é relativo àquilo que tem duas facetas, uma revelada e a outra, oculta. O sacramento seria, então, o mistério de desvela do divino, tornando-o realidade a ser vivenciada (Boff, 1974, p. 868). Mas reelaborando o conceito de sacramento, Boff o entende como *mysterium-sacramentum*, que denota a salvação♀ de Deus como processo que se desenvolve na história (Boff, 1974, p. 876), que se concretiza antropologicamente a partir de sua dimensão simbólica. Para Boff, o sacramento enquanto símbolo consiste no encontro entre as dimensões de imanência e transcendência do ser humano (1975, p. 518). O sacramento é justamente a intersecção entre essas duas realidades e, a partir dele, o ser humano, sem deixar a sua realidade imanente, participa do transcendente. O pensar sacramental é entendido pelo teólogo como a unificação da realidade, é um "modo de ser e por isso também de contemplar a realidade" (Boff, 1975, p. 518). A transcendência, aqui, é entendida mais como atitude de simbolização da realidade histórica, atribuindo-lhe sentido, do que como realidade ontológica.

***

Considerando que se espera de um cientista da religião a suspensão de juízo ou um "não teísmo" (Soares, 2013, p. 655), não seria metodologicamente cabível a este pesquisador o estudo dos sacramentos em perspectiva teísta. A dimensão antropológica apresentada neste verbete, que traz como seu principal autor o teólogo Leonardo Boff, traz uma metodologia que aproxima a Teologia♀ e a Ciência da Religião♀. A Teologia♀ da Libertação♀ adota um método♀ indutivo de produção teológica, assumindo a realidade como ponto de partida, contrapondo-a com a história e a tradição teológica. Nesse sentido, o estudo dos sacramentos, em sua perspectiva cultural, aproxima a Teologia♀ da Ciência da Religião♀. A diferença estaria no fato de a Teologia♀ se debruçar em uma segunda dimensão dos estudos: a de oferecer diretrizes à comunidade.

Bibliografia: BOFF, L. O pensar sacramental: sua fundamentação e legitimidade I. *REB*, v. 35, fasc. 139, 1975, p. 514-541; BOFF, L. O pensar sacramental: sua fundamentação e legitimidade II. *REB*, v. 36, fasc. 142, 1976, p. 365-402; BOFF, L. O que significa propriamente o sacramento? *REB*, v. 34, fasc. 136, 1974, p. 860-895; BOFF, L. *Os sacramentos da vida e a vida dos sacramentos.* 29. ed. Petrópolis, RJ: Vozes, 2015; DENZINGER-HÜNERMANN. *Compêndio de símbolos, definições e declarações de fé e moral.* São Paulo: Paulinas: Loyola, 2007; NOCKE, F-J. Doutrina geral dos sacramentos. In: SCHNEIDER, T. (Org.). *Manual de dogmática.* Petrópolis, RJ: Vozes, 1993. v. II, p. 171-204; SOARES, A. M. L. Ciência da religião aplicada à teologia. In: PASSOS, J. D.; USARSKI, F. *Compêndio da ciência da religião.* São Paulo: Paulus/Paulinas, 2013. p. 649-661.

Welder Lancieri Marchini

SACRIFÍCIO

Sacrifício vem do latim *sacrificare*, de *sacer*, "fazer", e *crificare*, "sagrado" [=] "fazer sagrado". A palavra, na sua etimologia♀, remete a uma ação ou a um conjunto de ações que tornam algo sagrado. Esse algo ou ação precisa ser sagrado♀ para legitimar a elaboração e a construção de relações com a divindade, uma força não natural, ou, de forma geral, com os "deuses". Assim, a princípio, o sacrifício se constitui de *oferenda* (do latim *oblatio*, *offerre* [=] por adiante).

Desde a Antiguidade, os registros em livros, como os dos Vedas ou a Torá, relatam práticas de oferendas que eram constituídas por frutos da terra e animais,

SACRIFÍCIO

o critério de escolha de tais oferendas devia-se ao seu caráter especial, os melhores entre outros e "agradáveis a Deus". O local da oferta normalmente era o altar (proveniente do latim *Altus*, que significa "elevação") previamente organizado para receber a oferenda sacrifical; também no espaço do altar preparavam-se as oferendas: quando a oferenda tratava-se de animais, os mesmos eram imolados, num processo que se produzia pelo fogo purificador.

O sacrifício, portanto, tradicionalmente, remete à construção de uma série de relações entre os homens e seus deuses, implicando sempre uma ação que requer um esforço a fim de se chegar a determinados objetivos, cuja funcionalidade religiosa fundamentalmente é consolidar as relações entre os homens e suas divindades℘.

No entanto, apesar de os atos de sacrifício aparentemente assumirem um caráter atemporal na história da humanidade, é crucial compreendermos que a sua historicidade, ou seja, epistemologicamente, a sua inserção no tempo e no espaço é que permite compreender as inúmeras representações simbólicas e materiais que o ato do sacrifício remete como expressão religiosa, cultural e social na longa duração da história da humanidade.

E nessa perspectiva é que se demonstra a complexidade conceitual e analítica do sacrifício como uma expressão religiosa múltipla e plural nas sociedades humanas, cumprindo inúmeras funções desde o processo de institucionalização℘ do universo religioso, como é o caso da cultura judeo-cristã, ou trazendo à luz as práticas sacrificais na Mesoamérica que revelam uma cosmogonia onde o mundo está em permanente destruição e construção, cujo equilíbrio é mantido pelo sangue da vítima, até interpretações que tratam do sacrifício para além do que se denominam expressões e práticas da vida religiosa.

Ao longo do desenvolvimento histórico das Ciências Sociais como campo do saber científico, o sacrifício como ação de produção das relações entre homens e deuses esteve sempre, do ponto de vista analítico, vinculado à elaboração do universo sagrado, partindo do pressuposto da concepção durkheimiana de divisão entre sagrado/profano℘ na constituição das sociedades humanas.

Neste cenário analítico é possível compreender o sacrifício como a ação sagrada que associa em uma mesma categoria realidades e funcionalidades diversas, tais como: o papel de um sacerdote℘, a função da oferenda, o local da oferenda e uma ação sacrifical (vítima) em si. Essas realidades são observáveis e evidenciáveis nos rituais religiosos, por isso a palavra "sacrifício" pode sugerir de imediato também a ideia de consagração e levar a pensar que as duas noções – sagrado e consagrado – se confundem pelo fato de no sacrifício um "objeto" passar de um domínio comum ao religioso quando ele é consagrado.

Essa intrínseca relação entre sacrifício e consagração faz parte do universo de pesquisa em estudos da Ciência da Religião℘, História das Religiões℘, Antropologia, Sociologia, e do interesse do conhecimento humano, partindo do pressuposto de que nem todo o sacrifício é sagrado ou consagrado, porém não pode haver ato sacrifical com a intenção de comunicação ou oferenda com uma divindade ou várias divindades℘ que não seja mediado pelo sacrifício como um elenco de ações sagradas.

Em torno dessa premissa faz-se um recorte com três referências teóricas fundamentais para a compreensão da funcionalidade do sacrifício em sociedades distintas a partir de abordagens socioantropológicas históricas que tratam o sacrifício como uma potência analítica, por meio da qual é possível elaborar um conjunto de formulações explicativas da mentalidade social e coletiva em contextos históricos diversos. Nessa abordagem estão múltiplos olhares sobre o sacrifício através do pensamento de Marcel Mauss℘ (1872-1950), Henri Hubert (1872-1927), René Girard℘ (1923-2015) e Michel Graulich (1944-2015).

I. O esquema de Marcel Mauss e Henri Hubert. Marcel Mauss℘ e Henri Hubert, em seus estudos, tratam o sacrifício a partir da fusão entre o sagrado℘ e o consagrado no ato de transformação dos objetos envolvidos no processo sacrifical, transformação que, de acordo com o autor, é que caracteriza o que denominamos "religião℘": "A palavra sugere imediatamente a ideia de consagração, e poder-se-ia pensar que as duas noções se confundem. Com efeito, é certo que o sacrifício sempre implica uma consagração: em todo sacrifício um objeto passa do domínio comum ao domínio religioso – ele é consagrado. Mas as consagrações não são todas da mesma natureza. Há aquelas que esgotam seus efeitos no objeto consagrado, seja ele qual for, homem ou coisa. É o caso, por exemplo, da unção. Na sagração de um rei, somente a personalidade religiosa do rei é modificada; fora dela nada é alterado. No sacrifício, ao contrário, a consagração irradia-se para além da coisa consagrada, atingindo, entre outras coisas, a pessoa moral que se encarrega da cerimônia. O fiel que forneceu a vítima, objeto da consagração, não é no final da operação o que era no começo. Ele adquiriu um caráter religioso que não possuía, ou se desembaraçou de um caráter desfavorável que o afligia; elevou-se a um estado de graça ou saiu de um estado de pecado. Em ambos os casos ele é religiosamente transformado" (Mauss; Hubert, 2005, p. 15).

Os autores discorrem uma análise minuciosa sobre o fenômeno do sacrifício, fundamentados nos estudos dos rituais védicos e judaicos, descrevendo os mecanismos de seus rituais e a recorrência de alguns de seus elementos na elaboração dos ritos de oferendas, para então formular a unidade do conceito de sacrifício, fixando-o como uma categoria crucial para a construção da religião como um fato social. Tendo em vista tal construção, trazem para análise elementos de base da moral do sacrifício ao refazer o percurso de práticas inerentes ao mesmo, tais como: contrato, remissão, pena, dádiva, abnegação e alma♀.

Em torno do percurso dessas práticas criam uma nomenclatura: "Chamamos 'sacrificante' o sujeito que recolhe os benefícios do sacrifício ou se submete a seus efeitos. Esse sujeito é ora um indivíduo, ora uma coletividade: família, clã, tribo, nação, sociedade secreta. Quando é uma coletividade, o grupo pode exercer coletivamente o ofício de sacrificante, isto é, assistir em conjunto ao sacrifício. Mas também pode delegar a um de seus membros a função de agir em seu lugar. Assim, a família geralmente é representada por seu chefe e a sociedade por seus magistrados. É um primeiro grau nessa série de representações que iremos deparar em cada uma das etapas do sacrifício" (Mauss; Hubert, 2005, p. 16).

Escolhendo o sacrifício de animais védico, recortando fatos típicos, configurando sua normatividade e pontuando os benefícios produzidos pelo sacrifício, Maus e Hubert desvendam os traços de sua unidade: "Definindo a essência do sacrifício inserido em contexto histórico – Antiguidade ocidental e as práticas orientais –, que revela dinâmicas sociais próprias que permitem realizar uma nova leitura de uma ampla gama de rituais oriundos das culturas hindu, hebraica e grega, a despeito de sua diversidade, esta leitura contribui para desconstruir o pensamento evolucionista que partia da hipótese de que teria havido uma forma de sacrifício mais simples e primitiva, da qual todas as outras derivaram por difusão, os autores buscam em documentos primários os princípios que sustentam seu objeto de estudo. A mais instrutiva é talvez aquela que divide os sacrifícios em constantes e ocasionais. Os sacrifícios ocasionais são em primeiro lugar os sacramentais (*samskâr*), isto é, os que acompanham os momentos solenes da vida. Alguns desses sacrifícios fazem parte do ritual doméstico (exposto nos *arhya sutras*), e são realizados por ocasião do nascimento, da tonsura ritual, da partida do pupilo, do casamento etc. Outros fazem parte do ritual solene: a unção do rei e o sacrifício é que conferem a qualidade religiosa e civil considerada superior a todas as outras. Em segundo lugar, há os sacrifícios votivos, cujo caráter ocasional é ainda mais marcado. Por fim, há os sacrifícios curativos e expiatórios. Quanto aos sacrifícios constantes (*nityâni*), ou melhor, periódicos, estão ligados a certos momentos fixos, independentes da vontade dos homens e do acaso das circunstâncias. Tais são os sacrifícios diários, o sacrifício da lua nova e o da lua cheia, os sacrifícios das festas sazonais e das pastoris e das primícias de fim de ano. Uns e outros geralmente se verificam no ritual solene e no ritual doméstico, com as diferenças que a solenidade de

um e o caráter familiar do outro comportam" (Mauss; Hubert, 2005, p. 20-21).

Os autores também assinalam a ordem da realização do ritual, que deve ocorrer com pequenas variações em muitos povos: entrada, a presença do sacrificante, o papel do sacrificador, o lugar dos instrumentos e a saída do sacrifício. "O sacrifício é um ato religioso que só pode se efetuar num meio religioso e por intermédio de agentes essencialmente religiosos. Ora, antes da cerimônia, em geral, nem o sacrificante, nem o sacrificador, nem o lugar, nem os instrumentos, nem a vítima têm esse caráter no grau que convém. Assim, a primeira fase do sacrifício tem por objeto conferir-lhes esse caráter. Eles são profanos♀, e é preciso que mudem de estado. Para tanto, são necessários ritos que os introduzam no mundo sagrado e ali os comprometam mais ou menos profundamente, conforme a importância do papel que desempenharão a seguir. É isso que constitui, segundo a expressão mesma dos textos sânscritos, a entrada no sacrifício" (Mauss; Hubert, 2005, p. 26).

O sacrificante, a vítima, o local e os instrumentos compõem a cena do sacrifício e significam três atos a distinguir nessa festa: a morte♀ da vítima, a comunhão e a ressureição da vítima. A estrutura do sacrifício como rito religioso cumpre a função de um espetáculo, sendo assim exerce, do ponto de vista social, funções semelhantes à de um espetáculo.

Dessa forma, para Mauss♀ e Hubert, o sacrifício obedece a um esquema intrínseco, que é seguido por algumas civilizações, mantendo suas referências essenciais culturais e estéticas♀. Mas em comum ele delimita as esferas do sagrado que faz parte do profano♀, e em cada cultura o elo entre sagrado♀ e profano♀ passa pelo fio condutor do sacrifício, um diálogo específico entre um povo e suas divindades♀.

II. René Girard "dessacraliza" o sacrifício?
Para René Girard♀, o sacrifício está na estrutura das sociedades primitivas como uma saída pertinente à manutenção do equilíbrio social aceitável, tendo em vista que existe o pressuposto de que a mentalidade coletiva percebe ou, especificamente, necessita de mecanismos de controle da violência – justamente por rejeitá-la; assim, o sacrifício surge como uma ação reparadora, como uma forma de apaziguar a violência do grupo, e dentro desta perspectiva o corpo social escolhe e seleciona uma vítima que cumpra tal função.

De acordo com o autor, a "imolação das vítimas animais desvia a violência de certos seres que se tenta proteger, canalizando-as para outros, cuja morte♀ pouco importa ou nada importa" (Girard, 2000, p. 15). Dessa forma, a coletividade produz uma canalização da violência, por exemplo, para um animal, cuja função é construir uma lógica de violência justificada pela eleição de um "bode expiatório" (Girard, 2004, p. 55).

Portanto, o sacrifício cumpre a função social da violência que se autojustifica a partir da imolação de uma vítima que é escolhida para "ludibriar a violência coletiva"; sacrifica-se a vítima em nome do grupo, tornando-a vítima fundadora ou "bode expiatório" que se constitui no âmago da diferenciação primeira das sociedades: a coletividade de um lado e a vítima de outro. Com isso, a violência sacrifical apazigua e reconcilia a ordem social. Só é possível ludibriar a violência fornecendo-lhe uma válvula de escape, algo para devorar. Talvez seja este, entre outros, o significado da história de Caim e Abel.

O texto bíblico oferece uma única precisão sobre os dois irmãos. Caim cultiva a terra e oferece a Deus os frutos de sua colheita. Abel é um pastor e sacrifica os primogênitos de seu rebanho. Um dos irmãos mata o outro, justamente o que não dispõe do artifício contra a violência, o sacrifício animal. A diferença entre o culto sacrifical e o culto não sacrifical é, na verdade, inseparável do julgamento de Deus♀ em favor de Abel. Dizer que Deus♀ acolhe favoravelmente os sacrifícios de Abel, o que não ocorre com as oferendas de Caim, é redizer em outra linguagem, a do divino, que Caim mata seu irmão, ao passo que Abel não o mata (Girard, 2004, p. 17).

O sacrifício como ação social, dentro dessa perspectiva, representa uma eficácia, enquanto processo preventivo da violência; ao coibi-la, em tese, a sociedade avalia que essa ação sacrifical pode conter a natureza violenta da sociedade. Assim, para que cumpra seu papel enquanto última palavra da violência, o sacrifício precisa de uma vítima que não reaja violentamente ou vingue-se de outra maneira. Por isso, a vítima é sempre alguém que simbolicamente estará destinado(a) a aceitar o sacrifício – animal, criança, rei, estrangeiro, escravo, prisioneiro, bruxa, messias e outros.

Segundo Girard♀, "os males que a violência pode causar são tão grandes e os remédios tão aleatórios, que a ênfase é colocada na prevenção. E o domínio do preventivo é primordialmente religioso. A prevenção religiosa pode ser um caráter violento. A violência e o sagrado♀ são inseparáveis" (Girard, 2004, p. 21). Por isso, há dois momentos a serem considerados na execução do sacrifício: "O primeiro momento é a acusação de um bode expiatório ainda não sagrado, sobre o qual toda a força maléfica se aglutina. Ele é recoberto pelo segundo, o da sacralidade positiva, suscitada pela reconciliação da comunidade" (Girard, 2004, p. 67). Nesse sentido, o sagrado♀ é a ferramenta reguladora da qual as sociedades lançam mão diante da ameaça de violência generalizada. O âmbito do sagrado♀ está pleno de violência, e nesse sentido a violência é sempre sacralizada.

René Girard♀ dessacraliza o sacrifício inserindo-o no campo das necessidades sociais e, de certa forma, indica que tais necessidades são elaboradas do ponto de vista da construção religiosa ou de sistemas de crenças♀; essa abordagem nos permite apontar a complexidade interpretativa que o ato de sacrifício representa no constructo social, principalmente no que se refere à ação mediadora das relações sociais.

"Parece que sempre chega um momento no qual só é possível opor-se à violência com outra violência; nesta ocasião, pouco importa ter sucesso ou fracassar, pois é sempre ela que ganha. A violência tem extraordinários efeitos miméticos, tanto diretos e positivos quanto indiretos e negativos. Quanto mais os homens tentam controlá-la, mais lhe fornecem alimentos; a violência transforma em meios de ação todos os obstáculos que se acredita colocar contra ela. Assemelha-se a urna chama que devora tudo o que se possa lançar contra ela para abafá-la" (Girard, 2004, p. 46).

III. Michel Graulich, o sacrifício na Mesoamérica: múltiplos olhares. Durante o século XX e no transcorrer do início do século XXI, a Arqueologia♀ e as Ciências Sociais produziram inúmeras e aprofundadas pesquisas sobre a Mesoamérica e, em particular, uma gama considerável de trabalhos que examinam as práticas sacrificais dos povos da região. Yolot Gonzáles Torres, em 1985, resumiu os trabalhos mais significativos até aquele momento, bem como as abordagens de seus autores. Seguindo Michel Graulich, duas correntes interpretativas se destacam. Para uma corrente o sentido dos sacrifícios♀ humanos seria a remissão de *culpas*, permitindo o acesso ao além, onde estaria a glória. Outra visão considera que o objetivo dos sacrifícios♀ na Mesoamérica seria *nutrir* os deuses para permitir que o mundo continuasse a sua trajetória.

Esse avanço expressivo das escavações entre o final do século XX e o início do século XXI, que elas continuam em diversas regiões do México e percorrem com grande variedade de temporalidades, aponta para a riqueza do material empírico reunido e representa um grande desafio para a interpretação♀ e compreensão das práticas sacrificais. Michel Graulich, sem dúvida alguma, é um dos maiores estudiosos sobre o sacrifício♀ entre os povos da Mesoamérica. Com certeza, em meio às manifestações religiosas dos povos do México antigo encontramos a prática do sacrifício♀ humano como uma ação que chamou a atenção dos espanhóis no século XVI, e a produção testemunhal que se construiu a partir da visão do conquistador é significativa para a compreensão de dupla cosmovisão, a dos povos mesoamericanos e a dos espanhóis sobre esses povos. É em torno desses olhares produzidos sobre as representações do sacrifício♀ que se debruça Graulich.

Sua pesquisa é composta de um sistemático levantamento de fontes arqueológicas, iconográficas e escritas a respeito dos *mexicas* e de outras regiões mesoamericanas, em seu trabalho *Le sacrifice humain chez les Aztéques* Graulich explora o método♀ comparativo em diferentes culturas mesoamericanas, bem como em outras civilizações. Ele encontrou semelhanças estruturais entre os antigos mitos *nahua*, os da área *maia* (em particular aqueles que foram incorporados no *Popol Vuh*) e várias histórias indígenas atuais.

Existe um elenco considerável de informações sobre o Pós-Clássico (900-1500 d.C.) mais do que sobre os períodos anteriores e conhecemos melhor o Pós-Clássico no planalto central mexicano do que em outras regiões. Para o Pré-Clássico (1000 a.C.-300 d.C.) e o Clássico (300-900 d.C.), esses dados são fundamentalmente proporcionados pela Arqueologia♀ e a Iconografia; para o Pós-Clássico temos uma grande quantidade de fontes escritas. O *Popol Vuh*, livro sagrado dos *maias-quiché*, tem um interesse acrescido porque algumas variantes dos mitos que contêm encontram-se, até os nossos dias, em várias zonas da Mesoamérica (Graulich, 2003, p. 18).

Encontraram-se enterros de indivíduos com vítimas sacrificadas pertencentes, pelo menos, ao Pré-Clássico Médio. Num relevo de 700 a.C. localizado em Chalcatzingo, no Vale de Morelos, podem-se ver prováveis sacrificadores, assumindo-se como seres sobrenaturais♀, que se dirigem, envergando clavas, até um prisioneiro atado; o pênis quase ereto da vítima e uma rama de milho sugerem um sacrifício♀ de fertilidade. Em Izapa, Chiapas, numa estela dos princípios do Clássico associa-se o sacrifício♀ por decapitação também à fertilidade, como indicam as folhas com grãos que brotam do pescoço cortado.

Na costa do Golfo e em *Chichén Itzá*, no Pós-Clássico Inicial e entre os *nahuas*, já no Pós-Clássico Tardio, o que derrama do pescoço como símbolo da fertilidade são serpentes. Em *Teotihuacan*, a grande metrópole do período Clássico, o sacrifício♀ por extração do coração foi uma prática importante, como se observa na sua pintura mural. Algumas estelas *maias* dessa época oferecem testemunhos de sacrifício♀ de reis vencidos. A prática de expor os crânios de sacrificados em pequenas plataformas é observada em *Huamelulpan*, na cidade de Oaxaca, no princípio da nossa era, e em sítios posteriores, tais como *Cópan*, Honduras, e *Uxmal*, no Yucatão/*Yucatán*. Esses *tzompantli* alcançaram grandes proporções – até mesmo maiores do que as dos posteriores em *México-Tenochtitlán* – em *Tula*, *Hidalgo* e em *Chichén Itzá* durante o Pós-Clássico Inicial, o que sugere um auge sem precedentes no sacrifício♀ de guerreiros (Graulich, 2003, p. 19-20).

Graulich discute o método♀ comparativo utilizado em inúmeros trabalhos sobre sacrifício♀ que sempre procuram aproximar os rituais mesoamericanos com outras culturas; sua análise procura contemporizar esse procedimento apontando a possibilidade de que evidências foram "forjadas", o que causou a descontextualizarão dos rituais de sacrifício♀ da cultura *mexica*. Mas ao mesmo tempo não se abstém de notar que pode haver semelhanças entre a natureza do sacrifício♀ e as culturas dispersas no tempo e no espaço.

Para Olivier, Graulich identificou duas correntes interpretativas do sacrifício♀ humano entre os *mexicas*: a primeira considera que o ato sacrifical cumpria um propósito de alimentar os deuses, para vivificá-los, fazendo com que a energia do mundo fosse recuperada. Na segunda corrente interpretativa, o sacrifício♀ deveria redimir as culpas, "deixando o corpo ligeiro", e permitir o acesso à glória. No lugar de optar por uma das duas correntes, Graulich as combina referindo-as aos mitos e, quando estes o sugerem, aceita a acumulação de seus significados (Olivier, 2006, p. 291-292). Assim, refere-se aos processos de aproximação e distanciamento analíticos elaborados em torno do sacrifício♀ na Mesoamérica. Em vez de argumentar que emprestamos as características judeo-cristãs, é importante considerar o caráter compartilhado de certos motivos místicos e práticas religiosas (Graulich, 2003, p. 290).

A partir dos pressupostos que o antropólogo Clifford Geertz♀ nos apresenta sobre a religião♀, ou as religiões, como elemento fundamental para interpretação♀ das culturas, estabelece dois conceitos fundamentais, de *éthos* e de visão de mundo, e afirma que os símbolos sagrados funcionam para sintetizar o *éthos* de um povo e sua visão de mundo mais ampla sobre a ordenação♀ das coisas. Os símbolos religiosos estabelecem uma harmonia fundamental entre um estilo de vida particular (*éthos*) e uma metafísica♀ específica (visão de mundo). A religião♀ ajusta as ações humanas a uma ordem cósmica e projeta imagens dessa ordem cósmica no plano da experiência humana, o que ocorre no cotidiano de cada povo. Geertz♀ reduz este paradigma a uma definição e, a partir daí, passa a dissecá-la como "um sistema de símbolos que atua para estabelecer poderosas, penetrantes e duradouras disposições e motivações nos homens através da formulação de conceitos de uma ordem de existência geral e vestindo essas concepções com tal aura de fatualidade que as disposições e motivações parecem singularmente realistas" (Geertz, 2008, p. 67).

Assim, existe um panorama confluente entre os estudos apresentados sobre o sacrifício♀, que estabelecem uma relação contundente entre essa a ação e o derramamento de sangue, com um enorme poder simbólico de acomodação♀ social. Ao mesmo tempo, revela-se certa motivação humana para a formulação de conceitos que justifiquem a ordem da existência, no caso do sacrifício♀ por meio do derramamento de sangue, ficando a dualidade vida/morte absolutamente explícita como elemento do equilíbrio social.

Do ponto de vista do *éthos* e da visão de mundo a partir da referência de Geertz♀, temos a circunscrição do conceito e da ação do sacrifício♀ ao ritual religioso como um elemento fundamental no estabelecimento do diálogo com a divindade, ou divindades♀, por meio de sistemas de trocas para benefícios de toda a ordem; assim, o sacrifícioϘ pode ser considerado como a expressão máxima inserida em universos religiosos distintos que funcionam como ajustes da ordem cósmica, ao mesmo tempo que projetam imagens dessa ordem no plano da existência humana.

***

Os referenciais teóricos apresentados nos permitem compreender a importância da prática do sacrifícioϘ como um canal de diálogo entre os homens e seus deuses, seja como um mecanismo de tentativa de controle da natureza, seja como acomodaçãoϘ social, isto é, como uma forma de estabelecimento de limites ao comportamento social.

Esses referenciais também demonstram a perspectiva do sacrifícioϘ como ato violento e ratificador de estruturas religiosas diante do universo social no qual se insere; por isso a problemática da violência intrínseca em algumas práticas de sacrifícioϘ – principalmente com animais – que integram repertórios religiosos causa, em nossa contemporaneidade, certo constrangimento moral. No entanto, é uma questão de caráter controverso, na medida em que, se, por um lado, a prática da violência contra animais é criminalizada, por outro lado, essa mesma prática, em ritual religioso, é legitimada como direito e tem garantia fundamental à liberdade de culto.

Bibliografia: DOUGLAS, M. *Pureza e perigo*. São Paulo: Debates, 1984; GEERTZ, C. *A interpretação das culturas*. Rio de Janeiro: Zahar, 2008; GIRARD, R. *A violência e o sagrado*. São Paulo: Paz e Terra/Unesp, 2000; GIRARD, R. *O bode expiatório*. São Paulo: Paulus, 2004; GRAULICH, M. El sacrificio humano en Mesoamérica. *Arqueología Mexicana*, n. 63, sept.-oct./2003, p. 17-23; GRAULICH, M. *Le sacrifice humain chez les Aztèques*. Paris: Fayard, 2005. p. 415; MAUSS, M.; HUBERT, H. *Sobre o sacrifício*. São Paulo: Cosac Naify, 2005; OLIVIER, G. Crítica de libros. *Historia Mexicana*, v. LVI, n. 1, 2006, p. 287-301; SCHULTZ, A. A violência e o sagrado segundo René Girard. *Protestantismo em Revista*. v. 3, jan.-abr./2004, p. 8-18. Disponível em: <http://periodicos.est.edu.br/index.php/nepp/article/view/2155/2063>. Acesso em: 12/11/2018; TORRES, Y. G. *El sacrificio humano entre los mexicas*. México: Instituto Nacional de Antropología e Historia y Fondo de Cultura Económica, 1985.

FERNANDO TORRES LONDOÑO
VALÉRIA APARECIDA ROCHA TORRES

SAGRADO

"Sagrado" é um dos termos mais utilizados historicamente na Ciência da ReligiãoϘ e nos estudos da religião de modo geral, porém cercado de controvérsias. Sua polêmica se dá em especial por três motivos: 1) pode ser empregado como adjetivo (algo sagrado) tanto quanto como substantivo (o sagrado); 2) pode significar algo mais psicossocial ou mais ontoteológico; e 3) muitos autores utilizam-no sem a devida delimitação, muitas vezes de modo aleatório, abrindo margem para o entendimento de que sagrado é simplesmente um sinônimo politicamente correto para religião ou Deus (Hanegraaff, 2017, p. 206; Usarski, 2004, p. 75). Tais pontos refletem a *briga de métodos*Ϙ dentro da Ciência da ReligiãoϘ mundial. Em outras palavras: estão ligados às disputas entre uma perspectiva na Ciência da ReligiãoϘ mais religionista/essencialista em oposição a outra postura teórica de viés naturalista/materialista.

A teorização sobre sagrado é bastante tradicional na academia europeia, embora sua utilização enquanto um substituto para a própria ideia de religiãoϘ só tenha começado a ser mais difundida após a virada do século XIX para o século XX (Hanegraaff, 2017, p. 206). A ideia de sagradoϘ possui raízes importantes na separação cartesiana entre corpo e mente e no modelo de ser humano proposto pela filosofia kantiana (Vásquez, 2011). Seu emprego enquanto dimensão distinta do profano remonta a 1887, elaborada pelo cientista da religião Robertson Smith, de quem a teoria de Durkheim foi devedora. Já a essencialização do sagradoϘ enquanto categoria *sui generis*Ϙ é notada com mais força a partir do século XX, com a TeologiaϘ de Nathan Söderblom e Rudolf Otto.

I. Sagrado enquanto adjetivo. A perspectiva de sagradoϘ enquanto adjetivo ganhou corpo com Émile DurkheimϘ. Em *As formas elementares da vida religiosa*, influenciado por Robertson Smith, DurkheimϘ (1995) parte do pressuposto de que toda religião é orientada por uma divisão do mundo entre coisas sagradas e profanas. Como as religiões fazem parte da sociedade, e a realidade social é constituída pela ação humana contínua, nada seria intrinsecamente sagrado ou profano. Nessa perspectiva, sagrado e profano não são qualidades inerentes. As coisas são consideradas sagradas ou profanas de acordo com a comunidade e o período observado. Isso significa que algo sagrado para uma religião (por exemplo, o sábado para os judeus ortodoxos e os adventistas) pode não ter significado especial para outros grupos, sendo, portanto, algo profano.

Para DurkheimϘ, o significado do que é sagrado é dado através de um processo de polarização, ou seja, pela oposição semântica entre o que é sagrado e o que é profano. Isso significa, segundo Stausberg (2017, p. 552), que, ao compreendermos sagrado como um adjetivo, seu significado somente é possível pela relação com o seu contexto. Isso requer um trabalho de interpretaçãoϘ do cientista da religião a respeito das relações estabelecidas no objeto estudado, que deve contrastar essas visões sobre significado e linguagem em sua produção final.

A definição de sagrado enquanto adjetivo tem a ver com a ideia de separação e importância social. É um termo que define as religiões, mas não é algo restrito a elas. As coisas que são classificadas como sagradas são entendidas por dado grupo como distintas da vida cotidiana, a qual diz respeito ao profano. Aquilo que é sagrado é imbuído de muito significado, representando os interesses do coletivo. Desse modo, deve ser guardado, respeitado e até mesmo evitado. Somente determinados agentes com legitimação reconhecida pela comunidade (por exemplo, sacerdotes, xamãs ou iniciados), em ritos específicos, podem entrar em contato com as coisas sagradas. E para salvaguardar tais fronteiras da sacralidade uma série de interditos é observada pela comunidade.

Entretanto, nem tudo o que é sagrado é bom. A noção de que aquilo que é sagrado é intrinsecamente do bem não se aplica à concepção de sagrado enquanto adjetivo. O bem e o mal existem tanto naquilo que é sagrado quanto no que é profano. Além disso, algo que é considerado bom para uma religião pode ser considerado mal para outra (por exemplo, a sexualidade tende a ser bastante problemática no Cristianismo, mas vivida com maior liberdade no Islã e no Judaísmo). Ao final de sua obra, Durkheim (1995) apresenta uma distinção entre sagrado *puro* e sagrado *impuro* que auxilia a entendermos isso. Como a noção de sagrado é pautada na divisão entre o extraordinário e a vida cotidiana, qualquer coisa que seja destacada do mundano pode ser considerada sagrada. Contudo, ao passo que há um desejo de se receber influências de determinadas coisas sagradas (sagrado puro), há outras que são deliberadamente evitadas, pois se considera que possuem atributos nefastos que colocam em risco a ordem vigente e a própria vida (sagrado impuro). Esse é o caso da maldição de objetos e locais socialmente considerados amaldiçoados, mas também de agentes sociais entendidos como maléficos à comunidade (por exemplo, as bruxas na Idade Média, os comunistas nos Estados Unidos da Guerra Fria e os homossexuais entre os cristãos conservadores atuais).

Se tais tabus são quebrados, ocorre uma *profanação*, ou seja, o roubo de algo sagrado, seja o retirando para a dimensão profana, seja levando algo profano para dentro do domínio sagrado. Nesse caso, algo que era sagrado passa a ser entendido como impuro, adquirindo influências ruins que precisam ser neutralizadas por determinados sacrifícios. As profanações são entendidas pelos religiosos como perturbações da ordem vigente e da pureza sagrada. Todavia, a profanação não destrói o sagrado. Ao contrário, como a ideia de sagrado necessita inexoravelmente de uma delimitação clara entre sagrado e profano, quando tais fronteiras são transgredidas a noção do que é sagrado é refortalecida (Cullianu; Burgdoff, 2005, p. 8010-8011).

Tomando como exemplo o caso da intolerância religiosa, se um grupo sente necessidade de destruir os bens religiosos de outro, isso significa que tais bens também fazem parte daquilo que é considerado sagrado; ainda que um sagrado impuro. No famoso caso brasileiro em que Sérgio Von Helder, ex-pastor da Igreja Universal do Reino de Deus, chutou uma imagem de Nossa Senhora Aparecida ao vivo na televisão, embora a figura não faça parte formalmente da teologia pentecostal, se esse líder sentiu necessidade de promover tal ato é porque Nossa Senhora ocupa um lugar destacado no imaginário de sua Igreja. Veja que Von Helder não atacou imagens de deuses gregos, ou rasgou os gibis da Marvel que contêm o deus nórdico Thor. Diferente de Nossa Senhora, tais divindades não fazem parte do imaginário sagrado comum do Brasil. Os deuses mitológicos, por mais que tenham sido cultuados na Antiguidade, são meramente profanos do ponto de vista brasileiro, logo não precisam ser combatidos.

Como sagrado e profano são categorias fluidas, muitas vezes elas se sobrepõem. Não é incomum que uma religião diga não acreditar em determinada coisa ou divindade (o que permitiria classificá-las como profanas), mas ao mesmo tempo seus membros temem ou evitam entrar em contato com isso (tornando-as exemplos de sagrado impuro). Além disso, diferentes dinâmicas de *profanação* e *consagração* são observadas a todo momento nas religiões. A eucaristia, que ritualisticamente transforma o pão no corpo da divindade do Cristianismo, é uma forma de consagração. Sem o dado rito, a hóstia é apenas pão. O pão, por si, não é entendido como o corpo de Cristo pela comunidade. Mas após a consagração, mesmo que não seja consumida, a hóstia deve ser guardada de modo especial, pois deixa de ser algo meramente mundano para fazer parte dos símbolos mais importantes dessa matriz religiosa. Assim, o Cristianismo apresenta uma relação dual com o pão, que pode ser entendido ao mesmo tempo como algo profano e comum, ou como algo muito sagrado, a representação do próprio corpo de Deus.

Alguns outros exemplos de diversas tradições são citados por Cullianu e Burgdoff (2005), e todos têm a ver com a quebra dos tabus sociais. Não cabe no espaço deste verbete esmiuçá-los. O que é de nosso interesse é que os processos de profanação podem ocorrer tanto por agentes externos quanto internos à religião. No caso de transgressões causadas por agentes externos, a forma mais corriqueira de profanação é o roubo ou destruição de templos, cemitérios, figuras votivas, objetos ritualísticos e textos sagrados. Aos membros do grupo agredido, o vandalismo religioso – seja por intolerância religiosa, seja por qualquer outro motivo – é percebido enquanto uma profanação. Logo, possui o mesmo

SAGRADO

impacto psicossocial de ruptura com a ordem vigente e contaminação daquilo que lhes é mais importante.

No geral, a perspectiva de sagrado♀ enquanto adjetivo é mais comum entre os estudos empíricos da religião, as perspectivas materialistas da Ciência da Religião♀ e na Sociologia. Como parte de um entendimento sociológico, tende a valorizar concepções coletivas em vez das experiências pessoais e místicas♀ sobre o que é tornado sagrado. Tal visão compreende que as coisas são consideradas sagradas porque determinado coletivo as imbui de significado e não porque manifestações do transcendente ou as vivências religiosas levam as pessoas a perceber ou sentir o sagrado♀. Assim, tal abordagem tende a ser acusada de reducionista e antirreligiosa pelos religionistas, sendo menos comum dentro da Psicologia da Religião♀, dos estudos sistemáticos da religião, das perspectivas fenomenológicas da Ciência da Religião♀, da Filosofia da Religião♀ e da Teologia♀.

II. Sagrado enquanto substantivo. A noção de sagrado♀ enquanto substantivo é a principal abordagem da Fenomenologia da Religião♀ e do ramo sistemático da Ciência da Religião♀. Bebe historicamente de fontes teológicas, psicológicas e filosóficas – em especial das filosofias de Hegel e Heidegger, da noção de ser do cartesianismo e da filosofia kantiana, e da Teologia♀ de Schleiermacher (Murphy, 2018; Vásquez, 2011, p. 87-88). É uma perspectiva que depende da noção de sentimento religioso e do entendimento cristão de religião, sendo fortemente pautada na subjetividade. Além disso, possui uma abordagem cristocêntrica mesmo ao estudar outros grupos e tradições.

Como substantivo, o sagrado♀ comumente é utilizado, de modo mais ou menos solto, como sinônimo de religião♀ ou Deus (Hanegraaff, 2017, p. 206; Usarski, 2004, p. 82). A conceituação de sagrado♀ nesse caso diz respeito a algo inefável, imaterial e transcendente, estando inter-relacionada ao sentimento de criatura perante o criador, à autoconsciência♀, à verdade, à vivência religiosa e ao desenvolvimento do espírito. A religião♀ seria uma manifestação desse sagrado♀, o qual se acredita ser captado por um suposto "sexto sentido religioso", que seria inato aos seres humanos. Por isso, a substantivação do sagrado♀ tende a suspender o agnosticismo metodológico♀, motivo pelo qual é considerada problemática por muitos cientistas da religião.

Essa concepção de sagrado♀ é muito popular por seu sucesso comercial, sendo facilmente encontrada em títulos de livros, eventos e materiais sobre religião♀ em geral. Isso se dá, em grande medida, à enorme popularidade de Eliade♀ entre o público não acadêmico e a uma falsa noção de que "sagrado" seria um termo mais inclusivo do que "religião♀". Segundo Stausberg (2017, p. 550), mesmo que não seja trabalhada especificamente nas produções que a utilizam no título, a palavra "sagrado" tende a ter um apelo notável entre os interlocutores. Como tal, mesmo após a crise da Fenomenologia da Religião♀ na década de 1970, o sagrado♀ enquanto substantivo ainda é muito empregado por diversos acadêmicos, mesmo que muitas vezes superficialmente e sem maiores delimitações (Smith, 2014; Stausberg, 2017).

Historicamente, o sagrado♀ substantivado foi entendido como relacionado à noção de *Geist* da filosofia hegeliana, oposta à natureza, ao sensorial, ao corporal e aos impulsos. Na Teologia♀ ottiana, o sagrado♀ é apresentado como uma categoria ambígua, por vezes inclinada a uma descrição enquanto realidade psicológica, e outras vezes como uma categoria transcendente, universal e *sui generis♀* (Hanegraaff, 2017, p. 220). O sagrado♀ estaria relacionado à noção de civilização em oposição ao selvagem, e à razão em oposição à emoção. É, nesse sentido, uma ideia teológica que reforça o ideal colonialista, visto a própria religião europeia ser descrita objetivamente como o ápice da racionalidade. Esse discurso foi utilizado durante as expansões coloniais europeias para reforçar a noção de superioridade do Ocidente, através de uma forte assimetria entre os cristãos e – utilizando termos do próprio Otto – o "misticismo do Oriente", a "selvageria dos primitivos" e a "idolatria♀ dos pagãos" (Otto, 1958; Murphy, 2018). Assim, a teologia♀ ottiana parte de uma premissa de que determinadas religiões e povos seriam menos afinados ao sagrado (e, portanto, menos racionais e civilizados) do que outros.

No entanto, embora Otto se aproxime de Hegel no quesito exaltação à razão, o teólogo alemão considerava que existia uma essência irracional ao sagrado: o *numinoso*, que faz parte dele, mas que lhe é distinta. Embora acessível à linguagem, o sagrado♀ requereria um modo específico de comunicação, e o numinoso ocuparia este lugar em sua teoria (Stausberg, 2017, p. 551). Segundo Usarski (2004, p. 77, grifo do autor), "o foco de interesse dos representantes clássicos da Fenomenologia da Religião♀ está na *experiência humana* do numinoso, ou seja, na *reação* do sujeito religioso aos 'chamados' do sagrado". Para Otto, o numinoso é uma experiência pessoal fora de si, irracional e sublime, algo totalmente diferente do eu e que causa grande sentimento de fascínio e terror. Além disso, Otto o descreve enquanto inefável, um mistério, alegando que aqueles que nunca tiveram uma experiência numinosa seriam inaptos a estudar religião♀ (Otto, 1958).

Hanegraaff (2017, p. 220) comenta que o numinoso não é sinônimo de religião♀ na concepção ottiana, porém é algo sem o qual as religiões não seriam religiões. Ao descrever diversos exemplos da manifestação do numinoso em sua obra, Otto (1958) traça uma linha evolutiva, colocando as "superstições" (*sic*) dos não cristãos como formas "ultrapassadas" (*vorherig*) da verdadeira religião. Isso, para Hanegraaff (2017, p. 221), leva a uma premissa perigosa. Embora haja uma tendência no senso comum de achar que "sagrado" é um termo mais inclusivo do que "religião", a teologia ottiana acaba por qualificar as religiões como "verdadeiras" ou "falsas". Em outras palavras: Otto gera um pretexto para que certas manifestações religiosas (em especial as que mais se distanciam do Cristianismo) sejam preteridas no estudo das religiões, por supostamente não serem verdadeiras manifestações do sagrado.

Com Eliade, a categoria se popularizou mundialmente, e as religiões "primitivas" passaram a ser consideradas aquelas mais afinadas ao sagrado. Nesse sentido, o sagrado de Otto é diferente do sagrado de Eliade: enquanto para Otto as religiões não cristãs são superstições, Eliade considera que os paganismos são a manifestação mais pura do sagrado. Na perspectiva eliadiana, a racionalização do Cristianismo europeu dificultaria uma conexão plena com o sagrado, culminando em um processo de dessacralização. Para ele, *o sagrado da experiência* era o que deveria ser o foco do cientista da religião, ao contrário da Teologia de Otto, que se preocupava com *a experiência do sagrado*. Isso se deu porque a perspectiva eliadiana recebeu grande influência da psicologia analítica e do esoterismo. Suas influências psicológicas podem ser explicadas pela pertença de Eliade ao círculo de Eranos. Já sua inclinação ao esoterismo é justificada por sua posição política pró-fascista; Eliade apoiou abertamente os ditadores de Portugal e da Romênia, e deixou seu país especificamente por causa da queda do fascismo romeno. Embora no século XXI não sejam incomuns fascismos fortemente orientados pelo Cristianismo, os fascismos europeus da primeira metade do século XX eram eivados de símbolos místicos (por exemplo, a suástica dos nazistas, a *fasces lictoris* e a *aquila* dos italianos, a cruz solar dos *ratniks*, a runa odal entre os ultranacionalistas nórdicos, a letra grega *sigma* entre os integralistas brasileiros, a esfera armilar no Estado Novo português).

Embora se apresente em seu livro como descendente intelectual de Otto, Eliade resgatou a divisão entre sagrado e profano de Durkheim, sendo o grande responsável por popularizá-la para além dos domínios da Sociologia (Stausberg, 2017, p. 550). Todavia, diferente do sociólogo francês, Eliade e outros fenomenólogos da religião tenderam a concepções metafísicas sobre o sagrado. Ao passo que para Durkheim as coisas se tornam sagradas porque os humanos as imbuem de significado; logo, nada é intrinsecamente sagrado em si. Para os fenomenólogos da religião o sagrado é uma realidade ontológica primária, de onde toda a vida vem e para onde toda a vida volta (Hanegraaff, 2017, p. 222-223).

Eliade (1992) considerava que toda religião é formada por um processo de *hierofania* – a manifestação do sagrado – que divide o mundo em um tempo-espaço sagrado e um tempo-espaço profano. Eliade pressupunha que a linguagem religiosa fala sobre coisas extraordinárias e que envolve tipos especiais de experiências. O significado da hierofania, portanto, reside na referência ao que supostamente é, ou seja, o sagrado como a "realidade real" para além das aparências do profano, o qual ele considera um não ser amorfo. Essa concepção de sagrado e profano, muito própria à Fenomenologia da Religião clássica, altera a concepção durkheimiana original das duas categorias, transformando o sagrado de adjetivo (qualidade atribuída a algo) em substantivo (algo que *é*).

Mas ao passo que a noção de Otto é abertamente teológica, Hanegraaff (2017, p. 224) explica que a concepção eliadiana contém julgamentos normativos sutis sobre as religiões, sendo mais bem classificada como uma criptoteologia. O pensamento de Eliade é uma forma de julgamento porque, tomando como exemplo sua obra *O sagrado e o profano* (Eliade, 1992), ele dedica muito de seu discurso para demonstrar o suposto abismo entre a religião pura dos "primitivos", a qual ele considera mais afinada às hierofanias, e a religião moderna dessacralizada. Essa supervalorização das religiões antigas diz muito mais respeito à afinidade de Eliade com os esoterismos e a sua experiência pessoal com a ioga do que a algo empiricamente sustentável. Além disso, é um discurso sutil porque se baseia em uma ontologia subjacente que nunca é explicitamente enunciada: Eliade nunca diz objetivamente o que é exatamente esse sagrado que se revela por hierofanias.

Assim como a adjetivação de sagrado tende a ser rechaçada pelos religionistas, a substantivação do sagrado é comumente considerada não científica pelos materialistas. Muito já foi escrito sobre isso (Vásquez, 2011; Hanegraaff, 2017; Stausberg, 2017), mas os pontos nevrálgicos foram compilados por Usarski (2004), que comenta que a substantivação do sagrado não só tende a ignorar os contextos sociais e históricos das religiões como também é vista como um método universal para *toda* religião, ignorando seus limites hermenêuticos sem uma reflexão sobre suas próprias implicações confessionais. Enquanto os pais fundadores da Ciência da Religião desejavam se distanciar da Teologia, criando uma nova disciplina autônoma da Igreja, os fenomenólogos clássicos beberam de fontes declaradamente teológicas para construir sua lógica discursiva, adotando uma perspectiva que se distancia, justamente, daquilo que é considerado ciência normalmente. Além disso, Murphy (2018) também criticou tal abordagem como colonialista por causa de seu cristocentrismo, visto o Cristianismo ser tomado como referência indubitável mesmo quando o objeto estudado é uma tradição totalmente independente.

III. O quadro da Ciência da Religião lusófona. As críticas à substantivação do sagrado têm ganhado

SANTUÁRIO

força na academia internacional, propagando um novo cuidado na aplicação da categoria entre os cientistas da religião. Mesmo dentro da Fenomenologia da Religião♀ contemporânea são notadas discussões importantes sobre como pensar o sagrado♀ hoje para além do metaempírico, propondo, em vez de uma fenomenologia criptoteológica, uma fenomenologia material, pautada na corporeidade, no contexto sócio-histórico, nas neurociências♀ e no empiricamente verificável (Vásquez, 2011). Os reflexos imediatos desse movimento levaram a Ciência da Religião♀ a experimentar uma *virada material/crítica*, ou seja, um retorno às perspectivas naturalistas em detrimento das conjecturas filoteológicas. Se, por um lado, isso pode ser notado mundialmente na Ciência da Religião♀ desde a década de 1970, aparentemente Brasil e Portugal não acompanharam tal tendência, mantendo-se pelo menos meio século atrasados na teorização sobre sagrado♀.

Um artigo de Brandt (2006) discorre sobre essa disparidade. Discutindo sobre como a Fenomenologia da Religião♀ é avaliada no Brasil e na Alemanha, o professor alemão menciona como a Fenomenologia da Religião♀ clássica parece ser aceita quase que sem nenhum questionamento maior no Brasil, algo muito diferente do cenário germânico da disciplina. A comparação entre os dois países também é feita por Usarski (2004), que chama ironicamente de *numinose* a tendência brasileira de procurar pelo numinoso e pelo sagrado em tudo o que diz respeito à religião. Usarski comenta que, como a concepção de um sagrado *sui generis*♀ extrapola o método♀ científico, ela se pauta em uma visão de mundo que está muito mais inclinada à Teologia♀ do que a algo empiricamente verificável. Ambos os autores alemães comentam a questão da briga de métodos♀ na Ciência da Religião♀, e Brandt especificamente menciona a virada material supramencionada. Se, por um lado, tal virada aconteceu na Ciência da Religião♀ mundial, tudo indica que ainda é inaudita no Brasil, não tendo penetrado no estilo de pensamento de cientistas da religião desse país.

Todavia, o maior problema da substantivação do sagrado♀ diz respeito à sua ruptura intencional com o agnosticismo metodológico♀, adotando uma perspectiva intrarreligiosa e indo contra a própria definição do papel de um cientista da religião apresentada no documento da área na CAPES. Na Ciência da Religião♀, o agnosticismo metodológico♀ é *conditio sine qua non*, um cientista da religião não faz Ciência da Religião♀, e a principal fronteira disciplinar entre Teologia♀ e Ciência da Religião♀. Quando os fenomenólogos da religião declaram que é impossível alguém que nunca teve uma vivência do numinoso estudar religião, eles estão promovendo um discurso que não é pautado na discussão científica, mas sim na moral. Em outras palavras, atrela à vivência pessoal a referência teórica decisiva dessa

proposta. Esse tipo de lógica é muito problemática na academia e poderia ser considerada anticientífica. Ela inviabilizaria, por exemplo, que um homem pudesse se tornar ginecologista, que uma pessoa pudesse estudar a língua de outros povos, ou que existissem zoólogos, visto os humanos não terem a experiência de ser sapo ou peixe.

Bibliografia: BRANDT, H. As ciências da religião numa perspectiva intercultural: a percepção oposta da fenomenologia da religião no Brasil e na Alemanha. *Estudos Teológicos*, São Leopoldo, v. 46, n. 1, 2006, p. 122-151; CULLIANU, P.; BURGDOFF, C. A. Sacrilege. In: JONES, L. (Ed.). *Encyclopedia of Religion*. 2nd ed. Farmington Hills: Thomson Gale, 2005. v. 12, p. 8010-8017; DURKHEIM, E. *The elementary forms of religious life*. New York: Free Press, 1995; ELIADE, M. *O sagrado e o profano*. São Paulo: Martins Fontes, 1992; HANEGRAAFF, W. J. Definindo religião, apesar da história. *Religare*, João Pessoa, v. 14, n. 1, 2017, p. 202-247; MURPHY, T. M. Ciência da religião como discurso colonialista: o caso de Rudolf Otto. *REVER: Revista de Estudos da Religião*, São Paulo, v. 18, n. 1, 2018, p. 319-349; OTTO, R. *The idea of the holy*: an inquiry into the non-rational factor in the idea of the Divine and its relation to the rational. New York: Oxford University, 1958; STAUSBERG, M. The sacred and the holy: from around 1917 to today. *Religion*, Milton Park, 2017, v. 47, n. 4, 2017, p. 549-556; USARSKI, F. Os enganos sobre o sagrado: uma síntese da crítica ao ramo "clássico" da fenomenologia da religião e seus conceitos-chave. *REVER: Revista de Estudos da Religião*, São Paulo, v. 4, n. 4, 2004, p. 73-95; VÁSQUEZ, M. A. *More than belief*: a materialist theory of religion. New York: Oxford University, 2011.

Fábio L. Stern

SALVAÇÃO → Soteriologia

SANTUÁRIO

O termo "santuário", do latim *sanctuarium*, de *sanctus*, possui vários sentidos. Pode ser utilizado ao referir-se às relíquias do corpo do mártir ou santo; também pode estar relacionado aos panos que tocaram esses restos mortais ou os próprios túmulos. No entanto, o termo mais comumente associado a santuário é *lugar sagrado*. Por ser considerado um lugar sagrado, o santuário encontra-se separado do lugar profano♀. Essa distinção de espaços, afirma Alles, pode ser observada por meio naturais, como, por exemplo, uma caverna, ou artificiais, como, por exemplo, as *stupas* budistas. Natural ou artificial, o santuário é o espaço sagrado♀ em que a arquitetura e os símbolos que o compõem estão carregados de significados sobre as crenças♀ e os valores das tradições que representam, a exemplo das catedrais europeias construídas em forma de cruz (Alles, 2004, p. 8101).

De acordo com os estudos de várias fontes históricas gerais e particulares, foi somente a partir do século XI que o termo "santuário" passou a ser associado a um lugar sagrado, e esse, por sua vez, à peregrinação☞. Os termos "santuário" e "peregrinação☞" são correlatos na medida em que, graças aos peregrinos, a suas visitas ao santuário, a suas demonstrações de fé☞ e ao seu testemunho, os espaços se legitimam como sagrados. Tal associação entre santuário e peregrinação☞ foi ratificada pela Igreja☞ Católica em seus documentos oficiais ao afirmar que por "santuário" entendemos uma igreja ou lugar sagrado, aos quais, por motivo de devoção, se dirigem em peregrinação☞ numerosos (e frequentes) fiéis, com a aprovação do ordinário lugar. Outro elemento fundamental, segundo a Igreja☞ Católica, para que um lugar seja considerado santuário é que ele esteja associado aos valores e à história do Cristianismo.

Segundo alguns geógrafos, a relação santuário e peregrinação☞ está presente nas denominadas "Cidades-Santuário". Também chamadas de *hierópolis/hierápolis*, grego para "cidade sagrada", as *Cidades-Santuário* são espaços onde os peregrinos encontram-se frequentemente ou em momentos festivos para exercer suas práticas e crenças☞. A prática da peregrinação☞ às *Cidades-Santuário* está presente em várias religiões, como Budismo, Cristianismo, Hinduísmo, Islamismo, Judaísmo, Xintoísmo. Já em outras tradições religiosas, como, por exemplo, o Protestantismo e o Espiritismo, essas práticas não acontecem.

Os geógrafos observaram a intrínseca relação que ocorre, nas *Cidades-Santuário,* entre o espaço sagrado e o espaço profano☞. Nessas regiões, por exemplo, o comércio está sempre associado às atividades religiosas. Rinschede (1985) constata a recorrente dependência das atividades de comércio e dos serviços associada ao calendário das peregrinações. Nas *Cidades-Santuário,* as funções de origem não religiosa, como as universidades, o comércio e o turismo, interagem com as atividades de natureza religiosa. Como nos casos da *Cidade-Santuário* Benares, citada pelos próprios pesquisadores, que possui uma universidade hindu, ou em Kairouan, centro de peregrinação☞ tunisiano, em que a grande mesquita era um tipo de universidade.

Ao longo da história foram muitos os significados do termo "santuário". Houve um período na França em que os santuários, chamados em francês de *à répit*, cujo significado é "para descansar", eram conhecidos como sendo lugares para onde eram levados os recém-nascidos mortos sem o batismo☞. Acreditava-se que em tal "santuário" os bebês voltavam à vida a tempo de receberem o sacramento☞.

Do ponto de vista da Fenomenologia da Religião☞, na tradição de Rudolf Otto☞, o santuário enquanto local de culto refere-se ao local onde o sagrado☞ habita ou se manifesta e as pessoas o encontram. Nessa perspectiva, o santuário é compreendido enquanto espaço diverso da realidade natural, pois nele é possível que as pessoas experienciem o que ele denomina de *mysterium tremendum*. Mircea Eliade☞ comunga a mesma ideia de Otto☞, de que o lugar sagrado☞ é o lugar da "experiência religiosa☞" e enfatiza as diferenças entre o sagrado☞ e o profano☞, afirmando serem categorias opostas.

Para Durkheim☞, o sagrado☞ está associado a coisas às quais os seres humanos são capazes de atribuir significados distintos daqueles com que elas convivem cotidianamente. O sagrado☞, para Durkheim☞, é aquilo que se destaca do cotidiano, é o que não pertence ao universo das coisas comuns. Nesse sentido, o espaço sagrado☞ é o espaço que não se confunde com o espaço comum. Daí a correlação entre Santuário e peregrinos, pois a peregrinação☞ aos Santuários acontece exatamente pela busca de lugares, pessoas e experiências distintas das que são vividas no cotidiano.

Ainda segundo Alles, quando separado, o Santuário pode ser chamado de *domus Dei*, isto é, "casa de Deus" (Alles, 2004, p. 8101). Dessa forma, entende-se que existem Santuários formados por um espaço *domus Dei*, e por um espaço *domus Ecclesiae*, cujo significado é "casa da assembleia reunida"; sendo este o lugar ocupado pela comunidade religiosa☞, trata-se do espaço comum presente em diferentes templos religiosos, como, por exemplo, a sinagoga judaica, determinadas igrejas cristãs, as mesquitas e outros.

O santuário como *domus dei* é aquele em que o edifício sagrado é composto de áreas variáveis, algumas de acesso mais comum à comunidade, o *domus ecclesiae*, e outro em um espaço isolado, voltado para os mais especializados. O acesso ao *domus dei* é limitado geralmente aos mais altos cargos religiosos, como, por exemplo, o sacerdote☞, que ocupa tal lugar em momentos muito específicos e especiais.

A estrutura descrita pode ser observada desde os primeiros templos construídos pelas sociedades politeístas. A construção dos primeiros grandes templos sagrados deu-se a partir da passagem das sociedades de religiões orais agrárias para as sociedades politeístas. É nas sociedades politeístas que aparecem "a oração☞, o sacrifício☞, o clero☞ e os grandes templos, os deuses" (Lambert, 2011, p. 259). A dimensão e a importância dos templos era proporcional ao poder do reino: quanto mais forte o reino, mais poder tinham os deuses e maiores eram os templos, exigindo um maior número de sacerdotes para a organização dos espaços sagrados e a execução dos cultos. A exemplo da sociedade egípcia, os serviços e a organização dos grandes templos variava de acordo com a hierarquia☞ do clero☞, o acesso ao santuário, *domus Dei*, e ao serviço das divindades☞ era restrito aos sacerdotes considerados "puros"; aos

SANTUÁRIO

demais sacerdotes cabiam as atividades mais subalternas de manutenção do templo. Quanto maiores e mais complexos, maior a restrição do povo aos santuários *domus Dei*. A proximidade do povo com tal espaço era apenas para a entrega das oferendas dos animais de sacrifícioⱣ e dos pedidos, pois os sacerdotesⱣ é que executariam os rituais. A grande sala do templo *domus ecclesiae*, localizada próxima ao santuário, podia ser ocupada pelo povo durante as festas e as procissões.

Essa estrutura de ocupação dos espaços sagrados das sociedades politeístas influenciou a concepção e construção dos primeiros santuários monoteístas erguidos pelo povo hebreu. Um exemplo de espaço denominado *domus dei* é o "Santo dos Santos", localizado no Grande Templo de Jerusalém, cuja construção e conceito remontam à Antiguidade. Antes da criação do primeiro santuário (*mishkan*), os hebreus adoravam a Deus no alto das colinas, ou onde se sentissem dispostos a rezar. E assim foi até Moisés se encontrar com DeusⱣ no Monte Sinai, receber as Tábuas da Lei e ouvir a seguinte ordem de Deus: "E me farão um santuário para que eu possa habitar no meio deles" (Ex 25,8); foi então que Moisés ordenou a construção do santuário seguindo as ordens de DeusⱣ (Ex 25–27).

Esse santuário (*mishkan*), construído sob a orientação de Moisés, era uma tenda transportável colocada no centro do campo. No Santuário, também chamado de Tabernáculo, havia um espaço chamado "Lugar Santo", onde todos os dias os sacerdotesⱣ ministravam os serviços religiosos. Separado por um véu, localizava-se o espaço "Santo dos Santos", onde era guardada a Arca da Aliança – contendo os Dez Mandamentos –, que, segundo a tradição, os israelitas haviam trazido do Sinai para Jerusalém. No entanto, no espaço *domus dei* "Santo dos Santos", somente o sumo sacerdote entrava uma vez por ano, no dia mais importante para a comunidade israelita, o Dia do Perdão ou da Purificação.

O Santuário (*mishkan*) apenas deixou de ser nômade, passando a tornar-se a morada permanente da Aliança após a construção do Templo em Jerusalém efetuada pelo rei Salomão. Na tradição judaica, o Santuário é de suma importância por vários fatores, tais como conservar e proteger as tradições, fazer parte da memóriaⱣ, servir como espaço onde a vida deve ser refletiva na perspectiva da féⱣ e do código ético judaico e também para lembrar que as pessoas devem ampliar suas perspectivas, indo além dos problemas cotidianos, servindo principalmente para manter o povo judeu junto, unido.

Contudo, para os judeus, o Santuário ou Tabernáculo é um lugar de encontro de Deus com o povo, onde são mantidas vivas suas tradições e sua féⱣ. No santuário do Templo encontra-se uma bacia para as abluções ao lado do altar, diante da entrada, o candelabro com sete braços, o Altar de Incenso e

uma mesa de oferendas no salão, e bem no fundo o "Santo dos Santos" ou "Santíssimo", de acesso apenas ao sumo sacerdote, num espaço separado, pois se acredita que DeusⱣ está presente nele. Apesar da grande importância da construção do Santuário, a tradição judaica ensina que esse não é o único lugar da presença divina, pois a sua presença pode residir em múltiplos locais.

No Catolicismo romano, é durante a Idade Média, mais precisamente a partir do século V, que a IgrejaⱣ Católica registra o crescimento dos santuários voltados aos seus mártires. Eram santuários majestosos, ricos em ornamentos, visitados várias vezes ao ano por fiéis peregrinos, quer fosse para suplicar uma graça, quer fosse para agradecer a graça alcançada. No entanto, a IgrejaⱣ Católica faz questão de atestar que esses peregrinos recorriam aos mártires não como deuses, mas como homens de Deus.

Como afirma Abumanssur (2013), os lugares santos, como os santuários, são importantes por proporcionarem aos seus fiéis a capacidade de "ordenamento da vida". É o que verificamos quando observamos as peregrinações realizadas, durante toda a Idade Média, pelos fiéis em direção aos santuários na busca das disputadas "relíquias de santos", consideradas miraculosas. Para a IgrejaⱣ Católica, essa disputa dos fiéis pelas relíquias proporcionou uma "movimentação financeira que possibilitou até mesmo novos experimentos e ousadias no campo das artes e da arquitetura" (Abumanssur, 2013, p. 617).

Essa dimensão artística é muito valorizada nos santuários da maioria das religiões. Renomados arquitetos, pintores e escultores contribuíram com suas belíssimas obras de arte na construção dos santuários. Nesse sentido, muitos santuários são vistos como centros artísticos, capazes de atrair visitantes cujo foco é a obra artística e não necessariamente a experiência religiosaⱣ.

Os santuários variam de acordo com as tradições religiosas. Além das cidades sagradas e templos, são encontrados santuários domésticos, santuários do pátio e eremitérios. Os santuários domésticos, ou de casa, são mais comuns no Catolicismo romano, no Hinduísmo e no Budismo. Na maioria das vezes, esses santuários são formados por uma pequena instalação situada em um dos cômodos da casa, onde são colocadas pinturas, esculturas, oferendas, velas, incensos, fotos dos antepassadosⱣ; a sua composição depende da tradição.

Os santuários de pátio ficam situados ao ar livre, geralmente estão localizados na parte inferior dos jardins e são, na maioria das vezes, compostos com esculturas, pinturas, elementos arquitetônicos e outros objetos sagrados que dizem respeito à tradição religiosa que representam.

Quanto aos eremitérios, são santuários formados por imagens religiosas, protegidos por pequenos suportes e colocados em determinados estabelecimentos, numa estrada, num caminho ou em uma encruzilhada. Esses modelos de santuários estão presentes na maioria das religiões.

No Catolicismo romano, no Cristianismo ortodoxo e no Anglicanismo, as igrejas, independentemente de suas dimensões ou popularidade, são consideradas como santuários.

No Islã, o lugar mais sagrado é a *Caaba*, localizada na cidade de Meca. A *Caaba*, considerada o santuário mais antigo do Islã, é um edifício quadrado coberto por um pano preto. Pode ser vista como um santuário porque abriga uma relíquia venerada chamada *Hajar al-Aswad* ("Pedra Negra") e é o foco da prática de peregrinação♀ mais importante do mundo, o *Hajj*, um dos cinco pilares do Islã. Os peregrinos devem completar sete voltas em torno da *Caaba* e beijá-la. Para a corrente sunita, a mesquita, *masjid*, que deriva da raiz árabe sajada (raiz *s-j-d*, "prostrar-se"), segue, em importância, a seguinte ordem: em Meca, a Grande Mesquita, também conhecida como Mesquita Sagrada ou *Masjid al-Haram*, que significa a "Coroa entre as Mesquitas"; no centro do pátio fica a *Caaba*; em Medina, a Mesquita do Profeta ou *al-Masjid an-Nabawī*, originalmente construída pelo profeta Maomé; e em Jerusalém, o Domo da Rocha e a Mesquita de *Al-Aqsa* ("Mesquita distante"), ambos construídos no século VII, no Monte do Templo em Jerusalém, e que estão entre as mais antigas estruturas do mundo muçulmano. O santuário mais sagrado♀ para os muçulmanos é o túmulo de Maomé, considerado uma fonte de bênçãos para o visitante. No entanto, muitos reformadores islâmicos modernos condenam a construção (e às vezes a visita) de santuários de tumbas, pois acreditam que os santuários de tumbas promovem a idolatria♀. É dever dos muçulmanos comparecerem pelo menos uma vez por semana, preferencialmente ao meio-dia das sextas-feiras, à mesquita para participar das orações com a comunidade. Para entrar na mesquita, o muçulmano deve respeitosamente lavar-se, tirar os sapatos, estar adequadamente trajado, de acordo com os princípios do Islã, sentar-se voltado para Meca para participar das orações e do sermão do dirigente, normalmente um imã. É comum que homens e mulheres participem das orações em espaços diferenciados dentro da mesquita.

No Budismo, a concepção de santuário está associada ao lugar em que acontece a veneração♀ para Buda ou para um dos *bodhisattvas*. Por isso é comum nos santuários budistas as esculturas de budas e *bodhisattvas*, geralmente acompanhadas de oferendas como flores, comida e incenso, relíquias de budas falecidos e outros. Os budistas enfatizam que as imagens do Buda não devem ser adoradas; segundo a tradição, elas estão no templo para lembrar os ensinamentos do Buda e ajudar o devoto em sua prática meditativa.

No Hinduísmo, os santuários são encontrados tanto dentro de um templo hindu quanto organizados no interior das casas. Os altares domésticos são muito comuns na maioria dos lares hindus, pois fazem parte da tradição dos devotos. Neles são colocadas as imagens de divindades♀, flores, incenso e orações. A tradição dos altares domésticos no Hinduísmo remete à Índia Védica, período anterior ao Hinduísmo em que a religião predominante era o vedismo. O Hinduísmo herdou muitos elementos do vedismo, sistema de organização da sociedade em castas, os Vedas sagrados, as cerimônias do casamento e dos funerais, mas herdou de modo especial os ritos domésticos. O rito e os altares domésticos se fizeram necessários nesse período graças à crença♀ de que, "se os deuses não fossem alimentados nem dessedentados, não apenas seu descontentamento faria cair sobre a terra todos os males, mas ainda mais grave, sua perda de poder desorganizaria o mundo, por exemplo, o sol deixaria de reaparecer toda a manhã" (Lambert, 2011, p. 249). Por isso, acreditava-se que o culto contribuiria para evitar o descontentamento dos deuses e, assim, manter a ordem do mundo. No vedismo, como para a maioria dos povos politeístas, o culto poderia ser público e coletivo, executado pelos sacerdotes, ou doméstico, realizado pelo chefe da família e sua mulher. A crença♀ de que a função principal dos templos era servir como casa das divindades♀ levava as pessoas a realizarem seus cultos no âmbito familiar, organizados a partir dos altares domésticos, tradição que se estende até os dias atuais. Localizados num lugar especial da casa, os altares domésticos são preparados pelos devotos com flores, frutas, incensos, esculturas de uma ou mais divindades♀. O culto é realizado diante dos altares domésticos, podendo variar o número de vezes por semana. Os cultos costumam acontecer às sextas-feiras, em geral executados a partir de orações, recitação de textos sagrados e meditação♀. Faz parte do ritual hindu estar limpo antes do culto. Os cultos também podem acontecer nos templos, embora não haja uma obrigatoriedade.

***

No decorrer da história, diferentes interpretações e concepções foram sendo construídas sob o conceito de santuário. Os santuários e suas diferentes representações são tão variados quanto os grupos sociais e suas tradições religiosas. Os estudos e pesquisas sobre esses espaços sagrados contribuem, entre outras questões, para uma investigação mais sistematizada sobre como seres humanos se relacionam com as questões religiosas e como estes, por sua vez, refletem e alteram os contextos sociais nos quais estão inseridos. Nesse sentido, os santuários têm sido tema de pesquisadores de diferentes áreas do conhecimento, tais como a História, a Geografia e a Arqueologia♀. Cada área

SAÚDE

desenvolve seu trabalho a partir de diferentes prismas e perspectivas, e a Ciência da Religião♀ também tem-se dedicado à pesquisa sobre esta temática a partir de uma epistemologia♀ própria.

Bibliografia: ABUMANSSUR, E. S. Ciência da religião aplicada ao turismo. In: PASSOS, J. D.; USARSKI, F. (Org.). *Compêndio da ciência da religião.* São Paulo: Paulus/Paulinas, 2013. p. 615-621; ALLES, G. D. Sanctuary. In: JONES, L. (Ed.). *Encyclopedia of Religion.* Macmillan Reference, USA, 2004. v. 12, p. 8100-8101; DURKHEIM, É. *As formas elementares da vida religiosa.* São Paulo: Martins Fontes, 1996; ELIADE, M. *O sagrado e o profano:* a essência das religiões. São Paulo: Martins Fontes, 1992; LAMBERT, Y. *O nascimento das religiões:* da pré-história às religiões universalistas. São Paulo, Loyola, 2011; RINSCHEDE, G. Das Pilgerzentrum Lourdes. In: BÜTTNER, M. et al. (Hrsg.). *Grundfragen der Religionsgeographie:* Mit Fallstudien zum Pilgertourismus. Berlin: Dietrich Reimer, 1985. Bd. 1, p. 195-256; ROSENDAHL, Z. O sagrado e o urbano: gênese e função das cidades. *Hierópolis:* o sagrado e o urbano. Rio de Janeiro: EdUERJ, 1999.

Valeska Freman B. Freitas Silveira

SAÚDE

A saúde ocupa uma posição de destaque nas religiões. De acordo com Sullivan e Sered (2005), a busca pela cura é algo central em diversas culturas, e a própria doença age como um importante agente de aproximação das pessoas com a religião. Doença e saúde são temas corriqueiros em mitos, são explorados por diferentes concepções teológicas, e a relação direta da doença com o sofrimento faz com que muitas religiões entendam saúde como um prenúncio da salvação♀ espiritual. Contudo, na Ciência da Religião♀ ainda há um hiato de estudos sobre isso. Embora sejam encontradas produções sobre curas religiosas específicas (por exemplo, as curas no Espiritismo, no Pentecostalismo, em religiões afro-brasileiras etc.), abordagens e teorias mais gerais sobre religião♀ e saúde (com exceção de considerações sobre Psicologia) não são comuns nas enciclopédias e coleções da área.

No âmbito mundial, a maioria das investigações é fruto de acadêmicos das áreas médicas, com foco bastante pronunciado na eficácia terapêutica de práticas espirituais. Um levantamento feito por Koenig (2005, p. 3875) demonstrou um aumento, entre 1980 e 2000, de 800% a 1000% no número de artigos relacionando religião♀ e saúde na Medline e na PsychLIT, bases de dados importantes da medicina e da psicologia. Analisando 747 estudos indexados desses bancos, Koenig observou que esses artigos tendem a se preocupar com diagnósticos e prognósticos diferenciados entre pessoas religiosas em comparação a pacientes não religiosos.

Nesses estudos também é comum uma distinção entre religião♀ e espiritualidade♀, na qual a religião♀ é entendida nos moldes do Cristianismo tradicional e a espiritualidade♀ diz respeito a sonhos, objetivos de vida, busca por sentido pessoal e independência das instituições (Koenig, 2005, p. 3875; WHO, 1998, p. 7). Essas definições são adotadas sem maiores questionamentos pela área da saúde, embora possam ser problematizadas por cientistas que discutem mais a fundo a questão da conceituação do que é religião.

Mas apesar de seu interesse crescente pela espiritualidade♀, Sloan (2000) ressalta que médicos são inaptos para "prescrever" atividades religiosas. As formações na área da saúde são muito técnicas, e esses profissionais não são preparados para lidar com religiões. Então, o que comumente acaba ocorrendo é que ou eles desenvolvem pesquisas para validar suas próprias crenças♀ religiosas (usualmente sem reconhecer que estão fazendo isso), ou adotam uma postura duramente crítica para deslegitimar alguma prática terapêutica popular, taxando-a como pseudocientífica ou charlatanismo. Nesse sentido, a Ciência da Religião♀ aparece como um promissor campo de estudos, apresentando a possibilidade de uma abordagem diferenciada, com olhar renovado, ao que vem sendo produzido mundialmente sobre a temática.

Na Ciência da Religião♀, os objetivos de estudos sobre religião♀ e saúde podem ser outros. Assim como não nos cabe questionar a veracidade da fé♀ de nossos sujeitos de pesquisa, não deveria estar nas preocupações de cientistas da religião se são "reais" coisas como a fluidificação da água no Espiritismo, o *qì* da medicina daoísta, o *prāṇa* da *āyurveda*, o *reiki*, a energia dos *cakrás*, o poder da benzedura cristã ou o axé que cura na Umbanda e no Candomblé. Também a eficácia fisiológica não deve ser o foco; a crítica de Sloan aos médicos pode ser adaptada a nós: não somos preparados para aferir isso. Devemos nos preocupar – utilizando o termo de Sullivan e Sered (2005, p. 3814) – com os "corpos sociais" de nossos sujeitos de pesquisa, e não com seus corpos biológicos.

Com isso em mente, neste texto serão apresentadas algumas propostas de campos de estudo e conceitos-chave desenvolvidos nas ciências humanas que podem ser utilizados por cientistas da religião que desejarem trabalhar com a dimensão da saúde nas religiões.

I. Cura e doença. Ao abordar religião♀ e saúde, é necessário ter em mente que diferentes culturas possuem diferentes entendimentos para o significado de saúde. Nos países europeus e norte-americanos há a tendência de entender saúde como "ausência de doenças". Nesses quadros, a medicina acaba por adquirir um caráter bélico, uma luta contra as patologias, cuja vitória é vista como a própria cura. Segundo Laplantine (2010), essa concepção foi difundida pela institucionalização♀ da profissão médica, alavancada pela regulamentação da "medicina oficial", que apresentou o médico-cientista como o curador legítimo, relegando outros sujeitos que curam à subalternidade. E então foi novamente fortalecida no início do século XX pela descoberta da penicilina, que permitiu que doenças antes mortais fossem derrotadas.

Todavia, uma crise paradigmática começou a ser observada. Neves (2011) e Laplantine (2010) explicam que a Primeira Guerra Mundial gerou uma crise existencial na população europeia, que passou a ver seu "universo interior", rico de significados, como diferente do exterior desacreditado do pós-guerra. Isso levou à supervalorização desse "universo interior", e após a Segunda Guerra Mundial os próprios governos europeus começaram a se preocupar com o bem-estar de seus cidadãos. A popularização disso nos estados embros da recém-criada ONU levou à fundação da Organização Mundial da Saúde, que desde seu surgimento promove uma abordagem diferenciada para a saúde, a qual inclui a ideia desse bem-estar social e também a saúde mental. Assim, a Organização Mundial da Saúde definiu saúde como um estado completo de bem-estar físico, mental, espiritual e social, não apenas a ausência de enfermidades (WHO, 1998, p. 4).

No entanto, na prática médica, e também na sociedade mais ampla, ainda é forte a ideia de que a cura ocorre somente quando a doença desaparece. A industrialização e o cientificismo da medicina moderna, promovidos em especial após o desenvolvimento do racionalismo e do cartesianismo, fizeram os médicos adotarem uma distinção entre cura e remissão, na qual cura foi definida como o sucesso da terapia a uma instância específica da doença, visando a seu fim definitivo, e remissão é vista como a ausência de sintomas, mas sem a erradicação total da patologia. Dessa forma, apesar do que prega a definição de saúde da Organização Mundial da Saúde, no cotidiano da medicina prática essa distinção mantém, em última instância, a cura atrelada à patologia.

Como a razão religiosa responde a arcabouços simbólicos com plausibilidade própria, para o estudo acadêmico das medicinas religiosas é importante entender que essa diferenciação se aplica à biomedicina, mas não necessariamente às religiões. Para cientistas da religião, quatro conceitos são importantes: *curing*, *healing*, *disease* e *illness*. *Disease* e *illness* dizem respeito aos modos de conceber a doença, e *curing* e *healing* a formas de compreender a cura. Em língua portuguesa, as palavras *cure* e *heal* são ambas traduzidas como "curar". O mesmo ocorre com *disease* e *illness*, que são igualmente traduzidas como "doença". Isso se dá porque não há em nosso idioma palavras que expressem claramente a distinção de significado existente na língua inglesa.

Segundo Hanegraaff (1998, p. 42-43), a diferença entre *curing* e *healing* se dá pelo modelo terapêutico escolhido. Quando o modelo biomédico é adotado – ou seja, quando a preocupação está na erradicação de patologias –, estaríamos trabalhando com *curing*. Já o *healing* se orienta por uma abordagem integral, holística, que se aproxima da definição da Organização Mundial da Saúde sobre saúde, considerando as percepções pessoais e as experiências sociais, oferecendo contextos interpretativos gerais mais amplos de sentido à doença.

Sobre *disease* e *illness*, Hanegraaff (1998, p. 42) explica que *disease* é a concepção de doença do modelo biomédico, dizendo respeito às anomalias na estrutura ou função dos sistemas orgânicos, enquanto *illness* diz respeito às experiências e às percepções de certos estados desvalorizados na sociedade. *Disease* se relaciona às patologias, sejam reconhecidas ou não pela cultura. Já *illness* depende inteiramente da cultura, podendo englobar outros estados sociais desvalorizados que vão além das doenças, como a má sorte e o desemprego. Unindo os conceitos, o *curing* trabalha com *diseases*, e o *healing* com *illnesses*. As curas religiosas, de modo geral, operam na dimensão do *healing/illness*.

II. Etiologias religiosas. Etiologia é um termo técnico da medicina que diz respeito ao estudo dos fatores que provocam as doenças. A etiologia médica é pautada em grande medida na teoria da patogênese celular, que pressupõe que as células doentes provêm de células sadias, de tecidos normais do corpo, que são agredidas por um ou mais fatores patogênicos. Nas religiões, porém, as explicações do porquê adoecemos são mais amplas e ditam não apenas as formas de diagnóstico como também o tratamento e a própria concepção de doença de determinada comunidade. Tomando emprestado o termo médico à Ciência da Religião♀, chamamos o conjunto desses fatores nas religiões de "etiologia religiosa".

O modelo etiológico aqui apresentado é de autoria do moçambicano Ndolamb Ngokwey (1988), baseado em sua pesquisa em Feira de Santana, na Bahia. Posteriormente, o mesmo modelo foi utilizado em um estudo em favelas do Rio de Janeiro por Minayo (1988), ampliando as discussões originais de Ngokwey. A aplicação desse modelo para as religiões parte da constatação de Laplantine de que "religião popular e medicina popular são uma única e mesma coisa" (2010, p. 223), visto que ao estudar as medicinas populares de uma comunidade temos acesso a muito de seu imaginário religioso.

O modelo de Ngokwey divide as etiologias populares em quatro grandes grupos: 1) de origens naturais; 2) de origens sobrenaturais; 3) de origens psicossociais; e 4) de origens socioeconômicas. Aplicado às religiões, cada confissão não necessariamente responderá a apenas uma categoria. Uma mesma religião pode apresentar explicações distintas que podem ser encaixadas, cada qual, em qualquer uma dessas categorias. Pegando o exemplo da Grécia antiga, encontramos tanto a teoria dos fluidos humorais (etiologia por causas naturais) quanto passagens na *Ilíada* que demonstram o Deus Apolo castigando os mortais com a peste (etiologia por origens sobrenaturais).

Sobre as categorias, a primeira delas diz respeito às explicações religiosas que pautam a origem das doenças em fenômenos da natureza. Ngokwey (1988, p. 795) exemplifica com a crença→ popular de que mudanças climáticas bruscas ou a exposição a temperaturas intensas ou umidade provocam doenças. Além desses exemplos, os tabus dietéticos e explicações que giram em torno da higiene também podem ser incluídos. Todavia, o que é considerado natural pelas religiões nem sempre será igual ao que é considerado natural pela ciência. Há culturas que compreendem que o mundo é formado por energias metaempíricas (por exemplo, quatro elementos, *prāṇa*, *qì*), e para esses povos isso é a natureza. Sendo assim, explicações sobre saúde pautadas em teorias elementares (caso grego) ou no movimento de forças cósmicas como o *yīn-yáng* (caso daoísta) devem ser vistas como etiologias religiosas de origem natural.

A segunda categoria, das origens sobrenaturais, consiste na crença→ de que seres espirituais (por exemplo, deuses, orixás→, espíritos) podem gerar doenças. Segundo Sullivan e Sered (2005, p. 3808), uma das ideias mais comuns na relação criador-criatura é a de que tudo, inclusive o mal, vem de um ser supremo. É uma constante nas sociedades teístas a noção de que os deuses enviam o mal e por vezes até destroem sua própria criação. Por isso a etiologia religiosa de origens sobrenaturais é o caso mais visível nas religiões. No entanto, nem sempre a doença será vista como uma punição→ divina. Concepções da doença como uma provação de fé→ ou como lembrete à vida religiosa também são corriqueiras, sendo talvez o Livro de Jó o exemplo bíblico mais famoso nesse sentido.

A terceira categoria atribui que emoções e relações interpessoais podem originar doenças. Determinados sentimentos (por exemplo, inveja, raiva, tristeza, ciúmes, medo) teriam o potencial de nos fazer adoecer (Minayo, 1988, p. 371). Algumas religiões acreditam também que o pensamento negativo projeta estados doentios (Hanegraaff, 1998). Sobre as relações interpessoais, determinadas práticas (por exemplo, mau-olhado, varrer os pés, deixar sapatos com a sola virada para cima) e certas pessoas na comunidade podem ser consideradas nocivas. Sobre esse último caso, uma figura social que corriqueiramente ocupa tal lugar é a bruxa. Pegando o caso europeu, historicamente as pessoas de classes sociais, gênero→, etnias, práticas sexuais ou faixas etárias malvistas socialmente foram muito mais condenadas por bruxaria. Além disso, reforçando a importância social para o conceito de bruxaria, não basta à pessoa se autodeclarar bruxa. Se a comunidade não reconhece seus poderes, ela será vista apenas como louca. Por isso as crenças→ em doenças oriundas de feitiçaria são primordialmente etiologias de origem psicossocial, mais do que simplesmente etiologias de origem sobrenatural.

Por fim, as origens por fatores socioeconômicos, nas palavras de Minayo, "são aquelas referidas às condições materiais de existência: o salário, a moradia, o tipo de trabalho, as relações sociais (próximas e com a sociedade mais ampla), o saneamento básico e – ressaltamos – o funcionamento do sistema de saúde" (1988, p. 367). Algumas religiões tendem a dar uma importância maior às questões sociais (por exemplo, Budismo engajado e teologia→ da libertação→). Usualmente, quando isso ocorre, um ideal de mundo justo é concebido, em uma tentativa de trazer o mundo espiritual ao mundo terreno. Mas como esse mundo é utópico, ele nunca pode ser alcançado plenamente. Os diversos estados negativos (*illness*) que existem na sociedade – dos quais a doença estaria inclusa – acabam por encontrar sua justificação nesse fato.

III. Eficácia simbólica. Na introdução comentei sobre a crítica de Sloan aos médicos, sobre eles serem inaptos a prescreverem atividades religiosas, adaptando essa crítica à Ciência da Religião→, que também não possui instrumental para atestar a efetividade fisiológica das medicinas espirituais. Contudo, trabalhando com os corpos sociais de nossos sujeitos de pesquisa, podemos investigar a dimensão dos constituintes socioantropológicos que se articulam nas comunidades religiosas e fundamentam os mecanismos das curas populares. Esses casos são muito interessantes, uma vez que às vezes o corpo social pode assumir tamanha importância na prática terapêutica que se torna central, eclipsando o corpo→ biológico, que fica em segundo plano.

Um autor que abordou os mecanismos das curas religiosas foi Lévi-Strauss→, que chamou de "eficácia simbólica" a ação psicofisiológica das curas xamânicas. É importante ressaltar que a eficácia simbólica, como apresentada por Lévi-Strauss→, diz respeito a uma transformação dos sujeitos e de suas relações, e não é sinônima de eficácia empírica. Lévi-Strauss→ (1975, p. 233) considera que as dimensões simbólica e biológica são homólogas, e com isso não se pode conceber, de forma reducionista e literal, que o símbolo age sobre o corpo. Na concepção levistraussiana, o mito é parte do próprio corpo→ social, o que fica claro no exemplo apresentado da parturiente (1975, p. 213).

Lévi-Strauss,→ é enfático ao afirmar que o ritual somente é eficaz conquanto os símbolos evocados pelo curandeiro durante a prática terapêutica forem compartilhados entre o enfermo, o curador e a comunidade. É emblemática a declaração de Lévi-Strauss (1975, p. 208) de que, no sistema estrutural da cura mágica, o xamã não é um grande xamã por curar seus doentes. É por ser reconhecido na comunidade como um grande xamã que ele consegue curar os enfermos. E como não existem símbolos universais, se um curandeiro for retirado de seu contexto, sua terapia pode deixar de apresentar eficácia, haja vista os enfermos talvez não mais compartilharem seus símbolos.

No entanto, os curandeiros não são totalmente desprovidos de conhecimentos e técnicas empíricas. Se um dos elementos da tríade curador/enfermo/comunidade muda, as variáveis precisam ser reajustadas para que a eficácia simbólica continue a ocorrer. Isso é exemplificado por Lévi-Strauss com um caso de substituição de técnica xamânica: após um xamã itinerante chegar à tribo trazendo uma prática diferente da que os xamãs locais utilizavam havia gerações, houve uma suplantação do ritual de cura original da comunidade (1975, p. 204). A prática antiga deixou de apresentar eficácia pela ressignificação do sistema simbólico ocorrida pelo fato concreto da chegada da nova técnica.

Embora originalmente descrita para tratar do xamanismo, a eficácia simbólica é utilizada hoje na Antropologia para descrever e caracterizar as formas de medicina que escapam à lógica biomédica, como as terapias alternativas, as medicinas vitalistas, as práticas integrativas e complementares, a feitiçaria e também as articulações entre religião e saúde de modo geral. Essa ampliação do conceito é estimulada pelo próprio Lévi-Strauss (1975, p. 211-212), que utilizou a psicanálise como um exemplo da eficácia simbólica na Modernidade. Uma vez que o inconsciente é um pressuposto que não pode ser aferido empiricamente, a eficácia psicanalítica, na visão de Lévi-Strauss, foge ao paradigma científico médico hegemônico, sendo explicada, então, através da eficácia simbólica. O mesmo se daria nas medicinas populares e nas curas religiosas.

IV. Racionalidades médicas. As políticas atuais da Organização Mundial da Saúde têm estimulado os países membros da ONU a incorporarem as medicinas populares nos sistemas públicos de saúde, desde que essas práticas sejam reguladas nos critérios da investigação científica da medicina. Por trás dessa supremacia do pensamento biomédico sobre as medicinas populares, há o pressuposto de que as medicinas religiosas são pautadas simplesmente em crendices, que não contêm ciência, e que a biomedicina estaria isenta de dogmas por ser científica – o que se sabe não ser verdadeiro.

O problema é que certos sistemas terapêuticos não podem ser explicados pelos critérios materialistas (por exemplo, os florais de Bach, homeopatia, *reiki*, curas xamânicas), gerando um conflito ideológico entre a cosmovisão da biomedicina e a cosmologia das medicinas populares. Além disso, não parece justo declarar que a medicina alopática é mais válida apenas por ser científica, contestando mais de três milênios de conhecimentos *ayurvédicos*, por exemplo, simplesmente porque eles não se encaixam totalmente no paradigma biomédico.

Entendendo a sensibilidade dessa questão, Madel Luz fundou um projeto de pesquisa na Universidade Federal do Rio de Janeiro em 1992, cunhando o termo "racionalidade médica" para se referir à complexidade dos sistemas médicos em sua pluralidade. Em seu livro (Luz; Barros, 2012), fruto de duas décadas de trabalho, são apresentados tanto capítulos teóricos, que visam explicar seu conceito, quanto pesquisas empíricas sobre os principais sistemas médicos estudados por seu grupo (por exemplo, biomedicina, medicina antroposófica, medicina chinesa e homeopatia).

Luz considera que, embora a medicina alopática seja o modelo mais difundido no Brasil, na sociedade coexistem diversas racionalidades médicas paralelas, plurais, que se articulam tanto de forma simbólica quanto empírica. Cada racionalidade médica é constituída por seis dimensões interdependentes: 1) morfologia; 2) dinâmica vital; 3) doutrina médica; 4) sistema diagnóstico; 5) sistema terapêutico; e 6) cosmologia. Essas dimensões se inter-relacionam na prática das racionalidades médicas, perdendo sua lógica caso qualquer um dos outros elementos seja retirado do sistema. Por isso não é possível entender uma racionalidade médica pela óptica de outra racionalidade sem que haja perda significativa de sua coerência (por exemplo, tentar entender a medicina chinesa pela cosmologia da medicina alopática).

A respeito de cada categoria, a morfologia diz respeito à forma como cada racionalidade médica entende o corpo humano. Na medicina alopática o corpo é algo inteiramente físico, constituído pelos órgãos e sistemas. Na medicina chinesa o corpo possui uma dimensão energética, o sistema de meridianos (*jīngluò*) por onde percorre o sopro vital (*qì*), que alimenta uma dimensão orgânica, os órgãos e as vísceras (*zàngfǔ*).

A dinâmica vital diz respeito à fisiologia ou à forma como a morfologia (o corpo) funciona de acordo com a racionalidade médica estudada. Na medicina alopática a fisiologia é fundamentada pelo paradigma cartesiano-mecanicista. Na medicina chinesa, o funcionamento do corpo é explicado pela ação do *yīn-yáng*, do sopro vital (*qì*) e pela dinâmica de seus movimentos (*wǔ xíng*), tanto internamente quanto no ambiente (por exemplo, estações do ano, clima etc.). Na biomedicina, a morfologia e a dinâmica vital estão bastante distintas. Na medicina chinesa e outras racionalidades médicas vitalistas, as concepções de corpo e de funcionamento corporal se interpenetram muito mais, tornando-se, por vezes, indiscrimináveis.

SEMIÓTICA

A doutrina médica é basicamente a etiologia de uma racionalidade médica, dizendo respeito às considerações sobre as causas e a natureza do adoecer. Contém também as concepções teóricas sobre o que é saúde e o que é cura no sistema médico estudado. Na medicina alopática, a doutrina médica é a teoria das causalidades, cuja concepção de cura visa o combate às doenças. Na medicina chinesa, saúde é entendida como o equilíbrio entre os constituintes da dinâmica vital: *yīn-yáng*, sopro vital (*qì*), dinâmica dos movimentos (*wŭ xíng*) etc.

O sistema diagnóstico, como o próprio nome indica, refere-se às habilidades utilizadas no processo anamnésico para que o curador possa identificar qual é o quadro clínico do enfermo. Na medicina alopática, o sistema diagnóstico é pautado na sintomatologia, em exames físicos e exames laboratoriais complementares. Na medicina chinesa, a semiologia busca por possíveis desequilíbrios dos elementos presentes na dinâmica vital: *yīn-yáng*, sopro vital (*qì*) e dinâmica dos movimentos (*wŭ xíng*).

O sistema terapêutico constitui a dimensão final da prática médica: a forma de tratar o paciente, as intervenções que são utilizadas. Na medicina alopática, a medicação é a principal forma de intervenção terapêutica, mas a prevenção e as cirurgias também constituem formas de terapia médica. Na medicina chinesa, as principais formas de intervenção são a higiene, os exercícios, a dietética, a fitoterapia, as massagens, a acupuntura e a moxabustão.

A última categoria, cosmologia, foi inserida posteriormente por Luz, e diz respeito ao quadro filosófico mais geral de significados que fornece plausibilidade aos outros cinco pontos. Tende a ser a dimensão mais próxima dos saberes religiosos que fundamentam uma racionalidade médica, embora muitas vezes esteja implícita no trabalho médico. No caso da medicina alopática, sua cosmologia é a própria física newtoniana. Na medicina chinesa, grande parte de seus pressupostos são encontrados na filosofia daoísta.

É importante ressaltar que, diferentemente das categorias apresentadas anteriormente, o conceito de racionalidade médica não é aplicável a qualquer medicina popular. Luz entende que um sistema médico só pode ser compreendido nos moldes de uma racionalidade médica se pressupor certo grau de institucionalização. Além disso, os escritos de Luz até 2005 consideravam que práticas advindas diretamente de contextos religiosos (por exemplo, medicina antroposófica) não poderiam ser estudadas como uma racionalidade médica. Haja vista tal declaração ser extremamente problemática, ela foi revista, e hoje a antroposofia é uma das racionalidades estudadas pelo próprio Luz.

Essa revisão da teoria fez com que cientistas da religião brasileiros passassem a entender que o modelo de Luz é um sistema aberto e que pode ser utilizado em outros contextos, além dos cinco nos quais o grupo original de Luz tem trabalhado no Rio de Janeiro. Pesquisas de cientistas da religião sobre apometria, acupuntura, *āyurveda*, medicinas indianas, terapias novaeristas, terapias *kardecistas* e sobre a própria antroposofia têm utilizado a categoria racionalidade médica de modo mais abrangente, demonstrando seu potencial para o campo da Ciência da Religião.

Bibliografia: HANEGRAAFF, W. J. Healing and personal growth. In: HANEGRAAFF, W. J. *New Age religion and Western culture*: esotericism in the mirror of secular thought. New York: State University, 1998. p. 42-61; KOENIG, H. G. Health and religion. In: JONES, L. (Org.). *Encyclopedia of religion*. 2nd ed. Farmington: Thomson Gale, 2005. v. 6; LAPLANTINE, F. *Antropologia da doença*. 4. ed. São Paulo: WMF Martins Fontes, 2010; LÉVI-STRAUSS, C. *Antropologia estrutural*. Rio de Janeiro: Tempo Brasileiro, 1975; LUZ, M. T.; BARROS, N. F. de (Orgs.). *Racionalidades médicas e práticas integrativas em saúde*: estudos teóricos e empíricos. Rio de Janeiro: UERJ, 2012; MINAYO, M. C. de S. Saúde-doença: uma concepção popular da etiologia. *Caderno de Saúde Pública*, Rio de Janeiro, v. 4, n. 4, out.-dez./1988, p. 363-381; NEVES, A. C. Conceito ampliado de saúde. In: BLOISE, P. (Org.). *Saúde integral*: a medicina do corpo, da mente e o papel da espiritualidade. São Paulo: Senac, 2011. p. 23-35; NGOKWEY, N. Pluralistic etiological systems in their social context: a Brazilian case study. *Social Science & Medicine*, Amsterdam, v. 26, n. 8, 1988, p. 793-802; SLOAN, R. P. et al. Should physicians prescribe religious activities? *The New England Journal of Medicine*, Waltham, n. 342, 22 jun. 2000, p. 1913-1916,; SULLIVAN, L. E.; SERED, S. Healing and medicine: an overview. In: JONES, L. (Org.). *Encyclopedia of Religion*. 2nd 2. Farmington: Thomson Gale, 2005. v. 6, p. 3808-3816; WHO (World Health Organization). *WHOQOL and Spirituality, Religiousness and Personal Beliefs (SRPB)*. Geneva: WHO, 1998.

FÁBIO L. STERN

SAUSSAYE, PIERRE DANIËL CHANTEPIE DE LA → Fenomenologia da Religião

SECULARIZAÇÃO→ Sociologia da Religião

SEITA → Instituições religiosas→ Sociologia da Religião

SEMIÓTICA

O termo "semiótica" deriva da palavra grega σημεῖον (*semeion*), que significa "signo". Em sentido amplo, semiótica consiste no estudo sistemático dos signos (unidades significativas ou representativas) e, consequentemente, dos processos de significação, da ação dos signos ou semiose. Trata-se do estudo das relações que se estabelecem entre os signos, como se combinam e produzem sentidos, e as reações (interpretações e ações) que provocam. A semiótica pretende descrever e analisar os mais diversos fenômenos em sua constituição como linguagem tomada não como sinônimo de língua, mas em seu sentido lato. A semiótica não consiste em um determinado método, mas fornece um ponto de vista, uma perspectiva que propicia diferentes itinerários ou modos de olhar que norteiam a investigação de sistemas de signos. A riqueza propiciada pelo ponto de vista semiótico enseja uma variedade de métodos propostos para o estudo de diferentes sistemas de signos – como os signos do religioso, por exemplo –, cada um a explorar diferentes possibilidades de entendimento (Deely, 1990, p. 27-29).

Entre os semioticistas não são aceitas com consenso as definições de *signo* e de *semiótica*, tampouco seu alcance – se se atém apenas ao estudo dos signos verbais ou se se estende à ampla variedade de signos verbais e não verbais em sentido lato. O histórico da evolução das investigações sobre a natureza dos signos, da significação e da comunicação mostra que divergências começaram a surgir antes mesmo do estabelecimento de uma semiótica propriamente dita como um campo de estudo delimitado. Desde a origem da história da filosofia greco-romana até o início do século XVII, encontramos a chamada *semiótica 'avant la lettre'*, posto que diversos filósofos elaboraram teorias acerca da natureza, composição, estrutura e funcionamento dos signos verbais e não verbais, bem como sua classificação antes mesmo da denominação/circunscrição desse amplo campo de estudo (Nöth, 1995, p. 11-76). Portanto, na Antiguidade foram semioticistas *avant la lettre* Platão, Aristóteles, os estoicos, os epicuristas e Santo Agostinho, assim como os que se ocuparam do estudo dos sintomas como signos de doenças.

Na Idade Média, os signos foram tema de reflexão de muitos escolásticos, a exemplo de John Duns Scot (1270-1308), William of Ockham (1290-1349) e Roger Bacon (1215-1294), autor do tratado *De Signis*. A teorização dos signos versou sobre as doutrinas do realismo e do nominalismo, os modos de significação e de representação, e a diferenciação entre conotação e denotação. Houve particular interesse em signos religiosos do universo cristão que implicavam códigos de conduta, e na força dos símbolos, especialmente o poder dos gestos e da palavra – como a língua adâmica – e a discussão sobre o sentido (maldição ou bênção?) da diversidade das línguas.

Da Idade Média à Renascença, diversos modelos semióticos desenvolvidos não se restringiram ao estudo de signos humanos, estendendo-se aos animais e à natureza em geral. Por sua generalidade, esses modelos foram chamados de *pansemióticos*. Na Idade Média, o modelo pansemiótico em relevo teve como base o estudo hermenêutico de textos bíblicos na busca de seus sentidos exegéticos. Esses sentidos foram estendidos à compreensão do mundo natural, que passou a ser interpretado de acordo com os mesmos princípios de interpretação da Bíblia, marcando o domínio religioso católico. Na Renascença, a Doutrina da Assinatura das Coisas foi o modelo pansemiótico de destaque, estudado especialmente pelo médico e sábio suíço Paracelsus (1493-1541). Essa doutrina constitui uma chave interpretativa que distribui a responsabilidade pela autoria dos signos do mundo natural entre Deus, os seres humanos, um princípio interno de desenvolvimento chamado de *archaeus* e os planetas ou as estrelas. Os signos do mundo natural estariam interligados em uma relação pansemiótica, sendo análogos, semelhantes ou afins entre si. Essa ideia impulsionou práticas divinatórias como a quiromancia e a astrologia, por exemplo, na busca do desvelamento e do controle das forças da natureza e do destino.

Ainda no período do Renascimento, João Poinsot (1589-1644), filósofo e padre dominicano conhecido como João de Santo Tomás, se destacou no estudo do signo no campo da lógica, apontando que os signos são instrumentos mediadores utilizados na cognição e na comunicação, esboçando as ideias de mediação e de semiose (ação do signo) que seriam desenvolvidas mais tarde, no final do século XIX e início do século XX, por Charles Sanders Peirce (1839-1914).

Teorias do signo pululam em convergências e divergências nos séculos XVII e XVIII no ambiente filosófico do Racionalismo francês, do Empirismo britânico e do Iluminismo alemão. Considera-se, contudo, como marco inicial da Semiótica propriamente dita a utilização dos termos *semeiotike* e *semeiotics* pelo filósofo empirista britânico John Locke (1632-1704) em seu *Ensaio acerca do entendimento humano*, publicado em 1690, obra que influenciou sobremaneira o período iluminista. Nesse ensaio, Locke apresenta sua teoria da origem e da natureza do conhecimento e postula uma doutrina dos signos, à qual denomina Σημειωτική ("semiótica"). Locke não apresentou ideias novas nem completamente desenvolvidas naquele momento, mas exerceu grande influência nos estudos semióticos ao defender a proposição de que os signos são poderosos instrumentos do conhecimento, e a tese de que haveria dois tipos de signos – ideias e palavras – e de que as palavras são signos das ideias. Portanto, as palavras seriam signos de signos, ou seja, metassignos. Críticas foram feitas a essas proposições, mormente quanto à separação artificial entre palavra e ideia. Séculos mais tarde, a antítese para o ponto de vista de Locke encontrou guarida no pensamento de Ferdinand de Saussure (1857-1913).

Embora haja uma vasta e intricada história do que seria uma *protossemiótica*, e da eleição do trabalho de Locke como marco do início da semiótica propriamente dita, somente no século XX observou-se o florescimento de teorias mais amadurecidas e estruturadas a partir de dois autores centrais para os estudos semióticos: o filósofo americano Charles Sanders Peirce, que tem a alcunha de Pai da Semiótica, e o linguista suíço Ferdinand de Saussure, fundador da Semiologia. Peirce e Saussure foram contemporâneos, mas, ao que tudo indica, não se conheceram nem do ponto de vista pessoal nem teórico.

O termo "semiologia", tal como utilizado por Saussure para nomear sua área de estudo, apresenta-se como principal rival do termo "semiótica" na medida em que há confusão gerada pela raiz comum aos dois termos e ambos designarem o estudo dos signos. Há quem os trate como sinônimos, alternando seu uso. No entanto, Semiologia e Semiótica marcam vertentes diferentes, uma vez que a primeira, de extração linguística, se volta primordialmente ao signo verbal por excelência, e a segunda, de base cognitiva, consiste numa teoria geral dos signos que se estende ao estudo dos mais diversos tipos de sistemas de significação/representação.

Peirce foi quem primeiro se apropriou modernamente do termo proposto por Locke para designar o campo de estudo dos signos. Alicerçado na Fenomenologia, Peirce construiu uma ampla arquitetura filosófica. Seu pensamento científico-filosófico revisa a compreensão da Filosofia moderna acerca da experiência e da razão e o levou a variadas reflexões, dentre as quais se destaca como relevante, especialmente para o campo de estudos da religião, sua discussão sobre a experiência de Deus em *Um argumento negligenciado para a realidade de Deus*, texto escrito em 1908 (C. S. Peirce, CP 6.452-491). Em sua arquitetura filosófica, a Semiótica ou Lógica, especificamente em sua Teoria Geral dos Signos, também chamada de Gramática Especulativa, ocupa lugar central. Nessa teoria, a semiose é vista como um processo vasto e fundamental que se estende a tudo o que existe no mundo físico e psicológico, na medida em que qualquer coisa pode funcionar como signo. Influenciado pelo filósofo Immanuel Kant (1724-1804), Peirce afirma que todo o universo está permeado de signos; não temos acesso direto aos objetos, conhecendo-os somente por meio de suas representações. Peirce postula que há uma realidade objetiva, à qual temos diversas possibilidades de acesso por meio de signos que a representam sempre parcialmente. Se pudéssemos ter acesso a todas as possibilidades de interpretação, conseguiríamos ter acesso ao objeto propriamente dito. Como isso não é possível, o conhecimento da realidade é sempre parcial, apesar de ela existir e direcionar, em alguma medida, as diversas interpretações que dela são feitas.

Peirce dedicou-se a estudar várias disciplinas científicas para conhecer a fundo os diferentes métodos empregados para chegar a seus resultados. Para entender os métodos científicos, Peirce estudou os tipos de raciocínio, a partir da investigação fenomenológica de como as coisas chegam à consciência humana e são interpretadas. Concluiu que todo o método, todo o pensamento e/ou toda a linguagem se dão por meio de signos, o que o levou a estudar os signos em profundidade, buscando descobrir sua forma de ação. Para isso Peirce deu à luz categorias universais que permitissem classificar como os fenômenos nos chegam à consciência e pelas quais o mundo nos pareceria ordenado, apesar das singularidades. Peirce concluiu que tudo o que aparece à consciência ocorre em três gradações, que correspondem a três elementos que compõem toda e qualquer experiência. Nomeou suas categorias com neologismos – Primeiridade, Secundidade e Terceiridade – para evitar cerceamentos de sentidos prévios que poderiam ser atribuídos às categorias que ele pretendia serem as mais abstratas e universais. Estendeu suas categorias à natureza, não as limitando ao nível psíquico, uma vez que sua investigação apontou que pensamento e natureza funcionam da mesma forma. A Primeiridade refere-se a qualidades puras ou qualidades de sentimento, que não estabelecem entre si qualquer tipo de relação (por exemplo, a cor azul não encarnada em objeto algum, livre da dependência de um segundo elemento qualquer). A Secundidade refere-se a uma estimulação externa que produz efeitos reativos após o puro sentir – portanto, pressupõe a Primeiridade –, mas anterior à mediação do pensamento (Terceiridade). A Terceiridade faz uma síntese intelectual da Primeiridade e da Secundidade e constitui a camada interpretativa propriamente dita entre a consciência e o que é percebido. As três categorias são dinâmicas e interdependentes, apesar de sempre haver a predominância de uma sobre as outras duas. São como *finos esqueletos* que se apresentam de acordo com as modalidades próprias dos campos em que são aplicadas, sem perder de vista a lógica de suas características. São apenas pontos de partida para o estudo dos fenômenos. Os verdadeiros instrumentos de análise são os conceitos semióticos peircianos. Quando um fenômeno se dá a perceber para ser interpretado, torna-se signo que medeia o acesso da consciência com o que está fora dela.

Peirce define signo como algo que sugere, indica ou representa (provoca interpretação de) alguma coisa para uma mente interpretadora. Esse intérprete, contudo, não se restringe a humanos. A noção de mente adotada por Peirce é ampliada e inclui a interação triádica de qualquer organismo com seu ambiente. Assim, essa perspectiva inclui o signo linguístico, mas não se restringe a ele como objeto de estudo ou base de análise dos demais tipos de signos, sendo mais complexa e abrangente do que a vertente europeia de estudo dos signos de base saussureana, ampliando também a noção de linguagem para além da restrição à língua. Nesse sentido, "a Semiótica forma um todo do qual a Semiologia é uma parte" (Deely, 1990, p. 23).

Na semiótica peirciana, o signo se dá numa relação triádica na qual o primeiro elemento é o *fundamento do signo*, ou, simplesmente, aquilo que se apresenta como *signo*; o segundo elemento dessa relação *é/seria* o *objeto* (que pode ser real ou abstrato) que é representado; e o terceiro elemento é o *interpretante*, que se refere à potencialidade do signo para produzir efeitos (interpretações), efeitos não estritamente subjetivos, mas que levam à produção de novos signos. Portanto, *interpretante* não é sinônimo de *intérprete*. Cada um desses três elementos corresponde às três categorias universais. O signo, considerado como o primeiro elemento da tríade da semiose, representa um objeto de modo vicário, é interpretado como representante da realidade de acordo com esquemas interpretativos. Signos dos mais variados tipos provocam ou são provocados por interpretações que dão origem a uma cadeia infinita de autogeração de signos. Peirce analisou os modos de funcionamento e interação dos signos e os classificou em tríades que se *multiplicam* seguindo a lógica das categorias fenomenológicas universais. A mais conhecida é a que divide os signos entre ícones: *signos*, que sugerem seu objeto por semelhança meramente a partir de suas qualidades; *índices*, signos que indicam seus objetos por meio da relação de causa e efeito; e *símbolos*, signos que representam seus objetos por meio de generalização ou regra interpretativa, uma ligação estabelecida de modo convencional (Santaella, 2004). Como teoria geral, essa abordagem semiótica se presta à análise de qualquer sistema de signos sem cerceamento, como o que potencialmente limita abordagens criadas a partir, especificamente, de referencial linguístico, por exemplo.

Apesar da generalidade da semiótica de Peirce, o paradigma semiótico que prevaleceu no século XX foi o estruturalista de extração linguística desenvolvido na Europa. O filósofo e semioticista italiano Umberto Eco (1932-2016) foi o mais proeminente europeu a usar o termo "semiótica" e aproximar-se da semiótica peirciana, apesar de tecer críticas à concepção de semiose de Peirce, que ele julgava muito ampla. Na contramão do que Peirce propõe, Eco postula a existência de um limiar que separaria o mundo semiótico do não semiótico, *i.e.*, que seria composto de não signos (Eco, 2000), o que estreita/delimita o campo de alcance dos estudos semióticos.

A Semiologia de Saussure é a principal base das teorias semióticas europeias, tendo também encontrado grande acolhida no meio acadêmico brasileiro especialmente por ensejar desdobramentos em análises de sistemas de signos específicos.

De acordo com Saussure, os signos – considerando-se o protagonismo do signo verbal – pertencem ao mundo da representação, que se diferencia do mundo real. Sua Semiologia assume um modelo diádico de signo: uma entidade singular que existe na relação entre um conceito – a parte mental do signo denominada *significado* – e uma imagem acústica – a parte física do signo denominada *significante*. Nessa relação, a imagem acústica se une a um conceito na mente do intérprete do signo. À Semiologia caberia o estudo "[…] da vida dos signos no seio da vida social […]" (Saussure, 2006, p. 24), buscando relacionar certa sintaxe (relativa à "forma" ou estrutura) a uma semântica (relativa ao "conteúdo"). Aquilo que está no mundo real e a que o signo se refere é denominado *referente*. Para Saussure, os signos são arbitrários, ou seja, se ligam ao referente não por causa e efeito ou mera sugestão, mas por uma convenção acordada socialmente. A única exceção – e, mesmo assim, relativa – reserva-se para o caso das onomatopeias. A arbitrariedade e a convenção são princípios fundamentais da Semiologia de Saussure. Ainda nessa perspectiva, as relações entre signos são observadas a partir de dicotomias, que podem ser brevemente apresentadas, tais como: língua-fala, sincronia-diacronia e relações sintagmáticas-relações paradigmáticas. Especialmente através da dicotomia língua-fala, a Semiologia privilegiou o estudo das estruturas da língua em seu estado sincrônico, como um código social abstrato, colaborando, assim, com o estruturalismo que iria florescer nos anos 1950 e 1960 e fez muito sucesso no meio brasileiro na década de 1970 (Souza, 2006, p. 11).

Apesar de a Semiologia e as abordagens dela decorrentes se ocuparem primordialmente dos signos verbais, ela não se confunde com a Linguística, ainda que a Semiologia decorra de ideias de Saussure publicadas no livro *Curso de linguística geral* em 1916. A língua é considerada como sistema de signos paradigmático central na perspectiva estruturalista. A partir dela são investigados outros tipos de signos, uma vez que nossa relação com o mundo seria formatada, modulada, estruturada de acordo com a linguagem verbal. Saussure intencionava que a Semiologia fosse um ramo da Psicologia Social do qual derivaria a Linguística. No entanto, essa intenção foi ignorada por discípulos e seguidores que centraram o estudo dos signos apenas em textos literários a partir do referencial dos padrões da língua. Consequentemente, apesar de ricos e diversificados, os resultados dos estudos semióticos que seguem essa linha de análise recebem críticas, sendo considerados restritos e bem artificiais porque ficam circunscritos a analogias com o funcionamento linguístico do ponto de vista estrutural.

Dentre os que desdobraram e tornaram mais complexos os conceitos saussureanos e a perspectiva estruturalista de análise semiótica estão o linguista Louis Hjelmslev (1899-1965), que propôs a Glossemática, uma espécie de redimensionamento dos

SEMIÓTICA

conceitos saussureanos; o linguista Roman Jakobson (1896-1982), que estudou as funções da comunicação; e o semiólogo Roland Barthes (1915-1980). Particularmente Barthes ampliou horizontes de análises dos signos, colaborando, em sua abordagem estruturalista, com os estudos semióticos dos mitos, da literatura, da narrativa e da comunicação visual, redimensionando conceitos saussureanos de modo a permitirem usos diversificados e mais aprofundados na análise de diferentes sistemas de signos. As ideias de Saussure serviram ainda como chave ou influenciaram especialmente na interpretação de fenômenos culturais e psicológicos, como nas ideias desenvolvidas no estruturalismo geral e no pós-estruturalismo, com o antropólogo e filósofo Claude Lévi-Strauss (1908-2009), o psicanalista Jacques Lacan (1901-1981), o filósofo e historiador das ideias Michel Foucault (1926-1984), o filósofo Jacques Derrida (1930-2004), a filósofa e psicanalista Julia Kristeva (1941-), entre outros.

A partir da Teoria Geral dos Signos, de Peirce, e da Semiologia, de Saussure, surgiram várias correntes de estudos que se constituíram em pontos de vista específicos seguindo diversos caminhos interpretativos para a profusão de signos que nos cerca e que produzimos. Além de estudos de zoossemiótica, antropossemiótica, ecossemiótica, biossemiótica, fisiossemiótica e fitossemiótica (Deely, 1990), surgiram semióticas específicas ou aplicadas, tais como a semiótica da imagem, dos gestos, da moda, da propaganda, da arte da música, da dança, da arquitetura, da religião, entre outras, que consistem no estudo da gramática que rege sistemas de signos específicos à luz de uma semiótica geral que oferece leis sistemáticas comuns a todos os sistemas de signos.

No que diz respeito especificamente aos estudos semióticos relacionados à religião, podem ser encontrados estudos a partir de diferentes referenciais teóricos, a depender do recorte feito no campo religioso para delimitação do objeto de análise. Há uma profusão de sistemas religiosos, cada um com suas representações de divindades e entidades sobrenaturais, sejam elas iconográficas, sejam apenas verbalizadas, traduzidas em manifestações tanto populares quanto canônicas/institucionalizadas, com cantos, danças, textos/narrativas e rituais. As expressões religiosas funcionam como signos na mediação entre o ser humano e o transcendente, e entre os adeptos de determinada doutrina/cultura.

As diferentes abordagens semióticas brevemente apresentadas constituem pontos de vista para a análise de signos que podem se prestar (e já foram usadas em estudos) para a análise de signos ou sistemas de signos religiosos, consistindo em importante arcabouço teórico para a compreensão do comportamento e das produções culturais e religiosas – o que muito interessa à área da Ciência da Religião. Destacam-se, contudo, estudos relacionados mais especificamente à Semiótica Narrativa do Discurso desenvolvida pelo linguista Algirdas Greimas (1917-1992), e à Semiótica da Cultura, fundada pelo semioticista Yuri Lotman (1922-1993), por se tratarem de perspectivas que mais comumente têm sido aplicadas ao estudo de sistemas de signos.

Há certa tradição no estudo de textos bíblicos a partir da teoria greimasiana conhecida como escola francesa de semiótica. A semiótica proposta por Greimas no último quarto do século XX, na França, centra-se no estudo da significação por meio da busca das estruturas significantes do percurso gerativo do sentido de um texto, com base na homologia estrutural existente entre o plano da expressão, com sua substância e sua forma, e o plano do conteúdo, com sua substância e sua forma, tal como proposto por Hjelmslev no redimensionamento dos conceitos saussureanos. Com vasta terminologia bastante idiossincrática, a semiótica greimasiana desdobra-se em conceitos que visam subsidiar a análise da geração de discursos em quaisquer sistemas semióticos, com base na ideia de que há uma estrutura narrativa subjacente a todo o tipo de texto. No campo de estudos da religião, sua aplicação não se restringe a estudos bíblicos, mas tem sido bastante utilizada para essa finalidade. O primeiro grupo de estudos da Bíblia a utilizar esse referencial para suas pesquisas foi o *Groupe d'Entrevernes*, de Lyon, na década de 1970, cujo trabalho resultou na publicação de dois volumes com análises de narrativas bíblicas à luz da semiótica. Posteriormente, foi fundado o *Centre d'Analyse du Discourse Religieux* (CADIR), da *Faculté de Théologie de Lyon*, que publica desde 1975 um periódico trimestral intitulado *Semiotique et Bible* que traz estudos de textos bíblicos, elementos de iniciação à leitura semiótica e reflexões teológicas e teóricas. Os estudos têm o objetivo de conhecer as condições de compreensão de textos bíblicos na busca de um entendimento da religião de um ponto de vista intrínseco, o que seria possível a partir da análise do discurso religioso manifesto nos escritos sagrados e de sua simbologia.

Por sua vez, a Semiótica da Cultura ou semiótica russa, fundada por Lotman e desenvolvida no Departamento de Semiótica da Universidade de Tartu, Estônia, na década de 1960, também tem sido usada como importante referencial para estudos da religião. Seus princípios são derivados da Linguística, da Teoria da Informação e da Comunicação, da Cibernética e, evidentemente, da Semiótica. Centra-se na análise de textos culturais e suas inter-relações no espaço semiótico, especialmente em textos híbridos. Não se restringe, contudo, a textos linguísticos. A cultura é considerada como um grande texto, e a noção de linguagem é ampliada para além do signo linguístico, abarcando diversos sistemas, tais como religião, mitos, rituais, comportamentos, literatura, artes, teatro, cinema, moda, enfim, todos os códigos e sistemas semióticos da cultura. Nessa perspectiva, a concepção semiótica de código é tão importante quanto o conceito de língua. O foco do estudo recai sobre o processo de modelização da cultura, que ocorre na relação dinâmica entre e nos sistemas culturais.

O dinamismo dos sistemas culturais foi um dos grandes temas estudados por Lotman, que elaborou o conceito de *semiosfera*, fundamental para a Semiótica da Cultura. A semiosfera é o espaço onde os signos e os sistemas de signos convivem e estão em constante interação. É estruturada em unidades (*subsemiosferas*) interseccionadas em diferentes níveis. As intersecções e contatos provocam transformações ao longo do tempo. A princípio, Lotman considerou esses movimentos como lentos e constantes, do centro para a periferia dos sistemas de signos e vice-versa. Posteriormente, ampliou sua visão desses movimentos para além de trocas padronizadas e repetitivas, considerando sua imprevisibilidade e a existência de *filtros tradutores* nas fronteiras entre sistemas de signos. O que ainda não é *nomeado* é inserido na semiosfera ao ser traduzido para a linguagem interna do sistema, tornando *o que era intraduzível* em *traduzido* de alguma forma, ainda que com resíduos de intraduzibilidade, ou seja, ainda que não seja possível uma traduçãoρ absoluta.

Inicialmente, Lotman tinha como objeto de estudo textos artísticos. Uma vez que no contexto religioso as manifestações assemelham-se às produções artísticas apesar de não serem meras representações estéticasρ, considera-se que sua proposta semiótica, bem como seus desdobramentos, podem bem servir aos estudos da religião. Textos religiosos – numa acepção ampliada de texto, que também inclui os textos linguísticos – são complexos na medida em que são polissêmicos e híbridos, sendo constantemente reapropriados e recodificados, formando novos textos de cultura que ocupam novos espaços na semiosfera e têm o poder de organizar, nomear e estruturar a realidade. A teoria lotmaniana oferece instrumental teórico-metodológico muito útil na medida em que serve, por exemplo, como chave de leitura dos sincretismosρ, hibridismosρ religiosos, processos de conversão e de acomodaçãoρ de crenças díspares, como observado largamente na culturaρ brasileira (Nogueira, 2015).

Para colocar em relevo a utilidade da Semiótica – e particularmente da Semiótica da Cultura – ao campo de estudos da Ciência da Religiãoρ, em 2015 foi organizada uma seção temática no periódico *Estudos de Religião*, no qual são apresentados estudos realizados por especialistas em Semiótica da Culturaρ e por cientistas da religião que utilizam conceitos lotmanianos em suas análises (Machado; Nogueira, 2015). Esses estudos, bem como outros de abordagens semióticas diversas que compõem teses e dissertações acadêmicas e/ou que têm sido publicados em diferentes periódicos (por exemplo,

Bortolotti, 2014) explicitam a possível contribuição da semiótica e das ciências da linguagem em geral para os estudos da religião – em particular ao campo da Ciência da Religiãoρ – em suas diversas possibilidades, especialmente naquelas que superam reducionismos de abordagens estruturalistas, permitindo a compreensão do fenômeno/comportamento religioso em amplo sentido relacional.

Bibliografia: BORTOLOTTI, R. G. A crença religiosa sob a perspectiva semiótica de Peirce. *Acta Scientiarum: Human and Social Sciences*, v. 36, n. 2, 2014, p. 235-244; DEELY, J. *Semiótica básica*. São Paulo: Ática, 1990; ECO, U. *Tratado geral de semiótica*. São Paulo: Perspectiva, 2000; MACHADO, I.; NOGUEIRA, P. A. S. (Orgs.). Dossiê Semiótica da Cultura e as Ciências da Religião. *Estudos de Religião*, v. 29, n. 1, 2015; NOGUEIRA, P. A. S. Traduções do intraduzível: a semiótica da cultura e o estudo de textos religiosos nas bordas da semiosfera. In: Dossiê Semiótica da Cultura e as Ciências da Religião. *Estudos de Religião*, v. 29, n. 1, 2015, p. 102-123; NÖTH, W. *Handbook of semiotics*. Bloomington/Indianapolis: Indiana University Press, 1995; PEIRCE, C. S. *Collected Papers of Charles Sanders Peirce*. Edited by C. Hartshorne e P. Weiss (volumes 1-6); A. Burks (volumes 7-8). Cambridge, MA: Harvard University Press, 1931-1958; SANTAELLA, L. *A teoria geral dos signos*. São Paulo: Pioneira Thomson Learning, 2004; SAUSSURE, F. de. *Curso de linguística geral*. São Paulo: Cultrix, 2006; SOUZA, L. S. *Introdução às teorias semióticas*. Petrópolis, RJ/ Salvador, BA: Vozes/Fapesb, 2006.

FATIMA REGINA MACHADO
WELLINGTON ZANGARI

SERES SOBRENATURAIS

Os seres sobrenaturais incluem deuses, anjos, demônios, budas, *bodisatvas*, *kamis*, orixás, encantados, caboclos e tantos outros seres extraordinários ou míticos, que podem ser desde seres espirituais invisíveis e locais até divindades adoradas e propagadas como universais. No geral, tornam-se objetos de culto, de adoração, considerados fontes de inspiraçãoρ e de autoridade moral. É possível perceber em algumas tradições religiosas como o entendimento desses seres vai se transformando ao longo da história por meio do contato com outras tradições ou das transplantações religiosas para contextos distintos das quais surgiram. Juntamente com essas mudanças percebe-se ainda a reformulação de conceitos e doutrinas relacionadas aos mesmos.

O sobrenatural pode ser entendido como o conjunto de fenômenos não explicáveis de maneira racional pelas leis da natureza ou que sejam atribuídos de uma condição ou fonte divina. Inicialmente, é preciso destacar a dificuldade em definir estritamente essa qualidade em termos religiosos, uma vez que a condição de sobrenatural é atribuída a vários deuses, espíritos, demônios, e, por vezes, usado como sinônimo de divino. Em termos literários, incluirá criaturas fantásticas, fantasiosas e misteriosas, o que aumentaria em muito a lista de tais seres, que passam das crenças𝒫 populares e do folclore, crescem em *status* garantindo sua afirmação no imaginário e podem ser absorvidos ou não pelas tradições religiosas.

As mitologias𝒫 das diferentes tradições religiosas relatam uma infinidade de qualidades e elementos capazes de dar a condição sobrenatural ou divina a determinados seres. O pensamento ocidental construiu seu entendimento de sobrenatural com base na mitologia𝒫 greco-romana, posteriormente negociada com tradições do Oriente Médio, em especial através da tradição judeo-cristã, que acabou resultando em uma hierarquização na qual o entendimento de Deus único, Ser Supremo e sobrenatural por excelência, singularizado e posto em posição para diferenciá-lo dos demais, também passou por um longo processo de transformação.

I. "Senhor Deus" – a singularização de um plural. Seguindo as considerações de Jean Soler (2002), o entendimento de Deus no Judaísmo antigo, expresso pela palavra *Elohim*, gramaticalmente não pode ser senão plural que foi gradualmente singularizado e não conta com o recurso de letras maiúsculas para diferenciá-lo. Nos textos bíblicos mais antigos, *el/éloah* designa a pluralidade dos deuses, dentre os quais *Iahweh*, o *el* ou *éloah* dos israelitas. Somente com os retoques monoteístas tardios é que *Iahweh* (deus étnico) e *Elohim* (deus único dos escribas) serão juntados: *Iahweh Elohim*. Isso se dá, por exemplo, no relato do Gênesis, uma construção tardia e de inspiração𝒫 mesopotâmica. Os textos do pós-exílio, como o segundo Isaías, começam a utilizar *Elohim* em vez de *Iahweh*. Essa mudança da monolatria para o paradigma monoteísta deu-se por volta do século V a IV a.C. e representa uma ruptura com a antiga religião de Israel marcada pelo culto ao seu deus local *Iahweh*.

Na tradução𝒫 grega chamada dos *Setenta*, *Iahweh* foi traduzido por *Kyrios* ("Senhor") e *Elohim*, por *Théos* ("Deus"). Igualmente, quando aparece *Adonai* é traduzido por *Kyrios*. Como resultado dessas mutações, o Deus dos hebreus se transforma em "Senhor", que, na tradução latina da *Vulgata*, será denominado *Dominus*. Daí o entendimento geral de Deus como "ente infinito, eterno, sobrenatural, existente por si só, causa necessária e fim último de tudo que existe" (*Dicionário Houaiss da língua portuguesa*, 2001, p. 1024).

II. Anjos e demônios. A singularização e a unificação doutrinária, no entanto, não conseguiram apagar o entendimento de categorias intermediárias entre a esfera da natureza (ou humana) e a sobrenatural, povoada por seres espirituais. Mesmo as tradições monoteístas assumem em suas formulações doutrinárias a existência de anjos e demônios.

Anjos, entendidos como seres celestes, criados por Deus, tendo a natureza divina e humana, sem serem deuses ou homens, é uma noção que aparece tardiamente no Judaísmo absorvida dos persas. O termo bíblico do Antigo Testamento *Malakh*, que significa "mensageiro" ou "enviado", foi traduzido para o grego como *aggelos*, e para o latim como *angelus*. Antes de ganharem a representação alada posterior, as descrições falam mais de um homem geralmente associado à figura de um combatente. O Livro de Daniel (escrito por volta de 165 a.C.), no capítulo 10, apresenta a mais emblemática dessas figuras, Miguel. Descrito como príncipe – *sar*, em hebraico – foi traduzido para o grego *archon*, designação para um chefe militar ou civil encarregado de um povo. Isso resultou em uma posterior hierarquização desse mundo intermediário liderado pelos arcanjos. Miguel, inicialmente protetor do povo hebreu, foi posteriormente assumido pelos cristãos dos primeiros séculos e protetor nacionalizado, por exemplo, por franceses e alemães.

A crença𝒫 em seres celestes belicosos, *fravashis*, presente na religião pré-zoroastriana, considerava tais seres como protetores do céu na luta contra os seres maus. A ideia de seres sobrenaturais divididos em dois campos, do bem e do mal, e sobretudo de um chefe dos demônios, já aparecia no Avesta, livro sagrado dos iranianos, que relata a existência dos espíritos gêmeos. O bem é representado por *Spenta Mainyu*, servido pelos seis seres espirituais ou "santos imortais" e benéficos denominados *Amesha Spenta* ou "imortais poderosos". Dentre esses, *Ahura-Mazda* foi promovido a soberano. O mal é representado por *Angra Mainyu*, considerado eterno, autônomo e o chefe de toda a maldade, destinado a ser vencido no final dos tempos.

Essa visão foi acolhida na tradição judaica especialmente nos escritos de Enoque e no Livro dos Jubileus, que, embora considerados apócrifos, são os canais de introdução da angeologia e da demonologia nas tradições monoteístas. Enoque (início do II século a.C.) descreve a origem de vinte anjos decaídos que contam com um chefe. Desobedecendo ao seu criador, fornicaram com seres humanos e são expulsos dos céus. A partir de então, essas criaturas rebaixadas de sua condição sobrenatural são consideradas opressoras, violentas, devastadoras, nocivas e aspiram a combater e devorar os seres humanos. Como os anjos, "também têm asas e podem voar de uma extremidade a outra da terra, são invisíveis e conhecem o futuro; como os homens, eles comem e bem, procriam e morrem" (Soler, 2002, p. 148). No Livro dos Jubileus (fim do século II a.C.), os céus eram considerados por uma multidão de seres, a partir de então opostas entre seres bons e maus em uma categoria inferior a Deus e superior aos homens.

Nessa fonte, o chefe dos demônios é denominado Mastéma, Belial e, em uma frase, Satã. O termo reaparece ainda no *Testamento de Dan*, no *Martírio de Isaías* posteriormente recompilado pelos cristãos entre o primeiro e o segundo século, mas ainda não se impõe como entidade considerada fonte de todo mal.

Tal inovação de seres sobrenaturais divididos em duas categorias possibilitou uma solução para o problema da origem do mal, sendo a afirmação de Deus, já singularizado, como fonte suprema do bem. Isso se firma especialmente no Livro de Tobias (início do século II a.C.), que menciona sete anjos (Tb 12,15), porém sem descrevê-los. A nota explicativa da Bíblia☉ de Jerusalém reforça a descrição dos três conhecidos nos textos bíblicos (Miguel, Rafael e Gabriel), afirmando em seguida que "os apócrifos completam a lista dos sete de modo fantasista" (*Bíblia de Jerusalém*, 2011, p. 677).

E do Livro de Jó que tal denominação se impõe nos textos bíblicos. A narrativa tem suas raízes em universo politeísta que descreve uma assembleia entre Deus e os "Filhos de Deus", entre os quais Satã (Jo 1,1-7). Descrição semelhante aparece no Livro de Zacarias 3,1, também escrito na época do Império Persa. Contudo, "o termo não é ainda nome próprio, e só o será em 1Cr 21,1. Segundo a etimologia☉ hebraica, designa o adversário ou o acusador, mas aqui o seu papel é antes o de espião. É personagem equívoca, distinta dos filhos de Deus, cética em relação ao homem, desejosa de encontrar nele alguma culpa, capaz de desencadear nele toda espécie de desgraças e até de arrastá-lo ao mal. Se não é deliberadamente hostil a Deus, duvida do êxito de sua obra na criação do homem. Para além do Satã cínico, de ironia fria e malévola, delineia-se a imagem☉ de um ser pessimista, que hostiliza o homem por ter motivos para invejá-lo. O texto, porém, não insiste nas razões de sua atitude" (*Bíblia de Jerusalém*, 2011, p. 803).

A substantivação de um adjetivo, satã, como nome próprio só de dará na versão grega dos *Setenta*. O termo grego *daimôn* não tinha nenhum valor pejorativo e, embora fosse uma divindade de valor inferior, não apresentava características maléficas. Isso se firmou posteriormente na tradição cristã com a *Vulgata* latina do século IV.

No Novo Testamento, a substantivação e a hierarquização já tinham se firmado tal como descrito em várias passagens dos Evangelhos, nas quais o demônio dispõe de legiões e é capaz de tomar posse do corpo e causar mal aos seres humanos (Mt 9,34); situação propícia à prática do exorcismo☉. Essa visão se impôs nos demais escritos das nascentes comunidades cristãs. O Apocalipse retrata a batalha entre o Arcanjo Miguel e seus anjos e o Dragão e Satã (Ap 12,7-9). Paulo, por sua vez, o faz "chefe deste mundo" (2Cor 4,4). Em outro escrito se refere aos deuses gregos como ídolos e demônios (1Cor 10,18-22), dando início a um processo de "demonização" das divindades distintas da tradição judeo-cristã.

A divisão entre seres sobrenaturais como representação das forças do bem e do mal foi assumida pelo Judaísmo rabínico dos primeiros séculos, passando a imagem☉ de que sempre o ser humano é acompanhado por um anjo bom e outro mal, posteriormente reelaborada, especialmente pela tradição *cabalística*.

De modo similar, o mundo árabe pré-islâmico também tinha um panteão de seres sobrenaturais diversos que incluía demônios, gênios, uma série de deuses menores ao redor da figura central, *Hubal*, considerado Deus dos deuses, associado à figura dos *Baals*. Com a islamização, todo esse panteão foi sendo eliminado, porém a angeologia herdada dos persas foi assimilada ao lado do entendimento do Deus único Alá. A oposição entre uma multidão de anjos celestes e demônios aparece também no Alcorão (cf. 8,9; 37,6-9 e 50,17-18).

Dentro da óptica monoteísta, o Deus único e bom não pode ser ao mesmo tempo a fonte do mal. Isso explicaria o empréstimo e a permanência de outros seres sobrenaturais como parte da formulação doutrinária do Judaísmo, do Cristianismo e do Islamismo. Entretanto, as dificuldades conceituais continuaram a causar ainda muitas disputas entre os cristãos, sendo a causa das contendas com os gnósticos e maniqueístas, que ajudaram a reforçar o poder do espírito do mal para fazê-lo um adversário de Deus, e não apenas um anjo caído. Esse contexto marca profundamente as formulações de Agostinho, responsável por boa parte das formulações que embasam a tradição cristã, na qual Deus assume a conotação de ser sobrenatural por excelência e fonte de toda bondade, como descrito nas *Confissões*.

III. Divinização de Jesus. O dogma☉ cristão, embora afirme a unicidade de Deus, difere do Judaísmo e do Islamismo especialmente por professar Jesus como o Cristo, Deus que se fez homem. Esse princípio de fé☉ põe em relação Deus e homens, portanto, o sobrenatural e o natural. Após longo período de controvérsias, com movimentos considerados heréticos e disputas entre as tradições grega e latina, terminaram afirmando como doutrina oficial "a ideia do eterno tornando-se homem" (Rubenstein, 1999, p. 63); a definição de Jesus reconhecido como o Cristo, de natureza humana e divina, tal como definido pelo Concílio☉ de Niceia (325) e confirmado posteriormente em Constantinopla (381).

A concomitante definição da divindade do Espírito Santo e do dogma☉ trinitário, embora definisse a identidade doutrinária cristã, resultou em contenda sobre a unicidade de Deus tal como entendida pelo Judaísmo e pelo Islamismo. Ao divinizar a pessoa de Jesus, "os cristãos não adicionaram simplesmente mais um Deus ao panteão. Eles definiram [o entendimento] próprio de religião" (Rubenstein, 1999, p. 30). A partir dessa definição foi possível acomodar ainda as noções grega e romana posteriores com a aceitação de outros seres mediadores entre Deus e os homens, como o culto aos santos e, em especial, à Virgem Maria. Portanto, também na tradição cristã o entendimento das naturezas sobrenatural e divina é resultado de longa negociação em permanente construção.

IV. Budas e *bodsatvas*. Embora distinto da tradição ocidental, no Budismo também é possível notar um processo de transformação ou de mitologização, até adquirir um aspecto sobrenatural e, em algumas ramificações, a divinização da figura do asceta Sidarta Gautama. Historicamente, Sidarta viveu na Índia no século V a.C.; depois de sua vida terrena, passou a ser visto como herói e, aos poucos, transformado por categorias próprias do pensamento religioso, passou a ser considerado portador de poderes sobrenaturais, e seu nascimento e morteⱷ foram vistos como atos prodigiosos.

A construção posterior pluralizou o entendimento da "condição" de Buda, alcançada por Gautama, e com as ramificações históricas do Budismo se expandiu ainda mais em outras categorias, como os *bodisatvas* e tantas outras combinações locais. Assim, "no Budismo *Mahayana* é venerado como deus, do qual os fiéis esperam a ativa assistência em sua luta por libertaçãoⱷ, enquanto no Budismo *Teravada* é venerado como aquele que, entre todos os seres humanos, descobriu o caminho para se libertar, e alcançar seu objeto, o *nirvana*" (Oberlies, 2006, p. 207). Assim como as representações artísticas, o entendimento de seres sobrenaturais varia desde a imagemⱷ de um asceta indiano, por várias manifestações intermediárias entre homens, espíritos e entidades locais divinizadas, até deuses hierarquicamente sistematizados e iluminados por um Buda Supremo.

V. *Kami*: de uma miríade ao entendimento de uma divindade suprema. Um dos casos emblemáticos de combinações do Budismo com tradições locais pode ser notado no Japão. A introdução do caminho de iluminação proporcionada pelos budas permitiu a transformação e a elevação de categoria de muitos dos espíritos locais. No "mundo religioso" japonês, tais seres sobrenaturais são denominados *kami*. O termo é basicamente um honorífico usado para designar algo nobre que desperte um sentido de adoração por suas virtudes e autoridades. No entanto, o entendimento dessa condição sobrenatural se mostra variado.

O termo *kami*, hoje expresso pelo ideograma *shen* 神, de modo geral, denota, em primeiro lugar, as divindades do céu e da terra que aparecem nos textos antigos e se refere à expressão "oitocentas miríades de *kami*(s)". Além disso, inclui heróis divinizados, coisas, seres ou lugares que apresentam uma qualidade capaz de causar admiração, espanto, e, nos casos especiais, a adoração e o culto.

Essa imensidade de seres sobrenaturais foi sendo reelaborada pelo Budismo *Mahāyāna* a partir da introdução de elementos esotéricos da doutrina da "iluminação original" *hongaku shisō*. Isso permitiu a pacificação dos espíritos locais, considerados maléficos, e a consequente elevação do *status* de vários desses *kamis* locais.

A aplicação dessa doutrina budista resultou em um processo combinatório de equiparação de *status* e fusão entre budas e *kamis*, consolidado lentamente ao longo de pelo menos quatro séculos (700-1100). Assim, os *kamis* foram sendo integrados paulatinamente no panteão budista. É dentro desse processo que se dá a fusão de *Amaterasu Ōmikami*, considerada como fonte ou essência de toda a vida no céu e na terra, ao supremo e primordial buda, *Dainichi Nyorai*. *Amaterasu*, que era a ancestral divina do clã imperial, com o reforço do relato mitológico passa a ser vista como aquela que consegue reestabelecer o caos, e será posteriormente colocada no centro do panteão japonês, apresentada como o Supremo *Kami*.

Tetsuro Watsuji, na obra *Cultura do Japão antigo* [日本古代文化] (1962), mostra como "originalmente *kami* era um termo de respeito sem nenhuma indicação de um 'ser supra-humano'; no entanto, quando passou a ser associado com o ideograma chinês e a palavra usada para expressar respeito pelos espíritos, aos quais a fé no Japão antigo os tinha como objeto de medo e veneraçãoⱷ, o sentido de 'supra-humano' da palavra chinesa *shen* naturalmente passou a permear a palavra japonesa *kami*" (apud Suzuki, 2001, p. 13).

Esse entendimento sofreu profundas transformações a partir do contato cada vez mais frequente com o Cristianismo. Após longo processo de negociações, a partir da década de 1960 os cristãos, de modo geral, passaram a adotar o termo *kami* com o uso do ideograma 神. Publicações sobre o tema desse período questionam essa adoção. No prefácio da primeira edição (1962) de uma publicação sobre o tema, William Woodard defende que igualar o termo *kami* à palavra Deus [*God*] é criar um sério equívoco, dada as proximidades desta com deuses e heróis da Grécia e de Roma. Por isso defende que, ao contrário, o termo *kami* deveria ser assimilado no inglês (Ono, 2004, p. xii) e, consequentemente, nas demais línguas ocidentais.

O resultado, porém, parece ter sido o contrário. O uso de um ideograma acaba moldando a maneira de pensar; assim, as diferentes concepções do termo foram desaparecendo. Para Suzuki, um dos resultados da adoção do termo *kami* como parte do vocabulário cristão aparece no *Grande dicionário da língua japonesa* na edição de 1983, que define o termo como de "uso geral" no vocabulário religioso, podendo incluir as variantes da noção nativa de *kami*, os budas e também o Deus criador das religiões monoteístas. Suzuki conclui que, "hoje, não há nenhuma necessidade de enfatizar sobre o Deus *Verdadeiro*. Em japonês, *kami* designa os *kamis* japoneses, bem como o Deus cristão. Isto se dá porque, ao traduzir o Deus cristão como *kami*, de uma parte o conceito cristão torna-se japonizado, *kami*-ficado, por outra, o *kami* japonês torna-se cristianizado, tornando-se um termo genérico. Nesse sentido, o Deus de Abraão, de Isaac e de Jacó perdeu suas características distintivas e tornou-se mais harmonioso com outros *deuses* no universo. Ele foi homogeneizado. Talvez possamos concluir que, junto com esta harmonização, também ocorreram ambiguidades" (Suzuki, 2002, p. 155).

Entretanto, esse não seria um caso único, provavelmente apenas mais um dos tantos desdobramentos no encontro de entendimentos religiosos distintos. O mesmo pode ser apontado também no caso brasileiro.

VI. Orixás, caboclos, encantados, sereias, curupiras, botos... No Brasil, além do entendimento judeo-cristão sobre seres sobrenaturais absorvido pela maioria da população, é preciso considerar, ainda, aquele que foi trazido do continente africano e fundido ou transformado pelas demais tradições religiosas aqui presentes.

No entendimento africano, são os orixás que formam o mundo dos seres sobrenaturais. Prandi define os orixás como deuses que receberam do Ser Supremo a incumbência de criar e governar o mundo, ficando responsáveis por dirigir alguns aspectos da natureza e da vida em sociedade (Prandi, 2001, p. 20). Eles "alegram-se e sofrem, vencem e perdem, conquistam e são conquistados, amam e odeiam. Os seres humanos são apenas cópias esmaecidas dos orixás dos quais descendem" (Prandi, 2001, p. 24). O panteão iorubano transplantado no Brasil dispõe de cerca de vinte entidades, que se multiplicam pelos diferentes aspectos manifestados em suas naturezas, criando devoções diversas. Alguns orixás, ou suas atribuições, foram sendo esquecidos e, outros, fundidos com outras entidades espirituais no longo processo de mestiçagem⚡ em nossas terras. Exu, que ocupa papel central na comunicação entre o Ser Supremo e os homens, no contato com o Cristianismo tem sido grosseira e continuamente "demonizado".

Nas formas mestiças, como o Candomblé de Caboclo, resultado da religiosidade dos bantos e nativos, os deuses indígenas assumiram o mesmo *status* de orixás (Silva, 2005, p. 87). Na Umbanda, os caboclos que se manifestam nos terreiros, descritos como espíritos de índios ou de outras pessoas mortas que alcançaram uma superioridade espiritual, são cultuados como guias para auxiliar os viventes. Na Encantaria, os seres sobrenaturais cultuados são denominados de encantados, pois se acredita que não morreram, mas se "encantaram", ou seja, desapareceram misteriosamente, tornaram-se invisíveis ou se transformaram em um animal, uma planta, uma pedra, ou até mesmo em seres mitológicos e do folclore brasileiro, tais como sereias, botos e curupiras. Esse é um claro exemplo do limite entre a religiosidade e o folclore, absorvido na literatura, que certamente compõe a maneira de compreender o sobrenatural em nosso país.

***

A partir da perspectiva transversal da Ciência da Religião⚡ sobre o entendimento de seres sobrenaturais nas diversas tradições religiosas, fizemos um paralelo histórico da construção das ideias em torno do tema, caracterizado como um processo dinâmico de encontros, acomodações, combinações e hierarquização, até chegar às diferentes formulações doutrinárias de cada tradição. Obviamente, essa leitura histórica dos processos de sacralização é lida de modo diferente do ponto de vista do crente, a partir do que é atribuído à condição de sobrenatural conforme este é definido pelas ortodoxias. Isso não impede, porém, a continuação da dinamicidade do entendimento do que ultrapassa a esfera humana e continua a inspirar a reflexão acerca de uma esfera considerada sobrenatural, povoada por seres tão diversos quanto o pensamento humano.

Bibliografia: BÍBLIA DE JERUSALÉM. São Paulo: Paulus, 2011; DICIONÁRIO HOUAISS DA LÍNGUA PORTUGUESA. Rio de Janeiro: Objetiva, 2001; OBERLIES, T. Buddha. In: STUCKRAD, Kocku von (Ed.). *The Brill Dictionary of Religion*. Primeira publicação: 2006. p. 205-208. Disponível em: <http://dx.doi.org/10.1163/1872-5287_bdr_COM_00158>. Último acesso: 29/10/2019; OLIVEIRA, A. G. C de. A transformação de Deus em *Kami*: fracasso ou diálogo com a cultura local? In: MOURA, C. A. S. de et al. *História, narrativas e religiões*: diálogos sob o olhar da cultura. Recife: Edupe; Rio de Janeiro: Autografia, 2018. p. 94-117; ONO, S. *Shinto*: The Kami way. Boston/Rutland/Tokyo: Tuttle Publishing, 2004 [original: 1962]; PRANDI, R. *Mitologia dos orixás*. São Paulo: Companhia das Letras, 2001; PRANDI, R. Nas pegadas do *Voduns*: um terreiro de tambor-de-mina em São Paulo. *Espiritualidade e Sociedade*. Disponível em: <http://www.espiritualidades.com.br/Artigos/P_autores/PRANDI_Reginaldo_tit_Nas_pegadas_do_Voduns_um_terreiro_de_tambor-de-mina.htm>. Último acesso: 22/11/2019; RUBENSTEIN, R. E. *When Jesus became God*. New York/San Diego/London: Harcourt Brace & Company, 1999; SAKAMOTO, K. Concepts of Kami, Introduction (2005). *Enciclopedia of Shinto*. Disponível em: <http://k-amc.kokugakuin.ac.jp/DM/dbTop.do?class_name=col_eos>. Último acesso: 21/11/2019; SILVA, V. G. da. *Candomblé e umbanda*: caminhos da devoção brasileira. São Paulo: Selo Negro, 2005; SOLER, J. *L'Invention du monothéisme*: aux origines du Dieu unique. Paris: Editions de Fallois, 2002; SUZUKI, N. On the Translation of God. In: *Japanese religions*. Kyoto: NCC, vol. 26, n. 2, July 2001, p. 131-146; SUZUKI, N. On the Translation of God (Part 2). *Japanese religions*, Kyoto: NCC, vol. 27, n. 2, July 2002, p. 133-158.

Antonio Genivaldo Cordeiro de Oliveira

SEXUALIDADE

As formas de definir e estudar a sexualidade atravessaram mudanças radicais, particularmente a partir da segunda metade do século XX. Após ser monopolizada pelas religiões, pela medicina ou pela psicologia – entre os principais discursos que delimitaram seu conteúdo –, a sexualidade se consolidou como uma área de indagação relevante para as Ciências Sociais e Humanas, instalando novos interrogantes e prospecções. A partir desse deslocamento, começaram a incrementar-se as publicações, congressos e cursos de formação que debatem, constroem e definem a sexualidade desde perspectivas que, afastando-se de conceptualizações ligadas à natureza ou à moral, a consideram como um fenômeno sociopolítico com manifestações históricas, sociais e culturais. Abandonando as explicações fisiológicas, médicas e/ou psicológicas, as Ciências Sociais e Humanas possibilitaram uma abordagem "construtivista" que diversificou as dimensões que, para além de definir, constituem o sexual. Embora essas dimensões variem, como também fazem as suas prioridades e ênfases, elas coincidem na necessidade de visibilizar e analisar (para desmantelar) as definições essencialistas. As abordagens que contribuíram para essas mudanças na definição do sexual (trabalhos pioneiros como os de Rubin, 1989, ou Weeks, 1996) dirigiram seus primeiros esforços a distinguir e diferenciar a dimensão biológica das construções culturais em diferentes aspectos vinculados à sexualidade. Isso não significa negar a biologia♀ como um componente da definição, mas enfatizar as formas em que a cultura e a política a significam de formas diferenciadas.

Os movimentos feministas e LGBTI têm sido atores centrais nos deslocamentos das formas de definir da sexualidade. Isso não implica negar a influência de diversos processos históricos e políticos, tais como a secularização♀, o higienismo ou a democratização. No entanto, é preciso considerar o impacto desses movimentos para compreender os principais âmbitos de análise que caracterizam atualmente os estudos sobre a temática. Ao politizar a diversidade de práticas e identidades sexuais e (não) reprodutivas, ao extraí-las do confinamento do privado, potencializaram a circulação de abordagens renovadas e geraram novos conhecimentos sobre a sexualidade. Ainda que heterogêneos, com diferenças e tensões também no seu interior (por exemplo, no debate sobre prostituição/trabalho sexual), esses movimentos compartilham a necessidade de pôr em evidência (política e analiticamente) as exclusões, desigualdades e marginalizações que caracterizam a ordem sexual contemporânea. Entre outras consequências, desencadeou a colocação do poder no centro dos debates sobre sexualidade. Os movimentos feministas, por exemplo, colocam o foco no patriarcado como sistema de poder e permitem analisar (entre outras questões) as formas nas quais a opressão das mulheres decorre de uma concepção reprodutivista da sexualidade. O movimento LGBTI, por sua vez, considera a marginalização e opressão de pessoas que, devido à sua identidade de gênero♀ e/ou orientação sexual, discordam da heteronormatividade como regime de poder. O corpo sexuado está atravessado, ou mesmo constituído, pelas relações de poder, aspecto muitas vezes oculto ou ignorado pela hegemonia dos discursos religiosos, morais e científicos.

Enfatizar a importância do poder para compreender e definir a sexualidade possibilitou a circulação de renovadas abordagens e perspectivas. Contudo, existe uma marcada variedade nas formas de incluir o poder nos estudos sobre a sexualidade; variedade que é produto de diferentes ênfases, tensões e até disputas. Foucault é um autor central, já que sua obra não só critica as principais teorias existentes (às quais denomina como parte da "hipótese repressiva") como produz um giro paradigmático nos estudos e nas políticas sobre a sexualidade. A hipótese repressiva descansa numa concepção do poder em termos negativos, sendo o desafio liberar a sexualidade (liberar essa força reprimida no sexo), dando possibilidade para a mudança individual, social ou até mesmo política. Foucault propõe outra concepção do poder: invertendo a lógica dos estudos existentes, ele mantém que as sociedades têm-se caracterizado por uma crescente obsessão por falar sobre o sexual. Não é a repressão, então, a (única) faceta do poder, mas também a regularização, visto que, segundo Foucault, "muito mais do que um mecanismo negativo de exclusão ou de rejeição, trata-se da ativação de uma rede sutil de discursos, de saberes, de prazeres, de poderes…" (2007, p. 72-73).

A ruptura com as definições essencialistas e a incorporação do poder abrem (analítica e normativamente) uma nova etapa na construção de uma agenda acadêmica sobre as articulações entre o religioso e a sexualidade. O próprio Foucault considera que a "colocação em discurso do sexo", a obsessão ocidental pela sua verdade, tem sua genealogia na influência religiosa. Para esse autor, o Cristianismo é uma religião que dispõe da confissão como uma técnica de produção de verdade: o indivíduo não só deve conhecer quem ele é, o que lhe acontece internamente, quais são suas tentações e desejos♀, como também dá-lo a conhecer, revelá-las "a Deus, ou bem à comunidade e, portanto, de admitir o testemunho público ou privado sobre si" (Foucault, 1990, p. 81). Essa matriz confessional imprimiu-se além do âmbito religioso, uma vez que, segundo Foucault, o homem ocidental transformou-se num animal de confissão. A procura da verdade sobre o sexo, anteriormente fixada no âmbito da confissão religiosa, migrou para a psiquiatria, a medicina, o direito, a pedagogia, entre outros discursos. Desse modo, a inclusão da homossexualidade, as perversões, a histeria feminina ou a masturbação das crianças como áreas de pesquisa e estudo científico também implicaram sua regularização e controle.

A América Latina não é uma exceção a respeito desses deslocamentos nas formas de definir a sexualidade, tampouco na crescente importância da religião→ como variável para entender a ordem sexual contemporânea. Precisamente, o objetivo principal do restante do artigo é identificar as principais abordagens e linhas de pesquisa que se aprofundaram na compreensão dos múltiplos entrecruzamentos da sexualidade com o religioso. O interesse por esses entrecruzamentos está vinculado a dois processos principais. Em primeiro lugar, as críticas e limitações do arcabouço teórico da teoria da secularização→ conduziram a um interesse renovado pelo papel das religiões em geral e suas vinculações com a sexualidade. Em segundo lugar, o impacto político dos movimentos feministas e LGBTI foi acompanhado das reações de diferentes setores religiosos em defesa de uma ordem sexual que consideram ameaçada. Longe de se retrair, as principais religiões ativam-se com o propósito de evitar ou até mesmo reverter as demandas que defendem tais movimentos. A combinação desses fatores, entre outros, possibilitou a conformação de uma agenda acadêmica que interroga sobre os múltiplos entrelaçamentos entre a sexualidade e as religiões.

A seguir, apresentam-se duas linhas ou eixos de análise sobre os complexos entrecruzamentos do sexual com o religioso. Mesmo que esses estudos tenham crescido significativamente durante os últimos anos, eles são parte de uma agenda em conformação. Os avanços e aprofundamentos atingidos são, ainda, fragmentários e desiguais, se considerarmos os diferentes contextos. Por este motivo, os eixos identificados não pretendem esgotar a complexidade da temática, mas localizar as ênfases principais que as pesquisas outorgaram ao estudo do religioso desde o prisma do sexual (e vice-versa). Dois esclarecimentos prévios são necessários. Primeiro, a identificação dessas linhas de análise está baseada em motivos expositivos, e as diferentes pesquisas existentes as misturam. Segundo, devido à natureza desta publicação, não são incluídas referências bibliográficas e/ou exemplos concretos dos diferentes estudos que podem localizar-se dentro dessas linhas, dado que excedem o propósito desta publicação. Optou-se, no entanto, por citar na bibliografia algumas compilações e/ou trabalhos coletivos que incluem exemplos das diferentes linhas propostas.

I. Sexualidade(s) e religião(ões). A conformação de uma agenda acadêmica. Além do impacto da Modernidade, o poder religioso continua influenciando (em algumas circunstâncias estruturando) a ordem sexual nas sociedades contemporâneas. A moralidade, a legitimidade e mesmo a legalidade da sexualidade costumam se distribuir de forma desigual de acordo com um sistema de valores hierárquico vinculado ao religioso. Conforme já afirmaram diferentes estudos, a secularização→ como processo social e/ou político não implicou nem a desaparição nem a privatização do religioso a respeito das formas de regular a sexualidade, senão sua rearticulação e sofisticação como mecanismo de poder. Sem desconhecer a maior laicização ou a diferenciação e autonomia entre o religioso e o político, os sistemas jurídicos continuaram (em grande medida) reafirmando as normas morais de corte religioso como discurso secular.

Na América Latina, o Catolicismo ocupa um lugar determinante na regularização e construção da sexualidade. A Igreja→ Católica, desde a conquista e colonização, imprimiu uma matriz de sentidos estruturante da ordem sexual, que continuou sendo relevante, com intensidades variadas, ao longo da História da Religião→. A defesa de uma ordem sexual reprodutivista (procriativa) e matrimonial (unitiva) se configurou como fronteira moral, cultural e política dos diferentes países, monitorada pela hierarquia→ católica. A modernização como processo histórico e político foi relativamente compatível com a manutenção de uma ordem sexual calcada na herança religiosa. Nem a codificação nem a consolidação do estado-nação, nem mesmo a democratização, implicaram necessariamente que a Igreja→ Católica perdesse seus privilégios formais e informais, expressos, entre outros terrenos, no seu impacto nos regulamentos jurídicos da ordem sexual contemporânea. Essa influência varia, certamente, nos diferentes países e momentos, mas, apesar das exceções, a Igreja→ Católica continuou sendo um ator determinante durante grande parte do século XX.

Como já se explicitou previamente, os movimentos feministas e LGBTI iniciaram uma etapa diferente que implica, entre outras questões, debater a vinculação entre religião→ e sexualidade desde olhares renovados. Esses movimentos permitiram incluir a sexualidade na agenda acadêmica e nas lutas políticas e, assim, pôr em circulação novos contextos de sentidos analíticos e normativos. Embora essa agenda se caracterize por ser interdisciplinar (ou até mesmo transdisciplinar), as principais contribuições provêm de duas áreas ou campos de estudo. De um lado, desde o campo de estudos sobre a religião, intensificou-se a importância do corpo sexuado como parte das indagações teóricas e empíricas. Os especialistas incluíram entre seus interesses acadêmicos o papel das religiões nas práticas e identidades sexuais (e vice-versa). De outro lado, os estudos sobre gênero→ e/ou sexualidade, caracterizados por um forte cunho secularista, começaram a revisar seus postulados e incorporar o religioso como uma dimensão relevante. Embora num primeiro momento o religioso se problematizasse na sua conexão com o heteropatriarcado como sistema de poder, esse enfoque sofisticou-se, resultando em leituras alternativas sobre o entrecruzamento do religioso com o sexual.

Não pretendendo esgotar as diferentes contribuições dessa agenda, podem ser identificadas algumas arestas que emergem tanto no campo dos estudos sobre religião como sobre a sexualidade. Considerando as áreas de maior produção teórica e empírica, são propostas duas linhas de indagação que se distinguem por motivos expositivos, dado que tendem a misturar-se e a complementar-se nos estudos existentes. Desde diferentes enfoques e metodologias, essas linhas aprofundam as principais dimensões para compreender o complexo tecido de articulações que caracterizam as sexualidades e religiões nas sociedades contemporâneas.

II. Crenças religiosas, identidades e práticas sexuais. Entre os principais impactos acadêmicos dos movimentos feministas e LGBTI está a crescente complexidade dos processos de identificação e práticas sexuais nas sociedades contemporâneas. Tem-se politizado e analisado a orientação sexual, a identidade de gênero♀, de um lado, ou a utilização de anticoncepcionais e o aborto, de outro lado, não só enquanto identidades e práticas prevalecentes das sociedades contemporâneas como também como decisões legítimas e portadoras de direitos. Assim, a "saída do armário" é um processo tanto de visibilização de identidades e práticas dissidentes como a da demanda por legitimidade e reconhecimento das mesmas. Os estudos sobre a sexualidade sofisticaram seus enquadramentos analíticos e suas indagações empíricas na compreensão desses processos. Embora os enquadramentos teóricos e os estudos empíricos divirjam em distintos aspectos, partilham a preocupação por sofisticar as formas nas quais as pessoas constroem suas identidades em relação à sexualidade. Afastando-se de concepções reducionistas, esses estudos propõem diferentes andaimes analíticos para compreender o dinamismo e o pluralismo na construção de identidades e práticas sexuais.

Esse impacto, político e acadêmico, se produz num contexto onde setores majoritários da população seguem identificando-se com o religioso, em particular com as tradições católicas e evangélicas. Como apontaram diferentes estudos, mesmo que tenham sido produzidas mudanças relevantes nas formas de crer (captadas por termos como sincretismo♀ religioso, individuação, autonomização ou religião *à la carte*, entre outros), a maioria das populações dos países da região tendem a identificar-se com o religioso ou o espiritual. Essa coexistência de uma maior visibilidade e legitimidade das práticas e identidades sexuais dissidentes, além do predomínio das crenças♀ religiosas como dimensão identitária, começou a ser um tema de indagação. Esses entrecruzamentos, que por diversos motivos estiveram relegados ao silêncio nas agendas acadêmicas, nos últimos anos começaram a ocupar um espaço de crescente relevância, dando lugar a diferentes indagações e abordagens.

Uma das temáticas que receberam maior atenção foi a análise das crenças♀ religiosas enquanto sustentadoras do patriarcado e/ou da heteronormatividade. O papel tradicional das principais religiões na defesa de uma moral sexual restritiva também se manifesta, segundo diferentes estudos, nas formas em que as crenças♀ religiosas são uma variável significativa para entender a oposição à liberdade e à diversidade sexual em diferentes setores da população. Esse enfoque coloca a tônica nas influências religiosas como favoráveis a uma ordem sexual hierárquica e excludente. Por exemplo, diferentes pesquisas utilizando metodologias quantitativas confirmam que a intensidade das crenças♀ religiosas (operacionalizada de diferentes maneiras) associa-se a posturas resistentes a temáticas tais como a diversidade sexual, as técnicas não reprodutivas, o aborto ou a educação sexual, entre outras. Quanto maior a intensidade do sentimento religioso, maiores são as possibilidades de posições homofóbicas e/ou machistas. Até mesmo a influência das crenças♀ religiosas é considerada um aspecto importante na construção e/ou manutenção de estereótipos negativos sobre a sexualidade. Outro exemplo nessa linha são os estudos, em geral de corte qualitativo e biográfico, que informam as tensões e dissonâncias existentes nas pessoas que, devido à sua orientação sexual ou a práticas não reprodutivas (como o aborto), transgridem os mandatos morais defendidos pelas religiões às quais elas pertencem.

Outras pesquisas trazem esse enfoque à política, uma vez que o impacto das crenças♀ religiosas explica, também, a maior ou menor abertura para o reconhecimento dos DDSSRR ("direitos sexuais e reprodutivos"). Um dos propósitos principais dos movimentos feministas e LGBTI é reformar os sistemas jurídicos para ampliar o leque de direitos que garantam uma maior liberdade e diversidade sexual e reprodutiva. A religiosidade é analisada como uma das influências que explicam a defesa do *statu quo* jurídico a respeito da sexualidade e da reprodução. Por exemplo, a influência do Catolicismo na região é considerada como geradora de uma cultura política refratária às mudanças jurídicas que ampliem direitos vinculados à sexualidade e à reprodução. Outros estudos focam nas crenças♀ e sentimentos religiosos dos funcionários, políticos e operadores do direito para explicar a negativa ao reconhecimento desses direitos. De modo similar ao que acontece no nível da população, a intensidade das crenças♀ religiosas de legisladores, juízes ou governantes pode vincular-se a um posicionamento contrário ao reconhecimento de direitos para casais do mesmo sexo ou à descriminalização do aborto. Tem sido observada até mesmo a utilização de argumentos religiosos em debates parlamentares e/ou sentenças judiciais para justificar a rejeição aos DDSSRR. Tal tipo de associação também foi proposto para compreender as limitações e barreiras à implementação de políticas públicas vinculadas à saúde→ sexual e reprodutiva.

Outro tipo de enfoque centra-se num fenômeno diferente, embora complementar, daquilo previamente referido. O impacto dos movimentos feministas e LGBTI deu-se também no interior do campo religioso, de diferentes formas. De um lado, geraram mudanças relevantes nas construções religiosas sobre a sexualidade e a reprodução. Embora esses movimentos tenham se caracterizado, pelo menos no começo, por um forte anticlericalismo, eles transcenderam as fronteiras entre o religioso e o secular, gerando formas alternativas de ser crente. O impacto político dos movimentos feministas e LGBTI também ocorreu no interior do campo religioso, articulando formas alternativas de moralidade sexual. De outro lado, esses movimentos possibilitaram diferentes leituras sobre o religioso que permitiram, entre outras coisas, mostrar o hiato existente entre a religião institucional e as formas de identificação dos fiéis. Diferentes análises (no começo conectadas ao campo dos estudos da religião) conduziram a olhares teóricos e analíticos que resgataram e visibilizaram o religioso como heterogêneo em relação às práticas e identidades sexuais. Tanto os dados históricos como as enquetes atuais evidenciam a distância entre as rígidas fronteiras morais, defendidas pela grande parte das tradições religiosas, e as formas com que essas práticas e identidades se manifestam na população.

Esse impacto político e acadêmico permitiu o surgimento de diferentes estudos que resgatam o religioso como heterogêneo e plural a respeito da sexualidade. Uma das linhas de indagação nessa direção observa as diferentes integrações ou negociações entre as crenças→ religiosas e as identidades e práticas sexuais dissidentes. Em sintonia com os estudos que defendem o crescimento da autonomia, o sincretismo→ e/ou a flexibilidade das crenças→ religiosas situam-se as abordagens que sublinham um tipo de vinculação mais fluido e negociado entre as crenças→ e os posicionamentos favoráveis à diversidade e liberdade sexual. Por exemplo, diferentes análises evidenciam como as pessoas que se identificam com religiões restritivas sobre a moral sexual não necessariamente partilham a postura de sua hierarquia→. Analisou-se, concretamente, a existência de setores católicos que não concordam com os preceitos sexuais defendidos por sua hierarquia→, articulando sua fé→ com o apoio aos seus direitos sexuais e reprodutivos. Pesquisas em diferentes paradas do orgulho *gay* em países da região observam a presença de fiéis de diferentes tradições religiosas entre seus participantes. Também, estudos informam a respeito das formas como pessoas *gays*

ou lésbicas conservam e/ou adaptam suas crenças→, apesar do posicionamento oficial homofóbico que costuma caracterizar as tradições religiosas com as quais se identificam.

III. Atores religiosos e direitos sexuais e reprodutivos. Outro tema de pesquisa que adquiriu relevância, não desconectado do anterior, é a análise das religiões como atores públicos diante da política sexual contemporânea. Os movimentos feministas e LGBTI lograram incluir no debate os direitos sexuais e reprodutivos, intensificando a importância da pergunta sobre a articulação entre o religioso e o político. A descriminalização do aborto e os direitos para os casais do mesmo sexo são as duas temáticas que receberam maior tratamento acadêmico para compreender o papel político das religiões. Acrescenta-se a elas outra série de questões que, no seu conjunto, constituem as principais dimensões da política sexual contemporânea: saúde→ sexual e reprodutiva; anticoncepção de emergência; educação sexual; transplante de embriões; objeção de consciência→, entre outras. O estudo dessas temáticas desde uma perspectiva de direitos permite analisar o poder das religiões, em particular da Igreja→ Católica, sobre o Estado e sobre a construção e interpretação→ do direito.

Esse interesse acadêmico pela articulação entre religião→ e política sexual aprofundou-se de diferentes maneiras. Em primeiro lugar, um conjunto de análises conformou uma área de indagação sobre a atuação dos conservadorismos religiosos na política sexual contemporânea. Nesse sentido, alguns estudos indagaram sobre os atores religiosos que se mobilizam contra o reconhecimento e a vigência dos DDSSRR. Embora tais estudos considerem os contextos de cada país, a Igreja→ Católica continua sendo um ator protagonista nos âmbitos nacional e regional. A tais estudos se adiciona a observação de igrejas evangélicas opostas às demandas dos movimentos feministas e pela diversidade sexual. Destacam também as pesquisas que examinam outras manifestações do ativismo religioso conservador, especificamente a crescente presença de organizações da sociedade civil autodenominadas pró-vida ou pró-família. Essas análises sobre os atores são completadas por estudos que se aprofundam em diferentes discursos ou argumentos (científicos, jurídicos ou bioéticos) utilizados pelos atores religiosos e pelas principais estratégias para impactar a sanção e/ou aplicação do direito.

Em segundo lugar, o interesse pela articulação entre a política sexual e o religioso acentuou a importância das reflexões sobre a laicidade. Ainda que os países da região tenham tendido a intensificar a laicidade, esse processo não desarmou a influência da Igreja→ Católica sobre as formas de regular a sexualidade e a reprodução. Sem desconhecer a importância dos estudos sobre a temática ao longo do século XX, o impacto dos movimentos feministas e pela diversidade sexual não só reforçou o debate sobre a (insuficiente) laicidade como também ofereceu um novo âmbito de observação – a sexualidade – para o estudo da escassa autonomia entre religião⚥ e política. Assim, começaram a desenvolver-se diferentes reflexões que, considerando os DDSSRR, tornaram complexas as análises sobre a laicização como processo incompleto na região, além do debate sobre a laicidade como horizonte normativo democrático.

Finalmente, a pluralização do campo religioso referida previamente também foi analisada entre a hierarquia⚥ religiosa. Tais estudos evidenciam a heterogeneidade do campo religioso, não só a respeito das crenças⚥ como também sobre atores que defendem publicamente os DDSSRR desde a sua identificação religiosa. Tanto a Igreja⚥ Católica como as evangélicas se caracterizam por diversas tensões internas a respeito de seus posicionamentos doutrinários e políticos em relação à ordem sexual. Essas tensões costumam se tornar visíveis quando são debatidas as formas de regular a sexualidade e a reprodução. Por exemplo, não é excepcional que, quando são debatidos temas como o aborto ou a diversidade sexual, existam líderes e setores religiosos diversos que se manifestam a favor de mudanças jurídicas favoráveis aos DDSSRR. Adicionalmente, em diferentes países da região, formaram-se igrejas pluralistas e inclusivas que apoiam os direitos sexuais e reprodutivos de modo explícito, participando mesmo dos debates públicos em apoio a essa agenda. Também existem linhas de debate teológico que realizam uma reapropriação dos textos sagrados e das tradições religiosas desde uma perspectiva pró-feminista e/ou pró-diversidade sexual.

A modo de fechamento, pode-se afirmar que o impacto da sexualidade nos estudos sobre religião, bem como a entrada do religioso nos estudos sobre sexualidade, conformaram uma área de indagação que começou a se consolidar na região. Os movimentos feministas e LGBTI inauguraram uma nova etapa na inteligibilidade da sexualidade que impactou nas formas de abordagem acadêmica do religioso. De um lado, esses movimentos aprofundaram os debates sobre as identidades, incorporando questões como a identidade de gênero⚥ ou a orientação sexual. Interromperam, assim, concepções essencialistas e naturalizadas sobre a sexualidade baseadas em discursos biológicos, médicos, morais e/ou religiosos. A sexualidade, como um conjunto de regularizações que a formatam, passou a ocupar um lugar destacado para compreender, entre outras questões, os processos de identificação e diferenciação com o religioso. De outro lado, esses movimentos sofisticaram a compreensão do político ao incluir a sexualidade como uma dimensão para a análise. Essa politização da sexualidade gerou novos interrogantes que abarcaram, entre outras

questões, os debates sobre a política das religiões. Ao desmantelar a tradicional divisão entre o público e o privado, permitiram novas abordagens analíticas e normativas que possibilitam leituras renovadas sobre a laicidade como aspecto das democracias contemporâneas.

Bibliografia: FELITTI, K.; GUTIERREZ MARTINEZ, D. (Coords.). *Diversidad, sexualidades y creencias*: cuerpo y derechos en el mundo contemporáneo. Ciudad de México: Prometeo Libros, 2015; FOUCAULT, M. *Historia de la sexualidad*. Editorial Siglo XXI, 2007. Volumen 1; FOUCAULT, M. *Tecnologías del yo y otros textos afines*. Barcelona: Ediciones Paidós Ibérica, 1990; HEILBORN, M. L. et al. *Sexualidade, família e éthos religioso*. Rio de Janeiro: Garamond, 2005; JONES, D. et al. *Religiones, matrimonio igualitario y aborto*: alianzas con y entre Actores Religiosos por los Derechos Sexuales y Reproductivos en Argentina. Córdoba/New York: CDD/NYU, 2013; RUBIN, G. Reflexionando sobre el sexo: notas para una teoría radical de la sexualidad. In: VANCE, C. S. (Comp.) *Placer y peligro*: explorando la sexualidad femenina. Madrid: Ed. Revolución, 1989. p. 113-190; SAEZ, M.; MORAN FAUNDEZ, J. M. *Sexo, delitos y pecados*. Intersecciones entre religión, género, sexualidad y el derecho en América Latina. Washington DC: American University, 2016; VAGGIONE, J. M.; MORAN FAUNDES, J. M. *Laicidad and Religious*: Diversity in Latin America. New York: Springer, 2017; WEEKS, J. The Construction of Homosexuality. In: SEIDMAN, S. (Ed.). *Queer Theory/Sociology*. Cambridge/Oxford: Blackwell, 1996.

JUAN MARCO VAGGIONE
TRADUÇÃO: CARLOS BEIN QUINTANA

SÍMBOLO/SIMBOLISMO

Estudos sobre o símbolo existem nas mais variadas áreas do saber: Jurídica, Econômica, Filosófica, Etnológica, Botânica, Linguística, Religiosa, Artística, Cibernética, Física, Matemática etc. Segundo Paul Tillich, todo escritor, mesmo na área de humanas, ao usar o termo "símbolo", deveria esclarecer sua compreensão de símbolo. A polissemia é característica do símbolo, assim como a variedade de usos e interpretações da palavra denota a riqueza de cada abordagem segundo a sua área de estudo. Para Mircea Eliade⚥, o ser humano, em condição de *Homo symbolicus*, forma símbolos em potencial. As exteriorizações humanas são, a rigor, simbólicas, uma vez que "os símbolos despertam a experiência individual e transmutam-na em ato espiritual, em compreensão metafísica⚥ do Mundo" (Eliade, 2001, p. 172). Assim sendo, o símbolo apresenta-se como a linguagem da religião e, enquanto tal, comunica além de uma relação puramente convencional entre o signo e seu significado.

A epistemologia do símbolo recebeu resgates históricos e renovações etimológicas de acordo com a época de cada estudo. Inicialmente, pode-se levantar o tema com os pré-socráticos, com um problema característico do estudo do símbolo. Tales de Mileto, ao tratar do primeiro princípio, diz que tudo está cheio de deuses, como também todas as coisas regressam à água. A tradição identificou água e divindade de tal modo a considerar a água como o deus supremo. Uma das soluções considerou tal problema enquanto referente de uma energia física e puramente natural, podendo, ou não, deus ser uma realidade física. Trata-se de uma questão simbólica pela intuição de um ser pelo outro.

A palavra símbolo (grego: *sumbolon*; latim: *symbolum*; italiano: *simbolo*; alemão: *Symbol*; francês: *symbole*; português: *símbolo*) possui, basicamente, dois significados. O etimológico é de "pôr junto e jogar"; o histórico guarda o ideal de um acordo contratual: no mundo grego, o símbolo mantinha unidas famílias, amigos e contratos, sobretudo de hospedagem, na memória (Lurker, 1997, p. 656). Tanto a definição semântica quanto a história remetem à noção de pertença e separação. "O símbolo separa e une, comporta as duas ideias de separação e de reunião; evoca uma comunidade que foi dividida e que se pode reagrupar. Todo signo comporta uma parcela de signo partido; o sentido do símbolo revela-se naquilo que é simultaneamente rompimento e união de suas partes separadas" (Chevalier, 2001, p. xxi). Em suma, qualquer ato, virtude ou materialidade carregada com a noção de religação possibilita o sentido simbólico, tendo na religião uma de suas expressões mais fecundas em figuras messiânicas, oráculos e presságios.

Para uma abordagem filosófica da religião, o símbolo encontra-se no aspecto vivencial da junção da separação e, com tal experiência, inaugura a abertura do ser humano ao mundo e às possibilidades de ser. A rigor, o símbolo, ao contrário de outras formas de significação, é entendido como uma representação na qual torna outras realidades inteligíveis e transcendentes. Segundo Mircea Eliade (1907-1986), o símbolo é a linguagem pela qual o *Homo religiosus* emancipa-se de uma situação particular – geralmente, factual e limitante – em direção a novas situações universais interpeladas pelos mitos e ritos consagrados (Eliade, 2001, p. 172). Sugere-se, então, o símbolo religioso como principal acesso ao estudo do fenômeno religioso atual. Tanto o filósofo quanto o historiador das religiões preocupam-se com o sentido de um fenômeno religioso e sua história; assim sendo, por portar o sentido e a história de determinada religião ou cultura e, ao mesmo tempo, apontar para uma realidade metaempírica, o símbolo conquista autonomia empírica para o estudo das religiões – sem a pretensão de reduzir a História das Religiões a uma simbologia.

Com relação à história do conceito, a interpretação do símbolo perpassou por diversas escolas e tendências do pensamento, acompanhando a evolução das pesquisas humanas e sociais. Athanasius Kircher (1602-1680) é considerado o precursor nos estudos sobre o símbolo: ele tinha a ambição de estipular uma disciplina na qual pudesse trabalhar a cognoscibilidade pela comparação e explicar um objeto pelo outro. Com Friedrich Creuzer (1771-1858) e o movimento do romantismo, o símbolo aparece como uma alternativa para os estudos racionalistas e positivistas, possibilitando aos trabalhos de iconografia e estética um diálogo amplo com outros campos do conhecimento, por conta da noção simbólica então atuante no pensamento. Tal esforço levou a abertura do símbolo a outros interesses, a saber: a Linguística e a Psicologia. Charles Sanders Peirce (1839-1914) foi um dos primeiros a organizar uma teoria geral do símbolo em seus trabalhos semióticos. Com esse trabalho, as escolas literárias puderam pensar o símbolo pelos estudos dos sinais e significação. Sigmund Freud (1856-1939) e Carl Jung (1875-1961) contemplaram o símbolo em suas obras, no entanto, diferentemente da tendência linguística e antropológica, assumiram no símbolo a expressão dos desejos e dos conflitos. O símbolo tem a propriedade excepcional de sintetizar as influências inconscientes e as forças instintivas e espirituais expressas em linguagem simbólica.

O estudo do símbolo pode ser dividido em três etapas elementares: 1) decifrar o simbolismo implícito num mito e/ou rito; 2) estudar morfológica e historicamente cada um dos símbolos; e 3) elucidar a situação existencial que tornou possível a formulação de tais símbolos. A orientação da Escola de Chicago reintegra o símbolo ao campo de estudo vigente, em vez de reduzi-lo em si mesmo, uma vez que assume o símbolo como uma *mediação imediata* do sujeito com o mundo. Características da abordagem: as narrativas míticas são simbólicas, e os símbolos formam as narrativas míticas; sendo pré-reflexivo e de origem inconsciente, trata-se de uma linguagem especial, *sui generis*; necessita de uma hermenêutica apropriada; é indicado, portanto, oferecer uma hermenêutica apropriada para o uso e o trabalho do conceito por cada escola ou corrente.

Importantes correntes, escolas e autores têm construído com diferentes olhares. Os trabalhos em cultura antropológica, de Arnold van Gennep (1873-1957), principalmente o célebre *Ritos de passagem*, inauguraram uma área até então não fixada de pesquisa na qual o símbolo conquistou autonomia, um espaço próprio de reflexão. Nessa tendência, Clifford Geertz (1926-2006), proponente da antropologia simbólica e da antropologia interpretativa, conhecido pelo seu trabalho na Universidade de Chicago, deu a devida importância ao papel do pensamento simbólico na sociedade. Para ele, os símbolos orientam padrões culturais, isto é, ações humanas, e formam a cultura. Visto desse modo, todo o sistema cultural expressa-se simbolicamente na perpetuação do conhecimento e das atitudes diárias. Se a cultura оferece sentido ao mundo, o símbolo confere uma linguagem inesgotável de sentido para a interpretação e orientação da cultura. Victor Turner (1920-1983) expandiu algumas teorias de liminaridade de Van Gennep a respeito das fases rituais para tratar do símbolo como a menor unidade de um ritual (Turner, 2005, p. 49). Para ele, símbolo é uma tipificação social carregada de consenso legitimador. Neste momento, é importante ressaltar: o símbolo é estudado pela Antropologia e, consequentemente, pela Sociologia, se ele tiver algum lugar na compreensão social; se o símbolo for visado na sua capacidade de indicar ações e práticas sociais; se, e assim sendo, puder ser compreendido na continuidade de uma sociedade – senão, estaria destinado à Filosofia ou à Psicologia. Mary Douglas (1921-2007), seguidora de Durkheim e da análise estruturalista, trabalhou na mesma direção em sua obra *Símbolos naturais*, tendo no simbolismo o reflexo da esfera antropológica social nas religiões comparadas. Para a autora, o símbolo faz parte da estrutura dos grupos sociais, identificando-os com uma linguagem própria para a manutenção dos papéis sociais.

As teorias dos autores mencionados nesta seção foram possíveis, sobretudo, devido aos estudos de Émile Durkheim (1858-1917). Ao analisar a força totêmica na estrutura de uma sociedade e inferir o papel simbólico do totem na tribo, Durkheim escreveu que "há na religião algo de eterno destinado a sobreviver a todos os símbolos particulares nos quais o pensamento religioso se envolveu sucessivamente. Não pode haver sociedade que não sinta a necessidade de conservar e reafirmar, a intervalos regulares, os sentimentos coletivos e as ideias coletivas que constituem a sua unidade e a sua personalidade" (Durkheim, 2014, p. 504-505). Há, nesse sentido, uma conversão do símbolo no que é próprio do humano: mais do que isso, o símbolo aproxima-se do sujeito religioso de tal modo que Durkheim apresenta duas instâncias: o simbolismo do corpo e o simbolismo da vontade. O primeiro está intrínseco à materialidade corpórea, acompanhando o sujeito; o segundo, por sua vez, pode ser escolhido conforme as mediações sociais. Em ambos os casos, o símbolo carrega uma função prática: a pessoa é o seu próprio símbolo *par excellence*. Uma vez inserido numa sociedade, participante de um ritual, a reprodução dos gestos cosmogônicos e dos credos fundantes incorporam no sujeito a sua mediação original que se dá em si próprio.

I. Psicologia e imaginário. A descoberta da psicologia do profundo e as atividades do inconsciente ofereceram uma virada do símbolo nos estudos da religião. O símbolo conquista uma epistemologia

própria diferente da razão analítica, da lógica aristotélica, cartesiana e kantiana do mundo moderno. Enquanto chave interpretativa, o símbolo alinha-se aos aspectos mais profundos da vida e da experiência do ser em relação ao mundo. A Ciência da Religião assume as intuições de Freud e Jung para o trabalho hermenêutico dos símbolos. Para a escola freudiana, o símbolo é a expressão de um conflito ou desejo latente e se manifesta em um comportamento, ação ou narrativa, constituindo-o na *pisque* humana. O trabalho da Psicologia, ao estudar os símbolos, fortalece a sua motivação primeira, que é conhecer o ser humano. Jung prolonga a reflexão estipulando as imagens e linguagens inconscientes como símbolos, tendo nos sonhos a sua manifestação integral e mais original. Se na Antropologia e na Sociologia o símbolo conquistou um espaço próprio nas pesquisas, aqui o símbolo ganha um estatuto individual, uma vez que seu significado diz respeito a alguém em sua estrutura psíquica. Para Jung, o símbolo é tudo aquilo que implica reflexão de alguém para a manifestação de algo não preciso e não definido (Jung, 1977, p. 52) A Psicologia, portanto, traz contribuições variadas ao tema, com delimitação própria e característica de análise.

Gilbert Durand (1921-2012), em *As estruturas antropológicas do imaginário*, amplia o aspecto arquetípico do símbolo. A rigor, precedido por um mito basilar, isto é, a fundação da tradição oral e a criação literária, a narrativa de um sujeito, bem como de um texto, parte do imaginário simbólico. Entretanto, prolongando a escola psicológica, o poder simbólico é ampliado no trajeto antropológico, no qual cada cultura responde à finitude. O símbolo e o mito fundam bases antropológicas nas quais se constrói uma significação histórica pela tarefa simbólica da imaginação. Três esquemas básicos de símbolos caracterizam a abordagem: o mítico heroico, o mítico místico e o mítico dramático. Além deles, há duas formas de responder à passagem do tempo e superar a finitude: pelo diurno e pelo noturno. O homem, diante da passagem do tempo, refugiar-se-ia no símbolo.

II. Ontologia. Os trabalhos de Joachim Wach (1898-1955) deram vez aos estudos comparativos em religião, ou seja, *Religionswissenschaft*, introduzindo a interpretação ontológica do símbolo. A experiência religiosa inaugurar-se-ia pela experiência de totalidade, realidade última, dada de maneira simbólica, em vez de preocupar-se com um aspecto da mente, da emoção ou da vontade. Eliade, o seu sucessor, continua a metodologia em pesquisa no símbolo a partir da disciplina de Wach, tendo no símbolo a função de acumular sentidos na tarefa da abertura de níveis da experiência e da realidade. Ao estudar as religiões e suas expressões, Eliade nota diferentes modalidades do ser em relação às situações existenciais interpeladas pelo sagrado. Há, segundo ele, uma forma mais pura de mundo que difere das categorias nacionalistas de culturas europeias. O símbolo é esta forma mais original de ser. O *mundo do símbolo*, a rigor, enfatiza o inconsciente e os aspectos pré-reflexivos e coletivos do símbolo. O ponto de contato com a Psicologia e a Ontologia estaria, sobretudo, no encontro do inconsciente como lugar de manifestação das modalidades do ser. Já com Sociologia a proposta ontológica contrasta com a de Durkheim e a ideia de que a pessoa é o seu próprio símbolo *par excellence*.

Aspectos característicos do símbolo ontológico: o símbolo é a linguagem da religião; ao lado dos mitos, símbolos narram e apresentam uma história verdadeira com realidades sagradas; revela, em multivalência, diferentes níveis da realidade humana; o símbolo é um modo de cognição autônomo que, ao ser vivido, confere sentido à existência humana; e, assim, a metodologia de Eliade para o estudo da História e da Fenomenologia da Religião coloca o símbolo religioso como parte fundante de sua hermenêutica. Afinal, sendo o homem um *Homo symbolicus* e estando o simbolismo implícito em todas as atividades, todos os fatos religiosos têm, necessariamente, para Eliade, um caráter simbólico.

III. Linguagem. No início do século XX, C. S. Peirce e o suíço Ferdinand de Saussure (1857-1913), um dos fundadores da semiótica e do estruturalismo, trabalharam noções do símbolo pelo signo. A tríade de Peirce, a saber, ícone, índice e símbolo, apresentou-se como um contraponto ao primeiro modelo de Saussure demonstrando o funcionamento dos signos. Sendo a língua um sistema, os signos não são naturais. O signo constitui-se pela relação entre o significante (a imagem acústica) e o significado (o conceito). O símbolo, por sua vez, não se restringe à linguagem e se encontrará no limite entre filosofia e texto. Além dessa perspectiva, servindo-se também do aparato antropológico, a semiótica interessou-se pelos fenômenos linguísticos a respeito do símbolo na comunicação, na arte, na religião, na política, na sociedade. Nesse ponto, a simbologia estruturalista teve precursão em Lévi-Strauss (1908-2009).

Em Ernst Cassirer (1874-1945), o símbolo é a chave do ser humano. Segundo Cassirer, se deseja compreender os símbolos (e, em especial, os símbolos artificiais, isto é, os signos arbitrários que a consciência cria na linguagem, na arte e no mito) deve-se retornar ao *simbolismo natural*, em última instância, à representação da consciência como um todo que está necessariamente contida, ou pelo menos projetada, em cada momento e fragmento da consciência. O símbolo natural é o símbolo original – o ser indiviso de Merleau-Ponty: ser humano e natureza juntos na origem. Cassirer ainda nota que "a força e o efeito destes signos mediadores permaneceriam em mistério se eles não estiverem ultimamente enraizados no processo espiritual original que per-

tence à própria essência da consciência" (Cassirer, 1953, p. 52). As formas simbólicas apresentam as direções em que o sentido é percebido e realizado na consciência humana.

Em relação à evolução dos conceitos, a abordagem linguística do símbolo o situa como uma forma de discurso entre outras. Para Wittgenstein, cuja linguagem formula-se para expressar a quinta-essência, ou, caso se prefira, a mais perfeita racionalidade humana, o símbolo não ganha multivalência. Por outro lado, a hermenêutica do símbolo promove uma pluralidade de representações conferindo força à novidade simbólica. Dentre a pluralidade de representações, um exemplo é Andrés Ortiz-Osés (1943-), com sua antropologia hermenêutica, trabalhando a interpretação do ser humano como *Homo hermeneuticus*: não se trata de um modo justaposto aos anteriores, nem intenta uma nova visão radical e espetacular do ser humano, mas consiste em correlacionar dialeticamente o ser humano e o mundo, tendo na linguagem e sua proficuidade simbólica o seu sentido original de *logos* da realidade. A linguagem é, efetivamente, protointerpretação de homem e mundo ao encontro: no e pelo *logos* da linguagem o ser humano mundaniza-se e o mundo hominiza-se.

Sendo da condição antropológica do ser humano o seu caráter interpretativo, intérprete não apenas do mundo, mas de si mesmo, algumas correntes da teologia encontraram na hermenêutica do símbolo um espaço para trabalhar outros sentidos simbólicos. Para Paul Tillich (1886-1965), o símbolo expressa o incondicional (2001, p. 47). A partir de uma concepção kantiana, a maior função dos símbolos é apontar além deles mesmos, em direção à força que eles apontam, para abrir níveis de realidades que, de certo modo, estariam fechados, bem como abrir níveis da mente humana ainda não conscientes. O símbolo religioso é capaz de revelar a modalidade do real ou a estrutura do mundo não evidente no nível da experiência imediata. Enquanto a Teologia, historicamente, usou a terminologia para desígnios técnicos ao se referir à iconografia e demais representações sagradas, autores como Roger Haight (1936-), sacerdote católico jesuíta norte-americano, ecoando, de certa forma, a proposta ontológica, propõe uma leitura cristológica cujo centro estaria na figura de Jesus como um símbolo da figura de Cristo na preservação do mistério de Deus. A dinâmica do símbolo – aquilo que faz pensar – de Jesus enquanto símbolo de Deus favorece elementos para o entendimento de preocupações últimas.

Quanto à recepção do conceito, o estudo do símbolo renovou perspectivas e possibilitou a formulação simbólica de um sistema ontológico elaborado em vários níveis da experiência fundamental do sagrado. Há uma tendência atual em interpretar a essência humana ao lado dos símbolos religiosos. Tal tendência privilegia a dimensão existencial, assumindo

SOCIALIZAÇÃO

o ser humano como seu próprio símbolo, definindo o ser humano como *animal symbolicum* e não como *animal rationale*. Em 1950, Eliade♀ declarou que gostaria de ter escrito um livro chamado *O ser humano como símbolo*, em que a erudição e a hermenêutica♀ histórico-religiosa dariam lugar a uma reflexão filosófica, mostrando a necessidade de o ser humano viver em conformidade com sua essência simbólica, com o arquétipo♀. Nessa direção, Christoph Türcke (1948-), em *Filosofia dos sonhos*, interpreta a relação humana com o mundo de maneira simbólica; para ele, o conhecimento originário é sempre simbólico. Já para Paul Ricœur♀ (1913-2005), o símbolo forma a linguagem originária da religião e, a partir dessa linguagem, surge a metáfora♀. Diferente de Eliade♀, que busca um sentido no próprio símbolo, Ricœur♀ insere o símbolo na ambiguidade humana – a começar pela opção da referência dupla, ou seja, a não mistura dos gêneros teológicos e filosóficos por precaução metodológica e, principalmente, para não esgotar as aporias de origem simbólica – de modo a instaurar e integrar os horizontes comuns dos símbolos culturais da via longa. A sua conclusão, "o símbolo faz pensar" (Ricœur, 2013, p. 366), direciona o símbolo como uma forma significativa de discurso e, enquanto tal, na tarefa hermenêutica♀ característica da reflexão humana, o símbolo promove pensamento original. O pensamento se situa numa área simbólica e cultural; sendo doação de pensamento, o símbolo possibilita uma filosofia instruída pelos mitos e aspira responder determinadas situações da cultura moderna. Surge a metáfora♀ como reagente inovador linguístico, prolongando os símbolos das tradições de origens. Ricœur♀ insere na simbólica do mal a densidade original de um pensamento humano que pretende comunicar algo indizível na linguagem racional. Sendo o mal uma fratura linguística e um enigma a ser decifrado, o desdobramento simbólico amplia a interpretação♀ em vez de encerrar a aporia numa descrição determinista ou reducionista. Nesta perspectiva, os mitos elevam a dignidade do símbolo a uma dimensão do pensamento moderno na qual a esfera simbólica do mal amplia as narrativas míticas na dialética do finito e do infinito. Assim, o mito é a narrativa na qual o discurso sobre o ser humano é incorporado pela retomada de outro caminho a despeito de qualquer adesão religiosa ou escola filosófica. O símbolo, portanto, é tanto mediação quanto compreensão do mundo – principalmente outro mundo possível.

* * *

A pesquisa do símbolo preocupa-se em redescobrir as raízes do ser humano e os significados mais profundos *fons et origo*, na fonte e na origem, para auxiliar a compreensão da linguagem e das formas de ser. A epistemologia♀ do símbolo em percurso,

inaugurada pela *Religionswissenschaft*, sugere o símbolo como a mediação mais original da experiência com o mundo. Os textos fundantes e as narrativas religiosas, com a função de abrir níveis a partir de um estado pré-reflexivo, têm no símbolo uma chave de decifração primordial. Por mais elaborado, complexo e até mesmo racional, o simbolismo funciona em níveis pré-reflexivos e não racionais da experiência. Considerar os aspectos aqui expostos é tarefa de uma descrição plural do símbolo, articulando-o com experiências significativas e tensões criativas da linguagem nos limites das tradições e dos significados de sacralização.

Bibliografia: CASSIRER, E. *The Philosophy of Symbolic Forms*: Language. New Haven: Yale University, 1953; CHEVALIER, J.; GHEERBRANT, A. *Dicionário de símbolos*. Rio de Janeiro: José Olympio, 2001; DURKHEIM, E. *As formas elementares da vida religiosa*. O Sistema Totêmico na Austrália. São Paulo: Martins Fontes, 2014; ELIADE, M. *O sagrado e o profano*. São Paulo: Martins Fontes, 2001; JUNG, C. G. *O homem e seus símbolos*. Rio de Janeiro: Nova Fronteira, 1977; LURKER, M. *Dicionário de simbologia*. São Paulo: Martins Fontes, 1997; RICŒUR, P. *A simbólica do mal*. Lisboa: Edições 70, 2013; TILLICH, P. *Dynamics of Faith*. New York: Harper, 2001; TURNER, V. *Floresta de símbolos*: aspectos do ritual Ndembu. Rio de Janeiro: Ed. UFF, 2005.

Victor Chaves de Souza

SINCRETISMO → Fusão de religiões

SMITH, WILLIAM Robertson → Funcionalismo→ Evolucionismo

SOCIALIZAÇÃO

Em todos os momentos da vida o ser humano é influenciado pelo meio social. Não é possível afirmar que o ser humano é *per se* isolado. Na condição de um ser individualizado e, simultaneamente, coletivo, a sociedade influencia e é influenciada a partir das relações construídas na esfera da cultura. Daí que o conceito de socialização envolve agentes socializadores e práticas culturais que constituem a identidade.

O conceito de socialização é amplo e multifacetado, abordado por diversos autores de diferentes correntes. Também é interdisciplinar e circula nas áreas da infância, da adolescência e da juventude; da família; das relações interpessoais; na esfera do trabalho; da economia; da comunicação; da religião; entre outras. Do conjunto temário que permeia uma série de fenômenos, a socialização é objeto de estudo nas Ciências Sociais e Humanas.

O indivíduo, em sua condição ontológica, possui singularidade, mas também é um ser social e desenvolve-se num contexto sociocultural composto de um conjunto de crenças℗, normas e valores ético-morais diferenciados, de modo que a cultura é o elemento mediador nos processos que envolvem a relação com outros indivíduos, grupos e instituições na dinâmica da sociedade. Nesses processos ocorrem referências identitárias, bem como a assimilação de valores culturais que possibilitam à condição humana produzir símbolos e significados sobre a vida, o mundo e a religiosidade.

O debate do conceito, no período de um século, esteve amplamente presente no pensamento da sociologia clássica, representada por Émile Durkheim℗ (1858-1917), Max Weber℗ (1864-1920) e Georg Simmel (1858-1918), entre outros, que evidenciaram conceitos e teorias acerca das relações sociais e sua formação. Inicialmente, o conceito de socialização é abordado na sociologia funcionalista por Auguste Comte℗ (1798-1857), Herbert Spencer℗ (1820-1903) e, principalmente, Émile Durkheim℗, seguido na antropologia por Bronislaw Malinowski℗ (1884-1942) e A. R. Radcliffe-Brown℗ (1881-1955); o funcionalismo℗ tornou-se uma corrente expressiva no campo das teorias estruturais-funcionais, conforme proposto por Talcott Parsons℗, que descreve as normas, símbolos e instituições religiosas℗ enquanto aspectos que envolvem a socialização para a formação, legitimidade e reprodução desses valores. Assim, na religião, a socialização cumula poder de integração (Durkheim℗), o papel para institucionalizar normas (Parsons℗) e/ou a possibilidade de promover experiências de grupos que transitam entre o contingenciamento ou sua redução (Niklas Luhmann℗).

Para Durkheim℗ (1967), que valoriza a relação indivíduo e sociedade, a combinação das consciências℗ individuais corresponde a uma consciência℗ coletiva. Nesse sentido, a família, a escola, a Igreja℗ ou as comunidades religiosas são instituições agentes de socialização, uma vez que os papéis sociais e a construção da identidade são tecidos a partir dessas relações. A integração é um conceito-chave na sociologia da educação, da família, mas também da religião, em que as instituições contribuem para a socialização dos indivíduos, na qual Durkheim℗ compreende, enquanto experiências, que o indivíduo vivencia seu processo de socialização e promove a construção de dispositivos que orientam a convivência social e comunitária. De modo semelhante, o autor abordou a importância e os limites do que chama "primeira socialização", ao passo que as instituições são sistemas normativos, na qual a primeira aprendizagem não se pode iniciar em definitivo.

A perspectiva de Georg Simmel (1900) e Max Weber℗ (1905-1920) reconhece que a autonomia individual é qualificada enquanto um aspecto de valorização na cultura, e, portanto, uma modalidade moderna de condução da vida, que concebe as relações entre indivíduo e sociedade, contribuindo para o desenvolvimento do conceito de socialização em Simmel. Para ele, qualquer forma de interação entre seres humanos deve ser considerada socialização. Assim, em Simmel, o ser humano é compreendido como uma complexidade de possibilidades, potencialidades e conteúdos sem forma, conforme as interações em modo de estar no mundo, que modelam a si mesmo como uma forma diferenciada e com fronteiras definidas e, ao mesmo tempo, socializam-se.

Após Simmel, outros autores também desenvolveram múltiplas reflexões acerca do conceito de socialização, tais como: Mead℗ (1934), Parsons℗ (1955), Piaget (1975), Habermas℗ (1973) e Luhmann℗ (1987). Assim como Simmel, muitos deles afirmam que os processos de socialização constituem-se de interações e que os conceitos e valores se desenvolvem de maneira dinâmica. Tais processos seguem práticas sociais advindas desde a infância.

Para Parsons℗, a socialização é oriunda dos relacionamentos familiares, mas também dos comunitários e dos segmentos de interesse, tais como a escola, a universidade e o convívio profissional. Por outro prisma, o conceito de socialização foi estudado principalmente por Leopold von Wiese (1876-1969) e Norbert Elias (1897-1990), baseados na concepção de Simmel sobre os processos de socialização (Vergesellschaftung). Logo, os processos de socialização, entendidos no plural, têm seu ponto de partida na corrente simmeliana, que parte do entendimento de que, desencadeada a interação, os processos sociais possibilitam a dinâmica das relações. Desses trabalhos, o conceito de socialização equaciona, numa dialética do campo da cultura.

Os estudos de Durkheim℗ sobre o conceito de socialização podem ser verificados no percurso de outros teóricos que se dedicaram a trabalhar sobre a presente temática. Das abordagens de perspectiva funcionalista, a noção de socialização coloca em evidência a formação do indivíduo, uma vez que é nesse processo que as práticas e modos de pensar são compartilhados pelo grupo. Logo, interiorizar valores e normas torna o indivíduo enquadrado no que é socialmente aceito.

No percurso dos clássicos da sociologia da educação são abordados dois espaços de socialização tradicionais, a saber: a família e a escola. Para a autora, muito dos trabalhos nessa área que discutem o conceito de socialização tem por maior paradigma a produção de Émile Durkheim℗ e, posteriormente, Peter Berger℗ (1929-2017) e Thomas Luckmann (1927-2016).

Desde o deslocamento dos aspectos da socialização para fora da família, cumulando com a perda das solidariedades coletivas – incluindo a categoria de classe –, as relações impessoais são constituídas

SOCIOLOGIA DA RELIGIÃO

numa sociedade vulnerável às manipulações, como observou Hannah Arendt (1951) ao analisar o carisma♀ de lideranças. Assim, um novo campo, o estudo da socialização política, envolve uma área que investiga os processos de legitimação e legitimidade do poder, conforme os mecanismos de socialização e a correlação com o poder, que vai se tornando aceitável. Apesar disso, a legitimação pode ser apreendida mais sob a óptica do conflito, de tal forma que se aplica a situações em que uma ordem política pode ser contestada.

Para esse desenvolvimento, que depende da interação, que compromete a comunicação, a expressão e o pensamento, a relação entre objetos, palavras e comportamentos constitui "um enigma que é decifrado, na qual o ser humano se torna cada vez mais consciente dessa presença e pertença". E, ao participar, segue criando interpretações variadas, que contribuem para o desenvolvimento dos bens culturais, sendo isso possível devido ao acúmulo de experiências geracionais.

O processo de socialização, que ocorre durante toda a vida do indivíduo de acordo com um sistema social já existente, é dividido em três etapas. A socialização primária ocorre na infância. A pessoa desfruta a socialização secundária como adulto. A socialização terciária é associada à velhice. Assim, a formação da personalidade do ser humano é decorrente, segundo Savoia (1989, p. 54), "de um processo de socialização, no qual intervêm fatores inatos e adquiridos".

Na sociologia da juventude, mais do que comparar gerações é necessário identificar e comparar o território e os resultados das relações da sociedade nos espaços em que vivem os jovens de diferentes gerações. Ou seja, em cada tempo e lugar, processos históricos, estruturais e conjunturais determinam as vulnerabilidades e as potencialidades das juventudes. Os jovens do século XXI configuram um mundo globalizado rodeado pelas múltiplas expressões da questão social, e com isso compartilham, nesta geração, uma experiência historicamente inédita. Assim, jovens de diversas épocas têm em comum a dimensão biológica (os hormônios, a adrenalina, o corpo jovem), que favorece a predisposição para as aventuras e as representações da força e da vitalidade motivando a ousadia de práticas juvenis. Mas, para além do aspecto biológico, e apesar dos abismos sociais existentes, ser jovem num mesmo tempo histórico é viver uma experiência geracional comum.

Nas sociedades modernas, o papel social não é herdado desde o nascimento, mas a etnia, o gênero♀ e a classe social das famílias, além de seu local de nascimento, são aspectos que exercem influência na socialização. A partir das experiências do indivíduo, tais aspectos contribuem para o processo de socialização, bem como para a construção de disposições internas que permitem (e orientam) a participação na vida social.

Assim sendo, para interpretar esse fenômeno decorrem teorias que consideram a sociedade como uma esfera que imprime valores nos indivíduos, sendo estes reprodutores de tal convívio; e também teorias que promovem uma interação entre o indivíduo e a sociedade, uma vez que a cultura é produzida e materializada por seus próprios membros.

Bibliografia: ARANTES, P. Para uma teoria da socialização. *Sociologia: Revista da Faculdade de Letras da Universidade do Porto*, vol. XXI, 2011, p. 121-139; DURKHEIM, E. *Educação e Sociologia*. São Paulo: Melhoramentos, 1967; DURKHEIM, E. *Lições de Sociologia*: a moral, o direito e o estado. São Paulo: T/A Queirós, 1983; PARSONS, T.; BALES, R. *Family, Socialization and Interaction Process*. Glencoe, IL: The Free Press, 1955; RAMOS, A. *Introdução à psicologia social*. 4. ed. Santa Catarina: UFSC, 2003; SAVOIA, M. G. *Psicologia social*. São Paulo: McGraw-Hill, 1989; VALLE, E. *Psicossociologia e educação da juventude*. São Paulo: Instituto da Família, 1986.

SUZANA RAMOS COUTINHO
VINNICIUS PEREIRA DE ALMEIDA

SOCIOLOGIA DA RELIGIÃO

A Sociologia da Religião é um dos campos de pesquisa da Sociologia, ciência que também abriga áreas como os da Sociologia da Família, da Educação♀ ou do Esporte. Todas essas abordagens específicas têm como ponto focal a estrutura e o funcionamento da sociedade. Nesse horizonte, a Sociologia da Religião se ocupa das muitas formas em que a religião♀ se articula, em diferentes configurações de sociabilidade, contextos históricos e geográficos. Ela estuda o impacto das ideias religiosas propagadas por correntes religiosas e analisa sua interferência em culturas, grupos e vidas individuais.

Desde as primeiras articulações sociológicas modernas, a religião♀ é levada em consideração como elemento indispensável ao entendimento do comportamento de indivíduos em relação a seus semelhantes (nível *micro*), instituições (nível *meso*) e em todas as interações humanas que podem ser chamadas de "sociedade" (nível *macro*). No âmbito da Ciência da Religião♀, a Sociologia da Religião desempenha um importante papel subdisciplinar devido a seu espectro temático e a seu compromisso epistemológico de se abster de avaliações normativas de doutrinas, formas organizacionais, práticas espirituais ou condutas de vida encontradas no mundo religioso.

A posição altamente funcional da Sociologia da Religião para a Sociologia em geral é indicada pelo fato de que, ainda antes do estabelecimento da disciplina em um contexto universitário, na segunda metade do século XIX, a religião já desempenhava um papel importante nas obras de autores renomados como Auguste Comte (1798-1857) ou Karl Marx (1818-1883). Isso vale também para pensadores como Edward Burnett Tylor (1832-1917), Herbert Spencer (1820-1903) ou James George Frazer (1854-1941), em cujas abordagens repercute o significativo acervo etnográfico obtido a partir do final do século XV graças às descobertas europeias de territórios e culturas até então desconhecidas. Todos esses autores mostraram-se fortemente inspirados por impulsos intelectuais do Iluminismo, que incentivou o tratamento da religião como fenômeno sócio-histórico passível de análise crítica. Ao mesmo tempo, eles partiram da hipótese de que a religião seria uma expressão da irracionalidade e, como tal, um dado anacrônico em uma realidade racional.

Auguste Comte, por exemplo, associava a religião a uma forma de cosmovisão ultrapassada diante da crescente confiança da humanidade na observação dos fatos e do acúmulo gradual do conhecimento científico sobre o mundo empírico. Nessa perspectiva, a religião não seria algo atemporal ou "eterno", mas um construto provisório e superável por uma abordagem mais avançada da "realidade". Karl Marx entendia a religião como um produto da ilusão humana que, devido ao mecanismo de "alienação", ganhara existência própria e capacidade de escravizar seus criadores. Tratar-se-ia, portanto, de um fenômeno desprovido de substância, dependente das constelações socioeconômicas da história em que se desenvolve um movimento dialético que, a longo prazo, conduz a uma sociedade sem classes antagônicas. À medida que a evolução social se aproxima de seu alvo teleológico, a religião se torna obsoleta. Enquanto isso não acontece, a promessa religiosa oferece alívio psicológico aos membros das classes oprimidas diante de sua situação de precariedade econômica. Por isso o sistema político opressor tem interesse na manutenção da religião – ela é um instrumento poderoso de legitimação do *statu quo*.

A evolução da humanidade foi, também, foco de Herbert Spencer. O pensador inglês identificava, como fatores genéricos da religião, a morte e o medo do "retorno dos mortos" como fantasmas, espíritos capazes de gerar danos aos vivos. Já em um estágio primitivo da civilização, a religião cumpria funções sociais importantes entre vivos e mortos: nos ritos funerários, na divinização/veneração de antepassados e na transformação dos locais de sepultamento em locais solenes, dotados de significado e poder simbólico.

Na mesma época, conterrâneo de Spencer, Edward B. Tylor via na falta de conhecimentos e na fé em seres espirituais – elementos comuns aos povos "primitivos" – a origem da religião. Para Tyler, o estágio básico da religião se manifestara no costume de povos do passado enxergarem as coisas do mundo físico como objetos "animados" (ou seja, dotados de *anima*, uma "essência espiritual"). Esse "animismo" teria marcado o primeiro estágio de uma evolução contínua da humanidade, passando posteriormente ao politeísmo e ao monoteísmo para, finalmente, chegar à ciência como forma mais desenvolvida e adequada de conceber o mundo. Alguns resíduos (*survivals*), como convicções e rituais herdados dos estágios anteriores, seguem existindo sob novas circunstâncias.

Entre as publicações lançadas pelos "representantes britânicos da Sociologia da Religião etnológica" (Kehrer, 1968, p. 19-22), o livro de James G. Frazer *The Golden Bough*, de 1890, é, provavelmente, a mais expressiva obra em termos da articulação da teoria de que o desenvolvimento da cultura humana em um progresso contínuo é regido por leis invariáveis. Comprometido com o paradigma "intelectualista", Frazer identificou na História das Religiões uma troca sucessiva de concepções do mundo. Essa troca partia das imaginações mágicas "primitivas", passava por diferentes estágios do teísmo e, finalmente, chegava a uma cosmovisão norteada pelo pensamento científico.

Mesmo que os pressupostos evolucionistas – incluindo a hipótese de que a religião estaria condenada a desaparecer – tenham se mostrado heuristicamente disfuncionais para a Sociologia da Religião, as obras dos "precursores" tiveram um impacto poderoso sobre o desenvolvimento intelectual posterior da disciplina. Émile Durkheim (1858-1917), por exemplo (que, ao lado de Max Weber, é frequentemente referido como "pai" da Sociologia), inspirou-se nas ideias de Comte e Spencer, mas rompeu com a concepção da religião como fenômeno deficitário e atrasado. Para Durkheim, a religião não era um "mau produto" da constituição deficitária do ser humano, senão uma forma exemplar de expressão simbólica daquilo que mantém a sociedade unida. Nesse sentido, a religião faria parte da sociabilidade do ser humano e teria de ser levada em consideração em prol da resposta a perguntas típicas da Sociologia: com base em que elementos os seres humanos se reúnem para criar sociedades? Que mecanismos garantem a estabilidade desses conjuntos sociais? Como podem prevalecer as exigências da sociedade diante de aspirações individuais? Que faz com que o indivíduo reconheça e aceite a sociedade (e suas regras) como algo "superior" em comparação à sua própria existência? Durkheim encontrou respostas a essas questões em seus estudos sobre a religião. Da mesma forma como o ser humano aceita sua sociedade como uma entidade que transcende os interesses individuais, também experimenta suas convicções e práticas religiosas como algo que aponta para uma esfera poderosa, inacessível e, portanto, fora de seu alcance imediato. Segundo o sociólogo francês, a religião representa um sistema relativamente

SOCIOLOGIA DA RELIGIÃO

organizado, cujas exigências morais e diretrizes se refletem nas interações dos membros de um coletivo norteado pelas mesmas crençasρ. Durkheimρ, portanto, destacou o caráter gregário/coesivo da religião, formulando um teorema de integração que, desde então, representa um dos instrumentos analíticos mais influentes no âmbito da Sociologia da Religião.

Diferentemente de Durkheimρ, que pensou a religiãoρ a partir da concepção da sociedade como uma totalidade que abrange de maneira normativa as existências subjetivas, Max Weberρ (1864-1920), fiel a seu programa de Sociologia Compreensiva, estabeleceu como entidades analíticas básicas da Sociologia as ações sociais individuais. Desse ponto de vista, a religiãoρ não aparece primeiramente como um sistema solidário de convicções e práticas, mas surge de comportamentos aos quais o indivíduo atribui um sentido religioso. Ações humanas, portanto, são relevantes para a Sociologia da Religião na medida em que são incentivadas pelas convicções religiosas dos atores. A obra weberiana paradigmática da abordagem que trata a religiãoρ como variável independente em termos analíticos é o famoso trabalho *Die protestantische Ethik und der 'Geist' des Kapitalismus* ("A ética protestante e o espírito do capitalismo"), publicada inicialmente na forma de dois artigos (em 1904 e 1905) e, mais tarde (1920), como livro. Contextualizada na tentativa de identificar as especificidades das sociedades ocidentais modernas em comparação com as configurações do passado (dentro e fora da Europa), a obra pretende elucidar as relações entre a atitude protestante diante da vida e o desenvolvimento do capitalismo enquanto sistema econômico sustentado por uma configuração motivacional específica do indivíduo moderno. Nesse sentido – e diferentemente da ideia marxista de que o capitalismo seria uma manifestação de constelações materiais –, Weber destaca condições mentais como pré-requisitos para o surgimento do capitalismo. Para Weberρ, um elemento constitutivo do capitalismo é o princípio do reinvestimento do ganho de operações econômicas a favor de um futuro lucro cada vez maior. A disponibilidade do capitalista de superar a tendência hedonista inata e de desistir do aproveitamento imediato da sua renda é desdobramento de uma atitude resultante da doutrina calvinista que atribui a salvaçãoρ ou não de cada indivíduo à decisão exclusiva de Deus que antecede a criação do mundo. O fiel, incapaz de prever sua posição salvífica, reage à dependência total do seu último destinoρ da determinação divina com preocupação em termos de uma tensão psicológica compensada pelo trabalho intenso, que acaba ganhando uma importância essencial de vida. A esse pré-requisito somam-se a abstenção de consumo prescrita pela ética restritiva do Calvinismo e a esperança de que o acúmulo de bens materiais sinalize a possibilidade de salvaçãoρ por um Deusρ que quer um mundo

próspero e que poderia privilegiar aqueles seres humanos que contribuem de maneira exemplar para este projeto. Para Weberρ, essa constelação de fatores religiosos representa um passo decisivo para a evolução do capitalismo, não em termos de procedimentos técnicos no mundo financeiro, mas no sentido de um sistema econômico animado por um "espírito" internalizado pelo indivíduo moderno. Isso vale, mesmo a despeito da perda gradativa de impacto da religião sobre as sociedades contemporâneas, cada vez mais "desencantadas", isto é, emancipadas do impacto imediato da religião.

Durkheimρ e Weberρ, com suas abordagens – uma elaborada com foco na sociedade à qual o indivíduo é epistemologicamente subordinado, outra concebida do ponto de vista de sujeitos cujas interações se cristalizam em estruturas macro –, incentivaram duas linhas do raciocínio que, desde então, têm marcado o espectro conceitual da Sociologia da Religião. Por exemplo, o funcionalismoρ estrutural de Talcott Parsons (1902-1979) e a teoria de sistemas sociais de Niklas Luhmann (1927-1998) deram continuidade à tradição durkheimiana. Complementarmente, autores como Peter L. Bergerρ (1929-2017) ou Rodney Stark (1934-) orientam-se em Max Weberρ, na medida em que tratam configurações sociais como consequências de interações individuais, sem negar que instituições e padrões macrossociais têm um impacto sobre o sujeito.

Para Talcott Parsons, a sociedade é organizada como um sistema que abrange diversos sistemas sociais subordinados, cada um cumprindo tarefas específicas dentro de um contexto mais amplo. As ações sociais geradas em cada subsistema são motivadas por valores. Nesse contexto, a religiãoρ desempenha um papel central, particularmente em sua forma institucionalizada, capaz de preservar e perpetuar orientações religiosas. Como tal, contribui para a integração dos membros da sociedade através do fornecimento de orientações comuns, harmonizando e padronizando os comportamentos individuais e as expressões emocionais subjetivas. Além disso, cumpre uma função legitimadora das normas culturais, desperta esperança por um futuro melhor e reduz a insegurança humana diante de grandes questões existenciais como a morteρ. Uma vez que essas funções são indispensáveis para a convivência social, o declínio da religiãoρ em sentido tradicional é compensado pelo surgimento de instituições funcionalmente equivalentes.

Como Parsons, Niklas Luhmann salienta o caráter sistêmico e a funcionalidade da religiãoρ para a sociedade. Segundo Luhmann, um sistema ganha identidade por meio da distinção entre ele mesmo e seu ambiente. Essa demarcação corresponde a uma redução da complexidade, o que possibilita que a vida humana se torne manejável. Isso vale tanto para a sociedade em termos gerais quanto para seus subsistemas especializados em determinados setores de vida, permitindo que as pessoas enfrentem, de maneira eficaz e de acordo com suas competências específicas, os desafios e da convivência humana. Um desses subsistemas é a religião☉, tão essencial para o funcionamento da sociedade como seus pares (economia, política, ciência etc.). Sua tarefa principal é a produção de sentido que fornece plausibilidade para a sociedade e seus diversos segmentos. A religião☉ explica e justifica a existência, resolve o problema da contingência e garante a estabilidade da ordem social.

Apesar de buscar integrar, entre outros aspectos, ideias de Marx☉ e Durkheim☉, a abordagem de Peter L. Berger☉ tem forte afinidade com o pensamento de Max Weber☉. Desde cedo, Berger☉ mostrou-se interessado no mecanismo por meio do qual uma "realidade objetiva" gerada por atividades individuais se solidificou em uma espécie de uma "segunda natureza" do ser humano. Trata-se, portanto, de uma abordagem que vê as dimensões *meso* e *macro* como "desdobramentos" de fenômenos *micro*. Nesse sentido, a sociedade e suas instituições são "cristalizações" de ações individuais (externalizações) que, devido a determinadas condições antropológicas, passam por um processo de padronização (objetivação) e acabam sendo transmitidas para gerações seguintes por meio da socialização☉ (internalização). Essa dinâmica é também decisiva para o surgimento, desenvolvimento e manutenção da religião. Enraizada na natureza humana carente de mecanismos biológicos que assegurem a sobrevivência física da espécie, as doutrinas e normas religiosas transformam o potencial *caos* em um *nomos*, isto é, uma realidade significativa que abrange ou inter-relaciona as aspirações e ações individuais, suprimindo, assim, a insegurança existencial inata no ser humano. Uma vez construída e estabelecida na consciência☉ coletiva, a religião☉ também se oferece como referência em momentos em que a ordem social enfrenta uma crise da sua suposta evidência. Explicações religiosas que justificam o *statu quo* como manifestação de uma "vontade superior" têm o condão de diminuir a contingência diante da experiência da fragilidade do *nomos* coletivamente construído, desde que os indivíduos estejam dispostos a aceitar estas legitimações metafísicas☉ como válidas. Por isso Berger☉ salienta a importância da dimensão institucional, isto é, coletiva, da religião. Para o autor, a vida comunitária religiosa fornece ao aderente cercado por correligionários uma "estrutura de plausibilidade" que confirma e reafirma a pertinência da sua fé☉ subjetiva.

Um exemplo claro de abordagem que tematiza configurações *meso* e *macro* em termos de ações entre indivíduos (*micro*) é a teoria de escolha racional, aplicada na área da Sociologia da Religião por Rodney Stark e William Sims Bainbridge (1940-). O raciocínio dos autores norte-americanos parte de sete axiomas sobre a natureza humana, que teria como elemento-chave a busca por maximizar benefícios e minimizar custos. Esse princípio é fundamental para o comportamento em qualquer área da vida, até mesmo o campo religioso, em que o raciocínio norteado pelo desejo☉ de uma relação positiva entre "despesas" e "lucro" determina aspectos como as preferências espirituais, disponibilidade ou não de conversão e o grau do seu envolvimento em uma denominação. A equação "custo *versus* benefício" é também decisiva para a atuação de instituições religiosas☉ em um cenário plural, no qual diferentes fornecedores de ofertas competem entre si no "mercado religioso". A teoria de Stark e Bainbridge discute esses e outros aspectos à luz de uma sociedade moderna caracterizada pela relativa não regulamentação da "economia religiosa" nacional e pela perda do monopólio de uma determinada Igreja antes dominante.

Cientistas da religião interessados no potencial heurístico das diferentes abordagens apropriam-se do estoque conceitual da Sociologia da Religião de acordo com as demandas heurísticas das pesquisas empíricas próprias. O fato de a distinção entre os níveis *macro*, *meso* e *micro* representar uma discriminação ideal – nem sempre presente de forma clara no mundo dos objetos – faz com que a prática acadêmica muitas vezes promova uma integração de teorias, abstraindo possíveis tensões epistemológicas entre elas. Nesses casos, as perspectivas são complementares e exercem suas utilidades analíticas em diferentes momentos do projeto.

Problemas associados à dimensão *macro* dominaram a discussão sociológica até a Segunda Guerra Mundial e voltaram com força mais recentemente, superando a desconfiança intermediária de "grandes teorias". Uma das questões preponderantes relacionadas ao nível *macro* é a relação entre a religião☉, enquanto variável dependente ou independente, e as demais esferas da sociedade moderna, sobretudo a política e a economia. Cabem nessa área, entre outros, problemas como os da regulamentação estatal da religião, das condições para o estabelecimento e tratamento fiscal de instituições religiosas☉, ou definições ou sanções de transgressões como a blasfêmia☉, ou a discriminação☉ de minorias religiosas, para citar apenas alguns exemplos. A curiosidade do sociólogo em configurações macro abrange também segmentos mais específicos, como, por exemplo, o da educação pública, transformada em palco e objeto de disputa entre defensores da liberdade religiosa e de grupos religiosos que buscam impor seus valores com exclusividade.

Outro subcampo de pesquisa *macro* cada vez mais relevante é o dos atuais meios de comunicação, com foco em fenômenos como o do "televangelismo" ou da internet☉ convertida em "espaço religioso virtual". Por conta da crescente influência de tendências globalizantes sobre constelações nacionais – até mesmo na área da religião –, surgem nas agendas acadêmicas temas como os associados aos conflitos étnicos de base religiosa. Aí imbricados estão temas como o fundamentalismo religioso e a relação entre religião e conservadorismo político. Outro tópico de crescente relevância é o da migração motivada pela pobreza, por conflitos militares ou por fatores ambientais. O desafio, nesses casos, reside na integração de minorias cujos códigos de vestimenta, regras alimentares, costumes culturais e valores em relação a gênero e casamento podem estar em tensão com as convenções tradicionais do país do destino.

Quanto à dimensão *meso*, vale lembrar que, do final da Segunda Guerra Mundial até o final dos anos 1970, a Sociologia da Religião – afetada por um ceticismo diante de "teorias abrangentes" e também por uma crescente indiferença religiosa das populações de sociedades industriais – reduziu-se temporariamente a uma "Sociologia de Igrejas e Paróquias" ou "Sociologia Pastoral". Incentivados pelas pesquisas do sociólogo francês Gabriel Le Bras (1891-1970), focadas em manifestações imediatamente observáveis e numericamente mensuráveis, surgiram, não apenas na França, mas também em países como Alemanha, Bélgica, Países Baixos e Áustria, estudos demográficos e *surveys* relacionados à participação de pessoas em serviços religiosos locais. Muitas dessas investigações se afastaram do interesse puramente teórico que havia constituído os esforços "clássicos" de tratamento das expressões religiosas no nível *meso*. Com este intuito, Max Weber, em 1911, e, um ano mais tarde, Ernst Troeltsch (1865-1923), fornecerem uma caracterização esquemática das duas modalidades institucionais principais dominantes no campo religioso europeu da época. Essa tipologia, composta pelos conceitos de "igreja" e "seita", foi construída a partir de variáveis, tais como o alcance do público-alvo da instituição, a sobreposição entre suas convicções e normas e as da sociedade em geral, o princípio da legitimação e do domínio interno, bem como o grau da regulamentação da vida de seus aderentes. Insatisfeitos com o eurocentrismo da tipologia, sociólogos norte-americanos argumentaram a favor da inclusão de um terceiro tipo, "denominação", sugerido por Helmut Richard Niebuhr (1894-1962) em 1929. No âmbito da discussão sobre novos movimentos religiosos, nos anos 1960 e 1970 surgiu a termo *cult* como quarto tipo aplicado a grupos recém-formados ou importados com ensinamentos e práticas não convencionais do ponto de vista de países tradicionalmente determinados pelo Cristianismo. Na metade dos anos 1980, o tipo *cult* foi desmembrado em três subcategorias: *cult movement* (manifestação sociológica "densa" que se organiza de maneira rígida em torno de um mestre carismático), *client cult* (inter-relação dialógica entre uma "clientela" e um "especialista" considerado mais avançado em um

determinado setor espiritual) e o *audience* ou *cultic milieu* (ambiente social institucionalmente difuso, norteado por preferências espirituais alternativas).

Um tópico "clássico" na discussão sociológica relacionada à dimensão *micro* é o tema da socialização religiosa. De acordo com o compromisso metodológico de explicar fenômenos religiosos a partir de fatores não religiosos, a Sociologia aborda a religiosidade pessoal como algo moldado no decorrer de processos de aprendizagem com "significantes outros". De suma importância para esse processo é a primeira fase da vida, durante a qual crenças, valores, práticas e costumes espirituais são transmitidos dentro da família nuclear. Pesquisadores interessados na dimensão *micro* estão conscientes de que suas pesquisas não se limitam à questão da perpetuação de aspectos teológicos ou espirituais no sentido estrito. Em vez disso, levam em conta o fato de que, através da internalização de uma tradição religiosa, desdobram-se ensinamentos e posicionamentos relativos a questões como as da sexualidade, do gênero ou do trabalho. Nesse sentido, a Sociologia da Religião investiga o impacto da religião sobre o indivíduo também em termos de atitudes diante de demandas corporais, de modalidades de convivência entre homens e mulheres ou da escolha profissional. Outro exemplo de tema associado à dimensão *micro* é o da conversão. A discussão sociológica propriamente dita sobre assuntos afins foi incentivada pela crise de um antigo modelo que concebia a conversão como um rompimento psicologicamente dramático e transformador no interior de uma biografia religiosa supostamente "consistente". A partir dos anos 1970, sociólogos norte-americanos e europeus começaram a questionar a convicção do "velho paradigma" de que a troca da religião seria uma experiência solitária, imediata e totalizante. Pesquisas com membros de novos movimentos religiosos indicaram um cenário em tensão com este "esquema paulino". Os projetos revelaram que a entrada de um indivíduo em um dos grupos investigados geralmente não se caracteriza como uma mudança involuntária, radical e duradoura. Em vez disso, a adesão seria resultado de um longo processo composto de diversas fases, nas quais o "simpatizante" dialoga continuamente com os ofertantes da proposta religiosa. Mesmo depois da incorporação ao grupo e apesar da sua avaliação da vida comunitária como enriquecedora, muitos dos recém-convertidos se mantiverem distantes de doutrinas religiosas por eles lidas como não convincentes.

A identificação dos níveis *macro*, *meso* e *micro* da reflexão sociológica é uma operação analítica frequentemente relativizada pela prática científica. Isso vale particularmente para objetos como a secularização, cuja complexidade demanda uma abordagem "verticalmente transversal", capaz de elucidar a relevância simultânea do fenômeno sobre a sociedade, as instituições religiosas♀ e os indivíduos. Peter L. Berger♀ leva a inter-relação dessas três dimensões em consideração quando especifica a secularização como "o processo pelo qual setores da sociedade e da cultura são subtraídos à dominação das instituições e símbolos religiosos". Essa dinâmica, segundo Berger♀, manifesta-se nas sociedades ocidentais como uma "retirada das Igrejas cristãs de áreas que antes estavam sob seu controle ou influência". Além disso, o autor continua, "há uma secularização da consciência♀", o que resulta que "o Ocidente moderno tem produzido um número crescente de indivíduos que encaram o mundo e suas próprias vidas sem o recurso às interpretações religiosas" (Berger, 1985, p. 119-120).

Apesar da discordância entre sociólogos da religião sobre a pertinência empírica e a validade generalizada da teoria da secularização, é consensual que, do ponto de vista *macro* e diferentemente do passado, a religião♀ representa um subsistema que existe em complementação, ou até mesmo em tensão, com outras esferas relativamente autônomas, constituídas por plausibilidades próprias e encarregadas de funcionalidades específicas. A perda da predominância ideológica de uma tradição religiosa particular e a desistência do Estado de assegurar o monopólio de uma determinada Igreja resultaram em um pluralismo não apenas em sentido ideológico, mas também em termos de uma convivência de um número crescente de grupos religiosos no âmbito nacional. Opositores da teoria da secularização concordam com a constatação da diversificação do campo religioso, mas insistem na hipótese de que a religião♀ não perdeu sua significância. Em vez disso, ela teria mudado seu caráter, submetendo-se à lógica econômica. Consequentemente, o campo religioso assumiu a forma de um "mercado" em que diferentes "produtores de bens e serviços espirituais" tornam-se competidores diante de uma mesma clientela. Essa caracterização da dimensão *meso* corresponde à concepção *micro* da "privatização" da religião, que alude à busca do indivíduo por ofertas capazes de contribuir para suas ambições espirituais particulares em complementação ou independentemente de um compromisso firme e duradouro com uma determinada instituição religiosa.

Enquanto a ideia de mercado se mostra analiticamente útil para a pesquisa de certos cenários nacionais, há dúvidas sobre o grau de generalização de resultados. Uma vez que os últimos foram, sobretudo, obtidos por sociólogos norte-americanos, críticos têm apontado para limitações heurísticas em relação à investigação dos campos religiosos em outras partes do mundo. Preocupações desse tipo são altamente relevantes para a Ciência da Religião♀, disciplina interessada na religião♀ como fenômeno mundial. Para diminuir o risco de universalizar *insights* produzidos em contextos nacionais ou culturais

específicos, recomenda-se que o cientista da religião inclua na sua literatura obrigatória publicações sobre a Sociologia de Religiões não cristãs, como o Hinduísmo (Madan, 2006), o Budismo (Bailey; Mabbett, 2003), o Confucionismo (King; Bond, 1985), o Jainismo (Sangave, 1980), o Zoroastrismo (Sakhai, 2000) ou o Islã (Pace, 2005).

Bibliografia: BAILEY, G.; Mabbett, I. *The Sociology of Early Buddhism*. Cambrigde: Cambridge University Press, 2003; BERGER, P. L. *O dossel sagrado*. Elementos para uma teoria sociológica da religião. São Paulo: Paulus, 1985; KEHRER, G. *Religionssoziologie*. Berlin: De Gruyter, 1968; KING, A. Y. C.; BOND, M. H. The Confucian Paradigm of Man: A Sociological View. In: TSENG, W.-S.; WU, D. Y. H. (Eds.). *Chinese Culture and Mental Health*. London: Academic Press, 1985; MADAN, T. N. The Sociology of Hinduism: reading "backwards" from Srivanas to Weber. *Sociological Bulletin*, vol. 55, n. 2, 2006, p. 215-236; PACE, E. *Sociologia do Islã*. Fenômenos religiosos e lógicas sociais. Petrópolis: Vozes, 2005; SAKHAI, K. *The Sociology of Zoroastrianism*. Dissertation. Columbia University, 2000; SANGAVE, V. A. *Jaina Community: A Social Survey*. Bombay: Popular Prakshan, 1980.

FRANK USARSKI

SOFRIMENTO

Há muitas formas de sofrimento, desde sofrimentos físicos decorrentes de doenças, problemas congênitos, acidentes ou condições temporárias, passando pelo sofrimento emocional, psicológico que pode estar ou não relacionado aos fatores já mencionados, bem como a variados fatores contextuais, como privação material, desigualdades sociais e desastres ambientais. Assim, o sofrimento atravessa diferentes áreas do conhecimento, as quais têm buscando compreendê-lo, evitá-lo, eliminá-lo ou amenizá-lo. Por exemplo, o sofrimento é de interesse das áreas da saúde♀ (como medicina e enfermagem e suas especialidades), do serviço social e de áreas relacionadas a políticas públicas. O sofrimento é também um tema fundamental da Filosofia, da Antropologia, da Sociologia, da Psicologia e da Ciência da Religião♀. Destaca-se, ainda, como tema recorrente em diversas tradições religiosas (Gibbs; Wolfson, 2002).

Compreender o sofrimento humano não é tarefa fácil, especialmente por ser um fenômeno individual e cada pessoa entendê-lo, reagir a ele e sofrer de forma distinta, mesmo que se refira à mesma circunstância objetiva. Uma possibilidade é entendê-lo como uma "experiência indesejada, de intensidade ou duração considerável, de um estado físico ou afetivo negativo. O sofrimento físico frequentemente envolverá uma experiência de dor, e o sofrimento psicológico, alguma forma de tristeza, medo ou raiva" (Vanderweele, 2019, p. 2). O sofrimento também pode ser pensado como a perda de algo bom (saúde☉, relacionamento, afetos positivos, paz), com considerável duração ou intensidade. Dessa forma, pode ser entendido como a ausência do completo bem-estar humano (Vanderweele, 2019).

O sofrimento pode ser percebido pela observação de diferentes sinais, desde expressões corporais, como mudanças na postura corporal (por exemplo, encolhimento), choro e expressões faciais que sugiram dor ou afetos negativos. Também se revela o sofrimento na linguagem, em alterações no tom de voz e também em mudanças de comportamento. Mas, como destaca Vanderweele (2019), o sofrimento só é passível de avaliação pela experiência de quem sofre. Não há como avaliar o sofrimento apenas por seus sinais. A avaliação depende, em última instância, diretamente do sofredor.

O neurologista e psiquiatra austríaco Viktor Frankl, sobrevivente do Holocausto, aborda o sofrimento a partir de uma perspectiva de falta ou perda de sentido de vida (Frankl, 2015). O autor aponta que cada época na história traz consigo diferentes sofrimentos humanos e destaca o sofrimento existencial como resultado da necessidade que o ser humano tem de encontrar sentido em sua vida. Frankl vai além e afirma que no sofrimento também é necessário buscar o sentido: "Ao cumprir um sentido, o homem realiza a si mesmo. Se cumprimos o sentido do sofrimento, realizamos então o que de mais humano o homem tem; amadurecemos, crescemos – crescemos para além de nós mesmos. Precisamente aí, onde nos encontramos desamparados e desesperados, quando enfrentamos situações que não se podem mudar, precisamente aí é que somos chamados, e nos é exigido mudar a nós mesmos" (Frankl, 2015, p. 30).

Para Frankl, os momentos de sofrimento extremo enfrentados (ele cita, entre outros, o Holocausto ou doenças graves) trazem em si a possibilidade de transformação. Assim, a transformação pessoal seria possível no sofrimento quando a pessoa encontra sentido ou sentidos para esse sofrimento.

O sofrimento é tema de muitas discussões e interpretações entre religiosos, teólogos e estudiosos da religião. Segundo o antropólogo Clifford Geertz☉, a busca por ressignificar o sofrimento constitui uma meta fundamental das religiões: "Como problema religioso, o problema do sofrimento é, paradoxalmente, não como evitar o sofrimento, mas como sofrer, como fazer a dor física, a perda pessoal, a derrota mundana ou a contemplação impotente da agonia dos outros, algo suportável, algo, digamos, sofrível" (Geertz, 1973, p. 104). As religiões forneceriam, assim, uma série de recursos simbólicos capazes de organizar o caos e dar sentido ao sofrimento. De acordo com Gibbs e Wolfson, "a Ciência da Religião☉ parece ter um envolvimento distinto com o sofrimento, pois as religiões exploraram o sofrimento com uma intensidade e respeito específicos. [...] As religiões muitas vezes levaram o sofrimento a sério e exploraram a tarefa de como responder ao sofrimento. Elas fornecem práticas e interpretações que exploram os motivos de o sofrimento afetar a humanidade e os modos com que devemos reagir ao sofrimento. Naturalmente, há religiões que negam a realidade do sofrimento, e há intérpretes das religiões que podem reivindicar discernir tal negação, mas mesmo negando a realidade do sofrimento, as religiões frequentemente o dignificam e fazem de seu tema central a questão de como suportar o fardo do nosso sofrimento percebido" (2002, p. 1-2).

Entretanto, o campo da pesquisa empírica sobre sofrimento e religião☉ ainda é muito recente e pode-se dizer que está em desenvolvimento. Um desafio no estudo do sofrimento refere-se à forma de avaliá-lo, justamente por se tratar de algo subjetivo, totalmente dependente da experiência de quem passa por ele. Nos estudos que têm sido realizados, alguns autores têm optado por itens únicos de avaliação, com uma pergunta em que o entrevistado/participante avalia por si mesmo o quanto está sofrendo. Esse tipo de avaliação tem a vantagem de ser simples e fácil de administrar, entretanto, depende exclusivamente da percepção do respondente. Outros instrumentos com múltiplos itens são considerados por terem propriedades psicométricas melhores. Mas os instrumentos disponíveis avaliam aspectos diversos e precisam ser escolhidos conforme o objetivo do estudo. Por exemplo, encontram-se escalas com itens que avaliam sintomas físicos, como apetite e padrão de sono, ou afetos, como medo, tristeza, esperança. Vanderweele (2019) aponta para algumas desvantagens das escalas de múltiplos itens. Entre elas estão a dependência do contexto (por exemplo, escalas específicas para um contexto clínico determinado), o fato de que, em geral, as escalas focam nos sintomas e nas causas do sofrimento e não na experiência do próprio sofrimento.

Entende-se que a religiosidade e a espiritualidade☉ podem ser fontes de amparo e conforto em momentos de sofrimento, auxiliando na forma como as pessoas lidam com situações difíceis e de estresse e tomam decisões nesses momentos. Nessa direção, tem-se o *coping* religioso/espiritual, o processo no qual estratégias relacionadas à fé religiosa/espiritual são utilizadas para lidar com o sofrimento. Essas estratégias podem estar relacionadas a sentir-se amparado e confortado por Deus, deuses ou seres espirituais, ou por pessoas ligadas a instituições religiosas☉. Também estão relacionadas a sentir-se cuidado e amparado, ou a ações como ir a uma instituição religiosa em busca de auxílio, ler livros sagrados☉, realizar preces e meditações (Pargament, 1997).

Por outro lado, as pessoas também podem sofrer por conflitos religiosos ou espirituais (*religious/spiritual struggles*) que se referem a conflitos, tensões e emoções negativas relacionados a questões espirituais ou religiosas. Os conflitos podem ser identificados em diferentes domínios, como conflitos relacionados a Deus, deuses ou algum mal sobrenatural em que a pessoa pode se sentir punida ou atormentada por esses seres; ou em conflitos interpessoais envolvendo outras pessoas ou instituições, com desentendimentos, animosidades ou sentimento de julgamento; e ainda conflitos em torno da moralidade, como, por exemplo, com sentimento de culpa em relação a alguma transgressão, dúvidas sobre as suas crenças ou mesmo uma falta de significado ou propósito mais profundo na vida (Exline; Rose, 2013).

Entende-se que esses conflitos podem ser experienciados tanto por pessoas crentes ou que se identificam com algum aspecto da religiosidade como também por pessoas agnósticas ou ateias, em função de experiências prévias ou atuais com contextos, práticas e pessoas religiosas (Weber et al., 2012) e que podem trazer diversas implicações para a saúde mental. Pode-se pensar que um conflito religioso é capaz de instigar o crescimento pessoal, levando uma pessoa a refletir sobre sua vida, reavaliar e gerar transformações. Assim também se pode pensar do sofrimento em geral. Ao envolver o reconhecimento da perda de algum bem, o sofrimento traz consigo potencial para o crescimento, pois indica que algo deu errado e precisa ser resolvido. A ação gerada para lidar com a respectiva perda pode dar origem a algum bem subsequente (Vanderweele, 2019). Entretanto, especificamente sobre conflitos religiosos/espirituais, a maioria dos estudos realizados nessa área indica uma relação dos conflitos com dificuldades psicológicas ou emocionais, incluindo depressão, ansiedade e estresse, além de dificuldades de adaptação a eventos traumáticos e mesmo suicídio (Wilt, 2017).

Em 1994, foi introduzida no DSM-IV (sigla para *Diagnostic and Statistical Manual of Mental Disorders*, o "Manual Diagnóstico e Estatístico de Transtornos Mentais" da Associação Americana de Psiquiatria, quarta edição) a categoria denominada Problemas Religiosos e Espirituais. Os problemas espirituais foram definidos por Lukoff e colaboradores (Lukoff et al., 1992) como conflitos envolvendo o relacionamento do indivíduo com o que quer que ele defina como transcendente e com instituições ou grupos ligados à sua vivência religiosa e espiritual. Algumas dessas experiências (como perda ou questionamento da fé, frustrações com líderes religiosos, processos de desconversão religiosa ou de abrupta conversão a uma nova religião) podem se mostrar de difícil aceitação e processamento por seus protagonistas, levando-os a buscar ajuda especializada. Por outro lado, podem estar associadas a processos de transformação profunda e à expansão das potencialidades dos indivíduos. E nesse ponto a proposta é que os profissionais de saúde mental as entendam não como transtornos mentais, mas sim como problemas religiosos e espirituais que reflitam, por exemplo, a necessidade de uma nova postura diante de uma fase diferente da vida.

O sofrimento trazido por esses conflitos espirituais/religiosos e os impactos na saúde mental e emocional podem estar relacionados com o papel significativo que a religiosidade ocupa na vida de muitas pessoas. Pargament (1997) aponta que muitos têm os valores, crenças e práticas religiosas no centro de suas vidas ou na orientação geral para a vida. Assim, os conflitos podem atingir essas pessoas em seu núcleo de vida, levando a níveis significativos de sofrimento. Wilt e colaboradores (2017) realizaram um estudo para verificar se a relação entre os conflitos espirituais/religiosos se mantém quando controladas variáveis de religiosidade e de personalidade. Como resultado, os autores encontraram que os traços de personalidade e a religiosidade têm fortes associações com o bem-estar, assim como os conflitos espirituais/religiosos, tanto do passado como do presente, e que essa associação é única com o bem-estar, acima e além dos efeitos da personalidade e da religiosidade.

É necessário ressaltar que grande parte das pesquisas sobre sofrimento e suas consequências são feitas com delineamentos transversais, não sendo possível estabelecer a relação causal direta. Por exemplo, um conflito ou sofrimento pode levar à depressão ou a depressão pode levar ao sofrimento ou ao conflito (Vanderweele, 2019). Assim como acontece com outras variáveis, tais como ansiedade, estresse, baixo ajustamento, as quais tanto podem ser desfechos como causas do sofrimento. Tal questão traz consigo a necessidade de avançar no tema com estudos longitudinais ou com maior controle de variáveis para que se possa compreender melhor tanto as causas como as consequências do sofrimento humano.

Como se observa, o sofrimento humano é uma área que está relacionada a muitas outras e por vezes aparece integrada, de forma explícita ou implícita, em temas diversos, tais como estresse, depressão, doenças crônicas, cuidados paliativos, suicídio, estresse ocupacional, *coping*, resiliência. Mas a experiência do sofrimento como tal e por si mesmo ainda precisa de avanços para sua compreensão. Vanderweele (2019) aponta alguns desses caminhos: a) conhecer a prevalência e a distribuição do sofrimento e suas diferentes formas em grupos sociais e demográficos distintos, a partir de diferentes estressores; b) principais causas ou determinantes do sofrimento, que em geral são resultados de ações de si próprio, de outro, ou do quebrantamento do mundo, considerando que para esse tópico seriam fundamentais estudos longitudinais; c) compreender os efeitos de diferentes respostas ao sofrimento (respostas cognitivas, estratégias de *coping*, ações para mudar circunstâncias, reengajamento na comunidade, engajamento espiritual e religioso); d) estudos com os cuidadores, pois muitas vezes experimentam sofrimento e sofrem no processo de cuidar e testemunhar o sofrimento de um ente querido; e) intervenções para o sofrimento de quem sofre e de seus cuidadores. Podemos também acrescentar aos caminhos sugeridos por Vanderweele a integração do trabalho do profissional de saúde♀ com os líderes e representantes religiosos. Embora o cuidado espiritual não possa ser considerado uma prerrogativa exclusiva dos capelães da área de saúde♀, torná-los parte da equipe multidisciplinar em contextos de saúde♀ pode ser uma estratégia importante quando se presta assistência integral ao paciente religioso (Menegatti-Chequini et al., 2019).

Bibliografia: EXLINE, J. J.; ROSE, E. Religious and spiritual struggles. In: PALOUTZIAN, R. F.; PARK, C. L. (Eds.). *Handbook of the psychology of religion and spirituality*. New York: Guilford Press, 2013. p. 380-398; FRANKL, V. *O sofrimento de uma vida sem sentido*: caminhos para encontrar a razão de viver. São Paulo: É Realizações, 2015; GEERTZ, C. *The interpretation of cultures*. New York: Basic Books, 1973; GIBBS, R.; WOLFSON, E. *Suffering religion*. London: Routledge, 2002; LUKOFF, D.; LU, F.; TURNER, R. Toward a more culturally sensitive DSM-IV: psychoreligious and psychospiritual problems. *Journal of Nervous and Mental Disease,* v. 180, n. 11, 1992, p. 673-682; MENEGATTI-CHEQUINI, M. C. et al. How psychiatrists think about religious and spiritual beliefs in clinical practice: findings from a university hospital in São Paulo, Brazil. *Brazilian Journal of Psychiatry*, v. 41, n. 1, 2019, p. 58-65; PARGAMENT, K. I. *The Psychology of Religion and Coping*: Theory, Research and Practice. New York: Guilford Press, 1997; VANDERWEELE, T. J. Suffering and response: directions in empirical research. *Social Science & Medicine*, v. 224, 2019, p. 58-66; WEBER, S. R. et al. Psychological distress among religious nonbelievers: a systematic review. *Journal of Religion and Health*, v. 51, 2012, p. 72-86; WILT, J. A. et al. Religious and Spiritual Struggles, Past and Present: Relations to the Big Five and Well-Being. *The International Journal for the Psychology of Religion*, v. 27, n. 1, 2017, p. 51-64.

Everton de Oliveira Maraldi
Miriam Raquel Wachholz Strelhow

SOTERIOLOGIA

Partindo de uma referência clássica da Sociologia das Religiões, o conceito de soteriologia se refere à "crença na salvação através de abundantes graças acumuladas por intermédio de um herói ou deus encarnado [...] reforçada pela evolução dos mitos soteriológicos, sobretudo os relatos de um deus que sofre e luta..." (Weber, 1966, p. 184) contra os poderes da natureza, a escuridão e o frio, alcançando a vitória sobre os mesmos e se firmando como salvador, a exemplo do Cristo, libertando as pessoas dos demônios ou do determinismo e do destino♀. Embora os dicionários limitem o termo a uma parte da teologia♀ cristã, como nos mostra Weber♀, há uma longa história antes de se firmar como ortodoxia que se crê única.

Os diversos mitos, rituais dos antigos cultos de fecundidade e das religiões de mistério que têm semelhanças com as temáticas religiosas iranianas e judaicas incluem a crença♀ na ressurreição dos mortos, que será assumida como central pelo Cristianismo com a profissão de fé na Ressurreição do Cristo (Bianchi, 1982, p. 11). Isso mostra o triunfo de um messianismo nutrido pela apocalíptica e pela soteriologia que projeta o princípio de fé como promessa a ser cumprida para todos.

Há inúmeros exemplos da semelhança entre a liturgia♀ do Mitraísmo e outras religiões mistéricas com a liturgia♀ nascente do Cristianismo, antes de estas serem combatidas como "perversa imitação diabólica dos sacramentos♀ cristãos" (Bianchi, 1982, p. 14), pelos apologistas cristãos.

A continuação da misteriosofia dualista dos cultos de mistério absorvida pelo Gnosticismo marcará todo um período de controvérsias que serve de base para a formulação da ortodoxia cristã. A teologia♀ cristã defende que o crente é salvo de seus pecados e da morte♀ por meio do sacrifício♀ de Jesus Cristo, e com isso se torna participante da vida eterna. Essa formulação doutrinal, embora com pequenas variações ao longo da história, se manteve como ortodoxia do Cristianismo.

I. A Soteriologia dos cultos de mistério. Os cultos mistéricos de Cibele, Ísis e Mitra, entre outros, apontados como "religiões de salvação", pretendiam dar à alma♀ a pureza perdida graças à realização de rituais, mortificações, penitências e um processo iniciático assíduo nos mistérios e "meios infalíveis" para alcançá-la.

O mundo greco-romano tinha diferentes acepções para "salvação", que implicava a ideia de uma queda ou degradação de um estado superior que poderia ser recuperado pela mediação dos deuses. O primeiro sentido estava ligado à superação das doenças e à recuperação da saúde♀; o segundo apontava para a preservação da vida ou o livramento de um perigo físico, tais como acidentes, naufrágios, ou de qualquer mal psíquico; o terceiro se referia ao livramento da má sorte ligada ao destino♀, entendido como imutável e predeterminado pelos deuses ou pelos astros (Turcan, 1982, p. 173). Desse modo, a salvação consistia mais em escapar dos rumos traçados para a vida na terra, escapar da morte♀ em determinada data e em certas circunstâncias trágicas ou dolorosas.

Só posteriormente é que esse entendimento se expandiu para incluir a ideia de uma imortalidade "feliz".

Ascender a esse estado de "felicidade imortal" faz parte da ritualização cada vez mais elaborada de processos de iniciação nos vários cultos aos deuses considerados proporcionadores da salvação. O culto a Ísis, por exemplo, centrado na salvação do corpo, logo se projetava para uma salvação póstuma além do destino e da morte e consistia na participação de uma ceia propiciadora da salvação.

Mitra era outra das divindades adoradas como *salutares*, em virtude do sangue dos touros sacrificados para vivificar o mundo. O culto se popularizou entre gregos e romanos, garantindo destaque ao Mitraísmo como "religião de salvação" (Turcan, 1982, p. 176). Longe do dualismo platônico, essa divindade era solidária dos humanos em suas lutas. No entanto, trata-se de uma salvação "biocósmica" e não de uma salvação individual (Turcan, 1982, p. 181).

Nos ritos de iniciação ao culto de Ísis, são descritos rituais de confissão das faltas, vistos à luz de um julgamento divino como propiciadores de salvação, os quais incluíam a imersão nas águas e, após desnudar-se, o recebimento de nova veste, dada por um sacerdote como sinal do ingresso na nova vida "salva" das faltas anteriores. Com isso, a ideia de salvação e proteção nesta vida vai se prolongando com o desenvolvimento de "uma escatologia da compensação" (Griffiths, 1982, p. 207) que projetava a nova vida de felicidade do neófito para a vida além da morte, uma vez que o pensamento grego já tinha formulado a ideia de imortalidade. Isso se reforçava com a ideia de "ascensão das almas" para o mundo dos céus (Flamant, 1982, p. 223-255). Esse entendimento mesopotâmico, baseado em concepções astronômicas, elaborado como categorias racionais por Platão com princípios de um entendimento espiritual, posteriormente foi reelaborado pelo Cristianismo.

Concomitantemente, na religião romana a noção de *salus* ou *soteria* estava relacionada à enfermidade física, à proteção e salvaguarda da coletividade dos perigos e, finalmente, como desejo de salvação na vida pós-morte, porém ainda de modo bastante vago (Le Glay, 1982, p. 427-428). No geral, a preocupação primeira era com a "felicidade do Império", considerada dependente do imperador. Por isso, há uma confusão entre as noções *salus* e *felicitas* que revela as dimensões que hoje podemos apontar como psicológica e política, como parte do entendimento escatológico da religião romana. Cícero foi o responsável por popularizar a ideia de que a salvação do povo, entendida como "a lei suprema", dependia unicamente de César; por isso, a ele caberia o culto de todos os cidadãos do império.

A pluralidade do entendimento da *soteria* herdada do mundo greco-romano passou por grandes transformações a partir do século II d.C., especial-

mente com os gnósticos e certos grupos cristãos, que viam os astros e o zodíaco como demoníacos dada a fatalidade que aprisionava os humanos e da qual precisavam ser salvos.

II. Da pluralidade à salvação única cristã. O entendimento de salvação, embora presente nos textos bíblicos judaicos, difere do entendimento cristão de um Salvador divino e encarnado. Para o Judaísmo antigo, Deus é salvador enquanto criador e legislador, e o meio de salvação é a prática da Lei. Posteriormente, a soteriologia judia ganha outras nuanças, diversificando-se e enriquecendo-se com a absorção de noções palestinas, como a descida ao *sheol* após a morte corporal, a ideia de um julgamento divino e a da ressurreição (Simon, 1982, p. 781-783).

O adjetivo *soteria* adquire uma conotação religiosa e política a partir da época helenística. Os deuses e os heróis gregos recebem-no como qualificativo de uma condição superior, como no caso de Alexandre Magno e seus sucessores. O mesmo costume foi incorporado pelos romanos e atribuído igualmente aos seus imperadores como expressão do desejo de salvação pessoal.

"Paralelamente, o monoteísmo judeu, e posteriormente cristão, iria mais distante na mesma ambição: entendia não somente que seu Deus fosse salvador, mas que fosse o único salvador. É assim que a fórmula μόνος σωτήρ θεός ('único Deus Salvador') aparece diversas vezes em Clemente de Alexandria, e de modo semelhante em outros Padres gregos. Sabemos, por outro lado, que 'o Salvador' é uma designação antiga de Jesus, favorecida pela etimologia hebraica de seu nome próprio, como atesta implicitamente Mateus 1,21" (Pepin, 1982, p. 256).

O Cristianismo latino firmou esse entendimento com a tradução de São Jerônimo, que, com base nessa etimologia, traduz o termo *soter* como *salvator*. Ao defender o monopólio da promessa de salvação, o discurso cristão se faz hostil aos demais cultos de salvação, começando com uma "demonização" dos demais deuses invocados e celebrados como salvadores.

A pluralidade de ofertas da salvação dos cultos gregos era combatida como *hostis dei et veritatis inimicus*, enquanto o Cristianismo era defendido como única *vera via salutis*. Essa mesma justificativa foi seguida por Tertuliano e por Justino. Esse tipo de discurso aparece também no apologista cristão Júlio Fírmico Materno, em sua obra *De errore profanarum religionum* [Sobre o erro das religiões profanas], ao descrever um rito de refeição sagrada que se assemelhava ao rito da eucaristia cristã, já entendida como alimento de salvação dos castigos. Ele retoma os elementos soteriológicos dos demais ritos não cristãos para depreciá-los como inspirados pelo diabo.

Ambrosiastro, por sua vez, combatia o culto de Átis, celebrado em 24 de março, o qual se aproximava

SUBSTÂNCIAS PSICOTRÓPICAS

da celebração da Páscoa cristã e se assemelhava ao entendimento do sacrifício℗ de Cristo e à expiação propiciada pelo sangue derramado na cruz. Dada a precedência do ritual pagão, o apologista argumenta, por meio da "habilidade da intervenção do diabo" (Pepin, 1982, p. 263), sabedor com antecedência do mistério de salvação que se celebraria nas cerimônias pascais cristãs e se anteciparia com o ritual pagão.

A mesma retórica foi empregada por Agostinho ao afirmar que os espíritos impuros sabiam, pelos anjos e profetas℗, que Jesus viria, embora ignorassem o tempo. Por isso, também ele ataca os rituais pagãos e exalta a imagem℗ do Sangue do Cordeiro como o único capaz de garantir a redenção humana. Os rituais de sangue derramado diante dos demais deuses são depreciados como antítese do ritual cristão e passam a ser vistos como engano e perdição.

***

Seguindo a inspiração℗ de Weber℗, que trabalha o tema da salvação como busca de uma legitimação pessoal em meio a tantos obstáculos da vida, Parsons℗ destaca que "não pode haver algo como o problema de salvação exceto em relação a este mundo" (apud Weber, 1966, xlix). Dentro da variedade de modelos e níveis de concepções que envolvem essa noção nos diferentes períodos históricos, as distintas tradições religiosas continuam a pluralizar as práticas rituais tidas como meios eficazes de salvação.

No Hinduísmo, há o entendimento e o desejo℗ de se tornar um com *Brahma* e escapar do ciclo de renascimentos marcados pelo sofrimento. No Budismo, há a busca da "extinção" da individualidade para alcançar o *Nirvana*. O crescimento dos movimentos esotéricos contemporâneos revela a busca constante de uma salvação individual, por meio do retorno a um estado de vida primordial, ou da força vital por meio das mais variadas práticas rituais. Esses diferentes entendimentos remetem ao desejo℗ comum de um "mundo melhor", no qual se experimente a salvação das situações de precariedade atuais da vida que continua a se projetar *ad aeternum*.

Bibliografia: BIANCHI, U. Lo studio delle religioni di mistero. In: BIANCHI, U.; VERMASEREN, M. J. (Eds.). *La soteriologia dei culti oriental nell'Impero Romano*. Tome Quatre-Vingt-Douzieme. Atti del Colloquio Internazionale, Roma, 1979. Leiden: Brill, 1982. p. 1-16; BRODBECK, G. Salvation/Redemption. In: STUCKRAD, Kocku von (Ed.). *The Brill Dictionary of Religion*. Primeira publicação: 2006. p. 1671-1673; FLAMANT J. Sotériologie et systèmes planétaires. In: BIANCHI, U.; VERMASEREN, M. J. (Eds.). *La soteriologia dei culti oriental nell'Impero Romano*. 1979. Leiden: Brill, 1982. p. 223-242; GRIFFITHS, J. G. The concept of divine judgement in the mystery religions. In: BIANCHI, U.; VERMASEREN, M. J. (Eds.). *La soteriologia dei culti oriental nell'Impero Romano*. 1979. Leiden: Brill, 1982. p. 192-222; LE GLAY, M.

Remarques sur la notion de Salus dans la religion romaine. In: BIANCHI, U.; VERMASEREN, J. (Eds.). *La soteriologia dei culti oriental nell'Impero Romano*. 1979. Leiden: Brill, 1982. p. 427-444; PEPIN, J. Réactions du christianisme latin a la sotériologie métroaque (Firmicus Maternus, Ambrosiaster, Saint Augustin). In: BIANCHI, U.; VERMASEREN, M. J. (Eds.). *La soteriologia dei culti oriental nell'Impero Romano*. 1979. Leiden: Brill, 1982. p. 256-275; SIMON, M. Conceptions et symboles sotériologiques chez les juifs de la diaspora. In: BIANCHI, U.; VERMASEREN, M. J. (Eds.). *La soteriologia dei culti oriental nell'Impero Romano*. 1979. Leiden: Brill, 1982. p. 779-802; TURCAN, R. Salut mithriaque et sotériologie néoplatonicienne. In: BIANCHI, U.; VERMASEREN; M. J. (Eds.). *La soteriologia dei culti oriental nell'Impero Romano*. 1979. 1979. Leiden: Brill, 1982. p. 171-191; WEBER, M. Soteriology and types of salvation. In: WEBER, M. *The Sociology of Religion*. Introduction by Talcott Parsons. London: Social Science Paperbacks and Methuen, 1966. p. 184-206.

Antonio Genivaldo Cordeiro de Oliveira

SPENCER, HERBERT →
Etnologia e Etnografia→ Funcionalismo →
Sociologia da Religião

STARK, RODNEY → Economia
da Religião→ Sociologia da Religião

SUBSTÂNCIAS PSICOTRÓPICAS

O termo "substâncias psicotrópicas" relaciona-se inexoravelmente a alguns outros termos importantes. Assim, não é possível falar em substâncias psicotrópicas sem remeter a "substâncias psicoativas", a "drogas", a "drogas psicotrópicas", a "drogas psicoativas", a "alucinógenos", a "psicodélicos", a "enteógenos", a "substâncias alteradoras de consciência℗", a "plantas psicoativas" e a "plantas de poder".

No que tange às perspectivas que envolvem o tratamento das substâncias psicotrópicas, é possível destacar ao menos três dimensões que estão interconectadas. Há uma dimensão histórica; uma dimensão jurídica imbricada com aspectos que envolvem políticas públicas de saúde℗ em âmbito nacional e internacional; e uma dimensão espiritual-religiosa. Embora a última dimensão seja aqui o principal interesse, não é possível compreendê-la de modo isolado.

I. Dimensão histórica. Esta traz a percepção de que as definições de substância psicotrópica ou droga, para mencionar apenas esses dois termos, são produtos históricos e culturais, que remetem a visões de mundo específicas, situadas no tempo e no espaço histórico. São definições construídas, sujeitas a permanências e mudanças, que dizem respeito a outras noções também construídas historicamente, tais como as de liberdade, disciplina, crime, moralidade, violência, sociabilidade, prazer, devoção, transcendência, conhecimento, comércio, entre outras. Justamente por serem forjados historicamente, temos uma série de controvérsias e imprecisões em torno desses termos, que não possuem acordo nem mesmo no campo biomédico, onde se supõe, erroneamente, que pode haver consenso (Labate apud Goulart et al., 2008, p. 13).

O termo "psicoativo", por exemplo, está muito próximo do termo "medicamento" na linguagem cotidiana, e as famosas "especiarias", tão almejadas no comércio do Ocidente com o Oriente, embutiam ingredientes usados na medicina, na tinturaria e na culinária, aproximando-se, assim, daquilo que posteriormente também foi tomado como substância psicoativa (Labate apud Goulart et al., 2008, p. 14). Assim, pode-se concluir que, historicamente, drogas, alimentos e remédios estiveram bastante imbricados, e é preciso atenção a esses processos para não naturalizarmos definições culturalmente construídas (Torcato, 2016, p. 14).

Tal constatação conduz à afirmação, com base em muitos estudos históricos realizados, de que há uma antiguidade no uso de substâncias psicotrópicas/ psicoativas pelos seres humanos, embora apenas no século XX tenha sido construída a noção de que a maioria delas só deveria ser usada sob orientação médica para tratar de problemas patológicos (Labate; Goulart, 2005, p. 459; Labate apud Goulart et al., 2008, p. 23). Tal processo se relaciona com aquilo que se denomina de "medicalização da sociedade" (Torcato, 2016, p. 22).

II. Dimensão jurídica. No que tange à dimensão jurídica, já se atentou para a necessidade de perceber seu entrelaçamento com aspectos que envolvem políticas públicas de saúde₽ nos âmbitos nacional e internacional. Nessa perspectiva, as substâncias psicotrópicas/psicoativas são fruto de preocupação e regulamentação diversa por parte dos Estados, tendo sido a *Convenção Internacional do Ópio*, assinada durante a *Primeira Conferência Internacional do Ópio*, em 1912, ocorrida em Haia, Países Baixos, um dos marcos nesse sentido. Posteriormente, as duas guerras mundiais retiraram o foco da questão, mas o modelo ali presente permaneceu, de certa forma, nas convenções seguintes, inaugurando o que estudiosos(as) do assunto denominam de "paradigma proibicionista" (Fiore, 2012, p. 9). Após a *Convenção Internacional do Ópio* de 1912, tivemos três convenções que resultaram nos principais tratados envolvendo a questão das drogas e das substâncias psicotrópicas: *Convenção Única sobre Drogas Narcóticas*, de 1961; *Convenção sobre Substâncias Psicotrópicas*, de 1971; e *Convenção das Nações Unidas contra o Tráfico Ilícito de Drogas Narcóticas e Substâncias Psicotrópicas*, de 1988. As três, de caráter complementar, buscaram regulamentar

o uso, a posse, a comercialização, o transporte e a distribuição, além de criar mecanismos de combate e cooperação internacional em relação ao "tráfico ilícito", no caso da mais recente.

Segundo a Organização Mundial da Saúde (OMS), psicotrópicos são substâncias psicoativas que agem diretamente no Sistema Nervoso Central (SNC), o que produz notoriamente modificações comportamentais, de humor e, com a continuação da administração, torna-se modificador da cognição. Os psicotrópicos foram desenvolvidos pelas *indústrias farmacêuticas* para *fins terapêuticos* de estabilização do SNC (grifos dos autores).

O Ministério da Saúde₽, tomando como ponto de partida as já mencionadas convenções internacionais e outros decretos e leis nacionais, através da Secretaria de Vigilância em Saúde₽ (SVS), por meio da Portaria 344, de 12 de maio de 1998, "aprova o Regulamento Técnico sobre substâncias e medicamentos sujeitos a controle especial". Nesta portaria, substâncias psicotrópicas aparecem entre as que necessitam de tal controle e são definidas a partir do vocábulo "Psicotrópico", que por sua vez é entendido como "Substância que pode determinar dependência física ou psíquica e relacionada, como tal, nas listas aprovadas pela Convenção sobre Substâncias Psicotrópicas, reproduzidas nos anexos deste Regulamento Técnico". No art. 5º da referida Portaria, é explicitado que o "controle especial" também se faz obrigatório "para as atividades de plantio, cultivo e colheita de plantas das quais possam ser extraídas substâncias entorpecentes ou psicotrópicas". Além disso, os processos de uso, posse, comercialização e transporte de substâncias psicotrópicas é também regulado pela Portaria 344. Ao fim da portaria, há uma lista imensa de "substâncias psicotrópicas", que passam de 80 (oitenta), considerando as subclassificações. No Adendo, há ainda uma "lista de plantas que podem originar substâncias entorpecentes e/ou psicotrópicas". São elas: 1) *cannabis sativum*; 2) *claviceps paspali*; 3) *datura suaveolans*; 4) *erytroxylum coca*; 5) *lophophora williamsii* (cacto peiote); e 6) *prestonia amazonica* (*haemadictyon amazonicum*). Todos os sais e isômeros obtidos a partir de tais plantas também estão sob "controle especial". Por fim, na última listagem de substâncias psicotrópicas da Portaria, está o DMT, o princípio ativo da *ayahuasca*, presente também na planta conhecida popularmente como jurema, o que será visto adiante.

De acordo com o Centro Brasileiro de Informações sobre Drogas Psicotrópicas (CEBRID), da Universidade Federal de São Paulo, tais drogas podem ser divididas em três grupos, a partir dos efeitos que geram sobre a atividade cerebral. Um primeiro grupo é o das depressoras, que tornam a atividade cerebral mais lenta. Aqui se incluem o álcool, os soníferos ou hipnóticos (barbitúricos, alguns benzodiazepínicos), os ansiolíticos (calmantes, como benzodiazepínicos),

SUBSTÂNCIAS PSICOTRÓPICAS

os opiáceos ou narcóticos (morfina, heroína, codeína ou meperidina) e os inalantes ou solventes (colas, tintas ou removedores). Um segundo grupo é o das drogas estimulantes, que, ao contrário do primeiro, deixam a atividade cerebral mais rápida. Entre elas estaria incluída a cocaína e os anorexígenos (com destaque para anfetaminas). E, finalmente, um terceiro grupo, o das drogas perturbadoras, que alteram o funcionamento cerebral. Inclui-se a mescalina (do cacto mexicano), o tetraidrocanabinol (encontrado na *cannabis*, popularmente conhecida como maconha), a psilocibina (presente em determinados cogumelos), plantas como lírio e substâncias sintéticas, tais como a dietilamida do ácido lisérgico (LSD25), e ainda o *ecstasy*.

Como se pode notar, a preocupação em torno da "saúde pública" levou a uma série de regulamentações em torno das substâncias psicotrópicas/psicoativas, criando um campo de disputas e ações onde se entrecruzam os discursos biomédico, jurídico e estatal, vinculados aos organismos internacionais. É possível perceber também, pelos não ditos e pelas contradições, que as substâncias psicotrópicas/psicoativas ora são percebidas pelos seus "fins terapêuticos", ora são tomadas como "coisas perigosas/danosas". Ora são fonte de benefícios, ora são fonte de malefícios, tornando-se, assim, objeto de controvérsias e fortes debates. Tal cenário de discussões se intensifica quando as substâncias psicotrópicas/psicoativas são tratadas no âmbito das Humanidades, pois questiona-se as políticas de controle e regulamentação em sua construção histórica. Esbarra-se ainda na questão do uso religioso de substâncias que aparecem proscritas na lista das Nações Unidas e são replicadas na legislação brasileira, como vimos anteriormente.

Assim, é no âmbito das Ciências Humanas que a pluralidade de termos relacionados a substâncias psicotrópicas se amplia, como apontado logo no começo, pois é justamente este o termo menos utilizado. Outras palavras são bem mais usadas, como "substâncias psicoativas" ou apenas "psicoativo", como se pode ver na denominação da Associação e de um dos principais núcleos de pesquisa sobre o tema: a *Associação Brasileira de Estudos Sociais de Substâncias Psicoativas* (ABESUP) e o Núcleo de Estudos Interdisciplinares sobre Psicoativos (NEIP), que é a ela vinculado desde 2010.

Outros termos também são usados e/ou se correlacionam a substâncias psicotrópicas, tais como "enteógeno", "psicodélico", "substâncias alteradoras da consciência" e "plantas de poder".

1. Enteógeno. Provém do grego: *entheos* [=] "inspirado ou possuído por um Deus" e o sufixo *geno* [=] "geração, produção de algo". Dessa forma, um significado possível para enteógeno seria "aquilo que produz uma inspiração ou possessão divina", ou ainda, como colocou Edward MacRae, "aquilo

que leva alguém a ter o divino dentro de si". Gordon Wasson é o responsável por ter cunhado o vocábulo "enteógeno" para fazer referência às plantas que são utilizadas como um veículo para se atingir um contato com o mundo espiritual e com seres divinos. Configurou-se como uma nomenclatura usada para fazer oposição ao termo "alucinógeno", que, ao remeter à noção de "alucinação", termina por trazer um olhar reducionista para as experiências que envolvem o uso de tais substâncias (Goulart; Labate, 2005, p. 31).

2. Psicodélico. A denominação de "psicodélico" para as plantas/substâncias alteradoras de consciência foi criada pelo psiquiatra Humphry Osmond nos anos 1950 e, posteriormente, se fez presente nos movimentos da contracultura nos anos 1960 e 1970. Distinto do termo "enteógeno", o vocábulo "psicodélico" enfatiza a dimensão laica das experiências vividas com tais substâncias, afastando-se, assim, de seus conteúdos religiosos.

3. Plantas de poder. A expressão "plantas de poder" ganha espaço e uso a partir dos anos 1960 e também está conectada ao contexto da contracultura e sua manifestação em terras brasileiras. Inevitavelmente, vincula-se às obras de Carlos Castaneda, autor que se tornou bastante conhecido pelos relatos de suas experiências com essas plantas, tais como o cacto peiote e determinados cogumelos, dentre algumas outras. Em suas publicações, a partir dos ensinamentos do mestre Don Juan, apresentado pelo autor como um índio *yaqui* e um mestre-feiticeiro, Castaneda afirma que tais plantas possibilitariam aos homens o contato com "forças" ou "poderes", o que levaria o aprendiz a ser um "homem de conhecimento" (Labate; Goulart, 2005, p. 32-33). A ideia principal do uso da expressão "plantas de poder" é mostrar que tais plantas "ampliam e aprofundam a visão e percepção humanas ordinárias". Além disso, o termo se aproxima do uso verificado nos trabalhos de campo feitos por estudiosos(as) da temática tanto junto às comunidades tradicionais como também no âmbito do denominado "universo *new age*" (Labate; Goulart, 2005, p. 34), que seria, resumidamente, um espectro de práticas, espiritualidades, religiosidades e filosofias oriundas do contexto do movimento da contracultura dos anos 1960, em que há forte influência das religiões e filosofias orientais (Amaral, 2000).

Considerando a abrangência do universo das substâncias denominadas psicotrópicas/psicoativas, é preciso pensar mais detidamente nas plantas de poder ou plantas psicoativas e nas bebidas sagradas feitas a partir delas. Parte-se do pressuposto, em consonância com importantes pesquisadores(as) da temática, de que tais nomenclaturas são mais adequadas, especialmente para se pensar a dimensão espiritual-religiosa. Mesmo com este recorte, ressalta-se que são muitas e variadas plantas que podem ser englobadas sob essa designação. Como exemplos, partindo das nomenclaturas pelas quais são conhecidas popularmente, podemos citar: a *ayahuasca/hoasca*, a coca, o *pariká*, o *caapi*, o tabaco, o cacto peiote, a jurema, a *iboga*, a mescalina, a maconha, diversos tipos de cogumelos, dentre muitas outras. Serão tratadas aqui, mais especificamente, a *ayahuasca* e a jurema, respectivamente, pois, embora se possa encontrar uso religioso-espiritual envolvendo todas as plantas de poder acima mencionadas, por diferentes sociedades e grupos humanos, a escolha se justifica pela relevância, pela presença e pela vinculação a importantes religiões no campo religioso brasileiro.

a) Ayahuasca. Não é possível definir com exatidão quando se iniciou o uso da *ayahuasca*, mas é possível distinguir um uso feito por diversas comunidades indígenas tanto no Brasil quanto nos demais países da América do Sul, que é muito antigo, e o uso mais recente feito pelas *religiões ayahuasqueiras*, expressão que engloba o *Santo Daime*, fundado por Raimundo Irineu Serra, mais conhecido como Mestre Irineu, nos anos 1930, no Acre; a *Barquinha*, fundada por Daniel Pereira de Mattos, chamado de Mestre Daniel, nos anos 1940, em Rio Branco; e o Centro Espírita Beneficente União do Vegetal, mais difundido apenas por *União do Vegetal* (UDV), fundado por José Gabriel da Costa, conhecido como Mestre Gabriel, nos anos 1960, em Rondônia (Labate; Goulart, 2005, p. 398). Embora tenham surgido no Brasil, as religiões *ayahuasqueiras* já se encontram presentes em vários lugares do mundo, especialmente o *Santo Daime* e a *União do Vegetal*, que já se fazem presentes na Espanha, em Portugal, nos Estados Unidos, entre outros, chegando a mais de trinta países (Labate; Feeney, 2011, p. 3).

A palavra *ayahuasca* tem origem na língua quéchua e pode ser traduzida para o português como "corda/cipó dos mortos/da almaᵖ ou dos espíritos", pois *aya* significa "pessoa morta", "alma", "espírito", e *waska* significa "corda", "liana" ou "cipó". Embora muitas vezes o termo remeta à planta, *ayahuasca* é uma bebida feita geralmente a partir da infusão do cipó *Banisteriopsis caapi* (cipó mariri) e do arbusto *Psychotria viridis* (chacrona). A essa infusão, várias outras plantas podem ser adicionadas, a depender do uso ritual e dos sujeitos que a manipulam (Labate; Goulart, 2005, p. 398). Como há grande diversidade e também conflitos no âmbito das religiões *ayahuasqueiras*, a bebida de caráter sagrado utilizada na UDV não se chama *ayahuasca*, mas sim *hoasca* ou simplesmente *Vegetal*, entendido como um "chá" sagradoᵖ feito também através da decocção do *Banisteriopsis caapi* e da *Psychotria viridis*. A justificativa dada pelos praticantes para o uso do termo distinto é que eles não se atêm ao aspecto bioquímico da substância, mas partem de um universo simbólico, cultural e social da UDV (Bernarndino-Costa, 2011, p. 21).

Apesar da diversidade que guardam entre si, além do uso das bebidas sagradas feitas a partir das plantas de poder, as três religiões têm em comum alguns aspectos: surgem no século XX, no norte do país, fundadas por homens nordestinos,ᵖ e estão relacionadas ao contexto histórico da exploração da borracha na região amazônica (Labate; Goulart, 2005, p. 360-361). Outro forte ponto comum às religiões *ayahuasqueiras* foi o enfrentamento de um longo processo histórico de legalização da bebida no Brasil, que envolveu conflitos diversos entre os grupos *ayahuasqueiros*, havendo interdição temporária do uso e constantes tentativas de proibição. Todas as controvérsias se deram pela presença de DMT (*n,n-dimethyltryptamine*) na *Psychotria viridis*, pois tal substância, como vimos, é uma das que está sob regulamentação e controle, tanto no âmbito nacional, através da Portaria 344, de 1998, quanto no âmbito internacional, pela *Convenção sobre Substâncias Psicotrópicas*, ambas já mencionadas anteriormente. Há extensa bibliografia, uma boa parte dela feita e disponibilizada em *site* pelos pesquisadores do NEIP, sobre o processo de regulamentação da *ayahuasca* no Brasil. Sinteticamente, pode-se dizer que muitas dificuldades surgiram, e ainda surgem, porque a legislação brasileira não especifica quais "drogas" são proibidas, ficando tal atribuição a cargo do setor executivo do Governo Federal. A classificação das drogas é feita pela *Agência Nacional de Vigilância Sanitária* (ANVISA) e, na falta de regulamentação legal explícita, o Estado brasileiro se apoia nas Resoluções do *Conselho Nacional de Políticas sobre Drogas* (CONAD), particularmente na Resolução n. 1, de 2010, que estabelece um conjunto de princípios éticos, regras e normas a serem seguidos para o uso da *ayahuasca*, constituindo-se, assim, numa "deontologia do uso da *ayahuasca*" (Labate; Feeney, 2011, p. 3-5).

A questão da legalidade ou não do uso de plantas psicoativas não é uma questão exclusiva do Brasil, não somente pela transnacionalização das religiões *ayahuasqueiras* como também por casos análogos em relação a outras plantas de poder, como, por exemplo, as controvérsias que se deram em torno do uso religioso do peiote e da *cannabis* nos EUA, nos Países Baixos ou na Inglaterra (Labate; Feeney, 2011, p. 13). Verifica-se que uma parte das disputas se dá em torno da noção de "uso religioso" e, consequentemente, em torno da definição de religião. Outra parte dos conflitos envolve a questão da "segurança da *ayahuasca*".

b) Jurema. No tocante à jurema, assim como a *ayahuasca*, também não é possível delimitar com exatidão quando foi iniciado o seu uso. A utilização das várias plantas denominadas como "jurema" é bastante múltipla e, como bem já recordou Clarice Mota (Sampaio apud Silveira, Sampaio, 2018), não há condições de afirmar como se deu o processo diaspórico da jurema. Pode ter vindo da África ou

SUBSTÂNCIAS PSICOTRÓPICAS

até mesmo de Portugal, uma vez que há relatos de seu uso em beberagens tanto em rituais religiosos africanos quanto portugueses (Goulart; Labate, 2005, p. 235). No entanto, é também possível diferenciar esse uso mais antigo, que remete pelo menos ao período colonial, realizado por diversas comunidades indígenas, seja no Brasil, seja na América do Sul, e a sua utilização no contexto do Catimbó-Jurema, forma conjunta, que se considera mais bem apropriada (Sampaio apud Silveira; Sampaio, 2018) para nomear uma modalidade religiosa afro-brasileira que se faz presente no nordeste, particularmente nos estados da Paraíba, Pernambuco e Rio Grande do Norte, embora se possa encontrá-la em todo o território nacional e também fora do Brasil, em países como Portugal e Espanha, entre outros. Outras nomenclaturas são utilizadas como Catimbó ou Jurema, isoladamente, ou ainda Jurema Sagrada.

De acordo com José Flávio Pessoa de Barros, *Mimosa tenuiflora* é o nome científico da planta mais comumente conhecida como "jurema-preta". Sua sinonímia botânica e espécies afins estão no âmbito do gênero *Acacia* jurema (Barros, 2011, p. 144). Diversos(as) autores(as), como Clarice Mota, Rodrigo Grünewald, Marco Tromboni, Sangirardi Jr., dentre outros(as), já detalharam melhor o aspecto botânico das juremas, demonstrando que as muitas espécies estão relacionadas a pelo menos três gêneros: *Mimosa*, *Acácia* e *Pithecelobium*. No cotidiano dos juremeiros, fala-se muito em seus nomes populares, a jurema preta e a jurema branca, que possuem usos distintos (Sampaio apud Silveira; Sampaio, 2018, p. 266).

É preciso observar a polissemia da palavra "jurema". Além de denominar a própria planta e a árvore, bem como a religião em si, como já citado, designa o rito a ser realizado – Jurema de chão, Jurema batida, Jurema na mata etc.; uma cidade encantada pertencente à mitologia juremeira; uma entidade, a cabocla Jurema, e as bebidas sagradas feitas a partir da tronqueira da árvore. O uso do termo plural é proposital, tendo em vista que não se trata de uma única bebida, mas várias feitas a partir da planta com adição de outros ingredientes, possuindo, assim, diversos modos de preparo, dependendo da tradição de cada casa religiosa (Labate; Goulart, 2005, p. 239). Outros muitos usos são dados à jurema, pois ela é empregada para fins curativos, chás, defumações e rituais diversos. Sua tronqueira é utilizada nos assentamentos das entidades nos *pejis*, que são altares ocultos presentes nos espaços religiosos, e em diversos outros procedimentos rituais. Devido à antiguidade do uso da jurema, seus modos de utilização transformaram-se amplamente, pois há um modo no contexto indígena e outras formas de uso no contexto do Catimbó-Jurema. Dessa forma, o uso da planta transcende os espaços dos terreiros e das comunidades indígenas, sendo consumida

também junto da *ayahuasca*, no universo das religiões *ayahuasqueiras*, gerando o termo *juremahuasca*, ou, ainda, no âmbito de experimentalismos contemporâneos feitos por psiconautas e experimentalistas, que seriam grupos de pesquisadores e estudiosos, das mais diversas formações, interessados em ter o conhecimento direto através de experiências pessoais vividas (Labate, 2000, p. 346, 349-350).

III. Dimensão espiritual-religiosa. Para finalizar, é importante mostrar o papel da Ciência da Religião no estudo das substâncias psicotrópicas/psicoativas. Especialmente no âmbito das Ciências Empíricas da Religião, o estudo do tema se faz relevante, pois, em diálogo com a Antropologia e a Sociologia, há um olhar distinto que pode ser ofertado para o uso religioso-espiritual, especialmente se se considerar que boa parte das disputas dá-se em torno do conceito de religião. Há ainda outra importante tarefa no âmbito das Ciências Aplicadas da Religião, particularmente no componente curricular Ensino Religioso, que na perspectiva da Ciência da Religião tem como um de seus objetivos o ensino do respeito à diversidade religiosa e cultural de forma não proselitista e não confessional. Dessa forma, nas unidades dedicadas às denominadas novas expressões religiosas, as religiões *ayahuasqueiras* devem ser abordadas pelo docente em sala de aula, havendo até mesmo materiais didáticos, produzidos numa linguagem infantil pelas próprias religiões, como é o caso do *Santo Daime* e da UDV, que podem ser utilizados, sob olhar crítico.

Bibliografia: AMARAL, L. *O carnaval da alma*: comunidade, essência e sincretismo na Nova Era. Petrópolis: Vozes, 2000; ASSUNÇÃO, L. *O reino dos mestres*: a tradição da jurema na Umbanda nordestina. Rio de Janeiro: Pallas, 2010; BARROS, J. F. P. *A floresta sagrada de Ossaim*: o segredo das folhas. Rio de Janeiro: Pallas, 2011; BERNARDINO-COSTA, J. Construindo o mundo da *Hoasca*: a organização da *União do Vegetal*. In: BERNARDINO-COSTA, J. *"Hoasca"*: ciência, sociedade e meio ambiente. Campinas: Mercado de Letras, 2011; FIORE, M. O lugar do Estado na questão das drogas: o paradigma proibicionista e as alternativas. *Novos Estudos*, n. 92, mar. 2012. Disponível em: <http://taurus.unicamp.br/bitstream/REPOSIP/24389/1/S0101-33002012000100002.pdf>. Acesso em: 10/10/2019; GOULART, S. L. et al. (Orgs.). *Drogas e cultura*: novas perspectivas. Salvador: EDUFBA, 2008. p. 23-38; GOULART, S. L.; LABATE, B. C. (Orgs.). *O uso ritual das plantas de poder*. Campinas/São Paulo: Mercado das Letras/FAPESP, 2005; LABATE, B. C. *A reinvenção do uso da ayahuasca nos centros urbanos*. Dissertação (mestrado). Universidade Estadual de Campinas, Instituto de Filosofia e Ciências Humanas. Campinas, SP, 2000. Disponível em: <http://www.repositorio.unicamp.br/handle/REPOSIP/279073>. Acesso em: 26/03/2019; LABATE, B. C.; FEENEY, K. O processo de regulamentação da *ayahuasca* no Brasil e na esfera internacional: desafios e implicações. *Revista Periferia*, v. 3, n. 2, jul.-dez./2011. Disponível em: <https://

www.e-publicacoes.uerj.br/index.php/periferia/article/view/4054>. Acesso em: 12/03/2019; LABATE, B. C.; ARAÚJO, W. (Orgs.). S. *O uso ritual da* ayahuasca. Campinas/São Paulo: Mercado das Letras/FAPESP, 2002; LABATE, B. C.; ROSE, I. S. de; SANTOS, Rafael G. dos. *Religiões* ayahuasqueiras: um balanço bibliográfico. Campinas/São Paulo: Mercado das Letras/FAPESP, 2008; MAGNANI, J. G. *O Brasil da Nova Era*. Rio de Janeiro: Jorge Zahar, 2000; SAMORINI, G. *Jurema*: la pianta della visione. Dai culti del Brasile alla Psiconautica di frontiera. Shake Edizioni: Milano, 2016; SAMPAIO, D. S. Catimbó e Jurema: uma recuperação e uma análise dos olhares pioneiros. *Debates do NER*, Porto Alegre, ano 17, n. 30, p. 151-194, jul.-dez./2016. Disponível em: <http://seer.ufrgs.br/index.php/debatesdoner/article/view/63469>. Acesso em: 11/04/2017; SAMPAIO, D. S. Narrativas encantadas que contam história. In: SILVEIRA, E. S. da; SAMPAIO, D. S. *Narrativas míticas*: análise das histórias que as religiões contam. Petrópolis: Vozes, 2018; TORCATO, C. E. M. *A história das drogas e sua proibição no Brasil*: da Colônia à República. Tese de doutorado. Universidade de São Paulo, Faculdade de Filosofia, Ciências e Letras. São Paulo, SP, 2016.

DILAINE SOARES SAMPAIO

SUI GENERIS

O termo *sui generis* ("de seu próprio gênero") marca de modo particular o campo da Ciência da Religião na medida em que muitos de seus proponentes advogam ser o estudo da religião algo peculiar, tanto em termos de objeto como de método. Assim, seria necessária uma ciência especial para lidar com objeto tão sublime e profundo, e qualquer tentativa de usar apenas outra ciência como a Sociologia e a Psicologia implicaria em reduzir o objeto, retirar o que lhe é mais específico (Eliade, 2008, p. 1). Interessante que o próprio Eliade pouco usa, de modo explícito, o termo *sui generis*, ainda que o faça sob o manto da irredutibilidade do fenômeno religioso.

A controvérsia, de fato, possui uma longa história. Usarski (2006, p. 64-65) reconhece dois paradigmas importantes nessa história, um "reducionista" e outro romântico, que serão descritos a seguir. Se tomarmos o século XVII como início da ciência moderna, encontraremos aí a emergência de um paradigma mecanicista (as alterações na natureza são associadas a mecanismos regulares) e indutivista. Newton, em suas *Regras de Método*, sintetizou o que estava em jogo nessa nova filosofia. Ele argumentou que as explicações dos fenômenos se fazem indutivamente, pelo estabelecimento de relações de causa e efeito e de generalizações nomológicas. Estabeleceu, assim, um princípio que poderia ser estendido a toda ciência, o que levaria à naturalização do estudo do comportamento humano no século XVIII: assim como

Newton foi bem-sucedido em reduzir a mecânica celeste àquela terrestre, podia-se agora desencantar o comportamento humano, reduzindo-o a causas perfeitamente naturais. Foi David Hume, em sua *História natural da religião*, que se propôs a explicar a religião reduzindo-a a efeito do medo e da esperança humanos, indicando que não há nada de especial em relação a ela – não é *sui generis*.

O Romantismo surge como reação a tal desencantamento do mundo, sugerindo que há algo de peculiar no humano que não permite a sua redução às regularidades do mundo natural. Contrapondo-se aos que queriam reduzir a religião à metafísica e à moral, por exemplo, Schleiermacher, em 1799, postulou uma província própria para a religião, no âmbito dos sentimentos, garantindo assim a autonomia da religião em relação a outros aspectos da cultura (Ginzo Fernandes, 1994, p. 248).

Os dois paradigmas estiveram presentes no desenvolvimento das ciências humanas ao longo do século XIX. Quanto ao primeiro, seja pelo viés do positivismo de Comte, seja pelas contribuições de Marx e Freud, aspectos da religião antes não considerados (como seu papel ideológico e sua natureza ilusória) foram trazidos à luz da razão, mas com o custo de que a religião seria "nada mais que" algum aspecto da sociedade ou da psique.

Já pensadores românticos, como Wilhelm Dilthey, reagiram a essa uniformização da ciência ao postular uma dicotomia entre as ciências naturais e as ciências humanas, e a tarefa dessas últimas seria compreender o caráter singular das realizações do espírito humano. Essa compreensão se daria pela revivência empática do significado daquilo que está sob investigação. O próprio Dilthey pensou o mundo cultural em termos de visões de mundo, sendo a religião uma delas, com caráter único. Outros pensadores da época, como Max Müller, considerado o pioneiro da Ciência da Religião, foram ambíguos em relação a esses paradigmas, com momentos positivistas e outros românticos. O conhecido trabalho de Durkheim no campo da Sociologia da Religião (assim como de seu sobrinho Mauss na Antropologia) também apresenta algo dessa ambiguidade. De um lado, ele se propõe a uma análise naturalista do que que a religião envolve no plano social. Por outro lado, além de considerar a Sociologia uma ciência *sui generis*, ele por vezes assim considera a religião também (Durkheim, 2012, p. 43-44), ainda que deixe claro que a peculiaridade diz respeito ao objeto apenas, uma síntese de forças sociais descritíveis pelas ciências empíricas.

O discurso sobre o *sui generis* que realmente marcou o debate para a posteridade foi o de Rudolf Otto. Em sua obra *O sagrado* (2007), ele, ao cunhar o termo "numinoso", assim o qualifica: "Como essa categoria é totalmente *sui generis*, enquanto dado fundamental e primordial ela não é definível em sentido rigoroso, mas apenas pode ser discutida" (Otto, 2007, p. 38). Em seguida, toda uma linhagem de autores usualmente conhecida por "Fenomenologia da Religião♂", que também inclui Gerardus van der Leeuw♂ e Joachim Wach, advogou que a religião♂ seria *sui generis*, ainda que haja diferenças quanto ao uso do conceito. A principal diferença está em como aquilo que é tomado como sendo o objeto por excelência da religião, o "Sagrado" (ou termo equivalente), seja considerado como uma entidade em si ou a simples expressão de uma experiência subjetiva de admiração (*die Scheu*) (Tuckett, 2016).

Outra característica dessa linhagem é que havia uma preocupação apologética por trás da descrição objetiva dos fenômenos. Também o estudioso deveria ser *sui generis*, ou seja, ter um "ouvido musical" para a religião, para utilizar ironicamente a expressão de Max Weber♂. Este autor, sem dúvida, representa em parte o outro paradigma na Ciência da Religião♂, não apenas solicitando o distanciamento em relação ao seu objeto de estudo como também indicando que a análise da religião♂ seria equivalente à análise de qualquer outra produção do espírito. Também aqui não há muito espaço para um caráter *sui generis* da religião.

Mas foi no mundo de língua inglesa que a crítica ao *sui generis* ganhou maior destaque, a partir dos anos 1950. Uma série de autores indicou que, do ponto de vista de uma Ciência da Religião♂, não se pode considerar essa última como tendo um estatuto especial em termos de método♂ e objeto. Como em toda ciência humana, propõe-se um agnosticismo metodológico♂, ou seja (e como já dizia Durkheim♂), o objeto deve ser tratado dentro dos limites de uma ciência empírica, em uma abordagem naturalista.

Robert Segal, Donald Wiebe, Robert McCutcheon e Jonathan Z. Smith são nomes bem conhecidos no campo de estudo acadêmico da religião que questionaram o estatuto de *sui generis* para objeto e método♂, todos eles envolvidos na desconstrução de "religião♂" como conceito útil para a ciência, a ponto de declarar que "não há dados para 'religião'".

A crítica também se estabelece quanto ao uso cotidiano da expressão "experiência religiosa♂", tão facilmente associada à corrente da Fenomenologia da Religião♂. Os pesquisadores, por exemplo, podem recorrer às neurociências,♂ (Apud Czachesz, 2019) ou a outras ciências próximas da ciência biológica (Ann Taves). O argumento é basicamente o mesmo que no caso da Sociologia: os mecanismos produtores dessas experiências são os mesmos que dizem respeito a outras similares – o que as diferencia é apenas o relato dos fiéis em seus próprios termos. Crítica similar é feita por autores pós-modernos, que seguem a filosofia europeia, assim como autores de estudos decoloniais (Timothy Murphy).

Alguns comentadores, ao visualizar essa crítica de McCutcheon e outros, notaram não apenas que vários dos autores criticados são assumidos em um bloco homogêneo, como também confundem dois aspectos distintos da mesma questão, a reivindicação de *sui generis* e a crítica ao reducionismo presentes na Fenomenologia da Religião♂ (Bryan Rennie). Michael Stausberg (2010), sem nostalgias, sugere, por outro lado, que, "quando alguém fala tacitamente sobre religião♂ como se fosse um conceito inerentemente mais problemático do que outros, de fato um conceito anômalo, afirma-se tacitamente que a religião♂ é única enquanto na superfície nega tal afirmação – o que eu chamo de retórica *sui generis* reversa (porque vai contra um *sui generis* de primeira ordem)" (Stausberg, p. 365; ver também: Engler, 2004).

Atualmente, temos, então, um panorama triplo: aqueles que continuam a manter o caráter *sui generis* ao modo tradicional, principalmente filósofos como Scott R. Paine (é um panorama muito presente nos países de língua latina, especialmente na América do Sul); os que seguem a crítica pioneira de McCutcheon et al., procurando distanciar-se de qualquer traço de criptoteologia♂; e, finalmente, aqueles que retomam a discussão em outros termos, como os já citados autores.

Também no campo das ciências evolutivas da religião a discussão assume novos contornos ao se deixar entre parênteses questões de contexto social e concentrar-se na história evolutiva dos humanos. Enquanto, por um lado, há aqueles para quem a religião♂ nada tem de *sui generis*, pois é um composto de traços psicológicos selecionados evolutivamente para outros fins (Pascal Boyer), outros falam até de uma "gramática universal da Religião" (Justin Barrett), a partir da percepção de que a mente humana funciona de acordo com padrões comuns. Já Ilkka Pyysiäinen, dentro da mesma área de estudos, primeiro concorda com os críticos do *sui generis*. Para ele, não cabe à análise científica da religião captar o que é especificamente religioso na religião (Pyysiäinen, 2004, p. 71). Ao mesmo tempo, Pyysiäinen concorda que podemos, com os devidos cuidados, falar da religião como *sui generis*: "A crença♂ religiosa requer uma combinação bem própria de processos cognitivos e emocionais explicáveis em termos naturais" (2004, p. 75-76), e isso a distingue de demais tipos de crença♂.

***

A questão do caráter *sui generis* da religião e de sua ciência está longe de ser concluída. Mas já podemos dizer que a natureza *sui generis* da religião só pode ser mantida se distinguirmos entre uma abordagem forte e fraca dela. A forte indica que a experiência religiosa♂ depende de algo que está para além da racionalidade costumeira do ser humano, e isso é inadmissível do ponto de vista de uma ciência que solicita explicações dos fenômenos. A fraca, por sua vez, não considera nenhum aspecto do viver religioso como fora do alcance da pesquisa científica. Enfatiza o caráter comum dos instrumentos científicos de análise, mas reconhece no objeto algo de peculiar, refletindo o apego de milhões de pessoas a práticas e doutrinas que são mais bem caracterizadas como religiosas.

Bibliografia: APUD, I. y CZACHESZ, I. Neuropsicología de la experiencia religiosa: una revisión de distintas aproximaciones científicas al fenómeno. *Estudios de Psicología*, vol. 40, n. 2, 2019, p. 349-362; DURKHEIM, E. O problema religioso e a dualidade da natureza humana. *Debates do NER*, Porto Alegre, ano 13, n. 22, jul.-dez./2012, p. 27-61; ELIADE, M. *Tratado de História das Religiões*. 3. ed. São Paulo: Martins Fontes, 2008; ENGLER, S. Social Constructionism vs. What? *Religion*, 34(4), October 2004, p. 291-313; GINZO FERNANDES, A. Schleiermacher: la autonomía e inmediatez de la religión. In: FRAIJÓ, M. (Org.). *Filosofía de la Religión*: Estudios y Textos. Madrid: Trotta, 1994. p. 239-264; OTTO, R. *O sagrado*: os aspectos irracionais na noção do divino e sua relação com o racional. São Leopoldo: Sinodal/EST; Petrópolis: Vozes, 2007; PYYSIÄINEN, I. Religion: A Unique World, but in What Sense? *Magic, Miracles, and Religion*: A Scientist's Perspective. Walnut Creek, CA: AltaMira Press, 2004. p. 67-80; STAUSBERG, M. Distinctions, Differentiations, Ontology, and Non-humans in Theories of Religion. *Method and Theory in the Study of Religion*, 22 (2010) p. 354-374; TUCKETT, J. Clarifying phenomenologies in the study of religion: separating Kristensen and van der Leeuw from Otto and Eliade. *Religion*, vol. 46, n. 1, 2016, p. 75-101; USARSKI, F. *Constituintes da ciência da religião*: cinco ensaios em prol de uma disciplina autônoma. São Paulo: Paulinas, 2006.

EDUARDO RODRIGUES DA CRUZ

SUPERSTIÇÃO → Crença

T

TABU

Tabu é um tipo de interdito relacionado a coisas socialmente investidas de muito valor, seja esse valor positivo, seja negativo. Embora sua presença seja observada em todos os povos e períodos históricos, os tabus em si variam tremendamente de um grupo para outro, visto dependerem do arcabouço simbólico e do *éthos* de cada sociedade. Nesse sentido, o que é tabu para um povo pode não ser para outro (por exemplo, comer carne de porco é um tabu entre judeus e árabes, mas não entre os cristãos), não existindo tabus universais.

Segundo Colless e Donovan (1989, p. 255), o termo "tabu" é oriundo da Polinésia. Para os havaianos, taitianos e maoris, está intrinsecamente relacionado à noção de *mana* (literalmente: "poder"). Quanto maior for o prestígio social de uma pessoa, objeto ou atividade, maiores são os interditos que os circundam. Entre os austronésios, o tabu governa o plantio, a caça, a pesca, a construção, a medicina, o sexo, mas também todos aqueles em posição de liderança (por exemplo, xamãs↗, curandeiros, navegadores, construtores, professores, conselheiros e chefes tribais), incluindo os principais aspectos de suas vidas (por exemplo, lar, alimentação↗, vestimentas, utensílios e até genealogia – com quem podem ou não ter filhos). Tais restrições são socialmente justificadas para evitar a perda de *mana* pelo contato com as coisas comuns.

Conforme as teorias sobre a distinção entre sagrado e profano↗ foram se popularizando nas ciências humanas, foi notado, através do estudo comparado das religiões, que aquilo que era percebido como sagrado↗ também tendia a estar rodeado por interditos. Assim, o termo "tabu" começou a ser adotado pelos acadêmicos enquanto uma categoria morfológica para proibições sociais não apenas dos austronésios como também de qualquer cultura humana. Nas Ciências Sociais, isso começou a tomar maior visibilidade com a antropologia de Frazer↗ e com a sociologia de Durkheim↗. Na Ciência da Religião↗, pelo fato de a categoria "sagrado" ser central à Fenomenologia da Religião↗, o tabu historicamente tem sido um objeto de estudo mais comum ao estudo sistemático das religiões (Hock, 2010, p. 49).

No entanto, na relação entre "sagrado" e "tabu" faz-se necessário ao cientista da religião contemporâneo não recair no equívoco da Fenomenologia da Religião↗ clássica. Uma leitura substantivada e essencialista de sagrado↗, como se fosse algo *sui generis*↗, intrínseco, que se manifesta, pode levar a compreensões deterministas sobre como o tabu opera nas sociedades. Considerar que as coisas *são em si* sagradas (sagrado como substantivo), e não *que são feitas* sagradas pelas culturas (sagrado como adjetivo), produz leituras anistóricas e transculturais, recorrendo facilmente ao etnocentrismo↗. Dois problemas imediatos são percebidos nesse tipo de interpretação↗: 1) a cultura ou religião↗ cujo entendimento de tabu não é observado é ignorada, ou 2) ela é considerada inferior àquelas que contêm tal noção de tabu.

Um segundo ponto essencial à discussão diz respeito à noção de que aquilo que é sagrado sempre será algo bom e transcendente. Isso aparece na Ciência da Religião↗ por influências teológicas, em especial da teologia↗ ottiana. Por mais que Otto↗ também utilize os adjetivos *tremendum* ("arrepiante") e *majestas* ("avassalador") para descrever o sagrado↗, no geral esse teólogo pretendeu englobar a suposta perfeição da moral cristã protestante, tanto que declarou que é na religião bíblica que se encontrariam as manifestações mais fortes do sagrado↗ (Otto, 2007, cap. 12-13). Além de ser considerada colonialista e racista (Murphy, 2018), a visão de Otto↗ aponta para uma dimensão mística↗ intangível (Righetti, 2014, p. 135). Como tal, o sagrado↗ não é empiricamente verificável: ele é naturalizado como bom, um receptáculo simbólico da própria noção de Deus no Cristianismo, ao passo que aqueles que não teriam a sensibilidade de percebê-lo são tidos como incapazes de estudá-lo. Mas na Ciência da Religião↗ e nas Ciências Sociais as coisas sagradas não podem ser entendidas desconectadas do cotidiano, como se emanassem de um mundo ideal transcendente. É por serem reconhecidas *em relação* ao profano↗ que tais coisas são vistas como sagradas e invioláveis, portanto, protegidas socialmente pelo tabu (Righetti, 2014, p. 135).

Além disso, nem tudo o que é qualificado como sagrado será necessariamente bom. Ao final de sua obra, Durkheim↗ (1995) distingue sagrado↗ *puro* de sagrado↗ *impuro*, comentando sobre como há coisas que também são interditadas socialmente não por causa de um entendimento de que necessitam de proteção contra o profano↗ (sagrado puro), mas por serem vistas como fortes contaminadoras, até mesmo do profano↗ (sagrado impuro). De acordo com Colless e Donovan (1989, p. 255), fenômenos e objetos socialmente depreciados (por exemplo, morte↗, doença, excrementos, sangue) geram interditos próprios visando à proteção não apenas do sagrado♀ puro como também da vida cotidiana. Assim, é notada uma ligação entre tabu e certo ideal de pureza social, exigindo-se ritos e consagrações específicos caso essa pureza seja maculada.

O contato com objetos, ações ou pessoas que são considerados impuros (por exemplo, feitiçaria, cadáveres, doentes, loucos, moribundos, pessoas de determinadas etnias, mulheres menstruadas, o demônio♀, almas♀ penadas etc.) e a quebra dos tabus podem ser utilizados como justificativa simbólica para uma série de infortúnios sociais: desde problemas pessoais (por exemplo, desemprego, brigas, doenças) até a origem de problemas sociais mais complexos (por exemplo, crise econômica, secas, cataclismos, pandemias). Esse tipo de lógica religiosa não é exclusividade de sociedades tribais, sendo também observável em países industrializados. Como exemplo, cita-se o caso da morte♀ do jornalista brasileiro Ricardo Boechat, em 2019, que acabou sendo interpretada por alguns evangélicos como causada por Deus por ele ter ofendido publicamente o pastor Silas Malafaia em 2015 (Dimenstein, 2019).

Como o que é considerado importante varia muito de sociedade para sociedade, mesmo tabus que possam parecer universais (por exemplo, canibalismo, aborto, incesto, pedofilia, suicídio, assassinato) encontram exceções através da História das Religiões♀ em contextos sociogeográficos específicos. A globalização pode levar a uma falsa noção de que determinados temas caros às sociedades multiculturais e aos direitos humanos♀ (por exemplo, privacidade, liberdade, justiça♀, igualdade, casamento consentido, tolerância♀ à diversidade, combate à tortura, combate à censura e combate à escravidão) alimentariam tabus em todo o mundo. Essa é uma leitura equivocada, causada pela naturalização dos tabus oriundos das sociedades que gozam da hegemonia cultural hoje (por exemplo, Europa Ocidental, Austrália, América do Norte). Para evitar incorrer nesse erro, o cientista da religião deve se atentar às particularidades dos sistemas e grupos religiosos que estuda, desconfiando criticamente de abordagens universalizantes.

Bibliografia: DIMENSTEIN, G. Evangélicos dizem que Boechat morreu por causa de Silas Malafaia. *Catraca Livre*, 11 fev. 2019. Disponível em: <https://catracalivre.com.br/parceiros-catraca/dimenstein/evangelicos-dizem-que-boechat-morreu-por-causa-de-silas-malafaia/>. Acesso em: 20/02/2019; COLLESS, B. E.; DONOVAN, P. Tabu. In: HINNELLS, J. R. *Dicionário das religiões*. São Paulo: Cultrix, 1989. p. 255; DURKHEIM, E. *The elementary forms of religious life*. New York: Simon & Schuster, 1995; HOCK, K. *Introdução à ciência da religião*. São Paulo: Loyola, 2010; MURPHY, T. M. Ciência da religião como discurso colonialista: o caso de Rudolf Otto. *REVER: Revista de Estudos da Religião*, São Paulo, 2018, v. 18, n. 1, p. 329-349; OTTO, R. *O sagrado*: os aspectos irracionais na noção do divino e sua relação com o racional. Petrópolis: Vozes, 2007; RIGHETTI, N. The sacred in current social sciences research. *Italian Sociological Review*, Verona, v. 4, n. 1, 2014, p. 133-163.

FÁBIO L. STERN

TEMPO/TEMPORALIDADE

I. Etimologia. Do latim *tempus*, do grego χρόνος, do alemão *Zeit*.

II. Formulação do conceito. O entendimento comum acerca do tempo está relacionado à sua concepção cronológica. O tempo é, partindo de tal entendimento, o período que vai de um acontecimento anterior até um acontecimento posterior. Mas a gênese e a articulação conceitual do tempo estão atreladas à concepção que o ser humano tem da própria existência. Filosoficamente, o tempo traz consigo a ideia de mutação, da passagem do não ser ao ser, do nada à existência. É certo que tal noção de tempo se reduz ao devir e à consequente concepção do tempo como sucessão de mutação do nada ao ser. Os gregos fazem uso de três termos para se referir ao tempo: *Kronos*, *Kairós* e *Ayon*. *Kronos* (χρόνος) se refere ao tempo cronológico, tempo que pode ser medido e contado, tempo do relógio e do calendário. *Kairós* (καιρός) é o tempo oportuno, paradigmático, é o tempo dos grandes acontecimentos, mesmo que eles aconteçam na perspectiva da vida do indivíduo. Trata-se do instante, do tempo rápido, imprevisível, mas decisivo. *Ayon* (αἰών) é o tempo da duração da vida, que não é medido pela cronologia, mas pela intensidade com que se vive. Uma vida pode durar pouco tempo, mas ser vivida com intensidade.

Diante do enigma filosófico que o tempo representa, o filósofo Pegoraro entende que a tradição europeia sistematizou cinco entendimentos ou teorias, a saber: o eterno retorno, o destino♀, o acaso, o plano inteligente e o progresso sem fim (2011, p. 12). Tais teorias têm em comum a pretensão de situar a existência humana oferecendo algum sentido ou enfatizando a falta dele.

Nem todos os filósofos abarcam o problema do tempo em sua teoria. Em linhas gerais, o início das tratativas acerca do tempo está na distinção entre o temporal e o eterno ou no entendimento dos processos históricos. Consequentemente, advém a discussão sobre a mutabilidade daquilo que é temporal, visto que o eterno não muda. É comum que ao eterno seja atribuído o caráter religioso, visto que a eternidade♀ é, por muitas vezes, dimensão ocupada pelas divindades♀ ou tomada como sinônimo delas. As abordagens filosófica e religiosa do tempo têm uma área de intersecção. Mais do que uma somatória das concepções filosóficas e das teologias♀ acerca do tempo, este verbete busca explorar a abordagem acerca do tempo como uma aproximação de origem religiosa, que entende o ser humano em relação com a eternidade. A abordagem filosófica do tempo e o entendimento do tempo por parte da religião se dão no sentido que mesmo a filosofia aborda o tempo na perspectiva do mistério, do desconhecido que passa a ser desvelado. Gadamer entende a natureza do tempo como um dos mistérios mais insondáveis da humanidade. O espírito humano, mesmo envolto em uma circunstância repleta de finitudes, revela-se capaz de conhecer o infinito, e tal conhecimento só pode ser comensurado utilizando o tempo como categoria.

III. O tempo originário. Heráclito foi quem, por primeiro, pensou a origem do tempo nos pressupostos filosóficos. O tempo se inicia com o *logos*, impulso inicial que dá origem e movimento ao universo. Mas a religião se ocupou da explicação do tempo originário. Tal ocupação pode ser identificada com a tradição cristã, quando o evangelista João credita a origem de tudo ao Verbo (Jo 1,1), mas muito antes foi tratada pelos mitos gregos. Na mitologia grega o tempo é entendido como divindade. Crono é um dos Titãs e como tal expressa as forças da natureza e do universo. A característica originária do tempo ainda se perpetua no início da Filosofia. Heráclito, por exemplo, entende o tempo como divindade que dá origem a todas as coisas, seja as outras divindades, o universo, os seres, seja a própria história. Isso porque, diferente dos deuses, a partir do momento que os seres existem, existem em uma circunstância temporal.

O mito tem características cosmogônicas no sentido que relata o surgimento do cosmos. Nas narrativas míticas o tempo demarca a passagem do caos à ordem do cosmos. Criar o universo significa organizar aquilo que existe. A cosmogonia manifesta o desejo de um tempo em que a vontade máxima dos deuses se manifeste. Esse tempo é o *in illo tempore*, em que as divindades manifestam seus poderes máximos. O desejo de voltar a esse tempo manifesta o desejo humano de harmonia com os deuses. O tempo primordial, retratado em muitas narrativas míticas, mas aqui abordado na perspectiva dos mitos gregos, trata não somente da origem do tempo e da vida humana como também do sentido que ela tem. Ao abordar determinada temática, o mito se ocupa, sobretudo, de seus fundamentos (Kenéryi, 2015, p. 10). Tal perspectiva literária acontece também quando o mito trata da questão do tempo, sobretudo o cronológico. Tais narrativas são alocadas nas histórias dos Titãs, deuses pertencentes a um passado muito remoto e primordial. Tais divindades não são objeto de adoração por parte da humanidade, com exceção de Cronos e Hélio, mesmo que esse último o seja com menor ênfase.

Em uma das narrativas teogônicas mais paradigmáticas da cultura grega, Hesíodo atribui a Geia o posto de deusa mais velha. Isso porque o Caos não seria uma divindade. Para Hesíodo, ele seria uma expressão do vazio, um bocejo, ou mesmo o que sobre de um ovo vazio, ao ser retirada dele sua casca (Kenéryi, 2015, p. 25-26). Independentemente disso, o Caos precede a criação de tudo aquilo que existe, mesmo que não haja uma oposição clara entre Cronos e Caos ou entre o tempo e o caos. Depois do Caos é que surgem Geia e Eros. Do Caos descendem Érebo, a escuridão das profundezas, e Nyx, a noite. Da união dos dois surgem Éter, a luz do céu, e Hêmera, o dia. Geia, também conhecida por Terra, e Urano, o deus do céu, acasalavam a cada noite, mas Urano não se contentava com os filhos que Geia lhe dava. Tais filhos eram escondidos nas cavidades interiores da terra, o que fazia com que Geia se sentisse oprimida e que, por consequência, arquitetasse contra Urano. Geia produziu ferro cor de cinza, fabricando poderosa foice, com dentes afiados. Com tal foice é que Cronos, filho dessa relação, corta a virilidade no pai e a atira para trás de si. Do sangue de Urano, derramado no ventre de Geia, nascem várias divindades, como as Eríneas, os Gigantes e as Ninfas. A virilidade de Urano, lançada ao mar, dá origem a Afrodite. Contudo, o elemento mais relevante para o entendimento do tempo é que, depois de tal evento, céu e terra nunca mais se uniram, dando origem ao reinado de Cronos. A humanidade é marcada pela relação de aproximação e afastamento entre os deuses e as criaturas.

Após o trágico desfecho, dá-se origem à geração dos Titãs, filhos de Geia e Urano. Três desses filhos tomam as irmãs como esposas. Reia desposou Cronos, dando origem a três filhas e três filhos, as deusas Héstia, Deméter e Hera e os deuses Hades, Poseidon e Zeus. Cronos devorava seus filhos logo que nasciam, para que não acontecesse com ele aquilo que havia acontecido com Urano, seu pai. Mas é no nascimento de Zeus que Reia suplica a seus pais, Geia e Urano, que enviam a filha para a ilha de Creta, onde Geia passou a cuidar do recém-nascido Zeus. A Urano foi oferecida uma grande pedra envolta em cueiros, simulando a entrega de Zeus, seu filho. Cronos pega a pedra e, revoltado, fere o próprio estômago, sendo vencido por Zeus. O reinado de Cronos é conhecido como a Idade de Ouro da mitologia. Os Titãs são vistos pela mitologia como as forças brutas da terra (Brandão, 2009a, p. 206), que são dominadas por Zeus. Por isso as narrativas titânicas são envoltas de violência, até mesmo na relação entre pais e filhos. A humanidade vivencia o tempo em uma relação contraditória, que na mitologia é expressa pela luta dos heróis, que, ao mesmo tempo que buscam a autonomia em relação aos deuses, são submetidos ao poder deles. Assim é a postura déspota de Aquiles diante de Zeus, que lhe dá a possibilidade da vivência da temporalidade, ao mesmo tempo que, ciclicamente, sua postura rememora a de Zeus diante de Cronos, e a deste diante de Urano (Brandão, 2009b, p. 69).

Também o destino♀ figura nas interpretações acerca da relação do ser humano com o tempo. As religiões ou grupos que entendem o tempo na perspectiva do destino♀ creditam os acontecimentos a vontades superiores, seja das divindades♀, seja da natureza, seja da própria história. O ser humano não é entendido como senhor de sua própria vida e sua existência, consequência de um conjunto de fatores determinados para além da vontade humana. O contraposto do destino♀ é o acaso. Segundo tal concepção, o ser humano e suas escolhas não são consequências de uma vontade superior, mas acontecem aleatoriamente. Mesmo que Aristóteles entenda que também o acaso é uma causa, o filósofo grego coloca-o no âmbito das escolhas humanas.

A Idade de Ouro trata da unidade e harmonia entre a humanidade e os deuses. Essa unidade primordial é comprometida pela cosmogonia que passa a diferenciar o ser humano dos deuses, enfatizando o senso de oposição entre aquilo que é divino e o que é humano. Tal oposição e a tentativa humana de aproximar-se dos deuses traz a ideia de um tempo cíclico, em que essa harmonia é reconstituída e comprometida constantemente (Chauí, 2002, p. 21). No universo cristão ele pode ser identificado com o calendário litúrgico que a cada ano repete as mesmas festividades. Mas também o calendário lunar indígena ou mesmo as atividades das populações agrícolas manifestam a concepção circular do tempo.

O tempo originário é abordado por Agostinho, que entende ser infrutífera a discussão sobre o que Deus fazia antes da criação. Para o filósofo, seria absurdo pensar um antes e depois de Deus, isso porque o tempo é condição de duração das coisas criadas (2015, p. 294). Não é possível pensar aquilo que existia antes da criação do tempo, pois o tempo é criação de Deus. A origem do tempo está no próprio Deus, tendo este tirado o tempo do nada, *ex nihilo*, ou de sua própria substância, sendo esta hipótese desconsiderada, pois Deus♀ não tiraria de si uma parte que se tornaria finita. O tempo é expressão do espírito humano que se manifesta como memória♀ (passado) e expectativa (futuro), mas é, sobretudo, o acontecer da vida humana no tempo presente, que é a expressão da eternidade♀. Em suma, o passado não mais existe, exceto na memória♀, e o futuro ainda não é (Agostinho, 2015, p. 295).

O tempo originário, todavia, só é compreendido no campo da hipótese e das narrativas (Pegoraro, 2011, p. 31). As teogonias e cosmogonias míticas são expressão do conhecimento acerca do tempo originário, as quais, longe de serem falsas ou conhecimento inferior, trazem o sentido da vida humana e da existência de acordo com a cultura presente no contexto redacional. As narrativas acerca do tempo originário se ocupam, sobretudo, de enfatizar de onde o tempo vem e não como acontece. Elas se ocupam do tempo original, seja com as teofanias, seja com as teogonias. Contudo, tais relatos não se limitam às histórias originárias, mas possibilitam que o tempo primordial se torne presente (Eliade, 2001, p. 63). Retornar ao mito possibilita ao ser religioso retornar ao tempo primordial (Eliade, 2001, p. 69).

IV. O tempo e a eternidade. Provavelmente os primeiros filósofos a explanar a questão do tempo, os pitagóricos o entendem como a esfera que abrange tudo. Eles são seguidos por Aristóteles, que entende o tempo na perspectiva do movimento ordenado e que, por isso, oferece a possibilidade de ser medido. A filosofia tende a entender a eternidade♀ como algo que extrapola a realidade temporal, estando mais relacionada às aspirações humanas que à intelectualidade. A reflexão sobre o tempo se revela extremamente aporética, complexa e pouco concludente (Reis, 1994, p. 11).

No que se refere ao entendimento do tempo, a mitologia♀ grega, bem como o contexto do nascimento da filosofia, busca situar o ser humano diante do destino♀ ou do acaso. Tal entendimento traz consigo a reflexão sobre a liberdade humana e suas consequências. Temas como a eternidade♀ ou a subordinação do ser humano às divindades♀ são concomitantes ao entendimento do tempo. Uma das respostas dadas à relação do ser humano com a temporalidade é a teoria do eterno retorno. A vida imanente seria determinada por uma realidade que existe para além dela e a determina. Assim, o ser humano nasce e renasce no intuito de crescer e se aperfeiçoar (Pegoraro, 2011, p. 18). Tal teoria, muito próxima do entendimento moderno do kardecismo, era assumida por Platão, para quem a vida sensível é manifestação do mundo das ideias, e pelos estoicos, segundo os quais a vida é um ciclo que se repete.

Podemos considerar a obra *Timeu*, de Platão, como a fundadora da especulação teórica mais articulada e sistematizada sobre o tempo. Foi o filósofo grego que se lançou, por primeiro, a uma reflexão objetiva sobre o tempo. Sua base é a teoria do mundo das ideias. O tempo se confundiria, para Platão, com os movimentos regulares de alta perfeição matemática que possibilita ao mundo sensível basear-se no mundo das ideias. O filósofo grego ainda entende que o problema do tempo é sinônimo do problema da eternidade♀, entendida na perspectiva da perfeição do mundo das ideias. A eternidade♀ é perfeita, imutável enquanto o tempo é sensação, sempre diferente. O tempo nasce com o mundo sensível, pois estaria relacionado à mutação que lhe é própria. Seria o tempo a possibilidade do mundo sensível de participar da perfeição do mundo das ideias, visto que é o tempo que possibilita a mutação das realidades sensíveis. O tempo que passa, mutável e transitório, é expressão da imutabilidade de uma presença que não passa. Não muito distante das ideias platônicas, Aristóteles também entende o tempo de maneira objetiva. Para ele, o tempo é a medida do movimento das coisas materiais.

A filosofia de origem grega inicia sua abordagem acerca do tempo na distinção entre a temporalidade e a eternidade. A tradição cristã entende o tempo na perspectiva da providência. De alguma maneira tal conceito dialoga com os estoicos, segundo os quais a natureza tudo providencia. Trata-se de uma providência imanente, dada pela própria natureza (Pegoraro, 2011, p. 20). A providência cristã, entretanto, se caracteriza por colocar em Deus o governo e a ordem de todo o universo. Assim seria o ser humano, e suas circunstâncias, parte da criação divina.

Assumindo a tradição platônica e neoplatônica, Schelling entende o tempo como uma imagem móvel da eternidade. Mas a filosofia moderna trata do tempo, sobretudo, no que diz respeito ao sentido que tem a história, o tempo e a própria vida humana. Heidegger, em sua obra clássica *O ser e o tempo*, veicula que não se trata de entender o ser (*sein*) em si, resistindo a qualquer tentativa de definição ou essencialização (Heidegger, 2015, p. 37). O ser é entendido pelo filósofo alemão como o ser-no-mundo, ou ser em-um-mundo, ou, ainda, ser-em, constituindo na relação com o outro (Heidegger, 2015, p. 98-99). A temporalidade do *Dasein* não é compreendida como uma sucessão de eventos temporais, mas é o próprio *Dasein*, como sucessão. Heidegger ainda distingue o tempo autêntico do inautêntico, o primeiro estando atrelado à relação da morte como qualificação da existência, enquanto o tempo inautêntico se ocupa do sucesso imediato. O presente autêntico é também o instante em que o ser humano assume a possibilidade de futuro.

Seguindo a mesma lógica da relação entre tempo e eternidade, Agostinho compreende o tempo como sendo originado de Deus e destinado a ele, sendo Deus a causa última dos acontecimentos históricos. Agostinho, primeiro pensador cristão a organizar o entendimento acerca do tempo, toma como base para sua obra *A cidade de Deus* a história do Império Romano, que passa a ser assumido como perspectiva para uma filosofia do tempo, de forma geral. Mas é a ressurreição de Jesus que é assumida pelo filósofo cristão para o entendimento do tempo. Na perspectiva da revelação cristã, Agostinho entende a morte e a ressurreição de Jesus como momento de *Kairós*, trazendo ao mundo a verdade revelada. Todo o resto da história seria formado por acontecimentos seculares que não mudam a verdade que é o próprio Deus cristão. Seguindo os pressupostos neoplatônicos, Agostinho entende a história como um paralelo entre a cidade de Deus e a cidade dos homens. O mundo, realidade onde coabitam a cidade de Deus e dos homens, não seria a negação de Deus, mas local histórico da revelação. Toda a história caminha para Deus e deve ser lida como parte do processo dialético entre as cidades celeste e terrestre, que não devem ser entendidas como uma alegoria para designar o Cristianismo e o Império Romano, mas como dimensões da própria história. O entendimento que Agostinho tem da história apresenta teor escatológico. Todo o tempo e a história culminariam no Dia do Senhor.

V. A temporalidade. A temporalidade pode ser entendida como o tempo finito ou, ainda, como a dimensão cotidiana e vivencial do tempo ou, ainda, como historicidade. Há na temporalidade a tentativa de comensurar a realidade. A história da filosofia de origem grega traz inúmeras teorias acerca do tempo que se alocam no campo das aporias. A filosofia sobre o tempo cede espaço para um pensar sobre a temporalidade. Mais importante que o tempo é aquilo que o ser humano faz de sua própria existência, ou seja, como ele vive o tempo. Exemplo de uma visão antropocentrada é a de Agostinho, que entende o passado como memória e o presente como instante, concebendo o futuro como possibilidade de realização do ser humano. O centro da concepção temporal não é o entendimento do tempo, mas do modo como o ser humano o vivencia.

Provavelmente, o primeiro filósofo a entender o tempo na perspectiva da demarcação cotidiana foi Aristóteles, segundo o qual o tempo é a sucessão entre dois acontecimentos. Tempo e movimento são realidades correlatas ou intrínsecas. Com o entendimento do tempo a partir de categorias naturais ou imanentes, ele oferece uma possibilidade para além do tempo como relação com os deuses ou com a eternidade. A física de Aristóteles e sua concepção do tempo influencia a história da Filosofia a ponto de ser assumida por filósofos com teorias estruturalmente distintas, como Hobbes e Descartes. Dentre os modernos, Leibniz foi um dos primeiros filósofos a organizar uma teoria sobre o entendimento do tempo, juntamente com Newton, segundo quem o tempo é entendido a partir de duas categorias: o tempo absoluto e o tempo relativo. O tempo absoluto é verdadeiro e matemático. É a duração que não é influenciada por nada externo a ele, é o tempo equilibrado e que flui uniformemente. O tempo relativo é a medida sensível e externa da duração. Defendendo a concepção relacional do tempo, Leibniz define o tempo como ordem de existência das coisas que não são simultâneas, constituindo-se como a ordem universal das mudanças. A relação de Deus com o tempo também é entendida a partir da perspectiva relacional.

Mas é Hegel o filósofo que mais trata especificamente da questão do tempo e da história, sendo um dos filósofos que sustentam a filosofia da história. A história seria, em perspectiva hegeliana, uma projeção do espírito. A natureza evolui, de maneira dialética, delineando o tempo como devir contínuo. O tempo e a história são identificados com processo e movimento do Espírito, que, sendo positivo e infinito, produz o que existe fora dele e é, portanto, negativo e finito. O Espírito é movimento e se manifesta em cada momento particular da realidade, mas não é o Espírito que se revela no finito, mas a finitude é que aparece no Espírito (Hegel, 2014, p. 336-337). A positividade e a negatividade do Espírito e de sua manifestação dão movimento à realidade. A circularidade da manifestação do Espírito é entendida na perspectiva do movimento dialético. O entendimento do tempo em Hegel se aloca na filosofia da natureza. Não há, na filosofia hegeliana, a ideia de evolução da natureza, além de discordar das ideias científicas newtonianas.

O filósofo Bergson entende o tempo como mudança, pela qual o presente se torna passado. Sua crítica aos filósofos que o antecederam consiste na redução do entendimento de tempo à percepção do espaço em uma visão mecânica que entende que medir o tempo significa comprovar sua espacialidade. A pretensão humana de apropriar-se do tempo seria um equívoco, visto que pensar o tempo não significa vivê-lo. Bergson distingue o tempo verdadeiro do tempo falsificado e especializado. O tempo, mais do que espacialidade e mecânica, é experiência. A duração vivida é única e irreversível, revelando um tempo concreto irreversível.

VI. Relação da Ciência da Religião com os estudos acerca do tempo. O tempo se constitui como objeto a ser trabalhado pela Ciência da Religião, sobretudo quando é entendido em perspectiva religiosa. Este verbete se limitou ao entendimento do tempo em perspectiva helênica e filosófica. Contudo, há vários modos de entender o tempo, a eternidade ou mesmo a origem da cronologia ou da criação. O universo das religiões de matriz africana ou mesmo as religiões asiáticas trazem outras perspectivas de entendimento do tempo, e a Ciência da Religião, mais do que a Filosofia, pode constituir-se como área de conhecimento com metodologias próprias que auxiliam no entendimento para além do viés histórico ou teológico. Trata-se de entender que o ser humano, como ser religioso, busca situar-se na história, seja na relação com as divindades, seja na relação com sua própria existência, seja, ainda, com as questões da morte e da eternidade.

Bibliografia: AGOSTINHO. *Confissões*. 28. ed. Petrópolis, RJ: Vozes, 2015; BRANDÃO, J. de S. *Mitologia grega*. 15. ed. Petrópolis, RJ: Vozes, 2009b. v. 3; BRANDÃO, J. de S. *Mitologia grega*. 21. ed. Petrópolis, RJ: Vozes, 2009a. v. 1; CHAUÍ, M. *Introdução à história da Filosofia*: 1. Dos pré-socráticos a Aristóteles. 2. ed. São Paulo: Companhia das

Letras, 2002; ELIADE, M. *O sagrado e o profano*: a essência das religiões. São Paulo: Martins Fontes, 2001; HEGEL, F. G. W. *Fenomenologia do espírito*. 9. ed. Petrópolis, RJ: Vozes, 2014; HEIDEGGER, M. *Ser e tempo*. 10. ed. Petrópolis, RJ: Vozes; Bragança Paulista, SP: Editora Universitária São Francisco, 2015; KERÉNYI, K. *A mitologia dos gregos*: a história dos deuses e dos homens. Petrópolis, RJ: Vozes, 2015. v. 1; PEGORARO, O. A. *Sentidos da história*. Petrópolis, RJ: Vozes, 2011; REIS, J. C. *Tempo, história e evasão*. Campinas, SP: Papirus, 1994.

WELDER LANCIERI MARCHINI

TEÓFILO BRAGA, JOAQUIM →
Etnografia portuguesa

TEOLOGIA

O termo *Theo*, Deus em grego, especifica o significado de Teologia, embora a designação etimológica não comunique todo o conteúdo inerente a esse discurso (*logos*) que, de fato, tornou-se lugar comum nos vocabulários acadêmico e popular. *Theo-logía* designa, com efeito, um tipo de saber que pode ser conceitualmente equívoco, em função das variações semânticas que lhe fornecem os distintos contextos históricos ou teóricos. As agregações advindas desses contextos construíram na longa temporalidade histórica esse tipo de discurso racional, demarcado como encontro entre elementos crentes e elementos racionais, valores de fé e regras metodológicas. No interior dos vários sistemas epistemológicos elaborados na história do pensamento ocidental, a Teologia mostra-se como o específico (*theo*), encarna-se nas circunstâncias contextuais, recebendo uma variedade de *logoi*, donde emergem concretamente grandes paradigmas com suas escolas, pensadores, métodos e conceitos. Se o termo grego *logos* instaura um senso comum na designação dos conhecimentos instituídos, de forma a expressar imediatamente uma postura de apropriação racional de um determinado objeto, o termo *Theo* guarda em sua extensão diferentes significados, desde aquele de Ser superior deduzido pela razão ou acolhido pela revelação até as construções religiosas referentes aos textos canônicos, à tradição cristã e a elementos práticos da vivência religiosa das comunidades cristãs. A *theo-logía*, discurso sobre Deus, pode, de fato, designar discurso sobre variados objetos específicos, vinculados, de algum modo, ao singular *Theo*. A coerência do *logos* remete, por sua vez, para a apropriação racional executada sobre esses objetos, distinguindo-se de outros discursos religiosos produzidos e reproduzidos no interior dos sistemas de crenças♀, porém sem pretensões racionalizadoras. Foi com essa conotação que Max Weber♀ incluiu a Teologia entre as racionalizações efetivadas na história da cultura ocidental (1996, p. 11). A Teologia é um produto ocidental que, assim como outras construções culturais, foi elaborado com elementos judeo-cristãos e greco-romanos. É dentro dessa moldura ampla ou na referência a ela que se podem designar seus conteúdos concretos, suas definições possíveis e seus muitos paradigmas. Com efeito, nesse ambiente que possibilitou a construção das ciências, a Teologia constituiu-se como conhecimento específico construído na relação direta com os modelos teóricos predominantes em cada época. Se o termo *Theo* fixou-se sempre mais em referências judeo-cristãs, o *logos*, por sua vez, designou a dinâmica de incorporação de métodos♀ e de conteúdos conceituais hauridos de sistemas culturais e teóricos diversos, no decorrer da história do Cristianismo. O exercício do *intellectus fidei* demonstra, desse modo, uma circularidade permanente entre o crido e o pensado, ambos situados nos distintos contextos culturais, donde emergem os variados modelos teóricos.

I. O termo teologia. O termo *theologia* pertence à família dos demais termos construídos pelos gregos, dos mais aos menos conhecidos: como os de pleno uso no vocabulário das ciências – *Biologia♀* e *Psicologia* – e os reservados aos especialistas como as clássicas, *aitiologia* e *usiologia*, que denominam livros da metafísica♀ de Aristóteles ou as várias especializações que se multiplicam na área médica, como *angiologia* e *alergologia*. As terminologias construídas em profusão no interior da língua grega designam as *ciências*, no sentido daquilo que a razão explica por si mesma, seguindo um caminho de investigação (método♀). A Teologia tem origem permanente na postura epistemológica que posiciona o sujeito pensante perante o objeto pensado, rompendo com as posturas da crença♀ pura que se reproduz pela dinâmica da tradição em um determinado grupo humano. Se para o grego essa ruptura epistemológica se impôs como pressuposto e método♀ inerentes ao exercício do pensamento, para o universo judeo-cristão apresentou-se, desde o início, como paradoxo que provocou diferentes posturas e gerou diferentes modos de elaboração. O primeiro uso do termo deu-se como sinônimo de "mitólogo". Platão chama de teólogos Homero e Hesíodo, distinguindo-os dos filósofos (*A República*, 379). Já Aristóteles faz uso do termo dentro da própria filosofia, quando designa o último livro da Metafísica♀ como Teologia, sendo esta a mais alta ciência dentre aquelas teóricas. Esse livro constitui a primeira sistematização teórica sobre o objeto-Deus, retirado, desde então, de seu *habitat* crente no sistema mítico antigo. Coube aos estoicos a apropriação definitiva do termo como disciplina filosófica, embora ainda continuem dando ao termo outras conotações. Como testemunha a *Cidade de Deus*, de Santo Agostinho, o filósofo Varrão distinguia três tipos de Teologia: a mítica, elaborada pelos poetas, a filosófica, dos filósofos, e a política, dos legisladores (VI, 5-10). Essa extensão conceitual será superada gradativamente após o contato com o Cristianismo, que vai assimilá-lo para designar especificamente o estudo de questões relacionadas ao universo de crença♀ judeo-cristão. Ainda que se deva salientar certa rejeição nessa empresa intercultural e inter-religiosa, o Cristianismo termina por adotar Teologia como uma das formas de designar o estudo de conteúdos referentes à fé, desvencilhando-o das conotações míticas antigas. A obra *Teologia eclesiástica*, de Eusébio de Cesareia (século IV), expressa essa compreensão estritamente cristã que, desde então, prevalecerá no decorrer da história ocidental (Lacoste, 2004).

A "purificação" cristã do termo concedeu-lhe longo fôlego, como sinônimo de estudo das coisas referentes à fé cristã, embora convivesse com outros termos que possuíam o mesmo significado, tais como "Doutrina♀ sagrada" e "Doutrina♀ de Deus". Contudo, pode-se dizer que, na longa duração de formação da cultura ocidental, consolidou-se um sentido unívoco para a Teologia, de modo mais fundamentado, após o século XIII, quando foi definida como ciência por Tomás de Aquino, na esteira epistemológica de Aristóteles. No âmbito das *universitates*, a Teologia foi fundamentada epistemologicamente, conceitualmente definida, estruturada num sistema curricular e institucionalizada como área de conhecimento e, ao mesmo tempo, como disciplina científica. Nesse ponto de confluência histórica, recebeu conotação precisa e legitimidade pública que permitiram sua sobrevivência acadêmica nas instituições de ensino superior do Ocidente, embora vá perdendo a unanimidade epistêmica e a legitimidade política na medida em que avança o processo de modernização. Por conseguinte, esse quadro cultural e institucional conferiu à Teologia um sentido inânime como estudo de conteúdos relacionados ao universo de crença♀ judeo-cristão (as fontes canônicas, a tradição daí decorrente e as formulações doutrinas, dogmáticas e morais), à vivência histórica das confissões cristãs (história eclesiástica, as formulações jurídicas) e as temáticas práticas internas e externas às comunidades confessionais (as pastorais e a missão♀) (Asztalos, 1992).

II. Significados. Não obstante a institucionalização♀ que lhe delimitou um significado mais unívoco, Teologia não deixou de carregar conotações distintas, dando conta, inicialmente, de suas raízes originais: a teologia racional, ciência interna da filosofia e teologia revelada, como inteligência da fé vivenciada na comunidade cristã. Pode-se, de modo tipificado, constatar alguns significados que vão do mais genérico ao mais específico: a) sentido genérico como tudo o que se refere a discursos religiosos; fala-se, no caso, em Teologia como sinônimo do conjunto de representações religiosas de um determinado sistema de crenças, de forma que coincide com a própria mitologia fundante de uma cultura ou com a cosmovisão sobrenatural de um grupo; b) sentido filosófico, como estudo racional da problemática de Deus, conforme a filosofia grega, mas também dos filósofos modernos e contemporâneos, ainda que se trate da chamada "teologia negativa" (a-teologia); c) sentido estrito da área institucionalizada como ciência, disciplina e curso, nas instituições de ensino ocidentais que designa epistemologicamente a inteligência da fé e das coisas referentes à fé, embora possa receber designações distintas como "divindade" (*divinity school*), no mundo anglo-saxão, a persistente nomenclatura medieval de *Sacra pagina*, em alguns sítios católico-romanos, e a nomenclatura canônica de "ciência sagrada", sem cobrar maior rigor de designação da pluralidade de modelos que habita o interior dessa semântica comum; d) sentido analógico, quando o termo é transferido para além de seu nicho cultural específico de cunho judeo-cristão e greco-latino e do *habitat* universitário ocidental para outras religiões, fazendo definir como Teologia todo discurso autointerpretativo que uma tradição religiosa elabora sobre si mesma, sobre suas doutrinas e fundamentos; fala-se, desse modo, em teologia budista, teologia islâmica, teologia espírita etc.; e) sentido metafórico, próximo ao sentido filosófico, porém carregado de força de inferência dedutiva, busca-se em um sistema não religioso sua raiz religiosa, designando-a teologia, por analogia ao sentido usual do termo. Não raro, busca-se a Teologia implícita no capitalismo ou mesmo a Teologia de uma empresa (Assmann; Hinkelammert, 1989, p. 218-262); de modo semelhante se fala em teologia de Adam Smith ou de Karl Marx (Dussel, 2017).

Em suma, Teologia está relacionada a conteúdos religiosos e à exposição racional dos mesmos, ainda que se possam observar variações no modo de exposição. Essa empresa racionalizadora pode exprimir exame direto de Deus, como nos casos da teologia filosófica e, até mesmo, da teologia revelada a uma exposição sistematizada dos universos de crença, no caso, de conjunto de doutrinas específicas. Os modos de execução dessa tarefa mostram variações no decorrer da história, em função dos modelos teórico-metodológicos então predominantes, bem como em função do significado que esteja sendo adotado. De qualquer modo, as funções de fundamentar, sistematizar, explicar e aplicar os conteúdos da fé compõem o exercício regular da reflexão teológica e configuram, por conseguinte, métodos e disciplinas específicos em seu interior; são modos de intelecção que se traduzem em modos de institucionalização que, desde então, legitimam a Teologia

como conhecimento ancorado na longa tradição teórica, metodológica e escolar ocidental. Com efeito, a *fundamentação* dos conteúdos doutrinais pode ser de viés metafísico, histórico ou textual, como se elaborou desde o período patrístico do pensamento cristão, ou, nos tempos modernos, pelos vários vieses assumidos das ciências humanas. Nesse âmbito não têm faltado as mais diferentes abordagens que buscam correlatos teológicos na psicologia do profundo, na cosmologia ou na neurociência, conotando à Teologia um significado suplementar como explicação do cientificamente inexplicável (Gruning, 2007; Drees, 1990). As apologéticas da fé, as antigas e as modernas, as duras e as moderadas, se dedicaram a essa fundamentação, em nome da distinção fé e razão, mas, ao mesmo tempo, da exposição da razoabilidade da fé. A *sistematização* dos conteúdos da fé, herança direta da lógica grega, coloca ordem naquilo que se mostra disposto em narrativas diversas e em estilos literários variados, em doutrinas formuladas no decorrer do tempo e no extenso acervo de comentários elaborados no decorrer da história. A própria formulação da doutrina e dos dogmas teve e tem como base essa busca de ordenamento conceitual e de articulação sistemática. O princípio escolástico da fé que busca intelecção (*fides quaerens intellectum*) significou a consciência metodológica desse processo quando o crer se ancorava no *habitat* teórico e cultural das escolas nascentes desde o século X, sob o impulso da nova lógica haurida de Aristóteles. O resultado desse exercício é gigantesco e pode ser observado: a) na constituição de um sistema teológico cristão que expõe Deus e a criação, decadência e salvação, o homem a história, o princípio e o fim, o bem e o mal etc.; b) no edifício ordenado da tradição e da doutrina, incluindo o rol dos dogmas instituídos e que se torna matriz das reflexões acadêmicas e dos ensinamentos do magistério; c) nos clássicos tratados de Teologia que focam, cada qual, em um tema específico da tradição/doutrina e expõem suas lógicas internas; d) e, por decorrência, na práxis curricular e didática dos cursos teológicos, com suas referidas nomenclaturas; e) na estrutura fundamental dos catecismos e dos ensinamentos catequéticos. O ato de *explicação* da fé decorre imediatamente desse exercício sistematizador e se mostra em toda a práxis de ensino das igrejas, desde os ensinamentos oficiais (os magistérios ordinário e extraordinário, universal ou local) até as catequeses rudimentares, passando pelos discursos homilético-litúrgicos. Essa prática engloba tanto o ensino interno (as catequeses) como o externo, com as estratégias de comunicação às culturas diferentes. E, por essa razão, a tradução dos conceitos da fé esteve, desde os primeiros tempos do Cristianismo, presente no centro dessa atividade, de onde se constata a evolução da compreensão da atividade evangelizadora apologética ou dialogal *ad gentes*, bem como os esforços de teologizar os significados das alteridades culturais e religiosas. A *aplicação* diz respeito ao esforço de encontrar os recursos metodológicos mais seguros, eficientes e éticos de apresentação dos conteúdos da fé♀. Além daquele conjunto de abordagens práticas que foram desenhando as chamadas disciplinas de teologia prática, a aplicação primou pela exigência de diálogo interdisciplinar, quando o discurso da fé♀ buscou auxílio de disciplinas afinadas com os objetos com os quais tecia relações: o Direito♀ Canônico constitui, seguramente, o resultado mais sólido e antigo dessa estratégia, quando todo o edifício clássico do direito romano forneceu as bases estruturais e funcionais de aplicação da doutrina♀ ao comportamento dos fiéis católicos. As teologias do político e as teologias pastorais buscam igualmente a mediação das ciências humanas para que possam aplicar social e culturalmente os princípios da fé♀. Em todas essas operações a busca de intelecção da fé♀ utiliza referências teóricas e metodológicas disponíveis na cultura científica de então; assim fez com as ferramentas gregas em suas origens, com o aristotelismo na Idade Média e com as ciências modernas atuais. A Teologia consiste precisamente no esforço de dar racionalidade à fé♀, segundo as exigências de seu entorno, donde se mostra como um edifício em permanente construção (Sesboüé, 2017).

III. Particularidades do discurso teológico. A construção histórica da Teologia está registrada nos vários paradigmas que a compõem. A pluralidade de modelos disposta na longa temporalidade permite, de fato, falar em macro, meso e micro paradigma teológico (Küng, 1999, p. 150-181), em função da maior ou menor extensão que se dê à classificação utilizada. A diversidade se revela em função do critério de classificação adotado, seja *histórico* (Teologias patrística, escolástica, modernas e contemporâneas), *confessional* (Teologias católica, ortodoxa, luterana, calvinista, wesleyana, pentecostal, ecumênica), *hermenêutico* (Teologias fundamentalista, tradicionalista, críticas, dialética, feminista), *metodológico* (Teologias indutiva ou dedutiva, especulativa ou contextual), *social* (Teologias da libertação♀, feminista, negra), *geográfico* (Teologias latino-americana, asiática, africana, europeia), *político* (Teologias conservadoras, revolucionárias ou libertadoras), *temático* (Teologias do mundo, da história, do negro, da sexualidade♀, das religiões), *cultural* (Teologias eruditas ou populares, acadêmicas ou eclesiais) e *institucional* (Teologias fundamental, bíblica, sistemática, prática) ou, ainda, *autoral* (Teologias de Orígenes, de Agostinho, de Tomás, de K. Barth, de Y. Congar, de L. Boff). Hão de ser acrescentados, ainda, os metadiscursos sobre Teologia, como os de epistemologia♀ teológica, história da teologia, teologia comparada ou sociologia dos discursos teológicos (Lossky et al., 2005). A

longa história da Teologia ensina, antes de tudo, a constitutividade da pluralidade e do diálogo com os contextos e com as ciências na construção de seus variados discursos; embora não tenham faltado no decorrer do tempo definições redutivas que a declarem como modelo único ou como expressão imediata e direta do próprio conteúdo doutrinal instituído na tradição confessional. No limite dessa redução reside a compreensão de uma ciência divina que decorre da própria revelação de Deus, da própria mente divina que se historiciza.

A noção de paradigma atende aos critérios da progressividade, e os vários modelos se sucedem no decorrer do tempo, da relatividade, na medida em que revelam as várias possibilidades interpretativas que se apresentam em cada qual e da flexibilidade metodológica, quando em cada modelo se verificam as potencialidades advindas dos objetos e dos métodos♀ utilizados. Se esses critérios inscrevem o discurso e a prática teológica no lugar comum das demais ciências hermenêuticas♀, não escondem, contudo, sua especificidade epistemológica. A Teologia permanece demarcada por aquilo que a constituiu desde os primórdios, como discurso relacionado a Deus, entendido como objeto material (conteúdo direta ou indiretamente refletido) ou como objeto formal (perspectiva através da qual se reflete sobre algum objeto). É bem verdade que, desde os tempos modernos, Deus♀ deixou de ser um objeto exclusivo do discurso teológico, sendo apropriado pelas diversas ciências do homem ou pela própria filosofia moderna e contemporânea. As noções de divindade, transcendência ou mesmo sagrado se prestaram a traduzir aquela conotação judeo-cristã e dar a ela um lugar conceitual amplo o suficiente para ser pensado segundo os métodos♀ históricos ou empíricos. Ademais, os conteúdos judeo-cristãos foram cada vez mais submetidos ao exame comum das ciências dedicadas à história e às culturas antigas, operação que desconsiderou, desde então, qualquer exclusividade discursiva da Teologia a esse respeito. Sem controles dogmáticos, essas abordagens apresentaram seus resultados arqueológicos e interculturais que desafiaram as velhas consolidações e terminaram por influenciar a Teologia a partir de novos critérios que revisaram suas próprias fontes.

Também foram sendo construídas as abordagens diversas da Ciência da Religião♀ (Fenomenologia, História, Antropologia etc.) sem o *a priori* valorativo da fé♀. De sua parte, esse *a priori* permanece como *proprium* da Teologia, perspectiva que define sua especificidade em relação a outras abordagens próximas ou diretas de seus velhos conteúdos exclusivos. O falar não somente de Deus, mas a partir de Deus♀ (Tomás de Aquino, *ST* I, a. 3; a. 7; Gesché, 2003, p. 5-8), é que demarca seu território epistemológico, e solicita as correspondentes práticas e teorias metodológicas. A Teologia não

871 | TEOLOGIA

somente examina criticamente suas próprias fontes (seus textos fundantes) como também se dedica a examinar qualquer aspecto da realidade a partir de uma óptica previamente assumida como verdade e valor (*sub specie Dei*). Se a Teologia não é detentora exclusiva dessa especificidade valorativa, uma vez que no conjunto das chamadas ciências humanas verificam-se outras abordagens valorativas (como a justiça no direito, o bem na ética, a cidade na educação e a beleza nas artes), ela carrega, no entanto, exigências e potencialidades próprias ao dar nome a esses valores: aos conteúdos próprios da fé hauridos do conjunto canonizado das fontes judeo-cristãs e das construções doutrinais construídas na sequência e constituídas a partir dessas. Seja no discurso mais exclusivista, que se edifica unicamente sob essas referências simbólicas e éticas, seja no discurso mais pluralista, que se esforça por colocar em diálogos outros universos religiosos, a Teologia permanece como abordagem valorativa que afirma um *dever-ser* específico sobre o conjunto da realidade, ao adotar o sentido revelado e dado da mesma e, por conseguinte, um fim já colocado eticamente como verdade e bem. Se as demais abordagens valorativas ficam obrigadas a oferecer como valor, fim e norma um ideal de ser humano (de sociedade, de política e de cultura), na medida em que tecem seus discursos, a Teologia assume toda a carga simbólica e ética, com suas respectivas imagens e raízes históricas ancoradas no passado dos "tempos da revelação", assim como todas as camadas formuladas pela tradição subsequente com seus conteúdos doutrinais apresentados como formulações daquela verdade original. "Toda Teologia representa uma *racionalização* intelectual da posse de valores sagrados [...]. Toda teologia [...] pressupõe que o mundo deva ter um significado, e a questão é como interpretar esse significado de modo a torná-lo intelectualmente concebido" (Weber, 1982, p. 181).

Circunscrito em um consenso objetivo relativo à fé, esse discurso reveste-se de uma extraordinária especificidade histórico-cultural, como fé (texto→ doutrina → tradição → confissão → religião → cultura) que propõe dizer algo de coerente e consistente sobre uma não menos extraordinária amplitude: a realidade em suas dimensões (passado, presente e futuro, individualidade e coletividade, natureza e história). A restrição formal e a amplitude material compõem um par singular que exige da parte da primeira a exposição do fundamento e o esforço de diálogo (apologética conjugada com interculturalidade) e da segunda, a busca das mediações adequadas ao objeto a que se dedica refletir (a interdisciplinaridade como componente interno da reflexão). Nestes termos, a definição tomasiana permanece operante ainda hoje, como esforço de colocar a fé em diálogo com a razão, de forma a conceder à última a tarefa de mediadora crítica da primeira, no momento da reflexão (Tomás de Aquino, *ST*, q. I, art. 3). O princípio clássico *fides quaerens intellectum* coloca a fé em saída permanente na busca das razões sobre si mesma e na postura de audição dos modelos conceituais oferecidos pelas ciências, julgados aptos a expressá-la com coerência e clareza. A ruptura epistemológica, indispensável na construção do conhecimento científico (Bachelard, 1996), distancia a reflexão da vivência espontânea da fé na comunidade ou das formulações doutrinais institucionalizadas, instaurando, contudo, a circularidade permanente entre ruptura-retorno, ou a articulação entre a fé vivenciada e a fé pensada. O tripé fé-realidade-razão compõe os nós de um círculo em permanente retroalimentação, que vai adquirindo especificidades, segundo os diferentes métodos adotados na elaboração do discurso, mesmo quando esses possam carecer de uma explicitação teórica. Os distintos modelos teológicos foram e são elaborados nessa dinâmica fundamental, que demarca a especificidade da Teologia em relação aos mecanismos regulares da transmissão religiosa, verificáveis nos mais variados sistemas de crença. A reprodução religiosa executada por mecanismos pedagógicos ambientados culturalmente é superada pela produção teológica, sempre ancorada nas formas teóricas de explicação e na formulação da realidade por meio de conceitos plausíveis e coerentes.

IV. A Ciência da Religião distinta da Teologia. A Ciência da Religião foi sendo construída no fluxo histórico e epistemológico constitutivo das ciências modernas, especificamente das ciências humanas. A moldura de fundo desse processo é a própria virada moderna, que, ao operar com variáveis políticas, culturais e religiosas, constrói novos modos de viver e de pensar e redesenha a velha racionalidade clássica estruturada sobre o princípio da unidade de valores e de modos de abordar a realidade. A razão que se volta para a história, e busca conceituá-la em sua imanência, chega inevitavelmente ao religioso, território sobremaneira politicamente minado pelas forças eclesiásticas detentoras de uma suposta unanimidade em relação à verdade religiosa expressa por vias políticas e epistemológicas. É no interior desse processo de ruptura que a Ciência da Religião emerge como nova ciência e busca seus modos de legitimação teórica e institucional.

1. Antecedentes históricos. A identidade própria da Teologia foi sendo configurada com diferentes molduras, desde as suas origens gregas. A primeira como ciência do suprassensível, distinta, portanto, das ciências do sensível, dentro do sistema aristotélico. Na sequência como ciência da fé, distinta das demais ciências, seja no contexto do Cristianismo antigo, como busca de inteligência da fé, seja medieval, como ciência de Deus e de todas as coisas na perspectiva de Deus (Tomás de Aquino, *ST* I, a. 3; a. 7). No Cristianismo antigo, a discussão sobre as relações entre as ciências (filosofias gregas) e a Teologia não foi consenso entres os pensadores. Paulo de Tarso já havia registrado a tendência contrária ao diálogo na sua Primeira Carta aos Coríntios, ao distinguir a sabedoria do mundo da sabedoria de Deus℗ (1Cor 1,17-31). O Apóstolo dos Gentios (mundo grego), de pensamento universal e de rigor lógico em suas argumentações, dispensa o diálogo com o pensamento grego por entender que a sabedoria de Deus℗ revelada aos fracos já havia oferecido a verdade necessária e definitiva. A mesma postura será afirmada por Irineu de Lião, no século II, e Tertuliano vai interrogar: o que tem a ver Atenas e Jerusalém, academia com Igreja℗? Mas, na sequência histórica, os pensadores cristãos, de modo emblemático desde a Escola de Alexandria, vão compor um caminho de diálogo com a ciência grega, o que vai contribuir não somente para a construção de modelos teóricos no desenrolar da tradição patrística como também para a importação de elementos que contribuirão na formulação da própria doutrina cristã dos primeiros séculos. Todo o edifício doutrinal e dogmático cristão não teria sido, de fato, edificado sem a contribuição de categorias advindas da filosofia grega (Meunier, 2005). A fé cristã foi racionalizada seguindo o fluxo comum de formação do pensamento ocidental que reiteradamente se alimentou das fontes bíblicas judaicas, que impulsionam a história para frente na busca de fases sempre superiores, e das fontes gregas, que colocam o sujeito pensante perante o objeto pensado. As consequências históricas globais e profundas da relação entre fé℗ e razão se mostram no conjunto das próprias tradições que compuseram na longa temporalidade a civilização ocidental (Nemo, 2005).

Nas *universitates*, as distinções epistemológicas adquirem traduções institucionais (as Faculdades) e curriculares (os cursos estruturados com suas disciplinas e exigências acadêmicas e títulos conferidos). As identidades das ciências adquirem não somente nitidez enquanto áreas específicas, com objetos e métodos℗ próprios, como também visibilidade política e legitimidade pública. As quatro Faculdades que compunham as universidades (Artes, Medicina, Direito℗ e Teologia) ofereciam um desenho claro e inequívoco das três áreas com suas disciplinas internas, seus objetos e métodos℗ próprios, bem como das relações entre elas. O sistema escolástico que vai nascer dessas identidades levará adiante uma concepção de identidade da Teologia e de sua relação com as demais áreas um tanto fixa, como rainha das ciências que solicita os serviços da Filosofia como *ancilla theologiae* e se apresenta, ao mesmo tempo, como parâmetro de verdades para as demais. Nessa postura, a Teologia fica estabelecida com um estatuto autossuficiente que transcende e se sobrepõe às demais ciências, sem necessitar das mesmas para seu exercício e legitimidade. A relação

entre fé℗ e razão exige, evidentemente, um elemento metodológico interno, proveniente da filosofia grega, particularmente da lógica aristotélica, que permanece, porém, na condição de ferramenta que, é claro, não interfere na verdade que está sendo investigada. Tal postura e compreensão terão o fôlego do regime escolástico e sobreviverão como regra e prática no contexto das universidades, até que sejam sucedidas gradativamente pelo modelo moderno, já no âmbito dos Estados modernos, e no contexto das instituições de ensino católicas, até que sejam imiscuídas pelas abordagens oriundas do pensamento e das ciências modernas já no século XX.

Nesse contexto moderno, a Reforma℗ Protestante retoma a postura adversa às relações entre Filosofia e Teologia, negando as relações do modelo escolástico. Se, por um lado, Lutero nega a escolástica como ousadia diabólica da razão, manterá, contudo, o exame interno dos conteúdos bíblicos pelas vias de um método℗ capaz de decodificar o texto e, ao mesmo tempo, recuperar os textos clássicos dos teólogos patrísticos, notadamente de Santo Agostinho. A teologia dialética de K. Barth no século XX retoma essa postura, ao afirmar a supremacia da Palavra revelada sobre as ciências, afirmando o paralelismo entre as coisas da fé℗ (que revela a verdade e julga o homem e a história) e as ciências que conhecem a realidade empírica (Vilanova, 1992, p. 731-736). A Teologia possui, nesse modelo, uma regra epistemológica própria, que não necessita da razão para expor suas razões. As razões da fé são autossuficientes. Nesse sentido, pode-se recuperar esquematicamente uma sequência das concepções de Paulo-Irineu-Tertuliano-Lutero-Barth, que, não obstante façam uso refinado de métodos℗ lógicos em suas reflexões, rejeitam como necessários à compreensão da fé os sistemas teóricos oferecidos pelas ciências. Na outra posição, Orígenes-Agostinho-Tomás-*Nouvelle Théologie*-Teologia da Libertação℗, ainda que por diferentes modelos teórico-metodológicos, perfilam os modelos que afirmam como inevitável, necessário e até mesmo constitutivo o diálogo da Teologia com as ciências.

2. A teologia no contexto do nascimento da Ciência da Religião. A dupla tendência, rejeição e incorporação, das ciências pela Teologia compõe o pano de fundo da problemática, quando da origem da Ciência da Religião℗ no século XIX, donde se pode observar que: a) a Ciência da Religião℗ nasce precisamente como ruptura com a Teologia, que, até então, se apresentava como detentora legítima dos discursos referentes às questões religiosas; b) a Ciência da Religião℗ participa, juntamente com outras ciências, de um movimento histórico-epistemológico de incorporação de objetos antigos (as questões clássicas já trabalhadas pela Filosofia e pela Teologia clássicas) e novos (os novos sistemas religiosos com os quais os europeus já haviam contatado nos povos do Novo Mundo); c) a Ciência da

Religião℘ é construída com metodologia indutiva que exige conhecimento empírico dos objetos; d) a Ciência da Religião℘ afirma-se de metodologias que se vão dedicando, por um lado, à compreensão das religiões em suas particularidades e, por outro lado, pela via comparativa, à colocação da singularidade do objeto-religião℘; e) a Ciência da Religião℘ é a afirmação e o resultado de uma abordagem que nega qualquer pressuposto valorativo de fé ou de ideologia℘ em suas abordagens, em nome de uma distância metodológica entre pesquisador e objeto pesquisado; f) a Ciência da Religião℘, como as demais ciências modernas, compreende-se e exercita-se como abordagem que, sem pressupostos de fé, adota como regra a neutralidade metodológica, ou, em outros casos, como prática usual à postura agnóstica ou ateia; g) a Ciência da Religião℘ configura-se em abordagens que traduzem em termos universais e secularizados as velhas referências cristãs (caso de cientistas ligados à História da Religião℘ e à Fenomenologia da Religião℘); h) a Ciência da Religião℘ busca formas de sobrevivência institucional no seio das universidades, onde não pode evitar polêmicas e conflitos com a Teologia por ocupar-se de objeto próximo da mesma; i) a Ciência da Religião℘ estabelece-se como ciência normal, ainda que sem uma única nomenclatura, no seio das instituições de ensino (Hock, 2010, p. 205-215).

Nesse processo, a Teologia sobrevive com seus modelos e se debate com os avanços das ciências: a) o modelo escolástico, que se satisfaz com seus referenciais aristotélico-tomistas e com suas pontes sólidas e diretas com a filosofia do mesmo sistema; b) esse modelo pode ser desdobrado em submodelos: o integrista antimoderno, com seu epicentro no pontificado de Pio IX, os manuais de ensino dos seminários e os resíduos escolásticos traduzidos nos catecismos, de modo oficial no catecismo de Pio V; c) o modelo liberal protestante, que avança para o diálogo com as ciências, sobretudo com a história; d) o modelo fundamentalista, que vai adquirindo fôlego para quem basta a leitura do texto bíblico, no qual o acesso à verdade se dá pela assistência inspirada do Espírito Santo; e) o neotomista, que dá os primeiros passos em diálogo com o mundo moderno, retornando aos textos de Tomás de Aquino; f) os teólogos, que fazem os primeiros ensaios de diálogo direto com as ciências modernas, sob as restrições mais severas das ortodoxias oficiais de suas Igrejas℘.

3. Uma Ciência da Religião. Mesmo sendo a Ciência da Religião℘ elaborada em um campo de emancipação da Teologia e da Filosofia, como as demais ciências construídas no século XIX, ela tece relações diretas com essa abordagem, ou com a tradição e a instituição de saber consolidadas no bojo mesmo dos conhecimentos instituídos no Ocidente no decorrer da história. A Ciência da Religião℘ nasceu no contexto das demais ciências empíricas que recolhiam como objeto de investigação as temáticas já pensadas pelas abordagens clássicas, segundo os parâmetros lógicos e especulativos assentados no sistema escolástico (Dilthey, 1986). A temática da religião℘ esteve presente no bojo do pensamento filosófico moderno como um objeto natural apropriado pela verificação histórico-empírica ou pela dedução eminentemente racional. Enquanto Francis Bacon a situa no âmbito estrito do conhecimento empírico e Descartes alocou Deus no centro da investigação racional, Kant℘ operará uma separação que acomoda os conhecimentos em campos distintos, visto que o estudo das questões religiosas fica adstrito aos limites da razão, superando toda a empreitada metafísica℘, enquanto a revelação é lançada para o campo da vivência prática, inacessível do ponto de vista do conhecimento racional, porém necessária do ponto de vista da vivência moral. A Teologia permanece, desse modo, desvinculada do conhecimento científico. Embora se possa falar em uma síntese hegeliana entre Filosofia e Teologia, o marco epistemológico kantiano se imporá como regra para a história posterior tanto para as ciências modernas, que serão desenvolvidas sem pressupostos teológicos, por razões agnósticas ou metodológicas, quanto para algumas tendências teológicas que isolarão a fé℘ de toda apropriação racional, na linha antiescolástica luterana, caso emblemático da teologia dialética de K. Barth (Gibellini, 1998, p. 13-31). A teologia católica continuará insistindo na moldura metafísica℘ e, por conseguinte, no diálogo entre as teologias natural e revelada, como se verifica na constituição dogmática *Dei filius*, do Vaticano I (Denzinger-Hünermann, 2007, n. 3000-3045) e, mais recentemente, na encíclica *Fides et ratio*, de João Paulo II (Loyola, 1998).

Com efeito, a distinção entre as ciências modernas e a Teologia constitui um dado histórico e epistemológico. Embora esses dois aspectos estejam associados como dimensões do mesmo processo de modernização, o epistemológico se impôs como necessidade intrínseca das próprias ciências, que vão sendo configuradas em seus estatutos como conhecimento limitado aos seus objetos racionalmente acessíveis e metodologicamente controlados. É bem verdade que essa distinção, aparentemente resolvida, adquiriu configurações próprias em função dos distintos espaços geopolíticos modernos. Nas regiões políticas resultadas das Reformas℘ Protestantes, a Teologia permaneceu dentro das universidades e, por essa razão, sobreviveu como conhecimento legítimo, embora portando parâmetros pré-modernos, em sua fundamentação mais íntima como conhecimento relacionado à fé℘. Nas regiões de cultura latina, ao contrário, permaneceu como coisa eclesial destinada ao consumo interno das confissões sem qualquer legitimidade pública, ao menos do ponto de vista institucional-legal. No caso do Brasil, só recentemente adquiriu estatuto legal como área de conhecimento e curso superior regular (Soares; Passos, 2011).

A Ciência da Religião℗ nasceu e foi institucionalizada como um ramo das ciências modernas dedicadas ao ser humano no contexto do século XIX. O filósofo alemão Wilhelm Dilthey℗ a incluiu entre aquelas ciências que denominava de ciências do espírito ou humanas, ao se esforçar por definir um campo específico de abordagem para as ciências dedicadas ao ser humano, distinto daquelas dedicadas à natureza (2010, p. 19). O estudo científico da religião abarcava uma parcela das expressões humanas e colocava-se como questão a ser construída: a) a delimitação desse objeto em termos de pluralidade e de singularidade; b) a metodologia comparada capaz de recolher singular das várias expressões religiosas situadas fora das tradições religiosas hegemônicas no Ocidente; c) a institucionalização℗ da ciência no âmbito das instituições de ensino. Nesse contexto hão de ser distinguidos a Ciência da Religião℗ autodefinida e os estudos científicos da religião alocados no âmbito de outras ciências. A primeira oscila entre a nomenclatura História da Religião℗ e Ciência da Religião℗ (Müller℗), enquanto as demais ciências vão oferecendo seus resultados a respeito de religião, como no caso dos três clássicos das Ciências Sociais (Marx℗, Durkheim℗ e Weber℗) ou dos estudos da Psicanálise℗ e da Psicologia (Freud℗, Jung℗, W. James), bem como de Antropologia. Embora sem levar a marca Ciência da Religião℗, esses estudos são incorporados no *corpus* teórico, metodológico e epistemológico da Ciência da Religião℗. Na medida em que as abordagens das novas ciências oferecem um acervo significativo sobre a temática da religião℗, o campo científico próprio dos estudos de religião ganha autonomia epistemológica e legitimidade política nas comunidades científicas e acadêmicas. A Ciência da Religião℗ atual recolhe esse acervo comum de outras ciências humanas como constitutivo de sua tradição teórico-metodológica e desenha um espectro disciplinar no interior de seu estatuto epistemológico e de sua prática curricular (Usarski, 2007).

V. As relações entre Teologia e Ciência da Religião. A distinção entre Teologia e Ciência da Religião℗ se mostra evidente dos pontos de vista histórico, epistemológico e institucional. Como no caso das demais ciências modernas, essa distinção resultou de um processo complexo de construção, com o agravante maior de a Ciência da Religião℗ ocupar-se de um objeto tradicionalmente detido pela reflexão teológica e, por conseguinte, alocado em instituições de poder religioso. Nesse sentido, as relações entre as duas áreas revelam dimensões e dinâmicas plurais e sutis que compõem uma gradiente que se estende do mais implícito (as relações espontâneas e inevitáveis) ao mais explícito (as relações interdisciplinares deliberadas), do mais opositivo (a negação mútua de legitimidade) ao mais interativo (a afirmação de uma identidade comum) e do institucionalmente distante (com unidades acadêmicas próprias) ao condomínio institucional (como áreas e disciplinas integradas curricularmente).

As relações espontâneas entre as ciências se mostram inevitáveis, ainda que cada qual se mostre com certa apologética como distinta das demais. Na verdade, as ciências se constituem a partir de troncos comuns, dos quais se particularizam em seus objetos e métodos℗, de forma que o jogo real entre as heranças preservadas e as rupturas instituídas se mostra em cada ciência nova; os territórios epistemológicos comuns se impõem não somente em objetos comuns, como também nos métodos℗ e nos resultados comuns. As ciências geram ciências e formam gradativa e permanentemente a árvore do conhecimento em cada momento da história. A Teologia e a Ciência da Religião℗ teceram e tecem relações espontâneas, para além dos controles epistemológicos de instituições e de sujeitos autorizados. Nessa dinâmica, pode-se citar o que ocorreu com a Fenomenologia da Religião℗ em relação à Teologia, as relações entre os relatos missionários e a Antropologia da Religião℗, assim como as relações entre os estudos de História das Religiões℗ e os estudos bíblicos ou, ainda, entre a Sociologia da Religião℗ e as várias teologias contemporâneas. Os resultados das duas abordagens processam interações que fazem confluir seus distintos territórios, sobretudo na reflexão ambientada em lugares acadêmicos. Mas hão de ser ressaltadas as polarizações que entendem os relacionamentos como perigosos para ambas, por constituírem abordagens distintas. O nó da problemática reside precisamente na fé℗, assumida como *a priori* constitutivo do discurso teológico (Weber, 1982, p. 108-181). Para a Teologia, a Ciência da Religião℗ é vista, no caso, como risco de secularização℗ ou como redução sociológica do discurso da fé, enquanto para a Ciência da Religião℗ a proximidade pode gerar misturas metodológicas que colocam em risco a neutralidade axiológica inerente ao discurso científico. Se essa postura aponta para a velha questão da neutralidade científica, uma vez que está em jogo o discurso valorativo-normativo, demarca, por sua vez, a identidade real das duas áreas de conhecimento, de modo a negar possíveis indistinções epistemológicas que, não raro, buscam legitimar-se em nome de interesses político-institucionais: quando, sem os devidos rigores teórico-metodológicos e por pragmatismo℗ acadêmico, a Ciência da Religião℗ abriga a Teologia em suas práticas investigativas ou curriculares, ou vice-versa. Contudo, é possível detectar relações críticas e criativas entre as duas áreas. Uma vez compreendidas e praticadas como abordagens distintas e, até mesmo distantes, Teologia e Ciência da Religião℗ têm tecido permutas concretas. A primeira delas quando a Teologia a acolhe como mediação apta a decodificar significados religiosos que são interessantes ao seu labor, tais como a análise de distintos sistemas de crença antigos e atuais. Munida desses resultados, a Teologia entende realizar precisamente sua tarefa clássica de buscar a intelecção das coisas e dar a elas um *logos* específico, após penetrar de modo qualificado em suas naturezas e dinâmicas. Com efeito, indo além desse princípio clássico, a Teologia prática busca na Ciência da Religião os dados empíricos que contribuam estrategicamente com as intervenções pastorais ou missionárias nas diversas realidades. A Ciência da Religião exerce, nesse caso, a função de informar sociológica e culturalmente a Teologia sobre as realidades que lhe são desconhecidas e com as quais pretende dialogar. Atualmente, a Teologia das Religiões ou do diálogo inter-religioso assume de modo direto as investigações da Ciência da Religião sobre as tradições religiosas, no intuito de compreender e apropriar-se daqueles resultados e refazer seu discurso a partir dos mesmos, tendo em vista o valor e a norma do diálogo. Da parte da Ciência da Religião, pode-se constatar a importância dos métodos exegéticos desenvolvidos no interior da Teologia como ferramenta necessária para a abordagem de outros textos sagrados e da própria história da Teologia, que permite ao cientista da religião apropriar-se da dinâmica histórica do pensamento cristão. A Teologia oferece também, à Ciência da Religião, um trabalho de autodecodificação que, por um lado, expressa um esforço de sistematização do complexo sistema de crenças de raiz judeo-cristã e, por outro, o testemunho implícito ou explícito de ambientação cultural do mesmo sistema nos diversos contextos históricos. Nesse ambiente, o acervo textual de doutrinas formuladas pelas tradições cristãs, de reflexões teóricas e de orientações pastorais, constitui um patrimônio disponível à investigação dos cientistas da religião.

***

A Teologia, em seu sentido estrito e estado atual, constitui uma árvore de muitos galhos e de raízes profundas; testemunha o legado de uma dupla fonte, a fé (referências judeo-cristãs) e a razão (referências filosóficas e científicas); e as aventuras do conhecimento que avançou ao limite para pensar os fundamentos e a totalidade da realidade. Constitui, portanto, um sistema complexo e aberto a construções e reconstruções permanentes, tendo em vista seu intento fundante e constitutivo de dar racionalidade à fé em cada contexto e de promover leituras valorativas da mesma realidade. Se, do ponto de vista histórico e epistemológico, a distinção entre Teologia e Ciência da Religião se impõe como fato e coerência, do ponto de vista da produção concreta dos conhecimentos que compõem as duas áreas e,

de modo particular, do ponto de vista institucional, as relações diretas e indiretas acontecem inevitavelmente. Os extremos da indistinção (concordismo) e da polarização (discordismo) se revelam, na verdade, formulações mais ideológicas do que reais (Lambert, 2002, p. 67-113). A prática interdisciplinar hoje assumida como programática para todas as ciências indica a necessidade de construir processos de permutas de métodos e de resultados, na busca de visões mais amplas e profundas da realidade. Os resultados mais próximos ou mais distantes das diferentes investigações estão sempre desafiados ao diálogo, na busca da verdade. Se para as ciências em geral essa programática assumida conscientemente revela a sua processualidade histórica, como modelos limitados no tempo e no espaço, para a Teologia adquire um ingrediente de fé: como busca permanente da verdade que se oculta em sua totalidade até ser consumada escatologicamente. Nem as corporações acadêmicas nem as confissões religiosas têm o direito de impor qualquer um desses extremos (concordismo ou discordismo) como norma curricular ou política para as duas áreas. Esses pressupostos que sempre rondam a autonomia e a coerência das ciências como formas de exercer o domínio sobre elas podem ser perversos; devem ser renegados em nome da busca da verdade que não tem donos nem suporta regras políticas externas ao seu processo de investigação. As regras das diversas ciências só podem ser construídas por elas mesmas, na medida em que se apresentam como tal no cenário institucional das ciências normais. A Teologia e a Ciência da Religião não têm donos, ainda que historicamente tenham cruzado com instituições devotadas ao controle de seus exercícios por se interessarem por seus resultados (Passos, 2016, p. 87-92). Nesse sentido, ambas são tão "laicas" quanto as outras ciências, na medida em que se instituem como conhecimentos edificados sobre estatutos epistemológicos próprios que lhes conferem regras de produção disponíveis a quem possa abraçá-las como ofício intelectual e como exercício profissional.

Bibliografia: ASMANN, H.; HINKELAMMERT, F. *A idolatria do mercado*. Petrópolis: Vozes, 1989; ASZTALOS, M. A faculdade de teologia. In: RIDDER-SYMOENS, H. *Uma história da universidade na Europa I*. Lisboa: Casa da Moeda, 1992; BACHELARD, Gaston. *A formação do espírito científico*. Rio de Janeiro: Contraponto, 1996; DENZINGER-HÜNERMANN. *Compêndio dos símbolos, definições e declarações de fé e moral*. São Paulo: Paulinas/Loyola, 2007; DILTHEY, W. *Introducción a las ciencias del espíritu*. Madrid: Alianza Editorial, 1986; DILTHEY, W. *A construção do mundo histórico nas ciências humanas*. São Paulo: Unesp, 2010; DREES, W. B. *Para além do Big Bang: cosmologias quânticas e Deus*. Lisboa: Instituto Piaget, 1990; DUSSEL, E. *Las metáforas teológicas de Marx*. Buenos Aires: Siglo XXI, 2017; GESCHÉ, A. *O mal*:

Deus para pensar I. São Paulo: Paulinas, 2003; GIBELLINI, R. (Org.). *A teologia do século XX*. São Paulo: Loyola, 1998; GRUNING, H. *Deus e a nova metafísica*: um diálogo aberto entre ciência e religião. São Paulo: Aleph, 2007; HOCK, K. *Introdução à ciência da religião*. São Paulo: Loyola, 2010; JAPIASSU, H. *A crise das ciências humanas*. São Paulo: Cortez, 2012; JAPIASSU, H. *Introdução às ciências humanas*. São Paulo: Letras e Letras, 1994; JOÃO PAULO II. *Encíclica* Fides et ratio. São Paulo: Loyola, 1998; KÜNG, H. *Teologia a caminho*: fundamentação para o diálogo ecumênico. São Paulo: Paulinas, 1999; LACOSTE, J.-Y. *Dicionário crítico de teologia*. São Paulo: Paulinas/Loyola, 2004; Lambert, D. *Ciências e teologia*; figuras de um diálogo. São Paulo: Loyola, 2002; LOSSKY, N. et al. *Dicionário do movimento ecumênico*. Petrópolis: Vozes, 2005; MEUNIER, B. *O nascimento dos dogmas cristãos*. São Paulo: Loyola, 2005; NEMO, P. *O que é o Ocidente?* São Paulo: Martins Fontes, 2005; PASSOS, J. D. Teologia na Universidade: coisa eclesial ou coisa publica? *REVER: Revista de Estudos da Religião*, v. 16, n. 1, 2016; SANTO AGOSTINHO. *A cidade de Deus I*. Petrópolis: Vozes, 1990; SESBOÜÉ, B. *Introduction à la théologie*: histoire et intelligence du dogme. Paris: Éditions Salvator, 2017; PLATÃO. *A República*. São Paulo: Nova Cultural, 1997; SOARES, A. M. L.; PASSOS, J. D. (Org.). *Teologia pública*: reflexões sobre uma área de conhecimento e sua cidadania acadêmicas São Paulo: Paulinas, 2011; TOMÁS DE AQUINO. *Suma teológica*. São Paulo: Loyola, 2001. v. I; Usarski, F. *O espectro disciplinar da ciência da religião*. São Paulo: Paulinas, 2007; VILANOVA, E. *Historia de la teologia cristiana III*. Barcelona: Herder, 1992; WEBER, M. A ciência como vocação. In: WEBER, M. *Ensaios de Sociologia*. Rio de Janeiro: ETC, 1982; WEBER, M. *A ética protestante e o espírito do capitalismo*. Lisboa: Presença, 1996.

João Décio Passos

TIPO IDEAL → Weber, Max

TOLERÂNCIA

A palavra tolerância é oriunda do latim *tolerantia*, de *tolerare*, e designa o comportamento benigno, benevolente e indulgente em relação às ideias e crenças diversas, principalmente no plano político e religioso. Não pelo conceito, que é moderno, mas pela experiência, os romanos puderam legar fundamentos da tolerância, principalmente no que respeita à religião. Os romanos desenvolviam um típico culto doméstico, *domus*, cujos deuses eram os antepassados: culto ao fogo sagrado, símbolo do culto aos mortos. Por isso mesmo, não se criou a tensão coletiva de julgamentos religiosos. Na medida em que os romanos tinham deuses familiares chamados *Lares*, o seu avanço foi marcado historicamente pela tolerância religiosa. Houve, naquela oportunidade, o que pode ser chamado de "pluralismo religioso" e cultural e, apesar disso, é conhecido que os romanos criaram a palavra *bárbaro* para se referir a quaisquer povos, especialmente nórdicos, que não tinham uma cultura greco-romana. A ideia de pluralismo religioso, não no sentido particularizado e doméstico romano, mas de um pluralismo público, com liberdade de culto e de opção a quaisquer deuses, vem dos gregos, com sua multidão de deuses, heróis e histórias, como mistura de deuses personalizados, humanizados, com os quais se misturam as pessoas em todos os sentidos e experiências. Em face dos gregos é possível utilizar a expressão *politeísmo*, e exatamente por isso é que tenha sido criado o ambiente propício para o desenvolvimento de ideias como democracia, anarquismo.

A intolerância, ao contrário, demonstra a ideia fixa, a não consideração do ponto de vista diverso. Se a tolerância demonstra abertura dialógica, a intolerância, por sua vez, revela rigidez e dureza. Enquanto a tolerância abre-se para a compreensão de um mundo plural, aberto e criativo, a intolerância firma-se na unidimensionalidade, na uniformização e submissão.

Santo Tomás de Aquino, lembrado por Ferrater Mora, afirma que quem insiste em seu próprio pensamento é chamado de *rígido*, *duro* (Mora, 1986, p. 3267). Trata-se, neste caso, de uma visão de mundo que não permite ângulos – sobretudo no que respeita a conceitos como justiça, direito, crença –, verificada na maioria das vezes em grupos, políticos ou religiosos, que têm textos fundamentais. A intolerância revela-se no fundamentalismo sobre determinados textos ditos sagrados, em função dos quais não se permitem relativizações ou interpretações diversas, ainda que racional ou humanamente se demonstrem caminhos hermenêuticos diversos. A rigidez, a dureza e a incapacidade de interpretações de vários níveis levam o intolerante a um estado de destruição, sobretudo porque a natureza humana é reconhecidamente diversa e, por isso mesmo, não permite o enquadramento forjado.

O Livro de Eclesiastes, cuja autoria é atribuída a Salomão, registra: "Não seja demasiadamente justo nem demasiadamente sábio" (Ecl 7,16). O justo, em Salomão, não designa o abstrato ou a ideia de justiça, mas o *comportamento* conforme as 613 *Mitzvot* (613 Mandamentos) da Torá. As *Mitzvot* designam uma meta, uma possibilidade, não uma ordenança impositiva, e, por isso mesmo, o conselho salomônico é pela via do meio, da média, da ponderação, pois há casos específicos de caráter individual, em cada tempo e lugar. É um senso de largueza, sobretudo na interpretação, que supõe tolerância, cujo fim é uma vida social de paz. Cohen (1935) anota que o Talmude permite ao judeu viver para além da estrita lei, se isso puder conduzi-lo a uma vida de harmonia com seus vizinhos não judeus, até mesmo com os ensinamentos do sábio Hillel: "[...] aquilo que não quer para ti, não faça para o próximo" (Cohen, 1935, p. 260).

Foi esse o comportamento seguido pelos grandes profetas℘ de Israel, mesmo em confronto com a visão sacerdotal. Possivelmente, essa divergência entre a benevolência dos profetas℘ e a rigidez dos sacerdotes deve-se à distância que os sacerdotes mantinham do povo e, assim, da realidade cotidiana, enquanto os profetas℘ viviam no seio do povo.

Há casos de intolerância quanto a práticas religiosas, comportamentos morais e ideias, registrados nos textos neotestamentários, com solução a partir do princípio da tolerância, vale dizer: da benevolência. Uma delas se refere à aplicação literal da pena capital contra uma mulher que, segundo os acusadores, foi pega em flagrante adultério e, portanto, devia ser apedrejada. Jesus, diante de quem a mulher havia sido levada, relativiza a aplicação da pena e considera que entre os acusadores não havia sequer um livre de pecado que pudesse *atirar a primeira pedra* (Jo 8,1-11). O outro debate se constrói a partir da rigidez com que uns julgam outros, mormente na observância de preceitos legais, na cobrança de obediência do outro a partir de uma medida de valor judicante e opressivo. Foi o caso em que Jesus fez ressalvas à exigência intolerante de justeza quanto a determinadas práticas religiosas e, por isso mesmo, repreendeu os intolerantes: "[...] e por que julgas o teu irmão pelo argueiro no seu olho, e não vês a trave que está em teu olho?" (Mt 7,3).

Nesse sentido, a intolerância está ligada a juízos rígidos, a julgamentos para os quais não se leva em conta a equidade, isto é, a aplicação da *aequitas* – régua flexível para a medida de superfícies desiguais. A equidade está intimamente ligada à tolerância, à benevolência, não no sentido de permissividade, mas de compreensão de diferenças entre pessoas, bem como ao conceito de meta. Em outras palavras: todo o sistema de comportamento, religioso, social, político e jurídico apresenta-se como uma meta, um referencial. Isso é especialmente verdadeiro na tradição judaica e, também, na tradição dos ensinamentos de Jesus, cujos textos apresentam uma *utopia*, ou seja, um lugar feliz onde é possível chegar. Mas tais tradições não abandonaram, *ab initio*, a ideia de *topia*, *tópica*, isto é, realidade presente. É nessa experiência diuturna que se aplica a equidade e, portanto, o princípio da tolerância, como elemento de convivência civilizatória. A tolerância é o olhar benigno, de bondade e de solidariedade sobre o outro. Jesus chama esse olhar de bom e lhe faz seguir um efeito: "Se os teus olhos forem bons, todo o teu corpo será luz" (Mt 6,22).

Entretanto, a tolerância é um princípio e, como todo princípio, é um ponto de valor em torno do qual se constrói um pensamento, um comportamento e

um juízo de valor. Tal princípio desvela uma realidade humana plural e diversa, em uma dinâmica a que Heráclito chamou de *devir* – movimento transformador. Sendo impossível, segundo Heráclito, que um homem se banhe duas vezes nas águas de um rio, haja vista sua natureza em constante transformação, é de supor que qualquer regramento, jurídico, religioso, moral ou político, não poderia ser engessado, impositivo e imutável. Hão de ser levadas em conta as diferenças de tempo, pessoa, espaço e condições.

Apesar disso, a história humana é conhecida pela intolerância, sendo ela o paradigma comportamental. A tolerância aparece como contraponto, resistência e processo de emancipação, como exceção. Se as pessoas são diferentes e em processos de transformação continuada (*devir*), a intolerância cria e alimenta a discórdia, a violência, o ódio, o desprezo, o conflito e a morte℘.

Um dos filósofos mais antigos a dar uma pista sobre isso foi Epicuro. Segundo ele, em face da realidade dos conflitos e das diferenças, cabe às pessoas transformar outras em família ou, ao menos, não as tratar como estranhas. É o princípio da boa vizinhança, da compreensão e da amizade proposto por Epicuro (Diógenes, 1988, p. 321). O princípio da tolerância exige a boa vizinhança, a solidariedade, exatamente porque, antes disso, é bondade e benignidade. Além disso, exige um conhecimento do outro, do universo do outro, como, por exemplo, os povos africanos, não como objeto de estudo etnográfico ou eurocêntrico, mas de integração cultural ou de convivência multicultural, conforme escreve o babalorixá Sidnei Barreto Nogueira (2017, p. 287), pois aqueles estudos fazem apenas destruir as africanidades como sói acontecer. As africanidades são, por natureza, tolerantes, tendo em vista o caráter plural de seus cultos e expressões religiosas.

Há, contudo, outros motivadores para a tolerância, ou alguma tolerância. Por exemplo, a tolerância romana quanto aos deuses e crenças℘ dos povos dominados tinha um sentido pragmático, não de benevolência. Roma tolerava as crenças℘ dos povos porque isso era bom para a manutenção de seus territórios, tanto do ponto de vista político quanto econômico (Ferrari, 1912, p. 9).

Os utilitaristas, como Bentham e Mill, retomam essa faceta da tolerância, não por ser expressão de benevolência ou bondade, mas por permitir o desenvolvimento de uma sociedade, ou de uma relação, com harmonia e, assim, propícia para a felicidade℘. Vai-se ampliando o significado da tolerância, inicialmente em relação às crenças℘ religiosas, depois em sentido político, bem como social.

Entretanto, ampliando a compreensão desse princípio através das correntes, escolas e autores envolvidos, foi Marsílio de Pádua (1275-1342) o precursor da teoria política da tolerância desenvolvida com o objetivo de defender a liberdade religiosa e o fim da hierarquia℘ da Igreja℘ e do Estado. No seu livro

O defensor da paz, escrito em 1324, Marsílio ensina que: a) a Bíblia convida a ensinar e a convencer, não a impor nem a punir; b) a consciência não pode ser coagida, visto que a fé imposta não traz a salvação espiritual.

Essas ideias foram retomadas séculos depois por diversos autores, tais como Thomas More, Pico della Mirandola, Espinosa, Pufendorf, Grócio, dentre outros, destacando-se John Locke (1632-1704), que, em 1685, escreveu a *Carta da tolerância*. No texto que viria a se tornar peça fundamental do laicismo, Locke defendeu categoricamente a separação entre o Estado e a Igreja, e a tolerância dos que professavam diferentes religiões. A tolerância foi um assunto que esteve presente por toda a vida de Locke, em relação a governos de crenças diversas, em função de seitas religiosas com interpretações diferentes da Bíblia. A imposição religiosa, no caso, cristã, encontrava a oposição de Locke, que desautorizava, mesmo, o uso da força para levar pessoas à conversão. A carta de Locke começa com um apelo à consciência dos que perseguem, atormentam, destroem e matam outros homens em nome da religião, se o fazem ou não por amizade ou por bondade. Apesar disso, Locke duvida da bondade, já que os fanáticos em impor a religião não castigavam seus parentes e amigos. No entanto, para aquém da ampla tolerância, Locke não a admitia para os ateus, pois os mesmos, ao negarem a existência de Deus, não estavam contemplados nos pactos, vínculos e juramentos da sociedade humana. Portanto, há uma reserva moral em Locke que, ao menos em relação aos ateus, o torna intolerante.

O princípio da tolerância firmou-se plenamente no século XVIII graças ao Iluminismo e ao Racionalismo. Nessa época destaca-se o *Tratado sobre a tolerância*, escrito em 1763 por Voltaire, que buscou demonstrar que a intolerância religiosa não é defendida nem pela tradição cristã nem pela judaica. Para Voltaire, os judeus adoravam seu Deus e nunca haviam demonstrado nenhum espanto porque outros povos tinham deuses diversos; assim, também a religião cristã deveria inspirar mais tolerância, apesar de sua história ser de intolerância. "Que é a tolerância?", pergunta Voltaire. É, segundo ele, o apanágio da humanidade, cheia de erros e fraquezas. Por isso, o perdão recíproco é a primeira lei da natureza (Voltaire, 1973, p. 296-297).

Em defesa da liberdade e da individualidade, Stuart Mill defende, em seu livro *Sobre a liberdade*, de 1859, que a pessoa, o indivíduo, tem a sua esfera privada, onde se move, decide, vive, sem qualquer intervenção externa e sem qualquer consentimento dos outros indivíduos. Para esse pensador, é o caráter da pessoa, não as tradições e os costumes alheios, o responsável pela felicidade humana. Nesse sentido, a tolerância, para Mill, é a proteção dessa esfera privada, onde a pessoa desenvolve seu potencial e criatividade (Mill, 1991, p. 97).

Para além dos aspectos religiosos ou políticos, os anarquistas, desde o século XIX, contribuíram em alto e profundo com a compreensão da tolerância. Dado o seu caráter de desprendimento de conceitos fechados ou preconceitos, os anarquistas, desde Godwin, Proudhon, passando por Bakunin, Kropotkin e, já no início do século XX, Berneri, enxergaram um mundo plural com possibilidades plurais. Realmente, na pluralidade os anarquistas veem possibilidades de crescimento e humanização, aliás, libertação da humanidade. Nesse sentido, Godwin percebe o caráter da perfectividade humana em sua pluralidade, enquanto Proudhon constrói um conceito libertário de dialética, em função da qual a tese e a antítese não são superadas pela síntese, mas possibilitam sua existência: dialética e convivência das pluralidades no pensamento proudhoniano (Berti, 1994, p. 25ss.). Camilo Berneri, um dos grandes anarquistas italianos, em um texto esclarecedor que, aliás, leva o nome de *A tolerância*, escrito em 1924, considera a tolerância sob dois aspectos ou planos: intelectual e moral. No primeiro caso, é tolerante aquele que, conhecendo o valor da troca de ideias, dos contrários e diversos, não afasta aprioristicamente as ideias de outrem, mas tenta aproximar-se e conhecer sua substância, aproveitando tudo quanto lhe parecer bom. O efeito da tolerância intelectual é, conforme Berneri, o respeito pelas várias expressões de crenças, de religiões, filosóficas e estéticas. No segundo caso, Berneri afirma que tolerante é aquele que, apesar de ter uma determina crença ou fé, compreende que o outro tem a sua crença e a sua fé, exatamente por viver em ambiente diverso, com perspectivas diversas, educação diversa e, nesse sentido, não pode comungar da mesma crença ou fé. De qualquer modo, para Berneri, tolerância não é apatia moral nem ceticismo intelectual (Berneri, 1992, p. 179).

Há algumas décadas considera-se a evolução do conceito, e sua recepção, nesse novo contexto mundial. O princípio da tolerância volta a emergir como uma alternativa para a construção de uma sociedade pacífica. Apesar de a tolerância ter sido inicialmente associada à ideia da coexistência de crenças religiosas diversas, o seu atual significado tem sido alargado de modo a abranger também a coexistência de minorias étnicas e linguísticas. De qualquer forma, a tolerância não deve ser confundida com indiferença. Ela deve ser praticada, mas não como indiferença ou falsa caridade, senão como pressuposto para o diálogo capaz de estreitar os laços de solidariedade entre os membros de uma mesma comunidade. No mesmo sentido, Marciano Vidal, em seu livro, *Ética teológica*, considera que a liberdade e a democracia necessitam do pluralismo como alicerce, mas há de se ter uma ética civil, pois, segundo ele, viver no meio de uma sociedade pluralista, multicultural requer responsabilidade e um objetivo de buscar certa convergência para um bem comum maior e eficaz. Não se trata de indiferença que, conforme Vidal, seria uma tolerância perigosa, já que permitiria a força dos poderosos contra os fracos. Tolerar é admitir, permitir ou suportar, nos outros, maneiras de pensar, de crer e de agir diferentes (Vidal, 1999, p. 255-258). Por isso mesmo, em face de uma ética, em algumas oportunidades, a intolerância poderá ser justa. Vidal chama-a de "intolerância justa" quando a tolerância se converte em indiferença ou permissivismo para privilégios e privilegiados que se aproveitam da miséria, pois neste caso a tolerância é a base para totalitarismos e fascismos (Vidal, 1999, p. 256); então, em conformidade com uma ética democrática da responsabilidade, a intolerância é fundamental para contrapor-se aos movimentos destrutivos.

Na atualidade, alguns autores apontam para as limitações da tolerância para a construção de vínculos e instituições capazes de relacionar os membros de uma comunidade. Contudo, para Marcuce, a tolerância no cenário capitalista é repressiva, porque é indiferença, é tipicamente um não se importar com o outro e, em vez de emancipar, na verdade reprime e coisifica (apud Mora, 1986, p. 3269). Para muitos, tolerar é o preço que se cobra da maioria para suportar as práticas e convicções das minorias. Entretanto, nesse sentido: a) tolerar não significa necessariamente respeitar: a tolerância pode ser um ato de indiferença; b) tolerar não promove a virtude da civilidade: não é possível desenvolver simpatia com aqueles que são vistos como estranhos ou diferentes. Para ter empatia é necessário, em primeiro lugar, ter presente que, para entender o outro, deve-se estar preparado para dialogar com ele.

Verifica-se, portanto, as limitações da tolerância para fomentar a virtude da civilidade. É esse, justamente, o grande desafio que o *multiculturalismo* não tem sabido enfrentar: afirmar a diversidade cultural da humanidade sem enfraquecer ou descartar os indispensáveis laços de solidariedade entre os membros de uma comunidade (política, religiosa, cultural), como forma de conferir eficácia aos direitos fundamentais.

Duas constatações, porém, se fazem necessárias: a) os problemas derivados da diversidade cultural e a invocação do princípio da tolerância para amenizá-la não são recentes; no entanto, b) constata-se hoje, mais do que nunca, que a tolerância com o diferente tem se tornado crucial para a construção da paz na sociedade mundial globalizada ou mundializada, e para a consolidação dos Estados democráticos.

Há de se registrar que o século XX foi marcado por duas facetas distintas. A sua primeira metade, de absoluta intolerância, religiosa, política, econômica, social e cultural. A defesa racial e, por isso mesmo, a falsa ideia de superioridade de uma raça sobre as demais, bem como a busca por eliminação e extermínio do diferente, deixou um marco de violência sem precedentes na história da humanidade. A intolerância racial e religiosa, alimentada pela fragilização econômica, conduziu milhões aos campos de extermínio. Neste caso, não há referência apenas aos seis milhões de judeus, mas também aos quase dois milhões de armênios, e outros milhões de homossexuais, deficientes físicos e mentais, ciganos, poloneses, comunistas e membros das resistências ao nazismo e ao fascismo, chamados *partigiani*.

A segunda face do século XX, como resposta à primeira, foi uma época de projetos de convivência, construção, superação e, sobretudo, de uma ideia de solidariedade. A *Carta das Nações*, a *Declaração Universal de Direitos Humanos* e os Pactos Internacionais de 1966 inauguraram, ainda que de modo abstrato, um tempo de igualdade, liberdade e respeito pelo diverso. Ainda que formal, de início, o movimento de Direitos Humanos, que inspirou constituições democráticas, foi, pouco a pouco, sedimentando o caminho de uma humanidade que se pretendia livre, justa e solidária.

Importantes avanços no campo da Igreja Católica foram observados nas *encíclicas* e nos *documentos sociais*, como se depreende da carta apostólica *Octogesima Adveniens* (1971), ao trazer o conceito de pluralismo das opções, em face do qual se pede o esforço de compreensão recíproca em virtude das diferenças de opções e opiniões. Aliás, tendência já observada na constituição pastoral *Gaudium et Spes* (1965), ao apontar a possibilidade de diálogo sincero e reconhecimento de toda legítima diversidade, assinalando a necessidade de respeito e amor a todos os que pensam diferentemente em matéria social, política e religiosa (De Sanctis, 1972, p. 321, 387, 464).

Mas, no final do século XX, o mundo experimentou um movimento inverso, com o ressurgimento do antissemitismo, do anti-Islamismo, da anti-africanidade, da xenofobia, do racismo e de um processo de financeirização, geradora da desumanização acelerada. A Europa, e países do hemisfério Norte, passaram a tratar os imigrantes com desdém, desprezo e preconceito, além de intolerância religiosa, já que, pouco a pouco, se vai reforçando a ideia, equivocada por certo, de que Islamismo está relacionado a terrorismo.

O início do século XXI está marcado flagrantemente pela intolerância. No Brasil, em que pese a Constituição Federal inspirar a solidariedade, a liberdade e o exercício da cidadania, bem como da dignidade da pessoa humana, vê-se, a cada dia, o abandono desses valores. Grupos de sexualidade diversa e grupos de religiões de matriz africana sofrem a violência cotidiana.

Apesar disso, a tolerância continua sendo, assim como foi para Gandhi, um instrumento poderosíssimo para a resistência contra o avanço da desonra da humanidade, a saber: do desprezo pela pessoa humana.

No decorrer do século XXI, a humanidade ainda tem a oportunidade de superar os erros do passado e dos últimos anos. É com esse objetivo que se propõe não apenas o reconhecimento do outro, e de respeito pelo outro, mas a necessidade de promover a interação dialógica entre as diversas culturas, inclinações, diversidades sexuais e políticas, como pressuposto do próprio engrandecimento e riqueza da humanidade. Vidal fala em uma ética civil, capaz de descobrir no processo migratório e inter-relacional dos povos, culturas e religiões efeitos desestruturadores e reestruturadores, a fim de proporcionar uma imaginação criativa plural como patrimônio comum da humanidade, com expressão da vida e da convivência, do respeito, à dignidade e à liberdade, de constante diálogo estimulante e, finalmente, de amor (Vidal, 1999, p. 257-258).

Buber♀, ao tratar dos elementos diferentes a uma determinada comunidade, compreende que pode, ou não, constituir-se uma relação de companheiro. A isto ele chama de "receptividade". E não se refere a viver junto a alguém, mas proporcionar a recepção e boa disposição de uns para com outros. Segundo ele, nesse tipo de encontro há a exposição das diferenças, vantagens ou defeitos de cada uma das pessoas, e nisto não ocorre a uniformização ou destruição do outro, tampouco a submissão do outro, mas uma intensiva tolerância mútua condutora de processos cooperados, integrados e solidários (1971, p. 166). A tolerância, nesse sentido, promove não apenas o encontro criativo e cooperativo, como também a descoberta do outro e, na sequência, do *tu* e, assim, com esse *tu* diverso e dialético, revela-se o processo de comunicação.

Bibliografia: BERNERI, C. *"Fede,* a. II, n. 31, 20 aprile, 1924". In: MAUTI, P. (a cura di). *Il Federalismo Libertario.* Ragusa: La Fiaccola, 1992. p. 179; BERTI, G. N. *Un'Idea Esagerata di Libertà:* Introduzione al Pensiero Anarchico. Milano: Elèuthera, 1994; BUBER, M. *O socialismo utópico.* São Paulo: Perspectiva, 1971; COHEN, A. *Il Talmud.* Bari: Laterza & Figli, 1935; DE SANCTIS, A. (Org.). *Encíclicas e documentos sociais.* São Paulo: LTr Editora, 1972; DIÓGENES LAÊRTIOS. *Vidas e doutrinas dos filósofos ilustres. (Vitae Philosophorum).* Brasília: UnB, 1988; LOCKE, J. *Carta sobre a tolerância.* Lisboa: Edições 70, 2000; MILL, J. S. *Sobre a liberdade.* Petrópolis: Vozes, 1991; MORA, J. F. *Diccionario de filosofía.* Madrid: Alianza, 1986. v. 4; NOGUEIRA, S. Barreto. Africanidades. In: NARDELLA-DELLOVA, P. (Org.). *Antropologia jurídica;* uma contribuição sob múltiplos olhares. São Paulo: Scortecci, 2017. p. 285-302; PADUA, M. de. *O defensor da paz.* Petrópolis: Vozes, 1995; VIDAL, M. *Ética teológica;* conceitos fundamentais. Petrópolis: Vozes, 1999; VOLTAIRE. *Obra seleta.* Trad. brasileira. São Paulo: Abril, 1973.

ÊNIO JOSÉ DA COSTA BRITO

PIETRO NARDELLA-DELLOVA

TRADUÇÃO → Livros sagrados

TROCA DE PRESENTES

I. Definição. A "troca de presentes" é um conceito na Sociologia e na Antropologia Cultural que descreve uma troca de objetos de valor que não segue princípios econômicos evidentes. O termo "presente" é usado aqui para significar a transferência de objetos e serviços sem um pagamento acordado ou outra recompensa. Baseando-se fortemente nos resultados do trabalho de campo antropológico do final do século XIX e início do século XX, este conceito contrasta com os modelos de economia de mercado, teoria dos contratos e outros, que se baseiam na possibilidade de uma análise custo-benefício calculável.

Destacadas, sobretudo, pelo sociólogo e antropólogo francês Marcel Mauss♀ (1878-1950), as teorias da troca de presentes procuram explicar a função social e/ou o significado das práticas em que os presentes são trocados em uma escala às vezes enorme. A troca de presentes parece ser capaz de gerar fortes laços sociais não apenas entre indivíduos, mas também entre diferentes famílias e comunidades. No entanto, apesar de seu aparente altruísmo, a troca de presentes também inclui aspectos (às vezes ocultos) como "competição, rivalidade, show" (Mauss, [1925] 1966, p. 20). A sucessão perpétua de presentes e contrapresentes estabelece uma relação recíproca entre os participantes. Entre essas comunidades, o grau de participação de indivíduos ou grupos nesses "desafios" pode ter um alto impacto sobre o nível social, a (auto)percepção e a identidade.

O conceito tem sido amplamente discutido, a partir de diferentes perspectivas nos campos acadêmicos circundantes da Antropologia Cultural, por estudiosos como Lévi-Strauss♀ ([1950] 1987), Firth (1959) e Sahlins (1972). Teve também um grande impacto em vários autores que trabalham na interface da Filosofia, do Jornalismo científico e dos Estudos Culturais, tais como Bataille ([1949] 1988), Baudrillard ([1976] 1993) e Derrida (1992).

II. História. Enquanto estudiosos como Robertson Smith (1889) e Durkheim♀ ([1912] 1915) já haviam especulado sobre o *status* de "presente" no contexto de rituais, essas discussões eram focadas principalmente nos objetos de valor oferecidos aos deuses, não a seres humanos. Um ponto de partida para as várias discussões sobre a troca de presentes foi dado pela pesquisa de Malinowski♀ sobre o chamado anel *Kula* entre os Trobriands ([1922] 1933), que permanece como um dos mais importantes estudos sobre o assunto até hoje. Os homens da tribo, conforme observado por Malinowski♀, estavam dispostos a superar enormes dificuldades e perigos, enquanto atravessavam centenas de milhas em canoa, para distribuir colares e pulseiras de presente entre diferentes comunidades da ilha. O processo seguia um padrão complexo de regras e tradições, e era acompanhado de diferentes práticas secundárias, cerimônias e rituais. O acesso de um homem aos objetos de valor *Kula* era baseado em sua posição na hierarquia→ social e, por outro lado, na sua habilidade em participar da troca, no seu prestígio alcançado e no seu *status* social. A relação entre os participantes é formulada por Malinowski→ da seguinte maneira: "Uma transação não encerra a relação *Kula*, sendo a regra 'uma vez em Kula, sempre em Kula', e uma parceria entre dois homens é um caso permanente e vitalício" ([1922] 1933, p. 82-83).

A abordagem de Malinowski→ tem sido retomada e desenvolvida especialmente por estudiosos de seu próprio campo acadêmico, tais como Leach e Leach (1983). Baseando-se na pesquisa de Malinowski→, assim como em publicações etnográficas, Mauss→ seguiu um método→ comparativo em seu famoso texto "O presente" (1925, inglês: 1954). Ele buscou ilustrar como diferentes comunidades indígenas por todo o Pacífico eram caracterizadas por uma prática de troca recíproca similar ao anel *Kula*. De acordo com Mauss→, as trocas de presentes comunitárias eram baseadas nas três obrigações de dar presentes, receber presentes e dar algo de volta ([1925] 1966, p. 6-16). Complementando a abordagem sincrônica de Malinowski→, ele também buscou pistas de antigas práticas de presentear em fontes textuais da Europa e da Índia, seguindo o conceito evolucionista de "survivals".

Os conceitos de Mauss→ têm sido amplamente discutidos e elaborados. Um ponto importante especialmente para a Ciência da Religião→ é a questão sobre se a reciprocidade observada se baseia numa distinção entre o secular e o sagrado→. Firth (1959), por exemplo, criticando Mauss→, viu as razões do contrapresente forçado nas práticas dos Maori no medo de sanções sociais iminentes, rejeitando a ideia de qualquer qualidade mística→ envolvida. Outra abordagem centra-se na relação entre troca de presentes e sacrifício→. Uma vez que o próprio Mauss→, juntamente com Hubert, também escreveu um dos artigos mais importantes sobre o ato de sacrifício→ (1898, inglês: 1899), o tópico tem sido intensamente discutido desde então.

Uma apreciação inicial, mas também crítica ao texto fundamental de Mauss→, vem de Lévi-Strauss→ ([1950] 1987), que argumenta que Mauss→ tinha todo o potencial para uma descoberta revolucionária, mas forneceu apenas uma visão fragmentada da prática de troca de presentes ([1950] 1987, p. 45). Conforme Lévi-Strauss→, Mauss→ falha em relacionar o fenômeno a uma estrutura abrangente, deixando qualidades específicas da troca de presentes sem explicação. Além disso, Malinowski→ e Mauss→ são criticados por generalizações e uso inadequado das suas fontes (Sahlins, 1972).

Modelos de troca de presentes influenciaram proeminentes correntes filosóficas frequentemente associadas ao pós-modernismo e ao pós-estruturalismo→. Os pressupostos de Mauss→ sustentam o conceito de "economia geral" de Bataille ([1949] 1988), que busca explorar as excessivas facetas do comportamento social além dos paradigmas racionais de uso, valor e cálculo. Para ele, a verdadeira soberania é somente alcançada através de atos transgressores de excessos, como sacrifícios→ e oferendas. Para a ideia de "troca simbólica" de Baudrillard ([1976] 1993), as noções de troca de presentes abrem uma perspectiva nova e radical dos modelos marxistas de sociedades impulsionadas pela economia: "O princípio da reversibilidade (o contrapresente) deve ser imposto contra todas as interpretações economistas, psicológicas e estruturalistas" (Baudrillard, [1976] 1993, p. 1-2). Para Baudrillard, *insights* como os fornecidos por Mauss→ têm o potencial de desmascarar conceitos científicos estabelecidos como meros fantasmas do espírito contemporâneo. Em ambos os exemplos, o conceito de troca de presentes é transferido para muito além do contexto de povos indígenas e fornece a base para teorias gerais de processos sociais e econômicos. Mais importante: Baudrillard argumenta que um presente que não pode ser retribuído é o fundamento de qualquer hierarquia→ social.

III. Perspectiva. Apesar de várias críticas e independente do fato de que são conceitos elaborados há um bom tempo, a influência das teorias de Malinowski→ e Mauss→ se mantém forte no século XXI. Temas centrais das Ciências Sociais, tais como família, gênero→ e religião→, têm sido desenvolvidos com referência às teorias da troca de presentes. Principalmente em pesquisas sobre os vários aspectos do poder social, leis morais e "liberdade de escolha", o acesso a modelos de sistemas de presentes fornece novos *insights*. No campo da Antropologia Cultural, estudiosos como Viveiros de Castro (2009) recorreram aos conceitos de troca de presentes para iluminar percepções de parentesco, predação e o problema da relação sujeito-objeto dentro das comunidades indígenas. Além disso, as respectivas abordagens aparecem consistentemente em tentativas de "ver a si mesmo através das lentes do outro", em outras palavras: usar pontos de vista alheios para explicar fenômenos da cultura e da sociedade ocidentais. Como já proposto por Bataille e Baudrillard, isso abre novas perspectivas sobre princípios econômicos. Consequentemente, novas luzes têm sido lançadas sobre conceitos como capitalismo, comunismo e a economia de compartilhamento (ver, por exemplo, Widlok, 2016). A ideia de relações recíprocas não mercantis de transferência de valor levou a um amplo espectro de focos de pesquisa. Ela vai desde as dinâmicas sociais da família, migração e corpos físicos até *status* de modelos psicológicos como altruísmo e egoísmo (Kolm; Ythier, 2006).

As questões já mencionadas sobre poder social, moral, altruísmo e utilitarismo ainda estão em pauta e provêm focos de pesquisa para estudiosos de diferentes disciplinas.

Bibliografia: BATAILLE, G. *The Accursed Share*: An Essay on General Economy. New York: Zone Books, [1949] 1988; BAUDRILLARD, J. *Symbolic Exchange and Death*. London: SAGE, [1976] 1993; DERRIDA, J. *Given Time*: I. Counterfeit Money. Chicago: University of Chicago Press, 1992; DURKHEIM, É. *The Elementary Forms of the Religious Life*. London: George Allen & Unwin Ltd, [1912] 1915; FIRTH, R. *Economics of the New Zealand Māori*. Wellington: Government Printer, 1959; KOLM, S.-C.; YTHIER, J. *Handbook of the Economics of Giving, Altruism and Reciprocity*. Amsterdam: North-Holland, 2006. Volume 1; LEACH, E.; LEACH, J. W. (Eds.). *The Kula: New Perspectives on Massim Exchange*. Cambridge: Cambridge University Press, 1983; LÉVI-STRAUSS, C. *Introduction to the Work of Marcel Mauss*. London: Routledge & Kegan Paul, [1950] 1987; MALINOWSKI, B. *Argonauts of the Western Pacific*: An account of native enterprise and adventure in the Archipelagoes of Melanesian New Guinea. London: Routledge & Kegan Paul, [1922] 1933; MAUSS, M. *The Gift*: Forms and Functions of Exchange in Archaic Societies. London: Cohen & West, 1966; MAUSS, M.; HENRI, H. *Sacrifice: Its Nature and Function*. Chicago: University of Chicago Press, [1925] 1964; SAHLINS, M. *Stone Age Economics*. New York: De Gruyter, 1972; SMITH, W. R. *Lectures on the Religion of the Semites*: Fundamental Institutions. London: Adam & Charles Black, 1889; VIVEIROS DE CASTRO, E. The gift and the given: Three nano-essays on kinship and magic. In: BAMFORD, S.; LEACH, J. (Eds.). *Kinship and Beyond*: The Genealogical Model Reconsidered. New York: Berghahn Books, 2009. p. 237-268; WIDLOK, T. *Anthropology and the Economy of Sharing*. London/New York: Routledge, 2016.

Alexander Schröder

Jens Schlamelcher

Tradução: Gisele Laranjeira

TURISMO RELIGIOSO

Por turismo religioso podemos entender as visitas que crentes em geral fazem a determinados lugares tidos como possuidores de qualidades especiais no contexto da fé♀ professada. Esse tipo de turismo tem um determinante externo que é o modelo de viagem planificada, popularizada e disponibilizada para grandes contingentes populacionais e um determinante interno que diz respeito ao tipo de religião vivida no Ocidente moderno.

Dean MacCannell (1976) afirma que todo turismo é uma forma de religião. Essa assertiva não é uma metáfora♀, pois está ancorada no entendimento amplificado que Mircea Eliade♀ (2001) tem do "sagrado" como sendo tudo aquilo que se distingue do profano♀ e, em certa medida, se opõe a ele. Para MacCannell, o turista constrói a sua experiência em oposição àquilo que lhe é familiar e comum. A viagem turística é, para esse autor, fascinante e extraordinária. Muitas das expressões que Rudolf Otto♀ (1985) usa para caracterizar o sagrado♀ são aplicadas também a esse tipo de viagem.

John Urry (2001), acompanhando MacCannell, vê o turismo como a construção do diferencial que serve de parâmetro valorativo para avaliação e julgamento das práticas cotidianas e corriqueiras. Urry vai ainda além e situa o turismo no campo dos estudos do desvio. A sociologia do desvio pode trazer rico aporte teórico, pois envolve conceitos como o de "estranhamento" e "afastamento", bem como a ideia de ruptura com rotinas e práticas estabelecidas, "permitindo que nossos sentidos se abram para um conjunto de estímulos que contrastam com o cotidiano e o mundano" (Urry, 2001, p. 17).

Em outra direção, há quem busque traçar as fronteiras entre turistas e peregrinos (Hovi, 2010, Donelly 1992), muitas vezes na intenção de salvar as peregrinações do vórtice das ações empresariais que visam lucrar com a fé♀ alheia. Donelly lista algumas características que poderiam ser elementos de distinção entre os dois modelos: 1) os peregrinos percebem uma dimensão interna para a peregrinação♀, enquanto os turistas estão preocupados apenas com a externalidade da viagem; 2) os peregrinos se comprometem com a jornada e o destino♀, enquanto os turistas evitam o compromisso pessoal; 3) o foco do peregrino é afetado por sua peregrinação♀, enquanto o turista busca criar distanciamento de suas experiências; 4) tanto a jornada quanto a chegada são importantes para o peregrino, enquanto para o turista apenas a chegada ao destino♀ importa; e 5) na peregrinação♀ forma-se uma comunidade de peregrinos, e para o turista isso não é um objetivo. Em nosso entendimento, esta listagem traz, por parte da autora, um elevado grau de subjetividade e mesmo uma boa dose de juízo de valor. Um olhar mais crítico e criterioso vai perceber que essas diferenças não são tão reais nem óbvias, tampouco necessárias.

É possível que os agentes envolvidos nessa forma de expressão religiosa lancem mão da distinção entre os conceitos como elemento discursivo voltado à construção de uma leitura de si legitimadora e íntegra. No entanto, entendemos que "a distinção entre peregrinação♀ e turismo só interessará nos processos diacríticos de acumulação de capital simbólico. Em outras palavras, essa é uma distinção importante para quem participa do jogo, para quem vive a *ilusio* do campo religioso pesquisado. Para quem olha o fenômeno de fora, como fazem as Ciências Sociais, por exemplo, a distinção só interessa para a compreensão de como ela é usada pelas partes envolvidas na disputa pelo capital simbólico disponível" (Abumanssur, 2018, p. 93).

Entre turismo e peregrinação℘ há semelhanças estruturais que são perceptíveis pelo olhar externo. Muitas das rotas de peregrinação℘ recebem o mesmo tipo de atenção destinado a qualquer sítio turístico tanto por parte de gestores públicos quanto por parte dos próprios peregrinos. Se, por um lado, as peregrinações têm-se convertido em produtos turísticos, por outro lado o turismo envolve também motivações e emoções semelhantes às da peregrinação℘.

Essa característica moderna que permite falar em turismo religioso gerou, segundo Pereiro, os termos "turiperegrino" e "turiperegrinação". "O turismo reconfigura o sagrado℘ em sua relação com a peregrinação℘, e cria uma categoria diferente de experiência, o que denominamos turiperegrinação℘, que representa um *continuum* conceitual cheio de relações e mestiçagens e não uma categoria estanque" (Pereiro, 2019, p. 416).

Ao mesmo tempo que a peregrinação℘ sacraliza alguns destinos℘ e formas de se fazer o percurso, o turismo, por sua vez, "turismifica" outros lugares e motivações para a viagem. Isso é possível em uma situação em que a ideia mesma de religião transcende os muros das instituições ofertantes dos bens de salvação℘ e se transmuta em uma espiritualidade℘ mais difusa que se realiza na busca por autenticidade, sociabilidade, identidade com a natureza, purificação física ou espiritual, reflexão e busca de autoconhecimento. Sagrado e profano℘ se mesclam na constituição do turismo religioso. O crente moderno comporta-se como um turista à medida que a religião℘ mesma se torna objeto de consumo. Desde a Idade Média, quando as peregrinações eram, a um só tempo, atos penitenciais e, também, a oportunidade de viagem e diversão para aqueles que possuíam o dinheiro necessário para a jornada, quase sempre realizada em companhia de amigos. Mas, ainda assim, o aspecto penitencial era o motivador da viagem. Mesmo porque a noção de lazer como algo que se opõe ao tempo do trabalho é própria de uma sociedade organizada em torno das atividades consideradas produtivas. Na Modernidade, a peregrinação℘ realizada nos períodos de férias é, ao mesmo tempo, o usufruto desses períodos. Assim é que a maioria das peregrinações aos lugares santos da Europa, da Ásia e do Oriente Médio são integradas a pacotes turísticos que incluem vários outros passeios. A religião℘ é apenas mais um elemento que compõe o pacote de férias.

O turismo religioso não existe apenas pela ação do peregrino. Outros agentes também estão envolvidos na produção dessa modalidade turística: na oferta da estrutura de acolhimento e hospitalidade, na construção de políticas públicas para a gestão, incentivo e promoção dos caminhos (Pereiro, 2019), na legitimação mística℘, religiosa ou espiritual do sacrifício℘ envolvido, na garantia da segurança, na facilitação dos trâmites e das informações necessárias. Tudo para que o turiperegrino possa realizar sua viagem de forma mais previsível e confortável. Foi assim que os caminhos modernos, sejam eles tradicionais, sejam recentes, por onde viajam os turiperegrinos, se tornaram espaços polissêmicos de produção de discursos variados que atendem aos interesses particulares dos agentes que "fazem existir a estrada". A turiperegrinação℘ é, assim, uma arena de disputa semântica.

O turismo religioso, em algumas de suas expressões, acode como uma das formas possíveis de promover e fortalecer a adesão religiosa. Não é de hoje que as viagens para destinos℘ religiosos têm servido como forma de reforço catequético na educação da fé℘. A globalização não vai acabar ou promover a diminuição do ímpeto e da adesão religiosa. Pode ser paradoxal, mas a forma moderna de expressão religiosa abre espaço para vivências "arcaicas" da mesma. A religião℘, mesmo em sua expressão turística, em diferentes situações tem-se tornado um dos elementos de resistência ao processo de desenraizamento cultural.

Na Modernidade recente convivem formas arcaicas e modernas de vivências religiosas. São formas aparentemente antagônicas, mas um olhar mais detido e cuidadoso poderá perceber que elas são produtos do mesmo grande processo de globalização. Essa concomitância de formas distintas de se entender a religião℘ torna o fenômeno mais complexo, o que o remete para além da tradicional distinção entre sagrado e profano℘.

O florescimento da peregrinação℘ contemporânea conjuga em um mesmo evento elementos próprios do turismo com elementos considerados próprios da peregrinação℘. O turismo religioso reconfigura, portanto, as relações entre sagrado e profano℘ e carrega as marcas de ambas as coisas, legitimando com isso as ideias que sustentam o conceito de turiperegrinação℘. Segundo Pereiro (2019), esse conceito carrega as seguintes significações simbólicas: a) o caminho ou itinerário físico e metafórico (a vida como caminho e o caminho como metáfora℘ da vida); b) o pecado, a insatisfação, o desequilíbrio ou a situação de falta de plenitude vital; c) a promessa, ex-voto, voto ou agradecimento posterior à superação de um momento difícil na vida; d) a penitência ou o sacrifício℘ para poder se contatar com o "sagrado"; e) o abandono de certa comodidade e bens materiais; f) a condição liminar de estranhamento e o encontro consigo mesmo; g) o destino℘ sagrado℘ e o processo ritual; h) o perdão, a indulgência, a graça, o milagre, a bula ou absolvição; i) o rito de passagem, a transformação interior, a recomposição vital e o descobrimento interior para enfrentar melhor o futuro; e j) a dimensão política da procura de raízes culturais.

TURISMO RELIGIOSO

Bibliografia: ABUMANSSUR, E. S. *Turismo religioso*: ensaios antropológicos sobre religião e turismo. Campinas, Papirus, 2003; ABUMANSSUR, E. S. Turismo religioso e identidade nacional. *Horizonte*, Belo Horizonte, v. 16, n. 49, 2018, p. 88-106; DONNELLY, D. Pilgrims and Tourists Conflicting Metaphors for the Christian Journey to God. *Spirituality Today*, Chicago: Spring, v. 44, n. 1, 1992, p. 20-36; EADE, J. SALLNOW, M. J. (Eds.). *Contesting the Sacred*: The anthropology of christian pilgrimage. London: Routledge, 2000; ELIADE, M. *O sagrado e o profano*. São Paulo: Martins Fontes, 2001; HOVI, T. Dracula tourism as pilgrimage? In: AHLBÄCK, T. *Pilgrimages today*: Donner Institute for Research in Religious and Cultural History: Abo/Turku, 2010; MacCANNELL, D. *The tourist*: A new theory of the leisure class. London: Macmillan, 1976; OTTO, R. *O sagrado*. São Bernardo do Campo: Metodista, 1985; PEREIRO, X. Turismo y peregrinación, dos caras de la misma moneda: el camino português interior de Santiago de Compostela. *Cuadernos de Turismo*, n. 43, 2019. p. 407-434.

Disponível em: <https://doi.org/10.6018/turismo.43.16>; URRY, J. *O olhar do turista*. São Paulo: Studio Nobel, 2001.

EDIN SUED ABUMANSSUR

TURNER, VICTOR WITTER →
Etnologia e Etnografia → **Antropologia da Religião**

TYLOR, EDWARD Burnett →
Etnologia e Etnografia → **Antropologia da Religião**→ **História das Religiões**→ **Sociologia da Religião**

V

VALENTE, WALDEMAR → Estudos afro-brasileiros

VASCONCELOS, JOSÉ Leite de → Etnografia portuguesa

VEGETARIANISMO → Abstinência

VENERAÇÃO → Atitudes religiosas

VIOLÊNCIA/NÃO VIOLÊNCIA

Como a própria palavra denota, a não violência determina-se negativamente diante da violência, rejeitando-a, assumindo assim que, no plano histórico e conceptual, ela tem a primazia. Embora a violência seja um fenômeno exclusivamente humano, não confundível com a competição, a reação ou a agressividade do reino animal, muito menos com qualquer inospitalidade da natureza, é certo que, do ponto de vista da gênese do conceito, a *violentia* remete para a força (*vis*) destruidora do vento, como, por exemplo, numa tempestade, para depois se referir, de modo especial, em âmbito humano, à brutalidade e impetuosidade de uma vontade que, através da força física, coage e compele outra vontade que resiste e não consente. Daí decorre a ideia de violação. Com efeito, de *vis* (plural *vires*, "forças"), deriva o termo *virilia* para designar as partes sexuais dos machos. Desse modo, a violência e a galáxia semântica que lhe está associada supõe sempre uma potência que exerce coação extrínseca (física, ética, moral, mental, emocional, psicológica, econômica, política, social, religiosa etc.) sobre outrem que, sem consentimento, padece tal opressão.

Opondo-se à espontaneidade da vontade ou a uma inclinação natural consentida, por definição não pode haver "violência boa". Só analogicamente, pois, se falará de violência sobre a natureza (como na física aristotélica, que se refere aos movimentos violentos contra os movimentos naturais). Em âmbito humano, a violência é da ordem do espiritual, e a sua fenomenologia revela múltiplas expressões, que vão da ameaça e da chantagem até ao assassinato. Assim, numa primeira instância, a não violência começa por ser a denúncia, a rejeição e a recusa da fatalidade de as relações humanas se situarem no ciclo da violência que pede violência. Nesse sentido, é uma reação que pode ser interna (a vontade não cede à coação de outrem) ou exprimir-se externamente mediante atos concretos de resistência. Positivamente, contudo, o discurso e, sobretudo, as práticas da não violência apontam para a possibilidade de organizar a vida em sociedade de modo diferente, quer como desejo⚲, quer como promessa.

I. No princípio era a violência. Desde os mitos fundadores mais antigos (pense-se, por exemplo, no *Enuma Elish*, na *Epopeia de Gilgamesh*, no Livro do *Gênesis*) até ao pensamento moderno e contemporâneo, a violência, instauradora ou estabilizadora, tem marcado as formas de compreensão das sociedades humanas. No amplo contexto indo-europeu, tal violência excede mesmo o quadro das sociedades humanas, pois a violência fundadora funda-se amiúde na rivalidade entre deuses e humanos. Esses esquemas mitológicos, narrativos e religiosos (tão patentes ainda nos mitos gnósticos dos séculos II e III) colheram, depois, razões supostamente filosóficas através da dialética dos opostos, que determinava todos os indivíduos. Basta pensar aqui em Heráclito de Éfeso e nas releituras que dele fizeram os estoicos, na Antiguidade, ou, mais recentemente, o marxismo, mediante as doutrinas do materialismo histórico e dialético, o qual conduz à consagração da luta e da violência como parteiras da história, para termos um aspecto muito geral. Mas já antes Kant⚲ e Hegel haviam feito o elogio da saúde⚲ moral dos povos que a capacidade para a guerra atestaria. Mais recentemente, quer no plano biológico e social (ou no cruzamento de ambos no chamado "darwinismo social" ou na teoria do *selfish gene*), quer nos planos econômico e político, nas relações internacionais, na nunca abandonada corrida ao armamento etc., sempre a violência aparece como aquela "sensatez maquiavélica" segundo a qual o que conta é ter boas armas. Nesse quadro, o único esquema de relação concebível é este: "Ou dominas ou és dominado".

René Girard⚲, autor de uma das mais influentes teorias do sagrado⚲, elaboradas na segunda metade do século XX, encontra-se entre aqueles que estabelecem um vínculo genealógico entre a violência e o sagrado⚲ social. Trata-se de uma hipótese morfogenética que se apresenta como modelo formal de autoinstituição e autorregulação do social. A instituição da cultura é apresentada por Girard⚲ como o movimento da indiferenciação à diferenciação social. A sua hipótese postula que o mecanismo vitimário opera no estado paroxístico da indiferenciação polarizando mimeticamente, sobre um único indivíduo, a violência epidêmica que envolve todos em rivalidades simétricas. Este mecanismo, na hipótese de Girard⚲, confunde-se com o próprio processo de hominização, uma vez que permite assinalar uma diferenciação primeira: a comunidade de um lado, a vítima do outro.

Na esteira de Durkheim⚲, a sociedade humana é, para Girard⚲, "religiógena". O mesmo é dizer que o sagrado primitivo resulta dessa necessidade de transferir para uma transcendência aquela violência fundadora, e que essa transcendência não é mais do que o sentimento coletivo hipostasiado. Experimentando os efeitos benéficos daquela violência fundadora, a comunidade toma consciência de si própria e encontra meios para perpetuar a identidade (re)construída nos contextos de crise. Neste quadro de análise, Girard vai perseguir, nos mitos de fundação, os signos vitimários, bem como todos os traços sacrificais que se possam identificar nos diferentes sistemas rituais. O sacrifício é a chave de compreensão desse sagrado social, enquanto memória da violência fundadora e recurso profilático que procura conter a sua emergência.

Para perceber os fenômenos contemporâneos de violência, associados a uma dimensão étnico-religiosa, parece essencial ter em conta dois traços da hipótese girardiana: essa violência nasce de uma situação aguda de crise e desenvolve-se através de operações simbólicas que transferem para o Outro a responsabilidade de tudo aquilo que ameaça a identidade. O reforço musculado dos fatores étnico-religiosos é aqui uma estratégia de proteção em face da ameaça, real ou imaginada, do Outro. No contexto dessa reflexão, é certamente significativo aquilo que Paul Ricœur diz acerca da violência simbólica: essa tentativa de forçar a nascente a dobrar-se às dimensões do recipiente, numa operação que considera de autoproteção em face de tudo o que possa aparecer como ameaça do desbordamento ou ameaça do excesso. Ricœur põe em destaque esse trabalho religioso de reforço das paredes do espaço de acolhimento perante esse excesso percebido como ameaça – segundo a perspectiva do filósofo, na impossibilidade de vedar o topo, reforçam-se os lados, vedam-se as fendas. A exacerbação das identidades religiosas pode ser vista como o sublinhado de uma linha de fronteira que, em vez de permitir a comunicação, quer fazer crer que para além da linha está o vazio. Reforçar as muralhas significa, neste caso, conter pela força os que estão dentro e expulsar todos os que não se deixam controlar.

Aqui se descobre um eixo de aproximação entre Girard e Ricœur: a violência religiosa é uma tentativa de proteção contra a ameaça de desenraizamento, contra o medo da indiferenciação. No contexto dos monoteísmos, o eixo Girard-Ricœur talvez possa ver reforçada a sua pertinência. Os exemplos podem ser procurados na luta do *yavismo* contra Baal, os massacres dos sacerdotes de Baal, segundo o Livro de Josué, na competição entre a Sinagoga e a Igreja dos primeiros séculos, na expansão guerreira do Islã, nos assassínios rituais de judeus na Europa cristã da Idade Média ou nas guerras de religião no interior da cristandade, do século XVI ao século XVIII.

Se a história dessa violência for cruzada com a antropologia dos mitos, depressa são descobertos os traços de uma figura extraordinariamente poderosa, que se poderia apelidar de "mito do semelhante-des-semelhante". Diz respeito ao efeito de captação, talvez mesmo fascinação, que a alteridade exerce sobre o indivíduo, paradoxalmente tão próximo e tão distante. O "pagão" (o camponês), o "selvagem", o "negro" constituíram sucessivamente esse arquétipo. Mas também esse "outro interior", o judeu, o semelhante-dessemelhante, por excelência – já que a figura do radicalmente não semelhante, o "outro exterior", foi preenchida pelo turco, pelo muçulmano, empurrado para o lado de lá de uma fronteira vigiada militarmente e guardada em toda a sua extensão. Numa geografia em que todos eram cristãos, o "judeu" era o único que praticava e confessava uma religião ao mesmo tempo próxima e radicalmente incompatível.

A obra de Carlo Ginzburg, *Storia Notturna* (1989), apresenta inúmeros testemunhos da história europeia do século XIV que exemplificam o processo de recomposição da sociedade numa particular relação entre poder, projeção da falta e designação de uma alteridade que possa apresentar-se como objeto de perseguição. Nesse período, a Europa foi gravemente afetada por ciclos alargados de crise, sempre acompanhados de vagas de encrespamento da violência sobre os grupos marginais. Uma crônica de 1321 indica que, por "toda a cristandade", os leprosos eram queimados, porque, dizia-se, estavam a tentar tomar o poder pouco a pouco, por todo lado. Ao rumor de que as águas teriam sido envenenadas em vários lugares estratégicos, junta-se a acusação de uma espécie de conluio entre os leprosos, os judeus e os reis muçulmanos, aos quais irão juntar-se frequentemente os loucos, os mendigos e os criminosos. As estratégias de exclusão e perseguição passavam pela mobilização dos indicadores de perigo, pela designação da culpa e pela desfiguração – os leprosos, para além de contagiosos, eram fétidos, os judeus cheiravam mal e contaminavam os alimentos. Tais acontecimentos repetiram-se, com uma amplitude ainda maior, quando, em meados do século XIV, a Europa experimentou os efeitos nefastos de um incontrolável surto epidêmico. No início do século XV, estão disponíveis novos recetáculos para a violência dos estereótipos de perseguição, como os feiticeiros e magos, detentores de um saber proibido. Sobre eles se diz que honram o diabo, abjuram a fé em Cristo, profanam a cruz, praticam magia, comem crianças e fazem orgias sexuais. É a imagem de um mundo às avessas que se projeta nessa encenação do medonho, representações reconstruídas a partir da obsessão de uma sociedade que se acreditava cercada por um conluio perigoso.

Para perceber as relações entre religião e violência não basta, no entanto, a explicação genealógica – a explicação acerca das origens, como fez René Girard. No âmbito das perguntas sobre as relações entre a violência e a religião, é necessário não subestimar a força das condicionantes históricas que fazem prevalecer as tendências mais irênicas ou mais erísticas de uma determinada tradição religiosa. Só assim poderemos perceber como é que tradições essencialmente irênicas, ou até quietistas, podem desenvolver, em certas situações históricas, formas agressivas de adaptação♀ ao meio social.

A título de exemplo, tenha-se em conta o caso particular dos manuscritos de Qumran. Especialmente a passagem da *Regra da Comunidade*, onde se prega o ódio a todos os que não fazem parte da comunidade, mas se proclama também que esse ódio deve permanecer secreto até ao "dia da vingança". Ora, não se esqueça de que os essênios eram conhecidos pelo seu pacifismo. Flávio Josefo chama-lhes "ministros da paz" e Fílon de Alexandria punha em destaque a concórdia que reinava entre a comunidade e os seus vizinhos. No entanto, nesses textos são evidentes os traços de uma violência escatologizada – os membros da comunidade veem-se rodeados de inimigos, sabem que a sua verdade vencerá a perversão do mundo, mas que é necessário manter os inimigos na ignorância até que se dê a redenção final. É o exemplo de grupo religioso introvertido, quietista, cujo pacifismo esconde a expectativa esotérica de uma guerra final em que a comunidade dos eleitos vencerá os impuros. Nesse contexto é necessário, sob o ponto de vista histórico e social, perguntar: Que acontece a esta violência metafórica se o grupo religioso, em condições históricas diferentes, passa a dispor de poder? Muitas dessas imagens, que davam corpo a uma conflitualidade escatologizada, podem agora traduzir-se literalmente em formas políticas. Este fato leva a supor que é o anacronismo da leitura que possibilita, frequentemente, a passagem do exclusivismo não agressivo à intolerância ativa.

II. O ideal da paz e a não violência. Sempre se levantaram vozes e protestos contra a banalidade ou a inevitabilidade da violência, em nome da primazia da paz. Esse desejo♀ de paz pode encontrar-se tanto em edénicos mitos de origem como em promessas messiânicas e aspirações escatológicas. Desde logo, contra a dimensão trágica que o agir violento e as guerras introduzem nas sociedades humanas, o ideal de paz apresenta-se como decisivo para manter o futuro em aberto e para que a vida possa continuar, com vencidos e vencedores. De acordo com a leitura profética e providencialista cristã, Jesus Cristo – entre outras imagens, apresentado como o "Príncipe da Paz" – nasceu no tempo da *Pax Augusta*, a paz de Augusto, estando Israel ocupado e subjugado pelo Império Romano, o qual, conforme o mote virgiliano, poupava os vencidos (*parcere subiectis*), impunha-lhes hábitos da paz (*pacisque imponere morem*), dava-lhes proteção e procurava integrar as suas diferenças. Mas a paz social entre grupos humanos requer a justiça♀, requer a construção de equilíbrios, instâncias de diálogo, de negociação e de reciprocidade. Historicamente, a utopia da "paz perpétua" foi experimentada quase sempre apenas como ausência de guerra ou ínterim entre duas batalhas, ou preparação para a guerra.

Naturalmente, tal paz adveniente do rescaldo das guerras não se confunde nunca nem com o ideal profético de paz nem com a prática deliberada da não violência, como em Mahatma Gandhi, por exemplo. Por outro lado, diante do horror e da monstruosidade das guerras, há quem, justamente por excesso e no auge da luta, se converta à não violência. E é mesmo de uma conversão individual que se trata: a paz pode ser feita, os seus termos negociados etc. Mas a não violência é um processo individual de mudança de consciência♀, uma decisão pessoal pela recusa de qualquer forma de violência como princípio de relação (muitos dos seus praticantes morreram violentamente). A construção de narrativas e movimentos sociais marcados pelo ideário da não violência não é uma via exclusivamente religiosa. No entanto, no século XX várias personalidades marcaram, de forma indelével, a cultura da não violência.

O termo *ahimsã*, do sânscrito, remete para um conceito do bramanismo antigo. Literalmente, trata-se do "não desejo♀ de provocar qualquer dano". Os estudos etimológicos e lexicográficos sublinham que os campos semânticos mobilizados evocam não só a condição de não se ser uma ameaça para outro, como também a atitude ativa de acolhimento em segurança. Trata-se, efetivamente, de uma vontade ativa de não matar, e interpretando tais substratos semânticos é que Gandhi apresentava a não violência como um conceito positivo, não como a negação de algo, sublinhando a necessidade de denunciar aquilo que legitima a violência.

É necessário não perder de vista que o sacrifício♀ védico, enquanto violência ritualizada, era central, enquanto instrumento de ordenamento do mundo, na Índia antiga. A partir dessa centralidade do sacrifício♀, a não violência assume a figura da dádiva de si próprio. São reconhecíveis, historicamente, tendências para a afirmação de práticas ascéticas de substituição dessa violência ritual, o que é particularmente evidente no desenvolvimento do jainismo. De forma mais restritiva do que no Budismo, por exemplo, o jainismo promoveu um conjunto de observâncias quotidianas, para além da prática do vegetarianismo♀, que visavam impedir a morte♀ acidental do mais pequeno inseto. Gandhi liga-se a uma linha ascética, interior às tradições hindus, na qual o sacrifício♀ se metaforiza na dádiva, mas interioriza, também, a tradição jainista, recebida da sua mãe, nessa condição de um amor a tudo o que faz parte da criação, por mais ínfimo que seja.

A interdependência dos seres é um tema recorrente nas sabedorias ou profecias da não violência. É dessa forma que Gandhi compreende a sociedade humana e a Verdade – enquanto sinônimo de Deus. A salvaguarda dos outros passa pelo sacrifício♀ de si. Gandhi afirmava que, do mesmo modo que era preciso aprender a matar para praticar a violência, assim se tinha de aprender e estar preparado para morrer para praticar a não violência. O sacrifício♀ pelo outro funciona, assim, como um limitador da reciprocidade violenta, ou seja, a simetria da violência. Em alternativa, privilegia-se a reciprocidade do dom. O mundo é visto como uma cadeia infinita de dádivas recíprocas – esta é a ordem moral necessária.

A não violência é uma via de aperfeiçoamento pessoal, concretizando uma ética pessoal que pode ser mobilizada como técnica de "combate" jurídico-político. Em determinadas situações de conflito, pode assumir a forma de resistência passiva, de não colaboração etc. Na visão de Gandhi, a não violência, *ahimsâ*, constituía, de fato, o segundo pilar da doutrina de *Adesão à Verdade* (*Satyagraha*), não desligável do primeiro – buscar a verdade –, nem do terceiro – livre aceitação do sofrimento que decorre dos outros dois. Portanto, a prática da não violência requer que o seu praticante aceite mergulhar transparentemente dentro de si, da sua memória, da sua inteligência, da sua vontade, imaginação, das suas motivações profundas, do seu orgulho e dos seus defeitos etc. Sem a vontade de verdade sobre si próprio, de modo a reconhecer o fundo de violência que habita o eu-mesmo, não se pode ser um verdadeiro praticante da não violência.

Por sua vez, o ideal de não violência perseguido pelo pastor Martin Luther King partia também de uma conceção de reciprocidade humana: tudo o que afeta um, afeta todos. Essa visão da interdependência universal associava-se a uma noção de liberdade enquanto possibilidade de expressão de todas as capacidades do ser humano. Tal possibilidade não é viável sem os outros. A realização de si implica a realização dos outros. Esse plano de argumentação poderia situar-se num plano exclusivamente laico, mas não é o caso da visão de Luther King.

Tal interdependência humana não resulta do acaso, mas de uma intencionalidade do Deus criador. Na sua inteligência da mensagem cristã, o pecado é a separação, concretizado na pulsão para agir como um ser separado, em competição com o outro – esta é a sua conceção de "pecado original". Na sua perspectiva, a ideia de um Deus que apela ao agir humano como agir comunitário pode transcrever-se, de forma secular, na necessidade de um todo harmonioso que supere as contradições negadoras da justiça e da liberdade. Assim, o seu comprometimento com a não violência relaciona-se com a sua conceção de amor universal. Escolher a não violência é optar pela reconciliação da comunidade humana consigo própria.

O monge Thich Nhat Hanh é, no universo do Budismo, uma das figuras contemporâneas mais destacadas no que diz respeito à afirmação de uma via espiritual de não violência. Tornou-se promotor de um "Budismo comprometido" numa mudança sociopolítica baseada em alguns princípios do Budismo. As suas propostas privilegiam o conceito de "inter-ser", a partir do qual se postula a radical interdependência de todos os fenômenos. Trata-se de uma releitura do princípio budista de "vazio", enquanto explicitação de uma mundividência na qual nada existe por si mesmo – todas as coisas dependem de outras para existir. O "vazio" significa, aqui, paradoxalmente, estar "cheio" de tudo. Daqui decorre a ideia de que todos os

humanos – tanto os que cometem injustiças como os que as sofrem – estão em cada um de nós. Fazer mal a alguém é fazer mal a si mesmo; o amor de si é o amor dos outros, já que nós não "somos", mas "inter-somos".

A moderna reflexão religiosa sobre a violência tem fontes diversas. Mas o fato de se ter desenvolvido no quadro de uma geografia humana marcada por dinâmicas diversas de mundialização torna evidentes alguns eixos de aproximação, mesmo quando não decorre de uma via ativa de aproximação religiosa. Em termos gerais, pode-se afirmar que recusar a violência tende a traduzir-se como uma decisão, um ato da vontade, o que supõe um lento trabalho de libertação dos desejos, especialmente o de glória, sobretudo do "arquimedo" da morte. Um consequente praticante da não violência não deseja a morte, mas aceita morrer se essa for a consequência da sua decisão de não matar. A não violência lida com situações extremas, mas não é necessariamente maniqueísta, não demoniza o adversário; deseja e reconhece-o como capaz de conversão; ama-o precisamente ao rejeitar o princípio a partir do qual ele age. Nesse sentido, como explicitam Gandhi ou Luther King, para um militante da não violência não há inimigos. Tome-se como exemplo dessa conceção sapiencial de não violência um dos mais comentados ditos de Jesus de Nazaré: "Amai a vossos inimigos, bendizei os que vos maldizem, fazei bem aos que vos odeiam, e orai pelos que vos maltratam e vos perseguem" (cf. Mt 5,44).

Bibliografia: BUTIGAN, K. et al. *Franciscan Nonviolence*: Stories, Reflections, Principles, Practices, and Resources. Las Vegas: Pace e Bene Nonviolence Service. 2003; CARMO, H. *Não-violência activa e sistema político*. Lisboa: Universidade Técnica de Lisboa, ISCSP, 1984; DALTON, D. *Mahatma Gandhi*: Selected Political Writings. Indianapolis: Hackett Publishing Company, 1996; GINZBURG, C. *Storia notturna*: Una decifrazione del sabba. Torino: Einaudi, 1989. GIRARD, R. *La Violence et le Sacré*. Paris: Grasset, 1972; KING, M. L. *A Testament of Hope*: The Essential Writings and Speeches of Martin Luther King Jr. New York: Harper Collins, 1991; LANZA DEL VASTO, G. *Techniques de la non-violence*. Paris:, Denoël-Gonthier, 1971; MacCOBY, H. *The Sacred Executioner*: Human Sacrifice and the Legacy of Guilt. London: Thames and Hudson, 1982; MULLER, J.-M. *O princípio da não-violência*: percurso filosófico. Lisboa: Instituto Piaget, 1998; HANH, T. N. *Love in Action*: Writings on Nonviolent Social Change. Berkeley, CA: Parallax Press, 1993; REID, B. E. Violent Endings in Matthew's Parables and Christian Nonviolence. *The Catholic Biblical Quarterly*, 66, n. 2 (2004) p. 237-255; RICŒUR, P. A religião e a violência. *Revista Portuguesa de Filosofia*, 56 (2000) p. 25-35; ROSA, J. M. S. A não-violência como horizonte de convivência. In: *Poiética do mundo. Homenagem a Joaquim Cerqueira Gonçalves*. Lisboa: Colibri, 2001. p. 807-819; VERMES, G.; GOODMAN, M. (Eds.). *The Essenes According to the Classical Sources*. Sheffield: JSOT Press, 1988; WEBEL, C.; Galtung, Johan (Eds.). *Handbook of Peace and Conflict Studies*. London/New York: Routledge, 2007.

Alfredo Teixeira
José Maria Silva Rosa

W

WEBER, MAX

I. Biografia. Maximilian Karl Emil Weber, um dos pais fundadores da Sociologia, nasceu em 21 de abril de 1864 em Erfurt, Alemanha. Seu sobrenome fazia referência aos negócios têxteis da linhagem paterna – *Weber* significa "tecelão" na língua alemã. O pai, homônimo, já havia, entretanto, abandonado o ramo de tecidos e constituído notória carreira como advogado e, entre as décadas de 1860 e 1890, como parlamentar. A mãe, Helene Fallenstein, era uma mulher culta e, ao contrário do filho, que não era antirreligioso mas dizia ter um ouvido desafinado para a religião♀, cultivava rígida devoção religiosa e já fora apontada como modelo no qual Weber basearia sua futura descrição dos puritanos.

Depois de servir o exército em Estrasburgo – a atividade militar era uma das paixões de Weber, assim como a prática da esgrima, o que lhe rendeu diversas cicatrizes no rosto –, Weber graduou-se em Direito♀, com 21 anos. Após novo período no serviço militar, concluiu o doutorado, em 1889, também em direito. A tese tratava das companhias comerciais medievais, demonstrando que, desde essa época, Weber já flertava com temas da economia política. Ele chegou a atuar como advogado por certo período, mas retornou à academia para efetuar uma habilitação na área de direito comercial, defendida em 1891. O tema envolvia a transformação dos direitos ao longo da história agrária romana. No mesmo ano, ficou noivo de Marianne Schnitger, com quem se casaria em 1893.

O caráter historiográfico da habilitação vinha borrar as já não tão nítidas balizas disciplinares que demarcavam o início da produção intelectual de Weber. Na verdade, ele se interessava pelo direito de um ponto de vista mais prático do que formal, isto é, o que o atraía de fato era a atividade legislativa. Já no terreno da economia política, também fugindo do que era praxe, Weber se preocupava em ressaltar a importância das ideias na orientação do interesse material e calculista dos indivíduos, ainda que não houvesse uma categorização explicitamente sociológica em sua abordagem.

Foi em meio a essas fronteiras movediças que, em 1894, ele assumiu a cátedra de economia política na Universidade de Friburgo. Conforme narra sua esposa Marianne (Weber, 1998, p. 220), a disciplina o agradava por "encontrar-se na linha divisória de diversas áreas acadêmicas", permitindo que ele transitasse entre história das ideias, filosofia e estudos culturais, além de ser mais frutífera para uma orientação sociopolítica do que as questões formais do direito.

Após três semestres em Friburgo, sentindo-se mais confiante no novo ofício, Weber candidatou-se e conquistou a cátedra de economia política na Universidade de Heidelberg, feito que o levou a ganhar proeminência na vida intelectual da região. Entretanto, pouco depois, em 1897, começaram seus problemas de saúde♀. Além do excesso de trabalho, um dos episódios determinantes do colapso nervoso que o vitimou ocorreu no verão daquele ano: Weber teve uma séria briga com o pai durante uma visita que este lhe fez acompanhado de Helene. Após a desavença, o pai voltou sozinho para casa e faleceu algumas semanas depois. O abatimento decorrente desse episódio levou Weber a um profundo recolhimento. Suas atividades de trabalho cessaram totalmente, e apenas viagens a lazer o tiravam de sua reclusão.

Só depois de seis anos, em 1903, Weber retomou parcialmente a prática intelectual, dedicando-se apenas à pesquisa. No mesmo ano, tornou-se editor-associado do periódico *Arquivo de Ciências Sociais e Política Social*, no qual a maioria de seus escritos acadêmicos seria publicada em vida. Em 1904, após viagem aos EUA, Weber publicou a primeira parte de sua obra-prima, *A ética protestante e o espírito do capitalismo*, que, com o texto metodológico "A objetividade do conhecimento nas Ciências Sociais", marcou sua decisiva inflexão intelectual, sua estreia na Sociologia. Enquanto *A ética protestante* tratava de questões substantivas, defendendo a famosa tese das afinidades entre disposições inculcadas pelo Protestantismo e o *éthos* que move o capitalismo moderno, o texto sobre "A objetividade" procurava antecipar as críticas, sobretudo as de viés materialista, à abordagem sociológica que propunha Weber. A segunda parte d'*A ética protestante* foi publicada no ano seguinte, 1905, e em 1906 o material coletado nos EUA foi sistematizado e publicado como ensaio complementar, denominado "As seitas♀ protestantes e o espírito♀ do capitalismo".

A Sociologia, portanto, só foi tardiamente assumida como vocação na biografia de Weber. Seu elevado grau de sofisticação, contudo, não teria o mesmo porte sem o repertório acumulado nas outras áreas. Também foi importante, nessa formação, o intenso contato com grandes nomes das Ciências Sociais que faziam parte do seu círculo de amigos. Eles reuniam-se regularmente em sua casa e discutiam sobre tudo: da produção artística nacional, passando por achados científicos e propostas legislativas, até os rumos e desdobramentos da Revolução Russa de

1905 – tema ao qual Weber dedicou especial atenção, chegando a aprender russo para acompanhar em primeira mão as notícias locais.

Dentre outros, participavam dessas reuniões Georg Simmel, Werner Sombart, Ferdinand Tönnies, Ernst Troeltsch, Ernst Bloch, György Lukàcs e Karl Jaspers, além do irmão de Weber, Alfred, que também se tornaria sociólogo, e Marianne, que desfrutava de grande fama, tanto na esfera política quanto acadêmica, por seus escritos sobre feminismo♀. Aliás, durante um longo período, Marianne foi uma figura intelectual mais conhecida do que o marido. Certa feita, após um congresso no qual Weber discursava, Marianne flagrou um ouvinte perguntando a outro quem era, afinal de contas, o tal de Max Weber, e a resposta foi: "O sujeito da Marianne" (Weber, 1998, p. 394).

Com o passar do tempo, Weber mergulhou cada vez mais na nova disciplina científica. Em 1908, começou a produzir sua sociologia sistemática e, em 1909, ajudou a fundar a Sociedade Alemã de Sociologia. Enquanto terminava a primeira parte de seus estudos sobre as religiões mundiais, porém, irrompeu a Primeira Guerra Mundial, na qual participou voluntariamente como diretor de hospitais militares. Com o fim do conflito bélico e a derrota alemã, Weber integrou o comitê de peritos que redigiu a Constituição da República de Weimar e candidatou-se para a nova Assembleia. Para sua grande frustração, não foi eleito.

Após a aclamada conferência *A política como vocação*, proferida em 1919, foi convidado pela Universidade de Munique e voltou finalmente à docência, ao mesmo tempo que retomou o projeto de sistematizar, revisar e editar em livros seus estudos anteriormente publicados nos *Arquivos*. Assim que o primeiro volume dos *Ensaios Reunidos de Sociologia da Religião* ficou pronto para publicação, no entanto, Weber, então com 56 anos, começou a sofrer os efeitos de uma severa gripe, que o deixou acamado. Em 14 de junho de 1920, morreu de pneumonia.

II. Anatomia da sociologia weberiana.

1. A compreensão das ações sociais e os tipos ideais. A sociologia proposta por Weber era voltada à compreensão interpretativa dos fenômenos sociais em seu curso e seus efeitos. Tal intento baseava-se no pressuposto de que um significado passível de ser compreendido era justamente o que distinguiria os fenômenos investigados pelas Ciências Sociais daqueles analisados pelas ciências naturais, que se debruçam sobre coisas que apenas são e acontecem, que não têm sentido.

A matéria elementar dessa sociologia é a ação social. Weber a define como uma ação que, em seu curso, leva em conta o comportamento (passado, presente ou futuro) de outrem. Decompondo-se ainda mais essa célula da sociologia weberiana, chega-se à simples ação, que é qualquer compor-

tamento humano dotado de um motivo subjetivo que o orienta, isto é, de um sentido. A ação se opõe, portanto, à simples reação, que não é refletida, não é dotada de significado, sendo apenas resposta a um estímulo externo.

Quando um indivíduo desfere um tapa em outro após um susto, por exemplo, isso é mera reação involuntária, desprovida de motivação subjetiva, sem querer. Já quando o tapa é dado em um mosquito que está incomodando os estudos, tem-se uma ação, pois o gesto é dotado de um sentido que o orienta: acabar com o zunido. Agora, se o mesmo tapa é dado em uma pessoa da qual se sente raiva por algo que ela está fazendo, fez ou deixou de fazer, tem-se, finalmente, uma ação social.

A ilustração pode ser estendida: quando essas pessoas que se estapearam fazem as pazes e seus comportamentos passam a se orientar pelo objetivo de manter a amizade, chega-se à relação social. Na definição de Weber, relação social é um comportamento reciprocamente referido quanto a seu conteúdo de sentido por uma pluralidade de agentes. Esse conteúdo recíproco pode ser transitório ou duradouro e não depende, necessariamente, da existência de solidariedade entre os indivíduos.

Uma relação social duradoura, por sua vez, pode dar origem a formações sociais mais abstratas. É o caso do Estado, por exemplo, que nada mais é, segundo Weber, do que a tendência de que haja uma pluralidade de ações sociais reciprocamente referidas pelo pressuposto de que há algo chamado de Estado. Se os agentes não levassem em conta a existência dessa formação social em seu agir, ela não existiria sociologicamente. Certos elementos, tais como os usos, os costumes, a moda e a dominação, atuam no sentido de garantir a regularidade dessas ações reciprocamente referidas, ou seja, garantir a manutenção dessas formações sociais.

Apesar de elevar o grau de abstração e complexidade a cada passo conceitual – diferentes tipos de dominação, distinção entre relações sociais abertas ou fechadas, entre empresa, união e instituição etc. –, em nenhum momento Weber admite a existência de entes sociais dotados de vida própria, organismos cuja realidade fosse independente da reprodução de uma miríade de ações sociais. Em uma carta ao economista Robert Liefmann, ele comenta essa questão afirmando: "[…] se agora tornei-me oficialmente sociólogo, é essencialmente para pôr fim nesse negócio de trabalhar com conceitos coletivos. Em outras palavras, também a Sociologia só pode ser realizada a partir da ação de indivíduos mais ou menos numerosos, portanto de modo estritamente 'individualista' quanto ao método♀" (Mommsen apud Cohn, 2003, p. 155).

A classificação de Weber como representante do individualismo metodológico, entretanto, precisa ser matizada. Isso porque o alicerce de sua construção teórica não é, convém lembrar, o indivíduo, mas a ação social. A importância sociológica dos indivíduos, portanto, não deriva deles mesmos, mas do fato de serem portadores (*Träger*) do sentido da ação social – a qual é, ela sim, o objeto da sociologia weberiana.

A ferramenta que Weber elege para realizar essa análise das ações sociais são os tipos ideais, isto é, quadros conceituais, de diferentes níveis de abstração, idealmente construídos com o intuito de organizar a realidade que se pretende compreender. A palavra "ideal", no caso, nada tem a ver com juízos de valor. Como diz o autor a esse respeito, pode-se elaborar tipos ideais tanto de bordéis quanto de religiões. "Ideal" refere-se ao fato de que a formulação só existe no plano das ideias e, por isso mesmo, é dotada de uma coerência interna e uma pureza que não correspondem ao mundo real.

Isso vai de encontro a outro equívoco comum, que é tratar tipos ideais como hipóteses de algo que se pretende encontrar na realidade. Pelo contrário, eles são conceitos propositalmente irreais. A função do tipo ideal é analítica: servir como meio de orientação ou de organização na pesquisa, na medida em que os fenômenos empíricos, sempre complexos e multifacetados, dele se aproximam ou se afastam. Daí que, para construir um tipo ideal, é preciso exagerar certos traços da realidade de forma seletiva e simplificadora, tal como uma caricatura. Nada diferente do que fazem as ciências naturais, por exemplo, ao supor uma reação no vácuo ou um deslocamento sem atrito. Não se trata, dessa maneira, de depurar a essência de um fenômeno ou de ponderar a média de características que o compõem.

No caso da ação social, ela é tipificada por Weber em quatro categorias: tradicional, afetiva, racional com relação a valores e racional com relação a fins. A ação tradicional é a mais recorrente das ações cotidianas. Ela se encontra no limite do que se pode chamar de ação com sentido, uma vez que quase não requer reflexão ou formulação de um motivo, reduzindo-se à repetição de um hábito arraigado. A ação afetiva também se encontra próxima desse limiar, pois o que a motiva é uma emoção: amor, ódio, vingança etc.

Já a ação racional com relação a valores é a ação movida por uma convicção. Age-se da forma certa sem levar em conta as consequências dessa ação. Pode-se crer, por exemplo, na esteira de um ensinamento religioso, que a violência é um mal absoluto. Àquele que se guia por esse valor pouco importa a ponderação de que o uso da violência em determinadas circunstâncias pode evitar um mal maior. Por mais irracional que essa ação (ou omissão, no caso) possa parecer do ponto de vista dos resultados, ela é racional do ponto de vista valorativo, isto é, ela é um desdobramento coerente com o pressuposto valorativo adotado.

Por último, a ação racional com relação a fins é a que pondera tanto os meios mais adequados para atingir um objetivo quanto as consequências previsíveis de sua consumação. É a efetividade que conta: menos recursos para atingir resultados mais satisfatórios. O grau de conhecimento científico tem um papel extremamente relevante nesse tipo de ação, pois ela será mais racional na medida em que se tenha mais conhecimento tanto das condições que estão postas quanto dos resultados previstos.

Isso não quer dizer, contudo, que se possa decidir de forma objetiva, seja com os aportes das Ciências Sociais, seja das naturais, quais são os melhores fins a serem perseguidos em cada situação. Essa premissa é fundamental na sociologia weberiana: a ciência é incapaz de fornecer qualquer julgamento valorativo, de dizer o que é bom ou mau, belo ou feio, certo ou errado.

2. A objetividade do conhecimento nas Ciências Sociais. Weber adota a perspectiva epistemológica de que a realidade é infinita, complexa e sem sentido objetivo. Dela o ser humano, finito, só pode apreender segmentos, nunca a totalidade. Os valores reinantes em cada período e em cada local assumem, assim, grande importância, pois irão pesar na escolha de quais desses segmentos são dignos de serem estudados. A influência dos valores no fazer científico, porém, deve cessar aí, no plano dos interesses, porque a pesquisa em si deve obedecer a regras objetivas e axiologicamente neutras. Seus resultados devem valer, no sentido de serem reais, mesmo para aqueles que não compartilham os mesmos valores do pesquisador. Por exemplo, a demonstração de como o puritanismo influencia o comportamento econômico de certos indivíduos em determinado contexto deve continuar válida, deve ter valor de verdade, tanto para um padre católico quanto para um monge budista ou um economista chinês.

Weber reconhece que a ciência social, em sua origem, teve a ambição de fornecer juízos de valor, propondo-se a funcionar como uma espécie de engenharia social. Isso, porém, seria um defeito comum que se manifesta nas fases iniciais de todo o empreendimento científico: "Até hoje, toda a nova descoberta científica ou técnica teve por consequência – quer se tratasse de um caldo de carne desidratado ou das mais altas abstrações das ciências da natureza – que seu inventor se acreditasse chamado a ser o criador de novos valores e o reformador da ética" (Weber, 1998, p. 369). Na medida em que vai se refinando, porém, a nova disciplina científica precisa abrir mão de tais ambições.

Isso não impede que cientistas, sociais ou naturais, tratem de questões valorativas, pois, ainda que não possa resolvê-las, a ciência pode contribuir de diversas maneiras em uma controvérsia: 1) explicitando os fundamentos em que repousam opiniões antagônicas (sem estabelecer, é claro, hierarquia entre elas); 2) deduzindo consequências possíveis e inesperadas da tomada dessa ou daquela posição; 3) ponderando os meios necessários à realização de algum intento; 4) apresentando perspectivas alternativas que ainda não tenham sido levadas em conta.

Além disso, a obrigação de ater-se a questões factuais no papel de cientista não impede, em absoluto, a defesa das próprias concepções morais, políticas etc., na figura de cidadão. Ser cientificamente objetivo não é o mesmo que ser carente de convicções! Um cientista pode sempre assumir posição, mas nunca em nome da ciência e nunca sem apontar quando o pesquisador se cala e o cidadão assume a palavra. Os espaços da esfera científica, portanto, devem ser refratários a juízos de valor – conforme diz Weber na "Introdução" (p. 22) aos seus *Ensaios Reunidos de Sociologia da Religião*: quem quiser visões de mundo, que vá ao cinema; e quem deseja sermões, que vá a um convento.

3. Questões de causalidade. Seria uma ilusão positivista acreditar que, com o uso da razão, daria para descrever um recorte empírico em sua totalidade. Há uma distância intransponível, um *hiatos irrationalis*, entre a razão e o real. Os conceitos analiticamente construídos são uma ponte que permite atravessar apenas um trecho desse abismo. O acesso, porém, é sempre e necessariamente intermediado, seletivo e parcial. Ou seja, é possível que existam múltiplos encadeamentos conceituais para se chegar ao mesmo ponto da realidade que se pretende explicar.

Esse postulado da multicausalidade, tal como o da neutralidade axiológica, choca-se diretamente com alguns pressupostos do materialismo histórico. Para Weber, a relevância socioeconômica de um fenômeno não esgota seus significados possíveis. Trata-se, como sempre, de uma questão de escolhas. Sublinhar o aspecto econômico implica limitar a discussão a uma das diversas perspectivas possíveis – o que é totalmente legítimo, desde que se tenha consciência♀ dessa parcialidade. É aí que reside a grande dificuldade da abordagem marxista, do ponto de vista weberiano: a falta de reflexividade em relação à parcialidade do conhecimento por ela produzido, além do dogmatismo e do monismo causal que considera as forças econômicas como únicas determinantes de qualquer fenômeno social.

Não se trata, para Weber, de rechaçar a interpretação♀ materialista na Sociologia, mas de expandi-la. Por isso, ele é mais um pós-Marx♀ do que um anti-Marx. Conforme o próprio Weber diz no parágrafo final d'A *ética protestante*, "não cabe, evidentemente, a intenção de substituir uma interpretação♀ causal unilateralmente 'materialista' da cultura e da história por uma outra espiritualista, também ela unilateral. Ambas são igualmente possíveis, mas uma e outra, se tiverem a pretensão de ser, não a etapa preliminar, mas a conclusão da pesquisa, igualmente pouco servem à verdade histórica".

A diferença de idealismo e materialismo, dessa perspectiva, não é de natureza ontológica, mas metodológica. São duas maneiras diferentes e legítimas de abordar a mesma realidade multifacetada. Ambas, por definição, sujeitas a contínuas reformulações e fadadas a serem superadas" (Weber, 2004, p. 167).

Nada disso, contudo, exime a ciência social da busca de regularidades análogas às leis das ciências naturais. Até porque, segundo Weber, essas regularidades abstratas têm função heurística: ao compará-las com a realidade empírica, é possível caracterizar melhor individualidades históricas, isto é, pontos fora da curva, que não seguem os padrões esperados. Deve-se ter sempre claro, porém, que o estabelecimento de regularidades não é a finalidade, mas um meio de conhecimento. As análises de Marx♀ são, mesmo, citadas por Weber como exemplo de uso fecundo de leis sociais com finalidades heurísticas, com a ressalva de que, às vezes, a abordagem marxista acaba se desviando da comparação entre conceito e empiria para a projeção de expectativas metafísicas♀ na realidade.

O conceito que melhor reflete a aversão weberiana ao monismo causal e aos determinismos de qualquer tipo é o de "afinidades eletivas". Originalmente usado no âmbito da química, o termo descreve a reação entre elementos que tende a ocorrer em meios favoráveis, nos quais não existam outros compostos que interfiram ou se sobreponham àquela afinidade em favor de outra. *Afinidades eletivas* também é o título de um romance de Goethe, no qual elementos químicos dão lugar a pessoas que se unem afetivamente. Tal como no reino da química, no reino das inter-relações pessoais essa união eletiva também implica renunciar a outros laços preexistentes e também às características individuais que os elementos (no caso, os amantes) possuíam antes da união.

Já nas mãos de Weber o conceito é transportado para o mundo social, sendo utilizado para descrever conjunções transitórias entre fenômenos sociais que, em determinados períodos e contextos culturais, assimilam-se, estimulam-se e se apoderam reciprocamente. No exemplo mais citado, oriundo d'A *ética protestante*, deixando de lado categorias como correspondência ou reflexo, Weber procura evidenciar as afinidades eletivas que existiram entre certas ideias protestantes, que culminavam na assunção de uma ética metódica na conduta cotidiana, e o racionalismo econômico exigido no mundo capitalista ocidental, que demanda uma disciplina burguesa de valorização do trabalho como vocação e a incansável busca racional do lucro.

4. Uma notável ausência e os rumos editoriais que erigiram o clássico. Em razão de sua aversão ao uso de entidades coletivas, Weber quase nunca emprega, em sua vastíssima obra, o termo "sociedade". Essa é uma das principais divergências entre sua sociologia e a de outro clássico da área, Émile

Durkheim♀. Enquanto em Durkheim♀ a sociedade é ponto de partida, em Weber ela é, no máximo, ponto de chegada. Em outras palavras, para Weber, sociedade não é um pressuposto garantido, mas uma construção precária, constitutivamente em crise, cuja existência depende da persistência das linhas de ação que a compõem.

Enquanto Durkheim♀ parte de cima para baixo, Weber parte de baixo para cima. Seus conceitos sociológicos fundamentais, como já foi apontado, são sempre empilhados: ação, ação social, relação social, ordem, ordem legítima, associação etc. Em termos típico-ideais, pode-se imaginar relações sociais sem que haja uma associação mais abrangente que as envolva. Ou seja, as primeiras camadas podem existir sem as seguintes, mas não o contrário. Ainda: camadas mais complexas, por meio de propriedades emergentes, agregam novas características aos níveis inferiores.

Curiosamente, porém, o termo "sociedade" ficou consagrado no título daquela que Marianne e muitos com ela definem como a obra central de Weber, *Economia e sociedade*. Os textos reunidos sob esse título tiveram caminho editorial tortuoso. Eles foram pensados, originalmente, como contribuição à obra coletiva *Elementos de economia social*, da qual Weber seria editor-chefe a convite de Paul Siebeck. O projeto foi sofrendo várias alterações e *Economia e sociedade* aparecia nos rascunhos dos sumários como título de capítulo e, posteriormente, como título de uma seção na qual apareceria a contribuição de Weber, essa com o subtítulo "A economia em suas relações com as ordens sociais e os poderes sociais".

Após a morte♀ de Weber, porém, ficou a cargo de Marianne organizar os escritos deixados para esse projeto, os quais acabaram reunidos e publicados, em 1922, sob o enxuto título de *Economia e sociedade*. No que pesem as ainda hoje vivíssimas controvérsias acerca não só do título como também da organização dos volumes que compõem *Economia e sociedade*, a iniciava de Marianne foi crucial para que as análises de Weber não caíssem no esquecimento. Como as publicações originais eram de difícil acesso, sem o trabalho por ela efetuado dificilmente Weber continuaria a ser lido na Alemanha, até mesmo por aquele que foi responsável por sua internacionalização: o sociólogo estadunidense Talcott Parsons♀.

Parsons♀ teve contato com a obra de Weber durante seu doutoramento na Universidade de Heidelberg, na década de 1920, chegando também a participar de reuniões que continuaram a ser promovidas por Marianne em sua casa após a morte♀ do marido. Ao voltar para os EUA, Parsons♀ publicou, em 1930, uma tradução inglesa d'*A ética protestante*, o que transformou o autor em referência também nas Ciências Sociais norte-americanas. Depois, em 1944, José Medina Echavarría traduziria *Economia e sociedade* para o espanhol, na consagrada edição da Fondo de Cultura Económica, aumentando ainda mais o alcance da sociologia weberiana.

Já no final dos anos 1970, na esteira de trabalhos desenvolvidos por Friedrich Tenbruck e Wolfgang Schluchter, teve início uma nova explosão de interesse na obra de Weber, sobretudo em seu contexto natal, a Alemanha. O movimento ficou conhecido como *Weber renascence* e um de seus motes foi o deslocamento da teoria weberiana da Modernidade, que passou a ter como fio condutor os estudos sobre a religião. Em decorrência desse renascimento, teve início nos anos 1980 e ainda está em curso um gigantesco e acurado projeto de reedição crítica de sua obra completa, a *Max-Weber-Gesamtausgabe* (MWG).

III. Sociologia da Religião como caminho, sociologia do racionalismo como chegada. "Finalmente, e antes de mais nada, uma tentativa como esta em Sociologia da Religião♀ deve e quer ser ao mesmo tempo uma contribuição à tipologia e sociologia do próprio racionalismo" (Weber, 2016, p. 363).

1. Macrossociologia: a modernização ocidental. Weber não foi especialista em religião. Não eram as religiões em si que lhe interessavam, pois sua embocadura sociológica era mais ampla. Nela, o estudo das religiões entrava como parte – extremamente relevante, mas apenas parte – de uma macrossociologia voltada, em um plano mais geral, à mudança social e, em um plano mais específico, à modernização ocidental, isto é, à compreensão do caminho singular trilhado pelo Ocidente em seu desenvolvimento sócio-histórico.

À medida que avançavam suas análises sociológicas sobre diferentes temas, Weber se tornava cada vez mais convicto de que o Ocidente havia passado por um tipo único de racionalização, o que se refletia tanto em seu sistema econômico capitalista quanto no sistema político (em seus princípios burocráticos de organização), na cultura (a racionalização da ciência, da música♀ e da arte) e até mesmo nas atitudes em relação à sexualidade♀. Essa ênfase na particularidade do Ocidente redundava em um eurocentrismo heurístico, uma perspectiva comparativa em termos mundiais que, apesar de ter o Ocidente como centro, não repousava em juízos de valor nem era linear ou unívoca.

Nada poderia passar mais longe de Weber do que uma postura evolucionista que procurasse ressaltar proezas da Modernidade ocidental como se fossem adiantamentos que os demais povos atrasados devessem alcançar em seu próprio percurso histórico. Em vez de evolucionista, a perspectiva weberiana é histórico-desenvolvimental, o que se reflete no próprio uso que Weber faz dos conceitos. Em vez de falar de comunidades, por exemplo, ele prefere falar da comunitarização; em vez de sociedades, societarização.

Ora, desenvolver é também ir separando o que antes andava misturado, e isso inclui a progressiva diferenciação tanto das esferas de sentido (religiosa, doméstica, econômica, política, estética⟨, erótica e intelectual) quanto dos sentidos das ações sociais que se desenrolam no interior dessas esferas. Há, dessa maneira, um processo de longuíssima duração por meio do qual os mais diversos níveis da vida social – concepções de mundo, práticas sociais, estruturas econômicas, direito, instituições políticas, formas de expressão artística e de conduta sexual – passam a submeter-se aos escrutínios da reflexividade, tornando-se sistematizados, eficientes, organizados etc., e adquirindo uma autonomia relativa.

A partir dessa racionalização, é cada vez menos comum que as ações sociais no interior dessas esferas, bem como o funcionamento das instituições e as formas de dominação, sejam pautadas na tradição (o hábito arraigado) ou que sejam emocionalmente orientadas – casos esses em que reina o arbitrário, o imprevisível, os caprichos do destino⟨; em uma expressão: o irracional. Em contrapartida, é cada vez mais propício o ambiente para que as ações racionais possam prevalecer.

Convém ressaltar, porém, que não existe uma racionalidade abrangente, que envolva todas essas esferas e ações. Como lembra Weber: "Racionalismo pode significar coisas muito distintas" (Weber, 2016, p. 53); "[...] o racionalismo é um conceito histórico que encerra um mundo de contradições" (Weber, 2004, p. 69). Aquilo que se racionaliza a partir de um critério, portanto, pode ser irracional a partir de outro.

Ora, a Sociologia da Religião⟨ weberiana é justamente uma tentativa de compreender os rumos singulares tomados pelo processo de racionalização ocidental, especialmente o ocorrido no interior da esfera econômica. A tese de Weber é de que as ideias religiosas tiveram papel fundamental na conformação dessa singularidade. Ou seja, ao contrário das narrativas iluministas, que colocam a Modernidade na conta da superação de entraves religiosos, Weber postula que o fator de maior significado na modernização ocidental foi a racionalização prático-ética da vida cotidiana, a qual se fundamentou em impulsos ético-religiosos, não em um progressivo esclarecimento científico.

Afinal de contas, por que apenas no Ocidente os interesses capitalistas, que existiram em muitos tempos e lugares – capitalismo colonial, especulativo, financeiro, de pilhagem, aventureiro etc. –, seguiram a direção de um capitalismo empresarial burguês baseado na organização racional do trabalho livre? Por que "não fizeram o mesmo os interesses capitalistas na China ou na Índia? Por que motivo o desenvolvimento científico, artístico, político e econômico não se processou aí no sentido da racionalização que é característica do Ocidente?" (Weber, 1996, p. 19).

A resposta estaria no fato de que os interesses que movem os indivíduos podem até ser gerais, no sentido de existirem de forma semelhante em diversos contextos, mas os sentidos atribuídos a esses interesses, as direções para as quais eles são impelidos em sua realização, variam conforme os diferentes cenários sócio-históricos. "Não as ideias, mas sim os interesses (materiais e ideais) é que dominam diretamente a ação dos humanos. O mais das vezes, porém, as 'imagens de mundo' criadas pelas 'ideias' determinaram, feito manobristas de linha de trem, os trilhos ao longo dos quais a ação é empurrada pela dinâmica dos interesses" (Weber, 2016, p. 37).

Partindo de um esforço comparativo em escala global, a Sociologia da Religião⟨ weberiana sempre procura saber como essa ou aquela religião, por meio dessa ou daquela característica, impediu ou estimulou o surgimento do moderno racionalismo econômico tipicamente ocidental. Tal esforço implica, ao mesmo tempo, a análise dos efeitos que as ideias religiosas tiveram sobre a ética e a conduta intramundana dos crentes (sobretudo na esfera econômica) e, por outro lado, quais efeitos os interesses e características dos grupos sociais locais tiveram sobre essas mesmas ideias religiosas.

Foi com o intuito de apresentar essas análises de forma conjunta que Weber estava organizando, ao final de sua vida, os *Ensaios reunidos de Sociologia da Religião*. Os *Ensaios* eram abertos com um prólogo geral, também conhecido como "Introdução do autor", escrito em 1920. Em razão de mais uma das recorrentes peripécias editoriais que rondam a obra de Weber, esse prólogo costuma vir no preposto das edições d'*A ética protestante*, o que leva muitos desavisados a crer que se trata de uma introdução específica a essa obra – a qual foi revista e ampliada também em 1920 para compor, junto com o texto sobre "As seitas⟨ protestantes e o espírito do capitalismo", a primeira parte dos *Ensaios*.

Já a segunda parte, também precedida por uma "Introdução" – que, pela inexplicável criatividade da tradução inglesa, ficou conhecida como "Psicologia social das religiões mundiais" –, era toda composta com a *Ética econômica das religiões mundiais*. No interior da *Ética econômica* constavam, na seguinte ordem: os estudos sobre as religiões da China (Confucionismo e Taoismo); um interlúdio teórico intitulado "Consideração intermediária: teoria dos estágios e direções da rejeição religiosa do mundo"; os estudos sobre as religiões da Índia (Hinduísmo e Budismo); os estudos sobre o Judaísmo antigo e um apêndice sobre os fariseus, que estavam incompletos, mas chegaram a ser publicados por Marianne.

Também faziam parte do projeto concebido por Weber para compor a *Ética econômica*, mas não chegaram a ser iniciados: uma análise sobre o desenvolvimento da burguesia europeia na Antiguidade e na Idade Média; estudos sobre as éticas religiosas do Egito, da Mesopotâmia e do Zoroastrismo; um suplemento com análises dos Salmos e do Livro de Jó;

estudos sobre o Judaísmo talmúdico; sobre o Cristianismo primitivo; sobre o Cristianismo oriental; sobre o Islã; e, por fim, sobre o Cristianismo ocidental.

2. A ética protestante e o espírito do capitalismo. Como já foi dito, é um erro considerar a sociologia weberiana, em especial *A ética protestante*, como um ataque idealista (ou ideológico) à teoria materialista-histórica de Marx℘. À época da publicação d'*A ética protestante*, Weber chegou a responder a acusações parecidas com essa, propagadas, dentre outros, pelo historiador Hans Delbrück, ao que Weber respondeu: "[...] não posso aceitar isso; sou muito mais materialista do que Delbrück pensa" (apud Cohn, 2003, p. 117).

A ética protestante também não é uma tentativa de reconstruir a gênese do capitalismo, ou uma teoria alternativa sobre a acumulação primitiva. O que há ali é a explicação de uma mudança cultural, o surgimento de um novo *éthos*, o qual se opunha diametralmente à visão tradicional do trabalho como aborrecimento necessário. O espírito do capitalismo referido no título diz respeito a uma postura ou disposição (ilustrada pelos sermões seculares de Benjamin Franklin), e não ao sistema capitalista propriamente dito. É justamente esse espírito, essa propensão a encarar o trabalho como dever e o aumento das posses como fim em si mesmo, que faltava aos capitalismos que existiram em outros contextos. Ou seja, é esse espírito℘ que confere ao capitalismo ocidental o *status* de individualidade histórica.

O capitalismo ocidental moderno já tem a capacidade de criar sozinho, via seleção econômica, sujeitos predispostos a incorporar esse espírito em sua conduta cotidiana. Contudo, a emergência dessa disposição em épocas pré-capitalistas, crivadas pelo tradicionalismo, dependeu de algum portador que não podia se apoiar nas muletas do sistema econômico vigente.

Para tentar encontrar as origens desse espírito, Weber retoma um paradoxo amplamente debatido à época: as classes burguesas ascendentes, aferradas cada vez mais aos assuntos intramundanos e ao racionalismo econômico, em vez de caminharem em direção à indiferença religiosa ou de se manterem na tradicional filiação católica, notadamente frouxa em termos de regulação do comportamento, abraçaram progressivamente o Protestantismo, religião℘ muito mais incômoda, posto que controlava rigidamente diversos aspectos da vida dos fiéis – o que, à primeira vista, tenderia a atrapalhar os negócios. O fenômeno era recorrente: à medida que uma região se desenvolvia economicamente, crescia o número de protestantes, e vice-versa.

Parecia haver uma correlação, mas restava demonstrar de que maneira a transformação econômica estava conectada à transformação religiosa. O primeiro fio que liga os dois fenômenos, segundo Weber, é o conceito de vocação. Até o início da Reforma℘

Protestante, o trabalho era visto pelo Cristianismo ora como punição℘ pelo pecado original, ora como mera execução de uma tarefa necessária (como comer e beber). A partir dos ensinamentos de Lutero, imbricados em sua tradução℘ da Bíblia℘, ganha força, porém, a ideia de que o exercício do trabalho intramundano tem valor religioso, pois Deus teria dado a cada homem uma vocação, isto é, um dom℘ para agir no mundo no seio de uma profissão. De ação racional com relação a fins, o trabalho se transforma, assim, em ação racional com relação a valores.

Por seu caráter mais tradicionalista – que não concebia, por exemplo, que os indivíduos pudessem ascender socialmente ou mudar de profissão –, o luteranismo acabou não aprofundando tanto quanto outras correntes protestantes (metodistas, pietistas, calvinistas, batistas e anabatistas) a valorização da vida intramundana como missão℘. Nessas outras correntes, reinava com ainda mais força a imagem℘ do fiel como instrumento de Deus que deveria agir no mundo. Uma vez que essa empreitada era cercada de perigos por todos os lados – as diversas tentações da carne –, restava ao fiel a adoção de uma série de cuidados e vigilância constante.

O cuidado, aliás, precisava ser redobrado, pois nenhum pregador, sacramento℘ ou Igreja℘ poderia abonar um deslize porventura cometido. O resultado era uma metódica racionalização da conduta cotidiana do fiel comum. A reflexão precisava ser constante e sistemática, o que implicava uma vida completamente ascética, calcada na entrega incondicional ao trabalho e no controle rígido dos impulsos naturais. Tudo passava a ser regrado – o descanso, a alimentação℘, o lazer, a sexualidade℘ etc. –, e cabia ao próprio fiel, de forma individualista, ser ao mesmo tempo fiscal e executor das restrições que lhe eram autoimpostas. Se antes a exigência de santidade se restringia aos muros dos mosteiros e àqueles que nele escolhiam ingressar, agora se aplicava ao mundo como um todo e a todos os "eleitos".

No Calvinismo, a doutrina da predestinação℘ levava essa disciplina intramundana ao extremo. Segundo essa doutrina, tanto os eleitos quanto os condenados já foram selecionados por deus desde a criação do mundo, ou seja, o fiel não tem poder de influenciar seu destino℘ no além. Ainda, qualquer pecado poderia ser um sinal de que ele não fazia parte dos escolhidos para o gozo eterno. Aliás, a própria dúvida acerca da eleição já era condenatória. A *certitudo salutis*, isto é, a certeza da salvação℘, era pré-requisito dos escolhidos.

A angústia daí resultante era terrífica, gerando no puritano – sempre em termos típico-ideais, vale lembrar – um controle ainda mais sistemático de todo e qualquer detalhe da vida cotidiana nos âmbitos público e privado e até no íntimo da consciência℘. A principal forma de afastar a angústia e adquirir a certeza de fazer parte da Igreja℘ invisível consistia, por sua vez, na entrega ao trabalho profissional sem descanso – afinal, tal entrega só se daria por alguém que tem plena confiança de ser um dos escolhidos e, portanto, encontrará o deleite que lhe cabe no outro mundo, não neste.

Para além das doutrinas, outro fator relevante comentado por Weber é a forma de organização, isto é, o caráter associativista e restritivo de muitas dessas denominações protestantes. Enquanto nas igrejas a filiação é obrigatória e se dá por nascimento – fazendo parte de suas fileiras tanto os justos quanto os injustos –, nas seitasℱ é preciso que o candidato a membro se prove moralmente qualificado para garantir seu ingresso – tudo de forma voluntária. Ainda, a manutenção no grupo exige que essa prova de virtude seja constante e mutuamente controlada. No ensaio sobre "As seitasℱ protestantes", Weber chega mesmo a demonstrar o papel economicamente relevante que a garantia de idoneidade oriunda da pertença às seitasℱ – e, com o avanço da modernização, aos clubes seculares – teve em questões como a concessão de empréstimos ou admissão em um emprego, por exemplo.

Em suma, são visões de mundo, disposições, sanções e formas de organização religiosas que ajudam a respaldar a valorização metódica do trabalho profissional – a qual, por sua vez, é um dos elementos componentes do espírito capitalista moderno. E nunca é demais lembrar que isso tudo ocorreu sem que fosse a intenção dos reformadores. Tratou-se de um paradoxo das consequências, com resultados imprevistos e até mesmo indesejados do ponto de vista religioso – o enriquecimento dos fiéis, por exemplo, gerava a tentação de aproveitar os prazeres desta vida, o que costumava desvirtuar muitos deles.

Uma vez, porém, que a racionalidade valorativa baseada na ética religiosa se securiza, transformando-se em uma racionalidade instrumental baseada no utilitarismo, o espírito capitalista adquire a capacidade de caminhar com as próprias pernas, passando a determinar rigidamente a vida de quem nasce já dentro dessa engrenagem – e talvez continue assim, diz Weber, "até que cesse de queimar a última porção de combustível fóssil" (Weber, 2004, p. 165).

Mas faltava ainda falar das determinações inversas, isto é, dos efeitos que o conjunto das condições sociais, especialmente as econômicas, exerciam sobre as formulações religiosas. Em *A ética protestante*, Weber afirma que foi de propósito que ele analisou o Protestantismo apenas como fenômeno economicamente relevante, e não como economicamente condicionado, conforme a distinção explicitada no ensaio sobre "A objetividade". Em uma nota, porém, ele já manifestava a intenção de dar conta dessa segunda parte da análise, o que viria a se concretizar, depois, na *Ética econômica das religiões mundiais*: "Para aqueles cuja consciênciaℱ causal não sossega sem uma interpretaçãoℱ econômica, cumpre-me registrar que: considero muito significativo o influxo do desenvolvimento econômico sobre o destinoℱ das configurações religiosas de ideias e mais tarde tentarei mostrar como, no caso em tela, se desdobraram os processos de adaptaçãoℱ e as relações recíprocas entre os dois termos" (Weber, 2004, p. 268, nota 277).

3. A ética econômica das religiões mundiais. As tais religiões mundiais a que se refere Weber são Confucionismo, Hinduísmo, Budismo, Cristianismo e Islamismo – todas escolhidas por um critério meramente quantitativo: o número de seguidores. Por estar na origem de algumas delas e por sua importância histórica, o Judaísmo também foi incluído nesse rol. Já a ética econômica dessas religiões consiste nos estímulos práticos à ação econômica que derivavam tanto de seus ensinamentos quanto das características das camadas sociais que foram suas portadoras mais significativas.

Como sempre, Weber faz questão de ressaltar que não pressupõe que a ética econômica de um povo ou indivíduo tenha sido determinada apenas pela religiãoℱ, ou que os aspectos economicamente relevantes de um estrato social portador tenham sido as únicas determinantes do caráter de uma religião. Em todos os casos em questão, ele costuma seguir os mesmos passos de exposição: primeiro, a análise das características das camadas portadoras; depois, as doutrinas ortodoxas e heterodoxas de cada grande corrente; por fim, o impacto dessas crençasℱ religiosas na ética secular, mormente em termos da conduta na esfera econômica.

De forma esquemática e sintética, ou seja, sem as devidas complexificações discutidas por Weber, tem-se o seguinte quadro típico-ideal das camadas portadoras de cada religião e suas tomadas de posição em face do mundo: a) Confucionismo: estamento de burocratas letrados que, imersos nos postos governamentais das dinastias chinesas, dotaram suas ideias religiosas de um racionalismo prático de afirmação do mundo, acentuando convenções ritualísticas formais em vez de discussões metafísicas; b) Hinduísmo: casta hereditária de letrados místicos que rejeitaram o mundo pela via contemplativa, desprovidos de cargos no governo, mas considerados peritos em questões éticas e rituais, o que os transformou em ponto de referência da estratificação por castas; c) Budismo: monges contemplativos mendicantes que, na condição de apátridas ascéticos, rejeitaram religiosamente o mundo em busca de uma iluminação místicaℱ; d) Islamismo: camada de guerreiros que desejavam submeter o mundo, constituindo uma aristocracia cavalheiresca insensível a conceitos como humildade e redenção, alternando posturas de dominação e acomodaçãoℱ religiosa ao mundo, e preocupando-se mais com a expansão da dominação islâmica do que com conversões; e) Judaísmo: povo pária ou cidadãos de segunda classe, separados por barreiras rituais e legais, eram ansiosos por uma transformação escatológica que os levaria, ainda neste mundo, a um lugar de prestígio; f) Cristianismo: artesãos ambulantes e citadinos, burgueses anti-intelectualistas que eram indiferentes ao mundo (pois o Reino de Deus estaria próximo) e permeados por concepções mágicas no período primitivo, tornando-se crentes na superação do mundo nas vertentes monásticas e na dominação do mundo pela ascese, como da intramundana nas vertentes protestantes.

A primeira grande cisão aí exposta é entre religiões de afirmação e de negação do mundo. As primeiras acomodam-se às ordens e convenções sociais, assumindo que tanto o mundo quanto os seres humanos são intrinsecamente bons e perfectíveis. Já as segundas postulam que há algo de essencialmente corrupto no mundo, o que leva a sua rejeição e à demanda de alguma forma de salvação. Essa rejeição (ou fuga) pode se dar em diferentes níveis e direções.

No âmbito da prática, as principais vias de rejeição do mundo e busca de redenção são a ascética e a mística. Na via ascética intramundana, o fiel é chamado a agir no mundo como ferramenta de deus, entrando em conflito constante com as provações seculares. Na via da fuga místico-contemplativa, o fiel é recipiente do divino e busca uma experiência emocional extracotidiana (extática ou orgástica), enquanto qualquer ação no mundo é vista negativamente como distração – "a criatura deve calar-se a fim de que deus possa falar" (Weber, 2016, p. 365). Há, ainda, a possibilidade da fuga ascética (ou ascetismo extramundano), na qual se busca anular os impulsos naturais (corrupção íntima do indivíduo) ao mesmo tempo que se evita agir no mundo; e a mística intramundana, quando a contemplação é posta à prova na vida terrena.

Já no plano teórico, as teodiceias – isto é, as reflexões que procuram compatibilizar o sentido religioso transcendente e o mundo permeado pelo sofrimento – aproximam-se de três tipos ideais: a) *Dualismo*: há uma luta perpétua entre bem e mal, pureza e impureza, luzes e trevas etc. Os acontecimentos no mundo são resultados provisórios dessa luta. Tal concepção teria sua expressão mais coerente no Zoroastrismo, que enxerga um equilíbrio entre os dois lados. Já o Cristianismo, ao postular um deus todo-poderoso e amoroso no lado do bem, incorre no paradoxo de que, ou esse deus é cúmplice e permite a existência do mal, ou não é de fato onipotente; b) *Predestinação*: renuncia-se à capacidade de entender o sentido do mundo, acabando, assim, com o problema da bondade ou maldade de deus. Além disso, *deus abscondidus* é inacessível e insensível às ações dos fiéis. O principal representante dessa teodiceia é o Calvinismo; c) *Karma*: supõe-se que os erros cometidos em vidas passadas são pagos em novas encarnações. O indivíduo é, assim, o único responsável por seu destino no cosmos ininterrupto de retribuição ética, e um deus que interfira nesse mecanismo é dispensável. O principal portador dessa teodiceia é o Hinduísmo.

Outro fator de extrema relevância na conformação das diferentes éticas econômicas é a dinâmica entre os especialistas religiosos em cada contexto. Weber tipifica três categorias principais deles: profetas, sacerdotes e magos/mágicos. Cada uma dessas figuras é movida por interesses específicos e, quase sempre, conflitantes. Na medida em que representam a inovação, um chamado extraordinário baseado no carisma pessoal, os profetas – seja os exemplares, que incorporam um novo modo de vida a ser seguido para a salvação, seja os emissários, que apresentam revelações de novas exigências ditadas por uma divindade – tendem a romper o tradicionalismo e a dinamizar a ordem social, com base na ancoragem transcendental de um novo *éthos*.

Já os sacerdotes, por serem funcionários de uma "empresa" de salvação permanente (a Igreja) que faz a intermediação com o plano divino, têm como preocupação primordial a reprodução ordinária de determinadas visões de mundo. Os magos/mágicos, por sua vez, exercem seus serviços de coação dos demônios e de energias sempre de forma individualizada e imediata, tendendo à relação instrumental – suas ações e concepções fortemente estereotipadas também tendem a fortalecer o tradicionalismo, pois qualquer inovação é sempre suspeita de causar a ira dos espíritos.

Segundo Weber, a religiosidade das massas tende a se aproximar mais das concepções mágicas nos contextos em que não houve algum movimento religioso de caráter profético. Dessa maneira, o profeta é o primeiro portador histórico do desencantamento (ou desmagificação) do mundo. No Ocidente, esse processo – que tem sua essência no repúdio aos meios mágicos de salvação – tem início no Judaísmo, o qual trata como pecado mortal (idolatria) cogitar que algo deste mundo seja sagrado. O mundo, no Judaísmo, é criatura e não emanação da divindade. Quem leva esse processo mais longe, no entanto, é o puritanismo, que rejeita a possibilidade de qualquer interferência mundana nos já traçados planos divinos. Dessa perspectiva, nada de sagrado, nem mesmo a própria prática religiosa, pois Deus já salvou os eleitos antes mesmo de seu nascimento. No meio católico, vale lembrar, a graça sacramental ainda conservava ares de relação mágica. O fiel católico não tinha, assim, incentivos para racionalizar eticamente sua vida, pois podia ser perdoado, a qualquer momento, realizando um procedimento ritual prescrito por um sacerdote.

Quanto menor a abertura à magia no seio de uma religião, ou quanto mais desencantadora ela for, portanto, maior a racionalização ética do fiel, ou a eticização de sua conduta de vida religiosa – o que, por sua vez, como já foi discutido, está na origem do racionalismo prático que é característico da Modernidade ocidental.

WITTGENSTEIN, LUDWIG

É esse desencantamento religioso do mundo que abre as portas para a exploração e a manipulação operadas pelo saber científico, o qual, na medida em que se aprofunda, retira o que restava do encantamento que mesmo as religiões eticizadas deixaram intocado: o postulado de que o mundo natural tem um sentido transcendente.

Uma vez dessacralizada pelo conhecimento científico, essa natureza torna-se livremente manipulável, objetificada, instrumentalizada e, dessa maneira, aumenta-se uma vez mais a racionalização. Ou seja, "[...] primeiro a religiãoρ (monoteísta ocidental) desalojou a magia e nos entregou o mundo natural 'desdivinizado', [...] depois, nos tempos modernos, chega a ciência empírico-matemática e por sua vez desaloja essa metafísicaρ religiosa, entregando-nos um mundo ainda mais 'naturalizado', [...] analisável e explicável, incapaz de qualquer sentido objetivo, menos ainda se for uno e total" (Pierucci, 2003, p. 145).

O desencantamento do mundoρ, portanto, possibilita que as orientações das ações sociais sigam rotas cada vez mais claras, sobretudo porque as esferas de sentido adquirem legalidades próprias, sublimando-se e autonomizando-se em relação aos significados tanto mágicos quanto religiosos. A esfera econômica, por exemplo, ao se desencantar e se secularizar, passa a funcionar com base em considerações objetivas, impessoais e indiferentes a ponderações mágicas ou religiosas. Já a autonomização da esfera intelectual empurra as religiões para o reino do irracional (no plano teórico), pois, diante do questionamento científico, toda religião exige, em algum momento, o sacrifícioρ do intelecto, o *credo non quod, sed quia absurdum* [não creio no absurdo, mas creio porque é absurdo]. Trata-se, nesse caso, de uma prova da fé, porque, se não fosse absurdo, seria muito fácil crer e não haveria nenhum mérito por parte do crente.

Vale lembrar que não são só as esferas seculares, ao se sublimarem, que entram em conflito com a esfera religiosa. Ela mesma, à medida que vai se autonomizando, também entra em conflito com as ordens sociais mundanas. Quando uma profecia de salvaçãoρ cria uma comunidade com base em um fundamento puramente religioso, por exemplo, surge um conflito com as comunidades tradicionais preestabelecidas. A fraternidade entre os irmãos de fé busca, assim, sobrepor-se àquela entre irmãos de sangue, ou membros do mesmo clã, da mesma casa etc.

Como bem lembra Weber, o sentido da controversa frase atribuída a Jesus nos Evangelhos – "Não penseis que vim trazer paz à terra; não vim trazer paz, mas espada" – é justamente o de rompimento com os laços familiares. Em contextos nos quais não houve um processo de desencantamento portado por algum profetaρ, os laços religiosos não lograram romper os de parentesco – como ilustra o vigoroso patriarcalismo chinês, que ajudou a atravancar, segundo Weber, o surgimento de cidades autônomas e de relações econômicas aos modos ocidentais.

Do avanço dos processos de desencantamento do mundoρ e secularizaçãoρ, porém, não resulta, de forma alguma, o surgimento de culturas ateias, materialistas ou algo parecido. Aliás, na medida em que se postula a inexistência de forças mágicas inquebrantáveis, de um sentido uno que a tudo amarra ou de valores exteriores que se impõem aos indivíduos, são estimuladas, em vez de eliminadas, as mais diversificadas formas de religiosidade, espiritualidadeρ, ou mesmo de devoções seculares no plano subjetivo.

Em vez de um deus ou deuses reinando tranquilamente com *status* de realidade objetiva, cuja existência seria alheia aos indivíduos, instaura-se uma "guerra de deuses" que não se escondem mais atrás das árvores, no mundo misterioso do transcendente ou do imanente, mas são conscientemente portados por pessoas com diferentes valores, princípios, diretrizes, sentidos etc. Nesse renovado e reconfigurado politeísmoρ das sociedades desencantadas, quem presta homenagem a um valor acaba, inevitavelmente, colidindo com os demais. Não há mais espaço para o tranquilo gozo das concepções tradicionalmente seguidas e transmitidas, tal como se fossem a coisa mais natural e óbvia no mundo: esse é o preço, diria Weber, a ser pago por aqueles que provaram do (às vezes, amargo) fruto da árvore do conhecimento.

Bibliografia: COHN, G. *Crítica e resignação*: Max Weber e a teoria social. São Paulo: Martins Fontes, 2003; PIERUCCI, A. F. *O desencantamento do mundo*: todos os passos do conceito em Max Weber. São Paulo: Editora 34, 2003; SCHLUCHTER, W. *The Rise of Western Rationalism*: Max Weber's Developmental History. Berkeley: University of California Press, 1985; WEBER, M. *A ética protestante e o espírito do capitalismo*. São Paulo: Cia. das Letras, 2004; WEBER, M. *A objetividade do conhecimento nas Ciências Sociais*. São Paulo: Ática, 2006; WEBER, M. As seitas protestantes e o espírito do capitalismo. In: *Ensaios de Sociologia*. Rio de Janeiro: Jorge Zahar, 1974. p. 347-370; WEBER, M. *Biografía de Max Weber*. México: Fondo de Cultura Económica, 1998 [original: 1926]; WEBER, M. *Ética econômica das religiões mundiais*: ensaios comparados de sociologia da religião. Petrópolis: Vozes, 2016. v. 1; WEBER, M. Introdução [aos *Ensaios reunidos de sociologia da religião*]. In: *A ética protestante e o espírito do capitalismo*. Lisboa: Presença, 1996. p. 11-24; WEBER, M. Sociologia da religião: tipos de relações comunitárias religiosas. In: *Economia e sociedade*. Brasília: Universidade de Brasília, 2004. v. 1.

RENAN WILLIAM

WITTGENSTEIN, LUDWIG

Ludwig Wittgenstein (Viena, 1889 – Cambridge, 1951) foi um dos principais filósofos do século XX, tendo dado origem a diversas correntes que se agrupam sob o rótulo de filosofia analítica ou filosofia da linguagem. A importância de Wittgenstein está estreitamente associada à chamada "reviravolta linguística" no pensamento, rótulo que se refere ao fato de que uma significativa parte da produção acadêmica em filosofia no século XX se destinou à linguagem e suas relações com a realidade. Essa reflexão aparece em áreas tão distintas quanto a Antropologia, a Ética e a Teologia♀, e aparece em diversas direções que influenciaram direta e indiretamente no estudo da religião. Neste verbete buscaremos apresentar uma visão geral de quais são os principais temas e as potenciais contribuições para a Ciência da Religião♀.

No *Tractactus logico-philosophicus*, um dos temas principais é a relação entre mística♀ e limites da linguagem, a partir da possibilidade da análise lógica e do significado da linguagem religiosa. No chamado segundo Wittgenstein, especialmente nas *Investigações filosóficas*, tem-se uma crítica contundente de que significado tenha de ter uma referência na realidade objetiva, o que, aliado a propostas de características específicas do discurso religioso, contribuiu para um conceito de religião♀ menos baseado em um essencialismo de base teológica ou transcendental.

De especial relevância para o estudo da religião, a proposta que emerge da filosofia de Wittgenstein é uma visão antropológica e comparativa, com um conceito de linguagem religiosa como uma esfera de discurso autônomo de uma realidade objetiva, mas não submetido a uma experiência religiosa♀ individual. A partir de Wittgenstein, muitos filósofos e cientistas da religião têm defendido a visão da religião♀ como uma forma de vida associada a uma linguagem própria, mas sem pressupor um sagrado transcendente. Essa corrente se caracteriza por considerar que as religiões são figuras da realidade que devem ser lastreadas pela prática. As práticas religiosas adquirem um caráter de objetividade a partir das práticas sociais imersas em um contextualismo linguístico.

I. Mística e os limites da linguagem. A grande parte da atual interpretação♀ do *Tractatus* considera que na sua elaboração Wittgenstein estava se baseando e procurando harmonizar dois contextos de pensamento, na época relativamente distintos: o contexto lógico e o ético-metafísico. Apesar da interpretação♀ positivista que o *Tractatus* recebeu do Círculo de Viena, em vários momentos Wittgenstein expressou seu desejo♀ de que esse trabalho tivesse uma interpretação♀ ética, como pode ser claramente lido no seu prefácio. Perpassa todo o *Tractatus*, nesse sentido, a diferença entre dizer e mostrar. Embora a forma lógica possa ser mostrada através da análise lógica, Wittgenstein dirá que essa forma lógica é inexprimível. O limite para a expressão do pensamento proibirá um discurso coerente sobre o inexprimível, mas não o considera como inexistente. Como alternativa ao discurso incoerente do inexprimível o jovem Wittgenstein irá propor o silêncio.

A distinção entre *dizer* e *mostrar* a partir da teoria pictórica resulta na ênfase dada aos limites de sentido da linguagem. Existem diversos elementos no *Tractatus* que só podem ser mostrados e não podem ser ditos. A linguagem é comumente apresentada como incapaz de representar o místico e sua experiência, já que deve se referir ao mundo. Para o Wittgenstein do *Tractatus*, só a linguagem pode representar verdadeiramente o mundo, dada a importância fundamental da teoria pictórica de correspondência entre a linguagem e o mundo. Pela teoria pictórica, a linguagem só pode representar o mundo e não seu sentido e valor, que o ultrapassa. Nessa esfera de valor encontra-se o místico. Os valores e a mística♀ não podem ser ditos, mas podem ser mostrados. No *Tractactus* o místico aparece não no *como* o mundo é (proposições), mas sim no simples fato de que *o mundo é*. O fato de o místico não aparecer em uma descrição do mundo, mas sim como uma totalidade, vincula o místico não ao que se expressa, mas sim ao que se *revela* e se *mostra*. Existe um claro e reconhecido paradoxo nessa posição de descrição da mística♀, afinal, está sendo dito o que *a priori* não se pode dizer. Esse é um argumento autofágico, bastante característico do pensamento místico. Uma das alternativas encontradas pelos místicos é exatamente a teologia♀ negativa, muitas vezes caracterizada especialmente pelo ciclo teoricamente interminável entre o dizer e o desdizer.

II. Essencialismo e o conceito de religião. Na chamada segunda filosofia de Wittgenstein há o abandono da correspondência entre linguagem e mundo presente no *Tractatus*. Uma visão performativa e não essencialista da linguagem emerge dessas investigações e culmina nos *jogos de linguagem* e na ideia de *semelhança de família*.

Para o contexto de estudos de religião, essa visão de linguagem em Wittgenstein apresenta contribuições importantes para a análise da linguagem religiosa, apresentando-se como uma alternativa a uma visão da religião♀ baseada na revelação ou na experiência religiosa♀ ou mística♀. A teologia♀ conservadora enfatiza o aspecto factual da linguagem religiosa e coloca seu conteúdo como literalmente verdadeiro, como palavras reveladas. A fonte do conhecimento se dá estritamente pelas escrituras e vêm do exterior para o interior. A teologia♀ liberal, por sua vez, em geral está estreitamente ligada à associação da linguagem religiosa com a expressão da experiência religiosa♀. A linguagem religiosa expressa o melhor possível o conhecimento religioso resultante da experiência que em si mesmo é tomada como inefável. A linguagem é vista como um meio aproximado e insuficiente de interpretação♀ da experiência mística♀, que deve ser baseada na experiência privada. Essa interpretação♀

da linguagem influenciou de maneira determinante pesquisadores da religião como Rudolf Otto℗ e Mircea Eliade℗.

A partir de Wittgenstein, a linguagem é interpretada como *uso* em determinado contexto religioso, sendo uma alternativa para a Ciência da Religião℗ ao dilema entre a teologia℗ conservadora e a liberal. Em Wittgenstein, o significado é o *uso em conformidade com regras gramaticais*. Gramática, na concepção wittgensteiniana, é o conjunto de regras não só sintáticas mas também semânticas que regem o uso das palavras. São as regras com as quais explicamos e ensinamos o uso das palavras. As proposições gramaticais não são empíricas, elas refletem nosso uso das palavras: grosseiramente falando, elas podem ser associadas às proposições sintéticas *a priori* de Kant℗. Dizer que toda a barra tem um comprimento não é uma proposição empírica, mas é a afirmação gramatical de que o conceito de barra pressupõe um comprimento; é uma afirmação sobre o nosso uso das palavras.

Deve ser ressaltado que com isso Wittgenstein tem uma concepção normativa da linguagem: a doutrina é substituída pela gramática. A obediência a essas regras gramaticais nos mostra o que faz ou não sentido através do uso cotidiano e descritivo das palavras dentro de uma comunidade específica. Grande parte dos problemas filosóficos tornam-se, então, "o estatuto civil das contradições" e podem ser dissolvidos por anotações sobre a gramática. Essas observações sobre o uso das palavras como resolução dos problemas filosóficos são incluídas na sua polêmica visão da filosofia como terapia (*Investigações* §109) contra o essencialismo.

Wittgenstein considera que o essencialismo é a visão de que é necessário haver algo comum a todas as instâncias de um conceito que explique por que elas caem sob esse conceito, e de que esse algo em comum é a explicação desse conceito, fazendo com que explicações baseadas somente em exemplos sejam inadequadas. Ele identifica nessa atitude um desprezo pelo caso particular e um desejo℗ de generalidade mal orientado, em grande parte devido à influência do método℗ científico na filosofia. Para ele, a filosofia não deve se basear na ciência, sendo basicamente descritiva de uma rede de semelhanças que Wittgenstein chamará de semelhanças de família, sem necessariamente uma característica comum a todos os casos. O conceito de essência é substituído pelo de família, o que vem sendo aplicado no conceito de religião.

III. Realismo e linguagem religiosa. Existem muitas divergências sobre em até que ponto as crenças℗ religiosas podem ser compreendidas somente através das práticas sociais de uma forma de vida religiosa, dada a possibilidade de verdade das crenças℗ a partir de sua relação com a realidade objetiva. Esta questão está estreitamente associada à interpretação℗ da linguagem religiosa. De uma maneira geral, esses filósofos situam sua posição em dois polos claramente distintos: o realismo e o não realismo na interpretação℗ das proposições religiosas. A visão mais tradicional aceita na Filosofia da Religião℗ é o realismo, no qual as crenças℗ religiosas implicam a crença℗ da objetividade das proposições religiosas, desvinculada de qualquer cultura ou linguagem. O realismo implica que as proposições religiosas devem estar em correspondência com a realidade para serem verdadeiras, quer essa correspondência possa ser verificada, quer não. Parece natural supor que ao rezar acreditamos poder ser atendidos ou escutados por algo que exista na realidade, independente da cultura, linguagem e até da diversidade, não só da nossa prática religiosa, mas também de todas as práticas religiosas existentes.

O não realismo caracteriza-se por interpretar que as proposições religiosas não podem ser desvinculadas da cultura e da linguagem de onde provêm, só podendo ser consideradas verdadeiras ou falsas com esses componentes sociais. Nesse contexto, o significado das proposições deve ser encontrado na prática da forma de vida religiosa onde eles se encontram e não através da correspondência com a realidade. Argumenta-se que as expressões religiosas nasceram e se desenvolveram em comunidades religiosas, sendo aí que adquirem seu significado real. De uma maneira geral, os não realistas consideram não ser possível o projeto de justificar objetivamente as crenças℗ religiosas, independente da cultura℗ e da linguagem. A necessidade dessas justificativas seria característica da interpretação℗ intelectual e racionalista, que exige evidências, alheia às crenças℗ religiosas.

Essa autonomia implica uma visão antropológica da religião, algo que em Wittgenstein está associado à sua noção de *forma de vida*, palco e sustentáculo de nossa linguagem e que está limitado pelo que foi descrito como quadro de referência. A esse conceito se faz referência em algumas poucas passagens na obra de Wittgenstein, sendo apresentado como a base para a nossa linguagem e para o conhecimento. São os padrões de nossa atividade social que dão sentido a nossas práticas, pois as justificativas devem ter um fim na maneira como vivemos: "O aceito, o dado – poder-se-ia dizer – são *formas de vida*" (*Investigações*, Parte II, XI, §238). Note-se o plural onde pode ser identificado um relativismo conceitual, pois fica aberta a possibilidade de várias formas de vida.

Esse conceito de religião℗ derivado da filosofia de Wittgenstein favorece a comparação antropológica entre as religiões e uma relativização do problema da verdade das proposições religiosas, dada a *autonomia da gramática*, em contraposição a um fundamentalismo℗ linguístico. O fundamentalismo℗ linguístico defende que a linguagem reflete a essência do mundo; as regras da linguagem corresponderiam a traços estruturais da realidade. O segundo Wittgenstein, em

WUNDT, WILHELM M.

sentido oposto, sustentará a autonomia da gramática, a ideia de que as regras gramaticais constituem nossa forma de representação e não são determinadas pela realidade. As regras gramaticais e sua autonomia justificam-se pelas próprias finalidades com que usamos a linguagem (*Investigações*, §497). Não dispomos de um ponto de vista externo à linguagem e à nossa forma de representação para que possamos estabelecer a correspondência com a realidade.

Bibliografia: GLOCK, Hans-Johann. *Dicionário Wittgenstein*. Rio de Janeiro: Jorge Zahar Editor, 1998 [original: 1996]; PHILLIPS, D. Z. *Wittgenstein and Religion*. New York: St. Martin's Press, 1993; WITTGENSTEIN, L. *Investigações filosóficas*. São Paulo: Abril, 1999 [original: 1953]; WITTGENSTEIN, L. *Observações sobre "O ramo dourado" de Frazer*. Porto: Deriva Editores, 2011; WITTGENSTEIN, L. *Tractatus logico-philosophicus*. São Paulo: Edusp, 1995 [original: 1922].

RAFAEL SHOJI

WUNDT, WILHELM M.

Formado em Medicina e especializado em Fisiologia, Wilhelm M. Wundt (1832-1920) tornou-se mundialmente reconhecido como um dos fundadores da moderna Psicologia Experimental da Religião, ao lado de seu colega G. Fechner (1801-1887). Em 1879, ele fundou na Universidade de Leipzig, Alemanha, o primeiro laboratório acadêmico de Psicologia Experimental. Nessa mesma universidade decorreu a maior parte sua carreira, e ele escreveu a maioria de seus volumosos trabalhos científicos. Esteve também na Universidade de Berlim, onde trabalhou ao lado de Helmholz, em Heidelberg (onde se graduou em Fisiologia) e em Tübingen, universidades contadas entre as grandes universidades alemãs da época. Em Zurique (Suíça), Wundt foi professor de Filosofia. Seu grande objetivo como cientista era estudar a experiência subjetiva, enquanto comportamento observável, a partir de uma metodologia experimental e fisiológica. Tomou, por essa razão, como eixo de sua metodologia e de suas teorizações psicofísicas e também filosóficas, os processos sensoriais e os conteúdos da consciência♀, observáveis através de uma metodologia introspectiva atenta às reações sensoriais e perceptivas. Wundt, porém, recusou-se a permanecer só neste nível do indivíduo. Ele procurou ao mesmo tempo desenvolver o que chamou de *Völkerpsychologie* ("Psicologia dos povos"). Usou esse neologismo em dois sentidos complementares: ao que se referia ao conjunto das considerações psicológicas e etnológicas presentes nos vários povos que iam sendo contatados e estudados na Etnologia, pela Ciência Comparada das Religiões

(*Vergleichende Religionswissenschaft*); assim como pelas Ciências da Linguagem e das Culturas (*Sprach- und Kulturwissenschaften*), que estudavam povos até então desconhecidos na Europa por seus costumes, mitologias♀ e rituais coletivos. Para Wundt, a *Völkerpsychologie* deveria fazer parte integrante de uma Psicologia Científica e ser vista como uma espécie de Psicologia Social derivada das muitas formas de comportamento e entendimento coletivo de cada cultura. Um dos interesses principais de Wundt era o de, nesse contexto, pesquisar os diferentes processos mentais usados pelos que, por viverem numa mesma comunidade, recebem dela o mesmo sentido que o grupo atribui às suas produções culturais (isto é, às linguagens, aos costumes, aos mitos e às crenças♀, inclusive as religiosas).

Por essas razões – à diferença da Psicologia da Religião♀ que nascia nos Estados Unidos, também ela de cunho dito experimental –, Wundt situava as pesquisas realizadas em seu laboratório no campo do social, isto é, aos modos como os indivíduos se relacionam e aprendem a sentir as mesmas sensações primárias, percepções e entendimentos de natureza cultural comum. Logo no primeiro capítulo de seu livro *Völkerpsychologie* escreveu que a Psicologia se interessa pelos fatos imediatos da experiência na medida em que eles se manifestam na consciência♀ subjetiva. Tal abordagem, segundo Belzen (2010) é muito limitada, uma vez que busca a análise de fenômenos que resultam da interação mental de uma multidão de indivíduos.

Na sua visão, algumas áreas das ciências humanas, tais como a História, a Etnologia, e outras, seriam auxiliares da *Völkerpsychologie*, podendo dessa maneira abranger os processos psíquicos gerais, que subjazem ao desenvolvimento das comunidades humanas e à origem dos produtos espirituais comuns de amplo espectro (Belzen, 2010).

Por essa razão, mesmo tendo trabalhado apenas em países europeus, em uma de suas primeiras grandes sínteses expostas no livro *Princípios de psicologia filosófica*, Wundt propunha que a Psicologia deveria ser situada entre as ciências físicas e as ciências da natureza, com especial acento na Fisiologia. Nesse sentido, a Psicologia seria uma especialidade científica realmente nova na área do estudo científico das reações fisiológicas e comportamentais. A Psicologia científica deveria, como fez ele em seu laboratório, usar as mesmas técnicas e até os mesmos instrumentos usados pela Fisiologia. A Psicologia se perguntaria questões básicas como as seguintes: Qual é o substrato da vida mental: seria o sistema nervoso? Qual seria a função anatômica e fisiológica das muitas partes do cérebro, ainda tão pouco conhecidas à época de Wundt?

Para encontrar respostas objetivas a essas e outras indagações, a Psicologia deveria partir necessariamente de uma observação sistemática (feita da

WUNDT, WILHELM M.

perspectiva do observador) de quatro características elementares das sensações perceptivas que, segundo Wundt, teriam quatro características fundamentais: a qualidade, a intensidade, a extensão e a duração. Ele apontava a investigação dos processos conscientes e superiores de mente – que decorrem das quatro modalidades de sensação acima mencionadas – como sendo essencial. A metodologia empírica do psicólogo teria analogia♀ com a do físico que usa instrumentos e aparelhos para a mensuração de fenômenos observados e as correlações entre eles, mas o psicólogo experimental não pode contar com isso. Em vez disso, deve usar o método♀ introspectivo observando a autopercepção que os sujeitos têm de si mesmos. Wundt reconhece que a religião♀ não é um produto individual, mas é criada pela comunidade humana. Por esse motivo, a Psicologia da Religião♀ apropria-se dos *insights* da História das Religiões♀.

***

A obra de Wundt é ampla e complexa. Trata-se de um autor polêmico. Criticou duramente o livro *Variedades da experiência religiosa*, de William James♀, quando este foi traduzido para o alemão. Com a Escola de Würzburg, à qual pertencia Karl Bühler e Külpe, suas divergências foram ainda mais radicais. Teve igualmente desavenças significativas com Karl Girgensohn, da Escola de Dorpat, e com E. D. Starbuck, da Univesidade de Clark. Criticou também os psicólogos franceses. Teve em seu laboratório de Leipzig cerca de trinta alunos dos Estados Unidos que fizeram o doutorado com ele e, de volta aos Estados Unidos, tornaram mais conhecida antes a metodologia experimental do que a teoria genealógica e a *Völkerpsychologie* de Wundt, a qual acabou não exercendo a influência que se esperava na Psicologia da Religião♀ hodierna. Contudo, parece existir no momento certa recuperação das ideias deste autor, que em seu tempo foi tão famoso.

Bibliografia: ÁVILA, A. *La psicologia de la religión.* Estella: Editorial Verbo Divino, 2003. p. 17-18; BELZEN, J. A. *Para uma psicologia cultural da religião*: princípios, enfoques, aplicação. São Paulo: Ideias e Letras, 2010. p. 218-244; GOLDWIN, C. J. Wundt e a psicologia germânica. In: GOLDWIN, C. J. *História da psicologia moderna.* São Paulo: Cultrix, 2005. p. 110-144; WUNDT, W. *Probleme der Völkerpssychologie.* Leipzig: Krone, 1915; WUNDT, W. *Völkerpsychologie: Eine Untersuchung der Entwicklungsgesetze von Sprache, Mythos und Sitte.* Engelman, 1900-1909.

JOÃO EDÊNIO REIS VALLE

ÍNDICE REMISSIVO

A

Abstinência 25, 26, 27, 28, 29, 30, 32, 36, 37, 61, 101

Acomodação 39, 40, 338, 475, 586, 587, 811, 812, 829, 896

Aculturação 38, 39, 40, 99, 102, 318, 338, 478, 484, 674

Adaptação 39, 40, 44, 46, 79, 93, 134, 149, 177, 186, 188, 202, 232, 240, 241, 292, 338, 341, 362, 377, 386, 461, 475, 476, 479, 484, 542, 621, 672, 675, 778, 803, 851, 887, 896

Agnosticismo 41, 42, 43, 92, 95, 138, 139, 141, 143, 144, 145, 148, 260, 281, 289, 295, 409, 432, 433, 730, 745, 814, 816, 860

Agnosticismo metodológico 41, 42, 43, 92, 95, 139, 141, 143, 144, 145, 148, 281, 289, 295, 409, 730, 814, 816, 860

Alcorão 70, 244, 250, 258, 476, 527, 719, 776, 831

Alegoria 43, 44, 54, 214, 256, 684, 685, 866

Alimentação 25, 26, 28, 31, 35, 37, 44, 45, 46, 47, 48, 173, 175, 204, 205, 252, 449, 609, 699, 862, 895

Allport 49, 50, 168, 198, 550, 771

Alma 25, 27, 28, 29, 34, 37, 47, 51, 52, 53, 54, 55, 56, 57, 62, 72, 98, 131, 171, 172, 176, 185, 190, 200, 204, 214, 216, 239, 241, 250, 252, 253, 254, 256, 270, 299, 302, 303, 304, 324, 327, 328, 341, 347, 351, 364, 408, 409, 412, 427, 431, 432, 434, 440, 442, 445, 448, 452, 474, 475, 476, 477, 485, 486, 533, 535, 561, 572, 594, 612, 629, 676, 677, 683, 697, 698, 700, 709, 711, 726, 745, 771, 789, 792, 807, 809, 852, 857

Alquimia 112, 277, 412, 627, 684

América Latina 88, 89, 139, 160, 181, 216, 222, 223, 228, 266, 275, 280, 368, 373, 399, 401, 404, 472, 476, 478, 480, 481, 482, 484, 501, 591, 612, 673, 674, 675, 694, 706, 707, 710, 722, 725, 727, 729, 835

Analogia 43, 54, 55, 71, 98, 317, 421, 456, 462, 487, 496, 516, 543, 574, 640, 657, 689, 775, 869, 902

Ancestrais 48, 51, 53, 56, 57, 98, 110, 113, 134, 150, 190, 206, 218, 231, 340, 341, 360, 364, 365, 382, 406, 419, 474, 475, 558, 569, 578, 620, 624, 625, 633, 680, 683, 686

Animismo 55, 56, 57, 58, 62, 152, 199, 251, 338, 355, 374, 376, 420, 457, 533, 535, 536, 629, 648, 680, 700, 714, 787, 788, 845

Antepassados 76, 110, 134, 188, 243, 283, 314, 355, 360, 487, 524, 541, 553, 625, 773, 818, 845, 876

Antropologia da Religião 61, 63, 64, 65, 139, 140, 178, 200, 370, 373, 668, 713, 732, 874

Antropomorfismo 69, 71, 93, 133, 413, 758

Aparições 56, 69, 72, 73, 102, 194, 391, 410, 573, 596, 727, 762, 768

Apostasia 74, 75, 588

Aristóteles 33, 43, 51, 52, 54, 158, 215, 238, 239, 253, 272, 319, 325, 327, 345, 347, 348, 349, 350, 374, 396, 397, 431, 513, 517, 530, 547, 549, 654, 664, 697, 699, 744, 749, 825, 865, 866, 868, 869

Arqueologia 76, 77, 78, 158, 196, 202, 203, 206, 213, 363, 365, 519, 535, 558, 580, 619, 684, 720, 796, 810, 811, 819

Arquétipo 110, 247, 278, 279, 309, 429, 441, 540, 554, 599, 600, 680, 681, 770, 842, 886

Arte religiosa 79, 80, 81, 82, 83, 547

Ascese 26, 27, 29, 101, 313, 328, 803, 897

Associações científicas 84, 728

Astrologia 174, 212, 248, 249, 329, 412, 825

Ateísmo 42, 59, 91, 92, 93, 94, 95, 117, 138, 189, 190, 260, 317, 425, 432, 433, 434, 435, 437, 438, 469, 636, 641, 758

Atitudes religiosas 61, 102, 103, 141, 390, 394, 395, 491

Autoridade religiosa 105, 106, 107, 108, 164, 165, 527, 716

Axis mundi 111, 112, 113, 149, 678

B

Bastide 339, 340, 361, 371, 372, 479, 480, 481, 482, 483, 735

Batismo 36, 53, 163, 224, 266, 272, 368, 526, 609, 672, 779, 801, 806, 807, 817

Bellah 61, 115, 116, 376, 746

Berger 42, 116, 117, 118, 156, 161, 208, 231, 266, 268, 465, 487, 550, 553, 581, 582, 737, 738, 789, 843, 846, 847, 849

Bíblia 30, 35, 38, 40, 44, 47, 69, 70, 71, 100, 102, 106, 161, 165, 185, 186, 224, 241, 242, 250, 253, 258, 272, 287, 374, 378, 427, 432, 466, 467, 468, 469, 470, 580, 610, 611, 614, 617, 618, 621, 622, 623, 624, 641, 662, 707, 724, 754, 771, 825, 828, 831, 878, 895

Biologia 42, 67, 77, 116, 135, 137, 144, 173, 186, 187, 374, 375, 403, 447, 450, 487, 530, 576, 667, 697, 699, 745, 747, 748, 770, 797, 834, 868

Blasfêmia 118, 119, 159, 783, 847

Boas 83, 338, 370, 375, 489, 647, 648

Bourdieu 120, 121, 122, 123, 124, 129, 156, 170, 202, 205, 261, 264, 265, 266, 267, 368, 578, 733

Brelich 307, 309, 310, 311, 312, 313, 314, 315, 316

Bricolagem 94, 200, 481, 483, 525, 553, 652, 697

Buber 182, 223, 434, 446, 880

Budismo 28, 32, 33, 37, 46, 53, 70, 81, 83, 85, 106, 130, 141, 150, 163, 173, 175, 176, 215, 220, 221, 225, 227, 246, 250, 259, 270, 300, 304, 305, 306, 321, 323, 324, 342, 360, 381, 472, 476, 479, 481, 490, 491, 526, 546, 559, 579, 608, 609, 611, 612, 620, 624, 648, 649, 655, 677, 688, 689, 690, 713, 716, 726, 729, 742, 779, 780, 782, 817, 818, 819, 822, 832, 849, 854, 887, 888, 894, 896

C

Caligrafia 125, 126

Calvino 40, 215, 412, 499, 500, 640, 778, 779, 807

Campo 35, 42, 44, 45, 50, 51, 56, 59, 61, 62, 63, 64, 73, 75, 76, 77, 78, 79, 80, 82, 83, 90, 94, 95, 104, 105, 106, 107, 108, 113, 117, 120, 121, 122, 124, 129, 133, 134, 135, 136, 137, 139, 143, 146, 156, 157, 166, 168, 169, 170, 172, 175, 177, 178, 181, 191, 196, 202, 203, 206, 211, 213, 223, 227, 228, 236, 247, 258, 265, 266, 267, 268, 269, 274, 275, 277, 281, 284, 285, 286, 291, 294, 295, 296, 297, 313, 316, 324, 329, 334, 336, 339, 340, 341, 342, 345, 350, 351, 368, 370, 371, 372, 373, 375,

383, 387, 388, 396, 401, 402, 403, 404, 405, 414, 417, 422, 423, 426, 430, 431, 436, 443, 452, 455, 463, 465, 476, 487, 488, 490, 491, 494, 497, 503, 506, 513, 514, 516, 521, 529, 530, 531, 535, 541, 545, 547, 548, 549, 550, 555, 557, 559, 560, 561, 563, 567, 572, 573, 578, 579, 581, 582, 588, 590, 592, 594, 595, 598, 600, 605, 610, 611, 612, 614, 618, 621, 623, 626, 628, 630, 631, 635, 638, 639, 642, 645, 646, 647, 648, 649, 651, 663, 664, 667, 668, 669, 670, 673, 678, 681, 684, 686, 687, 690, 693, 694, 695, 697, 698, 699, 700, 702, 704, 705, 709, 711, 720, 724, 728, 730, 731, 735, 736, 737, 738, 739, 749, 752, 760, 761, 762, 763, 764, 765, 766, 769, 772, 780, 781, 783, 787, 790, 791, 793, 794, 798, 800, 808, 810, 818, 820, 824, 825, 826, 827, 828, 829, 835, 836, 837, 838, 839, 843, 844, 847, 848, 849, 850, 855, 856, 857, 859, 860, 865, 866, 873, 874, 879, 880, 881, 882, 901

Candomblé 45, 46, 131, 183, 203, 216, 248, 338, 339, 340, 341, 342, 343, 361, 380, 382, 417, 450, 480, 483, 484, 575, 734, 735, 820, 833

Cânon 82, 119, 163, 238, 428, 620, 694, 725, 806

Carisma 122, 123, 126, 127, 128, 129, 155, 161, 162, 163, 164, 165, 379, 582, 583, 584, 585, 588, 653, 721, 779, 785, 789, 844, 897

Carne 25, 27, 30, 32, 34, 35, 36, 37, 44, 45, 46, 47, 174, 175, 203, 205, 207, 253, 271, 299, 328, 381, 417, 426, 448, 458, 513, 557, 684, 862, 891, 895

Castigo 52, 97, 129, 130, 131, 132, 193, 214, 215, 216, 217, 299, 300, 302, 303, 304, 305, 457

Catolicismo 37, 47, 89, 95, 102, 128, 143, 144, 164, 175, 176, 210, 224, 251, 338, 339, 340, 341, 380, 383, 403, 410, 433, 467, 470, 471, 475, 480, 483, 496, 497, 498, 523, 528, 559, 580, 592, 604, 607, 608, 609, 637, 671, 673, 685, 729, 736, 738, 744, 745, 747, 755, 756, 793, 794, 806, 818, 819, 835, 836

Celibato 25, 31, 32, 101, 107, 175, 487

Ciência Cognitiva da Religião 67, 132, 133, 134, 135, 136, 137, 138, 413, 633, 634, 668, 670, 730, 790

Ciência da Religião 41, 42, 43, 48, 58, 59, 60, 61, 62, 68, 77, 78, 84, 85, 86, 87, 88, 89, 90, 91, 92, 93, 94, 95, 113, 121, 129, 139, 140, 141, 142, 143, 144, 145, 146, 147, 148, 169,

170, 171, 173, 174, 176, 177, 196, 197, 201, 202, 210, 217, 234, 235, 236, 247, 248, 257, 265, 267, 268, 275, 276, 277, 278, 279, 280, 281, 282, 284, 286, 289, 293, 294, 295, 296, 297, 302, 304, 320, 321, 341, 354, 356, 357, 358, 360, 383, 391, 406, 407, 408, 409, 410, 414, 415, 416, 419, 426, 436, 447, 450, 451, 452, 454, 473, 478, 479, 484, 488, 489, 490, 491, 513, 519, 520, 521, 532, 534, 540, 541, 542, 573, 598, 608, 616, 617, 618, 619, 626, 628, 629, 634, 645, 649, 653, 654, 660, 661, 666, 667, 668, 670, 675, 678, 679, 681, 683, 684, 685, 686, 687, 688, 689, 690, 691, 692, 693, 694, 695, 697, 705, 706, 709, 710, 728, 729, 730, 731, 732, 733, 735, 736, 737, 740, 745, 754, 755, 756, 761, 766, 767, 772, 774, 780, 785, 790, 807, 808, 812, 814, 815, 816, 820, 821, 822, 828, 829, 833, 840, 844, 849, 850, 858, 859, 860, 862, 867, 870, 871, 872, 873, 874, 875, 881, 899, 900

Ciência da Religião aplicada 142, 143, 144, 145, 146, 147, 148

Circum-ambulação 149, 150

Cisma 108, 164, 272, 708

Ci ia da Religi 824

Clero 31, 34, 101, 107, 129, 176, 272, 287, 329, 379, 380, 497, 498, 499, 528, 592, 608, 641, 716, 774, 791, 793, 817

Coelho 363, 364, 511, 627

Comte 151, 152, 184, 233, 234, 259, 317, 363, 375, 433, 436, 457, 560, 562, 571, 743, 744, 745, 747, 843, 845, 859

Comunidade religiosa 83, 152, 153, 154, 155, 156, 157, 158, 159, 161, 162, 231, 256, 331, 407, 416, 418, 476, 608, 619, 754, 787, 817

Comunitarismo 158, 159, 160, 366, 368, 792

Concílio 40, 53, 70, 72, 73, 100, 101, 107, 108, 119, 128, 147, 160, 163, 164, 221, 224, 241, 246, 251, 273, 329, 343, 379, 380, 403, 428, 441, 500, 509, 529, 558, 580, 603, 609, 611, 614, 671, 674, 708, 778, 779, 806, 807, 831

Concorrência 121, 153, 267, 479, 535

Conflito 34, 39, 50, 61, 63, 97, 110, 118, 121, 124, 140, 145, 153, 172, 177, 187, 188, 197, 198, 201, 207, 213, 219, 225, 230, 232, 245, 257, 259, 272, 274, 285, 291, 298, 338, 346, 347, 351, 352, 393, 395, 403, 411, 417, 419, 424, 432, 448, 456, 461, 465, 467, 469, 473, 485, 493, 494, 497, 498, 500, 503, 516, 532, 546, 549, 550, 555, 570, 579, 588, 589, 591,

600, 605, 620, 638, 640, 641, 642, 648, 654, 673, 680, 686, 709, 727, 737, 751, 769, 780, 789, 794, 823, 839, 840, 844, 848, 851, 857, 873, 877, 888, 890, 897, 898

Congregação 128, 153, 154, 155, 161, 165, 167, 223, 271, 379, 509, 592, 603, 614, 671, 715, 754

Congregacionalismo 164, 165, 166, 714, 715

Consciência 26, 28, 29, 36, 37, 38, 39, 44, 45, 50, 58, 64, 71, 80, 96, 100, 101, 103, 107, 117, 122, 127, 129, 153, 154, 155, 165, 167, 168, 172, 178, 184, 187, 188, 189, 190, 191, 192, 194, 195, 197, 198, 200, 205, 214, 220, 229, 239, 241, 250, 254, 255, 260, 263, 269, 271, 272, 274, 275, 278, 279, 283, 284, 287, 295, 304, 317, 320, 321, 322, 324, 325, 327, 333, 334, 342, 344, 345, 346, 349, 351, 374, 375, 385, 386, 388, 389, 393, 407, 409, 417, 419, 422, 434, 437, 439, 446, 447, 452, 456, 462, 463, 464, 465, 476, 477, 496, 497, 498, 503, 504, 514, 516, 521, 524, 541, 550, 551, 553, 554, 555, 556, 580, 594, 595, 596, 598, 599, 600, 616, 621, 627, 635, 637, 640, 644, 648, 658, 660, 662, 665, 666, 676, 680, 681, 685, 690, 698, 700, 702, 703, 711, 713, 717, 718, 737, 738, 740, 745, 748, 749, 750, 761, 767, 769, 779, 788, 792, 794, 795, 801, 802, 804, 826, 837, 841, 843, 847, 849, 854, 856, 869, 878, 886, 887, 892, 895, 896, 901

Construtivismo 168, 169, 170, 361

Conversão religiosa 25, 46, 170, 171, 172

Corpo 25, 26, 27, 28, 31, 32, 34, 35, 36, 44, 47, 48, 51, 52, 53, 56, 69, 70, 71, 72, 79, 82, 99, 100, 101, 105, 108, 110, 121, 122, 123, 142, 157, 159, 162, 163, 167, 172, 173, 174, 175, 176, 177, 180, 202, 203, 204, 205, 206, 216, 248, 250, 252, 253, 269, 272, 282, 283, 290, 293, 320, 321, 324, 325, 327, 328, 331, 343, 347, 355, 369, 388, 389, 390, 401, 402, 403, 411, 412, 419, 424, 431, 434, 440, 442, 445, 448, 449, 450, 451, 452, 453, 454, 458, 473, 474, 475, 476, 477, 490, 492, 493, 494, 497, 501, 510, 528, 562, 578, 579, 580, 581, 584, 585, 591, 595, 597, 612, 613, 616, 650, 651, 652, 676, 677, 682, 683, 684, 685, 686, 699, 700, 724, 729, 731, 761, 762, 765, 776, 788, 797, 798, 800, 802, 803, 804, 807, 809, 811, 812, 813, 816, 821, 822, 823, 831, 834, 835, 840, 844, 853, 877, 887

Crença 31, 51, 52, 53, 55, 56, 57, 58, 60, 62, 64, 66, 78, 91, 92, 94, 96, 103, 109, 110, 121,

ÍNDICE REMISSIVO

122, 123, 130, 138, 144, 151, 152, 171, 176, 177, 178, 179, 180, 181, 182, 187, 190, 191, 192, 199, 202, 206, 209, 214, 219, 226, 228, 250, 255, 256, 257, 259, 260, 265, 282, 284, 285, 289, 321, 322, 323, 337, 338, 350, 352, 360, 370, 380, 381, 382, 383, 384, 390, 391, 392, 394, 410, 411, 412, 413, 414, 415, 444, 445, 446, 448, 450, 457, 458, 459, 460, 464, 477, 488, 489, 490, 494, 497, 520, 523, 535, 541, 544, 555, 556, 557, 564, 583, 584, 589, 594, 609, 616, 626, 630, 632, 633, 641, 643, 646, 648, 651, 652, 667, 682, 683, 684, 685, 686, 693, 694, 702, 703, 710, 711, 713, 714, 733, 741, 744, 749, 751, 752, 758, 759, 760, 763, 764, 769, 771, 775, 778, 780, 782, 783, 784, 785, 788, 789, 794, 802, 819, 822, 830, 852, 860, 868, 869, 871, 875, 876, 878, 900

Criação 51, 67, 71, 81, 83, 87, 94, 104, 105, 106, 110, 120, 155, 160, 166, 171, 174, 183, 184, 185, 186, 187, 188, 201, 202, 207, 215, 220, 222, 231, 239, 249, 250, 252, 253, 257, 261, 271, 272, 274, 278, 284, 287, 297, 305, 314, 315, 325, 331, 333, 342, 343, 347, 352, 374, 389, 404, 421, 422, 423, 433, 434, 439, 440, 442, 443, 444, 445, 447, 468, 469, 471, 472, 479, 504, 507, 509, 511, 514, 546, 547, 552, 553, 559, 574, 576, 577, 579, 581, 590, 600, 616, 628, 642, 668, 671, 678, 679, 681, 684, 688, 691, 693, 697, 698, 699, 714, 729, 735, 737, 738, 749, 750, 751, 754, 779, 783, 787, 788, 795, 796, 818, 822, 831, 840, 846, 864, 865, 866, 867, 869, 887, 895

Criacionismo 183, 185, 186, 187, 188, 347, 442, 470

Cristianismo 26, 27, 30, 31, 32, 34, 35, 36, 39, 43, 45, 47, 70, 72, 74, 75, 79, 81, 83, 90, 92, 93, 95, 96, 99, 100, 102, 105, 106, 107, 109, 117, 124, 130, 140, 141, 142, 151, 153, 161, 163, 165, 173, 174, 175, 176, 182, 189, 190, 199, 202, 204, 212, 213, 214, 215, 217, 218, 219, 220, 221, 223, 224, 225, 227, 228, 239, 240, 244, 246, 249, 250, 251, 253, 257, 258, 271, 272, 273, 297, 301, 303, 304, 305, 310, 312, 317, 318, 320, 321, 323, 329, 342, 343, 344, 357, 358, 372, 379, 404, 411, 416, 417, 424, 425, 427, 428, 431, 432, 438, 440, 441, 445, 448, 458, 460, 466, 467, 468, 469, 470, 471, 472, 474, 476, 487, 496, 497, 498, 503, 512, 523, 524, 528, 538, 558, 559, 561, 575, 577, 578, 579, 580, 585, 586, 589, 600, 606, 608, 610, 611, 613, 620, 624, 627, 628, 638,

639, 641, 648, 652, 655, 671, 672, 673, 675, 676, 683, 685, 688, 689, 697, 706, 708, 712, 713, 714, 724, 726, 727, 739, 740, 741, 760, 771, 772, 776, 778, 779, 780, 789, 794, 801, 802, 806, 813, 815, 817, 819, 820, 831, 832, 833, 834, 848, 852, 853, 862, 866, 868, 869, 871, 895, 896, 897

Crítica da Religião 92, 93, 188, 189, 190, 432, 433, 637

Croatto 196, 541, 620, 621

Culpa/culpabilidade 197, 198

Cult 848

Cultura 25, 39, 40, 41, 43, 44, 48, 51, 53, 54, 56, 57, 58, 59, 61, 62, 63, 64, 76, 77, 78, 80, 83, 99, 103, 110, 111, 112, 113, 115, 116, 120, 121, 122, 135, 138, 140, 141, 149, 156, 170, 173, 174, 177, 178, 184, 185, 199, 201, 202, 203, 204, 205, 206, 210, 218, 222, 223, 230, 231, 232, 233, 234, 242, 246, 247, 257, 258, 262, 264, 268, 269, 271, 279, 280, 281, 286, 287, 288, 289, 290, 298, 302, 304, 307, 309, 310, 311, 313, 314, 315, 316, 318, 319, 320, 325, 326, 328, 329, 330, 331, 332, 333, 334, 336, 339, 340, 341, 347, 354, 356, 357, 358, 359, 361, 362, 363, 364, 366, 367, 368, 369, 370, 371, 373, 374, 375, 377, 378, 386, 391, 403, 415, 423, 425, 426, 427, 433, 438, 448, 452, 453, 456, 457, 459, 461, 462, 467, 470, 471, 472, 480, 484, 487, 488, 489, 492, 493, 494, 495, 496, 498, 503, 504, 505, 523, 524, 526, 532, 535, 536, 537, 541, 542, 545, 546, 547, 548, 551, 555, 556, 564, 573, 575, 576, 577, 578, 581, 582, 587, 590, 599, 600, 609, 613, 619, 629, 630, 631, 632, 634, 635, 637, 642, 647, 648, 651, 654, 672, 673, 674, 675, 677, 679, 682, 684, 685, 688, 690, 691, 693, 694, 695, 698, 699, 700, 701, 706, 707, 708, 710, 713, 714, 717, 718, 719, 730, 732, 736, 744, 747, 751, 759, 760, 766, 769, 770, 773, 774, 775, 776, 778, 785, 787, 790, 791, 792, 793, 794, 795, 796, 797, 802, 803, 804, 806, 808, 809, 811, 821, 828, 829, 832, 834, 836, 839, 840, 842, 843, 844, 845, 849, 859, 862, 864, 865, 868, 869, 870, 871, 873, 876, 881, 885, 887, 892, 893, 900, 901

Cura 32, 56, 110, 175, 222, 321, 337, 380, 381, 390, 413, 418, 450, 451, 453, 456, 482, 483, 589, 594, 674, 726, 727, 763, 794, 801, 820, 821, 823, 824

D

Darwin 77, 111, 184, 185, 187, 199, 274, 370, 374, 375, 457, 467, 492, 533, 697, 698, 713, 748

Deísmo 251, 432, 497, 638, 640

Demônio 30, 106, 378, 379, 380, 381, 382, 411, 412, 763, 831, 863

Denominação 161, 165, 238, 307, 309, 328, 449, 531, 532, 534, 535, 540, 586, 587, 589, 593, 613, 626, 634, 657, 762, 771, 772, 796, 825, 831, 847, 848, 856

Desejo 25, 26, 31, 32, 33, 34, 35, 38, 51, 70, 73, 93, 117, 139, 147, 176, 207, 208, 215, 223, 224, 229, 258, 270, 305, 331, 348, 352, 353, 354, 365, 403, 420, 438, 446, 456, 457, 459, 483, 492, 493, 494, 495, 501, 556, 580, 582, 588, 603, 664, 699, 717, 778, 795, 796, 813, 840, 847, 853, 854, 864, 885, 887, 899, 900

Desencantamento do mundo 208, 209, 210, 211, 504, 733, 734, 792, 859, 898

Destino 34, 52, 98, 163, 189, 190, 207, 210, 212, 213, 214, 215, 216, 217, 218, 221, 226, 247, 254, 256, 272, 302, 303, 304, 305, 307, 327, 350, 362, 398, 419, 435, 438, 458, 459, 497, 500, 578, 600, 640, 652, 726, 742, 743, 825, 846, 848, 852, 853, 863, 865, 882, 883, 894, 895, 896, 897

Deus 26, 27, 28, 29, 30, 31, 32, 33, 35, 36, 37, 39, 40, 42, 44, 47, 53, 69, 70, 71, 72, 73, 74, 80, 81, 91, 92, 93, 94, 95, 96, 97, 98, 99, 100, 101, 102, 105, 106, 107, 108, 109, 110, 117, 118, 126, 127, 128, 129, 130, 131, 141, 152, 165, 166, 171, 172, 174, 175, 180, 181, 182, 183, 184, 185, 186, 187, 189, 190, 191, 192, 193, 195, 197, 199, 207, 212, 213, 214, 215, 216, 219, 221, 223, 224, 225, 226, 237, 238, 239, 240, 241, 242, 246, 247, 248, 249, 250, 251, 252, 253, 254, 256, 259, 261, 262, 263, 265, 266, 271, 273, 274, 284, 285, 288, 299, 300, 305, 317, 318, 321, 323, 326, 328, 331, 342, 343, 348, 353, 355, 356, 357, 358, 360, 373, 375, 378, 379, 380, 381, 390, 393, 404, 408, 409, 411, 418, 419, 424, 425, 426, 430, 431, 432, 433, 434, 435, 437, 440, 441, 443, 444, 445, 446, 447, 450, 451, 452, 454, 456, 457, 458, 460, 464, 468, 477, 483, 490, 496, 497, 500, 501, 510, 512, 513, 516, 519, 522, 526, 527, 535, 537, 538, 541, 544, 547, 557, 558, 560, 563, 564, 565, 566, 567, 568, 569, 570, 571, 572, 573, 574, 577, 578, 579, 580, 585, 599, 600, 601, 602, 603, 605, 608, 609, 611, 613, 614, 623, 624, 639, 640, 641, 644, 656, 657, 659, 660, 661, 662, 663, 671, 672, 674, 676, 677, 684, 694, 697, 698, 702, 703, 704, 711, 716, 717, 724, 726, 741, 744, 745, 746, 749, 750, 751, 755, 757, 758, 759, 760, 768, 769, 770, 771, 776, 782, 783, 793, 794, 800, 801, 802, 806, 807, 808, 810, 812, 813, 814, 817, 818, 822, 825, 826, 830, 831, 832, 834, 839, 841, 846, 850, 851, 852, 853, 856, 862, 863, 864, 865, 866, 867, 868, 869, 870, 871, 873, 878, 887, 888, 895, 897, 898

Diálogo Inter-religioso 39, 81, 147, 217, 218, 219, 220, 222, 223, 224, 225, 227, 228, 229, 252, 393, 395, 542, 604, 689, 875

Diáspora 74, 86, 214, 229, 230, 231, 232, 233, 339, 341, 360, 427, 440, 441, 476, 477, 483, 570, 620, 786

Dieta 25, 30, 45, 107, 381, 448

Dilthey 208, 233, 234, 235, 236, 277, 293, 327, 328, 512, 513, 514, 515, 656, 859, 873, 874

Direito 103, 104, 105, 126, 167, 236, 237, 238, 239, 240, 241, 242, 243, 244, 245, 258, 341, 367, 461, 522, 581, 591, 600, 606, 607, 615, 716, 736, 746, 753, 754, 790, 800, 870, 872, 889

Direitos humanos 89, 148, 158, 225, 228, 240, 242, 243, 244, 245, 246, 290, 403, 505, 591, 603, 612, 615, 736, 740, 780, 863, 879

Discriminação 85, 89, 221, 246, 402, 403, 409, 489, 674, 752, 753, 754, 782, 847

Diversidade religiosa 60, 220, 226, 290, 591, 713, 737, 738, 739, 740, 754, 858

Divinação 247, 248, 357, 406, 628

Divindades 33, 37, 47, 60, 70, 79, 96, 97, 98, 131, 138, 150, 174, 175, 184, 212, 248, 251, 270, 310, 317, 355, 356, 364, 381, 406, 418, 419, 420, 448, 481, 487, 497, 527, 535, 574, 619, 678, 679, 681, 683, 720, 734, 760, 782, 783, 808, 809, 811, 813, 817, 819, 828, 829, 831, 832, 853, 863, 864, 865, 867

Divino 40, 51, 54, 57, 69, 70, 71, 72, 79, 80, 82, 83, 97, 99, 100, 101, 107, 108, 109, 112, 118, 126, 128, 130, 131, 132, 140, 151, 170, 171, 175, 184, 189, 190, 196, 213, 214, 219, 225, 239, 240, 241, 242, 243, 247, 248, 249, 250, 251, 252, 253, 254, 255, 256, 258, 260, 265, 298, 299, 304, 305, 306, 317, 330, 332, 334, 343, 351, 354, 355, 357, 358, 410, 430, 431, 432, 433, 434, 435, 438, 442, 445, 447,

ÍNDICE REMISSIVO

908

448, 454, 494, 511, 519, 521, 530, 539, 545,
546, 555, 565, 567, 568, 570, 572, 574, 578,
583, 592, 600, 616, 643, 656, 657, 659, 661,
662, 671, 673, 675, 676, 691, 694, 704, 728,
768, 773, 775, 783, 793, 801, 807, 810, 830,
853, 856, 865, 897

Dogma 52, 72, 108, 185, 227, 253, 255, 256,
257, 258, 557, 600, 603, 640, 720, 744, 751,
778, 831

Dom 107, 129, 178, 180, 243, 247, 252, 290,
333, 334, 344, 363, 364, 365, 367, 368, 369,
410, 411, 477, 509, 510, 511, 512, 516, 664,
675, 694, 736, 888, 895

Doutrina 28, 32, 33, 35, 40, 43, 46, 48, 52, 56,
66, 72, 108, 128, 129, 150, 155, 157, 162,
163, 164, 166, 194, 196, 205, 213, 215, 223,
225, 235, 238, 256, 257, 258, 259, 260, 261,
269, 270, 272, 275, 302, 304, 305, 319, 320,
328, 350, 379, 382, 404, 441, 446, 448, 457,
459, 468, 472, 480, 482, 484, 492, 497, 498,
499, 507, 528, 554, 559, 580, 584, 587, 603,
614, 616, 620, 623, 639, 640, 644, 651, 655,
672, 673, 697, 698, 741, 746, 749, 770, 778,
807, 823, 824, 825, 828, 831, 832, 846, 868,
869, 871, 872, 888, 895, 900

Dumézil 261, 262, 276, 277, 279, 314, 356, 540,
646

Durkheim 45, 57, 59, 60, 62, 63, 66, 92, 115,
116, 121, 150, 151, 153, 154, 161, 173, 200,
205, 245, 263, 264, 266, 276, 278, 307, 308,
336, 337, 356, 362, 370, 376, 400, 401, 417,
418, 419, 463, 464, 465, 466, 536, 537, 538,
541, 552, 553, 555, 583, 584, 630, 632, 645,
646, 680, 681, 684, 745, 746, 747, 770, 784,
789, 790, 796, 812, 813, 815, 817, 840, 841,
843, 845, 846, 847, 859, 860, 862, 874, 880,
885, 893

E

Ecletismo 59

Ecologia 135, 136, 137, 329, 522

Economia da Religião 265, 266, 267, 321, 410

Ecumenismo 147, 593, 603, 648, 673

Educação 45, 89, 91, 102, 103, 122, 124, 143,
145, 148, 153, 173, 199, 238, 243, 257, 263,
269, 270, 271, 272, 273, 274, 286, 287, 288,
289, 290, 291, 350, 352, 376, 377, 400, 432,
448, 472, 498, 507, 508, 591, 594, 606, 607,
608, 638, 673, 690, 717, 725, 735, 743, 747,

749, 750, 752, 754, 755, 756, 789, 803, 836,
837, 843, 844, 847, 871, 878, 883

Eliade 59, 60, 61, 92, 93, 104, 105, 109, 110,
111, 112, 113, 139, 140, 142, 145, 146, 196,
197, 205, 269, 270, 271, 275, 276, 277, 278,
279, 280, 294, 309, 322, 357, 366, 409, 419,
436, 448, 453, 490, 519, 521, 539, 540, 541,
542, 626, 648, 666, 667, 679, 690, 728, 775,
799, 814, 815, 817, 838, 839, 840, 841, 842,
859, 865, 882, 900

Êmico/ético 280, 281

Emoção 83, 127, 153, 282, 283, 284, 285, 286,
304, 329, 397, 400, 408, 419, 500, 599, 712,
724, 766, 773, 789, 814, 840, 891

Engels 425, 496, 498, 499, 500, 554, 635, 636,
637, 638, 639, 640, 641, 642, 720, 721

Ensino Religioso 91, 142, 143, 144, 147, 148,
159, 223, 286, 287, 288, 289, 290, 292, 713,
718, 756, 858

Episcopalismo 714, 715

Epistemologia 57, 87, 95, 169, 178, 218, 233,
293, 296, 330, 408, 437, 515, 516, 520, 564,
566, 570, 685, 693, 725, 731, 768, 820, 839,
840, 842, 870

Escatologia 193, 297, 298, 299, 300, 301, 302,
303, 304, 305, 306, 318, 342, 555, 628, 684,
853

Escola Italiana 309

Esoterismo 112, 319, 320, 503, 627, 676, 677,
761, 815

Especialista religioso 320, 321, 322, 323

Espinosa 444, 567, 568, 878

Espiritismo 38, 216, 251, 340, 382, 383, 388,
410, 413, 452, 480, 483, 591, 627, 763, 764,
765, 767, 817, 820

Espírito 26, 30, 32, 34, 35, 36, 38, 47, 51, 52,
53, 57, 71, 92, 94, 100, 110, 111, 113, 118,
122, 147, 152, 163, 164, 165, 166, 173, 174,
175, 189, 199, 204, 207, 209, 210, 215, 216,
219, 224, 225, 233, 234, 235, 236, 250, 251,
252, 253, 254, 255, 265, 273, 282, 284, 304,
305, 306, 320, 323, 324, 325, 326, 327, 328,
331, 363, 367, 369, 373, 378, 380, 381, 382,
383, 407, 408, 409, 410, 411, 412, 419, 424,
432, 434, 435, 437, 446, 451, 452, 492, 498,
499, 501, 505, 509, 511, 514, 515, 516, 528,
543, 553, 557, 562, 570, 585, 587, 600, 637,
641, 647, 652, 655, 656, 661, 674, 687, 689,
691, 711, 713, 717, 718, 729, 733, 742, 743,

744, 750, 763, 772, 773, 779, 793, 803, 804, 814, 831, 846, 857, 859, 860, 864, 865, 867, 873, 874, 881, 889, 894, 895, 896

Espiritualidade 26, 32, 34, 35, 57, 67, 70, 74, 96, 100, 101, 102, 108, 116, 126, 218, 219, 249, 270, 284, 285, 327, 328, 330, 344, 354, 398, 423, 449, 452, 507, 508, 578, 608, 609, 628, 644, 672, 688, 690, 695, 720, 730, 767, 772, 781, 786, 820, 850, 883, 898

Estatística 295, 396, 522, 525, 592

Estética 76, 80, 81, 82, 126, 206, 218, 233, 325, 326, 327, 330, 331, 332, 334, 339, 501, 515, 516, 546, 547, 575, 681, 691, 692, 695, 746, 839, 894

Estruturalismo 202, 281, 335, 336, 371, 372, 462, 827, 828, 841, 881

Estudos afro-brasileiros 735

Eternidade 83, 99, 107, 109, 131, 213, 342, 343, 344, 347, 443, 444, 532, 568, 863, 865, 866, 867

Ética 47, 49, 80, 117, 123, 130, 131, 141, 142, 143, 152, 158, 168, 195, 209, 210, 215, 218, 220, 225, 228, 235, 239, 242, 265, 280, 281, 290, 302, 303, 305, 306, 317, 320, 343, 345, 347, 349, 350, 351, 353, 376, 407, 433, 435, 439, 440, 442, 445, 446, 495, 496, 499, 500, 525, 530, 569, 570, 571, 572, 584, 585, 586, 602, 603, 605, 610, 638, 640, 657, 686, 690, 707, 717, 730, 731, 733, 740, 741, 742, 746, 776, 779, 784, 787, 798, 802, 846, 871, 878, 880, 885, 888, 889, 891, 892, 893, 894, 895, 896, 897, 899

Etimologia 76, 78, 79, 183, 207, 217, 233, 237, 240, 255, 280, 342, 344, 353, 354, 355, 356, 357, 358, 367, 447, 457, 460, 486, 513, 515, 651, 719, 773, 782, 806, 807, 831, 853

Etnicidade 359, 360, 361, 362, 368, 373, 550, 551

Etnocentrismo 67, 227, 280, 281, 310, 313, 361, 362, 690, 691, 700, 706, 707, 862

Etnografia 92, 124, 202, 337, 341, 362, 363, 364, 365, 366, 367, 368, 369, 370, 371, 372, 373, 417, 426, 537, 679

Etnografia portuguesa 362, 364, 365, 367

Etnologia 124, 171, 200, 218, 308, 309, 363, 365, 366, 367, 368, 369, 370, 371, 372, 373, 456, 533, 534, 541, 645, 646, 901

Evans-Pritchard 63, 64, 92, 200, 248, 294, 371, 463, 465, 631, 632, 774

Evolucionismo 60, 77, 135, 140, 169, 177, 183, 185, 186, 187, 188, 274, 308, 311, 312, 317, 370, 374, 375, 462, 463, 464, 467, 469, 470, 533, 535, 536, 537, 633, 647, 678, 679, 689, 698, 719, 745, 747

Exorcismo 99, 378, 379, 380, 381, 382, 411, 412, 413, 448, 624, 831

Exoterismo 319

Experiência religiosa 59, 70, 73, 80, 81, 82, 92, 96, 103, 141, 145, 170, 171, 174, 196, 203, 219, 223, 256, 263, 278, 284, 285, 294, 321, 329, 330, 331, 332, 334, 383, 384, 385, 386, 387, 391, 410, 414, 418, 430, 434, 445, 450, 451, 452, 453, 455, 461, 484, 514, 519, 521, 534, 538, 539, 540, 541, 557, 575, 580, 584, 586, 587, 588, 595, 598, 644, 648, 655, 659, 668, 669, 676, 677, 690, 692, 694, 702, 703, 704, 749, 750, 767, 771, 773, 791, 801, 817, 818, 840, 860, 899, 902

Experiências anômalas 387, 389, 390, 391, 414, 761, 762, 763, 766, 767

Explicação 56, 61, 92, 93, 94, 95, 135, 136, 169, 183, 190, 194, 210, 234, 235, 260, 275, 292, 293, 294, 295, 296, 355, 362, 370, 371, 374, 390, 422, 435, 437, 440, 464, 486, 489, 498, 513, 514, 515, 519, 597, 601, 630, 631, 633, 637, 641, 672, 680, 682, 686, 698, 758, 760, 761, 762, 763, 768, 789, 791, 797, 800, 864, 869, 871, 881, 886, 895, 900

F

Fanatismo 148, 287, 393, 394, 599, 601, 792

Fatalismo 212, 215, 217, 499, 795

Fé 27, 31, 39, 40, 42, 43, 51, 53, 63, 64, 70, 71, 72, 73, 74, 79, 98, 99, 100, 102, 108, 110, 131, 135, 151, 154, 163, 164, 165, 166, 169, 178, 182, 185, 186, 189, 191, 203, 214, 215, 219, 220, 222, 223, 227, 241, 246, 252, 255, 257, 259, 260, 267, 269, 272, 274, 275, 290, 292, 306, 323, 329, 332, 343, 344, 348, 350, 351, 352, 358, 379, 380, 385, 391, 409, 411, 412, 431, 432, 433, 435, 437, 439, 442, 443, 444, 445, 469, 470, 471, 481, 496, 497, 506, 509, 511, 516, 519, 520, 521, 526, 555, 559, 560, 561, 562, 568, 571, 580, 585, 591, 592, 597, 603, 604, 605, 613, 614, 615, 637, 641, 648, 656, 661, 662, 665, 671, 672, 674, 686, 688, 695, 703, 704, 709, 711, 750, 754, 756, 759, 771, 778, 783, 784, 785, 794, 801, 806,

ÍNDICE REMISSIVO

817, 818, 820, 822, 831, 832, 837, 845, 847, 850, 851, 852, 867, 868, 869, 870, 871, 872, 873, 874, 875, 878, 882, 883, 886, 898

Feiticeiro 62, 64, 121, 321, 340, 449, 451, 452, 582, 629, 631, 632, 646, 856

Felicidade 28, 131, 216, 238, 244, 245, 254, 268, 288, 306, 347, 348, 396, 397, 398, 399, 423, 432, 459, 556, 559, 561, 562, 742, 770, 853, 877, 878

Feminismo 399, 400, 401, 403, 404, 405, 699, 700, 720, 722, 723, 724, 890

Fenomenologia da Religi 275

Fenomenologia da Religião 139, 140, 142, 145, 146, 147, 196, 197, 277, 280, 383, 406, 407, 408, 409, 410, 436, 513, 521, 541, 617, 667, 678, 679, 683, 731, 814, 815, 816, 817, 841, 860, 862, 873, 874

Fenômenos extraordinários 73, 410, 411, 412, 413, 414, 415, 598, 711

Festa 97, 101, 150, 337, 358, 366, 415, 416, 417, 418, 419, 423, 491, 506, 561, 793, 794, 799, 809

Fetiche 420, 421, 422, 423, 562

Feuerbach 169, 189, 190, 265, 424, 425, 433, 496, 498, 554, 635, 636, 637, 638

Filologia 76, 138, 189, 309, 367, 375, 426, 427, 428, 429, 520, 619, 645, 678, 679, 686, 687, 709

Filosofia da Religião 139, 143, 293, 407, 424, 430, 432, 435, 436, 437, 438, 445, 447, 681, 748, 749, 814, 900

Filosofia judaica 440, 442, 444, 446

Fisiologia da Religião 447, 448, 449, 450, 452, 453, 454

Frazer 59, 60, 62, 92, 149, 199, 262, 276, 279, 294, 308, 370, 375, 376, 535, 537, 629, 630, 634, 646, 714, 774, 845, 862

Freud 50, 93, 168, 190, 198, 207, 274, 343, 382, 419, 422, 425, 433, 436, 455, 456, 457, 458, 459, 460, 461, 536, 549, 555, 599, 605, 606, 642, 643, 680, 682, 683, 684, 757, 758, 759, 760, 764, 770, 796, 839, 840, 859, 874

Fromm 198, 461, 462, 758, 759

Função da religião 79, 82, 268, 466, 483, 550, 783

Funcionalismo 77, 370, 371, 372, 374, 376, 462, 463, 464, 537, 629, 630, 631, 746, 747, 843, 846

Fundamentalismo 111, 184, 187, 188, 466, 467, 468, 469, 470, 471, 472, 485, 505, 580, 622, 698, 725, 848, 876, 900

Funeral 473, 474, 475, 476, 477, 642

Fusão de religiões 484

Fustel de Coulanges 429, 485, 486, 720

G

Gadamer 178, 235, 293, 330, 332, 438, 512, 513, 515, 516, 517, 521, 621, 656, 864

Geertz 58, 59, 61, 64, 66, 170, 200, 295, 371, 377, 465, 473, 488, 489, 490, 648, 730, 785, 796, 811, 839, 850

Gênero 30, 33, 69, 83, 85, 89, 125, 146, 148, 172, 175, 176, 183, 200, 226, 227, 228, 229, 244, 246, 258, 300, 320, 336, 355, 380, 395, 401, 402, 403, 404, 405, 432, 439, 500, 503, 522, 545, 546, 574, 576, 577, 591, 630, 632, 647, 685, 689, 695, 699, 700, 714, 717, 719, 720, 721, 722, 723, 725, 754, 773, 822, 834, 835, 836, 838, 844, 848, 858, 859, 881

Geografia da Religião 410, 490, 491

Girard 207, 425, 492, 493, 494, 495, 808, 809, 810, 885, 886

Gramsci 310, 340, 495, 496, 497, 498, 499, 500, 635, 708, 795

H

Habermas 169, 334, 439, 503, 504, 505, 655, 656, 789, 802, 843

Hagiografia 506, 507, 508, 509, 512

Hegel 71, 158, 169, 207, 233, 250, 273, 324, 325, 327, 328, 332, 333, 424, 425, 433, 434, 435, 445, 504, 514, 549, 554, 635, 637, 814, 866, 885

Heidegger 178, 193, 194, 195, 235, 277, 293, 407, 434, 436, 437, 445, 446, 512, 513, 515, 516, 605, 655, 656, 740, 814, 866

Heiler 279, 407, 409, 617

Henoteísmo 251, 689

Herder 169, 327, 572, 636

Heresia 30, 36, 47, 70, 74, 101, 118, 393, 410, 411, 480, 738, 757

Hermenêutica 43, 44, 66, 107, 178, 179, 187, 190, 193, 227, 234, 235, 236, 257, 258, 261, 277, 278, 293, 416, 423, 426, 438, 468, 488, 493, 512, 513, 514, 515, 516, 519, 520, 521,

538, 539, 554, 557, 576, 579, 580, 610, 614, 623, 656, 659, 691, 724, 736, 751, 757, 790, 797, 801, 803, 839, 841, 842

Herskovits 38, 338, 339

Hervieu-Léger 102, 522, 523, 524, 525, 553, 583, 584, 653

Hibridismo 211, 224, 417, 480, 506

Hierarquia 61, 66, 96, 104, 108, 111, 113, 137, 176, 219, 241, 242, 323, 379, 402, 434, 470, 471, 525, 526, 527, 528, 529, 530, 531, 588, 603, 606, 609, 642, 643, 644, 673, 716, 722, 745, 786, 793, 817, 835, 837, 838, 877, 881, 891

Hinduísmo 28, 30, 32, 37, 45, 47, 53, 69, 70, 81, 83, 106, 141, 175, 176, 188, 215, 220, 221, 225, 227, 245, 246, 250, 251, 254, 259, 270, 304, 317, 321, 324, 342, 366, 381, 472, 477, 479, 491, 559, 587, 612, 616, 619, 620, 621, 688, 689, 690, 710, 716, 726, 742, 776, 777, 782, 817, 818, 819, 849, 854, 894, 896, 897

História das Religiões 48, 56, 78, 80, 81, 84, 89, 112, 129, 138, 139, 140, 141, 165, 169, 196, 262, 272, 276, 277, 279, 297, 304, 307, 308, 309, 310, 311, 312, 316, 318, 332, 357, 366, 406, 407, 410, 429, 436, 460, 461, 476, 478, 480, 485, 531, 532, 533, 534, 538, 540, 541, 546, 577, 593, 606, 619, 645, 675, 682, 683, 732, 779, 780, 808, 835, 839, 845, 863, 873, 874, 902

Homo religiosus 196, 197, 252, 278, 344, 540, 541, 542, 839

Hume 49, 92, 169, 293, 317, 324, 327, 375, 432, 436, 542, 543, 544, 549, 560, 565, 570, 571, 572, 601, 744, 859

I

Iconografia 81, 82, 106, 365, 481, 545, 546, 547, 548, 575, 803, 811, 839, 841

Iconologia 82, 545, 546, 547, 548, 575

Identidade 34, 36, 45, 46, 50, 51, 80, 94, 120, 123, 147, 153, 155, 156, 158, 159, 160, 161, 163, 164, 166, 170, 174, 175, 177, 178, 182, 190, 199, 214, 220, 225, 229, 230, 231, 232, 233, 264, 272, 276, 290, 291, 299, 312, 332, 341, 351, 359, 360, 361, 362, 363, 369, 382, 389, 394, 395, 402, 403, 416, 424, 439, 446, 456, 462, 464, 466, 467, 473, 477, 480, 488, 501, 503, 504, 507, 514, 519, 523, 549, 550,

551, 552, 553, 579, 581, 614, 620, 621, 624, 638, 650, 654, 655, 658, 664, 674, 699, 700, 705, 706, 727, 733, 741, 751, 754, 759, 766, 774, 775, 793, 794, 798, 804, 831, 834, 836, 838, 842, 843, 846, 871, 872, 874, 880, 883, 886

Ideologia 85, 121, 123, 188, 260, 262, 298, 340, 363, 405, 498, 499, 548, 552, 554, 555, 556, 557, 559, 560, 628, 635, 637, 640, 641, 642, 651, 654, 701, 722, 723, 725, 756, 769, 783, 784, 803, 873

Idolatria 99, 189, 206, 256, 545, 557, 558, 559, 560, 561, 628, 709, 775, 814, 819, 897

Igreja 26, 27, 30, 34, 35, 37, 40, 41, 45, 47, 53, 63, 70, 73, 74, 75, 90, 96, 100, 101, 102, 108, 117, 128, 154, 156, 160, 162, 163, 164, 165, 166, 167, 180, 181, 182, 185, 205, 210, 215, 219, 220, 221, 224, 225, 233, 239, 240, 241, 242, 246, 251, 264, 267, 272, 274, 287, 288, 302, 303, 307, 321, 329, 333, 343, 379, 380, 382, 393, 398, 404, 405, 410, 411, 412, 427, 441, 448, 452, 453, 459, 468, 471, 473, 474, 491, 492, 496, 497, 498, 499, 503, 509, 522, 523, 525, 528, 529, 538, 546, 547, 565, 571, 576, 583, 585, 586, 587, 588, 589, 590, 592, 599, 603, 606, 607, 609, 613, 614, 624, 631, 638, 639, 640, 643, 648, 671, 672, 673, 674, 695, 697, 705, 708, 710, 711, 712, 715, 716, 719, 724, 726, 733, 734, 738, 739, 741, 745, 747, 754, 755, 756, 757, 763, 778, 779, 784, 786, 791, 795, 801, 802, 806, 807, 813, 815, 817, 818, 835, 837, 838, 843, 847, 848, 849, 872, 877, 878, 879, 886, 895, 897

Iluminismo 105, 108, 147, 169, 199, 206, 209, 239, 244, 252, 259, 270, 287, 327, 375, 393, 412, 432, 433, 438, 445, 461, 505, 543, 549, 562, 563, 564, 565, 566, 567, 568, 569, 570, 571, 609, 617, 627, 637, 640, 641, 642, 693, 697, 772, 825, 845, 878

Inculturação 39, 40, 478, 480, 794

Inferno 51, 52, 100, 109, 110, 130, 131, 171, 215, 297, 302, 303, 305, 474, 475

Iniciação 25, 145, 150, 291, 366, 367, 379, 417, 440, 451, 461, 609, 624, 681, 799, 800, 801, 828, 853

Inovação 131, 214, 361, 377, 380, 467, 472, 484, 519, 520, 580, 589, 591, 652, 661, 663, 664, 665, 707, 780, 798, 831, 897

Insider 236, 281, 418

ÍNDICE REMISSIVO 912

Inspiração 28, 79, 131, 185, 212, 243, 247, 250, 266, 267, 273, 274, 286, 287, 307, 326, 328, 350, 357, 393, 419, 437, 440, 443, 446, 466, 481, 537, 557, 575, 577, 578, 580, 598, 601, 616, 623, 639, 668, 674, 680, 694, 695, 709, 714, 736, 760, 779, 780, 798, 829, 830, 854, 856

Institucionalização 139, 155, 161, 162, 164, 165, 166, 179, 180, 211, 294, 295, 377, 378, 466, 468, 471, 528, 581, 582, 583, 584, 585, 587, 588, 590, 607, 621, 644, 653, 689, 717, 722, 735, 780, 808, 821, 824, 868, 869, 874

Instituições religiosas 122, 137, 167, 227, 237, 245, 266, 269, 286, 329, 332, 456, 503, 504, 552, 554, 578, 587, 600, 621, 622, 638, 643, 653, 716, 733, 786, 843, 847, 849, 850

Integrismo 188, 470, 471, 580

Internet 30, 74, 88, 93, 381, 386, 670, 754, 785, 786, 787, 847

Interpretação 31, 40, 43, 50, 52, 55, 70, 81, 123, 124, 128, 129, 134, 151, 159, 162, 164, 172, 180, 181, 182, 187, 188, 190, 195, 201, 202, 210, 212, 215, 226, 228, 234, 235, 240, 244, 246, 247, 248, 258, 259, 264, 265, 279, 280, 284, 292, 295, 296, 298, 300, 301, 309, 311, 315, 317, 321, 336, 340, 343, 355, 371, 373, 387, 389, 391, 400, 416, 423, 430, 432, 433, 435, 436, 437, 440, 444, 447, 454, 455, 456, 466, 470, 471, 472, 473, 477, 478, 479, 480, 488, 490, 495, 512, 513, 514, 515, 516, 519, 520, 527, 532, 534, 535, 536, 537, 538, 539, 541, 545, 548, 555, 557, 559, 575, 579, 580, 583, 586, 597, 599, 603, 606, 613, 615, 616, 617, 618, 621, 622, 623, 624, 640, 652, 658, 663, 665, 673, 677, 680, 690, 691, 692, 693, 694, 695, 698, 712, 720, 724, 749, 757, 760, 762, 767, 768, 779, 783, 796, 799, 810, 811, 812, 825, 826, 828, 837, 839, 840, 841, 842, 862, 876, 892, 896, 899, 900

Islã 26, 28, 32, 39, 70, 72, 81, 83, 106, 107, 108, 117, 131, 141, 150, 159, 175, 176, 189, 219, 220, 221, 243, 258, 261, 318, 321, 324, 381, 440, 441, 472, 488, 491, 546, 575, 577, 580, 615, 617, 618, 623, 689, 690, 708, 709, 714, 715, 716, 718, 726, 727, 741, 776, 780, 782, 783, 784, 813, 819, 849, 886, 895

J

James 49, 59, 60, 62, 77, 92, 112, 149, 168, 170, 171, 172, 185, 199, 226, 262, 274, 282, 283,

349, 370, 375, 376, 383, 384, 386, 387, 391, 414, 434, 451, 453, 457, 468, 495, 594, 595, 596, 597, 598, 614, 629, 644, 668, 677, 688, 714, 748, 749, 750, 762, 764, 768, 770, 771, 773, 774, 780, 781, 845, 874, 902

Jejum 25, 26, 28, 29, 30, 31, 34, 35, 36, 45, 46, 47, 61, 380, 406, 416

Jesus Cristo 40, 71, 72, 98, 108, 163, 164, 165, 166, 182, 223, 224, 225, 249, 251, 253, 301, 433, 459, 469, 579, 603, 613, 661, 676, 741, 801, 807, 852, 887

Jung 59, 112, 168, 274, 276, 277, 278, 322, 414, 419, 599, 600, 606, 679, 680, 681, 757, 759, 764, 796, 839, 840, 874

Justiça 37, 51, 52, 98, 99, 105, 131, 132, 158, 183, 220, 222, 227, 228, 236, 237, 238, 239, 240, 241, 242, 246, 271, 274, 347, 352, 366, 411, 434, 439, 496, 498, 501, 555, 569, 578, 592, 610, 612, 643, 658, 659, 716, 724, 736, 741, 742, 770, 863, 871, 876, 887, 888

K

Kami 250, 323, 481, 482, 832

Kant 55, 71, 158, 169, 191, 233, 259, 273, 288, 317, 325, 326, 327, 333, 334, 346, 348, 349, 393, 432, 434, 436, 549, 564, 565, 570, 571, 572, 601, 602, 636, 687, 744, 826, 873, 885, 900

Kardec 216, 273, 627, 764

Karma 53, 212, 252, 254, 305, 306, 742, 897

Küng 220, 269, 602, 603, 604, 870

L

Lacan 335, 438, 493, 605, 606, 760, 828

Le Bras 606, 607, 848

Leeuw 59, 84, 277, 294, 295, 307, 407, 538, 540, 541, 617, 629, 679, 690, 691, 692, 693, 714, 860

Leigo 32, 101, 124, 129, 382, 608, 609, 758

Levinas 200, 434, 439, 443, 446, 610, 656, 659, 740

Lévi-Strauss 44, 57, 63, 64, 65, 121, 200, 314, 335, 336, 337, 361, 366, 368, 371, 372, 413, 434, 449, 481, 483, 540, 632, 647, 679, 680, 822, 823, 828, 841, 880, 881

Libertação 26, 27, 32, 90, 105, 142, 147, 195, 196, 218, 224, 226, 227, 270, 274, 304, 305, 306, 331, 332, 378, 380, 381, 403, 436, 448,

453, 494, 496, 527, 563, 564, 609, 610, 611,
612, 613, 614, 615, 623, 639, 642, 671, 694,
801, 807, 822, 832, 870, 872, 878, 888

Liturgia 46, 52, 80, 250, 256, 275, 329, 358,
379, 442, 545, 607, 690, 691, 692, 694, 800,
852

Livros sagrados 69, 126, 251, 616, 617, 619,
621, 622, 687, 850

Luhmann 240, 245, 265, 268, 375, 377, 466,
479, 483, 796, 843, 846

Lutero 107, 165, 215, 252, 272, 287, 412, 500,
508, 559, 588, 640, 690, 778, 779, 780, 782,
807, 872, 895

M

Magia 60, 62, 63, 64, 65, 92, 105, 121, 122, 123,
128, 154, 199, 209, 212, 248, 252, 254, 310,
321, 322, 341, 370, 371, 376, 390, 406, 411,
412, 435, 449, 451, 464, 465, 482, 535, 536,
547, 570, 575, 583, 626, 627, 628, 629, 630,
631, 632, 633, 634, 646, 648, 676, 683, 714,
746, 795, 886, 897, 898

Malinowski 60, 62, 105, 200, 370, 375, 448,
463, 465, 493, 537, 631, 678, 679, 746, 843,
880, 881

Mandamentos 118, 207, 241, 245, 271, 440,
460, 568, 602, 741, 775, 776, 818, 876

Marx 92, 121, 189, 190, 252, 260, 265, 266,
335, 343, 420, 421, 422, 423, 425, 433, 436,
496, 498, 499, 536, 554, 561, 613, 635, 636,
637, 638, 639, 640, 641, 642, 721, 783, 845,
847, 859, 869, 874, 892, 895

Maslow 642, 643, 644

Matriarcado 112, 679, 682, 720, 721

Mauss 66, 121, 173, 307, 336, 418, 450, 451,
452, 536, 630, 632, 645, 646, 647, 679, 711,
808, 809, 859, 880, 881

Mead 371, 549, 550, 647, 648, 843

Meditação 31, 38, 46, 110, 150, 163, 184, 223,
250, 252, 254, 256, 285, 385, 386, 398, 450,
453, 477, 483, 527, 605, 644, 648, 649, 669,
690, 705, 711, 749, 751, 784, 819

Memória 29, 83, 130, 133, 155, 176, 231, 241,
341, 363, 366, 377, 389, 397, 400, 416, 426,
481, 483, 507, 527, 543, 578, 580, 639, 650,
651, 652, 653, 654, 682, 702, 727, 760, 773,
787, 794, 796, 799, 800, 801, 818, 839, 865,
866, 886, 888

Mestiçagem 160, 480, 736, 833

Metafísica 39, 43, 50, 143, 147, 151, 152, 169,
184, 190, 191, 209, 233, 234, 235, 239, 325,
326, 327, 330, 348, 351, 375, 410, 431, 432,
433, 434, 435, 436, 437, 440, 442, 445, 446,
489, 493, 497, 498, 505, 515, 554, 555, 557,
565, 567, 568, 569, 570, 571, 572, 594, 595,
601, 602, 637, 654, 655, 656, 657, 658, 659,
681, 691, 703, 734, 744, 746, 748, 749, 750,
759, 811, 838, 859, 868, 873, 898

Metáfora 43, 54, 121, 122, 240, 337, 484, 519,
551, 560, 627, 640, 660, 661, 663, 664, 665,
666, 726, 750, 798, 803, 842, 882, 883

Método 41, 42, 55, 59, 63, 76, 81, 137, 139,
142, 143, 146, 149, 152, 175, 177, 186, 189,
208, 227, 234, 235, 236, 240, 249, 257, 259,
263, 273, 278, 287, 293, 294, 308, 309, 311,
312, 322, 324, 328, 335, 354, 356, 370, 371,
372, 375, 391, 425, 429, 436, 445, 458, 463,
466, 486, 489, 496, 513, 515, 516, 519, 543,
546, 548, 554, 594, 607, 618, 637, 638, 645,
648, 649, 656, 661, 666, 667, 668, 672, 679,
731, 744, 757, 760, 770, 807, 810, 811, 815,
816, 825, 826, 859, 860, 868, 872, 881, 890,
900, 902

Missão 35, 39, 47, 98, 108, 127, 128, 129, 167,
199, 214, 221, 222, 234, 242, 269, 270, 273,
339, 343, 362, 366, 477, 491, 530, 561, 592,
609, 614, 671, 672, 674, 675, 735, 868, 895

Mística 28, 32, 70, 72, 73, 97, 101, 102, 144,
179, 210, 223, 225, 226, 248, 277, 319, 321,
329, 331, 354, 381, 384, 386, 388, 391, 416,
431, 434, 440, 444, 482, 483, 508, 526, 537,
626, 627, 630, 631, 639, 641, 642, 643, 644,
649, 658, 659, 676, 677, 710, 711, 712, 715,
749, 862, 881, 883, 896, 897, 899

Mitologia 25, 58, 61, 69, 110, 121, 183, 212,
261, 262, 312, 323, 336, 337, 341, 356, 363,
366, 378, 382, 407, 419, 493, 512, 527, 532,
555, 650, 655, 678, 679, 680, 681, 804, 830,
858, 864, 865, 869

Monoteísmo 56, 62, 63, 130, 152, 188, 190,
199, 249, 251, 307, 308, 316, 317, 318, 430,
432, 438, 444, 458, 460, 480, 537, 605, 714,
724, 845, 853

Moral 26, 28, 31, 35, 38, 40, 43, 44, 45, 56, 93,
99, 104, 105, 106, 107, 108, 116, 132, 151,
152, 154, 160, 168, 177, 185, 190, 192, 194,
198, 212, 214, 216, 218, 224, 237, 238, 239,
240, 242, 246, 250, 256, 258, 259, 263, 264,
269, 270, 271, 272, 273, 274, 275, 278, 280,

ÍNDICE REMISSIVO

283, 288, 302, 326, 327, 340, 345, 346, 347,
348, 349, 350, 351, 352, 353, 391, 400, 401,
403, 404, 405, 425, 430, 432, 434, 435, 438,
442, 456, 460, 468, 469, 471, 472, 496, 500,
503, 504, 505, 508, 511, 530, 536, 539, 542,
543, 549, 550, 558, 561, 567, 568, 569, 580,
583, 587, 601, 602, 603, 605, 607, 613, 630,
639, 646, 650, 651, 674, 689, 711, 717, 738,
741, 742, 744, 745, 746, 748, 750, 757, 768,
770, 775, 776, 778, 780, 789, 802, 803, 808,
809, 812, 816, 829, 834, 835, 836, 837, 859,
862, 873, 877, 878, 882, 885, 888

Morte 26, 27, 29, 36, 37, 47, 51, 52, 53, 54, 56,
62, 74, 75, 79, 82, 84, 98, 102, 108, 109,
110, 118, 119, 128, 130, 131, 132, 140, 150,
162, 163, 171, 173, 177, 182, 190, 191, 193,
194, 195, 198, 212, 216, 218, 243, 251, 252,
255, 258, 267, 274, 276, 285, 297, 300, 302,
303, 304, 305, 310, 322, 326, 333, 340, 348,
360, 363, 365, 368, 369, 381, 388, 389, 391,
394, 398, 410, 414, 424, 428, 434, 437, 445,
446, 449, 457, 458, 459, 465, 469, 473, 474,
475, 476, 477, 487, 496, 506, 507, 508, 509,
510, 543, 556, 571, 580, 586, 587, 599, 611,
612, 619, 630, 635, 636, 661, 672, 678, 680,
682, 683, 684, 685, 686, 687, 694, 703, 711,
716, 726, 727, 736, 743, 759, 761, 763, 764,
765, 768, 773, 775, 776, 783, 784, 799, 801,
809, 811, 832, 845, 846, 852, 853, 862, 863,
866, 867, 877, 887, 888, 893

Mulher 26, 31, 32, 33, 34, 35, 101, 149, 159,
175, 176, 200, 207, 243, 244, 252, 354, 371,
373, 400, 402, 403, 404, 405, 423, 452, 476,
566, 612, 664, 699, 717, 720, 722, 724, 819,
877, 889

Müller 58, 60, 113, 139, 141, 261, 262, 276,
375, 532, 533, 534, 535, 536, 617, 667, 668,
678, 679, 686, 687, 688, 689, 709, 859, 874

Música 79, 203, 204, 210, 234, 275, 323, 334,
336, 337, 381, 406, 422, 483, 525, 560, 587,
623, 689, 690, 691, 692, 693, 694, 695, 754,
755, 756, 828, 893

N

Não violência 37, 46, 351, 352, 885, 887, 888

Natureza 30, 35, 39, 44, 48, 50, 51, 52, 53, 54,
55, 58, 59, 60, 61, 62, 63, 72, 92, 94, 95, 98,
104, 105, 106, 110, 111, 112, 113, 116, 123,
129, 131, 134, 135, 136, 141, 144, 161, 169,
174, 183, 187, 188, 189, 191, 194, 197, 198,

199, 202, 206, 207, 208, 210, 213, 214, 215,
216, 218, 222, 223, 226, 233, 234, 235, 236,
237, 238, 239, 240, 241, 242, 243, 244, 249,
250, 253, 254, 256, 263, 266, 268, 270, 273,
283, 289, 293, 296, 299, 306, 308, 320, 321,
322, 325, 327, 329, 336, 342, 345, 346, 347,
348, 350, 351, 352, 355, 363, 364, 374, 381,
382, 383, 384, 389, 391, 400, 401, 402, 404,
405, 408, 411, 412, 416, 429, 430, 432, 433,
434, 435, 437, 442, 446, 447, 451, 456, 458,
459, 460, 462, 467, 469, 476, 482, 484, 486,
487, 489, 490, 492, 494, 497, 506, 507, 510,
514, 518, 520, 522, 524, 527, 529, 530, 531,
533, 535, 539, 540, 541, 542, 543, 544, 546,
550, 551, 556, 557, 559, 563, 564, 566, 580,
582, 589, 591, 595, 596, 598, 600, 601, 606,
614, 626, 627, 628, 629, 631, 633, 635, 637,
640, 642, 643, 645, 674, 678, 680, 683, 684,
685, 688, 691, 692, 694, 697, 698, 699, 700,
701, 717, 720, 722, 726, 743, 746, 749, 753,
758, 759, 762, 768, 769, 771, 779, 785, 787,
792, 795, 797, 808, 810, 811, 812, 814, 817,
822, 824, 825, 826, 829, 830, 831, 833, 834,
835, 841, 847, 852, 859, 860, 864, 865, 866,
867, 871, 874, 876, 877, 878, 883, 885, 891,
892, 898, 901

Neurociências 383, 386, 453, 649, 702, 703,
704, 705, 766, 816, 860

Nomos 238, 240, 354, 728, 847

Numerologia 248, 250

Numinoso 59, 408, 409, 521, 538, 599, 692,
814, 816, 859

O

Ocidente 26, 27, 32, 37, 44, 78, 81, 82, 99, 100,
107, 115, 119, 130, 164, 183, 201, 208, 209,
210, 212, 216, 220, 223, 236, 244, 249, 255,
256, 257, 258, 265, 272, 297, 316, 317, 320,
329, 332, 347, 351, 372, 411, 428, 430, 442,
454, 462, 464, 473, 496, 505, 507, 508, 523,
532, 538, 557, 558, 564, 565, 576, 579, 599,
600, 627, 674, 675, 677, 685, 706, 707, 708,
709, 710, 712, 714, 779, 780, 789, 800, 814,
849, 855, 868, 873, 874, 882, 893, 894, 897

Oração 30, 33, 36, 52, 73, 97, 102, 110, 167,
213, 221, 222, 223, 253, 254, 275, 379, 380,
385, 406, 407, 409, 426, 444, 448, 450, 469,
508, 527, 669, 690, 711, 712, 749, 784, 817

Oráculo 27, 247, 382, 512, 631

Ordenação 105, 107, 183, 238, 239, 367, 379, 528, 602, 632, 634, 712, 713, 811

Organização religiosa 67, 116, 129, 161, 341, 582, 583, 585, 586, 587, 588, 589, 590, 620, 713, 714, 715, 716, 717, 718, 780, 896

Oriente 26, 31, 37, 81, 99, 100, 106, 115, 117, 119, 130, 164, 189, 196, 201, 209, 210, 222, 236, 244, 249, 254, 259, 271, 275, 299, 300, 301, 302, 331, 360, 372, 428, 442, 462, 478, 479, 481, 491, 496, 507, 510, 558, 559, 565, 599, 600, 610, 616, 617, 627, 645, 675, 677, 688, 706, 707, 708, 709, 710, 712, 715, 788, 807, 814, 830, 855, 883

Orixás 45, 183, 216, 339, 341, 382, 450, 822, 829, 833

Ortiz 340, 795, 841

Otto 59, 61, 82, 140, 170, 179, 196, 197, 277, 278, 307, 350, 383, 384, 408, 409, 410, 436, 521, 538, 539, 600, 617, 667, 668, 690, 691, 692, 693, 770, 773, 812, 814, 815, 817, 859, 862, 882, 900

Outsider 236, 281, 493

P

Panteísmo 238, 249, 250, 251, 252, 253, 430, 432

Papa 53, 73, 107, 108, 128, 164, 176, 187, 221, 244, 303, 379, 410, 428, 471, 497, 498, 501, 528, 602, 603, 606, 614, 620, 621, 671, 672, 674, 675, 706, 740, 744, 745, 754, 800

Parábola 253, 663, 664, 665

Paraíso 34, 52, 100, 110, 130, 253, 271, 297, 302, 303, 304, 305, 306, 398, 556

Parapsicologia 391, 412, 414, 595, 762, 763, 764, 765, 766

Parsons 115, 116, 463, 553, 584, 746, 779, 843, 846, 854, 893

Patriarcado 112, 227, 402, 714, 719, 720, 721, 722, 723, 724, 725, 834, 836

Pedroso 363, 364

Peregrinação 100, 150, 406, 477, 492, 726, 727, 728, 776, 784, 799, 817, 819, 882, 883

Periódicos 85, 86, 90, 139, 196, 495, 596, 607, 680, 728, 729, 730, 731, 771, 809, 829

Pesquisa de campo 310, 409, 669, 787

Pesquisa qualitativa 669

Pesquisa quantitativa 668, 669

Pettazzoni 84, 307, 308, 309, 310, 312, 313, 314, 316, 318, 668

Piedade 38, 95, 96, 98, 100, 101, 102, 188, 256, 288, 329, 350, 352, 541, 548, 568, 619, 711, 727, 794

Pierucci 209, 541, 733, 734, 736, 898

Platão 37, 43, 51, 69, 91, 131, 207, 213, 215, 238, 239, 250, 251, 253, 256, 257, 272, 305, 330, 331, 347, 354, 374, 411, 427, 432, 441, 487, 530, 547, 567, 568, 570, 825, 853, 865, 868

Pluralismo religioso 223, 224, 226, 239, 380, 737, 738, 739, 740, 876

Pobreza 101, 102, 120, 165, 167, 222, 244, 298, 338, 395, 401, 587, 613, 725, 736, 740, 741, 742, 743, 848

Politeísmo 56, 62, 130, 152, 199, 251, 310, 316, 317, 375, 430, 480, 537, 605, 714, 783, 845, 876, 898

Política 67, 74, 85, 86, 92, 102, 103, 104, 113, 116, 128, 142, 151, 152, 154, 155, 158, 159, 160, 161, 162, 164, 170, 179, 183, 184, 186, 187, 189, 190, 196, 201, 219, 220, 234, 237, 239, 240, 242, 243, 244, 246, 248, 256, 258, 259, 260, 265, 271, 274, 275, 276, 287, 290, 299, 301, 313, 316, 321, 322, 325, 332, 350, 352, 361, 377, 393, 394, 395, 399, 400, 401, 403, 404, 405, 428, 430, 435, 465, 471, 472, 485, 486, 490, 495, 496, 497, 499, 500, 505, 508, 510, 522, 524, 527, 528, 530, 531, 543, 545, 548, 549, 550, 555, 556, 559, 565, 567, 569, 570, 571, 572, 579, 580, 581, 591, 592, 594, 603, 607, 609, 612, 613, 615, 630, 635, 636, 637, 639, 646, 689, 706, 707, 708, 714, 715, 721, 722, 723, 725, 730, 732, 734, 735, 736, 737, 738, 740, 741, 743, 748, 753, 778, 780, 783, 784, 789, 792, 795, 799, 800, 815, 834, 835, 836, 837, 838, 841, 844, 847, 853, 868, 871, 872, 874, 875, 877, 879, 883, 885, 889, 890, 894

Positivismo 50, 59, 151, 152, 184, 234, 239, 293, 295, 375, 433, 494, 496, 533, 534, 560, 743, 744, 745, 746, 747, 749, 762, 859

Pragmatismo 594, 621, 748, 749, 750, 874

Preconceito 50, 93, 338, 372, 395, 537, 555, 642, 707, 736, 750, 751, 752, 753, 754, 879

Predestinação 212, 213, 214, 215, 216, 217, 266, 404, 499, 507, 538, 640, 698, 895, 897

Procópio 733, 735, 736, 793

Profano 32, 66, 73, 79, 80, 99, 111, 112, 263, 264, 276, 277, 278, 279, 311, 313, 316, 343,

ÍNDICE REMISSIVO 916

357, 358, 366, 408, 409, 416, 417, 418, 419,
438, 464, 539, 540, 541, 562, 630, 646, 727,
773, 775, 808, 809, 812, 813, 815, 816, 817,
862, 882, 883

Profeta 26, 29, 33, 69, 70, 81, 119, 121, 124,
126, 128, 129, 131, 155, 209, 244, 259, 267,
298, 318, 320, 321, 447, 477, 580, 582, 619,
639, 716, 751, 779, 819, 897, 898

Proselitismo 269, 301, 675, 754, 755, 756, 757

Providência 52, 212, 213, 214, 215, 217, 237,
250, 355, 458, 568, 757, 866

Psicanálise 49, 64, 65, 168, 171, 198, 207, 339,
382, 455, 456, 457, 458, 460, 461, 520, 536,
605, 606, 680, 683, 757, 758, 759, 760, 764,
770, 773, 823, 874

Psicologia Anomalística 168, 391, 414, 719,
761, 762, 763, 765, 766, 767, 772

Psicologia da Religião 49, 50, 139, 140, 167,
168, 170, 171, 172, 284, 391, 407, 410, 414,
490, 594, 598, 606, 668, 670, 728, 729, 760,
762, 768, 769, 770, 771, 772, 773, 774, 814,
901, 902

Puniç 131

Punição 30, 52, 109, 119, 129, 130, 131, 132,
214, 246, 751, 822, 895

Purgatório 52, 100, 107, 130, 297, 303, 304,
305, 475

R

Radcliffe-Brown 63, 200, 375, 462, 463, 464,
465, 493, 746, 843

Redução 25, 60, 63, 123, 136, 137, 148, 192,
197, 259, 274, 289, 292, 293, 294, 308, 312,
333, 338, 433, 449, 511, 536, 570, 571, 572,
584, 649, 653, 656, 662, 705, 718, 724, 843,
846, 859, 867, 870, 874

Reencarnação 37, 52, 129, 176, 216, 218, 270,
304, 305, 306, 329, 381, 389, 682, 755

Reforma 27, 35, 36, 38, 45, 73, 92, 99, 100, 101,
106, 107, 151, 159, 164, 165, 166, 191, 212,
233, 272, 287, 328, 329, 345, 380, 393, 412,
425, 496, 497, 499, 500, 508, 509, 617, 622,
627, 637, 638, 639, 640, 641, 690, 713, 715,
724, 778, 779, 780, 806, 872, 895

Religião 25, 27, 28, 33, 35, 38, 39, 41, 42, 44,
45, 46, 47, 48, 55, 56, 57, 58, 59, 60, 61, 62,
63, 64, 65, 66, 67, 68, 69, 70, 74, 75, 77, 78,
79, 80, 81, 82, 83, 84, 85, 86, 87, 88, 89, 90,
91, 92, 93, 94, 95, 96, 97, 102, 103, 107,

108, 109, 110, 111, 112, 113, 115, 116, 117,
118, 119, 120, 121, 123, 124, 125, 126, 128,
129, 132, 134, 135, 136, 138, 139, 140, 141,
142, 143, 144, 145, 146, 147, 148, 149, 152,
153, 154, 156, 157, 158, 159, 160, 166, 169,
170, 171, 173, 174, 176, 177, 179, 180, 181,
182, 183, 184, 186, 187, 188, 189, 190, 191,
198, 202, 203, 204, 205, 206, 207, 208, 209,
210, 211, 212, 213, 218, 220, 221, 222, 224,
225, 226, 228, 229, 230, 231, 232, 234, 235,
236, 237, 239, 240, 244, 245, 246, 247, 248,
249, 251, 253, 254, 256, 257, 258, 259, 260,
261, 262, 263, 264, 265, 266, 267, 268, 269,
270, 271, 272, 273, 274, 276, 277, 278, 279,
280, 281, 284, 285, 286, 288, 289, 292, 293,
294, 295, 296, 297, 298, 299, 301, 302, 304,
305, 309, 311, 312, 313, 315, 316, 317, 318,
320, 321, 322, 323, 324, 325, 327, 328, 329,
330, 331, 332, 333, 334, 335, 336, 337, 339,
340, 341, 343, 350, 351, 354, 355, 356, 357,
358, 359, 360, 361, 362, 364, 366, 367, 368,
369, 370, 371, 373, 375, 376, 377, 383, 386,
387, 392, 393, 394, 398, 399, 404, 405, 406,
407, 408, 409, 411, 412, 413, 414, 416, 417,
418, 419, 420, 421, 423, 424, 425, 426, 427,
428, 429, 432, 433, 434, 440, 441, 442, 443,
445, 446, 447, 448, 449, 450, 451, 453, 454,
455, 456, 458, 459, 460, 462, 463, 464, 465,
469, 471, 473, 476, 477, 478, 479, 480, 481,
483, 484, 486, 487, 488, 489, 490, 491, 492,
494, 495, 496, 497, 498, 500, 504, 505, 514,
520, 522, 523, 524, 525, 526, 528, 531, 532,
533, 534, 535, 536, 537, 538, 539, 540, 541,
542, 543, 544, 545, 546, 547, 548, 550, 551,
552, 553, 555, 556, 557, 558, 560, 561, 563,
567, 568, 570, 571, 572, 573, 577, 578, 582,
583, 584, 585, 586, 587, 588, 589, 590, 591,
592, 593, 594, 595, 596, 599, 600, 602, 604,
605, 606, 608, 609, 615, 616, 617, 618, 626,
627, 628, 629, 630, 632, 633, 634, 636, 637,
638, 639, 640, 641, 642, 643, 644, 645, 646,
647, 648, 649, 650, 651, 652, 653, 654, 655,
657, 660, 661, 666, 667, 668, 669, 670, 671,
672, 673, 674, 675, 676, 677, 678, 679, 680,
681, 682, 683, 684, 685, 686, 687, 688, 689,
690, 691, 692, 693, 694, 695, 697, 701, 702,
703, 704, 705, 706, 708, 709, 710, 713, 714,
719, 720, 724, 725, 726, 728, 729, 730, 731,
732, 733, 734, 735, 736, 738, 739, 740, 742,
743, 744, 745, 746, 747, 749, 750, 751, 752,
753, 754, 755, 756, 758, 759, 760, 761, 764,
767, 768, 769, 770, 772, 773, 774, 775, 778,

779, 780, 781, 782, 783, 784, 785, 786, 789, 790, 791, 792, 793, 794, 795, 799, 802, 803, 806, 807, 808, 809, 811, 812, 813, 814, 815, 816, 819, 820, 821, 822, 823, 824, 826, 828, 829, 830, 831, 834, 835, 836, 837, 838, 839, 840, 841, 842, 843, 845, 846, 847, 848, 849, 850, 851, 853, 857, 858, 859, 860, 862, 863, 864, 867, 871, 872, 873, 874, 875, 876, 878, 881, 882, 883, 886, 889, 893, 895, 896, 897, 898, 899, 900, 901

Religião digital 785, 787

Religião implícita 94, 789, 790

Religião material 81, 82, 203, 204, 205

Religiosidade popular 410, 481, 726, 791, 792, 793, 794, 795

Ric ur 178, 200, 205, 260, 293, 352, 439, 512, 513, 514, 515, 516, 519, 520, 555, 659, 660, 661, 662, 663, 664, 665, 666, 757, 796, 798, 842, 886

Riqueza 26, 63, 68, 104, 105, 122, 183, 197, 252, 258, 265, 278, 304, 313, 315, 341, 400, 407, 421, 587, 630, 631, 710, 721, 740, 742, 765, 810, 825, 838, 880

Rito 64, 75, 79, 80, 82, 99, 122, 123, 149, 150, 175, 176, 180, 196, 256, 270, 310, 312, 313, 314, 315, 320, 331, 338, 339, 378, 379, 380, 415, 416, 417, 418, 419, 420, 435, 451, 473, 474, 477, 486, 487, 494, 527, 546, 616, 679, 684, 685, 692, 711, 712, 727, 776, 784, 790, 796, 797, 798, 799, 800, 801, 802, 803, 804, 809, 813, 819, 839, 853, 858, 883

Ritual 28, 32, 33, 37, 61, 64, 65, 77, 78, 96, 110, 112, 122, 133, 149, 150, 162, 164, 174, 175, 180, 183, 215, 262, 266, 310, 312, 314, 316, 323, 331, 354, 355, 357, 360, 371, 378, 379, 380, 381, 382, 385, 415, 416, 417, 418, 419, 449, 463, 465, 473, 474, 477, 478, 482, 486, 488, 490, 494, 575, 610, 621, 624, 626, 634, 649, 651, 685, 690, 692, 693, 704, 712, 713, 769, 775, 776, 777, 796, 797, 798, 799, 800, 801, 802, 803, 804, 806, 809, 811, 812, 819, 822, 823, 840, 853, 854, 857, 883, 887, 897

Rosenzweig 343, 434, 443, 445, 446, 447

Rousseau 199, 273, 375, 400, 432, 436, 543, 572, 601, 713, 746

S

Sabbatucci 309, 310, 312, 313, 314, 315, 316, 317, 318

Sacerdote 81, 102, 106, 121, 129, 155, 166, 175, 204, 220, 262, 320, 321, 323, 324, 354, 356, 357, 380, 474, 477, 509, 512, 527, 528, 613, 626, 628, 651, 685, 744, 786, 808, 817, 818, 841, 853, 897

Sacramento 34, 80, 100, 101, 448, 528, 671, 786, 806, 807, 817, 895

Sacrifício 29, 36, 62, 65, 93, 99, 105, 118, 150, 174, 175, 196, 270, 356, 357, 394, 406, 446, 463, 469, 486, 494, 514, 527, 536, 610, 629, 645, 646, 726, 803, 807, 808, 809, 810, 811, 812, 817, 852, 854, 881, 883, 886, 887, 898

Sagrado 25, 32, 34, 42, 43, 54, 59, 60, 61, 63, 66, 69, 73, 79, 80, 82, 99, 102, 104, 105, 106, 107, 109, 110, 111, 112, 117, 121, 140, 141, 144, 150, 174, 175, 180, 196, 197, 237, 244, 247, 249, 254, 258, 263, 264, 266, 269, 270, 276, 277, 278, 279, 308, 309, 313, 324, 330, 335, 336, 337, 339, 350, 356, 357, 358, 366, 384, 408, 409, 410, 416, 417, 418, 419, 430, 432, 434, 435, 438, 440, 447, 448, 457, 464, 476, 477, 490, 493, 494, 495, 505, 519, 520, 521, 524, 525, 527, 529, 538, 539, 541, 545, 546, 552, 556, 559, 562, 567, 580, 581, 598, 602, 616, 617, 621, 623, 624, 630, 645, 646, 660, 662, 663, 665, 666, 682, 692, 711, 716, 717, 734, 735, 746, 748, 760, 772, 773, 775, 783, 784, 794, 802, 804, 806, 807, 808, 809, 810, 811, 812, 813, 814, 815, 816, 817, 819, 830, 840, 841, 857, 860, 862, 870, 876, 881, 882, 883, 885, 886, 897, 899

Salvação 47, 62, 71, 100, 101, 102, 107, 129, 131, 157, 169, 209, 213, 214, 217, 218, 224, 225, 226, 228, 241, 252, 266, 268, 272, 303, 318, 329, 342, 343, 344, 453, 468, 474, 481, 526, 556, 577, 578, 585, 589, 603, 604, 611, 612, 613, 629, 641, 642, 656, 671, 672, 673, 674, 676, 701, 726, 740, 779, 780, 783, 801, 803, 806, 807, 820, 846, 852, 853, 854, 869, 878, 883, 895, 897, 898

Santuário 80, 96, 100, 101, 247, 448, 816, 817, 818, 819

Sartre 194, 195, 207, 433

Saúde 29, 30, 31, 32, 35, 36, 38, 47, 48, 56, 148, 159, 160, 175, 185, 198, 267, 285, 289, 329, 383, 390, 398, 399, 405, 413, 449, 451, 452, 453, 482, 562, 588, 591, 594, 597, 643, 644, 649, 673, 685, 705, 726, 730, 736, 742, 758, 761, 762, 766, 767, 770, 803, 820, 821, 822, 823, 824, 837, 849, 850, 851, 852, 854, 855, 856, 885, 889

ÍNDICE REMISSIVO

Saussaye 139, 142, 406, 407, 409, 678, 683

Secularização 92, 116, 117, 119, 147, 158, 166, 169, 181, 185, 186, 208, 210, 239, 267, 268, 329, 332, 433, 436, 444, 467, 469, 483, 504, 505, 511, 523, 524, 525, 553, 609, 717, 734, 781, 789, 790, 802, 834, 835, 848, 849, 874, 898

Seita 36, 163, 300, 301, 585, 586, 587, 588, 589, 590, 711, 784, 795, 848

Semiótica 66, 202, 418, 488, 516, 519, 555, 658, 662, 824, 825, 826, 827, 828, 829, 841

Seres sobrenaturais 62, 387, 410, 413, 464, 704, 811, 829, 830, 831, 832, 833

Sexualidade 26, 28, 31, 32, 33, 101, 174, 176, 401, 402, 404, 405, 642, 683, 689, 706, 725, 746, 813, 834, 835, 836, 837, 838, 848, 870, 879, 893, 895

Simbolismo 64, 104, 111, 173, 174, 176, 278, 279, 294, 339, 521, 600, 665, 677, 790, 798, 802, 839, 840, 841, 842

Símbolo 48, 64, 71, 80, 82, 110, 173, 182, 186, 196, 212, 263, 278, 294, 334, 336, 337, 364, 416, 439, 447, 467, 481, 490, 519, 520, 522, 532, 539, 559, 575, 584, 600, 658, 659, 694, 700, 774, 798, 807, 811, 822, 838, 839, 840, 841, 842, 876

Sincretismo 40, 160, 232, 319, 329, 338, 339, 341, 461, 478, 479, 480, 481, 482, 483, 484, 641, 739, 786, 795, 836, 837

Smith 59, 111, 112, 113, 141, 145, 146, 186, 265, 267, 272, 279, 296, 299, 300, 301, 375, 376, 457, 463, 493, 526, 617, 618, 679, 709, 710, 731, 766, 774, 812, 814, 842, 860, 869, 880

Socialização 153, 154, 155, 156, 198, 270, 360, 402, 417, 547, 583, 586, 716, 802, 842, 843, 844, 847, 848

Sociologia da Religião 42, 85, 115, 116, 117, 121, 139, 140, 154, 173, 208, 210, 268, 320, 340, 407, 410, 490, 522, 553, 585, 588, 638, 645, 668, 733, 735, 736, 786, 844, 845, 846, 847, 848, 859, 874, 893, 894

Sofrimento 27, 33, 35, 98, 214, 216, 218, 225, 226, 227, 228, 253, 270, 284, 285, 305, 348, 396, 419, 473, 489, 504, 505, 569, 612, 637, 639, 671, 717, 742, 749, 760, 768, 773, 799, 801, 820, 849, 850, 851, 854, 888, 897

Soteriologia 142, 318, 779, 804, 852, 853

Spencer 111, 112, 113, 170, 274, 307, 317, 370, 463, 683, 690, 745, 843, 845

Stark 172, 267, 553, 586, 589, 769, 784, 785, 846, 847

Substâncias psicotrópicas 384, 385, 854, 855, 856, 857, 858

Sui generis 59, 60, 278, 279, 293, 294, 377, 383, 408, 466, 704, 727, 768, 812, 814, 816, 839, 859, 860, 862

Superstição 60, 62, 67, 98, 99, 179, 181, 186, 210, 259, 381, 628, 629, 736, 750, 758, 795

T

Tabu 45, 48, 190, 299, 354, 357, 456, 457, 460, 494, 536, 648, 680, 683, 685, 686, 758, 862, 863

Temporalidade 162, 193, 208, 239, 342, 343, 434, 621, 652, 792, 801, 864, 865, 866, 867, 870, 872

Teófilo Braga 363, 364, 747

Teologia 40, 41, 42, 53, 70, 72, 73, 80, 81, 89, 90, 91, 94, 95, 96, 115, 116, 117, 126, 139, 140, 141, 142, 143, 144, 145, 146, 147, 148, 152, 164, 165, 169, 185, 187, 189, 193, 196, 197, 200, 208, 214, 215, 218, 221, 222, 223, 224, 226, 227, 228, 233, 234, 235, 249, 250, 252, 253, 256, 265, 268, 272, 275, 277, 279, 290, 293, 294, 297, 303, 317, 326, 329, 341, 343, 350, 351, 366, 369, 375, 383, 386, 404, 405, 406, 408, 409, 416, 424, 425, 428, 430, 431, 432, 433, 437, 438, 441, 442, 443, 467, 469, 479, 490, 492, 505, 513, 514, 518, 519, 520, 522, 523, 526, 528, 535, 538, 541, 545, 555, 558, 560, 574, 575, 576, 580, 584, 587, 593, 601, 602, 603, 607, 609, 611, 612, 613, 614, 615, 628, 637, 639, 642, 645, 655, 660, 661, 664, 671, 675, 676, 683, 684, 689, 690, 693, 694, 695, 698, 716, 724, 725, 732, 733, 739, 740, 745, 747, 748, 749, 750, 768, 771, 772, 778, 806, 807, 812, 813, 814, 815, 816, 822, 841, 852, 862, 867, 868, 869, 870, 871, 872, 873, 874, 875, 899, 900

Teoria da escolha racional 267, 268, 589

Tiele 139, 140, 141, 169

Tillich 115, 434, 519, 693, 694, 695, 838, 841

Tipo ideal 129, 295, 541, 721, 790, 891

Tolerância 103, 166, 219, 220, 243, 244, 246, 287, 290, 352, 393, 411, 505, 571, 585, 718, 863, 876, 877, 878, 879, 880

Tomás de Aquino 53, 54, 212, 215, 272, 327, 347, 350, 374, 431, 434, 442, 740, 806, 868, 870, 871, 873, 876

Tradição 28, 33, 40, 42, 43, 44, 46, 53, 76, 78, 81, 82, 95, 98, 99, 107, 109, 110, 118, 126, 127, 128, 129, 130, 131, 132, 134, 139, 140, 141, 150, 161, 163, 164, 165, 167, 173, 174, 178, 181, 182, 183, 187, 188, 195, 204, 207, 210, 212, 213, 214, 215, 216, 217, 219, 221, 222, 223, 224, 225, 226, 227, 228, 232, 235, 242, 243, 247, 253, 256, 257, 258, 262, 263, 267, 268, 270, 275, 276, 278, 288, 291, 295, 299, 301, 305, 307, 310, 315, 316, 320, 321, 323, 326, 327, 328, 330, 332, 339, 340, 342, 343, 345, 347, 348, 350, 351, 354, 363, 378, 379, 380, 381, 382, 396, 401, 407, 408, 409, 410, 416, 427, 431, 433, 437, 440, 442, 443, 445, 446, 447, 448, 450, 451, 459, 460, 467, 470, 471, 472, 477, 486, 495, 505, 515, 519, 523, 524, 525, 526, 529, 541, 549, 552, 559, 562, 568, 570, 571, 574, 577, 578, 579, 580, 582, 584, 587, 605, 606, 616, 618, 619, 620, 621, 622, 623, 628, 639, 648, 650, 651, 652, 653, 655, 656, 657, 667, 671, 678, 681, 685, 688, 690, 692, 694, 695, 708, 709, 710, 711, 712, 713, 717, 718, 721, 727, 731, 738, 740, 741, 742, 759, 760, 772, 774, 775, 778, 779, 780, 789, 790, 792, 794, 795, 799, 801, 802, 803, 807, 815, 817, 818, 819, 828, 830, 831, 832, 833, 839, 840, 846, 848, 849, 858, 863, 864, 866, 867, 868, 869, 870, 871, 872, 873, 874, 877, 878, 886, 887, 894

Tradução 39, 66, 98, 122, 140, 143, 164, 165, 184, 191, 209, 256, 257, 258, 264, 272, 276, 277, 296, 300, 304, 371, 372, 373, 375, 442, 444, 479, 481, 486, 499, 509, 510, 511, 513, 535, 548, 559, 580, 608, 611, 622, 636, 645, 663, 672, 687, 688, 691, 728, 733, 772, 783, 791, 794, 806, 829, 830, 853, 869, 893, 894, 895

Troca de presentes 463, 880, 881

Turismo religioso 206, 755, 882, 883

Turner 64, 92, 134, 149, 248, 294, 371, 372, 415, 416, 465, 648, 727, 796, 798, 840

Tylor 56, 57, 60, 62, 66, 199, 215, 294, 307, 308, 317, 370, 375, 376, 420, 533, 534, 535, 536, 629, 630, 683, 698, 714, 783, 845

U

Umbanda 174, 176, 216, 323, 340, 380, 382, 383, 410, 418, 479, 480, 483, 484, 575, 793, 795, 820, 833

V

Valente 338

Vasconcelos 362, 363, 364, 365, 367, 368, 510

Vaticano II 40, 108, 128, 147, 164, 218, 220, 221, 223, 224, 225, 228, 241, 246, 329, 343, 380, 403, 500, 501, 603, 609, 614, 674, 807

Vegetarianismo 37, 46, 47, 887

Veneração 70, 95, 96, 97, 99, 101, 104, 251, 360, 406, 545, 558, 559, 560, 575, 577, 686, 727, 819, 832, 845

Violência 35, 93, 120, 121, 124, 146, 219, 221, 222, 230, 289, 338, 345, 346, 347, 350, 351, 352, 353, 381, 393, 394, 395, 401, 436, 493, 494, 500, 569, 588, 591, 612, 614, 615, 656, 672, 752, 803, 809, 810, 812, 855, 864, 877, 879, 885, 886, 887, 888, 891

W

Wach 59, 139, 140, 141, 142, 162, 170, 276, 277, 320, 541, 587, 588, 679, 690, 694, 784, 840, 860

Weber 92, 115, 116, 117, 120, 121, 126, 127, 128, 129, 153, 154, 155, 156, 162, 165, 200, 208, 209, 210, 211, 215, 234, 235, 265, 266, 267, 268, 320, 321, 324, 333, 361, 376, 418, 466, 499, 504, 505, 536, 537, 539, 541, 577, 578, 582, 583, 584, 585, 586, 613, 617, 638, 640, 653, 690, 720, 721, 733, 734, 736, 738, 740, 779, 780, 790, 802, 843, 845, 846, 847, 848, 851, 852, 854, 860, 868, 871, 874, 876, 889, 890, 891, 892, 893, 894, 895, 896, 897, 898

Wiebe 85, 87, 139, 146, 147, 731, 860

Wittgenstein 178, 179, 434, 436, 437, 656, 659, 750, 841, 898, 899, 900

Wundt 170, 191, 594, 629, 770, 773, 901, 902

X

Xamã 64, 174, 248, 322, 323, 413, 452, 454, 685, 823

Xintoísmo 70, 81, 83, 220, 250, 270, 323, 482, 787, 817

Rua Dona Inácia Uchoa, 62
04110-020 – São Paulo – SP (Brasil)
Tel.: (11) 2125-3500
http://www.paulinas.com.br – editora@paulinas.com.br
Telemarketing e SAC: 0800-7010081